KODEX

DES ÖSTERREICHISCHEN RECHTS

Herausgeber: Univ.-Prof. Dr. Werner Doralt

Redaktion: Dr. Veronika Doralt

W0058122

ARBEITNEHMER-SCHUTZ

bearbeitet von
Mag. Helmut Reznik

Rechtsabteilung des Zentral-
Arbeitsinspektorates im Bundesministerium
für Arbeit, Soziales, Gesundheit, Pflege und Konsumentenschutz

Rubbeln Sie Ihren persönlichen Code frei und laden
Sie diesen Kodexband kostenlos in die Kodex App!

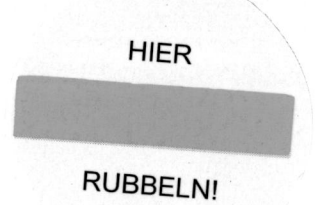

HIER

RUBBELN!

KODEX

DES ÖSTERREICHISCHEN RECHTS

ISBN 978-3-7073-5277-1
(c) Linde Verlag Ges.m.b.H., 1210 Wien,
Scheydgasse 24, Tel.: 01/24 630,
office@lindeverlag.at / www.lindeverlag.at

Satz und Layout: Linde Verlag Ges. m. b. H.

Druck und Bindung: Gedruckt in der EU

Vorwort

Am 1. Jänner 2024 trat (rückwirkend) eine Novelle (BGBl. I Nr. 56/2024 vom 5. Juni 2024) zum ArbeitnehmerInnenschutzgesetz (ASchG) in Kraft, die Erleichterungen bei Betriebsübergaben brachte (Grace-Period – Gesetz).

Durch eine umfangreiche, am 3. Dezember 2024 in Kraft getretene, Novelle (BGBl. II Nr. 330/2024) zur Grenzwerteverordnung (GKV) wurde die Richtlinie (EU) 2022/431 zur Änderung der Richtlinie 2004/37/EG umgesetzt. In diesem Zusammenhang wurden außerdem bislang in der Allgemeinen Arbeitnehmerschutzverordnung (AAV) enthaltene Bestimmungen zu gefährlichen Arbeitsstoffen und Arbeiten in Behältern bereinigt und durch moderne Bestimmungen in der GKV und in der Arbeitsmittelverordnung (AM-VO) ersetzt. Enthalten waren weiters Novellen zur Verordnung über die Gesundheitsüberwachung am Arbeitsplatz (VGÜ) sowie zur Bohrarbeitenverordnung (BohrarbV) und zur Tagbauarbeitenverordnung (TAV).

Größere Ergänzungen zur Verordnung biologische Arbeitsstoffe (VbA) erfolgten durch die am 1. November 2024 in Kraft getretene Novelle BGBl. II Nr. 294/2024.

Berücksichtigt wurden auch die kleineren Änderungen des Mutterschutzgesetzes (MSchG), des Arbeitszeitgesetzes (AZG), des Arbeitsruhegesetzes (ARG), des Arbeitsinspektionsgesetzes (ArbIG), des Heimarbeitsgesetzes, der Kennzeichnungsverordnung (KennV) und der Verordnung brennbare Flüssigkeiten 2023 (VbF 2023). Außerdem wurden Änderungen der Verordnung (EG) 561/2006 und der Verordnung (EU) 165/2014 wirksam.

Die vorliegende 34. Auflage des Kodex Arbeitnehmerschutz enthält somit den aktuellen Stand von Gesetzen und Verordnungen, die Arbeitgeberinnen und Arbeitgeber oder ihre verantwortlichen Beauftragten zum Schutz der Sicherheit und Gesundheit ihrer Arbeitnehmerinnen und Arbeitnehmer beachten müssen.

Wie schon in früheren Auflagen werden als Vorschau weiters bereits kundgemachte, aber erst in Zukunft in Kraft tretende Änderungen, nämlich des Arbeitszeitgesetzes (AZG), berücksichtigt.

Hollabrunn, im Juni 2025   Helmut Reznik

Inhaltsverzeichnis

1. ArbeitnehmerInnenschutzgesetz

Bundesgesetz über Sicherheit und Gesundheitsschutz bei der Arbeit (ArbeitnehmerInnenschutzgesetz – ASchG)

StF: BGBl. Nr. 450/1994 idF BGBl. Nr. 457/1995 (DFB) (NR: GP XVIII RV 1590 AB 1671 S. 166. BR: AB 4794 S. 587.)

Letzte Novellierung: BGBl. I Nr. 56/2024

GLIEDERUNG

1. ASchG

STICHWORTVERZEICHNIS

1. Abschnitt
Allgemeine Bestimmungen
Geltungsbereich

§ 1. (1) Dieses Bundesgesetz gilt für die Beschäftigung von Arbeitnehmern.

(2) Dieses Bundesgesetz gilt nicht für die Beschäftigung von

1. Arbeitnehmern der Länder, Gemeinden und Gemeindeverbände, die nicht in Betrieben beschäftigt sind;
2. Arbeitnehmern des Bundes in Dienststellen, auf die das Bundes-Bedienstetenschutzgesetz, BGBl. I Nr. 70/1999, anzuwenden ist;
3. Arbeitnehmern in land- und forstwirtschaftlichen Betrieben im Sinne des Landarbeitsgesetzes 1984, BGBl. Nr. 287;
4. Hausgehilfen und Hausangestellten in privaten Haushalten;
5. Heimarbeitern im Sinne des Heimarbeitsgesetzes 1960, BGBl. Nr. 105/1961.

(Anm.: Abs. 3 aufgehoben durch BGBl. I Nr. 38/1999)

Begriffsbestimmungen

§ 2. (1) Arbeitnehmer im Sinne dieses Bundesgesetzes sind alle Personen, die im Rahmen eines Beschäftigungs- oder Ausbildungsverhältnisses tätig sind. Geistliche Amtsträger gesetzlich anerkannter Kirchen und Religionsgesellschaften sind keine Arbeitnehmer im Sinne dieses Bundesgesetzes. Arbeitgeber im Sinne dieses Bundesgesetzes ist jede natürliche oder juristische Person oder eingetragene Personengesellschaft, die als Vertragspartei des Beschäftigungs- oder Ausbildungsverhältnisses mit dem Arbeitnehmer die Verantwortung für das Unternehmen oder den Betrieb trägt.

(2) Belegschaftsorgane im Sinne dieses Bundesgesetzes sind die nach dem Arbeitsverfassungsgesetz, BGBl. Nr. 22/1974, errichteten Organe der Arbeitnehmerschaft sowie die nach bundes- oder landesgesetzlichen Vorschriften oder nach sonstigen Vorschriften errichteten Organe der Personalvertretung.

(3) Arbeitsstätten im Sinne dieses Bundesgesetzes sind Arbeitsstätten in Gebäuden und Arbeitsstätten im Freien. Mehrere auf einem Betriebsgelände gelegene oder sonst im räumlichen Zusammenhang stehende Gebäude eines Arbeitgebers zählen zusammen als eine Arbeitsstätte. Baustellen im Sinne dieses Bundesgesetzes sind zeitlich begrenzte oder ortsveränderliche Baustellen, an denen Hoch- und Tiefbauarbeiten durchgeführt werden. Dazu zählen insbesondere folgende Arbeiten: Aushub, Erdarbeiten, Bauarbeiten im engeren Sinne, Errichtung und Abbau von Fertigbauelementen, Einrichtung und Ausstattung, Umbau, Renovierung, Reparatur, Abbauarbeiten, Abbrucharbeiten, Wartung, Instandhaltungs-, Maler- und Reinigungsarbeiten, Sanierung. Auswärtige Arbeitsstellen im Sinne dieses Bundesgesetzes sind alle Orte außerhalb von Arbeitsstätten, an denen andere Arbeiten als Bauarbeiten durchgeführt werden insbesondere auch die Stellen in Verkehrsmitteln, auf denen Arbeiten ausgeführt werden.

(4) Arbeitsplatz im Sinne dieses Bundesgesetzes ist der räumliche Bereich, in dem sich Arbeitnehmer bei der von ihnen auszuübenden Tätigkeit aufhalten.

(5) Arbeitsmittel im Sinne dieses Bundesgesetzes sind alle Maschinen, Apparate, Werkzeuge, Geräte und Anlagen, die zur Benutzung durch Arbeitnehmer vorgesehen sind. Zu den Arbeitsmitteln gehören insbesondere auch Beförderungsmittel zur Beförderung von Personen oder Gütern, Aufzüge, Leitern, Gerüste, Dampfkessel, Druckbehälter, Feuerungsanlagen, Behälter, Silos, Förderleitungen, kraftbetriebene Türen und Tore sowie Hub-, Kipp- und Rolltore.

(6) Arbeitsstoffe im Sinne dieses Bundesgesetzes sind alle Stoffe, Gemische (Zubereitungen) und biologische Agenzien, die bei der Arbeit verwendet werden. Als „Verwenden" gilt auch das Gewinnen, Erzeugen, Anfallen, Entstehen, Gebrauchen, Verbrauchen, Bearbeiten, Verarbeiten, Abfüllen, Umfüllen, Mischen, Beseitigen, Lagern, Aufbewahren, Bereithalten zur Verwendung und das innerbetriebliche Befördern.

(7) Unter Gefahrenverhütung im Sinne dieses Bundesgesetzes sind sämtliche Regelungen und Maßnahmen zu verstehen, die zur Vermeidung oder Verringerung arbeitsbedingter Gefahren vorgesehen sind. Unter Gefahren im Sinne dieses Bundesgesetzes sind arbeitsbedingte physische und psychische Belastungen zu verstehen, die zu Fehlbeanspruchungen führen.

(7a) Unter Gesundheit im Sinne dieses Bundesgesetzes ist physische und psychische Gesundheit zu verstehen.

(8) Stand der Technik im Sinne dieses Bundesgesetzes ist der auf einschlägigen wissenschaftlichen Erkenntnissen beruhende Entwicklungsstand fortschrittlicher technologischer Verfahren, Einrichtungen und Betriebsweisen, deren Funktionstüchtigkeit erprobt und erwiesen ist. Bei der Bestimmung des Standes der Technik sind insbesondere vergleichbare Verfahren, Einrichtungen und Betriebsweisen heranzuziehen.

(9) Soweit in diesem Bundesgesetz personenbezogene Bezeichnungen noch nicht geschlechtsneutral formuliert sind, gilt die gewählte Form für beide Geschlechter.

Allgemeine Pflichten der Arbeitgeber

§ 3. (1) Arbeitgeber sind verpflichtet, für Sicherheit und Gesundheitsschutz der Arbeitnehmer in Bezug auf alle Aspekte, die die Arbeit betreffen, zu sorgen. Die Kosten dafür dürfen auf keinen Fall zu Lasten der Arbeitnehmer gehen. Arbeitgeber haben die zum Schutz des Lebens, der Gesundheit sowie der Integrität und Würde erforderlichen Maßnahmen zu treffen, einschließlich der Maßnahmen zur Verhütung arbeitsbedingter Gefahren, zur Information und zur Unterweisung sowie der Bereitstellung einer geeigneten Organisation und der erforderlichen Mittel.

(2) Arbeitgeber haben sich unter Berücksichtigung der bestehenden Gefahren über den neuesten Stand der Technik und der Erkenntnisse auf dem Gebiet der Arbeitsgestaltung entsprechend zu informieren.

(3) Arbeitgeber sind verpflichtet, durch geeignete Maßnahmen und Anweisungen zu ermöglichen, daß die Arbeitnehmer bei ernster, unmittelbarer und nicht vermeidbarer Gefahr

1. ihre Tätigkeit einstellen,
2. sich durch sofortiges Verlassen des Arbeitsplatzes in Sicherheit bringen und
3. außer in begründeten Ausnahmefällen ihre Arbeit nicht wieder aufnehmen, solange eine ernste und unmittelbare Gefahr besteht.

(4) Arbeitgeber haben durch Anweisungen und sonstige geeignete Maßnahmen dafür zu sorgen, daß Arbeitnehmer bei ernster und unmittelbarer Gefahr für die eigene Sicherheit oder für die Sicherheit anderer Personen in der Lage sind, selbst die erforderlichen Maßnahmen zur Verringerung oder Beseitigung der Gefahr zu treffen, wenn sie die zuständigen Vorgesetzten oder die sonst zuständigen Personen nicht erreichen. Bei diesen Vorkehrungen sind die Kenntnisse der Arbeitnehmer und die ihnen zur Verfügung stehenden technischen Mittel zu berücksichtigen.

(5) Arbeitgeber, die selbst eine Tätigkeit in Arbeitsstätten oder auf Baustellen oder auf auswärtigen Arbeitsstellen ausüben, haben sich so zu verhalten, daß sie die dort beschäftigten Arbeitnehmer nicht gefährden.

(6) Für eine Arbeitsstätte, Baustelle oder auswärtige Arbeitsstelle, in/auf der der Arbeitgeber nicht im notwendigen Umfang selbst anwesend ist, ist eine geeignete Person zu beauftragen, die auf die Durchführung und Einhaltung der notwendigen Schutzmaßnahmen zu achten hat.

(7) Arbeitgeber haben für eine geeignete Sicherheits- und Gesundheitsschutzkennzeichnung zu sorgen, wenn Gefahren für Sicherheit oder Gesundheit der Arbeitnehmer nicht durch sonstige technische und organisatorische Maßnahmen vermieden oder ausreichend begrenzt werden können.

Ermittlung und Beurteilung der Gefahren

Festlegung von Maßnahmen

(Arbeitsplatzevaluierung)

§ 4. (1) Arbeitgeber sind verpflichtet, die für die Sicherheit und Gesundheit der Arbeitnehmer bestehenden Gefahren zu ermitteln und zu beurteilen. Dabei sind die Grundsätze der Gefahrenverhütung gemäß § 7 anzuwenden. Insbesondere sind dabei zu berücksichtigen:

1. die Gestaltung und die Einrichtung der Arbeitsstätte,
2. die Gestaltung und der Einsatz von Arbeitsmitteln,
3. die Verwendung von Arbeitsstoffen,
4. die Gestaltung der Arbeitsplätze,
5. die Gestaltung der Arbeitsverfahren und Arbeitsvorgänge und deren Zusammenwirken,
6. die Gestaltung der Arbeitsaufgaben und die Art der Tätigkeiten, der Arbeitsumgebung, der Arbeitsabläufe sowie der Arbeitsorganisation und
7. der Stand der Ausbildung und Unterweisung der Arbeitnehmer.

(2) Bei der Ermittlung und Beurteilung der Gefahren sind auch besonders gefährdete oder schutzbedürftige Arbeitnehmer sowie die Eignung der Arbeitnehmer im Hinblick auf Konstitution, Körperkräfte, Alter und Qualifikation (§ 6 Abs. 1) zu berücksichtigen. Insbesondere ist zu ermitteln und zu beurteilen, Inwieweit sich an bestimmten Arbeitsplätzen oder bei bestimmten Arbeitsvorgängen spezifische Gefahren für Arbeitnehmer ergeben können, für die ein besonderer Personenschutz besteht.

(3) Auf Grundlage der Ermittlung und Beurteilung der Gefahren gemäß Abs. 1 und 2 sind die durchzuführenden Maßnahmen zur Gefahrenverhütung festzulegen. Dabei sind auch Vorkehrungen für absehbare Betriebsstörungen und für Not- und Rettungsmaßnahmen zu treffen. Diese Maßnahmen müssen in alle Tätigkeiten und auf allen Führungsebenen einbezogen werden. Schutzmaßnahmen müssen soweit wie möglich auch bei menschlichem Fehlverhalten wirksam sein.

(4) Die Ermittlung und Beurteilung der Gefahren ist erforderlichenfalls zu überprüfen und sich ändernden Gegebenheiten anzupassen. Die festgelegten Maßnahmen sind auf ihre Wirksamkeit zu überprüfen und erforderlichenfalls anzupassen, dabei ist eine Verbesserung der Arbeitsbedingungen anzustreben.

(5) Eine Überprüfung und erforderlichenfalls eine Anpassung im Sinne des Abs. 4 hat insbesondere zu erfolgen:

1. nach Unfällen,
2. bei Auftreten von Erkrankungen, wenn der begründete Verdacht besteht, daß sie arbeitsbedingt sind,
2a. nach Zwischenfällen mit erhöhter arbeitsbedingter psychischer Fehlbeanspruchung,
3. bei sonstigen Umständen oder Ereignissen, die auf eine Gefahr für Sicherheit und Gesundheit der Arbeitnehmer schließen lassen,
4. bei Einführung neuer Arbeitsmittel, Arbeitsstoffe oder Arbeitsverfahren,

5. bei neuen Erkenntnissen im Sinne des § 3 Abs. 2 und
6. auf begründetes Verlangen des Arbeitsinspektorates.

(6) Bei der Ermittlung und Beurteilung der Gefahren und der Festlegung der Maßnahmen sind erforderlichenfalls geeignete Fachleute heranzuziehen. Mit der Ermittlung und Beurteilung der Gefahren können auch die Sicherheitsfachkräfte und Arbeitsmediziner sowie sonstige geeignete Fachleute, wie Chemiker, Toxikologen, Ergonomen, insbesondere jedoch Arbeitspsychologen, beauftragt werden.

Sicherheits- und Gesundheitsschutzdokumente

§ 5. Arbeitgeber sind verpflichtet, in einer der Anzahl der Beschäftigten und den Gefahren entsprechenden Weise die Ergebnisse der Ermittlung und Beurteilung der Gefahren sowie die durchzuführenden Maßnahmen zur Gefahrenverhütung schriftlich festzuhalten (Sicherheits- und Gesundheitsschutzdokumente). Soweit dies aus Gründen der Gefahrenverhütung erforderlich ist, ist diese Dokumentation arbeitsplatzbezogen vorzunehmen.

Einsatz der Arbeitnehmer

§ 6. (1) Arbeitgeber haben bei der Übertragung von Aufgaben an Arbeitnehmer deren Eignung in Bezug auf Sicherheit und Gesundheit zu berücksichtigen. Dabei ist insbesondere auf Konstitution und Körperkräfte, Alter und Qualifikation Rücksicht zu nehmen.

(2) Arbeitgeber haben durch geeignete Maßnahmen dafür zu sorgen, daß nur jene Arbeitnehmer Zugang zu Bereichen mit erheblichen oder spezifischen Gefahren haben, die zuvor ausreichende Anweisungen erhalten haben.

(3) Arbeitnehmer, von denen dem Arbeitgeber bekannt ist, dass sie auf Grund ihrer gesundheitlichen Verfassung bei bestimmten Arbeiten einer besonderen Gefahr ausgesetzt wären oder andere Arbeitnehmer gefährden könnten, dürfen mit Arbeiten dieser Art nicht beschäftigt werden. Dies gilt insbesondere für Anfallsleiden, Krämpfe, zeitweilige Bewußtseinstrübungen, Beeinträchtigungen des Seh- oder Hörvermögens und schwere Depressionszustände.

(4) Arbeitnehmerinnen dürfen mit Arbeiten, die infolge ihrer Art für Frauen eine spezifische Gefahr bewirken können, nicht oder nur unter Bedingungen oder Einschränkungen beschäftigt werden, die geeignet sind, diese besondere Gefahr zu vermeiden.

(5) Bei Beschäftigung von behinderten Arbeitnehmern ist auf deren körperlichen und geistigen Zustand jede mögliche Rücksicht zu nehmen. Das Arbeitsinspektorat hat ihre Beschäftigung mit Arbeiten, die für sie auf Grund ihres körperlichen

oder geistigen Zustandes eine Gefahr bewirken können, durch Bescheid zu untersagen oder von bestimmten Bedingungen abhängig zu machen.

Grundsätze der Gefahrenverhütung

§ 7. Arbeitgeber haben bei der Gestaltung der Arbeitsstätten, Arbeitsplätze und Arbeitsvorgänge, bei der Auswahl und Verwendung von Arbeitsmitteln und Arbeitsstoffen, beim Einsatz der Arbeitnehmer sowie bei allen Maßnahmen zum Schutz der Arbeitnehmer folgende allgemeine Grundsätze der Gefahrenverhütung umzusetzen:

1. Vermeidung von Risiken;
2. Abschätzung nicht vermeidbarer Risiken;
3. Gefahrenbekämpfung an der Quelle;
4. Berücksichtigung des Faktors „Mensch" bei der Arbeit, insbesondere bei der Gestaltung von Arbeitsplätzen sowie bei der Auswahl von Arbeitsmitteln und Arbeits- und Fertigungsverfahren, vor allem im Hinblick auf eine Erleichterung bei eintöniger Arbeit und bei maschinenbestimmtem Arbeitsrhythmus sowie auf eine Abschwächung ihrer gesundheitsschädigenden Auswirkungen;
4a. Berücksichtigung der Gestaltung der Arbeitsaufgabe und Art der Tätigkeiten, der Arbeitsumgebung, der Arbeitsabläufe und Arbeitsorganisation;
5. Berücksichtigung des Standes der Technik;
6. Ausschaltung oder Verringerung von Gefahrenmomenten;
7. Planung der Gefahrenverhütung mit dem Ziel einer kohärenten Verknüpfung von Technik, Tätigkeiten und Aufgaben, Arbeitsorganisation, Arbeitsabläufen, Arbeitsbedingungen, Arbeitsumgebung, sozialen Beziehungen und Einfluß der Umwelt auf den Arbeitsplatz;
8. Vorrang des kollektiven Gefahrenschutzes vor individuellem Gefahrenschutz;
9. Erteilung geeigneter Anweisungen an die Arbeitnehmer.

Koordination

§ 8. (1) Werden in einer Arbeitsstätte, auf einer Baustelle oder einer auswärtigen Arbeitsstelle Arbeitnehmer mehrerer Arbeitgeber beschäftigt, so haben die betroffenen Arbeitgeber bei der Durchführung der Sicherheits- und Gesundheitsschutzbestimmungen zusammenzuarbeiten. Sie haben insbesondere

1. ihre Tätigkeiten auf dem Gebiet der Gefahrenverhütung zu koordinieren und
2. einander sowie ihre Arbeitnehmer und die zuständigen Belegschaftsorgane über die Gefahren zu informieren.

(2) Werden in einer Arbeitsstätte Arbeitnehmer beschäftigt, die nicht in einem Arbeitsverhältnis zu den für diese Arbeitsstätte verantwortlichen Arbeitgebern stehen, (betriebsfremde Arbeitnehmer), so sind die für diese Arbeitsstätte verantwortlichen Arbeitgeber verpflichtet,

1. erforderlichenfalls für die Information der betriebsfremden Arbeitnehmer über die in der Arbeitsstätte bestehenden Gefahren und für eine entsprechende Unterweisung zu sorgen,
2. deren Arbeitgebern im erforderlichen Ausmaß Zugang zu den Sicherheits- und Gesundheitsschutzdokumenten zu gewähren,
3. die für die betriebsfremden Arbeitnehmer wegen Gefahren in der Arbeitsstätte erforderlichen Schutzmaßnahmen im Einvernehmen mit deren Arbeitgebern festzulegen und
4. für deren Durchführung zu sorgen, ausgenommen die Beaufsichtigung der betriebsfremden Personen.

(3) Werden auf einer Baustelle gleichzeitig oder aufeinanderfolgend Arbeitnehmer mehrerer Arbeitgeber beschäftigt, so haben diese durch eine entsprechende Koordination der Arbeiten dafür zu sorgen, daß Gefahren für Sicherheit oder Gesundheit der auf der Baustelle beschäftigten Arbeitnehmer vermieden werden.

(4) Sind für eine solche Baustelle Personen mit Koordinationsaufgaben auf dem Gebiet des Arbeitnehmerschutzes beauftragt, so haben die Arbeitgeber bei der Umsetzung der Grundsätze der Gefahrenverhütung die Anordnungen und Hinweise dieser Personen zu berücksichtigen. Soweit dies zur Vermeidung von Gefahren für Sicherheit oder Gesundheit der Arbeitnehmer erforderlich ist, ist bei der Koordination, der Information und der Durchführung der Sicherheits- und Gesundheitsschutzbestimmungen auch auf jene auf einer Baustelle tätigen Personen Bedacht zu nehmen, die keine Arbeitnehmer sind.

(5) Durch Abs. 2 bis 4 wird die Verantwortlichkeit der einzelnen Arbeitgeber für die Einhaltung der Arbeitnehmerschutzvorschriften für ihre Arbeitnehmer nicht eingeschränkt und deren Verantwortung für betriebsfremde Arbeitnehmer nur insoweit ausgeweitet, als sich dies ausdrücklich aus Abs. 2 bis 4 ergibt.

(6) Abs. 1 bis 5 gelten nicht bei einer Überlassung im Sinne des § 9.

Überlassung

§ 9. (1) Eine Überlassung im Sinne dieses Bundesgesetzes liegt vor, wenn Arbeitnehmer Dritten zur Verfügung gestellt werden, um für sie und unter deren Kontrolle zu arbeiten. Überlasser ist, wer als Arbeitgeber Arbeitnehmer zur Arbeitsleistung an Dritte verpflichtet. Beschäftiger ist, wer diese Arbeitnehmer zur Arbeitsleistung einsetzt.

(2) Für die Dauer der Überlassung gelten die Beschäftiger als Arbeitgeber im Sinne dieses Bundesgesetzes.

(3) Beschäftiger sind verpflichtet, vor der Überlassung sowie vor jeder Änderung der Verwendung von überlassenen Arbeitnehmer/innen

1. die Überlasser über die für die Tätigkeit erforderliche Eignung und die erforderlichen Fachkenntnisse sowie über die besonderen Merkmale des zu besetzenden Arbeitsplatzes nachweislich schriftlich zu informieren,
2. sie über die für den zu besetzenden Arbeitsplatz oder die vorgesehene Tätigkeit erforderliche gesundheitliche Eignung nachweislich schriftlich zu informieren,
3. den Überlassern die für den zu besetzenden Arbeitsplatz oder die vorgesehene Tätigkeit relevanten Sicherheits- und Gesundheitsschutzdokumente nachweislich zu übermitteln und sie von jeder Änderung in Kenntnis zu setzen.

(4) Überlasser sind verpflichtet, die Arbeitnehmer vor einer Überlassung sowie vor jeder Änderung ihrer Verwendung über die Gefahren, denen sie auf dem zu besetzenden Arbeitsplatz ausgesetzt sein können, über die für den Arbeitsplatz oder die Tätigkeit erforderliche Eignung oder die erforderlichen Fachkenntnisse sowie über die Notwendigkeit von Eignungs- und Folgeuntersuchungen nachweislich schriftlich zu informieren.

(5) Eine Überlassung zu Tätigkeiten, für die Eignungs- und Folgeuntersuchungen vorgeschrieben sind, darf nur erfolgen, wenn diese Untersuchungen durchgeführt wurden und keine Feststellung der gesundheitlichen Nichteignung gemäß § 54 erfolgt ist. Die Beschäftiger sind verpflichtet sich nachweislich davon zu überzeugen, daß die Untersuchungen durchgeführt wurden und keine Feststellung der gesundheitlichen Nichteignung gemäß § 54 erfolgt ist. Die Pflichten nach § 57 Abs. 1 sowie § 58 Abs. 4 bis 7 sind von den Überlassern zu erfüllen, die Beschäftiger haben ihnen die erforderlichen Informationen und Unterlagen zur Verfügung zu stellen.

Bestellung von Sicherheitsvertrauenspersonen

§ 10. (1) Arbeitgeber haben nach Maßgabe der Abs. 2 bis 6 Sicherheitsvertrauenspersonen in ausreichender Anzahl zu bestellen. Die Mindestanzahl der Sicherheitsvertrauenspersonen ist unter Berücksichtigung der Anzahl der Arbeitnehmer festzulegen. Sicherheitsvertrauenspersonen sind Arbeitnehmervertreter/innen mit einer besonderen Funktion bei der Sicherheit und beim Gesundheitsschutz der Arbeitnehmer/innen.

(2) Für Betriebe im Sinne des § 34 des Arbeitsverfassungsgesetzes sowie gleichgestellte Arbeitsstätten im Sinne des § 35 des Arbeitsverfassungsgesetzes, für die Belegschaftsorgane bestehen, gilt folgendes:

1. Sicherheitsvertrauenspersonen sind zu bestellen, wenn in einem Betrieb regelmäßig mehr als 10 Arbeitnehmer beschäftigt werden.

(Anm.: Z 2 aufgehoben durch BGBl. I Nr. 159/2001)

3. Die Bestellung bedarf der Zustimmung der zuständigen Belegschaftsorgane. Dies gilt auch dann, wenn ein Betriebsratsmitglied die Aufgaben einer Sicherheitsvertrauensperson übernimmt.

4. Für einzelne zum Betrieb gehörende Arbeitsstätten, Baustellen und auswärtige Arbeitsstellen ist eine gesonderte Bestellung von Sicherheitsvertrauenspersonen zulässig, wenn dies auf Grund der betrieblichen Verhältnisse zweckmäßig ist. Für jene Arbeitsstätten des Betriebes, in denen regelmäßig mehr als 50 Arbeitnehmer beschäftigt werden, muß eine gesonderte Bestellung von Sicherheitsvertrauenspersonen erfolgen.

(3) Abs. 2 gilt sinngemäß für jene nicht unter den II. Teil des Arbeitsverfassungsgesetzes fallenden Betriebe, in denen Organe der Personalvertretung nach bundes- oder landesgesetzlichen Vorschriften bestehen.

(4) Für Arbeitsstätten, Baustellen und auswärtige Arbeitsstellen, für die keine Belegschaftsorgane im Sinne des Abs. 2 und 3 bestehen, gilt folgendes:

1. Für Arbeitsstätten, in denen regelmäßig mehr als 10 Arbeitnehmer beschäftigt werden, sind Sicherheitsvertrauenspersonen zu bestellen. Die auf Baustellen und auswärtigen Arbeitsstellen beschäftigten Arbeitnehmer sind einzurechnen.

2. Über die beabsichtigte Bestellung sind alle Arbeitnehmer schriftlich zu informieren. Wenn mindestens ein Drittel der Arbeitnehmer binnen vier Wochen gegen die beabsichtigte Bestellung schriftlich Einwände erhebt, muß eine andere Person bestellt werden.

3. Die gesonderte Bestellung von Sicherheitsvertrauenspersonen für einzelne Baustellen und auswärtige Arbeitsstellen ist zulässig.

(5) Die Bestellung von Sicherheitsvertrauenspersonen hat auf die Dauer von vier Jahren zu erfolgen. Eine vorzeitige Abberufung von Sicherheitsvertrauenspersonen hat bei Betrieben im Sinne der Abs. 2 und 3 auf Verlangen der zuständigen Belegschaftsorgane, im Fall des Abs. 4 auf Verlangen von mindestens einem Drittel der Arbeitnehmer zu erfolgen.

(6) Als Sicherheitsvertrauenspersonen dürfen nur Arbeitnehmer/innen bestellt werden. Sie müssen die für ihre Aufgaben notwendigen persönlichen und fachlichen Voraussetzungen erfüllen. Arbeitgeber haben den Sicherheitsvertrauenspersonen unter Bedachtnahme auf die betrieblichen Belange Gelegenheit zu geben, die für ihre Tätigkeit erforderlichen näheren Fachkenntnisse zu erwerben und zu erweitern.

(7) Arbeitgeber haben sicherzustellen, daß den Sicherheitsvertrauenspersonen die zur Erfüllung ihrer Aufgaben erforderliche Zeit unter Anrechnung auf ihre Arbeitszeit zur Verfügung steht.

Den Sicherheitsvertrauenspersonen sind die für die Erfüllung ihrer Aufgaben erforderlichen Behelfe und Mittel zur Verfügung zu stellen. Die Sicherheitsvertrauenspersonen sind angemessen zu unterweisen.

(8) Arbeitgeber sind verpflichtet, die Namen der Sicherheitsvertrauenspersonen dem Arbeitsinspektorat schriftlich mitzuteilen. Das Arbeitsinspektorat hat diese Mitteilungen den zuständigen gesetzlichen Interessenvertretungen der Arbeitnehmer zur Kenntnis zu bringen.

(9) Die Bestellung von Sicherheitsvertrauenspersonen berührt nicht die Verantwortlichkeit des Arbeitgebers für die Einhaltung der Arbeitnehmerschutzvorschriften. Den Sicherheitsvertrauenspersonen kann nicht die Verantwortlichkeit für die Einhaltung der Arbeitnehmerschutzvorschriften rechtswirksam übertragen werden. §§ 15 und 130 Abs. 4 gelten auch für Sicherheitsvertrauenspersonen.

(10) Sicherheitsfachkräfte oder Arbeitsmediziner/innen dürfen, sofern sie Arbeitnehmer/innen sind, gleichzeitig auch als Sicherheitsvertrauenspersonen bestellt sein.

Aufgaben und Beteiligung der
Sicherheitsvertrauenspersonen

§ 11. (1) Die Sicherheitsvertrauenspersonen haben in allen Fragen der Sicherheit und des Gesundheitsschutzes

1. die Arbeitnehmer zu informieren, zu beraten und zu unterstützen,

2. die Belegschaftsorgane zu informieren, zu beraten und zu unterstützen und mit ihnen zusammenzuarbeiten,

3. in Abstimmung mit den Belegschaftsorganen die Interessen der Arbeitnehmer gegenüber den Arbeitgebern, den zuständigen Behörden und sonstigen Stellen zu vertreten,

4. die Arbeitgeber bei der Durchführung des Arbeitnehmerschutzes zu beraten,

5. auf das Vorhandensein der entsprechenden Einrichtungen und Vorkehrungen zu achten und die Arbeitgeber über bestehende Mängel zu informieren,

6. auf die Anwendung der gebotenen Schutzmaßnahmen zu achten,

7. mit den Sicherheitsfachkräften und den Arbeitsmedizinern zusammenzuarbeiten.

(2) Die Sicherheitsvertrauenspersonen sind bei Ausübung ihrer in diesem Bundesgesetz geregelten Aufgaben an keinerlei Weisungen gebunden.

(3) Die Sicherheitsvertrauenspersonen sind berechtigt, in allen Fragen der Sicherheit und des Gesundheitsschutzes bei den Arbeitgebern sowie bei den dafür zuständigen Stellen die notwendigen Maßnahmen zu verlangen, Vorschläge für die Verbesserung der Arbeitsbedingungen zu erstatten und die Beseitigung von Mängeln zu verlangen.

(4) Arbeitgeber sind verpflichtet, die Sicherheitsvertrauenspersonen in allen Angelegenheiten der Sicherheit und des Gesundheitsschutzes anzuhören.

(5) Die Sicherheitsvertrauenspersonen sind zur etwaigen Hinzuziehung externer Präventivdienste im Voraus zu hören und vor der Bestellung und Abberufung von Sicherheitsfachkräften, von Arbeitsmedizinern sowie von für die Erste Hilfe, die Brandbekämpfung und Evakuierung zuständigen Personen und von der etwaigen Beiziehung eines arbeitsmedizinischen Fachdienstes zu informieren. Die beabsichtigte Bestellung oder Abberufung ist mit den Sicherheitsvertrauenspersonen zu beraten, außer wenn Belegschaftsorgane errichtet sind oder wenn die Bestellung oder Abberufung im Arbeitsschutzausschuß behandelt wird.

(6) Wenn keine Belegschaftsorgane errichtet sind, sind die Arbeitgeber verpflichtet,

1. die Sicherheitsvertrauenspersonen bei der Planung und Einführung neuer Technologien zu den Auswirkungen zu hören, die die Auswahl der Arbeitsmittel oder Arbeitsstoffe, die Gestaltung der Arbeitsbedingungen und die Einwirkung der Umwelt auf den Arbeitsplatz für die Sicherheit und Gesundheit der Arbeitnehmer haben,

2. die Sicherheitsvertrauenspersonen bei der Auswahl der persönlichen Schutzausrüstung zu beteiligen und

3. die Sicherheitsvertrauenspersonen bei der Ermittlung und Beurteilung der Gefahren und der Festlegung der Maßnahmen sowie bei der Planung und Organisation der Unterweisung zu beteiligen.

(7) Arbeitgeber sind verpflichtet,

1. den Sicherheitsvertrauenspersonen Zugang zu den Sicherheits- und Gesundheitsschutzdokumenten sowie zu den Aufzeichnungen und Berichten über Arbeitsunfälle zu gewähren;

2. den Sicherheitsvertrauenspersonen folgende Unterlagen zur Verfügung zu stellen:

a) die Unterlagen betreffend die Erkenntnisse gemäß § 3 Abs. 2,

b) die Ergebnisse von Messungen betreffend gefährliche Arbeitsstoffe und Lärm sowie sonstiger Messungen und Untersuchungen, die mit dem Arbeitnehmerschutz im Zusammenhang stehen, und

c) die Aufzeichnungen betreffend Arbeitsstoffe und Lärm;

3. die Sicherheitsvertrauenspersonen über Grenzwertüberschreitungen sowie deren Ursachen und über die getroffenen Maßnahmen unverzüglich zu informieren,

4. die Sicherheitsvertrauenspersonen über Auflagen, Vorschreibungen, Bewilligungen und behördliche Informationen auf dem Gebiet des Arbeitnehmerschutzes zu informieren und zu

den Informationen, die sich aus den Schutzmaßnahmen und Maßnahmen zur Gefahrenverhütung ergeben, im Voraus anzuhören,

5. die Sicherheitsvertrauenspersonen zu den Informationen über die Gefahren für Sicherheit und Gesundheit sowie über Schutzmaßnahmen und Maßnahmen zur Gefahrenverhütung im Allgemeinen und für die einzelnen Arten von Arbeitsplätzen bzw. Aufgabenbereichen im Voraus anzuhören,

6. die Sicherheitsvertrauenspersonen zur Information der Arbeitgeber von betriebsfremden Arbeitnehmern über die in Z 5 genannten Punkte sowie über die für Erste Hilfe, Brandbekämpfung und Evakuierung gesetzten Maßnahmen, im Voraus anzuhören.

(8) Werden auf Baustellen Arbeitnehmer mehrerer Arbeitgeber beschäftigt, hat bei der Anhörung und Beteiligung der Sicherheitsvertrauenspersonen eine angemessene Abstimmung zwischen diesen Arbeitgebern zu erfolgen, wenn dies angesichts des Ausmaßes des Risikos und des Umfanges der Baustelle erforderlich erscheint.

Information

§ 12. (1) Arbeitgeber sind verpflichtet, für eine ausreichende Information der Arbeitnehmer über die Gefahren für Sicherheit und Gesundheit sowie über die Maßnahmen zur Gefahrenverhütung zu sorgen. Diese Information muß die Arbeitnehmer in die Lage versetzen, durch eine angemessene Mitwirkung zu überprüfen, ob die erforderlichen Schutzmaßnahmen getroffen wurden. Diese Information muß während der Arbeitszeit erfolgen.

(2) Die Information muß vor Aufnahme der Tätigkeit erfolgen. Sie muß regelmäßig wiederholt werden, insbesondere wenn dies auf Grund sich ändernder betrieblicher Gegebenheiten erforderlich ist, weiters bei Änderung der maßgeblichen Arbeitnehmerschutzvorschriften und bei neuen Erkenntnissen auf dem Gebiet der Sicherheit und des Gesundheitsschutzes.

(3) Arbeitgeber sind verpflichtet, alle Arbeitnehmer, die einer unmittelbaren erheblichen Gefahr ausgesetzt sein können, unverzüglich über diese Gefahr und die getroffenen oder zu treffenden Schutzmaßnahmen zu informieren.

(4) Die Information muß in verständlicher Form erfolgen. Bei Arbeitnehmern, die der deutschen Sprache nicht ausreichend mächtig sind, hat die Information in ihrer Muttersprache oder in einer sonstigen für sie verständlichen Sprache zu erfolgen. Arbeitgeber haben sich zu vergewissern, daß die Arbeitnehmer die Informationen verstanden haben.

(5) Den Arbeitnehmern sind erforderlichenfalls zur Information geeignete Unterlagen zur Verfügung zu stellen. Abs. 4 zweiter und dritter Satz gilt auch für diese Unterlagen. Bedienungsanleitungen betreffend Arbeitsmittel sowie Beipacktexte,

Gebrauchsanweisungen und Sicherheitsdatenblätter betreffend Arbeitsstoffe sind den betroffenen Arbeitnehmern jedenfalls zur Verfügung zu stellen. Diese Unterlagen sind erforderlichenfalls am Arbeitsplatz auszuhängen.

(6) Die Information der einzelnen Arbeitnehmer gemäß Abs. 1, 2, 4 und 5 kann entfallen, wenn Sicherheitsvertrauenspersonen bestellt oder Belegschaftsorgane errichtet sind, diese entsprechend informiert wurden und eine Information dieser Personen zur wirksamen Gefahrenverhütung ausreicht. Dabei sind Inhalt und Zweck der Information sowie die bestehenden Gefahren und betrieblichen Gegebenheiten zu berücksichtigen.

(7) Wenn weder Sicherheitsvertrauenspersonen bestellt noch Belegschaftsorgane errichtet sind, sind alle Arbeitnehmer in allen in § 12 Abs. 7 angeführten Angelegenheiten zu informieren und sind ihnen die angeführten Unterlagen zur Verfügung zu stellen.

Anhörung und Beteiligung

§ 13. (1) Arbeitgeber sind verpflichtet, die Arbeitnehmer in allen Fragen betreffend die Sicherheit und die Gesundheit am Arbeitsplatz anzuhören.

(2) Wenn weder Sicherheitsvertrauenspersonen bestellt noch Belegschaftsorgane errichtet sind, sind alle Arbeitnehmer in allen in § 11 Abs. 5 und 6 angeführten Angelegenheiten anzuhören und zu beteiligen.

(3) Werden auf einer Baustelle gleichzeitig oder aufeinanderfolgend Arbeitnehmer mehrerer Arbeitgeber beschäftigt, so hat bei der Anhörung und Beteiligung eine angemessene Abstimmung zwischen diesen Arbeitgebern zu erfolgen, wenn dies angesichts des Ausmaßes des Risikos und des Umfanges der Baustelle erforderlich erscheint.

Unterweisung

§ 14. (1) Arbeitgeber sind verpflichtet, für eine ausreichende Unterweisung der Arbeitnehmer über Sicherheit und Gesundheitsschutz zu sorgen. Die Unterweisung muß während der Arbeitszeit erfolgen. Die Unterweisung muß nachweislich erfolgen. Für die Unterweisung sind erforderlichenfalls geeignete Fachleute heranzuziehen.

(2) Eine Unterweisung muß jedenfalls erfolgen
1. vor Aufnahme der Tätigkeit,
2. bei einer Versetzung oder Veränderung des Aufgabenbereiches,
3. bei Einführung oder Änderung von Arbeitsmitteln,
4. bei Einführung neuer Arbeitsstoffe,
5. bei Einführung oder Änderung von Arbeitsverfahren und
6. nach Unfällen oder Ereignissen, die beinahe zu einem Unfall geführt hätten, sofern dies zur Verhütung weiterer Unfälle nützlich erscheint.

(3) Die Unterweisung muß auf den Arbeitsplatz und den Aufgabenbereich des Arbeitnehmers ausgerichtet sein. Sie muß an die Entwicklung der Gefahrenmomente und an die Entstehung neuer Gefahren angepaßt sein. Die Unterweisung muß auch die bei absehbaren Betriebsstörungen zu treffenden Maßnahmen umfassen. Die Unterweisung ist erforderlichenfalls in regelmäßigen Abständen zu wiederholen, jedenfalls dann, wenn dies gemäß § 4 Abs. 3 als Maßnahme zur Gefahrenverhütung oder in einer Verordnung zu diesem Bundesgesetz festgelegt ist.

(4) Die Unterweisung muß dem Erfahrungsstand der Arbeitnehmer angepaßt und in verständlicher Form erfolgen. Bei Arbeitnehmern, die der deutschen Sprache nicht ausreichend mächtig sind, hat die Unterweisung in ihrer Muttersprache oder in einer sonstigen für sie verständlichen Sprache zu erfolgen. Arbeitgeber haben sich zu vergewissern, daß die Arbeitnehmer die Unterweisung verstanden haben.

(5) Die Unterweisung kann auch schriftlich erfolgen. Erforderlichenfalls sind den Arbeitnehmern schriftliche Betriebsanweisungen und sonstige Anweisungen zur Verfügung zu stellen. Diese Anweisungen sind erforderlichenfalls am Arbeitsplatz auszuhängen. Abs. 4 zweiter und dritter Satz gilt auch für schriftliche Anweisungen.

Pflichten der Arbeitnehmer

§ 15. (1) Arbeitnehmer haben die zum Schutz des Lebens, der Gesundheit und der Integrität und Würde nach diesem Bundesgesetz, und dazu erlassenen Verordnungen sowie behördlichen Vorschreibungen gebotenen Schutzmaßnahmen anzuwenden, und zwar gemäß ihrer Unterweisung und den Anweisungen des Arbeitgebers. Sie haben sich so zu verhalten, daß eine Gefährdung soweit als möglich vermieden wird.

(2) Arbeitnehmer sind verpflichtet, gemäß ihrer Unterweisung und den Anweisungen des Arbeitgebers die Arbeitsmittel ordnungsgemäß zu benutzen und die ihnen zur Verfügung gestellte, diesem Bundesgesetz entsprechende persönliche Schutzausrüstung zweckentsprechend zu benutzen und sie nach Benutzung an dem dafür vorgesehenen Platz zu lagern.

(3) Arbeitnehmer dürfen Schutzeinrichtungen nicht entfernen, außer Betrieb setzen, willkürlich verändern oder umstellen, soweit dies nicht aus arbeitstechnischen Gründen, insbesondere zur Durchführung von Einstellungs-, Reparatur- oder Wartungsarbeiten, unbedingt notwendig ist. Sie sind verpflichtet, gemäß ihrer Unterweisung und den Anweisungen des Arbeitgebers die Schutzeinrichtungen ordnungsgemäß zu benutzen.

(4) Arbeitnehmer dürfen sich nicht durch Alkohol, Arzneimittel oder Suchtgift in einen Zustand versetzen, in dem sie sich oder andere Personen gefährden können.

(5) Arbeitnehmer haben jeden Arbeitsunfall, jedes Ereignis, das beinahe zu einem Unfall geführt hätte, und jede von ihnen festgestellte ernste und unmittelbare Gefahr für Sicherheit oder Gesundheit sowie jeden an den Schutzsystemen festgestellten Defekt unverzüglich den zuständigen Vorgesetzten oder den sonst dafür zuständigen Personen zu melden.

(6) Wenn sie bei unmittelbarer erheblicher Gefahr die zuständigen Vorgesetzten oder die sonst zuständigen Personen nicht erreichen können, sind Arbeitnehmer verpflichtet, nach Maßgabe der Festlegungen in den Sicherheits- und Gesundheitsschutzdokumenten, ihrer Information und Unterweisung sowie der ihnen zur Verfügung stehenden technischen Mittel selbst die ihnen zumutbaren unbedingt notwendigen Maßnahmen zu treffen, um die anderen Arbeitnehmer zu warnen und Nachteile für Leben oder Gesundheit abzuwenden.

(7) Arbeitnehmer haben gemeinsam mit dem Arbeitgeber, den Sicherheitsvertrauenspersonen und den Präventivdiensten darauf hinzuwirken, daß die zum Schutz der Arbeitnehmer vorgesehenen Maßnahmen eingehalten werden und daß die Arbeitgeber gewährleisten, daß das Arbeitsumfeld und die Arbeitsbedingungen sicher sind und keine Gefahren für Sicherheit oder Gesundheit aufweisen.

(8) Die Pflichten der Arbeitnehmer in Fragen der Sicherheit und des Gesundheitsschutzes berühren nicht die Verantwortlichkeit des Arbeitgebers für die Einhaltung der Arbeitnehmerschutzvorschriften.

Aufzeichnungen und Berichte über Arbeitsunfälle

§ 16. (1) Arbeitgeber haben Aufzeichnungen zu führen

1. über alle tödlichen Arbeitsunfälle,
2. über alle Arbeitsunfälle, die eine Verletzung eines Arbeitnehmers mit einem Arbeitsausfall von mehr als drei Kalendertagen zur Folge haben.

(Anm.: Z 3 aufgehoben durch Art. 1 Z 2, BGBl. I Nr. 126/2017)

(2) Die Aufzeichnungen gemäß Abs. 1 sind mindestens fünf Jahre aufzubewahren.

(3) Arbeitgeber sind verpflichtet, auf Verlangen des Arbeitsinspektorates Berichte über bestimmte Arbeitsunfälle zu erstellen und dem Arbeitsinspektorat zu übermitteln.

Instandhaltung, Reinigung, Prüfung

§ 17. (1) Arbeitgeber haben dafür zu sorgen, daß die Arbeitsstätten einschließlich der Sanitär- und Sozialeinrichtungen, die elektrischen Anlagen, Arbeitsmittel und Gegenstände der persönlichen Schutzausrüstung sowie die Einrichtungen zur Brandmeldung oder –bekämpfung, zur Erste-Hilfe-Leistung und zur Rettung aus Gefahr ordnungsgemäß instand gehalten und gereinigt werden.

(2) Arbeitgeber haben unbeschadet der in den folgenden Abschnitten dieses Bundesgesetzes vorgesehenen besonderen Prüfpflichten dafür zu sorgen, daß elektrische Anlagen, Arbeitsmittel, Gegenstände der persönlichen Schutzausrüstung sowie Einrichtungen zur Brandmeldung oder –bekämpfung und zur Rettung aus Gefahr in regelmäßigen Abständen auf ihren ordnungsgemäßen Zustand überprüft werden und festgestellte Mängel unverzüglich beseitigt werden.

Verordnungen

§ 18. Der Bundesminister für Arbeit, Soziales und Konsumentenschutz hat in Durchführung des 1. Abschnittes durch Verordnung näher zu regeln:

1. die Sicherheits- und Gesundheitsschutzdokumente, wobei die Art der Tätigkeiten und die Größe des Unternehmens bzw. der Arbeitsstätte, Baustelle oder auswärtigen Arbeitsstelle zu berücksichtigen sind,
2. Arbeiten, mit denen Arbeitnehmerinnen nicht oder nur unter Bedingungen oder Einschränkungen beschäftigt werden dürfen,
3. die Mindestanzahl der Sicherheitsvertrauenspersonen.

2. Abschnitt
Arbeitsstätten und Baustellen
Anwendungsbereich

§ 19. (1) Arbeitsstätten sind

1. alle Gebäude und sonstigen baulichen Anlagen sowie Teile von Gebäuden oder sonstigen baulichen Anlagen, in denen Arbeitsplätze eingerichtet sind oder eingerichtet werden sollen oder zu denen Arbeitnehmer im Rahmen ihrer Arbeit Zugang haben (Arbeitsstätten in Gebäuden), sowie
2. alle Orte auf einem Betriebsgelände, zu denen Arbeitnehmer im Rahmen ihrer Arbeit Zugang haben (Arbeitsstätten im Freien).

(2) Als Arbeitsstätten im Sinne des Abs. 1 Z 1 gelten auch Wohnwagen, Container und sonstige ähnliche Einrichtungen, sowie Tragluftbauten, die zur Nutzung für Arbeitsplätze vorgesehen sind.

(3) Die §§ 20 bis 28 gelten nicht für

1. Gebäude und sonstige bauliche Anlagen, die dem Gottesdienst gesetzlich anerkannter Kirchen und Religionsgesellschaften gewidmet sind,
2. Felder, Wälder und sonstige Flächen, die zu einem land- und forstwirtschaftlichen Betrieb gehören und außerhalb seiner verbauten Fläche liegen.

Allgemeine Bestimmungen über Arbeitsstätten und Baustellen

§ 20. (1) Arbeitgeber sind verpflichtet, Arbeitsstätten und Baustellen entsprechend den Vorschriften dieses Bundesgesetzes sowie den dazu erlassenen Verordnungen und entsprechend den für sie geltenden behördlichen Vorschreibungen einzurichten und zu betreiben.

(2) Befinden sich in einer Arbeitsstätte oder auf einer Baustelle Gefahrenbereiche, in denen Absturzgefahr für die Arbeitnehmer oder die Gefahr des Herabfallens von Gegenständen besteht, so müssen diese Bereiche nach Möglichkeit mit Vorrichtungen ausgestattet sein, die unbefugte Arbeitnehmer am Betreten dieser Bereiche hindern. Dies gilt auch für sonstige Bereiche, in denen besondere Gefahren bestehen, insbesondere durch elektrische Spannung, radioaktive Stoffe, ionisierende oder nichtionisierende Strahlung oder durch Lärm oder sonstige physikalische Einwirkungen. Gefahrenbereiche müssen gut sichtbar und dauerhaft gekennzeichnet sein.

(3) Elektrische Anlagen müssen so geplant und installiert sein, daß von ihnen keine Brand- oder Explosionsgefahr ausgeht und daß Arbeitnehmer bei direktem oder indirektem Kontakt angemessen vor Unfallgefahren geschützt sind.

(4) Der Verkehr innerhalb der Arbeitsstätten und auf den Baustellen ist so abzuwickeln, daß Sicherheit und Gesundheit der Arbeitnehmer nicht gefährdet werden. Die der Verkehrssicherheit dienenden Vorschriften der Straßenverkehrsordnung 1960, BGBl. Nr. 159, sind sinngemäß anzuwenden, soweit nicht betriebliche Notwendigkeiten eine Abweichung erfordern. Solche Abweichungen sind in der Arbeitsstätte oder auf der Baustelle entsprechend bekanntzumachen.

(5) Lagerungen sind in einer Weise vorzunehmen, daß Gefahren für Sicherheit oder Gesundheit der Arbeitnehmer nach Möglichkeit vermieden werden, wobei insbesondere die Beschaffenheit und die allfällige besondere Gefährlichkeit der gelagerten Gegenstände zu berücksichtigen sind.

(6) Arbeitsstätten und Baustellen, in/auf denen Arbeitnehmer bei Ausfall der künstlichen Beleuchtung in besonderem Maß Gefahren ausgesetzt sind, müssen mit einer ausreichenden Sicherheitsbeleuchtung ausgestattet sein.

(7) Arbeitgeber/innen haben dafür zu sorgen, dass auf Arbeitsstätten im Bergbau die erforderlichen Kommunikations–, Warn- und Alarmsysteme vorhanden sind, damit im Bedarfsfall unverzüglich Hilfs-, Evakuierungs- und Rettungsmaßnahmen eingeleitet werden können.

Arbeitsstätten in Gebäuden

§ 21. (1) Arbeitsstätten in Gebäuden müssen eine der Nutzungsart entsprechende Konstruktion und Festigkeit aufweisen.

(2) Arbeitsstätten in Gebäuden müssen möglichst ausreichend Tageslicht erhalten und mit Einrichtungen für eine der Sicherheit und dem Gesundheitsschutz der Arbeitnehmer angemessene künstliche Beleuchtung ausgestattet sein.

(3) Ausgänge und Verkehrswege müssen so angelegt und beschaffen sein, daß sie je nach ihrem Bestimmungszweck leicht und sicher begangen oder befahren werden können. Anzahl, Anordnung, Abmessungen und Beschaffenheit der Ausgänge, der Verkehrswege, der Türen und der Tore müssen der Art, der Nutzung und der Lage der Räume entsprechen. Ausgänge, Verkehrswege, Türen und Tore müssen so angelegt sein, daß in der Nähe beschäftigte Arbeitnehmer nicht gefährdet werden können.

(4) Es muß dafür vorgesorgt werden, daß alle Arbeitsplätze bei Gefahr von den Arbeitnehmern schnell und sicher verlassen werden können. Anzahl, Anordnung, Abmessungen und Beschaffenheit der Fluchtwege und der Notausgänge müssen der höchstmöglichen Anzahl der darauf angewiesenen Personen sowie der Nutzung der Einrichtung und den Abmessungen der Arbeitsstätte angemessen sein. Die Verkehrswege zu Fluchtwegen und Notausgängen sowie die Fluchtwege und Notausgänge selbst müssen freigehalten werden, damit sie jederzeit benutzt werden können. Fluchtwege und Notausgänge müssen gut sichtbar und dauerhaft gekennzeichnet sein.

(5) Arbeitsstätten in Gebäuden sind gegebenenfalls behindertengerecht zu gestalten. Dies gilt insbesondere für Ausgänge, Verkehrswege, Türen und Tore und sanitäre Vorkehrungen, die von behinderten Arbeitnehmern benutzt werden.

(6) Wird ein Gebäude nur zum Teil für Arbeitsstätten genutzt, gilt Abs. 3 nur für jene Ausgänge, Verkehrswege, Türen und Tore, die von den Arbeitnehmern benützt werden.

Arbeitsräume

§ 22. (1) Arbeitsräume sind jene Räume, in denen mindestens ein ständiger Arbeitsplatz eingerichtet ist.

(2) Arbeitsräume müssen für den Aufenthalt von Menschen geeignet sein und unter Berücksichtigung der Arbeitsvorgänge und Arbeitsbedingungen den Erfordernissen des Schutzes des Lebens und der Gesundheit der Arbeitnehmer entsprechen.

(3) In Arbeitsräumen muß unter Berücksichtigung der Arbeitsvorgänge und der körperlichen Belastung der Arbeitnehmer ausreichend gesundheitlich zuträgliche Atemluft vorhanden sein und müssen raumklimatische Verhältnisse herrschen, die dem menschlichen Organismus angemessen sind.

(4) Bei der Konstruktion und Einrichtung der Arbeitsräume ist dafür zu sorgen, daß Lärm, elektrostatische Aufladung, üble Gerüche, Erschütterungen, schädliche Strahlungen, Nässe und Feuchtigkeit nach Möglichkeit vermieden werden.

(5) Arbeitsräume müssen eine ausreichende Grundfläche und Höhe sowie einen ausreichenden Luftraum aufweisen, sodaß die Arbeitnehmer ohne Beeinträchtigung ihrer Sicherheit, ihrer Gesundheit und ihres Wohlbefindens ihre Arbeit verrichten können.

(6) Soweit die Zweckbestimmung der Räume und die Art der Arbeitsvorgänge dies zulassen, müssen Arbeitsräume ausreichend natürlich belichtet sein und eine Sichtverbindung mit dem Freien aufweisen. Bei der Anordnung der Arbeitsplätze ist auf die Lage der Belichtungsflächen und der Sichtverbindung Bedacht zu nehmen.

(7) Arbeitsräume müssen erforderlichenfalls während der Arbeitszeit unter Berücksichtigung der Arbeitsvorgänge entsprechend künstlich beleuchtet sein.

(8) Die Fußböden der Arbeitsräume dürfen keine Unebenheiten, Löcher oder gefährlichen Neigungen aufweisen. Sie müssen befestigt, trittsicher und rutschfest sein. Sie müssen im Bereich der ortsgebundenen Arbeitsplätze eine ausreichende Wärmeisolierung aufweisen, sofern dies nicht aus arbeitstechnischen Gründen ausgeschlossen ist.

Sonstige Betriebsräume
§ 23. (1) Sonstige Betriebsräume sind jene Räume, in denen zwar kein ständiger Arbeitsplatz eingerichtet ist, aber vorübergehend Arbeiten verrichtet werden.

(2) Sonstige Betriebsräume müssen für den Aufenthalt von Menschen geeignet sein und unter Berücksichtigung der Arbeitsvorgänge und Arbeitsbedingungen den Erfordernissen des Schutzes des Lebens und der Gesundheit der Arbeitnehmer entsprechen.

(3) Soweit dies die Nutzung und die Zweckbestimmung der Räume zulassen, muß in sonstigen Betriebsräumen unter Berücksichtigung der Arbeitsvorgänge und der körperlichen Belastung der Arbeitnehmer ausreichend gesundheitlich zuträgliche Atemluft vorhanden sein und müssen raumklimatische Verhältnisse herrschen, die dem menschlichen Organismus angemessen sind.

(4) Sonstige Betriebsräume müssen erforderlichenfalls während der Zeit, in der Arbeiten durchgeführt werden, unter Berücksichtigung der Arbeitsvorgänge entsprechend künstlich beleuchtet sein.

(5) Die Fußböden der sonstigen Betriebsräume dürfen keine Unebenheiten, Löcher oder gefährlichen Neigungen aufweisen. Sie müssen fest, trittsicher und rutschfest sein.

Arbeitsstätten im Freien und Baustellen
§ 24. (1) Arbeitsstätten im Freien und Baustellen müssen während der Arbeitszeit ausreichend künstlich beleuchtet werden, wenn das Tageslicht nicht ausreicht.

(2) Auf Arbeitsstätten im Freien und auf Baustellen sind geeignete Maßnahmen zu treffen, damit die Arbeitnehmer bei Gefahr rasch ihren Arbeitsplatz verlassen können und ihnen rasch Hilfe geleistet werden kann.

(3) Verkehrswege und sonstige Stellen oder Einrichtungen im Freien, die von den Arbeitnehmern im Rahmen ihrer Tätigkeit benutzt oder betreten werden müssen, sind so zu gestalten und zu erhalten, daß sie je nach ihrem Bestimmungszweck sicher begangen oder befahren werden können und daß in der Nähe beschäftigte Arbeitnehmer nicht gefährdet werden.

(4) Für Gebäude auf Baustellen, in denen Arbeitsplätze eingerichtet sind, gilt § 21 Abs. 1 bis 5. Für Räume auf Baustellen, in denen ständige Arbeitsplätze eingerichtet sind, wie Büros und Werkstätten, gilt § 22 Abs. 2 bis 7 und Abs. 8 erster und zweiter Satz. Für Räume auf Baustellen, in denen zwar keine ständigen Arbeitsplätze eingerichtet sind, in denen aber vorübergehend Arbeiten verrichtet werden, gilt § 23 Abs. 1 bis 5.

Brandschutz und Explosionsschutz
§ 25. (1) Arbeitgeber müssen geeignete Vorkehrungen treffen, um das Entstehen eines Brandes und im Falle eines Brandes eine Gefährdung des Lebens und der Gesundheit der Arbeitnehmer zu vermeiden.

(2) Arbeitgeber müssen geeignete Maßnahmen treffen, die zur Brandbekämpfung und Evakuierung der Arbeitnehmer erforderlich sind.

(3) Es müssen ausreichende und geeignete Feuerlöscheinrichtungen und erforderlichenfalls Brandmelder und Alarmanlagen vorhanden sein. Die Feuerlöscheinrichtungen müssen gut sichtbar und dauerhaft gekennzeichnet sein.

(4) Arbeitgeber haben Personen zu bestellen, die für die Brandbekämpfung und Evakuierung der Arbeitnehmer zuständig sind. Eine ausreichende Anzahl von Arbeitnehmern muß mit der Handhabung der Feuerlöscheinrichtungen vertraut sein.

(Anm.: Abs. 5 aufgehoben durch BGBl. I Nr. 94/2014)

(6) Arbeitgeber müssen geeignete Vorkehrungen treffen, um Explosionen zu verhindern und die Folgen einer Explosion zu begrenzen.

(7) Arbeitsstätten müssen erforderlichenfalls mit Blitzschutzanlagen versehen sein.

(8) Bei Vorkehrungen und Maßnahmen gemäß Abs. 1 bis 7 sind die Art der Arbeitsvorgänge und

Arbeitsverfahren, die Art und Menge der vorhandenen Arbeitsstoffe, die vorhandenen Einrichtungen und Arbeitsmittel, die Lage, Abmessungen und Nutzung der Arbeitsstätte sowie die höchstmögliche Anzahl der anwesenden Personen zu berücksichtigen.

(9) Für Baustellen gelten Abs. 1 bis 4, 6 und 8 mit der Maßgabe, daß auch die Lage und die räumliche Ausdehnung der Baustelle sowie allfällige Unterkünfte und Behelfsbauten besonders zu berücksichtigen sind.

Erste Hilfe

§ 26. (1) Arbeitgeber müssen geeignete Vorkehrungen treffen, damit Arbeitnehmern bei Verletzungen oder plötzlichen Erkrankungen Erste Hilfe geleistet werden kann.

(2) Es müssen ausreichende und geeignete Mittel und Einrichtungen für die Erste Hilfe samt Anleitungen vorhanden sein. Die Aufbewahrungsstellen der für die Erste Hilfe notwendigen Mittel und Einrichtungen müssen gut erreichbar sein sowie gut sichtbar und dauerhaft gekennzeichnet sein.

(3) Es sind in ausreichender Anzahl Personen zu bestellen, die für die Erste Hilfe zuständig sind. Diese Personen müssen über eine ausreichende Ausbildung für die Erste Hilfe verfügen. Es ist dafür zu sorgen, daß während der Betriebszeit entsprechend der Anzahl der in der Arbeitsstätte anwesenden Arbeitnehmer für die Erste Hilfe zuständige Personen in ausreichender Anzahl anwesend sind.

(4) Für die Erste Hilfe müssen Sanitätsräume vorgesehen sein, wenn in einer Arbeitsstätte regelmäßig mehr als 250 Arbeitnehmer beschäftigt werden oder wenn es wegen der besonderen Verhältnisse für eine rasche und wirksame Erste Hilfe erforderlich ist. Sanitätsräume müssen mit den erforderlichen Einrichtungen und Mitteln ausgestattet und leicht zugänglich sein. Sie müssen gut sichtbar und dauerhaft gekennzeichnet sein.

(5) Bei Vorkehrungen und Maßnahmen gemäß Abs. 1 bis 4 sind die Art der Arbeitsvorgänge und Arbeitsverfahren, die Art und Menge der vorhandenen Arbeitsstoffe, die vorhandenen Einrichtungen und Arbeitsmittel, das Unfallrisiko, die Lage, Abmessungen und Nutzung der Arbeitsstätte sowie die Anzahl der in der Arbeitsstätte beschäftigten Arbeitnehmer zu berücksichtigen.

(6) Für Baustellen gelten Abs. 1, 2 und 5 mit der Maßgabe, daß auch die Lage und die räumliche Ausdehnung der Baustelle besonders zu berücksichtigen sind, sowie Abs. 3. Sanitätsräume oder vergleichbare Einrichtungen sind vorzusehen, wenn dies auf Grund der Lage der Baustelle und der Anzahl der auf der Baustelle beschäftigten Arbeitnehmer notwendig ist. Für diese Sanitätseinrichtungen gilt Abs. 4 zweiter und dritter Satz.

Sanitäre Vorkehrungen in Arbeitsstätten

§ 27. (1) Den Arbeitnehmern sind in ausreichender Anzahl geeignete Waschgelegenheiten mit hygienisch einwandfreiem, fließendem und nach Möglichkeit warmem Wasser, Reinigungsmittel sowie geeignete Mittel zum Abtrocknen zur Verfügung zu stellen. Waschräume sind zur Verfügung zu stellen, wenn

1. von einem Arbeitgeber in einer Arbeitsstätte regelmäßig mehr als zwölf Arbeitnehmer beschäftigt werden, oder
2. die Art der Arbeitsvorgänge, hygienische oder gesundheitliche Gründe dies erfordern.

(2) Sind nach Abs. 1 Waschräume einzurichten, so hat eine Trennung nach Geschlecht zu erfolgen, wenn jedem Geschlecht mindestens fünf Arbeitnehmer angehören. Sind gemeinsame Waschgelegenheiten und Waschräume für Arbeitnehmer und Arbeitnehmerinnen eingerichtet, ist eine nach Geschlecht getrennte Benutzung sicherzustellen.

(3) Den Arbeitnehmern sind in der Nähe der Arbeitsplätze, der Aufenthaltsräume, der Umkleideräume und der Waschgelegenheiten oder Waschräume in ausreichender Anzahl geeignete Toiletten zur Verfügung zu stellen. In Vorräumen von Toiletten muß eine Waschgelegenheit vorhanden sein, sofern sich nicht in unmittelbarer Nähe der Toilette eine Waschgelegenheit befindet. Werden in einer Arbeitsstätte regelmäßig mindestens fünf Arbeitnehmer und mindestens fünf Arbeitnehmerinnen beschäftigt, so hat bei den Toiletten eine Trennung nach Geschlecht zu erfolgen.

(4) Jedem Arbeitnehmer ist ein versperrbarer Kleiderkasten oder eine sonstige geeignete versperrbare Einrichtung zur Aufbewahrung der Privatkleidung und Arbeitskleidung sowie sonstiger Gegenstände, die üblicherweise zur Arbeitsstätte mitgenommen werden, zur Verfügung zu stellen. Erforderlichenfalls ist dafür vorzusorgen, daß die Straßenkleidung von der Arbeits- und Schutzkleidung getrennt verwahrt werden kann. Den Arbeitnehmern sind geeignete Umkleideräume zur Verfügung zu stellen, wenn

1. in einer Arbeitsstätte regelmäßig mehr als zwölf Arbeitnehmer beschäftigt werden, die bei ihrer Tätigkeit besondere Arbeitskleidung oder Schutzkleidung tragen, oder
2. aus hygienischen, gesundheitlichen oder sittlichen Gründen gesonderte Umkleideräume erforderlich sind.

(5) Sind nach Abs. 4 Umkleideräume einzurichten, so hat eine Trennung nach Geschlecht zu erfolgen, wenn jedem Geschlecht mindestens fünf Arbeitnehmer angehören. Sind gemeinsame Umkleideräume für Arbeitnehmer und Arbeitnehmerinnen eingerichtet, ist eine nach Geschlecht getrennte Benutzung sicherzustellen.

(6) Waschräume müssen in der Nähe der Arbeitsplätze gelegen sein, soweit nicht gesonderte Waschgelegenheiten in der Nähe der Arbeitsplätze zur Verfügung stehen. Waschräume und Umkleideräume müssen untereinander leicht erreichbar sein.

(7) Waschräume, Toiletten und Umkleideräume müssen entsprechend ihrer Zweckbestimmung und der Anzahl der Arbeitnehmer bemessen und ausgestattet sein, den hygienischen Anforderungen entsprechen, eine angemessene Raumtemperatur aufweisen sowie ausreichend be- und entlüftet, belichtet oder beleuchtet sein.

(8) Der Verpflichtung zur Einrichtung von Waschräumen, Toiletten und Umkleideräumen kann auch in der Weise entsprochen werden, daß mehrere Arbeitgeber gemeinsam für ihre Arbeitnehmer Waschräume, Toiletten und Umkleideräume zur Verfügung stellen. In diesem Fall müssen die Waschräume, Toiletten und Umkleideräume hinsichtlich ihrer Lage, ihrer Anzahl, ihrer Bemessung und ihrer Ausstattung den Anforderungen nach Abs. 1 bis 7 unter Zugrundelegung der Gesamtzahl aller Arbeitnehmer entsprechen.

(9) Den Arbeitnehmern ist Trinkwasser oder ein anderes gesundheitlich einwandfreies, alkoholfreies Getränk zur Verfügung zu stellen.

Sozialeinrichtungen in Arbeitsstätten

§ 28. (1) Den Arbeitnehmern sind für den Aufenthalt während der Arbeitspausen geeignete Aufenthaltsräume zur Verfügung zu stellen, wenn

1. Sicherheits- oder Gesundheitsgründe dies erfordern, insbesondere wegen der Art der ausgeübten Tätigkeit, der Verwendung gefährlicher Arbeitsstoffe, der Lärmeinwirkung, Erschütterungen oder sonstigen gesundheitsgefährdenden Einwirkungen sowie bei längerdauernden Arbeiten im Freien, oder
2. ein Arbeitgeber in einer Arbeitsstätte regelmäßig mehr als zwölf Arbeitnehmer beschäftigt.

(2) Den Arbeitnehmern sind in den Aufenthaltsräumen, wenn solche nicht bestehen, an sonstigen geeigneten Plätzen, Sitzgelegenheiten mit Rückenlehne und Tische in ausreichender Anzahl zur Einnahme der Mahlzeiten sowie Einrichtungen zum Wärmen und zum Kühlen von mitgebrachten Speisen und Getränken zur Verfügung zu stellen.

(3) Für jene Arbeitnehmer, in deren Arbeitszeit regelmäßig und in erheblichem Umfang Zeiten der Arbeitsbereitschaft fallen, sind geeignete Bereitschaftsräume zur Verfügung zu stellen, wenn

1. sie sich während der Zeiten der Arbeitsbereitschaft nicht in Aufenthaltsräumen oder anderen geeigneten Räumen aufhalten dürfen und
2. Gesundheits- oder Sicherheitsgründe die Einrichtung von Bereitschaftsräumen erfordern.

(4) Aufenthaltsräume und Bereitschaftsräume müssen leicht erreichbar sein.

(5) Aufenthaltsräume und Bereitschaftsräume müssen entsprechend ihrer Zweckbestimmung und der Anzahl der Arbeitnehmer bemessen und ausgestattet sein, den hygienischen Anforderungen entsprechen, angemessene raumklimatische Verhältnisse aufweisen, ausreichend be- und entlüftet, belichtet oder beleuchtet und gegen Lärm, Erschütterungen und sonstige gesundheitsgefährdende Einwirkungen geschützt sein.

(6) Der Verpflichtung Aufenthaltsräume zur Verfügung zu stellen, kann auch in der Weise entsprochen werden, daß mehrere Arbeitgeber gemeinsam für ihre Arbeitnehmer Aufenthaltsräume zur Verfügung stellen. In diesem Fall müssen die Aufenthaltsräume hinsichtlich ihrer Lage, ihrer Anzahl, ihrer Bemessung und ihrer Ausstattung den Anforderungen nach Abs. 1, 2, 4 und 5 unter Zugrundelegung der Gesamtzahl aller Arbeitnehmer entsprechen.

(7) Räume, die den Arbeitnehmern vom Arbeitgeber zu Wohnzwecken oder zur Nächtigung zur Verfügung gestellt werden, müssen entsprechend ihrer Zweckbestimmung bemessen und ausgestattet sein, den hygienischen Anforderungen entsprechen, angemessene raumklimatische Verhältnisse aufweisen, ausreichend be- und entlüftet, belichtet und beleuchtbar sein. Den Arbeitnehmern müssen geeignete Duschen, Waschgelegenheiten und Toiletten zur Verfügung stehen.

(8) Abs. 7 gilt nicht für Werks- und Dienstwohnungen.

Sanitäre Vorkehrungen und Sozialeinrichtungen auf Baustellen

§ 29. (1) Den Arbeitnehmern ist Trinkwasser oder ein anderes gesundheitlich einwandfreies, alkoholfreies Getränk zur Verfügung zu stellen.

(2) Den Arbeitnehmern müssen im gebotenen Umfang entsprechende Waschgelegenheiten oder Waschräume, Toiletten, Aufenthaltsräume, Kleiderkästen oder sonstige geeignete Einrichtungen, Umkleidemöglichkeiten und Unterkünfte zur Verfügung stehen, soweit dies unter Berücksichtigung der Lage der Baustelle, der örtlichen Gegebenheiten, der Art und Dauer der Tätigkeiten und der Anzahl der Arbeitnehmer erforderlich ist.

(3) Der Verpflichtung zur Einrichtung von Waschräumen, Toiletten, Aufenthaltsräumen und Unterkünften kann auch in der Weise entsprochen werden, daß mehrere Arbeitgeber gemeinsam für ihre Arbeitnehmer solche Einrichtungen zur Verfügung stellen. In diesem Fall müssen diese Einrichtungen hinsichtlich ihrer Lage, ihrer Anzahl, ihrer Bemessung und ihrer Ausstattung der Gesamtzahl aller Arbeitnehmer entsprechen.

Nichtraucher/innenschutz

§ 30. (1) Arbeitgeber/innen haben dafür zu sorgen, dass nicht rauchende Arbeitnehmer/innen vor den Einwirkungen von Tabakrauch am Arbeitsplatz geschützt sind, soweit dies nach der Art des Betriebes möglich ist.

(2) In Arbeitsstätten in Gebäuden ist das Rauchen für Arbeitgeber/innen und Arbeitnehmer/innen verboten, sofern Nichtraucher/innen in der Arbeitsstätte beschäftigt werden.

(3) Ist eine ausreichende Zahl von Räumlichkeiten in der Arbeitsstätte vorhanden, kann der/die Arbeitgeber/in abweichend von Abs. 2 einzelne Räume einrichten, in denen das Rauchen gestattet ist, sofern es sich nicht um Arbeitsräume handelt und gewährleistet ist, dass der Tabakrauch nicht in die mit Rauchverbot belegten Bereiche der Arbeitsstätte dringt und das Rauchverbot dadurch nicht umgangen wird. Aufenthalts-, Bereitschafts-, Sanitäts- und Umkleideräume dürfen nicht als Raucher/innenräume eingerichtet werden.

(4) Abs. 1 bis 3 gelten auch für die Verwendung von verwandten Erzeugnissen und Wasserpfeifen im Sinn des Tabak- und Nichtraucherinnen- bzw. Nichtraucherschutzgesetzes – TNRSG, BGBl. Nr. 431/1995.

Schwimmkörper, schwimmende Anlagen und Geräte, Verkehrsmittel

§ 31. (1) Einrichtungen auf Schwimmkörpern, schwimmenden Anlagen und Geräten im Sinne des § 2 Schifffahrtsgesetzes, BGBl. I Nr. 62/1997 die zur Nutzung für Arbeitsplätze vorgesehen sind, und den Arbeitsstätten im Sinne des § 19 Abs. 1 vergleichbar sind, sind den §§ 20 bis 24 entsprechend einzurichten und zu betreiben, soweit dies nach der Art und Zweckbestimmung dieser Einrichtungen möglich und zum Schutz der Arbeitnehmer erforderlich ist. In diesen Einrichtungen sind die erforderlichen Vorkehrungen zum Brandschutz und Explosionsschutz, für die Erste Hilfe sowie für das rasche und sichere Verlassen dieser Einrichtungen im Notfall zu treffen und die erforderlichen Mittel bereitzustellen. Dabei sind die Art, Größe und Zweckbestimmung der Einrichtung, die Ausstattung, die Art und Menge der vorhandenen Arbeitsstoffe oder der transportierten Güter und Stoffe, die Arbeitsmittel sowie die größtmögliche Anzahl der anwesenden Personen zu berücksichtigen.

(2) Abs. 1 gilt auch für Einrichtungen in Verkehrsmitteln zum Transport auf dem Luftweg, dem Wasserweg, im Straßenbahn- oder Eisenbahnverkehr.

(3) In Einrichtungen gemäß Abs. 1 und 2, falls dies nicht möglich ist, in deren Nähe oder an sonstigen geeigneten Plätzen, sind den Arbeitnehmern geeignete Waschgelegenheiten oder Waschräume, Toiletten, Kleiderkästen und Umkleideräume sowie für den Aufenthalt während der Arbeitspausen, der Bereitschaftszeiten und gegebenenfalls auch der Ruhezeiten Sozialeinrichtungen zur Verfügung zu stellen. Auf diese Einrichtungen sind

§§ 27 und 28 sinngemäß mit der Maßgabe anzuwenden, daß die Anzahl der Arbeitnehmer, die Art und Dauer der Arbeitsvorgänge, die Arbeitsbedingungen sowie Art und Zweckbestimmung der Einrichtung zu berücksichtigen sind. Den Arbeitnehmern ist Trinkwasser oder ein anderes gesundheitlich einwandfreies, alkoholfreies Getränk zur Verfügung zu stellen.

(4) In Einrichtungen gemäß Abs. 1 und 2 ist für den Schutz der Nichtraucher vor den Einwirkungen von Tabakrauch zu sorgen.

(5) Einrichtungen nach Abs. 1 und 2 sind gegebenenfalls behindertengerecht zu gestalten, soweit die Art und Zweckbestimmung der Einrichtung dem nicht entgegenstehen.

Verordnungen über Arbeitsstätten und Baustellen

§ 32. (1) Der Bundesminister für Arbeit, Soziales und Konsumentenschutz hat in Durchführung des 2. Abschnittes durch Verordnung näher zu regeln:

1. die behindertengerechte Gestaltung von Arbeitsstätten in Gebäuden,
2. die Bestellung von für Brandbekämpfung und Evakuierung zuständigen Personen und
3. die Bereitschaftsräume.

(2) Der Bundesminister für Arbeit, Soziales und Konsumentenschutz kann durch Verordnung nähere Durchführungsbestimmungen zu § 31 erlassen.

3. Abschnitt
Arbeitsmittel
Allgemeine Bestimmungen über Arbeitsmittel

§ 33. (1) Die Benutzung von Arbeitsmitteln sind alle ein Arbeitsmittel betreffenden Tätigkeiten wie In- und Außerbetriebnahme, Gebrauch, Transport, Instandsetzung, Umbau, Instandhaltung, Wartung und Reinigung.

(2) Arbeitgeber haben dafür zu sorgen, daß Arbeitsmittel entsprechend den Bestimmungen dieses Abschnittes und den gemäß § 39 erlassenen Verordnungen beschaffen sind, aufgestellt, erhalten und benutzt werden.

(3) Arbeitgeber dürfen nur solche Arbeitsmittel zur Verfügung stellen, die

1. für die jeweilige Arbeit in Bezug auf Sicherheit und Gesundheitsschutz geeignet sind oder zweckentsprechend angepaßt werden und
2. hinsichtlich Konstruktion, Bau und weiterer Schutzmaßnahmen den für sie geltenden Rechtsvorschriften über Sicherheits- oder Gesundheitsanforderungen entsprechen.

(4) Werden von Arbeitgebern Arbeitsmittel erworben, die nach den für sie geltenden Rechtsvorschriften gekennzeichnet sind, können Arbeitgeber, die über keine anderen Erkenntnisse verfügen, davon ausgehen, daß diese Arbeitsmittel hinsichtlich Konstruktion, Bau und weiterer Schutzmaßnahmen den für sie im Zeitpunkt des Inverkehrbringens geltenden Rechtsvorschriften über Sicherheits- und Gesundheitsanforderungen entsprechen.

(5) Arbeitgeber haben bei der Auswahl der einzusetzenden Arbeitsmittel die besonderen Bedingungen und Eigenschaften der Arbeit sowie die am Arbeitsplatz bestehenden Gefahren für die Sicherheit und Gesundheit der Arbeitnehmer und die Gefahren, die aus der Benutzung erwachsen können, zu berücksichtigen. Es dürfen nur Arbeitsmittel eingesetzt werden, die nach dem Stand der Technik die Sicherheit und Gesundheit der Arbeitnehmer so gering als möglich gefährden.

(6) Sofern es nicht möglich ist, die Sicherheit und den Gesundheitsschutz der Arbeitnehmer bei der Benutzung eines Arbeitsmittels in vollem Umfang zu gewährleisten, haben Arbeitgeber geeignete Maßnahmen zu treffen, um die Gefahren weitestgehend zu verringern sowie erforderlichenfalls Not- und Rettungsmaßnahmen festzulegen. Insbesondere haben Arbeitgeber auch dafür Sorge zu tragen, daß Arbeitnehmer die Zeit und Möglichkeit haben, sich den mit der In- und Außerbetriebnahme des Arbeitsmittels verbundenen Gefahren rasch zu entziehen.

Aufstellung von Arbeitsmitteln
§ 34. (1) Als „Aufstellung" im Sinne dieser Bestimmung gilt das Montieren, Installieren, Aufbauen und Anordnen von Arbeitsmitteln.

(2) Arbeitgeber haben bei der Aufstellung von Arbeitsmitteln die besonderen Bedingungen und Eigenschaften der Arbeitsmittel und der Arbeit sowie die am Arbeitsplatz bestehenden Gefahren für Sicherheit und Gesundheit der Arbeitnehmer und die Gefahren, die aus der Benutzung der Arbeitsmittel erwachsen können, zu berücksichtigen. Bei der Aufstellung von Arbeitsmitteln ist insbesondere darauf zu achten, daß

1. ausreichend Raum zwischen ihren mobilen Bauteilen und festen oder mobilen Bauteilen in ihrer Umgebung vorhanden ist,
2. alle verwendeten oder erzeugten Energien und Stoffe sicher zugeführt und entfernt werden können,
3. Arbeitnehmern ausreichend Platz für die sichere Benutzung der Arbeitsmittel zur Verfügung steht und
4. Arbeitsmittel nur dann aufgestellt werden, wenn die zulässige Beanspruchung tragender Bauteile nicht überschritten ist.

(3) Im Freien aufgestellte Arbeitsmittel sind erforderlichenfalls durch Vorrichtungen oder andere entsprechende Maßnahmen gegen Blitzschlag und Witterungseinflüsse zu schützen.

(4) Werden Arbeitsmittel unter oder in der Nähe von elektrischen Freileitungen aufgestellt oder benutzt, sind geeignete Maßnahmen zu treffen, um jegliches gefahrbringendes Annähern der Arbeitnehmer und der Arbeitsmittel an diese Leitungen sowie Stromschlag durch diese Leitungen zu verhindern.

(5) Arbeitsmittel und ihre Teile müssen durch Befestigung oder durch andere Maßnahmen stabilisiert werden, sofern dies für die Sicherheit und den Gesundheitsschutz der Arbeitnehmer erforderlich ist.

(6) Arbeitgeber haben geeignete Maßnahmen zu treffen, damit Kleidung oder Körperteile der die Arbeitsmittel benutzenden Arbeitnehmer nicht erfaßt werden.

(7) Die Arbeits- und Wartungsbereiche der Arbeitsmittel müssen entsprechend der Benutzung ausreichend belichtet oder beleuchtet sein.

Benutzung von Arbeitsmitteln
§ 35. (1) Arbeitgeber haben dafür zu sorgen, daß bei der Benutzung von Arbeitsmitteln folgende Grundsätze eingehalten werden:

1. Arbeitsmittel dürfen nur für Arbeitsvorgänge und unter Bedingungen benutzt werden, für die sie geeignet sind und für die sie nach den Angaben der Hersteller oder Inverkehrbringer vorgesehen sind.
2. Bei der Benutzung von Arbeitsmitteln sind die für sie geltenden Bedienungsanleitungen der Hersteller oder Inverkehrbringer sowie die für sie geltenden elektrotechnischen Vorschriften einzuhalten.
3. Arbeitsmittel dürfen nur mit den für die verschiedenen Verwendungszwecke vorgesehenen Schutz- und Sicherheitseinrichtungen benutzt werden.
4. Die Schutz- und Sicherheitseinrichtungen sind bestimmungsgemäß zu verwenden.
5. Arbeitsmittel dürfen nicht benutzt werden, wenn Beschädigungen festzustellen sind, die die Sicherheit beeinträchtigen können, oder die Schutz- und Sicherheitseinrichtungen nicht funktionsfähig sind.

(2) Die Benutzung von Arbeitsmitteln, die oder deren Einsatzbedingungen in einem größeren Umfang verändert wurden, als dies von den Herstellern oder Inverkehrbringern vorgesehen ist, ist nur zulässig, wenn eine Gefahrenanalyse durchgeführt wurde und die erforderlichen Maßnahmen getroffen sind.

(3) Arbeitgeber haben durch entsprechende Informationen, Anweisungen und sonstige geeignete Maßnahmen dafür zu sorgen, daß

1. Arbeitnehmer vor Benutzung der Arbeitsmittel prüfen, ob diese offenkundige Mängel aufweisen,
2. Arbeitnehmer sich bei Inbetriebnahme der Arbeitsmittel vergewissern, daß sie sich selbst und andere Arbeitnehmer nicht in Gefahr bringen und
3. Arbeitnehmer, die sich bei der Benutzung eines Arbeitsmittels ablösen, festgestellte Unregelmäßigkeiten bei der Ablösung verständlich bekanntgeben.

(4) Eine kombinierte Benutzung von Arbeitsmitteln, die nicht von den Herstellern oder Inverkehrbringern vorgesehen ist, ist nur zulässig, wenn
1. die Verträglichkeit der Arbeitsmittel gewährleistet ist,
2. eine Gefahrenanalyse durchgeführt wurde und
3. sie auf den in der Gefahrenanalyse festgelegten Bereich beschränkt wird und erforderlichenfalls zusätzliche Einschränkungen und Maßnahmen auf Grund der Gefahrenanalyse getroffen sind.

(5) Außer Betrieb genommene Arbeitsmittel müssen mit den für sie vorgesehenen Schutz- und Sicherheitseinrichtungen versehen sein. Andernfalls sind diese Arbeitsmittel zu demontieren, unzugänglich oder durch Abnahme und Entfernung wesentlicher Bauelemente oder durch sonstige geeignete Maßnahmen funktionsunfähig zu machen. Erforderlichenfalls sind zusätzliche Schutzmaßnahmen zu treffen.

Gefährliche Arbeitsmittel

§ 36. (1) Gefährliche Arbeitsmittel sind Arbeitsmittel, deren Benutzung mit einer möglichen spezifischen Gefährdung der Arbeitnehmer verbunden ist oder deren Benutzung auf Grund ihres Konzeptes besondere Gefahren mit sich bringt.

(2) Arbeitgeber haben geeignete Maßnahmen zu treffen, damit
1. die Benutzung gefährlicher Arbeitsmittel nur durch eigens hiezu beauftragte Arbeitnehmer erfolgt und
2. Instandsetzungs-, Umbau-, Instandhaltungs-, Reinigungs- und Wartungsarbeiten nur von eigens hiezu befugten, speziell unterwiesenen Personen durchgeführt werden.

Prüfung von Arbeitsmitteln

§ 37. (1) Wenn es auf Grund der Art oder der Einsatzbedingungen für die Gewährleistung der Sicherheit und Gesundheit der Arbeitnehmer erforderlich ist, müssen Arbeitsmittel vor der erstmaligen Inbetriebnahme, nach dem Aufbau an jedem neuen Einsatzort sowie nach größeren Instandsetzungen und wesentlichen Änderungen auf ihren ordnungsgemäßen Zustand, ihre korrekte Montage und ihre Stabilität überprüft werden (Abnahmeprüfungen). Dies gilt insbesondere für Krane, Aufzüge, Hebebühnen sowie bestimmte Zentrifugen und Hub- und Kipptore.

(2) Arbeitsmittel, bei denen Abnahmeprüfungen durchzuführen sind, sind darüber hinaus in regelmäßigen Abständen auf ihren ordnungsgemäßen Zustand besonders zu überprüfen (wiederkehrende Prüfungen). Wiederkehrende Prüfungen sind weiters durchzuführen bei Arbeitsmitteln, die Belastungen und Einwirkungen ausgesetzt sind, durch die sie derart geschädigt werden können, daß dadurch entstehende Mängel des Arbeitsmittels zu gefährlichen Situationen für die Arbeitnehmer führen können.

(3) Arbeitsmittel, bei denen wiederkehrende Prüfungen durchzuführen sind, sind außerdem nach außergewöhnlichen Ereignissen, die schädigende Auswirkungen auf die Sicherheit des Arbeitsmittels haben können, auf ihren ordnungsgemäßen Zustand zu prüfen.

(4) Abnahmeprüfungen, wiederkehrende Prüfungen und Prüfungen nach außergewöhnlichen Ereignissen dürfen nur durch geeignete fachkundige Personen durchgeführt werden.

(5) Für Arbeitsmittel, bei denen Abnahmeprüfungen oder wiederkehrende Prüfungen durchzuführen sind, ist durch eine geeignete fachkundige Person auf der Grundlage einer Gefahrenanalyse und nach Maßgabe der vorgesehenen Einsatzbedingungen ein Plan für die Prüfung des Arbeitsmittels zu erstellen. Der Prüfplan hat zu enthalten:
1. die Art, die Methode und die Häufigkeit der Prüfung,
2. Kriterien zur Bewertung der Prüfung und der daraus zu ziehenden Schlußfolgerungen,
3. Ereignisse, die eine außerordentliche Prüfung erforderlich machen und
4. die Geltungsdauer des Prüfplans im Zusammenhang mit den Einsatzbedingungen des Arbeitsmittels.

(6) Die Ergebnisse der Prüfung sind von der Person, die die Prüfung durchgeführt hat, schriftlich festzuhalten. Diese Aufzeichnungen sind von den Arbeitgebern bis zum Ausscheiden des Arbeitsmittels aufzubewahren. Am Einsatzort des Arbeitsmittels müssen Aufzeichnungen oder Kopien über die letzte Abnahmeprüfung und über die wiederkehrenden Prüfungen vorhanden sein.

(7) Arbeitsmittel dürfen nur benutzt werden, wenn die für sie erforderlichen Abnahmeprüfungen, wiederkehrenden Prüfungen und Prüfungen nach außergewöhnlichen Ereignissen durchgeführt wurden. Werden bei der Prüfung Mängel des Arbeitsmittels festgestellt, darf das Arbeitsmittel erst nach der Mängelbehebung benutzt werden.

(8) Werden bei einer wiederkehrenden Prüfung Mängel des Arbeitsmittels festgestellt, darf das Arbeitsmittel abweichend von Abs. 7 auch vor Mängelbehebung wieder benutzt werden, wenn
1. die Person, die die Prüfung durchgeführt hat, im Prüfbefund schriftlich festhält, daß das Arbeitsmittel bereits vor Mängelbehebung wieder benutzt werden darf und

2. die betroffenen Arbeitnehmer über die Mängel des Arbeitsmittels informiert wurden.

Wartung von Arbeitsmitteln

§ 38. (1) Arbeitgeber haben dafür zu sorgen, daß Arbeitsmittel während der gesamten Dauer der Benutzung durch entsprechende Wartung in einem Zustand gehalten werden, der den für sie geltenden Rechtsvorschriften entspricht. Bei der Wartung sind die Anleitungen der Hersteller oder Inverkehrbringer zu berücksichtigen.

(2) Bei Arbeitsmitteln mit Wartungsbuch sind die Eintragungen stets auf dem neuesten Stand zu halten.

Verordnungen über Arbeitsmittel

§ 39. (1) Der Bundesminister für Arbeit, Soziales und Konsumentenschutz hat in Durchführung des 3. Abschnittes durch Verordnung näher zu regeln:
1. Sicherheits- und Gesundheitsanforderungen für Arbeitsmittel sowie die erforderlichen Übergangsregelungen für bereits in Verwendung stehende Arbeitsmittel,
2. eine Liste der gefährlichen Arbeitsmittel,
3. die Prüfung von Arbeitsmitteln.

(2) Der Bundesminister für Arbeit, Soziales und Konsumentenschutz kann unter Berücksichtigung der Gefahren für die Sicherheit und Gesundheit der Arbeitnehmer und unter Bedachtnahme auf Rechtsvorschriften über das Inverkehrbringen sowie auf internationale Übereinkommen durch Verordnung Arbeitsmittel bezeichnen, für die ein Wartungsbuch zu führen ist.

(3) Für Arbeitsmittel, auf die die Gewerbeordnung 1994, BGBl. Nr. 194/1994, nicht anzuwenden ist, kann der Bundesminister für Arbeit, Soziales und Konsumentenschutz durch Verordnung die grundlegenden Sicherheitsanforderungen hinsichtlich Konstruktion, Bau und weiterer Schutzmaßnahmen einschließlich der Erstellung von Beschreibungen und Bedienungsanleitungen festlegen. In diesen Verordnungen können auch besondere Regelungen über die Prüfung, Übereinstimmungserklärung und über eine Zulassung durch Bescheid des Bundesministers für Arbeit, Soziales und Konsumentenschutz getroffen werden.

4. Abschnitt

Arbeitsstoffe

Gefährliche Arbeitsstoffe

§ 40. (1) Gefährliche Arbeitsstoffe sind explosionsgefährliche, brandgefährliche und gesundheitsgefährdende Arbeitsstoffe sowie biologische Arbeitsstoffe, sofern nicht die Ermittlung und Beurteilung gemäß § 41 ergeben hat, daß es sich um einen biologischen Arbeitsstoff der Gruppe 1 ohne erkennbares Gesundheitsrisiko für die Arbeitnehmer handelt. Soweit im Folgenden Gefahrenklassen oder -kategorien genannt sind, sind diese im Sinne der Kriterien nach Anhang I Teil 2 und 3 der Verordnung (EG) Nr. 1272/2008 (CLP-Verordnung) zu verstehen, auch wenn der Arbeitsstoff nicht aufgrund dieser Verordnung eingestuft ist.

(2) Explosionsgefährliche Arbeitsstoffe sind Arbeitsstoffe, die zugeordnet werden können:
1. explosiven Stoffen/Gemischen und Erzeugnissen mit Explosivstoff (Gefahrenklasse 2.1),
2. selbstzersetzlichen Stoffen oder Gemischen (Gefahrenklasse 2.8), Typ A und B,
3. organischen Peroxiden (Gefahrenklasse 2.15), Typ A und B.

(2a) Explosionsgefährliche Arbeitsstoffe sind weiters Arbeitsstoffe, die explosionsgefährliche Eigenschaften im Sinne des § 3 des Chemikaliengesetzes 1996, BGBl. I Nr. 53/1997 in der Fassung BGBl. I Nr. 14/2015, aufweisen.

(3) Brandgefährliche Arbeitsstoffe sind
1. oxidierende (entzündende) Arbeitsstoffe, die zugeordnet werden können:
   a. oxidierenden Gasen (Gefahrenklasse 2.4),
   b. oxidierenden Flüssigkeiten (Gefahrenklasse 2.13),
   c. oxidierenden Feststoffen (Gefahrenklasse 2.14);
2. extrem entzündbare, leicht entzündbare und entzündbare Arbeitsstoffe, die zugeordnet werden können:
   a. entzündbaren Gasen (Gefahrenklasse 2.2),
   b. entzündbaren Aerosolen (Gefahrenklasse 2.3),
   c. entzündbaren Flüssigkeiten (Gefahrenklasse 2.6),
   d. entzündbaren Feststoffen (Gefahrenklasse 2.7),
   e. selbstzersetzlichen Stoffen oder Gemischen (Gefahrenklasse 2.8) außer Typ A und B,
   f. pyrophoren Flüssigkeiten (Gefahrenklasse 2.9),
   g. pyrophoren Feststoffen (Gefahrenklasse 2.10),
   h. selbsterhitzungsfähigen Stoffen oder Gemischen (Gefahrenklasse 2.11),
   i. Stoffen oder Gemischen, die in Berührung mit Wasser entzündbare Gase entwickeln (Gefahrenklasse 2.12),
   j. organischen Peroxiden (Gefahrenklasse 2.15) außer Typ A und B.

(3a) Brandgefährliche Arbeitsstoffe sind weiters Arbeitsstoffe, die brandfördernde, hochentzündliche, leicht entzündliche oder entzündliche Eigenschaften im Sinne des § 3 des Chemikaliengesetzes 1996, BGBl. I Nr. 53/1997 in der Fassung BGBl. I Nr. 14/2015, aufweisen.

(4) Gesundheitsgefährdende Arbeitsstoffe sind Arbeitsstoffe, die einer der folgenden Gefahrenklassen zugeordnet werden können:
1. Akute Toxizität (Gefahrenklasse 3.1),
2. Ätz-/Reizwirkung auf die Haut (Gefahrenklasse 3.2),
3. Schwere Augenschädigung/Augenreizung (Gefahrenklasse 3.3),

4. Sensibilisierung der Atemwege oder der Haut (Gefahrenklasse 3.4),
5. Keimzellmutagenität (Gefahrenklasse 3.5),
6. Karzinogenität (Gefahrenklasse 3.6),
7. Reproduktionstoxizität (Gefahrenklasse 3.7),
8. Spezifische Zielorgan-Toxizität, einmalige Exposition (Gefahrenklasse 3.8),
9. Spezifische Zielorgan-Toxizität, wiederholte Exposition (Gefahrenklasse 3.9),
10. Aspirationsgefahr (Gefahrenklasse 3.10).

(4a) Gesundheitsgefährdende Arbeitsstoffe sind weiters Arbeitsstoffe, die sehr giftige, giftige, gesundheitsschädliche (mindergiftige), ätzende, reizende, krebserzeugende, erbgutverändernde, fortpflanzungsgefährdende oder sensibilisierende Eigenschaften im Sinne des § 3 des Chemikaliengesetzes 1996, BGBl. I Nr. 53/1997 in der Fassung BGBl. I Nr. 14/2015, aufweisen.

(4b) Gesundheitsgefährdende Arbeitsstoffe sind weiters Arbeitsstoffe, die eine der folgenden Eigenschaften aufweisen:

1. „fibrogen", wenn sie als Schwebstoffe durch Einatmen mit Bindegewebsbildung einhergehende Erkrankungen der Lunge verursachen können;
2. „radioaktiv", wenn sie zufolge spontaner Kernprozesse ionisierende Strahlen aussenden;
3. „biologisch inert", wenn sie als Stäube weder giftig noch fibrogen wirken und keine spezifischen Krankheitserscheinungen hervorrufen, jedoch eine Beeinträchtigung von Funktionen der Atmungsorgane verursachen können.

(5) Biologische Arbeitsstoffe sind Mikroorganismen, einschließlich genetisch veränderter Mikroorganismen, Zellkulturen und Humanendoparasiten, die Infektionen, Allergien oder toxische Wirkungen hervorrufen könnten. Entsprechend dem von ihnen ausgehenden Infektionsrisiko gilt folgende Unterteilung in vier Risikogruppen:

1. Biologische Arbeitsstoffe der Gruppe 1 sind Stoffe, bei denen es unwahrscheinlich ist, daß sie beim Menschen eine Krankheit verursachen.
2. Biologische Arbeitsstoffe der Gruppe 2 sind Stoffe, die eine Krankheit beim Menschen hervorrufen können und eine Gefahr für Arbeitnehmer darstellen könnten. Eine Verbreitung des Stoffes in der Bevölkerung ist unwahrscheinlich, eine wirksame Vorbeugung oder Behandlung ist normalerweise möglich.
3. Biologische Arbeitsstoffe der Gruppe 3 sind Stoffe, die eine schwere Krankheit beim Menschen hervorrufen und eine ernste Gefahr für die Arbeitnehmer darstellen können. Die Gefahr einer Verbreitung in der Bevölkerung kann bestehen, doch ist normalerweise eine wirksame Vorbeugung oder Behandlung möglich.
4. Biologische Arbeitsstoffe der Gruppe 4 sind Stoffe, die eine schwere Krankheit beim Menschen hervorrufen und eine ernste Gefahr für Arbeitnehmer darstellen. Die Gefahr einer Verbreitung in der Bevölkerung ist unter Umständen groß, normalerweise ist eine wirksame Vorbeugung oder Behandlung nicht möglich.

(Anm.: Abs. 6 aufgehoben durch BGBl. I Nr. 60/2015)

(7) Als gefährliche Arbeitsstoffe gelten weiters Arbeitsstoffe, die einer der folgenden Gefahrenklassen zugeordnet werden können:

1. Gase unter Druck (Gefahrenklasse 2.5) oder
2. auf Metalle korrosiv wirkende Stoffe oder Gemische (Gefahrenklasse 2.16).

(8) Bestimmungen über gefährliche Arbeitsstoffe in Verordnungen zu diesem Bundesgesetz oder in Rechtsvorschriften, die nach dem 9. Abschnitt dieses Bundesgesetzes weitergelten, gelten mit folgenden Maßgaben:

1. Bestimmungen für Arbeitsstoffe mit brandfördernden Eigenschaften gelten auch für oxidierende Arbeitsstoffe im Sinne des Abs. 3 Z 1;
2. Bestimmungen für Arbeitsstoffe mit entzündlichen Eigenschaften gelten auch für Arbeitsstoffe, die zugeordnet werden können
   a. entzündbaren Flüssigkeiten (Gefahrenklasse 2.6) Kategorie 3,
   b. entzündbaren Aerosolen (Gefahrenklasse 2.3) Kategorie 1, sowie – wenn sich dies auf Grund anerkannter physikalischer Stoffdaten (z. B. Gefahrstoffdatenbanken oder –literatur) stoffspezifisch ergibt – Kategorie 2,
   c. organischen Peroxiden (Gefahrenklasse 2.15), Typ E und F;
3. Bestimmungen für Arbeitsstoffe mit leicht entzündlichen Eigenschaften gelten auch für Arbeitsstoffe, die zugeordnet werden können
   a. entzündbaren Flüssigkeiten (Gefahrenklasse 2.6) Kategorie 2,
   b. entzündbaren Aerosolen (Gefahrenklasse 2.3) Kategorie 1, sowie – wenn sich dies auf Grund anerkannter physikalischer Stoffdaten (z. B. Gefahrstoffdatenbanken oder –literatur) stoffspezifisch ergibt – Kategorie 2,
   c. entzündbaren Feststoffen (Gefahrenklasse 2.7),
   d. selbstzersetzlichen Stoffen oder Gemischen (Gefahrenklasse 2.8) Typ C, D, E und F,
   e. pyrophoren Flüssigkeiten und pyrophoren Feststoffen (Gefahrenklasse 2.9 und 2.10),
   f. selbsterhitzungsfähigen Stoffen oder Gemischen (Gefahrenklasse 2.11),
   g. Stoffen oder Gemischen, die in Berührung mit Wasser entzündbare Gase entwickeln (Gefahrenklasse 2.12) Kategorie 2 und 3,
   h. organischen Peroxiden (Gefahrenklasse 2.15) Typ C und D;

4. Bestimmungen für Arbeitsstoffe mit hochentzündlichen Eigenschaften gelten auch für Arbeitsstoffe, die zugeordnet werden können

a. entzündbaren Gasen (Gefahrenklasse 2.2),

b. entzündbaren Aerosolen (Gefahrenklasse 2.3), Kategorie 1, sowie – wenn sich dies auf Grund anerkannter physikalischer Stoffdaten (z. B. Gefahrstoffdatenbanken oder –literatur) stoffspezifisch ergibt – Kategorie 2,

c. entzündbaren Flüssigkeiten (Gefahrenklasse 2.6) Kategorie 1,

d. Stoffen oder Gemischen, die in Berührung mit Wasser entzündbare Gase entwickeln (Gefahrenklasse 2.12) Kategorie 1;

5. Bestimmungen für Arbeitsstoffe mit giftigen Eigenschaften gelten auch für Arbeitsstoffe, die einer der folgenden Gefahrenklassen zugeordnet werden können

a. akute Toxizität (Gefahrenklasse 3.1) Kategorie 1 bis 3,

b. spezifische Zielorgan-Toxizität bei einmaliger oder wiederholter Exposition (Gefahrenklasse 3.8 oder 3.9) jeweils Kategorie 1,

c. Aspirationsgefahr (Gefahrenklasse 3.10);

6. Bestimmungen für Arbeitsstoffe mit gesundheitsschädlichen Eigenschaften gelten auch für Arbeitsstoffe, die einer der folgenden Gefahrenklassen zugeordnet werden können

a. akute Toxizität (Gefahrenklasse 3.1) Kategorie 4,

b. spezifische Zielorgan-Toxizität, einmalige Exposition (Gefahrenklasse 3.8) Kategorien 2 und 3,

c. spezifische Zielorgan-Toxizität, wiederholte Exposition (Gefahrenklasse 3.9) Kategorie 2;

7. Bestimmungen für Arbeitsstoffe mit ätzenden Eigenschaften gelten auch für Arbeitsstoffe, die einer der folgenden Gefahrenklassen zugeordnet werden können

a. Ätz-/Reizwirkung auf die Haut (Gefahrenklasse 3.2) Kategorien 1A, 1B und 1C,

b. schwere Augenschädigung/Augenreizung (Gefahrenklasse 3.3) Kategorie 1;

8. Bestimmungen für Arbeitsstoffe mit reizenden Eigenschaften gelten auch für Arbeitsstoffe, die einer der folgenden Gefahrenklassen zugeordnet werden können

a. Ätz-/Reizwirkung auf die Haut (Gefahrenklasse 3.2) Kategorie 2,

b. schwere Augenschädigung/Augenreizung (Gefahrenklasse 3.3) Kategorie 2,

c. spezifische Zielorgan-Toxizität bei einmaliger Exposition (Gefahrenklasse 3.8) Kategorie 3;

9. Bestimmungen für Arbeitsstoffe mit sensibilisierenden Eigenschaften gelten auch für Arbeitsstoffe, die der Gefahrenklasse 3.4 (Sensibilisierung der Atemwege oder der Haut) zugeordnet werden können;

10. Bestimmungen für Arbeitsstoffe mit erbgutverändernden Eigenschaften gelten auch für Arbeitsstoffe, die der Gefahrenklasse 3.5 (Keimzellmutagenität) zugeordnet werden können;

11. Bestimmungen für Arbeitsstoffe mit krebserzeugenden Eigenschaften gelten auch für Arbeitsstoffe, die der Gefahrenklasse 3.6 (Karzinogenität) zugeordnet werden können;

12. Bestimmungen für Arbeitsstoffe mit fortpflanzungsgefährdenden Eigenschaften gelten auch für Arbeitsstoffe, die der Gefahrenklasse 3.7 (Reproduktionstoxizität) zugeordnet werden können.

Ermittlung und Beurteilung von Arbeitsstoffen

§ 41. (1) Arbeitgeber müssen sich im Rahmen der Ermittlung und Beurteilung der Gefahren hinsichtlich aller Arbeitsstoffe vergewissern, ob es sich um gefährliche Arbeitsstoffe handelt.

(2) Arbeitgeber/innen müssen die Eigenschaften der Arbeitsstoffe ermitteln und die Gefahren beurteilen, die von den Arbeitsstoffen aufgrund ihrer Eigenschaften oder aufgrund der Art ihrer Verwendung ausgehen könnten. Sie müssen dazu insbesondere die Angaben der Hersteller/innen oder Importeure/Importeurinnen, praktische Erfahrungen, Prüfergebnisse und wissenschaftliche Erkenntnisse heranziehen. Im Zweifel müssen sie Auskünfte der Hersteller/innen oder Importeure/Importeurinnen einholen.

(Anm.: Abs. 3 aufgehoben durch BGBl. I Nr. 60/2015)

(4) Werden Arbeitsstoffe von Arbeitgeber/innen erworben, gilt für die Ermittlung gemäß Abs. 2 Folgendes:

1. Sofern ein erworbener Arbeitsstoff nach

a. der Verordnung (EG) Nr. 1272/2008 (CLP-Verordnung),

b. dem Chemikaliengesetz 1996, BGBl. I Nr. 53/1997,

c. dem Pflanzenschutzmittelgesetz 2011, BGBl. I Nr. 10/2011,

d. dem Abfallwirtschaftsgesetz 2002 (AWG 2002), BGBl. I Nr. 102/2002, oder

e. dem Biozidproduktegesetz (Biozidprodukte G), BGBl. I Nr. 105/2013,

gekennzeichnet oder deklariert ist, können Arbeitgeber/innen, die über keine anderen Erkenntnisse verfügen, davon ausgehen, dass die Angaben dieser Kennzeichnung zutreffend und vollständig sind.

2. Ist ein erworbener Arbeitsstoff nicht nach Z 1 gekennzeichnet oder deklariert, können Arbeitgeber, die über keine anderen Erkenntnisse verfügen, davon ausgehen, dass der Arbeitsstoff keiner Kennzeichnungspflicht nach den in Z 1 genannten Bundesgesetzen unterliegt.

(5) Arbeitgeber müssen in regelmäßigen Zeitabständen Art, Ausmaß und Dauer der Einwirkung von gesundheitsgefährdenden Arbeitsstoffen und von biologischen Arbeitsstoffen im Sinne des § 40 Abs. 1 auf die Arbeitnehmer ermitteln, wobei gegebenenfalls die Gesamtwirkung von mehreren gefährlichen Arbeitsstoffen sowie sonstige risikoerhöhende Bedingungen am Arbeitsplatz zu berücksichtigen sind. Diese Ermittlung ist zusätzlich auch bei Änderung der Bedingungen und bei Auftreten von Gesundheitsbeschwerden, die arbeitsbedingt sein können, vorzunehmen.

(6) Arbeitgeber müssen in regelmäßigen Zeitabständen ermitteln, ob explosionsgefährliche oder brandgefährliche Arbeitsstoffe in einer für die Sicherheit der Arbeitnehmer gefährlichen Konzentration vorliegen, wobei gegebenenfalls die Gesamtwirkung von mehreren gefährlichen Arbeitsstoffen sowie sonstige risikoerhöhende Bedingungen am Arbeitsplatz zu berücksichtigen sind. Diese Ermittlung ist zusätzlich auch bei Änderung der Bedingungen vorzunehmen.

Ersatz und Verbot von gefährlichen Arbeitsstoffen

§ 42. (1) Krebserzeugende (Gefahrenklasse 3.6 – Karzinogenität), erbgutverändernde (Gefahrenklasse 3.5 – Keimzellmutagenität), fortpflanzungsgefährdende (Gefahrenklasse 3.7 – Reproduktionstoxizität) und biologische Arbeitsstoffe der Gruppe 2, 3 oder 4 dürfen nicht verwendet werden, wenn ein gleichwertiges Arbeitsergebnis erreicht werden kann
1. mit nicht gefährlichen Arbeitsstoffen oder, sofern dies nicht möglich ist,
2. mit Arbeitsstoffen, die weniger gefährliche Eigenschaften aufweisen.

(2) Mit besonderen Gefahren verbundene Verfahren bei der Verwendung von in Abs. 1 genannten Arbeitsstoffen dürfen nicht angewendet werden, wenn durch Anwendung eines anderen Verfahrens, bei dem die von der Verwendung des Arbeitsstoffes ausgehenden Gefahren verringert werden können, ein gleichwertiges Arbeitsergebnis erzielt werden kann.

(3) Abs. 1 und 2 gelten auch für die in Abs. 1 und 2 nicht genannten gefährlichen Arbeitsstoffe, sofern der damit verbundene Aufwand vertretbar ist.

(4) Im Zweifelsfall entscheidet die zuständige Behörde auf Antrag des Arbeitsinspektorates oder des Arbeitgebers, ob die Verwendung eines bestimmten Arbeitsstoffes oder die Anwendung eines bestimmten Arbeitsverfahrens nach Abs. 1 oder 2 zulässig ist, wobei der jeweilige Stand der Technik und die jeweils aktuellen wissenschaftlichen Erkenntnisse zu berücksichtigen sind.

(5) Die Absicht, krebserzeugende (Gefahrenklasse 3.6 – Karzinogenität), erbgutverändernde (Gefahrenklasse 3.5 – Keimzellmutagenität) oder fortpflanzungsgefährdende (Gefahrenklasse 3.7 – Reproduktionstoxizität) Arbeitsstoffe zu verwenden, ist dem Arbeitsinspektorat vor dem Beginn der Verwendung schriftlich zu melden.

(6) Die erstmalige Verwendung biologischer Arbeitsstoffe der Gruppe 2, 3 oder 4 ist dem Arbeitsinspektorat mindestens 30 Tage vor dem Beginn der Arbeiten schriftlich zu melden. Nach Ablauf dieser Frist können Arbeitgeber davon ausgehen, daß die Verwendung zulässig ist, solange sie über keine anderen Erkenntnisse verfügen. Wenn an den Arbeitsprozessen oder Arbeitsverfahren wesentliche Änderungen vorgenommen werden, die für die Sicherheit oder Gesundheit am Arbeitsplatz von Bedeutung sind und auf Grund deren die Meldung überholt ist, hat eine neue Meldung zu erfolgen.

(7) Auf Verlangen des Arbeitsinspektorates haben Arbeitgeber schriftlich darzulegen, aus welchen Gründen ein in Abs. 1 angeführter Arbeitsstoff verwendet wird und unter Vorlage von Unterlagen über die Ergebnisse ihrer Untersuchungen zu begründen, warum ein Ersatz im Sinne der Abs. 1 oder 2 nicht möglich ist. Wird diese Begründung nicht erbracht, hat die Behörde auf Antrag des Arbeitsinspektorates die Beschäftigung von Arbeitnehmern an Arbeitsplätzen, an denen der gefährliche Arbeitsstoff verwendet wird, zu untersagen.

Maßnahmen zur Gefahrenverhütung

§ 43. (1) Krebserzeugende (Gefahrenklasse 3.6 – Karzinogenität), erbgutverändernde (Gefahrenklasse 3.5 – Keimzellmutagenität), fortpflanzungsgefährdende (Gefahrenklasse 3.7 – Reproduktionstoxizität) und biologische Arbeitsstoffe der Gruppe 2, 3 oder 4 dürfen, wenn es nach der Art der Arbeit und dem Stand der Technik möglich ist, nur in geschlossenen Systemen verwendet werden.

(2) Stehen gefährliche Arbeitsstoffe in Verwendung, haben Arbeitgeber Maßnahmen zur Gefahrenverhütung in folgender Rangordnung zu treffen:
1. Die Menge der vorhandenen gefährlichen Arbeitsstoffe ist auf das nach der Art der Arbeit unbedingt erforderliche Ausmaß zu beschränken.
2. Die Anzahl der Arbeitnehmer, die der Einwirkung von gefährlichen Arbeitsstoffen ausgesetzt sind oder ausgesetzt sein könnten, ist auf das unbedingt erforderliche Ausmaß zu beschränken.
3. Die Dauer und die Intensität der möglichen Einwirkung von gefährlichen Arbeitsstoffen auf Arbeitnehmer sind auf das unbedingt erforderliche Ausmaß zu beschränken.
4. Die Arbeitsverfahren und Arbeitsvorgänge sind, soweit dies technisch möglich ist, so zu gestalten, daß die Arbeitnehmer nicht mit den

gefährlichen Arbeitsstoffen in Kontakt kommen können und gefährliche Gase, Dämpfe oder Schwebstoffe nicht frei werden können.

5. Kann durch diese Maßnahmen nicht verhindert werden, daß gefährliche Gase, Dämpfe oder Schwebstoffe frei werden, so sind diese an ihrer Austritts- oder Entstehungsstelle vollständig zu erfassen und anschließend ohne Gefahr für die Arbeitnehmer zu beseitigen, soweit dies nach dem Stand der Technik möglich ist.

6. Ist eine solche vollständige Erfassung nicht möglich, sind zusätzlich zu den Maßnahmen gemäß Z 5 die dem Stand der Technik entsprechenden Lüftungsmaßnahmen zu treffen.

7. Kann trotz Vornahme der Maßnahmen gemäß Z 1 bis 6 kein ausreichender Schutz der Arbeitnehmer erreicht werden, haben Arbeitgeber dafür zu sorgen, daß erforderlichenfalls entsprechende persönliche Schutzausrüstungen verwendet werden.

(3) Bei bestimmten Tätigkeiten wie zB Wartungs- oder Reinigungsarbeiten, bei denen die Möglichkeit einer beträchtlichen Erhöhung der Exposition der Arbeitnehmer oder eine Überschreitung eines Grenzwertes im Sinne des § 45 Abs. 1 oder 2 vorherzusehen ist, müssen Arbeitgeber

1. jede Möglichkeit weiterer technischer Vorbeugungsmaßnahmen zur Begrenzung der Exposition ausschöpfen,

2. Maßnahmen festlegen, die erforderlich sind, um die Dauer der Exposition der Arbeitnehmer auf das unbedingt notwendige Mindestmaß zu verkürzen,

3. dafür sorgen, daß die Arbeitnehmer während dieser Tätigkeiten die entsprechenden persönlichen Schutzausrüstungen verwenden, und

4. dafür sorgen, daß mit diesen Arbeiten nur die dafür unbedingt notwendige Anzahl von Arbeitnehmer beschäftigt wird.

(4) Bei der Verwendung biologischer Arbeitsstoffe müssen Arbeitgeber die dem jeweiligen Gesundheitsrisiko entsprechenden Sicherheitsvorkehrungen treffen. Erforderlichenfalls sind den Arbeitnehmern wirksame Impfstoffe zur Verfügung zu stellen.

Kennzeichnung, Verpackung und Lagerung

§ 44. (1) Soweit die Art des Arbeitsstoffes oder die Art des Arbeitsvorganges dem nicht entgegenstehen, müssen Arbeitgeber dafür sorgen, daß gefährliche Arbeitsstoffe so verpackt sind, daß bei bestimmungsgemäßer oder vorhersehbarer Verwendung keine Gefahr für Leben oder Gesundheit der Arbeitnehmer herbeigeführt werden kann.

(2) Arbeitgeber/innen müssen dafür sorgen, dass Behälter (einschließlich sichtbar verlegter Rohrleitungen), die gefährliche Arbeitsstoffe enthalten, entsprechend den Eigenschaften dieser Arbeitsstoffe mit Angaben über die möglichen Gefahren, die mit ihrer Einwirkung verbunden sind, sowie über notwendige Sicherheitsmaßnahmen gut sichtbar und dauerhaft gekennzeichnet sind, soweit die Art des Arbeitsstoffes oder die Art des Arbeitsvorganges dem nicht entgegenstehen. In diesem Fall muss durch andere Maßnahmen für eine ausreichende Information und Unterweisung der Arbeitnehmer/innen über die Gefahren, die mit der Einwirkung verbunden sind, und über die notwendigen Sicherheitsmaßnahmen gesorgt werden.

(3) Bei der Lagerung von gefährlichen Arbeitsstoffen müssen Arbeitgeber dafür sorgen, daß alle auf Grund der jeweiligen gefährlichen Eigenschaften dieser Stoffe gebotenen Schutzmaßnahmen getroffen werden und vorhersehbare Gefahren für die Arbeitnehmer vermieden werden. Räume oder Bereiche (einschließlich Schränke), die für die Lagerung erheblicher Mengen gefährlicher Arbeitsstoffe verwendet werden, müssen bei den Zugängen gut sichtbar gekennzeichnet sein, sofern die einzelnen Verpackungen oder Behälter nicht bereits mit einer ausreichenden Kennzeichnung versehen sind.

(4) Arbeitgeber müssen dafür sorgen, daß unbefugte Arbeitnehmer zu Bereichen, in denen krebserzeugende (Gefahrenklasse 3.6 – Karzinogenität), erbgutverändernde (Gefahrenklasse 3.5 – Keimzellmutagenität), fortpflanzungsgefährdende (Gefahrenklasse 3.7 – Reproduktionstoxizität) oder biologische Arbeitsstoffe der Gruppe 2, 3 oder 4 in Verwendung stehen, keinen Zugang haben. Diese Bereiche sind nach Möglichkeit mit Vorrichtungen auszustatten, die unbefugte Arbeitnehmer am Betreten dieser Bereiche hindern und müssen gut sichtbar gekennzeichnet sein.

(5) Gefährliche Arbeitsstoffe, die nicht gemäß Abs. 2 gekennzeichnet sind, dürfen nicht verwendet werden.

Grenzwerte

§ 45. (1) Der MAK-Wert (Maximale Arbeitsplatz-Konzentration) ist der Mittelwert in einem bestimmten Beurteilungszeitraum, der die höchstzulässige Konzentration eines Arbeitsstofes als Gas, Dampf oder Schwebstoff in der Luft am Arbeitsplatz angibt, die nach dem jeweiligen Stand der wissenschaftlichen Erkenntnisse auch bei wiederholter und langfristiger Exposition im allgemeinen die Gesundheit von Arbeitnehmern nicht beeinträchtigt und diese nicht unangemessen belästigt.

(2) Der TRK-Wert (Technische Richtkonzentration) ist der Mittelwert in einem bestimmten Beurteilungszeitraum, der jene Konzentration eines gefährlichen Arbeitsstoffes als Gas, Dampf oder Schwebstoff in der Luft am Arbeitsplatz angibt, die nach dem Stand der Technik erreicht werden kann und die als Anhalt für die zu treffenden Schutzmaßnahmen und die meßtechnische Überwachung am Arbeitsplatz heranzuziehen ist.

TRK-Werte sind nur für solche gefährlichen Arbeitsstoffe festzusetzen, für die nach dem jeweiligen Stand der Wissenschaft keine toxikologisch-arbeitsmedizinisch begründeten MAK-Werte aufgestellt werden können.

(3) Steht ein Arbeitsstoff, für den ein MAK-Wert festgelegt ist, in Verwendung, müssen Arbeitgeber dafür sorgen, daß dieser Wert nicht überschritten wird. Arbeitgeber haben anzustreben, daß dieser Wert stets möglichst weit unterschritten wird.

(4) Steht ein Arbeitsstoff, für den ein TRK-Wert festgelegt ist, in Verwendung, müssen Arbeitgeber dafür sorgen, daß dieser Wert stets möglichst weit unterschritten wird.

(5) Stehen gesundheitsgefährdende Arbeitsstoffe, für die kein MAK-Wert oder TRK-Wert festgelegt ist, in Verwendung, müssen die Arbeitgeber Maßnahmen festlegen, die im Falle von Grenzwertüberschreitungen infolge von Zwischenfällen zu treffen sind.

(6) Bei Grenzwertüberschreitungen auf Grund von Zwischenfällen müssen die Arbeitgeber weiters dafür sorgen, daß, solange die Grenzwertüberschreitung nicht beseitigt ist,

1. nur für Reparaturen und sonstige notwendige Arbeiten benötigten Arbeitnehmer beschäftigt werden,
2. die Dauer der Exposition für diese Arbeitnehmer auf das unbedingt notwendige Ausmaß beschränkt ist und
3. diese Arbeitnehmer während ihrer Tätigkeit die entsprechenden persönlichen Schutzausrüstungen verwenden.

(7) Steht ein gesundheitsgefährdender Arbeitsstoff in Verwendung, für den kein MAK-Wert oder TRK-Wert festgelegt ist, müssen Arbeitgeber dafür sorgen, daß die Konzentration dieses Arbeitsstoffes als Gas, Dampf oder Schwebstoff in der Luft am Arbeitsplatz stets so gering wie möglich ist.

Messungen

§ 46. (1) Steht ein Arbeitsstoff, für den ein MAK-Wert oder ein TRK-Wert festgelegt ist, in Verwendung oder ist das Auftreten eines solchen Arbeitsstoffes nicht sicher auszuschließen, müssen Arbeitgeber in regelmäßigen Zeitabständen Messungen durchführen oder durchführen lassen.

(2) Steht ein explosionsgefährlicher oder brandgefährlicher Arbeitsstoff in Verwendung und kann auf Grund der Ermittlung und Beurteilung der Gefahren nicht ausgeschlossen werden, daß eine für die Sicherheit der Arbeitnehmer gefährliche Konzentration solcher Arbeitsstoffe vorliegt, sind Messungen durchzuführen oder durchführen zu lassen.

(3) Messungen dürfen nur von Personen durchgeführt werden, die über die notwendige Fachkunde und die notwendigen Einrichtungen verfügen.

(4) Bei Messungen gemäß Abs. 1 muß das Meßverfahren dem zu messenden Arbeitsstoff, dessen Grenzwert und der Atmosphäre am Arbeitsplatz angepaßt sein. Das Meßverfahren muß zu einem für die Exposition der Arbeitnehmer repräsentativen Meßergebnis führen, das die Konzentration des zu messenden Arbeitsstoffes eindeutig in der Einheit und der Größenordnung des Grenzwertes wiedergibt.

(5) Bei Messungen gemäß Abs. 2 muß das Meßverfahren dem zu messenden Arbeitsstoff, der zu erwartenden für die Sicherheit der Arbeitnehmer gefährlichen Konzentration und der Atmosphäre im Gefahrenbereich angepaßt sein und zu einem für die Konzentration repräsentativen Meßergebnis führen.

(6) Ergibt eine Messung gemäß Abs. 1, daß der Grenzwert eines Arbeitsstoffes nicht überschritten wird, so ist die Messung in angemessenen Zeitabständen zu wiederholen. Je näher die gemessene Konzentration am Grenzwert liegt, umso kürzer haben diese Zeitabstände zu sein. Ergeben wiederholte Messungen die langfristige Einhaltung des Grenzwertes, können die Messungen in längeren Zeitabständen vorgenommen werden, sofern keine Änderung der Arbeitsbedingungen eingetreten ist, die zu einer höheren Exposition der Arbeitnehmer führen könnte.

(7) Ergibt eine Messung gemäß Abs. 1 die Überschreitung eines Grenzwertes, hat der Arbeitgeber unverzüglich die Ursachen festzustellen und Abhilfemaßnahmen zu treffen. Sodann ist eine neuerliche Messung vorzunehmen.

(8) Ergibt eine Messung gemäß Abs. 2, daß eine für die Sicherheit der Arbeitnehmer gefährliche Konzentration eines explosionsgefährlichen oder brandgefährlichen Arbeitsstoffes vorliegt, hat der Arbeitgeber unverzüglich die Ursachen festzustellen und Abhilfemaßnahmen zu treffen.

Verzeichnis der Arbeitnehmer

§ 47. (1) Stehen krebserzeugende (Gefahrenklasse 3.6 – Karzinogenität), erbgutverändernde (Gefahrenklasse 3.5 – Keimzellmutagenität), fortpflanzungsgefährdende (Gefahrenklasse 3.7 – Reproduktionstoxizität) oder biologische Arbeitsstoffe der Gruppe 3 oder 4 in Verwendung, müssen die Arbeitgeber ein Verzeichnis jener Arbeitnehmer führen, die der Einwirkung dieser Arbeitsstoffe ausgesetzt sind.

(2) Dieses Verzeichnis muß für jeden betroffenen Arbeitnehmer insbesondere folgende Angaben enthalten:

1. Name, Geburtsdatum, Geschlecht,
2. Bezeichnung der Arbeitsstoffe,
3. Art der Gefährdung,
4. Art und Dauer der Tätigkeit,
5. Datum und Ergebnis von Messungen im Arbeitsbereich, soweit vorhanden,
6. Angaben zur Exposition, und

7. Unfälle und Zwischenfälle im Zusammenhang mit diesen Arbeitsstoffen.

(3) Die Verzeichnisse sind stets auf dem aktuellen Stand zu halten und jedenfalls bis zum Ende der Exposition aufzubewahren. Nach Ende der Exposition sind sie dem zuständigen Träger der Unfallversicherung zu übermitteln. Dieser hat diese Verzeichnisse mindestens 40 Jahre aufzubewahren.

(4) Arbeitgeber müssen unbeschadet der §§ 12 und 13 jedem Arbeitnehmer zu den ihn persönlich betreffenden Angaben des Verzeichnisses Zugang gewähren und auf Verlangen Kopien davon aushändigen.

Verordnungen über Arbeitsstoffe

§ 48. (1) Der Bundesminister für Arbeit, Soziales und Konsumentenschutz hat in Durchführung des 4. Abschnittes durch Verordnung näher zu regeln:

1. die Meldung biologischer Arbeitsstoffe,
2. die Kennzeichnung von gefährlichen Arbeitsstoffen,
3. die Grenzwerte,
4. nähere Bestimmungen über
a) Anforderungen an Fachkunde und Einrichtungen jener Personen, die Messungen durchführen dürfen,
b) Meßverfahren, Verfahren der Probenahme, Auswahl der Meßorte, Auswertung der Messungen und Bewertung der Meßergebnisse,
c) Zeitabstände der Messungen.

(2) Der Bundesminister für Arbeit, Soziales und Konsumentenschutz kann mit Verordnung anordnen, daß die Bestimmungen des § 42 Abs. 1 und 2 (Verbot von Stoffen oder Verfahren), Abs. 5 (Meldung der Verwendung an das Arbeitsinspektorat), Abs. 7 (Begründung für die Verwendung), § 43 Abs. 1 (Verwendung im geschlossenen System), § 44 Abs. 4 (Zugang zu Gefahrenbereichen) und § 47 (Verzeichnis der Arbeitnehmer) auch für gesundheitsgefährdende Arbeitsstoffe anzuwenden sind, die andere gefährliche Eigenschaften aufweisen, wenn dies unter Bedachtnahme auf arbeitsmedizinische Erkenntnisse, auf den jeweiligen Stand der Technik oder auf internationale Abkommen erforderlich ist.

5. Abschnitt

Gesundheitsüberwachung

Eignungs- und Folgeuntersuchungen

§ 49. (1) Mit Tätigkeiten, bei denen die Gefahr einer Berufskrankheit besteht, und bei denen einer arbeitsmedizinischen Untersuchung im Hinblick auf die spezifische mit dieser Tätigkeit verbundene Gesundheitsgefährdung prophylaktische Bedeutung zukommt, dürfen Arbeitnehmer nur beschäftigt werden, wenn

1. vor Aufnahme der Tätigkeit eine solche Untersuchung durchgeführt wurde (Eignungsuntersuchung) und
2. bei Fortdauer der Tätigkeit solche Untersuchungen in regelmäßigen Zeitabständen durchgeführt werden (Folgeuntersuchungen).

(2) Abs. 1 gilt weiters für Tätigkeiten, bei denen häufiger und länger andauernd Atemschutzgeräte (Filter- oder Behältergeräte) getragen werden müssen, für Tätigkeiten im Rahmen von Gasrettungsdiensten und für Tätigkeiten unter Einwirkung von den Organismus besonders belastender Hitze.

(3) Das Arbeitsinspektorat hat im Einzelfall mit Bescheid für eine Tätigkeit, die nicht in einer Durchführungsverordnung zu Abs. 1 angeführt ist, Eignungs- und Folgeuntersuchungen vorzuschreiben, sofern

1. es sich um eine Tätigkeit handelt, die nach arbeitsmedizinischen Erfahrungen die Gesundheit zu schädigen vermag, und
2. im Hinblick auf die spezifische mit dieser Tätigkeit verbundene Gesundheitsgefährdung einer arbeitsmedizinischen Untersuchung prophylaktische Bedeutung zukommt.

(4) Für Untersuchungen gemäß Abs. 3 gelten die Bestimmungen über Eignungs- und Folgeuntersuchungen mit Ausnahme der Bestimmung, daß die Untersuchungen nach einheitlichen Richtlinien durchzuführen und zu beurteilen sind.

(5) In Bescheiden gemäß Abs. 3 sind Art, Umfang und Zeitabstände der Untersuchungen festzulegen. Weiters ist festzulegen, welche Voraussetzungen die Ärzte für die Untersuchungen erfüllen müssen.

(6) Bescheide gemäß Abs. 3 sind auf Antrag des Arbeitgebers oder von amtswegen aufzuheben, wenn die Voraussetzungen für die Vorschreibung nicht mehr vorliegen.

Untersuchungen bei Lärmeinwirkung

§ 50. (1) Mit Tätigkeiten, die mit gesundheitsgefährdender Lärmeinwirkung verbunden sind, dürfen Arbeitnehmer nur beschäftigt werden, wenn vor Aufnahme der Tätigkeit eine arbeitsmedizinische Untersuchung der Hörfähigkeit durchgeführt wurde. Für diese Untersuchung gelten die Bestimmungen über Eignungsuntersuchungen.

(2) Arbeitgeber haben dafür zu sorgen, daß Arbeitnehmer, die einer gesundheitsgefährdenden Lärmeinwirkung ausgesetzt sind, sich in regelmäßigen Abständen einer arbeitsmedizinischen Untersuchung der Hörfähigkeit unterziehen.

Sonstige besondere Untersuchungen

§ 51. (1) Wenn im Hinblick auf die spezifische mit einer Tätigkeit verbundene Gesundheitsgefährdung nach arbeitsmedizinischen Erkenntnissen oder nach dem jeweiligen Stand der Technik besondere ärztliche Untersuchungen geboten erscheinen, müssen Arbeitgeber dafür sorgen, daß Arbeitnehmer, die eine solche Tätigkeit ausüben oder ausüben sollen, sich auf eigenen Wunsch vor Aufnahme dieser Tätigkeit sowie bei Fortdauer der Tätigkeit in regelmäßigen Zeitabständen einer solchen besonderen Untersuchung unterziehen können.

(2) Tätigkeiten im Sinne des Abs. 1 sind solche, bei denen Arbeitnehmer

1. besonderen physikalischen Einwirkungen ausgesetzt sind oder
2. den Einwirkungen gefährlicher Arbeitsstoffe ausgesetzt sind oder
3. besonders belastenden Arbeitsbedingungen ausgesetzt sind oder
4. bei deren Ausübung durch gesundheitlich nicht geeignete Arbeitnehmer eine besondere Gefahr für diese selbst oder für andere Personen entstehen kann.

(3) Gelangt dem Arbeitsinspektorat zur Kenntnis, daß bei einem Arbeitnehmer eine Erkrankung aufgetreten ist, die auf eine Tätigkeit im Sinne des Abs. 2 zurückzuführen sein könnte, so kann es die Vornahme von besonderen Untersuchungen auch hinsichtlich anderer Arbeitnehmer empfehlen, die mit derartigen Tätigkeiten beschäftigt werden.

Durchführung von Eignungs- und Folgeuntersuchungen

§ 52. Die untersuchenden Ärzte haben bei Durchführung von Eignungs- und Folgeuntersuchungen nach folgenden Grundsätzen vorzugehen:

1. Die Untersuchungen sind nach einheitlichen Richtlinien durchzuführen und zu beurteilen.
2. Die Ergebnisse der Untersuchungen sind in einem Befund festzuhalten.
3. Es hat eine Beurteilung zu erfolgen („geeignet", „nicht geeignet").
4. Wenn die Beurteilung auf „geeignet" lautet, aber eine Verkürzung des Zeitabstandes bis zur Folgeuntersuchung geboten erscheint, ist in die Beurteilung der Zeitabstand bis zur vorzeitigen Folgeuntersuchung aufzunehmen.
5. Der Befund samt Beurteilung ist unverzüglich dem ärztlichen Dienst des zuständigen Arbeitsinspektorates zu übermitteln.
6. Der Befund ist dem Arbeitnehmer auf Verlangen zu übermitteln und zu erläutern.
7. Wenn die Beurteilung auf „geeignet" lautet, ist diese Beurteilung dem Arbeitgeber sowie dem Arbeitnehmer schriftlich mitzuteilen.

Elektronische Übermittlung von Befund samt Beurteilung

§ 52a. Die Übermittlung nach § 52 Z 5 ASchG kann auch elektronisch erfolgen. Dies dient dem Zweck der Erfassung und der erleichterten Prüfung von Befund und Beurteilung im Sinn des

§ 53. Die Vertraulichkeit der Übermittlung von Befund und Beurteilung ist durch dem Stand der Technik entsprechende verschlüsselte Übermittlungsverfahren zu gewährleisten. Die Arbeitsinspektion hat den elektronischen Befund samt Beurteilung 10 Jahre lang ab dem Zeitpunkt der Übermittlung aufzubewahren und mit Ablauf des jeweiligen Kalenderjahres zu löschen. In Einzelfällen kann die Aufbewahrungsfrist auf Grund einer arbeitsmedizinischen Begründung verlängert werden. Der Bundesminister für Arbeit, Soziales und Konsumentenschutz ist ermächtigt, durch Verordnung die näheren Bestimmungen betreffend die Verfahren zur Einbringung der Daten sowie Datensicherheitsmaßnahmen festzulegen.

Überprüfung der Beurteilung

§ 53. (1) Die Ärzte der Arbeitsinspektion haben bei Eignungs- und Folgeuntersuchungen von amtswegen die übermittelten Befunde und Beurteilungen unter Berücksichtigung der Arbeitsbedingungen zu überprüfen.

(2) Die Ärzte der Arbeitsinspektion sind verpflichtet, dem Arbeitnehmer auf Verlangen den Befund zu erläutern.

(3) Über die gesundheitliche Eignung entscheidet das Arbeitsinspektorat mit Bescheid. Im Verfahren haben der Arbeitnehmer und der Arbeitgeber Parteistellung. Tatsachen, die der ärztlichen Verschwiegenheitspflicht unterliegen, sind vom Arbeitsinspektorat dem Arbeitgeber jedoch nur mit Zustimmung des Arbeitnehmers zur Kenntnis zu bringen.

(4) Führt die Überprüfung durch das Arbeitsinspektorat zu einem von der Beurteilung des untersuchenden Arztes abweichenden Ergebnis, so ist diesem Arzt eine Abschrift des Bescheides zu übermitteln. Führt die Überprüfung einer auf „nicht geeignet" lautenden ärztlichen Beurteilung durch das Arbeitsinspektorat zu einem abweichenden Ergebnis, ist dieser Arzt außerdem vor Bescheiderlassung anzuhören.

(5) Ein Bescheid über die gesundheitliche Eignung kann entfallen, wenn

1. die Beurteilung auf „geeignet" lautet,
2. die Überprüfung ergibt, daß der Arbeitnehmer für die betreffende Tätigkeit geeignet ist und keine zusätzlichen Maßnahmen zur Verminderung der Gesundheitsgefährdung notwendig sind, und
3. weder der Arbeitgeber noch der Arbeitnehmer einen Antrag auf Erlassung eines Bescheides stellen.

(6) Wenn in der Beurteilung keine Verkürzung des Zeitabstandes bis zur Folgeuntersuchung vorgesehen ist, eine Verkürzung aber auf Grund der Überprüfung geboten erscheint, ist von amtswegen oder auf Antrag mit Bescheid der Zeitabstand zu verkürzen.

(7) Ist in der Beurteilung eine Verkürzung des Zeitabstandes bis zur Folgeuntersuchung vorgesehen und ergibt die Überprüfung, daß eine solche Verkürzung nicht erforderlich ist, so hat das Arbeitsinspektorat dies dem Arbeitgeber, dem Arbeitnehmer sowie dem Arzt, der die Untersuchung durchgeführt hat, mitzuteilen.

(8) Einer Beschwerde beim Verwaltungsgericht gegen Bescheide über die gesundheitliche Eignung und über die Verkürzung des Zeitabstandes bis zur Folgeuntersuchung kommt keine aufschiebende Wirkung zu.

(9) Das Arbeitsinspektorat hat dem zuständigen Träger der Unfallversicherung auf Anfrage eine Ausfertigung des Befundes samt Beurteilung zu übermitteln, sofern die Übermittlung dieser personenbezogenen Daten wesentliche Voraussetzung für Zwecke der Forschung nach § 186 Abs. 1 Z 4 ASVG darstellt.

Bescheide über die gesundheitliche Eignung
§ 54. (1) Die bescheidmäßige Feststellung der gesundheitlichen Eignung auf Grund einer Eignungsuntersuchung oder Folgeuntersuchung kann erfolgen

1. unter Verkürzung des Zeitabstandes bis zur Folgeuntersuchung,
2. unter der Bedingung, daß der Arbeitgeber bestimmte im Bescheid festzulegende geeignete Maßnahmen trifft, die die Gesundheitsgefährdung vermindern.

(2) Bei bescheidmäßiger Feststellung der gesundheitlichen Nichteignung darf der Arbeitnehmer mit den im Bescheid angeführten Tätigkeiten nicht mehr beschäftigt werden. Dies gilt im Fall des Abs. 4 bis zu einer Folgeuntersuchung, sonst bis zur Aufhebung durch Bescheid des Arbeitsinspektorates gemäß Abs. 5.

(3) Das Arbeitsinspektorat kann im Bescheid aussprechen, daß das Beschäftigungsverbot erst nach Ablauf einer bestimmten Frist wirksam wird, wenn dies aus arbeitsmedizinischen Gründen unter Berücksichtigung der Arbeitsbedingungen vertretbar ist.

(4) Ist anzunehmen, daß die gesundheitliche Eignung in absehbarer Zeit wieder gegeben ist, so ist im Bescheid festzulegen, zu welchem Zeitpunkt eine neuerliche Untersuchung frühestens erfolgen soll. In diesem Fall darf der Arbeitnehmer mit den im Bescheid angeführten Tätigkeiten wieder beschäftigt werden, wenn eine Folgeuntersuchung die Beurteilung „geeignet" ergeben hat.

(5) Die Aufhebung des Beschäftigungsverbotes hat auf Antrag des Arbeitgebers oder des Arbeitnehmers oder von amtswegen zu erfolgen, wenn auf Grund einer Folgeuntersuchung festgestellt wird, daß die gesundheitliche Eignung für die betreffende Tätigkeit wieder gegeben ist.

Durchführung von sonstigen besonderen Untersuchungen
§ 55. (1) Die untersuchenden Ärzte haben bei der Durchführung von wiederkehrenden Untersuchungen der Hörfähigkeit und bei sonstigen besonderen Untersuchungen wie folgt vorzugehen:

1. Sofern für die Durchführung von solchen Untersuchungen einheitliche Richtlinien erlassen wurden, sind die Untersuchungen nach diesen Richtlinien durchzuführen.
2. Die Ergebnisse der Untersuchungen sind in einem Befund festzuhalten.
3. Der Befund ist dem Arbeitnehmer auf Verlangen zu übermitteln und zu erläutern.

(2) Die Ärzte der Arbeitsinspektion sind verpflichtet, dem Arbeitnehmer auf Verlangen den Befund zu erläutern.

Ermächtigte Ärzte und Ärztinnen
§ 56. (1) Eignungs- und Folgeuntersuchungen sind von ermächtigten Ärzten und Ärztinnen durchzuführen und zu beurteilen. Ein Arzt/Eine Ärztin gilt als ermächtigt, wenn folgende Voraussetzungen vorliegen und eine Eintragung in die Liste nach Abs. 6 erfolgt ist:

1. Berechtigung zur selbständigen Ausübung des ärztlichen Berufes im Sinne des Ärztegesetzes 1998 – ÄrzteG 1998, BGBl. I Nr. 169/1998,
2. Abschluss einer von dem/der Bundesminister/in für Gesundheit und Frauen anerkannten arbeitsmedizinischen Ausbildung gemäß § 38 ÄrzteG 1998,
3. apparative Ausstattung um die Untersuchungen durchführen zu können, wobei zu Teilbereichen der jeweiligen Untersuchung auch andere Ärzte/Ärztinnen oder geeignete Labors mit apparativer Ausstattung für die Durchführung der Untersuchungen herangezogen werden können.

(2) Der Arzt/Die Ärztin hat dem Bundesminister für Arbeit, Soziales und Konsumentenschutz zu melden:

1. vor der erstmaligen Durchführung der jeweiligen Untersuchung: Genaue Angabe der Arbeitsstoffe oder Einwirkungen, für die die Untersuchung durchgeführt werden soll, Name, Anschrift, Telefonnummer, E-Mail-Adresse samt schriftlicher Nachweise über das Vorliegen der Voraussetzungen nach Abs. 1,
2. allfällige Änderungen der Angaben nach Z 1 sowie Voraussetzungen nach Abs. 1,
3. die Einstellung der jeweiligen Untersuchung oder der Tätigkeit.

(3) Der Bundesminister für Arbeit, Soziales und Konsumentenschutz hat auf Grund der Meldung nach Abs. 2 Z 1 zu überprüfen, ob die Voraussetzungen nach Abs. 1 vorliegen. Der Allgemeinen Unfallversicherungsanstalt ist Gelegenheit zu geben, im Rahmen der Überprüfung Stellung zu nehmen, wenn es sich um Untersuchungen handelt, die zur Feststellung der gesundheitlichen Eignung für die Ausübung von Tätigkeiten dienen, die eine Berufskrankheit verursachen können.

(4) Ermächtigte Ärzte/Ärztinnen müssen die Untersuchungen einer regelmäßigen Qualitätssicherung, die den neuesten Erkenntnissen auf dem Gebiet der Arbeitsmedizin entspricht, unterziehen. Sie müssen den Ärzten und Ärztinnen der Arbeitsinspektion auf Verlangen Einsicht in die Unterlagen zur Qualitätssicherung und zur für die Untersuchungen einschlägigen Fortbildung nach § 49 ÄrzteG 1998 gewähren oder Kopien dieser Unterlagen übermitteln sowie Auskünfte dazu erteilen.

(5) Abs. 4 gilt auch für andere Ärzte/Ärztinnen und Labors nach Abs. 1 Z 3.

(6) Der Bundesminister für Arbeit, Soziales und Konsumentenschutz hat eine Liste der ermächtigten Ärzte und Ärztinnen zu erstellen und regelmäßig zu aktualisieren sowie im Internet zu veröffentlichen. Diese Liste hat zu enthalten: Namen, Anschrift, Telefonnummer, E-Mail-Adresse der Ärzte/Ärztinnen sowie die Art der Untersuchung, auf die sich die Eintragung in die Liste bezieht. In diese Liste sind alle Ärzte und Ärztinnen aufzunehmen, bei denen die Überprüfung gemäß Abs. 3 ergeben hat, dass sie die Voraussetzungen nach Abs. 1 erfüllen. Ergibt die Überprüfung, dass die Voraussetzungen nach Abs. 1 nicht erfüllt sind, ist der Arzt/die Ärztin zur Behebung der Mängel schriftlich aufzufordern. Werden die Voraussetzungen nach Abs. 1 weiterhin nicht erfüllt, hat keine Aufnahme in die Liste zu erfolgen. Auf Antrag des Arztes/der Ärztin ist dies mit Bescheid festzustellen.

(7) Ein Arzt/Eine Ärztin ist von der Liste nach Abs. 6 zu streichen, wenn

1. die Voraussetzungen nach Abs. 1 nicht mehr vorliegen oder

2. gegen die für ermächtigte Ärzte/Ärztinnen geltenden Bestimmungen dieses Bundesgesetzes oder der Verordnung über die Gesundheitsüberwachung verstoßen wurde oder

3. innerhalb der letzten fünf Jahre keine entsprechende Untersuchung vorgenommen wurde.

Vor der Streichung ist dem Arzt/der Ärztin Gelegenheit zu geben, Stellung zu nehmen. Auf Antrag des Arztes/der Ärztin ist mit Bescheid festzustellen, dass die Voraussetzungen für eine Streichung vorliegen.

Kosten der Untersuchungen

§ 57. (1) Die Kosten von Eignungs- und Folgeuntersuchungen sind vom Arbeitgeber zu tragen.

(2) Die Kosten von sonstigen besonderen Untersuchungen hat der Arbeitgeber zu tragen, soweit sie nicht auf Kosten eines Versicherungsträgers erfolgen.

(3) Wenn Eignungs- und Folgeuntersuchungen oder sonstige besondere Untersuchungen im Zusammenhang mit Tätigkeiten, die eine Berufskrankheit verursachen können, durchgeführt werden, hat der Arbeitgeber gegenüber dem zuständigen Träger der Unfallversicherung Anspruch auf Ersatz der Kosten. Dies gilt auch für Eignungsuntersuchungen, die unmittelbar vor Aufnahme einer Tätigkeit durchgeführt werden, die die Unfallversicherungspflicht auslöst.

(4) Die Höhe des Kostenersatzes wird durch einen privatrechtlichen Vertrag geregelt, welcher für die Träger der Unfallversicherung mit deren Zustimmung durch den Dachverband der Sozialversicherungsträger mit der Österreichischen Ärztekammer abzuschließen ist. Der Vertrag bedarf zu seiner Rechtsgültigkeit der schriftlichen Form. Im übrigen gelten die Bestimmungen des Sechsten Teils des Allgemeinen Sozialversicherungsgesetzes, BGBl. Nr. 189/1955, sinngemäß.

(5) Der zuständige Träger der Unfallversicherung ist berechtigt, mit ermächtigten Ärzten die direkte Verrechnung der Kosten von Untersuchungen nach Abs. 3 zu vereinbaren.

(6) Die zuständigen Träger der Unfallversicherung sind berechtigt, die sachliche und rechnerische Richtigkeit der Kosten von Untersuchungen nach Abs. 3 stichprobenartig bei den Ärzten zu überprüfen. Die Ärzte haben in diesem Zusammenhang Auskünfte im erforderlichen Umfang nach Maßgabe des Abs. 7 zu erteilen. Das Vorliegen der Voraussetzungen für eine Auskunftserteilung ist dem betreffenden Arzt gegenüber glaubhaft zu machen.

(7) Auskünfte im Sinne des Abs. 6 dürfen nur insoweit in personenbezogener Form erteilt werden, als dies der Zweck der im Einzelfall vorgenommenen Überprüfung unbedingt erfordert. Medizinische Daten, insbesondere die Diagnose, dürfen nur einem ordnungsgemäß ausgewiesenen bevollmächtigten Arzt des zuständigen Trägers der Unfallversicherung bekannt gegeben werden. Der erste Satz ist auch anzuwenden auf jede weitere Übermittlung innerhalb der Organisation des zuständigen Trägers der Unfallversicherung hinsichtlich der Daten, die in einer Auskunft im Sinne des Abs. 6 enthalten sind.

(8) Abs. 1 und Abs. 3 bis 7 gelten auch für wiederkehrende Untersuchungen der Hörfähigkeit.

Pflichten der Arbeitgeber

§ 58. (1) Arbeitgeber müssen den untersuchenden Ärzten Zugang zu den Arbeitsplätzen der zu untersuchenden Arbeitnehmer sowie zu allen für die Durchführung oder Beurteilung notwendigen Informationen, wie zum Beispiel zu Meßergebnissen, gewähren.

(2) Werden Eignungs- und Folgeuntersuchungen, wiederkehrende Untersuchungen der Hörfähigkeit sowie sonstige besondere Untersuchungen während der betrieblichen Arbeitszeit durchgeführt, müssen Arbeitgeber den Arbeitnehmern die erforderliche Freizeit unter Fortzahlung des Entgelts gewähren.

(Anm.: Abs. 3 aufgehoben durch BGBl. I Nr. 159/2001)

(4) Arbeitgeber müssen über jeden Arbeitnehmer, für den Eignungs- oder Folgeuntersuchungen erforderlich sind, Aufzeichnungen führen, die folgendes zu enthalten haben:
1. Vor- und Zuname, Geburtsdatum und Anschrift,
2. Art der Tätigkeit, die die Untersuchungspflicht begründet,
3. Datum der Aufnahme dieser Tätigkeit,
4. Datum der Beendigung dieser Tätigkeit,
5. Name und Anschrift des untersuchenden Arztes,
6. Datum jeder Untersuchung.

(5) Den Aufzeichnungen sind alle Beurteilungen der untersuchenden Ärzte über die gesundheitliche Eignung sowie allfällige Bescheide des Arbeitsinspektorates und allfällige Erkenntnisse des Verwaltungsgerichts anzuschließen.

(6) Die Unterlagen gemäß Abs. 4 und 5 sind aufzubewahren, bis der Arbeitnehmer aus dem Betrieb ausscheidet. Sodann sind sie dem zuständigen Träger der Unfallversicherung zu übermitteln. Dieser hat die Unterlagen mindestens 40 Jahre aufzubewahren.

(7) Arbeitgeber müssen unbeschadet der §§ 12 und 13 jedem Arbeitnehmer zu den ihn persönlich betreffenden Aufzeichnungen und Unterlagen Zugang gewähren und auf Verlangen Kopien davon aushändigen.

Verordnungen über die
Gesundheitsüberwachung

§ 59. Der Bundesminister für Arbeit, Soziales und Konsumentenschutz hat in Durchführung des 5. Abschnittes durch Verordnung näher zu regeln:
1. die Tätigkeiten, die Eignungs- und Folgeuntersuchungen erforderlich machen, sowie die Tätigkeiten, bei denen sonstige besondere Untersuchungen geboten sind,
2. die Zeitabstände, in denen Folgeuntersuchungen, wiederkehrende Untersuchungen der Hörfähigkeit sowie sonstige besondere Untersuchungen durchzuführen sind,
3. Richtlinien über die Durchführung von Untersuchungen, wobei insbesondere festzulegen ist, welche speziellen Untersuchungen und Untersuchungsverfahren nach dem jeweiligen

Stand der Arbeitsmedizin zur Feststellung der gesundheitlichen Eignung von Arbeitnehmern für bestimmte Tätigkeiten in Betracht kommen, nach welchen arbeitsmedizinischen Kriterien die Untersuchungsergebnisse zu beurteilen sowie welche biologischen Grenzwerte gegebenenfalls zu beachten sind.

6. Abschnitt
Arbeitsvorgänge und Arbeitsplätze
Allgemeine Bestimmungen über
Arbeitsvorgänge

§ 60. (1) Arbeitgeber haben dafür zu sorgen, daß Arbeitsvorgänge so vorbereitet, gestaltet und durchgeführt werden, daß ein wirksamer Schutz des Lebens und der Gesundheit der Arbeitnehmer erreicht wird.

(2) Arbeitsvorgänge sind so zu gestalten, dass Zwangshaltung möglichst vermieden wird und Belastungen durch monotone Arbeitsabläufe, einseitige Belastung, Belastungen durch taktgebundene Arbeiten und Zeitdruck sowie sonstige psychische Belastungen möglichst gering gehalten und ihre gesundheitsschädigenden Auswirkungen abgeschwächt werden.

(3) Arbeitsvorgänge sind so zu gestalten, daß die Arbeit nach Möglichkeit ganz oder teilweise im Sitzen verrichtet werden kann.

(4) Arbeitgeber/innen haben im Rahmen der Ermittlung und Beurteilung der Gefahren im Bergbau für gefährliche Arbeiten oder normalerweise gefahrlose Arbeiten, die sich mit anderen Arbeitsvorgängen überschneiden und daher eine ernste Gefährdung bewirken können, ein Arbeitsfreigabesystem samt den notwendigen Schutz- und Rettungsmaßnahmen festzulegen und eine geeignete fachkundige Person zu benennen, die die erforderlichen fachlichen Kenntnisse und Berufserfahrungen besitzt und mit den möglichen Gefahren und den erforderlichen Schutz- und Rettungsmaßnahmen vertraut ist. Es ist dafür zu sorgen, dass die festgelegten Arbeiten erst durchgeführt werden, nachdem die benannte Person sich davon überzeugt hat, dass die laut Arbeitsfreigabesystem festgelegten Schutz- und Rettungsmaßnahmen durchgeführt sind, und die Arbeitsfreigabe erteilt hat.

(5) Arbeitgeber/innen haben im Bergbau jedem/jeder untertägig beschäftigten Arbeitnehmer/in jeweils einen umgebungsluftunabhängigen Selbstretter (Sauerstoffselbstretter) zur Verfügung zu stellen.

Arbeitsplätze

§ 61. (1) Arbeitsplätze müssen so eingerichtet und beschaffen sein und so erhalten werden, daß die Arbeitnehmer möglichst ohne Gefahr für ihre Sicherheit und Gesundheit ihre Arbeit verrichten können.

(2) Arbeitsplätze müssen so beschaffen sein, daß sie nicht einstürzen, umkippen, einsinken, abrutschen oder ihre Lage auf andere Weise ungewollt verändern.

(3) Arbeitsplätze und Zugänge zu den Arbeitsplätzen müssen erforderlichenfalls mit Einrichtungen zum Schutz gegen Absturz oder herabfallende Gegenstände versehen sein.

(4) Die freie unverstellte Fläche am Arbeitsplatz muß so bemessen sein, daß sich die Arbeitnehmer bei ihrer Tätigkeit ungehindert bewegen können. Ist dies aus arbeitsplatztechnischen Gründen nicht möglich, so muß den Arbeitnehmern erforderlichenfalls in der Nähe des Arbeitsplatzes eine andere ausreichend große Bewegungsfläche zur Verfügung stehen.

(5) Kann die Arbeit ganz oder teilweise im Sitzen verrichtet werden, sind den Arbeitnehmern geeignete Sitzgelegenheiten zur Verfügung zu stellen. Den Arbeitnehmern sind geeignete Arbeitstische, Werkbänke oder sonstige Einrichtungen zur Verfügung zu stellen, soweit deren Verwendung nach der Art der Tätigkeit möglich ist.

(6) An Arbeitsplätzen mit erhöhter Unfallgefahr sowie an abgelegenen Arbeitsplätzen darf ein Arbeitnehmer nur allein beschäftigt werden, wenn eine wirksame Überwachung sichergestellt ist.

(7) Im Freien und in nicht allseits umschlossenen Räumen dürfen ständige Arbeitsplätze nur eingerichtet werden, wenn dies wegen der Art der Tätigkeiten oder aus sonstigen wichtigen betrieblichen Gründen erforderlich ist. Bei Arbeitsplätzen in nicht allseits umschlossenen Räumen sowie bei ortsgebundenen Arbeitsplätzen im Freien ist dafür zu sorgen, daß die Arbeitnehmer durch geeignete Einrichtungen gegen Witterungseinflüsse soweit als möglich geschützt sind. Bei Arbeitsplätzen im Freien ist dafür zu sorgen, daß die Arbeitnehmer nicht ausgleiten oder abstürzen können.

(8) Für Verkaufsstände im Freien gilt abweichend von Abs. 7 folgendes:

1. An Verkaufsständen im Freien dürfen Arbeitnehmer nur beschäftigt werden, wenn sie gegen Witterungseinflüsse, schädliche Zugluft, Einwirkungen durch Lärm, Erschütterungen und Abgase von Kraftfahrzeugen ausreichend geschützt sind.
2. An Verkaufsständen im Freien, die organisatorisch und räumlich im Zusammenhang mit Verkaufsläden oder sonstigen Betriebsgebäuden stehen, dürfen Arbeitnehmer außerdem nur beschäftigt werden, wenn die Außentemperatur am Verkaufsstand mehr als + 16 °C beträgt.

Fachkenntnisse und besondere Aufsicht

§ 62. (1) Zu Arbeiten, die mit einer besonderen Gefahr für die damit beschäftigten oder für andere Arbeitnehmer verbunden sind, dürfen nur Arbeitnehmer herangezogen werden, die

1. hiefür geistig und körperlich geeignet sind,
2. über einen Nachweis der erforderlichen Fachkenntnisse verfügen und
3. über die erforderliche Berufserfahrung verfügen.

(2) Abs. 1 gilt für die Durchführung von Taucherarbeiten, das Führen von bestimmten Kranen und Staplern, die Beschäftigung im Rahmen eines Gasrettungsdienstes, die Durchführung von Sprengarbeiten sowie sonstige Arbeiten mit vergleichbarem Risiko.

(3) Mit der Durchführung von Sprengarbeiten dürfen darüber hinaus nur Arbeitnehmer beschäftigt werden, die verläßlich sind.

(4) Wenn es für eine sichere Durchführung der Arbeiten erforderlich ist, hat die Organisation und Vorbereitung durch Personen zu erfolgen, die hiefür geeignet sind und die erforderlichen Fachkenntnisse nachweisen. Dies gilt für Vorbereitungs- und Organisationsarbeiten betreffend besonders gefährliche Arbeiten unter Spannung, bühnentechnische und beleuchtungstechnische Arbeiten sowie sonstige Arbeiten, für die hinsichtlich der Vorbereitung und Organisation vergleichbare Anforderungen bestehen.

(5) Wenn es mit Rücksicht auf die mit der Arbeit verbundenen Gefahren oder die spezifischen Arbeitsbedingungen erforderlich ist, dürfen Arbeiten nur unter Aufsicht einer geeigneten Person durchgeführt werden. Taucherarbeiten, bestimmte Bauarbeiten sowie sonstige Arbeiten, die hinsichtlich der Gefahren oder der Arbeitsbedingungen vergleichbar sind, dürfen nur unter Aufsicht von Personen durchgeführt werden, die hiefür geeignet sind und über fachliche Kenntnisse verfügen.

(6) Abs. 2 bis 5 gelten auch für den Arbeitgeber soweit dies zur Vermeidung einer Gefahr für die, Sicherheit oder die Gesundheit der Arbeitnehmer erforderlich ist.

(Anm.: Abs 7 aufgehoben durch Art. 1 Z 6, BGBl. I Nr. 126/2017)

Nachweis der Fachkenntnisse

§ 63. (1) Der Nachweis der Fachkenntnisse gemäß § 62 ist durch ein Zeugnis einer hiefür in Betracht kommenden Unterrichtsanstalt oder durch ein Zeugnis einer anderen Einrichtung zu erbringen, die hiezu vom Bundesminister für Arbeit, Soziales und Konsumentenschutz ermächtigt wurde.

(2) Die Ermächtigung ist zu erteilen, wenn die Gewähr dafür gegeben ist, daß die notwendigen Fachkenntnisse in entsprechender Weise vermittelt werden. Die Ermächtigung ist unter Auflagen zu erteilen, wenn dies zur Gewährleistung einer ordnungsgemäßen Vermittlung der Fachkenntnisse erforderlich ist. Die Ermächtigung ist zu widerrufen, wenn gegen die Bestimmungen dieses Bundesgesetzes oder der dazu erlassenen Verordnungen über die Vermittlung der Fachkenntnisse

verstoßen wurde, die Auflagen nicht eingehalten werden, oder wenn die Voraussetzungen für die Ermächtigung nicht mehr vorliegen.

(3) Zur Vermittlung der Fachkenntnisse zur Durchführung von Sprengarbeiten sind von der Unterrichtsanstalt oder ermächtigten Einrichtung nur Auszubildende zuzulassen, die eine Bescheinigung der Landespolizeidirektion, insoweit diese für das Gebiet einer Gemeinde zugleich Sicherheitsbehörde erster Instanz ist, oder, außerhalb dieses örtlichen Wirkungsbereiches, der Bezirksverwaltungsbehörde über ihre Verläßlichkeit beibringen. Zur Beurteilung der Verläßlichkeit nach diesem Bundesgesetz ist sinngemäß § 8 des Waffengesetzes 1996, BGBl. I Nr. 12/1997, heranzuziehen, wobei auch entsprechend schwerwiegende Verwaltungsübertretungen zu berücksichtigen sind.

(4) Der Nachweis der Fachkenntnisse ist von der zuständigen Behörde zu entziehen, wenn die betreffende Person zur Durchführung der betreffenden Arbeiten geistig oder körperlich nicht mehr geeignet ist. Gleiches gilt, wenn auf Grund besonderer Vorkommnisse, zB eines Fehlverhaltens, das zu einem Unfall geführt hat, eine sichere Durchführung der Arbeiten durch die betreffende Person nicht mehr gewährleistet ist. Der Entzug des Nachweises ist dem Arbeitgeber, dem zuständigen Arbeitsinspektorat sowie jener Unterrichtsanstalt oder Einrichtung, die den Nachweis ausgestellt hat, bekanntzugeben.

(5) Die Arbeitsinspektorate haben Umstände, die zur Entziehung des Nachweises der Fachkenntnisse führen könnten, der zuständigen Behörde zur Kenntnis zu bringen. Werden dem Arbeitgeber Umstände bekannt, die zum Entzug des Nachweises der Fachkenntnisse führen könnten, hat er dies dem zuständigen Arbeitsinspektorat zu melden.

(6) Die Sicherheitsbehörden haben Umstände, die zur Entziehung des Nachweises der Fachkenntnisse betreffend die Durchführung von Sprengarbeiten führen könnten, der zuständigen Behörde zur Kenntnis zu bringen.

Handhabung von Lasten

§ 64. (1) Als manuelle Handhabung im Sinne dieser Bestimmung gilt jede Beförderung oder das Abstützen einer Last durch Arbeitnehmer, insbesondere das Heben, Absetzen, Schieben, Ziehen, Tragen und Bewegen einer Last, wenn dies auf Grund der Merkmale der Last oder ungünstiger ergonomischer Bedingungen für die Arbeitnehmer eine Gefährdung, insbesondere des Bewegungs- und Stützapparates, mit sich bringt.

(2) Arbeitgeber haben geeignete organisatorische Maßnahmen zu treffen oder geeignete Mittel einzusetzen, um zu vermeiden, daß Arbeitnehmer Lasten manuell handhaben müssen.

(3) Läßt es sich nicht vermeiden, daß Arbeitnehmer Lasten manuell handhaben müssen, so haben die Arbeitgeber im Rahmen der Ermittlung und Beurteilung der Gefahren insbesondere die Merkmale der Last, den erforderlichen körperlichen Kraftaufwand, die Merkmale der Arbeitsumgebung und die Erfordernisse der Aufgabe zu berücksichtigen. Die Arbeitgeber haben dafür zu sorgen, daß es bei den Arbeitnehmern nicht zu einer Gefährdung des Bewegungs- und Stützapparates kommt oder daß solche Gefährdungen gering gehalten werden, indem sie unter Berücksichtigung der Merkmale der Arbeitsumgebung und der Erfordernisse der Aufgabe geeignete Maßnahmen treffen.

(4) Arbeitnehmer dürfen mit der manuellen Handhabung von Lasten nur beschäftigt werden, wenn sie dafür körperlich geeignet sind und über ausreichende Kenntnisse und eine ausreichende Unterweisung verfügen.

(5) Arbeitnehmer, die mit der manuellen Handhabung von Lasten beschäftigt werden, müssen Angaben über die damit verbundene Gefährdung des Bewegungs- und Stützapparates sowie nach Möglichkeit auch genaue Angaben über das Gewicht und die sonstigen Merkmale der Lasten erhalten. Die Arbeitnehmer müssen genaue Anweisungen über die sachgemäße Handhabung von Lasten und Angaben über die bestehenden Gefahren bei unsachgemäßer Handhabung erhalten.

Lärm

§ 65. (1) Arbeitgeber haben unter Berücksichtigung des Standes der Technik die Arbeitsvorgänge und die Arbeitsplätze entsprechend zu gestalten und alle geeigneten Maßnahmen zu treffen, damit die Lärmeinwirkung auf das niedrigste in der Praxis vertretbare Niveau gesenkt wird. Unter Berücksichtigung des technischen Fortschrittes und der verfügbaren Maßnahmen ist auf eine Verringerung des Lärms, möglichst direkt an der Entstehungsquelle, hinzuwirken.

(2) Im Rahmen der Ermittlung und Beurteilung der Gefahren ist auch zu ermitteln, ob die Arbeitnehmer einer Lärmgefährdung ausgesetzt sein könnten. Wenn eine solche Gefährdung nicht ausgeschlossen werden kann, ist der Lärm zu messen. Bei der Messung ist gegebenenfalls auch Impulslärm zu berücksichtigen. Diese Ermittlung und Messung ist in regelmäßigen Zeitabständen sowie bei Änderung der Arbeitsbedingungen zu wiederholen.

(3) Die Ermittlung und Messung ist unter der Verantwortung der Arbeitgeber fachkundig zu planen und durchzuführen. Das Meßverfahren muß zu einem für die Exposition der Arbeitnehmer repräsentativen Ergebnis führen.

(4) Je nach Ausmaß der Lärmeinwirkung sind die erforderlichen Maßnahmen zur Verringerung und Beseitigung der Gefahren zu treffen. Zu diesen Maßnahmen zählen insbesondere:

1. Die Arbeitnehmer sind über die möglichen Gefahren der Lärmeinwirkung und die zur Verringerung dieser Gefahren getroffenen Maßnahmen zu informieren und zu unterweisen.
2. Den Arbeitnehmern sind geeignete Gehörschutzmittel zur Verfügung zu stellen.
3. Die Arbeitnehmer haben die Gehörschutzmittel zu benutzen.
4. Die Lärmbereiche sind zu kennzeichnen und abzugrenzen. Der Zugang zu diesen Bereichen ist zu beschränken.
5. Die Gründe für die Lärmeinwirkung sind zu ermitteln. Es ist ein Programm technischer Maßnahmen und Maßnahmen der Arbeitsgestaltung zur Herabsetzung der Lärmeinwirkung festzulegen und durchzuführen.
6. Es ist ein Verzeichnis jener Arbeitnehmer zu führen, die der Lärmeinwirkung ausgesetzt sind. Dieses Verzeichnis ist stets auf dem aktuellen Stand zu halten und jedenfalls bis zum Ende der Exposition aufzubewahren. Nach Ende der Exposition ist es dem zuständigen Träger der Unfallversicherung zu übermitteln. Arbeitgeber müssen jedem Arbeitnehmer zu den ihn persönlich betreffenden Angaben des Verzeichnisses Zugang gewähren.

Sonstige Einwirkungen und Belastungen
§ 66. (1) Arbeitgeber haben unter Berücksichtigung des Standes der Technik die Arbeitsvorgänge und Arbeitsplätze so zu gestalten und alle geeigneten Maßnahmen zu treffen, daß das Ausmaß von Erschütterungen, die auf den menschlichen Körper übertragen werden, möglichst gering gehalten wird. Gleiches gilt auch für andere physikalische Einwirkungen.

(2) Arbeitgeber haben die Arbeitsvorgänge und Arbeitsplätze entsprechend zu gestalten und alle geeigneten Maßnahmen zu treffen, damit die Arbeitnehmer keinen erheblichen Beeinträchtigungen durch blendendes Licht, Wärmestrahlung, Zugluft, üblen Geruch, Hitze, Kälte, Nässe, Feuchtigkeit oder vergleichbare Einwirkungen ausgesetzt sind oder diese Einwirkungen möglichst gering gehalten werden.

(3) Lassen sich gesundheitsgefährdende Erschütterungen oder sonstige besondere Belastungen nicht durch andere Maßnahmen vermeiden oder auf ein vertretbares Ausmaß verringern, so sind zur Verringerung der Belastungen oder zum Ausgleich geeignete organisatorische Maßnahmen zu treffen, wie eine Beschränkung der Beschäftigungsdauer, Arbeitsunterbrechungen oder die Einhaltung von Erholzeiten. Dies gilt für Druckluft- und Taucherarbeiten, für Arbeiten, die mit besonderen physischen Belastungen verbunden sind sowie für Arbeiten unter vergleichbaren Belastungen, wie besonders belastenden klimatischen Bedingungen, zB Arbeiten in Kühlräumen.

Bildschirmarbeitsplätze
§ 67. (1) Bildschirmgerät im Sinne dieser Bestimmung ist eine Baueinheit mit einem Bildschirm zur Darstellung alphanumerischer Zeichen oder zur Grafikdarstellung, ungeachtet des Darstellungsverfahrens. Bildschirmarbeitsplätze im Sinne dieser Bestimmung sind Arbeitsplätze, bei denen das Bildschirmgerät und die Dateneingabetastatur oder sonstige Steuerungseinheit sowie gegebenenfalls ein Informationsträger eine funktionale Einheit bilden.

(2) Arbeitgeber sind verpflichtet, Bildschirmarbeitsplätze ergonomisch zu gestalten. Es dürfen nur Bildschirmgeräte, Eingabe- oder Datenerfassungsvorrichtungen sowie Zusatzgeräte verwendet werden, die dem Stand der Technik und den ergonomischen Anforderungen entsprechen. Es sind geeignete Arbeitstische bzw. Arbeitsflächen und Sitzgelegenheiten zur Verfügung zu stellen.

(3) Bildschirmarbeitsplätze sind so zu bemessen und einzurichten, daß ausreichend Platz vorhanden ist, um wechselnde Arbeitshaltungen und –bewegungen zu ermöglichen. Es ist für eine geeignete Beleuchtung und dafür zu sorgen, daß eine Reflexion und eine Blendung vermieden werden.

(4) Auf tragbare Datenverarbeitungsgeräte ist Abs. 2 und 3 anzuwenden, wenn sie regelmäßig am Arbeitsplatz eingesetzt werden.

(5) Bei den nachstehend angeführten Einrichtungen bzw. Geräten sind die nach der Art oder Zweckbestimmung der Einrichtung oder der Art der Arbeitsvorgänge erforderlichen Abweichungen von Abs. 2 und 3 zulässig:
1. Fahrer- und Bedienungsstände von Fahrzeugen und Maschinen,
2. Datenverarbeitungsanlagen an Bord eines Verkehrsmittels,
3. Datenverarbeitungsanlagen, die hauptsächlich zur Benutzung durch die Öffentlichkeit bestimmt sind,
4. Rechenmaschinen, Registrierkassen und Geräte mit einer kleinen Daten- oder Meßwertanzeigevorrichtung, die zur direkten Benutzung des Gerätes erforderlich ist, und
5. Display-Schreibmaschinen.

(6) Abs. 1, 2 mit Ausnahme des letzten Satzes und 4 gelten auch für die vom Arbeitgeber den Arbeitnehmern zur Erbringung von Arbeitsleistungen außerhalb der Arbeitsstätte zur Verfügung gestellten Bildschirmgeräte, Eingabe- oder Datenerfassungsvorrichtungen sowie Zusatzgeräte, Arbeitstische bzw. Arbeitsflächen und Sitzgelegenheiten.

Besondere Maßnahmen bei Bildschirmarbeit
§ 68. (1) Im Rahmen der Ermittlung und Beurteilung der Gefahren ist auch auf die mögliche Beeinträchtigung des Sehvermögens sowie

auf physische und psychische Belastungen besonders Bedacht zu nehmen. Auf Grundlage dieser
Ermittlung und Beurteilung sind zweckdienliche
Maßnahmen zur Ausschaltung der festgestellten
Gefahren zu treffen, wobei das allfällige Zusammenwirken der festgestellten Gefahren zu berücksichtigen ist.

(2) Bei der Konzipierung, Auswahl, Einführung
und Änderung der Software sowie bei der Gestaltung von Tätigkeiten, bei denen Bildschirmgeräte
zum Einsatz kommen, haben die Arbeitgeber folgende Faktoren zu berücksichtigen:

1. Die Software muß der auszuführenden Tätigkeit angepaßt sein.
2. Die Software muß benutzerfreundlich sein
   und gegebenenfalls dem Kenntnis- und Erfahrungsstand der Benutzer angepaßt werden können.
3. Die Systeme müssen den Arbeitnehmern Angaben über die jeweiligen Abläufe bieten.
4. Die Systeme müssen die Information in einem
   Format und in einem Tempo anzeigen, das den
   Benutzern angepaßt ist.
5. Die Grundsätze der Ergonomie sind insbesondere auf die Verarbeitung von Informationen
   durch den Menschen anzuwenden.

(3) Bei Beschäftigung von Arbeitnehmern, die
bei einem nicht unwesentlichen Teil ihrer normalen Arbeit ein Bildschirmgerät benutzen, gilt folgendes:

1. Die Arbeitgeber haben die Tätigkeit so zu organisieren, daß die tägliche Arbeit an Bildschirmgeräten regelmäßig durch Pausen oder
   durch andere Tätigkeiten unterbrochen wird,
   die die Belastung durch Bildschirmarbeit verringern.
2. Die Arbeitnehmer haben das Recht auf eine
   Untersuchung der Augen und des Sehvermögens, und zwar vor Aufnahme der Tätigkeit, sowie anschließend in regelmäßigen Abständen
   und weiters bei Auftreten von Sehbeschwerden, die auf die Bildschirmarbeit zurückgeführt werden können.
3. Die Arbeitnehmer haben das Recht auf eine
   augenärztliche Untersuchung, wenn sich dies
   auf Grund der Ergebnisse der Untersuchung
   nach Z 2 als erforderlich erweist.
4. Den Arbeitnehmern sind spezielle Sehhilfen
   zur Verfügung zu stellen, wenn die Ergebnisse
   der Untersuchungen nach Z 2 und 3 ergeben,
   daß diese notwendig sind.

(4) Maßnahmen nach Abs. 3 Z 2 bis 4 dürfen in
keinem Fall zu einer finanziellen Mehrbelastung
der Arbeitnehmer führen.

(5) Auf tragbare Datenverarbeitungsgeräte, die
nicht regelmäßig am Arbeitsplatz eingesetzt werden, ist Abs. 2 nicht anzuwenden.

(6) Auf die in § 67 Abs. 5 angeführten Einrichtungen bzw. Geräte ist Abs. 2 nur anzuwenden,

soweit die Art oder Zweckbestimmung der Einrichtung oder die Art der Arbeitsvorgänge dem
nicht entgegenstehen. Auf die in § 67 Abs. 5 Z 1
und 2 angeführten Fahrer- und Bedienungsstände
von Fahrzeugen und Datenverarbeitungsanlagen
an Bord eines Verkehrsmittels ist Abs. 3 Z 1 nur
anzuwenden, soweit die Art oder Zweckbestimmung der Einrichtung oder die Art der Arbeitsvorgänge dem nicht entgegenstehen.

(7) Abs. 2 gilt auch für Bildschirmarbeit außerhalb der Arbeitsstätte.

Persönliche Schutzausrüstung

§ 69. (1) Als persönliche Schutzausrüstung gilt
jede Ausrüstung, die dazu bestimmt ist, von den
Arbeitnehmern benutzt oder getragen zu werden,
um sich gegen eine Gefahr für ihre Sicherheit oder
Gesundheit bei der Arbeit zu schützen, sowie jede
mit demselben Ziel verwendete Zusatzausrüstung.

(2) Persönliche Schutzausrüstungen sind von
den Arbeitgebern auf ihre Kosten zur Verfügung
zu stellen, wenn Gefahren nicht durch kollektive
technische Schutzmaßnahmen oder durch arbeitsorganisatorische Maßnahmen vermieden oder ausreichend begrenzt werden können.

(3) Arbeitnehmer sind verpflichtet, die persönlichen Schutzausrüstungen zu benutzen. Arbeitgeber dürfen ein dem widersprechendes Verhalten
der Arbeitnehmer nicht dulden.

(4) Persönliche Schutzausrüstungen dürfen, außer in besonderen Ausnahmefällen, nur für jene
Zwecke und unter jenen Bedingungen eingesetzt
werden, für die sie nach den Angaben des Herstellers oder des Inverkehrbringers bestimmt sind.

(5) Persönliche Schutzausrüstungen müssen für
den persönlichen Gebrauch durch einen Arbeitnehmer bestimmt sein. Erfordern die Umstände
eine Benutzung durch verschiedene Personen, so
sind entsprechende Maßnahmen zu treffen, damit
sich dadurch für die verschiedenen Benutzer keine
Gesundheits- und Hygieneprobleme ergeben.

(6) Arbeitgeber haben durch geeignete Lagerung und ausreichende Reinigungs-, Wartungs-,
Reparatur- und Ersatzmaßnahmen ein gutes Funktionieren der persönlichen Schutzausrüstung und
einwandfreie hygienische Bedingungen zu gewährleisten. Dabei sind insbesondere die Verwenderinformationen der Hersteller und Inverkehrbringer zu berücksichtigen.

*(Anm.: Abs. 7 aufgehoben durch BGBl. I
Nr. 60/2015)*

Auswahl der persönlichen Schutzausrüstung

§ 70. (1) Arbeitgeber dürfen nur solche persönliche Schutzausrüstungen zur Verfügung stellen,
die

1. hinsichtlich ihrer Konzeption und Konstruktion den für das Inverkehrbringen geltenden
   Sicherheits- und Gesundheitsanforderungen
   entsprechen,

2. Schutz gegenüber den zu verhütenden Gefahren bieten, ohne selbst eine größere Gefahr mit sich zu bringen,
3. für die am Arbeitsplatz gegebenen Bedingungen geeignet sind,
4. den ergonomischen Anforderungen und den gesundheitlichen Erfordernissen des Arbeitnehmers Rechnung tragen sowie
5. dem Träger, allenfalls nach erforderlicher Anpassung, passen.

(2) Zu den Bedingungen im Sinne des Abs. 1 Z 3 zählen die Dauer ihres Einsatzes, das Risiko, die Häufigkeit der Exposition gegenüber diesem Risiko, die spezifischen Merkmale des Arbeitsplatzes der einzelnen Arbeitnehmer und die Leistungswerte der persönlichen Schutzausrüstung.

(3) Werden von Arbeitgebern persönliche Schutzausrüstungen erworben, die nach den für sie geltenden Rechtsvorschriften gekennzeichnet sind, können Arbeitgeber, die über keine anderen Erkenntnisse verfügen, davon ausgehen, daß diese persönlichen Schutzausrüstungen hinsichtlich Konstruktion, Bau und weiterer Schutzmaßnahmen den für sie im Zeitpunkt des Inverkehrbringens geltenden Rechtsvorschriften über Sicherheits- und Gesundheitsanforderungen entsprechen.

(4) Machen verschiedene Gefahren den gleichzeitigen Einsatz mehrerer persönlicher Schutzausrüstungen notwendig, so müssen diese Ausrüstungen aufeinander abgestimmt und muß ihre Schutzwirkung gegenüber den betreffenden Gefahren gewährleistet sein.

(5) Vor der Auswahl der persönlichen Schutzausrüstung müssen die Arbeitgeber eine Bewertung der von ihnen vorgesehenen persönlichen Schutzausrüstung vornehmen, um festzustellen, ob sie den in Abs. 1, 2 und 4 genannten Anforderungen entspricht. Die Bewertung hat zu umfassen:
1. die Untersuchung und Abwägung derjenigen Gefahren, die anderweitig nicht vermieden oder ausreichend begrenzt werden können,
2. die Definition der Eigenschaften, die die persönliche Schutzausrüstung aufweisen müssen, damit sie einen Schutz gegenüber diesen Gefahren bieten, wobei eventuelle Gefahrenquellen, die die persönliche Schutzausrüstung selbst darstellen oder bewirken kann, zu berücksichtigen sind, und
3. die Bewertung der Eigenschaften der entsprechenden verfügbaren persönlichen Schutzausrüstungen im Vergleich mit den unter Z 2 genannten Eigenschaften.

(6) Die Bewertung ist bei Änderung der für die Bewertung maßgeblichen Kriterien zu wiederholen. Arbeitgeber sind verpflichtet, diese Bewertung sowie die Grundlagen für die Bewertung dem Arbeitsinspektorat auf Verlangen zur Verfügung zu stellen.

Arbeitskleidung

§ 71. (1) Die Arbeitskleidung muß den Erfordernissen der Tätigkeit entsprechen und so beschaffen sein, daß durch die Kleidung keine Gefährdung der Sicherheit und Gesundheit bewirkt wird.

(2) Wenn die Art der Tätigkeit zum Schutz der Arbeitnehmer eine bestimmte Arbeitskleidung erfordert oder wenn die Arbeitskleidung durch gesundheitsgefährdende oder ekelerregende Arbeitsstoffe verunreinigt wird, sind die Arbeitgeber verpflichtet, auf ihre Kosten den Arbeitnehmern geeignete Arbeitskleidung zur Verfügung zu stellen und für eine ausreichende Reinigung dieser Arbeitskleidung zu sorgen.

Verordnungen über Arbeitsvorgänge und Arbeitsplätze

§ 72. (1) Der Bundesminister für Arbeit, Soziales und Konsumentenschutz hat in Durchführung des 6. Abschnittes durch Verordnung näher zu regeln:
1. jene Tätigkeiten, für die ein Nachweis der Fachkenntnisse erforderlich ist, die Ermächtigung nach § 63 einschließlich der Grundzüge der Ausbildung zur Vermittlung der notwendigen Fachkenntnisse sowie die Anerkennung ausländischer Zeugnisse über den Nachweis der Fachkenntnisse,
2. Grenzwerte für die Handhabung von Lasten, sobald gesicherte wissenschaftliche Erkenntnisse oder Normen für die Festlegung solcher Grenzwerte vorliegen,
3. die Ermittlungen und Messungen betreffend Lärm sowie die Grenzwerte (Auslöseschwellen) für die Schutzmaßnahmen nach § 65 Abs. 4,
4. für sonstige physikalische Einwirkungen Grenzwerte (Auslöseschwellen), sobald gesicherte wissenschaftliche Erkenntnisse oder Normen für die Festlegung solcher Werte vorliegen, auf das Ausmaß dieser Einwirkungen abgestimmte geeignete Maßnahmen zur Verringerung oder Beseitigung der Gefahren sowie die Ermittlungen und Messungen betreffend diese physikalischen Einwirkungen
5. die Tätigkeiten und Bedingungen, bei denen bestimmte persönliche Schutzausrüstungen zur Verfügung zu stellen sind, sowie die Benutzung von persönlichen Schutzausrüstungen,
6. die Tätigkeiten und Bedingungen, bei denen Arbeitskleidung zur Verfügung gestellt werden muß.

(2) Für persönliche Schutzausrüstungen, auf die die Gewerbeordnung 1994, BGBl. Nr. 194/1994, nicht anzuwenden ist, kann der Bundesminister für Arbeit, Soziales und Konsumentenschutz

durch Verordnung die grundlegenden Sicherheitsanforderungen hinsichtlich Konstruktion, Bau und weiterer Schutzmaßnahmen einschließlich der Erstellung von Beschreibungen und Bedienungsanleitungen festlegen. In diesen Verordnungen können auch besondere Regelungen über die Prüfung, Übereinstimmungserklärung und über eine Zulassung durch Bescheid des Bundesministers für Arbeit, Soziales und Konsumentenschutz getroffen werden.

7. Abschnitt
Präventivdienste
Bestellung von Sicherheitsfachkräften

§ 73. (1) Arbeitgeber haben Sicherheitsfachkräfte (Fachkräfte für Arbeitssicherheit) zu bestellen. Diese Verpflichtung ist gemäß folgender Z 1 oder, wenn ein Arbeitgeber nicht über entsprechend fachkundiges Personal verfügt, gemäß folgender Z 2 oder 3 zu erfüllen:

1. durch Beschäftigung von Sicherheitsfachkräften im Rahmen eines Arbeitsverhältnisses (betriebseigene Sicherheitsfachkräfte),
2. durch Inanspruchnahme externer Sicherheitsfachkräfte oder
3. durch Inanspruchnahme eines sicherheitstechnischen Zentrums.

(2) Als Sicherheitsfachkräfte dürfen nur Personen bestellt werden, die die erforderlichen Fachkenntnisse gemäß § 74 nachweisen.

(3) Sicherheitsfachkräfte sind bei Anwendung ihrer Fachkunde weisungsfrei.

(4) Arbeitgeber sind verpflichtet, den Sicherheitsfachkräften das für die Durchführung ihrer Aufgaben notwendige Hilfspersonal sowie die erforderlichen Räume, Ausstattung und Mittel zur Verfügung zu stellen.

(5) Bei Inanspruchnahme eines sicherheitstechnischen Zentrums entfällt die Verpflichtung der Arbeitgeber zur Beistellung des Hilfspersonals, der Ausstattung und der Mittel. Bei Inanspruchnahme externer Sicherheitsfachkräfte entfällt diese Verpflichtung der Arbeitgeber insoweit, als die externen Sicherheitsfachkräfte nachweislich das erforderliche Hilfspersonal, die erforderliche Ausstattung und die erforderlichen Mittel beistellen.

Fachkenntnisse der Sicherheitsfachkräfte

§ 74. (1) Die erforderlichen Fachkenntnisse sind durch ein Zeugnis über den erfolgreichen Abschluß einer vom Bundesminister für Arbeit, Soziales und Konsumentenschutz anerkannten Fachausbildung nachzuweisen.

(2) Eine Fachausbildung ist auf Antrag anzuerkennen, wenn

1. nach dem vorgelegten Ausbildungsplan davon auszugehen ist, daß sie die Auszubildenden in

die Lage versetzt, die Aufgaben einer Sicherheitsfachkraft zu erfüllen und das dafür notwendige Wissen auf dem Gebiet der Arbeitssicherheit und Kenntnisse über die maßgeblichen Arbeitnehmerschutzvorschriften vermittelt und
2. die Ausbildungseinrichtung über die zur Erreichung des Ausbildungszieles erforderliche Ausstattung, Lehrmittel und Lehrkräfte verfügt.

(3) Die Anerkennung ist unter Vorschreibung von Auflagen zu erteilen, wenn dies zur Gewährleistung einer ordnungsgemäßen Ausbildung im Hinblick auf Abs. 2 Z 2 und Abs. 4 erforderlich ist. Die Anerkennung ist zu widerrufen, wenn die ordnungsgemäße Ausbildung nicht mehr gewährleistet ist.

(4) Zur Fachausbildung sind nur Personen zuzulassen, die über ausreichende Grundkenntnisse auf technischem Gebiet und ausreichende betriebliche Erfahrungen verfügen. Personen, die diese Grundkenntnisse nicht durch den erfolgreichen Abschluß einer geeigneten Ausbildung nachweisen, dürfen erst nach erfolgreicher Ablegung einer Aufnahmeprüfung zur Fachausbildung zugelassen werden.

Sicherheitstechnische Zentren

§ 75. (1) Für den Betrieb eines sicherheitstechnischen Zentrums im Sinne dieses Bundesgesetzes müssen folgende Voraussetzungen erfüllt sein:

1. Die sicherheitstechnische Leitung des Zentrums muß einer Sicherheitsfachkraft übertragen sein, die die erforderlichen Fachkenntnisse nachweist und die sicherheitstechnische Betreuung hauptberuflich ausübt.
2. Im Zentrum müssen weitere Sicherheitsfachkräfte beschäftigt werden, die die erforderlichen Fachkenntnisse nachweisen, sodaß gewährleistet ist, daß das Zentrum regelmäßig eine sicherheitstechnische Betreuung im Ausmaß von mindestens 70 Stunden wöchentlich ausüben kann, wobei auf dieses Ausmaß nur die Einsatzzeit von Sicherheitsfachkräften anzurechnen ist, die regelmäßig mindestens acht Stunden wöchentlich beschäftigt werden.
3. Im Zentrum muß das erforderliche Fach- und Hilfspersonal beschäftigt werden.
4. Im Zentrum müssen die für eine ordnungsgemäße sicherheitstechnische Betreuung erforderlichen Einrichtungen, Geräte und Mittel vorhanden sein.

(2) Der Betreiber eines sicherheitstechnischen Zentrums hat dem Bundesminister für Arbeit, Soziales und Konsumentenschutz zu melden:

1. spätestens vier Wochen vor Aufnahme des Betriebes eines Zentrums: Zeitpunkt der beabsichtigten Inbetriebnahme, Bezeichnung des Zentrums, Name des Leiters, Anschrift und Telefonnummer des Zentrums,

2. nach Aufnahme des Betriebes: allfällige Änderungen der Angaben nach Z 1,
3. die allfällige Beendigung der Tätigkeit des Zentrums.

(3) Das zuständige Arbeitsinspektorat hat auf Grund der Meldung nach Abs. 2 Z 1 unverzüglich zu überprüfen, ob die Voraussetzungen nach Abs. 1 vorliegen. Ergibt die Überprüfung, daß die Voraussetzungen nach Abs. 1 nicht erfüllt sind, hat das Arbeitsinspektorat den Betreiber schriftlich zur Behebung der Mängel vor Aufnahme des Betriebes des Zentrums aufzufordern. Wird ein sicherheitstechnisches Zentrum betrieben, ohne die Voraussetzungen nach Abs. 1 zu erfüllen, hat das Arbeitsinspektorat Strafanzeige an die zuständige Verwaltungsstrafbehörde zu erstatten. § 9 Abs. 4 und 5 sowie §§ 11 und 13 des Arbeitsinspektionsgesetzes 1993, BGBl. Nr. 27, gelten sinngemäß. Das Arbeitsinspektorat hat den zuständigen gesetzlichen Interessenvertretungen der Arbeitgeber und der Arbeitnehmer

1. Gelegenheit zu geben, an der Überprüfung teilzunehmen,
2. gegebenenfalls eine Kopie der Aufforderung zur Behebung der Mängel zu übermitteln und
3. mitzuteilen, ob die Voraussetzungen nach Abs. 1 vorliegen oder ob Strafanzeige erstattet wurde.

(4) Der Bundesminister für Arbeit, Soziales und Konsumentenschutz hat jährlich eine Liste der sicherheitstechnischen Zentren zu erstellen und sie im Internet zu veröffentlichen. Diese Liste hat zu enthalten: Namen der Betreiber, Namen der Leiter, Anschriften, Telefonnummern und Bezeichnung der Zentren. In diese Liste sind alle sicherheitstechnischen Zentren aufzunehmen, bei denen die Prüfung gemäß Abs. 3 ergeben hat, daß sie die Voraussetzungen nach Abs. 1 erfüllen. Erfolgt eine rechtskräftige Bestrafung im Sinne des § 130 Abs. 6 Z 1, so ist das betreffende Zentrum aus der Liste zu streichen.

Aufgaben, Information und Beiziehung der Sicherheitsfachkräfte

§ 76. (1) Sicherheitsfachkräfte haben die Aufgabe, die Arbeitgeber, die Arbeitnehmer, die Sicherheitsvertrauenspersonen und die Belegschaftsorgane auf dem Gebiet der Arbeitssicherheit und der menschengerechten Arbeitsgestaltung zu beraten und die Arbeitgeber bei der Erfüllung ihrer Pflichten auf diesen Gebieten zu unterstützen.

(2) Arbeitgeber haben den Sicherheitsfachkräften alle zur Erfüllung ihrer Aufgaben erforderlichen Informationen und Unterlagen zur Verfügung zu stellen, insbesondere betreffend die Sicherheits- und Gesundheitsschutzdokumente, Aufzeichnungen und Berichte über Arbeitsunfälle, die Ergebnisse von Messungen betreffend gefährliche Arbeitsstoffe und Lärm sowie von sonstigen für die Sicherheit und den Gesundheitsschutz maßgeblichen Messungen und Untersuchungen. Die Sicherheitsfachkräfte sind gesondert zu informieren, wenn Arbeitnehmer aufgenommen werden oder wenn Arbeitnehmer auf Grund einer Überlassung gemäß § 9 beschäftigt werden, soweit dies zur Erfüllung ihrer Aufgaben erforderlich ist.

(3) Arbeitgeber haben die Sicherheitsfachkräfte und erforderlichenfalls weitere geeignete Fachleute hinzuzuziehen:

1. in allen Fragen der Arbeitssicherheit einschließlich der Unfallverhütung,
2. bei der Planung von Arbeitsstätten,
3. bei der Beschaffung oder Änderung von Arbeitsmitteln,
4. bei der Einführung oder Änderung von Arbeitsverfahren und bei der Einführung von Arbeitsstoffen,
5. bei der Erprobung und Auswahl von persönlichen Schutzausrüstungen,
6. in arbeitsphysiologischen, arbeitspsychologischen und sonstigen ergonomischen sowie arbeitshygienischen Fragen, insbesondere der Gestaltung der Arbeitsplätze und des Arbeitsablaufes,
7. bei der Organisation des Brandschutzes und von Maßnahmen zur Evakuierung,
8. bei der Ermittlung und Beurteilung der Gefahren,
9. bei der Festlegung von Maßnahmen zur Gefahrenverhütung,
10. bei der Organisation der Unterweisung und bei der Erstellung von Betriebsanweisungen und
11. bei Verwaltungsverfahren im Sinne des 8. Abschnittes.

(4) Arbeitgeber haben dafür zu sorgen, daß die Sicherheitsfachkräfte

1. den Arbeitnehmern, den Sicherheitsvertrauenspersonen und den Belegschaftsorganen auf Verlangen die erforderlichen Auskünfte erteilen,
2. die Arbeitnehmer und die Sicherheitsvertrauenspersonen beraten und
3. die Belegschaftsorgane auf Verlangen beraten.

Tätigkeiten der Sicherheitsfachkräfte

§ 77. In die Präventionszeit der Sicherheitsfachkräfte darf nur die für folgende Tätigkeiten aufgewendete Zeit eingerechnet werden:

1. die Beratung und Unterstützung des Arbeitgebers in Angelegenheiten gemäß § 76 Abs. 3,
2. die Beratung der Arbeitnehmer, der Sicherheitsvertrauenspersonen und der Belegschaftsorgane in Angelegenheiten der Arbeitssicherheit und der menschengerechten Arbeitsgestaltung,
3. die Besichtigung der Arbeitsstätten, Baustellen und auswärtigen Arbeitsstellen sowie die Teilnahme an Besichtigungen durch das Arbeitsinspektorat,

4. die Ermittlung und Untersuchung der Ursachen von Arbeitsunfällen und arbeitsbedingten Erkrankungen sowie die Auswertung dieser Ermittlungen und Untersuchungen,

4a. die nach den Arbeitnehmerschutzvorschriften erforderliche Ermittlung und Beurteilung der Gefahren und Festlegung von Maßnahmen samt Dokumentation im Sicherheits- und Gesundheitsschutzdokument sowie deren Überprüfung und Anpassung,

5. die Weiterbildung bis zum Höchstausmaß von 15% der für sie festgelegten jährlichen Präventionszeit,

6. die Tätigkeit im Rahmen des Arbeitsschutzausschusses und des zentralen Arbeitsschutzausschusses,

7. die Dokumentation der Tätigkeit und der Ergebnisse von Untersuchungen sowie die Erstellung von Berichten und Programmen auf dem Gebiet der Arbeitssicherheit und der Arbeitsgestaltung und

8. die Koordination der Tätigkeit mehrerer Sicherheitsfachkräfte.

Begehungen in Arbeitsstätten mit bis zu 50 Arbeitnehmern

§ 77a. (1) In Arbeitsstätten mit bis zu 50 Arbeitnehmern hat die sicherheitstechnische und arbeitsmedizinische Betreuung in Form von Begehungen durch eine Sicherheitsfachkraft und durch einen Arbeitsmediziner zu erfolgen.

(2) Regelmäßige Begehungen haben mindestens in den in Z 1, 1a und 2 genannten Zeitabständen sowohl durch eine Sicherheitsfachkraft als auch durch einen Arbeitsmediziner, nach Möglichkeit gemeinsam, zu erfolgen. Diese Begehungen haben sich auf die Aufgaben der Präventivfachkräfte gemäß § 76 Abs. 1 und 3 und § 81 Abs. 1 und 3 in der Arbeitsstätte, einschließlich aller dazugehörigen Baustellen und auswärtigen Arbeitsstellen, zu beziehen:

1. in Arbeitsstätten mit 1 bis 10 Arbeitnehmern: mindestens einmal in zwei Kalenderjahren,

1a. in Arbeitsstätten mit 1 bis 10 Arbeitnehmern, in denen nur Büroarbeitsplätze sowie Arbeitsplätze mit Büroarbeitsplätzen vergleichbaren Gefährdungen und Belastungen eingerichtet sind: mindestens einmal in drei Kalenderjahren,

2. in Arbeitsstätten mit 11 bis 50 Arbeitnehmern: mindestens einmal im Kalenderjahr.

(3) Darüber hinaus sind weitere Begehungen je nach Erfordernis zu veranlassen. Bezieht sich eine aus Anlaß der in §§ 76 Abs. 3 und 81 Abs. 3 genannten Fälle veranlaßte Begehung auf alle Aspekte von Sicherheit und Gesundheitsschutz, gilt diese als Begehung nach Abs. 2.

(3a) Die erstmalige Begehung einer Arbeitsstätte gemäß Abs. 1, in der nur Büroarbeitsplätze sowie Arbeitsplätze mit Büroarbeitsplätzen vergleichbaren Gefährdungen und Belastungen eingerichtet sind, hat durch eine Arbeitsmedizinerin/einen Arbeitsmediziner zu erfolgen. Weitere regelmäßige Begehungen sowie Anlassbegehungen gemäß Abs. 3 und Abs. 8 können je nach Erfordernis durch den arbeitsmedizinischen Fachdienst gemäß § 82c erfolgen. § 82c Abs. 1, 2, 4, 5 und 7 gelten sinngemäß.

(4) Arbeitgeber haben bei Begehungen nach Abs. 2 und 3 dafür zu sorgen, daß nach Möglichkeit alle Arbeitnehmer anwesend sind, soweit sie nicht durch Urlaub, Krankenstand oder sonstige wichtige persönliche Gründe oder zwingende betriebliche Gründe verhindert sind.

(5) Für die Ermittlung der Arbeitnehmerzahl ist maßgeblich, wie viele Arbeitnehmer regelmäßig in der Arbeitsstätte beschäftigt werden. Für Arbeitsstätten mit wechselnder Arbeitnehmerzahl gelten die Bestimmungen für Arbeitsstätten mit bis zu 50 Arbeitnehmern auch dann, wenn die vorhersehbare durchschnittliche Arbeitnehmerzahl pro Jahr nicht mehr als 50 Arbeitnehmer beträgt und an nicht mehr als 30 Tagen im Jahr mehr als 75 Arbeitnehmer in der Arbeitsstätte beschäftigt werden. Die Bestimmungen für Arbeitsstätten mit bis zu 50 Arbeitnehmern gelten auch dann, wenn in einer Arbeitsstätte bis zu 53 Arbeitnehmer beschäftigt werden, sofern die Zahlengrenze von 50 Arbeitnehmern nur deshalb überschritten wird, weil in dieser Arbeitsstätte Lehrlinge oder begünstigte Behinderte im Sinne des Behinderteneinstellungsgesetzes, BGBl. Nr. 22/1970, beschäftigt werden.

(6) Arbeitnehmer, die auf Baustellen oder auswärtigen Arbeitsstellen beschäftigt werden, sind bei der Ermittlung der Arbeitnehmerzahl jener Arbeitsstätte zuzurechnen, der sie organisatorisch zugehören, im Zweifel dem Unternehmenssitz. Dies gilt nicht für Arbeitnehmer auf Baustellen, für die eine gesonderte sicherheitstechnische und arbeitsmedizinische Betreuung nach den §§ 77 und 82 eingerichtet ist.

(7) Abs. 5 letzter Satz gilt nicht für Arbeitsstätten, die vorwiegend der Ausbildung Jugendlicher oder der Beschäftigung Behinderter dienen, wie Lehrwerkstätten oder integrative Betriebe.

(8) Im Fall des Abs. 5 letzter Satz sind Begehungen im Sinne des Abs. 3 zusätzlich aus dem Erfordernis der spezifischen Aspekte von Sicherheit und Gesundheitsschutz der Lehrlinge oder der begünstigten Behinderten zu veranlassen.

Sicherheitstechnische und arbeitsmedizinische Betreuung in Arbeitsstätten mit bis zu 50 Arbeitnehmern

§ 78. (1) Die sicherheitstechnische Betreuung in Arbeitsstätten mit bis zu 50 Arbeitnehmern kann erfolgen:

1. durch Bestellung von Sicherheitsfachkräften gemäß § 73,

2. durch Inanspruchnahme eines Präventionszentrums des zuständigen Trägers der Unfallversicherung gemäß § 78a, sofern der Arbeitgeber insgesamt nicht mehr als 250 Arbeitnehmer beschäftigt und nicht über entsprechend fachkundiges Personal zur Beschäftigung betriebseigener Sicherheitsfachkräfte (§ 73 Abs. 1 Z 1) verfügt, oder

3. durch den Arbeitgeber selbst nach Maßgabe des § 78b (Unternehmermodell).

(2) Die arbeitsmedizinische Betreuung in Arbeitsstätten mit bis zu 50 Arbeitnehmern kann erfolgen:

1. durch Bestellung von Arbeitsmedizinern gemäß § 79 oder

2. durch Inanspruchnahme eines Präventionszentrums des zuständigen Trägers der Unfallversicherung gemäß § 78a, sofern der Arbeitgeber insgesamt nicht mehr als 250 Arbeitnehmer beschäftigt und nicht über entsprechend fachkundiges Personal zur Beschäftigung betriebseigener Arbeitsmediziner (§ 79 Abs. 1 Z 1) verfügt.

(3) Abs. 1 Z 2 und Abs. 2 Z 2 gelten nicht, wenn ein Präventionszentrum die Betreuung gemäß § 78a Abs. 2 letzter Satz ablehnt. Abs. 1 Z 3 gilt nicht, wenn der Arbeitgeber zweimal rechtskräftig gemäß § 130 Abs. 1 Z 27b bestraft wurde.

(4) Die Arbeitgeber haben die Sicherheitsvertrauenspersonen und die Belegschaftsorgane, sind weder Sicherheitsvertrauenspersonen bestellt noch Belegschaftsorgane errichtet, alle Arbeitnehmer, von ihrer Absicht, für eine Arbeitsstätte ein Präventionszentrum in Anspruch zu nehmen oder die sicherheitstechnische Betreuung selbst durchzuführen, zu informieren und mit ihnen darüber zu beraten.

Präventionszentren der Unfallversicherungträger

§ 78a. (1) Für die sicherheitstechnische und arbeitsmedizinische Betreuung der Arbeitnehmer in Arbeitsstätten mit bis zu 50 Arbeitnehmern haben die Allgemeine Unfallversicherungsanstalt und die Versicherungsanstalt öffentlich Bediensteter, Eisenbahnen und Bergbau Präventionszentren einzurichten. Diesen Präventionszentren müssen Sicherheitsfachkräfte mit den Fachkenntnissen nach § 74 und Arbeitsmediziner mit der Ausbildung nach § 79 Abs. 2, das erforderliche Fach- und Hilfspersonal und die zur arbeitsmedizinischen und sicherheitstechnischen Betreuung erforderlichen Einrichtungen, Geräte und Mittel zur Verfügung stehen. Der zuständige Träger der Unfallversicherung kann sich dabei externer Präventivfachkräfte und sicherheitstechnischer und arbeitsmedizinischer Zentren bedienen, die die Betreuungsleistungen in seinem Auftrag zu erbringen haben.

(2) Die Präventionszentren haben auf Verlangen der Arbeitgeber nach Begehung und Betreuung unter Berücksichtigung der Dringlichkeit so bald als möglich, bei Gefahr im Verzug unverzüglich, nachzukommen und darüber hinaus nach pflichtgemäßem Ermessen den Arbeitgebern von sich aus die sicherheitstechnische und arbeitsmedizinische Betreuung für Arbeitsstätten mit bis zu 50 Arbeitnehmern anzubieten. Die Präventionszentren können die Betreuung ablehnen, wenn ihnen der Arbeitgeber die erforderlichen Informationen und Unterlagen gemäß § 76 Abs. 2 oder § 81 Abs. 2 nicht zur Verfügung stellt. Das Präventionszentrum hat das zuständige Arbeitsinspektorat spätestens binnen zwei Wochen von jeder erfolgten Ablehnung der Betreuung einer Arbeitsstätte unter Bekanntgabe von Namen oder sonstiger Bezeichnung des Arbeitgebers sowie Anschrift der Arbeitsstätte zu verständigen.

(2a) Die erstmalige Begehung einer Arbeitsstätte gemäß § 77a, in der nur Büroarbeitsplätze sowie Arbeitsplätze mit Büroarbeitsplätzen vergleichbaren Gefährdungen und Belastungen eingerichtet sind, hat durch eine Arbeitsmedizinerin/einen Arbeitsmediziner zu erfolgen. Weitere regelmäßige Begehungen sowie Anlassbegehungen gemäß § 77a Abs. 3 und Abs. 8 können je nach Erfordernis durch den arbeitsmedizinischen Fachdienst gemäß § 82c erfolgen. § 82c Abs. 1, 2, 4, 5 und 7 gelten sinngemäß.

(3) Nimmt der Arbeitgeber ein Präventionszentrum in Anspruch, sind die Sicherheitsvertrauenspersonen und die Belegschaftsorgane, sind weder Sicherheitsvertrauenspersonen bestellt noch Belegschaftsorgane errichtet, alle Arbeitnehmer, berechtigt, direkt beim zuständigen Unfallversicherungsträger Auskunfterteilung, Beratung und Zusammenarbeit und erforderlichenfalls Begehungen durch ein Präventionszentrum zu verlangen. Die Präventionszentren haben die Quelle solcher Verlangen als vertraulich zu behandeln. Abs. 2 erster Halbsatz gilt sinngemäß.

(4) Die §§ 76 Abs. 1 bis 3, 81 Abs. 1 bis 3, 84 Abs. 1 und 4, 85 Abs. 1 und § 86 gelten sinngemäß. Weiters gilt § 85 Abs. 3 sinngemäß mit der Maßgabe, daß die Sicherheitsvertrauenspersonen und Belegschaftsorgane auch beizuziehen sind, wenn die Begehungen nicht gemeinsam erfolgen.

(5) Das Präventionszentrum hat nach jeder Begehung dem Arbeitgeber die Begehungsergebnisse und allfällige Vorschläge zur Verbesserung der Arbeitsbedingungen in bezug auf Sicherheit und Gesundheitsschutz, allenfalls unter Bekanntgabe einer Dringlichkeitsreihung, schriftlich bekanntzugeben. Der Arbeitgeber hat diese Verbesserungsvorschläge sowie sonstige vom Präventionszentrum übermittelte Informationen und Unterlagen den Belegschaftsorganen und den Sicherheitsvertrauenspersonen zu übermitteln. Wenn keine Sicherheitsvertrauenspersonen bestellt sind, sind die Verbesserungsvorschläge des Präventionszentrums sowie allfällige sonstige Informationen und

Unterlagen an geeigneter Stelle zur Einsichtnahme durch die Arbeitnehmer aufzulegen. Der Arbeitgeber hat die Verbesserungsvorschläge bei der Festlegung von Maßnahmen nach § 4 Abs. 3 und Abs. 4 zu berücksichtigen.

(6) Die zuständigen Arbeitsinspektorate sind verpflichtet, dem zuständigen Träger der Unfallversicherung für die Erfüllung der durch dieses Bundesgesetz übertragenen Aufgaben mindestens einmal pro Kalenderjahr folgende Daten der von ihnen im jeweiligen Zuständigkeitsbereich erfaßten Arbeitsstätten mit bis zu 50 Arbeitnehmern zu übermitteln:

1. Namen oder sonstige Bezeichnung der Arbeitgeber,
2. Wirtschaftszweigklassifikationen gemäß ÖNACE,
3. Anschriften der Arbeitsstätten.

(7) Der zuständige Träger der Unfallversicherung ist verpflichtet, dem Bundesministerium für Arbeit, Soziales und Konsumentenschutz mindestens einmal jährlich oder auf Verlangen folgende Daten der von ihm erfassten Arbeitsstätten mit bis zu 50 Arbeitnehmern, für die ein Präventionszentrum in Anspruch genommen wird, zu übermitteln, soweit diese Arbeitsstätten in deren jeweiligen Zuständigkeitsbereich fallen:

1. Namen oder sonstige Bezeichnung der Arbeitgeber,
2. Wirtschaftszweigklassifikationen gemäß ÖNACE,
3. Anschriften der Arbeitsstätten und
4. Angabe des Datums von Besichtigungen der Arbeitsstätten.

(8) Des Weiteren hat der zuständige Träger der Unfallversicherung dem Bundesministerium für Arbeit, Soziales und Konsumentenschutz einmal jährlich oder auf Verlangen Namen und Anschriften jener externen Präventivfachkräfte und sicherheitstechnischen und arbeitsmedizinischen Zentren, die mit der Durchführung von Betreuungsleistungen gemäß Abs. 1 beauftragt wurden, zu übermitteln.

Unternehmermodell

§ 78b. (1) Arbeitgeber können selbst die Aufgaben der Sicherheitsfachkräfte gemäß § 76 Abs. 1, § 84 Abs. 1 und 3, § 85 Abs. 1 und 2 und § 86 Abs. 1 und 2 wahrnehmen, wenn sie

1. insgesamt nicht mehr als 50 Arbeitnehmer beschäftigen und die erforderlichen Fachkenntnisse gemäß § 74 nachweisen oder
2. insgesamt nicht mehr als 25 Arbeitnehmer beschäftigen und ausreichende Kenntnisse auf dem Gebiet der Sicherheit und des Gesundheitsschutzes für die jeweilige Arbeitsstätte nachweisen.

(2) Die Kenntnisse im Sinne des Abs. 1 Z 2 müssen

1. insbesondere die Grundsätze auf den Gebieten der Organisation und Methoden des betrieblichen Arbeitnehmerschutzes, der Ergonomie, der Sicherheit von Arbeitssystemen, der gefährlichen Arbeitsstoffe sowie der Ermittlung und Beurteilung von Gefahren umfassen und
2. durch eine Ausbildungseinrichtung, die eine gemäß § 74 Abs. 2 anerkannte Fachausbildung durchführt, bescheinigt sein.

(3) Voraussetzung für die Bescheinigung nach Abs. 2 Z 2 ist der erfolgreiche Abschluß

1. einer mindestens 72 Unterrichtseinheiten zu je 50 Minuten umfassenden Ausbildung auf den in Abs. 2 genannten Gebieten und
2. von jeweils mindestens 14 Unterrichtseinheiten zu je 50 Minuten umfassenden Weiterbildungen in Abständen von längstens drei Jahren.

(4) Soweit ein Arbeitgeber über sonstige Ausbildungsnachweise auf den in Abs. 2 Z 1 angeführten Gebieten verfügt, kann der zuständige Träger der Unfallversicherung diese Ausbildungsnachweise als gänzlichen oder teilweisen Ersatz für die Ausbildung nach Abs. 3 anerkennen. In diesem Fall sind die Kenntnisse nach Abs. 2 Z 1 durch eine durch Richtlinien des zuständigen Trägers der Unfallversicherung entsprechende Prüfung durch eine Ausbildungseinrichtung nach Abs. 2 Z 2 zu bescheinigen.

Bestellung von Arbeitsmedizinern

§ 79. (1) Arbeitgeber haben Arbeitsmediziner zu bestellen. Diese Verpflichtung ist gemäß folgender Z 1 oder, wenn ein Arbeitgeber nicht über entsprechend fachkundiges Personal verfügt, gemäß folgender Z 2 oder 3 zu erfüllen:

1. durch Beschäftigung von geeigneten Ärzten im Rahmen eines Arbeitsverhältnisses (betriebseigene Arbeitsmediziner),
2. durch Inanspruchnahme externer Arbeitsmediziner oder
3. durch Inanspruchnahme eines arbeitsmedizinischen Zentrums.

(2) Als Arbeitsmediziner dürfen nur Personen bestellt werden, die zur selbständigen Ausübung des ärztlichen Berufes im Sinne des Ärztegesetzes 1998, BGBl. I Nr. 169/1998, berechtigt sind und eine vom Bundesminister für Gesundheit anerkannte arbeitsmedizinische Ausbildung gemäß § 38 des Ärztegesetzes 1998 absolviert haben.

(3) Die Bestimmungen des Ärztegesetzes 1998 bleiben unberührt.

(4) Arbeitgeber sind verpflichtet, das für die arbeitsmedizinische Betreuung notwendige Fach- und Hilfspersonal zu beschäftigen.

(5) Arbeitgeber sind verpflichtet, für die notwendige Fortbildung des von ihnen beschäftigten Fachpersonals während der Arbeitszeit zu sorgen.

(6) Arbeitgeber sind verpflichtet, die für die arbeitsmedizinische Betreuung notwendigen Räume, Ausstattung und Mittel zur Verfügung zu stellen.

(7) Bei Inanspruchnahme eines arbeitsmedizinischen Zentrums entfällt die Verpflichtung der Arbeitgeber zur Beschäftigung von Fach- und Hilfspersonal und zur Bereitstellung der notwendigen Ausstattung und Mittel. Bei Inanspruchnahme externer Arbeitsmediziner entfällt diese Verpflichtung der Arbeitgeber insoweit, als diese Arbeitsmediziner nachweislich das notwendige Fach- und Hilfspersonal und die notwendige Ausstattung und die notwendigen Mittel beistellen.

Arbeitsmedizinische Zentren

§ 80. (1) Für den Betrieb eines arbeitsmedizinischen Zentrums im Sinne dieses Bundesgesetzes müssen folgende Voraussetzungen erfüllt sein:

1. Die ärztliche Leitung des Zentrums muß einem Arzt übertragen sein, der über die erforderliche Ausbildung verfügt und die arbeitsmedizinische Betreuung hauptberuflich ausübt.
2. Im Zentrum müssen weitere Ärzte beschäftigt werden, die über die erforderliche Ausbildung verfügen, sodaß gewährleistet ist, daß das Zentrum regelmäßig eine arbeitsmedizinische Betreuung im Ausmaß von mindestens 70 Stunden wöchentlich ausüben kann, wobei auf dieses Ausmaß nur die Einsatzzeit von Ärzten anzurechnen ist, die regelmäßig mindestens acht Stunden wöchentlich beschäftigt werden.
3. Im Zentrum muß das erforderliche Fach- und Hilfspersonal beschäftigt werden.
4. Im Zentrum müssen die für eine ordnungsgemäße arbeitsmedizinische Betreuung erforderlichen Einrichtungen, Geräte und Mittel vorhanden sein.

(2) Der Betreiber eines arbeitsmedizinischen Zentrums hat dem Bundesminister für Arbeit, Soziales und Konsumentenschutz zu melden:

1. spätestens vier Wochen vor Aufnahme des Betriebes eines Zentrums: Zeitpunkt der beabsichtigten Inbetriebnahme, Bezeichnung des Zentrums, Name des Leiters, Anschrift und Telefonnummer des Zentrums,
2. nach Aufnahme des Betriebes: allfällige Änderungen der Angaben nach Z 1,
3. die allfällige Beendigung der Tätigkeit des Zentrums.

(3) Das zuständige Arbeitsinspektorat hat auf Grund der Meldung nach Abs. 2 Z 1 unverzüglich zu überprüfen, ob die Voraussetzungen nach Abs. 1 vorliegen. Ergibt die Überprüfung, daß die Voraussetzungen nach Abs. 1 nicht erfüllt sind, hat das Arbeitsinspektorat den Betreiber schriftlich zur Behebung der Mängel vor Aufnahme des Betriebes des Zentrums aufzufordern. Wird ein arbeitsmedizinisches Zentrum betrieben, ohne die Voraussetzungen nach Abs. 1 zu erfüllen, hat das

Arbeitsinspektorat Strafanzeige wegen Übertretung im Sinne des § 130 Abs. 6 Z 2 an die zuständige Verwaltungsstrafbehörde zu erstatten. § 9 Abs. 4 und 5 sowie §§ 11 und 13 des Arbeitsinspektionsgesetzes 1993, BGBl. Nr. 27/1993, gelten sinngemäß. Das Arbeitsinspektorat hat den zuständigen gesetzlichen Interessenvertretungen der Arbeitgeber und der Arbeitnehmer sowie der Österreichischen Ärztekammer

1. Gelegenheit zu geben, an der Überprüfung teilzunehmen,
2. gegebenenfalls eine Kopie der Aufforderung zur Behebung der Mängel zu übermitteln und
3. mitzuteilen, ob die Voraussetzungen vorliegen oder ob Strafanzeige erstattet wurde.

(4) Der Bundesminister für Arbeit, Soziales und Konsumentenschutz hat jährlich eine Liste der arbeitsmedizinischen Zentren zu erstellen und sie im Internet zu veröffentlichen. Diese Liste hat zu enthalten: Namen der Betreiber, Namen der Leiter, Anschriften, Telefonnummern und Bezeichnung der Zentren. In diese Liste sind alle arbeitsmedizinischen Zentren aufzunehmen, die eine Meldung nach Abs. 2 Z 1 erstattet haben und bei denen die Prüfung gemäß Abs. 3 ergeben hat, daß sie die Voraussetzungen nach Abs. 1 erfüllen. Erfolgt eine rechtskräftige Bestrafung im Sinne des § 130 Abs. 6 Z 2, so ist das betreffende Zentrum aus der Liste zu streichen.

Aufgaben, Information und Beiziehung der Arbeitsmediziner

§ 81. (1) Arbeitsmediziner haben die Aufgabe, die Arbeitgeber, die Arbeitnehmer, die Sicherheitsvertrauenspersonen und die Belegschaftsorgane auf dem Gebiet des Gesundheitsschutzes, der auf die Arbeitsbedingungen bezogenen Gesundheitsförderung und der menschengerechten Arbeitsgestaltung zu beraten und die Arbeitgeber bei der Erfüllung ihrer Pflichten auf diesen Gebieten zu unterstützen.

(2) Arbeitgeber haben den Arbeitsmedizinern alle zur Erfüllung ihrer Aufgaben erforderlichen Informationen und Unterlagen zur Verfügung zu stellen, insbesondere betreffend die Sicherheits- und Gesundheitsschutzdokumente, Aufzeichnungen und Berichte über Arbeitsunfälle, die Ergebnisse von Messungen betreffend gefährliche Arbeitsstoffe und Lärm sowie von sonstigen für die Sicherheit und den Gesundheitsschutz maßgeblichen Messungen und Untersuchungen. Arbeitsmediziner sind gesondert zu informieren, wenn Arbeitnehmer aufgenommen werden, oder wenn Arbeitnehmer auf Grund einer Überlassung gemäß § 9 beschäftigt werden, soweit dies zur Erfüllung ihrer Aufgaben erforderlich ist.

(3) Arbeitgeber haben die Arbeitsmediziner und erforderlichenfalls weitere geeignete Fachleute hinzuzuziehen:

1. in allen Fragen der Erhaltung und Förderung der Gesundheit am Arbeitsplatz und der Verhinderung arbeitsbedingter Erkrankungen,
2. bei der Planung von Arbeitsstätten,
3. bei der Beschaffung oder Änderung von Arbeitsmitteln,
4. bei der Einführung oder Änderung von Arbeitsverfahren und der Einführung von Arbeitsstoffen,
5. bei der Erprobung und Auswahl von persönlichen Schutzausrüstungen,
6. in arbeitsphysiologischen, arbeitspsychologischen und sonstigen ergonomischen sowie arbeitshygienischen Fragen, insbesondere des Arbeitsrhythmus, der Arbeitszeit- und Pausenregelung, der Gestaltung der Arbeitsplätze und des Arbeitsablaufes,
7. bei der Organisation der Ersten Hilfe,
8. in Fragen des Arbeitsplatzwechsels sowie der Eingliederung und Wiedereingliederung Behinderter in den Arbeitsprozeß,
9. bei der Ermittlung und Beurteilung der Gefahren,
10. bei der Festlegung von Maßnahmen zur Gefahrenverhütung,
11. bei der Organisation der Unterweisung und bei der Erstellung von Betriebsanweisungen und
12. bei Verwaltungsverfahren im Sinne des 8. Abschnittes.

(4) Arbeitgeber haben dafür zu sorgen, daß die Arbeitsmediziner

1. den Arbeitnehmern, den Sicherheitsvertrauenspersonen und den Belegschaftsorganen auf Verlangen die erforderlichen Auskünfte erteilen, soweit dem nicht die ärztliche Verschwiegenheitspflicht entgegensteht,
2. die Arbeitnehmer und die Sicherheitsvertrauenspersonen beraten, und
3. die Belegschaftsorgane auf Verlangen beraten.

(5) Arbeitgeber haben dafür zu sorgen, daß alle Arbeitnehmer sich auf Wunsch einer regelmäßigen geeigneten Überwachung der Gesundheit je nach den Gefahren für ihre Sicherheit und Gesundheit am Arbeitsplatz durch die Arbeitsmediziner unterziehen können. Die Regelungen über besondere Eignungs- und Folgeuntersuchungen bleiben unberührt.

Tätigkeiten der Arbeitsmediziner

§ 82. In die Präventionszeit der Arbeitsmediziner darf nur die für folgende Tätigkeiten aufgewendete Zeit eingerechnet werden:

1. die Beratung und Unterstützung des Arbeitgebers in den Angelegenheiten gemäß § 81 Abs. 3,
2. die Beratung der Arbeitnehmer, der Sicherheitsvertrauenspersonen und der Belegschaftsorgane in Angelegenheiten des Gesundheitsschutzes, der auf die Arbeitsbedingungen bezogenen Gesundheitsförderung und der menschengerechten Arbeitsgestaltung,
3. die Besichtigung der Arbeitsstätten, Baustellen und auswärtigen Arbeitsstellen sowie die Teilnahme an Besichtigungen durch das Arbeitsinspektorat,
4. die Ermittlung und Untersuchung der Ursachen von arbeitsbedingten Erkrankungen und Gesundheitsgefahren sowie die Auswertung dieser Ermittlungen und Untersuchungen,
4a. die nach den Arbeitnehmerschutzvorschriften erforderliche Ermittlung und Beurteilung der Gefahren und Festlegung von Maßnahmen samt Dokumentation im Sicherheits- und Gesundheitsschutzdokument sowie deren Überprüfung und Anpassung,
5. die arbeitsmedizinische Untersuchung von Arbeitnehmern bis zum Höchstausmaß von 20% der für sie festgelegten jährlichen Präventionszeit,
6. die Durchführung von Schutzimpfungen, die mit der Tätigkeit der Arbeitnehmer im Zusammenhang stehen,
7. die Weiterbildung bis zum Höchstausmaß von 15% der für sie festgelegten jährlichen Präventionszeit,
8. die Tätigkeit im Rahmen des Arbeitsschutzausschusses und des zentralen Arbeitsschutzausschusses,
9. die Dokumentation der Tätigkeit und der Ergebnisse von Untersuchungen sowie die Erstellung von Berichten und Programmen auf dem Gebiet des Gesundheitsschutzes und der Gesundheitsförderung und
10. die Koordinierung der Tätigkeit mehrerer Arbeitsmediziner.

Präventionszeit

§ 82a. (1) Sofern § 77a nicht anderes bestimmt, sind Sicherheitsfachkräfte und Arbeitsmediziner mindestens im Ausmaß der im Folgenden für sie festgelegten Präventionszeit zu beschäftigen.

(2) Die Präventionszeit pro Kalenderjahr beträgt

1. für Arbeitnehmer an Büroarbeitsplätzen sowie an Arbeitsplätzen mit Büroarbeitsplätzen vergleichbaren Gefährdungen und Belastungen (geringe körperliche Belastung): 1,2 Stunden pro Arbeitnehmer,
2. für Arbeitnehmer an sonstigen Arbeitsplätzen: 1,5 Stunden pro Arbeitnehmer.

Bei der Berechnung der jährlichen Präventionszeit für die jeweilige Arbeitsstätte sind Teile von Stunden unterhalb von 0,5 auf ganze Stunden abzurunden und ab 0,5 auf ganze Stunden aufzurunden. Eine Neuberechnung der jährlichen Präventionszeit im laufenden Kalenderjahr hat erst bei Änderungen der der Berechnung zugrunde gelegten Arbeitnehmerzahl um mehr als 5 vH zu erfolgen.

(3) Für jeden Arbeitnehmer, der mindestens 50-mal im Kalenderjahr Nachtarbeit im Sinne des Art. VII Abs. 1 des Nachtschwerarbeitsgesetzes, BGBl. I Nr. 354/1981, leistet, erhöht sich die jährliche Präventionszeit um je 0,5 Stunden pro Kalenderjahr.

(4) Das Ausmaß der Präventionszeit pro Kalenderjahr richtet sich nach der Anzahl der Arbeitnehmer, die in einer Arbeitsstätte von einem Arbeitgeber beschäftigt werden. Die auf Baustellen und auswärtigen Arbeitsstellen beschäftigten Arbeitnehmer sind einzurechnen. Dies gilt nicht für Arbeitnehmer auf Baustellen, für die eine gesonderte, diesem Bundesgesetz entsprechende Präventivdienstbetreuung eingerichtet ist. Teilzeitbeschäftigte Arbeitnehmer sind entsprechend dem Umfang ihrer Beschäftigung anteilsmäßig einzurechnen. In Arbeitsstätten mit saisonal bedingt wechselnder Arbeitnehmerzahl richtet sich die jährliche Präventionszeit nach der vorhersehbaren durchschnittlichen Arbeitnehmerzahl pro Jahr.

(5) Der Arbeitgeber hat pro Kalenderjahr die Sicherheitsfachkräfte im Ausmaß von mindestens 40 vH und die Arbeitsmediziner im Ausmaß von mindestens 35 vH der gemäß Abs. 2 und 3 ermittelten Präventionszeit zu beschäftigen. Zumindest im Ausmaß der restlichen 25 vH der jährlichen Präventionszeit hat der Arbeitgeber je nach der in der Arbeitsstätte gegebenen Gefährdungs- und Belastungssituation gemäß § 76 Abs. 3 bzw. § 81 Abs. 3 beizuziehende sonstige geeignete Fachleute, wie Chemiker, Toxikologen, Ergonomen, insbesondere jedoch Arbeitspsychologen, oder die Sicherheitsfachkräfte und/oder die Arbeitsmediziner zu beschäftigen.

(6) Die Präventionszeit der Sicherheitsfachkräfte sowie die Präventionszeit der Arbeitsmediziner ist unter Berücksichtigung der betrieblichen Verhältnisse auf das Kalenderjahr aufzuteilen. Jeder Teil muss jeweils mindestens zwei Stunden betragen.

(7) Die Präventionszeit der Sicherheitsfachkräfte kann auf mehrere Sicherheitsfachkräfte, die Präventionszeit der Arbeitsmediziner kann auf mehrere Arbeitsmediziner aufgeteilt werden, wenn dies aus organisatorischen oder fachlichen Gründen zweckmäßig ist.

Sonstige Fachleute

§ 82b. (1) Der Arbeitgeber hat den in der Präventionszeit beschäftigten sonstigen Fachleuten alle zur Erfüllung ihrer Aufgaben erforderlichen Informationen und Unterlagen zur Verfügung zu stellen. Die sonstigen Fachleute sind bei Anwendung ihrer Fachkunde weisungsfrei.

(2) Die Präventivfachkräfte, Belegschaftsorgane und sonstige Fachleute haben zusammenzuarbeiten.

(3) § 84 Abs. 1 gilt. Die sonstigen Fachleute haben, sofern ihre Beschäftigung innerhalb der Präventionszeit ein Kalenderjahr nicht überschreitet, nach Beendigung ihrer Tätigkeit, ansonsten jährlich, dem Arbeitgeber einen zusammenfassenden Bericht über ihre Tätigkeit samt Vorschlägen zur Verbesserung der Arbeitsbedingungen vorzulegen, der auch eine systematische Darstellung der Auswirkungen ihrer Tätigkeit zu enthalten hat. § 84 Abs. 3 zweiter bis vierter Satz gilt.

(4) Besteht in der Arbeitsstätte ein Arbeitsschutzausschuss (§ 88) und findet eine Sitzung des Ausschusses während der Beschäftigung sonstiger Fachleute innerhalb der Präventionszeit statt, sind sie der Sitzung beizuziehen und hat die Tagesordnung dieser Sitzung die Behandlung ihrer Berichte vorzusehen. § 84 Abs. 2 zweiter Satz gilt.

Arbeitsmedizinischer Fachdienst

§ 82c. (1) Als arbeitsmedizinischer Fachdienst dürfen Personen beschäftigt werden, die

1. eine Ausbildung sowie eine mindestens zweijährige Berufserfahrung in einem Gesundheitsberuf gemäß Abs. 2 und

2. eine Ausbildung für den arbeitsmedizinischen Fachdienst mit einer Gesamtstundenanzahl von mindestens 208 Stunden an einer Akademie für Arbeitsmedizin, die gemäß § 38 Abs. 4 des Ärztegesetzes 1998, BGBl. I Nr. 169/1998, anerkannte Ausbildungslehrgänge durchführt, absolviert haben.

(2) Gesundheitsberufe im Sinn des Abs. 1 Z 1 sind:

1. gehobener Dienst für Gesundheits- und Krankenpflege gemäß Gesundheits- und Krankenpflegegesetz, BGBl. I Nr. 108/1997,

2. physiotherapeutischer Dienst (Physiotherapeutin/Physiotherapeut), ergotherapeutischer Dienst (Ergotherapeutin/Ergotherapeut), logopädisch-phoniatrisch-audiologischer Dienst (Logopädin/Logopäde), orthoptischer Dienst (Orthoptistin/Orthoptist), medizinisch-technischer Laboratoriumsdienst (Biomedizinische Analytikerin/Biomedizinischer Analytiker), radiologisch-technischer Dienst (Radiologietechnologin/Radiologietechnologe) sowie Diätdienst und ernährungsmedizinischer Beratungsdienst (Diätologin/Diätologe) gemäß MTD–Gesetz, BGBl. Nr. 460/1992.

(3) Werden Tätigkeiten gemäß § 82 durch den arbeitsmedizinischen Fachdienst durchgeführt, darf die dafür aufgewendete Zeit bis zu maximal 30 v.H. in die jährliche Präventionszeit der Arbeitsmedizinerinnen/Arbeitsmediziner gemäß § 82a eingerechnet werden. Das in § 82 Z 5 und Z 7 festgelegte Höchstausmaß darf dadurch nicht überschritten werden.

(4) Die Tätigkeit des arbeitsmedizinischen Fachdienstes hat unter Leitung der Arbeitsmedizinerin/des Arbeitsmediziners zu erfolgen.

(5) Der arbeitsmedizinische Fachdienst hat an der Zusammenarbeit gemäß § 85 mitzuwirken. § 84 Abs. 1 gilt. Werden gemeinsame Aufzeichnungen mit der Arbeitsmedizinerin/dem Arbeitsmediziner geführt, muss ersichtlich sein, welche Tätigkeiten der arbeitsmedizinische Fachdienst durchgeführt hat.

(6) Besteht in der Arbeitsstätte ein Arbeitsschutzausschuss, ist der arbeitsmedizinische Fachdienst erforderlichenfalls den Sitzungen beizuziehen.

(7) Als arbeitsmedizinischer Fachdienst dürfen auch Personen beschäftigt werden, die in den Kalenderjahren 2017 bis 2021 eine Abs. 1 Z 2 entsprechende Ausbildung der Österreichischen Akademie für Arbeitsmedizin und Prävention in Kooperation mit der Medizinischen Universität Graz (Universitätslehrgang Arbeitsmedizinische Fach-Assistentin/Arbeitsmedizinischer Fach-Assistent) oder der Medizinischen Universität Wien (Universitätslehrgang Arbeitsmedizinische Fach-Assistenz) absolviert haben.

(8) Die Österreichische Akademie für Arbeitsmedizin und Prävention (AAMP) mit Sitz in Wien hat auf Antrag eine in einem anderen Mitgliedsstaat der Europäischen Union oder einem Vertragsstaat des Europäischen Wirtschaftsraumes (EWR) oder der Schweizerischen Eidgenossenschaft erworbene Qualifikation gemäß Abs. 1 Z 2 anzuerkennen, wenn dies durch Ausbildungs- oder Befähigungsnachweise oder gegebenenfalls ergänzend durch Berufserfahrung ausreichend belegt wird. Die Anerkennung durch die AAMP erfolgt durch Ausstellung eines Zeugnisses, das zur Ausübung der Tätigkeit als arbeitsmedizinischer Fachdienst im Anwendungsbereich dieses Bundesgesetzes berechtigt. Antragsberechtigt ist jene Person, die über die im Ausland erworbene Berufsqualifikation verfügt und bei Antragstellung ihre Berufsberechtigung im Gesundheitsberuf gemäß Abs. 2 nach dem jeweiligen Berufsgesetz (GuKG, MTD–Gesetz) nachweist, oder deren Arbeitgeberin/Arbeitgeber im Inland. Die AAMP hat der Antragstellerin/dem Antragsteller binnen eines Monats den Empfang der Unterlagen zu bestätigen und gegebenenfalls mitzuteilen, welche Unterlagen fehlen. Sie hat über Anträge ohne unnötigen Verzug, spätestens aber binnen drei Monaten nach Einreichung der vollständigen Unterlagen zu entscheiden. Ist aufgrund der vorgelegten Nachweise die ausreichende Qualifikation nicht eindeutig feststellbar, hat sich die AAMP durch eine Prüfung vom Vorliegen ausreichender Fachkenntnisse für den arbeitsmedizinischen Fachdienst zu überzeugen.

(9) Abs. 8 gilt sinngemäß für Personen, die außerhalb der Europäischen Union, des EWR oder der Schweizerischen Eidgenossenschaft eine Abs. 1 Z 2 entsprechende Drittstaatsqualifikation nachweislich erworben haben und die als Arbeitnehmerin/Arbeitnehmer aus dem Ausland nach Österreich entsandt oder grenzüberschreitend überlassen werden.

Gemeinsame Bestimmungen
§ 83. (1) Die nachstehenden Bestimmungen gelten für Sicherheitsfachkräfte und Arbeitsmediziner gleichermaßen. Sicherheitsfachkräfte und Arbeitsmediziner werden im folgenden als Präventivfachkräfte bezeichnet.

(2) Wenn ein Arbeitsschutzausschuß besteht, ist er vor der Bestellung von Präventivfachkräften anzuhören.

(Anm.: Abs. 3 aufgehoben durch BGBl. I Nr. 159/2001)

(4) Die Bestellung von Präventivfachkräften hat jeweils für eine Arbeitsstätte samt allen dazugehörigen Baustellen und auswärtigen Arbeitsstellen zu erfolgen.

(5) Abweichend von Abs. 4 darf eine gesonderte Bestellung von Präventivfachkräften für Baustellen erfolgen, wenn dies aus organisatorischen oder fachlichen Gründen zweckmäßig ist.

(6) Abs. 4 und 5 gilt auch bei Inanspruchnahme eines Zentrums. Werden mehrere betriebseigene Sicherheitsfachkräfte bestellt, ist einer von ihnen die Leitung zu übertragen. Gleiches gilt bei Bestellung mehrerer betriebseigener Arbeitsmediziner. Bei Bestellung mehrerer Präventivfachkräfte und bei Inanspruchnahme eines Zentrums neben betriebseigenen oder externen Präventivfachkräften ist für deren Zusammenarbeit und Koordination zu sorgen.

(7) Betriebseigene Präventivfachkräfte bzw. deren Leitung sind unmittelbar dem Arbeitgeber oder der für die Einhaltung der Arbeitnehmerschutzvorschriften sonst verwaltungsstrafrechtlich verantwortlichen Person zu unterstellen.

(8) Arbeitgeber haben den betriebseigenen Präventivfachkräften Gelegenheit zu geben, die für ihre Tätigkeit erforderlichen Fachkenntnisse zu erweitern.

(9) Weder die Bestellung von Präventivfachkräften noch die Inanspruchnahme eines Präventionszentrums noch die Anwendung des Unternehmermodells gemäß § 78b enthebt die Arbeitgeber von ihrer Verantwortlichkeit für die Einhaltung der Arbeitnehmerschutzvorschriften. Den Präventivfachkräften kann die Verantwortlichkeit für die Einhaltung von Arbeitnehmerschutzvorschriften nicht rechtswirksam übertragen werden. §§ 15 und 130 Abs. 4 gelten auch für betriebseigene Präventivfachkräfte.

Aufzeichnungen und Berichte
§ 84. (1) Präventivfachkräfte haben Aufzeichnungen über die geleistete Einsatzzeit und die nach diesem Bundesgesetz durchgeführten Tätigkeiten zu führen, insbesondere auch über die von

ihnen durchgeführten Besichtigungen und Untersuchungen sowie deren Ergebnisse. Die Präventivfachkräfte haben den Organen der Arbeitsinspektion auf deren Verlangen Einsicht in diese Unterlagen zu gewähren oder Kopien dieser Unterlagen zu übermitteln. Nach Beendigung ihrer Tätigkeit haben Präventivfachkräfte diese Unterlagen sowie Berichte gemäß Abs. 2 und 3 an ihre Nachfolger im Betrieb zu übergeben.

(2) Besteht ein Arbeitsschutzausschuß, so haben die Präventivfachkräfte an den Sitzungen des Arbeitsschutzausschusses teilzunehmen, sofern der Teilnahme nicht wichtige Hinderungsgründe entgegenstehen. Sind sie an der Teilnahme verhindert, so haben sie dem Arbeitsschutzausschuss einen schriftlichen Bericht über ihre Tätigkeit samt Vorschlägen zur Verbesserung der Arbeitsbedingungen zu übermitteln, der auch eine systematische Darstellung der Auswirkungen ihrer Tätigkeit zu enthalten hat.

(3) Präventivfachkräfte haben dem Arbeitgeber jährlich einen zusammenfassenden Bericht über ihre Tätigkeit samt Vorschlägen zur Verbesserung der Arbeitsbedingungen vorzulegen, der auch eine systematische Darstellung der Auswirkungen ihrer Tätigkeit zu enthalten hat. Der Arbeitgeber hat diesen Bericht den Sicherheitsvertrauenspersonen zu übermitteln. Wenn keine Sicherheitsvertrauenspersonen bestellt sind, ist dieser Bericht an geeigneter Stelle zur Einsichtnahme durch die Arbeitnehmer aufzulegen. Dem zuständigen Arbeitsinspektorat hat der Arbeitgeber auf Verlangen eine Ausfertigung dieses Berichtes zu übermitteln.

(4) Sicherheitstechnische Zentren und arbeitsmedizinische Zentren sind verpflichtet, dem Arbeitsinspektorat auf Verlangen Auskunft darüber zu erteilen

1. wer als Sicherheitsfachkraft bzw. als Arbeitsmediziner vom Zentrum beschäftigt wird,
2. welche Arbeitsstätten, Baustellen und auswärtige Arbeitsstellen vom Zentrum betreut werden, und
3. welche Präventionszeit in diesen Arbeitsstätten, Baustellen und auswärtigen Arbeitsstellen geleistet wird.

Zusammenarbeit

§ 85. (1) Sicherheitsfachkräfte, Arbeitsmediziner und Belegschaftsorgane haben zusammenzuarbeiten.

(2) Die Präventivfachkräfte haben gemeinsame Besichtigungen der Arbeitsstätten, der Baustellen und der auswärtigen Arbeitsstellen durchzuführen.

(3) Die Präventivfachkräfte haben gemeinsamen Besichtigungen gemäß Abs. 2 die zuständigen Sicherheitsvertrauenspersonen und die Belegschaftsorgane beizuziehen.

Meldung von Mängeln

§ 86. (1) Präventivfachkräfte haben die bei Erfüllung ihrer Aufgaben festgestellten Mängel auf dem Gebiet der Sicherheit und des Gesundheitsschutzes dem Arbeitgeber oder der sonst für die Einhaltung der Arbeitnehmerschutzvorschriften verantwortlichen Person sowie den Belegschaftsorganen mitzuteilen.

(2) Stellen Präventivfachkräfte bei Erfüllung ihrer Aufgaben eine ernste und unmittelbare Gefahr für Sicherheit oder Gesundheit der Arbeitnehmer fest, so haben sie unverzüglich die betroffenen Arbeitnehmer und den Arbeitgeber oder die für die Einhaltung der Arbeitnehmerschutzvorschriften sonst verantwortlichen Personen sowie die Belegschaftsorgane zu informieren und Maßnahmen zur Beseitigung der Gefahr vorzuschlagen.

(3) Wenn kein Arbeitsschutzausschuß besteht, haben Präventivfachkräfte das Recht, sich an das Arbeitsinspektorat zu wenden, wenn sie der Auffassung sind, daß die vom Arbeitgeber getroffenen Maßnahmen und bereitgestellten Mittel nicht ausreichen, um die Sicherheit und den Gesundheitsschutz am Arbeitsplatz sicherzustellen, nachdem sie erfolglos vom Arbeitgeber eine Beseitigung dieser Mängel verlangt haben.

Abberufung

§ 87. (1) Wenn ein Arbeitsschutzausschuß besteht, darf der Arbeitgeber eine Präventivfachkraft nur nach vorheriger Befassung des Arbeitsschutzausschusses abberufen.

(2) Wenn nach Auffassung des Arbeitsinspektorates eine Präventivfachkraft die ihr nach diesem Bundesgesetz übertragenen Aufgaben nicht ordnungsgemäß erfüllt, hat das Arbeitsinspektorat vor Erstattung einer Strafanzeige wegen Übertretungen gemäß § 130 diese Beanstandungen dem Arbeitgeber schriftlich mitzuteilen.

(3) Wenn ein Arbeitsschutzausschuß besteht, ist der Arbeitgeber im Falle einer Mitteilung gemäß Abs. 2 verpflichtet, unverzüglich den Arbeitsschutzausschuß einzuberufen. Im Arbeitsschutzausschuß sind unter Beteiligung des Arbeitsinspektorates die geltend gemachten Mängel bei der Aufgabenerfüllung zu behandeln.

(4) Wenn kein Arbeitsschutzausschuß besteht, hat der Arbeitgeber im Falle einer Mitteilung nach Abs. 2 gegenüber dem Arbeitsinspektorat binnen vier Wochen zu den Beanstandungen schriftlich Stellung zu nehmen.

Arbeitsschutzausschuss

§ 88. (1) Arbeitgeber sind verpflichtet, für Arbeitsstätten, in denen sie regelmäßig mindestens 100 Arbeitnehmer beschäftigen, einen Arbeitsschutzausschuss einzurichten. Diese Verpflichtung gilt für Arbeitsstätten, in denen mindestens drei Viertel der Arbeitsplätze Büroarbeitsplätze oder Arbeitsplätze mit Büroarbeitsplätzen vergleichbaren Gefährdungen und Belastungen sind, erst ab der regelmäßigen Beschäftigung von mindestens 250 Arbeitnehmern. Die auf Baustellen oder auswärtigen Arbeitsstellen beschäftigten Arbeitnehmer sind einzurechnen.

(2) Der Arbeitsschutzausschuss hat die Aufgabe, die gegenseitige Information, den Erfahrungsaustausch und die Koordination der betrieblichen Arbeitsschutzeinrichtungen zu gewährleisten und auf eine Verbesserung der Sicherheit, des Gesundheitsschutzes und der Arbeitsbedingungen hinzuwirken. Der Arbeitsschutzausschuss hat sämtliche Anliegen der Sicherheit, des Gesundheitsschutzes, der auf die Arbeitsbedingungen bezogenen Gesundheitsförderung und der menschengerechten Arbeitsgestaltung zu beraten. Im Arbeitsschutzausschuss sind insbesondere die Berichte und Vorschläge der Sicherheitsvertrauenspersonen, der Sicherheitsfachkräfte und der Arbeitsmediziner zu erörtern. Der Arbeitsschutzausschuss hat die innerbetriebliche Zusammenarbeit in allen Fragen von Sicherheit und Gesundheitsschutz zu fördern und Grundsätze für die innerbetriebliche Weiterentwicklung des ArbeitnehmerInnenschutzes zu erarbeiten.

(3) Dem Ausschuss gehören als Mitglieder an:
1. Der Arbeitgeber oder die von ihm mit seiner Vertretung beauftragte Person;
2. die für die Einhaltung der Arbeitnehmerschutzvorschriften in der Arbeitsstätte bestellten verantwortlichen Beauftragten;
3. die Sicherheitsfachkraft oder, wenn mehrere Sicherheitsfachkräfte für die Arbeitsstätte bestellt sind, deren Leiter oder sein Vertreter;
4. der Arbeitsmediziner oder, wenn mehrere Arbeitsmediziner für die Arbeitsstätte bestellt sind, deren Leiter oder sein Vertreter;
5. die Sicherheitsvertrauenspersonen;
6. je ein Vertreter der zuständigen Belegschaftsorgane.

(4) Den Vorsitz im Arbeitsschutzausschuss führt der Arbeitgeber oder eine von ihm beauftragte Person.

(5) Der Arbeitgeber oder die von ihm beauftragte Person hat den Arbeitsschutzausschuss nach Erfordernis, mindestens aber einmal pro Kalenderjahr, einzuberufen. Eine Einberufung hat jedenfalls zu erfolgen, wenn es die besonderen Verhältnisse auf dem Gebiet des Arbeitnehmerschutzes im Betrieb erfordern oder wenn ein Drittel der Mitglieder des Arbeitsschutzausschusses eine Einberufung verlangt. Die Einladung zu den Sitzungen des Arbeitsschutzausschusses ist mindestens drei Wochen vor dem Sitzungstermin abzusenden und hat zu enthalten:
1. Ort und Zeit der Sitzung;
2. die Tagesordnung, die jedenfalls Berichte der Sicherheitsvertrauenspersonen und der Präventivfachkräfte vorzusehen hat;

3. die Unterlagen zu den Beratungsgegenständen.

(6) Der Vorsitzende kann den Sitzungen des Arbeitsschutzausschusses von sich aus oder auf Empfehlung von Mitgliedern des Ausschusses Sachverständige, sonstige Personen mit Aufgaben auf dem Gebiet des Arbeitnehmer- oder Umweltschutzes sowie das zuständige Arbeitsinspektorat beiziehen.

(7) Über jede Sitzung des Arbeitsschutzausschusses ist ein Ergebnisprotokoll anzufertigen. Das Ergebnisprotokoll hat zu enthalten:
1. Ort, Datum und Dauer der Sitzung;
2. die Beratungsgegenstände;
3. die Namen der Anwesenden;
4. eine Zusammenfassung der von einzelnen Teilnehmern zu den Beratungsgegenständen vertretenen Standpunkte und Vorschläge, die auch allenfalls abweichende Standpunkte und Vorschläge zu enthalten hat.

(8) Das Ergebnisprotokoll ist vom Vorsitzenden zu unterschreiben. Waren die Präventivfachkräfte oder die vom Arbeitgeber gemäß § 82b Abs. 4 der Sitzung beizuziehenden sonstigen Fachleute verhindert, an der Sitzung des Ausschusses teilzunehmen, sind dem Protokoll deren schriftliche Berichte anzuschließen. Eine Ausfertigung des Ergebnisprotokolls ist an alle Mitglieder des Arbeitsschutzausschusses zu versenden. Das Ergebnisprotokoll ist dem zuständigen Arbeitsinspektorat auf Verlangen vorzulegen.

Zentraler Arbeitsschutzausschuss

§ 88a. (1) Betreibt ein Arbeitgeber mehrere Arbeitsstätten, in denen ein Arbeitsschutzausschuss einzurichten ist, ist er verpflichtet, am Unternehmenssitz einen zentralen Arbeitsschutzausschuss einzurichten. § 88 Abs. 2 gilt. Darüber hinaus hat der zentrale Arbeitsschutzausschuss auch Fragen der Sicherheit und des Gesundheitsschutzes in Bezug auf jene Arbeitsstätten des Arbeitgebers zu beraten, für die kein eigener Arbeitsschutzausschuss einzurichten ist.

(2) Dem zentralen Arbeitsschutzausschuss gehören als Mitglieder an:
1. Der Arbeitgeber oder die von ihm beauftragte Person sowie höchstens zwei weitere Vertreter des Arbeitgebers;
2. drei Vertreter der auf der Ebene des zentralen Arbeitsschutzausschusses zuständigen Belegschaftsorgane;
3. je drei von jedem lokalen Arbeitsschutzausschuss entsandte Mitglieder, und zwar je eine Sicherheitsvertrauensperson, eine Sicherheitsfachkraft und ein Arbeitsmediziner.

(3) Ergibt die nach Abs. 2 ermittelte Zahl der Mitglieder des zentralen Arbeitsschutzausschusses eine höhere Zahl als zwanzig, so gehören dem zentralen Arbeitsschutzausschuss als Mitglieder an:

1. Der Arbeitgeber oder die von ihm beauftragte Person sowie ein weiterer Vertreter des Arbeitgebers;
2. drei Vertreter der auf der Ebene des zentralen Arbeitsschutzausschusses zuständigen Belegschaftsorgane;
3. insgesamt 15 von den lokalen Arbeitsschutzausschüssen entsandte Mitglieder, und zwar je fünf Mitglieder aus dem Kreis der Sicherheitsvertrauenspersonen, der Sicherheitsfachkräfte und der Arbeitsmedizin.

(4) Wenn es der Beratungsgegenstand erfordert, können den Sitzungen vom Vorsitzenden auch Personen aus jenen Arbeitsstätten, für die kein eigener Arbeitsschutzausschuss einzurichten ist, beigezogen werden.

(5) Die Sitzungen des zentralen Arbeitsschutzausschusses sind vom Arbeitgeber oder einer von ihm beauftragten Person nach Erfordernis, mindestens jedoch einmal jährlich einzuberufen. § 88 Abs. 5 zweiter Satz ist anzuwenden.

(6) Die Einladung zu den Sitzungen ist mindestens vier Wochen vor dem Sitzungstermin abzusenden und hat zu enthalten:

1. Ort und Zeit der Sitzung;
2. die Tagesordnung, die jedenfalls Berichte der Vertreter der lokalen Arbeitsschutzausschüsse vorzusehen hat;
3. die Unterlagen zu den Beratungsgegenständen.

(7) § 88 Abs. 6 und Abs. 7 sowie Abs. 8 erster, dritter und vierter Satz sind anzuwenden.

Zentren der Unfallversicherungsträger

§ 89. (1) Der Bundesminister für Arbeit, Soziales und Konsumentenschutz kann durch Verordnung die Allgemeine Unfallversicherungsanstalt oder die Versicherungsanstalt öffentlich Bediensteter, Eisenbahnen und Bergbau für deren Zuständigkeitsbereich beauftragen, sicherheitstechnische Zentren und arbeitsmedizinische Zentren einzurichten und zu betreiben, wenn dies für eine ausreichende sicherheitstechnische und arbeitsmedizinische Betreuung geboten ist.

(2) Für sicherheitstechnische Zentren gemäß Abs. 1 gilt § 75 Abs. 1. Arbeitsmedizinische Zentren gemäß Abs. 1 müssen die Anforderungen des § 80 Abs. 1 erfüllen.

(Anm.: Abs. 3 aufgehoben durch BGBl. I Nr. 35/2012)

Verordnungen über Präventivdienste

§ 90. Der Bundesminister für Arbeit, Soziales und Konsumentenschutz hat in Durchführung des 7. Abschnittes durch Verordnung näher zu regeln:

1. die Voraussetzungen für die Anerkennung einer Fachausbildung für Sicherheitsfachkräfte, die Durchführung der Fachausbildung und die Voraussetzungen für die Zulassung zur Fachausbildung, wobei in der Verordnung Übergangsregelungen für die bei Inkrafttreten der Verordnung bereits tätigen Sicherheitsfachkräfte vorzusehen sind;
2. die Voraussetzungen für sicherheitstechnische und arbeitsmedizinische Zentren.

8. Abschnitt
Behörden und Verfahren

Arbeitnehmerschutzbeirat

§ 91. (1) Zur Beratung des Bundesministers für Arbeit, Soziales und Konsumentenschutz in grundsätzlichen Fragen der Sicherheit und des Gesundheitsschutzes bei der Arbeit und zu seiner Information über Organisation und Tätigkeit der Präventionszentren der Träger der Unfallversicherung ist ein Arbeitnehmerschutzbeirat einzurichten.

(2) Dem Arbeitnehmerschutzbeirat gehören neben dem Zentral-Arbeitsinspektor bzw. bei Verhinderung dessen Vertretung an:

(Anm.: Z 1 aufgehoben durch BGBl. I Nr. 35/2012),

2. zwei Vertreter der Bundesarbeitskammer,
3. zwei Vertreter der Bundeswirtschaftskammer,
4. zwei Vertreter des Österreichischen Gewerkschaftsbundes,
5. zwei Vertreter der Vereinigung Österreichischer Industrieller,
6. zwei Vertreter der Bundesingenieurkammer,
7. zwei Vertreter der österreichischen Ärztekammer und
8. zwei Vertreter der Allgemeinen Unfallversicherungsanstalt.

(3) Dem Arbeitnehmerschutzbeirat gehören weiters ein Vertreter der Versicherungsanstalt öffentlich Bediensteter, Eisenbahnen und Bergbau an, wenn der gesetzliche Aufgabenbereich dieser Institution durch den Beratungsgegenstand berührt wird.

Dem Arbeitnehmerschutzbeirat gehört weiters ein Vertreter von Österreichs Energie an, wenn nach dem Beratungsgegenstand die Interessen der Elektrizitätswirtschaft berührt werden.

(4) Zu den Sitzungen des Arbeitnehmerschutzbeirates sind weiters die Verbindungsstelle der Bundesländer beim Amt der Niederösterreichischen Landesregierung sowie gegebenenfalls die nach dem Beratungsgegenstand in Betracht kommenden Bundesministerien einzuladen.

(5) Die Tätigkeit im Arbeitnehmerschutzbeirat ist ehrenamtlich.

(6) Zur Vorberatung können Fachausschüsse eingesetzt werden.

(7) Die Sitzungen des Arbeitnehmerschutzbeirates und der Fachausschüsse sind nicht öffentlich.

Die in Abs. 2 und 3 genannten Personen und Institutionen sind berechtigt, Sachverständige beizuziehen.

(8) Die Einberufung und die Geschäftsführung obliegen dem Zentral-Arbeitsinspektorat.

Arbeitsstättenbewilligung

§ 92. (1) Arbeitsstätten, die infolge der Art der Betriebseinrichtungen, der Arbeitsmittel, der verwendeten Arbeitsstoffe oder Arbeitsverfahren in besonderem Maße eine Gefährdung der Sicherheit und Gesundheit der Arbeitnehmer bewirken können, dürfen nur auf Grund einer Bewilligung der zuständigen Behörde errichtet und betrieben werden (Arbeitsstättenbewilligung).

(2) Die Arbeitsstättenbewilligung ist auf Antrag des Arbeitgebers zu erteilen, wenn die Arbeitsstätte den Arbeitnehmerschutzvorschriften entspricht und zu erwarten ist, daß überhaupt oder bei Einhaltung der erforderlichenfalls vorzuschreibenden Bedingungen und Auflagen die nach den Umständen des Einzelfalles voraussehbaren Gefahren für die Sicherheit und Gesundheit der Arbeitnehmer vermieden werden. Solche Auflagen sind vorzuschreiben, wenn

1. nach den konkreten Verhältnissen des Einzelfalls zur Gewährleistung der Sicherheit und Gesundheit der Arbeitnehmer Maßnahmen erforderlich sind, die über die in diesem Bundesgesetz oder den dazu erlassenen Verordnungen enthaltenen Anforderungen hinausgehen, oder
2. die Vorschreibung von Auflagen zur Konkretisierung oder Anpassung der in diesem Bundesgesetz oder den dazu erlassenen Verordnungen vorgesehenen Anforderungen an die konkreten Verhältnisse des Einzelfalls erforderlich ist.

(3) Dem Antrag auf Arbeitsstättenbewilligung sind eine Beschreibung der Arbeitsstätte einschließlich eines Verzeichnisses der Arbeitsmittel und die erforderlichen Pläne und Skizzen sowie die sonst für die Beurteilung des Projektes erforderlichen Unterlagen in dreifacher Ausfertigung anzuschließen. Weiters sind Sicherheits- und Gesundheitsschutzdokumente in dreifacher Ausfertigung vorzulegen, soweit die Erstellung dieser Dokumente im Zeitpunkt der Antragstellung bereits möglich ist.

(4) Eine Arbeitsstättenbewilligung erlischt, wenn der Betrieb der Arbeitsstätte nicht binnen fünf Jahren nach erteilter Bewilligung aufgenommen wird oder wenn der Betrieb durch mehr als fünf Jahre unterbrochen wird. Die Behörde kann diese Frist auf Antrag des Arbeitgebers auf sieben Jahre verlängern, wenn es Art und Umfang des Vorhabens erfordern oder die Fertigstellung des Vorhabens unvorhergesehenen Schwierigkeiten begegnet.

(5) Die Änderung einer bewilligten Arbeitsstätte bedarf einer Bewilligung, wenn dies zur Gewährleistung des Schutzes der Sicherheit und Gesundheit der Arbeitnehmer erforderlich ist, insbesondere wenn durch die Änderung das Ausmaß der Gefährdung vergrößert wird oder die Änderung mit einer Gefährdung anderer Art verbunden ist. Diese Bewilligung hat auch die bereits bewilligte Arbeitsstätte so weit zu umfassen, als es wegen der Änderung zur Gewährleistung des Schutzes der Sicherheit und Gesundheit der Arbeitnehmer erforderlich ist.

(6) Bestehen Zweifel, ob die Errichtung oder die Änderung einer Arbeitsstätte einer Bewilligung bedarf, so hat die zuständige Behörde auf Antrag des Arbeitgebers oder des Arbeitsinspektorates zu prüfen und festzustellen, ob die Voraussetzungen nach Abs. 1 oder 5 vorliegen.

(7) Die Wirksamkeit einer Bewilligung nach Abs. 1 und 5 wird durch einen Wechsel in der Person des Arbeitgebers nicht berührt. Auflagen gemäß Abs. 2 sind von der zuständigen Behörde auf Antrag des Arbeitgebers aufzuheben oder abzuändern, wenn die Voraussetzungen für die Vorschreibung nicht mehr vorliegen.

Berücksichtigung des Arbeitnehmer/innenschutzes in Genehmigungsverfahren

§ 93. (1) In folgenden Genehmigungsverfahren sind die Belange des Arbeitnehmer/innenschutzes zu berücksichtigen:

1. Genehmigung von Betriebsanlagen nach der Gewerbeordnung 1994, BGBl. Nr. 194/1994,
2. Genehmigung von Gewinnungsbetriebsplänen und von Bergbauanlagen, soweit es sich um Arbeitsstätten handelt, nach dem Mineralrohstoffgesetz, BGBl. I Nr. 38/1999,
3. Genehmigung von Apotheken nach dem Apothekengesetz, RGBl. Nr. 5/1907,
4. Genehmigung von Eisenbahnanlagen nach dem Eisenbahngesetz 1957, BGBl. Nr. 60/1957,
5. Bewilligung von Schifffahrtsanlagen im Sinne des § 47 und von sonstigen Anlagen im Sinne des § 66 des Schifffahrtsgesetzes, BGBl. I Nr. 62/1997,
6. Bewilligung von Bädern nach dem Bäderhygienegesetz, BGBl. Nr. 254/1976,
7. Genehmigung von Abfall- und Altölbehandlungsanlagen nach §§ 37 bis 65 des Abfallwirtschaftsgesetzes 2002 (AWG 2002), BGBl. I Nr. 102/2002,
8. Bewilligung von Anlagen und Zivilflugplätzen im Sinne des Luftfahrtgesetzes 1957, BGBl. Nr. 253/1957,
9. Bewilligung von Lagern nach § 35 des Sprengmittelgesetzes 2010 – SprG, BGBl. I Nr. 121/2009,

10. Genehmigung von Seilbahnanlagen nach dem Seilbahngesetz 2003 – SeilbG 2003, BGBl. I Nr. 103/2003.

(2) In diesen Verfahren sind dem jeweiligen Genehmigungsantrag die in § 92 Abs. 3 genannten Unterlagen anzuschließen. Die genannten Anlagen dürfen nur genehmigt werden, wenn sie den Arbeitnehmerschutzvorschriften entsprechen und zu erwarten ist, daß überhaupt oder bei Einhaltung der erforderlichenfalls vorzuschreibenden geeigneten Bedingungen und Auflagen die nach den Umständen des Einzelfalles voraussehbaren Gefährdungen für die Sicherheit und Gesundheit der Arbeitnehmer vermieden werden. Für die Vorschreibung von Auflagen ist § 92 Abs. 2 letzter Satz anzuwenden.

(3) Abs. 2 gilt auch für die Genehmigung einer Änderung oder einer Sanierung von in Abs. 1 angeführten Anlagen. Änderungen, die nach den in Abs. 1 angeführten Rechtsvorschriften keiner Genehmigung bedürfen, der Behörde nach diesen Vorschriften jedoch anzuzeigen sind, dürfen von der Behörde nur dann mit Bescheid zur Kenntnis genommen werden, wenn zu erwarten ist, dass sich die Änderung auch nicht nachteilig auf Sicherheit und Gesundheit der Arbeitnehmer auswirkt.

(4) Die gemäß Abs. 2 und 3 vorgeschriebenen Bedingungen und Auflagen sind von der zuständigen Behörde auf Antrag des Arbeitgebers abzuändern oder aufzuheben, wenn die Voraussetzungen für die Vorschreibung nicht mehr vorliegen.

(5) Abs. 2 bis 4 gilt auch für Verfahren, in denen nach den in Abs. 1 genannten Bundesgesetzen ein Feststellungsbescheid als Genehmigungsbescheid für die Anlage gilt.

(6) Die in Abs. 1 genannten Arbeitsstätten bedürfen keiner Arbeitsstättenbewilligung nach § 92.

Sonstige Genehmigungen und Vorschreibungen

§ 94. (1) In folgenden Verfahren sind die mit dem Genehmigungsgegenstand zusammenhängenden Belange des Arbeitnehmerschutzes zu berücksichtigen:

1. Genehmigung einer Rohrleitungsanlage gemäß § 17 des Rohrleitungsgesetzes, BGBl. Nr. 411/1975,
2. Genehmigung von Anlagen nach dem Starkstromwegegesetz, BGBl. Nr. 70/1968,
3. Genehmigung von Dampfkesselanlagen gemäß § 4 des Luftreinhaltegesetzes für Kesselanlagen, BGBl. Nr. 380/1988,
4. Bewilligung von Einrichtungen, Arbeitsmitteln usw. nach dem Eisenbahngesetz 1957, BGBl. Nr. 60, dem Luftfahrtgesetz 1957, BGBl. Nr. 253, dem Schifffahrtsgesetz, und dem Seeschiffahrtsgesetz, BGBl.

Nr. 174/1981, soweit nicht § 93 anzuwenden ist,
5. Genehmigung von Anlagen und Einrichtungen nach dem Strahlenschutzgesetz, BGBl. Nr. 227/1969,
6. Genehmigung von Anlagen nach §§ 31a, 31c, 32, 40 und 41 des Wasserrechtsgesetzes 1959, BGBl. Nr. 215,
7. Genehmigungen und Bewilligungen nach dem Mineralrohstoffgesetz,
8. Genehmigung von Räumen von Fahrschulen nach dem Kraftfahrgesetz 1967, BGBl. Nr. 267/1967,
9. Genehmigung von Gasleitungsanlagen nach dem Gaswirtschaftsgesetz 2011 – GWG 2011, BGBl. I Nr. 107/2011,
10. Verfahren zur Bewilligung von Einrichtungen und Arbeitsmitteln nach dem Seilbahngesetz 2003 – SeilbG 2003, BGBl. I Nr. 103/2003,
11. Verfahren zur Genehmigung von mobilen Behandlungsanlagen gemäß § 52 des Abfallwirtschaftsgesetzes 2002 – AWG 2002, BGBl. I Nr. 102/2002.

(2) Die genannten Anlagen dürfen nur genehmigt werden, wenn Arbeitnehmerschutzvorschriften der Genehmigung nicht entgegenstehen und zu erwarten ist, daß überhaupt oder bei Einhaltung der erforderlichenfalls vorzuschreibenden geeigneten Bedingungen und Auflagen die nach den Umständen des Einzelfalles voraussehbaren Gefährdungen für die Sicherheit und Gesundheit der Arbeitnehmer vermieden werden. Dies gilt auch für die Genehmigung einer Änderung derartiger Anlagen.

(3) Zeigt sich in einer Arbeitsstätte nach rechtskräftig erteilter Arbeitsstättenbewilligung oder nach einer rechtskräftigen Genehmigung nach § 93 Abs. 1, daß der Schutz der Sicherheit und Gesundheit der Arbeitnehmer unter den vorgeschriebenen Bedingungen und Auflagen nicht ausreichend gewährleistet wird, so hat die zuständige Behörde zum Schutz der Arbeitnehmer andere oder zusätzliche Bedingungen und Auflagen vorzuschreiben.

(4) Für Arbeitsstätten, die keiner Arbeitsstättenbewilligung bedürfen und für die auch keine Genehmigung nach § 93 Abs. 1 vorliegt, hat die zuständige Behörde die zum Schutz der Sicherheit und Gesundheit der Arbeitnehmer erforderlichen Maßnahmen vorzuschreiben. Dies gilt auch für Arbeitsstätten, für die eine Genehmigung im Sinne des § 93 Abs. 1 vorliegt, wenn bei der Genehmigung das Arbeitnehmerschutzgesetz und dieses Bundesgesetz keine Anwendung gefunden haben.

(5) Für Baustellen und auswärtige Arbeitsstellen gilt Abs. 4 mit folgender Maßgabe: Für eine bestimmte Baustelle oder auswärtige Arbeitsstelle hat die für diese Baustelle/Arbeitsstelle zuständige Behörde die zum Schutz der Sicherheit und

Gesundheit der Arbeitnehmer erforderlichen Maßnahmen vorzuschreiben. Sind für mehrere künftige Baustellen oder auswärtige Arbeitsstellen eines Arbeitgebers solche Vorschreibungen erforderlich so hat die Vorschreibung durch jene Behörde zu erfolgen, die für die Arbeitsstätte zuständig ist, der diese Baustellen oder Arbeitsstellen organisatorisch zuzurechnen sind, im Zweifel durch die für den Unternehmenssitz zuständige Behörde.

(5a) Sind für mehrere identische Arbeitsstätten eines Arbeitgebers/einer Arbeitgeberin oder für mehrere identische Arbeitsmittel, die in verschiedenen Arbeitsstätten eines Arbeitgebers/einer Arbeitgeberin verwendet werden sollen, und für die vollkommen identische Voraussetzungen vorliegen, solche Vorschreibungen erforderlich, so ist für das Verfahren die für den Unternehmenssitz zuständige Behörde zuständig.

(5b) Sofern dies im Sinne der Raschheit, Einfachheit und Kostenersparnis zweckmäßig ist, können die zum Schutz der Sicherheit und Gesundheit der Arbeitnehmer/innen erforderlichen Maßnahmen auch einer von dem/der Arbeitgeber/in verschiedenen Person vorgeschrieben werden, wie insbesondere dem/der Genehmigungswerber/in in Verfahren nach § 93 Abs. 1 und 3 und § 94 Abs. 1 oder dem/der Inhaber/in oder dem/der Betreiber/in einer mehrere Arbeitsstätten umfassenden Gesamtanlage.

(6) Für Auflagen und Maßnahmen nach Abs. 1 bis 5b ist § 92 Abs. 2 letzter Satz anzuwenden.

(7) Die Wirksamkeit von Vorschreibungen gemäß Abs. 1 bis 5 wird durch einen Wechsel in der Person des Arbeitgebers nicht berührt. Solche Vorschreibungen sind von der zuständigen Behörde auf Antrag des Arbeitgebers aufzuheben oder abzuändern, wenn die Voraussetzungen für die Vorschreibung nicht mehr vorliegen.

Ausnahmen

§ 95. (1) Soweit die Anwendung einzelner Bestimmungen der in Durchführung dieses Bundesgesetzes erlassenen Verordnungen unabhängig von den Umständen des Einzelfalls zur Gewährleistung der Sicherheit und Gesundheit der Arbeitnehmer erforderlich ist, ist in den Verordnungen festzulegen, daß die zuständige Behörde von diesen Bestimmungen der Verordnung keine Ausnahme zulassen darf.

(2) In den in Durchführung dieses Bundesgesetzes erlassenen Verordnungen können Abweichungen von den im 1. bis 6. Abschnitt sowie in §§ 97 und 98 festgelegten Anforderungen geregelt werden, wenn diese Abweichungen aus wichtigen Gründen erforderlich sind und Sicherheit und Gesundheit der Arbeitnehmer gewährleistet sind.

(3) Darüber hinaus kann die zuständige Behörde im Einzelfall auf begründeten Antrag des Arbeitgebers Ausnahmen von den Bestimmungen der in Durchführung des § 6 Abs. 4 sowie des 2. bis 4. und 6. Abschnittes erlassenen Verordnungen zulassen, wenn

(Anm.: Z 1 aufgehoben durch BGBl. I Nr. 159/2001)

2. nach den Umständen des Einzelfalls zu erwarten ist, daß Sicherheit und Gesundheit der Arbeitnehmer auch bei Genehmigung der Ausnahme gewährleistet sind oder daß durch eine andere vom Arbeitgeber vorgesehene Maßnahme zumindest der gleiche Schutz erreicht wird wie bei Einhaltung der betreffenden Bestimmungen der Verordnung, und

3. die Genehmigung dieser Ausnahme nicht gemäß Abs. 1 ausgeschlossen ist.

(4) Ausnahmen nach Abs. 3 können befristet oder unter Vorschreibung bestimmter geeigneter Auflagen erteilt werden, wenn dies zur Erreichung der in Abs. 3 Z 2 genannten Zielsetzungen erforderlich ist. Ausnahmen nach Abs. 3 sind von der zuständigen Behörde aufzuheben, wenn solche Auflagen nicht eingehalten werden oder wenn die Voraussetzungen für die Erteilung der Ausnahme nicht mehr vorliegen.

(5) Die Wirksamkeit von Ausnahmen nach Abs. 3 wird durch einen Wechsel in der Person des Arbeitgebers nicht berührt, wenn sich der für die Ausnahme maßgebliche Sachverhalt nicht geändert hat.

(6) Sofern dies im Sinne der Raschheit, Einfachheit und Kostenersparnis zweckmäßig ist, können Ausnahmen nach Abs. 3 auch auf Antrag einer vom Arbeitgeber verschiedenen Person zugelassen werden, wie insbesondere des Genehmigungswerbers in Verfahren nach § 93 Abs. 1 und 3 und § 94 Abs. 1 oder des Inhabers oder Betreibers einer mehrere Arbeitsstätten umfassenden Gesamtanlage.

(7) Wird eine Ausnahmegenehmigung für mehrere künftige Baustellen oder auswärtige Arbeitsstellen eines Arbeitgebers beantragt, so ist für das Verfahren jene Behörde zuständig, die für die Arbeitsstätte zuständig ist, der diese Baustellen oder auswärtigen Arbeitsstellen organisatorisch zuzurechnen sind, im Zweifel die für den Unternehmenssitz zuständige Behörde. Wird eine Ausnahmegenehmigung in Bezug auf mehrere identische Arbeitsstätten eines Arbeitgebers oder für mehrere identische Arbeitsmittel, die in verschiedenen Arbeitsstätten eines Arbeitgebers verwendet werden sollen, beantragt, für deren Erteilung vollkommen identische Voraussetzungen vorliegen, so ist für das Verfahren die für den Unternehmenssitz des Arbeitgebers zuständige Behörde zuständig.

Zwangs- und Sicherungsmaßnahmen

§ 96. (1) Die zuständige Behörde hat durch Bescheid die Beschäftigung von Arbeitnehmern zu untersagen oder sonstige geeignete Sicherungsmaßnahmen anzuordnen, wie die gänzliche oder teilweise Schließung einer Arbeitsstätte oder die

Stillegung von Arbeitsmitteln, wenn dies zur Abwehr einer Gefahr für Leben oder Gesundheit von Arbeitnehmern erforderlich ist.

(2) Liegen die Voraussetzungen für die Erlassung eines Bescheides gemäß Abs. 1 nicht mehr vor, so hat die zuständige Behörde auf Antrag des Arbeitgebers die nach Abs. 1 getroffenen Maßnahmen aufzuheben.

(3) Beschwerden beim Verwaltungsgericht gegen Bescheide nach Abs. 1 kommt keine aufschiebende Wirkung zu.

(4) Bescheide nach Abs. 1 treten mit Ablauf eines Jahres, vom Tag ihrer Erlassung an gerechnet, außer Wirksamkeit, wenn sie nicht kürzer befristet sind. Dies gilt auch für Erkenntnisse des Verwaltungsgerichts, die aufgrund von Beschwerden gegen Bescheide nach Abs. 1 ergangen sind.

(5) Den gesetzlichen Interessenvertretungen der Arbeitgeber und Arbeitnehmer ist eine Ablichtung von Bescheiden gemäß Abs. 1 und 2 zu übermitteln.

(6) Abs. 1 und 2 ist auf Arbeitsstätten, für die auf Grund gesetzlicher Vorschriften eine Betriebspflicht besteht, nicht anzuwenden.

(Anm.: Abs. 7 aufgehoben durch BGBl. I Nr. 38/1999)

Sonderbestimmungen für die Zustellung

§ 96a. (1) Schifffahrtsunternehmen mit Sitz im Ausland, deren Fahrzeuge auf österreichischen Wasserstraßen verkehren, kann im Wege des Schiffführers eines Fahrzeuges des Unternehmens wirksam zugestellt werden.

(2) Eisenbahnunternehmen mit Sitz im Ausland, deren Fahrzeuge auf dem österreichischen Schienennetz verkehren, kann im Wege des Triebfahrzeugführers oder des Personals eines Fahrzeuges des Unternehmens wirksam zugestellt werden.

Meldung von Bauarbeiten

§ 97. (1) Arbeitgeber sind verpflichtet, dem zuständigen Arbeitsinspektorat Bauarbeiten, die voraussichtlich länger als fünf Arbeitstage dauern, nachweislich zu melden. Zum Zweck der Kontrolle von Baustellen ist die Meldung auch an die Bauarbeiter-Urlaubs- und Abfertigungskasse (§ 14 des Bauarbeiter-Urlaubs- und Abfertigungsgesetzes – BUAG, BGBl. Nr. 414/1972) zu übermitteln.

(2) Die Meldung muß spätestens eine Woche vor Arbeitsbeginn erfolgen. Die Arbeiten dürfen erst nach erfolgter Meldung begonnen werden. In Katastrophenfällen, bei unaufschiebbaren Arbeiten und bei kurzfristig zu erledigenden Aufträgen ist die Meldung spätestens am Tag des Arbeitsbeginns zu erstatten.

(3) Die Meldung muß alle zur Wahrnehmung des Arbeitnehmerschutzes erforderlichen Angaben enthalten.

(4) Erfolgt vor Beginn der Bauarbeiten eine Meldung an das Arbeitsinspektorat durch den Auftraggeber oder eine von ihm beauftragte Person, und enthält diese Meldung alle für die Wahrnehmung des Arbeitnehmerschutzes erforderlichen Angaben, so entfällt die Meldepflicht der Arbeitgeber.

(5) Werden auf einer Baustelle Bauarbeiten von mehreren Arbeitgebern unmittelbar aufeinanderfolgend ausgeführt, obliegt die Meldepflicht jenem Arbeitgeber, der zuerst mit den Arbeiten auf der Baustelle beginnt.

(6) Mit besonderen Gefahren verbundene Bauarbeiten sind abweichend von Abs. 4 und 5 jedenfalls gesondert durch die betreffenden Arbeitgeber zu melden.

(7) Bauarbeiten, bei denen die Arbeitnehmer Einwirkungen von schwachgebundenen Asbestprodukten ausgesetzt sein können, sind abweichend von Abs. 1 und 4 bis 6 unabhängig von ihrer Dauer zu melden. Die Meldung hat auch Angaben über die Arbeitsweise und die zum Schutz der Arbeitnehmer vorgesehenen Maßnahmen zu enthalten. Die Meldung muß abweichend von Abs. 2 jedenfalls vor Beginn der Arbeiten erfolgen.

(8) Erfolgt die Meldung nach Abs. 1, 6 oder 7 elektronisch mittels Webanwendung an die Baustellendatenbank (§ 31a des Bauarbeiter-Urlaubs- und Abfertigungsgesetzes – BUAG, BGBl. Nr. 414/1972, in der geltenden Fassung), gilt sie als Meldung an das zuständige Arbeitsinspektorat. Ab 1. Jänner 2019 müssen Meldungen nach Abs. 1, 6 und 7 elektronisch mittels Webanwendung an die Baustellendatenbank erfolgen.

Sonstige Meldepflichten

§ 98. (1) Arbeitgeber sind verpflichtet, dem Arbeitsinspektorat tödliche und schwere Arbeitsunfälle unverzüglich zu melden, sofern nicht eine Meldung an die Sicherheitsbehörden erfolgt.

(2) Arbeitgeber sind verpflichtet, gefährliche Ereignisse gemäß § 97 des Mineralrohstoffgesetzes, die sich in Bergbaubetrieben (§ 108 MinroG) ereignen, unverzüglich dem Arbeitsinspektorat zu melden.

(3) Arbeitgeber sind verpflichtet, dem zuständigen Arbeitsinspektorat Arbeiten, die mit einer besonderen Gefahr für die damit beschäftigten Arbeitnehmer verbunden sind, zu melden, sofern dies in einer Verordnung nach diesem Bundesgesetz festgelegt ist.

Behördenzuständigkeit

§ 99. Soweit in diesem Bundesgesetz auf die „zuständige Behörde" verwiesen wird, ist darunter zu verstehen:

1. bei nach der Gewerbeordnung 1994 genehmigungspflichtigen Betriebsanlagen die nach der Gewerbeordnung 1994 in erster Instanz zuständige Genehmigungsbehörde, bei sonstigen der Gewerbeordnung 1994 unterliegenden Tätigkeiten die Bezirksverwaltungsbehörde,

2. bei den in § 93 Abs. 1 Z 2 bis 10 angeführten Arbeitsstätten die nach den angeführten Bestimmungen in erster Instanz zuständige Genehmigungsbehörde,

3. bei Krankenanstalten, deren Errichtung und Betrieb nach den in Ausführung des Bundesgesetzes über Krankenanstalten und Kuranstalten (KAKuG), BGBl. Nr. 1/1957, ergangenen landesgesetzlichen Bestimmungen einer Genehmigung durch die Landesregierung bedarf, der Landeshauptmann,

(Anm.: Z 3a aufgehoben durch BGBl. I Nr. 118/2012)

4. bei Theater- oder Kinobetrieben sowie sonstigen Veranstaltungsstätten, deren Errichtung und Betrieb nach landesgesetzlichen Bestimmungen einer Genehmigung durch die Landesregierung bedarf, der Landeshauptmann,

5. bei Anlagen zur Erzeugung elektrischer Energie, deren Errichtung nach den in Ausführung des Elektrizitätswirtschafts- und –organisationsgesetzes 2010 – ElWOG 2010, BGBl. I Nr. 110/2010, ergangenen landesgesetzlichen Bestimmungen einer Genehmigung durch die Landesregierung bedarf, der Landeshauptmann,

6. für die unter das Mineralrohstoffgesetz fallenden Tätigkeiten die nach dem Mineralrohstoffgesetz dafür zuständige Behörde,

7. in allen übrigen Fällen die Bezirksverwaltungsbehörde.

Außergewöhnliche Fälle

§ 100. (1) Der 1. bis 6. Abschnitt dieses Bundesgesetzes sowie die in Durchführung dieser Bestimmungen erlassenen Verordnungen finden auf die Beschäftigung von Arbeitnehmern mit spezifischen Tätigkeiten im Rahmen von Katastrophenhilfsdiensten insoweit keine Anwendung, als die Besonderheiten dieser Tätigkeiten einer Anwendung zwingend entgegenstehen. In diesen Fällen ist aber dafür Sorge zu tragen, daß unter Berücksichtigung der Zielsetzungen dieses Bundesgesetzes eine größtmögliche Sicherheit und ein größtmöglicher Gesundheitsschutz der Arbeitnehmer gewährleistet ist.

(2) In Fällen unmittelbar drohender oder eingetretener Gefährdung des Lebens und der Gesundheit der Arbeitnehmer sind von diesem Bundesgesetz und den dazu erlassenen Verordnungen abweichende Anordnungen soweit zulässig, als dies im Interesse des Schutzes des Lebens und der Gesundheit der Arbeitnehmer geboten erscheint, um die Gefährdung abzuwenden oder zu beseitigen.

Verordnungen über Behörden und Verfahren

§ 101. (1) Der Bundesminister für Arbeit, Soziales und Konsumenschutz hat in Durchführung des 8. Abschnittes durch Verordnung näher zu regeln:

1. die Geschäftsordnung des Arbeitnehmerschutzbeirates,

2. die Arbeitsstättenbewilligungspflicht,

3. die Meldepflichten gemäß § 97 Abs. 1, wobei Ausnahmen für Arbeiten, die mit keinen besonderen Gefahren verbunden sind, vorzusehen sind, den Inhalt der Meldung nach § 97 Abs. 3,

4. Arbeiten im Sinne des § 98 Abs. 3 sowie den Inhalt der Meldung.

(2) Der Bundesminister für Arbeit, Soziales und Konsumenschutz kann durch Verordnung weitere bundesgesetzliche Bewilligungsverfahren den in § 93 Abs. 1 angeführten Verfahren gleichstellen, wenn gewährleistet ist, daß in diesen Verfahren die Arbeitnehmerschutzbelange in gleicher Weise berücksichtigt werden wie in einem Arbeitsstättenbewilligungsverfahren. Eine solche Verordnung darf nur im Einvernehmen mit dem für dieses bundesgesetzliche Bewilligungsverfahren zuständigen Bundesminister erlassen werden.

(3) Abs. 2 gilt für die Gleichstellung weiterer bundesgesetzlicher Bewilligungsverfahren mit den in § 94 Abs. 1 angeführten Verfahren sinngemäß mit der Maßgabe, daß eine Gleichstellung zu erfolgen hat, wenn im Hinblick auf den Verfahrensgegenstand Auswirkungen auf den Arbeitnehmerschutz zu erwarten sind und das Verfahren zur Berücksichtigung des Arbeitnehmerschutzes geeignet ist.

(4) Sehen gesetzliche Bestimmungen vor, dass im Genehmigungsverfahren Gutachten oder öffentliche Urkunden beizugeben sind, kann der Bundesminister für Arbeit, Soziales und Konsumenschutz durch Verordnung festlegen, in welcher Weise die Erfordernisse des Arbeitnehmerschutzes in den Gutachten oder öffentlichen Urkunden zu berücksichtigen sind und deren Einhaltung nachzuweisen ist. Darüber hinaus kann der Bundesminister für Arbeit, Soziales und Konsumenschutz durch Verordnung auch festlegen, in welcher Weise die Erfordernisse des Arbeitnehmerschutzes in Verwaltungsverfahren zu berücksichtigen sind und deren Einhaltung nachzuweisen ist. § 12 des Arbeitsinspektionsgesetzes 1993 (ArbIG), BGBl. Nr. 27/1993, bleibt unberührt.

9. Abschnitt
Übergangsrecht und Aufhebung von Rechtsvorschriften

Erleichterungen bei Betriebsübergaben

§ 101a. Im Fall einer Betriebsübergabe gilt für die Dauer von zwei Jahren ab Übergabe:

1. Werden Sicherheitsvertrauenspersonen bestellt, so darf die Mitteilung an das Arbeitsinspektorat nach § 10 Abs. 8 innerhalb dieses zweijährigen Zeitraums erfolgen.

2. Der Arbeitsschutzausschuss ist abweichend von § 88 Abs. 5 erster Satz nur mindestens einmal innerhalb der zwei Jahre einzuberufen. Vorsitz, Einladung und Protokoll sind in diesem Zeitraum an keine Formerfordernisse gebunden, § 88 Abs. 4, Abs. 5 letzter Satz und Z 1 bis 3 sowie Abs. 7 und 8 kommen nicht zur Anwendung.

Übergangsbestimmungen zu §§ 4 und 5

§ 102. (1) §§ 4 und 5 treten für Arbeitsstätten, in denen regelmäßig mehr als 250 Arbeitnehmer beschäftigt werden, mit 1. Juli 1995, im übrigen mit 1. Jänner 1997 in Kraft.

(2) Die Durchführung der Ermittlung und Beurteilung der Gefahren, die Festlegung von Maßnahmen zur Gefahrenverhütung und die Erstellung der Sicherheits- und Gesundheitsschutzdokumente muß spätestens fertiggestellt sein:

1. für Arbeitsstätten, in denen regelmäßig mehr als 100 Arbeitnehmer beschäftigt werden, mit 1. Juli 1997,
2. für Arbeitsstätten, in denen regelmäßig 51 bis 100 Arbeitnehmer beschäftigt werden, mit 1. Juli 1998,
3. für Arbeitsstätten, in denen regelmäßig 11 bis 50 Arbeitnehmer beschäftigt werden, mit 1. Juli 1999,
4. für Arbeitsstätten, in denen regelmäßig bis zu zehn Arbeitnehmer beschäftigt werden, mit 1. Juli 2000.

(3) Arbeitnehmer, die auf Baustellen oder auswärtigen Arbeitsstellen beschäftigt werden, sind bei der Ermittlung der Beschäftigtenzahl nach Abs. 1 und 2 jener Arbeitsstätte zuzurechnen, der sie organisatorisch zugehören, im Zweifel dem Unternehmenssitz.

Allgemeine Übergangsbestimmungen für Arbeitsstätten

§ 106. (1) Für Arbeitsstätten, die am 1. Jänner 1993 bereits genutzt wurden, sind in den Verordnungen zur Durchführung des 2. Abschnittes dieses Bundesgesetzes die erforderlichen Abweichungen und Anpassungsfristen festzulegen. In den Verordnungen ist insbesondere auch zu regeln, unter welchen Voraussetzungen für solche Arbeitsstätten die Bestimmungen der Verordnungen bei Änderungen oder Erweiterungen der Arbeitsstätte wirksam werden.

(Anm.: Abs. 2 aufgehoben durch BGBl. I Nr. 60/2015)

(3) Die nachstehend angeführten Bestimmungen der Allgemeinen Arbeitnehmerschutzverordnung (AAV) gelten bis zum In-Kraft-Treten einer Verordnung nach diesem Bundesgesetz, die den entsprechenden Gegenstand regelt, als Bundesgesetz:

1. Für Fußböden in Betriebsräumen gilt § 6 Abs. 4 erster und zweiter Satz, für Wände und Decken in Betriebsräumen § 7 Abs. 4 zweiter Satz, für die Beheizung von Arbeitsräumen und von brandgefährdeten Räumen § 14 Abs. 2 mit der Maßgabe, dass die Wortfolge „und explosionsgefährdete Räume" entfällt.
2. Für Ausgänge und Verkehrswege in Arbeitsstätten gelten § 22 Abs. 5 mit der Maßgabe, dass die Wortfolge „und von explosionsgefährdeten Räumen" entfällt, und § 26 Abs. 10 mit der Maßgabe, dass im ersten Satz die Wortfolge „Explosionsgefährdete Räume und" entfällt.
3. Für Schutzmaßnahmen gegen Absturz in Betriebsräumen gilt § 18 Abs. 6 erster Satz.
4. Für Lagerungen in Arbeitsstätten gilt § 64 Abs. 1 dritter Satz, Abs. 4 zweiter Satz, Abs. 5 zweiter und dritter Satz, Abs. 6 sowie Abs. 8 zweiter und dritter Satz.

(Anm.: Abs. 4 bis 7 aufgehoben durch BGBl. I Nr. 159/2001)

Brandschutz und Erste Hilfe

§ 107. (1) Bis zum In-Kraft-Treten einer Verordnung nach diesem Bundesgesetz, die den entsprechenden Gegenstand regelt, gelten die §§ 74 mit der Maßgabe, dass in Abs. 1 die Wortfolge „und in explosionsgefährdeten Räumen" und in Abs. 2 der erste Satz entfällt, 75, 76 Abs. 6 und 8 sowie § 81 Abs. 2 letzter Satz und Abs. 8 AAV als Bundesgesetz. § 81 Abs. 8 AAV gilt mit der Maßgabe, dass der erste Halbsatz lautet: „In Räumen, in denen giftige oder ätzende Arbeitsstoffe verwendet werden,"

(Anm.: Abs. 2 aufgehoben durch BGBl. I Nr. 60/2015)

(Anm.: Abs. 3 aufgehoben durch BGBl. I Nr. 94/2014)

(Anm.: Abs. 4 und 5 aufgehoben durch BGBl. I Nr. 159/2001)

Sanitäre Vorkehrungen und Sozialeinrichtungen

§ 108. *(Anm.: Abs. 1 aufgehoben durch BGBl. I Nr. 60/2015)*

(2) Bis zum In-Kraft-Treten einer Verordnung nach diesem Bundesgesetz, die den entsprechenden Gegenstand regelt, gelten für das Trinkwasser § 83 Abs. 2 AAV, für Kleiderkästen und Umkleideräume § 86 Abs. 6 AAV, als Bundesgesetz. § 86 Abs. 6 gilt mit der Maßgabe, dass der erste Halbsatz lautet: „Sofern die Arbeitskleidung bei Arbeiten stark verschmutzt wird oder die Schutzkleidung mit giftigen, ätzenden, leicht zersetzlichen oder ekelerregenden Arbeitsstoffen in Berührung kommt,"

(Anm.: Abs. 3 aufgehoben durch BGBl. I Nr. 159/2001)

Arbeitsmittel

§ 109. *(Anm.: Abs. 1 aufgehoben durch BGBl. I Nr. 60/2015)*

(2) Bis zum Inkrafttreten einer Verordnung nach diesem Bundesgesetz, die den entsprechenden Gegenstand regelt, gelten § 41 Abs. 8, § 59 Abs. 1 bis 7, Abs. 8 mit Ausnahme des letzten Satzes, Abs. 9 bis 12, 14 und 15, weiters § 60 Abs. 1 bis 3 und Abs. 10 bis 12 AAV als Bundesgesetz.

(Anm.: Abs. 3 bis 5 aufgehoben durch BGBl. I Nr. 159/2001)

(Anm.: Abs. 6 aufgehoben durch BGBl. I Nr. 60/2015)

(Anm.: Abs. 7 aufgehoben durch BGBl. I Nr. 159/2001)

Allgemeine Übergangsbestimmungen betreffend Arbeitsstoffe

§ 110. (1) § 41 Abs. 2 bis 6 tritt für Arbeitgeber, die regelmäßig mehr als 250 Arbeitnehmer beschäftigen, mit 1. Juli 1995, im übrigen mit 1. Jänner 1996 in Kraft.

(1a) Die Umsetzung der in § 41 Abs. 2 bis 6 festgelegten Verpflichtungen muß spätestens fertiggestellt sein:

1. für Arbeitsstätten, in denen regelmäßig mehr als 100 Arbeitnehmer beschäftigt werden, mit 1. Juli 1997,
2. für Arbeitsstätten, in denen regelmäßig 51 bis 100 Arbeitnehmer beschäftigt werden, mit 1. Juli 1998,
3. für Arbeitsstätten, in denen regelmäßig elf bis 50 Arbeitnehmer beschäftigt werden, mit 1. Juli 1999,
4. für Arbeitsstätten, in denen regelmäßig bis zu zehn Arbeitnehmer beschäftigt werden, mit 1. Juli 2000.

(1b) Arbeitnehmer, die auf Baustellen oder auswärtigen Arbeitsstellen beschäftigt werden, sind bei der Ermittlung der Beschäftigtenzahl nach Abs. 1 und 1a jener Arbeitsstätte zuzurechnen, der sie organisatorisch zugehören, im Zweifel dem Unternehmenssitz.

(Anm.: Abs. 2 aufgehoben durch BGBl. I Nr. 60/2015)

(3) § 42 Abs. 7 tritt hinsichtlich jener Arbeitsstoffe, die bei Inkrafttreten dieses Gesetzes bereits in Verwendung stehen, mit 1. Juli 1995 in Kraft.

(Anm.: Abs. 4 aufgehoben durch BGBl. I Nr. 60/2015)

(Anm.: Abs. 5 aufgehoben durch BGBl. I Nr. 159/2001)

(6) § 46 Abs. 2, 5 und 8 tritt erst mit Inkrafttreten einer Verordnung nach diesem Bundesgesetz, die Messungen gemäß § 48 Abs. 1 Z 4 regelt, in Kraft.

(7) § 47 tritt für Arbeitgeber, die regelmäßig mehr als 250 Arbeitnehmer beschäftigen, mit 1. Juli 1995, im übrigen mit 1. Jänner 1996 in Kraft.

(8) Bis zum Inkrafttreten einer Verordnung nach diesem Bundesgesetz zur Durchführung des 4. Abschnittes gelten die nachstehend angeführten Bestimmungen der Allgemeinen Arbeitnehmerschutzverordnung (AAV) als Bundesgesetz:

1. Für Schutzmaßnahmen gegen Gase, Dämpfe, Schwebstoffe und sonstige Beeinträchtigungen gilt § 16 Abs. 4, Abs. 5 erster Satz, Abs. 6 und 7 sowie 9 bis 11,
2. für Arbeiten mit gesundheitsgefährdenden Arbeitsstoffen gilt § 52 Abs. 4 bis Abs. 6,
3. für Arbeiten mit explosionsgefährlichen Arbeitsstoffen gilt § 54 Abs. 6 mit der Maßgabe, dass die Wortfolge „brandgefährlichen Arbeitsstoffen und" entfällt,
4. für den Ersatz und das Verbot von Arbeitsstoffen und Arbeitsverfahren und die Verwendungsbeschränkungen gilt § 55 Abs. 2 bis 5 und Abs. 7 bis 10, mit der Maßgabe, dass in Abs. 2 im letzten Satz nach dem Wort „Laboratorien" ein Punkt gesetzt und der letzte Halbsatz durch folgenden Satz ersetzt wird: „Dies gilt weiters nicht für die Verwendung von Benzol in Motortreibstoffen, außer zum Antrieb von zweitaktmotorbetriebenen handgeführten Arbeitsmitteln.",
5. für die Lagerung von besonderen Arbeitsstoffen gilt § 65 AAV mit der Maßgabe, dass in Abs. 4 die Wortfolge „bei den Zugängen deutlich und dauerhaft gekennzeichnet und" und in Abs. 9 die Wortfolge „bei den Zugängen als solche deutlich und dauerhaft gekennzeichnet und" entfällt und in Abs. 9 erster Satz die Wortfolge „oder infektiösen" entfällt.

(9) Soweit Arbeitsstoffe noch entsprechend ihren Eigenschaften im Sinne des § 3 des Chemikaliengesetzes 1996, BGBl. I Nr. 53/1997 in der Fassung BGBl. I Nr. 14/2015, eingestuft oder gekennzeichnet sind, gelten für sie auch jene Arbeitnehmerschutzvorschriften, die bereits auf die entsprechende Gefahrenkategorie nach der CLP-Verordnung abstellen, wobei § 40 Abs. 8 sinngemäß anzuwenden ist.

Übergangsbestimmungen betreffend bestimmte Arbeitsstoffe

§ 111. Bescheidmäßige Vorschreibungen und Ausnahmegenehmigungen gemäß § 1 Abs. 2 und 3 der Verordnung BGBl. Nr. 183/1923, gemäß § 2 der Verordnung BGBl. Nr. 184/1923, gemäß § 1 Abs. 2 der Verordnung BGBl. Nr. 185/1923 und gemäß § 1 Abs. 2 der Verordnung BGBl. Nr. 186/1923 bleiben unberührt.

Gesundheitsüberwachung

§ 112. (1) §§ 49, 50, 52 bis 54, 57 und 58 treten mit 1. Juli 1995 in Kraft.

(Anm.: Abs. 1a und 2 aufgehoben durch BGBl. I Nr. 159/2001)

(3) Für ermächtigte Ärztinnen und Ärzte gilt Folgendes:

1. Ärztinnen und Ärzte, die am 1. August 2017 über eine aufrechte Ermächtigung gemäß § 56 in der Fassung vor der Novelle BGBl. I Nr. 126/2017 oder gemäß § 8 Abs. 4 des Arbeitnehmerschutzgesetzes verfügen, sind in die Liste nach § 56 aufzunehmen, sofern nicht Z 2 anzuwenden ist.

2. Beim Bundesminister für Arbeit, Soziales und Konsumentenschutz am 1. August 2017 anhängige Verwaltungsverfahren nach § 56 in der Fassung vor der Novelle BGBl. I Nr. 126/2017 sind einzustellen. Die vorgelegten Nachweise sind nach § 56 zu behandeln.

(4) Bescheide, die gemäß § 8 des Arbeitnehmerschutzgesetzes in Verbindung mit § 2 Abs. 4, § 3 Abs. 7 und § 4 Abs. 4 letzter Satz der Verordnung BGBl. Nr. 39/1974 erlassen wurden, bleiben unberührt. Diese Bescheide sind auf Antrag des Arbeitgebers oder von Amts wegen aufzuheben, wenn die Voraussetzungen nicht mehr vorliegen. Bescheide gemäß § 3 Abs. 6 letzter Halbsatz, § 3 Abs. 8, § 4 Abs. 2 letzter Satz und § 4 Abs. 3 der Verordnung BGBl. Nr. 39/1974 werden mit Inkrafttreten einer Verordnung gemäß § 59 dieses Bundesgesetzes gegenstandslos.

(5) Für die Gesundheitsüberwachung bei Druckluft- und Taucherarbeiten gilt § 119.

Fachkenntnisse
§ 113. (1) §§ 62 und 63 Abs. 1 und 2 treten erst mit Inkrafttreten einer Verordnung nach diesem Bundesgesetz über den Nachweis der Fachkenntnisse in Kraft, soweit im folgenden nicht anderes bestimmt wird.

(Anm.: Abs. 2 und 3 aufgehoben durch BGBl. I Nr. 118/2012)

(4) Als Nachweis der Fachkenntnisse gemäß § 62 dieses Bundesgesetzes gelten auch Zeugnisse über den Nachweis der Fachkenntnisse nach der Verordnung über den Nachweis der Fachkenntnisse für bestimmte Arbeiten, BGBl. Nr. 441/1975, oder nach der Verordnung über den Nachweis der Fachkenntnisse für die Vorbereitung und Organisation von bestimmten Arbeiten unter elektrischer Spannung über 1 kV, BGBl. Nr. 10/1982, weiters Bescheide über die Anerkennung von Zeugnissen von Einrichtungen, die nicht zur Ausstellung von Zeugnissen über den Nachweis der Fachkenntnisse nach den angeführten Verordnungen berechtigt waren, sowie Bescheide gemäß § 10 Abs. 2 der Verordnung BGBl. Nr. 441/1975 und § 8 Abs. 2 der Verordnung BGBl. Nr. 10/1982. Für den Entzug dieser Nachweise gilt § 63 Abs. 4 bis 6.

(4a) Arbeitnehmer, die bereits vor dem 15. Februar 1976 gemäß § 15 Abs. 1 der Verordnung über den Nachweis der Fachkenntnisse für bestimmte Arbeiten, BGBl. Nr. 441/1975, beschäftigt wurden, dürfen ohne Nachweis der Fachkenntnisse weiter beschäftigt werden. Zeugnisse oder sonstige Bescheinigungen gemäß § 15 Abs. 3 der Verordnung BGBl. Nr. 441/1975 gelten als Nachweis der Fachkenntnisse im Sinne dieses Bundesgesetzes.

(Anm.: Abs. 5 aufgehoben durch BGBl. I Nr. 118/2012)

(6) Die vom Bundesminister für Verkehr, Innovation und Technologie gemäß § 63 Abs. 1 dieses Bundesgesetzes vor dem 1. Juli 2012 erteilten Ermächtigungen zur Ausstellung von Zeugnissen zum Nachweis der Fachkenntnisse bleiben bis zu einem allfälligen Widerruf gemäß § 14 Abs. 4 der Fachkenntnisnachweis-Verordnung – FK–V, BGBl. II Nr. 13/2007, durch den Bundesminister für Arbeit, Soziales und Konsumentenschutz unberührt.

Arbeitsvorgänge und Arbeitsplätze
§ 114. *(Anm.: Abs. 1 aufgehoben durch BGBl. I Nr. 60/2015)*

(Anm.: Abs. 2 aufgehoben durch BGBl. I Nr. 118/2012)

(3) § 71 Abs. 2 tritt erst mit Inkrafttreten einer Verordnung betreffend die Arbeitskleidung gemäß § 72 Abs. 1 Z 6 in Kraft.

(4) Darüber hinaus gelten die nachstehenden Bestimmungen der Allgemeinen Arbeitnehmerschutzverordnung (AAV) als Bundesgesetz:

1. § 48 Abs. 5 AAV bis zum Inkrafttreten einer Verordnung nach diesem Bundesgesetz, die in Durchführung des § 60 Arbeitsvorgänge regelt,

2. § 49 AAV mit der Maßgabe, dass in Abs. 7 zweiter Halbsatz die Wortfolge „infektiösen" entfällt, bis zum Inkrafttreten einer Verordnung nach diesem Bundesgesetz, die in Durchführung des § 61 Abs. 5 Regelungen über Sitze, Tische und Werkbänke trifft,

3. § 20 Abs. 5 vierter Satz AAV bis zum Inkrafttreten einer Verordnung nach diesem Bundesgesetz, die in Durchführung des § 61 Verkaufsstände regelt,

4. § 62 Abs. 2 zweiter Satz und Abs. 3 AAV bis zum Inkrafttreten einer Verordnung nach diesem Bundesgesetz, die in Durchführung des § 64 die Handhabung von Lasten regelt,

(Anm.: Z 5 aufgehoben durch BGBl. I Nr. 118/2012)

6. § 16 Abs. 1 AAV mit der Maßgabe, dass die Worte „blendendes Licht, schädliche Strahlen" entfallen bis zum Inkrafttreten einer Verordnung nach diesem Bundesgesetz, die § 66 Abs. 2 näher durchführt,

(Anm.: Z 7 aufgehoben durch BGBl. I Nr. 60/2015)

8. § 73 AAV mit der Maßgabe, dass in Abs. 2 der zweite Satz entfällt, bis zum Inkrafttreten einer Verordnung nach diesem Bundesgesetz, die in Durchführung des § 71 Abs. 1 die Arbeitskleidung regelt.

Bestellung von Sicherheitsfachkräften und Arbeitsmedizinern

§ 115. (1) Für Arbeitsstätten, in denen ein Arbeitgeber regelmäßig bis zu 250 Arbeitnehmer beschäftigt, tritt die Verpflichtung zur Bestellung von Sicherheitsfachkräften und Arbeitsmedizinern nach Maßgabe der folgenden Bestimmungen in Kraft:

1. für Arbeitsstätten, in denen regelmäßig 151 bis 250 Arbeitnehmer beschäftigt werden, mit 1. Jänner 1996,
2. für Arbeitsstätten, in denen regelmäßig 101 bis 150 Arbeitnehmer beschäftigt werden, mit 1. Jänner 1997,
3. für Arbeitsstätten, in denen regelmäßig 51 bis 100 Arbeitnehmer beschäftigt werden, mit 1. Jänner 1998,
4. für Arbeitsstätten, in denen regelmäßig elf bis 50 Arbeitnehmer beschäftigt werden, mit 1. Jänner 1999,
5. für Arbeitsstätten, in denen regelmäßig bis zu zehn Arbeitnehmer beschäftigt werden, mit 1. Jänner 2000.

(Anm.: Abs. 2 aufgehoben durch BGBl. I Nr. 159/2001)

(3) Arbeitnehmer, die auf Baustellen oder auswärtigen Arbeitsstellen beschäftigt sind, sind bei der Ermittlung der Beschäftigtenzahl nach Abs. 1 jener Arbeitsstätte zuzurechnen, der sie organisatorisch zugehören, im Zweifel dem Unternehmenssitz. Dies gilt nicht für Arbeitnehmer auf Baustellen, für die eine gesonderte diesem Bundesgesetz entsprechende sicherheitstechnische und arbeitsmedizinische Betreuung eingerichtet ist.

(Anm.: Abs. 4 aufgehoben durch BGBl. I Nr. 159/2001)

(5) Bis zwei Jahre nach Inkrafttreten einer Verordnung über die Fachausbildung der Sicherheitsfachkräfte gemäß § 90 Abs. 1 Z 1 dürfen als Sicherheitsfachkräfte Personen bestellt werden, deren Kenntnisse zumindest jenen entsprechen, die nach den hiefür geltenden Rechtsvorschriften für die Verleihung der Standesbezeichnung „Ingenieur" Voraussetzung sind, und die das für ihre Tätigkeit notwendige Wissen auf dem Gebiet der Sicherheitstechnik sowie entsprechende Betriebserfahrungen und Kenntnisse über die für den Betrieb maßgeblichen Arbeitnehmerschutzvorschriften besitzen.

(6) Die bei Inkrafttreten dieses Bundesgesetzes als Sicherheitstechniker im Sinne des § 21 des Arbeitnehmerschutzgesetzes tätigen Personen gelten als Sicherheitsfachkräfte im Sinne dieses Bundesgesetzes, die in der betriebsärztlichen Betreuung im Sinne des § 22 des Arbeitnehmerschutzgesetzes tätigen Ärzte gelten als Arbeitsmediziner im Sinne dieses Bundesgesetzes, ohne daß eine neuerliche Bestellung und Meldung zu erfolgen hat.

Sonstige Übergangsbestimmungen für Präventivdienste

§ 116. *(Anm.: Abs. 1 und 2 aufgehoben durch BGBl. I Nr. 60/2015)*

(Anm.: Abs. 3 und 4 aufgehoben durch BGBl. I Nr. 159/2001)

(5) Bescheide gemäß § 21 Abs. 2 und § 22 Abs. 2 des Arbeitnehmerschutzgesetzes werden mit 1. Jänner 1995 gegenstandslos. Bescheide gemäß § 21 Abs. 6 sowie gemäß § 22c Abs. 4 zweiter Satz, Abs. 5 und Abs. 6 des Arbeitnehmerschutzgesetzes werden mit Inkrafttreten des § 82a dieses Bundesgesetzes gegenstandslos.

(6) Arbeitgeber, die über Kenntnisse auf dem Gebiet der Sicherheit und des Gesundheitsschutzes für die jeweilige Arbeitsstätte gemäß § 78b Abs. 2 Z 1 verfügen, dürfen das Unternehmermodell gemäß § 78b Abs. 1 Z 2 ohne Nachweis ausreichender Kenntnisse durch eine Bescheinigung gemäß § 78b Abs. 2 Z 2 oder § 78b Abs. 4 bis längstens 31. Dezember 1999 anwenden.

Betriebsbewilligung und Arbeitsstättenbewilligung

§ 117. (1) Bis zum Inkrafttreten einer Verordnung nach diesem Bundesgesetz über die Arbeitsstättenbewilligung gilt für die diesem Bundesgesetz unterliegenden Arbeitsstätten § 2 Abs. 3 und § 3 Abs. 2 der Verordnung über die Betriebsbewilligung nach dem Arbeitnehmerschutzgesetz, BGBl. Nr. 116/1976, nach Maßgabe der folgenden Bestimmungen als Bundesgesetz.

(2) Die in § 2 Abs. 3 der Verordnung BGBl. Nr. 116/1976 angeführten Arbeitsstätten dürfen nur auf Grund einer Bewilligung gemäß § 92 Abs. 1 bis 3 errichtet und betrieben werden; dies gilt nicht

1. sofern § 93 Abs. 1 dieses Bundesgesetzes zur Anwendung kommt,
2. für Arbeitsstätten, die bereits am 1. Jänner 1973 betrieben wurden.

Für die Änderung dieser Arbeitsstätten ist eine Bewilligung gemäß § 92 Abs. 5 dieses Bundesgesetzes erforderlich.

(3) Die gemäß § 27 Abs. 1 des Arbeitnehmerschutzgesetzes (ANSchG) erteilten Bewilligungen gelten als Arbeitsstättenbewilligung im Sinne des § 92 Abs. 1 dieses Bundesgesetzes. Für die Änderung von Arbeitsstätten, die gemäß § 27

Abs. 1 ANSchG bewilligt wurden, gilt § 92 Abs. 5 dieses Bundesgesetzes.

(4) Wird in einer Verordnung nach diesem Bundesgesetz eine Arbeitsstättenbewilligung für Arbeitsstätten vorgesehen, die nach § 2 Abs. 3 der Verordnung BGBl. Nr. 116/1976 keiner Betriebsbewilligung bedürfen, so ist in dieser Verordnung festzulegen, ob oder wie lange die bei Inkrafttreten einer solchen Verordnung bereits bestehenden Arbeitsstätten ohne Arbeitsstättenbewilligung weitergeführt werden dürfen und innerhalb welcher Frist ab Inkrafttreten der Verordnung ein allenfalls erforderlicher Bewilligungsantrag eingebracht werden muss.

Bauarbeiten
§ 118. *(Anm.: Abs. 1 aufgehoben durch BGBl. I Nr. 159/2001)*

(Anm.: Abs. 2 aufgehoben durch BGBl. I Nr. 60/2015)

(3) Die Bauarbeiterschutzverordnung, BGBl. Nr. 340/1994, (BauV), gilt nach Maßgabe der folgenden Bestimmungen als Verordnung nach diesem Bundesgesetz. Für die Änderung der Bauarbeiterschutzverordnung ist dieses Bundesgesetz maßgeblich:

(Anm.: Z 1 aufgehoben durch BGBl. I Nr. 118/2012)

(Anm.: Z 2 aufgehoben durch BGBl. I Nr. 159/2001)

(Anm.: Z 3 aufgehoben durch BGBl. I Nr. 118/2012)

4. Die §§ 158 Abs. 1 und 2 sowie 160 BauV entfallen.

(4) Die nachstehend angeführten Übergangsbestimmungen dieses Bundesgesetzes gelten nicht für Baustellen:

1. § 107 betreffend den Brandschutz und die Erste Hilfe,
2. § 109 Abs. 2 betreffend Arbeitsmittel,
3. § 114 Abs. 4 betreffend Arbeitsvorgänge und Arbeitsplätze.

Druckluft- und Taucherarbeiten
§ 119. (1) Die §§ 3 und 4, § 5 erster Satz sowie §§ 6 bis 15, §§ 17 bis 20, § 21 Abs. 1 bis 3, § 21 Abs. 5 und 6 jeweils mit Ausnahme des Verweises auf Abs. 4, § 22, § 23 Abs. 1 bis 5 und Abs. 7 bis 10, §§ 24 bis 30, § 31 Abs. 1 bis 5 und Abs. 9, § 32 Abs. 1, 3, 4 und 5, §§ 33 bis 44 sowie §§ 46 bis 50a der Druckluft- und Taucherarbeitenverordnung, BGBl. Nr. 501/1973, gelten bis zum Inkrafttreten einer Verordnung nach diesem Bundesgesetz, die solche Arbeiten regelt, nach Maßgabe der folgenden Bestimmungen als Bundesgesetz.

(2) Die in Abs. 1 angeführten Bestimmungen der Verordnung gelten für die diesem Bundesgesetz unterliegende Beschäftigung von Arbeitnehmern mit Arbeiten in Druckluft im Zuge von Bauarbeiten aller Art sowie mit Taucherarbeiten.

(3) Anhang 5 der Verordnung gilt nicht hinsichtlich des Nachweises über Taucherarbeiten (Ausbildung für Taucherarbeiten) sowie hinsichtlich der Ausbildung als Taucher/in und als Signalperson.

(Anm.: Abs. 4 aufgehoben durch BGBl. I Nr. 118/2012)

Besondere Vorschriften für gewerbliche Betriebsanlagen
§ 122. (1) Die nachstehenden Bestimmungen, die sowohl den Schutz der Arbeitnehmer/innen als auch gewerberechtliche Belange regeln, bleiben jeweils als bundesgesetzliche Bestimmungen in Geltung, und zwar als Arbeitnehmer/innenschutzvorschrift solange, bis durch eine Verordnung, die sich auf dieses Bundesgesetz stützt, eine Änderung oder Neuregelung desselben Gegenstandes erfolgt, und als gewerberechtliche Vorschrift solange, bis durch eine Verordnung, die sich auf die Gewerbeordnung 1994 stützt, eine Änderung oder Neuregelung desselben Gegenstandes erfolgt.

(Anm.: Abs. 2 aufgehoben durch BGBl. I Nr. 118/2012)

(3) Kälteanlagen:

1. §§ 1, 3 und 4, § 5 Abs. 1, §§ 6 bis 24, § 26 Abs. 3 und 4, § 28 und § 29 Abs. 2 der als Bundesgesetz in Geltung stehenden Kälteanlagenverordnung, BGBl. Nr. 305/1969, zuletzt geändert durch das Bundesgesetz BGBl. Nr. 234/1972, bleiben bis zum Inkrafttreten einer Verordnung, die den Betrieb von Kälteanlagen regelt, nach Maßgabe der Z 2 und 3 in Geltung.
2. § 1 Abs. 1 der Kälteanlagenverordnung lautet: „Die Bestimmungen dieser Verordnung gelten, soweit sie den Schutz der Arbeitnehmer regeln, für Betriebsstätten im Sinne des § 2 Abs. 3 des Arbeitsinspektionsgesetzes 1993, BGBl. Nr. 27, sowie für Betriebe, auf die das Bundesgesetz über die Verkehrs-Arbeitsinspektion, BGBl. Nr. 650/1994, anzuwenden ist, in denen Kälteanlagen mit einem Füllgewicht des Kältemittels von mehr als 1,5 kg verwendet werden, sofern andere Kältemittel als Luft oder Wasser verwendet werden.“
3. § 21 der Kälteanlagenverordnung gilt mit der Maßgabe, daß die Bedienungsanweisung als Betriebsanweisung gemäß § 14 dieses Bundesgesetzes gilt.

(Anm.: Abs. 4 aufgehoben durch BGBl. I Nr. 159/2001)

(5) Brennbare Flüssigkeiten:

1. Die Verordnung über brennbare Flüssigkeiten – VbF, BGBl. Nr. 240/1991, in der Fassung BGBl. Nr. 354/1993, ausgenommen § 129 Abs. 1 und 2, bleibt bis zum Inkrafttreten einer Verordnung, die die Lagerung und Abfüllung brennbarer Flüssigkeiten regelt, nach Maßgabe der Z 2 als Bundesgesetz in Geltung.
2. § 1 Abs. 1 Z 6 VbF lautet: „in nach § 27 Abs. 1 des Arbeitnehmerschutzgesetzes bewilligungspflichtigen Betrieben und nach § 92 des Bundesgesetzes über Sicherheit und Gesundheitsschutz bei der Arbeit – ASchG, BGBl. Nr. 450/1994, bewilligungspflichtigen Arbeitsstätten; in nach § 27 Abs. 1 des Arbeitnehmerschutzgesetzes vor dem 1. Juni 1993 bewilligten Betrieben nach Maßgabe des § 127.“

(Anm.: Abs. 6 aufgehoben durch BGBl. I Nr. 159/2001)

Aufhebung von Vorschriften

§ 124. (1) Mit Inkrafttreten dieses Bundesgesetzes treten die nachstehenden Arbeitnehmerschutzvorschriften außer Kraft:

1. die als Bundesgesetz in Geltung stehende Verordnung über die Herstellung, Verpackung, Lagerung und Einfuhr von Thomasmehl, dRGBl. I S 17/1931, zuletzt geändert durch die Verordnung BGBl. Nr. 696/1976;
2. die als Bundesgesetz in Geltung stehende Glashüttenverordnung vom 23. Dezember 1938, dRGBl. I S 1961/1938, zuletzt geändert durch die Verordnung BGBl. Nr. 696/1976;
3. die als Bundesgesetz in Geltung stehende Verordnung über den Schutz des Lebens und der Gesundheit von Dienstnehmern in Textilbetrieben, BGBl. Nr. 194/1956, zuletzt geändert durch das Bundesgesetz BGBl. Nr. 234/1972;
4. die als Bundesgesetz in Geltung stehende Verordnung über die Verbindlicherklärung von ÖNORMEN für Schleifkörper, BGBl. Nr. 81/1969, zuletzt geändert durch die Verordnung BGBl. Nr. 506/1981.

(2) Bescheidmäßige Vorschreibungen gemäß § 45 Abs. 1 der Verordnung BGBl. Nr. 194/1956 bleiben unberührt. Diese Vorschreibungen sind von der zuständigen Behörde auf Antrag des Arbeitgebers aufzuheben, wenn die Voraussetzungen für die Vorschreibung nicht mehr vorliegen.

(3) Mit Inkrafttreten dieses Bundesgesetzes treten die nachstehenden Arbeitnehmerschutzbestimmungen außer Kraft:

1. die Verordnung BGBl. Nr. 183/1923, mit Ausnahme der §§ 14 Abs. 1, 15 Abs. 1, 16 Abs. 3 sowie 23 Abs. 2,
2. die Verordnung BGBl. Nr. 184/1923, mit Ausnahme der §§ 9 Abs. 3, 11 Abs. 1 und 2 sowie 23 Abs. 2,
3. die Verordnung BGBl. Nr. 185/1923, mit Ausnahme der §§ 13 Abs. 1 und 2, 14 Abs. 1 sowie 16 Abs. 2,
4. die Verordnung BGBl. Nr. 186/1923, mit Ausnahme des § 11 Abs. 2,
5. § 1, § 62, § 83, § 92, § 93 Abs. 1 und 2, § 104 Abs. 1 und 2, § 105 Abs. 1 sowie §§ 107 bis 115 der Allgemeinen Dienstnehmerschutzverordnung, BGBl. Nr. 265/1951,
6. § 1 Abs. 1, § 2 Abs. 2 sowie §§ 30 bis 35 der Verordnung über den Schutz des Lebens und der Gesundheit von Dienstnehmern bei der Ausführung von Sprengarbeiten, BGBl. Nr. 77/1954,
7. §§ 1 bis 3, § 4 Abs. 1 und 3, § 5 Abs. 2, §§ 6 bis 8, § 9 Abs. 1 fünfter und sechster Satz sowie Abs. 2 bis 4, §§ 10 bis 12, § 13 Abs. 1, §§ 14 und 15, § 16 Abs. 1 bis 4 und 6, § 17, §§ 19 bis 25, §§ 27 bis 29, § 32 Abs. 3, § 33 Abs. 2 bis 7, §§ 35 und 36, § 40 Abs. 5, §§ 47 bis 51 sowie §§ 60 bis 64 der Verordnung über den Schutz des Lebens und der Gesundheit von Dienstnehmern in Eisen- und Stahlhüttenbetrieben, BGBl. Nr. 122/1955,
8. § 1 Abs. 1, § 2, § 6 Abs. 6, § 63, § 64, weiters § 66, soweit er auf das Arbeitsinspektionsgesetz verweist, § 67 Abs. 1 und § 68 der Verordnung über den Schutz der Dienstnehmer und der Nachbarschaft beim Betrieb von Steinbrüchen, Lehm-, Ton-, Sand- und Kiesgruben sowie bei Haldenabtragungen, BGBl. Nr. 253/1955,
9. § 2, § 5 Abs. 2, § 25, § 26 Abs. 1 und 2, § 27 sowie § 29 Abs. 1 der Kälteanlagenverordnung, BGBl. Nr. 305/1969,
10. § 2, § 65 Abs. 3 und 4 sowie § 66 der Flüssiggas-Verordnung, BGBl. Nr. 139/1971,
11. §§ 8 bis 12 der Verordnung über Beschäftigungsverbote und -beschränkungen für weibliche Arbeitnehmer, BGBl. Nr. 696/1976,
12. § 32 der Verordnung über Ausstattung und Betriebsweise gewerblicher Betriebsanlagen zum Betrieb von Flüssiggas-Tankstellen, BGBl. Nr. 558/1978,
13. § 1, § 2, § 4, §§ 6 bis 11 sowie §§ 15 bis 21 der Verordnung über Einrichtungen in den Betrieben für die Durchführung des Arbeitnehmerschutzes, BGBl. Nr. 2/1984,
14. § 1 Z 7 bis 16, § 2, § 4 Abs. 3, § 16 Abs. 2, § 20 Abs. 1 bis 4 und Abs. 5 mit Ausnahme des vierten Satzes, § 29 Abs. 1, § 33 Abs. 9, § 37, § 38, § 48 Abs. 1 bis 3 und Abs. 6 bis 8, § 50, § 52 Abs. 1 und 2, § 53 Abs. 9, § 54 Abs. 1, § 55 Abs. 1 und 11, §§ 56 und 57, § 84 Abs. 2, § 85 Abs. 1, § 86 Abs. 4, § 87 Abs. 1 erster und zweiter Satz, § 89, § 90 Abs. 1 sowie §§ 91 bis 103 der Allgemeinen Arbeitnehmerschutzverordnung, BGBl. Nr. 218/1983,
15. §§ 4 bis 6 der Verordnung BGBl. Nr. 290/1989 betreffend Bolzensetzgeräte,
16. § 129 Abs. 1 und 2 der Verordnung über brennbare Flüssigkeiten, BGBl. Nr. 240/1991,

17. § 38 der Verordnung über die Lagerung von Druckgaspackungen in gewerblichen Betriebsanlagen, BGBl. Nr. 629/1992.

(4) Mit Inkrafttreten dieses Bundesgesetzes treten die nachstehenden Vorschriften als Arbeitnehmerschutzvorschrift außer Kraft:

1. die als Bundesgesetz in Geltung stehende Verordnung betreffend den Verkehr mit Zelluloid, Zelluloidwaren und Zelluloidabfällen, RGBl. Nr. 163/1908, zuletzt geändert durch das Bundesgesetz BGBl. Nr. 234/1972, soweit sie den Arbeitnehmerschutz regelt;

2. die als Bundesgesetz in Geltung stehende Verordnung, mit welcher Vorschriften für die Herstellung, Benützung und Instandhaltung von Anlagen zur Verteilung und Verwendung brennbarer Gase erlassen werden (Gasregulativ), RGBl. Nr. 176/1909 (Anm.: richtig: RGBl. Nr. 176/1906), zuletzt geändert durch das Bundesgesetz BGBl. Nr. 234/1972, soweit sie den Arbeitnehmerschutz regelt;

3. die als Bundesgesetz in Geltung stehende Verordnung, mit der das Gewerbe der Sodawassererzeugung an eine Konzession gebunden wird, RGBl. Nr. 212/1910, zuletzt geändert durch das Bundesgesetz BGBl. Nr. 234/1972, soweit sie den Arbeitnehmerschutz regelt;

4. die Reichsgaragenordnung, GBlÖ. Nr. 1447/1939, soweit sie gemäß § 33 Abs. 2 Z 7 des Arbeitnehmerschutzgesetzes, BGBl. Nr. 234/1972, als Bundesgesetz in Geltung steht und den Arbeitnehmerschutz regelt;

5. § 5, §§ 9 bis 13, §§ 15 bis 38, §§ 57 bis 61 sowie §§ 67 bis 70 der Azetylenverordnung, BGBl. Nr. 75/1951, außerdem die Regelungen über Asbesthandschuhe.

(5) Mit Inkrafttreten dieses Bundesgesetzes treten die nachstehend angeführten Vorschriften betreffend die Schädlingsbekämpfung als Arbeitnehmerschutzvorschrift außer Kraft:

1. die als Bundesgesetz in Geltung stehende Verordnung zur Ausführung der Verordnung über die Schädlingsbekämpfung mit hochgiftigen Stoffen vom 25. März 1931, deutsches RGBl. I S 83, in der Fassung der Verordnungen vom 29. November 1932, deutsches RGBl. I S 539, vom 6. Mai 1936, deutsches RGBl. I S 44, und vom 6. April 1943, deutsches RGBl. I S 179, zuletzt geändert durch das Bundesgesetz BGBl. Nr. 50/1974,

2. die als Bundesgesetz in Geltung stehende Verordnung über die Verwendung von Phosphorwasserstoff zur Schädlingsbekämpfung vom 6. April 1936, deutsches RGBl. I S 360, in der Fassung der Verordnung vom 15. August 1936, deutsches RGBl. I S 633, zuletzt geändert durch das Bundesgesetz BGBl. Nr. 234/1972,

3. die als Bundesgesetz in Geltung stehende Verordnung über den Gebrauch von Äthylenoxyd zur Schädlingsbekämpfung vom 25. August 1938, deutsches RGBl. I S 1058, in der Fassung der Verordnung vom 2. Februar 1941, deutsches RBGl. I S 69, zuletzt geändert durch das Bundesgesetz BGBl. Nr. 234/1972,

4. die als Bundesgesetz in Geltung stehende Verordnung über den Gebrauch von Tritox (Trichloracetonitril) zur Schädlingsbekämpfung vom 2. Februar 1941, RGBl. I S 72, zuletzt geändert durch das Bundesgesetz BGBl. Nr. 234/1972.

(Anm.: Abs. 6 aufgehoben durch BGBl. I Nr. 118/2012)

(7) Das Arbeitnehmerschutzgesetz, BGBl. Nr. 234/1972, zuletzt geändert durch das Bundesgesetz BGBl. Nr. 650/1989, tritt außer Kraft, soweit sich aus den §§ 112 und 115 bis 117 nicht anderes ergibt.

Gemeinsame Bestimmungen zu §§ 106 bis 124
§ 125. (1) Bei Anwendung der Allgemeinen Arbeitnehmerschutzverordnung gelten die Begriffsbestimmungen des § 1 Z 1 bis 6 AAV.

(2) Soweit in den gemäß §§ 106 bis 122 weitergeltenden Bestimmungen auf die „zuständige Behörde" verwiesen wird, sind darunter die in § 99 dieses Bundesgesetzes angeführten Behörden zu verstehen.

(3) Bescheide, durch die weitergehende Maßnahmen zum Schutz der Arbeitnehmer auf Grund des § 27 des Arbeitnehmerschutzgesetzes, auf Grund der gemäß § 24 des Arbeitnehmerschutzgesetzes erlassenen Verordnungen oder auf Grund der gemäß § 33 des Arbeitnehmerschutzgesetzes als Bundesgesetz weitergeltenden Verordnungen vorgeschrieben wurden, bleiben unberührt, soweit in § 112 Abs. 4 und § 124 Abs. 2 nicht anderes bestimmt wird. Für die Abänderung oder Aufhebung solcher Bescheide gilt § 94 Abs. 7 dieses Bundesgesetzes.

(4) Soweit Bescheide im Sinne des Abs. 3 Maßnahmen zum Schutz der Arbeitnehmer beinhalten, die mit den in diesem Bundesgesetz oder in Verordnungen nach diesem Bundesgesetz vorgeschriebenen Maßnahmen vollinhaltlich übereinstimmen, werden sie gegenstandslos.

(5) Abs. 3 und 4 gelten sinngemäß für Bescheide, durch die vor Inkrafttreten des Arbeitnehmerschutzgesetzes Maßnahmen zum Schutz der Arbeitnehmer vorgeschrieben wurden.

(6) Für die Vorschreibung von Maßnahmen zum Schutz der Arbeitnehmer, die über die gemäß §§ 106 bis 114 sowie §§ 119 bis 122 weitergeltenden Bestimmungen hinausgehen, gilt § 94 Abs. 3 bis 7.

(7) Tritt eine gemäß §§ 106 bis 122 weitergeltende Bestimmung durch Inkrafttreten einer Verordnung nach diesem Bundesgesetz außer Kraft,

so ist dies in der betreffenden Verordnung festzustellen.

Ausnahmegenehmigungen

§ 126. (1) Bescheide, mit denen Ausnahmen von den gemäß §§ 106 bis 122 weitergeltenden Bestimmungen genehmigt wurden, bleiben unberührt, soweit in § 116 sowie in Abs. 4 nicht anderes bestimmt wird.

(2) Die zuständige Behörde kann auf begründeten Antrag Ausnahmen von den gemäß §§ 106 bis 111, 114 sowie 119 bis 122 weitergeltenden Bestimmungen zulassen, wenn

(Anm.: Z 1 aufgehoben durch BGBl. I Nr. 159/2001)

2. nach den Umständen des Einzelfalls zu erwarten ist, daß die Sicherheit und Gesundheit der Arbeitnehmer durch die Ausnahme nicht beeinträchtigt werden, oder daß durch eine andere vom Arbeitgeber/von der Arbeitgeberin vorgesehene Maßnahme zumindest der gleiche Schutz erreicht wird wie bei Einhaltung der betreffenden Bestimmung.

(3) Die Wirksamkeit von Ausnahmen nach Abs. 1 und 2 wird durch einen Wechsel in der Person des Arbeitgebers nicht berührt, wenn sich der für die Ausnahme maßgebliche Sachverhalt nicht geändert hat. Ausnahmen sind von der zuständigen Behörde aufzuheben, wenn die Voraussetzungen für die Erteilung der Ausnahme nicht mehr vorliegen.

(4) In den in Durchführung dieses Bundesgesetzes erlassenen Verordnungen ist gegebenenfalls festzulegen, daß vor Inkrafttreten der Verordnung erlassene Bescheide, allenfalls nach einer festzulegenden Übergangsfrist, gegenstandslos werden, soweit durch sie Ausnahmen von Anforderungen genehmigt wurden, deren Anwendung unabhängig von den Umständen des Einzelfalls zur Gewährleistung der Sicherheit und Gesundheit der Arbeitnehmer erforderlich ist.

Anhängige Verwaltungsverfahren

§ 127. (1) Zum Zeitpunkt des Inkrafttretens dieses Bundesgesetzes anhängige Verwaltungsverfahren sind nach der bisherigen Rechtslage weiterzuführen. Dies gilt nicht für Verwaltungsverfahren, die

1. die Genehmigung von Ausnahmen von Bestimmungen zum Gegenstand haben, die mit Inkrafttreten dieses Bundesgesetzes außer Kraft treten,
2. die Ermächtigung eines arbeitsmedizinischen Zentrums gemäß § 22c des Arbeitnehmerschutzgesetzes zum Gegenstand haben.

(2) Abs. 1 gilt sinngemäß für die zum Zeitpunkt des Inkrafttretens einer Verordnung nach diesem Bundesgesetz anhängigen Verfahren.

(3) Zu dem in § 131 Abs. 12 genannten Zeitpunkt anhängige Ermächtigungsverfahren nach

§ 56 Abs. 2 sind nach der bis dahin geltenden Rechtslage weiterzuführen.

Verkehrswesen

§ 127a. Die Verordnung über die Berücksichtigung der Erfordernisse des Arbeitnehmerschutzes und über den Nachweis der Einhaltung in Genehmigungsverfahren des Verkehrswesens (Arbeitnehmerschutzverordnung Verkehr 2011 – AVO Verkehr 2011), BGBl. II Nr. 17/2012, gilt als Verordnung gemäß § 101 Abs. 4 dieses Bundesgesetzes.

10. Abschnitt
Schlußbestimmungen
Verweisungen

§ 128. Die in diesem Bundesgesetz enthaltenen Verweise auf andere Bundesgesetze gelten als Verweis auf die jeweils geltende Fassung, soweit in den einzelnen Verweisen nicht auf eine bestimmte Fassung verwiesen wird.

Strafbestimmungen

§ 130. (1) Eine Verwaltungsübertretung, die mit Geldstrafe von 166 bis 8 324 €, im Wiederholungsfall mit Geldstrafe von 333 bis 16 659 € zu bestrafen ist, begeht, wer als Arbeitgeber entgegen diesem Bundesgesetz oder den dazu erlassenen Verordnungen

1. nicht dafür sorgt, daß die Arbeitnehmer bei ernster und unmittelbarer Gefahr gemäß § 3 Abs. 3 und 4 vorgehen können,
2. die Verpflichtungen nach § 3 Abs. 5 verletzt,
3. die Verpflichtung zur Bestellung einer geeigneten Person gemäß § 3 Abs. 6 verletzt,
4. die Verpflichtungen betreffend Sicherheits- und Gesundheitsschutzkennzeichnung verletzt,
5. die Verpflichtung zur Ermittlung und Beurteilung der Gefahren verletzt,
6. die durchzuführenden Schutzmaßnahmen nicht festlegt oder nicht für deren Einhaltung sorgt,
7. die Verpflichtungen betreffend die Sicherheits- und Gesundheitsschutzdokumente verletzt,
8. Arbeitnehmer entgegen § 6 Abs. 1 bis 3 zu Tätigkeiten heranzieht, zu deren Durchführung sie nicht geeignet sind,
9. die Beschäftigungsverbote und –beschränkungen für Arbeitnehmerinnen oder für behinderte Arbeitnehmer verletzt,
10. die Koordinationspflichten verletzt,
11. die Informations-, Beteiligungs- oder Anhörungspflichten gegenüber den Arbeitnehmern oder die Unterweisungspflicht verletzt,
12. die Verpflichtung zur Bestellung von Sicherheitsvertrauenspersonen in Betrieben gemäß § 10 Abs. 2 und 3, in denen regelmäßig mehr als 50 Arbeitnehmer beschäftigt werden, oder in Arbeitsstätten gemäß § 10 Abs. 4, in denen

regelmäßig mehr als 50 Arbeitnehmer beschäftigt werden, oder die Pflichten gegenüber den Sicherheitsvertrauenspersonen verletzt,

13. die Verpflichtung zur Erstellung, Aufbewahrung und Übermittlung von Aufzeichnungen und Berichten über Arbeitsunfälle verletzt,

14. die Instandhaltungs-, Reinigungs- oder Prüfpflichten verletzt,

15. die Verpflichtungen betreffend die Einrichtung und den Betrieb von Arbeitsstätten oder Baustellen einschließlich der Sozial- und Sanitäreinrichtungen verletzt,

16. die Verpflichtungen betreffend die Beschaffenheit, die Aufstellung, die Benutzung, die Prüfung oder die Wartung von Arbeitsmitteln verletzt,

17. die Verpflichtungen betreffend Arbeitsstoffe verletzt,

18. die Verpflichtungen betreffend Eignungs- und Folgeuntersuchungen, wiederkehrende Untersuchungen der Hörfähigkeit sowie sonstige besondere Untersuchungen verletzt,

19. die Verpflichtungen betreffend die Vorbereitung, Gestaltung und Durchführung von Arbeitsvorgängen oder die Einrichtung, Beschaffenheit und Erhaltung von Arbeitsplätzen verletzt,

20. Arbeitnehmer mit Arbeiten gemäß § 62 Abs. 1 bis 3 beschäftigt, obwohl sie die zu deren Durchführung erforderlichen Voraussetzungen nicht erfüllen, oder selbst entgegen § 62 Abs. 6 solche Arbeiten durchführt,

21. nicht dafür sorgt, daß die Organisation und Vorbereitung von Arbeiten gemäß § 62 Abs. 4 durch Personen erfolgt, die hiefür geeignet sind und die erforderlichen Fachkenntnisse nachweisen, oder selbst die Organisation und Vorbereitung entgegen § 62 Abs. 6 durchführt,

22. Arbeitnehmer beschäftigt, ohne daß die gemäß § 62 Abs. 5 erforderliche Aufsicht gewährleistet ist,

23. die Verpflichtungen im Zusammenhang mit der Handhabung von Lasten verletzt,

24. die Verpflichtungen betreffend Lärm oder sonstigen Einwirkungen und Belastungen verletzt,

25. die Verpflichtungen betreffend Bildschirmarbeit verletzt,

26. die Verpflichtungen betreffend persönliche Schutzausrüstungen oder Arbeitskleidung verletzt,

27. die Verpflichtung zur Bestellung oder zur Beiziehung von Sicherheitsfachkräften oder von Arbeitsmedizinern verletzt, ihnen die erforderlichen Informationen und Unterlagen nicht zur Verfügung stellt, oder nicht dafür sorgt, daß sie ihre gesetzlichen Aufgaben erfüllen, sofern kein Präventionszentrum gemäß § 78 Abs. 1 Z 2 in Anspruch genommen wurde,

27a. die Verpflichtung zur Anforderung oder zur Beiziehung des von ihm in Anspruch genommenen Präventionszentrums des zuständigen Unfallversicherungsträgers verletzt,

27b. die Aufgaben nach § 84 Abs. 1 und 3 sowie § 85 Abs. 2 nicht ordnungsgemäß wahrnimmt, sofern er als Form der sicherheitstechnischen Betreuung das Unternehmermodell gewählt hat,

27c. die Verpflichtungen betreffend Präventionszeit gemäß § 82a verletzt,

27d. die Verpflichtungen betreffend die sonstigen Fachleute gemäß § 82b verletzt oder nicht dafür sorgt, dass sie in der Präventionszeit ihre gesetzlichen Aufgaben erfüllen,

28. die Verpflichtung zur Beschäftigung von Fach- und Hilfspersonal für die sicherheitstechnische oder arbeitsmedizinische Betreuung oder die Verpflichtung zur Beistellung der notwendigen Räume, Ausstattung oder Mittel verletzt,

29. die Verpflichtungen betreffend den Arbeitsschutzausschuß oder den zentralen Arbeitsschutzausschuß verletzt,

30. eine Arbeitsstätte errichtet, betreibt oder ändert, ohne daß die erforderliche Arbeitsstättenbewilligung vorliegt,

31. Meldepflichten verletzt.

(Anm.: Z 32 aufgehoben durch BGBl. I Nr. 159/2001)

(2) Eine Verwaltungsübertretung, die mit Geldstrafe von 166 bis 8 324 €, im Wiederholungsfall mit Geldstrafe von 333 bis 16 659 € zu bestrafen ist, begeht, wer als Arbeitgeber Verpflichtungen, die ihm nach einem aufgrund dieses Bundesgesetzes erlassenen Bescheid oder verwaltungsgerichtlichen Erkenntnis obliegen, nicht einhält.

(3) Eine Verwaltungsübertretung, die mit Geldstrafe von 166 bis 8 324 €, im Wiederholungsfall mit Geldstrafe von 333 bis 16 659 € zu bestrafen ist, begeht, wer als Überlasser oder Beschäftiger die in diesem Bundesgesetz oder den dazu erlassenen Verordnungen vorgesehenen Verpflichtungen im Zusammenhang mit der Überlassung verletzt.

(4) Eine Verwaltungsübertretung, die mit Geldstrafe bis 250 €, im Wiederholungsfall mit Geldstrafe bis 413 € zu bestrafen ist, begeht, wer als Arbeitnehmer trotz Aufklärung und nachweislich schriftlicher Aufforderung durch den Arbeitgeber oder das Arbeitsinspektorat entgegen diesem Bundesgesetz oder den dazu erlassenen Verordnungen

1. entgegen der Unterweisung und den Anweisungen des Arbeitgebers Arbeitsmittel nicht ordnungsgemäß benutzt und dadurch eine Gefahr für andere Arbeitnehmer herbeiführt,

2. vom Inbetriebnahme eines Arbeitsmittels nicht prüft, ob dieses offenkundige Mängel aufweist, oder sich bei Inbetriebnahme eines Arbeitsmittels nicht vergewissert, daß er sich selbst oder andere Arbeitnehmer nicht in Gefahr bringt,

3. entgegen der Unterweisung und den Anweisungen des Arbeitgebers die zur Verfügung gestellte, diesem Bundesgesetz entsprechende, persönliche Schutzausrüstung nicht oder nicht zweckentsprechend verwendet oder sie nach Benutzung nicht an dem dafür vorgesehenen Platz lagert,
4. eine Schutzeinrichtung entfernt, außer Betrieb setzt, willkürlich verändert oder umstellt oder entgegen der Unterweisung und den Anweisungen des Arbeitgebers eine Schutzeinrichtung nicht ordnungsgemäß benutzt,
5. sich durch Alkohol, Arzneimittel oder Suchtgift in einen Zustand versetzt, indem er sich oder andere Personen in Gefahr bringt,
6. die Meldepflicht betreffend Arbeitsunfälle, ernste und unmittelbare Gefahren oder Defekte verletzt.

(5) Eine Verwaltungsübertretung, die mit Geldstrafe von 166 bis 8 324 €, im Wiederholungsfall mit Geldstrafe von 333 bis 16 659 € zu bestrafen ist, begeht, wer als Arbeitgeber/in
1. den nach dem 9. Abschnitt weitergeltenden Bestimmungen zuwiderhandelt, oder
2. die nach dem 9. Abschnitt weitergeltenden bescheidmäßigen Vorschreibungen nicht einhält.

(6) Eine Verwaltungsübertretung, die mit Geldstrafe von 166 bis 8 324 €, im Wiederholungsfall mit Geldstrafe von 333 bis 16 659 € zu bestrafen ist, begeht, wer
1. ein sicherheitstechnisches Zentrum betreibt, ohne die Voraussetzungen nach § 75 Abs. 1 zu erfüllen,
2. ein arbeitsmedizinisches Zentrum betreibt, ohne die Voraussetzungen nach § 80 Abs. 1 zu erfüllen,
3. die Meldepflichten nach § 75 Abs. 2 oder § 80 Abs. 2 oder die Auskunftspflicht nach § 84 Abs. 4 verletzt.

(7) Wurden Verwaltungsübertretungen nach Abs. 1, 2, 3, 5 und 6 nicht im Inland begangen, gelten sie als an jenem Ort begangen, an dem sie festgestellt wurden.

Inkrafttreten

§ 131. (1) Dieses Bundesgesetz tritt mit 1. Jänner 1995 in Kraft, soweit im 9. Abschnitt nicht anderes bestimmt ist.

(2) Verordnungen auf Grund dieses Bundesgesetzes können bereits vor dem in Abs. 1 genannten Zeitpunkt erlassen werden, sie treten aber frühestens mit diesem Zeitpunkt in Kraft.

(3) § 8 Abs. 2 Z 1, § 10 Abs. 1, § 25 Abs. 4, § 28 Abs. 2, § 32 Abs. 2, § 47 Abs. 4, § 57 Abs. 3 bis 8, § 58 Abs. 7, § 61 Abs. 6, § 63 Abs. 3, § 67 Abs. 6, § 68 Abs. 7, § 77 Abs. 2 und Abs. 6 Z 4a, § 79 Abs. 2, § 82 Abs. 2 und Abs. 6 Z 4a, § 84 Abs. 4 Z 2 und 3, § 92 Abs. 7, § 93 Abs. 2 und 5, § 94 Abs. 7, § 99 Abs. 3 Z 3a und Abs. 4, § 101 Abs. 1, § 102 Abs. 2 und 3, § 103 Abs. 3, § 106

Abs. 3 Z 1, Abs. 4 Z 2 und Abs. 6, § 109 Abs. 7, § 110 Abs. 1a, 1b und 5, § 112 Abs. 1a, § 113 Abs. 3 und 4a, § 115 Abs. 2 Z 1 und Abs. 4, § 116 Abs. 5, § 117 Abs. 2 erster Satz, § 118 Abs. 3, § 122 Abs. 3 Z 1 und 2, § 124 Abs. 3 Z 1, 5 und 14, § 130 Abs. 6, sowie § 132 Abs. 3 Z 3 und 6, jeweils in der Fassung BGBl. I Nr. 9/1997, treten mit 1. Jänner 1997 in Kraft.

(4) § 2 Abs. 1 und 3, § 63 Abs. 1, § 73 Abs. 5, § 75, § 77 Abs. 1, 2 und 5, § 77a, § 78, § 78a, § 78b, § 79 Abs. 1 Z 3, § 80, § 82 Abs. 1, 2 und 5, § 83 Abs. 3 und 9, § 89 Abs. 2, § 90, § 91 Abs. 1, § 116 Abs. 3 und 6, § 130 Abs. 1 Z 27, 27a und 27b, § 130 Abs. 6 Z 1, 2 und 3, jeweils in der Fassung BGBl. I Nr. 12/1999, treten mit 1. Jänner 1999 in Kraft.

(5) § 1 Abs. 2 Z 2 in der Fassung des Bundesgesetzes BGBl. I Nr. 70/1999 tritt mit 1. Juni 1999 in Kraft.

(6) § 130 in der Fassung des Bundesgesetzes BGBl. I Nr. 136/2001 tritt mit 1. Jänner 2002 in Kraft.

(7) Es treten
1. mit Ablauf des 31. Dezember 2001 außer Kraft: §§ 10 Abs. 2 Z 2, 40 Abs. 6 Z 1, 2 und 5, 58 Abs. 3, 83 Abs. 3, 90 Abs. 1 Z 4 und 5 sowie Abs. 2, 3 und 4, 95 Abs. 3 Z 1, 115 Abs. 2 und 4, 116 Abs. 3 und 4, 126 Abs. 2 Z 1, 130 Abs. 1 Z 32 in der Fassung BGBl. I Nr. 70/1999;
2. mit 1. Jänner 2002 in Kraft: das Inhaltsverzeichnis zum 7. Abschnitt, §§ 2 Abs. 8, 4 Abs. 2, 8 Abs. 2 Z 3 und 4 und Abs. 5, 10 Abs. 2 Z 3, 14 Abs. 2 und 3, 15 Abs. 3, 31 Abs. 1, 35 Abs. 1 Z 3, 4 und 5, Abs. 2, Abs. 4 Z 2 und 3 und Abs. 5, 37 Abs. 5, 40 Abs. 3 Z 1 und 2, Abs. 4 und 5, 41 Abs. 4 Z 1 und 2, 53 Abs. 9, 62 Abs. 5 und 6, 68 Abs. 6, 73 Abs. 1, 77, 77a Abs. 2, 78 Abs. 3, 78a Abs. 2, 7 und 8, 79 Abs. 2 und 3, 81 Abs. 3 Z 1, 82, 82a, 82b, 83 Abs. 4, 84 Abs. 1 bis 3 und Abs. 4 Z 3, 88, 88a, 93 Abs. 1 Z 5 und 9 und Abs. 3, 94 Abs. 1 Z 4, 8 und 9, 95 Abs. 3, 6 und 7, 98, 99 Abs. 3 Z 2 und 6, 101 Abs. 1 Z 3 und 4, 113 Abs. 2 Z 1 und 2 und Abs. 5, 115 Abs. 3, 116 Abs. 5, 119 Abs. 1, 125 Abs. 7, 126 Abs. 2, 129 sowie 130 Abs. 1 Z 27, 27c, 27d und 31, Abs. 4 erster Satz und Abs. 4 Z 4 und Abs. 7 in der Fassung BGBl. I Nr. 159/2001.

(8) § 97 Abs. 1 letzter Satz und Abs. 8 in der Fassung des Bundesgesetzes BGBl. I Nr. 51/2011 tritt mit dem Zeitpunkt in Kraft, den der Bundesminister für Arbeit, Soziales und Konsumentenschutz durch Verordnung als jenen feststellt, ab dem die zur Verfügung stehenden technischen Mittel zur Erfassung der in § 97 Abs. 1, 6 und 7 vorgesehenen Meldungen geeignet sind. Er darf diesen Zeitpunkt frühestens mit 1. Jänner 2012 festsetzen.

(9) § 2 Abs. 3, § 32 Abs. 2, § 39 Abs. 3, § 63 Abs. 1, § 72 Abs. 2, § 78a Abs. 6, 7 und 8, § 89 Abs. 1, § 96a samt Überschrift, § 99 Abs. 2, § 101 Abs. 4, § 113 Abs. 6, § 127a samt Überschrift und § 132 in der Fassung des 2. Stabilitätsgesetzes 2012, BGBl. I Nr. 35/2012, treten mit 1. Juli 2012 in Kraft. Gleichzeitig treten § 89 Abs. 3, § 91 Abs. 2 Z 1 sowie § 99 Abs. 1 und Abs. 3 Z 6 außer Kraft. Verordnungen auf Grund dieses Bundesgesetzes in der Fassung des 2. Stabilitätsgesetzes 2012, BGBl. I Nr. 35/2012, können bereits vor diesem Zeitpunkt erlassen werden, treten jedoch frühestens mit diesem Zeitpunkt in Kraft.

(10) § 63 Abs. 3 erster Satz in der Fassung des Bundesgesetzes BGBl. I Nr. 50/2012 tritt mit 1. September 2012 in Kraft.

(11) § 9 Abs. 3, 4 und 5 in der Fassung des BGBl. I Nr. 98/2012 tritt mit 1. Jänner 2013 in Kraft.

(12) Es treten
1. mit Ablauf des 31. Dezember 2012 außer Kraft: § 56 Abs. 5 Z 2, § 62 Abs. 6, § 99 Abs. 3 Z 3a, § 113 Abs. 2, 3 und 5, § 114 Abs. 2 und Abs. 4 Z 5, § 118 Abs. 3 Z 1 und 3, § 119 Abs. 4, § 120, § 122 Abs. 2, § 123, § 124 Abs. 6;
2. mit 1. Jänner 2013 in Kraft: das Inhaltsverzeichnis, § 2 Abs. 1, 6, 7, 7a und 9, § 3 Abs. 1, die Überschrift zu § 4, § 4 Abs. 1, 5 und 6, § 6 Abs. 3, § 7 Z 4a und Z 7, § 10 Abs. 1 und 6, § 15 Abs. 1, § 20 Abs. 7, § 23 Abs. 5, § 40 Abs. 7, § 41 Abs. 4 Z 1, § 52 Z 5, § 56 Abs. 2, Abs. 5 Z 2 und Abs. 5a, § 56 Abs. 7, § 57 Abs. 6, § 60 Abs. 2 und 4, § 62 Abs. 6 und 7, § 67 Abs. 5 Z 4, § 69 Abs. 7, § 72 Abs. 1 Z 1, § 75 Abs. 1 Z 1 und Abs. 4, § 78a Abs. 6 Z 2 und Abs. 7 Z 2, § 79 Abs. 2, § 80 Abs. 1 Z 1 und Abs. 4, § 82a Abs. 3, § 84 Abs. 1 und 3, die Überschrift zu § 86, § 86 Abs. 1 und 3, § 88 Abs. 3 Z 3, § 91 Abs. 3, die Überschrift zu § 93, § 93 Abs. 1, 2 und 6, § 94 Abs. 1 Z 9, 10 und 11, Abs. 5a, 5b und 6, § 99 Abs. 3 Z 3, § 99 Abs. 3 Z 5, § 105, § 106 Abs. 3, § 107 Abs. 1, § 108 Abs. 2, § 109 Abs. 2, § 110 Abs. 8, § 112 Abs. 3, § 113 Abs. 4, § 114 Abs. 4 Z 1, 4, 6, 7 und 8, § 117 Abs. 4, § 118 Abs. 3 Z 4 und Abs. 4 Z 2, § 119 Abs. 1 und 3, § 122 Abs. 1, § 124 Abs. 3 Z 14 und Abs. 4, § 127 Abs. 3, § 130 Abs. 1 bis 6 und § 132, jeweils in der Fassung des Bundesgesetzes BGBl. I Nr. 118/2012.

(13) § 9 Abs. 5, § 53 Abs. 8, § 58 Abs. 5, § 96 Abs. 3 und 4, § 99, § 119 Abs. 5, § 125 Abs. 2 und § 130 Abs. 2 in der Fassung des BGBl. I Nr. 71/2013 treten mit 1. Jänner 2014 in Kraft. § 99 Abs. 2 und 4 treten mit Ablauf des 31. Dezember 2013 außer Kraft.

(14) § 10 Abs. 10, § 32 Abs. 1 Z 2 und § 88 Abs. 5 in der Fassung BGBl. I Nr. 94/2014 treten mit 1. Jänner 2015 in Kraft. § 25 Abs. 5 und

§ 107 Abs. 3 treten mit Ablauf des 31. Dezember 2014 außer Kraft.

(15) Das Inhaltsverzeichnis, § 40 Abs. 1 bis 5 und Abs. 7 und 8, § 41 Abs. 2, in § 41 Abs. 4 der Einleitungssatz und die Z 1, § 42 Abs. 1 und 6, § 43 Abs. 1, § 44 Abs. 2, 3 und 4, § 47 Abs. 1, § 60 Abs. 5, § 108 Abs. 2, § 110 Abs. 6, 8 und 9, § 125 samt Überschrift und § 126 Abs. 1 und 2, jeweils in der Fassung des BGBl. I Nr. 60/2015 treten am 1. Juni 2015 in Kraft. § 40 Abs. 6, § 41 Abs. 3, § 69 Abs. 7, § 105 samt Überschrift, § 106 Abs. 2, § 107 Abs. 2, § 108 Abs. 1, § 109 Abs. 1 und 6, § 110 Abs. 2 und 4, § 112 Abs. 1 zweiter Satz, § 114 Abs. 1 und Abs. 4 Z 7, § 116 Abs. 1 und 2, § 118 Abs. 2 treten mit Ablauf des 31. Mai 2015 außer Kraft. § 40 Abs. 2a, 3a und 4a treten mit Ablauf des 31. Mai 2027 außer Kraft.

(16) § 97 Abs. 8 in der Fassung BGBl. I Nr. 72/2016 tritt mit 1. April 2017 in Kraft.

(17) Das Inhaltsverzeichnis und § 125 in der Fassung des Deregulierungsgesetzes 2017, BGBl. I Nr. 40/2017, treten mit 1. Juli 2017 in Kraft. § 129 samt Überschrift tritt mit Ablauf des 30. Juni 2017 außer Kraft.

(18) Das Inhaltsverzeichnis zu § 52a und § 56 sowie § 16 Abs. 1, § 52a samt Überschrift, § 56 samt Überschrift, § 77 Z 4a, § 77a Abs. 2, § 78a Abs. 1, § 82 Z 4a, § 99 Z 2, § 112 Abs. 3 und § 130 Abs. 1 Z 13, 20 und 21 in der Fassung BGBl. I Nr. 126/2017 treten am 1. August 2017 in Kraft. Zum gleichen Zeitpunkt tritt § 62 Abs. 7 außer Kraft. Das Inhaltsverzeichnis zu § 30 und § 30 samt Überschrift in der Fassung BGBl. I Nr. 126/2017 treten am 1. Mai 2018 in Kraft.

(19) Die § 57 Abs. 4, 78a Abs. 1, 89 Abs. 1 und 91 Abs. 3 in der Fassung des Bundesgesetzes BGBl. I Nr. 100/2018 treten mit 1. Jänner 2020 in Kraft.

(20) Das Inhaltsverzeichnis zu § 82c, § 96a und § 127a, § 11 Abs. 5, § 77a Abs. 3a, § 78 Abs. 2a *(Anm.: offensichtlich gemeint § 78a Abs. 2a)* und § 82c samt Überschrift in der Fassung des Bundesgesetzes BGBl. I Nr. 115/2022 treten mit 1. Juli 2022 in Kraft.

(21) Das Inhaltsverzeichnis zu § 101a und § 101a samt Überschrift in der Fassung des Bundesgesetzes BGBl. I Nr. 56/2024 treten mit 1. Jänner 2024 in Kraft.

Vollziehung

§ 132. Mit der Vollziehung dieses Bundesgesetzes ist betraut:
1. hinsichtlich des § 63 Abs. 3, soweit er sich auf die Bescheinigung über die Verlässlichkeit bezieht, und des § 63 Abs. 5 der Bundesminister für Inneres,
2. im Übrigen der Bundesminister für Arbeit, Soziales und Konsumentenschutz.

2. Verordnung über die Sicherheits- und Gesundheitsschutzdokumente

Verordnung des Bundesministers für Arbeit und Soziales über die Sicherheits- und Gesundheitsschutzdokumente (DOK-VO)
StF: BGBl. Nr. 478/1996
Letzte Novellierung: BGBl. II Nr. 53/1997

Präambel

Auf Grund der §§ 5 und 18 Z 1 des Bundesgesetzes über Sicherheit und Gesundheitsschutz bei der Arbeit (ArbeitnehmerInnenschutzgesetz – ASchG), BGBl. Nr. 450/1994, wird vom Bundesminister für Arbeit und Soziales sowie auf Grund des § 132 Abs. 3 Z 6 in Verbindung mit § 18 Z 1 ASchG wird für Betriebe und Tätigkeiten, die der Gewerbeordnung 1994, BGBl. Nr. 194, unterliegen, vom Bundesminister für Arbeit und Soziales im Einvernehmen mit dem Bundesminister für wirtschaftliche Angelegenheiten verordnet:

GLIEDERUNG

Allgemeine Bestimmungen

§ 1. (1) Das Sicherheits- und Gesundheitsschutzdokument im Sinne des § 5 ASchG ist übersichtlich zu gestalten. Gleichartige Arbeitsplätze oder Arbeitsvorgänge oder Gefahrenbereiche können zusammengefaßt dokumentiert werden. Die für eine Arbeitsstätte erstellten Sicherheits- und Gesundheitsschutzdokumente sind möglichst einheitlich zu gestalten.

(2) Die Dokumentation kann auch in graphischer Form erfolgen, soweit dies zweckmäßig ist, insbesondere durch Verwendung von Symbolen, Plänen, Layouts, und Skizzen.

(3) Die Dokumentation kann auch automationsunterstützt erfolgen. Es muß gewährleistet sein, daß alle Berechtigten Zugang zu den Sicherheits- und Gesundheitsschutzdokumenten haben. Ist der ausreichende Zugang nicht auf andere Weise gewährleistet, muß ein Ausdruck der Sicherheits- und Gesundheitsschutzdokumente zur Einsichtnahme aufliegen.

Inhalt

§ 2. (1) Das Sicherheits- und Gesundheitsschutzdokument muß jedenfalls enthalten:

1. Angaben über die Person, die die Ermittlung und Beurteilung der Gefahren durchgeführt hat; wenn die Ermittlung und Beurteilung der Gefahren von mehreren Personen durchgeführt wurde, weiters Angaben über ihren Aufgabenbereich; Angaben über allfällige für Messungen, Berechnungen und Analysen beigezogene fachkundige Personen;
2. Angaben über den Tag oder den Zeitraum der erstmaligen Ermittlung und Beurteilung der Gefahren;
3. Angaben über den Bereich (insbesondere Arbeitsplatz, Arbeitsraum, Organisationseinheit, Arbeitsstätte), auf den sich das Sicherheits- und Gesundheitsschutzdokument bezieht und über die Anzahl der in diesem Bereich zum Zeitpunkt der Ermittlung und Beurteilung der Gefahren beschäftigten Arbeitnehmer/innen;
4. die festgestellten Gefahren;
5. die durchzuführenden Maßnahmen zur Gefahrenverhütung auf technischem und organisatorischem Gebiet;
6. bei jenen vorgesehenen Maßnahmen, die nicht umgehend umgesetzt werden können, zusätzlich Angaben über die Zuständigkeit für die Umsetzung und über die Umsetzungsfrist.

(2) Soweit dies für den Bereich, auf den sich das Sicherheits- und Gesundheitsschutzdokument bezieht, zutrifft, muß es auch enthalten:

1. die Festlegung der Arbeitsplätze oder Arbeitsbereiche, für die nach dem 5. Abschnitt des ASchG Eignungsuntersuchungen, Folgeuntersuchungen, Untersuchungen bei Lärmeinwirkung oder sonstige besondere Untersuchungen vorgesehen sind;
2. die Festlegung der Tätigkeiten, für die ein Nachweis der Fachkenntnisse im Sinne des § 63 ASchG notwendig ist;
3. Angaben über die notwendigen persönlichen Schutzausrüstungen;
4. Angaben über Bereiche, die besonders zu kennzeichnen sind, oder für die Zutrittsbeschränkungen bestehen;
5. Vorkehrungen für ernste und unmittelbare Gefahren im Sinne des § 3 Abs. 3 und 4 ASchG.

(3) Soweit dies für den Bereich, auf den sich das Sicherheits- und Gesundheitsschutzdokument bezieht, zutrifft, muß es auch enthalten:

1. ein Verzeichnis der verwendeten gefährlichen Arbeitsstoffe im Sinne des § 40 ASchG;
2. ein Verzeichnis der Arbeitsmittel, für die Prüfungen im Sinne des § 37 ASchG notwendig sind, samt allfälligen Prüfplänen; gegebenenfalls Wartungspläne für Arbeitsmittel;
3. Brandschutzordnung, Evakuierungspläne, Explosionsschutzdokument.

(4) Die in Abs. 3 angeführten Unterlagen können auch gesondert geführt werden. In diesem Fall muß das Sicherheits- und Gesundheitsschutzdokument einen Verweis auf diese Unterlagen enthalten.

(5) Werden in dem Bereich, auf den sich das Sicherheits- und Gesundheitsschutzdokument bezieht, gefährliche Arbeitsstoffe verwendet, für die Grenzwerte im Sinne des § 45 ASchG gelten, sind im Dokument auch die zur Anwendung kommenden MAK-Werte oder TRK-Werte anzuführen.

(6) Werden bei der Festlegung von Maßnahmen zur Gefahrenverhütung ÖNORMEN, harmonisierte europäische Normen (EN oder ÖNORM EN), ÖVE-Vorschriften, Unfallverhütungsvorschriften, Technische Richtlinien oder sonstige anerkannte Regeln der Technik zugrundegelegt, sind diese im Sicherheits- und Gesundheitsschutzdokument anzuführen.

§ 2a. Die Sicherheits- und Gesundheitsschutzdokumente für Arbeitsstätten, in denen nicht mehr als zehn Arbeitnehmer/innen regelmäßig beschäftigt werden und in denen keine Gefahren bestehen, für die Schutzmaßnahmen festzulegen sind, können entsprechend der Anlage zu dieser Verordnung gestaltet werden.

Überprüfung und Anpassung

§ 3. (1) Bei einer Überprüfung und Anpassung der Ermittlung und Beurteilung der Gefahren oder der Maßnahmen zur Gefahrenverhütung im Sinne des § 4 Abs. 4 und 5 ASchG muß auch eine Anpassung des Sicherheits- und Gesundheitsschutzdokumentes erfolgen.

(2) Aus dem Sicherheits- und Gesundheitsschutzdokument muß sich ergeben, wer die Überprüfung und Anpassung der Ermittlung und Beurteilung der Gefahren vorgenommen hat, wann sie erfolgt ist und auf welchen Bereich sie sich bezieht.

Zuständige Personen

§ 4. Aus dem Sicherheits- und Gesundheitsschutzdokument muß sich ergeben, welche Personen innerbetrieblich für Fragen der Sicherheit und des Gesundheitsschutzes zuständig sind, oder welche innerbetriebliche Stelle nähere Auskünfte über Personen und Dienste mit besonderen Aufgaben auf diesem Gebiet erteilt.

Inkrafttreten

§ 5. (1) Diese Verordnung tritt mit dem der Kundmachung folgenden Tag in Kraft.

(2) § 2a in der Fassung der Verordnung BGBl. II Nr. 53 tritt mit 1. Jänner 1997 in Kraft.

Anlage

Sicherheits- und Gesundheitsschutzdokument
für Arbeitsstätten mit bis zu zehn Arbeitnehmern, in denen bei der Gefahrenermittlung und -beurteilung keine Gefährdungen von Arbeitnehmern festgestellt wurden, für die Schutzmaßnahmen festzulegen sind

Bezeichnung der Arbeitsstätte:	
Adresse:	
Zahl der im Zeitpunkt der Gefahrenermittlung und –beurteilung beschäftigten AN:	

Bei der Gefahrenermittlung und -beurteilung (§ 4 ASchG) wurden **keine Gefährdungen** von Arbeitnehmern festgestellt, für die Schutzmaßnahmen festzulegen wären.

Ermittlung durchgeführt von:	
Datum, Unterschrift:	

3. Kennzeichnungsverordnung

Verordnung der Bundesministerin für Arbeit, Gesundheit und Soziales über die Sicherheits- und Gesundheitsschutzkennzeichnung (Kennzeichnungsverordnung - KennV)

StF: BGBl. II Nr. 101/1997

Letzte Novellierung: BGBl. II Nr. 184/2015 [CELEX-Nr.: 32014L0027]

Präambel

Auf Grund der §§ 3 Abs. 7 und 20 Abs. 2 des Bundesgesetzes über Sicherheit und Gesundheitsschutz bei der Arbeit (ArbeitnehmerInnenschutzgesetz – ASchG), BGBl. Nr. 450/1994, zuletzt geändert durch BGBl. I Nr. 9/1997, wird verordnet:

GLIEDERUNG

Allgemeine Vorschriften

§ 1. (1) Diese Verordnung gilt für Arbeitsstätten, Baustellen und auswärtige Arbeitsstellen im Sinne des ASchG.

(2) Sicherheits- und Gesundheitsschutzkennzeichnung ist jedes Zeichen (Schild, Sicherheitsfarbe, Leucht- oder Schallzeichen, Sprech- oder Handzeichen), das für einen bestimmten Bereich oder für eine bestimmte Situation eine für den Sicherheits- und Gesundheitsschutz der Arbeitnehmer/innen relevante Aussage trifft.

(3) Soweit nach anderen Arbeitnehmerschutzvorschriften oder nach Bescheiden, die auf Grund von Arbeitnehmerschutzvorschriften ergangen sind, eine Sicherheits- oder Gesundheitsschutzkennzeichnung erforderlich ist, müssen Arbeitgeber/innen dafür sorgen, daß diese Kennzeichnung dieser Verordnung entsprechend gestaltet ist.

(4) Die Sicherheits- und Gesundheitsschutzkennzeichnung nach dieser Verordnung darf für keine anderen als für die in dieser Verordnung dafür jeweils festgelegten Aussagen verwendet werden.

(5) Arbeitgeber/innen müssen dafür sorgen, daß die Sicherheits- und Gesundheitsschutzkennzeichnung

1. hinsichtlich ihrer Art, Anordnung, Ausmaße, Anzahl, Gestaltung und Funktionsweise sowie hinsichtlich ihres Standortes und Zustandes entsprechend der Art und dem Ausmaß der Gefahr bzw. des zu bezeichnenden Bereiches so beschaffen ist, daß eine möglichst hohe Wirksamkeit erreicht wird,

2. in ihrer Sicht- oder Hörbarkeit nicht durch andere Kennzeichnungen, durch gleichartige Emissionsquellen oder durch sonstige Einrichtungen beeinträchtigt ist,

3. gegebenenfalls auch für Arbeitnehmer/innen mit – auch durch persönliche Schutzausrüstung – eingeschränktem Hör- oder Sehvermögen wirksam ist und

4. so beschaffen ist, daß ihre Mitteilung klar verständlich und eine Verwechslung ausgeschlossen ist.

(6) Mittel der Sicherheits- und Gesundheitsschutzkennzeichnung müssen ihrer Art entsprechend regelmäßig gereinigt, gewartet, auf ihre tatsächliche Wirksamkeit überprüft sowie bei Bedarf instandgesetzt oder erneuert werden.

Arbeitsstoffkennzeichnung – Behälter

§ 1a. (1) Die Kennzeichnung nach § 44 Abs. 2 ASchG von Behältern (einschließlich sichtbar verlegter Rohrleitungen), die gefährliche chemische Arbeitsstoffe enthalten, muss eine Bezeichnung des Arbeitsstoffs sowie Angaben über die möglichen Gefahren, die mit seiner Einwirkung verbunden sind, und über notwendige Sicherheitsmaßnahmen beinhalten, und weiters aufweisen:

1. Gefahrenpiktogramme entsprechend der Verordnung (EG) Nr. 1272/2008 (CLP-Verordnung), wenn der Arbeitsstoff einer der in § 40 Abs. 1 ASchG genannten Gefahrenklassen zuzuordnen ist.

2. Warnzeichen nach Anhang 1.2 dieser Verordnung, wenn der gefährliche Arbeitsstoff keiner der in § 40 Abs. 1 ASchG genannten Gefahrenklassen zuzuordnen ist, aber andere gefähr-

liche Eigenschaften i.S.d. § 40 Abs. 1 ASchG aufweist und in Anhang 1.2 ein den gefährlichen Eigenschaften des Arbeitsstoffes entsprechendes Warnzeichen vorgesehen ist.

(2) Das Warnzeichen „Allgemeine Gefahr" darf für die Kennzeichnung von Behältern (einschließlich sichtbar verlegter Rohrleitungen), die gefährliche Arbeitsstoffe enthalten, nicht verwendet werden.

(3) Die Kennzeichnung nach Abs. 1 kann

1. durch zusätzliche Informationen ergänzt werden;
2. beim innerbetrieblichen Transport von Behältern durch Gefahrzettel, die für den Transport gefährlicher Stoffe oder Gemische in der Europäischen Union gelten, ergänzt oder ersetzt werden.

(4) Die Kennzeichnung nach Abs. 1 ist wie folgt anzubringen:

1. in gut sichtbarer Weise,
2. als Schild, Aufkleber oder aufgemalte Kennzeichnung,
3. ist dies nicht möglich, dann in Form eines Beipacktextes,
4. auf oder bei Rohrleitungen sichtbar in unmittelbarer Nähe der gefahrenträchtigsten Stellen (z. B. bei einfach lösbaren Verbindungen sowie Entnahme- und Befüllstellen) und in ausreichender Häufigkeit.

(5) Wenn nach § 44 Abs. 2 ASchG die Kennzeichnung von Behältern (einschließlich sichtbar verlegter Rohrleitungen), die gefährliche Arbeitsstoffe enthalten, entfällt, weil die Art der Arbeitsstoffe oder die Art des Arbeitsvorganges dem entgegenstehen, müssen die Arbeitgeber/innen dafür sorgen, dass die Arbeitnehmer/innen, die diese Arbeitsstoffe verwenden, durch

1. eine zumindest jährliche nachweisliche Unterweisung auf Grundlage einer Betriebsanweisung (§ 14 Abs. 5 ASchG) oder
2. eine
andere geeignete, von ihnen im Sicherheits- und Gesundheitsschutzdokument festgelegte Maßnahme

über die möglichen Gefahren, die mit der Einwirkung verbunden sind, und über notwendige Sicherheitsmaßnahmen, informiert und unterwiesen werden.

(6) Bei Arbeitsstoffen, die nach den für sie geltenden Hersteller- oder Inverkehrbringervorschriften ohne eine dem Abs. 1 entsprechende Kennzeichnung in Verkehr gebracht werden dürfen, kann die Kennzeichnung nach Abs. 1 entfallen, wenn die Arbeitgeber/innen dafür sorgen, dass die Arbeitnehmer/innen, die diese Arbeitsstoffe verwenden, durch

1. eine zumindest jährliche nachweisliche Unterweisung auf Grundlage einer Betriebsanweisung (§ 14 Abs. 5 ASchG) oder
2. eine
andere geeignete, von ihnen im Sicherheits- und Gesundheitsschutzdokument festgelegte Maßnahme

über die möglichen Gefahren, die mit der Einwirkung verbunden sind, und über notwendige Sicherheitsmaßnahmen, informiert und unterwiesen werden.

Arbeitsstoffkennzeichnung – Räume oder Bereiche

§ 1b. (1) Eine Kennzeichnung von Räumen oder Bereichen (einschließlich Schränken) nach § 44 Abs. 3 ASchG muss bei Lagerung erheblichen Mengen gefährlicher Arbeitsstoffe erfolgen, sofern nicht bei Betreten des Raumes oder Bereiches die Kennzeichnung der einzelnen Behälter eindeutig erkennbar ist. Lagerräume, die zur Lagerung erheblicher Mengen von explosionsgefährlichen oder brandgefährlichen Arbeitsstoffen bestimmt sind, müssen jedenfalls gekennzeichnet werden. Dies gilt auch für Lagerräume zur Lagerung erheblicher Mengen von gesundheitsgefährdenden Arbeitsstoffen der Gefahrenklassen

1. Akute Toxizität (Gefahrenklasse 3.1)
2. Spezifische Zielorgan-Toxizität, einmalige Exposition (Gefahrenklasse 3.8)
3. Ätz-/Reizwirkung auf die Haut (Gefahrenklasse 3.2)
4. Schwere Augenschädigung/Augenreizung (Gefahrenklasse 3.3)
5. Keimzellmutagenität (Gefahrenklasse 3.5)
6. Karzinogenität (Gefahrenklasse 3.6)
7. Reproduktionstoxizität (Gefahrenklasse 3.7).

(2) Erhebliche Mengen gefährlicher Arbeitsstoffe im Sinne des Abs. 1 sind grundsätzlich 1.000 kg, sofern in den folgenden Ziffern, abgestuft nach den Gefahrenklassen nach der CLP-Verordnung, nicht anderes bestimmt wird:

1. für entzündbare Flüssigkeiten (Gefahrenklasse 2.6) bei Lagerung in Räumen:
a. 5 Liter extrem entzündbare Flüssigkeiten (Kategorie 1)
b. 50 Liter leicht entzündbare oder entzündbare Flüssigkeiten (Kategorie 2 oder 3)
2. für entzündbare Flüssigkeiten (Gefahrenklasse 2.6) bei Lagerung im Freien:
a. 50 Liter extrem entzündbare Flüssigkeiten (Kategorie 1)
b. 500 Liter leicht entzündbare Flüssigkeiten (Kategorie 2)
c. 2500 Liter entzündbare Flüssigkeiten (Kategorie 3)
3. 1 kg für oxidierende Flüssigkeiten (Gefahrenklasse 2.13) und oxidierende Feststoffe (Gefahrenklasse 2.14), jeweils Kategorie 1
4. 2,5 Liter Behältervolumen für Arbeitsstoffe, die einer der folgenden Gefahrenklassen zugeordnet werden können:

a. Gase unter Druck (Gefahrenklasse 2.5)
b. Entzündbare Gase und chemisch instabile Gase (Gefahrenklasse 2.2), Kategorie 1 und 2
c. Oxidierende Gase (Gefahrenklasse 2.4)

5. 20 kg Nettomasse für entzündbare Aerosole (Gefahrenklasse 2.3)
6. 50 kg für Arbeitsstoffe, die einer der folgenden Gefahrenklassen zugeordnet werden können:

a. Oxidierende Flüssigkeiten (Gefahrenklasse 2.13) und oxidierende Feststoffe (Gefahrenklasse 2.14), jeweils Kategorie 2 und 3
b. Spezifische Zielorgan-Toxizität, wiederholte Exposition (Gefahrenklasse 3.9), Kategorie 1
c. Karzinogenität (Gefahrenklasse 3.6)
d. Reproduktionstoxizität (Gefahrenklasse 3.7)
e. Keimzellmutagenität (Gefahrenklasse 3.5)

7. 200 kg für Arbeitsstoffe, die bei Berührung mit Wasser entzündbare Gase entwickeln (Gefahrenklasse 2.12)
8. Für Arbeitsstoffe, die einer der folgenden Gefahrenklassen zugeordnet werden können, gilt jede Menge als erheblich im Sinne des Abs. 2:

a. explosive Stoffe oder Gemische und Erzeugnisse mit Explosivstoff (Gefahrenklasse 2.1)
b. entzündbare Feststoffe (Gefahrenklasse 2.7)
c. selbstzersetzliche Stoffe oder Gemische (Gefahrenklasse 2.8)
d. pyrophore Flüssigkeiten und pyrophore Feststoffe (Gefahrenklasse 2.9 und 2.10)
e. selbsterhitzungsfähige Stoffe und Gemische (Gefahrenklasse 2.11)
f. organische Peroxide (Gefahrenklasse 2.15)
g. akute Toxizität (Gefahrenklasse 3.1), Kategorie 1 bis 3
h. spezifische Zielorgan-Toxizität, einmalige Exposition (Gefahrenklasse 3.8), Kategorie 1.

(3) Die Kennzeichnung von Räumen oder Bereichen nach § 44 Abs. 3 ASchG muss erfolgen mit:

1. Gefahrenpiktogrammen entsprechend der Verordnung (EG) Nr. 1272/2008 (CLP-Verordnung), wenn der gefährliche Arbeitsstoff einer der in § 40 Abs. 1 ASchG genannten Gefahrenklassen zuzuordnen ist.
2. Warnzeichen nach Anhang 1.2 dieser Verordnung, wenn der gefährliche Arbeitsstoff keiner der in § 40 Abs. 1 ASchG genannten Gefahrenklassen zuzuordnen ist, aber andere gefährliche Eigenschaften i.S.d. § 40 Abs. 1 ASchG aufweist und in Anhang 1.2 ein den gefährlichen Eigenschaften des Arbeitsstoffes entsprechendes Warnzeichen vorgesehen ist;
3. dem Warnzeichen „Allgemeine Gefahr" nach Anhang 1.2 dieser Verordnung, wenn der gefährliche Arbeitsstoff keiner der in § 40 Abs. 1 ASchG genannten Gefahrenklassen zuzuordnen ist, aber andere gefährliche Eigenschaften i.S.d. § 40 Abs. 1 ASchG aufweist und in

Anhang 1.2 kein den gefährlichen Eigenschaften des Arbeitsstoffes entsprechendes Warnzeichen vorgesehen ist. Das Warnzeichen „Allgemeine Gefahr" muss durch einen verbalen Hinweis auf die konkreten gefährlichen Eigenschaften des Arbeitsstoffes ergänzt werden.

Verwendung von Schildern und Sicherheitsfarben

§ 2. (1) Schilder mit Verbots-, Warn-, Gebots-, Rettungs- oder Hinweiszeichen sind zu verwenden:

1. zur Kennzeichnung von Gefahrenbereichen und
2. zur Kennzeichnung von sonstigen sicherheitsrelevanten Bereichen, wie insbesondere von Fluchtwegen, Erste-Hilfe-Einrichtungen oder Mitteln zur Brandbekämpfung.

(2) Abweichend von Abs. 1 können statt Schildern Sicherheitsfarben verwendet werden:

1. zur Kennzeichnung von Bereichen, in denen eine Gefahr des Abstürzens oder des Anstoßens gegen Hindernisse besteht und
2. zur Kennzeichnung und Standorterkennung von Mitteln zur Brandbekämpfung.

Anforderungen an verwendete Schilder, Aufkleber und Sicherheitsfarben

§ 3. (1) Es dürfen nur Schilder und Aufkleber verwendet werden, die

1. aus gegen Schlag und Umgebungsbedingungen möglichst widerstandsfähigem und witterungsbeständigem Material bestehen,
2. möglichst leicht verständlich sind und keine für das Verständnis nicht erforderlichen Details enthalten,
3. die Eigenmerkmale laut Anhang 1 entsprechend ihrer jeweiligen Aussage aufweisen und
4. sofern sie eine der in Anhang 1 genannten Aussagen treffen, der dort jeweils zugeordneten Darstellung entsprechen.

(1a) Abs. 1 Z 3 und 4 gelten nicht, wenn zur Arbeitsstoffkennzeichnung nach §§ 1a oder 1b Gefahrenpiktogramme nach der CLP-Verordnung verwendet werden.

(2) Abweichend von Abs. 1 Z 4 sind geringfügige Abweichungen von den Darstellungen laut Anhang 1 insoweit zulässig, als Bedeutung oder Verständlichkeit der Aussage nicht verändert oder vermindert werden.

(3) Sicherheitsfarben müssen

1. entsprechend ihrer jeweiligen Bedeutung laut Anhang 2 verwendet werden oder
2. dem Muster in Anhang 2 entsprechen, wenn sie zur Kennzeichnung von Bereichen dienen, in denen eine Gefahr des Abstürzens oder des Anstoßens gegen Hindernisse besteht.

(4) Werden Schilder, Aufkleber oder Sicherheitsfarben verwendet, müssen Arbeitgeber/innen dafür sorgen, daß diese

1. eine zur einwandfreien Erkennbarkeit hinreichend hohe Leuchtdichte aufweisen,
2. phosphoreszierende Farben oder reflektierende Materialien aufweisen, sofern die Belichtung oder Beleuchtung für ihre Wahrnehmbarkeit nicht ausreicht,
3. am Zugang zu dem zu bezeichnenden Bereich oder in unmittelbarer Nähe der zu bezeichnenden Gefahrenquelle oder des zu bezeichnenden Gegenstandes angebracht sind und
4. entfernt werden, wenn ihre Aussage nicht mehr zutrifft.

Verwendung von Leucht-, Schall-, Sprech- und Handzeichen

§ 4. (1) Im Sinne dieser Verordnung sind

1. Leuchtzeichen: Zeichen, die von einer Vorrichtung erzeugt werden, die aus durchsichtigem Material besteht, das von innen oder von hinten durchleuchtet wird,
2. Schallzeichen: codierte akustische Signale, die von einer spezifischen Vorrichtung ohne Verwendung einer menschlichen oder synthetischen Stimme ausgesandt und verbreitet werden;
3. Sprechzeichen: verbale Mitteilungen mit festgelegtem Wortlaut unter Verwendung einer menschlichen oder synthetischen Stimme;
4. Handzeichen: codierte Bewegungen oder Hand- bzw. Armstellungen.

(2) Leucht-, Schall- oder Sprechzeichen sind zu verwenden

1. zur Übermittlung von Hinweisen auf zeitlich begrenzte Gefahren oder
2. zur Übermittlung von Notrufen an Personen zur Ausführung bestimmter sicherheitsrelevanter Handlungen.

(3) Hand- oder Sprechzeichen sind zur Anleitung von Arbeitnehmer/innen bei zeitlich begrenzten risikoreichen Arbeitsvorgängen zu verwenden.

Anforderungen an verwendete Leucht- und Schallzeichen

§ 5. (1) Es dürfen nur Leuchtzeichen verwendet werden,

1. deren Farbe der Bedeutung der Sicherheitsfarben laut Anhang 2 entspricht,
2. deren Licht deutlich sichtbar ist, mit der Umgebung kontrastiert und nicht blendet,
3. bei denen allenfalls enthaltene Bildzeichen dem § 3 Abs. 1 Z 2 bis 4 und Abs. 2 entsprechen,
4. die bis zum Abschluß der erforderlichen Aktion andauern und

5. bei denen, sofern die Vorrichtung kontinuierliche und blinkende Leuchtzeichen aussenden kann, das blinkende im Gegensatz zum kontinuierlichen Zeichen eine höhere Gefahrenstufe oder eine höhere Dringlichkeit der erforderlichen Aktion anzeigt.

(2) Es dürfen nur Schallzeichen verwendet werden,

1. deren Lautstärkepegel deutlich über dem Umgebungslärm liegt, aber nicht schmerzhaft ist,
2. die durch Impulsdauer und –intervalle gut erkennbar und deutlich abgesetzt von anderen Schallzeichen oder sonstigen Umgebungsgeräuschen sind,
3. die bis zum Abschluß der erforderlichen Aktion andauern,
4. die, sofern es sich um Evakuierungszeichen handelt, einen nicht unterbrochenen Ton haben und
5. bei denen, sofern die Vorrichtung eine kontinuierliche und eine veränderliche Frequenz aussenden kann, die veränderliche im Gegensatz zur kontinuierlichen Frequenz eine höhere Gefahrenstufe oder eine höhere Dringlichkeit der erforderlichen Aktion anzeigt.

(3) Vorrichtungen, die eine Energiequelle benötigen, müssen über eine Notversorgung verfügen, es sei denn, daß bei Unterbrechung der Energiezufuhr kein Risiko mehr besteht.

Anforderungen an verwendete Sprech- und Handzeichen

§ 6. (1) Werden Sprechzeichen verwendet, müssen Arbeitgeber/innen dafür sorgen, daß diese so kurz, einfach und klar wie möglich, akustisch einwandfrei wahrnehmbar und ihre Aussagen für die betroffenen Arbeitnehmer/innen leicht verständlich sind.

(2) Werden Handzeichen verwendet, müssen Arbeitgeber/innen dafür sorgen, daß

1. diese genau, einfach, aussagekräftig, leicht durchführbar und verständlich sowie deutlich voneinander abgegrenzt sind und, sofern sie mit beiden Armen gleichzeitig gegeben werden, symmetrisch erfolgen und nur eine Aussage darstellen,
2. diese, sofern sie eine der in Anhang 3 genannten Aussagen treffen, der dort jeweils zugeordneten Darstellung entsprechen.

(3) Abweichend von Abs. 2 Z 2 sind geringfügige Abweichungen von den Darstellungen laut Anhang 3 insoweit zulässig, als Bedeutung oder Verständlichkeit der Aussage nicht verändert oder vermindert werden.

(4) Werden Handzeichen verwendet, müssen Arbeitgeber/innen weiters dafür sorgen, daß die Person, die die Zeichen gibt,

1. den gesamten Ablauf der Arbeitsvorgänge beobachten kann, ohne durch die Arbeitsvorgänge gefährdet zu sein,

2. sich ausschließlich der Steuerung der Arbeitsvorgänge und der Sicherheit der in der Nähe befindlichen Arbeitnehmer/innen widmet und
3. für die Arbeitnehmer/innen leicht erkennbar ist und erforderlichenfalls geeignete Erkennungszeichen trägt.

Information und Unterweisung
§ 7. (1) Arbeitgeber/innen müssen alle betroffenen Arbeitnehmer/innen über die Bedeutung der Sicherheits- und Gesundheitsschutzkennzeichnung und über die damit in Zusammenhang stehenden zu ergreifenden Maßnahmen im Sinne des § 12 ASchG informieren.

(2) Arbeitgeber/innen müssen alle betroffenen Arbeitnehmer/innen in der Bedeutung von Gefahrenpiktogrammen, Warnzeichen, Leucht- und Schallzeichen sowie Sprech- und Handzeichen und in den damit in Zusammenhang stehenden zu ergreifenden Maßnahmen im Sinne des § 14 ASchG unterweisen.

Schlußbestimmungen
§ 8. (1) Die Bestimmungen dieser Verordnung sind Mindestvorschriften nach der Richtlinie 92/58/EWG des Rates vom 24. Juni 1992 in der Fassung der Änderung durch Art. 1 der Richtlinie 2014/27/EU vom 26. Februar 2014. Daher wird gemäß § 95 Abs. 1 ASchG festgelegt, daß die Behörde von den Bestimmungen dieser Verordnung keine Ausnahmen zulassen darf.

(2) Zeichen zum Hinweis auf Feuerlöschgeräte müssen der Darstellung nach Anhang 1 ab 1. März 2000 entsprechen.

(3) Im übrigen tritt diese Verordnung mit 1. Juli 1997 in Kraft.

(4) §§ 1a und 1b jeweils samt Überschrift, die Überschrift zu § 3, § 3 Abs. 1, 1a und 4, § 7 Abs. 2, § 8 Abs. 1 sowie Anhang 1 Punkt 1.2 in der Fassung der Verordnung BGBl. II Nr. 184/2015, treten mit dem ihrer Kundmachung folgenden Tag in Kraft. Gemäß § 125 Abs. 8 ASchG wird festgestellt, dass durch das Inkrafttreten von § 1b dieser Verordnung in dem gemäß § 110 Abs. 8 ASchG als Bundesgesetz geltenden § 65 Abs. 4 der Allgemeinen Arbeitnehmerschutzverordnung (AAV), BGBl. 218/1983, im vorletzten Satz der Satzteil „bei den Zugängen deutlich und dauerhaft gekennzeichnet und" außer Kraft tritt.

(5) In § 1a Abs. 1 Z 1 und in § 1b Abs. 3 Z 1 tritt jeweils der zweite Satz mit 1. Juni 2024 außer Kraft.

Die Anhänge werden hier nicht wiedergegeben; es wird auf das Bundesgesetzblatt verwiesen.

4. Verordnung über arbeitsmedizinische Zentren

Verordnung des Bundesministers für Arbeit und Soziales über arbeitsmedizinische Zentren (AMZ-VO)

StF: BGBl. Nr. 441/1996 (CELEX-Nr.: 389L0391)

Letzte Novellierung: BGBl. II Nr. 218/2022

Präambel

Auf Grund der §§ 80 und 90 Abs. 1 Z 3 des Bundesgesetzes über Sicherheit und Gesundheitsschutz bei der Arbeit (ArbeitnehmerInnenschutzgesetz – ASchG), BGBl. Nr. 450/1994, wird verordnet:

GLIEDERUNG

Ärztliche Leitung und weitere Arbeitsmediziner/innen

§ 1. (1) Die ärztliche Leitung des arbeitsmedizinischen Zentrums muß einem Arzt/einer Ärztin mit abgeschlossener arbeitsmedizinischer Ausbildung gemäß § 79 Abs. 2 ASchG übertragen sein, der/die eine arbeitsmedizinische Betreuung hauptberuflich, mindestens aber im Ausmaß von regelmäßig 20 Stunden wöchentlich, ausübt.

(2) Im Zentrum müssen weitere Arbeitsmediziner/innen beschäftigt werden, sodaß das Zentrum eine regelmäßige arbeitsmedizinische Betreuung im Ausmaß von mindestens 70 Stunden wöchentlich ausüben kann, wobei auf dieses Ausmaß nur die Einsatzzeit von Ärzten/Ärztinnen anzurechnen ist, die regelmäßig mindestens acht Stunden wöchentlich beschäftigt werden.

(2a) In arbeitsmedizinischen Zentren, die als Ausbildungsstätte gemäß § 10 Abs. 1 Ärztegesetz 1998 (ÄrzteG 1998) anerkannt sind, kann die Tätigkeit auszubildender Fachärztinnen und Fachärzte im Sonderfach Arbeitsmedizin und angewandte Physiologie der Ärztinnen-/Ärzte-Ausbildungsordnung 2015 (ÄAO 2015), BGBl. II Nr. 147/2015, in die regelmäßige arbeitsmedizinische Betreuung gemäß Abs. 2 eingerechnet werden, sofern diese den Ausbildungslehrgang gemäß der Verordnung über die arbeitsmedizinische Ausbildung von Ärztinnen und Ärzten, BGBl. Nr. 489/1995, bereits abgeschlossen haben.

(3) Zur arbeitsmedizinischen Betreuung im Sinne der Abs. 1 und 2 zählen die Beratung von Arbeitgeber/innen, Arbeitnehmer/innen, Sicherheitsvertrauenspersonen und Belegschaftsorganen auf dem Gebiet des Gesundheitsschutzes, der auf die Arbeitsbedingungen bezogenen Gesundheitsförderung und der menschengerechten Arbeitsgestaltung, die Unterstützung der Arbeitgeber/innen bei der Erfüllung ihrer Pflichten auf diesen Gebieten sowie die für die fachliche Leitung des Zentrums notwendigen Koordinations- und Leitungstätigkeiten.

Fachpersonal

§ 2. (1) Im arbeitsmedizinischen Zentrum muß geeignetes Fachpersonal zur fachlichen Unterstützung der Arbeitsmediziner/innen bei der Erfüllung ihrer Aufgaben gemäß § 81 ASchG im erforderlichen Ausmaß beschäftigt werden.

(2) Als geeignetes Fachpersonal gelten

1. Ärzte/Ärztinnen, die ihre arbeitsmedizinische Ausbildung noch nicht abgeschlossen haben,
2. Angehörige der gehobenen medizinisch-technischen Dienste und des medizinisch-technischen Fachdienstes,
3. Angehörige des Krankenpflegefachdienstes,
4. Psychologen/Psychologinnen,
5. Chemiker/innen und
6. Personen mit einer entsprechenden Ausbildung auf den Gebieten der Ergonomie, Epidemiologie, Toxikologie sowie anderen für die Tätigkeit im arbeitsmedizinischen Zentrum einschlägigen Gebieten,
7. Angehörige eines Arbeitsmedizinischen Fachdienstes.

(3) Das Fachpersonal nach Abs. 2 Z 2 und 3 muß eine Ausbildung für arbeitsmedizinisches Fachpersonal in der Dauer von mindestens vier Wochen absolviert haben.

(4) Fachpersonal ist in dem zur Unterstützung der Arbeitsmediziner/innen notwendigen Ausmaß zu beschäftigen. Als Mindestausmaß für die Beschäftigung des Fachpersonals gilt die Hälfte der Summe der Normalarbeitszeit der Arbeitsmediziner/innen, mindestens aber insgesamt ein Ausmaß von regelmäßig 38 Stunden wöchentlich.

(5) Bei der Zusammensetzung des Fachpersonals ist eine Vertretung sowohl des Personenkrei-

ses nach Abs. 2 Z 2 und 3 als auch des Personenkreises nach Abs. 2 Z 4 bis 6 anzustreben.

Hilfspersonal

§ 3. (1) Im arbeitsmedizinischen Zentrum muß geeignetes Hilfspersonal im erforderlichen Ausmaß beschäftigt werden.

(2) Zum Hilfspersonal zählen Personen, die Sekretariatsarbeiten und Tätigkeiten wie Schriftverkehr, Telefondienst oder Ablage verrichten.

(3) Hilfspersonal ist in dem zur Unterstützung der ArbeitsmedizinerInnen und des Fachpersonals notwendigen Ausmaß zu beschäftigen, mindestens aber insgesamt im Ausmaß von regelmäßig 38 Stunden wöchentlich.

Räumlichkeiten

§ 4. (1) Den im arbeitsmedizinischen Zentrum beschäftigten Personen müssen entsprechende Arbeitsräume zur Verfügung stehen.

(2) Den Arbeitsmediziner/innen müssen geeignete und entsprechend ausgestattete Räume für Untersuchungen zur Verfügung stehen.

(3) Das arbeitsmedizinische Zentrum muß weiters über folgende Räume verfügen: Warteraum, Raum für funktionsanalytische Untersuchungen, Waschraum und Toilette, Umkleideraum oder Umkleidekabine in der Nähe der für Untersuchungen vorgesehenen Räume. Werden die Laboruntersuchungen nicht nachweislich an Speziallabors ausgelagert oder die Verträge gekündigt, ist auch ein Laborraum erforderlich.

(4) Die Räumlichkeiten des arbeitsmedizinischen Zentrums sind durch eine entsprechende äußere Bezeichnung kenntlich zu machen und in einem solchen Zustand zu halten, daß sie den hygienischen Anforderungen entsprechen.

(5) Durch entsprechende versperrbare Einrichtungen wie ein Archiv oder eine Ablage muß gewährleistet sein, daß betriebsbezogene Unterlagen und arbeitnehmerbezogene Unterlagen, insbesondere Befunde, Unbefugten nicht zugänglich sind.

(6) Daten, die zu Zwecken der arbeitsmedizinischen Betreuung verarbeitet werden, müssen vor dem Zugriff Unbefugter in geeigneter Weise geschützt werden.

Ausstattung und Mittel

§ 5. (1) Das arbeitsmedizinische Zentrum muß über die Arbeitnehmerschutzvorschriften sowie über die erforderliche einschlägige periodische und nichtperiodische Fachliteratur verfügen.

(2) Das arbeitsmedizinische Zentrum muß über folgende Ausstattung verfügen: Personenwaage, Körpergrößenmeßgerät, Blutdruckmeßgerät, Notfallausrüstung, Nasenspekulum, Dermatoskop, Otoskop, Audiometer, Sehtestgerät und Spirometer.

(3) Das arbeitsmedizinische Zentrum muß weiters über die notwendigen Geräte zur Durchführung von Messungen auf dem Gebiet des Arbeitnehmerschutzes verfügen. Zur Mindestausstattung gehören:

1. Geräte oder kombiniertes Gerät zur Messung der Beleuchtungsstärke und der Leuchtdichte,
2. Geräte oder kombiniertes Gerät geeignet für die Messung der Behaglichkeitsbedingungen von Luftfeuchte, Lufttemperatur und Luftgeschwindigkeit,
3. Schallpegelmesser mit Prüfschallquelle geeignet für die Messung des A-bewerteten energieäquivalenten Dauerschallpegels,
4. Prüfröhrchenpumpe mit Prüfröhrchenöffner für Prüfröhrchen zur Kurzzeitmessung,

(Anm.: Z 5 aufgehoben durch BGBl. II Nr. 441/1998).

Arbeitsmedizinische Zentren für Bürobetriebe

§ 6. (1) Wenn ein arbeitsmedizinisches Zentrum seine Tätigkeit auf die arbeitsmedizinische Betreuung von Bürobetrieben beschränkt, gelten folgende Abweichungen:

1. Abweichend von § 4 Abs. 3 ist kein Laborraum und kein Raum für funktionsanalytische Untersuchungen erforderlich.
2. Abweichend von § 5 Abs. 2 sind folgende Geräte nicht erforderlich: Nasenspekulum, Otoskop, Audiometer, Spirometer, Zentrifuge, Photometer.

(2) Zu den Bürobetrieben im Sinne des Abs. 1 gehören Arbeitsstätten des Geld- und Kreditwesens, des Versicherungswesens, des Realitätenwesens, der Rechts- und Wirtschaftsdienste, weiters sonstige Arbeitsstätten, in denen mindestens 80% der Arbeitnehmer/innen ausschließlich mit Bürotätigkeiten beschäftigt sind.

(3) Arbeitsmedizinische Zentren, die eine eingeschränkte arbeitsmedizinische Betreuung von Bürobetrieben ausüben, müssen dies durch eine entsprechende Bezeichnung des Zentrums oder durch einen entsprechenden Zusatz zur Bezeichnung oder in sonst eindeutig erkennbarer Weise zum Ausdruck bringen.

Schlußbestimmungen

§ 7. (1) § 2 Abs. 3 tritt mit 1. Jänner 2000 in Kraft.

(2) Die übrigen Bestimmungen dieser Verordnung treten mit 1. Jänner 1997 in Kraft.

(3) Arbeitsmedizinische Zentren, die am 1. Jänner 1997 über eine aufrechte Bewilligung gemäß § 80 ASchG oder eine Ermächtigung gemäß § 22c Abs. 2 des Arbeitnehmerschutzgesetzes (ANSchG), BGBl. Nr. 234/1972, verfügen, müssen bis spätestens 31. Dezember 1997 die Anforderungen der §§ 2 bis 6 erfüllen.

(4) § 4 Abs. 3 und § 5 Abs. 2 in der Fassung der Verordnung BGBl. II Nr. 441/1998 treten mit

1. Jänner 1999 in Kraft. § 5 Abs. 3 Z 5 tritt mit Ablauf des 31. Dezember 1998 außer Kraft.

(5) § 1 Abs. 1 in der Fassung BGBl. II Nr. 210/2013 tritt mit dem der Kundmachung folgenden Monatsersten in Kraft.

(6) § 1 Abs. 2a und § 2 Abs. 2 Z 6 und Z 7 in der Fassung BGBl. II Nr. 218/2022 treten mit 1. Juli 2022 in Kraft.

5. Verordnung über sicherheitstechnische Zentren

Verordnung der Bundesministerin für Arbeit, Gesundheit und Soziales über sicherheitstechnische Zentren (STZ-VO)
StF: BGBl. II Nr. 450/1998
Letzte Novellierung: BGBl. II Nr. 210/2013
Präambel
Auf Grund der §§ 75 und 90 Abs. 1 Z 3 des Bundesgesetzes über Sicherheit und Gesundheitsschutz bei der Arbeit (ArbeitnehmerInnenschutzgesetz – ASchG), BGBl. Nr. 450/1994, zuletzt geändert durch BGBl. I Nr. 47/1997, wird verordnet:

GLIEDERUNG

1. Abschnitt
Sicherheitstechnische Zentren
Fachliche Leitung und weitere Sicherheitsfachkräfte

§ 1. (1) Die fachliche Leitung des sicherheitstechnischen Zentrums muß einer Sicherheitsfachkraft im Sinne des § 74 Abs. 1 ASchG übertragen werden, die die sicherheitstechnische Betreuung hauptberuflich, mindestens aber im Ausmaß von regelmäßig 20 Stunden wöchentlich, ausübt.

(2) Im sicherheitstechnischen Zentrum müssen weitere Sicherheitsfachkräfte im Sinne des § 74 Abs. 1 ASchG beschäftigt werden, sodaß das Zentrum eine regelmäßige sicherheitstechnische Betreuung im Ausmaß von mindestens 70 Stunden wöchentlich ausüben kann, wobei auf dieses Ausmaß nur die Einsatzzeit von Sicherheitsfachkräften anzurechnen ist, die regelmäßig mindestens acht Stunden wöchentlich beschäftigt werden.

(3) Zur sicherheitstechnischen Betreuung im Sinne des Abs. 1 zählen die Beratung von Arbeitgebern, Arbeitnehmern, Sicherheitsvertrauenspersonen und Belegschaftsorganen auf dem Gebiet der Arbeitssicherheit und der menschengerechten Arbeitsgestaltung, die Unterstützung der Arbeitgeber bei der Erfüllung ihrer Pflichten auf diesem Gebiet sowie die für die fachliche Leitung des Zentrums notwendigen Koordinations- und Leitungstätigkeiten.

Fachpersonal

§ 2. (1) Im sicherheitstechnischen Zentrum muß geeignetes Fachpersonal zur fachlichen Unterstützung der Sicherheitsfachkräfte bei Erfüllung ihrer Aufgaben gemäß § 76 ASchG im erforderlichen Ausmaß beschäftigt werden.

(2) Dem Fachpersonal muß mindestens eine Person mit einer Ausbildung auf dem Gebiet des Maschinenbaus oder der Elektrotechnik und mindestens eine Person mit einer Ausbildung auf dem Gebiet der Chemie oder Biologie angehören. Dies gilt nicht, soweit eine im Zentrum beschäftigte Sicherheitsfachkraft über eine Ausbildung auf dem betreffenden Gebiet verfügt oder der Nachweis erbracht wird, daß eine Zusammenarbeit mit gewerberechtlich befugten Personen bzw. Ziviltechnikern, die über eine Ausbildung auf dem Gebiet des Maschinenbaus oder der Elektrotechnik bzw. auf dem Gebiet der Chemie oder Biologie verfügen, erfolgt.

(3) Als geeignetes Fachpersonal gelten Personen, die

1. ein Universitätsstudium oder Fachhochschulstudium einer technischen oder naturwissenschaftlichen Studienrichtung erfolgreich abgeschlossen haben oder eine Reifeprüfung an einer höheren technischen Lehranstalt erfolgreich abgelegt haben oder nach gewerberechtlichen Vorschriften eine Meisterprüfung oder den erfolgreichen Abschluß einer Werkmeisterschule nachgewiesen haben oder eine vergleichbare Ausbildung absolviert haben und
2. eine mindestens dreijährige, dieser Ausbildung entsprechende betriebliche Tätigkeit ausgeübt haben.

(4) Als Fachpersonal können auch Personen beschäftigt werden, die nachweislich mindestens ein Drittel einer gemäß § 6 der Verordnung über die Fachausbildung der Sicherheitsfachkräfte (SFK-

VO), BGBl. Nr. 277/1995, anerkannten Ausbildung absolviert haben.

(5) Fachpersonal ist in dem zur Unterstützung der Sicherheitsfachkräfte notwendigen Ausmaß zu beschäftigen. Als Mindestausmaß für die Beschäftigung des Fachpersonals gilt die Hälfte der Summe der Normalarbeitszeit der Sicherheitsfachkräfte, mindestens aber insgesamt ein Ausmaß von regelmäßig 38 Stunden wöchentlich.

Hilfspersonal

§ 3. (1) Im sicherheitstechnischen Zentrum muß geeignetes Hilfspersonal im erforderlichen Ausmaß beschäftigt werden.

(2) Zum Hilfspersonal zählen Personen, die Sekretariatsarbeiten und Tätigkeiten wie Schriftverkehr, Telefondienst oder Ablage verrichten.

(3) Hilfspersonal ist in dem zur Unterstützung der Sicherheitsfachkräfte und des Fachpersonals notwendigen Ausmaß zu beschäftigen, mindestens aber insgesamt im Ausmaß von regelmäßig 38 Stunden wöchentlich.

Räumlichkeiten

§ 4. (1) Den im sicherheitstechnischen Zentrum beschäftigten Personen müssen entsprechende Arbeitsräume zur Verfügung stehen.

(2) Sofern nicht jeder Sicherheitsfachkraft ein eigener Arbeitsraum zur Verfügung steht, muß im Zentrum ein geeignetes Besprechungszimmer vorhanden sein.

(3) Durch entsprechende versperrbare Einrichtungen wie ein Archiv oder eine Ablage muß gewährleistet sein, daß betriebsbezogene und arbeitnehmerbezogene Unterlagen Unbefugten nicht zugänglich sind.

(4) Daten, die zu Zwecken der sicherheitstechnischen Betreuung verarbeitet werden, müssen vor dem Zugriff Unbefugter in geeigneter Weise geschützt werden.

Ausstattung und Mittel

§ 5. (1) Das sicherheitstechnische Zentrum muß über die Arbeitnehmerschutzvorschriften, über die für die Tätigkeit des Zentrums maßgeblichen Normen sowie die erforderliche einschlägige periodische und nichtperiodische Fachliteratur verfügen.

(2) Das sicherheitstechnische Zentrum muß über die notwendigen Geräte zur Durchführung von Messungen auf dem Gebiet des Arbeitnehmerschutzes verfügen. Zur Mindestausstattung gehören:

1. Geräte oder kombiniertes Gerät zur Messung der Beleuchtungsstärke und der Leuchtdichte,

2. Geräte oder kombiniertes Gerät, geeignet für die Messung der Behaglichkeitsbedingungen von Luftfeuchte, Lufttemperatur und Luftgeschwindigkeit,

3. Schallpegelmesser mit Prüfschallquelle, geeignet für die Messung des A-bewerteten energieäquivalenten Dauerschallpegels,

4. Prüfröhrchenpumpe mit Prüfröhrchenöffner für Prüfröhrchen zur Kurzzeitmessung.

2. Abschnitt
Zentren für die sicherheitstechnische und arbeitsmedizinische
Betreuung

§ 6. (1) Wenn ein Zentrum sowohl als sicherheitstechnisches als auch als arbeitsmedizinisches Zentrum tätig wird, muß es hinsichtlich der Präventivfachkräfte, des Fach- und des Hilfspersonals sowohl die Voraussetzungen für sicherheitstechnische Zentren (§ 75 ASchG sowie 1. Abschnitt dieser Verordnung) als auch die Voraussetzungen für arbeitsmedizinische Zentren (§ 80 ASchG und AMZ-VO, BGBl. Nr. 441/1996, in der jeweils geltenden Fassung) erfüllen.

(2) Es müssen eine leitende Sicherheitsfachkraft und ein leitender Arbeitsmediziner bestellt werden, die in fachlicher Hinsicht voneinander unabhängig sind. Die Unabhängigkeit bei der Ausübung der Fachkunde muß auch in Fall einer gemeinsamen administrativen Leitung für beide Bereiche gewährleistet sein.

(3) Das Zentrum muß über die in § 5 Abs. 1 und 2 AMZ-VO und § 5 Abs. 1 und 2 dieser Verordnung vorgeschriebene Ausstattung und die vorgeschriebenen Mittel verfügen.

(4) Als Mindestausstattung muß das Zentrum über folgende Räumlichkeiten verfügen:

1. Den im Zentrum beschäftigten Personen müssen entsprechende Arbeitsräume zur Verfügung stehen.

2. Sofern nicht jeder Präventivfachkraft ein eigener Arbeitsraum zur Verfügung steht, muß ein geeignetes Besprechungszimmer vorhanden sein.

3. Das Zentrum muß weiters über die in § 4 Abs. 2, 3, 5 und 6 AMZ VO und § 4 Abs. 4 dieser Verordnung genannten Räume und Einrichtungen verfügen.

3. Abschnitt
Schlußbestimmungen

§ 7. (1) Die Verordnung tritt mit 1. Jänner 1999 in Kraft.

(2) § 1 Abs. 1 in der Fassung BGBl. II Nr. 210/2013 tritt mit dem der Kundmachung folgenden Monatsersten in Kraft.

6. Verordnung über die Fachausbildung der Sicherheitsfachkräfte

Verordnung über die Fachausbildung der Sicherheitsfachkräfte und die Besonderheiten der sicherheitstechnischen Betreuung für den untertägigen Bergbau (SFK-VO)

StF: BGBl. Nr. 277/1995
Letzte Novellierung: BGBl. II Nr. 226/2017

Präambel

Auf Grund der §§ 74 und 90 Abs. 1 Z 1 des Bundesgesetzes über Sicherheit und Gesundheitsschutz bei der Arbeit (ArbeitnehmerInnenschutzgesetz – ASchG), BGBl. Nr. 450/1994, wird verordnet:

GLIEDERUNG

Inhalt und Umfang der Fachausbildung

§ 1. (1) Die Fachausbildung muß das notwendige Wissen auf dem Gebiet der Arbeitssicherheit und Kenntnisse der maßgeblichen Arbeitnehmerschutzvorschriften vermitteln. Sie hat die Auszubildenden in die Lage zu versetzen, die Aufgaben einer Sicherheitsfachkraft zu erfüllen.

(2) Die Fachausbildung hat folgende Gebiete zu umfassen:

1. Einführung und Grundlagen: mindestens acht Unterrichtseinheiten;
2. Rechtsgrundlagen, Normen: mindestens 32 Unterrichtseinheiten;
3. Grundsätze der Organisation und der Methoden des betrieblichen Arbeitnehmerschutzes: mindestens 23 Unterrichtseinheiten;
4. Sicherheit von Arbeitssystemen mit Anwendungsfällen: mindestens 60 Unterrichtseinheiten;
5. Ergonomie, Grundlagen und Anwendung: mindestens 24 Unterrichtseinheiten;
6. Schadstoffe, Grundlagen und Anwendung: mindestens 19 Unterrichtseinheiten;
7. Ermittlung und Beurteilung von Gefahren, Festlegung von Maßnahmen: mindestens zehn Unterrichtseinheiten;
8. Kosten-Nutzen-Analyse: mindestens zehn Unterrichtseinheiten;
9. Psychologische und betriebssoziologische Grundlagen des Arbeitnehmerschutzes: mindestens 27 Unterrichtseinheiten;
10. Schnittstellen mit verwandten Sachgebieten, insbesondere dem Verkehrswesen: mindestens sieben Unterrichtseinheiten.

(3) Die Fachausbildung hat mindestens acht Wochen zu umfassen, die Gesamtzahl der Unterrichtseinheiten darf 288 nicht unterschreiten. Eine Unterrichtseinheit umfaßt 50 Minuten. Die Differenz zwischen der Gesamtzahl von 288 Unterrichtseinheiten zu den verbindlich vorgeschriebenen von 220 im Ausmaß von 68 Unterrichtseinheiten bleibt der individuellen inhaltlichen und didaktischen Gestaltung des Unterrichts durch die einzelne Ausbildungseinrichtung vorbehalten.

(3a) Anwesenheitspflicht besteht jedenfalls in der ersten und letzten Ausbildungswoche. Nach Abschluss der ersten Ausbildungswoche und vor Beginn der letzten Ausbildungswoche kann die Anwesenheitspflicht im Ausmaß von insgesamt höchstens 96 Unterrichtseinheiten durch Selbststudium ersetzt werden, wobei Seminarteile und Selbststudium aufeinander folgend abzuwechseln haben. Die Ausbildungseinrichtung hat geeignetes Lernmaterial (wie Skripten, CD-Roms, Videos) für das Selbststudium zur Verfügung zu stellen.

(4) Die Fachausbildung kann blockweise durchgeführt werden, wobei die einzelnen Ausbildungsabschnitte mindestens eine Woche betragen müssen. Die Ausbildungseinrichtung hat zu gewährleisten, daß die Fachausbildung bei normalem Ausbildungsgang innerhalb von zwei Jahren abgeschlossen werden kann.

Qualitätskriterien der Fachausbildung

§ 2. Die Fachausbildung hat einem möglichst hohen Qualitätsanspruch zu genügen. Daher sind bei der Fachausbildung folgende Qualitätskriterien einzuhalten:

1. Die Ausbildung muß praxis- und anwendungsorientiert erfolgen.
2. Der Ausbildung muß ein geschlossenes Gesamtkonzept zugrunde liegen.

3. Die Ausbildung muß lernzielorientiert erfolgen.
4. Die Ausbildung muß modernen methodisch-didaktischen Anforderungen genügen.
5. Lernkontrollen und Prüfungen müssen sich an Lernzielen orientieren.

Lernkontrollen und Prüfung

§ 3. (1) Während der Fachausbildung ist der Lernfortschritt durch zweckentsprechende Lernkontrollen zu überprüfen.

(2) Die Fachausbildung ist mit einer Prüfung abzuschließen. Die Prüfung ist sowohl schriftlich als auch mündlich abzuhalten. Die Prüfung kann wiederholt werden.

(3) Über den erfolgreichen Abschluß der Fachausbildung ist ein Zeugnis auszustellen. Bei blockweiser Durchführung der Fachausbildung ist den Teilnehmern und Teilnehmerinnen eine Bestätigung über die Teilnahme an den einzelnen Ausbildungsabschnitten auszustellen.

(4) Das Bundesministerium für Arbeit, Soziales und Konsumentenschutz ist vom Prüfungstermin zeitgerecht zu verständigen und ist berechtigt, eine/n Vertreter/in zur Prüfung zu entsenden.

Ausbildung im Ausland

§ 3a. (1) Eine Ausbildungseinrichtung mit gemäß § 6 anerkannter Fachausbildung, die als öffentlich-rechtliche Körperschaft eingerichtet ist, muss auf Antrag an Staatsangehörige eines Mitgliedstaates der Europäischen Union ohne Absolvierung einer Ausbildung und Ablegung einer Prüfung nach dieser Verordnung ein Zeugnis gemäß § 3 Abs. 3 ausstellen, wenn diese Person nachweist eine entsprechende Befähigungs- oder Ausbildungsnachweis zu besitzen, der in einem anderen Mitgliedstaat erforderlich ist, um in dessen Hoheitsgebiet die Erlaubnis zur Aufnahme oder Ausübung dieses Berufs zu erhalten.

(2) Ist im Herkunftsmitgliedstaat einer/eines Staatsangehörigen eines Mitgliedstaates der Europäischen Union kein Befähigungs- oder Ausbildungsnachweis erforderlich, um die Erlaubnis zur Aufnahme oder Ausübung der Tätigkeit einer Sicherheitsfachkraft (Fachkraft für Arbeitssicherheit) nach §§ 73ff ASchG in dessen Hoheitsgebiet zu erhalten (Art. 13 Abs. 2 der Richtlinie des Europäischen Parlaments und des Rates vom 7. September 2005 über die Anerkennung von Berufsqualifikationen 2005/36/EG, ABl. Nr. L 255/22, in der Fassung der Änderungsrichtlinie 2013/55/EU des Europäischen Parlaments und des Rates vom 20. November 2013, ABl. L 354, S. 132 vom 28.12.2013), muss die Ausbildungseinrichtung (Abs. 1) ein Zeugnis zum Nachweis der Fachkenntnisse ausstellen, wenn die betreffende Person

1. den Abschluss einer die jeweiligen Fachkenntnisse vermittelnden reglementierten Ausbildung im Sinn des Artikels 3 Abs. 1 lit. e) der Richtlinie 2005/36/EG oder
2. eine einschlägige Berufserfahrung im Sinn des Art. 3 lit. f der Richtlinie 2005/36/EG über die Anerkennung von Berufsqualifikationen (ABl. L 255/22 vom 30.9.2005, in der Fassung der Änderungsrichtlinie 2013/55/EU des Europäischen Parlaments und des Rates vom 20. November 2013, ABl. L 354, S. 132 vom 28.12.2013) ein Jahr lang in Normalarbeitszeit oder während einer entsprechenden Gesamtdauer in Teilzeit in den letzten zehn Jahren nachweist.

nachweist.

(3) Abs. 1 und 2 gilt sinngemäß für außerhalb der Europäischen Union nachweislich abgeschlossene Ausbildungen und erworbene Berufserfahrungen von Staatsangehörigen eines Mitgliedstaats der Europäischen Union oder von Staatsangehörigen eines Vertragsstaats des Europäischen Wirtschaftsraumes (EWR), der Schweizerischen Eidgenossenschaft oder der Türkei, wenn die Ausbildung in einem dieser Staaten abgeschlossen oder die Berufserfahrung in einem dieser Staaten erworben wurde.

(4) Befähigungs- oder Ausbildungsnachweise, die außerhalb der Europäischen Union oder den in Abs. 3 genannten Staaten erworben wurden und bereits in einem Mitgliedstaat der Europäischen Union nach der Richtlinie über die Anerkennung von Berufsqualifikationen 2005/36/EG anerkannt worden sind, gelten als Nachweis der Fachkenntnisse und sind durch die Ausbildungseinrichtung (Abs. 1) auf Antrag durch Zeugnisausstellung gemäß § 3 Abs. 3 anzuerkennen. Wurden solche Befähigungs- oder Ausbildungsnachweise noch nicht in einem Mitgliedstaat der Europäischen Union anerkannt, haben Ausbildungseinrichtungen (Abs. 1) auf Antrag solche Nachweise durch Zeugnisausstellung gemäß § 3 als Nachweis der Fachkenntnisse nach dieser Verordnung anzuerkennen, wenn die Gewähr dafür gegeben ist, dass Fachkenntnisse im Sinn dieser Verordnung vorliegen. Ist auf Grund der vorgelegten Nachweise nicht eindeutig feststellbar, dass zumindest Fachkenntnisse vorliegen, die den Fachkenntnissen nach dieser Verordnung entsprechen, hat sich die Ausbildungseinrichtung vom Vorliegen ausreichender Fachkenntnisse durch eine theoretische und/oder praktische Prüfung zu überzeugen.

(5) Antragsberechtigt ist jene Person, die über einen Befähigungs- oder Ausbildungsnachweis oder im Fall des Abs. 2 über eine nachweisliche einschlägige Berufserfahrung verfügt, oder deren Arbeitgeber/in im Inland.

(6) Eine Ausbildungseinrichtung nach Abs. 1 gilt als zuständige benannte Stelle gemäß Artikel 56 Abs. 3 der Richtlinie 2005/36/EG über

die Anerkennung von Berufsqualifikationen im Anwendungsbereich dieser Verordnung. Sie hat dem/der Antragsteller/in binnen eines Monats den Empfang der Unterlagen zu bestätigen und gegebenenfalls mitzuteilen, welche Unterlagen fehlen. Sie hat über Anträge ohne unnötigen Verzug, spätestens aber binnen drei Monaten nach Einreichung der vollständigen Unterlagen zu entscheiden.

(Anm.: Abs. 7 aufgehoben durch BGBl. II Nr. 210/2013)

(8) Sind die Voraussetzungen gemäß Abs. 1, 2, 3 oder 4 nicht erfüllt, ist zur Erlangung eines Zeugnisses gemäß § 3 Abs. 3 die Absolvierung einer Ausbildung und erfolgreiche Ablegung einer Prüfung nach dieser Verordnung erforderlich.

Ausbildungsleiter(in)

§ 4. Die Ausbildungseinrichtung hat eine Person zu bestellen, die für die organisatorische Kursbetreuung zuständig ist (Ausbildungsleiter(in)). Diese Person muß zumindest auf einem Teilgebiet der Fachausbildung über fachliche Kenntnisse verfügen und außerdem Fähigkeiten in organisatorischer und pädagogischer Hinsicht besitzen.

Antrag auf Anerkennung

§ 5. Die Ausbildungseinrichtung hat den Antrag auf Anerkennung der Fachausbildung beim Bundesminister für Arbeit, Soziales und Konsumentenschutz einzubringen. Folgende Unterlagen sind anzuschließen:

1. ein Ausbildungsplan, der die einzelnen Ausbildungsgegenstände samt Zahl der vorgesehenen Unterrichtseinheiten und bei blockweiser Ausbildung auch die zeitliche Einteilung enthalten muß,
2. allgemeine Angaben über die organisatorische und fachliche Qualifikation der Ausbildungsleiter(innen) und über die fachliche Qualifikation der vorgesehenen Lehrkräfte,
3. zweckentsprechende Angaben über die Ausstattung und Lehrmittel der Einrichtung,
4. Angaben über die Organisation, den Ablauf und Inhalt der Prüfungen.

Anerkennung der Fachausbildung

§ 6. (1) Die Fachausbildung ist vom Bundesminister für Arbeit, Soziales und Konsumentenschutz mit Bescheid anzuerkennen, wenn der vorgelegte Ausbildungsplan § 1 entspricht und gewährleistet ist, daß die personellen und sachlichen Voraussetzungen der Ausbildungseinrichtung zur Erreichung des Ausbildungszieles gegeben sind.

(2) Den gesetzlichen Interessenvertretungen der Arbeitgeber und der Arbeitnehmer ist im Verfahren Gelegenheit zur Stellungnahme zu geben sowie eine Ablichtung des Bescheides zu übermitteln.

(3) Die Anerkennung kann unter Vorschreibung von Auflagen hinsichtlich Organisation, Ausstattung, Lehrmittel und Prüfung erteilt werden, soweit dies erforderlich ist, um eine ordnungsgemäße Ausbildung zu gewährleisten.

(4) Die Anerkennung ist zu widerrufen, wenn

1. die vorgeschriebenen Auflagen nicht erfüllt werden oder
2. die in Abs. 1 angeführten Voraussetzungen nicht mehr vorliegen oder
3. gegen §§ 2, 3, 4, 7 oder 8 verstoßen wird.

Zulassung zur Fachausbildung

§ 7. (1) Zur Fachausbildung sind Personen zuzulassen, die

1. ein Hochschulstudium oder Fachhochschulstudium einer technischen oder naturwissenschaftlichen Studienrichtung erfolgreich abgeschlossen haben, oder eine Reifeprüfung an einer höheren technischen Lehranstalt erfolgreich abgelegt haben, oder nach gewerberechtlichen Vorschriften eine Meisterprüfung oder den erfolgreichen Abschluß einer Werkmeisterschule nachgewiesen haben oder eine vergleichbare Ausbildung absolviert haben und
2. eine mindestens zweijährige, dieser Ausbildung entsprechende betriebliche Tätigkeit ausgeübt haben.

(2) Sonstige Personen dürfen zur Fachausbildung zugelassen werden, wenn sie

1. eine mindestens vierjährige betriebliche Tätigkeit ausgeübt haben und
2. durch Ablegung einer Aufnahmeprüfung an der Ausbildungseinrichtung nachgewiesen haben, daß sie über ausreichende Grundkenntnisse auf technischem Gebiet verfügen.

Meldepflichten

§ 8. Die Ausbildungseinrichtung hat dem Bundesministerium für Arbeit, Soziales und Konsumentenschutz zu melden:

1. Beginn und Beendigung der Ausbildungstätigkeit der Ausbildungseinrichtung,
2. jede wesentliche Änderung zu den in § 5 Z 1 bis 4 angeführten Angaben.

Sicherheitstechnische Betreuung für den untertägigen Bergbau

§ 8a. (1) Arbeitgeber/innen dürfen für einen untertägigen Bergbau gemäß § 73 Abs. 1 Z 1 und 2 ASchG nur eine Sicherheitsfachkraft bestellen, die mindestens sechs Monate dauernde betriebliche Tätigkeit im Bergbau nachweist. Bei Bestellung mehrerer betriebseigener oder externer Sicherheitsfachkräfte muss mindestens eine Person diese Voraussetzung erfüllen.

(2) Arbeitgeber/innen dürfen für einen untertägigen Bergbau ein sicherheitstechnisches Zentrum gemäß § 73 Abs. 1 Z 3 ASchG nur dann in Anspruch nehmen, wenn gewährleistet ist, dass die

Betreuung durch eine Sicherheitsfachkraft erfolgt, die die Voraussetzungen nach Abs. 1 erfüllt.

(3) Arbeitgeber/innen dürfen für einen untertägigen Bergbau die Leitung mehrerer betriebseigener Sicherheitsfachkräfte gemäß § 83 Abs. 6 ASchG nur einer Sicherheitsfachkraft übertragen, die die Voraussetzungen nach Abs. 1 erfüllt.

Übergangsbestimmungen

§ 9. (1) Wer im Zeitraum vom 1. Jänner 1985 bis 31. Dezember 1994 mindestens drei Jahre als Sicherheitstechniker gemäß § 21 des Arbeitnehmerschutzgesetzes, BGBl. Nr. 234/1972, bestellt und dem zuständigen Arbeitsinspektorat schriftlich gemeldet war und vor dem 1. Jänner 1995 einen Lehrgang für Sicherheitstechniker in der Dauer von mindestens zwei Wochen absolviert hat, darf uneingeschränkt als Sicherheitsfachkraft ohne Nachweis der Fachkenntnisse tätig sein.

(2) Wer vor dem 1. Jänner 1995 für einen Betrieb als Sicherheitstechniker gemäß § 21 des Arbeitnehmerschutzgesetzes, BGBl. Nr. 234/1972, bestellt und dem Arbeitsinspektorat schriftlich gemeldet wurde und seither ununterbrochen als Sicherheitstechniker (seit 1. Jänner 1995: als Sicherheitsfachkraft) tätig war, darf weiterhin ohne Nachweis der Fachkenntnisse als Sicherheitsfachkraft für die zu diesem Betrieb gehörenden Arbeitsstätten, Baustellen und auswärtigen Arbeitsstellen tätig sein. Dies gilt auch im Falle eines Arbeitgeberwechsels.

(3) Wer nach dem 1. Jänner 1995 gemäß § 115 Abs. 5 ASchG als Sicherheitsfachkraft bestellt wird, darf ohne Nachweis der Fachkenntnisse höchstens vier Jahre ab dem Zeitpunkt der Bestellung als Sicherheitsfachkraft tätig sein.

(3a) Wer schon einmal nach bergrechtlichen Vorschriften bescheidmäßig als Sicherheitsbeauftragte/r anerkannt war, darf weiterhin als Sicherheitsfachkraft, auch für den untertägigen Bergbau, tätig sein.

(4) Arbeitgeber(innen) können Arbeitnehmer(innen), die ein Drittel der Fachausbildung absolviert haben, für einen Zeitraum von höchstens zwei Jahren als Sicherheitsfachkräfte bestellen, wenn sie in einer Arbeitsstätte oder auf Baustellen des Arbeitgebers/der Arbeitgeberin seit mindestens drei Jahren beschäftigt sind.

(5) Als Nachweis der Fachkenntnisse gilt der Abschluß einer Ausbildung in Österreich, die
1. dem Inhalt und Umfang nach der Fachausbildung gleichwertig ist, und
2. zwischen dem 1. September 1993 und dem 31. Dezember 1995 stattgefunden hat.

Außer-Kraft-Treten von Vorschriften

§ 9a. (1) Gemäß § 196 Abs. 2 des Mineralrohstoffgesetzes (MinroG), BGBl. I Nr. 38/1999, zuletzt geändert durch BGBl. I Nr. 21/2002, wird festgestellt, dass die ausschließlich Belange des Arbeitnehmerschutzes regelnden §§ 40 bis 51 sowie Anlage X der gemäß § 196 Abs. 1 Z 8 MinroG als Bundesgesetz weiter geltenden Bergpolizeiverordnung über verantwortliche Personen, BGBl. II Nr. 108/1997, zuletzt geändert durch BGBl. I Nr. 21/2002, außer Kraft treten.

(2) Anhängige Anerkennungsverfahren gemäß § 48 der Bergpolizeiverordnung über verantwortliche Personen gelten mit In-Kraft-Treten dieser Verordnung als eingestellt. Anträge gemäß § 48 der Bergpolizeiverordnung über verantwortliche Personen werden mit In-Kraft-Treten dieser Verordnung gegenstandslos.

Inkrafttreten

§ 10. (1) Diese Verordnung tritt am 1. Juni 1995 in Kraft.

(2) Der Titel der Verordnung sowie die §§ 1 Abs. 3a und 4, 3 Abs. 4, 9 Abs. 3a, 8a und 9a treten mit dem der Kundmachung folgenden Monatsersten in Kraft.

(3) § 3 Abs. 4 und 3a, jeweils in der Fassung BGBl. II Nr. 13/2007, treten mit dem der Kundmachung folgenden Monatsersten in Kraft.

(4) Die § 3 Abs. 4, §§ 5, 6 Abs. 1 u. 2 und § 8 jeweils in der Fassung BGBl. II Nr. 210/2013 treten mit dem der Kundmachung folgenden Monatsersten in Kraft. § 3a Abs. 7 in der Fassung BGBl. II Nr. 210/2013 tritt mit Ablauf des 31. Dezember 2013 außer Kraft.

SVP-VO

7. Verordnung über die Sicherheitsvertrauenspersonen

Verordnung des Bundesministers für Arbeit und Soziales über die Sicherheitsvertrauenspersonen (SVP-VO)

StF: BGBl. Nr. 172/1996

Letzte Novellierung: BGBl. II Nr. 324/2014

Präambel

Auf Grund der §§ 10, 11 und 18 Z 3 des Bundesgesetzes über Sicherheit und Gesundheitsschutz bei der Arbeit (ArbeitnehmerInnenschutzgesetz - ASchG), BGBl. Nr. 450/1994, wird vom Bundesminister für Arbeit und Soziales sowie auf Grund des § 18 Z 3 ASchG in Verbindung mit § 132 Abs. 3 Z 6 ASchG wird hinsichtlich jener Betriebe und Tätigkeiten, die der Gewerbeordnung 1994 unterliegen, vom Bundesminister für Arbeit und Soziales im Einvernehmen mit dem Bundesminister für wirtschaftliche Angelegenheiten verordnet:

GLIEDERUNG

Mindestanzahl der Sicherheitsvertrauenspersonen

§ 1. (1) Es muß mindestens die in der **Anlage** angeführte Anzahl von Sicherheitsvertrauenspersonen bestellt werden.

(2) Die Mindestanzahl der Sicherheitsvertrauenspersonen richtet sich nach der Arbeitnehmerzahl.

(3) Für die Ermittlung der Arbeitnehmerzahl ist bei der Bestellung von Sicherheitsvertrauenspersonen gemäß § 10 Abs. 2 und 3 ASchG auf den Betrieb abzustellen, für den die Belegschaftsorgane gewählt wurden.

(4) Für die Ermittlung der Arbeitnehmerzahl ist bei der Bestellung von Sicherheitsvertrauenspersonen gemäß § 10 Abs. 4 ASchG auf die Arbeitsstätte abzustellen. Mehrere auf einem Betriebsgelände gelegene oder sonst im räumlichen Zusammenhang stehende Gebäude eines Arbeitgebers/einer Arbeitgeberin zählen zusammen als eine Arbeitsstätte. Die auf Baustellen und auswärtigen Arbeitsstellen beschäftigten Arbeitnehmer/innen sind einzurechnen.

Betriebe mit mehreren Arbeitsstätten

§ 2. Umfaßt ein Betrieb, für den Belegschaftsorgane bestehen, mehrere Arbeitsstätten, gilt folgendes:

1. Die Anzahl der im Betrieb bestellten Sicherheitsvertrauenspersonen muß mindestens der in der Anlage angeführten Mindestanzahl entsprechen.

2. Für jede Arbeitsstätte des Betriebes, in der mehr als 50 Arbeitnehmer/innen beschäftigt werden, ist mindestens eine Sicherheitsvertrauensperson zu bestellen.

3. Die gesonderte Bestellung nach Z 2 hat auch zu erfolgen, wenn sich auf Grund der Zahl der Arbeitsstätten insgesamt für den Betrieb eine höhere Anzahl an Sicherheitsvertrauenspersonen ergibt, als der Mindestanzahl nach der Anlage entspricht.

4. Eine Sicherheitsvertrauensperson, die für eine Arbeitsstätte mit mehr als 50 Arbeitnehmer/innen bestellt ist, kann zusätzlich noch die Betreuung von Arbeitsstätten übernehmen, in denen bis zu 50 Arbeitnehmer/innen beschäftigt werden.

Saisonbetriebe

§ 3. (1) Bei der Berechnung der Mindestanzahl der Sicherheitsvertrauenspersonen in Saisonbetrieben ist auf die durchschnittliche Arbeitnehmerzahl während der drei Monate des der Bestellung vorangegangenen Kalenderjahres abzustellen, in denen der höchste Beschäftigtenstand bestand.

(2) Für eine Neubestellung oder Nachbesetzung außerhalb der Saison gilt abweichend von § 6 und § 7 eine Frist von drei Monaten.

Auswahl und Qualifikation

§ 4. (1) Bei der Auswahl der Sicherheitsvertrauenspersonen ist nach Möglichkeit auf eine angemessene Vertretung der betrieblichen Bereiche (zB Produktion und Verwaltung) und der regionalen Bereiche (zB Filialen) sowie auf eine dem Beschäftigtenstand entsprechende Vertretung von

Frauen und Männern zu achten. Bei mehrschichtiger Arbeitsweise ist darauf zu achten, daß nach Möglichkeit alle Schichten entsprechend betreut werden können.

(2) Als Sicherheitsvertrauenspersonen dürfen nur Arbeitnehmer/innen bestellt werden, die die für ihre Aufgaben notwendigen persönlichen und fachlichen Voraussetzungen erfüllen. Die notwendigen fachlichen Voraussetzungen sind erfüllt, wenn eine Sicherheitsvertrauensperson eine Ausbildung auf dem Gebiet des Arbeitnehmerschutzes im Ausmaß von mindestens 24 Unterrichtseinheiten absolviert hat. Eine Unterrichtseinheit muß mindestens 50 Minuten umfassen.

(2a) Die notwendigen fachlichen Voraussetzungen sind auch erfüllt, wenn eine Sicherheitsvertrauensperson eine Fachausbildung für Sicherheitsfachkräfte (§ 74 ASchG) oder eine arbeitsmedizinische Ausbildung (§ 79 Abs. 2 ASchG) erfolgreich absolviert hat.

(3) Sicherheitsvertrauenspersonen, die vor ihrer Bestellung keine Ausbildung nach Abs. 2 absolviert haben, ist innerhalb des ersten Jahrs der Funktionsperiode Gelegenheit zu geben, die für ihre Tätigkeit erforderlichen Fachkenntnisse durch eine solche Ausbildung zu erwerben.

(4) Abs. 3 gilt auch für Betriebsratsmitglieder, die gemäß § 10 Abs. 2 Z 2 ASchG die Aufgaben einer Sicherheitsvertrauensperson übernehmen.

Wirkungsbereich

§ 5. (1) Sind für einen Betrieb oder für eine Arbeitsstätte mehr als zwei Sicherheitsvertrauenspersonen zu bestellen, kann eine Aufteilung des Wirkungsbereiches erfolgen. Wird der Wirkungsbereich nicht aufgeteilt, sind alle Sicherheitsvertrauenspersonen für den gesamten Betrieb bzw. die gesamte Arbeitsstätte zuständig.

(2) Bei der Aufteilung des Wirkungsbereiches der Sicherheitsvertrauenspersonen ist auf die organisatorischen, regionalen und fachlichen Gegebenheiten Bedacht zu nehmen.

(3) Die Aufteilung des Wirkungsbereiches bedarf der Zustimmung der vorgesehenen Sicherheitsvertrauenspersonen und der zuständigen Belegschaftsorgane. In Arbeitsstätten ohne Belegschaftsorgane bedarf die Aufteilung des Wirkungsbereiches der Zustimmung der vorgesehenen Sicherheitsvertrauenspersonen und der Arbeitnehmer/innen. In der schriftlichen Information der Arbeitnehmer/innen über die beabsichtigte Bestellung gemäß § 10 Abs. 4 Z 2 ASchG ist auch der vorgesehene Wirkungsbereich anzugeben.

(4) Abs. 3 gilt sinngemäß für die Mitbetreuung weiterer Arbeitsstätten im Sinne des § 2 Z 4.

Frist für die Bestellung

§ 6. Die Bestellung von Sicherheitsvertrauenspersonen hat binnen acht Wochen nach Ablauf der vorangegangenen Funktionsperiode zu erfolgen.

Nachbesetzung und betriebliche Änderungen

§ 7. (1) Wenn während der Funktionsperiode eine Sicherheitsvertrauensperson vorzeitig abberufen wird, die Funktion zurücklegt oder wenn ihr Arbeitsverhältnis beendet wird, hat binnen acht Wochen eine Nachbesetzung zu erfolgen. Gleiches gilt, wenn eine Sicherheitsvertrauensperson mehr als acht Wochen lang an der Ausübung ihrer Aufgaben verhindert ist.

(2) Die Nachbesetzung gemäß Abs. 1 hat für den Wirkungsbereich der ausgeschiedenen Sicherheitsvertrauensperson zu erfolgen. Die Nachbesetzung hat für den Rest der Funktionsperiode der übrigen Sicherheitsvertrauenspersonen zu erfolgen.

(3) Wenn alle für eine Arbeitsstätte bzw. einen Betrieb bestellten Sicherheitsvertrauenspersonen während der Funktionsperiode vorzeitig abberufen werden, ihre Funktion zurücklegen oder ihr Arbeitsverhältnis beendet wird, hat eine Neubestellung gemäß § 10 ASchG zu erfolgen.

(4) Wurden Sicherheitsvertrauenspersonen für eine Arbeitsstätte ohne Belegschaftsorgane gemäß § 10 Abs. 4 ASchG bestellt und werden während ihrer Funktionsperiode Belegschaftsorgane gewählt, so hat eine Neubestellung gemäß § 10 Abs. 2 ASchG zu erfolgen, wenn es die zuständigen Belegschaftsorgane verlangen.

Vorsitzende

§ 8. (1) Wurden für eine Arbeitsstätte bzw. einen Betrieb mehrere Sicherheitsvertrauenspersonen bestellt, so können diese aus ihrem Kreis einen Vorsitzenden/eine Vorsitzende wählen.

(2) Der/die Vorsitzende hat die Aufgabe, für die Zusammenarbeit der Sicherheitsvertrauenspersonen und für die Weitergabe von Informationen zu sorgen und vertritt die Sicherheitsvertrauenspersonen gegenüber den Arbeitgeber/innen und den Behörden.

Meldung und Information

§ 9. (1) Die Mitteilung an das Arbeitsinspektorat gemäß § 10 Abs. 8 ASchG hat zu enthalten:

1. Namen der Sicherheitsvertrauenspersonen,
2. Wirkungsbereich und Dienstort der einzelnen Sicherheitsvertrauenspersonen,
3. Beginn und Ende der Funktionsperiode,
4. Angaben über die Bestellung von Vorsitzenden (§ 8),
5. Unterschrift des Arbeitgebers/der Arbeitgeberin oder der sonst für die Einhaltung der Arbeitnehmerschutzvorschriften verantwortlichen Person und
6. bei Bestellung gemäß § 10 Abs. 2 oder 3 ASchG auch die Unterschrift eines Vertreters/einer Vertreterin der zuständigen Belegschaftsorgane.

(2) Außer im Fall einer Nachbesetzung (§ 7 Abs. 1) hat die Mitteilung auch Angaben über die Arbeitnehmerzahl zu enthalten.

(3) Alle im Wirkungsbereich der Sicherheitsvertrauensperson beschäftigten Arbeitnehmer/innen sind über die Bestellung der Sicherheitsvertrauensperson zu informieren. Die Information hat die in Abs. 1 vorgesehenen Angaben zu enthalten. Diese Information kann auch durch einen Aushang der Mitteilung an das Arbeitsinspektorat an einer für alle Arbeitnehmer/innen leicht zugänglichen Stelle erfolgen.

Schlußbestimmungen

§ 10. (1) Bei Arbeitnehmer/innen, die vor dem 1. Juli 1996 eine Ausbildung auf dem Gebiet des Arbeitnehmerschutzes im Ausmaß von mindestens 24 Unterrichtseinheiten zu jeweils mindestens 50 Minuten absolviert haben, ist davon auszugehen, daß sie die notwendigen fachlichen Voraussetzungen im Sinne des § 4 Abs. 2 erfüllen.

(2) Für Sicherheitsvertrauenspersonen, die im Zeitraum zwischen 1. Juli 1995 und 30. Juni 1996 bestellt wurden, gilt § 4 Abs. 3 mit der Maßgabe, daß ihnen bis spätestens 30. Juni 1998 Gelegenheit zu geben ist, die für ihre Tätigkeit erforderlichen Fachkenntnisse durch eine Ausbildung zu erwerben.

(3) Endet die Funktionsperiode der vor dem 1. Juli 1996 für einen Betrieb bzw. eine Arbeitsstätte bestellten Sicherheitsvertrauenspersonen zu unterschiedlichen Zeitpunkten, so hat eine generelle Neubestellung für den Betrieb bzw. für die Arbeitsstätte gemäß § 10 ASchG zu erfolgen

1. bei Ausscheiden einer Sicherheitsvertrauensperson im Sinne des § 7, oder
2. bei Ablauf der Funktionsperiode einer Sicherheitsvertrauensperson,
3. spätestens aber mit 1. Jänner 1997.

(4) Soweit sich aus Abs. 1 und 2 nicht anderes ergibt, tritt diese Verordnung mit 1. Juli 1996 in Kraft.

(5) Gemäß § 125 Abs. 8 ASchG wird festgestellt, daß der gemäß § 104 Z 3 ASchG als Bundesgesetz geltende § 3 der Verordnung über Einrichtungen in den Betrieben für die Durchführung des Arbeitnehmerschutzes, BGBl. Nr. 2/1984, in der Fassung BGBl. Nr. 450/1994, mit 30. Juni 1996 außer Kraft tritt.

(6) § 4 Abs. 2a in der Fassung BGBl. II Nr. 324/2014 tritt mit 1. Jänner 2015 in Kraft.

SVP-VO

Anlage

Mindestanzahl der Sicherheitsvertrauenspersonen

Arbeitnehmerzahl		Anzahl der
von	bis	Sicherheitsvertrauenspersonen
11	50	1
51	100	2
101	300	3
301	500	4
501	700	5
701	900	6
901	1 400	7
1 401	2 200	8
2 201	3 000	9
3 001	3 800	10
3 801	4 600	11
4 601	5 400	12
5 401	6 200	13
6 201	7 000	14
7 001	7 800	15
7 801	8 600	16
8 601	9 400	17
9 401	10 200	18

Für je weitere 800 Arbeitnehmer/innen ist jeweils eine zusätzliche Sicherheitsvertrauensperson zu bestellen. Bruchteile von 800 werden für voll gerechnet.

VGÜ

8. Verordnung über die Gesundheitsüberwachung am Arbeitsplatz 2024

Verordnung des Bundesministers für Arbeit und Wirtschaft über die Gesundheitsüberwachung am Arbeitsplatz 2024 (VGÜ).

StF: BGBl. II Nr. 27/1997
Letzte Novellierung: BGBl. II Nr. 330/2024 [CELEX-Nr.: 32022L0431]

Präambel

Auf Grund der §§ 6, 59 und 95 Abs. 2 des Bundesgesetzes über Sicherheit und Gesundheitsschutz bei der Arbeit (ArbeitnehmerInnenschutzgesetz – ASchG), BGBl. Nr. 450/1994, wird vom Bundesminister für Arbeit und Soziales verordnet:

GLIEDERUNG

Geltungsbereich

§ 1. Diese Verordnung gilt für die Beschäftigung von Arbeitnehmern/Arbeitnehmerinnen, für die Untersuchungen im Sinne des 5. Abschnitts des ArbeitnehmerInnenschutzgesetzes vorgesehen sind.

Eignungs- und Folgeuntersuchungen gemäß § 49 Abs. 1 ASchG

§ 2. (1) Arbeitnehmer/innen dürfen mit Tätigkeiten, bei denen sie einer der nachstehenden Einwirkungen ausgesetzt sind, nur beschäftigt werden, wenn vor Aufnahme der Tätigkeit Eignungsuntersuchungen durchgeführt wurden und bei Fortdauer der Tätigkeit in regelmäßigen Zeitabständen Folgeuntersuchungen durchgeführt werden:

1. Blei, seine Legierungen oder Verbindungen;
2. Quecksilber oder seine anorganischen Verbindungen;
3. Arsen oder seine Verbindungen;
4. Mangan oder seine Verbindungen;
5. Cadmium oder seine Verbindungen;
6. Chrom VI-Verbindungen;
7. Cobalt oder seine Verbindungen;
8. Nickel oder seine Verbindungen;
9. Aluminium-, aluminiumoxid- oder aluminiumhydroxid-haltige Stäube und Rauche;
10. Quarz- oder asbesthaltiger Staub oder Hartmetallstaub;
11. Schweißrauch;
12. Fluor oder seine anorganischen Verbindungen;
13. Rohparaffin, Teer, Teeröle, Anthracen, Pech oder Ruß mit hohem Anteil an polyzyklischen aromatischen Kohlenwasserstoffen, wenn die Ermittlung und Beurteilung der Gefahren gemäß §§ 4 und 41 ASchG ergibt, dass eine Gesundheitsgefährdung bestehen könnte;
14. Benzol;
15. Toluol;
16. Xylole;
17. Trichlormethan (Chloroform), Trichlorethen (Trichlorethylen), Tetrachlormethan (Tetrachlorkohlenstoff), Tetrachlorethan, Tetrachlorethen (Perchlorethylen) oder Chlorbenzol;
18. Kohlenstoffdisulfid (Schwefelkohlenstoff);
19. Dimethylformamid;
20. Ethylenglykoldinitrat (Nitroglykol) oder Glyzerintrinitrat (Nitroglyzerin);
21. Aromatische Nitro- oder Aminoverbindungen;
22. Phosphorsäureester;
23. Rohbaumwoll-, Rohhanf- oder Rohflachsstaub;
24. Isocyanate.

(2) Ergibt die Ermittlung und Beurteilung der Gefahren gemäß §§ 4 und 41 ASchG, daß diese Arbeitsstoffe in einer Apparatur so verwendet werden, daß während des normalen Arbeitsvorganges

kein Entweichen in den Arbeitsraum möglich ist, so ist Abs. 1 nicht anzuwenden.

(3) Abs. 1 ist nicht anzuwenden, wenn die Ermittlung und Beurteilung der Gefahren (§§ 4 und 41 ASchG) hinsichtlich des Arbeitsbereiches/des Arbeitsplatzes oder des Arbeitsvorganges, für den die Eignungs- und Folgeuntersuchungen durchzuführen sind, ergibt, dass

1. Arbeitnehmer/innen mit Tätigkeiten, bei denen sie einer Einwirkung nach Abs. 1 ausgesetzt sind, im Durchschnitt einer Arbeitswoche nicht länger als eine Stunde pro Arbeitstag beschäftigt werden, ausgenommen die Einwirkung eindeutig krebserzeugender Arbeitsstoffe, oder

2. das durchschnittliche tägliche Expositionsausmaß maximal der Hälfte des MAK-Werts (als Tagesmittelwert) entspricht, wobei dies durch eine repräsentative Messung im Sinne des 5. Abschnittes der Grenzwerteverordnung 2024 (GKV), BGBl. II 253/2001, in der jeweils geltenden Fassung, zu belegen ist. Dies gilt nicht für Arbeitsstoffe, die gemäß Anhang I (Stoffliste) der GKV in Spalte 12 mit „H" gekennzeichnet sind.

(3a) Ungeachtet der Einstufung als eindeutig krebserzeugend gilt für Quarzfeinstaub Abs. 3 Z 1. Abs. 1 ist auf Quarzfeinstaub nicht anzuwenden, wenn

1. die Einhaltung des MAK-Wertes durch eine repräsentative Messung im Sinne des 5. Abschnitts der GKV oder durch Vergleichsdaten im Sinne des Abs. 5 nachgewiesen wird und

2. die Exposition der Arbeitnehmerinnen und Arbeitnehmer durch die zu setzenden Schutzmaßnahmen möglichst niedrig gehalten wird.

(4) Abs. 1 ist für eindeutig krebserzeugende Arbeitsstoffe nicht anzuwenden, wenn die Ermittlung und Beurteilung (§§ 4 und 41 ASchG) hinsichtlich des Arbeitsbereiches/des Arbeitsplatzes oder des Arbeitsvorganges, für den die Eignungs- und Folgeuntersuchungen durchzuführen sind, ergibt, dass

1. die Arbeitsstoffbelastung im Organismus der untersuchten Arbeitnehmer/innen in drei aufeinander folgenden Untersuchungen die Referenzwerte der jeweiligen Arbeitsstoffe für Erwachsene (www.arbeitsinspektion.gv.at) nicht überschreitet oder

2. das durchschnittliche tägliche Expositionsausmaß maximal 1/20 des TRK-Werts (als Tagesmittelwert) entspricht, wobei dies durch eine repräsentative Messung im Sinne des 5. Abschnittes der GKV zu belegen ist. Dies gilt nicht für Arbeitsstoffe, die gemäß Anhang I (Stoffliste) der GKV in Spalte 12 mit „H" gekennzeichnet sind.

(5) Abs. 1 ist weiters nicht anzuwenden, wenn durch eine Bewertung nach dem Stand der Technik unter Berücksichtigung von Vergleichsdaten (insbesondere Angaben von Hersteller/innen und Inverkehrbringer/innen, Berechnungsverfahren sowie Messergebnisse vergleichbarer Arbeitsplätze) repräsentativ für den jeweiligen Arbeitsplatz nachgewiesen wird, dass das durchschnittliche tägliche Expositionsausmaß maximal die Hälfte des MAK-Werts bzw. 1/20 des TRK-Werts beträgt.

Eignungs- und Folgeuntersuchungen gemäß § 49 Abs. 2 ASchG

§ 3. (1) Arbeitnehmer/innen dürfen mit nachfolgenden Tätigkeiten nur beschäftigt werden, wenn vor Aufnahme der Tätigkeit Eignungsuntersuchungen durchgeführt wurden und bei Fortdauer der Tätigkeit in regelmäßigen Zeitabständen Folgeuntersuchungen durchgeführt werden:

1. Tätigkeiten, bei denen Atemschutzgeräte mit einer Masse von mehr als 5 kg länger als 30 Minuten durchgehend getragen werden müssen;

2. Tätigkeiten im Rahmen von Gasrettungsdiensten und Grubenwehren sowie als deren ortskundige Führer/innen;

3. Tätigkeiten, bei denen eine den Organismus belastende Hitze im Sinne des Art. VII Abs. 2 Z 2 des Nachtschwerarbeitsgesetzes (NSchG), BGBl. Nr. 354/1981 idF BGBl. I Nr. 87/2013, vorliegt. Als Beurteilungszeitraum für die Untersuchungspflicht gilt ein Arbeitstag, an dem der/die Arbeitnehmer/in dieser Einwirkung ausgesetzt ist.

(2) Einrichtungen im Sinne des Abs. 1 Z 2 sind besondere betriebliche Einrichtungen zur Leistung Erster Hilfe oder Rettung von Arbeitnehmer/innen in Fällen, in denen die Arbeitnehmer/innen infolge besonderer Ereignisse der Einwirkung gesundheitsgefährdender oder sonst für die Atmung nicht geeigneter Gase, Dämpfe oder Stäube ausgesetzt sind.

Eignungs- und Folgeuntersuchungen für Arbeitnehmer/innen, die unter Tage im Bergbau beschäftigt werden

§ 3a. (1) Arbeitnehmer/innen unter 21 Jahren dürfen unter Tage im Bergbau nur beschäftigt werden, wenn vor Aufnahme der Tätigkeit Eignungsuntersuchungen durchgeführt wurden und bei Fortdauer der Tätigkeit in Zeitabständen von einem Jahr Folgeuntersuchungen durchgeführt werden.

(2) Eignungs- und Folgeuntersuchungen nach Abs. 1 sind nicht erforderlich, wenn bereits gemäß § 2 Abs. 1 oder § 3 Untersuchungspflichten bestehen. Die Zeitabstände der Folgeuntersuchungen verkürzen sich in jenen Fällen, in denen in der Anlage 1 mehr als ein Jahr vorgesehen ist,

auf ein Jahr. Sind dabei Lungenröntgen vorgesehen, so sind diese nur erforderlichenfalls jährlich durchzuführen.

(3) Eignungs- und Folgeuntersuchungen gemäß Abs. 1 sind von Arbeitsmediziner/innen durchzuführen und zu beurteilen. Abweichend von § 56 Abs. 1 ASchG bedarf es keiner Ermächtigung.

Eignungs- und Folgeuntersuchungen für Arbeitnehmer/innen, die in Räumen beschäftigt werden, in denen die Sauerstoffkonzentration zum Zweck der Brandvermeidung herabgesetzt ist

§ 3b. (1) Arbeitnehmer/innen dürfen in Räumen, in denen die Sauerstoffkonzentration zum Zweck der Brandvermeidung unter 17 Volumsprozent, nicht jedoch unter 15 Volumsprozent, herabgesetzt ist, nur beschäftigt werden, wenn vor Aufnahme der Tätigkeit Eignungsuntersuchungen durchgeführt wurden und bei Fortdauer der Tätigkeit in Zeitabständen von zwei Jahren Folgeuntersuchungen durchgeführt werden.

(2) Eignungs- und Folgeuntersuchungen gemäß Abs. 1 sind von hiezu von der bzw. von dem für Arbeit zuständigen Bundesministerin bzw. zuständigen Bundesminister ermächtigten Ärzten/Ärztinnen in dem in **Anlage 2** (Untersuchungsrichtlinien) festgelegten Umfang durchzuführen.

Untersuchungen bei Lärmeinwirkung

§ 4. (1) Eine gesundheitsgefährdende Lärmeinwirkung im Sinne des § 50 des ArbeitnehmerInnenschutzgesetzes (ASchG), BGBl. Nr. 450/1994, liegt vor, wenn für Arbeitnehmer/innen folgende Expositionsgrenzwerte überschritten werden, wobei die dämmende Wirkung von persönlicher Schutzausrüstung nicht zu berücksichtigen ist:

1. $L_{A,EX,8h} = 85$ dB, sofern nicht die Lärmexposition von einem Arbeitstag zum anderen erheblich schwankt und die wöchentliche Lärmexposition $L_{A,EX,40h}$ von 85 dB nicht überschritten wird oder
2. $p_{peak} = 140$ Pa (entspricht: $L_{C,peak} = 137$ dB).

(2) Bei Durchführung von Untersuchungen gemäß § 50 Abs. 2 ASchG hat der/die untersuchende Arzt/Ärztin dem Arbeitgeber/der Arbeitgeberin eine Bestätigung darüber zu übermitteln, daß eine Untersuchung durchgeführt wurde.

(3) Wenn die Ermittlung und Beurteilung der Gefahren oder die Bewertungen und Messungen der Lärmexposition oder Gesundheitsbeschwerden von Arbeitnehmer/innen auf ein Gesundheitsrisiko hindeuten und die Exposition der Arbeitnehmer/innen die nachstehenden Auslösewerte für Lärm überschreitet, müssen Arbeitgeber/innen dafür sorgen, dass die Arbeitnehmer/innen sich auf eigenen Wunsch vor Aufnahme dieser Tätigkeit sowie bei Fortdauer der Tätigkeit in regelmäßigen Zeitabständen einer besonderen Untersuchung im Sinne des § 51 ASchG unterziehen können. Diese

Untersuchungen dürfen nur von Ärzten/Ärztinnen vorgenommen werden, die den Anforderungen für Arbeitsmediziner/innen gemäß § 79 Abs. 2 ASchG entsprechen. Die Auslösewerte betragen:

1. $L_{A,EX,8h} = 80$ dB, sofern nicht die Lärmexposition von einem Arbeitstag zum anderen erheblich schwankt und die wöchentliche Lärmexposition $L_{A,EX,40h}$ von 80 dB nicht überschritten wird oder
2. $p_{peak} = 112$ Pa (entspricht: $L_{C,peak} = 135$ dB).

Sonstige besondere Untersuchungen gemäß § 51 ASchG

§ 5. (1) Arbeitgeber/innen müssen dafür sorgen, daß Arbeitnehmer/innen, die eine Tätigkeit ausüben, bei der sie einer der nachstehenden Einwirkungen ausgesetzt sind, sich auf eigenen Wunsch vor Aufnahme dieser Tätigkeit sowie bei Fortdauer der Tätigkeit in regelmäßigen Zeitabständen einer ärztlichen Untersuchung unterziehen können:

1. eindeutig krebserzeugende Arbeitsstoffe im Sinne der GKV,
2. biologische Arbeitsstoffe der Gruppe 2, 3 oder 4 gemäß § 40 Abs. 5 ASchG
3. Vibrationen, die einen Auslösewert (Hand-Arm-Vibrationen:$a_{hw,8h} = 2,5$ m/s^2 und Ganzkörper-Vibrationen) $a_{w,8h} = 0,5$ m/s^2) überschreiten,
4. inkohärente künstliche optische Strahlung oder kohärente optische Strahlung (LASER), durch die Expositionsgrenzwerte nach § 3 der Verordnung optische Strahlung – VOPST, BGBl. II Nr. 221/2010 überschritten werden,
5. elektromagnetische Felder, durch die Expositionsgrenzwerte nach § 3 der Verordnung elektromagnetische Felder – VEMF, BGBl. II Nr. 179/2016, überschritten werden, oder wenn der/die Arbeitnehmer/in unerwünschte oder unerwartete gesundheitliche Auswirkungen meldet.
6. fortpflanzungsgefährdende (reproduktionstoxische) Arbeitsstoffe im Sinne der GKV.

(2) Im Falle des Abs. 1 Z 1 und 2 gilt § 2 Abs. 2 sinngemäß.

(3) Arbeitgeber/innen müssen dafür sorgen, daß Arbeitnehmer/innen

1. die regelmäßig Nachtarbeit leisten oder
2. die in mindestens 30 Nächten im Kalenderjahr Nachtarbeit leisten,

sich auf eigenen Wunsch vor Aufnahme dieser Tätigkeit sowie bei Fortdauer der Tätigkeit in regelmäßigen Zeitabständen einer allgemeinen ärztlichen Untersuchung unterziehen können. Als Nachtarbeit gilt eine Tätigkeit von mindestens drei Stunden im Zeitraum zwischen 22 und 6 Uhr.

(4) Sonstige besondere Untersuchungen gemäß Abs. 1 und 3 dürfen nur von Ärzten/Ärztinnen vorgenommen werden, die den Anforderungen für Arbeitsmediziner/innen gemäß § 79 Abs. 2 ASchG entsprechen.

Gemeinsame Bestimmungen

§ 6. (1) Als Eignungsuntersuchung im Sinne dieser Verordnung gilt die für die erstmalige Aufnahme einer Tätigkeit durchgeführte Untersuchung betreffend eine bestimmte Einwirkung, unabhängig davon, in welchem Betrieb die Tätigkeit erfolgte.

(2) Die Zeitabstände der Folgeuntersuchungen sowie der wiederkehrenden Untersuchungen der Hörfähigkeit werden in der Anlage 1 dieser Verordnung festgelegt.

(Anm.: Abs. 2a und 2b aufgehoben durch Art. 2 Z 5, BGBl. II Nr. 330/2024)

(3) Untersuchungen, die denselben/dieselbe Arbeitnehmer/in betreffen, sind möglichst zu demselben Zeitpunkt durchzuführen. Zur Zusammenführung der Untersuchungszeitpunkte können die in Anlage 1 geltenden Zeitabstände auf maximal das 1,5fache erstreckt werden, bis ein einheitlicher Untersuchungszeitpunkt erreicht ist.

(4) Eignungs- und Folgeuntersuchungen gemäß § 49 ASchG, Untersuchungen der Hörfähigkeit gemäß § 50 ASchG und sonstige besondere Untersuchungen gemäß § 51 ASchG sind in dem in Anlage 2 (Untersuchungsrichtlinien) festgelegten Umfang durchzuführen.

(5) Bei Durchführung der Untersuchungen ist nach den anerkannten Regeln der Arbeitsmedizin vorzugehen. Der/die untersuchende Arzt/Ärztin hat allenfalls vorhandene Befunde vorangegangener Untersuchungen im Sinne dieser Verordnung zu berücksichtigen.

(6) Werden zu Teilbereichen der Untersuchungen andere Ärzte/Ärztinnen oder Labors herangezogen, so hat der/die untersuchende Arzt/Ärztin die Ergebnisse dieser Teiluntersuchungen bei der Beurteilung zu berücksichtigen. Er/sie hat die Beurteilung eigenhändig zu unterzeichnen oder mit einer qualifizierten elektronischen Signatur zu versehen.

(7) Bei Eignungs- und Folgeuntersuchungen sind zur Vereinheitlichung der Anamnese, des Untersuchungsganges und der Befundermittlung sowie zur Dokumentation die auf der Website der Arbeitsinspektion (www.arbeitsinspektion.gv.at) zum Download zur Verfügung stehenden Untersuchungsformulare zu verwenden. Es können auch Untersuchungsformulare verwendet werden, die diesen inhaltlich entsprechen und gut lesbar sind.

(7a) Die Übermittlung von Befund und Beurteilung kann gemäß § 52a ASchG elektronisch über verschlüsselte Verbindungen (zumindest TLS 1.2, AES mit mindestens 128 Bit Verschlüsselung sowie RSA mit mindestens 2048 Bit Austausch) erfolgen

1. über die Webapplikation „Eignungs- und Folgeuntersuchung" der Arbeitsinspektion oder

2. durch Übermittlung der Daten in den Vorgaben der Arbeitsinspektion entsprechender strukturierter Form (XML-Datenformat).

(7b) Der/die untersuchende Arzt/Ärztin hat Befund und Beurteilung, sofern die Übermittlung elektronisch gemäß Abs. 7a erfolgt, mit einer qualifizierten elektronischen Signatur zu versehen.

(7c) Zur Gewährleistung der Datensicherheit sind für die Arbeitsinspektion folgende Maßnahmen zu treffen:

1. Es ist sicherzustellen, dass der Zugriff auf Befund und Beurteilung im Sinn des § 53 ASchG nur dem arbeitsinspektionsärztlichen Dienst oder der Abteilung für Arbeitsmedizin im Zentral-Arbeitsinspektorat möglich ist. Die für die IT der Arbeitsinspektion zuständige Organisationseinheit hat für den Betrieb Zugriff auf die Daten zum Zweck der Bereitstellung sowie für Wartung und Pflege des Systems.

2. Die Zugriffsberechtigungen für die Benutzer/innen sind individuell zuzuweisen und zu dokumentieren. Die Zugriffsberechtigten sind über die Bestimmungen nach § 6 Datenschutzgesetz (DSG), BGBl. I Nr. 165/1999, in der jeweils geltenden Fassung,, über den Inhalt dieser Verordnung sowie über das Datensicherheitskonzept nach Z 7 zu belehren.

3. Zugriffsberechtigte sind von der weiteren Benutzung ihrer Zugriffsberechtigung auszuschließen, wenn sie diese zur weiteren Erfüllung der ihnen übertragenen Aufgaben nicht mehr benötigen oder sie die Daten nicht entsprechend ihrer Zweckbestimmung verwenden.

4. Der Zugang zu den Serverräumen des Zentral-Arbeitsinspektorates ist ausschließlich den Mitarbeiter/innen der für die IT der Arbeitsinspektion zuständigen Organisationseinheit sowie deren Vorgesetzten in aufsteigender Linie gestattet. Sind Service- und Wartungsarbeiten erforderlich, kann auch anderen Personen der Zugang zu den Serverräumen gewährt werden. Diese Personen sind von den Mitarbeiter/innen der für die IT der Arbeitsinspektion zuständigen Organisationseinheit während ihrer Tätigkeit im Serverraum zu beaufsichtigen. Ist es erforderlich, dass externen Personen zu Räumen mit einer Zugriffsmöglichkeit auf die Daten Zutritt zu gewähren ist, so ist jedenfalls sicherzustellen, dass eine Einsichtnahme in die Daten durch diese nicht möglich ist.

5. Es ist sicherzustellen, dass geeignete, dem jeweiligen Stand der Technik entsprechende Vorkehrungen getroffen werden, um eine Vernichtung, Veränderung oder Abfrage der Daten

durch unberechtigte Benutzer/innen oder Systeme zu verhindern.

6. Alle durchgeführten Verarbeitungsvorgänge, wie insbesondere Eintragungen, Änderungen, Abfragen und Übermittlungen sind im notwendigen Ausmaß zu protokollieren. Diese Daten sind zehn Jahre lang aufzubewahren. Am Jahresende des zehnten Jahres sind diese zu löschen. Wurde die Aufbewahrungsfrist auf Grund einer arbeitsmedizinischen Begründung über die zehn-Jahresfrist hinaus verlängert, so sind die Protokolldaten zu diesen Einzelfällen entsprechend der festgelegten Frist aufzubewahren.

7. Es ist ein Datensicherheitskonzept zu erstellen, in dem sämtliche Datensicherheitsmaßnahmen für den Betrieb sowie für die Aufbewahrung der Daten anzuordnen sind. Das Datensicherheitskonzept ist für alle Benutzer/innen, die Zugriff auf die Daten haben, verbindlich.

(8) Untersuchungen im Sinne dieser Verordnung sind vorrangig von gemäß § 79 ASchG bestellten Arbeitsmedizinern/Arbeitsmedizinerinnen durchzuführen. Arbeitgeber/innen müssen den untersuchenden Ärzten/Ärztinnen Zugang zu den Arbeitsplätzen der zu untersuchenden Arbeitnehmer/innen gewähren und alle erforderlichen Informationen über die Arbeitsplätze zur Verfügung stellen. Die untersuchenden Ärzte/Ärztinnen haben sich jedenfalls Kenntnis von den konkreten Arbeitsbedingungen des/der zu untersuchenden Arbeitnehmers/Arbeitnehmerin zu verschaffen. Dies kann durch Besichtigung des jeweiligen Arbeitsplatzes und/oder durch Einholung der zur Beurteilung und Beratung erforderlichen Informationen über den Arbeitsplatz erfolgen.

(Anm.: Abs. 9 aufgehoben durch Z 3, BGBl. II Nr. 253/2017)

Ermittlung und Beurteilung der Gefahren

§ 6a. (1) Der/die Arbeitgeber/in hat auf Grundlage der Ermittlung und Beurteilung der Gefahren einschließlich der Ergebnisse von Messungen und Bewertungen und in den Fällen des § 49 Abs. 1 ASchG unter der Voraussetzung, dass die Gefahr des Entstehens einer Berufskrankheit besteht, festzulegen, ob eine Untersuchung im Sinne dieser Verordnung für einen bestimmten Arbeitsbereich, Arbeitsplatz oder einen bestimmten Arbeitsvorgang erforderlich ist. Erforderlichenfalls ist das Sicherheits- und Gesundheitsschutzdokument im Sinne der § 2 Abs. 2 Z 1 und § 3 DOK-VO entsprechend anzupassen.

(2) Wird im Rahmen der Gesundheitsüberwachung eine Gesundheitsbeeinträchtigung festgestellt, die nach Auffassung des/der untersuchenden Arztes/Ärztin auf Einwirkungen bei der Arbeit zurückzuführen ist, so hat der Arbeitgeber/die Arbeitgeberin die Ermittlung und Beurteilung der

Gefahren für den Arbeitsbereich des/der untersuchten Arbeitnehmers/Arbeitnehmerin zu überprüfen. Dies ist jedenfalls erforderlich, wenn die Beurteilung der gesundheitlichen Eignung bei Durchführung von Eignungs- und Folgeuntersuchungen gemäß § 52 ASchG auf „nicht geeignet" oder „geeignet mit Verkürzung des Zeitabstandes bis zur Folgeuntersuchung" lautet.

(3) Der/die untersuchende Arzt/Ärztin muss den/die Arbeitgeber/in nachweislich über das Erfordernis der Überprüfung und Anpassung der Ermittlung und Beurteilung der Gefahren in Kenntnis setzen. Dem/der untersuchenden Arzt/Ärztin ist Einsicht in das gemäß Abs. 1 letzter Satz angepasste Sicherheits- und Gesundheitsschutzdokument zu gewähren.

Gesundheitliche Eignung

§ 7. (1) Eine Beschäftigung von Arbeitnehmern/Arbeitnehmerinnen mit Tätigkeiten, bei denen die Gefahr einer Berufskrankheit besteht, ist nicht zulässig, wenn durch ein vom Arbeitnehmer/von der Arbeitnehmerin vorgelegtes ärztliches Zeugnis nachgewiesen wird, dass sein/ihr Gesundheitszustand eine derartige Tätigkeit nicht zulässt.

(2) Dies gilt nicht für Tätigkeiten unter Einwirkungen gemäß § 2 Abs. 1.

Information der Arbeitnehmer/innen

§ 8. (1) Arbeitgeber/innen sind verpflichtet, jeden Arbeitnehmer/jede Arbeitnehmerin vor Aufnahme der Beschäftigung mit einer Tätigkeit, für die diese Verordnung Untersuchungen vorsieht, zu informieren,

1. daß vor Aufnahme der Tätigkeit sowie bei Fortdauer der Tätigkeit Gesundheitsuntersuchungen auf Kosten des Arbeitgebers/der Arbeitgeberin durchgeführt werden müssen, damit eine Beschäftigung erfolgen kann,

2. ob es sich um sonstige besondere Untersuchungen handelt, denen sich Arbeitnehmer/innen auf eigenen Wunsch unterziehen können,

3. über die Zeitabstände der Folgeuntersuchungen bzw. der wiederkehrenden Untersuchungen und

4. dass die ermächtigten Ärzte/Ärztinnen sowie die Ärzte/Ärztinnen der Arbeitsinspektion dem Arbeitnehmer/der Arbeitnehmerin die Ergebnisse der Untersuchung auf Verlangen zu erläutern haben.

(2) Wenn bei einer Untersuchung gemäß § 4 Abs. 3 oder gemäß § 5 Abs. 1 Z 2 bis 5 bei einem/einer Arbeitnehmer/in eine die Gesundheit schädigende Auswirkung festgestellt wurde, sind Arbeitgeber/innen, die davon Kenntnis haben, verpflichtet, alle anderen in ähnlicher Weise exponier-

VGÜ

ten Arbeitnehmer/innen verstärkt über die Möglichkeit solcher Untersuchungen zu informieren.

Strafbestimmung

§ 9. Übertretungen der Bestimmungen dieser Verordnung sind wie folgt zu bestrafen: Übertretungen des § 6a gemäß § 130 Abs. 1 Z 5 ASchG, Übertretungen der § 2, § 3, § 3a, § 3b, § 4 Abs. 3, § 5 und § 6 gemäß § 130 Abs. 1 Z 18 ASchG, Übertretungen des § 7 gemäß § 130 Abs. 1 Z 8 ASchG und Übertretungen des § 8 gemäß § 130 Abs. 1 Z 11 ASchG.

Ausnahme

§ 10. Gemäß § 95 Abs. 2 ASchG wird folgende Ausnahme vom § 50 Abs. 2, § 55 Abs. 1 und § 56 Abs. 6 ASchG festgelegt:

Arbeitnehmer/innen dürfen mit Tätigkeiten, die mit gesundheitsgefährlicher Lärmeinwirkung verbunden sind, auch beschäftigt werden, wenn Tonschwellenaudiogramme im Rahmen der Untersuchungen gemäß § 50 Abs. 2 ASchG von qualifizierten Bediensteten der Träger der Unfallversicherung unter der Verantwortung eines Arztes durchgeführt werden.

Schlußbestimmungen

§ 11. (1) § 5 Abs. 3 dieser Verordnung tritt mit 1. Februar 1997 in Kraft.

(2) Die übrigen Bestimmungen dieser Verordnung treten mit 1. März 1997 in Kraft.

(3) § 5 Abs. 1 Z 2 tritt mit Inkrafttreten einer Verordnung über die Verwendung biologischer Arbeitsstoffe in Kraft.

(4) Gemäß § 125 Abs. 8 ASchG wird festgestellt, daß mit Inkrafttreten dieser Verordnung die gemäß § 112 Abs. 2 Z 1 ASchG als Bundesgesetz in Geltung stehenden § 2 Abs. 2 und 3, § 3 Abs. 1 bis 3, Abs. 4 erster Satz, Abs. 5 und 9, § 4 Abs. 1 letzter Satz, Abs. 2 erster bis dritter Satz und Abs. 3 erster Satz sowie die Anlage der Verordnung über die gesundheitliche Eignung von Arbeitnehmern für bestimmte Tätigkeiten, BGBl. Nr. 39/1974, außer Kraft treten.

(5) § 2 Abs. 1 Z 1 und 3, § 2 Abs. 1 Z 14, § 2 Abs. 3, § 3 Abs. 1 Z 2, § 3 Abs. 2, § 4 Abs. 1, § 6 Abs. 6, § 10, § 11 *(Anm.: Überschrift fehlt)* Abs. 5, 6, 7 und 8 sowie Anlage 1 und 2 in der Fassung der Verordnung BGBl. II Nr. 412/1999 treten mit 1. Jänner 2000 in Kraft.

(6) Folgende gemäß § 195 Abs. 1 des Mineralrohstoffgesetzes (MinroG), BGBl. I Nr. 38/1999, als Bundesgesetz weitergeltende Bestimmungen, die ausschließlich Belange des Arbeitnehmerschutzes regeln, treten mit Inkrafttreten dieser Verordnung außer Kraft:

1. § 15 Abs. 2, § 16, § 27 Abs. 1 letzter Satz und Anlage 1 der Bergpolizeiverordnung über das Grubenrettungswesen, BGBl. Nr. 21/1972,

in der Fassung des Bundesgesetzes BGBl. Nr. 259/1975,

2. §§ 288, 326, 326a, 326b und 327 der Allgemeinen Bergpolizeiverordnung, BGBl. Nr. 114/1959, in der Fassung der Verordnungen BGBl. Nr. 185/1969, 22/1972, 12/1984, 53/1995, BGBl. II Nr. 108/1997 und BGBl. II Nr. 134/1997 sowie der Bundesgesetze BGBl. Nr. 259/1975, 355/1990 und 518/1995,

3. Staubschädenbekämpfungsverordnung, BGBl. Nr. 185/1954, in der Fassung des Bundesgesetzes BGBl. Nr. 259/1975.

(7) Durch diese Verordnung wird hinsichtlich der Tätigkeit in mineralgewinnenden Betrieben Art. 8 der Richtlinie 92/104/EWG in österreichisches Recht umgesetzt.

(8) § 5 Abs. 3 Z 2 und Anlage 1 in der Fassung der Verordnung BGBl. II Nr. 343/2002 treten mit 1. August 2002 in Kraft.

(9) § 3a und § 5 Abs. 1 Z 1 in der Fassung der Verordnung BGBl. II Nr. 343/2002 sowie die Ergänzung des Inhaltsverzeichnisses der Anlage 2, Teil I um „Beschäftigung von Arbeitnehmer/innen unter 21 Jahren unter Tage im Bergbau" und die Ergänzung der Anlage 2, Teil I um die Untersuchungsrichtlinien für die Beschäftigung von Arbeitnehmer/innen unter 21 Jahren unter Tage im Bergbau treten mit dem der Kundmachung folgenden Monatsersten in Kraft.

(10) § 4 Abs. 1 und 3, § 8, in Anlage 1 die Tabelle „Einwirkungen nach § 50" und in Anlage 2 Teil II die Überschrift, jeweils in der Fassung der Verordnung BGBl. II Nr. 22/2006, treten für Arbeitsstätten und auswärtige Arbeitsstellen im Musik- oder Unterhaltungssektor (einschließlich Musikdarbietungen im Gastgewerbe) erst am 15. Februar 2008 in Kraft.

(11) Der Titel der Verordnung und die § 2 Abs. 1 und 2, § 3 Abs. 1 Z 2, § 3b samt Überschrift, § 6 Abs. 6 und 7, § 6a samt Überschrift, § 7 Abs. 1, § 9, Anlage 1 und Anlage 2 in der Fassung der Verordnung BGBl. II Nr. 224/2007 treten sechs Monate nach dem der Kundmachung folgenden Monatsersten in Kraft. Abs. 10 bleibt unberührt.

(12) Der Titel der Verordnung und § 2 Abs. 1 Z 9, Z 17 und Z 21, § 2 Abs. 2, 3 und 4, § 3 Abs. 1 Z 1 und Z 3 sowie Abs. 2, § 3b Abs. 2, § 4 Abs. 3, § 5 Abs. 1 Z 1, § 5 Abs. 4, § 6 samt Überschrift, § 6a samt Überschrift, § 8 Abs. 1 Z 2, 3 und 4 sowie Abs. 2 und Anlage 1 und Anlage 2 in der Fassung der Verordnung BGBl. II Nr. 26/2014 treten mit dem der Kundmachung folgenden Monatsersten in Kraft.

(13) § 5 Abs. 1 Z 2 und die Überschrift in Anlage 2 Teil IV Z 2 in der Fassung BGBl. II Nr. 186/2015 treten mit dem ihrer Kundmachung folgenden Tag in Kraft.

(14) Anlage 2 Teil II Punkt 1. in der Fassung der Verordnung BGBl. II Nr. 230/2015 tritt mit

dem der Kundmachung folgenden Monatsersten in Kraft.

(15) § 5 Abs. 1 Z 4 u. 5, § 8 Abs. 2 und § 11 Abs. 14 in der Fassung der Verordnung BGBl. II Nr. 179/2016, in Anlage 1 die Ergänzung der Tabelle III „Sonstige besondere Untersuchungen (§ 5)" um elektromagnetische Felder, in Anlage 2 die Ergänzung des Inhaltsverzeichnisses zu Teil IV um „6. Elektromagnetische Felder" sowie die Ergänzung in Teil IV um die Untersuchungsrichtlinien „6. Einwirkung durch elektromagnetische Felder" treten mit dem der Kundmachung folgenden Monatsersten in Kraft.

(15) Der Titel der Verordnung und § 6 Abs. 7a bis 7c in der Fassung BGBl. II Nr. 253/2017 treten mit dem der Kundmachung folgenden Monatsersten in Kraft. Gleichzeitig tritt § 6 Abs. 9 außer Kraft.

(16) Die Verordnung der Bundesministerin für Arbeit, Soziales, Gesundheit und Konsumentenschutz, mit der die Grenzwerteverordnung 2011 (GKV 2011) und die Verordnung über die Gesundheitsüberwachung am Arbeitsplatz 2017 (VGÜ 2017) geändert werden, BGBl. II Nr. 238/2018, ist nicht in Kraft getreten.

(17) § 2 Abs. 3 bis 4 und § 5 Abs. 1 Z 1 in der Fassung der Verordnung BGBl. II Nr. 382/2020 treten mit Ablauf des Tages der Kundmachung in Kraft.

(18) Der Titel der Verordnung, § 2 Abs. 3a Z 1, § 3b, § 5 Abs. 1 Z 1 und § 6 Abs. 7 in der Fassung der Verordnung BGBl. II Nr. 550/2020 treten mit Ablauf des Tages der Kundmachung in Kraft. § 6 Abs. 2a und 2b sowie Anlage 1 und Anlage 2 Teil I in der Fassung der Verordnung BGBl. II Nr. 550/2020 treten rückwirkend am 15. März 2020 in Kraft.

(19) § 6 Abs. 2a und 2b sowie Anlage 1 und Anlage 2 Teil I in der Fassung der Verordnung BGBl. II Nr. 550/2020 gelten auch für Arbeitnehmerinnen und Arbeitnehmer in der Land- und Forstwirtschaft für Untersuchungen, die in den als Bundesverordnungen in Geltung stehenden Ausführungsverordnungen über die Gesundheitsüberwachung in der Land- und Forstwirtschaft zu den Landarbeitsordnungen, in Vorarlberg zum Land- und Forstarbeitsgesetz vorgesehen sind.

(20) Der Titel, die § 2 Abs. 3 Z 2, § 3b Abs. 2, § 5 Abs. 1 Z 6, § 6 Abs. 7 und in Anlage 2 Teil IV die Ziffer 7 samt Überschrift in der Fassung der Verordnung BGBl. II Nr. 330/2024 treten mit dem der Kundmachung folgenden Tag in Kraft. Gleichzeitig treten § 6 Abs. 2a und 2b, in Anlage 1 der letzte Absatz und in Anlage 2 Teil I 1. Grundsätzliche Bestimmungen der letzte Absatz samt Überschrift außer Kraft.

Anlage 1

Zeitabstände der ärztlichen Untersuchungen
(ausgenommen Verkürzungen nach Anlage 2)
Teil I: Eignungs- und Folgeuntersuchungen (§§ 2, 3, 3a, 3b)

		Zeitabstände
1.	Blei, seine Legierungen oder Verbindungen	1 Jahr Glasherstellung und Akkumulatorenfertigung: 3 Monate Rostschutzarbeiten[1]: 4 Wochen
2.	Quecksilber oder seine anorganischen Verbindungen	1 Jahr; Leuchtstoffröhrenrecycling, Amalgamentsorgung: 3 Monate
3.	Arsen oder seine Verbindungen	1 Jahr
4.	Mangan oder seine Verbindungen	1 Jahr
5.	Cadmium oder seine Verbindungen	1 Jahr
6.	Chrom-VI-Verbindungen	1 Jahr
7.	Cobalt oder seine Verbindungen	1 Jahr
8.	Nickel oder seine Verbindungen	1 Jahr
9.	Aluminium-, aluminiumoxid- oder aluminiumhydroxid-haltige Stäube und Rauche	1 Jahr
10.	Quarz- oder asbesthaltiger Staub oder Hartmetallstaub	2 Jahre für die Röntgenuntersuchung: 4 Jahre
11.	Schweißrauch	2 Jahre
12.	Fluor oder seine anorganischen Verbindungen	1 Jahr
13.	Rohparaffin, Teer, Teeröle, Anthracen, Pech oder Ruß[2]	2 Jahre
14.	Benzol	1 Jahr; Kokereiarbeiten: 3 Monate
15.	Toluol	1 Jahr
16.	Xylole	1 Jahr
17.	Trichlormethan (Chloroform), Trichlorethen (Trichlorethylen), Tetrachlormethan (Tetrachlorkohlenstoff), Tetrachlorethan, Tetrachlorethen (Perchlorethylen) oder Chlorbenzol	1 Jahr
18.	Kohlenstoffdisulfid (Schwefelkohlenstoff)	1 Jahr
19.	Dimethylformamid	1 Jahr
20.	Ethylenglykoldinitrat (Nitroglykol) oder Glyzerintrinitrat (Nitroglyzerin)	1 Jahr
21.	Aromatische Nitro- oder Aminoverbindungen	1 Jahr
22.	Phosphorsäureester	1 Jahr oder am Ende der Saison[3]
23.	Rohbaumwoll-, Rohhanf- oder Rohflachsstaub	1 Jahr
24.	Isocyanate	1 Jahr
25.	Gasrettungsdienste, Grubenwehren sowie deren ortskundige Führer/innen, Tragen schwerer Atemschutzgeräte (mehr als 5 kg)	2 Jahre
26.	Den Organismus besonders belastende Hitze	2 Jahre
27.	Herabgesetzte Sauerstoffkonzentration (unter 17 Vol%, nicht unter 15 Vol%)	2 Jahre

28.	Arbeitnehmer/innen unter 21 Jahren unter Tage im Bergbau	1 Jahr

Teil II: Untersuchungen bei Lärmeinwirkung (§ 4)

	Zeitabstände
Lärm	5 Jahre

Teil III: Sonstige besondere Untersuchungen (§ 5)

		Zeitabstände
1.	Krebserzeugende Arbeitsstoffe	5 Jahre
2.	Biologische Arbeitsstoffe der Risikogruppen 2, 3 und 4	2 Jahre
3.	Vibrationen (Hand-Arm-Vibrationen oder Ganzkörpervibrationen)	4 Jahre
4.	Nachtarbeit	2 Jahre, für Arbeitnehmer/innen nach Vollendung des 50. Lebensjahres oder nach 10 Jahren als Nachtarbeitnehmer/in 1 Jahr
5.	Künstliche optische Strahlung	2 Jahre
6.	Elektromagnetische Felder	5 Jahre

Die in dieser Anlage enthaltenen Zeitabstände der Folgeuntersuchungen und wiederkehrenden Untersuchungen der Hörfähigkeit dürfen um 10 %, höchstens aber um 30 Tage überschritten werden. § 6 Abs. 3 erster Satz bleibt unberührt.

---

1 Rostschutzarbeiten einschließlich Trennen und Schneiden von rostschutzbeschichteten Teilen.

2 Ruß mit hohem Anteil an polyzyklischen aromatischen Kohlenwasserstoffen, wenn die Ermittlung und Beurteilung der Gefahren ergibt, dass eine Gesundheitsgefährdung bestehen könnte.

3 Bei zeitlich begrenzten Saisonarbeiten, die kürzer als 1 Jahr dauern.

Anlage 2

Richtlinien zur Durchführung der ärztlichen Untersuchungen
Inhaltsverzeichnis
Teil I: Allgemeine Bestimmungen zur Durchführung von Untersuchungen

Teil II: Eignungs- und Folgeuntersuchungen (§§ 2, 3, 3a, 3b)

Teil III: Untersuchungen bei Lärmeinwirkung (§ 4)

Teil IV: Sonstige besondere Untersuchungen (§ 5)

8. VGÜ
Anl. 2

Teil V: Regressionsgleichungen und standardisierter Fragebogen
Rohbaumwoll-, Rohhanf- oder Rohflachsstaub
Teil I
Allgemeine Bestimmungen zur Durchführung von Untersuchungen (alle Untersuchungen)
1. Grundsätzliche Bestimmungen
Durchführung von Folgeuntersuchungen

Bei jeder Folgeuntersuchung ist die Anamnese sowie die Arbeitsanamnese zu erheben und eine ärztliche Untersuchung durchzuführen. Auch muss bei jeder Untersuchung die gezielte Beratung des/der Untersuchten hinsichtlich Belastungen, Arbeitsgestaltung und Schutzmaßnahmen erfolgen.

1.1 Arbeitsanamnese

Die Arbeitsanamnese stellt einen wesentlichen Teil der arbeitsmedizinischen Untersuchung dar, sie ist daher auch mit besonderer Sorgfalt und Gründlichkeit zu erheben und zu dokumentieren. Unverzichtbar ist stets eine umfassende ärztlich qualifiziert erhobene Arbeitsanamnese.

Die Arbeitsanamnese muss die Beschreibung der Tätigkeit, Angaben zur Expositionsdauer pro Arbeitstag, zur Gesamtdauer der Exposition, zu den technischen und persönlichen Schutzmaßnahmen und deren Verwendung sowie Angaben über die zusätzlichen für die Eignungsbeurteilung relevanten Belastungen enthalten.

Es ist eine gezielte Beratung der Arbeitnehmer/innen hinsichtlich Belastungen (z. B. Gesundheitsgefährdung durch die verwendeten Arbeitsstoffe), Arbeitsgestaltung und Schutzmaßnahmen (inkl. die korrekte Verwendung der persönlichen Schutzausrüstung) durchzuführen.

1.2 Verkürzung von Untersuchungsabständen

Eignungs- und Folgeuntersuchungen sind in den in den Anlagen 1 und 2 aufgelisteten Untersuchungsabständen durchzuführen, sofern nicht aus ärztlichen Gründen ein kürzerer Zeitabstand erforderlich ist.

Bei vorzeitiger Folgeuntersuchung ist nur jener Untersuchungsbefund zu erheben, der die vorzeitige Folgeuntersuchung begründet hat.

1.3 Weiterführende ärztliche Untersuchung

Bei anamnestischem und/oder klinischem Verdacht auf das Vorliegen einer Erkrankung, die auf eine untersuchungspflichtige Schadstoffeinwirkung zurückgeführt werden kann oder die für die Beurteilung der gesundheitlichen Eignung von Bedeutung ist, ist eine ärztliche Abklärung gegebenenfalls anzuraten.

1.4 BK-Meldung

Ermächtigte Ärzte/Ärztinnen müssen bei Vorliegen einer Berufskrankheit oder bei Krankheitserscheinungen, die den begründeten Verdacht einer solchen rechtfertigen, eine BK-Meldung an die zuständige Unfallversicherungsanstalt durchführen (gemäß § 363 Abs. 2 ASVG).

1.5 Übermittlung von Befunden

Spirometrie-Kurven, Ergometrie- und/oder Röntgenbefunde müssen nicht routinemäßig den Arbeitsinspektionsärztinnen/-ärzten übermittelt werden. Sie sind dem/der zuständigen Arbeitsinspektionsarzt/-ärztin auf Anforderung zu übersenden.

2. Spirometrie

Spirometrien sind nach wissenschaftlich anerkannten Verfahren (siehe zB Leitlinie der deutschen Gesellschaft für Arbeitsmedizin) durchzuführen, wobei als Sollwerte die Werte nach Forche und Neuberger (siehe Teil V. Regressionsgleichungen) heranzuziehen sind.

Pro Untersuchung ist die Lungenfunktionsüberprüfung mindestens dreimal vorzunehmen und der jeweils beste Messwert ist zu registrieren.

3. Ergometrie

Zur Bestimmung der Leistungsfähigkeit des cardio-pulmonalen Systems sowie zur Erkennung von Koronarerkrankungen ist die symptomlimitierte Ergometrie nach den „Praxisleitlinien Ergometrie" der Österreichischen Kardiologischen Gesellschaft durchzuführen.

Für die Belastungsprüfung ist das Fahrradergometer heranzuziehen. Zur Beurteilung der Messwerte sind die in den „Praxisleitlinien Ergometrie" angeführten Normwerte heranzuziehen. Auf die Kontraindikationen für die Ergometrie und die Kriterien für den Abbruch der Belastung ist besonders zu achten. Wegen der zirkadianen Schwankungen der Leistungsfähigkeit ist die Ergometrie am Vormittag durchzuführen. Die Uhrzeit ist auf dem Untersuchungsformular festzuhalten. Das Erreichen der Normwerte darf nicht dazu führen, dass routinemäßig die Belastung bei Erreichen dieses Wertes abgebrochen wird, da nur eine symptomlimitierte Ergometrie zum Ausschluss von Koronarkrankheiten geeignet ist; aus dem Erreichen der Normwerte kann daher nicht automatisch die Eignung für die jeweils untersuchte Einwirkung bzw. Tätigkeit resultieren.

Teil II
Eignungs- und Folgeuntersuchungen
1. Einwirkung durch BLEI, seine Legierungen oder Verbindungen
a. Allgemeine Anamnese, Beschwerden:

Es ist besonders zu achten auf:

Beschwerden oder Erkrankungen im Bereich des erythropoetischen und des gastrointestinalen Systems (insbesondere Hautblässe, Abgeschlagenheit, Appetitlosigkeit, Obstipation, Koliken),

Beschwerden und Erkrankungen des peripheren und zentralen Nervensystems (Konzentrationsstörungen, Kopfschmerzen, Sensibilitätsstörungen und Schwächegefühl),

Störungen der Fertilität (nicht erfüllter Kinderwunsch sowohl bei Frauen als auch bei Männern),

arterielle Hypertonie,

Beschwerden und Erkrankungen der Niere.

b. Arbeitsanamnese:

Es ist gezielt zu fragen nach:

der Tätigkeit und den Expositionsbedingungen (z. B. Expositionsdauer pro Arbeitstag, Gesamtdauer der Exposition),

technischen und persönlichen Schutzmaßnahmen und deren Verwendung,

zusätzlichen für die Beurteilung relevanten Belastungen,

dem Status der Gefahreninformation und der Unterweisung.

Eine gezielte Beratung hinsichtlich Belastungen, Arbeitsgestaltungen und Schutzmaßnahmen ist durchzuführen.

c. Befunderhebung:

Allgemeine ärztliche Untersuchung.

Blut:
* Rotes Blutbild (Erythrozyten, Hämoglobin, Hämatokrit)
* Blutbleibestimmung (EDTA-Blut)
* Erythrozytenprotoporphyrin (EPP)

Harn:
* Gesamtprotein (z. B. mittels Harnstreifen)
* immunologischer Teststreifen auf Mikroalbumin (Normbereich: bis 20 mg/l)
* Spezifisches Gewicht
* δ-Aminolävulinsäure (ALA-U)

Für die δ-Aminolävulinsäurebestimmung ist nur eine Harnprobe geeignet, deren spezifisches Gewicht $\geq$ 1010 mg/ml beträgt.

d. Beurteilung:

Eignung:

Als Grenzwerte sind anzusehen:

Blut:

Erythrozyten:	3,2 Millionen/µl für Frauen
	3,8 Millionen/µl für Männer
Hämoglobin:	10 g/dl für Frauen
	12 g/dl für Männer
Hämatokrit:	30% für Frauen
	35% für Männer
EPP:	120 µg/100 ml RBC
Blutblei:	30 µg/100 ml
Harn:	

| ALA-U: | 10 mg/l (Davis; Männer, Frauen > 50 a) |
| | 6 mg/l (Davis; Frauen $\leq$ 50 a) |

Eignung mit vorzeitiger Folgeuntersuchung:
Bei Überschreiten bzw. Unterschreiten der Grenzwerte im Blut oder im Harn.

Nichteignung:
Bei Überschreitung folgender Grenzwerte (Expositionskarenz bis zur Normalisierung der Werte für Blutblei und ALA-U):
Blut:

Blutblei	70 µg/100 ml (Männer, Frauen > 50 a)
	45 µg/100 ml (Frauen $\leq$ 50 a)
Harn:	
ALA-U:	20 mg/l Harn (Männer, Frauen > 50 a)
	10 mg/l Harn (Frauen $\leq$ 50 a)

Eine Eignung für Tätigkeiten, die mit einer Einwirkung durch Blei verbunden sind, ist im Allgemeinen nicht gegeben bei ausgeprägten:
Erkrankungen des erythropoetischen Systems,
Erkrankungen des peripheren und zentralen Nervensystems,
Erkrankungen der Niere.

e. Zeitabstand:
Der Zeitabstand zwischen den Untersuchungen beträgt bei Eignung:
ein Jahr
für Glas- und Akkumulatorenarbeiten **drei Monate**
für Rostschutzarbeiten (einschließlich Trennen und Schneiden von rostschutzbeschichteten Teilen) **vier Wochen,**
bei Eignung mit vorzeitiger Folgeuntersuchung:
drei Monate,
für Glas- und Akkumulatorenarbeiten **sechs Wochen**
für Rostschutzarbeiten **zwei Wochen.**

2. Einwirkung durch metallisches QUECKSILBER oder seine anorganischen Verbindungen
Als Tätigkeiten mit erhöhtem Gefahrenpotential gelten insbesondere jene in der Leuchtstoffröhrenentsorgung und beim Recycling von Amalgam.

a. Allgemeine Anamnese, Beschwerden:
Es ist besonders zu achten auf:
Mattigkeit, Gliederschmerzen,
neurologische und psychische Auffälligkeiten (Kopfschmerzen, Schlafstörungen, Störungen der Merkfähigkeit, Tremor, Stimmungslabilität),
erhöhten Speichelfluss,
Beschwerden und Erkrankungen der Niere.

b. Arbeitsanamnese:

Es ist gezielt zu fragen nach:

der Tätigkeit und den Expositionsbedingungen (z. B. Expositionsdauer pro Arbeitstag, Gesamtdauer der Exposition),

technischen und persönlichen Schutzmaßnahmen und deren Verwendung,

zusätzlichen für die Beurteilung relevanten Belastungen,

dem Status der Gefahreninformation und der Unterweisung.

Eine gezielte Beratung hinsichtlich Belastungen, Arbeitsgestaltung und Schutzmaßnahmen ist durchzuführen.

c. Befunderhebung:

Allgemeine ärztliche Untersuchung:

Sie muss insbesondere umfassen:

Schleimhäute der Mundhöhle und des Rachenraumes (Ulcerationen),

Zustand des Gebisses (Zahnfleisch).

Neurologischer Status:

Es ist besonders zu achten auf:

Anästhesien, Parästhesien,

motorische oder sensible Lähmungen,

Fingertremor,

Schüttelbewegungen der Arme, der Beine und des Kopfes.

Harn:

Die Harnprobe ist **nach Ablauf einer Arbeitswoche/am Ende des Arbeitstages/am Schichtende** abzunehmen (der Zeitpunkt der Abnahme der Harnprobe ist anzugeben).

* Gesamtprotein (z. B. mittels Harnstreifen)

* immunologischer Teststreifen auf Mikroalbumin (Normbereich: bis 20 mg/l)

* Harnkreatinin

* Quecksilberausscheidung quantitativ

d. Beurteilung:

Eignung:

Als Grenzwert ist anzusehen:

Harn:

Quecksilber: **25 µg/g Kreatinin.**

Eignung mit vorzeitiger Folgeuntersuchung:

Bei Überschreiten des Grenzwertes für Quecksilber im Harn.

Nichteignung:

Eine Eignung für Tätigkeiten, die mit einer Einwirkung durch Quecksilber verbunden sind, ist im Allgemeinen nicht gegeben bei:

ausgeprägten Nierenerkrankungen,

ausgeprägten neurologischen Erkrankungen,

Quecksilberausscheidung von > 50 µg/g Kreatinin.

e. Zeitabstand:

Der Zeitabstand zwischen den Untersuchungen beträgt bei Eignung:

ein Jahr;

bei Leuchtstoffröhrenrecycling und Amalgamentsorgung **drei Monate**

bei Eignung mit vorzeitiger Folgeuntersuchung:

sechs Monate;

bei Leuchtstoffröhrenrecycling und Amalgamentsorgung: **sechs Wochen.**

3. Einwirkung durch ARSEN oder seine Verbindungen

a. Allgemeine Anamnese, Beschwerden:

Es ist besonders zu achten auf:

Beschwerden oder Erkrankungen im Bereich der Atemwege (Reizungen, Husten, Atemnot),

neurologische und psychische Auffälligkeiten (Kopfschmerzen, Verwirrtheitszustände, Konzentrationsstörungen),

Magen-Darm-Beschwerden.

b. Arbeitsanamnese:

Es ist gezielt zu fragen nach:

der Tätigkeit und den Expositionsbedingungen (z. B. Expositionsdauer pro Arbeitstag, Gesamtdauer der Exposition),

technischen und persönlichen Schutzmaßnahmen und deren Verwendung,

zusätzlichen für die Beurteilung relevanten Belastungen,

dem Status der Gefahreninformation und der Unterweisung.

Eine gezielte Beratung hinsichtlich Belastungen, Arbeitsgestaltung und Schutzmaßnahmen ist durchzuführen.

c. Befunderhebung:

Allgemeine ärztliche Untersuchung:

Es ist besonders zu achten auf lokale und generalisierte Hautreaktionen wie:

Erythem,

Follikulitis,

warzige und keratotische Effloreszenzen,

vermehrte Pigmentierung (Melanose),

Veränderungen an den Nägeln.

Spekulumuntersuchung der Nase.

Neurologischer Status:

Es ist besonders zu achten auf Zeichen einer peripheren Neuropathie (Sensibilität, Motorik, Temperatur- und Vibrationsempfinden).

Blut:

* Rotes und weißes Blutbild

Harn:

Die Harnprobe ist **nach Ablauf einer Arbeitswoche/am Ende des Arbeitstages/am Schichtende** abzunehmen (der Zeitpunkt der Abnahme der Harnprobe ist anzugeben).

* Spezifisches Gewicht

* Arsenbestimmung

Für die Arsenbestimmung ist nur eine Harnprobe geeignet, deren spezifisches Gewicht ≥ 1010 mg/ml beträgt.

d. Beurteilung:

Eignung:

Als Grenzwerte sind anzusehen:

Blut Erythrozyten:	3,2 Millionen/µl für Frauen 3,8 Millionen/µl für Männer
Leukozyten:	unterer Grenzwert: 4.000/µl (davon 2.000 Granulozyten) bzw. 3.700/µl bei nicht pathologischem Differentialblutbild
	oberer Grenzwert: 13.000/µl
Hämoglobin:	10 g/dl für Frauen 12 g/dl für Männer
Hämatokrit:	30% für Frauen

Harn: 35% für Männer

Arsen: 50 µg/l

Eignung mit vorzeitiger Folgeuntersuchung:

Bei Überschreiten bzw. Unterschreiten der Grenzwerte im Blut oder im Harn.

Nichteignung:

Eine Eignung für Tätigkeiten, die mit einer Einwirkung durch Arsen oder seine Verbindungen verbunden sind, ist im Allgemeinen nicht gegeben bei ausgeprägten:

Erkrankungen des zentralen und peripheren Nervensystems,

Erkrankungen des Magen-Darm-Traktes,

Erkrankungen des Blutes,

Nierenerkrankungen,

Hauterkrankungen (z. B. Schuppenflechte, multiple Hyperkeratosen, bekannte Arsenüberempfindlichkeit),

Arsenausscheidung > 100 µg/l.

e. Zeitabstand:

Der Zeitabstand zwischen den Untersuchungen beträgt bei Eignung:

ein Jahr;

bei Eignung mit vorzeitiger Folgeuntersuchung:

sechs Monate.

4. Einwirkung durch MANGAN oder seine Verbindungen
a. Allgemeine Anamnese, Beschwerden:

Es ist besonders zu achten auf:

Beschwerden oder Erkrankungen im Bereich der Atemwege (Reizungen/Entzündungen, Husten),

Müdigkeit,

Vergesslichkeit,

Schwächegefühl,

Schwindel.

b. Arbeitsanamnese:

Es ist gezielt zu fragen nach:

der Tätigkeit und den Expositionsbedingungen (z. B. Expositionsdauer pro Arbeitstag, Gesamtdauer der Exposition),

technischen und persönlichen Schutzmaßnahmen und deren Verwendung,

zusätzlichen für die Beurteilung relevanten Belastungen,

dem Status der Gefahreninformation und der Unterweisung.

Eine gezielte Beratung hinsichtlich Belastungen, Arbeitsgestaltung und Schutzmaßnahmen ist durchzuführen.

c. Befunderhebung:

Allgemeine ärztliche Untersuchung:

Es ist insbesondere zu achten auf:

Reizerscheinungen im Bereich der Atemwege,

chronischen Husten,

Abfall des systolischen Blutdrucks unter Berücksichtigung der vorangegangenen einschlägigen Untersuchungen.

Neurologischer Status:

Es ist zu achten auf:

Steigerung der Sehnenreflexe,

erhöhter Muskeltonus,

Mobilitätsstarre,

Gangstörungen (breitbeiniger, unsicherer Gang).

Ferner ist zu achten auf:
Muskelkrämpfe,
Schluckstörungen,
Speichelfluss,
Sprachstörungen,
Maskengesicht,
Zittern.
Im Rahmen psychischer Veränderungen sind charakteristisch:
Vergesslichkeit,
Zwangslachen,
Zwangsweinen.

Blut: nur bei Verdacht auf manganbedingte neurologische Symptomatik
*Manganbestimmung (Vollblut)

Lungenfunktion:
Bestimmung der:
* Forcierten Vitalkapazität (FVC)
* 1-Sekundenkapazität (FEV1)
* FEV1%FVC
* MEF_{50} (max. exspir. Flusswert bei 50% der VC)
Durchführung der Spirometrie: siehe Teil I/2 Allgemeine Bestimmungen zur Durchführung von Untersuchungen.

d. Beurteilung:

Eignung:
Als Grenzwert ist anzusehen:
Blut: nur bei Verdacht auf manganbedingte neurologische Symptomatik
Mangan: 20 μg/l

Eignung mit vorzeitiger Folgeuntersuchung:
Bei Überschreiten des Grenzwertes für Mangan im Blut.
Bei anhaltendem Husten oder Abfall des systolischen Blutdrucks.
Bei Vorliegen einer wesentlichen **Beeinträchtigung der Lungenfunktion.** Diese liegt vor, wenn nach mehrmaliger Messung der beste gemessene Wert den für den/die Untersuchte/n maßgebenden **Sollwert um 20% unterschreitet** bzw. **den MEF_{50}-Sollwert um 50%** unterschreitet.
Eine vorzeitige Folgeuntersuchung ist jedoch nicht erforderlich, wenn im Vergleich zu Vorbefunden der altersabhängige physiologische Abfall der 1-Sekundenkapazität (FEV1) von 40 ml/Jahr nicht überschritten wird oder aus der Beurteilung des Kurvenverlaufes der Forcierten Vitalkapazität (FVC) eine eingeschränkte Mitarbeit des Untersuchten/der Untersuchten ersichtlich ist.

Nichteignung:
Eine Eignung für Tätigkeiten, die mit einer Einwirkung durch Mangan verbunden sind, ist im Allgemeinen nicht gegeben bei ausgeprägten Erkrankungen des zentralen und peripheren Nervensystems.

e. Zeitabstand:
Der Zeitabstand zwischen den Untersuchungen beträgt bei Eignung:
ein Jahr;
bei Eignung mit vorzeitiger Folgeuntersuchung:
sechs Monate.

5. Einwirkung durch CADMIUM oder seine Verbindungen
a. Allgemeine Anamnese, Beschwerden:
Es ist besonders zu achten auf:
Beschwerden oder Erkrankungen im Bereich der Atemwege (behinderte Nasenatmung, chronischer Schnupfen, blutiges Nasensekret, Husten, blutiger Auswurf),
Geruchsstörungen,
Magen-Darmbeschwerden,
Symptome eines „Metall-Dampf-Fiebers" (z. B. Fieber, Schüttelfrost, Gelenks- und/oder Muskelschmerzen).

b. Arbeitsanamnese:

Es ist gezielt zu fragen nach:

der Tätigkeit und den Expositionsbedingungen (z. B. Expositionsdauer pro Arbeitstag, Gesamtdauer der Exposition),

technischen und persönlichen Schutzmaßnahmen und deren Verwendung,

zusätzlichen für die Beurteilung relevanten Belastungen,

dem Status der Gefahreninformation und der Unterweisung.

Eine gezielte Beratung hinsichtlich Belastungen, Arbeitsgestaltung und Schutzmaßnahmen ist durchzuführen.

c. Befunderhebung:

Allgemeine ärztliche Untersuchung:

Es ist besonders zu achten auf:

Reizzustände im Nasen- und Rachenraum sowie im Bereich der oberen Atemwege.

Spekulumuntersuchung der Nase.

Für eine chronische Cadmiumvergiftung ist charakteristisch:

Gelbfärbung der Zahnhälse, insbesondere der Schneide- und Eckzähne (nur nach hoher Exposition).

Lungenfunktion:

Bestimmung der:

* Forcierten Vitalkapazität (FVC)
* 1-Sekundenkapazität (FEV1)
* FEV1%FVC
* MEF_{50} (max. exspir. Flusswert bei 50% der VC)

Die Durchführung der Spirometrie hat gemäß dem Skriptum des „Arbeitskreises für Klinische Atemphysiologie, Standardisierung und Begutachtung" der Österreichischen Gesellschaft für Pneumologie zu erfolgen (siehe Teil I/2 Allgemeine Bestimmungen zur Durchführung von Untersuchungen).

Harn:

* Gesamtprotein (z. B. mittels Harnstreifen)
* Harnkreatinin
* Cadmiumausscheidung quantitativ
* NAG (N-Acetylglucosaminidase)

Grenzwert für NAG je nach Bestimmungsmethode!

d. Beurteilung:

Eignung:

Als Grenzwert ist anzusehen:

Harn:

Cadmium: 2,5 µg/g Kreatinin

Eignung mit vorzeitiger Folgeuntersuchung:

Bei Überschreiten des Grenzwertes für Cadmium im Harn.

Bei Überschreiten des der angewendeten NAG-Bestimmungsmethode entsprechenden Grenzwertes im Harn. Bei wiederholter Überschreitung des Harngrenzwertes für NAG ist eine fachärztliche Abklärung anzuraten.

Bei Vorliegen einer wesentlichen Beeinträchtigung der Lungenfunktion. Diese liegt vor, wenn nach mehrmaliger Messung der beste gemessene Wert den für den/die Untersuchte/n maßgebenden **Sollwert um 20% unterschreitet** bzw. den MEF_{50}-**Sollwert um 50%** unterschreitet.

Eine vorzeitige Folgeuntersuchung ist jedoch nicht erforderlich, wenn im Vergleich zu Vorbefunden der altersabhängige physiologische Abfall der 1-Sekundenkapazität (FEV1) von 40 ml/Jahr nicht überschritten wird oder aus der Beurteilung des Kurvenverlaufes der Forcierten Vitalkapazität (FVC) eine eingeschränkte Mitarbeit des Untersuchten/der Untersuchten ersichtlich ist.

Nichteignung:

Eine Eignung für Tätigkeiten, die mit einer Einwirkung durch Cadmium verbunden sind, ist im Allgemeinen nicht gegeben bei:

ausgeprägten Nierenerkrankungen,

Erkrankungen der Atmungsorgane mit hochgradig eingeschränkter Lungenfunktion,

Herzinsuffizienz.

e. Zeitabstand:

Der Zeitabstand zwischen den Untersuchungen beträgt bei Eignung:

ein Jahr;

bei Eignung mit vorzeitiger Folgeuntersuchung:

sechs Monate.

Bei der vorzeitigen Folgeuntersuchung ist nur jener Untersuchungsbefund zu erheben, der die vorzeitige Folgeuntersuchung begründet hat.

6. Einwirkung durch CHROM-VI-Verbindungen

VGÜ

a. Allgemeine Anamnese, Beschwerden:

Es ist besonders zu achten auf:

Erkrankungen im Bereich der Atmungsorgane (Behinderung der Nasenatmung, chronischer Schnupfen, blutiges Nasensekret, Husten, blutiger Auswurf),

der Haut (chronische Ekzeme, schlecht heilende Wunden, wiederkehrende Hautentzündungen oder Hautausschläge an exponierten Körperteilen – eventuell mit Streuherden, Sensibilisierung),

Magen-Darm-Beschwerden oder –Erkrankungen (Übelkeit, Durchfälle, Gastritis),

Appetitverlust,

ungewollte Gewichtsabnahme.

b. Arbeitsanamnese:

Es ist gezielt zu fragen nach:

der Tätigkeit und den Expositionsbedingungen (z. B. Expositionsdauer pro Arbeitstag, Gesamtdauer der Exposition),

technischen und persönlichen Schutzmaßnahmen und deren Verwendung,

zusätzlichen für die Beurteilung relevanten Belastungen,

dem Status der Gefahreninformation und der Unterweisung.

Eine gezielte Beratung hinsichtlich Belastungen, Arbeitsgestaltung und Schutzmaßnahmen ist durchzuführen.

c. Befunderhebung:

Allgemeine ärztliche Untersuchung:

Es ist besonders zu achten auf:

Reizerscheinungen an den Schleimhäuten der Augen und oberen Atemwege,

Geschwüre und schmerzlose Perforationen der Nasenscheidewand,

Hautekzeme, insbesondere an Händen und Gesicht.

Spekulumuntersuchung der Nase.

Lungenfunktion:

Bestimmung der:

* Forcierten Vitalkapazität (FVC)

* 1-Sekundenkapazität (FEV1)

* FEV1%FVC

* MEF_{50} (max. exspir. Flusswert bei 50% der VC)

Die Durchführung der Spirometrie hat gemäß dem Skriptum des „Arbeitskreises für Klinische Atemphysiologie, Standardisierung und Begutachtung" der Österreichischen Gesellschaft für Pneumologie zu erfolgen (siehe Teil I/2 Allgemeine Bestimmungen zur Durchführung von Untersuchungen).

Blut:

Nur bei Nicht-Schweißrauch-Exponierten

* Chrombestimmung im Erythrozyten (EDTA-Blut)

Harn:

Nur bei Schweißrauch-Exponierten

Die Harnprobe ist nach **Ablauf einer Arbeitswoche/am Ende des Arbeitstages/am Schichtende** abzunehmen (der Zeitpunkt der Abnahme der Harnprobe ist anzugeben).

* Spezifisches Gewicht

* Chrombestimmung (Spontanharn)

Für die Chrombestimmung ist nur eine Harnprobe geeignet, deren spezifisches Gewicht ≥ 1010 mg/ml beträgt.

d. Beurteilung:

Eignung:

Als Grenzwerte sind anzusehen:

Blut:

gilt für Chrom (VI)-Einwirkung bei Nicht-Schweißrauch-Exponierten

Chrom: **9 µg/l**

Harn:

gilt für Chrom (VI)-Einwirkung bei Schweißrauch-Exponierten

Chrom: **12 µg/l**

Eignung mit vorzeitiger Folgeuntersuchung:

Bei Überschreiten der Grenzwerte für Chrom im Blut oder im Harn.

Bei Vorliegen einer wesentlichen **Beeinträchtigung der Lungenfunktion.** Diese liegt vor, wenn nach mehrmaliger Messung der beste gemessene Wert den für den/die Untersuchte/n maßgebenden **Sollwert um 20% unterschreitet** bzw. den MEF_{50}-**Sollwert um 50%** unterschreitet.

Eine vorzeitige Folgeuntersuchung ist jedoch nicht erforderlich, wenn im Vergleich zu Vorbefunden der altersabhängige physiologische Abfall der 1 Sekundenkapazität (FEV1) von 40 ml/Jahr nicht überschritten wird oder aus der Beurteilung des Kurvenverlaufes der Forcierten Vitalkapazität (FVC) eine eingeschränkte Mitarbeit des Untersuchten/der Untersuchten ersichtlich ist.

Nichteignung:

Eine Eignung für Tätigkeiten, die mit einer Einwirkung durch Chrom verbunden sind, ist im Allgemeinen nicht gegeben bei:

Erkrankungen der Atmungsorgane mit hochgradig eingeschränkter Lungenfunktion,

Herzinsuffizienz.

Bei der Eignungsbeurteilung ist eine allfällige ausgeprägte Chromallergie zu beachten.

e. Zeitabstand:

Der Zeitabstand zwischen den Untersuchungen beträgt bei Eignung:

ein Jahr;

bei Eignung mit vorzeitiger Folgeuntersuchung: **sechs Monate.**

7. Einwirkung durch COBALT oder seine Verbindungen
a. Allgemeine Anamnese, Beschwerden:

Es ist besonders zu achten auf:

Erkrankungen im Bereich der Atmungsorgane (Behinderung der Nasenatmung, chronischer Schnupfen, blutiges Nasensekret, Husten, blutiger Auswurf),

der Haut (chronische Ekzeme, schlecht heilende Wunden, wiederkehrende Hautentzündungen oder Hautausschläge an exponierten Körperteilen – eventuell mit Streuherden, Sensibilisierung),

Magen-Darm-Beschwerden oder –Erkrankungen (Übelkeit, Durchfälle, Gastritis),

Appetitverlust,

ungewollte Gewichtsabnahme.

b. Arbeitsanamnese:

Es ist gezielt zu fragen nach:

der Tätigkeit und den Expositionsbedingungen (z. B. Expositionsdauer pro Arbeitstag, Gesamtdauer der Exposition),

technischen und persönlichen Schutzmaßnahmen und deren Verwendung,

zusätzlichen für die Beurteilung relevanten Belastungen,

dem Status der Gefahreninformation und der Unterweisung.

Eine gezielte Beratung hinsichtlich Belastungen, Arbeitsgestaltung und Schutzmaßnahmen ist durchzuführen.

c. Befunderhebung:

Allgemeine ärztliche Untersuchung.

Lungenfunktion:

Bestimmung der:

* Forcierten Vitalkapazität (FVC)
* 1-Sekundenkapazität (FEV1)
* FEV1%FVC
* MEF_{50} (max. exspir. Flusswert bei 50% der VC)

Durchführung der Spirometrie: siehe Teil I/2 Allgemeine Bestimmungen zur Durchführung von Untersuchungen.

Harn:

Die Harnprobe ist **nach Ablauf einer Arbeitswoche/am Ende des Arbeitstages/am Schichtende** abzunehmen (der Zeitpunkt der Abnahme der Harnprobe ist anzugeben).

* Spezifisches Gewicht
* Cobaltbestimmung (Spontanharn)

Für die Cobaltbestimmung ist nur eine Harnprobe geeignet, deren spezifisches Gewicht ≥ 1010 mg/ml beträgt.

d. Beurteilung:

Eignung:

Als Grenzwert ist anzusehen:

Harn:

Cobalt: **10 µg/l**

Eignung mit vorzeitiger Folgeuntersuchung:

Überschreiten des Grenzwertes für Cobalt im Harn.

Bei Vorliegen einer wesentlichen **Beeinträchtigung der Lungenfunktion.** Diese liegt vor, wenn nach mehrmaliger Messung der beste gemessene Wert den für den/die Untersuchte/n maßgebenden **Sollwert um 20% unterschreitet,** bzw. **den MEF_{50}-Sollwert um 50%** unterschreitet.

Eine vorzeitige Folgeuntersuchung ist jedoch nicht erforderlich, wenn im Vergleich zu Vorbefunden der altersabhängige physiologische Abfall der 1 Sekundenkapazität (FEV1) von 40 ml/Jahr nicht überschritten wird oder aus der Beurteilung des Kurvenverlaufes der Forcierten Vitalkapazität (FVC) eine eingeschränkte Mitarbeit des Untersuchten/der Untersuchten ersichtlich ist.

Nichteignung:

Eine Eignung für Tätigkeiten, die mit einer Einwirkung durch Cobalt verbunden sind, ist im Allgemeinen nicht gegeben oder eingeschränkt bei ausgeprägten:

Erkrankungen der Atmungsorgane mit hochgradig eingeschränkter Lungenfunktion,

Herzinsuffizienz.

Bei der Eignungsbeurteilung ist eine allfällige Cobaltallergie zu berücksichtigen.

e. Zeitabstand:

Der Zeitabstand zwischen den Untersuchungen beträgt bei Eignung:

ein Jahr,

bei Eignung mit vorzeitiger Folgeuntersuchung:

sechs Monate.

8. Einwirkung durch NICKEL oder seine Verbindungen
a. Allgemeine Anamnese, Beschwerden:

Es ist besonders zu achten auf:

Erkrankungen im Bereich der Atmungsorgane (Behinderung der Nasenatmung, chronischer Schnupfen, blutiges Nasensekret, Husten, blutiger Auswurf),

der Haut (chronische Ekzeme, schlecht heilende Wunden, wiederkehrende Hautentzündungen oder Hautausschläge an exponierten Körperteilen – eventuell mit Streuherden, Sensibilisierung),

Magen-Darm-Beschwerden oder –Erkrankungen (Übelkeit, Durchfälle, Gastritis),

Appetitverlust,

ungewollte Gewichtsabnahme.

b. Arbeitsanamnese:

Es ist gezielt zu fragen nach:

der Tätigkeit und den Expositionsbedingungen (z. B. Expositionsdauer pro Arbeitstag, Gesamtdauer der Exposition),

technischen und persönlichen Schutzmaßnahmen und deren Verwendung,

zusätzlichen für die Beurteilung relevanten Belastungen,

dem Status der Gefahreninformation und der Unterweisung.

Eine gezielte Beratung hinsichtlich Belastungen, Arbeitsgestaltung und Schutzmaßnahmen ist durchzuführen.

c. Befunderhebung:

Allgemeine ärztliche Untersuchung.

Spekulumuntersuchung der Nase.

Lungenfunktion:

Bestimmung der:

* Forcierten Vitalkapazität (FVC)
* 1-Sekundenkapazität (FEV1)
* FEV1%FVC
* MEF50 (max. exspir. Flusswert bei 50% der VC)

Die Durchführung der Spirometrie hat gemäß dem Skriptum des „Arbeitskreises für Klinische Atemphysiologie, Standardisierung und Begutachtung" der Österreichischen Gesellschaft für Pneumologie zu erfolgen (siehe Teil I/2 Allgemeine Bestimmungen zur Durchführung von Untersuchungen).

Harn:

Die Harnprobe ist **nach Ablauf einer Arbeitswoche/am Ende des Arbeitstages/am Schichtende** abzunehmen (der Zeitpunkt der Abnahme der Harnprobe ist anzugeben).

* Spezifisches Gewicht
* Nickelbestimmung (Spontanharn)

Für die Nickelbestimmung ist nur eine Harnprobe geeignet, deren spezifisches Gewicht ≥ 1010 mg/ml beträgt.

d. Beurteilung:

Eignung:

Als Grenzwert ist anzusehen:

Harn:

Nickel: **7 µg/l**

Eignung mit vorzeitiger Folgeuntersuchung:

Bei Überschreiten des Grenzwertes für Nickel im Harn.

Bei Vorliegen einer wesentlichen **Beeinträchtigung der Lungenfunktion.** Diese ist anzunehmen, wenn nach mehrmaliger Messung der beste gemessene Wert den für den/die Untersuchte/n maßgebenden **Sollwert um 20% unterschreitet,** bzw. den **MEF$_{50}$-Sollwert um 50%** unterschreitet.

Eine vorzeitige Folgeuntersuchung ist jedoch nicht erforderlich, wenn im Vergleich zu Vorbefunden der altersabhängige physiologische Abfall der 1 Sekundenkapazität (FEV1) von 40 ml/Jahr nicht überschritten wird oder aus der Beurteilung des Kurvenverlaufes der Forcierten Vitalkapazität (FVC) eine eingeschränkte Mitarbeit des Untersuchten/der Untersuchten ersichtlich ist.

Nichteignung:

Eine Eignung für Tätigkeiten, die mit einer Einwirkung durch Nickel verbunden sind, ist im Allgemeinen nicht gegeben bei:

Erkrankungen der Atmungsorgane mit hochgradig eingeschränkter Lungenfunktion,

Herzinsuffizienz.

Bei der Eignungsbeurteilung ist eine allfällige Nickelallergie zu berücksichtigen.

e. Zeitabstand:

Der Zeitabstand zwischen den Untersuchungen beträgt bei Eignung:

ein Jahr;

bei Eignung mit vorzeitiger Folgeuntersuchung:

sechs Monate.

9. Einwirkung durch ALUMINIUM-, ALUMINIUMOXID- oder ALUMINIUMHYDROXID-haltige STÄUBE UND RAUCHE

Bei Beschäftigten, die Arbeiten mit korundhaltigen Schleif- oder Trennscheiben oder Schleifmitteln durchführen, ist davon auszugehen, dass sie keiner Einwirkung durch Aluminiumoxid ausgesetzt sind, die eine Untersuchungspflicht begründet.

a. Allgemeine Anamnese, Beschwerden:

Es ist besonders zu achten auf:

Beschwerden (Husten, Kurzatmigkeit), Erkrankungen, Operationen oder Verletzungen der Atmungsorgane sowie Restzustände nach solchen, sofern diese die Funktion der Atmungsorgane wesentlich beeinträchtigen,

Ödeme,

Herzrhythmusstörungen.

b. Arbeitsanamnese:

Es ist gezielt zu fragen nach:

der Tätigkeit und den Expositionsbedingungen (z. B. Expositionsdauer pro Arbeitstag, Gesamtdauer der Exposition),

technischen und persönlichen Schutzmaßnahmen und deren Verwendung,

zusätzlichen für die Beurteilung relevanten Belastungen,

dem Status der Gefahreninformation und der Unterweisung.

Eine gezielte Beratung hinsichtlich Belastungen, Arbeitsgestaltung und Schutzmaßnahmen ist durchzuführen.

c. Befunderhebung:

Allgemeine ärztliche Untersuchung

Lungenfunktion:

Bestimmung der:

* Forcierten Vitalkapazität (FVC)
* 1-Sekundenkapazität (FEV1)
* FEV1%FVC
* MEF50 (max. exspir. Flusswert bei 50% der VC)

Durchführung der Spirometrie: siehe Teil I/2 Allgemeine Bestimmungen zur Durchführung von Untersuchungen.

Harn:

Die Harnprobe ist **nach Ablauf einer Arbeitswoche/am Ende des Arbeitstages/am Schichtende** abzunehmen (der Zeitpunkt der Abnahme der Harnprobe ist anzugeben).

* Harnkreatinin
* Aluminiumbestimmung

d. Beurteilung:

Eignung:

Als Grenzwert ist anzusehen:

Harn:

Aluminium: **60 µg/g Kreatinin.**

Eignung mit vorzeitiger Folgeuntersuchung:

Bei Überschreiten des Grenzwertes für Aluminium im Harn.

Bei Vorliegen einer wesentlichen **Beeinträchtigung der Lungenfunktion.** Diese liegt vor, wenn nach mehrmaliger Messung der beste gemessene Wert den für den/die Untersuchte/n maßgebenden **Sollwert um 20% unterschreitet,** bzw. den **MEF$_{50}$-Sollwert um 50%** unterschreitet.

Eine vorzeitige Folgeuntersuchung ist jedoch nicht erforderlich, wenn im Vergleich zu Vorbefunden der altersabhängige physiologische Abfall der 1 Sekundenkapazität (FEV1) von 40 ml/Jahr nicht überschritten wird oder aus der Beurteilung des Kurvenverlaufes der Forcierten Vitalkapazität (FVC) eine eingeschränkte Mitarbeit des Untersuchten/der Untersuchten ersichtlich ist.

Nichteignung:

Eine Eignung für die oben angeführten Tätigkeiten ist im Allgemeinen nicht gegeben bei:

●

Erkrankungen der Atmungsorgane mit hochgradig eingeschränkter Lungenfunktion, Herzinsuffizienz.

e. Zeitabstand:
Der Zeitabstand zwischen den Untersuchungen beträgt bei Eignung:

ein Jahr;

bei Eignung mit vorzeitiger Folgeuntersuchung:

sechs Monate.

10. Einwirkung durch QUARZ- oder ASBESTHALTIGEN STAUB oder HARTMETALLSTAUB

Die Untersuchung wegen Einwirkung durch asbesthaltigen Staub entfällt, wenn keine Meldung nach § 22 GKV zu erfolgen hat.

Eine Untersuchung auf Einwirkung von Hartmetallstaub ist nicht durchzuführen, wenn die Ermittlung und Beurteilung der Untersuchungspflicht ergibt, dass eine Untersuchung auf Einwirkung von Cobalt aus arbeitsmedizinischer Sicht erforderlich ist.

a. Allgemeine Anamnese, Beschwerden:
Es ist besonders zu achten auf:

Beschwerden (Husten, Kurzatmigkeit), Erkrankungen, Operationen oder Verletzungen der Atmungsorgane sowie Restzustände nach solchen, sofern diese die Funktion der Atmungsorgane wesentlich beeinträchtigen,

Ödeme,

Herzrhythmusstörungen.

b. Arbeitsanamnese:
Es ist gezielt zu fragen nach:

der Tätigkeit und den Expositionsbedingungen (z. B. Expositionsdauer pro Arbeitstag, Gesamtdauer der Exposition),

technischen und persönlichen Schutzmaßnahmen und deren Verwendung,

zusätzlichen für die Beurteilung relevanten Belastungen,

dem Status der Gefahreninformation und der Unterweisung.

Eine gezielte Beratung hinsichtlich Belastungen, Arbeitsgestaltung und Schutzmaßnahmen ist durchzuführen.

c. Befunderhebung:
Allgemeine ärztliche Untersuchung

Lungenfunktion:

Bestimmung der:

* Forcierten Vitalkapazität (FVC)

* 1-Sekundenkapazität (FEV1)

* FEV1%FVC

* MEF_{50} (max. exspir. Flusswert bei 50% der VC)

Durchführung der Spirometrie: siehe Teil I/2 Allgemeine Bestimmungen zur Durchführung von Untersuchungen.

Röntgenuntersuchung:

* p.a.-Aufnahme und eine seitliche Röntgenaufnahme der Thoraxorgane gemäß dem Stand der Technik

Röntgenbilder, die diesen Anforderungen entsprechen und nicht älter als zwei Jahre sind, ersetzen die hier vorgesehene Röntgenaufnahme.

Die Beurteilung der Röntgenaufnahme hat gemäß der aktuellen ILO-Klassifikation zu erfolgen.

Radiographische Veränderungen, die nicht einer Staublungenerkrankung zugeordnet werden können, sind nach freier Diktion zu beschreiben, sofern ihnen für die Beurteilung der Eignung oder weiterer Eignung des/der Untersuchten Bedeutung zukommt.

d. Beurteilung:

Eignung mit vorzeitiger Folgeuntersuchung:

Bei Vorliegen einer wesentlichen **Beeinträchtigung der Lungenfunktion**. Diese liegt jedenfalls vor, wenn nach mehrmaliger Messung der beste gemessene Wert den für den/die Untersuchte/n maßgebenden **Sollwert um 20% unterschreitet** bzw. den MEF_{50}-**Sollwert um 50%** unterschreitet.

Eine vorzeitige Folgeuntersuchung ist jedoch nicht erforderlich, wenn im Vergleich zu Vorbefunden der altersabhängige physiologische Abfall der 1-Sekundenkapazität (FEV1) von 40 ml/Jahr nicht überschritten wird oder aus der Beurteilung des Kurvenverlaufes der Forcierten Vitalkapazität (FVC) eine eingeschränkte Mitarbeit des Untersuchten/der Untersuchten ersichtlich ist.

VGÜ

Nichteignung:

Eine Eignung für die oben angeführten Tätigkeiten ist im Allgemeinen nicht gegeben bei:

Erkrankungen der Atmungsorgane mit hochgradig eingeschränkter Lungenfunktion,

Herzinsuffizienz,

röntgenologisch eindeutiger Staublunge,

anderen fibrotischen oder granulomatösen Veränderungen der Lunge, sofern diese die Funktion der Atmungsorgane wesentlich beeinträchtigen,

Pleuraschwarten verbunden mit dauerhafter Einschränkung der cardio-pulmonalen Leistungsfähigkeit.

Eine **röntgenologisch eindeutige Staublungenerkrankung** liegt vor, wenn die im genannten Klassifikationsschema angeführten typischen Veränderungen erkennbar sind und den nach der Staubexposition in Betracht kommenden Staublungenerkrankungen zugeordnet werden können. Hinsichtlich der **Silikose** müssen auf der Röntgenaufnahme zumindest punktförmige Schatten (p-Form) in einer Durchsetzungsdichte (Streuung) von mindestens 2/1 oder 1/2 und in einer Verteilung auf mehr als ein Lungenfeld erkennbar sein, hinsichtlich der **Asbestose** unregelmäßige Streifenschatten (s-förmig, t-förmig) in einer Durchsetzungsdichte von zumindest 1/1 und in einer vorwiegend auf die Mittel- und Unterfelder beschränkten Verteilung erkennbar sein.

e. Zeitabstand:

Der Zeitabstand zwischen den Untersuchungen beträgt bei Eignung:

zwei Jahre bzw. für die **Röntgenuntersuchung 4 Jahre;**

bei Eignung mit vorzeitiger Folgeuntersuchung:

ein Jahr.

Sofern eine vorzeitige Folgeuntersuchung lediglich auf Grund veränderter Lungenfunktionswerte erfolgt, ist die Lungenfunktionsprüfung durchzuführen, jedoch keine Röntgen-Aufnahme anzufertigen.

11. Einwirkung durch SCHWEISSRAUCH

Eine Untersuchung auf Einwirkung von Schweißrauch ist nicht durchzuführen, wenn die Ermittlung und Beurteilung der Untersuchungspflicht ergibt, dass eine Untersuchung auf Einwirkung von Nickel, Chrom VI oder Mangan aus arbeitsmedizinischer Sicht erforderlich ist

a. Allgemeine Anamnese, Beschwerden:

Es ist besonders zu achten auf:

Erkrankungen, Operationen oder Verletzungen der Atmungsorgane sowie Restzustände nach solchen, sofern diese die Funktion der Atmungsorgane wesentlich beeinträchtigen.

Häufigkeit des Auftretens von Husten, nächtlicher Husten,

Kurzatmigkeit, auffällige Leistungsminderung, Ödeme, Herzrhythmusstörungen.

b. Arbeitsanamnese:

Es ist gezielt zu fragen nach:

der Tätigkeit und den Expositionsbedingungen (z. B. Expositionsdauer pro Arbeitstag, Gesamtdauer der Exposition),

technischen und persönlichen Schutzmaßnahmen und deren Verwendung,

zusätzlichen für die Beurteilung relevanten Belastungen,

dem Status der Gefahreninformation und der Unterweisung.

Eine gezielte Beratung hinsichtlich Belastungen, Arbeitsgestaltung und Schutzmaßnahmen ist durchzuführen.

●

c. Befunderhebung:
Allgemeine ärztliche Untersuchung.

Lungenfunktion:

Bestimmung der:

* Forcierten Vitalkapazität (FVC)
* 1-Sekundenkapazität (FEV1)
* FEV1%FVC
* MEF_{50} (max. exspir. Flusswert bei 50 % der VC)

Durchführung der Spirometrie: siehe Teil I/2 Allgemeine Bestimmungen zur Durchführung von Untersuchungen.

Röntgenuntersuchung (nur bei Eignungsuntersuchung)

* p.a.-Aufnahme und eine seitliche Röntgenaufnahme der Thoraxorgane gemäß dem Stand der Technik

Röntgenbilder, die diesen Anforderungen entsprechen und nicht älter als zwei Jahre sind, ersetzen die hier vorgesehene Röntgenaufnahme.

Radiographische Veränderungen sind nach freier Diktion zu beschreiben, sofern ihnen für die Beurteilung der Eignung oder weiteren Eignung des/der Untersuchten Bedeutung zukommt.

d. Beurteilung:
Eignung mit vorzeitiger Folgeuntersuchung:

Bei Vorliegen einer wesentlichen **Beeinträchtigung der Lungenfunktion.** Diese liegt jedenfalls vor, wenn nach mehrmaliger Messung der beste gemessene Wert den für den/die Untersuchte/n maßgebenden **Sollwert um 20% unterschreitet,** bzw. den **MEF_{50}-Sollwert um 50%** unterschreitet.

Eine vorzeitige Folgeuntersuchung ist jedoch nicht erforderlich, wenn im Vergleich zu Vorbefunden der altersabhängige physiologische Abfall der 1 Sekundenkapazität (FEV1) von 40 ml/Jahr nicht überschritten wird oder aus der Beurteilung des Kurvenverlaufes der Forcierten Vitalkapazität (FVC) eine eingeschränkte Mitarbeit des Untersuchten/der Untersuchten ersichtlich ist.

Nichteignung:

Eine Eignung für die oben angeführten Tätigkeiten ist im Allgemeinen nicht gegeben bei:

Erkrankungen der Atmungsorgane mit hochgradig eingeschränkter Lungenfunktion,

Herzinsuffizienz.

e. Zeitabstand:
Der Zeitabstand zwischen den Untersuchungen beträgt bei Eignung:

zwei Jahre;

bei Eignung mit vorzeitiger Folgeuntersuchung:

ein Jahr.

12. Einwirkung durch FLUOR oder seine anorganischen Verbindungen
a. Allgemeine Anamnese, Beschwerden:
Es ist besonders zu achten auf:

Appetitlosigkeit, Übelkeit, sonstige Magen-Darmbeschwerden,

Symptome einer Osteosklerose wie Gliederschmerzen, bleierne Schwere in den Gliedern,

Steifheit der Wirbelsäule, sonstige Bewegungseinschränkungen,

Knochenfrakturen.

b. Arbeitsanamnese:
Es ist gezielt zu fragen nach:

der Tätigkeit und den Expositionsbedingungen (z. B. Expositionsdauer pro Arbeitstag, Gesamtdauer der Exposition),

technischen und persönlichen Schutzmaßnahmen und deren Verwendung,

zusätzlichen für die Beurteilung relevanten Belastungen,

dem Status der Gefahreninformation und der Unterweisung.

Eine gezielte Beratung hinsichtlich Belastungen, Arbeitsgestaltung und Schutzmaßnahmen ist durchzuführen.

c. Befunderhebung:

Allgemeine ärztliche Untersuchung:

Besonders ist zu achten auf:

Zustand der Zähne,

Reizerscheinungen in den Atemwegen und Augen,

chronischer Husten,

vermehrter Auswurf,

Atemnot.

Die Schneidekanten der Zähne zeigen bei erhöhter Fluoraufnahme frühzeitige Abnützung. Mitunter zeigen sich weiße Flecken („mottled teeth").

Harn:

* Kreatinin

* Fluoridausscheidung quantitativ

d. Beurteilung:

Eignung:

Als Grenzwerte sind anzusehen:

Harn:

Wenn die Harnprobe **unmittelbar nach Expositions- bzw. Schichtende** abgenommen wurde:

Fluorid 7 mg/g Kreatinin.

Wenn die Harnprobe **vor nachfolgender Schicht** abgenommen wurde:

Fluorid 4 mg/g Kreatinin.

Eignung mit vorzeitiger Folgeuntersuchung:

Bei Überschreiten der zulässigen Grenzwerte für Fluorid im Harn.

Nichteignung:

Eine Eignung für mit einer Einwirkung durch Fluor verbundene Tätigkeiten ist im Allgemeinen nicht gegeben bei :

Knochenerkrankungen, insbesondere osteosklerotischen Prozessen,

sonstigen Störungen des Kalziumstoffwechsels.

e. Zeitabstand:

Der Zeitabstand zwischen den Untersuchungen beträgt bei Eignung:

ein Jahr;

bei Eignung mit vorzeitiger Folgeuntersuchung:

sechs Monate.

13. Einwirkung durch ROHPARAFFIN, TEER, TEERÖLE, ANTHRACEN, PECH oder RUSS (mit hohem Anteil an polyzyklischen aromatischen Kohlenwasserstoffen)

a. Allgemeine Anamnese, Beschwerden:

Es ist besonders zu achten auf:

chronische und allergische Hauterkrankungen,

besondere Empfindlichkeit gegenüber Sonnenbestrahlung,

deutliche Veränderung von Muttermalen,

Pigmentveränderungen.

b. Arbeitsanamnese:

Es ist gezielt zu fragen nach:

der Tätigkeit und den Expositionsbedingungen (z. B. Expositionsdauer pro Arbeitstag, Gesamtdauer der Exposition),

technischen und persönlichen Schutzmaßnahmen und deren Verwendung,

zusätzlichen für die Beurteilung relevanten Belastungen,

dem Status der Gefahreninformation und der Unterweisung.

Eine gezielte Beratung hinsichtlich Belastungen, Arbeitsgestaltung und Schutzmaßnahmen ist durchzuführen.

c. Befunderhebung:

Eingehende Inspektion der unbedeckten Körperstellen mittels Dermatoskop oder Leuchtlupe, insbesondere der Haut-Schleimhautübergänge.

Besonders ist zu achten auf:

Hautleiden wie Ichthyose, Seborrhoe.

d. Beurteilung:

Eignung mit vorzeitiger Folgeuntersuchung:

Hautveränderungen, die für eine Hautkrebsentstehung von Bedeutung sind.

Nichteignung:

Eine Eignung für Tätigkeiten, die mit einer Einwirkung durch Stoffe verbunden sind, die Hautkrebs verursachen können, ist im Allgemeinen nicht gegeben bei:

ausgedehnter Vitiligo,

in allen Fällen, in welchen bereits einmal ein Hautkrebs im Bereich der frei getragenen Körperstellen vorlag.

e. Zeitabstand:

Der Zeitabstand zwischen den Untersuchungen beträgt bei Eignung:

zwei Jahre;

bei Eignung mit vorzeitiger Folgeuntersuchung:

drei Monate.

14. Einwirkung durch BENZOL

Bei Beschäftigten in Tankstellen ist davon auszugehen, dass sie keiner Benzol-Einwirkung, die eine Untersuchungspflicht begründet, ausgesetzt sind.

a. Allgemeine Anamnese, Beschwerden:

Es ist besonders zu achten auf:

Haut- und Schleimhautreizungen,

sowie auf Beschwerden, die im Hinblick auf den Wirkungsmechanismus des Benzols bzw. seiner Abbauprodukte im Organismus auf eine Störung der Blutbildung hinweisen, wie:

Zahnfleischbluten,

Auftreten von flächenhaften Haut- und Schleimhautblutungen bei geringfügigen Traumen,

und auf Einnahme von Medikamenten, die Knochenmarksdepressionen verursachen können.

b. Arbeitsanamnese:

Es ist gezielt zu fragen nach:

der Tätigkeit und den Expositionsbedingungen (z. B. Expositionsdauer pro Arbeitstag, Gesamtdauer der Exposition),

technischen und persönlichen Schutzmaßnahmen und deren Verwendung,

zusätzlichen für die Beurteilung relevanten Belastungen,

dem Status der Gefahreninformation und der Unterweisung.

Eine gezielte Beratung hinsichtlich Belastungen, Arbeitsgestaltung und Schutzmaßnahmen ist durchzuführen.

c. Befunderhebung:

Allgemeine ärztliche Untersuchung.

Blut:

Die Blutuntersuchung ist **bei der Erstuntersuchung und einmal jährlich** bzw. **bei Arbeiten in Kokereien alle sechs Monate** durchzuführen.

* Blutstatus (Hämoglobin, Leukozyten, Erythrozyten, Thrombozyten, Differentialblutbild, MCV)

Harn:

Die Harnprobe ist **nach Ablauf einer Arbeitswoche/am Ende des Arbeitstages/am Schichtende** abzunehmen (der Zeitpunkt der Abnahme der Harnprobe ist anzugeben).

* spezifisches Gewicht

* t,t-Muconsäure

Für die t,t-Muconsäurebestimmung ist nur eine Harnprobe geeignet, deren spezifisches Gewicht $\geq$ 1010 mg/ml beträgt.

d. Beurteilung:

Eignung:
Als Grenzwerte sind anzusehen:
Blut:

Hämoglobin:	10 g/dl für Frauen
	12 g/dl für Männer
MCV:	79-97 fl
Erythrozyten:	3,2 Millionen/µl für Frauen
	3,8 Millionen/µl für Männer
Leukozyten:	unterer Grenzwert: 4.000/µl (davon 2.000 Granulozyten
	bzw. 3.700/µl bei nicht pathologischem
	Differentialblutbild,
	oberer Grenzwert: 13.000/µl
Thrombozyten:	150.000 bzw. 130.000/µl bei nicht pathologischem Differen-tialblutbild

Harn:
t,t-Muconsäure: **1,6 mg/l**

Eignung mit vorzeitiger Folgeuntersuchung:
Bei Unterschreiten bzw. Überschreiten der Grenzwerte im Blut (ausgenommen Differentialblutbild) oder im Harn sowie bei atypischen Morphologien im Blut.

Nichteignung:
Eine Eignung für Tätigkeiten, die mit einer Einwirkung durch Benzol verbunden sind, ist im Allgemeinen nicht gegeben bei: Erkrankungen des Blutes,
Erkrankungen der Blut bildenden Organe.

e. Zeitabstand:
Der Zeitabstand zwischen den Untersuchungen beträgt bei Eignung:
ein Jahr;
bei Arbeiten in Kokereien: drei Monate, für die **Blutuntersuchung sechs Monate;**
bei Eignung mit vorzeitiger Folgeuntersuchung:
drei Monate;
bei **Arbeiten in Kokereien: sechs Wochen.**

15. Einwirkung durch TOLUOL
a. Allgemeine Anamnese, Beschwerden:
Es ist besonders zu achten auf:
Erkrankungen des Blutes und der Blut bildenden Organe,
chronisch entzündliche Hauterkrankungen,
ausgeprägte chronische konjunktivale Reizerscheinungen,
sowie auf Beschwerden im Bereich des zentralen und des peripheren Nervensystems wie:
Kopfschmerzen, Schwindelgefühl, leichte Ermüdbarkeit,
Merkfähigkeitsstörungen, Konzentrationsstörungen, Farbsehstörungen,
Herzklopfen, Zittern in den Händen, Schweißausbrüche,
Appetitlosigkeit, Übelkeit, sonstige Magen-Darmbeschwerden,
Alkoholintoleranz.

b. Arbeitsanamnese:
Es ist gezielt zu fragen nach:
der Tätigkeit und den Expositionsbedingungen (z. B. Expositionsdauer pro Arbeitstag, Gesamtdauer der Exposition),
technischen und persönlichen Schutzmaßnahmen und deren Verwendung,
zusätzlichen für die Beurteilung relevanten Belastungen,
dem Status der Gefahreninformation und der Unterweisung.
Eine gezielte Beratung hinsichtlich Belastungen, Arbeitsgestaltung und Schutzmaßnahmen ist durchzuführen.

c. Befunderhebung:
Allgemeine ärztliche Untersuchung.

Blut:

Die Blutuntersuchung ist **bei der Erstuntersuchung und einmal jährlich** durchzuführen:

* Blutstatus (Hämoglobin, Leukozyten, Erythrozyten, Thrombozyten, Differentialblutbild)

Harn:

Die Harnprobe ist **nach Ablauf einer Arbeitswoche/am Ende eines Arbeitstages/am Schichtende** abzunehmen (der Zeitpunkt der Abnahme der Harnprobe ist anzugeben).

* spezifisches Gewicht

* o-Cresol

Für die o-Cresolbestimmung ist nur eine Harnprobe geeignet, deren spezifisches Gewicht ≥ 1010 mg/ml beträgt.

d. Beurteilung:

Eignung:

Als Grenzwerte sind anzusehen:

Blut:

Hämoglobin:	10 g/dl für Frauen
	12 g/dl für Männer
Erythrozyten:	3,2 Millionen/µl für Frauen
	3,8 Millionen/µl für Männer
Leukozyten:	unterer Grenzwert: 4.000/µl (davon 2.000 Granulozyten bzw. 3.700/µl bei nicht pathologischem Differentialblutbild,
	oberer Grenzwert: 13.000/µl
Thrombozyten:	150.000 bzw. 130.000/µl bei nicht pathologischem Differentialblutbild

Harn:

o-Cresol: **0,8 mg/l**

Bei wiederholt erhöhten o-Cresolwerten ist zusätzlich Toluol im Blut am Ende eines Arbeitstages zu bestimmen (der Zeitpunkt der Untersuchung ist anzugeben).

Grenzwert:

Toluol: **250 µg/l Blut**

Eignung mit vorzeitiger Folgeuntersuchung:

Bei Unterschreiten bzw. Überschreiten der Grenzwerte im Blut (ausgenommen Differentialblutbild) oder im Harn sowie bei atypischen Morphologien im Blut.

Nichteignung:

Eine Eignung für Tätigkeiten, die mit einer Einwirkung durch Toluol verbunden sind, ist im Allgemeinen nicht gegeben bei :

Erkrankungen des Blutes und der Blut bildenden Organe, erheblichen Störungen im Bereich des zentralen und peripheren Nervensystems.

e. Zeitabstand:

Der Zeitabstand zwischen den Untersuchungen beträgt bei Eignung:

ein Jahr;

bei Eignung mit vorzeitiger Folgeuntersuchung:

drei Monate.

16. Einwirkung durch XYLOLE
a. Allgemeine Anamnese, Beschwerden:

Es ist besonders zu achten auf:

chronisch entzündliche Hauterkrankungen,

ausgeprägte chronische konjunktivale Reizerscheinungen,

sowie auf Beschwerden im Bereich des zentralen und des peripheren Nervensystems wie:

Kopfschmerzen, Schwindelgefühl, leichte Ermüdbarkeit,

Merkfähigkeitsstörungen, Konzentrationsstörungen, Farbsehstörungen,

Herzklopfen, Zittern in den Händen, Schweißausbrüche,

Appetitlosigkeit, Übelkeit, sonstige Magen-Darmbeschwerden,

Alkoholintoleranz.

b. Arbeitsanamnese:

Es ist gezielt zu fragen nach:

der Tätigkeit und den Expositionsbedingungen (z. B. Expositionsdauer pro Arbeitstag, Gesamtdauer der Exposition),

technischen und persönlichen Schutzmaßnahmen und deren Verwendung,

   zusätzlichen für die Beurteilung relevanten Belastungen,

dem Status der Gefahreninformation und der Unterweisung.

Eine gezielte Beratung hinsichtlich Belastungen, Arbeitsgestaltung und Schutzmaßnahmen ist durchzuführen.

c. Befunderhebung:

Allgemeine ärztliche Untersuchung.

Harn:

Die Harnprobe ist **nach Ablauf einer Arbeitswoche/am Ende eines Arbeitstages/am Schichtende** abzunehmen (der Zeitpunkt der Abnahme der Harnprobe ist anzugeben).

* Spezifisches Gewicht

* Methylhippursäure

Für die Methylhippursäurebestimmung ist nur eine Harnprobe geeignet, deren spezifisches Gewicht $\geq$1010 mg/ml beträgt.

d. Beurteilung:

Eignung:

Als Grenzwert ist anzusehen:

Harn:

Methylhippursäure: **1,5 g/l**

Bei wiederholten Überschreitungen des Grenzwertes im Harn ist zusätzlich Xylol im Blut am Ende eines Arbeitstages zu bestimmen (der Zeitpunkt der Untersuchung ist anzugeben).

Grenzwert:

Xylol: **1000 µg/l Blut (= 1 mg/l Blut)**

Eignung mit vorzeitiger Folgeuntersuchung:

Bei Überschreiten der Grenzwerte im Blut oder im Harn.

Nichteignung:

Eine Eignung für Tätigkeiten, die mit einer Einwirkung durch Xylole verbunden sind, ist im Allgemeinen nicht gegeben bei:

erheblichen Störungen im Bereich des zentralen und peripheren Nervensystems.

e. Zeitabstand:

Der Zeitabstand zwischen den Untersuchungen beträgt bei Eignung:

ein Jahr;

bei Eignung mit vorzeitiger Folgeuntersuchung:

drei Monate.

17. Einwirkung durch TRICHLORMETHAN (Chloroform), TRICHLORETHEN (Trichlorethylen), TETRACHLORMETHAN (Tetrachlorkohlenstoff), TETRACHLORETHAN, TETRACHLORETHEN (Perchlorethylen) oder CHLORBENZOL

Bei Beschäftigten in Chemisch-Reinigungen ist davon auszugehen, dass sie keiner Per-Einwirkung, die eine Untersuchungspflicht begründet, ausgesetzt sind.

a. Allgemeine Anamnese, Beschwerden:

Es ist besonders zu achten auf:

Beschwerden im Bereich des zentralen, peripheren und vegetativen Nervensystems, wie:

Kopfschmerzen, Schwindel,

Konzentrationsschwäche, Vergesslichkeit,

Sensibilitätsstörungen,

Geruchs- und Geschmacksstörungen,

Seh- und Hörstörungen,

Beklemmungen, Klagen über Herzunruhe,

psycho-vegetative Übererregbarkeit.

Weitere Zeichen einer erhöhten Einwirkung durch Halogenkohlenwasserstoffe können sein:

Appetitlosigkeit, Übelkeit, Erbrechen,

sonstige Magen-Darmstörungen,

ungewollte Gewichtsabnahme,

Alkoholintoleranz.

Es ist nach Hautveränderungen zu fragen.

b. Arbeitsanamnese:

Es ist gezielt zu fragen nach:

der Tätigkeit und den Expositionsbedingungen (z. B. Expositionsdauer pro Arbeitstag, Gesamtdauer der Exposition),

technischen und persönlichen Schutzmaßnahmen und deren Verwendung,

zusätzlichen für die Beurteilung relevanten Belastungen,

dem Status der Gefahreninformation und der Unterweisung.

Eine gezielte Beratung hinsichtlich Belastungen, Arbeitsgestaltung und Schutzmaßnahmen ist durchzuführen.

c. Befunderhebung:

Allgemeine ärztliche Untersuchung.

Neurologischer Status:

Zu berücksichtigen sind:

Motorik,

Sensibilität,

Verhalten der Sehnenreflexe.

Bei Arbeiten mit **Trichlorethen (Trichlorethylen)** ist auf Zeichen einer „**Tri-Sucht**" besonders zu achten.

Blut:

* Bestimmung der Serum-Transaminasen SGOT, SGPT sowie GGT

Harn:

* Gesamtprotein (z. B. mittels Harnstreifen)

* immunologischer Teststreifen auf Mikroalbumin (Normbereich: bis 20 mg/l)

     * quantitative Trichloressigsäure-Bestimmung (bei Per-Exposition)

d. Beurteilung:

Eignung:

Als Grenzwerte sind anzusehen:

Blut:

Leberfunktionsprüfung:

SGOT bis 50 U/l für Männer;

bis 35 U/l für Frauen;

SGPT bis 50 U/l für Männer;

bis 35 U/l für Frauen;

GGT bis 66 U/l für Männer;

bis 39 U/l für Frauen.

Harn:

Trichloressigsäure bei Per-Exposition: 40 mg/l

    Eignung mit vorzeitiger Folgeuntersuchung:

Bei Überschreiten von mindestens zwei der Grenzwerte im Blut;

Bei Überschreitung des Grenzwertes für Trichloressigsäure im Harn; nur bei Per-Exposition.

    Nichteignung:

Eine Eignung für Tätigkeiten unter Einwirkung von Trichlorethylen, Perchlorethylen, Chloroform, Tetrachlorkohlenstoff, Tetrachlorethan und Chlorbenzol ist im Allgemeinen nicht gegeben bei

Erkrankungen des peripheren und zentralen Nervensystems,

chronischen Leberschäden,

Nierenerkrankungen.

e. Zeitabstand:

Der Zeitabstand zwischen den Untersuchungen beträgt bei Eignung:

ein Jahr;

bei Eignung mit vorzeitiger Folgeuntersuchung:

drei Monate.

18. Einwirkung durch KOHLENSTOFFDISULFID (Schwefelkohlenstoff)

a. Allgemeine Anamnese, Beschwerden:

Es ist besonders zu achten auf:

Appetitlosigkeit,

stärkere Gewichtsveränderungen,

Schlaflosigkeit,

Gedächtnisschwäche, Konzentrationsstörungen,

Gereiztheit, Stimmungslabilität,

Sehstörungen,

sowie auf Symptome, die auf koronare oder periphere Gefäßveränderungen hinweisen.

b. Arbeitsanamnese:

Es ist gezielt zu fragen nach:

der Tätigkeit und den Expositionsbedingungen (z. B. Expositionsdauer pro Arbeitstag, Gesamtdauer der Exposition),

technischen und persönlichen Schutzmaßnahmen und deren Verwendung,

zusätzlichen für die Beurteilung relevanten Belastungen,

dem Status der Gefahreninformation und der Unterweisung.

Eine gezielte Beratung hinsichtlich Belastungen, Arbeitsgestaltung und Schutzmaßnahmen ist durchzuführen.

c. Befunderhebung:

Allgemeine ärztliche Untersuchung.

Neurologischer Status:

Zu berücksichtigen sind:

Sensibilitätsstörungen,

Parästhesien und Polyneuropathien,

Störungen der Sehnenreflexe,

Tremor der Hände,

Störungen der Pupillen- und Cornealreflexe,

Parkinson-Symptome.

Ophthalmologische Untersuchung:

Zu berücksichtigen sind Störungen im Farb- und Tiefensehen (wie z. B. Lanthony D 15-d-Test unter standardisierten Bedingungen).

Ergometrie:

Die Ergometrie ist **bei der Erstuntersuchung und bei den Folgeuntersuchungen** durchzuführen.

Zur Bestimmung der Leistungsfähigkeit des cardio-pulmonalen Systems sowie zur Erkennung Koronarkranker ist die **symptomlimitierte Ergometrie** nach den „Praxisleitlinien Ergometrie" der Österreichischen Kardiologischen Gesellschaft durchzuführen.

Weitere Bestimmungen zur Durchführung der Ergometrie sind im Teil I/3 geregelt.

Harn:

Die Harnprobe ist **nach Ablauf einer Arbeitswoche/am Ende des Arbeitstages/am Schichtende** abzunehmen (der Zeitpunkt der Abnahme der Harnprobe ist anzugeben).

* Gesamtprotein (z. B. mittels Harnstreifen)

* Kreatinin

* 2-Thioxothiazolidin-4-carbonsäure (TTCA)

d. Beurteilung:

Eignung:

Als Grenzwert ist anzusehen:

Harn:

TTCA	2 mg/g Kreatinin

Eignung mit vorzeitiger Folgeuntersuchung:

Bei Vorliegen einer Leistung von **weniger als 70% des Normwertes** bei der Ergometrie.

Bei Überschreiten des Grenzwertes für TTCA im Harn.

Nichteignung:

Eine Eignung für Tätigkeiten, die mit einer Einwirkung durch Kohlenstoffdisulfid (Schwefelkohlenstoff) verbunden sind, ist im Allgemeinen nicht gegeben bei ausgeprägter/n:

Erkrankungen des peripheren und zentralen Nervensystems, insbesondere mit polyneuritischen Erscheinungen,

nachgewiesener Coronarsklerose,

Herzrhythmusstörungen,

therapieresistenter Hypertonie,

Nierenerkrankungen mit erheblich eingeschränkter Nierenfunktion.

e. Zeitabstand:

Der Zeitabstand zwischen den Untersuchungen beträgt bei Eignung

ein Jahr;

bei Eignung mit vorzeitiger Folgeuntersuchung:

drei Monate.

19. Einwirkung durch DIMETHYLFORMAMID
a. Allgemeine Anamnese, Beschwerden:

Es ist besonders zu achten auf:

Magen-Darmbeschwerden,

Erkrankungen der Leber.

b. Arbeitsanamnese:

Es ist gezielt zu fragen nach:

der Tätigkeit und den Expositionsbedingungen (z. B. Expositionsdauer pro Arbeitstag, Gesamtdauer der Exposition),

technischen und persönlichen Schutzmaßnahmen und deren Verwendung,

zusätzlichen für die Beurteilung relevanten Belastungen,

dem Status der Gefahreninformation und der Unterweisung.

Eine gezielte Beratung hinsichtlich Belastungen, Arbeitsgestaltung und Schutzmaßnahmen ist durchzuführen.

c. Befunderhebung:
Allgemeine ärztliche Untersuchung.

Blut:

* Bestimmung der Serum-Transaminasen SGOT, SGPT sowie GGT

d. Beurteilung:

Eignung:
Als Grenzwerte sind anzusehen:
Blut:
Leberfunktionsprüfung:
SGOT bis 50 U/l für Männer;
bis 35 U/l für Frauen;
SGPT bis 50 U/l für Männer;
bis 35 U/l für Frauen;
GGT bis 66 U/l für Männer;
bis 39 U/l für Frauen.
Eignung mit vorzeitiger Folgeuntersuchung:
Bei Überschreiten von mindestens zwei der Grenzwerte im Blut.
Nichteignung:
Eine Eignung für Tätigkeiten, die mit einer Einwirkung durch Dimethylformamid verbunden sind, ist im Allgemeinen nicht gegeben bei:
chronischen Lebererkrankungen.

e. Zeitabstand:
Der Zeitabstand zwischen den Untersuchungen beträgt bei Eignung:
ein Jahr;
bei Eignung mit vorzeitiger Folgeuntersuchung:
drei Monate.

20. Einwirkung durch ETHYLENGLYKOLDINITRAT (Nitroglykol) oder GLYZERINTRINITRAT (Nitroglyzerin)
a. Allgemeine Anamnese, Beschwerden:
Es ist besonders zu achten auf:
Kopfschmerzen, Schwindel,
Brechreiz, Appetitlosigkeit,
erhöhte Erregbarkeit,
Schlafstörungen,
Herz-Kreislauf-Beschwerden und Erkrankungen.
Gezielt zu fragen ist nach verstärkten Beschwerden dieser Art bei Arbeitsaufnahme nach Arbeitsunterbrechungen, z. B. nach Wochenenden, die für eine chronische Nitroglykol- oder Nitroglyzerineinwirkung charakteristisch sind.

b. Arbeitsanamnese:
Es ist gezielt zu fragen nach:
der Tätigkeit und den Expositionsbedingungen (z. B. Expositionsdauer pro Arbeitstag, Gesamtdauer der Exposition),
technischen und persönlichen Schutzmaßnahmen und deren Verwendung,
zusätzlichen für die Beurteilung relevanten Belastungen,
dem Status der Gefahreninformation und der Unterweisung.
Eine gezielte Beratung hinsichtlich Belastungen, Arbeitsgestaltung und Schutzmaßnahmen ist durchzuführen.

c. Befunderhebung:
Allgemeine ärztliche Untersuchung:
Dabei ist die Herz-Kreislauf-Funktion besonders zu berücksichtigen.
Ergometrie:
Die Ergometrie ist **bei der Erstuntersuchung und einmal jährlich** durchzuführen.
Zur Bestimmung der Leistungsfähigkeit des cardio-pulmonalen Systems sowie zur Erkennung Koronarkranker ist die **symptomlimitierte Ergometrie** nach den „Praxisleitlinien Ergometrie" der Österreichischen Kardiologischen Gesellschaft durchzuführen.
Weitere Bestimmungen zur Durchführung der Ergometrie sind im Teil I/3 geregelt.

●

d. Beurteilung:

Eignung mit vorzeitiger Folgeuntersuchung:

Bei Vorliegen einer Leistung von **weniger als 80% des Normwertes** bei der Ergometrie.

Auf das Verhalten des systolischen und diastolischen Blutdruckwerts sowie der Blutdruckamplitude (< 30 mmHg) ist bei den Folgeuntersuchungen besonders zu achten. Ein Absinken des systolischen Blutdrucks und später auch des diastolischen ist für die Anfangsphase einer chronischen Vergiftung typisch. Im weiteren Verlauf kann der diastolische Druck ansteigen und die Blutdruckamplitude wird kleiner.

Nichteignung:

Eine Eignung für Tätigkeiten, die mit einer Einwirkung durch Nitroglykol oder Nitroglyzerin verbunden sind, ist im Allgemeinen nicht gegeben bei :

Therapieresistenter Hypertonie oder Hypotonie,

dauerhafter Einschränkung der cardialen Leistungsfähigkeit.

e. Zeitabstand:

Der Zeitabstand zwischen den Untersuchungen beträgt bei Eignung:

ein Jahr;

bei Eignung mit vorzeitiger Folgeuntersuchung:

drei Monate, sofern nicht aus ärztlichen Gründen ein noch kürzerer Zeitabstand erforderlich ist.

21. Einwirkung durch AROMATISCHE NITRO- oder AMINOVERBINDUNGEN

a. Allgemeine Anamnese, Beschwerden

Es ist besonders zu achten auf:

Appetitlosigkeit, sonstige Magen-Darmbeschwerden,

Schweißausbrüche,

Unruhe,

Kopfschmerzen,

Beschwerden des Herz-Kreislauf-Systems,

Kurzatmigkeit,

Haut- und Schleimhautreizungen,

allergische Dermatosen, Ekzeme und Asthma bronchiale.

Bei Arbeiten mit **Aminoverbindungen** ist zusätzlich zu achten auf:

Miktionsstörungen bzw. –beschwerden.

b. Arbeitsanamnese:

Es ist gezielt zu fragen nach:

der Tätigkeit und den Expositionsbedingungen (z. B. Expositionsdauer pro Arbeitstag, Gesamtdauer der Exposition),

technischen und persönlichen Schutzmaßnahmen und deren Verwendung,

zusätzlichen für die Beurteilung relevanten Belastungen,

dem Status der Gefahreninformation und der Unterweisung.

Eine gezielte Beratung hinsichtlich Belastungen, Arbeitsgestaltung und Schutzmaßnahmen ist durchzuführen.

c. Befunderhebung:

Allgemeine ärztliche Untersuchung:

Es ist besonders zu achten auf Zeichen einer Zyanose (Methämoglobinbildung) an Nägeln, Ohren und Nasenspitze.

Blut:

* Blutstatus (Hämoglobin, Leukozyten, Erythrozyten, Thrombozyten, Differentialblutbild, MCV)

* Blutausstrich auf Heinz'sche Innenkörper

* Bestimmung der Serumtransaminasen SGOT, SGPT sowie GGT

Harn:

* Gesamtprotein (z. B. mittels Harnstreifen)

Bei Arbeiten mit **krebserzeugenden aromatischen Aminoverbindungen:**

* **einmal jährlich** zytologische Harnuntersuchung (Färbung nach Papanicolaou)

d. Beurteilung:

Eignung:
Als Grenzwerte sind anzusehen:
Blut:

Hämoglobin:	10 g/dl für Frauen
	12 g/dl für Männer
MCV:	79-97fl
Erythrozyten:	3,2 Millionen/µl für Frauen
	3,8 Millionen/µl für Männer
Leukozyten:	unterer Grenzwert: 4.000/µl (davon 2.000 Granulozyten
	bzw. 3.700/µl bei nicht pathologischem
	Differentialblutbild,
	oberer Grenzwert: 13.000/µl
Thrombozyten:	150.000 bzw. 130.000/µl bei nicht pathologischem
	Differentialblutbild

Leberfunktionsprüfung:
SGOT bis 50 U/l für Männer;
bis 35 U/l für Frauen;
SGPT bis 50 U/l für Männer;
bis 35 U/l für Frauen;
GGT bis 66 U/l für Männer;
bis 39 U/l für Frauen.

Eignung mit vorzeitiger Folgeuntersuchung:
Bei Unterschreiten bzw. Überschreiten der Grenzwerte im Blut (ausgenommen Differentialblutbild), bei Überschreiten von mindestens zwei der Lebergrenzwerte im Blut oder bei positivem Ergebnis der zytologischen Harnuntersuchung PAP III-IV.

Nichteignung:
Eine Eignung für Tätigkeiten, die mit einer Einwirkung durch aromatische Nitro- und Aminoverbindungen verbunden sind, ist im Allgemeinen nicht gegeben bei :
Erkrankungen des Blutes,
chronischen Lebererkrankungen,
Hauterkrankungen,
Erkrankungen der Nieren, der Harnblase und der ableitenden Harnwege.

e. Zeitabstand:
Der Zeitabstand zwischen den Untersuchungen beträgt bei Eignung:
ein Jahr;
bei Eignung mit vorzeitiger Folgeuntersuchung:
drei Monate

22. Einwirkung durch PHOSPHORSÄUREESTER
a. Allgemeine Anamnese, Beschwerden:
Es ist besonders zu achten auf:
Schwindelanfälle,
Appetitlosigkeit,
Übelkeit.

b. Arbeitsanamnese:
Es ist gezielt zu fragen nach:
der Tätigkeit und den Expositionsbedingungen (z. B. Expositionsdauer pro Arbeitstag, Gesamtdauer der Exposition),
technischen und persönlichen Schutzmaßnahmen und deren Verwendung,
zusätzlichen für die Beurteilung relevanten Belastungen,

dem Status der Gefahreninformation und der Unterweisung.

Eine gezielte Beratung hinsichtlich Belastungen, Arbeitsgestaltung und Schutzmaßnahmen ist durchzuführen.

c. Befunderhebung:

Allgemeine ärztliche Untersuchung.

Neurologischer Status:

Im Hinblick auf die fortgesetzte Reizung des parasympathischen Nervensystems durch langsam fortschreitende Senkung des Cholinesterasespiegels ist auf neurologische Symptome in dieser Richtung zu achten bzw. auf Störungen, die ihre Ursache in dieser Verschiebung des vegetativen Gleichgewichts haben.

Blut:

Vor Expositionsbeginn:

* Cholinesterase-Bestimmung im Blut:

Bestimmung der Aktivität der (Pseudo–)Cholinesterase im Serum. Der Bezugswert (= Ausgangswert) ist individuell variabel, ist vor Beginn der Exposition zu bestimmen und entspricht 100%.

Folgeuntersuchung:

Die Folgeuntersuchungen sind **nach Ablauf einer Arbeitswoche am Ende eines Arbeitstages** durchzuführen (der Zeitpunkt der Untersuchung ist anzugeben).

* Cholinesterase-Bestimmung im Blut:

Bestimmung der Aktivität der (Pseudo–)Cholinesterase im Serum.

d. Beurteilung:

Eignung mit vorzeitiger Folgeuntersuchung:

Bei **Unterschreitung von 80%** des individuellen Bezugswertes oder bei einem Wert < 4.000 U/l.

Nichteignung:

Eine Eignung für Tätigkeiten, die mit einer Einwirkung durch Phosphorsäureester verbunden sind, ist im Allgemeinen nicht gegeben bei :

Erkrankungen des zentralen und peripheren Nervensystems, insbesondere bei myasthenischen Krankheitsbildern,

chronischen Lebererkrankungen.

e. Zeitabstand:

Der Zeitabstand zwischen den Untersuchungen beträgt bei Eignung:

ein Jahr, oder bei zeitlich begrenzten Saisonarbeiten, die kürzer als ein Jahr dauern, am Ende der Saison;

bei Eignung mit vorzeitiger Folgeuntersuchung:

drei Monate.

23. Einwirkung durch ROHBAUMWOLL-, ROHHANF- oder ROHFLACHSSTAUB

Bei der Entstehung einer Byssinose spielen sowohl die direkte pathophysiologische Wirkung von Baumwollbestandteilen als auch Endotoxine und andere Begleitfaktoren eine Rolle. Die mikrobielle Belastung der Baumwolle variiert je nach Herkunftsregion der Baumwolle und Reinigungsgrad. Entsprechend kommt es in der Baumwollverarbeitung zu sehr unterschiedlicher Endotoxinexposition, die mit zunehmender Reinheit der Baumwolle abnimmt.

a. Allgemeine Anamnese, Beschwerden:

Es ist besonders zu achten auf:

Beschwerden (Husten, Kurzatmigkeit), Erkrankungen, Operationen oder Verletzungen der Atmungsorgane sowie Restzustände nach solchen, sofern diese die Funktion der Atmungsorgane wesentlich beeinträchtigen.

b. Arbeitsanamnese:

Es ist gezielt zu fragen nach:

der Tätigkeit und den Expositionsbedingungen (z. B. Expositionsdauer pro Arbeitstag, Gesamtdauer der Exposition),

technischen und persönlichen Schutzmaßnahmen und deren Verwendung,

zusätzlichen für die Beurteilung relevanten Belastungen,

dem Status der Gefahreninformation und der Unterweisung.

Eine gezielte Beratung hinsichtlich Belastungen, Arbeitsgestaltung und Schutzmaßnahmen ist durchzuführen.

VGÜ

c. Befunderhebung:

Allgemeine ärztliche Untersuchung.

Lungenfunktion:

Bestimmung der:

* Forcierten Vitalkapazität (FVC)

* 1-Sekundenkapazität (FEV1)

* FEV1%FVC

* MEF50 (max. exspir. Flusswert bei 50% der FVC)

Die Prüfung der Lungenfunktion ist am **ersten Tag der Arbeitsaufnahme** nach einer Unterbrechung von mindestens 36 Stunden (z. B. Wochenende) **nach wenigstens sechsstündiger Staubexposition** durchzuführen. Die wiederkehrenden Untersuchungen sind nach Möglichkeit in den Monaten Mai bis Oktober durchzuführen, um Witterungseinflüsse auf die Untersuchungsergebnisse möglichst auszuscheiden.

Durchführung der Spirometrie: siehe Teil I/2 Allgemeine Bestimmungen zur Durchführung von Untersuchungen.

d. Beurteilung:

Eignung mit vorzeitiger Folgeuntersuchung:

Eine Verkürzung des Untersuchungsintervalles ist bei Arbeitnehmer/innen, welche in der Anamnese über Beklemmungen und Kurzatmigkeit klagen, vorwiegend am ersten Tag einer Arbeitsunterbrechung (entspricht **Stadium 1** der Klassifikation nach Schilling) oder regelmäßig an allen Arbeitstagen (entspricht **Stadium 2** der Klassifikation nach Schilling) oder eine **1-Sekundenkapazität von weniger als 80%** des Sollwertes aufweisen, angezeigt.

Nichteignung:

Vor einer Nichteignungserklärung ist der untersuchte Arbeitnehmer/die untersuchte Arbeitnehmerin auch am Ende der Woche einer Lungenfunktionsprüfung wie angeführt zu unterziehen. Eine Eignung für Tätigkeiten, die mit einer Einwirkung durch Rohbaumwoll-, Rohhanf- oder Rohflachsstaub verbunden sind, ist im Allgemeinen nicht gegeben bei:

ausgeprägtem Bronchialasthma und chronisch obstruktiver Bronchitis,

Byssinose Grad 3 (siehe Klassifikation nach Schilling) mit einer Einschränkung der 1-Sekundenkapazität von weniger als 60% des in Betracht kommenden Sollwertes.

Klassifikation nach Schilling:

0 =   kein Engegefühl am Morgen, keine Atemnot; FEV1 $\geq$ 80%

1/2 =   Engegefühl gelegentlich am ersten Arbeitstag; FEV1 $\geq$ 80%

1 =   Engegefühl regelmäßig an jedem Tag, an dem die Arbeit wieder aufgenommen wird; FEV1 $\geq$ 80%

2 =   Engegefühl regelmäßig an allen Tagen, an denen gearbeitet wird; FEV1 60-79%

3 =   zu den Symptomen des Stadiums 2 kommt eine Atemnot bei Anstrengung und eine massive Verminderung der Ventilationsgrößen; FEV1 $<$ 60%.

e. Zeitabstand:

Der Zeitabstand zwischen den Untersuchungen beträgt bei Eignung:

ein Jahr;

bei Eignung mit vorzeitiger Folgeuntersuchung:

sechs Monate.

24. Einwirkung durch ISOCYANATE

a. Allgemeine Anamnese, Beschwerden:

Es ist besonders zu achten auf:

Erkrankungen der Atmungsorgane, insbesondere:

allergische Erkrankungen der Luftwege (z. B. Heuschnupfen, Asthma bronchiale),

Neigung zu Bronchospasmen (anfallsartiger Hustenreiz, anfallsartige Atemnot, Gefühl der Enge),

chronische Bronchitis, chronische Rhinitis, chronische Konjunktivitis.

b. Arbeitsanamnese:

Es ist gezielt zu fragen nach:

der Tätigkeit und den Expositionsbedingungen (z. B. Expositionsdauer pro Arbeitstag, Gesamtdauer der Exposition),

technischen und persönlichen Schutzmaßnahmen und deren Verwendung,

zusätzlichen für die Beurteilung relevanten Belastungen,

dem Status der Gefahreninformation und der Unterweisung.

Eine gezielte Beratung hinsichtlich Belastungen, Arbeitsgestaltung und Schutzmaßnahmen ist durchzuführen.

c. Befunderhebung:

Allgemeine ärztliche Untersuchung:

Es ist besonders zu achten auf:

Reizerscheinungen im Bereich der Schleimhäute der Augen und oberen Atemwege,

bei Auskultation der Lunge ist besonders zu achten auf:

verlängertes Exspirium,

sonstige Anzeichen für Bronchospasmen.

Lungenfunktion:

Bestimmung der:

* Forcierten Vitalkapazität (FVC)

* 1-Sekundenkapazität (FEV1)

* FEV1%FVC

* MEF_{50} (max. exspir. Flusswert bei 50% der VC)

Durchführung der Spirometrie: siehe Teil I/2 Allgemeine Bestimmungen zur Durchführung von Untersuchungen.

Bei Exposition gegenüber Diphenylmethan-4,4´-diisocyanat (MDI)

sind zusätzlich folgende Untersuchungen durchzuführen:

Harn:

Die Harnprobe ist **nach Ablauf einer Arbeitswoche/am Ende eines Arbeitstages/am Schichtende** abzunehmen (der Zeitpunkt der Abnahme der Harnprobe ist anzugeben).

* Kreatinin

* Bestimmung des 4,4´-Diaminodiphenylmethan (MDA)

d. Beurteilung:

Eignung:

Als Grenzwert ist anzusehen:

Harn:

4,4´-Diaminodiphenylmethan: **10 µg/g** Kreatinin

Eignung mit vorzeitiger Folgeuntersuchung:

Bei Überschreiten des Grenzwertes für 4,4´-Diaminodiphenylmethan im Harn.

Bei Vorliegen einer wesentlichen **Beeinträchtigung der Lungenfunktion.** Diese liegt jedenfalls vor, wenn nach mehrmaliger Messung der beste gemessene Wert den für den/die Untersuchte/n maßgebenden **Sollwert um 20% unterschreitet** bzw. den **MEF_{50}-Sollwert um 50%** unterschreitet.

Eine vorzeitige Folgeuntersuchung ist jedoch nicht erforderlich, wenn im Vergleich zu Vorbefunden der altersabhängige physiologische Abfall des 1-Sekundenkapazität (FEV1) von 40 ml/Jahr nicht überschritten wird oder aus der Beurteilung des Kurvenverlaufes der Forcierten Vitalkapazität (FVC) eine eingeschränkte Mitarbeit des Untersuchten/der Untersuchten ersichtlich ist.

Nichteignung:

Eine Eignung für Tätigkeiten, die mit einer Einwirkung durch Isocyanate verbunden sind, ist im Allgemeinen nicht gegeben bei:

Erkrankungen der Atemwege mit erheblicher Einschränkung der Atemfunktion,

Asthma bronchiale,

sonstigen Erkrankungen mit bronchialer Obstruktion.

e. Zeitabstand:

Der Zeitabstand zwischen den Untersuchungen beträgt bei Eignung:

ein Jahr;

bei Eignung mit vorzeitiger Folgeuntersuchung:

sechs Monate.

25. GASRETTUNGSDIENSTE, GRUBENWEHREN sowie deren ortskundige Führer/innen, Tragen schwerer ATEMSCHUTZGERÄTE (mehr als 5 kg)

a. Allgemeine Anamnese, Beschwerden:

Es ist besonders zu achten auf:

Erkrankungen und Beschwerden von Seiten des Herz-Kreislaufsystems (Angina pectoris, Herzinfarkt, Claudicatio intermittens, atypische Herzschmerzen),

Erkrankungen des zentralen und peripheren Nervensystems,

Bewusstseins- und Gleichgewichtsstörungen,

Anfallsleiden,

Klaustrophobie,

Erkrankungen und Beschwerden der Atmungsorgane,

Alkoholabhängigkeit.

b. Arbeitsanamnese:

Es ist gezielt zu fragen nach:

der Tätigkeit und den Expositionsbedingungen (z. B. Expositionsdauer pro Arbeitstag, Gesamtdauer der Exposition),

technischen und persönlichen Schutzmaßnahmen und deren Verwendung,

zusätzlichen für die Beurteilung relevanten Belastungen,

dem Status der Gefahreninformation und der Unterweisung.

Eine gezielte Beratung hinsichtlich Belastungen, Arbeitsgestaltung und Schutzmaßnahmen ist durchzuführen.

c. Befunderhebung:

Allgemeine ärztliche Untersuchung:

Dabei ist die Herz-Kreislauf-Funktion besonders zu berücksichtigen.

Prüfung des Seh- und Hörvermögens (grobklinisch).

Ergometrie:

Die Ergometrie ist **bei der Erstuntersuchung und einmal jährlich** durchzuführen.

Zur Bestimmung der Leistungsfähigkeit des cardio-pulmonalen Systems sowie zur Erkennung Koronarkranker ist die **symptomlimitierte Ergometrie** nach den „Praxisleitlinien Ergometrie" der Österreichischen Kardiologischen Gesellschaft durchzuführen.

Weitere Bestimmungen zur Durchführung der Ergometrie sind im Teil I/3 geregelt.

Lungenfunktion:

Bestimmung der:

* Forcierten Vitalkapazität (FVC)

* 1-Sekundenkapazität (FEV1)

* FEV1%FVC

* MEF50 (max. exspir. Flusswert bei 50% der VC)

Durchführung der Spirometrie: siehe Teil I/2 Allgemeine Bestimmungen zur Durchführung von Untersuchungen.

d. Beurteilung:

Eignung mit vorzeitiger Folgeuntersuchung:

Bei Vorliegen einer wesentlichen **Beeinträchtigung der Lungenfunktion.** Diese liegt vor, wenn nach mehrmaliger Messung der beste gemessene Wert den für den/die Untersuchte/n maßgebenden **Sollwert um 20% unterschreitet** bzw. den **MEF_{50}-Sollwert um 50%** unterschreitet.

Bei einmaliger Unterschreitung von 100% des entsprechenden Normwertes in der Ergometrie bei einer Folgeuntersuchung.

Eine vorzeitige Folgeuntersuchung ist jedoch nicht erforderlich, wenn im Vergleich zu Vorbefunden der altersabhängige physiologische Abfall der 1-Sekundenkapazität (FEV1) von 40 ml/Jahr nicht überschritten wird oder aus der Beurteilung des Kurvenverlaufes der Forcierten Vitalkapazität (FVC) eine eingeschränkte Mitarbeit des Untersuchten/der Untersuchten ersichtlich ist.

Nichteignung:

Eine Eignung für Tätigkeiten im Rahmen des Einsatzes in Gasrettungsdiensten und Grubenwehren bzw. für solche, die durch das Tragen von schweren Atemschutzgeräten als besonders belastend einzustufen sind, ist im Allgemeinen nicht gegeben bei:

Vorliegen einer absoluten oder relativen Kontraindikation für die Ergometrie,

Erkrankungen der Atmungsorgane mit hochgradig eingeschränkter Lungenfunktion,

Unterschreitung von 100% des entsprechenden Normwertes in der Ergometrie bei der Eignungsuntersuchung, wiederholter Unterschreitung von 100% des entsprechenden Normwertes in der Ergometrie bei einer Folgeuntersuchung,

Epilepsie,

insulinpflichtiger Diabetes,

hochgradiger Beeinträchtigung des Sehvermögens und des Hörvermögens.

e. Zeitabstand:

Der Zeitabstand zwischen den Untersuchungen beträgt bei Eignung:

zwei Jahre;

bei Eignung mit vorzeitiger Folgeuntersuchung:

sechs Monate.

26. Einwirkung durch den Organismus besonders belastende HITZE

a. Allgemeine Anamnese, Beschwerden:

Es ist besonders zu achten auf:

Erkrankungen des Herz-Kreislaufsystems.

b. Arbeitsanamnese:

Es ist gezielt zu fragen nach:

der Tätigkeit und den Expositionsbedingungen (z. B. Expositionsdauer pro Arbeitstag, Gesamtdauer der Exposition),

technischen und persönlichen Schutzmaßnahmen und deren Verwendung,

zusätzlichen für die Beurteilung relevanten Belastungen,

dem Status der Gefahreninformation und der Unterweisung.

Eine gezielte Beratung hinsichtlich Belastungen, Arbeitsgestaltung und Schutzmaßnahmen ist durchzuführen.

c. Befunderhebung:

Allgemeine ärztliche Untersuchung:

Dabei ist die Herz-Kreislauf-Funktion besonders zu berücksichtigen.

Ergometrie:

Die Ergometrie ist bei der Erstuntersuchung und alle zwei Jahre durchzuführen.

Zur Bestimmung der Leistungsfähigkeit des cardio-pulmonalen Systems sowie zur Erkennung Koronarkranker ist die symptomlimitierte Ergometrie nach den „Praxisleitlinien Ergometrie" der Österreichischen Kardiologischen Gesellschaft durchzuführen.

Weitere Bestimmungen zur Durchführung der Ergometrie sind im Teil I/3 geregelt.

VGÜ

d. Beurteilung:
Eignung mit vorzeitiger Folgeuntersuchung:
Bei Vorliegen einer Leistung von **weniger als 80% des Normwertes** bei der Ergometrie.

Nichteignung:
Eine Eignung für Tätigkeiten, die mit einer Einwirkung durch den Organismus besonders belastende Hitze verbunden sind, ist im Allgemeinen nicht gegeben bei:
Vorliegen einer absoluten oder relativen Kontraindikation für die Ergometrie,
nachgewiesener Arteriosklerose,
arterieller Verschlusskrankheit,
hochgradiger Fettleibigkeit ab Adipositas Grad II in der Eignungsuntersuchung,
wiederholter Unterschreitung von 80% des entsprechenden Normwertes in der Ergometrie bei einer Folgeuntersuchung.

e. Zeitabstand:
Der Zeitabstand zwischen den Untersuchungen beträgt bei Eignung:
zwei Jahre;
bei Eignung mit vorzeitiger Folgeuntersuchung:
sechs Monate.

27. Herabgesetzte SAUERSTOFFKONZENTRATION
(unter 17 Volumsprozent, nicht unter 15 Volumsprozent)
a. Allgemeine Anamnese, Beschwerden:
Es ist besonders zu achten auf:
Beschwerden von Seiten des Herz-Kreislaufsystems und der Atmungsorgane (Atemnot beim Stiegensteigen oder bei alltäglichen Verrichtungen, nächtliche Atembeschwerden wie z. B. auch Hustenanfälle),
Erkrankungen von Seiten des Herz-Kreislaufsystems (Angina pectoris, Herzinfarkt, Claudicatio intermittens, Schlaganfall, hämodynamisch wirksame Vitien, pulmonale Hypertonie),
Erkrankungen der Atmungsorgane (chronisch obstruktive Atemwegserkrankungen, Asthma bronchiale, interstitielle Lungenerkrankungen mit einer Beeinträchtigung der Diffusion),
Erkrankungen des Blutes (Anämie, Sichelzellanämie).
Gezielt ist zu fragen nach Symptomen einer Höhenkrankheit und Beschwerden, die beim Aufenthalt in den Räumen mit Sauerstoff reduzierter Atmosphäre auftreten (Kopfschmerzen, Atemnot, Übelkeit).

b. Arbeitsanamnese:
Es ist gezielt zu fragen nach:
der Tätigkeit und den Expositionsbedingungen (z. B. Expositionsdauer pro Arbeitstag, Gesamtdauer der Exposition),
technischen und persönlichen Schutzmaßnahmen und deren Verwendung,
zusätzlichen für die Beurteilung relevanten Belastungen,
dem Status der Gefahreninformation und der Unterweisung.
Eine gezielte Beratung hinsichtlich Belastungen, Arbeitsgestaltung und Schutzmaßnahmen ist durchzuführen.

c. Befunderhebung:
Allgemeine ärztliche Untersuchung:
Dabei ist die Herz-Kreislauf-Funktion besonders zu berücksichtigen.
Blut:
* Rotes Blutbild (Erythrozyten, Hämoglobin, Hämatokrit)
Ergometrie mit Pulsoxymetrie:
Die Ergometrie ist **bei der Erstuntersuchung** und alle zwei Jahre durchzuführen.
Zur Bestimmung der Leistungsfähigkeit des cardio-pulmonalen Systems sowie zur Erkennung Koronarkranker ist die symptomlimitierte Ergometrie nach den „Praxisleitlinien Ergometrie" der Österreichischen Kardiologischen Gesellschaft durchzuführen.
Weitere Bestimmungen zur Durchführung der Ergometrie sind im Teil I/3 geregelt.

Lungenfunktion:

Bestimmung der:

* Forcierten Vitalkapazität (FVC)
* 1-Sekundenkapazität (FEV1)
* FEV1%FVC
* MEF50 (max. exspir. Flusswert bei 50% der VC)

Durchführung der Spirometrie siehe Teil I/2 Allgemeine Bestimmungen zur Durchführung von Untersuchungen.

d. Beurteilung:

Eignung:

Als Grenzwerte sind anzusehen:
Blut:

Erythrozyten:	3,2 bis 5,4 Millionen/μl für Frauen
	3,8 bis 5,8 Millionen/μl für Männer
Hämoglobin:	10 g/dl für Frauen
	12 g/dl für Männer
Hämatokrit	30 bis 50% für Frauen
	35 bis 52% für Männer

Eignung mit vorzeitiger Folgeuntersuchung:

Bei Vorliegen einer Leistung von **weniger als 80% des Normwertes** bei der Ergometrie.

Bei Überschreiten bzw. Unterschreiten der Grenzwerte im Blut.

Bei deutlichem Abfall der Sauerstoffsättigung unter Belastung.

Bei Vorliegen einer wesentlichen **Beeinträchtigung der Lungenfunktion.** Diese liegt vor, wenn nach mehrmaliger Messung der beste gemessene Wert den für den/die Untersuchte/n maßgebenden **Sollwert um 20% unterschreitet** bzw. den MEF_{50}-Sollwert um 50% unterschreitet.

Eine vorzeitige Folgeuntersuchung ist jedoch nicht erforderlich, wenn im Vergleich zu Vorbefunden der altersabhängige physiologische Abfall der 1-Sekundenkapazität (FEV1) von 40 ml/Jahr nicht überschritten wird oder aus der Beurteilung des Kurvenverlaufes der Forcierten Vitalkapazität (FVC) eine eingeschränkte Mitarbeit des Untersuchten/der Untersuchten ersichtlich ist.

Nichteignung:

Bei Unterschreiten bzw. Überschreiten folgender Grenzwerte:

Blut:

Hämoglobin:	mind. 8 g/dl, höchstens 16g/dl für Frauen
	mind. 8 g/dl, höchstens 18g/dl für Männer

Eine Eignung für Tätigkeiten in Räumen mit sauerstoffreduzierter Atmosphäre ist im Allgemeinen nicht gegeben bei:

Vorliegen einer absoluten oder relativen Kontraindikation für die Ergometrie,

myokardialen Herzerkrankungen,

Zeichen einer Coronarinsuffizienz im EKG,

Erkrankungen der Atmungsorgane mit höhergradiger eingeschränkter Lungenfunktion, Asthma bronchiale mit häufiger Beschwerdesymptomatik,

Sichelzellanämie mit aufgetretener Sichelzellkrise,

Unterschreitung von 80% des entsprechenden Normwertes in der Ergometrie bei der Eignungsuntersuchung,

wiederholter Unterschreitung von 80% des entsprechenden Normwertes in der Ergometrie, sofern die Gründe dafür nicht nur im Muskel-Skelett-Bereich liegen.

e. Zeitabstand:

Der Zeitabstand zwischen den Untersuchungen beträgt bei Eignung:

zwei Jahre;

bei Eignung mit vorzeitiger Folgeuntersuchung:

drei Monate.

28. Arbeitnehmer/innen UNTER 21 JAHREN unter Tage im BERGBAU
(sofern nicht andere Eignungs- und Folgeuntersuchungen vorgesehen sind)

a. Allgemeine Anamnese, Beschwerden:

Es ist besonders zu achten auf:

Erkrankungen und Beschwerden

des Muskel-Skelett-Apparates,

Cardio-pulmonale Erkrankungen,

Bewusstseins- und Gleichgewichtsstörungen,

Anfallsleiden,

Klaustrophobie.

b. Arbeitsanamnese:

Es ist gezielt zu fragen nach:

der Tätigkeit und den Expositionsbedingungen (z. B. Expositionsdauer pro Arbeitstag, Gesamtdauer der Exposition),

technischen und persönlichen Schutzmaßnahmen und deren Verwendung,

zusätzlichen für die Beurteilung relevanten Belastungen,

dem Status der Gefahreninformation und der Unterweisung.

Eine gezielte Beratung hinsichtlich Belastungen, Arbeitsgestaltung und Schutzmaßnahmen ist durchzuführen.

c. Befunderhebung:

Allgemeine ärztliche Untersuchung:

Dabei sind die Herz-Kreislauf-Funktion und die Funktion der Atemwege sowie der Muskel-Skelett-Apparat besonders zu berücksichtigen.

Ergometrie.

Zur Bestimmung der Leistungsfähigkeit des cardiopulmonalen Systems sind die Normwerte für Jugendliche heranzuziehen.

Lungenfunktion:

Bestimmung der:

* Forcierten Vitalkapazität (FVC)

* 1-Sekundenkapazität (FEV1)

* FEV1%FVC

* MEF50 (max. exspir. Flusswert bei 50% der FVC)

Durchführung der Spirometrie: siehe Teil I/2 Allgemeine Bestimmungen zur Durchführung von Untersuchungen.

Erforderlichenfalls ein Lungenröntgen bzw. Berücksichtigung eines Röntgenbefunds, nicht älter als zwei Jahre.

d. Beurteilung:

Die Beurteilung der Eignung von Arbeitnehmer/innen unter 21 Jahren, die unter Tage im Bergbau beschäftigt werden, ist im Einzelfall nach dem körperlichen Gesamtzustand entsprechend dem Stand der Arbeitsmedizin vorzunehmen. Sie ist im Allgemeinen nicht gegeben bei:

Vorliegen einer absoluten oder relativen Kontraindikation für Ergometrie,

Erkrankungen der Atmungsorgane mit hochgradig eingeschränkter Lungenfunktion,

Epilepsie.

e. Zeitabstand:

Der Zeitabstand zwischen den Untersuchungen beträgt **ein Jahr**.

Teil III
Untersuchungen bei Lärmeinwirkung (§ 4)
1. EIGNUNGSUNTERSUCHUNG
a. Allgemeine Anamnese, Beschwerden:
Es ist besonders zu achten auf:

Erkrankungen, die das Tragen von Gehörschutz zeitweilig oder dauernd behindern oder unmöglich machen (z. B. Gehörgangsekzem, Ohrfluss),

Tinnitus,

Einwirkung ototoxischer Substanzen (wie z. B. Blei, Cadmium, n-Hexan, Kohlenmonoxid, Kohlenstoffdisulfid, Mangan, Quecksilber, Styrol, Trichlorethylen, Toluol, Xylol, Zyanide).

b. Arbeitsanamnese:
Die Gesamtzahl der Lärmarbeitsjahre ist zu ermitteln.

Es ist gezielt zu fragen nach:

der Tätigkeit und den Expositionsbedingungen (z. B. Expositionsdauer pro Arbeitstag, Gesamtdauer der Exposition),

technischen und persönlichen Schutzmaßnahmen und deren Verwendung,

zusätzlichen für die Beurteilung relevanten Belastungen,

dem Status der Gefahreninformation und der Unterweisung.

Eine gezielte Beratung hinsichtlich Belastungen, Arbeitsgestaltung und Schutzmaßnahmen ist durchzuführen.

Es ist eine Beratung über das Hörvermögen durchzuführen, wobei das persönliche Audiogramm zu besprechen ist. Dabei ist nochmals auf die speziellen Schäden aufmerksam zu machen, die ohne gezielten Schutz durch Lärm entstehen können.

c. Befunderhebung:
Otoskopischer Befund:

Der otoskopische Befund ist unmittelbar vor der Aufnahme des Tonschwellenaudiogramms zu erheben.

Tonschwellenaudiogramm:

Das **Luftleitungsgehör** ist bei den Frequenzen 250, 500, 1.000, 2.000, 3.000, 4.000, 6.000 und 8.000 Hz zu prüfen.

Das **Knochenleitungsgehör** ist dann zu erheben, wenn der in der Luftleitungskurve zwischen 250 Hz und 1.000 Hz ermittelte Hörverlust 30 dB überschreitet. In einem solchen Fall ist die Hörschwelle über Knochenleitung in den Frequenzen von 250 Hz bis 4.000 Hz zu untersuchen.

Das Audiometer muss die Möglichkeit haben das Gegenohr zu vertäuben.

Zwischen letzter Lärmexposition und Untersuchung muss wenigstens ein Zeitraum von 20 Minuten liegen.

d. Beurteilung:
Die Beurteilung hat nur bei Eignungsuntersuchungen zu erfolgen.

1. Folgende Kriterien gelten für jugendliche Arbeitnehmer/innen bis zum vollendeten 18. Lebensjahr, die vorher beruflich nie lärmexponiert waren:

Nichteignung:

Wenn schon ein **Hörverlust in der Knochenleitung des schlechteren Ohres** vorliegt, der folgendes Ausmaß überschreitet:

Die Hörschwellenverluste zwischen 250 und 3.000 Hz (Sprachgehörbereich) betragen in mindestens zwei nebeneinander liegenden Frequenzen mehr als 30 dB **und** unter Einhaltung von Auflagen ist eine Zunahme des Hörverlustes zu erwarten.

Auflagen gemäß § 54 Abs. 1 ASchG: Bereitstellung und Verwendung speziell ausgewählten, gegebenenfalls angepassten Gehörschutzes, besondere Kontrolle der Verwendung des Gehörschutzes, Minimierung des Einsatzes unter gehörgefährdender Einwirkung. Überprüfung und gegebenenfalls Anpassung des Maßnahmenprogramms gemäß § 9 VOLV und dessen Durchführung.

2. Folgende Kriterien gelten für Arbeitnehmer/innen nach der Vollendung des 18. Lebensjahres:

Die Beurteilung eines Hörverlustes hat nach der vorliegenden Schablone (Prof. Dr. F. Schwetz, Wien), zu erfolgen. Die Schablone enthält drei Hörverlustkurven (Grenzkurven I, II und III), die auf die Anzahl der geleisteten Lärmjahre (bis 10, 11 bis 20 und über 20 Lärmjahre) abgestimmt sind. Ihre Verlaufsformen entsprechen denen einer reinen Lärmschädigung. Falls keine reine Schallempfindungsstörung, sondern eine kombinierte Schwerhörigkeit vorliegt, ist das Ausmaß der allfälligen Lärmschädigung an der Knochenleitungshörschwelle zu beurteilen.

Zur Beurteilung ist der **Hörverlust des besseren Ohres** heranzuziehen. Bei einseitiger Lärmbelastung (durch ohrnahen Schall) wird das beschallte Ohr zur Beurteilung herangezogen.

VGÜ

Eignung:

Als noch zulässige Hörverlustkurven sind die Grenzkurven der Schablone von Prof. Dr. F. Schwetz anzusehen:

Grenzkurve I:	bei bis zu 10 geleisteten Lärmjahren
Grenzkurve II:	bei 11 bis 20 geleisteten Lärmjahren
Grenzkurve III:	bei über 20 geleisteten Lärmjahren

Taube sowie hochgradig Schwerhörige, deren Gehör sich nach dem Sprachaudiogramm nicht mehr verstärken lässt, sind für Lärmarbeiten prinzipiell geeignet.

Eignung mit vorzeitig wiederkehrender Untersuchung der Hörfähigkeit:

Bei Überschreitung der entsprechenden Grenzkurve in mindestens zwei nebeneinander liegenden Frequenzen.

e. Zeitabstand:

Der Zeitabstand zur wiederkehrenden Untersuchung beträgt **fünf Jahre;**

bei vorzeitig wiederkehrender Untersuchung aus den oben genannten Gründen **zweieinhalb Jahre.**

2. WIEDERKEHRENDE UNTERSUCHUNG der Hörfähigkeit
a. Allgemeine Anamnese, Beschwerden:

Es ist besonders zu achten auf:

Erkrankungen, die das Tragen von Gehörschutz zeitweilig oder dauernd behindern oder unmöglich machen (z. B. Gehörgangsekzem, Ohrfluss),

Tinnitus,

Einwirkung ototoxischer Substanzen (wie z. B. Blei, Cadmium, n-Hexan, Kohlenmonoxid, Kohlenstoffdisulfid, Mangan, Quecksilber, Styrol, Trichlorethylen, Toluol, Xylol, Zyanide).

b. Arbeitsanamnese:

Die Gesamtzahl der Lärmarbeitsjahre ist zu ermitteln.

Es ist gezielt zu fragen nach:

der Tätigkeit und den Expositionsbedingungen (z. B. Expositionsdauer pro Arbeitstag, Gesamtdauer der Exposition),

technischen und persönlichen Schutzmaßnahmen und deren Verwendung,

zusätzlichen für die Beurteilung relevanten Belastungen,

dem Status der Gefahreninformation und der Unterweisung.

Eine gezielte Beratung hinsichtlich Belastungen, Arbeitsgestaltung und Schutzmaßnahmen ist durchzuführen.

Es ist eine Beratung über das Hörvermögen durchzuführen, wobei das persönliche Audiogramm zu besprechen ist. Dabei ist auf die speziellen Schäden aufmerksam zu machen, die ohne gezielten Schutz durch Lärm entstehen können.

c. Befunderhebung:

Tonschwellenaudiogramm:

Das **Luftleitungsgehör** ist bei den Frequenzen 250, 500, 1.000, 2.000, 3.000, 4.000, 6.000 und 8.000 Hz zu prüfen.

Das Audiometer muss die Möglichkeit haben das Gegenohr zu vertäuben.

Zwischen letzter Lärmexposition und Untersuchung muss wenigstens ein Zeitraum von 20 Minuten liegen.

Überschreitet die ermittelte Hörverlustkurve des besseren Ohres (bei einseitiger Lärmbelastung (durch ohrnahen Schall) wird das beschallte Ohr zur Beurteilung herangezogen) die zugehörige Grenzkurve der Schablone von Prof. Dr. F. Schwetz in mindestens zwei nebeneinander liegenden Frequenzen in Richtung eines höheren Hörverlustes, ist eine **vorzeitig wiederkehrende Untersuchung der Hörfähigkeit in zweieinhalb Jahren** durchzuführen.

Ergibt die vorzeitige Untersuchung eine Progredienz, ist noch einmal eine vorzeitig wiederkehrende Untersuchung der Hörfähigkeit **in zweieinhalb Jahren** durchzuführen. Alle weiteren wiederkehrende Untersuchungen sind im Zeitabstand von **fünf Jahren** durchzuführen.

d. Zeitabstand:

Der Zeitabstand zwischen den Untersuchungen beträgt **fünf Jahre.**

Teil IV
Sonstige besondere Untersuchungen (§ 5)
1. Einwirkung durch eindeutig als KREBSERZEUGEND EINGESTUFTE ARBEITSSTOFFE
(§ 10 GKV)

Diese sonstigen besonderen Untersuchungen sind nur durchzuführen, wenn keine Eignungs- und Folgeuntersuchungen vorgesehen sind.

a. Allgemeine Anamnese, Beschwerden:

Es ist besonders zu achten auf:

wiederholte schwere Infektionskrankheiten,

schlecht heilende Wunden,

ungewollte Gewichtsabnahme, Appetitlosigkeit,

chronischen Reizhusten, blutigen Auswurf,

länger andauernde Heiserkeit,

Blut im Harn,

Stuhlgang von wechselnder Konsistenz mit Blut- und Schleimbeimengungen,

immunsuppressive Therapie,

frühere therapeutische oder sonstige erhebliche Exposition durch ionisierende Strahlen,

frühere berufliche Belastung durch krebserzeugende Stoffe.

b. Arbeitsanamnese:

Es ist gezielt zu fragen nach:

der Tätigkeit und den Expositionsbedingungen (z. B. Expositionsdauer pro Arbeitstag, Gesamtdauer der Exposition),

technischen und persönlichen Schutzmaßnahmen und deren Verwendung,

zusätzlichen relevanten Belastungen,

dem Status der Gefahreninformation und der Unterweisung.

Eine gezielte Beratung hinsichtlich Belastungen, Arbeitsgestaltung und Schutzmaßnahmen ist durchzuführen.

Auf das Erfordernis der unbedingten Expositionsminimierung ist nachdrücklich hinzuweisen.

c. Befunderhebung:
Allgemeine ärztliche Untersuchung:

Es ist besonders zu achten auf:

Hauterscheinungen (Ekzeme, Hyperkeratosen, Ulzerationen, Pigmentstörungen, Naevi, Strahlenhaut),

Schleimhautveränderungen von Mund, Rachen und Nase (Nasenspekulum),

Lymphknotenschwellungen.

Blut:

* CRP

* Blutbild (Hämoglobin, Leukozyten, Erythrozyten, Thrombozyten, Differentialblutbild, MCV)

d. Zeitabstand:

Der empfohlene Zeitabstand zwischen den Untersuchungen beträgt **fünf Jahre.**

2. Einwirkung durch BIOLOGISCHE ARBEITSSTOFFE der Risikogruppen 2, 3 oder 4 (§ 40 Abs. 5 ASchG)

a. Allgemeine Anamnese, Beschwerden:

Es ist besonders zu achten auf:

chronische Erkrankungen, die die Abwehrmechanismen des Körpers nachhaltig schwächen (z. B. bestehende Krebserkrankungen, Zustand nach Milzentfernung),

Behandlung mit Immunsuppressiva, Zytostatika und ionisierenden Strahlen,

systemische Behandlung mit Corticosteroiden oder Antibiotika,

Infektionskrankheiten,

akute oder chronische Hauterkrankungen.

b. Arbeitsanamnese:

Es ist gezielt zu fragen nach:

der Tätigkeit und den Expositionsbedingungen (z. B. Expositionsdauer pro Arbeitstag, Gesamtdauer der Exposition),

technischen und persönlichen Schutzmaßnahmen und deren Verwendung,

zusätzlichen relevanten Belastungen,

dem Status der Gefahreninformation und der Unterweisung.

Eine gezielte Beratung hinsichtlich Belastungen, Arbeitsgestaltung und Schutzmaßnahmen ist durchzuführen.

c. Befunderhebung:

Allgemeine ärztliche Untersuchung:

Es ist besonders zu achten auf Hautekzeme.

Blut:

* CRP

* Blutbild (Hämoglobin, Leukozyten, Erythrozyten, Thrombozyten, Differentialblutbild, MCV)

Lungenfunktion:

* VK

* FEV 1

* FEV1%FVC

* MEF50

d. Zeitabstand:

Der empfohlene Zeitabstand zwischen den Untersuchungen beträgt **zwei Jahre.**

3. Einwirkung durch VIBRATIONEN
3.1. GANZKÖRPER-Vibrationen:
a. Allgemeine Anamnese:

Es ist besonders zu achten auf:

degenerative Veränderungen im Bereich der Lendenwirbelsäule (L4/L5, L5/S1) nach langjähriger sitzender Tätigkeit auf vertikal schwingenden Arbeitsgeräten,

akute (Lumbago) oder chronisch rezidivierende Schmerzen im lumbosakralen Bereich (vor allem in den letzten 12 Monaten),

Schmerzcharakter (dumpf, brennend, ziehend, stechend, ausstrahlend, z. B. ein- oder beidseitige Schmerzausstrahlung in die Oberschenkelmuskulatur, Häufigkeit),

Bewegungseinschränkungen, Kraftverminderung und Sensibilitätsstörungen,

teilweise positives Lasèguezeichen, ischialgieforme Fehlhaltung, segmentale Reflexabschwächungen und motorische Störungen,

langjährigen Zigarettenkonsum,

akute Störungen des allgemeinen Wohlbefindens (Übelkeit und Bewusstseinsstörungen), die besonders bei tieffrequenten ($< 0,5$ Hz) Schwingungen, die auch als sog. Kinetosen bezeichnet werden, auftreten können,

funktionelle und organische Magenerkrankungen.

b. Arbeitsanamnese:

Es ist besonders zu achten auf:

Dauer der aktuellen und vergangenen Einwirkung von Ganzkörper-Vibrationen,

Art der Maschinen, tägliche und gesamte Expositionsdauer in Jahren,

Arbeitspositionen (wie z. B. gebückte oder verdrehte Körperhaltung, Knien oder Hocken, dauerndes Stehen, Arbeiten mit Händen über Schulterhöhe, dauernde sitzende Tätigkeit),

zusätzliche Aufgaben mit manueller Lastenhandhabung und andere Belastungen der Wirbelsäule, Mehrfachbelastungen wie Lärm, Schichtarbeit, sowie starke psychische Belastungen, die das Auftreten von Magen-Darm-Erkrankungen begünstigen,

Arbeitsunfälle und Operationen.

Eine gezielte Beratung hinsichtlich Belastungen, Arbeitsgestaltung und Schutzmaßnahmen ist durchzuführen.

c. Klinische Untersuchungen:

* Blutdruck
* Inspektion, Palpation, Funktionsprüfungen und orientierender neurologischer Status
* Untersuchung der WS-Funktionen und Evaluierung der Beschwerden durch Mobilisationsprüfung:
  Rumpfextension, Rumpfflexion, laterale Rumpfflexion, Rotation links/rechts,
* Prüfung der Nervenirritationen
  Lasègue Test (bei liegender Person passives Heben des gestreckten Beines im Hüftgelenk; L4 – S1),
* Prüfung von Hypästhesien im Dermatom L4 – S1,
* Prüfung von motorischen Störungen (Tonusabschwächungen oder
  einseitige Umfangsminderungen im Bereich M. quadriceps, M. extensor hallucis longus, M. triceps surae),
* Prüfung von Reflexabschwächungen (Patellarsehnenreflex L3 – L4, Achillessehnenreflex S1).

d. Zeitabstand:

Der empfohlene Zeitabstand zwischen den Untersuchungen beträgt **vier Jahre.**

3.2. HAND-ARM-Vibrationen:

a. Anamnese:

Es ist besonders zu achten auf:

Vorliegen peripherer Durchblutungsstörungen und Nervenfunktionsstörungen im Bereich der Hände, wie eine beginnende Durchblutungsstörung im Sinne eines primären und sekundären Raynaud-Syndroms oder von Sensibilitätsstörungen der Haut,

Symptome irreversibler, degenerativer Veränderungen von Knorpel und Knochen an Hand- und Armgelenken, wobei die schmerzfreie Funktionsweise der Hand-, Ellbogen- und Schultergelenke einzubeziehen ist,

vorübergehende Ermüdungs- und Reizerscheinungen im Hand-Arm-Bereich, Gelenkschmerzen zunächst bei Arbeitsbeginn, später auch in Ruhe, kalte, steife und gefühllose Finger, wodurch es zu einer Behinderung der feinmotorischen Tätigkeit kommt,

Gefäßspasmen: Minuten bis Stunden anhaltende distal beginnende zyanotische oder typischerweise weiße Verfärbung (Weißfingerkrankheit) bevorzugt des 2. bis 5. Fingers, provoziert durch Kälte (z. B. im Freien, im Schwimmbad) oder Emotionen, anfallsartig auftretend, Schmerzen nach dem Anfall (durch Dilatation der Gefäße).

Bei Schmerzsymptomatik ist der Beginn, das Intensitätsmuster und Einflussfaktoren (Kälte, Schlaf, körperliche Anstrengung und Nikotineinfluss) zu erheben.

b. Arbeitsanamnese:

Es ist besonders zu achten auf:

Dauer der aktuellen täglichen, wöchentlichen und gesamten jährlichen Exposition,

Art der Tätigkeit, Art der Maschinen (Arbeitsgeräte),

ob eine starke Ankopplung der Hände an die vibrierenden Handgriffe und ob die Schwingbelastung vorwiegend in Unterarmrichtung besteht, zusätzliche Einflussfaktoren auf die Durchblutung, wie Kälte oder Hitze,

Arbeitsunfälle und Operationen.

Eine gezielte Beratung hinsichtlich Belastungen, Arbeitsgestaltung und Schutzmaßnahmen ist durchzuführen.

c. Klinische Untersuchungen:
Alle Untersuchungen sind bei Zimmertemperatur durchzuführen.

* Blutdruckmessung am rechten und am linken Arm
* Inspektion, Palpation, Funktionsprüfungen und orientierender neurologischer Status
* Hand-Arm-Bereich: Druckdolenz, Radialispuls, Hautkolorit, –temperatur und –trophik, Sensibilität, Schmerz- und Temperaturempfindung,
  aktive Beweglichkeit: Faustschluss, Strecken der Langfinger,
  Handgelenk Beweglichkeitsprüfung (funktionelle Einschränkung der Handgelenksfunktion),
  Schmerzen in Ruhe oder nächtlich, weiters beim Aufstützen,
  Prüfung der Sensibilität der betroffenen Finger (2. – 5.)
* Abklärung von Dys-, Hyp- und Parästhesien (Finger bamstig, taub, gefühllos) und Schmerzen, Ausschluss einer Makroangiopathie durch Tasten aller arteriellen Armpulse (Allentest), Vergleich der Grobkraft beidseits (gegebenenfalls Handdynamometrie zur Verlaufskontrolle), auffällige Muskelatrophien.

Kaltwasser Provokationstest:

Dazu ist erforderlich: Eine Einrichtung zur automatischen Aufrechterhaltung der Temperatur über die komplette Messzeit, auch bei mehreren Probanden/Probandinnen (Thermostat) sowie ein kalibriertes Messgerät (z. B. Infrarotthermometer).

Die Untersuchungsperson muss vor der Untersuchung in unbelastetem Zustand sein (noch keine Vibrationsbelastung am Tag der Untersuchung).

* Messung an den Fingerkuppen vor Untersuchungsbeginn
* Kaltwasserexposition: 2 Minuten mit Wassertemperatur 10,0 bis 12,0° C
* danach vorsichtiges Abtrocknen unter Vermeiden von Reibung
* Temperaturmessungen im Abstand von 5 Minuten jeweils an allen Fingerkuppen
* dazwischen körperliche Ruhe (Sitzen), die Finger und Hände dürfen nicht gerieben werden
* schriftliche Registrierung der Temperaturmessungen an allen Fingern
* 15 Minuten nach dem Ende der Kaltwasserexposition Aufzeichnung der Temperaturen an allen zehn Fingern

Handlungsbedarf besteht, wenn 15 Minuten nach dem Ende der Kaltwasserexposition an zumindest einem Finger die Temperatur von 28° C noch nicht wieder erreicht ist oder wenn bei der Untersuchungsperson eine mit der Vibrationseinwirkung im Zusammenhang stehende Gesundheitsschädigung oder Anzeichen einer drohenden Gesundheitsschädigung im Rahmen der übrigen klinischen Untersuchungen festgestellt werden.

d. Zeitabstand:
Der empfohlene Zeitabstand zwischen den Untersuchungen beträgt **vier Jahre**.

4. NACHTARBEIT
a. Allgemeine Anamnese, Beschwerden:
Es ist besonders zu achten auf:

Appetitlosigkeit, Magen-Darm-Erkrankungen oder –Beschwerden,

Diabetes mellitus,

Bluthochdruck, Herz-Kreislauf-Erkrankungen oder –Beschwerden,

Schlafstörungen,

Kopfschmerzen,

innere Unruhe, Nervosität, Anfallsleiden,

psychische Erkrankungen, insbesondere Depressionen.

b. Arbeitsanamnese:

Es ist gezielt zu fragen nach:

der Tätigkeit und den Expositionsbedingungen (z. B. Expositionsdauer pro Arbeitstag, Gesamtdauer der Exposition),

zusätzlichen relevanten Belastungen,

dem Status der Gefahreninformation und der Unterweisung.

Eine gezielte Beratung hinsichtlich Belastungen und der Arbeitsgestaltung bei Nachtarbeit ist durchzuführen.

c. Befunderhebung:

Allgemeine ärztliche Untersuchung:

Dabei ist die Herz-Kreislauf-Funktion besonders zu berücksichtigen.

d. Zeitabstand:

Der empfohlene Zeitabstand zwischen den Untersuchungen beträgt **zwei Jahre;**

für Arbeitnehmer/innen nach Vollendung des 50. Lebensjahres oder nach 10 Jahren als Nachtarbeitnehmer/innen **ein Jahr.**

5. Einwirkung durch künstliche OPTISCHE STRAHLUNG

a. Allgemeine Anamnese, Beschwerden:

Es ist besonders zu achten auf:

Episoden von Juckreiz, Hautrötungen und das Auftreten von anderen Hauteffloreszenzen an exponierten Körperstellen,

Vergrößerungen und Veränderungen von Hauteffloreszenzen oder Juckreiz an Hauteffloreszenzen,

„Verblitzen", starke Blendungen bei der Arbeit, Episoden von Augenrötungen, Veränderungen des Sehfeldes, Flimmern, Fleckensehen, Schleiersehen, Farbsehveränderungen, Skotome.

Besonders zu berücksichtigen sind:

eine besondere Empfindlichkeit gegenüber UV-Bestrahlung (Hautphototyp I nach Fitzpatrick; Personen mit photoinduzierten oder photoaggravierten Dermatosen),

eine deutliche Veränderung von Muttermalen, Pigmentveränderungen,

maligne Melanome oder nicht-melanozytäre Hauttumore (Basaliom, Plattenepithelkarzinom) in der Anamnese,

ein genetisch bedingtes, erhöhtes Risiko an UV-induzierten Hauttumoren zu erkranken (z. B. Basalzellnävussyndrom, Nävuszellnävussyndrom),

der Einfluss von phototoxischen/photoallergischen/immunsuppressiven Medikamenten oder phototoxischen/photoallergischen Arbeitsstoffen,

Auftreten von chronischen durch optische Strahlung induzierten Augenerscheinungen (z. B. Pterygium conjunctivae, Photokonjunktivitis, Photokeratitis, Linsentrübung).

b. Arbeitsanamnese:

Es ist gezielt zu fragen nach:

der Tätigkeit und den Expositionsbedingungen (Expositionshöhe, Expositionsdauer),

der zeitlichen Abfolge von beruflicher Exposition durch optische Strahlung und dem Auftreten von Symptomen an der Haut und an den Augen,

der Verwendung von technischen und persönlichen Schutzmaßnahmen (insbesondere Schutzbrillen, Schutzbekleidung und Hautschutzmitteln),

dem Status der Gefahreninformation und der Unterweisung in Schutzmaßnahmen.

Eine gezielte Beratung hinsichtlich Belastungen, Arbeitsgestaltung und Schutzmaßnahmen ist durchzuführen.

c. Befunderhebung:

Allgemeine ärztliche Untersuchung:

Inspektion beruflich exponierter Hautareale,

Inspektion des äußeren Auges, zentrale Visusprüfung, Amsler-Test.

d. Zeitabstand:

Der empfohlene Zeitabstand zwischen den Untersuchungen beträgt **zwei Jahre.**

6. Einwirkung durch elektromagnetische Felder

a. Allgemeine Anamnese, Beschwerden:

Es ist besonders zu achten auf:

Sehstörungen wie Flimmersehen, Lichtblitze (Magnetophosphene),

wiederholte Kopfschmerzen, Schwindel, Übelkeit, Konzentrationsstörungen,

das Tragen von aktiven und passiven Implantaten.

b. Arbeitsanamnese:

Es ist gezielt zu fragen nach:

der Tätigkeit und den Expositionsbedingungen (z. B. Expositionsdauer pro Arbeitstag, Gesamtdauer der Exposition),

Episoden von elektrischen Überschlägen,

Erwärmung verschiedener Körperregionen,

der Verwendung von technischen und persönlichen Schutzmaßnahmen,

dem Status der Gefahreninformation und der Unterweisung.

Eine gezielte Beratung hinsichtlich Belastungen und Arbeitsgestaltung sowie der Schutzmaßnahmen ist durchzuführen. Besonders zu berücksichtigen sind dabei Arbeitnehmer/innen, die ein aktives oder passives Implantat tragen, wie z. B. einen Herzschrittmacher, Cochlea-Implantate, Innenohrprothesen (Gefahr magnetischer Auswirkung), Gelenksimplantate oder Herzklappenprothesen (Gefahr thermischer Auswirkung), und Arbeitnehmer/innen, die ein am Körper getragenes medizinisches Gerät verwenden, wie z. B. eine Insulinpumpe.

Bei entsprechenden anamnestischen Hinweisen sowie bei möglichen pathologischen Befunden können weiterführende ärztliche Untersuchungen angezeigt sein.

c. Zeitabstand:

Der empfohlene Zeitabstand zwischen den Untersuchungen beträgt **fünf Jahre**.

7. Einwirkung durch als REPRODUKTIONSTOXISCH EINGESTUFTE ARBEITSSTOFFE (§ 10a GKV)

Sowohl bei Erstuntersuchung vor Aufnahme der Tätigkeit mit als reproduktionstoxisch eingestuften Arbeitsstoffen als auch im Rahmen von Folgeuntersuchungen ist eine **Beratung hinsichtlich der Reproduktionstoxizität** betreffend **Auswirkungen auf die Fruchtbarkeit, Gefährdungen des Kindes im Mutterleib** oder **vom Säugling über die Muttermilch** durchzuführen.

Von Tätigkeiten mit Einwirkung durch als reproduktionstoxisch eingestuften Arbeitsstoffen muss bei bestehendem **aktivem Kinderwunsch** – unabhängig vom Geschlecht – **abgeraten** werden. Bei **Aktivwerden eines Kinderwunsches** oder **Eintreten einer Schwangerschaft** soll dementsprechend Kontakt mit dem/der zuständigen Arbeitsmediziner/in aufgenommen werden.

Bei Verdacht auf das Vorliegen einer **Fertilitätsstörung** soll eine **fachärztliche Abklärung** erfolgen.

a. Allgemeine Anamnese, Beschwerden:

Es ist besonders zu achten auf:

Bestehenden sowie unerfüllten Kinderwunsch,

Zyklusstörungen,

die Sexualanamnese im Hinblick auf Störungen der Libido, Erektion etc.,

die Schwangerschaftsanamnese inkl. Frage nach Fehlgeburten, kindlichen angeborenen Fehlbildungen etc.

b. Arbeitsanamnese:

Es ist gezielt zu fragen nach:

den verwendeten chemisch-toxischen **Arbeitsstoffen,**

der genauen **Tätigkeitsbeschreibung,**

den **Expositionsbedingungen inkl. Expositionshöhe** (in mg/m3 bzw. ppm als Tagesmittelwert),

der **Expositionsdauer** (Beginn der Exposition, Dauer der Exposition pro Arbeitstag bzw.-woche, Dauer der Exposition seit Beginn der Tätigkeit, Häufigkeit des Einsatzes pro Jahr),

den **technischen Schutzmaßnahmen** (Beschreibung der installierten technischen Schutzmaßnahmen und der organisatorischen Maßnahmen z. B. Zeitbeschränkung),

bisherigen **Zwischenfällen,**

●

zusätzlichen, für die Beurteilung relevanten **Belastungen oder Einflüssen** wie Einwirkung von weiteren gesundheitsgefährdenden Arbeitsstoffen (zB Polyzyklische aromatische Kohlenwasserstoffe), mechanische Beanspruchung der Haut, etc.

c. Befunderhebung:

Der Arbeitsmediziner bzw. die Arbeitsmedizinerin soll ein **an die Gefährdung angepasstes Untersuchungsregime** durchführen, mit strenger Indikationsstellung und wissenschaftlich fundierter Begründung.

Ein **ärztlicher Status** soll erhoben werden, dieser ist an die individuelle Risikokonstellation anzupassen.

Ob **weitere Untersuchungen (zB Laboruntersuchung des Blutes oder Harns) bzw. eine Zuweisung zur weiterführenden fachärztlichen Abklärung** notwendig sind, ist von dem zuständigen Arbeitsmediziner bzw. der zuständigen Arbeitsmedizinerin zu entscheiden.

d. Zeitabstand:

Der empfohlene Zeitabstand zwischen den Untersuchungen beträgt ein Jahr.

Teil V Regressionsgleichungen und standardisierter Fragebogen
Rohbaumwoll-, Rohhanf- oder Rohflachsstaub
1. REGRESSIONSGLEICHUNGEN
TABELLE 1
Regressionsgleichungen
Männer: n = 4.928, 18 – 90 Jahre, 1,44 – 2,00 m

		r2	se
FVC	$= -11.606 + 8172H - 0.0339\,A \times H + 1.2869\,\ln(A)$	0.594	0.628
FEV1	$= -8.125 + 6.212H - 0.0300\,A \times H + 0.9770\,\ln(A)$	0.611	0.533
$\sqrt{PEF}$	$= 1.798 + 2.311\,\ln(H) + 0.0159A - 0{,}000248A2$	0.312	0.269
$\sqrt{MEF_{J1}}$	$= 1.581 + 1.854\,\ln(H) + 0.0213A - 0.000283A2$	0.193	0.300
$\sqrt{MEF50}$	$= 1.490 + 1.290\,\ln(H) + 0.0125A - 0.000218A2$	0.206	0.314
$\sqrt{MEF25}$	$= 1.314 + 0.898\ln(H) - 0.0083A - 0.000026A2$	0.396	0.231
FEV1%FVC	$= 101.99 - 1.191H2 - 3.962\,\ln(A)$	0.257	5.45

TLC = (1.134 + se = 1.36se(VC)
0.0053A)VC

TABELLE 2
Regressionsgleichungen
Frauen: n= 6.633, 16 – 90 Jahre, 1,40 – 1,90 m

		r2	se
FVC	$= -10.\,815 + 6.640H - 0.0408\,A \times H + 1.7293\,\ln(A)$	0.658	0.450
FEV1	$= -6.995 + 5.174H - 0.0314A \times H + 1.0251\,\ln(A)$	0.711	0.384
$\sqrt{PEF}$	$= 1.832 + 1.838\,\ln(H) + 0.0078A - 0.000172A2$	0.391	0.236
$\sqrt{MEF15}$	$= 1.779 + 1.421\,\ln(H) + 0.0096A - 0.000179A2$	0.295	0.247
$\sqrt{MEF50}$	$= 1.561 + 1.177\,\ln(H) + 0.0045A - 0.000140A2$	0.304	0.268
$\sqrt{MEF25}$	$= 1.372 + 0.938\,\ln(H) - 0.0152A - 0.000036A2$	0.545	0.212
FEV1%FVC	$= 118.993 - 3.0320H2 - 6.9053\,\ln(A)$	0.249	5.318

TLC = (1.2413 + 0.0036A)VC   se 136se (VC)

H = Größe [m], A = Alter[J]

r2 = Bestimmtheitsgrad, se= Standardabweichung der Regression

2. Standardisierter FRAGEBOGEN bei Einwirkung durch ROHBAUMWOLL-, ROHHANF- ODER ROHFLACHSSTAUB

Name .... Versicherungsnummer ....

Vorname .... Geburtsdatum ....

Plz./Wohnort .... Männlich ☐
Str./Nr. .... Weiblich ☐

Berufsvorgeschichte:

Haben Sie jemals gearbeitet in

Kohlenbergwerken ☐	Asbestbetrieben ☐	
Steinbrüchen u. ähnl. ☐	anderen Staubberufen ☐	
Gießereien, Eisen- u. Stahlwerken ☐	anderen Baumwollbetrieben ☐	

VGÜ

Wenn „ja", in welchem

Betrieb	Abteilung	von – bis	Jahre
derzeit			

Krankheitsvorgeschichte:

1. An welcher der folgenden Krankheiten haben Sie jemals gelitten?

	Ja	Nein		Ja	Nein
Bronchitis	☐	☐	Bronchialasthma	☐	☐
Lungenentzündung	☐	☐	Andere Lungenerkrankungen	☐	☐
Rippenfellentzündung	☐	☐	Herz-Kreislauf-Erkrankungen	☐	☐
Tuberkulose	☐	☐			

2. Hatten Sie in den vergangenen drei Jahren irgendeine Lungenerkrankung, welcheArbeitsunfähigkeit bedingt hat oder einen Krankenhausaufenthalt notwendig machte?

    Ja ☐   Nein ☐

Wenn „ja":

Jahr	weniger als 1 Woche	1 Woche oder mehr	Auswurf ja/nein	Ärztliche Diagnose

3. Gibt es Lungenerkrankungen in Ihrer Familie?   Ja ☐ Nein ☐
   Wenn"ja", welche:

Husten:

	nie	geleg.	öfter	meistens
4. Husten Sie in der Früh beim Aufstehen (z. B. nach der ersten Zigarette)	☐	☐	☐	☐
5. Husten Sie beim Gang ins Freie?	☐	☐	☐	☐
6. Husten Sie während der Nacht?	☐	☐	☐	☐
7. Husten Sie während des Tages?	☐	☐	☐	☐
8. Husten Sie an einem oder an mehreren bestimmten Tagen in der Woche?	☐	☐	☐	☐
Wenn „öfter" oder „meistens":	☐	☐	☐	☐

9. Welche(r) Tag(e) ist (sind) das

Mo	Di	Mi	Do	Fr	Sa	So
☐	☐	☐	☐	☐	☐	☐

Auswurf:

	nie	geleg.	öfter	meistens
10. Haben Sie Auswurf in der Früh beim Aufstehen				

(z. B.nach der ersten Zigarette)?   □   □   □   □

11. Haben Sie Auswurf beim Gang ins Freie?   □   □   □   □

12. Haben Sie Auswurf während der Nacht?   □   □   □   □

13. Haben Sie Auswurf während des Tages?   □   □   □   □

14. Haben Sie in den vergangenen Jahren drei Wochen   Ja   Nein

oder   □   □

länger an Husten bzw. Auswurf gelitten?

     Wenn „ja":

15. Haben Sie in einem Jahr drei Monate oder länger an Husten und   □   □

Auswurf gelitten?

Atemnot (Beklemmung)

     – ohne erkältet (verkühlt) zu sein:

	nie	geleg.	öfter	meistens
16. Haben Sie ein Gefühl der Beklemmung oder Atemnot?	□	□	□	□

     Wenn „öfter" oder „meistens":

	nein	manchmal	immer
17. Haben Sie diese Beschwerden nur an einem oder mehreren bestimmten Tagen in der Woche?	□	□	□

     Wenn „manchmal" oder „immer":

18. An welchem Tag der Woche treten diese Beschwerden auf?	Mo	Di	Mi	Do	Fr	Sa	So
	□	□	□	□	□	□	□

19. Zu welcher Zeit treten am Montag diese Beschwerden auf
und wie lange dauern sie an?   Von .... bis ....

20. Zu welcher Zeit treten am Dienstag Beschwerden auf
und wie lange dauern sie an?   Von .... bis ....

21. Leiden Sie an Kurzatmigkeit, wenn Sie rasch in der Ebene gehen
oder bei kleinen Steigungen?

     Nein   Ja

     □   □

22. Leiden Sie an Kurzatmigkeit, wenn Sie mit anderen Leuten im
üblichen Tempo in der Ebene gehen?

     Nein   Ja

     □   □

23. Müssen Sie wegen Kurzatmigkeit auf einer für Sie üblichen
Strecke stehen bleiben?

     Nein   Ja

     □   □

24. Leiden Sie an Kurzatmigkeit beim Waschen bzw. Ankleiden?

     Nein   Ja

     □   □

□ □   □ □   □

1 2   3 4   5   Beurteilungsgrad

Wettereinfluss:

	nie	geleg.	öfter	meistens
25. Hat das Wetter einen Einfluss auf Ihre Atmung?	□	□	□	□
26. Verursacht Ihnen ein bestimmtes Wetter Kurzatmigkeit?	□	□	□	□

Rauchen:

27. Rauchen Sie derzeit oder haben Sie erst kürzlich (bis ca. ein Monat) aufgehört zu rauchen?

	Ja	Nein
	☐	☐

Zigaretten am Tag . . . .

Zigarren am Tag . . . .

Wie viele Jahre rauchen Sie schon? . . . .

28. Haben Sie früher geraucht?

	Ja	Nein
	☐	☐

VGÜ

Zigaretten am Tag . . . .

Zigarren am Tag . . . .

Wie viele Jahre haben Sie geraucht? . . . .

Wann haben Sie aufgehört zu rauchen? . . . .

BS-V

9. Bildschirmarbeitsverordnung

Verordnung der Bundesministerin für Arbeit, Gesundheit und Soziales über den Schutz der Arbeitnehmer/innen bei Bildschirmarbeit (Bildschirmarbeitsverordnung – BS-V)

StF: BGBl. II Nr. 124/1998

Präambel

Auf Grund der §§ 67 und 68 des Bundesgesetzes über Sicherheit und Gesundheitsschutz bei der Arbeit (ArbeitnehmerInnenschutzgesetz – ASchG), BGBl. Nr. 450/1994, in der Fassung BGBl. I Nr. 9/1997 wird verordnet:

GLIEDERUNG

1. Abschnitt
Allgemeine Bestimmungen
Geltungsbereich

§ 1. (1) Der 2. Abschnitt gilt für Bildschirmarbeitsplätze im Sinne des § 67 Abs. 1 zweiter Satz ASchG, ausgenommen die in § 67 Abs. 5 ASchG genannten Einrichtungen und Geräte.

(2) Der 3. Abschnitt gilt für Bildschirmarbeit, das ist die Ausführung von Tätigkeiten wie Datenerfassung, Datentransfer, Dialogverkehr, Textverarbeitung, Bildbearbeitung oder CAD/CAM – Arbeiten an Bildschirmarbeitsplätzen im Sinne des § 67 Abs. 1 zweiter Satz ASchG unter Verwendung von Bildschirmgeräten im Sinne des § 67 Abs. 1 ASchG.

(3) Der 4. Abschnitt gilt für die Beschäftigung von Arbeitnehmern/Arbeitnehmerinnen an Bildschirmarbeitsplätzen im Sinne des Abs. 1.

(4) Ein nicht unwesentlicher Teil der normalen Arbeit im Sinne des § 68 Abs. 3 ASchG liegt vor, wenn Arbeitnehmer/innen

1. durchschnittlich ununterbrochen mehr als zwei Stunden oder
2. durchschnittlich mehr als drei Stunden

ihrer Tagesarbeitszeit mit Bildschirmarbeit beschäftigt werden.

Arbeitsmittel

§ 2. Als Arbeitsmittel im Sinne dieser Verordnung gelten Bildschirmgeräte, Eingabe- und Datenerfassungsvorrichtungen sowie unbedingt erforderliche Zusatzgeräte.

2. Abschnitt
Bildschirmarbeitsplätze
Bildschirm und Tastatur

§ 3. (1) Den Arbeitnehmern/Arbeitnehmerinnen dürfen nur Bildschirme zur Verfügung gestellt werden, die folgenden Anforderungen entsprechen:

1. Die Benützung des Geräts als solche darf keine Gefährdung der Arbeitnehmer/innen mit sich bringen.
2. Die auf dem Bildschirm angezeigten Zeichen müssen scharf und deutlich, ausreichend groß und mit angemessenem Zeichen- und Zeilenabstand dargestellt werden.
3. Die Wiedergabe der Zeichen in Positivdarstellung muß möglich sein.
4. Das Bild muß stabil und frei von Flimmern sein. Das Bild darf auch keine Instabilitäten anderer Art aufweisen, wie störende Veränderungen von Zeichengestalt und Zeichenort.
5. Die Helligkeit und der Kontrast zwischen Zeichen und Bildschirmhintergrund müssen

leicht von dem/der Arbeitnehmer/Arbeitnehmerin eingestellt und den Umgebungsbedingungen angepaßt werden können.

6. Der Bildschirm muß zur Anpassung an die individuellen Bedürfnisse des/der Arbeitnehmers/ Arbeitnehmerin leicht drehsowie neigbar sein. Es kann auch stattdessen ein separater Ständer für den Bildschirm oder ein verstellbarer Tisch verwendet werden.

7. Der Bildschirm muß eine reflexionsarme Oberfläche besitzen.

8. Die Größe des Bildschirms muß der Arbeitsaufgabe entsprechen.

(2) Den Arbeitnehmern/Arbeitnehmerinnen darf nur eine Tastatur zur Verfügung gestellt werden, die folgenden Anforderungen entspricht:

1. Die Tastatur muß neigbar und eine vom Bildschirm getrennte Einheit sein.

2. Zur Vermeidung von Reflexionen muß die Tastatur eine matte Oberfläche haben.

3. Die Tastenbeschriftung muß sich vom Untergrund deutlich abheben und auch bei leicht wechselnden Arbeitshaltungen ohne Schwierigkeiten lesbar sein.

4. Die Anordnung der Tastatur und die Beschaffenheit der Tasten müssen die Bedienung der Tastatur erleichtern.

Arbeitstisch und Arbeitsfläche

§ 4. (1) Den Arbeitnehmern/Arbeitnehmerinnen sind geeignete Arbeitstische oder Arbeitsflächen zur Verfügung zu stellen, für die folgendes gilt:

1. Sie müssen eine ausreichend große und reflexionsarme Oberfläche besitzen.

2. Die Größe muß den Maßen der verwendeten Arbeitsmittel entsprechen.

3. Eine flexible Anordnung von Arbeitsmitteln und Arbeitsvorlagen muß möglich sein.

4. Sie müssen abgerundete Ecken und Kanten aufweisen.

(2) Bei häufiger Arbeit mit Arbeitsvorlagen sind auf Wunsch Vorlagehalter zur Verfügung zu stellen, für die folgendes gilt:

1. Sie müssen ausreichend groß, stabil und verstellbar sein.

2. Sie müssen möglichst im gleichen Sehabstand zum Bildschirm anzuordnen sein.

3. Sie müssen so eingerichtet werden, daß unbequeme Kopf- und Augenbewegungen soweit wie möglich eingeschränkt werden.

(3) Die Fläche vor der Tastatur oder vor dem Tastenfeld der Tastatur muß eine ausreichende Tiefe aufweisen, um den Arbeitnehmern/Arbeitnehmerinnen das Auflegen der Hände zu ermöglichen.

(4) Der Beinfreiraum unter dem Arbeitstisch und der Arbeitsfläche ist so zu bemessen, daß ein unbehindertes und gefahrloses Erreichen und Bedienen der darauf angeordneten und häufig verwendeten Arbeitsmittel durch Verschieben oder

Verdrehen des Arbeitsstuhls, unter Beibehaltung der Sitzposition, gewährleistet ist.

Arbeitsstuhl

§ 5. (1) Den Arbeitnehmern/Arbeitnehmerinnen sind Arbeitsstühle zur Verfügung zu stellen, die folgenden Anforderungen entsprechen müssen:

1. Arbeitsstühle dürfen die Bewegungsfreiheit nicht einschränken und müssen den Arbeitnehmern/ Arbeitnehmerinnen die Einnahme ergonomisch günstiger Körperhaltungen ermöglichen.

2. Arbeitsstühle müssen als Drehstühle mit Rollen oder Gleitern ausgeführt und kippsicher sein, wobei Rollen beim unbelasteten Stuhl schwergängig sein müssen. Das Untergestell muß mindestens fünf Auflagepunkte aufweisen.

3. Die Sitzhöhe muß verstellbar sein.

4. Die Rückenlehne muß den Arbeitnehmer/innen eine gute Abstützung in verschiedenen Sitzhaltungen ermöglichen und in Höhe und Neigung verstellbar sein.

(2) Den Arbeitnehmern/Arbeitnehmerinnen sind Fußstützen zur Verfügung zu stellen, wenn dies auf Grund der Körpermaße oder fehlenden Tischhöhenverstellung erforderlich ist.

Belichtung und Beleuchtung

§ 6. (1) Bildschirmarbeitsplätze sind so einzurichten, daß Blendungen und störende Reflexionen auf dem Bildschirm und anderen Arbeitsmitteln durch Lichtquellen auch bei leicht wechselnden Arbeitshaltungen vermieden werden. Bei der Aufstellung des Bildschirms ist darauf zu achten, daß die Blickrichtung annähernd parallel zu Fensterflächen gerichtet ist, wenn dies auf Grund der Raumanordnung möglich ist.

(2) Lichteintrittsöffnungen, die störende Reflexionen oder zu hohe Kontraste hervorrufen, müssen mit verstellbaren Lichtschutzvorrichtungen ausgestattet sein.

(3) Die Beleuchtung ist so zu dimensionieren und anzuordnen, daß ausreichende Lichtverhältnisse und ein ausgewogener Kontrast zwischen Bildschirm und Umgebung gewährleistet sind. Dabei sind die Art der Tätigkeit sowie die sehkraftbedingten Bedürfnisse des/der Arbeitnehmers/Arbeitnehmerin zu berücksichtigen.

Strahlung

§ 7. Alle Strahlungen mit Ausnahme des sichtbaren Teils des elektromagnetischen Spektrums müssen auf Werte verringert werden, die für die Sicherheit und Gesundheit der Arbeitnehmer/innen unerheblich sind.

3. Abschnitt
Bildschirmarbeit
Ermittlung und Beurteilung

§ 8. Im Rahmen der Ermittlung und Beurteilung von Gefahren im Sinne des § 68 Abs. 1 ASchG ist insbesondere festzustellen, ob Bildschirmarbeit im Sinne des § 1 Abs. 4 vorliegt.

Unterlagen

§ 9. Alle zur Programmbedienung notwendigen Informationen, wie Handbücher und Tastaturschablonen müssen, soweit sie für die Erfüllung der Arbeitsaufgabe notwendig sind, für die Arbeitnehmer/innen leicht erreichbar zur Verfügung stehen.

Pausen und Tätigkeitswechsel

§ 10. (1) Nach jeweils 50 Minuten ununterbrochener Bildschirmarbeit muß eine Pause oder ein Tätigkeitswechsel im Ausmaß von jeweils mindestens 10 Minuten erfolgen.

(2) Abs. 1 gilt nicht, wenn täglich nicht mehr als zwei Stunden ununterbrochen Bildschirmarbeit geleistet wird.

(3) Eine nach 50 Minuten zustehende Pause oder der Tätigkeitswechsel kann jeweils in die anschließende zweite Stunde verlegt werden, sofern der Arbeitsablauf dies erfordert.

(4) Ein Tätigkeitswechsel im Sinne der Abs. 1 und 2 muß in Tätigkeiten bestehen, die geeignet sind, die durch die Arbeit am Bildschirmgerät auftretenden Belastungen zu verringern.

(5) Pausen gemäß Abs. 1 sind in die Arbeitszeit einzurechnen.

(6) Ist aus zwingenden technischen Gründen (zB beim Bedienen und Überwachen von Verkehrsleitsystemen) eine Pausenregelung oder ein Tätigkeitswechsel im Sinne der Abs. 1 und 3 nicht möglich, so ist eine gleichwertige andere Pausenregelung zu treffen oder ein gleichwertiger anderer Tätigkeitswechsel vorzusehen.

Untersuchungen

§ 11. (1) Der/die Arbeitgeber/in hat Arbeitnehmern/Arbeitnehmerinnen bei Vorliegen von Bildschirmarbeit im Sinne des § 1 Abs. 4 eine angemessene Untersuchung der Augen und des Sehvermögens (Überprüfungen der Sehschärfe und Untersuchung des sonstigen Sehvermögens) anzubieten, und zwar vor Aufnahme der Tätigkeit, sowie anschließend in Abständen von drei Jahren und weiters bei Auftreten von Sehbeschwerden, die auf Bildschirmarbeit zurückgeführt werden können.

(2) Arbeitnehmer/innen können für Untersuchungen gemäß Abs. 1 in Anspruch nehmen:
1. Fachärzte/Fachärztinnen für Augenheilkunde und Optometrie,
2. Fachärzte/Fachärztinnen für Arbeits- und Betriebsmedizin oder

3. Personen, die zur selbständigen Ausübung des ärztlichen Berufes im Sinne des Ärztegesetzes 1984, BGBl. Nr. 373, berechtigt sind und eine vom Bundesminister für Arbeit, Gesundheit und Soziales anerkannte arbeitsmedizinische Ausbildung absolviert haben.
4. Personen, die die Meisterprüfung im Augenoptikerhandwerk (§ 120 GewO 1994) erfolgreich abgelegt haben, zwecks Durchführung der Überprüfungen der Sehschärfe.

(3) Die Kosten für Untersuchungen gemäß Abs. 1 sind von den Arbeitgebern/Arbeitgeberinnen zu tragen.

(4) Der/die Arbeitgeber/in hat Arbeitnehmern/Arbeitnehmerinnen weiters eine augenfachärztliche Untersuchung zu ermöglichen, wenn sich diese auf Grund von Untersuchungen gemäß Abs. 1 als erforderlich erweist.

Sehhilfen

§ 12. (1) Arbeitnehmern/Arbeitnehmerinnen sind spezielle Sehhilfen zur Verfügung zu stellen, wenn die Ergebnisse der Untersuchungen nach § 11 Abs. 1 und 4 ergeben, daß diese notwendig sind, weil normale Sehhilfen nicht verwendet werden können. Spezielle Sehhilfen müssen folgenden Anforderungen entsprechen:
1. Abstimmung auf eine Arbeitsdistanz zum Bildschirm und zu den Belegen,
2. Abstimmung auf die physiologischen Gegebenheiten und pathologischen Befunde des/der Arbeitnehmers/Arbeitnehmerin,
3. die Gläser müssen entspiegelt, dürfen aber nicht getönt sein.

(2) Hinsichtlich der Brillenglasqualität sind unter Berücksichtigung des Abs. 1 Z 2 zu verwenden:
1. Einstärkengläser für die Arbeitsdistanz zum Bildschirm,
2. Mehrstärkengläser, entweder hohe Bifokalgläser für die Arbeitsdistanz zum Bildschirm und Beleg oder Trifokal- oder Multifokalgläser mit besonders breitem Korridor für die Arbeitsdistanz zum Bildschirm.

(3) Die Kosten für Sehhilfen, die ausschließlich durch den notwendigen Schutz bei Bildschirmarbeit unter Beachtung der Abs. 1 und 2 entstehen, sind von den Arbeitgebern/Arbeitgeberinnen zu tragen, sofern nicht die Träger der Sozialversicherung diese übernehmen.

4. Abschnitt
Sonstige Pflichten der Arbeitgeber/innen
Unterweisung

§ 13. (1) Jeder/jede Arbeitnehmer/in ist vor Aufnahme seiner/ihrer Tätigkeit am Bildschirmgerät und bei jeder wesentlichen Veränderung der Organisation seines/ihres Arbeitsplatzes im Umgang mit dem Gerät sowie hinsichtlich der ergonomisch

BS-V

richtigen Einstellung und Anordnung der Arbeitsmittel zu unterweisen.

Information

§ 14. (1) Die an Bildschirmarbeitsplätzen beschäftigten Arbeitnehmer/innen sind über folgendes zu informieren:

1. ob an Arbeitsplätzen Bildschirmarbeit im Sinne des § 1 Abs. 4 vorliegt,
2. das Recht auf Untersuchungen gemäß § 11,
3. das Recht auf Zurverfügungstellung einer speziellen Sehhilfe bei Zutreffen der Voraussetzungen des § 68 Abs. 3 Z 4 ASchG und
4. den Anspruch auf Pausen und Tätigkeitswechsel gemäß § 10.

(2) Die Information der einzelnen Arbeitnehmer/innen kann entfallen, wenn Sicherheitsvertrauenspersonen bestellt oder Belegschaftsorgane errichtet sind und diese im Sinne des Abs. 1 informiert werden.

Anhörung/Beteiligung

§ 15. (1) Die an Bildschirmarbeitsplätzen beschäftigten Arbeitnehmer/innen sind zu den in dieser Verordnung geregelten Fragen anzuhören und an deren Behandlung zu beteiligen.

(2) Die Anhörung und Beteiligung der einzelnen Arbeitnehmer/innen kann entfallen, wenn Sicherheitsvertrauenspersonen bestellt oder Belegschaftsorgane errichtet sind und diese im Sinne des Abs. 1 befaßt werden.

5. Abschnitt
Schlußbestimmungen
Ausnahmen und Abweichungen

§ 16. (1) Auf Arbeitsvorgänge, die fallweise kurzdauernde Eingaben und Abfragen von Informationen am Bildschirm mit nachfolgendem Tätigkeitswechsel (zB Kundenbetreuung in Kaufhäusern, Buchhandlungen, im Bankschalterdienst oder bei der Lagerhaltung) erfordern, sind die §§ 4 und 5 nicht anzuwenden.

(2) Mit Ausnahme des Abs. 1 wird gemäß § 95 Abs. 1 ASchG festgelegt, daß die zuständige Behörde keine Ausnahmen von den §§ 3, 4 Abs. 1 und 3 sowie von den Bestimmungen des 3. und 4. Abschnitts dieser Verordnung zulassen darf.

Inkrafttreten

§ 17. (1) Die Verordnung tritt mit 1. Mai 1998 in Kraft.

(2) Die §§ 3 und 4 treten mit 1. Jänner 2000 in Kraft.

(3) Die §§ 3 und 4 sind jedoch zu beachten,

1. wenn Arbeitsplätze wesentlich geändert werden,
2. wenn die Ermittlung und Beurteilung der Gefahren gemäß § 68 Abs. 1 ASchG ergibt, daß durch die Arbeit an diesen Arbeitsplätzen Leben oder Gesundheit der Arbeitnehmer/innen gefährdet ist.

(4) Die Abs. 2 und 3 gelten nicht für § 4 Abs. 4.

10. Verordnung biologische Arbeitsstoffe

Verordnung der Bundesministerin für Arbeit, Gesundheit und Soziales über den Schutz der Arbeitnehmer/innen gegen Gefährdung durch biologische Arbeitsstoffe (Verordnung biologische Arbeitsstoffe – VbA)

StF: BGBl. II Nr. 237/1998

Letzte Novellierung: BGBl. II Nr. 294/2024 [CELEX-Nr.: 32000L0054]

Präambel

Auf Grund der §§ 2 Abs. 6, 40 bis 44, 48 Abs. 1 Z 1 und § 98 Abs. 5 des Bundesgesetzes über Sicherheit und Gesundheitsschutz bei der Arbeit (ArbeitnehmerInnenschutzgesetz – ASchG), BGBl. Nr. 450/1994, zuletzt geändert durch BGBl. I Nr. 47/1997, wird verordnet:

VbA

GLIEDERUNG

Anwendungsbereich und Begriffsbestimmungen

§ 1. (1) Diese Verordnung gilt für die Verwendung (§ 2 Abs. 6 ASchG) von biologischen Arbeitsstoffen § 40 Abs. 5 ASchG) einschließlich unkonventioneller Agenzien, die mit transmissiblen spongiformen Enzephalopathien assoziiert sind.

(2) Im Sinne des § 40 Abs. 5 ASchG sind
1. Mikroorganismen: alle zellularen oder nichtzellularen mikrobiologischen Einheiten, die zur Vermehrung oder zur Weitergabe von genetischem Material fähig sind;
2. Zellkulturen: in-vitro-Vermehrungen von aus vielzelligen Organismen isolierten Zellen.

(3) Beabsichtigte Verwendung im Sinne dieser Verordnung liegt vor, wenn der Zweck einer Tätigkeit oder eines Arbeitsverfahrens die Verwendung eines oder mehrerer biologischer Arbeitsstoffe ist, wie insbesondere
1. an industriellen Arbeitsplätzen in der Biotechnologie und
2. an Laborarbeitsplätzen in Forschung und Entwicklung, einschließlich diagnostischer mikrobiologischer Labors, jedoch mit Ausnahme klinischer, veterinärmedizinischer und allgemein diagnostischer Labors.

(4) Unbeabsichtigte Verwendung im Sinne dieser Verordnung liegt vor, wenn keine beabsichtigte Verwendung vorliegt, es aber offenkundig ist oder die Ermittlung und Beurteilung der Gefahren nach § 41 ASchG ergeben hat, daß eine Tätigkeit oder ein Arbeitsverfahren zu einer Exposition gegenüber einem oder mehreren biologischen Arbeitsstoffen führen kann.

Zuordnung zu Risikogruppen bei beabsichtigter Verwendung

§ 2. (1) Bei beabsichtigter Verwendung haben Arbeitgeber/innen die biologischen Arbeitsstoffe entsprechend ihrem Infektionsrisiko einer der vier Risikogruppen nach § 40 Abs. 5 Z 1 bis 4 ASchG zuzuordnen.

(2) Die Zuordnung nach Abs. 1 hat gemäß den Organismenlisten (Anhang 2) zu erfolgen.

(3) Sofern ein biologischer Arbeitsstoff in den Organismenlisten (Anhang 2) nicht enthalten ist, hat die Zuordnung nach Abs. 1 nach dem Stand von Wissenschaft und Technik, unter Beachtung der Kriterien gemäß § 40 Abs. 5 Z 1 bis 4 ASchG zu erfolgen. Bei dieser Zuordnung können national oder international anerkannte Listen der EU-Mitgliedstaaten herangezogen werden, die eine Einstufung biologischer Arbeitsstoffe in Risi-

kogruppen im Sinne des § 40 Abs. 5 Z 1 bis 4 ASchG enthalten.

(4) Ist die Zuordnung eines biologischen Arbeitsstoffes nicht eindeutig möglich, ist er der höchsten der in Betracht kommenden Risikogruppen zuzuordnen.

(5) Viren, die bereits beim Menschen isoliert, aber noch nicht in der Organismenliste (Anhang 2) eingestuft sind, sind mindestens der Risikogruppe 2 zuzuordnen, es sei denn, das Virus ist in einer Liste im Sinne des Abs. 3 in Risikogruppe 1 eingestuft.

Ermittlung und Beurteilung der Gefahren bei beabsichtigter Verwendung

§ 3. Bei der Ermittlung und Beurteilung der Gefahren sind zu berücksichtigen:

1. die Risikogruppe der biologischen Arbeitsstoffe;
2. Art und Häufigkeit der Tätigkeit;
3. mögliche Infektionswege, zB durch Inhalation von Aerosolen oder Staub, durch direkten oder indirekten Haut- oder Schleimhautkontakt, durch Verletzungen oder Bisse, durch orale Aufnahme;
4. die aus der Arbeit der Arbeitnehmer/innen resultierenden möglichen allergieauslösenden oder toxigenen Wirkungen;
5. Informationen im Sinne des § 41 Abs. 2 ASchG über mögliche oder tatsächlich aufgetretene Erkrankungen, die auf die Verwendung von biologischen Arbeitsstoffen zurückzuführen sind oder sein könnten;
6. die Ungewißheit hinsichtlich des Vorhandenseins von sowie die Gefährdung durch biologische Arbeitsstoffe, die im Organismus menschlicher Patienten oder von Tieren oder in den von Menschen oder Tieren stammenden Proben, Ausscheidungen oder Abfällen vorhanden sind oder sein könnten.

Ermittlung und Beurteilung der Gefahren bei unbeabsichtigter Verwendung

§ 4. (1) Bei unbeabsichtigter Verwendung ist die Ermittlung und Beurteilung der Gefahren anhand von Informationen über Erfahrungen mit vergleichbaren Arbeitsplätzen vorzunehmen. Dabei ist § 3 anzuwenden, soweit dies ohne Kenntnis der Identität des biologischen Arbeitsstoffes möglich ist.

(2) Sofern bei unbeabsichtigter Verwendung die Identität eines biologischen Arbeitsstoffes bekannt ist, muß überdies eine Zuordnung zu einer Risikogruppe gemäß § 2 vorgenommen werden.

(3) Zu einer Exposition von Arbeitnehmerinnen und Arbeitnehmern gegenüber einem oder mehreren biologischen Arbeitsstoffen im Sinne einer unbeabsichtigten Verwendung kann es insbesondere während folgender Tätigkeiten kommen:

1. Arbeiten in Nahrungsmittelproduktionsanlagen,
2. Arbeiten in der Landwirtschaft,
3. Tätigkeiten, bei denen Kontakt mit Tieren oder Erzeugnissen tierischen Ursprungs besteht,
4. Arbeiten im Bereich der Gesundheitsfürsorge, einschließlich Isolier- und Post-mortem-Stationen,
5. Arbeiten in klinischen, veterinärmedizinischen und allgemein diagnostischen Labors, außer in diagnostischen mikrobiologischen Labors,
6. Arbeiten in Müllbeseitigungsanlagen,
7. Arbeiten in Abwasserkläranlagen.

Hygiene, Expositionsvermeidung, Impfung

§ 5. (1) Werden biologische Arbeitsstoffe verwendet, müssen Arbeitgeber/innen für die Einhaltung folgender Hygienemaßnahmen sorgen:

1. Arbeitsplätze und Arbeitsmittel sind in einem dem Arbeitsablauf entsprechenden sauberen Zustand zu halten.
2. Von den Arbeitnehmer/innen mitgebrachte Lebensmittel, Kosmetika, Medikamente und Tabakerzeugnisse
   a) müssen so aufbewahrt werden, daß eine Kontamination mit biologischen Arbeitsstoffen vermieden wird und
   b) dürfen an Arbeitsplätzen oder in Räumen, an bzw. in denen die Gefahr einer Kontamination mit biologischen Arbeitsstoffen besteht, nicht konsumiert bzw. angewendet werden.
3. Auf die Verbote nach Z 2 lit. b muß durch deutlich sichtbare Anschläge hingewiesen werden.
4. Die Arbeitnehmer/innen haben nach Ende der Arbeit sowie vor dem Essen, Trinken oder Rauchen die Hände zu waschen.
5. Ungeziefer muß gegebenenfalls in geeigneter Weise bekämpft werden.

(2) Werden biologische Arbeitsstoffe verwendet, müssen Arbeitgeber/innen dafür sorgen, daß folgende Maßnahmen zur Expositionsvermeidung getroffen werden:

1. Spitze, schneidende oder zerbrechliche Arbeitsgeräte sind, wenn möglich, durch solche zu ersetzen, bei denen keine oder weniger Gefahr von Stich- oder Schnittverletzungen besteht.
2. Für das Pipettieren müssen Pipettierhilfen zur Verfügung gestellt werden. Mundpipettieren ist verboten.
3. Wenn eine Exposition von Arbeitnehmer/innen gegenüber biologischen Arbeitsstoffen der Risikogruppe 2, 3 oder 4 möglich ist, sind Tätigkeiten und Arbeitsverfahren mit Staub- oder Aerosolbildung, einschließlich Reinigungsverfahren, wenn möglich durch solche ohne Staub- oder Aerosolbildung zu ersetzen. Bei allen Tätigkeiten ist Staub- oder Aerosolbildung möglichst zu vermeiden.

4. Wenn Staub- oder Aerosolbildung nicht vermieden werden kann, ist die Anzahl der Arbeitnehmer/innen, die tatsächlich oder möglicherweise gegenüber biologischen Arbeitsstoffen der Risikogruppe 2, 3 oder 4 exponiert sind, auf das niedrigstmögliche Niveau zu begrenzen.

(3) Abs. 2 Z 3 und 4 gelten auch für biologische Arbeitsstoffe der Risikogruppe 1, sofern der damit verbundene Aufwand vertretbar ist.

(4) Ergibt die Ermittlung und Beurteilung der Gefahren, daß ein Risiko für die Sicherheit oder Gesundheit der Arbeitnehmer/innen auf Grund der Exposition gegenüber biologischen Arbeitsstoffen besteht, gegen die es wirksame Impfstoffe gibt, haben Arbeitgeber/innen den betreffenden Arbeitnehmer/innen die Impfung anzubieten.

Ausstattung, Persönliche Schutzausrüstung, sichere Handhabung

§ 6. (1) Werden biologische Arbeitsstoffe verwendet, ist den Arbeitnehmer/innen zur Verfügung zu stellen:

1. Seifenspender, Hautdesinfektionsmittel, Einweghandtücher und Hautpflegemittel an den Waschplätzen,
2. geeignete Arbeitskleidung,
3. geeignete Schutzhandschuhe,
4. geeignete Schutzmasken bei staub- oder aerosolbildenden Arbeitsverfahren,
5. getrennte Aufbewahrungsmöglichkeiten für Straßenkleidung einerseits und Arbeitskleidung oder persönliche Schutzausrüstung andererseits.

(2) Die Oberflächen von Werkbänken und Arbeitstischen müssen wasserundurchlässig, leicht zu reinigen und desinfizierbar sowie gegen die zu erwartenden mechanischen, chemischen oder physikalischen Einflüsse widerstandsfähig sein.

(3) Arbeitgeber/innen haben dafür zu sorgen, daß

1. Arbeitskleidung und persönliche Schutzausrüstung außerhalb des Arbeitsraumes bzw. außerhalb des Arbeitsbereiches nicht getragen wird, und
2. persönliche Schutzausrüstung nach jedem Gebrauch, erforderlichenfalls auch vor jedem Gebrauch, überprüft und gereinigt wird.

(4) Arbeitgeber/innen müssen geeignete Verfahren für die Entnahme, die Handhabung sowie für die Verarbeitung von Proben menschlichen oder tierischen Ursprungs festlegen und dafür geeignete Einrichtungen zur Verfügung stellen.

(5) Arbeitgeber/innen haben dafür zu sorgen, daß nur solche Behälter zur Sammlung, zur Aufbewahrung, zum Transport oder zur Beseitigung von biologischen Arbeitsstoffen, von Proben, von Rückständen oder von möglicherweise kontaminierten Gegenständen oder Materialien verwendet werden, die

1. hinsichtlich ihrer Beschaffenheit (zB Material, Festigkeit, Größe, Verschluß) geeignet sind, den Inhalt sicher zu umschließen, wobei auf die Art des jeweiligen Inhalts (zB scharfe Gegenstände, Flüssigkeiten, Gewicht) Bedacht zu nehmen ist,
2. deutlich erkennbar sind (zB durch Farbkodierung, Beschriftung oder Kennzeichnung mit dem Symbol für Biogefährdung) und
3. ihrer Art nach nicht zur Aufbewahrung von Lebensmitteln bestimmt sind oder mit solchen Behältern verwechselt werden können.

Desinfektion, Vorsorge für besondere Fälle

§ 7. (1) Arbeitgeber/innen müssen festlegen, welche spezifischen Desinfektionsverfahren für die verwendeten biologischen Arbeitsstoffe geeignet und wie oft diese anzuwenden sind und müssen die dafür erforderlichen Mittel zur Verfügung stellen.

(2) Arbeitgeber/innen haben dafür zu sorgen, daß

1. eine unverzügliche Reinigung und Desinfektion des kontaminierten Bereiches erfolgt, wenn Material, das biologische Arbeitsstoffe enthalten kann, ausgetreten ist oder verschüttet wurde,
2. Arbeitsflächen täglich gereinigt und regelmäßig desinfiziert werden,
3. soweit dies auf Grund des Arbeitsablaufs möglich und erforderlich ist, Arbeitsmittel, die in Kontakt mit biologischen Arbeitsstoffen waren, desinfiziert werden:
   a) vor der Reinigung oder
   b) bevor sie aus dem Arbeitsbereich gebracht werden,
4. im Fall von Hautkontakt eine Desinfektion der betroffenen Hautflächen erfolgt.

(3) Für folgende Fälle (Z 1 bis 4) müssen Arbeitgeber/innen auf Grund der Ermittlung und Beurteilung der Gefahren im voraus schriftlich festlegen, welche Maßnahmen (wie zB Abgrenzen des betroffenen Bereiches, Desinfektion mit bestimmten Mitteln, Reinigung mit bestimmten saugenden Verfahren, Tragen von bestimmter persönlicher Schutzausrüstung, Filtergeräte für die Selbstrettung) zu treffen sind und müssen die dazu erforderlichen Mittel zur Verfügung stellen:

1. für Reinigungsarbeiten, insbesondere wenn Material, das biologische Arbeitsstoffe enthalten kann, ausgetreten ist oder verschüttet wurde,
2. für den Umgang mit bzw. die Beseitigung von Rückständen oder von möglicherweise kontaminierten Gegenständen oder Materialien,
3. für Wartungs-, Instandhaltungs- und Abbrucharbeiten, bei denen die Möglichkeit einer beträchtlichen Erhöhung der Exposition der Arbeitnehmer/innen vorherzusehen ist und

VbA

4. für den Fall von Betriebsstörungen oder Zwischenfällen, durch die es zu einer beträchtlichen Erhöhung der Exposition der Arbeitnehmer/innen kommen könnte.

Ausnahmen von §§ 6 und 7

§ 8. (1) Bei beabsichtigter Verwendung müssen die Maßnahmen gemäß §§ 6 und 7 nicht getroffen werden, wenn die Zuordnung nach § 2 ergeben hat, daß ausschließlich biologische Arbeitsstoffe der Risikogruppe 1 verwendet werden.

(2) Bei unbeabsichtigter Verwendung müssen die Maßnahmen gemäß §§ 6 und 7 nicht getroffen werden,

1. soweit die Ermittlung und Beurteilung der Gefahren ergeben hat, daß diese Maßnahmen im einzelnen nicht erforderlich sind oder
2. wenn die Ermittlung und Beurteilung der Gefahren ergeben hat, daß mit höchster Wahrscheinlichkeit nur solche biologischen Arbeitsstoffe verwendet werden, die keiner höheren als der Risikogruppe 1 zuzuordnen sind.

Zusätzliche Schutzmaßnahmen bei beabsichtigter Verwendung

§ 9. (1) Bei beabsichtigter Verwendung sind

1. Bereiche, in denen biologische Arbeitsstoffe der Risikogruppe 2, 3 oder 4 verwendet werden, an den Zugängen mit dem Warnzeichen „Biogefährdung" zu kennzeichnen und
2. über §§ 5 bis 7 hinausgehend die Schutzmaßnahmen nach Anhang 1 zu treffen, und zwar bei Verwendung von biologischen Arbeitsstoffen

a) der Risikogruppe 2: die Schutzmaßnahmen nach Anhang 1.RG2;
b) der Risikogruppe 3: die Schutzmaßnahmen nach Anhang 1.RG3;
c) der Risikogruppe 4: die Schutzmaßnahmen nach Anhang 1.RG4.

(2) Werden innerhalb eines Arbeitsbereiches biologische Arbeitsstoffe mit unterschiedlichen Risikogruppen verwendet, sind die Schutzmaßnahmen entsprechend der höchsten in Betracht kommenden Risikogruppe zu treffen.

(3) Wenn der Stamm eines biologischen Arbeitsstoffes abgeschwächt ist oder bekannte Virulenzgene verloren hat, müssen abweichend von Abs. 1 die auf Grund der Einstufung seines Elternstammes erforderlichen Schutzmaßnahmen – vorbehaltlich einer angemessenen Ermittlung und Beurteilung der Gefahren – nicht getroffen werden. Dies ist beispielsweise der Fall, wenn ein solcher Stamm als Produkt oder Bestandteil eines Produkts zu prophylaktischen oder therapeutischen Zwecken verwendet werden soll.

(4) Ob und welche weiteren als die in Abs. 1 genannten zusätzlichen Schutzmaßnahmen, insbesondere wegen möglicher Infektionswege oder wegen möglicher allergieauslösender oder toxigener Wirkungen, erforderlich sind, ist von den Arbeitgeber/innen auf Grund der Ermittlung und Beurteilung der Gefahren festzulegen.

(5) Wenn bei der beabsichtigten Verwendung biologischer Arbeitsstoffe in industriellen Verfahren die Gefahren auf Grund der Ermittlung und Beurteilung für bestimmte Tätigkeiten zwar nicht abschließend beurteilt werden können, jedoch Hinweise dafür vorliegen, daß ein erhebliches Gesundheitsrisiko für die Arbeitnehmer/innen gegeben sein könnte, dürfen die entsprechenden Tätigkeiten nur in Arbeitsräumen ausgeführt werden, die dem Anhang 1.RG3 entsprechen.

(6) Abweichend von Abs. 1 gilt für diagnostische mikrobiologische Labors § 10 Abs. 3.

Zusätzliche Schutzmaßnahmen in bestimmten Fällen unbeabsichtigter Verwendung

§ 10. (1) Im Fall des § 4 Abs. 2 ist von den Arbeitgeber/innen auf Grund der Ermittlung und Beurteilung der Gefahren festzulegen, ob und welche über §§ 5 bis 7 hinausgehende Schutzmaßnahmen (zB solche nach Anhang 1) insbesondere wegen möglicher Infektionswege oder wegen möglicher allergieauslösender oder toxigener Wirkungen erforderlich sind.

(2) Für Isolierstationen (einschließlich postmortem-Stationen), die der Absonderung von Patienten oder Tieren dienen, weil diese mit biologischen Arbeitsstoffen der Risikogruppe 3 oder 4 infiziert sind oder infiziert sein könnten, ist von den Arbeitgeber/innen entsprechend der Risikogruppe der in Betracht kommenden biologischen Arbeitsstoffe festzulegen, welche zusätzlichen Schutzmaßnahmen nach Anhang 1.RG3 oder 1.RG4 erforderlich sind, um ein Infektionsrisiko für die Arbeitnehmer/innen möglichst zu vermeiden.

(3) In Labors, die Stoffe verwenden, bei denen nicht feststeht, ob biologische Arbeitsstoffe vorhanden sind, die für den Menschen krankheitserregend sein können, die jedoch nicht beabsichtigen, mit biologischen Arbeitsstoffen als solchen zu arbeiten, insbesondere sie zu züchten oder sie zu konzentrieren, sind die zusätzlichen Schutzmaßnahmen nach Anhang 1.RG2 zu treffen. Ob und welche weiteren zusätzlichen Schutzmaßnahmen (insbesondere solche nach Anhang 1.RG3 oder 1.RG4) erforderlich sind, ist von den Arbeitgeber/innen auf Grund der Ermittlung und Beurteilung der Gefahren festzulegen.

Meldung bei beabsichtigter Verwendung

§ 11. (1) Die Meldung der erstmaligen beabsichtigten Verwendung biologischer Arbeitsstoffe der Risikogruppe 2, 3 oder 4 gemäß § 42 Abs. 6 ASchG hat zu enthalten:

1. Name des Arbeitgebers/der Arbeitgeberin und Anschrift der Arbeitsstätte;

2. Angaben zur Identität der biologischen Arbeitsstoffe, sofern möglich, nach Gattung und Art;
3. die vorgenommene Zuordnung zu den Risikogruppen gemäß § 2;
4. die Ergebnisse der Ermittlung und Beurteilung der Gefahren gemäß § 3;
5. gegebenenfalls Angaben über Schutzmaßnahmen nach § 9 Abs. 4, 5 oder 6.

(2) Weiters sind gegebenenfalls jene biologischen Arbeitsstoffe zu melden, die bei der Verwendung voraussichtlich entstehen werden, sofern diese einer höheren als der ursprünglich gemeldeten Risikogruppe zuzuordnen sind.

(3) Liegt zum Zeitpunkt des Inkrafttretens dieser Verordnung bereits eine beabsichtigte Verwendung biologischer Arbeitsstoffe der Risikogruppe 3 oder 4 vor, hat eine dem Abs. 1 entsprechende Meldung innerhalb von drei Monaten nach Inkrafttreten dieser Verordnung zu erfolgen.

(4) Arbeitgeber/innen haben dem Arbeitsinspektorat weiters Betriebsstörungen oder Zwischenfälle, die zu einer beträchtlichen Erhöhung der Exposition der Arbeitnehmer/innen gegenüber einem biologischen Arbeitsstoff der Risikogruppe 3 oder 4 geführt haben, zu melden.

Information und Unterweisung der Arbeitnehmer/innen

§ 12. (1) Die Information der Arbeitnehmer/innen nach § 12 ASchG hat sich jedenfalls zu beziehen auf:
1. mögliche Gefahren für die Gesundheit,
2. von den Arbeitnehmer/innen zu treffende Hygiene- und Desinfektionsmaßnahmen,
3. von den Arbeitnehmer/innen zu treffende Maßnahmen zur Verhütung einer Exposition und
4. das Tragen und Benutzen von persönlicher Schutzausrüstung.

(2) Schriftliche Anweisungen nach § 14 Abs. 5 ASchG müssen am Arbeitsplatz ausgehängt werden über:
1. die gemäß § 7 Abs. 3 Z 4 festgelegten Maßnahmen und
2. die zu beachtenden Schutzmaßnahmen, sofern biologische Arbeitsstoffe der Risikogruppe 3 oder 4 verwendet werden.

(3) Arbeitgeber/innen haben sicherzustellen, daß Arbeitnehmer/innen, denen gemäß § 43 Abs. 4 ASchG in Verbindung mit § 5 Abs. 4 dieser Verordnung Impfstoffe zur Verfügung gestellt werden, über Vor- und Nachteile der Impfung und der Nicht-Impfung informiert werden.

Verzeichnis der Arbeitnehmerinnen und Arbeitnehmer

§ 12a. (1) Das Verzeichnis gemäß § 47 ASchG ist auch für Arbeitnehmerinnen und Arbeitnehmer zu führen, die der Einwirkung von bestimmten biologischen Arbeitsstoffen der Gruppe 2 ausgesetzt sind, die in den Organismenlisten (Anhang 2) mit dem Hinweis „D" versehen sind.

(2) Das Verzeichnis gemäß § 47 ASchG ist auch für Arbeitnehmerinnen und Arbeitnehmer zu führen, die Arbeiten durchführen, bei denen ein direkter Kontakt mit bestimmten biologischen Arbeitsstoffen der Gruppe 2 gegeben ist, die in den Organismenlisten (Anhang 2) mit dem Hinweis „D*" versehen sind.

Handhabung der Organismenlisten (Anhang 2)

§ 13. (1) Den Risikogruppen zugeordnet sind nur biologische Arbeitsstoffe, die bekanntermaßen Infektionskrankheiten beim Menschen hervorrufen. Nicht berücksichtigt sind:
1. Tier- und Pflanzenpathogene, von denen bekannt ist, daß sie nicht auf den Menschen wirken und
2. genetisch veränderte Mikroorganismen.

(2) Wenn ein biologischer Arbeitsstoff in den Organismenlisten nicht enthalten ist, ist er nicht automatisch der Risikogruppe 1 zuzuordnen.

(3) Der Zuordnung der biologischen Arbeitsstoffe zu Risikogruppen wurde deren Wirkung bei gesunden Arbeitnehmer/innen zugrundegelegt. Nicht berücksichtigt wurden hingegen spezifische Wirkungen bei Arbeitnehmer/innen, die besonders empfindlich sind, sowie bei schwangeren oder stillenden Arbeitnehmerinnen.

(4) Im Fall von Gattungen, von denen mehrere Arten als humanpathogen bekannt sind, enthalten die Listen die am häufigsten mit einem Krankheitsgeschehen assoziierten Arten und einen allgemeinen Hinweis darauf, dass andere Arten derselben Gattung möglicherweise den Gesundheitszustand beeinträchtigen.

(5) Wird bei der Zuordnung biologischer Arbeitsstoffe eine gesamte Gattung genannt, so ist davon auszugehen, daß die als nichtpathogen geltenden Arten und Stämme hievon ausgeschlossen sind.

(6) Die Zuordnung von Parasiten gilt nur für diejenigen Stadien des Lebenszyklus des betreffenden Parasiten, die für den Menschen am Arbeitsplatz möglicherweise infektionsfähig sind.

(7) Die in den Listen verwendeten Bezeichnungen der biologischen Arbeitsstoffe entsprechen dem Stand 2019 der internationalen Vereinbarungen über die Taxonomie und Nomenklatur von biologischen Arbeitsstoffen. Die Möglichkeit allfälliger späterer Änderungen in der Taxonomie und Nomenklatur ist zu beachten.

(8) In den Organismenlisten sind biologische Arbeitsstoffe mit folgenden Hinweisen versehen:
1. mit „A": wenn sie mögliche allergene Wirkung haben,
2. mit „T": wenn sie Toxine produzieren,

3. mit „V": wenn ein wirksamer Impfstoff zur Verfügung steht und in der EU registriert ist,
4. mit „(**)" wenn bei einem biologischen Arbeitsstoff der Risikogruppe 3 eine Infizierung über den Luftweg normalerweise nicht erfolgen kann und daher das diesbezügliche Infektionsrisiko für Arbeitnehmer/innen begrenzt ist,
5. mit „spp.": wenn andere Arten als humanpathogen bekannt sind,
6. mit „D": wenn gemäß § 12a Abs. 1 für Arbeitnehmerinnen und Arbeitnehmer ein Verzeichnis gemäß § 47 ASchG zu führen ist,
7. mit „D*": wenn gemäß § 12a Abs. 2 für Arbeitnehmerinnen und Arbeitnehmer ein Verzeichnis gemäß § 47 ASchG zu führen ist.

Schlußbestimmungen

§ 14. (1) Gemäß § 95 Abs. 1 ASchG wird festgestellt, daß die Behörde von den Bestimmungen dieser Verordnung, mit Ausnahme jener des § 9 Abs. 1, keine Ausnahme zulassen darf.

(2) Gemäß § 110 Abs. 2 ASchG wird festgestellt, daß gleichzeitig mit Inkrafttreten dieser Verordnung § 42 Abs. 6 ASchG in Kraft tritt.

(3) Gemäß § 125 Abs. 8 ASchG wird festgestellt, daß mit Inkrafttreten dieser Verordnung die nachstehenden Bestimmungen der Allgemeinen Arbeitnehmerschutzverordnung, die gemäß den im folgenden genannten Bestimmungen des ASchG als Bundesgesetz gelten, außer Kraft treten:
1. § 53 AAV (§ 110 Abs. 8 ASchG),
2. jeweils nur hinsichtlich infektiöser Arbeitsstoffe: § 49 Abs. 7, zweiter Halbsatz AAV (§ 114 Abs. 4 Z 2 ASchG), § 65 Abs. 9 AAV (§ 110 Abs. 8 ASchG), § 71 Abs. 1 AAV (§ 114 Abs. 4 Z 7 ASchG) und § 81 Abs. 8 AAV (§ 107 Abs. 4 ASchG).

(4) Liegt zum Zeitpunkt des Inkrafttretens dieser Verordnung bereits eine beabsichtigte Verwendung biologischer Arbeitsstoffe der Risikogruppe 2 oder 3 vor, müssen die folgenden Schutzmaßnahmen erst spätestens am 1. August 1999 getroffen sein:

1. Anhang 1.RG2: die Schutzmaßnahmen RG2.3, RG2.5, RG2.6 und RG2.8 bis RG2.10;
2. Anhang 1.RG3: die Schutzmaßnahmen RG3.2 und RG3.5 bis RG3.7.

(5) Spätestens zu den in § 110 Abs. 1a ASchG genannten Zeitpunkten müssen erfüllt sein:
1. bei beabsichtigter Verwendung: die in § 3, § 5 Abs. 4, § 7 Abs. 3, § 9 Abs. 4 und 5, § 11 Abs. 1 Z 4 und 5 und § 12 Abs. 2 Z 1 dieser Verordnung vorgesehenen Verpflichtungen;
2. bei unbeabsichtigter Verwendung: die in § 4, § 5 Abs. 4, § 7 Abs. 3, § 10 und § 12 Abs. 2 Z 1 dieser Verordnung vorgesehenen Verpflichtungen.

(6) Diese Verordnung tritt am 1. November 1998 in Kraft.

(7) § 1 Abs. 1 und Abs. 2, § 2 Abs. 1 und Abs. 3 sowie § 3 Z 5 in der Fassung BGBl. II Nr. 186/2015 treten mit dem ihrer Kundmachung folgenden Tag in Kraft.

(8) In Anhang 1 treten RG2.11 bis RG2.14, RG3.1, RG3.11 bis RG3.12 und RG4.12 bis RG4.13 in der Fassung der Verordnung BGBl. II Nr. 156/2021 mit dem der Kundmachung folgenden Tag in Kraft. Soweit nicht der biologische Arbeitsstoff SARS-CoV-2 verwendet wird, sind sie jedoch erst ab dem 20. November 2021 anzuwenden. § 13 Abs. 4, 7 und 8 Z 3 und 5 sowie Anhang 2 in der Fassung der Verordnung BGBl. II Nr. 156/2021 treten am 20. November 2021 in Kraft.

(9) § 4 Abs. 3, § 12a samt Überschrift, § 13 Abs. 8, in Anhang 1 RG3.2, RG3.13, RG4.2, RG4.3 und RG4.14 sowie in Anhang 2 die Einträge zu „Escherichia coli, verotoxinbildende Stämme (zB O157:H7 oder O103)", „Humanes Gammaherpesvirus 8", „Papillomaviridae", „Humanes Polyomavirus 1 (BK-Virus)", „Humanes Polyomavirus 2 (JC-Virus)" und „Hepatitis-Deltavirus (g)" in der Fassung der Verordnung BGB. II Nr. 294/2024 treten mit dem der Kundmachung folgenden Monatsersten in Kraft.

Anhang 1

ZUSÄTZLICHE SCHUTZMASSNAHMEN

RG2: **Zusätzliche Schutzmaßnahmen für Risikogruppe 2**

RG2.1 In der Arbeitsstätte muß ein Autoklav oder eine gleichwertige Dekontaminationseinrichtung (zB Durchreichautoklav) vorhanden sein.

RG2.2 Arbeiten mit biologischen Arbeitsstoffen müssen an gesonderten Arbeitsplätzen durchgeführt werden.

RG2.3 Arbeiten mit biologischen Arbeitsstoffen dürfen nur in einer Sicherheitswerkbank oder in geschlossenen Apparaturen durchgeführt werden.

RG2.4 An den Arbeitsplätzen dürfen biologische Arbeitsstoffe nur in der für den Fortgang der Arbeiten erforderlichen Menge vorhanden sein.

RG2.5 Durch geeignete Maßnahmen muß ein unkontrollierter Austritt von biologischen Arbeitsstoffen im Fall von Betriebsstörungen oder Zwischenfällen verhindert werden. Bei industriellen Verfahren (inklusive Technikumsmaßstab) müssen Auffangvorrichtungen vorhanden sein, deren Volumen sich nach dem größten Einzelvolumen orientiert.

RG2.6 Geräte und Arbeitsverfahren müssen so beschaffen sein, daß biologische Arbeitsstoffe auch bei Ausfall der Netzenergie nicht austreten können.

RG2.7 Sofern dies notwendig und technisch möglich ist, müssen zur Überprüfung einer möglichen unkontrollierten Verbreitung von biologischen Arbeitsstoffen stichprobenweise Tests auf das Vorhandensein verwendeter biologischer Arbeitsstoffe am Arbeitsplatz und in dessen Umgebung durchgeführt werden.

RG2.8 Wenn Prozeßabluft (zB aus Werkbänken, geschlossenen Apparaturen, Fermentern, Autoklaven) in Räume rückgeführt wird, muß sie über geeignete Filter gereinigt werden.

RG2.9 Bei industriellen Verfahren (inklusive Technikumsmaßstab) müssen Vorgänge wie Beimpfen, Probenehmen, Abernten aus einem Fermenter oder ähnliches, in oder mit Hilfe Hilfe von geschlossenen Apparaturen erfolgen, sofern nicht eine Inaktivierung der biologischen Arbeitsstoffe erfolgt.

RG2.10 Bei industriellen Verfahren (inklusive Technikumsmaßstab) muß die Reinigung von Arbeitsgeräten und Anlagenteilen in geschlossenen Apparaturen erfolgen. Ist dies nicht möglich, müssen die mit biologischen Arbeitsstoffen verunreinigten Teile vor dem Öffnen dekontaminiert werden.

RG2.11 Sofern die Ermittlung und Beurteilung der Gefahren nichts anderes ergibt, muss eine wirksame Kontrolle von Überträgern wie Nagetieren oder Insekten gewährleistet werden.

RG2.12 Die Oberflächen von Werkbänken und Böden müssen wasserundurchlässig und leicht zu reinigen sein.

RG2.13 Sofern die Ermittlung und Beurteilung der Gefahren nichts anderes ergibt, muss für die sichere Entsorgung von Tierkörpern im Rahmen eines validierten Inaktivierungsprozesses gesorgt werden.

RG2.14 Sofern die Ermittlung und Beurteilung der Gefahren nichts anderes ergibt, muss der Arbeitsraum mit einem Beobachtungsfenster oder einer vergleichbaren Vorrichtung versehen sein, die die Beobachtung der im Arbeitsraum anwesenden Personen oder Tiere ermöglicht.

VbA

⬤

RG3: Zusätzliche Schutzmaßnahmen für Risikogruppe 3

RG3.1   Aus dem Anhang 1.RG2 gelten die Punkte RG2.3 bis RG2.10 und RG2.14 auch für Risikogruppe 3.

RG3.2   Arbeitsbereiche, in denen biologische Arbeitsstoffe der Risikogruppe 3 verwendet werden,

dürfen nur über eine mit zwei selbstschließenden Türen ausgestattete Schleuse zu betreten und zu verlassen sein. Die Türen der Schleuse müssen gegeneinander verriegelt sein und dürfen nur im Notfall entriegelt werden. In der Schleuse muß vorhanden sein

   a)   Waschbecken mit Armhebel-, Fuß- oder Sensorbetätigung,

   b)   getrennte Aufbewahrungsmöglichkeiten für Schutzausrüstung einerseits und für Arbeits-
und Privatkleidung andererseits,

   c)   Dusche; es ist dafür zu sorgen, dass Arbeitnehmerinnen und Arbeitnehmer vor dem Verlassen des Arbeitsbereichs duschen. Die Verpflichtung zur Bereitstellung einer Duschmöglichkeit in der Schleuse und zum Duschen entfällt, wenn die Ermittlung und Beurteilung der Gefahren ergibt, dass dies zum Schutz von Sicherheit und Gesundheit der Arbeitnehmerinnen und Arbeitnehmer nicht erforderlich ist.

RG3.3   Arbeitgeber/innen haben dafür zu sorgen, daß

   a)   in der Schleuse geeignete Schutzkleidung angezogen wird,

   b)   im Arbeitsbereich geeignete Schutzkleidung getragen wird,

   c)   beim Arbeiten geeignete Schutzhandschuhe getragen werden,

   d)   die verwendete Schutzkleidung vor oder gleichzeitig mit der Reinigung dekontaminiert wird.

RG3.4   Im Arbeitsbereich muß ein Autoklav oder eine gleichwertige Dekontaminationseinrichtung
(zB Durchreichautoklav) vorhanden sein.

RG3.5   Biologische Arbeitsstoffe der Risikogruppe 3 dürfen nur in Arbeitsräumen verwendet werden,

die folgende Anforderungen erfüllen:

   a)   Es muß ein geeignetes Kommunikationssystem für Notfälle vorhanden sein.

   b)   Im Raum oder in unmittelbarer Nähe des Raumes muß ein Waschbecken mit Armhebel-,
Fuß- oder Sensorbetätigung vorhanden sein.

   c)   Der Raum muß so abgedichtet werden können, daß eine Raumdesinfektion möglich ist.

   d)   Im Raum dürfen, wenn möglich, keine anderen Arbeiten durchgeführt werden.

RG3.6   Das Lüftungssystem des Arbeitsraumes muß an eine Notstromversorgung angeschlossen sein.
Die Abluftleitungen müssen durch geeignete Filter (zB HEPA-Filter) gesichert sein. Filterwechsel müssen so erfolgen, daß eine Exposition von Arbeitnehmer/innen vermieden
wird. Ist das nicht möglich, ist geeignete Schutzausrüstung zu tragen.

RG3.7   Bei Verwendung von biologischen Arbeitsstoffen der Risikogruppe 3, für die eine Übertragung durch die Luft (Partikel, Aerosole) nicht ausgeschlossen werden kann, ist der
Arbeitsraum ständig unter Unterdruck zu halten, sodaß eine gerichtete Luftströmung von
außen nach innen gewährleistet ist. Zur Messung des Unterdrucks muß ein von innen und
außen ablesbares Meßgerät vorhanden sein. Bei Druckanstieg muß ein optischer und akustischer Alarm erfolgen.

RG3.8   Das Ausschleusen von Proben mit lebenden biologischen Arbeitsstoffen der Risikogruppe 3
         darf nur in bruchsicheren, dicht verschlossenen, entsprechend gekennzeichneten und außen
         dekontaminierten Behältern erfolgen.

RG3.9   Gegenstände oder Materialien, die kontaminiert sein könnten, müssen im Arbeitsbereich dekontaminiert werden. Ist das nicht möglich, dürfen sie nur in bruchsicheren, dicht verschlossenen, entsprechend gekennzeichneten und außen dekontaminierten Behältern aus
         dem Arbeitsraum gebracht werden. Dies gilt auch für Abfälle (einschließlich Tierkörpern).

RG3.10   Eine wirksame Kontrolle von Überträgern wie Nagetiere oder Insekten muß gewährleistet werden.

RG3.11   Die Oberflächen von Werkbänken und Böden müssen wasserundurchlässig und leicht zu reinigen sein. Bei der Ermittlung und Beurteilung der Gefahren ist zu berücksichtigen, ob das auch für andere Flächen erforderlich ist.

RG3.12   Sofern die Ermittlung und Beurteilung der Gefahren nichts anderes ergibt, muss jedes Labor über eine eigene Ausrüstung verfügen.

RG3.13   Bei industriellen Verfahren (inklusive Technikumsmaßstab) sind Abwässer aus Waschbecken und Duschen zu sammeln und vor der Ableitung zu inaktivieren, sofern die Ermittlung und Beurteilung der Gefahren nicht ergibt, dass dies zum Schutz von Sicherheit und Gesundheit der Arbeitnehmerinnen und Arbeitnehmer nicht erforderlich ist.

RG4: Zusätzliche Schutzmaßnahmen für Risikogruppe 4

RG4.1   Aus dem Anhang 1.RG2 gelten die Punkte RG2.4 bis RG2.7, RG2.9 und RG2.10 auch für
         Risikogruppe 4.

RG4.2   Aus dem Anhang 1.RG.3 gelten die Punkte RG3.3, RG3.6 und RG3.10 auch für Risikogruppe 4; RG3.6 mit der Maßgabe, dass auch Zuluftleitungen durch geeignete Filter (zB HEPA-Filter) gesichert sein müssen.

RG4.3   Biologische Arbeitsstoffe der Risikogruppe 4 dürfen nur in Arbeitsräumen verwendet werden,
         die nur über eine dreikammerige Schleuse betreten und verlassen werden können. Die Türen
         der Schleuse müssen jeweils gegeneinander verriegelt sein und dürfen nur im Notfall entriegelt werden. Es ist dafür zu sorgen, daß in der Schleuse alle Kleidungsstücke und Schmuck abgelegt werden. In der Schleuse muß vorhanden sein:
         a) in der ersten Kammer: getrennte Aufbewahrungsmöglichkeiten für Schutzausrüstung einerseits und für Arbeits- und Privatkleidung andererseits;
         b) in der zweiten Kammer: Waschraum: Dusche, Waschbecken mit Armhebel-, Fuß- oder
             Sensorbetätigung; es ist dafür zu sorgen, dass Arbeitnehmerinnen und Arbeitnehmer vor dem Verlassen des kontrollierten Bereichs duschen;
         c) in der dritten Kammer: sterilisierbare Behälter für benutzte Schutzausrüstung.

RG4.4   Biologische Arbeitsstoffe der Risikogruppe 4 dürfen nur in Arbeitsräumen verwendet werden,
         die weiters folgende Anforderungen erfüllen:
         a) Es muß eine Materialschleuse mit einer Dekontaminationseinrichtung (zB Durchreichautoklav) vorhanden sein.
         b) Es muß eine kontinuierliche Sichtverbindung oder Kameraüberwachung und ein geeignetes Kommunikationssystem für Notfälle vorhanden sein.

c) Es muß ein Waschbecken mit Armhebel-, Fuß- oder Sensorbetätigung, vorhanden sein.

d) Ver- und Entsorgungsleitungen müssen gegen Rückfluß gesichert sein.

e) Gasleitungen müssen durch geeignete Filter (zB HEPA-Filter) gesichert sein.

f) Der Raum ist ständig unter Unterdruck zu halten, sodaß eine gerichtete Luftströmung von außen nach innen gewährleistet ist. Zur Messung des Unterdrucks muß ein von innen
und außen ablesbares Meßgerät vorhanden sein. Bei Druckanstieg muß ein optischer und
akustischer Alarm erfolgen.

g) Der Raum muß so abgedichtet werden können, daß eine Raumdesinfektion möglich ist.

h) Im Raum dürfen keine anderen Arbeiten durchgeführt werden.

RG4.5 Bei Verwendung biologischer Arbeitsstoffe der Risikogruppe 4 ist die Rückführung von Abluft, auch wenn diese gereinigt ist, in Räume verboten.

RG4.6 Die Arbeiten dürfen nur in einer Sicherheitswerkbank der Klasse 3 oder in geschlossenen Apparaturen durchgeführt werden. Sicherheitswerkbänke müssen zum Zweck der Desinfektion eine von außen zu bedienende Begasungsanlage haben.

RG4.7 Arbeiten, die aus technischen Gründen nicht in einer Sicherheitswerkbank durchgeführt werden können, wie insbesondere Reinigung, Wartung, Instandhaltung und Aufräumarbeiten
nach Austritt von biologischen Arbeitsstoffen, dürfen nur durchgeführt werden, wenn

a) der Raum zuvor zwecks Desinfektion begast wurde oder

b) die Arbeitnehmer/innen fremdbelüftete Vollschutzanzüge tragen.

RG4.8 Arbeitnehmer/innen dürfen nicht verpflichtet werden, allein im Arbeitsraum tätig zu sein.

RG4.9 Das Ausschleusen von Proben mit lebenden biologischen Arbeitsstoffen der Risikogruppe 4
darf nur in bruchsicheren, dicht verschlossenen, entsprechend gekennzeichneten und außen
dekontaminierten Behältern erfolgen. Jeder Weitertransport hat in einem zusätzlichen, dicht
verschlossenen, entsprechend gekennzeichneten Behälter zu erfolgen.

RG4.10 Das Ausschleusen von Gegenständen oder Materialien darf nur durch eine Materialschleuse
mit Dekontaminationseinrichtung erfolgen.

RG4.11 Abfälle (einschließlich Tierkörper) müssen innerhalb des Arbeitsraumes dekontaminiert werden. Erforderlichenfalls muß in der Arbeitsstätte ein Verbrennungsofen für Tierkörper vorhanden sein.

RG4.12 Die Oberflächen von Werkbänken, Wänden, Böden und Decken müssen wasserundurchlässig und leicht zu reinigen sein.

RG4.13 Jedes Labor muss über eine eigene Ausrüstung verfügen.

RG4.14 Bei industriellen Verfahren (inklusive Technikumsmaßstab) sind Abwässer aus Waschbecken und Duschen zu sammeln und vor der Ableitung zu inaktivieren.

Anhang 2
ORGANISMENLISTEN

A: Bakterien

Bakterien und ähnliche Organismen	Risikogruppe	Hinweis
Actinomadura madurae	2	
Actinomadura pelletieri	2	
Actinomyces gerencseriae	2	
Actinomyces israelii	2	
Actinomyces spp.	2	
Aggregatibacter actinomycetemcomitans (Actinobacillus actinomycetemcomitans)	2	
Anaplasma spp.	2	
Arcanobacterium haemolyticum (Corynebacterium haemolyticum)	2	
Arcobacter butzleri	2	
Bacillus anthracis	3	T
Bacteroides fragilis	2	
Bacteroides spp.	2	
Bartonella bacilliformis	2	
Bartonella quintana (Rochalimaea quintana)	2	
Bartonella (Rochalimea) spp.	2	
Bordetella bronchiseptica	2	
Bordetella parapertussis	2	
Bordetella pertussis	2	T, V
Bordetella spp.	2	
Borrelia burgdorferi	2	
Borrelia duttonii	2	
Borrelia recurrentis	2	
Borrelia spp.	2	
Brachyspira spp.	2	
Brucella abortus	3	
Brucella canis	3	
Brucella inopinata	3	
Brucella melitensis	3	
Brucella suis	3	
Burkholderia cepacia	2	
Burkholderia mallei (Pseudomonas mallei)	3	
Burkholderia pseudomallei (Pseudomonas pseudomallei)	3	
Campylobacter fetus subsp. fetus	2	
Campylobacter fetus subsp. venerealis	2	
Campylobacter jejuni subsp. doylei	2	
Campylobacter jejuni subsp. jejuni	2	
Campylobacter spp.	2	
Cardiobacterium hominis	2	
Cardiobacterium valvarum	2	
Chlamydia abortus (Chlamydophila abortus)	2	
Chlamydia caviae (Chlamydophila caviae)	2	
Chlamydia felis (Chlamydophila felis)	2	
Chlamydia pneumoniae (Chlamydophila pneumoniae)	2	
Chlamydia psittaci (Chlamydophila psittaci) (aviäre Stämme)	3	
Chlamydia psittaci (Chlamydophila psittaci) (sonstige Stämme)	2	
Chlamydia trachomatis (Chlamydophila trachomatis)	2	

VbA

Clostridium botulinum	2	T
Clostridium difficile	2	T
Clostridium perfringens	2	T
Clostridium tetani	2	T, V
Clostridium spp.	2	
Corynebacterium diphtheriae	2	T, V
Corynebacterium minutissimum	2	
Corynebacterium pseudotuberculosis	2	T
Corynebacterium ulcerans	2	T
Corynebacterium spp.	2	
Coxiella burnetii	3	
Edwardsiella tarda	2	
Ehrlichia spp.	2	
Eikenella corrodens	2	
Elizabethkingia meningoseptica (Flavobacterium meningosepticum)	2	
Enterobacter aerogenes (Klebsiella mobilis)	2	
Enterobacter cloacae subsp. cloacae (Enterobacter cloacae)	2	
Enterobacter spp.	2	
Enterococcus spp.	2	
Erysipelothrix rhusiopathiae	2	
Escherichia coli (außer nichtpathogene Stämme)	2	
Escherichia coli, verotoxinbildende Stämme (zB O157:H7 oder O103)	3 (**)	T
Fluoribacter bozemanae (Legionella)	2	
Francisella hispaniensis	2	
Francisella tularensis subsp. holarctica	2	
Francisella tularensis subsp. mediasiatica	2	
Francisella tularensis subsp. novicida	2	
Francisella tularensis subsp. tularensis	3	
Fusobacterium necrophorum subsp. funduliforme	2	
Fusobacterium necrophorum subsp. necrophorum	2	
Gardnerella vaginalis	2	
Haemophilus ducreyi	2	
Haemophilus influenzae	2	V
Haemophilus spp.	2	
Helicobacter pylori	2	
Helicobacter spp.	2	
Klebsiella oxytoca	2	
Klebsiella pneumoniae subsp. ozaenae	2	
Klebsiella pneumoniae subsp. pneumoniae	2	
Klebsiella pneumoniae subsp. rhinoscleromatis	2	
Klebsiella spp.	2	
Legionella pneumophila subsp. fraseri	2	
Legionella pneumophila subsp. pascullei	2	
Legionella pneumophila subsp. pneumophila	2	
Legionella spp.	2	
Leptospira interrogans (alle Serotypen)	2	
Leptospira interrogans spp.	2	
Listeria monocytogenes	2	
Listeria ivanovii subsp. ivanovii	2	

Listeria ivanovii subsp. londoniensis	2	
Morganella morganii subsp. morganii (Proteus morganii)	2	
Morganella morganii subsp. sibonii	2	
Mycobacterium abscessus subsp. abscessus	2	
Mycobacterium africanum	3	V
Mycobacterium avium subsp. avium (Mycobacterium avium)	2	
Mycobacterium avium subsp. paratuberculosis (Mycobacterium paratuberculosis)	2	
Mycobacterium avium subsp. silvaticum	2	
Mycobacterium bovis	3	V
Mycobacterium caprae (Mycobacterium tuberculosis subsp. caprae)	3	
Mycobacterium chelonae	2	
Mycobacterium chimaera	2	
Mycobacterium fortuitum	2	
Mycobacterium intracellulare	2	
Mycobacterium kansasii	2	
Mycobacterium leprae	3	
Mycobacterium malmoense	2	
Mycobacterium marinum	2	
Mycobacterium microti	3 (**)	
Mycobacterium pinnipedii	3	
Mycobacterium scrofulaceum	2	
Mycobacterium simiae	2	
Mycobacterium szulgai	2	
Mycobacterium tuberculosis	3	V
Mycobacterium ulcerans	3 (**)	
Mycobacterium xenopi	2	
Mycoplasma hominis	2	
Mycoplasma pneumoniae	2	
Mycoplasma spp.	2	
Neisseria gonorrhoeae	2	
Neisseria meningitidis	2	V
Neorickettsia sennetsu (Rickettsia sennetsu, Ehrlichia sennetsu)	2	
Nocardia asteroides	2	
Nocardia brasiliensis	2	
Nocardia farcinica	2	
Nocardia nova	2	
Nocardia otitidiscaviarum	2	
Nocardia spp.	2	
Orientia tsutsugamushi (Rickettsia tsutsugamushi)	3	
Pasteurella multocida subsp.gallicida (Pasteurella gallicida)	2	
Pasteurella multocida subsp.multocida	2	
Pasteurella multocida subsp.septica	2	
Pasteurella spp.	2	
Peptostreptococcus anaerobius	2	
Plesiomonas shigelloides	2	
Porphyromonas spp.	2	
Prevotella spp.	2	
Proteus mirabilis	2	
Proteus penneri	2	

VbA

Proteus vulgaris	2	
Providencia alcalifaciens (Proteus inconstans)	2	
Providencia rettgeri (Proteus rettgeri)	2	
Providencia spp.	2	
Pseudomonas aeruginosa	2	T
Rhodococcus hoagii (Corynebacterium equi)	2	
Rickettsia africae	3	
Rickettsia akari	3 (**)	
Rickettsia australis	3	
Rickettsia canadensis	2	
Rickettsia conorii	3	
Rickettsia heilongjiangensis	3 (**)	
Rickettsia japonica	3	
Rickettsia montanensis	2	
Rickettsia typhi	3	
Rickettsia prowazekii	3	
Rickettsia rickettsii	3	
Rickettsia sibirica	3	
Rickettsia spp.	2	
Salmonella enterica (choleraesuis) subsp. arizonae	2	
Salmonella Enteritidis	2	
Salmonella Paratyphi A, B, C	2	V
Salmonella Typhi	3 (**)	V
Salmonella Typhimurium	2	
Salmonella (sonstige Serotypen)	2	
Shigella boydii	2	
Shigella dysenteriae (Serotyp 1)	3 (**)	T
Shigella dysenteriae, außer Serotyp 1	2	
Shigella flexneri	2	
Shigella sonnei	2	
Staphylococcus aureus	2	T
Streptobacillus moniliformis	2	
Streptococcus agalactiae	2	
Streptococcus dysgalactiae subsp. equisimilis	2	
Streptococcus pneumoniae	2	T, V
Streptococcus pyogenes	2	T
Streptococcus suis	2	
Streptococcus spp.	2	
Treponema carateum	2	
Treponema pallidum	2	
Treponema pertenue	2	
Treponema spp.	2	
Trueperella pyogenes	2	
Ureaplasma parvum	2	
Ureaplasma urealyticum	2	
Vibrio cholerae (einschließlich El Tor)	2	T, V
Vibrio parahaemolyticus (Benecka parahaemolytica)	2	
Vibrio spp.	2	
Yersinia enterocolitica subsp. enterolitica	2	
Yersinia enterocolitica subsp. palearctica	2	
Yersinia pestis	3	

Yersinia pseudotuberculosis	2	
Yersinia spp.	2	

B: Viren

Viren	Risikogruppe	Hinweis
(Ordnungen)		
(Familien)		
(Gattungen)		
Bunyavirales		
Hantaviridae		
Orthohantavirus		
Andes-Orthohantavirus (Hantavirusarten, die das Hantavirus-induzierte Pulmonale Syndrom [HPS] hervorrufen)	3	
Bayou-Orthohantavirus	3	
Black-Creek-Canal-Orthohantavirus	3	
Cano-Delgadito-Orthohantavirus	3	
Choclo-Orthohantavirus	3	
Dobrava-Belgrade-Orthohantavirus (Hantavirusarten, die Hämorrhagisches Fieber mit renalem Syndrom [HFRS] hervorrufen)	3	
El-Moro-Canyon-Orthohantavirus	3	
Hantaan-Orthohantavirus (Hantavirusarten, die Hämorrhagisches Fieber mit renalem Syndrom [HFRS] hervorrufen)	3	
Laguna-Negra-Orthohantavirus	3	
Prospect-Hill-Orthohantavirus	2	
Puumala-Orthohantavirus (Hantavirusarten, die Nephropathia Epidemica [NE] hervorrufen)	2	
Seoul-Orthohantavirus (Hantavirusarten, die Hämorrhagisches Fieber mit renalem Syndrom [HFRS] hervorrufen)	3	
Sin-Nombre-Orthohantavirus (Hantavirusarten, die das Hantavirale Pulmonale Syndrom [HPS] hervorrufen)	3	
Sonstige als pathogen bekannte Hantaviren	2	
Nairoviridae		
Orthonairovirus		
Orthonairovirus des Hämorrhagischen Kongo-Krim-Fiebers	4	
Dugbe-Orthonairovirus	2	
Hazara-Orthonairovirus	2	
Nairobi-Sheep-Disease-Orthonairovirus	2	
Sonstige als pathogen bekannte Nairoviren	2	
Peribunyaviridae		
Orthobunyavirus		
Bunyamwera-Orthobunyavirus (Germiston-Virus)	2	
Orthobunyavirus der Kalifornischen Enzephalitis	2	
Oropouche-Orthobunyavirus	3	
Sonstige als pathogen bekannte Orthobunyaviren	2	
Phenuiviridae		
Phlebovirus		

VbA

		Bhanja-Phlebovirus	2	
		Punta-Toro-Phlebovirus	2	
		Rift-Valley-Fieber-Phlebovirus	3	
		Sandfliegen-Fieber-Naples-Phlebovirus (Toscana-Virus)	2	
		SFTS-Phlebovirus (Severe Fever with Thrombocytopenia Syndrome)	3	
		Sonstige als pathogen bekannte Phleboviren	2	
Herpesvirales				
	Herpesviridae			
		Cytomegalovirus		
		Humanes Betaherpesvirus 5 (Zytomegalievirus)	2	
		Lymphocryptovirus		
		Humanes Gammaherpesvirus 4 (Epstein-Barr-Virus)	2	
		Rhadinovirus		
		Humanes Gammaherpesvirus 8	2	D
		Roseolovirus		
		Humanes Betaherpesvirus 6A (Humanes B-lymphotropes Virus)	2	
		Humanes Betaherpesvirus 6B	2	
		Humanes Betaherpesvirus 7	2	
		Simplexvirus		
		Macacines Alphaherpesvirus 1 (Herpesvirus simiae, Herpes-B-Virus)	3	
		Humanes Alphaherpesvirus 1 (Humanes Herpesvirus 1, Herpes-simplex-Virus Typ 1)	2	
		Humanes Alphaherpesvirus 2 (Humanes Herpesvirus 2, Herpes-simplex-Virus Typ 2)	2	
		Varicellovirus		
		Humanes Alphaherpesvirus 3 (Varicella-Zoster-Virus)	2	V
Mononegavirales				
	Filoviridae			
		Ebolavirus	4	
		Marburgvirus		
		Marburg-Marburgvirus	4	
	Paramyxoviridae			
		Avulavirus		
		Newcastle-Disease-Virus	2	
		Henipavirus		
		Hendra-Henipavirus	4	
		Nipah-Henipavirus	4	
		Morbillivirus		
		Masern-Morbillivirus	2	V
		Respirovirus		
		Humanes Respirovirus 1 (Parainfluenzavirus 1)	2	
		Humanes Respirovirus 3 (Parainfluenzavirus 3)	2	
		Rubulavirus		
		Mumps-Rubulavirus	2	V
		Humanes Rubulavirus 2 (Parainfluenzavirus 2)	2	

		Humanes Rubulavirus 4 (Parainfluenzavirus 4)		2	
	Pneumoviridae				
		Metapneumovirus			
		Orthopneumovirus			
		Humanes Orthopneumovirus (Respiratory-Syncytial-Virus)		2	
	Rhabdoviridae				
		Lyssavirus			
			Australisches Fledermaus-Lyssavirus	3 (**)	V
			Duvenhage-Lyssavirus	3 (**)	V
			Europäisches Fledermaus-Lyssavirus 1	3 (**)	V
			Europäisches Fledermaus-Lyssavirus 2	3 (**)	V
			Lagos-Fledermaus-Lyssavirus	3 (**)	
			Mokola-Lyssavirus	3	
			Rabies-Lyssavirus	3 (**)	V
		Vesiculovirus			
			Virus der vesikulären Stomatitis, Alagoas-Vesiculovirus	2	
			Virus der vesikulären Stomatitis, Indiana-Vesiculovirus	2	
			Virus der vesikulären Stomatitis, New-Jersey-Vesiculovirus	2	
			Piry-Vesiculovirus (Piry-Virus)	2	
Nidovirales					
	Coronaviridae				
		Betacoronavirus			
			Severe-Acute-Respiratory-Syndrome-Related-Virus (SARS-Coronavirus)	3	
			Severe-Acute-Respiratory-Syndrome-Related-Coronavirus-2 (SARS-CoV-2) (a)	3	
			Middle East respiratory syndrome coronavirus (MERS-Coronavirus)	3	
		Sonstige als pathogen bekannte Coronaviridae		2	
Picornavirales					
	Picornaviridae				
		Cardiovirus			
			Saffoldvirus	2	
		Cosavirus			
			Cosavirus A	2	
		Enterovirus			
			Enterovirus A	2	
			Enterovirus B	2	
			Enterovirus C	2	
			Enterovirus D Humanes Enterovirus Typ 70 (Acute-Haemorrhagic-Conjunctivitis-Virus)	2	
			Rhinoviren	2	
			Poliovirus, Typ 1 und 3	2	V
			Poliovirus, Typ 2	3	V
		Hepatovirus			
			Hepatovirus A (Hepatitis-A-Virus, Humanes Enterovirus Typ 72)	2	V

VbA

		Kobuvirus		
		Aichivirus A (Aichivirus 1)	2	
		Parechovirus		
		Parechovirus A (Humanes Parechovirus)	2	
		Parechovirus B (Ljunganvirus)	2	
		Sonstige als pathogen bekannte Picornaviridae	2	
Nicht zugewiesen				
	Adenoviridae		2	
	Astroviridae		2	
	Arenaviridae			
		Mammarenavirus		
		Brazilian-Mammarenavirus	4	
		Chapare-Mammarenavirus	4	
		Flexal-Mammarenavirus	3	
		Guanarito-Mammarenavirus	4	
		Junín-Mammarenavirus	4	
		Lassa-Mammarenavirus	4	
		Lujo-Mammarenavirus	4	
		Mammarenavirus der Lymphozytären Choriomeningitis (neurotrope Stämme)	2	
		Mammarenavirus der Lymphozytären Choriomeningitis (sonstige Stämme)	2	
		Machupo-Mammarenavirus	4	
		Mobala-Mammarenavirus	2	
		Mopeia-Mammarenavirus	2	
		Tacaribe-Mammarenavirus	2	
		Whitewater-Arroyo-Mammarenavirus	3	
	Caliciviridae			
		Norovirus		
		Norovirus (Norwalkvirus)	2	
		Sonstige als pathogen bekannte Caliciviridae	2	
	Hepadnaviridae			
		Orthohepadnavirus		
		Hepatitis-B-Virus	3 (**)	V
	Hepeviridae			
		Orthohepevirus		
		Orthohepevirus A (Hepatitis-E-Virus)	2	
	Flaviviridae			
		Flavivirus		
		Denguevirus	3	
		Virus der Japanischen Enzephalitis	3	V
		Kyasanur-Forest-Disease-Virus	3	V
		Louping-ill-Virus	3 (**)	
		Murray-Valley-Enzephalitisvirus (Virus der Australischen Enzephalitis)	3	
		Virus des Omsker Hämorrhagischen Fiebers	3	
		Powassan-Virus	3	
		Rocio-Virus	3	
		St.-Louis-Enzephalitisvirus	3	
		Zeckenenzephalitisvirus		
		Absettarovvirus	3	

			Fernöstlicher Subtyp des Zeckenenzephalitisvirus	3	
			Hanzalovavirus	3	
			Hyprvirus	3	
			Kumlingevirus	3	
			Negishivirus	3	
			Sibirischer Subtyp des Zeckenenzephalitisvirus	3	V
			Virus der Russischen Frühsommer-Enzephalitis (b)	3	V
			Zentraleuropäischer Subtyp des Zeckenenzephalitisvirus	3 (**)	V
		Wesselsbronvirus		3 (**)	
		West-Nil-Fieber-Virus		3	
		Gelbfiebervirus		3	V
		Zikavirus		2	
		Sonstige als pathogen bekannte Flaviviren		2	
	Hepacivirus				
		Hepacivirus C (Hepatitis-C-Virus)		3 (**)	
Orthomyxoviridae					
	Gammainfluenzavirus				
		Influenza-C-Virus		2	
	Influenzavirus A				
		Hoch pathogene aviäre Influenzaviren HPAIV (H5), z. B. H5N1		3	
		Hoch pathogene aviäre Influenzaviren HPAIV (H7), z. B. H7N7, H7N9		3	
		Influenza-A-Virus		2	V
		Influenza-A-Virus A/New York/1/18 (H1N1) (Spanische Grippe 1918)		3	
		Influenza-A-Virus A/Singapore/1/57 (H2N2)		3	
		Niedrig pathogene aviäre Influenzaviren (LPAIV) H7N9		3	
	Influenzavirus B				
		Influenza-B-Virus		2	V
	Thogotovirus				
		Dhori-Virus (von Zecken übertragene Orthomyxoviridae: Dhori)		2	
		Thogoto-Virus (von Zecken übertragene Orthomyxoviridae: Thogoto)		2	
Papillomaviridae				2	D*
Parvoviridae					
	Erythroparvovirus				
		Erythroparvovirus der Primaten 1 (Humanes Parvovirus, Parvovirus B 19)		2	
Polyomaviridae					
	Betapolyomavirus				
		Humanes Polyomavirus 1 (BK-Virus)		2	D*
		Humanes Polyomavirus 2 (JC-Virus)		2	D*
Poxviridae					
	Molluscipoxvirus				
		Molluscum-contagiosum-Virus		2	

VbA

		Orthopoxvirus		
			Affenpockenvirus	3	V
			Kuhpockenvirus	2	
			Vacciniavirus (inkl. Büffelpockenvirus (c), Elefantenpockenvirus (d), Kaninchenpockenvirus (e))	2	
			Variola-major- und Variola-minor-Virus	4	V
		Parapoxvirus		
			Orf-Virus	2	
			Pseudo-Kuhpockenvirus (Melkerknoten-Virus, Parapoxvirus bovis)	2	
		Yatapoxvirus		
			Tanapockenvirus	2	
			Yaba-Affentumor-Virus	2	
	Reoviridae			
		Seadornavirus		
			Banna-Virus	2	
		Coltivirus	2	
		Rotavirus	2	
		Orbivirus	2	
	Retroviridae			
		Deltaretrovirus		
			T-Lymphotropes Virus der Primaten 1 (Humanes T-Zell-Leukämievirus, Typ 1)	3 (**)	
			T-Lymphotropes Virus der Primaten 2 (Humanes T-Zell-Leukämievirus, Typ 2)	3 (**)	
		Lentivirus		
			Humanes Immundefizienz-Virus 1	3 (**)	
			Humanes Immundefizienz-Virus 2	3 (**)	
			Immundefizienz-Virus des Affen (SIV) (f)	2	
	Togaviridae			
		Alphavirus		
			Cabassouvirus	3	
			Eastern-Equine-Encephalitis-Virus	3	V
			Bebaruvirus	2	
			Chikungunya-Virus	3 (**)	
			Everglades-Virus	3 (**)	
			Mayarovirus	3	
			Mucambovirus	3 (**)	
			Ndumuvirus	3 (**)	
			O'nyong-nyong-Virus	2	
			Ross-River-Virus	2	
			Semliki-Forest-Virus	2	
			Sindbisvirus	2	
			Tonatevirus	3 (**)	
			Venezuelan-Equine-Encephalitis-Virus	3	V
			Western-Equine-Encephalitis-Virus	3	V
			Sonstige als pathogen bekannte Alphaviren	2	
		Rubivirus		
			Rubellavirus	2	V
	Nicht zugewiesen			
		Deltavirus		

			Hepatitis-Deltavirus (g)	2	V, D

(a) Nichtproliferative diagnostische Laborarbeiten an SARS-CoV-2 sind in einer Einrichtung unter Anwendung von Verfahren durchzuführen, bei denen mindestens die Schutzmaßnahmen nach Anhang 1.RG2 getroffen werden. Proliferative Arbeiten an SARS-CoV-2 sind in einem Hochsicherheitslabor, in dem mindestens die Schutzmaßnahmen nach Anhang 1.RG3 getroffen werden, mit Unterdruck zur Atmosphäre durchzuführen.

(b) Zeckenenzephalitis.

(c) Unter dieser Bezeichnung können zwei Viren identifiziert werden: ein Typ des Büffelpockenvirus und eine Variante des Vacciniavirus.

(d) Variante des Kuhpockenvirus.

(e) Variante des Vacciniavirus.

(f) Derzeit gibt es keinen Beweis für eine Erkrankung von Menschen durch die übrigen Retroviren von Affen. Als Vorsichtsmaßnahme werden für Arbeiten, die gegenüber diesen Viren exponieren, die Schutzmaßnahmen für Risikogruppe 3 empfohlen.

(g) Eine Infektion mit dem Hepatitis-Deltavirus wirkt nur bei Simultan- oder Sekundärinfektion der Arbeitnehmerin oder des Arbeitnehmers mit dem Hepatitis-B-Virus pathogen. Die Impfung gegen das Hepatitis-B-Virus schützt daher Arbeitnehmerinnen und Arbeitnehmer, die nicht mit dem Hepatitis-B-Virus infiziert sind, gegen das Hepatitis-Deltavirus.

C: Prionen als Krankheitserreger

Prionen als Krankheitserreger	Risikogruppe	Hinweis
Agens der Creutzfeldt-Jakob-Krankheit	3 (**)	
Variante des Agens der Creutzfeldt-Jakob-Krankheit	3 (**)	
Agens der Bovinen Spongiformen Enzephalopathie (BSE) und andere verwandte tierische TSE	3 (**)	
Agens des Gerstmann-Sträussler-Scheinker-Syndroms	3 (**)	
Agens der Kuru	3 (**)	
Agens der Traberkrankheit (Scrapie)	2	

D: Parasiten

Parasiten	Risikogruppe	Hinweis
Acanthamoeba castellani	2	
Ancylostoma duodenale	2	
Angiostrongylus cantonensis	2	
Angiostrongylus costaricensis	2	
Anisakis simplex	2	A
Ascaris lumbricoides	2	A
Ascaris suum	2	A
Babesia divergens	2	
Babesia microti	2	
Balamuthia mandrillaris	3	
Balantidium coli	2	
Brugia malayi	2	
Brugia pahangi	2	
Brugia timori	2	
Capillaria philippinensis	2	
Capillaria spp.	2	
Clonorchis sinensis (Opisthorchis sinensis)	2	
Clonorchis viverrini (Opisthirchis viverrini)	2	
Cryptosporidium hominis	2	
Cryptosporidium parvum	2	
Cyclospora cayetanensis	2	
Dicrocoelium dentriticum	2	
Dipetalonema streptocerca	2	
Diphyllobothrium latum	2	

Dracunculus medinensis	2	
Echinococcus granulosus	3 (**)	
Echinococcus multilocularis	3 (**)	
Echinococcus oligarthrus	3 (**)	
Echinococcus vogeli	3 (**)	
Entamoeba histolytica	2	
Enterobius vermicularis	2	
Enterocytozoon bieneusi	2	
Fasciola gigantica	2	
Fasciola hepatica	2	
Fasciolopsis buski	2	
Giardia lamblia (Giardia duodenalis, Giardia intestinalis)	2	
Heterophyes spp.	2	
Hymenolepis diminuta	2	
Hymenolepis nana	2	
Leishmania aethiopica	2	
Leishmania braziliensis	3 (**)	
Leishmania donovani	3 (**)	
Leishmania guyanensis (Viannia guyanensis)	3 (**)	
Leishmania infantum (Leishmania chagasi)	3 (**)	
Leishmania major	2	
Leishmania mexicana	2	
Leishmania panamensis (Viannia panamensis)	3 (**)	
Leishmania peruviana	2	
Leishmania tropica	2	
Leishmania spp.	2	
Loa loa	2	
Mansonella ozzardi	2	
Mansonella perstans	2	
Mansonella streptocerca	2	
Metagonimus spp.	2	
Naegleria fowleri	3	
Necator americanus	2	
Onchocerca volvulus	2	
Opisthorchis felineus	2	
Opisthorchis spp.	2	
Paragonimus westermani	2	
Paragonimus spp.	2	
Plasmodium falciparum	3 (**)	
Plasmodium knowlesi	3 (**)	
Plasmodium spp. (des Menschen und von Affen)	2	
Sarcocystis suihominis	2	
Schistosomea haematobium	2	
Schistosomea intercalatum	2	
Schistosoma japonicum	2	
Schistosoma mansoni	2	
Schistosoma mekongi	2	
Strongyloides stercoralis	2	
Strongyloides spp.	2	
Taenia saginata	2	
Taenia solium	3 (**)	

Toxocara canis	2	
Toxocara cati	2	
Toxoplasma gondii	2	
Trichinella nativa	2	
Trichinella nelsoni	2	
Trichinella pseudospiralis	2	
Trichinella spiralis	2	
Trichomonas vaginalis	2	
Trichostrongylus orientalis	2	
Trichostrongylus spp.	2	
Trichuris trichiura	2	
Trypanosoma brucei brucei	2	
Trypanosoma brucei gambiense	2	
Trypanosoma brucei rhodesiense	3 (**)	
Trypanosoma cruzi	3 (**)	
Wuchereria bancrofti	2	

E: Pilze

Pilze	Risikogruppe	Hinweis
Aspergillus flavus	2	A
Aspergillus fumigatus	2	A
Aspergillus spp.	2	
Blastomyces dermatitidis (Ajellomyces dermatitidis)	3	
Blastomyces gilchristii	3	
Candida albicans	2	A
Candida dubliniensis	2	
Candida glabrata	2	
Candida parapsilosis	2	
Candida tropicalis	2	
Cladophialophora bantiana (Xylohypha bantiana, Cladosporium bantianum, Cladosporium trichoides)	3	
Cladophialophora modesta	3	
Cladophialophora spp.	2	
Coccidioides immitis	3	A
Coccidioides posadasii	3	A
Cryptococcus gattii (Filobasidiella neoformans var. bacillispora)	2	A
Cryptococcus neoformans (Filobasidiella neoformans var. neoformans)	2	A
Emmonsia parva var. parva	2	
Emmonsia parva var. crescens	2	
Epidermophyton floccosum	2	A
Epidermophyton spp.	2	
Fonsecaea pedrosoi	2	
Histoplasma capsulatum	3	
Histoplasma capsulatum var. farciminosum	3	
Histoplasma duboisii	3	
Madurella grisea	2	
Madurella mycetomatis	2	
Microsporum spp.	2	A
Nannizzia spp,	2	
Neotestudina rosatii	2	

VbA

Paracoccidioides brasiliensis	3	A
Paracoccidioides lutzii	3	
Paraphyton spp.	2	
Rhinocladiella mackenziei	3	
Scedosporium apiospermum	2	
Scedosporium prolificans (inflatum)	2	
Sporothrix schenckii	2	
Talaromyces marneffei (Penicillium marneffei)	2	A
Trichophyton rubrum	2	A
Trichophyton tonsurans	2	A
Trichophyton spp.	2	

11. Arbeitsstättenverordnung

Verordnung der Bundesministerin für Arbeit, Gesundheit und Soziales, mit der Anforderungen an Arbeitsstätten und an Gebäuden auf Baustellen festgelegt und die Bauarbeiterschutzverordnung geändert wird (Arbeitsstättenverordnung – AStV)

StF: BGBl. II Nr. 368/1998

Letzte Novellierung: BGBl. II Nr. 309/2017

Präambel

Auf Grund der §§ 19 bis 32 Abs. 1 des Bundesgesetzes über Sicherheit und Gesundheitsschutz bei der Arbeit (ArbeitnehmerInnenschutzgesetz – ASchG), BGBl. Nr. 450/1994, zuletzt geändert durch BGBl. I Nr. 47/1997, wird verordnet:

AStV

GLIEDERUNG

Anwendungsbereich

§ 1. (1) Die Bestimmungen dieser Verordnung – mit Ausnahme des 6. Abschnittes – gelten für Arbeitsstätten im Sinne des § 19 ASchG, und zwar sowohl für Arbeitsstätten in Gebäuden als auch, soweit sich die einzelnen Bestimmungen nicht ausdrücklich auf Gebäude oder auf Räume beziehen, für Arbeitsstätten im Freien.

(2) Arbeitsstätten, die nur einen Teilbereich eines Gebäudes umfassen, dürfen nur in Gebäuden eingerichtet werden, in denen auch die außerhalb der jeweiligen Arbeitsstätte gelegenen Gebäudeteile, die von Arbeitnehmer/innen benutzt werden, dem 1. und dem 2. Abschnitt dieser Verordnung entsprechen.

(3) Abs. 2 gilt nicht hinsichtlich jener Gebäudeteile, die auch von Hausbewohner/innen benutzt werden, sofern das Gebäude zur überwiegenden Nutzung zu Wohnzwecken vorgesehen ist. Läßt jedoch die Ausführung der außerhalb der jeweiligen Arbeitsstätte gelegenen Gebäudeteile, die von Arbeitnehmer/innen benutzt werden, eine Gefährdung der Sicherheit oder Gesundheit dieser Arbeitnehmer/innen befürchten, hat die Behörde die erforderlichen Maßnahmen dem/der Arbeitgeber/in dieser Arbeitnehmer/innen gemäß § 94 ASchG vorzuschreiben.

(4) Der 3. Abschnitt dieser Verordnung gilt für Räume, in denen mindestens ein ständiger Arbeitsplatz eingerichtet ist (Arbeitsräume). Ständige Arbeitsplätze sind jene räumlichen Bereiche, in denen sich Arbeitnehmer/innen, der Zweckbestimmung des Raumes entsprechend, bei der von ihnen im regulären Betriebsablauf auszuübenden Tätigkeit aufhalten. Führer- oder Bedienungsstände von Arbeitsmitteln sind keine Arbeitsräume im Sinne dieser Verordnung.

(5) Der 6. Abschnitt dieser Verordnung gilt für Gebäude auf Baustellen, in denen ständige Arbeitsplätze eingerichtet sind.

1. Abschnitt
Allgemeine Bestimmungen für Arbeitsstätten
Verkehrswege

§ 2. (1) Verkehrswege sind so zu gestalten und freizuhalten, daß sie, sofern nicht die Bestimmungen über Fluchtwege anzuwenden sind, folgende nutzbare Mindestbreite aufweisen:

1. Verkehrswege ohne Fahrzeugverkehr: 1,0 m;
2. Durchgänge zwischen Lagerungen, Möbeln, Maschinen oder sonstigen Betriebseinrichtungen, ferner Bedienungsstiegen und -stege: 0,6 m;
3. Verkehrswege mit Fahrzeug- und Fußgängerverkehr: die maximale für den betreffenden Verkehrsweg vorgesehene Fahrzeugbreite bzw. Breite der Ladung plus beidseits je 0,5 m;
4. Fahrtreppen und Fahrsteige: 0,6 m.

(2) Abweichend von Abs. 1 Z 1 sind in Arbeitsstätten in Containern, Wohnwagen oder sonstigen ähnlichen Einrichtungen Verkehrswege mit einer nutzbaren Mindestbreite von 0,8 m zu gestalten.

(3) Die Begrenzungen von Verkehrswegen sind zu kennzeichnen, wenn der Raum, durch den der Verkehrsweg führt,

1. eine Bodenfläche von mehr als 1 000 m^2 aufweist, soweit die Betriebsverhältnisse eine solche Kennzeichnung zulassen, oder
2. so eingerichtet ist oder genutzt wird, daß dies zum Schutz der Arbeitnehmer/innen erforderlich ist.

(4) Verkehrswege sind so zu gestalten, daß sie auf ihrer tatsächlichen nutzbaren Gesamtbreite eine lichte Höhe von mindestens 2,0 m aufweisen.

(5) Rampen mit Fußgängerverkehr sind so zu gestalten, daß sie keine größere Neigung als 1:10 aufweisen.

(6) Der Abstand, in dem Verkehrswege mit Fahrzeugverkehr an Türen, Toren, Durchgängen oder Treppenaustritten vorbeiführen, ist so zu bemessen, daß diese gefahrlos benutzt werden können. Wenn dieser Abstand 1,0 m unterschreitet, sind geeignete Maßnahmen zu treffen, um eine Gefährdung zu vermeiden, wie Hinweise auf den Querverkehr, Abschrankungen oder Lichtsignale.

(7) Es ist dafür zu sorgen, dass Verkehrswege

1. möglichst eben, ausreichend tragfähig und sicher befestigt sind,
2. bei jeder Witterung gefahrlos benützbar sind und
3. so beleuchtbar sind, dass die Beleuchtungsstärke innerhalb von Gebäuden mindestens 30 Lux beträgt und im Freien für eine sichere Benützung des Verkehrswegs ausreichend ist. Die Beleuchtungseinrichtungen müssen so angeordnet und ausgeführt sein, dass keine Blendung erfolgt und eine Verwechslung mit Signalen ausgeschlossen ist.

(8) Auf Verkehrswegen sind Hindernisse, einzelne Stufen oder Vertiefungen zu vermeiden. Ist dies nicht möglich, sind

1. Hindernisse oder einzelne Stufen so zu sichern oder zu kennzeichnen, daß eine Gefährdung vermieden wird,
2. Vertiefungen tragsicher und unverschiebbar abzudecken oder, sofern auch dies nicht möglich ist, so zu sichern oder zu kennzeichnen, daß eine Gefährdung vermieden wird.

(9) Abweichend von Abs. 1 Z 4 sind Fahrtreppen und Fahrsteige mit einer nutzbaren Mindestbreite von 0,4 m zulässig, sofern diese bereits vor dem Inkrafttreten dieser Verordnung errichtet wurden.

(10) § 47 ist anzuwenden auf dem Abs. 1 Z 1 nicht entsprechende Verkehrswege mit Stichtag 31. Dezember 1951.

Ausgänge

§ 3. (1) Ausgänge sind so zu gestalten und freizuhalten, daß sie, sofern nicht die Bestimmungen über Notausgänge anzuwenden sind, folgende nutzbare Mindestbreite aufweisen:

1. Ausgänge ohne Fahrzeugverkehr: 0,8 m;
2. Ausgänge mit Fahrzeug- und Fußgängerverkehr: die maximale für den betreffenden Ausgang vorgesehene Fahrzeugbreite bzw. Breite der Ladung plus beidseits je 0,5 m;

(2) Wenn ein Ausgang überwiegend für den Fahrzeugverkehr bestimmt ist, ist

1. daneben ein eigener, als solcher gekennzeichneter Ausgang für den Fußgängerverkehr einzurichten oder
2. der Ausgang mit einem Geländer in einen für den Fahrzeugverkehr vorgesehenen Abschnitt und in einen mindestens 0,8 m breiten für den Fußgängerverkehr vorgesehenen und als solchen gekennzeichneten Abschnitt zu unterteilen.

(3) Ausgänge sind so zu gestalten, daß sie auf ihrer tatsächlichen nutzbaren Gesamtbreite eine lichte Höhe von mindestens 2,0 m aufweisen.

(4) § 47 ist anzuwenden auf

1. dem Abs. 1 Z 1 nicht entsprechende Ausgänge mit Stichtag 31. Dezember 1951;
2. dem Abs. 2 nicht entsprechende Ausgänge mit Stichtag 31. Dezember 1983.

Stiegen

§ 4. (1) Stiegen gelten als Verkehrswege. Für sie gelten daher die Bestimmungen des § 2 und gegebenenfalls die Bestimmungen über Fluchtwege.

(2) Stiegen sind so zu gestalten, daß

1. die Höhe der Stufen höchstens 18 cm beträgt und innerhalb eines Stiegenlaufs einheitlich ist,
2. die Auftrittsbreite der Stufen in der Gehlinie mindestens 26 cm beträgt,
3. die Auftrittsbreite der Stufen von gewendelten Laufteilen auf der erforderlichen nutzbaren Mindestbreite der Stiege beträgt:
a) mindestens 13 cm und
b) höchstens 40 cm.
4. in folgenden Fällen Podeste vorhanden sind, deren Länge, gemessen in der Gehlinie, betragen muß:
a) nach maximal 20 Stufen: mindestens 1,2 m Länge,
b) vor Türen, die zur Stiege führen: mindestens die Länge der größten Türblattbreite.

(3) Bei Stiegen mit mehr als vier Stufen ist ein fester Handlauf anzubringen. Bei Stiegen mit mehr als vier Stufen und einer Stiegenbreite von mehr als 1,2 m sind an beiden Seiten der Stiege feste Handläufe anzubringen. Die Handläufe sind so zu gestalten, daß sich Arbeitnehmer/innen nicht verletzen und nicht mit der Kleidung hängenbleiben können.

(4) Auf freien Seiten von Stiegen und Stiegenabsätzen sind standsichere, mindestens 1 m hohe Geländer mit einer Mittelstange oder mit einer anderen Sicherung gegen Absturz anzubringen. Dies gilt nicht für Stiegen zu Laderampen.

(5) Abs. 2 und 4 gelten nicht für festverlegte Bedienungsstiegen, die zB zu erhöhten oder vertieften Standplätzen oder zu Betriebseinrichtungen führen. Festverlegte Bedienungsstiegen dürfen nur verwendet werden, wenn sie eine Auftrittsbreite von mindestens 15 cm aufweisen und ihre Neigung höchstens 60 Grad zur Waagrechten beträgt.

(6) Stiegen mit gewendelten Laufteilen dürfen nicht als Verkehrswege vorgesehen werden, auf denen auf Grund der betriebsüblichen Arbeitsvorgänge häufig schwere oder sperrige Lasten beidhändig zu transportieren sind.

(7) § 47 ist anzuwenden auf

1. dem Abs. 2 Z 1 oder Z 2 nicht entsprechende Stiegen, sofern sie gefahrlos begehbar sind, mit Stichtag 31. Dezember 1983;
2. dem Abs. 2 Z 1 nicht entsprechende Stiegen, sofern die Stufenhöhe höchstens 20 cm beträgt, mit Stichtag 31. Dezember 1998;
3. dem Abs. 2 Z 3 lit. a nicht entsprechende Stiegen, sofern sie gefahrlos begehbar sind, mit Stichtag 31. Dezember 1983;
4. dem Abs. 2 Z 3 lit. b nicht entsprechende Stiegen mit Stichtag 31. Dezember 1998;
5. dem Abs. 2 Z 4 lit. a nicht entsprechende Stiegen mit Stichtag 31. Dezember 1951;
6. dem Abs. 2 Z 4 lit. b nicht entsprechende Stiegen mit Stichtag 31. Dezember 1983.

Beleuchtung und Belüftung von Räumen

§ 5. (1) Alle Räume in Arbeitsstätten sind entsprechend ihrer Nutzungsart ausreichend beleuchtbar einzurichten.

(2) Die Beleuchtung von Räumen ist so zu gestalten, daß

1. sie von den Ein- und Ausgängen aus geschaltet werden kann,
2. Lichtschalter leicht zugänglich und erforderlichenfalls bei Dunkelheit erkennbar sind und
3. Leuchten so beschaffen und so angebracht sind, daß eine Gefährdung der Arbeitnehmer/innen vermieden wird.

AStV

(3) Alle Räume in Arbeitsstätten sind entsprechend ihrer Nutzungsart, natürlich oder mechanisch, erforderlichenfalls direkt ins Freie, ausreichend lüftbar einzurichten. Räume, durch die Verkehrswege hindurchführen, insbesondere Gänge, sind jedenfalls natürlich oder mechanisch direkt ins Freie ausreichend lüftbar einzurichten.

Fußböden, Wände und Decken

§ 6. (1) Fußbodenoberflächen sind so zu gestalten, daß sie

1. keine Stolperstellen aufweisen,
2. befestigt, trittsicher und rutschhemmend sind,
3. von allen zu erwartenden Verunreinigungen leicht zu reinigen und erforderlichenfalls desinfizierbar sind und
4. gegen die auf Grund der Nutzungsart des jeweiligen Bereichs zu erwartenden chemischen oder physikalischen Einwirkungen soweit widerstandsfähig sind, daß eine Belästigung oder Gefährdung von Arbeitnehmer/innen vermieden wird.

(2) Fußböden sind so zu gestalten, daß

1. sie ein Gefälle zu einem Abfluß mit Geruchsverschluß aufweisen, sofern zur Reinigung oder auf Grund der Nutzungsart des jeweiligen Bereiches größere Flüssigkeitsmengen verwendet werden, und
2. Kanaleinläufe oder sonstige Öffnungen von Ableitungen so ausgeführt sind, daß verwendete Stoffe nicht unbemerkt hineingelangen oder unbemerkt austreten können, sofern dadurch Arbeitnehmer/innen gefährdet werden könnten.

(3) Wand- und Deckenoberflächen sind so zu gestalten, daß sie

1. von allen zu erwartenden Verunreinigungen leicht zu reinigen und erforderlichenfalls desinfizierbar sind,
2. keine besonderen Ablagerungsflächen für Staub oder Schmutz aufweisen, soweit die Nutzungsart des Raumes dem nicht entgegensteht,
3. gegen die auf Grund der Nutzungsart des Raumes zu erwartenden chemischen oder physikalischen Einwirkungen soweit widerstandsfähig sind, daß eine Belästigung oder Gefährdung von Arbeitnehmer/innen vermieden wird, und
4. im Brandfall nicht tropfen und keine toxischen Gase in einem die Arbeitnehmer/innen gefährdenden Ausmaß freisetzen.

(4) Es ist dafür zu sorgen, daß durchsichtige Wände

1. als solche deutlich gekennzeichnet sind und
2. im Bereich von Arbeitsplätzen oder Verkehrswegen

a) aus Sicherheitsmaterial bestehen oder
b) so gegen die Arbeitsplätze und Verkehrswege abgeschirmt sind, daß die Arbeitnehmer/innen nicht mit den Wänden in Berührung kommen und beim Zersplittern der Wände nicht verletzt werden können.

(5) § 47 ist anzuwenden auf dem Abs. 3 Z 4 nicht entsprechende Wand- oder Deckenoberflächen mit Stichtag 31. Dezember 1998.

Türen und Tore

§ 7. (1) Es ist dafür zu sorgen, daß

1. Türen und Tore für den vorgesehenen Einsatz ausreichend stabil und widerstandsfähig sind,
2. vorstehende oder bewegliche Teile von Türen und Toren (wie insbesondere deren Öffnungsmechanismen) so gestaltet sind, daß sie den Verkehr nicht behindern und beim Öffnen und Schließen keine Verletzungsgefahr für die Arbeitnehmer/innen darstellen,
3. Türen und Tore gegen unbeabsichtigtes Aushängen, Ausheben, Umkippen, Ausschwingen oder Zufallen gesichert sind, sofern dadurch Arbeitnehmer/innen gefährdet werden könnten,
4. Türen und Tore, die sich nach oben öffnen, mit Einrichtungen ausgestattet sind, die ihr unbeabsichtigtes Herabfallen verhindern,
5. Schwingtüren und -tore so gestaltet sind, daß in Augennähe eine ausreichende Durchsicht möglich ist,
6. durchsichtige Türen und Tore in Augenhöhe gekennzeichnet sind und
7. durchsichtige Teile von Türen und Toren

a) aus Sicherheitsmaterial bestehen oder
b) gegen Eindrücken geschützt sind, wenn die Gefahr besteht, daß sich Arbeitnehmer/innen beim Zersplittern dieser Flächen verletzen können.

(2) Sind Türen oder Tore zur Gewährleistung der Sicherheit von Arbeitnehmer/innen, wie insbesondere aus Gründen des Brandschutzes, selbstschließend ausgeführt,

1. dürfen deren Selbstschließmechanismen nicht außer Funktion gesetzt werden und
2. ist regelmäßig zu kontrollieren, ob die Selbstschließmechanismen ordnungsgemäß funktionieren.

(3) Weisen Hub-, Kipp-, Roll- oder Schiebetore eine Torblattfläche von mehr als 10 m^2 auf, ist im Torblatt eine Gehtüre einzurichten, sofern sich nicht in der Nähe ein eigener für den Fußgängerverkehr vorgesehener Ausgang befindet. Die Gehtür ist so zu gestalten, daß sie sich beim Bewegen des Tores nicht unbeabsichtigt öffnen kann. Wird das Tor kraftbetrieben, so ist es so zu gestalten, daß der Torantrieb bei geöffneter Gehtür zwangsläufig stillgesetzt wird.

(4) § 47 ist anzuwenden auf

1. dem Abs. 1 Z 7 nicht entsprechende Türen oder Tore mit Stichtag 31. Dezember 1983;
2. dem Abs. 3 nicht entsprechende Türen oder Tore mit Stichtag 31. Dezember 1983.

Fenster, Lichtkuppeln und Glasdächer
§ 8. (1) Es ist dafür zu sorgen, daß Fenster, Lichtkuppeln und Glasdächer
1. für die sich durch die Nutzungsart des Raumes ergebende Beanspruchung ausreichend stabil und widerstandsfähig sind,
2. so beschaffen oder mit geeigneten Einrichtungen ausgestattet sind, daß direkte Sonneneinstrahlung auf Arbeitnehmer/innen oder störende Hitze oder Kälte vermieden wird und diese Einrichtungen leicht und gefahrlos zu betätigen sind, und
3. erforderlichenfalls mit Vorrichtungen versehen sind, die es ermöglichen, sie gefahrlos zu reinigen.

(2) Es ist dafür zu sorgen, daß öffenbare Fenster und Lichtkuppeln
1. weder beim Öffnen, Schließen oder Verstellen noch in geöffnetem Zustand eine Gefahr für die Arbeitnehmer/innen darstellen und
2. mit Öffnungsmechanismen ausgestattet sind, die leicht und von einem festen Standplatz aus zu betätigen und so gestaltet sind, daß sie keine Verletzungsgefahr für die Arbeitnehmer/innen darstellen.

(3) Lichtkuppeln und Glasdächer sind
1. so zu gestalten, daß sie im Brandfall nicht tropfen und keine toxischen Gase in einem die Arbeitnehmer/innen gefährdenden Ausmaß freisetzen und
2. durch geeignete Maßnahmen zu sichern, wenn vorhersehbar ist, daß sie durch herabfallende Gegenstände durchschlagen werden könnten.

(4) § 47 ist anzuwenden auf dem Abs. 3 Z 1 nicht entsprechende Lichtkuppeln und Glasdächer mit Stichtag 31. Dezember 1998.

Sicherheitsbeleuchtung und Orientierungshilfen
§ 9. (1) Folgende Bereiche sind mit einer Sicherheitsbeleuchtung auszustatten:
1. Arbeitsräume und Fluchtwege, die nicht natürlich belichtet sind;
2. Fluchtwege, die zwar natürlich belichtet sind, diese natürliche Belichtung jedoch zB auf Grund der baulichen Gegebenheiten oder auf Grund der Lage der Arbeitszeit nicht ausreicht, um bei Ausfall der künstlichen Beleuchtung das rasche und gefahrlose Verlassen der Arbeitsstätte zu ermöglichen;
3. Bereiche, in denen Arbeitnehmer/innen bei Ausfall der Beleuchtung einer besonderen Gefahr ausgesetzt sein könnten oder in denen Einrichtungen bedient werden, von denen eine besondere Gefahr für die Arbeitnehmer/innen ausgeht.

(2) Die Sicherheitsbeleuchtung muß
1. eine von der Beleuchtung unabhängige Energieversorgung haben und
2. selbsttätig wirksam werden und wirksam bleiben, wenn die Energieversorgung der Beleuchtung ausfällt.

(3) Die Sicherheitsbeleuchtung muß hinsichtlich Einschaltverzögerung, Beleuchtungsstärke und Beleuchtungsdauer so ausgelegt sein, daß bei Ausfall der Beleuchtung
1. die Arbeitsstätte rasch und gefahrlos verlassen werden kann und
2. die in Abs. 1 Z 3 genannten Bereiche schnell und sicher erkannt und alle erforderlichen Maßnahmen getroffen werden können.

(4) Sofern sich in Arbeitsräumen oder auf Fluchtwegen keine Bereiche im Sinne des Abs. 1 Z 3 befinden, sind abweichend von Abs. 1 Z 1 und 2 anstelle der Sicherheitsbeleuchtung selbst- oder nachleuchtende Orientierungshilfen, die bei Ausfall der Beleuchtung ein sicheres Verlassen der Arbeitsstätte gewährleisten, zulässig. In diesem Fall gelten Abs. 2 und Abs. 3 Z 1 für die Orientierungshilfen.

Lagerungen
§ 10. (1) Lagerungen sind so vorzunehmen, daß Arbeitnehmer/innen durch das Lagergut oder durch die Gebinde oder Verpackungen nicht gefährdet oder beeinträchtigt werden können, wobei insbesondere Bedacht zu nehmen ist auf:
1. die Stabilität und Eignung der Unterlage,
2. die Standfestigkeit der Lagerung selbst,
3. die Standfestigkeit der für die Lagerung verwendeten Einrichtungen,
4. die Beschaffenheit der Gebinde oder Verpackungen,
5. den Böschungswinkel von Schüttgütern,
6. den Abstand der Lagerungen zueinander oder zu Bauteilen oder Arbeitsmitteln und
7. mögliche äußere Einwirkungen.

(2) Durch geeignete Maßnahmen, wie zB durch deutlich erkennbare, dauerhafte Anschrift, ist dafür zu sorgen, daß nicht überschritten werden
1. die zulässige Belastung von Böden, unter denen sich andere Räume befinden,
2. die zulässige Belastung von Einrichtungen, die für die Lagerung verwendet werden, wie zB Galerien, Zwischenböden, Regalen, Paletten, Behälter,
3. die zulässige Füllhöhe von Behältern.

(3) Auf Stiegen einschließlich der Stiegenpodeste sind Lagerungen unzulässig.

Gefahrenbereiche
§ 11. (1) Öffnungen oder Vertiefungen in Fußböden, wie zB Schächte, Gruben oder Kanäle, sind tragsicher und unverschiebbar abzudecken oder durch geeignete Vorrichtungen gegen Absturz von Personen und gegen das Herabfallen von Gegenständen zu sichern.

AStV

(2) Sind Maßnahmen nach Abs. 1 auf Grund der Art der durchzuführenden Arbeiten nicht möglich, sind geeignete Leisten oder Abweiser anzubringen. Ist auch dies nicht möglich, sind die Gefahrenbereiche so zu kennzeichnen, daß eine Gefährdung vermieden wird.

(3) Erhöhte Bereiche, von denen Arbeitnehmer/innen abstürzen könnten, wie insbesondere erhöhte Standplätze, Verkehrswege, nicht festverschlossene Maueröffnungen, sind zu sichern

1. bei einer Absturzhöhe von mehr als 1 m: durch mindestens 1 m hohe, geeignete Vorrichtungen wie standfeste Geländer mit Mittelstange oder Brüstungen und
2. bei einer Absturzhöhe von mehr als 2 m: zusätzlich durch Fußleisten.

(4) Arbeitsplätze und Verkehrswege, auf die Gegenstände herabfallen könnten, sind durch Schutzdächer oder Schutznetze zu sichern.

(5) Verkehrswege aus Gitterrosten oder durchbrochenem Material sind so zu gestalten, daß keine Gegenstände durchfallen können, durch die Arbeitnehmer/innen gefährdet werden könnten.

(6) Für Laderampen gilt:

1. Laderampen sind den Abmessungen der transportierten Lasten entsprechend auszulegen.
2. Laderampen müssen mindestens einen Abgang haben.
3. Laderampen mit mehr als 20 m Länge müssen, soweit dies betriebstechnisch möglich ist, in jedem Endbereich einen Abgang haben.
4. Abs. 3 gilt nicht für Laderampen. Nach Möglichkeit ist aber durch geeignete Maßnahmen dafür zu sorgen, daß die Arbeitnehmer/innen gegen Abstürze gesichert sind.

(7) § 47 ist anzuwenden auf dem Abs. 6 Z 2 und 3 nicht entsprechende Laderampen mit Stichtag 31. Dezember 1998.

Alarmeinrichtungen

§ 12. (1) Die Behörde hat Alarmeinrichtungen vorzuschreiben, wenn auf Grund besonderer Verhältnisse zu befürchten ist, daß der Eintritt einer vorhersehbaren Gefahr nicht rechtzeitig von allen Arbeitnehmer/innen wahrgenommen werden und ihnen daher im Gefahrenfall nicht ausreichend Zeit zur sicheren Flucht oder zum Ergreifen von Maßnahmen zur Gefahrenabwehr verbleiben könnte. Solche Verhältnisse können begründet sein in

1. der Art der Arbeitsvorgänge oder Arbeitsverfahren,
2. der Art oder Menge der vorhandenen Arbeitsstoffe,
3. den vorhandenen Einrichtungen oder Arbeitsmitteln,
4. der Lage, den Abmessungen, der baulichen Gestaltung oder der Nutzungsart der Arbeitsstätte oder
5. der höchstmöglichen Anzahl der in der Arbeitsstätte anwesenden Personen.

(2) Alarmeinrichtungen, die der Alarmierung von Arbeitnehmer/innen dienen, dürfen nur außer Betrieb gesetzt werden, wenn Vorsorge getroffen ist, daß die Arbeitnehmer/innen vom Eintritt einer Gefahr unverzüglich verständigt werden können.

(3) Wenn Alarmeinrichtungen, die der Alarmierung von Arbeitnehmer/innen dienen, vorhanden sind, sind mindestens einmal jährlich während der Arbeitszeit Alarmübungen durchzuführen. Über die Durchführung sind Aufzeichnungen zu führen.

Prüfungen

§ 13. (1) Folgende Anlagen und Einrichtungen sind mindestens einmal jährlich, längstens jedoch in Abständen von 15 Monaten auf ihren ordnungsgemäßen Zustand zu überprüfen:

1. Sicherheitsbeleuchtungsanlagen;
2. Alarmeinrichtungen;
3. Klima- oder Lüftungsanlagen;
4. Brandmeldeanlagen.

(2) Löschgeräte und stationäre Löschanlagen sind mindestens jedes zweite Kalenderjahr, längstens jedoch in Abständen von 27 Monaten auf ihren ordnungsgemäßen Zustand zu überprüfen.

(3) Nach größeren Instandsetzungen, Änderungen oder wenn begründete Zweifel an ihrem ordnungsgemäßen Zustand bestehen, sind die Anlagen und Einrichtungen (Abs. 1 und 2) auf ihren ordnungsgemäßen Zustand zu überprüfen.

(4) Prüfungen gemäß Abs. 1 bis 3 sind von geeigneten, fachkundigen und hiezu berechtigten Personen (zB befugte Gewerbetreibende, akkreditierte Überwachungsstellen, Ziviltechniker/innen, technische Büros, qualifizierte Betriebsangehörige) nach den Regeln der Technik durchzuführen.

(5) Über die Prüfungen nach Abs. 1 bis 3 sind Aufzeichnungen zu führen und mindestens drei Jahre in der Arbeitsstätte aufzubewahren. Die Aufzeichnungen über die Prüfung von Löschgeräten können entfallen, wenn Prüfdatum und Mängelfreiheit durch einen Aufkleber bestätigt werden.

(6) Die Funktion der Leuchten von Sicherheitsbeleuchtungsanlagen und die Funktion von Orientierungshilfen ist monatlich durch Augenschein zu kontrollieren. Die Kontrolle ist von geeigneten und unterwiesenen Personen durchzuführen. Über die Kontrolle sind Aufzeichnungen zu führen und mindestens sechs Monate in der Arbeitsstätte aufzubewahren. Bei selbstprüfenden Anlagen kann die Kontrolle der Leuchten entfallen.

Information der Arbeitnehmer/innen

§ 14. Alle betroffenen Arbeitnehmer/innen sind, bezogen auf ihren jeweiligen Bereich, zu informieren

1. über das Verhalten im Gefahrenfall (zB durch deutlichen Anschlag an geeigneten, leicht zugänglichen Stellen),

2. sofern in der Arbeitsstätte eine Alarmeinrichtung vorhanden ist, über die Bedeutung der Alarmsignale,
3. über allfällige Lagerverbote und Lagerbeschränkungen,
4. über die Standorte und die Handhabung der Einrichtungen zur Brandbekämpfung und
5. über die Standorte der Einrichtungen für die Erste-Hilfe-Leistung.

Barrierefreie Gestaltung von Arbeitsstätten

§ 15. (1) Werden bewegungsbehinderte Arbeitnehmer/innen beschäftigt, ist die Arbeitsstätte erforderlichenfalls im Sinne der Abs. 2 bis 5 zu adaptieren.

(2) Mindestens ein Endausgang ins Freie ist stufenlos erreichbar zu gestalten, wobei Niveauunterschiede maximal 3 cm betragen dürfen.

(3) Mindestens eine Toilette und ein Waschplatz sind barrierefrei erreichbar einzurichten und nach den Grundsätzen für barrierefreies Bauen im Sinne der ÖNORM B 1600 zu gestalten.

(4) Sofern nach § 34 Abs. 2 Duschen zur Verfügung zu stellen sind, sind die für bewegungsbehinderte Arbeitnehmer/innen vorgesehenen Duschen barrierefrei erreichbar einzurichten und nach den Grundsätzen für barrierefreies Bauen im Sinne der ÖNORM B 1600 zu gestalten.

(5) Sind im Gebäude ein oder mehrere Aufzüge vorgesehen, ist zumindest ein Aufzug stufenlos erreichbar und nach den Grundsätzen für barrierefreies Bauen im Sinne der ÖNORM B 1600 zu gestalten.

(6) Hinsichtlich Gebäuden, die nach Inkrafttreten dieser Verordnung geplant und errichtet werden und in denen Arbeitsstätten eingerichtet werden sollen, in denen die Beschäftigung bewegungsbehinderter Arbeitnehmer/innen nicht aus produktionstechnischen Gründen ausgeschlossen ist, ist bei der Planung darauf Bedacht zu nehmen, daß Einrichtungen nach Abs. 2 bis 5 vorgesehen werden oder eine nachträgliche Adaptierung ohne unverhältnismäßigen Kostenaufwand leicht erfolgen kann.

2. Abschnitt
Sicherung der Flucht
Grundsätzliche Bestimmungen

§ 16. (1) Arbeitsstätten sind unter Beachtung des Brandverhaltens (zB Brennbarkeit, Brandwiderstand, Qualmbildung) der Konstruktionsteile des Gebäudes so zu errichten und zu gestalten, daß im Brandfall der Schutz der Arbeitnehmer/innen vor direkter oder indirekter Brandeinwirkung sowie vor Rauchgasen in ausreichendem Maß gewährleistet ist.

(2) Werden sinnes- oder bewegungsbehinderte Arbeitnehmer/innen beschäftigt, ist durch geeignete technische oder organisatorische Maßnahmen sicherzustellen, daß diese den Eintritt einer

Gefahr rechtzeitig wahrnehmen können und ihnen im Gefahrenfall das rasche und sichere Verlassen der Arbeitsstätte möglich ist.

Fluchtwege, gesicherte Fluchtbereiche, Notausgänge

§ 17. (1) Arbeitsstätten sind so zu gestalten, daß von jedem Punkt der Arbeitsstätte aus

1. nach höchstens 10 m ein Verkehrsweg erreicht wird, der in seinem gesamten Verlauf bis zum Endausgang den Anforderungen der §§ 18 und 19 entspricht (Fluchtweg) und
2. nach höchstens 40 m jene Bereiche, durch die der Fluchtweg führt (wie zB Gänge, Stiegenhäuser, Foyers), in ihrem gesamten Verlauf bis zum Endausgang den Anforderungen des § 21 entsprechen (gesicherte Fluchtbereiche).

(1a) Liegen keine anderen Gefährdungen als durch Brandeinwirkung (insbesondere keine chemische oder mechanische Gefährdung) vor, und ist in jedem Geschoß ein weiterer und möglichst entgegengesetzt liegender Ausgang vorhanden, der direkt ins Freie, in einen gesicherten Fluchtbereich oder in einen anderen Brandabschnitt führt, so kann die Fluchtweglänge abweichend von Abs. 1 Z 2 betragen:

1. höchstens 50 m bei Räumen mit einer lichten Raumhöhe von mindestens 10 m,
2. höchstens 50 m bei Räumen mit einer lichten Raumhöhe von mindestens 5 m bei Vorhandensein einer automatischen Brandmeldeanlage mindestens im Schutzumfang „Brandabschnittsschutz" mit Rauchmeldern,
3. höchstens 70 m bei Räumen mit einer lichten Raumhöhe von mindestens 10 m bei Vorhandensein einer automatischen Brandmeldeanlage mindestens im Schutzumfang „Brandabschnittsschutz", mit Rauchmeldern,
4. höchstens 70 m bei Vorhandensein einer Rauch- und Wärmeabzugsanlage, welche durch eine automatische Brandmeldeanlage mindestens im Schutzumfang „Brandabschnittsschutz" mit Rauchmeldern angesteuert wird.

(1b) Ist die lichte Höhe nicht an allen Punkten des Raumes gleich, so ist zur Beurteilung die durchschnittliche Raumhöhe heranzuziehen.

(1c) Sind überwiegend ortsunkundige Personen (z. B. Kund/innen) auf den Fluchtweg angewiesen, ist ergänzend zu Abs. 1a durch geeignete technische oder organisatorische Maßnahmen sicherzustellen, dass der Eintritt einer Gefahr rechtzeitig wahrgenommen werden kann und im Gefahrenfall das rasche und sichere Verlassen der Arbeitsstätte möglich ist (z. B. Sicherheitsüberwachungseinrichtungen, Ordnerdienste).

(2) Weiters sind Arbeitsstätten so zu gestalten, daß

1. aus jedem Arbeitsraum ein Ausgang direkt auf einen Fluchtweg führt und

AStV

2. aus folgenden Arbeitsräumen mindestens zwei hinreichend weit voneinander entfernte und nach Möglichkeit auf verschiedenen Seiten des Raumes liegende Ausgänge direkt auf einen Fluchtweg führen:

a) Arbeitsräume mit einer Bodenfläche von mehr als 200 m^2, in denen mehr als 20 Arbeitnehmer/innen beschäftigt werden oder

b) Arbeitsräume mit einer Bodenfläche von mehr als 500 m^2.

(3) Als Endausgänge im Sinne des Abs. 1 gelten jene Ausgänge, die in einen sicheren, öffentlich zugänglichen Bereich im Freien führen sowie direkte Ausgänge zu einem sicheren Ort des angrenzenden Geländes im Freien.

(4) Folgende Ausgänge sind entsprechend den Anforderungen der §§ 18 und 20 zu gestalten (Notausgänge):

1. alle Ausgänge im Verlauf von Fluchtwegen,

2. der Endausgang am Ende eines Fluchtweges.

(5) In Arbeitsstätten, in denen auf Grund ihrer geringen Ausmaße kein Fluchtweg vorhanden sein muß, sind die Ausgänge (einschließlich allfälliger Windfang- oder Doppeltüren), die im Gefahrenfall zum Verlassen der Arbeitsstätte benutzt werden, entsprechend den Anforderungen der §§ 18 und 20 Abs. 1 und 2 zu gestalten.

(6) Die Behörde hat kürzere als die in Abs. 1 genannten Entfernungen oder zusätzliche Fluchtwege, Notausgänge, Notausstiege oder festverlegte Notleitern vorzuschreiben, wenn dies auf Grund besonderer Verhältnisse im Sinne des § 12 Abs. 1 Z 1 bis 5 für einen wirksamen Schutz der Arbeitnehmer/innen erforderlich ist.

(7) § 47 ist anzuwenden auf

1. dem Abs. 2 Z 2 nicht entsprechende Arbeitsräume mit Stichtag 31. Dezember 1983;

2. dem Abs. 2 Z 2 lit. b nicht entsprechende Arbeitsräume mit Stichtag 31. Dezember 1998.

Abmessungen von Fluchtwegen und Notausgängen

§ 18. (1) Fluchtwege müssen folgende nutzbare Mindestbreite aufweisen:

1. für höchstens 20 Personen: 1,0 m;

2. für höchstens 120 Personen: 1,2 m;

3. bei mehr als 120 Personen erhöht sich die Breite nach Z 2 für je weitere zehn Personen um jeweils 0,1 m.

(2) Notausgänge müssen folgende nutzbare Mindestbreite aufweisen:

1. für höchstens 40 Personen: 0,8 m;

2. für höchstens 80 Personen: 0,9 m;

3. für höchstens 120 Personen: 1,0 m;

4. bei mehr als 120 Personen erhöht sich die Breite nach Z 3 für je weitere zehn Personen um jeweils 0,1 m.

(3) Die Personenzahlen in Abs. 1 und 2 bezeichnen jeweils

1. die höchstmögliche zu erwartende Anzahl gleichzeitig anwesender Personen, die im Gefahrenfall auf den Fluchtweg oder Notausgang angewiesen sein könnten oder

2. sofern ein Fluchtweg mehr als drei Geschoße miteinander verbindet, nur die höchstmögliche zu erwartende Anzahl gleichzeitig in drei unmittelbar übereinanderliegenden Geschoßen anwesender Personen, die im Gefahrenfall auf den Fluchtweg oder Notausgang angewiesen sein könnten.

(4) Die nach Abs. 2 erforderliche nutzbare Mindestbreite von Notausgängen darf auf unmittelbar nebeneinander liegende Ausgänge aufgeteilt werden, sofern die nutzbare Breite eines jeden Ausganges mindestens 0,8 m beträgt. Liegen zwei Notausgänge im Abstand von maximal 20 cm nebeneinander, gelten sie als ein Notausgang.

(5) Fluchtwege dürfen in Fluchtrichtung für eine Länge von höchstens 2,0 m in unmittelbar nebeneinanderliegende Abschnitte unterteilt werden, sofern die nutzbare Breite jedes einzelnen Abschnittes mindestens 0,8 m beträgt.

(6) Stehen mehrere Notausgänge zur Verfügung, so ist unter Berücksichtigung der zulässigen Fluchtweglängen, der baulichen Gegebenheiten (zB Raumaufteilung), der Lage der ortsgebundenen Arbeitsplätze und der Nutzungsart der Räume

1. die Personenzahl nach Abs. 3 auf die Notausgänge aufzuteilen und

2. für jeden Fluchtweg und jeden Notausgang die nach Abs. 1 und 2 erforderliche nutzbare Mindestbreite zu berechnen.

(7) § 47 ist anzuwenden auf

1. dem Abs. 1 oder 2 nicht entsprechende Fluchtwege und Notausgänge mit Stichtag 31. Dezember 1951;

2. dem Abs. 1 Z 3 nicht entsprechende Fluchtwege, bei denen es sich nicht um Gänge oder Stiegen handelt, mit Stichtag 31. Dezember 1998.

Anforderungen an Fluchtwege

§ 19. (1) Arbeitgeber/innen haben dafür zu sorgen, daß Fluchtwege folgende Anforderungen erfüllen:

1. Fluchtwege dürfen nicht durch Bereiche führen, in denen gefährliche Stoffe oder nicht atembare Gase in solchen Mengen vorhanden sind oder austreten können, daß diese im Gefahrenfall das sichere Verlassen der Arbeitsstätte unmöglich machen könnten.

2. Fluchtwege dürfen nicht verstellt oder unter die nach § 18 Abs. 1 erforderliche nutzbare Mindestbreite eingeengt werden.

3. Fluchtwege dürfen nicht von Gegenständen begrenzt werden, die leicht umgestoßen oder verschoben werden können.

4. Fluchtwege müssen jederzeit ungehindert benützbar sein, solange sich Arbeitnehmer/innen, die auf diese angewiesen sein könnten, in der Arbeitsstätte aufhalten.

5. Fußboden-, Wand- und Deckenoberflächen auf Fluchtwegen müssen aus mindestens schwer brennbaren und schwach qualmenden Materialien bestehen.

6. Aufzüge, Fahrtreppen und Fahrsteige sind als Fluchtwege unzulässig.

(2) Fluchtwege müssen auch im Gefahrenfall leicht und eindeutig als solche erkennbar sein. Sind sie auf Grund der Bauweise oder der Einrichtung nicht eindeutig erkennbar, sind sie als Fluchtwege zu kennzeichnen. Verkehrswege, die im Gefahrenfall nicht benützt werden dürfen, sind als solche zu kennzeichnen.

(3) Fluchtwege in Gebäuden dürfen nur über Stiegen führen, die, sofern sie sich nicht in einem gesicherten Fluchtbereich befinden, mindestens brandhemmend sind.

(4) Fluchtwege dürfen nur dann über Stiegen mit gewendelten Laufteilen führen, wenn

1. auf der nach § 18 Abs. 1 erforderlichen nutzbaren Mindestbreite des Fluchtweges die Auftrittsbreite der Stufen mindestens 20 cm beträgt oder

2. nicht mehr als 60 Personen im Gefahrenfall darauf angewiesen sind.

(5) Fluchtwege dürfen nur dann über Außenstiegen führen, wenn

1. diese aus nicht brennbaren Materialien bestehen,

2. diese bei jeder Witterung gefahrlos begehbar sind,

3. sofern mehr als ein Obergeschoß vorhanden ist, die Türen von den Außenstiegen ins Gebäude mindestens brandhemmend ausgeführt sind und

4. sofern mehr als ein Obergeschoß vorhanden ist, die Wand, an der die Außenstiege entlangführt, bis zum Geländeniveau und beidseits der Stiege jeweils mindestens je 3,0 m brandbeständig ausgeführt ist und allfällige Fenster in diesem Wandbereich mindestens brandhemmend ausgeführt sind.

(6) § 47 ist anzuwenden auf

1. dem Abs. 1 Z 5 nicht entsprechende Fußboden-, Wand- und Deckenoberflächen mit Stichtag 31. Dezember 1998;

2. dem Abs. 3 nicht entsprechende Stiegen mit Stichtag 31. Dezember 1983;

3. dem Abs. 4 nicht entsprechende Stiegen mit Stichtag 31. Dezember 1951;

4. dem Abs. 5 Z 1, 3 oder 4 nicht entsprechende Stiegen mit Stichtag 31. Dezember 1998.

Anforderungen an Notausgänge

§ 20. (1) Arbeitgeber/innen haben dafür zu sorgen, daß Notausgänge folgende Anforderungen erfüllen:

1. Notausgänge müssen jederzeit leicht und ohne fremde Hilfsmittel von innen auf die gesamte nach § 18 Abs. 2 erforderliche nutzbare Mindestbreite geöffnet werden können, solange sich Arbeitnehmer/innen in der Arbeitsstätte aufhalten, die auf die Notausgänge angewiesen sein könnten.

2. Notausgänge dürfen nicht verstellt oder unter die nach § 18 Abs. 2 erforderliche nutzbare Mindestbreite eingeengt werden.

3. Notausgänge dürfen nicht von Gegenständen begrenzt werden, die leicht umgestoßen oder verschoben werden können.

(2) Notausgänge müssen auch im Gefahrenfall leicht und eindeutig als solche erkennbar sein. Sind sie auf Grund der Bauweise oder der Einrichtung nicht eindeutig erkennbar, sind sie als Notausgänge zu kennzeichnen. Ausgänge, die im Gefahrenfall nicht benützt werden dürfen, sind als solche zu kennzeichnen.

(3) Sind auf einen Notausgang im Gefahrenfall mehr als 15 Personen angewiesen, muß sich die Türe in Fluchtrichtung öffnen lassen.

(4) Automatische Türen sind als Notausgänge nur zulässig, wenn sich die Türen

1. in jeder Stellung händisch leicht in Fluchtrichtung öffnen lassen oder

2. bei Stromausfall oder Ausfall der Steuerung selbsttätig öffnen und geöffnet bleiben oder

3. händisch leicht öffnen lassen und auf den Ausgang im Gefahrenfall höchstens 15 Personen angewiesen sind.

(5) Drehtüren sind als Notausgänge unzulässig.

(6) Ausgänge von Tragluftbauten müssen stabil ausgeführt sein. Durch geeignete Maßnahmen muß das Zusammensinken der Hülle soweit verhindert sein, daß der Raum gefahrlos verlassen werden kann.

(7) § 47 ist anzuwenden auf dem Abs. 3 oder 4 nicht entsprechende Notausgänge mit Stichtag 31. Dezember 1998.

Anforderungen an gesicherte Fluchtbereiche

§ 21. (1) Für gesicherte Fluchtbereiche gelten folgende Anforderungen:

1. Es darf nur geringe Brandlast vorhanden sein.

2. Wände, Decken, Fußböden und Stiegen müssen mindestens hochbrandhemmend ausgeführt sein.

3. Fußboden-, Wand- und Deckenoberflächen müssen aus mindestens schwer brennbaren und schwach qualmenden Materialien bestehen.

4. Zu angrenzenden Räumen, die nicht die Anforderungen an gesicherte Fluchtbereiche erfüllen, müssen die Türen

AStV

a) mindestens brandhemmend und selbstschließend oder

b) zu Räumen mit geringer Brandlast mindestens rauchdicht und selbstschließend sein.

5. Es müssen geeignete Maßnahmen, wie Rauchabzugsöffnungen, getroffen sein, die ein Verqualmen im Brandfall verhindern.

(2) § 47 ist anzuwenden auf dem Abs. 1 nicht entsprechende Bereiche mit Stichtag 31. Dezember 1983.

Stiegenhaus

§ 22. (1) Werden mehr als zwei Geschoße überwiegend als Arbeitsstätten genutzt, gilt folgendes:

1. Die Geschoße müssen durch mindestens ein durchgehendes Stiegenhaus verbunden sein.

2. Dieses Stiegenhaus muß den Anforderungen nach § 21 entsprechen.

3. Erforderlichenfalls ist durch geeignete Maßnahmen sicherzustellen, daß Personen im Gefahrenfall nicht am Ausgang des Stiegenhauses vorbeilaufen können.

(2) In Stiegenhäusern, die mehr als fünf Geschoße miteinander verbinden, müssen

1. Wände, Decken, Fußböden und Stiegen abweichend von § 21 Abs. 1 Z 2 mindestens brandbeständig ausgeführt sein und

2. Fußboden-, Wand- und Deckenoberflächen abweichend von § 21 Abs. 1 Z 3 aus nicht brennbaren Materialien bestehen.

(3) Als Geschoße gelten das Erdgeschoß sowie Ober- und Untergeschoße.

(4) § 47 ist anzuwenden auf:

1. dem Abs. 1 Z 1 nicht entsprechende Stiegen mit Stichtag 31. Dezember 1983;

2. dem Abs. 1 Z 2 oder dem Abs. 2 Z 1 oder 2 nicht entsprechende Stiegenhäuser mit Stichtag 31. Dezember 1983.

3. Abschnitt
Anforderungen an Arbeitsräume
Raumhöhe in Arbeitsräumen

§ 23. (1) Als Arbeitsräume dürfen nur Räume mit einer lichten Höhe von mindestens 3,0 m verwendet werden.

(2) Abweichend von Abs. 1 dürfen als Arbeitsräume auch Räume mit mindestens folgender lichter Höhe verwendet werden, sofern nur Arbeiten mit geringer körperlicher Belastung durchgeführt werden und keine erschwerenden Bedingungen, wie zB erhöhte Wärmeeinwirkung oder Belastung der Raumluft durch gefährliche Stoffe, vorliegen:

1. 2,8 m bei einer Bodenfläche von 100 m^2 bis 500 m^2,

2. 2,5 m bei einer Bodenfläche bis 100 m^2.

(3) Ist die lichte Höhe nicht an allen Punkten des Raumes gleich, so ist zur Beurteilung die durchschnittliche Raumhöhe heranzuziehen.

(4) § 47 ist anzuwenden auf dem Abs. 1 oder 2 nicht entsprechende Arbeitsräume mit Stichtag 31. Dezember 1983.

Bodenfläche und Luftraum

§ 24. (1) Als Arbeitsräume dürfen nur Räume verwendet werden, deren Bodenfläche mindestens 8,0 m^2 für eine/n Arbeitnehmer/in, plus jeweils mindestens 5,0 m^2 für jede/n weitere/n Arbeitnehmer/in, beträgt.

(2) Arbeitsräume sind so zu gestalten, daß für jede/n Arbeitnehmer/in eine zusammenhängende freie Bodenfläche von mindestens 2,0 m^2 zur Verfügung steht, und zwar

1. direkt bei seinem Arbeitsplatz oder,

2. sofern dies aus zwingenden, in der Art der Arbeit gelegenen Gründen nicht möglich ist, so nahe beim Arbeitsplatz als möglich.

(3) Arbeitsräume sind so zu gestalten, daß der freie, durch das Volumen von Einbauten nicht verringerte Luftraum pro Arbeitnehmer/in mindestens beträgt:

1. 12,0 m^3: bei Arbeiten mit geringer körperlicher Belastung;

2. 15,0 m^3: bei Arbeiten mit normaler körperlicher Belastung;

3. 18,0 m^3: bei Arbeiten mit hoher körperlicher Belastung oder bei erschwerenden Bedingungen, (wie zB erhöhter Wärmeeinwirkung oder Belastung der Raumluft durch gefährliche Stoffe).

(4) Arbeitsräume, die auch für den Aufenthalt anderer Personen, wie zB Kunden/Kundinnen, bestimmt sind, sind so zu gestalten, daß für jede gleichzeitig anwesende andere Person zusätzlich 10 m^3 freier Luftraum vorhanden ist. Dies gilt nicht für Verkaufsräume und für Räume in Gastgewerbebetrieben.

(5) § 47 ist anzuwenden auf

1. dem Abs. 1 nicht entsprechende Arbeitsräume mit Stichtag 31. Dezember 1998;

2. dem Abs. 3 Z 2 oder 3 nicht entsprechende Arbeitsräume mit Stichtag 31. Dezember 1983, sofern der Mindestluftraum pro Arbeitnehmer/in mindestens 12,0 m^3 bzw. 15,0 m^3 beträgt und sich seit diesem Stichtag die in den Räumen durchgeführten Arbeiten im Hinblick auf körperliche Belastung oder erschwerende Bedingungen nicht nachteilig verändert haben.

Lichteintrittsflächen und Sichtverbindung

§ 25. (1) Als Arbeitsräume dürfen nur Räume verwendet werden, die möglichst gleichmäßig natürlich belichtet sind. Sie müssen Lichteintrittsflächen aufweisen, die

1. in Summe mindestens 10% der Bodenfläche des Raumes betragen und
2. direkt ins Freie führen.

(2) Von Abs. 1 abweichende Räume dürfen in folgenden Fällen als Arbeitsräume verwendet werden:

1. Räume, deren Nutzungsart der Eintritt von Tageslicht entgegensteht;
2. Räume, die ausschließlich zwischen 18.00 und 6.00 Uhr als Arbeitsräume genutzt werden;
3. Räume in Untergeschossen, sofern es sich handelt um

a) Tiefgaragen oder ähnliche Einrichtungen,
b) kulturelle Einrichtungen,
c) Verkaufsstellen in dicht verbauten Ortskernen oder
d) Gastgewerbebetriebe (Kellerlokale).

(3) In den Fällen des Abs. 2 Z 3, sind, sofern zur Arbeitsstätte auch Räume mit Lichteintrittsflächen gehören, die ortsgebundenen Arbeitsplätze in diesen Räumen anzuordnen.

(4) Weiters dürfen in Arbeitsstätten in Bahnhofs- oder Flughafenhallen, Passagen oder Einkaufszentren folgende Räume als Arbeitsräume verwendet werden:

1. von Abs. 1 Z 1 abweichende Räume, wenn es technisch unmöglich ist, ein entsprechendes Ausmaß herzustellen;
2. von Abs. 1 Z 2 abweichende Räume, wenn

a) es technisch unmöglich ist, direkt ins Freie führende Lichteintrittsflächen herzustellen und
b) Lichteintrittsflächen vorhanden sind, die in einen Raum führen, der den Anforderungen des Abs. 1 entspricht oder, wenn auch dies technisch unmöglich ist, den Anforderungen des Abs. 1 möglichst nahekommt.
3. Räume ohne Lichteintrittsflächen, wenn es technisch unmöglich ist, direkt ins Freie oder in einen Raum im Sinne des Z 2 lit. b führende Lichteintrittsflächen herzustellen. In diesem Fall ist jedoch eine Sichtverbindung im Ausmaß von mindestens 10% der Bodenfläche zu einem sonstigen Raum herzustellen.

(5) Als Arbeitsräume dürfen nur Räume verwendet werden, die eine Sichtverbindung zum Freien aufweisen. Diese muß

1. so gelegen und so beschaffen sein, daß von ortsgebundenen Arbeitsplätzen aus ein Sichtkontakt mit der äußeren Umgebung möglich ist, sofern dem nicht zwingende Gründe entgegenstehen, und
2. mindestens 5% der Bodenfläche des Raumes betragen.

(6) Lichtkuppeln und Glasdächer gelten nicht als Sichtverbindung nach Abs. 5.

(7) Abs. 5 ist in den Fällen des Abs. 2 und Abs. 4 Z 3 nicht anzuwenden und in den Fällen des Abs. 4 Z 1 und 2 nur soweit anzuwenden, als dies technisch möglich ist.

(8) § 47 ist anzuwenden auf

1. dem Abs. 1 nicht entsprechende Arbeitsräume mit Stichtag 31. Dezember 1951;
2. dem Abs. 5 nicht entsprechende Arbeitsräume mit Stichtag 31. Dezember 1983.

Natürliche Lüftung

§ 26. (1) Als Arbeitsräume dürfen nur Räume verwendet werden, denen ausreichend frische, von Verunreinigungen möglichst freie Luft zugeführt und aus denen verbrauchte Luft abgeführt wird. Die Lüftung hat so zu erfolgen, daß die Räume möglichst gleichmäßig be- und entlüftet werden. Ortsgebundene Arbeitsplätze sind so anzuordnen, daß Arbeitnehmer/innen keiner schädlichen Zugluft ausgesetzt sind.

(2) Arbeitsräume, die ausschließlich natürlich be- und entlüftet werden, müssen direkt ins Freie führende Lüftungsöffnungen aufweisen. Diese Lüftungsöffnungen müssen

1. in Summe einen wirksamen Lüftungsquerschnitt von mindestens 2% der Bodenfläche des Raumes aufweisen und
2. sofern die Raumtiefe mehr als 10 m beträgt, so angeordnet sein, daß eine Querlüftung möglich ist.

(3) In eingeschoßigen Gebäuden müssen Arbeitsräume mit mehr als 500 m^2 Bodenfläche, die ausschließlich natürlich be- und entlüftet werden, zusätzlich durch Lüftungsaufsätze auf dem Dach lüftbar sein.

(4) Türen gelten nur dann als Lüftungsöffnungen nach Abs. 2, wenn

1. sie direkt ins Freie führen und
2. die Möglichkeit des Offenhaltens zu Lüftungszwecken im Vergleich zu Fenstern nicht eingeschränkt ist.

(5) Lüftungsöffnungen müssen von den Arbeitnehmer/innen von einem festen Standplatz aus geöffnet und verstellt werden können.

(6) § 47 ist anzuwenden auf dem Abs. 2 oder 3 nicht entsprechende Arbeitsräume mit Stichtag 31. Dezember 1983.

Mechanische Be- und Entlüftung

§ 27. (1) § 26 Abs. 1 gilt auch bei mechanischer Be- und Entlüftung.

(2) Arbeitsräume sind mechanisch zu be- und entlüften, wenn die natürliche Lüftung nicht ausreicht, insbesondere wenn

1. die nach § 26 Abs. 2 Z 1 erforderlichen Lüftungsquerschnitte nicht erreicht werden oder
2. dem § 26 Abs. 2 Z 2 nicht entsprochen ist oder
3. trotz Einhaltung der erforderlichen Lüftungsquerschnitte

AStV

a) eine ausreichend gute Luftqualität nicht gewährleistet werden kann (zB bei erschwerenden Bedingungen wie erhöhter Wärme-, Rauch- oder Dampfeinwirkung, Belastung der Raumluft durch gefährliche Stoffe) oder

b) die natürliche Belüftung mit einer unzulässigen Lärmbelästigung der Arbeitnehmer/innen verbunden wäre.

(3) Wird ein Arbeitsraum ausschließlich mechanisch be- und entlüftet, gilt folgendes:

1. Pro anwesender Person und Stunde ist mindestens folgendes Außenluftvolumen zuzuführen:

   a) 35 m^3, wenn in dem Raum nur Arbeiten mit geringer körperlicher Belastung durchgeführt werden;

   b) 50 m^3, wenn in dem Raum Arbeiten mit normaler körperlicher Belastung durchgeführt werden;

   c) 70 m^3, wenn in dem Raum Arbeiten mit hoher körperlicher Belastung durchgeführt werden.

2. Der dem Raum zugeführte Luftvolumenstrom muß dem Abluftstrom entsprechen, sofern die Nutzungsart des Raumes dem nicht entgegensteht.

3. Bei erschwerenden Bedingungen wie erhöhter Wärme-, Rauch- oder Dampfeinwirkung, sind die Werte nach Z 1 mindestens um ein Drittel zu erhöhen.

4. Bei Umluftbetrieb darf der Anteil des in der Stunde zugeführten Außenluftvolumens bei Außentemperaturen zwischen 26 °C und 32 °C und zwischen 0 °C und −12 °C bis auf einen Wert von 50% linear verringert werden.

(4) Wird ein Arbeitsraum sowohl natürlich als auch mechanisch be- und entlüftet, ist die mechanische Be- und Entlüftung so auszulegen, daß unter Berücksichtigung der natürlichen Lüftung ausreichend Außenluft zugeführt werden kann.

(5) Die Zuluft ist erforderlichenfalls zu erwärmen oder zu kühlen.

(6) Zuluftöffnungen sind so anzuordnen und auszuführen, daß

1. Arbeitnehmer/innen keiner schädlichen Zugluft ausgesetzt sind und

2. es zu keiner Beeinträchtigung der Luftqualität und zu keiner Geruchsbelästigung der Arbeitnehmer/innen kommt.

(7) Lüftungsanlagen im Sinne des Abs. 2 müssen jederzeit funktionsfähig sein. Wenn dies für einen wirksamen Schutz der Arbeitnehmer/innen erforderlich ist, muß eine etwaige Störung durch eine Warneinrichtung angezeigt werden.

(8) Klima- und Lüftungsanlagen sind regelmäßig zu kontrollieren und bei Bedarf zu reinigen. Ablagerungen und Verunreinigungen, die zu einer unmittelbaren Gesundheitsgefährdung der Arbeitnehmer/innen durch Verschmutzung der Raumluft

führen könnten, sind sofort zu beseitigen. Befeuchtungsanlagen sind stets in hygienisch einwandfreiem Zustand zu erhalten.

(9) § 47 ist anzuwenden auf dem Abs. 3 Z 1 bis 3 oder 5 nicht entsprechende mechanische Be- und Entlüftungsanlagen mit Stichtag 31. Dezember 1983, sofern sich seit diesem Stichtag die in dem Raum durchgeführten Arbeiten hinsichtlich der körperlichen Belastung nicht nachteilig geändert haben.

Raumklima in Arbeitsräumen
§ 28. (1) Es ist dafür zu sorgen, daß die Lufttemperatur in Arbeitsräumen beträgt:

1. zwischen 19 und 25 °C, wenn in dem Raum Arbeiten mit geringer körperlicher Belastung durchgeführt werden;

2. zwischen 18 und 24 °C, wenn in dem Raum Arbeiten mit normaler körperlicher Belastung durchgeführt werden;

3. mindestens 12 °C, wenn in dem Raum nur Arbeiten mit hoher körperlicher Belastung durchgeführt werden;

(2) Abweichend von Abs. 1 ist dafür zu sorgen, daß in der warmen Jahreszeit

1. bei Vorhandensein einer Klima- oder Lüftungsanlage die Lufttemperatur 25 °C möglichst nicht überschreitet oder

2. andernfalls sonstige Maßnahmen ausgeschöpft werden, um nach Möglichkeit eine Temperaturabsenkung zu erreichen.

(3) Es ist dafür zu sorgen, daß die Luftgeschwindigkeit an ortsgebundenen Arbeitsplätzen in Arbeitsräumen folgende Mittelwerte über eine Mittelungsdauer von 200 Sekunden nicht überschreitet:

1. 0,10 m/s, wenn Arbeiten mit geringer körperlicher Belastung durchgeführt werden;

2. 0,20 m/s, wenn Arbeiten mit normaler körperlicher Belastung durchgeführt werden;

3. 0,35 m/s, wenn Arbeiten mit hoher körperlicher Belastung durchgeführt werden.

(4) Von Abs. 1 bis 3 darf abgewichen werden, wenn die Einhaltung dieser Werte auf Grund der Nutzungsart des Raumes nicht möglich ist und

1. zumindest im Bereich der ortsgebundenen Arbeitsplätze den Abs. 1 bis 3 entsprechende Werte herrschen oder, wenn auch dies nicht möglich ist,

2. andere technische oder organisatorische Maßnahmen zum Schutz der Arbeitnehmer/innen vor unzuträglichen raumklimatischen Einwirkungen getroffen sind (wie zB Abschirmen von Zugluftquellen oder wärmestrahlender Flächen, Kühlen, Einblasen trockener oder feuchter Luft, Verminderung der Einwirkungsdauer).

(5) Wird eine Klimaanlage verwendet, muß

1. die relative Luftfeuchtigkeit zwischen 40% und 70% liegen, sofern dem nicht produktionstechnische Gründe entgegenstehen, und
2. in der Arbeitsstätte ein Raumthermometer und ein Hygrometer vorhanden sein.

(6) § 47 ist anzuwenden auf Klimaanlagen, durch die dem Abs. 5 Z 1 nicht entsprochen werden kann, mit Stichtag 31. Dezember 1983.

Künstliche Beleuchtung in Arbeitsräumen

§ 29. (1) Arbeitsräume sind mit einer möglichst gleichmäßigen und möglichst farbneutralen künstlichen Beleuchtung auszustatten. Die Beleuchtungsstärke muß im ganzen Raum, gemessen 0,85 m über dem Boden, mindestens 100 Lux betragen, sofern die Nutzungsart des Raumes dem nicht entgegensteht. (Allgemeinbeleuchtung).

(2) Arbeitsplätze sind erforderlichenfalls zusätzlich zu beleuchten, wobei auf den Stand der Technik, die jeweilige Sehaufgabe und die möglichen Gefährdungen am Arbeitsplatz Bedacht zu nehmen ist.

(3) Arbeitsräume und Arbeitsplätze sind so zu gestalten und Leuchten sind so auszuwählen und zu positionieren, daß große Leuchtdichten, große Leuchtdichteunterschiede, Flimmern, stroboskopische Effekte sowie direkte und indirekte Blendung im Gesichtsfeld der Arbeitnehmer/innen vermieden werden.

Abweichende Regelungen für bestimmte Arbeitsräume

§ 30. (1) Die in Abs. 4 angeführten Ausnahmen gelten, wenn

1. in dem Arbeitsraum seiner Nutzungsart nach nur kurzfristige Tätigkeiten durchzuführen sind, sodaß die maximale Beschäftigungsdauer pro Arbeitnehmer/in in diesem Raum nicht mehr als zwei Stunden pro Tag beträgt und
2. diese Arbeitnehmer/innen während ihrer restlichen Arbeitszeit nicht in Arbeitsräumen beschäftigt werden, die den §§ 23 bis 29 nicht entsprechen.

(2) Weiters gelten die in Abs. 4 angeführten Ausnahmen für den klar abgrenzbaren Teil eines Arbeitsraumes (fiktive Raumteilung), wenn

1. in dem betreffenden Teil des Arbeitsraumes kein Arbeitsplatz gelegen ist, an dem die Beschäftigungsdauer pro Arbeitnehmer/in mehr als zwei Stunden pro Tag beträgt,
2. jene Arbeitsplätze, an denen die Beschäftigungsdauer pro Arbeitnehmer/in mehr als zwei Stunden pro Tag beträgt, ausschließlich in dem anderen, klar abgrenzbaren Teil des Arbeitsraumes gelegen sind und dieser den §§ 23 bis 29 entspricht und
3. die Bodenfläche des Arbeitsraumes insgesamt mehr als 100 m^2 beträgt.

(3) Die in Abs. 4 Z 3, 5 und 6 angeführten Ausnahmen gelten jedoch nicht, wenn in dem Arbeitsraum seiner Nutzungsart nach erschwerende Bedingungen, wie zB erhöhte Wärmeeinwirkung oder Belastung der Raumluft durch gefährliche Stoffe, vorliegen.

(4) Nach Maßgabe des Abs. 1 bis 3 dürfen Räume als Arbeitsräume verwendet werden, auch wenn sie die nachstehenden Anforderungen nicht erfüllen:

1. die Mindestraumhöhe nach § 23 Abs. 1 und 2, wobei aber eine lichte Höhe von mindestens 2,1 m gegeben sein muß;
2. die Mindestbodenfläche nach § 24 Abs. 1 und 2;
3. den Mindestluftraum nach § 24 Abs. 3 und 4;
4. die Lichteintrittsflächen und Sichtverbindung nach § 25 Abs. 1 und 5;
5. die Lüftungsöffnungen bei natürlicher Lüftung nach § 26 Abs. 2 und 3;
6. die mechanische Be- und Entlüftung nach § 27 Abs. 2 bis 4;
7. die Lufttemperatur nach § 28 Abs. 1 Z 2, wobei aber die Lufttemperatur mindestens 16 ºC betragen muß,
8. die Luftgeschwindigkeit und die Luftfeuchtigkeit nach § 28 Abs. 3 bis 5, wobei aber alle vorhandenen technischen Möglichkeiten auszuschöpfen sind, um die in § 28 Abs. 3 und 5 genannten Werte zu erreichen.

(5) Für Meisterkojen, Portierslogen und Kassenschalter innerhalb von Räumen gelten folgende Ausnahmen:

1. Es ist zulässig, daß Lichteintrittsflächen, Sichtverbindung und Lüftungsöffnungen abweichend von § 25 Abs. 1 und 5 und von § 26 Abs. 2 nicht direkt ins Freie, sondern in den umgebenden Raum führen, sofern dieser den Anforderungen der §§ 25 und 26 entspricht.
2. § 9 Abs. 1 Z 1 ist nicht anzuwenden.
3. Für Meisterkojen und Portierslogen innerhalb von Räumen gilt die in Abs. 4 Z 2 angeführte Ausnahme.
4. Für Kassenschalter innerhalb von Räumen gelten die in Abs. 4 Z 1 bis 3 angeführten Ausnahmen.

Abweichende Regelungen für Container und ähnliche Einrichtungen

§ 31. (1) Die in Abs. 2 angeführten Ausnahmen gelten für Container, Wohnwagen oder sonstige ähnliche Einrichtungen, sofern sie in folgenden Fällen als Arbeitsräume verwendet werden:

1. als provisorische, zeitlich begrenzte Behelfslösung, insbesondere wenn die Nutzung eines Gebäudes wegen Umbaumaßnahmen vorübergehend nicht möglich ist;
2. wenn wegen der Art der durchzuführenden Arbeiten häufig, mindestens aber einmal im Jahr, ein Standortwechsel erforderlich ist, wie

AStV

insbesondere bei mobilen Verkaufs- oder Sammeleinrichtungen.

(2) Für Arbeitsräume im Sinne des Abs. 1 gilt folgendes:

1. § 23 Abs. 1 und 2 ist nicht anzuwenden; die lichte Höhe hat bei Wohnwagen oder ähnlichen Einrichtungen mindestens 2,3 m, bei stationären Containern mindestens 2,5 m zu betragen;

2. § 24 Abs. 1 ist nicht anzuwenden; die Bodenfläche des Raumes hat pro Arbeitnehmer/in mindestens 4,0 m^2 zu betragen;

3. § 24 Abs. 3 und 4 ist nicht anzuwenden; der freie, durch das Volumen von Einbauten nicht verringerte Luftraum hat pro Arbeitnehmer/in mindestens 10 m^3 zu betragen;

4. § 27 Abs. 3 und 4 ist nicht anzuwenden.

(3) Container, Wohnwagen oder sonstige ähnliche Einrichtungen dürfen als Arbeitsräume nur verwendet werden, wenn Decken, Wände und Böden ausreichend wärmeisoliert sind.

(4) Für Container, Wohnwagen oder sonstige ähnliche Einrichtungen, die am 31. Dezember 1998 bereits als Arbeitsräume genutzt wurden, gelten abweichend von Abs. 1 bis 3 die in § 30 Abs. 4 angeführten Ausnahmen. Dies gilt auch für vorwiegend aus Witterungsschutz errichtete Räume wie Verkaufsstände oder Kassenschalter, die am 31. Dezember 1998 bereits als Arbeitsräume im Sinne des § 1 Abs. 4 genutzt wurden.

4. Abschnitt

Sanitäre Vorkehrungen und

Sozialeinrichtungen

Trink- und Waschwasser

§ 32. (1) Trinkwasserentnahmestellen und allenfalls zur Verfügung gestellte Trinkgefäße sind in hygienischem Zustand zu halten.

(2) Entnahmestellen von nicht zum Trinken geeignetem Wasser sind als solche zu kennzeichnen.

(3) Es ist Waschwasser zur Verfügung zu stellen, das den an Trinkwasser zu stellenden hygienischen Anforderungen möglichst nahe kommt.

Toiletten

§ 33. (1) Den Arbeitnehmer/innen sind Toiletten in einer solchen Anzahl zur Verfügung zu stellen, daß für jeweils höchstens 15 Arbeitnehmer/innen mindestens eine verschließbare Toilettzelle zur Verfügung steht. Sind Toiletten für betriebsfremde Personen, wie zB Kunden/Kundinnen oder Patienten/Patientinnen, vorgesehen,

1. sind diese in die Anzahl der für die Arbeitnehmer/innen erforderlichen Toiletten nicht einzurechnen und

2. ist dafür zu sorgen, daß betriebsfremde Personen die für die Arbeitnehmer/innen vorgesehenen Toiletten nicht benützen können.

(2) Nach Geschlechtern getrennte Toiletten sind einzurichten, wenn mindestens fünf männliche Arbeitnehmer und mindestens fünf weibliche Arbeitnehmerinnen darauf angewiesen sind.

(3) Stehen nach Geschlechtern getrennte Toiletten zur Verfügung und ist für Männer zufolge Abs. 1 mehr als eine Toilettzelle erforderlich, ist annähernd die Hälfte der für Männer erforderlichen Toilettzellen durch Pißstände zu ersetzen.

(4) Die Personenzahlen in Abs. 1 bis 3 beziehen sich auf regelmäßig gleichzeitig in der Arbeitsstätte anwesende Arbeitnehmer/innen.

(5) Toiletten sind so anzulegen, daß sie mit Arbeitsräumen, mit Aufenthalts- und Bereitschaftsräumen oder mit Umkleideräumen nicht unmittelbar in Verbindung stehen. Von solchen Räumen müssen Toiletten durch natürlich oder mechanisch direkt ins Freie ausreichend lüftbare Vorräume getrennt sein.

(6) Abweichend von § 3 Abs. 1 ist bei Ausgängen von Toilettzellen eine nutzbare Mindestbreite von 0,6 m zulässig. Die lichte Höhe von Toiletten hat mindestens 2,0 m zu betragen.

(7) Es ist dafür zu sorgen, daß

1. Toiletten ohne Erkältungsgefahr benutzbar sind,

2. Toiletten mit Wasserspülung oder einer gleichwertigen Einrichtung sowie mit Toilettpapier ausgestattet sind,

3. Toiletten den sanitären Anforderungen entsprechen und in hygienischem Zustand gehalten werden und

4. in unmittelbarer Nähe der Toiletten eine Waschgelegenheit vorhanden ist.

(8) § 47 ist anzuwenden auf dem Abs. 1 zweiter Satz nicht entsprechende Arbeitsstätten mit Stichtag 31. Dezember 1983.

Waschplätze, Waschräume, Duschen

§ 34. (1) In jeder Arbeitsstätte ist eine solche Anzahl an Waschplätzen zur Verfügung zu stellen, daß für jeweils höchstens fünf Arbeitnehmer/innen, die gleichzeitig ihre Arbeit beenden, mindestens ein Waschplatz vorhanden ist.

(2) Duschen sind für jene Arbeitnehmer/innen zur Verfügung zu stellen, deren Arbeitsbedingungen eine umfassendere Reinigung als die der Hände, der Arme und des Gesichts erforderlich machen, insbesondere wegen starker Verschmutzung oder Staubeinwirkung, wegen hoher körperlicher Belastung und Hitzeeinwirkung oder wegen Hautkontakts mit gefährlichen Arbeitsstoffen.

(3) Die Anzahl der Duschen muß so bemessen sein, daß für jeweils höchstens fünf Arbeitnehmer/innen im Sinne des Abs. 2, die gleichzeitig ihre Arbeit beenden, mindestens eine Dusche vorhanden ist.

(4) Waschräume sind zur Verfügung zu stellen,

1. wenn in der Arbeitsstätte regelmäßig gleichzeitig mehr als zwölf Arbeitnehmer/innen anwesend sind, zur Unterbringung der Waschplätze oder

2. wenn nach Abs. 2 Duschen erforderlich sind, zur Unterbringung der Waschplätze und Duschen.

(5) In den Fällen des Abs. 4 sind nach Geschlechtern getrennte Waschräume einzurichten, wenn mindestens fünf männliche Arbeitnehmer und mindestens fünf weibliche Arbeitnehmerinnen gleichzeitig auf die Waschräume angewiesen sind.

(6) Die lichte Höhe von Waschräumen hat mindestens 2,0 m zu betragen.

(7) Es ist dafür zu sorgen, daß Waschplätze und Duschen

1. ausreichend bemessen sind, sodaß sich jede/r Arbeitnehmer/in den hygienischen Erfordernissen entsprechend reinigen kann,

2. mit fließendem, nach Möglichkeit warmen Wasser ausgestattet sind,

3. den sanitären Anforderungen entsprechen, in hygienischem Zustand gehalten und erforderlichenfalls regelmäßig und wirksam desinfiziert werden,

4. mit geeigneten Mitteln zur Körperreinigung ausgestattet sind und

5. mit Einweghandtüchern oder Händetrocknern ausgestattet sind, sofern nicht jedem/jeder Arbeitnehmer/in ein eigenes Handtuch zur Verfügung gestellt wird.

(8) Fußroste aus Holz dürfen nicht verwendet werden.

(9) Es ist dafür zu sorgen, daß die Raumtemperatur in Waschräumen mindestens beträgt:

1. 21 °C in Waschräumen ohne Duschen,

2. 24 °C in Waschräumen mit Duschen.

(10) Waschräume nach Abs. 4 Z 2 und Umkleideräume müssen untereinander leicht und ohne Erkältungsgefahr erreichbar sein.

(11) § 47 ist anzuwenden auf dem Abs. 4 Z 1 nicht entsprechende Arbeitsstätten

a) mit Stichtag 31. Dezember 1983, sofern höchstens 20 Arbeitnehmer/innen regelmäßig gleichzeitig in der Arbeitsstätte anwesend sind;

b) im übrigen mit Stichtag 31. Dezember 1951.

Kleiderkästen und Umkleideräume
§ 35. (1) Für jede/n Arbeitnehmer/in ist ein Kleiderkasten zur Verfügung zu stellen, der

1. ausreichend groß, luftig und versperrbar ist,

2. geeignet ist, Kleidung und sonstige persönliche Gegenstände gegen Wegnahme zu sichern und vor Einwirkungen wie Nässe, Staub, Rauch, Dämpfe oder Gerüche zu schützen.

(2) Abweichend von Abs. 1 muß nicht für jede/n Arbeitnehmer/in ein eigener Kleiderkasten zur Verfügung gestellt werden, wenn

1. die Arbeitnehmer/innen

a) ausschließlich mit büroähnlichen Tätigkeiten beschäftigt werden oder

b) im Verkauf beschäftigt werden und keine besondere Arbeits- oder Schutzkleidung tragen, und

2. für die Kleidung eine andere versperrbare Aufbewahrungsmöglichkeit zur Verfügung steht, in der sie gegen Wegnahme gesichert und vor Einwirkungen wie Nässe, Staub, Rauch, Dämpfe oder Gerüche geschützt ist, und

3. für jede/n Arbeitnehmer/in eine versperrbare Einrichtung zur Aufbewahrung der sonstigen persönlichen Gegenstände zur Verfügung steht.

(3) Abs. 1 gilt nicht, wenn Arbeitnehmer/innen den überwiegenden Teil ihrer Arbeitszeit an auswärtigen Arbeitsstellen oder Baustellen verbringen und ihnen dort Einrichtungen nach Abs. 1 oder 2 zur Verfügung stehen.

(4) Umkleideräume sind zur Verfügung zu stellen, wenn

1. gemäß § 34 Abs. 2 Duschen zur Verfügung zu stellen sind oder

2. in der Arbeitsstätte regelmäßig gleichzeitig mehr als zwölf Arbeitnehmer/innen beschäftigt werden, die sich umkleiden müssen, weil sie bei ihrer Tätigkeit besondere Arbeits- oder Schutzkleidung tragen, oder

3. wenn in der Arbeitsstätte regelmäßig gleichzeitig bis zu zwölf Arbeitnehmer/innen beschäftigt werden, die sich umkleiden müssen, weil sie bei ihrer Tätigkeit besondere Arbeits- oder Schutzkleidung tragen und dieses Umkleiden in anderen Räumen aus sittlichen oder hygienischen Gründen nicht zumutbar ist.

(5) In den Fällen des Abs. 4 sind nach Geschlechtern getrennte Umkleideräume einzurichten, wenn mindestens fünf männliche Arbeitnehmer und mindestens fünf weibliche Arbeitnehmerinnen gleichzeitig auf die Umkleideräume angewiesen sind.

(6) Die lichte Höhe von Umkleideräumen nach Abs. 4 hat mindestens 2,0 m zu betragen.

(7) Es ist dafür zu sorgen, daß in Umkleideräumen nach Abs. 4

1. für jede/n gleichzeitig auf den Umkleideraum angewiesenen Arbeitnehmer/in mindestens 0,6 m^2 freie Bodenfläche vorhanden ist,

2. Sitzgelegenheiten in ausreichender Zahl vorhanden sind,

3. die Kleiderkästen nach Abs. 1 untergebracht sind,

4. die Raumtemperatur mindestens 21 °C beträgt und

5. nasse Arbeits- oder Schutzkleidung nicht getrocknet wird.

AStV

(8) Sofern die Arbeits- oder Schutzkleidung bei der Arbeit naß oder feucht wird, muß für deren Trocknen gesorgt sein. Erforderlichenfalls sind gut lüftbare Trockenräume einzurichten.

(9) § 47 ist anzuwenden auf

1. dem Abs. 4 Z 1 nicht entsprechende Arbeitsstätten

a) mit Stichtag 31. Dezember 1983, sofern höchstens 20 Arbeitnehmer/innen regelmäßig gleichzeitig in der Arbeitsstätte anwesend sind;

b) im übrigen mit Stichtag 31. Dezember 1951;

2. dem Abs. 4 Z 3 nicht entsprechende Arbeitsstätten mit Stichtag 31. Dezember 1998;

3. dem Abs. 7 Z 1 nicht entsprechende Umkleideräume mit Stichtag 31. Dezember 1983.

Aufenthalts- und Bereitschaftsräume

§ 36. (1) Sind in einer Arbeitsstätte regelmäßig gleichzeitig mehr als zwölf Arbeitnehmer/innen, die nicht den überwiegenden Teil ihrer Arbeitszeit an auswärtigen Arbeitsstellen oder Baustellen verbringen, anwesend, sind Aufenthaltsräume zur Verfügung zu stellen.

(2) Unabhängig von der Arbeitnehmer/innenzahl sind für folgende Arbeitnehmer/innen Aufenthaltsräume zur Verfügung zu stellen, sofern diesen kein anderer den Anforderungen des Abs. 3 entsprechender Raum zur Erholung oder zur Einnahme von Mahlzeiten während der Arbeitspausen zur Verfügung steht:

1. für Arbeitnehmer/innen, die mehr als zwei Stunden pro Tag im Freien beschäftigt werden;

2. für Arbeitnehmer/innen, die in Arbeitsräumen beschäftigt werden, die aus Sicherheits- oder Gesundheitsgründen nicht zur Erholung oder zur Einnahme von Mahlzeiten während der Arbeitspausen geeignet sind, wie insbesondere wegen Beeinträchtigung oder Belästigung durch Lärm, Erschütterungen, üble Gerüche, Schmutz, Staub, Hitze, Kälte, Nässe oder Einwirkung gefährlicher Arbeitsstoffe.

(3) Es ist dafür zu sorgen, daß in Aufenthaltsräumen nach Abs. 1 und 2

1. die lichte Höhe mindestens 2,5 m beträgt,

2. die Raumtemperatur mindestens 21 °C beträgt,

3. für jede/n gleichzeitig auf den Raum angewiesene/n Arbeitnehmer/in ein freier Luftraum von mindestens 3,5 m^3 vorhanden ist,

4. für jede/n gleichzeitig auf den Raum angewiesene/n Arbeitnehmer/in eine freie Bodenfläche von mindestens 1 m^2 vorhanden ist,

5. ausreichend große Tische und für jede/n gleichzeitig auf den Raum angewiesene/n Arbeitnehmer/in eine Sitzgelegenheit mit Rückenlehne vorhanden sind,

6. keine Beeinträchtigung oder unzumutbare Belästigung durch Lärm, Erschütterungen, üble Gerüche, Schmutz, Staub, Hitze oder Einwirkung gefährlicher Arbeitsstoffe gegeben ist,

7. dem § 25 Abs. 1 und 5 entsprechende Lichteintrittsflächen und Sichtverbindung vorhanden sind, sofern die Arbeitnehmer/innen während des Tages überwiegend in Arbeitsräumen im Sinne des § 25 Abs. 2 beschäftigt werden und

8. gegebenenfalls geeignete Stellen vorhanden sind, an denen vor dem Betreten der Aufenthaltsräume nasse oder verunreinigte Arbeits- oder Schutzkleidung abgelegt werden kann und

9. in den Aufenthaltsräumen nasse Arbeits- oder Schutzkleidung nicht getrocknet wird.

(4) Werden im Fall des § 31 Abs. 1 Z 1 Container als Aufenthaltsräume verwendet, ist abweichend von Abs. 3 Z 1 eine lichte Höhe von mindestens 2,3 m zulässig.

(5) Sofern nach § 28 Abs. 3 ASchG Bereitschaftsräume zur Verfügung zu stellen sind, ist dafür zu sorgen, daß

1. diese den Anforderungen nach Abs. 3 entsprechen und

2. für alle Arbeitnehmer/innen, die während der Nacht gleichzeitig Bereitschaft haben, je eine zur Erholung geeignete Liege vorhanden ist.

(6) § 47 ist anzuwenden auf

1. dem Abs. 1 nicht entsprechende Arbeitsstätten

a) mit Stichtag 31. Dezember 1983, sofern höchstens 20 Arbeitnehmer/innen regelmäßig gleichzeitig in der Arbeitsstätte anwesend sind;

b) im übrigen mit Stichtag 31. Dezember 1951;

2. dem Abs. 3 Z 1 nicht entsprechende Arbeitsstätten mit Stichtag 31. Dezember 1983, sofern die lichte Höhe mindestens 2,0 m beträgt;

3. dem Abs. 3 Z 3, 4 oder 7 nicht entsprechende Arbeitsstätten mit Stichtag 31. Dezember 1983;

4. dem Abs. 5 nicht entsprechende Arbeitsstätten mit Stichtag 31. Dezember 1992.

Wohnräume

§ 37. Zu Wohnzwecken oder zur Nächtigung dürfen den Arbeitnehmer/innen von Arbeitgeber/innen nur Räume zur Verfügung gestellt werden, die den nachfolgenden Anforderungen entsprechen:

1. Sie müssen ein direkt ins Freie führendes Fenster haben, sowie ausreichend beleuchtbar und beheizbar sein.

2. Die lichte Höhe hat mindestens 2,5 m zu betragen.

3. Sie müssen versperrbar sein sowie mit ausreichend großen Tischen und mit mindestens einer Sitzgelegenheit mit Rückenlehne für jede/n untergebrachte/n Arbeitnehmer/in ausgestattet sein.

4. Der freie, durch das Volumen von Einbauten nicht verringerte Luftraum muß pro Arbeitnehmer/in mindestens 10 m³ betragen.
5. Für jede/n Arbeitnehmer/in muß ein versperrbarer Kasten und ein Bett mit Bettzeug zur Verfügung stehen. Etagenbetten sind nicht zulässig.
6. Schlafräume müssen versperrbar sein. Sie müssen nach Geschlechtern getrennt benutzbar sein und auch gesonderte Zugänge haben.
7. Es müssen Einrichtungen zum Zubereiten und Wärmen sowie zum Kühlen von Speisen und Getränken zur Verfügung stehen.
8. Es müssen Mittel für die Erste Hilfe zur Verfügung stehen.
9. Es müssen geeignete Einrichtungen zum Trocknen nasser Kleidung zur Verfügung stehen.
10. Sofern Raucher und Nichtraucher nicht in getrennten Räumen untergebracht sind, ist das Rauchen zu untersagen.
11. Den Arbeitnehmer/innen müssen geeignete Duschen, Waschgelegenheiten und Toiletten zur Verfügung stehen. Hinsichtlich Anzahl und Beschaffenheit gelten §§ 32 bis 34 sinngemäß.

Benutzbarkeit von sanitären Vorkehrungen und Sozialeinrichtungen

§ 38. Es ist dafür zu sorgen, daß Toiletten, Wasch- und Umkleideräume sowie Aufenthalts-, Bereitschafts- und Wohnräume durch andere Nutzungen (zB Lagerungen) nicht in ihrer Benutzbarkeit beeinträchtigt werden.

5. Abschnitt
Erste Hilfe und Brandschutz
Mittel für die Erste Hilfe

§ 39. (1) In jeder Arbeitsstätte ist eine Ausstattung an Mitteln für die Erste Hilfe bereitzustellen. Art und Umfang dieser Ausstattung müssen der Anzahl der in der Arbeitsstätte beschäftigten Arbeitnehmer/innen sowie den im Hinblick auf die Art der Arbeitsvorgänge, der verwendeten Arbeitsmittel oder Arbeitsstoffe möglichen Verletzungsgefahren angemessen sein.

(2) Mittel der Ersten Hilfe sind in staubdicht schließenden Behältern, in hygienisch einwandfreiem, jederzeit gebrauchsfertigem Zustand aufzubewahren.

(3) Die Aufbewahrungsorte müssen leicht zugänglich und gekennzeichnet sein. In unmittelbarer Nähe des Behälters müssen vorhanden sein:
1. eine ausführliche Anleitung zur Ersten Hilfe Leistung,
2. Vermerke mit den Namen der Erst-Helfer und
3. die Notrufnummer der Rettung oder Vermerke über Unfallmeldestellen, Krankentransportmittel, Ärzte oder Krankenhäuser.

(4) Es ist dafür zu sorgen, daß in der Arbeitsstätte oder in der Nähe der Arbeitsstätte ein Telefon vorhanden ist, das die Arbeitnehmer/innen im Notfall leicht erreichen und benutzen können.

(5) In Arbeitsstätten mit besonderen Unfallgefahren sind Einrichtungen für den Transport von Verletzten in ausreichender Zahl bereitzustellen. Die Aufbewahrungsorte müssen leicht zugänglich und gekennzeichnet sein.

Erst-Helfer/innen

§ 40. (1) Es ist dafür zu sorgen, dass mindestens folgende Personenzahl nachweislich für die Erste Hilfe Leistung ausgebildet ist (Erst-Helfer/innen):
1. Bei bis zu 19 regelmäßig gleichzeitig beschäftigten Arbeitnehmer/innen eine Person; bei 20 bis 29 regelmäßig gleichzeitig beschäftigten Arbeitnehmer/innen zwei Personen; bei je 10 weiteren regelmäßig gleichzeitig beschäftigten Arbeitnehmer/innen eine zusätzliche Person;
2. abweichend von Z 1 in Büros oder in Arbeitsstätten, in denen die Unfallgefahren mit Büros vergleichbar sind: Bei bis zu 29 regelmäßig gleichzeitig beschäftigten Arbeitnehmer/innen eine Person; bei 30 bis 49 regelmäßig gleichzeitig beschäftigten Arbeitnehmer/innen zwei Personen; bei je 20 weiteren regelmäßig gleichzeitig beschäftigten Arbeitnehmer/innen eine zusätzliche Person.

(2) Für die Ausbildung nach Abs. 1 gilt Folgendes:
1. In Arbeitsstätten mit mindestens fünf regelmäßig gleichzeitig beschäftigten Arbeitnehmer/innen muss es sich bei der Ausbildung nach Abs. 1 um eine mindestens 16–stündige Ausbildung nach den vom Österreichischen Roten Kreuz ausgearbeiteten Lehrplänen, oder eine andere, zumindest gleichwertige Ausbildung, wie die des Präsenz- oder Ausbildungsdienstes beim Bundesheer, handeln.
2. In Arbeitsstätten mit weniger als fünf regelmäßig gleichzeitig beschäftigten Arbeitnehmer/innen ist es bis 1.1.2015 ausreichend, wenn der/die Erst-Helfer/in nach dem 1.1.1998 eine mindestens sechsstündige Unterweisung in lebensrettenden Sofortmaßnahmen im Sinne des § 6 der Führerscheingesetz-Durchführungsverordnung, BGBl. II Nr. 320/1997) absolviert hat. Ab 1.1.2015 muss der/die Erst-Helfer/in eine Erste–Hilfe-Auffrischung nach Abs. 3 absolvieren.

(3) Es ist dafür zu sorgen, dass Erst-Helfer/innen in Abständen von höchstens vier Jahren eine mindestens achtstündige Erste-Hilfe-Auffrischung absolvieren. Diese kann auch geteilt werden, sodass in Abständen von höchstens zwei Jahren eine mindestens vierstündige Erste–Hilfe-Auffrischung erfolgt. Die Erste-Hilfe-Auffrischung kann auch durch den/die Arbeitsmediziner/in ohne Einrechnung in die Präventionszeit durchgeführt werden.

AStV

(4) Durch organisatorische Maßnahmen ist sicherzustellen, dass während der betriebsüblichen Arbeitszeit eine im Hinblick auf die Anzahl der anwesenden Arbeitnehmer/innen ausreichende Anzahl an Erst–Helfer/innen anwesend ist. Erst-Helfer/in kann auch der/die Arbeitgeber/in selbst sein.

Sanitätsräume

§ 41. (1) Ein Sanitätsraum ist in Arbeitsstätten einzurichten, in denen

1. regelmäßig mehr als 250 Arbeitnehmer/innen beschäftigt werden oder
2. regelmäßig mehr als 100 Arbeitnehmer/innen beschäftigt werden und auf Grund der Art der Arbeitsvorgänge oder Arbeitsverfahren, der verwendeten Arbeitsstoffe oder Arbeitsmittel besondere Unfallgefahren für die Arbeitnehmer/innen bestehen.

(2) Es ist dafür zu sorgen, daß Sanitätsräume folgenden Anforderungen entsprechen:

1. Sie sind so zu gestalten, daß bei Unfällen oder plötzlichen Erkrankungen Erste Hilfe geleistet und eine ärztliche Erstversorgung durchgeführt werden kann.
2. Die lichte Höhe muß mindestens 2,0 m betragen, sofern nicht die Bestimmungen des 3. Abschnittes anzuwenden sind.
3. Sie sind mit einem Telefon, einer Liege sowie einer Waschgelegenheit mit fließendem Kalt- und Warmwasser auszustatten.
4. Die Raumtemperatur muß mindestens 21 °C betragen.
5. In der Nähe muß sich eine Toilette befinden.
6. Sie dürfen durch andere Nutzungen (zB Lagerungen) nicht in ihrer Benutzbarkeit beeinträchtigt werden.

(3) Sanitätsräume müssen so gelegen sein, daß sie möglichst von allen Stellen der Arbeitsstätte mit einer Trage leicht erreicht werden können. Sie müssen nach Möglichkeit im Erdgeschoß liegen. Sie müssen als solche gekennzeichnet sein.

(4) Wenn dies auf Grund besonderer Verhältnisse im Sinne des § 12 Abs. 1 Z 1 bis 5 für einen wirksamen Schutz der Arbeitnehmer/innen erforderlich ist, sind Zufahrtswege für Rettungskräfte einzurichten.

(5) § 47 ist anzuwenden auf dem Abs. 1 nicht entsprechende Arbeitsstätten mit Stichtag 31. Dezember 1983.

Löschhilfen

§ 42. (1) In jeder Arbeitsstätte müssen geeignete Löschhilfen, wie Löschwasser, Löschdecken, Löschsand, Wandhydranten, tragbare Feuerlöschgeräte oder fahrbare Feuerlöscher, in ausreichender Anzahl bereitgestellt sein. Bei der Auswahl der geeigneten Löschhilfen und deren Anzahl ist insbesondere zu berücksichtigen:

1. die Brandklassen der vorhandenen Einrichtungen und Materialien,
2. das Brandverhalten der vorhandenen Einrichtungen und Materialien,
3. die vorhandene Brandlast,
4. die Nutzungsart der Arbeitsstätte und
5. die Ausdehnung der Arbeitsstätte.

(2) Unzulässig sind:

1. Tetrachlorkohlenstoff als Löschmittel;
2. in kleinen, engen oder schlecht lüftbaren Räumen:
a) Halogenkohlenwasserstoffe als Löschmittel oder
b) tragbare Feuerlöschgeräte mit Kohlendioxid als Löschmittel;
3. in tiefgelegenen Räumen: Kohlendioxidlöschanlagen.

(3) Abs. 2 Z 2 lit. a und Abs. 2 Z 3 gelten nicht, wenn durch geeignete Maßnahmen wie entsprechende Konzentrationen, Zutrittsbeschränkungen und Absaugungsmöglichkeit des Löschmittels, sichergestellt ist, daß Sicherheit und Gesundheit von Arbeitnehmer/innen auch im Einsatzfall nicht gefährdet werden.

(4) Löschhilfen müssen jederzeit gebrauchsfähig, erforderlichenfalls gegen Einfrieren geschützt sowie leicht erreichbar sein. Die Löschhilfen oder deren Aufstellungsorte müssen gekennzeichnet sein.

(5) Die Behörde hat besondere Brandschutzeinrichtungen, wie Brandmeldeanlagen oder stationäre Löschanlagen, vorzuschreiben, wenn dies auf Grund besonderer Verhältnisse im Sinne des § 12 Abs. 1 Z 1 bis 5 für einen wirksamen Schutz der Arbeitnehmer/innen erforderlich ist.

(6) Besondere Brandschutzeinrichtungen im Sinne des Abs. 5 dürfen nur außer Betrieb gesetzt werden, wenn andere geeignete Brandschutzmaßnahmen getroffen sind.

Brandschutzbeauftragte und Brandschutzwarte

§ 43. (1) Die Behörde hat die Bestellung eines/einer Brandschutzbeauftragten und erforderlichenfalls einer Ersatzperson sowie, falls dies nicht ausreicht, weitere geeignete Maßnahmen vorzuschreiben, wenn dies auf Grund besonderer Verhältnisse im Sinne des § 12 Abs. 1 Z 1 bis 5 für einen wirksamen Schutz der Arbeitnehmer/innen erforderlich ist.

(2) Als Brandschutzbeauftragte nach Abs. 1 dürfen nur Personen bestellt werden, die eine mindestens 16stündige Ausbildung auf dem Gebiet des Brandschutzes nach den Richtlinien der Feuerwehrverbände oder Brandverhütungsstellen oder eine andere, zumindest gleichwertige einschlägige Ausbildung nachweisen können.

(3) Brandschutzbeauftragte nach Abs. 1 sind zu folgenden Aufgaben heranzuziehen:

1. Maßnahmen nach § 45 Abs. 2 bis 6,

2. Information der Arbeitnehmer/innen über das Verhalten im Brandfall,
3. Durchführung der Eigenkontrolle im Sinne der einschlägigen Regeln der Technik,
4. Bekämpfung von Entstehungsbränden mit Mitteln der ersten und erweiterten Löschhilfe,
5. Evakuierung der Arbeitsstätte und
6. Vorbereitung eines allfälligen Feuerwehreinsatzes.

(4) Den Brandschutzbeauftragten ist während der Arbeitszeit ausreichend Zeit für die Wahrnehmung ihrer Aufgaben zu gewähren und sind alle dazu erforderlichen Mittel und Unterlagen zur Verfügung zu stellen. Sie sind mit den nötigen Befugnissen auszustatten.

(5) Sofern es die Personenzahl oder die Ausdehnung der Arbeitsstätte erfordern, hat die Behörde zusätzlich die Bestellung der erforderlichen Anzahl von Brandschutzwarten und erforderlichenfalls von Ersatzpersonen vorzuschreiben. Brandschutzwarte haben die Aufgabe, den/die Brandschutzbeauftragte/n bei seinen/ihren Aufgaben zu unterstützen und innerhalb bestimmter örtlicher oder sachlicher Bereiche der Arbeitsstätte die Brandsicherheit zu überwachen.

(6) Als Brandschutzwarte dürfen nur Personen bestellt werden, die eine einschlägige Ausbildung einer Schulungseinrichtung nachweisen oder nachweislich vom Brandschutzbeauftragten mindestens sechs Stunden betriebsbezogen ausgebildet und unterwiesen wurden.

(7) Abs. 1 bis 6 gelten nicht, wenn
1. der/die Arbeitgeber/in auf Grund landesgesetzlicher Vorschriften eine/n Brandschutzbeauftragte/n bestellt oder eine Betriebsfeuerwehr eingerichtet hat oder
2. in der Arbeitsstätte eine freiwillige Betriebsfeuerwehr nach den Richtlinien der Landesfeuerwehrverbände eingerichtet ist.

§ 44a. (1) Wenn weder aufgrund landesgesetzlicher Vorschriften ein/e Brandschutzbeauftragte/r bestellt oder eine Betriebsfeuerwehr eingerichtet ist, noch eine freiwillige Betriebsfeuerwehr nach den Richtlinien der Landesfeuerwehrverbände eingerichtet ist, noch ein/e Brandschutzbeauftragte/r, ein/e Brandschutzwart/in oder eine Brandschutzgruppe nach dieser Verordnung vorgeschrieben ist, ist dafür zu sorgen, dass die gemäß § 25 Abs. 4 ASchG benannten Personen mit der Handhabung der Mittel der ersten Löschhilfe vertraut und in der Lage sind, folgende Veranlassungen treffen zu können:
1. Im Brandfall erforderlichenfalls die Feuerwehr zu alarmieren,
2. im Fall von Alarm nach Anweisung des Arbeitgebers/ der Arbeitgeberin zu kontrollieren, ob alle Arbeitnehmer/innen die Arbeitsstätte verlassen haben,

3. die Mittel der ersten Löschhilfe im Brandfall anzuwenden, soweit dies zur Sicherung der Flucht von Arbeitnehmer/innen unbedingt notwendig ist.

(2) Die Bestellung von Personen, die für Brandbekämpfung und Evakuierung der Arbeitnehmer/innen zuständig sind, befreit die Arbeitgeber/innen nicht von ihrer Verantwortung nach § 25 Abs. 1 bis 3 ASchG.

Maßnahmen bei erhöhtem Brandschutz
§ 45. (1) Die Maßnahmen nach Abs. 2 bis 6 sind zu treffen:
1. in Arbeitsstätten, für die die Bestellung eines/einer Brandschutzbeauftragten (§ 43) oder einer Brandschutzgruppe (§ 44) nach dieser Verordnung, vor Inkrafttreten dieser Verordnung nach der Allgemeinen Arbeitnehmerschutzverordnung, mit Bescheid vorgeschrieben wurde;
2. in Arbeitsstätten, in denen der/die Arbeitgeber/in auf Grund landesgesetzlicher Vorschriften einen Brandschutzbeauftragten bestellt oder eine Betriebsfeuerwehr eingerichtet hat;
3. in Arbeitsstätten, in denen eine freiwillige Betriebsfeuerwehr nach den Richtlinien der Feuerwehrverbände eingerichtet ist.

(2) Es ist eine Brandschutzordnung zu erstellen. In dieser sind die zur Brandverhütung und zur Brandbekämpfung erforderlichen technischen und organisatorischen Vorkehrungen und durchzuführenden Maßnahmen festzuhalten. Die Brandschutzordnung ist jährlich auf Richtigkeit und Vollständigkeit zu überprüfen und gegebenenfalls zu ergänzen. Die Brandschutzordnung ist allen Arbeitnehmer/innen zur Kenntnis zu bringen. Die Brandschutzordnung ist Bestandteil des Sicherheits- und Gesundheitsschutzdokuments.

(3) Es ist ein Brandschutzbuch zu führen. In diesem sind festzuhalten:
1. die Ergebnisse der Eigenkontrolle und die getroffenen Maßnahmen zur Mängelbehebung,
2. die durchgeführten Überprüfungen und deren Ergebnisse,
3. die durchgeführten Brandschutzübungen und
4. alle Brände und deren Ursachen.

(4) Es ist ein Brandschutzplan nach den einschlägigen Regeln der Technik in Zusammenarbeit mit dem örtlich zuständigen Feuerwehrkommando zu erstellen.

(5) Es sind mindestens einmal jährlich Brandalarm- und Räumungsübungen durchzuführen. Werden bei einer solchen Übung Mängel der Alarmeinrichtung festgestellt, ist die Übung nach höchstens drei Monaten zu wiederholen.

(6) Alle Arbeitnehmer/innen, die in jenen Bereichen beschäftigt werden, in denen die den erhöhten Brandschutz begründenden Verhältnisse vorliegen, sind in der ordnungsgemäßen Handhabung der Löschgeräte zu unterweisen.

AStV

6. Abschnitt
Gebäude auf Baustellen

Gebäude und Arbeitsräume auf Baustellen

§ 46. (1) Unbeschadet der Bauarbeiterschutzverordnung – BauV, BGBl. Nr. 340/1994, zuletzt geändert durch BGBl. II Nr. 121/1998, gelten für Räume auf oder im Zusammenhang mit Baustellen, in denen ständige Arbeitsplätze im Sinne des § 1 Abs. 4 eingerichtet sind, wie Baustellenbüros, Werkstätten oder Lagerräume, folgende Bestimmungen dieser Verordnung:

1. für die Bodenfläche: § 24 Abs. 2;
2. für Lichteintrittsflächen und Sichtverbindung: § 25 Abs. 1 und 5, soweit dies technisch möglich ist;
3. für die natürliche Lüftung: § 26 Abs. 1 und 5;
4. für die mechanische Be- und Entlüftung: § 27 Abs. 1, 6 und 7;
5. für die Raumtemperatur: § 28 Abs. 1 und 3 und § 30 Abs. 3 Z 7;
6. für die künstliche Beleuchtung: § 29.

(2) Als Arbeitsräume im Sinne des Abs. 1 dürfen nur Räume verwendet werden, deren lichte Höhe mindestens 2,5 m beträgt. Abweichend davon dürfen Container und ähnliche Einrichtungen mit folgenden lichten Höhen als Arbeitsräume verwendet werden:

1. 2,2 m, sofern in dem Arbeitsraum seiner Nutzungsart nach nur kurzfristige Tätigkeiten durchzuführen sind;
2. 2,3 m im Scheitel bei Baustellenwagen,
3. im übrigen 2,3 m.

(3) Weiters gelten für Gebäude, in denen Räume im Sinne des Abs. 1 eingerichtet sind, folgende Bestimmungen dieser Verordnung:

1. für Verkehrswege: § 2 Abs. 1 Z 3, Abs. 3 und Abs. 6;
2. für Ausgänge: § 3 Abs. 1 und 3;
3. für die Beleuchtung: § 5 Abs. 2 Z 3, wobei erforderlichenfalls stoßsichere tragbare Lichtquellen zur Verfügung zu stellen sind;
4. für Türen und Tore: § 7 Abs. 1;
5. für Fußböden, Wände und Decken: § 6 Abs. 1, 3 und 4;
6. für Fenster, Lichtkuppeln und Glasdächer: § 8;
7. für Laderampen: § 11 Abs. 6;
8. für die barrierefreie Gestaltung: § 15 Abs. 1;
9. für den baulichen Brandschutz: § 16 Abs. 1;
10. für Fluchtwege und Notausgänge: § 19 Abs. 1 und 2 und § 20 Abs. 1 und 2.

7. Abschnitt
Übergangs- und Schlußbestimmungen

Übergangsbestimmungen

§ 47. (1) Arbeitsstätten, die bereits vor Inkrafttreten dieser Verordnung genutzt wurden und deren vorhandene Ausführung einzelnen Bestimmungen dieser Verordnung nicht entspricht, dürfen weiterhin genutzt werden, wenn

1. diese Verordnung hinsichtlich der betreffenden Bestimmung auf § 47 verweist,
2. der vom Verweis auf § 47 erfaßte Teil der Arbeitsstätte in der tatsächlich vorhandenen Ausführung bereits seit dem jeweils angegebenen Stichtag besteht, und
3. seit dem jeweils angegebenen Stichtag stets eine Nutzung als Arbeitsstätte, und, sofern es sich um Bestimmungen des 3. Abschnittes handelt, auch eine Nutzung als Arbeitsraum gegeben war.

(2) Abs. 1 wird durch einen Wechsel in der Person des Arbeitgebers/der Arbeitgeberin nicht berührt.

(3) Abs. 1 wird grundsätzlich auch nicht berührt, wenn sich nach dem jeweiligen Stichtag die in Z 1 bis 5 angeführten Verhältnisse in der Arbeitsstätte ändern. Hat eine solche Änderung jedoch zur Folge, daß die tatsächlich vorhandene Ausführung des vom Verweis auf § 47 erfaßten Teils der Arbeitsstätte für einen wirksamen Schutz der Arbeitnehmer/innen nicht mehr ausreicht, hat die Behörde die erforderlichen Maßnahmen mit Bescheid vorzuschreiben. Eine solche Änderung kann betreffen:

1. die Art der Arbeitsvorgänge oder Arbeitsverfahren,
2. die Art oder Menge der vorhandenen Arbeitsstoffe,
3. die vorhandenen Einrichtungen oder Arbeitsmittel,
4. die Lage, die Abmessungen, die bauliche Gestaltung oder die Nutzungsart der Arbeitsstätte oder
5. die höchstmögliche Anzahl der in der Arbeitsstätte anwesenden Personen.

(4) Abs. 1 gilt solange, als der konkrete, vom Verweis auf § 47 erfaßte Teil der Arbeitsstätte in der tatsächlich vorhandenen Ausführung weiterbesteht. Wird dieser Teil jedoch erneuert oder hinsichtlich der vom Verweis auf § 47 erfaßten Ausführung verändert, ist die Erneuerung oder Veränderung entsprechend den Anforderungen dieser Verordnung vorzunehmen.

(5) Abs. 1 gilt nicht, wenn

1. aus einem vor Inkrafttreten dieser Verordnung erlassenen rechtskräftigen Bescheid hervorgeht, daß die tatsächlich vorhandene Ausführung des vom Verweis auf § 47 erfaßten Teils der Arbeitsstätte unzulässig ist oder
2. nach Inkrafttreten dieser Verordnung eine Änderung der Nutzungsart der Arbeitsstätte erfolgt, durch die eine Bewilligungspflicht im Sinne der §§ 92 oder 93 ASchG begründet wird.

(6) Arbeitsstätten, für die vor Inkrafttreten dieser Verordnung mit Bescheid eine Ausnahmegenehmigung im Sinne des § 126 Abs. 1 oder 2 ASchG erteilt wurde, dürfen entsprechend diesem Bescheid weiterhin genutzt werden.

(7) Auf Arbeitsstätten, die vor Inkrafttreten dieser Verordnung gemäß § 27 Abs. 1 oder 2 des Arbeitnehmerschutzgesetzes, BGBl. Nr. 234/1972, oder gemäß § 92 Abs. 1 oder § 93 Abs. 2 ASchG genehmigt wurden, sind die Bestimmungen dieser Verordnung nur insoweit anzuwenden, als nicht der Genehmigungsbescheid anderes vorsieht.

(8) Bescheide, durch die weitergehende Maßnahmen zum Schutz der Arbeitnehmer/innen gemäß § 94 Abs. 3 oder 4 ASchG vorgeschrieben wurden, bleiben unberührt.

Schlußbestimmungen

§ 48. (1) § 1 Abs. 4 der Bauarbeiterschutzverordnung – BauV, BGBl. Nr. 340/1994, zuletzt geändert durch BGBl. II Nr. 121/1998, tritt außer Kraft.

(2) Gemäß § 95 Abs. 2 ASchG wird festgestellt, daß in § 25 Abs. 2 Z 2, Abs. 4 Z 3 und Abs. 7 sowie in § 46 Abs. 2 dieser Verordnung Abweichungen von § 22 Abs. 6 und § 118 Abs. 1 ASchG festgelegt werden.

(3) Gemäß § 106 Abs. 2, § 107 Abs. 2 und 3 sowie § 108 Abs. 1 ASchG wird festgestellt, daß gleichzeitig mit dieser Verordnung § 21 Abs. 5 ASchG, § 25 Abs. 4 erster Satz und Abs. 5 ASchG sowie § 28 Abs. 3 ASchG in Kraft treten.

(4) Gemäß § 125 Abs. 8 ASchG wird festgestellt, daß mit Inkrafttreten dieser Verordnung außer Kraft treten:

1. folgende gemäß § 106 Abs. 3 und § 118 Abs. 1 erster Satz ASchG als Bundesgesetz geltende Bestimmungen der Allgemeinen Arbeitnehmerschutzverordnung (AAV): § 3; § 4; § 6 Abs. 1 bis Abs. 3, in Abs. 4 der dritte und vierte Satz sowie Abs. 6 bis Abs. 8; § 7 Abs. 1 bis Abs. 3 und Abs. 5; § 8; § 9; § 10; § 11; § 12; § 13; § 14 Abs. 1; § 15; § 18 Abs. 1 bis Abs. 5 und in Abs. 6 der zweite Satz; § 19 Abs. 1 und Abs. 7; § 23; § 24; § 25; § 26 Abs. 1 bis Abs. 4 und Abs. 7; § 23; § 24; § 25; § 26 Abs. 1 bis Abs. 9 und Abs. 11 bis Abs. 15; § 27 Abs. 1; § 28 Abs. 1; § 63; § 64 in Abs. 1 der erste und zweite Satz, Abs. 2 und Abs. 3, in Abs. 4 und Abs. 5 jeweils der erste Satz, Abs. 7 und in Abs. 8 der erste Satz.

2. sämtliche gemäß § 106 Abs. 4 bis 7 ASchG weitergeltenden Bestimmungen der Allgemeinen Dienstnehmerschutzverordnung

(ADSV);

3. folgende gemäß § 107 ASchG als Bundesgesetz geltenden Bestimmungen der Allgemeinen Arbeitnehmerschutzverordnung (AAV): § 76 Abs. 1 bis Abs. 5 und Abs. 7; § 77; § 78; § 79; § 81 Abs. 1, Abs. 2 mit Ausnahme des letzten Satzes, Abs. 3 bis Abs. 7; § 82;

4. folgende gemäß § 108 ASchG als Bundesgesetz geltenden Bestimmungen der Allgemeinen Arbeitnehmerschutzverordnung (AAV): § 83 Abs. 1; § 84 Abs. 1, Abs. 3, in Abs. 4 der erste Satz sowie Abs. 5 und Abs. 6; § 85 Abs. 2 bis Abs. 5; § 86 Abs. 1 bis Abs. 3, Abs. 5, Abs. 7 bis Abs. 9; § 87 Abs. 1, mit Ausnahme des letzten Satzes, sowie Abs. 2 bis Abs. 6; § 88;

5. folgende gemäß § 109 ASchG als Bundesgesetz geltenden Bestimmungen der Allgemeinen Arbeitnehmerschutzverordnung (AAV): § 22 Abs. 6; § 27 in Abs. 2 der erste Satz;

6. folgende gemäß § 111 Abs. 1 ASchG als Bundesgesetz geltende Bestimmungen:

a) § 16 Abs. 3 der Verordnung BGBl. Nr. 183/1923;

b) § 9 Abs. 3 der Verordnung BGBl. Nr. 184/1923;

c) § 14 Abs. 1 der Verordnung BGBl. Nr. 185/1923.

(5) Folgende gemäß §§ 106 bis 108 ASchG als Bundesgesetz geltende Bestimmungen der Allgemeinen Arbeitnehmerschutzverordnung (AAV) werden durch diese Verordnung nicht berührt:

1. § 6 in Abs. 4 der erste und zweite Satz und Abs. 5; § 7 Abs. 4; § 14 Abs. 2 und Abs. 3; § 22 Abs. 5; § 26 Abs. 10; § 28 Abs. 2 bis 5; § 18 in Abs. 6 der erste Satz; § 64 in Abs. 1 der dritte Satz, in Abs. 4 der erste Satz, in Abs. 5 der zweite und dritte Satz, Abs. 6 und in Abs. 8 der zweite und dritte Satz;

2. § 74; § 75; § 76 Abs. 6 und Abs. 8; § 81 in Abs. 2 der letzte Satz; § 81 Abs. 8;

3. § 84 in Abs. 4 der zweite Satz; § 86 Abs. 6; § 87 in Abs. 1 der letzte Satz.

(6) Diese Verordnung tritt am 1. Jänner 1999 in Kraft. § 40 und § 44a in der Fassung der Verordnung BGBl. II Nr. 256/2009 treten am 1. Jänner 2010 in Kraft.

(7) Das Inhaltsverzeichnis sowie § 43 Abs. 1 in der Fassung BGBl. II Nr. 324/2014 treten mit 1. Jänner 2015 in Kraft. § 44 samt Überschrift tritt mit Ablauf des 31. Dezember 2014 außer Kraft.

(8) § 2 Abs. 7, § 17 Abs. 1a, 1b, 1c und 3 sowie § 18 Abs. 2 und 4 in der Fassung BGBl. II Nr. 309/2017 treten mit dem ihrer Kundmachung folgenden Monatsersten in Kraft.

AStV

12. Arbeitsmittelverordnung

Verordnung des Bundesministers für Wirtschaft und Arbeit über den Schutz der ArbeitnehmerInnen bei der Benutzung von Arbeitsmitteln (Arbeitsmittelverordnung - AM-VO) und mit der die Bauarbeiterschutzverordnung geändert wird

StF: BGBl. II Nr. 164/2000 (CELEX-Nr.: 389L0655, 392L0057, 392L0104, 395L0063)

Letzte Novellierung: BGBl. II Nr. 330/2024 [CELEX-Nr.: 32022L0431]

Präambel

Auf Grund der §§ 4, 6 Abs. 2, 12, 14, 17, 39 Abs. 1 und Abs. 2 sowie 95 Abs. 1 und Abs. 2 des ArbeitnehmerInnenschutzgesetzes (ASchG), BGBl. Nr. 450/1994, zuletzt geändert durch BGBl. I Nr. 70/1999, wird vom Bundesminister für Wirtschaft und Arbeit verordnet:

GLIEDERUNG

1. Abschnitt
Allgemeine Bestimmungen
Anwendungsbereich

§ 1. (1) Diese Verordnung gilt für Arbeitsstätten, auswärtige Arbeitsstellen und Baustellen, die unter das ArbeitnehmerInnenschutzgesetz (ASchG) fallen.

(2) Der 4. Abschnitt ist nicht anzuwenden auf Arbeitsmittel, die nach den im Anhang A angeführten Vorschriften in Verkehr gebracht wurden oder nach den im Anhang B angeführten Vorschriften aufgestellt wurden oder betrieben werden.

Begriffsbestimmungen

§ 2. (1) Arbeitsmittel im Sinne dieser Verordnung sind alle Maschinen, Apparate, Werkzeuge, Geräte und Anlagen, die zur Benutzung durch ArbeitnehmerInnen vorgesehen sind. Zu den Arbeitsmitteln gehören insbesondere auch Beförderungsmittel zur Beförderung von Personen oder Gütern, Aufzüge, Leitern, Gerüste, Dampfkessel, Druckbehälter, Feuerungsanlagen, Behälter, Silos, Förderleitungen, kraftbetriebene Türen und Tore sowie Hub-, Kipp- und Rolltore.

(2) Benutzung im Sinne dieser Verordnung umfasst alle ein Arbeitsmittel betreffende Tätigkeiten wie In- und Außerbetriebnahme, Gebrauch, Transport, Instandsetzung, Umbau, Instandhaltung, Wartung und Reinigung.

(3) Fachkundig im Sinne dieser Verordnung sind Personen, die die erforderlichen fachlichen Kenntnisse und Berufserfahrungen besitzen und auch die Gewähr für eine gewissenhafte Durchführung der ihnen übertragenen Arbeiten bieten. Als fachkundige Personen können auch Betriebsangehörige eingesetzt werden.

(4) Aufsicht im Sinne dieser Verordnung ist die Überwachung von ArbeitnehmerInnen durch eine geeignete Person, die im Gefahrenfall unverzüglich eingreifen und die erforderlichen Maßnahmen setzen kann.

(5) Gefahrenbereich im Sinne dieser Verordnung ist der Bereich innerhalb oder im Umkreis eines Arbeitsmittels, in dem die Sicherheit oder die Gesundheit von sich darin aufhaltenden ArbeitnehmerInnen gefährdet ist oder gefährdet sein könnte.

(6) Schutzeinrichtungen im Sinne dieser Verordnung sind technische Vorkehrungen, die dazu bestimmt sind, den Zugang zu Gefahrenbereichen oder ein Hineinlangen in diese zu verhindern, oder die eine andere geeignete Schutzfunktion bewirken.

(7) Krane im Sinne dieser Verordnung sind Arbeitsmittel zum Heben von Lasten, die die gehobene Last unabhängig von der Hubbewegung in mindestens einer Richtung motorisch angetrieben bewegen können. Regalbedienungsgeräte, Hubstapler, Bagger und Radlader gelten nicht als Krane.

(8) Selbstfahrende Arbeitsmittel sind motorisch angetriebene schienengebundene oder nicht-schienengebundene Fahrzeuge, die entsprechend dem vom Hersteller angegebenen Verwendungszweck für die Durchführung von Arbeitsvorgängen bestimmt sind.

(9) Hubstapler sind mit Gabeln, Plattformen oder anderen Lastaufnahmemitteln ausgerüstete selbstfahrende Arbeitsmittel mit Hubmast, die dazu bestimmt sind, Lasten zu heben, sie an einen anderen Ort zu verbringen, dort abzusetzen oder zu stapeln oder in Regale einzubringen oder um sonstige Manipulationstätigkeiten mit Lasten unter Verwendung besonderer Zusatzgeräte durchzuführen. Hubstapler mit hubbewegtem Fahrersitz sind Hubstapler, die mit einem Fahrerplatz ausgerüstet sind, der mit dem Lastaufnahmemittel zum Einlagern von Lasten in Regale angehoben wird.

(10) Mechanische Leitern sind fahrbare freistehend verwendbare Schiebeleitern oder Schiebedrehleitern, die hand- oder kraftbetrieben aufgerichtet, gedreht oder ausgeschoben werden.

(11) ‚Kraftbetrieben‘ im Sinne dieser Verordnung sind Arbeitsmittel nur bei Antriebsformen, die den Kraftantrieb mittels technisch freigemachter Energie bewirken, wie elektrische, pneumatische oder hydraulische Antriebe, nicht jedoch Antriebe, die durch Schwerkraft oder allein durch menschliche Muskelkraft (unmittelbar oder mittelbar) erfolgen.

Sicherheits- und Gesundheitsanforderungen

§ 3. (1) ArbeitgeberInnen dürfen nur solche Arbeitsmittel zur Verfügung stellen, die hinsichtlich Konstruktion, Bau und weiterer Schutzmaßnahmen den für sie geltenden Rechtsvorschriften über Sicherheits- und Gesundheitsanforderungen entsprechen. Zu diesen Rechtsvorschriften gehören die in den **Anhängen A und B** angeführten Vorschriften sowie der 4. Abschnitt.

(2) Wenn ArbeitgeberInnen ein Arbeitsmittel erwerben, das nach einer im Anhang A angeführten Vorschrift gekennzeichnet ist, können sie davon ausgehen, dass dieses Arbeitsmittel hinsichtlich Konstruktion, Bau und weiterer Schutzmaßnahmen dieser Vorschrift über Sicherheits- und Gesundheitsanforderungen entspricht.

(3) Abs. 2 gilt nicht, wenn ArbeitgeberInnen über andere Erkenntnisse verfügen, insbesondere wenn sie auf Grund eines Unfalls oder eines Beinaheunfalles oder auf Grund von Informationen von Herstellern, Sicherheitsfachkräften, Arbeitsmedizinern, ArbeitnehmerInnen, Prüfern, Unfallversicherungsträgern, Behörden oder sonstiger Stellen annehmen können, dass ein Arbeitsmittel den im Anhang A angeführten Vorschriften über Sicherheits- und Gesundheitsanforderungen nicht entspricht.

(4) In Fällen nach Abs. 3 ist unverzüglich die Ermittlung und Beurteilung der vom Arbeitsmittel ausgehenden Gefahren zu überprüfen. Ergibt diese Überprüfung eine Gefahr für ArbeitnehmerInnen, haben die ArbeitgeberInnen geeignete Maßnahmen zum Schutz des Lebens und der Gesundheit der ArbeitnehmerInnen zu ergreifen. Erforderlichenfalls ist das Arbeitsmittel stillzulegen und von der weiteren Benutzung auszuschließen.

(5) Die gemäß Abs. 4 durchzuführenden Maßnahmen sind in den Sicherheits- und Gesundheitsschutzdokumenten im Sinne des § 5 ASchG zu dokumentieren. In dieser Dokumentation sind die festgestellten Gefahren und die dagegen ergriffenen Schutzmaßnahmen darzustellen.

Information
§ **4.** (1) Wenn die Benutzung eines Arbeitsmittels mit einer Gefahr für Sicherheit und Gesundheit von ArbeitnehmerInnen verbunden ist, müssen ArbeitgeberInnen dafür sorgen, dass alle ArbeitnehmerInnen, die diese Arbeitsmittel benutzen, ausreichende Informationen im Sinne des § 12 ASchG erhalten. Diese Informationen müssen zumindest folgende Angaben in Bezug auf die Sicherheit und Gesundheit enthalten:

1. Einsatzbedingungen des jeweiligen Arbeitsmittels,
2. absehbare Störungen,
3. Rückschlüsse aus den bei der Benutzung von Arbeitsmitteln gegebenenfalls gesammelten Erfahrungen.

(2) Die Information nach Abs. 1 ist nicht erforderlich, soweit die zu informierenden ArbeitnehmerInnen im Rahmen ihrer Ausbildung oder ihrer bisherigen beruflichen Tätigkeit ausreichende Kenntnisse über die Arbeitsweise und Verwendung der Arbeitsmittel erworben haben.

(3) ArbeitgeberInnen müssen dafür sorgen, dass alle ArbeitnehmerInnen im Sinne des § 12 ASchG informiert werden über:

1. die sie betreffenden Gefährdungen durch die in ihrer unmittelbaren Arbeitsumgebung vorhandenen Arbeitsmittel,
2. entsprechende Veränderungen, sofern diese Veränderungen jeweils Arbeitsmittel in ihrer unmittelbaren Arbeitsumgebung betreffen, auch wenn sie diese Arbeitsmittel nicht unmittelbar benutzen.

(4) Wenn für das sichere Verwenden, Einspannen oder Befestigen von Werkzeugen die Kenntnis besonderer Daten erforderlich ist, wie höchstzulässige Drehzahl, Abmessungen, Angaben über zu bearbeitende Werkstoffe oder Lager- und Ablauffristen, sind die ArbeitnehmerInnen über diese Daten zu informieren. Erforderlichenfalls sind diese Informationen den ArbeitnehmerInnen zur Verfügung zu stellen.

Unterweisung
§ **5.** (1) Wenn die Verwendung eines Arbeitsmittels mit einer Gefahr für Sicherheit und Gesundheit von ArbeitnehmerInnen verbunden ist, müssen ArbeitgeberInnen dafür sorgen, dass alle ArbeitnehmerInnen, die diese Arbeitsmittel verwenden, eine angemessene Unterweisung im Sinne des § 14 ASchG erhalten.

(2) Die Unterweisung vor der erstmaligen Verwendung von Arbeitsmitteln im Sinne des § 14 Abs. 2 Z 1 und Z 3 ASchG muss zumindest beinhalten:

1. Inbetriebnahme, Verwendung,
2. gegebenenfalls Auf- und Abbau,
3. Beseitigen von Störungen im Arbeitsablauf der Arbeitsmittel,
4. erforderlichenfalls Rüsten der Arbeitsmittel,
5. für den jeweiligen Verwendungszweck vorgesehene Schutzeinrichtungen,
6. notwendige Schutzmaßnahmen.

(3) Die Unterweisung nach Abs. 2 Z 1 kann entfallen, soweit die zu unterweisenden ArbeitnehmerInnen im Rahmen ihrer Ausbildung oder ihrer bisherigen beruflichen Tätigkeit ausreichende Kenntnisse über die Arbeitsweise und Verwendung der jeweiligen Arbeitsmittel erworben haben.

(4) Die wiederkehrende Unterweisung im Sinne des § 14 Abs. 2 ASchG muss zumindest beinhalten:

1. für den jeweiligen Verwendungszweck vorgesehene Schutzeinrichtungen,
2. notwendige Schutzmaßnahmen.

(5) ArbeitgeberInnen müssen dafür sorgen, dass die mit Instandsetzungs-, Umbau-, Instandhaltungs- und Wartungsarbeiten betrauten ArbeitnehmerInnen eine angemessene besondere Unterweisung erhalten.

(6) Bei den Unterweisungen sind Bedienungsanleitungen der Hersteller und innerbetriebliche Betriebsanweisungen zu berücksichtigen. Diese

AM-VO

Unterlagen sind den ArbeitnehmerInnen zur Verfügung zu stellen.

Prüfpflichten

§ 6. (1) Arbeitsmittel dürfen nur verwendet werden, wenn die für sie erforderlichen Prüfungen durchgeführt wurden. Dies gilt für

1. Abnahmeprüfungen, wiederkehrende Prüfungen, Prüfungen nach außergewöhnlichen Ereignissen und Prüfungen nach Aufstellung im Sinne dieser Verordnung,
2. Erstprüfungen bzw. Prüfungen für das rechtmäßige Inverkehrbringen und die erste Betriebsprüfung bei Druckgeräten,
3. Periodische Kontrollen bzw. wiederkehrende Untersuchungen und Überprüfungen bei Druckgeräten (Dampfkesseln, Druckbehältern, Versandbehältern und Rohrleitungen),
4. Abnahmeprüfungen und regelmäßige Überprüfungen bei überwachungspflichtigen Hebeanlagen, die unter die Hebeanlagen-Betriebsverordnung 2009, BGBl. II Nr. 210/2009, fallen.

(2) Werden bei der Prüfung Mängel festgestellt, darf das Arbeitsmittel erst nach der Mängelbehebung benutzt werden.

(3) Werden bei einer wiederkehrenden Prüfung Mängel des Arbeitsmittels festgestellt, darf das Arbeitsmittel abweichend von Abs. 2 auch vor Mängelbehebung wieder benutzt werden, wenn

1. die Person, die die Prüfung durchgeführt hat, im Prüfbefund schriftlich festhält, dass das Arbeitsmittel bereits vor Mängelbehebung wieder benutzt werden darf und
2. die betroffenen ArbeitnehmerInnen über die Mängel des Arbeitsmittels informiert wurden.

Abnahmeprüfung

§ 7. (1) Folgende Arbeitsmittel sind vor der ersten Inbetriebnahme einer Abnahmeprüfung zu unterziehen:

1. Krane einschließlich Ladekrane auf Fahrzeugen, ausgenommen
   a. schienengebundene und nicht schienengebundene Fahrzeugkrane (Mobilkrane),
   b. Turmdrehkrane,
2. sonstige kraftbetriebene Arbeitsmittel zum Heben von Lasten, die vor der Verwendung eingebaut oder montiert werden müssen,
3. durch mechanische oder elektronische Führungs- bzw. Leitsysteme geführte Regalbediengeräte,
4. Fahrzeughebebühnen,
5. auf Fahrzeugen aufgebaute Ladebordwände,
6. kraftbetriebene Anpassrampen,
7. fest montierte Hubtische zur ausschließlichen Beförderung von Gütern mit einer Tragfähigkeit über 10 kN oder wenn eine Hubhöhe über 2 m erreicht werden kann,

8. Arbeitskörbe für Krane, Hubstapler und mechanische Leitern, wenn die Verwendung vom Hersteller oder Inverkehrbringer des Kranes, Hubstaplers oder der mechanischen Leiter nicht vorgesehen ist,
9. Arbeitsmittel, die vor der Verwendung am Einsatzort aus Einzelteilen zusammengebaut oder an Teilen der Umgebung, wie Gebäuden, montiert werden müssen, zum Heben von ArbeitnehmerInnen oder von Lasten und ArbeitnehmerInnen (zB Fassadenbefahrgeräte, Mastkletterbühnen, Bauaufzüge mit Personenbeförderung, Einrichtungen zur Beförderung von ArbeitnehmerInnen im Schornsteinbau),

(Anm.: Z 10 aufgehoben durch BGBl. II Nr. 21/2010)

11. kraftbetriebene Türen und Tore, einschließlich solcher von Fahrzeugen,
12. Tore, die sich nach oben öffnen, mit einer Torblattfläche über 10 m²,
13. Materialseilbahnen, auf die das Seilbahngesetz 2003, BGBl. I Nr. 103/2003, aufgrund § 3 Z 2 und 3 SeilbG 2003 keine Anwendung findet,
14. Bagger und Radlader zum Heben von Einzellasten, die vom Hersteller oder Inverkehrbringer für diese Verwendung nicht vorgesehen sind,
15. fahrbare und verfahrbare Hängegerüste,
16. Förderanlagen für Untertagebauarbeiten (zB Schachtbefahrungsanlagen, Schrägaufzüge).

(Anm.: Z 17 aufgehoben durch BGBl. II Nr. 21/2010)

(2) Die Abnahmeprüfung muss mindestens folgende Prüfinhalte umfassen:

1. Prüfung des ordnungsgemäßen Zustandes, der korrekten Montage und der Stabilität,
2. Prüfung der Steuer- und Kontrolleinrichtungen,
3. erforderlichenfalls Funktionsprüfung mit und ohne Belastung,
4. Prüfung der Einhaltung der Sicherheitsfunktionen bei vorhersehbaren Störungen und Fehlbedienungen,
5. Prüfung der sicheren Zu- und Abfuhr von Stoffen und Energien,
6. Prüfung der Schutzmaßnahmen für allfällig vorhandene, nicht vermeidbare Restrisiken, wie Sicherheitsaufschriften, Warneinrichtungen und persönliche Schutzausrüstungen,
7. bei Arbeitskörben auch die Eignung des Arbeitsmittels (Kran, Hubstapler oder mechanische Leiter), mit dem der Arbeitskorb gehoben wird.

(3) Für Abnahmeprüfungen sind heranzuziehen:

1. ZiviltechnikerInnen einschlägiger Fachgebiete, insbesondere für Maschinenbau oder Elektrotechnik, oder
2. zugelassene Prüfstellen gemäß § 71 Abs. 5 der Gewerbeordnung 1994 (GewO), BGBl. Nr. 194, im Rahmen ihrer Zuständigkeit, oder

3. akkreditierte Prüf- und Überwachungsstellen nach dem Akkreditierungsgesetz (AkkG), BGBl. Nr. 468/1992, im Rahmen ihrer Befugnisse oder

4. Ingenieurbüros (Beratende Ingenieure) einschlägiger Fachrichtung im Rahmen ihrer Befugnisse.

(4) Für Abnahmeprüfungen nach Abs. 1 Z 2, 4, 5, 6, 7, 10, 11 und 12 dürfen auch Inspektionsstellen für überwachungsbedürftige Hebeanlagen gemäß § 15 der Hebeanlagen-Betriebsverordnung 2009, BGBl. II Nr. 210/2009, herangezogen werden. Gleiches gilt für Krane mit einer Tragfähigkeit unter 50 kN, wenn das höchst zulässige Lastmoment unter 100 kNm liegt.

Wiederkehrende Prüfung

§ 8. (1) Folgende Arbeitsmittel sind mindestens einmal im Kalenderjahr, jedoch längstens im Abstand von 15 Monaten, einer wiederkehrenden Prüfung zu unterziehen:

1. Krane einschließlich Ladekrane auf Fahrzeugen, schienengebundene und nicht schienengebundene Fahrzeugkrane (Mobilkrane),
2. sonstige kraftbetriebene Arbeitsmittel zum Heben von Lasten, Winden und Zuggeräte,
3. durch mechanische oder elektronische Führungs- bzw. Leitsysteme geführte Regalbediengeräte,
4. Hubtische zur ausschließlichen Beförderung von Gütern,
5. Fahrzeughebebühnen,
6. auf Fahrzeugen aufgebaute Ladebordwände,
7. kraftbetriebene Anpassrampen,

(Anm.: Z 8 aufgehoben durch BGBl. II Nr. 21/2010)

9. kraftbetriebene Türen und Tore, einschließlich solcher von Fahrzeugen,
10. Tore, die sich nach oben öffnen, mit einer Torblattfläche über 10 m²,
11. Materialseilbahnen, auf die das Seilbahngesetz 2003, BGBl. I Nr. 103/2003, aufgrund § 3 Z 2 und 3 SeilbG 2003 keine Anwendung findet,
12. Bagger und Radlader zum Heben von Einzellasten,
13. Lastaufnahmeeinrichtungen und Anschlagmittel für Lasten oder Arbeitskörbe,
14. selbstfahrende Arbeitsmittel, ausgenommen Fahrzeuge, für die eine Prüfpflicht nach dem Kraftfahrgesetz 1967 (KFG 1967), BGBl. Nr. 267, besteht,
15. Arbeitsmittel zum Heben von ArbeitnehmerInnen oder von Lasten und ArbeitnehmerInnen,
16. Arbeitskörbe,
17. Hubstapler mit hubbewegtem Fahrerplatz,
18. Befahr- und Rettungseinrichtungen,
19. mechanische Leitern,
20. Stetigförderer, ausgenommen Förderbänder und Rollenbahnen unter 5 m Förderlänge,

21. Feuerungsanlagen für flüssige oder gasförmige Brennstoffe mit mehr als 30 kW Nennwärmeleistung,
22. kraftbetriebene Pressen, Stanzen und Spritzgießmaschinen mit Handbeschickung oder Handentnahme,
23. Bolzensetzgeräte,
24. fahrbare und verfahrbare Hängegerüste,
25. Förderanlagen für Untertagebauarbeiten (zB Schachtbefahrungsanlagen, Schrägaufzüge),
26. mechanische Vortriebsgeräte für Untertagebauarbeiten (zB Fräsen, Aufbruchgeräte),
27. sonstige Geräte und Anlagen für Untertagebauarbeiten, auf denen ArbeitnehmerInnen transportiert oder von denen aus Arbeiten durchgeführt werden,
28. Verteilermaste.

(2) Die wiederkehrende Prüfung muss mindestens folgende Prüfinhalte umfassen:

1. Prüfung von verschleißbehafteten Komponenten wie Bremsen, Kupplungen, Rollen, Räder und Tragmitteln,
2. Einstellung von sicherheitsrelevanten Bauteilen und Sicherheitseinrichtungen wie Lastkontrolleinrichtungen, Bewegungsbegrenzungen,
3. Funktionsprüfung sicherheitsrelevanter Bauteile wie Schalteinrichtungen, Notausschaltvorrichtungen, Lichtschranken, Bewegungssensoren, Kontaktleisten, Schaltmatten, Warn- und Signaleinrichtungen, Verriegelungen,
4. bei Arbeitskörben auch die Eignung des Arbeitsmittels (Kran, Hubstapler oder mechanische Leiter), mit dem der Arbeitskorb gehoben wird.

(3) Für wiederkehrende Prüfungen von Arbeitsmitteln sind Personen nach § 7 Abs. 3 oder nach § 7 Abs. 4 heranzuziehen. Für wiederkehrende Prüfungen nach Abs. 1 Z 1 bis 14 und Z 19 bis 23 dürfen auch sonstige geeignete fachkundige Personen herangezogen werden. Für wiederkehrende Prüfungen nach Abs. 1 Z 26 und 27 dürfen auch sonstige geeignete fachkundige Personen, die vom Hersteller eingeschult wurden, herangezogen werden.

(4) Wenn wiederkehrende Prüfungen nach Abs. 1 Z 1, 2, 3, 5, 9, 12 und 19 durch fachkundige Betriebsangehörige durchgeführt werden, ist abweichend von Abs. 3 mindestens jedes vierte Jahr

1. eine Person nach § 7 Abs. 3 oder § 7 Abs. 4 heranzuziehen,
2. dafür zu sorgen, dass die fachkundigen Betriebsangehörigen dieser Prüfung beigezogen werden oder durch die PrüferInnen über allfällige Neuerungen auf dem Gebiet der Prüfinhalte oder Methoden für die Durchführung dieser Prüfung (zB durch Weitergabe des Prüfbefundes) informiert werden.

AM-VO

(5) Abs. 4 ist für wiederkehrende Prüfungen von Türen und Toren nach Abs. 1 Z 9 dann nicht anzuwenden, wenn die Tür bzw. das Tor sich in einem Fahrzeug befindet und die wiederkehrende Prüfung der Tür bzw. des Tors im Rahmen der wiederkehrenden Prüfung des Fahrzeugs erfolgt.

(6) Eine Prüfung nach außergewöhnlichen Ereignissen nach § 9 ersetzt eine wiederkehrende Prüfung, die sonst durchzuführen wäre.

(7) Werden Arbeitsmittel, die wiederkehrend zu prüfen sind, mehr als 15 Monate nicht verwendet, so ist die wiederkehrende Überprüfung vor der nächsten Verwendung durchzuführen.

Prüfung nach außergewöhnlichen Ereignissen
§ 9. (1) Arbeitsmittel, bei denen wiederkehrende Prüfungen (§ 8 Abs. 1) durchzuführen sind, sind nach außergewöhnlichen Ereignissen, die schädliche Einwirkungen auf die Sicherheit des Arbeitsmittels haben können, auf ihren ordnungsgemäßen Zustand zu prüfen. Zu den außergewöhnlichen Ereignissen zählen insbesondere
1. Absturz von Lasten,
2. Umstürzen des Arbeitsmittels oder von Teilen davon,
3. Kollision des Arbeitsmittels mit anderen Arbeitsmitteln oder mit Teilen der Umgebung,
4. Überlastung des Arbeitsmittels,
5. Einwirkung von großer Hitze, insbesondere bei Bränden,
6. wesentliche vom Hersteller oder Inverkehrbringer des Arbeitsmittels nicht vorgesehene Änderungen,
7. größere Instandsetzungen.

(2) Zu diesen Prüfungen sind Personen nach § 7 Abs. 3 heranzuziehen. Handelt es sich um ein in § 8 Abs. 1 Z 2, 4, 6, 7, 9, 10, 13, 14, 17, 19 bis 23 angeführtes Arbeitsmittel, dürfen auch Personen nach § 7 Abs. 4 für diese Prüfung herangezogen werden.

Prüfung nach Aufstellung
§ 10. (1) Für den Fall, dass die folgenden Arbeitsmittel ortsveränderlich eingesetzt werden, sind sie nach jeder Aufstellung an einem neuen Einsatzort vor ihrer Verwendung einer Prüfung zu unterziehen:
1. Krane,
2. sonstige kraftbetriebene Arbeitsmittel zum Heben von Lasten, Winden und Zuggeräte,
3. Arbeitsmittel zum Heben von ArbeitnehmerInnen,
4. Arbeitsmittel zum Heben von Arbeitskörben,
5. Befahr- und Rettungseinrichtungen,
6. mechanische Leitern,
7. fahrbare und verfahrbare Hängegerüste,
8. Förderanlagen für Untertagebauarbeiten (zB Schachtbefahrungsanlagen, Schrägaufzüge),
9. mechanische Vortriebsgeräte für Untertagebauarbeiten (zB Fräsen, Aufbruchgeräte),

10. sonstige Geräte und Anlagen für Untertagebauarbeiten, auf denen ArbeitnehmerInnen transportiert oder von denen aus Arbeiten durchgeführt werden.

(2) Die Prüfung nach Aufstellung muss mindestens folgende Prüfinhalte umfassen:
1. nach dem erstmaligen Aufstellen des Arbeitsmittels an einem Arbeitstag der ordnungsgemäße Zustand durch Funktions- und Sichtkontrolle,
2. nach dem erstmaligen Aufstellen des Arbeitsmittels an einem Arbeitstag und bei jeder weiteren Umstellung die sichere Aufstellung,
3. bei Arbeitsmitteln, die am Einsatzort aus mehreren Einzelteilen zusammengesetzt werden, die ordnungsgemäße Montage.

(3) Für die Prüfung nach Aufstellung sind geeignete fachkundige Personen heranzuziehen.

(4) Abweichend von Abs. 3 sind für die Prüfung nach Aufstellung der folgenden Arbeitsmittel, sofern sie auf Baustellen verwendet werden, Personen nach § 7 Abs. 3 oder nach § 7 Abs. 4 heranzuziehen:
1. Krane mit Arbeitskörben, ausgenommen Ladekrane auf Fahrzeugen sowie schienengebundene und nicht schienengebundene Fahrzeugkrane (Mobilkrane) mit Arbeitskörben,
2. fahrbare und verfahrbare Hängegerüste,
3. Förderanlagen für Untertagebauarbeiten (zB Schachtbefahrungsanlagen, Schrägaufzüge).

(5) Eine wiederkehrende Prüfung nach § 8 ersetzt die sonst bei einer Prüfung nach Aufstellung durchzuführende Funktions- und Sichtkontrolle.

Prüfbefund, Prüfplan
§ 11. (1) Die Ergebnisse folgender Prüfungen sind in einem Prüfbefund festzuhalten:
1. Abnahmeprüfungen,
2. wiederkehrende Prüfungen,
3. Prüfungen nach außergewöhnlichen Ereignissen,
4. Prüfung nach Aufstellung von Kranen, die vor der Verwendung am Einsatzort aus Einzelteilen zusammengebaut werden müssen, wie zB Turmdrehkrane, Fahrzeugkrane (Mobilkrane) mit getrennt angeliefertem Zusatzausleger, Fahrzeugkrane (Mobilkrane) mit zerlegt angeliefertem Gittermast,
5. Prüfung nach Aufstellung von Kranen mit Arbeitskörben auf Baustellen, ausgenommen schienengebundene und nicht schienengebundene Fahrzeugkrane (Mobilkrane) und Ladekrane auf Fahrzeugen mit Arbeitskörben,
6. Prüfung nach Aufstellung von Arbeitsmitteln zum Heben von ArbeitnehmerInnen auf Baustellen, die vor der Verwendung am Einsatzort aus Einzelteilen zusammengebaut oder an

Teilen der Umgebung, wie Gebäuden, montiert werden müssen (zB Fassadenbefahrgeräte, Mastkletterbühnen, Hängebühnen, Dachdeckerfahrstühle, Bauaufzüge mit Personenbeförderung),

7. Prüfung nach Aufstellung von sonstigen kraftbetriebenen Arbeitsmitteln zum Heben von Lasten, Winden und Zuggeräten auf Baustellen, die vor der Verwendung am Einsatzort aus Einzelteilen zusammengebaut werden müssen,

8. Prüfung nach Aufstellung von fahrbaren und verfahrbaren Hängegerüsten,

9. Förderanlagen für Untertagebauarbeiten (zB Schachtbefahrungsanlagen, Schrägaufzüge).

(2) Der Prüfbefund muss beinhalten:

1. Prüfdatum,
2. Namen und Anschrift des Prüfers bzw. Bezeichnung der Prüfstelle,
3. Unterschrift des Prüfers,
4. Ergebnis der Prüfung,
5. Angaben über die Prüfinhalte.

(3) Die Prüfbefunde sind von den ArbeitgeberInnen bis zum Ausscheiden des Arbeitsmittels aufzubewahren. Am Einsatzort des Arbeitsmittels müssen Prüfbefunde oder Kopien über die letzte Abnahmeprüfung, über die wiederkehrenden Prüfungen und über die Prüfungen nach Aufstellung vorhanden sein.

(3a) Abs. 3 zweiter Satz gilt nicht, wenn lediglich für die wiederkehrenden Prüfungen eines Arbeitsmittels ein Prüfbefund erforderlich ist und am Arbeitsmittel eine Prüfplakette angebracht ist, die

1. das Datum der letzten wiederkehrenden Prüfung aufweist,
2. eine eindeutige Zuordnung zum Prüfbefund des Arbeitsmittels aufweist,
3. unverwischbar und gut lesbar beschriftet ist,
4. an gut sichtbarer Stelle am Arbeitsmittel angebracht ist.

(4) Für folgende Arbeitsmittel ist ein Prüfplan gemäß § 37 Abs. 5 ASchG zu erstellen:

1. Arbeitsmittel, die vor der Verwendung am Einsatzort aus Einzelteilen zusammengebaut werden müssen zum Heben von ArbeitnehmerInnen oder von Lasten und ArbeitnehmerInnen, wie insbesondere Fassadenbefahrgeräte, Mastkletterbühnen, Hängebühnen, Hängegerüste,
2. Krane und mechanische Leitern mit Arbeitskörben auf Baustellen.

Aufstellung

§ 12. (1) Arbeitsmittel sind so aufzustellen, dass ArbeitnehmerInnen für die Benutzung des Arbeitsmittels sicheren Zugang zu allen hiefür erforderlichen Stellen haben. An diesen Stellen muss ein gefahrloser Aufenthalt möglich sein.

(2) Bei Arbeitsmitteln sind festverlegte Bedienungsstiegen anzubringen, wenn dies für einen sicheren Zugang der ArbeitnehmerInnen zu den für die Durchführung der Produktions- und Einstellungsarbeiten am Arbeitsmittel notwendigen Stellen erforderlich ist. Sofern die Errichtung von Bedienungsstiegen aus technischen Gründen nicht möglich ist, sind festverlegte Leitern oder Steigeisen, die auf Plattformen oder Podeste führen, anzubringen.

Funktionskontrolle von Schutzeinrichtungen

§ 13. (1) Bei ortsfesten Arbeitsmitteln sind nach dem Aufstellen Schutzeinrichtungen wie Lichtschranken, Lichtvorhänge, Schaltleisten, Trittschaltmatten, Zweihandschaltungen, öffenbare Verkleidungen, Verdeckungen und Umwehrungen sowie Notausschaltvorrichtungen einer Kontrolle hinsichtlich ihrer einwandfreien sicherheitstechnischen Funktion zu unterziehen.

(2) Nach Reparaturen, die Auswirkungen auf die Schutzeinrichtungen haben könnten, sind ebenfalls Funktionskontrollen im Sinne des Abs. 1 durchzuführen.

Erprobung

§ 14. (1) Soweit dies aus technischen Gründen erforderlich ist, sind für die notwendige Erprobung eines Arbeitsmittels Abweichungen von den für den Normalbetrieb vorgesehenen Schutzmaßnahmen und die Benutzung des Arbeitsmittels ohne die vorgesehenen Schutzeinrichtungen zulässig.

(2) Für eine Erprobung nach Abs. 1 gilt:

1. Es sind geeignete Schutzmaßnahmen gegen Gefahren, mit denen zu rechnen ist, festzulegen, im Sinne des § 5 ASchG zu dokumentieren und durchzuführen.
2. Die Durchführung dieser Schutzmaßnahmen ist zu überwachen.
3. Für die Erprobung dürfen nur geeignete fachkundige Personen herangezogen werden.
4. Die für die Erprobung herangezogenen ArbeitnehmerInnen sind vor Beginn der Arbeiten über das Verhalten bei Unregelmäßigkeiten oder Störungen, die während der Erprobung auftreten können, zu unterweisen.
5. Mit der Erprobung darf erst begonnen werden, wenn die erforderlichen Sicherheits-, Warn- und Messeinrichtungen betriebsbereit und funktionsfähig sind.
6. Während der Erprobung müssen Gefahrenbereiche entsprechend der Kennzeichnungsverordnung (KennV), BGBl. II Nr. 101/1997, gekennzeichnet sein.
7. Während der Erprobung müssen Gefahrenbereiche mit Vorrichtungen ausgestattet sein, die unbefugte ArbeitnehmerInnen am Betreten dieser Bereiche hindern.
8. Im Gefahrenbereich dürfen sich nur die für die Durchführung der Erprobung unbedingt erforderlichen ArbeitnehmerInnen aufhalten.

(3) Wenn mit einer ernsten und unmittelbaren Gefahr zu rechnen ist, sind besondere Fluchtwege vorzusehen. Diese Fluchtwege sind entsprechend der KennV zu kennzeichnen.

(4) Falls es auf Grund der Art oder des Umfanges der Erprobung oder wegen sonstiger besonderer Verhältnisse zur Vermeidung einer möglichen Gefährdung der ArbeitnehmerInnen erforderlich ist, ist eine fachkundige Person mit der Planung der Erprobung zu beauftragen und muss während der Erprobung eine Aufsicht durch eine geeignete fachkundige Person erfolgen.

(5) Soweit eine Erprobung von maschinellen und elektrischen Arbeitsmitteln und Anlagen in mineralgewinnenden Betrieben notwendig ist, ist für die systematische Erprobung ein Plan zu erstellen. Über die Erprobungen sind Aufzeichnungen zu führen.

Verwendung
§ 15. (1) Durch geeignete Schutzeinrichtungen und Schutzmaßnahmen ist für das sichere Zuführen und Abführen von Werkstücken und Werkstoffen zu sorgen. Soweit sich aus § 35 Abs. 1 Z 2 ASchG in Verbindung mit der Bedienungsanleitung und aus dem 2. Abschnitt dieser Verordnung nicht etwas anderes ergibt, gilt Folgendes:

1. Werkstücke, die auf Grund der beim Bearbeitungsvorgang entstehenden Kräfte nicht mit der Hand gehalten oder geführt werden können, sind in geeignete Spann- oder Halteeinrichtungen der Arbeitsmittel einzuspannen, oder es sind andere geeignete Einrichtungen gegen ein Wegschleudern der Werkstücke zu verwenden.
2. Einzuspannende Werkzeuge und Werkstücke sind so zu befestigen, dass sie sich beim Arbeitsvorgang nicht lösen können.
3. Beim Bearbeiten kleiner oder schmaler Werkstücke, die den Werkzeugen von Hand zugeführt werden, sind geeignete Halte-, Spann- oder Zuführungsvorrichtungen zu verwenden.
4. Beim Bearbeiten langer Werkstücke, die den Werkzeugen von Hand zugeführt werden, sind nach Erfordernis geeignete Auflageeinrichtungen zu verwenden.
5. Wenn ein Zuführen, Nachstopfen, Nachdrücken, Abstreifen, Abstoßen oder Entfernen der zu bearbeitenden Werkstücke oder der zu verarbeitenden Werkstoffe von Hand aus erforderlich ist, sind geeignete Hilfsmittel, wie Schiebeladen, Stößel oder Zangen, zu verwenden.

(2) Arbeitsmittel sind auszuschalten, wenn dies zur Vermeidung einer Gefährdung der ArbeitnehmerInnen erforderlich ist. Soweit sich aus § 35 Abs. 1 Z 2 ASchG in Verbindung mit der Bedienungsanleitung und aus dem 2. Abschnitt dieser Verordnung nicht etwas anderes ergibt, gilt Folgendes:

1. Arbeitsmittel, die eine dauernde Beobachtung des Arbeitsvorganges aus Sicherheitsgründen erfordern, sind bei Verlassen des Arbeitsplatzes auszuschalten.
2. Arbeitsmittel, deren Wiederanlaufen nach einem Energieausfall zu einer Gefahr für ArbeitnehmerInnen führen kann, sind bei Energieausfall auszuschalten.
3. Handgeführte motorisch angetriebene Arbeitsmittel dürfen nur bei stillstehendem Werkzeug abgelegt werden.
4. Fahrbare Maschinen sowie Maschinen, die bei der Verwendung mit der Hand gehalten werden, dürfen nur in ausgeschaltetem Zustand transportiert werden.

(3) Späne, Splitter oder Abfälle aller Art dürfen aus der Nähe bewegter Teile, Werkzeuge oder Werkstücke nicht mit der Hand entfernt werden. Es sind geeignete Hilfsmittel zu verwenden. Zum Entfernen dürfen nur solche Hilfsmittel zur Verfügung gestellt werden, an deren Griffen ein Hängenbleiben nicht möglich ist.

(4) Für den Fall, dass aus fertigungstechnischen Gründen einzelne bestimmte Arbeitsvorgänge auf Arbeitsmitteln nur durchgeführt werden können, wenn vorübergehend Schutzeinrichtungen ganz oder teilweise abgenommen oder außer Wirksamkeit gesetzt sind, gilt abweichend von § 35 Abs. 1 Z 4 und 5 ASchG Folgendes:

1. Es sind geeignete Schutzmaßnahmen festzulegen und durchzuführen.
2. Die Durchführung dieser Schutzmaßnahmen ist zu überwachen.
3. Es dürfen für die Durchführung dieser Arbeitsvorgänge nur eigens beauftragte ArbeitnehmerInnen herangezogen werden.
4. Diese ArbeitnehmerInnen sind vor Beginn der Arbeiten besonders zu unterweisen.
5. Nach Beendigung solcher Arbeitsvorgänge darf erst weiter gearbeitet werden, wenn die Schutzeinrichtungen wieder angebracht und wirksam sind.

(5) Arbeiten unter beweglichen oder an gehobenen Arbeitsmitteln oder unter Teilen derselben dürfen nur durchgeführt werden, wenn diese Arbeitsmittel oder Teile in geeigneter Weise gegen unbeabsichtigtes Bewegen gesichert sind.

(6) Geschlossene Behälter dürfen nur dann erhitzt werden, wenn das Entstehen einer gefahrbringenden Druckerhöhung durch entsprechende Schutzmaßnahmen verhindert ist.

Wartung
§ 16. (1) Die Wartung im Sinne des § 38 Abs. 1 ASchG hat sich insbesondere auf Schutzeinrichtungen und sonstige für die Sicherheit von ArbeitnehmerInnen relevante Teile von Arbeitsmitteln zu erstrecken.

(2) Für die systematische Wartung von maschinellen und elektrischen Arbeitsmitteln und Anlagen in mineralgewinnenden Betrieben ist ein geeigneter Plan zu erstellen.

(3) Für die Wartung von Arbeitsmitteln sind geeignete fachkundige Personen heranzuziehen.

(4) Für die in § 8 Abs. 1 Z 1 bis 3 und 11 bis 15 angeführten Arbeitsmittel sind Wartungsbücher zu führen. In die Wartungsbücher sind die durchgeführten Wartungen unter Angabe der gewarteten Teile der Arbeitsmittel einzutragen.

Besondere Arbeiten

§ 17. (1) Einstell-, Wartungs-, Instandhaltungs- und Reinigungsarbeiten sowie Arbeiten zur Beseitigung von Störungen dürfen nicht an in Betrieb befindlichen Arbeitsmitteln durchgeführt werden. Durch geeignete Maßnahmen ist ein unbeabsichtigtes, unbefugtes oder irrtümliches Einschalten der Arbeitsmittel zu verhindern.

(2) Wenn dies aus technischen Gründen notwendig ist, dürfen abweichend von Abs. 1 solche Arbeiten an in Betrieb befindlichen Arbeitsmitteln durchgeführt werden. Soweit sich aus § 35 Abs. 1 Z 2 AschG in Verbindung mit der Bedienungsanleitung und aus dem 2. Abschnitt dieser Verordnung nicht etwas anderes ergibt, gilt in diesen Fällen Folgendes:

1. Es sind geeignete Schutzmaßnahmen festzulegen und durchzuführen.
2. Die Durchführung dieser Schutzmaßnahmen ist zu überwachen.
3. Für die Arbeiten dürfen nur geeignete fachkundige ArbeitnehmerInnen herangezogen werden.
4. Diese ArbeitnehmerInnen sind für diese Arbeiten besonders zu unterweisen.

(3) Abs. 1 und 2 gelten nicht für Arbeiten, die offensichtlich auch an in Betrieb befindlichen Arbeitsmitteln gefahrlos möglich sind.

2. Abschnitt
Besondere Regelungen für die Benutzung bestimmter Arbeitsmittel
Arbeitsmittel zum Heben von Lasten

§ 18. (1) Bei der Auswahl von Arbeitsmitteln zum Heben von Lasten sowie der Lastaufnahmeeinrichtungen und Anschlagmittel für Lasten sind im Sinne des § 33 Abs. 3 Z 1 AschG die zu handhabenden Lasten, die Greif- und Anschlagpunkte, die Einhakvorrichtungen, die Witterungsbedingungen sowie die Art und Weise des Anschlagens oder Aufnehmens von Lasten zu berücksichtigen.

(2) Durch geeignete Maßnahmen ist bei der Benutzung von Arbeitsmitteln zum Heben von Lasten für die Standsicherheit des Arbeitsmittels und das sichere Aufnehmen, Bewegen und Absetzen der Last zu sorgen. Soweit sich aus § 35 Abs. 1 Z 2 AschG in Verbindung mit der Bedienungsanleitung nicht etwas anderes ergibt, gilt Folgendes:

1. Die Arbeitsmittel sind auf tragfähigem Unterbau oder Untergrund standsicher aufzustellen und so zu verwenden, dass ihre Standsicherheit gewahrt bleibt.
2. Die Arbeitsmittel sind unter Aufsicht einer geeigneten fachkundigen Person unter Anwendung der jeweils notwendigen Sicherheitsmaßnahmen aufzustellen und abzutragen.
3. Wenn zum Heben von Lasten besondere Sicherheitsmaßnahmen oder die Kenntnis besonderer sicherheitstechnischer Angaben, insbesondere Anschlagpunkt, Schwerpunkt oder Gewicht, erforderlich sind, so ist dafür Sorge zu tragen, dass die das Arbeitsmittel benutzenden ArbeitnehmerInnen über diese Besonderheiten informiert werden.
4. Von Hand angeschlagene Lasten dürfen erst auf Anweisung des Anschlägers oder gegebenenfalls des Einweisers bewegt werden.
5. Lasten sind so zu befördern, dass sie an Hindernissen nicht hängen bleiben und ein Herabfallen hintangehalten wird. Auf die Gefahr des Auspendelns oder Kippens der Last insbesondere zufolge von Windangriff ist zu achten.
6. Hängende Lasten sind zu überwachen, außer wenn der Zugang zum Gefahrenbereich durch geeignete Maßnahmen verhindert wird, oder die Last so aufgenommen ist, dass keine Gefährdung entsteht, und die Last sicher im hängenden Zustand gehalten wird.

(3) Es ist dafür zu sorgen, dass sich keine ArbeitnehmerInnen unter hängenden Lasten aufhalten.

(4) Hängende Lasten dürfen nicht über ungeschützte ständige Arbeitsplätze bewegt werden. In jenen Fällen, in denen dies nicht möglich ist, sind geeignete Schutzmaßnahmen festzulegen und durchzuführen.

(5) Für Baustellen gilt abweichend von Abs. 4, dass das Hinwegführen von Lasten über ArbeitnehmerInnen möglichst zu vermeiden ist.

(6) In folgenden Fällen dürfen Lasten keinesfalls über ArbeitnehmerInnen hinweggeführt werden:

1. wenn Lastaufnahmeeinrichtungen verwendet werden, die die Last durch Magnet-, Saug- oder Reibungskräfte ohne zusätzliche Sicherung halten,
2. beim Transport von feuerflüssigen Massen, explosionsgefährlichen, brandgefährlichen und gesundheitsgefährdenden Arbeitsstoffen.

(7) Auf Lastaufnahmeeinrichtungen und Anschlagmitteln sind die zulässige Belastung und gegebenenfalls die Bedingungen, unter denen sie gilt, deutlich anzugeben. Erforderlichenfalls ist auch die Eigenlast anzugeben. Lastaufnahmeeinrichtungen und Anschlagmittel dürfen über die zulässige Belastung hinaus nicht belastet werden. Lastaufnahmeeinrichtungen und Anschlagmittel sind so aufzubewahren, dass ihre Beschädigung und die Beeinträchtigung ihrer Funktionsfähigkeit ausgeschlossen sind.

AM-VO

(8) Wenn die Gefahr des unbeabsichtigten Lösens der Last oder des Hängenbleibens des Lasthakens besteht, dürfen nur Lasthaken verwendet werden, die entweder als Sicherheitshaken ausgebildet sind oder eine solche Form haben, dass ein unbeabsichtigtes Lösen der Last nicht erfolgen kann.

(9) Anschlagmittel sowie Lastaufnahmemittel sind in sicherer Weise zu verbinden. Sofern Anschlagmittel bzw. Lastaufnahmemittel nach der Benutzung nicht getrennt werden, sind die Verbindungen deutlich zu kennzeichnen.

Krane

§ 19. (1) Für die Benutzung von Kranen sind unter Berücksichtigung der betrieblichen Gegebenheiten schriftliche Betriebsanweisungen zu erstellen. Diese Betriebsanweisungen müssen mindestens Sicherheitsregeln für folgende Bereiche enthalten:

1. Aufnehmen, den Transport und das Absetzen von Lasten,
2. gegebenenfalls Betreten von Kranen und Kranbahnen,
3. Verständigung zwischen Last-Anschläger, Einweiser und Kranführer,
4. Umrüstung und Wartung von Kranen, Aufbau und Abbau von Kranen,
5. gegebenenfalls Betrieb von Kranen mit einander überschneidenden Arbeitsbereichen,
6. gegebenenfalls Heben von Lasten durch zwei oder mehrere Krane,
7. bei im Freien verwendeten Kranen das Verhalten in der Nähe von Freileitungen,
8. bei im Freien verwendeten Kranen das Verhalten bei Berührung von Freileitungen,
9. Verhalten bei Windeinwirkung oder Gewittern, falls Regelungen auf diesem Gebiet auf Grund des Aufstellungsortes und der Art des Krans für die Sicherheit der ArbeitnehmerInnen erforderlich sind,
10. Sicherung gegen Inbetriebnahme durch Unbefugte.

(2) Der Einsatz von Kranen ist ordnungsgemäß zu planen und so zu überwachen und durchzuführen, dass die Sicherheit der ArbeitnehmerInnen gewährleistet wird. Insbesondere ist für die Einhaltung der Betriebsanweisung nach Abs. 1 zu sorgen.

(3) Mit dem Führen eines Krans dürfen nur ArbeitnehmerInnen beschäftigt werden, die über eine Fahrbewilligung im Sinne des § 33 verfügen.

(4) Die Funktion der Bremsen, der Betriebs- oder Notendschalter und der Warneinrichtungen sind täglich bei der erstmaligen Inbetriebnahme durch den Kranführer zu überprüfen.

(5) Werden zwei oder mehrere Krane mit einander überschneidenden Arbeitsbereichen eingesetzt, so sind geeignete Maßnahmen durchzuführen, um Gefahr bringende Zusammenstöße zwischen den Lasten oder zwischen den Kranen selbst zu verhindern.

(6) Wenn der Weg der Last oder des Lastaufnahmemittels vom Kranführer nicht über die gesamte Länge einsehbar ist, sind geeignete Maßnahmen, wie Bestellung eines Einweisers, durchzuführen, um Gefahr bringende Zusammenstöße mit der Last zu verhindern.

(7) Wenn eine Last durch zwei oder mehrere Krane gehoben werden soll, ist die Koordination der Kranführer zu gewährleisten.

(8) Die Verwendung von Kranen im Freien ist einzustellen, sobald sich die Wetterbedingungen derart verschlechtern, dass die Sicherheit von ArbeitnehmerInnen nicht mehr gewährleistet ist, insbesondere durch Beeinträchtigung der Funktionssicherheit oder der Standsicherheit des Krans.

(9) Während des Einsatzes eines Fahrzeugkrans (Mobilkrans) sind geeignete Maßnahmen zu treffen, um dessen Standsicherheit zu gewährleisten.

Fahrzeughebebühnen, Hubtische, Ladebordwände

§ 20. (1) Bei Verwendung von Fahrzeughebebühnen gilt Folgendes:

1. Die Lasten sind so auf das Lastaufnahmemittel aufzubringen und erforderlichenfalls zu sichern, dass eine unbeabsichtigte Lageveränderung verhindert wird.
2. Während der Bewegung von Fahrzeughebebühnen dürfen sich keine ArbeitnehmerInnen unter der Hebebühne aufhalten.
3. Es dürfen nur geeignete Lastaufnahme- oder Tragmittel verwendet werden. Diese müssen sicher aufgelegt, aufgesteckt oder sind in einer sonst geeigneten Weise mit der Hebebühne fest zu verbinden.

(2) Bei Verwendung von Hubtischen gilt Folgendes:

1. Die Lasten sind so auf das Lastaufnahmemittel aufzubringen, dass eine unbeabsichtigte Lageveränderung verhindert wird.
2. Unterhalb von Hubtischen dürfen sich keine ArbeitnehmerInnen aufhalten.

(3) Bei Verwendung von auf Fahrzeugen aufgebauten Ladebordwänden gilt Folgendes:

1. Geöffnete Ladebordwände sind durch geeignete Warnzeichen deutlich sichtbar zu kennzeichnen.
2. Wenn die Gefahr besteht, dass Ladungen wegrollen, wegrutschen oder in anderer gefährlicher Weise ihre Lage verändern können, sind geeignete Vorkehrungen zur Sicherung der Last auf der Ladebordwand zu treffen.
3. Fahrzeuge dürfen nicht mit geöffneter Ladebordwand verfahren werden. Ausgenommen sind Bewegungen zum Positionieren des Fahrzeuges an der Ladestelle bei unbeladener Ladebordwand.

4. Lasten dürfen nicht mit der Ladebordwand in das Kraftfahrzeug eingekippt werden.
5. Lasten dürfen nicht mit der Ladebordwand verschoben werden.

(4) ArbeitnehmerInnen dürfen nicht auf Ladebordwänden befördert werden. Abweichendes gilt nur für das Mitfahren einer Arbeitnehmerin/eines Arbeitnehmers, die/der das Ladegut manipuliert, wenn sie/er während der gesamten Arbeitsbewegung die Steuerung bedienen kann. Die Steuerung muss ohne Selbsthaltung ausgeführt sein.

Heben von ArbeitnehmerInnen

§ 21. (1) Für das Heben von ArbeitnehmerInnen dürfen nur dafür geeignete Arbeitsmittel benutzt werden. Dazu gehören insbesondere Hubarbeitsbühnen, Mastkletterbühnen, Fassadenbefahrgeräte, Hängebühnen, Hebeeinrichtungen von Bühnen und vergleichbare Arbeitsmittel. Auf Arbeitsmitteln, die zum Heben von Lasten bestimmt sind, dürfen ArbeitnehmerInnen nur befördert werden, wenn sie über gesicherte Einrichtungen zur Personenbeförderung verfügen, insbesondere Arbeitskörbe.

(2) Der Aufstellungsort von Arbeitsmitteln zum Heben von ArbeitnehmerInnen ist erforderlichenfalls gegen das Anstoßen durch selbstfahrende Arbeitsmittel und Fahrzeuge zu sichern.

(3) Auf Arbeitsmitteln zum Heben von ArbeitnehmerInnen und in Einrichtungen zur Personenbeförderung darf nur das für die auszuführenden Arbeiten unbedingt erforderliche Werkzeug und Material mitgenommen werden. Mitgeführte Lasten sind so aufzubringen, dass eine Beeinträchtigung der Standsicherheit des Arbeitsmittels verhindert wird.

(4) Ist ein gefahrloses Absenken der Arbeitsplattform bei Energieausfall oder einer anderen Störung nicht möglich, ist für eine sichere Bergung der auf der Arbeitsplattform sich befindenden ArbeitnehmerInnen vorzusorgen.

(5) Solange sich ArbeitnehmerInnen auf der Arbeitsplattform aufhalten, darf das Arbeitsmittel nicht verfahren werden, außer es handelt sich um eine Versetzfahrt. Soweit sich aus § 35 Abs. 1 Z 2 ASchG in Verbindung mit der Betriebsanleitung nicht etwas anderes ergibt, gilt für solche Versetzfahrten Folgendes:
1. Fahrbewegungen dürfen nur auf Weisung der ArbeitnehmerInnen auf der Arbeitsplattform durchgeführt werden. Erforderlichenfalls sind geeignete Signale zur Verständigung zu vereinbaren.
2. Die Standsicherheit darf nicht beeinträchtigt werden.
3. Ist während des Bewegungsvorganges die Gefahr des Anstoßens des Arbeitsmittels an Hindernisse nicht auszuschließen, so ist durch geeignete Maßnahmen, insbesondere Einweiser, für die Sicherheit der auf der Arbeitsplattform befindlichen ArbeitnehmerInnen zu sorgen.

4. Die Fahrgeschwindigkeit ist so zu wählen, dass die Sicherheit der auf der Arbeitsplattform befindlichen ArbeitnehmerInnen während des ganzen Bewegungsvorganges gewährleistet bleibt.

(6) Der Standplatz auf der Arbeitsplattform darf nicht durch Einrichtungen oder Gegenstände erhöht werden.

(7) Für das Heben von ArbeitnehmerInnen mit Hebeeinrichtungen, wie Hubpodien und Versenkeinrichtungen von Bühnen, gilt Folgendes:
1. Anweisungen zur Auslösung von Bewegungsvorgängen müssen gut wahrnehmbar und eindeutig erfolgen.
2. Bewegungsvorgänge, die Gefährdungen verursachen können, dürfen nur ausgeführt werden, wenn die Geschwindigkeit der Situation angemessen ist und Schutzeinrichtungen zur Sicherung der Gefahrenstellen vorhanden sind oder die Gefahrenstellen vom Bediener der Hebeeinrichtung überwacht werden und diese deutlich gekennzeichnet sind.

Arbeitskörbe

§ 22. (1) Arbeitskörbe dürfen nur mit Kranen, mechanischen Leitern und Hubstaplern gehoben werden, die vom Hersteller oder Inverkehrbringer dafür vorgesehen sind, oder deren Eignung gemäß § 7 Abs. 1 Z 8 festgestellt wurde. Werden Arbeitskörbe mit Arbeitsmitteln zum Heben von Lasten gehoben, gilt § 21 Abs. 2 bis 6. Sind diese Arbeitsmittel nicht zum Heben von ArbeitnehmerInnen vorgesehen und besteht die Möglichkeit von Verwechslungen, muss eine Kennzeichnung deutlich sichtbar angebracht werden.

(2) Für die Verwendung von Arbeitskörben gilt Folgendes:
1. Arbeitskörbe dürfen nur für kurzfristige Arbeiten verwendet werden.
2. Die zulässige Personenanzahl, die zulässige Nutzlast und das zulässige Gesamtgewicht dürfen nicht überschritten werden.
3. Arbeitskörbe dürfen nur betreten oder verlassen werden, wenn sie auf einer ebenen und standfesten Unterlage abgestellt sind oder auf andere Weise so gesichert sind, dass das Betreten oder Verlassen gefahrlos erfolgen kann.
4. Arbeitskörbe dürfen nicht mit mehr als 0,5 m/s gehoben oder gesenkt werden.

(3) Bei der Verwendung von Arbeitskörben, deren Hubbewegung nicht vom Arbeitskorb aus gesteuert wird, gilt darüber hinaus Folgendes:
1. Arbeitskörbe dürfen nur nach Weisung der im Arbeitskorb befindlichen ArbeitnehmerInnen gehoben oder gesenkt werden. Erforderlichenfalls sind geeignete Signale zur Verständigung zu vereinbaren.
2. Ist eine Verständigung zwischen den ArbeitnehmerInnen im Korb und der Person, die die Bewegung des Arbeitskorbes steuert nicht

AM-VO

sichergestellt, darf die Bewegung des Arbeitskorbes nur nach den Anweisungen eines Einweisers erfolgen.

3. Die Bedienungsperson darf, solange sich ArbeitnehmerInnen im Arbeitskorb befinden, den Bedienungsstand des Lasthebemittels nicht verlassen.

(4) Werden Arbeitskörbe mit Kranen gehoben, gilt Folgendes:

1. Arbeitskörbe dürfen bei Gewitter und bei Wind, durch den ein starkes Pendeln des Arbeitskorbes verursacht werden kann, nicht verwendet werden.

2. Die ArbeitnehmerInnen im Arbeitskorb sind mit einem Auffangsystem gegen Absturz zu sichern, wenn die Gefahr eines unbeabsichtigten Kippens des Arbeitskorbes oder die Gefahr des Herausfallens von ArbeitnehmerInnen besteht.

3. Der Arbeitskorb, die Anschlagmittel und das ordnungsgemäße Einhängen in den Kranhaken sind nach jedem neuerlichen Einhängen des Arbeitskorbes durch eine geeignete fachkundige Person zu überprüfen.

4. Arbeitskörbe sind erforderlichenfalls durch Leitseile zu führen.

5. Bei Kranen mit einander überschneidenden Arbeitsbereichen dürfen die übrigen Krane nicht in den Arbeitsbereich von Arbeitskörben einschwenken.

6. Arbeitskörbe dürfen nicht mit einer höheren Geschwindigkeit als 1 m/s in horizontaler Richtung bewegt werden.

7. Der Einsatz von Arbeitskörben auf Baustellen darf nur von der Aufsichtsperson gemäß § 4 BauV angeordnet werden.

8. Die Be- und Entladung von Arbeitskörben für das Heben von Lasten und Personen muss so vorgenommen werden, dass für ArbeitnehmerInnen keine Gefahren auf Grund der Gewichtsentlastung entstehen können.

9. Als Kranführer dürfen unabhängig von der Art des Krans nur Personen eingesetzt werden, die über einen Nachweis der Fachkenntnisse für das Führen von Kranen gemäß § 62 Abs. 2 ASchG verfügen.

(5) Werden Arbeitskörbe mit Hubstaplern gehoben, gilt Folgendes:

1. Der Hubstapler darf nur auf ebenem und tragfähigem Untergrund aufgestellt werden.

2. Der Arbeitskorb darf nur bei stillstehendem und gebremstem Hubstapler angehoben werden.

3. Der Arbeitskorb, dessen Befestigung auf der Hubvorrichtung sowie der Hubstapler sind nach jeder neuerlichen Montage des Korbes durch eine geeignete fachkundige Person auf ordnungsgemäßen Zustand zu überprüfen.

Selbstfahrende Arbeitsmittel, Ladevorrichtungen

§ 23. (1) Durch geeignete Maßnahmen ist für eine sichere Abwicklung des innerbetrieblichen Verkehrs mit selbstfahrenden Arbeitsmitteln zu sorgen. Insbesondere sind geeignete Maßnahmen festzulegen und durchzuführen, um eine Gefährdung der ArbeitnehmerInnen durch Umkippen, Überrollen, Wegrollen oder Anstoßen des Arbeitsmittels oder durch einen Zusammenstoß von ArbeitnehmerInnen und einen Gefahr bringenden Kontakt von ArbeitnehmerInnen mit dem Arbeitsmittel zu verhindern.

(2) Für die Benutzung von selbstfahrenden Arbeitsmitteln sind unter Berücksichtigung der betrieblichen Gegebenheiten schriftliche Betriebsanweisungen zu erstellen. Für die Einhaltung der Betriebsanweisungen ist zu sorgen. Durch diese Betriebsanweisungen sind die notwendigen Maßnahmen im Sinne des Abs. 1 festzulegen, insbesondere Sicherheits- und Verkehrsregeln

1. für das Aufnehmen, die Sicherung, den Transport und das Absetzen von Lasten,

2. für das Be- und Entladen des Arbeitsmittels,

3. gegebenenfalls für den Transport von Personen,

4. gegen die Inbetriebnahme des Arbeitsmittels durch Unbefugte,

5. für den Fahrbetrieb,

6. für die In- und Außerbetriebnahme.

(3) Wird ein selbstfahrendes Arbeitsmittel auch für das Heben von Lasten eingesetzt, so ist in der Betriebsanweisung nach Abs. 2 auch auf die Anforderungen nach § 18 Abs. 2 bis 8 Bedacht zu nehmen.

(Anm.: Abs. 4 aufgehoben durch BGBl. II Nr. 21/2010)

(5) Der Sicherheit dienende Vorrichtungen von Fahrzeugen, wie Bremsen, Beleuchtung und Warneinrichtungen, sind täglich bei der erstmaligen Inbetriebnahme durch die LenkerInnen zu überprüfen.

(6) ArbeitnehmerInnen dürfen nur auf sicheren und für diesen Zweck ausgerüsteten Plätzen befördert werden.

(7) Soweit sich aus § 35 Abs. 1 Z 2 ASchG in Verbindung mit der Bedienungsanleitung nicht etwas anderes ergibt, darf die Fahrgeschwindigkeit 2,5 m/s nicht überschreiten, wenn ArbeitnehmerInnen Arbeiten von selbstfahrenden Arbeitsmitteln aus durchführen müssen.

(8) Besteht die Gefahr eines Brandes durch selbstfahrende Arbeitsmittel oder Ladungen, sind die Arbeitsmittel mit entsprechenden Brandbekämpfungseinrichtungen auszurüsten. Dies gilt nicht, wenn am Einsatzort ausreichend nahe Brandbekämpfungseinrichtungen vorhanden sind.

(9) Für die Verwendung von Ladevorrichtungen, wie Gleitschienen, Gleitpfosten oder Ladebrücken, gilt Folgendes:

1. Sie dürfen nur verwendet werden, wenn sie genügend tragfähig sind.
2. Sie sind gegen Abrutschen, unzulässiges Durchbiegen, unbeabsichtigtes Verschieben und Umkanten zu sichern.
3. Es dürfen nur Ladebrücken verwendet werden, von denen Flüssigkeiten leicht abfließen können.
4. Bereiche unter Ladevorrichtungen sowie Bereiche zwischen Gleitschienen und Gleitpfosten dürfen während des Transportes von Lasten nicht betreten werden.

Maßnahmen bei Arbeiten in kleinen, engen oder schlechtbelüfteten Räumen und Behältern

§ 23a. (1) Für Arbeiten in kleinen, engen oder schlechtbelüfteten Räumen und Behältern wie beispielsweise Schächte, Gruben, Kanäle oder Rohrleitungen, bei denen eine der folgenden Gefahren nicht ausgeschlossen werden kann, sind schriftliche Betriebsanweisungen zu erstellen:

1. Gefahren durch gesundheitsgefährdende Arbeitsstoffe,
2. Gefahren durch brand- und explosionsgefährliche Arbeitsstoffe,
3. Gefahren durch Sauerstoffmangel,
4. mechanische Gefahren durch Einbauten in den kleinen, engen oder schlechtbelüfteten Räumen und Behältern wie z. B. durch Rührwerke und Zuführungseinrichtungen,
5. Gefahren durch unter Druck stehenden Behältern und Rohrleitungen,
6. Gefahren durch Schüttgüter,
7. Gefahren durch besonders belastende Temperatur und Luftfeuchte,
8. Gefahr durch Absturz oder Versinken.

(2) Die schriftlichen Betriebsanweisungen haben, soweit zutreffend, folgende sowie erforderlichenfalls weitere Inhalte zu umfassen:

1. Art und Ausmaß der Gefahren durch Arbeitsstoffe oder Sauerstoffmangel und die dagegen festgelegten Schutzmaßnahmen sowie die Form der Aufsicht,
2. Erforderliche Messungen vor Beginn und während der Arbeiten,
3. Gefahren durch die Temperatur in kleinen, engen oder schlechtbelüfteten Räumen und Behältern und die dagegen festgelegten Schutzmaßnahmen,
4. Be- und Entlüftung der kleinen, engen oder schlechtbelüfteten Räume und Behälter während der Arbeiten,
5. Trennen in die kleinen, engen oder schlechtbelüfteten Räume und Behälter führenden Leitungen und Zuführungseinrichtungen und von sonstiger Energiezufuhr sowie Sicherungsmaßnahmen gegen Wiedereinschal-

ten (zB durch zwei Abschaltvorrichtungen, Entfernen von Zwischenstücken und Setzen von Blindflanschen, Abtrennen mittels Steckscheibe oder durch Blindflansche),
6. Drucklosmachen von Behältern und Rohrleitungen,
7. Stillsetzung von mechanischen Einbauten (zB Rührwerke) sowie Sicherungsmaßnahmen gegen Wiedereinschalten oder Bewegung,
8. Stillsetzung von bewegten Behältern sowie Sicherungsmaßnahmen gegen Wiedereinschalten,
9. Sicherung gegen Absturz bzw. Versinken beim Einstieg in kleine, enge oder schlechtbelüftete Räume und Behälter sowie für Arbeiten in und an diesen Arbeitsmitteln,
10. Schutzmaßnahmen gegen Gefahren von Schüttgütern,
11. Rettungsmaßnahmen einschließlich der dafür vorgesehenen Einrichtungen,
12. Kennzeichnung und Abgrenzung der Arbeitsbereiche insbesondere von Einstiegsöffnungen.

(3) Für die in Abs. 1 genannten Arbeiten ist im Rahmen der Ermittlung und Beurteilung der Gefahren gemäß § 4 ASchG ein schriftliches Arbeitsfreigabesystem samt den notwendigen Schutz- und Rettungsmaßnahmen festzulegen und eine geeignete fachkundige Person zu benennen, die die erforderlichen fachlichen Kenntnisse und Berufserfahrungen besitzt und mit den möglichen Gefahren und den erforderlichen Schutz- und Rettungsmaßnahmen vertraut ist.

(4) Die Arbeiten dürfen erst aufgenommen werden, wenn eine Arbeitsfreigabe erteilt wurde. Die Arbeitsfreigabe darf erteilt werden, wenn

1. eine auf das betreffende Arbeitsmittel und die Arbeitsabläufe abgestimmte besondere Unterweisung der Arbeitnehmerinnen bzw. Arbeitnehmer über die Inhalte der schriftlichen Betriebsanweisung nach Abs. 1 erteilt wurde und
2. nachdem die benannte, fachkundige Person (Abs. 3) sich überzeugt hat, dass die laut Arbeitsfreigabesystem festgelegten Schutz- und Rettungsmaßnahmen durchgeführt sind und für eine geeignete Aufsicht gesorgt ist.

(5) Für Arbeiten in kleinen, engen oder schlechtbelüfteten Räumen und Behältern wie beispielsweise Schächte, Gruben, Kanäle oder Rohrleitungen, bei denen die Gefahren gemäß Abs. 1 ausgeschlossen werden können, sind zumindest Maßnahmen für die Überwachung der Arbeitnehmerinnen bzw. Arbeitnehmer und die Rettung der Arbeitnehmerinnen bzw. Arbeitnehmer festzulegen. Die Arbeitnehmerinnen bzw. Arbeitnehmer, die für diese Arbeiten herangezogen werden, sind vor Beginn der Arbeiten entsprechend zu unterweisen.

AM-VO

(6) § 23a gilt nicht für Baustellen im Sinn des ASchG.

Arbeiten an Einrichtungen für die Lagerung von Schüttgütern

§ 23b. (1) In Einrichtungen für die Lagerung von Schüttgütern, wie Silos oder Bunker, denen diese Güter seitlich oder von unten entnommen werden, darf, solange sie nicht entleert sind, nur eingestiegen werden, wenn dies unumgänglich notwendig ist. Für das Einsteigen in diese Behälter, Silos oder Bunker ist § 23a anzuwenden. Während in solche Einrichtungen eingestiegen wird und während sich Arbeitnehmerinnen bzw. Arbeitnehmer darin aufhalten, darf aus ihnen kein Schüttgut entnommen werden. Entleerungsöffnungen müssen, soweit dies möglich ist, geschlossen gehalten sein.

(2) Sofern Schüttgut zur Bildung von Stauungen, Brücken oder Ansätzen neigt, müssen zum Beseitigen der Stauungen oder zum Lockern des Schüttgutes entsprechende Vorrichtungen vorhanden oder geeignete Geräte beigestellt sein. Diese Vorrichtungen oder Geräte müssen ein Beseitigen von Störungen von außen ermöglichen. Arbeitnehmerinnen bzw. Arbeitnehmer dürfen sich im Inneren von solchen Einrichtungen nicht unterhalb von anstehendem oder haftendem Schüttgut aufhalten.

(3) § 23b gilt nicht für Baustellen im Sinn des ASchG.

Programmgesteuerte Arbeitsmittel

§ 24. (1) Durch geeignete Schutzeinrichtungen und geeignete Maßnahmen ist dafür zu sorgen, dass ArbeitnehmerInnen nicht durch den Aufenthalt im Gefahrenbereich von beweglichen Teilen programmgesteuerter Arbeitsmittel gefährdet werden.

(2) Der Gefahrenbereich von programmgesteuerten Arbeitsmitteln darf nur betreten werden, wenn es für das Programmieren oder Einstellen dieser Arbeitsmittel sowie für die Einschulung von ArbeitnehmerInnen in diesen Tätigkeiten aus technischen Gründen erforderlich ist. Soweit sich aus § 35 Abs. 1 Z 2 ASchG in Verbindung mit der Bedienungsanleitung nicht etwas anderes ergibt, gilt in diesen Fällen Folgendes:

1. Im Gefahrenbereich des Arbeitsmittels darf sich nur die unbedingt erforderliche Anzahl von ArbeitnehmerInnen aufhalten.
2. Wenn das Programmieren oder Einstellen nur bei in Bewegung befindlichem Arbeitsmittel erfolgen kann, ist die Bewegungsgeschwindigkeit des Arbeitsmittels oder der Teile des Arbeitsmittels auf ein ungefährliches Maß zu reduzieren.
3. Eine Abfolge von mehreren Bewegungen hintereinander, so diese Gefahr bringend ist, muss durch geeignete Mittel verhindert sein, insbesondere durch Schrittschaltung oder Tippbetrieb mittels Tasten ohne Selbsthaltung.

(3) Wenn eine Herabsetzung der Bewegungsgeschwindigkeit aus technischen Gründen nicht möglich ist, insbesondere weil die gewünschte Positioniergenauigkeit bei einer Herabsetzung nicht erreicht werden könnte, sind geeignete Schutzmaßnahmen festzulegen und umzusetzen, wie Einrichtung eines sicheren Ortes, von dem die Programmierung oder das Einstellen aus ungefährdet vorgenommen werden kann, oder Aufsicht durch eine geeignete fachkundige Person außerhalb des Arbeitsbereiches, die das Arbeitsmittel sofort stillsetzen kann zB durch eine Notausschalteinrichtung.

Bearbeitungsmaschinen

§ 25. (1) Durch geeignete Schutzeinrichtungen und Schutzmaßnahmen ist dafür zu sorgen, dass bei der Verwendung von Sägen eine Gefährdung der ArbeitnehmerInnen durch das Werkzeug, Werkstück oder durch Rückschlag soweit wie möglich verhindert wird. Soweit sich aus § 35 Abs. 1 Z 2 ASchG in Verbindung mit der Bedienungsanleitung nicht etwas anderes ergibt, gilt Folgendes:

1. Zum Lösen von Keilbefestigungen an Gattersägen von Hand sind Keilfangkästen zu benützen.
2. Abgestellte, noch in Bewegung befindliche Kreissägeblätter dürfen nicht durch seitliches Gegendrücken gebremst werden.
3. Längsschnittkreissägen für die Bearbeitung von Holz oder ähnlichen Werkstoffen dürfen nur verwendet werden, wenn sie eine Sicherung gegen Rückschlag des Werkstückes aufweisen, wie einen Spaltkeil oder eine mechanische Zuführungseinrichtung.
4. Erfolgt die Sicherung gegen Rückschlag durch einen Spaltkeil, so dürfen hiefür nur zum Sägeblatt passende Keile verwendet werden. Der Abstand vom Sägeblatt darf höchstens 8 mm betragen.
5. An Kreissägen für Holz oder ähnliche Werkstoffe darf nur dann im Gleichlauf gearbeitet werden, wenn sie so eingerichtet sind, dass eine unbeabsichtigte Änderung des Vorschubes oder ein Wegschleudern des Werkstückes verhindert ist.
6. Bei Pendelsägen zum Ablängen von Holz oder sonstigen Werkstoffen, die ähnlich bearbeitet werden können, muss das Schneidegut durch eine geeignete Einrichtung in der Schnittlage gehalten werden, wenn dies mit der Hand nicht in sicherer Weise geschehen kann.
7. Bei Bandsägen ist die Sägebandführung entsprechend der erforderlichen Schnitthöhe nachzustellen.

(2) Durch geeignete Schutzeinrichtungen und Schutzmaßnahmen ist dafür zu sorgen, dass bei der Verwendung von Hobel- und Fräsmaschinen eine Gefährdung der ArbeitnehmerInnen durch das Werkzeug oder durch Rückschlag soweit wie möglich verhindert wird. Soweit sich aus § 35 Abs. 1 Z 2 ASchG in Verbindung mit der Bedienungsanleitung nicht etwas anderes ergibt, gilt Folgendes:

1. Bei Abrichthobelmaschinen sind die Tischhälften jeweils so nahe zusammenzuschieben, wie es der Arbeitsvorgang zulässt.
2. Der nicht benützte Teil der Messerwelle von Abrichthobelmaschinen ist vor und hinter dem Anschlag zu verdecken.
3. Bei Arbeiten an Fräsmaschinen für Holz oder sonstige Werkstoffe, die ähnlich bearbeitet werden können, sind geeignete, die Werkzeuge soweit wie möglich verdeckende Schutzeinrichtungen zu verwenden.
4. Arbeiten an Fräsmaschinen für Holz oder sonstige Werkstoffe, die ähnlich bearbeitet werden können, sind möglichst unter Benützung eines Anschlaglineals oder einer sonstigen geeigneten Führung durchzuführen. Die Hälften des Anschlaglineals sind soweit wie möglich zusammenzuschieben.
5. Bei Arbeit auf Holzfräs- und Kehlmaschinen sind, soweit es der Arbeitsvorgang zulässt, Vorrichtungen, wie hölzerne Druckkämme oder Anschlagklötze, zu verwenden, sofern nicht durch andere Maßnahmen ein Rückschlagen des Werkstückes verhindert wird.
6. Die auf Metallhobel- oder -fräsmaschinen zu bearbeitenden Werkstücke müssen auf den Maschinentischen sicher eingespannt werden.

(3) Durch geeignete Schutzeinrichtungen und Schutzmaßnahmen ist dafür zu sorgen, dass bei der Verwendung von Schleifwerkzeugen und Schleifkörpern eine Gefährdung der ArbeitnehmerInnen durch ein Zerplatzen des Schleifwerkzeuges oder durch Einzugsstellen soweit wie möglich verhindert wird. Soweit sich aus § 35 Abs. 1 Z 2 ASchG in Verbindung mit der Bedienungsanleitung nicht etwas anderes ergibt, gilt Folgendes:

1. Schleifwerkzeuge sind vor Stoß und Schlag zu schützen. Sie sind trocken und frostsicher bei möglichst gleich bleibender Temperatur zu lagern.
2. Vor jedem Aufspannen ist das Schleifwerkzeug auf offenkundige Mängel zu untersuchen. Keramisch gebundene Schleifwerkzeuge sind überdies einer Klangprobe zu unterziehen.
3. Bei Arbeiten, bei denen das Werkstück dem Schleifwerkzeug von Hand zugeführt wird, sind nachstellbare Werkstückauflagen zu benützen. Diese sind so nachzustellen, dass der Abstand zwischen Werkstückauflage und Schleifwerkzeug nicht mehr als 3 mm beträgt.

4. Jedes Schleifwerkzeug mit einem Außendurchmesser von mehr als 100 mm ist vor der ersten Inbetriebnahme sowie nach jedem Wiederaufspannen einer Erprobung im Leerlauf mit der höchstzulässigen Arbeitsgeschwindigkeit zu unterziehen. Der Probelauf muss bei Handschleifmaschinen mindestens eine halbe Minute, bei allen anderen Schleifmaschinen eine Minute dauern. Der Probelauf darf erst vorgenommen werden, nachdem der Gefahrenbereich abgesichert und, sofern das Schleifwerkzeug mit einer Schutzverdeckung verwendet werden muss, diese angebracht ist.

(4) Schleifwerkzeuge, die nicht schlagfrei und wuchtig laufen, dürfen nicht verwendet werden. Die Behebung einer Unwucht durch eingemeißelte oder eingebohrte Ausnehmungen oder durch Ausgießen von Ausnehmungen auf das Sollmaß ist verboten.

(5) Es ist dafür zu sorgen, dass die Angaben der Hersteller für die ordnungsgemäße Verwendung von Werkzeugen für Bearbeitungsmaschinen wie Sägen, Bohrer, Fräser oder Schleifscheiben eingehalten werden. Dies gilt insbesondere für Höchst- oder Mindestdrehzahlen bzw. Höchst- oder Mindestschnittgeschwindigkeiten von Werkzeugen.

(6) Bei Verwendung von Pressen und Stanzen sind wirksame Vorkehrungen gegen Quetschgefahren für die ArbeitnehmerInnen zu treffen. Ein Hineinlangen in den gefährlichen Teil des Stempelweges während des Stempelniedergangs ist zu verhindern. Einstellarbeiten und Änderungen, die Schutzeinrichtungen in ihrer Wirkung beeinträchtigen können, dürfen nur von geeigneten fachkundigen Personen vorgenommen werden.

(7) Exzenterpressen mit formschlüssiger Kupplung dürfen nur verwendet werden, wenn:

1. Werkzeuge verwendet werden, bei denen keine Quetschgefahr gegeben ist, oder
2. Verkleidungen oder Verdeckungen vorhanden sind, die ein Hineinlangen in den Stempelweg verhindern.

Geräte für autogenes Schweißen, Schneiden und verwandte Verfahren

§ 26. (1) Durch geeignete Schutzmaßnahmen ist dafür zu sorgen, dass bei der Benutzung von Geräten für autogenes Schweißen, Schneiden und verwandte Verfahren durch ArbeitnehmerInnen Brand- und Explosionsgefahren verhindert werden.

(2) Bei Benutzung von Geräten für autogenes Schweißen, Schneiden und verwandte Verfahren gilt Folgendes:

1. Die mit Sauerstoff in Berührung kommenden Armaturen sind fettfrei zu halten.
2. Neue Schläuche sind vor ihrer Benutzung durch Ausblasen zu reinigen. Die Schläuche dürfen auf den Tüllen nur mit geeigneten Schlauchklemmen befestigt werden.

AM-VO

3. Nicht angeschlossene Flaschen, bei denen die Verwendung einer Schutzkappe vorgesehen ist, müssen mit dieser versehen sein.
4. Wird in engen Räumen autogen geschweißt oder geschnitten, so sind bei längerer Unterbrechung der Arbeiten die Brenner und ihre Zuleitungen aus den engen Bereichen zu entfernen.
5. Ein Ableuchten der Apparate, Leitungen und Druckregler mit offener Flamme ist unzulässig.
6. Druckgasflaschen sind gegen Umfallen und unzulässige Erwärmung zu sichern.

(3) Bei Benutzung von Acetylen-Verbrauchsanlagen gilt zusätzlich zu Abs. 2 Folgendes:

1. Während der Entnahme müssen bei handradlosen Flaschenventilen die Ventilschlüssel aufgesteckt bleiben.
2. Im Bereich von Acetylen-Flaschen ist ein schwer entflammbarer Hitzeschutzhandschuh, bei mehr als drei parallel geschalteten Flaschen (Flaschenbatterien) überdies eine Löschdecke bereitzuhalten.
3. Acetylen-Flaschen dürfen, sofern der Hersteller nicht etwas anderes vorgesehen hat, nur stehend transportiert, gelagert und verwendet werden. Eine liegende Verwendung von einzelnen Acetylen-Flaschen ist zulässig, wenn das Flaschenventil mindestens 40 cm höher liegt als der Flaschenfuß.
4. Acetylen-Flaschen, in denen eine Acetylen-Zersetzung festgestellt oder vermutet wurde, sind, sofern dies gefahrlos möglich ist, zu kennzeichnen und von der weiteren Verwendung auszuschließen.

(4) Die Unterweisung nach § 14 ASchG muss jährlich erfolgen und unter Berücksichtigung der betrieblichen Gegebenheiten, des Inhalts der Betriebsanleitungen der Hersteller und einschlägiger fachlicher Hinweise sowie unter Beachtung der Abs. 2 und 3 insbesondere umfassen:

1. Anschließen der Druckregler,
2. Einstellen und Betrieb der Anlage,
3. Verhalten bei Störungen wie Flammenrückschlägen oder Flaschenbränden,
4. Flaschenwechsel und Transport von Flaschen,
5. Durchführung der Sichtkontrolle gemäß § 35 Abs. 3 Z 1 ASchG.

Stetigförderer

§ 27. (1) Durch geeignete Schutzeinrichtungen und Schutzmaßnahmen ist dafür zu sorgen, dass bei der Benutzung von Stetigförderern, wie Becherwerken, Schüttelrinnen, Schwing-, Gurt- oder Kreisförderern eine Gefährdung der ArbeitnehmerInnen, insbesondere Quetsch- und Einzugsgefahren sowie die Gefahr des Einklemmens, wirksam verhindert werden.

(2) Durch entsprechende Information, Anweisung oder andere geeignete Maßnahmen ist dafür zu sorgen, dass in Betrieb befindliche sowie nicht gegen Anlauf gesicherte Stetigförderer nur betreten oder überstiegen werden, wenn weder von den bewegten Teilen des Stetigförderers noch vom Transportgut samt den Lastaufnahmemitteln eine Gefahr für ArbeitnehmerInnen ausgeht. Das Hineinbeugen in die Laufbahn der Förderstränge ist verboten.

(3) Durch entsprechende Information, Anweisung oder andere geeignete Maßnahmen ist dafür zu sorgen, dass ArbeitnehmerInnen auf Stetigförderern nicht mitfahren.

(4) Wenn die betrieblichen Verhältnisse einen Verkehr neben, über oder unter Stetigförderern erfordern, sind die zum gefahrlosen Begehen notwendigen Wege einzurichten.

Handwerkzeuge

§ 28. (1) Handwerkzeuge, wie Messer, Hacken, Hämmer, Stemmeisen und Schraubendreher, sind so abzulegen, vorübergehend zu verwahren, zu transportieren und zu lagern, dass ArbeitnehmerInnen nicht gefährdet werden können.

(2) Handwerkzeuge, die Funken ziehen können, dürfen an Stellen, an denen hierdurch eine Explosion oder ein Brand ausgelöst werden könnte, nicht verwendet werden.

(3) Es dürfen nur Handwerkzeuge verwendet werden, deren Griffe und Stiele den menschlichen Körpermaßen und Körperformen entsprechend gestaltet und mit dem übrigen Teil des Werkzeuges fest verbunden oder darin eingesetzt sind. Handmesser dürfen nur verwendet werden, wenn, soweit dies der Arbeitszweck zulässt, sie so gestaltet sind, dass die Hand nicht auf die Klinge abgleiten kann.

Bolzensetzgeräte

§ 29. (1) Bei der Benutzung von Bolzensetzgeräten muss die Unterweisung nach § 14 ASchG jährlich erfolgen und unter Berücksichtigung der betrieblichen Gegebenheiten, des Inhalts der Betriebsanleitungen der Hersteller und einschlägiger fachlicher Hinweise insbesondere umfassen:

1. Aufbewahrung von Bolzensetzgeräten, Bolzen und Treibladungen,
2. Aufnehmen, Laden, Tragen, Zureichen und Entladen von Bolzensetzgeräten,
3. Maßnahmen bei Ladehemmungen und zum Beseitigen von Kartuschenversagern,
4. Besetzen von Materialien,
5. Maßnahmen für die Sicherung des Gefahrenbereiches,
6. Zu verwendende Schutzausrüstung.

(2) Die ordnungsgemäße Beschaffenheit von Bolzensetzgeräten ist vor jedem Arbeitsbeginn und nach jeder längeren Arbeitsunterbrechung durch den Benutzer durch eine Sichtkontrolle zu überprüfen.

Kompressoranlagen

§ 30. Kompressoranlagen sind so aufzustellen, dass die angesaugte Luft frei von gesundheitsschädlichen und brennbaren Anteilen in gefährlichem Ausmaß ist.

Zentrifugen

§ 31. Bei der Verwendung von Zentrifugen ist für einen sicheren Betrieb zu sorgen, insbesondere dafür, dass ArbeitnehmerInnen nicht erfasst werden. Soweit sich aus § 35 Abs. 1 Z 2 ASchG in Verbindung mit der Bedienungsanleitung nicht etwas anderes ergibt, gilt bei der Verwendung von Zentrifugen Folgendes:

1. Zentrifugen sind gleichmäßig zu beschicken.
2. Die Höchstdrehzahl darf nicht überschritten werden.
3. Zentrifugen dürfen nicht mit der Hand gebremst werden.

Verbrennungskraftmaschinen

§ 32. Bei der Benutzung von Verbrennungskraftmaschinen ist für einen sicheren Betrieb zu sorgen, insbesondere ist eine Gefährdung der ArbeitnehmerInnen durch Rückschlag und Explosionsgefahren zu vermeiden. Soweit sich aus § 35 Abs. 1 Z 2 ASchG in Verbindung mit der Bedienungsanleitung nicht etwas anderes ergibt, gilt bei der Verwendung von Verbrennungskraftmaschinen Folgendes:

1. Das Anlassen von Verbrennungskraftmaschinen unter Verwendung von reinem Sauerstoff oder brennbaren Gasen ist verboten.
2. Offenes Feuer und Licht und sonstige Zündquellen dürfen beim Nachfüllen von flüssigem Kraftstoff nicht vorhanden sein. Kraftstoff mit einem Flammpunkt unter 55 °C darf nur bei stillstehendem Motor nachgefüllt werden, soweit nicht durch besondere Maßnahmen eine Entzündungsgefahr ausgeschlossen ist.

Fahrbewilligung

§ 33. (1) Mit dem Führen von Kranen und mit dem Lenken eines selbstfahrenden Arbeitsmittels in Arbeitsstätten, auf Baustellen und auf auswärtigen Arbeitsstellen, auf denen die StVO nicht gilt, dürfen nur ArbeitnehmerInnen beschäftigt werden, die über eine Fahrbewilligung der ArbeitgeberInnen verfügen.

(2) Die Fahrbewilligung darf erst nach einer auf das betreffende Arbeitsmittel abgestimmten besonderen Unterweisung der ArbeitnehmerInnen über die Inhalte der schriftlichen Betriebsanweisung nach § 19 Abs. 1 bzw. nach § 23 Abs. 2 erteilt werden.

(3) Werden in einer Arbeitsstätte betriebsfremde ArbeitnehmerInnen für Tätigkeiten nach Abs. 1 mit betriebseigenen Arbeitsmitteln eingesetzt, ist zusätzlich zur Fahrbewilligung der ArbeitgeberInnen dieser ArbeitnehmerInnen eine Fahrbewilligung der für die Arbeitsstätte verantwortlichen ArbeitgeberInnen erforderlich.

(4) Die Fahrbewilligung ist durch die ArbeitgeberInnen zu entziehen, wenn Umstände bekannt werden, die glaubhaft erscheinen lassen, dass ArbeitnehmerInnen für Tätigkeiten nach Abs. 1 nicht geeignet sind.

3. Abschnitt
Leitern und Gerüste
Allgemeine Bestimmungen über Leitern

§ 34. (1) ArbeitgeberInnen dürfen nur Leitern zur Verfügung stellen, die folgenden Sicherheits- und Gesundheitsanforderungen im Sinne des § 33 Abs. 3 Z 2 ASchG entsprechen:

1. Leitern müssen so beschaffen sein, dass sie sich nicht gefährlich durchbiegen können.
2. Sprossen und Stufen von Leitern müssen trittsicher und in die Leiterholme unbeweglich eingefügt sein.
3. Der Abstand der Sprossen oder Stufen voneinander muss gleich groß sein. Die Sprossenabstände dürfen nicht mehr als 30 cm betragen, ausgenommen der oberen zwei Sprossenabstände von Stehleitern, die maximal 35 cm betragen dürfen.
4. Auf Leitern, ausgenommen Dachleitern, sind aufgenagelte Stangen, Bretter oder Latten als Sprossen und Stufen nicht zulässig.
5. Der lichte Abstand der Holme muss mindestens 28 cm betragen.
6. Leitern dürfen nicht durch Befestigen von Latten an Holmen verlängert werden.
7. Das Ausbessern von Leitern durch Nageln sowie das Zusammensetzen von hiezu nicht bestimmten Teilen zu einer Leiter ist nicht zulässig.

(2) Für die Verwendung von Leitern gilt Folgendes:

1. Leitern dürfen als Standplatz für die Durchführung von Arbeiten nur verwendet werden, wenn nur so wenig Werkzeug und Material mitgeführt wird, dass beim Auf- und Abstieg von der Leiter gewährleistet ist, dass sich ArbeitnehmerInnen sicher an der Leiter anhalten können.
2. Bei Windeinwirkung oder sonstigen ungünstigen Wetterbedingungen dürfen Leitern nicht verwendet werden, wenn die Standsicherheit der Leiter beeinträchtigt oder sonst die Sicherheit der ArbeitnehmerInnen gefährdet ist.
3. Leitern sind derart aufzustellen, dass sie gegen Wegrutschen und Umfallen gesichert sind.
4. Leitern sind auf tragfähigen Standflächen, erforderlichenfalls auf lastverteilenden Unterlagen aufzustellen.

5. Bei Leitern, die im Verkehrsbereich von Fahrzeugen oder Hebezeugen oder im Öffnungsbereich von Fenstern oder Türen aufgestellt sind, sind Vorkehrungen gegen ein Anstoßen an die Leiter zu treffen, wie Absperrungen oder Aufstellen von Warnposten. Bei schlechter Sicht oder bei Dunkelheit sind Leitern an solchen Aufstellungsorten durch eine deutlich sichtbare Warnbeleuchtung zu kennzeichnen.

6. Leitern dürfen nicht als waagrechte Gerüstträger, als Unterlagen für Gerüstbeläge sowie als Laufgänge, Lauftreppen und Laufbrücken verwendet werden, soweit sie nicht hiefür gebaut sind.

7. Gerüstleitern und Dachleitern dürfen nicht als Aufstiegsleitern benützt werden.

(3) Für Mehrzweckleitern gelten die nachstehenden Bestimmungen jener Leiterart, an deren Stelle sie verwendet werden.

Festverlegte Leitern

§ 35. (1) Für festverlegte Leitern gelten ergänzend zu § 34 Abs. 1 folgende Sicherheits- und Gesundheitsanforderungen im Sinne des § 33 Abs. 3 Z 2 ASchG:

1. Festverlegte Leitern müssen um mindestens 1 m über die Ein- oder Ausstiegsstelle hinausragen, wenn nicht eine andere Vorrichtung ausreichend Gelegenheit zum Anhalten bietet.

2. Leitern von mehr als 5 m Länge, deren Lage von der Lotrechten um nicht mehr als 15 Grad abweicht, sind ab einer Höhe von 3 m mit einer durchlaufenden Rückensicherung zu versehen (Leiterkorb). Ist infolge der Lage der Leiter ein Absturz über einen Höhenunterschied von mehr als 5 m möglich, ist bereits ab 2 m Höhe eine Rückensicherung erforderlich.

3. Besteht zwischen Rückensicherung und dem Geländer des Standplatzes die Möglichkeit, bei einem Sturz von der Leiter mehr als 5 m seitlich über das Geländer hinaus abzustürzen, ist eine Sicherung gegen Absturz anzubringen.

4. Rückensicherungen müssen eine Schlupfweite von 60 cm bis 75 cm haben und zumindest aus einem Querring bei jeder fünften Sprosse und mindestens fünf durchgehenden vertikal verlaufenden Stäben bestehen. Abweichend davon dürfen Rückensicherungen, die aus nur drei statt fünf durchgehenden vertikal verlaufenden Stäben bestehen, weiter verwendet werden, wenn die Leiter bereits vor dem in § 65 Abs. 4 genannten Zeitpunkt verwendet wurde.

5. Leitern sind in Abständen von höchstens 10 m durch Plattformen zu unterteilen. Abweichend davon dürfen Leitern bis zu 25 m Leiterlänge ohne Plattformen verwendet werden, wenn dafür nur besonders unterwiesene, erfahrene und körperlich geeignete ArbeitnehmerInnen herangezogen werden, die einen Steigschutz verwenden.

(2) Eine Rückensicherung nach Abs. 1 kann entfallen, wenn andere geeignete Einrichtungen als Schutz gegen Absturz verwendet werden, insbesondere ein Steigschutz.

Anlegeleitern

§ 36. (1) Soweit sich aus § 35 Abs. 1 Z 2 ASchG in Verbindung mit der Bedienungsanleitung nicht etwas anderes ergibt, gilt für die Verwendung von Anlegeleitern ergänzend zu § 34 Abs. 2 Folgendes:

1. Die Schrägstellung von Anlegeleitern darf nicht flacher als 3 : 1 und nicht steiler als 4 : 1 sein.

2. Sprossenanlegeleitern dürfen nur bis zu einer Länge von 8 m verwendet werden, es sei denn, es sind besondere geeignete Maßnahmen zur Sicherung der Leiter gegen Umfallen getroffen, wie Standverbreiterungen (zB mit Querfuß oder breiterem Leiterfuß), seitliche Abstützung oder Befestigung der Leiter am oberen Leiterende.

3. Einteilige Stufenanlegeleitern dürfen nur bis zu einer Länge von 4 m verwendet werden.

(2) Leitern dürfen nicht an Stützpunkte angelehnt werden, die keine ausreichende Standsicherheit der Leitern gewährleisten.

(3) Anlegeleitern müssen um mindestens 1 m über die Ein- oder Ausstiegsstelle hinausragen, wenn nicht eine andere Vorrichtung ausreichend Gelegenheit zum Anhalten bietet.

(4) Anlegeleitern, die bei Gerüsten verwendet werden, sind an den Gerüsten gut zu befestigen und so aufzustellen, dass von der Austrittssprosse ein sicherer Standort leicht erreicht werden kann.

(5) Leitergänge müssen derart gegeneinander versetzt angebracht sein, dass herabfallende Gegenstände den darunterliegenden Leitergang nicht treffen können. Befindet sich unter Leitergängen ein Durchgang oder ein Arbeitsplatz, muss eine ausreichende Sicherung gegen herabfallende Gegenstände angebracht sein.

(6) Von Anlegeleitern aus dürfen nur kurzfristige Arbeiten im Greifraum durchgeführt werden, wie das Beheben von Putzschäden, einfache Montage- und Installationsarbeiten oder das Ausbessern von Anstrichen. Für diese Arbeiten dürfen nur unterwiesene, erfahrene und körperlich geeignete ArbeitnehmerInnen herangezogen werden. Im Freien dürfen die Arbeiten von der Leiter aus nur bei günstigen Witterungsverhältnissen durchgeführt werden.

(7) Bei einer Absturzhöhe von mehr als 5 m darf von Anlegeleitern aus zudem nur gearbeitet werden, wenn

1. die ArbeitnehmerInnen persönliche Schutzausrüstung gegen Absturz verwenden oder

2. besondere geeignete Maßnahmen zur Sicherung der Leiter gegen Umfallen getroffen sind, wie Standverbreiterungen (zB mit Querfuß oder breiterem Leiterfuß), seitliche Abstützung oder Befestigung der Leiter am oberen Leiterende.

(8) Werden Anlegeleitern als Verkehrswege benützt und besteht die Gefahr eines Absturzes über mehr als 5 m, sind als Sicherungen Seitenwehren, eine Rückensicherung nach § 35 Abs. 1 oder eine andere Einrichtung nach § 35 Abs. 2 anzubringen.

Stehleitern
§ 37. (1) Für Stehleitern gelten ergänzend zu § 34 Abs. 1 folgende Sicherheits- und Gesundheitsanforderungen im Sinne des § 33 Abs. 3 Z 2 ASchG:

1. Stehleitern müssen eine geeignete Sicherung gegen Auseinandergleiten der Leiterschenkel haben.
2. Oberhalb der Gelenke von Stehleitern dürfen sich keine Widerlager bilden können.

(2) Soweit sich aus § 35 Abs. 1 Z 2 ASchG in Verbindung mit der Bedienungsanleitung nicht etwas anderes ergibt, gilt für die Verwendung von Stehleitern ergänzend zu § 34 Abs. 2 Folgendes:

1. Stehleitern dürfen als Anlegeleitern nur verwendet werden, wenn sie auf Grund konstruktiver Einrichtungen hiefür geeignet sind.
2. Ein Übersteigen von Stehleitern auf andere Standplätze oder Einrichtungen ist nicht zulässig, sofern die Leiter nicht gegen Kippen und Wegrutschen gesichert ist.

(3) Erfolgt ein Übersteigen zu höher gelegenen Standplätzen, muss eine geeignete höher gelegene Anhaltemöglichkeit vorhanden sein.

(4) Wenn bei Arbeiten von einer Stehleiter aus ein Absturz vom Standplatz auf der Leiter aus mehr als 3 m möglich ist, dürfen von der Leiter aus nur kurzfristige Arbeiten im Greifraum durchgeführt werden, wie das Beheben von Putzschäden, einfache Montage- und Installationsarbeiten oder das Ausbessern von Anstrichen. Für diese Arbeiten dürfen nur unterwiesene, erfahrene und körperlich geeignete ArbeitnehmerInnen herangezogen werden. Im Freien dürfen die Arbeiten von der Leiter aus nur bei günstigen Witterungsverhältnissen durchgeführt werden.

Mechanische Leitern
§ 38. (1) Für mechanische Leitern gelten ergänzend zu § 34 Abs. 1 folgende Sicherheits- und Gesundheitsanforderungen im Sinne des § 33 Abs. 3 Z 2 ASchG:

1. Mechanische Leitern müssen die für den sicheren Betrieb erforderlichen Anzeigevorrichtungen, wie Neigungsmesser, und Einrichtungen zur ausreichenden Entlastung der Achsfederung und der Luftbereifung sowie zum Ausgleich von Geländeunebenheiten haben.

2. Mechanische Leitern müssen eine entsprechende Standfläche oder mindestens eine Standstufe und eine Rückensicherung haben.

(2) Soweit sich aus § 35 Abs. 1 Z 2 ASchG in Verbindung mit der Bedienungsanleitung nicht etwas anderes ergibt, gilt für die Verwendung von mechanischen Leitern ergänzend zu § 34 Abs. 2 Folgendes:

1. Mechanische Leitern dürfen nur unter Anleitung einer geeigneten fachkundigen Person auf- und abgebaut sowie verwendet werden.
2. Für die Bedienung dürfen nur Personen herangezogen werden, die mit der Bedienungsweise vertraut sind.
3. Mechanische Leitern sind gegen Gefahr bringendes Schwanken zu sichern.
4. Mechanische Leitern dürfen erst bestiegen werden, wenn sie standsicher aufgestellt und die Feststellvorrichtungen für die aufgerichtete Leiter und die ausgefahrenen Leiterteile wirksam sind.
5. Mechanische Leitern dürfen nicht verfahren, geschwenkt, aus- oder eingezogen werden, solange sich ArbeitnehmerInnen auf der Leiter befinden. Dies gilt nicht für den Aufenthalt von ArbeitnehmerInnen in Arbeitskörben von mechanischen Leitern, sofern die Leitern nur geschwenkt, ausgeschoben oder eingezogen werden.

(3) Abs. 1 Z 2 gilt nicht für die Verwendung von mechanischen Leitern auf Baustellen, die mit Arbeitskörben ausgerüstet sind.

Strickleitern
§ 39. (1) Soweit sich aus § 35 Abs. 1 Z 2 ASchG in Verbindung mit der Bedienungsanleitung nicht etwas anderes ergibt, gilt für die Verwendung von Strickleitern ergänzend zu § 34 Abs. 2 Folgendes:

1. Strickleitern sind vor jeder Verwendung auf einwandfreien Zustand zu prüfen, wobei insbesondere auf die sichere Befestigung der Leitersprossen zu achten ist.
2. Leitersprossen müssen so befestigt sein, dass ein Herausrutschen der Sprossen aus dem Holm, ein Drehen der Sprossen in den Holmen und ein Verschieben der Sprossen entlang der Holme verhindert ist.
3. Strickleitern sind sicher zu befestigen. Durch geeignete Maßnahmen ist ein Gefahr bringendes Verdrehen der Leiter zu verhindern.
4. Beim Begehen von Strickleitern sowie beim Arbeiten von Strickleitern aus sind die ArbeitnehmerInnen mit einem Auffangsystem zu sichern. Dabei darf das Sicherungsseil nicht an der Strickleiter befestigt sein. Dies gilt nicht für Notabstiege, zB aus Krankabinen.
5. Auf einer Strickleiter darf sich jeweils nur eine Arbeitnehmerin/ein Arbeitnehmer befinden.
6. Während eine Arbeitnehmerin/ein Arbeitnehmer von der Strickleiter aus arbeitet, muss eine Aufsicht durch eine geeignete Person erfolgen.

AM-VO

(2) Strickleitern dürfen nur benutzt werden, wenn andere Steigeinrichtungen nicht verwendet werden können. Von Strickleitern aus dürfen nur leichte Arbeiten von kurzer Dauer ausgeführt werden.

Gerüste

§ 40. Für die Benutzung von Gerüsten außerhalb von Baustellen gelten die §§ 55 bis 73 der Bauarbeiterschutzverordnung (BauV), BGBl. Nr. 340/1994, zuletzt geändert durch BGBl. II Nr. 368/ 1998.

4. Abschnitt
Beschaffenheit von Arbeitsmitteln
Ergonomie von Arbeitsmitteln

§ 41. (1) Bei der Gestaltung von Arbeitsmitteln, insbesondere der Bedienungseinrichtungen, Bedienungsplätze, Bedienungsstände und Schutzeinrichtungen, ist auf die arbeitsphysiologischen und ergonomischen Erkenntnisse soweit Bedacht zu nehmen, wie dies der Schutz der ArbeitnehmerInnen erfordert.

(2) Bedienungseinrichtungen von Arbeitsmitteln (zB Ein- und Ausschaltvorrichtungen oder Beschickungs- und Zuführungseinrichtungen) müssen von den Arbeitsplätzen der die Arbeitsmittel bedienenden ArbeitnehmerInnen leicht und gefahrlos zu betätigen sein.

(3) Teile von Arbeitsmitteln, die der Wartung bedürfen oder der Wartung dienen (zB Lager, Schmiereinrichtungen oder ähnliche Teile) müssen leicht und gefahrlos zugänglich sein.

(4) Beleuchtungseinrichtungen an Arbeitsmitteln müssen so angeordnet und beschaffen sein, dass eine störende direkte Lichtwirkung auf die Augen verhindert ist. Reflexblendung und stroboskopische Effekte müssen vermieden sein. Soweit erforderlich, müssen Beleuchtungseinrichtungen auch so beschaffen sein, dass keine Verfälschung von Farben auftreten kann.

(5) Warnvorrichtungen müssen leicht wahrnehmbar und unmissverständlich sein.

(6) Wenn Bedienungseinrichtungen von Arbeitsmitteln Einfluss auf die Sicherheit haben, müssen sie deutlich sichtbar, als solche identifizierbar und erforderlichenfalls entsprechend gekennzeichnet sein.

(7) Wenn zum sicheren Betrieb von Arbeitsmitteln die Kenntnis bestimmter Daten (wie Stromart, Spannung, Schutzart, Drehrichtung) oder bestimmter Grenzwerte (wie Tragfähigkeit, Masse, Drehzahl, Füllmenge oder Druck) notwendig ist, müssen diese auf den Arbeitsmitteln deutlich erkennbar und in dauerhafter Weise angegeben sein. Soweit es zum sicheren Betrieb notwendig ist, müssen bei Arbeitsmitteln auch Hinweise über die bestimmungsgemäße Verwendung und auf mögliche Gefahren beim Umgang vorhanden sein. Daten und Hinweise müssen, sofern nicht Symbole verwendet werden, in deutscher Sprache abgefasst sein.

Steuersysteme von Arbeitsmitteln

§ 42. (1) Stromkreise elektrischer Steuersysteme müssen ausreichend isoliert und gegen Beschädigung geschützt verlegt sein.

(2) Elektrisch betriebene Arbeitsmittel mit Überlastsicherung müssen so ausgeführt sein, dass beim Wiedereinschalten das Arbeitsmittel nicht selbsttätig in Gang gesetzt wird, sofern dadurch Gefahren für die Sicherheit und Gesundheit von ArbeitnehmerInnen entstehen können.

(3) Hydraulische und pneumatische Einrichtungen von Arbeitsmitteln müssen so gestaltet und beschaffen sein, dass Gefahren für die Sicherheit und Gesundheit von ArbeitnehmerInnen, insbesondere durch Beschädigung, Überschreiten des zulässigen Betriebsdrucks, der zulässigen Betriebstemperatur, durch Ausströmen von Druckmedien oder durch Verwechseln von Anschlüssen vermieden sind.

(4) Es ist dafür zu sorgen, dass im Fall von Störungen (zB durch Erschütterungen, Schwankungen in der Energiezufuhr, Ausfall der Energie oder Wiederkehr der Energie nach Störungen)

1. Schutzmaßnahmen nicht unwirksam werden und
2. auch sonst keine Gefahren für Sicherheit und Gesundheit von ArbeitnehmerInnen entstehen (zB durch in Gang setzen von Bewegungen, Herabfallen von festgehaltenen Gegenständen, Lockern von Spannvorrichtungen).

(5) Abweichend von Abs. 4 sind bei elektrischen Arbeitsmitteln, die bei der Verwendung mit der Hand gehalten werden und bei denen die Stromzufuhr über Steckvorrichtungen erfolgt, keine Maßnahmen hinsichtlich des in Gang setzens von Gefahr bringenden Bewegungen erforderlich.

Gefahrenstellen an Arbeitsmitteln

§ 43. (1) Gefahrenstellen im Sinne dieser Bestimmung sind alle Stellen an bewegten Teilen von Arbeitsmitteln, bei denen bei mechanischem Kontakt eine Verletzungsgefahr besteht. Gefahrenstellen im Sinne dieser Bestimmung sind insbesondere:

1. bewegte Teile von Kraftübertragungseinrichtungen, die Quetsch-, Scher-, Schneid-, Stich-, Fang–, Einzugs- oder andere Gefahrenstellen bilden,
2. sonstige bewegte Teile von Arbeitsmitteln, die Quetsch-, Scher-, Schneid-, Stich-, Fang-, Einzugs- oder andere Gefahrenstellen, wie zB Bewegungsbahnen von Gegen- und Schwunggewichten, bilden,
3. vorstehende Teile an bewegten Teilen von Arbeitsmitteln, wie Stellschrauben, Bolzen, Keile, Schmiereinrichtungen,
4. rotierende Teile von Arbeitsmitteln,

5. bewegte Teile eines Arbeitsmittels, die der Bearbeitung, Verarbeitung, Herstellung oder der Zuführung oder Abführung von Stoffen oder Werkstücken dienen (zB Werkzeuge), die Quetsch-, Scher-, Schneid-, Stich-, Fang-, Einzugs- oder andere Gefahrenstellen bilden,

6. bewegte Werkstücke, die Quetsch-, Scher-, Schneid-, Stich-, Fang-, Einzugs- oder andere Gefahrenstellen bilden.

(2) Keine Gefahrenstelle liegt vor, wenn

1. die Leistung des Arbeitsmittels so gering ist, dass bei Berührung keine Verletzungsgefahr besteht,

2. die an der Gefahrenstelle wirkende Kraft unter Berücksichtigung der Form der Gefahrenstelle so gering ist, dass bei Berührung keine Verletzungsgefahr besteht, oder

3. die Einhaltung des nach Anhang C jeweils erforderlichen Sicherheitsabstands gewährleistet ist.

(3) Gefahrenstellen sind durch Schutzeinrichtungen so zu sichern, dass ein möglichst wirksamer Schutz der Sicherheit und Gesundheit der ArbeitnehmerInnen erreicht wird. Primär sind Gefahrenstellen durch Verkleidungen, Verdeckungen oder Umwehrungen zu sichern, die das Berühren der Gefahrenstelle verhindern:

1. Verkleidungen müssen das Erreichen der Gefahrenstelle von allen Seiten verhindern und die Einhaltung des nach Anhang C erforderlichen Sicherheitsabstands gewährleisten.

2. Verdeckungen müssen das Berühren der Gefahrenstelle von jenen Seiten verhindern, die im Normalbetrieb von den vorgesehenen Standplätzen aus, von anderen Arbeitsplätzen aus oder von Verkehrswegen aus zugänglich sind. Verdeckungen müssen die Einhaltung des nach Anhang C erforderlichen Sicherheitsabstands gewährleisten.

3. Umwehrungen müssen ein unbeabsichtigtes Annähern an die Gefahrenstelle verhindern und die Einhaltung des nach Anhang C erforderlichen Sicherheitsabstands gewährleisten.

(4) Sofern sich Schutzeinrichtungen nach Abs. 3 ohne fremde Hilfsmittel öffnen oder abnehmen lassen, müssen sie so beschaffen sein, dass

1. sie sich entweder nur aus der Schutzstellung bewegen lassen, wenn das Arbeitsmittel still steht oder das Öffnen der Schutzeinrichtung das Arbeitsmittel bzw. den Teil des Arbeitsmittels zwangsläufig still setzt, wobei ein Gefahr bringender Nachlauf verhindert sein muss,

2. das in Gang setzen des Arbeitsmittels nur möglich ist, wenn sich die beweglichen Schutzeinrichtungen in der Schutzstellung befinden und

3. die Verriegelungen der Schutzeinrichtungen so gestaltet und angeordnet sind, dass sie nicht leicht unwirksam gemacht werden können.

(5) Ist eine Sicherung der Gefahrenstellen mit Schutzeinrichtungen nach Abs. 3 aufgrund der Arbeitsvorgänge nicht möglich, sind die Gefahrenstellen durch Schutzeinrichtungen zu sichern, die ein Gefahr bringendes in Gang setzen oder Berühren bewegter Teile verhindern oder Stillsetzen bewirken. Dazu gehören insbesondere Sicherungen mit Annäherungsreaktion (zB Lichtschranken), abweisende Einrichtungen, Schalteinrichtungen ohne Selbsthaltung oder ortsbindende Einrichtungen (wie zB Zweihandschaltungen).

(6) Soweit aufgrund der Arbeitsvorgänge eine Sicherung der Gefahrenstellen durch Schutzeinrichtungen nach Abs. 5 möglich ist, sind die ArbeitnehmerInnen über die Gefahrenstellen zu informieren und jährlich in der Vermeidung von Verletzungsgefahren zu unterweisen.

(7) Schutzeinrichtungen müssen wie folgt beschaffen sein:

1. Sie müssen stabil gebaut sein.

2. Sie dürfen keine zusätzlichen Gefahren verursachen und bei der Arbeit möglichst wenig behindern.

3. Sie dürfen nicht auf einfache Weise umgangen oder unwirksam gemacht werden können.

4. Sie dürfen Beobachtungs- und Überwachungsvorgänge, wie zB von Arbeitsvorgängen, nicht mehr als notwendig einschränken.

5. Sie müssen die für den Einbau oder Austausch von Teilen sowie für Rüst- oder Wartungsarbeiten erforderlichen Eingriffe möglichst ohne Demontage der Schutzeinrichtungen zulassen, wobei der Zugang auf den für die Arbeit notwendigen Bereich beschränkt sein muss.

(8) Es ist dafür zu sorgen, dass Schutzeinrichtungen nach Abs. 3 auch dann vorhanden sind, wenn die Arbeitsmittel in allgemein nicht zugänglichen, versperrten Betriebsräumen, wie Aufzugstriebwerks- oder Transmissionsräumen, aufgestellt sind. Das gilt nicht, wenn durch andere technische und organisatorische Maßnahmen sichergestellt ist, dass ArbeitnehmerInnen durch ein unbeabsichtigtes Einschalten der Arbeitsmittel nicht gefährdet werden.

Gefahren, die von Arbeitsmitteln ausgehen können

§ 44. (1) Arbeitsmittel müssen so ausgelegt werden, dass ArbeitnehmerInnen durch Freisetzung von Arbeitsstoffen (zB Gase, Dämpfe, Rauch, Staub, Flüssigkeiten), die in dem Arbeitsmittel verwendet werden, nicht gefährdet werden können. Erforderlichenfalls müssen die Arbeitsmittel mit Einrichtungen ausgestattet sein, die den Anschluss an eine Absauganlage ermöglichen. Abgasleitungen von Verbrennungskraftmaschinen müssen druckfest ausgeführt sein.

(2) Können bei der Verwendung von Arbeitsmitteln Späne, Splitter oder ähnliche Teile wegfliegen und dadurch Gefahren für die ArbeitnehmerInnen entstehen, müssen

AM-VO

1. die Arbeitsmittel mit Schutzeinrichtungen ausgestattet sein, die das Wegfliegen verhindern (zB Verdeckungen, Verkleidungen, Schutzhauben, Schutzfenster, Absauganlagen, Rückschlagsicherungen) oder, wenn dies aufgrund der Arbeitsvorgänge nicht möglich ist,

2. Maßnahmen getroffen sein, die Gefährdung verhindern (zB Umwehrungen oder räumliche Trennung).

(3) Arbeitsmittel müssen so ausgelegt werden, dass ArbeitnehmerInnen nicht gefährdet werden können durch

1. Brand oder Erhitzung des Arbeitsmittels oder

2. Explosionen des Arbeitsmittels oder von Stoffen, die in dem Arbeitsmittel erzeugt, verwendet oder gelagert werden.

(4) Teile von Arbeitsmitteln, die eine Oberflächentemperatur von mehr als 60°C oder von weniger als –20°C erreichen können und sich innerhalb des Schutzabstands nach Anhang C befinden, sind so zu sichern, dass die ArbeitnehmerInnen sie nicht berühren oder ihnen gefährlich nahe kommen können. Das gilt nicht, wenn die Ermittlung und Beurteilung der Gefahren ergeben hat, dass aufgrund der konkreten Verhältnisse in Abhängigkeit von Temperatur, Wärmeleitfähigkeit und Eigenschaft der Oberfläche sowie von Art und Dauer der möglichen Berührung keine Gefährdung der ArbeitnehmerInnen besteht.

(5) Soweit eine Sicherung nach Abs. 4 aufgrund der Arbeitsvorgänge nicht möglich ist, ist der Gefahrenbereich zu kennzeichnen und dafür zu sorgen, dass sich dem betreffenden Teil nur ArbeitnehmerInnen nähern können, die über die Gefahr besonders informiert wurden und geeignete persönliche Schutzausrüstung tragen.

(6) Lasereinrichtungen müssen so beschaffen sein, dass unbeabsichtigtes Strahlen verhindert wird und so abgeschirmt sein, dass weder durch die Nutzstrahlung noch durch reflektierte oder gestreute Strahlung und Sekundärstrahlung Gesundheitsgefahren auftreten, oder, wenn dies aus technischen Gründen nicht möglich ist, andere Schutzmaßnahmen getroffen sind. Die optischen Einrichtungen zur Beobachtung oder Einstellung von Lasereinrichtungen müssen so beschaffen sein, dass durch die Laserstrahlung keine Gesundheitsgefährdung eintritt.

Ein- und Ausschaltvorrichtungen

§ 45. (1) Arbeitsmittel müssen sicher wirkende Vorrichtungen zum Ein- und Ausschalten aufweisen. Die Schaltstellungen „Ein" bzw. „Aus" müssen gekennzeichnet sein. Wenn nicht erkennbar ist, ob das Arbeitsmittel in Betrieb ist und dadurch Gefahren für die ArbeitnehmerInnen entstehen können, müssen Einrichtungen, wie Kontrolllampen, vorhanden sein, die den Schaltzustand anzeigen.

(2) Ein- und Ausschaltvorrichtungen müssen so angeordnet und gestaltet sein, dass ein unbeabsichtigtes Betätigen vermieden ist.

(3) Arbeitsmittel, die bei der Verwendung mit der Hand gehalten werden, müssen ohne Loslassen der Handgriffe ein- und ausgeschaltet werden können oder beim Loslassen der Handgriffe selbsttätig ausschalten.

(4) Wenn beim Einschalten eines größeren, unübersichtlichen oder programmgesteuerten Arbeitsmittels eine Gefahr für Sicherheit und Gesundheit von ArbeitnehmerInnen entstehen kann, ist eine optische oder akustische Warneinrichtung vorzusehen, um vor dem Anlauf des Arbeitsmittels zu warnen.

(5) Arbeitsmittel müssen mit deutlich erkennbaren Vorrichtungen ausgestattet sein, mit denen sie von den Energiequellen getrennt werden können.

(6) Selbsttätig wirkende Not-Ausschalter, wie Not-Endschalter, sind vorzusehen, wenn bei Ausfall von selbsttätigen Schalteinrichtungen, wie Betriebs-Endschalter, eine Gefahr für ArbeitnehmerInnen entstehen kann.

Not-Halt-Befehlsgeräte

§ 46. (1) Arbeitsmittel müssen gegebenenfalls entsprechend der von ihnen ausgehenden Gefährdung der ArbeitnehmerInnen und der normalerweise erforderlichen Stillsetzungszeit mit einem Not-Halt-Befehlsgerät (zB Not-Halt-Taster oder Reißleine) versehen sein.

(2) Not-Halt-Befehlsgeräte müssen leicht, schnell und gefahrlos von jedem Bedienungsplatz der Maschine aus betätigt werden können. Sie müssen sich von anderen Schaltvorrichtungen deutlich unterscheiden.

(3) Not-Halt-Taster müssen selbsthaltend, auffallend rot und gelb unterlegt gekennzeichnet und pilzförmig gestaltet sein.

(4) Durch Entriegeln oder Zurückführen von Not-Halt-Befehlsgeräten in die Ausgangsstellung darf nicht ein Anlaufen des Arbeitsmittels erfolgen. Das Wiedereinschalten darf erst nach Entriegeln der betätigten Not-Halt-Befehlsgeräte möglich sein.

Standplätze, Aufstiege

§ 47. (1) An Arbeitsmitteln angebrachte Standplätze, von denen ArbeitnehmerInnen abstürzen könnten, sind zu sichern

1. bei einer Absturzhöhe von mehr als 1 m: durch mindestens 1 m hohe, geeignete Vorrichtungen, wie standfeste Geländer mit Mittelstange oder Brüstungen und

2. bei einer Absturzhöhe von mehr als 2 m: zusätzlich durch Fußleisten.

(2) Abs. 1 gilt nicht für auf Fahrzeugen aufgebaute Ladebordwände.

(3) Bei Auf- oder Abstiegen auf oder zu Arbeitsmitteln darf der Abstand der einzelnen Trittflächen maximal 30 cm betragen. Die unterste Trittfläche hat zu liegen

1. bei ortsfest aufgestellten Arbeitsmitteln maximal 40 cm über dem Boden,

2. bei nicht ortsfest aufgestellten Arbeitsmitteln maximal 60 cm über dem Boden,
3. bei Fahrerplätzen von selbstfahrenden Arbeitsmitteln maximal 70 cm über dem Boden.

(4) Es ist dafür zu sorgen, dass Standplätze auf Arbeitsmitteln sowie Auf- und Abstiege
1. aus ausreichend festem Material, in zweckentsprechender Weise und fachgemäß hergestellt sind,
2. eine ausreichende Breite und eine unfallsichere Oberfläche aufweisen und
3. eben, standfest, ausreichend tragfähig, sicher befestigt sowie tritt- und kippsicher sind.

Feuerungsanlagen
§ 48. (1) Feuerungsanlagen müssen so eingerichtet sein und betrieben werden, dass Flammenrückschläge und Verpuffungen möglichst vermieden werden. Die Brennstoffzufuhr muss bei Flammenrückschlägen oder im Brandfall durch Brandschutzsicherungen, wie Brandschutzthermostate, gesperrt werden.

(2) Bei Feuerungsanlagen nach Abs. 1, die mit flüssigen oder gasförmigen Brennstoffen betrieben werden, müssen Flammenwächter eingebaut sein, die beim Nichtzünden des vom Brenner erzeugten Brennstoff-Luftgemisches die Brennstoffzufuhr sperren. Eine Wiederinbetriebnahme des Brenners darf erst nach ausreichender Durchlüftung des Brennerraumes und der Abgasleitung erfolgen. Solche Feuerungsanlagen, insbesondere Anlagen, die mit flüssigen oder gasförmigen Brennstoffen zentral versorgt werden, müssen von einem leicht und sicher erreichbaren Ort durch deutlich und dauerhaft gekennzeichnete Vorrichtungen außer Betrieb gesetzt werden können.

(3) In Abgasleitungen von Feuerungsanlagen nach Abs. 1, müssen, sofern keine druckfeste Abgasleitung vorhanden ist, Überdrucksicherungen, wie Explosionsklappen, eingebaut sein. Diese Sicherungen müssen so gelegen sein oder es sind solche Schutzmaßnahmen zu treffen, dass beim Ansprechen der Sicherungen ArbeitnehmerInnen nicht gefährdet werden. Überdrucksicherungen müssen ferner so ausgeführt und gelegen sein, dass sie durch Hitzeeinwirkung nicht unwirksam oder undicht werden können. Dies gilt nicht für Gas-Zentralheizungsanlagen.

(4) Für die Zufuhr der erforderlichen Verbrennungsluft während des Betriebes von Feuerungsanlagen nach Abs. 1 ist zu sorgen.

Leitungen und Armaturen
§ 49. (1) Leitungen und Armaturen, bei deren Beschädigung oder Undichtheit erhöhte Gefahren auftreten können, müssen geschützt verlegt oder zweckentsprechend gesichert sein.

(2) Leitungen, die in befahrbare Behälter einmünden, müssen verlässlich wirkende Absperrvorrichtungen besitzen oder durch Blindflansche

absperrbar sein. In Ausnahmefällen, wie bei großen oder schweren Leitungen, können auch Steckscheiben verwendet werden. Blindflansche und Steckscheiben müssen von außen leicht erkennbar und gegen Einwirkungen der in den Leitungen enthaltenen Stoffe genügend widerstandsfähig sein. Auf Steckscheiben muss der höchstzulässige Druck, für den sie geeignet sind, angegeben sein.

(3) Rohrleitungen müssen, wenn durch Verwechseln von Rohrleitungen oder aus sonstigen Gründen eine Gefährdung von ArbeitnehmerInnen eintreten kann, bei den Füll-, Verteil- und Entnahmestellen sowie an sonst erforderlichen Stellen im Verlauf der Leitungen unverwechselbar gekennzeichnet sein. Eine Kennzeichnung ist auch für einzeln verlegte Rohrleitungen erforderlich, wenn durch deren Inhalt eine Gefährdung von ArbeitnehmerInnen eintreten kann. Werden die Rohrleitungen mit Farben gekennzeichnet, müssen die in den Rechtsvorschriften oder anerkannten Regeln der Technik für einzelne Stoffe, Dämpfe oder Flüssigkeiten bestimmten Kennfarben allgemein verwendet werden. Erforderlichenfalls müssen Rohrleitungen mit zusätzlichen Angaben, wie Druck oder Strömungsrichtung, versehen sein.

(4) Abblasevorrichtungen und Ausflussöffnungen von Leitungen und Armaturen müssen so beschaffen und gelegen sein, dass ArbeitnehmerInnen durch austretende Stoffe nicht gefährdet werden.

(5) Bei Absperrvorrichtungen, wie Hähnen, Ventilen oder Schiebern, muss erkennbar sein, ob sie geöffnet oder geschlossen sind, wenn durch eine falsche Stellung Gefahren entstehen können.

(6) Bei Leitungen und Armaturen, bei denen die Möglichkeit einer elektrostatischen Aufladung, die zu gefährlichen Entladungsvorgängen führen kann, besteht, müssen Maßnahmen zur gefahrlosen Ableitung dieser Aufladung getroffen sein.

Behälter
§ 50. (1) Behälter müssen gegen die zu erwartenden mechanischen, chemischen und physikalischen Einwirkungen genügend widerstandsfähig und dicht sein. Schadhafte Behälter sind von der Verwendung auszuschließen. Behälter müssen ausreichend große, erforderlichenfalls verschließbare Öffnungen zum Füllen und Entleeren haben. Bei Bedarf müssen auch Öffnungen zum Belüften, Entlüften, Gasaustausch und Entwässern vorhanden sein, sodass Arbeiten mit und an den Behältern gefahrlos vorgenommen werden können.

(2) Behälter müssen, wenn es die Sicherheit erfordert, mit den notwendigen Einstiegs-, Befahr- oder Besichtigungsöffnungen sowie mit Öffnungen zur Probenentnahme ausgestattet sein. Die Öffnungen müssen gut zugänglich sein.

(3) Öffnungen zur Probenentnahme und Besichtigungsöffnungen müssen von einem festen Standplatz aus erreichbar sein. Einbauten dürfen Arbeiten im Behälter sowie ein rasches und sicheres Bergen von Personen nicht behindern.

(4) Die lichte Weite der Einstiegs- oder Befahröffnungen von Behältern muss betragen:

1. grundsätzlich mindestens 45 cm;
2. jedoch mindestens 60 cm bei Behältern mit weniger als 0,5 bar Betriebsdruck, in denen sich Gase, Dämpfe oder Schwebstoffe gesundheitsgefährdender oder brandgefährlicher Arbeitsstoffe ansammeln können.

(5) Vor senkrechten Einstiegs- oder Befahröffnungen muss ein freier Raum mit einer Mindesttiefe von 1 m vorhanden sein. Oberhalb waagrechter Einstiegs- oder Befahröffnungen muss ein freier Raum mit einer Mindesthöhe von 1 m vorhanden sein. Der freie Raum muss das ungehinderte Einsteigen, Aussteigen und Bergen von Personen, erforderlichenfalls auch mit angelegtem Atemschutzgerät, rasch und sicher ermöglichen.

(6) Behälter müssen, soweit es die Sicherheit erfordert, mit Kontrolleinrichtungen, wie Manometern, Thermometern, Schaugläsern oder Füllstandanzeigern, ausgerüstet sein oder Anschlussvorrichtungen für diese Einrichtungen besitzen.

(7) Kontrolleinrichtungen nach Abs. 6 müssen im Blickfeld der ArbeitnehmerInnen, die sie zu beobachten haben, liegen und ausreichend belichtet oder beleuchtbar sein. Diese Einrichtungen müssen leicht zugänglich sein sowie allenfalls auf ihre richtige Funktionsweise geprüft und leicht gereinigt werden können.

(8) Bei ortsfesten Behältern, bei denen die Möglichkeit einer elektrostatischen Aufladung, die zu gefährlichen Entladungsvorgängen führen kann, besteht, müssen Maßnahmen zur gefahrlosen Ableitung dieser Aufladung getroffen sein.

(9) Schutzumhüllungen von Behältern müssen aus einem Material bestehen, das mit dem Behälterinhalt nicht in gefährlicher Weise reagieren kann.

Silos und Bunker für Schüttgüter

§ 51. (1) Silos für Schüttgüter müssen unter Berücksichtigung der Eigenschaften des Schüttgutes so ausgeführt sowie die Füll- und Entleerungsöffnungen so angeordnet und bemessen sein, dass das Schüttgut störungsfrei ein- und auslaufen kann und das Fließen des Schüttgutes mit oder ohne Hilfsmittel gewährleistet ist. Nach Möglichkeit sind Rundsilos zu verwenden. Innenliegende Verstrebungen und andere Einbauten, die das Fließen des Schüttgutes behindern, sind möglichst zu vermeiden.

(2) Silos für brennbare Schüttgüter müssen in zumindest brandhemmender Bauweise (F 30 bzw.

EI–30) hergestellt sein. Silos bis zu einem Füllvolumen von 2 m^3 dürfen auch aus nicht brennbaren Materialien ohne nachgewiesenen Brandwiderstand hergestellt sein. Silos mit einem Füllvolumen über 2 m^3 dürfen aus nicht brennbaren Materialien hergestellt sein, wenn

1. die Silos im Freien aufgestellt sind,
2. die Betriebsgebäude im Brandfall rasch und sicher verlassen werden können und
3. der Abstand des Silos von Gebäudeöffnungen und Fluchtwegen der halben Silohöhe entspricht, mindestens jedoch 5 m beträgt.

(3) Verschlüsse von Füll- und Entleerungsöffnungen sowie Füll- und Entleerungseinrichtungen von Silos für Schüttgüter müssen so angeordnet und beschaffen sein, dass ArbeitnehmerInnen diese Verschlüsse und Einrichtungen gefahrlos bedienen und durch das Schüttgut nicht gefährdet werden können. Der Füllvorgang muss bei Erreichen der zulässigen Füllmenge automatisch unterbrochen werden, wenn das Füllen der Silos nicht beaufsichtigt wird und ArbeitnehmerInnen durch Überfüllen gefährdet werden können.

(4) Silos für Schüttgüter, in denen durch die Art der Füllung oder Entleerung ein gefährlicher Über- oder Unterdruck entstehen kann, müssen mit geeigneten Einrichtungen zum Druckausgleich ausgestattet sein.

(5) Einstiegs- und Befahröffnungen in Decken und Wänden von Silos für Schüttgüter müssen gegen unbeabsichtigtes und unbefugtes Öffnen gesichert sein.

(6) Oben begehbare offene Silos für Schüttgüter müssen durch geeignete Schutzmaßnahmen, wie Abschrankungen oder Gitter, auch gegen Abstürzen von Personen in die Silos, insbesondere beim Beseitigen von Störungen, gesichert sein.

(7) Die Abs. 1 bis 6 gelten sinngemäß auch für Bunker für Schüttgüter. § 50 Abs. 1 und 3 und soweit wie möglich auch Abs. 5 sind sinngemäß auf Silos und Bunker für Schüttgüter anzuwenden.

Beschaffenheit von Arbeitsmitteln zum Heben von Lasten oder ArbeitnehmerInnen

§ 52. (1) Für Hebebühnen, Hubtische und kraftbetriebene Anpassrampen gilt Folgendes:

1. Die Senkgeschwindigkeit von Hebebühnen und Hubtischen darf bis zu einer Nennlast von 35 kN 0,2 m/s, bei einer Nennlast von mehr als 35 kN 0,05 m/s nicht überschreiten.
2. Auffahrtshebebühnen für Kraftfahrzeuge müssen Einrichtungen, wie zB 6 cm hohe Radabweiser, besitzen, durch die ein seitliches Überfahren der Holme vermieden wird.
3. Bei Schäden im Drucksystem, bei Reißen eines Tragmittels oder bei einem Bruch im Antriebssystem, muss sichergestellt sein, dass kein unbeabsichtigtes Senken der Hebebühne oder des Hubtisches erfolgt.

4. Betätigungseinrichtungen für Hebebühnen, Hubtische und kraftbetriebene Anpassrampen müssen als Schalteinrichtungen ohne Selbsthaltung ausgeführt sein.
5. Die Betätigungseinrichtung muss so angeordnet sein, dass der gesamte Arbeitsbereich überblickt werden kann.
6. An Hebebühnen, Hubtischen und kraftbetriebenen Anpassrampen müssen die Tragfähigkeit und die für den sicheren Betrieb notwendigen Angaben aus der Bedienungsanleitung dauerhaft und gut sichtbar angegeben sein.

(2) Für Arbeitskörbe und Hubarbeitsbühnen gilt Folgendes:
1. Arbeitskörbe und Hubarbeitsbühnen müssen durch Geländer oder Brüstungen und durch Fußleisten gesichert sein. Geländer oder Brüstungen müssen mindestens 1 m hoch sein. Geländer sind gegen Durchstürzen von Personen mit mindestens einer Mittelstange oder senkrechten Stäben zu sichern, so sie nicht vollflächig verkleidet sind.
2. Die Breite der Einstiegsöffnung in der Umwehrung von Arbeitskörben und Hubarbeitsbühnen muss mindestens 0,5 m betragen. Die Verschlüsse von Einstiegsöffnungen dürfen nicht nach außen aufschlagen und müssen gegen unbeabsichtigtes Öffnen gesichert sein.
3. Besteht die Möglichkeit, dass im Arbeitskorb befindliche ArbeitnehmerInnen durch herabfallende Güter gefährdet werden, so ist dieser mit einem hinreichend stabilen Schutzdach auszurüsten.
4. Auf Arbeitskörben muss die Eigenlast des Korbes, auf Arbeitskörben und Hubarbeitsbühnen die Anzahl der zu befördernden Personen und das höchstzulässige Gesamtgewicht deutlich sichtbar angegeben sein.
5. Arbeitskörbe und Hubarbeitsbühnen müssen durch eine Warnmarkierung gekennzeichnet sein.

(3) Werden Arbeitskörbe mit Hubstaplern gehoben, gilt zusätzlich zu Abs. 2:
1. Quetsch- und Scherstellen am Hubstapler, die vom Arbeitskorb aus erreicht werden können, sind zu sichern. Weiters ist, wenn die Gefahr besteht, dass ArbeitnehmerInnen beim Heben des Arbeitskorbes gegen ein festes Hindernis gedrückt werden, der Arbeitskorb mit einem mindestens 1,75 m hohen, mit dem Arbeitskorb fest verbundenen Rahmen auszustatten.
2. Arbeitskörbe für Hubstapler müssen so befestigt sein, dass Abgleiten, Abziehen oder Kippen des Arbeitskorbes verhindert ist. Dies kann durch Steckbolzen, Schrauben oder in ähnlicher Weise erfolgen. Die Verwendung von Klemmschrauben ist verboten.
3. Der Hubstapler zum Heben des Arbeitskorbes muss so beschaffen sein, dass auch bei Versagen der Hydraulik eine Senkgeschwindigkeit

von höchstens 0,5 m/s sichergestellt ist und gegen Bruch der die Hubvorrichtung tragenden Seile oder Ketten und der dazugehörigen Verbindungselemente eine mindestens zehnfache Sicherheit bezogen auf das höchstzulässige Gesamtgewicht des Korbes besteht.
4. Die Reifen des Hubstaplers für das Heben eines Arbeitskorbes müssen so beschaffen sein, dass auch bei Beschädigung die Standsicherheit gewährleistet ist.

(4) Werden Arbeitskörbe mit Kranen gehoben, gilt zusätzlich zu Abs. 2:
1. Arbeitskörbe für Krane müssen über mindestens einen deutlich gekennzeichneten Anschlagspunkt verfügen, an dem Absturzsicherungen befestigt werden können. Dieser Anschlagspunkt muss für die Aufnahme jener Kräfte, die beim Auffangen abstürzender Personen auftreten können, ausgelegt sein.
2. Arbeitskörbe müssen in Höhe der Brustwehr mit einer umlaufenden Vorrichtung ausgestattet sein, die Gewähr leistet, dass auch beim Anstoßen oder Anstreifen des Arbeitskorbes an Hindernissen ein gefahrloses Anhalten der ArbeitnehmerInnen an der Brustwehr möglich ist.
3. Das Lösen der Befestigung der Anschlagmittel am Arbeitskorb für Krane darf nur mittels Werkzeugs möglich sein.
4. Die Anschlagmittel für das Befestigen des Arbeitskorbes für Krane müssen zum Einhängen in den Lasthaken in einem Ring oder in einem gleichwertigen Element zusammengefasst sein. Der Neigungswinkel der Anschlagmittel gegenüber der Lotrechten darf 45 Grad nicht überschreiten.
5. Drahtseilverbindungen als Anschlagmittel für Arbeitskörbe für Krane müssen durch Seilschlösser oder als Seilösen mit eingelegter Kausche hergestellt sein. Für die Herstellung der Ösen muss ein Spleiß oder eine Presshülse verwendet werden; die Verwendung von Backenzahnklemmen ist nicht zulässig.
6. Der Kran muss eine zulässige Tragfähigkeit von mindestens dem 1,5-fachen des maximal zulässigen Gesamtgewichtes des Arbeitskorbes und eine mindestens zweifache Sicherheit gegen Kippen aufweisen.

Beschaffenheit von selbstfahrenden Arbeitsmitteln

§ 53. (1) Selbstfahrende Arbeitsmittel müssen eine Sicherung gegen Inbetriebnahme durch Unbefugte besitzen.

(2) Selbstfahrende Arbeitsmittel, die nicht den Kraftfahrvorschriften unterliegen, müssen mit folgenden Einrichtungen ausgestattet sein:
1. feststellbare Bremseinrichtung,
2. akustische Warnvorrichtung,
3. geeignete Lenkvorrichtung, ausgenommen bei schienengebundenen Arbeitsmitteln,

AM-VO

4. leicht zugängliche oder automatisch auslösende Not-Halt-Befehlsgeräte, sofern es die Sicherheit der ArbeitnehmerInnen erfordert,

5. Einrichtung zur Ausleuchtung der Fahrbahn und Einrichtungen, die das Ausmaß der Fahrzeuge erkennen lassen, sofern das Arbeitsmittel in nicht ausreichend beleuchteten Bereichen verwendet wird,

6. Hilfsvorrichtungen zur Verbesserung der Sicht, wenn die direkte Sicht des Fahrers/ der Fahrerin nicht ausreicht, um die Sicherheit von ArbeitnehmerInnen zu gewährleisten,

7. Aufhängevorrichtung, wenn Kraftübertragungseinrichtungen auf dem Boden schleifen und dadurch verschmutzt oder beschädigt werden können,

8. Einrichtungen, die ein Blockieren von Kraftübertragungseinrichtungen zwischen selbstfahrenden Arbeitsmitteln und ihren Zusatzausrüstungen oder Anhängern verhindern (zB Rutschkupplung), wenn durch plötzliches Blockieren der Kraftübertragungseinrichtungen (zB Kardanwellen), ArbeitnehmerInnen gefährdet werden können. Wenn dies aus technischen Gründen nicht möglich ist, sind andere geeignete Schutzeinrichtungen vorzusehen, um gefährliche Folgen für ArbeitnehmerInnen zu verhindern.

(3) Schienengebundene selbstfahrende Arbeitsmittel müssen mit Vorrichtungen versehen sein, durch die die Folgen eines Zusammenstoßes bei gleichzeitiger Bewegung mehrerer schienengebundener Arbeitsmittel verringert werden, wie beispielsweise Puffer.

(4) Ferngesteuerte selbstfahrende Arbeitsmittel müssen überdies ausgestattet sein mit:

1. einer Einrichtung die gewährleistet, dass sie automatisch anhalten, wenn sie aus dem Kontrollbereich der Fernsteuerung herausfahren,

2. entsprechenden Verdeckungen, Verkleidungen oder Umwehrungen, wenn sie unter normalen Einsatzbedingungen ArbeitnehmerInnen anfahren oder einklemmen können, und nicht mit einer Einrichtung ausgestattet sind, die gewährleistet, dass sie vor einem Hindernis selbsttätig anhalten, wie zB Überwachung des Fahrwegs des Fahrzeugs mit Sensoren.

(5) Auf selbstfahrenden Arbeitsmitteln zum Heben und Transport von Lasten, wie Hubstaplern, muss die Tragfähigkeit, gegebenenfalls für verschiedene Lastschwerpunktabstände bzw. verschiedene Hubhöhen von Lasten, deutlich sichtbar angeschrieben sein.

(6) Bei selbstfahrenden Arbeitsmitteln mit kraftbetriebener Hubvorrichtung wie Hubstaplern, muss die oberste und unterste Stellung der Hubvorrichtung durch zwangsläufig wirkende Einrichtungen begrenzt sein. Für die unterste Stellung ist eine solche Einrichtung nicht erforderlich, wenn das Senken ohne Kraftantrieb erfolgt. Besteht die Möglichkeit, dass LenkerInnen beim Stapelvorgang durch herabfallende Güter gefährdet werden, muss der Lenkerplatz entsprechend gesichert sein.

(7) Bagger und Radlader zum Heben von Einzellasten müssen für das Heben von Einzellasten mindestens mit folgenden Einrichtungen ausgestattet sein:

1. Schutzeinrichtung gegen unbeabsichtigtes Zurücklaufen der Last, wie Leitungsbruchsicherungen, Rückschlagventile oder eine Dimensionierung der Schläuche mit hoher Sicherheit gegen Platzen,

2. Einrichtungen gegen die Gefahr von unkontrollierten Bewegungen der Last beim Hebevorgang,

3. zur Gewährleistung der Standsicherheit Schutzeinrichtungen zur Begrenzung des Lastmoments oder Warneinrichtung vor Überschreiten des zulässigen Lastmoments und

4. Sicherheitslasthaken oder vergleichbare Anschlagpunkte zum Anschlagen der Lasten.

(8) Erdbaumaschinen und Förderzeuge müssen mit Aufbauten ausgerüstet sein, die den/die FahrerIn vor herab fallenden Gegenständen schützen.

(9) Selbstfahrende Arbeitsmittel mit mitfahrenden ArbeitnehmerInnen müssen so ausgerüstet sein, dass die Gefahren für die ArbeitnehmerInnen während des Transports möglichst gering sind. Dies gilt insbesondere für die Risiken eines Kontakts der ArbeitnehmerInnen mit Rädern oder Ketten und eines Einklemmens durch diese. Fahrerstände und Fahrersitze müssen so angeordnet sein, dass die LenkerInnen bei Zusammenstößen geschützt sind. Standflächen von Fahrerständen müssen gleitsicher sein.

Arbeitsplätze auf selbstfahrenden Arbeitsmitteln

§ 53a. (1) Lenkerplätze von selbstfahrenden Arbeitsmitteln, die ausschließlich oder vorwiegend für den Einsatz im Freien bestimmt sind, müssen sich in einem geschlossenen Lenkerhaus befinden, soweit dies aufgrund der Einsatzbedingungen oder Arbeitsweise erforderlich ist. Das Lenkerhaus muss mit Einrichtungen zum Beheizen und Belüften ausgerüstet sein.

(2) Auf selbstfahrenden Arbeitsmitteln dürfen ArbeitnehmerInnen nur ständig mitfahren, wenn für sie geeignete Beifahrersitze vorhanden sind. Werden nur gelegentlich ArbeitnehmerInnen mitgenommen, müssen geeignete Standflächen und Anhaltevorrichtungen vorhanden sein.

(3) Bei selbstfahrenden Arbeitsmitteln mit Lenkerstand muss bei Verlassen des Lenkerstands der Antrieb des Arbeitsmittels zwangsläufig unterbrochen werden und die Bremsanlage selbsttätig zur

Wirkung kommen. Beim Wiederbetreten des Lenkerstands darf sich der Antrieb des Arbeitsmittels nicht selbstständig einschalten.

Überroll- und Kippschutz bei selbstfahrenden Arbeitsmitteln

§ 53b. (1) Bei selbstfahrenden Arbeitsmitteln mit mitfahrenden ArbeitnehmerInnen sind unter tatsächlichen Einsatzbedingungen die Risiken aus einem Überrollen oder Kippen des Arbeitsmittels durch eine der folgenden Maßnahmen zu begrenzen:

1. durch eine Schutzeinrichtung, die verhindert, dass das Arbeitsmittel um mehr als eine Vierteldrehung kippt, oder
2. durch eine Einrichtung, die gewährleistet, dass ein ausreichender Freiraum um die mitfahrenden ArbeitnehmerInnen erhalten bleibt, sofern die Kippbewegung mehr als eine Vierteldrehung ausmachen kann, oder
3. durch eine andere Einrichtung mit gleicher Schutzwirkung.

(2) Schutzeinrichtungen nach Abs. 1 können Bestandteil des Arbeitsmittels sein. Schutzeinrichtungen nach Abs. 1 sind nicht erforderlich, wenn

1. das Arbeitsmittel während der Benutzung stabilisiert wird oder
2. ein Überrollen oder Kippen des Arbeitsmittels aufgrund der Bauart unmöglich ist.

(3) Besteht die Gefahr, dass mitfahrende ArbeitnehmerInnen bei einem Überrollen oder Kippen zwischen den Teilen des Arbeitsmittels und dem Boden gequetscht werden, ist zusätzlich zu den Schutzeinrichtungen nach Abs. 1 ein Rückhaltesystem einzubauen.

(4) Hubstapler mit aufsitzenden ArbeitnehmerInnen sind mit einer der folgenden Schutzeinrichtungen gegen die Gefährdung der ArbeitnehmerInnen bei Überrollen oder Kippen des Hubstaplers auszustatten:

1. Verwendung einer geschlossenen Fahrerkabine oder
2. Verwendung eines Überrollschutzes und eines Rückhaltesystems oder
3. wenn der Hubstapler um nicht mehr als 90° kippen kann, mit einem Rückhaltesystem.

(5) Abs. 4 gilt nicht, wenn ein Überrollen oder Kippen konstruktionsbedingt oder aufgrund der tatsächlichen Einsatzbedingungen auszuschließen ist.

Beschaffenheit von Türen und Toren

§ 54. (1) Für das Bewegen von Toren müssen außen und innen geeignete Einrichtungen angebracht sein. Bei Torblättern, die durch Windangriff oder sonstige Einflüsse bewegt werden können, muss eine unbeabsichtigte Schließbewegung durch eine Feststelleinrichtung verhindert sein. Torblätter, die nach oben öffnen, müssen mit Einrichtungen ausgerüstet sein, die verhindern, dass

die Torblätter bei Riss oder Bruch eines Tragmittels sowie bei Störungen oder Schäden im Drucksystem von pneumatischen oder hydraulischen Antrieben herabfallen können.

(2) Kraftbetriebene Türen und Tore müssen für Notbetrieb eingerichtet sein. Bei Notbetrieb muss ein Gefahr bringendes Wirksamwerden des Kraftantriebes zwangsläufig verhindert sein. Betätigungseinrichtungen für den Kraftantrieb müssen als Tasten ohne Selbsthalteschaltung ausgebildet sein. Sie müssen an einer Stelle liegen, von der aus der Verkehr durch die Türen und Tore überblickt werden kann. Tasten ohne Selbsthalteschaltung sind nicht erforderlich, wenn durch andere Schutzmaßnahmen, wie Lichtschranken, Fühlleisten oder Rutschkupplungen, die Bewegung des Tür- oder Torblattes bei Gefährdung von Personen zum Stillstand kommt oder wenn die Schließkraft so gering ist, dass sich dadurch keine Gefährdung von Personen ergibt.

(3) Automatische Türen und Tore müssen durch Schutzmaßnahmen, wie Lichtschranken, Fühlleisten oder Bodenkontaktmatten, gesichert sein, durch die die Bewegung des Tür- oder Torblattes bei Gefährdung von Personen zum Stillstand kommt. Solche Maßnahmen sind nicht erforderlich, wenn die Geschwindigkeit des Tür- oder Torblattes und die Schließkraft so gering sind, dass sich dadurch keine Gefährdung von Personen ergibt. Automatische Türen müssen im Notfall selbsttätig öffnen oder von Hand aus leicht zu öffnen sein.

Beschaffenheit von Fahrtreppen und Fahrsteigen

§ 55. (1) Fahrtreppen und Fahrsteige müssen so ausgebildet sein, dass keine Quetsch- oder Scherstellen auftreten. Sie müssen beidseitig Handläufe besitzen, die sich annähernd mit der gleichen Geschwindigkeit bewegen wie die Stufen und Steige. Bei Stromausfall sowie bei Auftreten von Gebrechen, wie Bruch eines Tragmittels, muss die Fahrbewegung selbsttätig zum Stillstand kommen.

(2) An jedem Ende von Fahrtreppen und Fahrsteigen muss eine leicht zugängliche und als solche bezeichnete Notausschaltvorrichtung angebracht sein, die gegen unbeabsichtigtes Betätigen geschützt sein muss.

Beschaffenheit von Schleifmaschinen

§ 56. (1) Schutzverdeckungen, wie Schutzhauben oder Schutzringe, müssen so bemessen und befestigt sein, dass sie bei einem eventuellen Bruch des Schleifwerkzeuges auftretenden Beanspruchungen standhalten und Bruchstücke sicher auffangen können. Schutzverdeckungen dürfen nur den für die Arbeit benötigten Teil des Schleifwerkzeuges freilassen.

(2) Bei ortsfesten Schleifmaschinen für maximale Umfangsgeschwindigkeiten von 100 m/s oder mehr und bei Trennschleifmaschinen von 125 m/s

AM-VO

oder mehr müssen die Schleifwerkzeuge und das Werkstück zur Gänze verdeckt sein.

(3) Ständerschleifmaschinen müssen über eine geeignete, nachstellbare Werkstückauflage verfügen.

(4) Bei Flachschleifmaschinen mit elektromagnetischer Spannvorrichtung und maschinellem Vorschub darf der Vorschubantrieb nur nach dem Einschalten des Magnetstromes eingerückt werden können. Die Einschaltestellung muss bei elektromagnetischen Spannvorrichtungen durch eine Signallampe, bei permanent magnetischen Spannvorrichtungen durch eine Sichtmarke erkennbar sein.

Beschaffenheit von Pressen, Stanzen und kraftbetriebenen Tafelscheren

§ 57. (1) Pressen und Stanzen, bei denen nach ihrer Bauart ein Arbeiten mit Einzelhub möglich ist, und kraftbetriebene Tafelscheren müssen eine Sicherung gegen einen unbeabsichtigten zweiten Stempelniedergang bei längerer Betätigung der Einrückvorrichtung haben (Nachschlagsicherung).

(2) Pressen und Stanzen dürfen sich nur mit einem besonderen Gerät von Einzelhub auf Dauerhub und von Hand- auf Fußeinrückung umschalten lassen.

Beschaffenheit von Kompressoren

§ 58. (1) Jede Druckstufe eines Kompressors muss mit einem Druckmesser mit Höchstdruckmarke und mit einer Sicherheitseinrichtung, die eine unzulässige Drucksteigerung verhindert, ausgerüstet sein. Besteht eine Druckstufe aus mehreren Zylindern, so muss für jeden Zylinder ein Druckmesser und eine Sicherheitseinrichtung vorhanden sein, wenn die einzelnen Zylinder für sich betriebsmäßig abgeschaltet werden können.

(2) Für Kompressoren, die mit Druckbehältern, an denen die vorgeschriebenen Sicherheitseinrichtungen angebracht sind, in Verbindung stehen, sind Sicherheitseinrichtungen nach Abs. 1 dann nicht erforderlich, wenn sich zwischen Kompressor und Behälter keine Absperrvorrichtung befindet.

(3) Die Absätze 1 und 2 gelten nicht für Kompressoren für Kälteanlagen.

Beschaffenheit von Geräten für autogenes Schweißen, Schneiden und verwandte Verfahren

§ 59. (1) Für Geräte für autogenes Schweißen und Schneiden und verwandte Verfahren gilt Folgendes:

1. Es müssen Sicherheitseinrichtungen gegen Flammenrückschlag, Gasrücktritt und Nachströmen zwischen den Entnahmestellen oder dem Abgang des Druckminderers einerseits und dem Verbraucher andererseits vorhanden

sein. Diese Forderung gilt sowohl für Versorgung mit Brenngas als auch für Versorgung mit Sauerstoff.

2. Die Sammelleitung einer Flaschenbatterie muss vor ihrem Eingang in den Druckminderer absperrbar eingerichtet sein.

3. Die Rohrleitungen sind gegen Korrosion zu schützen und elektrisch zu erden.

(2) Für Geräte mit Acetylen als Brenngas gilt zusätzlich zu Abs. 1 Folgendes:

1. Acetylen darf für die Versorgung von autogenen Schweiß- und Schneidanlagen unter keinem höheren Druck als 1,5 bar weitergeleitet und verteilt werden.

2. Rohrleitungen für Acetylen müssen aus Stahl hergestellt sein.

Beschaffenheit von Bolzensetzgeräten

§ 60. Jedes Bolzensetzgerät muss entweder mit einem Beschuss- bzw. Typenprüfzeichen nach der Beschussverordnung 1999, BGBl. II Nr. 386/1999, gekennzeichnet sein oder, wenn es vor dem 24. Juni 1989 erstmalig zur Verfügung gestellt wurde, mit dem ÖNORM-Zeichen.

5. Abschnitt
Schlussbestimmungen

§ 61. (1) Gemäß § 125 Abs. 8 ASchG wird festgestellt, dass gleichzeitig mit Inkrafttreten dieser Verordnung nachstehende gemäß § 106 Abs. 3 Z 3, § 109, § 121 sowie § 123 Abs. 1 und 2 ASchG als Bundesgesetz geltende Bestimmungen außer Kraft treten:

1. § 22 Abs. 8 bis 10, § 27 Abs. 2 bis 4, § 28 Abs. 2 bis 5, § 29 Abs. 2 bis 8, § 30, § 31, § 32 samt Anhang 1 bis 4, § 33 Abs. 1 bis 8 und Abs. 10, §§ 34 bis 36, § 39 und 40, § 41 Abs. 1 bis 7, 9 und 10, §§ 42 bis 47, § 58, § 62 Abs. 4 bis 10 der Allgemeinen Arbeitnehmerschutzverordnung (AAV), BGBl. Nr. 218/1983,

2. § 4 Abs. 5 bis 9 und Abs. 11 bis 13, § 6 Abs. 1 und 2, § 9 Abs. 5, 6, 13 und 14, § 10 Abs. 2, 4, 5 und 6, § 12 und § 13 Abs. 1 der Allgemeinen Maschinen- und Geräte-Sicherheitsverordnung (AMGSV), BGBl. Nr. 219/1983,

3. §§ 8 bis 61 der Maschinen-Schutzvorrichtungsverordnung, BGBl. Nr. 43/1961,

4. §§ 80 bis 82, §§ 84 bis 86, § 87 Abs. 8, §§ 89 bis 91, § 93 Abs. 3 bis 6, §§ 94 bis 103, § 104 Abs. 3, § 105 Abs. 2 bis 7 und § 106 der Allgemeinen Dienstnehmerschutzverordnung (ADSV), BGBl. Nr. 265/1951,

5. die Verordnung über die Verbindlicherklärung von ÖNORMEN über Bauvorschriften für Krane und Windwerke sowie über Betriebs- und Wartungsvorschriften für Krane, BGBl. Nr. 505/1981,

6. die Verordnung, mit der eine ÖNORM über Prüfvorschriften für Krane und Hebezeuge verbindlich erklärt wird, BGBl. Nr. 68/1985,

7. die Verordnung über die Verbindlicherklärung einer ÖNORM für die Verwendung künstlicher Schleifkörper, BGBl. Nr. 506/1981,
8. die Verordnung, mit der ÖNORMEN über Bolzensetzgeräte für verbindlich erklärt werden, BGBl. Nr. 290/1989,
9. § 4 Abs. 2, § 5 Abs. 1, § 9 Abs. 1 erster bis vierter sowie siebter und achter Satz, § 9 Abs. 5, § 13 Abs. 1 bis 3, § 16 Abs. 5, § 18, § 26, § 30, § 31, § 32 Abs. 1, 2, 4 und 5, § 33 Abs. 1, § 34, §§ 37 bis 39, § 40 Abs. 1 bis 4, §§ 41 bis 46 sowie §§ 52 bis 59 der Verordnung über den Schutz des Lebens und der Gesundheit von Dienstnehmern in Eisen- und Stahlhüttenbetrieben, BGBl. Nr. 122/1955,
10. § 1, § 3, § 4, § 6, § 14, §§ 39 bis 56, §§ 62 bis 66 sowie der Anhang der Azetylenverordnung, BGBl. Nr. 75/1951,
11. § 9, § 11 Abs. 1 und Abs. 4, § 45 Abs. 3 sowie §§ 47 bis 51 der Verordnung über den Schutz der Dienstnehmer und der Nachbarschaft beim Betrieb von Steinbrüchen, Lehm-, Ton-, Sand- und Kiesgruben sowie bei Haldenabtragungen, BGBl. Nr. 253/1955.

(2) Gemäß § 125 Abs. 7 ASchG wird festgestellt, dass mit Inkrafttreten dieser Verordnung, BGBl. II Nr. 330/2024, folgende gemäß § 109 Abs. 2 ASchG als Bundesgesetz geltende Bestimmungen der Allgemeinen Arbeitnehmerschutzverordnung (AAV) außer Kraft treten: § 59 Abs. 1 bis 12, 14 und 15, § 60 Abs. 1 bis 3 und Abs. 10 bis 12.

§ 62. (1) Die folgenden Bestimmungen der Bauarbeiterschutzverordnung (BauV), BGBl. Nr. 340/1994, zuletzt geändert durch BGBl. II Nr. 368/1998, treten außer Kraft:
1. § 6 Abs. 9, § 16 Abs. 1, 2, 4, 6 und 7,
2. §§ 74 bis 80,
3. §§ 134 bis 138,
4. §§ 142 und 143,
5. § 144 Abs. 1 bis 4 und Abs. 8 erster Satz,
6. § 151 Abs. 2 und Abs. 3 Z 1,
7. § 151 Abs. 3 Z 3, 7, 8, 9 und 11,
8. § 151 Abs. 4 Z 2 und 3,
9. § 151 Abs. 5 Z 1, 3, 7, 8.

(2) § 151 Abs. 6 lautet:
„(6) Alle übrigen im I. und II. Hauptstück vorgesehenen wiederkehrenden Prüfungen sind von den in Abs. 5 genannten Personen oder von sonstigen geeigneten, fachkundigen und hierzu berechtigten Personen durchzuführen, die auch Betriebsangehörige sein können. Bei Bauaufzügen ohne Personenbeförderung (§ 139 Abs. 8) und Verteilermasten (§ 147 Abs. 7) sind die wiederkehrenden Prüfungen mindestens alle vier Jahre von den in Abs. 5 genannten Personen durchzuführen."

(3) Die Überschrift des 8. Abschnittes der Bauarbeiterschutzverordnung (BauV), BGBl. Nr. 340/1994 lautet:
„Laufbrücken und Lauftreppen".

(4) Die Überschrift des 20. Abschnittes der Bauarbeiterschutzverordnung (BauV), BGBl. Nr. 340/1994 lautet:
„Bauaufzüge".

(5) Die Überschrift des 21. Abschnittes der Bauarbeiterschutzverordnung (BauV), BGBl. Nr. 340/1994 lautet:
„Arbeiten mit Maschinen".

§ 63. Folgende gemäß § 195 Abs. 1 des Mineralrohstoffgesetzes (MinroG), BGBl. I Nr. 38/1999, als Bundesgesetz weitergeltende Bestimmungen, die ausschließlich Belange des ArbeitnehmerInnenschutzes regeln, treten mit Inkrafttreten dieser Verordnung außer Kraft:
1. §§ 4 und 5, § 14 Abs. 3, § 25 Abs. 5, §§ 45, 56, 57 und 59, § 60 Abs. 1, §§ 61, 86 und 87, § 110 Abs. 1, §§ 303 bis 306 und 313 der Allgemeinen Bergpolizeiverordnung, BGBl. Nr. 114/1959; in der Fassung der Verordnungen BGBl. Nr. 185/1969, 22/1972, 12/1984, 53/1995, BGBl. II Nr. 108/1997 und 134/1997 sowie der Bundesgesetze BGBl. Nr. 259/1975, 355/1990 und 518/1995.
2. §§ 31 und 33 der Erdöl-Bergpolizeiverordnung, BGBl. Nr. 278/1937, in der Fassung der Verordnungen Verordnungs- und Amtsblatt für den Reichsgau Wien Nr. 47 und 48/1944, der Verordnungen BGBl. Nr. 125/1961, 12/1984, 737/1996 und BGBl. II Nr. 134/1997, der Kundmachung BGBl. Nr. 265/1961 und des Bundesgesetzes BGBl. Nr. 259/1975.

§ 64. Änderungen der Anhänge A und B erfolgen durch Kundmachung des Bundesministers für Arbeit, Soziales und Konsumentenschutz im Bundesgesetzblatt.

Inkrafttreten
§ 65. (1) Diese Verordnung tritt mit 1. Juli 2000 in Kraft.

(2) Folgende Anforderungen gelten erst ab 5. Dezember 2002:
1. Ausrüstung von selbstfahrenden Arbeitsmitteln mit Brandbekämpfungseinrichtungen gemäß § 23 Abs. 8,
2. Einrichtungen zum Schutz der ArbeitnehmerInnen bei mobilen Arbeitsmitteln gemäß § 53 Abs. 1, 3, 5, 6, 11, 12 und 13.

(3) Gemäß § 109 ASchG wird festgestellt, dass gleichzeitig mit Inkrafttreten dieser Verordnung § 36 und § 37 Abs. 1 bis 5 ASchG in Kraft treten.

(4) Das Inhaltsverzeichnis, § 5 Abs. 6, § 6 Abs. 1 Z 4, § 7 Abs. 1 Z 1, 7, 11, 13 und 16, Abs. 3 Z 3 und 4, Abs. 4, § 8 Abs. 1 Z 4, 9, 11, 21 und 22, Abs. 3, Abs. 5, § 11 Abs. 1 Z 5, § 26 Abs. 4, § 29 Abs. 1, § 33 Abs. 1 und 2, § 35 Abs. 1 Z 4 und 5, § 36 Abs. 1 Z 2 und 3, § 36 Abs. 7 und 8, §§ 41 bis 47, § 48 Abs. 2 und 3, § 49 Abs. 2 und 3, § 50 Abs. 1 bis 9, § 51 Abs. 1, 2 und 7,

§§ 53, 53a und 53b, § 54 Abs. 2, § 55 Abs. 1, Anhang A sowie Anhang C in der Fassung BGBl. II Nr. 21/2010 treten mit dem ihrer Kundmachung folgenden Monatsersten in Kraft. Mit diesem Zeitpunkt treten § 7 Abs. 1 Z 10 und 17, § 8 Abs. 1 Z 8, § 23 Abs. 4 sowie die Anhänge 1 bis 4 außer Kraft.

(5) § 15 Abs. 6, das Inhaltsverzeichnis zu §§ 23a und 23b, die §§ 23a und 23b samt Überschrift und § 61 in der Fassung der Verordnung BGBl. II Nr. 330/2024 treten mit dem der Kundmachung folgenden Tag in Kraft.

ANHANG A
(§ 3 Abs. 1)

Vorschriften über Sicherheits- und Gesundheitsanforderungen – Inverkehrbringen von Arbeitsmitteln

1. Niederspannungsgeräte-Verordnung 1993 – NspGV 1993, BGBl. Nr. 44/1994,
2. Maschinen-Sicherheitsverordnung – MSV, BGBl. Nr. 306/1994,
3. Flurförderzeuge-Sicherheitsverordnung – FSV, BGBl. Nr. 307/1994,
4. Schutzaufbauten-Sicherheitsverordnung – SSV, BGBl. Nr. 308/1994,
5. Einfache Druckbehälter-Verordnung, BGBl. Nr. 388/1994,
6. Gasgeräte-Sicherheitsverordnung – GSV, BGBl. Nr. 430/1994,
7. Niederspannungsgeräte-Verordnung 1995 – NspGV 1995, BGBl. Nr. 51/1995,
8. II. Abschnitt der Aufzüge-Sicherheitsverordnung 1996 – ASV 1996, BGBl. Nr. 780/1996,
9. Versandbehälterverordnung 1996, BGBl. Nr. 368/1996
10. Medizinproduktegesetz – MPG, BGBl. Nr. 657/1996
11. Druckgeräteverordnung – DGVO, BGBl. II Nr. 426/1999
12. Ortsbewegliche Druckgeräteverordnung (ODGVO), BGBl. II Nr. 291/2001
13. Versandbehälterverordnung 2002 (VBV 2002), BGBl. II Nr. 202/2002
14. Aufzüge-Sicherheitsverordnung 2008 – ASV 2008, BGBl. II Nr. 274/2008
15. Maschinen-Sicherheitsverordnung 2010 – MSV 2010, BGBl. II Nr. 282/2008

ANHANG B
(§ 3 Abs. 1)

Vorschriften über Sicherheits- und Gesundheitsanforderungen – Aufstellung und Betrieb von Arbeitsmitteln

1. Verordnung über die Aufstellung und den Betrieb von Dampfkesseln – ABV, BGBl. Nr. 353/ 1995.
2. Druckbehälter-Aufstellungs-Verordnung – DBA-VO, BGBl. II Nr. 361/1998.

ANHANG C
Sicherheitsabstände im Sinne des § 43

Der Sicherheitsabstand im Sinne des § 43 ergibt sich aus der in Richtung Gefahrenstelle gemessenen Reichweite einer Person mit ihren Körperteilen ohne Zuhilfenahme von Gegenständen einschließlich eines Sicherheitszuschlags.

1. Beim Hinaufreichen mit gestrecktem Körper beträgt der Sicherheitsabstand von der Standflächenebene nach oben gemessen mindestens 2500 mm. Standflächenebene sind sowohl der Fußboden als auch erhöhte, ortsfeste und von Personen üblicherweise betretene Standflächen.
2. Beim Hineinreichen in und Hindurchreichen durch längliche Öffnungen mit parallelen Seiten beträgt der Sicherheitsabstand:

2.1. bei Öffnungsweiten über 4 bis 8 mm mindestens 15 mm
2.2. bei Öffnungsweiten über 8 bis 20 mm mindestens 120 mm
2.3. bei Öffnungsweiten über 20 bis 30 mm mindestens 200 mm
2.4. bei Öffnungsweiten über 30 bis 135 mm mindestens 850 mm.

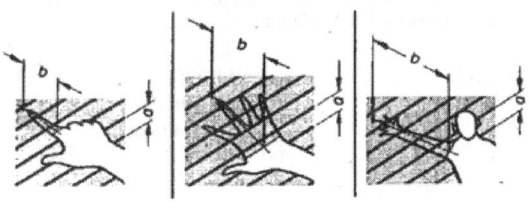

a=Öffnungsweite; b=Sicherheitsabstand

3. Beim Hineinreichen in und Hindurchreichen durch quadratische oder kreisförmige Öffnungen AM-VO beträgt der Sicherheitsabstand:

3.1. bei Öffnungsweiten über 4 bis 8 mm mindestens 15 mm
3.2. bei Öffnungsweiten über 8 bis 25 mm mindestens 120 mm
3.3. bei Öffnungsweiten über 25 bis 40 mm mindestens 200 mm
3.4. bei Öffnungsweiten über 40 bis 250 mm mindestens 850 mm.

4. Bei Öffnungen anderer Art oder Form sind die vorstehenden Bestimmungen sinngemäß anzuwenden.

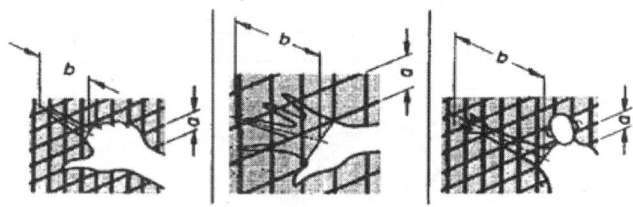

a=Öffnungsweite; b=Sicherheitsabstand

5. Beim Herumreichen um beliebig gelegene Kanten beträgt der Sicherheitsabstand:

5.1. für die Hand von der Fingerwurzel bis zur Fingerspitze mindestens 120 mm
5.2. für die Hand von der Handwurzel bis zur Fingerspitze mindestens 230 mm
5.3. für den Arm von der Ellenbeuge bis zur Fingerspitze mindestens 550 mm
5.4. für den Arm von der Achsel bis zur Fingerspitze mindestens 850 mm.

Diese Sicherheitsabstände gelten nur unter der Voraussetzung, dass das Gelenk des für ein Herumreichen in Betracht kommenden Körperteils zwangsläufig an der Kante anliegt und ein weiteres Vor- oder Durchschieben dieses Körperteils in Richtung Gefahrenstelle ausgeschlossen ist.

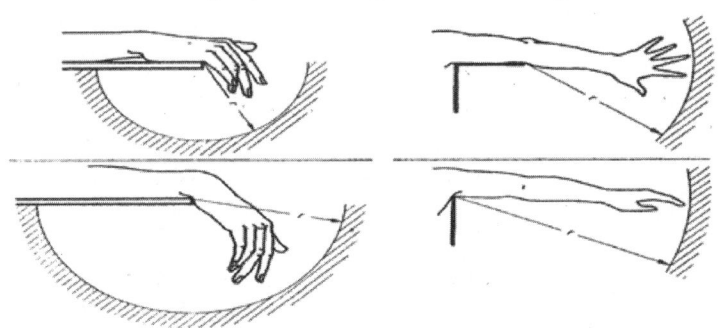

r =Sicherheitsabstand

6. Beim Hinüberreichen über Kanten an Arbeitsmitteln oder Schutzeinrichtungen beträgt der Sicherheitsabstand – abhängig von der Höhe der Gefahrenstelle und von der Höhe der Kante – mindestens den in der nachstehenden Tabelle angegebenen Wert. Diese Sicherheitsabstände gelten nur unter der Voraussetzung, dass die Kante mindestens 1 m hoch ist. Der Bereich zwischen Schutzeinrichtung und Gefahrenstelle darf nicht betretbar sein.

a Höhe der Gefahrenstelle	b Höhe der Kante (von der Standflächenebene aus) in mm							
	2400	2200	2000	1800	1600	1400	1200	1000
(von der Standflächenebene aus) in mm	c Sicherheitsabstand in mm							
2400	100	100	100	100	100	100	100	100
2200	-	250	350	400	500	500	600	600
2000	-	-	350	500	600	700	900	1100
1800	-	-	-	600	900	900	1000	1100
1600	-	-	-	500	900	900	1000	1300
1400	-	-	-	100	800	900	1000	1300
1200	-	-	-	-	500	900	1000	1400
1000	-	-	-	-	300	900	1000	1400
800	-	-	-	-	-	600	900	1300
600	-	-	-	-	-	-	500	1200
400	-	-	-	-	-	-	300	1200

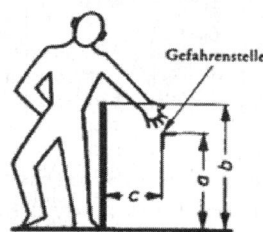

13. Elektroschutzverordnung 2012

Verordnung über den Schutz der Arbeitnehmer/innen vor Gefahren durch den elektrischen Strom (Elektroschutzverordnung 2012 – ESV 2012)

StF: BGBl. II Nr. 33/2012

Präambel

Auf Grund der §§ 17, 20, 25 Abs. 7, 33 bis 38, 60 Abs. 1 und 118 Abs. 3 des ArbeitnehmerInnenschutzgesetzes – ASchG, BGBl. Nr. 450/1994, zuletzt geändert durch das Bundesgesetz BGBl. I Nr. 51/2011, wird verordnet:

GLIEDERUNG

ESV

Geltungsbereich und Begriffsbestimmungen

§ 1. (1) Diese Verordnung gilt in Arbeitsstätten, auf Baustellen und an auswärtigen Arbeitsstellen im Sinne des ASchG.

(2) §§ 4 und 5 gelten nur für elektrische Anlagen mit Nennspannungen bis 1000 V Wechselspannung oder 1500 V Gleichspannung.

(3) Im Sinne dieser Verordnung ist eine

1. Elektrofachkraft: eine Person mit geeigneter fachlicher Ausbildung, Kenntnissen und Erfahrungen, sodass sie Gefahren erkennen und vermeiden kann, die von der Elektrizität ausgehen können;
2. elektrotechnisch unterwiesene Person: eine Person, die durch Elektrofachkräfte ausreichend unterrichtet wurde, sodass sie Gefahren vermeiden kann, die von der Elektrizität ausgehen können.

1. Abschnitt: elektrische Anlagen und elektrische Betriebsmittel

Allgemeine Bestimmungen

§ 2. (1) Zum Schutz der Sicherheit und der Gesundheit der Arbeitnehmer/innen vor Gefahren, die vom elektrischen Strom ausgehen, haben Arbeitgeber/innen dafür zu sorgen, dass elektrische Anlagen und elektrische Betriebsmittel nach den anerkannten Regeln der Technik betrieben werden, sich stets in sicherem Zustand befinden und

Mängel unverzüglich behoben werden. Wenn die Betriebsverhältnisse eine unverzügliche Mängelbehebung nicht zulassen, sind geeignete Maßnahmen zum Schutz des Lebens und der Gesundheit der Arbeitnehmer/innen zu ergreifen (z. B. durch Absperren, Kenntlichmachen, Anbringen von Schildern) und die betroffenen Arbeitnehmer/innen darüber zu informieren.

(2) Arbeitgeber/innen haben dafür zu sorgen, dass nur solche elektrische Anlagen und elektrische Betriebsmittel verwendet werden, die im Hinblick auf Betriebsart und Umgebungseinflüsse den jeweiligen betrieblichen und örtlichen Anforderungen entsprechen und den zu erwartenden Beanspruchungen (wie gegebenenfalls insbesondere Hitze, Kälte, Feuchtigkeit sowie elektrische, mechanische oder chemische Beanspruchungen) sicher widerstehen können.

(3) Elektrische Anlagen und elektrische Betriebsmittel, von denen eine Gefahr durch den elektrischen Strom für die Arbeitnehmer/innen ausgeht, dürfen nicht verwendet werden.

Basisschutz (Schutz gegen direktes Berühren)

§ 3. (1) Elektrische Anlagen und elektrische Betriebsmittel dürfen nur verwendet werden, wenn ihre betriebsmäßig unter Spannung stehenden Teile entweder in ihrem ganzen Verlauf isoliert oder durch ihre Bauart, Lage oder Anordnung oder durch besondere Vorrichtungen gegen direktes Berühren geschützt sind.

(2) Abs. 1 gilt nicht

1. in abgeschlossenen elektrischen Betriebsstätten,
2. in Sonderfällen, in denen die anerkannten Regeln der Technik dies erlauben.

Fehlerschutz (Schutz bei indirektem Berühren)

§ 4. (1) In elektrischen Anlagen und für elektrische Betriebsmittel ist mindestens eine Maßnahme des Fehlerschutzes anzuwenden, wie insbesondere:

1. Nullung,
2. Fehlerstrom-Schutzschaltung,
3. Isolationsüberwachungssystem,
4. Schutzisolierung,
5. Schutzkleinspannung,
6. Funktionskleinspannung,
7. Schutztrennung,
8. Schutzerdung bei elektrischen Anlagen, die
a. vor dem 1.1.2011 errichtet wurden oder
b. nach dem 1.1.2011 errichtet wurden, sofern Nullung und Fehlerstrom-Schutzschaltung nicht angewendet werden können.

(2) Abs. 1 gilt nicht für Ausnahmen, die in den anerkannten Regeln der Technik ausdrücklich festgehalten sind, insbesondere

1. Betriebsmittel der Stromversorgung zur Messung elektrischer Arbeit und Leistung mit Nennspannungen bis 250 V gegen Erde,
2. Metallteile zur Führung oder Bewehrung von Leitungen und Kabeln, wenn zwischen Metallteilen und Leitern Schutzisolierung besteht,
3. Stahl- und Stahlbetonmasten in Verteilnetzen,
4. Dachständer und mit diesen leitend verbundene Metallteile in Verteilnetzen.

(3) Für elektrische Anlagen muss ein Hauptpotentialausgleich errichtet sein. Bei Untertagebauarbeiten muss zur Erzielung eines einheitlichen Erdpotentials ein zusätzlicher Leiter aus Kupfer oder Stahl mit mindestens 50 mm^2 Querschnitt unabhängig von der elektrischen Versorgungsleitung mitgeführt werden. Dieser Leiter ist in Abständen von nicht mehr als 100 m mit vorhandenen metallischen Leitern, wie Rohrleitungen und Schienen, elektrisch leitend zu verbinden und über Tage fachgemäß zu erden.

(4) Abweichend von Abs. 1 muss in von Baustromverteilern gespeisten Stromkreisen mindestens eine Maßnahme des Fehlerschutzes Anwendung finden, wie insbesondere

1. Nullung,
2. Fehlerstrom-Schutzschaltung,
3. Schutzisolierung,
4. Schutzkleinspannung,
5. Schutztrennung.

Zusatzschutz durch Fehlerstrom-Schutzeinrichtungen

§ 5. Arbeitgeber/innen haben dafür zu sorgen, dass

1. in Arbeitsstätten Stromkreise mit Steckdosen für den Hausgebrauch gemäß ÖVE/ÖNORM IEC 60884-1 oder für industrielle Anwendungen gemäß ÖVE/ÖNORM EN 60309 bis 16 Ampere Nennstrom bei Anwendung der Maßnahmen des Fehlerschutzes Schutzerdung, Nullung oder Fehlerstrom-Schutzschaltung mit einem Zusatzschutz in Form von Fehlerstrom-Schutzeinrichtungen mit einem Nennfehlerstrom von maximal 0,03 Ampere ausgestattet sind,
2. von Baustromverteilern gespeiste Stromkreise mit Steckdosen bis 32 Ampere Nennstrom, bei Anwendung der Maßnahmen des Fehlerschutzes Nullung oder Fehlerstrom-Schutzschaltung, mit einem Zusatzschutz in Form von Fehlerstrom–Schutzeinrichtungen mit einem Nennfehlerstrom von maximal 0,03 Ampere ausgestattet sind,
3. ortsveränderliche elektrische Betriebsmittel, die sie ihren Arbeitnehmer/innen als Arbeitsmittel zur Verfügung stellen, auf Baustellen oder auf auswärtigen Arbeitsstellen nur dann an Steckdosen, die Teil einer bestehenden Hausinstallation oder einer ähnlichen Anlage sind, betrieben werden, wenn
a) feststeht, dass die Steckdose durch eine Fehlerstrom-Schutzeinrichtung mit einem Nennfehlerstrom von maximal 0,03 Ampere geschützt ist oder
b) ein ortsveränderlicher Adapter mit eingebauter Fehlerstrom-Schutzeinrichtung mit einem Nennfehlerstrom von maximal 0,03 Ampere verwendet wird.

Leitungsroller

§ 6. Arbeitgeber/innen haben dafür zu sorgen, dass Leitungsroller vorzugsweise mit eingebauter Überhitzungsschutzeinrichtung verwendet werden. Leitungsroller ohne Überhitzungsschutzeinrichtung dürfen nur bei vollständig abgerolltem Kabel verwendet werden.

Kontrollen und Prüfungen

§ 7. (1) Arbeitgeber/innen haben dafür zu sorgen, dass die elektrischen Anlagen in ihren Arbeitsstätten und auf Baustellen sowie die von ihnen ihren Arbeitnehmer/innen als Arbeitsmittel zur Verfügung gestellten ortsveränderlichen elektrischen Betriebsmittel nur verwendet werden, wenn

1. die für diese nach Abs. 3 erforderlichen Kontrollen durchgeführt wurden,
2. die für diese nach §§ 8 und 9 erforderlichen Prüfungen von Elektrofachkräften, die Kenntnisse durch Prüfung vergleichbarer Anlagen

und Betriebsmittel haben, durchgeführt wurden, und

3. Angaben von Hersteller/innen oder von Inverkehrbringer/innen über die Prüfungen der elektrischen Anlagen oder elektrischen Betriebsmitteln eingehalten werden.

(2) Abs. 1 Z 2 gilt nicht für elektrische Anlagen der öffentlichen Stromversorgung.

(3) Folgende Kontrollen durch eine elektrotechnisch unterwiesene Person sind erforderlich:

1. Kontrolle der Funktion von Fehlerstrom-Schutzeinrichtungen, jedenfalls für jene, die den Fehler- oder Zusatzschutz nach den Regeln der Technik gewährleisten, durch Betätigung der Prüftaste in den von den Hersteller/innen oder Inverkehrbringer/innen angegebenen Intervallen, falls solche Intervalle nicht angegeben sind, zumindest alle sechs Monate, sowie nach einem Fehlerfall,

2. auf Baustellen: Kontrolle der elektrischen Anlagen für den Betrieb der Baustelle und der elektrischen Betriebsmittel auf offensichtliche Mängel mindestens einmal wöchentlich,

3. bei Untertagebauarbeiten:

a) wöchentliche Kontrolle der Funktion von Fehlerstrom-Schutzeinrichtungen durch Betätigen der Prüftaste, der Einrichtungen zur Erfassung von Erdschlüssen, der Einrichtungen zur Überwachung des Schutzleiters und des Isolationswiderstandes, der Notbeleuchtungen sowie der Einrichtungen zur Notabschaltung,

b) zumindest monatliche Kontrolle der Funktion von Fehlerstrom-Schutzeinrichtungen mit geeigneten Messgeräten.

(4) Über die Ergebnisse der Kontrollen nach Abs. 3 Z 3 sind Vormerke zu führen, die zumindest das Datum sowie Namen und Unterschrift der Person, die die Kontrolle durchgeführt hat, enthalten. Die jeweils letzten beiden Vormerke sind aufzubewahren.

(5) Im Bergbau ist für die systematische Prüfung, Wartung und gegebenenfalls Erprobung von maschinellen und elektrischen Betriebsmitteln und Anlagen ein geeigneter Plan aufzustellen. Sämtliche Wartungs-, Prüf- und Erprobungsarbeiten an elektrischen Anlagen oder elektrischen Betriebsmitteln sind von einer Elektrofachkraft durchzuführen. Die Prüfungen und Tests sind in einem Protokoll festzuhalten, das entsprechend aufzubewahren ist.

Prüfungen vor Inbetriebnahme

§ 8. Eine Prüfung vor Inbetriebnahme ist erforderlich für

1. elektrische Anlagen nach ihrer Errichtung oder Wiedererrichtung,

2. elektrische Anlagen oder Anlagenteile nach wesentlichen Änderungen, wesentlichen Erweiterungen oder nach Instandsetzung,

3. ortsveränderliche elektrische Betriebsmittel nach Änderungen oder nach Instandsetzung.

Wiederkehrende Prüfungen

§ 9. (1) Wiederkehrende Prüfungen sind erforderlich für

1. elektrische Anlagen,

2. ortsveränderliche elektrische Betriebsmittel der Schutzklasse I in Arbeitsstätten, es sei denn, die Ermittlung und Beurteilung der Gefahren hat ergeben, dass diese ausschließlich an Steckdosen einer elektrischen Anlage betrieben werden, die dem § 5 Z 1 entspricht,

3. ortsveränderliche elektrische Betriebsmittel, die im Bergbau oder bei Untertagebauarbeiten verwendet werden.

(2) Die Zeitabstände von wiederkehrenden Prüfungen nach Abs. 1 betragen längstens fünf Jahre. Abweichend davon betragen die Zeitabstände

1. längstens zehn Jahre, wenn die elektrische Anlage nur geringen Belastungen ausgesetzt ist, wie insbesondere in Büros oder in Handels- oder Dienstleistungsbetrieben, wenn keine Einflüsse nach Abs. 3 vorliegen,

2. längstens drei Jahre in explosionsgefährdeten Bereichen und in Bereichen, in denen explosionsgefährliche Arbeitsstoffe verwendet werden,

3. längstens ein Jahr in explosionsgefährdeten Bereichen und in Bereichen, in denen explosionsgefährliche Arbeitsstoffe verwendet werden, im Fall einer außergewöhnlichen Beanspruchung z. B. durch eine der in Abs. 3 Z 1 genannten Einwirkungen,

4. längstens ein Jahr auf Baustellen sowie in jenen Teilen von Arbeitsstätten oder auswärtigen Arbeitsstellen, in denen feste mineralische Rohstoffe obertage gewonnen oder aufbereitet werden,

5. längstens sechs Monate bei Untertagebauarbeiten und im Untertagebergbau.

(3) Abweichend von Abs. 2 hat die Behörde für die Prüfung von elektrischen Anlagen, Anlagenteilen oder elektrischen Betriebsmitteln, die nicht unter Abs. 2 Z 3 bis 5 fallen, kürzere Zeitabstände vorzuschreiben:

1. längstens drei Jahre im Fall einer außergewöhnlichen Beanspruchung z. B. durch

a) Feuchtigkeit oder Nässe, oder wenn Kondenswasser oder Spritzwasser nicht ausgeschlossen werden kann,

b) Umgebungstemperaturen von weniger als –20°C oder mehr als 40°C,

c) Einwirkung von Säuren, Laugen, Lösemitteln oder deren Dämpfen, die Korrosion bewirken können,

d) direkte Einwirkungen von Witterungseinflüssen, soweit sie nicht schon durch lit. a oder b erfasst sind,

e) Einwirkung von Staub, der durch die Arbeitsvorgänge entsteht.

2. längstens ein Jahr im Fall einer außergewöhnlichen Beanspruchung durch das Zusammentreffen von mehreren der in Z 1 genannten Einwirkungen.

(4) Die Behörde hat zusätzliche Prüfungen vorzuschreiben, wenn der Verdacht gegeben ist, dass sich eine elektrische Anlage oder ein elektrisches Betriebsmittel nicht in ordnungsgemäßem Zustand befindet und dadurch Arbeitnehmer/innen gefährdet sein könnten.

Mindestinhalt der Prüfungen

§ 10. (1) Bei elektrischen Anlagen müssen die Prüfungen nach §§ 8 und 9 zumindest folgende Inhalte umfassen:

1. Sichtprüfung des ordnungsgemäßen Zustandes
2. Schutzmaßnahmen gegen direktes Berühren (Basisschutz)
3. Schutzmaßnahmen bei indirektem Berühren (Fehlerschutz)
4. gegebenenfalls Schutzmaßnahmen des Zusatzschutzes
5. gegebenenfalls Erfassung des thermischen Zustandes relevanter elektrischer Betriebsmittel.

(2) Bei ortsveränderlichen elektrischen Betriebsmitteln müssen die Prüfungen nach §§ 8 und 9 zumindest folgende Inhalte umfassen:

1. Sichtprüfung des ordnungsgemäßen Zustandes,
2. Funktionsprüfung,
3. gegebenenfalls Prüfung des Schutzleiters und Messung des Schutzleiterstroms,
4. gegebenenfalls Messung des Isolationswiderstandes.

Prüfbefunde

§ 11. (1) Es ist dafür zu sorgen, dass die Ergebnisse der Prüfungen nach §§ 8 und 9 in einem Prüfbefund festgehalten werden, der folgende Angaben enthält:

1. Prüfdatum,
2. Name des Prüfers/der Prüferin,
3. Anschrift des Prüfers/der Prüferin oder Bezeichnung und Anschrift der prüfenden Stelle,
4. Unterschrift des Prüfers/der Prüferin,
5. Umfang und Ergebnis der Prüfung, wobei eindeutig nachvollziehbar sein muss, welche Anlagen, Anlagenteile und Betriebsmittel geprüft wurden,
6. die in der elektrischen Anlage realisierten Maßnahmen des Fehlerschutzes und Zusatzschutzes.

(2) Schaltpläne und Unterlagen für die elektrische Anlage sowie Befunde über Prüfungen vor Inbetriebnahme (§ 8) sind bis zum Stilllegen der elektrischen Anlage oder Ausscheiden des elektrischen Betriebsmittels aufzubewahren. Über wiederkehrende Prüfungen (§ 9) sind jeweils zumindest die letzten beiden Befunde aufzubewahren.

Beträgt das Prüfintervall jedoch mehr als drei Jahre, ist der Befund über die letzte Überprüfung ausreichend.

(3) Die Prüfbefunde für elektrische Anlagen oder deren Kopien müssen in der Arbeitsstätte oder auf der Baustelle, die Prüfbefunde für ortsveränderliche elektrische Betriebsmittel müssen am Einsatzort des elektrischen Betriebsmittels einsehbar sein. Bei nicht besetzten Anlagen müssen die Prüfbefunde bei der dieser Anlage zugeordneten Stelle einsehbar sein.

(4) Abs. 3 gilt nicht für elektrische Betriebsmittel, an denen eine Prüfplakette angebracht ist, die

1. das Datum der letzten wiederkehrenden Prüfung aufweist,
2. eine eindeutige Zuordnung zum Prüfbefund des elektrischen Betriebsmittels aufweist,
3. unverwischbar und gut lesbar beschriftet ist,
4. an gut sichtbarer Stelle am elektrischen Betriebsmittel angebracht ist.

2. Abschnitt: Arbeiten an oder in der Nähe von elektrischen Anlagen

Arbeiten im spannungsfreien Zustand

§ 12. (1) Arbeitgeber/innen haben dafür zu sorgen, dass vor dem Beginn von Arbeiten, die im spannungsfreien Zustand durchgeführt werden, der Arbeitsbereich eindeutig festgelegt wird und die Arbeiten nach den anerkannten Regeln der Technik durchgeführt werden. Dabei sind insbesondere die fünf Sicherheitsregeln einzuhalten:

1. Freischalten,
2. gegen Wiedereinschalten sichern,
3. Spannungsfreiheit feststellen,
4. Erden und Kurzschließen:
   a) in Hochspannungsanlagen jedenfalls,
   b) in Kleinspannungs- oder Niederspannungsanlagen, wenn die Gefahr besteht, dass die Anlage unter Spannung gesetzt wird,
5. benachbarte, unter Spannung stehende Teile abdecken oder abschranken.

(2) Alle an der Arbeit beteiligten Personen müssen Elektrofachkräfte oder elektrotechnisch unterwiesene Personen sein oder von einer solchen Person beaufsichtigt werden.

Arbeiten unter Spannung

§ 13. (1) Arbeitgeber/innen haben dafür zu sorgen, dass Arbeiten unter Spannung nach den anerkannten Regeln der Technik durchgeführt werden.

(2) Die Arbeiten dürfen nur von Elektrofachkräften oder elektrotechnisch unterwiesenen Personen durchgeführt werden, die

1. eine für die betreffenden Arbeiten einschlägige Spezialausbildung sowie die erforderlichen Nachschulungen erhalten haben, und
2. über die für die betreffenden Arbeiten notwendige Ausrüstung und persönliche Schutzausrüstung verfügen.

(3) Die Arbeiten dürfen nur durchgeführt werden, wenn schriftliche Arbeitsanweisungen festgelegt sind.

(4) Von Abs. 2 Z 1 und von Abs. 3 kann abgewichen werden, wenn die Ermittlung und Beurteilung der Gefahren nach den anerkannten Regeln der Technik ergibt, dass ein sicheres Arbeiten trotzdem möglich ist.

(5) Bei starkem Regen, bei schlechter Sicht, bei Gewitter, bei Brand- und Explosionsgefahr oder wenn Arbeitsmittel nicht ungehindert benutzt werden können, dürfen Arbeiten unter Spannung nicht durchgeführt werden. Bei sonstigen ungünstigen Umgebungsbedingungen hat der/die Arbeitgeber/in Arbeiten unter Spannung entsprechend der Minderung der Isolationseigenschaften und der eingeschränkten Sicht und Bewegungsfreiheit zu beschränken.

(6) Arbeitgeber/innen haben dafür zu sorgen, dass Arbeitsmittel und persönliche Schutzausrüstung für das Arbeiten unter Spannung in ordnungsgemäßem Zustand erhalten werden. Die Arbeitnehmer/innen sind in der dazu erforderlichen Vorgangsweise (betreffend Aufbewahrung und Lagerung, Transport, Pflege, Instandhaltung) zu unterweisen.

Arbeiten in der Nähe unter Spannung stehender Teile

§ 14. (1) Arbeitgeber/innen haben dafür zu sorgen, dass in der Nähe von unter Spannung stehenden Teilen mit Nennspannungen über 50 V Wechselspannung oder 120 V Gleichspannung nur dann gearbeitet wird, wenn durch geeignete Maßnahmen nach den anerkannten Regeln der Technik sichergestellt ist, dass Arbeitnehmer/innen die unter Spannung stehenden Teile nicht berühren können und nicht mit Körperteilen oder Gegenständen in gefährliche Bereiche (Abs. 3 und 4) eindringen können.

(2) Geeignete Maßnahmen im Sinne des Abs. 1 sind

1. Schutzvorrichtung, Abdeckung, Kapselung oder isolierende Umhüllung der unter Spannung stehenden Teile oder,
2. wenn dies nicht möglich ist, Schutz durch Abstand nach Maßgabe der Abs. 3 bis 5.

(3) Im Fall des Abs. 2 Z 2 haben die Arbeitgeber/innen vor dem Beginn der Arbeiten die Größe des notwendigen Abstandes festzulegen, der jedenfalls größer sein muss als die Gefahrenzone (**Anhang 1**), und haben bei der Festlegung Folgendes zu berücksichtigen:

1. Art und Umstände der Arbeiten,
2. Ausbildung und Kenntnisse der Arbeitnehmer/innen,
3. Höhe der Spannung,
4. Art der verwendeten Arbeitsmittel und anderen Ausrüstungen,

5. mögliche Bewegungen von Arbeitsmitteln und Gegenständen (z. B. Lasten, Trag- oder Lastaufnahmemittel) sowie von Freileitungen.

(4) Wenn nichtelektrotechnische Arbeiten, insbesondere Bauarbeiten, von elektrotechnischen Laien durchgeführt werden sollen, gilt im Fall des Abs. 2 Z 2 weiters Folgendes:

1. Der notwendige Abstand muss jedenfalls größer sein als die Annäherungszone (**Anhang 2**).
2. Es sind
a. nur solche Arbeitsmittel zu verwenden, deren Höhe und Reichweite die Einhaltung des notwendigen Abstandes gewährleisten oder
b. geeignete technische Maßnahmen anzuwenden (wie Prallseile, Abschrankungen, Dreh–, Höhen– oder Auslegerbegrenzungen von Maschinen), die sicher stellen, dass ein gefahrbringendes Annähern an unter Spannung stehende Teile verhindert ist oder
c. geeignete betriebliche oder organisatorische Maßnahmen zu setzen (wie Warneinrichtungen), die sicher stellen, dass ein gefahrbringendes Annähern an unter Spannung stehende Teile verhindert ist.

(5) Die Arbeitnehmer/innen müssen über die notwendigen Sicherheitsabstände eingehend informiert werden. Dies gilt insbesondere bei nichtelektrotechnischen Arbeiten bei denen ein gefahrbringendes Annähern an unter Spannung stehende Teile absehbar ist (Kran, Leitern, Betonlift, etc.).

3. Abschnitt: Blitzschutz und Schlussbestimmungen

Blitzschutz

§ 15. (1) Arbeitsstätten müssen mit Blitzschutzanlagen ausgestattet sein, wenn aufgrund ihrer Höhe, Flächenausdehnung, Umgebung und der zu erwartenden Blitzaktivität (Erdblitzdichte), in Relation zu Bauweise, Nutzung oder Inhalt des Gebäudes, eine Gefährdung durch Blitzschlag oder durch die Folgen eines Blitzschlags besteht. Dies gilt auch für Baustellen, soweit dies technisch möglich ist.

(2) Für blitzschlaggefährdete Arbeitsmittel müssen Vorkehrungen getroffen werden, durch die durch Blitzschlag verursachte elektrische Ladungen auf sichere Art und Weise in den Erdboden abgeleitet werden.

(3) § 8 Z 1 und 2 gilt auch für Blitzschutzanlagen. Weiters haben Arbeitgeber/innen dafür zu sorgen, dass Blitzschutzanlagen, die nach Abs. 1 erforderlich sind, regelmäßig auf ihren ordnungsgemäßen Zustand geprüft werden und festgestellte Mängel unverzüglich behoben werden. Prüfungen müssen von Elektrofachkräften, die über Kenntnisse in den einschlägigen Blitzschutz-Normen und Kenntnisse durch Prüfung vergleichbarer Anlagen haben, in folgenden Zeitabständen durchgeführt werden:

ESV

1. längstens drei Jahre,
2. davon abweichend längstens ein Jahr im Falle der Verwendung von explosionsgefährlichen, hochentzündlichen oder größeren Mengen von leichtentzündlichen Arbeitsstoffen (oder Arbeitsstoffen der Gefahrenklasse 1, der Gefahrenklasse 6 Kategorie 1 und 2 oder der Gefahrenklasse 7).

(4) Für den Prüfbefund gilt § 11 Abs. 1 Z 1 bis 4, Abs. 2 und Abs. 3.

Schlussbestimmungen

§ 16. (1) Hinsichtlich elektrischer Anlagen, die im Zeitpunkt des Inkrafttretens dieser Verordnung bereits bestehen, wird den Verpflichtungen nach § 3, § 4 Abs. 1 und 3 sowie § 5 auch durch Einhaltung der zur Zeit der Errichtung oder Änderung der elektrischen Anlage in Geltung gestandenen elektrotechnischen Vorschriften entsprochen, sofern nicht für die betreffende elektrische Anlage in einer Verordnung oder einem Bescheid nach § 4 Abs. 2 des Elektrotechnikgesetzes 1992, BGBl. Nr. 106/1993, etwas Anderes normiert ist.

(2) § 8 Z 1 und 2 gilt nur für elektrische Anlagen, die nach Inkrafttreten dieser Verordnung erstmals in Betrieb genommen werden.

(3) Gemäß § 125 Abs. 8 ASchG wird festgestellt, dass §§ 16 und 21 Abs. 4 sowie in § 21 Abs. 5 und 6 die Verweise auf Abs. 4 der gemäß § 119 Abs. 1 ASchG als Bundesgesetz geltenden Druckluft- und Taucherarbeitenverordnung, BGBl. Nr. 501/1973, zuletzt geändert durch BGBl. II Nr. 13/2007, mit Inkrafttreten dieser Verordnung außer Kraft treten.

(4) Es wird festgestellt, dass die gemäß § 196 Abs. 1 Z 7 des Mineralrohstoffgesetzes, BGBl. Nr. 38/1999 (MinroG) weiter geltende Bergpolizeiverordnung für Elektrotechnik, BGBl. Nr. 737/1996, als Arbeitnehmerschutzvorschrift mit Inkrafttreten dieser Verordnung außer Kraft tritt.

(5) Durch § 7 Abs. 5 werden Punkt 3.1 des Anhangs zur Richtlinie 92/104/EWG sowie Punkt 4.1 des Anhangs zur Richtlinie 92/91/EWG umgesetzt.

(6) § 5 Z 3 und § 9 Abs. 1 Z 2 treten ein Jahr nach dem in Abs. 7 genannten Zeitpunkt in Kraft.

(7) Diese Verordnung tritt am 1. März 2012 in Kraft. Gleichzeitig tritt die Elektroschutzverordnung 2003 – ESV 2003, BGBl. II Nr. 424/2003, außer Kraft.

Anhang 1: Gefahrenzone

Netz-Nennspannung (kV)	Äußere Grenze der Gefahrenzone (cm)	
	Innenraumanlage	Freiluftanlage
<1	keine Berührung	
3	6	12
6	9	12
10	12	15
15	16	16
20	22	22
30	32	32
36	38	38
45	48	48
60	63	63
70	75	75
110	110	110
132	130	130
150	150	150
220	210	210
275	240	240
380	340	340
480	410	410
700	640	640

Ausnahmen

von Anhang 1 und Anhang 2:

Von den in Anhang 1 und 2 angeführten Abständen kann abgewichen werden, wenn die Ermittlung und Beurteilung der Gefahren nach den anerkannten Regeln der Technik ergibt, dass ein sicheres Arbeiten möglich ist.

Anhang 2: Annäherungszone

Netz-Nennspannung(kV)	Äußere Grenze der Annäherungszone (cm)
bis 1	50
über 1 bis 30	150
über 30 bis 110	200
über 110 bis 220	300
über 220 bis 380	400

Ausnahmen

von Anhang 1 und Anhang 2:

Von den in Anhang 1 und 2 angeführten Abständen kann abgewichen werden, wenn die Ermittlung und Beurteilung der Gefahren nach den anerkannten Regeln der Technik ergibt, dass ein sicheres Arbeiten möglich ist.

ESV

14. Grenzwerteverordnung 2024

Verordnung des Bundesministers für Arbeit und Wirtschaft über Grenzwerte für Arbeitsstoffe sowie über gefährliche Arbeitsstoffe (Grenzwerteverordnung 2024 – GKV)

StF: BGBl. II Nr. 253/2001

Letzte Novellierung: BGBl. II Nr. 330/2024 [CELEX-Nr.: 32022L0431]

Präambel

Auf Grund des § 48 Abs. 1 Z 3 sowie auf Grund der §§ 12, 40 Abs. 3, 42 Abs. 1 und 2, 43 Abs. 2, 45, 72 Abs. 1 Z 6 und 95 Abs. 2 des Bundesgesetzes über Sicherheit und Gesundheitsschutz bei der Arbeit (ArbeitnehmerInnenschutzgesetz – ASchG), BGBl. Nr. 450/1994, zuletzt geändert durch BGBl. I Nr. 70/1999, wird verordnet:

GLIEDERUNG

6. Abschnitt
Übergangs- und Schlussbestimmungen

Anwendungsbereich und Begriffsbestimmungen

§ 1. (1) Diese Verordnung gilt für Arbeitsstätten, Baustellen und auswärtige Arbeitsstellen im Sinne des ASchG.

(2) „Schwebstoffe" sind Staub, Rauch und Nebel.

1. „Staub" ist eine disperse Verteilung fester Stoffe in Luft, entstanden durch mechanische Prozesse oder durch Aufwirbelung.
2. „Rauch" ist eine disperse Verteilung feinster fester Stoffe in Luft, entstanden durch thermische Prozesse oder durch chemische Reaktionen. Rauche werden als Alveolengängige Fraktion erfasst.
3. „Nebel" ist eine disperse Verteilung flüssiger Stoffe in Luft, entstanden durch Kondensation oder durch Dispersion.

(3) „Nichtflüchtige Schwebstoffe" sind Schwebstoffe, deren Dampfdruck so klein ist, dass bei Raumtemperatur keine gefährlichen Konzentrationen in der Dampfphase auftreten können.

(4) „Einatembare Fraktion" ist der Massenanteil aller Schwebstoffe, der durch Mund und Nase eingeatmet wird.

(5) „Alveolengängige Fraktion" ist der Massenanteil der eingeatmeten Partikel, der bis in die nicht-ciliierten Luftwege vordringt.

(6) „Absauggeräte" im Sinne dieser Verordnung sind Entstauber, Industriestaubsauger, Kehrsaugmaschinen und Arbeitsmittel mit integrierter Absaugung.

1. Abschnitt
Grenzwerte
Maximale Arbeitsplatzkonzentration (MAK-Werte)

§ 2. (1) Als MAK-Werte im Sinne des § 45 Abs. 1 ASchG werden die in Anhang I (Stoffliste mit MAK-Werten und TRK-Werten) angeführten Werte festgelegt.

(2) MAK-Werte werden für gesunde Personen im erwerbsfähigen Alter festgelegt. Bei Einhaltung der MAK-Werte wird im Allgemeinen die Gesundheit von ArbeitnehmerInnen nicht beeinträchtigt und werden diese nicht unangemessen belästigt. Im Einzelfall, insbesondere bei schwangeren oder stillenden Arbeitnehmerinnen, kann jedoch auch bei Einhaltung der MAK-Werte eine gesundheitliche Beeinträchtigung oder unangemessene Belästigung nicht ausgeschlossen werden.

Technische Richtkonzentration (TRK-Werte)

§ 3. (1) Als TRK-Werte im Sinne des § 45 Abs. 2 ASchG werden die in Anhang I (Stoffliste mit MAK-Werten und TRK-Werten) angeführten Werte festgelegt.

(2) Die Einhaltung der TRK-Werte soll das Risiko einer Beeinträchtigung der Gesundheit vermindern, vermag dieses jedoch nicht vollständig auszuschließen. TRK-Werte werden für solche gesundheitsgefährdenden Arbeitsstoffe aufgestellt, für die nach dem Stand der Wissenschaft keine als unbedenklich anzusehende Konzentration angegeben werden kann.

Beurteilungszeitraum für MAK-Werte und TRK-Werte

§ 4. (1) Der Beurteilungszeitraum für Grenzwerte im Sinne des § 45 Abs. 1 und 2 ASchG (MAK-Werte und TRK-Werte) wird wie folgt festgelegt:

1. Wenn der Grenzwert als „Tagesmittelwert" angegeben ist, gilt als Beurteilungszeitraum eine in der Regel achtstündige Exposition bei Einhaltung einer durchschnittlichen Wochenarbeitszeit von 40 Stunden (in Vierschichtbetrieben 42 Stunden je Woche im Durchschnitt von vier aufeinander folgenden Wochen).
2. Wenn der Grenzwert als „Kurzzeitwert" angegeben ist, gilt als Beurteilungszeitraum
a) ein Zeitraum von 15 Minuten oder
b) wenn in Anhang I (Spalte 10) für einen bestimmten Arbeitsstoff ein anderer Zeitraum festgelegt ist, dieser Zeitraum.

(2) Kurzzeitwerte mit einem Beurteilungszeitraum von 15 Minuten dürfen innerhalb von acht Stunden insgesamt höchstens eine Stunde lang erreicht werden.

(3) Für Kurzzeitwerte mit einem anderen, in Anhang I (Spalte 10) festgelegten Beurteilungszeitraum gilt Folgendes:

1. Der Kurzzeitwert darf innerhalb von acht Stunden höchstens in der Häufigkeit erreicht werden, die in Anhang I für den bestimmten Arbeitsstoff jeweils festgelegt ist.
2. Zwischen den Expositionsspitzen, in denen der Tagesmittelwert überschritten wird, muss ein Zeitabstand von mindestens dem Dreifachen der zulässigen Kurzzeitwertdauer liegen.
3. Gemittelt über jeden dieser Zeitabstände darf der Konzentrationswert des Tagesmittelwerts nicht überschritten werden.

(4) Als „Momentanwert" wird ein Kurzzeitwert bezeichnet, dessen Höhe in seinem Beurteilungszeitraum zu keiner Zeit, das ist die nach dem Stand der Technik kürzestmögliche Mess- oder Anzei-

§ 34. Übergangsbestimmungen

§ 35. Schlussbestimmungen

gezeit des Messverfahrens, überschritten werden darf.

MAK-Werte für biologisch inerte Schwebstoffe

§ 5. (1) Treten in der Luft am Arbeitsplatz Schwebstoffe auf, die außer der Eigenschaft „biologisch inert" keine anderen gesundheitsgefährdenden Eigenschaften im Sinne des § 40 Abs. 4 bis 4b ASchG aufweisen, gelten die folgenden MAK-Werte.

(2) Der MAK-Wert für biologisch inerte Schwebstoffe beträgt als Tagesmittelwert:

1. 10 mg/m³ einatembare Fraktion,
2. 5 mg/m³ alveolengängige Fraktion.

(3) Der MAK-Wert für biologisch inerte Schwebstoffe beträgt als Kurzzeitwert:

1. 20 mg/m³ einatembare Fraktion in einem Beurteilungszeitraum von einer Stunde. Der Kurzzeitwert darf innerhalb von acht Stunden höchstens zwei Mal erreicht werden. § 4 Abs. 3 Z 2 und 3 ist anzuwenden.
2. 10 mg/m³ alveolengängige Fraktion in einem Beurteilungszeitraum von einer Stunde. Der Kurzzeitwert darf innerhalb von acht Stunden höchstens zwei Mal erreicht werden. § 4 Abs. 3 Z 2 und 3 ist anzuwenden.

MAK-Werte für Kohlenwasserstoffdämpfe

§ 6. (1) Treten in der Luft am Arbeitsplatz Dampfgemische von ausschließlich kohlenstoff- und wasserstoffhaltigen Kohlenwasserstoffen auf, gelten die folgenden MAK-Werte.

(2) Der MAK-Wert für Kohlenwasserstoffdämpfe beträgt als Tagesmittelwert:

1. 200 ml/m³ für Kohlenwasserstoffgemische mit einem Gehalt an aromatischen Kohlenwasserstoffen von weniger als 1 %, an n-Hexan von weniger als 5 % und an Cyclo-/Isohexanen von weniger als 25 %,
2. 70 ml/m³ für Kohlenwasserstoffgemische mit einem Gehalt an aromatischen Kohlenwasserstoffen von 1 % bis 25 % und an Hexanen von weniger als 1 %,
3. 20 ml/m³ für Kohlenwasserstoffgemische mit einem Gehalt an aromatischen Kohlenwasserstoffen von mehr als 25 %,
4. 50 ml/m³ für Kohlenwasserstoffgemische mit einem Gehalt an n-Hexan von 5 % oder mehr,
5. 170 ml/m³ für Kohlenwasserstoffgemische mit einem Gehalt an aromatischen Kohlenwasserstoffen von weniger als 1 %, an n-Hexan von weniger als 5 % und an Cyclo-/Isohexanen von 25 % oder mehr.

Die in Z 1 bis 5 angegebenen Gehalte sind als Gewichtsprozent in der Flüssigkeit zu verstehen.

(3) In folgenden Fällen gilt der niedrigste nach Abs. 2 Z 1 bis 5 jeweils in Betracht kommende MAK-Wert:

1. wenn die Zuordnung eines Kohlenwasserstoffgemisches zu Abs. 2 Z 1 bis 5 nicht bekannt ist oder
2. wenn ArbeitnehmerInnen gleichzeitig den Dämpfen verschiedener Kohlenwasserstoffgemische ausgesetzt sind.

(4) Der MAK-Wert für Kohlenwasserstoffdämpfe beträgt als Kurzzeitwert die zweifache Konzentration des Tagesmittelwertes gemäß Abs. 2 in einem Beurteilungszeitraum von 30 Minuten. Er darf innerhalb von acht Stunden höchstens viermal erreicht werden. § 4 Abs. 3 Z 2 und 3 ist anzuwenden.

(5) Unbeschadet des Abs. 1

1. gelten gegebenenfalls die MAK-Werte oder TRK-Werte der in den Dampfgemischen enthaltenen Stoffe und
2. gilt, sofern in den Dampfgemischen ein krebserzeugender Kohlenwasserstoff enthalten ist, für den kein MAK-Wert oder TRK-Wert festgelegt ist, die Verpflichtung, gemäß § 45 Abs. 7 ASchG dafür zu sorgen, dass die Konzentration dieses Stoffes in der Luft am Arbeitsplatz stets so gering wie möglich ist.

(6) Liefert ein Messverfahren zur Ermittlung der Kohlenwasserstoffdämpfe gemäß Abs. 1 bis 4 Ergebnisse in der Einheit mg/m³, so ist unter Zugrundelegung der Molmasse von Octan auf die Einheit ml/m³ umzurechnen.

Bewertung von Stoffgemischen

§ 7. (1) Treten in der Luft am Arbeitsplatz nebeneinander oder nacheinander Gemische von Stoffen auf, für die ein MAK-Wert als Tagesmittelwert festgelegt ist, und ist für das Stoffgemisch als solches kein MAK-Wert festgelegt, muss unbeschadet der Verpflichtung zur Einhaltung der für die einzelnen Stoffe jeweils festgelegten MAK-Werte der Bewertungsindex I für das Stoffgemisch kleiner oder gleich 1 sein.

(2) Der Bewertungsindex I für ein Stoffgemisch ist wie folgt zu berechnen:

1. Es sind nur jene Stoffe zu berücksichtigen, deren Konzentration größer ist als 10% des für den jeweiligen Stoff geltenden MAK-Wertes.
2. Der Bewertungsindex I eines Stoffgemisches ist die Summe der Schadstoffindices I_i. Jeder Schadstoffindex I_i ist der Quotient aus der für den jeweiligen Schadstoff i festgestellten Konzentration C_i in der Luft am Arbeitsplatz und dem jeweiligen MAK-Wert (als Tagesmittelwert). Die Konzentrationen der einzelnen Schadstoffe i (C_1, C_2 bis C_n) sind die für dieselbe Arbeitsschicht festgestellten Durchschnittskonzentrationen.

(3) Sind in einem Stoffgemisch Kohlenwasserstoffe enthalten, ist der Tagesmittelwert für Kohlenwasserstoffdämpfe in die Berechnung einzubeziehen.

(4) Sofern es im Einzelfall nach dem Stand der arbeitsmedizinischen oder toxikologischen Wissenschaft begründet werden kann, kann von dem Bewertungsverfahren nach Abs. 2 abgewichen werden.

(5) Bei Kontrollmessungen kann anstatt der Erfassung aller Stoffe eines Stoffgemisches entsprechend Abs. 2 Z 1 eine auf Leitkomponenten reduzierte Erfassung vorgenommen werden, wenn die Konzentrationsverhältnisse der Komponenten in der Luft untereinander gleich bleibend sind. Voraussetzung ist ausreichendes Vorwissen auf der Grundlage von Arbeitsbereichsanalysen, das sich auf Messungen der Konzentration der Komponenten gefährlicher Stoffe in der Luft am Arbeitsplatz stützt. Die Festlegung der Leitkomponenten hat unter Mitwirkung aller im Betrieb für den Arbeitnehmerschutz verantwortlichen Stellen zu erfolgen. Kriterien für die Auswahl einer oder mehrerer Leitkomponenten sind die Toxizität der bei der Arbeitsbereichsanalyse ermittelten Einzelstoffe, ihre Konzentrationsanteile in der Luft sowie ihre analytische Erfassbarkeit. Der Grenzwert für den aus einer bzw. mehreren Leitkomponenten ermittelten Bewertungsindex berechnet sich aus den Ergebnissen der bei der Arbeitsbereichsanalyse gewonnenen Erkenntnisse entsprechend den Anteilen der Leitkomponenten des Stoffgemisches in der Luft.

Information der ArbeitnehmerInnen
§ 8. (1) ArbeitnehmerInnen, die einen Arbeitstoff verwenden, für den ein Grenzwert besteht, sind über diese Tatsache zu informieren.

(2) ArbeitnehmerInnen, die einen Arbeitstoff verwenden, der in Anhang I (Spalte 12) mit dem Hinweis „S" versehen ist, sind darüber zu informieren, dass der Arbeitsstoff in weit überdurchschnittlichem Maß Überempfindlichkeitsreaktionen allergischer Art auslöst.

(3) ArbeitnehmerInnen, die einen Arbeitstoff verwenden, der in Anhang I (Spalte 12) mit dem Hinweis „H" versehen ist, sind darüber zu informieren, dass hinsichtlich des Arbeitsstoffes eine besondere Gefahr der Aufnahme durch die Haut besteht.

(4) Arbeitnehmerinnen und Arbeitnehmer, die einen krebserzeugenden oder reproduktionstoxischen Arbeitsstoff verwenden, können darauf hingewiesen werden, dass sie sich nach Beendigung der Exposition fachärztlichen Gesundheitsuntersuchungen so lange unterziehen sollen, wie dies zur Sicherung ihrer Gesundheit nach Ansicht der untersuchenden Fachärztinnen oder Fachärzte jeweils erforderlich ist.

Handhabung des Anhangs I
§ 9. (1) In Anhang I werden MAK-Werte und TRK-Werte von Gasen, Dämpfen und flüchtigen Schwebstoffen angegeben:

1. als Volumen pro Volumeneinheit in der im Allgemeinen von Temperatur und Luftdruck unabhängigen Einheit „ml/m^3" (Milliliter pro Kubikmeter) oder „ppm" (parts per million) und

2. als in der Einheit des Luftvolumens befindliche Masse eines Stoffes in der von Temperatur und Luftdruck abhängigen Einheit „mg/m^3" (Milligramm pro Kubikmeter) für eine Temperatur von 20 °C und einen Luftdruck von 1013 hPa (1013 mbar).

(2) Ergeben sich zwischen den in Abs. 1 genannten Werten Umrechnungsdifferenzen, so ist vom Wert nach Abs. 1 Z 1 auszugehen.

(3) In Anhang I werden MAK-Werte und TRK-Werte von nichtflüchtigen Schwebstoffen in „mg/m^3" (Milligramm pro Kubikmeter) angegeben.

(4) In Anhang I (Spalte 12) sind

1. sensibilisierende Arbeitsstoffe, die auch bei Einhaltung des MAK-Wertes oder des TRK-Wertes allergische Reaktionen in weit überdurchschnittlichem Maß auslösen, mit „S" gekennzeichnet und

2. Arbeitsstoffe, die die äußere Haut leicht zu durchdringen vermögen und bei deren Verwendung die Gefahr der Aufnahme durch die Haut daher wesentlich größer sein kann als durch Einatmung, mit „H" gekennzeichnet. Diese Kennzeichnung weist jedoch nicht auf eine eventuelle Hautreizungsgefahr hin, da die Hautresorption auch ohne jede Hautreizung erfolgen kann.

(5) In Anhang I sind MAK-Werte und TRK-Werte für Schwebstoffe

1. mit „E" gekennzeichnet, wenn sie sich auf die einatembare Fraktion beziehen und

2. mit „A" gekennzeichnet, wenn sie sich auf die alveolengängige Fraktion beziehen.

(6) In Anhang I (Spalte 4) sind fortpflanzungsgefährdende (reproduktionstoxische) Arbeitsstoffe (Anhang VI)

1. mit „F" gekennzeichnet, wenn sie die Fruchtbarkeit beeinträchtigen können,

2. mit „f" gekennzeichnet, wenn sie vermutlich die Fruchtbarkeit beeinträchtigen können,

3. mit „D" gekennzeichnet, wenn sie das Kind im Mutterleib schädigen können,

4. mit „d" gekennzeichnet, wenn sie vermutlich das Kind im Mutterleib schädigen können,

5. mit „L" gekennzeichnet, wenn sie Säuglinge über die Muttermilch schädigen können.

(7) In Anhang I (Spalte 5) findet sich bei krebserzeugenden Arbeitsstoffen ein Verweis auf Anhang III (Liste krebserzeugender Arbeitsstoffe).

(8) In Anhang I werden TRK-Werte von Fasern als Konzentration in Fasern pro Kubikmetern (F/m^3) angegeben. Eine Faser im Sinne des Anhangs I hat bei einem Verhältnis von Länge zu Durchmesser von größer als 3 : 1 eine Länge von mehr als fünf Mikrometer und einen Durchmesser von weniger als drei Mikrometer.

(9) Wenn in Anhang I allgemein oder im Besonderen auf die Salze eines organischen Arbeitsstoffes Bezug genommen wird, ist, sofern nicht anderes angegeben, zur Beurteilung der Konzentration die Stammverbindung, von welcher das Salz abgeleitet ist, heranzuziehen.

(10) Bei Arbeitsstoffen, die in der Luft sowohl als Schwebstoff als auch teilweise als Dampf vorliegen, bezieht sich der Grenzwert auf die Gesamtkonzentration des Stoffes als Schwebstoff und als Dampf. Die Grenzwerte für Kühlschmierstoffe bleiben unberührt.

2. Abschnitt
Krebserzeugende und fortpflanzungsgefährdende (reproduktionstoxische) Arbeitsstoffe
Einstufung und Unterteilung von krebserzeugenden Arbeitsstoffen

§ 10. (1) Als krebserzeugend im Sinne des 4. Abschnittes des ASchG gelten jedenfalls Arbeitsstoffe, die

1. in Anhang III (Liste krebserzeugender Arbeitsstoffe) oder Anhang V (Liste von Hölzern, deren Stäube als eindeutig krebserzeugend gelten) genannt sind oder
2. nach den Bestimmungen des Chemikaliengesetzes 1996 oder des Pflanzenschutzmittelsetzes 2011 als krebserzeugend einzustufen oder zu kennzeichnen sind oder die in Anhang I der Verordnung (EG) Nr. 1272/2008 über die Einstufung, Kennzeichnung und Verpackung von Stoffen und Gemischen, ABl. Nr. L 353 S. 1, in der jeweils geltenden Fassung, genannten Kriterien für die Einstufung als karzinogener Stoff der Kategorie 1A oder 1B erfüllen.

(2) Krebserzeugende Arbeitsstoffe werden unterteilt in

1. eindeutig krebserzeugende Arbeitsstoffe, das sind Arbeitsstoffe, die beim Menschen erfahrungsgemäß bösartige Geschwülste zu verursachen vermögen oder sich im Tierversuch als krebserzeugend erwiesen haben, und
2. Arbeitsstoffe mit begründetem Verdacht auf krebserzeugendes Potenzial.

Einstufung und Unterteilung von fortpflanzungsgefährdenden (reproduktionstoxischen) Arbeitsstoffen

§ 10a. (1) Als fortpflanzungsgefährdende (reproduktionstoxische) Arbeitsstoffe im Sinne des 4. Abschnittes des ASchG gelten jedenfalls Arbeitsstoffe, die

1. in Anhang VI (fortpflanzungsgefährdende (reproduktionstoxische) Arbeitsstoffe) genannt sind oder
2. nach den Bestimmungen des Chemikaliengesetzes 1996 oder des Pflanzenschutzmittelsetzes 2011 als fortpflanzungsgefährdende Stoffe einzustufen und zu kennzeichnen sind oder die in Anhang I der Verordnung (EG) Nr. 1272/2008 über die Einstufung, Kennzeichnung und Verpackung von Stoffen und Gemischen, ABl. Nr. L 353 S. 1, in der jeweils geltenden Fassung, genannten Kriterien für die Einstufung als reproduktionstoxischer Stoff der Kategorie 1A oder 1B erfüllen.

(2) Fortpflanzungsgefährdende Stoffe werden unterteilt in:

1. kann die Fruchtbarkeit beeinträchtigen,
2. kann vermutlich die Fruchtbarkeit beeinträchtigen,
3. kann das Kind im Mutterleib schädigen,
4. kann vermutlich das Kind im Mutterleib schädigen,
5. kann Säuglinge über die Muttermilch schädigen.

Ausnahmen für Arbeitsstoffe mit begründetem Verdacht auf krebserzeugendes Potenzial

§ 11. Gemäß § 95 Abs. 2 ASchG wird angeordnet, dass auf Arbeitsstoffe mit begründetem Verdacht auf krebserzeugendes Potenzial

1. § 42 Abs. 3 ASchG an Stelle von § 42 Abs. 1 und 2 ASchG anzuwenden ist und
2. § 42 Abs. 5 und 7, § 43 Abs. 1 und § 44 Abs. 4 ASchG nicht anzuwenden sind.

Verringerung der Einwirkung durch reproduktionstoxische Arbeitsstoffe

§ 11a. Steht ein reproduktionstoxischer Arbeitsstoff gemäß § 45 Abs. 7 ASchG in Verwendung, haben Arbeitgeberinnen bzw. Arbeitgeber durch geeignete Maßnahmen dafür zu sorgen, dass die Exposition auf ein Mindestmaß verringert wird.

Verbot von eindeutig krebserzeugenden Arbeitsstoffen

§ 12. (1) Die Verwendung folgender eindeutig krebserzeugender Arbeitsstoffe ist verboten:

1. 2-Naphthylamin und seine Salze
2. 4-Aminobiphenyl und seine Salze
3. Benzidin und seine Salze
4. 4-Nitrobiphenyl.

GKV

(2) Abs. 1 gilt nicht, wenn die Konzentration des Stoffes in einer Zubereitung unter 0,1 Gewichtsprozent beträgt.

Meldung eindeutig krebserzeugender und reproduktionstoxischer (Kategorie 1A und 1B) Arbeitsstoffe

§ 13. Die Meldung der beabsichtigten erstmaligen Verwendung gemäß § 42 Abs. 5 ASchG hat mindestens folgende Angaben zu enthalten:

1. Name des Arbeitgebers/der Arbeitgeberin und Anschrift der Arbeitsstätte,
2. voraussichtlich jährlich verwendete Mengen der betreffenden Stoffe und der Zubereitungen, in denen die betreffenden Stoffe enthalten sind,
3. Art der Arbeitsvorgänge,
4. Zahl der exponierten ArbeitnehmerInnen,
5. Angaben zur Exposition,
6. beabsichtigte Maßnahmen zur Gefahrenverhütung gemäß §§ 43 und 45 Abs. 5 ASchG.

Schutz- oder Arbeitskleidung

§ 14. (1) ArbeitgeberInnen müssen den ArbeitnehmerInnen, für die die Gefahr einer Einwirkung von eindeutig krebserzeugenden oder reproduktionstoxischen (Kategorie 1A und 1B) Arbeitsstoffen besteht, zur Verfügung stellen:

1. geeignete Schutzkleidung im Sinne der §§ 69 und 70 ASchG oder
2. geeignete Arbeitskleidung im Sinne des § 71 Abs. 2 ASchG, sofern für die spezifischen chemischen Einwirkungen der verwendeten Arbeitsstoffe eine geeignete Schutzkleidung nicht erhältlich ist, und
3. getrennte Aufbewahrungsmöglichkeiten für die Straßenkleidung einerseits und Arbeitskleidung oder persönliche Schutzausrüstung andererseits.

(2) ArbeitgeberInnen müssen dafür sorgen, dass persönliche Schutzausrüstung nach jedem Gebrauch, erforderlichenfalls auch vor jedem Gebrauch, überprüft und gereinigt wird.

Unterweisung

§ 14a. (1) Arbeitnehmerinnen und Arbeitnehmer sind über die Eigenschaften von krebserzeugenden und reproduktionstoxischen Arbeitsstoffen und deren Auswirkungen auf die Gesundheit einschließlich der zusätzlichen Risiken durch Tabakkonsum zu informieren.

(2) Die Unterweisung gemäß § 14 ASchG muss insbesondere neue oder veränderte Gefährdungen berücksichtigen, wenn Arbeitnehmerinnen und Arbeitnehmer neuen krebserzeugenden oder reproduktionstoxischen Arbeitsstoffen oder mehreren verschiedenen krebserzeugenden oder reproduktionstoxischen Arbeitsstoffen, auch solchen, die in gefährlichen Arzneimitteln enthalten sind, ausgesetzt sein können oder wenn sich die Umstände im Zusammenhang mit der Arbeit ändern.

(3) Arbeitnehmerinnen und Arbeitnehmer im Gesundheitswesen (wie Kranken- und Kuranstalten, Ambulatorien, Arzt- und Zahnarztpraxen, Pflegeeinrichtungen, Einrichtungen zur psychosozialen Betreuung oder Suchtbekämpfung, Arbeitsplätze der mobilen Krankenbetreuung oder mobilen Pflege) sowie im Veterinärwesen, Apotheken und Labors, bei denen eine Exposition gegenüber krebserzeugenden oder reproduktionstoxischen Arbeitsstoffen besteht, sind regelmäßig zu unterweisen, jedenfalls wenn am jeweiligen Arbeitsplatz neuartige gefährliche Arzneimittel, die diese Arbeitsstoffe enthalten, verwendet werden.

Luftrückführung

§ 15. (1) Bei Verwendung von eindeutig krebserzeugenden Arbeitsstoffen (Gasen, Dämpfen, Schwebstoffen) ist die Rückführung der Abluft von Klimaanlagen, Lüftungsanlagen oder Absaugeinrichtungen (Absauganlagen oder Absauggeräten), auch wenn diese gereinigt ist, in Räume verboten (Umluftverbot).

(2) Für Klima- und Lüftungsanlagen ist die Luftrückführung bei Verwendung von eindeutig krebserzeugenden Schwebstoffen jedoch im Falle der Wärmerückgewinnung während der Heizperiode erlaubt, sofern die belastete Luft nicht in vorher unbelastete Arbeitsbereiche geführt wird und folgende Voraussetzungen vorliegen:

1. Entweder es wird durch eine staubtechnische Prüfung nachgewiesen, dass die Konzentration des krebserzeugenden Schwebstoffes in der rückgeführten Luft ein Zwanzigstel des TRK-Wertes unterschreitet, oder
2. die Klima- oder Lüftungsanlage erfüllt nachweislich folgende Anforderungen:
a) der Anteil der rückgeführten Luft an der Zuluft darf maximal 50 % betragen, wobei bei der Berechnung des erforderlichen Luftwechsels für natürliche Belüftung ein Zuluftstrom von einmal dem Raumvolumen (m^3) pro Stunde anzunehmen ist,
b) die Konzentration des krebserzeugenden Schwebstoffes in der rückgeführten Luft darf ein Zehntel des TRK-Wertes nicht überschreiten und
c) die gesamte Staubbeladung in der rückgeführten Luft darf insgesamt 1 mg/m^3 nicht überschreiten.

(3) Für Absauganlagen und Absauggeräte ist die Luftrückführung bei Verwendung von eindeutig krebserzeugenden Schwebstoffen erlaubt, wenn die Voraussetzungen nach Abs. 2 Z 1 oder 2 erfüllt sind. Abweichend von Abs. 2 Z 1 und 2 können Industriestaubsauger zum Zwecke der Abreinigung oder zur Absaugung von Holzbearbeitungsmaschinen gemäß § 16a Abs. 5 eingesetzt werden, wenn die Konzentration des Schwebstoffes in der rückgeführten Luft ein Zehntel des TRK-Wertes nicht überschreitet.

(4) Bei Verwendung von Formaldehyd und Quarzfeinstaub gilt Abs. 1 nicht, wenn sichergestellt ist, dass die in Anhang 1 festgelegten Grenzwerte dauerhaft nicht überschritten werden. Dies ist insbesondere dann der Fall, wenn gemäß § 28 Abs. 5 keine Grenzwert-Vergleichsmessungen erforderlich sind, oder wenn gemäß § 29 Abs. 2 letzter Satz Kontrollmessungen entfallen können, oder wenn die Einhaltung des Grenzwertes durch eine kontinuierlich messende Einrichtung überwacht wird.

3. Abschnitt
Sonderbestimmungen für Holzstaub
Holzstaub: Luftrückführung und TRK-Wert
§ **16.** (1) § 15 gilt für alle Holzstäube.

(2) Wenn die Ermittlung und Beurteilung der Gefahren ergibt, dass an einem Arbeitsplatz wegen Verwendung einer der in Abs. 3 angeführten Holzbearbeitungsmaschinen der Grenzwert von 2 mg/m³ nicht eingehalten werden kann, gilt Folgendes:
1. Es sind alle technisch und organisatorisch möglichen Maßnahmen so auszuschöpfen, dass dieser Grenzwert im Einzelfall so wenig wie möglich überschritten wird,
2. Arbeitgeber/innen müssen dafür sorgen, dass Arbeitnehmer/innen Atemschutz tragen und
3. abweichend von § 3 Abs. 1 gilt an diesem Arbeitsplatz ein TRK-Wert von 5 mg/m³, wenn es sich ausschließlich um Weichholzstaub (Stäube von Nadelhölzern) handelt.

(3) Abs. 2 gilt bei Verwendung folgender Holzbearbeitungsmaschinen:
1. Doppelabkürzkreissägemaschinen, sofern sie keine Ausrückeinrichtung haben,
2. Tischbandsägemaschinen,
3. Tischoberfräsmaschinen in Industriebetrieben (soweit keine spiralförmigen Nutfräser eingesetzt werden können),
4. Kopierfräsmaschinen, soweit sie nicht gekapselt werden können,
5. Drechselbänke (in Drechslereien betrieben),
6. Schleif- und Schwabbelböcke,
7. Rundstabschleifmaschinen,
8. Parkettschleifmaschinen und
(Anm.: Z 9 tritt mit 1.1.2015 außer Kraft.)

(4) Auf Wunsch der Arbeitnehmer/innen ist ihnen auch bei Einhaltung des TRK-Wertes von 2 mg/m³ persönliche Schutzausrüstung (Atemschutz, Schutzbrille) zur Verfügung zu stellen.

Holzstaub: Pflicht zur Absaugung
§ **16a.** (1) Spanabhebende Holzbearbeitungsmaschinen müssen, sofern auf Grund des Arbeitsverfahrens eine Erfassung möglich ist und nach dem Stand der Technik eine Einrichtung zur Erfassung verfügbar ist, abgesaugt werden.

(2) Folgende handgeführte Holzbearbeitungsmaschinen müssen mit einer Absauganlage oder einem Absauggerät mit Staubsammeleinrichtung im Gehäuse abgesaugt werden:
1. Handkreissägen,
2. Handhobelmaschinen,
3. Handoberfräsmaschinen, sofern eine Einrichtung zur Erfassung nach dem Stand der Technik verfügbar ist,
4. Flachdübelfräsmaschinen/Lamellendübelfräsmaschinen,
5. Schleifmaschinen.

(3) Bei Arbeiten mit handgeführten Schleifmaschinen muss ab 1. Januar 2015, über die Geräteabsaugung nach Abs. 2 hinausgehend, eine zusätzliche Absaugung erfolgen durch Verwendung:
1. eines geeigneten Arbeitstisches für Schleifarbeiten mit integrierter Absaugung (Schleiftisch) oder
2. einer anderen geeigneten Stauberfassung (zB Wand- oder Kabinenabsaugung).

(4) Abweichend von Abs. 2 Z 5 und Abs. 3 dürfen handgeführte Schleifmaschinen mit integrierter Absaugung mit gehäuselosem Staubbeutel maximal eine Stunde pro Arbeitsschicht verwendet werden.

(5) Von Abs. 1, 2 und 3 kann abgewichen werden, wenn sich aus der Ermittlung und Beurteilung der Gefahren eine Unterschreitung des Grenzwertes ergibt, weil Holzbearbeitungsmaschinen verwendet werden
1. mit geringer Emission von einatembarem Holzstaub wie:
   a) Ständerbohrmaschinen bei Verwendung von Spiralbohrern,
   b) Astlochfräsmaschinen,
   c) Kettenstemmmaschinen,
   d) Maschinen mit geringer Zerspanung bei Montagearbeiten,
   e) Säge- und Spaneranlagen im Frischholzbereich in Sägewerken, wenn die Späne über Vibrorinnen (Rüttler) oder über Absaugung geführt werden,
   f) Streumaschinen (gekapselt) für die Spanplattenherstellung und
   g) Abbundanlagen (gekapselt).
2. im Freien, in Hallen mit ausreichendem Luftdurchzug, unter Wetterschutzdächern oder auf Montagebaustellen mit beispielsweise folgenden Maschinen:
   a) transportable Kreissägemaschinen,
   b) Montagekreissägemaschinen,
   c) Zimmereihandmaschinen für Abbund,
   d) Motorkettensägen und
   e) Abbundanlagen.
3. mit einer geringen Zerspanungsleistung wie:
   a) Furnierkreissägen,
   b) Langloch-, Dübel- und Reihenbohrmaschinen.
4. mit geringen Maschinenlaufzeiten (bis zu einer Stunde pro Schicht) wie:

a) Ausleger- und Gehrungskappkreissägemaschinen,
b) Tischbandsägemaschinen.

Holzstaub: Maßnahmen bei der Absaugung

§ 17. (1) Bei der Verwendung von Holzstaub gilt für Absauganlagen Folgendes:

1. Die Ablagerungen müssen in einem Silo oder Bunker oder in Staubsammeleinrichtungen erfolgen.
2. Staubsammeleinrichtungen müssen im Freien oder in einem vom Arbeitsraum zumindest brandhemmend getrennten Raum untergebracht sein.
3. Die Filteranlagen müssen im Freien oder in einem vom Arbeitsraum zumindest brandhemmend getrennten Raum untergebracht sein, wobei dies auch der Raum nach Z 2 sein kann.
4. Alle Teile, von den Erfassungsstellen bis zur Ablagerung des Staubes, müssen so gestaltet sein, dass Staubmengen, die beim Betrieb, bei vorhersehbaren Störungen oder beim Abreinigen in Arbeitsräume austreten, dem Stand der Technik entsprechend so gering wie möglich gehalten werden.
5. Die Möglichkeit zur Umschaltung auf Abluftbetrieb muss bei Filteranlagen gemäß Z 3 gegeben sein.

(2) Ist bei Absauganlagen die Unterbringung von Filteranlage oder Staubsammeleinrichtung nach Abs. 1 auf Grund der Konstruktion der Absauganlage in Verbindung mit der räumlichen Beengtheit innerhalb geschlossener Bebauung nicht möglich, so kann eine Aufstellung im Arbeitsraum unter folgenden Voraussetzungen erfolgen:

1. Alle Teile der Absauganlage, von den Erfassungsstellen bis zur Ablagerung des Staubes, müssen so gestaltet sein, dass Staubmengen, die beim Betrieb, bei Störungen oder beim Abreinigen in Arbeitsräume austreten, dem Stand der Technik entsprechend so gering wie möglich gehalten werden.
2. Filteranlagen und Staubsammeleinrichtungen müssen ein geeignetes Gehäuse aufweisen.
3. Pro Brandabschnitt und Arbeitsraum darf nur eine Filteranlage und Staubsammeleinrichtung aufgestellt werden.

(3) Der ordnungsgemäße Zustand von Absauganlagen oder Absauggeräten (Absaugeinrichtungen), die Holzstaub absaugen, ist gewährleistet, wenn

1. die Erfassungselemente gereinigt und sachgemäß eingestellt sind und
2. die mittlere Luftgeschwindigkeit am absaugenden Anschlussstutzen der Erfassungselemente und in den Abluftleitungen mindestens 20 m/s, bei feuchten Spänen mindestens 28 m/s, beträgt. Bei Kantenanleimmaschinen beträgt dieser Wert mindestens 12 m/s.

(4) Wenn bei automatischer Messung die mittlere Luftgeschwindigkeit am absaugenden Anschlussstutzen der Erfassungselemente die Werte nach Abs. 3 Z 2 unterschreitet, ist die Absaugeinrichtung außer Betrieb zu nehmen und vor Inbetriebnahme der ordnungsgemäße Zustand durch eine fachkundige Person oder erforderlichenfalls von einem hiezu befugten Fachunternehmen wieder herzustellen.

(5) Erfolgt keine automatische Messung der mittleren Luftgeschwindigkeit an einer für das Abluftleitungssystem der Absaugeinrichtung repräsentativen Stelle, so ist mindestens einmal wöchentlich der ordnungsgemäße Zustand durch Sichtprüfung von einer fachkundigen Person zu kontrollieren, insbesondere hinsichtlich der

1. Erfassungselemente und deren Einstellung,
2. Filterelemente,
3. Funktion von Einrichtungen für das Abreinigen und das Austragen,
4. Funktionsfähigkeit der Absaugeinrichtung an den Absauganschlussstutzen der Erfassungselemente.

(6) Ergibt die Sichtprüfung Abweichungen, die darauf schließen lassen, dass der ordnungsgemäße Zustand nicht gewährleistet ist, ist die Absaugeinrichtung außer Betrieb zu nehmen. Vor Inbetriebnahme ist der ordnungsgemäße Zustand von einer fachkundigen Person oder erforderlichenfalls von einem hiezu befugten Fachunternehmen wieder herzustellen und die für den ordnungsgemäßen Zustand erforderliche Luftgeschwindigkeit am absaugenden Anschlussstutzen der Absaugeinrichtung durch eine Messung zu bestätigen.

(7) Alle ArbeitnehmerInnen, die Holzbe- oder -verarbeitung durchführen, sind über die korrekte Einstellung der Erfassungselemente zu informieren.

Holzstaub: Reinigung

§ 18. (1) Betriebsräume und Arbeitsmittel müssen regelmäßig von Holzstaubablagerungen gereinigt werden. Dabei ist zu vermeiden, dass Staub aufgewirbelt wird und in die Atemluft von ArbeitnehmerInnen gelangt.

(2) Abblasen von Holzstaub (zB von Werkstücken, Kleidung) mit Druckluft oder trockenes Kehren ist unzulässig. Beim Abreinigen sind saugende Verfahren (zB Saugpistolen, Industriestaubsauger) zu verwenden. Ist dies aus technischen Gründen nicht möglich, hat der/die ArbeitgeberIn dafür zu sorgen, dass von den ArbeitnehmerInnen, die die Reinigung durchführen, geeigneter Atemschutz getragen wird und dass andere ArbeitnehmerInnen nicht beeinträchtigt werden.

(3) Alle ArbeitnehmerInnen, die Reinigungsarbeiten von Holzstaub durchführen, sind in der korrekten Beseitigung der Staubablagerungen zu unterweisen.

4. Abschnitt
Sonderbestimmungen für Asbest
Geltungsbereich des 4. Abschnitts

§ 21. Dieser Abschnitt gilt für Arbeiten, bei denen Arbeitnehmer/innen Asbeststaub oder Staub von asbesthaltigen Materialien ausgesetzt sind oder sein können.

Meldung von Asbestarbeiten

§ 22. (1) Arbeitgeber/innen haben vor Beginn von Arbeiten nach § 21 dem zuständigen Arbeitsinspektorat den Ort (Anschrift), Beginn und Dauer der Arbeiten und alle Angaben nach § 13 schriftlich zu melden. Sofern es sich um Bauarbeiten im Sinne der BauV handelt, ist auch der Name der vorgesehenen Aufsichtsperson zu melden. Bei einer Änderung der Arbeitsbedingungen, durch die die Exposition gegenüber Asbeststaub oder Staub von asbesthaltigen Materialien erheblich zunehmen kann, muss eine neue Meldung erfolgen. Den Sicherheitsvertrauenspersonen und den Belegschaftsorganen ist Einsicht in die Meldung zu gewähren. Sind weder Sicherheitsvertrauenspersonen bestellt noch Belegschaftsorgane errichtet, ist den betroffenen Arbeitnehmern/innen Einsicht in die Meldung zu gewähren.

(2) Abs. 1 gilt nicht für die folgenden in Z 1 bis 4 genannten Arbeiten, sofern Arbeitnehmer/innen dabei nur gelegentlichen Expositionen geringer Höhe (15.000 F/m³) ausgesetzt sind und sofern die Ermittlung und Beurteilung der Gefahren gemäß §§ 4 und 41 ASchG ergeben hat, dass der TRK-Wert für Asbest nicht überschritten wird:

1. kurze, nicht aufeinander folgende Wartungsarbeiten, bei denen nur an nicht brüchigen Materialien gearbeitet wird,
2. Entfernung von intakten Materialien, in denen die Asbestfasern fest in einer Matrix gebunden sind, wobei diese Materialien nicht beschädigt werden,
3. Einkapselung und Einhüllung von asbesthaltigen Materialien in gutem Zustand oder
4. Überwachung und Kontrolle der Luft und Probenahmen zur Feststellung des Vorhandenseins von Asbest in einem bestimmten Material.

(3) Insbesondere bei den folgenden Arbeiten kann, wenn sie unter Einhaltung der Maßnahmen nach § 26 durchgeführt werden, davon ausgegangen werden, dass sie unter Abs. 2 fallen:

1. Wartung und Reinigung von Standardheizkesseln,
2. Rauchfangkehrerarbeiten bei asbesthältigen Schornsteinen,
3. Bohren von Gerüstverankerungslöchern an Außenfassaden sowie Anbohren von Asbestzement-Fassadenplatten, Vorbereitungsarbeiten für Montagen bei Asbestzement-Platten,

4. Ausbau, insbesondere von Dichtschnüren von Standardheizkesseln, von asbesthältigem Material aus Elektrospeicherheizgeräten, von asbesthaltigen Flachdichtungen, von asbesthaltigem Material bei Pumpen, Schiebern und sonstigen Armaturen, von asbesthaltigen Kupplungsscheiben, Scheibenbremsbelägen, Trommelbremsbelägen bei Kraftfahrzeugen sowie von Fensterrahmen und Türen mit asbesthaltigem Fugenkitt,
5. zerstörungsfreier Ausbau von Asbestzement-Rohrleitungen, sowie
6. Entfernen von einzelnen Asbestzement-Platten sowie von Vinyl-Asbestplatten (Flexplatten).

(4) Arbeiten nach Abs. 2 sind gemäß § 95 Abs. 2 ASchG von der Anwendung des § 47 (Verzeichnis der Arbeitnehmer) und § 49 ASchG (Eignungs- und Folgeuntersuchungen) ausgenommen.

Arbeitsplan

§ 23. (1) Vor Beginn von Abbrucharbeiten oder der Entfernung von Asbest oder asbesthaltigen Materialien (insbesondere aus Gebäuden, Bauten, Geräten und Anlagen, Tunnelbauten, Bergbauanlagen sowie aus Schiffen) ist ein schriftlicher Arbeitsplan zu erstellen und dem Sicherheits- und Gesundheitsschutzdokument anzuschließen. Auf Verlangen ist der Arbeitsplan dem zuständigen Arbeitsinspektorat vor Beginn der vorgesehenen Arbeiten zu übermitteln. Der Arbeitsplan hat insbesondere vorzusehen, dass

1. Asbest oder asbesthaltige Materialien vor Anwendung der Abbruchtechniken entfernt werden, außer in den Fällen, in denen diese Entfernung für Arbeitnehmer/innen eine größere Gefahr verursachen würde, als wenn der Asbest oder die asbesthaltigen Materialien an Ort und Stelle verbleiben würden,
2. erforderlichenfalls geeignete Atemschutzgeräte und andere persönliche Schutzausrüstung gemäß § 69 ASchG zur Verfügung gestellt werden,
3. nach Abschluss der Abbruch- oder Sanierungsarbeiten geprüft wird, dass keine Gefährdung durch Asbest am Arbeitsplatz mehr besteht.

(2) Auf Verlangen des zuständigen Arbeitsinspektorates hat der Arbeitsplan zusätzliche Angaben über die Eigenschaften der Ausrüstungen für den Schutz und die Dekontaminierung jener Arbeitnehmer/innen, die Arbeiten gemäß Abs. 1 durchführen, sowie für den Schutz sonstiger Arbeitnehmer/innen, die sich am Ort der Arbeiten oder in dessen Nähe aufhalten, zu enthalten.

(3) Wenn Arbeiten gemäß Abs. 1 voraussichtlich länger als fünf Arbeitstage dauern, ist der Arbeitsplan am Arbeitsort zur Einsichtnahme aufzulegen.

Messungen der Asbestkonzentration

§ 24. (1) Für Messungen der Asbestfaserkonzentration gilt der 5. Abschnitt.

(2) Die Fasern sind insbesondere zu zählen

1. mit dem PCM (Phasenkontrastmikroskop), und zwar unter Anwendung des von der WHO (Weltgesundheitsorganisation) 1997 empfohlenen Verfahrens oder
2. mit dem Rasterelektronenmikroskop (REM) oder
3. mit einem anderen Verfahren, das zumindest zu gleichwertigen oder repräsentativeren Ergebnissen führt.

(3) Vor Probenahmen sind die Sicherheitsvertrauenspersonen oder die Belegschaftsorgane anzuhören. Sind weder Sicherheitsvertrauenspersonen noch Belegschaftsorgane bestellt, sind die betroffenen Arbeitnehmer/innen anzuhören.

Information und Unterweisung

§ 25. (1) Die Information der Arbeitnehmer/innen nach § 12 ASchG hat jedenfalls zu enthalten:

1. die Gefahren für die Gesundheit infolge einer Exposition gegenüber Asbeststaub oder Staub von asbesthaltigen Materialien,
2. die vorgeschriebenen Grenzwerte und die Notwendigkeit der Überwachung der Luft,
3. die Vorschriften über die Hygienemaßnahmen, einschließlich der Notwendigkeit, nicht zu rauchen,
4. die erforderlichen Vorsichtsmaßnahmen in Bezug auf das Tragen und die Verwendung von Schutzausrüstung und Schutzkleidung,
5. die besonderen Vorsichtsmaßnahmen, um die Asbestexposition so weit wie möglich zu verringern,
6. den Hinweis, dass sich die Arbeitnehmer/innen nach Beendigung der Exposition lungenfachärztlichen Gesundheitsuntersuchungen so lange unterziehen sollen, wie dies zur Sicherung ihrer Gesundheit nach Ansicht der untersuchenden Fachärztinnen oder Fachärzte jeweils erforderlich ist.

(2) Die Unterweisung der Arbeitnehmer/innen nach § 14 ASchG hat insbesondere Folgendes zu enthalten:

1. Eigenschaften von Asbest und seine Auswirkungen auf die Gesundheit einschließlich der synergistischen Wirkung des Rauchens,
2. Arten von Erzeugnissen oder Materialien, die Asbest enthalten können,
3. Arbeiten, bei denen eine Asbestexposition auftreten kann und die Bedeutung von Vorkehrungen zur Expositionsminderung,
4. sichere Arbeitsverfahren, Kontrollen und persönliche Schutzausrüstungen,
5. Zweck, Angebot und Auswahl, Wirkungsgrenzen und richtiger Einsatz von Atemschutzausrüstungen,
6. Dekontaminationsverfahren, Notfallverfahren und Abfallbeseitigung,
7. erforderliche Eignungs- und Folgeuntersuchungen.

Minimierung der Exposition

§ 26. (1) Bei Arbeiten nach § 21 müssen Arbeitgeber/innen dafür sorgen, dass zusätzlich zu den Maßnahmen nach § 43 ASchG folgende Maßnahmen getroffen werden:

1. Alle Arbeitsbereiche und Arbeitsmittel sind regelmäßig, möglichst mit saugenden Verfahren, zu reinigen und zu warten;
2. Arbeitskleidung und persönliche Schutzausrüstung, die mit Asbest in Berührung gekommen sind, sowie Asbest, Asbeststaub freisetzendes oder asbesthaltiges Material und asbesthaltige Abfälle sind, erforderlichenfalls nach geeigneter Behandlung und Verpackung, in geeigneten geschlossenen Behältnissen aufzubewahren und ohne Staubentwicklung abzutransportieren. Behältnisse, in denen asbesthaltige Abfälle gesammelt werden, sind mit einem Hinweis auf ihren Inhalt zu kennzeichnen.

(2) Bei Arbeiten nach § 21 sind Arbeitsverfahren so zu gestalten, dass kein Asbeststaub entsteht. Ist dies nicht möglich, muss die Freisetzung von Asbeststaub in die Luft, soweit dies nach dem Stand der Technik möglich ist, vermieden werden. Bauteile aus Asbestzement müssen möglichst zerstörungsfrei im Ganzen demontiert werden. Materialien, in denen Asbestfasern fest in einer Matrix gebunden sind, dürfen nur mit Handgeräten oder mit geeigneten, langsam laufenden, die Entstehung von Asbeststaub möglichst vermeidenden Arbeitsmitteln, die mit geeigneten filternden Absaugungen versehen sind, oder mit Arbeitsmitteln, die im Nassverfahren arbeiten, bearbeitet werden. Das Schneiden mittels Trennscheibe ist verboten.

(3) Kann eine Grenzwertüberschreitung nicht durch andere Maßnahmen nach § 43 ASchG vermieden werden und ist das Tragen individueller Atemschutzgeräte erforderlich, ist deren Verwendung auf ein absolutes zeitliches Minimum zu reduzieren. Während der Dauer der Arbeiten sind entsprechende Erholungszeiten je nach physischer und klimatischer Belastung festzulegen.

Besondere Arbeiten

§ 27. (1) Vor Beginn von Abbruch- oder Instandhaltungsarbeiten müssen Arbeitgeber/innen feststellen, ob und in welchem Umfang asbesthaltige Materialien enthalten sind. Dazu haben sie geeignete Vorkehrungen zu treffen und erforderlichenfalls die entsprechenden Informationen bei den Eigentümer/innen einzuholen.

(2) Bei bestimmten Arbeiten (wie Abbruch-, Sanierungs-, Reparatur- oder Instandhaltungsarbeiten), bei denen trotz Vornahme aller in Frage kommenden Maßnahmen nach § 43 ASchG eine Grenzwertüberschreitung vorherzusehen ist, sind folgende zusätzliche Maßnahmen zu setzen:

1. Der Arbeitsbereich ist durch entsprechende Warnschilder zu kennzeichnen, die darauf hinweisen, dass der Grenzwert voraussichtlich überschritten wird.
2. Der Arbeitsbereich ist abzugrenzen, dicht abzuschotten und darf nur über eine Schleusenanlage betreten werden. Weiters ist ein Unterdruck aufrecht zu erhalten und die Raumluft aus dem Arbeitsbereich abzusaugen und über geeignete Filter ins Freie abzuführen.
3. Für Arbeitnehmer/innen ist entsprechende Schutzkleidung zur Verfügung zu stellen, um den Kontakt der Arbeitnehmer/innen mit Asbest zu vermeiden.
4. Die mit diesen Arbeiten beschäftigten Arbeitnehmer/innen sind mit Frischluftgeräten oder mit motorunterstützten Filtergeräten mit geeigneten Partikelfiltern unter Verwendung von Vollmasken oder mit gleichwertigen Kopfteilen auszurüsten.
5. Nach Beendigung der Arbeiten ist noch im Arbeits- oder Schleusenbereich der den Schutzanzügen anhaftende Staub abzuwaschen oder abzusaugen. In der Schleuse ist für je höchstens fünf Arbeitnehmer/innen, die gleichzeitig ihre Arbeit beenden, eine Dusche vorzusehen.

4a. Abschnitt
Allgemeine Bestimmungen zu gefährlichen Arbeitsstoffen

Geltungsbereich des 4a. Abschnitts
§ 27a. Der 4a. Abschnitt gilt nicht für Baustellen im Sinn des ASchG.

Schutzmaßnahmen gegen Gase, Dämpfe und Schwebstoffe

§ 27b. (1) Arbeitsvorgänge und Arbeitsverfahren, mit denen eine erhebliche Beeinträchtigung der Arbeitnehmerinnen bzw. Arbeitnehmer durch Gase, Dämpfe, Schwebstoffe, Wärme, üblen Geruch oder ähnliche Einwirkungen verbunden ist, sind in geschlossenen Systemen oder nach Möglichkeit in eigenen Räumen durchzuführen. Sofern dies nicht möglich ist, sind Arbeitnehmerinnen bzw. Arbeitnehmer, die nicht unmittelbar mit solchen Arbeiten beschäftigt sind, durch geeignete Maßnahmen vor solchen Einwirkungen zu schützen.

(2) Abgesaugte Gase, Dämpfe oder Schwebstoffe sind so abzuleiten, abzuscheiden oder zu sammeln, dass Arbeitnehmerinnen bzw. Arbeitnehmer nicht gefährdet und die Luftverhältnisse im Betrieb nicht beeinträchtigt werden. Absaugung und Raumlüftung dürfen einander nicht ungünstig beeinflussen.

(3) Den Arbeitsräumen und sonstigen Betriebsräumen ist die der abgesaugten Luftmenge entsprechende Frischluftmenge, wenn notwendig vorgewärmt, unter Vermeidung schädlicher Zugluft zuzuführen. Sofern Absauganlagen oder Absauggeräte für den jeweiligen Arbeitsplatz vorhanden sind, müssen diese bei Verwendung von gefährlichen Arbeitsstoffen betrieben werden.

(4) Wenn Störungen oder Gebrechen an Absauganlagen auftreten können, die zu einer akuten Gefährdung der Arbeitnehmerinnen bzw. Arbeitnehmer führen können, ist eine selbsttätig wirkende Warn- und Alarmeinrichtung zu installieren. Diese hat rechtzeitig die betroffenen Arbeitnehmerinnen bzw. Arbeitnehmer optisch oder akustisch vor den Störungen und Gebrechen zu warnen. An Alleinarbeitsplätzen sind die Auslösewerte für Warn- und Alarmeinrichtungen entsprechend anzupassen.

(5) Absauganlagen einschließlich der Rohrleitungen sind nach Bedarf zu reinigen. Abscheideanlagen sind nach Bedarf zu entleeren und Filter rechtzeitig zu regenerieren oder auszutauschen. Wartungsanleitungen von Herstellerinnen und Herstellern sind zu beachten.

(6) Abgase von Arbeitsmitteln sind direkt ins Freie abzuleiten, sodass Arbeitnehmerinnen bzw. Arbeitnehmer nicht gefährdet werden. Sofern der Austritt von Abgasen aus Gasverbrauchseinrichtungen in den Raum nach dem Stand der Technik zulässig ist, müssen die Abgase nicht abgeleitet werden. Abgase offener Feuerstellen sind möglichst nahe der Entstehungsstelle zu erfassen und gefahrlos ins Freie abzuführen.

(7) Die Verwendung von mit Verbrennungsmotoren betriebenen selbstfahrenden Arbeitsmitteln und nicht ortsfesten Arbeitsmitteln ist in geschlossenen Räumen verboten. Davon kann abgewichen werden, wenn

1. die Abgase keine eindeutig krebserzeugenden oder reproduktionstoxischen (Kategorie 1A und 1B) Abgasbestandteile enthalten und der Nachweis über Grenzwerte gemäß § 45 ASchG geführt wird, oder
2. die Abgase von selbstfahrenden Arbeitsmitteln eindeutig krebserzeugende oder reproduktionstoxische (Kategorie 1A und 1B) Abgasbestandteile beinhalten, aber kein gleichwertiges Arbeitsergebnis mit selbstfahrenden Arbeitsmitteln ohne eindeutig krebserzeugende oder reproduktionstoxische Abgasbestandteile erreicht werden kann und die Konzentration so gering, wie es nach dem Stand der Technik möglich ist, gehalten wird. Dies gilt auch für dieselbetriebene Fahrzeuge.

Bei Prüf- und Wartungsarbeiten an Verbrennungsmotoren in geschlossenen Arbeits- und Betriebsräumen sind entstehende Abgase zu erfassen und gefahrlos ins Freie abzuleiten.

(8) In Arbeitsräumen sind geeignete Vorkehrungen zu treffen, durch die eine die Sicherheit der Arbeitnehmerinnen bzw. Arbeitnehmer gefährden-

de oder die Gesundheit nachteilig beeinflussende Dampfbildung verhindert wird.

Arbeiten mit gesundheitsgefährdenden und explosionsgefährlichen Arbeitsstoffen

§ 27c. (1) Gesundheitsgefährdende und explosionsgefährliche Arbeitsstoffe dürfen an Arbeitsplätzen nur in der für den Fortgang der Arbeiten erforderlichen Menge, höchstens jedoch jener eines Tagesbedarfes, vorhanden sein. Verschüttete Arbeitsstoffe sind unverzüglich unter Berücksichtigung der jeweiligen gefährlichen Eigenschaften zu beseitigen. Abfälle und Rückstände sind in geeigneten, erforderlichenfalls verschließbaren Behältern zu sammeln und gefahrlos zu entfernen.

(2) Werden gesundheitsgefährdende oder ekelerregende Arbeitsstoffe verwendet, haben Arbeitgeberinnen und Arbeitgeber für die Einhaltung folgender Hygienemaßnahmen sorgen:

1. Von den Arbeitnehmerinnen bzw. Arbeitnehmern mitgebrachte Lebensmittel, Getränke, Kosmetika, Medikamente und Tabakerzeugnisse

a) sind so aufzubewahren, dass eine Einwirkung durch diese Arbeitsstoffe vermieden wird, und

b) dürfen an Arbeitsplätzen und in Räumen, an bzw. in denen die Gefahr einer Exposition gegenüber diesen Arbeitsstoffen besteht, nicht konsumiert oder angewendet werden.

2. Auf die Verbote nach Z 1 lit. b ist durch deutlich sichtbare Anschläge hinzuweisen.

3. Arbeitnehmerinnen bzw. Arbeitnehmer haben vor dem Essen, Trinken oder Rauchen sowie nach Ende der Arbeit die Hände zu waschen.

4. Arbeitnehmerinnen bzw. Arbeitnehmer mit Erkrankungen oder Verletzungen der Haut, die eine Aufnahme von gesundheitsgefährdenden Arbeitsstoffen durch die Haut begünstigen, dürfen zu Arbeiten mit solchen Arbeitsstoffen nicht herangezogen werden.

5. Arbeitsplätze und Arbeitsmittel sind in einem dem Arbeitsablauf entsprechenden sauberen Zustand zu halten, insbesondere sind Böden, Wände und andere Oberflächen regelmäßig zu reinigen.

(3) Zum gefahrlosen Umfüllen und Entnehmen von gesundheitsgefährdenden oder heißen Flüssigkeiten aus Behältern müssen außer der erforderlichen Schutzausrüstung geeignete Einrichtungen beigestellt sein.

(4) Sofern die Arbeits- oder Schutzkleidung bei der Arbeit stark verschmutzt wird oder mit gesundheitsgefährdenden, leicht zersetzlichen oder ekelerregenden Arbeitsstoffen in Berührung kommt, ist diese getrennt von der Straßenkleidung aufzubewahren.

Ersatz von Arbeitsstoffen und Verwendungsbeschränkungen für bestimmte Arbeitsstoffe

§ 27d. (1) Sofern 1,1,2,2-Tetrachlorethan und Pentachlorethan sowie Arbeitsstoffe, die einen Volumenanteil von mehr als ein Prozent der genannten Stoffe enthalten, durch nicht oder weniger gesundheitsgefährdende Arbeitsstoffe ersetzt werden können, sind diese zu verwenden. Dies gilt nicht für die Erzeugung dieser Arbeitsstoffe, für ihre Verwendung für chemische Synthesen oder für analytische Zwecke und Forschungszwecke in Labors. Zum Antrieb von zweitaktmotorbetriebenen handgeführten Arbeitsmitteln sind nur Treibstoffe zu verwenden, die maximal 0,1 Gewichtsprozent Benzol enthalten.

(2) Tetrachlorkohlenstoff, 1,1,2,2-Tetrachlorethan und Pentachlorethan sowie Arbeitsstoffe, die einen Volumenanteil von mehr als ein Prozent der genannten Stoffe enthalten, dürfen als Löse-, Verdünnungs-, Reinigungs- und Entfettungsmittel nicht verwendet werden.

(3) Schwefelkohlenstoff darf als Lösemittel nicht verwendet werden. Dies gilt nicht für die Verwendung von Schwefelkohlenstoff zur Erzeugung von Chemiefasern nach dem Viskoseverfahren. Abs. 1 zweiter Satz ist sinngemäß anzuwenden.

(4) Arsen sowie arsenhaltige Arbeitsstoffe dürfen zum Reinigen und Beizen nicht verwendet werden.

(5) Das Auftragen von Farben und Lacken, die einen Masseanteil von mehr als zwei Prozent Blei enthalten, ist im Spritzverfahren, ausgenommen in geschlossenen Apparaten, nicht zulässig.

(6) Das Auftragen von Holzschutzmitteln, die chlorierte Phenole enthalten, ist im Spritzverfahren, ausgenommen in geschlossenen Apparaten, nicht zulässig.

(7) Strahlmittel, die einen Masseanteil von mehr als zwei Prozent Quarz enthalten, dürfen, ausgenommen in geschlossenen Apparaten, zum Strahlen nicht verwendet werden.

(8) Leichtmetalle dürfen mit chlorierten Kohlenwasserstoffen nur entfettet werden, wenn diese stabilisiert sind. Dies gilt nicht für Perchlorethylen.

Lagerung von gefährlichen Arbeitsstoffen

§ 27e. (1) Bei der Lagerung von gefährlichen Arbeitsstoffen gemäß § 40 ASchG sind die durch deren Eigenschaften bedingten Schutzmaßnahmen zu treffen. Dies gilt insbesondere bei der Lagerung von leicht entzündlichen oder selbstentzündlichen Abfällen, Rückständen oder Putzmaterialien sowie von leeren Behältern, die Reste von diesen Arbeitsstoffen enthalten.

(2) Gefährliche Arbeitsstoffe dürfen über Arbeitsplätzen und Verkehrswegen, in Ausfahrten,

Durchgängen, Durchfahrten, Schleusen und Pufferräumen sowie auf oder unter Stiegen, Laufstegen, Podesten, Plattformen, Rampen und ähnlichen Verkehrswegen nicht gelagert werden. Behälter, die solche Arbeitsstoffe enthalten, dürfen nur aufeinandergestellt werden, wenn keine Gefahr besteht, dass die Behälter dadurch beschädigt oder undicht werden.

(3) Behälter für Lebensmittel oder solche, die damit verwechselt werden können, dürfen für die Aufbewahrung von gesundheitsgefährdenden, brandgefährlichen oder explosionsgefährlichen Arbeitsstoffen nicht verwendet werden.

(4) Räume, in denen Behälter gelagert werden, die gefährliche Arbeitsstoffe, verdichtete, verflüssigte oder unter Druck gelöste Gase oder nicht atembare Gase enthalten, müssen so angelegt sein, dass im Gefahrenfall Fluchtwege oder sonstige Verkehrswege nicht unbenutzbar werden. Erforderlichenfalls müssen ins Freie gut lüftbare Pufferräume vorhanden sein. Die im ersten Satz genannten Räume müssen so angelegt sein, dass eine gefährliche Ansammlung von Arbeitsstoffen nicht möglich ist. Insbesondere wenn Gase und Dämpfe schwerer als Luft sind, ist dies durch eine ausreichende natürliche oder mechanische Lüftung unmittelbar ins Freie sicherzustellen und Vorsorge zu treffen, dass sich solche Gase und Dämpfe in tiefer gelegenen Räumen in nicht gefährlicher Menge ansammeln können. Erforderlichenfalls ist zusätzlich ein Warn- und Alarmsystem zu installieren. Die Räume müssen gegen Zutritt Unbefugter gesichert sein. § 27c Abs. 2 ist sinngemäß anzuwenden.

(5) In Räumen, in denen größere Mengen von Flüssigkeiten der folgenden Gefahrenklassen erzeugt, verwendet oder gelagert werden, muss der Fußboden flüssigkeitsundurchlässig und gegen die Einwirkung solcher Flüssigkeiten widerstandsfähig sein:

1. akute Toxizität (Gefahrenklasse 3.1) Kategorie 1 bis 3,
2. Ätz-/Reizwirkung auf die Haut (Gefahrenklasse 3.2) Kategorien 1A, 1B und 1C,
3. schwere Augenschädigung/Augenreizung (Gefahrenklasse 3.3) Kategorie 1, spezifische Zielorgan-Toxizität bei einmaliger oder wiederholter Exposition (Gefahrenklasse 3.8 oder 3.9) jeweils Kategorie 1,
4. Aspirationsgefahr (Gefahrenklasse 3.10),
5. entzündbare Flüssigkeiten (Gefahrenklasse 2.6.) Kategorie 1 bis 3,
6. organische Peroxide (Gefahrenklasse 2.15) Typ E und F,
7. selbstzersetzliche Stoffe oder Gemische (Gefahrenklasse 2.8) Typ C, D, E und F,
8. pyrophore Flüssigkeiten (Gefahrenklasse 2.9),
9. selbsterhitzungsfähige Stoffe oder Gemische (Gefahrenklasse 2.11),
10. Stoffe oder Gemische, die in Berührung mit Wasser entzündbare Gase entwickeln (Gefahrenklasse 2.12) Kategorie 2 und 3,
11. organische Peroxide (Gefahrenklasse 2.15) Typ C und D,
12. Stoffe oder Gemische, die in Berührung mit Wasser entzündbare Gase entwickeln (Gefahrenklasse 2.12) Kategorie 1.

Durch Maßnahmen, wie Gefälle des Fußbodens zu Sammelgruben oder entsprechend hohe, flüssigkeitsundurchlässige Wandumfassungen und Türschwellen, muss verhindert sein, dass solche Flüssigkeiten in andere Räume oder ins Freie fließen können.

(6) Lagerungen von brandgefährlichen oder explosionsgefährlichen Arbeitsstoffen müssen auch gegen Brandeinwirkung von außen gesichert sowie so eingerichtet und angelegt sein, dass ein Brand rasch und ungehindert bekämpft werden kann.

(7) Behälter für Gase unter Druck (Gefahrenklasse 2.5) dürfen nicht geworfen oder gestürzt werden. Sie müssen, auch im entleerten Zustand, gegen Umfallen gesichert sein. Gefüllte Behälter müssen vor gefahrbringender Erwärmung oder starkem Frost geschützt sein.

(8) Arbeitsstoffe mit unterschiedlichen Gefahreneigenschaften oder solche, die unter starker Erwärmung, Flammenbildung oder unter Entwicklung von gefährlichen Gasen oder Dämpfen miteinander reagieren oder reagieren können, müssen sicher getrennt oder genügend weit voneinander entfernt gelagert werden. Sofern solche Arbeitsstoffe zusammen gelagert werden, sind die Behälter in getrennte Auffangwannen zu stellen.

(9) Lagerungen von ekelerregenden Arbeitsstoffen dürfen nur in ausschließlich diesen Zwecken dienenden, von anderen Arbeitsräumen und sonstigen Betriebsräumen abgetrennten Räumen vorgenommen werden. Diese Räume müssen gegen Zutritt Unbefugter gesichert sein.

Vorsorge für Erste-Hilfe-Leistung
§ 27f. In Räumen, in denen Arbeitsstoffe der folgenden Gefahrenklassen verwendet werden, ist zur raschen Beseitigung von Verunreinigungen der Haut oder Schleimhaut eine entsprechende Waschgelegenheit mit Kalt- und nach Möglichkeit Warmwasser bereitzustellen:

1. akute Toxizität (Gefahrenklasse 3.1) Kategorie 1 bis 3,
2. Ätz-/Reizwirkung auf die Haut (Gefahrenklasse 3.2) Kategorien 1A, 1B und 1C,
3. schwere Augenschädigung/Augenreizung (Gefahrenklasse 3.3) Kategorie 1,
4. spezifische Zielorgan-Toxizität bei einmaliger oder wiederholter Exposition (Gefahrenklasse 3.8 oder 3.9) jeweils Kategorie 1,
5. Aspirationsgefahr (Gefahrenklasse 3.10).

Werden Arbeitsstoffe der Gefahrenklasse Ätz-/Reizwirkung auf die Haut (Gefahrenklasse 3.2) Kategorien 1A, 1B und 1C oder schwere Augenschädigung/Augenreizung (Gefahrenklasse 3.3) Kategorie 1 verwendet, sind außerdem einsatzbereite, geeignete Augenduschen oder – wenn dies nicht möglich ist – Augenspülflaschen in der Nähe des Arbeitsplatzes bereitzustellen. Wenn es auf Grund der Ermittlung und Beurteilung der Gefahren erforderlich ist, sind außerdem einsatzbereite Notduschen bereitzustellen.

5. Abschnitt:
Messungen
Grenzwert-Vergleichsmessungen

§ 28. (1) Wenn an einem Arbeitsplatz die Exposition von Arbeitnehmer/innen gegenüber einem Arbeitsstoff, für den ein MAK-Wert oder ein TRK-Wert festgelegt ist, nicht sicher ausgeschlossen werden kann, sind Grenzwert-Vergleichsmessungen durchzuführen.

(2) Grenzwert-Vergleichsmessungen sind repräsentative Messungen der Exposition der Arbeitnehmer/innen, deren Ergebnisse Grenzwertvergleiche ermöglichen. Sie sind an repräsentativen Stellen unter repräsentativen Bedingungen durchzuführen. Wenn später Kontrollmessungen mit vereinfachten Messverfahren durchgeführt werden sollen, sind im Rahmen der Grenzwert-Vergleichsmessung dafür Messpunkte festzulegen und Referenz-Messergebnisse festzustellen.

(3) Ergibt eine Grenzwert-Vergleichsmessung eine Grenzwertüberschreitung, ist die Wirksamkeit der Maßnahmen zur Gefahrenverhütung (§ 43 ASchG) zu prüfen. Erforderlichenfalls sind diese Maßnahmen zu ergänzen oder ihre Wirksamkeit zu verbessern und ist danach eine neuerliche Grenzwert-Vergleichsmessung durchzuführen. Ergibt diese wieder eine Grenzwertüberschreitung, und sind alle Maßnahmen nach § 43 ASchG ausgeschöpft, sind keine weiteren Messungen mehr erforderlich.

(4) Wirken sich Änderungen, Erweiterungen oder Umgestaltungen auf die Konzentrationsverhältnisse erhöhend aus, sind neuerlich Grenzwert-Vergleichsmessung durchzuführen.

(5) Abweichend von Abs. 1 sind Grenzwert-Vergleichsmessungen nicht erforderlich, wenn durch eine Bewertung nach dem Stand der Technik unter Berücksichtigung von Vergleichsdaten (insbesondere Betriebsanleitungen, Angaben von Hersteller/innen oder Inverkehrbringer/innen, Berechungsverfahren sowie Messergebnisse vergleichbarer Arbeitsplätze) repräsentativ für den jeweiligen Arbeitsplatz nachgewiesen wird, dass die anzuwendenden Grenzwerte unterschritten werden.

Kontrollmessungen

§ 29. (1) Auf Grundlage der Ermittlung und Beurteilung der Gefahren sind im Sicherheits- und Gesundheitsschutzdokument angemessene Zeitabstände für Kontrollmessungen nach § 46 Abs. 6 ASchG festzulegen.

(2) Ergeben zwei aufeinanderfolgende Kontrollmessungen eine längerfristige Einhaltung der Grenzwerte an einem Arbeitsplatz, können die Zeitabstände für Kontrollmessungen verdoppelt werden. Ergibt danach eine weitere Kontrollmessung die langfristige Einhaltung der Grenzwerte, können weitere Kontrollmessungen entfallen.

(3) Kontrollmessungen sind nicht erforderlich in den Fällen des § 30.

(4) Kontrollmessungen sind mindestens einmal im Kalenderjahr, jedoch längstens im Abstand von 15 Monaten durchzuführen, wenn

1. die Ergebnisse der Grenzwert-Vergleichsmessung im Bereich des halben bis einfachen Grenzwertes als Tagesmittelwert liegen, oder
2. durch die Bewertung nach § 28 Abs. 5 nur eine Grenzwerteunterschreitung, aber nicht die konkrete Höhe der Arbeitsstoffkonzentration nachgewiesen werden kann.

(5) Kontrollmessungen können mit vereinfachten Messverfahren durchgeführt werden, mit denen repräsentativ geprüft wird, ob sich die Expositionsverhältnisse an den gemäß § 28 Abs. 2 festgelegten Messpunkten geändert haben. Kontrollmessungen können aber auch als neuerliche Grenzwert-Vergleichsmessungen durchgeführt werden.

(6) Neuerliche Grenzwert-Vergleichsmessungen sind jedenfalls durchzuführen, wenn eine Kontrollmessung um mehr als ein Drittel über dem Messergebnis der Grenzwert-Vergleichsmessung bzw. des festgestellten Referenz-Messergebnisses liegt.

Kontinuierliche und mobile Messungen sowie Überwachung

§ 30. (1) Bei Arbeitsvorgängen, bei denen plötzliche Grenzwertüberschreitungen nicht sicher ausgeschlossen werden können und kein Atemschutz verwendet wird, muss der Konzentrationswert an repräsentativen Stellen überwacht werden

1. mittels kontinuierlich messender Einrichtungen, oder
2. zumindest vor Durchführung der Tätigkeiten und während derselben mittels mobiler Messeinrichtungen, oder
3. durch andere Maßnahmen zur Konzentrationsbegrenzung, wie zB durch die Funktionsüberwachung von Absaug- oder mechanischen Lüftungsanlagen.

(2) In den Fällen des Abs. 1 sind die Arbeitnehmer/innen vor Erreichen von gesundheitsgefährdenden Konzentrationen rechtzeitig akustisch und, falls dies nicht ausreicht, auch optisch zu warnen.

(3) Überwachungen nach Abs. 1 sind jedenfalls erforderlich für das Befahren (Inspektion) von und für Arbeiten in oder an Betriebseinrichtungen, die gesundheitsgefährdende Arbeitsstoffe enthalten oder enthalten haben, oder in denen sich gesundheitsgefährdende Gase oder Dämpfe bilden oder ansammeln können oder in denen die Luft einen Sauerstoffgehalt von weniger als 17% erreichen kann.

Gemeinsame Bestimmungen

§ 31. (1) Messungen können durch vereinfachte Messverfahren, wie Messverfahren zur Feststellung des ungünstigsten Falls (worst case) oder Messungen von Stoffgemischen mittels Leitsubstanzen, ersetzt werden, wenn aus den Messergebnissen Messverpflichtungen und Maßnahmen eindeutig und repräsentativ abgeleitet werden können.

(2) Grenzwert-Vergleichsmessungen und Bewertungen nach § 28 Abs. 5 müssen von geeigneten, fachkundigen Personen durchgeführt werden. Das sind Personen, die neben jenen Qualifikationen, die für die betreffende Messung oder Bewertung erforderlich sind, auch die fachlichen Kenntnisse und Berufserfahrungen sowie die notwendigen Einrichtungen besitzen und die Gewähr für die gewissenhafte und repräsentative Durchführung nach dem Stand der Technik bieten. Kontrollmessungen mit vereinfachten Messverfahren können auch von unterwiesenen Betriebsangehörigen durchgeführt werden. Messungen können auch in Probenahme und Analyse aufgeteilt sein, wobei sich dann die Anforderungen an Personen und an die notwendigen Einrichtungen auf den jeweiligen Abschnitt des Messverfahrens beziehen.

(3) Messungen und Bewertungen sind so zu dokumentieren (§ 5 ASchG), dass Repräsentativität, Umfang und Ergebnisse der Messungen und Bewertungen eindeutig und nachvollziehbar sind.

(4) Soweit in diesem Abschnitt auf Grenzwerte Bezug genommen wird, gelten die betreffenden Bestimmungen auch für Bewertungsindices im Sinne des § 7.

Prüfungen

§ 32. (1) Absaug- oder mechanische Lüftungsanlagen zur Abführung von gesundheitsgefährdenden Arbeitsstoffen dürfen nur dann in Betrieb genommen werden, wenn vor ihrer erstmaligen Inbetriebnahme ihre Wirksamkeit bezogen auf die zu erwartende Exposition am Arbeitsplatz durch eine repräsentative Messung der Absaug- bzw. Lüftungsleistung nachgewiesen wurde.

(2) Absaug- oder mechanische Lüftungsanlagen oder Absauggeräte zur Abführung von gesundheitsgefährdenden Arbeitsstoffen sind mindestens einmal im Kalenderjahr, jedoch längstens im Abstand von 15 Monaten, auf ihren ordnungsgemäßen Zustand zu überprüfen.

(3) Werden an Anlagen gemäß Abs. 1 Änderungen, Erweiterungen oder Umgestaltungen vorgenommen, die sich auf die Absaug- oder Lüftungsleistung auswirken, ist die Prüfung zu ergänzen.

(4) Prüfungen sind so zu dokumentieren (§ 5 ASchG), dass Umfang und Ergebnisse der Prüfungen eindeutig und nachvollziehbar sind.

(5) Die Prüfungen müssen von geeigneten, fachkundigen und hiezu berechtigten Personen (zB befugte Gewerbetreibende, akkreditierte Prüf- und Überwachungsstellen, Ziviltechniker/innen, Technische Büros – Ingenieurbüros, qualifizierte Betriebsangehörige) nach den Regeln der Technik durchgeführt werden.

(6) Abs. 1 bis Abs. 5 gilt nicht für Industriestaubsauger, die nur für die Abreinigung verwendet werden.

Umsetzung von Rechtsakten der Europäischen Union

§ 33. Durch diese Verordnung wird die Richtlinie (EU) 2022/431 des Europäischen Parlaments und des Rates vom 9. März 2022 zur Änderung der Richtlinie 2004/37/EG über den Schutz der Arbeitnehmer gegen Gefährdung durch Exposition gegenüber Karzinogenen, Mutagenen oder reproduktionstoxischen Stoffen bei der Arbeit, ABl. L 88 vom 16.03.2022 S. 1, umgesetzt.

6. Abschnitt
Übergangs- und Schlussbestimmungen
Übergangsbestimmungen

§ 34. (1) Bescheidmäßige Vorschreibungen über Messungen bleiben unberührt.

(2) Vor dem 1. Januar 2012 bereits genehmigte Absauganlagen, Entstauber und Arbeitsmittel mit integrierter Absaugung dürfen bis 1. Januar 2020 weiterverwendet werden, auch wenn sie die Bedingungen des § 15 Abs. 3 erster Satz iVm § 15 Abs. 2 Z 1 nicht erfüllen. Soweit es sich dabei jedoch um Reinluftanlagen (Unterdruckanlagen), Entstauber und Arbeitsmittel mit integrierter Absaugung handelt, darf die Konzentration des Holzstaubes in der rückgeführten Luft ein Zehntel des TRK-Wertes nicht überschreiten.

(3) Vor dem 1. Januar 2012 bereits genehmigte Absauganlagen dürfen bis 1. Januar 2020 weiterverwendet werden, auch wenn sie die Bedingungen des § 17 Abs. 1 Z 2, 3 und 5 nicht erfüllen.

(4) Abweichend von **Anhang I (Stoffliste)** beträgt der TRK-Wert für Chrom (VI)-Verbindungen bis zum 17. Jänner 2025

1. für alle Arbeiten als Tagesmittelwert 0,02 mg/m³ einatembare Fraktion,

2. für Schweiß- oder Plasmaschneidearbeiten oder ähnliche raucherzeugende Arbeitsverfahren als Tagesmittelwert 0,05 mg/m³ einatembare Fraktion.

(5) Der Grenzwert für Trimethylamin in der Fassung BGBl. II Nr. 156/2021 tritt mit 20. Mai 2021 in Kraft.

(6) Vor Inkrafttreten dieser Verordnung in der Fassung BGBl. II Nr. 156/2021 aufgrund des ASchG oder aufgrund des Arbeitnehmerschutzgesetzes, BGBl. Nr. 234/1972, erlassene Bescheide über dieselbetriebene Flurförderfahrzeuge in geschlossenen Räumen gelten bis zum 20. Februar 2023, im Untertage- und Tunnelbau bis 20. Februar 2026, unberührt weiter.

Schlussbestimmungen

§ 35. (1) Gemäß § 125 Abs. 8 ASchG wird festgestellt, dass mit In-Kraft-Treten dieser Verordnung außer Kraft treten:

1. die in § 110 Abs. 5 ASchG genannte Verlautbarung von Grenzwerten,
2. der gemäß § 110 Abs. 8 ASchG als Bundesgesetz geltende letzte Satz des § 16 Abs. 5 der Allgemeinen Arbeitnehmerschutzverordnung, BGBl. Nr. 218/1983, idF 450/1994.

(2) Gemäß § 114 Abs. 3 ASchG wird festgestellt, dass § 71 Abs. 2 ASchG hinsichtlich der Verwendung eindeutig krebserzeugender Arbeitsstoffe gleichzeitig mit dieser Verordnung in Kraft tritt.

(3) Diese Verordnung tritt mit dem dritten auf ihre Kundmachung folgenden Monatsersten in Kraft.

(4) Der Titel der Verordnung sowie die Anhänge I/2003, II/2003 und III/2003 in der Fassung BGBl. II Nr. 184/2003 treten mit dem sechsten auf ihre Kundmachung folgenden Monatsersten in Kraft.

(5) Die Bezeichnungen der §§ 19 und 20 im Inhaltsverzeichnis, § 5 Abs. 2 erster Satz und Abs. 3 Z 1 und 2, § 6 Abs. 2, Abs. 3 erster Satz, Abs. 3 Z 1 und Abs. 6, die Überschrift zu § 19, § 19 Abs. 1, § 20 samt Überschrift, Anhang I/2003 (Stoffliste), Anhang II/2003 (TRK-Liste), Anhang III/2003 (Liste krebserzeugender Arbeitsstoffe) in der Fassung BGBl. II Nr. 119/2004 sowie Anhang V/2003 (Hartholz-Liste) treten mit dem ersten auf die Kundmachung dieser Verordnung folgenden Monatsersten in Kraft.

(6) Gemäß § 95 Abs. 1 ASchG wird festgestellt, dass die Behörde von den Bestimmungen des 4. Abschnitts dieser Verordnung keine Ausnahmen zulassen darf.

(7) Gemäß § 110 Abs. 6 ASchG wird festgestellt, dass § 46 Abs. 1, 3, 4, 6 und 7 ASchG, und gemäß § 118 Abs. 2 ASchG wird festgestellt, dass § 97 Abs. 7 ASchG mit dem in Abs. 10 genannten Zeitpunkt in Kraft treten.

(8) Gemäß § 125 Abs. 8 ASchG wird festgestellt, dass die §§ 16 Abs. 8, 52 Abs. 3, 55 Abs. 6 und 59 Abs. 13 der gemäß § 110 Abs. 8 ASchG als Bundesgesetz geltenden Bestimmungen der Allgemeinen Arbeitnehmerschutzverordnung (AAV) mit dem in Abs. 10 genannten Zeitpunkt außer Kraft treten.

(9) Gemäß § 125 Abs. 8 ASchG wird festgestellt, dass die gemäß § 123 Abs. 4 ASchG als Bundesgesetz geltende Verordnung über Beschränkungen des Inverkehrsetzens und des Herstellens, des Verwendens sowie über die Kennzeichnung asbesthaltiger Stoffe, Zubereitungen und Fertigwaren (Asbestverordnung), BGBl. Nr. 324/1990, außer Kraft getreten ist.

(10) Der Titel der Verordnung „Grenzwerteverordnung 2006 – GKV 2006", das Inhaltsverzeichnis zum 4. bis 6. Abschnitt, § 9 Abs. 6 Z 2, § 14 Abs. 2, der 4. und 5. Abschnitt, §§ 33 und 34 Abs. 6, in Anhang I/2003 (MAK-Liste) der Eintrag für Nickel, in Anhang II/2003 (TRK-Liste) die Einträge für Asbest und Nickelverbindungen, in der Fassung BGBl. II Nr. 242/2006, treten mit 1. Juli 2006 in Kraft.

(11) Der Titel der Verordnung „Grenzwerteverordnung 2007 – GKV 2007, das Inhaltsverzeichnis zu § 9, § 2 Abs. 1, § 3 Abs. 1, § 4 Abs. 1 Z 3 lit. b, § 4 Abs. 3, § 5 Abs. 2 und 3, § 8 Abs. 2 und 3, die Überschrift zu § 9, § 9 Abs. 1 und 3, § 9 Abs. 4, § 9 Abs. 4 Z 1, § 9 Abs. 5 bis 8, § 16 Abs. 1, § 33 Abs. 4, Anhang I/2007 (Stoffliste), in der Fassung BGBl. II Nr. 243/2007 treten mit 1. Oktober 2007 in Kraft.

(12) Mit 1. Januar 2015 tritt § 16 Abs. 3 Z 9 außer Kraft.

(13) § 5 Abs. 1 in der Fassung BGBl. II Nr. 186/2015 tritt mit dem seiner Kundmachung folgenden Tag in Kraft.

(14) Mit dem ihrer Kundmachung folgenden Tag treten in Kraft: § 10 Abs. 1 Z 2, § 10a Abs. 1 Z 2, § 15 Abs. 4, weiters der Eintrag zu Formaldehyd in Anhang I/2011 sowie der Eintrag Formaldehyd im Abschnitt „A2 Stoffe" des Anhangs III/2011, jeweils in der Fassung BGBl. II Nr. 288/2017. Gleichzeitig tritt der Eintrag Formaldehyd im Abschnitt „B-Stoffe" des Anhangs III/2011, außer Kraft.

(15) Die Verordnung der Bundesministerin für Arbeit, Soziales, Gesundheit und Konsumentenschutz, mit der die Grenzwerteverordnung 2011 (GKV 2011) und die Verordnung über die Gesundheitsüberwachung am Arbeitsplatz 2017 (VGÜ 2017) geändert werden, BGBl. II Nr. 238/2018, ist nicht in Kraft getreten.

(16) Der Titel der Verordnung, das Inhaltsverzeichnis, § 8 Abs. 4, § 15 Abs. 4, § 16 Abs. 2 Z 3, § 33 Abs. 5, die Anhänge I, III, V, VI, in der Fassung der Verordnung BGBl. II Nr. 382/2020, treten mit dem der Kundmachung folgenden Tag in

Kraft. Mit Ablauf des 17. Jänner 2023 tritt § 16 Abs. 2 Z 3 letzter Satz außer Kraft.

(17) Der Titel der Verordnung, das Inhaltsverzeichnis, § 33 Abs. 6 bis 9, Anhang I/2021 (Stoffliste), in Anhang III Abschnitt C die Ziffern 7 und 14 bis 15 sowie die Titel zu den Anhängen III, V und VI in der Fassung der Verordnung BGBl. II Nr. 156/2021 treten mit dem der Kundmachung folgenden Tag in Kraft.

(18) Gemäß § 125 Abs. 7 ASchG wird festgestellt, dass § 6 Abs. 4 und § 14 Abs. 2 der gemäß § 106 Abs. 3 Z 1 ASchG als Bundesgesetz geltenden Bestimmung der Allgemeinen Arbeitnehmerschutzverordnung (AAV) mit Inkrafttreten dieser Verordnung, BGBl. II Nr. 330/2024, außer Kraft treten.

(19) Gemäß § 125 Abs. 7 ASchG wird festgestellt, dass mit Inkrafttreten dieser Verordnung, BGBl. II Nr. 330/2024, folgende gemäß § 110 Abs. 8 ASchG als Bundesgesetz geltende Bestimmungen der Allgemeinen Arbeitnehmerschutzverordnung (AAV) außer Kraft treten: § 16 Abs. 4 bis 7 und Abs. 9 bis 11, § 52 Abs. 4 bis 7, § 54 Abs. 6, § 55 Abs. 2 bis 5 und Abs.7 bis 10 und § 65.

(20) Gemäß § 125 Abs. 7 ASchG wird festgestellt, dass § 81 Abs. 8 der gemäß § 107 Abs. 1 ASchG als Bundesgesetz geltenden Bestimmung der Allgemeinen Arbeitnehmerschutzverordnung (AAV) mit Inkrafttreten dieser Verordnung, BGBl. II Nr. 330/2024, außer Kraft tritt.

(21) Gemäß § 125 Abs. 7 ASchG wird festgestellt, dass § 83 Abs. 2 und § 86 Abs. 6 der gemäß § 108 Abs. 2 ASchG als Bundesgesetz geltenden Bestimmungen der Allgemeinen Arbeitnehmerschutzverordnung (AAV) mit Inkrafttreten dieser Verordnung, BGBl. II Nr. 330/2024, außer Kraft treten.

(22) Der Titel, das Inhaltsverzeichnis, § 8 Abs. 4, § 11a samt Überschrift, die Überschrift zu § 13, § 14 Abs. 1, § 14a samt Überschrift, der 4a. Abschnitt, §§ 33, 34 und 35, Anhang I/2024, Anhang III/2024 und Anhang VI/2024, die Bezeichnung des Anhangs V, in der Fassung der Verordnung BGBl. II Nr. 330/2024 treten mit dem der Kundmachung folgenden Tag in Kraft.

GKV

Anhang I/2024

Anhang I/2024

STOFFLISTE
(MAK-Werte und TRK-Werte)

Im Fall einer Abweichung hinsichtlich der Einstufung als krebserzeugend oder als reproduktionstoxisch zwischen dieser Stoffliste und der chemikalienrechtlichen Einstufung ist für die Angaben auf dem Kennzeichnungsetikett und im Sicherheitsdatenblatt die chemikalienrechtliche Einstufung ausreichend.

STOFFLISTE
(MAK-Werte und TRK-Werte)

In der Stoffliste werden folgende **Abkürzungen und Symbole** verwendet

[ ]	CAS-No. (Chemical Abstracts Service registry number)
A	alveolengängige Fraktion
E	einatembare Fraktion
F	Kann die Fruchtbarkeit beeinträchtigen
f	Kann vermutlich die Fruchtbarkeit beeinträchtigen
D	Kann das Kind im Mutterleib schädigen
d	Kann vermutlich das Kind im Mutterleib schädigen
L	Kann Säuglinge über die Muttermilch schädigen

TMW	Tagesmittelwert
KZW	Kurzzeitwert
Miw	als Mittelwert über den Beurteilungszeitraum
Mow	als Momentanwert
H	besondere Gefahr der Hautresorption
S	der Arbeitsstoff löst in weit überdurchschnittlichem Maß allergische Überempfindlichkeitsreaktionen aus
Sa	Gefahr der Sensibilisierung der Atemwege
Sh	Gefahr der Sensibilisierung der Haut
Sah	Gefahr der Sensibilisierung der Atemwege und der Haut
SP	Gefahr der Photosensibilisierung

Bei Stoffen mit TRK-Wert – dieser muss gemäß § 45 Abs. 4 ASchG stets möglichst weit unterschritten werden – ist zur besseren Auffindbarkeit in der Spalte 2 das Wort **TRK** grafisch hervorgehoben gedruckt.

Bei krebserzeugenden Stoffen findet sich in Spalte 5 der Stoffliste ein **Verweis** auf Anhang III (Liste krebserzeugender Arbeitsstoffe).

GKV

Stoff	CAS	MAK oder TRK	Fortpflanzungsgefährdend	Krebserzeugend	Grenzwert TMW [ppm]	TMW [mg/m³]	KZW [ppm]	KZW [mg/m³]	Dauer [min]	Häufigkeit pro Schicht	H, S	Verweis oder Bemerkung
Acetaldehyd	[75-07-0]	TRK		III A2	50	90	50	90	Mow			
Acetamid	[60-35-5]			III B								
Acetanhydrid												siehe Essigsäureanhydrid
Aceton	[67-64-1]	MAK			500	1200	2000	4800	15(Miw)	4x		
Acetonitril	[75-05-8]	MAK			40	70	160	280	15(Miw)	4x	H	
Acetylentetrabromid												siehe 1,1,2,2-Tetrabromethan
Acetylentetrachlorid												siehe 1,1,2,2-Tetrachlorethan
N-[2-(3-Acetyl-5-nitrothiophen-2-ylazo)-5-diethylaminophenyl]-acetamid	[777891-21-1]		f								Sh	
o-Acetylsalicylsäure	[50-78-2]	MAK				5 E		10 E	15(Miw)	4x		
Acid Violet 49	[1694-09-3]			III B								
Acrolein												siehe Acrylaldehyd
Acrylaldehyd	[107-02-8]	MAK			0,02	0,05	0,05	0,12	15(Miw)	4x		
Acrylamid	[79-06-1]	TRK	f	III A2							H, Sh	
– Einsatz von festem Acrylamid						0,06 E		0,24 E	15(Miw)	4x		
– im übrigen						0,03 E		0,12 E				
Acrylnitril	[107-13-1]	TRK		III A2	2 / 0,45*	4,5 / 1*	8 / 1,8*	18 / 4*	15(Miw)	4x	H, Sh	*gilt ab 5.4.2026.
Acrylsäure (Prop-2-ensäure)	[79-10-7]	MAK			10	29	20	59	Mow			
Acrylsäure-n-butylester												siehe n-Butylacrylat
Acrylsäureethylester												siehe Ethylacrylat

GKV

Stoff	CAS	MAK oder TRK	Fortpflanzungsgefährdend	Krebserzeugend	Grenzwert						H, S	Verweis oder Bemerkung
					TMW [ppm]	TMW [mg/m³]	KZW [ppm]	KZW [mg/m³]	Dauer [min]	Häufigkeit pro Schicht		
Acrylsäuremethylester												siehe Methylacrylat
Ätznatron												siehe Natriumhydroxid
Aktinolith												siehe Asbest
Aldrin	[309-00-2]	MAK		III B		0,25 E		2,5 E	30(Miw)	1x	H	Polycycl. Chlorkohlenwasserstoff
Alkali-Chromate												siehe Chrom (VI)-Verbindungen
Allylalkohol	[107-18-6]	MAK			2	4,8	5	12	15(Miw)	4x	H	
Allylamin	[107-11-9]	MAK			2	5	6	14	15(Miw)	4x	H	
Allylchlorid												siehe 3-Chlorpropen
Allylglycidether												siehe 1-Allyloxy-2,3-epoxypropan
Allylglycidylether												siehe 1-Allyloxy-2,3-epoxypropan
1-Allyloxy-2,3-epoxypropan	[106-92-3]		f	III A2								
Allylpropyldisulfid	[2179-59-1]	MAK			2	12					Sh	
Aluminium (als Metall) Aluminiumoxid und Aluminiumhydroxid	[7429-90-5] [1344-28-1] [1302-74-5] [21645-51-2]	MAK				10 E 5 A		20 E 10 A	60(Miw)	2x		
Aluminiumoxid-Rauch	[1344-28-1]	MAK				5 A		10 A	60(Miw)	2x		
Ameisensäure	[64-18-6]	MAK			5	9	5	9	Mow			
Ameisensäureethylester												siehe Ethylformiat
Ameisensäuremethylester												siehe Methylformiat
4-Aminoazobenzol (Anilingelb)	[60-09-3]			III A2								

Stoff	CAS	MAK oder TRK	Fortpflanzungsgefährdend	Krebserzeugend	TMW [ppm]	TMW [mg/m³]	KZW [ppm]	KZW [mg/m³]	Dauer [min]	Häufigkeit pro Schicht	H, S	Verweis oder Bemerkung
o-Aminoazotoluol	[97-56-3]			III A2							H, Sh	
2-Aminobiphenyl	[90-41-5]			III B								
4-Aminobiphenyl und seine Salze	[92-67-1]			III A1								
Aminobutane (alle Isomere): 1-Aminobutan 2-Aminobutan Isobutylamin 1,1-Dimethylethylamin	[109-73-9] [13952-84-6] [78-81-9] [75-64-9]	MAK			5	15	25	75	30(Miw)	2x		
1-Amino-4-chlorbenzol												siehe p-Chloranilin
1-Amino-3-chlor-6-methylbenzol												siehe 5-Chlor-o-toluidin
1-(2-Amino-5-chlorphenyl)-2,2,2-trifluor-1,1-ethandiol, Hydrochlorid	[214353-17-0]			III A2								
2-Amino-4-chlortoluol												siehe 5-Chlor-o-toluidin
2-Amino-5-chlortoluol												siehe 4-Chlor-o-toluidin
Aminocyclohexan												siehe Cyclohexylamin
4-Amino-2',3-dimethylazobenzol												siehe Aminoazotoluol
(R,S)-2-Amino-3,3-dimethylbutanamid	[144177-62-8]		f								Sh	
2-Aminoethanol	[141-43-5]	MAK			1	2,5	3	7,6	15(Miw)	4x	Sh	
6-Amino-2-ethoxynaphthalin	[293733-21-8]			III A2							Sh	
2-(2-Aminoethylamino)ethanol AEEA	[111-41-1]		D, f								Sh	

Stoff	CAS	MAK oder TRK	Fortpflanzungs-gefährdend	Krebs-erzeugend	TMW [ppm]	TMW [mg/m³]	KZW [ppm]	KZW [mg/m³]	Dauer [min]	Häufigkeit pro Schicht	H, S	Verweis oder Bemerkung
3-Amino-9-ethylcarbazol	[132-32-1]			III A2								
4-Amino-3-fluorphenol	[399-95-1]			III A2							Sh	
1-Amino-2-methoxy-5-methylbenzol												siehe p-Kresidin
3-Amino-4-methoxytoluol												siehe p-Kresidin
1-Amino-4-methylbenzol												siehe p-Toluidin
Amino-naphthalin												siehe Naphthylamin
2-Amino-1-naphthalin-sulfonsäure	[81-16-3]	MAK				6 E		24 E	15(MIW)	4x		
4-Amino-2-nitrophenol												siehe 2-Nitro-4-aminophenol
2-Amino-4-nitrotoluol	[99-55-8]	TRK		III A2	5	0,5		2	15(MIW)	4x	H	
2-Aminopropan	[75-31-0]	MAK				12	20	48	15(MIW)	4x		
3-Aminopropen												siehe Allylamin
2-Aminopyridin	[504-29-0]	MAK			0,5	2						
5-Amino-o-toluidin												siehe 2,4-Diaminotoluol
3-Amino-p-toluidin												siehe 2,4-Diaminotoluol
4-Aminotoluol												siehe p-Toluidin
3-Amino-1,2,4-triazol												siehe Amitrol
Amitrol (ISO)	[61-82-5]	MAK	d			0,2 E						
Ammoniak	[7664-41-7]	MAK	f		20	14	50	36	15(MIW)	4x		
2-{4-(2-Ammoniopropyl-amino)-6-[4-hydroxy-3-(5-methyl-2-methoxy-4-sulfamoylphenylazo)-2-sulfonatonaphth-7-ylamino)-	[784157-49-9]											

GKV

Stoff	CAS	MAK oder TRK	Fortpflanzungs-gefährdend	Krebs-erzeugend	Grenzwert							H, S	Verweis oder Bemerkung
					TMW		KZW		Dauer [min]	Häufigkeit pro Schicht			
					[ppm]	[mg/m³]	[ppm]	[mg/m³]					
1,3,5-triazin-2-ylamino)-2-aminopropyl-hydroformiat													
Ammoniumdichromat	[7789-09-5]		F, D	III A2							Sah	siehe Chrom(VI)-Verbindungen
Ammoniumsulfamat (Ammate)	[7773-06-0]	MAK				15 E						
Amosit												siehe Asbest
Amylacetat												siehe Pentylacetat
Androsta-1,4,9(11)-trien-3,17-dion	[15375-21-0]		f									
Anilin und seine Salze	[62-53-3]	MAK		III B	2	7,7	5	19,4	15(Miw)	2x	H, Sh	
o-Anisidin												siehe 2-Methoxyanilin
m-Anisidin												siehe 3-Methoxyanilin
p-Anisidin												siehe 4-Methoxyanilin
Anon												siehe Cyclohexanon
Anthophyllit												siehe Asbest
Anthrachinon	[84-65-1]			III A2								
Antimon	[7440-36-0]	MAK				0,5 E		5 E	30(Miw)	1x		
Antimontrioxid	[1309-64-4] [1327-33-9]	TRK		III A2		0,3 E		1,2 E	15(Miw)	4x		als Sb berechnet
– Herstellung von Antimon-trioxid, Herstellung von Antimontrioxid-Masterbatches und -pasten (Wiegen und Mischen von Antimontrioxid-Pulver)												
– im übrigen						0,1 E		0,4 E				

Stoff	CAS	MAK oder TRK	Fortpflanzungsgefährdend	Krebserzeugend	TMW [ppm]	TMW [mg/m³]	KZW [ppm]	KZW [mg/m³]	Dauer [min]	Häufigkeit pro Schicht	H, S	Verweis oder Bemerkung
Antimonverbindungen (ausgenommen Antimon-wasserstoff und Antimontrioxid)		MAK				0,5 E		1,5 E	15(Miw)	4x		als Sb berechnet
Antimonwasserstoff	[7803-52-3]	MAK			0,1	0,5	0,5	2,5	30(Miw)	2x		
Antu (ISO)	[86-88-4]	MAK		III B		0,3 E		1,5 E	30(Miw)	2x	H	
Aromatenextrakte aus Erdöldestillaten z.B. [64742-03-6] [64742-04-7] [64742-05-8] [64742-11-6]				III C								
Arprocarb												siehe Propoxur
Arsenik												siehe Arsensäure und ihre Salze sowie anorganische Arsenverbindungen
Arsenhaltige Salben				III C							H	
Arsensäure und ihre Salze sowie anorganische Arsenverbindungen		TRK	f, D *)	III A1		0,01 E		0,04 E	15(Miw)	4x		als As berechnet *) f, D für Bleiarsenat
Arsenwasserstoff	[7784-42-1]	MAK		III C	0,05	0,2	0,25	1	30(Miw)	2x		
Arzneimittel, krebserzeugende												
Asbest (Chrysotil, Amphibol-Asbeste: Aktinolith, Amosit, Anthophyllit, Krokydolith, Tremolit)	[12001-29-5] [77536-66-4] [12172-73-5] [77536-67-5] [12001-28-4] [77536-68-6]	TRK		III A1		100.000 F/m³						Definition Faser (F): Länge > 5 µm Dmr. < 3 µm Länge/Dmr. > 3 : 1
Atrazin	[1912-24-9]	MAK				2 E					Sh	
Auramin und seine Salze z.B. Auraminhydrochlorid	[492-80-8] [2465-27-2]	TRK		III A2		0,08 E		0,32 E	15(Miw)	4x	H	

GKV

Stoff	CAS	MAK oder TRK	Fortpflanzungsgefährdend	Krebserzeugend	TMW [ppm]	TMW [mg/m³]	KZW [ppm]	KZW [mg/m³]	Dauer [min]	Häufigkeit pro Schicht	H, S	Verweis oder Bemerkung
Azafenidin (ISO)	[68049-83-2]											
Azinphos-methyl	[86-50-0]	MAK	f, D			0,2 E		2 E	30(Miw)	1x	H	
Aziridin												siehe Ethylenimin
Azobenzol	[103-33-3]			III A2								
Azofarbmittel				III C								
Azoimid												siehe Stickstoffwasserstoffsäure
Bariumverbindungen, lösliche (ausgenommen Bariumchromat)		MAK				0,5 E		2 E	15(Miw)	4x		als Ba [7440-39-3] berechnet
Baumwollstaub (Rohbaumwolle)		MAK				1,5 E						gilt nur für Rohbaumwolle
BBP												siehe Phthalsäureester: Benzyl-n-butylphthalat
Benfuracarb (ISO)	[82560-54-1]		f									
Benzalchlorid			F, D									siehe α,α-Dichlortoluol
Benomyl (ISO)	[17804-35-2]			III A2							Sh	
Benz[a]anthracen	[56-55-3]			III A1							H	
Benzidin und seine Salze	[92-87-5]			III A1							H	
p-Benzochinon	[106-51-4]	MAK			0,1	0,4	0,1	0,4	Mow		Sh	
Benzo[b]fluoranthen	[205-99-2]			III A2							H	
Benzo[j]fluoranthen	[205-82-3]			III A2							H	
Benzo[k]fluoranthen	[207-08-9]			III A2							H	
Benzol	[71-43-2]	TRK		III A1	0,5* 0,2**	1,65* 0,66**	2* 0,8**	6,4* 2,56**	15(Miw)	4x	H	* gilt vom 5.4.2024 bis 5.4.2026. ** gilt ab 6.4.2026.

siehe
Phenylendiamin

Benzoldiamin

GKV

Stoff	CAS	MAK oder TRK	Fortpflanzungsgefährdend	Krebserzeugend	Grenzwert TMW [ppm]	[mg/m³]	KZW [ppm]	[mg/m³]	Dauer [min]	Häufigkeit pro Schicht	H, S	Verweis oder Bemerkung
Benzol-1,3-dicarbonitril (m-Phthaldinitril)	[626-17-5]	MAK				5 E		10 E	15(M/w)	4x		
1,2-Benzoldicarbonsäure, Di-C$_{6-8}$-verzweigte Alkylester, C$_7$-reich												siehe Phthalsäureester
1,2-Benzoldicarbonsäure Di-C$_{7-11}$, verzweigte und lineare Alkylester												siehe Phthalsäureester
1,2-Benzoldicarbonsäure, Dipentylester, verzweigt und linear												siehe Phthalsäureester (Dipentylphthalat)
α- und β-Benzolhexachlorid												siehe 1,2,3,4,5,6-Hexachlorcyclohexan
Benzolthiol	[108-98-5]	MAK			0,4	2	0,8	4	15(M/w)	4x		
Benzol-1,2,4-tricarbonsäure-1,2-anhydrid												siehe Trimellitsäureanhydrid
Benzo[a]pyren – Strangpechherstellung und -verladung, Ofenbereich von Kokereien	[50-32-8]	TRK	F, D	III A2		0,005		0,02	15(M/w)	4x	H, Sh	
– im übrigen						0,002		0,008				
Benzo[e]pyren	[192-97-2]			III A2							H	
Benzotrichlorid												siehe α,α,α-Trichlortoluol
Benzoylchlorid	[98-88-4]	MAK			0,5	2,8	0,5	2,8	Mow			siehe auch α-Chlortoluole
Benzoylperoxid												siehe Dibenzoylperoxid
Benzphenanthren												siehe Chrysen
Benzyl-n-butylphthalat												siehe

GKV

Stoff	CAS	MAK oder TRK	Fortpflanzungsgefährdend	Krebserzeugend	Grenzwert TMW [ppm]	TMW [mg/m³]	KZW [ppm]	KZW [mg/m³]	Dauer [min]	Häufigkeit pro Schicht	H, S	Verweis oder Bemerkung
Benzylchlorid												Phthalsäureester
Benzyl-2,4-dibrom-butanoat	[23085-60-1]		f								Sh	siehe α-Chlortoluol
Benzylidenchlorid												siehe α,α-Dichlortoluol
Beryllium und anorganische Berylliumverbindungen	[7440-41-7]	TRK / MAK		III A2		0,0006 E* / 0,00002 E**		0,0024 E* / 0,0002 E**	15(M/w)	4x	Sah	* Gilt bis 11.07.2026. ** Gilt ab 12.07.2026. als Be berechnet
Binapacryl (ISO)	[485-31-4]		D									
4,4'-Bi-o-toluidin												siehe 3,3'-Dimethylbenzidin
Biphenyl	[92-52-4]	MAK			0,2	1					H	
Biphenyle, chlorierte												siehe chlorierte Biphenyle
Biphenylether												siehe Diphenylether
Biphenyl-2-ylamin												siehe 2-Aminobiphenyl
3,3',4,4'-Biphenyltetramin												siehe 3,3'-Diaminobenzidin
Bis(4-aminophenyl)ether												siehe 4,4'-Oxydianilin
Bis(p-aminophenyl)ether												siehe 4,4'-Oxydianilin
N,N-Bis(carboxymethyl)-glycin, Trinatrium-Salz	[5064-31-3]			III B								
Bis-2-chlorethylether												siehe 2,2'-Dichlor-

Stoff	CAS	MAK oder TRK	Fortpflanzungsgefährdend	Krebserzeugend	Grenzwert TMW [ppm]	TMW [mg/m³]	KZW [ppm]	KZW [mg/m³]	Dauer [min]	Häufigkeit pro Schicht	H, S	Verweis oder Bemerkung
												diethylether
Bis(2-chlorethyl)methylamin												siehe N-Methyl-bis(2-chlorethyl)amin
Bis(2-chlorethyl)sulfid												siehe Dichlordiethylsulfid
Bis(chlormethyl)ether	[542-88-1]			III A1								
Bis(η⁵cyclopenta-1,3-dienid-bis(2,6-difluor-3-(1H-pyrrol-1-yl)phenolid)titan(IV)	[125051-32-3]		f									
2,5-(und 2,6-) Bis(iso-cyanatomethyl)-bicyclo[2.2.1]heptan	[74091-64-8]	MAK			0,005	0,04						
6,6'-Bis(diazo-5,5',6,6'-tetrahydro-5,5'-dioxo)methylenbis[5-(6-diazo-5,6-dihydro-5-oxo-1-naphthylsulphonyloxy)-6-methyl-2-phenylen]di(naphthalen-1-sulfonat)				III B								
4,4'-Bis(dimethylamino)-benzophenon												siehe Michlers Keton
Bis[4-(dimethylamino)-phenyl]methanon												siehe Michlers Keton
Bis(dimethylthiocarbamoyl)-disulfid												siehe Thiram
1,3-Bis(2,3-epoxypropoxy)benzol												siehe Diglycidyl-resorcinether
S-[1,2-Bis(ethoxycarbonyl)-ethyl]-O,O-dimethyldithio-phosphat												siehe Malathion

GKV

Stoff	CAS	MAK oder TRK	Fortpflanzungsgefährdend	Krebserzeugend	Grenzwert TMW [ppm]	Grenzwert TMW [mg/m³]	Grenzwert KZW [ppm]	Grenzwert KZW [mg/m³]	Dauer [min]	Häufigkeit pro Schicht	H, S	Verweis oder Bemerkung
Bis(2-methoxyethyl)ether												siehe Diethylenglykoldimethylether
Bis(2-methoxyethyl)-phthalat												siehe Phthalsäureester
Bis-2-methoxypropylether												siehe Dipropylenglykolmethylether
4,4'-Bis(N-carbamoyl-4-methylbenzolsulfonamid)diphenylmethan	[151882-81-4]			III B								
Bisphenol A	[80-05-7]	MAK	F			2 E		5 E	Mow		S	siehe
Blausäure												siehe Cyanwasserstoff
Blei und seine Verbindungen außer Bleiarsenat, Bleichromat, Bleichromatoxid und Alkylbleiverbindungen	[7439-92-1]	MAK	F, D, L			0,1 E		0,4 E	15(Mlw)	4x		als Pb berechnet
Blei(II)-acetat	[301-04-2]		f, D									siehe Blei und seine Verbindungen
Bleiacetat, basisch	[1335-32-6]		f, D	III B								
Bleiarsenat												siehe Arsensäure und ihre Salze sowie anorganische Arsenverbindungen
Bleiazid	[13424-46-9]		f, D									siehe Blei und seine Verbindungen
Bleichromat	[7758-97-6]		f, D	III A2								siehe Chrom (VI)-Verbindungen
Bleichromatmolybdatsulfatrot	[12656-85-8]		f, D	III A2								siehe Chrom (VI)-Verbindungen
Bleichromatoxid	[18454-12-1]			III B								siehe Chrom (VI)-Verbindungen

| Blei(II)methansulfonat | [17570-76-2] | f, D | | | | | | siehe Blei und seine Verbindungen |

Stoff	CAS	MAK oder TRK	Fortpflanzungsgefährdend	Krebserzeugend	Grenzwert TMW [ppm]	TMW [mg/m³]	KZW [ppm]	KZW [mg/m³]	Dauer [min]	Häufigkeit pro Schicht	H, S	Verweis oder Bemerkung
Bleisulfochromatgelb												siehe C.I.Pigment Yellow 34
Bleitetraethyl	[78-00-2]	MAK	f, D			0,05		0,2	15(Miw)	4x	H	als Pb berechnet
Bleitetramethyl	[75-74-1]	MAK	f, D			0,05		0,2	15(Miw)	4x	H	als Pb berechnet
Boroxid	[1303-86-2]	MAK	F, D			15 E		75 E	30(Miw)	2x		
Borsäure	[10043-35-3] [11113-50-1]	MAK	F, D									
Borsäure, Natriumsalz												siehe Dinatriumborat
Bortribromid	[10294-33-4]	MAK			1	10	1	10	Mow			
Bortrifluorid	[7637-07-2] [Dihydrat: 13319-75-0]	MAK			1	3	1	3	Mow			
Braunkohlenteere												siehe Pyrolyseprodukte aus organischem Material
Brenzcatechin												siehe 1,2-Dihydroxybenzol
Brom	[7726-95-6]	MAK			0,1	0,7	0,1	0,7	Mow			
Bromchlormethan												siehe Chlorbrommethan
Bromchlortrifluorethan												siehe 2-Brom-2-chlor-1,1,1-trifluorethan
2-Brom-2-chlor-1,1,1-trifluorethan	[151-67-7]	MAK			5	40	20	160	15(Miw)	4x		
5-Brom-1,2,3-trifluorobenzol	[138526-69-9]			III B								
Bromethan	[74-96-4]			III A2								
Bromethen	[593-60-2]	TRK		III A2	1	4,4						

GKV

Stoff	CAS	MAK oder TRK	Fortpflanzungsgefährdend	Krebserzeugend	Grenzwert TMW [ppm]	TMW [mg/m³]	KZW [ppm]	KZW [mg/m³]	Dauer [min]	Häufigkeit pro Schicht	H, S	Verweis oder Bemerkung
Brommethan (R 40 B1)	[74-83-9]			III B							H	
1-Brom-2-methylpropylpropionat	[158894-67-8]			III B							Sh	
(R)-5-Brom-3-(1-methyl-2-pyrrolidinyl)-1H-indol	[143322-57-0]		f								Sh	
Bromoform												siehe Tribrommethan
Bromoxynil (ISO) und seine Salze (z.B. Heptanoat, Octanoat)	[1689-84-5] [56634-95-8] [1689-99-2]		d								Sh	
Brompentafluorid	[7789-30-2]	MAK			0,1	0,7						
1-Brompropan	[106-94-5]		F, D								H	
2-Brompropan	[75-26-3]		F									
Bromtrifluormethan												siehe Trifluorbrommethan
Bromwasserstoff	[10035-10-6]	MAK			2	6,7	2	6,7	Mow			
Buchenholzstaub												siehe Holzstaub
1,3-Butadien	[106-99-0]	TRK		III A1	1	2,2	8	17	15(Miw)	4x		
Butan (beide Isomere): n-Butan (R 600) Isobutan (R 600a)	[106-97-8] [75-28-5]	MAK			800	1900	1600	3800	60(Mow)	3x		
1,4-Butandiol	[110-63-4]	MAK			50	200	200	800	15(Miw)	4x		
Butandion (Diacetyl)	[431-03-8]	MAK			0,02	0,07	0,1	0,36	15(Miw)	4x	Sh	
Butanal												siehe Butyraldehyd

Stoff	CAS	MAK oder TRK	Fortpflanzungs-gefährdend	Krebs-erzeugend	Grenzwert TMW [ppm]	TMW [mg/m³]	KZW [ppm]	KZW [mg/m³]	Dauer [min]	Häufigkeit pro Schicht	H, S	Verweis oder Bemerkung
Butanol (alle Isomere außer 2-Methyl-2-propanol): 1-Butanol 2-Butanol 2-Methyl-1-propanol	[71-36-3] [78-92-2] [78-83-1]	MAK			50	150	200	600	15(Miw)	4x		
tert-Butanol												siehe 2-Methyl-2-propanol
Butanon	[78-93-3]	MAK		III A2	100	295	200	590	30(Miw)	4x	H	
2-Butanonoxim	[96-29-7]										Sh	
Butansulfon												siehe 1,4-Butansulton
1,4-Butansulton	[1633-83-6]			III B								
2,4-Butansulton	[1121-03-5]			III A2								
δ-Butansulton												siehe 1,4-Butansulton
Butanthiol	[109-79-5]	MAK			0,5	1,9	0,5	1,9	Mow			
2-Butenal cis-trans-Isomerengemisch cis-2-Butenal	[123-73-9] [4170-30-3] [15798-64-8]	TRK		III B	0,34	1	1,36	4	15(Miw)	4x	H	
1,2-Butenoxid												siehe 1,2-Epoxybutan
But-2-in-1,4-diol	[110-65-6]	MAK			0,14	0,5					Sh	
Butoxydiethylenglykol												siehe Butyldiglykol
1-n-Butoxy-2,3-epoxypropan	[2426-08-6]			III B							H, Sh	
1-tert-Butoxy-2,3-epoxypropan	[7665-72-7]			III B							H, Sh	
2-(2-Butoxyethoxy)-ethanol												siehe Butyldiglykol
2-Butoxyethanol	[111-76-2]	MAK			20	98	40	200	30(Miw)	4x	H	
2-Butoxyethylacetat	[112-07-2]	MAK			20	133	40	270	30(Miw)	4x	H	

GKV

Stoff	CAS	MAK oder TRK	Fortpflanzungsgefährdend	Krebserzeugend	TMW [ppm]	TMW [mg/m³]	KZW [ppm]	KZW [mg/m³]	Dauer [min]	Häufigkeit pro Schicht	H, S	Verweis oder Bemerkung
Butroxydim (ISO)	[138164-12-2]											
Butylacetat alle Isomere (außer tert-Butylacetat): Isobutylacetat, n-Butylacetat, sec-Butylacetat	[110-19-0], [123-86-4], [105-46-4]	MAK	f, d		50	241	100	480	Mow			
tert-Butylacetat	[540-88-5]	MAK			20	96	20	96	15(Miw)	4x		
n-Butylacrylat	[141-32-2]	MAK			2	11	10	53	15(Miw)	4x	S	
Butylalkohol												siehe Butanol
Butylamin												siehe Aminobutane
n-Butylchlorformiat	[592-34-7]	MAK			1	5,6	3	16,8	15(Miw)	4x		
Butyldiglykol	[112-34-5]	MAK			10	67,5	15	101,2	15(Miw)	4x		
1,2-Butylenoxid												siehe 1,2-Epoxybutan
Butylglycidether												siehe 1-n-Butoxy-2,3-epoxypropan
n-Butylglycidylether												siehe 1-n-Butoxy-2,3-epoxypropan
tert-Butylglycidylether												siehe 1-tert-Butoxy-2,3-epoxypropan
Butylglykol												siehe 2-Butoxyethanol
Butylglykolacetat												siehe 2-Butoxyethylacetat
Butylhydroxytoluol												siehe 2,6-Di-tert-butyl-p-kresol
Butylmercaptan												siehe Butanthiol
tert-Butylmethylether	[1634-04-4]	MAK			50	180	100	360	15(Miw)	4x		

Stoff	CAS	MAK oder TRK	Fortpflanzungsgefährdend	Krebserzeugend	Grenzwert TMW [ppm]	TMW [mg/m³]	KZW [ppm]	KZW [mg/m³]	Dauer [min]	Häufigkeit pro Schicht	H, S	Verweis oder Bemerkung
2-sec-Butylphenol	[89-72-5]	MAK			5	30	10	60	15(Miw)	4x	H	
p-tert-Butylphenol	[98-54-4]	MAK	f		0,08	0,5	0,4	2,5	30(Miw)	2x	H, Sh	
2-(4-tert-Butylphenyl)-ethanol	[5406-86-0]		f									
2-sec-Butylphenylmethyl-carbamat	[3766-81-2]	MAK				5		10	15(Miw)	4x	H	
p-tert-Butyltoluol	[98-51-1]	MAK			10	60		60	Mow			
Butylzinnverbindungen												siehe Tri-n-Butyl-zinnverbindungen
Butyraldehyd	[123-72-8]	MAK			20	64	20	64	Mow		Sh	
2-Butyryl-3-hydroxy-5-thiocyclohexan-3-yl-cyclohex-2-en-1-on	[94723-86-1]	MAK	F									
C.I. Basic Red 9	[569-61-9]			III A2								
C.I. Basic Violet 3	[548-62-9]			III B								
C.I. Direct Black 38	[1937-37-7]		d	III A2								
C.I. Direct Blue 6	[2602-46-2]		d	III A2								
C.I. Direct Brown 95	[16071-86-6]			III A2								
C.I. Direct Red 28	[573-58-0]		d	III A2								
C.I. Disperse Blue 1	[2475-45-8]			III A2							Sh	
C.I. Disperse Yellow 3	[2832-40-8]			III B							Sh	
C.I. Pigment Black 25	[68186-89-0]			III A1							Sh	
C.I. Pigment Yellow 34	[1344-37-2]		f, D	III A2								Siehe Chrom(VI)-Verbindungen
C.I. Pigment Yellow 157	[68610-24-2]			III A1							Sh	
C.I. Solvent Yellow 14	[842-07-9]			III B							Sh	
Cadmium und seine Verbindungen	[7440-43-9]	TRK	f,d	III A2		0,004 E* / 0,001 E		0,016 E* / 0,004 E	15(Miw)	4x	Sh	* Gilt bis 11.07.2027. als Cd berechnet

GKV

Stoff	CAS	MAK oder TRK	Fortpflanzungsgefährdend	Krebserzeugend	Grenzwert						H, S	Verweis oder Bemerkung
					TMW [ppm]	TMW [mg/m³]	KZW [ppm]	KZW [mg/m³]	Dauer [min]	Häufigkeit pro Schicht		
Cadmium	[7440-43-9]		f, d	III A2								siehe Cadmium und seine Verbindungen
Cadmiumcarbonat	[513-78-0]			III A2								siehe Cadmium und seine Verbindungen
Cadmiumchlorid	[10108-64-2]		F, D	III A2								siehe Cadmium und seine Verbindungen
Cadmiumfluorid	[7790-79-6]		F, D	III A2								siehe Cadmium und seine Verbindungen
Cadmiumhydroxid	[21041-95-2]			III A2								siehe Cadmium und seine Verbindungen
Cadmiumnitrat	[10325-94-7]			III A2								siehe Cadmium und seine Verbindungen
Cadmiumoxid	[1306-19-0]		f, d	III A2								siehe Cadmium und seine Verbindungen
Cadmiumsulfat	[10124-36-4]		F, D	III A2								siehe Cadmium und seine Verbindungen
Cadmiumsulfid	[1306-23-6]		f, d	III A2								siehe Cadmium und seine Verbindungen
Caesiumhydroxid	[21351-79-1]	MAK				2 E		4 E	15(Miw)	4x		siehe Arsensäure und ihre Salze sowie anorganische Arsenverbindungen
Calciumarsenat												
Calciumcarbimid												siehe

GKV

Stoff	CAS	MAK oder TRK	Fortpflanzungsgefährdend	Krebserzeugend	Grenzwert TMW [ppm]	TMW [mg/m³]	KZW [ppm]	KZW [mg/m³]	Dauer [min]	Häufigkeit pro Schicht	H, S	Verweis oder Bemerkung
Calciumchromat	[13765-19-0]			III A2								Calciumcyanamid / siehe Chrom(VI)-Verbindungen
Calciumcyanamid	[156-62-7]	MAK				0,5 E		5 E	30(Miw)	1x	H	
Calciumdihydroxid	[1305-62-0]	MAK				1 E		4 E	5(Mow)	8x		
Calciumoxid	[1305-78-8]	MAK				1 E		4 E	5(Mow)	8x		
Calciumsulfat	[7778-18-9]	MAK				5 A		10 A	60(Miw)	2x		
Camphechlor (ISO)												siehe chloriertes Camphen
Campher												siehe Kampfer
ε-Caprolactam	[105-60-2]	MAK				5 E		40 E	15(Miw)	4x		
Captan (ISO)	[133-06-2]	MAK		III B		5		10	15(Miw)	4x	Sh	
Carbamidsäureethylester												siehe Ethylcarbamat
Carbaryl (ISO)	[63-25-2]	MAK		III B		5 E					H	
Carbendazim (ISO)	[10605-21-7]		F, D									
Carbetamid (ISO)	[16118-49-3]		D	III B								
Carbofuran (ISO)	[1563-66-2]	MAK				0,1 E		0,2 E	15(Miw)	4x		
Carbonylchlorid	[75-44-5]	MAK			0,02	0,08	0,1	0,4	15(Miw)	4x		
Catechol												siehe 1,2-Dihydroxy-benzol
Chinomethionat (ISO)	[2439-01-2]		f								Sh	
Chinolin-8-ol	[148-24-3]		D									
Chinon												siehe p-Benzochinon
Chlor	[7782-50-5]	MAK			0,5	1,5	0,5	1,5	Mow			
Chloracetaldehyd	[107-20-0]	MAK		III B	1	3	1	3	Mow		H	

Stoff	CAS	MAK oder TRK	Fortpflanzungsgefährdend	Krebserzeugend	Grenzwert TMW [ppm]	TMW [mg/m³]	KZW [ppm]	KZW [mg/m³]	Dauer [min]	Häufigkeit pro Schicht	H, S	Verweis oder Bemerkung
2-Chloracetamid	[79-07-2]		f								Sh	
Chloraceton	[78-95-5]	MAK			1	3,8					H	
α-Chloracetophenon	[532-27-4]	MAK			0,04	0,3	0,08	0,6	15(Miw)	4x	-	
Chloracetylchlorid	[79-04-9]	MAK			0,05	0,2	0,1	0,4	15(Miw)	4x	H	
Chloralkane C_{10-13}	[85535-84-8]			III B								Siehe Chlorparaffine
γ-Chlorallylchlorid												siehe 1,3-Dichlorpropen
S-2-Chlor-allyl-N,N-diethyl-dithiocarbamat												siehe Sulfallat (ISO)
cis-1-(3-Chlorallyl)-3,5,7-triaza-1-azoniaadamantanchlorid	[51229-78-8]		d								Sh	
Chlorameisensäureethylester												siehe Ethylchlorformiat
4-Chlor-2-aminotoluol												siehe 5-Chlor-o-toluidin
5-Chlor-2-aminotoluol												siehe 4-Chlor-o-toluidin
p-Chloranilin	[106-47-8]	TRK		III A2	0,04	0,2	0,12	0,8	15(Miw)	4x	H, Sh	
Chlorbenzalmalondinitril												siehe ((2-Chlor-phenyl)-methylen)-malonodinitril
Chlorbenzol	[108-90-7]	MAK			5	23	15	70	15(Miw)	4x		
p-Chlorbenzotrichlorid	[5216-25-1]		f	III A2								
o-Chlorbenzylidenmalonondinitril												siehe ((2-Chlor-phenyl)-methylen)-malonodinitril
Chlorbrommethan	[74-97-5]	MAK			200	1050	800	4200	15(Miw)	4x		
2-Chlor-1,3-butadien	[126-99-8]	TRK		III A2	5	18	20	72	15(Miw)	4x	H	

GKV

Stoff	CAS	MAK oder TRK	Fortpflanzungsgefährdend	Krebserzeugend	Grenzwert TMW [ppm]	TMW [mg/m³]	KZW [ppm]	KZW [mg/m³]	Dauer [min]	Häufigkeit pro Schicht	H, S	Verweis oder Bemerkung
1-Chlorbutan	[109-69-3]	MAK			25	96	25	96	Mow			
Chlorcyan												siehe Cyanogenchlorid
Chlordan (ISO)	[57-74-9]	MAK		III B		0,5 E		5 E	30(MIw)	1x	H	Polycycl. Chlorkohlenwasserstoff
Chlordecon (ISO)	[143-50-0]			III B								Polycycl. perchloriertes Keton
1-Chlor-1,1-difluorethan (R 142b)	[75-68-3]	MAK			1000	4170	2000	8340	60(Mow)	3x		
Chlordifluormethan											Sh	siehe Monochlordifluormethan
5-Chlor-1,3-dihydro-2H-indol-2-on	[17630-75-0]		f									
Chlordimethylether												siehe Monochlordimethylether
Chlor-N,N-dimethylforminiumchlorid	[3724-43-4]		D									
Chlordioxid	[10049-04-4]	MAK			0,1	0,3	0,1	0,3	Mow			
1-Chlor-2,3-epoxypropan (Epichlorhydrin)	[106-89-8]	TRK		III A2	0,5	1,9	2	7,6	15(MIw)	4x	H, Sh	
Chloressigsäure	[79-11-8]	MAK			1	4	1	4	Mow			
Chloressigsäureethylester	[105-39-5]	MAK			1	5	1	5	Mow		H	
Chloressigsäuremethylester	[96-34-4]	MAK			1	5	1	5	Mow		H, Sh	
Chlorethan (R 160)	[75-00-3]	TRK		III B	9	25	36	100	15(MIw)		H	
2-Chlorethanol	[107-07-3]	MAK			1	3	5	15	30(MIw)	2x	H	
(2-Chlorethyl)(3-hydroxypropyl)ammoniumchlorid	[40722-80-3]			III A2							Sh	
Chlorfluormethan (R 31)	[593-70-4]	TRK		III A2	0,5	1,4	2	5,6	15(MIw)			

Stoff	CAS	MAK oder TRK	Fortpflanzungsgefährdend	Krebserzeugend	Grenzwert TMW [ppm]	TMW [mg/m³]	KZW [ppm]	KZW [mg/m³]	Dauer [min]	Häufigkeit pro Schicht	H, S	Verweis oder Bemerkung
2-Chlor-6-fluorphenol	[2040-90-6]										Sh	
N-Chlorformyl-morpholin	[15159-40-7]		f	III A2								
2-Chlor-N-hydroxymethylacetamid												siehe N-Hydroxy-methyl-2-chlor-acetamid
(3-Chlor-2-hydroxypropyl)-trimethylammoniumchlorid	[3327-22-8]			III B								
Chlorierte Biphenyle	[53469-21-9]	MAK	F, D	III B	0,1	1	1	10	30(Miw)	1x	H	Chlorgehalt 42%
Chlorierte Biphenyle	[11097-69-1]	MAK	F, D	III B	0,05	0,5	0,5	5	30(Miw)	1x	H	Chlorgehalt 54%
Chloriertes Camphen	[8001-35-2]	MAK		III B		0,5 E		5 E	30(Miw)	1x	H	Chlorgehalt 67% bis 69%
Chlorierte Dibenzodioxine und -furane		TRK		III A2		50 pg TE/m³		200 pg TE/m³	15(Miw)	4x		Unter den Geltungsbereich des TRK-Werts fallen chlorierte Dibenzodioxine und -furane auf der Basis der folgenden Toxizitätsäquivalenzfaktoren (TE) nach NATO/CCMS 1988. Siehe Tabelle am Ende von Anhang I
Chlorierter Diphenylether	[55720-99-5]	MAK				0,5 E					H	
Chloriertes Diphenyloxid												siehe chlorierter Diphenylether
Chlorierte Paraffine, C_{14-17}	[85535-85-9]											siehe Chlorparaffine
Chlormethan (R 40)	[74-87-3]	MAK		III B	20	42	40	84	15(Miw)	4x		
3-Chlor-6-methylanilin												siehe

GKV

Stoff	CAS	MAK oder TRK	Fortpflanzungsgefährdend	Krebserzeugend	Grenzwert TMW [ppm]	TMW [mg/m³]	KZW [ppm]	KZW [mg/m³]	Dauer [min]	Häufigkeit pro Schicht	H, S	Verweis oder Bemerkung
												5-Chlor-o-toluidin
5-Chlor-2-methyl-2,3-dihydroisothiazol-3-on und 2-Methyl-2,3-di-hydroisothiazol-3-on (Gemisch im Verhältnis 3:1)	[26172-55-4] [2682-20-4] [55965-84-9]	MAK				0,05					Sh	
Chlormethylmethylether												siehe Monochlordimethylether
3-Chlor-2-methylpropen	[563-47-3]			III B							Sh	
Chlornaphthaline (Isomere von Monochlornaphthalin); 1-Monochlornaphthalin; 2-Monochlornaphthalin	[90-13-1] [91-58-7]	MAK			0,03	0,2	0,09	0,6	15(Miw)	4x	H	
1-Chlor-2-nitrobenzol	[88-73-3]		f	III B							H	
1-Chlor-4-nitrobenzol	[100-00-5]	MAK		III B	0,075	0,5	0,3	2	15(Miw)	4x	H	
1-Chlor-1-nitropropan	[600-25-9]	MAK			20	100						
Chloroform												siehe Trichlormethan
Chlorophen	[120-32-1]		f	III B								
2-Chloropren												siehe 2-Chlor-1,3-butadien
Chlorparaffine	z.B. [63449-39-8] [85535-85-9]		L	III B								unverzweigt, Chlorgehalt 20% – 70%
4-[(3-Chlorphenyl)(1H-imidazol-1-yl)methyl]-1,2-benzoldiamin-dihydrochlorid	[159939-85-2]		f								Sh	
((2-Chlorphenyl)-methylen)-malonodinitril	[2698-41-1]	MAK			0,05	0,4	0,05	0,4	Mow		H	
Chlorpikrin												siehe Trichlornitromethan

Stoff	CAS	MAK oder TRK	Fortpflanzungsgefährdend	Krebserzeugend	Grenzwert								H, S	Verweis oder Bemerkung
					TMW			KZW			Dauer [min]	Häufigkeit pro Schicht		
					[ppm]	[mg/m³]		[ppm]	[mg/m³]					
3-Chlorpropen	[107-05-1]	MAK		III B	1	3		1	3		Mow		H	
Chlorpropham (ISO)	[101-21-3]			III B										
2-Chlorpropionsäure	[598-78-7]	MAK			0,1	0,44		0,2	0,88		15(Miw)	4x	H	
Chlorpyrifos (ISO)	[2921-88-2]	MAK				0,2			0,4		15(Miw)	4x	H	
Chlorstyrole o-Chlorstyrol m-Chlorstyrol p-Chlorstyrol	[1331-28-8] [2039-87-4] [2039-85-2] [1073-67-2]	MAK			50	285		75	430		15(Miw)	4x	H	
Chlorthalonil (ISO)	[1897-45-6]			III B									Sh	
4-Chlor-o-toluidin	[95-69-2] Hydrochlorid: [3165-93-3]			III A1									H	
5-Chlor-o-toluidin	[95-79-4]			III B										
α-Chlortoluol	[100-44-7]	TRK	d	III A2		0,2			0,8		15(Miw)		H	siehe auch α-Chlortoluole
α-Chlortoluole: Gemisch aus α-Chlortoluol, α,α-Dichlortoluol, α,α,α-Trichlortoluol und Benzoylchlorid	[100-44-7] [98-87-3] [98-07-7] [98-88-4]			III C									H	
2-Chlortoluol	[95-49-8]	MAK		III B	50	250								
Chlortoluron (ISO)	[15545-48-9]	MAK	d		20	150		80	600		15(Miw)	4x	H	
2-Chlor-1,1,2-trifluorethyl-difluormethylether	[13838-16-9]	MAK			0,1	0,4		0,2	0,8		5(Mow)	8x		
Chlortrifluorid	[7790-91-2]	MAK			1000	4330		2000	8660		60(Mow)	3x		
Chlortrifluormethan (R 13)	[75-72-9]	MAK			5	8		10	15		5(Mow)	8x		
Chlorwasserstoff	[7647-01-0]	MAK												
Chromcarbonyl	[13007-92-6]			III B										

Stoff	CAS	MAK oder TRK	Fortpflanzungsgefährdend	Krebserzeugend	Grenzwert TMW [ppm]	TMW [mg/E·m³]	KZW [ppm]	KZW [mg/m³]	Dauer [min]	Häufigkeit pro Schicht	H, S	Verweis oder Bemerkung
Chrom-III-chromat ("chromic-chromate")	[24613-89-6]											siehe Chrom(VI)-Verbindungen
Chromdioxiddichlorid (Chromdioxychlorid)	[14977-61-8]											siehe Chrom(VI)-Verbindungen
Chromgelb												siehe Bleichromat
Chrommetall, anorganische Chrom(II)- und anorganische Chrom(III)-Verbindungen (unlöslich)	[7440-47-3]	MAK				2					Sh*)	als Cr berechnet *) Sh für Cr(III)-Verbindungen
Chromoxychlorid												siehe Chromdioxid-dichlorid
Chromsäure	[7738-94-5]											siehe Chrom(VI)-Verbindungen
Chromsäureanhydrid												siehe Chromtrioxid
Chromtrioxid (Chrom(VI)-oxid)	[1333-82-0]		f	III A1							Sah	siehe Chrom(VI)-Verbindungen
Chrom(VI)-Verbindungen - für Schweiß- oder Plasmaschneidearbeiten oder ähnliche raucherzeugende Arbeitsverfahren		TRK		III A1 oder III A2		0,01 E 0,02 E*) 0,05 E*)		0,04 E 0,08 E*) 0,2 E*)	15(Miw)	4x	Sh	als CrO₃ berechnet. *) gilt bis zum 17.01.2025.

GKV

Stoff	CAS	MAK oder TRK	Fortpflanzungsgefährdend	Krebserzeugend	TMW [ppm]	TMW [mg/m³]	KZW [ppm]	KZW [mg/m³]	Dauer [min]	Häufigkeit pro Schicht	H, S	Verweis oder Bemerkung
Chromylchlorid												siehe Chromdioxid-dichlorid
Chrysen	[218-01-9]			III A2								
Chrysotil				III B							Sh	siehe Asbest
Cinidon-Ethyl (ISO)	[142891-20-1]		F*)	III A2								
Cobalt und seine Verbindungen (Cobalt als Cobaltmetall, Cobaltoxid, Cobaltsulfid und Cobaltsulfat, Staub von Cobaltlegierungen)	[7440-48-4]	TRK		III A2					15(MIW)	4x	H, Sah	als Co berechnet *) F für Cobalt
– Herstellung von Cobaltpulver und Katalysatoren, Hartmetall- und Magnetherstellung (Pulveraufarbeitung, Pressen und mechanische Bearbeitung nicht gesinterter Werkstücke)						0,5 E		2 E				
– Im übrigen						0,1 E		0,4 E				
Cobalt(II)-acetat	[71-48-7]		F	III A2							H, Sah	siehe Cobalt
Cobalt(II)-chlorid	[7646-79-9]		F	III A2							H, Sah	siehe Cobalt
Cobalt(II)-carbonat	[513-79-1]		F	III A2							H, Sah	siehe Cobalt
Cobalt(II)-nitrat	[10141-05-6]		F	III A2							H, Sah	siehe Cobalt
Cristobalit												siehe Quarz
Crotonaldehyd												siehe 2-Butenal
Cryofluoran												siehe 1,2-Dichlor-1,1,2,2,-tetrafluorethan
Cumol												siehe Isopropylbenzol

GKV

Stoff	CAS	MAK oder TRK	Fortpflanzungsgefährdend	Krebserzeugend	Grenzwert							H, S	Verweis oder Bemerkung
					TMW		KZW						
					[ppm]	[mg/m³]	[ppm]	[mg/m³]	Dauer [min]	Häufigkeit pro Schicht			
Crufomat (ISO)	[299-86-5]	MAK				5 E		10 E	15(Mlw)	4x		H	.
Cyanacrylsäureethylester	[7085-85-0]	MAK			2	9							
Cyanacrylsäuremethylester	[137-05-3]	MAK			2	9,2						S	
Cyanamid	[420-04-2]	MAK	f, d	IIIB	0,58	1 E						H, S	
Cyanide z.B. Natriumcyanid Kaliumcyanid	[143-33-3] [151-50-8]	MAK				1 E		5 E	15(Mlw)	4x		H	als CN berechnet
Cyanogen													siehe Oxalsäuredinitril
Cyanogenchlorid	[506-77-4]	MAK			0,3	0,6	0,3	0,6	Mow				
Cyansäureamid													siehe Cyanamid
Cyanwasserstoff	[74-90-8]	MAK			0,9	1	4,5	5	15(Mlw)	4x		H	
Cyclohexan	[110-82-7]	MAK			200	700	800	2800	15(Mlw)	4x			
Cyclohexanol	[108-93-0]	MAK			50	200	200	800	15(Mlw)	4x		H	
Cyclohexanon	[108-94-1]	MAK			5	20	20	80	15(Mlw)	4x		H	
Cyclohexen	[110-83-8]	MAK			300	1015	1200	4060	15(Mlw)	4x			
Cycloheximid (ISO)	[66-81-9]		D										
Cyclohexylamin	[108-91-8]	MAK	f		10	40	10	40	Mow				
trans-4-Cyclohexyl-l-prolin monohydrochlorid	[90657-55-9]		f									Sh	
1,3-Cyclopentadien	[542-92-7]	MAK			75	200							
Cyclopentanon	[120-92-3]	MAK			25	90	50	180	15(Mlw)	4x			
1-Cyclopropyl-6,7-difluor-1,4-dihydro-4-oxo-chinolin-3-carbonsäure	[93107-30-3]		f										
Cyproconazol (ISO)	[94361-06-5]		D										
Cytostatika													siehe Zytostatika

Stoff	CAS	MAK oder TRK	Fortpflanzungsgefährdend	Krebserzeugend	Grenzwert TMW [ppm]	TMW [mg/m³]	KZW [ppm]	KZW [mg/m³]	Dauer [min]	Häufigkeit pro Schicht	H, S	Verweis oder Bemerkung
2,4-D (einschl. Salze und Ester)												siehe 2,4-Dichlorphenoxyessigsäure
Dalapon												siehe 2,2-Dichlorpropionsäure
DDT (1,1,1-Trichlor-2,2 bis-(4-chlorphenyl)-ethan)	[50-29-3]	MAK		III B		1 E		10 E	30(Miw)	1x	H	
DDVP												siehe Dichlorvos
Decaboran	[17702-41-9]	MAK			0,05	0,25	0,1	0,5	5(Mow)	8x	H	
Decachlorpentacyclo-[5.2.1.0^{2,6}.0^{3,9}.0^{5,8}]-decan-4-on												siehe Chlordecon
DEHP												siehe Phthalsäureester: Di-(2-ethylhexyl)phthalat
Decachlortetracyclododecanon												siehe Chlordecon
Demeton	[8065-48-3]	MAK			0,01	0,1	0,1	1	30(Miw)	1x	H	
Demetonmethyl	[8022-00-2]	MAK			0,05	0,5	0,5	5	30(Miw)	1x	H	
DEP												siehe Phthalsäureester: Diethylphthalat
Diacetonalkohol												siehe 4-Hydroxy-4-methylpentan-2-on
Diacetyl												Siehe Butandion
N,N'-Diacetyl-benzidin	[613-35-4]			III A2								
Diallylphthalat												siehe Phthalsäureester
2,4-Diaminoanisol	[615-05-4]			III A2								
2,4-Diaminoanisolsulfat	[39156-41-7]			III A2								
3,3'-Diaminobenzidin und seine Salze	[91-95-2]	TRK		III A2	0,003	0,03 E	0,012	0,12 E	15(Miw)	4x	H	

GKV

Stoff	CAS	MAK oder TRK	Fortpflanzungsgefährdend	Krebserzeugend	Grenzwert							H, S	Verweis oder Bemerkung
					TMW		KZW		Dauer [min]	Häufigkeit pro Schicht			
					[ppm]	[mg/m³]	[ppm]	[mg/m³]					
Diaminobenzol													siehe Phenylendiamin, m-, o-, p-
4,4'-Diaminobiphenyl													siehe Benzidin
4,4'-Diamino-3,3'-dichlor-di-phenylmethan													siehe 4,4'-Methylen-bis(2-chloranilin)
4,4'-Diaminodiphenylether													siehe 4,4'-Oxydianilin
4,4'-Diaminodiphenylmethan	[101-77-9]	TRK		III A2		0,08		0,32	15(Miw)	4x		H, Sh	
4,4'-Diaminodiphenylsulfid													siehe 4,4'-Thiodianilin
1,2-Diaminoethan	[107-15-3]	MAK			10	25	40	100	15(Miw)	4x		H, Sh	
1,6-Diaminohexan													siehe Hexamethylendiamin
1,3-Diamino-4-methylbenzol													siehe 2,4-Diaminotoluol
2,4-Diaminotoluol	[95-80-7]	TRK		III A2	0,02	0,1	0,08	0,4	15(Miw)	4x		H, Sh	
2,6-Diaminotoluol	[823-40-5]			III A2								Sh	
α,α'-Diamino-1,3-xylol	[1477-55-0]	MAK	f			0,1		0,1	Mow				
Diammonium-1-hydroxy-2-(4-(4-carboxyphenylazo)-2,5-dimethoxyphenyl-azo)-7-amino-3-naphthalinsulfonat			f										
o-Dianisidin													siehe 3,3'-Dimethoxybenzidin
Diantimontrioxid													siehe Antimontrioxid
Diarsentrioxid													siehe Arsensäure und ihre Salze sowie anorganische Arsenverbindungen

	MAK								
Diazinon (ISO)	[333-41-5]								
Diazomethan	[334-88-3]	III A2	0,1 E	0,4 E	15(Mlw)	4x	H		

Stoff	CAS	MAK oder TRK	Fortpflanzungsgefährdend	Krebserzeugend	Grenzwert TMW [ppm]	TMW [mg/m³]	KZW [ppm]	KZW [mg/m³]	Dauer [min]	Häufigkeit pro Schicht	H, S	Verweis oder Bemerkung
Dibenz[a,h]anthracen	[53-70-3]			III A2								
Dibenzo[a,e]pyren	[192-65-4]			III A2								
Dibenzo[a,h]pyren	[189-64-0]			III A2								
Dibenzo[a,i]pyren	[189-55-9]			III A2								
Dibenzo[a,l]pyren	[191-30-0]			III A2								
Dibenzoylperoxid	[94-36-0]	MAK				5 E		10 E	5(Mow)	8x	Sh	
Dibenzylphthalat												siehe Phthalsäureester
Diboran	[19287-45-7]	MAK			0,1	0,1	0,2	0,2	5(Mow)	8x		
Dibrom												siehe Naled
1,2-Dibrom-3-chlorpropan	[96-12-8]		F	III A2								
Dibromdifluormethan												siehe Difluordibrommethan
1,2-Dibromethan	[106-93-4]	TRK		III A2	0,1	0,8	0,4	3,2	15(Miw)		H	
2,2-Dibrom-2-nitroethanol	[69094-18-4]			III B							Sh	
2,3-Dibrom-1-propanol	[96-13-9]		f	III A2								
Dibutylzinndichlorid DBTC	[683-18-1]		F, D									siehe Zinnverbindungen, organische
Dibutylzinndilaurat	[77-58-7]		F, D									
Di-n-butylamin	[111-92-2]	MAK			5	29	5	29	Mow		H	Reaktion mit nitrosierenden Agenzien kann zur Bildung der entsprechenden kanzerogenen Nitrosamine führen.
2-(Di-n-butylamino)-ethanol	[102-81-8]	MAK			0,5	3,5	1	7	15(Miw)	4x	H	

Stoff	CAS	MAK oder TRK	Fortpflanzungsgefährdend	Krebserzeugend	Grenzwert TMW [ppm]	TMW [mg/m³]	KZW [ppm]	KZW [mg/m³]	Dauer [min]	Häufigkeit pro Schicht	H, S	Verweis oder Bemerkung
Di-n-butylhydrogenphosphat	[107-66-4]	MAK			0,6	5	1,2	10	15(Miw)	4x		
N,N-Di-n-butylnitrosamin												siehe N-Nitrosodi-n-butylamin
2,6-Di-tert-butyl-p-kresol	[128-37-0]	MAK				10						
Di-n-butylphenylphosphat	[2528-36-1]	MAK			0,3	3,5					H	
Dibutylphthalat												siehe Phthalsäureester
Dichloracetylen	[7572-29-4]			III A2								
3,3'-Dichlorbenzidin und seine Salze	[91-94-1]	TRK		III A2	0,003	0,03	0,012	0,12	15(Miw)	4x	H, Sh	
1,2-Dichlorbenzol	[95-50-1]	MAK			20	122	50	306	15(Miw)	4x	H	
1,3-Dichlorbenzol	[541-73-1]	MAK			3	20	12	80	15(Miw)	4x	H	
1,4-Dichlorbenzol	[106-46-7]	MAK		III A2	2	12	4	24	15(Miw)	4x	H	
o-Dichlorbenzol												siehe 1,2-Dichlorbenzol
p-Dichlorbenzol												siehe 1,4-Dichlorbenzol
1,4-Dichlor-2-buten	[764-41-0]	TRK		III A2	0,01	0,05	0,04	0,2	15(Miw)	4x	H	
2,2'-Dichlordiethylether	[111-44-4]	MAK		III B	5	30	25	150	30(Miw)	2x	H	
2,2'-Dichlordiethylsulfid	[505-60-2]			III A1								
2,2-Dichlor-1,1-difluorethyl-methylether												siehe Methoxyfluran
Dichlordifluormethan (R 12)	[75-71-8]	MAK			1000	5000	2000	10000	60(Mow)	3x		
α,α-Dichlordimethylether												siehe Bis(chlormethyl)ether
1,3-Dichlor-5,5 dimethyl-	[118-52-5]	MAK				0,2 E		0,4 E	15(Miw)	4x		

Stoff	CAS	MAK oder TRK	Fortpflanzungsgefährdend	Krebserzeugend	TMW [ppm]	TMW [mg/m³]	KZW [ppm]	KZW [mg/m³]	Dauer [min]	Häufigkeit pro Schicht	H, S	Verweis oder Bemerkung
hydantoin												
1,1-Dichlorethan (R 150a)	[75-34-3]	MAK			100	400	400	1600	15(Miw)	4x	H	
1,2-Dichlorethan	[107-06-2]	TRK		III A2	2	8,2	8	32,8	15(Miw)	4x	H	
1,1-Dichlorethen	[75-35-4]	MAK		III B	2	8	5	20	15(Miw)	4x		
1,2-Dichlorethen (R 1130) (cis und trans)	[540-59-0] [156-59-2] [156-60-5]	MAK			200	790	800	3160	15(Miw)	4x		
Dichlorethin												siehe Dichloracetylen
1,2-Dichlorethylen												siehe 1,2-Dichlorethen
1,2-Dichlorethylmethylether												siehe 1,2-Dichlormethoxyethan
α,β-Dichlorethylmethylether												siehe 1,2-Dichlormethoxyethan
Dichlorfluormethan (R 21)	[75-43-4]	MAK			10	43	40	172	15(Miw)	4x		
α-Dichlorhydrin												siehe 1,3-Dichlor-2-propanol
Dichlormethan (R 30)	[75-09-2]	MAK		III B	50	175	200	700	30(Miw)	2x	H	
1,2-Dichlormethoxyethan	(41683-62-9)			III B								
Dichlormethylbenzol (ringsubstituiert)												siehe Dichlortoluol
2,2'-Dichlor-N-methyl-diethylamin												siehe N-Methylbis-(2-chlorethyl)amin
2,2'-Dichlor-4,4'-methylendianilin												siehe 4,4'-Methylen-bis(2-chloranilin)
1,1-Dichlor-1-nitroethan	[594-72-9]	MAK			2	12					H	
2,4-Dichlorphenoxyessigsäure	[94-75-7]	MAK				1 E		4 E	15(Miw)	4x	H	Gefahr der Haut-

GKV

Stoff	CAS	MAK oder TRK	Fortpflanzungsgefährdend	Krebserzeugend	Grenzwert TMW [ppm]	TMW [mg/m³]	KZW [ppm]	KZW [mg/m³]	Dauer [min]	Häufigkeit pro Schicht	H, S	Verweis oder Bemerkung
(einschließlich Salze und Ester)												resorption für Amin-formulierung, Ester und Salze, nicht jedoch für die Säure
2-(2,4-Dichlorphenoxy)-ethylhydrogensulfat												siehe Disul (ISO)
1,2-Dichlorpropan	[78-87-5]	TRK		III A2	75	350	375	1750	30(Miw)	2x		
1,3-Dichlor-2-propanol	[96-23-1]			III A2								
1,3-Dichlorpropen (cis-, trans-, techn. Gemisch)	[542-75-6]	TRK		III A2	0,11	0,5	0,44	2	15(Miw)	4x	H, Sh	
Dichlorpropen (alle Isomere außer 1,3-Dichlorpropen)	[26952-23-8]	MAK			1	5	2	10	15(Miw)	4x	H	
2,2-Dichlorpropionsäure und ihr Natriumsalz	[75-99-0] [127-20-8]	MAK			1	6						
1,2-Dichlor-1,1,2,2-tetrafluorethan (R 114)	[76-14-2]	MAK			1000	7000	2000	14000	60(Mow)	3x		
α,α-Dichlortoluol	[98-87-3]	TRK		III A2	0,015	0,1	0,06	0,4	15(Miw)			siehe auch α-Chlortoluole
Dichlortoluol (alle ring-substituierten Isomere) 2,4-Dichlortoluol 2,3-Dichlortoluol 2,5-Dichlortoluol 2,6-Dichlortoluol 3,4-Dichlortoluol 3,5-Dichlortoluol	[29797-40-8] [95-73-8] [32768-54-0] [19398-61-9] [118-69-4] [95-75-0] [25186-47-4]	MAK			5	30	20	120	15(Miw)	4x	H	
Dichlorvos (ISO)	[62-73-7]	MAK			0,1	1	1	10	30(Miw)	1x	H	
Dicrotophos (ISO)	[141-66-2]	MAK				0,25		0,5	15(Miw)	4x	H	
Dicyan												siehe Oxalsäuredinitril
Dicyclohexylphthalat												siehe

Stoff	CAS	MAK oder TRK	Fortpflanzungsgefährdend	Krebserzeugend	Grenzwert						H, S	Verweis oder Bemerkung
					TMW		KZW		Dauer [min]	Häufigkeit pro Schicht		
					[ppm]	[mg/m³]	[ppm]	[mg/m³]				
Dicyclopentadien (exo- und endo-)	[77-73-6]	MAK			0,5	2,7	1	5,4	5(Mow)	8x		Phthalsäureester
DIDP												siehe Phthalsäureester: Diisodecylphthalat
Dieldrin (ISO)	[60-57-1]	MAK		III B		0,25 E		2,5 E	30(Miw)	1x	H	Polycycl. Epoxychlorkohlenwasserstoff
1,2,3,4-Diepoxybutan	[1464-53-5]			III A2								
1,3-Di-(2,3-epoxypropoxy)benzol												siehe Diglycidylresorcinether
Dieselmotoremissionen – im Untertagebergbau und bei Untertagebauarbeiten		TRK		III C		0,05 A / 0,3 A*		1,2 A*	15(Miw)	4x		* Gilt für den Untertagebergbau und für Untertagebauarbeiten bis 20.02.2026. Berechnet als EC.
Diethanolamin	[111-42-2]	MAK			0,46	2	0,92	4	15(Miw)	4x	H, Sh	Reaktion mit nitrosierenden Agentien kann zur Bildung des kanzerogenen N-Nitrosodiethanolamins führen.
N,N-Diethanolnitrosamin												siehe N-Nitrosodiethanolamin
1,2-Diethoxyethan	[629-14-1]		f, D									
Diethylamin	[109-89-7]	MAK			5	15	5	15	Mow		H	Reaktion mit nitrosierenden Agentien kann zur Bildung des kanzerogenen N-Nitrosodiethylamins führen.

Stoff	CAS	MAK oder TRK	Fortpflanzungsgefährdend	Krebserzeugend	Grenzwert TMW [ppm]	TMW [mg/m³]	KZW [ppm]	KZW [mg/m³]	Dauer [min]	Häufigkeit pro Schicht	H, S	Verweis oder Bemerkung
2-Diethylaminoethanol	[100-37-8]	MAK			5	24	5	24	Mow		H	
Diethylcarbamidsäurechlorid	[88-10-8]			III B								
O,O-Diethyl-O-(1,6-dihydro-6-oxo-1-phenyl-pyridazin-3-yl)thiophosphat												siehe Pyridafenthion
Diethylenglykol	[111-46-6]	MAK			10	44	40	176	15(Miw)	4x		
Diethylenglykoldimethylether	[111-96-6]	MAK	F, D		5	27	20	108	15(Miw)	4x	H	
Diethylenglykolmonobutylether												siehe Butyldiglykol
Diethylentriamin	[111-40-0]	MAK			1	4					Sh	
Diethylether	[60-29-7]	MAK			100	300	200	600	30(Miw)	2x		
Di-(2-ethylhexyl)phthalat												siehe Phthalsäureester
O,O-Diethyl-O-(4-nitrophenyl)thiophosphat												siehe Parathion
N,N-Diethylnitrosamin												siehe N-Nitrosodiethylamin
Diethylphthalat												siehe Phthalsäureester
Diethylsulfat	[64-67-5]	TRK		III A2	0,03	0,2	0,12	0,8	15(Miw)	4x	H	
Difluordibrommethan	[75-61-6]	MAK			100	860	400	3440	15(Miw)	4x		
1,1-Difluorethen (R 1132a)	[75-38-7]			III B								
1,1-Difluorethylen												siehe 1,1-Difluorethen
Difluormonochlorethan												siehe 1-Chlor-1,1-difluorethan
Difluormonochlormethan												siehe Monochlordifluormethan
Diglycidylether	[2238-07-5]	MAK		III B	0,1	0,6	0,2	1,2	5(Mow)	8x	H	

GKV

Stoff	CAS	MAK oder TRK	Fortpflanzungsgefährdend	Krebserzeugend	Grenzwert						H, S	Verweis oder Bemerkung
					TMW [ppm]	TMW [mg/m³]	KZW [ppm]	KZW [mg/m³]	Dauer [min]	Häufigkeit pro Schicht		
1,3-Diglycidyloxybenzol												siehe Diglycidyl-resorcinether
Diglycidylresorcinether	[101-90-6]			III A2							Sh	
Diheptylphthalat												siehe Phthalsäureester
N,N'-Dihexadecyl-N,N'-bis[2-Hydroxyethyl]-propandiamid	[149591-38-8]		f									
N-[6,9-Dihydro-9-[[2-hydroxy-1-(hydroxymethyl)ethoxy]methyl]-6-oxo-1H-purin-2-yl]acetamid	[84245-12-5]		F, D	III A2								
(S)-2,3-Dihydro-1H-indol-2-carbonsäure	[79815-20-6]		f								Sh	
1,2-Dihydroxybenzol	[120-80-9]	TRK		III A2	4,5	20 E	9	40 E	15(Miw)	4x	H	
1,3-Dihydroxybenzol	[108-46-3]	MAK			10	45					Sh	
1,4-Dihydroxybenzol	[123-31-9]	MAK		III B		2 E		4 E	5(Mow)	8x	S	
4-[4-(1,3-Dihydroxyprop-2-yl)-phenylamino]-1,8-dihydroxy-5-nitroanthrachinon	[114565-66-1]			III B							Sh	
Diisobutylketon												siehe 2,6-Dimethyl-heptan-4-on
Diisobutylphthalat												siehe Phthalsäureester
Diisocyanattoluole		MAK		III B	0,005	0,035	0,02	0,14	15	4x	Sah	
m-Tolylidendiisocyanat	[26471-62-5]											
2,4-Diisocyanattoluol	[584-84-9]											
2,6-Diisocyanattoluol	[91-08-7]											
Diisodecylphthalat												siehe Phthalsäureester

Stoff	CAS	MAK oder TRK	Fortpflanzungsgefährdend	Krebserzeugend	Grenzwert						H, S	Verweis oder Bemerkung
					TMW		KZW		Dauer [min]	Häufigkeit pro Schicht		
					[ppm]	[mg/m³]	[ppm]	[mg/m³]				
Diisopropylamin	[108-18-9]	MAK			5	20	10	40	15(M/w)	4x	H	Reaktion mit nitrosierenden Agentien kann zur Bildung der entsprechenden kanzerogenen N-Nitrosamine führen
Diisopropylether	[108-20-3]	MAK			250	1050						
N,N-Diisopropylnitrosamin												siehe N-Nitrosodiisopropylamin
3,3'-Dimethoxybenzidin und seine Salze	[119-90-4]	TRK		III A2	0,003	0,03	0,012	0,12	15(M/w)	4x	H	
1,2-Dimethoxyethan EGDME	[110-71-4]		F, D									
Dimethoxymethan	[109-87-5]	MAK			1000	3100						
N,N-Dimethylacetamid	[127-19-5]	MAK	f, D		10	36	20	72	15(M/w)	4x	H	
Dimethylamin	[124-40-3]	MAK			2	3,8	2	3,8	Mow			Reaktion mit nitrosierenden Agentien kann zur Bildung des kanzerogenen N-Nitrosodiemethylamins führen.
N,N-(Dimethylamino)-thioacetamid-hydrochlorid	[27366-72-9]		D									
4,4'-Dimethylaminobenzophenonimid												siehe Auramin
Dimethylaminosulfochlorid												siehe Dimethylsulfamoylchlorid
Dimethylaminosulfonylchlorid												siehe Dimethylsulfamoylchlorid

Stoff	CAS	MAK oder TRK	Fortpflanzungs-gefährdend	Krebs-erzeugend	Grenzwert TMW [ppm]	TMW [mg/m³]	KZW [ppm]	KZW [mg/m³]	Dauer [min]	Häufigkeit pro Schicht	H, S	Verweis oder Bemerkung
N,N-Dimethylanilin	[121-69-7]	MAK		III B	5	25	20	100	15(Miw)	4x	H	
N,N-Dimethylanilinium-tetrakis(pentafluorphenyl)borat	[118612-00-3]			III B								
3,3'-Dimethylbenzidin und seine Salze	[119-93-7]	TRK		III A2	0,003	0,03	0,012	0,12	15(Miw)		H	
1,1'-Dimethyl-4,4'-bi-pyridinium												siehe Paraquatchlorid
Dimethylbutan												siehe Hexan (alle Isomere außer n-Hexan)
1,3-Dimethylbutylacetat	[108-84-9]	MAK			50	300	100	600	5(Mow)	8x		
Dimethylcarbamidsäurechlorid	[79-44-7]			III A2							H, Sh	
3,3'-Dimethyl-4,4'-diamino-diphenylmethan	[838-88-0]	TRK		III A2		0,05		0,2	15(Miw)	4x	H, Sh	
Dimethylether	[115-10-6]	MAK			1000	1910	2000	3820	60(Mow)	3x		
N,N-Dimethylethylamin	[598-56-1]	MAK			2,5	8	5	16	10(Mow)	4x		
Dimethylformamid	[68-12-2]	MAK	D		2	6	4	12	15(Miw)	4x	H	
2,6-Dimethylheptan-4-on	[108-83-8]	MAK			50	290					H, Sh	
1,1-Dimethylhydrazin	[57-14-7]			III A2							H, Sh	
1,2-Dimethylhydrazin	[540-73-8]			III A2							H, Sh	
Dimethylhydrogenphosphit	[868-85-9]	MAK		III B								
Dimethylhydrogenphosphonat												siehe Dimethyl-hydrogenphosphit
N,N-Dimethylisopropylamin	[996-35-0]	MAK			2	7						
N,N-Dimethylnitrosamin												siehe N-Nitrosodimethylamin
Dimethylphosphit												siehe Dimethyl-hydrogenphosphit

GKV

Stoff	CAS	MAK oder TRK	Fortpflanzungsgefährdend	Krebserzeugend	Grenzwert TMW [ppm]	TMW [mg/m³]	KZW [ppm]	KZW [mg/m³]	Dauer [min]	Häufigkeit pro Schicht	H, S	Verweis oder Bemerkung
Dimethylphosphonat												siehe Dimethylhydrogenphosphit
2,2-Dimethylpropan												siehe Pentan, tert-
Dimethylpropylenharnstoff	[7226-23-5]		f									
1,1-Dimethylproylacetat												siehe Pentylacetat: tert-Amylacetat
Dimethylsulfamoylchlorid	[13360-57-1]	TRK		III A2		0,1		0,4	15(Miw)	4x	H	
Dimethylsulfat	[77-78-1]	TRK		III A2					15(Miw)	4x	H	
– Herstellung					0,02	0,1	0,08	0,4				
– sonstige Verwendung					0,04	0,2	0,16	0,8				
Dimethylsulfoxid	[67-68-5]	MAK			50	160					H	
Dimoxystrobin (ISO)	[149961-52-4]		d	III B								
Dinatriumtetraborate (wasserfrei, Pentahydrat, Decahydrat)	[1330-43-4] [12267-73-1] [13840-56-7] [12179-04-3] [1303-96-4]		F, D									
Dinitolmid												siehe 2-Methyl-3,5-dinitrobenzamid
Dinitrobenzol, alle Isomere: 1,2-Dinitrobenzol 1,3-Dinitrobenzol 1,4-Dinitrobenzol	[25154-54-5] [528-29-0] [99-65-0] [100-25-4]			III B							H	
Dinitro-o-kresol alle Isomere	z.B. [534-52-1]	MAK				0,2 E		0,4 E	15(Miw)	4x	H	
Dinitronaphthaline, alle Isomere z.B. 1,5-Dinitronaphthalin 1,8-Dinitronaphthalin	[27478-34-8] [605-71-0] [602-38-0]			III B								

GKV

Stoff	CAS	MAK oder TRK	Fortpflanzungsgefährdend	Krebserzeugend	Grenzwert TMW [ppm]	TMW [mg/m³]	KZW [ppm]	KZW [mg/m³]	Dauer [min]	Häufigkeit pro Schicht	H, S	Verweis oder Bemerkung
Dinitrotoluole (Isomerengemisch) 2,3-Dinitrotoluol 2,4-Dinitrotoluol 2,5-Dinitrotoluol 2,6-Dinitrotoluol 3,4-Dinitrotoluol 3,5-Dinitrotoluol	[25321-14-6] [602-01-7] [121-14-2] [619-15-8] [606-20-2] [610-39-9] [618-85-9]		f	III A2							H	
2,6-Dinitrotoluol	[606-20-2]	TRK	f	III A2	0,007	0,05	0,028	0,2	15(Miw)	4x		
3,4-Dinitrotoluol	[610-39-9]	TRK	f	III A2		1,5		6	15(Miw)	4x		
3,5-Dinitro-o-toluamid												siehe 2-Methyl-3,5-dinitrobenzamid
Dinocap (ISO)	[39300-45-3]		D								Sh	
Dinonylphthalat												siehe Phthalsäureester
Dinoseb (ISO), seine Salze und Ester	[88-85-7]		f, D									
Dinoterb (ISO), seine Salze und Ester	[1420-07-1]		D									
Dioctylphthalat												siehe Phthalsäureester
Di-sec-octylphthalat												siehe Phthalsäureester
Di-n-octylzinnverbindungen: z.B. Dioctylzinnchlorid Dioctylzinn-2-ethylhexylthioglykolat Dioctylzinnisooctylmaleat Dioctylzinnisooctylthioglykolat Dioctylzinnmaleat Dioctylzinnoxid	[3542-36-7] [15571-58-1] [33568-99-9] [26401-97-8] [16091-18-2] [870-08-6]		D*)									siehe Zinnverbindungen, organische *) D für Dioctylzinnchlorid und Dioctylzinn-2-ethylhexylthioglykolat

Stoff	CAS	MAK oder TRK	Fortpflanzungsgefährdend	Krebserzeugend	Grenzwert						H, S	Verweis oder Bemerkung
					TMW		KZW		Dauer [min]	Häufigkeit pro Schicht		
					[ppm]	[mg/m³]	[ppm]	[mg/m³]				
1,4-Dioxan	[123-91-1]	MAK		III A2	20	73	40	146	Mow		H	
Dioxathion (ISO)	[78-34-2]	MAK				0,2		0,4	15(Miw)	4x	H	
Diphenyl												siehe Biphenyl
Diphenylamin	[122-39-4]	MAK			0,7	5 E	1,4	10 E	15(Miw)	4x	H	
Diphenylether	[101-84-8]	MAK			1	7	2	14	15(Miw)	4x		
1,3-Diphenylguanidin	[102-06-7]		f									
Diphenylmethan-diisocyanat (alle Isomere): Diphenylmethan-4,4'-diisocyanat Diphenylmethan-2,2'-diisocyanat Diphenylmethan-2,4'-diisocyanat	[101-68-8] [2536-05-2] [5873-54-1]	MAK		III B	0,005	0,05	0,01	0,1	5(Mow)	8x	Sah	
Diphenyloxid, chloriertes												siehe chlorierter Diphenylether
Diphosphorpentaoxid												siehe Phosphorpentoxid
Diphosphorpentasulfid	[1314-80-3]	MAK				1 E		2 E	5(Mow)	8x		
Dipropylenglykolmono-methylether (Isomerengemisch)	[34590-94-8]	MAK			50	307	100	614	5(Mow)	8x	H	
Di-n-propylether	[111-43-3]	MAK			250	1050	330	1400	15(Miw)	4x		
Dipropylketon												siehe 4-Heptanon
N,N-Di-n-propylnitrosamin												siehe N-Nitrosodi-n-propylamin
Dischwefeldecafluorid												siehe Schwefel-pentafluorid
Dischwefeldichlorid	[10025-67-9]	MAK			1	6	2	12	5(Mow)	8x		
Diquatdibromid (ISO)	[85-00-7]	MAK				0,5 E		1 E	15(Miw)	4x	H	
Distickstoffmonoxid	[10024-97-2]	MAK			100	180	400	720	15(Miw)	4x		

Stoff	CAS	MAK oder TRK	Fortpflanzungsgefährdend	Krebserzeugend	Grenzwert TMW [ppm]	[mg/m³]	KZW [ppm]	[mg/m³]	Dauer [min]	Häufigkeit pro Schicht	H, S	Verweis oder Bemerkung
Disul (ISO), Säure und Na-Salz	[149-26-8]	MAK				5 E		10 E	15(Miw)	4x		
Disulfiram	[97-77-8]	MAK				2 E		20 E	30(Miw)	1x	Sh	Reaktion mit nitrosierenden Agentien kann zu Bildung des kanzerogenen N-Nitrosodiethylamins führen.
Disulfoton (ISO)	[298-04-4]	MAK				0,1		0,2	15(Miw)	4x	H	
Ditalimpentoxid	[1314-61-0]	MAK				5 E		10 E	15(Miw)	4x		
Diuron (ISO)	[330-54-1]	MAK		III B		5 E		10 E	15(Miw)	4x		
Divanadiumpentaoxid												siehe Vanadiumpentoxid
Divinylbenzol (alle Isomere): 1,2-Divinylbenzol 1,3-Divinylbenzol 1,4-Divinylbenzol	[1321-74-0] [91-14-5] [108-57-6] [105-06-6]	MAK			9	50	18	100	15(Miw)	4x		
DNOC												siehe 4,6-Dinitro-o-kresol
DNP												siehe Phthalsäureester: Dinonylphthalat
DOP			F	III B								siehe Phthalsäureester: Dioctylphthalat
Droloxifen	[82413-20-5]		F								Sh	
Eichenholzstaub												siehe Holzstaub
Eisen												siehe Ferrovanadium
Eisendimethyldithiocarbamat												siehe Ferbam
Eisenoxide	z.B. [1345-25-1]	MAK				10 E		20 E	60(Miw)	2x		

Stoff	CAS	MAK oder TRK	Fortpflanzungs-gefährdend	Krebs-erzeugend	Grenzwert						H, S	Verweis oder Bemerkung
					TMW		KZW		Dauer [min]	Häufigkeit pro Schicht		
					[ppm]	[mg/m³]	[ppm]	[mg/m³]				
Eisenpentacarbonyl	[1309-37-1]					5 A		10 A				
Endosulfan (ISO)	[13463-40-6]	MAK			0,1	0,8	0,4	3,2	15(Miw)	4x		
Endrin (ISO)	[115-29-7]	MAK				0,1 E		0,2 E	15(Miw)	4x	H	
	[72-20-8]	MAK				0,1 E		1 E	30(Miw)	1x	H	Polycycl. Epoxy-chlorkohlen-wasserstoff
Enfluran												siehe 2-Chlor-1,1,2-trifluorethyl-difluor-methylether
Epichlorhydrin												siehe 1-Chlor-2,3-epoxypropan
EPN												siehe O-Ethyl-O-(4-nitrophenyl)phenyl-thiophosphonat
1,2-Epoxybutan	[106-88-7]			III A2							H	
Epoxiconazol (ISO)	[133855-98-8]		f, D	III B								
1,2-Epoxy-4-(epoxyethyl)-cyclohexan												siehe 4-Vinyl-1,2-cyclohexendiepoxid
Epoxyethylbenzol												siehe Styroloid
1-Epoxyethyl-3,4-epoxy-cyclohexan												siehe 4-Vinyl-1,2-cyclohexendiepoxid
1,2-Epoxypropan	[75-56-9]	MAK		III A2	1	2,4	4	8	15(Miw)	4x		
2,3-Epoxypropan-1-ol	[556-52-5]	TRK	F	III A2	50	150	50	150	Mow		H, Sah	
R-2,3 Epoxy-1-Propanol	[57044-25-4]		F.	III A2								
2,3-Epoxypropylisopropylether												siehe Isopropylgly-cidylether
2,3-Epoxypropylmethacrylat	[106-91-2]		F	III A2								

Stoff	CAS	MAK oder TRK	Fortpflanzungsgefährdend	Krebserzeugend	TMW [ppm]	TMW [mg/m³]	KZW [ppm]	KZW [mg/m³]	Dauer [min]	Häufigkeit pro Schicht	H, S	Verweis oder Bemerkung
2,3-Epoxypropyltrimethyl-ammoniumchlorid												siehe Glycidyltrimethylammoniumchlorid
1,2-Epoxy-3-(tolyloxy)propan (alle Isomere)	[26447-14-3]	MAK		III B	10	70	20	140	15(Miw)	4x		
Erionit	[12510-42-8]			III A1								
Essigsäure	[64-19-7]	MAK			10	25	20	50	5(Mow)	8x		
Essigsäureamylester (alle Isomere)												siehe Pentylacetat
Essigsäureanhydrid	[108-24-7]	MAK			5	20	10	40	5(Mow)	8x		
Essigsäurebutylester												siehe Butylacetat
Essigsäureethylester												siehe Ethylacetat
Essigsäure-sec-hexylester												siehe 1,3-Dimethyl-butylacetat
Essigsäuremethylester												siehe Methylacetat
Essigsäurepropylester												siehe Propylacetat: Isopropylacetat
Essigsäurevinylester												siehe Vinylacetat
Etacelasil (ISO)	[37894-46-5]		D									
Ethandiol												siehe Ethylenglykol
3-(1,2-Ethandiylacetale)-estra-5(10),9(11)-dien-3,17-dion, zyklisch	[5571-36-8]		F									
Ethanol	[64-17-5]	MAK			1000	1900	2000	3800	60(Mow)	3x		
Ethanolamin												siehe 2-Aminoethanol
Ethanthiol	[75-08-1]	MAK			0,5	1,3	0,5	1,3	Mow			
O,O'-(ethenylmethyl-	[156145-66-3]		f									

GKV

Stoff	CAS	MAK oder TRK	Fortpflanzungsgefährdend	Krebserzeugend	Grenzwert TMW [ppm]	TMW [mg/m³]	KZW [ppm]	KZW [mg/m³]	Dauer [min]	Häufigkeit pro Schicht	H, S	Verweis oder Bemerkung
silylen]dioxim-4-methyl-2-pentanon												
Ether												siehe Diethylether
Ethion (ISO)	[563-12-2]	MAK				0,4		0,8	15(Miw)	4x	H	
2-Ethoxyethanol	[110-80-5]	MAK	F, D		2	8	8	32	15(Miw)	4x	H	
2-(2-Ethoxyethoxy)ethanol	[111-90-0]	MAK			6	35	24	140	15(Miw)	4x		
2-Ethoxyethylacetat	[111-15-9]	MAK	F, D		2	11	8	44	15(Miw)	4x	H	
2-Ethoxy-1-methylethyl-acetat (1-Ethoxy-2-propylacetat)	[54839-24-6]	MAK			50	300	200	1200	15(Miw)	4x		
(4-Ethoxyphenyl)[3-(4-fluor-3-phenoxyphenyl)-propyl]dimethylsilan Silafluofen	[105024-66-6]		F									
1-Ethoxypropan-2-ol	[1569-02-4]	MAK			50	220	200	880	15(Miw)			
1-Ethoxy-2-propylacetat												siehe 2-Ethoxy-1-methylethyl-acetat
Ethylacetat	[141-78-6]	MAK			200	734	400	1468	15(Miw)	4x		
Ethylacrylat	[140-88-5]	MAK			5	20	10	40	5(Mow)	8x	H, Sh	
Ethylalkohol												siehe Ethanol
Ethylamin	[75-04-7]	MAK			5	9,4	10	18,8	15(Miw)	4x		
Ethyl-sec-amylketon												siehe 5-Methyl-3-heptanon
Ethylbenzol	[100-41-4]	MAK			100	440	200	880	5(Mow)	8x	H	
Ethylbromid												siehe Bromethan
Ethylbutylketon												siehe 3-Heptanon
Ethylcarbamat	[51-79-6]			III A2								
Ethylchloracetat												siehe Chloressigsäureethylester

Stoff	CAS	MAK oder TRK	Fortpflanzungsgefährdend	Krebserzeugend	Grenzwert						H, S	Verweis oder Bemerkung
					TMW		KZW		Dauer [min]	Häufigkeit pro Schicht		
					[ppm]	[mg/m³]	[ppm]	[mg/m³]				
Ethylchlorid												siehe Chlorethan
Ethylchlorformiat	[541-41-3]	MAK			1	4,4	3	13,2	15(Miw)	4x		
Ethyl-1-(2,4-dichlorphenyl)-5-(trichlormethyl)-1H-1,2,4-triazol-3-carboxylat	[103112-35-2]			III A2								
Ethylendiamin												siehe 1,2-Diaminoethan
Ethylendibromid												siehe 1,2-Dibromethan
Ethyldiglykol												siehe 2-(2-Ethoxy-ethoxy)ethanol
Ethylenglykol	[107-21-1]	MAK			10	26	20	52	5(Mow)	8x	H	
Ethylenglykoldinitrat	[628-96-6]	MAK			0,05	0,3	0,2	1,2	15(Miw)	4x	H	
Ethylenglykolmonobutylether												siehe 2-Butoxyethanol
Ethylenglykolmonobutyl-etheracetat												siehe 2-Butoxyethylacetat
Ethylenglykolmonoethylether												siehe 2-Ethoxyethanol
Ethylenglykolmonoethyl-etheracetat												siehe 2-Ethoxyethylacetat
Ethylenglykolmonomethylether												siehe 2-Methoxyethanol
Ethylenglykolmonomethyl-etheracetat												siehe 2-Methoxy-ethylacetat
Ethylenglykolmonopropylether												siehe (2-Propyloxy)-ethanol
Ethylenglykolmonopropyl-etheracetat												siehe (2-Propyloxy)-ethylacetat

GKV

Stoff	CAS	MAK oder TRK	Fortpflanzungsgefährdend	Krebserzeugend	Grenzwert TMW [ppm]	[mg/m³]	KZW [ppm]	[mg/m³]	Dauer [min]	Häufigkeit pro Schicht	H, S	Verweis oder Bemerkung
Ethylenimin	[151-56-4]	TRK		III A2	0,5	0,9	2	3,6	15(Miw)	4x	H	
Ethylenoxid	[75-21-8]	TRK	F, d	III A2	1	1,8	4	7,2	15(Miw)	4x	H	
Ethylenthioharnstoff	[96-45-7]		D									
Ethylether												siehe Diethylether
Ethyl-3-ethoxypropionat	[763-69-9]	MAK			100	610	100	610	Mow		H	
Ethylformiat	[109-94-4]	MAK			100	300	200	600	5(Mow)	8x	H	
Ethylglykol												siehe 2-Ethoxyethanol
Ethylglykolacetat												siehe 2-Ethoxyethylacetat
2-Ethyl-1-hexanol	[104-76-7]	MAK			1	5,4	2	10,8	5(Mow)	8x		
2-Ethylhexansäure	[149-57-5]		D									
2-Ethylhexylacrylat	[103-11-7]	MAK			10	82	10	82	Mow		Sh	
2-Ethylhexylchlorformiat	[24468-13-1]	MAK			1	8	3	24	15(Miw)	4x		
2-Ethylhexyl-3,5-bis(1,1-dimethylethyl)-4-hydroxy-phenylmethylthioacetat	[80387-97-9]		D								Sh	
2-Ethylhexyl-2-ethylhexanoat	[7425-14-1]		d									
Ethylidenchlorid												siehe 1,1-Dichlorethan
5-Ethyliden-8,9,10-trinorborn-2-en	[16129-75-3]	MAK			5	25	5	25	Mow			
Ethylmercaptan												siehe Ethanthiol
Ethylmethacrylat	[97-63-2]	MAK			50	250	75	375	15(Miw)	4x	Sh	
Ethylmethylketon												siehe Butanon
3-Ethyl-2-methyl-2-(3-methylbutyl)-1,3-oxazolidin	[143860-04-2]		F									

Stoff	CAS	MAK oder TRK	Fortpflanzungsgefährdend	Krebserzeugend	Grenzwert							H, S	Verweis oder Bemerkung
					TMW			KZW		Dauer [min]	Häufigkeit pro Schicht		
					[ppm]	[mg/m³]		[ppm]	[mg/m³]				
4-Ethylmorpholin													siehe N-Ethylmorpholin
N-Ethylmorpholin	[100-74-3]	MAK			5	23		10	46	15(Miw)	4x	H	
O-Ethyl-O-(4-nitrophenyl)-phenylthiophosphonat	[2104-64-5]	MAK				0,5 E			5 E	30(Miw)	1x	H	
N-Ethyl-N-nitrosoanilin													siehe N-Nitroso-ethylphenylamin
N-Ethyl-N-nitroso-ethanamin													siehe N-Nitroso-diethylamin
Ethylsilicat													siehe Tetraethyl-orthosilicat
Ethylurethan													siehe Ethylcarbamat
Fenamiphos (ISO)	[22224-92-6]	MAK				0,1 E			0,2 E	15(Miw)	4x	H	
Fenarimol (ISO)	[60168-88-9]		f, d, L										
Fenchlorphos (ISO)	[299-84-3]	MAK				5 E			10 E	15(Miw)	4x	H	
Fenitrothion (ISO)	[122-14-5]					1							
Fenobucarb													siehe 2-sec-Butyl-phenylmethyl-carbamat
Fenpropimorph (ISO)	[67564-91-4]		d										
Fensulfothion (ISO)	[115-90-2]	MAK				0,1			0,2	15(Miw)	4x	H	
Fenthion (ISO)	[55-38-9]	MAK				0,2 E			2 E	30(Miw)	1x	H	
Fentin acetat (ISO)	[900-95-8]		d	III B									
Fentin hydroxid (ISO)	[76-87-9]		d	III B									
Ferbam (ISO)	[14484-64-1]	MAK				10 E							
Ferrocen	[102-54-5]	MAK				5 E			10 E	15(Miw)	4x		
Ferrovanadium (Staub)	[12604-58-9]	MAK				1 E							

GKV

Stoff	CAS	MAK oder TRK	Fortpflanzungsgefährdend	Krebserzeugend	Grenzwert TMW [ppm]	TMW [mg/m³]	KZW [ppm]	KZW [mg/m³]	Dauer [min]	Häufigkeit pro Schicht	H, S	Verweis oder Bemerkung
Flachs		MAK				2 E						
Fluazifop-butyl (ISO)	[69806-50-4]		D									
Fluazifop-P-butyl (ISO)	[79241-46-6]		d									
Flumioxazin (ISO)	[103361-09-7]		D									
Fluor	[7782-41-4]	MAK			0,1	0,2	0,2	0,4	5(Mow)	8x		als F berechnet
Fluoride		MAK				2,5 E		12,5 E	30(Miw)	2x		als F berechnet
Fluoride und Fluorwasserstoff bei gleichzeitigem Vorkommen beider Stoffe		MAK				2,5		5	5(Mow)	8x		
Fluoromethyl-1,1,1,3,3,3-hexafluoroisopropylether												siehe Sevofluran
Fluortrichlormethan (R 11)												siehe Trichlorfluormethan
Fluorwasserstoff	[7664-39-3]	MAK			1,8	1,5	3	2,5	15(Miw)	4x	H	
Fluroxen	[406-90-6]	MAK			2	10	4	20	15(Miw)	4x		
Flusilazol (ISO)	[85509-19-9]		D	III B								
Flussäure												siehe Fluorwasserstoff
Folpet (ISO)	[133-07-3]			III B							Sh	
Fonofos (ISO)	[944-22-9]	MAK				0,1		0,2	15(Miw)	4x	H	
Formaldehyd	[50-00-0]	MAK		III A2	0,3	0,37	0,6	0,74	Mow		Sh	
Formamid	[75-12-7]	MAK	D		9	16	18	32	15(Miw)	4x	H	
Furan	[110-00-9]			III A2								
Furfural, Furfurol												
Furfurylalkohol	[98-00-0]	MAK		III B	5	20					H	siehe 2-Furylmethanal
2-Furylmethanal	[98-01-1]	MAK		III B	5	20					H	

GKV

Stoff	CAS	MAK oder TRK	Fortpflanzungsgefährdend	Krebserzeugend	Grenzwert TMW [ppm]	TMW [mg/m³]	KZW [ppm]	KZW [mg/m³]	Dauer [min]	Häufigkeit pro Schicht	H, S	Verweis oder Bemerkung
Galliumarsenid	[1303-00-0]			III A2								
Getreide (Leichtstaub von)		MAK				5 E		10 E	30(Miw)	2x	Sa	
Getreidemehlstaub		MAK				4 E		8 E	30(Miw)	2x	Sa	gilt nicht für Maisstärke
Germaniumtetrahydrid	[7782-65-2]	MAK			0,2	0,6	0,4	1,2	15(Miw)	4x		
Glimmer		MAK				10 E						
Glutaral												siehe Glutardialdehyd
Glutardialdehyd	[111-30-8]	MAK			0,05	0,2	0,05	0,2	Mow		Sah	
Glycerin-α,γ-dichlorhydrin												siehe 1,3-Dichlor-2-propanol
Glycerintrinitrat	[55-63-0]	MAK			0,01	0,095	0,02	0,19	15(Miw)	4x	H	
Glycidol (Glycid)												siehe 2,3-Epoxy-1-propanol
Glycidyltrimethyl-ammoniumchlorid	[3033-77-0]		f	III A2							H, Sh	
Glykol												siehe Ethylenglykol
Glykoldinitrat												siehe Ethylenglykoldinitrat
Graphit (Alveolarstaub mit < 1% Quarz)	[7782-42-5] [7440-44-0]	MAK				5 A		10 A	60(Miw)	2x		
Hafnium	[7440-58-6]	MAK				0,5 E		5 E	30(Miw)	1x		
Hafniumverbindungen		MAK				0,5 E						als Hf berechnet
Halothan												siehe 2-Brom-2-chlor-1,1,1-trifluorethan
Hanf		MAK				2 E						
HDI												siehe Hexamethylen-1,6-diisocyanat

Stoff	CAS	MAK oder TRK	Fortpflanzungsgefährdend	Krebserzeugend	Grenzwert TMW [ppm]	TMW [mg/m³]	KZW [ppm]	KZW [mg/m³]	Dauer [min]	Häufigkeit pro Schicht	H, S	Verweis oder Bemerkung
Hempa												siehe Hexamethyl-phoshorsäuretriamid
HEOD												siehe Dieldrin
Heptachlor (ISO)	[76-44-8]	MAK		III B		0,5 E		5 E	30(Miw)	1x	H	Polycycl. Chlorkohlenwasserstoff
Heptachlorepoxid	[1024-57-3]			III B								
Heptan (alle Isomere):		MAK			500	2000	2000	8000	15(Miw)	4x		
n-Heptan	[142-82-5]											
2,2-Dimethylpentan	[590-35-2]											
2,3-Dimethylpentan	[565-59-3]											
2,4-Dimethylpentan	[108-08-7]											
3,3-Dimethylpentan	[562-49-2]											
3-Ethylpentan	[617-78-7]											
2-Methylhexan	591-76-4]											
3-Methylhexan	[589-34-4]											
2,2,3-Trimethylbutan	[464-06-2]											
Isoheptan (Gemisch)	[31394-54-4]											
Heptan-2-on	[110-43-0]	MAK			50	237	100	473	15(Miw)	4x	H	
Heptan-3-on	[106-35-4]	MAK			20	95						
Heptan-4-on	[123-19-3]	MAK			50	230	100	460	15(Miw)	4x		
Hexachlorbenzol	[118-74-1]			III A2								
1,1,2,3,4,4-Hexachlor-1,3-butadien	[87-68-3]			III B							H	
1,2,3,4,5,6-Hexachlorcyclohexan (techn. Gemisch aus α-HCH und β-HCH)	[319-84-6] [319-85-7]	MAK		III B		0,5 E					H	(Konzentration von α-HCH dividiert durch 5) + Konzentration von β-HCH darf 0,5 mg/m³ nicht übersteigen.
γ-1,2,3,4,5,6-Hexachlorcyclohexan												siehe Lindan
Hexachlorethan (R 110)	[67-72-1]	MAK			1	10						

Stoff	CAS	MAK oder TRK	Fortpflanzungsgefährdend	Krebserzeugend	Grenzwert						H, S	Verweis oder Bemerkung
					TMW		KZW		Dauer [min]	Häufigkeit pro Schicht		
					[ppm]	[mg/m³]	[ppm]	[mg/m³]				
Hexachlornaphthalin (alle Isomere)	[1335-87-1]	MAK				0,2 E		0,4 E	15(Miw)	4x	H	
Hexafluoraceton	[684-16-2]	MAK			0,1	0,7	0,2	1,4	15(Miw)	4x	H	
Hexahydro-1,3,5-trinitro-1,3,5-triazin												siehe Perhydro-1,3,5-trinitro-1,3,5-triazin
Hexamethylendiamin	[124-09-4]	MAK			0,5	2,3 E					H	
Hexamethylen-1,6-diisocyanat	[822-06-0]	MAK			0,005	0,035	0,005	0,035	Mow		Sah	
Hexamethylphosphorsäuretriamid	[680-31-9]			III A2							H	
n-Hexan	[110-54-3]	MAK	f		20	72	80	288	15(Miw)	4x		
Hexan (alle Isomere außer n-Hexan und Methylcyclopentan): 2-Methylpentan 2,2-Dimethylbutan 3-Methylpentan 2,3-Dimethylbutan	[107-83-5] [75-83-2] [96-14-0] [79-29-8]	MAK			200	715	800	2860	15(Miw)	4x		
1,6-Hexandiamin												siehe Hexamethylendiamin
2-Hexanon	[591-78-6]	MAK	f		5	21	20	84	15(Miw)	4x	H	
Hexon												siehe 4-Methylpentanon-2
sec-Hexylacetat												siehe 1,3-Dimethylbutylacetat
Hexylenglykol												siehe 2-Methyl-2,4-pentandiol
O-hexyl-N-ethoxycarbonyl-thiocarbamat				III A2							Sh	
Holzstaub		TRK		III C		2 E					S	

GKV

Stoff	CAS	MAK oder TRK	Fortpflanzungsgefährdend	Krebserzeugend	Grenzwert						H, S	Verweis oder Bemerkung
					TMW		KZW		Dauer [min]	Häufigkeit pro Schicht		
					[ppm]	[mg/m³]	[ppm]	[mg/m³]				
Hydrazin	[302-01-2]	TRK		III A2	0,01	0,013	0,04	0,052	15(MJW)	4x	H, Sh	
Hydrazinsalze und Verbindungen (z.B. Hydrazinbis(3-carboxy-4-hydroxybenzolsulfonat), Hydrazin-tri-nitromethan)				III A2							Sh	
Hydrazobenzol	[122-66-7]			III A2								
Hydrochinon												siehe 1,4-Dihydroxybenzol
Hydrogenazid												siehe Stickstoffwasserstoffsäure
Hydrogenbromid												siehe Bromwasserstoff
Hydrogenchlorid												siehe Chlorwasserstoff
Hydrogencyanamid												siehe Cyanamid
Hydrogenfluorid												siehe Fluorwasserstoff
2-[2-hydroxy-3-(2-chlor-phenyl)carbamoyl-1-naphthylazo]-7-[2-hydroxy-3-(3-methylphenyl)carbamoyl-1-naphthylazo]fluoren-9-on	[151798-26-4]		D									
2-Hydroxyethyl-picraminsäure	[99610-72-7]		f									
6-Hydroxy-1-(3-isopropoxypropyl)-4-methyl-2-oxo-5-[4-(phenylazo)phenylazo]-1,2-dihydro-3-pyridincarbonitril	[85136-74-9]			III A2								

Stoff	CAS	MAK oder TRK	Fortpflanzungsgefährdend	Krebserzeugend	Grenzwert						H, S	Verweis oder Bemerkung
					TMW		KZW		Dauer [min]	Häufigkeit pro Schicht		
					[ppm]	[mg/m³]	[ppm]	[mg/m³]				
Hydroxylamin und seine Salze (z.B. Hydroxylamindihydrogen-phosphat, Hydroxylaminphosphat, Hydroxylammonium-hydrogensulfat, Hydroxylammoniumchlorid, Hydroxylammoniumnitrat, Hydroxylamin-4-methylbenzolsulfonat, Bis(hydroxylammonium)sulfat)	[7803-49-8] [19098-16-9] [20845-01-6] [10046-00-1] [5470-11-1] [13465-08-2] [53933-48-5] [10039-54-0]			III B							Sh	
(6-(4-Hydroxy-3-(2-methoxyphenylazo)-2-sulfonato-7-naphthylamino)-1,3,5-triazin-2,4-diyl)bis(amino-1-methylethyl)ammonium]format	[108225-03-2]			III A2								
N-Hydroxymethyl-2-chlor-acetamid	[2832-19-1]			III B							Sh	
4-Hydroxy-4-methylpentan-2-on	[123-42-2]	MAK			50	240					H	
4-Hydroxy-3-nitroanilin												siehe 4-Amino-2-nitrophenol
4-Hydroxy-3-(3-oxo-1-phenylbutyl)cumarin												siehe Warfarin
Imidazol	[288-32-4]		D									
2,2'-Iminodiethanol												siehe Diethanolamin
Inden	[95-13-6]	MAK			10	45	20	90	15(Miw)	4x		
Indeno[1,2,3-cd]pyren	[193-39-5]			III A2								
Indium und seine Verbindungen	[7440-74-6]	MAK				0,1 E		0,2 E	15(Miw)	4x		als In berechnet

GKV

Stoff	CAS	MAK oder TRK	Fortpflanzungs-gefährdend	Krebs-erzeugend	Grenzwert TMW [ppm]	TMW [mg/m³]	KZW [ppm]	KZW [mg/m³]	Dauer [min]	Häufigkeit pro Schicht	H, S	Verweis oder Bemerkung
Iod	[7553-56-2]	MAK			0,1	1	0,1	1	Mow		H	
Iodoform	[75-47-8]	MAK			0,2	3	0,4	6	15(Miw)	4x		
Iodmethan	[74-88-4]	TRK		III A2	0,3	2	1,2	8	15(Miw)	4x	H	
Ioxynil (ISO) und seine Salze	[1689-83-4]		d									
Ioxynil Octanoat (ISO)	[3861-47-0]		d								Sh	
Iprodion (ISO)	[36734-19-7]			III B								
Isoamylalkohol												siehe 3-Methyl-1-Butanol
Isobutan												siehe Butan
Isobutanol												siehe Butanol
Isobutylacetat												siehe Butylacetat
O-Isobutyl-N-ethoxy-carbonylthiocarbamat	[103122-66-3]			III A2							Sh	
4,4-Isobutylethyliden-diphenol	[6807-17-6]		F									
Isobutylmethacrylat	[97-86-9]	MAK			50	300	75	450	15(Miw)	4x	Sh	
Isobutylnitrit	[542-56-3]			III A2								
3-Isocyanatmethyl-3,5,5-tri-methylcyclohexylisocyanat												siehe Isophorondiiso-cyanat
Isofluran												siehe 2,2,2-Trifluor-1-chlorethyl-difluor-methylether
Isooctan-1-ol												siehe 2-Ethyl-1-hexanol
Isopentan-2-on												siehe 3-Methyl-butan-2-on
Isophoron												siehe 3,5,5-Trimethyl-2-cyclohexen-1-on

GKV

Isophorondiisocyanat	[4098-71-9]	MAK			0,005	0,046		0,01	0,092	5(Mow)	8x	Sah	

Stoff	CAS	MAK oder TRK	Fortpflanzungsgefährdend	Krebserzeugend	TMW [ppm]	TMW [mg/m³]	KZW [ppm]	KZW [mg/m³]	Dauer [min]	Häufigkeit pro Schicht	H, S	Verweis oder Bemerkung
Isopren	[78-79-5]			III A2								
Isopropanol												siehe 2-Propanol
Isopropenylbenzol												siehe α-Methylstyrol
Isopropoxyethanol	[109-59-1]	MAK			5	22	20	88	15(Miw)	4x	H	siehe Propoxur
2-Isopropoxyphenyl-N-methylcarbamat												siehe Propoxur
Isopropylacetat												siehe Propylacetat
Isopropylalkohol												siehe 2-Propanol
Isopropylamin												siehe 2-Aminopropan
N-Isopropylanilin	[768-52-5]	MAK		III A2	2	10	4	20	15(Miw)	4x	H	
Isopropylbenzol	[98-82-8]	MAK			10	50	50	250	15(Miw)	4x	H	
Isopropylchlorformiat	[108-23-6]	MAK			1	5	3	15	15(Miw)	4x		
Isopropylether												siehe Diisopropylether
Isopropylglycidylether	[4016-14-2]			III B								
Isopropylglykol												siehe Isopropoxyethanol
4,4'-Isopropylidendiphenol												siehe Bisphenol A
Isopropylnitrat	[1712-64-7]	MAK			10	45	15	67	15(Miw)	4x		
Isopropylöl (außer bei Verwendung des Starke-Säure Verfahrens)				III C								Rückstand bei der Isopropylalkohol-Herstellung
Isoproturon (ISO)	[34123-59-6]			III B								
Isovaleraldehyd												siehe 3-Methylbutanal
Isoxaflutol (ISO)	[141112-29-0]		d									

Stoff	CAS	MAK oder TRK	Fortpflanzungsgefährdend	Krebserzeugend	Grenzwert TMW [ppm]	TMW [mg/m³]	KZW [ppm]	KZW [mg/m³]	Dauer [min]	Häufigkeit pro Schicht	H, S	Verweis oder Bemerkung
Jod												siehe Iod ...
Jute		MAK										
Kaliumbromat	[7758-01-2]			III A2		2 E						
Kaliumdichromat	[7778-50-9]		F, D	III A2							Sah	siehe Chrom(VI)-Verbindungen
Kaliumhydroxid	[1310-58-3]	MAK	D			2 E						
Kalium-1-methyl-3-morpholinocarbonyl-4-{3-(1-methyl-3-morpholinocarbonyl-5-oxo-2-pyrazolin-4-yliden)-1-propenyl]pyrazol-5-olat	[183196-57-8]										Sh	
Kaliumtitanoxid	[12056-51-8]			III B								
Kampfer	[76-22-2]	MAK			2	13						
Kathon												siehe 5-Chlor-2-methyl-2,3-dihydro-isothiazol-3-on; 2-methyl-2,3-dihydro-isothiazol-3-on
Kepone												siehe Chlordecon
Keramikfasern, feuerfest (künstliche Mineralfasern mit einem Gehalt von Alkalioxiden und Erdalkalioxiden bis zu 18% Gewichtsanteil)		TRK		III C		300.000 F/m³						Siehe künstliche Mineralfasern
Keten	[463-51-4]	MAK			0,5	0,9	1	1,8	5(Mow)	8x		
Ketoconazol	[65277-42-1]		F									

GKV

Stoff	CAS-Nr.	MAK/TRK	Einstufung	ml/m³	mg/m³	KZW ml/m³	KZW mg/m³	Spitzenbegr.	Faktor	H	Bemerkungen
Kieselsäuren, amorphe a) kolloidale amorphe Kieselsäure einschl. pyrogener Kieselsäure und im Nassverfahren hergestellter Kieselsäure (Fällungskieselsäure, Kieselgel) und ungebrannter Kieselgur	[7631-86-9] [61790-53-2]	MAK			4 E						
Kieselgur b) Kieselglas, Kieselgut, Kieselrauch, gebrannter Kieselgur	[60676-86-0] [7699-41-4] [69012-64-2] [68855-54-9]				0,3 A						
Kobalt											siehe Cobalt
Kohlenoxid											siehe Kohlenstoffmonoxid
Kohlenstoffdioxid	[124-38-9]	MAK		5000	9000	10000	18000	60(Mow)	3x		
Kohlenstoffdisulfid	[75-15-0]	MAK	f, d	5	15	20	60	15(Miw)	4x	H	
Kohlenstoffmonoxid	[630-08-0]	MAK	D	20	23	60	66	15(Miw)	4x		
Kohlenstofftetrabromid	[558-13-4]	MAK		0,1	1,4	0,2	2,8	15(Miw)	4x		
Kohlenstofftetrachlorid											siehe Tetrachlormethan
Kohlenwasserstoffdämpfe											siehe § 6 GKV, MAK-Wert für Kohlenwasserstoffdämpfe
Kokereirohgase											siehe Pyrolyseprodukte aus organischem Material
p-Kresidin (2-Methoxy-5-methylanilin)	[120-71-8]	TRK	III A2		0,5		2	15(Miw)	4x	H	
Kresol (alle Isomere): o-Kresol m-Kresol p-Kresol	[1319-77-3] [95-48-7] [108-39-4] [106-44-5]	MAK		5	22	10	44	5(Mow)	8x	H	
Kresoxim-methyl (ISO)	[143390-89-0]		III B								

Stoff	CAS	MAK oder TRK	Fortpflanzungsgefährdend	Krebserzeugend	Grenzwert						H, S	Verweis oder Bemerkung
					TMW		KZW		Dauer [min]	Häufigkeit pro Schicht		
					[ppm]	[mg/m³]	[ppm]	[mg/m³]				
Kresylglycidylether												siehe 1,2-Epoxy-3-(tolyloxy)propan
Krokydolith												siehe Asbest
Kühlschmierstoffe:												
Mineralölnebel (unlegierter Kühlschmierstoff)		MAK		III C		5 E						
Kühlschmierstoffnebel (legierte Kühlschmierstoffe)						1 E						
Kühlschmierstoff Summenwert (Summe aus Nebeln und Dämpfen) für legierte und unlegierte Kühlschmierstoffe						20 E						
Künstliche Mineralfasern (sofern krebserzeugend, siehe Anhang III C)		TRK		III C		500 000 F/m³		2 000 000 F/m³	15(Miw)	4x		Definition Faser (F): Länge > 5 µm Dmr. < 3 µm Länge/Dmr. > 3 : 1 Auf Baustellen gilt der TRK-Wert von 500 000 F/m³ als eingehalten, wenn die Gesamtzahl lichtmikroskopisch nachgewiesen unter 1.000.000 F/m³ liegt. Bei künstlichen Mineralfasern, die nicht als krebserzeugend gelten, ist der MAK-Wert für biologisch inerte Schwebstoffe (einatembare

Stoff	CAS	MAK oder TRK	Fortpflanzungsgefährdend	Krebserzeugend	TMW [ppm]	TMW [mg/m³]	KZW [ppm]	KZW [mg/m³]	Dauer [min]	Häufigkeit pro Schicht	H, S	Verweis oder Bemerkung
												Fraktion) anzuwenden.
Kupfer und seine Verbindungen	[7440-50-8]	MAK				1 E		4 E	15(Miw)	4x		als Cu berechnet
Kupfer und seine Verbindungen (als Rauch)	[7440-50-8]	MAK				0,1 A		0,4 A	15(Miw)	4x		als Cu berechnet
Lindan (ISO)	[58-89-9]	MAK		III B		0,5 E		5 E	30(Miw)	1x	H	
Linuron (ISO)	[330-55-2]	MAK	f, D	III B								
Lithiumhydrid	[7580-67-8]	MAK				0,025 E		0,02 E	15(Miw)	4x		
Magnesiumoxid	[1309-48-4]	MAK				10 E 5 A		20 E 10 A	60(Miw)	2x		
Magnesiumoxidrauch	[1309-48-4]	MAK				5 A		20 A	15(Miw)	4x		
Malachitgrün und seine Salze (Hydrochlorid, Oxalat)	[569-64-2] [2437-29-8]		d									
Malathion (ISO)	[121-75-5]	MAK				10 E						
Maleinsäureanhydrid	[108-31-6]	MAK			0,1	0,4	0,2	0,8	5(Mow)	8x	Sah	
Mancozeb (ISO)	[8018-01-7]		D	III B							Sh	
Maneb (ISO)	[12427-38-2]		d								Sh	
Mangan und seine anorganischen Verbindungen einschließlich Trimangantetroxid	[7439-96-5] [1317-35-7]	MAK				0,2 E 0,05 A		1,6 E 0,4 A	15(Miw) 15(Miw)	4x 4x		als Mn berechnet
MDI												siehe Diphenylmethandiisocyanat
Mehlstaub												siehe Getreidemehlstaub
Mequinol												siehe 4-Methoxyphenol
Mepanipyrim	[110235-47-7]			III B								

Stoff	CAS	MAK oder TRK	Fortpflanzungs- gefährdend	Krebs- erzeug- end	Grenzwert				Dauer [min]	Häufigkeit pro Schicht	H, S	Verweis oder Bemerkung
					TMW		KZW					
					[ppm]	[mg/m³]	[ppm]	[mg/m³]				
Mercaptomethan												siehe Methanthiol
Mesitylen												siehe Trimethylbenzol
Mesityloxid												siehe 4-Methylpent-3-en-2-on
4-Mesyl-2-nitrotoluol												siehe 2-Nitro-4-methylsulfonyl-toluene
Metasystox												siehe Demetonmethyl
Metconazol (ISO)	[125116-23-6]		d									
Methacrylsäure	[79-41-4]	MAK			20	70						
Methacrylsäuremethylester												siehe Methylmethacrylat
2-Methallylchlorid												siehe 3-Chlor-2-methylpropen
Methanol	[67-56-1]	MAK			200	260	800	1040	15(Miw)	4x	H	
Methanthiol	[74-93-1]	MAK			0,5	1	0,5	1	Mow			
Methomyl (ISO)												siehe 1-Methyl-thioethylidenamin-methylcarbamat
2-Methoxyanilin	[90-04-0]	TRK		III A2	0,1	0,5	0,2	1	15(Miw)	4x	H	
3-Methoxyanilin	[536-90-3]	MAK			0,1	0,5	0,2	1	15(Miw)	4x	H	
4-Methoxyanilin	[104-94-9]	MAK			0,1	0,5	0,2	1	15(Miw)	4x	H	
Methoxychlor (DMDT)	[72-43-5]	MAK				15 E						
Methoxyessigsäure	[625-45-6]		F, D								H	
2-Methoxyethanol	[109-86-4]	MAK	F, D		1	3,2	4	12,6	15(Miw)	4x	H	
2-(2-Methoxyethoxy)-ethanol	[111-77-3]	MAK	D		10	50,1					H	

GKV

Stoff	CAS	MAK oder TRK	Fortpflanzungsgefährdend	Krebserzeugend	TMW [ppm]	TMW [mg/m³]	KZW [ppm]	KZW [mg/m³]	Dauer [min]	Häufigkeit pro Schicht	H, S	Verweis oder Bemerkung
2-Methoxyethylacetat	[110-49-6]	MAK	F, D		1	4,9	4	16,6	15(Miw)	4x	H	
2-Methoxy-1-methylethylacetat												siehe 1-Methoxy-propylacetat-2
Methoxyfluran	[76-38-0]	MAK			2	14	4	28	15(Miw)	4x		
(Z)-2-Methoxyimino-2-[2-(tritylamino)thiazol-4-yl]essigsäure	[64485-90-1]			III B								
2-Methoxy-5-methylanilin												siehe p-Kresidin
7-Methoxy-6-(3-morpholin-4-yl-propoxy)-3H-quinazolin-4-on	[199327-61-2]		D									
4-Methoxyphenol	[150-76-5]	MAK				5		10	15(Miw)	4x		
1-Methoxypropanol-2	[107-98-2]	MAK			50	187	50	187	Mow		H	
2-Methoxypropanol-1	[1589-47-5]	MAK	D		20	75	80	300	15(Miw)	8x	H	
1-Methoxypropylacetat-2	[108-65-6]	MAK			50	275	100	550	5(Mow)	8x	H	
2-Methoxypropylacetat-1	[70657-70-4]	MAK	D		20	110	80	440	15(Miw)	4x	H	
N-Methylacetamid	[79-16-3]		D									
Methylacetat	[79-20-9]	MAK			200	610	400	1220	5(Mow)	8x		
Methylacetylen	[74-99-7]	MAK			1000	1650	2000	3300	60(Mow)	3x		
Methylacrylamidoglykolat	[77402-05-2]			III A2							Sh	
Methylacrylamidomethoxy-acetat	[77402-03-0]			III A2								
Methylacrylat	[96-33-3]	MAK			5	18	10	36	5(Mow)	8x	H, Sh	
Methylal												siehe Dimethoxymethan
Methylalkohol												siehe Methanol
2-Methyl-allylchlorid												siehe 3-Chlor-2-methylpropen
Methylamin	[74-89-5]	MAK			10	12	10	12	Mow			

GKV

Stoff	CAS	MAK oder TRK	Fortpflanzungsgefährdend	Krebserzeugend	Grenzwert TMW [ppm]	[mg/m³]	KZW [ppm]	[mg/m³]	Dauer [min]	Häufigkeit pro Schicht	H, S	Verweis oder Bemerkung
1-Methyl-2-amino-5-chlor-benzol												siehe 4-Chlor-o-toluidin
1-Methyl-2-amino-4-nitro-benzol												siehe 2-Amino-4-nitrotoluol
Methylamylalkohol												siehe 4-Methyl-pentanol-2
Methylanilin												siehe Toluidin
N-Methylanilin	[100-61-8]	MAK			0,5	2,2	2	8,8	15(Miw)	4x	H	Reaktion mit nitrosierenden Agentien kann zur Bildung des kanzerogenen N-Nitrosomethylanilins führen.
2-Methylaziridin												siehe Propylenimin
Methylazoxymethylacetat	[592-62-1]		D	III A2								
N-Methyl-bis(2-chlorethyl)amin	[51-75-2]			III A1							H, Sh	
Methylbromid												siehe Brommethan
2-Methylbutan												siehe Pentan: Isopentan
3-Methylbutanal	[590-86-3]	MAK			10	39	10	39	Mow			
3-Methylbutan-2-on	[563-80-4]	MAK			200	700	400	1400	15(Miw)	4x		
2-Methyl-but-3-en-2-ol	[115-18-4]	MAK			0,6	2	1,2	4	15(Miw)	4x		
2-Methyl-but-3-in-2-ol	[115-19-5]	MAK			0,9	3	1,8	6	15(Miw)	4x		
Methylbutylacetat												siehe Pentylacetat: Methylbutylacetat
Methyl-tert-butylether												siehe tert-Butyl-methylether
Methylbutylketon												siehe 2-Hexanon

Stoff	CAS	MAK oder TRK	Fortpflanzungsgefährdend	Krebserzeugend	Grenzwert TMW [ppm]	TMW [mg/m³]	KZW [ppm]	KZW [mg/m³]	Dauer [min]	Häufigkeit pro Schicht	H, S	Verweis oder Bemerkung
2-Methyl-5-tert-butylthiophenol	[7340-90-1]		d								Sh	
Methylchloracetat												siehe Chloressigsäuremethylester
2-Methyl-4-chloranilin												siehe 4-Chlor-o-toluidin
Methylchlorid												siehe Chlormethan
Methylchloroform												siehe 1,1,1-Trichlorethan
Methyl-2-cyanacrylat												siehe Cyanacrylsäuremethylester
Methylcyclohexan	[108-87-2]	MAK			400	1600	1600	6400	15(Miw)	4x		
Methylcyclohexanol (alle Isomere): 1-Methylcyclohexanol 2-Methylcyclohexanol 3-Methylcyclohexanol	[25639-42-3] [590-67-0] [583-59-5] [591-23-1]	MAK			50	235	200	940	15(Miw)	4x		
2-Methylcyclohexanon	[583-60-8]	MAK			50	230	200	920	15(Miw)	4x	H	
Methyl-2-(((((4,6-dimethyl-2-pyrimidinyl)amino)-carbonyl)-amino)sulfonyl)-benzoat												siehe Sulfometuronmethyl
2-Methyl-3,5-dinitrobenzamid	[148-01-6]	MAK				5 E		10 E	15(Miw)	4x		
4,4'-Methylen-bis(2-chloranilin) und seine Salze	[101-14-4]	TRK		III A2		0,01		0,04	15(Miw)	4x	H	
4,4'-Methylen-bis(N,N-dimethylanilin)	[101-61-1]	TRK		III A2		0,1 E		0,4 E	15(Miw)	4x		
4,4'-Methylen-bis(N,N-dimethyl)benzamin												siehe 4,4'-Methylen-bis(N,N-dimethylanilin)
4,4'-Methylenbis(2-ethylanilin)	[19900-65-3]			III B								

GKV

Stoff	CAS	MAK oder TRK	Fortpflanzungsgefährdend	Krebserzeugend	Grenzwert TMW [ppm]	TMW [mg/m³]	KZW [ppm]	KZW [mg/m³]	Dauer [min]	Häufigkeit pro Schicht	H, S	Verweis oder Bemerkung
4,4'-Methylen-bis(2-methylanilin)												siehe 3,3'-Dimethyl-4,4'-diamino-di-phenylmethan
(Methylenbis(4,1-phenylenazo(1-(3-(dimethylamino)propyl)-1,2-dihydro-6-hydroxy-4-methyl-2-oxopyridin-5,3-diyl))-1,1'-dipyridiniumdichloriddihydrochlorid	[118658-99-4]			III A2								
Methylenchlorid												siehe Dichlormethan
4,4'-Methylendianilin												siehe 4,4'-Diamino-diphenylmethan
N,N'-Methylendimorpholin	[5625-90-1]			III A2								
4,4'-Methylendicyclohexyldiisocyanat	[5124-30-1]	MAK			0,005	0,054	0,005	0,054	Mow		Sah	
4,4'-Methylen-di-o-toluidin												siehe 3,3'-Dimethyl-4,4'-diaminodiphenylmethan
Methylendiphenyldiisocyanat												siehe Diphenylmethan-diisocyanat
3-Methyl-1-Butanol (Isoamylalkohol)	[123-51-3]	MAK			5	18	10	37	15(Miw)	4x		
Methylether												siehe Dimethylether
Methylethylketon												siehe Butanon
N,N-Methylethylnitrosamin												siehe N-Nitroso-methylethylamin
N-Methylformamid	[123-39-7]		D									
Methylformiat	[107-31-3]	MAK			50	120	50	120	Mow		H	

Stoff	CAS	MAK oder TRK	Fortpflanzungsgefährdend	Krebserzeugend	Grenzwert						H, S	Verweis oder Bemerkung
					TMW		KZW		Dauer [min]	Häufigkeit pro Schicht		
					[ppm]	[mg/m³]	[ppm]	[mg/m³]				
Methylglykol												siehe 2-Methoxyethanol
Methylglykolacetat												siehe 2-Methoxy-ethylacetat
5-Methyl-3-heptanon	[541-85-5]	MAK			10	53	20	107	15(Miw)	4x		
5-Methyl-2-hexanon	[110-12-3]	MAK			20	95						
Methylhydrazin	[60-34-4]			III A2								
Methyliodid												siehe Iodmethan
Methylisobutylcarbinol												siehe 4-Methyl-pentanol-2
Methylisobutylketon												siehe 4-Methyl-pentanon-2
Methylisocyanat	[624-83-9]	MAK	d		0,01	0,024	0,01	0,024	Mow		H, Sah	
Methylisopropylketon												siehe 3-Methyl-butan-2-on
Methyljodid												siehe Iodmethan
Methylmercaptan												siehe Methanthiol
Methylmethacrylat	[80-62-6]	MAK			50	210	100	420	5(Mow)	8x	Sh	
2-Methyl-4-[(2-methylphenyl)-azo]benzamin												siehe o-Aminoazotoluol
2-Methyl-1-(4-methylthiophenyl)-2-morpholinopropan-1-on	[71868-10-5]		F, D									
N-Methylmorpholin												siehe 4-Methylmorpholin
4-Methylmorpholin	[109-02-4]	MAK			5	20	10	40	15(Miw)	4x	H	
N-Methyl-1-naphthylcarbamat												siehe Carbaryl
2-Methyl-5-nitrobenzamin												siehe 2-Amino-4-nitrotoluol
1-Methyl-3-nitro-1-nitroso-guanidin	[70-25-7]			III A2								

Stoff	CAS	MAK oder TRK	Fortpflanzungsgefährdend	Krebserzeugend	TMW [ppm]	TMW [mg/m³]	KZW [ppm]	KZW [mg/m³]	Dauer [min]	Häufigkeit pro Schicht	H, S	Verweis oder Bemerkung
N-Methyl-N-nitrosoanilin												siehe N-Nitroso-methylphenylamin
N-Methyl-N-nitrosoethanamin												siehe N-Nitroso-methylethylamin
N-Methyl-N-nitrosomethanamin												siehe N-Nitrosodi-methylamin
(Methyl-O,N,N-azoxy)-methylacetat												siehe Methylazoxy-methylacetat
N-Methylolchloracetamid												siehe N-Hydroxy-methyl-2-chlor-acetamid
Methylpentan												siehe Hexan (alle Isomere außer n-Hexan)
2-Methyl-2,4-pentandiol	[107-41-5]	MAK			10	49	10	49	Mow			
4-Methylpentanol-1	[1320-98-5]	MAK			25	100	40	160	15(Miw)	4x	H	
4-Methylpentanol-2	[108-11-2]	MAK			25	100	40	160	15(Miw)	4x		
4-Methylpentanon-2	[108-10-1]	MAK		III B	20	83	50	208	15(Miw)	4x	H	
2-Methyl-2-penten-4-on						100						siehe 4-Methylpent-3-en-2-on
4-Methylpent-3-en-2-on	[141-79-7]	MAK			25						H	
Methylphenylendiamin	[25376-45-8]			III A2							Sh	siehe 2,4-Diaminotoluol
4-Methyl-m-phenyldiisocyanat												siehe Diiso-cyanattoluole
2-Methyl-m-phenyldiisocyanat												siehe Diiso-cyanattoluole
2-Methylpropan												siehe Butan: Isobutan

GKV

Stoff	CAS	MAK oder TRK	Fortpflanzungsgefährdend	Krebserzeugend	Grenzwert TMW [ppm]	Grenzwert TMW [mg/m³]	Grenzwert KZW [ppm]	Grenzwert KZW [mg/m³]	Dauer [min]	Häufigkeit pro Schicht	H, S	Verweis oder Bemerkung
2-Methylpropan-1-ol												siehe Butanol: 2-Methyl-1-propanol
2-Methyl-2-propanol	[75-65-0]	MAK			20	62	80	248	15(Miw)	4x		
2-Methylpropylacetat												siehe Isobutylacetat
1-Methylpropylenglykol-2												siehe 1-Methoxy-propanol-2
Methylpropylketon												siehe Pentan-2-on
2-Methylpropylmethacrylat												siehe Isobutylmethacrylat
N-Methyl-2-pyrrolidon	[872-50-4]	MAK	D		3,6	14,4	7,2	28,8	15(Miw)	4x	H	
Methylquecksilber	[22967-92-6]	MAK				0,01 E		0,1 E	30(Miw)	1x	H, Sh	
Methylstyrol (alle Isomere): 2-Methylstyrol 3-Methylstyrol 4-Methylstyrol	[25013-15-4] [611-15-4] [100-80-1] [622-97-9]	MAK			100	480	100	480	Mow			
α-Methylstyrol	[98-83-9]	MAK			50	246	100	492	15(Miw)	4x		
N-Methyl-2,4,6,N-tetranitroanilin	[479-45-8]	MAK		III A2		1,5 E			15(Miw)		H, Sh	
1-Methylthioethylidenamin-methylcarbamat	[16752-77-5]	MAK				2,5 E		5 E	15(Miw)	4x	H	
Metribuzin (ISO)	[21087-64-9]	MAK				5		10	15(Miw)	4x		
Mevinphos (ISO)	[7786-34-7]	MAK			0,01	0,1					H	
Michlers Keton	[90-94-8]			III C								
Mineralfasern, künstliche												siehe Künstliche Mineralfasern
Mineralöle, die zuvor in Verbrennungsmotoren zur Schmierung und Kühlung der beweglichen Teile des Motors verwendet wurden											H	

GKV

													Sh
Mirex	[2385-85-5]		f, d, L	III B									
Molinat (ISO)	[2212-67-1]		f	III B									

Stoff	CAS	MAK oder TRK	Fortpflanzungsgefährdend	Krebserzeugend	Grenzwert TMW [ppm]	[mg/m³]	KZW [ppm]	[mg/m³]	Dauer [min]	Häufigkeit pro Schicht	H, S	Verweis oder Bemerkung
Molybdän und Molybdänverbindungen, unlösliche	[7439-98-7]	MAK				10 E		20 E	60(Miw)	2x		als Mo berechnet
Molybdäntrioxid	[1313-27-5]			III B								
Molybdänverbindungen, lösliche		MAK				5 E		10 E	15(Miw)	4x		als Mo berechnet
Monochlorbenzol												siehe Chlorbenzol
Monochlordifluormethan (R 22)	[75-45-6]	MAK			500	1800	1000	3600	60(Mow)	3x		
Monochlordimethylether	[107-30-2]			III A1								
Monochlormonofluormethan												siehe Chlorfluormethan
Monochlortrifluormethan												siehe Chlortrifluormethan
Monocrotophos (ISO)	[6923-22-4]	MAK				0,25 E		0,5 E	15(Miw)	4x	H	
Mono-n-octylzinnverbindungen: Monooctylzinnchlorid Monooctylzinn-2-ethyl-hexylthioglykolat Monooctylzinnisooctyl-thioglykolat Monooctylzinnoxid												siehe Zinnverbindungen, organische
Morpholin	[110-91-8]	MAK			10	36	10	36	15(Miw)	4x		Reaktion mit nitrosierenden Agentien kann zur Bildung des kanzerogenen N-Nitrosomorpholin führen.
Morpholinylcarbamoylchlorid												siehe N-Chlorformyl-morpholin
Morpholinylcarbonylchlorid												siehe N-Chlorformyl-

Stoff	CAS	MAK oder TRK	Fortpflanzungsgefährdend	Krebserzeugend	TMW [ppm]	TMW [mg/m³]	KZW [ppm]	KZW [mg/m³]	Dauer [min]	Häufigkeit pro Schicht	H, S	Verweis oder Bemerkung
												morpholin
MTBE												siehe tert-Butyl-methylether
Moschus-Keton	[81-14-1]			III B								
Moschus-Xylol	[81-15-2]			III B								
Myclobutanil (ISO)	[88671-89-0]		d									
Naled (ISO)	[300-76-5]	MAK		III B		3 E		12 E	15(Miw)	4x	H, Sh	
Naphthalin	[91-20-3]	MAK		III B	10	50					H	
1-Naphthylamin	[134-32-7]	TRK		III A2	0,17	1 E	0,68	4 E	15(Miw)	4x	H	
2-Naphthylamin und seine Salze	[91-59-8]			III A1							H	
1,5-Naphthylendiamin	[2243-62-1]			III B								
1,5-Naphthylendiisocyanat	[3173-72-6]	MAK				0,05		0,1	5(Mow)	8x	Sa	
1-(1-Naphthylmethyl)-quinolinium-chlorid	[65322-65-8]			III B								
1-Naphthylthioharnstoff												siehe Antu
Natriumazid	[26628-22-8]	MAK				0,1		0,3	15(Miw)	4x	H	siehe Disul
Natrium-2-(2,4-dichlorphenoxy)-ethylsulfat												
Natriumchromat	[7775-11-3]		F, D	III A2							Sah	siehe Chrom (VI)-Verbindungen
Natriumdichromat	[7789-12-0] [10588-01-9]		F, D	III A2							Sah	siehe Chrom(VI)-Verbindungen
Natriumdiethyldithiocarbamat	[148-18-5]	MAK				2 E		8 E	15(Miw)	4x	Sh	Reaktion mit nitrosierenden Agenzien kann zur Bildung des N-Nitrosodiethylamins führen.

GKV

Stoff	CAS	MAK oder TRK	Fortpflanzungsgefährdend	Krebserzeugend	Grenzwert TMW [ppm]	TMW [mg/m³]	KZW [ppm]	KZW [mg/m³]	Dauer [min]	Häufigkeit pro Schicht	H, S	Verweis oder Bemerkung
Natriumfluoracetat	[62-74-8]	MAK				0,05 E		0,2 E	15(MIw)	4x	H	
Natriumhydroxid	[1310-73-2]	MAK				2 E		4 E	5(MOw)	8x		
Natriumperborat (wasserfrei oder Monohydrat, Tri-, Tetra-, Hexahydrat)	[15120-21-5] [7632-04-4] [11138-47-9] [12040-72-1] [10332-33-9] [13517-20-9] [37244-98-7] [10486-00-7]		f, D									
Natriumperoxoborat												siehe Natriumperborat
Natriumpyrithion	[3811-73-2] [15922-78-8]	MAK				1		4	15(MIw)	4x	H	
Nickel (Nickelmetall, Nickellegierungen und –verbindungen)	[7440-02-0]	TRK		III A1		0,1 E* 0,05 E** 0,01 A**		0,4 E* 0,2 E** 0,04 A**	15(MIw)	4x	Sah	als Ni berechnet * gilt ab 05.04.2024 ** gilt ab 18.01.2025
Nickelcarbonyl												siehe Nickeltetracarbonyl
Nickelsulfat (einschließlich Schleime und Schlämme, elektrolytische Kupferraffination, entkupfert)	[94551-87-8] [92129-57-2] [7786-81-4]		D	III A1								siehe Nickelverbindungen
Nickelverbindungen gelten als eindeutig krebserzeugend und fruchtschädigend, z.B.: Nickeldifluorid, Nickeldichlorid,	[10028-18-9] [7718-54-9]		D	III A1							Sah	siehe Nickelverbindungen

Stoff	CAS	MAK oder TRK	Fortpflanzungsgefährdend	Krebserzeugend	TMW [ppm]	TMW [mg/m³]	KZW [ppm]	KZW [mg/m³]	Dauer [min]	Häufigkeit pro Schicht	H, S	Verweis oder Bemerkung
Nickelbromid, Nickeldiiodid, Nickeldinitrat, Nickelacetat, Nickeldichromat, Nickeldiformiat, Nickel(II)-stearat, Nickelsulfat ...	[13462-88-9]] [13462-90-3] [13138-45-9] [14998-37-9] [15586-38-6] [3349-06-2] [2223-95-2] [7786-81-4]...											
Nickeltetracarbonyl	[13463-39-3]	TRK	D	III A2	0,014 0,0014	0,1* 0,01**	0,056* 0,0056**	0,4* 0,04**	15(Miw)	4x	H, Sah	* gilt ab 05.04.2024 **gilt ab 18.01.2025
Nikotin	[54-11-5]	MAK			0,07	0,5	0,28	2	15(Miw)	4x	H	
Niob	[7440-03-1]	MAK				5 E		10 E	15(Miw)	4x		
Niob (als Rauch)	[7440-03-1]	MAK				0,5 A		1 A	15(Miw)	4x		als Nb berechnet
Niobverbindungen, unlösliche		MAK				5 E		10 E	15(Miw)	4x		als Nb berechnet
Niobverbindungen, lösliche		MAK				0,5 E		1 E	15(Miw)	4x		
5-Nitroacenaphthen	[602-87-9]			III A2								
2-Nitro-4-aminophenol	[119-34-6]			III B							H	
4-Nitro-2-aminotoluol												siehe 2-Amino-4-nitrotoluol
4-Nitroanilin	[100-01-6]	MAK			1	6					H	
2-Nitroanisol	[91-23-6]			III A2								
Nitrobenzol	[98-95-3]	MAK	F	III B	0,2	1	0,8	4	15(Miw)	4x	H	
4-Nitrobenzoylchlorid	[122-04-3]	MAK				1					H	
4-Nitrobiphenyl	[92-93-3]			III A2							H	
o-Nitrochlorbenzol												siehe 1-Chlor-2-nitrobenzol
p-Nitrochlorbenzol												siehe 1-Chlor-4-nitrobenzol

GKV

Stoff	CAS	MAK oder TRK	Fortpflanzungsgefährdend	Krebserzeugend	Grenzwert						H, S	Verweis oder Bemerkung
					TMW		KZW		Dauer [min]	Häufigkeit pro Schicht		
					[ppm]	[mg/m³]	[ppm]	[mg/m³]				
2-Nitro-1,4-diaminobenzol												siehe 2-Nitro-p-phenylendiamin
Nitroethan	[79-24-3]	MAK			20	62	100	312	15(Miw)	4x	H	
Nitrofen (ISO)	[1836-75-5]		D	III A2								
Nitroglycerin												siehe Glycerintrinitrat
Nitroglykol												siehe Ethylenglykoldinitrat
Nitromethan	[75-52-2]	MAK			100	250					H	
2-Nitro-4-methylsulfonyltoluol	[1671-49-4]		f								Sh	
1-Nitronaphthalin	[86-57-7]			III B								
2-Nitronaphthalin	[581-89-5]	TRK		III A2	0,035	0,25	0,14	1	15(Miw)	4x		
2-Nitro-p-phenylendiamin	[5307-14-2]			III B							H, Sh	
1-Nitropropan	[108-03-2]	MAK			25	92	25	92	Mow		H	Technische Produkte maßgeblich mit 2-Nitropropan verunreinigt, siehe dieses.
2-Nitropropan	[79-46-9]	TRK		III A2	5	18	20	72	15(Miw)	4x		
Nitropyren (verschiedene Isomere)	z.B. [5522-43-0] [63021-86-3] [78432-19-6] [75321-20-9] [42397-64-8] [42397-65-9] [75321-19-6] [28767-61-5]			III B								
N-Nitrosamine: N-Nitrosodi-n-butylamin	[924-16-3]	TRK		III A2					15(Miw)	4x	H	Der TRK-Wert gilt für die Summe der

Stoff	CAS	MAK oder TRK	Fortpflanzungsgefährdend	Krebserzeugend	Grenzwert TMW [ppm]	[mg/m³]	KZW [ppm]	[mg/m³]	Dauer [min]	Häufigkeit pro Schicht	H, S	Verweis oder Bemerkung
N-Nitrosodiethanolamin	[116-54-7]											eingestuften N-Nitrosamine.
N-Nitrosodiethylamin	[55-18-5]											
N-Nitrosodimethylamin	[62-75-9]											
N-Nitrosodi-i-propylamin	[601-77-4]											
N-Nitrosodi-n-propylamin	[621-64-7]											
N-Nitrosoethylphenylamin	[612-64-6]											
N-Nitrosomethylethylamin	[10595-95-6]											
N-Nitrosomethyl-phenylamin	[614-00-6]											
N-Nitrosomorpholin	[59-89-2]											
N-Nitrosopiperidin	[100-75-4]											
N-Nitrosopyrrolidin	[930-55-2]											
– Vulkanisation und nachfolgende Arbeitsverfahren einschließlich Lagerung für technische Gummiartikel.												
– Herstellung von Polyacrylnitril nach dem Trockenspinnverfahren unter Einsatz von Dimethylformamid						0,0025		0,01				
– Befüllen von Kesseln und Reaktoren mit Aminen												
– im übrigen						0,001		0,004				
Nitrosoethylaniliin												siehe N-Nitrosamine (N-Nitroso-ethylphenylamin)
N-Nitroso-bis(2-hydroxy-ethyl)amin												siehe N-Nitrosodi-ethanolamin
2,2'-(Nitrosoimino)bis-ethanol												siehe N-Nitrosodi-ethanolamin
Nitrosomethylaniliin												siehe N-Nitroso-

GKV

Stoff	CAS	MAK oder TRK	Fortpflanzungsgefährdend	Krebserzeugend	TMW [ppm]	TMW [mg/m³]	KZW [ppm]	KZW [mg/m³]	Dauer [min]	Häufigkeit pro Schicht	H, S	Verweis oder Bemerkung
5-Nitro-o-toluidin												methylphenylamin
5-Nitro-o-toluidin-Hydrochlorid	[51085-52-0]											siehe 2-Amino-4-nitrotoluol
2-Nitrotoluol				III B								siehe o-Nitrotoluol
o-Nitrotoluol	[88-72-2]	TRK	f	III A2		0,5		2	15(Miw)	4x	H	
m-Nitrotoluol und p-Nitrotoluol	[99-08-1] [99-99-0]	MAK			2	11	8	44	15(Miw)	4x	H	
Nonadecafluordecansäure Ammoniumnonadecafluordecanoat Natriumnonadecafluordecanoat	[335-76-2] [3108-42-7] [3830-45-3]		f, D, L	IIIB								
Nonylphenol	[25154-52-3]		f, d									
4-Nonylphenol, verzweigt	[84852-15-3]		f, d									
Norbornandiisocyanat (NBDI)												siehe Bis(isocyanatomethyl)-bicyclo[2.2.1]heptan
Norfluran												siehe 1,1,1,2-Tetrafluorethan
OCBM												siehe ((2-Chlorphenyl)-methylen)-malononitril
Octabromdiphenylether	[32536-52-0]		f, D									
Octachlornaphthalin	[2234-13-1]	MAK				0,1 E		0,2 E	15(Miw)	4x	H	
Octamethylcyclotetrasiloxan	[556-67-2]		f									
Octan (alle Isomere): n-Octan	[111-65-9]	MAK			300	1400	1200	5600	15(Miw)	4x		

GKV

Stoff	CAS	MAK oder TRK	Fortpflanzungsgefährdend	Krebserzeugend	TMW [ppm]	TMW [mg/m³]	KZW [ppm]	KZW [mg/m³]	Dauer [min]	Häufigkeit pro Schicht	H, S	Verweis oder Bemerkung
2-Methylheptan	[592-27-8]											
3-Methylheptan	[589-81-1]											
4-Methylheptan	[589-53-7]											
2,2-Dimethylhexan	[590-73-8]											
2,3-Dimethylhexan	[584-94-1]											
2,4-Dimethylhexan	[589-43-5]											
2,5-Dimethylhexan	[592-13-2]											
3,3-Dimethylhexan	[563-16-6]											
3,4-Dimethylhexan	[583-48-2]											
3-Ethylhexan	[619-99-8]											
3-Ethyl-2-methylpentan	[609-26-7]											
3-Ethyl-3-methylpentan	[1067-08-9]											
2,2,3,3-Tetramethylbutan	[594-82-1]											
2,2,3-Trimethylpentan	[564-02-3]											
2,2,4-Trimethylpentan	[540-84-1]											
2,3,3-Trimethylpentan	[560-21-4]											
2,3,4-Trimethylpentan	[565-75-3]											
Isooctan (Gemisch)	[26635-64-3]											
Octan-3-on	[106-68-3]	MAK			25	130	50	260	15(Miw)	4x		
2-Octyl-2H-isothiazol-3-on	[26530-20-1]	MAK				0,05 E		0,05 E	Mow		H, S	
Octylzinnverbindungen												siehe Di-n-octylzinn-verbindungen, Mono-n-octylzinn-verbindungen
Orthoborsäure												siehe Borsäure
Osmiumtetroxid	[20816-12-0]	MAK			0,0002	0,002	0,0002	0,002	Mow		H	
Oxadiargyl (ISO)	[39807-15-3]		F, d									
Oxalsäure	[144-62-7]	MAK				1 E					H	
Oxalsäuredinitril	[460-19-5]	MAK			10	22	50	110	30(Miw)	2x	H	
2,2'-Oxidiethanol												siehe Diethylenglykol
Oxiran												siehe Ethylenoxid

Stoff	CAS	MAK oder TRK	Fortpflanzungsgefährdend	Krebserzeugend	Grenzwert TMW [ppm]	TMW [mg/m³]	KZW [ppm]	KZW [mg/m³]	Dauer [min]	Häufigkeit pro Schicht	H, S	Verweis oder Bemerkung
Oxiranmethanol	[70987-78-9]			III A2							Sh	
3-Oxoandrost-4-en-17-β-carbonsäure	[302-97-6]		f									
4,4'-Oxy-bis-benzolamin												siehe 4,4'-Oxydianilin
4,4'-Oxydianilin	[101-80-4]		f	III A2							H, Sh	
Ozon	[10028-15-6]	MAK		III B	0,1	0,2	0,2	0,4	5(Mow)	8x		
Papier (Leichtstaub von)		MAK				5 E		10 E	30(Miw)	2x		
Paraquat (ISO)	[4685-14-7]	MAK				0,1 E		0,1 E	Mow		H	
Paraquatdichlorid	[1910-42-5]	MAK				0,1 E		0,1 E	Mow		H	
Paraquat-dimethylsulfat	[2074-50-2]	MAK				0,1 E		0,1 E	Mow		H	
Parathion (ISO)	[56-38-2]	MAK				0,1 E					H	
Parathion-methyl (ISO)	[298-00-0]	MAK				0,2		0,4	15(Miw)	4x	H	
PCB												siehe chlorierte Biphenyle
PCP												siehe Pentachlorphenol
Pentaboran	[19624-22-7]	MAK			0,005	0,01	0,01	0,02	5(Mow)	8x		
Pentabromdiphenylether	[32534-81-9]		L									
Pentachlorethan (R 120)	[76-01-7]	MAK		III B	5	40	20	160	15(Miw)	4x		
Pentachlornaphthalin	[1321-64-8]	MAK				0,5 E		2,5 E	30(Miw)	2x	H	
Pentachlorphenol und seine Salze (z.B. Kaliumpentachlorphenolat Natriumpentachlorphenolat)	[87-86-5] [7778-73-6] [131-52-2]		D	III A2							H	
Pentan (alle Isomerei): n-Pentan Isopentan (2-Methylbutan)	[109-66-0] [78-78-4]	MAK			600	1800	1200	3600	60(Mow)	3x		

GKV

Stoff	CAS	MAK oder TRK	Fortpflanzungsgefährdend	Krebserzeugend	Grenzwert						H, S	Verweis oder Bemerkung
					TMW		KZW		Dauer [min]	Häufigkeit pro Schicht		
					[ppm]	[mg/m³]	[ppm]	[mg/m³]				
tert-Pentan (2,2-Dimethylpropan)	[463-82-1]											
1,5-Pentandial												siehe Glutaraldehyd
n-Pentanal												siehe Valeraldehyd
Pentanol (alle Isomere außer 3-Methyl-1-Butanol (Isoamylalkohol)): 1-Pentanol (n-Amylalkohol), 2-Pentanol, 3-Pentanol, 2,2-Dimethyl-1-propanol, 2-Methylbutanol-1, 2-Methylbutanol-2, 3-Methylbutanol-2	[71-41-0] [6032-29-7] [584-02-1] [75-84-3] [137-32-6] [75-85-4] [598-75-4]	MAK			100	360	200	720	15(Miw)	4x		
Pentan-2-on	[107-87-9]	MAK			200	700	400	1400	15(Miw)	4x		
Pentan-3-on	[96-22-0]	MAK			200	700	400	1400	15(Miw)	4x		
Pentylacetat (alle Isomere): tert-Amylacetat (1,1-Dimethylpropylacetat), Isopentylacetat (3-Methylbutylacetat), 1-Methylbutylacetat (2-Pentylacetat), 2-Methylbutylacetat, 1-Pentylacetat, 3-Pentylacetat	[625-16-1] [123-92-2] [626-38-0] [624-41-9] [628-63-7] [620-11-1]	MAK			50	270	100	540	15(Miw)	4x		
Perchlorbutadien												siehe 1,1,2,3,4,4-Hexachlor-1,3-butadien
Perchlorethylen												siehe Tetrachlorethen

Stoff	CAS	MAK oder TRK	Fortpflanzungsgefährdend	Krebserzeugend	Grenzwert TMW [ppm]	TMW [mg/m³]	KZW [ppm]	KZW [mg/m³]	Dauer [min]	Häufigkeit pro Schicht	H, S	Verweis oder Bemerkung
Perchlormethylmercaptan												siehe Trichlormethan-sulfenylchlorid
Perfluornonansäure und ihre Natriumsalze und Ammoniumsalze	[375-95-1] [21049-39-8] [4149-60-4]		D,f,L	III B								
Perfluoroctansulfonsäure und ihre Salze, z.B.: Kaliumperfluoroctansulfonat Diethanolaminperfluoroctansulfonat Ammoniumperfluoroctansulfonat Lithiumperfluoroctansulfonat	[1763-23-1] [2795-39-3] [70225-14-8] [29081-56-9] [29457-72-5]		D, L	III B							H	
Perhydro-1,3,5-trinitro-1,3,5-triazin	[121-82-4]	MAK				1,5		3	15(Miw)	4x	H	
Perlit		MAK				5 E		10 E	30(Miw)	2x		
PHC												siehe Propoxur
Phenol	[108-95-2]	MAK			2	8	4	16	15(Miw)	4x	H	
Phenolphthalein	[77-09-8]		f	III A2								
2-Phenoxyethanol	[122-99-6]	MAK			20	110	20	110	Mow			
Phenylbenzol												siehe Biphenyl
(4-Phenylbutyl)-phosphinsäure	[86552-32-1]			III B								
4,4'-(1,3-Phenylen-bis(1-methylethyliden))bis-phenol	[13595-25-0]		f								Sh	
m-Phenylendiamin	[108-45-2]			III B							H, Sh	

Stoff	CAS	MAK oder TRK	Fortpflanzungsgefährdend	Krebserzeugend	Grenzwert TMW [ppm]	TMW [mg/m³]	KZW [ppm]	KZW [mg/m³]	Dauer [min]	Häufigkeit pro Schicht	H, S	Verweis oder Bemerkung
o-Phenylendiamin	[95-54-5]	TRK		III A2		0,1		0,4	15(Miw)	4x	H, Sh	
p-Phenylendiamin	[106-50-3]	MAK		III B		0,1 E		0,4 E	15(Miw)	4x	H, Sh	
(R)-α-Phenylethyl-ammonium-(-)-(1R,2S)-(1,2-epoxypropyl)phosphonatmonohydrat	[25383-07-7]		f									
Phenylglycidether												siehe Phenylglycidylether
Phenylglycidylether	[122-60-1]			III A2							H, Sh	
Phenylhydrazin und seine Salze (z.B. Phenylhydraziniumchlorid, Phenylhydraziniumhydrochlorid, Phenylhydraziniumsulfat)	[100-63-0] [27140-08-5] [59-88-1] [52033-74-6]	TRK		III A2	5	22					H, Sh	
Phenylisocyanat	[103-71-9]	MAK			0,01	0,05	0,01	0,05	Mow		Sah	
N-Phenyl-2-naphthylamin	[135-88-6]			III B							H	
4-Phenyl-nitrobenzol												siehe 4-Nitrobiphenyl
Phenyloxiran												siehe Styroloxid
Phenylphosphin	[638-21-1]	MAK			0,05	0,25	0,05	0,25	Mow		Sh	
Trans-4-phenyl-L-prolin	[96314-26-0]		f									siehe α-Methylstyrol
2-Phenylpropen												siehe α-Methylstyrol
Phorat (ISO)	[298-02-2]	MAK				0,05		0,1	Mow		H	siehe Mevinphos
Phosdrin												siehe Mevinphos
Phosgen												siehe Carbonylchlorid
Phosphin												siehe Phosphorwasserstoff
Phosphor (gelb, weiß)												siehe Tetraphosphor
Phosphoroxidchlorid	[10025-87-3]	MAK			0,01	0,064	0,02	0,12	Mow	8x		

GKV

Stoff	CAS	MAK oder TRK	Fortpflanzungsgefährdend	Krebserzeugend	Grenzwert TMW [ppm]	TMW [mg/m³]	KZW [ppm]	KZW [mg/m³]	Dauer [min]	Häufigkeit pro Schicht	H, S	Verweis oder Bemerkung
Phosphorpentachlorid	[10026-13-8]	MAK				1 E		2 E	5(Mow)	8x		
Phosphorpentasulfid												siehe Diphosphorpentasulfid
Phosphorpentoxid	[1314-56-3]	MAK				1 E		2 E	5(Mow)	8x		
Phosphorsäure	[7664-38-2]	MAK				1		2	15(Miw)	4x		
Phosphorsäuretrimethylester												siehe Trimethylphosphat
Phosphortrichlorid	[7719-12-2]	MAK			0,25	1,5	0,5	3	5(Mow)	8x		
Phosphorwasserstoff	[7803-51-2]	MAK			0,1	0,15	0,2	0,3	5(Mow)	8x		
Phosphorylchlorid												siehe Phosphoroxidchlorid
Phoxim (ISO)	[14816-18-3]		f								Sh	
Phthalsäureanhydrid	[85-44-9]	MAK				1 E		2 E	5(Mow)	8x	Sa	
m-Phthalsäuredinitril												siehe Benzol-1,3-dicarbonitril
Phthalsäureester:												
1,2-Benzoldicarbonsäure, Di-C₆₋₈-verzweigte Alkylester, C₇-reich	[71888-89-6]		F, D									
1,2-Benzoldicarbonsäure Di-C₉₋₁₁, verzweigte und lineare Alkylester	[68515-42-4]		f, D									
Benzyl-n-butylphthalat	[85-68-7]	MAK	f, D			3		5	15(Miw)	4x		
Bis(2-methoxyethyl)-phthalat	[117-82-8]		f, D									
Diallylphthalat	[131-17-9]	MAK				5						
Dibenzylphthalat	[523-31-9]	MAK				3		5	15(Miw)	4x	S	
Dibutylphthalat	[84-74-2]	MAK	F, D			5						
Dicyclohexylphthalat	[84-61-7]	MAK	D			5						

GKV

Stoff	CAS	MAK oder TRK	Fortpflanzungsgefährdend	Krebserzeugend	Grenzwert TMW [ppm]	[mg/m³]	KZW [ppm]	[mg/m³]	Dauer [min]	Häufigkeit pro Schicht	H, S	Verweis oder Bemerkung
Diethylphthalat	[84-66-2]	MAK				3		5	15(Miw)	4x		
Diheptylphthalat (alle Isomeren)	[3648-21-3]	MAK				5						
Diisobutylphthalat	[84-69-5]		f, D									
Diisodecylphthalat	[26761-40-0]	MAK				3		5	15(Miw)	4x		
Dipentylphthalat (alle Isomere) z.B. Diisopentylphthalat, Di-n-pentylphthalat, n-Pentyl-isopentylphthalat	[84777-06-0] [605-50-5] [131-18-0] [776297-69-9]		F, D									
Dinonylphthalat (alle Isomere außer Diisononylphthalat; z.B. Bis(3,5,5-trimethylhexyl)phthalat	[84-76-4] [14103-61-8]	MAK				5						
Dioctylphthalat (alle Isomere außer Di-sec-octylphthalat): z.B. Di-n-octylphthalat, Bis(1-methylheptyl)phthalat, Bis(6-methylheptyl)phthalat)	[117-84-0] [131-15-7] [131-20-4]	MAK				3		5	15(Miw)	4x		
Di-sec-octylphthalat (Di-(2-ethylhexyl)phthalat, Di-isooctylphthalat, DEHP)	[117-81-7]	MAK	F, D			5 E		50 E	30(Miw)	1x		
Pikrinsäure												siehe 2,4,6-Trinitrophenol
Pindon	[83-26-1]	MAK				0,1 E		0,2 E	15(Miw)	4x		
Piperazin und seine Salze	[110-85-0]	MAK	f, d			0,1		0,3	15(Miw)	4x	Sah	Reaktion mit nitrosierenden Agenzien kann zur Bildung des kanzerogenen N,N'-

Stoff	CAS	MAK oder TRK	Fortpflanzungsgefährdend	Krebserzeugend	Grenzwert						H, S	Verweis oder Bemerkung
					TMW [ppm]	TMW [mg/m³]	KZW [ppm]	KZW [mg/m³]	Dauer [min]	Häufigkeit pro Schicht		
3-(Piperazin-1-yl)-benzo-[d]isothiazolhydrochlorid	[87691-88-1]		f									Dinitrosopiperazins führen.
Pivaloyl-1,3-indandion												siehe Pindon
Platin (Metall)	[7440-06-4]	MAK				1 E						
Platinverbindungen		MAK				0,002 E					Sah	als Pt [7440-06-4] berechnet
Polychlorierte...												siehe chlorierte ...
Polyethylenglykole (mittlere Molmasse 200-400)	[25322-68-3]	MAK				1000 E		4000 E	15(Miw)	4x		
Polyethylenglykol 600 (PEG 600)												
Polyvinylchlorid (Alveolarstaub)	[9002-86-2]	MAK		III C		5 A		10 A	60(Miw)	2x		
Polyzyklische aromatische Kohlenwasserstoffgemische (PAK) insbesondere solche, die Benzo[a]pyren enthalten											H	
Portlandzement (Staub)	[68475-76-3] [65997-15-1]	MAK				5 E						
Profoxydim (ISO)	[139001-49-3]		d								Sh	
Propan (R 290)	[74-98-6]	MAK			1000	1800	2000	3600	60(Mow)	3x		
Propan-1,2-diyldinitrat												siehe Propylenglykoldinitrat
Iso-Prop...												siehe Isoprop. ...
2-Propanol	[67-63-0]	MAK			200	500	800	2000	15(Miw)	4x		
n-Propanol	[71-23-8]	MAK			200	500						

Stoff	CAS	MAK oder TRK	Fortpflan-zungsge-fährdend	Krebs-erzeug-end	Grenzwert										Verweis oder Bemerkung
					TMW			KZW			Dauer [min]	Häufigkeit pro Schicht	H, S		
					[ppm]	[mg/m³]	[ppm]	[mg/m³]							
Propanolid															siehe β-Propiolacton
Propanon															siehe Aceton
1,3-Propansulton	[1120-71-4]			III A2									H		
Propargylalkohol	[107-19-7]	MAK			2	4,7	4	9,4			15(Mlw)	4x	H		
2-Propenal															siehe Acrylaldehyd
2-Propen-1-ol															siehe Allylalkohol
Prop-2-ensäure															siehe Acrylsäure
Propensäure-n-butylester															siehe n-Butylacrylat
Propin															siehe Methylacetylen
Prop-2-in-1-ol															siehe Propargylalkohol
β-Propiolacton	[57-57-8]			III A2									H		
Propionsäure	[79-09-4]	MAK			10	31	20	62			15(Mlw)	4x			
Propoxur	[114-26-1]	MAK				0,5 E					Mow				
Propylacetat und Isopropylacetat	[109-60-4] [108-21-4]	MAK			100	420	100	420			Mow				
Propylallyldisulfid															siehe Allylpropyldisulfid
Propylendichlorid															siehe 1,2-Dichlorpropan
Propylenglykoldinitrat	[6423-43-4]	MAK			0,05	0,3							H		
Propylenglykol-2-methylether															siehe 2-Methoxy-propanol-1
Propylenglykol-2-methyl-ether-1-acetat															siehe 2-Methoxy-propylacetat-1
Propylenglykol-1-mono-methylether															siehe 1-Methoxy-propanol-2
Propylenglykol-monoethylether															siehe 1-Ethoxy-propan-2-ol

GKV

Stoff	CAS	MAK oder TRK	Fortpflanzungsgefährdend	III A2 Krebserzeugend	Grenzwert TMW [ppm]	TMW [mg/m³]	KZW [ppm]	KZW [mg/m³]	Dauer [min]	Häufigkeit pro Schicht	H, S	Verweis oder Bemerkung
Propylenimin	[75-55-8]										H	
1,2-Propylenoxid												siehe 1,2-Epoxypropan
Propylenthioharnstoff	[2122-19-2]		d									
n-Propylnitrat	[627-13-4]	MAK			25	110						
(2-Propyloxy)-ethanol	[2807-30-9]	MAK			20	86	20	86	Mow		H	
(2-Propyloxy)-ethylacetat	[20706-25-6]	MAK			20	120	20	120	Mow		H	
Propyzamid (ISO)	[23950-58-5]			III B								
PVC												siehe Polyvinylchlorid
Pymetrozine (ISO)	[123312-89-0]		f, d	III B								
Pyrethrum, Pyrethrin I und Pyrethrin II	[8003-34-7] [121-21-1] [121-29-9]	MAK				1 E					H, Sh	Sh entfällt, wenn von sensibilisierenden Lactonen gereinigt
Pyridafenthion (Pyridaphenthion)	[119-12-0]	MAK				0,2					H	
Pyridin	[110-86-1]	MAK			5	15	20	60	15(Miw)	4x	H	
Pyridin-2-thiol-1-oxid, Natriumsalz												siehe Natriumpyrithion
3-Pyridyl-N-methylpyrrolidin												siehe Nikotin
Pyrolyseprodukte aus organischem Material				III C								
Quarzfeinstaub (alveolengängiges kristallines Siliziumdioxid)	[14808-60-7] [14464-46-1] [15468-32-3]	MAK		III C		0,05 A						
Quecksilber und anorganische Quecksilberverbindungen	[7439-97-6]	MAK	D			0,02		0,08	15(Miw)	4x	H, Sh	als Hg berechnet sofern staubförmig: einatembare Fraktion (E) messen
Quecksilber(II)-chlorid	[7487-94-7]		f									
Quecksilberverbindungen,		MAK				0,01 E		0,1 E	30(Miw)	1x	H, Sh	als Hg berechnet;

GKV

Stoff	CAS	MAK oder TRK	Fortpflanzungsgefährdend	Krebserzeugend	Grenzwert TMW [ppm]	TMW [mg/m³]	KZW [ppm]	KZW [mg/m³]	Dauer [min]	Häufigkeit pro Schicht	H, S	Verweis oder Bemerkung
organische												siehe aber Methyl-quecksilber
Quinolin (Chinolin)	[91-22-5]			III A2								
Resorcin												siehe 1,3-Dihydroxy-benzol
Resorcindiglycidylether												siehe Diglycidyl-resorcinether
Rohbaumwolle												siehe Baumwollstaub
Rotenon	[83-79-4]	MAK				5 E						
Safrol 3,4-Methylendioxy-allylbenzol	[94-59-7]			III A2								
Salpetersäure	[7697-37-2]	MAK			1	2,6	1	2,6	Mow			
Salze von ...												siehe unter der jeweiligen Stamm-verbindung
Salzsäure												siehe Chlorwasserstoff
S-2-Chlor-allyl-N,N-diethyl-dithiocarbamat												siehe Sulfallat (ISO)
Schwebstoffe, biologisch inert												siehe § 5 GKV
Schwefelchlorür												siehe Dischwefeldichlorid
Schwefeldioxid	[7446-09-5]	MAK			0,5	1,3	1	2,7	15(Miw)	4x		
Schwefelhexafluorid	[2551-62-4]	MAK			1000	6000	2000	12000	60(Mow)	3x		
Schwefelkohlenstoff												siehe Kohlenstoffdisulfid
Schwefelpentafluorid	[5714-22-7]	MAK			0,025	0,25	0,05	0,5	5(Mow)	8x		
Schwefelsäure	[7664-93-9]	MAK				0,1 E*)		0,2 E	Mow	8x		*) entspricht

Stoff	CAS	MAK oder TRK	Fortpflanzungs-gefährdend	Krebs-erzeug-end	Grenzwert						H, S	Verweis oder Bemerkung
					TMW [ppm]	TMW [mg/m³]	KZW [ppm]	KZW [mg/m³]	Dauer [min]	Häufigkeit pro Schicht		
Schwefelwasserstoff	[7783-06-4]	MAK			5	7	5	7	Mow			0,05 mg/m³ thorakal Bei der Auswahl einer geeigneten Messmethode sind allfällige Störungen durch andere Schwefel-verbindungen zu vermeiden.
Schweißrauch (alle Schweißarten)		MAK				5 A						
Selen und seine Verbindungen (außer Selenwasserstoff)	[7782-49-2]	MAK				0,1 E		0,3 E	15(Miw)	4x		als Se berechnet
Selenwasserstoff	[7783-07-5]	MAK			0,02	0,07	0,05	0,17	15(Miw)	4x		
Senfgas												siehe Dichlordiethylsulfid
Sevofluran (1,1,1,3,3,3-Hexa-fluor-2-(fluormethoxy)propan)	[28523-86-6]	MAK			10	80	20	170	15(Miw)	4x		
Silber	[7440-22-4]	MAK				0,1 E		0,1 E	30(Miw)	1x		als Ag berechnet
Silberverbindungen, lösliche		MAK				0,01 E						
Silber-Zink-Zeolith (Zeolith, Linde Typ A, Oberfläche mit Silber- und Zinkionen modifiziert)	[130328-20-0]		d									Dieser Eintrag betrifft Zeolith vom Typ LTA (Linde Typ A), dessen Oberfläche mit Silber- und Zinkionen mit einem Gehalt von Ag^+ 0,5 %-6 %, Zn^{2+} 5 %-16 % und möglicherweise Phospor, NH_4^+, Mg^{2+}

GKV

Stoff	CAS	MAK oder TRK	Fortpflanzungsgefährdend	Krebserzeugend	Grenzwert						H, S	Verweis oder Bemerkung
					TMW [ppm]	TMW [mg/m³]	KZW [ppm]	KZW [mg/m³]	Dauer [min]	Häufigkeit pro Schicht		
Silicumcarbid (faserfrei)	[409-21-2]	MAK				5 A		10 A	60(Mlw)	2x		und/oder Ca²⁺ jeweils < 3 % modifiziert wurde
Siliciumdioxid												siehe Quarz
Spiroxamin (ISO)	[118134-30-8]		d									
Staub, biologisch inert												siehe § 5 GKV
Steinkohlenruß												siehe Pyrolyseprodukte aus organischem Material
Steinkohlenteere												siehe Pyrolyseprodukte aus organischem Material
Steinkohlenteeröle												siehe Pyrolyseprodukte aus organischem Material
Steinkohlenteerpeche												siehe Pyrolyseprodukte aus organischem Material
Stickstoffdioxid	[10102-44-0]	MAK			0,5	0,96	1	1,91	5(Mow)	8x		
Stickstoffmonoxid	[10102-43-9]	MAK			2	2,5						
Stickstoffwasserstoffsäure	[7782-79-8]	MAK			0,1	0,18	0,1	0,18	Mow			
Strontiumchromat	[7789-06-2]			III A2								siehe Chrom(VI)-Verbindungen

Stoff	CAS	MAK oder TRK	Fortpflanzungsgefährdend	Krebserzeugend	Grenzwert TMW [ppm]	TMW [mg/m³]	KZW [ppm]	KZW [mg/m³]	Dauer [min]	Häufigkeit pro Schicht	H, S	Verweis oder Bemerkung
Strychnin	[57-24-9]	MAK				0,15 E		0,6 E	15(Miw)	4x	H	
Styrol	[100-42-5]	MAK	d		20	85	80	340	15(Miw)	4x		
Styroloxid	[96-09-3]			III A2								
Sulfallat (ISO)	[95-06-7]			III A2								
Sulfometuron-methyl (ISO)	[74222-97-2]	MAK				5						
Sulfotep (ISO)	[3689-24-5]	MAK			0,0075	0,1					H	
Sulfuryldifluorid	[2699-79-8]	MAK			5	21	10	42	15(Miw)	4x		
Sulprofos (ISO)	[35400-43-2]	MAK				1		2	15(Miw)	4x		
Systox												siehe Demeton
2,4,5-T												siehe 2,4,5-Trichlor-phenoxyessigsäure
Talk (asbestfaserfrei)	[14807-96-6]	MAK				2 A						
Tantal	[7440-25-7]	MAK				5 E						
TCDD												siehe 2,3,7,8-Tetra-chlordibenzo-p-dioxin
TDI												siehe Diisocyanat-toluole
Tebuconazol (ISO)	[107534-96-3]		d									
TEDP				III C								siehe Sulfotep
Teerhaltige Salben												
Tellur und seine Verbindungen	[13494-80-9]	MAK	f, D*)			0,1 E		0,5 E	30(Miw)	2x		als Te berechnet *) f, D gilt für Tellur und Telluroxid [7446-07-3]
TEPP (ISO)	[107-49-3]	MAK			0,005	0,05	0,05	0,5	30(Miw)	1x	H	
Tepraloxydim (ISO)	[149979-41-9]		f, d	III B								
Terpentinöl	[8006-64-2]	MAK			100	560	100	560	Mow		H, Sh	

Terphenyl, teilweise hydriert (alle Isomere)	[61788-32-7]	MAK			2	19		5	48	15(Miw)	4x		

GKV

Stoff	CAS	MAK oder TRK	Fortpflanzungsgefährdend	Krebserzeugend	Grenzwert						H, S	Verweis oder Bemerkung
					TMW		KZW		Dauer [min]	Häufigkeit pro Schicht		
					[ppm]	[mg/m³]	[ppm]	[mg/m³]				
Terphenyl (alle Isomeren): o-Terphenyl m-Terphenyl p-Terphenyl	[26140-60-3] [84-15-1] [92-06-8] [92-94-4]	MAK			0,5	4,5	0,5	4,5	Mow			
1,1,2,2-Tetrabrommethan	[79-27-6]	MAK			1	14	4	56	15(Miw)	4x		siehe Kohlenstoff-tetrabromid
5,6,12,13-Tetrachlor-anthra(2,1,9-def:6,5,10-d'e'f')diisochinolin-1,3,8,10(2H,9H)-tetron	[115662-06-1]		f									
2,4,5,6-Tetrachlorbenzo-1,3-dinitril												siehe Chlorthalonil
2,3,7,8-Tetrachlordibenzo-p-dioxin	[1746-01-6]			III A2								siehe chlorierte Dibenzodioxine und -furane
1,1,1,2-Tetrachlor-2,2-di-fluorethan (R 112a)	[76-11-9]	MAK			500	4170	1000	8340	60(Mow)	3x		
1,1,2,2-Tetrachlor-1,2-di-fluorethan (R 112)	[76-12-0]	MAK			200	1690	1000	8450	30(Miw)	2x		
1,1,2,2-Tetrachlorethan	[79-34-5]	MAK		III B	1	7					H	
Tetrachlorethen	[127-18-4]	MAK	d	III B	20	138	40	275	15(Miw)	4x	H	
Tetrachlorethylen												siehe Tetrachlorethen
Tetrachlorisophthalsäure-dinitril												siehe Chlorthalonil
Tetrachlorkohlenstoff												siehe Tetrachlormethan
Tetrachlormethan (R 10)	[56-23-5]	MAK		III B	1	6,4	5	32	15(Miw)	4x	H	
Tetrachlornaphthalin (alle Isomere)	[1335-88-2]	MAK				2 E		4 E	15(Miw)	4x	H	
2,3,6,7-Tetrachlornaphtalin	[34588-40-4]											

		MAK		0,5 E		1,5 E	15(Miw)	4x	H		
1,2,3,4-Tetrachlornaphtalin	[20020-02-4]										
Tetrachlorphenol und seine Salze, z.B. (alle Isomere, z.B. 2,3,4,6-Tetrachlorphenol 2,3,4,5-Tetrachlorphenol 2,3,5,5-Tetrachlorphenol)	[58-90-2] [4901-51-3] [935-95-5]										

Stoff	CAS	MAK oder TRK	Fortpflanzungs-gefährdend	Krebs-erzeugend	Grenzwert TMW [ppm]	TMW [mg/m³]	KZW [ppm]	KZW [mg/m³]	Dauer [min]	Häufigkeit pro Schicht	H, S	Verweis oder Bemerkung
Tetraethylblei												siehe Bleitetraethyl
Tetraethyldiphosphat												siehe TEPP
O,O,O-Tetraethyldithiodiphosphat (TEDP)												siehe Sulfotep
Tetraethylsilikat	[78-10-4]	MAK			5	44	10	88	5(Mow)	8x		
1,1,2-Tetrafluorethan	[811-97-2]	MAK			1000	4200	4000	16800	15(Miw)	4x		
Tetrahydrofuran	[109-99-9]	MAK		III B	50	150	100	300	15(Miw)	4x	H	
Tetrahydrofurfuryl (R)-2-(4-(6-chlorchinoxalin-2-yloxy)-phenyloxy)propionat	[200509-41-7] [119738-06-6]		f, D	III B								
3a,4,7,7a-Tetrahydro-4,7-methanoinden												siehe Dicyclopentadien (exo- und endo-)
Tetrahydrothiopyran-3-carboxaldehyd	[61571-06-0]		D									
2,2'-((3,3',5,5'-Tetramethyl-(1,1'-biphenyl))-4,4'-diyl)-bis(oxymethylen))-bis-oxiran	[85954-11-6]			III B							Sh	
Tetramethylblei												siehe Bleitetramethyl
Tetramethyldiaminobenzophenon												siehe Michlers Keton
Tetramethyldiaminodi-phenyl-acetimin												siehe Auramin
N,N,N',N'-Tetramethyl-4,4'-diaminodiphenylmethan												siehe 4,4'-Methylen-bis(N,N'-dimethyl-aniliin)
Tetramethylorthosilicat	[681-84-5]	MAK			1	6	2	12	15(Miw)	4x		

GKV

Stoff	CAS	MAK oder TRK	Fortpflanzungsgefährdend	Krebserzeugend	Grenzwert TMW [ppm]	[mg/m³]	KZW [ppm]	[mg/m³]	Dauer [min]	Häufigkeit pro Schicht	H, S	Verweis oder Bemerkung
Tetramethylsuccinnitril	[3333-52-6]	MAK			0,5	3	2	12	15(MIw)	4x	H	
Tetramethylthiuramdisulfid												siehe Thiram
3,3',4,4'-Tetraminobiphenyl												siehe 3,3'-Diaminobenzidin
Tetranatriumpyrophosphat	[7722-88-5]	MAK				5 E		10 E	15(MIw)	4x		
Tetranitromethan	[509-14-8]			III A2								
Tetraphosphor	[7723-14-0] [12185-10-3]	MAK				0,1 E		0,2 E	5(Mow)	8x		
Tetryl												siehe N-Methyl-2,4,6,N-tetranitroanilin
Textilfasern (Leichtstäube von)		MAK				5 E		10 E	30(MIw)	2x		
Thalliumverbindungen lösliche		MAK				0,1 E		1 E	30(MIw)	1x		als Tl [7440-28-0] berechnet
Thioacetamid	[62-55-5]			III A2								siehe Thioharnstoff
Thiocarbamid												siehe Thioharnstoff
Thiacloprid (ISO)	[111988-49-9]		F, D	III B								
4,4'-Thiodianilin	[139-65-1]			III A2								
p,p'-Thiodianilin												siehe 4,4'-Thiodianilin
Thioglykolsäure	[68-11-1]	MAK			1	4	2	8	15(MIw)	4x	H, S	
Thioharnstoff	[62-56-6]		d	III B							Sh, SP	
2-Thiourea												siehe Thioharnstoff
Thiram (ISO)	[137-26-8]	MAK				5 E		25 E	30(MIw)	2x	Sh	Reaktion mit nitrosierenden Agentien kann zur Bildung des kanzerogenen N-Nitrosodimethylamins führen.

Stoff	CAS	MAK oder TRK	Fortpflanzungsgefährdend	Krebserzeugend	Grenzwert TMW [ppm]	TMW [mg/m³]	KZW [ppm]	KZW [mg/m³]	Dauer [min]	Häufigkeit pro Schicht	H, S	Verweis oder Bemerkung
THU												siehe Thioharnstoff
Titandioxid (Alveolarstaub)	[13463-67-7]	MAK		III B*)		5 A		10 A	60(Mlw)	2x		*) für Titanoxidpulver, das ≥ 1% Partikel mit einem aerodynamischen Durchmesser ≤ 10µm enthält.
TNT												siehe 2,4,6-Trinitrotoluol
o-Tolidin												siehe 3,3'-Dimethylbenzidin
o-Tolidin basierte Farbstoffe				III C								
m-Toluidin	[108-44-1]	MAK			2	9	4	18	15(Mlw)	4x	H	
o-Toluidin	[95-53-4]	TRK		III A2	0,1	0,5	0,4	2	15(Mlw)	4x	H, Sh	
o-Toluidin, Salze von		TRK		III A2		0,5 E		2 E	15(Mlw)	4x	H	
p-Toluidin	[106-49-0]	MAK		III B	0,2	1	0,8	4	15(Mlw)	4x	H, Sh	
p-Toluidin, Salze (z.B. p-Toluidiniumchlorid, p-Toluidinsulfat)	[540-23-8] [540-25-0]			III B							Sh	
Toluol	[108-88-3]	MAK			50	190	100	380	15(Mlw)	4x	H	
Toluol-2,4-diammoniumsulfat	[65321-67-7]		d	III A2							Sh	
2,4-Toluylendiamin												siehe 2,4-Diaminotoluol
2,4-Toluylendiisocyanat												siehe Diisocyanattoluole
2,6-Toluylendiisocyanat												siehe Diisocyanattoluole
m-Tolylidendiisocyanat												siehe Diisocyanattoluole
Toxaphen (ISO)												siehe chloriertes Camphen

Tremolit	[221354-37-6]												siehe Asbest
Triammonium-4-[4-[7-(4-		f											

Stoff	CAS	MAK oder TRK	Fortpflanzungsgefährdend	Krebserzeugend	Grenzwert TMW [ppm]	TMW [mg/m³]	KZW [ppm]	KZW [mg/m³]	Dauer [min]	Häufigkeit pro Schicht	H, S	Verweis oder Bemerkung
carboxylatoanilino)-1-hydroxy-3-sulfonato-2-naphthylazo]-2,5-dimethoxyphenylazo]benzoat												
Triadimenol (ISO)	[55219-65-3]		F,D,L									
1,2,4-Triazol	[288-88-0]		F, D									
1H-1,2,4-Triazol-3-amin												siehe Amitrol
Tribrommethan	[75-25-2]	MAK		III B	0,5	5						
Tri-n-butylzinnverbindungen Bis(tributylzinn)oxid Tributylzinnbenzoat Tributylzinnchlorid Tributylzinnfluorid Tributylzinnlinoleat Tributylzinnmethacrylat Tributylzinnnaphthenat	[56-35-9] [4342-36-3] [1461-22-9] [1983-10-4] [24124-25-2] [2155-70-6] [85409-17-2]	MAK	F, D		0,002	0,05	0,008	0,2	15(Miw)	4x	H	als Bis(tributylzinn)-oxid berechnet
Tri-n-butylphosphat	[126-73-8]	MAK		III B		2,5		5	15(Miw)	4x	H	
Tricarbonyl(η-cyclopenta-dienyl)mangan	[12079-65-1]	MAK				0,1		0,3	15(Miw)	4x	H	als Mn berechnet
Tricarbonyl(methylcyclo-pentadienyl)mangan	[12108-13-3]	MAK				0,2		0,4	15(Miw)	4x	H	als Mn berechnet
Trichlorbenzol (alle Isomere außer 1,2,4-Trichlorbenzol): 1,2,3-Trichlorbenzol 1,3,5-Trichlorbenzol	[12002-48-1] [87-61-6] [108-70-3]	MAK			5	38	20	152	15(Miw)	4x	H	
1,2,4-Trichlorbenzol	[120-82-1]	MAK			2	15,1	5	37,8	15(Miw)	4x	H	
1,1,1-Trichlor-2,2-bis-(4-chlorphenyl)ethan												siehe DDT
2,3,4-Trichlor-1-buten	[2431-50-7]	TRK		III A2	0,005	0,035	0,02	0,14	15(Miw)	4x	H	
Trichloressigsäure	[76-03-9]	MAK			1	5						
1,1,1-Trichlorethan	[71-55-6]	MAK			100	555	200	1110	15(Miw)	4x	H	

GKV

Stoff	CAS	MAK oder TRK	Fortpflanzungs-gefährdend	Krebs-erzeugend	TMW [ppm]	TMW [mg/m³]	KZW [ppm]	KZW [mg/m³]	Dauer [min]	Häufigkeit pro Schicht	H, S	Verweis oder Bemerkung
(R 140a)												
1,1,2-Trichlorethan	[79-00-5]	MAK		III B	10	55	50	275	30(Miw)	2x	H	
Trichlorethen	[79-01-6]	TRK		III A2	0,6	3,3	2,4	13,2	15(Miw)	4x	H	
Trichlorethylen												siehe Trichlorethen
Trichlorfluormethan (R 11)	[75-69-4]	MAK			1000	5600	2000	11200	60(Mow)	3x		
Trichlormethan (R 20)	[67-66-3]	TRK	d	III A2	2	10					H	
Trichlormethansulfenylchlorid	[594-42-3]	MAK			0,1	0,8	0,2	1,6	15(Miw)	4x	H	
1-Trichlormethylbenzol												siehe α,α,α-Trichlortoluol
Trichlornaphthalin	[1321-65-9]	MAK				5 E			5(Mow)	8x	H	
Trichlornitromethan	[76-06-2]	MAK			0,1	0,7	0,2	1,4	15(Miw)	4x	H	
Trichlorphenol (alle Isomere) und seine Salze 2,3,4-Trichlorphenol 2,3,5-Trichlorphenol 2,3,6-Trichlorphenol 2,4,5-Trichlorphenol 2,4,6-Trichlorphenol 3,4,5-Trichlorphenol	[25167-82-2] [15950-66-0] [933-78-8] [933-75-5] [95-95-4] [88-06-2] [609-19-8]	MAK		III B		0,5 E		1,5 E				
2,4,5-Trichlorphenoxyessigsäure	[93-76-5]	MAK		III A2		10 E		50 E	30(Miw)	2x	H	
1,2,3-Trichlorpropan	[96-18-4]	TRK	F	III A2	50	300	250	1500	30(Miw)	2x		
α,α,α-Trichlortoluol	[98-07-7]	TRK			0,012	0,1	0,048	0,4	15(Miw)	4x	H	siehe auch α-Chlortoluole
1,1,2-Trichlor-1,2,2-trifluorethan (R 113)	[76-13-1]	MAK			500	3800	1000	7600	60(Mow)	3x		
Tridemorph (ISO)	[24602-86-6]		D									
Tridymit												siehe Quarz
Triethanolamin	[102-71-6]	MAK			0,8	5 E	1,6	10 E	15(Miw)	4x	S	
Triethylamin	[121-44-8]	MAK			2	8,4	3	12,6	15(Miw)	4x		Reaktion mit nitro-

Stoff	CAS	MAK oder TRK	Fortpflanzungs-gefährdend	Krebs-erzeug-end	Grenzwert						H, S	Verweis oder Bemerkung
					TMW		KZW		Dauer [min]	Häufigkeit pro Schicht		
					[ppm]	[mg/m³]	[ppm]	[mg/m³]				
Triethylenglykol-Dimethylether TEGDME	[112-49-2]		f, D									sierenden Agentien kann zur Bildung des kanzerogenen N-Nitrosomethylanilins führen.
Trifluorbrommethan (R 13 B1)	[75-63-8]	MAK			1000	6100	2000	12200	60(Mow)	3x		
2,2,2-Trifluor-1-chlor-ethyldifluormethylether	[26675-46-7]	MAK			10	80	20	160	15(Miw)	4x		
Triiodmethan												siehe Iodoform
Triisobutylphosphat	[126-71-6]	MAK				50		100	60(Mow)	3x		
o,o,o-Trikresylphosphat	[78-30-8]	MAK				0,1		0,2	15(Miw)	4x	H	
Triorthokresylphosphat												siehe o,o,o-Tri-kresylphosphat
Trimangantetroxid												siehe Manganver-bindungen
Trimellitsäureanhydrid (Rauch)	[552-30-7]	MAK			0,005	0,04 A	0,01	0,08 A	5(Mow)	8x	Sa	
Trimethylamin	[75-50-3]	MAK			2	4,9	5	12,5	Mow	4x		
2,4,5-Trimethylanilin	[137-17-7]			III A2							H	
2,4,5-Trimethylanilin-Hydrochlorid	[21436-97-5]			III A2								
Trimethylbenzol (alle Isomere) 1,2,3-Trimethylbenzol 1,2,4-Trimethylbenzol 1,3,5-Trimethylbenzol, Mesitylen	[2551-13-7] [526-73-8] [95-63-6] [108-67-8]	MAK			20	100	30	150	15(Miw)	4x		
3,5,5-Trimethyl-2-cyclo-hexen-1-on	[78-59-1]	MAK		III B	2	11	2	11	Mow		H	

GKV

Stoff	CAS	MAK oder TRK	Fortpflanzungsgefährdend	Krebserzeugend	Grenzwert TMW [ppm]	TMW [mg/m³]	KZW [ppm]	KZW [mg/m³]	Dauer [min]	Häufigkeit pro Schicht	H, S	Verweis oder Bemerkung
2,2,4-Trimethylhexamethylen-1,6-diisocyanat	[16938-22-0]	MAK			0,005	0,04	0,01	0,08	15(Miw)	4x	Sa	
2,4,4-Trimethylhexa-methylen-1,6-diisocyanat	[15646-96-5]	MAK			0,005	0,04	0,01	0,08	15(Miw)	4x	Sa	
Trimethylphosphat	[512-56-1]			III B							H	
Trimethylphosphit	[121-45-9]	MAK			0,5	2,6	1	5,2	15(Miw)	4x	H	
Trinatrium-[4'-(8-acetylamino-3,6-disulfonato-...-tetraolato-O,O',O'',O''')kupfer(II)]	[164058-22-4]			III A2								
2,4,7-Trinitrofluorenon	[129-79-3]			III B								
2,4,6-Trinitrophenol	[88-89-1]	MAK				0,1 E		0,2 E	5(Mow)	8x	H	
2,4,6-Trinitrophenylmethyl-nitramin												siehe N-Methyl-2,4,6,N-tetra-nitroanilin
2,4,6-Trinitrotoluol (und Isomere in technischen Gemischen)	[118-96-7]	MAK		III B	0,01	0,1	0,04	0,4	15(Miw)	4x	H	
1,3,5-Trioxan	[110-88-3]		d		0,5		1		15(Miw)	4x		
Triphenylamin	[603-34-9]	MAK				5 E		10 E	15(Miw)	4x		
Triphenylphosphat	[115-86-6]	MAK				3 E		6 E	15(Miw)	4x		
Tris(2-chlorethyl)phosphat	[115-96-8]	MAK	F	III B		0,25 E		1 E	15(Miw)	4x		
Uranverbindungen		MAK										berechnet als U
Urethan												siehe Ethylcarbamat
Valeraldehyd	[110-62-3]	MAK			50	175	100	350	15(Miw)	4x		
Valinamid	[20108-78-5]		f								Sh	
Vanadium	[7440-62-2]	MAK				0,5 E		1 E	15(Miw)	4x		
Vanadiumcarbid	[12070-10-9]	MAK				0,5 E		1 E	15(Miw)	4x		als V berechnet
Vanadiumpentoxid	[1314-62-1]	MAK	d			0,05 A		0,25 A	30(Miw)	2x		
Vermiculit		MAK				5 E		10 E	30(Miw)	2x		

Stoff	CAS	MAK oder TRK	Fortpflanzungsgefährdend	Krebserzeugend	TMW [ppm]	TMW [mg/m³]	KZW [ppm]	KZW [mg/m³]	Dauer [min]	Häufigkeit pro Schicht	H, S	Verweis oder Bemerkung
Vinclozolin (ISO)	[50471-44-8]			III B							Sh	
Vinylacetat	[108-05-4]	TRK	F, D	III B	5	17,6	10	35,2	5(Mow)	8x		
Vinylchlorid (R 1140)	[75-01-4]	TRK		III A1	1	2,6	8	20	15(Miw)	4x		
4-Vinyl-1,2-cyclohexendiepoxid	[106-87-6]		F	III A2							H	
Vinylidenchlorid												siehe 1,1-Dichlorethen
Vinylidenfluorid												siehe 1,1-Difluorethen
N-Vinyl-2-pyrrolidon	[88-12-0]	TRK		III A2	0,1	0,5	0,4	2	15(Miw)	4x	H	
Vinyltoluol												siehe Methylstyrol (alle Isomere)
Warfarin (ISO) und seine Isomere	[81-81-2] [5543-57-7] [5543-58-8]	MAK	D			0,1 E		0,5 E	30(Miw)	2x		
Wasserstoffperoxid	[7722-84-1]	MAK			1	1,4	2	2,8	5(Mow)	8x		
Wolfram	[7440-33-7]	MAK				5 E		10 E	15(Miw)	4x		als W berechnet
Wolframverbindungen unlösliche		MAK				5 E		10 E	15(Miw)	4x		als W berechnet
Wolframverbindungen lösliche		MAK				1 E		2 E	15(Miw)	4x		
Xylidin (alle Isomere außer 2,4-Xylidin)	[1300-73-8] [87-62-7]	MAK		III B *)	5	25					H	*) III B für 2,6-Xylidin [87-62-7]
2,4-Xylidin	[95-68-1]	TRK		III B	5	25	20	100	15(Miw)	4x	H	
Xylol (alle Isomere): o-Xylol, m-Xylol, p-Xylol	[1330-20-7] [95-47-6] [108-38-3] [106-42-3]	MAK			50	221	100	442	15(Miw)	4x		
Yttrium	[7440-65-5]	MAK				1 A		10 A	30(Miw)	1x		
Zement												siehe Portlandzement
Zinkchromat	[13530-65-9]			III A1							Sh	Siehe Chrom(VI)-Verbindungen

GKV

Stoff	CAS	MAK oder TRK	Fortpflanzungsgefährdend	Krebserzeugend	Grenzwert							H, S	Verweis oder Bemerkung
					TMW		KZW		Dauer [min]	Häufigkeit pro Schicht			
					[ppm]	[mg/m³]	[ppm]	[mg/m³]					
Zinkoxid-Rauch	[1314-13-2]	MAK				5 A							
Zinn	[7440-31-5]	MAK				2 E		4 E	15(Miw)	4x			
Zinnverbindungen, anorganische		MAK				2 E		4 E	15(Miw)	4x			als Sn berechnet
Zinnverbindungen, organische (außer Tri-n-butylzinnverbindungen)	z.B. [3542-36-7] [15571-58-1] [33568-99-9] [26401-97-8] [16091-18-2] [870-08-6]	MAK	D			0,1 E		0,2 E	15(Miw)	4x		H	als Sn berechnet siehe auch Tri-n-butylzinnverbindungen
Zirkon	[7440-67-7]	MAK				5 E						Sah	
Zirkonverbindungen		MAK				5 E							als Zr [7440-67-7] berechnet
Zytostatika				III C									

Tabelle: Toxizitätsäquivalenzfaktoren für chlorierte Dibenzodioxine und -furane:

PCDD-Kongenere	Toxizitätsäquivalenz-faktor	PCDF-Kongenere	Toxizitätsäquivalenz-faktor
2,3,7,8-Tetrachlordibenzodioxin	1,0	2,3,7,8-Tetrachlordibenzofuran	0,1
1,2,3,7,8-Pentachlordibenzodioxin	0,5	1,2,3,7,8-Pentachlordibenzofuran	0,05
		2,3,4,7,8-Pentachlordibenzofuran	0,5
1,2,3,4,7,8-Hexachlordibenzodioxin	0,1	1,2,3,4,7,8-Hexachlordibenzofuran	0,1
1,2,3,6,7,8-Hexachlordibenzodioxin	0,1	1,2,3,6,7,8-Hexachlordibenzofuran	0,1
1,2,3,7,8,9-Hexachlordibenzodioxin	0,1	1,2,3,7,8,9-Hexachlordibenzofuran	0,1
		2,3,4,6,7,8-Hexachlordibenzofuran	0,1
1,2,3,4,6,7,8-Heptachlordibenzodioxin	0,01	1,2,3,4,6,7,8-Heptachlordibenzofuran	0,01
		1,2,3,4,7,8,9-Heptachlordibenzofuran	0,01
Octachlordibenzodioxin	0,001	Octachlordibenzofuran	0,001

Anhang III/2024

(LISTE KREBSERZEUGENDER ARBEITSSTOFFE)
A Eindeutig als krebserzeugend ausgewiesene Arbeitsstoffe
A1 Stoffe, die beim Menschen erfahrungsgemäß bösartige Geschwülste zu verursachen vermögen:

4-Aminobiphenyl und seine Salze

Arsentrioxid und Arsenpentoxid, arsenige Säure, Arsensäure und ihre Salze, zB Bleiarsenat, Calciumarsenat

Asbest (Chrysotil; Aktinolith, Amosit, Anthophyllit, Krokydolith, Tremolit) als Feinstaub und asbesthaltiger Feinstaub

Benzidin und seine Salze

Benzol

Bis(chlormethyl)ether

1,3 Butadien

C.I. Pigment Black 25

C.I. Pigment Yellow 157

4-Chlor-o-toluidin

Chromtrioxid (Chrom(VI)-oxid)

2,2'-Dichlordiethylsulfid

Erionit

N-Methyl-bis(2-chlorethyl)amin

Monochlordimethylether

2-Naphthylamin und seine Salze

Nickel (Stäube, Rauch oder Nebel von Nickelmetall, Nickellegierungen und Nickelverbindungen)

Vinylchlorid

Zinkchromat

A2 Stoffe, die sich bislang nur im Tierversuch als krebserzeugend erwiesen haben, und zwar unter Bedingungen, die der möglichen Exponierung des Menschen am Arbeitsplatz vergleichbar sind bzw. aus denen Vergleichbarkeit abgeleitet werden kann:

Acrylamid

Acrylnitril

1-Allyloxy-2,3-epoxypropan

4-Aminoazobenzol

o-Aminoazotoluol

1-(2-Amino-5-chlorphenyl)-2,2,2-trifluor-1,1-ethandiol, Hydrochlorid

6-Amino-2-ethoxynaphthalin

3-Amino-9-ethylcarbazol

4-Amino-3-fluorphenol

2-Amino-4-nitrotoluol

Ammoniumdichromat

Anthrachinon

Antimontrioxid

Auramin und seine Salze

Azobenzol

Benz[a]anthrazen

Benzo[b]fluoranthen

Benzo[j]fluoranthen

Benzo[k]fluoranthen

Benzo[a]pyren

Benzo[e]pyren

Beryllium und seine Verbindungen
Bleichromat
Bleichromatmolybdatsulfatrot
Bleisulfochromatgelb
Bromethan
Bromethen
2-Butanonoxim
2,4-Butansulton
C.I. Basic Red 9
C.I. Direct Black 38
C.I. Direct Blue 6
C.I. Direct Brown 95
C.I. Direct Red 28
C.I. Disperse Blue 1
C.I. Pigment Yellow 34
Cadmium und seine Verbindungen, Cadmiumchlorid, Cadmiumoxid,
Cadmiumsulfat, Cadmiumsulfid und andere bioverfügbare Verbindungen
Cadmiumcarbonat
Cadmiumhydroxid
Cadmiumnitrat
p-Chloranilin
p-Chlorbenzotrichlorid
2-Chlor-1,3-butadien
1-Chlor-2,3-epoxypropan (Epichlorhydrin)
(2-Chlorethyl)(3-hydroxypropyl)ammoniumchlorid
Chlorfluormethan
N-Chlorformyl-morpholin
Chlorierte Dibenzodioxine und -furane α-Chlortoluol; siehe auch auch α-Chlortoluole in Anhang III C Ziffer 5
Chrom(VI)-Verbindungen (in Form von Stäuben, Rauch oder Nebel); als Beispiele seien genannt: Alkalichromate, Bleichromat, Calciumchromat, Chrom-III-chromat, Chromdioxidichlorid (Chromdioxychlorid, Chromoxychlorid, Chromylchlorid), Chromsäure, Chromsäureanhydrid, Strontiumchromat. Ausgenommen die in Wasser praktisch unlöslichen, wie zB Bariumchromat [aber zBZinkchromat in A 1].
Chrysen
Cobalt und seine Verbindungen
Cobalt(II)-acetat
Cobalt(II)-chlorid
Cobalt(II)-carbonat
Cobalt(II)-nitrat
N,N'-Diacetyl-benzidin
2,4-Diaminoanisol
2,4-Diaminoanisolsulfat
3,3'-Diaminobenzidin und seine Salze
4,4'-Diaminodiphenylmethan
2,6-Diaminotoluol
Diazomethan
Dibenz[a,h]anthracen
Dibenzo[a,e]pyren
Dibenzo[a,h]pyren
Dibenzo[a,i]pyren

Dibenzo[a,l]pyren
1,2-Dibrom-3-chlorpropan
1,2-Dibromethan
2,3-Dibrom-1-propanol
Dichloracetylen
3,3'-Dichlorbenzidin und seine Salze
1,4-Dichlorbenzol
1,4-Dichlor-2-buten
1,2-Dichlorethan
1,2-Dichlorpropan
1,3-Dichlor-2-propanol
E- und Z-1,3-Dichlorpropen (cis- und trans-)
α,α-Dichlortoluol; s. auch α-Chlortoluole in Anhang III C Ziffer 5
1,2,3,4-Diepoxybutan
Diethylsulfat
Diglycidylresorcinether
N-[6,9-Dihydro-9-[[2-hydroxy-1-(hydroxy-methyl)ethoxy]methyl]-6-oxo-1H-purin-2-yl]acetamid
1,2-Dihydroxybenzol
3,3'-Dimethoxybenzidin (o-Dianisidin) und seine Salze
3,3'-Dimethylbenzidin (o-Tolidin) und seine Salze
Dimethylcarbamidsäurechlorid
3,3'-Dimethyl-4,4'-diaminodiphenylmethan
1,1-Dimethylhydrazin
1,2-Dimethylhydrazin
Dimethylsulfamoylchlorid
Dimethylsulfat
Dinitrotoluole (Isomerengemische)
1,4-Dioxan
1,2-Epoxybutan
1,2-Epoxypropan
2,3-Epoxy-1-propanol
R- 2,3 Epoxy-1-Propanol
2,3 Epoxypropylmethacrylat
Ethylcarbamat
Ethyl-1-(2,4-dichlorphenyl)-5-(trichlormethyl)-1H-1,2,4-triazol-3-carboxylat
Ethylenimin
Ethylenoxid
Formaldehyd
Furan
Galliumarsenid
Glycidyltrimethylammoniumchlorid
Hexachlorbenzol
Hexamethylphosphorsäuretriamid
O-hexyl-N-ethoxycarbonyl-thiocarbamat
Hydrazin, Hydrazinsalze und Verbindungen (z. B. Hydrazinbis(3-carboxy-4-hydroxybenzolsulfonat),
Hydrazin-tri-nitromethan)
Hydrazobenzol
6-Hydroxy-1-(3-isopropoxypropyl)-4-methyl-2-oxo-5-[4-(phenylazo)phenylazo]-1,2-dihydro-3-pyridincarbonitril
(6-(4-Hydroxy-3-(2-methoxyphenylazo)-2-sulfonato-7-naphthylamino)-1,3,5-triazin-2,4-diyl)bis[(amino-
1-methylethyl)-ammonium]format
Indeno[1,2,3-cd]pyren

Iodmethan (Methyliodid)

O-Isobutyl-N-ethoxy-carbonylthiocarbamat

Isobutylnitrit

Isopren

Isopropylbenzol

Kaliumbromat

p-Kresidin (2-Methoxy-5-methylanilin)

2-Methoxyanilin

Methylacrylamidoglykolat

Methylacrylamidomethoxy-acetat

Methylazoxymethylacetat

4,4'-Methylen-bis(2-chloranilin) und seine Salze

4,4'-Methylen-bis(N,N-dimethylanilin)

(Methylenbis(4,1-phenylenazo(1-(3-(dimethylamino)propyl)-1,2-dihydro-6-hydroxy-4-methyl-2-oxopy 5,3-diyl)))-1,1'- dipyridiniumdichloriddihydrochlorid

N,N'-Methylendimorpholin

Methylhydrazin

1-Methyl-3-nitro-1-nitrosoguanidin

Methylphenylendiamin

Michlers Keton

1-Naphthylamin

Nickeltetracarbonyl

5-Nitroacenaphthen

2-Nitroanisol

4-Nitrobiphenyl

Nitrofen

2-Nitronaphthalin

2-Nitropropan

N-Nitrosodi-n-butylamin

N-Nitrosodiethanolamin

N-Nitrosodiethylamin

N-Nitrosodimethylamin

N-Nitrosodi-i-propylamin

N-Nitrosodi-n-propylamin

N-Nitrosoethylphenylamin

N-Nitrosomethylethylamin

N-Nitrosomethylphenylamin

N-Nitrosomorpholin

N-Nitrosopiperidin

N-Nitrosopyrrolidin

o-Nitrotoluol

Oxiranmethanol

4,4'-Oxydianilin

Pentachlorphenol und seine Salze

Phenolphthalein

o-Phenylendiamin

Phenylglycidylether

Phenylhydrazin und seine Salze

1,3-Propansulton

β-Propiolacton

Propylenimin

Quinolin
Safrol
Styroloxid
Sulfallat (ISO)
2,3,7,8-Tetrachlordibenzo-p-dioxin
Tetranitromethan
Thioacetamid
4,4'-Thiodianilin
o-Toluidin und seine Salze
Toluol-2,4-diammoniumsulfat
2,4-Toluylendiamin
2,3,4-Trichlor-1-buten
Trichlorethen (Trichlorethylen)
Trichlormethan
Trichlorphenol und seine Salze
1,2,3-Trichlorpropan
α,α,α-Trichlortoluol (Benzotrichlorid); s. auch α-Chlortoluole in Anhang III C Ziffer 5
2,4,5-Trimethylanilin
2,4,5-Trimethylanilin-Hydrochlorid
Trinatrium-(4'-(8-acetylamino-3,6-disulfonato-...-tetraolato-O,O',O'', O''')kupfer(II)
4-Vinyl-1,2-cyclohexendiepoxid
N-Vinyl-2-pyrrolidon

GKV

B Stoffe mit begründetem Verdacht auf krebserzeugendes Potential

Acetaldehyd
Acetamid
Acid Violet 49
Aldrin
Ammoniumnonadecafluordecanoat
Anilin
Anilin, Salze von
Antu (ISO)
Biphenyl-2-ylamin
N,N-Bis(carboxymethyl)-glycin, Trinatrium-Salz
6,6'-Bis(diazo-5,5',6,6'-tetrahydro-5,5'-dioxo)[methylenbis(5-(6-diazo-5,6-dihydro-5-oxo-1-naphthylsulphonyloxy)-6-methyl-2-phenylen]di(naphthalen-1-sulfonat)
4,4''-Bis(N-carbamoyl-4-methylbenzolsulfonamid)diphenylmethan
Bleiacetat, basisch
Bleichromatoxid
5-Brom-1,2,3-trifluorobenzol
Brommethan
1-Brom-2-methylpropylpropionat
1,4-Butansulton
2-Butenal
1-n-Butoxy-2,3-epoxypropan
1-tert-Butoxy-2,3-epoxypropan
C.I. Basic Violet 3
C.I. Disperse Yellow 3
C.I. Solvent Yellow 14
Carbaryl (ISO)
Carbetamid (ISO)

Captan (ISO)

Chloracetaldehyd

Chloralkane C_{10-13}

Chlordan (ISO)

Chlordecon (ISO)

Chlorethan

(3-Chlor-2-hydroxypropyl)trimethylammoniumchlorid

Chlorierte Biphenyle (technische Produkte)

Chloriertes Camphen

Chlormethan

3-Chlor-2-methylpropen

1-Chlor-2-nitrobenzol

1-Chlor-4-nitrobenzol

Chlorophen

Chlorparaffine (bestimmte technische Produkte)

3-Chlorpropen (Allylchlorid)

Chlorpropham (ISO)

Chlorthalonil (ISO)

5-Chlor-o-toluidin

Chlortoluron (ISO)

Chromcarbonyl

Cinidon-Ethyl (ISO)

Cyanamid

DDT (1,1,1-Trichlor-2,2 bis-(4-chlorphenyl)-ethan)

2,2-Dibrom-2-nitroethanol

2,2'-Dichlordiethylether

1,1-Dichlorethen (Vinylidenchlorid)

Dichlormethan

1,2-Dichlormethoxyethan

Dieldrin (ISO)

Diethylcarbamidsäurechlorid

1,1-Difluorethen

Diglycidylether

1,4-Dihydroxybenzol

4-[4-(1,3-Dihydroxyprop-2-yl)-phenylamino]-1,8-dihydroxy-5-nitroanthrachinon

2,4-Diisocyanattoluol

2,6-Diisocyanattoluol

N,N-Dimethylanilin

N,N-Dimethylanilinium-tetrakis(pentafluorphenyl)borat

Dimethylhydrogenphosphit

Dimoxystrobin (ISO)

Dinitrobenzol (alle Isomeren)

Dinitronaphthaline (alle Isomeren)

Diphenylmethan-4,4'-diisocyanat

Diuron (ISO)

Droloxifen

Epoxiconazol (ISO)

1,2-Epoxy-3-(tolyloxy)propan

Fentin acetat (ISO)

Fentin hydroxid (ISO)

Flusilazol (ISO)

Folpet (ISO)

Furfurylalkohol

2-Furymethanal

Heptachlor (ISO)

Heptachlorepoxid

1,1,2,3,4,4-Hexachlor-1,3-butadien

1,2,3,4,5,6-Hexachlorcyclohexan (techn. Gemisch aus α-HCH und β-HCH)

Hydroxylamin und seine Salze (z. B. Hydroxylamindihydrogenphosphat, Hydroxylaminphosphat, Hydroxylammoniumhydrogensulfat, Hydroxylammoniumchlorid, Hydroxylammoniumnitrat, Hydroxylamin-4-methylbenzolsulfonat, Bis(hydroxylammonium)sulfat)

N-Hydroxymethyl-2-chloracetamid

Iprodion (ISO)

Isopropylglycidylether

Isoproturon (ISO)

Kaliumtitanoxid

Kresoxim-methyl (ISO)

Lindan (ISO)

Linuron (ISO)

Mancozeb (ISO)

Mepanipyrim

(Z)-2-Methoxyimino-2-[2-(tritylamino)thiazol-4-yl]essigsäure

4,4'-Methylenbis(2-ethylanilin)

4-Methylpentanon-2

Mirex

Molinat (ISO)

Molybdäntrioxid

Moschus-Keton

Moschus-Xylol

Naphthalin

1,5-Naphthylendiamin

1-(1-Naphthylmethyl)-quinolinium-chlorid

Natriumnonadecafluordecanoat

2-Nitro-4-aminophenol

Nitrobenzol

1-Nitronaphthalin

2-Nitro-p-phenylendiamin

Nitropyrene (Mono-, Di-, Tri-, Tetra) (Isomere)

5-Nitro-o-toluidin-Hydrochlorid

Nonadecafluordecansäure

Ozon

Pentachlorethan

Perfluornonansäure

Perfluornonansäure und ihre Natriumsalze

Perflournonansäure und ihre Ammoniumsalze

Perfluoroctansäure und ihre Salze, z. B.: Kaliumperfluoroctansulfonat, Diethanolaminperfluoroctansulfonat, Ammoniumperfluoroctansulfonat, Lithiumperfluoroctansulfonat

(4-Phenylbutyl)-phosphinsäure

m-Phenylendiamin

p-Phenylendiamin

N-Phenyl-2-naphthylamin

Profoxydim (ISO)

GKV

Propyzamid (ISO)
Pymetrozine (ISO)
Tepraloxydim (ISO)
1,1,2,2-Tetrachlorethan
Tetrachlorethen
Tetrachlormethan (R 10)
Tetrahydrofurfuryl (R)-2-[4-(6- chlorchinoxalin-2-yloxy)- phenyloxy]propionat
2,2'-((3,3'',5,5''-Tetramethyl-(1,1'-biphenyl)-4,4'-diyl)-bis(oxymethylen))-bis-oxiran
Tetrahydrofuran
Thiacloprid (ISO)
Thioharnstoff
Titandioxid
p-Toluidin
p-Toluidin, Salze (z. B. p-Toluidiniumchlorid, p-Toluidinsulfat)
m-Tolylidendiisocyanat
Tribrommethan
Tri-n-butylphosphat
1,1,2-Trichlorethan
Trichlorphenol
3,5,5-Trimethyl-2-cyclo-hexen-1-on
Trimethylphosphat
2,4,7-Trinitrofluorenon
2,4,6-Trinitrotoluol (und Isomeren in technischen Gemischen)
Tris(2-chlorethyl)phosphate
Vinclozolin (ISO)
Vinylacetat
2,4-Xylidin
2,6-Xylidin

C Krebserzeugende Stoffgruppen und Stoffgemische

1) Aromatenextrakte aus Erdöldestillaten gelten als eindeutig krebserzeugend.
2) Arsen- oder teerhaltige Salben gelten als eindeutig krebserzeugend.
3) Arzneimittel, denen ein gentoxischer therapeutischer Wirkungsmechanismus zugrunde liegt, wie insbesondere alkylierende Zytostatika, gelten als eindeutig krebserzeugend.
4) Azofarbmittel, die eine im Stoffwechsel freisetzbare kanzerogene Arylaminkomponente enthalten, gelten entsprechend der Aminkomponente als krebserzeugend.
5) Gemische aus α-Chlortoluol, α,α-Dichlortoluol, α,α,α-Trichlortoluol und Benzoylchlorid gelten als eindeutig krebserzeugende Arbeitsstoffe.
6) Stäube von in Anhang V genannten Hölzern gelten als eindeutig krebserzeugend. Alle anderen Holzstäube gelten als Arbeitsstoffe mit begründetem Verdacht auf krebserzeugendes Potential.
7) Polyzyklische aromatische Kohlenwasserstoffgemische, insbesondere solche, die Benzo[a]pyren enthalten, gelten als eindeutig krebserzeugend. Dazu gehören auch Pyrolyseprodukte aus organischem Material, insbesondere Braunkohlenteere, Steinkohlenteere, Steinkohlenteerpeche, Steinkohlenteeröle, Kokereigase und Steinkohlenruß.
8) Arbeitsstoffe gelten als eindeutig krebserzeugend, wenn sie entstehen
1. beim Starke-Säure-Verfahren bei der Herstellung von iso-Propanol oder
2. als Schwebstoffe beim Rösten oder bei der elektrolytischen Raffination von Nickelmatte.
9) Isopropylöl (Rückstand aus der iso-Propanol-Herstellung) gilt als Arbeitsstoff mit begründetem Verdacht auf krebserzeugendes Potential, außer es trifft 8.1. zu.
10) Kühlschmierstoffe, die Nitrit oder nitritliefernde Verbindungen und Reaktionspartner für die Nitrosaminbildung enthalten, gelten als Arbeitsstoffe mit begründetem Verdacht auf krebserzeugendes Potential.
11) Künstliche Mineralfasern gelten als Arbeitsstoffe mit begründetem Verdacht auf krebserzeugendes Potential. Dies gilt nicht, wenn nachgewiesen wird, dass der Stoff eine der nachstehenden Voraussetzungen erfüllt:

a) Mit einem kurzfristigen Inhalationsbiopersistenztest wurde nachgewiesen, dass die gewichtete Halbwertszeit der Fasern mit einer Länge von über 20 µm weniger als zehn Tage beträgt.
b) Mit einem kurzfristigen Intratrachealbiopersistenztest wurde nachgewiesen, dass die gewichtete Halbwertszeit der Fasern mit einer Länge von über 20 µm weniger als 40 Tage beträgt.
c) Ein geeigneter Intraperitonealtest hat keine Anzeichen von übermäßiger Karzinogenität zum Ausdruck gebracht.
d) Abwesenheit von relevanter Pathogenität oder von neoplastischen Veränderungen bei einem geeigneten Langzeitinhalationstest. Die Einstufung als krebserzeugend ist nicht zwingend für Fasern, bei denen der längengewichtete mittlere geometrische Durchmesser abzüglich der zweifachen Standardabweichung größer ist als 6 µm. Abweichend vom ersten Satz gelten künstliche Mineralfasern, die gemäß der Verordnung (EG) Nr. 1272/2008 über die Einstufung, Kennzeichnung und Verpackung von Stoffen und Gemischen, ABl. Nr. L 353 S. 1, in der Fassung der Berichtigung ABl. Nr. L 16 vom 20.01.2011 S. 1 als krebserzeugend einzustufen sind, als eindeutig krebserzeugend.

12) o-Tolidin basierte Farbstoffe.
13) Alveolengängige Stäube von kristallinem Siliziumdioxid (Quarzfeinstaub), die bei Arbeiten entstehen, bei denen aufgrund eines Arbeitsverfahrens eine Exposition gegenüber Quarzfeinstaub besteht, gelten als eindeutig krebserzeugend.
14) Arbeiten, bei denen eine Exposition gegenüber Dieselmotoremissionen besteht, gelten als eindeutig krebserzeugend.
15) Arbeiten mit Mineralölen, die zuvor in Verbrennungsmotoren zur Schmierung oder Kühlung der beweglichen Teile des Motors verwendet wurden, gelten als eindeutig krebserzeugend.

GKV

Anhang V/2024

(LISTE VON HÖLZERN, DEREN STÄUBE ALS EINDEUTIG KREBSERZEUGEND GELTEN)

(Hölzer gemäß IARC-Monographie, Vol 62, Wood Dust and Formaldehyd, Lyon 1995), eindeutig krebserzeugend sind insbesondere:

Afrikanisches Mahagony (Khaya)
Afrormosioa (Pericopis Elata)
Ahorn (Acer)
Balsa (Ochroma)
Birke (Betula)
Brasilianisches Rosenholz (Dalbergia Nigra)
Buche (Fagus)
Ebenholz (Diospyros)
Eiche (Quercus)
Erle (Alnus)
Esche (Fraxinus)
Hickory (Carya)
Iroko (Chlorophora Excelsa)
Kastanie (Castanea)
Kaurikiefer (Agathis Australis)
Kirsche (Prunus)
Limba (Terminalia Superba)
Linde (Tilia)
Mansonia (Mansonia)
Meranti (Shorea)
Nyaoth (Palaquium Hexandrum)
Obeche (Triplochiton Scleroxylon)
Palisander (Dalbergia)
Pappel (Populus)
Platane (Platanus)
Rimu, Red Pine (Dacrydium Cupressinum)
Teak (Tectona Grandis)
Ulme (Ulmus)
Walnuss (Juglans)
Weide (Salix)
Weißbuche (Carpinus)

Anhang VI/2024

(LISTE FORTPFLANZUNGSGEFÄHRDENDER (REPRODUKTIONSTOXISCHER) ARBEITSSTOFFE)
Eindeutig als fortpflanzungsgefährdend ausgewiesene Arbeitsstoffe
Liste F: Kann die Fruchtbarkeit beeinträchtigen

Ammoniumdichromat
Benomyl (ISO)
Benzo[a]pyren
1,2-Benzoldicarbonsäure, Di-C6–8-verzweigte Alkylester, C7-reich
Bisphenol A
Blei und seine Verbindungen außer Bleiarsenat, Bleichromat, Bleichromatoxid und Alylbleiverbindungen
Boroxid
Borsäure
1-Brompropan
2-Brompropan
2-Butyryl-3-hydroxy-5-thiocyclohexan-3-yl-cyclohex-2-en-1-on
Cadmiumchlorid
Cadmiumfluorid
Cadmiumsulfat
Carbendazim (ISO)
Chlorierte Biphenyle
Cobalt und seine Verbindungen
Cobalt(II)-acetat
Cobalt(II)-chlorid
Cobalt(II)-carbonat
Cobalt(II)-nitrat
1,2-Dibrom-3-chlorpropan
Dibutylzinndichlorid, DBTC
Dibutylzinndilaurat
Diethylenglykoldimethylether
N-[6,9-Dihydro-9-[[2-hydroxy-1-(hydroxy-methyl)ethoxy]methyl]-6-oxo-1H-purin-2-yl]-acetamid
1,2-Dimethoxyethan, EGDME
Dinatriumtetraborate
Droloxifen
2,3-Epoxypropan-1-ol,
(R)-2,3-Epoxy-1-propanol
2,3-Epoxypropylmethacrylat
3-(1,2-Ethandiylacetale)-estra-5(10),9(11)-dien-3,17-dion, zyklisch
2-Ethoxyethanol
2-Ethoxyethylacetat
4-Ethoxyphenyl(3-(4-fluor-3-phenoxyphenyl)-propyl)dimethylsilan, Silafluofen
Ethylenoxid
3-Ethyl-2-methyl-2-(3-methylbutyl)-1,3-oxazolidin
Galliumarsenid
4,4-Isobutylethyliden-diphenol
Kaliumdichromat
Ketoconazol
Methoxyessigsäure
2-Methoxyethanol

2-Methoxyethylacetat

2-Methyl-1-(4-methylthiophenyl)-2-morpholinopropan-1-on

Natriumchromat

Natriumdichromat

Nitrobenzol

Oxadiargyl (ISO)

Dibutylphthalat

Diisopentylphthalat

Di-n-pentylphthalat

Di-sec-octylphthalat

Thiacloprid (ISO)

Triadimenol

1,2,4-Triazol

Tri-n-butylzinnverbindungen Bis(tributylzinn)oxid, Tributylzinnbenzoat, Tributylzinnchlorid, Tributylzinnfluorid, Tributylzinnlinoleat, Tributylzinnmethacrylat, Tributylzinnnaphthenat

1,2,3-Trichlorpropan

Tris(2-chlorethyl)phosphat

Vinclozolin (ISO)

4-Vinyl-1,2-cyclohexendiepoxid

Liste D: Kann das Kind im Mutterleib schädigen

2-(2-Aminoethylamino)-ethanol, AEEA

Ammoniumdichromat

Ammoniumnonadecafluordecanoat

Arsentrioxid und -pentoxid, arsenige Säure, Arsensäure und deren Salze

Azafenidin (ISO)

Benomyl (ISO)

Benzo[a]pyren

1,2-Benzoldicarbonsäure, Di-C$_{7-11}$-verzweigte und lineare Alylester

Binapacryl (ISO)

Blei und seine Verbindungen

Blei(II)-acetat

Bleiacetat, basisch

Bleiazid

Bleichromat

Bleichromatmolybdat-sulfatrot

Blei(II)methansulfonat

Bleisulfochromatgelb

Bleitetraethyl

Bleitetramethyl

Boroxid

Borsäure

1-Brompropan

C.I. Pigment Yellow 34

Cadmiumchlorid

Cadmiumfluorid

Cadmiumsulfat

Carbendazim (ISO)

Carbetamid (ISO)

Chinolin-8-ol

Chlor-N,N-dimethyl-formiminiumchlorid

Chlorierte Biphenyle
Cycloheximid (ISO)
Cyproconazol (ISO)
Dibutylzinndichlorid, DBTC
Dibutylzinndilaurat
1,2-Diethoxyethan
Diethylenglykoldimethylether
N-[6,9-Dihydro-9-[[2-hydroxy-1-(hydroxy-methyl)ethoxy]methyl]-6-oxo-1H-purin-2-yl]-acetamid
1,2-Dimethoxyethan, EGDME
N,N-Dimethylacetamid
N,N-(Dimethylamino)-thioacetamid-hydrochlorid
Dimethylformamid
Dinatriumtetraborate
Dinocap (ISO)
Dinoseb (ISO), seine Salze und Ester
Dinoterb (ISO), seine Salze und Ester
Di-n-octylzinnverbindungen
Epoxiconazol (ISO)
Etacelasil (ISO)
2-Ethoxyethanol
2-Ethoxyethylacetat
2-Ethylhexansäure
Ethylenthioharnstoff
2-Ethylhexyl-3,5-bis(1,1-dimethylethyl)-4-hydroxy-phenyl methylthioacetat
Fluazifop-butyl (ISO)
Flumioxazin (ISO)
Flusilazol (ISO)
Formamid
2-[2-hydroxy-3-(2-chlor-phenyl)carbamoyl-1-naphthylazo]-7-[2-hydroxy-3-(3-methyl-phenyl)carbamoyl-1-naphthylazo]fluoren-9-on
Imidazol
Kaliumdichromat
Kalium-1-methyl-3-morpholinocarbonyl-4-[3-(1-methyl-3-morpholino-carbonyl-5-oxo-2-pyrazolin-4-yliden)-1-propenyl]¬pyrazol-5-olat
Kohlenstoffmonoxid
Linuron (ISO)
Mancozeb (ISO)
Methoxyessigsäure
2-Methoxyethanol
2-(2-Methoxyethoxy)-ethanol
2-Methoxyethylacetat
7-Methoxy-6-(3-morpholin-4-yl-propoxy)-3H-quinazolin-4-on
2-Methoxypropanol-1
2-Methoxypropylacetat-1
N-Methylacetamid
Methylazoxymethylacetat
N-Methylformamid
2-Methyl-1-(4-methylthiophenyl)-2-morpholinopropan-1-on
N-Methyl-2-pyrrolidon
Natriumchromat
Natriumdichromat

Natriumnonadecafluordecanoat

Natriumperborat

Nickelverbindungen (z. B. Nickeldichlorid, Nickeldifluorid)

Nickelsulfat (Schleime und Schlämme, elektrolytische Kupferraffination, entkupfert)

Nitrofen (ISO)

Nonadecafluordecansäure

Octabromdiphenylether

Pentachlorphenol und seine Salze

Perfluornonansäure

Perfluornonansäure und ihre Natriumsalze und Ammoniumsalze

Perfluoroctansäure und ihre Salze

1,2-Benzoldicarbonsäure, Di-C_{6-8}-verzweigte Alkylester, C7-reich

1,2-Benzoldicarbonsäure Di-C_{7-11}, verzweigte und lineare Alkylester

Benzyl-n-butylphthalat

Bis(2-methoxyethyl)-phthalat

Dibutylphthalat

Dicyclohexylphthalat

Diisobutylphthalat

Diisopentylphthalat

Di-n-pentylphthalat

Di-sec-octylphthalat

Quecksilber und anorganische Quecksilberverbindungen

Tellur und Tellurdioxid

Tetrahydrofurfuryl (R)-2-[4-(6-chlorchinoxalin-2-yloxy)phenyloxy]propionat

Tetrahydrothiopyran-3-carboxaldehyd

Thiacloprid (ISO)

Triadimenol

1,2,4-Triazol

Tridemorph (ISO)

Triethylenglykol-Dimethylether, TEGDME

Tri-n-butylzinnverbindungen Bis(tributylzinn)oxid, Tributylzinnbenzoat, Tributylzinnchlorid, Tributylzinnfluorid, Tributylzinnlinoleat, Tributylzinnmethacrylat, Tributylzinnnaphthenat

Vinclozolin (ISO)

Warfarin (ISO) und seine Isomere

Zinnverbindungen, organische

Arbeitsstoffe mit begründetem Verdacht auf fortpflanzungsgefährdendes Potential
Liste f: Kann vermutlich die Fruchtbarkeit beeinträchtigen

N-[2-(3-Acetyl-5-nitrothiophen-2-ylazo)-5-diethylaminophenyl]-acetamid

Acrylamid

1-Allyloxy-2,3-epoxypropan

(R,S)-2-Amino-3,3-dimethylbutanamid

2-(2-Aminoethylamino)-ethanol, AEEA

2-4-(2-Ammoniopropyl-amino)-6-[4-hydroxy-3-(5-methyl-2-methoxy-4-sulfamoylphenylazo)-2-sulfonato-7-ylamino]-1,3,5-triazin-2-ylamino-2-aminopropyl-hydroformiat

Ammoniumnonadecafluordecanoat

Androsta-1,4,9(11)-trien-3,17-dion

Arsentrioxid und -pentoxid, arsenige Säure, Arsensäure und deren Salze

Azafenidin (ISO)

Benfuracarb (ISO)

1,2-Benzoldicarbonsäure Di-C_{7-11}, verzweigte und lineare Alkylester

Benzyl-2,4-dibrom-butanoat

Bis(5cyclopenta-1,3-dienid-bis(2,6-difluor-3-(1H-pyrrol-1-yl)phenolid)titan(IV)

Blei(II)-acetat

Bleiacetat, basisch

Bleiazid

Bleichromat

Bleichromatmolybdat-sulfatrot

Blei(II)methansulfonat

Bleisulfochromatgelb

Bleitetraethyl

Bleitetramethyl

(R)-5-Brom-3-(1-methyl-2-pyrrolidinyl-methyl)-1H-indol

Butroxydim (ISO)

p-tert-Butylphenol

2-(4-tert-Butylphenyl)-ethanol

C.I. Pigment Yellow 34

Cadmium

Cadmiumoxid

Cadmiumsulfid

Chinomethionat (ISO)

2-Chloracetamid

p-Chlorbenzotrichlorid

5-Chlor-1,3-dihydro-2H-indol-2-on

2-Chlor-6-fluorphenol

1-Chlor-2-nitrobenzol

Chlorophen

4-[(3-Chlorphenyl)(1H-imidazol-1-yl)methyl]-1,2-benzoldiamin-dihydrochlorid

Chromtrioxid (Chrom(VI)-oxid)

Cyanamid

Cyclohexylamin

trans-4-Cyclohexyl-L-prolin monohydrochlorid

1-Cyclopropyl-6,7-difluor-1,4-dihydro-4-oxo-chinolin-3-carbonsäure

Diammonium-1-hydroxy-2-(4-(4-carboxyphenylazo)-2,5-dimethoxyphenyl-azo)-7-amino-3-naphthalinsulfonat

2,3-Dibrom-1-propanol

1,2-Diethoxyethan

N,N'-Dihexadecyl-N,N'-bis(2-Hydroxyethyl)-propandiamid

(S)-2,3-Dihydro-1H-indol-2-carbonsäure

Dimethylpropylenharnstoff

Dinitrotoluole

Dinoseb (ISO), seine Salze und Ester

1,3-Diphenylguanidin

Epoxiconazol (ISO)

O,O'-(Ethenylmethyl-silylen)dioxim-4-methyl-2-pentanon

Fenarimol (ISO)

Glycidyltrimethylammoniumchlorid

n-Hexan

2-Hexanon

2-Hydroxyethyl-picraminsäure

Kohlenstoffdisulfid

Linuron (ISO)

Mirex

Molinat (ISO)
Natriumperborat
Natriumnonadecafluordecanoat
2-Nitro-4-methylsulfonyl-toluol
o-Nitrotoluol
Nonadecafluordecansäure
Nonylphenol
4-Nonylphenol, verzweigt
Octabromdiphenylether
Octamethylcyclotetrasiloxan
3-Oxoandrost-4-en-17-β-carbonsäure
4,4'-Oxydianilin
Perfluornonansäure
Perfluornonansäure und ihre Natriumsalze und Ammoniumsalze
Phenolphthalein
4,4'-(1,3-Phenylen-bis(1-methylethyliden))bis-phenol
(R)-α-Phenylethyl-ammonium-(–)-(1R,2S)-(1,2-epoxypropyl) phosphonatmonohydrat
Trans-4-phenyl-L-prolin
Phoxim (ISO)
Benzyl-n-butylphthalat
Bis(2-methoxyethyl)-phthalat
Diisobutylphthalat
Piperazin und seine Salze
3-(Piperazin-1-yl)-benzo-[d]isothiazolhydrochlorid
Pymetrozine (ISO)
Quecksilber(II)-chlorid
Tellur und Tellurdioxid
Tepraloxydim (ISO)
5,6,12,13-Tetrachlor-anthra(2,1,9-def:6,5,10-d'e'f')diisochinolin-1,3,8,10(2H,9H)-tetron
Tetrahydrofurfuryl (R)-2-[4-(6-chlorchinoxalin-2-yloxy)phenyloxy]propionat
2,4-Toluylendiamin
Triammonium-4-[4-[7-(4-carboxylatoanilino)-1-hydroxy-3-sulfonato-2-naphthylazo]-2,5-dimeth-oxy-phenylazo]benzoat
Triethylenglykol-Dimethylether, TEGDME
Valinamid

Liste d: Kann vermutlich das Kind im Mutterleib schädigen

Amitrol (ISO)
Bromoxynil (ISO) und seine Salze
Butroxydim (ISO)
C.I. Direct Black 38
C.I. Direct Blue 6
C.I. Direct Red 28
Cadmium
Cadmiumoxid
Cadmiumsulfid
cis-1-(3-Chlorallyl)-3,5,7-triaza-1-azonia-adamantanchlorid
α-Chlortoluol
Chlortoluron (ISO)
Cyanamid
Dimoxystrobin (ISO)

Ethylenoxid

2-Ethylhexyl-2-ethylhexanoat

Fenarimol (ISO)

Fenpropimorph (ISO)

Fentin acetat (ISO)

Fentin hydroxid (ISO)

Fluazifop-P-butyl (ISO)

Ioxynil (ISO) und seine Salze

Ioxynil Octanoat (ISO)

Isoxaflutol (ISO)

Kohlenstoffdisulfid

Malachitgrün und seine Salze

Maneb (ISO)

Metconazol (ISO)

2-Methyl-5-tert-butyl-thiophenol

Methylisocyanat

Mirex

Myclobutanil (ISO)

Nonylphenol

4-Nonylphenol, verzweigt

Oxadiargyl (ISO)

Piperazin und seine Salze

Profoxydim (ISO)

Propylenthioharnstoff

Pymetrozine (ISO)

Silber-Zink-Zeolith (Zeolith, Linde Typ A, Oberfläche mit Silber- und Zinkionen modifiziert) [Dieser Eintrag betrifft Zeolith vom Typ LTA (Linde Typ A), dessen Oberfläche mit Silber- und Zinkionen mit einem Gehalt von Ag+ 0,5 %-6 %, Zn2 + 5 %-16 % und möglicherweise Phospor, NH4 +, Mg2 + und/oder Ca2 + jeweils < 3 % modifiziert wurde.]

Spiroxamin (ISO)

Styrol

Tebuconazol (ISO)

Tepraloxydim (ISO)

Tetrachlorethen

Thioharnstoff

Toluol

Trichlormethan (R 20)

1,3,5-Trioxan

Vanadiumpentoxid

Arbeitsstoffe, die erwiesenermaßen das Kind schädigen können
Liste L: Kann Säuglinge über die Muttermilch schädigen

Ammoniumnonadecafluordecanoat

Blei und seine Verbindungen (außer Bleiarsenat, Bleichromat, Bleichromatoxid und Alkylbleiverbindungen)

Chlorparaffine

Fenarimol (ISO)

Lindan (ISO)

Mirex

Natriumnonadecafluordecanoat

Nonadecafluordecansäure

Pentabromdiphenylether

Perfluornonansäure und ihre Natriumsalze und Ammoniumsalze
Perfluoroctansäure und ihre Salze
Triadimenol (ISO)

15. Bühnen-Fachkenntnisse-Verordnung

Verordnung des Bundesministers für Wirtschaft und Arbeit über den Nachweis der Fachkenntnisse für die Vorbereitung und Organisation von bühnentechnischen und beleuchtungstechnischen Arbeiten (Bühnen-FK-V)

StF: BGBl. II Nr. 403/2003
Letzte Novellierung: BGBl. II Nr. 226/2017

Präambel

Auf Grund der §§ 62 Abs. 4, 63 Abs. 1 und 2 und 72 Abs. 1 Z 1 des Bundesgesetzes über Sicherheit und Gesundheitsschutz bei der Arbeit (ArbeitnehmerInnenschutzgesetz – ASchG), BGBl. Nr. 450/1994, zuletzt geändert durch BGBl. I Nr. 159/2001, wird verordnet:

GLIEDERUNG

Bühnen-FK-V

Allgemeine Bestimmungen

§ 1. (1) Diese Verordnung gilt für die Beschäftigung von Arbeitnehmern/Arbeitnehmerinnen mit der Vorbereitung und Organisation von bühnentechnischen und beleuchtungstechnischen Arbeiten gemäß Abs. 3 und 6 in Theaterbetrieben, sonstigen örtlich gebundenen Veranstaltungsstätten und Produktionsstätten für Hörfunk- oder Fernsehaufnahmen.

(2) Diese Verordnung gilt nicht für Inszenierungen mit geringem szenischem Aufwand und ohne Einsatz bühnentechnischer Einrichtungen im Sinne des Abs. 4 Z 4 auf Bühnen- oder Szenenflächen mit maximal 100 m² Grundfläche. Als Grundfläche gilt bei Bühnen die Fläche hinter dem Vorhang, nicht aber die anschließend vor dem Vorhang liegende Spielfläche (Vorbühne). Szenenflächen sind Spielflächen für künstlerische oder ähnliche Darbietungen, die nicht als Bühne ausgebildet sind.

(3) Mit der Vorbereitung und Organisation von bühnentechnischen und beleuchtungstechnischen Arbeiten im Sinne dieser Verordnung dürfen Arbeitgeber/innen nur Arbeitnehmer/innen beschäftigen, die die entsprechenden Fachkenntnisse durch ein Zeugnis gemäß § 2 Abs. 1 oder Abs. 7 nachweisen.

(4) Bühnentechnische Vorbereitungs- und Organisationsarbeiten im Sinne dieser Verordnung sind:

1. Vorbereitung und Organisation des innerbetrieblichen Transports, des Auf- und Abbaus sowie des Einsatzes von Dekorationen, Hilfseinrichtungen und Hilfsmitteln, an deren Standfestigkeit oder Materialeigenschaften besondere Anforderungen zu stellen sind oder deren Konstruktion, Funktionsweise oder Gewicht besondere sicherheitstechnische Maßnahmen hinsichtlich deren Handhabung erforderlich macht,

2. Auswahl von Arbeitsstoffen, die zur Imprägnierung von Dekorationsgegenständen und Requisiten verwendet werden, einschließlich der Erstbeurteilung extern durchgeführter Imprägnierungen,

3. Auswahl von Arbeitsstoffen, die zur Erzielung besonderer szenischer Effekte dienen und gesundheitsgefährdend sind,

4. Vorbereitung und Organisation des Einsatzes von bühnentechnischen Einrichtungen, insbesondere Drehbühnen, Bühnenwagen, Hubpodien oder Versenkeinrichtungen und des Schnürbodens oder ähnlicher Einrichtungen, die als Ersatz für den Schnürboden verwendet werden können.

(5) Beleuchtungstechnische Vorbereitungs- und Organisationsarbeiten im Sinne dieser Verordnung sind:

1. Vorbereitung und Organisation des Einsatzes nicht fix installierter beleuchtungstechnischer Einrichtungen sowie Aufbauten, Gerüste und sonstiger Tragmittel für Beleuchtungseinrichtungen,

2. Vorbereitung und Organisation der Befestigung von Scheinwerferanlagen oder anderen vergleichbaren Beleuchtungseinrichtungen,

3. Vorbereitung und Organisation der Verwendung von Laser-Einrichtungen, ausgenommen der Laser-Klasse 1.

(6) Arbeitgeber/innen dürfen weiters mit der Auswahl und der Festlegung der Einsatzbedingungen von pyrotechnischen Gegenständen (insbesondere Leuchtsätze, Signalsätze, Rauchsätze, Nebelsätze oder Blitzlichtsätze) oder brandgefährlichen Arbeitsstoffen nur Arbeitnehmer/innen beschäftigen, die die Fachkenntnisse für die Vorbereitung und Organisation von bühnentechnischen oder beleuchtungstechnischen Arbeiten durch ein Zeugnis gemäß § 2 Abs. 1 oder Abs. 7 nachweisen.

(7) Abs. 3 und 6 gilt nicht für die Beschäftigung von Arbeitnehmern/Arbeitnehmerinnen, die aus dem Ausland nach Österreich zur vorübergehenden Arbeitsleistung entsendet wurden, wenn

1. die Beschäftigung nicht länger als vier Wochen im Kalenderjahr dauert, und

2. der/die Arbeitgeber/in über eine Bestätigung verfügt, wonach der/die Arbeitnehmer/in die im Entsendestaat gegebenenfalls erforderlichen Nachweise für die sichere Durchführung der Arbeiten besitzt.

Voraussetzungen für den Nachweis der Fachkenntnisse

§ 2. (1) Der Nachweis der für die Vorbereitung und Organisation von bühnentechnischen oder beleuchtungstechnischen Arbeiten erforderlichen Fachkenntnisse im Sinne des § 62 Abs. 4 ASchG gilt als erbracht, wenn der erfolgreiche Abschluss einer entsprechenden Ausbildung, die die nachfolgenden Voraussetzungen erfüllt, durch ein Zeugnis einer Ausbildungseinrichtung gemäß § 5 bestätigt wird.

(2) Die Ausbildung zum Erwerb der Fachkenntnisse für bühnentechnische und beleuchtungstechnische Vorbereitungs- und Organisationsarbeiten einer Ausbildungseinrichtung gemäß § 5 muss mindestens 144 Unterrichtseinheiten umfassen und die notwendigen theoretischen Kenntnisse und praktischen Fähigkeiten auf den in Abs. 3 bis 5 angeführten Gebieten vermitteln. Eine Unterrichtseinheit muss mindestens 50 Minuten betragen. Die Differenz zwischen der Gesamtzahl von 144 Unterrichtseinheiten und den in Abs. 3 bis 5 verbindlich vorgesehenen

132 Unterrichtseinheiten im Ausmaß von 12 Unterrichtseinheiten bleibt der individuellen inhaltlichen und didaktischen Gestaltung des Unterrichts durch die jeweilige Ausbildungseinrichtung vorbehalten. Die Ausbildung muss auch praktische Übungen beinhalten.

(3) Die Ausbildung für bühnentechnische und für beleuchtungstechnische Vorbereitungs- und Organisationsarbeiten muss folgende Gebiete mit der jeweils angeführten Mindestanzahl an Unterrichtseinheiten umfassen:

1. Grundlagen der Elektrotechnik: mindestens 4 Unterrichtseinheiten;

2. Grundlagen der Pyrotechnik: mindestens 6 Unterrichtseinheiten;

3. Arbeitnehmerschutzvorschriften sowie sonstige Rechtsvorschriften, Normen und Richtlinien, die für eine sichere Durchführung von bühnentechnischen und beleuchtungstechnischen Arbeiten in Betracht kommen: mindestens 44 Unterrichtseinheiten;

4. Grundlagen für die Umsetzung des Arbeitnehmerschutzes:mindestens 16 Unterrichtseinheiten.

(4) Die Ausbildung für bühnentechnische Vorbereitungs- und Organisationsarbeiten muss zusätzlich zu den Gebieten nach Abs. 3 auch folgende Gebiete mit der jeweils angeführten Mindestanzahl an Unterrichtseinheiten umfassen:

1. Grundlagen der Festigkeitslehre, Verbindungstechnik sowie Grundkenntnisse über die Belastbarkeit von Lastaufnahme- und Tragmitteln: mindestens 6 Unterrichtseinheiten;

2. Grundlagen der Statik, Mechanik und Hydraulik: mindestens 6 Unterrichtseinheiten;

3. technische und organisatorische Umsetzung des Bühnenbildes im Probe- und Vorstellungsbetrieb: mindestens 8 Unterrichtseinheiten;

4. Rechtsvorschriften, Normen und Richtlinien betreffend den Betrieb, die Wartung und Instandhaltung von bühnentechnischen Einrichtungen: mindestens 8 Unterrichtseinheiten;

5. Aufbau und Arbeitsweise bühnentechnischer Einrichtungen der Unterbühne, wie Drehbühnen, Bühnenwagen, Versenkeinrichtungen, Hubpodien und bühnentechnischer Einrichtungen der Oberbühne, wie Laststangenzüge, Punktzüge, Teleskopzüge, Beleuchtungsbrücken: mindestens 30 Unterrichtseinheiten;

6. Grundkenntnisse über die auf Bühnen verwendeten Arbeitsstoffe, insbesondere über deren gesundheitsgefährdende, physikalische und chemische Eigenschaften einschließlich des Brandverhaltens der verwendeten Materialien: mindestens 4 Unterrichtseinheiten.

(5) Die Ausbildung für beleuchtungstechnische Vorbereitungs- und Organisationsarbeiten muss zusätzlich zu den Gebieten nach Abs. 3 auch folgende Gebiete mit der jeweils angeführten Mindestanzahl an

Unterrichtseinheiten umfassen:

1. Aufbau und Arbeitsweise von Beleuchtungseinrichtungen und Laseranlagen sowie die hiefür in Betracht kommenden Rechtsvorschriften, Normen und Richtlinien: mindestens 8 Unterrichtseinheiten;

2. Berechnung und Beurteilung von elektrischen Steckvorrichtungen und Leitungen auf deren Belastbarkeit und Sicherheit sowie ordnungsgemäßer Einsatz von elektrischen Betriebsmitteln: mindestens 8 Unterrichtseinheiten;

3. technische und organisatorische Umsetzung des Bühnenbildes im Probe- und Vorstellungsbetrieb: mindestens 8 Unterrichtseinheiten;

4. Aufbau und Funktion der Sicherheitsbeleuchtung und der dazugehörenden Stromversorgung: mindestens 4 Unterrichtseinheiten;
5. Grundkenntnisse über die bei der Beleuchtung verwendeten Materialien, wie Folien und Asbestersatzstoffe, insbesondere über deren gesundheitsgefährdenden, physikalischen und chemischen Eigenschaften einschließlich des Brandverhaltens der verwendeten Materialien: mindestens 4 Unterrichtseinheiten.

(6) Die Anwesenheitspflicht während der Ausbildung kann hinsichtlich der Vermittlung der in Betracht kommenden Rechtsvorschriften, Normen und Richtlinien gemäß Abs. 3 Z 3, Abs. 4 Z 4 und Abs. 5 Z 1 bis zu jeweils maximal einem Drittel der Unterrichtseinheiten durch Selbststudium ersetzt werden, wobei Präsenzphasen und Selbststudium aufeinander folgend abzuwechseln haben. Die Ausbildungseinrichtung hat geeignetes Lehrmaterial (wie Skripten, CD-Rom, Video) für das Selbststudium zur Verfügung zu stellen.

(7) Der Nachweis der für die Vorbereitung und Organisation von bühnentechnischen oder beleuchtungstechnischen Arbeiten erforderlichen Fachkenntnisse im Sinne des § 62 Abs. 4 ASchG gilt weiters durch ein Abschlusszeugnis einer Unterrichtsanstalt gemäß § 9 Abs. 1 oder durch ein Lehrabschlusszeugnis gemäß § 9 Abs. 2 als erbracht.

Durchführung der Ausbildung

§ 3. (1) Zur Ausbildung dürfen Ausbildungseinrichtungen nur Personen als Kursteilnehmer/innen zulassen, die über eine ausreichende Berufserfahrung verfügen.

(2) Als ausreichende Berufserfahrung gilt:
1. eine mindestens zweijährige einschlägige Tätigkeit bei Personen, die ein Universitätsstudium oder Fachhochschulstudium der Studienrichtungen Elektrotechnik, Mechatronik, Maschinenbau, Bauingenieurwesen oder eine mit diesen vergleichbare Studienrichtung erfolgreich abgeschlossen haben oder die Reife- und Diplomprüfung an einer höheren technischen Lehranstalt der Ausbildungsbereiche Bautechnik, Elektrotechnik, Maschinenbau, Maschineningenieurwesen, Elektronik, Mechatronik, Holztechnik-AS Möbelbau und Innenraumgestaltung oder mit diesen vergleichbare Ausbildungsbereiche abgelegt haben, oder die Abschlussprüfung an einer Werkmeisterschule der Ausbildungsbereiche Maschinenbau, Elektrotechnik, industrielle Elektronik oder Holzbau abgelegt haben;
2. eine mindestens dreijährige einschlägige Tätigkeit bei Personen, die eine Berufsausbildung in den Lehrberufen Elektrobetriebstechnik, Elektronik, Mechatronik, Elektromaschinentechnik, Elektroenergietechnik, Elektroinstallationstechnik, Maschinenfertigungstechnik, Schlosserei, Maschinenbautechnik, Zim-

merei, Tischlerei oder eines vergleichbaren Lehrberufes erfolgreich abgeschlossen haben;
3. eine mindestens fünfjährige einschlägige Tätigkeit bei allen übrigen Personen.

(3) Die Ausbildungseinrichtung muss eine Person bestellen, die für die organisatorische Kursbetreuung zuständig ist (Ausbildungsleitung). Diese Person muss zumindest auf einem Teilgebiet der Ausbildung über fachliche Kenntnisse verfügen und außerdem Fähigkeiten in organisatorischer und pädagogischer Hinsicht besitzen.

(4) Die Ausbildungseinrichtung muss über das für die Vermittlung der theoretischen und praktischen Lehrinhalte erforderliche fachlich qualifizierte Lehrpersonal verfügen. Zur Vermittlung der erforderlichen praktischen Fähigkeiten darf die Ausbildungseinrichtung nur Lehrpersonal einsetzen, das eine mindestens fünfjährige einschlägige Tätigkeit nachweisen kann.

(5) Die Ausbildungseinrichtung muss über die für die Vermittlung der theoretischen Lehrinhalte erforderlichen Räumlichkeiten, Einrichtungen und Geräte verfügen. Der Ausbildungseinrichtung müssen die für den praktischen Teil der Ausbildung erforderlichen bühnen- und beleuchtungstechnischen Einrichtungen und Geräte zur Verfügung stehen.

(6) Die Ausbildungseinrichtung hat den Kursteilnehmern/Kursteilnehmerinnen Unterlagen zur Verfügung zu stellen, in denen insbesondere die maßgeblichen gesetzlichen Vorschriften sowie der aktuelle Stand der Richtlinien und Normen Berücksichtigung finden.

(7) Als einschlägig im Sinne des Abs. 2 und 4 gilt eine Tätigkeit im Rahmen der bühnentechnischen oder beleuchtungstechnischen Umsetzung von Inszenierungen in Theaterbetrieben, sonstigen örtlich gebundenen Veranstaltungsstätten oder Produktionsstätten für Hörfunk- oder Fernsehaufnahmen, die über bühnentechnische oder beleuchtungstechnische Einrichtungen im Sinne dieser Verordnung verfügen.

Prüfungen

§ 4. (1) Die Ausbildungseinrichtung hat Prüfungen durchzuführen. Sie darf zu den Prüfungen nur Personen zulassen, die eine von ihr durchgeführte Ausbildung gemäß §§ 2 und 3 absolviert haben.

(2) Die Prüfung muss aus einem schriftlichen und einem praktischen Teil bestehen. Zusätzlich kann eine mündliche Prüfung durchgeführt werden. Die Prüfung kann in Teilprüfungen abgelegt werden. Die Ausbildungseinrichtung hat zu gewährleisten, dass die Ausbildung bei normalem Ausbildungsgang innerhalb von zwei Jahren abgeschlossen werden kann.

(3) Die Prüfung zur Erlangung des Nachweises der Fachkenntnisse für bühnentechnische Vorbereitungs- und Organisationsarbeiten muss

Bühnen-FK-V

alle in § 2 Abs. 3 und 4 angeführten Gebiete umfassen, die Prüfung zur Erlangung des Nachweises der Fachkenntnisse für beleuchtungstechnische Vorbereitungs- und Organisationsarbeiten muss alle in § 2 Abs. 3 und 5 angeführten Gebiete umfassen.

(4) Die praktische und, wird eine solche durchgeführt, die mündliche Prüfung ist vor einer Prüfungskommission abzulegen, der zumindest drei Personen des Lehrpersonals angehören.

(5) Über die gesamte Prüfung ist ein Prüfungsprotokoll zu erstellen, das mindestens folgende Angaben zu enthalten hat:

1. Art der Fachausbildung,
2. Namen der Mitglieder der Prüfungskommission,
3. Datum und Ort der Prüfung,
4. Vor- und Zuname sowie Geburtsdaten der geprüften Person,
5. Ergebnisse der schriftlichen, praktischen und, wird eine solche durchgeführt, mündlichen Prüfung.

(6) Das Prüfungsprotokoll ist von den Mitgliedern der Prüfungskommission zu unterfertigen und von der Ausbildungseinrichtung mindestens 40 Jahre aufzubewahren. Das Prüfungsprotokoll ist auf Verlangen dem Bundesministerium für Arbeit, Soziales und Konsumentenschutz vorzulegen.

Zeugnisse zum Nachweis der Fachkenntnisse
§ 5. (1) Ausbildungseinrichtungen dürfen Zeugnisse zum Nachweis der jeweiligen Fachkenntnisse nur ausstellen, wenn sie dazu vom Bundesminister für Arbeit, Soziales und Konsumentenschutz gemäß § 8 ermächtigt wurden,

1. nach Durchführung einer den §§ 2 und 3 entsprechenden Ausbildung und erfolgreicher Ablegung einer Prüfung gemäß § 4 oder
2. auf Grund einer entsprechenden Ausbildung im Ausland gemäß § 6.

(2) Wird die Prüfung in Form von Teilprüfungen abgelegt, darf erst nach erfolgreicher Absolvierung aller Teilprüfungen ein Abschlusszeugnis ausgestellt werden.

(3) Abweichend von Abs. 1 Z 1 darf die Ausbildungseinrichtung ein Zeugnis an eine Person ausstellen, die den erfolgreichen Abschluss einer vergleichbaren Ausbildung nachweisen kann, die nicht zur Gänze den zur Erlangung des Nachweises der Fachkenntnisse

1. in § 2 Abs. 3 und 4 für bühnentechnische Vorbereitungs- und Organisationsarbeiten oder
2. in § 2 Abs. 3 und 5 für beleuchtungstechnische Vorbereitungs- und Organisationsarbeiten

angeführten Ausbildungsinhalten entspricht, nachdem diese Person über die nicht oder nicht ausreichend vermittelten Ausbildungsinhalte eine Zusatzprüfung erfolgreich abgelegt hat, für die § 4 Abs. 4 bis 6 gilt.

(4) Das Zeugnis ist in Form eines Lichtbildausweises auszustellen.

(5) Wenn ein Originalzeugnis in Verlust geraten ist, hat die Ausbildungseinrichtung über von ihr ausgestellte Zeugnisse Duplikate auszustellen. Duplikate sind mit dem Vermerk „DUPLIKAT" zu versehen.

Ausbildung im Ausland
§ 6. (1) Eine gemäß § 8 ermächtigte Ausbildungseinrichtung, die als öffentlich-rechtliche Körperschaft eingerichtet ist, muss auf Antrag an Staatsangehörige eines Mitgliedstaates der Europäischen Union ohne Absolvierung einer Ausbildung und Ablegung einer Prüfung nach dieser Verordnung ein Zeugnis gemäß § 5 ausstellen, wenn diese Person nachweist einen entsprechenden Befähigungs- oder Ausbildungsnachweis zu besitzen, der in einem anderen Mitgliedstaat erforderlich ist, um in dessen Hoheitsgebiet die Erlaubnis zur Aufnahme oder Ausübung dieses Berufs zu erhalten.

(2) Ist im Herkunftsmitgliedstaat einer/eines Staatsangehörigen eines Mitgliedstaates der Europäischen Union kein Befähigungs- oder Ausbildungsnachweis erforderlich, um die Erlaubnis zur Aufnahme oder Ausübung dieses Berufs in dessen Hoheitsgebiet zu erhalten (Art. 13 Abs. 2 der Richtlinie des Europäischen Parlaments und des Rates vom 7. September 2005 über die Anerkennung von Berufsqualifikationen 2005/36/EG, ABl. Nr. L 255/22, in der Fassung der Änderungsrichtlinie 2013/55/EU des Europäischen Parlaments und des Rates vom 20. November 2013, ABl. L 354, S. 132 vom 28.12.2013), muss die Ausbildungseinrichtung (Abs. 1) ein Zeugnis zum Nachweis der Fachkenntnisse ausstellen, wenn die betreffende Person

1. den Abschluss einer die jeweiligen Fachkenntnisse vermittelnden reglementierten Ausbildung im Sinn des Artikels 3 Abs. 1 lit. e) der Richtlinie 2005/36/EG oder
2. eine einschlägige Berufserfahrung im Sinn des Art. 3 lit. f der Richtlinie 2005/36/EG über die Anerkennung von Berufsqualifikationen (ABl. L 255/22 vom 30.9.2005, in der Fassung der Änderungsrichtlinie 2013/55/EU des Europäischen Parlaments und des Rates vom 20. November 2013, ABl. L 354, S. 132 vom 28.12.2013) ein Jahr lang in Normalarbeitszeit oder während einer entsprechenden Gesamtdauer in Teilzeit in den letzten zehn Jahren nachweist.

(3) Abs. 1 und 2 gilt sinngemäß für außerhalb der Europäischen Union nachweislich abgeschlossene Ausbildungen und erworbene Berufserfahrungen von Staatsangehörigen eines Mitgliedstaats der Europäischen Union oder von Staatsangehörigen eines Vertragsstaats des Europäischen Wirtschaftsraumes (EWR), der Schweizerischen Eidgenossenschaft oder der Türkei, wenn die Ausbildung in einem dieser Staaten abgeschlossen oder die Berufserfahrung in einem dieser Staaten erworben wurde.

(4) Befähigungs- oder Ausbildungsnachweise, die außerhalb der Europäischen Union oder den in Abs. 3 genannten Staaten erworben wurden und bereits in einem Mitgliedstaat der Europäischen Union nach der Richtlinie über die Anerkennung von Berufsqualifikationen 2005/36/EG anerkannt worden sind, gelten als Nachweis der Fachkenntnisse und sind durch die Ausbildungseinrichtung (Abs. 1) auf Antrag durch Zeugnisausstellung gemäß § 5 Abs. 1 Z 2 anzuerkennen. Wurden solche Befähigungs- oder Ausbildungsnachweise noch nicht in einem Mitgliedstaat der Europäischen Union anerkannt, haben Ausbildungseinrichtungen (Abs. 1) auf Antrag solche Nachweise durch Zeugnisausstellung gemäß § 5 als Nachweis der Fachkenntnisse nach dieser Verordnung anzuerkennen, wenn die Gewähr dafür gegeben ist, dass Fachkenntnisse im Sinn dieser Verordnung vorliegen. Ist auf Grund der vorgelegten Nachweise nicht eindeutig feststellbar, dass zumindest Fachkenntnisse vorliegen, die den Fachkenntnissen nach dieser Verordnung entsprechen, hat sich die Ausbildungseinrichtung vom Vorliegen ausreichender Fachkenntnisse durch eine theoretische und/oder praktische Prüfung zu überzeugen.

(5) Antragsberechtigt ist jene Person, die über einen Befähigungs- oder Ausbildungsnachweis oder im Fall des Abs. 2 über eine nachweisliche einschlägige Berufserfahrung verfügt, oder deren Arbeitgeber/in im Inland.

(6) Eine ermächtigte Ausbildungseinrichtung nach Abs. 1 gilt als zuständige benannte Stelle gemäß Artikel 56 Abs. 3 der Richtlinie 2005/36/EG über die Anerkennung von Berufsqualifikationen im Anwendungsbereich dieser Verordnung. Sie hat dem/der Antragsteller/in binnen eines Monats den Empfang der Unterlagen zu bestätigen und gegebenenfalls mitzuteilen, welche Unterlagen fehlen. Sie hat über Anträge ohne unnötigen Verzug, spätestens aber binnen drei Monaten nach Einreichung der vollständigen Unterlagen zu entscheiden.

(Anm.: Abs. 7 aufgehoben durch BGBl. II Nr. 210/2013)

(8) Sind die Voraussetzungen gemäß Abs. 1, 2, 3 oder 4 nicht erfüllt, ist zur Erlangung eines Zeugnisses gemäß § 5 die Absolvierung einer Ausbildung und erfolgreiche Ablegung einer Prüfung nach dieser Verordnung erforderlich.

Melde- und Auskunftspflichten

§ 7. (1) Die Ausbildungseinrichtung hat dem Bundesministerium für Arbeit, Soziales und Konsumentenschutz unverzüglich zu melden:

1. jede Änderung des Ausbildungsplans und der Prüfungsordnung,
2. jede Änderung der Ausbildungsleitung,
3. jede wesentliche Änderung der Voraussetzungen gemäß § 3 Abs. 4 und 5.

(2) Dem Bundesministerium für Arbeit, Soziales und Konsumentenschutz ist jeder Prüfungstermin zeitgerecht zu melden. Es ist berechtigt, eine/n Vertreter/in zu den Prüfungen zu entsenden.

(3) Dem Bundesministerium für Arbeit, Soziales und Konsumentenschutz sind bis 31. Jänner des Folgejahres über die im abgelaufenen Kalenderjahr durchgeführten Ausbildungen und Prüfungen, getrennt nach Fachkenntnissen für bühnentechnische und beleuchtungstechnische Arbeiten, folgende Daten bekannt zu geben:

1. Anzahl der Ausbildungsveranstaltungen,
2. Anzahl der Teilnehmer sowie Anzahl der Teilnehmerinnen an diesen Ausbildungsveranstaltungen,
3. Anzahl der ausgestellten Zeugnisse gemäß § 5 Abs. 1 Z 1,
4. Anzahl der ausgestellten Zeugnisse gemäß § 5 Abs. 1 Z 2.

(4) Auf Verlangen sind die in den Kursen verwendeten Lehrmittel, insbesondere Skripten und Unterlagen zum Selbststudium, dem Bundesministerium für Arbeit, Soziales und Konsumentenschutz zur Einsichtnahme zu übermitteln.

Ermächtigung

§ 8. (1) Auf Antrag des Betreibers/der Betreiberin der Ausbildungseinrichtung ist die Ermächtigung zur Ausstellung von Zeugnissen gemäß § 63 Abs. 1 ASchG in Verbindung mit § 5 dieser Verordnung zu erteilen, wenn

1. die vorgesehene Ausbildung § 2 und § 3 Abs. 1 entspricht,
2. die notwendigen Voraussetzungen gemäß § 3 Abs. 3 bis 6 vorliegen und
3. die vorgesehenen Prüfungen und Zeugnisse den §§ 4 bis 6 entsprechen.

(2) Der/die Antragsteller/in hat zum Nachweis der Voraussetzungen nach Abs. 1 geeignete Unterlagen vorzulegen, insbesondere

1. einen Ausbildungsplan, der die einzelnen Ausbildungsgegenstände samt Zahl der jeweils vorgesehenen Unterrichtseinheiten und praktischen Übungen und bei blockweiser Ausbildung auch die zeitliche Einteilung enthält,

Bühnen-FK-V

2. eine Prüfungsordnung, die zumindest regelt: Zulassung zu den Prüfungen, Organisation und Inhalt der Prüfungen, ob mündliche Prüfungen durchgeführt werden, weiters Angaben zur Feststellung des Prüfungsergebnisses.

(3) Die Ermächtigung kann unter Vorschreibung von Auflagen hinsichtlich der Organisation, des Lehrpersonals, der Ausstattung, der Lehrmittel und der Prüfung erteilt werden, soweit dies erforderlich ist, um eine ordnungsgemäße Ausbildung zu gewährleisten.

(4) Die Ermächtigung ist zu widerrufen, wenn

1. die in Abs. 1 genannten Voraussetzungen nicht mehr vorliegen,
2. die nach Abs. 3 vorgeschriebenen Auflagen nicht eingehalten werden,
3. gegen §§ 4 bis 7 verstoßen wird.

(5) Die Ermächtigung erlischt, wenn die ermächtigte Ausbildungseinrichtung fünf Jahre keine Ausbildung durchführt.

Unterrichtsanstalten, Lehrberuf
Veranstaltungstechnik

§ 9. (1) Unterrichtsanstalten im Sinne des § 63 Abs. 1 ASchG sind Universitäten gemäß § 6 des Universitätsgesetzes 2002, BGBl. I Nr. 120/2002, einschließlich der Universitätslehrgänge gemäß § 56, das Universitätszentrum für Weiterbildung mit der Bezeichnung Donau-Universität Krems, akkreditierte Privatuniversitäten, Fachhochschulen gemäß Fachhochschul-Studiengesetz, BGBl. Nr. 340/1993, sowie Einrichtungen des berufsbildenden mittleren und höheren Schulwesens, die einschlägige bühnentechnische und beleuchtungstechnische Ausbildungen oder Lehrgänge durchführen.

(2) Der Nachweis der Fachkenntnisse im Sinne dieser Verordnung wird weiters durch das Lehrabschlusszeugnis im Lehrberuf Veranstaltungstechnik erbracht.

Übergangs- und Schlussbestimmungen

§ 10. (1) § 1 Abs. 3, 6 und 7 tritt mit 1. Jänner 2004 in Kraft, die übrigen Bestimmungen treten mit dem auf die Kundmachung folgenden Monatsersten in Kraft.

(2) Arbeitnehmer/innen, die vor In-Kraft-Treten dieser Verordnung mindestens drei Jahre nachweislich mit Arbeiten gemäß § 1 Abs. 3 und 6 beschäftigt wurden, dürfen mit diesen Arbeiten uneingeschränkt ohne Nachweis der Fachkenntnisse beschäftigt werden. Dies gilt auch im Falle eines Wechsels des Arbeitgebers/der Arbeitgeberin.

(3) Die bei In-Kraft-Treten dieser Verordnung weniger als drei Jahre mit Arbeiten gemäß § 1 Abs. 3 und 6 beschäftigten Arbeitnehmer/innen dürfen ohne Nachweis der Fachkenntnisse bis spätestens 31. Dezember 2006 weiter mit diesen Arbeiten beschäftigt werden. Dies gilt auch im Falle eines Wechsels des Arbeitgebers/der Arbeitgeberin.

(4) Einrichtungen, denen eine Ermächtigung gemäß § 8 dieser Verordnung erteilt wird, dürfen binnen drei Jahren ab Ermächtigung Zeugnisse gemäß § 5 an Personen ausstellen, die vor In-Kraft-Treten dieser Verordnung an dieser Einrichtung eine Ausbildung zum Nachweis der Fachkenntnisse für die Vorbereitung und Organisation von bühnentechnischen oder beleuchtungstechnischen Arbeiten nachweislich absolviert haben, wenn der Inhalt dieser Ausbildung weitgehend dem § 2 entspricht und die Ausbildung mit einer Prüfung abgeschlossen wurde. Eine solche Ausbildung gilt als Ausbildung zum Nachweis der Fachkenntnisse im Sinne dieser Verordnung.

(5) Gemäß § 95 Abs. 1 ASchG wird festgelegt, dass die zuständige Behörde von § 1 Abs. 3 und 6 keine Ausnahme zulassen darf.

(6) § 1 Abs. 7 und § 6, jeweils in der Fassung BGBl. II Nr. 13/2007, treten mit dem der Kundmachung folgenden Monatsersten in Kraft.

(7) § 6 Abs. 7 in der Fassung BGBl. II Nr. 215/2012 tritt mit 1. Juli 2012 in Kraft.

(8) Die § 4 Abs. 6, § 5 Abs. 1, § 6 Abs. 4 und § 8 jeweils in der Fassung BGBl. II Nr. 210/2013 treten mit dem der Kundmachung folgenden Monatsersten in Kraft. § 6 Abs. 7 in der Fassung BGBl. II Nr. 210/2013 tritt mit Ablauf des 31. Dezember 2013 außer Kraft.

(8) § 4 Abs. 4 und § 8 Abs. 5 in der Fassung BGBl. II Nr. 26/2014, treten mit dem der Kundmachung folgenden Monatsersten in Kraft.

16. Verordnung explosionsfähige Atmosphären

Verordnung des Bundesministers für Wirtschaft und Arbeit über den Schutz der Arbeitnehmer/innen vor explosionsfähigen Atmosphären und mit der die Bauarbeiterschutzverordnung und die Arbeitsmittel-Verordnung geändert werden (Verordnung explosionsfähige Atmosphären – VEXAT)

StF: BGBl. II Nr. 309/2004

Letzte Novellierung: BGBl. II Nr. 186/2015 [CELEX-Nr.: 32014L0027]

Präambel

Auf Grund der § 3 Abs. 7, §§ 4, 5, 8, 12, 14, 17, § 20 Abs. 3, § 21 Abs. 1, 3 und 4, § 25 Abs. 6, 8 und 9, § 33 Abs. 3 und 5, § 34 Abs. 3 und 4, §§ 35 und 37, § 40 Abs. 1 und 2, § 41, § 42 Abs. 3, § 43, § 44 Abs. 3, § 46 Abs. 2, 3, 5 und 8, § 48 Abs. 1 Z 4, § 60 Abs. 1, § 61 Abs. 1, §§ 70, 71 und 72 Abs. 1 Z 6 sowie § 95 Abs. 2 des Bundesgesetzes über Sicherheit und Gesundheitsschutz bei der Arbeit (ArbeitnehmerInnenschutzgesetz – ASchG), BGBl. Nr. 450/1994, zuletzt geändert durch BGBl. I Nr. 159/2001, wird verordnet:

GLIEDERUNG

1. Abschnitt: Allgemeine Bestimmungen
Anwendungsbereich

§ 1. (1) Diese Verordnung gilt für Arbeitsstätten, Baustellen und auswärtige Arbeitsstellen im Sinne des ASchG.

(2) Diese Verordnung gilt nicht für

1. das Verwenden von explosionsgefährlichen Arbeitsstoffen (das sind Arbeitsstoffe, die, ohne gasförmig zu sein, auch ohne Beteiligung von Luftsauerstoff exotherm und unter schneller Entwicklung von Gasen reagieren können und, wenn sie unter festgelegten Prüfbedingungen detonieren, schnell deflagrieren oder beim Erhitzen unter teilweisem Einschluss explodieren), oder chemisch instabilen Stoffen;

2. untertägige grubengasführende Bergbaue sowie untertägige Bergbaue mit entzündlichen Stäuben (Kohlenbergbaue);

3. die Verwendung von Gasverbrauchseinrichtungen gemäß der Gasgeräte-Sicherheitsverordnung, GSV BGBl. Nr. 430/1994, in der jeweils geltenden Fassung;

4. die Beförderung gefährlicher Güter nach dem Gefahrgutbeförderungsgesetz – GGBG, BGBl. I Nr. 145/1998, in der jeweils geltenden Fassung.

(3) Wenn explosionsfähige Atmosphären außerhalb von atmosphärischen Bedingungen (das ist bei Gesamtdrücken von weniger als 0,8 bar oder mehr als 1,1 bar oder bei Gemischtemperaturen von weniger als -20°C oder mehr als +60°C) auftreten können, ist § 3 Abs. 2 dieser Verordnung nicht anzuwenden.

(4) Durch diese Verordnung werden nicht berührt:

1. die Verordnung über brennbare Flüssigkeiten – VbF, BGBl. Nr. 240/1991, in der jeweils geltenden Fassung,
2. die Flüssiggas-Verordnung 2002 – FGV, BGBl. II Nr. 446/2002, in der jeweils geltenden Fassung,
3. die Druckgaspackungslagerungsverordnung 2002 – DGPLV 2002, BGBl. II Nr. 489/2002, in der jeweils geltenden Fassung, und
4. die Verordnung über Ausstattung und Betriebsweise von gewerblichen Betriebsanlagen zum Betrieb von Flüssiggas-Tankstellen, BGBl. Nr. 558/1978, in der jeweils geltenden Fassung.

Begriffsbestimmungen

§ 2. (1) Im Sinne dieser Verordnung bedeuten die Begriffe:

1. Brennbare Arbeitsstoffe: Hochentzündliche, leicht entzündliche und entzündliche Arbeitsstoffe im Sinne des § 40 Abs. 3 und 3a ASchG sowie sonstige oxidierbare Arbeitsstoffe;
2. Normalbetrieb: Zustand, bei dem Arbeitsmittel, elektrische Anlagen oder persönliche Schutzausrüstung innerhalb ihrer Auslegungsparameter benutzt werden, einschließlich dem Ingang- und Stillsetzen;
3. Vorhersehbare Störung: Zustand, bei dem Arbeitsmittel, elektrische Anlagen oder persönliche Schutzausrüstung vorhersehbar die bestimmungsgemäße Funktion nicht erbringen;
4. Heißarbeiten: Arbeiten mit offenen Flammen oder Arbeiten, bei denen Funkenbildung oder ein Erhitzen von Teilen auf eine Temperatur von mehr als 80% der Zündtemperatur eines brennbaren Arbeitsstoffes der explosionsfähigen Atmosphäre eintreten kann;
5. Medizinisch genutzte Räume: Bereiche, die bestimmungsgemäß für medizinische Untersuchungen oder Behandlungen genutzt werden.

(2) Arbeitsmittel (§ 2 Abs. 5 ASchG) im Sinne dieser Verordnung sind insbesondere solche, die eigene potentielle Zündquellen aufweisen (zB Geräte und Schutzsysteme im Sinne der Explosionsschutzverordnung 1996 – ExSV 1996, BGBl. Nr. 252/1996, in der geltenden Fassung, elektrische Betriebsmittel, medizinische elektrische Geräte) oder die in Verbindung mit Arbeitsvorgängen potentielle Zündquellen darstellen können (wie elektrostatische Entladungen oder mechanisch erzeugte Funken).

Explosionsfähige Atmosphären und explosionsgefährdete Bereiche

§ 3. (1) Explosionsfähige Atmosphäre ist ein Gemisch aus Luft oder anderer oxidativer Atmosphäre und brennbaren Gasen, Dämpfen, Nebeln oder Stäuben, in dem sich der Verbrennungsvorgang nach erfolgter Entzündung auf das gesamte unverbrannte Gemisch überträgt.

(2) Bei Verwendung von brennbaren Flüssigkeiten ist das Auftreten explosionsfähiger Atmosphären, sofern nicht der Stand der Technik eine höhere Sicherheit erfordert, jedenfalls dann anzunehmen, wenn die maximal erreichbare Flüssigkeitstemperatur, Verarbeitungstemperatur oder Umgebungstemperatur

1. nicht mindestens 5°C unter der Temperatur des Flammpunktes liegt, oder
2. bei einem Gemisch, für das kein Flammpunkt bestimmt ist, nicht mindestens 15°C unter der Temperatur des niedrigsten Flammpunktes liegt.

(3) Explosionsgefährdete Bereiche sind alle Bereiche, in denen explosionsfähige Atmosphären in gefahrdrohenden Mengen auftreten können, sodass besondere Schutzmaßnahmen für die Aufrechterhaltung des Schutzes von Sicherheit und Gesundheit der betroffenen Arbeitnehmer/innen erforderlich werden. Ein Bereich, in dem explosionsfähige Atmosphären nicht in solchen Mengen zu erwarten sind, dass besondere Schutzmaßnahmen erforderlich werden, gilt als nicht explosionsgefährdeter Bereich.

(4) Ein explosionsgefährdeter Bereich liegt jedenfalls dann vor, wenn 50% der unteren Explosionsgrenze (UEG) erreicht werden können, sofern nicht diese Verordnung oder der Stand der Technik eine höhere Sicherheit erfordert.

(5) Werden Arbeitsvorgänge oberhalb der oberen Explosionsgrenze (OEG) durchgeführt, liegt ein explosionsgefährdeter Bereich dann vor, wenn die OEG unterschritten werden kann. Dabei sind insbesondere auch Ingangsetzen, Stillsetzen und vorhersehbare Störungen zu berücksichtigen.

Ermittlung und Beurteilung der Explosionsgefahren

§ 4. (1) Arbeitgeber/innen müssen die Wahrscheinlichkeit und die Dauer des Auftretens von explosionsfähigen Atmosphären und explosionsgefährdeten Bereichen sowie die charakteristischen Eigenschaften und Kenndaten der Arbeitsstoffe, die explosionsfähige Atmosphären bilden können, ermitteln und beurteilen.

(2) Arbeitgeber/innen müssen die spezifischen Gefahren, die von explosionsfähigen Atmosphären ausgehen können, und die spezifischen Gefahren von explosionsgefährdeten Bereichen in ihrer Gesamtheit ermitteln und beurteilen und dabei insbesondere berücksichtigen:

1. die Wahrscheinlichkeit des Vorhandenseins, der Aktivierung und des Wirksamwerdens von Zündquellen, einschließlich elektrostatischer Entladungen;
2. das Ausmaß der zu erwartenden Auswirkungen und ob Arbeitnehmer/innen betroffen sein können;

3. die Arbeitsmittel sowie deren Sicherheits-, Kontroll- und Regelvorrichtungen, die elektrischen Anlagen (Installationen), die baulichen und örtlichen Gegebenheiten, die angewendeten Arbeitsvorgänge und ihre möglichen Wechselwirkungen, die Arbeitskleidung und persönliche Schutzausrüstung;

4. die möglichen Explosionsgefahren, insbesondere bei

a. Normalbetrieb,
b. vorhersehbaren Störungen, Instandhaltung, Reinigung, Prüfung und Störungsbehebung,
c. Arbeiten nach § 6 Abs. 3.

(3) Bereiche, die über Öffnungen mit Bereichen verbunden sind oder verbunden werden können, in denen explosionsfähige Atmosphären auftreten können, müssen bei der Ermittlung und Beurteilung der Explosionsgefahren ebenfalls berücksichtigt werden.

(4) Enthält eine explosionsfähige Atmosphäre mehrere Arten von brennbaren Gasen, Dämpfen, Nebeln oder Stäuben, so muss die Beurteilung der Schutzmaßnahmen auf das größtmögliche Gefährdungspotential ausgelegt sein.

Explosionsschutzdokument

§ 5. (1) Arbeitgeber/innen müssen auf Grundlage der Ermittlung und Beurteilung ein Explosionsschutzdokument erstellen und auf dem letzten Stand halten.

(2) Das Explosionsschutzdokument muss jedenfalls Angaben enthalten über:

1. die festgestellten Explosionsgefahren, insbesondere bei

a. Normalbetrieb
b. vorhersehbaren Störungen, Instandhaltung, Reinigung, Prüfung und Störungsbehebung,
c. Arbeiten nach § 6 Abs. 3;

2. die zur Gefahrenvermeidung durchzuführenden primären, sekundären und konstruktiven Explosionsschutzmaßnahmen, einschließlich Maßnahmen und Vorkehrungen für vorhersehbare Störungen, Instandhaltung, Reinigung, Prüfung und Störungsbehebung;

3. die örtliche Festlegung der explosionsgefährdeten Bereiche und deren Einstufung in Zonen;

4. die Eignung der in den jeweiligen explosionsgefährdeten Bereichen verwendeten Arbeitsmittel, elektrischen Anlagen, Arbeitskleidung und persönlichen Schutzausrüstung sowie über Sicherheits-, Kontroll- und Regelvorrichtungen außerhalb von explosionsgefährdeten Bereichen, die für den sicheren Betrieb in explosionsgefährdeten Bereichen erforderlich sind oder dazu beitragen;

5. Umfang und Ergebnisse von Prüfungen und Messungen in Zusammenhang mit explosionsgefährdeten Bereichen;

6. die im Fall von Warn- oder Alarmbedingungen zur Explosionsvermeidung erforderlichen technischen und organisatorischen Vorkehrungen und durchzuführenden Maßnahmen;

7. Arbeiten nach § 6 Abs. 3;

8. Angaben über Ziel, Maßnahmen und Modalitäten der Koordination, wenn in der Arbeitsstätte auch betriebsfremde Arbeitnehmer/innen beschäftigt werden.

(3) Das Explosionsschutzdokument ist vor Aufnahme der Arbeit zu erstellen. Es ist zu überarbeiten, wenn wesentliche Änderungen, die Auswirkungen auf den Schutz vor explosionsfähigen Atmosphären haben, vorgenommen werden. Dies gilt insbesondere für Änderungen der Arbeitsvorgänge, der Art der verwendeten Arbeitsstoffe, der Arbeitsstätte einschließlich der elektrischen Anlage, der Arbeitsmittel, der Arbeitskleidung, der persönlichen Schutzausrüstung oder der Sicherheits-, Kontroll- oder Regelvorrichtungen, die für den sicheren Betrieb in explosionsgefährdeten Bereichen erforderlich sind oder dazu beitragen.

Information, Unterweisung, Arbeitsfreigabe

§ 6. (1) Arbeitnehmer/innen in explosionsgefährdeten Bereichen sind im Sinne des § 12 ASchG zumindest über Folgendes zu informieren:

1. wie Explosionsgefahr entsteht und in welchen Bereichen sie vorhanden ist,

2. über die Art der am Arbeitsplatz möglichen Explosionsgefahren, die getroffenen Schutzmaßnahmen, deren Wirkung und Auswirkungen,

3. das Verhalten bei Warnung oder Alarm.

(2) Arbeitnehmer/innen in explosionsgefährdeten Bereichen sind im Sinne des § 14 ASchG zumindest jährlich zu unterweisen:

1. im richtigen Verhalten gegenüber Explosionsgefahren bei vorhersehbaren Störungen;

2. im richtigen Umgang mit den vorhandenen Arbeitsmitteln;

3. darin, welche ortsveränderlichen Arbeitsmittel eingesetzt und welche nicht eingesetzt werden dürfen und welche sonstigen ortsveränderlichen Gegenstände eine Explosionsgefahr bewirken oder erhöhen können;

4. in der sicheren Durchführung von Arbeiten, unter besonderer Berücksichtigung von Instandhaltung, Reinigung, Prüfung und Störungsbehebung;

5. darüber, welche Arbeitskleidung (einschließlich Arbeitsschuhe) oder persönliche Schutzausrüstung erforderlich ist und welche nicht verwendet werden darf.

(3) Für folgende Arbeiten sind schriftliche Anweisungen (§ 14 Abs. 5 ASchG) zu erstellen:

1. Befahren (Inspektion) und Arbeiten (wie Instandhaltung, Reinigung, Prüfung und Störungsbehebung) in oder an Betriebseinrichtungen (wie Behältern, Silos, Rohrleitungen,

VEXAT

Schächten oder Gruben), die brennbare Arbeitsstoffe enthalten, enthalten haben oder in denen sich explosionsfähige Atmosphären ansammeln können,

2. Arbeiten, für deren Dauer eine temporäre Zoneneinstufung oder -umstufung erfolgen muss (§ 12 Abs. 2 oder 3).

(4) Für die in Abs. 3 genannten Arbeiten ist im Rahmen der Ermittlung und Beurteilung der Explosionsgefahren ein Arbeitsfreigabesystem samt den notwendigen Schutz- und Rettungsmaßnahmen festzulegen und eine geeignete fachkundige Person zu benennen, die die erforderlichen fachlichen Kenntnisse und Berufserfahrungen besitzt und mit den möglichen Gefahren und den erforderlichen Schutz- und Rettungsmaßnahmen vertraut ist.

(5) Es ist dafür zu sorgen, dass die in Abs. 3 genannten Arbeiten erst durchgeführt werden, nachdem die nach Abs. 4 benannte Person sich überzeugt hat, dass die laut Arbeitsfreigabesystem festgelegten Schutz- und Rettungsmaßnahmen durchgeführt sind und die Arbeitsfreigabe erteilt hat.

(6) Es ist dafür zu sorgen, dass während der Durchführung von in Abs. 3 Z 1 genannten Arbeiten in Betriebseinrichtungen ständig eine Person außerhalb der Betriebseinrichtung anwesend ist, die die Einhaltung der Schutzmaßnahmen überwacht und erforderlichenfalls Rettungsmaßnahmen setzen kann.

(7) Wenn es auf Grund der Ermittlung und Beurteilung der Explosionsgefahren erforderlich ist, ist im Explosionsschutzdokument festzulegen, für welche anderen als die in Abs. 3 genannten Arbeiten schriftliche Anweisungen zu erstellen sind und ein Arbeitsfreigabesystem festzulegen ist.

Prüfungen

§ 7. (1) Vor der erstmaligen Inbetriebnahme müssen überprüft werden:

1. elektrische Anlagen in explosionsgefährdeten Bereichen auf ihre Explosionssicherheit;

2. mechanische Lüftungs- oder Absauganlagen in explosionsgefährdeten Bereichen auf ihre Explosionssicherheit sowie durch Messung der Lüftungs- bzw. Absaugleistung auf ihre Wirksamkeit;

3. die Umsetzung des Zonenplans (ob die explosionsgefährdeten Bereiche gemäß Zonenplan realisiert und korrekt gekennzeichnet sind oder durch sonstige technische oder organisatorische Maßnahmen vermieden oder ausreichend begrenzt sind);

4. die Umsetzung der primären, sekundären und konstruktiven Explosionsschutzmaßnahmen einschließlich Maßnahmen und Vorkehrungen für vorhersehbare Störungen gemäß Explosionsschutzdokument;

5. Räume, in denen sich explosionsgefährdete Bereiche befinden, auf ihre bauliche Ausführung (§ 13);

6. Geräte, Schutzsysteme und medizinische elektrische Geräte daraufhin, ob sie für die Zonen, in denen sie verwendet werden sollen, auf Grund ihrer Klassifikation (§ 15 Abs. 3 und 4) geeignet sind;

7. sonstige Arbeitsmittel daraufhin, ob sie bestimmungsgemäß für die Verwendung in den entsprechenden explosionsgefährdeten Bereichen geeignet sind (§ 15 Abs. 2);

8. Sicherheits-, Kontroll- und Regeleinrichtungen, die sich außerhalb der explosionsgefährdeten Bereiche befinden, daraufhin, ob sie das ordnungsgemäße Funktionieren der Arbeitsmittel gewährleisten;

9. diverse Verbindungseinrichtungen daraufhin, ob sie eine Explosionsgefahr darstellen können, wobei auch die Gefahr des Vertauschens zu berücksichtigen ist;

10. Arbeitskleidung (einschließlich der Arbeitsschuhe) und persönliche Schutzausrüstung daraufhin, ob sie bestimmungsgemäß für die Verwendung in den entsprechenden explosionsgefährdeten Bereichen geeignet sind (§ 15 Abs. 2).

(2) Elektrische Anlagen und elektrische Betriebsmittel dürfen in explosionsgefährdeten Bereichen nur verwendet werden, wenn sie in Zeitabständen von längstens drei Jahren wiederkehrenden Prüfungen auf ihren ordnungsgemäßen Zustand hinsichtlich der Explosionssicherheit unterzogen werden.

(2a) Abweichend von Abs. 2 betragen die Zeitabstände

1. längstens sechs Monate bei Untertagebauarbeiten und im Untertagebergbau,

2. längstens ein Jahr auf Baustellen und im Tagbau,

3. längstens ein Jahr im Fall einer außergewöhnlichen Beanspruchung z. B. durch

a) Feuchtigkeit oder Nässe oder wenn Kondenswasser oder Spritzwasser nicht ausgeschlossen werden kann,

b) Umgebungstemperaturen von weniger als −20°C oder mehr als 40°C,

c) Einwirkung von Säuren, Laugen, Lösemitteln oder deren Dämpfen, die Korrosion bewirken können,

d) direkte Einwirkungen von Witterungseinflüssen, soweit sie nicht schon durch lit. a oder b erfasst sind,

e) Einwirkung von Staub, der durch die Arbeitsvorgänge entsteht.

(3) Mechanische Lüftungs- und Absauganlagen zur Abführung von explosionsfähigen Atmosphären sind mindestens einmal im Kalenderjahr, jedoch längstens im Abstand von 15 Monaten, auf ihren ordnungsgemäßen Zustand zu prüfen.

(4) Werden Änderungen, Erweiterungen oder Umgestaltungen vorgenommen, die sich auf die Explosionssicherheit auswirken, sind die Prüfungen zu ergänzen.

(5) Die Prüfungen müssen von geeigneten, fachkundigen Personen durchgeführt werden. Das sind Personen, die neben jenen Qualifikationen, die für die betreffende Prüfung jeweils erforderlich sind, auch die fachlichen Kenntnisse und Berufserfahrungen auf dem Gebiet des Explosionsschutzes besitzen und auch die Gewähr für eine gewissenhafte Durchführung der ihnen übertragenen Arbeiten bieten. Als fachkundige Personen können auch Betriebsangehörige eingesetzt werden.

Messungen

§ 8. (1) Wenn die Entstehung explosionsgefährdeter Bereiche nicht sicher ausgeschlossen werden kann, ist durch repräsentative Messungen der Konzentration von explosionsfähigen Atmosphären die Wirksamkeit der Maßnahmen des primären Explosionsschutzes nachzuweisen.

(2) Messungen nach Abs. 1 sind nicht erforderlich, wenn

1. durch Herstellerangaben oder durch Berechnung nach dem Stand der Technik die Unterschreitung der unteren Explosionsgrenze (UEG) mit genügend großer Sicherheit (das sind für gas- und dampfförmige explosionsfähige Atmosphären 10% UEG und für andere Verhältnisse eine vergleichbare Sicherheit) nachgewiesen wird oder
2. eine Einstufung in Zonen erfolgt und dafür Messungen nicht erforderlich sind.

(3) Ergibt die Messung nach Abs. 1 eine Konzentration von gas- oder dampfförmigen explosionsfähigen Atmosphären von mehr als 25% UEG und für andere eine vergleichbare Sicherheit, sind zumindest im Kalenderjahr, jedoch längstens im Abstand von 15 Monaten, wiederkehrende Kontrollmessungen durchzuführen. Solche Kontrollmessungen sind nicht erforderlich:

1. in Bereichen, in denen eine Überwachung durch kontinuierlich messende Einrichtungen oder durch mobile Messeinrichtungen gewährleistet ist oder
2. wenn Maßnahmen zur Konzentrationsbegrenzung, wie Inertisierung, Absaug- oder mechanische Lüftungsanlagen, durch eine technische Maßnahme in ihrer Wirksamkeit überwacht werden.

(4) Werden Änderungen, Erweiterungen oder Umgestaltungen vorgenommen, die sich auf die Konzentrationsverhältnisse auswirken, sind die Messungen zu ergänzen.

(5) Die Messungen müssen von Personen nach § 46 Abs. 3 ASchG und erforderlichenfalls mit Messgeräten mit geeignetem Explosionsschutz durchgeführt werden.

Gefahrenanalyse

§ 9. (1) Folgende Arbeitsmittel, Arbeitskleidung und persönliche Schutzausrüstung sind durch Gefahrenanalyse darauf hin zu prüfen, ob sie für die explosionsgefährdeten Bereiche, in denen sie verwendet werden sollen, geeignet sind:

1. Geräte, Schutzsysteme und medizinische elektrische Geräte, die nicht für die Verwendung in explosionsgefährdeten Bereichen klassifiziert sind (§ 15 Abs. 3 und 4) oder für die nach § 15 Abs. 7 keine eindeutige Eignung für die vorliegende Zone festgestellt werden konnte;
2. sonstige Arbeitsmittel, Arbeitskleidung und persönliche Schutzausrüstung, für die in den Herstellerangaben keine oder keine eindeutige Angabe zur bestimmungsgemäßen Verwendung im vorliegenden explosionsgefährdeten Bereich festgelegt ist;
3. die Kombination von Arbeitsmitteln mit anderen Arbeitsmitteln oder Verbindungseinrichtungen, soweit die bestimmungsgemäße Verwendung der Kombination nicht durch Herstellerangaben eindeutig festgelegt ist,
4. Teile von Arbeitsmitteln oder deren Sicherheits-, Kontroll- und Regelvorrichtungen, die für den Explosionsschutz maßgeblich sind, wenn sie bei Instandhaltung oder Störungsbehebung wesentlich geändert wurden oder Teile durch andere als identische oder gleichwertige Ersatzteile ersetzt wurden.

(2) Ergibt die Gefahrenanalyse nicht eindeutig, dass die Arbeitsmittel, Arbeitskleidung oder persönliche Schutzausrüstung für einen bestimmten explosionsgefährdeten Bereich geeignet sind, dürfen sie in der jeweiligen Zone nicht verwendet werden.

(3) Die Gefahrenanalyse gilt als erbracht:

1. durch Nachweis der bestimmungsgemäßen Verwendung gemäß den In-Verkehr-Bringer-vorschriften, zB für Geräte und Schutzsysteme im Sinne der ExSV 1996;
2. durch schriftliche Bestätigung der Hersteller/innen oder In-Verkehr-Bringer/innen, dass Gegenstände im Sinne des Abs. 1 Z 2 bis 4 für den Einsatz im vorliegenden explosionsgefährdeten Bereich unter Berücksichtigung der verwendeten Arbeitsstoffe geeignet sind;
3. durch Nachweis einer der folgenden Stellen:
   a. Ziviltechniker/innen, deren Fachgebiet auch den Explosionsschutz umfasst,
   b. zugelassene Prüfstellen gemäß § 71 Abs. 5 der Gewerbeordnung 1994, im Rahmen ihrer Zuständigkeit,
   c. akkreditierte Prüf- und Überwachungsstellen nach dem Akkreditierungsgesetz – AkkG, BGBl. Nr. 468/1992, in der geltenden Fassung, im Rahmen ihrer Befugnisse oder
   d. Technische Büros – Ingenieurbüros im Rahmen ihrer Zuständigkeit.

VEXAT

2. Abschnitt: Explosionsschutz-Maßnahmen
Grundsätze des Explosionsschutzes

§ 10. (1) Wenn die Bildung von explosionsfähigen Atmosphären nicht auszuschließen ist, haben Arbeitgeber/innen die der Art des Betriebes entsprechenden technischen oder organisatorischen Maßnahmen zum Schutz gegen Explosionen in folgender Rangordnung zu treffen:

1. Die Bildung von explosionsfähigen Atmosphären oder zumindest von explosionsgefährdeten Bereichen ist zu verhindern (primärer Explosionsschutz).
2. Falls dies auf Grund der Art der Arbeitsvorgänge nicht möglich ist, sind wirksame Zündquellen in explosionsgefährdeten Bereichen zu vermeiden (sekundärer Explosionsschutz).
3. Falls dies nicht organisatorisch und technisch sicher möglich ist, sind Maßnahmen zu treffen, die die schädlichen Auswirkungen einer möglichen Explosion so begrenzen, dass die Gesundheit und Sicherheit der Arbeitnehmer/innen gewährleistet wird (konstruktiver Explosionsschutz).

(2) Zum Schutz der Gesundheit und zur Gewährleistung der Sicherheit der Arbeitnehmer/innen müssen Arbeitgeber/innen in Anwendung der Grundsätze nach Abs. 1 und auf Grundlage der Ermittlung und Beurteilung der Explosionsgefahren die erforderlichen technischen und organisatorischen Maßnahmen treffen, damit explosionsgefährdete Bereiche so gestaltet sind, dass die Arbeit gefahrlos ausgeführt werden kann.

(3) Maßnahmen nach Abs. 1 sind erforderlichenfalls regelmäßig zu überprüfen, jedenfalls aber dann, wenn sich wesentliche Änderungen ergeben.

Primärer Explosionsschutz:
Verhindern der Entstehung von
explosionsgefährdeten Bereichen

§ 11. (1) Arbeitgeber/innen haben dafür zu sorgen, dass die Vorbereitung, Gestaltung und Durchführung von Arbeitsvorgängen so erfolgt, dass die Entstehung von explosionsgefährdeten Bereichen möglichst vermieden wird und insbesondere die Maßnahmen nach den folgenden Absätzen getroffen werden.

(2) Soweit brandgefährliche Arbeitsstoffe (§ 40 Abs. 3 und 3a ASchG) nicht ersetzt werden können, ist ihre Menge am Arbeitsplatz auf das für den Fortgang der Arbeit unbedingt erforderliche Ausmaß, höchstens jedoch auf den Tagesbedarf, zu beschränken. Verschüttete brandgefährliche Arbeitsstoffe müssen unverzüglich unter Beachtung der nötigen Vorsichtsmaßnahmen beseitigt werden. Abfälle und Rückstände müssen gefahrlos entfernt und entsorgt werden.

(3) Die Freisetzung von brennbaren Gasen, Dämpfen, Nebeln, Stäuben oder explosionsfähigen Atmosphären bei Arbeitsvorgängen oder aus Betriebseinrichtungen ist, wenn möglich, zu vermeiden durch die Verwendung von

1. geschlossenen Betriebseinrichtungen oder
2. Systemen mit so geringen Leckagen, dass keine explosionsgefährlichen Bereiche entstehen können.

(4) Wenn sich durch Maßnahmen nach Abs. 3 die Bildung von explosionsgefährdeten Bereichen nicht verhindern lässt, sind die Freisetzungen

1. an ihrer Austritts- oder Entstehungsstelle vollständig zu erfassen, soweit dies nach dem Stand der Technik möglich ist, und anschließend ohne Gefahr für die Arbeitnehmer/innen abzuführen, oder
2. geeignete natürliche oder mechanische Lüftungsmaßnahmen zu treffen.

(5) Es muss Vorsorge getroffen werden, dass Gase oder Dämpfe brandgefährlicher Arbeitsstoffe, die leichter oder schwerer sind als Luft, sich nicht in höher oder tiefer gelegenen Bereichen ansammeln und dort explosionsgefährdete Bereiche bilden können.

(6) Staubablagerungen müssen möglichst vermieden werden. Für die Beseitigung von Ablagerungen brandgefährlicher Stäube sind Verfahren, wie Nassreinigungsverfahren oder saugende Verfahren, bei denen Aufwirbelungen möglichst vermieden werden, anzuwenden. Reinigungsgeräte wie Industriestaubsauger oder Kehrsaugmaschinen müssen für das Saugen von brennbaren Stäuben oder brennbaren Flüssigkeiten geeignet sein. Werden Leichtmetallstäube in Nassreinigern abgeschieden, ist bei der Ermittlung und Beurteilung die mögliche Entwicklung von Wasserstoff als Gefährdung zu berücksichtigen.

(7) Erfolgt keine Einstufung in Zonen und kann die Bildung von explosionsgefährdeten Bereichen im Normalbetrieb nicht ausgeschlossen werden, müssen jedenfalls kontinuierlich messende Einrichtungen eingesetzt werden. Dabei sind die Arbeitnehmer/innen spätestens bei Erreichen der Warn- und Alarmbedingungen, das sind höchstens 50% der unteren Explosionsgrenze (UEG), akustisch und, falls dies nicht ausreicht, auch optisch zu warnen. Die Auslösung der Warnung und Alarmierung kann auch auf Grund anderer Kriterien erfolgen, die eine vergleichbare Sicherheit gewährleisten, zB durch Überwachung von Inertisierung, Absaug- oder mechanischen Lüftungsanlagen.

(8) Werden kontinuierlich messende Einrichtungen in Kombination mit selbsttätig einleitenden Maßnahmen zur Senkung der Konzentration, zB Einschaltung von Absaug- oder mechanischen Lüftungsanlagen oder dem Einleiten von Abschaltvorgängen eingesetzt, so muss deren Einschaltung so früh erfolgen, dass 50% UEG nicht überschritten werden können.

(9) Sofern diese Verordnung oder der Stand der Technik eine höhere Sicherheit erfordern, gelten

entsprechend niedrigere als die in Abs. 7 und 8 festgelegten Werte.

Einstufen und Kennzeichnen explosionsgefährdeter Bereiche (Zonen)

§ 12. (1) Explosionsgefährdete Bereiche sind nach Ausmaß, Häufigkeit und Dauer des Auftretens von explosionsfähigen Atmosphären wie folgt in Zonen einzustufen:

1. Zonen für brennbare Gase, Dämpfe, Nebel:
a. Zone 0: Bereich, in dem explosionsfähige Atmosphären als Gemisch aus Luft und brennbaren Gasen, Dämpfen oder Nebeln ständig, über lange Zeiträume oder häufig vorhanden ist.
b. Zone 1: Bereich, in dem sich bei Normalbetrieb gelegentlich explosionsfähige Atmosphären als Gemisch aus Luft und brennbaren Gasen, Dämpfen oder Nebeln bilden können.
c. Zone 2: Bereich, in dem bei Normalbetrieb explosionsfähige Atmosphären als Gemisch aus Luft und brennbaren Gasen, Dämpfen oder Nebeln normalerweise nicht oder aber nur kurzzeitig auftreten.
2. Zonen für brennbare Stäube:
a. Zone 20: Bereich, in dem explosionsfähige Atmosphären in Form einer Wolke aus in der Luft enthaltenem brennbaren Staub ständig, über lange Zeiträume oder häufig vorhanden sind.
b. Zone 21: Bereich, in dem sich bei Normalbetrieb gelegentlich explosionsfähige Atmosphären in Form einer Wolke aus in der Luft enthaltenem brennbaren Staub bilden können.
c. Zone 22: Bereich, in dem bei Normalbetrieb explosionsfähige Atmosphären in Form einer Wolke aus in der Luft enthaltenem brennbaren Staub normalerweise nicht oder aber nur kurzzeitig auftreten.
3. Zonen in medizinisch genutzten Räumen:
a. Zone G: Auch als „umschlossene medizinische Gas-Systeme" bezeichnet, umfasst – nicht unbedingt allseitig umschlossene – Hohlräume, in denen dauernd oder zeitweise explosionsfähige Gemische in geringen Mengen erzeugt, geführt oder angewendet werden.
b. Zone M: Auch als „medizinische Umgebung" bezeichnet, umfasst den Teil eines Raumes, in dem explosionsfähige Atmosphären durch Anwendung von Analgesiemitteln oder medizinischen Hautreinigungs- oder Desinfektionsmitteln, jedoch nur in geringen Mengen und nur für kurze Zeit, vorkommen können.

(2) Wenn nur vorübergehend für die Dauer bestimmter Arbeiten (wie Instandhaltung, Reinigung, Prüfung und Störungsbehebung) ein explosionsgefährdeter Bereich oder eine gefährlichere Zone vorliegt, hat für diesen Zeitraum eine temporäre Einstufung oder Umstufung zu erfolgen.

(3) Werden in einer bestimmten Zone vorübergehend Maßnahmen gesetzt, die gewährleisten, dass für die Dauer bestimmter Arbeiten kein explosionsgefährdeter Bereich oder eine weniger gefährliche Zone vorliegt, kann für diesen Zeitraum eine temporäre Ausstufung oder Umstufung erfolgen.

(4) Explosionsgefährliche Bereiche, die für Arbeitnehmer/innen zugänglich sind, sind zumindest mit dem Warnzeichen „Warnung vor explosionsfähigen Atmosphären" und dem Verbotszeichen „Feuer, offenes Licht und Rauchen verboten" zu kennzeichnen, wenn Gefahren für die Sicherheit und die Gesundheit der Arbeitnehmer/innen nicht durch sonstige technische oder organisatorische Maßnahmen vermieden oder ausreichend begrenzt werden.

Bauliche Ausführung von explosionsgefährdeten Bereichen

§ 13. (1) In Räumen, in denen sich explosionsgefährdete Bereiche befinden, müssen
1. Wände, Decken, Fußböden aus nicht brennbarem Material bestehen,
2. Fußbodenbeläge zumindest schwer brennbar sein,
3. Türen und Tore aus nicht brennbarem Material bestehen, selbstschließend sein und sich in Fluchtrichtung öffnen lassen, wenn dem nicht Explosionsschutzmaßnahmen entgegenstehen (zB druckstoßfeste Ausführung).

(2) Sind jedoch ausreichende Sicherheitsabstände der explosionsgefährdeten Bereiche zu potentiellen Zündquellen (wie Feuerungen oder Funkenarbeiten) oder zu Brandlasten gewährleistet, müssen nur jene Bauteile den Anforderungen nach Abs. 1 entsprechen, die vom explosionsgefährdeten Bereich betroffen sind, und zwar mindestens:
1. der Bereich des Fußbodens und der Decke durch Projektion der größten Ausdehnung des explosionsgefährdeten Bereiches nach unten und oben,
2. der Bereich von Wänden vom Fußboden bis zur Decke in der größten Breite eines wandberührenden explosionsgefährdeten Bereiches,
3. Türen und Tore, wenn sie ganz oder teilweise im explosionsgefährdeten Bereich liegen.

(3) Wenn Räume, in denen sich explosionsgefährdete Bereiche befinden, an Räume mit hoher Brandlast, deren Wände und Decken nicht zumindest brandbeständig und Türen und Tore nicht zumindest brandhemmend ausgeführt sind, angrenzen, müssen
1. Wände und Decken gegenüber den angrenzenden Räumen zumindest brandbeständig,
2. Türen und Tore zumindest brandhemmend ausgeführt sein.

VEXAT

(4) In den Zonen 0, 1, 20, 21, G und M darf der elektrische Widerstand des Fußbodens nicht mehr als 10^8 Ω betragen.

(5) Zwischen Räumen, aus denen explosionsfähige Atmosphären in gefahrdrohender Menge austreten können, und gesicherten Fluchtbereichen (§ 21 AStV) müssen ausreichend lüftbare Schleusen vorhanden sein, die verhindern, dass im gesicherten Fluchtbereich explosionsgefährliche Bereiche auftreten können.

Sekundärer Explosionsschutz: Vermeiden von Zündquellen

§ 14. (1) In explosionsgefährdeten Bereichen dürfen keine wirksamen Zündquellen vorhanden sein. Potentielle Zündquellen sind zu vermeiden oder auf das unbedingt notwendige Ausmaß zu beschränken. Es dürfen nur die für den Betrieb unbedingt erforderlichen Arbeitsmittel verwendet werden. Elektrische Anlagen müssen, soweit es möglich ist, außerhalb explosionsgefährdeter Bereiche angeordnet werden.

(2) Wirksame Zündquellen sind Zündquellen, die explosionsfähige Atmosphären entzünden können. Sie treten zum Beispiel auf durch

a. heiße Oberflächen, Flammen und heiße Gase,
b. mechanisch erzeugte Funken, elektrische Anlagen, Blitzschlag,
c. statische Elektrizität, kathodischen Korrosionsschutz,
d. elektrische Ausgleichsströme,
e. Ultraschall, nichtionisierende und ionisierende Strahlung,
f. chemische Reaktionen,
g. adiabatische Kompression, Stoßwellen.

(3) Weisen Arbeitsmittel eigene potentielle Zündquellen auf, ist die Vermeidung von wirksamen Zündquellen dann technisch sicher, wenn

1. keine wirksamen Zündquellen vorhanden sind:
a. *in Zone 0, 20, G*
aa. bei Normalbetrieb des betreffenden Arbeitsmittels,
bb. bei vorhersehbaren Störungen und
cc. bei selten auftretenden Störungen;
b. *in Zone 1 oder 21*
aa. bei Normalbetrieb des betreffenden Arbeitsmittels,
bb. bei vorhersehbaren Störungen;
c. *in Zone 2, 22 oder M* bei Normalbetrieb des betreffenden Arbeitsmittels und
2. in Zone 0, 20, G zudem, für den Fall des Auftretens von zwei unabhängigen Fehlern oder des Versagens einer apparativen Schutzmaßnahme, die erforderliche Sicherheit durch mindestens eine zweite unabhängige apparative Schutzmaßnahme gewährleistet ist, und
3. in Zone 20, 21 und 22 zusätzlich eine mögliche Selbstentzündung vermieden ist.

(4) In explosionsgefährdeten Bereichen gilt weiters:

1. Es müssen Maßnahmen getroffen sein, die die Entzündung von Ablagerungen von Staub, Pulver oder Spänen verhindern.
2. Rauchen, offenes Feuer oder offenes Licht sind verboten.
3. Wenn Arbeitsvorgänge Funken erzeugen oder elektrostatische Auf- und Entladungen verursachen können, die wirksame Zündquellen darstellen können, müssen Vorkehrungen getroffen sein, die
a. das Entstehen solcher Funken verhindern bzw.
b. das Entstehen solcher Aufladungen verhindern oder die Aufladungen im Rahmen der betrieblichen Möglichkeiten gefahrlos ableiten, wie Erdung oder Erhöhung der Luftfeuchtigkeit.
4. Wenn bei Arbeitsvorgängen (zB Instandhaltung, Reinigung, Prüfung oder Störungsbehebung) nicht ausgeschlossen werden kann, dass nach ihrer Durchführung wirksame Zündquellen (wie Glimmnester) in einem explosionsgefährdeten Bereich verbleiben, müssen Maßnahmen getroffen werden, die dies verhindern (zB Reinigung durch fachkundiges Personal).
5. Kleidung oder persönliche Schutzausrüstung, bei der ein elektrischer, elektrostatischer oder mechanisch verursachter Lichtbogen oder Funken entstehen kann, der explosionsfähige Atmosphären entzünden könnte, darf nicht getragen werden.
6. Geeignete Arbeitskleidung (einschließlich Arbeitsschuhen) muss für die Arbeitnehmer/innen zur Verfügung gestellt und von diesen getragen werden.

Anforderungen an elektrische Anlagen und an Gegenstände in explosionsgefährdeten Bereichen

§ 15. (1) Elektrische Anlagen in explosionsgefährdeten Bereichen müssen die im **Anhang** angeführten Anforderungen erfüllen.

(2) In explosionsgefährdeten Bereichen dürfen nur Arbeitsmittel, Arbeitskleidung (einschließlich Arbeitsschuhen), und persönliche Schutzausrüstung verwendet werden, die nach dem Stand der Technik dafür geeignet sind und bestimmungsgemäß verwendet werden. Bei der Auswahl ist Bedacht zu nehmen auf:

1. die Vermeidung von wirksamen Zündquellen;
2. äußere Einflüsse, die den Schutz vor Explosionen beeinträchtigen können (zB chemische, mechanische, thermische, elektrische oder physikalische Einflüsse oder Staub, Nässe oder Feuchtigkeit) sowie
3. die Wirkung von Sicherheits-, Kontroll- und Regeleinrichtungen.

(3) Werden in explosionsgefährdeten Bereichen Geräte im Sinne der Explosionsschutzverordnung 1996 – ExSV 1996, BGBl. Nr. 252/1996, verwendet, müssen sie der Gruppe II nach der ExSV 1996 entsprechen, und zwar

1. in Zone 0: Geräte der Kategorie 1G (G steht für Gase, Dämpfe, Nebel)
2. in Zone 1: Geräte der Kategorie 1G oder der Kategorie 2G
3. in Zone 2: Geräte der Kategorie 1G, der Kategorie 2G oder der Kategorie 3G
4. in Zone 20: Geräte der Kategorie 1D (D steht für Staub/Luft-Gemische)
5. in Zone 21: Geräte der Kategorie 1D oder der Kategorie 2D
6. in Zone 22: Geräte der Kategorie 1D, der Kategorie 2D oder der Kategorie 3D.

(3a) Schutzsysteme in explosionsgefährdeten Bereichen müssen entsprechend den geltenden Inverkehrbringer/innenvorschriften zur bestimmungsgemäßen Verwendung ausgeführt sein und benutzt werden. Werden Schutzsysteme verwendet, die keinen Inverkehrbringer/innenvorschriften entsprechen müssen, sind sie entsprechend dem Stand der Technik unter Berücksichtigung erforderlicher Berechnungen (wie jene für Druckentlastungsflächen oder für reduzierte Explosionsdrücke) explosionssicher gemäß § 10 Abs. 1 Z 3 auszuführen.

(4) In medizinisch genutzten Räumen dürfen in explosionsgefährdeten Bereichen nur medizinische elektrische Geräte verwendet werden, die den Anforderungen folgender Klassen im Sinne der ÖVE EN 60601-1 (A1+A2 eingearbeitet) + A12 + A13:1996-03, „Medizinische elektrische Geräte, Allgemeine Festlegungen für die Sicherheit", entsprechen:

1. in Zone G: der Klasse „APG" (Anästhesiemittel-Prüfung der Klasse G),
2. in Zone M: der Klasse „APG" (Anästhesiemittel-Prüfung der Klasse G) oder der Klasse „AP" (Anästhesiemittel-Prüfung der Klasse M).

(5) Wenn in medizinisch genutzten Räumen explosionsgefährdete Bereiche durch andere explosionsfähige Atmosphären als durch Anästhesiemittel oder medizinische Hautreinigungs- oder Desinfektionsmittel auftreten, müssen medizinische elektrische Geräte zusätzlich den Anforderungen der Gruppe II nach ExSV 1996 entsprechen.

(6) Arbeitsmittel dürfen nur verwendet werden, wenn sie laut Herstellerangaben für die betreffenden Arbeitsstoff geeignet sind oder wenn

1. die Temperaturklasse des Gerätes oder Schutzsystems
a. die Zündtemperatur der jeweiligen gas-, dampf- oder nebelförmigen explosionsfähigen Atmosphären nicht überschreitet oder

b. zwei Drittel der Zündtemperatur der jeweiligen explosionsfähigen Staubatmosphären nicht überschreitet oder
c. für mögliche Staubablagerungen die um 75°C verminderte Glimmtemperatur des jeweiligen Staubes nicht überschreitet, wobei die Schichtdicken 5 mm nicht überschreiten dürfen; ansonsten ist eine größere Verminderung als 75°C nach Stand der Technik festzulegen und
2. die Geräteuntergruppe von Geräten mit Schutzsystemen der Zündschutzart „druckfeste Kapselung (d)" oder „Eigensicherheit (i)" so ausgewählt wird, dass je nach Art der Gase und Dämpfe, die die explosionsfähigen Atmosphären bilden können, die zünddurchschlagsichere Normspaltweite oder bei Eigensicherheit der Mindestzündstrom (Stand der Technik) nicht überschritten wird, und
3. in der vorliegenden Zone die Geräte oder Schutzsysteme mit Zündschutzarten ausgestattet sind, die den Sicherheits- und Gesundheitsschutzanforderungen entsprechen.

(7) Geräte, Schutzsysteme oder medizinische elektrische Geräte, die anders klassifiziert sind als im Sinne des Abs. 3 oder 4, dürfen in explosionsgefährdeten Bereichen nur dann verwendet werden, wenn durch eine geeignete, fachkundige Person (§ 7 Abs. 5) schriftlich festgestellt wurde, dass sie für die Zonen, in denen sie verwendet werden sollen, eindeutig geeignet und technisch sicher sind.

(8) Geräte, Schutzsysteme oder medizinische elektrische Geräte, die nicht für die Verwendung in explosionsgefährdeten Bereichen klassifiziert sind oder für die nach Abs. 7 keine eindeutige Eignung für die vorliegende Zone festgestellt werden konnte, dürfen in explosionsgefährdeten Bereichen dann verwendet werden, wenn die Gefahrenanalyse (§ 9) ergeben hat, dass sie für die Zonen, in denen sie verwendet werden sollen, eindeutig geeignet und technisch sicher sind.

Vorsorge für den Fall von Störungen
§ 16. (1) Für den Fall, dass ein Energieausfall zu einer Gefahrenausweitung führen kann, muss Vorsorge getroffen sein, dass Arbeitsmittel unabhängig vom Energieausfall und unabhängig von den übrigen Arbeitsvorgängen in einem sicheren Zustand gehalten werden.

(2) Für den Fall, dass Arbeitsmittel mit Automatikbetrieb vom bestimmungsgemäßen Betrieb abweichen, muss Vorsorge getroffen sein, dass

1. sie unter sicheren Bedingungen von Hand abgeschaltet werden können und
2. dies ausschließlich durch Arbeitnehmer/innen durchgeführt wird, die gemäß § 6 schriftlich informiert und unterwiesen sind.

VEXAT

(3) Für den Fall von Notabschaltungen muss Vorsorge getroffen sein, dass gespeicherte Energien so schnell und sicher wie möglich abgebaut oder isoliert werden, damit sie ihre Gefahr bringende Wirkung verlieren.

(4) Maßnahmen nach Abs. 1 bis 3 müssen nicht getroffen werden, wenn die Ermittlung und Beurteilung der Gefahren ergeben hat, dass die genannten Störungen zu keiner Explosionsgefahr führen können.

(5) Wenn es zum schnellen und sicheren Verlassen gefährdeter Bereiche notwendig ist, sind für die Arbeitnehmer/innen die zur Flucht notwendigen Mittel bereitzustellen und ordnungsgemäß instand zu halten. Diese müssen hinsichtlich möglicher Zündquellen jedenfalls so ausgelegt sein, dass sie unter Berücksichtigung von vorhersehbaren Störungen ein sicheres Verlassen gewährleisten.

Behälter und ähnliche Betriebseinrichtungen

§ 17. (1) Für das Befahren (Inspektion) von und für Arbeiten in oder an Betriebseinrichtungen, die brennbare Arbeitsstoffe enthalten, enthalten haben oder in denen sich explosionsfähige Atmosphären ansammeln können, sind Maßnahmen zu treffen, die die Entstehung explosionsgefährdeter Bereiche verhindern.

(2) Arbeiten nach Abs. 1 sind zB Instandhaltung, Reinigung, Prüfung und Störungsbehebung. Betriebseinrichtungen nach Abs. 1 sind zB Behälter, Silos, Rohrleitungen, Schächte und Gruben. Explosionsfähige Atmosphären können sich im Sinne des Abs. 1 zB durch Rohrleitungen, die brennbare Arbeitsstoffe enthalten oder durch Arbeiten, die durchgeführt werden, ansammeln. Maßnahmen im Sinne des Abs. 1 sind zB Lüftung, Inertisierung oder Konzentrationsbegrenzung.

(3) Die Entstehung explosionsgefährdeter Bereiche muss an repräsentativen Stellen überwacht werden

1. mittels kontinuierlich messender Einrichtungen oder

2. zumindest vor Durchführung der Tätigkeiten und während derselben mittels mobiler Messeinrichtungen.

(4) In den Fällen des Abs. 3 sind die Arbeitnehmer/innen spätestens bei Erreichen der Warn- und Alarmbedingungen, das sind höchstens 20% der unteren Explosionsgrenze (UEG) akustisch und, falls dies nicht ausreicht, auch optisch zu warnen. Die Auslösung der Warnung und Alarmierung kann auch auf Grund anderer Kriterien erfolgen, die eine vergleichbare Sicherheit gewährleisten, zB durch Überwachung von Inertisierung, Absaug- oder mechanischen Lüftungsanlagen.

(5) Weiters gilt Folgendes

1. Es ist dafür zu sorgen, dass Betriebseinrichtungen nicht mit offener Flamme ab- oder ausgeleuchtet werden und keine Arbeitsmittel mit flüssigen brennbaren Stoffen und keine Druckbehälter mit brennbaren Stoffen in die Betriebseinrichtungen mitgenommen werden.

2. Bei Heißarbeiten in Betriebseinrichtungen muss für eine ausreichende, allenfalls mechanische Lüftung gesorgt sein.

3. Heißarbeiten dürfen an Behältern, von denen nicht mit Sicherheit ausgeschlossen werden kann, dass sie brennbare Arbeitsstoffe enthalten haben, nur durchgeführt werden, wenn die Behälter vollständig mit Wasser oder Inertgas gefüllt sind.

4. Bei der Arbeitsfreigabe für Heißarbeiten sind die notwendigen Schutzmaßnahmen, je nach Erfordernis einzeln oder in sicherer Reihenfolge kombiniert, festzulegen und durchzuführen. Es sind dies zB

a. Sperren aller Zuleitungen,

b. Drucklosmachen oder Entleeren von Betriebseinrichtungen, die brennbare Arbeitsstoffe enthalten oder enthalten haben; für Rohrleitungen, die brennbare Arbeitsstoffe enthalten und sich in Betriebseinrichtungen befinden, gilt dies jedenfalls dann, wenn sie innerhalb der Betriebseinrichtung lösbare Verbindungen enthalten,

c. Öffnen der Verschlüsse unter Vermeidung von Funkenbildung,

d. Entfernen allenfalls vorhandener Restmengen,

e. gründliches Spülen mit Wasser, Wasserdampf oder Inertgas,

f. Reinigung in der Weise, dass bei späterer Erwärmung keine Brand- oder Explosionsgefahr entstehen kann.

(6) Müssen Restmengen aus Betriebseinrichtungen, in deren Umgebung sich explosionsgefährdete Bereiche befinden, beseitigt werden, oder muss eine Überprüfung von Reinigungsarbeiten vor dem Befahren durchgeführt werden, hat dies mit technischen Mitteln zu erfolgen, die nicht erfordern, dass Arbeitnehmer/innen in den explosionsgefährdeten Bereichen anwesend sind. Ist dies nicht möglich, dürfen abweichend von Abs. 1 und 2 diese Tätigkeiten durch Arbeitnehmer/innen durchgeführt werden, wenn alle in Zone 0 notwendigen Schutzmaßnahmen getroffen sind und, sofern gesundheitsgefährdende Arbeitsstoffe vorliegen, zusätzlich eine geeignete, von der Umgebungsatmosphäre unabhängig wirkende Atemversorgung durch Isoliergeräte eingerichtet ist.

Untertagebauarbeiten

§ 18. (1) Untertagebauarbeiten dürfen im Normalbetrieb

1. nur ausgeführt werden, wenn die Bildung explosionsfähiger Atmosphären durch Grubengase vermieden wird, wie insbesondere durch ausreichende Bewetterung;

2. nicht ausgeführt werden, wenn die Konzentration von Grubengasen 25% der unteren Explosionsgrenze (UEG) übersteigt.

(2) Durch ausreichende Maßnahmen, wie Absaugung, Inertisierung oder Befeuchtung müssen im Normalbetrieb staubexplosionsgefährdete Bereiche vermieden sein.

(3) Die explosionsfähigen Grubengasatmosphären müssen an repräsentativen Stellen überwacht werden,

1. wenn die Bildung von grubengasexplosionsgefährdeten Bereichen mit Konzentrationen von mehr als 10% UEG unter Berücksichtigung vorhersehbarer Störungen, wie Ausfall der Bewetterung oder Gaseinbrüchen auf Grund geologischer Verhältnisse, nicht ausgeschlossen werden kann: Mittels kontinuierlich messender Einrichtungen;

2. ansonsten zumindest einmal täglich bzw. vor Arbeitsbeginn, bei Sprengvortrieb jedenfalls vor und nach jedem Abschlag mittels mobil messender Einrichtungen, sofern das Auftreten von explosionsfähigen Grubengasatmosphären nicht ausgeschlossen werden kann. Wenn das Messergebnis 10% UEG überschreitet, sind umgehend Maßnahmen zur Senkung der Grubengaskonzentration zu setzen und kontinuierlich messende Einrichtungen zu installieren.

(4) In den Fällen des Abs. 3 sind die Arbeitnehmer/innen

1. bei Erreichen der Warnbedingungen, das sind höchstens 10% UEG, akustisch und, falls dies nicht ausreicht, auch optisch zu warnen und

2. bei Erreichen der Alarmbedingungen, das sind höchstens 25% UEG, zu alarmieren.

Bohr- und Behandlungsarbeiten

§ 19. (1) Bei Bohrarbeiten wie Erkundungs- und Gewinnungsbohrungen sowie bei Behandlungsarbeiten an fertig gestellten Bohrlöchern (Sonden) sind, sofern die Ermittlung und Beurteilung der Explosionsgefahren dies erfordert, vorzusehen:

1. Überwachungseinrichtungen, die an festgelegten Stellen die Gaskonzentrationen automatisch und kontinuierlich messen,

2. automatische Alarmsysteme und

3. Einrichtungen zur automatischen Abschaltung von elektrischen Betriebsmitteln und Verbrennungsmotoren.

(2) Wenn automatische Messungen erfolgen, müssen die Messergebnisse aufgezeichnet werden und muss im Explosionsschutzdokument festgelegt werden, ob, in welcher Form und wie lange die Messergebnisse aufbewahrt werden müssen.

(3) Es sind geeignete technische Maßnahmen vorzusehen, die den Gefahr bringenden Austritt brennbarer Arbeitsstoffe aus der Bohrung verhindern oder deren gefahrlose Ableitung ermöglichen.

(4) Die Systeme zur Absperrung und Druckentlastung von Bohrlöchern und Rohrleitungen müssen im Fall von Störungen von geeigneten Stellen aus, zB vom Bedienungsstand oder von einer sonstigen sicheren Stelle, sicher fernbedienbar sein. Diese geeigneten Stellen sind auf Grund der Ermittlung und Beurteilung der Explosionsgefahren im Explosionsschutzdokument festzulegen.

(5) Außerhalb des explosionsgefährdeten Bereiches muss eine Notabschalteinrichtung vorhanden sein, die im explosionsgefährdeten Bereich sämtliche Betriebsmittel stillsetzt bzw. die gesamte elektrische Anlage im explosionsgefährdeten Bereich allpolig abschaltet. § 16 Abs. 3 bleibt unberührt.

Konstruktiver Explosionsschutz: Begrenzung der Auswirkung von Explosionen

§ 20. (1) Können im Inneren von Betriebseinrichtungen (wie Behältern, Silos oder Rohrleitungen), in denen sich explosionsgefährdete Bereiche bilden können, wirksame Zündquellen nicht organisatorisch und technisch sicher ausgeschlossen werden, sind

1. Maßnahmen zu treffen, die die Auswirkung von Explosionen auf ein für Arbeitnehmer/innen unbedenkliches Maß beschränken (wie insbesondere explosionsfeste Bauweise, Explosionsunterdrückung oder eine Explosionsdruckentlastung ohne Gefährdung der Arbeitnehmer/innen), und

2. erforderlichenfalls mit Maßnahmen zu kombinieren, die die Ausbreitung von Explosionen verhindern (insbesondere Verhindern der Flammen- und Explosionsübertragung auf gefährdete Bauteile oder Bereiche durch explosionstechnische Entkopplung).

(2) Für Silos oder Bunker, die Schüttgüter enthalten, die staubexplosionsfähige Atmosphären bilden können, sind jedenfalls Maßnahmen nach Abs. 1 Z 1 und Z 2 zu treffen.

3. Abschnitt: Übergangs- und Schlussbestimmungen

Übergangsbestimmungen

§ 21. (1) Bei In-Kraft-Treten dieser Verordnung bereits bestehende Arbeitsstätten, Baustellen und auswärtige Arbeitsstellen müssen erst ab 1. Juli 2006 den §§ 4, 5, 9, 12, 16 und 19 Abs. 5 dieser Verordnung entsprechen.

(2) Hinsichtlich bestehender elektrischer Anlagen in explosionsgefährdeten Bereichen wird der Verpflichtung des § 7 Abs. 1 Z 1 und § 15 Abs. 1 auch durch Einhaltung der zur Zeit der Errichtung bzw. Herstellung der elektrischen Anlage in Geltung gestandenen elektrotechnischen Vorschriften und der §§ 4.3.3. und 5.1.2.6 der ÖVE-EX 65/1981 und der ÖVE-EX 65a/1985 entsprochen.

(3) Arbeitsmittel, die bereits vor dem 1. Juli 2003 verwendet wurden und die dem § 15 Abs. 3 oder 4 nicht entsprechen, dürfen weiterverwendet werden, sofern sie keine wirksame Zündquelle darstellen. Bis zum 1. Juli 2006 ist sicherzustellen, dass solche Arbeitsmittel so gewartet und

VEXAT

benutzt werden, dass die Explosionsgefahr so gering wie möglich gehalten wird. Falls es doch zu einer Explosion kommen sollte, ist das Risiko einer Explosionsübertragung innerhalb des Bereichs des betreffenden Arbeitsmittels kontrolliert oder so gering wie möglich zu halten, damit Gesundheit und Sicherheit der Arbeitnehmer/innen gewährleistet werden. Für solche Geräte, Schutzsysteme und medizinische elektrische Geräte gilt § 15 Abs. 7 und 8 ab 1. Juli 2006.

(4) Vor In-Kraft-Treten dieser Verordnung auf Grund des ArbeitnehmerInnenschutzgesetzes oder auf Grund des Arbeitnehmerschutzgesetzes, BGBl. Nr. 234/1972, erlassene Bescheide werden durch diese Verordnung mit folgender Maßgabe nicht berührt:

Wenn durch Bescheid eine Einstufung von explosionsgefährdeten Bereichen in „Zone 10" oder in „Zone 11" vorgenommen wurde, ist bis zum 1. Juli 2006 im Rahmen der Ermittlung und Beurteilung der Explosionsgefahren eine Einstufung dieser Bereiche gemäß § 12 vorzunehmen und im Explosionsschutzdokument zu dokumentieren. Dabei sind einzustufen

1. bescheidmäßig in „Zone 10" eingestufte Bereiche in Zone 20, außer es handelt sich um einen Bereich, in dem betriebsmäßig nur gelegentlich mit dem Auftreten von explosionsfähigen Staubatmosphären zu rechnen ist und der daher in Zone 21 eingestuft werden kann;

2. bescheidmäßig in „Zone 11" eingestufte Bereiche

a. in Zone 21, wenn im Normalbetrieb gelegentlich mit dem Auftreten von explosionsfähigen Staubatmosphären zu rechnen ist oder

b. in Zone 22, wenn im Normalbetrieb nicht oder aber nur kurzzeitig mit dem Auftreten von explosionsfähigen Staubatmosphären zu rechnen ist.

(5) Werden in bestehenden Arbeitsstätten, Baustellen oder auswärtigen Arbeitsstellen mit explosionsgefährdeten Bereichen Änderungen, Erweiterungen oder Umgestaltungen vorgenommen, sind diese entsprechend den Bestimmungen dieser Verordnung vorzunehmen.

Schlussbestimmungen

§ 22. (1) Gemäß § 110 Abs. 6 ASchG wird festgestellt, dass § 46 Abs. 2, 3, 5 und 8 ASchG gleichzeitig mit dieser Verordnung in Kraft treten.

(2) Gemäß § 114 Abs. 3 ASchG wird festgestellt, dass § 71 Abs. 2 ASchG hinsichtlich geeigneter Arbeitskleidung für explosionsgefährdete Bereiche gleichzeitig mit dieser Verordnung in Kraft tritt.

(3) Gemäß § 95 Abs. 2 ASchG wird festgestellt, dass in § 8 Abs. 2 und 3 dieser Verordnung eine Abweichung von § 46 Abs. 2 ASchG und in § 11 Abs. 4 eine Abweichung von § 43 Abs. 2 Z 5 und 6 ASchG festgelegt werden.

(4) Gemäß § 125 Abs. 8 ASchG wird festgestellt, dass mit In-Kraft-Treten dieser Verordnung außer Kraft treten:

1. folgende gemäß § 106 Abs. 3 ASchG als Bundesgesetz geltende Bestimmungen der Allgemeinen Arbeitnehmerschutzverordnung – AAV, BGBl. Nr. 218/1983, in der geltenden Fassung: § 6 Abs. 5, § 7 Abs. 4 erster Satz, in § 14 Abs. 2 die Wortfolge „und explosionsgefährdete Räume", § 14 Abs. 3, in § 22 Abs. 5 die Wortfolge „und von explosionsgefährdeten Räumen", in § 26 Abs. 10 erster Satz die Wortfolge „Explosionsgefährdete Räume und";

2. folgende gemäß § 107 Abs. 1 ASchG als Bundesgesetz geltende

Bestimmungen der AAV: in § 74 Abs. 1 die Wortfolge „und in explosionsgefährdeten Räumen", § 74 Abs. 2 erster Satz;

3. folgende gemäß § 109 Abs. 2 ASchG als Bundesgesetz geltende

Bestimmungen der AAV: § 59 Abs. 8 letzter Satz, in § 59 Abs. 13 die Wortfolge „,, leicht entzündliche, entzündliche oder schwer entzündliche" sowie der Passus „oder eine Konzentration von 10 Prozent der unteren Explosionsgrenze von Gasen oder Dämpfen leicht entzündlicher, entzündlicher oder schwer entzündlicher Arbeitsstoffe überschritten wird.", § 60 Abs. 4 bis 9;

4. folgende gemäß § 110 Abs. 8 ASchG als Bundesgesetz geltende Bestimmungen der AAV: § 16 Abs. 3 und in Abs. 8 erster Satz der Begriff „und 3", § 54 Abs. 2, 3, 4, 5, in § 54 Abs. 6 die Wortfolge „brandgefährlichen Arbeitsstoffen und", § 54 Abs. 7 bis 9;

5. den gemäß § 114 Abs. 4 Z 8 ASchG als Bundesgesetz geltenden § 73 Abs. 2 zweiter Satz AAV.

6. in § 62 Abs. 1 letzter Satz der Verordnung über brennbare Flüssigkeiten – VbF, BGBl. Nr. 240/1991, der Verweis „§§ 59 und 60 AAV"; dieser wird ersetzt durch den Verweis auf „§ 17 VEXAT".

(5) Die Bauarbeiterschutzverordnung – BauV, BGBl. Nr. 340/1994, zuletzt geändert durch BGBl. II Nr. 425/2003, wird wie folgt geändert:

1. In § 19 Abs. 4 entfällt das Zitat „§ 20 Abs. 8,".

2. In § 20 Abs. 4, 6 und 7 entfällt jeweils die Wortfolge „brandgefährliche oder".

3. § 20 Abs. 8 tritt außer Kraft.

4. In § 42 Abs. 1 entfällt die Wortfolge „und explosionsgefährdeten"

5. § 42 Abs. 2 lautet:

„(2) Schweiß-, Schneide- und Lötarbeiten sowie sonstige funkenbildende Arbeiten an brandgefährdeten Arbeitsplätzen sind nur zulässig, wenn geeignete Maßnahmen getroffen wurden, durch die das Entstehen eines Brandes verhindert wird."

6. § 96 Abs. 1 Z 3, Abs. 6 und Abs. 9 treten außer Kraft.

7. In § 96 Abs. 5 entfällt die Wortfolge „und Methan".

8. In § 96 Abs. 3, 5 und 8 wird das Zitat „Z 1 bis 3" jeweils ersetzt durch „Z 1 und 2".

9. § 97 Abs. 1 zweiter Satz tritt außer Kraft.

10. § 120 Abs. 4 zweiter Satz tritt außer Kraft.

11. § 121 tritt außer Kraft.

12. § 122 Abs. 2 zweiter Satz tritt außer Kraft.

13. In § 123 Abs. 1 wird das Zitat „§§ 120 bis 122" ersetzt durch „§§ 120 und 122", lautet der letzte Halbsatz „wenn ein Sauerstoffgehalt unter 17% vorliegt." und entfallen die Ziffern 1 und 2.

14. In § 130 Abs. 4 wird die Wortfolge „explosible Gas-Luftgemische im Sinne des § 20 Abs. 8" ersetzt durch „eine Konzentration explosionsfähiger Gas-Luftgemische von 50% oder mehr der unteren Explosionsgrenze".

15. In § 130 Abs. 5 wird der Satzteil „die Bildung eines explosiblen Gas-Luftgemisches (§ 20 Abs. 8) rechtzeitig anzeigen." ersetzt durch die Wortfolge „rechtzeitig anzeigen, dass die Konzentration eines explosionsfähigen Gas-Luftgemisches 50% der unteren Explosionsgrenze erreicht."

(6) In § 51 der Arbeitsmittel-Verordnung – AM-VO, BGBl. II Nr. 164/2000, zuletzt geändert durch BGBl. II Nr. 313/2002, entfällt der Abs. 7 und wird in Abs. 8 der Verweis „Abs. 1 bis 7" ersetzt durch „Abs. 1 bis 6".

(7) Gemäß § 195 Abs. 2 des Mineralrohstoffgesetzes – MinroG, BGBl. I Nr. 38/1999, zuletzt geändert durch BGBl. I Nr. 112/2003, wird festgestellt, dass gleichzeitig mit In-Kraft-Treten dieser Verordnung

1. folgende gemäß § 195 Abs. 1 Z 1 MinroG als Bundesgesetz geltenden Bestimmungen der Erdöl-Bergpolizeiverordnung, BGBl. Nr. 278/1937, zuletzt geändert mit BGBl. I Nr. 21/2002, außer Kraft treten: §§ 32, 36, 38, 41, 47A, weiters § 47B Abs. 1 lit. b bis g jeweils hinsichtlich explosionsgefährdeter Bereiche, § 47B Abs. 2, in § 47D die Wortfolge „sowie sinngemäß die Bestimmungen des § 47B Abs. 2" sowie die Anlage „Bestimmungen über die Durchführung von Feuerarbeiten in explosions- und feuergefährdeten Betriebsbereichen";

2. §§ 18 und 126 Abs. 6 der gemäß § 195 Abs. 1 Z 4 MinroG als Bundesgesetz geltenden Allgemeinen Bergpolizeiverordnung, BGBl. Nr. 114/1959, zuletzt geändert mit BGBl. I Nr. 21/2002, außer Kraft treten;

3. in § 3 Abs. 1 der gemäß § 196 Abs. 1 Z 7 MinroG als Bundesgesetz geltenden Bergpolizeiverordnung für Elektrotechnik, BGBl. Nr. 737/1996, zuletzt geändert mit BGBl. I Nr. 21/2002, im ersten Satz der Satzteil „wenn sie sich jedoch in explosionsgefährdeten Bereichen in geschlossenen Räumen befinden, mindestens vierteljährlich" und im zweiten Satz die Wortfolge „in explosionsgefährdeten oder" außer Kraft treten.

(8) Durch diese Verordnung werden folgende Rechtsakte der Europäischen Gemeinschaft umgesetzt:

1. Richtlinie 1999/92/EG vom 16.12.1999, ABl. Nr. L 23 vom 28.1.2000, berichtigt durch ABl. Nr. L 134 vom 7.6.2000, über Mindestvorschriften zur Verbesserung des Gesundheitsschutzes und der Sicherheit der Arbeitnehmer, die durch explosionsfähige Atmosphären gefährdet werden können;

2. Richtlinie 92/91/EWG vom 3.11.1992, ABl. Nr. L 348 vom 28.11.1992, über Mindestvorschriften zur Verbesserung der Sicherheit und des Gesundheitsschutzes der Arbeitnehmer in den Betrieben, in denen durch Bohrungen Mineralien gewonnen werden, hinsichtlich ihrer Bestimmungen über den Explosionsschutz;

3. Richtlinie 92/104/EWG vom 3.12.1992, ABl. Nr. L 404 vom 31.12.1992, über Mindestvorschriften zur Verbesserung der Sicherheit und des Gesundheitsschutzes der Arbeitnehmer in übertägigen oder untertägigen mineralgewinnenden Betrieben, hinsichtlich ihrer Bestimmungen über den Explosionsschutz im Geltungsbereich dieser Verordnung.

(9) Diese Verordnung tritt mit dem ihrer Kundmachung folgenden Monatsersten in Kraft.

(10) § 3 Abs. 2, § 7 Abs. 2 und 2a, § 15 Abs. 3 und 3a und im Anhang die Punkte 21, 25 sowie 29 jeweils samt Überschrift, in der Fassung der Verordnung BGBl. II Nr. 33/2012 treten mit 1. März 2012 in Kraft.

(11) § 2 Abs. 1 Z 1 und § 11 Abs. 2 in der Fassung BGBl. II Nr. 186/2015 treten mit dem ihrer Kundmachung folgenden Tag in Kraft.

VEXAT

Anhang

(gemäß § 15 Abs. 1)

Elektrische Anlagen in explosionsgefährdeten Bereichen
Kabel und Leitungen
Allgemeines

1. Außer bei eigensicheren Installationen darf Aluminium, wenn es als Leiterwerkstoff eingesetzt wird, nur mit geeigneten Anschlussvorrichtungen verwendet werden und muss folgende Leiterquerschnittsflächen aufweisen:

   a. bei mehradrigen Kabeln mindestens 16 mm^2
   b. bei einadrigen Kabeln mindestens 35 mm^2.

2. Vermeiden von Beschädigungen: Kabel und Leitungen sowie das Zubehör sollten soweit wie möglich an Stellen installiert sein, wo sie gegen mechanische Beschädigungen, Korrosion, chemische Einwirkungen (zB Lösemittel) und Beeinträchtigungen durch Wärme geschützt sind. Wo Einwirkungen dieser Art unvermeidlich sind, müssen Maßnahmen zum Schutz der Anlage getroffen werden (zB Installation in ausreichend bemessenen Schutzrohren, Auswahl besonderer Kabelqualitäten, bewehrte, gesicherte Kabel usw.).

3. Es dürfen nur ummantelte Kabel und Leitungen (Thermoplast-Duroplast-Elastomermantel oder mineralisolierte Metallmantel) verwendet werden. Kabel und Leitungen für ortsfeste Verlegung müssen hinsichtlich der Flammenausbreitung den Prüfungen nach Stand der Technik entsprechen, sofern sie nicht in Erde oder Sand verlegt werden.

4. Kabel und Leitungen mit einem Schirm oder einer Bewehrung aus Drahtgeflecht müssen zusätzlich einen Mantel bzw. Schutzhüllen aus Gummi oder Kunststoff haben. Rohrdrähte dürfen nicht verwendet werden.

5. Wo Schächte, Kanäle, Rohre oder Gräben zur Verlegung von Kabeln verwendet werden, müssen Vorkehrungen getroffen werden, um den Durchtritt von brennbaren Gasen, Dämpfen oder Flüssigkeiten von einem Bereich zum anderen und die Ansammlung brennbarer Gase, Dämpfe oder Flüssigkeiten in Gräben zu verhindern.

6. Öffnungen für Kabel, Leitungen und „Conduits" in Wänden zwischen explosionsgefährdeten Bereichen und nicht gefährdeten Bereichen müssen in angemessener Weise abgedichtet sein, zB durch Sandverschluss oder Mörtelabdichtung.

7. Kabel und Leitungen sind so zu verlegen und an Betriebsmittel anzuschließen, dass der Explosionsschutz, insbesondere die Zündschutzart, erhalten bleibt.

8. Für die ortsfeste Verwendung gebaute elektrische Betriebsmittel dürfen nur über fest verlegte zugentlastete Leitungen angeschlossen werden.

Für Leitungen für ortsveränderliche und transportable Betriebsmittel gilt zusätzlich:

9. Ortsveränderliche und transportable Betriebsmittel müssen Anschlussleitungen mit einem Außenmantel aus schwerem Polychloropren oder aus einem anderen gleichwertigen synthetischen Elastomer aufweisen oder eine schwere Gummischlauchleitung oder gleichwertigen Aufbau haben. Die Leiter müssen eine Mindestquerschnittsfläche von 1 mm^2 mit Litzenaufbau haben. Für ortsveränderliche elektrische Betriebsmittel mit einer Bemessungsspannung bis 250 V gegen Erde und einem Bemessungsstrom nicht größer als 6 A dürfen Leitungen verwendet werden, die eine Ummantelung aus normalen Polychloropren, einem anderen gleichwertigen synthetischen Elastomer, normalem Gummi oder gleichwertigem Aufbau haben. Solche Leitungen sind jedoch nicht zulässig für ortsveränderliche elektrische Betriebsmittel, die starken mechanischen Beanspruchungen ausgesetzt sind, zB Handlampen, Fußschalter, Fasspumpen. Leitungen für ortsveränderliche elektrische Betriebsmittel aus Kunststoff, die bei Umgebungstemperaturen unter minus 5°C verwendet werden, müssen hinsichtlich der Kältebeständigkeit den schweren Gummischlauchleitungen gleichwertig sein. Sie müssen eine diesbezügliche für den Anwender deutlich lesbare Kennzeichnung aufweisen. Wenn für ortsveränderliche und transportable elektrische Betriebsmittel eine flexible Metallbewehrung oder ein flexibler Metallschirm in der Leitung enthalten ist, dürfen diese nicht als einziger Schutzleiter verwendet werden.

Für Kabel und Leitungen eigensicherer Stromkreise gilt:

10. Es dürfen nur Kabel und Leitungen verlegt werden, von denen die Werte der Kapazität, Induktivität und des ohmschen Widerstandes bekannt sind.

11. Eine allfällige Bewehrung von Kabeln und Leitungen ist an den Potentialausgleich anzuschließen.

12. Anlagen mit eigensicheren Stromkreisen müssen so errichtet werden, dass deren Eigensicherheit nicht durch äußere elektrische oder magnetische Felder beeinträchtigt wird, wie zB durch nahe gelegene Starkstrom-Freileitungen, oder einadrige Starkstromkabel. Das kann zB durch den Einsatz von Schirmungen und/oder verdrillten Adern oder durch Einhaltung eines angemessenen Abstandes von der Quelle des elektrischen oder magnetischen Feldes erreicht werden.

13. Kabel und Leitungen müssen im ganzen Verlauf eine der folgenden Anforderungen erfüllen:

a. Kabel und Leitungen eigensicherer Stromkreise sind von allen Kabeln und Leitungen nichteigensicherer Stromkreise getrennt, oder

b. Kabel und Leitungen eigensicherer Stromkreise sind so angeordnet, dass sie gegen die Gefahr einer mechanischen Beschädigung geschützt sind, oder

c. Kabel und Leitungen eigensicherer oder nicht eigensicherer Stromkreise sind bewehrt, metallummantelt oder geschirmt.

14. Aderleitungen eigensicherer und nichteigensicherer Stromkreise dürfen nicht in derselben Leitung geführt werden.

15. Aderleitungen eigensicherer und nichteigensicherer Stromkreise in demselben Bündel oder Kabelkanal müssen durch eine Isolierstoff-Zwischenlage oder eine geerdete Metallzwischenlage getrennt sein. Die Trennung ist nicht erforderlich, wenn Mäntel oder Schirmungen für die eigensicheren oder die nichteigensicheren Stromkreise verwendet werden.

16. In elektrischen Anlagen mit eigensicheren und nichteigensicheren Stromkreisen, zB in Schränken der Mess-, Steuer- und Regelungstechnik, müssen die Anschlussklemmen der eigensicheren Stromkreise zuverlässig von den nichteigensicheren Stromkreisen getrennt sein. (zB durch eine Trennplatte mit einem Fadenmaß von 50 mm oder einem Abstand von 50 mm). Dies gilt auch für die Trennung eigensicherer Stromkreise der Zonen 0 und 1 voneinander. Die Anschlussklemmen eigensicherer Stromkreise müssen als solche gekennzeichnet sein.

VEXAT

17. Kabel und Leitungen, die eigensichere Stromkreise enthalten, müssen gekennzeichnet sein. Wenn Mäntel oder Umhüllungen durch eine Farbe gekennzeichnet sind, muss die verwendete Farbe hellblau sein. Für andere Zwecke dürfen derart gekennzeichnete Kabel und Leitungen nicht verwendet werden.

18. Innerhalb von Schränken, in denen die Gefahr der Verwechslung von Kabeln und Leitungen eigensicherer und nichteigensicherer Stromkreise besteht (wenn zB ein blauer Neutralleiter vorhanden ist), müssen andere Maßnahmen getroffen werden, wie:

* Verlegung der Adern in einem gemeinsamen hellblauen Kabelbaum

* besonders sorgfältige Beschriftung

* übersichtliche Anordnung und räumliche Trennung.

Ergänzungen für staubexplosionsgefährdete Bereiche

19. Kabel und Leitungen sind so zu führen, dass sich eine möglichst geringe Staubmenge ansammelt und dass sie für die Reinigung zugänglich sind. Falls zur Aufnahme von Kabeln und Leitungen Pritschen, Kanäle oder Gräben verwendet werden, müssen Vorkehrungen gegen das Eindringen und Ansammeln von brennbarem Staub getroffen werden.

20. Bei Staubarten mit niedriger Glimmtemperatur ist, wenn die Staubablagerungen auf Kabeln und Leitungen nicht verhindert werden kann, die Strombelastbarkeit besonders zu prüfen und allenfalls herabzusetzen.

Für Kabel und Leitungen eigensicherer Stromkreise gilt in Zone 0 und 20 zusätzlich:

21. Für vor dem 1. März 2012 errichtete elektrische Anlagen gilt Folgendes:

Leiter bzw. Aderleitungen von eigensicheren Stromkreisen der Zone 0 und 1 dürfen in Kabeln, Leitungen, Rohren und Leiterbündeln nicht gemeinsam geführt werden.

Für nach dem 1. März 2012 errichtete elektrische Anlagen gilt Folgendes:

„Ungeschirmte Leiter bzw. ungeschirmte Aderleitungen von eigensicheren Stromkreisen der Zone 0 oder Zone 20 (eigensichere Kreise der Kategorie „ia") dürfen in Kabeln, Leitungen, Rohren oder Leiterbündeln nicht gemeinsam mit Leitungen oder Aderleitungen der Zone 1 oder Zone 21 (eigensichere Kreise der Kategorie „ib") geführt werden.

22. Eigensichere Stromkreise für die Zone 0 oder 20 dürfen außerhalb von Geräten nicht mit anderen Stromkreisen galvanisch verbunden werden.
23. Die Verbindung mit dem Potentialausgleich muss in der Zone 0 oder 20 oder in deren unmittelbarer Nähe vorgenommen werden.
24. Bei Verwendung von Leitungen in eigensicheren Stromkreisen der Zone 0 oder 20 ist die zulässige Betriebsspannung aus der größtmöglichen Leitungskapazität zu ermitteln.
25. **Für vor dem 1. März 2012 errichtete elektrische Anlagen gilt Folgendes:**

An Anlagenteilen der Zone 0 (wie Lagertanks für brennbare Flüssigkeiten, Destillationskolonnen, in petrochemischen Fabriken, Kläranlagen usw.) sowie in Anlagenteilen der Zone 20 (wie Silos), in denen eigensichere Stromkreise in das Innere geführt werden, gilt zum Schutz gegen Eindringen von gefährlichen Überspannungen (z. B. Blitzschlag, Schaltüberspannungen):

a) Installation einer Überspannungsschutzeinrichtung möglichst nahe an der Einführung in die Zone 0 bzw. Zone 20.
b) Besonderer Schutz der eigensicheren Kreise durch Abdeckungen.
c) Verlegung der Leitungen im Stahlpanzerrohr.

Für nach dem 1. März 2012 errichtete elektrische Anlagen gilt Folgendes:

An Anlagenteilen der Zone 0 (z. B. Lagertanks für brennbare Flüssigkeiten, Destillationskolonnen in petrochemischen Fabriken, Kläranlagen usw.) sowie in Anlagenteilen der Zone 20 (z. B. Silos), in denen eigensichere Stromkreise in das Innere geführt werden und die Gefahr von gefährlichen Überspannungen (z. B. Blitzschlag, Schaltüberspannungen) besteht, müssen folgende Maßnahmen zum Schutz gegen Eindringen von gefährlichen Überspannungen angewendet werden:

a) Installation einer Überspannungsschutzeinrichtung möglichst nahe an der Einführung in die Zone 0 bzw. Zone 20, und
b) Verlegung der Leitungen in durchgehend verbundenen Stahlrohren. In technisch begründeten notwendigen Ausnahmefällen (z. B. zur Vermeidung von Kondensatbildung, Zonenverschleppung, Schaffung von Detonationsgebilden usw.), wo die Durchgängigkeit der Stahlrohre unterbrochen sein kann, muss ein besonderer mechanischer Schutz der eigensicheren Kreise und geeignete Schirmungsmaßnahmen zur Abwehr von gefährlichen Überspannungen angewendet werden.
c) Von der Anwendung der Maßnahme in a) kann abgewichen werden, soweit dies in Baumusterprüfbescheinigungen und/oder Sicherheitsanweisungen des Herstellers/der Herstellerin des eigensicheren Gerätes angegeben wird.

Für Kabel und Leitungen nicht eigensicherer Stromkreise gilt in Zone 0 und 20 zusätzlich:
26. Für feste Verlegung sind nur Kabel und Leitungen mit Metallmantel, Metallgeflecht aus Kupfer oder mit einem Schirm zulässig. Sie müssen zusätzlich einen flammwidrigen äußeren Mantel aus Gummi oder Kunststoff haben. Diese Kabel und Leitungen müssen ständig auf den Isolationszustand der Leiter gegen die metallenen Umhüllungen überwacht werden. Sinkt der Isolationswiderstand unter 100 Ω/V Nennspannung, so muss der betreffende Stromkreis selbsttätig und allpolig abgeschaltet werden. Einschalten darf nur möglich sein, wenn der Isolationswiderstand mindestens 100 Ω/V Nennspannung beträgt (Wiedereinschaltsperre). Der Messstromkreis der Isolationseinrichtung muss eigensicher nach Kategorie „ia" sein. Die Funktionsfähigkeit der Isolationseinrichtung muss überprüfbar sein.
27. Im Kurzschlussfall muss der betreffende Stromkreis innerhalb von 0,25 s abgeschaltet sein.
28. Abzweige und Verbindungen sind im Zuge der Kabel- und Leitungsführung nicht zulässig.

Verbindungen durch Gießharzmuffen und Schrumpfschläuche:
29. **Für nach dem 1. März 2012 errichtete elektrische Anlagen gilt Folgendes:**

In Zone 0 und Zone 20 sind solche Verbindungen nicht erlaubt. In allen anderen Zonen dürfen zum Verbinden von Kabeln und Leitungen auch Gießharzmuffen und Schrumpfschläuche verwendet werden, wenn diese nicht mechanisch beansprucht sind.

SprengV

17. Sprengarbeitenverordnung

Verordnung des Bundesministers für Wirtschaft und Arbeit über die Sicherheit und den Gesundheitsschutz der Arbeitnehmer/innen bei der Durchführung von Sprengarbeiten und mit der die Bauarbeiterschutzverordnung geändert wird (Sprengarbeitenverordnung – SprengV)

StF: BGBl. II Nr. 358/2004
Letzte Novellierung: BGBl. II Nr. 368/2023
Präambel
Auf Grund der § 3 Abs. 1 und 7, §§ 4, 5, 6 Abs. 1 und 2, §§ 8, 14, 33, 36, 44 Abs. 3, §§ 60, 61 und § 95 Abs. 2 des Bundesgesetzes über Sicherheit und Gesundheitsschutz bei der Arbeit (ArbeitnehmerInnenschutzgesetz – ASchG), BGBl. Nr. 450/1994, zuletzt geändert durch BGBl. I Nr. 159/2001, wird verordnet:

GLIEDERUNG

1. Abschnitt
Allgemeine Bestimmungen
Geltungsbereich
§ 1. Diese Verordnung gilt für die Beschäftigung von Arbeitnehmern/Arbeitnehmerinnen bei der Durchführung von Sprengarbeiten, ausgenommen Tätigkeiten zu ausschließlich wissenschaftlichen Zwecken und die Erzeugung von Sprengmitteln (Explosivstoffen).

Begriffsbestimmungen
§ 2. (1) Sprengarbeiten sind:
1. Übernahme, Verwahrung und Transport von Sprengmitteln innerhalb der Arbeitsstätte, Arbeitsstelle oder Baustelle,
2. Herstellen von Sprengladungen und Besetzen,
3. Herstellung und Prüfung von Zündanlagen,
4. Abtun der Sprengladungen,
5. Entschärfen von Sprengladungen,
6. Beseitigung von Versagern,
7. Entsorgung von Sprengmitteln.

(2) Sprengmittel umfassen Sprengstoffe und Zündmittel gemäß § 3 Abs. 1 Z 2 und 3 des Sprengmittelgesetzes 2010 (SprG), BGBl. I Nr. 121/2009, in der jeweils geltenden Fassung. Die Regelungen dieser Verordnung zu Sprengmitteln gelten auch für Schwarzpulver gemäß § 3 Abs. 1 Z 4 SprG, wenn es für Sprengarbeiten verwendet wird. Sie gelten jedoch nicht für die Verwendung sonstiger Schießmittel gemäß § 3 Abs. 1 Z 4 SprG für Sprengarbeiten.

(3) Gefahrenbereich ist jener Bereich um eine Sprengstelle, innerhalb dessen eine Gefährdung von Personen und Sachen durch die Sprengung und deren Folgewirkungen zu erwarten ist.

(4) Schlagpatronen sind Sprengstoffpatronen, in die ein sprengkräftiger Zünder eingebracht wurde.

(5) Versager sind Sprengmittel, die nach durchgeführter Zündung nur teilweise oder überhaupt nicht zur Umsetzung gekommen sind.

Sprengbefugte und Sprenggehilfen/gehilfinnen
§ 3. (1) Als Sprengbefugte dürfen nur Personen beschäftigt werden, die das 21. Lebensjahr vollendet haben und die nach §§ 62, 63 ASchG berechtigt sind, Sprengarbeiten durchzuführen.

(2) Sofern mehrere Sprengbefugte bei derselben Sprengung oder bei gleichzeitig durchgeführten Sprengungen mit einander überschneidenden Gefahrenbereichen beschäftigt werden, ist eine/r davon mit der Sprengaufsicht zu betrauen. Sind Sprengbefugte mehrerer Arbeitgeber/innen beschäftigt, so haben die betroffenen Arbeitgeber/innen die Bestellung einer Sprengaufsicht zu koordinieren. Es ist dafür sorgen, dass die übrigen Sprengbefugten den Anordnungen der Sprengaufsicht Folge leisten.

(3) Es ist dafür zu sorgen, dass

1. Sprengarbeiten, soweit im Folgenden nicht anderes bestimmt wird, nur von Sprengbefugten ausgeführt werden,
2. Sprengbefugte die Sprengarbeit nach fachlichen Grundsätzen und unter Anwendung und Beachtung der erforderlichen Sicherheitsmaßnahmen durchführen,
3. der/die Sprengbefugte, bei mehreren Sprengbefugten die Sprengaufsicht, während der Durchführung der Sprengarbeiten allein anordnungsbefugt ist und alle betroffenen Arbeitnehmer/innen deren Anordnungen Folge leisten,
4. den Sprengbefugten alle Spreng- und Arbeitsmittel, die zur sicheren Durchführung der Sprengarbeiten notwendig sind, in einwandfreiem Zustand und ausreichendem Umfang zur Verfügung stehen.

(4) Als Sprenggehilfen/gehilfinnen zur Mitarbeit bei Sprengarbeiten dürfen nur Personen beschäftigt werden, die das 18. Lebensjahr vollendet haben. Sprenggehilfen/gehilfinnen dürfen nur für folgende Tätigkeiten bei Sprengarbeiten eingesetzt werden:

1. auf Anordnung des/der Sprengbefugten (der Sprengaufsicht):
   a) Transport von Sprengmitteln innerhalb der Arbeitsstätte, Arbeitsstelle oder der Baustelle,
   b) Geben der Sprengsignale,
2. auf Anordnung und unter Aufsicht des/der Sprengbefugten (der Sprengaufsicht):
   a) Laden von Sprengstoff, mit Ausnahme der Herstellung und des Ladens der Schlagpatronen und des Herstellens von Schwarzpulverladungen,
   b) Besetzen,
   c) Verlegen von Verbindungsdraht und Zündleitungen, Verbinden von Zünderdrähten, Herstellen der Verbindungen von Zündschläuchen,
   d) Mithilfe bei der Versagerbeseitigung,
   e) Mithilfe bei der Vernichtung von Sprengmitteln und Schwarzpulver.

Allgemeine Pflichten der Arbeitgeber/innen
§ 4. (1) Es ist dafür zu sorgen, dass

1. während der Sprengarbeiten nur die dabei beteiligten Personen an der Sprengstelle anwesend sind,
2. alle in der Arbeitsstätte, an der Arbeitsstelle oder auf der Baustelle anwesenden Personen Kenntnis über die Bedeutung der Sprengsignale und über die vorgesehenen Sicherheitsmaßnahmen haben,
3. Sprengladungen möglichst nur zu bestimmten, im Vorhinein festgesetzten Sprengzeiten, wie zu Beginn der Pausen, zu Schichtende oder außerhalb der Arbeitszeit anderer Arbeitnehmer/innen, abgetan werden,
4. Sprengladungen nur dann abgetan werden, wenn der Gefahrenbereich zuverlässig überwacht wird,
5. Sprengbefugte die Sprenggehilfen/gehilfinnen vor der erstmaligen Durchführung von Sprengarbeiten sowie anschließend in regelmäßigen Abständen, mindestens aber einmal jährlich, über die sichere Durchführung der Tätigkeiten nach § 3 Abs. 4 nachweislich unterweisen.

(2) Mit der Absicherung des Gefahrenbereiches sind nur geeignete, verlässliche und von Sprengbefugten nachweislich unterwiesene Personen zu beschäftigen.

Gefahrenermittlung und -beurteilung sowie Festlegung von Maßnahmen
§ 5. (1) Es ist dafür zu sorgen, dass vor Durchführung von Sprengarbeiten die für die Arbeitnehmer/innen bestehenden Gefahren ermittelt und beurteilt werden.

(2) Dabei sind insbesondere nachstehend angeführte Gefahren zu berücksichtigen:

1. unzeitige oder unvollständige Umsetzung von Sprengmitteln, wie etwa durch Sprengstoffreste im Hauwerk (Haufwerk) oder durch verschobene oder abgeschlagene Sprengladungen,
2. Aufnahme von gefährlichen Arbeitsstoffen, wie Nitroglykol oder Nitroglyzerin, durch Haut oder Atemwege,
3. Sprengschwaden,
4. Sprengstücke (zB Steinflug),
5. Sprengerschütterungen,
6. Druckwellen und Sprengknall,
7. Unverträglichkeit der für die Sprengarbeit vorgesehenen Sprengmittel, Geräte und Hilfsmittel,
8. Einwirkungen aus dem Umfeld wie Steinfall, Lawinen, Wassereinbrüche, Auftreten von Schlagwettern, Blitzschlag, Hochfrequenzenergien, elektrische Spannungsquellen, hohe und tiefe Temperaturen, offenes Feuer und Licht,
9. Einwirkungen auf das Umfeld, wie Steinfall, Staub, Einwirkung auf benachbarte Arbeitsplätze, Lawinenauslösung.

(3) Auf Grundlage der Ermittlung und Beurteilung der Gefahren unter Berücksichtigung der Angaben der Sprengmittelhersteller/innen oder –inverkehrbringer/innen ist für jede Sprengung ein Sprengplan, der aus Bohr-, Lade- und Zündplan besteht, bei mehreren vergleichbaren Sprengungen ein Sprengschema, das aus Bohr-, Lade- und Zündschema besteht, zu erstellen. Erforderlichenfalls sind in Sprengplänen und Sprengschemata auch die örtlichen Besonderheiten und die diesbezüglichen Schutzmaßnahmen zur Gefahrenabwehr anzugeben. Sprengschemata sind dem Sicherheits- und Gesundheitsschutzdokument anzuschließen. Bei Lawinenauslösesprengarbeiten sind die Sprengbereiche sowie der Sprengerfolg zu dokumentieren.

Sprengmittel
§ 6. Es ist dafür zu sorgen, dass

1. nur Sprengmittel und Schwarzpulver, die entsprechend dem SprG in Verkehr gebracht wurden, zur Verfügung gestellt werden,
2. Sprengmittel nur gemäß den Angaben der Hersteller/innen oder Inverkehrbringer/innen verwendet werden,
3. beim Umgang mit Sprengmitteln im Umkreis von 25 m weder geraucht noch offenes Licht oder Feuer verwendet wird sowie keine Arbeiten, bei denen die Gefahr von Funkenflug besteht, durchgeführt werden,
4. sich beim Umgang mit Sprengmitteln keine elektrischen Spannungsquellen, die eine unbeabsichtigte Zündung bewirken können, in Gefahr bringender Nähe befinden.

Übernahme, Lagerung und Entnahme von Sprengmitteln
§ 7. (1) Es ist dafür zu sorgen, dass

1. Sprengmittel nicht übernommen werden, sofern die Verpackung oder Kennzeichnung Mängel aufweist,
2. Sprengmittel vor ihrer Entnahme aus dem Lager sowie bei Direktanlieferungen an die Sprengstelle von dem/der Sprengbefugten augenscheinlich auf Beschädigungen durch mechanische oder thermische Beanspruchung, chemische Einwirkungen, Wasser oder Feuchtigkeit geprüft werden,
3. Sprengmittel, die durch Einwirkungen gemäß Z 2 beschädigt sind oder deren Wirksamkeit aus anderen Gründen nicht mehr gewährleistet erscheint, nicht ausgegeben, sondern nach § 20 entsorgt werden,
4. Sprengmittel erst unmittelbar vor Beginn des Ladens aus dem Lager oder Zwischenlager entnommen werden, wobei gleichartige Sprengmittel möglichst in der Reihenfolge ihrer Herstellung zu verbrauchen sind.

(2) Die Aufsicht über das Sprengstoff-, Zündmittel- oder Schwarzpulverlager, die Einlagerung sowie die Entnahme von Sprengmitteln und Schwarzpulver darf nur Sprengbefugten übertragen werden.

(3) Die Lagerung von Sprengstoffen, Zündmitteln und Schwarzpulver hat sicher getrennt zu erfolgen.

(4) Die gemeinsame Lagerung von Sprengstoffen, Zündmitteln oder Schwarzpulver mit anderen brandfördernden, selbstentzündlichen, brennbaren oder anderen explosionsgefährlichen Stoffen, insbesondere mit anderen Schießmitteln gemäß § 3 Abs. 1 Z 4 SprG oder pyrotechnischen Gegenständen und Sätzen gemäß dem Pyrotechnikgesetz 2010, BGBl. I Nr. 131/2009, in der jeweils geltenden Fassung, ist unzulässig.

Zwischenlagerung von Sprengmitteln
§ 8. (1) Eine Zwischenlagerung ist nur dann erlaubt, wenn besondere Verhältnisse, wie vom Sprengmittellager weit entfernte Sprengstellen oder Direktanlieferungen an die Sprengstelle, es erforderlich machen, dass die Menge des voraussichtlichen Tagesbedarfes an Sprengmitteln in geeigneten Zwischenlagern bereitgehalten wird.

(2) Es ist dafür zu sorgen, dass

1. die Zwischenlagerung von Sprengstoffen, Zündmitteln und Schwarzpulver in trockenen Räumen (Tagesmagazinen) oder in festen, dichten Behältern (Schießkisten) erfolgt und die Sprengstoffe, Zündmittel und das Schwarzpulver sicher voneinander getrennt gelagert werden,
2. die Zwischenlager so angelegt werden, dass die darin gelagerten Sprengmittel gegen gefährliche äußere Einflüsse, wie Sprengstücke,

SprengV

Steinfall, Feuer oder Gefahren durch den Fahrzeugverkehr geschützt sind und im Falle eines unbeabsichtigten Zündschlages Deckungs-, Arbeits-, Aufenthalts- und Unterkunftsräume nicht gefährdet werden,

3. im untertägigen Bergbau und bei Untertagebauarbeiten ausreichend tiefe Schutznischen für die Einrichtung von Zwischenlagern verwendet werden,

4. die Zwischenlager sicher versperrt und mobile Zwischenlager (Schießkisten) überdies gegen Entfernen durch Unbefugte gesichert sind und die Schlüssel für die Zwischenlager sicher verwahrt werden,

5. in Zwischenlagern ausschließlich Sprengmittel aufbewahrt werden,

6. Sprengmittel nicht in den Zwischenlagern verbleiben, sondern in geeignete, den einschlägigen Rechtsvorschriften zur Lagerung von Sprengmitteln entsprechende Lager zurückgebracht werden, solange die Arbeitsstätte, Arbeitsstelle oder Baustelle nicht besetzt ist. Im untertägigen Bergbau ist dies nur dann erforderlich, wenn die Sprengstelle länger als 48 Stunden nicht belegt ist.

Transport von Sprengmitteln innerhalb der Arbeitsstätte, Arbeitsstelle oder Baustelle

§ 9. (1) Der Transport von Sprengmitteln ist mittels dafür geeigneter Transporteinrichtungen durchzuführen. Dabei ist dafür zu sorgen, dass

1. die transportierten Sprengmittel vor Lageveränderungen, Streuströmen, Hitze-, Stoß- und Schlageinwirkungen geschützt sind und Gefahr bringende Erschütterungen vermieden werden,

2. Transporte auf Fahrzeugen, ausgenommen Luftfahrzeuge und Fahrbetriebsmittel von Seilbahnen, eindeutig gekennzeichnet werden,

3. nur die mit dem Transport befassten Arbeitnehmer/innen bei der Beförderung mitfahren,

4. bei gleichzeitigem Transport von Sprengstoffen, Zündmitteln oder Schwarzpulver in einem Fahrzeug durch geeignete Maßnahmen gewährleistet ist, dass im Falle einer unbeabsichtigten Zündung der Zündmittel keine Initierung der Sprengstoffe oder des Schwarzpulvers erfolgen kann, wie durch den Transport in getrennten Fahrzeugabteilen oder in geeigneten Behältern,

5. auf und in Fahrbetriebsmitteln von Seilbahnen Sprengmittel nur während jener Zeiten befördert werden, in welchen die Fahrbetriebsmittel nicht für den Personentransport benützt werden,

6. alle mit dem Transport mittelbar befassten Arbeitnehmer/innen, wie Führer/innen von Seilbahnen oder Maschinisten/Maschinistinnen, entsprechend informiert werden.

(2) Sofern der händische Transport von Sprengmitteln erforderlich ist und nicht in geschlossener Originalverpackung erfolgt, müssen dafür geeignete Transportbehälter zur Verfügung gestellt und verwendet werden. Die Transportbehälter müssen aus funkenarmem Material bestehen, verschließbar und erforderlichenfalls mit ergonomisch ausgeführten Tragevorrichtungen versehen sein. Es ist dafür zu sorgen, dass in Transportbehältern nur Sprengmittel mit einer Nettoexplosivstoffmasse von höchstens 26 kg transportiert werden, wobei Sprengstoffe, Zündmittel und das Schwarzpulver in getrennten Abteilen aufzubewahren sind.

(3) Es ist dafür zu sorgen, dass für den Transport von Sprengkapseln außerhalb der kleinsten Verpackungseinheit geeignete Transportgefäße, wie Kapselschachteln aus funkenarmem Material mit Deckel, aus denen eine Einzelentnahme möglich ist, verwendet werden.

(4) Es ist dafür zu sorgen, dass Sprengmittel nicht in der Kleidung getragen werden.

2. Abschnitt
Herstellen von Sprengladungen
Laderäume

§ 10. (1) Es ist dafür zu sorgen, dass Laderäume so angelegt werden, dass die errechnete Sprengstoff- oder Schwarzpulvermenge nach fachmännischen Grundsätzen eingebracht werden kann, wobei Folgendes einzuhalten ist:

1. Ein Nach- und Tieferbohren ganz oder teilweise geblieben Bohrlöcher, zB Versager, Bohrlochpfeifen und -büchsen, ist verboten.

2. Neben bereits teilweise oder fertig geladenen Bohrlöchern dürfen nur dann Bohrlöcher hergestellt werden, wenn ein Anbohren der geladenen Bohrlöcher oder eine sonstige gefährliche Beeinträchtigung auszuschließen ist. Der Abstand des neu zu bohrenden Bohrloches zu den bereits geladenen Bohrlöchern darf ein Drittel der größten Bohrlochtiefe des Abschlages, mindestens jedoch einen Meter, nicht unterschreiten.

(2) Es ist dafür zu sorgen, dass jene Personen, die die Bohrlöcher hergestellt haben, die Sprengbefugten über außergewöhnliche, das Laden beeinflussende Vorkommnisse, wie Klüfte oder abweichenden Bohrlochverlauf, informieren.

Laden und Besetzen

§ 11. (1) Es ist dafür zu sorgen, dass beim Laden folgendermaßen vorgegangen wird:

1. Vor dem Laden sind die Bohrlöcher von dem/der Sprengbefugten auf freien Durchgang und auf ihren Verlauf hin zu prüfen. Die festgestellten Abweichungen und Besonderheiten sind bei der Ladungsberechnung zu berücksichtigen.

2. Schlagpatronen dürfen erst unmittelbar vor dem Laden, nur in der erforderlichen Anzahl und nur in unmittelbarer Nähe der Sprengstelle hergestellt werden.

3. Beim Umgang mit Schlagpatronen ist, insbesondere beim Einbringen in die Laderäume, deren erhöhte Schlagempfindlichkeit zu berücksichtigen.

4. Stecken gebliebene Schlagpatronen oder stecken gebliebene Patronen aus Schwarzpulver sind entweder sofort oder nach weiterem Laden des Bohrloches und Aufbringen des Besatzes mit den übrigen Sprengladungen des Abschlages abzutun.

5. Schwarzpulver ist möglichst in patronierter Form einzubringen.

6. Wenn Schwarzpulver lose geladen wird, ist schriftlich festzulegen, wie die Sprengladung eingebracht werden soll, wobei auf eine allfällige statische Aufladung Rücksicht zu nehmen ist.

(2) Beim Besetzen ist für folgende Vorgehensweise zu sorgen:

1. Auf Sprengladungen über Tage ist grundsätzlich ein Besatz aufzubringen. Sofern kein Besatz aufgebracht wird, muss durch geeignete Maßnahmen sichergestellt werden, dass dadurch keine erhöhte Gefährdung der Arbeitnehmer/innen, zB durch Streuung, Sprengknall oder nicht umgesetzten Sprengstoff, entsteht.

2. Der Besatz muss geeignet sein, die Wirkung des Sprengstoffes voll auszunutzen und die Streuwirkung möglichst zu verringern. Das Besatzmaterial muss so beschaffen sein, dass eine Beschädigung der Zündleitungen und der Zündschläuche (Shock Tubes) vermieden wird.

3. Bei Verwendung von Schwarzpulver ist sofort nach dem Laden immer ein Besatz aufzubringen.

3. Abschnitt
Zündung von Sprengladungen
Elektrische und elektronische Zündung

§ 12. (1) Bei elektrischer Zündung ist für folgende Vorkehrungen zu sorgen:

1. Bei elektrischer Zündung an Orten, an denen Streuströme, induktive oder elektrostatische Einwirkungen auftreten können, wie im Bereich von Hochspannungsanlagen, Sendeanlagen, beim Einsatz von Mobilfunksystemen oder im Hochgebirge, sowie bei Lawinenauslösesprengungen dürfen nur solche Zünder und Zündsysteme verwendet werden, bei denen eine ungewollte Zündung ausgeschlossen ist. Die verwendeten elektrischen Zünder müssen jedenfalls eine Nichtansprechstromstärke von mindestens 4,0 A aufweisen.

2. Sämtliche Bestandteile des elektrischen Zündkreises sind vor der Verlegung einer Sichtprüfung durch den/die Sprengbefugte/n zu unterziehen.

3. In einer Zündanlage dürfen nur elektrische Zünder gleicher Empfindlichkeit und nur jeweils eines/r Herstellers/in verwendet werden.

4. Der elektrische Zündkreis ist erforderlichenfalls vor mechanischen Beschädigungen, zB durch Steinfall oder Fahrzeugverkehr, zu schützen und so zu verlegen, dass eine sichere Zündung jedes Zünders gewährleistet ist.

5. Zünderdrähte dürfen innerhalb eines Bohrloches nicht verbunden werden.

6. Der elektrische Widerstand jedes schussfertigen Zündkreises ist zu prüfen.

7. Es dürfen nur solche Zündkreisprüfgeräte verwendet werden, durch deren Bauart sichergestellt ist, dass unbeabsichtigte Zündungen nicht ausgelöst werden können. Der maximal mögliche Prüfstrom des Zündkreisprüfgerätes darf jedenfalls 10 mA nicht überschreiten.

8. Die Zündleitungen dürfen erst nach Abgabe des zweiten Sprengsignals mit der Zündmaschine (dem Zündgerät) verbunden werden.

9. Zündmaschinen müssen entsprechend den Angaben der Hersteller/innen oder Inverkehrbringer/innen, mindestens jedoch einmal monatlich, wenn die Zündmaschine fortlaufend benutzt wird, oder vor der Wiederinbetriebnahme, wenn die Zündmaschine länger als einen Monat nicht benutzt wurde, mit einem von diesen empfohlenen Prüfgerät auf ihre Leistungsfähigkeit geprüft werden. Zündmaschinen und Prüfgeräte dürfen nur insoweit instand gesetzt werden, als dies nach den Angaben der Hersteller/innen oder Inverkehrbringer/innen zulässig ist.

10. Der Schlüssel der Zündmaschine ist von dem/der Sprengbefugten sicher zu verwahren oder die Zündmaschine ist unter Verschluss zu halten.

11. Bei aufziehenden oder niedergehenden Gewittern dürfen über Tage oder in oberflächennahen Bereichen unter Tage, bei denen die Gefahr einer Frühzündung besteht, Sprengladungen nicht mit elektrischen Zündern versehen werden.

12. Sofern elektrisch zu zündende Sprengladungen nicht mehr zeitgerecht vor einem aufziehenden Gewitter abgetan werden können, muss das erste Sprengsignal gegeben, der Gefahrenbereich geräumt und so lange gesichert werden, bis die Gefahr einer ungewollten Zündung vorüber ist.

(2) Für elektronische Zündsysteme gelten Abs. 1 Z 1 bis 5, Z 8 und Z 10 bis 12.

Zündung mit Sprengschnur oder
Zündschlauch (Shock Tube)

§ 13. (1) Es ist dafür zu sorgen, dass die Zünder, Sprengschnüre, Zündschläuche, Sprengschnurverzögerer (Sprengverzögerer) und Oberflächenverbinder entsprechend den Angaben der Hersteller/innen oder Inverkehrbringer/innen verlegt werden, um eine sichere Zündung der Sprengladungen zu gewährleisten.

(2) Es ist dafür zu sorgen, dass

1. vor der Zündung die gesamte Zündanlage durch den/die Sprengbefugte/n einer Prüfung auf offenkundige Mängel unterzogen wird,
2. Sprengschnüre in Bohrlöchern so verlegt werden, dass alle Sprengladungsteile damit sicher gezündet werden,
3. die Zünder, Sprengschnüre, Zündschläuche, Sprengschnurverzögerer und Oberflächenverbinder erforderlichenfalls gegen mechanische Beschädigung geschützt verlegt werden.

Zündung mit Sicherheitsanzündschnur
§ 14. Es ist für folgende Vorkehrungen zu sorgen:

1. Die Länge der Sicherheitsanzündschnur ist so zu bemessen, dass rechtzeitig eine Deckung aufgesucht oder der Gefahrenbereich verlassen werden kann, jedenfalls aber so, dass die Brenndauer der Sicherheitsanzündschnur mindestens zwei Minuten beträgt.
2. Während des Verbindens von Sprengkapseln mit Sicherheitsanzündschnüren ist ein Abstand von mindestens fünf Metern zu anderen Arbeitnehmern/Arbeitnehmerinnen, Sprengstoffen und sprengkräftigen Zündmitteln einzuhalten. Dieser Abstand zu Sprengstoffen und sprengkräftigen Zündmitteln kann verringert werden, wenn durch geeignete, insbesondere technische, Maßnahmen sichergestellt wird, dass auch bei unbeabsichtigter Umsetzung der Sprengkapsel keine Gefahr bringende Einwirkung auf Arbeitnehmer/innen, Sprengstoffe und sprengkräftige Zündmittel entstehen kann. Geeignete Maßnahmen sind in einer schriftlichen Betriebsanweisung festzulegen. Für ihre Einhaltung ist zu sorgen.
3. Zum Herstellen der Verbindung sind nur geeignete Werkzeuge, wie Sicherheitsanwürgezangen, zu verwenden, die auch im Falle einer unbeabsichtigten Detonation der Sprengkapsel während des Anwürgevorganges Schutz gegen Verletzungen gewährleisten.
4. Die Brenndauer der Sicherheitsanzündschnur ist von dem/der Sprengbefugten bei fortlaufender Verwendung mindestens einmal monatlich, ansonsten vor jeder erneuten Verwendung, zu prüfen.
5. Sicherheitsanzündschnüre dürfen nur mit Anzündgeräten und Anzündmitteln gezündet werden, die für den Einsatzzweck geeignet sind. Insbesondere
   a) müssen Anzündgeräte und Anzündmittel gegen äußere Einflüsse wie Schlag, Stoß, Vibrationen und Kälte resistent sein,
   b) muss die Verbindung zur Sicherheitsanzündschnur gegen Eindringen von Feuchtigkeit geschützt sein,
   c) darf der Anzündvorgang nicht versehentlich auslösbar sein und
   d) muss eine sichere Zündung erfolgen.

4. Abschnitt
Sicherheitsvorkehrungen gegen eine Gefährdung der Arbeitnehmer/innen Gefahrenbereich

§ 15. (1) Es ist dafür zu sorgen, dass Sprengungen so angelegt und die Sprengladungen so verteilt werden, dass

1. die Streuung möglichst gering gehalten wird,
2. Arbeitnehmer/innen durch Erschütterungen, Druckwellen und deren Folgewirkungen nicht gefährdet werden,
3. die Staub- und Schwadenentwicklung möglichst gering ist.

(2) Weiters ist dafür zu sorgen, dass Sprengladungen erforderlichenfalls zur Verminderung der Streuwirkung sachgemäß abgedeckt werden.

(3) Es ist dafür zu sorgen, dass der Streubereich von dem/der Sprengbefugten unter Berücksichtigung aller die Streuwirkung beeinflussenden Faktoren nachweislich festgelegt wird. Der Streubereich hat im Regelfall einen Umkreis von mindestens 300 m, beim Sprengen von Stahlkonstruktionen einen Umkreis von mindestens 1 000 m von der Sprengstelle zu umfassen. Der Streubereich darf verkleinert werden, wenn durch das angewandte Sprengverfahren oder besondere Schutzmaßnahmen sichergestellt ist, dass Arbeitnehmer/innen nicht gefährdet werden.

Sicherung des Gefahrenbereiches
§ 16. (1) Es ist für folgende Maßnahmen zu sorgen:

1. An den Kreuzungspunkten des Gefahrenbereiches mit Verkehrswegen und an anderen Zugängen zum Gefahrenbereich sind Warntafeln aufzustellen, die auf die Gefahr durch Sprengungen, auf die Sprengzeiten und auf die Bedeutung der Sprengsignale hinweisen.
2. Der Gefahrenbereich ist nach Abgabe des ersten Sprengsignals durch geeignete Maßnahmen zu räumen und abzusichern.

(2) Es ist dafür zu sorgen, dass bei jeder Sprengung Signale, die von anderen Signalen deutlich unterscheidbar und innerhalb des Gefahrenbereiches deutlich hörbar sind, mit folgender Bedeutung gegeben werden:

Erstes Signal: Einmaliger langer Ton – Gefahrenbereich räumen oder Deckung aufsuchen

Zweites Signal: Zweimaliger kurzer Ton – Zünden

Drittes Signal: Dreimaliger kurzer Ton – Sprengen beendet

(3) Es ist dafür zu sorgen, dass
1. die Sprengsignale nur in der in Abs. 2 angeführten Reihenfolge abgegeben werden,
2. das zweite Sprengsignal erst dann gegeben und die Sprengung erst dann gezündet wird, wenn sich im Gefahrenbereich keine Personen mehr befinden oder diese eine wirksame Deckung aufgesucht haben.

Freigabe des Gefahrenbereiches
§ 17. (1) Es ist dafür zu sorgen, dass der Gefahrenbereich durch Abgabe des dritten Sprengsignals erst dann freigegeben wird, wenn der/die Sprengbefugte durch Besichtigung der Sprengstelle kontrolliert hat, dass
1. alle Sprengladungen umgesetzt haben und keine Versager aufgetreten sind,
2. die Sprengschwaden abgezogen oder beseitigt worden sind.

(2) Bestehen bei Zündung mit Sicherheitsanzündschnur Zweifel, ob alle Sprengladungen gezündet wurden, ist dafür zu sorgen, dass der/die Sprengbefugte zur Kontrolle der Sprengstelle diese erst frühestens 15 Minuten nach dem Zeitpunkt der planmäßigen Zündung der letzten Sprengladung besichtigt.

Versager
§ 18. (1) Es ist dafür zu sorgen, dass Versager möglichst rasch von Sprengbefugten fachgerecht beseitigt werden.

(2) Falls eine Versagerbeseitigung nicht sofort möglich ist, ist für folgende Vorgehensweise zu sorgen:
1. Das dritte Sprengsignal ist nur zu geben, wenn Sicherheit und Gesundheit der Arbeitnehmer/innen nicht gefährdet sind.
2. Versager sind entweder in auffälliger Weise, zB mit Fahnen oder Stangen, zu kennzeichnen oder es ist der Gefahrenbereich in geeigneter Weise abzusichern.
3. Sprengbefugte haben für spätere Arbeiten zur Versagerbeseitigung schriftliche Aufzeichnungen zu erstellen und die Arbeitgeber/innen darüber zu informieren.

(3) Bei der Versagerbeseitigung ist dafür zu sorgen, dass
1. Sprengmittel oder Besatz weder ausgebohrt noch mit sonstigen Gefahr bringenden Methoden aus Laderäumen entfernt werden,
2. kein daneben Setzen von Hilfsbohrlöchern, kein Nach- oder Tieferbohren von stehen gebliebenen Bohrlöchern oder Bohrlochresten erfolgt,
3. beim Abtun von Versagern von dem/der Sprengbefugten ein allenfalls vergrößerter Streubereich berücksichtigt wird,
4. nach dem Abtun von Versagern das Hauwerk und seine Umgebung auf das Vorhandensein von Sprengmittelresten abgesucht wird.

Funde
§ 19. (1) Es ist dafür zu sorgen, dass Arbeitnehmer/innen, die nicht Sprengbefugte sind, nachweislich unterwiesen werden, gefundene Sprengmittel nicht zu berühren und unverzüglich die Arbeitgeber/innen oder Sprengbefugten über den Fund zu informieren.

(2) Es ist dafür zu sorgen, dass die Fundstelle nach Möglichkeit nicht ohne Aufsicht gelassen wird bis eine fachgerechte Versagerbeseitigung oder Entsorgung der Sprengmittel vorgenommen worden ist.

Entsorgung von Sprengmitteln
§ 20. Es ist dafür zu sorgen, dass unbrauchbare Sprengmittel unter Berücksichtigung der Angaben der Hersteller/innen oder Inverkehrbringer/innen
1. an die Hersteller/innen, Inverkehrbringer/innen oder Händler/innen für Schieß-und Sprengmittel zurückgegeben werden oder
2. durch Mitsprengen vernichtet werden, wobei der beabsichtigte Sprengerfolg und die Sicherheit durch das mit gesprengte unbrauchbare Sprengmittel nicht beeinträchtigt werden dürfen oder
3. durch Wegsprengen mit ausreichend groß dimensionierten Beiladungen aus einwandfreiem Sprengstoff vernichtet werden.

5. Abschnitt
Besondere Sprengarbeiten
Tiefbohrlochsprengungen
(Großbohrlochsprengungen)
§ 21. (1) Tiefbohrlochsprengungen (Großbohrlochsprengungen) sind Sprengarbeiten zur Lösung von Gesteinsmassen, bei denen Bohrlöcher eine Länge von mehr als zwölf Metern aufweisen.

(2) Es ist dafür zu sorgen, dass der/die Sprengbefugte auf Grundlage einer messtechnischen Ermittlung der Wandgeometrie
1. die Vorgabe und den Bohrlochabstand festlegt,
2. die erforderliche Sprengstoffmenge berechnet,
3. die Ansatzpunkte, die Richtung, Neigung und die Länge der Bohrlöcher bestimmt,
4. die Verteilung der Sprengladungen in den Bohrlöchern, die Besatzlänge sowie das Zündsystem und die Zündfolge festlegt,
5. die in Z 1 bis 4 getroffenen Maßnahmen entsprechend dokumentiert.

(3) Es ist dafür zu sorgen, dass die Arbeitnehmer/innen, die die Bohrungen durchführen, Aufzeichnungen in Form eines Bohrprotokolls über die beim Bohren gemachten Feststellungen, insbesondere betreffend Klüfte oder Hohlräume, führen. Diese Feststellungen sind im Sprengplan zu berücksichtigen.

(4) Es ist dafür zu sorgen, dass der/die Sprengbefugte

SprengV

1. Ansatzpunkt, Länge (Teufe), Richtung und Neigung der Bohrlöcher überprüft,
2. die Prüfung der Bohrlöcher auf freien Durchgang unmittelbar vor dem Laden vornimmt,
3. wesentliche Abweichungen von der beabsichtigten Richtung, Neigung und Länge der Bohrlöcher ermittelt und dokumentiert,
4. bei wesentlichen Abweichungen den Sprengplan an die neuen Gegebenheiten anpasst.

(5) Es ist dafür zu sorgen, dass alle ins Bohrloch eingebrachten Sprengladungen durch eine bis ins Bohrlochtiefste führende Sprengschnur gezündet werden. Dies ist dann nicht erforderlich, wenn auf Grund der örtlichen Verhältnisse und besonderer sprengtechnischer Maßnahmen, insbesondere redundanter Zündverfahren, die sichere Zündung und Umsetzung der Sprengladungen gewährleistet ist.

(6) Werden elektrische oder elektronische Zünder in das Bohrloch eingebracht, ist dafür zu sorgen, dass
1. nur Zünder verwendet werden, deren Zünderdrähte eine erhöhte mechanische Festigkeit der Isolation aufweisen,
2. vor Aufbringung des End- oder Zwischenbesatzes der elektrische Zünder gemäß § 12 Abs. 1 Z 6 auf Stromdurchgang geprüft wird.

Sprengarbeiten unter Tage

§ 22. (1) Sprengarbeiten unter Tage sind Sprengarbeiten zur untertägigen Mineralgewinnung und Sprengarbeiten zur Durchführung von Untertagebauarbeiten, insbesondere Arbeiten zur Herstellung und zum Ausbau von unterirdischen Hohlräumen, wie Stollen-, Tunnel- oder Schachtbauten.

(2) Durch geeignete organisatorische und technische Maßnahmen, wie Arbeitsunterbrechungen, Lüftungsmaßnahmen und Messungen, ist sicherzustellen, dass Arbeitnehmer/innen nach erfolgter Sprengung erst dann die Sprengstelle betreten, wenn die in der Grenzwerteverordnung – GKV, BGBl. II Nr. 253/2001, in der jeweils geltenden Fassung, verlautbarten MAK-Werte, insbesondere für Kohlenmonoxid und für Stickstoffdioxid, unterschritten sind.

(3) Abweichend von § 12 Abs. 1 Z 11 dürfen Sprengladungen auch während eines aufziehenden oder niedergehenden Gewitters mit elektrischen oder elektronischen Zündern versehen werden, wenn
1. durch Blitzeinschläge keine Gefährdung durch unzulässig hohe Streuströme entstehen kann,
2. die Nichtansprechstromstärke der verwendeten elektrischen Zünder mindestens 4,0 A beträgt und
3. die Gebirgsüberdeckung allseits mindestens 50 m beträgt.

(4) Bei Gegen- und Parallelvortrieben, bei denen sich die Sprengstellen in Gefahr bringender Nähe befinden, ist dafür zu sorgen, dass

1. die am Gegenort oder am parallel geführten Ort beschäftigten Arbeitnehmer/innen den Arbeitsplatz vor der Sprengung verlassen und eine sichere Stelle aufsuchen,
2. der/die Sprengbefugte die Arbeitnehmer/innen des Gegenortes oder des parallel geführten Ortes rechtzeitig vom Sprengzeitpunkt verständigt,
3. bei einer Annäherung der Sprengstellen auf zehn Meter an einem der beiden Orte der Vortrieb eingestellt wird und der Zutritt zum gefährdeten Bereich abgesperrt wird.

(5) Abweichungen von § 16 sind bei Sprengungen unter Tage, bei denen der Streubereich nicht über Tag reicht, dann zulässig, wenn der Gefahrenbereich durch Absperrposten abgesperrt wird.

Sprengarbeiten in untertägigen Grubengas führenden Bergbauen und in untertägigen Bergbauen mit entzündlichen Stäuben (Kohlenbergbauen)

§ 23. (1) Es ist dafür zu sorgen, dass die Konzentration brandgefährlicher Gase im Bereich der Sprengstelle sowie im Aufstellungsbereich der Zündanlage vor Aufnahme der Sprengarbeit und unmittelbar vor der Sprengung gemessen wird.

(2) Sofern Messungen gemäß Abs. 1 eine Konzentration brandgefährlicher Gase von mehr als zehn Prozent der unteren Explosionsgrenze ergeben, sind über die Arbeitgeber/innen in Zusammenarbeit mit den Sprengbefugten besondere Schutzmaßnahmen, wie die Verbesserung der Bewetterung und kontinuierliche Messungen, festzulegen.

(3) Sofern die Messungen eine Konzentration brandgefährlicher Gase von mehr als 50% der unteren Explosionsgrenze ergeben, dürfen Arbeitnehmer/innen mit Sprengarbeiten nicht beschäftigt werden.

(4) Es ist dafür zu sorgen, dass in Kohlenstaub gefährdeten Bereichen
1. zur Sprengarbeit nur wettersichere Sprengstoffe verwendet werden,
2. beim Herstellen von Sprengladungen besondere Sorgfalt angewendet wird, um dem Ausblasen vorzubeugen,
3. Sprengladungen außerhalb von Bohrlöchern nicht abgetan werden.

(5) Arbeitnehmer/innen dürfen mit Sprengarbeiten nur beschäftigt werden, wenn der Kohlenstaub im Umkreis von wenigstens 20 m um die Sprengstelle unschädlich gemacht wird. Kann vorhandener Kohlenstaub nicht völlig unschädlich gemacht werden, so ist die Durchführung von Sprengarbeiten, auch bei Verwendung wettersicherer Sprengstoffe, nur gestattet, wenn bei Vorhandensein brandgefährlicher Gase deren Konzentration nicht über zehn Prozent der unteren Explosionsgrenze liegt.

Sprengarbeiten unter Wasser

§ 24. (1) Es ist dafür zu sorgen, dass

1. die Lage der Sprengladungen an der Wasseroberfläche gekennzeichnet wird,
2. Sprengladungen und Zündleitungen gegen Losreißen und Aufschwimmen gesichert werden,
3. bei elektrischer Zündung die Zündleitung erst dann mit der Zündmaschine verbunden wird, wenn sich die Taucher/innen außerhalb des Wassers befinden,
4. die Maschinen der im Gefahrenbereich befindlichen Schiffe abgestellt werden,
5. bei erschwerten Verhältnissen, wie schlechter Sicht, schwerer Zugänglichkeit oder starker Strömung, zwei voneinander unabhängig wirkende Zündeinrichtungen angebracht werden,
6. mehrere Sprengladungen unter Wasser nur in gleicher Zeitzündstufe gezündet werden.

(2) Mit Taucharbeiten im Zuge von Sprengarbeiten unter Wasser dürfen nur dafür geeignete Sprengbefugte, die auch über einen Nachweis der Fachkenntnisse für Taucharbeiten gemäß §§ 62, 63 ASchG verfügen, beschäftigt werden.

Lawinenauslösesprengungen

§ 25. (1) Es ist dafür zu sorgen, dass

1. Sprengarbeiten zur Lawinenauslösung an abgelegenen Arbeitsplätzen gemäß § 61 Abs. 6 ASchG nicht von einer Person allein durchgeführt werden,
2. zusätzlich zur Verpflichtung gemäß § 15 Abs. 3 auch der Ausschüttungsbereich, das ist der durch ausgelöste Lawinen gefährdete Bereich, festgelegt wird,
3. die gemäß § 16 Abs. 1 Z 1 erforderlichen Warntafeln mit dem Wortlaut „Achtung! Lawinenauslösesprengungen! Akute Lawinengefahr! Betreten verboten!" versehen werden und Hinweise auf mögliche Lawinenauslösesprengungen im oberhalb und unterhalb des gefährdeten Bereichs liegenden Gebiet und im Nahbereich der Sprengstellen, insbesondere in frequentierten Gebäuden, angebracht werden,
4. alle betroffenen Arbeitnehmer/innen über den Ausschüttungsbereich nachweislich informiert werden,
5. den mit Sprengarbeiten zur Lawinenauslösung beschäftigten Arbeitnehmern/Arbeitnehmerinnen erforderlichenfalls geeignete Mittel zur Rettung und Selbstrettung, insbesondere Lawinenschaufeln, Lawinenverschüttetensuchgeräte, Lawinensonden und Lawinenairbags, zur Verfügung stehen und die Arbeitnehmer/innen mit geeigneten Lampen ausgerüstet werden, wenn die Sprengarbeiten bei Dunkelheit ausgeführt werden,
6. zum Erreichen der Sprengstelle sichere Zugänge hergestellt werden, wobei insbesondere auf die Gefahr von Lawinen und die Gefahr des Absturzes Bedacht zu nehmen ist,
7. Arbeitnehmer/innen weder die Anrisszone noch den Ausschüttungsbereich der auszulösenden Lawinen betreten.

(2) Werden Sprengladungen von Hand aus geworfen, ist dafür zu sorgen, dass

1. der Wurf unmittelbar nach Zündung der Sicherheitsanzündschnüre erfolgt,
2. nach dem Wurf der Sprengladung rechtzeitig eine sichere Deckung aufgesucht oder der Gefahrenbereich verlassen werden kann,
3. jede Sprengladung mit mindestens zwei sprengkräftigen Zündern versehen ist,
4. die Sprengladung entweder mit einer ausreichend langen und reißfesten Schnur verbunden ist, durch die ein Einholen bei Versagen möglich ist, oder mit geeigneten Ortungshilfen, wie elektromagnetischen Reflexionsstreifen, versehen ist.

(3) Es ist dafür zu sorgen, dass

1. Sprengladungen unmittelbar nach der Zündung geworfen werden, auch wenn die Wirksamkeit der Zündung nicht einwandfrei erkennbar ist,
2. nach Ende der Wurfserie kontrolliert wird, ob alle Sprengladungen umgesetzt haben,
3. im Rahmen einer Wurfserie nur so viele Sprengladungen geworfen werden, dass eine sichere Kontrolle der Umsetzung möglich ist.

(4) Sofern Sprengladungen mittels Wurfeinrichtungen an die Sprengstelle verbracht werden, ist der Gefahrenbereich so zu bemessen, dass auch bei einer vorzeitigen Umsetzung der Sprengladungen in der Wurfeinrichtung, während der Flugphase oder dem Ausrollvorgang Arbeitnehmer/innen nicht gefährdet werden. Die Wurfladungen sind mit geeigneten Ortungshilfen zur Versagerbeseitigung zu versehen.

(5) Abweichend von § 14 Z 1 darf die Brenndauer der Sicherheitsanzündschnur weniger als zwei Minuten betragen, wenn die Sprengladung mittels ferngesteuerter Wurf- oder Absenkeinrichtung an die Sprengstelle verbracht wird, sofern die Fernsteuerung außerhalb des Gefahrenbereiches erfolgt.

(6) Abs. 1 Z 3, § 4 Abs. 1 Z 4 und § 16 gelten nicht, wenn mit der Sprengarbeit keine diesbezüglichen Gefährdungen verbunden sind.

Abbruchsprengungen

§ 26. (1) Es ist dafür zu sorgen, dass

1. der/die Sprengbefugte (oder, im Falle mehrerer Sprengbefugter, die Sprengaufsicht gemäß § 3 Abs. 2) bei der Erstellung der schriftlichen Abbruchanweisung gemäß § 110 der Bauarbeiterschutzverordnung, BGBl. Nr. 340/1994, in der jeweils geltenden Fassung, beigezogen wird,
2. dieser Abbruchanweisung der Sprengplan gemäß § 5 Abs. 3 beigelegt ist,
3. diese Unterlagen am Ort der Sprengarbeit zur Einsichtnahme aufliegen.

(2) Abweichend von § 6 Z 3 ist es möglich, die Sicherheitsabstände bei Schneid- und Schweißarbeiten zu vermindern, wenn geeignete Maßnahmen getroffen werden, die gewährleisten, dass Gefahr bringende Einwirkungen auf die Sprengladungen ausgeschlossen sind.

Metallsprengungen

§ 27. Es ist dafür zu sorgen, dass

1. Metallstücke möglichst in Sprenggruben gesprengt werden,
2. nach dem Laden die Sprenggrube entsprechend abgedeckt wird und in der Abdeckung Entlüftungsöffnungen zum Entweichen der Sprenggase angebracht werden,
3. gleiche Zeitzündstufen verwendet werden bei Sprengung von mehrschichtigen Stahlteilen und Konstruktionen, bei denen für einen Trennschnitt mehrere Teilladungen erforderlich sind oder Sprengladungen so nahe beieinander liegen, dass durch Erschütterungen angebrachte Sprengladungen abgelöst werden können.

Anwendungsbeschränkungen

§ 28. Mit folgenden Sprengarten dürfen Arbeitnehmer/innen nicht beschäftigt werden:

1. Zündungen mittels Sicherheitsanzündschnur, ausgenommen davon sind

a) Zündung einzelner Sprengladungen, wie Knäpper- und Wurzelstocksprengungen,

b) Zündung von Sprengladungen bei Lawinenauslösesprengungen.

2. Sprengungen mit Schwarzpulver, ausgenommen

a) jene Anwendungen in der Werksteingewinnung, bei denen aus sprengtechnischen Gründen eine Verwendung von Schwarzpulver unbedingt erforderlich ist, wie beim Schnüren,

b) die Verwendung von Schwarzpulver als Treibladung zum Werfen von Ladungen bei Lawinenauslösesprengarbeiten nach § 25 Abs. 4.

6. Abschnitt
Übergangs- und Schlussbestimmungen
Übergangsbestimmungen

§ 29. (1) Arbeitnehmer/innen, die vor dem In-Kraft-Treten dieser Verordnung mit der Ausgabe oder Entnahme von Sprengmitteln betraut waren und die nicht Sprengbefugte sind, dürfen mit diesen Arbeiten weiterhin beschäftigt werden, wenn sie die für Sprenggehilfen/gehilfinnen genannten Voraussetzungen erfüllen und gemäß § 4 Abs. 1 Z 5 nachweislich unterwiesen sind.

(2) Wer im Zeitpunkt der Erlassung dieser Verordnung als Schießbefugte/r im Sinne des § 52 der Bergpolizeiverordnung über verantwortliche Personen – BPV-Personen, BGBl. II Nr. 108/1997, zuletzt geändert durch BGBl. II Nr. 9/2003, tätig

ist, darf weiterhin für die Tätigkeit als Sprengbefugte/r herangezogen werden, ohne die Voraussetzungen des § 3 Abs. 1 zu erfüllen.

Schlussbestimmungen

§ 30. (1) Gemäß § 125 Abs. 8 des ArbeitnehmerInnenschutzgesetzes – ASchG, BGBl. Nr. 450/1994, zuletzt geändert durch BGBl. I Nr. 159/2001, wird festgestellt, dass gleichzeitig mit In-Kraft-Treten dieser Verordnung außer Kraft treten:

1. die in § 119 Abs. 1 ASchG übergeleiteten § 23 Abs. 6 und § 45 der Druckluft- und Taucherarbeiten-Verordnung, BGBl. Nr. 501/1973, zuletzt geändert durch BGBl. I Nr. 159/2001,
2. die in § 120 ASchG übergeleiteten § 1 Abs. 2, § 2 Abs. 1, 3 und 4, §§ 3 bis 29 der Verordnung über den Schutz des Lebens und der Gesundheit von Dienstnehmern bei der Ausführung von Sprengarbeiten, BGBl. Nr. 77/1954, zuletzt geändert durch BGBl. Nr. 450/1994,
3. der in § 123 Abs. 2 Z 1 ASchG übergeleitete § 15 der Verordnung über den Schutz der Dienstnehmer und der Nachbarschaft beim Betrieb von Steinbrüchen, Lehm-, Ton-, Sand- und Kiesgruben sowie bei Haldenabtragungen, BGBl. Nr. 253/1955, zuletzt geändert durch BGBl. II Nr. 164/2000.

(2) Gemäß § 195 Abs. 2 des Mineralrohstoffgesetzes – MinroG, BGBl. I Nr. 38/1999, zuletzt geändert durch BGBl. I Nr. 21/2002, wird festgestellt, dass gleichzeitig mit In-Kraft-Treten dieser Verordnung außer Kraft treten:

1. die in § 195 Abs. 1 Z 4 MinroG übergeleiteten §§ 139 bis 156, §§ 158 bis 171, §§ 173 bis 184, §§ 275 bis 281 und 285 der Allgemeinen Bergpolizeiverordnung, BGBl. Nr. 114/1959, zuletzt geändert durch BGBl. I Nr. 21/2002,
2. der in § 195 Abs. 1 Z 1 MinroG übergeleitete § 80 der Erdöl-Bergpolizeiverordnung, BGBl. Nr. 278/1937, zuletzt geändert durch BGBl. I Nr. 21/2002.

(3) Gemäß § 196 Abs. 2 MinroG wird festgestellt, dass mit In-Kraft-Treten dieser Verordnung die noch geltenden Bestimmungen (Inhaltsverzeichnis, §§ 54 bis 56 *(Anm.: richtig: §§ 52 bis 54))* der in § 196 Abs. 1 Z 8 MinroG übergeleiteten Bergpolizeiverordnung über verantwortliche Personen – BPV-Personen, BGBl. II Nr. 108/1997, zuletzt geändert durch BGBl. II Nr. 9/2003, außer Kraft treten. Die Verordnung über verantwortliche Personen im Bergbau – VPB-V, BGBl. II Nr. 9/2003, bleibt unberührt.

(4) Die §§ 96 Abs. 7 und 97 Abs. 2 letzter Satz der Bauarbeiterschutzverordnung – BauV, BGBl. Nr. 340/1994, zuletzt geändert durch BGBl. II Nr. 309/2004, treten mit In-Kraft-Treten dieser Verordnung außer Kraft.

(5) Bescheide, mit denen Ausnahmen von den in Abs. 1 bis 4 angeführten Vorschriften bewilligt worden sind, bleiben unberührt.

(6) Durch diese Verordnung wird die Richtlinie 92/104/EWG ABl. Nr. L 404 vom 31.12.1992 zu ihrer Bestimmung über Sprengstoffe und Zündmittel umgesetzt.

(7) Diese Verordnung tritt mit dem der Kundmachung folgenden Monatsersten in Kraft.

(8) § 3 Abs. 1 und § 24 Abs. 2 in der Fassung BGBl. II Nr. 13/2007, treten mit dem der Kundmachung folgenden Monatsersten in Kraft.

(9) § 2 Abs. 2, § 3 Abs. 4 Z 2 lit. e, § 5 Abs. 3, § 6 Z 1, § 7 Abs. 2 bis 4, § 8 Abs. 1 und Abs. 2 Z 1 und 6, § 9 Abs. 1 Z 4 und Abs. 2, § 10 Abs. 1, § 12 Abs. 1 Z 1, § 14 Z 2 und 5, § 20 Z 1, § 25 Abs. 1 bis 3 und 5, § 26 Abs. 1 Z 1 sowie § 28 Z 1 lit. a und Z 2 in der Fassung der Verordnung BGBl. II Nr. 368/2023 treten mit dem der Kundmachung folgenden Monatsersten in Kraft. § 25 Abs. 2 in der Fassung der Verordnung BGBl. II Nr. 13/2007 tritt mit dem der Kundmachung der Verordnung BGBl. II Nr. 368/2023 folgenden Monatsersten außer Kraft.

SprengV

18. Bohrarbeitenverordnung

Verordnung des Bundesministers für Wirtschaft und Arbeit über den Schutz der Arbeitnehmer/innen bei der Durchführung von Bohr- und Behandlungsarbeiten und mit der die Verordnung explosionsfähige Atmosphären geändert wird (Bohrarbeitenverordnung – BohrarbV)

StF: BGBl. II Nr. 140/2005

Letzte Novellierung: BGBl. II Nr. 330/2024 [CELEX-Nr.: 32022L0431]

Präambel

Auf Grund der §§ 3, 4, 5, 6 Abs. 1 und 2, §§ 14, 20 ff, 33, 37, 38, 40, 41, 46, 60, 61 und 95 Abs. 2 des Bundesgesetzes über Sicherheit und Gesundheitsschutz bei der Arbeit (ArbeitnehmerInnenschutzgesetz – ASchG), BGBl. Nr. 450/1994, zuletzt geändert durch BGBl. I Nr. 159/2001, wird verordnet:

GLIEDERUNG

Geltungsbereich

§ 1. (1) Diese Verordnung gilt für Arbeitsstätten und auswärtige Arbeitsstellen für die Durchführung von

1. Bohrarbeiten zum Aufsuchen oder Gewinnen mineralischer Rohstoffe,
2. Bohrarbeiten zum Suchen und Erforschen geologischer Strukturen, die sich zur Aufnahme von einzubringenden Stoffen eignen und zum unterirdischen behälterlosen Speichern sowie Einbringen und Lagern solcher Stoffe,
3. Bohrarbeiten zum Suchen und Erforschen von Vorkommen geothermischer Energie sowie des Gewinnens dieser Energie soweit hiezu mehr als 300 m tiefe Bohrlöcher hergestellt oder benützt werden,
4. Behandlungs- und Auflassungsarbeiten an fertig gestellten Bohrlöchern, die für Tätigkeiten im Sinn der Z 1 bis 3 hergestellt wurden.

(2) Die Verordnung gilt nicht für

1. Vorbereitungs- und Abschlussarbeiten, wie Erdbewegungs- und Rekultivierungsmaßnahmen,
2. Bohrverfahren zur Gewinnung fester mineralischer Rohstoffe durch Herstellen von Schächten und Strecken,
3. das Herstellen von Laderäumen durch Bohrungen zur Gewinnung fester mineralischer Rohstoffe (Bohrlochsprengungen),
4. Sondier- und Erkundungsbohrungen, sofern Bohranlagen mit einer höchstzulässigen Hakenlast oder Tragfähigkeit von 150 kN verwendet werden und keine Möglichkeit von Ausbrüchen besteht.

Begriffsbestimmungen

§ 2. (1) Bohrarbeiten sind Arbeiten zum Herstellen eines Bohrlochs durch obertägig angesetzte Bohrungen.

(2) Behandlungsarbeiten sind Arbeiten an fertig gestellten Bohrlöchern mit Hilfe von Behandlungsanlagen, die der Sicherung, Erhaltung, Wiederherstellung oder Erhöhung der Förderkapazität dienen.

(3) Die Bohr- oder Behandlungsanlage ist ein Tragwerk (Mast, Unterbau) einschließlich der mit dem Tragwerk unmittelbar verbundenen maschinellen Ausrüstung.

(4) Ausbruch (Blowout) ist das unkontrollierte, Gefahr bringende Zu-Tage-Treten von Gasen oder Flüssigkeiten aus dem Bohrloch.

Aufsichtsperson

§ 3. (1) Bei der Durchführung von Bohr- und Behandlungsarbeiten muss eine vom/von der Arbeitgeber/in benannte fachkundige Person anwesend sein, die auf die Durchführung und Einhaltung der für die beschäftigten Arbeitnehmer/innen erforderlichen Schutzmaßnahmen zu achten hat, falls der/die Arbeitgeber/in nicht selbst im erforderlichen Ausmaß anwesend ist oder nicht über die hierfür erforderlichen Fähigkeiten und Qualifikationen verfügt. Im Fall der Verhinderung ist für eine geeignete fachkundige Vertretung zu sorgen.

(2) Abs. 1 gilt nicht, wenn Arbeitnehmer/innen ausschließlich mit mindergefährlichen Instandsetzungs- oder Überwachungsarbeiten beschäftigt werden. In diesem Fall muss der/die Arbeitgeber/in oder die Aufsichtsperson zumindest ständig erreichbar sein und sich mindestens einmal pro Schicht mit den Arbeitnehmer/innen in Verbindung setzen.

Gefahrenermittlung und -beurteilung sowie Festlegung von Schutzmaßnahmen

§ 4. Bei der Ermittlung und Beurteilung der Gefahren sowie Festlegung von Schutzmaßnahmen ist insbesondere Folgendes zu berücksichtigen:

1. Umfeld der Bohr- oder Behandlungsanlage, wie instabile Bodenverhältnisse, Naturereignisse, klimatische Bedingungen, betriebsfremde Personen,
2. Erbohren von unter Druck stehenden flüssigen oder gasförmigen Medien,
3. Erbohren von gesundheitsgefährdenden oder brennbaren Gasen,
4. Bedienung der Bohrausrüstung,
5. Umgang mit gefährlichen Arbeitsstoffen,
6. Benutzung von Arbeitsmitteln mit Quetsch- und Scherstellen,
7. potenzielle Zündquellen,
8. gefährliche Arbeiten oder normalerweise gefahrlose Arbeiten, die sich mit anderen Arbeitsvorgängen überschneiden und die daher in ihrer Gesamtwirkung eine ernste Gefährdung bewirken können,
9. Absturz und Fall.

Schriftliche Anweisungen, Arbeitsfreigabe

§ 5. (1) Für die Durchführung der Bohr- und Behandlungsarbeiten sind schriftliche Anweisungen (§ 14 Abs. 5 ASchG) zu erstellen. Diese Anweisungen haben auch Informationen über den Einsatz von Schutzausrüstungen und Rettungseinrichtungen sowie Vorgehensweisen im Notfall zu enthalten.

(2) Für gemäß § 4 Z 8 ermittelte Arbeiten ist ein schriftliches Arbeitsfreigabesystem samt den erforderlichen Schutz- und Rettungsmaßnahmen vor, während und nach Abschluss der Arbeiten vorzusehen außer die Ermittlung und Beurteilung der Gefahren führt zu dem Ergebnis, dass dies nicht erforderlich ist.

(3) Es ist dafür zu sorgen, dass die in Abs. 2 genannten Arbeiten erst durchgeführt werden, wenn der/die Arbeitgeber/in oder die Aufsichtsperson sich überzeugt hat, dass die laut Arbeitsfreigabesystem festgelegten Schutz- und Rettungsmaßnahmen durchgeführt sind, und die Arbeitsfreigabe erteilt hat.

Prüfung und Wartung von Bohr- und Behandlungsanlagen

§ 6. (1) Bohr- und Behandlungsanlagen dürfen nur verwendet werden, wenn sie durch geeignete fachkundige Personen

1. nach dem Aufbau an jedem neuen Einsatzort auf ihren ordnungsgemäßen Zustand, ihre ordnungsgemäße Montage und ihre Stabilität hin überprüft worden sind (Aufstellungsprüfungen) und
2. in regelmäßigen Abständen auf ihren ordnungsgemäßen Zustand besonders überprüft werden (wiederkehrende Prüfungen). Für die Prüfung von Mast und Unterbau hinsichtlich ihrer Tragfähigkeit ist mindestens jedes vierte Jahr ein/e geeignete/r externe/r Sachverständige/r heranzuziehen.

(2) Nach Ereignissen, die schädigende Auswirkungen auf die Sicherheit der Bohr- oder Behandlungsanlage haben können sowie nach größeren Instandsetzungen und wesentlichen Änderungen, darf die Bohr- oder Behandlungsanlage nur verwendet werden, wenn eine Prüfung durch geeignete fachkundige Personen, sofern das Tragwerk betroffen war durch geeignete externe Sachverständige, erfolgt ist.

(3) Auf der Grundlage einer Gefahrenanalyse, und nach Maßgabe der vorgesehenen Einsatzbedingungen und den Angaben der Hersteller oder Inverkehrbringer ist ein Plan für die Aufstellungsprüfungen und wiederkehrenden Prüfungen zu erstellen (Prüfplan) und am Einsatzort aufzulegen. Der Prüfplan hat zu enthalten:

1. Angaben über die Art und die Häufigkeit der Prüfungen,
2. Angaben über die Prüfinhalte,
3. die Kriterien zur Bewertung der Prüfung und die daraus zu ziehenden Schlussfolgerungen,
4. Ereignisse, die eine außerordentliche Prüfung erforderlich machen,
5. Angaben über den die Prüfungen durchführenden Personenkreis.

(4) Die Aufstellungsprüfung muss insbesondere beinhalten:

1. Prüfung des ordnungsgemäßen Zustandes, der ordnungsgemäßen Montage und der Stabilität des Bohr- oder Behandlungsgerüstes,
2. Prüfung der Steuer- und Kontrolleinrichtungen,
3. erforderlichenfalls Funktionsprüfung mit und ohne Belastung,
4. Prüfung der Sicherheitsfunktionen bei vorsehbaren Störungen und Fehlbedienungen,

5. Prüfung der sicheren Zu- und Abfuhr von Stoffen und Energien, wie Spülflüssigkeit oder erbohrten Flüssigkeiten und Gasen,
6. Prüfung der Warn- und Alarmeinrichtungen und der Rettungseinrichtungen.

(5) Die wiederkehrende Prüfung muss insbesondere beinhalten:

1. Prüfung des Gerüstes der Bohr- oder Behandlungsanlage,
2. Prüfung von verschleißbehafteten Komponenten wie Bremsen, Kupplungen, Rollen und Hebewerksseilen,
3. Einstellung von sicherheitsrelevanten Bauteilen und Sicherheitseinrichtungen wie Lastkontrolleinrichtungen und Bewegungsbegrenzungen,
4. Funktionsprüfung sicherheitsrelevanter Bauteile wie Schalteinrichtungen, Notausschaltvorrichtungen, Absperr- und Druckentlastungseinrichtungen, Warn- und Alarmeinrichtungen.

(6) Die Ergebnisse der Prüfungen sind in einem Prüfbefund schriftlich festzuhalten, der bis zum Ausscheiden der Bohr- oder Behandlungsanlage aufzubewahren ist. Es ist dafür zu sorgen, dass die Prüfbefunde am Einsatzort oder in leicht erreichbarer Nähe aufliegen.

(7) Werden bei den Prüfungen Mängel der Bohr- oder Behandlungsanlage festgestellt, darf diese erst nach Mängelbehebung benutzt werden. Bohr- und Behandlungsanlagen dürfen abweichend davon auch vor Mängelbehebung benutzt werden, wenn

1. die Person, die die Prüfung durchgeführt hat, im Prüfbefund schriftlich festhält, dass die Anlage vor Mängelbehebung wieder benutzt werden darf und
2. die betroffenen Arbeitnehmer/innen über die Mängel der Anlage informiert wurden.

(8) Für die systematische Wartung von Bohr- und Behandlungsanlagen ist ein geeigneter Wartungsplan zu erstellen. Für die Wartung sind geeignete fachkundige Personen heranzuziehen. Es ist ein Wartungsbuch über die durchgeführten Wartungen zu führen. Es ist dafür zu sorgen, dass Wartungsplan und Wartungsbuch am Einsatzort aufliegen.

(9) Für selbstfahrende Bohr- und Behandlungsanlagen, deren zulässige Hakenlast oder Tragfähigkeit weniger als 150kN beträgt, sind abweichend von den Abs. 1 und 2 sowie Abs. 4 bis 7 die Bestimmungen der Arbeitsmittelverordnung – AM-VO, BGBl. II Nr. 164/2000 in der geltenden Fassung, für selbstfahrende Arbeitsmittel anzuwenden.

Kommunikations-, Warn- und Alarmsysteme
§ 7. Es ist dafür zu sorgen, dass

1. erforderliche Kommunikationssysteme eingerichtet sind, um im Bedarfsfall unverzüglich Hilfs- und Rettungsmaßnahmen einzuleiten,
2. ein akustisch-optisches Warn- und Alarmsystem eingerichtet ist, das je nach Erfordernis in jeden besetzten Bereich Warn- und Alarmsignale übertragen kann außer die Ermittlung und Beurteilung der Gefahren führt zu dem Ergebnis, dass dies nicht erforderlich ist,
3. Alarmauslösevorrichtungen an geeigneten Stellen eingerichtet sind.

Sammelstellen und Namensliste
§ 8. (1) Es ist dafür zu sorgen, dass

1. Sammelstellen für Notfälle festgelegt werden, die entsprechend gekennzeichnet sind,
2. eine Namensliste aller tatsächlich anwesenden Personen geführt wird.

(2) Abs. 1 gilt nicht, wenn die Ermittlung und Beurteilung der Gefahren zu dem Ergebnis führt, dass dies nicht erforderlich ist.

Sicherheitsübungen
§ 9. (1) Es ist dafür zu sorgen, dass spätestens eine Woche nach Beginn der Bohr- und Behandlungsarbeiten und dann in Abständen von längstens einem Monat Sicherheitsübungen zu Flucht- und Rettungszwecken unter Einbeziehung der Sammelstellen und Namenslisten durchgeführt werden.

(2) Bei diesen Übungen ist für eine Unterweisung der Arbeitnehmer/innen, denen Aufgaben für den Notfall zugewiesen wurden, die den Einsatz, die Benutzung oder die Bedienung von Schutzausrüstungen und Rettungseinrichtungen erfordern, zu sorgen. Gegebenenfalls ist dafür zu sorgen, dass die Arbeitnehmer/innen, denen solche Aufgaben zugewiesen wurden, auch die korrekte Benutzung oder Bedienung dieser Ausrüstungen und Einrichtungen einüben.

Fernbedienung in Notfällen
§ 10. Die Systeme zur Absperrung und Druckentlastung von Bohrlöchern und Rohrleitungen müssen im Fall von Störungen von geeigneten Stellen aus, z. B. vom Bedienungsstand oder von einer sonstigen sicheren Stelle, sicher fernbedienbar sein. Diese geeigneten Stellen sind im Sicherheits- und Gesundheitsschutzdokument festzulegen.

Bohrlochkontrolle
§ 11. Während der Bohr- und Behandlungsarbeiten ist für die Verwendung geeigneter Überwachungseinrichtungen sowie Bohrlochkontrollgeräte wie Absperr-, Totpump- und Druckentlastungseinrichtungen zum Schutz gegen Ausbrüche zu sorgen, sofern die Möglichkeit von Ausbrüchen besteht.

Brandschutz
§ 12. (1) Es sind geeignete Maßnahmen zu treffen, um das Entstehen eines Brandes und im Falle

BohrarbV

eines Brandes eine Gefährdung des Lebens und der Gesundheit der Arbeitnehmer/innen zu vermeiden.

(2) Es ist jedenfalls für Maßnahmen des erhöhten Brandschutzes im Sinn des § 45 Abs. 2 bis Abs. 4 und Abs. 6 der Arbeitsstättenverordnung – AStV, BGBl. II Nr. 368/1998 in der geltenden Fassung, zu sorgen, sofern die Möglichkeit besteht, dass brennbare Gase oder Flüssigkeiten erbohrt werden oder im Zuge von Behandlungsarbeiten zu Tage treten.

(3) § 42 AStV gilt auch für auswärtige Arbeitsstellen. Für Prüfungen von Brandmeldeanlagen, Löschgeräten und stationären Löschanlagen auf auswärtigen Arbeitsstellen gilt § 13 AStV.

Schutz vor gesundheitsgefährdender Atmosphäre

§ 13. (1) Wird im Sinn des § 4 Z 3 ermittelt, dass gesundheitsgefährdende Gase in Gefahr bringender Menge aus dem Bohrloch austreten und in die Atmosphäre gelangen können, ist ein Gasschutzdokument zu erstellen, der dem Sicherheits- und Gesundheitsschutzdokument anzuschließen ist. Das Gasschutzdokument muss jedenfalls folgendes enthalten:

1. vorbeugende Schutzmaßnahmen,
2. die erforderlichen Schutzausrüstungen,
3. die erforderlichen Atemschutzgeräte.

(2) Es sind Überwachungseinrichtungen, die an festgelegten Stellen die Gaskonzentrationen automatisch und kontinuierlich messen, und automatische Alarmsysteme vorzusehen, außer die Ermittlung und Beurteilung der Gefahren führt zu dem Ergebnis, dass dies nicht erforderlich ist. Die Messergebnisse müssen aufgezeichnet und aufbewahrt werden.

(3) Erforderlichenfalls sind die Arbeitnehmer/innen mit personenbezogenen Gasmessgeräten auszustatten.

(4) Bei tatsächlich oder möglicherweise auftretender unatembarer Atmosphäre sind umluftunabhängige Atemschutzgeräte für den unmittelbaren Einsatz als Flucht- und Rettungsmittel am Arbeitsplatz vorzusehen außer die Ermittlung und Beurteilung der Gefahren führt zu dem Ergebnis, dass dies nicht erforderlich ist.

(5) Es ist dafür zu sorgen, dass Arbeitnehmer/innen die erforderlichen Atemschutzgeräte stets bei sich führen, sobald sich die Bohrarbeiten Gebirgsschichten nähern, die gesundheitsgefährdende Gase oder in Flüssigkeiten gelöste Gase führen können.

(6) Abs. 5 gilt auch für die Beschäftigung von Arbeitnehmer/innen mit Behandlungsarbeiten, bei denen die Möglichkeit des plötzlichen Austretens Gefahr bringender Mengen gesundheitsgefährdender Gase besteht.

Wiederbelebungsgeräte

§ 14. Geeignete Wiederbelebungsgeräte sind in ausreichender Zahl zur Verfügung zu stellen und zu warten, wenn Arbeitnehmer/innen gesundheitsgefährdenden oder unatembaren Atmosphären ausgesetzt sein können. Die Aufbewahrungsorte müssen leicht zugänglich und gekennzeichnet sein. Für die Bedienung dieser Geräte muss eine ausreichende Zahl von Arbeitnehmer/innen zur Verfügung stehen.

Arbeitsplätze

§ 15. (1) Es ist dafür zu sorgen, dass Standflächen unter Berücksichtigung der Art der auszuführenden Arbeiten ausreichend groß und tragsicher gestaltet werden. Bei vereisten Standflächen ist durch geeignete Vorkehrungen eine Gefährdung der Arbeitnehmer/innen zu verhindern.

(2) Es ist für eine ausreichende Beleuchtung der Arbeitsplätze zu sorgen, wenn das Tageslicht nicht ausreicht. Auf solchen Arbeitsplätzen ist für eine von der Beleuchtung unabhängige Notbeleuchtung zu sorgen, die die Umgebung zumindest so erhellt, dass die Arbeitnehmer/innen die Arbeitsplätze sicher verlassen können.

Gerüstbühnen

§ 16. (1) Gerüstbühnen sind so zu gestalten, dass sie über fest eingebaute Leitern oder Treppen erreichbar sind. Liegt die Arbeitsbühne mehr als zwei Meter über dem Erdboden, ist für mindestens zwei Fluchtwege in verschiedenen Richtungen zum Erdboden zu sorgen.

(2) Es ist für eine Umkleidung der Gerüstbühnen zu sorgen, wenn es die Witterungsverhältnisse erfordern und es die Bauart und Betriebsweise der Gerüste zulässt. Dient die Umkleidung auch der Absturzsicherung, ist dafür zu sorgen, dass sie ausreichend widerstandsfähig ausgeführt ist und die Schutzwirkung einer Umwehrung im Sinn des § 17 Abs. 2 Z 2 bietet.

(3) Auf den Gerüstbühnen sind erforderlichenfalls Vorkehrungen anzubringen, damit sich die dort beschäftigten Arbeitnehmer/innen bei Kälte aufwärmen können.

(4) An Gerüstbühnen, die sich oberhalb der Arbeitsbühne befinden und an denen ständige Arbeitsplätze eingerichtet sind, ist für Rettungseinrichtungen, wie Abseilvorrichtungen, zu sorgen, die im Notfall ein sicheres und rasches Verlassen des Gefahrenbereiches ermöglichen, wenn die Gefahr des Auftretens gesundheitsgefährdender oder unatembarer Atmosphäre, von Bränden oder von Ausbrüchen nicht ausgeschlossen werden kann.

Der Gebrauch der Rettungseinrichtungen ist in regelmäßigen Abständen zu üben.

Sicherung gegen Absturz

§ 17. (1) Bei Absturzgefahr sind geeignete Absturzsicherungen anzubringen. Absturzgefahr liegt vor:

1. bei Öffnungen und Vertiefungen im Fuß- oder Erdboden, wie Schächten, Kanälen, Gruben, Gräben,
2. an Arbeitsplätzen, Standplätzen und Verkehrswegen über Gewässern oder anderen Stoffen, bei denen die Gefahr des Versinkens besteht,
3. an Stiegenläufen und -podesten sowie an Standflächen zur Bedienung oder Wartung von stationären Arbeitsmitteln bei mehr als einem Meter Absturzhöhe,
4. an sonstigen Arbeitsplätzen, Standplätzen und Verkehrswegen bei mehr als zwei Metern Absturzhöhe.

(2) Geeignete Absturzsicherungen sind

1. tragsichere und unverschiebbare Abdeckungen von Öffnungen und Vertiefungen,
2. Umwehrungen (Geländer) an den Absturzkanten, die aus Brust-, Mittel- und Fußwehren bestehen. Bei Wandöffnungen, Stiegenpodesten und Standflächen zur Bedienung oder Wartung von Arbeitsmitteln bis zu einer Absturzhöhe von zwei Metern und bei Stiegenläufen können die Fußwehren entfallen,
3. auf Flächen bis 20 Grad Neigung stabile Abgrenzungen durch Brustwehren aus Holz, Metallrohr, gespannten Seilen oder Ketten.

(3) Die Anbringung von Absturzsicherungen kann entfallen, wenn der hiefür erforderliche Aufwand unverhältnismäßig hoch gegenüber dem Aufwand für die durchzuführende Arbeit ist. In diesen Fällen müssen die Arbeitnehmer/innen mit entsprechender persönlicher Schutzausrüstung gesichert sein.

Außer- und In-Kraft-Treten, Richtlinienumsetzung

§ 18. (1) Gemäß § 195 Abs. 2 des Mineralrohstoffgesetzes – MinroG, BGBl. I Nr. 38/1999, zuletzt geändert durch das Bundesgesetz BGBl. I Nr. 21/2002 und die Kundmachung BGBl. I Nr. 83/2003, wird festgestellt, dass die Arbeitnehmerschutzbestimmungen der Allgemeinen Bergpolizeiverordnung, BGBl. Nr. 114/1959, zuletzt geändert durch die Verordnung BGBl. II Nr. 358/2004, im Anwendungsbereich dieser Verordnung außer Kraft treten.

(2) Diese Verordnung dient der Umsetzung von Bestimmungen der Richtlinie 92/91/EWG, ABl. Nr. L 348 vom 28.11.1992.

BohrarbV

19. Verordnung Lärm und Vibrationen

Verordnung über den Schutz der Arbeitnehmer/innen vor der Gefährdung durch Lärm und Vibrationen (Verordnung Lärm und Vibrationen – VOLV)

StF: BGBl. II Nr. 22/2006

Letzte Novellierung: BGBl. II Nr. 302/2009 [CELEX-Nr.: 32002L0044]

Präambel

Aufgrund §§ 12 bis 15, 20 Abs. 2, 22 Abs. 4, 28 Abs. 5, 33 Abs. 5, 38 Abs. 1, 65, 66 Abs. 1 und 3 sowie 72 Abs. 1 Z 3 und 4 des Bundesgesetzes über Sicherheit und Gesundheitsschutz bei der Arbeit (ArbeitnehmerInnenschutzgesetz – ASchG), BGBl. Nr. 450/1994, zuletzt geändert durch das Bundesgesetz BGBl. I Nr. 159/2001 und die Verordnung BGBl. II Nr. 309/2004, wird verordnet:

GLIEDERUNG

Geltungsbereich

§ 1. Diese Verordnung gilt in Arbeitsstätten, auf Baustellen und an auswärtigen Arbeitsstellen im Sinne des ASchG für Tätigkeiten, bei denen die Arbeitnehmer/innen während ihrer Arbeit einer Gefährdung durch Lärm oder durch Vibrationen ausgesetzt sind oder ausgesetzt sein können.

Begriffsbestimmungen

§ 2. Im Sinne dieser Verordnung sind

1. Vibrationen: Mechanische Schwingungen oder Erschütterungen, die durch direkten Kontakt auf den menschlichen Körper übertragen werden (Definition und Bewertung laut Anhang B);

a. Hand-Arm-Vibrationen: mechanische Schwingungen, die bei Übertragung auf das Hand-Arm-System des Menschen Gefährdungen für die Gesundheit und Sicherheit der Arbeitnehmer/innen verursachen, insbesondere Durchblutungsstörungen, Knochen- oder Gelenkschäden, neurologische oder Muskelerkrankungen.

b. Ganzkörper-Vibrationen: mechanische Schwingungen, die bei Übertragung auf den gesamten Körper Gefährdungen für die Gesundheit und Sicherheit der Arbeitnehmer/innen verursachen, insbesondere Rückenschmerzen und Schädigungen der Wirbelsäule.

2. Lärm: Jede Art von Schall im hörbaren Frequenzbereich (Definition und Bewertung laut Anhang A)

a. gehörgefährdender Lärm: Lärm über dem Auslösewert (§ 4);

b. störender Lärm: Lärm, der einen Beurteilungspegel nach § 5 überschreitet.

Expositionsgrenzwert

§ 3. (1) Die nachstehenden Expositionsgrenzwerte dürfen nicht überschritten werden:

1. Für Hand-Arm-Vibrationen: $a_{hw,8h} = 5$ m/s^2;

2. Für Ganzkörper-Vibrationen: $a_{w,8h} = 1,15$ m/s^2;

3. Für gehörgefährdenden Lärm: $L_{A,EX,8h} = 85$ dB bzw. $p_{peak} = 140$ Pa (entspricht: $L_{C,peak} = 137$ dB);

4. Für jugendliche Arbeitnehmer/innen gelten die in § 4 Abs. 1 Z 1 und 2 angeführten Auslösewerte für Vibrationen als Expositionsgrenzwerte.

(2) Abweichend von Abs. 1 kann bei Lärmexpositionen, die von einem Arbeitstag zum anderen

erheblich schwanken, als Beurteilungszeitraum für den Auslösewert (§ 4 Abs. 1 Z 3), und den Expositionsgrenzwert (§ 3 Abs. 1 Z 3) anstatt des Tages (8 h) eine Woche (40 h) herangezogen werden, sofern

1. durch eine geeignete Bewertung oder Messung im Sinne des § 6 nachgewiesen wird, dass der Wochen-Lärmexpositionspegel ($L_{A,Ex,40h}$) den Expositionsgrenzwert nicht überschreitet, und
2. geeignete Maßnahmen getroffen werden, um die mit diesen Tätigkeiten verbundenen Risiken auf ein Mindestmaß zu verringern.

(3) Wenn die Expositionsgrenzwerte überschritten werden, müssen die Arbeitgeber/innen

1. unverzüglich Maßnahmen ergreifen, um die Exposition auf einen Wert unterhalb des Expositionsgrenzwertes zu senken,
2. ermitteln, warum der Expositionsgrenzwert überschritten wurde und
3. die Schutz- und Vorbeugemaßnahmen entsprechend anpassen, um ein erneutes Überschreiten des Grenzwertes zu verhindern.

Auslösewert

§ 4. Die Exposition der Arbeitnehmer/innen sollte, soweit dies nach dem Stand der Technik möglich ist, keinen der folgenden Auslösewerte überschreiten. Wenn die Exposition der Arbeitnehmer/innen einen der folgenden Auslösewerte für Vibrationen überschreitet, sind § 8 Abs. 1 und § 9 Abs. 3 anzuwenden. Wenn die Exposition der Arbeitnehmer/innen einen der folgenden Auslösewerte für Lärm überschreitet, sind §§ 8 Abs. 1 und 14 Abs. 1 anzuwenden. Die individuelle Wirkung von persönlicher Schutzausrüstung ist hierbei nicht zu berücksichtigen. Die Auslösewerte betragen:

1. Für Hand-Arm-Vibrationen: $a_{hw,8h}$ = 2,5 m/s^2;
2. Für Ganzkörper-Vibrationen: $a_{w,8h}$ = 0,5 m/s^2;
3. Für gehörgefährdenden Lärm: $L_{A,EX,8h}$ = 80 dB bzw. p_{peak} = 112 Pa (entspricht: $L_{C,peak}$ = 135 dB).

Grenzwerte für bestimmte Räume

§ 5. (1) Bei Ganzkörper-Vibrationen in Räumen nach Z 1 bis 3 ist die Exposition so niedrig wie möglich zu halten und darf maximal den Auslösewert erreichen. Bei Lärm in Räumen nach Z 1 bis 3 dürfen die folgenden Beurteilungspegel nicht überschritten werden, wobei die von außen einwirkenden Geräusche, wie Lärm aus anderen Räumen, Nachbarschaftslärm, Verkehrslärm, Fluglärm, Lärm von einer Baustelle, in die Bewertung einzubeziehen sind:

1. $L_{A,r}$ = 50 dB in Räumen, in denen überwiegend geistige Tätigkeiten ausgeführt werden;
2. $L_{A,r}$ = 65 dB in Räumen, in denen einfache Bürotätigkeiten oder vergleichbare Tätigkeiten ausgeführt werden;
3. $L_{A,r}$ = 50 dB ortsbezogen, in Aufenthalts- und Bereitschaftsräumen, Sanitätsräumen und Wohnräumen, wobei Geräusche, die durch Personen im Raum verursacht werden, nicht einzubeziehen sind.

(2) Zur Einhaltung der Grenzwerte nach Abs. 1 Z 1 bis 3 darf Gehörschutz nicht herangezogen werden.

Bewertungen und Messungen

§ 6. (1) Lärm und Vibrationen an den Arbeitsplätzen sind einer Bewertung nach dem Stand der Technik zu unterziehen. Dazu können zB Betriebsanleitungen, Hersteller- oder Inverkehrbringerangaben, Arbeitsverfahrensvergleiche, veröffentlichte Informationen, wie wissenschaftliche Erkenntnisse oder Vergleichsdatenbanken oder Berechnungsverfahren, herangezogen werden.

(2) Kann aufgrund einer solchen Bewertung eine Überschreitung der Expositionsgrenzwerte oder eine Überschreitung der Grenzwerte für bestimmte Räume nicht sicher ausgeschlossen werden, so muss die Bewertung auf Grundlage einer repräsentativen Messung erfolgen.

(3) Arbeitgeber/innen haben dafür zu sorgen, dass Bewertungen und Messungen

1. unter Berücksichtigung der Herstellerangaben sachkundig geplant und in angemessenen Zeitabständen durchgeführt werden;
2. den physikalischen Eigenschaften von Lärm oder Vibrationen, dem Ausmaß, der Dauer und der Expositionsgröße sowie der Arbeitsumgebung angepasst sind und zu einem eindeutigen und repräsentativen Ergebnis führen; dies gilt auch für Stichprobenverfahren;
3. bei Hand-Arm-Vibrationen für Arbeitsmittel, die beidhändig gehalten oder geführt werden, an jeder Hand vorgenommen werden;

die repräsentative Exposition ergibt sich aus dem höheren der beiden Werte, wobei beide Werte zu dokumentieren sind;

4. so dokumentiert werden (§ 5 ASchG), dass die Ergebnisse eindeutig und nachvollziehbar sind.

(4) Bewertungen und Messungen dürfen nur von fachkundigen Personen oder Diensten durchgeführt werden. Diese müssen die erforderlichen Fachkenntnisse und Berufserfahrungen besitzen und die Gewähr für die gewissenhafte und repräsentative Durchführung der Bewertungen und Messungen nach dem Stand der Technik bieten. Als Fachkundige können auch Betriebsangehörige eingesetzt werden.

(5) Fachkundige Personen oder Dienste müssen über die je nach Art der Aufgabenstellung, notwendigen und geeigneten Einrichtungen verfügen (zB Software für Berechnungen, Messgeräte, die

den vorherrschenden Bedingungen insbesondere unter Berücksichtigung der Merkmale der zu messenden physikalischen Größe angepasst sind, oder aus denen die physikalische Größe eindeutig und repräsentativ abgeleitet werden kann, Vergleichsdaten, einschlägige technische Normen).

Ermittlung und Beurteilung der Gefahren

§ 7. (1) Arbeitgeber/innen müssen die Gefahren, denen die Arbeitnehmer/innen durch Lärm oder Vibrationen ausgesetzt sind, ermitteln und beurteilen und dabei insbesondere Folgendes berücksichtigen:

1. Art, Ausmaß, Dauer und Frequenzspektrum der Exposition, einschließlich der Exposition gegenüber impulsförmigem Schall sowie gegenüber intermittierenden und wiederholten Vibrationen;
2. Expositionsgrenzwerte, Auslösewerte und Grenzwerte für bestimmte Räume;
3. Ergebnisse von Bewertungen und Messungen sowie einschlägige Informationen auf Grundlage der Gesundheitsüberwachung;
4. die Angaben von Herstellern/Herstellerinnen, Inverkehrbringern/Inverkehrbringerinnen oder der Bedienungsanleitung (insbesondere Angaben zur korrekten Verwendung, zur Wartung und Kennzeichnung der Arbeitsmittel) sowie veröffentlichte Informationen wie wissenschaftliche Erkenntnisse oder Vergleichsdaten.

(2) Weiters sind bei der Ermittlung und Beurteilung der Gefahren, denen die Arbeitnehmer/innen durch Lärm oder Vibrationen ausgesetzt sind, zu berücksichtigen:

1. alle Auswirkungen auf die Gesundheit und Sicherheit der Arbeitnehmer/innen bei gleichzeitiger Einwirkung von Lärm und Vibrationen oder ototoxischen Substanzen, soweit nach dem Stand der Technik oder der Arbeitsmedizin ein Zusammenhang erwiesen ist;
2. besondere Arbeits- oder Umgebungsbedingungen bei Vibrationen, zB Arbeit bei niedrigen Temperaturen;
3. alle Auswirkungen auf die Gesundheit und Sicherheit besonders gefährdeter Arbeitnehmer/innen;
4. die Verfügbarkeit von persönlicher Schutzausrüstung mit einer angemessenen mindernden Wirkung; bei Hand-Arm-Vibrationen zB auch Handschuhe zum Schutz vor Nässe und Kälte;
5. alle indirekten Auswirkungen auf Gesundheit und Sicherheit der Arbeitnehmer/innen durch
a. Wechselwirkungen zwischen Lärm und Warnsignalen bzw. anderen Geräuschen, die beachtet werden müssen, um Unfallgefahren zu vermeiden; dies ist insbesondere zu beachten, wenn Gehörschutz zur Anwendung kommt;
b. verminderte Sprachverständlichkeit bei Lärm;
c. Auswirkungen von Vibrationen auf den Arbeitsplatz oder auf Arbeitsmittel, zB wenn sich Vibrationen auf das korrekte Handhaben von Bedienungselementen, auf das Ablesen von Anzeigen oder auf die Stabilität der Strukturen oder die Festigkeit von Verbindungen störend auswirken;
6. eine allfällige über die Normalarbeitszeit (acht Stunden oder vierzig Stunden) hinausgehende Exposition gegenüber Lärm oder Vibrationen.

(3) Bei der Ermittlung und Beurteilung der Gefahren ist, ausgehend vom Ist-Zustand, Bedacht zu nehmen auf

1. die Gestaltung und Auslegung der Arbeitsstätten, Räume, Arbeitsplätze und Arbeitsverfahren, wie bauliche Trennung von stark belasteten Bereichen, Abschirmungen, für Lärm auch Raumakustik;
2. die Verfügbarkeit alternativer Arbeitsmittel oder Ausrüstungen und die Möglichkeit technischer Maßnahmen, durch die das Ausmaß der Exposition verringert wird;
3. die Möglichkeit, Arbeitsmittel so aufzustellen und Arbeitsvorgänge so durchzuführen, dass das Ausmaß der Exposition insbesondere für Arbeitnehmer/innen, die nicht an diesen Arbeitsmitteln oder bei diesen Arbeitsvorgängen tätig sind, verringert wird;
4. die Möglichkeit, Verbindungen zwischen Arbeitsmitteln oder sonstigen Einrichtungen schwingungsdämpfend zu gestalten.

(4) Die Ermittlung und Beurteilung ist regelmäßig zu aktualisieren. Eine Überprüfung und erforderlichenfalls eine Anpassung gemäß § 4 Abs. 4 und 5 ASchG hat insbesondere auch zu erfolgen, wenn die Ermittlung und Beurteilung aufgrund bedeutsamer Veränderungen veraltet sein könnte, oder wenn es sich aufgrund der Ergebnisse einer Bewertung oder Messung oder aufgrund der Ergebnisse der Gesundheitsüberwachung als erforderlich erweist.

Information, Unterweisung, Anhörung und Beteiligung der Arbeitnehmer/innen

§ 8. (1) Wenn ein Auslösewert überschritten ist, muss eine Information und Unterweisung der Arbeitnehmer/innen nach §§ 12 und 14 ASchG erfolgen. Diese hat sich jedenfalls zu beziehen auf:

1. die Maßnahmen gemäß §§ 10 bis 13;
2. Bedeutung und Höhe der Expositionsgrenzwerte und der Auslösewerte sowie ihren Bezug zur Gefährdung;
3. die Ergebnisse der Bewertungen und Messungen und die potentiellen Gefahren, die von den Emissionsquellen ausgehen;
4. das Erkennen und Melden von gesundheitsschädigenden Auswirkungen;
5. die Voraussetzungen, unter denen die Arbeitnehmer/innen Anspruch auf eine Gesundheitsüberwachung haben und deren Zweck;

VOLV

6. sichere Arbeitsverfahren, sowie korrekte Handhabung der Arbeitsmittel und Verhaltensweisen zur Minimierung der Exposition;
7. die korrekte Verwendung der zur Verfügung gestellten persönlichen Schutzausrüstung.

(2) Die Anhörung und Beteiligung der Arbeitnehmer/innen nach § 13 ASchG hat sich insbesondere zu beziehen auf:

1. die Ergebnisse der Ermittlung und Beurteilung der Gefahren;
2. die Maßnahmen gemäß §§ 10 bis 13;
3. die Auswahl persönlicher Schutzausrüstungen.

Maßnahmen und Maßnahmenprogramm

§ 9. (1) Gefahren durch Lärm oder Vibrationen müssen am Entstehungsort ausgeschlossen oder so weit verringert werden, als dies nach dem Stand der Technik und der Verfügbarkeit von geeigneten technischen Mitteln möglich ist.

(2) Um Lärm und Vibrationen auf das niedrigste in der Praxis vertretbare Niveau zu senken, müssen Arbeitgeber/innen unter Beachtung der Grundsätze der Gefahrenverhütung (§ 7 ASchG) geeignete Maßnahmen aus den §§ 10 bis 13 auswählen und durchführen.

(3) Wenn einer der nachstehenden Werte überschritten wird, müssen Arbeitgeber/innen bei der Festlegung von Maßnahmen nach § 4 Abs. 3 ASchG auch ein Programm mit Maßnahmen aus den §§ 10 bis 13 festlegen und durchführen:

1. Auslösewerte für Vibrationen,
2. Expositionsgrenzwerte für gehörgefährdenden Lärm,
3. Grenzwerte für bestimmte Räume.

Bauliche und raumakustische Maßnahmen

§ 10. (1) Im Maßnahmenprogramm nach § 9 sind bauliche Maßnahmen zur Vermeidung oder Verringerung der Exposition, wie die Gestaltung und Auslegung der Räume und Arbeitsplätze festzulegen. Bei Lärm sind nach Möglichkeit raumakustische Maßnahmen mit einem mittleren Schallabsorptionsgrad von mindestens $\alpha_{m,B} = 0{,}25$ (leerer Raum, Planungswert) oder mindestens $\alpha_m = 0{,}3$ (eingerichteter Raum) für die Oktavbandmittenfrequenzen von 500, 1000 und 2000 Hz zu setzen.

(2) Raumakustische Maßnahmen im Sinne des Abs. 1 müssen jedenfalls gesetzt werden, wenn damit unterschritten werden kann

1. der jeweilige Grenzwert für bestimmte Räume (§ 5),
2. bei gehörgefährdendem Lärm der Expositionsgrenzwert.

Maßnahmen an der Quelle

§ 11. Im Maßnahmenprogramm nach § 9 sind Maßnahmen an der Quelle zur Vermeidung oder Verringerung der Exposition an der Quelle festzulegen, wie

1. alternative Arbeitsverfahren, bei denen es zu keiner oder einer geringeren Exposition gegenüber Lärm und Vibrationen kommt;
2. die Auswahl geeigneter Arbeitsmittel, die laut Herstellerangaben und unter Berücksichtigung der auszuführenden Arbeit möglichst wenig Lärm und Vibrationen verursachen und die, insbesondere bei Vibrationen, nach ergonomischen Gesichtspunkten gestaltet sind;
3. die angemessene Wartung der Arbeitsmittel und ihrer Verbindungs- und Aufstellungsbauteile sowie anderer Einrichtungen an den Arbeitsplätzen.

Maßnahmen betreffend Arbeitsmittel und Arbeitsvorgänge

§ 12. Im Maßnahmenprogramm nach § 9 sind Maßnahmen betreffend Arbeitsmittel und Arbeitsvorgänge festzulegen, wie

1. Arbeitsmittel und Arbeitsvorgänge, die an Arbeitsplätzen Lärm oder Vibrationen über den Auslösewerten verursachen, sind unter Berücksichtigung der Arbeitsabläufe nach Möglichkeit in eigenen Räumen unterzubringen bzw. durchzuführen.
2. Arbeitsmittel und Arbeitsvorgänge, die an Arbeitsplätzen Lärm oder Vibrationen verursachen, sind so aufzustellen bzw. durchzuführen, dass insbesondere für Arbeitnehmer/innen, die nicht an diesen Arbeitsmitteln oder bei diesen Arbeitsvorgängen tätig sind, das Ausmaß der Exposition gegenüber Lärm und Vibrationen soweit als möglich verringert wird.
3. Rohre oder Leitungen, die vibrierende Arbeitsmittel untereinander oder mit anderen Einrichtungen verbinden, müssen schwingungsdämpfend ausgeführt und befestigt sein.

Technische und organisatorische Maßnahmen

§ 13. (1) Im Maßnahmenprogramm nach § 9 sind technische Maßnahmen festzulegen:

1. für Lärm: Luftschallminderung (zB durch Abschirmungen, Kapselungen, Abdeckungen mit schallabsorbierendem Material) oder Körperschallminderung (zB durch Körperschalldämmung oder Körperschallisolierung);
2. für Vibrationen: Bereitstellung von Zusatzausrüstungen, die die Gefahren aufgrund von Vibrationen verringern (zB Sitze, die Ganzkörper-Vibrationen wirkungsvoll dämpfen, oder Griffe, die auf den Hand-Arm-Bereich übertragene Vibrationen verringern).

(2) Im Maßnahmenprogramm nach § 9 sind organisatorische Maßnahmen festzulegen, wie

1. Abstandsvergrößerung zur Emissionsquelle von Lärm insbesondere für Arbeitnehmer/innen, die nicht an diesen Arbeitsmitteln oder bei diesen Arbeitsvorgängen tätig sind;

2. sichere Arbeitsverfahren, sowie korrekte Handhabung der Arbeitsmittel und Verhaltensweisen zur Minimierung der Exposition der Arbeitnehmer/innen;
3. Begrenzen der Dauer der Exposition durch geeignete organisatorische Maßnahmen, wie eine Beschränkung der Beschäftigungsdauer, Arbeitsunterbrechungen oder die Einhaltung von Erholzeiten.

Persönliche Schutzausrüstung, Kennzeichnung, Verzeichnis

§ 14. (1) Für Arbeitnehmer/innen die sich in Bereichen aufhalten, in denen der Auslösewert für Lärm überschritten ist, ist Gehörschutz zur Verfügung zu stellen. Für Arbeitnehmer/innen, die sich in Bereichen aufhalten, in denen der Expositionsgrenzwert für gehörgefährdenden Lärm (Abs. 4) überschritten ist, muss der Gehörschutz so ausgewählt werden, dass die individuelle Exposition der Arbeitnehmer/innen den Expositionsgrenzwert nicht überschreitet. Arbeitnehmer/innen, die sich in Bereichen aufhalten, in denen der Expositionsgrenzwert für gehörgefährdenden Lärm überschritten ist, müssen diesen Gehörschutz benutzen.

(2) Um den Expositionsgrenzwert für Vibrationen zu unterschreiten, ist den Arbeitnehmer/innen persönliche Schutzausrüstung zur Verfügung zu stellen, sofern für die spezifische Einwirkung eine Schutzausrüstung erhältlich ist, durch die die individuelle Exposition der Arbeitnehmer/innen unter den Expositionsgrenzwert gesenkt werden kann. Außerdem ist erforderlichenfalls persönliche Schutzausrüstung zum Schutz vor Kälte und Nässe, zB Handschuhe als Witterungsschutz bei Hand-Arm-Vibrationen, bereitzustellen. Die Arbeitnehmer/innen müssen die persönliche Schutzausrüstung benutzen.

(3) Bereiche, in denen ein Expositionsgrenzwert für gehörgefährdenden Lärm (Abs. 4) oder, bei Übertragung von Vibrationen über den Boden, der Expositionsgrenzwert für Ganzkörper-Vibrationen überschritten ist, sind in geeigneter Weise zu kennzeichnen. Wenn dies technisch möglich und aufgrund der Expositionsgefahr gerechtfertigt ist, sind die auch abzugrenzen und ist der Zugang einzuschränken.

(4) Die Überschreitung von Expositionsgrenzwerten nach Abs. 1 und 3 ist zu beurteilen
1. ortsbezogen oder
2. personenbezogen, sofern Ausmaß, Lage und Organisation der Aufenthaltsdauer der betroffenen Arbeitnehmer/innen im Sicherheits- und Gesundheitsschutzdokument festgelegt sind.

(5) Das Verzeichnis lärmexponierter Arbeitnehmer/innen im Sinne des § 65 Abs. 4 ASchG ist für jene Arbeitnehmer/innen zu führen, die einer personenbezogenen Exposition über dem Expositionsgrenzwert für gehörgefährdenden Lärm

ausgesetzt sind, wobei die individuelle Wirkung von persönlicher Schutzausrüstung nicht zu berücksichtigen ist.

Ausnahmen

§ 15. (1) Gemäß § 95 Abs. 1 ASchG wird festgestellt, dass die Behörde von den Bestimmungen dieser Verordnung, außer von § 5, § 9 Abs. 3 Z 3 und des § 10 Abs. 2, und mit Maßgabe des Abs. 2 keine Ausnahme zulassen darf.

(2) Hinsichtlich des Expositionsgrenzwertes für Vibrationen darf die Behörde gemäß § 95 Abs. 3 ASchG Ausnahmen von § 3 Abs. 1 zulassen, wenn die Arbeitnehmer/innen Vibrationen ausgesetzt sind, die in der Regel unter den Auslösewerten liegen, aber von einem Arbeitstag zum anderen erheblich schwanken und gelegentlich den Expositionsgrenzwert überschreiten können.

(3) Ausnahmebescheide nach Abs. 2 dürfen nur erteilt werden, wenn der Antragsteller,
1. durch eine Bewertung oder Messung nachweist, dass die durchschnittliche Exposition über einen Zeitraum von 40 Stunden hinweg unter dem Expositionsgrenzwert bleibt und
2. nachweist, dass die Risiken aus dieser Form der Einwirkung, der die Arbeitnehmer/innen ausgesetzt sind, geringer sind als die mit einer Exposition in Höhe des Expositionsgrenzwertes verbundenen Risiken.

(4) Ausnahmebescheide nach Abs. 2 dürfen weiters nur erteilt werden:
1. nach Anhörung der Interessenvertretungen der Arbeitgeber/innen und der Arbeitnehmer/innen,
2. unter Vorschreibung geeigneter Auflagen, die unter Berücksichtigung der besonderen Umstände gewährleisten, dass die sich daraus ergebenden Risiken auf ein Minimum reduziert werden,
3. wenn nach Anhörung des zuständigen arbeitsinspektionsärztlichen Dienstes gewährleistet ist, dass für die betreffenden Arbeitnehmer/innen eine verstärkte Gesundheitsüberwachung vorgesehen wird,
4. befristet, wobei die Frist maximal 4 Jahre betragen darf.

Umsetzung von Rechtsakten der Europäischen Union

§ 16. Durch diese Verordnung werden folgende Rechtsakte der Europäischen Union umgesetzt:
1. Richtlinie 2003/10/EG über Mindestvorschriften zum Schutz von Sicherheit und Gesundheit der Arbeitnehmer vor der Gefährdung durch physikalische Einwirkungen (Lärm), ABl. Nr. L 42 vom 15.02.2003 S. 38;
2. Richtlinie 2002/44/EG über Mindestvorschriften zum Schutz von Sicherheit und Gesundheit der Arbeitnehmer vor der Gefährdung durch physikalische Einwirkungen (Vibrationen), ABl. Nr. L 177 vom 06.07.2002 S. 13.

VOLV

Übergangs- und Schlussbestimmungen

§ 17. (1) Gemäß § 114 Abs. 1 und 2 ASchG wird festgestellt, dass § 65 Abs. 2 bis 4 ASchG gleichzeitig mit dieser Verordnung in Kraft tritt.

(2) Gemäß § 125 Abs. 8 ASchG wird festgestellt, dass mit In-Kraft-Treten dieser Verordnung § 17 Abs. 1 bis 4, § 51 Abs. 1 bis 3, § 67 Abs. 1, 2 und 4 sowie § 87 Abs. 1 letzter Satz der gemäß § 108 Abs. 2, § 114 Abs. 2 zweiter Satz sowie § 114 Abs. 4 Z 5 und 7 ASchG als Bundesgesetz geltenden Allgemeinen Arbeitnehmerschutzverordnung (AAV), BGBl. Nr. 218/1983, in der Fassung der Verordnung BGBl. II Nr. 156/2005, außer Kraft treten.

(3) Gemäß § 195 Abs. 2 des Mineralrohstoffgesetzes – MinroG, BGBl. I Nr. 38/1999, zuletzt geändert durch das Bundesgesetz BGBl. I Nr. 85/2005, wird festgestellt, dass mit In-Kraft-Treten dieser Verordnung §§ 314 und 345 der gemäß § 195 Abs. 1 Z 4 MinroG als Bundesgesetz geltenden Allgemeinen Bergpolizeiverordnung, BGBl. Nr. 114/1959, zuletzt geändert durch die Verordnung BGBl. II Nr. 140/2005, außer Kraft treten.

(4) Vor In-Kraft-Treten dieser Verordnung aufgrund des ASchG oder aufgrund des Arbeitnehmerschutzgesetzes, BGBl. Nr. 234/1972, erlassene Bescheide werden durch diese Verordnung nicht berührt, mit der Maßgabe, dass bescheidmäßige Vorschreibungen von Grenzwerten für Lärm oder für Vibrationen außer Kraft treten und die in §§ 3, 4 und 5 festgelegten Werte Anwendung finden.

(5) Abweichend von § 3 Abs. 1 dürfen Arbeitsmittel, die vor dem 7. Juli 2007 verwendet werden und bei deren Verwendung trotz Durchführung aller in Betracht kommender Maßnahmen nach dieser Verordnung die Einhaltung der Expositionsgrenzwerte für Vibrationen nicht möglich ist, bis 7. Juli 2011 weiter verwendet werden.

(6) Abweichend von § 5 Abs. 1 Z 2 gilt ein Grenzwert von $L_{A,r} = 70$ dB für Arbeitsräume, die bereits vor In-Kraft-Treten dieser Verordnung für einfache Bürotätigkeiten, oder vergleichbare Tätigkeiten genutzt wurden.

(7) § 10 Abs. 2 gilt nicht für im Zeitpunkt des In-Kraft-Tretens dieser Verordnung bereits bestehende Arbeitsstätten.

(8) Bei In-Kraft-Treten dieser Verordnung bereits bestehende Arbeitsstätten, Baustellen und auswärtige Arbeitsstellen müssen, sofern die in Abs. 2 und 3 genannten Bestimmungen eingehalten werden, den Bestimmungen dieser Verordnung hinsichtlich Lärm erst ab 15. Februar 2006 entsprechen.

(9) Für Arbeitsstätten und auswärtige Arbeitsstellen im Musik- oder Unterhaltungssektor (einschließlich Musikdarbietungen im Gastgewerbe) tritt diese Verordnung erst am 15. Februar 2008 in Kraft. Bis dahin sind insoweit die in Abs. 2 genannten Bestimmungen weiter anzuwenden.

(10) § 4, § 10 Abs. 1 und Abs. 2 Z 1, § 17 Abs. 5 sowie in Anhang B der Abschnitt „Ganzkörper-Vibrationen" in der Fassung der Verordnung BGBl. II Nr. 302/2009 treten mit 1. Oktober 2009 in Kraft.

ANHANG A
Definition und Bewertung: Lärmgrößen

Gehörgefährdender Lärm:

Spitzenschalldruck (p_{peak}): Höchstwert des momentanen C-bewerteten Schalldrucks.

Lärmexpositionspegel – $L_{A,EX,8h}$ oder $L_{A,EX,40h}$: A-bewerteter energieäquivalenter Dauerschallpegel $L_{A,eq}$ mit einem Beurteilungszeitraum von einem Arbeitstag (8 h) oder bei Lärmexpositionen, die von einem Arbeitstag zum anderen erheblich schwanken, mit einem Beurteilungszeitraum von einer Arbeitswoche (40 h) gemäß Abschnitt 3.6 ISO 1999:1990.

$$L_{A,EX,To} = L_{A,eq,Te} + 10 \log (T_e/T_o)$$

mit T_e als tatsächlicher Expositionsdauer zum jeweiligen Beurteilungszeitraum T_o von 8 h bzw. 40 h.

Störwirkung von Lärm:

Beurteilungspegel – $L_{A,r}$: Lärmexpositionspegel $L_{A,EX,To}$, wie für gehörgefährdenden Lärm, mit Zuschlägen für die Impuls- oder Tonhaltigkeit.

$$L_{A,r} = L_{A,EX,To} + K$$

mit T_o als Beurteilungszeitraum und K als Zuschlag, der je nach Gegebenheit entweder als Impulszuschlag K_I oder Tonzuschlag K_T zu berücksichtigen ist. Bei gleichzeitigem Auftreten von Impuls- und Tonhaltigkeit ist nur ein Zuschlag zu addieren.

Bei Aufenthaltsräumen in Baustellenwagen: $L_{A,r} = L_{A,eq,Te} + K$ mit T_e als Pausendauer je Schicht

Impulszuschlag K_I: Der Zuschlag für impulshältiges Geräusch ist 6 dB, wenn die A-bewerteten Maximalpegel bei der Anzeigedynamik „impulse" sich um mindestens 2 dB von den Maximalpegeln bei der Anzeigedynamik „fast" unterscheiden.

Tonzuschlag K_T: Wenn Tonkomponenten deutlich hörbar sind und die Terzbandanalyse ergibt, dass der Pegel eines (oder zweier) Terzbänder die Pegel der benachbarten Bänder um 5 dB oder mehr übersteigt, beträgt der Tonzuschlag 6 dB.

VOLV

Zusammengesetzte Lärmexposition:

Setzt sich Ausmaß und Dauer der Lärmeinwirkung während eines Arbeitstages oder einer Arbeitswoche aus zwei oder mehreren verschiedenen Anteilen zusammen, so ist die Lärmexposition mit dem Gesamt- Expositionszeitraum T_e aus den i-ten verschiedenen Anteilen wie folgt zu berechnen:

$$L_{A,eq,T_e} = 10 \log \left[(1/T_e) \cdot \sum_{i=1}^{n} 10^{0,1 \cdot L_{A,eq,Te,i}} \cdot T_{e,i} \right] \text{ mit } T_e = \sum_{i=1}^{n} T_{e,i} \text{ als gesamte Expositionsdauer,}$$

$T_{e,i}$ als die i-te Teilexpositionsdauer von n und mit $L_{A,eq,Te,i}$ als i-ter Teildauerschallpegel von n.

ANHANG B
Definition und Bewertung: Vibrationsgrößen

Hand-Arm-Vibrationen:

Die Bewertung des Ausmaßes der Exposition gegenüber Hand-Arm-Vibrationen erfolgt anhand der Berechnung des auf einen Bezugszeitraum von 8 Stunden normierten Tagesexpositionswertes $a_{hw,8h}$; dieser wird ausgedrückt als die Quadratwurzel aus der Summe der Quadrate (Gesamtwert) der Effektivwerte der bewerteten Beschleunigung in den drei orthogonalen Richtungen a_{hwx}, a_{hwy}, a_{hwz} gemäß Kapitel 4 und 5 sowie Anhang A ÖNORM EN ISO 5349-1:2001.

$$a_{hw} = \sqrt{a_{hwx}^2 + a_{hwy}^2 + a_{hwz}^2} \quad \text{und} \quad a_{hw,8h} = a_{hw,T_e} \cdot \sqrt{T_e/T_o}$$

mit Te als tatsächlicher Expositionsdauer zum Beurteilungszeitraum To von 8 h.

Zusammengesetzte Exposition bei Hand-Arm-Vibrationen:

Setzt sich Ausmaß und Dauer der Einwirkung von Hand-Arm-Vibrationen während eines Arbeitstages aus zwei oder mehreren verschiedenen Anteilen zusammen, so ist die Vibrationsexposition mit dem Gesamt-Expositionszeitraum T_e aus den i-ten verschiedenen Anteilen wie folgt zu berechnen:

$$a_{hw,T_e} = \sqrt{(1/T_e) \cdot \sum_{i=1}^{n} a_{hw,T_{e,i}}^2 \cdot T_{e,i}} \qquad T_e = \sum_{i=1}^{n} T_{e,i}$$

mit als gesamte Expositionsdauer, Te,i als i-te Teilexpositionsdauer von n und mit $a_{hw,T_{e,i}}$ als i-te Teilexposition von n.

Ganzkörper-Vibrationen:

Die Bewertung des Ausmaßes der Exposition gegenüber Ganzkörper-Vibrationen erfolgt anhand der Berechnung des auf den Bezugszeitraum von 8 Stunden normierten Tagesexpositionswertes $a_{w,8h}$; dieser wird ausgedrückt als Quadratwurzel aus der Summe der Quadrate (Gesamtwert) der Effektivwerte der bewerteten Beschleunigung in den drei orthogonalen Richtungen $1{,}4 \cdot a_{wx}$, $1{,}4 \cdot a_{wy}$, a_{wz}, gemäß Abschnitt 5, 6 und 7 sowie Anhängen A und B der ÖNORM ISO 2631-1:2005 mit der Maßgabe, dass für sitzende oder stehende Arbeitnehmer/innen die Vektorsumme heranzuziehen ist:

$$a_w = \sqrt{1{,}4^2 \cdot a_{wx}^2 + 1{,}4^2 \cdot a_{wy}^2 + a_{wz}^2} \quad \text{und} \quad a_{w,8h} = a_{w,T_e} \cdot \sqrt{T_e/T_o}$$

mit Te als tatsächlicher Expositionsdauer zum Beurteilungszeitraum To von 8 h.

Zusammengesetzte Exposition bei Ganzkörper-Vibrationen:

Setzt sich Ausmaß und Dauer der Einwirkung von Ganzkörper-Vibrationen während eines Arbeitstages aus zwei oder mehreren verschiedenen Anteilen zusammen, so ist die Vibrationsexposition mit dem Gesamt – Expositionszeitraum T_e aus den i-ten verschiedenen Anteilen wie folgt zu berechnen:

$$a_{w,T_e} = \sqrt{(1/T_e) \cdot \sum_{i=1}^{n} a_{w,T_{e,i}}^2 \cdot T_{e,i}} \qquad T_e = \sum_{i=1}^{n} T_{e,i}$$

mit als gesamte Expositionsdauer, Te,i als i-te Teilexpositionsdauer von n und mit $a_{w,T_{e,i}}$ als i-te Teilexposition von n.

20. Fachkenntnisnachweis-Verordnung

Verordnung über den Nachweis der Fachkenntnisse (Fachkenntnisnachweis-Verordnung - FK-V)

StF: BGBl. II Nr. 13/2007

Letzte Novellierung: BGBl. II Nr. 226/2017

Präambel

Auf Grund der §§ 62, 63 Abs. 1 und 2 sowie § 72 Abs. 1 Z 1 des Bundesgesetzes über Sicherheit und Gesundheitsschutz bei der Arbeit (ArbeitnehmerInnenschutzgesetz – ASchG), BGBl. Nr. 450/1994, zuletzt geändert durch BGBl. I Nr. 147/2006, wird verordnet:

GLIEDERUNG

Geltungsbereich

§ 1. Diese Verordnung gilt für die Beschäftigung von Arbeitnehmern/Arbeitnehmerinnen in Arbeitsstätten, auf Baustellen oder an auswärtigen Arbeitsstellen im Sinn des ArbeitnehmerInnenschutzgesetzes (ASchG).

Beschäftigung der Arbeitnehmer/innen mit Fachkenntnissen

§ 2. Mit nachfolgenden Arbeiten dürfen Arbeitgeber/innen nur Arbeitnehmer/innen beschäftigen, die die entsprechenden Fachkenntnisse durch ein Zeugnis gemäß § 4 nachweisen:

1. Durchführung folgender Arbeiten mit besonderen Gefahren:

a) Führen von Kranen (§ 2 Abs. 7 der Arbeitsmittelverordnung – AM-VO, BGBl. II Nr. 164/2000),

b) Führen von Hubstaplern (§ 2 Abs. 9 AM-VO),

c) Sprengarbeiten (§ 2 Abs. 1 der Sprengarbeitenverordnung – SprengV, BGBl. II Nr. 358/2004),

d) Arbeiten im Rahmen eines Gasrettungsdienstes (§ 3 Abs. 2 der Verordnung über die Gesundheitsüberwachung am Arbeitsplatz – VGÜ, BGBl. II Nr. 27/1997), ausgenommen Arbeiten im Grubenrettungs- und Gasschutzwesen, insbesondere Gasschutzwehren nach bergrechtlichen Vorschriften,

e) Taucharbeiten (einschließlich der Tätigkeit als Signalperson) im Sinn der Druckluft- und Taucharbeitenverordnung, BGBl. Nr. 501/1973;

2. Vorbereitung und Organisation von Arbeiten unter Hochspannung (Arbeiten an elektrischen Starkstromanlagen unter Wechselspannungen über 1 kV oder Gleichspannungen über 1,5 kV).

Ausnahmen vom Fachkenntnisnachweis

§ 3. (1) § 2 Z 1 gilt nicht für die Beschäftigung der Arbeitnehmer/innen mit der Durchführung folgender Arbeiten:

1. Führen von handbetriebenen Kranen,

2. Führen von flurgesteuerten Kranen, deren Tragfähigkeit nicht mehr als 50 kN beträgt, sowie dem Führen von Fahrzeug- und Ladekranen, deren Tragfähigkeit nicht mehr als 50 kN und deren Lastmoment nicht mehr als 100 kNm beträgt,

3. Führen von Hubstaplern, die ihre Last ausschließlich innerhalb der Radbasis aufnehmen und befördern oder die mittels Deichsel geführt werden,

4. Verwendung von Fluchtgeräten für den Brand- oder Evakuierungsfall,

5. Bedienung von Hebeeinrichtungen, die integrierter Bestandteil von Maschinen oder maschinellen Einrichtungen sind und ausschließlich zu deren Beschickung dienen,

6. Einsatz als Sprenggehilfe/Sprenggehilfin für Tätigkeiten gemäß § 3 Abs. 4 SprengV.

(2) § 2 Z 2 gilt nicht für die Beschäftigung der Arbeitnehmer/innen mit der Organisation und Vorbereitung folgender Arbeiten unter Hochspannung:

1. Bedienung mittels Isolierstangen (zB Schalten von Trennern, Ein- und Rückstellen von Anzeigevorrichtungen),
2. Heranführung von geeigneten Mess-, Prüf-, Justier- und Ablesevorrichtungen (zB Temperaturmesseinrichtungen, Spannungsprüfer),
3. Reinigen mit geeigneten Hilfswerkzeugen und Hilfsmitteln,
4. Entladen von Kondensatoren,
5. Abspritzen von Isolatoren,
6. Abklopfen von Fremdbelägen (zB Raureif) und Entfernen von Gegenständen (zB Ausästen der Leitungstrassen) mit Hilfe geeigneter Werkzeuge auf Isolierstangen,
7. Anbringen von einfachen Vorrichtungen mit geeigneten Werkzeugen auf Isolierstangen (zB Anbringen von Abdeckplatten, Kurzschlussanzeigen, Spannungsanzeigen),
8. Nachfüllen von Löschflüssigkeiten in Leistungsschaltern,
9. Arbeiten an Akkumulatoren, sofern mindestens eine zweite Person anwesend ist,
10. sofern die Ermittlung und Beurteilung der Gefahren (§§ 4f ASchG) ergibt, dass die Durchführung folgender Arbeiten unter Beachtung der festgelegten Maßnahmen zur Gefahrenverhütung ohne Nachweis der Fachkenntnisse für die Organisation und Vorbereitung gefahrlos möglich ist:
a) Arbeiten in Prüffeldern, auf Prüfplätzen und in Laboratorien,
b) Herausnehmen und Einsetzen von nicht gegen direktes Berühren geschützten Sicherungen mit geeigneten Hilfsmitteln.

(3) § 2 gilt nicht für die Beschäftigung von Arbeitnehmern/Arbeitnehmerinnen, die aus dem Ausland nach Österreich zur vorübergehenden Arbeitsleistung entsendet wurden, wenn
1. die Beschäftigung nicht länger als vier Wochen im Kalenderjahr dauert, und
2. der/die Arbeitgeber/in über eine Bestätigung verfügt, wonach der/die Arbeitnehmer/in die im Entsendestaat gegebenenfalls erforderlichen Nachweise für die sichere Durchführung der Arbeiten besitzt. Bei Durchführung von Sprengarbeiten ist zusätzlich eine nachweisliche einschlägige Berufserfahrung von zumindest zweijähriger Dauer im Ausmaß der Normalarbeitszeit in den letzten zehn Jahren erforderlich.

Nachweis der Fachkenntnisse
§ 4. (1) Der Nachweis der für die Durchführung von Arbeiten gemäß § 2 erforderlichen Fachkenntnisse im Sinn des § 62 Abs. 1 Z 2 i.V.m. Abs. 2 und 4 ASchG gilt als erbracht, wenn
1. der erfolgreiche Abschluss einer Ausbildung, die die Voraussetzungen nach dieser Verordnung erfüllt, durch ein Zeugnis gemäß § 11 bestätigt wird, oder

2. die jeweiligen Fachkenntnisse durch ein Abschlusszeugnis einer Unterrichtsanstalt gemäß § 15 nachgewiesen werden.

(2) Der Nachweis der Fachkenntnisse
1. für das Führen von sonstigen Fahrzeug- und Ladekranen gemäß § 6 Z 1 lit. e) gilt als Nachweis der Fachkenntnisse für das Führen von Fahrzeug- und Ladekranen bis 300 kNm Lastmoment gemäß § 6 Z 1 lit. d),
2. für das Führen von Lauf-, Bock- und Portalkranen, Säulendreh- und Wandschwenkkranen gemäß § 6 Z 1 lit. b) gilt als Nachweis der Fachkenntnisse für das Führen von flurgesteuerten Kranen bis 300 kN Tragfähigkeit gemäß § 6 Z 1 lit. a),
3. für die Durchführung allgemeiner Taucharbeiten gemäß § 6 Z 5 lit. a) gilt als Nachweis der Fachkenntnisse für die Durchführung von Forschungs- und Ingenieurtaucharbeiten sowie die Tätigkeit als Signalperson gemäß § 6 Z 5 lit. b) und c),
4. für die Durchführung von Forschungs- und Ingenieurtaucharbeiten gemäß § 6 Z 5 lit. b) gilt als Nachweis der Fachkenntnisse für die Tätigkeit als Signalperson gemäß § 6 Z 5 lit. c).

(3) Zeugnisse über die mit Erfolg abgelegte Häuerprüfung (Häuerbrief, Häuerschein) gemäß § 331 der Allgemeinen Bergpolizeiverordnung, BGBl. Nr. 114/1959, gelten als Nachweis der Fachkenntnisse für die Durchführung von allgemeinen Sprengarbeiten und Tiefbohrlochsprengarbeiten gemäß § 6 Z 3 lit. a) und lit. b) eingeschränkt auf Gesteinssprengungen nach dieser Verordnung.

(4) Entspricht beim Führen von motorisch betriebenen selbstfahrenden Arbeitsmitteln mit wechselbarer Zusatzausrüstung zum Einsatz als Kran oder als Hubstapler (Kran-Stapler-Kombinationsgeräte) der durchzuführende Arbeitsvorgang
1. dem Führen von Kranen, ist der Nachweis der Fachkenntnisse für das Führen von Kranen erforderlich,
2. dem Führen von Hubstaplern, ist der Nachweis der Fachkenntnisse für das Führen von Hubstaplern erforderlich.

Ausbildung zum Erwerb von Fachkenntnissen
§ 5. (1) Eine Ausbildung zum Erwerb von Fachkenntnissen nach dieser Verordnung muss die notwendigen theoretischen Kenntnisse und praktischen Fähigkeiten auf den in § 6 angeführten Gebieten vermitteln. Sie hat den/die Auszubildende/n in die Lage zu versetzen,
1. Arbeiten mit besonderen Gefahren gemäß § 2 Z 1 sicher durchzuführen oder
2. Vorbereitungs- und Organisationsarbeiten betreffend Arbeiten unter Hochspannung gemäß § 2 Z 2 so wahrzunehmen, dass die Beschäftigten die jeweiligen Arbeiten sicher durchführen können.

(2) Die Ausbildung muss die in § 6 angeführte Mindestgesamtzahl an Unterrichtseinheiten des Ausbildungsgebiets sowie Ausbildungsinhalte und Mindestanzahl verbindlich vorgesehener und frei gestaltbarer Unterrichtseinheiten und praktischer Übungen laut Anhang umfassen.

(3) Eine theoretische Unterrichtseinheit muss mindestens 50 Minuten betragen. Frei gestaltbare Unterrichtseinheiten sind von der Ausbildungseinrichtung im Sinn der Ausbildungsziele inhaltlich und didaktisch zu gestalten. Praktische Übungen sind mindestens in dem im Anhang angeführten Ausmaß als Praxisübung pro Ausbildungsteilnehmer/in durchzuführen, soweit nicht ausdrücklich gemeinsame Vorführungen zulässig sind.

Fachkenntnisausbildungsgebiete

§ 6. Die Ausbildung muss je nach Ausbildungsgebiet mindestens die nachfolgend angeführte Gesamtzahl an Unterrichtseinheiten (einschließlich praktischer Übungen) umfassen:

1. Führen von Kranen:
a) Flurgesteuerte Lauf-, Bock- und Portalkrane, Säulendreh- und Wandschwenkkrane, die ausschließlich vom Boden aus im Mitgängerbetrieb mittels Schaltkassette oder Funkfernsteuerung bedient werden können und über eine Tragfähigkeit von maximal 300 kN verfügen: Mindestens 9 Unterrichtseinheiten (Anhang 1 lit. a),
b) Sonstige Lauf-, Bock- und Portalkrane, Säulendreh- und Wandschwenkkrane: Mindestens 21 Unterrichtseinheiten (Anhang 1 lit. b),
c) Dreh- und Auslegerkrane (ortsveränderliche, rundum schwenkbare Krane mit senkrechtem oder nahezu senkrechtem Traggerüst und Wipp- oder Katzausleger, wie gleislose und gleisgebundene Turmdrehkrane oder Schnellbaukrane):
Mindestens 31 Unterrichtseinheiten (Anhang 1 lit. c),
d) Fahrzeugkrane (Auslegerkrane mit eigenem Antrieb für die Fahrbewegung, die mit oder ohne Lasten verfahren werden können ohne dass hierzu eine feste Fahrbahn oder Gleisanlage benötigt wird und deren Standsicherheit durch die Schwerkraft sichergestellt wird) und Ladekrane (im allgemeinen auf einem Fahrzeug montierte Krane zur Be- und Entladung des Fahrzeuges) mit jeweils einem maximalen Lastmoment von 300 kNm: Mindestens 21 Unterrichtseinheiten (Anhang 1 lit. d),
e) Fahrzeug- und Ladekrane mit einem maximalen Lastmoment von über 300 kNm: Mindestens 31 Unterrichtseinheiten (Anhang 1 lit. e),
f) Sonderkrane (Kabel-, Rohrleger-, Schwimm-, Gieß-, Stripper-, Blockwende-, Chargier-, Hütten-, Hafenmobil-, Schienenkrane): Mindestens 14 Unterrichtseinheiten (Anhang 1 lit. f).

2. Führen von Hubstaplern: Mindestens 20,5 Unterrichtseinheiten (Anhang 2).

3. Durchführung von Sprengarbeiten:
a) Allgemeine Sprengarbeiten (einschließlich Abbruchsprengen, Eissprengen, Metallsprengen, Serienparallelschaltungen bei Sprengarbeiten, Sprengarbeiten unter Tage): Mindestens 75 Unterrichtseinheiten (Anhang 3 lit. a),
b) Tiefbohrlochsprengarbeiten: Mindestens 37 Unterrichtseinheiten (Anhang 3 lit. b),
c) Sprengarbeiten unter Wasser: Mindestens 22 Unterrichtseinheiten (Anhang 3 lit. c),
d) Sprengarbeiten in heißen Massen: Mindestens 22 Unterrichtseinheiten (Anhang 3 lit. d),
e) Lawinenauslösesprengarbeiten: Mindestens 22 Unterrichtseinheiten (Anhang 3 lit. e),
f) Lawinenauslösesprengarbeiten vom Hubschrauber: Mindestens 9 Unterrichtseinheiten (Anhang 3 lit. f).

4. Durchführung von Tätigkeiten im Rahmen eines Gasrettungsdienstes: Mindestens 35 Unterrichtseinheiten (Anhang 4).

5. Durchführung von Taucharbeiten (Tätigkeit als Signalperson):
a) Allgemeine Taucharbeiten (Durchführung von Unterwasserarbeiten unter Zuhilfenahme von Tauchgeräten zur Versorgung mit Atemgas): Mindestens 270 Unterrichtseinheiten (Anhang 5 lit. a),
b) Forschungstaucharbeiten (Taucharbeiten zur Durchführung wissenschaftlicher Forschungstätigkeiten unter Wasser) und Ingenieurtaucharbeiten (Taucharbeiten zur Überwachung des Arbeits- oder Baufortschritts, zur Überprüfung des baulichen Zustandes von Unterwasserbauvorhaben, Unterwasserbauwerken oder physikalischer und hydromechanischer Verhältnisse unter Wasser): Mindestens 210 Unterrichtseinheiten (Anhang 5 lit. b),
c) Tätigkeit als Signalperson (Sorgetragung für die Sicherheit der Taucher/innen bei Abstieg, Aufenthalt unter Wasser und Auftauchen): Mindestens 166 Unterrichtseinheiten (Anhang 5 lit. c).

6. Vorbereitungs- und Organisationsarbeiten betreffend Arbeiten unter Hochspannung (insbesondere Mitwirkung bei der Ermittlung und Beurteilung der Gefahren und Durchführung der festgelegten Maßnahmen zur Gefahrenverhütung gemäß §§ 4f ASchG, bei Auswahl von Betriebseinrichtungen, Werkzeugen und anderen Arbeitsmitteln, Auswahl und Bewertung persönlicher Schutzausrüstung, bei Information und Unterweisung der Arbeitnehmer/innen, Ausarbeitung und Zurverfügungstellung schriftlicher Betriebsanweisungen sowie Mitwirkung bei Planung und Einrichtung einer den Arbeiten unter Hochspannung angemessenen Aufsicht): Mindestens 25 Unterrichtseinheiten (Anhang 6).

FK-V

Verkürzte Ausbildung
(Kombinationsausbildung, Ergänzungsausbildung)

§ 7. (1) Abweichend von § 5 Abs. 2, § 6 und dem Anhang ist eine kombinierte Ausbildungsdurchführung in verkürzter Form für die gleichzeitige Vermittlung der Fachkenntnisse für das Führen verschiedener Krane zulässig. Eine solche Kombinationsausbildung muss die Ausbildungsinhalte aller kombinierten Kran-Ausbildungsgebiete laut Anhang 1 zumindest in folgendem zeitlichen Gesamtausmaß umfassen:

1. Mindestanzahl theoretischer und frei gestaltbarer Unterrichtseinheiten des höherwertigen Ausbildungsgebiets,
2. 50 v. H. der Summe der Mindestunterrichtseinheiten aller zusätzlich kombinierten Ausbildungsgebiete, wobei Bruchteile von Hundert für voll gerechnet werden,
3. praktische Übungen im vollen, laut Anhang für die kombinierten Ausbildungsgebiete jeweils vorgesehenen Ausmaß.

(2) Für Ausbildungsteilnehmer/innen, die bereits über ein Zeugnis zum Nachweis der Fachkenntnisse für das Führen einer bestimmten Kranart oder für die Durchführung bestimmter Taucharbeiten (Tätigkeit als Signalperson) im Sinne dieser Verordnung verfügen, ist zur Erlangung weiterer, darüber hinausgehender Fachkenntnisse eine Ergänzungsausbildung wie folgt zulässig:

1. Führen von Kranen: Die Ausbildung verkürzt sich im betreffenden Ausbildungsgebiet um die nachweislich bereits zuvor vermittelten Fachkenntnisse (theoretische und frei verfügbare Unterrichtseinheiten laut Anhang 1). Praktische Übungen sind im vollen, laut Anhang für das weitere Ausbildungsgebiet vorgesehenen Ausmaß durchzuführen.
2. Durchführung von Taucharbeiten (Tätigkeit als Signalperson):

Eine ergänzende theoretische Ausbildung ist nicht erforderlich. Zusätzliche praktische Übungen sind im Ausmaß der Differenz zwischen dem laut Anhang 5 für die bereits vermittelten Fachkenntnisse und dem für das weitere Ausbildungsgebiet jeweils vorgesehenem Mindestausmaß praktischer Übungen durchzuführen.

Ausbildungsteilnahme

§ 8. (1) Zu folgenden Ausbildungsgebieten dürfen Ausbildungseinrichtungen nur Personen als Kursteilnehmer/innen zulassen, die bereits über einen anderen, nachfolgend angeführten Nachweis von Fachkenntnissen verfügen:

1. Führen von Sonderkranen: Nachweis der Fachkenntnisse für das Führen von sonstigen Lauf-, Bock- und Portalkranen, Säulendreh- und Wandschwenkkranen,

2. Durchführung von Tiefbohrlochsprengarbeiten, Sprengarbeiten in heißen Massen oder Lawinenauslösesprengarbeiten: Nachweis der Fachkenntnisse für die Durchführung allgemeiner Sprengarbeiten,
3. Durchführung von Sprengarbeiten unter Wasser: Nachweis der Fachkenntnisse für die Durchführung allgemeiner Sprengarbeiten sowie für die Durchführung allgemeiner Taucharbeiten,
4. Lawinenauslösesprengarbeiten vom Hubschrauber: Nachweis der Fachkenntnisse für die Durchführung allgemeiner Sprengarbeiten sowie für Lawinenauslösesprengarbeiten.

(2) Zu Ausbildungen für Vorbereitungs- und Organisationsarbeiten betreffend Arbeiten unter Hochspannung dürfen Ausbildungseinrichtungen nur Elektrofachkräfte im Sinne der ÖVE-EN 50110-1 (EN 50110-2-100 eingearbeitet) als Kursteilnehmer/innen zulassen.

(3) Vor Beginn der Ausbildung zur Durchführung von Taucharbeiten ist die gesundheitliche Eignung der Kursteilnehmer/innen durch Bestätigung eines Arztes/einer Ärztin, der/die zur selbständigen Ausübung des ärztlichen Berufs im Sinne des Ärztegesetzes 1998, BGBl. I Nr. 169/1998, berechtigt ist und eine Ausbildung auf dem Gebiet der Tauch- und Hyperbarmedizin abgeschlossen hat, nachzuweisen.

(4) Die Anwesenheitspflicht während der Ausbildung kann hinsichtlich der Vermittlung der jeweils in Betracht kommenden Rechtsvorschriften, Richtlinien und Normen des jeweiligen Ausbildungsgebiets laut Anhang bis zu jeweils maximal einem Drittel der Unterrichtseinheiten durch Selbststudium ersetzt werden, wobei Präsenzphasen und Selbststudium aufeinander folgend abzuwechseln haben.

Durchführung der Ausbildung

§ 9. (1) Die Ausbildungseinrichtung muss eine Person bestellen, die für die organisatorische Kursbetreuung zuständig ist (Ausbildungsleiter/in). Diese Person muss zumindest auf einem Teilgebiet der Ausbildung über fachliche Kenntnisse verfügen und Fähigkeiten in organisatorischer und pädagogischer Hinsicht besitzen.

(2) Die Ausbildungseinrichtung muss über das für die Vermittlung der theoretischen und praktischen Lehrinhalte erforderliche fachlich qualifizierte Lehrpersonal verfügen.

1. Zur Vermittlung der erforderlichen praktischen Fähigkeiten darf die Ausbildungseinrichtung nur Lehrpersonal einsetzen, das eine mindestens zweijährige einschlägige Tätigkeit nachweisen kann.
2. Abweichend von Z 1 muss das Lehrpersonal für die Vermittlung der praktischen Fähigkeiten zur Durchführung von Tauchgängen über den Nachweis der Fachkenntnisse für die

jeweiligen Taucharbeiten verfügen und eine einschlägige Berufspraxis, in der mindestens 1000 Tauchstunden geleistet wurden, nachweisen.

(3) Die Ausbildungseinrichtung muss über die für die Vermittlung der Lehrinhalte erforderlichen Räumlichkeiten und Übungsplätze, Einrichtungen und Lehrmittel verfügen sowie über die für den praktischen Teil der Ausbildung erforderlichen technischen Einrichtungen und Geräte.

(4) Die Ausbildungseinrichtung hat den Kursteilnehmern/Kursteilnehmerinnen Unterlagen zur Verfügung zu stellen, in denen insbesondere die maßgeblichen gesetzlichen Vorschriften sowie der aktuelle Stand der Richtlinien und Normen Berücksichtigung finden. Die Ausbildungseinrichtung hat geeignetes Lehrmaterial (wie Skripten, CD-Rom, Video) für das Selbststudium zur Verfügung zu stellen.

Prüfungen

§ 10. (1) Die Ausbildungseinrichtung hat Prüfungen durchzuführen. Sie darf zu den Prüfungen nur Personen zulassen, die eine von ihr durchgeführte Ausbildung absolviert haben.

(2) Die Prüfung muss aus einem theoretischen und einem praktischen Teil bestehen. Die Prüfung kann in Teilprüfungen abgelegt werden. Die Ausbildungseinrichtung hat zu gewährleisten, dass die Ausbildung bei normalem Ausbildungsgang innerhalb von zwei Jahren abgeschlossen werden kann.

(3) Die Prüfung zur Erlangung eines Nachweises der Fachkenntnisse im Sinn dieser Verordnung muss alle zum jeweiligen Ausbildungsgebiet im Anhang 1 bis 6 angeführten Ausbildungsinhalte umfassen. Der theoretische sowie praktische Prüfungsteil zu kombinierten Ausbildungen (§ 7 Abs. 1) muss die Ausbildungsinhalte aller kombinierten Ausbildungsgebiete umfassen, der praktische Prüfungsteil muss zu jedem der kombinierten Ausbildungsgebiete abgelegt werden.

(4) Theoretische und praktische Prüfungen sind vor einer Prüfungskommission abzulegen, der zumindest zwei Personen des Lehrpersonals angehören.

(5) Über die gesamte Prüfung ist ein Prüfungsprotokoll zu erstellen, das mindestens folgende Angaben zu enthalten hat:

1. Art der Fachausbildung (Ausbildungsgebiet),
2. Namen der Mitglieder der Prüfungskommission,
3. Datum und Ort der Prüfung,
4. Vor- und Zuname sowie Geburtsdatum der geprüften Person,
5. Ergebnisse der theoretischen und, wird eine solche durchgeführt, der praktischen Prüfung.

(6) Das Prüfungsprotokoll ist von den Mitgliedern der Prüfungskommission zu unterfertigen und von der Ausbildungseinrichtung mindestens 40 Jahre aufzubewahren oder automationsunterstützt zu speichern.

Zeugnisse zum Nachweis der Fachkenntnisse

§ 11. (1) Ausbildungseinrichtungen dürfen Zeugnisse zum Nachweis der Fachkenntnisse nur ausstellen, wenn sie dazu gemäß § 14 ermächtigt wurden,

1. nach Durchführung einer den §§ 5 bis 9 sowie dem Anhang 1 bis 6 jeweils entsprechenden Ausbildung und erfolgreicher Ablegung einer Prüfung gemäß § 10 oder
2. aufgrund einer entsprechenden Ausbildung im Ausland gemäß § 12.

(2) Wird die Prüfung in Form von Teilprüfungen abgelegt, darf erst nach erfolgreicher Absolvierung aller Teilprüfungen ein Abschlusszeugnis ausgestellt werden.

(3) Abweichend von Abs. 1 Z 1 darf die Ausbildungsrichtung ein Zeugnis an eine Person ausstellen, die den erfolgreichen Abschluss einer vergleichbaren Ausbildung nachweisen kann, die nicht zur Gänze den angeführten Ausbildungsinhalten zur Erlangung des Nachweises der Fachkenntnisse entspricht, wenn diese Person über die nicht oder nicht ausreichend vermittelten Ausbildungsinhalte eine Zusatzprüfung erfolgreich abgelegt hat, für die § 10 Abs. 4 bis 6 gilt.

(4) Das Zeugnis ist in Form eines Lichtbildausweises auszustellen.

(5) Wenn ein Originalzeugnis in Verlust geraten ist, hat die Ausbildungseinrichtung über von ihr ausgestellte Zeugnisse ein Duplikat auszustellen.

Ausbildung im Ausland

§ 12. (1) Eine gemäß § 14 ermächtigte Ausbildungseinrichtung, die als öffentlich-rechtliche Körperschaft eingerichtet ist, muss auf Antrag an Staatsangehörige eines Mitgliedstaates der Europäischen Union ohne Absolvierung einer Ausbildung und Ablegung einer Prüfung nach dieser Verordnung ein Zeugnis gemäß § 11 Abs. 1 Z 2 ausstellen, wenn diese Person nachweist einen entsprechenden Befähigungs- oder Ausbildungsnachweis zu besitzen, der in einem anderen Mitgliedstaat erforderlich ist, um in dessen Hoheitsgebiet die Erlaubnis zur Aufnahme oder Ausübung dieses Berufs zu erhalten.

(2) Ist im Herkunftsstaat einer/eines Staatsangehörigen eines Mitgliedstaates der Europäischen Union kein Befähigungs- oder Ausbildungsnachweis erforderlich, um die Erlaubnis zur Aufnahme oder Ausübung dieses Berufs in dessen Hoheitsgebiet zu erhalten (Art. 13 Abs. 2 der Richtlinie des Europäischen Parlaments und des Rates vom 7. September 2005 über die Anerkennung von Berufsqualifikationen 2005/36/EG, ABl.

Nr. L 255/22, in der Fassung der Änderungsrichtlinie 2013/55/EU des Europäischen Parlaments und des Rates vom 20. November 2013, ABl. L 354, S. 132 vom 28.12.2013), muss die Ausbildungseinrichtung (Abs. 1) ein Zeugnis zum Nachweis der Fachkenntnisse ausstellen, wenn die betreffende Person

1. den Abschluss einer die jeweiligen Fachkenntnisse vermittelnden reglementierten Ausbildung im Sinn des Artikels 3 Abs. 1 lit. e) der Richtlinie 2005/36/EG oder
2. eine einschlägige Berufserfahrung im Sinn des Art. 3 lit. f der Richtlinie 2005/36/EG über die Anerkennung von Berufsqualifikationen (ABl. L 255/22 vom 30.9.2005, in der Fassung der Änderungsrichtlinie 2013/55/EU des Europäischen Parlaments und des Rates vom 20. November 2013, ABl. L 354, S. 132 vom 28.12.2013) ein Jahr lang in Normalarbeitszeit oder während einer entsprechenden Gesamtdauer in Teilzeit in den letzten zehn Jahren nachweist.

nachweist.

(3) Abs. 1 und 2 gilt sinngemäß für außerhalb der Europäischen Union nachweislich abgeschlossene Ausbildungen und erworbene Berufserfahrungen von Staatsangehörigen eines Mitgliedstaats der Europäischen Union oder von Staatsangehörigen eines Vertragsstaats des Europäischen Wirtschaftsraumes (EWR), der Schweizerischen Eidgenossenschaft oder der Türkei, wenn die Ausbildung in einem dieser Staaten abgeschlossen oder die Berufserfahrung in einem dieser Staaten erworben wurde.

(4) Befähigungs- oder Ausbildungsnachweise, die außerhalb der Europäischen Union oder den in Abs. 3 genannten Staaten erworben wurden und bereits in einem Mitgliedstaat der Europäischen Union nach der Richtlinie über die Anerkennung von Berufsqualifikationen 2005/36/EG anerkannt worden sind, gelten als Nachweis der Fachkenntnisse und sind durch die Ausbildungseinrichtung (Abs. 1) auf Antrag durch Zeugnisausstellung gemäß § 11 Abs. 1 Z 2 anzuerkennen. Wurden solche Befähigungs- oder Ausbildungsnachweise noch nicht in einem Mitgliedstaat der Europäischen Union anerkannt, haben Ausbildungseinrichtungen (Abs. 1) auf Antrag solche Nachweise durch Zeugnisausstellung gemäß § 11 als Nachweis der Fachkenntnisse nach dieser Verordnung anzuerkennen, wenn die Gewähr dafür gegeben ist, dass Fachkenntnisse im Sinn dieser Verordnung vorliegen. Ist auf Grund der vorgelegten Nachweise nicht eindeutig feststellbar, dass zumindest Fachkenntnisse vorliegen, die den Fachkenntnissen nach dieser Verordnung entsprechen, hat sich die Ausbildungseinrichtung vom Vorliegen ausreichender Fachkenntnisse durch eine theoretische und/oder praktische Prüfung zu überzeugen.

(5) Antragsberechtigt ist jene Person, die über einen Befähigungs- oder Ausbildungsnachweis oder im Fall des Abs. 2 über eine nachweisliche einschlägige Berufserfahrung verfügt, oder deren Arbeitgeber/in im Inland.

(6) Eine ermächtigte Ausbildungseinrichtung nach Abs. 1 gilt als zuständige benannte Stelle gemäß Artikel 56 Abs. 3 der Richtlinie 2005/36/EG über die Anerkennung von Berufsqualifikationen im Anwendungsbereich dieser Verordnung. Sie hat dem/der Antragsteller/in binnen eines Monats den Empfang der Unterlagen zu bestätigen und gegebenenfalls mitzuteilen, welche Unterlagen fehlen. Sie hat über Anträge ohne unnötigen Verzug, spätestens aber binnen drei Monaten nach Einreichung der vollständigen Unterlagen, zu entscheiden.

(Anm.: Abs. 7 aufgehoben durch BGBl. II Nr. 210/2013)

(8) Sind die Voraussetzungen gemäß Abs. 1 bis 5 nicht erfüllt, ist zur Erlangung eines Zeugnisses gemäß § 11 die Absolvierung einer Ausbildung und erfolgreiche Ablegung einer Prüfung nach dieser Verordnung erforderlich.

Melde- und Auskunftspflichten

§ 13. (1) Die Ausbildungseinrichtung hat dem Bundesministerium für Arbeit, Soziales und Konsumentenschutz unverzüglich zu melden:

1. jede Änderung des Ausbildungsplans und der Prüfungsordnung,
2. jede Änderung der Ausbildungsleitung,
3. jede wesentliche Änderung der Voraussetzungen gemäß § 9 Abs. 2 und 3.

(2) Dem in Abs. 1 genannten Bundesministerium ist jeder Prüfungstermin zeitgerecht zu melden. Es ist berechtigt, eine/n Vertreter/in zu den Prüfungen zu entsenden.

(3) Dem in Abs. 1 genannten Bundesministerium sind bis 31. Jänner des Folgejahres über die im abgelaufenen Kalenderjahr durchgeführten Ausbildungen und Prüfungen, getrennt nach Arten der Fachkenntnisse im Sinn dieser Verordnung, folgende Daten bekannt zu geben:

1. Anzahl der Ausbildungsveranstaltungen,
2. Anzahl der männlichen und Anzahl der weiblichen Ausbildungsteilnehmer/innen,
3. Anzahl der ausgestellten Zeugnisse gemäß § 11 Abs. 1 Z 1,
4. soweit es sich um eine Ausbildungseinrichtung gemäß § 12 Abs. 1 handelt, weiters die Anzahl der ausgestellten Zeugnisse gemäß § 11 Abs. 1 Z 2.

(4) Auf Verlangen des in Abs. 1 genannten Bundesministeriums sind die in der Ausbildung verwendeten Lehrmittel, insbesondere Skripten und Unterlagen zum Selbststudium, und das Prüfungsprotokoll zur Einsichtnahme zu übermitteln.

Ermächtigung von Ausbildungseinrichtungen

§ 14. (1) Auf Antrag des Betreibers/der Betreiberin der Ausbildungseinrichtung hat der Bundesminister für Arbeit, Soziales und Konsumentenschutz die Ermächtigung zur Ausstellung von Zeugnissen gemäß § 63 Abs. 1 ASchG zu erteilen, wenn

1. die vorgesehene Ausbildung §§ 5 bis 8 sowie dem Anhang entspricht,
2. die notwendigen Voraussetzungen gemäß §§ 9f vorliegen und
3. die vorgesehenen Prüfungen und Zeugnisse §§ 10 und 11, bei einer als öffentlich-rechtlichen Körperschaft eingerichteten Ausbildungseinrichtung weiters § 12 Abs. 1 bis 4, entsprechen.

(2) Der/die Antragsteller/in hat zum Nachweis der Voraussetzungen nach Abs. 1 geeignete Unterlagen vorzulegen, insbesondere

1. einen Ausbildungsplan, der die einzelnen Ausbildungsgegenstände samt Zahl der jeweils vorgesehenen Unterrichtseinheiten einschließlich praktischer Übungen, bei Kombinationsausbildungen weiters Angaben zu Art und Umfang der kombinierten Ausbildungsinhalte sowie bei blockweiser Ausbildung auch die zeitliche Einteilung enthält,
2. eine Prüfungsordnung, die zumindest regelt: Zulassung zu den Prüfungen, Organisation und Inhalt der Prüfungen, ob mündliche Prüfungen durchgeführt werden, weiters Angaben zur Feststellung des Prüfungsergebnisses.

(3) Die Ermächtigung kann unter Vorschreibung von Auflagen hinsichtlich der Organisation, des Lehrpersonals, der Ausstattung insbesondere hinsichtlich technischer Einrichtungen und Geräte, der Lehrmittel und der Prüfung erteilt werden, soweit dies erforderlich ist, um eine ordnungsgemäße Ausbildung zu gewährleisten.

(4) Die Ermächtigung ist zu widerrufen, wenn

1. die in Abs. 1 genannten Voraussetzungen nicht mehr vorliegen,
2. die nach Abs. 3 vorgeschriebenen Auflagen nicht eingehalten werden, oder
3. gegen eine Verpflichtung nach §§ 10 bis 13 verstoßen wird.

(5) Die Ermächtigung erlischt, wenn die ermächtigte Ausbildungseinrichtung fünf Jahre keine Ausbildung durchführt.

Unterrichtsanstalten

§ 15. Unterrichtsanstalten im Sinn des § 63 Abs. 1 ASchG sind, sofern sie im Sinn dieser Verordnung einschlägige Ausbildungen oder Lehrgänge durchführen:

1. Universitäten im Sinn des Universitätsgesetzes 2002, BGBl. I Nr. 120/2002, einschließlich der Universitätslehrgänge gemäß § 56 Universitätsgesetz 2002,
2. die Universität für Weiterbildung Krems nach dem DUK-Gesetz 2004, BGBl. I Nr. 22/2004,
3. akkreditierte Privatuniversitäten,

4. Fachhochschulen gemäß Fachhochschul-Studiengesetz, BGBl. Nr. 340/1993,
5. Einrichtungen des berufsbildenden mittleren und höheren Schulwesens.

Übergangs- und Schlussbestimmungen

§ 16. (1) Zeugnisse über den Nachweis von Fachkenntnissen, die vor In-Kraft-Treten dieser Verordnung durch Unterrichtsanstalten oder ermächtigte Einrichtungen gemäß § 7 Abs. 1 der Verordnung über den Nachweis der Fachkenntnisse für bestimmte Arbeiten, BGBl. Nr. 441/1975, oder durch ermächtigte Einrichtungen gemäß § 5 Abs. 1 der Verordnung über den Nachweis der Fachkenntnisse für die Vorbereitung und Organisation von bestimmten Arbeiten unter elektrischer Spannung über 1 kV, BGBl. Nr. 10/1982, ausgestellt wurden, gelten als Nachweis der Fachkenntnisse im Sinn dieser Verordnung.

(2) Ausbildungseinrichtungen, die bei In-Kraft-Treten dieser Verordnung über eine aufrechte Ermächtigung gemäß § 7 Abs. 1 der Verordnung über den Nachweis der Fachkenntnisse für bestimmte Arbeiten, BGBl. Nr. 441/1975 oder gemäß § 5 Abs. 1 der Verordnung über den Nachweis der Fachkenntnisse für die Vorbereitung und Organisation von bestimmten Arbeiten unter elektrischer Spannung über 1 kV, BGBl. Nr. 10/1982, verfügen, müssen bis spätestens ein Jahr nach In-Kraft-Treten dieser Verordnung die Anforderungen der §§ 9f erfüllen.

(3) Arbeitnehmer/innen, die vor dem 1. Jänner 2008 mindestens zwei Jahre nachweislich mit der Durchführung von Taucharbeiten (Tätigkeit als Signalperson) im Sinn dieser Verordnung beschäftigt wurden, dürfen mit diesen Arbeiten uneingeschränkt ohne Nachweis der Fachkenntnisse beschäftigt werden. Die am 1. Jänner 2008 weniger als zwei Jahre, mindestens aber sechs Monate mit diesen Arbeiten beschäftigten Arbeitnehmer/innen dürfen ohne Nachweis der Fachkenntnisse bis spätestens 31. Dezember 2009 weiter mit diesen Arbeiten beschäftigt werden. Dies gilt jeweils auch im Falle eines Wechsels des Arbeitgebers/der Arbeitgeberin.

(4) Bescheide gemäß § 113 Abs. 3 ASchG bleiben unberührt und gelten als Nachweis der Fachkenntnisse im Sinn dieser Verordnung.

(5) Zum Zeitpunkt des In-Kraft-Tretens dieser Verordnung anhängige Verwaltungsverfahren zur Anerkennung gemäß § 113 Abs. 3 ASchG sind nach der bisherigen Rechtslage weiterzuführen und abzuschließen.

(6) Gemäß § 95 Abs. 1 ASchG wird festgelegt, dass die zuständige Behörde von § 2 keine Ausnahme zulassen darf.

(7) Soweit in dieser Verordnung auf Bestimmungen anderer Rechtsnormen verwiesen wird, gelten diese in ihrer jeweils geltenden Fassung.

(8) Gemäß § 113 Abs. 1 ASchG wird festgestellt, dass mit In-Kraft-Treten dieser Verordnung

FK-V

§ 62 und § 63 Abs. 1 und 2 ASchG zur Gänze in Kraft treten.

(9) Gemäß § 125 Abs. 8 ASchG wird festgestellt, dass mit In-Kraft-Treten dieser Verordnung außer Kraft treten:

1. die gemäß § 113 Abs. 2 Z 1 ASchG als Bundesgesetz geltenden §§ 2 bis 9 der Verordnung über den Nachweis der Fachkenntnisse für bestimmte Arbeiten, BGBl. Nr. 441/1975, zuletzt geändert durch BGBl. I Nr. 159/2001.
2. die gemäß § 113 Abs. 2 Z 2 ASchG als Bundesgesetz geltenden §§ 2 bis 7 der Verordnung über den Nachweis der Fachkenntnisse für die Vorbereitung und Organisation von bestimmten Arbeiten unter elektrischer Spannung über 1 kV, BGBl. Nr. 10/1982, zuletzt geändert durch BGBl. I Nr. 159/2001.
3. die gemäß § 119 Abs. 1 ASchG als Bundesgesetz geltenden § 31 Abs. 6 bis 8 und § 32 Abs. 2 sowie Anhang 5 hinsichtlich des Nachweises über Taucherarbeiten (Ausbildung für Taucherarbeiten) sowie der Ausbildung als Taucher/in und als Signalperson der Druckluft- und Taucherarbeitenverordnung, BGBl. Nr. 501/1973, zuletzt geändert durch BGBl. II Nr. 358/2004.

(10) § 2, § 8 Abs. 1 Z 3 und § 9 Abs. 2 Z 2 treten jeweils hinsichtlich Taucharbeiten (Tätigkeit als Signalperson) mit 1. Jänner 2008 in Kraft. Für die Zulassung zum Ausbildungsgebiet „Durchführung von Sprengarbeiten unter Wasser" (§ 6 Z 3 lit. c) sind bis dahin ausreichende Tauchkenntnisse in geeigneter Form nachzuweisen.

(11) Im Übrigen tritt diese Verordnung mit dem ihrer Kundmachung folgenden Monatsersten in Kraft.

(12) § 12 Abs. 7, § 13 Abs. 1 und § 14 Abs. 1 in der Fassung BGBl. II Nr. 215/2012 treten mit 1. Juli 2012 in Kraft.

(13) Die § 13 Abs. 1 bis 4 und § 14 Abs. 1 jeweils in der Fassung BGBl. II Nr. 210/2013 treten mit dem der Kundmachung folgenden Monatsersten in Kraft. § 12 Abs. 7 in der Fassung BGBl. II Nr. 210/2013 tritt mit Ablauf des 31. Dezember 2013 außer Kraft.

(14) § 1, § 10 Abs. 4 und § 14 Abs. 5 in der Fassung BGBl. II Nr. 26/2014, treten mit dem der Kundmachung folgenden Monatsersten in Kraft.

Anhang 1

Ausbildungsgebiet gemäß § 6 Z 1

FÜHREN VON KRANEN

Ausbildungsinhalte	Unterrichtseinheiten (Teilgebiete)					
	a) Flurgesteuerte Lauf-, Bock- und Portalkrane, Säulendreh- und Wandschwenkkrane bis 300 kN	**b)** Sonstige Lauf-, Bock- und Portalkrane, Säulendreh- und Wandschwenkkrane	**c)** Dreh- und Auslegerkrane	**d)** Fahrzeug- und Ladekrane bis 300 kNm	**e)** Fahrzeug- und Ladekrane über 300 kNm	**f)** Sonderkrane [1]
1. Grundbegriffe der Mechanik und Elektrotechnik	1	3	5	3	5	1
2. Aufbau und Arbeitsweise von Kranen, Betriebsbedingungen	1	3	5	3	5	2
3. Mechanische und elektrische Ausrüstung von Kranen und Tragmitteln	1	3	5	3	5	3
4. Sicherheits- einrichtungen von Kranen, Schutzmaßnahmen gegen Berührungsspannung	1	2	3	3	3	2
5. Betrieb und Wartung von Kranen, Verständigungszeichen beim Kranbetrieb, Lastauf nahmemittel, Anhängen von Lasten	3	3	5	4	5	2
6. Arbeitnehmerschutzvorschriften, sonstige Rechtsvorschriften, Normen und Richtlinien zum sicheren Führen von Kranen	1	4	4	2	4	1
Mindestanzahl Unterrichtseinheiten (UE Theorie)	**8**	**18**	**27**	**18**	**27**	**11**
Frei gestaltbare UE	**0,5**	**2,5**	**3**	**2**	**3**	**1**
Praktische Übungen	**0,5**	**0,5**	**1**	**1**	**1**	**2**
GESAMTZAHL UE	**9**	**21**	**31**	**21**	**31**	**14**

[1] Zulassungsvoraussetzung: Fachkenntnisnachweis für das Führen von sonstigen Lauf-, Bock- und Portalkranen, Säulendreh- und Wandschwenkkranen (b)

Anhang 2

Ausbildungsgebiet gemäß § 6 Z 2
FÜHREN VON HUBSTAPLERN

Ausbildungsinhalte	Unterrichtseinheiten
1. Grundbegriffe der Mechanik und Elektrotechnik	4
2. Aufbau und Arbeitsweise von Hubstaplern, mechanische und elektrische Ausrüstung von Hubstaplern	4
3. Sicherheitseinrichtungen von Hubstaplern	2
4. Betrieb und Wartung von Hubstaplern	3,5
5. Abeitnehmerschutzvorschriften, sonstige Rechtsvorschriften, Normen und Richtlinien zum sicheren Führen von Hubstaplern	4
Mindestanzahl Unterrichtseinheiten (UE Theorie)	**17,5**
Frei gestaltbare UE	**2**
Praktische Übungen	**1**
GESAMTZAHL UE	**20,5**

●

Anhang 3

Ausbildungsgebiet gemäß § 6 Z 3
DURCHFÜHRUNG VON SPRENGARBEITEN

Ausbildungsinhalte	Unterrichtseinheiten (Teilgebiete)					
	a) Allgemeine Sprengarbeiten	b) Tiefbohrloch-sprengarbeiten [1]	c) Sprengarbeiten unter Wasser [2]	d) Sprengarbeiten in heißen Massen [1]	e) Lawinen-auslöse-sprengarbeiten [1]	f) Lawinen-auslöse-sprengarbeiten vom Hubschrauber [3]
1. Grundbegriffe (Sprengstoffe, Zündmittel) und allgemeine Erfordernisse der Sprengarbeiten	8	3	4	3	5	0
2. Art und Verwendung der Sprengstoffe und Zündmittel sowie der Geräte und Hilfsmittel	12	2	3	3	1	0
3. Grundbegriffe der Gesteinskunde und sonstiger zu sprengender Materialien, Sprengtechnik und Sprengverfahren	16	8	3	3	5	2
4. Vorbereitung und Durchführung der Sprengarbeiten	10	9	3	6	3	0
5. Arbeitnehmerschutzvorschriften, sonstige Rechtsvorschriften, Normen und Richtlinien zur sicheren Durchführung von Sprengarbeiten	14	3	3	1	2	2
Mindestanzahl Unterrichtseinheiten (UE Theorie)	**60**	**25**	**16**	**16**	**16**	**4**
Frei gestaltbare UE	**7**	**4**	**2**	**2**	**2**	**1**
Gemeinsame Vorführrung der Durchführung von Sprengarbeiten	**8**	**8**	**4**	**4**	**4**	**4**
GESAMTZAHL UE	**75**	**37**	**22**	**22**	**22**	**9**

[1] Zulassungsvoraussetzung: Fachkenntnisnachweis für allgemeine Sprengarbeiten (a)

[2] Zulassungsvoraussetzung: Fachkenntnisnachweis für allgemeine Sprengarbeiten (a) und für allgemeine Taucharbeiten (Anhang 5 a)

[3] Zulassungsvoraussetzung: Fachkenntnisnachweis für allgemeine Sprengarbeiten (a) und für Lawinenauslösesprengarbeiten (e)

FK-V

Anhang 4

Ausbildungsgebiet gemäß § 6 Z 4
DURCHFÜHRUNG VON ARBEITEN IM RAHMEN EINES GASRETTUNGSDIENSTES

Ausbildungsinhalte	Unterrichtseinheiten
1. Atmung des Menschen, Gefährdung durch Sauerstoffmangel sowie gesundheitsgefährdende oder unatembare Gase, Dämpfe, Nebel oder Stäube, Brand- und Explosionsgefahr	6
2. Personelle und organisatorische Voraussetzungen für den Einsatz unter schwerem Atemschutz	2
3. Aufbau und Wirkungsweise von Atemschutz-, Gasmess-, Gasanzeige- und Explosionswarngeräten	6
4. Benutzung und Wartung von Atemschutzgeräten, Wiederherstellen der Einsatzbereitschaft	6
5. Maßnahmen der Erste-Hilfe-Leistung bei Rettungseinsätzen, Verhalten bei Brand- oder Explosionsgefahr	3
6. Arbeitnehmerschutzvorschriften, sonstige Rechtsvorschriften, Normen und Richtlinien zur sicheren Durchführung von Arbeiten im Gasrettungsdienst, in einer Grubenwehr oder Gasschutzwehr	4
Mindestanzahl Unterrichtseinheiten (UE Theorie)	**27**
Frei gestaltbare UE	**5**
Praktische Übungen (mit angelegtem Atemschutzgerät, Umgang mit Gasmess-, Gasanzeige- und Explosionswarngeräten)	**3**
GESAMTZAHL UE	**35**

Anhang 5

Ausbildungsgebiet gemäß § 6 Z 5
DURCHFÜHRUNG VON TAUCHARBEITEN (TÄTIGKEIT ALS SIGNALPERSON)

Ausbildungsinhalte	Unterrichtseinheiten (Teilgebiete)		
	a) Allgemeine Taucharbeiten	b) Forschungs- und Ingenieur- taucharbeiten	c) Tätigkeit als Signalperson
1. Fachrechnen, physikalische Grundlagen	15	15	15
2. Fachzeichnen	8	8	8
3. Tauchgerätekunde (einschließlich Zubehör, Tauchhilfseinrichtungen), Verwendung und Wirkungsweise Bedienung und Wartung, Druckkammern, Unterwasserarbeitsgeräte	20	20	20
4. Arbeitskunde (Verhältnisse der Tauchstelle, Einflussfaktoren Wasser, Arbeitstechniken und Arbeitsverfahren), Arbeits- und Tauchpläne, Tauchergruppe, Sicherungsmaßnahmen, Kommunikation	32	32	32
5. Tauchmedizinische Grundkenntnisse, Erste-Hilfe-Maßnahmen	43	43	43
6. Arbeitnehmerschutzvorschriften, sonstige Rechtsvorschriften, Normen und Richtlinien über die sichere Durchführung von Taucharbeiten (Tätigkeit als Signalperson)	12	12	12
Mindestanzahl Unterrichtseinheiten (UE Theorie)	130	130	130
Frei gestaltbare UE	20	20	20
Praktische Übungen	120	60	16
GESAMTZAHL UE	270	210	166

FK-V

Anhang 6

Ausbildungsgebiet gemäß § 6 Z 6
VORBEREITUNGS- UND ORGANISATIONSARBEITEN BETREFFEND ARBEITEN UNTER HOCHSPANNUNG

Ausbildungsinhalte	Unterrichtseinheiten
1. Elektrotechnik und Mechanik	3
2. Gefahren des elektrischen Stroms, Wirkung auf den menschlichen Körper	2
3. Arbeitsmethoden für gefahrloses Arbeiten unter Spannung	4
4. Auswahl, Prüfung und Wartung der Werkzeuge, Schutzvorrichtungen, Schutzbekleidung	3
5. Grenzen für das Arbeiten unter Spannung	2
6. Arbeitnehmerschutzvorschriften, sonstige Rechtsvorschriften, Normen und Richtlinien die für die sichere Durchführung von Arbeiten unter Spannung bei Organisation und Vorbereitung zu beachten sind	2
Mindestanzahl Unterrichtseinheiten (UE Theorie)	**16**
Frei gestaltbare UE	**1**
Gemeinsame Vorführung von praktischen Arbeitsvorgängen	**8**
GESAMTZAHL UE	**25**

21. Verordnung optische Strahlung

Verordnung über den Schutz der Arbeitnehmer/innen vor der Einwirkung durch optische Strahlung (Verordnung optische Strahlung – VOPST)

StF: BGBl. II Nr. 221/2010

Präambel

Aufgrund der §§ 3 Abs. 7, 4, 5, 12 bis 15, 20 Abs. 2, 22 Abs. 4, 28 Abs. 5, 33 Abs. 5, 38 Abs. 1, 66, 69, 70, 72 Abs. 1 Z 4 bis 6 und Abs. 2 sowie 95 Abs. 2 des Bundesgesetzes über Sicherheit und Gesundheitsschutz bei der Arbeit (ArbeitnehmerInnenschutzgesetz – ASchG), BGBl. Nr. 450/1994 zuletzt geändert durch das Bundesgesetz BGBl. I Nr. 147/2006, wird verordnet:

GLIEDERUNG

Geltungsbereich

§ 1. Die Verordnung gilt in Arbeitsstätten, auf Baustellen und an auswärtigen Arbeitsstellen im Sinne des ASchG für Tätigkeiten, bei denen die Arbeitnehmer/innen während ihrer Arbeit einer Einwirkung durch optische Strahlung ausgesetzt sind oder ausgesetzt sein können.

Begriffsbestimmungen

§ 2. (1) Optische Strahlung ist jede inkohärente und kohärente (z. B. LASER) elektromagnetische Strahlung von natürlichen oder künstlichen Quellen im Wellenlängenbereich von 100 nm bis 1 mm. Das Spektrum der optischen Strahlung wird unterteilt in ultraviolette Strahlung, sichtbare Strahlung und Infrarotstrahlung.

(2) Ultraviolette Strahlung ist optische Strahlung im Wellenlängenbereich von 100 nm bis 400 nm. Der Bereich der ultravioletten Strahlung wird unterteilt in UV-A-Strahlung (315 nm bis 400 nm), UV-B-Strahlung (280 nm bis 315 nm) und UV-C-Strahlung (100 nm bis 280 nm).

(3) Sichtbare Strahlung ist optische Strahlung im Wellenlängenbereich von 380 nm bis 780 nm.

(4) Infrarotstrahlung ist optische Strahlung im Wellenlängenbereich von 780 nm bis 1 mm. Der Bereich der Infrarotstrahlung wird unterteilt in IR-A-Strahlung (780 nm bis 1400 nm), IR-B-Strahlung (1400 nm bis 3000 nm) und IR-C-Strahlung (3000 nm bis 1 mm).

(5) Expositionsgrenzwerte sind Grenzwerte für die Exposition gegenüber optischer Strahlung, die unmittelbar auf nachgewiesenen gesundheitlichen Auswirkungen und biologischen Erwägungen beruhen. Durch die Einhaltung dieser Grenzwerte wird sichergestellt, dass Arbeitnehmer/innen, die künstlichen Quellen optischer Strahlung ausgesetzt sind, vor allen bekannten gesundheitsschädlichen Auswirkungen geschützt sind.

(6) Ausmaß ist die kombinierte Wirkung von Bestrahlungsstärke, Bestrahlung und Strahldichte, der Arbeitnehmer/innen ausgesetzt sind.

Expositionsgrenzwerte

§ 3. (1) Folgende Expositionsgrenzwerte dürfen nicht überschritten werden:

1. Für inkohärente künstliche optische Strahlung: die Expositionsgrenzwerte gemäß Tabelle A.3, Anhang A unter Berücksichtigung der Definitionen gemäß Anhang A;

2. für kohärente optische Strahlung (LASER): die Expositionsgrenzwerte gemäß Tabellen B.4a, B.4b, B.4c, B.4d und B.4e, Anhang B unter Berücksichtigung der Definitionen gemäß Anhang B.

(2) Wenn die Bewertung gemäß § 4 ergibt, dass die Exposition der Arbeitnehmer/innen einen der Expositionsgrenzwerte für künstliche optische Strahlung nach Abs. 1 überschritten sind § 6, § 7 Abs. 3, § 8 und § 9 Abs. 1 bis 3 anzuwenden.

Bewertungen und Messungen

§ 4. (1) Künstliche optische Strahlung an den Arbeitsplätzen sind einer Bewertung zu unterziehen. Dazu können als Stand der Technik herangezogen werden:

1. Internationale oder europäische Normen und Empfehlungen,

2. nationale oder internationale wissenschaftlich untermauerte Leitlinien, falls die unter Z 1 genannten Normen und Empfehlungen keine Bewertung ermöglichen.

(2) Angaben der Hersteller/innen oder der Inverkehrbringer/innen können bei der Bewertung berücksichtigt werden, wenn die Quellen künstlicher optischer Strahlung in den Geltungsbereich der einschlägigen Gemeinschaftsrichtlinien fallen. Dies kann z. B. die Angabe von Risikogruppen bei künstlicher inkohärenter optischer Strahlung für Lampen und Lampensysteme oder die Angabe von Laserklassen nach Stand der Technik sein.

(3) Falls die Bewertung gemäß Abs. 1 keine eindeutige Festlegung der erforderlichen Maßnahmen ermöglicht, muss eine Bewertung auf Grundlage von repräsentativen Messungen oder Berechnungen nach Stand der Technik erfolgen.

(4) Arbeitgeber/innen haben dafür zu sorgen, dass Bewertungen einschließlich Messungen oder Berechnungen

1. für künstliche optische Strahlung unter Berücksichtigung der Herstellerangaben sachkundig geplant und in angemessenen Zeitabständen durchgeführt werden,
2. den physikalischen Eigenschaften der künstlichen optischen Strahlung, dem Ausmaß, der Dauer und der physikalischen Größe sowie der Arbeitsumgebung angepasst sind und zu einem eindeutigen und repräsentativen Ergebnis (auch bei Stichprobenverfahren) führen,
3. so dokumentiert werden (§ 5 ASchG), dass die Ergebnisse eindeutig und nachvollziehbar sind.

(5) Bewertungen oder Messungen dürfen nur von fachkundigen Personen oder Diensten durchgeführt werden. Diese müssen die erforderlichen Fachkenntnisse und Berufserfahrungen besitzen und die Gewähr für die gewissenhafte und repräsentative Durchführung der Bewertungen und Messungen nach dem Stand der Technik bieten. Als Fachkundige können auch Betriebsangehörige eingesetzt werden.

(6) Fachkundige Personen oder Dienste müssen über die je nach Art der Aufgabenstellung notwendigen und geeigneten Einrichtungen verfügen (z. B. Software für Berechnungen, Messgeräte, die den vorherrschenden Bedingungen insbesondere unter Berücksichtigung der Merkmale der zu messenden physikalischen Größe angepasst sind, oder aus denen die physikalische Größe eindeutig und repräsentativ abgeleitet werden kann, Vergleichsdaten, einschlägige technische Normen).

Ermittlung und Beurteilung der Gefahren

§ 5. (1) Arbeitgeber/innen müssen die Gefahren, denen die Arbeitnehmer/innen durch künstliche optische Strahlung ausgesetzt sind, ermitteln und beurteilen und dabei insbesondere Folgendes berücksichtigen:

1. Art, Ausmaß, Dauer und Frequenz- oder Wellenlängenspektrum der Exposition gegenüber künstlicher optischer Strahlung, wobei auch die Exposition gegenüber mehreren Quellen zu berücksichtigen ist,
2. Ergebnisse von Bewertungen und Messungen sowie zusätzlich einschlägige Informationen für künstliche optische Strahlung auf Grundlage der Gesundheitsüberwachung,
3. veröffentlichte Informationen, wie wissenschaftliche Erkenntnisse oder Vergleichsdaten sowie die Angaben der Hersteller/innen oder der Inverkehrbringer/innen oder zusätzlich die Bedienungsanleitung (insbesondere Angaben zur korrekten Verwendung, zur Wartung und Kennzeichnung der Arbeitsmittel).

(2) Falls unter vorhersehbaren Bedingungen gleiche Ergebnisse erzielt werden, wie bei einem Vergleich mit den Expositionsgrenzwerten, kann auf Basis der Bewertungen nach § 4 Abs. 2 die Ermittlung und Beurteilung biologischer Strahlengefahren durch künstliche optische Strahlung nach den Risikogruppen für Lampen und Lampensystemen, Anhang A, insbesondere Tabelle A.4 und nach den Klassen für Laser, Anhang B, insbesondere Tabelle B.5, nach dem Stand der Technik durchgeführt werden.

(3) Weiters sind bei der Ermittlung und Beurteilung der Gefahren, denen die Arbeitnehmer/innen durch künstliche optische Strahlung ausgesetzt sind, zu berücksichtigen:

1. Alle Auswirkungen auf die Gesundheit und Sicherheit der Arbeitnehmer/innen,
a) die sich aus dem Zusammenwirken von künstlicher optischer Strahlung und fotosensibilisierenden chemischen Stoffen ergeben,
b) bei Schweißarbeiten,
c) bei Bearbeitungsvorgängen, z. B. mit Lasern, die Entstehung von gesundheitsgefährdenden Arbeitsstoffen oder explosionsfähigen Atmosphären,
2. alle Auswirkungen auf die Gesundheit und Sicherheit besonders gefährdeter Arbeitnehmer/innen,
3. alle indirekten Auswirkungen auf Gesundheit und Sicherheit der Arbeitnehmer/innen durch Blendung, Brand- und Explosionsgefahr,
4. Gefahren, die bei Wartung, Instandhaltung, Störungsbehebung oder Justierarbeiten auftreten können,
5. Klassifizierungen gemäß dem Stand der Technik, wie z. B. für Lampen und Lampensysteme künstlicher inkohärenter optischer Strahlung oder LASER oder vergleichbare Klassifizierungen nach Gefahren.

(4) Bei der Ermittlung und Beurteilung der Gefahren durch künstliche optische Strahlung ist, ausgehend vom Ist-Zustand, Bedacht zu nehmen auf

1. die Gestaltung und Auslegung der Arbeitsstätten, Räume, Arbeitsplätze und Arbeitsverfahren, wie bauliche Trennung von stark belasteten Bereichen und Abschirmungen,
2. die Verfügbarkeit alternativer Arbeitsmittel oder Ausrüstungen und die Möglichkeit technischer Maßnahmen, durch die das Ausmaß der Exposition verringert wird,
3. die Möglichkeit, künstliche optische Strahlenquellen so aufzustellen und Arbeitsvorgänge so durchzuführen, dass das Ausmaß der Exposition insbesondere für Arbeitnehmer/innen, die nicht an diesen Strahlenquellen oder bei diesen Arbeitsvorgängen tätig sind, verringert wird,
4. die Möglichkeit zur Verringerung der Einwirkung von optischer Strahlung durch Verriegelungseinrichtungen, Abschirmungen oder vergleichbaren Schutzvorrichtungen,
5. Durchführung von unverzüglichen Maßnahmen zur Unterschreitung von Expositionsgrenzwerten.

(5) Die Ermittlung und Beurteilung der Gefahren ist regelmäßig zu aktualisieren. Eine Überprüfung und erforderlichenfalls eine Anpassung gemäß § 4 Abs. 4 und 5 ASchG hat insbesondere auch zu erfolgen, wenn die Ermittlung und Beurteilung der Gefahren aufgrund bedeutsamer Veränderungen veraltet sein könnte, oder wenn es sich aufgrund der Ergebnisse einer Bewertung oder Messung oder aufgrund der Ergebnisse der Gesundheitsüberwachung als erforderlich erweist.

Information, Unterweisung, Anhörung und Beteiligung der Arbeitnehmer/innen

§ 6. (1) Wenn in Bereichen ein Expositionsgrenzwert für künstliche optische Strahlung überschritten ist oder aufgrund der Arbeitsvorgänge Gefahren zu vermeiden sind, z. B. indirekte Auswirkungen, muss eine Information und Unterweisung der Arbeitnehmer/innen nach § 12 und § 14 ASchG erfolgen. Diese hat sich jedenfalls zu beziehen auf:
1. Die Maßnahmen gemäß § 8,
2. Bedeutung und Höhe der Expositionsgrenzwerte sowie ihren Bezug zur Gefährdung,
3. die Ergebnisse der Bewertungen oder Messungen und die potenziellen Gefahren, die von den Strahlenquellen ausgehen,
4. das Erkennen und Melden von gesundheitsschädigenden Auswirkungen,
5. die Voraussetzungen, unter denen die Arbeitnehmer/innen Anspruch auf eine Gesundheitsüberwachung haben und deren Zweck,
6. sichere Arbeitsverfahren und korrekte Handhabung der Arbeitsmittel und Verhaltensweisen zur Minimierung der Exposition,
7. die korrekte Verwendung der zur Verfügung gestellten persönlichen Schutzausrüstung, Arbeitskleidung und Schutzmittel.

(2) Die Anhörung und Beteiligung der Arbeitnehmer/innen nach § 13 ASchG hat sich insbesondere zu beziehen auf:
1. Die Ergebnisse der Ermittlung und Beurteilung der Gefahren,
2. die Maßnahmen gemäß § 8,
3. die Auswahl von persönlicher Schutzausrüstung, Schutzmittel und Arbeitskleidung.

Maßnahmen und Maßnahmenprogramm

§ 7. (1) Gefahren durch künstliche optische Strahlung müssen am Entstehungsort ausgeschlossen oder so weit verringert werden, als dies nach dem Stand der Technik und der Verfügbarkeit von geeigneten technischen Mitteln möglich ist.

(2) Um die Einwirkung von künstlicher optischer Strahlung auf das niedrigste in der Praxis vertretbare Niveau zu senken, müssen Arbeitgeber/innen unter Beachtung der Grundsätze der Gefahrenverhütung (§ 7 ASchG) geeignete Maßnahmen setzen. Dies sind insbesondere Maßnahmen gemäß § 8.

(3) Wenn die Expositionsgrenzwerte für künstliche optische Strahlung überschritten werden, müssen Arbeitgeber/innen bei der Festlegung von Maßnahmen gemäß § 4 Abs. 3 ASchG auch ein Programm mit Maßnahmen gemäß § 8 festlegen und durchführen, mit dem Ziel, diese zu unterschreiten.

Inhalt des Maßnahmenprogramms

§ 8. (1) Im Maßnahmenprogramm sind unter Berücksichtigung der Angaben der Hersteller/innen oder der Inverkehrbringer/innen von Quellen künstlicher optischer Strahlung folgende Maßnahmen festzulegen:
1. Bauliche Maßnahmen zur Vermeidung oder Verringerung der Exposition, wie die Gestaltung und Auslegung der Räume und Arbeitsplätze;
2. Maßnahmen an der Quelle zur Vermeidung oder Verringerung der Exposition an der Quelle, wie
   a) alternative Arbeitsverfahren, bei denen es zu keiner oder einer geringeren Exposition gegenüber optischer Strahlung kommt,
   b) die Auswahl geeigneter Arbeitsmittel, die laut Herstellerangaben und unter Berücksichtigung der auszuführenden Arbeit möglichst wenig optische Strahlung emittieren,
   c) die angemessene Wartung der Arbeitsmittel und Schutzeinrichtungen sowie ihrer Verbindungs- und Aufstellungsbauteile sowie anderer Einrichtungen an den Arbeitsplätzen;
3. Maßnahmen betreffend Arbeitsmittel und Arbeitsvorgänge, wie

VOPST

a) Arbeitsmittel und Arbeitsvorgänge, die an Arbeitsplätzen optische Strahlung über den Expositionsgrenzwerten verursachen, sind unter Berücksichtigung der Arbeitsabläufe nach Möglichkeit in eigenen Räumen unterzubringen oder durchzuführen,

b) Arbeitsmittel und Arbeitsvorgänge, die an Arbeitsplätzen optische Strahlung verursachen, sind so aufzustellen oder durchzuführen, dass insbesondere für Arbeitnehmer/innen, die nicht an diesen Arbeitsmitteln oder bei diesen Arbeitsvorgängen tätig sind, das Ausmaß der Exposition soweit als möglich verringert wird;

4. technische Maßnahmen zur Verringerung der Einwirkung von optischer Strahlung, erforderlichenfalls sind auch Verriegelungseinrichtungen, Abschirmungen oder vergleichbare Schutzvorrichtungen einzusetzen;

5. organisatorische Maßnahmen, wie

a) Abstandsvergrößerung zur Strahlenquelle, insbesondere für Arbeitnehmer/innen, die nicht an diesen Arbeitsmitteln oder bei diesen Arbeitsvorgängen tätig sind oder sichere Arbeitsverfahren, sowie korrekte Handhabung der Arbeitsmittel und Verhaltensweisen zur Minimierung des Ausmaßes der Exposition der Arbeitnehmer/innen,

b) Begrenzen der Dauer der Exposition durch geeignete organisatorische Maßnahmen, wie eine Beschränkung der Beschäftigungsdauer, Arbeitsunterbrechungen oder die Einhaltung von Erholzeiten.

(2) Bei Erstellung des Maßnahmenprogramms sind schutzbedürftige Arbeitnehmer/innen besonders zu berücksichtigen.

Persönliche Schutzausrüstung, Arbeitskleidung, Kennzeichnung

§ 9. (1) Für Arbeitnehmer/innen, die sich in Bereichen aufhalten, in denen ein Expositionsgrenzwert für künstliche optische Strahlung überschritten ist, ist je nach Art und Ausmaß der vorliegenden Gefahr zur Verfügung zu stellen und von den Arbeitnehmer/innen zu benutzen:

1. Geeignete persönliche Schutzausrüstung für Augen und Haut oder
2. geeignete Arbeitskleidung (Schutzkleidung), sofern geeignete persönliche Schutzausrüstung für optische Strahlung nicht erhältlich ist, sowie
3. geeignete Schutzmittel für ungeschützte Haut.

(2) Bereiche, in denen ein Expositionsgrenzwert überschritten ist, sind in geeigneter Weise zu kennzeichnen; erforderlichenfalls mit Angabe der maximalen Aufenthaltsdauer. Wenn dies technisch

möglich und aufgrund der Expositionsgefahr gerechtfertigt ist, sind diese Bereiche auch abzugrenzen und ist der Zugang einzuschränken.

(3) Die Überschreitung von Expositionsgrenzwerten nach Abs. 1 und 2 ist zu beurteilen

1. ortsbezogen oder
2. personenbezogen, sofern Ausmaß, Lage und Organisation der Aufenthaltsdauer der betroffenen Arbeitnehmer/innen im Sicherheits- und Gesundheitsschutzdokument festgelegt sind.

Natürliche optische Strahlung

§ 10. Der Schutz von Arbeitnehmer/innen vor Gefahren durch natürliche optische Strahlung ist gemäß §§ 4, 5, 12 bis 15, 33 Abs. 5, 66, 69 und 70 ASchG zu berücksichtigen.

Ausnahmen

§ 11. Gemäß § 95 Abs. 1 ASchG wird festgestellt, dass die Behörde von den Bestimmungen dieser Verordnung keine Ausnahme zulassen darf.

Umsetzung von Rechtsakten der Europäischen Union

§ 12. Durch diese Verordnung wird die Richtlinie 2006/25/EG über Mindestvorschriften zum Schutz von Arbeitnehmer/innen vor der Gefährdung durch künstliche optische Strahlung, ABl. Nr. L 114 vom 27.04.2004 S. 38, umgesetzt.

Übergangs- und Schlussbestimmungen

§ 13. (1) Gemäß § 125 Abs. 8 ASchG wird festgestellt, dass mit Inkrafttreten dieser Verordnung in § 16 Abs. 1 der gemäß § 114 Abs. 4 Z 6 ASchG als Bundesgesetz geltenden Allgemeinen Arbeitnehmerschutzverordnung (AAV), BGBl. Nr. 218/1983, in der Fassung der Verordnung BGBl. II Nr. 242/2006, die Wortfolge „blendendes Licht, schädliche Strahlen" außer Kraft tritt.

(2) Gemäß § 114 Abs. 3 ASchG wird festgestellt, dass § 71 Abs. 2 ASchG hinsichtlich der Einwirkung künstlicher optischer Strahlung in Kraft tritt.

(3) Vor In-Kraft-Treten dieser Verordnung aufgrund des ASchG oder aufgrund des Arbeitnehmerschutzgesetzes, BGBl. Nr. 234/1972, erlassene Bescheide werden durch diese Verordnung nicht berührt, mit der Maßgabe, dass bescheidmäßige Vorschreibungen von Grenzwerten für künstliche optische Strahlung außer Kraft treten und die in § 3 festgelegten Expositionsgrenzwerte gelten.

Die Anhänge werden hier nicht wiedergegeben; es wird auf das Bundesgesetzblatt verwiesen.

22. Tagbauarbeitenverordnung

Verordnung über den Schutz der Arbeitnehmer/innen bei der Durchführung von Arbeiten im Tagbau (Tagbauarbeitenverordnung – TAV)

StF: BGBl. II Nr. 416/2010

Letzte Novellierung: BGBl. II Nr. 330/2024 [CELEX-Nr.: 32022L0431]

Präambel

Auf Grund der §§ 3 bis 8, 12, 14, 17, 20, 24, 33, 35, 44, 60, 61, 92, 93, 95 Abs. 1 und 2 des Bundesgesetzes über Sicherheit und Gesundheitsschutz bei der Arbeit (ArbeitnehmerInnenschutzgesetz – ASchG), BGBl. Nr. 450/1994, zuletzt geändert durch das Bundesgesetz BGBl. I Nr. 147/2006, wird verordnet:

GLIEDERUNG

TAV

1. Abschnitt: Allgemeine Bestimmungen

Geltungsbereich

§ 1. Die Verordnung gilt für Arbeitsstätten und auswärtige Arbeitsstellen im Sinn des ASchG, die folgenden Tätigkeiten dienen:

1. Aufsuchen oder Gewinnen fester mineralischer Rohstoffe obertage,
2. Aufbereiten dieser mineralischen Rohstoffe obertage in Zusammenhang mit den Tätigkeiten Z 1,
3. Tätigkeiten im Zuge des Betreibens, der Instandhaltung und Wartung von untertägigen und unterirdischen Förderanlagen und –einrichtungen (z.B. Sturzschächte und Förderstrecken, unterirdische Abzugseinrichtungen und Tunnel) in Zusammenhang mit den Tätigkeiten nach Z 1 und 2.

Begriffsbestimmungen

§ 2. Im Sinn dieser Verordnung bedeuten die Begriffe

1. Tagbau: Teil einer Arbeitsstätte oder auswärtigen Arbeitsstelle, in dem mineralische Rohstoffe obertage gewonnen werden,

2. Tagbauzuschnittsparameter: Parameter, die die Gestaltung (geometrische Ausformung) eines Tagbaues bestimmen, wie die Breite von Etagen, Orientierung, Neigung und Höhe von Tagbauböschungen, Längs- und Quergefälle von Etagen sowie Auffahrts- und Verbindungsrampen,

3. Etagen: horizontale bis schwach geneigte Flächenelemente,

4. Arbeitsetagen: Etagen, auf denen sich Arbeitsplätze oder Verkehrswege befinden,

5. Tagbauböschungen: künstlich geschaffene, geneigte oder senkrecht stehende Flächenelemente, die bei der Gewinnung entstehen oder durch ein Verkippen oder ein Verhalden gebildet werden,

6. Böschungssystem: ein aus mehreren räumlich zusammenhängenden Tagbauböschungen gebildetes System mit den dazugehörigen Etagen,

7. tagbauspezifische Gefahrenbereiche: jene Bereiche eines Tagbaues, insbesondere auf Arbeitsetagen, in denen Gefahren wie Absturz,

Herabfallen von Gestein, Verschüttet werden oder Ertrinken, bestehen.

Fachkundige Leitung

§ 3. (1) Arbeitgeber/innen haben dafür zu sorgen, dass für jede Arbeitsstätte und auswärtige Arbeitsstelle eine geeignete und fachkundige Person zuständig ist (fachkundige Leitung), die insbesondere folgende Aufgaben hat:

1. Beaufsichtigung der Arbeitnehmer/innen,
2. Erteilung der Arbeitsfreigabe (§ 4),
3. Absperrung und Freigabe von Bereichen im Sinn des § 15 Abs. 1,
4. Überprüfung des Tagbaues (§ 16 Abs. 1 und 2).

(2) Werden in einer Arbeitsstätte oder auf einer auswärtigen Arbeitsstelle Arbeitnehmer/innen mehrerer Arbeitgeber/innen beschäftigt, so haben die betroffenen Arbeitgeber/innen eine gemeinsame fachkundige Leitung zu bestellen oder sie haben für eine Koordination der fachkundigen Leitungen zu sorgen.

(3) Für den Fall der Verhinderung haben Arbeitgeber/innen eine geeignete und fachkundige Stellvertretung zu benennen.

(4) Es dürfen nur Personen für die fachkundige Leitung oder als deren Stellvertretung bestellt werden, die ihrer Bestellung nachweislich zugestimmt haben. Fachkundig sind Personen, die folgende Voraussetzungen erfüllen:

1. Theoretische und praktische Kenntnisse, die für die sichere Durchführung der Arbeiten erforderlich sind, sowie einschlägige Berufserfahrung,
2. Kenntnisse der in Betracht kommenden Arbeitnehmerschutzvorschriften.

(5) Arbeitgeber/innen dürfen selbst die Funktion der Person für die fachkundige Leitung übernehmen, wenn sie die Voraussetzungen des Abs. 4 Z 1 und 2 erfüllen.

(6) Es ist dafür zu sorgen, dass belegte Arbeitsstätten oder auswärtige Arbeitsstellen mindestens einmal während jeder Schicht von der fachkundigen Leitung besucht werden, wenn die Ermittlung und Beurteilung der Gefahren zu dem Ergebnis führt, dass dies erforderlich ist. Regelungen zu Aufsicht und Alleinarbeit bleiben unberührt.

Arbeiten mit besonderen Gefahren,
Arbeitsfreigabe

§ 4. (1) Arbeitgeber/innen haben im Rahmen der Ermittlung und Beurteilung der Gefahren für folgende Arbeiten ein Arbeitsfreigabesystem samt den einzuhaltenden Bedingungen und den vor, während und nach Abschluss der Arbeiten notwendigen Schutz- und Rettungsmaßnahmen festzulegen:

1. Beseitigung von Verklausungen in Sturzschächten und –rinnen,

2. Arbeiten, die ausnahmsweise in einem tagbauspezifischen Gefahrenbereich erfolgen (§ 10 Abs. 3).

(2) Wenn es auf Grund der Ermittlung und Beurteilung der Gefahren erforderlich ist, ist festzulegen, für welche anderen als die in Abs. 1 genannten gefährlichen Arbeiten oder normalerweise gefahrlosen Arbeiten, die sich mit anderen Arbeitsvorgängen überschneiden und die daher eine ernste Gefährdung bewirken können, ein Arbeitsfreigabesystem festzulegen ist.

(3) Es ist dafür zu sorgen, dass die in Abs. 1 und 2 genannten Arbeiten erst durchgeführt werden, nachdem sich die fachkundige Leitung (§ 3) überzeugt hat, dass die laut Arbeitsfreigabesystem einzuhaltenden und festgelegten Schutz- und Rettungsmaßnahmen durchgeführt sind und sie die Arbeitsfreigabe erteilt hat.

(4) Es ist dafür zu sorgen, dass während der Durchführung von in Abs. 1 und 2 genannten Arbeiten ständig eine Person, die über die nötigen theoretischen und praktischen Kenntnisse für die Durchführung der Arbeiten sowie einschlägige Berufserfahrung verfügt, anwesend ist, die die Einhaltung der Schutzmaßnahmen überwacht und erforderliche Rettungsmaßnahmen setzen kann.

(5) Mit der Durchführung von in Abs. 1 und 2 genannten Arbeiten dürfen nur Arbeitnehmer/innen beschäftigt werden, die vor Beginn der Arbeiten über mögliche Gefahren, das richtige Verhalten bei der Durchführung der Arbeiten und die Schutz- und Rettungsmaßnahmen entsprechend unterwiesen wurden.

Kommunikations-, Warn- und Alarmsysteme

§ 5. Arbeitgeber/innen haben dafür zu sorgen, dass die erforderlichen Kommunikations-, Warn- und Alarmsysteme vorhanden sind, damit im Bedarfsfall unverzüglich Hilfs-, Evakuierungs- und Rettungsmaßnahmen eingeleitet werden können.

Flucht- und Rettungsmittel,
Sicherheitsübungen

§ 6. (1) Arbeitgeber/innen haben für die Bereitstellung und Wartung geeigneter Flucht- und Rettungsmittel zu sorgen, damit Arbeitnehmer/innen die Arbeitsstätte oder auswärtige Arbeitsstelle bei Gefahr schnell und sicher verlassen können. Die Rettungsmittel sind leicht zugänglich an geeigneten Stellen in betriebsbereitem Zustand bereitzuhalten und sind als solche zu kennzeichnen.

(2) Bei Arbeiten an, über oder in Gewässern, Schlammteichen und Absetzbecken müssen, sofern Ertrinkungsgefahr auftreten kann, geeignete Schutzausrüstungen und Rettungsmittel bereitgestellt sein. Bei solchen Arbeiten müssen mit der Handhabung dieser Schutzausrüstung und Rettungsmittel unterwiesene Personen in ausreichender Zahl einsatzbereit anwesend sein. Mindestens eine Person muss die für die Durchführung der

Wiederbelebung von im Wasser verunglückten Personen notwendigen Kenntnisse besitzen.

(3) Sicherheitsübungen sind in regelmäßigen Zeitabständen, mindestens jedoch einmal jährlich, durchzuführen. Bei diesen Übungen ist für eine Unterweisung der Arbeitnehmer/innen, denen Aufgaben für den Notfall zugewiesen wurden, die den Einsatz, die Benutzung oder die Bedienung von Schutzausrüstungen und Rettungsmitteln erfordern, zu sorgen. Erforderlichenfalls ist dafür zu sorgen, dass die Arbeitnehmer/innen, denen solche Aufgaben zugewiesen wurden, auch die korrekte Benutzung oder Bedienung einüben.

Verkehrswege
§ 7. (1) Abweichend von § 2 Abs. 1 Z 1 bis 3 und Abs. 3, 4, 7 und 8 der Arbeitsstättenverordnung – AStV, BGBl. II Nr. 368/1998, sind Verkehrswege nach Abs. 2 bis 8 zu gestalten.

(2) Verkehrswege im Freien mit Fahrzeugverkehr, die unter fest verlegten Bauteilen, wie Brückentragwerken, Fördereinrichtungen oder anderen Anlagenteilen, durchführen, müssen auf der tatsächlich nutzbaren Gesamtbreite mindestens folgende lichte Höhe aufweisen: maximale Höhe der eingesetzten selbstfahrenden Arbeitsmittel und Höhe der darüber hinaus gehenden Ladung und zusätzlich ein Sicherheitsbeiwert von mindestens 0,5 m. Die tatsächliche lichte Höhe ist durch Hinweisschilder mit Angabe der lichten Höhe zu kennzeichnen. Hindernisse sind mit reflektierenden Materialien oder Sicherheitskennfarben zu markieren und erforderlichenfalls auch durch einen Anfahrschutz zu sichern.

(3) Verkehrswege im Tagbau sind so zu gestalten und freizuhalten, dass sie folgende nutzbare Mindestbreite aufweisen:

1. Verkehrswege ohne Fahrzeugverkehr (Gehwege): 1,0 m,
2. Verkehrswege mit Fahrzeugverkehr (Fahrstreifen): die maximale Breite der eingesetzten selbstfahrenden Arbeitsmittel und zusätzlich 1,0 m,
3. Verkehrswege mit Fußgänger- und Fahrzeugverkehr oder Fahrzeugverkehr auf mehreren Fahrstreifen: Mindestbreiten nach Z 1 und 2 und zusätzlich ein Begegnungszuschlag von 0,5 m zwischen den einzelnen Gehwegen und Fahrstreifen.

(4) Auf Verkehrswegen im Tagbau sind Ausweichen für Begegnungsverkehr, Reversier- und Umkehrplätze in ausreichender Anzahl und Breite vorzusehen. In Kurven und Kehren ist für eine Verbreiterung der Fahrstreifen entsprechend der eingesetzten selbstfahrenden Arbeitsmittel zu sorgen.

(5) Die Steigung und das Gefälle von Verkehrswegen im Tagbau sind nach den Angaben der Hersteller/innen über die bestimmungsgemäße Verwendung der eingesetzten selbstfahrenden Arbeitsmittel festzulegen, wobei insbesondere auch die Beschaffenheit des Fahrbahnuntergrundes und die Witterungseinflüsse zu berücksichtigen sind.

(6) Bei der Planung und Gestaltung von Verkehrswegen im Tagbau ist im Rahmen der Ermittlung und Beurteilung der Gefahren weiters Folgendes zu berücksichtigen:

1. Verkehrssicherheit,
2. übersichtliche Verkehrswegsführung,
3. Ausmaß des Verkehrsaufkommens,
4. geeignete Fahrgeschwindigkeit entsprechend der Beschaffenheit des Verkehrsweges,
5. ausreichende Stabilität des Verkehrsweguntergrundes unter Berücksichtigung der Belastungen durch die eingesetzten Arbeitsmittel.

(7) Die Ränder von Verkehrswegen im Tagbau sind erforderlichenfalls zu kennzeichnen. Hindernisse im Verlauf von Verkehrswegen im Tagbau sind mit reflektierenden Materialien oder Sicherheitskennfarben zu markieren und erforderlichenfalls auch durch einen Anfahrschutz zu sichern. Besteht bei der Benutzung von Verkehrswegen im Tagbau Absturzgefahr oder die Gefahr durch herabfallende Gegenstände, müssen geeignete Maßnahmen dagegen getroffen werden, durch Abgrenzungen oder Abschrankungen, wie Leitplanken, Freisteine, Schutzwälle, Schutzdächer oder durch bauliche Sicherungsmaßnahmen.

(8) Verkehrswege im Tagbau müssen während der Benützung ausreichend künstlich beleuchtet werden, wenn das Tageslicht nicht ausreicht. Die Beleuchtung der Verkehrswege darf unterbleiben, wenn

1. die eingesetzten selbstfahrenden Arbeitsmittel mit Beleuchtungseinrichtungen ausgestattet sind, die eine blendfreie und ausreichende Beleuchtung der Verkehrswege ermöglichen und
2. Arbeitnehmer/innen, die zu Fuß unterwegs sind, mit Warnbekleidung und ausreichenden Beleuchtungsmitteln ausgestattet sind.

Weiters ist dafür zu sorgen, dass auf selbstfahrenden Arbeitsmitteln von der Beleuchtung unabhängige Notbeleuchtungen, wie Akku-Handlampen, mitgeführt werden.

(9) Arbeitgeber/innen haben dafür zu sorgen, dass Arbeitnehmer/innen die Verkehrswege im Tagbau nicht benützen, solange die Benützung, insbesondere auf Grund von herabfallendem Gestein, Absturzgefahr oder Witterungsbedingungen, nicht gefahrlos möglich ist oder die Gefahren durch geeignete Maßnahmen minimiert wurden.

(10) Arbeitgeber/innen dürfen Arbeitnehmer/innen auf auswärtigen Arbeitsstellen nur auf Verkehrswegen im Tagbau einsetzen, die nach Abs. 3 bis 8 gestaltet sind.

TAV

2. Abschnitt: Besondere Bestimmungen für den Tagbau

Ermittlung und Beurteilung der Gefahren, Festlegung von Maßnahmen

§ 8. (1) In der Ermittlung und Beurteilungen der Gefahren gemäß § 4 ASchG sind zusätzlich folgende Gefahren, denen Arbeitnehmer/innen in Tagbauen ausgesetzt sein können, zu berücksichtigen:

1. Geologische, hydrogeologische und geotechnische Gegebenheiten des Tagbaues und seines Umfeldes, jedenfalls zu Vorhandensein, Eintrittswahrscheinlichkeit, Ausmaß und Auswirkungen von möglichen Versagensereignissen und Böschungsbrüchen sowie weitere Georisiken, wie Vermurungen oder Hochwasser,
2. Gefahrenquellen, die sich aus den durchgeführten oder geplanten Gewinnungsverfahren und den mit diesen im Zusammenhang stehenden Tagbauzuschnittsparametern und Arbeitsvorgängen ergeben,
3. Eignung der eingesetzten Arbeitsmittel unter Berücksichtigung der Einsatzbedingungen,
4. Zusammensetzung der mineralischen Rohstoffe und des Abraums, insbesondere das Auftreten von Quarz oder Asbestmineralien und die daraus zu erwartende Exposition der Arbeitnehmer/innen durch die freigesetzten mineralischen Stäube,
5. gefährliche Arbeiten oder normalerweise gefahrlose Arbeiten, die sich mit anderen Arbeitsvorgängen überschneiden und die daher eine ernste Gefährdung bewirken können,
6. Gefahren und Belastungen durch Umwelteinflüsse bei Arbeiten im Freien, wie Kälte, Hitze, Nässe oder UV-Strahlung,
7. Gefahren beim Betrieb und bei der Instandhaltung von Anlagen untertage, die mit dem Tagbau in Zusammenhang stehen, wie Sturzschächte, Förderstrecken oder Tunnel für Verkehrswege,
8. weitere absehbare Betriebsstörungen, Notfälle und gefährliche Ereignisse,
9. Gefahren auf Grund der Beschäftigung betriebsfremder Arbeitnehmer/innen und Gefahren für betriebsfremde Arbeitnehmer/innen,
10. gefahrbringende Auswirkungen der Gewinnungstätigkeit auf Arbeitnehmer/innen, die in anderen Teilen der Arbeitsstätte oder auswärtigen Arbeitsstelle, wie in Aufbereitungsanlagen, Werkstätten oder Bürogebäuden, beschäftigt sind.

(2) Auf Grundlage der Ermittlung und Beurteilung der Gefahren nach Abs. 1 sind die durchzuführenden Maßnahmen unter Berücksichtigung der Grundsätze der Gefahrenverhütung (§ 7 ASchG) festzulegen. Insbesondere sind folgende Maßnahmen festzulegen:

1. Technische und organisatorische Maßnahmen zur Sicherung des Tagbaues, insbesondere unter Berücksichtigung jener Gefahren, die sich durch Versagen des Gebirges oder des Untergrundes, durch herabfallendes Gestein oder durch Absturzgefahr ergeben,
2. technische und organisatorische Maßnahmen zur Minimierung der Exposition der Arbeitnehmer/innen gegenüber freigesetzten mineralischen Stäuben,
3. Maßnahmen für absehbare Betriebsstörungen, Notfälle und gefährliche Ereignisse, wie Arbeitsunfälle in schwer zugänglichen Bereichen des Tagbaues,
4. Maßnahmen für die Durchführung der Koordination, wenn im Tagbau auch betriebsfremde Arbeitnehmer/innen beschäftigt werden,
5. Maßnahmen für die sichere Gestaltung von Verkehrswegen im Tagbau (§ 7).

(3) Die Ermittlung und Beurteilung der Gefahren sowie die Festlegung von Maßnahmen ist regelmäßig zu aktualisieren. Eine Überprüfung und erforderlichenfalls eine Anpassung gemäß § 4 Abs. 4 und 5 ASchG hat jedenfalls zu erfolgen bei Änderungen

1. der geologischen, hydrogeologischen und geotechnischen Gegebenheiten in den Abbaubereichen,
2. des Gewinnungsverfahrens,
3. der Tagbauzuschnittsparameter.

(4) Bei der Ermittlung und Beurteilung der Gefahren sowie bei der Festlegung von Maßnahmen sind erforderlichenfalls geeignete Fachleute mit einschlägiger Ausbildung und Erfahrung, insbesondere auf den Gebieten des Bergingenieurwesens, der Geologie oder der Geotechnik, heranzuziehen.

(5) Im Sicherheits- und Gesundheitsschutzdokument (§ 5 ASchG) ist jedenfalls Folgendes zu dokumentieren:

1. Gefahren und Maßnahmen nach Abs. 1 und 2,
2. Arbeiten und Maßnahmen nach § 4 Abs. 1 und 2 sowie nach § 7 Abs. 5, Tagbauzuschnittsparameter nach § 9, tagbauspezifische Gefahrenbereiche nach § 10 Abs. 1 und 2, Ergebnisse der Gefahrenanalyse und Maßnahmen nach § 14 Abs. 1 Z 2 sowie Ergebnisse der Überprüfung nach § 16 Abs. 2.

(6) Die in Abs. 5 genannten Inhalte des Sicherheits- und Gesundheitsschutzdokumentes müssen für die Arbeitnehmer/innen im Tagbau jederzeit leicht erreichbar zur Einsicht aufliegen. Bei der Beschäftigung von betriebsfremden Arbeitnehmern/Arbeitnehmerinnen im Tagbau muss das Sicherheits- und Gesundheitsschutzdokument deren Arbeitgebern/Arbeitgeberinnen jederzeit zur Verfügung stehen.

Tagbauzuschnittsparameter

§ 9. Arbeitgeber/innen haben Tagbaue durch die Festlegung geeigneter Tagbauzuschnittsparameter so zu planen und zu betreiben, dass Arbeitnehmer/innen nicht gefährdet werden. Geeignete Tagbauzuschnittsparameter sind auf Grundlage der Ermittlung und Beurteilung der Gefahren festzulegen. Weiters sind Tagbauzuschnittsparameter so festzulegen, dass das Ausmaß tagbauspezifischer Gefahrenbereiche möglichst reduziert wird.

Tagbauspezifische Gefahrenbereiche

§ 10. (1) Auf Grundlage der Ermittlung und Beurteilung der Gefahren sind tagbauspezifische Gefahrenbereiche festzulegen.

(2) Tagbauspezifische Gefahrenbereiche sind durch technische Maßnahmen, z.B. durch Dämme, Wälle, Freisteine oder Absperrungen, gegen unbefugtes Betreten oder Befahren abzusichern. Ist eine Absicherung durch technische Maßnahmen nicht möglich, sind andere Maßnahmen zu setzen, um ein unbefugtes Betreten oder Befahren zu verhindern, z.B. deutlich sichtbare Kennzeichnung der Gefahrenbereiche, schriftliche Anweisungen und eine wirksame Überwachung.

(3) Arbeitnehmer/innen dürfen in tagbauspezifischen Gefahrenbereichen nicht beschäftigt werden, insbesondere darf keine planmäßige Gewinnungstätigkeit durch die Beschäftigung der Arbeitnehmer/innen in tagbauspezifischen Gefahrenbereichen erfolgen. In gewinnungstechnisch bedingten Ausnahmefällen dürfen Arbeitnehmer/innen in tagbauspezifischen Gefahrenbereichen unter folgenden Voraussetzungen beschäftigt werden:

1. Durch technische und organisatorische Maßnahmen wurden die Gefahren für Arbeitnehmer/innen minimiert und
2. eine Arbeitsfreigabe im Sinn des § 4 wurde erteilt.

(4) § 11 Abs. 3 und 4 der Arbeitsstättenverordnung (AStV), BGBl. II Nr. 368/1998, sind im Tagbau auf Arbeitsplätze, Verkehrswege und erhöhte Bereiche, von denen Arbeitnehmer/innen abstürzen könnten, nicht anzuwenden.

Tagbauböschungen

§ 11. (1) Die Orientierung und die Neigung von Tagbauböschungen im Festgestein und die Neigung von Tagbauböschungen im Lockergestein sind in Abhängigkeit von den geologischen Gegebenheiten so zu wählen, dass die tagbauspezifischen Gefahrenbereiche möglichst reduziert werden. Das Böschungssystem ist durch das Einziehen von Etagen zu untergliedern.

(2) Die Höhe der Tagbauböschung der Arbeitsetagen bei ausschließlich mechanischem Abbau durch den Einsatz von selbstfahrenden Arbeitsmitteln darf bei Abbau im Hochschnitt oder im Tiefschnitt folgende Werte nicht überschreiten:

1. Im Hochschnitt: die maximale Reich- oder Einstechhöhe der eingesetzten selbstfahrenden Arbeitsmittel unter Berücksichtigung einer sicheren Aufstellung,

2. im Tiefschnitt: die maximale Greif- oder Grabtiefe der eingesetzten Arbeitsmittel unter Berücksichtigung einer sicheren Aufstellung.

(3) Die Höhe der Tagbauböschung der Arbeitsetage ist bei einem Abbau durch sonstige mechanische Verfahren oder durch Sprengarbeiten so zu bemessen, dass

1. sich Arbeitnehmer/innen bei Gewinnungstätigkeiten nicht in einem tagbauspezifischen Gefahrenbereich befinden und
2. ein gefahrloses maschinelles Beseitigen von losem und im Abgehen begriffenem Gestein aus der Tagbauböschung durch den Einsatz von selbstfahrenden Arbeitsmitteln möglich ist.

(4) Abweichend von Abs. 2 Z 1 darf die Höhe von Tagbauböschungen im Lockergestein die maximale Reich- oder Einstechhöhe der eingesetzten selbstfahrenden Arbeitsmittel um einen Meter überschreiten, wenn sichergestellt ist, dass keine Gefahr der Bildung eines Überhangs besteht.

Etagen, Arbeitsetagen

§ 12. (1) Arbeitsetagen sind so anzulegen und zu bemessen, dass darauf befindliche Arbeitsplätze und Verkehrswege samt den erforderlichen Verbreiterungen (§ 7 Abs. 3 und 4) nicht in tagbauspezifischen Gefahrenbereichen liegen.

(2) Die Höhe der Tagbauböschungen von Etagen und die Breite von Etagen, auf denen keine Arbeiten durchgeführt werden, sind so anzulegen und zu bemessen oder die Etagen sind durch geeignete Maßnahmen so zu sichern, dass Arbeitnehmer/innen auf tiefer liegenden Arbeitsplätzen oder Verkehrswegen durch herabfallendes Gestein nicht gefährdet werden.

Abraum, Halden, Endböschungssysteme

§ 13. (1) Arbeitgeber/innen haben für eine entsprechende Abraumbeseitigung und Wasserhaltung zu sorgen, um Gefahren für Arbeitnehmer/innen durch abgehendes Gestein und größere Felsmassen zu vermeiden. Für die Gestaltung von Tagbauböschungen, Arbeitsetagen und Etagen in den Abraumbereichen gelten §§ 9 bis 12.

(2) Halden, Kippen und Absetzbecken sind so zu planen, anzulegen und zu betreiben, dass die Stabilität der Tagbauböschungen sowie die Sicherheit und der Gesundheitsschutz der Arbeitnehmer/innen gewährleistet ist. Es ist insbesondere dafür zu sorgen, dass Gefahren für Arbeitnehmer/innen durch ein Abgehen des angeschütteten Materials vermieden werden.

(3) Bei Endböschungssystemen sind die Höhen von Tagbauböschungen und Etagenbreiten von Endböschungssystemen so anzulegen, zu bemessen und zu sichern, dass Arbeitnehmer/innen auf

TAV

Arbeitsplätzen oder Verkehrswegen durch herabfallendes Gestein und größere Felsmassen nicht gefährdet werden.

Einsatz von Arbeitsmitteln in tagbauspezifischen Gefahrenbereichen

§ 14. (1) Die Benutzung von Arbeitsmitteln in tagbauspezifischen Gefahrenbereichen, in denen die Gefahr durch herabfallendes Gestein besteht, ist nur zulässig, wenn

1. die Fahrerkabine und die sicherheitsrelevanten Fahrzeugkomponenten, wie die Bremsanlage oder die Lenkung, mit ausreichend dimensionierten Schutzaufbauten oder sonstigen Schutzeinrichtungen gesichert sind und
2. eine Gefahrenanalyse (§ 35 Abs. 2 ASchG) durchgeführt wurde und die erforderlichen Maßnahmen getroffen wurden, um eine ausreichend hohe Schutzwirkung durch die Schutzaufbauten oder sonstigen Schutzeinrichtungen zu gewährleisten.

(2) Arbeitgeber/innen haben dafür zu sorgen, dass Arbeitsmittel in tagbauspezifischen Gefahrenbereichen, in denen eine Gefahr durch herabfallendes Gestein besteht, nicht benutzt werden, wenn die Gefahrenanalyse ergibt, dass der Einsatz in diesen Bereichen ohne Gefahr für die Sicherheit und den Gesundheitsschutz für Arbeitnehmer/innen nicht möglich ist.

Besondere Sicherungsmaßnahmen im Tagbau

§ 15. (1) Sind Bereiche eines Tagbaues von einem absehbaren oder akuten Abgehen von Gestein, insbesondere dem Abgehen größerer Felsmassen, betroffen, welches zu Gefahren für Arbeitnehmer/innen führen kann, so ist die Gefahrenquelle möglichst rasch durch technische Maßnahmen, wie Beräumen oder vorgezogene Gewinnung, zu beseitigen. Ist eine sofortige gefahrlose Beseitigung in einem Bereich nicht möglich, so ist wie folgt vorzugehen:

1. Es ist dafür zu sorgen, dass Arbeitnehmer/innen diesen Bereich weder betreten noch befahren.
2. Der betroffene Bereich ist durch technische Maßnahmen, zB durch Dämme, Wälle oder Freisteine abzusperren und ein Hinweis auf das Betretungs- und Befahrungsverbot ist auszuhängen.
3. Ein Konzept zur Gefahrenbeseitigung ist zu erstellen, welches die gefahrlose Beseitigung der Gefahrenquelle durch technische Maßnahmen, wie Beräumen oder vorgezogenes Gewinnen, zu beinhalten hat.
4. Auf Grundlage des Konzeptes nach Z 3 ist der betroffene Bereich zu sanieren.
5. Nach Abschluss der Arbeiten hat die fachkundige Leitung den Bereich freizugeben.

(2) Für Bereiche an denen Hauwerk abgestürzt wird, zB Versturzkanten, Aufgabestellen für Sturzrinnen und Sturzschächte oder Entladestellen von Fahrzeugen, gilt:

1. Die Bereiche sind erforderlichenfalls durch technische Maßnahmen so zu sichern, dass ein unbeabsichtigtes Überfahren verhindert wird oder
2. es ist dafür zu sorgen, dass die Tätigkeiten von einem sicheren Standplatz aus durchgeführt werden.

(3) Arbeitnehmer/innen dürfen insbesondere mit folgenden Tätigkeiten nicht beschäftigt werden:

1. Arbeiten von Hand an und in Tagbauböschungen, zB händisches Wegladen oder Laden und Besetzen von Bohrlöchern, wenn keine wirksamen Sicherungsmaßnahmen gegen herabfallendes Gestein gesetzt sind,
2. Arbeiten im Rahmen von Abbauverfahren, die zu einem Versagen des Untergrundes führen und dadurch Gefahren für Arbeitnehmer/innen durch herabfallendes Gestein oder durch Absturz erhöhen, zB gefahrbringendes Übersteilen von Lockergestein oder Hauwerk, Untergraben oder Unterhöhlen im Festgestein,
3. Abstürzen von Hauwerk bei gleichzeitiger Entnahme des Hauwerks unter Verwendung selbstfahrender Arbeitsmittel, wenn der Entnahmebereich durch abgehendes Hauwerk gefährdet sein kann.

Überprüfung des Tagbaues

§ 16. (1) Bevor jeweils mit der Arbeit begonnen wird, müssen Bereiche oberhalb von Arbeitsplätzen oder Verkehrswegen von der fachkundigen Leitung oder einer von dieser betrauten fachkundigen Person insbesondere auf Gefahren durch lose Felsmassen und die Wirksamkeit von Schutzmaßnahmen überprüft werden.

(2) Eine Überprüfung der Abbaubereiche eines Tagbaues und jener Bereiche, zu denen Arbeitnehmer/innen im Rahmen ihrer Tätigkeit Zugang haben, auf mögliche Gefahren durch die fachkundige Leitung oder einer von dieser betrauten fachkundigen Person hat insbesondere zu erfolgen

1. nach Sprengungen,
2. beim Andrang größerer Mengen von Oberflächenwasser, zB nach starken oder längeren Niederschlägen oder während der Schneeschmelze,
3. in Perioden mit Frost- und Tauwechsel.

(3) Arbeitnehmer/innen dürfen im Tagbau nur beschäftigt werden, wenn die Überprüfungen nach Abs. 1 und 2 durchgeführt wurden. Werden bei den Überprüfungen nach Abs. 1 und 2 Mängel festgestellt, dürfen Arbeitnehmer/innen

erst beschäftigt werden, wenn die Mängel behoben oder die erforderlichen Schutzmaßnahmen ergriffen wurden.

Information und Unterweisung für Arbeitnehmer/innen im Tagbau

§ 17. (1) Arbeitnehmer/innen in Tagbauen sind im Sinne des § 12 ASchG zumindest über Folgendes zu informieren:

1. Mögliche Gefahren im Tagbau sowie Mechanismen, durch welche diese Gefahren entstehen können und in welchen Bereichen diese vorhanden sind oder auftreten können,
2. Art, Ausmaß und Auswirkung der möglichen Gefahren am Arbeitsplatz sowie die gesetzten und zu setzenden Schutzmaßnahmen,
3. Verhalten bei Notfällen oder gefährlichen Ereignissen.

(2) Arbeitnehmer/innen in Tagbauen sind im Sinne des § 14 ASchG zumindest über Folgendes zu unterweisen:

1. Sichere Durchführung von Arbeiten,
2. richtiger Umgang mit den vorhandenen Arbeitsmitteln,
3. richtiges Verhalten bei Gefahren im Tagbau,
4. Maßnahmen, die bei Notfällen oder gefährlichen Ereignissen zu ergreifen sind.

(3) Die Information und Unterweisung der Arbeitnehmer/innen gemäß Abs. 1 und 2 hat mindestens einmal jährlich zu erfolgen.

(4) Für Arbeiten in Tagbauen, wie für die Durchführung von Arbeiten mit besonderen Gefahren für Arbeitnehmer/innen (§ 4 Abs. 1 und 2), sind schriftliche Anweisungen (§ 14 Abs. 5 ASchG) zu erstellen, insbesondere

1. über die Vorgangsweisen, die zur Gewährleistung der Sicherheit und des Gesundheitsschutzes der Arbeitnehmer/innen und eines sicheren Einsatzes der Arbeitsmittel einzuhalten sind,
2. über die Vorgangsweisen bei einem Notfall in oder in der Nähe der Arbeitsstätte oder auswärtigen Arbeitsstelle,
3. über den Einsatz der Notfallausrüstungen.

(5) Der/die für die Arbeitsstätte verantwortliche Arbeitgeber/in ist verpflichtet, für die Information und Unterweisung betriebsfremder Arbeitnehmer/innen über Gefahren im Tagbau zu sorgen und hat den betriebsfremden Arbeitnehmern/Arbeitnehmerinnen die schriftlichen Anweisungen zur Verfügung zu stellen.

Genehmigungsverfahren

§ 18. Die nach § 93 Abs. 2 in Verbindung mit § 92 Abs. 3 ASchG vorzulegenden Unterlagen haben auch die für die Beurteilung erforderlichen tagbauspezifischen Angaben zu enthalten, insbesondere Angaben zu den tagbauspezifischen Gefahrenbereichen.

3. Abschnitt: Andere Vorschriften, Übergangs- und Schlussbestimmungen

Ausnahmen

§ 19. Gemäß § 95 Abs. 1 ASchG wird festgestellt, dass die Behörde von folgenden Bestimmungen dieser Verordnung keine Ausnahmen zulassen darf: §§ 3 bis 5, § 6 Abs. 1 und 3, §§ 8, 10, § 16 Abs. 1, § 17.

Übergangsbestimmungen

§ 20. (1) Bei Inkrafttreten dieser Verordnung bereits genehmigte Tagbaue müssen, sofern die in § 21 Abs. 1 genannten Bestimmungen eingehalten werden, erst

1. ab 1. Jänner 2012 § 4, § 7 Abs. 2 bis 5, den §§ 8 bis 10, § 12 Abs. 1 und § 14 dieser Verordnung,
2. ab 1. Jänner 2016 § 11 und § 12 Abs. 2 dieser Verordnung entsprechen.

(2) Die in Abs. 1 Z 1 genannte Übergangsfrist für § 7 Abs. 3 bis 5 gilt auch für Arbeitgeber/innen iSd § 7 Abs. 10.

(3) § 13 Abs. 3 dieser Verordnung gilt nicht für Endböschungssysteme, die vor Inkrafttreten dieser Verordnung genehmigt wurden.

Schlussbestimmungen

§ 21. (1) Gemäß § 125 Abs. 8 ASchG wird festgestellt, dass die gemäß § 123 Abs. 2 Z 1 ASchG als Arbeitnehmerschutzvorschriften in Geltung stehenden §§ 3 bis 5, § 6 Abs. 1 bis 5 und Abs. 7 sowie die §§ 7, 8, 10, § 11 Abs. 2 und 3, §§ 12 bis 14, §§ 16 bis 44, § 45 Abs. 1 und 2, § 46 sowie § 65 der als Bundesgesetz in Geltung stehenden Verordnung über den Schutz der Dienstnehmer und der Nachbarschaft beim Betrieb von Steinbrüchen, Lehm-, Ton-, Sand- und Kiesgruben sowie bei Haldenabtragungen, BGBl. Nr. 253/1955, zuletzt geändert durch die Verordnung BGBl. II Nr. 13/2007, außer Kraft treten.

(2) Für die Dauer der Inanspruchnahme der in § 20 genannten Übergangsfristen gelten folgende Bestimmungen der in Abs. 1 genannten Vorschrift weiter:

1. Für die Übergangsfrist des § 20 Abs. 1 Z 1: § 3 Abs. 1 erster Satz, § 3 Abs. 4, § 5 Abs. 3, § 7 Abs. 1 erster Satz, § 7 Abs. 5 erster Satz und § 23 Abs. 2;
2. für die Übergangsfrist des § 20 Abs. 1 Z 2: § 38.

(3) Folgende Arbeitnehmerschutzbestimmungen der gemäß § 195 Abs. 1 Z 4 MinroG übergeleiteten Allgemeinen Bergpolizeiverordnung, BGBl. Nr. 114/1959, zuletzt geändert durch die Verordnung BGBl. II Nr. 298/2006, treten für den Geltungsbereich des ASchG außer Kraft: § 6 für über Tage, § 7, § 8 für über Tage, § 9 Abs. 4 und 5, §§ 11, 13, § 14 für Bühnen, Treppen und Brücken über Tage, § 15, §§ 19 bis 26, §§ 47 bis 50, § 51 Abs. 1, § 52, § 72 Abs. 3, §§ 88 bis 94, § 98 Abs.

TAV

2, §§ 113, 118 bis 123, §§ 125 bis 127, §§ 131 bis 137, § 185 Abs. 1 und 3 bis 6, § 192, § 193 Abs. 1 und 2, § 218 Abs. 2, §§ 273, 286, §§ 291 bis 296, §§ 298 bis 302, § 308, §§ 328 bis 330, § 334 Abs. 1, § 336 für über Tage, §§ 338 bis 341, §§ 343, 344, 347, 348, §§ 352 bis 355.

(4) Die in Abs. 3 angeführten Bestimmungen bleiben, soweit keine Arbeitnehmer/innen beschäftigt werden, als bergrechtliche Bestimmungen unberührt.

(5) Durch diese Verordnung werden Bestimmungen der Richtlinie 92/104/EWG des Rates über Mindestvorschriften zur Verbesserung der Sicherheit und des Gesundheitsschutzes der Arbeitnehmer in übertägigen oder untertägigen mineralgewinnenden Betrieben, ABl. Nr. L 404 vom 31.12.1992, S. 10, für den Obertagebergbau umgesetzt.

(6) Diese Verordnung tritt am 1. Jänner 2011 in Kraft.

23. Nadelstichverordnung

Verordnung des Bundesministers für Arbeit, Soziales und Konsumentenschutz zum Schutz der Arbeitnehmer/innen vor Verletzungen durch scharfe oder spitze medizinische Instrumente (Nadelstichverordnung - NastV)

StF: BGBl. II Nr. 16/2013

Präambel

Aufgrund der §§ 3, 4, 5 und 7, § 8 Abs. 2, §§ 12 und 14, § 15 Abs. 3, §§ 33 und 35, §§ 41 bis 43 sowie § 60 Abs. 2 und § 61 Abs. 1 des Bundesgesetzes über Sicherheit und Gesundheitsschutz bei der Arbeit (ArbeitnehmerInnenschutzgesetz - ASchG), BGBl. Nr. 450/1994, zuletzt geändert durch das Bundesgesetz BGBl. I Nr. 50/2012, wird verordnet:

GLIEDERUNG

Anwendungsbereich

§ 1. (1) Diese Verordnung gilt für Arbeitsstätten und auswärtige Arbeitsstellen im Sinn des ASchG in den Bereichen des Krankenhaus- und Gesundheitswesens (wie Kranken- und Kuranstalten, Ambulatorien, Arzt- und Zahnarztpraxen, Blut- oder Plasmaspendeeinrichtungen, Rettungsdienste, Krankentransporte, Pflegeeinrichtungen, Einrichtungen zur psychosozialen Betreuung oder Suchtbekämpfung, Arbeitsplätze der mobilen Krankenbetreuung oder mobilen Pflege), des Veterinärwesens sowie in Labors, wenn für die Arbeitnehmer/innen die Gefahr besteht, sich mit scharfen oder spitzen medizinischen Instrumenten zu verletzen.

(2) Die Verordnung biologische Arbeitsstoffe - VbA, BGBl. II Nr. 237/1998, bleibt unberührt.

(3) Wenn Arbeitgeber/innen Subunternehmer/innen (wie z.B. Wäscherei-, Reinigungs- und Abfallentsorgungsdienste) beauftragen, müssen sie Maßnahmen treffen (wie z.B. Informationen, Mitteilungen, Warnungen, Hinweise oder sonstige geeignete Maßnahmen), damit auch diese im Hinblick auf deren Arbeitnehmer/innen diese Verordnung einhalten.

Begriffsbestimmungen und Grundsatz

§ 2. (1) Scharfe oder spitze medizinische Instrumente im Sinn dieser Verordnung sind Arbeitsmittel zur Durchführung bestimmter medizinischer Tätigkeiten, die schneiden, stechen und Verletzungen oder Infektionen verursachen können (z. B. Injektionsnadeln).

(2) Die in §§ 3 bis 6 dieser Verordnung festgelegten Schutzmaßnahmen beruhen auf dem Grundsatz, niemals davon auszugehen, dass kein Risiko besteht.

Ermittlung und Beurteilung der Gefahren und Festlegung von Maßnahmen

§ 3. (1) Bei der Ermittlung und Beurteilung der Gefahren durch scharfe oder spitze medizinische Instrumente sind alle Situationen zu erfassen, in denen Verletzungen und Kontakt mit Blut, mit anderen potenziell infektiösen Stoffen oder mit sonstigen gesundheitsgefährdenden Arbeitsstoffen vorkommen können.

(2) Dabei sind Technologie, Arbeitsorganisation, Arbeitsgestaltung, Arbeitsbedingungen, Qualifikationsniveau, arbeitsbezogene psychosoziale Faktoren sowie der Einfluss von Faktoren der Arbeitsumgebung zu berücksichtigen.

(3) Auf diese Weise ist festzustellen, ob und wie die Ausstattung der Arbeitsumgebung und die Organisation der Arbeitsabläufe verbessert werden können, Expositionen vermieden oder beseitigt werden können und welche alternativen Systeme in Frage kommen.

(4) Aufgrund dieser Ermittlung und Beurteilung sind die Maßnahmen der Gefahrenverhütung unter Berücksichtigung der in Abs. 2 genannten Kriterien und der Grundsätze des § 7 ASchG systematisch zu planen und sichere Arbeitsregelungen festzulegen.

Expositionsvermeidung

§ 4. (1) Arbeitsverfahren sind so zu gestalten, dass das Risiko von Verletzungen und Infektionen verhindert oder zumindest minimiert wird und Expositionen vermieden werden.

(2) Ergibt sich aus der Ermittlung und Beurteilung der Gefahren ein Risiko der Verletzung oder Infektion durch scharfe oder spitze medizinische

Instrumente, sind, zusätzlich zu § 5 VbA, folgende Maßnahmen zu treffen:

1. Die Verwendung von scharfen oder spitzen medizinischen Instrumenten ist durch Änderung der Verfahren zu vermeiden und es sind medizinische Instrumente mit integrierten Sicherheits- und Schutzmechanismen zur Verfügung zu stellen sowie für deren Verwendung zu sorgen, sofern nicht die Ermittlung und Beurteilung der Gefahren ergeben hat, dass für eine konkrete Tätigkeit keine geeigneten medizinischen Instrumente mit integrierten Sicherheits- und Schutzmechanismen erhältlich sind, mit denen ein gleichwertiges Arbeitsergebnis erzielt werden kann.

2. Das Wiederaufsetzen der Schutzkappe auf die gebrauchte Nadel ist verboten.

3. Es sind sichere Verfahren für den Umgang mit und für die Entsorgung von scharfen oder spitzen medizinischen Instrumenten festzulegen und umzusetzen. Für die Entsorgung solcher Instrumente sind, so nah wie möglich an den Bereichen, an denen sie verwendet oder vorgefunden werden können, deutlich gekennzeichnete Behälter in ausreichender Anzahl bereit zu stellen, die ausreichend stich- und bruchfest, flüssigkeitsdicht, fest verschließbar und undurchsichtig sind.

Information und Unterweisung

§ 5. (1) Bei der Information und der Unterweisung der Arbeitnehmer/innen (§§ 12 und 14 ASchG) sind insbesondere auch folgende Inhalte abzudecken:

1. die richtige Verwendung von scharfen oder spitzen medizinischen Instrumenten mit integrierten Schutzmechanismen,
2. Risiken im Zusammenhang mit Verletzungen durch scharfe oder spitze medizinische Instrumente und dem dadurch möglichen Kontakt mit Blut oder anderen potenziell infektiösen Stoffen oder sonstigen gesundheitsgefährdenden Arbeitsstoffen,
3. Schutzmaßnahmen unter Berücksichtigung der am Arbeitsplatz üblichen Vorgehensweisen, einschließlich grundlegender Schutzmaßnahmen, sicherer Arbeitsverfahren, korrekter Verwendungs- und Entsorgungsverfahren sowie Bedeutung einer möglichen Schutzimpfung,
4. Meldepflichten und Meldeverfahren gemäß § 6 Abs. 1,
5. im Verletzungsfall zu treffende Maßnahmen gemäß § 6 Abs. 2,
6. die Verfahren nach § 4 Abs. 2 Z 3.

(2) Diese Information und Unterweisung der Arbeitnehmer/innen, einschließlich allfälliger überlassener Arbeitnehmer/innen, muss vor Aufnahme der Tätigkeit erfolgen und ist in regelmäßigen

Abständen zu wiederholen. Diese Abstände sind auf der Grundlage der Ergebnisse der Ermittlung und Beurteilung der Gefahren festzulegen.

(3) Weiters haben Arbeitgeber/innen zur Schaffung eines Gefahrenbewusstseins bewährte Präventions- und Meldeverfahren (§ 6 Abs. 1) zu fördern, in Zusammenarbeit mit den Präventivfachkräften und den Sicherheitsvertrauenspersonen oder Belegschaftsorganen bewusstseinsbildende Maßnahmen weiter zu entwickeln, Informationsmaterial auszuarbeiten und Informationen über vorhandene Unterstützungsprogramme bereitzustellen.

Meldeverfahren und Folgemaßnahmen

§ 6. (1) Arbeitgeber/innen müssen ein Verfahren festlegen, das gewährleistet, dass die Arbeitnehmer/innen systematisch jede Verletzung oder Infektion durch scharfe oder spitze medizinische Instrumente und jedes Ereignis, das beinahe zu einer Verletzung oder Infektion durch scharfe oder spitze medizinische Instrumente geführt hätte, gemäß § 15 Abs. 5 und 6 ASchG unverzüglich den zuständigen Vorgesetzten oder den sonst dafür zuständigen Personen melden. Dieses Meldesystem ist so in die Betriebsabläufe zu integrieren, dass es ein anerkanntes und übliches Verfahren darstellt.

(2) Arbeitgeber/innen müssen die im Fall von Verletzungen mit scharfen oder spitzen medizinischen Instrumenten erforderlichen Maßnahmen zur Versorgung verletzter Arbeitnehmer/innen (wie z.B. Beurteilung des Infektionsrisikos, Postexpositionsprophylaxe und Nachuntersuchungen, wenn dies aus medizinischen Gründen angezeigt ist) nach wissenschaftlich anerkannten Regeln festlegen.

(3) Im Fall einer Verletzung durch scharfe oder spitze medizinische Instrumente müssen Arbeitgeber/innen prüfen, ob eine Meldung an den zuständigen Träger der Unfallversicherung gemäß § 363 ASVG oder vergleichbarer österreichischer Rechtsvorschriften zu erstatten ist.

Schlussbestimmungen

§ 7. (1) Durch diese Verordnung wird die Richtlinie des Rates 2010/32/EU zur Durchführung der von HOSPEEM und EGÖD geschlossenen Rahmenvereinbarung zur Vermeidung von Verletzungen durch scharfe/spitze Instrumente im Krankenhaus- und Gesundheitssektor, ABl. Nr. L 134, S.66 vom 1. Juni 2010 umgesetzt.

(2) Gemäß § 95 Abs. 1 ASchG wird festgestellt, dass von den Bestimmungen dieser Verordnung keine Ausnahme durch Bescheid zulässig ist.

(3) Diese Verordnung tritt mit 11. Mai 2013 in Kraft.

24. Verordnung Persönliche Schutzausrüstung

Verordnung des Bundesministers für Arbeit, Soziales und Konsumentenschutz über den Schutz der Arbeitnehmer/innen durch persönliche Schutzausrüstung (Verordnung Persönliche Schutzausrüstung – PSA-V)

StF: BGBl. II Nr. 77/2014

Präambel

Aufgrund der §§ 3 bis 7, §§ 12 bis 15, § 17, § 65 Abs. 4 Z 1 bis 3, §§ 66, 69 f und § 72 Abs. 1 Z 5 des Bundesgesetzes über Sicherheit und Gesundheitsschutz bei der Arbeit (ArbeitnehmerInnenschutzgesetz – ASchG), BGBl. Nr. 450/1994, zuletzt geändert durch das Bundesgesetz BGBl. I Nr. 71/2013, wird verordnet:

GLIEDERUNG

1. Abschnitt: Allgemeine Bestimmungen

Geltungsbereich

§ 1. (1) Diese Verordnung gilt für die Beschäftigung von Arbeitnehmer/innen in Arbeitsstätten, auf Baustellen und auswärtigen Arbeitsstellen.

(2) Die Bestimmungen dieser Verordnung gelten auch für persönliche Schutzausrüstungen, die nach anderen Arbeitnehmerschutzvorschriften zur Verfügung zu stellen sind.

Begriffsbestimmungen

§ 2. (1) Persönliche Schutzausrüstung im Sinn dieser Verordnung sind Ausrüstungen und Zusatzausrüstungen einschließlich Hautschutz im Sinn des § 69 Abs. 1 ASchG, für die Inverkehrbringervorschriften einschließlich harmonisierter Normen der EU gelten.

(2) Keine persönliche Schutzausrüstung im Sinn dieser Verordnung sind insbesondere:

1. Berufskleidung und Uniformen, die nicht speziell dem Schutz von Sicherheit und Gesundheit des Arbeitnehmers/der Arbeitnehmerin dienen,
2. Ausrüstungen wie Flucht- und Rettungsmittel,
3. Schutzausrüstungen für öffentliche Sicherheits- und Ordnungsdienste,
4. Schutzausrüstungen im Straßenverkehr, soweit für diese straßenverkehrsrechtliche Bestimmungen (wie das Kraftfahrgesetz 1967 – KFG 1967, BGBl. Nr. 267/1967) gelten,
5. Arbeitsmittel zur Sportausübung,
6. Selbstverteidigungs- und Abschreckungsmittel,
7. tragbare Geräte zur Feststellung und Signalisierung von Risiken und Schadstoffen,
8. Sehhilfen an Bildschirmarbeitsplätzen im Sinn der Bildschirmarbeitsverordnung – B-SV, BGBl. II Nr. 124/1998, soweit der Sehhilfe keine zusätzliche Schutzfunktion zukommt.

(3) Fachkundige Personen im Sinn dieser Verordnung sind Betriebsangehörige oder sonstige Personen, die die erforderlichen fachlichen Kenntnisse und Berufserfahrungen hinsichtlich der jeweiligen persönlichen Schutzausrüstungen und Zusatzausrüstungen besitzen und die Gewähr für eine gewissenhafte Durchführung der ihnen übertragenen Arbeiten bieten.

(4) Optische Strahlung im Sinn dieser Verordnung ist optische Strahlung im Sinn der Verordnung optische Strahlung (VOPST), BGBl. II Nr. 221/2010.

PSA-V

Allgemeine Pflichten der Arbeitgeber/innen

§ 3. (1) Arbeitgeber/innen müssen Arbeitnehmer/innen am Ort der Gefahr persönliche Schutzausrüstung zur Verfügung stellen, die den §§ 69 und 70 ASchG sowie dieser Verordnung entspricht, wenn Gefahren nicht durch kollektive technische Schutzmaßnahmen oder durch arbeitsorganisatorische Maßnahmen vermieden oder ausreichend begrenzt werden können. Wird von Arbeitgeber/innen persönliche Schutzausrüstung erworben, die nach den für sie geltenden Rechtsvorschriften gekennzeichnet ist, können Arbeitgeber/innen, die über keine anderen Erkenntnisse verfügen, davon ausgehen, dass diese persönliche Schutzausrüstung den für sie geltenden Rechtsvorschriften über Sicherheits- und Gesundheitsanforderungen entspricht.

(2) Die Beschäftigung von Arbeitnehmer/innen mit Tätigkeiten, bei denen eine der im 2. Abschnitt angeführten Gefahren besteht oder auftreten kann, ist nur bei Verwendung geeigneter persönlicher Schutzausrüstung zulässig.

(3) Eine Benutzung persönlicher Schutzausrüstung durch verschiedene Personen ist nur zulässig, wenn dies entweder im 2. Abschnitt vorgesehen ist, bei Gefahr in Verzug oder wenn unvorhersehbare, unaufschiebbare oder kurzfristig zu erledigende Arbeiten dies erfordern und dies gesundheitlich und hygienisch unbedenklich ist.

(4) Arbeitgeber/innen haben erforderlichenfalls geeignete Behältnisse für die Aufbewahrung beizustellen (z. B. für Schutzbrillen, Atemschutzmasken, Gehörschutz) und Lagerplätze fest zu legen.

(5) Reparaturen, Ersatz- und Instandhaltungsmaßnahmen dürfen nur in dem Umfang durchgeführt werden, der von den Hersteller/innen oder Inverkehrbringer/innen für die betreffende Ausrüstung zugelassen ist.

(6) Arbeitgeber/innen haben dafür zu sorgen, dass persönliche Schutzausrüstung, bei der die Schutzwirkung nicht mehr gegeben ist (etwa auf Grund von Beschädigungen oder Überschreitung von Ablaufdaten), nicht mehr verwendet wird.

(7) Arbeitgeber/innen haben dafür zu sorgen, dass Arbeitnehmer/innen die zur Verfügung gestellte persönliche Schutzausrüstung

1. außer in besonderen Ausnahmefällen nur zu den vorgesehenen Zwecken und gemäß den Anweisungen und Bedienungsanleitungen benutzen und
2. nach Benutzung entsprechend ihrer Unterweisung an dem dafür vorgesehenen Platz lagern.

(8) Räumlich abgegrenzte Bereiche, in denen persönliche Schutzausrüstung zu verwenden ist, sind entsprechend zu kennzeichnen. Dies gilt nicht, wenn die Gefahr nur kurzzeitig besteht und gefährdete Personen in sonst geeigneter Weise auf die Gefahr hingewiesen werden.

(9) Auf Verlangen des Arbeitgebers/der Arbeitgeberin haben Arbeitnehmer/innen die gesundheitlichen Erfordernisse (§ 8 Abs. 3, § 9 Abs. 3, § 10 Abs. 3, § 11 Abs. 3) in geeigneter Form nachzuweisen.

Arbeitsplatzevaluierung

§ 4. (1) Arbeitgeber/innen haben bei der Ermittlung und Beurteilung der für die Sicherheit und Gesundheit der Arbeitnehmer/innen bestehenden Gefahren gemäß § 4 ASchG auch die Belastungen und sonstigen Einwirkungen, die den Einsatz persönlicher Schutzausrüstung erforderlich machen, zu berücksichtigen und gemäß § 5 ASchG zu dokumentieren. Besonders zu berücksichtigen sind:

1. Art und Umfang der Gefahren, bei denen persönliche Schutzausrüstung erforderlich ist (2. Abschnitt),
2. die bei den durchzuführenden Arbeiten gegebenen Einsatz- und Umgebungsbedingungen,
3. die für die Benutzung der persönlichen Schutzausrüstung erforderliche Konstitution der Arbeitnehmer/innen.

(2) Den auf Baustellen und auswärtigen Arbeitsstellen beschäftigten Arbeitnehmer/innen ist ein Auszug der auf die persönliche Schutzausrüstung bezogenen Inhalte des Sicherheits- und Gesundheitsschutzdokumentes im für die durchzuführenden Arbeiten erforderlichen Umfang zur Verfügung zu stellen.

Bewertung der persönlichen Schutzausrüstung

§ 5. (1) Die Bewertung nach § 70 Abs. 5 und 6 ASchG hat auf der Grundlage der Ergebnisse des § 4 Abs. 1 die spezifischen Benutzungsbedingungen der persönlichen Schutzausrüstung am Arbeitsplatz zu berücksichtigen, insbesondere

1. die vorgesehene Verwendungs- und Einsatzdauer der Ausrüstung,
2. Häufigkeit und Dauer der Exposition der Arbeitnehmer/innen gegenüber den Gefahren,
3. Ausmaß und Art der Gefahr,
4. die spezifischen Merkmale des Arbeitsplatzes jedes/jeder auf die persönliche Schutzausrüstung angewiesenen Arbeitnehmers/Arbeitnehmerin, der am Arbeitsplatz gegebenen Bedingungen, der Arbeitsvorgänge und der Art der Tätigkeit,
5. den Tragekomfort und die Leistungsmerkmale der persönlichen Schutzausrüstung.

(2) Bei der Bewertung ist neben den eventuellen Gefahrenquellen und Beeinträchtigungen, die die persönliche Schutzausrüstung selbst darstellen oder bewirken kann, auch die Auswirkung des Tragens der persönlichen Schutzausrüstung auf die Arbeitnehmer/innen entsprechend zu berücksichtigen, erforderlichenfalls durch Beschränkung der Tragedauer mit Tätigkeitswechsel.

(3) Bei der Bewertung ist festzustellen, ob die Unterschreitung des Grenzwertes oder Expositionsgrenzwertes, sofern ein solcher festgelegt ist, durch Verwendung der persönlichen Schutzausrüstung gewährleistet ist.

(4) Bei der Bewertung ist festzulegen, ob kürzere Intervalle für die wiederkehrenden Unterweisungen der Arbeitnehmer/innen erforderlich sind und ob die Unterweisung durch Schulungen und erforderlichenfalls durch praktische Übungen zu erfolgen hat.

Auswahl der persönlichen Schutzausrüstung
§ 6. (1) Die persönliche Schutzausrüstung muss auf der Grundlage der Ergebnisse des § 4 Abs. 1 und § 5 so ausgewählt werden, dass eine Beeinträchtigung oder Belastung des Trägers/der Trägerin oder eine Behinderung bei der Arbeit so gering wie möglich gehalten wird.

(2) Arbeitgeber/innen dürfen nur solche persönliche Schutzausrüstung zur Verfügung stellen, die auf Grund der Ergebnisse der Ermittlung und Beurteilung der Gefahren und der Bewertung als insgesamt geeignet festgelegt wurde. Die Auswahl persönlicher Schutzausrüstung hat entsprechend den Ergebnissen der Evaluierung in Abstimmung mit den jeweiligen Arbeitsbedingungen und Arbeitsvorgängen sowie allenfalls zusätzlich erforderlicher anderer persönlicher Schutzausrüstung oder Arbeitskleidung zu erfolgen.

(3) Verfügt der/die Arbeitgeber/in über Erkenntnisse, die darauf schließen lassen, dass eine persönliche Schutzausrüstung den für sie geltenden Rechtsvorschriften über Sicherheits- und Gesundheitsanforderungen trotz Kennzeichnung nicht entspricht, sind unverzüglich die Ermittlung und Beurteilung der Gefahren und die Bewertung der persönlichen Schutzausrüstung zu überprüfen. Ergibt diese Überprüfung eine Gefahr für die Arbeitnehmer/innen, die diese persönliche Schutzausrüstung benutzen müssen, haben die Arbeitgeber/innen geeignete Maßnahmen zum Schutz des Lebens und der Gesundheit der Arbeitnehmer/innen zu ergreifen. Erforderlichenfalls ist die Tätigkeit zu beenden und die persönliche Schutzausrüstung von der weiteren Benutzung auszuschließen.

(4) Erkenntnisse im Sinn des Abs. 3 werden insbesondere erlangt auf Grund eines Unfalles, eines Beinaheunfalles, eines Verdachts auf Berufskrankheit, einer arbeitsbedingten Erkrankung oder auf Grund von Informationen von Hersteller/innen, Sicherheitsfachkräften, Arbeitsmediziner/innen, Arbeitnehmer/innen, Prüfer/innen, Unfallversicherungsträgern, Behörden oder sonstigen Personen und Einrichtungen.

(5) Machen verschiedene Gefahren den gleichzeitigen Einsatz mehrerer persönlicher Schutzausrüstungen notwendig (§ 70 Abs. 4 ASchG), müssen diese Ausrüstungen aufeinander abgestimmt

und muss ihre Schutzwirkung gegen die verschiedenen Gefahren sicher gewährleistet sein.

(6) Bei Gefahren infolge Überschreitung von Grenzwerten gefährlicher Arbeitsstoffe oder von Expositionsgrenzwerten bei physikalischen Einwirkungen muss die Schutzwirkung von Ausrüstungen jedenfalls gegenüber jenem Arbeitsstoff oder jener physikalischen Einwirkung, dessen/deren Grenzwert überschritten ist, sicher gewährleistet sein.

(7) Bestehen aufgrund der verschiedenen Gefahren einander widersprechende Anforderungen an die persönlichen Schutzausrüstungen, muss die Ausrüstung die erforderliche Schutzwirkung jedenfalls gegen die Gefahren mit dem höchsten Risiko sicher gewährleisten. Zum Schutz gegen das verbleibende Restrisiko ist die bestmögliche persönliche Schutzausrüstung zur Verfügung zu stellen. Jene Gefahrenmomente, die dabei nicht vollständig ausgeschaltet werden können, sind zu verringern, indem das verbleibende Risiko neu evaluiert wird, dabei ist eine Verbesserung des Schutzes und der Arbeitsbedingungen durch vorläufige Maßnahmen anzustreben. Den Arbeitnehmer/innen sind geeignete Anweisungen zum Schutz gegen vorläufig weiterbestehende Gefahrenmomente zu erteilen (§ 7 Z 9 ASchG).

(8) Abs. 5 bis 7 gilt auch bei Verwendung nur einer persönlichen Schutzausrüstung bei Vorliegen verschiedener Gefahren.

(9) An der Auswahl der persönlichen Schutzausrüstung sind jene Arbeitnehmer/innen, die persönliche Schutzausrüstung verwenden müssen, zumindest im § 13 AschG vorgesehenen Ausmaß zu beteiligen. Nach Möglichkeit sind vor der Auswahl von Fuß- und Beinschutz, Augen- und Gesichtsschutz oder Gehörschutz Trageversuche mit den Sicherheitsvertrauenspersonen durchzuführen.

Information und Unterweisung
§ 7. (1) Arbeitgeber/innen haben Arbeitnehmer/innen, die persönliche Schutzausrüstung verwenden müssen, vor der erstmaligen Verwendung und danach, sofern der 2. Abschnitt nichts anderes bestimmt, gemäß §§ 12 und 14 AschG mindestens einmal jährlich nachweislich über die persönliche Schutzausrüstung zu informieren und zu unterweisen. Die Unterweisung hat durch Schulungen und erforderlichenfalls praktische Übungen zu erfolgen, wenn dies im 2. Abschnitt vorgesehen ist oder gemäß § 5 Abs. 4 bei der Bewertung festgelegt wurde.

(2) Die Information gemäß Abs. 1 hat vor der erstmaligen Verwendung zumindest zu umfassen:
1. Gegen welche Gefahren die zur Verfügung gestellte persönliche Schutzausrüstung bei zweckentsprechender Verwendung schützt,
2. die Ergebnisse der Ermittlung und Beurteilung der Gefahren und die festgelegten Gefahrenverhütungsmaßnahmen,

3. die Bewertung und Auswahl der persönlichen Schutzausrüstung,
4. die Sicherheits- und Gesundheitsgefahren bei Nichtverwendung der persönlichen Schutzausrüstung,
5. die Sicherheits- und Gesundheitsgefahren bei allenfalls weiterbestehenden Restrisiken.

Die wiederkehrende Information muss zumindest die Inhalte der Ziffern 1, 4 und 5 umfassen.

(3) Erforderlichenfalls sind auch Arbeitnehmer/innen in die Information einzubeziehen, die in unmittelbarer Nähe von Bereichen tätig sind, in denen persönliche Schutzausrüstung zu verwenden ist. Dies gilt auch für Arbeitnehmer/innen, die bei ihrer Tätigkeit solche Bereiche durchqueren müssen.

(4) Die Unterweisung gemäß Abs. 1 hat zumindest zu umfassen:

1. Die bestimmungsgemäße Benutzung unter Beachtung allfälliger Verwendungsbeschränkungen,
2. die ordnungsgemäße Lagerung vor der ersten Verwendung,
3. die ordnungsgemäße Aufbewahrung zwischen den einzelnen Verwendungen sowie die Aufbewahrungsplätze für persönliche Schutzausrüstung, wenn solche festgelegt sind,
4. die Reinigung und Pflege,
5. die sachgerechte Entsorgung,
6. das Erkennen von die Schutzwirkung beeinträchtigenden Beschädigungen und Mängeln (Sichtprüfung vor der Verwendung),
7. Verhaltens- und Verfahrensregeln bei die Schutzwirkung beeinträchtigenden festgestellten Beschädigungen und Mängeln,
8. alle sonstigen Maßnahmen, die für Sicherheit und Gesundheit der Arbeitnehmer/innen bei Benutzung persönlicher Schutzausrüstung bei der Arbeit zu treffen sind.

(5) Bei Information und Unterweisung (Schulungen, Übungen) sind die Angaben der Hersteller/innen und Inverkehrbringer/innen zu berücksichtigen.

(6) Die Verwenderinformationen sind den Arbeitnehmer/innen in einer für sie verständlichen Form zur Verfügung zu stellen.

(7) Verwenden Arbeitnehmer/innen die persönliche Schutzausrüstung regelmäßig (z. B. wöchentlich), so können in der Arbeitsplatzevaluierung abweichend von Abs. 1 für die wiederkehrende Information und Unterweisung sowie für die Übungen nach § 14 Abs. 6 und § 15 Abs. 7 Z 2 längere Intervalle, maximal aber drei Jahre, festgelegt werden, wenn durch in der Arbeitsplatzevaluierung vorgesehene Maßnahmen ein wirksamer Schutz der Arbeitnehmer/innen erreicht wird. Dies gilt nicht für § 14 Abs. 5 Z 3.

2. Abschnitt: Besondere Bestimmungen über persönliche Schutzausrüstung

Fuß- und Beinschutz

§ 8. (1) Fuß- und Beinschutz ist persönliche Schutzausrüstung zum Schutz der Gliedmaßen der unteren Extremitäten vor Verletzungen, vor Schäden durch länger andauernde Beanspruchung, vor anderen schädigenden Einwirkungen und zum Schutz vor Ausrutschen (z. B. Sicherheitsschuhe, Schutzstiefel, Schnittschutzhosen).

(2) Arbeitgeber/innen müssen Arbeitnehmer/innen Fuß- oder Beinschutz zur Verfügung stellen, wenn für diese eine oder mehrere der nachfolgenden Gefahren (§ 4) bestehen:

1. Mechanische Gefahren durch Anstoßen an Gegenstände, Einklemmen, umfallende, herabfallende oder abrollende Gegenstände, Hineintreten oder Hineinknien in spitze oder scharfe Gegenstände oder durch sonstige Kontakte mit spitzen oder scharfen Gegenständen,
2. thermische Gefahren durch Kontakt mit heißen oder kalten Oberflächen oder Medien (Berührungswärme, -kälte), Gasen (Konvektionswärme), Wärmestrahlung, Flammenwirkung, Funken oder Spritzer heißer Flüssigkeiten,
3. Gefahren durch gesundheitsgefährdende Arbeitsstoffe, wie chemische Gefahren durch feste, flüssige oder gasförmige Substanzen,
4. Gefahren durch biologische Arbeitsstoffe der Gruppe 2, 3 oder 4, wie Bakterien, Viren oder sonstige Mikroorganismen,
5. Gefahren durch ionisierende oder optische Strahlung,
6. elektrische Gefahren,
7. Gesundheitsgefahren für Gewebe oder Muskel-Skelett-Apparat bei Arbeiten in länger andauernder kniender Haltung,
8. Gefahren durch Hitze, Kälte, Feuchtigkeit, Nässe oder Witterung,
9. Gefahren durch starke Verunreinigungen,
10. Gefahr des Ausrutschens auf geneigten oder rutschigen Untergründen.

(3) Bei der Auswahl eines bestimmten Fuß- oder Beinschutzes sind insbesondere vorhandene Fußdeformationen oder Fußfehlstellungen der Träger/innen sowie Folgen von Erkrankungen oder Verletzungen zu berücksichtigen, die eine besondere Anpassung des Fuß- oder Beinschutzes erforderlich machen.

(4) Ist die Tätigkeit mit Gesundheitsgefahren für den Muskel-Skelett-Apparat infolge länger andauernder Beanspruchung verbunden (z. B. länger andauerndes Stehen oder Gehen, Knien, länger andauernde manuelle Handhabung schwerer oder sperriger Lasten) ist Fuß- oder Beinschutz so auszuwählen, dass bestmöglicher Schutz vor Schädigungen des Muskel-Skelett-Apparats gewährleistet ist.

(5) Arbeitgeber/innen haben bei der Benutzung von Fuß- oder Beinschutz durch Arbeitnehmer/innen dafür zu sorgen, dass für jede/n gefährdete/n Arbeitnehmer/in ein Fuß- oder Beinschutz zur alleinigen Benutzung zur Verfügung steht, sofern dieser direkt am Körper getragen wird, wie Schuhe oder Hosen.

Kopf- und Nackenschutz

§ 9. (1) Kopf- und Nackenschutz ist persönliche Schutzausrüstung zum Schutz des Kopfes und des Nackens einschließlich des hinteren Halses vor Verletzungen und vor anderen Schädigungen.

(2) Arbeitgeber/innen müssen Arbeitnehmer/innen Kopf- oder Nackenschutz zur Verfügung stellen, wenn für diese eine oder mehrere der nachfolgenden Gefahren (§ 4) bestehen:
1. Mechanische Gefahren durch herabfallende Gegenstände, Anstoßen an Gegenstände, pendelnde, umfallende oder wegfliegende Gegenstände, Erfasstwerden durch bewegte oder drehende Teile von Arbeitsmitteln oder sonstige Gegenstände,
2. thermische Gefahren durch Kontakt mit heißen oder kalten Oberflächen oder Medien (Berührungswärme, -kälte), Gasen (Konvektionswärme), Wärmestrahlung, Flammenwirkung, Funken oder Spritzer heißer Flüssigkeiten,
3. elektrische Gefahren,
4. Gefahren durch Hitze, Kälte, Nässe oder Witterung,
5. Gefahren durch optische oder ionisierende Strahlung.

(3) Bei der Auswahl eines bestimmten Kopf- oder Nackenschutzes sind insbesondere vorhandene Besonderheiten der Träger/innen bezüglich Kopfform oder Folgen von Erkrankungen oder Verletzungen zu berücksichtigen, die eine besondere Anpassung des Kopf- oder Nackenschutzes erforderlich machen.

(4) Arbeitgeber/innen müssen bei der Benutzung von Kopf- oder Nackenschutz Folgendes gewährleisten:
1. Für jede/n gefährdete/n Arbeitnehmer/in muss ein Kopf- oder Nackenschutz zur alleinigen Benutzung zur Verfügung stehen.
2. Zubehörteile dürfen nur entsprechend den Herstellerangaben angebracht oder ausgetauscht werden.
3. Auf Kopf- oder Nackenschutz dürfen Anstrichstoffe, Lösemittel, Klebemittel oder selbstklebende Etiketten nur dann aufgebracht werden, wenn die Schutzwirkung nicht beeinträchtigt wird. Dabei sind die Herstellerangaben zu berücksichtigen.
4. Schutzhelme müssen so angepasst oder eingestellt werden, dass ein Herabfallen des Helmes vom Kopf bei Bewegungen des Trägers/der Trägerin verhindert wird. Erforderlichenfalls sind Schutzhelme mit Kinnriemen zu verwenden. Das gilt auch für Anstoßkappen.

Augen- und Gesichtsschutz

§ 10. (1) Augen- und Gesichtsschutz ist persönliche Schutzausrüstung zum Schutz der Augen und des Gesichts vor Verletzungen und vor anderen Schädigungen.

(2) Arbeitgeber/innen müssen Arbeitnehmer/innen Augen- oder Gesichtsschutz zur Verfügung stellen, wenn für diese eine oder mehrere der nachfolgenden Gefahren (§ 4) bestehen:
1. Mechanische Gefahren durch Fremdkörper und Festkörper, wie Stäube, Späne, Splitter oder Körner,
2. Gefahren durch optische Strahlung, Lichtblendung,
3. Gefahren durch gesundheitsgefährdende Arbeitsstoffe, wie chemische Gefahren durch feste, flüssige oder gasförmige Substanzen,
4. thermische Gefahren durch Kontakt mit heißen oder kalten Oberflächen oder Medien (Berührungswärme, -kälte), Gasen (Konvektionswärme), Wärmestrahlung, Flammenwirkung, Funken oder Spritzer heißer Flüssigkeiten,
5. Gefahren durch biologische Arbeitsstoffe der Gruppe 2, 3 oder 4, wie Bakterien, Viren oder sonstige Mikroorganismen,
6. elektrische Gefahren wie Lichtbögen, Verblitzen,
7. Gefahren durch ionisierende Strahlung.

(3) Arbeitgeber/innen müssen bei der Auswahl eines bestimmten Augen- oder Gesichtsschutzes die Beachtung vorhandener Fehlsichtigkeiten und sonstiger Seheinschränkungen der Arbeitnehmer/innen sowie erforderlichenfalls das Erkennen von Sicherheits- und Gesundheitsschutzkennzeichnungen und sonstigen Seherfordernissen bei der Arbeit gewährleisten. Wenn ein/e Arbeitnehmer/in auf Grund einer Fehlsichtigkeit oder sonstigen Seheinschränkung einen Sehbehelf verwendet, muss der Augenschutz so ausgewählt werden, dass der Sehbehelf ohne Beeinträchtigung getragen werden kann (z. B. Überbrille). Bei besonderen Seherfordernissen bei überwiegend durchzuführenden Arbeitsvorgängen ist erforderlichenfalls ein optisch korrigierter Augenschutz zur Verfügung zu stellen.

PSA-V

(4) Arbeitgeber/innen haben bei der Benutzung von Augen- oder Gesichtsschutz durch Arbeitnehmer/innen dafür zu sorgen, dass für jede/n gefährdete/n Arbeitnehmer/in ein Augen- oder Gesichtsschutz zur alleinigen Benutzung zur Verfügung steht.

Gehörschutz

§ 11. (1) Gehörschutz ist persönliche Schutzausrüstung zur Verringerung und zur Vermeidung der Einwirkung von Lärm auf das Gehör.

(2) Bei der Bewertung von Gehörschutz sind insbesondere die Einflüsse der Arbeitsumgebung,

wie Warnsignale, informationshaltige Arbeitsgeräusche, Ortung von Schallquellen, Sprachkommunikation, hohe Temperaturen oder Staub zu beachten.

(3) Arbeitgeber/innen müssen bei der Auswahl eines bestimmten Gehörschutzes vorhandene medizinische Auffälligkeiten (z. B. Gehörgangsreizungen) und vorhandene Hörverluste der Arbeitnehmer/innen sowie das Hören von Signalen beachten. Gehörschutz ist so auszuwählen, dass die Leistungswerte den erforderlichen Schutz bieten, aber nach Möglichkeit eine akustische Isolation vermieden wird.

(4) Arbeitgeber/innen müssen bei der Benutzung von Gehörschutz durch Arbeitnehmer/innen gewährleisten, dass für jede/n gefährdete/n Arbeitnehmer/in ein Gehörschutz zur alleinigen Benutzung zur Verfügung steht.

(5) Die Unterweisung (§ 7 Abs. 4) hat insbesondere auch zu umfassen:

1. Anpassen und Einstellen sowie richtige Anwendung des Gehörschutzes,
2. Hörbarkeit von Sprache sowie Warn- und Alarmsignalen,
3. Ausgabe und Verfügbarkeit von Gehörschutz,
4. jeweils besondere Eigenschaften bei Zurverfügungstellung unterschiedlichen Gehörschutzes.

Hand- und Armschutz

§ 12. (1) Hand- und Armschutz ist persönliche Schutzausrüstung zum Schutz der Gliedmaßen der oberen Extremitäten (Hände, Arme bis über den Ellbogen) vor Verletzungen, vor arbeitsbedingten Hautschädigungen und anderen Schädigungen (z. B. durch Vibrationen).

(2) Arbeitgeber/innen müssen Arbeitnehmer/innen Hand- oder Armschutz zur Verfügung stellen, wenn für diese eine oder mehrere der nachfolgenden Gefahren (§ 4) bestehen:

1. Mechanische Gefahren durch Schneiden, Sägen, Anstoßen an Gegenstände, Einklemmen, umfallende, herabfallende oder abrollende Gegenstände, Stöße, Hineingreifen in spitze oder scharfe Gegenstände oder durch sonstige Kontakte mit spitzen oder scharfen Gegenständen oder solchen mit abrasiver Wirkung,
2. Gefahren durch gesundheitsgefährdende Arbeitsstoffe, wie chemische Gefahren durch feste, flüssige oder gasförmige Substanzen, insbesondere hautschädigende oder hautgängige Arbeitsstoffe,
3. thermische Gefahren durch Kontakt mit heißen oder kalten Oberflächen oder Medien (Berührungswärme, -kälte), Gasen (Konvektionswärme), Wärmestrahlung, Flammenwirkung, Funken oder Spritzer heißer Flüssigkeiten,
4. Gefahren durch biologische Arbeitsstoffe der Gruppe 2, 3 oder 4, wie Bakterien, Viren oder sonstige Mikroorganismen,

5. elektrische Gefahren wie elektrischer Strom, Lichtbögen,
6. Gefahren durch Vibration,
7. Gefahren durch ionisierende oder optische Strahlung,
8. Gefahren durch starke Verunreinigungen,
9. Gefahren durch Einwirkung von Hitze, Kälte, Feuchtigkeit, Nässe oder Witterung.

(3) Bei der Bewertung von Hand- oder Armschutz sind insbesondere zu beachten:

1. Das erforderliche Tastgefühl und Greifvermögen,
2. die erforderliche Schutzhandschuhgröße und Stulpenlänge,
3. die Herstellerangaben über die Schutzwirkung z. B. gegenüber bestimmten Chemikalien,
4. die von den Hersteller/innen angegebene Durchbruchzeit gegenüber Chemikalien.

(4) Arbeitgeber/innen müssen bei der Benutzung von Hand- oder Armschutz durch Arbeitnehmer/innen Folgendes gewährleisten:

1. Für jede/n gefährdete/n Arbeitnehmer/in muss Hand- oder Armschutz zur alleinigen Benutzung zur Verfügung stehen, ausgenommen Hand- oder Armschutz gegen Röntgenstrahlung bei der Röntgendiagnostik.
2. Bei der Benutzung von Chemikalienschutzhandschuhen sind die Herstellerangaben über Durchlässigkeit, Durchbruchzeit und Materialbeständigkeit einzuhalten.
3. Die Benutzung von Hand- oder Armschutz ist nicht zulässig, wenn die Gefahr des Erfasstwerdens der Hände durch bewegte oder drehende Teile von Arbeitsmitteln oder sonstigen Gegenständen besteht.
4. Anwendung der Hautmittel entsprechend den Festlegungen gemäß § 13 Abs. 3.
5. Tragefreie Zeiten zur Regeneration sind vorzusehen.

(5) Die Unterweisung (§ 7 Abs. 4) hat insbesondere auch zu umfassen:

1. Richtiges An- und Ablegen des Hand- oder Armschutzes,
2. zulässige Tragedauer, regelmäßiger Handschuhwechsel,
3. tragefreie Zeiten zur Regeneration, Maßnahmen zwischen den Trageperioden (z. B. geeigneter Wechsel von Tätigkeiten mit und ohne Handschuhe),
4. Verbot der Verwendung von Handschuhen, wenn die Gefahr des Erfasstwerdens der Hände durch bewegte oder drehende Teile oder sonstige Gegenstände besteht.

Hautschutz

§ 13. (1) Hautschutz ist der systematische Schutz der Haut durch äußerlich auf die Haut aufzubringende Hautmittel (Hautschutz, Hautreinigung, Hautpflege) als persönliche Schutzausrüstung zum Schutz vor Hauterkrankungen und Hautschädigungen bei der Arbeit.

(2) Arbeitgeber/innen müssen den Arbeitnehmer/innen die erforderlichen Hautmittel in geeigneter und den hygienischen Anforderungen entsprechender Form zur persönlichen Anwendung zur Verfügung stellen, wenn eine oder mehrere der nachfolgenden Gefahren (§ 4) bestehen:

1. Gefahren durch gesundheitsgefährdende Arbeitsstoffe, insbesondere bei direktem Kontakt,
2. Gefahren durch biologische Arbeitsstoffe der Gruppe 2, 3 oder 4, insbesondere bei direktem Kontakt,
3. Gefahren durch optische Strahlung,
4. Gefahren durch Einwirkung von Feuchtigkeit, Nässe oder Witterung,
5. Gefahren durch Einwirkung von Kälte,
6. Gefahren durch starke Verunreinigungen,
7. Gesundheitsgefahren durch länger andauerndes Tragen von Schutzhandschuhen.

(3) Arbeitgeber/innen müssen für den Hautschutz sowie bei der Benutzung von Hand- oder Armschutz durch Arbeitnehmer/innen auf Grundlage der Ergebnisse der Ermittlung und Beurteilung der Gefahren schriftlich festlegen, bei welchen betrieblichen Arbeitsvorgängen und in welchen Arbeitsbereichen jeweils welche Hautmittel (Hautschutz, Hautreinigung, Hautpflege), sowie falls Hand- oder Armschutz ausgewählt wurde, welcher Hand- oder Armschutz anzuwenden ist, wobei jeweils die Produktnamen sowie Informationen über Art, Zeitpunkte und Intervall der Anwendung anzugeben sind.

(4) Bei der Bewertung von Hautmitteln für den Hautschutz sind insbesondere die Hersteller- und Inverkehrbringerangaben zu beachten (z. B. über die Schutzwirkung gegenüber optischer Strahlung, Dauer der Schutzwirkung).

(5) Die Unterweisung (§ 7 Abs. 4) hat insbesondere auch zu umfassen:

1. Richtiges Aufbringen der Hautmittel,
2. die Festlegungen gemäß Abs. 3 entsprechend der Hautgefährdung.

Persönliche Schutzausrüstung gegen Absturz, Ertrinken und Versinken

§ 14. (1) Persönliche Schutzausrüstung gegen Absturz (Absturzsicherungssysteme) ist persönliche Schutzausrüstung zur Sicherung von Arbeitnehmer/innen an einem Anschlagpunkt, die einen Absturz entweder ganz verhindert (Haltesysteme) oder die Arbeitnehmer/innen sicher auffängt (Auffangsysteme). Persönliche Schutzausrüstung gegen Ertrinken oder Versinken ist persönliche Schutzausrüstung, die in eine Flüssigkeit gestürzte Arbeitnehmer/innen so schnell wie möglich an die Oberfläche zurückbringt und in einer Position hält, die bis zur Rettung das Atmen ermöglicht (Rettungswesten, Schwimmwesten, Rettungskombinationen, Schwimmhilfen).

(2) Arbeitgeber/innen müssen Arbeitnehmer/innen persönliche Schutzausrüstung gegen Absturz, Ertrinken oder Versinken zur Verfügung stellen, wenn für diese eine oder mehrere der nachfolgenden Gefahren (§ 4) bestehen:

1. Absturz,
2. Versinken,
3. Ertrinken.

Soweit eine zur Verfügung gestellte persönliche Schutzausrüstung gegen Absturz ausreichend auch gegen die Gefahr des Versinkens oder Ertrinkens schützt, ist keine spezifische persönliche Schutzausrüstung gegen Versinken oder Ertrinken zusätzlich erforderlich.

(3) Bei der Festlegung von Schutzmaßnahmen sind auch die erforderlichen Berge- und Rettungsmaßnahmen zu berücksichtigen.

(4) Arbeitgeber/innen müssen bei der Benutzung von persönlicher Schutzausrüstung gegen Absturz durch Arbeitnehmer/innen Folgendes in Übereinstimmung mit Hersteller- oder Inverkehrbringervorschriften gewährleisten:

1. Durch geeignete Auswahl und Verankerung ist sicherzustellen, dass ein Aufprallen der Arbeitnehmer/innen auf den Boden oder auf andere Hindernisse ausgeschlossen ist.
2. Persönliche Schutzausrüstung gegen Absturz darf nur zur Sicherung von Personen, nicht jedoch für andere Zwecke, z. B. als Anschlagmittel für Lasten, verwendet werden.
3. Anschlagpunkte für Absturzsicherungssysteme müssen den im Fall eines Absturzes auftretenden Kräften standhalten können.
4. Verbindungsmittel, bewegliche Führungen sowie einziehbare Verbindungsmittel von Höhensicherungsgeräten dürfen nicht ungeschützt über scharfe Kanten geführt werden.
5. Bei Einsatz von Höhensicherungsgeräten in horizontaler Richtung dürfen nur solche Geräte verwendet werden, die der/die Hersteller/in in Bezug auf Funktion bei waagrechtem Auszug und Kantenbeanspruchung dafür vorgesehen hat.
6. Teile von verschiedenen Halte- bzw. Auffangsystemen dürfen nur miteinander kombiniert werden, wenn die Hersteller/innen oder Inverkehrbringer/innen dies nicht ausgeschlossen haben.
7. Höhensicherungsgeräte dürfen für Arbeiten an oder über Gewässern oder anderen Stoffen, wenn die Gefahr des Versinkens besteht, nicht verwendet werden.
8. Teile von Absturzsicherungssystemen, die am Körper getragen werden (Haltegurt, Auffanggurt), sind denjenigen Arbeitnehmer/innen, für die die Sicherung gegen Absturz erforderlich ist, zur alleinigen Benutzung zur Verfügung zu stellen, wenn langfristige Tragedauer und hohe Tragehäufigkeit zu erwarten sind.

9. Beschädigte oder durch Sturz beanspruchte persönliche Schutzausrüstungen gegen Absturz sind der Benutzung zu entziehen.
10. Für den Fall eines Absturzes ist durch geeignete Maßnahmen eine unverzügliche Rettung zu gewährleisten.
11. Verbindungsmittel dürfen nicht durch Verknoten befestigt, gekürzt oder verlängert werden.
12. Verbindungsmittel mit Falldämpfern müssen so angeschlagen werden, dass die Funktion der Falldämpfer nicht beeinträchtigt wird.
13. Sicherungen von Karabinerhaken gegen unbeabsichtigtes Öffnen müssen benutzt werden.
14. Die ordnungsgemäße Sicherung der Karabinerhaken gegen unbeabsichtigtes Öffnen ist in regelmäßigen Zeitabständen zu kontrollieren.

(5) Die Unterweisung muss durch eine fachkundige Person erfolgen. Die Unterweisung (§ 7 Abs. 4) hat insbesondere auch zu umfassen:
1. Richtiges An- und Ablegen der persönlichen Schutzausrüstung,
2. ordnungsgemäße Verankerung von persönlicher Schutzausrüstung gegen Absturz,
3. allenfalls erforderliche Berge- und Rettungsmaßnahmen.

(6) Über das richtige An- und Ablegen von persönlicher Schutzausrüstung gegen Absturz, Ertrinken oder Versinken sowie die Durchführung von Berge- und Rettungsmaßnahmen sind mindestens einmal jährlich Übungen abzuhalten. In die Übungen sind alle Arbeitnehmer/innen einzubeziehen, die Auffangsysteme oder persönliche Schutzausrüstung gegen Ertrinken oder Versinken benutzen müssen. Diese Übungen müssen durch eine für Absturzsicherungssysteme fachkundige Person geplant und durchgeführt werden.

(7) Absturzsicherungssysteme dürfen nur verwendet werden, wenn die erforderlichen Prüfungen durchgeführt wurden. Für die Prüfung von Absturzsicherungssystemen gilt:
1. Gegenstände des Absturzsicherungssystems müssen entsprechend den Einsatzbedingungen und den betrieblichen Verhältnissen nach Bedarf, mindestens jedoch einmal jährlich, auf ihren ordnungsgemäßen Zustand durch eine fachkundige Person geprüft werden.
2. Feste Führungen von Steigschutzeinrichtungen müssen entsprechend den Einsatzbedingungen und den betrieblichen Verhältnissen in regelmäßigen Zeitabständen auf ihren ordnungsgemäßen Zustand durch eine fachkundige Person geprüft werden.
3. Die Ergebnisse der Prüfungen sind in Prüfbefunden festzuhalten. Der Prüfbefund muss beinhalten:
a) Prüfdatum,
b) Name und Anschrift des Prüfers/der Prüferin, Bezeichnung der Prüfstelle, Unterschrift des Prüfers/der Prüferin,
c) Ergebnis der Prüfung,
d) Angaben über die der Prüfung zu Grunde gelegten Prüfinhalte.
4. Die Prüfbefunde sind von den Arbeitgeber/innen bis zum Ausscheiden der persönlichen Schutzausrüstung aufzubewahren.

Atemschutz

§ 15. (1) Atemschutz sind Atemschutzgeräte als persönliche Schutzausrüstung zum Schutz des Trägers/der Trägerin vor dem Einatmen von gesundheitsgefährdenden oder biologischen Stoffen aus der Umgebungsatmosphäre oder vor Sauerstoffmangel bei der Arbeit.

(2) Arbeitgeber/innen müssen Arbeitnehmer/innen Atemschutz zur Verfügung stellen, wenn diese eine oder mehrere der nachfolgenden Gefahren (§ 4) für die Atmung bestehen:
1. Konzentration der gesundheitsgefährdenden oder biologischen Stoffe in der Umgebungsatmosphäre,
2. Sauerstoffkonzentration unter 15 Volumsprozent in der Umgebungsatmosphäre.

(3) Atemschutz ist so auszuwählen, dass die inhalative Einwirkung von gefährlichen Stoffen zumindest soweit minimiert wird, dass die Grenzwerte (MAK-, TRK-Werte einschließlich Kurzzeitwerte oder Bewertungsindex für Stoffgemische) für die Träger/innen sicher unterschritten werden.

(4) Bei der Ermittlung und Beurteilung der Gefahren sind folgende Einflüsse auf die Arbeitnehmer/innen zu berücksichtigen:
1. Körperliche Belastung,
2. Tragedauer pro Arbeitseinsatz,
3. Anzahl der Arbeitseinsätze pro Arbeitsschicht,
4. Länge von Pausen zwischen den Arbeitseinsätzen,
5. Einflüsse der Arbeitsumgebung wie Lufttemperatur, Luftfeuchtigkeit, Strahlungswärme.

(5) Arbeitgeber/innen müssen bei der Benutzung von Atemschutzgeräten Folgendes gewährleisten:
1. Bei langer Tragedauer oder hoher Tragehäufigkeit müssen für jede/n gefährdete/n Arbeitnehmer/in Atemanschlüsse zur alleinigen Benutzung zur Verfügung stehen. Einwegfiltermasken (filtrierender Atemanschluss) sind unabhängig von der Tragedauer oder Tragehäufigkeit immer für jede/n gefährdete/n Arbeitnehmer/in zur alleinigen Benutzung zur Verfügung zu stellen.
2. Entsprechend dem Ergebnis der Ermittlung und Beurteilung der Gefahren sind erforderlichenfalls die Tragedauer oder die Anzahl der Arbeitseinsätze zu beschränken. Zwischen den Arbeitseinsätzen sind die für die Erholung der Arbeitnehmer/innen erforderlichen Pausen zu gewähren.

3. Filtergeräte zum Schutz vor Schadstoffen dürfen nur dann verwendet werden, wenn die Umgebungsatmosphäre eine Sauerstoffkonzentration von mindestens 17 Volumsprozent enthält. Vor dem Einsatz von Filtergeräten ist die Sauerstoffkonzentration zu messen. Eine Messung ist nicht erforderlich, wenn zweifelsfrei feststeht, dass der Sauerstoffgehalt der Luft über dem angeführten Wert liegt.

4. Bei unklaren Einsatzbedingungen sowie in kleinen, engen oder schlecht belüfteten Räumen und Behältern dürfen Filtergeräte nicht verwendet werden. In solchen Fällen sind geeignete, von der Umgebungsatmosphäre unabhängige Atemschutzgeräte (Isoliergeräte) zu verwenden.

5. Für Notfälle wie Erschöpfung oder Atemnot ist durch geeignete Maßnahmen eine unverzügliche Rettung zu gewährleisten.

(6) Die Unterweisung (§ 7 Abs. 4) hat insbesondere auch zu umfassen:

1. Einsatzbedingungen, Handhabung und Wartung,
2. richtiges An- und Ablegen der Atemschutzgeräte,
3. Funktionskontrolle,
4. zulässige Tragedauer,
5. Verhalten bei Notfällen,
6. allenfalls erforderliche Maßnahmen zwischen den Trageperioden,
7. Funktion von Sicherheits- und Warneinrichtungen.

(7) Für die Unterweisung über den Atemschutz gilt:

1. Arbeitgeber/innen haben dafür zu sorgen, dass die Arbeitnehmer/innen im An- und Ablegen der Atemschutzgeräte und in der Funktionskontrolle geschult werden.
2. Über das An- und Ablegen von Atemschutzgeräten sind Übungen im Abstand von maximal sechs Monaten durchzuführen. Bei diesen Übungen ist die Unterweisung über die Funktionskontrolle zu wiederholen.
3. Die Unterweisung und Übungsdurchführung für die Benutzung von Isoliergeräten hat durch fachkundige Personen zu erfolgen. Das sind insbesondere im Grubenrettungs- und Gasrettungswesen oder in Feuerwehrschulen tätige Personen oder Personen, die durch Hersteller/innen von Atemschutzgeräten ausgebildet und regelmäßig (mindestens alle fünf Jahre) fortgebildet werden.

(8) Für die Prüfung von Atemschutzgeräten gilt:

1. Filter- und Isoliergeräte sind mindestens vierteljährlich von fachkundigen Personen auf ihren ordnungsgemäßen Zustand und die Einhaltung der Schutzfunktion zu prüfen. Dies gilt nicht für originalverpackte Filtergeräte (einschließlich Einwegfiltermasken).

2. Filter- und Isoliergeräte dürfen nur verwendet werden, wenn die erforderlichen Prüfungen durchgeführt wurden.

3. Die Ergebnisse der Prüfungen sind in Prüfbefunden festzuhalten. Der Prüfbefund muss beinhalten:

a) Prüfdatum,
b) Name und Anschrift des Prüfers/der Prüferin, Bezeichnung der Prüfstelle, Unterschrift des Prüfers/der Prüferin,
c) Ergebnis der Prüfung,
d) Angaben über die der Prüfung zu Grunde gelegten Prüfinhalte, insbesondere Herstellerangaben und Prüfnormen.

4. Die Prüfbefunde sind von den Arbeitgeber/innen bis zum Ausscheiden der persönlichen Schutzausrüstung aufzubewahren.

Schutzkleidung

§ 16. (1) Schutzkleidung ist persönliche Schutzausrüstung zum Schutz des Körpers vor Verletzungen und anderen arbeitsbedingten Schädigungen sowie sonstigen schädigenden Einwirkungen (z. B. Säureschutzkleidung, Wetterschutzkleidung, Kälteschutzkleidung, Warnkleidung).

(2) Arbeitgeber/innen müssen Arbeitnehmer/innen Schutzkleidung zur Verfügung stellen, wenn für diese eine oder mehrere der nachfolgenden Gefahren (§ 4) bestehen:

1. Mechanische Gefahren durch Stiche, Schnitte, Scheuern, Stäube, Erfasstwerden durch bewegte oder drehende Teile oder sonstige Gegenstände, Kontakt mit Schneiden oder Sägen oder anderen spitzen oder scharfen Gegenständen,
2. elektrische Gefahren wie elektrische Spannung und elektrostatische Aufladung,
3. thermische Gefahren durch Kontakt mit heißen oder kalten Oberflächen oder Medien (Berührungswärme, -kälte), Gasen (Konvektionswärme), Wärmestrahlung, Flammenwirkung, Funken oder Spritzer heißer Flüssigkeiten,
4. Gefahren durch gesundheitsgefährdende Arbeitsstoffe, wie chemische Gefahren durch feste, flüssige oder gasförmige Substanzen, insbesondere bei Kontakt mit hautschädigenden oder hautgängigen Arbeitsstoffen,
5. Gefahren durch biologische Arbeitsstoffe der Gruppe 2, 3 oder 4, wie Bakterien, Viren oder sonstige Mikroorganismen,
6. Gefahren durch starke Verunreinigungen,
7. Gefahren durch ionisierende oder optische Strahlung,
8. Gefahr von Bissen oder sonstigen Verletzungen insbesondere durch Tiere,
9. Gefahren durch Einwirkung von Hitze, Kälte, Feuchtigkeit, Nässe oder Witterung,
10. Gefahren bei Arbeiten auf öffentlichen Verkehrsflächen und im Bereich innerbetrieblichen Fahrverkehrs.

PSA-V

(3) Bei der Ermittlung und Beurteilung der Gefahren sind folgende Einflüsse auf die Arbeitnehmer/innen zu berücksichtigen:

1. Körperliche Belastung,
2. Tragedauer pro Arbeitseinsatz,
3. Anzahl der Arbeitseinsätze pro Arbeitsschicht,
4. Länge von Pausen zwischen den Arbeitseinsätzen.

(4) Arbeitgeber/innen müssen bei der Benutzung von Schutzkleidung gewährleisten, dass entsprechend dem Ergebnis der Ermittlung und Beurteilung der Gefahren erforderlichenfalls die Tragedauer und die Anzahl der Arbeitseinsätze beschränkt werden. Zwischen den Arbeitseinsätzen sind die für die Erholung der Arbeitnehmer/innen erforderlichen Pausen zu gewähren.

(5) Die Unterweisung (§ 7 Abs. 4) hat insbesondere auch zu umfassen:

1. Allfällig erforderliche Pflegehinweise für die Haut,
2. richtiges An- und Ablegen der Schutzkleidung,
3. zulässige Tragedauer,
4. allfällig erforderliche Regenerationszeiten und Maßnahmen zwischen den Trageperioden,
5. allfällig erforderliche ordnungsgemäße Reinigung und Desinfektion.

3. Abschnitt: Übergangs- und Schlussbestimmungen

§ 17. (1) Vor Inkrafttreten dieser Verordnung durch Bescheid aufgrund des ASchG oder des Arbeitnehmerschutzgesetzes, BGBl. Nr. 234/1972, verfügte Vorschreibungen und Auflagen über persönliche Schutzausrüstungen werden durch diese Verordnung nicht berührt mit der Maßgabe, dass die über die bescheidmäßige Vorschreibung oder Auflage hinausgehenden, auf die persönliche Schutzausrüstung bezogenen Pflichten nach dieser Verordnung zusätzlich wahrzunehmen sind.

(2) Gemäß § 125 Abs. 8 ASchG wird festgestellt, dass gleichzeitig mit Inkrafttreten dieser Verordnung die gemäß §§ 105, 108 Abs. 4 und 114 Abs. 4 Z 7 ASchG als Bundesgesetz geltenden §§ 66 bis 72, § 84 Abs. 4 und § 90 Abs. 1 bis 4 der Allgemeinen Arbeitnehmerschutzverordnung (AAV), BGBl. Nr. 218/1983, zuletzt geändert durch BGBl. II Nr. 291/2011, außer Kraft treten.

(3) Bestimmungen über persönliche Schutzrüstungen in anderen Arbeitnehmerschutzvorschriften bleiben unberührt mit der Maßgabe, dass die darüber hinausgehenden Bestimmungen dieser Verordnung zusätzlich zu beachten sind.

(4) Die Verordnung tritt mit dem der Kundmachung folgenden Monatsersten in Kraft.

25. Verordnung elektromagnetische Felder

Verordnung des Bundesministers für Arbeit, Soziales und Konsumentenschutz über den Schutz der Arbeitnehmer/innen vor der Einwirkung durch elektromagnetische Felder (Verordnung elektromagnetische Felder – VEMF)

StF: BGBl. II Nr. 179/2016

Präambel

Aufgrund der § 66 Abs. 1 und § 72 Abs. 1 Z 4 des ArbeitnehmerInnenschutzgesetzes (ASchG), BGBl. Nr. 450/1994, zuletzt geändert durch das Bundesgesetz BGBl. I Nr. 60/2015, wird verordnet:

GLIEDERUNG

Geltungsbereich

§ 1. Die Verordnung gilt in Arbeitsstätten, auf Baustellen und an auswärtigen Arbeitsstellen im Sinne des ASchG für Tätigkeiten, bei denen die Arbeitnehmer/innen während ihrer Arbeit einer Einwirkung durch elektromagnetische Felder ausgesetzt sind oder ausgesetzt sein können.

Begriffsbestimmungen

§ 2. (1) Elektromagnetische Felder im Sinn dieser Verordnung sind statische elektrische, statische magnetische sowie zeitlich veränderliche elektrische, magnetische und elektromagnetische Felder im Frequenzbereich von 0 Hz bis 300 GHz.

(2) Zur Beschreibung der Exposition gegenüber elektromagnetischen Feldern werden die physikalischen Größen im Sinne der **Anlage 1** verwendet. Für die Beschreibung der Grenzwerte für nichtthermische Wirkungen wird die **Anlage 2**, für die Beschreibung der Grenzwerte für thermische Wirkungen die **Anlage 3** verwendet.

(3) Diese Verordnung umfasst nicht vermutete Langzeitwirkungen bei Exposition gegenüber elektromagnetischen Feldern.

Expositionsgrenzwerte

§ 3. (1) Der/die Arbeitgeber/in hat dafür zu sorgen, dass die Expositionsgrenzwerte für nichtthermische Wirkungen laut **Anlage 2 Punkt A** im Frequenzbereich

1. von 0 Hz bis 1 Hz bei Exposition von Kopf, Rumpf oder Gliedmaßen gegenüber statischen magnetischen Feldern gemäß Tabelle A1,

2. von 1 Hz bis 10 MHz bei Exposition des Körpers gemäß Tabelle A2,

3. von 1 Hz bis 400 Hz bei Exposition des Kopfes gemäß Tabelle A3

nicht überschritten werden.

(2) Der/die Arbeitgeber/in hat dafür zu sorgen, dass die Expositionsgrenzwerte für thermische Wirkungen laut **Anlage 3 Punkt A** im Frequenzbereich

1. von 100 kHz bis 6 GHz bei Exposition von Kopf, Rumpf oder Gliedmaßen gemäß Tabelle A1,

2. von 0,3 bis 6 GHz bei Exposition des Kopfes gemäß Tabelle A2 und

3. von 6 bis 300 GHz bei Exposition des Körpers gemäß Tabelle A3

nicht überschritten werden.

(3) Für die Definition physikalischer Größen und Bewertung der Exposition gegenüber elektromagnetischen Feldern gilt jeweils **Anlage 1.**

(4) Wird nachgewiesen, dass die Auslösewerte gemäß § 4 nicht überschritten werden, gilt dies als Einhaltung der Expositionsgrenzwerte für gesundheitliche und sensorische Wirkungen durch den/die Arbeitgeber/in.

(5) Wenn die Exposition von Arbeitnehmer/innen einen Expositionsgrenzwert für elektromagnetische Felder überschreitet, müssen die Arbeitgeber/innen, ausgenommen im Fall des Abs. 6 bis 10,

1. unverzüglich Maßnahmen gemäß § 9 und § 10 ergreifen, um die Exposition auf einen Wert

unterhalb des Expositionsgrenzwertes zu senken,

2. ermitteln, warum der Expositionsgrenzwert überschritten wurde, und

3. die Schutz- und Vorbeugemaßnahmen sowie das Sicherheits- und Gesundheitsschutzdokument gemäß § 7 entsprechend anpassen, um ein erneutes Überschreiten des Grenzwertes zu verhindern.

(6) Bei bildgebenden Verfahren mittels Magnetresonanz im Gesundheitswesen für Patient/innen oder damit verknüpften Forschungsarbeiten mit Magnetresonanzgeräten können die Expositionsgrenzwerte überschritten werden, wenn die Exposition mit der Aufstellung, Prüfung und Anwendung, Entwicklung und Wartung von Geräten für diese bildgebenden Verfahren in Zusammenhang steht, soferne Folgendes erfüllt ist:

1. Die nach § 7 durchgeführte Arbeitsplatzevaluierung hat gezeigt, dass die Expositionsgrenzwerte überschritten werden.

2. Alle technischen und organisatorischen Maßnahmen nach dem Stand der Technik und den Grundsätzen der Gefahrenverhütung (§ 7 ASchG) wurden durchgeführt.

3. Die Umstände rechtfertigen hinreichend eine Überschreitung der Expositionsgrenzwerte.

4. Die spezifischen Merkmale des Arbeitsplatzes, der Arbeitsmittel oder der Arbeitsvorgänge wurden berücksichtigt.

5. Der/die Arbeitgeber/in weist nach, dass die Arbeitnehmer/innen weiterhin vor gesundheitsschädlichen Wirkungen und Sicherheitsrisiken geschützt sind, etwa indem die Informationen für die sichere Anwendung nach dem Medizinproduktegesetz (MPG), BGBl. I Nr. 657/1996, eingehalten werden.

6. Bei Exposition von Kopf, Rumpf im stationären Magnetfeld von mehr als 2 Tesla (Anlage 2 Punkt A 1) sind kontrollierte Arbeitsbedingungen durch ausreichend langsame Bewegungen sichergestellt.

(7) Wenn dies aus praxis- oder verfahrensbedingten Gründen notwendig ist, ist eine vorübergehende Überschreitung der Expositionsgrenzwerte für sensorische Wirkungen gemäß Anlage 2 Punkt A 3 zulässig

1. bei Widerstands- und Bolzenschweißarbeiten in beengten Räumen (z. B. bei Herstellung von Prototypen in der Autoindustrie) mit Überschreitung infolge Überbelastung durch das Magnetfeld,

2. in Anlagen zur Erzeugung, Übertragung und Verteilung von elektrischer Energie

a) bei Arbeiten ab einer Nennspannung von 220 kV mit Überschreitung infolge Überbelastung durch das elektrische Feld,

b) bei Wartungs- und Instandhaltungsarbeiten mit Überschreitung infolge Überbelastung durch das Magnetfeld.

(8) Eine vorübergehende Überschreitung gemäß Absatz 7 ist nur zulässig wenn

1. die Expositionsgrenzwerte für gesundheitliche Wirkungen gemäß Anlage 2 Punkt A 2 nicht überschritten werden,

2. nach dem Stand der Technik alle technischen und organisatorischen Maßnahmen durchgeführt wurden,

3. der/die Arbeitgeber/in erforderlichenfalls die Arbeitsplatzevaluierung aktualisiert, wenn der/die Arbeitnehmer/in vorübergehende Symptome meldet, und

4. der/die Arbeitnehmer/in über möglicherweise auftretende vorübergehende Symptome gemäß § 8 Abs. 1 Z 4 informiert wurde.

(9) Weiters ist eine zeitweilige Überschreitung der Expositionsgrenzwerte für sensorische Wirkungen gemäß Anlage 2 Punkt A 3 infolge Überbelastung durch das Magnetfeld in Anlagen zur Erzeugung, Übertragung und Verteilung von elektrischer Energie zulässig für Arbeiten bei absehbaren Betriebsstörungen durch Überströme in abgeschlossenen elektrischen Betriebsstätten und abgegrenzten Bereichen im Freien, auch wenn die Expositionsgrenzwerte für gesundheitliche Wirkungen gemäß Anlage 2 Punkt A 2 überschritten werden, sofern gewährleistet ist, dass die Überexposition nicht länger als die nach dem Stand der Technik höchstzulässige Abschaltdauer besteht.

(10) Eine zeitweilige Überschreitung gemäß Absatz 9 ist nur zulässig, wenn

1. die gemäß § 7 durchgeführte Arbeitsplatzevaluierung ergeben hat, dass die Expositionsgrenzwerte überschritten werden,

2. nach dem Stand der Technik alle technischen und organisatorischen Maßnahmen durchgeführt wurden,

3. die spezifischen Merkmale des Arbeitsplatzes, der Arbeitsmittel oder der Arbeitsmethoden berücksichtigt wurden, und

4. der/die Arbeitgeber/in nachweist, dass die Arbeitnehmer/innen weiterhin vor gesundheitsschädigende Wirkungen und Sicherheitsrisiken geschützt sind, hierzu gehört auch die Anwendung vergleichbarer, spezifischerer und international anerkannter Normen und Leitlinien.

Auslösewerte

§ 4. (1) Der/die Arbeitgeber/in hat dafür zu sorgen, dass die Auslösewerte für nichtthermische Wirkungen laut **Anlage 2 Punkt B** bei Frequenzen

1. von 1 Hz bis 10 MHz bei Exposition gegenüber elektrischen Feldern gemäß Tabelle B1,

2. von 1 Hz bis 10 MHz bei Exposition gegenüber magnetischen Feldern gemäß Tabelle B2,

3. von 0 Hz bis 10 MHz bei Exposition gegenüber Kontaktstrom gemäß Tabelle B3 sowie

4. von 0 Hz (statische magnetische Felder) gemäß Tabelle B4

nicht überschritten werden.

(2) Der/die Arbeitgeber/in hat dafür zu sorgen, dass die Auslösewerte für thermische Wirkungen laut **Anlage 3 Punkt B** im Frequenzbereich

1. von 100 kHz bis 300 GHz bei Exposition gegenüber elektrischen und magnetischen Feldern gemäß Tabelle B1,
2. von 100 kHz bis 110 MHz bei Exposition gegenüber stationärem Kontaktstrom und induzierten Strömen durch die Gliedmaßen gemäß Tabelle B2

nicht überschritten werden.

(3) Für die Definition physikalischer Größen und Bewertung der Exposition gegenüber elektromagnetischen Feldern gilt jeweils **Anlage 1**.

(4) Wenn die Exposition von Arbeitnehmer/innen einen Auslösewert für elektromagnetische Felder überschreitet und dabei der Nachweis der Einhaltung der Expositionsgrenzwerte sowie der Ausschließbarkeit von Sicherheitsgefahren nicht erbracht wird, sind § 6 Abs. 2 und 3 und § 8 anzuwenden.

(5) Können bei der Expositionsbewertung gemäß Abs. 4 die Einhaltung der Expositionsgrenzwerte nicht nachgewiesen und Sicherheitsgefahren nicht ausgeschlossen werden, gelten § 7 Abs. 4 und § 9 Abs. 3.

(6) Die niedrigen Auslösewerte für die elektrische Feldstärke gemäß Anlage 2 Punkt B 1 können, wenn dies aus praxis- oder verfahrensbedingten Gründen gerechtfertigt ist, überschritten werden, wenn

1. die Expositionsgrenzwerte für gesundheitliche Wirkungen (Anlage 2 Punkt A 2) nicht überschritten werden,
2. geeignete Maßnahmen zur Verhinderung übermäßiger Funkenentladungen und Kontaktströme festgelegt und durchgeführt sind, wie die Erdung von Arbeitsgegenständen, Schutz der Arbeitnehmer/innen gegen elektrischen Schlag (Potenzialausgleich) und Zurverfügungstellung und Benutzung persönlicher Schutzausrüstung (insbesondere isolierender Fuß- und Handschutz, isolierende Schutzkleidung), und
3. die Arbeitnehmer/innen über möglicherweise auftretende vorübergehende Symptome gemäß § 8 Abs. 1 Z 4 informiert wurden.

Auslöse- und Expositionsgrenzwerte für schwangere Arbeitnehmerinnen
§ 5. Für schwangere Arbeitnehmerinnen gelten die Auslösewerte (Referenzwerte) und Expositionsgrenzwerte (Basisgrenzwerte) für den Schutz der allgemeinen Bevölkerung vor Exposition durch elektromagnetische Felder gemäß der Empfehlung des Rates 1999/519/EG zur Begrenzung der Exposition der Bevölkerung gegenüber

elektromagnetischen Feldern (0 Hz – 300 GHz), ABl. Nr. L 199/59 vom 30. Juli 1999.

Bewertungen, Berechnungen und Messungen
§ 6. (1) Elektromagnetische Felder an den Arbeitsplätzen sind einer Bewertung zu unterziehen. Dazu

1. können der Stand der Technik oder gleichwertige Informationen wie Betriebsanleitungen, Angaben der Hersteller/innen oder Inverkehrbringer/innen, Arbeitsverfahrensvergleiche und veröffentlichte Informationen wie wissenschaftliche Erkenntnisse, expositionsbezogene Datenbanken oder Berechnungsverfahren herangezogen werden,
2. kann der Leitfaden der Europäischen Kommission gemäß Art. 14 der Richtlinie 2013/35/EU über Mindestvorschriften zum Schutz von Sicherheit und Gesundheit der Arbeitnehmer vor der Gefährdung durch physikalische Einwirkungen (elektromagnetische Felder) (20. Einzelrichtlinie im Sinne des Artikels 16 Absatz 1 der Richtlinie 89/391/EWG) und zur Aufhebung der Richtlinie 2004/40/EG, ABl. Nr. L 179 vom 29.06.2013 S. 1 in der Fassung der Berichtigung ABl. Nr. L 120 vom 13.05.2015 S. 62 (nicht verbindlicher Leitfaden mit bewährten Verfahren im Hinblick auf die Durchführung der Richtlinie 2013/35/EU – Band 1: Praktischer Leitfaden, Band 2: Fallstudien, Leitfaden für KMU) herangezogen werden,
3. ist die individuelle Wirkung von persönlicher Schutzausrüstung nicht zu berücksichtigen,
4. sind die nach einschlägigen bewährten Verfahren ermittelten Mess- oder Berechnungsunsicherheiten zu berücksichtigen, wie z. B. numerische Fehler, Quellenmodellierung, Phantomgeometrie und die elektrischen Eigenschaften von Geweben und Werkstoffen,
5. können gegebenenfalls die gemäß Unionsrecht von den Geräteherstellern/innen oder –vertreiber/innen für die Geräte angegebenen Emissionswerte und andere geeignete sicherheitsbezogene Daten berücksichtigt werden, einschließlich einer Risikobewertung, wenn diese auf die Expositionsbedingungen am Arbeitsplatz oder Aufstellungsort anwendbar sind.

(2) Ist es nicht möglich, die Einhaltung der Expositionsgrenzwerte aufgrund von leicht zugänglichen Informationen zuverlässig zu bestimmen, wird die Exposition anhand von Berechnungen oder Messungen bewertet.

(3) Arbeitgeber/innen haben dafür zu sorgen, dass Bewertungen, Berechnungen und Messungen

1. unter Berücksichtigung der Angaben von Hersteller/innen sachkundig geplant und in angemessenen Zeitabständen durchgeführt werden,

VEMF

2. den physikalischen Eigenschaften von elektromagnetischen Feldern, dem Ausmaß, der Dauer und der physikalischen Größe sowie der Arbeitsumgebung angepasst sind und zu einem eindeutigen und repräsentativen Ergebnis führen; dies gilt auch für Stichprobenverfahren,

3. so dokumentiert werden (§ 5 ASchG), dass die Ergebnisse eindeutig und nachvollziehbar sind.

(4) Bewertungen, Berechnungen und Messungen dürfen nur von fachkundigen Personen oder Diensten durchgeführt werden. Diese müssen die erforderlichen fachlichen Kenntnisse und Berufserfahrungen besitzen und die Gewähr für die gewissenhafte und repräsentative Durchführung der Bewertungen, Berechnungen und Messungen nach dem Stand der Technik bieten. Als Fachkundige können auch Betriebsangehörige eingesetzt werden.

(5) Fachkundige Personen oder Dienste müssen über die je nach Art der Aufgabenstellung notwendigen und geeigneten Einrichtungen und Unterlagen verfügen (z. B. Vergleichsdaten, einschlägige technische Normen, Software für Berechnungen, Messgeräte, die den vorherrschenden Bedingungen insbesondere unter Berücksichtigung der Merkmale der zu messenden physikalischen Größe angepasst sind oder aus denen die physikalische Größe eindeutig und repräsentativ abgeleitet werden kann).

(6) An öffentlich zugänglichen Arbeitsplätzen ist es nicht erforderlich, eine Expositionsbewertung durchzuführen, wenn bereits eine Bewertung gemäß den Vorschriften zur Begrenzung der Exposition der Bevölkerung gegenüber elektromagnetischen Feldern erfolgt ist, wenn die in diesen Vorschriften festgelegten Grenzwerte in Bezug auf die Arbeitnehmer/innen eingehalten werden und wenn Sicherheits- und Gesundheitsrisiken ausgeschlossen sind. Werden Arbeitsmittel, die zur Benutzung durch die Allgemeinheit bestimmt sind und Unionsrecht zu Produkten entsprechen, das ein höheres Sicherheitsniveau vorschreibt als diese Verordnung, bestimmungsgemäß für die Allgemeinheit verwendet, und werden keine anderen Arbeitsmittel verwendet, gelten diese Bedingungen als erfüllt.

Ermittlung und Beurteilung der Gefahren, Festlegung von Maßnahmen (Arbeitsplatzevaluierung)

§ 7. (1) Arbeitgeber/innen müssen die Gefahren, denen die Arbeitnehmer/innen durch elektromagnetische Felder ausgesetzt sind, ermitteln und beurteilen. Dabei sind die Grundsätze der Gefahrenverhütung gemäß § 7 ASchG anzuwenden und ist insbesondere Folgendes zu berücksichtigen:

1. Art, Ausmaß, Dauer und Frequenz- oder Wellenlängenspektrum der Exposition gegenüber elektromagnetischen Feldern unter Berücksichtigung von

a) Mehrfachquellen,

b) elektromagnetischen Feldern mit mehreren Frequenzen,

2. Expositionsgrenzwerte und Auslösewerte für besonders gefährdete oder schutzbedürftige Arbeitnehmer/innen,

3. Ergebnisse von Bewertungen, Berechnungen und Messungen sowie einschlägige Informationen auf Grundlage der Gesundheitsüberwachung,

4. die Angaben von Hersteller/innen, Inverkehrbringer/innen oder der Bedienungsanleitung (insbesondere Angaben zur korrekten Verwendung, zur Wartung und Kennzeichnung der Arbeitsmittel) sowie veröffentlichte Informationen wie wissenschaftliche Erkenntnisse, expositionsbezogene Datenbanken oder Berechnungsverfahren und Vergleichsdaten,

5. weiters kann der Leitfaden der Europäischen Kommission gemäß Art. 14 der Richtlinie 2013/35/EU (Nicht verbindlicher Leitfaden mit bewährten Verfahren im Hinblick auf die Durchführung der Richtlinie 2013/35/EU (Band 1: Praktischer Leitfaden, Band 2: Fallstudien, Leitfaden für KMU) herangezogen werden.

(2) Weiters sind zu berücksichtigen:

1. alle Auswirkungen elektromagnetischer Felder auf die Gesundheit und Sicherheit besonders gefährdeter oder schutzbedürftiger Arbeitnehmer/innen,

2. alle indirekten Auswirkungen auf Gesundheit und Sicherheit der Arbeitnehmer/innen durch

a) Beeinflussung von medizinischen Geräten, wie metallischen Prothesen und elektronischen Implantaten (z. B. Herzschrittmacher), oder von sonstigen am Körper getragenen metallischen Gegenständen (z. B. Brillen, Ringe, Schmuck), soweit der/die Arbeitgeber/in darüber vom/der Arbeitnehmer/in Kenntnis erlangt hat,

b) Kraftwirkung auf ferromagnetische Gegenstände in statischen Magnetfeldern (Projektilwirkung),

c) Auslösung von elektrischen Zündvorrichtungen (Detonatoren),

d) Brand- und Explosionsgefahr durch Funkenbildung auf Grund von induzierten Feldern, Kontaktströmen oder Funkenentladungen,

3. Gefahren, die bei Wartung, Instandhaltung oder Störungsbehebung auftreten können.

(3) Bei der Ermittlung und Beurteilung der Gefahren elektromagnetischer Felder und bei Festlegung der Maßnahmen zur Gefahrenverhütung (§ 9 und § 10) ist Bedacht zu nehmen auf

1. die Gestaltung und Auslegung der Arbeitsstätten, Räume, Arbeitsplätze und Arbeitsverfahren, wie bauliche Trennung von stark belasteten Bereichen und Abschirmungen,
2. die Verfügbarkeit alternativer Arbeitsmittel oder Ausrüstungen und die Möglichkeit technischer Maßnahmen, durch die das Ausmaß der Exposition verringert wird,
3. die Möglichkeit, Arbeitsmittel so aufzustellen und Arbeitsvorgänge so durchzuführen, dass das Ausmaß der Exposition insbesondere für Arbeitnehmer/innen, die nicht an diesen Arbeitsmitteln oder bei diesen Arbeitsvorgängen tätig sind, verringert wird,
4. die Möglichkeit, die Einwirkung von elektromagnetischen Feldern durch Verriegelungseinrichtungen, Abschirmungen oder vergleichbare Schutzvorrichtungen zu verringern,
5. die Möglichkeit, die Einwirkung von statischen magnetischen Feldern durch Verhaltensweisen, insbesondere Kontrolle der Bewegungen, zu verringern.

(4) Die Arbeitsplatzevaluierung ist regelmäßig zu aktualisieren. Eine Überprüfung und erforderlichenfalls eine Anpassung gemäß § 4 Abs. 4 und 5 ASchG, § 3 DOK-VO hat insbesondere auch zu erfolgen, wenn

1. ein Auslösewert überschritten wird und dabei der Nachweis, dass die Expositionsgrenzwerte nicht überschritten werden und dass Sicherheitsrisiken ausgeschlossen werden können, nicht erbracht werden kann (§ 4 Abs. 4),
2. die Arbeitsplatzevaluierung aufgrund bedeutsamer Veränderungen veraltet sein könnte,
3. es sich aufgrund der Ergebnisse einer Bewertung oder Messung oder aufgrund der Ergebnisse der Gesundheitsüberwachung als erforderlich erweist,
4. Maßnahmen an die Erfordernisse besonders gefährdeter Arbeitnehmer/innen angepasst werden müssen, etwa wenn ein/e Arbeitnehmer/in dem/der Arbeitgeber/in erklärt, Träger/in eines medizinischen Implantats zu sein oder ein am Körper getragenes medizinisches Gerät zu verwenden; auf Verlangen des Arbeitgebers/der Arbeitgeberin hat der/die Arbeitnehmer/in die gesundheitlichen Erfordernisse in geeigneter Form nachzuweisen;
5. ein/e Arbeitnehmer/in bei vorübergehenden Überschreitungen der Expositionsgrenzwerte für sensorische Wirkungen (§ 3 Abs. 7, § 4 Abs. 6) vorübergehende Symptome meldet.

(5) Wird ein Expositionsgrenzwert überschritten, gilt § 3 Abs. 5.

Information, Unterweisung, Anhörung und Beteiligung der Arbeitnehmer/innen

§ 8. (1) Wenn ein Auslösewert überschritten ist und die Einhaltung des Expositionsgrenzwertes nicht nachgewiesen wird oder Arbeitnehmer/innen wahrscheinlich einer Gefährdung durch elektromagnetische Felder bei ihrer Arbeit ausgesetzt sind, muss eine Information und Unterweisung der Arbeitnehmer/innen nach §§ 12 und 14 ASchG erfolgen. Diese hat sich jedenfalls zu beziehen auf:

1. die Maßnahmen gemäß § 10,
2. Bedeutung und Höhe der Expositionsgrenzwerte und der Auslösewerte sowie ihren Bezug zur Gefährdung,
3. die Ergebnisse der Bewertungen, Berechnungen und Messungen und die potenziellen Gefahren, die von elektromagnetischen Feldern ausgehen,
4. das Erkennen und Melden von gesundheitsschädigenden Auswirkungen oder vorübergehenden Symptomen (Sinnesempfindungen und Wirkungen auf die im Kopf gelegenen Teile des Zentralnervensystems, die durch zeitvariable magnetische Felder hervorgerufen werden, und durch statische Magnetfelder hervorgerufene Wirkungen, wie etwa Schwindel und Übelkeit) und Empfindungen, die mit Wirkungen im zentralen oder periphären Nervensystem verknüpft sind,
5. die Voraussetzungen, unter denen die Arbeitnehmer/innen Anspruch auf eine Gesundheitsüberwachung haben und deren Zweck,
6. sichere Arbeitsverfahren sowie korrekte Handhabung der Arbeitsmittel und Verhaltensweisen zur Minimierung der Exposition,
7. die korrekte Verwendung der zur Verfügung gestellten persönlichen Schutzausrüstung,
8. das richtige Verhalten in gemäß § 11 Abs. 2 gekennzeichneten Bereichen,
9. mögliche Auswirkungen elektromagnetischer Felder auf die Gesundheit und Sicherheit bei der Arbeit, insbesondere bei aktiven oder passiven Implantaten oder am Körper getragenen medizinischen Geräten der Arbeitnehmer/innen oder bei sonstigen am Körper getragenen metallischen Gegenständen wie Brillen, Ringe, Schmuck.

(2) Die Anhörung und Beteiligung der Arbeitnehmer/innen nach § 13 ASchG hat sich insbesondere zu beziehen auf:

1. die Ergebnisse der Arbeitsplatzevaluierung,
2. die Maßnahmen gemäß § 10,
3. die Auswahl persönlicher Schutzausrüstungen.

Maßnahmen und Maßnahmenprogramm

§ 9. (1) Gefahren durch elektromagnetische Felder müssen ausgeschlossen oder so weit ein Mindestmaß verringert werden, als dies nach dem Stand der Technik und der Verfügbarkeit von geeigneten technischen Mitteln möglich ist.

(2) Um elektromagnetische Felder möglichst gering zu halten, müssen Arbeitgeber/innen unter Beachtung der Grundsätze der Gefahrenverhütung

VEMF

(§ 7 ASchG) geeignete Maßnahmen aus § 10 auswählen und durchführen.

(3) Können bei Überschreitung eines Auslösewertes die Einhaltung der Expositionsgrenzwerte nicht nachgewiesen und Sicherheitsgefahren nicht ausgeschlossen werden (§ 4 Abs. 5), müssen Arbeitgeber/innen bei der Festlegung oder Anpassung von Gefahrenverhütungsmaßnahmen (§ 4 ASchG) auch ein Programm mit Maßnahmen aus § 10 festlegen und durchführen.

(4) Bei Erstellung des Maßnahmenprogramms sind auch besonders gefährdete oder schutzbedürftige Arbeitnehmer/innen zu berücksichtigen.

Inhalt des Maßnahmenprogramms

§ 10. Im Maßnahmenprogramm gemäß § 9 sind folgende oder andere gleichwertige Maßnahmen festzulegen:

1. bauliche Maßnahmen zur Vermeidung oder Verringerung der Exposition, wie die Gestaltung und Auslegung der Räume und Arbeitsplätze,
2. Maßnahmen an der Quelle zur Vermeidung oder Verringerung der Exposition an der Quelle, wie
   a) alternative Arbeitsverfahren, bei denen es zu keiner oder einer geringeren Exposition gegenüber elektromagnetischen Feldern kommt,
   b) die Auswahl geeigneter Arbeitsmittel, die laut Herstellerangaben und unter Berücksichtigung der auszuführenden Arbeit eine möglichst geringe Exposition für die Arbeitnehmer/innen verursachen,
   c) die angemessene Wartung der Arbeitsmittel und Schutzeinrichtungen,
3. Maßnahmen betreffend Arbeitsmittel und Arbeitsvorgänge, wie
   a) Arbeitsmittel und Arbeitsvorgänge, die an Arbeitsplätzen elektromagnetische Felder über den Expositionsgrenzwerten verursachen, sind unter Berücksichtigung der Arbeitsabläufe nach Möglichkeit in eigenen Räumen unterzubringen oder durchzuführen,
   b) Arbeitsmittel und Arbeitsvorgänge, die an Arbeitsplätzen elektromagnetische Felder verursachen, sind so aufzustellen oder durchzuführen, dass insbesondere für Arbeitnehmer/innen, die nicht an diesen Arbeitsmitteln oder bei diesen Arbeitsvorgängen tätig sind, das Ausmaß der Exposition soweit als möglich verringert wird,
4. technische Maßnahmen zur Verringerung der Einwirkung von elektromagnetischen Feldern wie Erdung oder Potenzialausgleich, erforderlichenfalls sind auch Verriegelungseinrichtungen, Abschirmungen oder vergleichbare Schutzvorrichtungen einzusetzen,
5. organisatorische Maßnahmen, wie

a) Abstandsvergrößerung zur Feldquelle, insbesondere für Arbeitnehmer/innen, die nicht an diesen Arbeitsmitteln oder bei diesen Arbeitsvorgängen tätig sind, oder sichere Arbeitsverfahren sowie korrekte Handhabung der Arbeitsmittel und Verhaltensweisen zur Minimierung des Ausmaßes der Exposition,
b) Begrenzen der Dauer und Intensität der Exposition gegenüber Feldern mit thermischer Wirkung.

Persönliche Schutzausrüstung, Kennzeichnung

§ 11. (1) Für Arbeitnehmer/innen, die sich in Bereichen aufhalten, in denen ein Expositionsgrenzwert überschritten ist, ist geeignete persönliche Schutzausrüstung je nach Art und Ausmaß der vorliegenden Gefahr zur Verfügung zu stellen und von den Arbeitnehmer/innen gemäß § 15 Abs. 2 ASchG zweckentsprechend zu benutzen und zu lagern.

(2) Bereiche, in denen ein Auslösewert überschritten ist oder in denen Arbeitnehmer/innen wahrscheinlich einer Gefährdung durch elektromagnetische Felder ausgesetzt sind (z. B. Implantatträger/innen), sind in geeigneter Weise zu kennzeichnen. Wenn dies technisch möglich und aufgrund der Expositionsgefahr gerechtfertigt ist, sind diese Bereiche auch abzugrenzen und ist der Zugang einzuschränken. Ist der Zugang zu diesen Bereichen aus anderen Gründen auf geeignete Weise eingeschränkt und sind die Arbeitnehmer/innen über die Gefahren elektromagnetischer Felder informiert und unterwiesen (§ 8), sind speziell auf elektromagnetische Felder ausgerichtete Kennzeichnungen und Zugangsbeschränkungen nicht erforderlich.

Ausnahmen

§ 12. Gemäß § 95 Abs. 1 ASchG wird festgestellt, dass die zuständige Behörde von den Bestimmungen dieser Verordnung keine Ausnahme zulassen darf.

Umsetzung von Rechtsakten der Europäischen Union

§ 13. Durch diese Verordnung wird die Richtlinie 2013/35/EU umgesetzt.

Übergangs- und Schlussbestimmungen

§ 14. (1) Vor Inkrafttreten dieser Verordnung aufgrund des ASchG oder aufgrund des Arbeitnehmerschutzgesetzes, BGBl. Nr. 234/1972, erlassene Bescheide werden durch diese Verordnung nicht berührt mit der Maßgabe, dass bescheidmäßige Vorschreibungen von Grenzwerten für elektromagnetische Felder außer Kraft treten und die in §§ 3 bis 5 dieser Verordnung festgelegten Werte an die Stelle der in solchen Bescheiden festgelegten Grenzwerte treten.

(2) Die Verordnung tritt mit dem der Kundmachung folgenden Monatsersten in Kraft.

Die Anlagen werden hier nicht wiedergegeben; es wird auf das Bundesgesetzblatt verwiesen.

VEMF

26. Aerosolpackungslagerungsverordnung

Verordnung der Bundesministerin für Digitalisierung und Wirtschaftsstandort und der Bundesministerin für Arbeit, Soziales, Gesundheit und Konsumentenschutz über die Lagerung von Aerosolpackungen in gewerblichen Betriebsanlagen (Aerosolpackungslagerungsverordnung – APLV)

StF: BGBl. II Nr. 347/2018

Präambel

Auf Grund

1. der §§ 69 Abs. 1 und 76 Abs. 1 der Gewerbeordnung 1994 – GewO 1994, BGBl. Nr. 194/1994, in der Fassung des Bundesgesetzes BGBl. I Nr. 45/2018, wird von der Bundesministerin für Digitalisierung und Wirtschaftsstandort, auf Grund des § 82 Abs. 1 der Gewerbeordnung 1994 – GewO 1994, BGBl. Nr. 194/1994, in der Fassung des Bundesgesetzes BGBl. I Nr. 45/2018, wird von der Bundesministerin für Digitalisierung und Wirtschaftsstandort im Einvernehmen mit der Bundesministerin für Nachhaltigkeit und Tourismus und

2. der §§ 20 Abs. 5, 21, 25 und 41 des ArbeitnehmerInnenschutzgesetzes – ASchG, BGBl. Nr. 450/1994, in der Fassung des Bundesgesetzes BGBl. I Nr. 126/2017, wird von der Bundesministerin für Arbeit, Soziales, Gesundheit und Konsumentenschutz

verordnet:

GLIEDERUNG

1. Abschnitt
Allgemeine Bestimmungen

Geltungsbereich

§ 1. Diese Verordnung gilt für die Lagerung von Aerosolpackungen im Sinne der Aerosolpackungsverordnung 2017, BGBl. II Nr. 200/2017, in der jeweils geltenden Fassung, bis zu einer Lagermenge von nicht mehr als 5 000 kg Nettogewicht pro Brandabschnitt in gewerblichen Betriebsanlagen.

Lagerung

§ 2. (1) Lagerung im Sinne dieser Verordnung ist das Vorhandensein von Aerosolpackungen zwecks Aufbewahrung. Lagerung liegt auch dann vor, wenn Aerosolpackungen kurzzeitig vorrätig gehalten, zur Schau gestellt oder zum Verkauf bereitgehalten werden.

(2) Lagerung im Sinne dieser Verordnung liegt nicht vor, wenn Aerosolpackungen

1. sich in Verwendung befinden oder zur unmittelbaren Verwendung – in der dafür unbedingt erforderlichen Menge (Tagesbedarf) – bereitstehen oder

2. im Sinne des § 3 Abs. 1 Z 3 des Gefahrgutbeförderungsgesetzes – GGBG, BGBl. I Nr. 145/1998, in der Fassung des Bundesgesetzes BGBl. I Nr. 91/2013, befördert werden.

Begriffsbestimmungen

§ 3. Für diese Verordnung gelten folgende Begriffsbestimmungen:

1. „Lagermenge" ist die Summe der Nettogewichte aller Aerosolpackungen einer Lagerung; ist auf einer Aerosolpackung nicht das Nettogewicht, sondern das Nettovolumen angegeben, sind zur Ermittlung der Lagermenge 1 000 ml Nettovolumen 1 kg Nettogewicht gleichzusetzen, unabhängig von der tatsächlichen Dichte der Füllung;

2. „Vorratsräume" sind Räume, die der Lagerung von Aerosolpackungen und der Lagerung anderer Materialien, Waren oder Gegenstände dienen, und die keine Arbeitsräume im Sinne der Arbeitsstättenverordnung – AStV,

BGBl. II Nr. 368/1998, in der jeweils geltenden Fassung, sind;

3. „Zusammenlagerung" ist die Lagerung von Aerosolpackungen mit anderen Stoffen oder Gemischen ohne Trennung durch geeignete bauliche Brandschutzmaßnahmen oder entsprechende Abstände;

4. „Brandabschnitt" ist ein Bereich, der durch brandabschnittsbildende Wände bzw. Decken von Teilen eines Gebäudes getrennt ist;

5. „feuerbeständig" ist eine brandabschnittsbildende Funktion mit einer Feuerwiderstandsdauer von mindestens 90 Minuten;

6. „feuerhemmend" ist eine brandabschnittsbildende Funktion mit einer Feuerwiderstandsdauer von mindestens 30 Minuten;

7. „Sicherheitsschränke" sind ortsfeste, zur Aufstellung in einem Raum vorgesehene, nicht betretbare Einrichtungen, die zur Herstellung einer Brandabschnittsbildung zwischen darin aufbewahrten Materialien, Waren oder Gegenständen und dem Aufstellungsraum dienen;

8. „Betriebsfremde Räume" sind Räume, die nicht zur jeweiligen Betriebsanlage gehören, sowie Räume, die nicht zu einer Gesamtanlage gemäß § 356e GewO 1994, in deren Verbund die jeweilige Betriebsanlage besteht, gehören.

2. Abschnitt
Lagerbestimmungen
Grundsätze

§ 4. (1) Aerosolpackungen müssen trocken gelagert werden. Sie dürfen nicht über 50 °C erwärmt werden und dürfen nicht gefahrbringender direkter Sonneneinstrahlung oder sonstiger gefahrbringender Wärmeeinwirkung ausgesetzt sein.

(2) Aerosolpackungen dürfen nur in einem Abstand von mindestens zwei Metern zu Materialien, die ihrer Art und Menge nach geeignet sind, zur schnellen Entstehung oder Ausbreitung von Bränden beizutragen, wie beispielsweise loses Papier, lose Textilien, Holzwolle, Heu, Stroh, leere Kartonagen oder brennbare Verpackungsfüllstoffe, gelagert werden, sofern diese Materialien nicht zum Zweck der Lagerung oder des Transports eine Einheit mit den Aerosolpackungen bilden oder nicht Bestandteil ungeöffneter Verpackungen anderer Waren sind. In Verkaufsräumen kann der Abstand von zwei Metern entfallen, sofern die oben angeführten Materialien in einer zur Abgabe bestimmten ungeöffneten Verpackung gelagert werden.

(3) In Räumen, in denen Aerosolpackungen gelagert werden, sind das Rauchen und Hantieren mit offenem Feuer oder Licht verboten. Auf dieses Verbot ist durch entsprechende Anschläge dauerhaft hinzuweisen.

(4) Die im Verhältnis zur Lagermenge erforderlichen Mittel für die Löschhilfe müssen zur Verfügung stehen. Die Feuerlöschmittel müssen gut sichtbar, auffallend gekennzeichnet und jederzeit leicht erreichbar sein. Orte, an denen Feuerlöschmittel bereitgestellt sind, müssen deutlich und dauerhaft gekennzeichnet sein. Es dürfen nur solche Feuerlöschmittel vorhanden sein, deren Prüfung auf ihren ordnungsgemäßen Zustand durch geeignete, fachkundige Personen längstens 27 Monate zurückliegt.

Unzulässige Lagerung

§ 5. Aerosolpackungen dürfen nicht gelagert werden:

1. in Ein-, Aus- und Durchgängen sowie in Ein-, Aus- und Durchfahrten,

2. in Gängen und Stiegenhäusern,

3. in Pufferräumen und Schleusen,

4. in Dachböden, Schächten, Kanälen und schlecht durchlüfteten beengten Bereichen,

5. in Schaufenstern und Schaukästen,

6. auf oder unter Stiegen, Rampen, Laufstegen, Podesten und Plattformen,

7. in Lüftungs- und Klimazentralen, elektrischen Betriebsräumen und Aufstellungsräumen für EDV-Großrechner, Brandmeldezentralen und ähnlichen Zwecken dienenden Räumen,

8. in Sanitärräumen, Aufenthalts- und Bereitschaftsräumen gemäß § 36 Arbeitsstättenverordnung – AStV, BGBl. II Nr. 368/1998, in der jeweils geltenden Fassung, sowie in Räumen, die Arbeitnehmern von Arbeitgebern für Wohnzwecke oder zum Zweck der Nächtigung zur Verfügung gestellt werden,

9. auf Fluchtwegen und in gesicherten Fluchtbereichen,

10. im Abstand von jeweils mindestens zwei Metern allseitig um Notausgänge, Notausstiege, Notstiegen und Notleitern, außer im Inneren von Vorratsräumen.

Zusammenlagerung

§ 6. (1) Aerosolpackungen dürfen in Vorratsräumen, Sicherheitsschränken und Arbeitsräumen, ausgenommen Verkaufsräumen, nicht mit gefährlichen Stoffen oder Gemischen, denen nach der Verordnung (EG) Nr. 1272/2008 über die Einstufung, Kennzeichnung und Verpackung von Stoffen und Gemischen, zur Änderung und Aufhebung der Richtlinien 67/548/EWG und 1999/45/EG und zur Änderung der Verordnung (EG) Nr. 1907/2006, ABl. Nr. L 353 vom 31.12.2008 S. 1, physikalische Gefahren (H-Sätze der H200-Reihe) zugeordnet sind, zusammengelagert werden. Ausgenommen davon sind jene gefährlichen Stoffe und Gemische, für die die Zusammenlagerung mit Aerosolpackungen nach anderen Verordnungen auf Grund der Gewerbeordnung 1994 – GewO 1994, BGBl. Nr. 194/1994, zulässig ist.

(2) Erfolgt eine Zusammenlagerung nach Abs. 1 zweiter Satz, dann müssen die betreffenden Räume oder Sicherheitsschränke den Vorschriften für

die Lagerung dieser gefährlichen Stoffe und Gemische entsprechen.

Verkaufsräume, Vorrats- und Arbeitsräume

§ 7. (1) Sofern Aerosolpackungen in Verkaufsräumen und Vorratsräumen in § 8 Z 2 und 3 übersteigenden Mengen gelagert werden und durch den Genehmigungsbescheid keine Höchstlagermengen für diese Räume festgelegt sind

1. müssen die Wände und Decken, die an betriebsfremde Räume angrenzen, feuerbeständig sowie die Zugangstüren zu betriebsfremden Räumen zumindest feuerhemmend ausgeführt sein und

2. dürfen diese in Vorratsräumen in Gebäuden mit betriebsfremden Wohnungen nur in einem ausschließlich dafür vorgesehenen und gekennzeichneten Bereich gelagert werden, wobei dieser Bereich höchstens ein Fünftel, jedoch nicht mehr als insgesamt 20 m^2 der Grundfläche des Vorratsraumes beanspruchen darf.

(2) Für Verkaufs- und Vorratsräume mit einer Fläche von jeweils mehr als 500 m^2 muss ein geeignetes Brandschutzkonzept vorhanden sein.

(3) Bei der Lagerung von Aerosolpackungen in Mengen über dem Tagesbedarf (§ 2 Abs. 2 Z 1) in Arbeitsräumen, ausgenommen Verkaufsräumen, muss sichergestellt werden, dass durch entsprechende Lagerungsformen (zB Sicherheitsschränke) oder ausreichenden Abstand zu den Arbeitsplätzen eine Gefährdung der ArbeitnehmerInnen verhindert wird.

3. Abschnitt
Lagerung geringfügiger Mengen
Lagerung geringfügiger Mengen

§ 8. Die Lagerung von Aerosolpackungen begründet für sich allein nicht die Genehmigungspflicht einer gewerblichen Betriebsanlage, sofern die Lagerung nach Maßgabe der §§ 4 bis 6 erfolgt und

1. in einer Betriebsanlage nicht mehr als 50 Stück Aerosolpackungen gelagert werden, oder

2. in einer Betriebsanlage eine Menge von höchstens 200 kg Aerosolpackungen gelagert wird, wobei 50 Stück übersteigende Lagermengen in Räumen, die nicht dem dauerhaften Aufenthalt von Personen dienen, in Transportverpackungen oder unverpackt in allseitig verschließbaren Schränken aus nicht brennbaren Materialien gelagert werden müssen, und die Betriebsanlage über den erforderlichen baulichen Brandschutz verfügt, oder

3. in Verkaufsräumen der voraussichtliche 50 Stück übersteigende Tagesverkaufsbedarf bzw. die für die Darbietung des Sortiments erforderliche Menge an Aerosolpackungen gelagert wird und die Betriebsanlage über den erforderlichen baulichen Brandschutz verfügt.

Die Lagerungen von Aerosolpackungen gemäß Z 2 bis 3 sind gleichzeitig zulässig.

4. Abschnitt
Übergangs- und Schlussbestimmungen
Übergangsbestimmung

§ 10. Im Zeitpunkt des Inkrafttretens dieser Verordnung bereits genehmigte gewerbliche Betriebsanlagen müssen dieser Verordnung spätestens zwei Jahre nach ihrem Inkrafttreten entsprechen.

Inkrafttreten

§ 11. Diese Verordnung tritt mit dem der Kundmachung folgenden Monatsersten in Kraft.

Außerkrafttreten

§ 12. Mit dem Inkrafttreten dieser Verordnung tritt die Verordnung des Bundesministers für Wirtschaft und Arbeit über die Lagerung von Druckgaspackungen in gewerblichen Betriebsanlagen 2002 (Druckgaspackungslagerungsverordnung 2002 – DGPLV 2002), BGBl. II Nr. 489/2002, außer Kraft.

Notifikation

§ 13. Diese Verordnung wurde unter Einhaltung der Bestimmungen der Richtlinie (EU) 2015/1535 über ein Informationsverfahren auf dem Gebiet der technischen Vorschriften und der Vorschriften für die Dienste der Informationsgesellschaft (kodifizierter Text), ABl. Nr. L 241 vom 17.09.2015 S. 1, notifiziert (Notifikationsnummer 2018/325/A).

APLV

27. Verordnung über brennbare Flüssigkeiten 2023

Verordnung des Bundesministers für Arbeit und Wirtschaft, der Bundesministerin für Klimaschutz, Umwelt, Energie, Mobilität, Innovation und Technologie und des Bundesministers für Soziales, Gesundheit, Pflege und Konsumentenschutz über die Lagerung brennbarer Flüssigkeiten 2023 (Verordnung über brennbare Flüssigkeiten 2023 – VbF 2023)

StF: BGBl. II Nr. 45/2023
Letzte Novellierung: BGBl. II Nr. 141/2024

Präambel

Auf Grund

1. des § 69 Abs. 1 der Gewerbeordnung 1994 – GewO 1994, BGBl. Nr. 194/1994, zuletzt geändert durch das Bundesgesetz BGBl. I Nr. 204/2022, wird vom Bundesminister für Arbeit und Wirtschaft, auf Grund des § 82 Abs. 1 GewO 1994 wird vom Bundesminister für Arbeit und Wirtschaft im Einvernehmen mit der Bundesministerin für Klimaschutz, Umwelt, Energie, Mobilität, Innovation und Technologie,
2. des § 19 Abs. 4 des Eisenbahngesetzes 1957 – EisbG, BGBl. Nr. 60/1957, zuletzt geändert durch das Bundesgesetz BGBl. I Nr. 231/2021, wird von der Bundesministerin für Klimaschutz, Umwelt, Energie, Mobilität, Innovation und Technologie,
3. des § 16 des Rohrleitungsgesetzes, BGBl. Nr. 411/1975, zuletzt geändert durch das Bundesgesetz BGBl. I Nr. 245/2021, wird von der Bundesministerin für Klimaschutz, Umwelt, Energie, Mobilität, Innovation und Technologie,
4. der §§ 17 Abs. 2, 40 und 44 Abs. 3 des ArbeitnehmerInnenschutzgesetzes – ASchG, BGBl. Nr. 450/1994, zuletzt geändert durch das Bundesgesetz BGBl. I Nr. 115/2022, wird vom Bundesminister für Arbeit und Wirtschaft,
5. des 7 des Apothekengesetzes, RGBl. Nr. 5/1907, zuletzt geändert durch das Bundesgesetz BGBl. I Nr. 65/2022, wird vom Bundesminister für Soziales, Gesundheit, Pflege und Konsumentenschutz und
6. des § 74 Abs. 1 des Luftfahrtgesetzes, BGBl. Nr. 253/1957, zuletzt geändert das Bundesgesetz, BGBl. I Nr. 151/2021, wird von der Bundesministerin für Klimaschutz, Umwelt, Energie, Mobilität, Innovation und Technologie,

verordnet:

GLIEDERUNG

1. Abschnitt

Allgemeines

Geltungsbereich

§ 1. (1) Als gewerberechtliche Vorschrift gilt diese Verordnung für die Lagerung brennbarer Flüssigkeiten in genehmigungsfreien, genehmigungspflichtigen und nach Maßgabe des 9. Abschnitts in bereits genehmigten gewerblichen Betriebsanlagen.

(2) Als eisenbahnrechtliche Vorschrift gilt diese Verordnung für die Lagerung brennbarer Flüssigkeiten auf Eisenbahnanlagen. Hinsichtlich des Vornehmens von Füll- und Betankungsvorgängen auf Eisenbahnanlagen gelten nur die Bestimmungen der §§ 1, 3, 4, § 39 Abs. 1 und 2 sowie § 46.

(3) Als rohrleitungsrechtliche Vorschrift gilt diese Verordnung für die Lagerung brennbarer Flüssigkeiten in genehmigungspflichtigen und nach Maßgabe des 9. Abschnitts in bereits genehmigten Rohrleitungsanlagen.

(4) Als arbeitnehmerschutzrechtliche Vorschrift gelten für Arbeitsstätten, auswärtige Arbeitsstellen und Baustellen, die dem ASchG unterliegen, die §§ 2 bis 4, § 6 Abs. 5 Z 1 bis Z 4, Abs. 6 Z 4 und Abs. 7, § 7 Abs. 1 bis 3, § 9, § 10 Abs. 4, § 11 Abs. 1, 2 und 4, § 12, § 22 Abs. 1, §§ 24 bis 27, § 28 Abs. 1, §§ 29 bis 33, § 40 Abs. 1 und 2, § 43 Abs. 3 und 4, § 44 Abs. 2, 5 und 6, sowie die §§ 47 bis 51.

(5) Als Vorschrift gemäß Apothekengesetz gilt diese Verordnung für die Lagerung brennbarer Flüssigkeiten in Apotheken und nach Maßgabe des 9. Abschnitts in bestehenden Apotheken.

(6) Als luftfahrtrechtliche Vorschrift gilt diese Verordnung für die Lagerung und Abfüllung brennbarer Flüssigkeiten auf bzw. in Bodeneinrichtungen und nach Maßgabe des 9. Abschnitts auf bzw. in bereits bewilligten Bodeneinrichtungen.

(7) Diese Verordnung ist auf brennbare Flüssigkeiten in Form von oder als Bestandteil von

1. Arzneimitteln im Sinne des Arzneimittelgesetzes – AMG, BGBl. Nr. 185/1983, in der Fassung des Bundesgesetzes BGBl. Nr. 23/2020,
2. Lebensmitteln im Sinne der Verordnung (EG) Nr. 178/2002 zur Festlegung der allgemeinen Grundsätze und Anforderungen des Lebensmittelrechts, zur Errichtung der Europäischen Behörde für Lebensmittelsicherheit und zur Festlegung von Verfahren zur Lebensmittelsicherheit, ABl. Nr. L 31 vom 01.02.2002 S. 1, in der Fassung der Verordnung (EU) 2019/1381, ABl. Nr. L 231 vom 06.09.2019 S. 1,
3. Aromastoffen im Sinne der Verordnung (EG) Nr. 1334/2008 über Aromen und bestimmte Lebensmittelzutaten mit Aromaeigenschaften zur Verwendung in und auf Lebensmitteln

sowie zur Änderung der Verordnung (EWG) Nr. 1601/91 des Rates, der Verordnungen (EG) Nr. 2232/96 und (EG) Nr. 110/2008 und der Richtlinie 2000/13/EG, ABl. Nr. L 354 vom 31.12.2008 S. 34, in der Fassung der Verordnung (EU) 2021/1917, ABl. Nr. L 389 vom 04.11.2021 S. 15,

4. Futtermitteln im Sinne des Futtermittelgesetzes 1999 – FMG 1999, BGBl. I Nr. 139/1999, in der Fassung des Bundesgesetzes BGBl. I Nr. 92/2020,

5. kosmetischen Mitteln im Sinne der Verordnung (EG) Nr. 1223/2009 über kosmetische Mittel ABl. L Nr. 1223/2009 vom 22.12.2009 S. 59, in der Fassung der Verordnung (EU) 2021/1902, ABl. Nr. L 387 vom 03.11.2021 S. 120,

6. Medizinprodukten im Sinne des Medizinproduktegesetzes – MPG, BGBl. Nr. 657/1996, in der Fassung des Bundesgesetzes BGBl. I Nr. 122/2021,

7. Aerosolen im Sinne der Verordnung (EG) Nr. 1272/2008 über die Einstufung, Kennzeichnung und Verpackung von Stoffen und Gemischen, zur Änderung und Aufhebung der Richtlinien 67/548/EWG und 1999/45/EG und zur Änderung der Verordnung (EG) Nr. 1907/2006, ABl. Nr. L 353 vom 31.12.2008 S. 1, in der Fassung der Verordnung (EU) 2021/1962, ABl. Nr. L 400 vom 12.11.2021 S. 16, (im Folgenden CLP-VO)

nicht anzuwenden.

(8) Diese Verordnung findet keine Anwendung auf

1. die Lagerung von brennbaren Flüssigkeiten in Lagerbehältern mit mehr als 130 m³ Volumen,

2. die oberirdische Lagerung von insgesamt mehr als 520 m³ brennbaren Flüssigkeiten,

3. die Lagerung brennbarer Flüssigkeiten in schwimmenden Schifffahrtsanlagen im Sinne des Schifffahrtsgesetzes, BGBl. I Nr. 62/1997, in der Fassung des Bundesgesetzes BGBl. I Nr. 230/2021.

(9) Brennbare Flüssigkeiten in Form von Lösungen und homogenen Gemischen mit einem Flammpunkt von mindestens 23° C (viskose Stoffe wie Farbstoffe oder Lacke, ausgenommen Stoffe, die mehr als 20 % Nitrocellulose enthalten) unterliegen nicht den Bestimmungen dieser Verordnung, wenn die Anforderungen gemäß 2.2.3.1.5.1 lit. b des Europäischen Übereinkommens über die internationale Beförderung gefährlicher Güter auf der Straße (ADR), BGBl. Nr. 522/1973, in der Fassung der Kundmachung BGBl. III Nr. 21/2021, eingehalten werden.

Lagerung

§ 2. (1) Lagerung im Sinne dieser Verordnung ist das Vorhandensein von brennbaren Flüssigkeiten zwecks Aufbewahrung in Behältern für eine betriebliche Tätigkeit oder für die Abgabe an Dritte. Lagerung liegt auch dann vor, wenn brennbare Flüssigkeiten zur Schau gestellt oder zum Verkauf bereitgehalten werden. Lagerung liegt ferner vor, wenn sich brennbare Flüssigkeiten zum Zweck der Befüllung von oder der Entnahme aus Lagereinrichtungen in Rohrleitungen oder daran angeschlossenen Füll- oder Entnahmeeinrichtungen befinden. Wenn nicht ausdrücklich anderes bestimmt ist, ist Lagerung im Sinne dieser Verordnung sowohl die aktive Lagerung (§ 4 Z 5) als auch die passive Lagerung (§ 4 Z 6).

(2) Lagerung im Sinne dieser Verordnung liegt nicht vor, wenn brennbare Flüssigkeiten

1. sich im Arbeitsvorgang befinden,

2. bei der Herstellung als Fertig- oder als Zwischenprodukt kurzzeitig abgestellt werden,

3. sich zwecks Verbindung von einzelnen Produktionseinrichtungen innerhalb einer Betriebsanlage in Rohrleitungen befinden,

4. im Zuge von Transportvorgängen

a) bei der Anlieferung zum Zweck der Einlagerung oder des Umfüllens kurzzeitig abgestellt werden,

b) innerhalb einer Betriebsanlage in ortsbeweglichen Behältern zur nachfolgenden Beförderung bereitgestellt werden, sofern die Beförderung innerhalb von 24 Stunden nach der Bereitstellung oder am darauffolgenden Werktag erfolgt (ist dieser Werktag ein Samstag, so endet die Frist mit Ablauf des nächsten Werktags),

c) im Sinne des § 3 Abs. 1 Z 3 des Gefahrgutbeförderungsgesetzes – GGBG, BGBl. I Nr. 145/1998, in der Fassung des Bundesgesetzes BGBl. I Nr. 104/2019, befördert werden,

5. in Eisenbahnanlagen, in Fahrzeugen, Hilfseinrichtungen oder Betriebsmitteln einer Eisenbahn zu deren eigenen Betrieb dienen,

6. für den Handgebrauch in Laboratorien oder in Offizinen von Apotheken in den hiefür erforderlichen Mengen bereitgehalten werden.

Brennbare Flüssigkeiten

§ 3. (1) Brennbare Flüssigkeiten im Sinne dieser Verordnung sind

1. Flüssigkeiten, die zündfähigen Dampf abgeben können und deren Flammpunkt (§ 4 Z 1) nicht mehr als 60°C beträgt,

2. Gasöle (§ 4 Z 48),

3. Petroleum (§ 4 Z 49).

(2) Brennbare Flüssigkeiten im Sinne dieser Verordnung werden entsprechend ihrem Flammpunkt und ihrem Siedebeginn in vier Gefahrenkategorien eingeteilt.

(3) Im Sinne des Abs. 2 sind

1. brennbare Flüssigkeiten der Gefahrenkategorie 1 Flüssigkeiten mit einem Flammpunkt unter 23°C und einem Siedebeginn bei höchstens 35°C (extrem entzündbar),

VbF

2. brennbare Flüssigkeiten der Gefahrenkategorie 2 Flüssigkeiten mit einem Flammpunkt unter 23°C und einem Siedebeginn bei mehr als 35°C (leicht entzündbar),

3. brennbare Flüssigkeiten der Gefahrenkategorie 3 Flüssigkeiten mit einem Flammpunkt von mindestens 23°C und höchstens 60°C (entzündbar), ausgenommen Gasöle und Petroleum,

4. brennbare Flüssigkeiten der Gefahrenkategorie 4

   a) Gasöle (§ 4 Z 48),

   b) Petroleum (§ 4 Z 49).

(4) Brennbare Flüssigkeiten mit einem Flammpunkt über 35° C müssen nicht in die Gefahrenkategorie 3 eingestuft werden, wenn die Prüfung auf selbstunterhaltende Verbrennung nach den in Anhang I Punkt 2.6.4.5 CLP-VO genannten UN-Empfehlungen für die Beförderung gefährlicher Güter, Handbuch über Prüfungen und Kriterien, Teil III Unterabschnitt 32.5.2 negativ ausgefallen ist.

(5) Im Sinne dieser Verordnung gilt Motorenbenzin (Ottokraftstoff bzw. Vergaserkraftstoff) als brennbare Flüssigkeit der Gefahrenkategorie 2.

Begriffsbestimmungen

§ 4. Im Sinne dieser Verordnung ist bzw. sind

1. „Flammpunkt" die niedrigste Temperatur, bei der eine brennbare Flüssigkeit unter definierten Versuchsbedingungen bei Normaldruck zündfähigen Dampf in solcher Menge abgibt, dass bei Kontakt mit einer wirksamen Zündquelle sofort eine Flamme auftritt,

2. „Siedebeginn" jene Temperatur, bei der der Übergang von der flüssigen in die gasförmige Phase bei Normaldruck von 101,3 kPa beginnt,

3. „Lagermenge" das größtmögliche Volumen, für dessen Umschließung die dafür vorhandenen oder vorgesehenen technischen Einrichtungen ausgelegt sind,

4. „Lager" Räume oder Bereiche in Gebäuden oder Bereiche im Freien, die dazu bestimmt sind, dass in oder auf ihnen brennbare Flüssigkeiten in Behältern aufbewahrt werden,

5. „aktive Lagerung" das Aufbewahren brennbarer Flüssigkeiten in Behältern, die am Ort der Aufbewahrung zur Entnahme, Befüllung oder als Sammelbehälter aufgestellt sind oder verwendet werden und die zu diesen Zwecken an diesem Ort zeitweilig geöffnet werden,

6. „passive Lagerung" das Aufbewahren brennbarer Flüssigkeiten in Behältern, die ständig dicht verschlossen sind; das Rückstellen geöffneter und wieder verschlossener Gebinde in den Sicherheitsschrank gilt als passive Lagerung,

7. „bestimmungsgemäßer Betrieb" ein Betriebsvorgang oder ein Zustand, für den das Lager und die zugehörigen Einrichtungen ausgelegt und geeignet sind und bei dem eine Funktionsfähigkeit der Bestandteile und Sicherheitseinrichtungen einschließlich vernünftigerweise vorhersehbarer Fehlfunktionen gegeben ist,

8. „Behälter" Einrichtungen gemäß Z 9 bis Z 13 zur allseitigen sicheren Umschließung brennbarer Flüssigkeiten,

9. „Lagerbehälter" ortsfeste Behälter, die ihrer Bauart nach dazu bestimmt sind, ihren Standort während ihres Betriebs nicht zu wechseln,

10. „unterirdische Lagerbehälter" Lagerbehälter, die vollständig im Erdreich eingebettet oder vollständig mit Erdreich bedeckt sind,

11. „oberirdische Lagerbehälter" Lagerbehälter, die ohne Einbettung oder Bedeckung aufgestellt sind; dazu zählen auch Behälter, die teilweise in Erde oder Sand eingebettet sind, an der Oberseite jedoch keine Bedeckung aufweisen (teilweise oberirdische Lagerbehälter),

12. „doppelwandige Lagerbehälter" Lagerbehälter, die allseits, jedoch mindestens bis zur Füllhöhe der aufbewahrten Flüssigkeit, mit einer doppelten Behälterwandung ausgestattet sind,

13. „ortsbewegliche Behälter" Behälter, die dazu bestimmt sind, dass sie ihren Standort wechseln können und die nicht fest verbundener Bestandteil von Fahrzeugen sind,

14. „Rohrleitungen" an Lagerbehälter angeschlossene Einrichtungen zur Befüllung von Behältern mit brennbaren Flüssigkeiten oder zur Entnahme brennbarer Flüssigkeiten aus Behältern; zu Rohrleitungen zählen auch Schläuche,

15. „unterirdische Rohrleitungen" Rohrleitungen, die vollständig im Erdreich eingebettet, vollständig mit Erdreich bedeckt oder nicht einsehbar sind,

16. „Brandabschnitt" ein Bereich, der durch brandabschnittsbildende Wände oder Decken von Teilen eines Gebäudes getrennt ist,

17. „feuerbeständig" eine brandabschnittsbildende Funktion mit einem Feuerwiderstand von mindestens 90 Minuten,

18. „feuerhemmend" eine brandabschnittsbildende Funktion mit einem Feuerwiderstand von mindestens 30 Minuten,

19. „Sicherheitsschränke" ortsfeste, zur Aufstellung in einem Raum vorgesehene, nicht betretbare Einrichtungen, in denen brennbare Flüssigkeiten gelagert werden und die zur Herstellung einer Brandabschnittsbildung zwischen darin aufbewahrten brennbaren Flüssigkeiten und dem Aufstellungsraum dienen,

20. „Lagerräume" allseitig umschlossene, betretbare bzw. befahrbare Räume oder vergleichbare Einrichtungen, in denen brennbare Flüssigkeiten gelagert werden und die zur Herstellung einer Brandabschnittsbildung zwischen darin aufbewahrten brennbaren Flüssigkeiten und

angrenzenden Räumen oder dem Freien dienen,

21. „Lagergebäude" ein der Lagerung von brennbaren Flüssigkeiten dienendes, für eine Brandbekämpfung an mindestens drei Seiten vom Betriebsgrundstück oder von allgemeinen Verkehrsflächen aus zugängliches Bauwerk, das gegenüber angrenzenden Gebäudeteilen feuerbeständig abgeschlossen ist,

22. „Lagerbereich" eine der Lagerung von brennbaren Flüssigkeiten dienende, nicht allseitig durch Wände umschlossene Fläche im Freien mit oder ohne Überdachung,

23. „Schutzstreifen"" einzuhaltende Abstände im Freien, die sowohl die gelagerten brennbaren Flüssigkeiten vor Entzündung oder gefahrbringender Wärmeeinwirkung als auch benachbarte Anlagenteile oder anlagenfremde Objekte vor Brandeinwirkung schützen,

24. „Auffangwanne" eine Einrichtung zur zeitweiligen Aufbewahrung ausgelaufener brennbarer Flüssigkeiten,

25. „Leckanzeigesystem" eine Einrichtung, die bei doppelwandigen Lagerbehältern oder doppelwandigen Rohrleitungen Undichtheiten einer Wandung selbsttätig anzeigt,

26. „Luftwechsel" die rechnerische Anzahl des Austausches des Luftvolumens eines Lagerraums oder Sicherheitsschranks pro Stunde,

27. „Verkaufsräume" Räume, die der Präsentation und dem Verkauf dienen,

28. „Vorratsräume" Räume, die der Lagerung brennbarer Flüssigkeiten und der Lagerung anderer Waren oder Gegenstände und nicht als Arbeitsräume im Sinne der Arbeitsstättenverordnung –AStV, BGBl. II Nr. 368/1998, in der jeweils geltenden Fassung, dienen,

29. „Tankstellen" ortsfeste Anlagen, in denen brennbare Flüssigkeiten zum Betreiben von Kraftfahrzeugen und ausschließlich Heizzwecken dienende Gasöle zu Abgabeeinrichtungen geleitet und von diesen in Kraftstoffbehälter von Kraftfahrzeugen oder in ortsbewegliche Behälter gefüllt werden,

30. „öffentliche Tankstellen" Tankstellen, bei denen die Abgabe von brennbaren Flüssigkeiten an Fahrzeuge von Kunden erfolgt,

31. „Betriebstankstellen" Tankstellen, bei denen die Abgabe von brennbaren Flüssigkeiten ausschließlich an betriebseigene oder zur Auslieferung an Kunden vorgesehene Fahrzeuge erfolgt,

32. „Betriebszeiten" die an öffentlichen Tankstellen für die Abgabe von brennbaren Flüssigkeiten an Kunden und die Belieferung und Befüllung der Lagerbehälter vorgesehenen Zeiten,

33. „Abgabeeinrichtungen" Einrichtungen zur Abgabe von Kraftstoffen an Kraftfahrzeuge oder zur Abgabe von Gasölen zu Heizzwecken in ortsbewegliche Behälter,

34. „Zapfsäulen" ortsfeste Abgabeeinrichtungen mit Schutzgehäusen,

35. „Zapfgeräte" ortsfeste Abgabeeinrichtungen von oberirdischen Lagerbehältern ohne Schutzgehäuse,

36. „Kleinzapfgeräte" ortsfeste oder ortsbewegliche Abgabeeinrichtungen für ortsbewegliche Behälter, deren Rauminhalt 100 l nicht überschreitet, und mit der Abgabeeinrichtung fest verbundene Förder- und Messeinrichtungen,

37. „Füllanschlüsse" ortsfeste Anschlüsse von Lagerbehältern, an denen mittels Leitungen und lösbaren Verbindungen andere Behälter (auch als Bestandteil von Transportfahrzeugen) angeschlossen werden können, einschließlich zugehöriger Gaspendelanschlüsse,

38. „Füllstellen" mit Lagerbehältern verbundene ortsfeste Einrichtungen, mit denen Lagerbehälter, ortsbewegliche Behälter oder Transportfahrzeuge befüllt oder entleert werden,

39. „Überfüllschutz" eine Einrichtung oder Maßnahme, die verhindert, dass der zulässige Füllungsgrad eines Behälters überschritten wird,

40. „Überfüllsicherungen" Einrichtungen zum Überfüllschutz, die vor Erreichen des höchstzulässigen Flüssigkeitsstandes den Füllvorgang selbsttätig unterbrechen,

41. „Schnellschlusseinrichtungen" Einrichtungen, die ein Absperren des Flüssigkeitsstroms auch bei Ausfall einer externen Energieversorgung bewirken,

42. „Betankungsfläche" die die Zapfsäule oder die Füllstelle umgebende Fläche, auf der Betankungsvorgänge stattfinden,

43. „Wirkbereich" jene Fläche, auf der bei der Abgabe oder bei der Befüllung von Behältern im Schadensfall brennbare Flüssigkeiten austreten können,

44. „technisch dicht" Einrichtungen, durch deren Konstruktion und Ausführung im bestimmungsgemäßen Betrieb geringe, bei einer für den Anwendungsfall geeigneten Dichtheitsprüfung und -überwachung nicht erkennbare Freisetzungen möglich sind,

45. „auf Dauer technisch dicht" Einrichtungen, durch deren Konstruktion und Ausführung im bestimmungsgemäßen Betrieb keine Freisetzungen zu erwarten sind,

46. „Untere Explosionsgrenze (UEG)" der untere Grenzwert der Konzentration (Stoffmengenanteil) eines brennbaren Stoffes in einem Gemisch von Gasen, Dämpfen, Nebeln und bzw. oder Stäuben, in dem sich nach dem Zünden eine von der Zündquelle unabhängige Flamme gerade nicht mehr selbstständig fortpflanzen kann,

47. „Ottokraftstoff" ein flüssiges Mineralölprodukt, das zum Betrieb von Kraftfahrzeugen mit Fremdzündung dient,

48. „Gasöle" flüssige Mineralölprodukte mit einer Siedetemperatur zwischen 190° C und

400° C, die zum Betreiben von Kraftfahrzeugen mit Selbstzündung oder zu Heizzwecken dienen,

49. „Petroleum" ein flüssiges Mineralölprodukt mit einer Siedetemperatur zwischen 175° C und 325° C,

50. „Explosionsschutzkonzept" das dem gemäß § 5 der Verordnung explosionsfähige Atmosphären – VEXAT, BGBl. II Nr. 309/2004, in der jeweils geltenden Fassung, zu erstellenden Explosionsschutzdokument zu Grunde liegende Konzept über die Ermittlung und Bewertung der Explosionsrisiken, die Zoneneinteilung und die daraus resultierenden Maßnahmen.

2. Abschnitt
Technische Ausführung und technische Anforderungen
Grundsätze

§ 5. (1) Wandungen von Behältern, Rohrleitungen und mit diesen in Verbindung stehende sonstige Bauteile, die mit einer brennbaren Flüssigkeit in Berührung kommen, müssen im bestimmungsgemäßen Betrieb gegenüber den zu erwartenden mechanischen, thermischen und chemischen Beanspruchungen über die gesamte Dauer der Verwendung beständig und gegen die gelagerten brennbaren Flüssigkeiten und deren Dämpfe ausreichend dicht sein.

(2) Die ausreichende Dichtheit muss an Hand von zulässigen Permeationsraten für die Durchdringung der Umschließung beurteilt werden. Metallische Werkstoffe gelten als ausreichend dicht im Sinne des Abs. 1.

(3) Behälter und Rohrleitungen dürfen nur in dichtem Zustand verwendet oder betrieben werden. Bei Undichtheit müssen die jeweiligen Einrichtungen außer Betrieb gesetzt und gegen Wiederinbetriebnahme gesichert werden. Der jeweilige Anlagenteil muss unverzüglich entleert werden. Die weitere Verwendung ist erst dann zulässig, wenn eine Prüfung nachweislich die Dichtheit des Anlagenteiles ergeben hat.

(4) Doppelwandige Lagerbehälter und doppelwandige Rohrleitungen gelten als undicht, wenn das Leckanzeigesystem eine Undichtheit der Behälter- oder Rohrwand anzeigt und keine Fehlfunktion eines Leckanzeigesystems vorliegt.

(5) Werden brennbare Flüssigkeiten verschiedener Gefahrenkategorien zusammengelagert, so müssen die technische Ausführung und die damit verbundenen Sicherheitsmaßnahmen auf die jeweils gefährlichste vorhandene Gefahrenkategorie abgestimmt sein.

(6) Für jeden Behälter muss der zulässige Füllungsgrad festgelegt sein. Dieser muss so bemessen sein, dass es zu keinem Überlaufen des Behälters kommt und Überdrücke, die die Dichtheit oder die Festigkeit des Behälters beeinträchtigen, nicht auftreten können.

Ausstattung und Einbau von Lagerbehältern

§ 6. (1) Lagerbehälter müssen gegen den statischen Flüssigkeitsdruck der gelagerten brennbaren Flüssigkeiten und betriebsmäßig auftretende Überdrücke und Unterdrücke (insbesondere beim Befüllen, Entleeren oder bei Temperaturschwankungen) sowie gegen die von außen zu erwartenden Beanspruchungen widerstandsfähig sein. Die Wandungen doppelwandiger Lagerbehälter müssen so ausgebildet sein, dass sie sowohl den statischen Druck der Lagerflüssigkeit als auch die zwischen den Wandungen durch ein Leckanzeigesystem entstehenden Überwachungsdrücke bei allen Füllständen aufnehmen können. Bei doppelwandigen Lagerbehältern muss die zweite Wand mit der tragenden Wand fest verbunden sein. Der überwachbare Zwischenraum muss mindestens bis zur zulässigen Füllhöhe reichen und mit Anschlussmöglichkeiten für ein Leckanzeigesystem versehen sein. Der Abstand zwischen den Wandungen muss möglichst klein gehalten sein.

(2) Werden brennbare Flüssigkeiten verschiedener Gefahrenkategorien in unmittelbar benachbarten Kammern eines Lagerbehälters gelagert, so muss die Unterteilung so dicht ausgeführt sein, dass sich die Flüssigkeiten und deren Dämpfe nicht vermischen können; dies gilt jedenfalls dann als erfüllt, wenn die Unterteilungen jeweils dem Prüfdruck gemäß § 23 standhalten. Die Lagerung von brennbaren Flüssigkeiten, die miteinander gefährliche chemische Reaktionen eingehen können, in benachbarten Kammern ist unzulässig.

(3) Bei Lagerbehältern und bei jeder Kammer unterteilter Lagerbehälter muss der Flüssigkeitsstand jederzeit kontrollierbar und erkennbar sein. Die Anzeige des Flüssigkeitsstandes muss durch elektronische oder mechanische Systeme erfolgen; bei oberirdischen Lagerbehältern mit ausreichend durchscheinender Wandung ist dies nicht erforderlich. Werden zur Kontrolle des Flüssigkeitsstandes Peilstäbe verwendet, so müssen diese gegen unbefugtes Entfernen gesichert und so ausgebildet sein, dass sie den Behälterboden bzw. die Behältersohle nicht berühren. Peilöffnungen müssen dicht verschließbar sein. Im Fall der Lagerung von brennbaren Flüssigkeiten der Gefahrenkategorie 1, 2 oder 3 müssen Peilstaböffnungen mit Schlitzsicherungen ausgestattet sein; die Werkstoffpaarung von Peilstab und Führung muss in nichtfunkenziehenden Materialien ausgeführt sein.

(4) Doppelwandige Lagerbehälter müssen mit einem Leckanzeigesystem ausgestattet sein. Das Leckanzeigesystem muss so ausgeführt sein, dass Undichtheiten an beiden Behälterwandungen erkannt und angezeigt werden. Durch das Leckanzeigesystem muss eine Leckerkennung vor dem Austritt der gelagerten brennbaren Flüssigkeit in

die Umgebung möglich sein. Das Leckanzeigesystem von unterirdischen Lagerbehältern muss als Über- oder als Unterdrucksystem mit gasförmigem Betriebsmedium ausgeführt sein.

(5) Lagerbehälter müssen mit Einrichtungen ausgestattet sein, durch die gefährliche Über- und Unterdrücke infolge von Füll- und Entnahmevorgängen und äußeren thermischen Einflüssen im Rahmen der zu erwartenden Aufstellungsbedingungen vermieden werden. Hiefür müssen die Lagerbehälter mit Lüftungseinrichtungen ausgestattet sein, die folgenden Anforderungen entsprechen müssen:

1. Die Lüftungseinrichtungen dürfen nicht absperrbar sein;
2. Lüftungseinrichtungen müssen so dimensioniert sein, dass auch beim höchsten betriebsmäßig zu erwartenden Volumenstrom von Füllvorgängen bzw. Entnahmen und auf Grund der örtlich zu erwartenden Temperatureinflüsse zuverlässig ein Druckausgleich sichergestellt ist;
3. eine gemeinsame Lüftungseinrichtung für brennbare Flüssigkeiten verschiedener Gefahrenkategorien sowie für Flüssigkeiten, die miteinander gefährliche chemische Reaktionen eingehen können, ist unzulässig;
4. aus den Lüftungseinrichtungen austretende Dampf-Luft-Gemische müssen gefahrlos und in ausreichendem Abstand von Zündquellen abgeleitet werden;
5. bei Lüftungseinrichtungen für brennbare Flüssigkeiten der Gefahrenkategorie 1, 2 oder 3 muss die Ableitung ins Freie oder in eine betriebseigene Verwertungs- oder Behandlungsanlage geführt werden;
6. Austrittsöffnungen von Lüftungseinrichtungen müssen gegen das Eindringen von Niederschlagswasser und Gegenständen geschützt sein;
7. Lüftungseinrichtungen von Lagerbehältern, die unter Anwendung eines Gaspendelsystems befüllt werden, müssen mit einem Über-/Unterdruckventil ausgestattet sein.

(6) Lagerbehälter müssen darüber hinaus mit folgenden Einrichtungen ausgestattet sein:

1. Lagerbehälter müssen mit fix mit dem Behälter verbundenen Füllanschlüssen versehen sein; ausgenommen hiervon sind oberirdische Lagerbehälter von nicht mehr als 1000 l Inhalt für die Lagerung von brennbaren Flüssigkeiten der Gefahrenkategorie 4;
2. Lagerbehälter müssen mit einem Überfüllschutz ausgestattet sein; ausgenommen hiervon sind oberirdische Lagerbehälter von nicht mehr als 1 000 l Inhalt ohne festen Füllanschluss für die Lagerung von brennbaren Flüssigkeiten der Gefahrenkategorie 4;

3. an Lagerbehälter angeschlossene Rohrleitungen, durch die ein selbständiges Ausfließen der gelagerten Flüssigkeit erfolgen kann, müssen mit Einrichtungen versehen sein, durch die dies verhindert wird;
4. an Lagerbehälter unterhalb des Flüssigkeitsspiegels angeschlossene Rohrleitungen müssen mit Absperreinrichtungen versehen sein, die sich möglichst nahe am Behälter befinden, gut zugänglich und leicht zu bedienen sind;
5. sofern Lagerbehälter auf Grund ihres Inhalts bzw. gesonderter Anforderungen mit einem Gaspendelsystem ausgestattet werden müssen, müssen diese mit den entsprechenden Anschlüssen versehen sein;
6. der Innenraum von Lagerbehältern von mehr als 1 000 l Inhalt muss besichtigbar sein; dazu müssen Einstiegs- oder Besichtigungsöffnungen vorgesehen sein; oberirdische Lagerbehälter von mehr als 3 m^3 Inhalt und unterirdische Lagerbehälter müssen mit einer Einstiegsöffnung mit einer Nennweite von mindestens 60 cm ausgestattet sein.

(7) Rohrleitungsanschlüsse von Lagerbehältern für die Lagerung von brennbaren Flüssigkeiten der Gefahrenkategorie 1, 2 oder 3, bei denen die Gefahr einer Rückzündung in den Behälter nicht ausgeschlossen werden kann, müssen gegen Flammendurchschlag gesichert sein. Rohrleitungsanschlüsse von Lagerbehältern für die Lagerung von brennbaren Flüssigkeiten der Gefahrenkategorie 4 müssen nur dann gegen Flammendurchschlag gesichert sein, wenn bei diesen Lagerbehältern auf Grund der Flüssigkeitstemperatur oder der Umgebungstemperatur die Bildung einer explosionsfähigen Atmosphäre möglich ist.

(8) Lagerbehälter müssen unter Berücksichtigung der Bodenbeschaffenheit so eingebaut oder aufgestellt sein, dass keine Verlagerungen oder Neigungen (auch bei Bodensetzungen oder Auftrieb) eintreten können, die die Sicherheit der Lagerbehälter oder ihrer Einrichtungen gefährden.

Technische Ausführung – oberirdische Lagerbehälter

§ 7. (1) Oberirdische Lagerbehälter müssen standsicher auf Fundamenten und tragfähigem Untergrund aufgestellt sein. Sie müssen gegen das Anfahren durch Fahrzeuge und gegen sonstige Beschädigungen von außen geschützt sein. Sie müssen gegen Manipulationen durch Unbefugte gesichert sein.

(2) Oberirdische einwandige Lagerbehälter müssen so aufgestellt sein, dass sie seitlich allseits begehbar sind. Abweichend davon müssen bei Lagerungen von Gasölen bis zu einer Menge von 5 000 l mindestens zwei Seiten des Lagerbehälters auf einer Breite von jeweils mindestens 50 cm begehbar sein, die nicht begehbaren Seiten müssen zumindest einsehbar sein; dies gilt auch bei

VbF

einer Reihenaufstellung mit kommunizierender Entnahme (Behälterbatterie).

(3) Oberirdische Lagerbehälter müssen so gekennzeichnet sein, dass ein Rückschluss hinsichtlich der Gefahrenkategorie der enthaltenen brennbaren Flüssigkeit und anderer gefahrenrelevanter Merkmale (zB Warnung vor Überdruck) ermöglicht wird.

(4) Der Füllanschluss oberirdischer Lagerbehälter muss bei Aufstellung in Räumen außerhalb des Aufstellungsraumes liegen; ausgenommen hiervon sind Lagerbehälter für die Lagerung von brennbaren Flüssigkeiten der Gefahrenkategorie 4 bis zu einer Lagermenge von 5 000 l.

(5) Oberirdische Lagerbehälter müssen für eine Brandbekämpfung ungehindert zugänglich sein. Erforderlichenfalls müssen sie mit ortsfest installierten Brandschutzeinrichtungen ausgerüstet sein.

Technische Ausführung – unterirdische Lagerbehälter

§ 8. (1) Unterirdische Lagerbehälter müssen doppelwandig ausgeführt sein.

(2) Domschächte müssen folgenden Anforderungen entsprechen:

1. Über Einstiegsöffnungen von unterirdischen Lagerbehältern müssen dicht mit dem Lagerbehälter verbundene Domschächte angeordnet sein;
2. die lichte Weite der Domschächte muss mindestens 0,2 m größer als die Einstiegsöffnung sein;
3. die Anschlussstutzen von Behältern müssen im Domdeckel oder im Scheitel des Behälters, jedoch innerhalb von Domschächten angeordnet sein; die Anschlüsse müssen zugänglich sein;
4. Domschächte müssen so ausgeführt sein, dass das Eindringen von Niederschlagswässern vermieden wird;
5. Domschächte müssen so ausgeführt sein, dass Leckagemengen erkannt, zurückgehalten und beseitigt werden können;
6. Domschächte müssen den zu erwartenden Verkehrslasten standhalten und dürfen keine unzulässigen Belastungen auf den Behälter übertragen, die zu Schäden an der Behälterwandung führen;
7. Domschächte müssen außerhalb des Wirkbereiches von Abgabeeinrichtungen oder Filleinrichtungen angeordnet und mit Einrichtungen in technisch dichter Ausführung versehen sein; diese Anforderungen müssen nicht erfüllt sein, wenn durch andere Maßnahmen sichergestellt ist, dass das explosionsfähige Volumen dauerhaft auf ein Mindestmaß beschränkt wird oder ein Explosionsablauf auf ein unschädliches Ausmaß begrenzt wird;
8. Durchführungen für Leitungen oder Kabel in Wänden von Domschächten müssen gegen das Eindringen brennbarer Flüssigkeiten oder deren Dämpfe abgedichtet sein;
9. Anschlüsse für Entwässerungsleitungen in Domschächten sind unzulässig;
10. Domschächte dürfen nicht innerhalb sonstiger explosionsgefährdeter Bereiche, wie von Flüssiggaslagerungen und Abgabestellen für Flüssiggas, liegen.

(3) Unterirdische Lagerbehälter müssen einen Mindestabstand von 0,5 m voneinander und von 1,0 m von Grundgrenzen und Fundamenten angrenzender Bauwerke aufweisen.

(4) Unterirdische Lagerbehälter müssen mindestens 0,8 m Erddeckung aufweisen.

Technische Ausführung – ortsbewegliche Behälter

§ 9. (1) Ortsbewegliche Behälter für die Lagerung brennbarer Flüssigkeiten müssen bruchfest ausgeführt sein. Als bruchfest gelten Behälter, die nicht aus zerbrechlichem Material, wie zB Glas, bestehen oder nach transportrechtlichen Bestimmungen für den betreffenden Inhalt verwendet werden dürfen. Wenn die Behälter diese Anforderungen nur in einer Außenverpackung erfüllen, gelten sie so lange als bruchfest, als sie in der Außenverpackung verbleiben.

(2) Abweichend von Abs. 1 ist die Verwendung nichtbruchfester ortsbeweglicher Behälter nach Maßgabe des § 33 Abs. 3 bis 6 zulässig.

Technische Ausführung – Rohrleitungen zum Füllen und Entleeren von Behältern

§ 10. (1) Verbindungselemente zwischen einzelnen Rohren müssen so ausgeführt sein, dass eine sichere Verbindung und mindestens die technische Dichtheit sichergestellt sind. Die Anzahl von lösbaren Verbindungen muss möglichst gering gehalten werden.

(2) Verbindungen von Rohrleitungen müssen längskraftschlüssig ausgeführt sein. Lösbare Verbindungen dürfen nur in für Kontrollen zugänglichen Bereichen ausgeführt sein. An Rohrleitungen und Rohrleitungsteilen, die nicht einsehbar sind, sind lösbare Verbindungen unzulässig; dies gilt nicht für ausschließlich Dämpfe führende Leitungen.

(3) Unterirdisch verlegte Rohrleitungen müssen doppelwandig mit Leckanzeigesystem ausgeführt sein. Dies gilt nicht für ausschließlich Dämpfe führende Leitungen. § 6 Abs. 4 gilt sinngemäß.

(4) Rohrleitungen und Rohrleitungsanschlüsse müssen so gekennzeichnet sein, dass ein Rückschluss hinsichtlich der Gefahrenkategorie der enthaltenen brennbaren Flüssigkeit und anderer

gefahrenrelevanter Merkmale (zB Warnung vor Überdruck) ermöglicht wird.

Technische Ausführung – Lagerräume, Lagergebäude und Lagerbereiche

§ 11. (1) Lagerräume müssen folgenden Anforderungen entsprechen:

1. Lagerräume müssen als feuerbeständige Brandabschnitte ausgebildet sein;
2. zum Lagerraum gehörige Lüftungsleitungen müssen außerhalb des Lagerraumes feuerbeständig verkleidet sein oder sich im Brandfall selbsttätig so verschließen, dass der Brandabschnitt erhalten bleibt;
3. Lagerräume müssen mit in Fluchtrichtung aufschlagenden, selbsttätig oder im Brandfall automatisch schließenden Türen versehen sein; die Türen müssen feuerbeständig bzw. bei Lagerräumen zur ausschließlichen Lagerung von brennbaren Flüssigkeiten der Gefahrenkategorie 4 feuerhemmend ausgestaltet sein; für Türen in Außenbauteilen ist ein Abweichen von den Anforderungen der ersten beiden Teilsätze zulässig, wenn die Gefahr einer Brandeinwirkung nicht besteht oder wenn dies zur Sicherung eines Fluchtweges nicht erforderlich ist;
4. Fußböden von Lagerräumen müssen gegen die Beaufschlagung gegen die gelagerten Flüssigkeiten ausreichend dicht und beständig sowie nicht brennbar und ohne Abläufe ausgeführt sein;
5. Fußböden von Lagerräumen müssen so ausgeführt sein, dass keine elektrischen Potentialunterschiede gegen Erde und zu anderen Einrichtungen entstehen, die zu zündfähigen Funken oder zu einer Gefährdung von Personen führen können;
6. sofern die Lagerung nicht in doppelwandigen Lagerbehältern erfolgt, muss ein Auffangvolumen im Ausmaß des größten gelagerten Behälters, mindestens jedoch im Ausmaß von 10 % der Lagermenge, sichergestellt sein; erfolgt die Lagerung im Lagerraum nicht in einer Auffangwanne, muss der Fußboden wannenartig mit Gefälle zum Rauminneren und mit fugenlosem Anschluss an die Umfassungswände mit einem einer Auffangwanne gleichwertigen Volumen ausgebildet sein;
7. sind Umfassungswände und Decken zur Durchführung von Leitungen durchbrochen, so muss der Raum zwischen Umfassungswand und Decke gegen den Durchtritt von Dampf-Luft-Gemischen mittels feuerbeständiger Dichtstoffe gesichert sein;
8. eine ausreichende, ständig wirksame, ins Freie führende Lüftung muss eingerichtet sein; als ausreichend gilt jedenfalls eine Lüftung mit einem gesamten Querschnitt von 1 % der Bodenfläche, mindestens aber jeweils 200 cm^2

in Boden- und Deckennähe. Bei aktiver Lagerung von brennbaren Flüssigkeiten der Gefahrenkategorie 1, 2 oder 3 muss zusätzlich eine Lüftung mit einem mindestens fünffachen Luftwechsel angebracht sein; diese Entlüftung muss mechanisch ausgeführt sein, muss ins Freie führen und bei geöffneten Behältern von brennbaren Flüssigkeiten ständig in Betrieb sein;
9. über Lagerräumen für brennbare Flüssigkeiten der Gefahrenkategorie 1, 2 oder 3 dürfen sich keine Wohnräume befinden.

(2) Lagergebäude müssen den Anforderungen des Abs. 1 sinngemäß entsprechen. Ist ein Lagergebäude in mehrere Lagerräume unterteilt, muss jeder Lagerraum einen Fluchtweg direkt ins Freie oder über einen anderen Brandabschnitt, der kein Lagerraum sein darf, aufweisen.

(3) Lagerbereiche müssen folgenden Anforderungen entsprechen:

1. sofern die Lagerung nicht in doppelwandigen Lagerbehältern erfolgt, müssen Lagerbereiche mit einer Auffangwanne ausgestattet sein; das Auffangvolumen muss das Ausmaß des größten gelagerten Behälters, jedoch mindestens ein Ausmaß von 10 % der Lagermenge im Lagerbereich aufweisen;
2. Lagerbereiche müssen mit einem Witterungsschutz aus nicht brennbaren Baustoffen ausgestattet sein; dies ist nicht erforderlich, wenn die Auffangwanne über eine Einrichtung zur Entfernung von Niederschlagswasser verfügt;
3. die Bodenfläche des Lagerbereiches muss gegen die Beaufschlagung gegen die gelagerten Flüssigkeiten ausreichend dicht und beständig sowie nicht brennbar ausgeführt sein.

(4) Lagerräume, Lagergebäude und Lagerbereiche müssen für eine Brandbekämpfung zugänglich sein; die erforderlichen Zufahrten, Aufstell- und Bewegungsflächen für Feuerwehrfahrzeuge müssen ausreichend befestigt und tragfähig sein.

Technische Ausführung – Sicherheitsschränke

§ 12. (1) Sicherheitsschränke müssen folgenden Anforderungen entsprechen:

1. Sicherheitsschränke müssen feuerbeständig ausgeführt sein;
2. Sicherheitsschränke müssen über selbsttätig oder im Brandfall automatisch schließende Türen verfügen;
3. Sicherheitsschränke müssen mit einer Be- und einer Entlüftung ausgestattet sein, die bei geschlossenen Schranktüren einen mindestens zehnfachen Luftwechsel bewirkt; dabei muss die Entlüftung mechanisch ausgeführt, bei geöffneter Schranktür ständig in Betrieb sein und direkt ins Freie führen; zugehörige Lüftungsleitungen müssen feuerbeständig verkleidet sein, sofern die Zu- und die Abluftöffnungen nicht so eingerichtet sind, dass sie sich im Brandfall selbsttätig schließen;

VbF

4. bei Sicherheitsschränken ist abweichend von Z 3 eine mit einem Filter zur Aufnahme von Kohlenwasserstoffen versehene Lüftung als Abluftführung in den Aufstellungsraum zulässig; in diesem Fall dürfen

a) die Lagermengen der Gefahrenkategorie 1 höchstens 50 l und der Gefahrenkategorie 2 höchstens 100 l, in Summe jedoch nicht mehr als 100 l, betragen,

b) die Gebinde für brennbare Flüssigkeiten der Gefahrenkategorie 2 ein Fassungsvolumen von 5 l nicht überschreiten und

c) die Gebinde für brennbare Flüssigkeiten der Gefahrenkategorie 1 sowie für brennbare Flüssigkeiten mit toxischen Eigenschaften (Gefahrenklasse 3.1 bis 3, sowie Gefahrenklasse 3.8 oder 3.9 Kategorie 1 CLP-VO) ein Fassungsvolumen von 1 l nicht überschreiten;

5. das Auffangvolumen von Sicherheitsschränken muss das Ausmaß des größten gelagerten Behälters, jedoch mindestens ein Ausmaß von 10 % der Lagermenge im Lagerbereich aufweisen.

(2) In Sicherheitsschränken ist ausschließlich passive Lagerung zulässig.

Technische Ausführung – Auffangwannen
§ 13. (1) Auffangwannen müssen zumindest die vertikale Projektion der darauf aufgestellten bzw. darin abgestellten Behälter umgeben.

(2) Auffangwannen müssen für die Dauer der zu erwartenden Beaufschlagung gegen die gelagerten Flüssigkeiten ausreichend dicht und beständig sowie nicht brennbar ausgeführt sein und müssen auch im Brandfall ein Ausbreiten von brennbaren Flüssigkeiten verhindern; dies gilt auch für begrenzende Gebäudeteile, die in die Auffangwanne einbezogen sind. Die Dichtheit muss auch nach einem Brand bis zur Beseitigung ausgetretener Flüssigkeiten ausreichend erhalten bleiben. Oberflächenbeschichtungen und Folien zur Herstellung der Dichtheit, die keinen Beitrag bei einem Brandereignis leisten können, sind zulässig, wenn sie im Sinne des § 21 Abs. 2 ausgeführt sind.

(3) Durch die Aufstellung der Lagerbehälter in Auffangwannen und die Gestaltung des Bodens muss sichergestellt sein, dass auslaufende Flüssigkeiten bemerkt und kontrolliert abgeleitet werden können. Durchlässe für Rohrleitungen oder Ablaufeinrichtungen dürfen die Dichtheit von Auffangwannen nicht beeinträchtigen; im Boden von Auffangwannen dürfen sich keine ungesicherten Abläufe befinden.

(4) Innerhalb von Auffangwannen dürfen sich abgesehen von den darauf aufgestellten bzw. darin abgestellten Behältern nur dem Betreiben des Lagers dienende Einrichtungen (zB Pumpen, Armaturen, Rohrleitungen) befinden.

(5) Auffangwannen müssen für eine Brandbekämpfung zugänglich sein. Erforderlichenfalls müssen abhängig von der Lagermenge ortsfest installierte Feuerlöschanlagen vorhanden sein.

3. Abschnitt
Explosionsgefährdete Bereiche
Grundsätze – explosionsfähige Atmosphäre
§ 14. (1) Als explosionsgefährdet gilt jener räumliche Bereich in und um Behälter, Rohrleitungen, Armaturen und sonstige Anlagenteile zur Lagerung von brennbaren Flüssigkeiten, in dem bei bestimmungsgemäßem Betrieb das Auftreten einer gefährlichen explosionsfähigen Atmosphäre nicht ausgeschlossen werden kann.

(2) Bei brennbaren Flüssigkeiten ist das Auftreten gefährlicher explosionsfähiger Atmosphären jedenfalls dann anzunehmen, wenn die Kriterien des § 3 Abs. 2 Z 1 oder Z 2 VEXAT vorliegen.

(3) Für die Einstufung explosionsgefährdeter Bereiche ist § 12 Abs. 1 Z 1 VEXAT mit der Maßgabe heranzuziehen, dass sich die Bereiche auf den bestimmungsgemäßen Betrieb beziehen.

Ausmaße explosionsgefährdeter Bereiche
§ 15. Sofern und soweit im Explosionsschutzkonzept keine unter Bezugnahme auf die Umstände des Einzelfalles begründeten abweichenden Festlegungen getroffen werden, gelten für die explosionsgefährdeten Bereiche die in den §§ 16 bis 19 festgelegten Ausmaße.

Explosionsgefährdete Bereiche –
Lagerbehälter, Rohrleitungen und Armaturen
§ 16. (1) Innerhalb von Lagerbehältern, Rohrleitungen und Armaturen zur Lagerung von brennbaren Flüssigkeiten gilt Zone 0. Wenn der Behälter mit einer Inertisierung und einer Überwachung ausgestattet ist, ist je nach Ausführung der Inertisierung eine andere Zone zulässig.

(2) Um Lagerbehälter im Freien gilt:

1. keine Zone um Verbindungen und Einrichtungen, die technisch dicht sind;

2. Zone 1 allseits bis zu einem Abstand von 1 m und Zone 2 allseits bis zu einem Abstand von 2 m um nicht technisch dichte Einrichtungen bis zum Boden (zB Probenahmestellen, Peilöffnungen);

3. Zone 2 im Inneren einer Auffangwanne bis zu einer Höhe von 0,2 m über deren Oberkante und allseits im Abstand von 0,2 m um die Wanne bis zum Boden.

(3) Um Lagerbehälter in Räumen gilt:

1. keine Zone um Verbindungen und Einrichtungen, die auf Dauer technisch dicht sind;

2. Zone 2 allseits bis zu einem Abstand von 1 m um technisch dichte Verbindungen bis zum Boden;

3. Zone 1 allseits bis zu einem Abstand von 1 m und Zone 2 allseits bis zu einem Abstand von 2 m um nicht technisch dichte Einrichtungen bis zum Boden (zB Probenahmestellen, Peilöffnungen);
4. Zone 2 im Inneren einer Auffangwanne bis zu einer Höhe von 0,8 m über deren Oberkante und allseits im Abstand von 0,2 m um die Wanne bis zum Boden.

(4) Um unterirdische Lagerbehälter gilt:
1. Zone 1 im Inneren von Domschächten, Pumpenschächten und Verteilerschächten;
2. Zone 2 im Inneren von Domschächten, Pumpenschächten und Verteilerschächten mit Einrichtungen in technisch dichter Ausführung außerhalb des Wirkbereiches von Abgabeeinrichtungen bzw. Fülleinrichtungen;
3. Zone 2 um geöffnete Domschächte, Pumpenschächte und Verteilerschächte allseits horizontal bis zu einem Abstand von 2,0 m und bis zu einer Höhe von 0,8 m über Erdgleiche;
4. keine Zone um geschlossene Abdeckungen von Domschächten, Pumpenschächten und Verteilerschächten;
5. keine Zone um geöffnete Domschächte, Pumpenschächte und Verteilerschächte mit Einrichtungen in technisch dichter Ausführung außerhalb des Wirkbereiches von Abgabeeinrichtungen bzw. Fülleinrichtungen.

(5) Um Rohrleitungen, Armaturen und sonstige Anlagenteile gilt:
1. keine Zone bei auf Dauer technisch dichter Ausführung;
2. keine Zone bei Anordnung im Freien und technisch dichter Ausführung;
3. Zone 2 horizontal bis zu einem Abstand von 1 m um technisch dichte Verbindungen in Räumen bis zum Boden.

Explosionsgefährdete Bereiche –
Lüftungseinrichtungen, Abgabeeinrichtungen, Füllstellen und Pumpen

§ 17. (1) Um Lüftungseinrichtungen gilt:
1. Zone 1 allseits bis zu einem Abstand von 0,5 m und Zone 2 allseits bis zu einem Abstand von 1 m um Mündungen von Entlüftungseinrichtungen von oberirdischen Lagerbehältern bis zum Boden; wenn die Zone die Kontur des Behälters berührt, müssen die Zonen von der Kontur aus bemessen werden;
2. Zone 1 im Radius von 0,5 m um die Mündung von Entlüftungsöffnungen von unterirdischen Lagerbehältern.

(2) Um Füllstellen (Füllschächte, Füllschränke, Füllanschlüsse) gilt:
1. Zone 1 im Inneren von Füllschächten und Füllschränken;
2. keine Zone um geschlossene Abdeckungen von Füllschächten;

3. Zone 2 allseits in einem Abstand von 0,2 m um geschlossene Füllschränke im Freien;
4. Zone 2 horizontal bis zu einem Abstand von 2 m und bis zu einer Höhe von 0,8 m über Erdgleiche um geöffnete Füllschächte und um die Öffnung von Füllschränken;
5. Zone 1 allseits bis zu einem Abstand von 1 m um Füllanschlüsse bis zum Boden bei Anordnung im Freien;
6. Zone 1 allseits bis zu einem Abstand von 2 m um Füllanschlüsse bis zum Boden bei Anordnung in Räumen;
7. Zone 1 allseits bis zu einem Abstand von 0,5 m um die Kupplungshälften von Schlauchkupplungen, wobei sich der explosionsgefährdete Bereich über das gesamte Ausmaß der Fläche erstreckt, die während des Hantierens von den Kupplungshälften überstrichen wird;
8. Zone 2 allseits bis zu einem Abstand von 0,5 m um Kupplungshälften, wenn diese im getrennten Zustand technisch dicht sind (zB Trockenkupplungen), wobei sich der explosionsgefährdete Bereich über das gesamte Ausmaß der Fläche erstreckt, die während des Hantierens von den Kupplungshälften überstrichen wird.

Explosionsgefährdete Bereiche –
ortsbewegliche Behälter

§ 18. (1) Um ortsbewegliche Behälter im Freien zur ausschließlich passiven Lagerung von brennbaren Flüssigkeiten gilt: Zone 2 im Inneren einer Auffangwanne bis zu einer Höhe von 0,2 m über deren Oberkante.

(2) Um ortsbewegliche Behälter in Lagerräumen zur ausschließlich passiven Lagerung gilt:
1. Zone 2 im ganzen Raum bei natürlicher Lüftung bei einem Rauminhalt von höchstens 100 m^3;
2. Zone 2 bei einem Rauminhalt von mehr als 100 m^3 bei natürlicher Lüftung bis zu einer Höhe von 0,5 m über die höchste Lagerhöhe, mindestens jedoch bis zu einer Höhe von 1,5 m;
3. keine Zone bei Vorhandensein einer ständig in Betrieb befindlichen und überwachten mechanischen Lüftung, durch die ein mindestens zweifacher Luftwechsel bewirkt wird.

Explosionsgefährdete Bereiche –
Manipulationsstellen und Sicherheitsschränke

§ 19. (1) Um Manipulationsstellen in Lagerräumen und in Vorratsräumen für die aktive Lagerung gilt: bis zu einem Raumvolumen von 100 m^3 Zone 1 für den gesamten Raum und Zone 2 in einem Abstand von 1 m um Öffnungen dieser Räume zu angrenzenden Nachbarräumen; bei größeren Räumen ist nach den Umständen des Einzelfalles eine andere Zone zulässig.

(2) Bei Sicherheitsschränken gilt: keine Zone im Inneren der Schränke, wenn die Funktion der

VbF

mechanischen Lüftung überwacht wird, sonst Zone 2 im Inneren der Schränke einschließlich der Absaugleitung bis ins Freie.

Ausführung explosionsgefährdeter Bereiche

§ 20. (1) In explosionsgefährdeten Bereichen dürfen keine wirksamen Zündquellen vorhanden sein. Potentielle Zündquellen müssen vermieden oder auf das unbedingt notwendige Ausmaß beschränkt werden. Es dürfen nur die für den Betrieb unbedingt erforderlichen Arbeitsmittel verwendet werden. Sofern Abs. 2 nicht anderes bestimmt, müssen elektrische Anlagen, elektrische und mechanische Geräte mit potentiellen Zündquellen, soweit es möglich ist, außerhalb explosionsgefährdeter Bereiche angeordnet werden oder für die Verwendung innerhalb explosionsgefährdeter Bereiche entsprechend der jeweiligen Zone geeignet sein.

(2) In der Zone 2 dürfen nicht für die Zone geeignete Geräte und Betriebsmittel eingesetzt werden, wenn eine fest installierte Gaswarneinrichtung installiert und sichergestellt ist, dass

1. die Gaswarneinrichtung mit den zugehörigen Kontroll- und Regeleinrichtungen den gesamten betroffenen Bereich überwachen kann,
2. spätestens bei Erreichen von 20 % der Unteren Explosionsgrenze (UEG) automatisch optisch und akustisch Alarm gegeben wird und in Räumen eine mechanische Lüftung, die für Zone 1 geeignet sein muss, automatisch in Betrieb genommen wird,
3. spätestens bei Erreichen von 40 % der Unteren Explosionsgrenze (UEG) die nicht für die jeweilige Zone geeigneten Geräte und Betriebsmittel unverzüglich automatisch abgeschaltet werden, alle fest installierten Zündquellen unwirksam gemacht und mobile Zündquellen unverzüglich entfernt werden sowie die mechanische Lüftung weiterhin in Betrieb bleibt und
4. eine Fehlfunktion der Gaswarneinrichtung angezeigt wird.

(3) Im Gefahrenfall notwendige Einrichtungen, wie Sicherheits- und Fluchtwegbeleuchtung, Gaswarneinrichtungen, Alarmeinrichtungen, mechanische Lüftungen, müssen immer für die jeweilige Zone geeignet sein.

Technische Ausführung – Erdungs- und Blitzschutzanlage

§ 21. (1) Lagerbehälter, mit ihnen in Verbindung stehende Rohrleitungen und Anlagenteile müssen so errichtet sein, dass sie gegen Erde keine elektrische Spannung annehmen können, die zum Entstehen zündfähiger Funken zur Gefährdung von Personen führt. Anschluss-, Verbindungs- und Trennstellen in Erdungsleitungen müssen leicht zugänglich angeordnet und gegen unbeabsichtigtes Lockern gesichert sein.

(2) Lagerbehälter, mit ihnen in Verbindung stehende Rohrleitungen und Anlagenteile für brennbare Flüssigkeiten der Gefahrenkategorie 1, 2 oder 3 müssen gegen gefährliche Entladungen, die durch elektrostatische Aufladung hervorgerufen werden können, gesichert sein. Die Wandung der Lagerbehälter samt angeschlossener Rohrleitungen muss eine Ableitung elektrostatischer Aufladungen ermöglichen; dies ist bei einem Ableitwiderstand gegen Erde von nicht mehr als 10^8 Ω sichergestellt.

(3) Lagerbehälter und mit ihnen in elektrisch leitender Verbindung stehende Rohrleitungen dürfen nicht zur Erdung elektrischer Anlagen und elektrischer Betriebsmittel verwendet werden.

(4) Zum Blitzschutz müssen folgende Maßnahmen getroffen sein:

1. folgende Bestandteile der Betriebsanlage müssen mit einem Blitzschutzsystem ausgestattet sein:
a) Gebäudeteile, in denen sich Lagerräume oder oberirdische Lagerbehälter für brennbare Flüssigkeiten befinden, sowie freistehende oberirdische Lagerbehälter, wenn sie der Lagerung von brennbaren Flüssigkeiten der Gefahrenkategorie 1, 2 oder 3 dienen,
b) Gebäudeteile, in denen sich Lagerräume oder oberirdische Lagerbehälter für insgesamt mehr als 5 000 l brennbare Flüssigkeiten der Gefahrenkategorie 4 befinden und
c) freistehende oberirdische Lagerbehälter für insgesamt mehr als 5 000 l brennbare Flüssigkeiten der Gefahrenkategorie 4;
2. folgende Bestandteile der Betriebsanlage müssen mit einem Blitzschutzsystem ausgestattet sein, das sicherstellt, dass mindestens 95 % der Einschläge sicher abgeleitet werden:
a) Gebäudeteile, in denen sich Lagerräume oder oberirdische Lagerbehälter für insgesamt mehr als 5 000 l brennbare Flüssigkeiten der Gefahrenkategorie 1 oder 2 befinden und
b) freistehende oberirdische Lagerbehälter für insgesamt mehr als 5 000 l brennbare Flüssigkeiten der Gefahrenkategorie 1 oder 2;
3. die getroffenen Maßnahmen zum Blitzschutz müssen im Explosionsschutzdokument beschrieben sein.

4. Abschnitt
Unterlagen und Prüfungen
Unterlagen und Nachweise

§ 22. (1) Für sämtliche in der Betriebsanlage, der Arbeitsstätte oder der Baustelle gelagerten brennbaren Flüssigkeiten müssen Nachweise zum jeweiligen Flammpunkt vor Ort bereitgehalten werden. Der Flammpunkt ist für brennbare Flüssigkeiten der Gefahrenkategorien 1, 2 und 3 gemäß Anhang I Pkt. 2.6.4 CLP-VO zu bestimmen und nachzuweisen; dieser

Nachweis wird jedenfalls durch ein Sicherheitsdatenblatt gemäß Art. 31 der Verordnung (EG) Nr. 1907/2006 zur Registrierung, Bewertung, Zulassung und Beschränkung chemischer Stoffe (REACH), zur Schaffung einer Europäischen Chemikalienagentur, zur Änderung der Richtlinie 1999/45/EG und zur Aufhebung der Verordnung (EWG) Nr. 793/93 des Rates, der Verordnung (EG) Nr. 1488/94 der Kommission, der Richtlinie 76/769/EWG des Rates sowie der Richtlinien 91/155/EWG, 93/67/EWG, 93/105/EG und 2000/21/EG der Kommission, ABl. Nr. L 396 vom 30.12.2006 S. 1, in der Fassung der Verordnung (EU) 2021/2204, ABl. Nr. L 446 vom 14.12.2021 S. 34, erbracht.

(2) Die einem Ansuchen in Verbindung mit § 353 der Gewerbeordnung 1994 – GewO 1994, BGBl. Nr. 194/1994, in der Fassung des Bundesgesetzes BGBl. I Nr. 204/2022, in Zusammenhang mit der Lagerung brennbarer Flüssigkeiten anzuschließenden Unterlagen müssen insbesondere folgende Angaben und Darstellungen enthalten:

1. Nachweise gemäß Abs. 1;
2. Art der Lagerung (zB Lagerbehälter, Zusammenlagerung, Lagerräume, Auffangeinrichtungen, Logistik – Manipulationen);
3. nach Gefahrenkategorien aufgeschlüsselte Lagermengen;
4. technische Ausführung von Behältern, Rohrleitungen, Lagerräumen und Einrichtungen zur Manipulation (zB Füllstellen, Abgabeeinrichtungen);
5. Explosionsschutzkonzept;
6. Angaben zum Blitzschutzsystem;
7. Nachweise der Materialeignung und
8. Plandarstellungen (zB Lage- und Grundrisspläne, Rohrleitungspläne).

Prüfdrücke

§ 23. Lagerbehälter, bei unterteilten Lagerbehältern jede Kammer, Rohrleitungen und Armaturen müssen vor Inbetriebnahme den nachstehend genannten Prüfdrücken und Belastungen standhalten, ohne undicht zu werden oder ihre Form bleibend zu verändern.

1. Oberirdische Lagerbehälter müssen zumindest dem größtmöglichen statischen Druck der zu lagernden brennbaren Flüssigkeit mit Wasser über eine Dauer von mindestens 24 Stunden ausgesetzt oder mit einem äquivalenten Prüfdruck auf Dichtheit geprüft werden; die Dichtheit der von außen zugänglichen Teile muss durch eine äußere Besichtigung geprüft werden;
2. Rohrleitungen und Armaturen müssen einschließlich des Zwischenraums der Rohrleitungen ohne angeschlossene Behälter mit dem 1,5-fachen höchsten Betriebsdruck, mindestens aber mit einem Prüfdruck von 5 bar, auf ihre Festigkeit geprüft werden; diese Prüfung gilt auch als Prüfung auf Dichtheit;

3. unterirdische und teilweise oberirdische Lagerbehälter einschließlich ihrer Armaturen und angeschlossenen Rohrleitungen müssen einer Dichtheitsprüfung unterzogen werden; der Prüfdruck muss den im Lagerbehälter auftretenden höchsten Betriebsdruck um mindestens 0,3 bar übersteigen; nach Temperaturausgleich darf sich der im Lagerbehälter bestehende Prüfdruck unter Berücksichtigung der zulässigen Messtoleranzen mindestens eine halbe Stunde lang nicht verändern.

Prüfungen

§ 24. (1) Dieser Verordnung unterliegende Anlagen und Einrichtungen müssen vor ihrer Inbetriebnahme erstmalig und in weiterer Folge wiederkehrend auf ihren ordnungsgemäßen Zustand geprüft werden.

(2) Das Ergebnis jeder Prüfung muss in einer Prüfbescheinigung festgehalten sein, die insbesondere das Prüfergebnis sowie festgestellte Mängel und Vorschläge zu deren Behebung zu enthalten hat.

(3) Die Prüfbescheinigung und sonstige die Prüfungen betreffende Nachweise müssen in der Betriebsanlage oder in der Arbeitsstätte aufbewahrt und zur jederzeitigen Einsichtnahme durch die Behörde bereitgehalten werden.

(4) Auf Baustellen und auswärtigen Arbeitsstellen müssen die in Abs. 3 genannten Unterlagen oder Kopien aufbewahrt und zur jederzeitigen Einsichtnahme durch die Behörde bereitgehalten werden. Dies gilt nicht, wenn lediglich für die wiederkehrenden Prüfungen ein Prüfbefund erforderlich ist und an der Anlage bzw. Einrichtung eine Prüfplakette angebracht ist, die

1. das Datum der letzten wiederkehrenden Prüfung aufweist,
2. eine eindeutige Zuordnung zum Prüfbefund aufweist,
3. unverwischbar und gut lesbar beschriftet ist,
4. an gut sichtbarer Stelle an der Anlage bzw. Einrichtung angebracht ist.

Erstmalige Prüfung

§ 25. (1) Die erstmalige Prüfung muss in der Erbringung des Nachweises bestehen, dass die dieser Verordnung unterliegenden Anlagen und Einrichtungen den Anforderungen dieser Verordnung entsprechen; dem entsprechend muss die erstmalige Prüfung umfassen:

1. die Prüfung auf ordnungsgemäße Aufstellung (einschließlich Materialeignung und Ausführung) oder auf ordnungsgemäßen Einbau;
2. die Prüfung von Lagerbehältern auf Dichtheit und von Rohrleitungen und Armaturen auf Festigkeit und Dichtheit gemäß § 23;
3. die Prüfung auf Eignung und Funktionsfähigkeit der Sicherheitseinrichtungen und Leckanzeigesysteme;

VbF

4. die Prüfung der Eignung der Maßnahmen zum Explosionsschutz (Umsetzung des Explosionsschutzkonzepts, Eignung der verwendeten Geräte und Schutzsysteme für die jeweilige Zone).

(2) Bei der erstmaligen Prüfung müssen dem Prüfer folgende Nachweise vorgelegt werden:

1. Ausführungsnachweise (zB Einbau, Verlegung, fotografische Dokumentation der Eignung von nach dem Einbau nicht mehr zugänglichen Einrichtungen),
2. Dichtheitsatteste,
3. Materialeignungsnachweise,
4. Nachweise zu mechanischen Daten, wie zB Standfestigkeit und Auftriebssicherheit,
5. Nachweis über die ordnungsgemäße Ausführung der elektrischen Anlage und Betriebsmittel sowie der Erdungsanlage und des Blitzschutzsystems,
6. Nachweis über die Einhaltung der Maßnahmen zum Explosionsschutz einschließlich Nachweisen über die Eignung und Funktionsfähigkeit mechanischer Lüftungsanlagen zur Vermeidung explosionsfähiger Atmosphären,
7. Nachweise über die Eignung und die Funktionsfähigkeit wesentlicher Sicherheitseinrichtungen (zB des Leckanzeigesystems, der Überfüllsicherung, der elektronischen Inhaltsanzeige, der Gaswarneinrichtung, der Schließeinrichtung von Sicherheitsschränken und der Funktionsfähigkeit eines Aktivkohlefilters bei Sicherheitsschränken).

Wiederkehrende Prüfungen

§ 26. (1) Lagerbehälter zur Lagerung brennbarer Flüssigkeiten und die zugehörigen Anlagenteile (Rohrleitungen und Armaturen) müssen wiederkehrend wie folgt auf Dichtheit geprüft werden:

1. oberirdische Lagerbehälter durch eine äußere Besichtigung des vollen Lagerbehälters;
2. unterirdische und teilweise oberirdische Lagerbehälter durch eine Dichtheitsprüfung gemäß § 23 Z 3;
3. Rohrleitungen und Armaturen durch eine Dichtheitsprüfung mit dem 1,5-fachen höchsten Betriebsdruck, mindestens aber mit einem Prüfdruck von 2 bar;
4. überschaubar verlegte Rohrleitungen dürfen abweichend von Z 3 durch eine äußere Besichtigung geprüft werden; während der Besichtigung müssen diese Rohrleitungen dem höchstmöglichen Betriebsdruck ausgesetzt sein.

(2) Bei Behältern und zugehörigen Anlagenteilen (Rohrleitungen und Armaturen), die mit einem Leckanzeigesystem ausgestattet sind, ist abweichend von Abs. 1 nur eine wiederkehrende Prüfung des Leckanzeigesystems erforderlich.

(3) Folgende Einrichtungen müssen wiederkehrend auf ihren ordnungsgemäßen Zustand geprüft werden:

1. elektrische Anlagen und Betriebsmittel;
2. Erdungs- und Blitzschutzanlagen;
3. mechanische Lüftungsanlagen zur Vermeidung explosionsfähiger Atmosphären;
4. wesentliche Sicherheitseinrichtungen (zB Leckanzeigesystem, Überfüllsicherung, elektronische Inhaltsanzeige, Gaswarneinrichtung, die Schließeinrichtung von Sicherheitsschränken und die Funktionsfähigkeit eines Aktivkohlefilters bei Sicherheitsschränken).

Außerordentliche Prüfungen

§ 27. Außerordentliche Prüfungen müssen durchgeführt werden,

1. wenn Behälter oder zugehörige Anlagenteile (Rohrleitungen und Armaturen) durch einen Brand, eine Explosion oder ein sonstiges außergewöhnliches Ereignis nicht mehr betriebssicher sind, nach Durchführung der erforderlichen Instandsetzungsarbeiten; der Umfang der außerordentlichen Prüfung muss dem einer erstmaligen Prüfung entsprechen;
2. nach einer technischen Änderung der Behälter oder der zugehörigen Anlagenteile (Rohrleitungen und Armaturen); der Umfang der außerordentlichen Prüfung muss dem einer erstmaligen Prüfung entsprechen;
3. nach jedem Öffnen eines unterirdischen oder eines teilweise oberirdischen Behälters oder der zugehörigen Anlagenteile (Rohrleitungen und Armaturen); diesbezüglich muss eine Dichtheitsprüfung im Sinne des § 26 Abs. 1 Z 3 und 4 vorgenommen werden.

Fristen

§ 28. (1) Die Fristen für die wiederkehrenden Prüfungen betragen jeweils bemessen vom Zeitpunkt der erstmaligen Prüfung oder dem Zeitpunkt der letzten wiederkehrenden Prüfung

1. sechs Jahre für die Dichtheit der Behälter und zugehörigen Teile (Rohrleitungen, ausgenommen Fälle der Z 3, und Armaturen);
2. fünf Jahre für elektrische Anlagen und elektrische Betriebsmittel außerhalb explosionsgefährdeter Bereiche;
3. drei Jahre für einwandige unterirdische Rohrleitungen;
4. drei Jahre für elektrische Anlagen und elektrische Betriebsmittel in explosionsgefährdeten Bereichen;
5. drei Jahre für Erdungs- und Blitzschutzanlagen außerhalb explosionsgefährdeter Bereiche;
6. ein Jahr für Erdungs- und Blitzschutzanlagen in explosionsgefährdeten Bereichen;
7. ein Jahr für elektrische Anlagen und elektrische Betriebsmittel in explosionsgefährdeten Bereichen im Fall einer außergewöhnlichen Beanspruchung (zB durch Feuchtigkeit, extreme Umgebungstemperatur);
8. ein Jahr für mechanische Lüftungsanlagen zur Absaugung explosionsfähiger Atmosphären;

9. ein Jahr für wesentliche Sicherheitseinrichtungen (zB des Leckanzeigesystems, der Überfüllsicherung, der elektronischen Inhaltsanzeige, der Gaswarneinrichtung, der Schließeinrichtung von Sicherheitsschränken und der Funktionsfähigkeit eines Aktivkohlefilters bei Sicherheitsschränken).

(2) Die Behörde muss in Einzelfällen kürzere als die im Abs. 1 genannten Fristen für die wiederkehrenden Prüfungen festsetzen, wenn dies erforderlich ist, insbesondere wegen

1. der besonderen Eigenschaften der gelagerten brennbaren Flüssigkeiten,
2. einer außergewöhnlichen Beanspruchung (zB durch Feuchtigkeit, extreme Umgebungstemperatur),
3. des Ergebnisses der letzten Prüfung oder
4. der Lage in wasserrechtlich besonders geschützten Gebieten.

Prüfer

§ 29. (1) Zur Durchführung der Prüfungen gemäß den §§ 25 bis 27 sind, sofern § 7 Abs. 5 VEXAT nicht anderes vorsieht, im Rahmen ihrer Befugnisse heranzuziehen:

1. akkreditierte Stellen im Rahmen des fachlichen Umfangs ihrer Akkreditierung,
2. Einrichtungen des Bundes oder eines Bundeslandes oder von Körperschaften öffentlichen Rechts,
3. Ziviltechniker oder Ingenieurbüros des einschlägigen Fachgebietes,
4. Gewerbetreibende, die berechtigt sind, Anlagen zur Lagerung oder zur Lagerung und Abfüllung brennbarer Flüssigkeiten zu planen oder herzustellen,
5. Gewerbetreibende, die berechtigt sind, die Elektroinstallation einschließlich der Blitzschutzanlage zu planen oder herzustellen, oder
6. hinsichtlich der Eisenbahnanlagen im Verzeichnis eisenbahntechnischer Fachgebiete (§ 40 EisbG) geführte Personen.

(2) Zur Durchführung der Prüfungen gemäß den §§ 25 bis 27 hinsichtlich Maßnahmen zum Explosionsschutz dürfen auch geeignete fachkundige Personen gemäß § 7 Abs. 5 VEXAT herangezogen werden.

(3) Zur Durchführung der wiederkehrenden Prüfungen nach § 26 dürfen auch geeignete und fachkundige Betriebsangehörige herangezogen werden.

(4) Als geeignet und fachkundig sind Personen anzusehen, wenn sie die für die jeweilige Prüfung erforderliche Qualifikation sowie notwendigen fachlichen Kenntnisse und Berufserfahrungen besitzen und die Gewähr für die gewissenhafte Durchführung der Prüfungen bieten.

5. Abschnitt
Lagerung
Allgemeine Bestimmungen

§ 30. (1) Brennbare Flüssigkeiten müssen vor gefahrbringender direkter Sonneneinstrahlung oder sonstiger gefahrenbringender Wärmeeinwirkung geschützt sein. Lagerräume und Lagergebäude dürfen nur dann beheizt werden, wenn dies aus technischen Gründen oder aus Gründen des Arbeitnehmerschutzes erforderlich ist und mit hiefür geeigneten, entsprechend gesicherten Einrichtungen erfolgt. Durch derartige Heizeinrichtungen darf ein eventuell vorhandenes Dampf-Luft-Gemisch nicht entzündet werden können.

(2) In Vorratsräumen, Lagerräumen, Lagergebäuden und Lagerbereichen müssen in Hinblick auf das Lagergut, die Lagermenge, das Lagergut, die Größe des Lagers und die Zahl und die Größe von Abgabeeinrichtungen die erforderlichen Mittel für die Löschhilfe zur Verfügung stehen. Die Feuerlöschmittel und -geräte müssen gut sichtbar, auffallend und dauerhaft gekennzeichnet und jederzeit leicht erreichbar sein. Orte, an denen Feuerlöschmittel und -geräte bereitgestellt sind, müssen deutlich und dauerhaft gekennzeichnet sein. Es dürfen nur solche Feuerlöschmittel und -geräte vorhanden sein, deren Prüfung auf ihren ordnungsgemäßen Zustand durch geeignete, fachkundige Personen nicht länger als 27 Monate zurückliegt.

(3) In Räumen und Bereichen, in denen brennbare Flüssigkeiten gelagert, abgegeben oder umgefüllt werden, sind

1. sofern nicht § 32 zur Anwendung gelangt, die Lagerung und Verwendung sonstiger Stoffe und Materialien, durch die Brände, Explosionen oder gefährliche Reaktionen mit den gelagerten brennbaren Flüssigkeiten auf Grund nicht ausreichender Schutzabstände ausgelöst werden können,
2. das Rauchen und Hantieren mit offenem Feuer oder Licht und
3. der Betrieb von Feuerungsanlagen

verboten. Auf das Verbot des Rauchens und Hantierens mit offenem Feuer und Licht muss durch entsprechende Anschläge dauerhaft hingewiesen sein. Abweichend von Z 3 ist die gemeinsame Aufstellung von Feuerungsanlagen und zugehörigen Lagerbehältern zulässig, wenn die Lagermenge an Gasölen für Heizzwecke nicht mehr als 5 000 l beträgt und die Lagerbehälter durch geeignete Maßnahmen (zB durch ausreichende Abstände) vor gefahrbringender Erwärmung geschützt sind.

(4) Lagerräume und Lagergebäude müssen durch versperrbare Türen, Lagerbereiche durch eine mindestens 1,50 m hohe Umzäunung oder Mauer um den Lagerbereich oder die Betriebsanlage gegen den Zutritt Unbefugter gesichert sein, oder es muss eine in der Wirksamkeit gleichwertige Absicherung vorhanden sein.

VbF

(5) Brennbare Flüssigkeiten dürfen, soweit § 33 Abs. 1 oder § 36 Abs. 2 nicht anderes vorsieht, außerhalb von Arbeits-, Verkaufs- oder Vorratsräumen oberirdisch ausschließlich in Lagerräumen, Sicherheitsschränken, Lagergebäuden oder Lagerbereichen gelagert werden.

Unzulässige Lagerung

§ 31. Brennbare Flüssigkeiten dürfen nicht gelagert werden

1. in Ein-, Aus- und Durchgängen, sowie in Ein-, Aus- und Durchfahrten,
2. in Gängen und Stiegenhäusern,
3. in Pufferräumen und Schleusen,
4. in Dachböden, Schächten, Kanälen und schlecht durchlüfteten beengten Bereichen,
5. in Schaufenstern und Schaukästen,
6. auf oder unter Stiegen, Rampen, Laufstegen, Podesten und Plattformen,
7. in Lüftungs- und Klimazentralen, elektrischen Betriebsräumen und Aufstellungsräumen für EDV-Großrechner, Brandmeldezentralen und ähnlichen Zwecken dienenden Räumen,
8. in Sanitätsräumen, Sanitärräumen, Abstellräumen, Aufenthalts- und Bereitschaftsräumen sowie in Räumen, die Arbeitnehmern von Arbeitgebern für Wohnzwecke oder zum Zweck der Nächtigung zur Verfügung gestellt werden,
9. auf Fluchtwegen und in gesicherten Fluchtbereichen,
10. im Abstand von jeweils mindestens 2 m allseitig um Notausgänge, Notausstiege, Notstiegen und Notleitern, außer im Inneren von Lagerräumen.

Zusammenlagerung

§ 32. (1) Zusammenlagerungen von brennbaren Flüssigkeiten in Lagerräumen, Lagergebäuden, Lagerbereichen und Sicherheitsschränken dürfen nach Maßgabe der folgenden Absätze erfolgen.

(2) Für eine Zusammenlagerung von brennbaren Flüssigkeiten, welche außer der Brennbarkeit weitere Gefahrenmerkmale gemäß CLP-VO aufweisen, mit anderen Stoffen oder Gemischen ist für die brennbaren Flüssigkeiten nur die Gefahrenklasse 2.6. (Entzündbarkeit) relevant.

(3) Brennbare Flüssigkeiten verschiedener Gefahrenkategorien dürfen gemäß § 33 zusammengelagert werden.

(4) Brennbare Flüssigkeiten dürfen mit folgenden anderen Stoffen oder Gemischen zusammengelagert werden:

1. Stoffen und Gemischen, die nicht unter Artikel 3 CLP-VO fallen (nicht als gefährlich eingestufte Stoffe und Gemische),
2. entzündbaren Gase in Form von Propan oder Butan (Gefahrenklasse 2.2 von Anhang I CLP-VO) in Mengen von höchstens 15 kg und Behältergrößen mit einem Füllgewicht von jeweils nicht mehr als 1 kg,

3. Stoffen und Gemischen, die unter Gefahrenklasse 2.3 von Anhang I CLP-VO fallen (Aerosole),
4. Stoffen und Gemischen, die unter die Gefahrenklasse 2.7 von Anhang I CLP-VO fallen (entzündbare Feststoffe), in pastöser Form und bis zu einer Menge von 200 kg,
5. Stoffen und Gemischen, die unter die Gefahrenklasse 3.1 Kategorie 1 bis 3, Gefahrenklasse 3.8 Kategorie 1 oder Gefahrenklasse 3.9 Kategorie 1 von Anhang I CLP-VO fallen (akut toxische Stoffe und Gemische, Stoffe und Gemische mit spezifischer Zielorgan-Toxizität bei einmaliger Exposition oder spezifische Zielorgan-Toxizität bei wiederholter Exposition), bis zu einer Menge von 200 l oder 200 kg,
6. Stoffen und Gemischen, die unter die Gefahrenklasse 3.1 Kategorie 4, Gefahrenklasse 3.8 Kategorie 2 oder 3 oder Gefahrenklasse 3.9 Kategorie 2 von Anhang I CLP-VO fallen (akut toxische Stoffe und Gemische, Stoffe und Gemische mit spezifischer Zielorgan-Toxizität bei einmaliger Exposition oder spezifische Zielorgan-Toxizität bei wiederholter Exposition),
7. Stoffen und Gemischen, die unter die Gefahrenklassen 3.2, 3.3 und 3.4 von Anhang I CLP-VO fallen (Gefahr der Ätz-/Reizwirkung auf die Haut, der schweren Augenschädigung/Augenreizung oder Sensibilisierung der Atemwege oder der Haut),
8. Stoffen und Gemischen, die unter die Gefahrenklasse 3.10 von Anhang I CLP-VO fallen (aspirationsgefährliche Stoffe und Gemische),
9. Stoffen und Gemischen, die unter die Gefahrenklasse 4 von Anhang I CLP-VO fallen (gewässergefährdende Stoffe und Gemische),
10. Stoffen und Gemischen mit mehreren gefährlichen Eigenschaften gemäß Z 1 bis Z 9 unter Beachtung der Mengenbeschränkungen gemäß Z 2, Z 4 und Z 5.

(5) Bei der Zusammenlagerung gemäß Abs. 4 sind Aerosole gemäß Abs. 4 Z 3 brennbaren Flüssigkeiten der Gefahrenkategorie 2 gleichzuhalten.

(6) Im Einzelfall darf die Behörde andere als die im Abs. 4 umschriebenen Zusammenlagerungen zulassen, wenn durch entsprechende Brandschutzmaßnahmen (zB durch Maßnahmen zur Brandfrüherkennung und ortsfeste Löscheinrichtungen) der gleiche Schutz erreicht wird.

Oberirdische Lagerung – Lagermengen

§ 33. (1) Brennbare Flüssigkeiten dürfen nach Maßgabe der nachstehenden Tabelle sowie der folgenden Absätze oberirdisch gelagert werden. Die in den jeweiligen Tabellenspalten angegebenen Werte sind die höchstzulässigen Lagermengen für die entsprechende Gefahrenkategorie je Lagerungsart. In einer Zeile nicht ausgenützte Lagermengen einer Gefahrenkategorie dürfen der Lagermenge einer anderen Gefahrenkategorie nicht zugeschlagen werden. Die höchstzulässige Lagermenge für die gesamte Betriebsanlage ergibt sich aus der Summe

1. der in den Zeilen für die jeweilige Gefahrenkategorie angeführten Höchstmengen, sofern die Zusatzanmerkungen in der Tabelle nicht anderes vorsehen, und

2. der Anzahl der jeweiligen Lagerungsarten.

Lagerungsart		höchstzulässige Lagermenge in Liter			
		Gefahrenkategorie			
		1	2	3	4
je Brandabschnitt in Gebäuden (mit Ausnahme von Lagerräumen und Lagergebäuden)					
1. außerhalb von Sicherheitsschränken in Arbeits-, Verkaufs- oder Vorratsräumen	bis 500 m^2 Grundfläche ohne Gefahrenkategorie 1	-	100	600	1 000
	bis 500 m^2 Grundfläche mit Gefahrenkategorie 1	10	50	300	500
	über 500 m^2 Grundfläche ohne Gefahrenkategorie 1	-	150	900	1 500
	über 500 m^2 Grundfläche mit Gefahrenkategorie 1	15	75	450	750
2. in Sicherheitsschränken in Arbeits-, Verkaufs- oder Vorratsräumen, sofern § 12 Abs. 1 Z 4 nicht anderes vorsieht		50	500	2 500	5 000
3. in nicht von der Z 1 oder der Z 2 erfassten Fällen	ohne Gefahrenkategorie 1	-	50		300
	mit Gefahrenkategorie 1	5	25		150
4. in Arbeits- und Maschinenräumen für Heizungs-anlagen sowie Maschinenräumen für sicherheitstechnisch erforderliche Einrichtungen (zusätzlich zu den Lagermengen gemäß Z 1 bis Z 3)		-	-		1 000

5. in Heizräumen gemäß § 30 Abs. 3 (zusätzlich zu den Lagermengen gemäß Z 1 bis Z 4)				5 000
in Lagerräumen oder Lagergebäuden				
6. in Lagerräumen	250	20 000		130 000
		100 000 bei Vorliegen einer positiven behördlichen Beurteilung zusätzlicher Brandschutzmaßnahmen		
7. in Lagergebäuden	250	60 000	180 000	390 000
im Freien				
8. in Lagerbereichen	250	130 000	260 000	520 000
9. in ortsbeweglichen Behältern auf ausreichend dichtem Untergrund, witterungsgeschützt und wenn das Auslaufen auf unbefestigten Boden verhindert wird (für die gesamte Betriebsanlage)	-	50	750	1 250

(1a) Abs. 1 gilt sinngemäß für Arbeitsstätten, auswärtige Arbeitsstellen oder Baustellen im Sinne des ArbeitnehmerInnenschutzgesetzes (ASchG). Tabellenziffer 1 gilt auch bei Lagerung von brennbaren Flüssigkeiten in Vorratscontainern auf Baustellen und in auswärtigen Arbeitsstellen.

(2) Bei Lagerung von brennbaren Flüssigkeiten der Gefahrenkategorie 1 nach Abs. 1 gilt:
1. die Behälter müssen bruchfest sein;
2. bei Lagerung nach den Tabellenziffern 1 und 3 darf der Nenninhalt der Behälter 2,5 l nicht überschreiten.

(3) Bei Lagerung von brennbaren Flüssigkeiten der Gefahrenkategorie 2 nach Abs. 1 gilt:
1. die Behälter müssen bei einem Nenninhalt von mehr als 2,5 l bruchfest sein;
2. bei Lagerung nach den Tabellenziffern 1 und 3 darf der Nenninhalt der Behälter 10 l nicht überschreiten;
3. bei Lagerung nach der Tabellenziffer 9 dürfen ausschließlich bruchfeste Behälter verwendet werden.

(4) Bei Lagerung von brennbaren Flüssigkeiten der Gefahrenkategorie 3 nach Abs. 1 gilt:
1. die Behälter müssen bei einem Nenninhalt von mehr als 2,5 l bruchfest sein;
2. bei Lagerung nach den Tabellenziffern 1 und 3 darf der Nenninhalt der Behälter 25 l nicht überschreiten;
3. bei Lagerung nach der Tabellenziffer 9 dürfen ausschließlich bruchfeste Behälter verwendet werden.

(5) Bei Lagerung von brennbaren Flüssigkeiten der Gefahrenkategorie 4 nach Abs. 1 gilt:
1. die Behälter müssen bei einem Nenninhalt von mehr als 5 l bruchfest sein;
2. bei Lagerung nach der Tabellenziffer 9 dürfen ausschließlich bruchfeste Behälter verwendet werden.

(6) Abweichend von Abs. 2 Z 1 müssen Behälter bis zu einem Nenninhalt von 2,5 l in Laboratorien nicht bruchfest sein, sofern sichergestellt ist, dass die Behälter ausschließlich fachkundigen Personen zugänglich sind, und eine schriftliche Betriebsanweisung (§ 14 Abs. 5 ASchG) am Ort der Lagerung vorhanden ist.

(7) Abweichend von Abs. 3 darf der Nenninhalt von Behältern für brennbare Flüssigkeiten der Gefahrenkategorie 2 25 l betragen, wenn dies zur Aufbewahrung von brennbaren Flüssigkeiten für das Betreiben von Kraftfahrzeugen dient.

Oberirdische Lagerung – Schutzstreifen
§ 34. (1) Bei oberirdischer Lagerung brennbarer Flüssigkeiten müssen um Lagerbereiche Schutzstreifen eingerichtet sein.

(2) Innerhalb der Schutzstreifen ist jegliche weitere Nutzung in Form von Bebauung, Lagerung oder zeitweiligem Abstellen, mit Ausnahme von Betankungs- oder Befüllungsvorgängen, unzulässig; innerbetriebliche Transportwege dürfen in den Schutzstreifen einbezogen sein, wenn sichergestellt ist, dass kein Abstellen von Fahrzeugen oder sonstigen Transportmitteln erfolgt.

(3) Betriebsfremde Flächen dürfen in den Schutzstreifen einbezogen sein; die Aufrechterhaltung des Schutzstreifens muss jedenfalls durch die

erforderlichen rechtlichen und technischen Maßnahmen sichergestellt sein.

(4) Schutzstreifen müssen von Stoffen und Materialien freigehalten sein, die ihrer Art und Menge nach zur Entstehung oder zur Ausbreitung von Bränden führen können.

(5) Schutzstreifen von Lagerbereichen dürfen an zwei Seiten durch öffnungslose Wände oder Wälle (auch Wände angrenzender Gebäude) ersetzt werden. Derartige Wände oder Wälle müssen feuerbeständig ausgeführt sein; Breite und Höhe müssen zumindest so bemessen sein, dass die zu schützenden Objekte bei Projektion der Höhe der Lagereinrichtung über die Höhe der Wand zur Gänze abgedeckt werden.

Bemessung der Schutzstreifen

§ 35. (1) Die Breite der Schutzstreifen muss den folgenden Absätzen entsprechend von der Außenseite der Auffangwanne bemessen sein. Entleerte Behälter für die Lagerung von brennbaren Flüssigkeiten der Gefahrenkategorie 1, 2 oder 3, die Reste von brennbaren Flüssigkeiten oder Dämpfe enthalten, gelten hinsichtlich der Bemessung der Schutzstreifenbreite als gefüllt. Die Schutzstreifen mehrerer Lagerbereiche dürfen einander überschneiden.

(2) Bei der Lagerung von brennbaren Flüssigkeiten der Gefahrenkategorie 1, 2 oder 3 müssen folgende Schutzstreifen eingehalten sein:

1. bei bis zu 1 000 l: 5 m,
2. bei mehr als 1 000 l bis zu 10 000 l: von 5 m auf 10 m ansteigend,
3. bei mehr als 10 000 l bis zu 100 000 l: von 10 m auf 30 m ansteigend,
4. bei mehr als 100 000 l: 30 m.

(3) Bei der Lagerung von brennbaren Flüssigkeiten der Gefahrenkategorie 4 müssen folgende Schutzstreifen eingehalten sein:

1. bei bis zu 40 000 l: 3 m,
2. bei über 40 000 l: 5 m.

(4) Bei gemeinsamer Lagerung von brennbaren Flüssigkeiten der Gefahrenkategorien 1, 2 oder 3 mit solchen der Gefahrenkategorie 4 muss die Breite des Schutzstreifens nach der Menge an brennbaren Flüssigkeiten der Gefahrenkategorien 1, 2 oder 3 bemessen sein.

6. Abschnitt

Tankstellen

Tankstellen – grundlegende Anforderungen

§ 36. (1) Kraftstoffe für Kraftfahrzeuge und Gasöle zu Heizzwecken dürfen für die Abgabe an Zapfsäulen in Tankstellen, soweit die folgenden Absätze nicht anderes bestimmen, nur in unterirdischen Lagerbehältern oder in Behältern von Kleinzapfgeräten gelagert werden.

(2) Gasöle dürfen in Tankstellen in oberirdischen Lagerbehältern

1. im Freien bis zu einer Menge von 50 000 l und zusätzlich
2. in Lagerräumen bis zu einer Menge von 5 000 l

gelagert werden.

(3) Ottokraftstoffe dürfen oberirdisch nur in Betriebstankstellen in direkt an Zapfsäulen bzw. Zapfgeräte angeschlossenen explosionsdruckstoßfest ausgeführten Behältern mit einem Rauminhalt von höchstens 1 000 l gelagert werden (Kompaktanlagen).

(4) Die Lagerung von Ottokraftstoffen und Gasölen zu Heizzwecken in benachbarten Kammern von Lagerbehältern in Tankstellen ist unzulässig.

(5) Tankstellen und Tankstellen für gasförmige Kraftstoffe (Flüssiggas, Erdgas) dürfen gemeinsam betrieben werden.

(6) In Tankstellen ist in folgenden Bereichen das Rauchen, Hantieren mit Feuer oder offenem Licht unzulässig:

1. in explosionsgefährdeten Bereichen,
2. in Wirkbereichen von Abgabeeinrichtungen,
3. in Wirkbereichen der Befüllung der Lagerbehälter,
4. in einem Bereich von 2 m um Dom- und Füllschächte oder Füllschränke von unterirdischen Lagerbehältern.

Durch deutlich sichtbare und dauerhafte Anschläge muss auf diese Verbote, auf das Verbot des Betankens bei laufendem Motor und eingeschalteter Fremdheizung sowie auf das Verbot der Abgabe von Kraftstoff in ungeeignete Behälter hingewiesen sein. Die Hinweise müssen vom Betankungsplatz deutlich sichtbar sein.

(7) Durch deutlich sichtbare und dauerhafte Anschläge müssen Informationen über die gefahrenrelevanten Eigenschaften des abgegebenen Kraftstoffs und das erforderliche Verhalten im Gefahrenfall angebracht sein.

(8) Außerhalb der Betriebszeiten dürfen die Lagerbehälter der Tankstelle nicht befüllt werden.

(9) Die Abgabe von Kraftstoffen an Kraftfahrzeuge darf nur über Abgabeeinrichtungen an Tankstellen erfolgen. Die Betankung direkt aus Tankfahrzeugen ist innerhalb von Betriebsanlagen oder Arbeitsstätten nicht zulässig.

VbF

Sicherheitseinrichtungen an Tankstellen

§ 37. (1) Die Abgabe von brennbaren Flüssigkeiten aus Lagerbehältern über Abgabeeinrichtungen ist nur dann zulässig, wenn

1. diese Tätigkeit von einer für die Tankstelle verantwortlichen Person vorgenommen wird oder
2. im Fall der Selbstbedienung eine verantwortliche Aufsichtsperson im Tankstellenbereich anwesend ist, die die Betankungsvorgänge mittels Sichtverbindung oder Videoüberwachung beaufsichtigt,

3. es sich um Betriebstankstellen handelt oder
4. die Anforderungen des § 42 erfüllt sind.

(2) Tankstellen müssen bei Dunkelheit so beleuchtet sein, dass die ordnungsgemäße Bedienung der Abgabeeinrichtungen möglich ist. Es muss dafür gesorgt sein, dass bei Ausfall der Beleuchtung die Stromzufuhr zu den Pumpenmotoren der Zapfsäulen allpolig unterbrochen wird und ein selbsttätiges Wiedereinschalten der Pumpenmotoren verhindert wird.

(3) Pumpenmotoren müssen im Gefahrenfall von einem sicheren, leicht erreichbaren Ort mit einem als solchem deutlich gekennzeichneten Notschalter allpolig abschaltbar sein; dieser Schalter darf nur dann auch als Betriebsschalter verwendet werden, wenn er nach seiner Bauart hiefür geeignet ist.

(4) Alle Teile der Tankstelle, wie Lagerbehälter, Pumpen, Rohrleitungen und Zapfsäulen, und alle Teile der Zapfsäule müssen untereinander elektrisch leitend so verbunden sein, dass elektrostatische Aufladungen sicher abgeleitet werden; hierzu müssen leitfähige Verbindungen für die zu erwartenden Ströme ausreichend bemessen sein.

Abgabeeinrichtungen – grundlegende Anforderungen

§ 38. (1) Abgabeeinrichtungen dürfen, soweit § 39 Abs. 3 nicht anderes bestimmt, nur an gut durchlüfteten Orten im Freien aufgestellt werden.

(2) Der Wirkbereich um Abgabeeinrichtungen umfasst die betriebsmäßig vom Zapfschlauch vom Bodenniveau bis in mindestens 0,8 m Höhe horizontal bestrichene Distanz zuzüglich 1 m.

(3) Zwischen Abgabeeinrichtungen für Ottokraftstoffe und

1. Öffnungen von Gebäuden aus nicht brennbaren Baustoffen muss ein Abstand von mindestens 5 m,
2. Türöffnungen in Gebäuden gemäß Z 1, die der einzige Fluchtweg aus dem Gebäude sind, muss ein Abstand von mindestens 8 m,
3. Öffnungen zu tiefer gelegenen Bereichen, wie Räumen, Kellern, Gruben und Schächten, durch die Dampf-Luft-Gemische hindurchtreten können, muss ein Abstand von mindestens 8 m,
4. Gebäuden aus brennbaren Baustoffen muss ein Abstand von mindestens 8 m

eingehalten werden.

(4) Stehen für die Einhaltung der Mindestabstände nach Abs. 3 keine ausreichend großen Flächen zur Verfügung, so hat die Behörde im Einzelfall nach den gegebenen örtlichen Verhältnissen zuzulassen, dass die Abstände höchstens an zwei Seiten durch Wände ersetzt werden, wenn diese den gleichen Schutz bieten, wie er durch die Abstände nach Abs. 3 gegeben wäre.

Abgabeeinrichtungen

§ 39. (1) Im Wirkbereich um Abgabeeinrichtungen für Ottokraftstoffe dürfen keine ortsfesten Zündquellen vorhanden sein. Dies gilt nicht, wenn durch andere Schutzmaßnahmen sichergestellt ist, dass zündfähige Dampf-Luft-Gemische nicht entstehen oder nicht zu Zündquellen in diesem Bereich, wie Mess- und Steuereinrichtungen, gelangen können.

(2) Die Wirkbereiche um Abgabeeinrichtungen für gasförmige Kraftstoffe (Flüssiggas, Erdgas) dürfen sich mit den Wirkbereichen der Abgabeeinrichtungen für brennbare Flüssigkeiten überschneiden; Einrichtungen zur Lagerung von gasförmigen Kraftstoffen (zB Lagerbehälter, Domschächte) dürfen nur außerhalb der Wirkbereiche der Abgabeeinrichtungen von Ottokraftstoff und Gasölen aufgestellt werden.

(3) Abgabeeinrichtungen für Gasöle als Betriebsmittel für Kraftfahrzeuge oder zu Heizzwecken dürfen in Räumen unter folgenden Voraussetzungen aufgestellt werden:

1. der Aufstellbereich muss gut durchlüftet sein;
2. es müssen ausreichende Abstände von Fluchtwegen eingehalten werden,
3. es muss ein ausreichender Schutz gegen Beschädigung vorgesehen sein,
4. der Gebäudeteil, in dem sich die Abgabeeinrichtung befindet, muss aus nicht brennbaren Baustoffen bestehen

Zapfsäulen und Zapfgeräte

§ 40. (1) Zapfsäulen und Zapfgeräte müssen gegen Beschädigung durch Anfahren geschützt sein (zB durch eine Umwehrung oder durch die Anordnung eines Sockels für die Zapfsäulenaufstellung). Ein ausreichender Schutz einer Zapfsäule gegen Beschädigung durch Anfahren ist jedenfalls durch eine Ausführung gegeben, bei der dieser Anfahrschutz mindestens in einer Höhe von 12 cm über dem Boden und mindestens in einem horizontalen Abstand von 30 cm um die Zapfsäule wirksam ist.

(2) Um Zapfsäulen muss in einem Umkreis von mindestens 80 cm jener Bereich ungehindert zugänglich sein, der für Kontroll-, Wartungs- und Reparaturarbeiten an der Zapfsäule erforderlich ist.

(3) Um Zapfsäulen muss eine Betankungsfläche ausgeführt sein, die mindestens das Ausmaß des Wirkbereiches aufweisen muss. Die Betankungsfläche muss befestigt, ausreichend dicht und beständig gegen die abgegebenen brennbaren Flüssigkeiten hergestellt sein.

(4) Sind Zapfsäulen unmittelbar neben einer unbefestigten Fläche oder allgemein genützten Flächen, wie zB Verkehrsflächen, aufgestellt, muss an der Begrenzung zu diesen Flächen eine ausreichend dichte Wand (zB Mauer, Glaswand,

Blechwand) in einer Höhe von mindestens 1 m und einer Länge im Ausmaß der Länge des Zapfschlauches vorhanden sein.

(5) Zapfgeräte (ausgenommen Kleinzapfgeräte) dürfen nur bei Betriebstankstellen verwendet werden.

(6) Kleinzapfgeräte müssen so aufgestellt oder so gesichert sein, dass sie nicht umstürzen, abrollen oder von Kraftfahrzeugen angefahren werden können. Kleinzapfgeräte müssen außerhalb der Betriebszeiten einer Tankstelle dem Zugriff betriebsfremder Personen entzogen oder so gesichert sein, dass sie nicht umgeworfen werden können oder aus ihnen brennbare Flüssigkeiten entnommen werden können; Messeinrichtungen von Kleinzapfgeräten müssen außerhalb von Betankungsvorgängen entleert sein.

Zapfschläuche und Zapfventile
§ 41. (1) Zapfschläuche müssen mit einer Sicherung ausgestattet sein, die bei einem Abriss des Zapfschlauches selbsttätig das an der Zapfsäule verbleibende Ende der Abrissstelle verschließt.

(2) Zapfschläuche von Zapfsäulen und Zapfgeräten müssen am Schlauchauslauf mit einem geeigneten Zapfventil ausgerüstet sein. Zapfschläuche müssen eine für das ordnungsgemäße Abfüllen der brennbaren Flüssigkeit erforderliche Länge aufweisen, sie dürfen jedoch nicht länger als 6 m, Zapfschläuche zum Abfüllen von Gasölen nicht länger als 10 m, sein. Zapfschläuche müssen so ausgeführt sein, dass elektrostatische Aufladungen gefahrlos abgeleitet werden.

(3) Zapfventile an Zapfsäulen und Zapfgeräten von Tankstellen müssen folgenden Anforderungen entsprechen:
1. Zapfventile dürfen nur dann in geöffneter Stellung feststellbar sein, wenn sich das in den zu füllenden Behälter eingehängte Zapfventil vor der vollständigen Füllung des zu füllenden Behälters selbsttätig schließt;
2. Zapfventile müssen selbsttätig so schließen, dass sie bei vollständiger Füllung des zu befüllenden Behälters oder bei Herausfallen des Zapfventils aus der Behälteröffnung den Flüssigkeitsstrom selbsttätig unterbrechen;
3. selbsttätig schließende Zapfventile müssen so beschaffen sein, dass sie während des Füllvorganges aus der Öffnung des zu füllenden Behälters nicht herausgleiten und durch den beim Schließen des Zapfventils entstehenden Stoß nicht aus der Öffnung des Behälters gedrückt werden; das selbsttätige Schließen des Zapfventils muss bei jeder Rastenstellung des Füllhebels sichergestellt sein, wobei das Zapfventil schon beim geringsten eingestellten Volumenstrom selbsttätig schließen muss;
4. selbsttätig schließende Zapfventile müssen durch eine Kugelkippsicherung oder eine gleichwertige Sicherung so gesichert sein,

dass bei betätigtem Füllhebel das Abfüllen von brennbaren Flüssigkeiten nur bei annähernd waagrechter Haltung des Zapfventils und gegen den Boden weisender Auslauföffnung des Zapfventils möglich ist.

(4) Bei Selbstbedienung durch Kunden muss an jeder Zapfsäule oder in unmittelbarer Nähe jeder Zapfsäule eine leicht verständliche Bedienungsanleitung deutlich sichtbar und dauerhaft angebracht sein.

Tankstellen ohne Anwesenheit einer verantwortlichen Aufsichtsperson
§ 42. (1) Das Betanken durch Kunden ohne eine verantwortliche Aufsichtsperson ist an öffentlichen Tankstellen zulässig, wenn die nachfolgenden Anforderungen erfüllt sind:
1. Die Betankungsfläche der für den Betrieb ohne eine verantwortliche Aufsichtsperson vorgesehenen Zapfsäule muss mit einer Videoüberwachung zu einer ständig besetzten Stelle ausgestattet sein; mindestens folgende Anforderungen müssen erfüllt sein:
   a) jede Zapfinsel muss videoüberwacht sein;
   b) alle Betankungsvorgänge müssen an eine während der Betriebszeiten der Tankstelle besetzte Überwachungsstelle übertragen werden, die im Bedarfsfall jeden Betankungsvorgang sofort unterbrechen kann;
   c) die in der Tankstelle befindliche Videoüberwachungsanlage muss so ausgeführt sein, dass bei nicht zu Stande kommen oder bei Ausfall der Bildübertragung zur ständig besetzten Stelle kein Kraftstoff abgegeben werden kann oder der Betankungsvorgang sofort automatisch unterbrochen wird;
   d) die Aufschaltung der Videoüberwachung zur ständig besetzten Stelle muss spätestens dann erfolgen, wenn Personen oder Kraftfahrzeuge den jeweiligen Zapfsäulenbereich betreten oder befahren;
2. die Tankstelle darf nicht in Gebäuden mit bewohnten oder dem ständigen Aufenthalt von Personen dienenden Räumen liegen;
3. die Betankungsfläche der für den Betrieb ohne eine verantwortliche Aufsichtsperson vorgesehenen Zapfsäule muss mit einer Entwässerungseinrichtung über eine Abscheideanlage ausgestattet sein, die ein Rückhaltevolumen zumindest im Ausmaß der größtmöglichen Abgabemenge aufweist;
4. im Nahbereich der Zapfsäulen muss eine Gegensprechanlage angebracht sein, wobei durch Drücken eines Tasters eine Sprechverbindung zu einer ständig besetzten Stelle hergestellt werden muss;
5. im Nahbereich der Zapfsäulen muss ein deutlich gekennzeichneter Notschalter zur Abschaltung sämtlicher Pumpenmotoren im Gefahrenfall vorhanden sein;

VbF

6. die Zapfsäulen dürfen nur im Saugbetrieb betrieben werden; der Betrieb von Druckpumpen vom Lagerbehälter zur Zapfsäule ist unzulässig;
7. die Zapfsäule muss den Pumpenmotor spätestens fünf Minuten nach Beginn der Treibstoffabgabe automatisch abschalten; auf die Zeitbegrenzung muss deutlich hingewiesen sein;
8. bei jeder Zapfsäule für den Betrieb ohne verantwortliche Aufsichtsperson muss eine deutlich sichtbare und leicht verständliche Bedienungsanleitung angebracht sein, der die richtige Bedienung der Zapfsäule zu entnehmen ist.

(2) Zapfsäulen an öffentlichen Tankstellen, die zur ausschließlichen Abgabe von Gasölen als Betriebsmittel für Kraftfahrzeuge der Kraftfahrzeugklassen M2, M3, N2 und N3 gemäß dem Kraftfahrgesetz 1967 – KFG 1967, BGBl. Nr. 267/1967, in der Fassung des Bundesgesetzes BGBl. I Nr. 190/2021, dienen und die für eine Höchstabgabemenge von mehr als 100 l pro Minute ausgelegt sind, müssen die Anforderungen des Abs. 1 Z 1 bis Z 3, Z 5, Z 6 und Z 8 erfüllen. Bei Überschreiten des höchsten Rückhaltevolumens im Sinne des Abs. 1 Z 3 muss die Zapfsäulenpumpe automatisch abschalten.

(3) Öffentliche Tankstellen zur ausschließlichen Abgabe von Gasölen als Betriebsmittel für Kraftfahrzeuge mit Zapfsäulen mit einer Höchstabgabemenge von 40 l pro Minute müssen die Anforderungen des Abs. 1 Z 2, Z 3 und Z 5 bis Z 8 erfüllen.

(4) Tankstellen ohne Anwesenheit einer verantwortlichen Aufsichtsperson müssen mindestens dreimal wöchentlich durch augenscheinliche Kontrollen auf ordnungsgemäßen Zustand geprüft werden; bei Vorhandensein einer automatischen Überwachung der Sicherheitseinrichtungen der Zapfsäulen, einer automatischer Übertragung des Ansprechens des Leckanzeigesystems an eine ständig besetzte Stelle und einer Videoüberwachung der gesamten Betriebsfläche müssen die augenscheinlichen Kontrollen mindestens einmal wöchentlich durchgeführt werden.

7. Abschnitt
Füllstellen
Füllstellen – allgemeine Anforderungen
§ 43. (1) Die Befüllung von fest verbundenen Tanks, Aufsetztanks oder Tankcontainern auf Kraftfahrzeugen darf nur über Füllstellen erfolgen. Die Befüllung direkt aus anderen Tankfahrzeugen ist innerhalb von Betriebsanlagen oder Arbeitsstätten nicht zulässig.

(2) In Bereichen, in denen eine Lagerung von brennbaren Flüssigkeiten nicht zulässig ist, dürfen keine Füllstellen eingerichtet werden.

(3) Füllstellen müssen wie folgt ausgestattet und betrieben werden:

1. an Füllstellen müssen Einrichtungen vorhanden sein, durch die eine Überfüllung der mit der Füllstelle verbundenen Behälter verhindert wird;
2. vor der Befüllung muss der Flüssigkeitsstand im zu befüllenden Behälter ermittelt und die Menge festgelegt werden, die aufgenommen werden kann;
3. Füllstellen müssen während des Befüll- oder des Entleervorganges beaufsichtigt werden;
4. Füllstellen müssen gegen mechanische Einwirkungen von außen oder ein Anfahren der Füllstellen durch Fahrzeuge durch geeignete Maßnahmen, wie Anbringung eines Anfahrschutzes oder Errichtung von Abschrankungen, geschützt sein;
5. Füllstellen für brennbare Flüssigkeiten der Gefahrenkategorie 1, 2 oder 3 in Gebäuden müssen in einem eigenen Brandabschnitt angeordnet sein; das ist nicht notwendig, wenn die Füllstelle Bestandteil einer verfahrenstechnischen Anlage ist und dies durch entsprechende brandschutztechnische Maßnahmen (zB durch Einrichtungen zur Brandfrüherkennung und ortsfeste Löscheinrichtungen) berücksichtigt ist.

(4) Füllanschlüsse an Füllstellen müssen folgenden Anforderungen entsprechen:

1. im Nahbereich der Füllanschlüsse müssen die erforderlichen Anschlüsse für eine Überfüllsicherung angeordnet sein;
2. auf die Funktionsweise der Überfüllsicherung muss deutlich sichtbar hingewiesen sein;
3. liegt ein Füllanschluss unter dem Niveau des höchstmöglichen Flüssigkeitsspiegels im angeschlossene Behälter, so muss die angeschlossene Leitung mit einem Rückschlagventil ausgestattet sein.

Füllstellen für Transportfahrzeuge und ortsbewegliche Behälter (Füllanlagen)
§ 44. (1) Füllanlagen müssen den Anforderungen des § 39 Abs. 1 und 2, des § 43 Abs. 3 und 4 sowie den Anforderungen der Absätze 2 bis 6 entsprechen.

(2) Die Überfüllung der mittels der Füllanlage zu befüllenden Transportfahrzeuge und ortsbeweglichen Behälter muss zuverlässig verhindert werden; dies ist jedenfalls dann erfüllt, wenn

1. bei Befüllung im geschlossenen System der Befüllvorgang durch eine Überfüllsicherung selbsttätig beendet wird und
2. während der Befüllung die Betriebsbereitschaft einer Überfüllsicherung optisch angezeigt wird oder
3. bei Befüllung über offenen Dom eine Schnellschlusseinrichtung ohne Selbsthaltung vorhanden ist oder
4. bei ausschließlicher Befüllung ortsbeweglicher Behälter

a) der Füllvorgang durch volumen- oder gewichtsabhängige Steuerung selbsttätig beendet wird oder

b) die Befüllung der Behälter über ein selbsttätig schließendes Zapfventil erfolgt.

(3) Füllanlagen für Transportfahrzeuge müssen mit einer als Auffangeinrichtung ausgebildeten Abstellfläche so ausgestattet sein, dass auslaufende brennbare Flüssigkeiten erkannt und beseitigt werden können und nicht in ein oberirdisches Gewässer, eine hiefür nicht geeignete Abwasseranlage oder in das Erdreich gelangen können. Die Abstellfläche muss jedenfalls das Ausmaß des Wirkbereiches betragen, der über die waagrechte Verbindung zwischen den Anschlüssen am Fahrzeug und dem Lagerbehälter zuzüglich 2,5 m nach allen Seiten bemessen sein muss. Die hiefür vorgesehenen Boden- und Auffangflächen müssen ausreichend dicht und beständig gegen die umzufüllenden brennbaren Flüssigkeiten sowie gegen die zu erwartenden mechanischen Beanspruchungen sein. Sie müssen so geneigt sein, dass sich ausfließende brennbare Flüssigkeiten nicht auf Manipulationsflächen, Flucht- oder Verkehrswegen ansammeln können.

(4) Das nach Abs. 3 erforderliche Auffangvolumen muss für jene Menge bemessen sein, die dem höchsten Förderstrom der Füllanlage von fünf Minuten Dauer entspricht; wenn Schnellschlusseinrichtungen ohne Selbsthaltung oder Überfüllsicherungen oder Überlaufsicherungen am Füllanschluss vorhanden sind, darf das Auffangvolumen entsprechend der bis zum Wirksamwerden dieser Maßnahmen erforderlichen Zeit verringert werden.

(5) An Füllanlagen muss der Volumenstrom im Gefahrenfall unverzüglich stillgesetzt werden können.

(6) Bei Füllanlagen in Räumen müssen die beim Abfüllen entstehenden Dämpfe möglichst nahe der Entstehungsstelle abgesaugt und gefahrlos ins Freie abgeleitet werden. Der Betrieb der Füllanlage darf nur möglich sein, wenn die Absaugung wirksam ist. Die Absaugung muss nach Ende des Abfüllvorganges mindestens 15 Minuten in Betrieb bleiben.

Füllstellen an Tankstellen

§ 45. (1) Füllstellen an Tankstellen müssen den Anforderungen des § 39 Abs. 1 und 2, des § 43 Abs. 3 und 4, des § 44 Abs. 3 sowie den Anforderungen der Absätze 2 bis 5 entsprechen.

(2) Im Bereich von Füllstellen an Tankstellen muss eine Abstellfläche für Tankfahrzeuge eingerichtet sein, die von anderen Flächen durch Gefälle und Rinnen oder Aufkantungen abgetrennt sein muss. Die Abstellfläche muss mindestens den Wirkbereich zuzüglich einer Ablauf- oder Staufläche bis zur Abtrennung umfassen.

(3) Die Einrichtungen der Füllstelle (Füllschränke und Füllschächte) müssen ausreichend dicht und beständig gegen die umzufüllenden brennbaren Flüssigkeiten ausgeführt sein sowie für die zu erwartenden mechanischen Beanspruchungen geeignet sein.

(4) Füllstellen für Kraftstoffe für Kraftfahrzeuge und Füllstellen für Gasöle zu Heizzwecken müssen als konstruktiv getrennte Einrichtungen ausgeführt sein.

(5) Am Füllanschluss eines mittels Gaspendelverfahrens zu befüllenden Behälters muss durch eine deutlich sichtbare und gut lesbare Aufschrift darauf hingewiesen sein, dass die Befüllung nur unter Anwendung dieses Verfahrens erfolgen darf.

Füll- und Betankungsvorgänge auf Eisenbahnanlagen

§ 46. Bei Füll- und Betankungsvorgängen auf Eisenbahnanlagen müssen folgende Mindeststandards eingehalten werden:

1. Die Füll- und Betankungsvorgänge müssen ehestmöglich abgeschlossen werden;
2. bei Füll- und Betankungsvorgängen müssen die beteiligten Fahrzeuge gegen Bewegen und Entrollen gesichert sein;
3. Rauchen und Hantieren mit Feuer oder offenem Licht im Bereich der Füll- und Betankungsstellen sind verboten; ein Füll- oder Betankungsvorgang ist nur bei ausreichendem Licht zulässig;
4. der Füll- und Betankungsvorgang muss ständig überwacht werden; bei einer Unterbrechung von Füll- oder Betankungsvorgängen müssen die beteiligten Behälter bzw. Anschlüsse unverzüglich sicher verschlossen oder in einen transportfähigen Zustand versetzt werden;
5. zwischen Schienenfahrzeugen und Transportfahrzeugen oder ortsbeweglichen Behältern muss bei Füll- und Betankungsvorgängen ein Potenzialausgleich hergestellt sein;
6. Füll- und Betankungsvorgänge dürfen nur bei ausgeschalteter Oberleitung erfolgen; ausgenommen hiervon ist die Betankung von Schienenfahrzeugen mit Gasöl.

8. Abschnitt
Verkaufsräume und Vorratsräume

§ 47. (1) Verkaufsräume, in denen brennbare Flüssigkeiten zum Verkauf angeboten werden, und Vorratsräume, in denen brennbare Flüssigkeiten gelagert oder zum Verkauf vorrätig gehalten werden, müssen gegenüber betriebsfremden Gebäudeteilen als eigener Brandabschnitt ausgebildet sein; dies ist nicht erforderlich, wenn brennbare Flüssigkeiten bis zu den in Z 3 der Tabelle zu § 33 Abs. 1 genannten Mengen zum Verkauf angeboten, gelagert oder zum Verkauf vorrätig gehalten werden.

VbF

(2) Das Abfüllen und Umfüllen brennbarer Flüssigkeiten der Gefahrenkategorien 1, 2 und 3 ist in Verkaufs- und Vorratsräumen unzulässig. Das gilt nicht

1. für das Abfüllen und Umfüllen in geringfügigen Mengen in Vorratsräumen, wenn dadurch keine Gefährdung von Personen zu erwarten ist oder
2. wenn geschlossene Systeme ohne betriebsmäßiges Offenhalten von Behältern oder Rohrleitungen verwendet werden.

(3) Für Regale für brennbare Flüssigkeiten in Verkaufsräumen und in Vorratsräumen gilt Folgendes:

1. Regale für brennbare Flüssigkeiten in Verkaufsräumen und in Vorratsräumen müssen aus nichtbrennbaren oder schwer entflammbaren Werkstoffen hergestellt sein;
2. von leicht brennbaren anderen Materialien (zB Holzwolle oder losem Papier) muss ein Mindestabstand von 2 m eingehalten werden;
3. in Regalfächern für brennbare Flüssigkeiten dürfen zusätzlich nur unverpackte nichtbrennbare Waren gelagert werden.

(4) Für in Verkaufsräumen zur freien Entnahme durch Kunden bereitgehaltene Behälter mit brennbaren Flüssigkeiten gilt:

1. die Behälter müssen bei einem Fassungsvolumen von mehr als 0,25 l bruchfest sein;
2. Behälter für brennbare Flüssigkeiten der Gefahrenkategorie 2 dürfen ein Fassungsvolumen von 1 l, Behälter für brennbare Flüssigkeiten der Gefahrenkategorie 3 dürfen ein Fassungsvolumen von 10 l, nicht überschreiten.

9. Abschnitt

Übergangs- und Schlussbestimmungen

Geschlechtsneutrale Bezeichnung

§ 48. Die in dieser Verordnung verwendeten personenbezogenen Bezeichnungen sind geschlechtsneutral zu verstehen.

Übergangsbestimmungen

§ 49. (1) Für bereits genehmigte gewerbliche Betriebsanlagen, für Eisenbahnanlagen und Bodeneinrichtungen, mit deren Bau vor Inkrafttreten dieser Verordnung begonnen wurde, und für vor Inkrafttreten dieser Verordnung genehmigte Rohrleitungsanlagen gilt diese Verordnung mit folgenden Abweichungen und Ausnahmen:

1. Folgende Bestimmungen gelten nicht: § 7 Abs. 4, § 8 Abs. 2 Z 2, § 10 Abs. 2, die §§ 14 bis 20, § 21 Abs. 4 Z 2, § 25, § 38 Abs. 3 Z 2 und Z 3, § 40 Abs. 4, § 44 Abs. 3 zweiter Satz, Abs. 4 und Abs. 6 letzter Satz sowie § 45 Abs. 2 zweiter Satz und Abs. 4.
2. Lagerbehälter müssen in Abhängigkeit von ihrem Herstellungsjahr dem § 6 Abs. 4 letzter Satz und dem § 8 Abs. 2 Z 1 und Z 5 bis zu folgenden Terminen entsprechen:

a) Herstellung bis 1985: Entsprechung bis 31. Dezember 2025,
b) Herstellung 1986 bis 1990: Entsprechung bis 31. Dezember 2030,
c) Herstellung 1991 bis 1995: Entsprechung bis 31. Dezember 2035,
d) Herstellung nach 1995: Entsprechung bis 31 Dezember 2040.

Wenn für einen Lagerbehälter bis spätestens 31.Dezember 2025 eine positive Prüfbescheinigung über eine nicht vor dem 1. Jänner 2025 durchgeführte Dichtheitsprüfung gemäß § 23 Z 3 vorliegt, muss der Lagerbehälter abweichend von lit. a dem § 6 Abs. 4 letzter Satz und dem § 8 Abs. 2 Z 1 und Z 5 bis spätestens 31. Dezember 2027 entsprechen; dieser Entsprechungstermin verlängert sich auf spätestens 31. Dezember 2029, wenn für den Lagerbehälter eine weitere positive Prüfbescheinigung über eine frühestens am 1. Jänner 2027 durchgeführte Prüfung gemäß § 23 Z 3 vorliegt.

3. Abweichend von § 7 Abs. 2 ist die Aufstellung oberirdischer einwandiger Lagerbehälter zulässig, wenn sie auf mindestens zwei Seiten begehbar und an den nicht begehbaren Seiten einsehbar sind.
4. Abweichend von den §§ 11, 12 und 34 ist an Stelle einer feuerbeständigen bzw. feuerhemmenden Ausführung eine brandbeständige bzw. brandhemmende Ausführung ausreichend; für Türen von Lagerräumen zur Lagerung von brennbaren Flüssigkeiten der Gefahrenkategorien 2 oder 3 ist eine hochbrandhemmende Ausführung (Feuerwiderstand von mindestens 60 Minuten) ausreichend.
5. Mechanische Überfüllsicherungen müssen im Rahmen der wiederkehrenden Prüfung gemäß § 26 Abs. 3 Z 4 nicht geprüft werden.
6. Abweichend von § 35 Abs. 2 Z 1 und Z 2 gilt: kein Schutzstreifen bis zu 5 000 l; bei mehr als 5 000 l bis zu 10 000 l ein Schutzstreifen von 10 m.
7. Abweichend von § 35 Abs. 3 gilt: kein Schutzstreifen bis zu 200 000 l.
8. Abweichend von § 36 Abs. 2 dürfen Gasöle in oberirdischen Lagerbehältern insgesamt bis zu einer Menge von 12 000 l, bei Betriebstankstellen insgesamt bis zu einer Menge von 20 000 l, gelagert werden.
9. Füllstellen an Tankstellen müssen dem § 45 Abs. 1 und Abs. 2 erster Satz spätestens nach Ablauf von zehn Jahren ab dem Inkrafttreten der Verordnung über die Lagerung brennbarer Flüssigkeiten 2023 (Verordnung über brennbare Flüssigkeiten 2023 – VbF 2023), BGBl. II Nr. 45/2023, entsprechen.
10. Rohrleitungen müssen dem § 10 Abs. 3 spätestens nach Ablauf von zehn Jahren ab dem Inkrafttreten dieser Verordnung entsprechen; keiner Anpassung bedürfen Rohrleitungen in

Überschubrohren für Gasöle zur Versorgung von Heizungsanlagen.

(2) Als arbeitnehmerschutzrechtliche Vorschrift gelten für im Zeitpunkt des Inkrafttretens dieser Verordnung bereits bestehende Arbeitsstätten, Baustellen und auswärtige Arbeitsstellen § 3, § 6 Abs. 5 Z 1 bis 4, Abs. 6 Z 4, § 7 Abs. 3, § 9 Abs. 1 und 2, § 10 Abs. 4, § 12 mit der Abweichung nach Abs. 1 Z 4, § 22 Abs. 1, §§ 24, 26 und 27, § 28 Abs. 1, §§ 29 bis 33, § 43 Abs. 3 Z 1 bis 4, § 43 Abs. 4, § 44 Abs. 2 und Abs. 6 mit Ausnahme des letzten Satzes sowie § 47 Abs. 2 bis 4. Wird jedoch eine solche Arbeitsstätte, Baustelle oder auswärtige Arbeitsstelle nach Inkrafttreten dieser Verordnung geändert, ist die Änderung entsprechend den in § 1 Abs. 4 genannten Bestimmungen vorzunehmen.

(3) Als Vorschrift nach dem Apothekengesetz gilt Abs. 2 für zum Zeitpunkt des Inkrafttretens dieser Verordnung bereits genehmigte Apotheken sinngemäß.

(4) Sofern in Bescheiden auf gefährliche Eigenschaften nach den Gefahrenklassen nach § 5 der Verordnung über brennbare Flüssigkeiten – VbF, BGBl. Nr. 240/1991, in der Fassung der Verordnung BGBl. II Nr. 351/2005, Bezug genommen wird, entsprechen diese Gefahrenklassen den Gefahrenkategorien nach dieser Verordnung gemäß nachstehender Aufzählung:

1. leicht entzündliche brennbare Flüssigkeiten der Gefahrenklasse I entsprechen leicht entzündbaren brennbaren Flüssigkeiten der Gefahrenkategorie 2,
2. entzündliche brennbare Flüssigkeiten der Gefahrenklasse II entsprechen entzündbaren brennbaren Flüssigkeiten der Gefahrenkategorie 3,
3. schwer entzündliche brennbare Flüssigkeiten der Gefahrenklasse III entsprechen brennbaren Flüssigkeiten der Gefahrenkategorie 4.

Inkrafttreten

§ 50. (1) Diese Verordnung tritt mit dem der Kundmachung folgenden Monatsersten in Kraft.

(2) § 12 Abs. 1 Z 4, § 33 Abs. 1, Abs. 1a, Abs. 3 Z 3 und Abs. 4 Z 3, § 35, § 38 Abs. 3 Z 1 und Z 4, § 39 Abs. 3 Z 4, § 49 Abs. 1 Z 1, Z 2 und Z 5 bis Z 10 sowie § 52 in der Fassung der Verordnung BGBl. II Nr. 141/2024 treten mit dem der Kundmachung folgenden Monatsersten in Kraft.

Außerkrafttreten

§ 51. Gemäß § 125 Abs. 7 ASchG wird festgestellt, dass mit dem Inkrafttreten dieser Verordnung die gemäß § 122 Abs. 5 Z 1 ASchG als Bundesgesetz in Geltung stehenden Bestimmungen der Verordnung über brennbare Flüssigkeiten – VbF, BGBl. Nr. 240/1991, in der Fassung der Verordnung BGBl. II Nr. 351/2005, außer Kraft treten.

Notifikation

§ 52. (1) Diese Verordnung wurde unter Einhaltung der Bestimmungen der Richtlinie (EU) 2015/1535 über ein Informationsverfahren auf dem Gebiet der technischen Vorschriften und der Vorschriften für die Dienste der Informationsgesellschaft (kodifizierter Text), ABl. Nr. L 241 vom 17.09.2015 S. 1, notifiziert (Notifikationsnummer 2022/0013/A).

(2) Die Verordnung BGBl. II Nr. 141/2024 wurde unter Einhaltung der Bestimmungen der Richtlinie (EU) 2015/1535 notifiziert (Notifikationsnummer 2024/0051/AT).

VbF

28. Verordnung über die Betriebsbewilligung nach dem Arbeitnehmerschutzgesetz (Auszug)

Verordnung des Bundesministers für soziale Verwaltung vom 20. Feber 1976 über die Betriebsbewilligung nach dem Arbeitnehmerschutzgesetz

StF: BGBl. Nr. 116/1976

Letzte Novellierung: BGBl. Nr. 450/1994

Präambel

Auf Grund der §§ 27 Abs. 4, 34 Abs. 9 und 35 Abs. 2 des Arbeitnehmerschutzgesetzes, BGBl. Nr. 234/1972, in der Fassung des Bundesgesetzes BGBl. Nr. 144/1974 wird verordnet:

...

Betriebsbewilligung

§ 2. (1) Betriebe, bei deren Führung infolge der Art der Betriebseinrichtungen, der Betriebsmittel, der verwendeten Arbeitsstoffe oder der Arbeitsverfahren in besonderem Maße eine Gefährdung des Lebens und der Gesundheit der Arbeitnehmer auftreten kann, dürfen nur auf Grund einer Bewilligung der zuständigen Behörde geführt werden.

(2) Eine Bewilligung nach Abs. 1 ist nicht erforderlich bei Betrieben, für die durch eine andere bundesgesetzliche Vorschrift eine Bewilligung vorgeschrieben ist, sowie bei sonstigen Betrieben, die unter die Bestimmungen der Gewerbeordnung 1973 fallen.

(3) Eine Bewilligung nach Abs. 1 ist, soweit sich aus Abs. 2 nicht anderes ergibt, insbesondere erforderlich für:

Elektrizitätserzeugungsanlagen mit einer gesamten installierten Maschinenleistung (Klemmenleistung) von mehr als 10 MW sowie Umspann- und Schaltanlagen mit einer gesamten installierten Transformatorenleistung von mehr als 50 MVA und einer Nennspannung von 110 kV und darüber;

Schlachthöfe;

Müllverbrennungsanlagen;

Tierkörperverwertungsanstalten;

Badeanstalten, soweit Wärmepumpen oder für die Wasserentkeimung gesundheitsschädliche Stoffe verwendet werden;

Sportanlagen mit Kunsteisbahnen;

Rundfunk- und Fernsehanstalten hinsichtlich ihrer Produktionsstudios mit besonderen Einrichtungen, wie Filmentwicklung, Werkstätten oder zentraler Energieversorgung, und der Großsendeanlagen;

Theater mit maschinellen Bühneneinrichtungen, Theaterwerkstätten;

Filmateliers einschließlich ihrer Werkstätten;

Betriebe mit solchen Kraftfahrzeug-Einstellräumen, die auch als Arbeitsräume verwendet werden, wenn deren Stellplätze mehr als 5 m unter dem angrenzenden Gelände liegen;

Krankenanstalten;

Betriebe, die unter den Geltungsbereich der Verordnung über die gesundheitliche Eignung von Arbeitnehmern für bestimmte Tätigkeiten, BGBl. Nr. 39/1974, fallen.

(4) Werden in einem Betrieb, für den eine Betriebsbewilligung nach Abs. 1 nicht erforderlich ist, Änderungen vorgenommen, die die Bewilligungspflicht zur Folge haben, so ist für die Weiterführung dieses Betriebes eine Bewilligung erforderlich.

(5) Die Verwendung von Betriebseinrichtungen, Betriebsmitteln, Arbeitsstoffen oder Ausrüstungen, für die eine Zulassung nach § 26 des Arbeitnehmerschutzgesetzes erteilt wurde, bedingt für den betreffenden Betrieb an sich keine Betriebsbewilligung nach Abs. 1.

(6) Werden Umstände bekannt, die die Bewilligungspflicht eines Betriebes im Sinne des Abs. 1 begründen könnten, zweifelt jedoch der Arbeitgeber daran, daß der Betrieb nur auf Grund einer Bewilligung geführt werden darf, so hat die zuständige Behörde von Amts wegen durch Bescheid festzustellen, ob für die Führung des Betriebes eine Bewilligung notwendig ist. Ein Feststellungsbescheid ist jedoch nicht zu erlassen, wenn die Bewilligungspflicht offenkundig ist.

(7) Durch ein Verfahren nach Abs. 6 wird späteren Feststellungen über Art und Ausmaß der Gefährdung nach Abs. 1 nicht vorgegriffen.

(8) Abs. 6 ist sinngemäß anzuwenden, wenn der Arbeitgeber beantragt festzustellen, ob der Betrieb nur auf Grund einer Bewilligung nach Abs. 1 geführt werden darf.

Ansuchen um Betriebsbewilligung

§ 3. (1) Um die Erteilung der Betriebsbewilligung hat der Arbeitgeber bei der zuständigen Behörde anzusuchen.

(2) Dem Ansuchen sind eine Betriebsbeschreibung, die erforderlichen Pläne und sonstige für die Beurteilung des Betriebes notwendige Unterlagen in dreifacher Ausfertigung anzuschließen. Diesen Unterlagen müssen die für die Beurteilung des Betriebes vom Standpunkt des Arbeitnehmerschutzes maßgebenden Umstände zu entnehmen sein.

Die Pläne müssen vor allem Aufschluß geben über die Größe und Lage der Arbeitsräume und die Belichtung derselben, über sonstige Betriebsräume und Lagerräume, über die Ausgänge, Verkehrs- und Fluchtwege, die Betriebseinrichtungen sowie die sanitären Vorkehrungen. Die Betriebsbeschreibung und die sonstigen Unterlagen müssen insbesondere Angaben enthalten über die Art des Betriebes und der Erzeugnisse desselben oder der in diesem ausgeübten Tätigkeiten, die Beleuchtung, Beheizung und Lüftung der Betriebsräume, die verwendeten Betriebseinrichtungen, sonstigen mechanischen Einrichtungen sowie Betriebsmittel, die Arbeitsvorgänge und Arbeitsverfahren, die zur Verwendung kommenden Arbeitsstoffe, die Art und Menge allfälliger Lagerungen und über die Zahl der im Betrieb Beschäftigten.

...

29. Allgemeine Arbeitnehmerschutzverordnung

Verordnung des Bundesministers für soziale Verwaltung vom 11. März 1983 über allgemeine Vorschriften zum Schutz des Lebens, der Gesundheit und der Sittlichkeit der Arbeitnehmer (Allgemeine Arbeitnehmerschutzverordnung – AAV)

StF: BGBl. Nr. 218/1983 idF BGBl. Nr. 486/1983 (DFB)

Letzte Novellierung: BGBl. II Nr. 120/2017

Präambel

Auf Grund der §§ 24 Abs. 1 bis 3 und 33 Abs. 1, 2 und 4 des Arbeitnehmerschutzgesetzes, BGBl. Nr. 234/1972, in der Fassung der Bundesgesetze BGBl. Nr. 144/1974 und BGBl. Nr. 544/1982 wird, soweit es sich um der Gewerbeordnung 1973, BGBl. Nr. 50/1974, unterliegende Betriebe handelt, im Einvernehmen mit dem Bundesminister für Handel, Gewerbe und Industrie und soweit es sich um Betriebe handelt, die dem Verkehrs-Arbeitsinspektionsgesetz, BGBl. Nr. 99/1952, in der Fassung der Bundesgesetze BGBl. Nr. 80/1957, BGBl. Nr. 234/1972 und BGBl. Nr. 174/1981 unterliegen, im Einvernehmen mit dem Bundesminister für Verkehr verordnet:

GLIEDERUNG

I. HAUPTSTÜCK
BEGRIFFE

§ 1. Im Sinne dieser Verordnung sind

1. „Arbeitsräume"

Räume von Betrieben, in denen nach ihrer Zweckbestimmung Arbeiten ausgeführt werden und in denen mindestens ein ständiger Arbeitsplatz eingerichtet ist; Führer- und Bedienungsstände von Betriebseinrichtungen und Betriebsmitteln sowie vorwiegend als Schutz gegen Witterungseinflüsse errichtete Räume, wie Verkaufsstände oder Kassenschalter, gelten nicht als Arbeitsräume,

2. „Ständige Arbeitsplätze"

a) Bereiche, in denen Arbeitnehmer entweder an 30 oder mehr Tagen im Jahr beschäftigt sind oder

b) Bereiche, in denen Arbeitnehmer an weniger als 30 Tagen im Jahr, aber in der Regel länger als vier Stunden täglich beschäftigt sind;

Bereiche, in denen Arbeitnehmer mit Bauarbeiten sowie fallweise mit Instandsetzungs-, Instandhaltungs- oder Montagearbeiten beschäftigt sind, gelten nicht als ständige Arbeitsplätze,

3. „Sonstige Betriebsräume"

Räume von Betrieben, die keine Arbeitsräume sind, in denen jedoch vorübergehend Arbeiten ausgeführt werden; Führer- und Bedienungsstände von Betriebseinrichtungen und Betriebsmitteln sowie vorwiegend als Schutz gegen Witterungseinflüsse errichtete Räume, wie Verkaufsstände oder Kassenschalter, gelten nicht als Betriebsräume,

4. „Betriebsräume"

Räume von Betrieben nach den Z 1 und 3,

5. „Arbeitsstellen"

alle Stellen in Räumen, die keine Betriebsräume sind, und alle Stellen im Freien, an denen Arbeiten ausgeführt werden; hiezu gehören beispielsweise außerhalb des Standortes des Betriebes gelegene Arbeitsbereiche in einer Wohnung, Montage- und Baustellen auf dem Betriebsgelände oder außerhalb desselben im Freien, Führer- und Bedienungsstände von Betriebseinrichtungen und Betriebsmitteln sowie vorwiegend als Schutz gegen Witterungseinflüsse errichtete Räume, wie Verkaufsstände oder Kassenschalter,

6. „Stockwerke"

Geschosse eines Gebäudes, die über dem Erdgeschoß liegen,

(Anm.: Z 7 bis 16 aufgehoben durch BGBl. Nr. 450/1994)

II. HAUPTSTÜCK
ALLGEMEINE ANFORDERUNGEN UND MASSNAHMEN ZUM SCHUTZ DER ARBEITNEHMER
I. ABSCHNITT
Arbeitsräume, sonstige Betriebsräume, Arbeitsstellen
Wände und Decken in Betriebsräumen

§ 7. *(Anm.: Abs. 1 bis 3 aufgehoben durch BGBl. II Nr. 368/1998)*

(4) Wände und Decken von brandgefährdeten Räumen müssen zumindest brandhemmend sein.

(Anm.: Abs. 5 aufgehoben durch BGBl. II Nr. 368/1998)

Schutzmaßnahmen gegen Gase, Dämpfe, Schwebstoffe und sonstige Beeinträchtigungen in Betriebsräumen

§ 16. (1) Betriebseinrichtungen, Arbeitsvorgänge und Arbeitsverfahren, mit denen eine erhebliche Beeinträchtigung der Arbeitnehmer durch Gase, Dämpfe, Schwebstoffe, Wärme, üblen Geruch oder ähnliche Einwirkungen verbunden ist, sind nach Möglichkeit in eigenen Räumen unterzubringen oder durchzuführen; anderenfalls müssen solche Betriebseinrichtungen, Arbeitsvorgänge und Arbeitsverfahren von den übrigen Arbeitsplätzen soweit als möglich getrennt sein oder die Arbeiten sind so auszuführen, daß die nicht unmittelbar mit solchen Arbeiten Beschäftigten Einwirkungen

der angeführten Art nicht ausgesetzt sind. Sofern durch diese Einwirkungen die Gesundheit von Arbeitnehmern gefährdet werden kann, die wohl im selben Raum, jedoch nicht an Betriebseinrichtungen oder bei Arbeitsvorgängen und Arbeitsverfahren im Sinne des ersten Satzes beschäftigt sind, hat die Behörde die Beistellung eigener Räume oder andere Schutzmaßnahmen, wie Durchführung der Arbeitsvorgänge in geschlossenen Apparaten, vorzuschreiben.

(Anm.: Abs. 2 aufgehoben durch BGBl. Nr. 450/1994)

(Anm.: Abs. 3 aufgehoben durch BGBl. II Nr. 309/2004 und BGBl. II Nr. 156/2005)

(Anm.: Abs. 4 bis 7: zum Außerkrafttreten vgl. § 35 Abs. 19 Grenzwerteverordnung 2024, BGBl. II Nr. 253/2001 idF BGBl. II Nr. 330/2024)

(Anm.: Abs. 8: zum Außerkrafttreten vgl. § 35 Abs. 8 Grenzwerteverordnung 2024, BGBl. II Nr. 253/2001 idF BGBl. II Nr. 242/2006 und § 2 Abs. 8 Bundes-Grenzwerteverordnung, BGBl. II 393/2002 idF BGBl. II Nr. 77/2007)

(Anm.: Abs. 9 bis 11: zum Außerkrafttreten vgl. § 35 Abs. 19 Grenzwerteverordnung 2024, BGBl. II Nr. 253/2001 idF BGBl. II Nr. 330/2024)

Schutzmaßnahmen gegen Absturz in Betriebsräumen

§ 18. *(Anm.: Abs. 1 bis 5 aufgehoben durch BGBl. II Nr. 368/1998.)*

(6) Dachflächen und Oberlichten aus sprödem Material, wie Glas oder Wellasbestzement, bei denen beim Durchbrechen Absturzgefahr besteht, dürfen nur auf Laufstegen oder Laufbrettern begangen werden.

Arbeitsstellen

§ 20. *(Anm.: Abs. 1 bis 4 aufgehoben durch BGBl. Nr. 450/1994)*

(5) Bei den Verkaufsständen muß für jeden Arbeitnehmer eine freie Bodenfläche von mindestens $1{,}50 \text{ m}^2$ vorhanden sein; Sitze zum Ausruhen sind zur Verfügung zu stellen.

II. ABSCHNITT
Ausgänge, Verkehrswege
Türen, Tore

§ 22. *(Anm.: Abs. 1 bis 4 aufgehoben durch BGBl. II Nr. 368/1998)*

(5) Flügeltüren und -tore von brandgefährdeten Räumen müssen zumindest brandhemmend, in der Fluchtrichtung aufgehend und selbstschließend sein.

(Anm.: Abs. 6 aufgehoben durch BGBl. II Nr. 368/1998, BGBl. II Nr. 352/2002 und BGBl. II Nr. 392/2002)

(Anm.: Abs. 7 aufgehoben durch BGBl. II Nr. 368/1998)

(Anm.: Abs. 8 bis 10 aufgehoben durch BGBl. II Nr. 164/2000, BGBl. II Nr. 352/2002 und BGBl. II Nr. 392/2002)

Stiegen, Gänge

§ 26. *(Anm.: Abs. 1 bis 9 aufgehoben durch BGBl. II Nr. 368/1998.)*

(10) Räume, aus denen Gase oder Dämpfe giftiger oder ätzender Arbeitsstoffe in gefahrdrohender Menge austreten können, dürfen mit Stiegenhäusern nur durch Schleusen, die dem Abs. 4 entsprechen müssen, in Verbindung stehen. Die Behörde hat solche Schleusen vorzuschreiben, wenn im Falle eines Brandes mit einer erfahrungsgemäß starken Rauchentwicklung zu rechnen ist, durch die Stiegenhäuser als Fluchtweg unbenützbar werden können.

(Anm.: Abs. 11 bis 15 aufgehoben durch BGBl. II Nr. 368/1998.)

III. ABSCHNITT

Betriebseinrichtungen, sonstige mechanische Einrichtungen, Betriebsmittel

Behälter

§ 41. *(Anm.: Abs. 1 bis 7 aufgehoben durch BGBl. II Nr. 164/2000 und BGBl. II Nr. 392/2002)*

(8) Offene Behälter, wie Sammelbecken, Pfannen, Wannen, Kessel oder Bottiche, die eine Tiefe von mehr als 1 m haben oder zur Aufnahme von giftigen, ätzenden oder heißen Arbeitsstoffen bestimmt sind, müssen, sofern ihr Rand begehbar ist oder weniger als 1 m über dem Fuß- oder Erdboden oder dem Standplatz der an den Behältern Arbeitenden liegt, tragfähig zugedeckt oder dem § 18 Abs. 2 entsprechend umwehrt sein. Sofern in Ausnahmefällen während des Arbeitsvorganges eine solche Maßnahme nicht möglich ist, müssen andere Schutzmaßnahmen getroffen sein. Wenn sich die an offenen Behältern Arbeitenden bei Ausübung ihrer Tätigkeit über den Behälterrand beugen müssen, sind Schutzmaßnahmen gegen Hineinfallen, wie Anseilen oder Anbringen von Anhaltebügeln, zu treffen, auch wenn der Behälterrand mehr als 1 m über dem Fuß- oder Erdboden oder dem Standort der an den Behältern Arbeitenden liegt.

(Anm.: Abs. 9 und 10 aufgehoben durch BGBl. II Nr. 164/2000 und BGBl. II Nr. 392/2002)

IV. ABSCHNITT

Arbeitsvorgänge, Arbeitsverfahren, Arbeitsplätze

Allgemeines

§ 48. *(Anm.: Abs. 1 bis 3 aufgehoben durch BGBl. Nr. 450/1994)*

(4) Arbeitsvorgänge und Arbeitsverfahren müssen so gestaltet sein, daß Arbeiten nach Möglichkeit auch im Sitzen durchgeführt werden können. Die ständige Durchführung von Arbeiten in Zwangshaltung, insbesondere mit nicht gestützten oder über den Kopf gestreckten Armen sowie in stark gebückter oder knieender Stellung, muß möglichst vermieden sein. Um die Durchführung von Arbeiten in nicht körpergerechter Stellung zu vermeiden, sind erforderlichenfalls entsprechende Betriebseinrichtungen und Betriebsmittel, wie Hebe- oder Absenkvorrichtungen, zur Verfügung zu stellen.

(5) Sofern Arbeitsvorgänge oder Arbeitsverfahren spürbare elektrostatische Aufladungen verursachen können, sind diese im Rahmen der betrieblichen Möglichkeiten durch geeignete Schutzmaßnahmen, wie Erdung, leitfähige Fußböden oder Erhöhung der Luftfeuchtigkeit, abzuleiten oder es müssen Vorkehrungen getroffen sein, die das Entstehen solcher Aufladungen verhindern.

(Anm.: Abs. 6 bis 8 aufgehoben durch BGBl. Nr. 450/1994)

Sitze, Tische, Werkbänke

§ 49. (1) Für Arbeiten, die ständig oder zeitweise sitzend verrichtet werden können, sind den Arbeitnehmern am Arbeitsplatz Arbeitssitze zur Verfügung zu stellen. Sofern aus betrieblichen Gründen Arbeitssitze unmittelbar am Arbeitsplatz nicht aufgestellt oder verwendet werden können, obwohl die Arbeitsvorgänge und Arbeitsverfahren ein zeitweises Sitzen zulassen, müssen in der Nähe der Arbeitsplätze Sitze bereitgestellt sein.

(2) Arbeitssitze müssen den menschlichen Körpermaßen angepaßt sein; Arbeitssitze müssen eine solche Form und Höhe aufweisen, daß sie eine ungezwungene Körperhaltung zulassen und die Beine vom Körpergewicht entlasten. Beim Sitzen müssen die Füße auf dem Fußboden oder auf eine Fußstütze aufgestellt werden können. Die Sitzfläche muß genügend groß sein und aus glattem Material bestehen; Bezüge müssen luftdurchlässig sein. Die Tiefe der Sitzfläche hat etwa 0,35 m bis 0,45 m zu betragen. Die Vorderkante der Sitzfläche muß abgerundet oder gepolstert sein, ohne daß dadurch die Tiefe der Sitzfläche verringert wird. Arbeitssitze müssen eine Rückenlehne haben, die so geformt ist, daß sie die Lendenwirbelsäule stützt; erforderlichenfalls müssen auch Fuß- und Armstützen vorhanden sein. Sitzfläche und Rückenlehne müssen nötigenfalls verstellbar sein.

AAV

(3) Sofern für Arbeiten besondere Arten von Arbeitssitzen, wie Hochstühle mit Fußstützen, Hocker oder Stehsitze, erforderlich sind, dürfen diese anstelle von Arbeitssitzen nach Abs. 2 am Arbeitsplatz verwendet werden.

(4) Zum zeitweisen Sitzen während der Arbeit oder in den Arbeitspausen sind zumindest Stühle oder Bänke mit Rückenlehnen, sofern nicht eine

andere Möglichkeit zum Anlehnen besteht, zur Verfügung zu stellen; Abs. 2 dritter und vierter Satz ist anzuwenden.

(5) Nicht fest mit dem Fußboden verbundene Sitze müssen bei ordnungsgemäßem Gebrauch kippsicher, Sitze mit Rollen überdies gegen unbeabsichtigtes Wegrollen gesichert sein.

(6) Arbeitssitze müssen so aufgestellt oder angeordnet sein, daß den Arbeitsvorgängen und Arbeitsverfahren entsprechende Betriebseinrichtungen und Betriebsmittel leicht zu bedienen sind und mit Arbeitsstoffen leicht umgegangen werden kann sowie die Arbeitsplätze im Gefahrenfall möglichst unbehindert verlassen werden können.

(7) Arbeitstische und Werkbänke müssen eine nach Art der durchzuführenden Arbeit entsprechende Höhe, Form und Oberfläche aufweisen und nötigenfalls verstellbar sein; bei Arbeiten mit giftigen, ätzenden, infektiösen oder leicht zersetzlichen Arbeitsstoffen muß die Oberfläche glatt, dicht und leicht zu reinigen sein.

Transportarbeiten

§ 62. (1) Zum Heben, Tragen oder Bewegen von Lasten dürfen Arbeitnehmer nur nach Maßgabe ihrer Konstitution und Körperkräfte herangezogen werden.

(2) Zum Heben, Tragen oder Bewegen von Lasten sind nach Möglichkeit Betriebseinrichtungen oder Betriebsmittel, wie Fördereinrichtungen oder Transportmittel, zu verwenden. Zum Heben, Tragen oder Bewegen von schweren, gefährlichen oder ähnlichen Lasten sind den Arbeitnehmern geeignete Betriebseinrichtungen oder Betriebsmittel, wie Fördereinrichtungen, Transportmittel, Gurte, Seile oder Traghaken, zur Verfügung zu stellen; diese Einrichtungen und Mittel müssen einen möglichst sicheren Transport gewährleisten.

(3) Schwere Lasten dürfen beim händischen Transport über Stiegen oder geneigte Flächen nur unter Verwendung von Betriebsmitteln, wie Seilen, Keilen oder Böcken, bewegt werden, die ein Abrollen oder Abgleiten verhindern. Arbeitnehmer dürfen sich im Gefahrenbereich nicht aufhalten.

(Anm.: Abs. 4 bis 10 aufgehoben durch BGBl. II Nr. 164/2000 und BGBl. II Nr. 392/2002)

V. ABSCHNITT
Lagerungen
Allgemeines über Lagerungen

§ 64. (1) Erforderlichenfalls sind zur Durchführung von Lagerarbeiten geeignete Betriebseinrichtungen und Betriebsmittel, wie Fördereinrichtungen, Regalbediengeräte, ortsfeste Stapeleinrichtungen oder Hubstapler, zur Verfügung zu stellen.

(Anm.: Abs. 2 und 3 aufgehoben durch BGBl. II Nr. 368/1998.)

(4) Erforderlichenfalls muß über dem Lagergut noch ein genügend großer Bereich zur Durchführung von Lagerarbeiten frei bleiben.

(5) Das Errichten und Abtragen von Stapeln ist von sicheren Standplätzen aus vorzunehmen und hat erforderlichenfalls unter fachkundiger Aufsicht zu erfolgen. Aus den unteren Lagen eines Stapels darf weder Lagergut herausgezogen noch dem Lagergut Material entnommen werden.

(6) Das Stapeln von Säcken hat in Stufen von höchstens je fünf Säcken oder gleichmäßig ansteigend zu erfolgen; auch bei standfesten Sackstapeln müssen deren freiliegende Ecken im Verband gelegt sein. Stapel dürfen nur von oben herab in Stufen oder gleichmäßig fallend abgetragen werden.

(Anm.: Abs. 7 aufgehoben durch BGBl. II Nr. 368/1998.)

(8) Das Abtragen hat unter Einhaltung dieses Böschungswinkels zu erfolgen. Unterhöhlen von solchen Lagerungen ist verboten.

VI. ABSCHNITT
Schutzausrüstungen, Arbeitskleidung
Arbeitskleidung

§ 73. (1) Arbeitskleidung, wie Arbeitsanzüge, Arbeitsmäntel oder Wäsche, sowie Arbeitsschuhe müssen für die jeweilige berufliche Tätigkeit geeignet sein und sich in ordnungsgemäßem Zustand befinden. Der Träger darf durch die Beschaffenheit der Kleidung und der Schuhe im Hinblick auf die bestehenden beruflichen Gefahren nicht zusätzlich gefährdet werden; dementsprechend müssen Arbeitskleidung und Arbeitsschuhe ausgewählt sein.

(2) Sofern die Gefahr besteht, durch bewegte Teile von Betriebseinrichtungen oder Betriebsmitteln sowie durch bewegte Maschinenwerkzeuge oder Werkstücke erfaßt zu werden, müssen die Arbeitnehmer eine enganliegende Arbeitskleidung tragen.

(3) § 71 Abs. 3 ist auch beim Tragen und Reinigen von Arbeitskleidung anzuwenden. Gegenstände, wie Brillenfassungen, Augenschirme oder Kämme, aus leicht entzündlichen oder leicht brennbaren Kunststoffen, wie Zelluloid, dürfen bei Arbeiten, bei denen sie in Brand geraten können, nicht getragen werden.

(4) Pantoffel, Schuhe mit Holzsohlen oder offene Schuhe dürfen bei Arbeiten auf Gerüsten, an gefährlichen Maschinen, beim Lenken von Fahrzeugen oder bei Transportarbeiten nicht getragen werden.

VII. ABSCHNITT
Brandschutzmaßnahmen
Rauchverbot, Verbot der Verwendung von offenem Feuer und Licht

§ 74. (1) In brandgefährdeten Räumen sowie an solchen Orten im Freien ist das Rauchen und die Verwendung von offenem Feuer und Licht verboten. Durch deutlich sichtbare und dauerhafte Anschläge ist auf diese Verbote hinzuweisen.

(2) In brandgefährdeten Räumen und an brandgefährdeten Orten sind solche Arbeiten nur zulässig, wenn geeignete Maßnahmen getroffen wurden, durch die das Entstehen eines Brandes verhindert wird.

(3) Schweiß-, Schneide- und Lötarbeiten sind so durchzuführen, daß durch heiße Metallteile, insbesondere durch Schweißperlen, brennbare oder entzündliche Materialien nicht entzündet werden.

Brennbare Abfälle und Rückstände

§ 75. (1) Leicht brennbare Abfälle, Rückstände, Holzwolle, Sägespäne, loses Papier u. dgl. dürfen in Arbeitsräumen nur in solchen Mengen vorhanden sein, daß das Entstehen eines größeren Brandherdes oder das rasche Ausbreiten eines Brandes möglichst vermieden wird; im Falle eines Brandes von Abfällen, Rückständen, Holzwolle, Sägespänen, losem Papier u. dgl. dürfen Fluchtwege, wie Notausstiege, Ausgänge, Notausgänge, Stiegen, Gänge oder sonstige Verkehrswege, nicht unbenützbar werden. Von Feuerstätten und anderen Zünd- oder Wärmequellen sind leicht brennbare Abfälle, Rückstände, Holzwolle, Sägespäne, loses Papier u. dgl. fernzuhalten; sie sind zu sammeln, aus den Arbeitsräumen zumindest nach jeder Arbeitsschicht zu entfernen und brandsicher zu verwahren.

(2) Leicht entzündliche oder selbstentzündliche Abfälle, Rückstände, Putzmaterialien u. dgl. dürfen in Arbeitsräumen nur in geringen Mengen vorhanden sein; sie sind in dichten Behältern aus nicht brennbarem Material, die mit einem dicht schließenden Deckel ausgestattet und entsprechend gekennzeichnet sein müssen, zu sammeln und sobald als möglich aus dem Betrieb zu entfernen.

Feuerlöschmittel, Feuerlöschgeräte, Feuerlöschanlagen

§ 76. *(Anm.: Abs. 1 bis 5 aufgehoben durch BGBl. II Nr. 368/1998.)*

(6) In Betrieben mit besonders brandgefährlichen oder explosionsgefährlichen Arbeitsvorgängen oder Arbeitsverfahren müssen zur Rettung von Personen, deren Kleidung in Brand geraten ist, Löschdecken oder ausreichend große, mit Wasser gefüllte Behälter leicht erreichbar bereitgestellt sein; erforderlichenfalls hat die Behörde die Errichtung von Löschbrausen mit möglichst großer Wasserlieferung vorzuschreiben. Solche Brausen müssen durch einen einzigen Handgriff zu betätigen sein oder sich selbsttätig einschalten, wenn der Löschbrausenbereich betreten wird; sie dürfen sich nicht selbsttätig wieder abschalten. Löschbrausen müssen in der Nähe von Fluchtwegen, wie Ausgängen, Stiegen oder Gängen, oder im Freien angeordnet sein; der Boden im Löschbrausenbereich muß gleitsicher sein.

(Anm.: Abs. 7 aufgehoben durch BGBl. II Nr. 368/1998.)

(8) Bei Schweiß-, Schneide- und Lötarbeiten sowie bei Arbeiten mit Trennschleifmaschinen in der Nähe von brennbaren oder entzündlichen Materialien müssen geeignete Handfeuerlöscher bereitgestellt sein.

VIII. ABSCHNITT
Vorsorge für erste Hilfeleistung
Erste Hilfeleistung

§ 81. *(Anm.: Abs. 1 aufgehoben durch BGBl. II Nr. 368/1998)*

(2) Außerhalb des Standortes des Betriebes tätigen Arbeitnehmern sind die notwendigen Mittel mitzugeben, sofern diese auf der auswärtigen Arbeitsstelle nicht unmittelbar zur Verfügung stehen.

(Anm.: Abs. 3 bis 7 aufgehoben durch BGBl. II Nr. 368/1998)

(Anm.: Abs. 8: zum Außerkrafttreten vgl. § 35 Abs. 20 Grenzwerteverordnung 2024, BGBl. II Nr. 253/2001 idF BGBl. II Nr. 330/2024)

AAV

30. Bauarbeiterschutzverordnung

Verordnung des Bundesministers für Arbeit, Soziales und Konsumentenschutz über Sicherheit und Gesundheitsschutz auf Baustellen und auf auswärtigen Arbeitsstellen (Bauarbeiterschutzverordnung – BauV)

StF: BGBl. Nr. 340/1994

Letzte Novellierung: BGBl. II Nr. 241/2017

Präambel

Auf Grund der §§ 24 Abs. 1 bis 4 und 27 Abs. 7 des Arbeitnehmerschutzgesetzes, BGBl. Nr. 234/1972, zuletzt geändert durch BGBl. Nr. 650/1989, wird, soweit es sich um der Gewerbeordnung 1994, BGBl. Nr. 194 unterliegende Betriebe handelt, im Einvernehmen mit dem Bundesminister für wirtschaftliche Angelegenheiten und, soweit es sich um Betriebe handelt, die dem Bundesgesetz über die Verkehrs-Arbeitsinspektion, BGBl. Nr. 100/1988, unterliegen, im Einvernehmen mit dem Bundesminister für öffentliche Wirtschaft und Verkehr, verordnet:

GLIEDERUNG

BauV

I. HAUPTSTÜCK
Allgemeine Anforderungen und Maßnahmen
1. ABSCHNITT
Allgemeine Bestimmungen
Geltungsbereich

§ 1. (1) Diese Verordnung gilt für die Beschäftigung von Arbeitnehmern auf Baustellen im Sinn des § 2 Abs. 3 dritter Satz ASchG.

(2) Folgende Bestimmungen dieser Verordnung gelten auch für die Beschäftigung von Arbeitnehmern auf auswärtigen Arbeitsstellen im Sinn des § 2 Abs. 3 letzter Satz ASchG:
1. § 6 Abs. 2 zweiter Satz, Abs. 3, Abs. 7 und Abs. 8,
2. §§ 7 bis 10,
3. §§ 48 bis 54,
3. §§ 87 bis 93,
4. §§ 106, 108 und 109,
5. § 157.

(3) Diese Verordnung ist nicht auf Arbeiten anzuwenden, die durch die Tagbauarbeitenverordnung – TAV, BGBl. II Nr. 416/2010, in der jeweils geltenden Fassung, geregelt werden.

(Anm.: Abs. 4 aufgehoben durch BGBl. II Nr. 368/1998)

Begriffsbestimmungen

§ 2. (1) Bauarbeiten sind Arbeiten zur Herstellung, Instandhaltung, Sanierung, Reparatur, Änderung und Beseitigung von baulichen Anlagen aller Art, einschließlich der hiefür erforderlichen Vorbereitungs- und Abschlußarbeiten. Bauarbeiten sind insbesondere auch Zimmerer-, Dachdecker-, Glaser-, Maler-, Anstreicher-, Spengler-, Fliesenleger-, Estrich-, Isolierarbeiten, und Gerüstbauarbeiten, Stahlbauarbeiten, Gas-, Wasser-, Heizungs-, Lüftungs- und Elektroinstallationsarbeiten, Sprengarbeiten, Abbrucharbeiten sowie Fassadenreinigungsarbeiten und Rauchfangkehrerarbeiten. Als Bauarbeiten gelten auch Erdarbeiten, wie Aufschüttungen, Auf- und Abgrabungen sowie die Herstellung von künstlichen Hohlräumen unterhalb der Erdoberfläche.

(2) Fachkundige im Sinne dieser Verordnung sind Personen, die die erforderlichen fachlichen Kenntnisse und Berufserfahrungen besitzen und auch die Gewähr für eine gewissenhafte Durchführung der ihnen übertragenen Arbeiten bieten. Als fachkundige Personen im Sinne dieser Verordnung gelten fachkundige Organe von Anstalten des Bundes oder eines Bundeslandes, von staatlich autorisierten Anstalten, sowie Ziviltechniker oder Gewerbetreibende, jeweils im Rahmen ihrer Befugnisse. Als fachkundige Personen können auch Betriebsangehörige eingesetzt werden.

(3) Soweit in dieser Verordnung personenbezogene Bezeichnungen nur in männlicher Form angeführt sind, beziehen sie sich auf Frauen und Männer in gleicher Weise.

Meldung von Bauarbeiten

§ 3. (1) Dem zuständigen Arbeitsinspektorat ist nachweislich Meldung zu erstatten, wenn Bauarbeiten im Sinne dieser Verordnung ausgeführt

BauV

werden, die voraussichtlich länger als fünf Arbeitstage dauern.

(2) Von der Meldepflicht nach Abs. 1 ausgenommen sind Glaser-, Maler-, Anstreicher-, Fliesenleger-, Estrich-, Isolier-, Gas-, Wasser-, Heizungs-, Lüftungs- und Elektroinstallationsarbeiten, soweit diese Arbeiten im Gebäude ausgeführt werden.

(3) Meldungen nach Abs. 1 haben zu enthalten:

1. die genaue Lage der Baustelle,
2. den Zeitpunkt des Arbeitsbeginnes,
3. Art und Umfang der Arbeiten,
4. die voraussichtliche Zahl der Beschäftigten und
5. den Namen der vorgesehenen Aufsichtsperson.

(4) Werden die Bauarbeiten von mehreren Arbeitgebern unmittelbar aufeinanderfolgend ausgeführt, obliegt die Meldepflicht jenem Arbeitgeber, der als erster auf der Baustelle mit gemäß Abs. 1 meldepflichtigen Bauarbeiten beginnt.

(5) Abweichend von Abs. 4 müssen

1. Arbeiten in Behältern, Gruben, Schächten, Kanälen oder Rohrleitungen, für die gemäß § 120 Abs. 1 und 2 Schutzmaßnahmen schriftlich angeordnet werden müssen,

(Anm.: Z 2 aufgehoben durch BGBl. II Nr. 242/2006)

3. Arbeiten gemäß § 125 Abs. 2, bei denen Bleistaub frei wird,
4. Sandstrahlarbeiten gemäß § 126,
5. Arbeiten auf Dächern, bei denen die Absturzhöhe mehr als 5,00 m beträgt,

in jedem Fall gesondert gemeldet werden, sofern die Arbeiten voraussichtlich länger als fünf Arbeitstage dauern.

(6) Meldungen nach Abs. 1, 4 und 5 sind spätestens eine Woche vor Arbeitsbeginn zu erstatten. In Katastrophenfällen, bei unaufschiebbaren Arbeiten oder bei kurzfristig zu erledigenden Aufträgen ist die Meldung spätestens am Tage des Arbeitsbeginnes zu erstatten.

Anwendung der Grundsätze der Gefahrenverhütung auf Baustellen

§ 3a. Arbeitgeber/innen haben dafür zu sorgen, dass die in § 7 ASchG genannten Grundsätze der Gefahrenverhütung angewendet werden, insbesondere in Bezug auf

1. die Aufrechterhaltung von Ordnung und Sauberkeit auf der Baustelle;
2. die Wahl des Standorts der Arbeitsplätze unter Berücksichtigung der Zugangsbedingungen zu diesen Arbeitsplätzen und die Festlegung der Verkehrswege oder Verkehrszonen;
3. die Bedingungen für die Handhabung der verschiedenen Materialien;

4. die Instandhaltung, die Kontrolle vor Inbetriebnahme und die regelmäßige Kontrolle der Anlagen und Einrichtungen, um Mängel, die die Sicherheit und die Gesundheit der Arbeitnehmer/innen beeinträchtigen können, auszuschalten;
5. die Abgrenzung und die Einrichtung von Lagerbereichen für die verschiedenen Materialien, insbesondere wenn es sich um gefährliche Materialien oder Stoffe handelt;
6. die Bedingungen für die Entfernung von benutzten gefährlichen Materialien;
7. die Lagerung und die Beseitigung bzw. den Abtransport von Abfällen und Schutt;
8. die Anpassung der tatsächlichen Dauer für die verschiedenen Arbeiten oder Arbeitsabschnitte unter Berücksichtigung der Arbeiten auf der Baustelle,
9. die Zusammenarbeit zwischen Arbeitgeber/innen und Selbständigen,
10. die Wechselwirkungen zu betrieblichen Tätigkeiten auf dem Gelände, auf dem oder in dessen Nähe die Baustelle liegt.

Aufsicht und Koordination

§ 4. (1) Bauarbeiten dürfen nur unter Aufsicht einer geeigneten Aufsichtsperson, mit der erforderlichen Sorgfalt und nach fachmännischen Grundsätzen durchgeführt werden. Als Aufsichtsperson kann der Arbeitgeber oder eine von ihm bevollmächtigte, mit entsprechenden Befugnissen ausgestattete Person tätig sein. Als Aufsichtsperson ist nur geeignet, wer

1. die für die auszuführenden Arbeiten erforderlichen theoretischen und praktischen Kenntnisse und Erfahrungen in allen Fragen besitzt, die mit den in Betracht kommenden Arbeiten vom Standpunkt der Sicherheit zusammenhängen,
2. Kenntnisse über die in Betracht kommenden Arbeitnehmerschutzvorschriften besitzt und
3. die Gewähr für eine gewissenhafte Durchführung der übertragenen Aufgaben bietet.

(Anm.: Abs. 2 aufgehoben durch BGBl. II Nr. 13/2007)

(3) Die erforderlichen Kenntnisse gemäß Abs. 1 Z 2 sind in geeigneter Form nachzuweisen, zB. durch ein Zeugnis über die erfolgreiche Ablegung einer Meisterprüfung.

(4) Wenn die Aufsichtsperson auf der Baustelle nicht ständig anwesend ist, ist ein auf der Baustelle beschäftigter geeigneter Arbeitnehmer zu bestellen, der in Abwesenheit der Aufsichtsperson auf die Durchführung und Einhaltung der zum Schutz der Arbeitnehmer notwendigen Maßnahmen zu achten hat. Es darf nur ein Arbeitnehmer bestellt werden, der

1. die Gewähr für eine gewissenhafte Durchführung der übertragenen Aufgaben bietet,
2. die für die auszuführenden Arbeiten erforderlichen praktischen Kenntnisse besitzt,

3. von der Aufsichtsperson über die bei den auszuführenden Arbeiten zum Schutz der Arbeitnehmer notwendigen Maßnahmen nachweislich besonders unterwiesen worden ist und
4. seiner Bestellung nachweislich zugestimmt hat.

(5) Zur Abwendung einer unmittelbar drohenden oder eingetretenen Gefährdung des Lebens oder der Gesundheit von Arbeitnehmern kann die Aufsichtsperson oder, wenn diese nicht ausreichend schnell herbeigerufen werden kann, der gemäß Abs. 4 bestellte Arbeitnehmer von den Bestimmungen dieser Verordnung abweichende Anordnungen treffen, soweit dies im Interesse des Schutzes der Arbeitnehmer geboten erscheint, um die Gefährdung abzuwenden oder zu beseitigen. Die bei der Durchführung dieser Anordnungen Beschäftigten sind besonders zu unterweisen und zu sichern.

(6) Sind auf einer Baustelle Arbeitnehmer verschiedener Arbeitgeber tätig, so hat jeder Arbeitgeber dafür zu sorgen, daß die von ihm getroffenen Maßnahmen zum Schutz seiner Arbeitnehmer sich für die Arbeitnehmer anderer Arbeitgeber nicht nachteilig auswirken. Die einzelnen Arbeitgeber haben dafür zu sorgen, daß die Schutzmaßnahmen koordiniert werden. Wenn es im Hinblick auf das Ausmaß der Gefahren und den Umfang der Baustelle erforderlich erscheint, ist eine angemessene Abstimmung zwischen den Arbeitnehmer/innen bzw. den Vertreter/innen der Arbeitnehmer/innen jener Arbeitgeber/innen, die auf der Baustelle tätig sind, vorzusehen.

(7) Die unmittelbare Umgebung und die Grenze der Baustelle sind klar sichtbar und als solche erkennbar zu kennzeichnen und zu gestalten. Soweit durch das Betreten von Baustellen durch Unbefugte Gefahren für Leben und Gesundheit von Arbeitnehmern herbeigeführt werden können, sind Unbefugte durch geeignete Maßnahmen, wie Absperrungen oder Verweisen, von der Baustelle fernzuhalten und ist das Betreten der Baustelle durch Unbefugte durch Anschlag zu verbieten.

Eignung der Arbeitnehmer
§ 5. (1) Arbeitnehmer, von denen dem Arbeitgeber bekannt ist, daß sie an körperlichen Schwächen oder Gebrechen in einem Maße leiden, daß sie dadurch bei bestimmten Arbeiten einer besonderen Gefahr ausgesetzt wären oder andere gefährden könnten, dürfen mit Arbeiten dieser Art nicht beschäftigt werden.

(Anm.: Abs. 2 aufgehoben durch BGBl. II Nr. 77/2014)

(3) Arbeitnehmer, die sich offenbar in einem durch Alkohol, Arzneimittel oder Suchtgift beeinträchtigten Zustand befinden, in dem sie sich selbst oder andere auf der Baustelle Beschäftigte gefährden könnten, dürfen auf der Baustelle nicht beschäftigt werden.

(4) Mit der selbständigen Ausführung von Arbeiten, die mit besonderen Gefahren verbunden sind, dürfen nur Arbeitnehmer beschäftigt werden, die mit diesen Arbeiten vertraut, körperlich und fachlich geeignet sowie besonders unterwiesen worden sind. Sofern solche Arbeiten von einem Arbeitnehmer allein ausgeführt werden, muß eine wirksame Überwachung dieses Arbeitnehmers sichergestellt sein, wie durch Beaufsichtigen des Arbeitnehmers, Personenüberwachungsanlagen oder sonstige geeignete Maßnahmen. Dies gilt insbesondere für:
1. das Einbringen von Künettenverbauen (§ 51),
2. das Aufstellen oder Abtragen von Gerüsten (§ 60),
3. Montagearbeiten (§ 85),
4. Arbeiten auf Dächern, wobei die Arbeitnehmer mit persönlicher Schutzausrüstung gesichert sind (§ 87),
5. Untertagebauarbeiten (13. Abschnitt),
6. Wasserbauarbeiten (§ 106),
7. Arbeiten im Gleisbereich (§ 108),
8. Abbrucharbeiten, bei denen eine schriftliche Abbruchanweisung erforderlich ist (16. Abschnitt),
9. Arbeiten gemäß dem 17. Abschnitt, sofern Schutzmaßnahmen schriftlich anzuordnen sind,
10. besondere Bauarbeiten gemäß dem 18. Abschnitt,
11. Arbeiten mit Flüssiggas unter Erdgleiche, sofern die Aufsichtsperson die Schutzmaßnahmen schriftlich anzuordnen hat (§ 130).

(5) Zum Lenken und Führen von motorisch angetriebenen Fahrzeugen, wie Baggern, Planierraupen, Radladern oder Motorkarren, dürfen nur Arbeitnehmer herangezogen werden, die die hiefür notwendige Eignung und Ausbildung nachweisen. Arbeitnehmer, die zum Lenken und Führen von motorisch angetriebenen Fahrzeugen nicht auf Grund einer Lenkerberechtigung im Sinne der kraftfahrrechtlichen Vorschriften berechtigt sind, dürfen zu solchen Tätigkeiten im Baustellenbereich nur herangezogen werden, wenn sie eine entsprechende Ausbildung nachweisen. Zum Lenken und Führen von motorisch angetriebenen Fahrzeugen ist außerdem eine schriftliche Bewilligung des Arbeitgebers erforderlich. Sobald Umstände bekannt werden, die Zweifel an der Lenkfähigkeit eines solchen Arbeitnehmers entstehen lassen, ist diesem das Lenken und Führen eines motorisch angetriebenen Fahrzeuges zu untersagen und nötigenfalls die Bewilligung zu entziehen.

(6) Zu Arbeiten mit schweren Baumaschinen, wie Baggern, Planierraupen oder Radladern, dürfen nur Arbeitnehmer herangezogen werden, die
1. die erforderliche körperliche und geistige Eignung und Berufserfahrung besitzen und

2. die vom Standpunkt des Arbeitnehmerschutzes notwendigen fachlichen Kenntnisse für die sichere Durchführung dieser Arbeiten besitzen.

(Anm.: Abs. 7 aufgehoben durch BGBl. II Nr. 313/2002)

Arbeitsplätze und Verkehrswege

§ 6. (1) Arbeitsplätze und die Zugänge zu diesen sowie sonstige Verkehrswege im Bereich der Baustelle sind ordnungsgemäß anzulegen und in einem solchen Zustand zu erhalten. Arbeitsplätze und Verkehrswege sind von Hindernissen und Abfällen freizuhalten. Sie müssen gegen herabfallende Gegenstände geschützt sein. Lagerungen sind nur soweit zulässig, als dadurch der für die Ausführung der Arbeiten unter Bedachtnahme auf die Grundsätze der Ergonomie erforderliche Raum und die für den Verkehr erforderliche Breite der Verkehrswege nicht beeinträchtigt werden.

(2) Standflächen sind unter Berücksichtigung der Art der auszuführenden Arbeiten ausreichend groß und tragsicher zu gestalten. Bei vereisten Stand- und Verkehrsflächen müssen geeignete Vorkehrungen getroffen werden, durch die eine Gefährdung der Arbeitnehmer verhindert wird.

(3) Arbeiten dürfen an übereinanderliegenden Stellen nicht gleichzeitig ausgeführt werden, sofern nicht die unten liegenden Arbeitsplätze und Verkehrswege gegen herabfallende, abgleitende oder abrollende Gegenstände und Massen geschützt sind.

(4) Lotrechte Bewehrungsstäbe müssen an ihrem oberen Ende bügelförmig, zB mit Haken, ausgebildet sein. Ist aus arbeitstechnischen Gründen, wie bei Säulen mit engem Eisenabstand, diese bügelförmige Ausbildung nicht möglich, so sind geeignete Maßnahmen, wie Abdecken oder Umbiegen dieser Bewehrungsstäbe, zu treffen.

(5) Während der in die Dunkelheit fallenden Arbeitsstunden oder bei nicht ausreichender natürlicher Belichtung müssen Arbeitsplätze und Verkehrswege ausreichend beleuchtet sein. Auf Arbeitsplätzen ohne natürliche Belichtung und auf Arbeitsplätzen, an denen während der Dunkelheit gearbeitet wird, muß für eine von der Beleuchtung unabhängige Notbeleuchtung, wie Akku-Handlampen, vorgesorgt sein. Die Notbeleuchtung muß die Umgebung zumindest so erhellen, daß die Arbeitnehmer die Arbeitsplätze und Verkehrswege sicher verlassen können.

(6) Es ist dafür zu sorgen, daß alle Arbeitsplätze bei Gefahr schnell und sicher verlassen werden können. Fluchtwege und Ausgänge müssen in ausreichender Anzahl und in geeigneter Anordnung und Größe vorhanden sein. Fluchtwege und Notausgänge sind erforderlichenfalls entsprechend zu kennzeichnen. Türen von Notausgängen müssen in Fluchtrichtung aufschlagen. Schiebe- und Drehtüren sind als Notausgänge nicht zulässig.

(7) Zum Erreichen von schwer zugänglichen Arbeitsplätzen und zur Durchführung von Arbeiten an diesen Plätzen müssen geeignete Einrichtungen verwendet werden, wie Arbeitskörbe, Hubarbeitsbühnen, mechanische Leitern oder Anlegeleitern. Zugangs- und Positionierungsverfahren unter Zuhilfenahme von Seilen dürfen nur angewendet werden, wenn die Ermittlung und Beurteilung der Gefahren ergeben hat, dass die Arbeit sicher durchgeführt werden kann und die Verwendung anderer Einrichtungen im Sinne des ersten Satzes nicht gerechtfertigt ist. Unter Berücksichtigung der Ergebnisse der Ermittlung und Beurteilung der Gefahren und insbesondere nach Maßgabe der Dauer der Arbeiten und der ergonomischen Beanspruchungen ist ein Arbeitssitz mit angemessenem Zubehör zur Verfügung zu stellen.

(8) Bei Zugangs- und Positionierungsverfahren unter Zuhilfenahme von Seilen müssen folgende Bedingungen erfüllt sein:

1. Das System muss mindestens zwei getrennt voneinander befestigte Seile umfassen, wobei eines als Zugangs-, Absenk- und Haltemittel (Arbeitsseil) und das andere als Sicherungsmittel (Sicherungsseil) dient. Wenn die Ermittlung und Beurteilung der Gefahren ergibt, dass die Verwendung eines zweiten Seils wegen außergewöhnlicher Umstände eine größere Gefährdung bei den Arbeiten bewirken würde, ist abweichend davon die Verwendung eines einzigen Seils zulässig, sofern geeignete Maßnahmen zur Gewährleistung der Sicherheit der Arbeitnehmer getroffen worden sind.

2. Zur Sicherung der Arbeitnehmer muss geeignete persönliche Schutzausrüstung gegen Absturz, Ertrinken oder Versinken verwendet werden. Die persönliche Schutzausrüstung muss mit dem Sicherungsseil, oder auf Grund der gemäß Z 1, 2. Satz getroffenen Maßnahmen mit einer anderen Einrichtung, die einen Absturz verhindert, wie einem Höhensicherungsgerät, verbunden sein.

3. Das Arbeitsseil muss mit sicheren Mitteln für das Aufseilen und Abseilen ausgerüstet sein; es muss ein selbstsicherndes System umfassen, das in den Fällen, in denen der Anwender die Kontrolle über seine Bewegungen verliert, einen Absturz verhindert. Das Sicherungsseil ist mit einer bewegungssynchron mitlaufenden beweglichen Absturzsicherung auszurüsten. Wenn die Ermittlung und Beurteilung der Gefahren dies rechtfertigt, ist es zulässig, die mit dem Sicherungsseil verbundene bewegliche Absturzsicherung nicht bewegungssynchron auszuführen.

4. Arbeitssitze, die dazu bestimmt sind, auch entlang von Wänden bewegt zu werden, müssen so gestaltet sein, dass ein gefahrloses Bewegen möglich ist und Quetschstellen für die Beine vermieden werden.

5. Werkzeug und anderes Zubehör, das von den Arbeitnehmern benutzt werden soll, sind an der persönlichen Schutzausrüstung gegen Absturz, Ertrinken oder Versinken oder am Sitz oder unter Rückgriff auf andere angemessene Mittel zu befestigen.

6. Durch sorgfältige Planung und Überwachung der Arbeiten ist sicher zu stellen, dass Arbeitnehmern bei Bedarf unmittelbar Hilfe geleistet werden kann.

7. Die betreffenden Arbeitnehmer sind in den vorgesehenen Arbeitsverfahren, insbesondere in Bezug auf die Rettungsverfahren, besonders zu unterweisen.

(9) Arbeitsplätze an erhöhten oder tiefer liegenden Standorten müssen standsicher und stabil sein. Zu berücksichtigen sind dabei die Zahl der dort beschäftigten Arbeitnehmer/innen, die höchstmögliche Belastung und Verteilung der Lasten sowie etwaige äußere Einwirkungen. Wenn die tragenden und die sonstigen Teile dieser Arbeitsplätze selbst nicht standsicher sind, ist ihre Standsicherheit durch geeignete und sichere Befestigungsvorrichtungen zu gewährleisten, um jede zufällige bzw. ungewollte Ortsveränderung des gesamten bzw. eines Teils des Arbeitsplatzes zu verhindern.

Absturzgefahr

§ 7. (1) Bei Absturzgefahr sind Absturzsicherungen (§ 8), Abgrenzungen (§ 9) oder Schutzeinrichtungen (§ 10) anzubringen.

(2) Absturzgefahr liegt vor:

1. bei Öffnungen und Vertiefungen im Fuß- oder Erdboden, wie Schächten, Kanälen, Gruben, Gräben und Künetten, bei Öffnungen in Geschoßdecken, wie Installationsöffnungen, oder in Dächern, wie Lichtkuppel- oder Sheddachöffnungen,

2. an Arbeitsplätzen, Standplätzen und Verkehrswegen an oder über Gewässern oder anderen Stoffen, wenn die Gefahr des Versinkens besteht,

3. an Wandöffnungen, an Stiegenläufen und -podesten sowie an Standflächen zur Bedienung oder Wartung von stationären Maschinen bei mehr als 1,00 m Absturzhöhe,

4. an sonstigen Arbeitsplätzen, Standplätzen und Verkehrswegen bei mehr als 2,00 m Absturzhöhe.

(3) Müssen zur Durchführung von Arbeiten Absturzsicherungen (§ 8), Abgrenzungen (§ 9) oder Schutzeinrichtungen (§ 10) entfernt werden, sind geeignete andere Schutzmaßnahmen zu treffen, wie die Verwendung von persönlichen Schutzausrüstungen. Nach Beendigung oder Unterbrechung solcher Arbeiten ist unverzüglich dafür zu sorgen, daß diese Absturzsicherungen, Abgrenzungen und Schutzeinrichtungen wieder angebracht oder andere gleichwertige Schutzmaßnahmen getroffen werden.

(4) Die Anbringung von Absturzsicherungen (§ 8) oder Schutzeinrichtungen (§ 10) kann entfallen, wenn

1. der hiefür erforderliche Aufwand unverhältnismäßig hoch gegenüber dem Aufwand für die durchzuführenden Arbeiten ist und

2. die Arbeitnehmer mittels geeigneter persönlicher Schutzausrüstung gegen Absturz gesichert sind.

(5) Werden Stockwerksdecken hergestellt oder werden von Stockwerksdecken aus die Wände errichtet, können

1. bei Mauern über die Hand von der Stockwerksdecke aus zur Herstellung von Giebelmauern, Trempelwänden und Mauerwerksbänken bis zu einer Absturzhöhe von 7,00 m,

2. bei sonstigen Arbeiten mit Blick zur Absturzkante bis zu einer Absturzhöhe von 5,00 m

Absturzsicherungen, Abgrenzungen und Schutzeinrichtungen entfallen, wenn die Arbeiten von unterwiesenen, erfahrenen und körperlich geeigneten Arbeitnehmern durchgeführt werden. In diesem Fall kann auch die Sicherung der Arbeitnehmer durch geeignete persönliche Schutzausrüstung gegen Absturz entfallen. Abs. 2 Z 1 bleibt unberührt.

Absturzsicherungen

§ 8. (1) Geeignete Absturzsicherungen sind

1. tragsichere und unverschiebbare Abdeckungen von Öffnungen und Vertiefungen oder

2. Umwehrungen (Geländer) an den Absturzkanten, die aus Brust-, Mittel- und Fußwehren bestehen. Bei Wandöffnungen, Stiegenpodesten und Standflächen zur Bedienung oder Wartung von Maschinen bis zu einer Absturzhöhe von 2,00 m und bei Stiegenläufen können die Fußwehren entfallen.

(2) Brust-, Mittel- und Fußwehren müssen aus widerstandsfähigem Material hergestellt und so befestigt sein, dass sie nicht beabsichtigt gelöst werden können. Werden Wehren aufgesteckt oder mit Klammern oder Nägeln befestigt, müssen sie derart angebracht sein, dass sie bei Belastung gegen die Stützen gedrückt werden. Die Befestigungselemente für Wehren, wie Steher, müssen den einwirkenden Kräften durch belastete Brust-, Mittel- und Fußwehren sicher standhalten.

(2a) Die Oberkante von Brustwehren muss in voller Länge mindestens 1,00 m über der Standfläche liegen. Brust- und Mittelwehren müssen für eine waagrecht oder senkrecht nach oben gerichtete Kraft von 0,30 kN sowie eine senkrecht nach unten gerichtete Kraft von mindestens 1,25 kN (dies als außerordentlicher Lastfall), ansetzend jeweils an der ungünstigsten Stelle, bemessen sein. Sofern Brust- und Mittelwehren aus Brettern verwendet werden, müssen diese einen Mindestquerschnitt von 15 x 2,4 cm aufweisen.

(2b) Die Oberkante von Fußwehren muss mindestens 15 cm über der Standfläche liegen. Die Unterkante muss möglichst dicht mit der Standfläche abschließen. Fußwehren müssen für eine waagrecht gerichtete Kraft von mindestens 0,15 kN, ansetzend an der ungünstigsten Stelle, bemessen sein.

(2c) Mittelwehren müssen zwischen Brustwehren und Fußwehren derart angebracht werden, dass die lichten Abstände zwischen den Wehren nicht mehr als 47 cm betragen.

(3) Ketten dürfen als Wehren nicht verwendet werden. Seile als Wehren sind nur im Stahlbau sowie im Turm- und Schornsteinbau zulässig. Werden dabei zur Augenausbildung Backenzahnklemmen verwendet, sind mindestens drei Backenzahnklemmen anzuordnen, wobei die Klemmbacken jeweils am auf Zug beanspruchten Teil des Seiles anzuordnen sind.

(4) Abweichend von Abs. 1 Z 2 und Abs. 2 gilt bei Fensteröffnungen ein Parapet mit einer Höhe von mindestens 85 cm als geeignete Absturzsicherung.

(5) Auf auswärtigen Arbeitsstellen gelten abweichend von Abs. 1 Z 2 auch Umwehrungen als ausreichend, die dem § 11 Abs. 3 der Arbeitsstättenverordnung entsprechen.

Abgrenzungen

§ 9. (1) Anstelle von Absturzsicherungen nach § 8 sind stabile Abgrenzungen durch Brustwehren aus Holz, Metallrohr, gespannten Seilen oder Ketten zulässig.

(2) Eine Abgrenzung ist nur auf Flächen bis 20° Neigung zulässig.

(3) Abgrenzungen sind anzuordnen
1. bei Balkonen oder Loggien an der Zutrittsöffnung zum Balkon oder zur Loggia,
2. in den übrigen Fällen in einem Abstand von ca. 2 m zur Absturzkante.

(4) Der Bereich zwischen Abgrenzung und Absturzkante darf nur betreten werden, wenn dies aus arbeitstechnischen Gründen erforderlich ist. In diesem Fall müssen die Arbeitnehmer durch geeignete persönliche Schutzausrüstung gegen Absturz gesichert sein.

(5) Für die Abgrenzung gelten die Regelungen des § 8 Abs. 2 und 2a betreffend Brustwehren mit der Maßgabe, daß die Brustwehren in mindestens 1,00 m und höchstens 1,20 m Höhe über den Arbeitsplätzen oder Verkehrswegen anzubringen sind.

Schutzeinrichtungen

§ 10. (1) Können Absturzsicherungen nach § 8 oder Abgrenzungen nach § 9 aus arbeitstechnischen Gründen nicht verwendet werden, müssen Schutzeinrichtungen zum Auffangen abstürzender Personen und Materialien vorhanden sein, wie Fanggerüste (§ 59) oder Auffangnetze, sowie bei Dächern Dachfanggerüste oder Dachschutzblenden (§ 88).

(2) Auffangnetze müssen an tragfähigen Konstruktionen befestigt sein. Die Maschenweite von Auffangnetzen darf nicht mehr als 10 cm betragen. Auffangnetze müssen möglichst dicht unterhalb des absturzgefährlichen Arbeitsplatzes angebracht sein, wobei der Netzrand nicht tiefer als 6,00 m unter den absturzgefährlichen Arbeitsplätzen liegen darf. Die Netzränder müssen die absturzgefährlichen Arbeitsplätze waagrecht gemessen um mindestens zwei Drittel jenes Abstandes überragen, um den der Netzrand lotrecht unterhalb der absturzgefährlichen Arbeitsplätze liegt, mindestens aber um 1,50 m. Das Auffangnetz ist derart aufzuhängen, daß zwischen dem Netz und darunterliegenden festen Gegenständen ein ausreichend großer Sicherheitsabstand vorhanden ist, wobei auf den Durchhang Bedacht zu nehmen ist.

Gefahren durch Naturereignisse

§ 11. Können Arbeitnehmer durch Naturereignisse, wie Steinschlag, Lawinen oder Hochwasser, gefährdet werden, sind die jeweils möglichen Sicherheitsvorkehrungen
1. für die Baustelle,
2. für die Unterkünfte,
3. für die Zugänge zur Baustelle und zu den Unterkünften zu treffen.

Arbeiten an bestehenden Bauwerken

§ 12. Vor dem Beginn von Bauarbeiten an bestehenden Bauwerken sind jene Bauwerks- oder Baukonstruktionsteile, auf die sich diese Arbeiten erstrecken oder die durch diese beeinflußt werden, durch eine fachkundige Person auf ihre Standsicherheit und Tragfähigkeit zu prüfen. Sind Standsicherheit und Tragfähigkeit nicht ausreichend gewährleistet, darf erst nach Durchführung der notwendigen Sicherungen mit den Arbeiten begonnen werden.

Lagerung

§ 15. (1) Materialien und Geräte sind so zu lagern, daß durch deren Herabfallen, Abrutschen, Umfallen oder Wegrollen Arbeitnehmer nicht gefährdet werden.

(2) Lagergut muß gegen äußere Einwirkungen so geschützt sein, daß keine gefährlichen chemischen oder physikalischen Veränderungen des Lagergutes eintreten.

(3) Lagerungen dürfen nur so hoch vorgenommen werden, daß ihre Standfestigkeit gewährleistet ist. Es dürfen lediglich Materialien geringen Gewichts höher als 2,00 m händisch gestapelt werden.

(4) Stapel dürfen nur auf festem, ebenem Boden oder auf genügend starken Unterlagen, in sich gut verbunden und sachgemäß errichtet werden. Das Errichten und Abtragen von Stapeln sowie das Manipulieren an Stapeln ist von sicheren Standplätzen aus vorzunehmen. Aus den unteren Lagen

eines Stapels darf weder Lagergut herausgezogen noch dem Lagergut Material entnommen werden.

(5) Beim Lagern von Rundholz, Rohren, Fässern und ähnlichem Lagergut müssen geeignete Vorkehrungen gegen das Abrollen des Lagergutes getroffen werden. Bleche, Glastafeln, Platten, Rohre, Stangen und ähnliches Lagergut müssen bei stehender Lagerung gegen Umfallen gesichert sein.

(6) Schüttgüter dürfen, sofern ein Abrutschen nicht durch andere geeignete Maßnahmen verhindert ist, nur unter Einhaltung des dem Schüttgut entsprechenden Böschungswinkels gelagert werden. Das Abtragen hat unter Einhaltung dieses Böschungswinkels zu erfolgen. Das Unterhöhlen von solchen Lagerungen ist verboten.

Transport-, Be- und Entladen
§ 16. *(Anm.: Abs. 1 und 2 aufgehoben durch BGBl. II Nr. 164/2000)*

(3) Vor dem Transport verpackter Materialien, insbesondere von durch Schrumpffolien oder Bänder zusammengehaltenen, ist der Zustand der Verpackung zu prüfen. Erforderlichenfalls ist durch zusätzliche Maßnahmen eine Gefährdung der Arbeitnehmer beim Transport zu verhindern.

(Anm.: Abs. 4 aufgehoben durch BGBl. II Nr. 164/2000)

(5) Das Abwerfen von Gegenständen und Materialien ist nur gestattet, wenn der hiedurch gefährdete Bereich durch Warnposten oder sonst in zuverlässiger Weise gesichert ist. Mit dem Abwerfen darf erst begonnen werden, nachdem der Abwerfende sich selbst überzeugt oder der Warnposten durch ein gut wahrnehmbares und vorher vereinbartes Zeichen bekanntgegeben hat, daß der gefährdete Bereich gesichert ist. Warnposten haben sich nur der Sicherung des gefährdeten Bereiches zu widmen, sie dürfen nicht gleichzeitig mit anderen Verrichtungen beschäftigt werden.

(Anm.: Abs. 6 und 7 aufgehoben durch BGBl. II Nr. 164/2000)

2. ABSCHNITT
Arbeitsvorgänge und Arbeitsverfahren
Allgemeines
§ 17. (1) Bei Arbeitsvorgängen und Arbeitsverfahren, die mit einer erheblichen Beeinträchtigung der Arbeitnehmer durch Gase, Dämpfe, Schwebstoffe, blendendes Licht oder ähnliche Einwirkungen verbunden sind, ist durch geeignete Schutzmaßnahmen sicherzustellen, daß die nicht unmittelbar mit diesen Arbeiten beschäftigten Arbeitnehmer den Einwirkungen der angeführten Art nicht ausgesetzt sind.

(2) Die Vorbereitung, Gestaltung und Durchführung von Arbeitsvorgängen und Arbeitsverfahren hat derart zu erfolgen, daß unter Berücksichtigung aller Umstände, insbesondere der technischen Möglichkeiten und der besonderen be-

trieblichen Verhältnisse, Arbeitsbedingungen gegeben sind, durch die bei umsichtiger Verrichtung der beruflichen Tätigkeit ein möglichst wirksamer Schutz des Lebens und der Gesundheit der Arbeitnehmer erreicht wird. Dementsprechend sind die hiefür notwendigen und geeigneten Betriebseinrichtungen, sonstigen mechanischen Einrichtungen und Betriebsmittel mit den notwendigen Schutzvorrichtungen zur Verfügung zu stellen oder geeignete Schutzmaßnahmen anderer Art zu treffen.

(3) Bei der Vorbereitung, Gestaltung und Durchführung von Arbeitsvorgängen und Arbeitsverfahren ist dem Stand der Technik und der Medizin entsprechend auch auf die arbeitshygienischen, arbeitsphysiologischen, arbeitspsychologischen und ergonomischen Erkenntnisse Bedacht zu nehmen.

(4) Die vom Hersteller (Erzeuger) oder Vertreiber vorgeschriebenen Schutzmaßnahmen sind einzuhalten, dies gilt insbesondere für die Verwendung von Arbeitsstoffen, Betriebseinrichtungen und sonstigen mechanischen Einrichtungen.

(5) In Bereichen, in denen hinsichtlich der Atemluft erhöhte Gefahr besteht, darf ein/e Arbeitnehmer/in allein nur dann beschäftigt werden, wenn er/sie ständig überwacht wird und alle geeigneten Vorkehrungen getroffen sind, um eine wirksame und sofortige Hilfeleistung zu ermöglichen.

(6) Die über die Bestimmungen der BauV über persönliche Schutzausrüstungen hinausgehenden Bestimmungen der Verordnung persönliche Schutzausrüstung (PSA-V) sind zusätzlich zu beachten.

Allgemeine Bestimmungen über Arbeitsstoffe
§ 19. *(Anm.: Abs. 1 aufgehoben durch BGBl. II Nr. 408/2009)*

(2) Arbeitsstoffe, die als Stoffe, Zubereitungen oder Fertigwaren vom Geltungsbereich des Chemikaliengesetzes 1996 – ChemG 1996, BGBl. I Nr. 53/1997 oder des Biozid-Produkte-Gesetzes – BiozidG, BGBl. I Nr. 105/2000, in der jeweils geltenden Fassung, erfaßt werden und die wegen ihrer gefährlichen Eigenschaften nach den Bestimmungen dieser Gesetze und der darauf beruhenden Verordnung zu kennzeichnen sind, dürfen auf der Baustelle nur verwendet werden

1. in gekennzeichneten Originalbehältnissen oder
2. in sonstigen geeigneten Behältnissen, die nach den genannten Rechtsvorschriften gekennzeichnet sind.

(3) Abgesaugte Gase, Dämpfe oder Stäube sind so abzuleiten, daß Arbeitnehmer nicht gefährdet sind. Absauganlagen sind nach Bedarf zu reinigen.

BauV

(Anm.: Abs. 4 aufgehoben durch BGBl. II Nr. 242/2006)

Brandgefährliche und explosionsgefährliche Arbeitsstoffe

§ 20. (1) Arbeitsvorgänge und Arbeitsverfahren, bei denen brandgefährliche oder explosionsgefährliche Arbeitsstoffe verwendet oder gelagert werden, sind in einer solchen Weise und unter solchen Sicherheitsvorkehrungen vorzubereiten, zu gestalten und durchzuführen, daß eine Gefährdung der Arbeitnehmer durch Brände oder Explosionen möglichst vermieden wird.

(2) Bei der Lagerung von brandgefährlichen oder explosionsgefährlichen Arbeitsstoffen müssen die durch deren Eigenschaften bedingten Schutzmaßnahmen insbesondere gegen Entzünden derselben getroffen sein. Dies gilt insbesondere bei der Lagerung von leicht brennbaren, leicht entzündlichen oder selbstentzündlichen Abfällen, Rückständen, Putzmaterialien, losem Papier, Holzwolle u. dgl. sowie von Behältern, die Reste von leicht entzündlichen oder entzündlichen Arbeitsstoffen enthalten. Solche Lagerungen müssen so eingerichtet und angelegt sein, daß ein Brand rasch und ungehindert bekämpft werden kann.

(3) Brandgefährliche oder explosionsgefährliche Arbeitsstoffe dürfen über Arbeitsplätzen und Verkehrswegen, sowie auf oder unter Stiegen, Laufstegen, Podesten, Plattformen, Rampen und ähnlichen Verkehrswegen nicht gelagert werden. Behälter, die solche Arbeitsstoffe enthalten, dürfen nicht aufeinandergestellt werden, wenn die Gefahr besteht, daß die Behälter dadurch beschädigt oder undicht werden. Mit Ausnahme des Tagesbedarfs dürfen solche Arbeitsstoffe nicht in Räumen gelagert werden, die sich unter oder über Räumen oder Bereichen befinden, in denen sich Arbeitnehmer regelmäßig aufhalten.

(4) Sofern Gase oder Dämpfe von explosionsgefährlichen Arbeitsstoffen schwerer als Luft sind, muß Vorsorge getroffen sein, daß sich solche Gase und Dämpfe in tiefer gelegenen Räumen in gefahrdrohender Menge nicht ansammeln können.

(5) Für die Aufbewahrung von brandgefährlichen oder explosionsgefährlichen Arbeitsstoffen dürfen Trinkgefäße, Getränkeflaschen und Gefäße, die ihrer Art nach für die Aufbewahrung von Lebens- und Genußmittel bestimmt sind, nicht verwendet werden. Dies gilt auch für Behälter, die mit solchen Gefäßen oder Flaschen verwechselt werden können.

(6) Explosionsgefährliche Arbeitsstoffe dürfen an Arbeitsplätzen nur in der für den Fortgang der Arbeiten erforderlichen Menge, höchstens jedoch jener eines Tagesbedarfs, vorhanden sein. Verschüttete Arbeitsstoffe sind unverzüglich unter Beachtung der nötigen Vorsichtsmaßnahmen zu beseitigen. Abfälle und Rückstände sind gefahrlos zu entfernen, ordnungsgemäß zwischenzulagern und gefahrlos abzutransportieren.

(7) Bei Arbeiten mit explosionsgefährlichen Arbeitsstoffen dürfen sich in unmittelbarer Nähe des Arbeitsplatzes oder der Lagerstelle keine wirksamen Zündquellen befinden. Erforderlichenfalls ist dieser Bereich abzuschranken und durch entsprechende Warnschilder, die auf die Brand- oder Explosionsgefahr hinweisen, zu kennzeichnen. Geeignete Feuerlöscher in ausreichender Zahl sind bereitzustellen.

(Anm.: Abs. 8 aufgehoben durch BGBl. II Nr. 309/2004)

Gesundheitsgefährdende Arbeitsstoffe

§ 21. (1) Arbeitsvorgänge und Arbeitsverfahren sind in einer solchen Weise und unter solchen Sicherheitsvorkehrungen vorzubereiten, zu gestalten und durchzuführen, daß eine Gefährdung der Arbeitnehmer durch Einwirkungen von gesundheitsgefährdenden Arbeitsstoffen möglichst vermieden wird. Bei der Lagerung von gesundheitsgefährdenden Arbeitsstoffen müssen die durch deren Eigenschaften bedingten Schutzmaßnahmen getroffen sein.

(2) Bei Arbeiten mit gesundheitsgefährdenden Arbeitsstoffen ist das Essen, Trinken, Rauchen und die Einnahme von Medikamenten verboten. Zu Arbeitsplätzen, an denen Arbeiten mit solchen Arbeitsstoffen vorgenommen werden, dürfen Getränke, Eß- und Rauchwaren nicht mitgebracht werden. Arbeitnehmer mit Erkrankungen oder Verletzungen der Haut, welche eine Aufnahme von gesundheitsgefährdenden Arbeitsstoffen durch die Haut begünstigen, dürfen zu Arbeiten mit solchen Arbeitsstoffen nicht herangezogen werden.

(3) Die Vorbereitung, Gestaltung und Durchführung von Arbeitsvorgängen und Arbeitsverfahren hat derart zu erfolgen, daß die Entwicklung von Gasen, Dämpfen oder Schwebstoffen gesundheitsgefährdender Arbeitsstoffe in einer gefährlichen oder in anderer Weise für die Gesundheit nachteiligen Konzentration am Arbeitsplatz vermieden wird. Eine Konzentration im Sinne des ersten Satzes liegt jedenfalls dann vor, wenn die in der Grenzwerteverordnung, in der jeweils geltenden Fassung verlautbarten MAK-Werte oder TRK-Werte von Arbeitsstoffen überschritten werden. Dementsprechend müssen Gase, Dämpfe oder Schwebstoffe an der Entstehungs- oder Austrittsstelle entsprechend abgesaugt oder die jeweils erforderlichen anderen Schutzmaßnahmen, wie künstliche oder natürliche Raumlüftung bei Vorhandensein nur geringer Mengen von Gasen, Dämpfen oder Schwebstoffen, getroffen werden. Diese Maßnahmen sind derart zu treffen, daß die TRK-Werte stets möglichst weit unterschritten und die MAK-Werte nicht überschritten werden. Arbeitgeber haben überdies anzustreben, daß die MAK-Werte möglichst weit unterschritten werden.

(4) § 20 Abs. 4 bis 6 gilt auch für die Aufbewahrung, Lagerung und Verwendung von gesundheitsgefährdenden Arbeitsstoffen.

(5) Benzol, Tetrachlorkohlenstoff, 1,1,2,2-Tetrachloräthan und Pentachloräthan sowie Arbeitsstoffe, die einen Volumenanteil von mehr als ein Prozent der genannten Stoffe enthalten, dürfen als Löse-, Verdünnungs-, Reinigungs- und Entfettungsmittel nicht verwendet werden. Schwefelkohlenstoff darf als Lösemittel nicht verwendet werden.

(6) Das Auftragen von Holzschutzmitteln, die chlorierte Phenole enthalten, im Spritzverfahren, ausgenommen in geschlossenen Apparaten, ist nicht zulässig.

(7) Durch Verbrennungsmotoren angetriebene Betriebsmittel, wie Flurförderzeuge, dürfen in geschlossenen Räumen nur betrieben werden, wenn Abgasbestandteile, wie Kohlenoxide, Stickoxide, oder Ölnebel, in einer Konzentration im Sinne des Abs. 3 nicht auftreten.

(8) Heizeinrichtungen für feste oder flüssige Brennstoffe dürfen, insbesondere in geschlossenen Räumen, ohne Anschluß an eine Abgasanlage nur betrieben werden, wenn eine gefährliche oder in anderer Weise für die Gesundheit nachteilige Konzentration von gesundheitsschädlichen Gasen gemäß Abs. 3 mit Sicherheit ausgeschlossen und ein Volumenanteil des Sauerstoffes in der Atemluft von mindestens 17% gewährleistet ist. Heizeinrichtungen für gasförmige Brennstoffe dürfen ohne Anschluß an eine ins Freie führende Abzugseinrichtung nur betrieben werden, wenn die stündlich verbrauchte Gasmenge weniger als 20 l pro Kubikmeter des Aufstellungsraumes beträgt.

3. ABSCHNITT
Persönliche Schutzausrüstung
Allgemeines
§ 22. Die zweckentsprechende Verwendung der Schutzausrüstung ist zu überwachen.

4. ABSCHNITT
Erste-Hilfe-Leistung, sanitäre Vorkehrungen
und sonstige Einrichtungen
Erste-Hilfe-Leistung
§ 31. (1) Auf jeder Baustelle muß bei Verletzungen oder plötzlichen Erkrankungen Erste Hilfe geleistet werden können. Nötigenfalls ist der Verletzte oder Erkrankte sofort einer ärztlichen Behandlung zuzuführen.

(2) Es ist eine den Regeln der Technik entsprechende Ausstattung an Mitteln für die Erste Hilfe bereitzustellen. Art und Umfang dieser Ausstattung müssen der Anzahl der auf der Baustelle beschäftigten Arbeitnehmer/innen sowie den im Hinblick auf die Art der Arbeitsvorgänge, der verwendeten Arbeitsmittel oder Arbeitsstoffe möglichen Verletzungsgefahren angemessen sein. Mittel der Ersten Hilfe sind in staubdicht schließenden Behältern, in hygienisch einwandfreiem, jederzeit gebrauchsfertigem Zustand aufzubewahren. Die Behälter müssen entsprechend gekennzeichnet sein. Die Kennzeichnung hat deutlich und dauerhaft zu erfolgen.

(3) Eine ausführliche Anleitung zur Ersten-Hilfe-Leistung sowie für länger als 5 Tage dauernde Baustellen Vermerke mit den Namen der gemäß Abs. 5 für die Erste-Hilfe-Leistung ausgebildeten Personen sowie je nach den Erfordernissen Vermerke über Unfallmeldestelle, Krankentransportmittel, Ärzte und Krankenanstalten, müssen in jedem Behälter gemäß Abs. 2 enthalten oder neben diesem angebracht sein.

(4) Es sind Maßnahmen zu treffen, um den Abtransport von Arbeitnehmer/innen, die von einem Unfall oder plötzlichem Unwohlsein betroffen sind, zur ärztlichen Behandlung sicherzustellen. Auf Baustellen, auf denen von einem Arbeitgeber mindestens 20 Arbeitnehmer beschäftigt werden, müssen geeignete Einrichtungen für den Transport von Verletzten, wie Tragbahren, Krankentransport- oder Hängematten oder Bergetücher, in ausreichender Zahl bereitgestellt werden. Diese Einrichtungen müssen leicht zugänglich, der Aufbewahrungsort muß dauerhaft und deutlich gekennzeichnet sowie gegen Verunreinigung und Nässe geschützt sein.

(5) Es ist dafür zu sorgen, dass mindestens folgende Personenzahl nachweislich für die Erste Hilfe Leistung ausgebildet ist (Erst-Helfer/innen): Bei bis zu 19 von einem Arbeitgeber/ einer Arbeitgeberin auf einer Baustelle beschäftigten Arbeitnehmer/innen eine Person; bei 20 bis 29 regelmäßig von einem Arbeitgeber/ einer Arbeitgeberin auf einer Baustelle beschäftigten Arbeitnehmer/innen zwei Personen; bei je 10 weiteren regelmäßig von einem Arbeitgeber/einer Arbeitgeberin auf einer Baustelle beschäftigten Arbeitnehmer/innen eine zusätzliche Person.

(5a) Für die nach Abs. 5 notwendige Anzahl an ausgebildeten Erst-Helfer/innen hat jede/r Arbeitgeber/in entsprechend der Anzahl der von ihm/ihr auf der Baustelle beschäftigten Arbeitnehmer/innen zu sorgen. Werden auf einer Baustelle gleichzeitig Arbeitnehmer/innen mehrerer Arbeitgeber/innen beschäftigt, ist es aber auch zulässig, dass mehrere Arbeitgeber/innen die nach Abs. 5 notwendige Anzahl an Erst-Helfer/innen gemeinsam erbringen, sofern die diesbezügliche Koordination und Festlegung in ihren Sicherheits- und Gesundheitsschutzdokumenten klar und nachvollziehbar dokumentiert ist. Erst-Helfer/in kann auch der/die Arbeitgeber/in selbst sein.

(6) Für die Ausbildung nach Abs. 5 gilt Folgendes:

1. Bei mindestens fünf von einem Arbeitgeber/ einer Arbeitgeberin auf einer Baustelle beschäftigten Arbeitnehmer/innen muss es sich

BauV

bei der Ausbildung nach Abs. 5 um eine mindestens 16–stündige Ausbildung nach den vom Österreichischen Roten Kreuz ausgearbeiteten Lehrplänen, oder eine andere, zumindest gleichwertige Ausbildung, wie die des Präsenz- oder Ausbildungsdienstes beim Bundesheer, handeln.

2. Bei weniger als fünf von einem Arbeitgeber/ einer Arbeitgeberin auf einer Baustelle beschäftigten Arbeitnehmer/innen ist es bis 1.1.2015 ausreichend, wenn der/die Erst-Helfer/in nach dem 1.1.1998 eine mindestens sechsstündige Unterweisung in lebensrettenden Sofortmaßnahmen (im Sinne des § 6 der Führerscheingesetz-Durchführungsverordnung, BGBl. II Nr. 320/1997) absolviert hat. Ab 1.1.2015 muss der/die Ersthelfer/in eine Erste–Hilfe-Auffrischung nach Abs. 6a absolvieren.

(6a) Es ist dafür zu sorgen, dass Erst-Helfer/innen in Abständen von höchstens vier Jahren eine mindestens achtstündige Erste-Hilfe-Auffrischung absolvieren. Diese kann auch geteilt werden, sodass in Abständen von höchstens zwei Jahren eine mindestens vierstündige Erste–Hilfe-Auffrischung erfolgt. Die Erste-Hilfe-Auffrischung kann auch durch den/die Arbeitsmediziner/in ohne Einrechnung in die Präventionszeit durchgeführt werden.

(7) Auf Baustellen mit besonderen Gefahren hat die zuständige Behörde die Bereitstellung entsprechender Einrichtungen für die ärztliche Erstversorgung, wie Elektrokardiographen, Defibrillatoren oder Infusionsgeräte, sowie eine den Erfordernissen entsprechende bestimmte Ausbildung in Erster-Hilfe-Leistung vorzuschreiben. Ferner hat die zuständige Behörde entsprechende Maßnahmen aufzutragen, damit für eine möglichst raschen Transport Verletzter oder Erkrankter und für deren rasche Behandlung Vorsorge getroffen wird.

(8) Auf Baustellen, auf denen giftige, ätzende oder infektiöse Arbeitsstoffe verwendet werden, muß zur raschen Beseitigung von Verunreinigungen der Haut oder Schleimhaut eine Waschgelegenheit und überdies ein betriebsbereiter Wasseranschluß mit Schlauch und Handbrause vorhanden sein. Beim Verwenden ätzender Arbeitsstoffe müssen ferner auch sofort einsatzbereite Augenduschen oder Augenspülflaschen bereitstehen.

(9) Werden auf einer Baustelle von einem Arbeitgeber weniger als fünf Arbeitnehmer nicht länger als einen Arbeitstag mit Arbeiten mit geringer Unfallgefahr beschäftigt, finden die Abs. 2, 3, 7 und 8 keine Anwendung. Der Arbeitgeber hat jedoch geeignetes Material für die Erstversorgung zur Verfügung zu stellen.

Sanitätsräume

§ 32. (1) Auf Baustellen, auf denen von einem Arbeitgeber mehr als 50 Arbeitnehmer beschäftigt werden, muß im Bereich der Baustelle ein Sanitätsraum oder eine vergleichbare Einrichtung, wie Sanitätscontainer oder Sanitätswagen, vorhanden sein, in dem bei Unfällen und plötzlichen Erkrankungen Erste Hilfe geleistet oder eine ärztliche Erstversorgung durchgeführt werden kann. Diese Verpflichtung des Arbeitgebers gilt für Baustellen in nicht mehr als 10 km Entfernung von Krankenanstalten mit unfallchirurgischen oder allgemeinchirurgischen Ambulanzen erst ab Beschäftigung von mehr als 100 Arbeitnehmern.

(2) Sanitätsräume und vergleichbare Einrichtungen müssen so gelegen sein, daß sie mit einer Tragbahre und mit Rettungsfahrzeugen erreicht werden können.

(3) Sanitätsräume und vergleichbare Einrichtungen müssen entsprechend gekennzeichnet sein. Die Kennzeichnung hat deutlich und dauerhaft zu erfolgen.

(4) Ständig besetzte Sanitätsräume müssen natürlich belichtet sein. Sanitätsräume dürfen von außen nicht einsehbar sein. Sie müssen ausreichend beleuchtbar und lüftbar eingerichtet und mit einer Liege sowie einer Waschgelegenheit mit fließendem Kalt- und Warmwasser ausgestattet sein. Es müssen Spender für Flüssigseife und Einweghandtücher zur Verfügung stehen. Während der kalten Jahreszeit müssen die Sanitätsräume so beheizt werden, daß eine Raumtemperatur von mindestens 21 ºC erreicht wird.

(5) In der Nähe der Sanitätsräume muß eine Abortanlage zur Verfügung stehen.

(6) Durch Meldeeinrichtungen, wie Fernsprechanlagen, müssen geeignete Stellen erreichbar sein, damit unverzüglich die notwendige Hilfe herbeigerufen und an den Einsatzort geleitet werden kann.

Trinkwasser

§ 33. (1) Auf jeder Baustelle muß den Arbeitnehmern ein den hygienischen Anforderungen entsprechendes sowie hinreichend kühles Trinkwasser oder ein anderes diesen Erfordernissen entsprechendes, gesundheitlich einwandfreies, alkoholfreies Getränk zur Verfügung stehen. Trinkwasserentnahmestellen und allenfalls zur Verfügung gestellte Trinkgefäße müssen den hygienischen Anforderungen entsprechen.

(2) Entnahmestellen von nicht zum Trinken geeignetem Wasser müssen als solche entsprechend gekennzeichnet sein. Die Kennzeichnung hat deutlich und dauerhaft zu erfolgen.

(3) Bei Arbeiten unter besonders erschwerenden Arbeitsbedingungen, wie größerer Hitze- oder Kälteeinwirkung, bei denen in verstärktem Maße die Notwendigkeit besteht, Getränke zu sich zu nehmen, hat die Behörde für die damit befaßten Arbeitnehmern die Bereitstellung alkoholfreier

Getränke vorzuschreiben, wobei anzugeben ist, welchen Anforderungen diese genügen müssen.

Waschgelegenheiten

§ 34. (1) Auf jeder Baustelle muß Vorsorge getroffen werden, daß einwandfreies Waschwasser zur Verfügung steht. Für je fünf Arbeitnehmer, die gleichzeitig ihre Arbeit beenden, muß ein Waschplatz oder ein Waschgefäß zur Verfügung stehen. Abweichend hievon sind bei kurzfristigen Arbeiten, bei denen kein Waschwasser zur Verfügung steht, wie Installationsreparaturarbeiten, andere geeignete Mittel zum Händereinigen ausreichend.

(2) Bei jedem Waschplatz müssen die notwendigen Mittel zum Reinigen sowie zum Abtrocknen zur Verfügung gestellt werden.

(3) Zur Beseitigung von stärkeren Verschmutzungen der Haut muß auch warmes fließendes Wasser zur Verfügung stehen, ausgenommen bei kurzfristigen Arbeiten, sofern die Arbeitnehmer in angemessener Zeit eine entsprechende Waschgelegenheit mit warmem fließenden Wasser in der Betriebsstätte oder in der Unterkunft erreichen können. Geeignete Hautmittel (Hautschutz-, Hautreinigungs-, Hautpflegemittel) müssen in gebrauchsfertiger Form bereitgestellt sein.

(4) Arbeitnehmern, die einer besonders starken Verschmutzung, starker Staubeinwirkung, der Einwirkung giftiger, ätzender, leicht zersetzlicher, ekelerregender oder infektiöser Arbeitsstoffe oder größerer Hitze ausgesetzt sind, müssen Brausen zur Verfügung stehen, wobei auf höchstens fünf Arbeitnehmer, die ihre Arbeit gleichzeitig beenden, eine Brauseeinrichtung mit fließendem Kalt- und Warmwasser zu entfallen hat.

(5) Werden auf einer Baustelle von einem Arbeitgeber mehr als zehn Arbeitnehmer länger als zwei Wochen beschäftigt, müssen den Arbeitnehmern Waschräume zur Verfügung stehen, sofern die Arbeitnehmer nicht nach Beendigung der Arbeit in ihre Betriebsstätte oder Unterkünfte mit entsprechenden Waschräumen zu Fuß innerhalb von 30 Minuten oder mit zur Verfügung gestellten Fahrgelegenheiten zurückkehren können. In den Waschräumen muß für je 20 Arbeitnehmer eine Brauseeinrichtung mit fließendem Kalt- und Warmwasser zur Verfügung stehen.

(6) Waschräume müssen sich möglichst in der Nähe der Aufenthaltsräume befinden, wobei die Verbindungswege gegen Witterungseinflüsse zu schützen sind. Waschräume müssen ausreichend beleucht- und lüftbar eingerichtet sein. Waschräume müssen während der kalten Jahreszeit so beheizt werden, daß eine Raumtemperatur von mindestens 21 °C erreicht wird. Fußroste aus Holz dürfen nicht verwendet werden. Für eine regelmäßige und wirksame Desinfektion von Fußböden und Rosten muß gesorgt sein. Fußböden und Roste müssen gleitsicher sein. Unmittelbar ins Freie führende Ausgänge von Waschräumen müssen als Windfang ausgebildet sein.

(7) Sind keine getrennten Waschräume vorhanden, ist die getrennte Benützung der Waschplätze durch Männer und Frauen durch organisatorische Maßnahmen sicherzustellen.

(8) Für Männer und Frauen müssen getrennte Waschräume zur Verfügung stehen, sofern jedem Geschlecht mindestens fünf Arbeitnehmer angehören.

Aborte

§ 35. (1) Auf jeder Baustelle oder in deren Nähe müssen den Arbeitnehmern entsprechend ausgestattete Abortanlagen zur Verfügung stehen, die den diesbezüglichen sanitären Anforderungen entsprechen und mit Wasserspülung oder einer gleichwertigen Ausstattung versehen sind.

(2) Für Männer und Frauen müssen getrennte, deutlich bezeichnete Abortanlagen mit gesonderten Zugängen vorhanden sein, sofern jedem Geschlecht mindestens fünf Arbeitnehmer angehören. Abortanlagen müssen in solcher Zahl vorhanden sein, daß für je höchstens 20 männliche und je höchstens 15 weibliche Arbeitnehmer mindestens eine verschließbare Abortzelle zur Verfügung steht.

(3) Abortanlagen müssen ausreichend beleucht- und lüftbar eingerichtet sein und dürfen mit Arbeitsräumen sowie mit Räumen zum Aufenthalt während der Arbeitspausen und Umkleideräumen nicht unmittelbar in Verbindung stehen. Sie müssen von diesen durch direkt ins Freie entlüftbare oder mechanisch entlüftbare Vorräume getrennt sein. In Vorräumen von Abortzellen muß eine Waschgelegenheit vorhanden sein, sofern sich eine solche nicht in unmittelbarer Nähe der Abortanlage befindet.

(4) Werden von einem Arbeitgeber auf einer Baustelle mehr als 15 männliche Arbeitnehmer beschäftigt, muß für je 15 männliche Arbeitnehmer mindestens ein Pißstand vorhanden sein. Die Pißstände müssen den sanitären Anforderungen entsprechen, die Wände und Rinnen oder Muscheln müssen aus glattem und undurchlässigem Material hergestellt sein.

(5) In den Abortzellen muß Toilettenpapier zur Verfügung stehen und ein Kleiderhaken angebracht sein.

Aufenthaltsräume

§ 36. (1) Werden auf einer Baustelle von einem Arbeitgeber mehr als fünf Arbeitnehmer beschäftigt und beträgt die voraussichtliche Arbeitsdauer mehr als eine Woche, muß den Arbeitnehmern zum Umkleiden sowie zum Aufenthalt in den Arbeitspausen und bei ungünstiger Witterung ein Aufenthaltsraum zur Verfügung stehen. Durch geeignete technische oder organisatorische Maßnahmen ist dafür Sorge zu tragen, daß Nichtraucher vor der Einwirkung von Tabakrauch geschützt sind. Solche Maßnahmen sind insbesondere eine

BauV

verstärkte Be- und Entlüftung der Aufenthaltsräume oder getrennte Aufenthaltsräume für Raucher und Nichtraucher.

(2) Als Aufenthaltsräume können Räume in Baracken oder Gebäuden sowie Baustellenwagen, Container oder andere Raumzellen verwendet werden. Aufenthaltsräume müssen gegen Witterungseinflüsse Schutz bieten, ausreichend lüft- und beleuchtbar eingerichtet sein und während der kalten Jahreszeit so beheizt werden, daß eine Raumtemperatur von mindestens 21 °C erreicht wird. Während der kalten Jahreszeit muß die ins Freie führende Tür des Aufenthaltsraumes mit einem Windfang ausgestattet sein.

(3) Die lichte Höhe von Aufenthaltsräumen muß mindestens 2,30 m betragen, für Baustellenwagen ist eine lichte Höhe von mindestens 2,30 m im Scheitel ausreichend, bei Containern oder anderen Raumzellen muß die lichte Höhe mindestens 2,20 m betragen. Für jeden auf der Baustelle beschäftigten Arbeitnehmer muß nach Abzug der Fläche für vorhandene Einrichtungen, wie Kleiderschränke, Tische, Heizeinrichtungen, eine freie Bodenfläche von

1. mindestens 1,00 m^2 bei Raumhöhen bis zu 2,30 m,
2. mindestens 0,75 m^2 in den übrigen Fällen zur Verfügung stehen.

(4) In Aufenthaltsräumen dürfen Baustoffe, gesundheitsgefährdende, brandgefährliche und explosionsgefährliche Arbeitsstoffe nicht gelagert werden.

(5) Im Aufenthaltsraum muß für jeden auf der Baustelle beschäftigten Arbeitnehmer eine den Grundsätzen der Ergonomie entsprechende Sitzgelegenheit zur Verfügung stehen. Die Oberfläche der Sitze muß glatt sein. Weiters muß für jeden Arbeitnehmer eine Tischfläche von mindestens 60 cm Breite und von mindestens 30 cm Tiefe zur Verfügung stehen.

(6) Im Aufenthaltsraum oder in einem sonstigen nahegelegenen Raum muß zur Aufbewahrung der Straßen- und Arbeitskleidung jedem auf der Baustelle Beschäftigten ein Kleiderkasten zur Verfügung stehen, der mindestens 50 cm breit, 50 cm tief und 1,80 m hoch sowie mit einem Ablagefach ausgestattet ist, sofern die Arbeitnehmer nicht nach Beendigung der Arbeit in ihre Betriebsstätten oder Unterkünfte zu Fuß innerhalb von 30 Minuten oder mit zur Verfügung gestellten Fahrgelegenheiten zurückkehren können. Für eine getrennte Aufbewahrung von Straßenkleidung einerseits und Arbeits- und Schutzkleidung andererseits ist Vorsorge zu tragen.

(7) Im Aufenthaltsraum muß eine Einrichtung zum Wärmen und Kühlen von Speisen zur Verfügung stehen.

(8) Sofern auf der Baustelle für das Trocknen nasser Arbeits- und Schutzkleidung kein gesonderter Raum zur Verfügung steht, muß im Aufenthaltsraum eine hiefür geeignete Einrichtung, wie ein Trockenschrank, und eine entsprechende Be- und Entlüftung dieser Einrichtung vorhanden sein.

(9) Werden den Arbeitnehmern in der Nähe der Baustelle rasch erreichbare Unterkünfte gemäß § 38 zur Verfügung gestellt, sind die Abs. 1 bis 8 nicht anzuwenden.

Weitere Einrichtungen

§ 37. Stehen den Arbeitnehmern keine Aufenthaltsräume nach § 36 zur Verfügung, muß dafür gesorgt werden, daß die Arbeitnehmer sich auf der Baustelle oder in unmittelbarer Nähe gegen Witterungseinflüsse geschützt umkleiden, wärmen und ihre Mahlzeiten einnehmen können. Jedem Arbeitnehmer muß ein abschließbarer Schrank oder eine sonstige geeignete, versperrbare Einrichtung zur Aufbewahrung der Kleidung zur Verfügung zu stehen.

Allgemeine Bestimmungen über Unterkünfte
§ 38. (1) Den Arbeitnehmern sind erforderlichenfalls geeignete Unterkünfte zur Verfügung zu stellen, insbesondere dann, wenn sie auf derart entlegenen Baustellen beschäftigt werden, daß sie in deren Umgebung keine Räume erhalten können, die den sonst für Wohnräume maßgebenden Erfordernissen entsprechen.

(2) Unterkünfte müssen nahe der Baustelle liegen und leicht erreichbar sein. Unterkünfte und Zugänge zu diesen dürfen nicht in einem Bereich liegen, der erfahrungsgemäß insbesondere durch Lawinen, Steinschlag oder Hochwasser gefährdet erscheint.

(3) Werden Räume in Gebäuden für Unterkunftszwecke zur Verfügung gestellt, müssen diese Räume den für Wohnräume geltenden baupolizeilichen und feuerpolizeilichen Bestimmungen entsprechen.

(4) Zum Trocknen nasser Kleidung muß ein beheizbarer und ausreichend lüftbarer Trockenraum mit einer geeigneten Einrichtung zur Verfügung stehen. Nasse Arbeits- oder Schutzkleidung darf nicht in Schlafräumen getrocknet werden.

(5) Es müssen Einrichtungen zum Aufbewahren, Wärmen, Kühlen und Zubereiten von Speisen zur Verfügung stehen, sofern nicht eine geeignete Küche eingerichtet ist. Es sind Mittel zur Ersten Hilfeleistung bereitzuhalten. In den Unterkünften müssen Trinkwasser oder Getränke gemäß § 33 Abs. 1, Waschgelegenheiten gemäß § 34 und Aborte gemäß § 35 zur Verfügung stehen.

(6) Baustoffe, Baugeräte oder motorbetriebene Fahrzeuge sowie gesundheitsgefährdende, brandgefährliche und explosionsgefährliche Arbeitsstoffe dürfen in den Unterkünften nicht gelagert oder abgestellt werden. Zur Aufbewahrung

des den Arbeitnehmern gehörenden Werkzeuges müssen nach Bedarf verschließbare Behälter beigestellt sein.

(7) Außentüren von Unterkünften müssen dicht und verschließbar sein, sie müssen im Regelfall nach außen aufschlagen und mit einem Windfang ausgestattet sein.

(8) Während der kalten Jahreszeit und bei naßkalter Witterung müssen Unterkünfte so beheizt werden, daß eine Raumtemperatur von mindestens 21 °C erreicht wird.

Schlafräume in Unterkünften

§ 39. (1) Schlafräume in Unterkünften müssen so groß sein, daß auf jeden darin untergebrachten Arbeitnehmer ein Luftraum von mindestens 10 m^3 entfällt.

(2) In Schlafräumen muß jedem Arbeitnehmer ein Bett mit Bettzeug und ein versperrbarer Kasten zur Verfügung stehen. In einem Raum dürfen höchstens vier Bettstellen aufgestellt werden. Etagenbetten und Strohsäcke sind nicht zulässig. Bettwäsche ist nach jedem Wechsel des Benutzers, mindestens jedoch wöchentlich zu wechseln.

(3) In den Schlafräumen müssen Sitzgelegenheiten und Tischflächen entsprechend § 36 Abs. 5 vorhanden sein.

(4) Schlafräume müssen von innen verschließbar sein. Sie müssen ins Freie führende öffenbare Fenster besitzen. Die Gesamtfläche der Fenster muß mindestens ein Zehntel der Fußbodenfläche der Räume betragen. Die Fenster müssen kippbar eingerichtet sein. Die Fenster müssen mit ausreichendem Sichtschutz, wie Vorhängen oder Jalousien, ausgestattet sein.

(5) Arbeitnehmerinnen sind in abgetrennten, mit eigenem Zugang ausgestatteten Teilen der Unterkünfte unterzubringen.

(6) In den Schlafräumen sind geeignete Waschplätze einzurichten, sofern nicht in der Unterkunft Waschräume eingerichtet sind.

(7) Sofern Raucher und Nichtraucher nicht in getrennten Schlafräumen untergebracht sind, ist in den Schlafräumen das Rauchen nicht gestattet.

Aufenthaltsräume in Unterkünften

§ 40. (1) In jeder Unterkunft muß ein Aufenthaltsraum eingerichtet sein.

(2) Aufenthaltsräume in Unterkünften müssen ins Freie führende öffenbare Fenster besitzen. Die Gesamtfläche der Fenster muß mindestens ein Zehntel der Fußbodenfläche der Räume betragen. Fenster müssen kippbar eingerichtet sein.

(3) Aufenthaltsräume müssen mit Sitzgelegenheiten und Tischflächen entsprechend § 36 Abs. 5 eingerichtet sein.

Krankenstube

§ 41. (1) In jeder Unterkunft für mehr als 50 Arbeitnehmer ist eine Krankenstube einzurichten.

In Krankenstuben müssen mindestens zwei Betten aufgestellt sein. Krankenstuben müssen ihrem Zweck entsprechend ausgestattet sein. Ein für Erste Hilfeleistung Ausgebildeter muß jederzeit leicht erreichbar sein. Wohnung und Fernsprechnummer eines leicht erreichbaren Arztes muß in der Krankenstube durch Anschlag bekanntgegeben sein. Falls kein öffentlicher Fernsprechanschluß vorhanden ist, muß eine gleichwertige Verbindung zu einer ständig besetzten Stelle bestehen, über die Hilfe herbeigeholt oder das öffentliche Fernsprechnetz erreicht werden kann.

(2) In entlegenen und schwer erreichbaren Unterkünften, in Unterkünften für Stollen- und Tunnelbauten sowie in Unterkünften für mehr als 100 Arbeitnehmer müssen zur vorläufigen Erstversorgung Verletzter oder Erkrankter mindestens zwei zur Leistung von Sanitätshilfsdiensten ausgebildete Personen zur Verfügung stehen.

(3) Für Unterkünfte, die sich an entlegenen, schwer erreichbaren Orten befinden, hat die Behörde entsprechende Maßnahmen vorzuschreiben, damit von der Unterkunft aus jederzeit ein Arzt leicht erreichbar ist und rasch zur Stelle sein kann. Erforderlichenfalls hat die zuständige Behörde auch vorzuschreiben, daß ein Arzt anwesend sein muß, daß ein Sanitätskraftwagen bereitstehen oder Rettungshubschrauber zur Verfügung stehen muß.

(4) In Krankenstuben ist das Rauchen nicht gestattet.

(5) In Krankenstuben sind Trinkwasser oder Getränke gemäß § 33 Abs. 1 zur Verfügung zu stellen.

5. ABSCHNITT
Brandschutzmaßnahmen
Allgemeines

§ 42. (1) An brandgefährdeten Arbeitsplätzen ist das Rauchen und die Verwendung von offenem Feuer und Licht verboten. Durch deutlich sichtbare und dauerhafte Anschläge ist auf diese Verbote hinzuweisen.

(2) Schweiß-, Schneide- und Lötarbeiten sowie sonstige funkenbildende Arbeiten an brandgefährdeten Arbeitsplätzen sind nur zulässig, wenn geeignete Maßnahmen getroffen wurden, durch die das Entstehen eines Brandes verhindert wird.

(3) Schweiß-, Schneide- und Lötarbeiten sind so durchzuführen, daß durch Flammenwirkung oder heiße Metallteile, insbesondere durch Schweißperlen, brennbare oder entzündliche Materialien nicht entzündet werden können. Erforderlichenfalls sind Brandwachen vorzusehen.

Fußböden von Arbeitsplätzen,
Aufenthaltsräumen und Unterkünften

§ 43. Wenn der Fußboden einer gefahrbringenden Erwärmung ausgesetzt ist, muß er unter und rund um Öfen, Herde, offene Feuerstellen und

BauV

Feuerungsöffnungen bis zu einer Entfernung von mindestens 60 cm aus nicht brennbarem Material hergestellt oder mit einem aus solchem Material bestehenden Belag versehen sein. Dies gilt auch, wenn der Fußboden oder dessen Belag durch herabfallende oder herausfließende Brennmaterialien, Schlacke u. dgl. in Brand gesetzt werden kann.

Brennbare Abfälle und Rückstände

§ 44. (1) Leicht brennbare Abfälle, Rückstände, Holzwolle, Sägespäne, loses Papier u. dgl. dürfen auf Arbeitsplätzen nur in solchen Mengen vorhanden sein, daß das Entstehen eines größeren Brandherdes oder das rasche Ausbreiten eines Brandes möglichst vermieden wird. Es ist dafür zu sorgen, daß im Falle eines Brandes dieser Materialien Fluchtwege und Verkehrswege nicht unbenützbar werden. Von Feuerstätten und anderen Zünd- oder Wärmequellen sind diese Materialien fernzuhalten. Sie sind zu sammeln, von den Arbeitsplätzen zumindest nach jeder Arbeitsschicht zu entfernen und brandsicher zu verwahren.

(2) Leicht entzündliche oder selbstentzündliche Abfälle, Rückstände, Putzmaterialien u. dgl. dürfen an Arbeitsplätzen nur in geringen Mengen vorhanden sein. Sie sind in dichten Behältern aus nicht brennbarem Material, die mit einem dicht schließenden Deckel ausgestattet und entsprechend gekennzeichnet sind, zu sammeln und sobald als möglich von der Baustelle zu entfernen.

Feuerlöschmittel und Feuerlöschgeräte

§ 45. (1) Auf jeder Baustelle müssen unter Berücksichtigung der Art der Arbeitsvorgänge und Arbeitsverfahren, der Art der brandgefährlichen Arbeitsstoffe und explosionsgefährlichen Arbeitsstoffe, insbesondere der leicht brennbaren, leicht entzündlichen oder selbstentzündlichen Abfälle, Rückstände, Putzmaterialien u. dgl., sowie unter Berücksichtigung der Arbeitsweise, allfälliger Lagerungen sowie des Umfanges und der Lage der Baustelle und der höchstmöglichen Anzahl der anwesenden Personen die erforderlichen geeigneten Feuerlöschmittel und Feuerlöschgeräte, wie Löschwasser, Löschsand, Handfeuerlöscher oder fahrbare Feuerlöscher, bereitgehalten werden.

(2) Diese Mittel und Geräte sind gebrauchsfähig zu halten und müssen erforderlichenfalls gegen Einfrieren geschützt sein. Feuerlöschmittel und Feuerlöschgeräte müssen gut sichtbar, auffallend gekennzeichnet und jederzeit leicht erreichbar sein. Orte, an denen Feuerlöschmittel und Feuerlöschgeräte bereitgestellt sind, müssen deutlich und dauerhaft gekennzeichnet sein.

(3) Feuerlöschgeräte müssen den für sie geltenden Rechtsvorschriften, Handfeuerlöscher überdies den anerkannten Regeln der Technik entsprechen.

(4) Zum Löschen von Feststoff-, Flüssigkeits-, Gas- oder Leichtmetallbränden dürfen nur die für die jeweilige Brandklasse geeigneten Feuerlöschmittel, zum Löschen von Bränden von unter Spannung stehenden elektrischen Anlagen und elektrischen Betriebsmitteln sowie in deren Nähe nur hiefür geeignete Löschgeräte verwendet werden.

(5) Auf Baustellen mit besonders brandgefährlichen oder explosionsgefährlichen Arbeitsvorgängen oder Arbeitsverfahren müssen zur Rettung von Personen, deren Kleidung in Brand geraten ist, Löschdecken oder mit Wasser gefüllte geeignete Behälter in ausreichender Anzahl leicht erreichbar bereitgestellt sein.

(6) Bei Schweiß-, Schneide- und Lötarbeiten sowie in der Nähe von brennbaren oder entzündlichen Materialien müssen geeignete Handfeuerlöscher bereitgestellt sein.

(7) Mit der Handhabung der Feuerlöschgeräte muß eine für wirksame Brandschutzmaßnahmen ausreichende Zahl von Arbeitnehmern vertraut sein. Diese müssen auch hinsichtlich einer zweckmäßigen Anwendung der Löschverfahren unterwiesen sein.

(8) Feuerlöschgeräte und Feuerlöschanlagen sind mindestens alle zwei Jahre einer wiederkehrenden Prüfung (§ 151) zu unterziehen. Werden Feuerlöschmittel, wie Wasser, Sand u. dgl., vorrätig gehalten, so ist deren Vorhandensein und Menge in geeigneten Zeitabständen, zumindest aber halbjährlich zu kontrollieren. Über die Prüfungen und Kontrollen sind Vormerke zu führen. Handfeuerlöscher müssen mit entsprechenden Prüfplaketten versehen sein.

Brandalarmeinrichtungen, Brandalarmplan, Brandschutzordnung

§ 46. (1) Wenn durch die Gegebenheiten der Baustelle im Falle eines Brandes besondere Gefahren auftreten können, hat die Behörde geeignete Brandalarmeinrichtungen, wie Alarmsirenen, vorzuschreiben, durch die alle Arbeitnehmer vom Ausbruch eines Brandes sofort und eindeutig in Kenntnis gesetzt werden können.

(2) Für Baustellen nach Abs. 1 hat die Behörde die Aufstellung eines Brandalarmplanes vorzuschreiben, in dem insbesondere zu regeln ist, wie und mit welchen Einrichtungen die Arbeitnehmer vom Ausbruch eines Brandes oder über andere Gefahrenzustände in Kenntnis gesetzt werden und wie sie sich in diesen Fällen zu verhalten haben.

(3) Die Arbeitnehmer müssen über die Art des Brandalarmsignals und über das Verhalten im Falle eines Brandes unterwiesen werden. Entsprechende Anschläge, in denen auch die Erreichbarkeit der Feuerwehr angegeben sein muß, müssen an gut sichtbarer Stelle deutlich und dauerhaft angebracht sein. Mindestens einmal jährlich ist auf Baustellen, für die gemäß Abs. 1 eine Brandalarmeinrichtung vorzuschreiben ist, eine Einsatzübung

während der Arbeitszeit abzuhalten. Hierüber sind Aufzeichnungen zu führen.

(Anm.: Abs. 4 aufgehoben durch BGBl. II Nr. 408/2009)

(5) Die Behörde hat für Baustellen nach Abs. 1 die Aufstellung einer Brandschutzordnung vorzuschreiben. In dieser Brandschutzordnung ist insbesondere zu regeln, welche Vorkehrungen in technischer und organisatorischer Hinsicht zur Verhütung und Bekämpfung eines Brandes zu treffen sind.

Brandschutz bei Einrichtung der Baustellen
§ 47. Bei der Aufstellung von überwiegend aus brennbaren Stoffen bestehenden Bauunterkünften (Holzbaracken, Wohnwagen) und Behelfsbauten für den Betrieb von Werkstätten und für die Lagerung von Bau- und Arbeitsstoffen sind ausreichende Abstände zwischen den genannten Gebäuden einzuhalten, um einer Brandübertragung vorzubeugen und im Gefahrenfalle eine Tätigkeit der Feuerwehr nicht zu behindern. Behelfsbauten für die Lagerung von leicht entzündlichen oder brennbaren Stoffen sind außen deutlich zu kennzeichnen.

II. Hauptstück
Besondere Anforderungen und Maßnahmen
6. ABSCHNITT
Erd- und Felsarbeiten
Aushub
§ 48. (1) Vor Durchführung von Erdarbeiten ist zu ermitteln, ob im vorgesehenen Arbeitsbereich Leitungen oder sonstige Einbauten verlegt sind, durch deren Beschädigung Arbeitnehmer gefährdet werden können, oder ob gefahrbringende Boden- oder Wasserverhältnisse oder besondere Einflüsse, wie Erschütterungen durch den Straßen- oder Schienenverkehr, vorliegen. Wenn während der Durchführung von Erdarbeiten solche Einbauten oder deren Schutzabdeckungen sowie gefahrbringende Boden- oder Wasserverhältnisse oder sonstige gefahrbringende Einflüsse unvermutet angetroffen werden, ist die Aufsichtsperson zu verständigen. Erforderlichenfalls sind entsprechende Sicherungsmaßnahmen, wie Sicherung der Einbauten oder Abfangen und Ableiten der Wasserzuflüsse, zu treffen.

(2) Beim Ausheben von Gruben, Gräben oder Künetten von mehr als 1,25 m Tiefe ist unter Berücksichtigung der örtlichen Standfestigkeit des Bodens, der Wasserverhältnisse, der Auflasten sowie auftretender Erschütterungen eine der folgenden Maßnahmen durchzuführen, sodaß Arbeitnehmer durch abrutschendes oder herabfallendes Material nicht gefährdet werden können:

1. Die Wände von Gruben, Gräben oder Künetten sind entsprechend § 50 abzuböschen,

2. die Wände von Gruben, Gräben oder Künetten sind entsprechend § 51 und 52 zu verbauen, oder

3. es sind geeignete Verfahren zur Bodenverfestigung (§ 53) anzuwenden.

(3) Wenn schlechte Bodenverhältnisse oder besondere Einflüsse, wie Erschütterungen durch den Straßen- oder Schienenverkehr, vorliegen, muß auch schon bei einer geringeren Tiefe als 1,25 m eine der Maßnahmen nach Abs. 2 durchgeführt werden.

(4) Sofern nicht Sicherungsmaßnahmen gegen Einsturz des Randes und Hineinfallen von gelagertem Material getroffen sind, darf der Rand von Gruben, Gräben oder Künetten innerhalb eines Schutzstreifens von mindestens 50 cm Breite nicht belastet werden.

(5) Erfolgt ein Aushub neben bestehenden Bauten, muß die Standsicherheit der Fundamente der bestehenden Bauten erforderlichenfalls durch Maßnahmen wie nur abschnittsweises Ausheben und Unterfangen erhalten bleiben.

(6) Untergraben ohne entsprechende Sicherungsmaßnahmen ist unzulässig, Überhänge sind unverzüglich zu beseitigen. Freigelegte Bauwerksteile, Randsteine, Pflastersteine oder Findlinge, die abstürzen oder abrutschen können, sind unverzüglich zu beseitigen oder zu sichern.

(7) Baugruben, Gräben oder Künetten dürfen nur betreten werden, wenn die Sicherungsmaßnahmen nach Abs. 2 durchgeführt sind.

Arbeitsraumbreite
§ 49. (1) Baugruben, Gräben und Künetten dürfen nur betreten werden, wenn die erforderliche Arbeitsraumbreite nach Abs. 2 bis 6 eingehalten wird.

(2) Die Arbeitsraumbreite wird waagrecht gemessen

1. bei nicht verbauten Gräben oder Künetten bei geböschten Erdwänden von Böschungsfuß zu Böschungsfuß, bei lotrechten Erdwänden von Erdwand zu Erdwand,

2. bei verbauten Gräben oder Künetten von Innenseite zu Innenseite der Verbauwände,

3. bei nicht verbauten Baugruben vom Böschungsfuß der Erdwand zu der Außenseite der Baukonstruktion,

4. bei verbauten Baugruben im Regelfall von der Innenseite der Verbauwand zu der Außenseite der Baukonstruktion, bei Behinderungen durch die Aufsetzer des Verbaus von der Innenseite der Aufsetzer zu der Außenseite der Baukonstruktion.

(3) Die Arbeitsraumbreite muß bei Baugruben

1. mit nicht steiler als 80 ° geböschten Wänden mindestens 40 cm,

2. mit steiler geböschten oder mit lotrechten Wänden mindestens 60 cm

betragen.

BauV

(4) Die Arbeitsraumbreite muß bei Gräben oder Künetten mit lotrechten oder nahezu lotrechten Wänden

1. bei einer Aushubtiefe bis 1,75 m mindestens 60 cm,
2. bei einer Aushubtiefe über 1,75 m bis zu 4,00 m mindestens 70 cm,
3. bei einer Aushubtiefe über 4,00 m mindestens 90 cm

betragen.

(5) Geringere Arbeitsraumbreiten als 60 cm sind nur bei Gräben oder Künetten mit einer Aushubtiefe bis zu 1,25 m zulässig, die zwar betreten werden, in denen jedoch keine Arbeiten in gebückter Haltung, wie das Verlegen oder Prüfen von Leitungen sowie das Spleißen von Kabeln, durchgeführt werden.

(6) Werden in Gräben oder Künetten Rohrleitungen verlegt, muss die Arbeitsraumbreite entsprechend den Regeln der Technik so bemessen werden, dass neben den Rohren ausreichend Raum zur Verrichtung der erforderlichen Arbeiten vorhanden ist.

Abböschen

§ 50. (1) Bei Baugruben, Gräben oder Künetten ist die Böschungsneigung nach den bodenmechanischen Eigenschaften unter Berücksichtigung der Einflüsse, die auf die Böschung wirken, festzulegen. Der Böschungswinkel darf im Regelfall

1. bei nichtbindigen oder weichen bindigen Böden, wie Mutterböden, Sande oder Kiese, höchstens 45 °,
2. bei steifen oder halbfesten bindigen Böden, wie Lehm, Mergel, fester Ton, höchstens 60 °,
3. bei leichtem Fels höchstens 80 °,
4. bei schwerem Fels höchstens 90 °

betragen.

(2) Sofern damit zu rechnen ist, daß sich der Zusammenhalt des Bodens durch Austrocknen, Eindringen von Wasser, Frost oder durch Bildung von Rutschflächen verschlechtern kann, müssen flachere Böschungen hergestellt oder die Böschungsflächen gegen diese Einflüsse geschützt werden.

(3) Werden steilere Böschungen als nach Abs. 1 ausgeführt, ist vor Ausführung der Arbeiten von einer fachkundigen Person ein rechnerischer Nachweis der Standsicherheit zu erstellen.

Verbaumaßnahmen

§ 51. (1) Verbaue können durch einen waagrechten oder lotrechten Verbau mit Pfosten (Holzbohlen), durch einen Verbau mit Kanaldielen, großflächigen Verbauplatten, Spundwänden, Trägerbohlwänden, Schlitz- und Pfahlwänden sowie verankerten Torkretwänden erfolgen.

(2) Verbaue sind nach den ungünstigsten Beanspruchungen zu bemessen, insbesondere sind Auflasten, Erschütterungen, Nässe und der Straßen- und Schienenverkehr zu berücksichtigen. Verbaue dürfen nur von Arbeitnehmern eingebaut, umgebaut oder entfernt werden, die mit diesen Arbeiten vertraut sind. Andere Arbeitnehmer dürfen nur nach erfolgter besonderer Unterweisung und unter Anleitung von mit den Arbeiten vertrauten Personen eingesetzt werden.

(3) Die Standsicherheit des Verbaues muß in jedem Bauzustand sichergestellt sein. Alle Teile des Verbaues müssen während der Bauausführung regelmäßig überprüft und nötigenfalls instandgesetzt und verstärkt werden. Nach längeren Arbeitsunterbrechungen, nach starken Regenfällen, bei wesentlichen Veränderungen der Belastung, bei einsetzendem Tauwetter, nach Sprengung oder anderen Erschütterungen, muß der Verbau vor Wiederaufnahme der Arbeiten überprüft werden. Die Prüfungen sind von der Aufsichtsperson durchzuführen.

(4) Der Verbau muß ganzflächig direkt an den Künetten- oder Grubenwänden anliegen, bis zur Aushubsohle reichen und eine so dichte Wand bilden, daß durch Fugen oder Stöße keine Gefährdung und Beeinträchtigung der Arbeitnehmer durch durchtretendes Material auftritt. Hohlräume hinter der Verkleidung sind zur Erhaltung der Standsicherheit des Verbaues unverzüglich kraftschlüssig zu verfüllen. Wenn zur Verkleidung Pfosten verwendet werden, müssen diese mindestens 5 cm dick, parallel besäumt und vollkantig sein.

(5) Der obere Rand des Verbaues muß die Geländeoberfläche so weit überragen, daß er zur Abwehr gegen Herabfallen von Material und Gegenständen geeignet ist, mindestens aber 5 cm.

(6) Verbauteile müssen so eingebaut werden, daß sie an ihren Berührungsflächen satt anliegen. Sie sind gegen Herabfallen, Verdrehen und seitliches Verschieben zu sichern.

(7) Änderungen an Verbauen dürfen nur vom oder im Einvernehmen mit demjenigen Unternehmen durchgeführt werden, das den Verbau eingebracht hat.

Verbauarten

§ 52. (1) Der Verbau mit waagrechten Pfosten oder Kanaldielen (waagrechter Verbau) muß stets dem Aushub fortschreitend von oben nach unten eingebracht werden. In den einzelnen Feldern dürfen nur Pfosten oder Dielen von annähernd gleicher Länge eingebaut werden. Das Einbringen des Verbaues darf hinter dem Aushub bei nichtbindigen oder weichen bindigen Böden nur um maximal 25 cm, bei steifen oder halbfesten bindigen Böden um höchstens 50 cm zurückbleiben. Dies gilt sinngemäß für den Rückbau des Verbaues und beim Rückbau. Kann bei besonders schlechten Bodenverhältnissen beim Rückbau des Verbaues eine Gefahr für die Arbeitnehmer entstehen, muß der Verbau im Boden belassen und verschüttet werden.

(2) Lotrechte Aufsetzer für waagrechten Verbau aus Holz (Brusthölzer) müssen einen Querschnitt von mindestens 8 x 16 cm besitzen. Sie sind durch mindestens zwei Sprenger (Steifen) abzustützen. Sprenger aus Holz müssen mindestens 10 cm Durchmesser oder einen Querschnitt von 10 x 10 cm haben. Sprenger dürfen ohne besondere Vorkehrungen quer zu ihrer Längsachse nicht belastet werden. Das Ein- und Aussteigen auf den Sprenger ist nicht zulässig, hiezu sind Leitern zu benützen.

(3) Der Verbau mit lotrechten Pfosten oder Kanaldielen (lotrechter Verbau) muß in vorübergehend standfesten Böden dem Aushub unmittelbar folgen. Er darf
1. bei steifen oder halbfesten bindigen Böden höchstens 50 cm und dies auf eine Länge von nicht mehr als 5,00 m,
2. bei nicht bindigen oder weichen, bindigen Böden um höchstens 25 cm und dies auf eine Länge von höchstens drei Pfostenbreiten
hinter dem Aushub zurückbleiben.

(4) In nicht standfesten Böden müssen Pfosten oder Kanaldielen beim lotrechten Verbau in jedem Bauzustand so weit im Boden stecken, daß ein Aufbruch ausgeschlossen ist. Mit dem Fortschritt des Aushubes sind sie so weit in den Boden einzutreiben, daß sie jeweils mindestens 30 cm im Boden stecken.

(5) Waagrechte Aufsetzer für lotrechten Verbau aus Holz (Gurt- und Rahmenhölzer) müssen mindestens einen Querschnitt von 12 x 16 cm haben, sie sind durch Hängeeisen oder gleichwertige Vorrichtungen an der Baugrubenwand anzuhängen.

(6) Beim Verbau durch Spund-, Trägerbohl-, Schlitz-, Pfahl- oder verankerte Torkretwände ist vor Ausführung der Arbeiten ein von einer fachkundigen Person erstellter Standsicherheitsnachweis zu erbringen.

Bodenverfestigung
§ 53. (1) Bodenverfestigungen können durch Injektionen, Hochdruckbodenvermörtelung oder künstliche Vereisung erfolgen.

(2) Bei Bodenverfestigungen ist ein von einer fachkundigen Person verfaßter Standsicherheitsnachweis zu erbringen.

(3) Während der Arbeiten sind die erforderlichen Messungen, wie Verformungs-, Festigkeits- oder Setzungsmessungen, durchzuführen. Hierüber sind Vormerke zu führen.

(4) Die Wirksamkeit der Verfestigung ist von einer fachkundigen Person spätestens beim Aushub zu überprüfen. Diese Überprüfung ist in regelmäßigen Zeitabständen zu wiederholen, wenn die Verfestigung über längere Zeit wirksam sein muß.

Abtragearbeiten
§ 54. (1) Abtragearbeiten an Erd- oder Felswänden sowie an Halden dürfen nur ausgeführt werden, wenn die örtliche Standfestigkeit des Materials gewährleistet ist und erhalten bleibt. Das Unterhöhlen von Wänden und das Arbeiten im Bereich überhängender oder unterhöhlter Wände ist verboten. Felsputzarbeiten gelten nicht als Abtragearbeiten.

(2) Wände sind in Stufen abzutragen, wenn trotz Abböschen Material abstürzen kann. Die Stufen müssen mindestens 1,50 m breit und dürfen nicht höher als 3,00 m sein. Von Stufen abgestürztes Material ist unverzüglich zu entfernen.

(3) Beim Abtragen mit Baggern, Radladern oder ähnlichen Geräten im Hochschnitt sind jene Wandteile, die über den Schnittbereich der Geräte um mehr als 1,00 m hinausragen, vor Beginn der Arbeiten zu beseitigen. Bei Wänden, die über den Schnittbereich der Geräte um nicht mehr als 1,00 m hinausragen, ist das von den Geräten nicht mehr zu erreichende Material rechtzeitig zu beseitigen.

(4) Erd- und Felswände sind von der Aufsichtsperson jeweils vor Beginn der Arbeiten und fallweise während derselben auf das Vorhandensein loser Steine oder Massen zu prüfen. Dies gilt insbesondere nach längeren Arbeitsunterbrechungen oder Ereignissen, die die Standsicherheit beeinträchtigen können, wie starker Regen, Frost, festgestellte Erdrisse oder andere Naturereignisse. Mängel und Gefahrenzustände sind unverzüglich zu beseitigen.

7. ABSCHNITT
Gerüste
Allgemeines
§ 55. (1) Gerüste müssen in dem für die Ausführung der Arbeiten und dem Schutz der Arbeitnehmer notwendigen Umfang nach fachmännischen Grundsätzen errichtet werden. Gerüste müssen entsprechend den auftretenden Beanspruchungen unter Zugrundelegung ausreichender Sicherheit gemäß den anerkannten Regeln der Technik bemessen sein.

(2) Für Gerüste dürfen nur einwandfreie, ausreichend tragfähige Gerüstbauteile verwendet werden. Gerüstbauteile aus Holz müssen aus gesundem, vollkommen entrindetem, im erforderlichen Mindestquerschnitt nicht geschwächtem Holz der entsprechenden Festigkeitsklasse bestehen. Gerüstbauteile aus Metall dürfen keine Mängel aufweisen, durch die ihre Festigkeit beeinträchtigt wird. Sie müssen einen entsprechenden Korrosionsschutz haben. Gerüstbauteile, einschließlich der Verankerungsmittel, Kupplungen, Natur-, Kunstfaser- und Drahtseile, Rüstdrähte, Ketten oder Schraubverbindungen, müssen vor schädigenden Einwirkungen, wie Fäulnis oder Rost, derart geschützt sein, daß ihre Festigkeit nicht beeinträchtigt wird.

(3) Standgerüste sind ausreichend zu versteifen. Verstrebungen müssen in der Nähe der Kreuzungspunkte der für die Standsicherheit maßgeblichen waagrechten und lotrechten Konstruktionsglieder

BauV

mit diesen fest verbunden sein sowie die auftretenden Kräfte aufnehmen und weiterleiten können. Versteifungen dürfen erst beim Abbau des Gerüstes und abgestimmt auf diesen entfernt werden.

(4) Standgerüste müssen freistehend standsicher aufgestellt oder an dem einzurüstenden Objekt sicher, insbesondere zug- und druckfest, verankert sein. Der waagrechte und lotrechte Abstand der Verankerungen ist nach den statischen Erfordernissen festzulegen, insbesondere ist bei Verkleidung der Gerüste durch Netze, Planen oder Schutzwände die erhöhte Beanspruchung durch Wind zu berücksichtigen. Die Verankerungen sind in der Nähe der Gerüstknotenpunkte anzubringen. Es dürfen nur der Bauart des Gerüstes und der Art des eingerüsteten Objekts entsprechende und ausreichend tragfähige Verankerungen verwendet werden.

(5) Verankerungen dürfen nur an standsicheren und für die Verankerung geeigneten Bauteilen befestigt werden. Die Befestigung an Schneefangrechen, Blitzableitern, Dachrinnen, Fallrohren, Fensterrahmen und nicht tragfähigen Fensterpfeilern ist unzulässig.

(6) Verankerungen dürfen erst beim Abbau des Gerüsts und abgestimmt auf diesen entfernt werden. Muß eine Verankerung schon früher ausgebaut werden, ist vorher für einen vollwertigen Ersatz zu sorgen.

Statischer Nachweis

§ 56. (1) Für verankerte Systemgerüste, das sind verankerte Gerüste, in dem einige oder alle Abmessungen durch Verbindungen oder durch fest an den Bauteilen angebrachte Verbindungsmittel vorbestimmt sind, muß vor der erstmaligen Aufstellung ein statischer Nachweis erstellt werden.

(2) Der statische Nachweis gemäß Abs. 1 ist von einer fachkundigen Person zu erstellen.

(3) Für Gerüste und Gerüstbauteile, die von der Regelausführung oder vom statischen Nachweis nach Abs. 1 abweichend errichtet werden, muß von einer fachkundigen Person eine statische Berechnung erstellt werden, in der alle bei der Errichtung und bei der Benützung der Gerüste möglichen Belastungszustände berücksichtigt sind.

(4) Werden Gerüste mit Netzen, Planen oder Schutzwänden verkleidet, muß von einer fachkundigen Person eine statische Berechnung erstellt werden, sofern die erhöhte Beanspruchung durch Wind zufolge dieser Verkleidung nicht bereits im statischen Nachweis nach Abs. 1 berücksichtigt wurde.

Gerüstlagen

§ 57. (1) Gerüstbelagteile müssen über die gesamte Gerüstbreite dicht aneinander und so verlegt sein, dass sie nicht herabfallen, kippen oder sich verschieben können. Sie müssen ausreichend Sicherheit gegen Ausrutschen bieten. Beläge müssen gesichert sein, wenn sie durch Wind oder sonstige Belastung abgehoben werden können. Um Bauwerksecken müssen Gerüstlagen in voller Breite herumgeführt werden.

(2) Werden als Gerüstbelag Pfosten aus Holz verwendet, müssen diese mindestens 20 cm breit, mindestens 5 cm dick und parallel besäumt sein. Die Verringerung der Dicke infolge Herstellungstoleranz, Abnützung und Schwinden darf höchstens 5 Prozent betragen. Die Pfosten müssen an den Auflagern einen Überstand von mindestens 20 cm aufweisen, an den Endauflagern darf der Überstand höchstens 30 cm betragen. Die Auflager der Pfosten dürfen bei Schutzdächern und bei Arbeitsgerüsten nicht mehr als 3,00 m voneinander entfernt sein.

(3) Gerüstbeläge, wie Pfosten oder Belagplatten aus Holz oder aus Metall, müssen insbesondere hinsichtlich ihrer Tragfähigkeit und Durchbiegung ausreichend dimensioniert sein. Die größte Durchbiegungsdifferenz zwischen belasteten und unbelasteten Belagteilen darf nicht mehr als 25 mm betragen.

Arbeitsgerüste

§ 58. (1) Arbeitsgerüste sind Gerüste, von denen aus oder auf denen Arbeiten ausgeführt werden.

(2) Die Gerüstlagen müssen für die auszuführenden Arbeiten und für den hiebei erforderlichen Verkehr genügend breit sein sowie die auftretenden Arbeits- und Verkehrslasten aufnehmen können.

(2a) Gerüstlagen müssen mindestens 60 cm breit sein. Jede Gerüstlage, einschließlich der Eckausbildung, muss über die volle Länge die festgelegte Breite aufweisen. In Bereichen, in denen dies aus technischen Gründen nicht möglich ist, können die Gerüstlagen auf bis zu 40 cm Breite verschmälert werden, ausgenommen bei Arbeiten gemäß § 63 Abs. 6.

(3) Bei Absturzgefahr nach § 7 Abs. 2 Z 2 oder 4 müssen die Gerüstlagen mit Wehren gemäß § 8 versehen sein. Abweichend davon kann bei bauartbedingter Notwendigkeit bei Systemgerüsten der Abstand von Belagoberfläche zu Brustwehrenoberkante auf 950 mm verringert werden.

(4) Werden bei verankerten Gerüsten als Gerüstbelag Pfosten verwendet, dürfen an der Schmalseite die Fußwehren entfallen.

(5) Der Abstand zwischen dem Gerüstbelag und dem eingerüsteten Objekt muß möglichst gering sein. Auf der dem eingerüsteten Objekt zugewandten Seite des Gerüstes sind Wehren anzubringen, wenn

1. Absturzgefahr gemäß § 7 Abs. 2 Z 2 oder 4 besteht und
2. der Abstand zwischen Gerüstbelag und eingerüstetem Objekt

a) bei reich gegliederten Fassaden sowie bei Vormauerungen und ähnlichen Arbeiten, bei denen mit dem Anbringen einer Wandverkleidung der Abstand zwischen Gerüstbelag und eingerüstetem Objekt um mindestens 10 cm verringert wird, mehr als 40 cm,
b) in allen sonstigen Fällen mehr als 30 cm beträgt.

(6) Besteht bei Arbeitsgerüsten mit Gerüstlagen aus Pfosten eine besondere Gefährdung für die Arbeitnehmer im Falle eines Pfostenbruches, wie bei Gerüstlagen über Verkehrswegen des Schienen- und Straßenverkehrs, bei Gerüstlagen über Gewässern oder anderen Stoffen, in denen man versinken kann, sowie bei Gerüstlagen, die mehr als 5,00 m über dem Boden oder über der nächsttieferen Gerüstlage liegen, muß die Gerüstlage doppelt mit Pfosten belegt sein oder darf der Abstand der Auflager der Pfosten nicht mehr als 2,00 m betragen.

(7) Für das gefahrlose Besteigen und Verlassen der Gerüstlagen sind sicher begehbare Aufstiege oder Zugänge, wie Leitergänge, Treppentürme, Außentreppen oder lotrechte, festverlegte Leitern, anzubringen. Die Aufstiege und Zugänge müssen mit dem Gerüst fest verbunden sein. Aufstiege und Zugänge müssen so angebracht sein, daß alle möglichen Arbeitsplätze auf einer Gerüstlage nicht mehr als 20 m von den Aufstiegen oder Zugängen entfernt sind.

(8) Werden als Aufstiege lotrechte Leitern verwendet, sind diese, sofern die Leiterlänge mehr als 5,00 m beträgt, ab einer Höhe von 3,00 m mit einem Rückenschutz gemäß § 35 AM-VO zu versehen. Durchlaufende lotrechte Leitern sind in Abständen von nicht mehr als 10,00 m durch Zwischenpodeste zu unterteilen, sofern in diesem Bereich keine Ausstiegsmöglichkeit auf eine Gerüstlage besteht. Zur Erleichterung des Ausstieges von der lotrechten Leiter auf eine Gerüstlage im Ausstiegsbereich (im Bereich des Leiterkorbes) Mittel- und Fußwehren entfallen.

Schutzgerüste

§ 59. (1) Schutzgerüste sind Fanggerüste und Schutzdächer. Fanggerüste sind Gerüste, die Personen gegen einen tieferen Absturz sichern. Schutzdächer sind Gerüste, die Personen vor herabfallenden Gegenständen und Materialien schützen.

(2) Fanggerüste müssen möglichst nahe unter der Absturzkante angeordnet sein, die Gerüstlagen dürfen im Regelfall nicht tiefer als 3,00 m, in Ausnahmefällen nicht tiefer als 4,00 m unter der Absturzkante liegen. Es dürfen nur solche Belagsteile verwendet werden, deren Widerstandsfähigkeit unter Berücksichtigung dynamischer Belastungen nachgewiesen ist. Dies gilt nicht für Gerüstbeläge aus lose verlegten Pfosten (Abs. 3a).

(3) Fanggerüste müssen bei einem lotrechten Abstand des Belags zur Absturzkante

1. bis zu 2,00 m mindestens 1,00 m,
2. bis zu 3,00 m mindestens 1,30 m,
3. bis zu 4,00 m mindestens 1,50 m

über die am weitesten auskragenden Konstruktions- oder Bauteile hinausragen.

(3a) Bei Fanggerüsten mit Gerüstbelägen aus lose verlegten Pfosten (Pfostenbelag) darf der Abstand der Unterstützungen höchstens die nachstehenden, in Z 1 bis 3 angeführten Werte betragen, wobei als Fallhöhe der lotrecht gemessene Abstand von der Absturzkante zur Belagoberfläche, bei mehr als 45 ° geneigten Flächen der lotrecht gemessene Abstand vom Arbeitsplatz zur Belagoberfläche gilt. Bei Fallhöhen über 3 m ist die Verwendung von Pfostenbelägen nicht gestattet.

1. Abstand der Unterstützungen bei Verwendung von mindestens 20 cm breiten Pfosten
   a. 1,20 m bei einlagigen Gerüstpfosten und Fallhöhe nicht mehr als 2 m
   b. 1,10 m bei einlagigen Gerüstpfosten und Fallhöhe nicht mehr als 3 m
   c. 2,00 m bei zweilagigen Gerüstpfosten und Fallhöhe nicht mehr als 2 m
   d. 1,70 m bei zweilagigen Gerüstpfosten und Fallhöhe nicht mehr als 3 m
2. Abstand der Unterstützungen bei Verwendung von mindestens 24 cm breiten Pfosten
   a. 1,30 m bei einlagigen Gerüstpfosten und Fallhöhe nicht mehr als 2 m
   b. 1,20 m bei einlagigen Gerüstpfosten und Fallhöhe nicht mehr als 3 m
   c. 2,20 m bei zweilagigen Gerüstpfosten und Fallhöhe nicht mehr als 2 m
   d. 1,90 m bei zweilagigen Gerüstpfosten und Fallhöhe nicht mehr als 3 m
3. Abstand der Unterstützungen bei Verwendung von mindestens 28 cm breiten Pfosten
   a. 1,40 m bei einlagigen Gerüstpfosten und Fallhöhe nicht mehr als 2 m
   b. 1,30 m bei einlagigen Gerüstpfosten und Fallhöhe nicht mehr als 3 m
   c. 2,50 m bei zweilagigen Gerüstpfosten und Fallhöhe nicht mehr als 2 m
   d. 2,10 m bei zweilagigen Gerüstpfosten und Fallhöhe nicht mehr als 3 m

(4) Die Gerüstlagen der Fanggerüste müssen an das bestehende Bauwerk möglichst dicht anschließen und an der Außenseite mit einer mindestens 50 cm hohen Blende versehen sein.

(5) Die Gerüstlagen der Fanggerüste dürfen nur betreten werden, wenn sie zusätzlich zur Blende mit Brustwehren versehen sind. Nicht mit Brustwehren versehene Gerüstlagen dürfen nur bei der Aufstellung, Änderung und Abtragung des Gerüstes oder zur Bergung von Personen betreten werden.

(6) Werden keine anderen ausreichenden Maßnahmen zum Schutz von Personen vor herabfallenden Gegenständen und Materialien getroffen,

BauV

sind in einer Höhe von höchstens 3,00 m über den Arbeitsplätzen oder Verkehrswegen Schutzdächer anzubringen.

(7) Der Belag von Schutzdächern muss dicht und so ausgebildet sein, dass er den zu erwartenden Belastungen durch herabstürzende Materialien und Gegenstände standhält.

(8) Der Belag von Schutzdächern muß mit mindestens 50 cm hohen Blenden versehen sein. Schutzdächer müssen mindestens 1,50 m über die Absturzkante oder, wenn das Schutzdach in Verbindung mit einem Arbeitsgerüst errichtet wird, über den äußeren Rand des Gerüstes hinausragen. Bei geneigten Schutzdächern in Verbindung mit Arbeitsgerüsten muß die Vorderkante des Schutzdaches oder die Oberkante der Blende mindestens 50 cm über dem Ansatzpunkt der Schräge am Außensteher des Arbeitsgerüstes liegen.

Aufstellen und Abtragen von Gerüsten

§ 60. (1) Gerüste müssen entsprechend der Regelausführung oder der statischen Berechnung gemäß § 56 errichtet werden.

(2) Beim Aufstellen von Gerüsten sind alle zur Verwendung kommenden Gerüstbauteile durch eine fachkundige Person auf offensichtliche Mängel zu prüfen. Gerüstbauteile mit offensichtlichen Mängeln dürfen nicht verwendet werden.

(3) Gerüste, die an verkehrsreichen Stellen oder auf einer unübersichtlichen Fahrbahn aufgestellt sind, müssen für Verkehrsteilnehmer deutlich und gut wahrnehmbar sowie bei Dunkelheit und schlechter Sicht durch eine geeignete Warnbeleuchtung gekennzeichnet sein. In einem entsprechenden Abstand vor dem Gerüst muß auf dieses aufmerksam gemacht werden. Erforderlichenfalls ist ein geeigneter Anfahrschutz in einem entsprechenden Abstand vom Gerüst vorzusehen.

(4) Gerüste sind auf entsprechend tragfähigen und unverrückbaren Unterlagen, wie Fußplatten, Kanthölzern oder Pfosten, zu errichten. Mauersteine, Kisten, Paletten und ähnliches dürfen als Unterlagen nicht verwendet werden. Bei der Verteilung der Stützlasten auf den Untergrund muß dessen Tragfähigkeit beachtet werden. Höhenunterschiede sind durch geeignete Einrichtungen, wie Leiterfüße oder Schraubspindeln, auszugleichen. Ist ein mehrlagiger Unterbau erforderlich, muß er kippsicher ausgebildet sein. Schrägstützen müssen gegen Ausweichen gesichert sein.

(Anm.: Abs. 5 aufgehoben durch BGBl. II Nr. 33/2012)

(6) Gerüste dürfen nur von geeigneten und mit diesen Arbeiten vertrauten Personen aufgestellt, wesentlich geändert oder abgetragen werden. Andere geeignete Arbeitnehmer dürfen nur nach erfolgter besonderer Unterweisung und unter Anleitung von mit den Arbeiten vertrauten Personen eingesetzt werden. Alle nicht mit den Gerüstarbeiten beschäftigten Arbeitnehmer haben sich außerhalb des Gefahrenbereiches aufzuhalten. Die besondere Unterweisung hat sich auf Folgendes zu erstrecken:

1. Verstehen des Plans für den Auf-, Ab- oder Umbau des betreffenden Gerüsts;
2. sicherer Auf-, Ab- oder Umbau des betreffenden Gerüsts;
3. vorbeugende Maßnahmen gegen die Gefahr des Absturzes von Personen und des Herabfallens von Gegenständen;
4. Sicherheitsvorkehrungen für den Fall, dass sich die Witterungsverhältnisse so verändern, dass die Sicherheit des betreffenden Gerüsts beeinträchtigt sein könnte;
5. zulässige Belastungen;
6. alle anderen mit dem Auf-, Ab- oder Umbau gegebenenfalls verbundenen Gefahren.

(7) Gerüste dürfen weder unvollständig errichtet noch teilweise abgetragen und so belassen werden, daß eine Verwendung derselben möglich ist, wenn der bereits aufgestellte oder noch stehenbleibende Teil den Anforderungen an Gerüste nicht voll entspricht.

(8) Beim Abtragen von Gerüsten dürfen Gerüstmaterialien, Werkzeuge und sonstige Gegenstände nur in sicherer Weise abgeseilt oder auf andere Art ohne Gefährdung für die mit dem Gerüstabbau beschäftigten Arbeitnehmer herabbefördert werden.

(9) Für die Montage und Demontage von Gerüstbauteilen dürfen von unterwiesenen, erfahrenen und körperlich geeigneten Arbeitnehmern bei günstigen Witterungsverhältnissen Gerüstlagen von mindestens 40 cm Breite begangen werden, auch wenn keine Maßnahmen nach § 7 getroffen wurden.

(10) Abs. 3 ist nicht anzuwenden, wenn die von der zuständigen Verkehrsbehörde angeordneten Maßnahmen eingehalten werden.

Prüfung von Gerüsten

§ 61. (1) Gerüste sind nach ihrer Fertigstellung einer Überprüfung durch eine fachkundige Person des Gerüstaufstellers zu unterziehen.

(2) Gerüste sind vor ihrer erstmaligen Benützung von einer fachkundigen Person des Gerüstbenützers auf offensichtliche Mängel zu prüfen. Solche Prüfungen sind nach jeder längeren Arbeitsunterbrechung, nach Sturm, starkem Regen, Frost oder sonstigen Schlechtwetterperioden, bei Systemgerüsten mindestens einmal monatlich, bei sonstigen Gerüsten mindestens einmal wöchentlich, auf offensichtliche Mängel durchzuführen.

(3) Bei Hängegerüsten ist zusätzlich täglich vor Beginn der Arbeiten durch eine fachkundige Person die Aufhängekonstruktion zu überprüfen.

(Anm.: Abs. 4 aufgehoben durch BGBl. II Nr. 313/2002)

(5) Über die Überprüfungen nach Abs. 1 bis 3 sind Vormerke zu führen, wenn Absturzgefahr nach § 7 Abs. 2 Z 2 oder 4 besteht.

Benützung von Gerüsten

§ 62. (1) Gerüste dürfen erst benützt werden nach

1. ihrer Fertigstellung,
2. den Prüfungen gemäß § 61 Abs. 1 bis 3 und
3. Beseitigung der bei diesen Prüfungen festgestellten Mängel.

(2) Jedes Gerüst ist in gutem, gebrauchsfähigem Zustand zu erhalten. Änderungen an den Gerüsten oder das Anbringen von Hebezeugen an Gerüsten dürfen nur vom Gerüstaufsteller oder im Einvernehmen mit dem Gerüstaufsteller vorgenommen werden.

(3) Das Abspringen oder das Abwerfen von Gegenständen auf Gerüstlagen ist verboten.

(4) Ein Gerüst, das den Anforderungen an Gerüste nicht voll entspricht, darf nicht benützt werden.

Verwendungszweck von Gerüsten

§ 63. (1) Sofern nachstehend nicht anders bestimmt ist, darf jedes Gerüst im Rahmen seiner gemäß § 56 nachgewiesenen Belastbarkeit als Schutzgerüst (§ 59) und als Arbeitsgerüst (§ 58) für alle Arbeiten verwendet werden.

(2) Folgende Gerüste dürfen ausschließlich für Arbeiten verwendet werden, die nur geringe Mengen von Bau- und Werkstoffen erfordern, wie Reinigungs-, Instandhaltungs- und Ausbesserungsarbeiten, Spengler-, Maler- und Anstreicherarbeiten:

1. einfache Leitergerüste, das sind einfach gestellte Leitergerüste gemäß § 64 Abs. 4, bei denen der Gerüstbelag auf den Sprossen der Gerüstleitern aufliegt,
2. Hängegerüste, die an Seilen oder Ketten hängen und einer der Arbeitsmittelverordnung, AM-VO, BGBl. II Nr. 164/2000, entsprechenden Abnahmeprüfung unterzogen wurden.

(3) Behelfsgerüste (§ 73) dürfen nur für kurzfristige Arbeiten gemäß Abs. 2 verwendet werden.

(4) Folgende Gerüste dürfen nur für Arbeiten nach Abs. 2 und für Fassadenherstellungsarbeiten, bei denen keine schweren Bau- und Werkstoffe erforderlich sind, wie Verputz-, Beschichtungs- und Verkleidungsarbeiten, verwendet werden:

1. Konsolleitergerüste, das sind einfach gestellte Leitergerüste gemäß § 64 Abs. 4, bei denen der Gerüstbelag auf stählernen Konsolen, bestehend aus Konsolenstäben und Konsolenstützen, aufliegt,
2. einreihige Metallgerüste,
3. Bockgerüste aus abgebundenen Holzböcken und Bockgerüste, deren Böcke aus Metallbeinen und hölzernen Querträgern bestehen,
4. Konsolgerüste, die mittels einbetonierter Schlaufen befestigt sind.

(5) Konsolgerüste für den Schornsteinbau dürfen für das Errichten, Instandsetzen und Abtragen von Schornsteinen verwendet werden.

(6) Für Mauer-, Beton-, Steinmetz-, sowie für Versetz- und Montagearbeiten mit schweren Bauteilen dürfen die in den Abs. 2 bis 4 genannten Gerüste nur verwendet werden, wenn ein statischer Nachweis gemäß § 56 Abs. 3 erbracht wird.

Leitergerüste

§ 64. (1) Für Leitergerüste dürfen als Steher nur Gerüstleitern aus Holz verwendet werden. Der Abstand zwischen den einzelnen Gerüstleitern darf nicht mehr als 3,00 m betragen. Die Verwendung von Verlängerungsleitern ist verboten.

(2) An Bauwerksecken, Erkern und Balkonen müssen der Gerüstbelag und die Wehren durchlaufend angeordnet werden, die Gerüstleitern sind entsprechend aufzustellen.

(Anm.: Abs. 3 aufgehoben durch BGBl. II Nr. 408/2009)

(4) Einfach gestellte Leitergerüste sind Leitergerüste, bei denen die Gerüstleitern in einer Reihe aufgestellt sind. Bei einfach gestellten Leitergerüsten müssen die einzelnen Gerüstleitern miteinander durch einen Horizontalverband, der gleichzeitig als Brustwehr dient, und durch einen Diagonalverband verbunden sein. Der Diagonalverband muß alle oberen Enden sowohl der Stand- als auch der Verlängerungsleitern erfassen. Die Brustwehren und die Verstrebungen sind mit jeder Leiter, die sie kreuzen, durch Schrauben zu verbinden.

(5) Bei Leitergerüsten muß, mit Ausnahme von an ausspringenden rechtwinkeligen oder nahezu rechtwinkeligen Gebäudeecken aufgestellten Leitern, jede Gerüstleiter mindestens zweimal, jedenfalls aber in jedem Stockwerk einmal mit dem Bauwerk verankert sein, wobei der lotrechte Abstand zwischen den Verankerungen 4,00 m nicht überschreiten darf. Bei Leitergerüsten bis zu höchstens 8,00 m Höhe, deren oberste Gerüstlage nicht mehr als 6,00 m über der Aufstandsfläche liegt, genügt eine Verankerung. Verankerungen müssen von Mauerkanten mindestens 25 cm entfernt sein.

(6) Doppelt gestellte Leitergerüste sind Leitergerüste, bei denen die Gerüstleitern in zwei Reihen aufgestellt sind. Bei doppelt gestellten Leitergerüsten muß der Gerüstbelag auf Querriegeln aufgelegt sein, die auf entsprechend starken Längsriegeln ruhen. Längsriegel müssen auf ausreichend bemessenen Stahlstäben aufgelegt und an den Leiterholmen sicher befestigt sein.

(7) Bei räumlichen Gerüstkonstruktionen, wie Leiterplateaugerüsten, dürfen die Gerüstleitern den Gerüstbelag um nicht mehr als 2,00 m überragen.

(8) Räumliche Gerüstkonstruktionen müssen durch Abspannen, Verankern oder Abstützen gegen Umkippen gesichert sein, wenn

BauV

1. bei Verwendung im Freien

a) das Gerüst mehr als 12,00 m hoch ist oder

b) das Verhältnis von Höhe (Aufstandsfläche bis Oberkante des obersten Gerüstbelags) zur kleinsten Aufstandsbreite größer ist als 3 : 1 bei Gerüsthöhen bis 4,00 m, 2 : 1 bei Gerüsthöhen bis 8,00 m, 1 : 1 bei Gerüsthöhen bis 12,00 m,

2. bei Verwendung in geschlossenen Räumen das Verhältnis von Höhe zur kleinsten Aufstandsbreite größer ist als 3 : 1 bei Gerüsthöhen bis 10,00 m, 2 : 1 bei Gerüsthöhen über 10,00 m.

Metallgerüste

§ 65. (1) Bei gekuppelten Metallrohrgerüsten müssen geeignete, entsprechend gekennzeichnete Kupplungen zur Verbindung der einzelnen Gerüstbauteile verwendet werden. Beim Anschluß mehrerer Rohre in einem Knotenpunkt müssen die Kupplungen möglichst eng aneinander angeschlossen sein.

(2) Die Steher müssen unverschiebbar und lotrecht auf eine Fußplatte gestellt sein. Rohrstöße müssen versetzt angeordnet und in die Nähe der Knotenpunkte gelegt sein, sie müssen einen Stoßbolzen erhalten.

(3) Längsriegel müssen an jedem Steher, den sie kreuzen, angeschlossen sein. Stöße der Längsriegel müssen zug- und druckfest verbunden sein. Benachbarte Stöße müssen um ein Feld versetzt sein, sie dürfen nicht senkrecht übereinander oder waagrecht nebeneinander angeordnet sein.

(4) Jeder Steher eines mehrreihigen, freistehend nicht standsicheren Metallgerüstes muß verankert sein. Die erste Verankerung darf nicht höher als 8,00 m, bei Randstehern nicht höher als 4,00 m über der Aufstandsfläche des Gerüstes liegen, sofern dies nach den örtlichen Verhältnissen möglich ist. Der lotrechte Abstand der Verankerungen darf bei Mittelstehern nicht mehr als 8,00 m, bei Randstehern nicht mehr als 4,00 m betragen, wobei die Verankerungen versetzt anzuordnen sind. Die oberste Verankerung darf bei Mittelstehern nicht mehr als 4,00 m, bei Randstehern nicht mehr als 2,00 m unter der obersten Gerüstlage angeordnet sein.

(5) Bei nicht verankerten Gerüsten ist die Sicherheit gegen Kippen durch eine fachkundige Person nachzuweisen, sofern nicht entsprechende Herstellerangaben über die Kippsicherheit vorliegen. Der Nachweis der Kippsicherheit ist nicht erforderlich, wenn

1. Stahlrohrgerüstmaterial und Pfostenbelag oder andere, in Bezug auf das spezifische Gewicht vergleichbare, Materialien zur Verwendung gelangen und

2. der Abstand der Aufstandsfläche zur obersten Gerüstlage nicht mehr als 6,00 m beträgt und

3. die kleinste Aufstandsbreite bei Aufstellung des Gerüsts im Freien mindestens 4,00 m, bei Aufstellung in geschlossenen Räumen mindestens 2,00 m beträgt.

(6) Gerüstkonstruktionen aus vorgefertigten Elementen müssen fest miteinander verbunden sein, Steckverbindungen müssen zusätzlich gegen unbeabsichtigtes Lösen gesichert sein.

(7) Bei einreihigen Metallrohrgerüsten, bei denen die den Gerüstbelag tragenden waagrechten Rohre nicht auf dem Bauwerk aufliegen, muß von einer in § 56 Abs. 2 genannten Person eine statische Berechnung des Gerüstes sowie eine darauf beruhende Aufstellanleitung erstellt werden. Das Gerüst muß gemäß dieser Aufstellanleitung errichtet sein.

Verfahrbare Standgerüste

§ 66. (1) Verfahrbare Standgerüste sind Standgerüste, die auf geeigneten Einrichtungen, wie Rädern oder Rollen, in waagrechter Richtung bewegt werden können.

(2) Verfahrbare Standgerüste dürfen nur auf tragfähigen und ebenen Unterlagen verwendet werden, wobei Höhenunterschiede durch geeignete Einrichtungen, wie höhenverstellbare Räder oder Spindeln, auszugleichen sind.

(3) Die Fahrrollen müssen so mit dem Gerüst verbunden sein, daß ein unbeabsichtigtes Loslösen im entlasteten Zustand nicht möglich ist. Ein unbeabsichtigtes Verschieben des Gerüstes muß durch Feststelleinrichtungen verhindert sein, die mit dem Gerüst fest verbunden sein müssen.

(4) Aufstiege auf fahrbare Standgerüste sollen nach Möglichkeit im Inneren des Gerüstes angebracht sein. Erfolgt der Aufstieg über lotrecht an der Gerüstaußenseite angeordnete Leitern, müssen diese an der Schmalseite des Gerüstes montiert sein. Die Verwendung von Anlegeleitern als Aufstieg ist unzulässig.

(5) Verfahrbare Standgerüste dürfen nur verfahren werden, wenn sich auf ihnen weder Personen noch lose Lasten befinden.

(6) § 65 Abs. 5 ist anzuwenden.

Bockgerüste

§ 67. (1) Gerüste aus abgebundenen Holzböcken dürfen nicht höher als 1,00 m sein, Gerüste aus Böcken mit zwei Metallbeinen und einem hölzernen Querträger dürfen eine Höhe von 2,00 m nicht überschreiten. Bei Gerüsten aus Metallböcken darf der Gerüstbelag höchstens 2,80 m über der Aufstandsfläche liegen.

(2) Ausziehbare Böcke sind nur in Metallausführung zulässig. Für das Feststellen des ausziehbaren Teils ist ein ausreichend starker Steckbolzen zu verwenden, der mit dem Bock unverlierbar verbunden sein muß.

(3) Der Abstand der Böcke voneinander darf 2,00 m nicht überschreiten.

(4) Bockgerüste von mehr als 2,00 m Höhe müssen eine ausreichende Längs- und Querverstrebung haben. Bei höhenverstellbaren Metallböcken muß der ausgezogene Teil von der Längsverstrebung erfaßt sein. Eine Längsverstrebung ist nicht erforderlich, wenn die Standsicherheit des Bockgerüstes auf andere Weise gewährleistet ist.

Konsolgerüste

§ 68. (1) Konsolen müssen an tragfähigen Bauteilen derart befestigt werden, daß ein unbeabsichtigtes Lösen der Konsolen auszuschließen ist.

(2) Werden zur Befestigung der Konsolen Schlaufen verwendet, sind diese doppelt anzuordnen, wobei jede Schlaufe in der Lage sein muß, die volle Last aufzunehmen. Schlaufen müssen aus Betonrundstahl der Stahlgüte I bestehen, dessen Durchmesser mindestens 8 mm betragen muß. Sie müssen unabhängig von der Haftlänge hakenförmig in die Stahlbewehrung der Decke oder in andere geeignete Konstruktionen eingreifen und dürfen erst dann belastet werden, wenn der Beton ausreichende Festigkeit erreicht hat oder durch andere Maßnahmen ein Herausziehen der Schlaufen verhindert wird.

(3) Erfolgt die Befestigung nicht durch Schlaufen, muß für die Befestigung ein statischer Nachweis durch eine in § 56 Abs. 2 genannte Person erstellt werden.

(Anm.: Abs. 4 aufgehoben durch BGBl. II Nr. 313/2002)

(5) An Gebäudeecken müssen der Gerüstbelag, die erforderlichen Wehren und die Blende um die Ecken herumgeführt werden.

(6) Sind für den unteren Teil der Konsolen keine tragfähigen Auflager vorhanden, wie bei Fensteröffnungen, müssen ausreichend tragfähige Überbrückungselemente unverschiebbar angeordnet werden.

Ausschußgerüste

§ 69. (1) Die Ausleger von Ausschußgerüsten (Auslegergerüsten) müssen im Bauwerksinneren an tragfähigen Bauteilen derart befestigt sein, daß sie nicht kippen und sich weder abheben noch verschieben können. Eine Befestigung nur durch Verkeilen an der Wand oder der Decke ist unzulässig. Jeder Ausleger muß durch mindestens zwei Befestigungen mit dem Bauwerk verankert sein, wobei eine Befestigung in einem Abstand von der Bauwerkskante angeordnet sein muß, der der Kraglänge des Auslegers entspricht, mindestens jedoch 1,50 m beträgt. Bei Verankerung in Betondecken dürfen Ausleger erst belastet werden, wenn der Beton der Deckenkonstruktion ausreichend erhärtet ist.

(2) Der waagrechte Abstand der Ausleger darf bei Verwendung als Arbeits- oder Fanggerüst maximal 1,50 m, bei Verwendung als Schutzdach maximal 3,00 m betragen.

(3) An Gebäudeecken müssen der Gerüstbelag, die erforderlichen Wehren und die Blenden um die Ecken herumgeführt werden, hiezu müssen die Ausleger fächerförmig angeordnet sein.

(4) Ausleger aus Holz müssen einen Mindestquerschnitt von 10/16 cm aufweisen und hochkant verlegt sein.

(5) Bei einer Auskragung der Ausleger von mehr als 1,50 m ist eine statische Berechnung gemäß § 56 Abs. 3 zu erstellen.

Gerüste für Arbeiten an Schornsteinen

§ 70. (1) Beim Schornsteinbau dürfen Steigeisen nicht als Auflager für Arbeits- und Schutzgerüste verwendet werden. Konsolgerüste dürfen an eingeschlagenen Haken oder Klammern nicht befestigt werden.

(2) Bei Arbeiten im Inneren von Schornsteinen muß etwa 2 m unterhalb des Arbeitsgerüstes ein Fanggerüst angebracht sein. Förderöffnungen im Gerüstbelag müssen durch Brust-, Mittel- und Fußwehren gesichert sein.

(3) Bei Konsolgerüsten für Arbeiten an Schornsteinen dürfen nur Stahlkonsolen verwendet werden. Die Verwendung von Konsolen aus Aluminium ist nur zulässig, wenn sie den Stahlkonsolen gleichwertig sind. Die Konsolen müssen mit zwei Haken für die Aufhängung am Seil ausgerüstet sein. Die Konsolen dürfen nicht mehr als 1,00 m auskragen und an der Außenseite

1. bei Instandsetzungsarbeiten bei einem Schornsteinaußenradius von nicht mehr als 2,00 m keinen größeren Abstand als 1,25 m,
2. in sonstigen Fällen keinen größeren Abstand als 1,00 m haben.

(4) Zum Aufhängen der Konsolen sind um den Schornstein zwei Stahldrahtseile zu legen, von denen jedes in der Lage sein muß, die volle Belastung zu tragen. Sie müssen an jeder Verbindungsstelle mit mindestens fünf Backenzahnklemmen oder gleichwertigen Verbindungsmitteln verbunden und mit Holzkeilen so gespannt sein, daß sie gegen Abrutschen gesichert sind. Die Konsolen müssen mit ihren Haken stets in beide Seile eingehängt sein, beim Auf- und Abrüsten genügt es, die Konsolen nur in ein Stahldrahtseil einzuhängen.

(5) Als Gerüstbelag dürfen nur Bretter mit einer Mindestdicke von 3 cm und einer Mindestbreite von 20 cm verwendet werden.

BauV

(6) Abweichend von § 8 ist als Absturzsicherung ein straff gespanntes Faserseil von mindestens 12 mm Durchmesser oder ein gleichwertiges Seil in mindestens 1,00 m Höhe über dem Gerüstbelag zulässig. Die auf dem Gerüstbelag beschäftigten Arbeitnehmer müssen zusätzlich durch geeignete persönliche Schutzausrüstung gegen Absturz gesichert sein.

(7) Die für die Baustoffbeförderung beim Schornsteinbau erforderlichen Ausleger oder Galgen dürfen nicht an den Stahldrahtseilen befestigt sein, die die Konsolen tragen.

(8) Zum Schutz der im Bereich des Schornsteinschaftes beschäftigten Arbeitnehmer muß ein Schutzdach mit durchschlagsicherem Belag, wie mit doppelter Pfostenlage und dazwischenliegender Dämmschicht, errichtet sein, der übrige Gefahrenbereich muß abgesperrt und durch Warnschilder gekennzeichnet sein.

Allgemeine Bestimmungen über Hängegerüste

§ 71. (1) Hängegerüste müssen mit nicht brennbaren Tragmitteln an tragfähigen Bauteilen aufgehängt sein.

(2) Für die Aufhängekonstruktion von Tragmitteln, Umlenkrollen u. dgl. am Bauwerk ist von einer fachkundigen Person ein statischer Nachweis zu erstellen. Die Ableitung der Kräfte in Bauwerksteile ist von einer fachkundigen Person zu überprüfen, gegebenenfalls ist ein statischer Nachweis zu erstellen. Bei der Berechnung der Tragfähigkeit der Aufhängekonstruktion dürfen für diese die zulässigen Spannungen nur bis zur Hälfte ausgenutzt werden. Wird die Standsicherheit der Aufhängekonstruktion durch Auflast, wie Ballast, hergestellt, ist eine mindestens 3-fache Sicherheit gegen Kippen nachzuweisen.

(3) Hängegerüste dürfen nur so benützt werden, daß das Gerüst nicht kippen kann. Die Benutzung von Leitern auf Hängegerüsten ist verboten. Nebeneinanderhängende Gerüste dürfen nicht durch unsachgemäße Konstruktionen verbunden werden. Hängegerüste sind gegen Pendeln zu sichern. Bei heftigem Wind, der ein starkes Schwanken des Gerüstes bewirkt, ist die Arbeit auf dem Gerüst einzustellen.

Fahrbare und verfahrbare Hängegerüste

§ 72. (1) Fahrbare (lotrecht bewegliche) Hängegerüste dürfen nur an Seilen aufgehängt werden, die als Tragkonstruktion für Arbeits- oder Schutzgerüste verwendet werden. Die Aufhängung des Hängegerüstes muß je Aufhängepunkt mit zwei Tragmitteln oder mit einem Tragmittel mit zusätzlichem Sicherungsseil erfolgen. Sicherungsseil und Fangvorrichtung müssen bei Seilbruch das Hängegerüst sicher halten.

(2) Zum Heben der fahrbaren Hängegerüste dürfen nur die für das Gerüst gemäß Herstellerangabe vorgesehenen Stahldrahtseile verwendet werden, die eine mindestens 10-fache Sicherheit, bei Vorhandensein einer Fangvorrichtung eine mindestens 8-fache Sicherheit gegen Bruch aufweisen. Hierauf ist insbesondere bei Austausch der Seile zu achten.

(3) Drahtseilverbindungen müssen durch Seilschlösser oder als Seilösen mit eingelegter Kausche hergestellt sein. Für die Herstellung der Ösen müssen der Spleiß oder die Preßhülse verwendet werden. Die Verwendung von Backenzahnklemmen ist verboten.

(4) Das Gerüst darf lotrecht nur so verfahren werden, daß es seine horizontale Lage möglichst beibehält. Wird ein Hängegerüst mit mehreren Winden benützt, dann dürfen nur gleiche Winden verwendet werden. Sofern ein Besteigen und Verlassen des Gerüstes in der unteren Endstellung nicht möglich ist, müssen sichere Einrichtungen zum Besteigen und Verlassen des Gerüstes geschaffen werden.

(5) Winden für fahrbare Hängegerüste müssen neben mindestens einer selbsttätig wirkenden Bremseinrichtung, wie selbsthemmendes Getriebe oder Betriebsbremse, zusätzlich eine selbsttätig wirkende Sicherheitseinrichtung, wie Sicherheitsbremse oder Sperrvorrichtung, gegen unbeabsichtigtes Absenken besitzen, die bei Aussetzen der Antriebskraft, bei Versagen der Betriebsbremse oder bei Getriebebruch wirksam ist. Bei Verwendung von Klemmbackengeräten (Seilzügen) müssen zusätzliche Fangvorrichtungen angeordnet werden, die bei Durchrutschen rechtzeitig ansprechen.

(6) Fahrbare Hängegerüste müssen mit geeigneten Vorrichtungen, wie Handantrieb, ausgestattet sein, durch die bei Ausfall der Energie das Gerüst in die Ausgangsstellung oder zu einem sicheren Ausstieg gebracht werden kann. Bei Wiederkehr der Energie darf es zu keiner Gefährdung bei der Bedienung durch diese Vorrichtung kommen.

(7) Bei fahrbaren Hängegerüsten müssen die Aufwärtsbewegungen durch Notendhalteinrichtungen begrenzt sein. Nach Ansprechen der Notendhalteinrichtung muß die entgegengesetzte Bewegung noch möglich sein. Rutschkupplungen sind als Notendhalteinrichtungen nicht zulässig.

(8) Verfahrbare (waagrecht bewegliche) Hängegerüste müssen Feststellvorrichtungen zur Sicherung gegen unbeabsichtigtes Verfahren haben.

(9) Auf jedem fahrbaren oder verfahrbaren Hängegerüst muß leicht leserlich und dauerhaft die zulässige Höchstzahl der darauf Beschäftigten und die zulässige Belastung angegeben sein.

Behelfsgerüste

§ 73. (1) Behelfsgerüste sind Gerüste, bei denen als Steher Stehleitern verwendet werden.

(2) Abweichend von §§ 57 Abs. 2 und 3 und 58 Abs. 2 darf als Gerüstbelag nur ein Pfosten verwendet werden, der mindestens 25 cm breit ist. Der Gerüstbelag darf nicht höher als 2,00 m über der Aufstandsfläche und nicht höher als auf der dritten Leitersprosse von oben liegen. Für die als Steher eingesetzten Stehleitern gilt § 37 Abs. 1 AM–VO.

8. ABSCHNITT
Laufbrücken und Lauftreppen
Laufbrücken, Lauftreppen

§ 81. (1) Laufbrücken und Lauftreppen müssen mindestens 80 cm breit, falls sie zum Transport von Material befahren werden sollen, mindestens 1,25 m breit sein. Sie müssen sicher befestigt sein und einen dicht verlegten Belag haben, der zumindest den Anforderungen an Gerüstlagen (§ 57) entspricht.

(2) Laufbrücken und Lauftreppen müssen möglichst flach angelegt sein. Laufbrücken für die Materialbeförderung mit Fahrzeugen dürfen keine größere Steigung als 1 : 3, sonstige geneigten Laufbrücken und Lauftreppen dürfen keine größere Steigung als 1 : 2 aufweisen.

(3) Bei geneigten Laufbrücken und Lauftreppen müssen die dem Gehverkehr dienenden Verkehrsflächen in Schrittweite angebrachte Trittleisten haben.

(4) Beträgt der Abstand der Laufbrücke oder der Lauftreppe zum Bauwerk mehr als 30 cm, ist eine Absturzsicherung gemäß § 8 auch an der dem Bauwerk zugewandten Seite erforderlich.

9. ABSCHNITT
Schalungen und Lehrgerüste
Allgemeines

§ 82. (1) Schalungen und Lehrgerüste müssen standfest und so hergestellt sein, daß die auftretenden Belastungen und Beanspruchungen in allen Bauphasen sicher aufgenommen und direkt auf tragfähigen Boden oder auf sichere oder gesicherte Bauteile übertragen werden können.

(2) Bei allen auftretenden Bauzuständen muß bei Beton-, Stahlbeton- und Gewölbearbeiten die Standsicherheit gewährleistet sein. Erforderlichenfalls ist von einer fachkundigen Person ein Standsicherheitsnachweis zu erstellen. Die Reihenfolge der Arbeitsvorgänge hat entsprechend diesen Berechnungen zu erfolgen.

(3) Beim Herstellen von Schalungen und Lehrgerüsten ist darauf Bedacht zu nehmen, daß diese leicht und gefahrlos abgetragen werden können. Stützen und Lehrbögen müssen ohne Erschütterung durch geeignete Vorrichtungen entfernt oder abgesenkt werden können. Stützen und Absteifungen müssen eine ausreichende Knicksicherheit aufweisen.

(4) Schalungsträger dürfen auf Mauerwerk nur aufgelegt werden, wenn dieses ausreichend tragfähig ist. Sie müssen entsprechend den statischen Erfordernissen unterstützt sein. Bei längenverstellbaren Schalungsträgern darf die Mindesteinschublänge, mit der die Trägerteile ineinandergreifen, nicht unterschritten werden.

(5) Großflächige Schalungselemente müssen Einrichtungen, wie stählerne Bügel oder Ösen, haben, die ein Anhängen an Hebezeuge oberhalb des Schwerpunktes ermöglichen. Während des Transportes mit Hebezeugen dürfen Schalungselemente nicht betreten werden, erforderlichenfalls müssen sie mit Leitseilen geführt werden.

(6) Großflächige Schalungselemente müssen auf ebenen, tragfähigen Flächen standsicher aufgestellt sein. Nach Erfordernis müssen zugfeste Abspannungen, zugfeste Verankerungen oder druckfeste Abstützungen angebracht sein. Jedes Schalungselement muß an beiden seitlichen Enden oberhalb seines Schwerpunktes abgestützt werden. Schalungselemente dürfen vom Anschlagmittel des Hebezeuges erst abgehängt werden, wenn die Abstützungen wirksam sind. Beim Ausschalen dürfen die Abstützungen erst entfernt werden, wenn das Schalungselement am Anschlagmittel des Hebezeuges angehängt ist.

(7) Großflächige Schalungselemente dürfen nur bestiegen werden, wenn sie standsicher aufgestellt sind. Das Besteigen darf nur über Leitern erfolgen. Für Arbeiten vom Schalungselement aus müssen mindestens 50 cm breite Arbeitsbühnen angebracht sein.

(8) Bei speziellen Schalungsmethoden, wie Kletter- und Gleitschalungen oder Freivorbaugeräten, muß eine schriftliche Montageanweisung des Herstellers vorliegen. Die Arbeiten müssen nach den Anweisungen des Herstellers durchgeführt werden. Für spezielle Schalungsmethoden muß eine von einer fachkundigen Person erstellte statische Berechnung vorliegen.

Stützen

§ 83. (1) Werden Stützen auf unbefestigten Boden gestellt, müssen sie unverrückbar auf Unterlagen, wie Kanthölzern oder Pfosten, aufgestellt werden. Zwei- oder mehrlagige Unterlagen aus Kanthölzern dürfen nur kreuzweise und kippsicher aufgestellt werden, Ziegelstapel und Stapel aus ähnlichem Material sind als Unterlagen nicht zulässig. Unterlagen aus mehr als zwei übereinander liegenden Kanthölzern und Kreuzstapel über 40 cm Höhe dürfen nur in Ausnahmefällen verwendet und müssen nach den besonderen Anweisungen der Aufsichtsperson so errichtet werden, daß die Standsicherheit gewährleistet ist.

(2) Bei mehrgeschossigen Bauten sind die Stützen im Regelfall lotrecht untereinander anzuordnen. Stützen, die Teile eines Traggerüstes sind, müssen untereinander abgesteift sein, bei Stützen aus Stahl müssen hiebei Verschwertungsklammern oder Gerüstkupplungen verwendet werden.

(3) Keile und auf Keilwirkung beruhende Verbindungen sind gegen unbeabsichtigtes Lösen zu sichern.

(4) Stahlstützen müssen entsprechend ihrem Tragfähigkeitsbereich dauerhaft gekennzeichnet sein. Ausziehbare Stützen müssen im voll eingeschobenen Zustand zwischen der Unterseite des Innenrohrendstückes und dem höchsten Teil des

BauV

Außenrohres oder der Verstelleinrichtung einen Abstand von mindestens 10 cm haben. Steckbolzen zum Feststellen ausziehbarer Teile müssen mindestens 12 mm dick und mit den Stützen unverlierbar verbunden sein.

(5) Holzstützen aus Kantholz müssen einen Querschnitt von mindestens 8 x 8 cm haben. Holzstützen aus Rundholz müssen entrindet sein und in diesem Zustand eine Zopfdicke von mindestens 7 cm haben.

(6) Bei Verwendung von Holzstützen darf höchstens jede dritte Stütze gestoßen sein, der Stoß darf nicht im mittleren Drittel der Stütze liegen und muß durch mindestens 70 cm lange hölzerne Laschen gegen Ausknicken gesichert sein. Bei Rundhölzern müssen drei, bei Kanthölzern vier Laschen je Stütze verwendet werden. Holzstützen dürfen nur einmal gestoßen sein, für stark belastete Stützen und Schalungen dürfen gestoßene Hölzer nicht verwendet werden.

Ausschalen

§ 84. (1) Bauteile dürfen erst ausgeschalt werden, wenn der Beton oder das Mauerwerk ausreichend erhärtet ist und die Aufsichtsperson die Ausschalung angeordnet hat.

(2) Bis zum Erhärten des Betons oder des Mauerwerkes müssen die Bauteile gegen Frost und vorzeitiges Austrocknen geschützt sein. Sie dürfen keinen Erschütterungen oder sonstigen Belastungen ausgesetzt werden.

(3) Das Ausschalen ist mit geeignetem Werkzeug so durchzuführen, daß die Standsicherheit von Gerüstbauteilen und Schalungsteilen nicht gefährdet wird. Stützen, Pfeiler und Wände müssen im Regelfall vor den von ihnen gestützten Balken und Platten ausgeschalt werden. Erschütterungen beim Ausschalen sind zu vermeiden. Das Entfernen der Schalung durch Krane, Bagger und ähnliche Geräte darf erst nach entsprechender Lockerung vorgenommen werden, das Losreißen von Schalungsteilen ist verboten. Beim Entfernen der Schalung ist jeder unnötige Aufenthalt unter derselben verboten.

(4) Schalholz und Schalungsteile sind unmittelbar nach dem Ausschalen aus dem Arbeitsbereich zu entfernen und sachgemäß zu lagern. Aus dem Schalholz sowie aus Konstruktionsteilen vorstehende Nägel oder sonstige spitze oder scharfkantige Befestigungsmittel sind zu entfernen oder umzuschlagen.

10. ABSCHNITT
Montagearbeiten des Stahlbaus und des konstruktiven Holzbaus, Bauen mit Fertigteilen

Montagearbeiten

§ 85. (1) Bei der Ausführung von Montagearbeiten muß die Tragfähigkeit und die Standsicherheit des Bauwerkes während der einzelnen Montagezustände gewährleistet sein. Wenn bei der Montage besondere Sicherheitsmaßnahmen erforderlich sind oder für die Montage die Kenntnis besonderer sicherheitstechnischer Angaben erforderlich ist, sind von einer fachkundigen Person schriftliche Montageanweisungen und Zeichnungen zu erstellen. Dabei sind die für die Durchführung der Montagearbeiten erforderlichen Standplätze, die Absturzsicherungen, die Schutzeinrichtungen und die Befestigungseinrichtungen für die persönliche Schutzausrüstung (gegen Absturz) festzulegen.

(2) Bereiche, in denen Personen durch herabfallende, abgleitende oder abrollende Gegenstände gefährdet werden können, dürfen nicht betreten werden. Sie müssen gekennzeichnet und erforderlichenfalls abgesperrt oder durch Warnposten, die mit anderen Arbeiten nicht beschäftigt werden dürfen, gesichert sein.

(3) Für die Durchführung von Montagearbeiten dürfen abweichend von § 6 Abs. 2 und 7 und § 7 Konsolen, angeschweißte Sprossen, Profile von Gittermasten oder ähnliche tragfähige Konstruktionsteile als Standplätze verwendet werden, wenn eine Befestigungsmöglichkeit für eine Absturzsicherung vorhanden ist, an der die Arbeitnehmer mittels geeigneter persönlicher Schutzausrüstung gegen Absturz gesichert sind.

(4) Bei Vorliegen aller in Z 1 bis 6 genannten Voraussetzungen dürfen abweichend von Abs. 3, § 6 Abs. 2 und 7 und § 7 zum Lösen oder Befestigen von Anschlagmitteln sowie für das Fixieren von Bauteilen geeignete Bauteile als Zugang und Standplatz verwendet werden:

1. Das Anbringen von Absturzsicherungen, Schutzeinrichtungen sowie das Erreichen oder Anbringen der zum Benützen der persönlichen Schutzausrüstung (gegen Absturz) erforderlichen Befestigungsmöglichkeiten wäre mit größeren Gefahren verbunden als die Durchführung der im Einleitungssatz genannten Tätigkeiten ohne Absturzsicherung,

2. die in § 6 Abs. 7 genannten Einrichtungen können aus technischen Gründen zur Durchführung der im Einleitungssatz genannten Tätigkeiten nicht eingesetzt werden, oder es käme durch die Verwendung dieser Einrichtungen zu größeren Absturzgefahren als bei Durchführung der im Einleitungssatz genannten Tätigkeiten ohne Absturzsicherung,

3. es liegen günstige Witterungsverhältnisse vor,

4. die Tätigkeiten werden von unterwiesenen, erfahrenen und körperlich geeigneten Arbeitnehmern durchgeführt,

5. die als Zugänge benützten Bauteile sind ausreichend verankert, und

6. die als Zugänge benützten Bauteile sind mindestens 20 cm breit, wenn sie im Reitsitz benützt werden, oder sind bei geringerer Breite mit Einrichtungen für ein sicheres Festhalten

versehen, wie Handläufen, gespannten Stahldrahtseilen oder Konstruktionsteilen.

(5) Bei Montagearbeiten müssen Nieten, Schrauben und sonstige Kleinteile gegen Herabfallen gesichert aufbewahrt sein.

Bauen mit Fertigteilen

§ 86. (1) Für das Bauen mit Fertigteilen gilt § 85.

(2) Fertigteile, das sind überwiegend vorgefertigte Bauteile, müssen so gestaltet und ausgestattet sein, daß sie sicher transportiert und montiert werden können. Hiezu müssen sie die erforderlichen Anschluß- und Befestigungseinrichtungen für Lastaufnahmemittel sowie erforderlichenfalls auch für Montagestreben, Montageverbände und andere Hilfskonstruktionen, Laufstege, Laufbrücken, Gerüste oder Absturzsicherungen haben.

(3) Die Montageanweisungen gemäß § 85 Abs. 1 müssen die erforderlichen Angaben für den Transport und die Montage enthalten, insbesondere Herstellerangaben betreffend

1. das Gewicht der Fertigteile,
2. das Lagern der Fertigteile,
3. das Anschlagen der Fertigteile an Hebezeuge,
4. das Transportieren und die beim Transport einzuhaltende Transportlage der Fertigteile, und
5. den Einbau der zur Montage der Fertigteile erforderlichen Hilfskonstruktionen, sowie Angaben betreffend:
6. die Reihenfolge der Montage und das Zusammenfügen der Fertigteile,
7. erforderliche Maßnahmen zur Gewährleistung der Tragfähigkeit und der Standsicherheit des Bauwerkes und der Fertigteile auch während der einzelnen Montagezustände,
8. Maßnahmen zur Herstellung von Arbeitsplätzen und Zugängen zu diesen,
9. Maßnahmen gegen Abstürzen von Personen bei der Montage,
10. Maßnahmen gegen Herabfallen von Gegenständen, und
11. die Prüfung der Fertigteile auf sichtbare Beschädigungen, Verformungen und Risse, die die Sicherheit beeinträchtigen können.

(4) Fertigteile sind vor dem Transport und vor dem Einbau auf sichtbare Beschädigungen, Verformungen und Risse im Hinblick auf ihre Tragfähigkeit zu prüfen.

(5) Fertigteile müssen so gelagert, transportiert und eingebaut werden, daß sich ihre Lage nicht unbeabsichtigt verändern kann. Sie sind möglichst in der vorgesehenen Einbaulage unter Berücksichtigung der statischen Erfordernisse und der Anweisungen des Herstellers zu transportieren.

(6) Großflächige und lange Fertigteile sind mit Leitseilen zu führen, wenn diese Teile beim Hochziehen anstoßen oder hängenbleiben können.

11. ABSCHNITT
Arbeiten auf Dächern
Allgemeines

§ 87. (1) Bei Arbeiten auf Dächern bis zu einer Absturzhöhe von 3,00 m dürfen Absturzsicherungen, Abgrenzungen und Schutzeinrichtungen abweichend von § 7 entfallen, wenn die Arbeiten bei günstigen Witterungsverhältnissen sowie von unterwiesenen, erfahrenen und körperlich geeigneten Arbeitnehmern durchgeführt werden. In diesem Fall kann auch die Sicherung der Arbeitnehmer durch persönliche Schutzausrüstung gegen Absturz entfallen, ausgenommen bei Arbeiten am Dachsaum und bei Arbeiten auf Dächern mit einer Neigung von mehr als 45 °. § 7 Abs. 2 Z 1 bleibt unberührt.

(2) Bei Arbeiten auf Dächern mit einer Neigung bis zu 20 ° und einer Absturzhöhe von mehr als 3,00 m müssen Absturzsicherungen oder Schutzeinrichtungen gemäß §§ 7 bis 10 vorhanden sein.

(3) Bei Arbeiten auf Dächern mit einer Neigung von mehr als 20 ° und einer Absturzhöhe von mehr als 3,00 m müssen geeignete Schutzeinrichtungen vorhanden sein, die den Absturz von Menschen, Materialien und Geräten in sicherer Weise verhindern, wie insbesondere Dachfanggerüste (§ 88). Bei besonderen Gegebenheiten, wie auf glatter, nasser oder vereister Dachhaut, die ein Ausgleiten begünstigen, müssen auch bei geringerer Neigung solche Schutzeinrichtungen vorhanden sein. Wenn Arbeiten auf Dächern gleichzeitig oder aufeinanderfolgend sowohl an der Dachfläche als auch an der Traufe durchgeführt werden, müssen solche Schutzeinrichtungen verwendet werden, die sowohl für die Arbeiten an der Dachfläche als auch für die Arbeiten an der Traufe wirksam sind.

(4) Die Absturzhöhe wird lotrecht gemessen bei:

1. Dachneigungen bis einschließlich 45 ° von der Traufenkante bis

zur Auftrefffläche (*Anm.: richtig: Auftrefffläche*),

2. Dachneigungen von mehr als 45 ° vom Arbeitsplatz auf dem Dach bis

zur Auftrefffläche.

(5) In folgenden Fällen darf bei Arbeiten auf Dächern das Anbringen von Schutzeinrichtungen nach Abs. 2 und 3 entfallen, sofern die Arbeitnehmer durch geeignete persönliche Schutzausrüstung gegen Absturz gesichert sind:

1. bei geringfügigen Arbeiten, wie Reparatur- oder Anstricharbeiten, die nicht länger als einen Tag dauern, oder
2. bei Arbeiten am Dachsaum, wenn nicht gleichzeitig oder aufeinanderfolgend auch an der Dachfläche Arbeiten durchgeführt werden, sowie bei Arbeiten im Giebelbereich.

BauV

(6) Bei Arbeiten auf Dächern mit einer Neigung von mehr als 45 ° müssen die Arbeitnehmer zusätzlich zu den nach Abs. 3 erforderlichen Schutzeinrichtungen durch geeignete persönliche Schutzausrüstung gegen Absturz gesichert sein.

(7) Bei Arbeiten, die von Dachdeckerfahrstühlen (fahrbaren Arbeitssitzen) aus durchgeführt werden, müssen keine Schutzeinrichtungen nach Abs. 3 vorhanden sein.

(8) Arbeiten auf Dächern, bei denen die Arbeitnehmer einer besonderen Gefährdung ausgesetzt sind, dürfen von einem Arbeitnehmer allein nicht ausgeführt werden. Es muß zumindest ein zweiter Arbeitnehmer zur Überwachung und Sicherung eingesetzt sein. Die Arbeiten müssen von unterwiesenen, erfahrenen und körperlich geeigneten Arbeitnehmern durchgeführt werden. Dies gilt insbesondere für Arbeiten nach Abs. 5 und 7 sowie für Arbeiten auf Dächern mit einer Neigung von mehr als 60 °.

(9) Es ist sicherzustellen, daß Arbeitnehmer durch herabfallende Materialien, Werkzeuge u. dgl. nicht gefährdet werden können.

Schutzeinrichtungen

§ 88. (1) Dachschutzblenden dürfen bei Dachneigungen bis zu 60 ° verwendet werden. Dachschutzblenden müssen eine Bauhöhe von mindestens 80 cm haben und so angebracht sein, daß ihr oberer Rand, gemessen im rechten Winkel zur Dachfläche, einen Abstand von mindestens 60 cm von der Dachfläche hat.

(2) Dachschutzblenden dürfen nur an tragfähigen Teilen des Daches, wie Sparren, befestigt werden. Es müssen Vorrichtungen vorhanden sein, damit benachbarte Halterungen gegeneinander ausgesteift werden können.

(3) Dachfanggerüste müssen mit einer mindestens 1,00 m hohen tragfähigen Schutzwand ausgerüstet sein, deren oberer Rand, gemessen im rechten Winkel zur Dachfläche, einen Abstand von mindestens 60 cm von der Dachfläche haben muß. Der Belag des Dachfanggerüstes darf bei Arbeiten im Bereich des Dachsaums nicht mehr als 1,50 m unterhalb des Dachsaums liegen.

(4) Dachschutzblenden und Dachfanggerüste müssen die sichernden Arbeitsplätze seitlich um mindestens 2,00 m überragen.

(5) Dachschutzblenden und die Schutzwände von Dachfanggerüsten müssen aus Brettern oder aus Netzen mit einer Maschenweite von nicht mehr als 10 cm bestehen.

Arbeitsplätze und Zugänge

§ 89. (1) Bei Arbeiten auf Dächern mit einer Neigung von mehr als 45 ° müssen besondere Arbeitsplätze und Zugänge wie Dachdeckerstühle, Dachdeckerfahrstühle oder sicher befestigte Dachleitern, geschaffen werden. Dies gilt auch, wenn gemäß § 87 Schutzeinrichtungen nicht erforderlich sind.

(2) Dachdeckerstühle müssen Verstelleinrichtungen zur Anpassung an die Dachneigung besitzen, die gegen unbeabsichtigtes Lösen gesichert sein müssen. Belagträger müssen am äußeren Ende mindestens 6 cm hoch aufgekantet sein oder andere Einrichtungen besitzen, die ein Abgleiten der Belagspfosten verhindern. Der Belag muß mindestens 25 cm breit sein. Jeder Dachdeckerstuhl muß an einem ausreichend bemessenen Tragmittel, wie einem Sicherheitsseil, hängen. Das Einhängen der Tragmittel in Dachhaken ist nur zulässig, wenn deren ausreichende Tragfähigkeit vorher festgestellt worden ist. Dachdeckerstühle dürfen nicht mit Geländern ausgestattet werden.

(3) Dachdeckerfahrstühle dürfen für Arbeiten an Türmen oder turmähnlichen Bauwerken verwendet werden.

(Anm.: Abs. 4 bis 6 aufgehoben durch BGBl. II Nr. 313/2002)

(7) Dachleitern (Auflegeleitern aus Holz) dürfen höchstens 6,00 m lang sein. Zumindest zwei Anfangs- und zwei Endsprossen müssen durch geeignete Beschläge gesichert sein. Werden bei Dacharbeiten mehrere Dachleitern übereinander verwendet, muß die oberste Dachleiter im Firstbereich sicher befestigt und müssen die Dachleitern miteinander sicher verbunden sein. Für die Befestigung der Dachleitern und persönlicher Schutzausrüstung gegen Absturz sind nach Möglichkeit entsprechend starke Dachhaken zu verwenden, die sicher befestigt werden müssen. Die oberste Sprosse von Dachleitern darf nicht zum Einhängen benützt werden. Bei Dachneigungen von mehr als 75 ° dürfen Dachleitern nicht verwendet werden.

Arbeiten auf nicht durchbruchsicheren Dachflächen

§ 90. (1) Nicht durchbruchsichere Dachflächen dürfen nur betreten werden, wenn Sicherungsmaßnahmen nach Abs. 2 bis 7 getroffen sind.

(2) Geeignete Sicherungsmaßnahmen gegen Durchbrechen sind:

1. Unterdachkonstruktionen, wie volle Schalung, Unterspanntafeln oder korrosionsbeständiges Maschendrahtgitter,
2. Lauf- und Arbeitsstege,
3. Dachleitern.

(3) Lauf- und Arbeitsstege müssen bei Dachneigungen bis 20 ° und bei einer Verlegerichtung der Eindeckungselemente parallel zum Dachsaum mit einer Breite von mindestens 25 cm verlegt sein. In den übrigen Fällen müssen sie mit einer Breite von mindestens 50 cm verlegt sein. Beträgt die Dachneigung mehr als 20 °, müssen Lauf- und Arbeitsstege gegen unbeabsichtigtes Verschieben bzw. Abrutschen gesichert sein. Sie müssen bei

einer Dachneigung von mehr als 10 ° mit Tritt-leisten und bei einer Dachneigung von mehr als 30 ° mit Stufen versehen sein.

(4) Dachleitern dürfen ohne zusätzliche Maß-nahmen gegen Durchbrechen bei Dachneigungen von 20 ° bis 75 ° verwendet werden. Bei Dachnei-gungen unter 20 ° dürfen sie nur verwendet wer-den, wenn durch geeignete Maßnahmen, wie Un-terspanntafeln, ein Durchbrechen zwischen den Sprossen vermieden wird.

(5) Beträgt die Absturzhöhe ins Innere des Bau-werkes mehr als 5,00 m, ist eine der folgenden Schutzmaßnahmen gegen Absturz zu treffen:

1. Unterdachkonstruktionen nach Abs. 2 Z 1,
2. Fanggerüste nach § 59 Abs. 2 bis 5,
3. Auffangnetze nach § 10 Abs. 2,
4. die Sicherung der Arbeit-nehmer durch Absturzsicherungssysteme als persönliche Schutzausrüstung, wenn geeignete Anschlagpunkte zur Verfügung stehen.

(6) Der Gefahrenbereich unterhalb von nicht durchbruchsicheren Dachflächen muß entspre-chend abgesperrt und durch Warnschilder gekenn-zeichnet sein.

(7) Bei Ausführung von Maurer-, Verputz-, Gerüst- und ähnlichen Arbeiten auf nicht durch-bruchsicheren Dachflächen, bei denen zu erwarten ist, daß durch die Art der Arbeiten größere Belas-tungen auftreten, müssen die Arbeitsplätze und Verkehrswege so hergestellt und gestaltet sein, als ob das Dach nicht eingedeckt wäre.

12. ABSCHNITT
Arbeiten an Schornstein- und Feuerungsanlagen
Einrichtungen zum Befördern von Personen beim Schornsteinbau

§ 91. (1) Zur Bedienung von Einrichtungen zum Befördern von Personen beim Schornsteinbau dür-fen nur entsprechend unterwiesene, erfahrene Ar-beitnehmer verwendet werden. Sie dürfen den Be-dienungsstand nicht verlassen, solange die Anla-ge in Betrieb ist. Der Bedienungsstand muß so angeordnet oder eingerichtet sein, daß die Bedie-nungsperson den Förderkorb möglichst in allen Stellungen, zumindest aber an den Ein- und Aus-stiegsstellen, beobachten kann.

(2) Die Verständigung zwischen der Bedie-nungsperson des Hebezeuges und den Benützern von Personenförderkörben sowie den Einweisern an den Ein- und Ausstiegsstellen muß jederzeit si-cher möglich sein. Erforderlichenfalls sind hierfür geeignete Maßnahmen zu treffen, wie die Verwen-dung von Gegensprechanlagen oder Funksprech-geräten.

(3) Personenförderkörbe müssen allseits min-destens 2,00 m hoch, geschlossen und mit einer Türe versehen sein. Diese Türe muß einen Ver-schluß haben, der gegen unbeabsichtigtes Öffnen

gesichert werden kann und im Notfall von außen öffenbar ist. Personenförderkörbe müssen so aus-gebildet sein, daß ein hartes Aufsetzen vermieden wird. Ein unbeabsichtigtes Bewegen des Perso-nenförderkorbes während des Ein- und Aussteg-gens muß durch geeignete Maßnahmen oder Vor-richtungen verhindert sein. Personenförderkörbe müssen durch auffällige Farbgebung deutlich er-kennbar sein.

(4) Winden für Personenförderkörbe müssen für eine zulässige Tragfähigkeit von mindestens dem 1,5fachen der zulässigen Gesamtlast, bestehend aus der Last des Förderkorbes und der Nutzlast, bemessen sein.

(5) Die bei Einseilaufhängungen als Tragmittel verwendeten Stahldrahtseile müssen spannungs-arm und mindestens drehungsarm sein. Drahtseil-verbindungen müssen durch Seilschlösser oder als Seilösen mit eingelegter Kausche hergestellt sein. Für die Herstellung der Ösen müssen der Spleiß oder die Preßhülse vorgesehen sein. Die Verwendung von Backenzahnklemmen ist verbo-ten. Lasthaken müssen Sicherungen gegen unbe-absichtigtes Aushängen des Personenförderkorbes haben.

(6) Winden für Personenförderkörbe müssen mit Einrichtungen ausgestattet sein, die ein einwand-freies Auf- und Abwickeln des Tragmittels ge-währleisten, wie eine Seilwickeleinrichtung. Sie müssen neben mindestens einer selbsttätig wir-kenden Bremseinrichtung, wie einer selbsthemmen-des Getriebe oder eine Betriebsbremse, zusätzlich eine selbsttätig wirkende Sicherheitseinrichtung, wie eine Sicherheitsbremse oder eine Sperrvor-richtung, gegen unbeabsichtigtes Absenken be-sitzen, die bei Aussetzen der Antriebskraft, bei Versagen der Betriebsbremse oder bei Getriebe-bruch wirksam ist.

(Anm.: Abs. 7 aufgehoben durch BGBl. II Nr. 313/2002)

(8) Einrichtungen nach Abs. 1 sind täglich vor Beginn der Arbeiten durch eine fachkundige Per-son einer Sicht- und Funktionsprüfung zu unter-ziehen.

(Anm.: Abs. 9 aufgehoben durch BGBl. II Nr. 313/2002)

Schornsteinreinigungsarbeiten

§ 92. (1) Vor der erstmaligen Reinigung von Schornsteinen ist zu prüfen, ob im vorgesehenen Arbeits- und Verkehrsbereich Anlagen, wie elek-trische Anlagen, Antennen, Rohrleitungen oder maschinelle Anlagen, vorhanden sind, durch die Arbeitnehmer gefährdet werden können. Sind sol-che Anlagen vorhanden, müssen mit dem Eigen-tümer oder Betreiber dieser Anlagen die erforder-lichen Sicherungsmaßnahmen festgelegt werden. Reinigungsarbeiten dürfen erst ausgeführt werden, nachdem die erforderlichen Sicherungsmaßnah-men durchgeführt wurden.

BauV

(2) Schornsteinreinigungsarbeiten dürfen vom Dachboden aus nur ausgeführt werden, wenn nicht isolierte elektrische Freileitungen für Nennspannungen unter 1 kV

1. bei über die Mündung des Schornsteines geführten Leitungen einen lotrechten Mindestabstand zur Mündung von 2,50 m,
2. bei seitlich oberhalb der Mündung des Schornsteines geführten Leitungen einen waagrechten Mindestabstand zur Außenwand des Schornsteins von 80 cm,
3. bei seitlich unterhalb der Mündung des Schornsteines geführten Leitungen einen waagrechten Abstand zur Außenwand des Schornsteins von 1,20 m,

haben.

(3) Sind die Freileitungen isoliert oder sind am Schornsteinkopf Einrichtungen, wie geschlossene Schornsteinaufsätze, vorhanden, die ein Berühren eines über die Schornsteinmündung hinausgestoßenen Kehrgerätes mit unter Spannung stehenden Leitungen ausschließen, hat abweichend von Abs. 2 der waagrechte Mindestabstand zur Außenwand des Schornsteines für Nennspannungen unter 1 kV zu betragen

1. bei seitlich oberhalb der Mündung des Schornsteines geführten Leitungen 50 cm,
2. bei seitlich unterhalb der Mündung des Schornsteines geführten Leitungen 20 cm.

(4) Schornsteine dürfen von innen befahren werden, wenn an ihrer Sohle eine Einstiegsöffnung von mindestens 60 x 60 cm vorhanden ist. Schornsteine dürfen nur dann innen bestiegen und befahren werden, wenn sich in den angeschlossenen Feuerstätten kein Feuer befindet. Automatisch anfahrende Feuerstätten müssen außer Betrieb gesetzt und gegen unbeabsichtigtes Wiedereinschalten gesichert sein. Schornsteine sind vor dem Besteigen und Befahren zu belüften.

(5) Wenn für die Durchführung von Schornsteinreinigungsarbeiten keine mit Absturzsicherungen gemäß § 8 versehenen Standplätze und Zugänge zu diesen vorhanden sind, müssen die Arbeitnehmer in sonstiger geeigneter Weise durch persönliche Schutzausrüstung gegen Absturz gesichert sein. Als geeignete Sicherung gilt insbesondere die Befestigung der persönlichen Schutzausrüstung der Arbeitnehmer gegen Absturz an einem am Dach montierten hiefür vorgesehenen gespannten Stahldrahtseil.

Feuerungsanlagen
§ 93. Arbeiten an oder in Feuerungsanlagen von Betriebseinrichtungen, wie Dampfkessel, Industrieöfen oder Zentralheizanlagen, dürfen erst begonnen werden, wenn die Anlagen entsprechend ausgekühlt und durchlüftet sind. Bei diesen Arbeiten müssen die Anlagen überdies dauernd und

ausreichend durchlüftet werden. Soweit erforderlich, sind zusätzliche Maßnahmen gegen die Gefährdung durch Hitzeeinwirkung zu treffen. Nötigenfalls müssen auch Vorkehrungen getroffen werden, die eine Gefährdung der Arbeitnehmer durch Gase, Dämpfe, Rauch, Hitze oder schädliche Zugluft ausschließen. Offenes Licht darf bei Arbeiten im Inneren von Feuerungsanlagen nicht verwendet werden.

13. ABSCHNITT
Untertagebauarbeiten
Vorbereitende Maßnahmen
§ 94. (1) Spätestens zwei Wochen vor Beginn der Untertagebauarbeiten, das sind Arbeiten zur Herstellung und zum Ausbau von unterirdischen Hohlräumen, wie Stollen-, Tunnel- und Schachtbauten, muß dem Arbeitsinspektorat ein von einer fachkundigen Person erstelltes geotechnisches Gutachten über das zu durchörtende Gebirge und die daraus und aufgrund der Vortriebsart notwendigen Stützungs- und Sicherungsmaßnahmen vorgelegt werden.

(2) Die Übersendung gemäß Abs. 1 ist nicht erforderlich, wenn keine besonderen Stützungs- und Sicherungsmaßnahmen oder Arbeitsanweisungen erforderlich sind.

Allgemeines
§ 95. (1) Bei der Durchführung von Untergebauarbeiten sind die aufgrund des geotechnischen Gutachtens festgelegten Stützungs- und Sicherungsmaßnahmen einzuhalten.

(2) Untertagebauarbeiten dürfen nur durchgeführt werden, wenn eine fachkundige Person die Untertagebauarbeiten während der gesamten Bauzeit in periodischen Zeitabständen, mindestens einmal täglich, überprüft. Die Prüfung hat sich insbesondere auf die ordnungsgemäße Ausführung der Stützungs- und Sicherungsmaßnahmen zu erstrecken.

(3) Wird festgestellt, daß eine Änderung der vorgesehenen Stützungs- oder Sicherungsmaßnahmen notwendig sein könnte, weil

1. die Eigenschaften des zu durchörternden Gebirges nicht den im geotechnischen Gutachten genannten Eigenschaften entsprechen, oder
2. andere Einflüsse, wie insbesondere ein erhöhter Wasseranfall oder eine höhere Gas- oder Staubkonzentration, als die im geotechnischen Gutachten ausgewiesenen Einflüsse vorliegen,

ist unverzüglich die überwachende fachkundige Person nach Abs. 2 beizuziehen. Diese fachkundige Person hat die notwendigen Änderungen der Stützungs- und Sicherungsmaßnahmen festzulegen, in einer Anlage zum geotechnischen Gutachten zu vermerken und die Durchführung dieser Maßnahmen zu überwachen.

(4) Der Ausbruch darf nur in solcher Fläche und Tiefe erfolgen, daß die notwendigen Stützungsmaßnahmen der Hohlraumflächen innerhalb der Standzeit des Umgebungsgebirges sicher durchgeführt werden können.

(5) Zur Herstellung von Spritzbeton sind quarzarme, nach Möglichkeit quarzfreie Zuschlagstoffe und Bindemittel zu verwenden. Spritzbetonarbeiten dürfen nur von geeigneten zuverlässigen Personen ausgeführt werden, die in der Bedienung und Wartung der Betonspritzmaschine unterwiesen und mit der Arbeitsweise vertraut sind.

(6) Bohrarbeiten, Sicherungsarbeiten gegen Hereinbrechen von Material und ähnliche Arbeiten dürfen nur von sicheren Standplätzen aus, wie Plattformen oder beweglichen Arbeitskörben, ausgeführt werden. Werden dabei Plattformen oder Arbeitskörbe an Ladeschaufeln von Ladegeräten oder Baggern befestigt, dürfen hiezu nur solche Ladegeräte oder Bagger mit ausreichender Standsicherheit verwendet werden, die mit entsprechenden Steuerelementen und Einrichtungen für gesicherte Bewegungen der Standplätze ausgestattet sind, wie Steuerelemente ohne Selbsthaltung (Totmannsteuerung) und Hubeinrichtungen mit Parallelführung der Standplätze.

(7) Standplätze gemäß Abs. 6 müssen eine ebene und trittsichere Standfläche haben und mit einem ausreichenden, mindestens 1,90 m hohen, lotrechten stabilen Rahmen zur Sicherung der angehobenen Arbeitnehmer gegen Einquetschen ausgerüstet sein. Zur Sicherung gegen Absturz müssen abweichend von § 8 Brustwehren oder geeignete Anschlagpunkte vorhanden sein, an denen sich die Arbeitnehmer durch persönliche Schutzausrüstung gegen Absturz sichern. Bei Gefahr von herabfallendem Ausbruchmaterial ist ein Schutzdach mit durchschlagsicherem Belag zu errichten.

(8) Bei Vortrieben durch Sprengen sind Sprengstoffe einzusetzen, die in den Schwaden einen möglichst geringen Anteil von giftigen Gasen aufweisen, wie Emulsions-Slurrys.

Bewetterung

§ 96. (1) Bei Untertagebauarbeiten ist für eine ausreichende, gleichmäßige und möglichst zugfreie Belüftung (Bewetterung) der Arbeitsplätze und Verkehrswege zu sorgen. Die Bewetterung ist als ausreichend anzusehen, wenn

1. ein Volumenanteil des Sauerstoffes in der Atemluft von mehr als 19% vorhanden ist,
2. eine gefährliche oder in anderer Weise für die Gesundheit nachteilige Konzentration gesundheitsgefährdender Stoffe, wie Kohlenmonoxid, Stickoxid, Schwefeldioxid oder lungengängiger Quarz- oder Silikatstaub, im Sinne des § 21 Abs. 3 vermieden wird und

(Anm.: Z 3 aufgehoben durch BGBl. II Nr. 309/2004)

4. die in Brusthöhe gemessene Luftgeschwindigkeit mindestens 0,20 m/s beträgt.

(2) Bei der Bemessung der Bewetterung nach Abs. 1 ist zusätzlich zu berücksichtigen, daß für jeden in Untertagebauten beschäftigten Arbeitnehmer eine Frischluftmenge von mindestens 2 m^3/min und für jeden eingesetzten Verbrennungsmotor mindestens 4 m^3/min pro kW Nennleistung zugeführt werden muß.

(3) Die Behörde kann geringere Frischluftmengen als die in Abs. 2 genannten zulassen, wenn entsprechend einem von einer fachkundigen Person erstellten Nachweis sichergestellt ist, daß durch geeignete Maßnahmen, wie die Verwendung von schadstoffarmen Motoren und Sprengstoffen, dem zusätzlichen Einbau von Ventilatoren und Auslässen in den Luttenleitungen, sowie einem koordinierten Geräteeinsatz, die in Abs. 1 Z 1 und 2 angeführten Werte jederzeit eingehalten werden.

(4) Luttenleitungen müssen möglichst nahe bis vor Ort herangeführt und nach Erfordernis, mindestens jedoch wöchentlich, auf Dichtheit geprüft werden.

(5) Die Einhaltung der in den Abs. 1 Z 1 und 2 angeführten Werte, insbesondere für Sauerstoff, Kohlenmonoxid und Stickstoffdioxid, ist durch Messungen zu kontrollieren, die mindestens einmal täglich, bei Sprengvortrieb jedenfalls nach jedem Abschlag, durchzuführen sind. Die Einhaltung des im Abs. 1 Z 4 angeführten Wertes ist durch Messungen zu kontrollieren, die mindestens einmal wöchentlich durchzuführen sind. Die Einhaltung des in Abs. 1 Z 2 angeführten Wertes für Staub ist

1. durch eine Erstmessung, die nach erfolgter Lüftungsinstallation, längstens aber bei einer Vortriebslänge des Tunnels oder Stollens von 70 m durchzuführen ist, und
2. durch weitere Messungen, die in Abhängigkeit von den geologischen Verhältnissen und der vorangegangenen Messung, im Regelfall alle 2 Monate durchzuführen sind, zu kontrollieren. Über diese Messungen sind Aufzeichnungen zu führen.

(Anm.: Abs. 6 aufgehoben durch BGBl. II Nr. 309/2004)

(Anm.: Abs. 7 aufgehoben durch BGBl. II Nr. 358/2004)

(8) Zeigen die Meßwerte gemäß Abs. 5 eine Überschreitung der in den Abs. 1 Z 1 und 2 angeführten Werte, dürfen die Arbeitsplätze vor Ort erst betreten werden, wenn durch entsprechende technische Maßnahmen, wie eine verstärkte Bewetterung oder Besprühung des Haufwerks zur Staubvermeidung, die angeführten Werte unterschritten sind. Abweichend hievon dürfen, wenn trotz dieser technischen Maßnahmen der in der Grenzwerteverordnung in der jeweils geltenden Fassung verlautbarte MAK-Wert für Quarzstaub

BauV

überschritten wird, Arbeitnehmer die Arbeitsplätze vor Ort betreten, wenn sie mit geeigneter persönlicher Schutzausrüstung (Atemschutz) ausgerüstet sind.

(Anm.: Abs. 9 aufgehoben durch BGBl. II Nr. 309/2004)

Betriebsmittel

§ 98. (1) Geräte und Fahrzeuge, die unter Tage eingesetzt werden, dürfen nicht mit Benzin oder Flüssiggas betrieben werden. Der Einsatz von Dieselmotoren ist auf das unbedingt notwendige Ausmaß einzuschränken. Bei Einsatz von dieselbetriebenen Fahrzeugen und Geräten dürfen entsprechend dem Stand der Technik nur schadstoffarme Dieselmotoren mit Partikelreduktionssystemen eingesetzt werden. Über das Vorliegen der Voraussetzungen nach dem dritten Satz ist ein Nachweis zu führen.

(2) Der gleichzeitige Einsatz von Geräten und Fahrzeugen nach Abs. 1 ist auf das arbeitstechnisch notwendige Ausmaß zu beschränken.

(Anm.: Abs. 3 bis 5 aufgehoben durch BGBl. II Nr. 313/2002)

(6) Mechanische Vortriebsgeräte, wie Fräsen und Aufbruchgeräte, weiters Förderanlagen, wie Schachtbefahrungsanlagen und Schrägaufzüge sowie sonstige Geräte und Anlagen, auf denen Arbeitnehmer transportiert werden oder von denen aus Arbeiten ausgeführt werden, sind täglich vor Betriebsaufnahme von einer fachkundigen Person auf ihren betriebssicheren Zustand zu prüfen. Diese Anlagen dürfen erst nach der Behebung eventuell festgestellter Mängel in Betrieb genommen werden.

(7) Motorisch betriebene Betriebsmittel, bei deren Wartung und Reinigung im Falle eines unbeabsichtigten Einschaltens eine Gefahr für Arbeitnehmer auftreten kann, wie Förderbänder, Mischmaschinen, Betonnachmischer und Fräsen, müssen gegen unbeabsichtigtes Einschalten durch geeignete Einrichtungen, wie Schlüsselschalter, gesichert sein.

(8) Der beim Arbeiten mit Vortriebsmaschinen entstehende Staub ist durch geeignete Anlagen abzusaugen, sofern nicht Spritzdüsen im Bereich des Bohr- oder Schneidkopfes ein ausreichendes Niederschlagen des Staubes gewährleisten.

Allgemeine Bestimmungen über den Tunnel- und Stollenbau

§ 99. (1) Arbeitsplätze und Verkehrswege in Tunneln und Stollen müssen folgende Mindestlichtmaße aufweisen:

1. bei Längen bis zu 50 m bei Kreisquerschnitt 80 cm Durchmesser, bei Rechteckquerschnitt 80 cm Höhe und 60 cm Breite,
2. bei Längen über 50 m bis zu 100 m bei Kreisquerschnitt 1,00 m Durchmesser, bei Rechteckquerschnitt 1,00 m Höhe und 60 cm Breite,

3. bei Längen über 100 m bei Kreisquerschnitt 1,20 m Durchmesser, bei Rechteckquerschnitt 1,20 m Höhe und 60 cm Breite.

(2) In Tunneln und Stollen muß mindestens auf einer Seite zwischen der Begrenzung des größten Ladeprofils der Fördereinrichtung und dem Verbau ein Verkehrsweg mit einem freien Mindestquerschnitt von 1,00 m Breite und 2,00 m Höhe vorhanden sein. Bei nichtgleisgebundenem Betrieb muß der Verkehrsweg gegenüber dem Fahrweg in geeigneter Weise abgegrenzt sein. Bei einer Neigung dieser Verkehrswege von mehr als 20 ° sind Stufen anzulegen, wobei die Stufenhöhe nicht mehr und die Stufenbreite nicht weniger als 25 cm betragen darf.

(3) Abweichend von Abs. 2 darf bei Förderung mit Stetigförderern oder bei Gleisbetrieb, wenn aus bautechnischen Gründen die Mindestbreite nach Abs. 2 nicht eingehalten werden kann, die Breite des Verkehrsweges auf 50 cm verringert werden.

(4) Abweichend von Abs. 2 und 3 kann in engen Stollen und Tunneln, wenn aus bautechnischen Gründen, wie bei vollmechanischem Vortrieb, die Mindestbreite nach Abs. 3 nicht eingehalten werden kann, ein eigener Verkehrsweg entfallen, wenn in Abständen von höchstens 50 m

1. auffällig gekennzeichnete und beleuchtete Schutznischen von mindestens 1,50 m Tiefe, 1,00 m Länge und 2,00 m Höhe, oder
2. bei kreisförmigen Frässtollen außerhalb des Lichtraumprofils angeordnete Standplätze mit mindestens 60 cm Tiefe, 80 cm Breite und 2,00 m Höhe

vorhanden sind.

(5) Können aus bautechnischen Gründen weder Verkehrswege nach Abs. 2 und 3 noch Nischen oder Standplätze nach Abs. 4 angelegt werden, darf der Förderweg während des Förderbetriebes nicht betreten werden. Der Verkehr muß durch geeignete Maßnahmen, wie Lichtsignale oder Absperrungen in Verbindung mit Fernsprechanlagen, geregelt werden.

(6) In enge Stollen, wie Rohrpressungen, dürfen Arbeitnehmer nur auf seilgeführten Rollenwagen oder ähnlichen Einrichtungen einfahren.

Transportmittel und -einrichtungen im Tunnel- und Stollenbau

§ 100. (1) Zur Personenbeförderung dürfen nur geeignete Transportmittel verwendet werden, die mit seitlich bis über die Schulterhöhe geschützten Sitzplätzen und mit Dächern ausgerüstet sein müssen. Mit diesen Transportmitteln müssen auch Tragbahren und andere geeignete Rettungsmittel zum Transport von Verletzten befördert werden können. Als Mannschaftstransportwagen dürfen nur Transportmittel verwendet werden, die mit einer Federung sowie einer ausreichenden Schalldämmung versehen sind. Eine Schalldämmung ist dann als ausreichend anzusehen, wenn bei der vorgesehenen Höchstgeschwindigkeit die Personen einem Schalldruckpegelwert von höchstens 85 dB ausgesetzt sind.

(2) Fahrbetriebsmittel müssen so eingerichtet sein, daß eine Gefährdung beim Kuppeln vermieden wird. Kupplungseinrichtungen müssen leicht zu handhaben und so gestaltet sein, daß ein unbeabsichtigtes Entkuppeln der Wagen nicht möglich ist. Vorzugsweise sind automatische Kupplungen zu verwenden.

(3) Gleisenden müssen gegen Ablaufen von Fahrzeugen in geeigneter Weise gesichert sein. Entladegleise müssen in einem solchen Abstand von der Schüttkante verlegt oder gesichert sein, daß die Fahrzeuge nicht umstürzen können. An ständigen Kippstellen müssen Haltevorrichtungen für die Wagengestelle angebracht sein. Bei hochliegenden Sturzgleisen, die zu Entladearbeiten betreten werden, müssen gegen Absturz gesicherte Laufbühnen angebracht sein oder, falls dies nicht möglich ist, muß der Raum zwischen den Schienen begehbar sein.

(4) In Stollen und Tunneln müssen sowohl Züge als auch alleinfahrende Fahrzeuge durch eine von der übrigen Beleuchtung deutlich unterscheidbare Beleuchtung gekennzeichnet sein. An der Spitze eines Zuges und eines alleinfahrenden Fahrzeuges muß eine weißes Licht ausstrahlende Leuchte angebracht sein, die die Strecke im Bereich des Anhalteweges ausreichend beleuchtet. Züge und alleinfahrende Fahrzeuge müssen mit einem rotleuchtenden Schlußlicht ausgestattet sein.

Verkehr im Tunnel- und Stollenbau

§ 101. (1) Die Geschwindigkeit von Fahrzeugen darf nur so groß sein, daß sie vor gefährdeten Personen und Hindernissen innerhalb des Anhalteweges sicher angehalten werden können. Hindernisse und Engstellen müssen entweder ausreichend beleuchtet oder mit einer Warnbeleuchtung, wie Blinklichtern, ausgestattet sein. Beim Vorbeifahren an Arbeitsstellen ist im Schrittempo zu fahren, es sei denn, daß diese Stellen derart abgesichert sind, daß eine Gefährdung nicht möglich ist. Die aufgrund der Fahrzeugeigenschaften, insbesondere der Sicherheitseinrichtungen, der Beschaffenheit der Fahrbahn oder Gleise, der Beleuchtung und der Sichtweite höchstzulässige Geschwindigkeit ist vor der Einfahrt in den Untertagebau deutlich sichtbar anzuschlagen.

(2) Vor dem Kippen und Entladen von Wagen, vor dem Öffnen von Wagenklappen sowie vor dem Lösen von Verschlüssen von Seitenentladern ist darauf zu achten, daß sich keine Personen im Gefahrenbereich befinden.

(3) Der Fahrer hat Signaleinrichtungen, Bremsen und sonstige der Sicherheit dienende Einrichtungen des Triebfahrzeuges vor Beginn jeder Arbeitsschicht auf ihren ordnungsgemäßen Zustand zu prüfen. Vor Verlassen des Bedienungsstandes

muß das Triebfahrzeug außer Betrieb gesetzt sowie gegen unbeabsichtigtes und unbefugtes Ingangsetzen gesichert werden. Im Untertagebetrieb müssen Verbrennungskraftmaschinen bei längerem Stillstand der Triebfahrzeuge abgestellt sein.

(4) Wagengarnituren dürfen im Regelfall von den Triebfahrzeugen nur gezogen werden. Die Garnituren dürfen nur unter der Voraussetzung geschoben werden, daß für den Fahrer des Triebfahrzeuges eine ausreichende Sicht über den gesamten Anhalteweg gegeben ist oder an der Spitze der geschobenen Wagengarnituren eine Sicherungsperson mitfährt, die die Wegstrecke überblickt und eine sichere Verbindung zum Triebfahrzeugführer besitzt.

(5) Im Fahr- und Verschiebebetrieb müssen einheitliche, deutlich wahrnehmbare Signale gegeben werden. Die Abfahrt eines Zuges oder eines Fahrzeuges ist durch deutlich hörbare Signale anzuzeigen. Solche Signale müssen auch vor jeder Gefahrenstelle und vor dem Erreichen von Arbeitsplätzen nach Bedarf abgegeben werden. Die Arbeitnehmer sind über die Bedeutung der Signale nachweislich zu unterweisen.

(6) Von Personen, die sich im Bereich von Fahrstrecken aufhalten und sich nicht außerhalb des Lichtraumprofils oder in einer Ausweiche befinden, sind bei Wahrnehmung von Fahrzeugen Lichtsignale in Richtung dieses Fahrzeuges als Gefahrenhinweis abzugeben. Die Arbeitnehmer sind über die Bedeutung der Lichtsignale nachweislich zu unterweisen. Die Bedeutung der Lichtsignale ist beim Portal des Untertagebaues anzuschlagen.

(7) Das Rückwärtsfahren von nicht gleisgebundenen Transportfahrzeugen ist ohne Einweiser erlaubt, wenn

1. nur solche Strecken befahren werden, die nicht auch als Gehwege dienen, und

2. beim Rückwärtsfahren zwangsläufig eine geeignete optische Warneinrichtung, wie eine orange Drehleuchte, eingeschaltet wird.

Allgemeine Bestimmungen über den Schachtbau

§ 102. (1) Schächte müssen einen Mindestquerschnitt von 70 cm x 70 cm haben.

(2) Bei Schachtarbeiten, ausgenommen bei engen Schächten, bei denen der Eingefahrene von einer außerhalb des Schachtes befindlichen Person ständig überwacht wird, darf vor Ort ein Arbeitnehmer allein nicht beschäftigt werden.

(3) In Schächten, die während der Förderung begangen oder befahren werden können, muß der Förderbereich vom Geh- oder Fahrungsbereich durch eine stabile und durchgriffsichere Wand getrennt sein.

BauV

(4) In Schächten, die keine Trennung nach Abs. 3 besitzen und bei denen sich die Arbeitnehmer während der Förderung im Schacht befinden, muß im Bereich der Sohle ein Schutzraum vorhanden sein, der die Arbeitnehmer gegen herabfallende Gegenstände und Materialien schützt.

(5) Schachtöffnungen müssen, mit Ausnahme der Bedienungsseite für die Förderung, mit einer mindestens 1,00 m hohen Schutzwand umgeben sein. An der Bedienungsseite muß eine Fußwehr vorhanden sein. Am Rand von Schächten müssen Vorkehrungen gegen Eindringen von Oberflächenwässer vorhanden sein. Aushubmaterial, Baustoffe, Werkzeuge und sonstige Gegenstände dürfen nicht näher als 1,50 m vom Schachtrand entfernt gelagert sein.

(6) Bei Verwendung von fertigen Betonringen für Schächte, die nach dem Senkbrunnenverfahren abgeteuft werden, sind die Ringe dem Aushub entsprechend abzusenken. Hiebei ist darauf zu achten, daß die Wandungen sämtlicher Ringe eine lotrechte Lage haben und keine Fugen entstehen. Die Oberkante des jeweils obersten Ringes muß mindestens 10 cm über dem angrenzenden Gelände liegen.

(7) Bei der Tieferlegung bestehender Schächte darf ohne vorherige Durchführung geeigneter Sicherungsmaßnahmen die Schachtmauer nicht untergraben werden.

Verkehrswege im Schachtbau
§ 103. (1) Mit Ausnahme von engen und weniger als 10,00 m tiefen Schächten dürfen Steigleitern in Schächten nicht steiler als 80 ° eingebaut sein.

(2) In Schächten von mehr als 20 m Tiefe müssen bei den zum Ein- und Ausstieg benützten Leitergängen mit einer Neigung von mehr als 70 ° in Abständen von höchstens 5,00 m Podeste oder Ruhesitze angebracht sein. In Steigschächten müssen die in den Podesten vorhandenen Durchstiegsöffnungen durch die Leitern überdeckt sein. Das Ende des Leiterganges ist dem Schachtaushub entsprechend anzupassen.

(3) In Schrägschächten müssen außerhalb des Verkehrsbereiches der Fördergeräte liegende Verkehrswege angelegt sein. Bei einer Neigung von 15 ° bis 35 ° muß der Verkehrsweg mit einem Handlauf versehen sein, bei einer Neigung von mehr als 35 ° müssen Stufen mit Handlauf oder Leitergänge angeordnet sein.

Förderung in Schächten
§ 104. (1) In Schächten, die mittels fahrbarer Aufbruchbühne von unten nach oben vorgetrieben werden, muß die Aufbruchbühne während des Transportes von Personen und, soweit dies technisch möglich ist, auch während der Vortriebsarbeit mit einem Schutzdach ausgestattet sein. Zwischen Aufbruchfuß und Aufbruchkopf muß eine in jeder Richtung funktionsfähige Sprechverbindung vorhanden sein. Das Begehen dieser Schächte ist verboten. Ein Hinweis auf dieses Verbot ist beim Mundloch anzuschlagen.

(2) Bei Förderanlagen mit Fahrgeschwindigkeiten von mehr als 0,50 m/s dürfen in Schächten nur Fördergefäße mit geeigneten Führungen verwendet werden. Fördergefäße dürfen nur bis zu 10 cm unter ihrem Rand mit Aushubmaterial gefüllt werden.

(3) Fördergefäße in Schächten dürfen für die Personenbeförderung verwendet werden, wenn sie mit seitlich bis über die Schulterhöhe geschützten Sitzplätzen mit Dächern ausgerüstet sind.

(4) In engen Schächten, in denen es in Anbetracht des geringen Querschnitts nicht möglich ist, Leitern anzubringen, darf abweichend von Abs. 3 ein Arbeitnehmer in einem leeren Fördergefäß mitfahren, wobei der Arbeitnehmer in geeigneter Weise zu sichern ist.

(5) Während der Förderung im Schacht darf sich unmittelbar unterhalb des Bereiches des Fördergerätes kein Arbeitnehmer aufhalten, sofern er nicht durch ein Schutzdach geschützt ist. Arbeiten zur Sicherung der Schachtwände und an den Förderanlagen dürfen erst vorgenommen werden, nachdem der Maschinenführer verständigt und die Last sowie die Förderanlage abgestellt und fixiert ist.

(6) Besteht die Möglichkeit, daß sich das Fördergut oder die Last verhängen, müssen motorkraftbetriebene Winden mit Überlastsicherungen und Einrichtungen gegen Schlaffseilbildung ausgerüstet sein.

(7) Förderanlagen, die für die Personenbeförderung verwendet werden, müssen zusätzlich zu den nach der Arbeitsmittelverordnung (AM-VO) erforderlichen Prüfungen Sicht- und Funktionsprüfungen durch eine fachkundige Person unterzogen werden. Für diese Prüfungen ist von einer in § 7 Abs. 3 AM-VO genannten Person ein Zeitplan festzulegen.

(8) Förderanlagen, die für die Personenbeförderung verwendet werden, müssen bei Fahrgeschwindigkeiten von mehr als 0,50 m/s einer vom Standort des Maschinenführers aus gut sichtbaren Teufenanzeige sowie mit einem laut tönenden Warngerät ausgerüstet sein. Förderanlagen, die mit mehr als 1,50 m/s betrieben werden, müssen ferner mit einem Geschwindigkeitsmesser ausgestattet sein, auf dem die zulässigen Höchstgeschwindigkeiten bei Personentransport (Seilfahrt) und Materialtransport deutlich gekennzeichnet sind.

Schutzausrüstungen, Rettungs- und Brandschutzmaßnahmen, sanitäre Einrichtungen
§ 105. (1) Den Arbeitnehmern sind elektrische Leuchten, deren Stromquellen mindestens für die

Dauer einer Schicht ausreichen, zur Verfügung zu stellen. Bei Arbeiten in Tunneln oder Stollen von mehr als 500 m Länge sind Atemschutzgeräte zur Selbstrettung zur Verfügung zu stellen, die in unmittelbarer Nähe der Arbeitsplätze und deutlich gekennzeichnet aufbewahrt werden müssen.

(2) Unabhängig von der Art der Förderung ist dafür zu sorgen, daß alle Arbeitsplätze bei Gefahr schnell verlassen und Verletzte rasch geborgen werden können. Hiezu müssen geeignete Verkehrswege und Ausgänge in ausreichender Zahl vorhanden sein, die entsprechend gekennzeichnet und stets freigehalten sein müssen.

(3) Für alle Untertagebauarbeiten, ausgenommen Untertagebauarbeiten geringen Umfangs, für die keine besonderen Stützungs- und Sicherungsmaßnahmen oder Arbeitsanweisungen erforderlich sind, ist ein Flucht- und Rettungsplan zu erstellen, der die Maßnahmen zur Warnung der Arbeitnehmer, die Flucht- und Rettungswege und -zufahrten, die für Rettung und Brandbekämpfung einzusetzenden Geräte und Fahrzeuge sowie die sonstigen Regelungen für den Notfall, wie den Einsatz von Atemschutzgeräten zur Selbstrettung, enthalten muß. Mindestens einmal jährlich ist eine Einsatzübung abzuhalten, hierüber sind Aufzeichnungen zu führen.

(4) Zwischen den Arbeitsplätzen unter Tage und über Tage muß eine zuverlässige Verständigungsmöglichkeit (Sprechstelle) vorhanden sein, ausgenommen bei Untertagebauarbeiten, bei denen sich die Arbeitnehmer in Ruf- oder Sichtweite befinden. Solange unter Tage gearbeitet wird, muß mindestens eine Stelle über Tage besetzt sein, soferne nicht von unter Tage aus ein Anschluß an das öffentliche Fernsprechnetz besteht. Unter Tage sind Sprechstellen in Abständen von maximal 1 km einzurichten und entsprechend zu kennzeichnen. Die Notrufnummern sind an jeder Sprechstelle deutlich sichtbar anzugeben.

(5) Zur raschen Bergung von Verletzten müssen entsprechende Einrichtungen zur Verfügung stehen, wie Tragbahren, Bergegeräte und Fahrzeuge. Bei Stollen und Tunneln von mehr als 2 km Länge muß ein entsprechend eingerichtetes Fahrzeug ständig bereitstehen und von den Arbeitsplätzen aus rasch abrufbar sein. In Schächten müssen die dem Transport von Personen dienenden Einrichtungen, mangels solcher die dem Transport von Materialien dienenden Einrichtungen, derart beschaffen sein, daß Verletzte ordnungsgemäß geborgen werden können.

(6) Im Bereich vor Ort müssen bei Untertagebauten von mehr als 500 m Länge geeignete Abortanlagen, bei Tunneln von mehr als 500 m Länge darüber hinaus geeignete Aufenthaltsräume zur Verfügung gestellt werden.

14. ABSCHNITT
Wasserbauarbeiten
Allgemeines

§ 106. (1) Bei Arbeiten an, über oder in Gewässern sind, sofern Ertrinkungsgefahr auftreten kann, nach Möglichkeit des Schwimmens kundige Personen zu beschäftigen. Es müssen überdies geeignete persönliche Schutzausrüstungen zum Schutz gegen Ertrinken (Rettungs-, Schwimmwesten, Rettungskombinationen, Schwimmhilfen) sowie Rettungsausrüstungen wie Rettungsringe, Seile, Wurfleinen oder Haken, erforderlichenfalls auch Fangnetze oder Boote, bereitgestellt sein. Bei solchen Arbeiten müssen mit der Handhabung dieser Schutz- und Rettungsausrüstungen unterwiesene Personen in ausreichender Zahl einsatzbereit anwesend sein. Mindestens eine Person muß die für die Durchführung der Wiederbelebung von im Wasser verunglückten Personen notwendigen Kenntnisse besitzen.

(2) Vor Beginn der Arbeiten nach Abs. 1 sind die Arbeitnehmer in der Handhabung der Schutz- und Rettungsausrüstungen sowie über das richtige Verhalten bei Unfällen zu unterweisen. Mit diesen Ausrüstungen sind mindestens einmal jährlich Übungen durchzuführen. Über die Unterweisungen und Übungen sind Vormerke zu führen.

(3) Bei Arbeiten über oder an Flüssen mit starker Strömung und in sonstigen Fällen einer erhöhten Gefährdung, wie bei Arbeiten in der Nähe von überströmten Wehrverschlüssen, müssen geeignete (selbstaufblasende) Schwimmwesten getragen, Schutzmaßnahmen gegen Absturz im Sinne des § 7 getroffen und Motorboote bereitgestellt sein, die während der Dauer der Arbeiten besetzt sein müssen.

(4) Arbeiten im unmittelbaren Bereich von in Betrieb befindlichen Wasserstollen und Wassergerinnen oder Leitungen mit erheblicher Sogwirkung dürfen erst begonnen werden, wenn diese abgesperrt oder andere geeignete Schutzmaßnahmen, die ein Abstürzen und Abtreiben von Personen verhindern, getroffen sind. Die Einhaltung dieser Schutzmaßnahmen während der gesamten Dauer der Arbeiten muß sichergestellt sein.

(5) Bei Arbeiten an, über oder in Gewässern muß, wenn eine Gefährdung der Arbeitnehmer durch plötzlich auftretendes Hoch- oder Schwellwasser entstehen kann, durch entsprechende Maßnahmen sichergestellt sein, daß die Arbeitnehmer rechtzeitig in Sicherheit gebracht werden können.

(6) Erforderlichenfalls sind Arbeitnehmer vor der Gefahr durch die Schiffahrt zu schützen und vor dem Herannahen von Schiffen zu warnen.

Wasserfahrzeuge

§ 107. (1) Wasserfahrzeuge sowie schwimmende Geräte oder Anlagen, wie Arbeitsflöße, Plattformen, müssen auch den für sie geltenden schiffahrtsrechtlichen Schutzvorschriften entsprechen.

BauV

Sie dürfen nicht über das zulässige Maß belastet werden. Für jede an Bord befindliche Person muß ein geeignetes Rettungsmittel vorhanden sein. Sofern Gefahr besteht, daß Arbeitnehmer auch durch Sogwirkungen gefährdet werden können, wie bei Schwimmbaggern oder Elevatoren, müssen zusätzlich auch Rettungsstangen bereitgehalten werden.

(2) Von Wasserfahrzeugen sowie von schwimmenden Anlagen oder Geräten aus dürfen Arbeiten nur durchgeführt werden, wenn dies schiffahrtsrechtlich zulässig ist, und Fahrzeuge, Anlagen oder Geräte ausreichend tragfähig, sicher verheftet sind und ein gefahrloser Zugang sichergestellt ist. Zum Auslegen von Ankern müssen geeignete Vorrichtungen vorhanden sein, die ein sicheres Ablassen und Heben der Kette oder des Seiles ermöglichen.

(3) Bereiche, von denen Absturzgefahr ins Wasser besteht, wie an Arbeitsplattformen, müssen soweit möglich mit standsicheren Geländern umwehrt sein. Deckluken, Bunkerlöcher und sonstige Öffnungen sind, ausgenommen die Zeit ihrer Benützung, verschlossen zu halten.

15. ABSCHNITT
Bau- und Erhaltungsarbeiten bei Eisenbahnanlagen und auf Straßen mit Fahrzeugverkehr
Bau- und Erhaltungsarbeiten bei Eisenbahnanlagen

§ 108. (1) Bau- und Erhaltungsarbeiten im Bereich von Gleisen von in Betrieb befindlichen Eisenbahnen sind unter Bedachtnahme auf die besonderen Gefahren des Eisenbahnbetriebes auszuführen. Werden Arbeiten im Gefährdungsbereich von in Betrieb befindlichen Gleisen durchgeführt und wird die Sicherheit der in diesem Bereich tätigen Arbeitnehmer nicht auf andere Weise sichergestellt, sind geeignete Sicherungsposten einzusetzen, soweit nicht Sicherungsposten vom Bahnbetreiber beigestellt werden.

(2) Mit Arbeiten im Gleisbereich darf erst begonnen werden, nachdem ein Aufsichtsorgan des Bahnbetreibers hiezu nachweislich die Bewilligung erteilt hat und die erforderlichen Sicherungsposten die Sicherung der Arbeitnehmer übernommen haben. Den Anordnungen der Aufsichtsorgane und der Sicherungsposten des Bahnbetreibers hinsichtlich der besonderen Gefahren des Eisenbahnbetriebes ist Folge zu leisten.

(3) Vor Beginn der Arbeiten im Gleisbereich von in Betrieb befindlichen Eisenbahnen sind die Arbeitnehmer auf der Baustelle über die Gefahren durch den Bahnbetrieb und deren Abwendung nachweislich zu unterweisen. Die Arbeitnehmer sind insbesondere über den Ort, an dem sie bei Annäherung von Schienenfahrzeugen vor diesen Schutz finden können, sowie über die Bedeutung der Warnsignale zu unterrichten.

(4) Sicherungsposten und alle im Bereich der Gleisanlagen Beschäftigten müssen geeignete persönliche Schutzausrüstung (insbesondere Warnkleidung) tragen. Sicherungsposten dürfen während des Einsatzes keine anderen Tätigkeiten ausüben, durch die ihre Aufgabe als Sicherungsposten beeinträchtigt wird. Sicherungsposten müssen mit entsprechenden Einrichtungen zur Abgabe von Warnsignalen ausgerüstet sein, sie haben die im Bereich der Baustelle tätigen Arbeitnehmer vor Gefahren rechtzeitig zu warnen. Die erforderlichen Schutzmaßnahmen sind im Einvernehmen mit dem örtlich Aufsichtsführenden des Bahnbetreibers anzuordnen.

(5) Bei Annäherung eines Schienenfahrzeuges darf der Gleisbereich nur nach der Seite verlassen werden, die vor Beginn der Arbeiten festgelegt worden ist. Der Gleisbereich darf erst wieder betreten werden, wenn der Sicherungsposten das Wiederbetreten erlaubt hat.

(6) Bei schlechter Sicht, bei der die Sicherung der Arbeitnehmer durch die Sicherungsposten nicht gewährleistet ist, dürfen Arbeiten nur durchgeführt werden, wenn die Gleise gesperrt sind oder von den Sichtverhältnissen unabhängige Sicherungseinrichtungen, wie signalabhängige Arbeitsplatzsicherungsanlagen, vorhanden sind.

(7) Bauteile, Baustoffe, Werkzeuge und Geräte müssen so gelagert werden, daß sie von Schienenfahrzeugen nicht erfaßt werden können. In Rettungsnischen dürfen keine Lagerungen vorgenommen werden.

(8) Vor der Durchführung von Arbeiten im Bereich von Fahrleitungen oder Stromschienen sind im Einvernehmen mit dem Bahnbetreiber die erforderlichen Sicherungsmaßnahmen gegen ein gefahrbringendes Annähern an oder ein unbeabsichtigtes Berühren von unter Spannung stehenden Fahrleitungen oder Stromschienen festzulegen. Vor Beginn der Arbeiten sind die Arbeitnehmer über diese Sicherungsmaßnahmen sowie die notwendigen Verhaltensweisen zu unterrichten.

(9) Gerüste, die sich im Bereich von Gleisanlagen befinden, müssen so aufgestellt sein, daß sie von Schienenfahrzeugen nicht erfaßt werden können. Die Gerüste müssen so bemessen und aufgestellt sein, daß ihre Standsicherheit auch durch vorbeifahrende Schienenfahrzeuge nicht gefährdet ist.

Bau- und Erhaltungsarbeiten auf Straßen mit Fahrzeugverkehr

§ 109. (1) Bau- und Erhaltungsarbeiten auf Straßen mit Fahrzeugverkehr dürfen nur durchgeführt werden, wenn die zum Schutz der Arbeitnehmer vor dem Fahrzeugverkehr erforderlichen Maßnahmen, insbesondere Verkehrssicherungsmaßnahmen wie die Anbringung von Verkehrszeichen und Absperreinrichtungen, im Einklang mit den verkehrsrechtlichen Vorschriften getroffen sind.

(2) Die bei Bau- und Erhaltungsarbeiten auf Straßen mit Fahrzeugverkehr beschäftigten Arbeitnehmer müssen mit geeigneter persönlicher Schutzausrüstung (insbesondere Warnkleidung) ausgestattet sein.

16. ABSCHNITT
Abbrucharbeiten
Vorbereitende Maßnahmen

§ 110. (1) Vor Durchführung von Abbrucharbeiten muß der Bauzustand des abzubrechenden Objektes und der angrenzenden Nachbarobjekte von einer fachkundigen Person untersucht werden. Die Untersuchung des abzubrechenden Objektes hat sich insbesonders auf die konstruktiven Gegebenheiten, die statischen Verhältnisse, die Art und den Zustand der Bauteile und Baustoffe sowie die Art und Lage von Leitungen und sonstigen Einbauten zu erstrecken. Die fachkundige Person muß über die jeweils erforderlichen Kenntnisse, insbesondere auf dem Gebiet der Statik, verfügen und praktische Erfahrungen besitzen.

(2) Sind im abzubrechenden Objekt gesundheitsgefährdende, brandgefährliche oder explosionsgefährliche Arbeitsstoffe gelagert, müssen diese Stoffe vor Beginn der Abbrucharbeiten sachgemäß aus dem Objekt entfernt werden.

(Anm.: Abs. 3 aufgehoben durch BGBl. II Nr. 242/2006)

(4) Die fachkundige Person hat eine schriftliche Abbruchanweisung zu erstellen. Eine schriftliche Abbruchanweisung ist nicht erforderlich, wenn für die Abbrucharbeiten keine besonderen Sicherungsmaßnahmen oder Anweisungen notwendig sind.

(5) Die schriftliche Abbruchanweisung nach Abs. 4 muß insbesondere nachstehende Angaben enthalten:

1. Umfang, Reihenfolge und Art der Abbrucharbeiten und der dabei erforderlichen Sicherheitsmaßnahmen,
2. Art der erforderlichen Gerüste und Aufstiege,
3. Abbruchniveau,
4. mögliche Gefährdung durch Einwirkungen auf benachbarte Objekte und auf das Gelände und damit im Zusammenhang stehende Maßnahmen für den Schutz der Arbeitnehmer,
5. Art und Lage von Freileitungen, unterirdisch verlegten Leitungen und anderen Einbauten sowie die diesbezüglich erforderlichen Sicherheitsmaßnahmen,
6. Sicherheitsmaßnahmen, die beim Abbruch von Fertigteilbauten, Stahlbeton-, Metall- und Holzbauten auf Grund der Eigenart der Konstruktion erforderlich sind, und
7. mögliche gesundheitsgefährdende Einwirkungen, Brand- oder Explosionsgefahren durch im Bauwerk verwendete Stoffe, wie bleihältige Anstriche, durch Abgase oder durch Sauerstoffmangel sowie die hiefür geeigneten Schutzmaßnahmen.

Allgemeine Sicherungsmaßnahmen

§ 111. (1) Während der Durchführung von Abbrucharbeiten ist das Verhalten des abzubrechenden Bauwerkes zu beobachten und darauf zu achten, daß die in der Abbruchanweisung festgelegte Arbeitsweise sowie die notwendigen Sicherheitsmaßnahmen eingehalten werden. Wird die Standsicherheit des Bauwerks durch den Fortgang der Abbrucharbeiten oder durch sonstige Ereignisse beeinträchtigt und entstehen dadurch Gefahren für die Arbeitnehmer, ist die Unterbrechung der Arbeiten anzuordnen und die fachkundige Person nach § 110 Abs. 1 beizuziehen. Die Arbeiten dürfen erst wieder aufgenommen werden, nachdem

1. die fachkundige Person entsprechende Maßnahmen, die in die Abbruchanweisung eingetragen werden müssen, festgelegt hat,
2. diese Maßnahmen durchgeführt wurden und
3. die fachkundige Person die Weiterarbeit gestattet hat.

(2) Sicherheitsmaßnahmen müssen an allen Stellen getroffen sein, an denen sich Arbeitnehmer bei Durchführung von Abbrucharbeiten aufhalten müssen. Zugänge zu den Arbeitsplätzen müssen entsprechend gesichert sein. Erforderlichenfalls müssen durch Witterungseinflüsse notwendige zusätzliche Sicherheitsmaßnahmen getroffen sein.

(3) Bereiche, in denen Personen durch herabfallende Gegenstände gefährdet werden können, müssen abgesperrt oder durch entsprechende Schutzdächer gesichert sein. Dies ist insbesondere erforderlich, wenn Abbruchmaterialien abgeworfen werden, Bauteile abstürzen können oder beim Abbruch durch Einreißen Personen durch das Wegschleudern des Zugseiles gefährdet werden können.

(4) An einsturzgefährdeten baulichen Anlagen und Bauteilen darf nur gearbeitet werden, wenn durch geeignete Einrichtungen wie Gerüste, Leitern, Arbeitskörbe oder Hubarbeitsbühnen, ein gefahrloses Erreichen der Arbeitsplätze und ein gefahrloser Aufenthalt an diesen möglich ist. Bei der Verankerung von Gerüsten und beim Anlegen von Leitern ist darauf zu achten, daß dies nur an standfesten Bauteilen erfolgt.

(5) Geschoßdecken und andere Bauteile dürfen durch Schutt oder Baumaterialien nicht überlastet werden. Eine Anhäufung von Schuttmassen ist zu vermeiden. Mit der Materialräumung darf erst begonnen werden, wenn geeignete Sicherheitsvorkehrungen getroffen sind.

(6) Abbruchmaterial muß in sicherer Weise gelagert werden. Geruchsbelästigende oder ekelerregende Abfallstoffe sind unverzüglich abzutransportieren. Arbeitsplätze für die Reinigung oder das Aussortieren von Abbruchmaterial müssen außerhalb des Gefahrenbereiches der Abbruchstelle angelegt sein.

(7) Nach längeren Arbeitsunterbrechungen, nach starkem Wind, starkem oder andauerndem Regen sowie nach starken Erschütterungen, wie

BauV

durch in der Nähe vorgenommene Sprengungen, müssen die abzubrechenden Bauteile hinsichtlich ihrer Standsicherheit neuerlich durch die fachkundige Person gemäß § 110 Abs. 1 untersucht werden.

Arbeitsvorgänge

§ 112. (1) Tragende und aussteifende Bauteile dürfen nur dann entfernt werden, wenn sie für die Standsicherheit nicht mehr erforderlich sind. Herabhängende oder auskragende Teile, die abstürzen können, müssen abgestützt oder beseitigt werden.

(2) Auflager von tragenden Konstruktionsteilen müssen nötigenfalls entsprechend den zu erwartenden Auflagerdrücken durch Abfangen, Pölzen oder Aufhängen gesichert sein.

(3) Der Abbruch von Bauwerken oder Bauwerksteilen durch Unterhöhlen oder Einschlitzen ist unzulässig.

(4) Um eine belästigende Staubentwicklung zu verhindern, sind abzubrechende Bauteile und Schutt nach Bedarf anzufeuchten. Schlauch- oder Rohrrutschen zum Transport von Schutt müssen dicht und so angeordnet sein, daß die freie Fallhöhe möglichst gering ist.

(5) Beim Abtragen von Fundamenten sind angrenzende nicht standfeste Böden oder benachbarte Bauwerke erforderlichenfalls zu sichern.

(6) Kann durch Abbrucharbeiten die Standsicherheit der Fundamente benachbarter Bauwerke beeinträchtigt werden, dürfen die Abbrucharbeiten entlang dieser Fundamente nur abschnittsweise in einer den statischen Erfordernissen entsprechenden Länge durchgeführt werden, wobei zur Sicherung der Standsicherheit der benachbarten Fundamente notwendigen Maßnahmen, wie Unterfangen, getroffen sein müssen.

Einsatz von Maschinen

§ 113. (1) Bei Abbrucharbeiten unter Einsatz von Maschinen, wie Bagger oder Lader, muß zum abzubrechenden Bauwerk ein waagrechter Sicherheitsabstand eingehalten werden, der

1. bei Abbruch durch Einreißen mindestens das dreifache der Geschoßhöhe,
2. bei den übrigen Abbruchmethoden mindestens das 1,5fache der Geschoßhöhe

beträgt.

(2) Wenn eine Gefährdung durch herabfallende schwere Gegenstände besteht, dürfen nur Bagger und Lader verwendet werden,

1. die mit einem stabilen Schutzdach für den Fahrersitz ausgerüstet sind, und
2. deren vorderen Scheiben der Fahrerkabine mit einem Schutzgitter gesichert sind und alle Scheiben aus Sicherheitsglas bestehen.

(3) Hammerbohrmaschinen, Hydraulikhämmer und Bohrhämmer dürfen zu Abbrucharbeiten nur verwendet werden, wenn dadurch andere Bauteile nicht gefährlich erschüttert werden. Hammerbohrmaschinen, Hydraulikhämmer und Bohrhämmer dürfen nur von festem Boden oder standsicheren Plätzen aus betrieben werden.

Abbruch durch Abtragen

§ 114. (1) Abbruch durch Abtragen ist das schichtenweise Abbrechen von Mauerwerk, Beton oder anderen Baustoffen mittels Handwerkzeug oder Druckluftgeräten.

(2) Abbruch durch Abtragen ist nur zulässig, wenn

1. andere Abbruchmethoden wegen Gefährdung, Beschädigung oder Erschütterung benachbarter Objekte sowie der beabsichtigten Wiederverwendung von Baumaterialien nicht angewendet werden können,
2. sichere Standplätze während aller Abbruchphasen gegeben sind, und
3. das Abtragen in umgekehrter Reihenfolge wie das Errichten des Bauwerks erfolgt.

(3) Das Entfernen von Konstruktionsteilen, wie Balken, Trägerschließen, Stiegenläufen und Wänden, darf nur stockwerksweise erfolgen. Vor dem Abtragen von Holz- oder Metallkonstruktionen sind deren Verbindungen durch die Aufsichtsperson zu untersuchen und erforderlichenfalls die Konstruktionsteile beim Abtragen abzustützen.

Abbruch durch Abgreifen

§ 115. (1) Abbruch durch Abgreifen ist nur bei Bauwerken zulässig, bei denen infolge ihres Bauzustandes keine Einsturzgefahr besteht.

(2) Beim Abbruch durch Abgreifen müssen Bagger verwendet werden, mit denen der Greifer die abzubrechenden Bauteile in einer Höhe von mindestens 50 cm frei überschwenken kann.

(3) Der Bauzustand des Bauwerkes während des Abgreifvorganges ist zu überwachen.

(4) Während des Abgreifvorganges ist der Aufenthalt von Personen innerhalb des Gefahrenbereiches verboten.

Abbruch durch Eindrücken

§ 116. (1) Das Eindrücken von Bauwerksteilen ist unzulässig, wenn mit diesen zusammenhängende Bauteile stehen bleiben sollen.

(2) Zum Abbruch durch Eindrücken dürfen nur hydraulisch betriebene Geräte verwendet werden. Das Eindrücken von Bauwerken oder Bauwerksteilen mit dem Ausleger eines Seilbaggers oder unter Verwendung von Zahnstangenwinden ist nicht zulässig.

(3) Der Abbruch durch Eindrücken hat so zu erfolgen, daß die abgebrochenen Bauteile möglichst

in das Innere des Bauwerkes fallen. Das Abbruchmaterial muß ohne Betreten des Abbruchbauwerkes allein mit dem Gerät beseitigt werden können.

Abbruch durch Einreißen

§ 117. (1) Das Einreißen von Bauwerksteilen ist unzulässig, wenn mit diesen zusammenhängende Bauteile stehen bleiben sollen.

(2) Die als Zugvorrichtung verwendeten Winden, Greifzüge, Raupenfahrzeuge, Radlader oder Bagger müssen so aufgestellt werden, daß die Bedienungspersonen dieser Vorrichtungen durch herabfallende Bauteile nicht gefährdet werden können und die Neigung des Zugseiles keinesfalls mehr als 45 ° beträgt.

(3) Beim Abbruch durch Einreißen sind für das Umfassen der Gebäudeteile eigene Anschlagmittel, wie Seilschlingen oder Ketten, zu verwenden, die mit dem Zugseil sicher zu verbinden sind. Seilschlingen müssen an den Mauerwerkskanten gegen Abknicken durch geeignete Vorkehrungen gesichert sein. Ein gefahrloses Erreichen der Befestigungspunkte der Anschlagmittel muß erforderlichenfalls durch geeignete Einrichtungen wie Gerüste, Leitern, Arbeitskörbe, Hubarbeitsbühnen, gewährleistet sein.

(4) Winden, Flaschenzüge und Umlenkrollen müssen so verankert sein, daß die zu erwartenden Zugkräfte mit mindestens 1,5facher Sicherheit gegenüber der Nennlast aufgenommen werden können.

(5) Bedienungsstände der Winden müssen so ausgebildet sein, daß die Arbeitnehmer bei einem allfälligen Bruch des Zugmittels gegen weggeschleuderte Teile geschützt sind.

(6) Bei den maschinellen Einrichtungen dürfen während des Einreißens nur die für deren Bedienung notwendigen Arbeitnehmer anwesend sein. Alle übrigen Arbeitnehmer haben sich außerhalb des Gefahrenbereiches aufzuhalten.

Abbruch durch Einschlagen

§ 118. (1) Zum Abbruch durch Einschlagen dürfen nur Geräte verwendet werden, die nach den Angaben des Geräteherstellers für das Zerstören von Bauteilen unter Verwendung von stählernen Fallbirnen (Schlagkugeln) geeignet sind. Die Auslegerspitze des Gerätes muß bis mindestens 1,50 m über die höchsten Schlagpunkte reichen.

(2) Decken und Gewölbe sind durch senkrechten Fall der Fallbirne, Wände und andere Bauteile durch Ausschwingen der Fallbirne unter Beachtung der Gebrauchsanweisung des Geräteherstellers zu zerstören. Das Wippen mit dem Ausleger zum Erreichen der Schwingbewegung ist nicht zulässig.

(3) Die Schlagbewegung der Fallbirne ist so zu führen, daß die abgebrochenen Bauteile möglichst in das Innere des Bauwerkes fallen. Das Unterhöhlen und das Einschlagen von Bauteilen durch

waagrechtes schlitzartiges Zertrümmern von Wänden und Pfeilern ist verboten.

(4) Tragende Bauteile sind so einzuschlagen, daß keine labilen Zustände geschaffen werden.

(5) Die Fallbirne muß mit dem Hubseil und, sofern ein Leitseil verwendet wird, mit diesem fachgerecht verbunden sein. Die Aufhängung der Fallbirne am Hubseil und das Leitseil sind je nach Beanspruchung, mindestens jedoch einmal täglich, zu prüfen.

(6) Kann das Bauwerk nicht zur Gänze durch Einschlagen abgebrochen werden, muß, bevor nach anderen Abbruchmethoden weitergearbeitet wird, der stehengebliebene Teil auf seine Standsicherheit von der fachkundigen Person nach § 110 Abs. 1 untersucht werden. Auf Grund des Ergebnisses dieser Untersuchung sind die erforderlichen zusätzlichen Sicherheitsmaßnahmen festzulegen, in die Abbruchanweisung einzutragen und durchzuführen.

(7) Bei den maschinellen Einrichtungen dürfen während des Einschlagens nur die für die Bedienung notwendigen Arbeitnehmer anwesend sein. Alle übrigen Arbeitnehmer haben sich außerhalb des Gefahrenbereiches aufzuhalten.

Abbruch durch Demontage

§ 119. (1) Der Abbruch durch Demontage hat im Regelfall in umgekehrter Reihenfolge wie bei der Montage zu erfolgen, indem die Verbindungen der einzelnen Konstruktionsteile gelöst oder durch Sägen oder thermisch getrennt werden.

(2) Die zu demontierenden Konstruktionsteile müssen so fixiert oder an Hebezeugen mit Anschlagmitteln gesichert sein, daß sie nach dem Lösen oder Trennen der Verbindungen nicht gefahrbringend abstürzen oder ausschwingen.

(3) Beim thermischen Trennen müssen den Arbeitnehmern als persönliche Schutzausrüstung zur Verfügung gestellt werden:

1. Fuß- und Beinschutz,
2. Schutzkleidung aus schwer entflammbaren Materialien, bei beengten Platzverhältnissen darüber hinaus noch Lederschürzen,
3. Schutzhandschuhe mit Stulpen aus schwer entflammbaren Materialien und
4. Kopf- und Nackenschutz, Augen- und Gesichtsschutz.

(4) Beim thermischen Trennen ist besonders darauf zu achten, daß im Arbeitsbereich befindliche brennbare Baustoffe nicht in Brand gesetzt werden. Erforderlichenfalls sind eine ausreichende Anzahl von geeigneten Handfeuerlöschern oder ein unter Druck stehender Wasserschlauch zu Löschzwecke bereitzuhalten und Brandwachen einzurichten.

(5) Sofern beim thermischen Trennen der Boden unterhalb der Arbeitsfläche brennbar ist, muß er mit Blechen abgedeckt werden, auf die eine

BauV

Schicht Sand aufzubringen ist, oder es müssen andere gleichwertige Maßnahmen getroffen werden.

(6) Bei Anwendung des thermischen Trennverfahrens in geschlossenen oder engen Räumen sind Maßnahmen zu treffen, die eine gesundheitsgefährdende Anreicherung von Gasen und Dämpfen im Arbeitsbereich verhindern. An Arbeitsplätzen, an denen eine Anreicherung von Gasen zu erwarten ist, sind für die Gaszufuhr Panzerschläuche zu verwenden.

(7) § 85 ist anzuwenden.

17. ABSCHNITT
Arbeiten in oder an Behältern, Silos, Schächten, Gruben, Gräben, Künetten, Kanälen und Rohrleitungen
Allgemeines

§ 120. (1) Für Arbeiten in oder an Behältern, Silos, Schächten, Gruben, Gräben, Künetten, Kanälen und Rohrleitungen gelten Abs. 2 bis 5, wenn nicht sichergestellt ist, daß in diesen Einrichtungen oder bei Arbeiten an diesen Einrichtungen weder Sauerstoffmangel auftreten kann, noch gesundheitsgefährdende oder brandgefährliche Stoffe vorhanden sind oder sich ansammeln können.

(2) Vor Betreten der Einrichtungen und vor Beginn der Arbeiten an diesen Einrichtungen hat die Aufsichtsperson die notwendigen Schutzmaßnahmen für die Durchführung der Arbeiten schriftlich anzuordnen. Die Einhaltung dieser Schutzmaßnahmen muß durch die Aufsichtsperson oder bei deren Abwesenheit durch einen ständig anwesenden gemäß § 4 Abs. 4 bestellten Arbeitnehmer sichergestellt werden.

(3) Die Einrichtungen dürfen erst betreten werden, nachdem die in Abs. 2 genannte Person die Erlaubnis erteilt hat. Diese darf die Erlaubnis erst erteilen, wenn sie sich davon überzeugt hat, daß die angeordneten Schutzmaßnahmen durchgeführt sind.

(4) In den Einrichtungen und bei Arbeiten an diesen Einrichtungen dürfen Lampen oder Lötwerkzeuge mit flüssigen Brennstoffen nicht verwendet werden.

(5) Einrichtungen, die brandgefährliche Stoffe enthalten, enthalten haben oder in denen sich solche Stoffe ansammeln können, dürfen mit offener Flamme nicht ab- oder ausgeleuchtet werden.

(6) Bei Arbeiten an unter Druck stehenden Behältern oder Leitungen hat die Aufsichtsperson jedenfalls auch festzulegen, unter Einhaltung welcher Bedingungen austretende Gase abgefackelt oder Schrauben nachgezogen oder ausgewechselt werden dürfen. Das Öffnen solcher Behälter ist nur in drucklosem Zustand zulässig.

(7) Sofern Schüttgut in Einrichtungen, wie Silos oder Bunkern, zur Bildung von Stauungen, Brücken oder Ansätzen neigt, müssen zur Beseitigung der Störungen oder zum Lockern des Schüttgutes entsprechende Vorrichtungen vorhanden oder geeignete Geräte beigestellt sein. Diese Vorrichtungen oder Geräte müssen in der Regel ein Beseitigen von Störungen von außen ermöglichen. Arbeitnehmer dürfen sich im Inneren von solchen Einrichtungen nicht unterhalb von anstehendem oder haftendem Schüttgut aufhalten. Solches Schüttgut darf nur von oben her gelöst oder beseitigt werden. Während des Abziehens von losem Material aus Bunkern oder Silos ist das Befahren unzulässig.

Einsteigen

§ 122. (1) Das Einsteigen in Einrichtungen gemäß § 120 Abs. 1 ist nur unter Anwendung entsprechender Schutzmaßnahmen zulässig. Als Schutzmaßnahmen sind insbesondere das Einblasen von Frischluft möglichst in die Nähe des Arbeitsplatzes, eine ausreichende, allenfalls mechanische Lüftung der Betriebseinrichtung und das Bereitstellen von geeigneten Atemschutzgeräten außerhalb der Betriebseinrichung anzuwenden. Das Einblasen von Sauerstoff zur Belüftung ist verboten.

(2) Sofern nicht auszuschließen ist, daß in der Einrichtung ein Sauerstoffmangel oder eine Konzentration von Gasen, Dämpfen oder Schwebstoffen gesundheitsgefährdender Arbeitsstoffe im Sinne des § 21 Abs. 3 auftreten kann, darf das Einsteigen nur mit geeigneter persönlicher Schutzausrüstung (Atemschutz, erforderlichenfalls Schutzkleidung) erfolgen.

(3) An der Einstiegstelle muß außerhalb der Einrichtung während der Dauer des Befahrens eine mit den Arbeiten vertraute und über die in Betracht kommenden Schutz- und Rettungsmaßnahmen unterrichtete Person ständig anwesend sein. Diese Person muß in der Lage sein, den Eingefahrenen, wenn er durch geeignete persönliche Schutzausrüstung gegen Absturz, Ertrinken und Versinken gesichert ist, allein zu bergen. Wenn der Einfahrende nicht durch die persönliche Schutzausrüstung gesichert werden kann, wie bei Behinderungen durch Einbauten in der Einrichtung, muß die im ersten Satz genannte Person Hilfe herbeiholen können, ohne sich entfernen zu müssen. In diesem Fall muß, sofern eine Sichtverbindung mit dem Eingefahrenen nicht besteht und eine Verständigung durch Zuruf nicht möglich ist, durch technische Maßnahmen, wie Funk- oder Fernsprechverbindung, eine verläßliche Überwachung des Eingefahrenen möglich sein.

(4) Der Einfahrende ist, soweit nicht Befahreinrichtungen, wie Arbeitssitze, eingesetzt werden, unter Verwendung einer geeigneten persönlichen Schutzausrüstung gegen Absturz, Ertrinken und Versinken so zu sichern, daß eine allenfalls erforderliche Bergung rasch erfolgen kann. Das Seilende ist außerhalb der Einrichtung derart zu befestigen, daß es nicht in diese hineinfallen kann.

Schlaffseilbildung ist nach Möglichkeit zu vermeiden. Muß die Bergung nach oben erfolgen, so müssen hiezu erforderlichenfalls geeignete Bergeeinrichtungen, wie Seilwinden oder Hubzüge, beigestellt sein. Sofern die Einrichtung brandgefährliche Stoffe enthält, enthalten hat oder sich solche Stoffe in der Einrichtung ansammeln können, dürfen nur geeignete persönliche Schutzausrüstungen mit ausreichender Hitzebeständigkeit verwendet werden.

(5) Falls der Einfahrende nicht durch geeignete persönliche Schutzausrüstungen gesichert werden kann, müssen geeignete Ausstiegseinrichtungen vorhanden sein, die ein Verlassen der Einrichtung auch ohne fremde Hilfe ermöglichen.

(6) Zur Bergung von Eingefahrenen dürfen weitere entsprechend gesicherte und ausgerüstete Personen in die Einrichtung erst dann einsteigen, wenn zur Sicherung dieser Eingefahrenen genügend Personen anwesend sind.

18. ABSCHNITT
Besondere Bauarbeiten
Arbeiten im Bereich von Deponien
§ 123. (1) Wird im Bereich von Deponien in unter Niveau gelegenen Einrichtungen gemäß § 120 Abs. 1 gearbeitet, müssen zusätzlich zu den Maßnahmen nach §§ 120 und 122 geeignete Warneinrichtungen vorhanden sein, die ein optisches und akustisches Warnsignal geben, wenn ein Sauerstoffgehalt unter 17% vorliegt.

(2) In Einrichtungen nach Abs. 1 darf nur die für die Arbeitsdurchführung unbedingt notwendige Zahl von Arbeitnehmern eingesetzt werden. Ein Arbeitnehmer allein darf nicht beschäftigt sein.

(3) Die in Einrichtungen nach Abs. 1 tätigen Arbeitnehmer sind mit geeigneten Atemschutzgeräten für die Selbstrettung auszustatten.

Arbeiten mit Blei
§ 125. (1) Das Auftragen von Farben und Lacken, die einen Massenanteil von mehr als 2% Blei enthalten, im Spritzverfahren ist nicht zulässig.

(2) Arbeiten, bei denen Bleistaub frei wird, wie beim autogenen Schneiden von minisierten Eisenteilen oder beim Abkratzen von bleihältigen Anstrichen, dürfen nur von Arbeitnehmern durchgeführt werden, die mit geeigneter persönlicher Schutzausrüstung (Atemschutz, Schutzhandschuhe) ausgestattet sind. Ebenso sind alle sonstigen Arbeitnehmer, die der Einwirkung von Bleistaub ausgesetzt sind, mit geeigneter persönlicher Schutzausrüstung (Atemschutz) auszustatten.

(3) Darüber hinaus sind den mit Arbeiten nach Abs. 2 beschäftigten Arbeitnehmern zur Reinigung warmes fließendes Wasser und geeignete

Hautmittel (Hautschutz-, Hautreinigungs-, Hautpflegemittel) zur Verfügung zu stellen.

Sandstrahlen
§ 126. (1) Sandstrahlen ist die Bearbeitung von Oberflächen von Bauteilen, bei der Strahlmittel mit hoher Geschwindigkeit auf die Bauteile geschleudert werden.

(2) Strahlmittel, die einen Masseanteil von mehr als 2% Quarz enthalten, dürfen zum Strahlen nicht verwendet werden.

(3) Die mit den Strahlarbeiten beschäftigten Arbeitnehmer, sowie Arbeitnehmer, die der Einwirkung des Staubes ausgesetzt sind, müssen mit geeigneter persönlicher Schutzausrüstung (Atemschutz, Schutzkleidung) ausgestattet sein.

19. ABSCHNITT
Arbeiten mit Flüssiggas
Allgemeines
§ 127. (1) Die Flüssiggas-Verordnung 2002 – FGV, BGBl. II Nr. 446/2002, ist mit der Maßgabe der Abs. 4, 5 und 6 anzuwenden
1. in Gebäuden auf Baustellen und
2. für die Lagerung oder Verwendung von Flüssiggas in ortsfesten Flüssiggasbehältern.

(2) Entsprechend den §§ 9, 18, 47, 48, 51 bis 56 sowie 58 bis 60 FGV müssen gelagert sein:
1. jene Mengen von Flüssiggas in Versandbehältern, die über den Tagesbedarf des jeweiligen Arbeitsvorganges hinausgehen, und
2. alle Versandbehälter nach Arbeitsschluss.

(3) Auf beschädigte Versandbehälter ist § 50 FGV anzuwenden.

(4) In Räumen auf Baustellen darf Flüssiggas nur in der Menge des Tagesbedarfs des jeweiligen Arbeitsvorganges vorhanden sein. Höchstens dürfen jedoch, auch bei darüber hinausgehendem Tagesbedarf, folgende Mengen vorhanden sein:
1. bei einer Raumkubatur bis zu 1 000 m^3: zwei Versandbehälter bis zu je 15 kg oder ein Versandbehälter bis zu 33 kg;
2. bei einer Raumkubatur bei mehr als 1 000 m^3 bis zu 1 500 m^3:
vier Versandbehälter bis zu je 15 kg oder zwei Versandbehälter bis zu je 33 kg;
3. pro weitere 500 m^3: zusätzlich zwei Versandbehälter bis zu je 15 kg oder ein Versandbehälter bis zu 33 kg.

(5) Auf Baustellen einschließlich Gebäuden auf Baustellen darf Flüssiggas den Versandbehältern in der Flüssigphase nur nach ausdrücklicher Anordnung und schriftlicher Festlegung der Schutzmaßnahmen durch die Aufsichtsperson nach den Grundsätzen der Gefahrenverhütung gemäß § 7 ASchG entnommen werden.

(6) Auf Baustellen einschließlich Gebäuden auf Baustellen ist das Abfüllen und Umfüllen von

BauV

Flüssiggas verboten. Abweichend davon ist das Befüllen von ortsfesten Flüssiggasbehältern sowie das Abfüllen von Flüssiggas aus Versandbehältern in Versandbehälter zulässig, wenn

1. das Volumen des zu befüllenden Versandbehälters nicht mehr als 1 060 cm^3 beträgt und
2. Flüssiggas dabei aus einem Versandbehälter mit einem Füllgewicht von mindestens 11 kg und maximal 15 kg entnommen wird und
3. das Abfüllen nach ausdrücklicher Anordnung und schriftlicher Festlegung der Schutzmaßnahmen durch die Aufsichtsperson nach den Grundsätzen der Gefahrenverhütung gemäß § 7 ASchG und unter Berücksichtigung der Angaben des Herstellers der Abfüllanlage erfolgt.

Ausrüstung von Flüssiggasanlagen

§ 128. (1) Jede Flüssiggasanlage, bei der der Versandbehälter über einen Schlauch mit der Gasverbrauchseinrichtung verbunden ist, muß neben der Absperreinrichtung an der Verbrauchseinrichtung mit einer gut zugänglichen Hauptabsperreinrichtung ausgestattet sein, mit der die Gasversorgung der Verbrauchseinrichtung unterbrochen werden kann. Sofern nur eine Verbrauchseinrichtung an den Versandbehälter angeschlossen ist, kann das Behälterventil als Hauptabsperreinrichtung dienen, wenn es leicht erreichbar ist.

(2) Als bewegliche Verbindung zwischen Versandbehälter und Gasverbrauchseinrichtung müssen für Flüssiggas geeignete und entsprechend gekennzeichnete Schläuche verwendet werden. Schläuche müssen gegen unbeabsichtigtes Lösen und Abziehen, zB mit Schlauchtüllen und Schlauchklemmen, sicher befestigt sein. Die Verwendung von Draht als Ersatz für Schlauchklemmen ist verboten.

(3) Gasverbrauchseinrichtungen, die mit Schläuchen von mehr als 40 cm Länge an Flüssiggasbehälter, ausgenommen Versandbehälter bis 2 kg Inhalt, angeschlossen sind, müssen unmittelbar hinter dem Druckregler mit Leckgassicherungen oder Druckreglern mit integrierter Dichtigkeitsprüfung und Schlauchbruchsicherung mit einem Nennwert bis zu 1,5 kg/h Flüssiggas ausgerüstet sein. Über Erdgleiche und in Räumen, deren Fußboden nicht allseits tiefer als das angrenzende Gelände liegt, können stattdessen auch für die jeweilige Gasverbrauchseinrichtung geeignete Schlauchbruchsicherungen verwendet werden. Über Erdgleiche können Leckgassicherungen und Schlauchbruchsicherungen entfallen, wenn Gaswarngeräte nach § 130 Abs. 5 vorhanden sind.

(4) Gasverbrauchseinrichtungen mit einem Anschlußwert von mehr als 0,50 kg/h, wie Bitumenkocher, Heizgeräte, Bautrocknungsgeräte oder Flächentrockner, bei denen der Arbeitsvorgang kein ständiges Beobachten der Flamme erfordert, müssen mit Zündsicherungen ausgestattet sein.

(5) Bei festverlegten Leitungen mit mehreren Abzweigungen zum Anschluß von ortsveränderlichen Gasverbrauchseinrichtungen müssen nach den Absperrventilen bei den Abzweigungen für Flüssiggas geeignete beidseitig dichtende Schnellschlußkupplungen eingebaut sein.

(6) Für Rohrleitungen (§ 6 FGV), Verdampfer, Verdichter und Pumpen gelten die §§ 22 bis 30 mit Ausnahme des § 27 Abs. 3 sowie die §§ 32 bis 38 FGV. Jedoch sind auf Schlauchleitungen, mit denen ortsveränderliche Gasverbrauchseinrichtungen an Versandbehälter angeschlossen sind, § 23 Abs. 3 und § 29 Abs. 5 zweiter Satz FGV nicht anzuwenden.

Allgemeine Bestimmungen über die Aufstellung von Flüssiggasanlagen

§ 129. (1) Versandbehälter müssen an Orten aufgestellt sein, an denen die Behälter nicht übermäßig erwärmt werden können und an denen ausströmendes Flüssiggas weder zu Explosionen noch zu Gesundheitsschädigungen führen kann.

(2) Um jeden Versandbehälter muß eine Schutzzone vorhanden sein, innerhalb derer sich keine Kelleröffnungen oder sonstige Verbindungen zu Kellerräumen, keine Licht- oder Luftschächte, Kanalschächte, Öffnungen oder Abflüsse zu Kanälen, keine Gräben, Gruben oder andere Räume befinden dürfen, in die Flüssiggas abfließen kann.

(3) Die Schutzzone nach Abs. 2 ist bei im Freien aufgestellten Versandbehältern ein kegelförmiger Bereich mit einem Radius von mindestens 1,00 m um jeden Behälter und mit einer Höhe von 50 cm über dem Flaschenventil. Bei Aufstellung mehrerer Behälter ist die Schutzzone die Umhüllende der kreisförmigen Bereiche um jeden einzelnen Behälter. Die Schutzzone nach Abs. 2 ist bei in Räumen aufgestellten Versandbehältern ein kegelförmiger Bereich mit einem Radius von mindestens 2 m um jeden Behälter und mit einer Höhe von 1 m über dem Flaschenventil. Bei Aufstellung mehrerer Behälter ist die Schutzzone die Umhüllende der kreisförmigen Bereiche um jeden einzelnen Behälter.

(4) Die Schutzzone nach Abs. 2 darf durch öffnungslose mindestens brandhemmende Wände oder Bauteile höchstens an zwei Seiten eingeengt sein.

(5) Innerhalb der Schutzzone ist die Verwendung von offenem Licht und Feuer sowie das Rauchen verboten. Dies gilt nicht für Gasverbrauchseinrichtungen, die an den jeweiligen Versandbehälter angeschlossen sind. Elektrische Anlagen und Betriebsmittel in diesem Bereich müssen explosionsgeschützt ausgeführt sein.

(6) Versandbehälter müssen, sofern keine wärmeisolierenden Blenden aufgestellt sind, von den angeschlossenen Verbrauchseinrichtungen einen Abstand von mindestens 1,50 m haben.

(7) Versandbehälter müssen so aufgestellt sein, daß sie gegen mechanische Beschädigung und gegen den Zugriff Unbefugter geschützt sind, nicht umfallen und auch nicht umgestoßen werden können, sowie gegen Abstürzen gesichert sein. Die Behälter müssen aufrecht stehen, sofern nicht das Flüssiggas aus der flüssigen Phase entnommen wird oder die Behälter in Maschinen oder Anlagen mit Halterungen fest eingebaut sind.

(8) Versandbehälter dürfen nicht geworfen oder gestürzt werden. Sie müssen vor allem bei Auflade- oder Abladevorgängen vor Stößen, insbesondere vor dem Aufprall auf den Boden, durch geeignete Maßnahmen geschützt werden.

(9) Auf Fahrzeugen, ausgenommen Straßenfertigern und Straßenfräsen, müssen die Flüssiggasbehälter in Außenschränken untergebracht sein, die nur von außen zugänglich sein dürfen und gegen das Fahrzeuginnere dicht abgeschlossen sein müssen. Dies gilt nicht, wenn sich aus den Angaben des Herstellers anderes ergibt. Flaschenschränke müssen im oder direkt über dem Boden liegende, ins Freie führende Lüftungsöffnungen haben.

Verwendung von Versandbehältern unter Erdgleiche

§ 130. (1) An Orten unter Erdgleiche, wie in Tunneln, Stollen, Schächten, Baugruben, sonstigen Gruben, Gräben oder Künetten, dürfen Versandbehälter nicht gelagert werden und flüssiggasbetriebene Fahrzeuge nicht verwendet werden.

(2) Werden Gasverbrauchseinrichtungen an Orten nach Abs. 1 verwendet, sind grundsätzlich die an die Gasverbrauchseinrichtungen angeschlossenen Versandbehälter, wenn sie mehr als 3 kg Füllgewicht haben, außerhalb dieser Orte nach den Grundsätzen des § 129 Abs. 2 aufzustellen.

(3) Ist eine Aufstellung der Versandbehälter gemäß Abs. 2 aus arbeitstechnischen Gründen nicht möglich, dann dürfen an Orten nach Abs. 1 Versandbehälter mit mehr als 3 kg Füllgewicht verwendet werden, wenn die Aufsichtsperson dies ausdrücklich angeordnet und unter Berücksichtigung der örtlichen Verhältnisse die erforderlichen Schutzmaßnahmen, wie Lüftungsmaßnahmen, Brandschutzmaßnahmen oder Festlegung von Fluchtwegen, schriftlich festgelegt hat.

(4) An Orten nach Abs. 1 dürfen nur jene Versandbehälter eingebracht werden, die unmittelbar für den Fortgang der Arbeiten erforderlich sind. Durch natürliche oder künstliche Lüftung muß sichergestellt sein, daß sich an diesen Orten weder eine gesundheitsgefährdende Konzentration im Sinne des § 21 Abs. 3 noch eine Konzentration explosionsfähiger Gas-Luftgemische von 50% oder mehr der unteren Explosionsgrenze ansammeln können. Leere Behälter müssen sofort entfernt werden. Nach Arbeitsschluß sind auch noch nicht entleerte Behälter zu entfernen.

(5) Werden an Orten nach Abs. 1 Versandbehälter mit mehr als 3 kg Füllgewicht verwendet, sind in unmittelbarer Nähe der Aufstandsfläche der Versandbehälter Warngeräte vorzusehen, die durch akustische und optische Signale rechtzeitig anzeigen, dass die Konzentration eines explosionsfähigen Gas-Luftgemisches 50% der unteren Explosionsgrenze erreicht.

(6) Abweichend von Abs. 5 und § 128 Abs. 3 dürfen in Baugruben Versandbehälter mit Schlauchbruchsicherungen und ohne Warngeräte verwendet werden, sofern

1. diese Baugruben eine, verglichen mit den Grundrißabmessungen, sehr geringe Tiefe aufweisen,
2. eine ausreichende natürliche Lüftung gewährleistet, und
3. eine Aufstellung der Versandbehälter gemäß Abs. 2 aus arbeitstechnischen Gründen nicht möglich ist.

Brandschutz bei Verwendung von Flüssiggas

§ 131. (1) Bedienungspersonen von Flüssiggasanlagen müssen über allfällige Brandgefahren und über die im Brandfalle zu ergreifenden Maßnahmen unterwiesen sein.

(2) Geräte, in denen Flüssiggas verbrannt wird, dürfen nur auf Unterlagen aufgestellt werden, von denen aus eine Brandübertragung auf die Umgebung nicht möglich ist.

(Anm.: Abs. 3 aufgehoben durch BGBl. II Nr. 408/2009)

Betrieb von Flüssiggasanlagen

§ 132. (1) Flüssiggasanlagen dürfen nur von besonders unterwiesenen Personen bedient werden. Gasverbrauchseinrichtungen ohne Zündsicherung dürfen darüber hinaus auch nur unter Aufsicht solcher Personen betrieben werden. Die Bedienungsanweisung des Herstellers ist zu beachten, sie muß bei der Flüssiggasanlage bereitgehalten werden.

(2) Volle und leere Versandbehälter dürfen nur mit geschlossenen Behälterventilen mit fest angezogener Ventilverschlußmutter und Ventilschutzkappe, soweit solche vorgesehen sind, gelagert und befördert werden. Volle oder leere Versandbehälter dürfen mit Hebezeugen nur in geeigneten Transportvorrichtungen, wie Körben, befördert werden.

(3) Vor Inbetriebnahme einer Flüssiggasanlage muß festgestellt werden, ob für den sicheren Betrieb der Flüssiggasanlage eine ausreichende Be- und Entlüftung des Aufstellungsortes gewährleistet ist, erforderlichenfalls muß eine mechanische Be- und Entlüftung eingerichtet sein. § 95 Abs. 4 FGV ist anzuwenden.

(4) Für eine ausreichende Luftzufuhr zu den Brennern von Gasverbrauchseinrichtungen muß gesorgt sein. Die Brenner sind in regelmäßigen Abständen zu reinigen.

BauV

(5) Gezündete oder noch heiße Brenner dürfen nicht auf Versandbehälter oder in deren unmittelbarer Nähe abgelegt werden. Sie müssen auf geeigneten Ablagevorrichtungen aus nicht brennbarem Material und so abgelegt werden, daß die Flamme keine brennbaren Stoffe treffen kann. Bei längeren Arbeitsunterbrechungen oder Pausen ist der Brenner abzuschalten.

(6) Flächentrockner, bei denen keine selbsttätig wirkende Reduziereinrichtung für die Brennerflamme vorhanden ist, sind beim Abstellen oder auch nur kurzfristigem Stillstand abzuschalten.

(7) Die Hauptabsperreinrichtung der Flüssiggasanlage ist bei längeren Arbeitsunterbrechungen und nach Arbeitsschluß zu schließen.

Prüfung von Flüssiggasanlagen

§ 133. (1) Flüssiggasanlagen sind auf jeder Baustelle vor ihrer ersten Inbetriebnahme von einer fachkundigen Person auf ihren ordnungsgemäßen Zustand, insbesondere auf Dichtheit der Anlage und richtige Wirkungsweise der Sicherheitseinrichtungen zu prüfen. Flüssiggasanlagen sind in den erforderlichen regelmäßigen Zeitabständen, mindestens aber einmal jährlich einer wiederkehrenden Prüfung (§ 151) zu unterziehen. Über die Prüfungen sind Vormerke zu führen.

(2) Anlagenteile, die einem Verschleiß oder der Alterung unterliegen, wie Absperreinrichtungen, Druckregler, Leckgas- oder Schlauchbruchsicherungen, sind laufend zu warten und müssen vor einem Wiedereinbau fachgerecht instandgesetzt werden.

20. ABSCHNITT
Bauaufzüge
Allgemeine Bestimmungen über Bauaufzüge ohne Personenbeförderung

§ 139. (1) Bauaufzüge ohne Personenbeförderung sind Hebezeuge mit einer Hubhöhe von mehr als 2,00 m, die ausschließlich der Beförderung von Lasten auf Baustellen dienen, nach Beendigung der Bauarbeiten wieder abgebaut werden und bei denen die Lastaufnahmemittel während des Betriebes die Führungskonstruktionen nicht verlassen.

(2) Bauaufzüge müssen standsicher aufgestellt und in diesem Zustand erhalten werden. Verankerungen am Bauwerk müssen entsprechend dem statischen Nachweis ausgebildet sein und müssen die auftretenden Kräfte in alle erforderlichen Richtungen übertragen können.

(3) Es dürfen nur Lastaufnahmemittel betreten werden, die eine mindestens 1,00 m hohe Umwehrung besitzen. Weiters dürfen sie nur betreten werden, wenn

1. durch geeignete Einrichtungen ein Absturz verhindert wird, wie durch eine Fangvorrichtung, oder

2. sie sicher in jeder Ladestelle aufgesetzt werden können, wie durch ausreichend dimensionierte Stützriegel oder durch eine schwenkbare Plattform.

(4) Vom Bedienungsstand muß die untere Ladestelle beobachtet werden können, außerdem muß die Stellung des Lastaufnahmemittels unmittelbar oder mittelbar erkennbar sein. Eine Signalvorrichtung, mit der von jeder Ladestelle aus Signale gegeben werden können, muß beim Bedienungsstand angebracht sein, wenn die oberste Ladestelle mehr als 5,00 m über dem Bedienungsstand liegt. Diese Signalvorrichtung ist so einzurichten, daß ein unbeabsichtigtes Betätigen derselben nicht möglich ist.

(5) Die gleichzeitige Steuerung des Bauaufzuges von mehreren Stellen aus darf nicht möglich sein.

(6) Die Benützung der Führungskonstruktion als Aufstieg und das Mitfahren mit dem Lastaufnahmemittel ist verboten.

(7) Durch Anschlag am Lastaufnahmemittel ist

1. auf die zulässige Nutzlast und

2. auf das Verbot des Mitfahrens von Personen

hinzuweisen.

(Anm.: Abs. 8 aufgehoben durch BGBl. II Nr. 313/2002)

Schutzmaßnahmen bei Bauaufzügen ohne Personenbeförderung

§ 140. (1) Die Fahrbahn von Bauaufzügen ist so abzusichern oder zu umwehren, daß Arbeitnehmer

1. durch bewegte Teile des Bauaufzugs oder

2. durch herabstürzende Gegenstände

nicht gefährdet werden.

(2) Schutzmaßnahmen im Sinne des Abs. 1 Z 1 sind:

1. eine mindestens 2,00 m hohe dichte Verschalung an jedem Fahrbahnzugang,

2. eine mindestens 1,50 m zurückgesetzte Absperrung an jedem Fahrbahnzugang in mindestens 1,00 m und nicht mehr als 1,20 m Höhe, die ein Hineinbeugen in die Fahrbahn verhindert,

3. eine entsprechend zurückgesetzte, nicht wegnehmbare durchgriffsichere Absperrung an jeder Ladestelle, wie Schiebe- oder Hubgitter, Schiebe- oder Flügeltüren, sowie mindestens 1,50 m zurückgesetzte, schwenk- oder verschiebbare Schranken, in mindestens 1,00 m und nicht mehr als 1,20 m Höhe.

(3) Schutzmaßnahmen im Sinne des Abs. 1 Z 2 sind:

1. eine dichte Verschalung des gesamten Aufzugschachtes,

2. eine Abschrankung, die mit Ausnahme der Ladestelle allseitig in mindestens 2,00 m Entfernung um die Fahrbahn errichtet ist, verbunden mit einem Schutzdach über der unteren Ladestelle,

3. Schutzdächer im Niveau der unteren Ladestelle über allen Verkehrswegen, Arbeitsplätzen und Zugängen zu diesen, die sich näher als 2,00 m zur Fahrbahn befinden, wie Ladestellen, Bedienungsplätze oder über Triebwerken.

(4) Schutzmaßnahmen nach Abs. 3 sind nicht erforderlich bei:

1. Bauaufzügen mit vollständig geschlossenem Fahrkorb,

2. Kippkübelaufzügen zum Transport von Mörtel, Beton oder ähnlichen Arbeitsstoffen,

3. Schrägaufzügen, bei denen der Zugang zur unteren Ladestelle mehr als 3,00 m vom Bauwerk, an das der Schrägaufzug angelehnt ist, entfernt liegt, sofern eine seitliche Absperrung in mindestens 2,00 m Entfernung von der Fahrbahn errichtet ist.

Bauaufzüge mit Personenbeförderung

§ 141. (1) Bauaufzüge mit Personenbeförderung sind Hebezeuge im Sinne des § 139 Abs. 1, die zusätzlich zur Beförderung von Personen auf Baustellen dienen. Sie müssen mit den für die Beförderung von Personen notwendigen Sicherheitseinrichtungen versehen sein.

(2) § 140 Abs. 2 gilt auch für Bauaufzüge mit Personenbeförderung.

(Anm.: Abs. 3 aufgehoben durch BGBl. II Nr. 313/2002)

21. ABSCHNITT
Arbeiten mit Maschinen
Erdbaumaschinen

§ 144. *(Anm.: Abs. 1 bis 4 aufgehoben durch BGBl. II Nr. 164/2000)*

(5) Erdbaumaschinen müssen von Baugruben, Schächten, Gräben, Bruch-, Gruben-, Halden- und Böschungsrändern so weit entfernt bleiben, daß keine Absturzgefahr besteht. Die Aufsichtsperson hat entsprechend der Tragfähigkeit des Untergrundes den erforderlichen Abstand von der Absturzkante festzulegen. An ortsfesten Kippstellen dürfen Erdbaumaschinen nur betrieben werden, wenn fest eingebaute Einrichtungen an der Kippstelle das Abrollen oder Abstürzen der Maschine verhindern.

(6) Im Falle eines Stromübertrittes ist die Erdbaumaschine durch Heben oder Absenken der Arbeitseinrichtung oder durch Herausfahren oder Herausschwenken aus dem Gefahrenbereich zu bringen. Wenn dies nicht möglich ist, darf der Lenker den Lenkerplatz nicht verlassen, und hat Außenstehende vor dem Nähertreten und dem Berühren des Gerätes zu warnen und das Abschalten des Stromes zu veranlassen.

(7) Arbeitseinrichtungen von Erdbaumaschinen dürfen über besetzte Lenker-, Beifahrer- oder Arbeitsplätze anderer Maschinen und Geräte nur hinweggeschwenkt werden, wenn diese gegen Herabfallen der Arbeitseinrichtung oder von Ladegut durch Schutzaufbauten gemäß den anerkannten Regeln der Technik gesichert sind.

(8) Beim Wegladen von Haufwerk vor Erd- und Felswänden sind Bagger möglichst so aufzustellen und zu betreiben, daß sich der Lenkerplatz und der Aufstieg zu diesem nicht auf der der Wand zugewandten Seite des Baggers befindet.

(9) Vor Verlassen des Lenkerplatzes ist die Arbeitseinrichtung abzusetzen und die Erdbaumaschine gegen unbeabsichtigtes Bewegen mit den dafür vorgesehenen Einrichtungen zu sichern. Bevor sich der Lenker von der Erdbaumaschine entfernt, hat er ferner den Antrieb so zu sichern, daß dieser durch Unbefugte nicht in Gang gesetzt werden kann. Bei Arbeitspausen und bei Arbeitsschluß hat der Lenker die Erdbaumaschine auf tragfähigem, möglichst ebenem Untergrund abzustellen. In geneigtem Gelände ist die Erdbaumaschine zusätzlich gegen Abrollen und Abrutschen zu sichern.

Bagger zum Heben von Einzellasten

§ 145. *(Anm.: Abs. 1 bis 5 aufgehoben durch BGBl. II Nr. 21/2010)*

(6) Vor der Verwendung des Baggers zu Hebearbeiten hat der Baggerfahrer die Sicherheitseinrichtungen, insbesondere die Funktion der Bremsen, der Notendhalteinrichtungen und der Warneinrichtungen, zu prüfen.

(7) Arbeitnehmer, die Lasten anschlagen, dürfen nur nach Zustimmung des Baggerfahrers und nur von der Seite her an den Ausleger herantreten. Der Anschläger und ein allenfalls erforderlicher Einweiser müssen sich stets im Sichtbereich des Baggerfahrers aufhalten. Lasten müssen so angeschlagen werden, daß sie nicht kippen, verrutschen oder herausfallen können. Der Baggerfahrer hat darauf zu achten, daß die Last lotrecht angehoben und Schrägzug vermieden wird. Er darf die Last nicht über Personen hinwegführen und muß sie möglichst nahe über den Boden führen und ihr Pendeln vermeiden.

(Anm.: Abs. 8 und 9 aufgehoben durch BGBl. II Nr. 313/2002)

Rammen

§ 146. (1) Rammen dürfen nur unter Anleitung einer fachkundigen Person auf-, um- oder abgebaut sowie betrieben werden.

(2) Rammelemente sind so nahe wie möglich vor der Ramme aufzunehmen und abzulegen, um den Schrägzug gering zu halten. Rammelemente müssen gegen Umfallen gesichert sein.

(3) Absturzsicherungen für Bären, Rammhauben und Fördergefäße sowie die Halteeinrichtungen für Rammelemente sind so zu benutzen, daß

BauV

ein Herunterfallen oder Umfallen der zu sichernden Teile verhindert wird.

(4) Ramm- und Ziehvorgänge müssen ständig beobachtet und bei Auftreten einer Gefahr sofort unterbrochen werden. Auf die Beobachtung kann verzichtet werden, wenn die an der Ramme Beschäftigten auch gegen herabfallende Teile der Ramme oder umfallende Rammelemente ausreichend geschützt sind.

(5) An Gleisen für Rammen müssen zur Sicherung gegen Herabfahren der Ramme Gleisendsicherungen an beiden Gleisenden vorhanden sein. Die Gleisendsicherungen müssen an beiden Schienen so angebracht sein, daß sie gleichzeitig zur Wirkung kommen.

Betonpumpen, Verteilermaste

§ 147. (1) Verteilermaste müssen standsicher aufgestellt sein. Der Standsicherheit dienende Abstützeinrichtungen müssen während des Betriebes von der Bedienungsperson des Gerätes überprüft und erforderlichenfalls nachgerichtet werden. Soweit dies erforderlich ist, sind ausreichend bemessene lastverteilende Unterlagen zu verwenden. Von Baugruben, Gräben und anderen Vertiefungen ist ein ausreichender Sicherheitsabstand einzuhalten.

(2) Auf Fahrzeugen aufgebaute Verteilermaste müssen entsprechend den betriebsmäßig zu erwartenden Beanspruchungen mit dem Fahrzeug verbunden sein und gegen unbeabsichtigtes Bewegen gesichert werden können.

(3) Kann die Bedienungsperson nicht bei allen Mastbewegungen das Ende der Förderleitung beobachten, darf der Verteilermast nur auf Zeichen eines Einweisers bedient werden.

(4) Vor dem Öffnen von Förderleitungsverbindungen muß das Förderleitungssystem von Verteilermasten drucklos gemacht werden.

(5) Bei pneumatischer Reinigung von Förderleitungen muß der Endschlauch entfernt und ein Fangkorb oder eine andere gleichwertige Einrichtung verwendet werden.

(6) Verteilermaste müssen Einrichtungen besitzen, durch die eine ausreichende Standsicherheit gewährleistet ist. Verteilermaste auf Unterbauten, die während des Betriebes verfahrbar sind, müssen Einrichtungen haben, die unbeabsichtigte Fortbewegungen der Unterbauten verhindern.

(Anm.: Abs. 7 und 8 aufgehoben durch BGBl. II Nr. 313/2002)

Heiz- und Schmelzgeräte

§ 148. (1) Heizgeräte müssen so aufgestellt sein und betrieben werden, daß Arbeitnehmer durch Abgase und Strahlungswärme nicht gefährdet und keine Brände entstehen können. In Räumen dürfen solche Geräte nur aufgestellt werden, wenn eine für die Verbrennung ausreichende Luftmenge zugeführt wird und durch regelmäßigen Luftaustausch die Abgase ins Freie abgeführt werden, sodaß ein Volumenanteil des Sauerstoffes in der Atemluft von mindestens 17% gewährleistet ist.

(2) Schmelzgeräte müssen während des Betriebes von einer Bedienungsperson beaufsichtigt werden. Vor Inbetriebnahme von Schmelzgeräten muß allenfalls vorhandenes Wasser aus der Schmelzwanne entfernt werden, Wasser oder nasse Zuschläge dürfen nicht in die flüssige heiße Masse eingebracht werden.

Sonstige Maschinen und Geräte

§ 149. (1) Vor dem Umsetzen, Verladen oder Transportieren von Straßenfräsen hat der Lenker die Fräseinrichtungen stillzusetzen. Instandhaltungsarbeiten dürfen nur bei stillstehendem Antrieb durchgeführt werden. Vor Arbeiten an Leitungen, die unter Überdruck stehen können, sind diese drucklos zu machen.

(2) Explosionsstampfer sind am Handgriff zu führen.

(3) Walzen mit Deichsel sind bei Rückwärtsfahrt seitlich an der Deichsel zu führen. Bei Fahrt im Gefälle muß der Lenker bergseitig mitgehen.

(4) Fördergefäße von Mischmaschinen für Beton oder Mörtel sind vor Reinigungs- und Instandhaltungsarbeiten an den Maschinen gegen ein unbeabsichtigtes Niedergehen zu sichern. Das Festziehen der Bremse allein ist keine ausreichende Sicherung.

(5) Bei Reinigungs- und Instandhaltungsarbeiten an der Mischmaschine muß erforderlichenfalls die Energiezufuhr des Antriebes der Maschine durch den Hauptschalter allpolig unterbrochen werden. Vor Arbeiten im Innenraum der Maschine muß der Schutzdeckel in geöffnetem Zustand arretiert und die Maschine gegen Wiedereinschalten gesichert sein.

(6) Bei Betonspritzmaschinen müssen Schläuche, Rohre und deren Verbindungen auf mindestens 2,5fachen Betriebsdruck bemessen sein. Betonspritzmaschinen dürfen nur von Arbeitnehmern bedient und Betonspritzarbeiten nur von Arbeitnehmern durchgeführt werden, die besonders unterwiesen und mit der Arbeitsweise vertraut sind. Während der Spritzbetonarbeiten muß sich eine zweite Person in Ruf- oder Sichtweite des Spritzdüsenführers aufhalten. Der Geräteführer hat den Spritzdüsenführer über den Förderbeginn rechtzeitig zu unterrichten.

(7) Vor dem Lösen von Förderleitungsverbindungen oder anderen Teilen des Drucksystems von Betonspritzmaschinen ist die Druckluftzuführung zu unterbrechen und das System drucklos zu machen.

(8) Vor Entfernen des Schutzkorbes von Glättmaschinen, wie zum An- und Abbau von Glättscheiben an die Glättblätter oder zum Verstellen der Neigung der Glättblätter, ist der Antriebsmotor stillzusetzen.

(9) Bei Eisenbiegemaschinen ist darauf zu achten, daß Arbeitnehmer durch die zu verformenden Bewehrungseisen nicht eingeklemmt oder verletzt werden.

III. HAUPTSTÜCK
Instandhaltung, Prüfung, Reinigung und Unterweisung

Instandhaltung

§ 150. Arbeitsplätze und die Zugänge zu diesen, Betriebseinrichtungen, sonstige mechanische Einrichtungen, Betriebsmittel, Aufenthaltsräume, Unterkünfte, sanitäre Einrichtungen sowie sonstige Einrichtungen oder Gegenstände für den Schutz der Arbeitnehmer sind in gutem und sicherem Zustand zu erhalten.

Prüfungen

§ 151. (1) Betriebseinrichtungen, sonstige mechanische Einrichtungen und Betriebsmittel, für die im I. oder im II. Hauptstück Prüfungen ihres ordnungsgemäßen Zustands vorgesehen sind, dürfen nur verwendet werden, wenn diese Prüfungen durchgeführt und dabei festgestellte Mängel beseitigt wurden. Die Prüfungen sind von Ziviltechnikern des hiefür in Betracht kommenden Fachgebietes, fachkundigen Organen des Technischen Überwachungsvereines oder von sonstigen geeigneten, fachkundigen und hierzu berechtigten Personen durchzuführen, die auch Betriebsangehörige sein können.

(2) Soweit in den Arbeitnehmerschutzvorschriften für Betriebseinrichtungen, sonstige mechanische Einrichtungen und Betriebsmittel nicht besondere Abnahmeprüfungen und wiederkehrende Prüfungen vorgeschrieben sind, sind diese in regelmäßigen Abständen, mindestens jedoch einmal jährlich, von dem in Abs. 1 genannten Personenkreis auf ihren ordnungsgemäßen Zustand zu prüfen.

Reinigung

§ 153. (1) Für die Reinhaltung der Arbeitsplätze und Zugänge zu diesen, der Betriebseinrichtungen, sonstigen mechanischen Einrichtungen und Betriebsmittel, Aufenthaltsräume, Unterkünfte und sanitären Einrichtungen und sonstigen Einrichtungen oder Gegenstände für den Schutz der Arbeitnehmer ist Sorge zu tragen. Sofern gesundheitsgefährdende, brandgefährliche oder explosionsgefährliche Arbeitsstoffe verwendet oder gelagert werden, ist dafür Sorge zu tragen, daß auch Rückstände oder Abfälle derselben bei der Reinigung gefahrlos beseitigt werden.

(2) Erforderlichenfalls ist in regelmäßigen Zeitabständen eine Desinfektion der in Abs. 1 angeführten Objekte, Einrichtungen, Mittel oder Gegenstände vorzunehmen.

Unterweisung

§ 154. (1) Arbeitnehmer müssen vor der erstmaligen Aufnahme der Tätigkeit auf der Baustelle in der sicheren Durchführung der Arbeiten unterwiesen werden. Die Unterweisung hat sich auch auf die fachgerechte Durchführung der Arbeiten zu erstrecken, soweit dies aufgrund des Ausbildungsstandes der Arbeitnehmer im Interesse des Schutzes von Leben und Gesundheit der Arbeitnehmer geboten ist.

(2) Vor der erstmaligen Heranziehung von Arbeitnehmern zu Arbeiten mit gesundheitsgefährdenden, brandgefährlichen oder explosionsgefährlichen Arbeitsstoffen, ferner zu Arbeitsvorgängen und Arbeitsverfahren, bei denen Einwirkungen durch solche Arbeitsstoffe auftreten können, müssen die Arbeitnehmer insbesondere über die wesentlichen Eigenschaften dieser Arbeitsstoffe, über die von ihnen ausgehenden Gesundheits-, Brand-, Explosions- oder Infektionsgefahren und über die zu beachtenden Schutzmaßnahmen mündlich und erforderlichenfalls auch schriftlich unterwiesen werden. Vom Erzeuger oder Vertreiber den Verpackungen beigegebenen Anleitungen, die bei der Verwendung der Arbeitsstoffe zu beachten sind, wie Sicherheitsdatenblätter, müssen den Arbeitnehmern bekanntgegeben oder ausgefolgt werden.

(3) Vor der erstmaligen Heranziehung von Arbeitnehmern zu Arbeiten an Betriebseinrichtungen, sonstigen mechanischen Einrichtungen und Betriebsmitteln sowie vor der erstmaligen Heranziehung zu Arbeiten, die mit einer besonderen Gefahr für die damit beschäftigten Arbeitnehmer oder für andere Arbeitnehmer verbunden sind, müssen die Arbeitnehmer, sofern sie noch nicht über die geforderten Kenntnisse oder Erfahrungen verfügen, über die Arbeitsweise und ihr Verhalten sowie über die bestehenden oder anzuwendenden Schutzmaßnahmen mündlich und, sofern dies in dieser Verordnung verlangt wird, auch schriftlich unterwiesen werden. Vom Erzeuger oder Vertreiber solcher Einrichtungen und Mittel herausgegebene Bedienungsanleitungen und Wartungsvorschriften sind den Arbeitnehmern bekanntzugeben oder auszufolgen.

(4) Die Unterweisung hat durch den Arbeitgeber zu erfolgen. Er kann diese Aufgabe der Aufsichtsperson oder sonstigen geeigneten fachkundigen Personen übertragen.

(5) Die Unterweisung der Arbeitnehmer hat in mündlicher und erforderlichenfalls in schriftlicher Form zu erfolgen. Arbeitnehmer, die der deutschen Sprache nicht hinreichend mächtig sind, müssen in einer Sprache unterwiesen werden, die eine für sie verständliche Unterweisung ermöglicht. Die Unterweisung hat durch geeignete Personen und erforderlichenfalls in schriftlicher Form und bildlicher Darstellung zu erfolgen. Über die Durchführung der Unterweisung sind Aufzeichnungen zu führen. Nach erfolgter Unterweisung ist in geeigneter Form zu prüfen, ob die Unterweisung verstanden wurde. Für eine angemessene

BauV

Aufsicht, insbesondere bei der erstmaligen Durchführung von Arbeiten, muß gesorgt sein.

(6) Eine Unterweisung in fachlicher Hinsicht ist nicht erforderlich, wenn der Nachweis der Fachkenntnisse durch ein Zeugnis nach der Verordnung über den Nachweis der Fachkenntnisse (Fachkenntnisnachweis-Verordnung – FK-V), BGBl. II Nr. 13/2007, erbracht wurde. Dies gilt auch in bezug auf die Verkehrsvorschriften für Fahrer von motorisch angetriebenen Fahrzeugen, die eine Lenkerberechtigung im Sinne der kraftfahrrechtlichen Vorschriften besitzen.

(7) Unterweisungen sind nach Erfordernis, zumindest aber einmal im Kalenderjahr, in dem jeweils gebotenen Umfang zu wiederholen. Ein solches Erfordernis ist jedenfalls bei Änderungen auf der Baustelle gegeben, durch die eine neue Gefährdung für Leben oder Gesundheit der Arbeitnehmer hervorgerufen werden kann. Unterweisungen sind ferner nach Unfällen zu wiederholen, soweit dies zur Verhütung weiterer Unfälle nützlich erscheint. Dies gilt auch nach Ereignissen, die beinahe zu einem Unfall geführt hätten und von denen die Aufsichtsperson oder die für die Unterweisung zuständige Person Kenntnis erhalten hat.

IV. HAUPTSTÜCK
Durchführung des Arbeitnehmerschutzes
Besondere Pflichten der Arbeitgeber

§ 155. (1) Der Arbeitgeber hat dafür zu sorgen, daß den Vorschriften des I., II. und III. Hauptstückes dieser Verordnung sowie die aufgrund dieser Bestimmungen von der Behörde vorgeschriebenen Bedingungen und Auflagen sowie den erteilten Aufträgen sowohl bei der Einrichtung als auch bei der Unterhaltung und Führung der Baustelle entsprochen wird.

(2) Der Arbeitgeber hat dafür zu sorgen, daß Betriebseinrichtungen, sonstige mechanische Einrichtungen, Betriebsmittel, Aufenthaltsräume, Unterkünfte sowie sanitäre Einrichtungen in einem den Vorschriften des I., II. und III. Hauptstückes dieser Verordnung entsprechenden Zustand versetzt und in diesem erhalten werden.

(3) Der Arbeitgeber hat das Interesse der Arbeitnehmer an allen Fragen, die den Schutz des Lebens und der Gesundheit sowie den durch Alter und Geschlecht der Arbeitnehmer gebotenen Schutz der Sittlichkeit betreffen, entsprechend zu fördern und auch sein Verhalten danach einzurichten. Der Arbeitgeber darf ein den im Abs. 1 angeführten Vorschriften, Bedingungen, Auflagen oder Aufträgen widersprechendes Verhalten nicht dulden, es sei denn, es handelt sich um eine Anordnung im Sinne des § 4 Abs. 4.

Besondere Pflichten und Verhalten der
Arbeitnehmer

§ 156. (1) Jeder Arbeitnehmer hat die zum Schutz des Lebens und der Gesundheit der Arbeitnehmer durch das I., II. und III. Hauptstück dieser Verordnung gebotenen Schutzmaßnahmen anzuwenden sowie sich entsprechend diesen Anordnungen zu verhalten und die ihm im Zusammenhang damit erteilten Weisungen zu befolgen.

(2) Arbeitnehmer haben alle Einrichtungen und Vorrichtungen, die zum Schutz des Lebens und der Gesundheit der Arbeitnehmer aufgrund des I., II. und III. Hauptstückes dieser Verordnung oder entsprechend den dem Arbeitgeber von der Behörde vorgeschriebenen Bedingungen und Auflagen sowie den erteilten Aufträgen zu errichten und beizustellen sind, den Erfordernissen des Schutzzweckes entsprechend zu benützen und pfleglich zu behandeln.

(3) Arbeitnehmer dürfen an Betriebseinrichtungen, sonstigen mechanischen Einrichtungen und Betriebsmitteln angebrachte Schutzvorrichtungen oder Schutzmaßnahmen anderer Art weder beschädigen noch abnehmen oder unwirksam machen. Sie dürfen ferner die Betätigung von Schutzvorrichtungen, die Anwendung von Schutzmaßnahmen anderer Art sowie von Arbeitsvorgängen und Arbeitsverfahren, die zum Zweck einer Verringerung der Gefahren für Leben und Gesundheit vorgeschrieben sind, nicht verhindern.

(4) Arbeitnehmer dürfen sich nicht an Betriebseinrichtungen, sonstigen mechanischen Einrichtungen und Betriebsmitteln betätigen, deren Bedienung, Benützung oder Instandhaltung ihnen nicht obliegt.

(5) Arbeitnehmer, die sich in einem durch Alkohol, Arzneimittel oder Suchtgift beeinträchtigten Zustand befinden, dürfen die Baustelle nicht betreten. Der Genuß alkoholhältiger Getränke während der Arbeitszeit ist verboten. In den Ruhepausen dürfen solche Getränke nur getrunken werden, wenn sich die Arbeitnehmer dadurch nicht in einen Zustand versetzen, in dem sie sich selbst oder andere auf der Baustelle Beschäftigte gefährden.

(6) Die Arbeitnehmer haben sich, soweit dies auf Grund ihrer fachlichen Kenntnisse und Berufserfahrungen von ihnen verlangt werden kann, vor der Benützung von Betriebseinrichtungen, sonstigen mechanischen Einrichtungen und von Betriebsmitteln und von sonstigen Einrichtungen oder Gegenständen für den Schutz der Arbeitnehmer zu vergewissern, ob diese offenkundige Mängel aufweisen, durch die der notwendige Schutz der Arbeitnehmer beeinträchtigt wird. Festgestellte Mängel und auffallende Erscheinungen an solchen Einrichtungen, Mitteln oder Gegenständen sind sogleich dem Arbeitgeber, der Aufsichtsperson oder der von diesen hiefür bestimmten Stelle auf der Baustelle und den Organen der Arbeitnehmerschaft zu melden.

(7) Arbeitnehmer haben unverzüglich dem Arbeitgeber oder der Aufsichtsperson Mitteilung zu machen, wenn sie

1. an Schwächen und Gebrechen gemäß § 5 Abs. 1 leiden oder

(Anm.: Z 2 aufgehoben durch BGBl. II Nr. 77/2014)

3. mit dem Lenken von Fahrzeugen gemäß § 5 Abs. 5 beauftragt sind und Umstände auftreten, die ihre Lenkfähigkeit in Frage stellen.

V. HAUPTSTÜCK
Ausnahmen und Abweichungen
Abweichungen für das Ausheben und Betreten von Mastgruben

§ 157. (1) Für das Herstellen von Mastgruben für Holzmaste für Freileitungen, für das Betreten dieser Mastgruben zum Einrichten der Maste und für das Betreten dieser Mastgruben für kurzfristige Nacharbeiten gelten die nachstehenden Abweichungen.

(2) Wenn sich beim Aushub der Grube die Standfestigkeit der Grubenwände als ausreichend erweist und wenn keine die Standsicherheit der Grubenwände beeinträchtigenden Einflüsse wie Erschütterungen oder Auflasten vorhanden sind, kann auf Sicherungsmaßnahmen nach § 48 Abs. 2 und 7 verzichtet werden.

(3) Abs. 2 gilt nur für Mastgruben, deren Tiefe 2 m nicht überschreitet.

(4) Abs. 2 gilt nicht bei ungünstigen Witterungsbedingungen, wie starkem Regen oder Tauwetter.

(5) Wird gemäß Abs. 2 auf Sicherungsmaßnahmen verzichtet, sind folgende Maßnahmen einzuhalten:

1. Die Arbeiten müssen unter Aufsicht einer verantwortlichen Person erfolgen, die schon mindestens fünf Jahre mit solchen Arbeiten betraut ist.
2. Es dürfen nur entsprechend unterwiesene und mit den Arbeiten vertraute Arbeitnehmer herangezogen werden.
3. Die Mastgruben müssen möglichst kurz nach dem Aushub wieder verfüllt werden. Sie dürfen keinesfalls über Nacht offengehalten werden.

Abweichungen für kurzfristige Bauarbeiten.

§ 158. *(Anm.: Abs. 1 und 2 aufgehoben durch BGBl. Nr. 450/1994)*

(3) Werden auf einer Baustelle von einem Arbeitgeber weniger als fünf Arbeitnehmer nicht länger als fünf Tage beschäftigt, finden die §§ 32 bis 41 dieser Verordnung keine Anwendung. Der Arbeitgeber hat jedoch im gebotenen Umfang unter Berücksichtigung der örtlichen Gegebenheiten für notwendige Maßnahmen im Sinne der §§ 32 bis 41 dieser Verordnung zu sorgen.

VI. HAUPTSTÜCK
Schluß- und Übergangsbestimmungen
Auflegen von Vorschriften, Vormerken und Nachweisen

§ 159. (1) Der Arbeitgeber hat auf Baustellen eine Abschrift der mit Bescheid vorgeschriebenen Bedingungen und Auflagen sowie der erteilten Aufträge an geeigneter, für die Arbeitnehmer leicht zugänglicher Stelle, wie im Aufenthaltsraum, aufzulegen, sofern er auf dieser Baustelle Arbeitnehmer mehr als fünf Arbeitstage beschäftigt.

(2) Die in dieser Verordnung vorgeschriebenen Vormerke über Prüfungen müssen auf der Baustelle zur Einsichtnahme aufliegen.

(3) Auf der Baustelle müssen weiters zur Einsichtnahme aufliegen:

1. Vormerke über Übungen und Messungen gemäß § 53 Abs. 3,
2. Nachweise gemäß §§ 5 Abs. 5 und 98 Abs. 1, und
3. Auskünfte gemäß § 11.

(4) Sofern ein Arbeitgeber auf einer Baustelle Arbeitnehmer länger als fünf Arbeitstage beschäftigt, müssen auf der Baustelle weiters zur Einsichtnahme aufliegen:

1. Nachweise und Berechnungen gemäß §§ 45 Abs. 8, 50 Abs. 3, 52 Abs. 6, 53 Abs. 2, 56 Abs. 3 und 4, 65 Abs. 7, 68 Abs. 3, 69 Abs. 5, 71 Abs. 2, 82 Abs. 2 und 154 Abs. 5,
2. Anweisungen und Zeichnungen gemäß §§ 65 Abs. 7, 82 Abs. 8, 85 Abs. 1, 110 Abs. 4, 120 Abs. 2 und 130 Abs. 3,
3. Bewilligungen gemäß § 5 Abs. 5,
4. Vormerke über Übungen und Messungen gemäß §§ 46 Abs. 3, 96 Abs. 5, 105 Abs. 3 und 106 Abs. 2,
5. Brandalarmpläne und Brandschutzordnungen gemäß § 46 Abs. 2 und
6. Gutachten gemäß § 94 Abs. 1.

(5) Anstelle der in Abs. 4 Z 1 genannten Nachweise und Berechnungen können auch die sich aus diesen Berechnungen ergebenden von der fachkundigen Person verfaßten Arbeitsanweisungen auf der Baustelle zur Einsichtnahme aufliegen.

Strafbestimmungen

§ 161. Übertretungen dieser Verordnung sind nach § 130 Abs. 5 Z 1 ASchG zu bestrafen.

Übergangsbestimmungen

§ 162. *(Anm.: Abs. 1 aufgehoben durch BGBl. II Nr. 256/2009)*

(2) Baustellenwagen, Container und andere Raumzellen, die bei Inkrafttreten dieser Verordnung bereits in Verwendung stehen, dürfen weiter verwendet werden, auch wenn sie § 34 Abs. 6 letzter Satz, § 36 Abs. 2 letzter Satz und § 36 Abs. 3 erster Satz, § 39 Abs. 04 dritter Satz und § 40 Abs. 2 zweiter und dritter Satz nicht entsprechen.

(Anm.: Abs. 3 aufgehoben durch BGBl. II Nr. 408/2009)

(4) § 29 Abs. 4 erster Satz gilt nicht für Reinigungsarbeiten in Schornsteinen, die bei Inkrafttreten dieser Verordnung bereits errichtet sind.

BauV

(Anm.: Abs. 5 aufgehoben durch BGBl. II Nr. 408/2009)

(6) Vor Inkrafttreten dieser Verordnung in Verwendung befindliche Systemgerüste, bei denen Brust- und Mittelwehren abweichend von § 8 Abs. 2 letzter Satz einen lichten Abstand von höchstens 50 cm aufweisen, dürfen weiterverwendet werden.

(Anm.: Abs. 7 bis 9 aufgehoben durch BGBl. II Nr. 408/2009)

(10) Abweichend von § 8 Abs. 2b dürfen Fußwehren von Systemgerüsten, die vor dem 1.1.2010 in Verkehr gebracht wurden, weiterverwendet werden, wenn ihre Oberkante mindestens 12 cm hoch über der Standfläche liegt.

(11) Die §§ 8 Abs. 2 bis 2c, 57, 58 Abs. 2a, 59 Abs. 2 und 3a, 64 und 87 Abs. 3 und 5, in der Fassung der Verordnung BGBl. II Nr. 408/2009, sind nur für Baustellen anwendbar, deren Beginn nach dem 1.1.2010 liegt.

Außerkrafttreten von Vorschriften

§ 163. Gemäß § 33 Abs. 4 ANSchG wird festgestellt, daß die Verordnung vom 10. November 1954, BGBl. Nr. 267, über Vorschriften zum Schutz des Lebens und der Gesundheit von Dienstnehmern bei Ausführung von Bauarbeiten, Bauneben- und Bauhilfsarbeiten, in der Fassung der Verordnung BGBl. Nr. 501/1973 und BGBl. Nr. 39/1974, mit Ablauf des 31. Dezember 1994 außer Kraft tritt.

Inkrafttreten

§ 164. (1) Diese Verordnung tritt mit 1. Jänner 1995 in Kraft.

(2) § 157 in der Fassung BGBl. II Nr. 121/1998 tritt mit 1. Mai 1998 in Kraft.

(3) § 2 Abs. 2, § 4 Abs. 3, § 5 Abs. 6 Z 2 sowie § 154 Abs. 6, jeweils in der Fassung BGBl. II Nr. 13/2007, treten mit dem der Kundmachung folgenden Monatsersten in Kraft. § 4 Abs. 2 tritt mit dem der Kundmachung folgenden Monatsletzten außer Kraft.

(4) Das Inhaltsverzeichnis, § 2 Abs. 3, § 3a, § 4 Abs. 6 und 7, § 6 Abs. 6 und 9, § 17 Abs. 5, § 21 Abs. 3, § 31 Abs. 4 bis 6a, § 45 Abs. 1, § 96 Abs. 1 Z 2, § 96 Abs. 8 und § 159 Abs. 3 in der Fassung der Verordnung BGBl. II Nr. 256/2009 treten mit 1. Jänner 2010 in Kraft und tritt § 162 Abs. 1 außer Kraft.

(5) Die §§ 7 Abs. 2 Z 2, 8 Abs. 2, 2a bis 2c, 31 Abs. 2, 49 Abs. 6, 55 Abs. 2, 57 Abs. 1, 2 und 3, 58 Abs. 2, 2a, 3 und 8, 59 Abs. 2, 3a, 4 und 7, 61 Abs. 5, 62 Abs. 4, 64 Abs. 1, 65 Abs. 1 und 5, 67 Abs. 3, §§ 73 Abs. 2, 87 Abs. 3 und 5, §§ 96 Abs. 5, 98 Abs. 1, § 104 Abs. 7 sowie § 162 Abs. 10 und 11 in der Fassung BGBl. II Nr. 408/2009 treten am 1. Jänner 2010 in Kraft. Die § 19 Abs. 1, § 46 Abs. 4, § 64 Abs. 3, § 131 Abs. 3 sowie § 162 Abs. 3, 5, 7, 8 und 9 treten am 1. Jänner 2010 außer Kraft.

(6) § 145 Abs. 1 bis 5 tritt mit dem der Kundmachung der Verordnung BGBl. II Nr. 21/2010 folgenden Monatsersten außer Kraft.

(7) § 1 Abs. 3 in der Fassung der Verordnung BGBl. II Nr. 416/2010 tritt am 1. Jänner 2011 in Kraft.

(8) Der Titel der Verordnung, § 1 Abs. 1 und 2, § 2 Abs. 1, § 6 Abs. 3, § 7 Abs. 3, § 8 Abs. 5, § 9 Abs. 5 und § 109 Abs. 1 in der Fassung der Verordnung BGBl. II Nr. 3/2011 treten mit 1. Februar 2011 in Kraft.

(9) §§ 13 und 14, § 60 Abs. 5 und § 97 treten am 1. März 2012 außer Kraft.

(10) Das Inhaltsverzeichnis zum 3. Abschnitt, § 6 Abs. 8 Z 2 und Z 5, § 7 Abs. 4 und 5, § 9 Abs. 4, § 17 Abs. 6, § 34 Abs. 3 zweiter Satz, § 70 Abs. 6, § 85 Abs. 1, 3 und 4 Z 1, § 87 Abs. 1, 5 und 6, § 89 Abs. 7, § 90 Abs. 5 Z 4, § 92 Abs. 5, § 95 Abs. 7 zweiter Satz, § 96 Abs. 8 letzter Halbsatz, § 106 Abs. 1 zweiter Satz, § 108 Abs. 4 erster Satz, § 109 Abs. 2, § 119 Abs. 3 Z 1, 2 und 4, § 122 Abs. 2 letzter Halbsatz, Abs. 3 zweiter und dritter Satz, Abs. 4 erster und letzter Satz und Abs. 5, § 125 Abs. 2 erster und letzter Satz und Abs. 3, § 126 Abs. 3, § 150, § 151 Abs. 1 und 2, § 153 Abs. 1, § 154 Abs. 2, § 155 Abs. 2, § 156 Abs. 6 und Abs. 7 Z 1, § 159 Abs. 4 Z 4 sowie § 164 Abs. 9 in der Fassung BGBl. II Nr. 77/2014, treten mit dem der Kundmachung folgenden Monatsersten in Kraft. Die § 5 Abs. 2, § 22 Abs. 1 erster Satz samt Absatzbezeichnung sowie Abs. 2 bis 6, §§ 23 bis 30, § 34 Abs. 3 dritter Satz und § 156 Abs. 7 Z 2 treten mit dem der Kundmachung folgenden Monatsletzten außer Kraft.

(11) § 159 Abs. 1 in der Fassung der Verordnung BGBl. II Nr. 241/2017 tritt am 1. Juli 2017 in Kraft.

31. Arbeitszeitgesetz

Bundesgesetz vom 11. Dezember 1969 über die Regelung der Arbeitszeit (Arbeitszeitgesetz) (AZG)
StF: BGBl. Nr. 461/1969 (NR: GP XI RV 1327 AB 1463 S. 167. BR: S. 286.)
Letzte Novellierung: BGBl. I Nr. 19/2025

GLIEDERUNG

AZG

STICHWORTVERZEICHNIS

AZG

ABSCHNITT 1
Geltungsbereich

§ 1. (1) Die Bestimmungen dieses Bundesgesetzes gelten für die Beschäftigung von Arbeitnehmern (Lehrlingen), die das 18. Lebensjahr vollendet haben.

(2) Ausgenommen vom Geltungsbereich dieses Bundesgesetzes sind:

1. Arbeitnehmer, die in einem Arbeitsverhältnis zu einer Gebietskörperschaft, zu einer Stiftung, zu einem Fonds oder zu einer Anstalt stehen, sofern diese Einrichtungen von Organen einer Gebietskörperschaft oder von Personen verwaltet werden, die hiezu von Organen einer Gebietskörperschaft bestellt sind; die Bestimmungen dieses Bundesgesetzes gelten jedoch für Arbeitnehmer, die nicht im Bereich der Hoheitsverwaltung tätig sind, sofern für ihr Arbeitsverhältnis ein Kollektivvertrag wirksam ist;

2. Arbeitnehmerinnen und Arbeitnehmer im Sinne des Landarbeitsgesetzes 2021, BGBl. I Nr. 78/2021;

3. Arbeitnehmer, für die die Vorschriften des Bäckereiarbeiter/innengesetzes 1996, BGBl. Nr. 410, gelten;

4. Arbeitnehmer, für die die Vorschriften des Hausgehilfen- und Hausangestelltengesetzes, BGBl. Nr. 235/1962, gelten;

5. Arbeitnehmer,

   a) für die die Vorschriften des Hausbesorgergesetzes, BGBl. Nr. 16/1970, gelten;

   b) denen die Hausbetreuung im Sinne des § 23 Abs. 1 Mietrechtsgesetz, BGBl. Nr. 520/1981, obliegt und die in einem Arbeitsverhältnis stehen

   aa) zum Hauseigentümer oder zu einer im mehrheitlichen Eigentum des Hauseigentümers stehenden juristischen Person, soweit sich die zu betreuenden Häuser im Eigentum des Hauseigentümers befinden;

   bb) zu einer im Sinne des § 7 Abs. 4b Wohnungsgemeinnützigkeitsgesetz, BGBl. Nr. 139/1979, gegründeten Gesellschaft.

   Für diese Arbeitnehmer ist jedoch § 19 anzuwenden.

6. Lehr- und Erziehungskräfte an Unterrichts- und Erziehungsanstalten, soweit sie nicht unter Z 1 fallen;

7. nahe Angehörige der Arbeitgeberin bzw. des Arbeitgebers (Eltern, volljährige Kinder, im gemeinsamen Haushalt lebende Ehegattin oder Ehegatte, eingetragene Partnerin oder Partner, sowie Lebensgefährtin oder Lebensgefährte, wenn seit mindestens drei Jahren ein gemeinsamer Haushalt besteht), deren gesamte Arbeitszeit auf Grund der besonderen Merkmale der Tätigkeit

   a) nicht gemessen oder im Voraus festgelegt wird, oder

   b) von diesen Arbeitnehmerinnen bzw. Arbeitnehmern hinsichtlich Lage und Dauer selbst festgelegt werden kann;

8. leitende Angestellte oder sonstige Arbeitnehmerinnen und Arbeitnehmer, denen maßgebliche selbständige Entscheidungsbefugnis übertragen ist und deren gesamte Arbeitszeit auf Grund der besonderen Merkmale der Tätigkeit

   a) nicht gemessen oder im Voraus festgelegt wird, oder

   b) von diesen Arbeitnehmerinnen bzw. Arbeitnehmern hinsichtlich Lage und Dauer selbst festgelegt werden kann;

9. Heimarbeiter im Sinne des Heimarbeitsgesetzes, 1960, BGBl. Nr. 105/1961;

10. Dienstnehmer, die unter das Krankenanstalten-Arbeitszeitgesetz, BGBl. I Nr. 8/1997, fallen.

Regelungen durch Betriebsvereinbarung

§ 1a. Soweit im Folgenden nicht Anderes bestimmt wird, können Regelungen, zu denen der Kollektivvertrag nach diesem Bundesgesetz ermächtigt ist, durch Betriebsvereinbarung zugelassen werden, wenn

1. der Kollektivvertrag die Betriebsvereinbarung dazu ermächtigt, oder

2. für die betroffenen Arbeitnehmer mangels Bestehen einer kollektivvertragsfähigen Körperschaft auf Arbeitgeberseite kein Kollektivvertrag abgeschlossen werden kann.

ABSCHNITT 2
Arbeitszeit
Begriff der Arbeitszeit

§ 2. (1) Im Sinne dieses Bundesgesetzes ist:

1. Arbeitszeit die Zeit vom Beginn bis zum Ende der Arbeit ohne die Ruhepausen;

2. Tagesarbeitszeit die Arbeitszeit innerhalb eines ununterbrochenen Zeitraumes von vierundzwanzig Stunden;

3. Wochenarbeitszeit die Arbeitszeit innerhalb des Zeitraumes von Montag bis einschließlich Sonntag.

(2) Arbeitszeit im Sinne des Abs. 1 Z 1 ist auch die Zeit, während der ein im übrigen im Betrieb Beschäftigter in seiner eigenen Wohnung oder Werkstätte oder sonst außerhalb des Betriebes beschäftigt wird. Werden Arbeitnehmer von mehreren Arbeitgebern beschäftigt, so dürfen die einzelnen Beschäftigungen zusammen die gesetzliche Höchstgrenze der Arbeitszeit nicht überschreiten.

(3) Soweit in diesem Bundesgesetz personenbezogene Bezeichnungen noch nicht geschlechts-

neutral formuliert sind, gilt die gewählte Form für beide Geschlechter.

Normalarbeitszeit

§ 3. (1) Die tägliche Normalarbeitszeit darf acht Stunden, die wöchentliche Normalarbeitszeit vierzig Stunden nicht überschreiten, soweit im folgenden nicht anderes bestimmt wird.

(2) Aus Anlaß der mit dem Inkrafttreten dieses Bundesgesetzes eintretenden Arbeitszeitverkürzung darf das Entgelt der betroffenen Arbeitnehmer nicht gekürzt werden (Lohnausgleich). Ein nach Stunden bemessenes Entgelt ist dabei in dem gleichen Verhältnis zu erhöhen, in dem die Arbeitszeit verkürzt wird. Akkord-, Stück- und Gedinglöhne sowie auf Grund anderer Leistungslohnarten festgelegte Löhne sind entsprechend zu berichtigen. Durch Kollektivvertrag kann eine andere Regelung des Lohnausgleiches vereinbart werden.

Andere Verteilung der Normalarbeitszeit

§ 4. (1) Der Kollektivvertrag kann eine tägliche Normalarbeitszeit von bis zu zehn Stunden zulassen, soweit nach diesem Bundesgesetz eine kürzere Normalarbeitszeit vorgesehen ist. Darüber hinaus gehende Verlängerungsmöglichkeiten bleiben unberührt.

(2) Zur Erreichung einer längeren Freizeit, die mit der wöchentlichen Ruhezeit oder einer Ruhezeit gemäß § 12 zusammenhängen muss, kann die Normalarbeitszeit an einzelnen Tagen regelmäßig gekürzt und die ausfallende Normalarbeitszeit auf die übrigen Tage der Woche verteilt werden. Die Betriebsvereinbarung, für Arbeitnehmer in Betrieben, in denen kein Betriebsrat errichtet ist, das Arbeitsinspektorat, kann eine andere ungleichmäßige Verteilung der Normalarbeitszeit innerhalb der Woche zulassen, soweit dies die Art des Betriebes erfordert. Die tägliche Normalarbeitszeit darf neun Stunden nicht überschreiten.

(3) Fällt in Verbindung mit Feiertagen die Arbeitszeit an Werktagen aus, um den Arbeitnehmern eine längere zusammenhängende Freizeit zu ermöglichen, so kann die ausfallende Normalarbeitszeit auf die Werktage von höchstens 13 zusammenhängenden, die Ausfallstage einschließenden Wochen verteilt werden. Der Kollektivvertrag kann den Einarbeitungszeitraum verlängern. Die tägliche Normalarbeitszeit darf

1. bei einem Einarbeitungszeitraum von bis zu 13 Wochen zehn Stunden
2. bei einem längeren Einarbeitungszeitraum neun Stunden

nicht überschreiten.

(4) Die wöchentliche Normalarbeitszeit des Personals von Verkaufsstellen im Sinne des Öffnungszeitengesetzes 2003, BGBl. I Nr. 48/2003, und sonstiger Arbeitnehmer des Handels kann in den einzelnen Wochen eines Durchrechnungszeitraumes von vier Wochen bis auf 44 Stunden ausgedehnt werden, wenn innerhalb dieses Zeitraumes die durchschnittliche wöchentliche Normalarbeitszeit 40 Stunden bzw. die durch Kollektivvertrag festgelegte Normalarbeitszeit nicht überschreitet. Der Kollektivvertrag kann eine Verlängerung des Durchrechnungszeitraumes zulassen. Die tägliche Normalarbeitszeit darf neun Stunden nicht überschreiten.

(5) Der zur Erreichung der durchschnittlichen Normalarbeitszeit nach Abs. 4 im Durchrechnungszeitraum erforderliche Zeitausgleich ist unter Berücksichtigung der jeweiligen Betriebserfordernisse zusammenhängend zu gewähren. Ein Zeitausgleich von mehr als vier Stunden kann in zwei Teilen gewährt werden, wobei ein Teil mindestens vier Stunden zu betragen hat.

(6) Für Arbeitnehmer, die nicht unter Abs. 4 fallen, kann der Kollektivvertrag zulassen, dass in einzelnen Wochen eines Durchrechnungszeitraumes von bis zu einem Jahr die Normalarbeitszeit

1. bei einem Durchrechnungszeitraum von bis zu acht Wochen auf höchstens 50 Stunden,
2. bei einem längeren Durchrechnungszeitraum auf höchstens 48 Stunden,

ausgedehnt wird, wenn sie innerhalb dieses Zeitraumes im Durchschnitt 40 Stunden bzw. die durch Kollektivvertrag festgelegte Normalarbeitszeit nicht überschreitet. Der Kollektivvertrag kann einen längeren Durchrechnungszeitraum unter der Bedingung zulassen, dass der zur Erreichung der durchschnittlichen Normalarbeitszeit erforderliche Zeitausgleich jedenfalls in mehrwöchigen zusammenhängenden Zeiträumen verbraucht wird. Die tägliche Normalarbeitszeit darf neun Stunden nicht überschreiten.

(7) Der Kollektivvertrag kann bei einer Arbeitszeitverteilung gemäß Abs. 4 und 6 eine mehrmalige Übertragung von Zeitguthaben und Zeitschulden in die nächsten Durchrechnungszeiträume zulassen.

(8) Die Betriebsvereinbarung kann eine tägliche Normalarbeitszeit von bis zu zehn Stunden zulassen, wenn die gesamte Wochenarbeitszeit regelmäßig auf vier Tage verteilt wird. In Betrieben, in denen kein Betriebsrat errichtet ist, kann eine solche Arbeitszeitverteilung schriftlich vereinbart werden.

(9) Für Arbeitnehmer in Betrieben gemäß § 2 Abs. 2a des Bauarbeiter-Urlaubs- und Abfertigungsgesetzes, BGBl. Nr. 414/1972, gilt Abs. 3 mit der Maßgabe, dass die tägliche Normalarbeitszeit bei Verlängerung des Einarbeitungszeitraumes durch Kollektivvertrag zehn Stunden nicht überschreiten darf. Abs. 8 ist nicht anzuwenden.

Normalarbeitszeit bei Schichtarbeit

§ 4a. (1) Bei mehrschichtiger Arbeitsweise ist ein Schichtplan zu erstellen. Die wöchentliche Normalarbeitszeit darf

AZG

1. innerhalb des Schichtturnusses oder
2. bei Durchrechnung der Normalarbeitszeit gemäß § 4 Abs. 6 innerhalb des Durchrechnungszeitraumes

im Durchschnitt 40 Stunden bzw. die durch Kollektivvertrag festgelegte Normalarbeitszeit nicht überschreiten.

(2) Die tägliche Normalarbeitszeit darf neun Stunden nicht überschreiten, soweit nicht nach § 4 eine längere Normalarbeitszeit zulässig ist.

(3) Bei durchlaufender mehrschichtiger Arbeitsweise mit Schichtwechsel kann die tägliche Normalarbeitszeit bis auf zwölf Stunden ausgedehnt werden,

1. am Wochenende (Beginn der Nachtschicht zum Samstag bis zum Ende der Nachtschicht zum Montag), wenn dies durch Betriebsvereinbarung geregelt ist, oder
2. wenn dies mit einem Schichtwechsel in Verbindung steht.

(4) Der Kollektivvertrag kann zulassen, dass

1. die Normalarbeitszeit in einzelnen Wochen bis auf 56 Stunden ausgedehnt wird;
2. die tägliche Normalarbeitszeit bis auf zwölf Stunden unter der Bedingung ausgedehnt wird, dass die arbeitsmedizinische Unbedenklichkeit dieser Arbeitszeitverlängerung für die betreffenden Tätigkeiten durch einen Arbeitsmediziner festgestellt wird. Auf Verlangen des Betriebsrates, in Betrieben ohne Betriebsrat auf Verlangen der Mehrheit der betroffenen Arbeitnehmer, ist ein weiterer, einvernehmlich bestellter Arbeitsmediziner zu befassen.

Gleitende Arbeitszeit

§ 4b. (1) Gleitende Arbeitszeit liegt vor, wenn der Arbeitnehmer innerhalb eines vereinbarten zeitlichen Rahmens Beginn und Ende seiner täglichen Normalarbeitszeit selbst bestimmen kann.

(2) Die gleitende Arbeitszeit muß durch Betriebsvereinbarung, in Betrieben, in denen kein Betriebsrat errichtet ist, durch schriftliche Vereinbarung geregelt werden (Gleitzeitvereinbarung).

(3) Die Gleitzeitvereinbarung hat zu enthalten:

1. die Dauer der Gleitzeitperiode,
2. den Gleitzeitrahmen,
3. das Höchstausmaß allfälliger Übertragungsmöglichkeiten von Zeitguthaben und Zeitschulden in die nächste Gleitzeitperiode und
4. Dauer und Lage der fiktiven Normalarbeitszeit.

(4) Die tägliche Normalarbeitszeit darf zehn Stunden nicht überschreiten. Eine Verlängerung der täglichen Normalarbeitszeit auf bis zu zwölf Stunden ist zulässig, wenn die Gleitzeitvereinbarung vorsieht, dass ein Zeitguthaben ganztägig verbraucht werden kann und ein Verbrauch in Zusammenhang mit einer wöchentlichen Ruhezeit nicht ausgeschlossen ist. Die wöchentliche Normalarbeitszeit darf innerhalb der Gleitzeitperiode

die wöchentliche Normalarbeitszeit gemäß § 3 im Durchschnitt nur insoweit überschreiten, als Übertragungsmöglichkeiten von Zeitguthaben vorgesehen sind.

(5) Ordnet die Arbeitgeberin bzw. der Arbeitgeber Arbeitsstunden an, die über die Normalarbeitszeit gemäß § 3 Abs. 1 hinausgehen, gelten diese als Überstunden.

Dekadenarbeit

§ 4c. (1) Für Arbeitnehmer, die auf im öffentlichen Interesse betriebenen Großbaustellen oder auf Baustellen der Wildbach- und Lawinenverbauung in Gebirgsregionen beschäftigt sind, kann der Kollektivvertrag zulassen, daß die wöchentliche Normalarbeitszeit mehr als 40 Stunden beträgt, wenn innerhalb eines Durchrechnungszeitraumes von zwei Wochen die wöchentliche Normalarbeitszeit im Durchschnitt die Normalarbeitszeit gemäß § 3 nicht überschreitet.

(2) Die tägliche Normalarbeitszeit darf neun Stunden nicht überschreiten.

Verlängerung der Normalarbeitszeit bei Arbeitsbereitschaft

§ 5. (1) Die wöchentliche Normalarbeitszeit kann bis auf 60 Stunden, die tägliche Normalarbeitszeit bis auf zwölf Stunden ausgedehnt werden, wenn

1. der Kollektivvertrag oder die Betriebsvereinbarung dies zuläßt und
2. darüber hinaus in die Arbeitszeit des Arbeitnehmers regelmäßig und in erheblichem Umfang Arbeitsbereitschaft fällt.

(2) Eine Betriebsvereinbarung gemäß Abs. 1 ist nur zulässig, wenn

1. der Kollektivvertrag die Betriebsvereinbarung dazu ermächtigt, oder
2. für die betroffen Arbeitnehmer kein Kollektivvertrag wirksam ist.

(3) Das Arbeitsinspektorat kann für Betriebe, in denen kein Betriebsrat errichtet ist, eine Verlängerung der wöchentlichen Normalarbeitszeit bis auf 60 Stunden, der täglichen Normalarbeitszeit bis auf zwölf Stunden für Arbeitnehmer zulassen, wenn

1. für die betroffen Arbeitnehmer kein Kollektivvertrag wirksam ist und
2. darüber hinaus in die Arbeitszeit des Arbeitnehmers regelmäßig und in erheblichem Umfang Arbeitsbereitschaft fällt.

Normalarbeitszeit bei besonderen Erholungsmöglichkeiten

§ 5a. (1) Besteht die Arbeitszeit überwiegend aus Arbeitsbereitschaft (§ 5) und bestehen für den Arbeitnehmer während der Arbeitszeit besondere Erholungsmöglichkeiten, kann der Kollektivvertrag für solche Arbeiten die Betriebsvereinbarung ermächtigen, dreimal pro Woche eine Ausdehnung der täglichen Normalarbeitszeit bis auf 24

Stunden zuzulassen, wenn durch ein arbeitsmedizinisches Gutachten festgestellt wurde, daß wegen der besonderen Arbeitsbedingungen der Arbeitnehmer im Durchschnitt nicht stärker gesundheitlich belastet wird als bei Ausübung der selben Tätigkeit im Rahmen einer Verlängerung der Normalarbeitszeit gemäß § 5.

(2) Der Kollektivvertrag und die Betriebsvereinbarung haben alle Bedingungen festzulegen, unter denen die Verlängerung der täglichen Normalarbeitszeit im Einzelfall zulässig ist.

(3) Innerhalb eines durch Kollektivvertrag festzusetzenden Durchrechnungszeitraumes darf die wöchentliche Normalarbeitszeit im Durchschnitt 60 Stunden, in einzelnen Wochen des Durchrechnungszeitraumes 72 Stunden nicht überschreiten.

(4) § 1a Z 2 ist anzuwenden.

Überstundenarbeit

§ 6. (1) Überstundenarbeit liegt vor, wenn entweder

1. die Grenzen der nach den §§ 3 bis 5a zulässigen wöchentlichen Normalarbeitszeit überschritten werden oder
2. die tägliche Normalarbeitszeit überschritten wird, die sich auf Grund der Verteilung dieser wöchentlichen Normalarbeitszeit gemäß den §§ 3 bis 5a und 18 Abs. 2 ergibt.

(1a) Am Ende einer Gleitzeitperiode bestehende Zeitguthaben, die nach der Gleitzeitvereinbarung in die nächste Gleitzeitperiode übertragen werden können, sowie am Ende eines Durchrechnungszeitraumes bestehende Zeitguthaben, die gemäß § 4 Abs. 7 in den nächsten Durchrechnungszeitraum übertragen werden können, gelten nicht als Überstunden.

(2) Arbeitnehmer dürfen zur Überstundenarbeit nur dann herangezogen werden, wenn diese nach den Bestimmungen dieses Bundesgesetzes zugelassen ist und berücksichtigungswürdige Interessen des Arbeitnehmers der Überstundenarbeit nicht entgegenstehen.

Verlängerung der Arbeitszeit bei Vorliegen eines höheren Arbeitsbedarfes

§ 7. (1) Bei Vorliegen eines erhöhten Arbeitsbedarfes darf die durchschnittliche Wochenarbeitszeit unbeschadet der Bestimmungen des § 8 über die nach den §§ 3 bis 5 zulässige Dauer innerhalb eines Durchrechnungszeitraumes von 17 Wochen 48 Stunden nicht überschreiten. Wöchentlich sind jedoch nicht mehr als zwanzig Überstunden zulässig. Die Tagesarbeitszeit darf zwölf Stunden nicht überschreiten. Die Regelungen des § 9 Abs. 4 bleiben unberührt.

(Anm.: Abs. 2 aufgehoben durch Art. 1 Z 6, BGBl. I Nr. 53/2018)

(3) Unter den Voraussetzungen des § 5 Abs. 1 und 2 kann die Wochenarbeitszeit durch Überstunden bis auf 60 Stunden, die Tagesarbeitszeit bis auf 13 Stunden ausgedehnt werden. Bei Zulassung einer Verlängerung der Arbeitszeit durch das Arbeitsinspektorat gemäß § 5 Abs. 3 sind Überstunden nach Abs. 1 nur bis zu einer Tagesarbeitszeit von 13 Stunden und einer Wochenarbeitszeit von 60 Stunden zulässig.

(Anm.: Abs. 4 und 4a aufgehoben durch Art. 1 Z 6, BGBl. I Nr. 53/2018)

(5) Darüber hinaus kann das Arbeitsinspektorat bei Nachweis eines dringenden Bedürfnisses auf Antrag des Arbeitgebers nach Anhörung der gesetzlichen Interessenvertretungen der Arbeitgeber und der Arbeitnehmer eine Arbeitszeitverlängerung bewilligen, soweit die Verlängerungsmöglichkeiten gemäß Abs. 1 und 3 ausgeschöpft sind. Eine Tagesarbeitszeit über zwölf Stunden und eine Wochenarbeitszeit über 60 Stunden kann das Arbeitsinspektorat jedoch nur zulassen, wenn dies im öffentlichen Interesse erforderlich ist.

(6) Es steht den Arbeitnehmerinnen und Arbeitnehmern frei, Überstunden nach § 7 und § 8 Abs. 1 und 2 ohne Angabe von Gründen abzulehnen, wenn durch diese Überstunden die Tagesarbeitszeit von zehn Stunden oder die Wochenarbeitszeit von 50 Stunden überschritten wird. Sie dürfen deswegen nicht benachteiligt werden, insbesondere hinsichtlich des Entgelts, der Aufstiegsmöglichkeiten und der Versetzung. Werden Arbeitnehmerinnen und Arbeitnehmer deswegen gekündigt, können sie die Kündigung innerhalb einer Frist von zwei Wochen bei Gericht anfechten. § 105 Abs. 5 des Arbeitsverfassungsgesetzes (ArbVG), BGBl. Nr. 22/1974 gilt sinngemäß.

Verlängerung der Arbeitszeit zur Vornahme von Vor- und Abschlußarbeiten

§ 8. (1) Die für den Betrieb oder eine Betriebsabteilung zulässige Dauer der Arbeitszeit darf um eine halbe Stunde täglich, jedoch höchstens bis zu zwölf Stunden täglich in folgenden Fällen ausgedehnt werden:

a) bei Arbeiten zur Reinigung und Instandhaltung, soweit sich diese Arbeiten während des regelmäßigen Betriebes nicht ohne Unterbrechung oder erhebliche Störung ausführen lassen,

b) bei Arbeiten, von denen die Wiederaufnahme oder Aufrechterhaltung des vollen Betriebes arbeitstechnisch abhängt,

c) bei Arbeiten zur abschließenden Kundenbedienung einschließlich der damit zusammenhängenden notwendigen Aufräumungsarbeiten.

(2) Die Arbeitszeit darf in den Fällen des Abs. 1 über zwölf Stunden täglich verlängert werden, wenn eine Vertretung des Arbeitnehmers durch andere Arbeitnehmer nicht möglich ist und dem Arbeitgeber die Heranziehung betriebsfremder Personen nicht zugemutet werden kann.

AZG

(3) Durch Kollektivvertrag kann näher bestimmt werden, welche Arbeiten als Vor- und Abschlußarbeiten gelten.

(4) Die Arbeitszeit gemäß § 5a Abs. 1 kann um eine halbe Stunde ausgedehnt werden, wenn dies zur Arbeitsübergabe unbedingt erforderlich ist.

Höchstgrenzen der Arbeitszeit

§ 9. (1) Die Tagesarbeitszeit darf zwölf Stunden und die Wochenarbeitszeit 60 Stunden nicht überschreiten, sofern die Abs. 2 bis 4 nicht anderes bestimmen. Diese Höchstgrenzen der Arbeitszeit dürfen auch beim Zusammentreffen einer anderen Verteilung der wöchentlichen Normalarbeitszeit mit Arbeitszeitverlängerungen nicht überschritten werden.

(2) Die Tagesarbeitszeit darf im Falle des § 13b Abs. 2 und 3 (Verlängerung der Arbeitszeit für Lenker) und § 18 Abs. 2 (Betriebe des öffentlichen Verkehrs) zwölf Stunden überschreiten und in den Fällen des § 5a (besondere Erholungsmöglichkeiten), § 7 Abs. 3 und 5 (erhöhter Arbeitsbedarf), § 8 Abs. 2 und 4 (Vor- und Abschlussarbeiten), § 18b Abs. 6 (Schiffsdienst von Schifffahrtsunternehmen) und § 19a Abs. 2 (Apotheken) zwölf Stunden insoweit überschreiten, als dies nach diesen Bestimmungen zulässig ist.

(3) Die Wochenarbeitszeit darf im Fall des § 4c (Dekadenarbeit) 60 Stunden überschreiten und in den Fällen der §§ 5a (besondere Erholungsmöglichkeiten), 7 Abs. 5 (erhöhter Arbeitsbedarf), 18 Abs. 3 (Betriebe des öffentlichen Verkehrs) und 19a Abs. 2 (Apotheken) 60 Stunden insoweit überschreiten, als dies nach diesen Bestimmungen zulässig ist.

(4) Ist nach den Bestimmungen dieses Bundesgesetzes eine Wochenarbeitszeit von mehr als 48 Stunden zulässig, darf die durchschnittliche Wochenarbeitszeit innerhalb eines Durchrechnungszeitraumes von 17 Wochen 48 Stunden nicht überschreiten. Der Kollektivvertrag kann eine Verlängerung des Durchrechnungszeitraumes bis auf 26 Wochen zulassen. Der Kollektivvertrag kann eine Verlängerung des Durchrechnungszeitraumes bis auf 52 Wochen bei Vorliegen von technischen oder arbeitsorganisatorischen Gründen zulassen.

(5) Abs. 4 ist nicht anzuwenden bei
1. Verlängerung der Arbeitszeit bei Arbeitsbereitschaft (§§ 5 und 7 Abs. 3),
2. Verlängerung der Arbeitszeit bei besonderen Erholungsmöglichkeiten (§§ 5a und 8 Abs. 4),
3. Verlängerung der Arbeitszeit gemäß § 13b Abs. 3 und
4. Verlängerung der Arbeitszeit gemäß § 19a Abs. 2 Z 4.

Überstundenvergütung

§ 10. (1) Für Überstunden gebührt
1. ein Zuschlag von 50% oder

2. eine Abgeltung durch Zeitausgleich. Der Überstundenzuschlag ist bei der Bemessung des Zeitausgleiches zu berücksichtigen oder gesondert auszuzahlen.

(2) Der Kollektivvertrag kann festlegen, ob mangels einer abweichenden Vereinbarung eine Abgeltung in Geld oder durch Zeitausgleich zu erfolgen hat. Trifft der Kollektivvertrag keine Regelung oder kommt kein Kollektivvertrag zur Anwendung, kann die Betriebsvereinbarung diese Regelung treffen. Besteht keine Regelung, gebührt mangels einer abweichenden Vereinbarung eine Abgeltung in Geld.

(3) Der Berechnung des Zuschlages ist der auf die einzelne Arbeitsstunde entfallende Normallohn zugrunde zu legen. Bei Akkord-, Stück- und Gedinglöhnen ist dieser nach dem Durchschnitt der letzten 13 Wochen zu bemessen. Durch Kollektivvertrag kann auch eine andere Berechnungsart vereinbart werden.

(4) Abweichend von Abs. 1 und 2 können Arbeitnehmerinnen und Arbeitnehmer für Überstunden, durch die die Tagesarbeitszeit von zehn Stunden oder die Wochenarbeitszeit von 50 Stunden überschritten wird, bestimmen, ob die Abgeltung in Geld nach Abs. 1 Z 1 oder durch Zeitausgleich nach Abs. 1 Z 2 erfolgt. Dieses Wahlrecht ist möglichst frühzeitig, spätestens jedoch am Ende des jeweiligen Abrechnungszeitraumes auszuüben.

ABSCHNITT 3
Ruhepausen und Ruhezeiten
Ruhepausen

§ 11. (1) Beträgt die Gesamtdauer der Tagesarbeitszeit mehr als sechs Stunden, so ist die Arbeitszeit durch eine Ruhepause von mindestens einer halben Stunde zu unterbrechen. Wenn es im Interesse der Arbeitnehmer des Betriebes gelegen oder aus betrieblichen Gründen notwendig ist, können anstelle einer halbstündigen Ruhepause zwei Ruhepausen von je einer Viertelstunde oder drei Ruhepausen von je zehn Minuten gewährt werden. Eine andere Teilung der Ruhepause kann aus diesen Gründen durch Betriebsvereinbarung, in Betrieben, in denen kein Betriebsrat errichtet ist, durch das Arbeitsinspektorat, zugelassen werden. Ein Teil der Ruhepause muß mindestens zehn Minuten betragen.

(2) Eine Pausenregelung gemäß Abs. 1 zweiter Satz kann, sofern eine gesetzliche Betriebsvertretung besteht, nur mit deren Zustimmung getroffen werden.

(3) Bei Arbeiten, die werktags und sonntags einen ununterbrochenen Fortgang erfordern, sind den in Wechselschichten beschäftigten Arbeitnehmern anstelle der Pausen im Sinne des Abs. 1 Kurzpausen von angemessener Dauer zu gewähren. Eine derartige Pausenregelung kann auch bei sonstiger durchlaufender mehrschichtiger Arbeitsweise getroffen werden.

(4) Arbeitnehmern, die Nachtschwerarbeit im Sinne des Art. VII Abs. 2 oder 4, einer Verordnung nach Art. VII Abs. 3 oder eines Kollektivvertrages gemäß Art. VII Abs. 6 des Nachtschwerarbeitsgesetzes (NSchG), BGBl. Nr. 354/1981, leisten, ist während jeder Nacht, in der diese Arbeit geleistet wird, jedenfalls eine Kurzpause von mindestens 10 Minuten zu gewähren. Mit dem Arbeitsablauf üblicherweise verbundene Unterbrechungen in der Mindestdauer von zehn Minuten, die zur Erholung verwendet werden können, können auf die Kurzpausen angerechnet werden.

(5) Die Betriebsvereinbarung, in Betrieben, in denen kein Betriebsrat errichtet ist, das Arbeitsinspektorat, kann eine Verkürzung der Ruhepause auf mindestens 15 Minuten zulassen, wenn es im Interesse der Arbeitnehmer gelegen oder aus betrieblichen Gründen notwendig ist. Wird die Ruhepause gemäß Abs. 1 geteilt, muß ein Teil mindestens 15 Minuten betragen.

(6) Kurzpausen im Sinne der Abs. 3 und 4 gelten als Arbeitszeit.

(Anm.: Abs. 7 aufgehoben durch Art. 3 Z 1, BGBl. I Nr. 126/2017)

(Anm.: Abs. 8 bis 10 aufgehoben durch BGBl. I Nr. 94/2014)

Ruhezeiten

§ 12. (1) Nach Beendigung der Tagesarbeitszeit ist den Arbeitnehmern eine ununterbrochene Ruhezeit von mindestens elf Stunden zu gewähren.

(2) Der Kollektivvertrag kann die ununterbrochene Ruhezeit auf mindestens acht Stunden verkürzen. Solche Verkürzungen der Ruhezeit sind innerhalb der nächsten zehn Kalendertage durch entsprechende Verlängerung einer anderen täglichen oder wöchentlichen Ruhezeit auszugleichen. Eine Verkürzung auf weniger als zehn Stunden ist nur zulässig, wenn der Kollektivvertrag weitere Maßnahmen zur Sicherstellung der Erholung der Arbeitnehmer vorsieht.

(2a) Im Gast-, Schank- und Beherbergungsgewerbe kann für Arbeitnehmerinnen und Arbeitnehmer in Küche und Service bei geteilten Diensten die tägliche Ruhezeit auf mindestens acht Stunden verkürzt werden. Ein geteilter Dienst liegt vor, wenn die Tagesarbeitszeit durch eine Ruhepause von mindestens drei Stunden unterbrochen wird. Solche Verkürzungen sind innerhalb der vier Wochen, in Saisonbetrieben nach Möglichkeit während der Saison, spätestens jedoch im Anschluss an die Saison, durch Verlängerung einer anderen täglichen Ruhezeit auszugleichen. Ist dieser Ausgleich bis zum Ende des Arbeitsverhältnisses nicht erfolgt, so gebührt den Arbeitnehmerinnen und Arbeitnehmern eine geldwerte Zahlung in Höhe des Normallohns und der Zuschläge, auf welche die Arbeitnehmerinnen und Arbeitnehmer für die während der Ruhezeit geleistete Tätigkeit Anspruch hatten.

(2b) Saisonbetriebe im Sinne des Abs. 2a sind Betriebe, die aufgrund des Jahreszeitenwechsels

1. nur zu bestimmten Zeiten im Jahr offen haben und die übrigen Zeiten geschlossen halten, oder

2. höchstens ein- oder zweimal im Jahr eine gegenüber den übrigen Zeiten deutlich verstärkte Geschäftstätigkeit entfalten, wodurch eine zusätzliche Personalaufnahme notwendig ist.

(2c) Bei Arbeiten, die werktags und sonntags einen ununterbrochenen Fortgang mit Schichtwechsel erfordern, kann die tägliche Ruhezeit einmal im Schichtturnus bei Schichtwechsel auf eine Schichtlänge, jedoch auf nicht weniger als acht Stunden verkürzt werden. Innerhalb des Schichtturnusses ist eine andere tägliche Ruhezeit entsprechend zu verlängern.

(2d) Beträgt die tägliche Normalarbeitszeit gemäß § 5a mehr als zwölf Stunden, ist abweichend von Abs. 1 eine ununterbrochene Ruhezeit von mindestens 23 Stunden zu gewähren.

(3) Den Arbeitnehmern gebührt wöchentlich eine ununterbrochene Wochenruhe von mindestens sechsunddreißig Stunden. Hievon kann in den Fällen der Schichtarbeit gemäß § 11 Abs. 3 nur insoweit abgewichen werden, als dies zur Ermöglichung des Schichtwechsels erforderlich ist.

(4) Wenn es aus betrieblichen Gründen notwendig ist, können durch Verordnung für bestimmte Arten oder Gruppen von Betrieben oder im Einzelfall durch Bewilligung des Arbeitsinspektorates Ausnahmen von der Bestimmung des Abs. 3 zugelassen werden.

ABSCHNITT 3a
Nachtarbeit
Definitionen und Arbeitszeit

§ 12a. (1) Als Nacht im Sinne dieses Bundesgesetzes gilt die Zeit zwischen 22.00 Uhr und 05.00 Uhr.

(2) Nachtarbeitnehmer im Sinne dieses Bundesgesetzes sind Arbeitnehmer, die

1. regelmäßig oder

2. sofern der Kollektivvertrag nicht anderes vorsieht, in mindestens 48 Nächten im Kalenderjahr

während der Nacht mindestens drei Stunden arbeiten.

(3) Nachtschwerarbeiter im Sinne dieses Abschnittes sind Nachtarbeitnehmer, die Nachtarbeit im Sinne des Abs. 1 unter den in Art. VII Abs. 2 oder 4, einer Verordnung nach Art. VII Abs. 3 oder eines Kollektivvertrages gemäß Art. VII Abs. 6 NSchG genannten Bedingungen leisten.

(4) Beträgt in den Fällen der Arbeitsbereitschaft gemäß § 5 die durchschnittliche tägliche Normalarbeitszeit der Nachtarbeitnehmer innerhalb eines Durchrechnungszeitraumes von 26 Wochen mehr als acht Stunden, so gebühren zusätzliche

AZG

Ruhezeiten. Von der Summe aller Überschreitungen abzüglich der Summe aller Unterschreitungen der täglichen Normalarbeitszeit von acht Stunden im Durchrechnungszeitraum sind insgesamt zwei Drittel als zusätzliche Ruhezeiten zu gewähren.

(5) Soweit nach diesem Bundesgesetz eine Tagesarbeitszeit von mehr als acht Stunden zulässig ist, darf für Nachtschwerarbeiter die durchschnittliche Arbeitszeit an Nachtarbeitstagen innerhalb eines Durchrechnungszeitraumes von 26 Wochen einschließlich der Überstunden acht Stunden nur dann überschreiten, wenn dies durch Normen der kollektiven Rechtsgestaltung zugelassen wird. In diesen Fällen gebühren zusätzliche Ruhezeiten im Gesamtausmaß der Summe aller Überschreitungen abzüglich der Summe aller Unterschreitungen der Tagesarbeitszeit von acht Stunden an Nachtarbeitstagen im Durchrechnungszeitraum.

(6) Soweit die zusätzlichen Ruhezeiten nach Abs. 4 und 5 nicht bereits während des Durchrechnungszeitraumes gewährt werden, sind die zusätzlichen Ruhezeiten bis zum Ablauf von vier Kalenderwochen nach Ende des Durchrechnungszeitraumes, bei Schichtarbeit bis zum Ende des nächstfolgenden Schichtturnusses, zu gewähren. Jede zusätzliche Ruhezeit hat mindestens zwölf Stunden zu betragen und kann in Zusammenhang mit einer täglichen Ruhezeit nach § 12 oder einer wöchentlichen Ruhezeit nach dem Arbeitsruhegesetz, BGBl. Nr. 144/1983, gewährt werden.

(7) § 5 Abs. 3 ist auf Nachtarbeitnehmer nicht anzuwenden.

Untersuchungen

§ 12b. (1) Der Nachtarbeitnehmer hat Anspruch auf unentgeltliche Untersuchungen des Gesundheitszustandes gemäß § 51 ArbeitnehmerInnenschutzgesetz (ASchG), BGBl. Nr. 450/1994, und zwar vor Aufnahme der Tätigkeit und danach in Abständen von zwei Jahren, nach Vollendung des 50. Lebensjahres oder nach zehn Jahren als Nachtarbeitnehmer in jährlichen Abständen.

(2) Abweichend von § 12a Abs. 1 und 2 gelten für den Anspruch auf Untersuchungen die folgenden Definitionen:

1. als Nacht gilt die Zeit zwischen 22.00 Uhr und 06.00 Uhr;
2. Nachtarbeitnehmer sind Arbeitnehmer, die regelmäßig oder in mindestens 30 Nächten im Kalenderjahr während der Nacht mindestens drei Stunden arbeiten.

Versetzung

§ 12c. Der Nachtarbeitnehmer hat auf Verlangen Anspruch gegenüber dem Arbeitgeber auf Versetzung auf einen geeigneten Tagesarbeitsplatz entsprechend den betrieblichen Möglichkeiten, wenn

1. die weitere Verrichtung von Nachtarbeit die Gesundheit nachweislich gefährdet, oder

2. die Bedachtnahme auf unbedingt notwendige Betreuungspflichten gegenüber Kindern bis zu zwölf Jahren dies erfordert, für die Dauer dieser Betreuungspflichten.

Recht auf Information

§ 12d. Der Arbeitgeber hat sicherzustellen, dass Nachtarbeitnehmer über wichtige Betriebsgeschehnisse, die die Interessen der Nachtarbeitnehmer berühren, informiert werden.

Fassung bis 30. Juni 2026:

ABSCHNITT 4

Sonderbestimmungen für Lenker von Kraftfahrzeugen

Unterabschnitt 4a

Allgemeines

Definitionen

§ 13. (1) Im Sinne dieses Bundesgesetzes ist

1. eine öffentliche Straße eine Straße mit öffentlichem Verkehr im Sinne des § 1 Abs. 1 der Straßenverkehrsordnung 1960, BGBl. Nr. 159;
2. ein VO-Fahrzeug ein Kraftfahrzeug, das entweder

a) zur Güterbeförderung dient und dessen zulässiges Gesamtgewicht, einschließlich Anhänger oder Sattelanhänger, 3,5 Tonnen übersteigt, oder

b) zur Personenbeförderung dient und nach seiner Bauart und Ausstattung geeignet und dazu bestimmt ist, mehr als neun Personen einschließlich des Fahrers zu befördern,

und das weder unter eine Ausnahme des Artikels 3 der Verordnung (EG) Nr. 561/2006 fällt noch aufgrund einer Verordnung gemäß § 15e Abs. 1 zur Gänze von der Anwendung der Verordnungen (EU) Nr. 165/2014 und (EG) Nr. 561/2006 freigestellt ist;

3. ein sonstiges Fahrzeug jedes Kraftfahrzeug, das nicht unter die Z 2 fällt;
4. ein analoges Kontrollgerät ein analoger Fahrtenschreiber im Sinne von Art. 2 Abs. 2 lit. g der Verordnung (EU) Nr. 165/2014;
5. ein digitales Kontrollgerät ein digitaler Fahrtenschreiber im Sinne von Art. 2 Abs. 2 lit. h der Verordnung (EU) Nr. 165/2014;
6. ein regionaler Kraftfahrlinienverkehr ein Kraftfahrlinienverkehr mit einer Linienstrecke von nicht mehr als 50 km.

(2) Soweit in diesem Bundesgesetz auf die Verordnung (EG) Nr. 561/2006 verwiesen wird, ist dies ein Verweis auf die Verordnung (EG) Nr. 561/2006 über die Harmonisierung bestimmter Sozialvorschriften im Straßenverkehr, ABl. Nr. L 102 vom 11.04.2006 S. 1, in der jeweils geltenden Fassung.

(3) Soweit in diesem Bundesgesetz auf die Verordnung (EU) Nr. 165/2014 verwiesen wird, ist dies ein Verweis auf die Verordnung (EU)

Nr. 165/2014 über den Fahrtenschreiber im Straßenverkehr, ABl. Nr. L 60 vom 28.2.2014 S. 1, in der jeweils geltenden Fassung.

(4) Soweit in diesem Bundesgesetz auf den Anhang III der Richtlinie 2006/22/EG verwiesen wird, ist dies ein Verweis auf die Richtlinie 2006/22/EG des Europäischen Parlaments und des Rates vom 15. März 2006 über die Mindestbedingungen für die Durchführung der Verordnungen (EWG) Nr. 3820/85 und (EWG) Nr. 3821/85 des Rates über Sozialvorschriften für Tätigkeiten im Kraftverkehr (ABl. Nr. L 102 vom 11.4.2006, S. 35), zuletzt geändert durch die Delegierte Richtlinie (EU) 2024/846, ABl. Nr. L vom 31.5.2024, S. 1.

Fassung ab 1. Juli 2026:

ABSCHNITT 4
Sonderbestimmungen für Lenker von Kraftfahrzeugen

Unterabschnitt 4a
Allgemeines

Definitionen

§ **13.** (1) Im Sinne dieses Bundesgesetzes ist

1. eine öffentliche Straße eine Straße mit öffentlichem Verkehr im Sinne des § 1 Abs. 1 der Straßenverkehrsordnung 1960, BGBl. Nr. 159;

2. ein VO-Fahrzeug ein Kraftfahrzeug, das entweder

a) zur Güterbeförderung dient und dessen zulässiges Gesamtgewicht, einschließlich Anhänger oder Sattelanhänger,

aa) 3,5 Tonnen übersteigt oder

bb) 2,5 Tonnen übersteigt und höchstens 3,5 Tonnen beträgt und das bei grenzüberschreitenden Güterbeförderungen oder bei Kabotagebeförderungen eingesetzt wird, oder

b) zur Personenbeförderung dient und nach seiner Bauart und Ausstattung geeignet und dazu bestimmt ist, mehr als neun Personen einschließlich des Fahrers zu befördern,

und das weder unter eine Ausnahme des Artikels 3 der Verordnung (EG) Nr. 561/2006 fällt noch aufgrund einer Verordnung gemäß § 15e Abs. 1 zur Gänze von der Anwendung der Verordnungen (EU) Nr. 165/2014 und (EG) Nr. 561/2006 freigestellt ist;

3. ein sonstiges Fahrzeug jedes Kraftfahrzeug, das nicht unter die Z 2 fällt;

4. ein analoges Kontrollgerät ein analoger Fahrtenschreiber im Sinne von Art. 2 Abs. 2 lit. g der Verordnung (EU) Nr. 165/2014;

5. ein digitales Kontrollgerät ein digitaler Fahrtenschreiber im Sinne von Art. 2 Abs. 2 lit. h der Verordnung (EU) Nr. 165/2014;

6. ein regionaler Kraftfahrlinienverkehr ein Kraftfahrlinienverkehr mit einer Linienstrecke von nicht mehr als 50 km.

(2) Soweit in diesem Bundesgesetz auf die Verordnung (EG) Nr. 561/2006 verwiesen wird, ist dies ein Verweis auf die Verordnung (EG) Nr. 561/2006 über die Harmonisierung bestimmter Sozialvorschriften im Straßenverkehr, ABl. Nr. L 102 vom 11.04.2006 S. 1, in der jeweils geltenden Fassung.

(3) Soweit in diesem Bundesgesetz auf die Verordnung (EU) Nr. 165/2014 verwiesen wird, ist dies ein Verweis auf die Verordnung (EU) Nr. 165/2014 über den Fahrtenschreiber im Straßenverkehr, ABl. Nr. L 60 vom 28.2.2014 S. 1, in der jeweils geltenden Fassung.

(4) Soweit in diesem Bundesgesetz auf den Anhang III der Richtlinie 2006/22/EG verwiesen wird, ist dies ein Verweis auf die Richtlinie 2006/22/EG des Europäischen Parlaments und des Rates vom 15. März 2006 über die Mindestbedingungen für die Durchführung der Verordnungen (EWG) Nr. 3820/85 und (EWG) Nr. 3821/85 des Rates über Sozialvorschriften für Tätigkeiten im Kraftverkehr (ABl. Nr. L 102 vom 11.4.2006, S. 35), zuletzt geändert durch die Delegierte Richtlinie (EU) 2024/846, ABl. Nr. L vom 31.5.2024, S. 1.

Geltungsbereich

§ **13a.** (1) Für die Beschäftigung von Lenkern von Kraftfahrzeugen auf öffentlichen Straßen gelten die Bestimmungen der Abschnitte 2 bis 3a mit den in den §§ 13b bis 17c genannten Abweichungen.

(2) Für das Lenken von VO-Fahrzeugen gelten Vorschriften nach Maßgabe der Verordnung (EG) Nr. 561/2006 auch auf solchen Fahrtstrecken auf öffentlichen Straßen, die nicht unter Art. 2 Abs. 2 dieser Verordnung fallen.

(3) Die §§ 14a bis 15d sind nur auf das Lenken sonstiger Fahrzeuge anzuwenden.

(4) Für Lenkerinnen und Lenker von Oberleitungsomnibussen gemäß § 5 Eisenbahngesetz ist der Abschnitt 4 nicht anzuwenden, soweit § 18a nichts anderes bestimmt.

Unterabschnitt 4b
Bestimmungen zur Lenker-Richtlinie
Arbeitszeit

§ **13b.** (1) Die Arbeitszeit für Lenker umfasst die Lenkzeiten, die Zeiten für sonstige Arbeitsleistungen und die Zeiten der Arbeitsbereitschaft ohne die Ruhepausen. Bei Teilung der täglichen Ruhezeit oder bei Unterbrechung der täglichen Ruhezeit bei kombinierter Beförderung beginnt eine neue Tagesarbeitszeit nach Ablauf der gesamten Ruhezeit.

AZG

(2) Der Kollektivvertrag, für Betriebe, für die kein Kollektivvertrag wirksam ist, die Betriebsvereinbarung, kann zusätzlich zu den nach § 7 Abs. 1 zulässigen Überstunden weitere Überstunden zulassen. Die wöchentliche Höchstarbeitszeit darf in einzelnen Wochen 60 Stunden und innerhalb eines Durchrechnungszeitraumes von bis zu 17 Wochen im Durchschnitt 48 Stunden nicht überschreiten. Der Kollektivvertrag, für Betriebe, für die kein Kollektivvertrag wirksam ist, die Betriebsvereinbarung, kann den Durchrechnungszeitraum aus objektiven, technischen oder arbeitsorganisatorischen Gründen auf bis zu 26 Wochen verlängern.

(3) Der Kollektivvertrag, für Betriebe, für die kein Kollektivvertrag wirksam ist, die Betriebsvereinbarung, kann abweichend von Abs. 2 eine durchschnittliche wöchentliche Höchstarbeitszeit von bis zu 55 Stunden zulassen, wenn zumindest die über 48 Stunden hinausgehende Arbeitszeit in Form von Arbeitsbereitschaft geleistet wird.

(4) Der Arbeitgeber hat den Lenker bei Begründung des Arbeitsverhältnisses bzw. vor dem erstmaligen Einsatz als Lenker schriftlich aufzufordern, ihm schriftliche Aufzeichnungen über all jene bei einem anderen Arbeitgeber geleisteten Arbeitszeiten vorzulegen, die ihm nicht ohnehin aufgrund des Herunterladens von der Fahrerkarte gemäß § 17a Abs. 2 bekannt sind.

Ruhepausen
§ 13c. (1) Abweichend von § 11 Abs. 1 ist die Tagesarbeitszeit

1. bei einer Gesamtdauer zwischen sechs und neun Stunden durch eine Ruhepause von mindestens 30 Minuten,
2. bei einer Gesamtdauer von mehr als neun Stunden durch eine Ruhepause von mindestens 45 Minuten,

zu unterbrechen. Die Ruhepause ist spätestens nach sechs Stunden einzuhalten.

(2) Die Ruhepause kann in mehrere Teile von mindestens 15 Minuten aufgeteilt werden.

(3) Für den regionalen Kraftfahrlinienverkehr kann durch Kollektivvertrag, für Betriebe, für die kein Kollektivvertrag wirksam ist, durch Betriebsvereinbarung, auch zugelassen werden, dass die Ruhepause in einen Teil von mindestens 20 Minuten und einen bzw. mehrere Teile von mindestens zehn Minuten geteilt wird.

(4) Bei Teilung der Ruhepause nach Abs. 2 oder 3 ist der erste Teil nach spätestens sechs Stunden einzuhalten.

(5) Bei Mehrfahrerbetrieb gemäß Art. 4 lit. o der Verordnung (EG) Nr. 561/2006 kann die Ruhepause bei Tourneetransporten mit Spezialkraftwagen zur Personenbeförderung im fahrenden Fahrzeug verbracht werden. Die Ruhepause gilt in diesen Fällen als Arbeitszeit. Beginn und Ende der Ruhepause sind spätestens am Ende der Einsatzzeit handschriftlich auf einem Ausdruck aus dem Kontrollgerät zu vermerken.

(6) Spezialkraftwagen zur Personenbeförderung bei Tourneetransporten im Sinne des Abs. 5 sind Fahrzeuge, die

1. im Rahmen der nichtlinienmäßigen Personenbeförderung verwendet werden, jedoch nicht als Fahrzeuge der Klassen M1, M2 oder M3 gemäß § 3 Abs. 1 des Kraftfahrgesetzes 1967 (KFG), BGBl. Nr. 267, zugelassen sowie mit einem digitalen Kontrollgerät ausgestattet sind und
2. aufgrund besonderer konstruktiver Merkmale über eine Ausrüstung verfügen, die den Lenkerinnen und Lenkern eine erholungswirksame Ruhepause auch während der Fahrt ermöglichen. Während der Ruhepause muss eine Sitzgelegenheit sowie eine Schlafgelegenheit zur Verfügung stehen, die nach den kraftfahrrechtlichen Vorschriften für die Beförderung von Personen im Liegen zugelassen ist. Die Schlafgelegenheit muss unfallsicher konstruiert und entsprechend geprüft sein.

Abs. 5 gilt nicht für Leer- oder Überstellungsfahrten.

Nachtarbeit
§ 14. (1) Im Sinne dieser Bestimmung gilt

1. als Nacht die Zeit zwischen 0.00 Uhr und 04.00 Uhr,
2. als Nachtarbeit jede Tätigkeit, die in diesem Zeitraum ausgeübt wird.

(2) Die Tagesarbeitszeit eines Lenkers darf an Tagen, an denen er Nachtarbeit leistet, zehn Stunden nicht überschreiten.

(3) Dem Lenker gebührt für Nachtarbeit binnen 14 Tagen ein Ausgleich durch eine Verlängerung einer täglichen oder wöchentlichen Ruhezeit im Ausmaß der geleisteten Nachtarbeit.

(4) Der Kollektivvertrag, für Betriebe, für die kein Kollektivvertrag wirksam ist, die Betriebsvereinbarung, kann aus objektiven, technischen oder arbeitsorganisatorischen Gründen Abweichungen von Abs. 1 bis 3 zulassen.

(5) § 12a Abs. 4 bis 6 ist nicht anzuwenden.

(6) Die Definition der Nacht gemäß § 12a Abs. 1 bleibt hinsichtlich des Versetzungsanspruches (§ 12c) und des Rechts auf Information (§ 12d), die Definition der Nacht gemäß § 12b Abs. 2 Z 1 hinsichtlich der Untersuchungen (§ 12b) unberührt.

Unterabschnitt 4c
Sonderbestimmungen für das Lenken sonstiger Fahrzeuge
Lenkzeit

§ 14a. (1) Innerhalb der zulässigen Arbeitszeit darf die gesamte tägliche Lenkzeit zwischen zwei Ruhezeiten acht Stunden nicht überschreiten. Der Kollektivvertrag, für Betriebe, für die kein Kollektivvertrag wirksam ist, die Betriebsvereinbarung, kann zulassen, dass die Lenkzeit bis auf neun Stunden, zweimal wöchentlich jedoch bis auf zehn Stunden ausgedehnt wird.

(2) Innerhalb einer Woche darf die gesamte Lenkzeit 48 Stunden nicht überschreiten. Der Kollektivvertrag, für Betriebe, für die kein Kollektivvertrag wirksam ist, die Betriebsvereinbarung, kann eine Verlängerung der wöchentlichen Lenkzeit bis auf 56 Stunden zulassen. Innerhalb eines Zeitraumes von zwei aufeinander folgenden Wochen darf die Lenkzeit 90 Stunden nicht überschreiten.

(3) Bei Unterbrechung der täglichen Ruhezeit bei kombinierter Beförderung beginnt eine neue tägliche Lenkzeit nach Ablauf der gesamten Ruhezeit.

Lenkpausen

§ 15. (1) Nach einer Lenkzeit von höchstens vier Stunden ist eine Lenkpause von mindestens 30 Minuten einzulegen.

(1a) Der Kollektivvertrag kann zulassen, dass anstelle der Lenkpause nach Abs. 1 eine Lenkpause nach Art. 7 der Verordnung (EG) Nr. 561/2006 einzulegen ist.

(2) Zeiten, die der Lenker im fahrenden Fahrzeug verbringt, ohne es zu lenken, können auf Lenkpausen angerechnet werden. Andere Arbeiten dürfen nicht ausgeübt werden.

(3) Lenkpausen dürfen nicht auf die tägliche Ruhezeit angerechnet werden.

Lenker im regionalen Kraftfahrlinienverkehr

§ 15a. (1) Für Lenker im regionalen Kraftfahrlinienverkehr gelten die Abweichungen gemäß Abs. 2 bis 5.

(2) Abweichend von § 12 Abs. 1 kann durch Kollektivvertrag zugelassen werden, dass an Tagen, an denen eine tägliche Ruhezeit von mindestens zwölf Stunden eingehalten wird, diese Ruhezeit in zwei oder drei Abschnitten genommen werden kann, wobei ein Teil mindestens acht zusammenhängende Stunden, die übrigen Teile jeweils mindestens eine Stunde betragen müssen. In diesen Fällen beginnt abweichend von § 13b Abs. 1 zweiter Satz eine neue Tagesarbeitszeit nach Ablauf des mindestens achtstündigen Teiles der Ruhezeit.

(3) Durch Kollektivvertrag kann abweichend von § 12 Abs. 2 zugelassen werden, dass die tägliche Ruhezeit dreimal wöchentlich auf mindestens neun zusammenhängende Stunden verkürzt

wird. Wird die tägliche Ruhezeit verkürzt, ist dem Lenker bis zum Ende der folgenden Woche eine zusätzliche Ruhezeit im Ausmaß der Verkürzung zu gewähren. Diese als Ausgleich zustehende Ruhezeit ist zusammen mit einer anderen mindestens achtstündigen Ruhezeit zu gewähren.

(4) Abweichend von § 15 Abs. 1 ist nach einer Lenkzeit von höchstens viereinhalb Stunden eine Lenkpause von mindestens 45 Minuten einzulegen. Durch Kollektivvertrag kann zugelassen werden, dass diese Lenkpause ersetzt wird durch

1. mehrere Lenkpausen von mindestens 15 Minuten, die in die Lenkzeit oder unmittelbar nach dieser so einzufügen sind, dass bei Beginn des letzten Teiles der Lenkpause die Lenkzeit von viereinhalb Stunden noch nicht überschritten sein darf, oder

2. eine Lenkpause von mindestens 15 Minuten und eine Lenkpause von mindestens 30 Minuten, wobei bei Beginn der zweiten Lenkpause die Lenkzeit von viereinhalb Stunden noch nicht überschritten sein darf, oder

3. mehrere Lenkpausen von mindestens je zehn Minuten, wenn die Gesamtdauer der Lenkpausen mindestens ein Sechstel der fahrplanmäßigen Lenkzeit beträgt, oder

4. eine Lenkpause von mindestens 30 Minuten nach einer ununterbrochenen Lenkzeit von höchstens viereinhalb Stunden.

(5) Für Betriebe, für die kein Kollektivvertrag wirksam ist, kann die Betriebsvereinbarung Abweichungen nach Abs. 2 bis 4 zulassen.

Kombinierte Beförderung

§ 15b. (1) Durch Kollektivvertrag kann zugelassen werden, dass Zeiten, in denen ein Lenker ein Fahrzeug begleitet, das auf einem Fährschiff oder der Eisenbahn befördert wird, als Ruhepausen oder als Ruhezeiten gelten. Eine Ruhezeit ist dann gegeben, wenn

1. diese Zeit mindestens drei Stunden beträgt und

2. dem Lenker ein Bett oder eine Schlafkabine zur Verfügung steht.

(2) Durch Kollektivvertrag kann eine zweimalige Unterbrechung der täglichen Ruhezeit zugelassen werden, wenn

1. Zeiten unter den Bedingungen des Abs. 1 zum Teil an Land, zum Teil auf dem Fährschiff oder der Eisenbahn verbracht werden,

2. die Unterbrechung eine Stunde nicht übersteigt, und

3. dem Lenker während der gesamten täglichen Ruhezeit ein Bett oder eine Schlafkabine zur Verfügung steht.

AZG

Verbot bestimmter Arten des Entgelts

§ 15c. Lenkerinnen und Lenker dürfen nicht nach Maßgabe der zurückgelegten Strecke, der Schnelligkeit der Auslieferung oder der Menge der beförderten Güter entlohnt werden, auch nicht in Form von Prämien oder Zuschlägen für diese Fahrtstrecken oder Gütermengen, es sei denn, dass diese Entgelte nicht geeignet sind, die Sicherheit im Straßenverkehr zu beeinträchtigen oder Verstöße gegen dieses Bundesgesetz zu begünstigen.

Abweichungen

§ 15d. (1) Wenn es mit der Sicherheit im Straßenverkehr vereinbar ist, kann der Lenker, um einen geeigneten Halteplatz zu erreichen, von den §§ 14a, 15, 15a und 15b sowie einer Verordnung gemäß § 15e abweichen, soweit dies erforderlich ist, um die Sicherheit der Fahrgäste, des Fahrzeugs oder seiner Ladung zu gewährleisten. Art und Grund der Abweichung sind zu vermerken

1. auf dem Schaublatt, wenn das Fahrzeug mit einem analogen Kontrollgerät ausgerüstet ist,
2. auf dem Ausdruck des Kontrollgeräts, wenn das Fahrzeug mit einem digitalen Kontrollgerät ausgerüstet ist,
3. im Arbeitszeitplan in den Fällen des Art. 16 Abs. 1 der Verordnung (EG) Nr. 561/2006,
4. in den Arbeitszeitaufzeichnungen in den übrigen Fällen.

(2) Für Lenkerinnen und Lenker, die als gemäß § 97 Abs. 2 der Straßenverkehrsordnung 1960, BGBl. Nr. 159/1960, beeidete Straßenaufsichtsorgane mit der Begleitung von Sondertransporten beauftragt werden, sind Abweichungen nach Abs. 1 auch zulässig, wenn dies für die Sicherheit der Ladung des Sondertransportes erforderlich ist.

(3) Sofern die Sicherheit im Straßenverkehr nicht gefährdet wird, kann die Lenkerin oder der Lenker unter außergewöhnlichen Umständen von § 14a Abs. 1 und 2 abweichen, um die Betriebsstätte der Arbeitgeberin oder des Arbeitgebers oder den eigenen Wohnsitz zu erreichen, um eine regelmäßige wöchentliche Ruhezeit, im Fall der Z 1 auch eine verkürzte wöchentliche Ruhezeit, einzulegen. In diesen Fällen kann die tägliche oder die wöchentliche Lenkzeit

1. entweder um bis zu einer Stunde überschritten werden, oder
2. um bis zu zwei Stunden überschritten werden, sofern unmittelbar vor dieser Überschreitung eine ununterbrochene Lenk- oder Ruhepause von mindestens 30 Minuten eingelegt wurde.

Eine Verlängerung der wöchentlichen Höchstarbeitszeit gemäß § 13b ist unzulässig. Jede Lenkzeitverlängerung ist durch eine Ruhezeit von gleicher Dauer auszugleichen, die in Verbindung mit einer ununterbrochenen täglichen oder wöchentlichen Ruhezeit bis zum Ende der dritten Woche nach der betreffenden Woche genommen werden muss. Abs. 1 letzter Satz ist anzuwenden.

Unterabschnitt 4d
Gemeinsame Bestimmungen
Ausnahmen durch Verordnung

§ 15e. (1) Durch Verordnung können Abweichungen von den Bestimmungen der §§ 12, 13b bis 15b, 17 und 17a oder von den Verordnungen (EU) Nr. 165/2014 und (EG) Nr. 561/2006 für die jeweils erfassten Fahrzeuge zugelassen werden. Solche Verordnungen dürfen nur für den innerstaatlichen Straßenverkehr und nur für die in Art. 3 oder Art. 13 der Verordnung (EG) Nr. 561/2006 genannten Kraftfahrzeuge erlassen werden, wenn

1. diese Abweichungen wegen der Art der Beförderung notwendig sind, und
2. die Erholung der Lenker nicht beeinträchtigt wird.

(2) Soweit die Bundesregierung zum Abschluss von Regierungsübereinkommen gemäß Art. 66 Abs. 2 B-VG, ermächtigt ist, können auch für den grenzüberschreitenden Straßenverkehr Abweichungen gemäß Abs. 1 zugelassen werden.

Schadenersatz- und Regressansprüche

§ 15f. Bei Schadenersatz- und Regressansprüchen zwischen Arbeitgebern und Lenkern gelten als Grund für die Minderung oder den gänzlichen Ausschluss von Ersatz- oder Regressansprüchen im Sinne des § 2 Abs. 2 Z 4 und 5 des Dienstnehmerhaftpflichtgesetzes, BGBl. Nr. 80/1965,

1. das Vorliegen einer Entgeltvereinbarung im Sinne des § 15c,
2. ein Verstoß des Arbeitgebers gegen die Informationspflicht gemäß § 17c Abs. 1, oder
3. ein Verstoß gegen die in § 28 Abs. 3 Z 1 bis 5, 7 und 8, oder des Abs. 4 Z 1 bis 3 genannten Bestimmungen,

es sei denn, dass diese Verstöße auf den Eintritt des Schadens oder die Schadenshöhe keinen Einfluss haben konnten.

Einsatzzeit

§ 16. (1) Die Einsatzzeit von Lenkern umfasst die zwischen zwei Ruhezeiten anfallende Arbeitszeit und die Arbeitszeitunterbrechungen. Bei Teilung der täglichen Ruhezeit oder bei Unterbrechung der täglichen Ruhezeit bei kombinierter Beförderung beginnt eine neue Einsatzzeit nach Ablauf der gesamten Ruhezeit, bei Teilung der täglichen Ruhezeit im regionalen Kraftfahrlinienverkehr nach Ablauf des mindestens achtstündigen Teiles der Ruhezeit.

(2) Die Einsatzzeit darf zwölf Stunden nicht überschreiten, soweit im folgenden nicht anderes bestimmt wird.

(3) Für Lenker von Kraftfahrzeugen, die

1. zur Güterbeförderung dienen und deren zulässiges Gesamtgewicht, einschließlich Anhänger oder Sattelanhänger, 3,5 Tonnen übersteigt oder

2. zur Personenbeförderung dienen und die nach ihrer Bauart und Ausstattung geeignet und dazu bestimmt sind, mehr als neun Personen einschließlich des Fahrers zu befördern,

kann der Kollektivvertrag, für Betriebe, für die kein Kollektivvertrag wirksam ist, die Betriebsvereinbarung eine Verlängerung der Einsatzzeit soweit zulassen, daß die vorgeschriebene tägliche Ruhezeit eingehalten wird.

(4) Für Lenker der übrigen Kraftfahrzeuge kann der Kollektivvertrag, für Betriebe, für die kein Kollektivvertrag wirksam ist, die Betriebsvereinbarung, eine Verlängerung der Einsatzzeit bis auf 14 Stunden zulassen.

(5) Abs. 2 bis 4 gelten nicht für Lenker, für die auf Grund der arbeitsvertraglichen Pflichten nicht das Lenken eines Kraftfahrzeuges im Vordergrund steht.

Kontrollgerät und Lenkprotokoll
§ 17. (1) Ist ein Fahrzeug, das im regionalen Kraftfahrlinienverkehr eingesetzt wird, mit einem analogen oder digitalen Kontrollgerät ausgestattet, kommen die für VO–Fahrzeuge geltenden Vorschriften für die Verwendung des Kontrollgerätes, der Schaublätter, der Ausdrucke oder der Fahrerkarte nach Maßgabe des Art. 6 Abs. 5 der Verordnung (EG) Nr. 561/2006, der Art. 26 bis 29 sowie 32 bis 37 der Verordnung (EU) Nr. 165/2014 sowie des § 17a zur Anwendung.

(2) Für alle übrigen sonstigen Kraftfahrzeuge im Sinne des § 13 Abs. 1 Z 3, die mit einem analogen oder digitalen Kontrollgerät ausgerüstet sind, gelten für die Verwendung des Kontrollgerätes, der Schaublätter, der Ausdrucke oder der Fahrerkarte die im Abs. 1 genannten Vorschriften nur, soweit nicht anstelle der Verwendung des Kontrollgerätes ein Lenkprotokoll geführt wird.

(3) Ist das Kraftfahrzeug
1. weder mit einem analogen noch einem digitalen Kontrollgerät ausgerüstet, oder
2. wird auf die Verwendung des Kontrollgerätes gemäß Abs. 2 verzichtet,

haben die Lenkerinnen und Lenker ein Lenkprotokoll nach den Vorschriften der Abs. 4 bis 6 zu führen.

(4) In den Fällen des Abs. 3 haben Lenkerinnen und Lenker während des Dienstes das aktuelle Lenkprotokoll sowie die Lenkprotokolle der letzten 56 Tage mit sich zu führen. Diese Lenkprotokolle sind den Kontrollorganen über deren Verlangen vorzuweisen.

(5) Den Arbeitgeberinnen und Arbeitgebern obliegen die Ausgabe der Lenkprotokolle sowie die Führung eines Verzeichnisses über die als Lenkerinnen und Lenker eingesetzten Arbeitnehmerinnen und Arbeitnehmer. Die Lenkprotokolle und das Verzeichnis können auch elektronisch geführt

werden, sind mindestens 24 Monate lang aufzubewahren, wobei diese Frist bei einer Durchrechnung der Arbeitszeit mit dem Ende des Durchrechnungszeitraumes beginnt, und den Kontrollorganen auf Verlangen auszuhändigen.

(6) Nähere Bestimmungen über die Merkmale, die Form, den Inhalt und die Vorschriften über die Führung der Lenkprotokolle und des Verzeichnisses sowie deren Überprüfung durch die Arbeitgeberinnen und Arbeitgeber sind durch Verordnung zu treffen. Ferner können durch Verordnung Ausnahmen und Erleichterungen in der Führung der Lenkprotokolle gestattet werden, wenn die Überwachung der Einhaltung der Arbeitszeitregelungen auf andere Weise hinlänglich sichergestellt ist.

Digitales Kontrollgerät
§ 17a. (1) Zur Gewährleistung der ordnungsgemäßen Verwendung des digitalen Kontrollgerätes und der Fahrerkarte hat der Arbeitgeber in der Arbeitszeit den Lenker ausreichend und nachweislich in der Handhabung zu unterweisen oder die ausreichende Unterweisung nachweislich sicher zu stellen sowie alle sonst dafür notwendigen Maßnahmen zu treffen, insbesondere eine Bedienungsanleitung sowie genügend geeignetes Papier für den Drucker zur Verfügung zu stellen. Die Arbeitgeberin bzw. der Arbeitgeber hat weiters dafür Sorge zu tragen, dass die Lenkerin bzw. der Lenker all ihren bzw. seinen Verpflichtungen bezüglich des digitalen Kontrollgerätes nach der Verordnung (EU) Nr. 165/2014, insbesondere hinsichtlich der manuellen Eingabe gemäß Art. 34 Abs. 3 und der Mitführverpflichtungen gemäß Art. 36 nachkommt.

(2) Ist ein Fahrzeug mit einem digitalen Kontrollgerät ausgerüstet, so hat der Arbeitgeber dafür Sorge zu tragen, dass alle relevanten Daten aus dem digitalen Kontrollgerät und von der Fahrerkarte eines Lenkers lückenlos elektronisch herunter geladen und auf einen externen Datenträger übertragen werden und von allen übertragenen Daten unverzüglich Sicherungskopien erstellt werden, die auf einem gesonderten Datenträger aufzubewahren sind. Die herunter geladenen Daten müssen gemäß Art. 2 Abs. 2 lit. n der Verordnung (EU) Nr. 165/2014 mit einer digitalen Signatur versehen sein. Sind die Fahrerkarte oder das digitale Kontrollgerät beschädigt oder weisen sie Fehlfunktionen auf, hat der Arbeitgeber alle zumutbaren Maßnahmen zu treffen, um die Daten in elektronischer Form zu erhalten. Ist dies nicht möglich, hat er zumindest einen Ausdruck vom Kontrollgerät vorzunehmen.

(3) Das Herunterladen, Übertragen und Sichern der Daten hat zu erfolgen:
1. bei den Daten aus dem digitalen Kontrollgerät:

AZG

a) spätestens drei Monate nach dem letzten Herunterladen,

b) im Falle eines Wechsels des Zulassungsbesitzers unmittelbar vor der Abmeldung des Fahrzeuges gemäß § 43 KFG,

c) im Falle einer Aufhebung der Zulassung des Fahrzeugs gemäß § 44 KFG unmittelbar nachdem davon Kenntnis erlangt wird,

d) unmittelbar vor oder nach einer Überlassung des Fahrzeugs, wenn diese aufgrund der Vermietung des Fahrzeugs oder einem vergleichbaren Rechtsgeschäft erfolgt,

e) unmittelbar vor einem Austausch des Kontrollgeräts,

f) im Falle eines Defekts einer Fahrerkarte, sobald davon Kenntnis erlangt wird;

2. bei den Daten von der Fahrerkarte eines Lenkers:

a) spätestens alle 28 Tage,

b) unmittelbar vor Beginn und Ende eines Beschäftigungsverhältnisses,

c) unmittelbar vor Ablauf der Gültigkeit der Fahrerkarte.

(4) Der Arbeitgeber hat dafür zu sorgen, dass die vollständige, geordnete, inhaltsgleiche und authentische Wiedergabe der Daten gemäß Abs. 2 jederzeit gewährleistet ist. Er hat dem Arbeitsinspektorat diese Daten auf seine Kosten in elektronischer Form und einschließlich jener Hilfsmittel zur Verfügung zu stellen, die notwendig sind, um die Daten lesbar zu machen. Auf Verlangen ist auch ein Ausdruck dieser Daten vorzunehmen.

Aufzeichnungs- und Aufbewahrungspflicht

§ 17b. Der Arbeitgeber hat Aufzeichnungen über sämtliche geleisteten Arbeitsstunden von Lenkern zu führen und alle Lenkeraufzeichnungen mindestens 24 Monate lang aufzubewahren, wobei diese Frist bei einer Durchrechnung der Arbeitszeit mit dem Ende des Durchrechnungszeitraumes beginnt. Diese Aufzeichnungen sind dem Arbeitsinspektorat lückenlos und geordnet nach Lenker und Datum zur Verfügung zu stellen. Als Lenkeraufzeichnungen gelten neben sämtlichen herunter geladenen, übertragenen und gesicherten Daten im Sinne des § 17a Abs. 2 auch die Ausdrucke vom Kontrollgerät, Schaublätter, Arbeitszeitpläne, Lenkprotokolle sowie alle sonstigen Arbeitszeitaufzeichnungen einschließlich von Aufzeichnungen über das Verbringen der wöchentlichen Ruhezeit gemäß Art. 8 Abs. 8 der Verordnung (EG) Nr. 561/2006 in einer geeigneten Unterkunft.

Informationspflichten

§ 17c. (1) Der Dienstzettel gemäß § 2 Abs. 2 Arbeitsvertragsrechts-Anpassungsgesetz (AVRAG), BGBl. Nr. 459/1993, hat neben allen dort genannten Angaben auch einen Hinweis auf die für die Lenkerin/den Lenker geltenden arbeitszeitrechtlichen Vorschriften sowie auf die Möglichkeiten zur Einsichtnahme zu enthalten.

(2) Der Arbeitgeber hat dem Arbeitnehmer auf Verlangen eine Kopie der Arbeitszeitaufzeichnungen auszuhändigen.

ABSCHNITT 5
Sonderbestimmungen für Arbeitnehmer in Betrieben des öffentlichen Verkehrs
Allgemeine Sonderbestimmungen

§ 18. (1) In dem öffentlichen Verkehr dienenden Unternehmen gelten, soweit sie nicht nach § 1 Abs. 2 von diesem Bundesgesetz ausgenommen sind, die Bestimmungen dieses Bundesgesetzes nach Maßgabe des Abschnittes 5 für

1. Arbeitnehmer, die

a) auf Haupt- oder Nebenbahnen gemäß § 4 des Eisenbahngesetzes 1957, BGBl. Nr. 60, als Zugpersonal (§ 18f Abs. 1 Z 1) eingesetzt sind, oder

b) in Haupt- oder Nebenbahnunternehmen sonstige fahrplangebundene Tätigkeiten ausüben;

2. Arbeitnehmer in Straßenbahn- oder Oberleitungsomnibusunternehmen gemäß § 5 des Eisenbahngesetzes, die

a) als Fahrpersonal eingesetzt sind,

b) fahrplangebundene Tätigkeiten ausüben oder

c) sonstige Tätigkeiten ausüben, die die Kontinuität des Dienstes gewährleisten;

3. Arbeitnehmer in Seilbahnunternehmen gemäß § 2 des Seilbahngesetzes 2003, BGBl. I Nr. 103, die

a) als Fahrpersonal tätig sind,

b) zur Unterstützung oder Sicherung der Passagiere beim Ein- und Aussteigen eingesetzt oder

c) mit der Lawinensicherung, Beschneiung und Pistenpräparierung befasst sind, sofern ein vorhersehbarer übermäßiger Arbeitsanfall besteht;

4. Arbeitnehmerinnen und Arbeitnehmer im Schiffsdienst von

a) Hafenunternehmen im Sinne des Schifffahrtsgesetzes, BGBl. I Nr. 62/1997;

b) Schifffahrtsunternehmen im Sinne des Schifffahrtsgesetzes;

5. Arbeitnehmer im Schiffsdienst von Schifffahrtsunternehmen im Sinne des Seeschifffahrtsgesetzes, BGBl. Nr. 174/1981;

6. Arbeitnehmer, die in Unternehmen nach dem

a) Luftfahrtgesetz 1957, BGBl. Nr. 253,

b) Flughafen-Bodenabfertigungsgesetz, BGBl. I Nr. 97/1998,

c) Luftfahrtsicherheitsgesetz – LSG, BGBl. Nr. 824/1992,

als Flughafenpersonal oder als Flugsicherungspersonal Tätigkeiten ausüben, die zur Aufrechterhaltung des Luftverkehrs ständig erforderlich sind;

auch wenn sie kurzfristig andere Tätigkeiten ausüben.

(2) Durch Kollektivvertrag kann zugelassen werden, daß die nach den §§ 3 oder 5 zulässige wöchentliche Normalarbeitszeit abweichend von § 4 und abweichend von der nach § 3 Abs. 1 zulässigen täglichen Normalarbeitszeit innerhalb eines mehrwöchigen Durchrechnungszeitraumes so verteilt wird, daß im wöchentlichen Durchschnitt die nach den §§ 3 oder 5 zulässige wöchentliche Normalarbeitszeit nicht überschritten wird. Dabei darf die Tagesarbeitszeit zehn Stunden, in den Fällen des § 5 und des § 7 Abs. 1 jedoch zwölf Stunden insoweit überschreiten, als dies die Aufrechterhaltung des Verkehrs erfordert.

(3) Für Arbeitnehmer, deren Arbeitsleistung Warte- und Bereitschaftszeiten einschließt, können durch Kollektivvertrag abweichend von den §§ 2 und 3 besondere Regelungen über das Ausmaß der Wochenarbeitsleistung, über die Bewertung der Warte- und Bereitschaftszeiten als Arbeitszeit sowie über die Art und Höhe der Abgeltung dieser Zeiten getroffen werden.

(4) Durch Kollektivvertrag kann eine von § 11 abweichende Regelung zugelassen werden, wenn es im Interesse der Arbeitnehmer des Unternehmens gelegen oder aus betrieblichen Gründen notwendig ist.

(5) Abweichungen nach Abs. 2 bis 4 oder §§ 18a bis 18d sind auch durch Betriebsvereinbarung zulässig, wenn für die betroffenen Arbeitnehmer kein Kollektivvertrag wirksam ist.

Arbeitnehmerinnen und Arbeitnehmer in Straßenbahn-, Oberleitungsomnibus- und Seilbahnunternehmen

§ 18a. (1) Für Arbeitnehmer gemäß § 18 Abs. 1 Z 2 und 3 kann durch Kollektivvertrag zugelassen werden, dass die gemäß § 12 Abs. 1 zustehende tägliche Ruhezeit auf mindestens acht Stunden verkürzt wird. Diese Verkürzung ist innerhalb der nächsten 21 Tage durch entsprechende Verlängerung einer anderen täglichen oder wöchentlichen Ruhezeit auszugleichen. An höchstens zwei Tagen pro Woche kann durch Kollektivvertrag eine Verkürzung auf mindestens sechs Stunden zugelassen werden, wobei die erste Verkürzung innerhalb von sieben Tagen auszugleichen ist, die zweite Verkürzung innerhalb von 14 Tagen.

(2) Für Lenkerinnen und Lenker in Oberleitungsomnibusunternehmen sind darüber hinaus auch § 13c Abs. 1 bis 4 und § 14 anzuwenden.

Arbeitnehmer in Unternehmen der Binnenschifffahrt

§ 18b. (1) Für Arbeitnehmerinnen und Arbeitnehmer gemäß § 18 Abs. 1 Z 4 lit. a kann durch Kollektivvertrag zugelassen werden, dass die gemäß § 12 Abs. 1 zustehende tägliche Ruhezeit

1. auf mindestens acht Stunden verkürzt wird. Solche Verkürzungen der Ruhezeit sind innerhalb der nächsten zehn Kalendertage durch entsprechende Verlängerung einer anderen täglichen oder wöchentlichen Ruhezeit auszugleichen. Eine Verkürzung auf weniger als zehn Stunden ist nur zulässig, wenn der Kollektivvertrag weitere Maßnahmen zur Sicherstellung der Erholung der Arbeitnehmerinnen und Arbeitnehmer vorsieht;

2. in zwei Abschnitten gewährt wird, wobei ein Teil der Ruhezeit mindestens sechs Stunden betragen muss. Ruhezeiten, die gemäß Z 1 auf weniger als zehn Stunden verkürzt wurden, dürfen nicht geteilt werden.

(2) Die Abs. 3 bis 9 gelten nur für Arbeitnehmerinnen und Arbeitnehmer gemäß § 18 Abs. 1 Z 4 lit. b.

(3) Durch Kollektivvertrag kann zugelassen werden, dass die gemäß § 12 Abs. 1 zustehende tägliche Ruhezeit

1. auf mindestens zehn Stunden verkürzt wird. Solche Verkürzungen der Ruhezeit sind innerhalb der nächsten zehn Kalendertage durch entsprechende Verlängerung einer anderen täglichen oder wöchentlichen Ruhezeit auszugleichen;

2. in zwei Abschnitten gewährt wird, wobei ein Teil der Ruhezeit mindestens sechs Stunden betragen muss.

(4) Die Summe der täglichen Ruhezeiten und der wöchentliche Ruhezeit nach dem Arbeitsruhegesetz (Gesamtruhezeit) darf innerhalb einer Kalenderwoche 84 Stunden nicht unterschreiten.

(5) Arbeitnehmerinnen und Arbeitnehmer dürfen innerhalb einer Kalenderwoche höchstens 42 Stunden während des Zeitraums von 23.00 Uhr bis 06.00 Uhr beschäftigt werden.

(6) Abweichend von § 18 Abs. 2 letzter Satz darf die Tagesarbeitszeit zehn Stunden, in den Fällen des § 5 zwölf Stunden, überschreiten, wenn dies die Aufrechterhaltung des Verkehrs erfordert, sie darf jedoch keinesfalls mehr als 14 Stunden betragen.

(7) Abweichend von § 25 hat der Aushang der Arbeitszeiteinteilung an Bord des Schiffes zu erfolgen und sind die Arbeitszeitaufzeichnungen gemäß § 26 an Bord des Schiffes zu führen. Diese haben jedenfalls zu enthalten:

1. Schiffsname,
2. Name der Arbeitnehmerin/des Arbeitnehmers,
3. Name der verantwortlichen Schiffsführerin/des verantwortlichen Schiffsführers,
4. Datum,
5. Arbeits- oder Ruhetag,
6. Beginn und Ende der täglichen Arbeits- oder Ruhezeiten.

AZG

(8) Die Arbeitszeitaufzeichnungen müssen mindestens bis zum Ende des jeweils vereinbarten Durchrechnungszeitraums an Bord aufbewahrt werden. Sie sind in geeigneten Zeitabständen (spätestens bis zum nächsten Monatsende) gemeinsam von Arbeitgeberin/Arbeitgeber oder Vertreterin/Vertreter und Arbeitnehmerin/Arbeitnehmer zu prüfen und bestätigen.

(9) Den Arbeitnehmerinnen und Arbeitnehmern ist eine Kopie der sie betreffenden bestätigten Aufzeichnungen auszuhändigen. Diese Kopien sind ein Jahr mitzuführen.

Arbeitnehmer in Unternehmen der Seeschifffahrt

§ 18c. (1) Arbeitnehmern gemäß § 18 Abs. 1 Z 5 ist abweichend von § 12 nach Beendigung der Tagesarbeitszeit eine ununterbrochene Ruhezeit von mindestens zehn Stunden zu gewähren. Durch Kollektivvertrag kann zugelassen werden, dass diese Ruhezeit in zwei Abschnitten gewährt wird, wobei ein Teil mindestens sechs Stunden betragen muss und zwischen diesen Teilen höchstens 14 Stunden liegen dürfen. In jedem Zeitraum von sieben aufeinander folgenden Tagen hat die Summe dieser Ruhezeiten mindestens 77 Stunden zu betragen.

(2) Dienstpläne und Arbeitszeitaufzeichnungen im Sinne der §§ 25 und 26 sind in den Arbeitssprachen und in Englisch an Bord der Schiffe aufzulegen bzw. zu führen und haben den Standardmustern der Anhänge I und II der Richtlinie 1999/95/EG zu entsprechen. Eine schriftlich vom Arbeitgeber und vom Arbeitnehmer bestätigte Kopie der Arbeitszeitaufzeichnung ist dem Arbeitnehmer auszuhändigen.

Arbeitnehmer in Luftfahrtunternehmen

§ 18d. Für Arbeitnehmer gemäß § 18 Abs. 1 Z 6 kann durch Kollektivvertrag zugelassen werden, dass die gemäß § 12 zustehende tägliche Ruhezeit auf mindestens zehn Stunden verkürzt wird, wenn in der unmittelbar auf diese verkürzte Ruhezeit folgenden Arbeitszeit spätestens nach sechs Stunden neben der Ruhepause gemäß § 11 zusätzlich eine Ruhepause von 30 Minuten gewährt wird. § 12 Abs. 2 bleibt unberührt.

Fliegendes Personal

§ 18e. (1) Soweit in diesem Bundesgesetz

1. auf den EU-Teilabschnitt FTL verwiesen wird, ist dies ein Verweis auf den Teilabschnitt FTL im Anhang III der Verordnung (EU) Nr. 965/2012 zur Festlegung technischer Vorschriften und von Verwaltungsverfahren in Bezug auf den Flugbetrieb gemäß der Verordnung (EG) Nr. 216/2008 des Europäischen Parlaments und des Rates, ABl. Nr. L 296 vom 25.10.2012, S. 1, in der jeweils geltenden Fassung;

1a. auf den EU-Teilabschnitt Q verwiesen wird, ist dies ein Verweis auf den Teilabschnitt Q im Anhang III der Verordnung (EG) Nr. 3922/91 des Rates vom 16. Dezember 1991 zur Harmonisierung der technischen Vorschriften und der Verwaltungsverfahren in der Zivilluftfahrt, ABl. Nr. L 373 vom 31.12.1991, S. 4, in der jeweils geltenden Fassung;

2. auf die AOCV 2008 verwiesen wird, ist dies ein Verweis auf die Verordnung des Bundesministers für Verkehr, Innovation und Technologie betreffend die Voraussetzungen für die Erteilung des Luftverkehrsbetreiberzeugnisses (AOCV 2008), BGBl. II Nr. 254/2008, in der jeweils geltenden Fassung;

3. der Begriff „Blockzeit" verwendet wird, bezeichnet dies die Zeit zwischen der ersten Bewegung eines Luftfahrzeugs aus seiner Parkposition zum Zweck des Startens bis zum Stillstand an der zugewiesenen Parkposition und bis alle Triebwerke abgestellt sind;

4. der Begriff „Blockzeit" für Hubschrauber verwendet wird, bezeichnet dies die Zeit vom Beginn des Drehens zum Zweck des Startens bis zum Stillstand.

(2) Für das fliegende Personal von Luftfahrtunternehmen sind der Abschnitt 2, mit Ausnahme des § 2, und der Abschnitt 3 sowie die §§ 12a Abs. 4 bis 6, 20a und 20b nicht anzuwenden. Für diese Arbeitnehmer darf

1. die Blockzeit 900 Stunden pro Kalenderjahr und

2. die Arbeitszeit pro Kalenderjahr 2 000 Stunden

nicht überschreiten. Die Jahresarbeitszeit ist möglichst gleichmäßig zu verteilen. Die Organisation des Arbeitsrhythmus durch den Arbeitgeber hat den allgemeinen Grundsatz zu berücksichtigen, dass die Arbeit dem Arbeitnehmer angepasst sein muss.

(3) Für das fliegende Personal von Luftfahrtunternehmen sind überdies folgende Bestimmungen anzuwenden:

1. bei Flügen gemäß Art. 8 Z 1 der Verordnung (EU) Nr. 965/2012 der EU-Teilabschnitt FTL,

2. bei Flügen gemäß Art. 8 Z 2 der Verordnung (EU) Nr. 965/2012 der EU-Teilabschnitt Q,

3. bei allen anderen Flügen die AOCV 2008 samt ihrer Anhänge,

jeweils einschließlich österreichischer Durchführungsvorschriften.

(4) § 26 gilt unbeschadet der in den EU-Teilabschnitten FTL oder Q oder in der AOCV 2008 vorgesehenen Aufzeichnungspflichten.

Unterabschnitt 5a
Sonderbestimmungen für Arbeitnehmer auf Haupt- oder Nebenbahnen
Begriffsbestimmungen

§ 18f. (1) Im Sinne dieses Bundesgesetzes ist

1. Zugpersonal das Personal, das als Triebfahrzeugführer oder Zugbegleitpersonal an Bord eines Zuges beschäftigt wird;
2. Triebfahrzeugführer jeder Arbeitnehmer, der für das Fahren eines Triebfahrzeuges verantwortlich ist;
3. grenzüberschreitendes Zugpersonal jenes Zugpersonal, das mindestens eine Stunde seiner täglichen Arbeitszeit im interoperablen grenzüberschreitenden Verkehr gemäß Z 6 eingesetzt wird;
4. eine auswärtige Ruhezeit eine tägliche Ruhezeit, die nicht am üblichen Wohnort des als Zugpersonal eingesetzten Arbeitnehmers genommen werden kann;
5. Fahrzeit die Dauer der geplanten Tätigkeit, während der der Triebfahrzeugführer die Verantwortung für das Fahren des Triebfahrzeuges trägt, ausgenommen die Zeit, die für das Auf- und Abrüsten des Triebfahrzeuges eingeplant ist. Sie schließt jedoch geplante Unterbrechungen ein, in denen der Triebfahrzeugführer für das Fahren des Triebfahrzeuges verantwortlich bleibt;
6. interoperabler grenzüberschreitender Verkehr ein grenzüberschreitender Verkehr, für den gemäß der Richtlinie 2001/14/EG, ABl. Nr. L 75 vom 15.03.2001, S. 29, mindestens zwei Sicherheitsbescheinigungen für das Eisenbahnunternehmen erforderlich sind.

(2) Als interoperabler grenzüberschreitender Verkehr gemäß Abs. 1 Z 6 gilt jedoch nicht

1. der grenzüberschreitende Personennah- und -regionalverkehr,
2. der grenzüberschreitende Güterverkehr, welcher nicht mehr als 15 Kilometer über die Grenze hinausgeht,
3. Zugbewegungen auf grenzüberschreitenden Strecken, die ihre Fahrt auf der Infrastruktur desselben Mitgliedstaats beginnen und beenden und die Infrastruktur eines anderen Mitgliedstaats nutzen, ohne dort anzuhalten (Korridorverkehr),
4. der Verkehr zwischen den im Anhang der Richtlinie 2005/47/EG aufgeführten offiziellen Grenzbahnhöfen.

Tägliche Ruhezeit

§ 18g. (1) Abweichend von § 12 Abs. 1 beträgt die tägliche Ruhezeit des grenzüberschreitenden Zugpersonals zwölf Stunden. Sie kann in folgenden Fällen verkürzt werden:

1. einmal pro Woche auf mindestens neun Stunden, wenn dafür eine entsprechende Verlängerung der nächsten täglichen Ruhezeit am Wohnort erfolgt;

2. auf mindestens acht Stunden ohne Ausgleich, wenn es sich um eine auswärtige tägliche Ruhezeit handelt.

Eine verkürzte Ruhezeit gemäß Z 1 darf nicht zwischen zwei auswärtigen Ruhezeiten gemäß Z 2 festgelegt werden. Auf eine auswärtige Ruhezeit hat jedenfalls eine tägliche Ruhezeit am Wohnort zu folgen.

(2) Für das sonstige Zugpersonal und Arbeitnehmer nach § 18 Abs. 1 Z 1 lit. b ist § 18a anzuwenden.

Ruhepausen für das Zugpersonal

§ 18h. (1) Auf das Zugpersonal ist § 11 nicht anzuwenden.

(2) Die Arbeitszeit der Triebfahrzeugführer ist bei einer

1. Gesamtdauer der Arbeitszeit von mehr als sechs Stunden durch eine Ruhepause von mindestens 30 Minuten,
2. Gesamtdauer der Arbeitszeit von mehr als acht Stunden durch eine Ruhepause von mindestens 45 Minuten

zu unterbrechen.

(3) Beträgt die Gesamtdauer der Arbeitszeit des Zugbegleitpersonals mehr als sechs Stunden, ist sie durch eine Ruhepause von mindestens 30 Minuten zu unterbrechen.

(4) Die zeitliche Lage und die Länge der Ruhepause müssen ausreichend sein, um eine effektive Erholung des Zugpersonals zu sichern.

Fahrzeit für Triebfahrzeugführer

§ 18i. (1) Die Fahrzeit eines Triebfahrzeugführers zwischen zwei Ruhezeiten darf neun Stunden nicht überschreiten. Werden mindestens drei Stunden im Nachtzeitraum gemäß § 12a Abs. 1 gefahren, darf die Fahrzeit acht Stunden nicht überschreiten.

(2) Innerhalb eines Zeitraumes von zwei aufeinander folgenden Wochen darf die Fahrzeit eines grenzüberschreitenden Triebfahrzeugführers 80 Stunden nicht überschreiten.

Abweichungen für den nationalen Verkehr

§ 18j. Für Zugpersonal, das nicht grenzüberschreitend eingesetzt wird, kann der Kollektivvertrag Abweichungen von den §§ 18h und 18i Abs. 1 vorsehen.

Arbeitszeitaufzeichnungen

§ 18k. Aufzeichnungen über die Arbeitszeit des Zugpersonals gemäß § 26 sind für mindestens ein Jahr aufzubewahren.

AZG

ABSCHNITT 6

Sonderbestimmungen für bestimmte Arbeitnehmer in Heil- und Pflegeanstalten (Krankenanstalten) und Kuranstalten

Arbeitszeit bei Arbeitsverhältnissen zur Reinhaltung, Wartung und Beaufsichtigung von Häusern

§ 19. Für Arbeitnehmer gemäß § 1 Abs. 2 Z 5 lit. b darf die Arbeitsverpflichtung jenes Ausmaß nicht übersteigen, das von einer vollwertigen Arbeitskraft unter Einhaltung der wöchentlichen Arbeitszeit gemäß § 9 Abs. 1 bewältigt werden kann.

Sonderbestimmungen für bestimmte Arbeitnehmerinnen und Arbeitnehmer in öffentlichen Apotheken

§ 19a. (1) Für Arbeitnehmerinnen und Arbeitnehmer, die als Apothekenleiterinnen bzw. Apothekenleiter oder als andere allgemein berufsberechtigte Apothekerinnen und Apotheker in öffentlichen Apotheken beschäftigt sind, gelten die Bestimmungen dieses Bundesgesetzes mit den folgenden Abweichungen.

(2) Für Arbeitnehmerinnen und Arbeitnehmer, in deren Arbeitszeit wegen des Bereitschaftsdienstes der Apotheken gemäß § 8 Apothekengesetz, RGBl. Nr. 5/1907, regelmäßig und in erheblichem Umfang Arbeitsbereitschaft fällt, kann der Kollektivvertrag zulassen:

1. verlängerte Dienste von bis zu 25 Stunden,
2. abweichend von Z 1 bis zum 31. Dezember 2019 verlängerte Dienste von bis zu 32 Stunden, wobei eine weitere Verlängerung der Dienste von bis zu zwei Stunden für Arbeitnehmer und Arbeitnehmerinnen zugelassen werden kann, die an beiden Tagen des verlängerten Dienstes einen Bereitschaftsdienst während der Mittagssperre leisten,
3. innerhalb eines Durchrechnungszeitraumes von 17 Wochen eine durchschnittliche Wochenarbeitszeit von bis zu 48 Stunden,
4. abweichend von Z 3 bis zum 31. Dezember 2019 innerhalb eines Durchrechnungszeitraumes von 17 Wochen eine durchschnittliche Wochenarbeitszeit von bis zu 60 Stunden in Apotheken, die nach den apothekenrechtlichen Vorschriften mindestens 60 Bereitschaftsdienste im Turnus pro Kalenderjahr leisten müssen,
5. in einzelnen Wochen des Durchrechnungszeitraumes eine Wochenarbeitszeit von bis zu 72 Stunden, wobei eine Wochenarbeitszeit von mehr als 60 Stunden höchstens in vier aufeinanderfolgenden Wochen zulässig ist und
6. eine Ausdehnung des Durchrechnungszeitraumes von 17 auf bis zu 26 Wochen.

(2a) Eine Verlängerung der durchschnittlichen Wochenarbeitszeit von 48 auf bis zu 60 Stunden im Rahmen des Abs. 2 Z 4 ist nur zulässig, wenn die Arbeitnehmerin bzw. der Arbeitnehmer einer

solchen Verlängerungsmöglichkeit schriftlich zugestimmt hat. Diese Zustimmung darf außer bei betriebsfremden Vertreterinnen und Vertretern nach § 17b Abs. 1 erster Satz Apothekengesetz nicht im Zusammenhang mit der Begründung des Dienstverhältnisses stehen.

(2b) Diese Zustimmung kann mit einer Vorankündigungsfrist von acht Wochen

1. für den nächsten Durchrechnungszeitraum,
2. bei einem Durchrechnungszeitraum von mehr als 17 Wochen für den verbleibenden Zeitraum

schriftlich widerrufen werden.

(2c) Arbeitgeberinnen und Arbeitgeber dürfen Arbeitnehmerinnen und Arbeitnehmer, die einer Verlängerung im Rahmen des Abs. 2 Z 4 nicht zustimmen oder ihre Zustimmung widerrufen haben, gegenüber anderen Arbeitnehmerinnen und Arbeitnehmern nicht benachteiligen. Dieses Diskriminierungsverbot betrifft insbesondere sämtliche Arbeitsbedingungen, die Verlängerung und die Beendigung von Dienstverhältnissen, Entgeltbedingungen, Aus- und Weiterbildungsmaßnahmen und Aufstiegschancen.

(2d) Arbeitgeberinnen und Arbeitgeber haben ein aktuelles Verzeichnis der Arbeitnehmerinnen und Arbeitnehmer zu führen, die einer Verlängerung im Rahmen des Abs. 2 Z 4 schriftlich zugestimmt haben. Bei Widerruf ist die Arbeitnehmerin bzw. der Arbeitnehmer aus dem Verzeichnis zu streichen. Diesem Verzeichnis sind Ablichtungen der Zustimmungserklärungen beizulegen.

(3) Bei Arbeitszeiten gemäß Abs. 2 kann der Kollektivvertrag Abweichungen von § 6 Abs. 1 zulassen.

(4) Verlängerte Dienste von bis zu 25 Stunden sind durch zwei, verlängerte Dienste von bis zu 32 Stunden durch drei Ruhepausen von jeweils mindestens 30 Minuten zu unterbrechen. Ist die Gewährung einer Ruhepause aus organisatorischen Gründen nicht möglich, ist innerhalb der nächsten zehn Kalendertage eine Ruhezeit entsprechend zu verlängern.

(5) Nach verlängerten Diensten von mehr als 13 Stunden ist die folgende Ruhezeit um jenes Ausmaß zu verlängern, um das der verlängerte Dienst 13 Stunden übersteigen hat, mindestens jedoch um elf Stunden. § 12a Abs. 4 bis 6 ist nicht anzuwenden.

(6) Für Arbeitnehmerinnen und Arbeitnehmer, in deren Arbeitszeit nicht in erheblichem Umfang Arbeitsbereitschaft fällt, kann der Kollektivvertrag unbeschadet der nach § 7 Abs. 1 zulässigen Überstunden bis zu zehn weitere Überstunden zulassen.

(7) Soweit nach § 8 des Apothekengesetzes sowie nach der dazu ergangenen Ausführungsvorschriften eine Dienstleistung in Form der Rufbereitschaft zulässig ist, darf mit der einzelnen

Arbeitnehmerin bzw. dem einzelnen Arbeitnehmer Ruferreichbarkeit nur an 15 Tagen pro Monat vereinbart werden. Der Kollektivvertrag kann zulassen, dass Ruferreichbarkeit innerhalb eines Zeitraumes von 13 Kalenderwochen an 45 Tagen, jedoch höchstens an 30 aufeinanderfolgenden Tagen vereinbart werden kann.

(8) Leistet eine Arbeitnehmerin bzw. ein Arbeitnehmer während eines Bereitschaftsdienstes gemäß Abs. 7 Arbeiten, kann die tägliche Ruhezeit unterbrochen werden. Beträgt ein Ruhezeitteil mindestens acht Stunden, so ist innerhalb von zwei Wochen eine andere Ruhezeit um vier Stunden, in allen übrigen Fällen um sechs Stunden zu verlängern.

(9) Für Arbeitnehmerinnen und Arbeitnehmer, die als Vertreterinnen und Vertreter für alleinarbeitende Apothekenleiterinnen und Apothekenleiter beschäftigt werden, sind ununterbrochene Bereitschaftsdienste in Ruferreichbarkeit höchstens in vier aufeinanderfolgenden Wochen zulässig. Nach einer solchen Bereitschaftsperiode ist ein arbeitsfreier Ausgleichszeitraum von zwei Tagen pro Woche der Vertretung zu gewähren. Das Dienstverhältnis endet frühestens nach Ende des Ausgleichszeitraumes. Der Abs. 8 Z 1 zweiter Satz und Z 2 zweiter Satz sind nicht anzuwenden.

ABSCHNITT 6a
Vertragsrechtliche Bestimmungen
Geltungsbereich

§ 19b. (1) Dieser Abschnitt gilt für Arbeitsverhältnisse aller Art.

(2) Dieser Abschnitt ist jedoch nicht auf Arbeitnehmer anzuwenden, die in einem Arbeitsverhältnis zu einer Gebietskörperschaft oder einem Gemeindeverband stehen. Die Bestimmungen dieses Abschnittes gelten jedoch für Arbeitnehmer, die in einem Arbeitsverhältnis zum Bund stehen, sofern für ihr Arbeitsverhältnis ein Kollektivvertrag wirksam ist.

(3) Ausgenommen sind weiters

1. Arbeiterinnen und Arbeiter im Sinne des LAG 2021;
2. Arbeitnehmer, für die das Hausbesorgergesetz, BGBl. Nr. 16/1970, gilt;
3. leitende Angestellte oder sonstige Arbeitnehmerinnen und Arbeitnehmer, denen maßgebliche selbständige Entscheidungsbefugnis übertragen ist und deren gesamte Arbeitszeit auf Grund der besonderen Merkmale der Tätigkeit
   a) nicht gemessen bzw. im Voraus festgelegt wird, oder
   b) von diesen Arbeitnehmerinnen bzw. Arbeitnehmern hinsichtlich Lage und Dauer selbst festgelegt werden kann;

4. Heimarbeiter im Sinne des Heimarbeitsgesetz 1960, BGBl. Nr. 105/1961;
5. nahe Angehörige der Arbeitgeberin bzw. des Arbeitgebers (Eltern, volljährige Kinder, im gemeinsamen Haushalt lebende Ehegattin oder Ehegatte, eingetragene Partnerin oder Partner, sowie Lebensgefährtin oder Lebensgefährte, wenn seit mindestens drei Jahren ein gemeinsamer Haushalt besteht), deren gesamte Arbeitszeit auf Grund der besonderen Merkmale der Tätigkeit
   a) nicht gemessen oder im Voraus festgelegt wird, oder
   b) von diesen Arbeitnehmerinnen bzw. Arbeitnehmern hinsichtlich Lage und Dauer selbst festgelegt werden kann.

(4) Von den §§ 19e und 19f sind weiters ausgenommen:

1. Arbeitnehmer, die in einem Arbeitsverhältnis zu einer Stiftung, zu einem Fonds oder zu einer Anstalt stehen, sofern diese Einrichtungen von Organen einer Gebietskörperschaft oder von Personen verwaltet werden, die hiezu von Organen einer Gebietskörperschaft bestellt sind;
2. Arbeitnehmer, für die die Vorschriften des Bäckereiarbeiter/innengesetzes 1996, BGBl. Nr. 410, gelten;
3. Arbeitnehmer, für die die Vorschriften des Hausgehilfen- und Hausangestelltengesetzes, BGBl. Nr. 235/1962, gelten;
4. Lehr- und Erziehungskräfte an Unterrichts- und Erziehungsanstalten, soweit sie nicht unter Abs. 2 fallen;
5. Arbeitnehmer, die im Rahmen des Bordpersonals von Luftverkehrsunternehmungen tätig sind;
6. Arbeitnehmer, für die die Vorschriften des Krankenanstalten-Arbeitszeitgesetzes, BGBl. I Nr. 8/1997, gelten.

Lage der Normalarbeitszeit

§ 19c. (1) Die Lage der Normalarbeitszeit und ihre Änderung ist zu vereinbaren, soweit sie nicht durch Normen der kollektiven Rechtsgestaltung festgesetzt wird.

(2) Abweichend von Abs. 1 kann die Lage der Normalarbeitszeit vom Arbeitgeber geändert werden, wenn

1. dies aus objektiven, in der Art der Arbeitsleistung gelegenen Gründen sachlich gerechtfertigt ist,
2. dem Arbeitnehmer die Lage der Normalarbeitszeit für die jeweilige Woche mindestens zwei Wochen im vorhinein mitgeteilt wird,
3. berücksichtigungswürdige Interessen des Arbeitnehmers dieser Einteilung nicht entgegenstehen und
4. keine Vereinbarung entgegensteht.

AZG

(3) Von Abs. 2 Z 2 kann abgewichen werden, wenn dies in unvorhersehbaren Fällen zur Verhinderung eines unverhältnismäßigen wirtschaftlichen Nachteils erforderlich ist und andere Maßnahmen nicht zumutbar sind. Durch Normen der kollektiven Rechtsgestaltung können wegen tätigkeitsspezifischer Erfordernisse von Abs. 2 Z 2 abweichende Regelungen getroffen werden.

Teilzeitarbeit

§ 19d. (1) Teilzeitarbeit liegt vor, wenn die vereinbarte Wochenarbeitszeit die gesetzliche Normalarbeitszeit oder eine durch Normen der kollektiven Rechtsgestaltung festgelegte kürzere Normalarbeitszeit im Durchschnitt unterschreitet. Einer Norm der kollektiven Rechtsgestaltung ist gleichzuhalten, wenn eine durch Betriebsvereinbarung festgesetzte kürzere Normalarbeitszeit mit anderen Arbeitnehmern, für die kein Betriebsrat errichtet ist, einzelvertraglich vereinbart wird.

(2) Ausmaß und Lage der Arbeitszeit und ihre Änderung sind zu vereinbaren, sofern sie nicht durch Normen der kollektiven Rechtsgestaltung festgesetzt werden. Die Änderung des Ausmaßes der regelmäßigen Arbeitszeit bedarf der Schriftform. § 19c Abs. 2 und 3 sind anzuwenden. Eine ungleichmäßige Verteilung der Arbeitszeit auf einzelne Tage und Wochen kann im Vorhinein vereinbart werden.

(2a) Die Arbeitgeberin/der Arbeitgeber hat teilzeitbeschäftigte Arbeitnehmerinnen/Arbeitnehmer bei Ausschreibung von im Betrieb freiwerdenden oder neuen Arbeitsplätzen, die zu einem höheren Arbeitszeitausmaß führen können, zu informieren. Die Information kann auch durch allgemeine Bekanntgabe an einer geeigneten, für die Teilzeitbeschäftigten leicht zugänglichen Stelle im Betrieb, durch geeignete elektronische Datenverarbeitung oder durch geeignete Telekommunikationsmittel erfolgen.

(2b) Werden teilzeitbeschäftigte Arbeitnehmerinnen und Arbeitnehmer nicht von freiwerdenden oder neuen Arbeitsplätzen im Sinne von Abs. 2a informiert, haben sie Anspruch auf Schadenersatz in der Höhe von 100 Euro. Schadenersatzansprüche nach anderen Rechtsvorschriften bleiben unberührt. Der Kollektivvertrag kann Abweichendes regeln.

(3) Teilzeitbeschäftigte Arbeitnehmer sind zur Arbeitsleistung über das vereinbarte Arbeitszeitausmaß (Mehrarbeit) nur insoweit verpflichtet, als
1. gesetzliche Bestimmungen, Normen der kollektiven Rechtsgestaltung oder der Arbeitsvertrag dies vorsehen,
2. ein erhöhter Arbeitsbedarf vorliegt oder die Mehrarbeit zur Vornahme von Vor- und Abschlußarbeiten (§ 8) erforderlich ist, und
3. berücksichtigungswürdige Interessen des Arbeitnehmers der Mehrarbeit nicht entgegenstehen.

(3a) Für Mehrarbeitsstunden gemäß Abs. 3 gebührt ein Zuschlag von 25%. § 10 Abs. 3 ist anzuwenden.

(3b) Mehrarbeitsstunden sind nicht zuschlagspflichtig, wenn
1. sie innerhalb des Kalendervierteljahres oder eines anderen festgelegten Zeitraumes von drei Monaten, in dem sie angefallen sind, durch Zeitausgleich im Verhältnis 1:1 ausgeglichen werden;
2. bei gleitender Arbeitszeit die vereinbarte Arbeitszeit innerhalb der Gleitzeitperiode im Durchschnitt nicht überschritten wird. § 6 Abs. 1a ist sinngemäß anzuwenden.

(3c) Sieht der Kollektivvertrag für Vollzeitbeschäftigte eine kürzere wöchentliche Normalarbeitszeit als 40 Stunden vor und wird für die Differenz zwischen kollektivvertraglicher und gesetzlicher Normalarbeitszeit kein Zuschlag oder ein geringerer Zuschlag als nach Abs. 3a festgesetzt, sind Mehrarbeitsstunden von Teilzeitbeschäftigten im selben Ausmaß zuschlagsfrei bzw. mit dem geringeren Zuschlag abzugelten.

(3d) Sind neben dem Zuschlag nach Abs. 3a auch andere gesetzliche oder kollektivvertragliche Zuschläge für diese zeitliche Mehrleistung vorgesehen, gebührt nur der höchste Zuschlag.

(3e) Abweichend von Abs. 3a kann eine Abgeltung von Mehrarbeitsstunden durch Zeitausgleich vereinbart werden. Der Mehrarbeitszuschlag ist bei der Bemessung des Zeitausgleiches zu berücksichtigen oder gesondert auszuzahlen. Die Abs. 3b bis 3d sind auch auf die Abgeltung durch Zeitausgleich anzuwenden. § 10 Abs. 2 ist anzuwenden.

(3f) Der Kollektivvertrag kann Abweichungen von Abs. 3a bis 3e zulassen.

(4) Sofern in Normen der kollektiven Rechtsgestaltung oder Arbeitsverträgen Ansprüche nach dem Ausmaß der Arbeitszeit bemessen werden, ist bei Teilzeitbeschäftigten die regelmäßig geleistete Mehrarbeit zu berücksichtigen, dies insbesondere bei der Bemessung der Sonderzahlungen.

(Anm.: Abs. 5 aufgehoben durch Art. 41, BGBl. I Nr. 100/2018)

(6) Teilzeitbeschäftigte Arbeitnehmer dürfen wegen der Teilzeitarbeit gegenüber vollzeitbeschäftigten Arbeitnehmern nicht benachteiligt werden, es sei denn, sachliche Gründe rechtfertigen eine unterschiedliche Behandlung. Freiwillige Sozialleistungen sind zumindest in jenem Verhältnis zu gewähren, das dem Verhältnis der regelmäßig geleisteten Arbeitszeit zur gesetzlichen oder kollektivvertraglichen Normalarbeitszeit entspricht. Im Streitfall hat der Arbeitgeber zu beweisen, daß eine Benachteiligung nicht wegen der Teilzeitarbeit erfolgt.

(7) Durch Kollektivvertrag kann festgelegt werden, welcher Zeitraum für die Berechnung der

regelmäßig geleisteten Mehrarbeit (Abs. 4) und für die Berechnung der Sozialleistungen (Abs. 6) heranzuziehen ist.

(8) Die Abs. 2 und 3 gelten nicht für Teilzeitbeschäftigungen gemäß Mutterschutzgesetz 1979, BGBl. Nr. 221, Väter-Karenzgesetz, BGBl. Nr. 651/1989, § 13a AVRAG oder vergleichbarer österreichischer Rechtsvorschriften.

Abgeltung von Zeitguthaben

§ 19e. (1) Besteht im Zeitpunkt der Beendigung des Arbeitsverhältnisses ein Guthaben des Arbeitnehmers an Normalarbeitszeit oder Überstunden, für die Zeitausgleich gebührt, ist das Guthaben abzugelten, soweit der Kollektivvertrag nicht die Verlängerung der Kündigungsfrist im Ausmaß des zum Zeitpunkt der Beendigung des Arbeitsverhältnisses bestehenden Zeitguthabens vorsieht und der Zeitausgleich in diesem Zeitraum verbraucht wird. Der Beendigung eines Arbeitsverhältnisses ist die Beendigung einer Arbeitskräfteüberlassung gleichzuhalten.

(2) Für Guthaben an Normalarbeitszeit gebührt ein Zuschlag von 50%. Dies gilt nicht, wenn der Arbeitnehmer ohne wichtigen Grund vorzeitig austritt. Der Kollektivvertrag kann Abweichendes regeln.

Abbau von Zeitguthaben

§ 19f. (1) Wird bei Durchrechnung der Normalarbeitszeit (§ 4 Abs. 4 und 6) mit einem Durchrechnungszeitraum von mehr als 26 Wochen der Zeitpunkt des Ausgleichs von Zeitguthaben nicht im Vorhinein festgelegt, und bestehen

1. bei einem Durchrechnungszeitraum von bis zu 52 Wochen nach Ablauf des halben Durchrechnungszeitraumes oder
2. bei einem längeren Durchrechnungszeitraum nach Ablauf von 26 Wochen

Zeitguthaben, ist der Ausgleichszeitpunkt binnen vier Wochen festzulegen oder der Ausgleich binnen 13 Wochen zu gewähren. Anderenfalls kann der Arbeitnehmer den Zeitpunkt des Ausgleichs mit einer Vorankündigungsfrist von vier Wochen selbst bestimmen, sofern nicht zwingende betriebliche Erfordernisse diesem Zeitpunkt entgegen stehen, oder eine Abgeltung in Geld verlangen. Durch Kollektivvertrag oder Betriebsvereinbarung können abweichende Regelungen getroffen werden.

(2) Wird bei Überstundenarbeit, für die Zeitausgleich gebührt, der Zeitpunkt des Ausgleichs nicht im Vorhinein vereinbart, ist

1. der Zeitausgleich für noch nicht ausgeglichene Überstunden, die bei Durchrechnung der Normalarbeitszeit (§ 4 Abs. 4 und 6) oder gleitender Arbeitszeit (§ 4b) durch Überschreitung der durchschnittlichen Normalarbeitszeit entstehen, binnen sechs Monaten nach Ende des Durchrechnungszeitraumes bzw. der Gleitzeitperiode zu gewähren;

2. in sonstigen Fällen der Zeitausgleich für sämtliche in einem Kalendermonat geleistete und noch nicht ausgeglichene Überstunden binnen sechs Monaten nach Ende des Kalendermonats zu gewähren.

Durch Kollektivvertrag können abweichende Regelungen getroffen werden.

(3) Wird der Zeitausgleich für Überstunden nicht innerhalb der Frist nach Abs. 2 gewährt, kann der Arbeitnehmer den Zeitpunkt des Zeitausgleichs mit einer Vorankündigungsfrist von vier Wochen einseitig bestimmen, sofern nicht zwingende betriebliche Erfordernisse diesem Zeitpunkt entgegen stehen, oder eine Abgeltung in Geld verlangen.

Unabdingbarkeit

§ 19g. Die dem Arbeitnehmer auf Grund dieses Abschnittes zustehenden Rechte können durch Arbeitsvertrag weder aufgehoben noch beschränkt werden.

ABSCHNITT 7
Ausnahmen
Außergewöhnliche Fälle

§ 20. (1) In außergewöhnlichen Fällen finden die Bestimmungen der §§ 3 bis 5a, 7 bis 9, 11, 12, 12a Abs. 4 bis 6, 13b bis 15b, 15e, 16, 18, 18a, 18b Abs. 1 und 3 bis 6, 18c Abs. 1, 18d, 18e, 18g bis 18i, 19d Abs. 3 Z 1 und 2, 20a und 20b Abs. 3 bis 5 keine Anwendung auf vorübergehende und unaufschiebbare Arbeiten, die

a) zur Abwendung einer unmittelbaren Gefahr für die Sicherheit des Lebens oder für die Gesundheit von Menschen oder bei Notstand sofort vorgenommen werden müssen, oder

b) zur Behebung einer Betriebsstörung oder zur Verhütung des Verderbens von Gütern oder eines sonstigen unverhältnismäßigen wirtschaftlichen Sachschadens erforderlich sind, wenn unvorhergesehene und nicht zu verhindernde Gründe vorliegen und andere zumutbare Maßnahmen zur Erreichung dieses Zweckes nicht getroffen werden können.

(2) Der Arbeitgeber hat die Vornahme von Arbeiten auf Grund des Abs. 1 ehestens, längstens jedoch binnen zehn Tagen nach Beginn der Arbeiten dem Arbeitsinspektorat schriftlich anzuzeigen. Die Anzeige hat die Gründe der Arbeitszeitverlängerung sowie die Anzahl der zur Mehrarbeit herangezogenen Arbeitnehmer zu enthalten. Die Aufgabe der Mitteilung bei der Post gilt als Erstattung der Anzeige.

Rufbereitschaft

§ 20a. (1) Rufbereitschaft außerhalb der Arbeitszeit darf nur an zehn Tagen pro Monat vereinbart werden. Der Kollektivvertrag kann zulassen, daß Rufbereitschaft innerhalb eines Zeitraumes von drei Monaten an 30 Tagen vereinbart werden kann.

AZG

(2) Leistet eine Arbeitnehmerin bzw. ein Arbeitnehmer während der Rufbereitschaft Arbeiten, kann die tägliche Ruhezeit unterbrochen werden, wenn innerhalb von zwei Wochen eine andere tägliche Ruhezeit um vier Stunden verlängert wird. Ein Teil der Ruhezeit muss mindestens acht Stunden betragen.

Reisezeit

§ 20b. (1) Reisezeit im Sinne der Abs. 2 bis 5 liegt vor, wenn der Arbeitnehmer über Auftrag des Arbeitgebers vorübergehend seinen Dienstort (Arbeitsstätte) verläßt, um an anderen Orten seine Arbeitsleistung zu erbringen, sofern der Arbeitnehmer während der Reisebewegung keine Arbeitsleistung zu erbringen hat.

(2) Durch Reisezeiten können die Höchstgrenzen der Arbeitszeit überschritten werden.

(3) Bestehen während der Reisezeit ausreichende Erholungsmöglichkeiten, kann die tägliche Ruhezeit verkürzt werden. Durch Kollektivvertrag kann festgelegt werden, in welchen Fällen ausreichende Erholungsmöglichkeiten bestehen.

(4) Bestehen während der Reisezeit keine ausreichenden Erholungsmöglichkeiten, kann die tägliche Ruhezeit durch Kollektivvertrag höchstens auf acht Stunden verkürzt werden. Ergibt sich dabei am nächsten Arbeitstag ein späterer Arbeitsbeginn als in der Vereinbarung gemäß § 19c Abs. 1 vorgesehen, ist die Zeit zwischen dem vorgesehenen und dem tatsächlichen Beginn auf die Arbeitszeit anzurechnen.

(5) Verkürzungen der täglichen Ruhezeit nach Abs. 3 und 4 sind nur zweimal pro Kalenderwoche zulässig.

(Anm.: Abs. 6 aufgehoben durch Art. 1 Z 17, BGBl. I Nr. 53/2018)

Verkürzung der Arbeitszeit und Verlängerung der Ruhezeit bei gefährlichen Arbeiten

§ 21. Für Arbeitnehmer, die bei Arbeiten beschäftigt werden, die mit einer besonderen Gefährdung der Gesundheit verbunden sind, kann durch Verordnung eine kürzere als die nach § 3 zulässige Dauer der Arbeitszeit oder die Einhaltung längerer Ruhepausen oder Ruhezeiten als in den §§ 11 und 12 vorgesehen, angeordnet werden. Insoweit Ruhepausen über das im § 11 Abs. 1 vorgesehene Ausmaß hinausgehen, gelten sie als Arbeitszeit.

Arbeitseinsatz bei Reparaturarbeiten in heißen Öfen von Eisen- oder Stahlhüttenbetrieben oder Kokereien

§ 22. (1) Bei Reparaturarbeiten (Zustellungen), die in Eisen- oder Stahlhüttenbetrieben in heißen Siemens-Martin-Öfen, heißen Schmelz-, Glüh-, Aufheiz- oder Brennöfen sowie in heißen Konvertern oder in Kokereien in heißen Kokereiöfen vorgenommen werden, darf die Wochenarbeitszeit vierzig Stunden nicht überschreiten. Wird die

Arbeitszeit an einzelnen Werktagen regelmäßig verkürzt, so darf sie an den übrigen Tagen der Woche acht Stunden nicht überschreiten.

(2) Nimmt die Beschäftigung mit den im Abs. 1 genannten Arbeiten nicht eine volle Woche in Anspruch, so sind Arbeitszeiten in den im Abs. 1 angeführten heißen Öfen oder heißen Konvertern mit einem Zuschlag von 7,5 vH zu bewerten. Eine Arbeitsstunde ist daher mit 64 1/2 Minuten in Anschlag zu bringen, jedoch darf die nach § 3 zulässige Dauer der Wochenarbeitszeit nicht überschritten werden.

(3) Als heiße Öfen oder heiße Konverter im Sinne der Abs. 1 und 2 gelten solche, bei denen die Innentemperatur mehr als 30 °C beträgt.

(4) Die Bestimmungen der Abs. 1 und 2 gelten auch für Reparaturarbeiten (Zustellungen) in Hochöfen, soweit mit Kohlenstoffsteinen gearbeitet wird.

(5) Bei Einführung einer Wochenarbeitszeit von zweiundvierzig Stunden tritt an Stelle des im Abs. 2 genannten Zuschlages von 7,5 vH ein solcher von 5 vH. Eine Arbeitsstunde ist daher dann mit 63 Minuten in Anschlag zu bringen.

Ausnahmen im öffentlichen Interesse

§ 23. Wenn es das öffentliche Interesse infolge besonders schwerwiegender Umstände erfordert, können durch Verordnung für einzelne Arten oder Gruppen von Betrieben Ausnahmen von den Bestimmungen der §§ 3, 4, 9, 11, 12, 12a Abs. 4 bis 6, 13b bis 15e, 16, 18, 18a, 18b Abs. 1 und 3 bis 6, 18c Abs. 1, 18d, 18e sowie 18g bis 18i zugelassen oder abweichende Regelungen hinsichtlich der Dauer der Ruhepausen getroffen werden.

Aushangpflicht

§ 25. (1) Der Arbeitgeber hat an geeigneter, für den Arbeitnehmer leicht zugänglicher Stelle in der Betriebsstätte einen Aushang über den Beginn und das Ende der Normalarbeitszeit sowie Zahl und Dauer der Ruhepausen sowie der wöchentlichen Ruhezeit gut sichtbar anzubringen oder den Arbeitnehmern mittels eines sonstigen Datenträgers samt Ablesevorrichtung, durch geeignete elektronische Datenverarbeitung oder durch geeignete Telekommunikationsmittel zugänglich zu machen.

(2) Bei gleitender Arbeitszeit hat der Aushang abweichend von Abs. 1 den Gleitzeitrahmen, allfällige Übertragungsmöglichkeiten sowie Dauer und Lage der wöchentlichen Ruhezeit zu enthalten.

(3) Ist die Lage der Ruhepausen generell festgesetzt, ist diese in den Aushang aufzunehmen.

Aufzeichnungs- und Auskunftspflicht

§ 26. (1) Der Arbeitgeber hat zur Überwachung der Einhaltung der in diesem Bundesgesetz geregelten Angelegenheiten in der Betriebsstätte Aufzeichnungen über die geleisteten Arbeitsstunden zu führen. Der Beginn und die Dauer eines Durchrechnungszeitraumes sind festzuhalten.

(2) Ist – insbesondere bei gleitender Arbeitszeit – vereinbart, daß die Arbeitszeitaufzeichnungen vom Arbeitnehmer zu führen sind, so hat der Arbeitgeber den Arbeitnehmer zur ordnungsgemäßen Führung dieser Aufzeichnungen anzuleiten. Nach Ende der Gleitzeitperiode hat der Arbeitgeber sich diese Aufzeichnungen aushändigen zu lassen und zu kontrollieren. Werden die Aufzeichnungen vom Arbeitgeber durch Zeiterfassungssystem geführt, so ist dem Arbeitnehmer nach Ende der Gleitzeitperiode auf Verlangen eine Abschrift der Arbeitszeitaufzeichnungen zu übermitteln, andernfalls ist ihm Einsicht zu gewähren.

(2a) Wird in Saisonbetrieben eine Verkürzung der Ruhezeit im Sinne des § 12 Abs. 2a in Anspruch genommen, ist die Führung der Arbeitszeitaufzeichnungen durch die Arbeitnehmerin bzw. den Arbeitnehmer nach Abs. 2 nicht zulässig. Die Arbeitgeberin bzw. der Arbeitgeber hat in den Arbeitszeitaufzeichnungen die Inanspruchnahme des § 12 Abs. 2a sowie den Beginn und das Ende der Saison zu vermerken.

(3) Für Arbeitnehmerinnen/Arbeitnehmer, die die Lage ihrer Arbeitszeit und ihren Arbeitsort weitgehend selbst bestimmen können oder ihre Tätigkeit überwiegend in ihrer Wohnung ausüben, sind ausschließlich Aufzeichnungen über die Dauer der Tagesarbeitszeit zu führen.

(4) Durch Betriebsvereinbarungen kann festgesetzt werden, daß Arbeitnehmer gemäß Abs. 3 die Aufzeichnungen selbst zu führen haben. In diesem Fall hat der Arbeitgeber den Arbeitnehmer zur ordnungsgemäßen Führung der Aufzeichnungen anzuleiten, sich die Aufzeichnungen regelmäßig aushändigen zu lassen und zu kontrollieren.

(5) Die Verpflichtung zur Führung von Aufzeichnungen über die Ruhepausen gemäß § 11 entfällt, wenn

1. durch Betriebsvereinbarung, in Betrieben ohne Betriebsrat durch schriftliche Einzelvereinbarung

a) Beginn und Ende der Ruhepausen festgelegt werden oder

b) es den Arbeitnehmern/Arbeitnehmerinnen überlassen wird, innerhalb eines festgelegten Zeitraumes die Ruhepausen zu nehmen, und

2. von dieser Vereinbarung nicht abgewichen wird.

(5a) Bei Arbeitnehmerinnen/Arbeitnehmern mit einer schriftlich festgehaltenen fixen Arbeitszeiteinteilung haben die Arbeitgeberinnen/Arbeitgeber lediglich deren Einhaltung zumindest am Ende jeder Entgeltzahlungsperiode sowie auf Verlangen des Arbeitsinspektorates zu bestätigen und sind nur Abweichungen von dieser Einteilung laufend aufzuzeichnen.

(6) Die Arbeitgeber haben dem Arbeitsinspektorat die erforderlichen Auskünfte zu erteilen und auf Verlangen Einsicht in die Aufzeichnungen über die geleisteten Arbeitsstunden zu geben.

(7) In der Abrechnung gemäß § 78 Abs. 5 EStG 1988 sind die geleisteten Überstunden auszuweisen.

(8) Arbeitnehmerinnen/Arbeitnehmer haben einmal monatlich Anspruch auf kostenfreie Übermittlung ihrer Arbeitszeitaufzeichnungen, wenn sie nachweislich verlangt werden.

(9) Verfallsfristen werden gehemmt,

1. solange den Arbeitnehmerinnen/Arbeitnehmern die Übermittlung gemäß Abs. 8 verwehrt wird, oder

2. wenn wegen des Fehlens von Aufzeichnungen über die geleisteten Arbeitsstunden die Feststellung der tatsächlich geleisteten Arbeitszeit unzumutbar ist.

Behördenzuständigkeit und Verfahrensvorschriften

§ 27. (1) Die nach den Bestimmungen dieses Bundesgesetzes den Arbeitsinspektoraten zustehenden Aufgaben und Befugnisse sind in den vom Wirkungsbereich der Arbeitsinspektion ausgenommenen Betrieben von den zur Wahrung des Arbeitnehmerschutzes sonst berufenen Behörden wahrzunehmen.

(2) Bescheide nach den Bestimmungen dieses Bundesgesetzes sind zu widerrufen, wenn die entsprechenden Voraussetzungen weggefallen sind.

(3) Meldungen nach § 7 Abs. 4 und § 20 Abs. 2 sind von Stempel- und Rechtsgebühren des Bundes befreit.

Strafbestimmungen

§ 28. (1) Arbeitgeber, die

1. zusätzliche Ruhezeiten nach § 12a Abs. 4 bis 6 nicht gewähren;

2. Arbeitnehmer entgegen § 19a Abs. 7 zur Rufferreichbarkeit oder § 20a Abs. 1 zur Rufbereitschaft heranziehen oder entgegen § 19a Abs. 9 beschäftigen;

3. die Meldepflichten an das Arbeitsinspektorat gemäß § 20 Abs. 2, die Auskunfts- und Einsichtpflichten gemäß § 26 Abs. 6, die Aufbewahrungspflichten gemäß § 18k, Pflichten gemäß § 18b Abs. 8 oder 9 erster Satz verletzen, oder die Aufzeichnungen gemäß § 18b Abs. 7, § 18c Abs. 2 sowie § 26 Abs. 1 bis 5 mangelhaft führen;

4. die Verpflichtungen betreffend besondere Untersuchungen gemäß § 12b Abs. 1 verletzen;

5. Bescheide gemäß § 4 Abs. 2, § 5 Abs. 3 oder § 12 Abs. 4 nicht einhalten;

6. die Informationspflicht gemäß § 19d Abs. 2a nicht einhalten,

sind, sofern die Tat nicht nach anderen Vorschriften einer strengeren Strafe unterliegt, von der Bezirksverwaltungsbehörde mit einer Geldstrafe von 20 Euro bis 436 Euro zu bestrafen.

AZG

(2) Arbeitgeber, die

1. Arbeitnehmerinnen oder Arbeitnehmer über die Höchstgrenzen der täglichen oder wöchentlichen Arbeitszeit gemäß § 2 Abs. 2, § 7, § 8 Abs. 1, 2 oder 4, § 9, § 12a Abs. 5, § 18 Abs. 2 oder 3, § 18b Abs. 5 oder 6, § 19a Abs. 2 oder 6 oder § 20a Abs. 2 Z 1 hinaus einsetzen;
2. Ruhepausen oder Kurzpausen gemäß § 11 Abs. 1, 3, 4 oder 5, § 18 Abs. 4, § 18d, § 18h oder § 19a Abs. 4 nicht gewähren;
3. Arbeitnehmerinnen und Arbeitnehmern
a) die tägliche Ruhezeit, den Ausgleich für Ruhezeitverkürzungen sowie sonstige vorgeschriebene Ausgleichsmaßnahmen gemäß § 12 Abs. 1 bis 2d, § 18a, § 18b Abs. 1 und 3, § 18c Abs. 1, § 18d, § 18g, § 19a Abs. 8, § 20a Abs. 2 Z 2 oder § 20b Abs. 4,
b) Ruhezeitverlängerungen gemäß § 19a Abs. 4, 5 oder 8 oder § 20a Abs. 2 Z 2, oder
c) die Gesamtruhezeit gemäß § 18b Abs. 4,
nicht gewähren;
4. Arbeitnehmer über die Höchstgrenzen der Fahrzeit gemäß § 18i hinaus einsetzen;
5. Verordnungen gemäß § 12 Abs. 4, § 21 oder § 23 übertreten;
6. Bescheide gemäß § 11 Abs. 1 und 5 nicht einhalten, oder
7. keine Aufzeichnungen gemäß § 18b Abs. 7, § 18c Abs. 2 sowie § 26 Abs. 1 bis 5 führen,

sind, sofern die Tat nicht nach anderen Vorschriften einer strengeren Strafe unterliegt, von der Bezirksverwaltungsbehörde mit einer Geldstrafe von 72 Euro bis 1 815 Euro, im Wiederholungsfall von 145 Euro bis 1 815 Euro zu bestrafen.

(3) Arbeitgeber, die

1. Lenker über die Höchstgrenzen der Arbeitszeit gemäß § 2 Abs. 2, § 13b Abs. 2 und 3 oder § 14 Abs. 2 hinaus einsetzen oder die Aufforderung nach § 13b Abs. 4 unterlassen;
2. Ruhepausen gemäß § 13c oder Ruhezeitverlängerungen gemäß § 14 Abs. 3 nicht gewähren;
3. Lenker über die gemäß § 14a Abs. 1 und 2 zulässige Lenkzeit hinaus einsetzen;
4. Lenkpausen gemäß § 15 oder § 15a Abs. 4 nicht gewähren;
5. die tägliche Ruhezeit gemäß § 15a Abs. 1 bis 3 oder § 15b Abs. 2 nicht gewähren;
6. die Aufzeichnungspflichten gemäß § 15d verletzen;
7. Verordnungen gemäß § 15e Abs. 1 oder § 17 Abs. 6 oder Regierungsübereinkommen gemäß § 15e Abs. 2 übertreten;
8. Lenker über die gemäß § 16 Abs. 2 bis 4 zulässige Einsatzzeit hinaus einsetzen;
9. nicht dafür sorgen, dass Lenkerinnen und Lenker das Lenkprotokoll gemäß § 17 Abs. 3 und 4 führen oder die ihre Pflichten gemäß § 17 Abs. 5 oder einer Verordnung nach § 17 Abs. 6 verletzen,

sind, sofern die Tat nicht nach anderen Vorschriften einer strengeren Strafe unterliegt, von der Bezirksverwaltungsbehörde mit einer Geldstrafe von 72 Euro bis 1 815 Euro, im Wiederholungsfall von 145 Euro bis 1 815 Euro zu bestrafen.

(3a) Arbeitgeberinnen und Arbeitgeber, die

1. die Pflichten betreffend das digitale Kontrollgerät gemäß § 17a verletzen;
2. die Aufzeichnungs- und Aufbewahrungspflichten gemäß § 17b verletzen,

sind, sofern die Tat nicht nach anderen Vorschriften einer strengeren Strafe unterliegt, von der Bezirksverwaltungsbehörde mit einer Geldstrafe von 145 Euro bis 2 180 Euro, im Wiederholungsfall von 200 Euro bis 3 600 Euro zu bestrafen.

(4) Abweichend von Abs. 2 und 3 sind Arbeitgeberinnen und Arbeitgeber, sofern die Tat nicht nach anderen Vorschriften einer strengeren Strafe unterliegt, von der Bezirksverwaltungsbehörde im Wiederholungsfall mit einer Geldstrafe von 218 Euro bis 3 600 Euro zu bestrafen, wenn

1. die Höchstgrenze der täglichen oder wöchentlichen Arbeitszeit (Abs. 2 Z 1 oder Abs. 3 Z 1) um mehr als 20% überschritten wurde, oder
2. die tägliche Ruhezeit (Abs. 2 Z 3 oder Abs. 3 Z 5) weniger als acht Stunden betragen hat, soweit nicht eine kürzere Ruhezeit zulässig ist.

(5) Arbeitgeberinnen und Arbeitgeber, die

1. Lenker über die gemäß Art. 6 Abs. 1 bis 3 der Verordnung (EG) Nr. 561/2006 zulässige Lenkzeit hinaus einsetzen;
2. Lenkpausen gemäß Art. 7 der Verordnung (EG) Nr. 561/2006 nicht gewähren;
3. die tägliche Ruhezeit gemäß Art. 8 Abs. 2, 4 oder 5 oder Art. 9 der Verordnung (EG) Nr. 561/2006 nicht gewähren;
4. die Pflichten gemäß Art. 6 Abs. 5 oder die Aufzeichnungspflichten gemäß Art. 12 der Verordnung (EG) Nr. 561/2006 verletzen;
5. die Pflichten gemäß Art. 10 Abs. 1 der Verordnung (EG) Nr. 561/2006 verletzen;
6. nicht gemäß Art. 10 Abs. 2 der Verordnung (EG) Nr. 561/2006 dafür gesorgt haben, dass die Lenkerinnen und Lenker ihre Verpflichtungen gemäß Kapitel II der Verordnung (EG) Nr. 561/2006 einhalten;
7. die Pflichten betreffend den Linienfahrplan und den Arbeitszeitplan gemäß Art. 16 Abs. 2 und 3 der Verordnung (EG) Nr. 561/2006 verletzen;
8. die Pflichten betreffend das Kontrollgerät, das Schaublatt, den Ausdruck oder die Fahrerkarte gemäß Art. 3 Abs. 1, Art. 26 ausgenommen Abs. 4, 7a und 9, Art. 27, Art. 28, Art. 29 Abs. 2 bis 5, Art. 32 Abs. 1 bis 4, Art. 33 Abs. 1 und 2 sowie Art. 34 bis 37 der Verordnung (EU) Nr. 165/2014 verletzen;

9. nicht gemäß Art. 33 Abs. 3 der Verordnung (EU) Nr. 165/2014 dafür gesorgt haben, dass die Lenkerinnen und Lenker ihre Verpflichtungen gemäß dieser Verordnung einhalten,

sind, sofern die Tat nicht nach anderen Vorschriften einer strengeren Strafe unterliegt, von der Bezirksverwaltungsbehörde mit einer Geldstrafe gemäß Abs. 6 zu bestrafen.

(6) Sind Übertretungen gemäß Abs. 5 nach Anhang III der Richtlinie 2006/22/EG als

1. leichte Übertretungen eingestuft oder in diesem Anhang nicht erwähnt, sind die Arbeitgeberinnen und Arbeitgeber

a) in den Fällen der Z 1 bis 7 und 9 mit einer Geldstrafe von 72 Euro bis 1 815 Euro, im Wiederholungsfall von 145 Euro bis 1 815 Euro,

b) im Fall der Z 8 mit einer Geldstrafe von 145 Euro bis 2 180 Euro, im Wiederholungsfall von 200 Euro bis 3 600 Euro;

2. schwerwiegende Übertretungen eingestuft, sind die Arbeitgeberinnen und Arbeitgeber mit einer Geldstrafe von 200 Euro bis 2 180 Euro, im Wiederholungsfall von 250 Euro bis 3 600 Euro;

3. sehr schwerwiegende Übertretungen eingestuft, sind die Arbeitgeberinnen und Arbeitgeber mit einer Geldstrafe von 300 Euro bis 2 180 Euro, im Wiederholungsfall von 350 Euro bis 3 600 Euro,

4. schwerste Übertretungen eingestuft, sind die Arbeitgeberinnen und Arbeitgeber mit einer Geldstrafe von 400 Euro bis 2 180 Euro, im Wiederholungsfall von 450 Euro bis 3 600 Euro,

zu bestrafen.

(7) Arbeitgeber, die den Bestimmungen

1. des § 18e Abs. 2,
2. der EU-Teilabschnitte FTL oder Q einschließlich österreichischer Durchführungsvorschriften, oder
3. der AOCV 2008 samt ihrer Anhänge einschließlich österreichischer Durchführungsvorschriften

zuwiderhandeln, sind, sofern die Tat nicht nach anderen Vorschriften einer strengeren Strafe unterliegt, von der Bezirksverwaltungsbehörde mit einer Geldstrafe von 218 Euro bis 2 180 Euro, im Wiederholungsfall von 360 Euro bis 3 600 Euro, zu bestrafen.

(8) Auch Verstöße gegen die Aufzeichnungspflichten gemäß § 18b Abs. 7, § 18c Abs. 2 sowie § 26 Abs. 1 bis 5 sind hinsichtlich jedes einzelnen Arbeitnehmers gesondert zu bestrafen, wenn durch das Fehlen der Aufzeichnungen die Feststellung der tatsächlich geleisteten Arbeitszeit unmöglich oder unzumutbar wird.

(9) Im Falle des § 13a Abs. 2 genügt abweichend von § 44a Z 2 des Verwaltungsstrafgesetzes 1991 (VStG), BGBl. Nr. 52, als Angabe der verletzten Verwaltungsvorschrift die Angabe des entsprechenden Gebotes oder Verbotes der Verordnung (EG) Nr. 561/2006.

(Anm.: Abs. 10 aufgehoben durch BGBl. I Nr. 94/2014)

(11) Wurden Verwaltungsübertretungen nach den Abs. 1 bis 7 nicht im Inland begangen, gelten sie als an jenem Ort begangen, an dem sie festgestellt wurden.

(12) Abs. 1 bis 7 sind nicht anzuwenden, wenn die Zuwiderhandlung von Organen einer Gebietskörperschaft begangen wurde. Besteht bei einer Bezirksverwaltungsbehörde der Verdacht einer Zuwiderhandlung durch ein solches Organ, so hat sie, wenn es sich um ein Organ des Bundes oder eines Landes handelt, eine Anzeige an das oberste Organ, dem das der Zuwiderhandlung verdächtigte Organ untersteht (Art. 20 Abs. 1 erster Satz B-VG), in allen anderen Fällen aber eine Anzeige an die Aufsichtsbehörde zu erstatten.

Weitergelten von Regelungen

§ 29. (1) Soweit Kollektivverträge, Arbeitsordnungen oder Betriebsvereinbarungen für die Arbeitnehmer günstigere Bestimmungen vorsehen oder in Betrieben günstigere Regelungen bestehen, als sich nach den Bestimmungen dieses Bundesgesetzes ergibt, werden diese durch die Bestimmungen dieses Bundesgesetzes nicht berührt.

(2) Im Zeitpunkt des Inkrafttretens dieses Bundesgesetzes bestehende kollektivvertragliche Vereinbarungen in Angelegenheiten, in denen nach den Bestimmungen der §§ 3 Abs. 3 und 4, § 4 Abs. 7 und 9, § 5 Abs. 1 und 3, § 7 Abs. 2 und 3, § 10 Abs. 2, § 12 Abs. 1, § 14 Abs. 2, § 15 Abs. 3, § 16 Abs. 3 und 4 und § 18 Abs. 2 bis 4 dieses Bundesgesetzes abweichende Regelungen durch Kollektivvertrag zugelassen sind, gelten als solche Regelungen, insoweit sie den vorgenannten Bestimmungen entsprechen.

ABSCHNITT 9
Schluß- und Übergangsbestimmungen
Aufhebung von Rechtsvorschriften

§ 30. (1) Mit dem Inkrafttreten dieses Bundesgesetzes treten für dessen Geltungsbereich alle mit den Bestimmungen dieses Bundesgesetzes in Widerspruch stehenden Vorschriften, soweit sie noch in Geltung stehen und soweit § 32 nicht anderes bestimmt, außer Kraft. Insbesondere verlieren ihre Wirksamkeit:

1. Arbeitszeitordnung vom 30. April 1938, Deutsches RGBl. I S. 447 (GBl. f. d. LÖ. Nr. 231/1939), mit Ausnahme des § 16,
2. Ausführungsverordnung zur Arbeitszeitordnung vom 12. Dezember 1938, Deutsches RGBl. I S. 1799 (GBl. f. d. LÖ. Nr. 667/1939), mit Ausnahme der Nr. 20,

AZG

3. Verordnung über die Arbeitszeit in Kokereien und Hochofenwerken vom 20. Jänner 1925, Deutsches RGBl I S. 5 (GBl. f. d. LÖ. Nr. 231/1939),
4. Verordnung über die Arbeitszeit in Gaswerken vom 9. Februar 1927, Deutsches RGBl. I S. 59 (GBl. f. d. LÖ. Nr. 231/1939),
5. Verordnung über die Arbeitszeit in Metallhütten vom 9. Februar 1927, Deutsches RGBl. I S. 59 (GBl. f. d. LÖ. Nr. 231/1939),
6. Verordnung über die Arbeitszeit in Stahlwerken, Walzwerken und anderen Anlagen der Großeisenindustrie vom 16. Juli 1927, Deutsches RGBl. I S. 221 (GBl. f. d. LÖ. Nr. 231/1939),
7. Verordnung über die Arbeitszeit in der Zementindustrie vom 26. März 1929, Deutsches RGBl. I S. 82 (GBl. f. d. LÖ. Nr. 231/1939),
8. Zweite Anordnung vom 15. Februar 1939, welche die Arbeitszeit auf Baustellen betrifft, Deutscher Reichsanzeiger und Preußischer Staatsanzeiger Nr. 45 (GBl. f. d. LÖ. Nr. 271/1939),
9. Verordnung über die Arbeitszeit in Krankenpflegeanstalten vom 13. Februar 1924, Deutsches RGBl. I S. 66, berichtigt im Deutschen RGBl. I S. 154/1924 (GBl. f. d. LÖ. Nr. 25/1940),
10. Anordnung über Arbeitszeitverkürzung für Frauen, Schwerbeschädigte und minderleistungsfähige Personen (Freizeitanordnung) vom 22. Oktober 1943, RABl. I S. 508,
11. Abschnitt III, §§ 4 bis 7 der Verordnung zur Abänderung und Ergänzung von Vorschriften auf dem Gebiete des Arbeitsrechtes vom 1. September 1939, Deutsches RGBl. I S. 1683 (GBl. f. d. LÖ. Nr. 1217/1939),
12. Verordnung über den Arbeitsschutz vom 12. Dezember 1939, Deutsches RGBl. I S. 2403,
13. Verordnung über die Sechzigstundenwoche vom 31. August 1944, Deutsches RGBl. I S. 191,
14. Verordnung des Bundesministeriums für soziale Verwaltung vom 22. Juni 1956, BGBl. Nr. 126, in der Fassung der Verordnung BGBl. Nr. 124/1959, über die Regelung der Arbeitszeit bei Reparaturarbeiten in heißen Öfen von Eisen- und Stahlhüttenbetrieben,
15. Verordnung des Bundesministeriums für soziale Verwaltung vom 25. September 1956, BGBl. Nr. 195, in der Fassung der Kundmachung vom 31. März 1966, BGBl. Nr. 49, betreffend die Zulassung von Arbeitszeitverlängerungen beim Nachweis eines dringenden Bedürfnisses.

(2) Weiters treten außer Kraft:

1. Erste Anordnung über die Vereinfachung der Lohn- und Gehaltsabrechnung vom 12. Juli 1944, deutsches RGBl I S. 166,
2. Zweite Anordnung über die Vereinfachung der Lohn- und Gehaltsabrechnung vom 2. September 1944, Deutsches RGBl. I S. 196,
3. Anordnung gegen Arbeitsvertragsbruch und Abwerbung sowie das Fordern unverhältnismäßig hoher Arbeitsentgelte in der privaten Wirtschaft vom 20. Juli 1942, RABl. I S. 341,
4. Anordnung über die Mehrarbeitsvergütung von Angestellten in der privaten Wirtschaft während der Kriegszeit vom 15. Oktober 1942, RABl. I S. 477,
5. Anordnung zur Regelung der Vergütung von zusätzlicher Sonn- und Feiertagsarbeit der kaufmännischen und technischen Angestellten der Industrie, des Handwerks und des Handels vom 14. März 1942, RABl. I S. 168,
6. Anordnung des Reichstreuhänders der Arbeit Wien vom 24. November 1944 über die Entlohnung der aus Anlaß einer Lastenminderung der Gas- und Elektrizitätswerke geleisteten Nachtarbeitsstunden sowie der Arbeitsleistungen an Samstagnachmittagen und Sonntagen, Amtliche Mitteilungen des Präsidenten der Gauarbeitsämter und der Reichstreuhänder der Arbeit in den Donau- und Alpengauen, S. 284/1944,
7. Anordnung über die Aufhebung arbeitsfreier Tage außerhalb der gesetzlichen Sonn- und Feiertage vom 3. Mai 1944, RABl. I S. 184,
8. Anordnung Nr. 13 zur Sicherung der Ordnung in den Betrieben vom 1. November 1943, RABl. I S. 543,
9. Zweite Anordnung zur Sicherung der Ordnung in den Betrieben vom 23. September 1944, RABl. I S. 359,
10. Anordnung zur Änderung der Anordnung Nr. 13 zur Sicherung der Ordnung in den Betrieben vom 1. November 1943, RABl. I S. 415/1944.

Außerkrafttreten von
Ausnahmegenehmigungen

§ 31. Bescheide, die auf Grund von durch dieses Bundesgesetz außer Kraft gesetzten Arbeitszeitvorschriften erlassen wurden, verlieren spätestens mit dem Ablauf von drei Monaten nach dem Inkrafttreten dieses Bundesgesetzes ihre Wirksamkeit.

Bezugnahme auf Richtlinien

§ 32. Durch dieses Bundesgesetz werden folgende Richtlinien der Europäischen Union umgesetzt:

1. Richtlinie 2003/88/EG des Rates vom 4. November 2003 über bestimmte Aspekte der Arbeitszeitgestaltung (ABl. Nr. L 299 vom 18.11.2003 S. 9);

2. Richtlinie 97/81/EG des Rates vom 15. Dezember 1997 zu der von UNICE, CEEP und EGB geschlossenen Rahmenvereinbarung über Teilzeitarbeit (ABl. Nr. L 14 vom 20.01.1998 S. 9);
3. Richtlinie 1999/63/EG des Rates vom 21. Juni 1999 zu der vom Verband der Reeder in der Europäischen Gemeinschaft (European Community Shipowners' Association ECSA) und dem Verband der Verkehrsgewerkschaften in der Europäischen Union (Federation of Transport Workers' Unions in the European Union FST) getroffenen Vereinbarung über die Regelung der Arbeitszeit von Seeleuten 2000 (ABl. Nr. L 167 vom 02.07.1999 S. 33);
4. Richtlinie 1999/95/EG des Europäischen Parlaments und des Rates zur Durchsetzung der Arbeitszeitregelung für Seeleute an Bord von Schiffen, die Gemeinschaftshäfen anlaufen, vom 13. Dezember 1999 (ABl. Nr. L 14 vom 20.01.2000 S. 29);
5. Richtlinie 2000/79/EG des Rates vom 27. November 2000 über die Durchführung der von der Vereinigung Europäischer Fluggesellschaften (AEA), der Europäischen Transportarbeiter-Föderation (ETF), der European Cockpit Association (ECA), der European Regions Airline Association (ERA) und der International Air Carrier Association (IACA) geschlossenen Europäischen Vereinbarung über die Arbeitszeitorganisation für das fliegende Personal der Zivilluftfahrt (ABl. Nr. L 302 vom 01.12.2000 S. 57);
6. Richtlinie 2002/15/EG des Europäischen Parlaments und des Rates vom 11. März 2002 zur Regelung der Arbeitszeit von Personen, die Fahrtätigkeiten im Bereich des Straßentransportes ausüben (ABl. Nr. L 80 vom 23.03.2002 S. 35);
7. Richtlinie 2005/47/EG des Europäischen Parlaments und des Rates vom 18. Juli 2005 betreffend die Vereinbarung zwischen der Gemeinschaft der Europäischen Bahnen (CER) und der Europäischen Transportarbeiter-Föderation (ETF) über bestimmte Aspekte der Einsatzbedingungen des fahrenden Personals im interoperablen grenzüberschreitenden Verkehr im Eisenbahnsektor (ABl. Nr. L 195 vom 27.07.2005, S. 15);
8. Richtlinie 2006/22/EG des Europäischen Parlaments und des Rates vom 15. März 2006 über die Mindestbedingungen für die Durchführung der Verordnungen (EWG) Nr. 3820/85 und (EWG) Nr. 3821/85 des Rates über Sozialvorschriften für Tätigkeiten im Kraftverkehr sowie zur Aufhebung der Richtlinie 88/599/EWG des Rates, ABl. Nr. L 102 vom 11.4.2006 S. 35, in der Fassung der Delegierten Richtlinie (EU) 2024/846, ABl. L vom 31.5.2024, S. 1;

9. Richtlinie 2014/112/EU zur Durchführung der von der Europäischen Binnenschifffahrts Union (EBU), der Europäischen Schifferorganisation (ESO) und der Europäischen Transportarbeiter-Föderation (ETF) geschlossenen Europäischen Vereinbarung über die Regelung bestimmter Aspekte der Arbeitszeitgestaltung in der Binnenschifffahrt, ABl. Nr. L 367 vom 23.12.2014 S. 86.

Verweisungen

§ 32a. Soweit in diesem Bundesgesetz auf andere Bundesgesetze verwiesen wird, sind diese in der jeweils geltenden Fassung anzuwenden.

§ 32b. Kollektivverträge, die sich auf die Regelungen einzelner Arbeitsbedingungen beschränken und deren Wirkungsbereich sich fachlich auf die überwiegende Anzahl der Wirtschaftszweige und räumlich auf das ganze Bundesgebiet erstreckt, gelten nicht als Kollektivverträge im Sinne des § 5 Abs. 2 und 3, § 13b Abs. 2 und 3, § 13c Abs. 3, § 14 Abs. 4, § 14a Abs. 1 und 2, § 15a Abs. 5, § 16 Abs. 3 und 4 sowie § 18 Abs. 5.

Übergangsbestimmungen

§ 32c. (1) Auf Lenker von Kraftfahrzeugen, die auf Grund der Ausnahmebestimmung des Art. II Abs. 1 der 15. Kraftfahrgesetz-Novelle, BGBl. Nr. 456/1993, noch nicht mit einem Kontrollgerät im Sinne der Verordnung (EWG) Nr. 3821/85 ausgerüstet sind, ist § 28 Abs. 1b Z 2 bis zum 31. Dezember 1994 nicht anzuwenden.

(2) Für die am 1. Mai 1997 anhängigen Verwaltungsverfahren der Arbeitsinspektorate und für rechtskräftige Bescheide in Angelegenheiten, die nach den Änderungen durch das Bundesgesetz, BGBl. I Nr. 46/1997, nicht mehr der Arbeitsinspektion zugewiesen sind, sowie Bescheide gemäß § 17 Abs. 4 gilt folgendes:

1. Rechtskräftige Bescheide gemäß §§ 5 Abs. 2, 7 Abs. 5, 11 Abs. 5, 12 Abs. 2, 14 Abs. 4 und 16 Abs. 5 in der Fassung vor den Änderungen durch das Bundesgesetz BGBl. I Nr. 46/1997 bleiben unberührt.
2. Anhängige Verwaltungsverfahren gemäß § 7 Abs. 5 sind nach der neuen Rechtslage weiterzuführen. Anhängige Verwaltungsverfahren gemäß §§ 5 Abs. 2, 8 Abs. 4, 11 Abs. 5, 12 Abs. 2, 14 Abs. 4 und 16 Abs. 5 sind einzustellen.
3. Die durch Bescheid des Bundesministers für Arbeit, Gesundheit und Soziales gemäß § 17 Abs. 4 in der Fassung vor den Änderungen durch das Bundesgesetz BGBl. I Nr. 46/1997 zugelassenen Nachweise gelten als geeigneter Nachweis im Sinne des § 17 Abs. 4. Eine Übermittlung an das Arbeitsinspektorat gemäß § 17 Abs. 4 vierter Satz kann entfallen.

AZG

(3) Die Normen der kollektiven Rechtsgestaltung im Sinne des § 12a Abs. 5 sind längstens bis zum Ablauf des 31. Dezember 2002 zu erlassen oder anzupassen.

(4) Sieht ein Kollektivvertrag oder eine Betriebsvereinbarung im Rahmen der Zulassung einer Arbeitszeitverlängerung nach § 14 in der Fassung vor In-Kraft-Treten der Änderungen durch das Bundesgesetz BGBl. I Nr. 138/2006 eine Regelung vor, die nach In-Kraft-Treten dieser Änderungen nicht mehr zulässig ist, gilt diese Regelung ab diesem Zeitpunkt auf das nach § 13b Abs. 2 und 3 in der Fassung des Bundesgesetzes BGBl. I Nr. 138/2006 höchstzulässige Ausmaß eingeschränkt.

(5) Bis zum In-Kraft-Treten der Änderungen des § 28 Abs. 1a durch das Bundesgesetz BGBl. I Nr. 138/2006 sind Arbeitgeber und deren Bevollmächtigte nach § 28 Abs. 1a zu bestrafen, die

1. Lenker über die Höchstgrenzen der Arbeitszeit gemäß § 2 Abs. 2, § 13b Abs. 2 und 3 oder § 14 Abs. 2 hinaus einsetzen oder die Aufforderung nach § 13b Abs. 4 unterlassen;
2. Ruhepausen gemäß § 13c oder Ruhezeitverlängerungen gemäß § 14 Abs. 3 nicht gewähren.

(6) Als kollektivvertragliche Regelungen im Sinne des § 18j gelten auch solche, die vor dem Inkrafttreten dieser Bestimmung abgeschlossen wurden, soweit sie den Vorgaben des § 18j entsprechen.

(7) Verordnungen auf Grund dieses Bundesgesetzes können bereits von dem der Kundmachung der jeweiligen Verordnungsermächtigung folgenden Tag an erlassen werden. Sie dürfen jedoch frühestens mit dem Inkrafttreten der jeweiligen Verordnungsermächtigung in Kraft treten.

(Anm.: Abs. 8 wurde nicht vergeben)

(9) Mit Inkrafttreten der Änderungen durch das Bundesgesetz BGBl. I Nr. 126/2017 treten Bescheide nach § 11 Abs. 6 außer Kraft. Anhängige Verwaltungsverfahren sind einzustellen.

(10) Bestehende Gleitzeitvereinbarungen bleiben aufrecht. Regelungen in Kollektivverträgen und Betriebsvereinbarungen, die für die Arbeitnehmerinnen und Arbeitnehmer günstigere Bestimmungen vorsehen, werden durch die Änderungen des Bundesgesetzes BGBl. I Nr. 53/2018 nicht berührt.

Inkrafttreten und Vollziehung

§ 33. (1) Dieses Bundesgesetz tritt, soweit im folgenden nicht anderes bestimmt wird, am 5. Jänner 1970 in Kraft.

(2) Die Bestimmung des § 12 Abs. 3 betreffend die ununterbrochene Wochenruhe tritt mit der gemäß § 12 Abs. 4 zu erlassenden Verordnung in Kraft.

(3) Mit der Vollziehung dieses Bundesgesetzes sind betraut:

1. hinsichtlich § 26 Abs. 7 und § 27 Abs. 3 die Bundesministerin bzw. der Bundesminister für Finanzen;
2. hinsichtlich des § 15f die Bundesministerin bzw. der Bundesminister für Justiz;
3. hinsichtlich des § 15e Abs. 2 die Bundesregierung;
4. im Übrigen die Bundesministerin bzw. der Bundesminister für Arbeit.

(4) Die Bundesministerin bzw. der Bundesminister für Arbeit ist auch mit der Vollziehung der Verordnung (EG) Nr. 561/2006 und der Verordnung (EU) Nr. 165/2014 betraut.

Inkrafttreten von Novellen

§ 34. (1) § 11 in der Fassung des Bundesgesetzes BGBl. Nr. 473/1992 tritt mit 1. Jänner 1993 in Kraft.

(2) Die §§ 19b, 19c, 19d, 20 Abs. 1 und 32a in der Fassung des Bundesgesetzes BGBl. Nr. 833/1992 treten mit 1. Jänner 1993 in Kraft.

(3) § 19c Abs. 5a in der Fassung des Bundesgesetzes BGBl. Nr. 335/1993 tritt mit 1. Juli 1993 in Kraft.

(4) Die §§ 3 Abs. 1, 4 Abs. 1 bis 6, 8 und 9, 4a, 4b, 4c, 5, 5a, 6 Abs. 1 und 1a, 8 Abs. 5, 9, 12 Abs. 2a und 2b, 13, 14, 15, 15a bis 15e, 16, 17 Abs. 1, 2, 5, 6 und Überschrift, 18 Abs. 1 und 2, 19 Abs. 3, 20 Abs. 1 erster Halbsatz, 25, 26, 27 Abs. 2, 28, 32a, 32b, 32c und 33 Abs. 2, in der Fassung des Bundesgesetzes BGBl. Nr. 446/1994 treten mit 1. Juli 1994 in Kraft. Mit diesem Tag tritt auch § 19 Abs. 4 außer Kraft. Verordnungen gemäß § 15e können bereits vor diesem Zeitpunkt erlassen werden, sie treten jedoch frühestens gemeinsam mit § 15e in Kraft.

(5) § 24 in der Fassung des Bundesgesetzes BGBl. Nr. 446/1994 tritt mit 1. Jänner 1995 in Kraft.

(6) § 4 Abs. 8 und 9 in der Fassung des Bundesgesetzes BGBl. Nr. 417/1996 tritt mit 1. Juli 1996 in Kraft.

(7) § 1 Abs. 2 Z 9 und 10, § 9 Abs. 2 und 3, § 20 Abs. 1, § 23, § 27 Abs. 2, § 28 Abs. 1 Z 1, 2 und 7, § 29 Abs. 2 und § 32b in der Fassung des Bundesgesetzes BGBl. I Nr. 8/1997 treten mit 1. Jänner 1997 in Kraft. § 19 tritt mit Ablauf des 31. Dezember 1996 außer Kraft.

(8) § 1 Abs. 2 Z 2, 3 und 5, § 4, § 4a, § 5, § 5a Abs. 4, § 6 Abs. 1 und 1a, § 7 Abs. 2 bis 6, § 8 Abs. 2 und 4, § 9 Abs. 1 bis 3, § 10, § 11 Abs. 1 und 5, § 12 Abs. 1, 2 und 2b, § 14, § 14a, § 15, § 16, § 17 Abs. 4, § 18 Abs. 1, § 19b Abs. 3 und 4, §§ 19c bis 19g, § 20 Abs. 1, § 20a, § 20b, § 26 Abs. 1 und 7, § 27, § 28 Abs. 1, Abs. 1a Z 3 und 10, Abs. 1b Z 1, § 32a, § 32b und § 32c, in der Fassung des Bundesgesetzes BGBl. I Nr. 46/1997, treten mit 1. Mai 1997 in Kraft. Mit diesem Zeitpunkt treten § 28 Abs. 1a Z 11 und § 32 außer Kraft.

(9) § 9 Abs. 4 und 5, in der Fassung des Bundesgesetzes BGBl. I Nr. 46/1997, treten mit 1. Jänner 1998 in Kraft.

(10) § 9 Abs. 2, 3 und 5, § 19a, § 20 Abs. 1, § 27 Abs. 4 und § 28 Abs. 1 Z 1 bis 8, in der Fassung des Bundesgesetzes BGBl. I Nr. 88/1999 treten mit 1. Jänner 2000 in Kraft.

(11) § 1 Abs. 2 Z 5 und § 19 in der Fassung des Bundesgesetzes BGBl. I Nr. 37/2000 treten mit 1. Juli 2000 in Kraft.

(12) § 28 Abs. 1 bis 1b in der Fassung des Bundesgesetzes BGBl. I Nr. 98/2001 tritt mit 1. Jänner 2002 in Kraft.

(13) § 1 Abs. 2 Z 5 lit. b in der Fassung des Bundesgesetzes BGBl. I Nr. 162/2001 tritt mit 1. Jänner 2002 in Kraft.

(14) § 12a, § 12b, § 12c, § 12d, § 14 Abs. 3, § 19a Abs. 5 und 8, § 20 Abs. 1, § 23, § 24, § 25 Abs. 1, § 28 Abs. 1 sowie § 32c Abs. 3 in der Fassung des Bundesgesetzes BGBl. I Nr. 122/2002 treten mit 1. August 2002 in Kraft.

(15) § 18 Abs. 1, 4 und 5, § 18a, § 18b, § 18c, § 18d, § 20 Abs. 1, § 23, § 28 Abs. 1 Z 2, 3 und 4, sowie § 32 in der Fassung des Bundesgesetzes BGBl. I Nr. 30/2004 treten mit 1. Mai 2004 in Kraft.

(16) § 19d Abs. 8 in der Fassung des Bundesgesetzes BGBl. I Nr. 64/2004 tritt mit 1. Juli 2004 in Kraft.

(17) § 18e, § 28 Abs. 1c und 2 sowie § 32 Z 5 in der Fassung des Bundesgesetzes BGBl. I Nr. 159/2004 treten mit 1. Jänner 2005 in Kraft. Gleichzeitig tritt § 1 Abs. 2 Z 7 außer Kraft.

(18) Die §§ 13, 15d, 17 Abs. 2, 5 und 6, 17a, 17b sowie 28 Abs. 1b und 3 in der Fassung des Bundesgesetzes BGBl. I Nr. 175/2004 treten 5. Mai 2005 in Kraft.

(19) Die §§ 6 Abs. 1, 9 Abs. 2, 3 und 5 Z 3, 13 Abs. 1, 13a Abs. 1, 13b, 13c, 14, 17a Abs. 1 und 3, 17c, 18 Abs. 1, 18e, 20, 23, 28 Abs. 5, 32 Z 1 und 6, 32b und 32c Abs. 4 und 5 in der Fassung des Bundesgesetzes BGBl. I Nr. 138/2006 treten mit 1. Juli 2006 in Kraft. Mit diesem Zeitpunkt tritt § 13 Abs. 4 außer Kraft.

(20) Die §§ 13 Abs. 2 und 3, 13a Abs. 2 und 3, 14a, 15 bis 15f, 16 Abs. 1, 17 Abs. 6, 24 Z 3, 28 Abs. 1a bis 4 sowie § 33 Abs. 5 in der Fassung des Bundesgesetzes BGBl. I Nr. 138/2006 treten mit 11. April 2007 in Kraft. Mit diesem Zeitpunkt tritt § 13 Abs. 5 außer Kraft.

(21) § 1a, § 4 Abs. 2 und 4, § 4b Abs. 4, § 5a Abs. 4, § 6 Abs. 1a, § 7 Abs. 4, 4a, 6 und 6a, § 9 Abs. 2, § 15f Z 3, § 18 Abs. 5, § 19d Abs. 1, 2, 3a bis 3f und 8, § 19f, § 26 Abs. 8 sowie § 28 in der Fassung des Bundesgesetzes BGBl. I Nr. 61/2007 treten mit 1. Jänner 2008 in Kraft. § 26 Abs. 8 ist nur auf Verfallsfristen anzuwenden, die ab diesem Zeitpunkt zu laufen beginnen würden.

(22) § 18 Abs. 1 Z 1, § 18a samt Überschrift, § 18e, Unterabschnitt 5a, § 20, § 23, § 24, § 32 sowie § 32c Abs. 6 in der Fassung des Bundesgesetzes BGBl. I Nr. 124/2008 treten am 16. Juli 2008 in Kraft. § 28 Abs. 1 Z 3, Abs. 2 und Abs. 7 tritt mit dem der Kundmachung folgenden Tag in Kraft.

(23) § 2 Abs. 3, § 13 Abs. 1 Z 2 und 6 und Abs. 2 bis 4, § 15e Abs. 1, § 17, § 28 Abs. 3a und 4 bis 6, § 32 Z 7 und 8 sowie § 32c Abs. 7, in der Fassung des Bundesgesetzes BGBl. I Nr. 149/2009, treten mit 1. Jänner 2010 in Kraft.

(24) § 33 Abs. 3 lit. f und g sowie Abs. 4 in der Fassung des 2. Stabilitätsgesetzes 2012, BGBl. I Nr. 35/2012, tritt mit 1. Juli 2012 in Kraft; gleichzeitig tritt § 33 Abs. 3 lit. a und b außer Kraft.

(25) Die §§ 11 Abs. 4 und 12a Abs. 3 in der Fassung des Bundesgesetzes BGBl. I Nr. 3/2013 treten mit 1. Jänner 2013 in Kraft.

(26) § 27 und § 33 Abs. 3 in der Fassung des Bundesgesetzes BGBl. I Nr. 71/2013 treten mit 1. Jänner 2014 in Kraft.

(27) § 26 Abs. 3, 5, 5a, 8 und 9 in der Fassung des Bundesgesetzes BGBl. I Nr. 94/2014 tritt mit 1. Jänner 2015 in Kraft. Mit diesem Zeitpunkt entfällt § 11 Abs. 8 bis 10.

(28) § 13 Abs. 1 Z 4 und 5 sowie § 32c Abs. 9 treten mit 2. März 2015 in Kraft.

(29) § 13 Abs. 1 Z 2 sowie Abs. 3, § 15e Abs. 1, § 17 Abs. 1, § 17a Abs. 1 Z 2 und Abs. 2, § 24 Z 4, § 28 Abs. 5 Z 6 und 8 sowie § 33 Abs. 4 in der Fassung des Bundesgesetzes BGBl. I Nr. 94/2014 treten am Tag des Inkrafttretens der Durchführungsrechtsakte der Kommission der Europäischen Union gemäß Art. 4 Abs. 8, 6 Abs. 5, 11 Abs. 1, 12 Abs. 7, 14, 21 Abs. 3, 22 Abs. 5, 31 Abs. 5 sowie 39 Abs. 3 der Verordnung (EU) Nr. 165/2014 in Kraft, frühestens jedoch mit 2. März 2016. Gleiches gilt für das Außerkrafttreten von § 32c Abs. 5. Der Bundesminister für Arbeit, Soziales und Konsumentenschutz hat den Zeitpunkt des Inkrafttretens der genannten Durchführungsrechtsakte im Bundesgesetzblatt I kundzumachen. *(Anm.: vgl. K, BGBl. I Nr. 42/2016)*

(30) § 12, § 15 Abs. 1a, § 15d, § 19d Abs. 2a, § 20 Abs. 1, § 20b Abs. 1 und 6, § 26 Abs. 2a, § 27 Abs. 3 sowie § 28 Abs. 1 und 2 in der Fassung des Bundesgesetzes BGBl. I Nr. 152/2015 treten mit 1. Jänner 2016 in Kraft.

(31) § 18e Abs. 1 Z 1 und 1a, Abs. 2 Z 1 und 2 sowie Abs. 3 und 4, § 24 Z 5 und § 28 Abs. 7 Z 2 in der Fassung BGBl. I Nr. 152/2015 treten mit 18. Februar 2016 in Kraft. Gleichzeitig tritt § 18e Abs. 5 außer Kraft.

(32) § 9 Abs. 2, § 13c Abs. 5 und 6, § 18 Abs. 1 Z 4, § 18a Abs. 2, § 18b, § 20 Abs. 1, § 23, § 28 Abs. 1 Z 3, Abs. 2 Z 1, 3 und 7, Abs. 6 und Abs. 8 sowie § 32 Z 8 und 9 in der Fassung des Bundesgesetzes BGBl. I Nr. 114/2016 treten mit 1. Jänner 2017 in Kraft.

AZG

(33) § 19d Abs. 8 in der Fassung des Bundesgesetzes BGBl. I Nr. 30/2017 tritt mit 1. Juli 2017 in Kraft.

(34) § 17c Abs. 1 in der Fassung des Deregulierungsgesetzes 2017, BGBl. I Nr. 40/2017, tritt mit 1. Juli 2017 in Kraft. § 24 samt Überschrift tritt mit Ablauf des 30. Juni 2017 außer Kraft.

(35) § 11 Abs. 6, § 20 Abs. 2, § 28 Abs. 2 Z 6 sowie § 32c Abs. 8 und 9 in der Fassung des Bundesgesetzes BGBl. I Nr. 126/2017 treten mit 1. August 2017 in Kraft. Mit diesem Zeitpunkt tritt § 11 Abs. 7 außer Kraft.

(36) § 9 Abs. 5 Z 4, die Überschrift zu § 19a, § 19a Abs. 1 bis 2d, Abs. 4 erster Satz, Abs. 5 erster Satz sowie Abs. 6 bis 9 in der Fassung des Bundesgesetzes BGBl. I Nr. 127/2017 treten mit 1. Jänner 2018 in Kraft.

(37) § 1 Abs. 2 Z 7 und 8, § 4 Abs. 7, § 4b Abs. 4 und 5, § 7 Abs. 1, 5 und 6, § 8 Abs. 1 und 2, § 9 Abs. 1 bis 3, § 10 Abs. 4, § 12 Abs. 2a, § 18 Abs. 2, § 19a Abs. 8, § 19b Abs. 3 Z 3 und 5, § 20a Abs. 2, § 26 Abs. 2a, § 28 Abs. 1 Z 3 und Abs. 2 Z 1 sowie § 32c Abs. 10, in der Fassung des Bundesgesetzes BGBl. I Nr. 53/2018, treten mit 1. September 2018 in Kraft. Mit diesem Zeitpunkt entfallen auch § 7 Abs. 2, 4 und 4a sowie § 20b Abs. 6.

(38) § 1 Abs. 2 Z 2, § 15c, § 15d Abs. 3, § 17, § 17a Abs. 1, § 17b, § 18e Abs. 3 Z 3, § 19a Abs. 8, § 19b Abs. 3, § 19f Abs. 1 Z 1, § 20 Abs. 1, § 28 Abs. 3 Z 9, § 28 Abs. 5 Z 4, 6, 8 und 9, § 28 Abs. 7 Z 3, § 32 Z 8, sowie § 33 Abs. 3 und 4 in der Fassung BGBl. I Nr. 58/2022, treten mit 1. Juni 2022, § 13 Abs. 1 Z 2 lit. a tritt mit 1. Juli 2026 in Kraft. Die Frist in § 17 Abs. 1 beträgt bis zum Ablauf des 30. Dezember 2024 28 Tage.

(39) § 19d Abs. 2a und 2b in der Fassung des Bundesgesetzes BGBl. I Nr. 189/2023 tritt mit dem auf die Kundmachung folgenden Tag in Kraft.

(40) § 13 Abs. 4 und § 32 Z 8 in der Fassung des Bundesgesetzes BGBl. I Nr. 19/2025 treten mit dem der Kundmachung folgenden Tag in Kraft.

32. Lenkprotokoll-Verordnung

Verordnung des Bundesministers für Arbeit, Soziales und Konsumentenschutz über das Lenkprotokoll (Lenkprotokoll-Verordnung – LP-VO)

StF: BGBl. II Nr. 313/2017

Letzte Novellierung: BGBl. II Nr. 166/2022

Präambel

Auf Grund des § 17 Abs. 6 des Arbeitszeitgesetzes, BGBl. Nr. 461/1969, in der Fassung des Bundesgesetzes BGBl. I Nr. 127/2017, wird verordnet:

GLIEDERUNG

Geltungsbereich

§ 1. (1) Diese Verordnung gilt für Lenkerinnen/Lenker von Kraftfahrzeugen auf öffentlichen Straßen, auf die § 17 Abs. 3 des Arbeitszeitgesetzes (AZG) anzuwenden ist.

(2) Lenkerinnen/Lenker im Sinne dieser Verordnung sind Personen, die ein Kraftfahrzeug, sei es auch nur für kurze Zeit, selbst lenken oder sich im Kraftfahrzeug befinden, um es gegebenenfalls lenken zu können.

Lenkprotokolle

§ 2. (1) Die Lenkprotokolle gemäß § 17 Abs. 4 bis 6 AZG sind personen- und tagesbezogen, soweit im Folgenden nichts anderes bestimmt wird, und haben inhaltlich den Vorgaben von § 5 Abs. 1 zu entsprechen.

(2) Von der Verpflichtung zur Führung eines Lenkprotokolls sind die Lenkerinnen/Lenker folgender Fahrzeuge ausgenommen:

1. Selbstfahrende Arbeitsmaschinen,
2. Zugmaschinen, deren zulässige Höchstgeschwindigkeit 40 km/h nicht übersteigt,
3. Fahrzeuge der Kraftfahrzeugindustrie, des Fahrzeughandels und -handwerks bei Überstellungs- und Probefahrten,
4. Kraftwagen, die der gewerbsmäßigen Personenbeförderung dienen und mit einem Taxameter ausgerüstet sind,
5. sonstige Kraftwagen im Sinne des § 2 Abs. 1 Z 5 und 6 KFG 1967 (Personenkraftwagen, Kombinationskraftwagen), wenn diese nicht der gewerbsmäßigen Personenbeförderung dienen und das Lenken des Fahrzeuges für die Lenkerin oder den Lenker nicht die Haupttätigkeit darstellt,
6. Spezialfahrzeuge zur Durchführung von Geld- oder Werttransporten gemäß § 5 Abs. 2 der Lenker/innen-Ausnahmeverordnung – L-AVO, BGBl. II Nr. 10/2010,
7. Kraftfahrzeuge zur Güterbeförderung mit nicht mehr als 3,5 t zulässigem Gesamtgewicht, wenn das Lenken eines Kraftfahrzeuges nicht die berufliche Haupttätigkeit der Lenkerin/des Lenkers ist und die Lenkzeit während einer Kalenderwoche
   a) täglich weniger als zwei Stunden beträgt, oder
   b) täglich weniger als vier Stunden, sofern die wöchentliche Lenkzeit weniger als ein Fünftel der Wochenarbeitszeit (§ 3 Abs. 1 AZG) beträgt.

In diesen Fällen sind die Lenkzeiten und Lenkpausen auch nicht in die Arbeitszeitaufzeichnungen gemäß § 26 AZG aufzunehmen. Werden Lenkprotokolle geführt, obwohl dazu keine Verpflichtung besteht, gelten diese als Arbeitszeitaufzeichnungen gemäß § 26 AZG.

(3) Das Zentral-Arbeitsinspektorat hat auf der Website der Arbeitsinspektion Muster für Lenkprotokolle zum Download zur Verfügung zu stellen.

Pflichten der Arbeitgeberin/des Arbeitgebers

§ 3. (1) Die Arbeitgeberin/der Arbeitgeber hat an die Lenkerinnen/Lenker kostenlos und in ausreichender Zahl Lenkprotokolle auszugeben, oder es zu ermöglichen, dass die Lenkprotokolle kostenlos heruntergeladen und ausgedruckt werden können. Werden gemäß § 5 Abs. 4 elektronische Geräte eingesetzt, sind zumindest Lenkprotokolle für eine ersatzweise händische Führung gemäß Abs. 5 letzter Satz zur Verfügung zu stellen.

(2) Die Arbeitgeberin/der Arbeitgeber hat

1. jeder Lenkerin/jedem Lenker die für eine ordnungsgemäße Verwendung der Lenkprotokolle erforderlichen Anleitungen zu geben,
2. dafür Sorge zu tragen, dass die Lenkerinnen/Lenker all ihren Verpflichtungen bezüglich der Lenkprotokolle nachkommen, sowie

LP-VO

3. ein Verzeichnis über die als Lenkerinnen/Lenker eingesetzten Arbeitnehmerinnen/Arbeitnehmer samt Geburtsdatum zu führen.

(3) Die Lenkprotokolle sind von der Arbeitgeberin/vom Arbeitgeber mindestens einmal monatlich daraufhin zu überprüfen, ob die vorgeschriebenen Angaben eingetragen wurden. Dies ist im Verzeichnis mit Datum und Unterschrift zu vermerken.

(4) Die Arbeitgeberin/der Arbeitgeber hat die Lenkprotokolle nach dem Ende der Mitführungspflicht gemäß § 4 Abs. 1 mindestens 24 Monate geordnet nach Lenkerinnen/Lenker und Datum aufzubewahren sowie den zuständigen Behörden und deren Organen die aufzubewahrenden Lenkprotokolle sowie das Verzeichnis auf Verlangen zur Einsicht vorzulegen oder zu übermitteln. Die Arbeitgeberin/der Arbeitgeber hat der Lenkerin/dem Lenker auf Verlangen kostenlos Kopien der Lenkprotokolle auszuhändigen.

(5) Werden elektronische Geräte gemäß § 5 Abs. 4 eingesetzt, gelten folgende Abweichungen:

1. Anstelle der Kopien gemäß Abs. 4 letzter Satz sind kostenlose Ausdrucke auszuhändigen.
2. Die Arbeitgeberin/der Arbeitgeber hat sicherzustellen, dass alle einer Lenkerin/einem Lenker zugeordnete Daten bis zum Ablauf der Frist nach Abs. 4 im Betrieb lückenlos und lesbar eingesehen, ausgedruckt und den Organen der Arbeitsinspektion übermittelt werden können.
3. Abweichend von § 4 Abs. 2 sind spätestens nach 28 Tagen die Dateien vom Gerät herunterzuladen und im Betrieb aufzubewahren, von den Dateien sind unverzüglich Sicherungskopien zu erstellen und auf einem externen Datenträger zu speichern.
4. Abweichend von § 4 Abs. 3 dritter Satz sind fehlerhafte Aufzeichnungen durch Bedienungsfehler sowie Abweichungen nach § 15d AZG in ein Lenkprotokoll einzutragen. Abs. 4 ist anzuwenden.

Bei einem Defekt des Gerätes sind Lenkprotokolle ersatzweise händisch zu führen.

Pflichten der Lenkerin/des Lenkers

§ 4. (1) Die Lenkerinnen und Lenker haben an Tagen, an denen sie ein Kraftfahrzeug lenken, soweit im Folgenden nicht anderes bestimmt wird, laufend Eintragungen in das Lenkprotokoll vorzunehmen und die Lenkprotokolle der letzten 56 Kalendertage mit sich zu führen. Diese Protokolle sind den Kontrollorganen über deren Verlangen vorzuweisen. Eine Verwendung verschiedener Lenkprotokolle an einem Tag ist nicht zulässig. Zulässig ist hingegen die Zusammenfassung der Lenkprotokolle einer Woche in einem Dokument. Dabei reicht eine einzige Unterschrift der Lenkerin/des Lenkers für diesen Zeitraum.

(2) Die Lenkerin/der Lenker hat die Lenkprotokolle der Arbeitgeberin/dem Arbeitgeber mindestens monatlich zur Überprüfung und Unterfertigung (§ 3 Abs. 3) vorzulegen. Nach dem Ende der Frist gemäß Abs. 1 sind die Protokolle der Arbeitgeberin/dem Arbeitgeber zur Aufbewahrung zu übergeben.

(3) Die Lenkerin/der Lenker hat das Lenkprotokoll selbst auszufüllen und zu unterschreiben. Alle Einträge müssen klar und genau sein. Ist es erforderlich, einen Eintrag zu korrigieren, so muss die Korrektur in einer Weise erfolgen, die den Originaleintrag deutlich erkennen lässt. Die Daten gemäß § 5 Abs. 1 Z 1 bis 3 können vorab auch von anderen Personen bzw. automationsunterstützt in das Lenkprotokoll eingetragen werden.

Form und Gestaltung der Lenkprotokolle

§ 5. (1) Die Lenkprotokolle haben folgende Felder zur Eintragung zu enthalten:

1. Vor- und Zuname der Lenkerin/des Lenkers,
2. Datum,
3. behördliche Kennzeichen des oder der Kraftfahrzeuge,
4. Kilometerstand bei Beginn und bei Ende des Arbeitstages sowie bei Fahrzeugwechsel,
5. die folgenden Zeitangaben:
   a) Beginn und Ende der Einsatzzeit,
   b) Beginn und Ende der Ruhepausen,
   c) Beginn und Ende von Lenkpausen, soweit sie nicht mit Ruhepausen zusammenfallen,
   d) Beginn und Ende aller sonstigen Arbeitszeiten,
   e) Gesamtdauer der Lenkzeit,
6. Unterschrift der Lenkerin/des Lenkers,
7. Bemerkungen.

(2) Die Aufzeichnung der Gesamtdauer der Lenkzeit (Abs. 1 Z 5 lit. e) kann durch die Arbeitgeberin/den Arbeitgeber erfolgen, spätestens jedoch vor Beginn der Aufbewahrung gemäß § Abs. 4.

(3) Der Kollektivvertrag kann zulassen, dass die Aufzeichnung von Beginn und Ende aller sonstigen Arbeitszeiten (Abs. 1 Z 5 lit. d) und der Gesamtdauer der Lenkzeit (Abs. 1 Z 5 lit. e) entfallen kann. Ein Musterformular für ein solches vereinfachtes Lenkprotokoll wird entsprechend § 2 Abs. 3 zur Verfügung gestellt.

(4) Der Einsatz elektronischer Geräte zur Aufzeichnung der in Abs. 1 genannten Angaben (Daten gemäß Z 1 bis 5 und Eintragungen gemäß Z 6 und 7) anstelle des Lenkprotokolls ist zulässig, sofern:

1. die Daten nach Abs. 1 Z 4 und 5 von den Lenkerinnen und Lenkern laufend selbst vorgenommen werden können und jederzeit abrufbar sind,
2. alle Angaben einer bestimmten Lenkerin oder einem bestimmten Lenker zugeordnet werden können,

3. alle Angaben vollständig, geordnet, inhaltsgleich, authentisch und in einem System zusammengefasst sind und wiedergegeben werden können,

4. die Einsichtnahme in die Angaben, die Vorlage sowie auf Verlangen die Übermittlung der Daten, jeweils in lesbarer Form, an die zuständigen Behörden und ihre Organe jederzeit gewährleistet ist sowie auf Verlangen der Arbeitsinspektion auch ein Ausdruck dieser Daten vorgenommen werden kann,

5. eine nachträgliche Änderung von Angaben wegen Falscheingabe nur dann möglich ist, wenn diese Änderung sowohl auf dem Gerät als auch auf dem Ausdruck ersichtlich ist und auch der ursprüngliche Eintrag ersichtlich bleibt, sowie

6. die Unterschrift

a) auf einem Ausdruck vom Gerät erfolgt oder

b) auf einem Display des Gerätes erfolgt, sofern die Unterschrift danach nachvollziehbar abgespeichert wird oder

c) anstelle der Unterschrift eine geeignete Identifikation (Benutzerkennung und Kennwort) am Gerät erfolgt und dies nachprüfbar aufgezeichnet wird.

Die Unterschrift gemäß Z 6 lit. b sowie Hinweise auf die erfolgte Identifikation gemäß Z 6 lit. c sind in die Ausdrucke gemäß Z 4 aufzunehmen. Das Verzeichnis gemäß § 3 Abs. 3 kann ebenfalls elektronisch geführt werden. Hinsichtlich der Unterschrift gilt Z 6.

(5) Die Arbeitgeberin/der Arbeitgeber hat die Lenkerin/den Lenker in der Arbeitszeit ausreichend und nachweislich in der Handhabung zu unterweisen oder die ausreichende Unterweisung nachweislich sicher zu stellen.

Übergangsbestimmung

§ 6. (1) Allgemeine persönliche Fahrtenbücher nach der Fahrtenbuchverordnung – FahrtbV, BGBl. Nr. 461/1975, können bis Ablauf des 31. Dezember 2018 an Stelle der nach § 2 dieser Verordnung vorgeschriebenen Lenkprotokolle weiter verwendet werden.

(2) Geeignete Nachweise, die durch Bescheid oder durch Kenntnisnahme auf Grund von § 8 Abs. 3 FahrtbV zugelassen wurden, treten mit Ablauf des 31. Dezember 2017 außer Kraft.

In- und Außerkrafttreten

§ 7. (1) Diese Verordnung tritt mit 1. Jänner 2018 in Kraft.

(2) Die Fahrtenbuchverordnung – FahrtbV, BGBl. Nr. 461/1975, tritt mit Ablauf des 31. Dezember 2017 außer Kraft. Ihre Vorschriften gelten jedoch weiterhin, wenn Fahrtenbücher gemäß § 6 weiter verwendet werden.

(3) § 2 Abs. 1 und 2, § 3 Abs. 5, § 4 Abs. 1 und 3 sowie § 5 Abs. 3 bis 5 in der Fassung der Verordnung BGBl. II Nr. 166/2022 treten mit 1. Juni 2022 in Kraft. Die Frist in § 4 Abs. 1 beträgt bis zum Ablauf des 30. Dezember 2024 28 Tage.

33. Lenker/innen-Ausnahmeverordnung

Verordnung des Bundesministers für Arbeit, Soziales und Konsumentenschutz, mit der für Lenkerinnen und Lenker bestimmter Kraftfahrzeuge Abweichungen von den Verordnungen (EU) Nr. 165/2014 und (EG) Nr. 561/2006 sowie vom Arbeitszeitgesetz festgelegt werden (Lenker/innen-Ausnahmeverordnung – L-AVO)

StF: BGBl. II Nr. 10/2010

Letzte Novellierung: BGBl. II Nr. 254/2023

Präambel

Auf Grund des § 15e Abs. 1 des Arbeitszeitgesetzes (AZG), BGBl. Nr. 461/1969, zuletzt geändert durch das Bundesgesetz BGBl. I Nr. 149/2009, wird verordnet:

GLIEDERUNG

ABSCHNITT 1
Geltungsbereich

§ 1. (1) Ausnahmen nach dieser Verordnung gelten

1. nur für den innerstaatlichen Straßenverkehr;
2. nicht für Fahrten, bei denen die Fahrzeuge für andere als die in den folgenden Bestimmungen festgesetzten Zwecke verwendet werden.

(2) Für die in Abschnitt 2 dieser Verordnung genannten Lenkerinnen und Lenker kommen die Vorschriften für sonstige Fahrzeuge gemäß Abschnitt 4 des Arbeitszeitgesetzes zur Anwendung.

ABSCHNITT 2
Generelle Ausnahmen
Allgemeine Freistellung

§ 2. Die Lenkerinnen und Lenker folgender Fahrzeuge werden von der Anwendung der Verordnung (EU) Nr. 165/2014 gemäß Artikel 3 Abs. 2 sowie von der Anwendung der Verordnung (EG) Nr. 561/2006 gemäß Artikel 13 Abs. 1 zur Gänze freigestellt:

1. Fahrzeuge, die von Landwirtschafts-, Gartenbau-, Forstwirtschafts- oder Fischereiunternehmen zur Güterbeförderung im Rahmen ihrer eigenen unternehmerischen Tätigkeit in einem Umkreis von bis zu 100 km vom Standort des Unternehmens benutzt oder ohne Lenker bzw. Lenkerin angemietet werden, sofern auf das Arbeitsverhältnis das AZG anzuwenden ist;
2. land- und forstwirtschaftliche Zugmaschinen, die für land- oder forstwirtschaftliche Tätigkeiten eingesetzt werden, und zwar in einem Umkreis von bis zu 100 km vom Standort des Unternehmens, das das Fahrzeug besitzt, anmietet oder least, sofern auf das Arbeitsverhältnis das AZG anzuwenden ist;
3. Fahrzeuge, die zum Fahrschulunterricht und zur Fahrprüfung zwecks Erlangung des Führerscheins oder eines beruflichen Befähigungsnachweises dienen, sofern diese Fahrzeuge nicht für die gewerbliche Personen- oder Güterbeförderung benutzt werden. Die Pflicht zum Einbau eines Kontrollgerätes zu Schulungszwecken gemäß § 114 Abs. 4a Kraftfahrgesetz 1967 (KFG), BGBl. Nr. 267, in der jeweils geltenden Fassung, bleibt unberührt;
4. Spezialfahrzeuge, die Ausrüstungen des Zirkus- oder Schaustellergewerbes transportieren;
5. speziell ausgerüstete Projektfahrzeuge für mobile Projekte, die hauptsächlich im Stand zu Lehrzwecken dienen;
6. Fahrzeuge, die ausschließlich auf Straßen in Güterverteilzentren wie Häfen, Umschlaganlagen des Kombinierten Verkehrs und Eisenbahnterminals benutzt werden;
7. Fahrzeuge, die innerhalb eines Umkreises von bis zu 100 km für die Beförderung lebender

L-AVO

Tiere von den landwirtschaftlichen Betrieben zu den lokalen Märkten und umgekehrt oder von den Märkten zu den lokalen Schlachthäusern verwendet werden;

8. Fahrzeuge mit zehn bis 17 Sitzen, die ausschließlich zur nichtgewerblichen Personenbeförderung verwendet werden;

9. Fahrzeuge mit Elektroantrieb mit einem höchsten zulässigen Gesamtgewicht von nicht mehr als 4 250 kg, die im Umkreis von 100 km vom Standort des Unternehmens zur Güterbeförderung verwendet werden.

Eingeschränkte Freistellung

§ 3. Von der Anwendung der Verordnung (EU) Nr. 165/2014 gemäß Artikel 3 Abs. 2 sowie von der Anwendung der Verordnung (EG) Nr. 561/2006 gemäß Artikel 13 Abs. 1 zur Gänze freigestellt werden die Lenkerinnen und Lenker von Fahrzeugen, die in Verbindung mit Kanalisation, Hochwasserschutz, Wasser-, Gas- und Elektrizitätsversorgung, den Telegramm- und Telefonanbietern, Radio- und Fernsehsendern sowie zur Erfassung von Radio- bzw. Fernsehsendern oder -geräten eingesetzt werden, wenn das Lenken des Fahrzeuges für die Lenkerin oder den Lenker nicht die Haupttätigkeit darstellt.

ABSCHNITT 3

Ausnahmen von einzelnen Vorschriften

Milchsammelfahrzeuge

§ 4. (1) Abweichend von Art. 7 der Verordnung (EG) Nr. 561/2006 und § 15 AZG kann bei Lenkerinnen und Lenkern an Tagen, an denen sie ausschließlich auf Milchsammelfahrzeugen eingesetzt werden, die Lenkpause entfallen.

(2) Milchsammelfahrzeuge im Sinne des Abs. 1 sind Fahrzeuge, die zum Sammeln von Rohmilch bei landwirtschaftlichen Betrieben verwendet werden.

Spezialfahrzeuge für Geld- oder Werttransporte

§ 5. (1) Abweichend von Art. 7 der Verordnung (EG) Nr. 561/2006 und § 15 AZG kann für Lenkerinnen und Lenker von Spezialfahrzeugen zur Durchführung von Geld- oder Werttransporten die Lenkpause entfallen.

(2) Spezialfahrzeuge für Geld- oder Werttransporte sind Fahrzeuge, die im Rahmen des Güterbeförderungsgesetzes oder der Gewerbeordnung für Transporte von Bargeld oder sonstigen Valoren verwendet werden, die über besondere konstruktive Merkmale oder besondere sicherheitstechnische Ausrüstungen verfügen, die dem Schutz vor kriminellen Angriffen gegen das Transportgut dienen.

Hausmüllabfuhr

§ 6. Abweichend von Art. 7 der Verordnung (EG) Nr. 561/2006 und § 15 AZG kann bei Lenkerinnen und Lenkern an Tagen, an denen sie ausschließlich und nachweislich zur Hausmüllabfuhr eingesetzt werden, die Lenkpause entfallen.

Schneeräumfahrzeuge

§ 7. Abweichend von Art. 7 der Verordnung (EG) Nr. 561/2006 und § 15 AZG kann bei Lenkerinnen und Lenkern an Tagen, an denen sie ausschließlich und nachweislich von Straßenerhaltern oder von Unternehmen, die von Straßenerhaltern beauftragt wurden, für den Winterdienst eingesetzt werden, die Lenkpause entfallen.

Regionaler Kraftfahrlinienverkehr

§ 7a. Abweichend von § 17 Abs. 1 AZG kann bei der Verwendung des Kontrollgerätes im Ortslinienverkehr im Sinne des § 24 Abs. 2a KFG unter der Voraussetzung, dass die jeweiligen Aufzeichnungen in der Betriebsstätte aufliegen, von folgenden Bestimmungen des Arbeitszeitgesetzes und der Verordnung (EU) Nr. 165/2014 abgewichen werden:

1. von der Verpflichtung zur Mitführung eines Nachweises über Zeiten während des laufenden Tages und der vergangenen 56 Tage, bis zum Ablauf des 31. Dezember 2024 28 Tage, in denen sich die Lenkerin oder der Lenker in Krankenstand oder Urlaub befunden hat oder ein Fahrzeug gelenkt hat, für das keine Kontrollgerätepflicht besteht;

2. bis zum Ablauf des 31. Dezember 2034 von der Verpflichtung zur manuellen Eingabe gemäß § 17a Abs. 1 AZG in Verbindung mit Art. 34 Abs. 3 der Verordnung (EU) Nr. 165/2014, wenn ein Lenkerwechsel erfolgt.

Fahrzeuge für die Lieferung von Transportbeton

§ 7b. (1) Abweichend von Art. 7 der Verordnung (EG) Nr. 561/2006 und § 15 AZG kann bei Lenkerinnen und Lenkern an Tagen, an denen sie ausschließlich auf Fahrzeugen eingesetzt werden, die für die Lieferung von Transportbeton verwendet werden, die Lenkpause entfallen.

(2) Fahrzeuge im Sinne des Abs. 1 sind Fahrzeuge, die für die Lieferung von Beton in frischem Zustand (Frischbeton) verwendet werden.

ABSCHNITT 4

Schlussbestimmungen

§ 8. (1) Diese Verordnung tritt mit 1. Jänner 2010 in Kraft.

(2) Die Lenker/innen-Ausnahmeverordnung (L-AVO), BGBl. II Nr. 23/2008, tritt mit Ablauf des 31. Dezember 2009 außer Kraft.

(3) § 7a in der Fassung der Verordnung BGBl. II Nr. 280/2014 tritt am 1. Jänner 2015 in Kraft.

(4) Die §§ 2 und 3 in der Fassung der Verordnung BGBl. II Nr. 280/2014 treten am 2. März 2015 in Kraft.

(5) Der Titel der Verordnung sowie die §§ 2, 3, 6, 7 und 7a in der Fassung der Verordnung BGBl. II Nr. 140/2016 treten mit 15. Juni 2016 in Kraft.

(6) § 2 Z 7 bis 9 sowie die §§ 7a und 7b in der Fassung der Verordnung BGBl. II Nr. 575/2020 treten mit dem der Kundmachung folgenden Tag in Kraft.

(7) § 2 Z 9 und § 7a Z 2 in der Fassung der Verordnung BGBl. II Nr. 254/2023 treten mit dem der Kundmachung folgenden Tag in Kraft.

L-AVO

34. EU-Verordnung über Fahrtenschreiber im Straßenverkehr

ABl L 2014/60, S. 1 idgF

DAS EUROPÄISCHE PARLAMENT UND DER RAT DER EUROPÄISCHEN UNION —

gestützt auf den Vertrag über die Arbeitsweise der Europäischen Union, insbesondere auf Artikel 91,

auf Vorschlag der Europäischen Kommission,

nach Zuleitung des Entwurfs des Gesetzgebungsakts an die nationalen Parlamente,

nach Stellungnahme des Europäischen Wirtschafts- und Sozialausschusses [1],

nach Anhörung des Ausschusses der Regionen,

gemäß dem ordentlichen Gesetzgebungsverfahren [2],

in Erwägung nachstehender Gründe:

(1) Die Verordnung (EWG) Nr. 3821/85 des Rates [3] enthält Vorschriften über Bauart, Einbau, Benutzung und Prüfung von Fahrtenschreibern. Sie wurde mehrfach wesentlich geändert. Im Interesse einer größeren Klarheit ist es daher geboten, ihre hauptsächlichen Vorschriften zu vereinfachen und neu zu ordnen.

(2) Aufgrund der Erfahrungen sollten bestimmte technische Aspekte und Kontrollverfahren verbessert werden, um die Wirksamkeit und Effizienz des Fahrtenschreibersystems zu gewährleisten.

(3) Für bestimmte Kraftfahrzeuge gelten Ausnahmen von den Bestimmungen der Verordnung (EG) Nr. 561/2006 des Europäischen Parlaments und des Rates [4]. Zur Wahrung der Kohärenz sollte es möglich sein, solche Kraftfahrzeuge auch vom Anwendungsbereich der vorliegenden Verordnung auszunehmen.

(4) Fahrtenschreiber sollten in Fahrzeuge eingebaut werden, die von der Verordnung (EG) Nr. 561/2006 erfasst werden. Einige Fahrzeuge sollten im Interesse einer gewissen Flexibilität vom Anwendungsbereich der Verordnung (EG) Nr. 561/2006 ausgenommen werden, nämlich Fahrzeuge mit einer zulässigen Höchstmasse von nicht mehr als 7,5 t, die zur Beförderung von Material, Ausrüstungen oder Maschinen benutzt werden, die der Fahrer zur Ausübung seines Berufes benötigt, und die nur in einem Umkreis von 100 km vom Standort des Unternehmens und unter der Bedingung benutzt werden, dass das Lenken dieser Fahrzeuge für den Fahrer nicht die Haupttätigkeit darstellt. Zur Wahrung der Kohärenz zwischen den einschlägigen Ausnahmen gemäß der Verordnung (EG) Nr. 561/2006 und zur

Verringerung der Verwaltungslasten der Verkehrsunternehmen sollten unter Beachtung der Ziele der genannten Verordnung einige der in diesen Ausnahmen festgelegten zulässigen Höchstentfernungen geändert werden.

(5) Die Kommission wird die Verlängerung der Dauer der Zulässigkeit von Adaptern für Fahrzeuge der Klassen M1 und N1 bis 2015 prüfen und vor dem Jahr 2015 weitere Überlegungen über eine langfristige Lösung für Fahrzeuge der Klassen M1 und N1 anstellen.

(6) Die Kommission sollte den Einbau von Gewichtssensoren in schweren Nutzfahrzeugen in Erwägung ziehen und sollte der Frage nachgehen, inwieweit Gewichtssensoren zu einer besseren Einhaltung der Straßenverkehrsvorschriften beitragen können.

(7) Die Verwendung von Fahrtenschreibern, die an ein globales Satellitennavigationssystem angebunden sind, ist ein geeignetes und kostengünstiges Mittel für die automatische Aufzeichnung des Standorts des Fahrzeugs an bestimmten Punkten während der täglichen Arbeitszeit zur Unterstützung der Kontrolleure bei ihren Kontrollen und sollte daher eingeführt werden.

(8) Der Gerichtshof hat in seinem Urteil in der Rechtssache C-394/92 *Michielsen und Geybels Transport Service* [5] den Begriff „tägliche Arbeitszeit" definiert und die Kontrollbehörden sollten die Bestimmungen dieser Verordnung im Lichte dieser Definition auslegen. Die „tägliche Arbeitszeit" beginnt in dem Moment, in dem der Fahrer nach einer wöchentlichen oder täglichen Ruhezeit den Fahrtenschreiber in Gang setzt, oder, wenn eine tägliche Ruhezeit in Abschnitten genommen wird, am Ende der Ruhezeit, deren Dauer neun Stunden nicht unterschreitet. Sie endet zu Beginn einer täglichen Ruhezeit oder, wenn die tägliche Ruhezeit in Abschnitten genommen wird, zu Beginn einer Ruhezeit von mindestens neun zusammenhängenden Stunden.

(9) Die Richtlinie 2006/22/EG des Europäischen Parlaments und des Rates [6] verpflichtet die Mitgliedstaaten zur Durchführung einer bestimmten Mindestzahl von Straßenkontrollen. Die Fernkommunikation zwischen dem Fahrtenschreiber und Kontrollbehörden zu Straßenkontrollzwecken erleichtert die Durchführung gezielter Straßenkontrollen; sie ermöglicht eine Verringerung der Verwaltungslasten, die durch stichprobenartige Überprüfungen der Verkehrsunternehmen entstehen, und sollte daher eingeführt werden.

EU-VOen

(10) Intelligente Verkehrssysteme (im Folgenden „IVS") können dabei helfen, die Herausforderungen der europäischen Verkehrspolitik zu bewältigen, beispielsweise die Zunahme des Straßenverkehrsaufkommens und der Verkehrsstaus und den steigenden Energieverbrauch. Deshalb sollten in Fahrtenschreibern genormte Schnittstellen bereitgestellt werden, um die Interoperabilität mit IVS-Anwendungen zu gewährleisten.

(11) Priorität sollte die Entwicklung von Anwendungen erhalten, die den Fahrern helfen, die im Fahrtenschreiber aufgezeichneten Daten zu interpretieren, damit sie die Sozialvorschriften einhalten können.

(12) Die Sicherheit des Fahrtenschreibers und seines Systems ist eine wesentliche Voraussetzung dafür, dass vertrauenswürdige Daten generiert werden. Deshalb sollten die Hersteller den Fahrtenschreiber so konstruieren, erproben und über seinen gesamten Lebenszyklus ständig überprüfen, dass Sicherheitsschwachstellen vermieden, erkannt, und verringert werden.

(13) Die Praxiserprobung von Fahrtenschreibern, für die noch keine Typgenehmigung erteilt wurde, ermöglicht vor der breiten Einführung einen Test unter realen Anwendungsbedingungen, was auch schnellere Verbesserungen ermöglicht. Praxiserprobungen sollten daher unter der Voraussetzung erlaubt werden, dass die Teilnahme daran und die Einhaltung der Verordnung (EG) Nr. 561/2006 wirksam überwacht und kontrolliert wird.

(14) Da es sehr wichtig ist, ein Höchstmaß an Sicherheit aufrechtzuerhalten, sollten Sicherheitszertifikate von einer Zertifizierungsstelle ausgestellt werden, die vom Verwaltungsausschuss im Rahmen des „Mutual Recognition Agreement of Information Technology Security Evaluation Certificates" (Abkommen zur gegenseitigen Anerkennung von IT-Sicherheitszertifikaten) der Gruppe Hoher Beamter für Informationssicherheit (SOG-IS) anerkannt ist.

Im Rahmen der internationalen Beziehungen zu Drittländern sollte die Kommission eine Zertifizierungsstelle für die Zwecke dieser Verordnung nicht anerkennen, wenn die Stelle Bedingungen für die Sicherheitsevaluierung nicht erfüllt, die denen nach dem Abkommen zur gegenseitigen Anerkennung gleichwertig sind. Dabei sollte die Stellungnahme des Verwaltungsausschusses zugrunde gelegt werden.

(15) Den Einbaubetrieben und Werkstätten kommt bei der Gewährleistung der Sicherheit von Fahrtenschreibern eine wichtige Rolle zu. Daher sollten bestimmte Mindestanforderungen für ihre Zuverlässigkeit und für ihre Zulassung, und Überprüfung festgelegt werden. Darüber hinaus sollten die Mitgliedstaaten geeignete Maßnahmen ergreifen, damit Interessenkonflikte zwischen Einbaubetrieben oder Werkstätten und Verkehrsunternehmen vermieden werden. Durch diese Verordnung

werden die Mitgliedstaaten in keiner Weise daran gehindert, für deren Zulassung, Kontrolle und Zertifizierung nach den Verfahren der Verordnung (EG) Nr. 765/2008 des Europäischen Parlaments und des Rates [7] zu sorgen, sofern die Mindestkriterien der vorliegenden Verordnung erfüllt sind.

(16) Um eine wirksamere Prüfung und Kontrolle der Fahrerkarten zu ermöglichen und den Kontrolleuren die Wahrnehmung ihrer Aufgaben zu erleichtern, sollten nationale elektronische Register eingerichtet und Vorgaben für deren Vernetzung gemacht werden.

(17) Bei der Prüfung der Einzigkeit von Fahrerkarten sollten die Mitgliedstaaten die Verfahren anwenden, die in der Empfehlung 2010/19/EU der Kommission [8] genannt werden.

(18) Es sollte der Sonderfall berücksichtigt werden, dass ein Mitgliedstaat die Möglichkeit haben sollte, einem Fahrer, der seinen gewöhnlichen Wohnsitz nicht in einem Mitgliedstaat oder einem Staat hat, der Vertragspartei des Europäischen Übereinkommens über die Arbeit des im internationalen Straßenverkehr beschäftigten Fahrpersonals vom 1. Juli 1970 (im Folgenden „AETR-Übereinkommen") ist, eine befristete und nicht erneuerbare Fahrerkarte auszustellen. In diesen Fällen müssen die betreffenden Mitgliedstaaten die einschlägigen Bestimmungen dieser Verordnung uneingeschränkt anwenden.

(19) Die Mitgliedstaaten sollten auch dann Fahrerkarten für in ihrem Hoheitsgebiet ansässige Fahrer ausstellen können, wenn die Verträge für bestimmte Teile ihres Hoheitsgebiets nicht gelten. In diesen Fällen müssen die betreffenden Mitgliedstaaten die einschlägigen Bestimmungen dieser Verordnung uneingeschränkt anwenden.

(20) Veränderungen des Fahrtenschreibers und neue Manipulationstechniken stellen für die Kontrolleure eine ständige Herausforderung dar. Im Interesse einer wirksameren Kontrolle und einer stärkeren Harmonisierung der Kontrollansätze in der Europäischen Union sollte eine gemeinsame Methodik für die Grundausbildung und die Fortbildung der Kontrolleure festgelegt werden.

(21) Die Aufzeichnung von Daten durch die Fahrtenschreiber wie auch die Entwicklung von Technologien für die Aufzeichnung von Standortdaten, die Fernkommunikation und die Schnittstelle zu IVS führen zur Verarbeitung personenbezogener Daten. Daher sollten die einschlägigen Rechtsvorschriften der Union Anwendung finden, insbesondere die in der Richtlinie 95/46/EG des Europäischen Parlaments und des Rates [9] und der Richtlinie 2002/58/EG des Europäischen Parlaments und des Rates [10] festgelegten.

(22) Im Interesse eines unverfälschten Wettbewerbs bei der Entwicklung von Anwendungen für Fahrtenschreiber sollten Rechte des geistigen Eigentums und Patente bezüglich der Übertragung

von Daten von und zu Fahrtenschreibern für jedermann unentgeltlich zur Verfügung stehen.

(23) Die im Rahmen der Kommunikation mit den Kontrollbehörden in den Mitgliedstaaten ausgetauschten Daten sollten gegebenenfalls den einschlägigen internationalen Normen entsprechen, wie der vom Europäischen Komitee für Normung verabschiedeten Normenserie für die dedizierte Kurzstreckenkommunikation.

(24) Um gleiche Wettbewerbsbedingungen im Verkehrsbinnenmarkt zu gewährleisten und um ein eindeutiges Signal an Fahrer und Verkehrsunternehmen zu richten, sollten die Mitgliedstaaten — unbeschadet des Subsidiaritätsprinzips — entsprechend den in der Richtlinie 2006/22/EG festgelegten Kategorien von Verstößen wirksame, verhältnismäßige, abschreckende und nicht diskriminierende Sanktionen vorsehen.

(25) Die Mitgliedstaaten sollten sicherstellen, dass die Auswahl der zu kontrollierenden Fahrzeuge ohne Diskriminierung aufgrund der Staatsangehörigkeit des Fahrers oder des Landes erfolgt, in dem das Nutzfahrzeug zugelassen ist oder in Betrieb genommen wurde.

(26) Im Interesse der klaren, wirksamen, verhältnismäßigen und einheitlichen Durchsetzung der Sozialvorschriften im Straßenverkehr sollten die Behörden der Mitgliedstaaten die Regeln einheitlich anwenden.

(27) Jeder Mitgliedstaat sollte der Kommission seine Erkenntnisse über das Angebot an betrügerischen Geräten oder Einrichtungen zur Manipulation von Fahrtenschreibern, darunter auch die Angebote im Internet, mitteilen und die Kommission sollte alle anderen Mitgliedstaaten entsprechend von diesen Erkenntnissen informieren.

(28) Die Kommission sollte auch weiterhin ihre Internet-Hotline betreiben, bei der Fahrer, Verkehrsunternehmen, Kontrollbehörden und zugelassene Einbaubetriebe, Werkstätten und Fahrzeughersteller ihre Fragen und Bedenken zum digitalen Fahrtenschreiber vorbringen können, etwa auch zu neuen Formen von Manipulation und Betrug.

(29) Durch die Anpassungen des AETR-Übereinkommens ist die Verwendung eines digitalen Fahrtenschreibers für Fahrzeuge obligatorisch geworden, die in Drittländern zugelassen sind, welche das AETR-Übereinkommen unterzeichnet haben. Da diese Länder direkt von den durch diese Verordnung eingeführten Änderungen am Fahrtenschreiber betroffen sind, sollten sie die Möglichkeit haben, sich an einem Dialog über technische Angelegenheiten, einschließlich des Systems für den Austausch von Informationen über Fahrerkarten und Werkstattkarten, zu

beteiligen. Daher sollte ein Fahrtenschreiberforum eingerichtet werden.

(30) Um einheitliche Voraussetzungen für die Durchführung der vorliegenden Verordnung zu gewährleisten, sollten der Kommission Durchführungsbefugnisse für folgende Aspekte übertragen werden: Anforderungen, Anzeige- und Warnfunktionen und Typgenehmigung des Fahrtenschreibers sowie Einzelvorschriften für intelligente Fahrtenschreiber; Verfahren für Praxiserprobungen und dabei verwendete Kontrollformulare; Musterformular für die schriftliche Begründung für die Entfernung der Verplombung; erforderliche gemeinsame Verfahren und Spezifikationen für die Vernetzung der elektronischen Register; methodische Angaben zum Inhalt der Erstausbildung und der Weiterbildung von Kontrollbeamten. Diese Befugnisse sollten gemäß der Verordnung (EU) Nr. 182/2011 des Europäischen Parlaments und des Rates [11] ausgeübt werden.

(31) Die für die Zwecke der vorliegenden Verordnung erlassenen Durchführungsrechtsakte, die die Vorschriften des Anhangs IB der Verordnung (EWG) Nr. 3821/85 ersetzen werden, sowie andere Durchführungsmaßnahmen sollten ab dem 2. März 2016 gelten. Wurden die Durchführungsrechtsakte aus irgendeinem Grund nicht rechtzeitig erlassen, so sollte die erforderliche Kontinuität durch Übergangsmaßnahmen sichergestellt werden.

(32) Die Durchführungsrechtsakte nach dieser Verordnung sollten von der Kommission nicht erlassen werden, wenn der in dieser Verordnung vorgesehene Ausschuss keine Stellungnahme zu dem von der Kommission vorgelegten Entwurf eines Durchführungsrechtsakts abgibt.

(33) Im Rahmen der Anwendung des AETR-Übereinkommens sollten Verweise auf die Verordnung (EWG) Nr. 3821/85 als Verweise auf die vorliegende Verordnung gelten. Die Union wird geeignete Maßnahmen in der Wirtschaftskommission der Vereinten Nationen für Europa (UNECE) in Betracht ziehen, um die erforderliche Kohärenz zwischen dieser Verordnung und dem AETR-Übereinkommen sicherzustellen.

(34) Der Europäische Datenschutzbeauftragte wurde gemäß Artikel 28 Absatz 2 der Verordnung (EG) Nr. 45/2001 des Europäischen Parlaments und des Rates [12] angehört und hat am 5. Oktober 2011 eine Stellungnahme [13] abgegeben.

(35) Die Verordnung (EWG) Nr. 3821/85 sollte daher aufgehoben werden —

HABEN FOLGENDE VERORDNUNG ERLASSEN:

---

[1] ABl. C 43 vom 15.2.2012, S. 79.
[2] Standpunkt des Europäischen Parlaments vom 3. Juli 2012 (ABl. C 349 E vom 29.11.2013, S. 105) und Standpunkt des

Rates in erster Lesung vom 15. November 2013 (ABl. C 360 vom 10.12.2013. S. 66). Standpunkt des Europäischen Parlaments vom 15. Januar 2014 (noch nicht im Amtsblatt veröffentlicht).

[3] Verordnung (EWG) Nr. 3821/85 des Rates vom 20. Dezember 1985 über das Kontrollgerät im Straßenverkehr (ABl. L 370 vom 31.12.1985, S. 8).

[4] Verordnung (EG) Nr. 561/2006 des Europäischen Parlaments und des Rates vom 15. März 2006 zur Harmonisierung bestimmter Sozialvorschriften im Straßenverkehr und zur Änderung der Verordnungen (EWG) Nr. 3821/85 und (EG) Nr. 2135/98 des Rates sowie zur Aufhebung der Verordnung (EWG) Nr. 3820/85 des Rates (ABl. L 102 vom 11.4.2006, S. 1).

[5] Slg. 1994 I, S. 2497.

[6] Richtlinie 2006/22/EG des Europäischen Parlaments und des Rates vom 15. März 2006 über Mindestbedingungen für die Durchführung der Verordnungen (EWG) Nr. 3820/85 und (EG) Nr. 3821/85 des Rates über Sozialvorschriften für Tätigkeiten im Kraftverkehr sowie zur Aufhebung der Richtlinie 88/599/EWG des Rates (ABl. L 102 vom 11.4.2006, S. 35).

[7] Verordnung (EG) Nr. 765/2008 des Europäischen Parlaments und des Rates vom 9. Juli 2008 über die Vorschriften für die Akkreditierung und Marktüberwachung im Zusammenhang mit der Vermarktung von Produkten und zur Aufhebung der Verordnung (EWG) Nr. 339/93 des Rates (ABl. L 218 vom 13.8.2008, S. 30).

[8] Empfehlung 2010/19/EU der Kommission vom 13. Januar 2010 zum sicheren elektronischen Datenaustausch zwischen den Mitgliedstaaten zur Überprüfung der Einzigkeit der von ihnen ausgestellten Fahrerkarten (ABl. L 9 vom 14.1.2010, S. 10).

[9] Richtlinie 95/46/EG des Europäischen Parlaments und des Rates vom 24. Oktober 1995 zum Schutz natürlicher Personen bei der Verarbeitung personenbezogener Daten und zum freien Datenverkehr (ABl. L 281 vom 23.11.1995, S. 31).

[10] Richtlinie 2002/58/EG des Europäischen Parlaments und des Rates vom 12. Juli 2002 über die Verarbeitung personenbezogener Daten und den Schutz der Privatsphäre in der elektronischen Kommunikation (ABl. L 201 vom 31.7.2002, S. 37).

[11] Verordnung (EU) Nr. 182/2011 des Europäischen Parlaments und des Rates vom 16. Februar 2011 zur Festlegung der allgemeinen Regeln und Grundsätze, nach denen die Mitgliedstaaten die Wahrnehmung der Durchführungsbefugnisse durch die Kommission kontrollieren (ABl. L 55 vom 28.2.2011, S. 13).

[12] Verordnung (EG) Nr. 45/2001 des Europäischen Parlaments und des Rates vom 18. Dezember 2000 zum Schutz natürlicher Personen bei der Verarbeitung personenbezogener Daten durch die Organe und Einrichtungen der Gemeinschaft zum freien Datenverkehr (ABl. L 8 vom 12.1.2001, S. 1).

[13] ABl. C 37 vom 10.2.2012, S. 6.

KAPITEL I
GRUNDSÄTZE, GELTUNGSBEREICH UND ANFORDERUNGEN
Artikel 1
Gegenstand und Grundsätze

(1) Diese Verordnung enthält die Pflichten zu und Vorschriften über Bauart, Einbau, Benutzung, Prüfung und Kontrolle von Fahrtenschreibern im Straßenverkehr, um die Einhaltung der Verordnung (EG) Nr. 561/2006, der Verordnungen (EG) Nr. 1071/2009 [1], (EG) Nr. 1072/2009 [2], (EG) Nr. 1073/2009 [3] des Europäischen Parlaments und des Rates, der Richtlinie 2002/15/EG des Europäischen Parlaments und des Rates [4], der Richtlinien 92/6/EWG [5] und 92/106/EWG [6] des Rates und, was die Entsendung von Arbeitnehmern im Straßenverkehr betrifft, der Richtlinien 96/71/EG [7], 2014/67/EU [8] und (EU) 2020/1057 [9] des Europäischen Parlaments und des Rates zu überprüfen.

Fahrtenschreiber müssen hinsichtlich Bauart, Einbau, Benutzung und Prüfung den Vorschriften dieser Verordnung entsprechen.

(2) Diese Verordnung enthält die Bedingungen und Vorschriften, nach denen die Informationen und nicht personenbezogenen Daten, die von den Fahrtenschreibern aufgezeichnet, verarbeitet oder gespeichert wurden, für andere Zwecke verwendet werden können als die Überprüfung der Einhaltung der in Absatz 1 genannten Rechtsakte.

Artikel 2
Begriffsbestimmungen

(1) Im Sinne dieser Verordnung gelten die Begriffsbestimmungen des Artikels 4 der Verordnung (EG) Nr. 561/2006.

(2) Zusätzlich zu den in Absatz 1 genannten Begriffsbestimmungen gelten im Sinne dieser Verordnung folgende Begriffsbestimmungen:

a) „Fahrtenschreiber" oder „Kontrollgerät" ist das für den Einbau in Kraftfahrzeuge bestimmte Gerät zum vollautomatischen oder halbautomatischen Anzeigen, Aufzeichnen, Ausdrucken, Speichern und Ausgeben von Angaben über die Fahrten des Fahrzeugs, einschließlich seiner Fahrgeschwindigkeit, gemäß Artikel 4 Absatz 3 sowie von Angaben über bestimmte Tätigkeitszeiten der Fahrer;

b) „Fahrzeugeinheit" ist der Fahrtenschreiber ohne den Bewegungssensor und ohne die Verbindungskabel zum Bewegungssensor. Die Fahrzeugeinheit kann aus einem Einzelgerät oder aus mehreren im Fahrzeug verteilten Geräten bestehen, sofern sie den Sicherheitsanforderungen dieser Verordnung entspricht; die Fahrzeugeinheit umfasst unter anderem eine Verarbeitungseinheit, einen Massenspeicher, eine Zeitmessfunktion, zwei Chipkarten-Schnittstellengeräte für Fahrer und Beifahrer, einen Drucker, eine Datenanzeige, Steckverbinder und Bedienelemente für Nutzereingaben;

c) „Bewegungssensor" ist der Bestandteil des Fahrtenschreibers, der ein Signal bereitstellt, das die Fahrzeuggeschwindigkeit und/oder die zurückgelegte Wegstrecke darstellt;

d) „Fahrtenschreiberkarte" ist eine zur Verwendung mit dem Fahrtenschreiber bestimmte Chipkarte, die die Feststellung der Rolle des Karteninhabers durch den Fahrtenschreiber und die Übertragung und Speicherung von Daten ermöglicht;

e) „Schaublatt" ist ein für die dauerhafte Aufzeichnung von Daten bestimmtes Blatt, das in den analogen Fahrtenschreiber eingelegt wird und auf dem die Schreibeinrichtung des analogen Fahrtenschreibers die zu registrierenden Angaben fortlaufend aufzeichnet;

f) „Fahrerkarte" ist eine Fahrtenschreiberkarte, die einem bestimmten Fahrer von den Behörden eines Mitgliedstaats ausgestellt wird, den Fahrer ausweist und die Speicherung von Tätigkeitsdaten des Fahrers ermöglicht;

g) „analoger Fahrtenschreiber" ist ein Fahrtenschreiber, bei dem ein Schaublatt in Einklang mit dieser Verordnung verwendet wird;

h) „digitaler Fahrtenschreiber" ist ein Fahrtenschreiber, bei dem eine Fahrtenschreiberkarte in Einklang mit dieser Verordnung verwendet wird;

i) „Kontrollkarte" ist eine Fahrtenschreiberkarte, die die Behörden eines Mitgliedstaats einer zuständigen nationalen Kontrollbehörde ausstellen, die die Kontrollbehörde, und fakultativ der Kontrolleur, ausweist und das Lesen, Ausdrucken und/oder Herunterladen der im Massenspeicher, auf Fahrerkarten, und fakultativ auf Werkstattkarten gespeicherten Daten, ermöglicht;

j) „Unternehmenskarte" ist eine Fahrtenschreiberkarte, die die Behörden eines Mitgliedstaats einem Verkehrsunternehmen ausstellen, das mit einem Fahrtenschreiber ausgerüstete Fahrzeuge betreiben muss, und die das Verkehrsunternehmen ausweist und das Anzeigen, Herunterladen und Ausdrucken der Daten ermöglicht, die in dem von diesem Verkehrsunternehmen gesperrten Fahrtenschreiber gespeichert sind;

k) „Werkstattkarte" ist eine Fahrtenschreiberkarte, die die Behörden eines Mitgliedstaats benannten Mitarbeitern eines von diesem Mitgliedstaat zugelassenen Fahrtenschreiberherstellers, Einbaubetriebs, Fahrzeugherstellers oder einer von ihm zugelassenen Werkstatt ausstellen, den Karteninhaber ausweist und das Prüfen, Kalibrieren und Aktivieren von Fahrtenschreibern und/oder das Herunterladen der Daten von diesen ermöglicht;

l) „Aktivierung" ist die Phase, in der der Fahrtenschreiber mit Hilfe einer Werkstattkarte seine volle Einsatzbereitschaft erlangt und alle Funktionen, einschließlich Sicherheitsfunktionen, erfüllt;

m) „Kalibrierung" des digitalen Fahrtenschreibers ist die mit Hilfe der Werkstattkarte vorgenommene Aktualisierung oder Bestätigung von Fahrzeugparametern einschließlich der Fahrzeugkennung und der Fahrzeugmerkmale, die im Massenspeicher zu speichern sind;

n) „Herunterladen" von einem digitalen Fahrtenschreiber ist das Kopieren eines Teils oder aller im Massenspeicher der Fahrzeugeinheit oder im Speicher der Fahrtenschreiberkarte gespeicherten Datendateien zusammen mit der digitalen Signatur, sofern hierdurch die gespeicherten Daten weder verändert noch gelöscht werden;

o) „Ereignis" ist eine vom Fahrtenschreiber festgestellte Betriebsabweichung, die möglicherweise auf einen Betrugsversuch zurückgeht;

p) „Störung" ist eine vom Fahrtenschreiber festgestellte Betriebsabweichung, die möglicherweise auf eine technische Fehlfunktion oder ein technisches Versagen zurückgeht;

q) „Einbau" ist die Montage eines Fahrtenschreibers in einem Fahrzeug;

r) „ungültige Karte" ist eine Karte, die als fehlerhaft festgestellt wurde oder deren Erstauthentisierung fehlgeschlagen ist oder deren Gültigkeitsbeginn noch nicht erreicht oder deren Ablaufdatum überschritten ist;

s) „regelmäßige Nachprüfung" ist ein Komplex von Arbeitsgängen zur Überprüfung der ordnungsgemäßen Funktion des Fahrtenschreibers und der Übereinstimmung seiner Einstellungen mit den Fahrzeugparametern sowie zur Kontrolle, dass keine Manipulationsvorrichtungen an den Fahrtenschreiber angeschlossen sind;

t) „Reparatur" ist die Reparatur eines Bewegungssensors oder einer Fahrzeugeinheit, wozu die Trennung von der Stromversorgung oder die Trennung von anderen Komponenten des Fahrtenschreibers oder die Öffnung des Bewegungssensors oder der Fahrzeugeinheit erforderlich ist;

u) „Typgenehmigung" ist das Verfahren, mit dem durch einen Mitgliedstaat gemäß Artikel 13 bescheinigt wird, dass der Fahrtenschreiber, seine jeweiligen Komponenten oder die Fahrtenschreiberkarte, die in Verkehr gebracht werden sollen, die Anforderungen dieser Verordnung erfüllen;

v) „Interoperabilität" ist die Fähigkeit von Systemen, Daten auszutauschen und Informationen weiterzugeben, sowie die ihnen zugrundeliegenden Geschäftsabläufe;

w) „Schnittstelle" ist eine Einrichtung zwischen Systemen, die der Verbindung und der Kommunikation zwischen den Systemen dient;

x) „Zeitmessung" ist die ununterbrochene digitale Aufzeichnung der koordinierten Weltzeit aus Kalenderdatum und Uhrzeit (UTC);

y) „Zeiteinstellung" ist die in regelmäßigen Abständen vorgenommene automatische Einstellung der aktuellen Zeit mit einer Höchsttoleranz von einer Minute oder die während der Kalibrierung vorgenommene Einstellung;

z) „offene Norm" ist eine Norm, die in einem Normenspezifikationsdokument aufgeführt ist, das kostenlos oder gegen eine Schutzgebühr zur Verfügung steht und gebührenfrei oder gegen eine

Schutzgebühr kopiert, verteilt oder benutzt werden darf.

Artikel 3
Anwendungsbereich

(1) Der Fahrtenschreiber ist in Fahrzeugen einzubauen und zu benutzen, die in einem Mitgliedstaat zugelassen sind, der Personen- oder Güterbeförderung im Straßenverkehr dienen und für die die Verordnung (EG) Nr. 561/2006 gilt.

(2) Die Mitgliedstaaten können die in Artikel 13 Absätze 1 und 3 der Verordnung (EG) Nr. 561/2006 genannten Fahrzeuge von der Anwendung der vorliegenden Verordnung ausnehmen.

(3) Die Mitgliedstaaten können Fahrzeuge, die für Beförderungen eingesetzt werden, für die eine Ausnahme nach Artikel 14 Absatz 1 der Verordnung (EG) Nr. 561/2006 gewährt wurde, von der Anwendung der vorliegenden Verordnung ausnehmen.

Die Mitgliedstaaten können Fahrzeuge, die für Beförderungen eingesetzt werden, für die gemäß Artikel 14 Absatz 2 der Verordnung (EG) Nr. 561/2006 eine Ausnahme gewährt wurde, von der Anwendung der vorliegenden Verordnung ausnehmen; sie setzen die Kommission unverzüglich davon in Kenntnis.

(4) Spätestens drei Jahre nach Ablauf des Jahres des Inkrafttretens der in Artikel 11 Absatz 2 genannten Einzelvorschriften müssen folgende Kategorien von Fahrzeugen, die in einem anderen Mitgliedstaat als dem Mitgliedstaat ihrer Zulassung eingesetzt werden, mit einem intelligenten Fahrtenschreiber gemäß den Artikeln 8, 9 und 10 dieser Verordnung ausgerüstet sein:

a) Fahrzeuge, die mit einem analogen Fahrtenschreiber ausgerüstet sind;

b) Fahrzeuge, die mit einem digitalen Fahrtenschreiber ausgerüstet sind, der den bis zum 30. September 2011 geltenden Spezifikationen in Anhang IB der Verordnung (EWG) Nr. 3821/85 entspricht;

c) Fahrzeuge, die mit einem digitalen Fahrtenschreiber ausgerüstet sind, der den ab dem 1. Oktober 2011 geltenden Spezifikationen in Anhang IB der Verordnung (EWG) Nr. 3821/85 entspricht, und

d) Fahrzeuge, die mit einem digitalen Fahrtenschreiber ausgerüstet sind, der den ab dem 1. Oktober 2012 geltenden Spezifikationen in Anhang IB der Verordnung (EWG) Nr. 3821/85 entspricht.

(4a) Spätestens vier Jahre nach Inkrafttreten der in Artikel 11 Absatz 2 genannten Einzelvorschriften müssen Fahrzeuge, die mit einem intelligenten Fahrtenschreiber gemäß Anhang IC der Durchführungsverordnung (EU) 2016/799 der Kommission [10] ausgerüstet sind und in einem anderen Mitgliedstaat als dem Mitgliedstaat ihrer Zulassung eingesetzt werden, mit einem intelligenten Fahrtenschreiber gemäß den Artikeln 8, 9 und 10 der vorliegenden Verordnung ausgerüstet sein.

(5) Die Mitgliedstaaten können für Beförderungen im Binnenverkehr vorschreiben, dass in allen Fahrzeugen, in denen gemäß Absatz 1 nicht anderweitig ein Fahrtenschreiber eingebaut und benutzt zu werden braucht, ein Fahrtenschreiber gemäß dieser Verordnung eingebaut und benutzt werden muss.

Artikel 4
Anforderungen und zu speichernde Daten

(1) Fahrtenschreiber, einschließlich externer Komponenten, Fahrtenschreiberkarten und Schaublätter müssen strenge technische und andere Anforderungen erfüllen, so dass diese Verordnung ordnungsgemäß angewendet werden kann.

(2) Der Fahrtenschreiber und die Fahrtenschreiberkarten müssen die folgenden

Anforderungen erfüllen:

— Aufzeichnung genauer und zuverlässiger Daten betreffend den Fahrer, die Tätigkeit des Fahrers und das Fahrzeug;

— Sicherheit, damit insbesondere Integrität und Ursprung der Herkunft der von Fahrzeugeinheiten und Bewegungssensoren aufgezeichneten und von ihnen abgerufenen Daten gewährleistet sind;

— Interoperabilität zwischen den verschiedenen Generationen von Fahrzeugeinheiten und Fahrtenschreiberkarten;

— Ermöglichung einer wirksamen Überprüfung der Einhaltung dieser Verordnung und anderer Rechtsakte;

— Ausreichend Speicherkapazität zur Speicherung aller gemäß dieser Verordnung erforderlichen Daten;

— Benutzerfreundlichkeit.

(3) Der digitale Fahrtenschreiber muss folgende Daten aufzeichnen:

a) zurückgelegte Wegstrecke und Geschwindigkeit des Fahrzeugs;

b) Zeitmessung;

c) Standorte gemäß Artikel 8 Absatz 1;

d) Identität des Fahrers;

e) Tätigkeit des Fahrers;

f) Kontroll-, Kalibrierungs- und Fahrtenschreiber-Reparaturdaten, einschließlich Angaben zur Werkstatt;

g) Ereignisse und Fehler.

(4) Der analoge Fahrtenschreiber muss mindestens die in Absatz 3 Buchstaben a, b und e genannten Daten aufzeichnen.

(5) Folgenden Stellen kann jederzeit Zugang zu den im Fahrtenschreiber und auf der Fahrtenschreiberkarte gespeicherten Daten gewährt werden:

a) den zuständigen Kontrollbehörden, und

b) dem jeweiligen Verkehrsunternehmen, damit es seinen rechtlichen Verpflichtungen nachkommen kann, insbesondere jenen gemäß Artikel 32 und 33.

(6) Das Herunterladen von Daten erfolgt mit geringst möglicher zeitlicher Beeinträchtigung für Verkehrsunternehmen bzw. Fahrer.

(7) Die vom Fahrtenschreiber gespeicherten Daten, die drahtlos oder elektronisch vom oder zum Fahrtenschreiber übertragen werden können, müssen öffentlich verfügbare Protokolle sein, die in offenen Normen definiert sind.

(8) Um sicherzustellen, dass der Fahrtenschreiber und die Fahrtenschreiberkarten den Grundsätzen und Anforderungen dieser Verordnung und insbesondere dieses Artikels genügen, erlässt die Kommission im Wege von Durchführungsrechtsakten Einzelvorschriften für die einheitliche Anwendung dieses Artikels, und zwar insbesondere Bestimmungen zu den technischen Vorkehrungen zwecks Einhaltung dieser Anforderungen. Diese Durchführungsrechtsakte werden nach dem in Artikel 42 Absatz 3 genannten Prüfverfahren erlassen.

(9) Diese Einzelvorschriften gemäß Absatz 8, die gegebenenfalls auf Normen gestützt sind, gewährleisten die Interoperabilität und Kompatibilität zwischen den verschiedenen Generationen von Fahrzeugeinheiten und allen Fahrtenschreiberkarten.

Artikel 5
Funktionen des digitalen Fahrtenschreibers
Der digitale Fahrtenschreiber muss folgende Funktionen gewährleisten:

— Geschwindigkeits- und Wegstreckenmessung;

— Überwachung der Fahrertätigkeiten und des Status der Fahrzeugführung;

— Überwachung des Einsteckens und Entnehmens von Fahrtenschreiberkarten;

— Aufzeichnung manueller Eingaben der Fahrer;

— Kalibrierung;

— automatische Aufzeichnung der Standorte gemäß Artikel 8 Absatz 1;

— Überwachung von Kontrollen;

— Feststellung und Aufzeichnung von Ereignissen und Störungen;

— Auslesen von Daten aus dem Massenspeicher und Aufzeichnung und Speicherung von Daten im Massenspeicher;

— Auslesen von Daten aus Fahrtenschreiberkarten und Aufzeichnung und Speicherung von Daten auf Fahrtenschreiberkarten;

— Datenanzeige, Warnsignale, Ausdrucken und Herunterladen von Daten auf externe Geräte;

— Zeiteinstellung und Zeitmessung;

— Fernkommunikation;

— Unternehmenssperren;

— integrierte Tests und Selbsttests.

Artikel 6
Datenanzeige und Warnsignale
(1) Die im digitalen Fahrtenschreiber und auf der Fahrtenschreiberkarte gespeicherten Informationen über Fahrzeugbewegungen und über Fahrer und Beifahrer müssen klar, unzweideutig und ergonomisch angezeigt werden.

(2) Folgende Informationen müssen angezeigt werden:

a) Uhrzeit;

b) Betriebsart;

c) Fahrertätigkeit:

— bei derzeitiger Tätigkeit „Lenken": die aktuelle ununterbrochene Lenkzeit und die aktuelle kumulierte Arbeitsunterbrechung des Fahrers,

— bei derzeitiger Tätigkeit „Bereitschaft/andere Arbeiten/Ruhezeit oder Pause": die aktuelle Dauer dieser Tätigkeit (seit der Auswahl) und die aktuelle kumulierte Arbeitsunterbrechung;

d) Warndaten;

e) Menüzugangsdaten.

Vom Fahrtenschreiber können zusätzliche Informationen angezeigt werden, sofern sie von den gemäß dem vorliegenden Absatz vorgeschriebenen Informationen deutlich unterscheidbar sind.

(3) Bei Feststellung eines Ereignisses und/oder einer Störung sowie vor und zum Zeitpunkt der Überschreitung der höchstzulässigen ununterbrochenen Lenkzeit erhält der Fahrer vom digitalen Fahrtenschreiber ein Warnsignal, damit er die einschlägigen Rechtsvorschriften leichter einhalten kann.

(4) Warnsignale werden als optisches Signal ausgegeben; zusätzlich kann ein akustisches Signal ausgegeben werden. Die Warnsignale haben eine Dauer von mindestens 30 Sekunden, sofern sie nicht vom Nutzer durch Drücken einer Taste am Fahrtenschreiber bestätigt werden. Der Grund für die Warnung wird am Fahrtenschreiber angezeigt und bleibt so lange sichtbar, bis der Benutzer ihn mit einer bestimmten Taste oder mit einem bestimmten Befehl über den Fahrtenschreiber bestätigt.

(5) Um sicherzustellen, dass der Fahrtenschreiber die Anzeige- und Warnsignal-Anforderungen nach diesem Artikel erfüllt, erlässt die Kommission die für die einheitliche Anwendung dieses Artikels erforderlichen Einzelvorschriften. Diese Durchführungsrechtsakte werden nach dem in

EU-VOen

Artikel 42 Absatz 3 genannten Prüfverfahren erlassen.

Artikel 7
Datenschutz

(1) Die Mitgliedstaaten stellen sicher, dass die Verarbeitung personenbezogener Daten im Rahmen der vorliegenden Verordnung nur zum Zwecke der Überprüfung der Einhaltung der vorliegenden Verordnung und der Verordnungen (EG) Nr. 561/2006, (EG) Nr. 1071/2009, (EG) Nr. 1072/2009 und (EG) Nr. 1073/2009, der Richtlinien 92/6/EWG, 92/106/EWG und 2002/15/EG sowie, was die Entsendung von Arbeitnehmern im Straßenverkehr betrifft, der Richtlinien 96/71/EG, 2014/67/EU und (EU) 2020/1057 erfolgt.

(2) Die Mitgliedstaaten stellen insbesondere sicher, dass personenbezogene Daten gegen andere Verwendungen als die strikt mit den in Absatz 1 genannten Rechtsakten der Union zusammenhängende Verwendung in Bezug auf Folgendes geschützt werden:

a) Nutzung eines globalen Satellitennavigationssystems (GNSS) für die Aufzeichnung von Standortdaten gemäß Artikel 8,

b) Nutzung der Fernkommunikation zu Kontrollzwecken gemäß Artikel 9, Nutzung eines Fahrtenschreibers mit einer harmonisierten Schnittstelle gemäß Artikel 10, elektronischer Austausch von Informationen über Fahrerkarten gemäß Artikel 31 und insbesondere grenzüberschreitender Austausch dieser Daten mit Drittländern und

c) Aufbewahrung von Aufzeichnungen durch Verkehrsunternehmen gemäß Artikel 33.

(3) Der digitale Fahrtenschreiber muss so konstruiert sein, dass er die Privatsphäre schützt. Es dürfen nur Daten verarbeitet werden, die für die in Absatz 1 genannten Zwecke erforderlich sind.

(4) Die Fahrzeugeigentümer, die Verkehrsunternehmen und jede sonstige betroffene Stelle halten, soweit anwendbar, die einschlägigen Bestimmungen zum Schutz personenbezogener Daten ein.

KAPITEL II
INTELLIGENTER FAHRTENSCHREIBER
Artikel 8
Aufzeichnung des Fahrzeugstandorts an bestimmten Punkten bzw. Zeitpunkten während der täglichen Arbeitszeit

(1) Um die Überprüfung der Einhaltung der einschlägigen Rechtsvorschriften zu erleichtern, wird der Standort des Fahrzeugs an folgenden Punkten oder am nächstgelegenen Ort, an dem das Satellitensignal verfügbar ist, automatisch aufgezeichnet:

— Standort zu Beginn der täglichen Arbeitszeit;
— jedes Mal, wenn das Fahrzeug die Grenze eines Mitgliedstaats überschreitet;

— bei jeder Be- oder Entladung des Fahrzeugs;
— nach jeweils drei Stunden kumulierter Lenkzeit und
— Standort am Ende der täglichen Arbeitszeit.

Um die Überprüfung der Einhaltung der Vorschriften durch die Kontrollbehörden zu erleichtern, zeichnet der intelligente Fahrtenschreiber gemäß den Anforderungen der Verordnung (EG) Nr. 561/2006 ferner auf, ob das Fahrzeug für die Beförderung von Gütern oder Personen benutzt wurde.

Dazu müssen Fahrzeuge, die 36 Monate nach Inkrafttreten der Einzelvorschriften gemäß Artikel 11 Absatz 1 erstmals zugelassen werden, mit einem Fahrtenschreiber ausgerüstet sein, der an einen Positionsbestimmungsdienst auf der Basis eines Satellitennavigationssystems angebunden ist.

Die Aufzeichnung von Grenzüberschreitungen und zusätzlichen Tätigkeiten gemäß Unterabsatz 1 zweiter und dritter Gedankenstrich und gemäß Unterabsatz 2 gilt jedoch für Fahrzeuge, die mehr als zwei Jahre nach Inkrafttreten der in Artikel 11 Absatz 2 genannten Einzelvorschriften in einem Mitgliedstaat erstmals zugelassen wurden, unbeschadet der Pflicht zur späteren Nachrüstung bestimmter Fahrzeuge gemäß Artikel 3 Absatz 4.

(2) Was die Anbindung des Fahrtenschreibers an einen auf ein Satellitennavigationssystem gestützten Positionsbestimmungsdienst gemäß Absatz 1 anbelangt, so dürfen nur solche Dienste genutzt werden, die kostenfrei sind. Andere Standortdaten als die — soweit möglich — in geografischen Koordinaten ausgedrückten Daten zur Bestimmung der Standorte gemäß Absatz 1 dürfen im Fahrtenschreiber nicht dauerhaft gespeichert werden. Standortdaten, die vorübergehend gespeichert werden müssen, um die automatische Aufzeichnung der Punkte gemäß Absatz 1 zu ermöglichen oder um den Bewegungssensor abzugleichen, dürfen für keinen Nutzer zugänglich sein und müssen automatisch gelöscht werden, sobald sie für diese Zwecke nicht mehr benötigt werden.

Artikel 9
Früherkennung von möglicher Manipulation oder möglichem Missbrauch per Fernkommunikation

(1) Um den zuständigen Kontrollbehörden gezielte Straßenkontrollen zu erleichtern, muss der Fahrtenschreiber, der in Fahrzeuge eingebaut ist, die 36 Monate nach Inkrafttreten der Einzelvorschriften gemäß Artikel 11 erstmals zugelassen worden sind, fähig sein, mit diesen Behörden zu kommunizieren, während sich das Fahrzeug in Bewegung befindet.

(2) Drei Jahre nach Inkrafttreten der in Artikel 11 Absatz 2 genannten Einzelvorschriften mit Spezifikationen für die Aufzeichnung von Grenzüberschreitungen und zusätzlichen Tätigkeiten

nach Artikel 8 Absatz 1 zweiter und dritter Gedankenstrich statten die Mitgliedstaaten ihre Kontrollbehörden in angemessenem Umfang mit den Geräten zur Früherkennung per Fernkommunikation aus, die für die Datenkommunikation gemäß dem vorliegenden Artikel benötigt werden; dabei sind ihre besonderen Durchsetzungsanforderungen und -strategien zu berücksichtigen. Bis zu diesem Zeitpunkt steht es den Mitgliedstaaten frei, ihre Kontrollbehörden mit den Fernkommunikationsgeräten für die Früherkennung auszustatten.

(3) Die Kommunikation mit dem Fahrtenschreiber gemäß Absatz 1 darf nur auf Veranlassung des Prüfgeräts der Kontrollbehörden aufgenommen werden. Sie muss gesichert erfolgen, um die Datenintegrität und die Authentifizierung des Kontrollgeräts und des Prüfgeräts sicherzustellen. Der Zugang zu den übertragenen Daten ist auf die Kontrollbehörden beschränkt, die ermächtigt sind, Verstöße gegen die in Artikel 7 Absatz 1 genannten Rechtsakte der Union und gegen die vorliegende Verordnung zu überprüfen, und auf Werkstätten, soweit ein Zugang für die Überprüfung des ordnungsgemäßen Funktionierens des Fahrtenschreibers erforderlich ist.

(4) Bei der Kommunikation dürfen nur Daten übertragen werden, die für die Zwecke der gezielten Straßenkontrolle von Fahrzeugen notwendig sind, deren Fahrtenschreiber mutmaßlich manipuliert oder missbraucht wurde. Diese Daten müssen sich auf folgende vom Fahrtenschreiber aufgezeichnete Ereignisse oder Daten beziehen:

— letzter Versuch einer Sicherheitsverletzung,

— längste Unterbrechung der Stromversorgung,

— Sensorstörung,

— Datenfehler Weg und Geschwindigkeit,

— Datenkonflikt Fahrzeugbewegung,

— Fahren ohne gültige Karte,

— Einstecken der Karte während des Lenkens,

— Zeiteinstellungsdaten,

— Kalibrierungsdaten einschließlich des Datums der zwei letzten Kalibrierungen,

— amtliches Kennzeichen des Fahrzeugs,

— vom Fahrtenschreiber aufgezeichnete Geschwindigkeit,

— Überschreitung der maximalen Lenkzeit.

(5) Die übertragenen Daten dürfen nur dazu verwendet werden, die Einhaltung dieser Verordnung zu überprüfen. Sie dürfen nur an Behörden, die die Einhaltung der Lenk- und Ruhezeiten kontrollieren, und an Justizbehörden im Rahmen eines laufenden Gerichtsverfahrens übermittelt werden.

(6) Die Daten werden von den Kontrollbehörden nur für die Dauer einer Straßenkontrolle gespeichert und spätestens drei Stunden nach ihrer Übermittlung gelöscht, es sei denn, die Daten lassen eine Manipulation oder einen Missbrauch des Fahrtenschreibers vermuten. Bestätigt sich der Verdacht einer Manipulation oder eines Missbrauchs im Laufe der anschließenden Straßenkontrolle nicht, so werden die übertragenen Daten gelöscht.

(7) Das Verkehrsunternehmen, das das Fahrzeug betreibt, ist dafür verantwortlich, dass der Fahrer über die Möglichkeit der Früherkennung von möglicher Manipulation oder möglichem Missbrauch des Fahrtenschreibers per Fernkommunikation informiert wird.

(8) Eine Fernkommunikation zur Früherkennung der Art, wie sie in dem vorliegenden Artikel beschrieben wird, führt in keinem Fall zu automatischen Geldbußen oder Zwangsgeldern für den Fahrer oder das Unternehmen. Die zuständige Kontrollbehörde kann aufgrund der ausgetauschten Daten entscheiden, eine Überprüfung des Fahrzeugs und des Fahrtenschreibers durchzuführen. Das Ergebnis der Fernkommunikation hindert die Kontrollbehörden nicht daran, auf der Grundlage des durch Artikel 9 der Richtlinie 2006/22/EG eingeführten Risikoeinstufungssystems stichprobenartige Unterwegskontrollen durchzuführen.

Artikel 10
Schnittstelle zu intelligenten
Verkehrssystemen

Fahrtenschreiber von Fahrzeugen, die 36 Monate nach Inkrafttreten der Einzelvorschriften gemäß Artikel 11 erstmals zugelassen werden, können mit genormten Schnittstellen ausgerüstet werden, die im Betriebsmodus die Nutzung der vom Fahrtenschreiber aufgezeichneten oder erzeugten Daten durch externe Geräte ermöglichen, sofern die folgenden Voraussetzungen erfüllt sind:

a) Die Schnittstelle beeinträchtigt die Authentizität und Integrität der Daten des Fahrtenschreibers nicht.

b) Die Schnittstelle entspricht den Einzelvorschriften nach Artikel 11.

c) Das an die Schnittstelle angeschlossene externe Gerät kann auf personenbezogene Daten, einschließlich Ortsbestimmungsdaten, nur zugreifen, wenn der Fahrer, auf den sich die Daten beziehen, nachweisbar seine Zustimmung erteilt hat.

Fahrtenschreiber von Fahrzeugen, die zwei Jahre nach Inkrafttreten der in Artikel 11 Absatz 2 genannten Einzelvorschriften mit Spezifikationen für die Aufzeichnung von Grenzüberschreitungen und zusätzlichen Tätigkeiten nach Artikel 8 Absatz 1 zweiter und dritter Gedankenstrich erstmals in einem Mitgliedstaat zugelassen werden, werden mit der in Absatz 1 genannten Schnittstelle ausgerüstet.

Artikel 11
Einzelvorschriften für intelligente
Fahrtenschreiber

Um sicherzustellen, dass der intelligente Fahrtenschreiber den Grundsätzen und Anforderungen

EU-VOen

dieser Verordnung entspricht, erlässt die Kommission die für die einheitliche Anwendung der Artikel 8, 9 und 10 erforderlichen Einzelvorschriften, mit Ausnahme aller Bestimmungen, in denen die Aufzeichnung zusätzlicher Daten durch den Fahrtenschreiber vorgesehen würde.

Die Kommission erlässt bis zum 21. August 2021 Durchführungsrechtsakte mit genauen Vorschriften für die einheitliche Anwendung der Verpflichtung zur Aufzeichnung und Speicherung der Daten zu sämtlichen Grenzüberschreitungen des Fahrzeugs und Tätigkeiten gemäß Artikel 8 Absatz 1 Unterabsatz 1 zweiter und dritter Gedankenstrich und Artikel 8 Absatz 1 Unterabsatz 2.

Die Kommission erlässt bis zum 21. Februar 2022 Durchführungsrechtsakte mit genauen Vorschriften, die für die einheitliche Anwendung der Vorschriften über Datenanforderungen und -funktionen, einschließlich der Artikel 8, 9 und 10 dieser Verordnung, und über den Einbau von Fahrtenschreibern für Fahrzeuge im Sinne des Artikels 2 Absatz 1 Unterabsatz 2 Buchstabe aa der Verordnung (EG) Nr. 561/2006 erforderlich sind.

Diese Durchführungsrechtsakte werden nach dem in Artikel 42 Absatz 3 genannten Prüfverfahren erlassen.

Die Einzelvorschriften nach den Absätzen 1, 2 und 3 des vorliegenden Artikels müssen:

a) bezüglich der Ausführung der Funktionen des intelligenten Fahrtenschreibers gemäß dem vorliegenden Kapitel die notwendigen Anforderungen enthalten, um die Sicherheit, Genauigkeit und Zuverlässigkeit der Daten zu gewährleisten, die von dem satellitengestützten Positionsbestimmungsdienst und der Fernkommunikationseinrichtung gemäß den Artikeln 8 und 9 an den Fahrtenschreiber übertragen werden;

b) die verschiedenen Bedingungen und Anforderungen für den satellitengestützten Positionsbestimmungsdienst und die Fernkommunikationseinrichtung gemäß den Artikeln 8 und 9 enthalten, und zwar sowohl für externe Lösungen als auch für den Fall einer Einbettung im Fahrtenschreiber; bei externen Lösungen müssen sie auch die Bedingungen für die Nutzung des satellitengestützten Positionsbestimmungssignals als zweiter Bewegungssensor abdecken;

c) die notwendigen Normen für die Schnittstelle gemäß Artikel 10 enthalten. Hierzu kann eine Bestimmung über die Vergabe von Zugriffsrechten für Fahrer, Werkstatt und Verkehrsunternehmen und über Kontrollfunktionen für die vom Fahrtenschreiber aufgezeichneten Daten enthalten sein; den Kontrollfunktionen muss ein Authentifizierungs-/Autorisierungsmechanismus für die Schnittstelle zugrunde liegen, wie beispielsweise ein Zertifikat für jede Zugriffsebene, allerdings unter dem Vorbehalt der technischen Machbarkeit.

KAPITEL III
TYPGENEHMIGUNG
Artikel 12
Beantragung

(1) Die Hersteller oder deren Beauftragte beantragen die Typgenehmigung für die Fahrzeugeinheit, den Bewegungssensor, das Schaublatt-Muster oder die Fahrtenschreiberkarte bei den Typgenehmigungsbehörden, die hierfür von den Mitgliedstaaten benannt worden sind.

(2) Die Mitgliedstaaten teilen der Kommission bis 2. März 2015 die Namen und Kontaktangaben der benannten Behörden gemäß Absatz 1 sowie erforderlichenfalls spätere Aktualisierungen dieser Angaben mit. Die Kommission veröffentlicht die Liste der benannten Typgenehmigungsbehörden auf ihrer Website und hält diese Liste auf dem neuesten Stand.

(3) Einem Typgenehmigungsantrag müssen die entsprechenden Spezifikationen, einschließlich der erforderlichen Informationen über die Plombierung, und die Sicherheits-, Funktions- und Interoperabilitätszertifikate beigefügt sein. Das Sicherheitszertifikat muss von einer anerkannten Zertifizierungsstelle ausgestellt sein, die von der Kommission benannt ist.

Das Funktionszertifikat wird dem Hersteller von der Typgenehmigungsbehörde ausgestellt.

Ein Interoperabilitätszertifikat wird von einer einzigen Prüfstelle erteilt, der der Kommission untersteht und sich in ihrer Verantwortung befindet.

(4) In Bezug auf den Fahrtenschreiber, seine relevanten Komponenten und die Fahrtenschreiberkarte gilt Folgendes:

a) Das Sicherheitszertifikat muss für die Fahrzeugeinheit, die Fahrtenschreiberkarten, den Bewegungssensor und die Verbindung zum GNSS-Empfänger — falls das GNSS nicht in die Fahrzeugeinheiten integriert ist — Folgendes bescheinigen:

i) Einhaltung der Sicherheitsziele;

ii) Identifizierung und Authentifizierung, Autorisierung, Vertraulichkeit, Nachvollziehbarkeit, Integrität, Audit, Genauigkeit und Zuverlässigkeit des Dienstes.

b) Das Funktionszertifikat muss bescheinigen, dass das geprüfte Gerät die jeweiligen Anforderungen hinsichtlich folgender Punkte einhält: ausgeführte Funktionen, Umwelteigenschaften, elektromagnetische Verträglichkeit, Einhaltung physikalischer Anforderungen und Einhaltung anwendbarer Normen.

c) Das Interoperabilitätszertifikat muss bescheinigen, dass das geprüfte Gerät uneingeschränkte Interoperabilität mit den notwendigen Fahrtenschreibern oder Fahrtenschreiberkarten-Modellen gegeben ist.

(5) Änderungen an der Software oder Hardware des Fahrtenschreibers oder an den für seine Herstellung verwendeten Werkstoffen werden vor ihrer Umsetzung der Behörde gemeldet, die die Typgenehmigung für das Gerät erteilt hat. Diese Behörde bestätigt dem Hersteller die Erweiterung der Typgenehmigung oder verlangt eine Aktualisierung oder Bestätigung des entsprechenden Funktions-, Sicherheits- und/oder Interoperabilitätszertifikats.

(6) Der Typgenehmigungsantrag für ein und dieselbe Bauart von Fahrzeugeinheit, Bewegungssensor, Schaublatt-Muster oder Fahrtenschreiberkarte darf nicht bei mehreren Mitgliedstaaten gestellt werden.

(7) Die Kommission erlässt im Wege von Durchführungsrechtsakten Einzelvorschriften für die einheitliche Anwendung dieses Artikels. Diese Durchführungsrechtsakte werden nach dem in Artikel 42 Absatz 3 genannten Prüfverfahren erlassen.

Artikel 13
Erteilung der Typgenehmigung
Ein Mitgliedstaat erteilt die Typgenehmigung für eine Bauart von Fahrzeugeinheit, Bewegungssensor, Schaublatt-Muster oder Fahrtenschreiberkarte, wenn diese den Vorschriften der Artikel 4 und 11 entsprechen und der Mitgliedstaat die Möglichkeit hat, die Übereinstimmung der Produktion mit dem zugelassenen Muster zu überprüfen.

Änderungen oder Ergänzungen eines Musters, für das die Typgenehmigung bereits erteilt worden ist, bedürfen einer Nachtrags-Typgenehmigung des Mitgliedstaats, der die ursprüngliche Typgenehmigung erteilt hat.

Artikel 14
Typgenehmigungszeichen
Die Mitgliedstaaten erteilen dem Antragsteller für jede gemäß Artikel 13 und Anhang II zugelassene Bauart von Fahrzeugeinheit, Bewegungssensor, Schaublatt-Muster oder Fahrtenschreiberkarte ein Typgenehmigungszeichen entsprechend einem vorher festgelegten Muster. Diese Muster werden von der Kommission im Wege von Durchführungsrechtsakten nach dem in Artikel 42 Absatz 3 genannten Prüfverfahren genehmigt.

Artikel 15
Genehmigung oder Ablehnung
Die zuständigen Behörden des Mitgliedstaats, bei dem die Typgenehmigung beantragt wurde, übermitteln den Behörden der anderen Mitgliedstaaten für jede zugelassene Bauart von Fahrzeugeinheit, Bewegungssensor, Schaublatt-Muster oder Fahrtenschreiberkarte innerhalb eines Monats eine Kopie des Typgenehmigungsbogens sowie Kopien der erforderlichen Spezifikationen, auch in Bezug auf die Plombierung.

Lehnen die zuständigen Behörden eine beantragte Typgenehmigung ab, so unterrichten sie hiervon die Behörden der anderen Mitgliedstaaten und teilen die Gründe dafür mit.

Artikel 16
Übereinstimmung des Geräts mit der Typgenehmigung
(1) Stellt ein Mitgliedstaat, der eine Typgenehmigung gemäß Artikel 13 erteilt hat, fest, dass Fahrzeugeinheiten, Bewegungssensoren, Schaublätter oder Fahrtenschreiberkarten, die das von ihm erteilte Typgenehmigungszeichen tragen, nicht dem von ihm zugelassenen Muster entsprechen, so trifft er die erforderlichen Maßnahmen, um die Übereinstimmung der Produktion mit dem zugelassenen Muster sicherzustellen. Diese Maßnahmen können nötigenfalls bis zum Entzug der Typgenehmigung reichen.

(2) Der Mitgliedstaat, der eine Typgenehmigung erteilt hat, muss diese entziehen, wenn die Fahrzeugeinheit, der Bewegungssensor, das Schaublatt oder die Fahrtenschreiberkarte, für die die Typgenehmigung erteilt wurde, dieser Verordnung nicht entspricht oder bei der Verwendung einen Fehler allgemeiner Art erkennen lässt, der es/ihn/sie für seinen/ihren bestimmungsgemäßen Zweck ungeeignet macht.

(3) Wird der Mitgliedstaat, der eine Typgenehmigung erteilt hat, von einem anderen Mitgliedstaat darüber unterrichtet, dass einer der in den Absätzen 1 oder 2 genannten Fälle vorliegt, so trifft er nach Anhörung des mitteilenden Mitgliedstaats die in diesen Absätzen vorgesehenen Maßnahmen vorbehaltlich des Absatzes 5.

(4) Der Mitgliedstaat, der einen der in Absatz 2 genannten Fälle festgestellt hat, kann das Inverkehrbringen und die Inbetriebnahme der betreffenden Fahrzeugeinheiten, Bewegungssensoren, Schaublätter oder Fahrtenschreiberkarten bis auf Weiteres untersagen. Dasselbe gilt in den in Absatz 1 genannten Fällen in Bezug auf Fahrzeugeinheiten, Bewegungssensoren, Schaublätter oder Fahrtenschreiberkarten, die von der EU-Ersteichung befreit worden sind, wenn der Hersteller nach ordnungsgemäßer Anmahnung die Übereinstimmung des Geräts mit dem zugelassenen Muster bzw. mit den Anforderungen dieser Verordnung nicht herbeigeführt hat.

Auf jeden Fall teilen die zuständigen Behörden der Mitgliedstaaten einander und der Kommission innerhalb eines Monats den Entzug einer Typgenehmigung und jedwede andere gemäß den Absätzen 1, 2 oder 3 getroffene Maßnahme mit und legen die Gründe dafür dar.

(5) Bestreitet der Mitgliedstaat, der eine Typgenehmigung erteilt hat, dass die in den Absätzen 1 und 2 genannten Fälle, auf die er hingewiesen worden ist, gegeben sind, so bemühen sich die betreffenden Mitgliedstaaten um die Beilegung

EU-VOen

des Streitfalls und unterrichten die Kommission laufend darüber.

Haben die Gespräche zwischen den Mitgliedstaaten nicht binnen vier Monaten nach der Unterrichtung gemäß Absatz 3 zu einem Einvernehmen geführt, so erlässt die Kommission nach Anhörung von Sachverständigen sämtlicher Mitgliedstaaten und nach Prüfung aller einschlägigen Faktoren, z. B. wirtschaftlicher und technischer Faktoren, binnen sechs Monaten nach Ablauf der genannten Viermonatsfrist einen Beschluss, der den beteiligten Mitgliedstaaten bekanntgegeben und gleichzeitig den übrigen Mitgliedstaaten mitgeteilt wird. Die Kommission setzt in jedem Fall die Frist für den Beginn der Durchführung ihres Beschlusses fest.

Artikel 17
Genehmigung der Schaublätter
(1) Im Antrag auf eine Typgenehmigung für ein Schaublatt-Muster ist im Antragsformular anzugeben, für welche Typen von analogen Fahrtenschreibern dieses Schaublatt bestimmt ist; für Prüfungen des Schaublatts ist außerdem ein geeigneter Fahrtenschreiber des entsprechenden Typs zur Verfügung zu stellen.

(2) Die zuständigen Behörden eines jeden Mitgliedstaats geben auf dem Typgenehmigungsbogen des Schaublatt-Musters an, in welchen Typen von analogen Fahrtenschreibern dieses Schaublatt-Muster verwendet werden kann.

Artikel 18
Begründung der Ablehnung
Jede Entscheidung aufgrund dieser Verordnung, durch die eine Typgenehmigung für eine Bauart von Fahrzeugeinheit, Bewegungssensor, Schaublatt-Muster oder Fahrtenschreiberkarte abgelehnt oder entzogen wird, ist eingehend zu begründen. Sie wird dem Betreffenden unter Angabe der nach dem Recht des jeweiligen Mitgliedstaats vorgesehenen Rechtsmittel und der Rechtsmittelfristen mitgeteilt.

Artikel 19
Anerkennung typgenehmigter
Fahrtenschreiber
Die Mitgliedstaaten dürfen die Zulassung oder Inbetriebnahme oder Benutzung von mit einem Fahrtenschreiber ausgerüsteten Fahrzeugen nicht aus Gründen ablehnen bzw. verbieten, die mit diesem Gerät zusammenhängen, wenn der Fahrtenschreiber das in Artikel 14 genannte Typgenehmigungszeichen und die in Artikel 22 Absatz 4 genannte Einbauplakette aufweist.

Artikel 20
Sicherheit
(1) Die Hersteller müssen ihre produzierten Fahrzeugeinheiten, Bewegungssensoren und Fahrtenschreiberkarten so konstruieren, erproben und

ständig überprüfen, um Sicherheitsschwachstellen in allen Phasen des Produktlebenszyklus festzustellen, und müssen deren mögliche Ausnutzung verhindern oder eindämmen. Der Mitgliedstaat, der die Typgenehmigung erteilt hat, legt fest, wie häufig Prüfungen durchgeführt werden, wobei der Zeitraum zwischen zwei Prüfungen zwei Jahre nicht überschreiten darf.

(2) Zu diesem Zweck übermitteln die Hersteller der in Artikel 12 Absatz 3 genannten Zertifizierungsstelle die erforderlichen Unterlagen für die Schwachstellenanalyse.

(3) Für die Zwecke des Absatzes 1 führt die in Artikel 12 Absatz 3 genannte Zertifizierungsstelle Prüfungen an Fahrzeugeinheiten, Bewegungssensoren und Fahrtenschreiberkarten durch, um zu bestätigen, dass bekannte Sicherheitsschwachstellen nicht von Personen, die über öffentlich zugängliche Kenntnisse verfügen, ausgenutzt werden können.

(4) Werden bei den in Absatz 1 genannten Prüfungen Sicherheitsschwachstellen in Systemkomponenten (Fahrzeugeinheiten, Bewegungssensoren und Fahrtenschreiberkarten) festgestellt, so werden diese Komponenten nicht in Verkehr gebracht. Werden bei den in Absatz 3 genannten Prüfungen Sicherheitsschwachstellen in Komponenten festgestellt, die bereits in Verkehr gebracht wurden, unterrichtet der Hersteller oder die Zertifizierungsstelle die zuständigen Behörden des Mitgliedstaats, der die Typgenehmigung erteilt hat. Diese zuständigen Behörden ergreifen alle erforderlichen Maßnahmen, um sicherzustellen, dass das Problem — insbesondere vom Hersteller — beseitigt wird; außerdem unterrichten sie die Kommission unverzüglich über die festgestellten Sicherheitsschwachstellen und die geplanten oder ergriffenen Maßnahmen, wozu erforderlichenfalls auch der Entzug der Typgenehmigung gemäß Artikel 16 Absatz 2 zählt.

Artikel 21
Praxiserprobungen
(1) Die Mitgliedstaaten können Praxiserprobungen mit Fahrtenschreibern, für die noch keine Typgenehmigung erteilt wurde, genehmigen. Die von den Mitgliedstaaten erteilten Genehmigungen für Praxiserprobungen werden von ihnen gegenseitig anerkannt.

(2) Fahrer und Verkehrsunternehmen, die an einer Praxiserprobung teilnehmen, müssen die Anforderungen der Verordnung (EG) Nr. 561/2006 erfüllen. Die Fahrer erbringen diesen Nachweis nach dem Verfahren gemäß Artikel 35 Absatz 2 der vorliegenden Verordnung.

(3) Die Kommission kann Durchführungsrechtsakte zur Festlegung der Verfahren für die Durchführung von Praxiserprobungen und der Formulare für deren Überwachung erlassen. Diese Durchführungsrechtsakte werden nach dem in

Artikel 42 Absatz 3 genannten Prüfverfahren erlassen.

KAPITEL IV
EINBAU UND PRÜFUNG
Artikel 22
Einbau und Reparatur

(1) Einbau und Reparaturen von Fahrtenschreibern dürfen nur von Einbaubetrieben, Werkstätten oder Fahrzeugherstellern vorgenommen werden, die von den zuständigen Behörden der Mitgliedstaaten gemäß Artikel 24 dafür zugelassen worden sind.

(2) Zugelassene Einbaubetriebe, Werkstätten oder Fahrzeughersteller plombieren den Fahrtenschreiber gemäß den Spezifikationen in dem Typgenehmigungsbogen nach Artikel 15, nachdem sie überprüft haben, dass er ordnungsgemäß funktioniert und insbesondere auf eine Art und Weise, durch die sichergestellt wird, dass die aufgezeichneten Daten durch Manipulationsvorrichtungen weder verfälscht noch geändert werden können.

(3) Der zugelassene Einbaubetrieb, die zugelassene Werkstatt oder der zugelassene Fahrzeughersteller versieht die durchgeführten Plombierungen mit einem besonderen Zeichen und gibt außerdem bei digitalen Fahrtenschreibern die elektronischen Sicherheitsdaten ein, mit denen sich die Authentifizierungskontrollen durchführen lassen. Die zuständigen Behörden eines jeden Mitgliedstaats übermitteln der Kommission das Verzeichnis der verwendeten Zeichen und elektronischen Sicherheitsdaten und die erforderlichen Informationen über die verwendeten elektronischen Sicherheitsdaten. Die Kommission macht den Mitgliedstaaten diese Informationen auf Anfrage zugänglich.

(4) Durch die Anbringung einer deutlich sichtbaren und leicht zugänglichen Einbauplakette wird bescheinigt, dass der Einbau des Fahrtenschreibers den Vorschriften dieser Verordnung entsprechend erfolgt ist.

(5) Fahrtenschreiberbauteile werden gemäß den Vorgaben des Typgenehmigungsbogens plombiert. Anschlüsse an den Fahrtenschreiber, die potenziell manipulationsanfällig sind, einschließlich der Verbindung zwischen dem Bewegungssensor und dem Getriebe, sowie gegebenenfalls die Einbauplakette werden plombiert.

Eine Plombierung darf nur entfernt oder aufgebrochen werden

— durch Einbaubetriebe oder Werkstätten, die gemäß Artikel 24 von den zuständigen Behörden zugelassen sind, zwecks Reparatur, Instandhaltung oder Neukalibrierung des Fahrtenschreibers oder durch angemessen geschulte und erforderlichenfalls ermächtigte Kontrolleure für Kontrollzwecke;

— zwecks Reparaturen oder Umbauten des Fahrzeugs, die sich auf die Plombierung auswirken. In diesen Fällen ist im Fahrzeug eine schriftliche Erklärung mitzuführen, in der das Datum, die Uhrzeit und die Begründung der Entfernung der Plombierung angeführt sind. Die Kommission legt mittels Durchführungsrechtsakten ein Musterformular für die schriftliche Erklärung fest.

Die entfernte oder aufgebrochene Plombierung ist ohne unangemessene Verzögerung, spätestens jedoch innerhalb von sieben Tagen nach ihrem Entfernen oder Aufbrechen, von einem zugelassenen Einbaubetrieb oder einer zugelassenen Werkstatt zu ersetzen. Wurden Plombierungen zu Kontrollzwecken entfernt oder aufgebrochen, so können sie von einem Kontrolleur ohne unangemessene Verzögerung unter Verwendung einer entsprechenden Vorrichtung und eines eindeutigen besonderen Zeichens ersetzt werden.

Entfernt ein Kontrolleur eine Plombierung, so wird die Kontrollkarte ab dem Moment der Entfernung der Plombierung bis zum Ende der Kontrolle in den Fahrtenschreiber eingesetzt; das gilt auch im Fall der Anbringung einer neuen Plombierung. Der Kontrolleur stellt eine schriftliche Erklärung aus, die mindestens die folgenden Angaben enthält:

— Fahrzeug-Identifizierungsnummer;

— Name des Kontrolleurs;

— Kontrollbehörde und Mitgliedstaat;

— Nummer der Kontrollkarte;

— Nummer der entfernten Plombierung;

— Datum und Uhrzeit der Entfernung der Plombierung;

— Nummer der neuen Plombierung, sofern der Kontrolleur eine neue Plombierung angebracht hat.

Vor der Ersetzung der Plombierung wird der Fahrtenschreiber von einer zugelassenen Werkstaat einer Prüfung und Kalibrierung unterzogen, es sei denn, die Plombierung wurde zu Kontrollzwecken entfernt oder aufgebrochen und durch einen Kontrolleur ersetzt.

Artikel 23
Nachprüfung der Fahrtenschreiber

(1) Fahrtenschreiber werden regelmäßigen Nachprüfungen durch zugelassene Werkstätten unterzogen. Die regelmäßigen Nachprüfungen finden mindestens alle zwei Jahre statt.

(2) Bei den Nachprüfungen gemäß Absatz 1 wird insbesondere Folgendes überprüft:

— dass der Fahrtenschreiber ordnungsgemäß eingebaut ist und für das Fahrzeug geeignet ist,

— dass der Fahrtenschreiber ordnungsgemäß funktioniert,

— dass auf dem Fahrtenschreiber das Typgenehmigungszeichen angebracht ist,

EU-VOen

— dass die Einbauplakette angebracht ist,

— dass alle Plombierungen unversehrt sind und ihre Funktion erfüllen,

— dass keine Manipulationsvorrichtungen an den Fahrtenschreiber angeschlossen sind und dass keine Spuren der Verwendung solcher Vorrichtungen vorhanden sind,

— die Reifengröße und der tatsächliche Umfang der Radreifen.

(3) Falls Unregelmäßigkeiten in der Funktionsweise der Fahrtenschreiber behoben werden mussten, erstellen die zugelassenen Werkstätten, die Nachprüfungen durchführen, einen Nachprüfungsbericht, und zwar unabhängig davon, ob die Nachprüfung im Rahmen einer wiederkehrenden Nachprüfung oder im besonderen Auftrag der zuständigen nationalen Behörde erfolgt ist. Sie führen eine Liste aller erstellten Nachprüfungsberichte.

(4) Die Nachprüfungsberichte werden ab der Erstellung mindestens zwei Jahre lang aufbewahrt. Die Mitgliedstaaten entscheiden, ob die Nachprüfungsberichte in dieser Zeit einbehalten oder aber der zuständigen Behörde übermittelt werden. Bewahrt eine Werkstatt die Nachprüfungsberichte auf, so macht sie auf Anfrage der zuständigen Behörde die Berichte über die in diesem Zeitraum durchgeführten Nachprüfungen und Kalibrierungen zugänglich.

Artikel 24
Zulassung der Einbaubetriebe Werkstätten und Fahrzeughersteller

(1) Die Mitgliedstaaten sorgen für die Zulassung, regelmäßige Kontrolle und Zertifizierung der Einbaubetriebe, Werkstätten und Fahrzeughersteller, die zu Einbau, Einbauprüfung, Nachprüfung und Reparatur von Fahrtenschreibern befugt sind.

(2) Die Mitgliedstaaten gewährleisten die Fachkompetenz und Zuverlässigkeit der Einbaubetriebe, Werkstätten und Fahrzeughersteller. Zu diesem Zweck erstellen und veröffentlichen sie eindeutige nationale Verfahren und sorgen dafür, dass folgende Mindestanforderungen erfüllt werden:

a) das Personal ist ordnungsgemäß geschult,

b) die Ausrüstungen, die zur Durchführung der einschlägigen Prüfungen und Aufgaben erforderlich sind, stehen zur Verfügung,

c) die Einbaubetriebe, Werkstätten und Fahrzeughersteller gelten als zuverlässig.

(3) Zugelassene Einbaubetriebe und Werkstätten werden folgendermaßen überprüft:

a) Zugelassene Einbaubetriebe und Werkstätten werden mindestens alle zwei Jahre einem Audit unterzogen, bei dem die von ihnen angewandten Verfahren für den Umgang mit Fahrtenschreibern geprüft werden. Im Mittelpunkt des Audits stehen insbesondere die getroffenen Sicherheitsmaßnahmen und der Umgang mit Werkstattkarten. Die Mitgliedstaaten können diese Audits auch ohne eine Ortsbesichtigung durchführen.

b) Ferner finden unangekündigte technische Audits der zugelassenen Einbaubetriebe und Werkstätten statt, um die durchgeführten Kalibrierungen, Nachprüfungen und Einbauten zu überwachen. Diese Audits müssen jährlich mindestens 10 % der zugelassenen Einbaubetriebe und Werkstätten unterzogen werden.

(4) Die Mitgliedstaaten und ihre zuständigen Behörden ergreifen geeignete Maßnahmen, um Interessenkonflikte zwischen Einbaubetrieben oder Werkstätten mit den Verkehrsunternehmen zu vermeiden. Insbesondere bei Bestehen einer ernsthaften Gefahr eines Interessenkonflikts werden zusätzliche fallbezogene Maßnahmen ergriffen, um sicherzustellen, dass der Einbaubetrieb oder die Werkstatt diese Verordnung einhält.

(5) Die zuständigen Behörden der Mitgliedstaaten veröffentlichen die Verzeichnisse der zugelassenen Einbaubetriebe und Werkstätten sowie der diesen ausgestellten Karten auf einer öffentlich zugänglichen Website und sorgen dafür, dass diese Verzeichnisse gegebenenfalls mindestens einmal jährlich aktualisiert werden.

Die Kommission veröffentlicht die Liste dieser nationalen Websites auf ihrer Website.

(6) Die zuständigen Behörden in den Mitgliedstaaten entziehen Einbaubetrieben, Werkstätten und Fahrzeugherstellern, die ihren Pflichten aus dieser Verordnung nicht nachkommen, vorübergehend oder dauerhaft die Zulassung.

Artikel 25
Werkstattkarten

(1) Die Gültigkeitsdauer der Werkstattkarten darf ein Jahr nicht überschreiten. Bei der Erneuerung der Werkstattkarte stellt die zuständige Behörde sicher, dass der Einbaubetrieb, die Werkstatt oder der Fahrzeughersteller die Kriterien gemäß Artikel 24 Absatz 2 erfüllt.

(2) Die zuständige Behörde erneuert eine Werkstattkarte binnen 15 Arbeitstagen nach Eingang eines gültigen Antrags auf Erneuerung und aller erforderlichen Unterlagen. Bei Beschädigung, Fehlfunktion oder Verlust oder Diebstahl der Werkstattkarte stellt die zuständige Behörde binnen fünf Arbeitstagen nach Eingang eines entsprechenden begründeten Antrags eine Ersatzkarte aus. Die zuständigen Behörden führen ein Verzeichnis der verlorenen, gestohlenen und defekten Karten.

(3) Entzieht ein Mitgliedstaat einem Einbaubetrieb, einer Werkstatt oder einem Fahrzeughersteller nach Maßgabe des Artikels 24 die Zulassung, so zieht er auch die diesem/dieser ausgestellten Werkstattkarten ein.

(4) Die Mitgliedstaaten ergreifen alle erforderlichen Maßnahmen, um das Fälschen der den zugelassenen Einbaubetrieben, Werkstätten und Fahrzeugherstellern ausgestellten Werkstattkarten zu verhindern.

KAPITEL V
FAHRERKARTEN
Artikel 26
Ausstellung von Fahrerkarten

(1) Die Fahrerkarte wird dem Fahrer auf seinen Antrag von der zuständigen Behörde des Mitgliedstaats, in dem er seinen gewöhnlichen Wohnsitz hat, ausgestellt. Die Ausstellung erfolgt binnen eines Monats nach Eingang des Antrags und aller erforderlichen Unterlagen bei der zuständigen Behörde.

(2) Im Sinne dieses Artikels gilt als „gewöhnlicher Wohnsitz" der Ort, an dem eine Person wegen persönlicher und beruflicher Bindungen oder — im Falle einer Person ohne berufliche Bindungen — wegen persönlicher Bindungen, die enge Beziehungen zwischen der Person und dem Wohnort erkennen lassen, gewöhnlich, d. h. während mindestens 185 Tagen im Kalenderjahr, wohnt.

Jedoch gilt als gewöhnlicher Wohnsitz einer Person, deren berufliche Bindungen an einem anderen Ort als dem seiner persönlichen Bindungen liegen und die daher veranlasst ist, sich abwechselnd an verschiedenen Orten in zwei oder mehr Mitgliedstaaten aufzuhalten, der Ort ihrer persönlichen Bindungen, sofern sie regelmäßig dorthin zurückkehrt. Letzteres ist nicht erforderlich, wenn sich die Person in einem Mitgliedstaat zur Ausführung eines Auftrags von bestimmter Dauer aufhält.

(3) Die Fahrer erbringen den Nachweis über ihren gewöhnlichen Wohnsitz anhand aller geeigneten Mittel, insbesondere des Personalausweises oder jedes anderen beweiskräftigen Dokuments. Bestehen bei der zuständigen Behörden des Mitgliedstaats, der die Fahrerkarte ausstellt, Zweifel über die Richtigkeit der Angabe des gewöhnlichen Wohnsitzes oder sollen bestimmte spezifische Kontrollen vorgenommen werden, so können diese Behörden zusätzliche Auskünfte oder zusätzliche Belege verlangen.

(4) In hinreichend begründeten Ausnahmefällen können die Mitgliedstaaten einem Fahrer ohne gewöhnlichen Wohnsitz in einem Mitgliedstaat oder in einem Staat, der Vertragspartei des AETR-Übereinkommens ist, eine befristete und nicht erneuerbare Fahrerkarte ausstellen, die für einen Zeitraum von höchstens 185 Tagen gültig ist, sofern dieser Fahrer sich in einem arbeitsrechtlichen Verhältnis mit einem im ausstellenden Mitgliedstaat niedergelassenen Unternehmen befindet und — soweit die Verordnung (EG) Nr. 1072/2009 des Europäischen Parlaments und des Rates [11] gilt

— eine Fahrerbescheinigung entsprechend der genannten Verordnung vorlegt.

Die Kommission verfolgt die Anwendung dieses Absatzes fortlaufend anhand der von den Mitgliedstaaten zur Verfügung gestellten Daten. Sie berichtet dem Europäischen Parlament und dem Rat alle zwei Jahre über ihre Erkenntnisse und geht dabei insbesondere der Frage nach, ob sich die befristeten Fahrerkarten negativ auf den Arbeitsmarkt auswirken und ob befristete Karten einem bestimmten Fahrer gewöhnlich mehrmals ausgestellt werden. Die Kommission kann einen sachdienlichen Gesetzgebungsvorschlag zur Änderung dieses Absatzes unterbreiten.

(5) Die zuständigen Behörden des ausstellenden Mitgliedstaats treffen geeignete Maßnahmen, um sicherzustellen, dass der Antragsteller nicht bereits Inhaber einer gültigen Fahrerkarte ist, und versehen die Fahrerkarte auf sichtbare und sichere Weise mit den persönlichen Daten des Fahrers.

(6) Die Gültigkeitsdauer der Fahrerkarte darf fünf Jahre nicht überschreiten.

(7) Eine gültige Fahrerkarte darf nur entzogen oder ausgesetzt werden, wenn die zuständigen Behörden eines Mitgliedstaats feststellen, dass die Karte gefälscht worden ist, der Fahrer eine Karte verwendet, deren Inhaber er nicht ist, oder die Ausstellung der Karte auf der Grundlage falscher Erklärungen und/oder gefälschter Dokumente erwirkt wurde. Werden solche Maßnahmen zum Entzug oder zur Aussetzung der Gültigkeit der Karte von einem anderen als dem ausstellenden Mitgliedstaat getroffen, so sendet dieser Mitgliedstaat die Karte so bald wie möglich an die Behörden des ausstellenden Mitgliedstaats zurück und teilt die Gründe für den Entzug oder die Aussetzung mit. Dauert die Rücksendung der Karte voraussichtlich mehr als zwei Wochen, so teilt der Mitgliedstaat, der die Aussetzung der Gültigkeit oder den Entzug der Karte vorgenommen hat, dem ausstellenden Mitgliedstaat innerhalb dieser zwei Wochen die Gründe für die Aussetzung oder den Entzug mit.

(7a) Die zuständige Behörde des ausstellenden Mitgliedstaats kann verlangen, dass ein Fahrer die Fahrerkarte durch eine neue ersetzt, wenn das zur Einhaltung der einschlägigen technischen Spezifikationen erforderlich ist.

(8) Die Mitgliedstaaten ergreifen alle erforderlichen Maßnahmen, um das Fälschen von Fahrerkarten zu verhindern.

(9) Dieser Artikel hindert die Mitgliedstaaten nicht daran, eine Fahrerkarte einem Fahrer auszustellen, der seinen gewöhnlichen Wohnsitz in einem Teil des Hoheitsgebiets dieses Mitgliedstaats hat, für den der Vertrag über die Europäische Union und der Vertrag über die Arbeitsweise der Europäischen Union nicht gelten, sofern in

EU-VOen

diesen Fällen die einschlägigen Bestimmungen dieser Verordnung zur Anwendung kommen.

Artikel 27
Benutzung von Fahrerkarten

(1) Die Fahrerkarte ist persönlich und nicht übertragbar.

(2) Ein Fahrer darf nur Inhaber einer einzigen gültigen Fahrerkarte sein und nur seine eigene persönliche Fahrerkarte benutzen. Er darf weder eine defekte noch eine abgelaufene Fahrerkarte benutzen.

Artikel 28
Erneuerung von Fahrerkarten

(1) Ein Fahrer, der die Erneuerung seiner Fahrerkarte wünscht, muss bei den zuständigen Behörden des Mitgliedstaats, in dem er seinen gewöhnlichen Wohnsitz hat, spätestens fünfzehn Arbeitstage vor Ablauf der Gültigkeit der Karte einen entsprechenden Antrag stellen.

(2) Ist bei einer Erneuerung der Mitgliedstaat, in dem der Fahrer seinen gewöhnlichen Wohnsitz hat, ein anderer als der, der die bestehende Fahrerkarte ausgestellt hat, und wurde bei den Behörden des früheren Mitgliedstaats ein Antrag gestellt, die Fahrerkarte zu erneuern, so teilt dieser den Ausstellungsbehörden der bisherigen Karte die genauen Gründe für die Erneuerung mit.

(3) Bei Beantragung der Erneuerung einer Karte, deren Gültigkeitsdauer in Kürze abläuft, stellt die zuständige Behörde vor Ablauf der Gültigkeit eine neue Karte aus, sofern sie den Antrag bis zu der in Absatz 1 genannten Frist erhalten hat.

Artikel 29
Verlorene, gestohlene und defekte Fahrerkarten

(1) Die ausstellende Behörde führt ein Verzeichnis der ausgestellten, gestohlenen, verlorenen und defekten Fahrerkarten, in dem die Fahrerkarten mindestens bis zum Ablauf ihrer Gültigkeitsdauer aufgeführt werden.

(2) Bei Beschädigung oder Fehlfunktion der Fahrerkarte gibt der Fahrer diese Karte der zuständigen Behörde des Mitgliedstaats, in dem er seinen gewöhnlichen Wohnsitz hat, zurück. Der Diebstahl einer Fahrerkarte muss den zuständigen Behörden des Staates, in dem sich der Diebstahl ereignet hat, ordnungsgemäß gemeldet werden.

(3) Der Verlust einer Fahrerkarte muss den zuständigen Behörden des ausstellenden Mitgliedstaats sowie, falls es sich nicht um denselben Staat handelt, den zuständigen Behörden des Mitgliedstaats, in dem der Fahrer seinen gewöhnlichen Wohnsitz hat, ordnungsgemäß gemeldet werden.

(4) Bei Beschädigung, Fehlfunktion, Verlust oder Diebstahl der Fahrerkarte muss der Fahrer bei den zuständigen Behörden des Mitgliedstaats, in dem er seinen gewöhnlichen Wohnsitz hat, binnen sieben Kalendertagen die Ersetzung der Karte beantragen. Diese Behörden stellen binnen acht Arbeitstagen nach Eingang eines entsprechenden begründeten Antrags bei ihnen eine Ersatzkarte aus.

(5) Unter den in Absatz 4 genannten Umständen darf der Fahrer seine Fahrt ohne Fahrerkarte während eines Zeitraums von höchstens 15 Kalendertagen fortsetzen, bzw. während eines längeren Zeitraums, wenn dies für die Rückkehr des Fahrzeugs zu seinem Standort erforderlich ist, sofern der Fahrer nachweisen kann, dass es unmöglich war, die Fahrerkarte während dieses Zeitraums vorzulegen oder zu benutzen.

Artikel 30
Gegenseitige Anerkennung und Umtausch von Fahrerkarten

(1) Von den Mitgliedstaaten ausgestellte Fahrerkarten werden von den Mitgliedstaaten gegenseitig anerkannt.

(2) Hat der Inhaber einer von einem Mitgliedstaat ausgestellten gültigen Fahrerkarte seinen gewöhnlichen Wohnsitz in einem anderen Mitgliedstaat begründet, so kann er den Umtausch seiner Karte gegen eine gleichwertige Fahrerkarte beantragen. Es ist Sache des umtauschenden Mitgliedstaats zu prüfen, ob die vorgelegte Karte noch gültig ist.

(3) Die Mitgliedstaaten, die einen Umtausch vornehmen, senden die einbehaltene Karte den Behörden des ausstellenden Mitgliedstaats zurück und begründen ihr Vorgehen.

(4) Wird eine Fahrerkarte von einem Mitgliedstaat ersetzt oder umgetauscht, so wird dieser Vorgang ebenso wie jeder weitere Ersatz oder Umtausch in dem betreffenden Mitgliedstaat erfasst.

Artikel 31
Elektronischer Austausch von Informationen über Fahrerkarten

(1) Um sicherzustellen, dass der Antragsteller nicht bereits Inhaber einer gültigen Fahrerkarte ist, wie in Artikel 26 ausgeführt, führen die Mitgliedstaaten nationale elektronische Register, in denen sie folgende Informationen über Fahrerkarten — auch über die in Artikel 26 Absatz 4 genannten Fahrerkarten — mindestens bis zum Ablauf der Gültigkeitsdauer der Fahrerkarten speichern:

— Name und Vorname des Fahrers,

— Geburtsdatum und, sofern verfügbar, Geburtsort des Fahrers,

— gültige Führerscheinnummer und Ausstellungsland des Führerscheins (falls zutreffend),

— Status der Fahrerkarte,

— Nummer der Fahrerkarte.

(2) Die Mitgliedstaaten treffen alle erforderlichen Maßnahmen, damit die nationalen elektronischen Register vernetzt werden und unionsweit zugänglich sind, und verwenden dazu das in der Empfehlung 2010/19/EU genannte Benachrichtigungssystem TACHOnet oder ein kompatibles System. Im Falle eines kompatiblen Systems muss der Austausch elektronischer Daten mit allen anderen Mitgliedstaaten über das Benachrichtigungssystem TACHOnet möglich sein.

(3) Bei jeder Ausstellung, Ersetzung und erforderlichenfalls Erneuerung einer Fahrerkarte überprüfen die Mitgliedstaaten mittels des elektronischen Datenaustauschs, ob der Fahrer nicht bereits Inhaber einer anderen gültigen Fahrerkarte ist. Dabei dürfen nur die für die Zwecke dieser Überprüfung notwendigen Daten übertragen werden.

(4) Kontrolleuren kann Zugang zu dem elektronischen Register gewährt werden, damit sie den Status der Fahrerkarte überprüfen können.

(5) Die Kommission erlässt Durchführungsrechtsakte zur Festlegung der gemeinsamen Verfahren und Spezifikationen, die für die in Absatz 2 genannte Vernetzung notwendig sind, einschließlich des Datenaustauschformats, der technischen Verfahren für die elektronische Abfrage der nationalen elektronischen Register, der Zugangsverfahren und Sicherheitsvorkehrungen. Diese Durchführungsrechtsakte werden nach dem in Artikel 42 Absatz 3 genannten Prüfverfahren erlassen.

KAPITEL VI
BENUTZUNGSVORSCHRIFTEN
Artikel 32
Ordnungsgemäße Benutzung der
Fahrtenschreiber

(1) Das Verkehrsunternehmen und die Fahrer sorgen für das einwandfreie Funktionieren und die ordnungsgemäße Benutzung des digitalen Fahrtenschreibers sowie der Fahrerkarte. Die Verkehrsunternehmen und die Fahrer, die einen analogen Fahrtenschreiber verwenden, stellen das einwandfreie Funktionieren des Fahrtenschreibers und die ordnungsgemäße Benutzung des Schaublatts sicher.

(2) Der digitale Fahrtenschreiber darf nicht so eingestellt werden, dass er automatisch auf eine bestimmte Tätigkeitskategorie umschaltet, wenn der Fahrzeugmotor abgestellt oder die Zündung ausgeschaltet wird, es sei denn, der Fahrer kann die jeweilige Tätigkeitskategorie weiterhin manuell eingeben.

(3) Es ist verboten, die auf dem Schaublatt aufgezeichneten, im Fahrtenschreiber oder auf der Fahrerkarte gespeicherten oder vom Fahrtenschreiber ausgedruckten Daten zu verfälschen, zu verschleiern, zu unterdrücken oder zu vernichten.

Verboten ist ebenfalls jede Manipulation am Fahrtenschreiber, am Schaublatt oder an der Fahrerkarte, durch die die Daten und/oder Ausdrucke verfälscht, unterdrückt oder vernichtet werden könnten. Im Fahrzeug darf keine Vorrichtung vorhanden sein, die zu diesem Zweck verwendet werden kann.

(4) Fahrzeuge dürfen nur mit einem einzigen Fahrtenschreiber ausgerüstet sein, außer für die Zwecke der Praxiserprobungen gemäß Artikel 21.

(5) Die Mitgliedstaaten verbieten die Herstellung, den Vertrieb, die Bewerbung und den Verkauf von Geräten, die dafür konstruiert oder bestimmt sind, Fahrtenschreiber zu manipulieren.

Artikel 33
Verantwortlichkeit des
Verkehrsunternehmens

(1) Das Verkehrsunternehmen hat verantwortlich dafür zu sorgen, dass seine Fahrer hinsichtlich des ordnungsgemäßen Funktionierens des Fahrtenschreibers angemessen geschult und unterwiesen werden, unabhängig davon, ob dieser digital oder analog ist; es führt regelmäßige Überprüfungen durch, um sicherzustellen, dass seine Fahrer den Fahrtenschreiber ordnungsgemäß verwenden, und gibt seinen Fahrern keinerlei direkte oder indirekte Anreize, die zu einem Missbrauch des Fahrtenschreibers anregen könnten.

Das Verkehrsunternehmen händigt den Fahrern von Fahrzeugen mit einem analogen Fahrtenschreiber eine ausreichende Anzahl Schaublätter aus, wobei es dem persönlichen Charakter dieser Schaublätter, der Dauer des Einsatzes und der Verpflichtung Rechnung trägt, beschädigte oder von einem ermächtigten Kontrolleur eingezogene Schaublätter zu ersetzen. Das Verkehrsunternehmen händigt den Fahrern nur solche Schaublätter aus, die einem genehmigten Muster entsprechen und die sich für das in das Fahrzeug eingebaute Gerät eignen.

Ist ein Fahrzeug mit einem digitalen Fahrtenschreiber ausgerüstet, so sorgen das Verkehrsunternehmen und der Fahrer dafür, dass im Falle einer Nachprüfung der Ausdruck von Daten aus dem Fahrtenschreiber unter Berücksichtigung der Dauer des Einsatzes auf Verlangen eines Kontrolleurs ordnungsgemäß erfolgen kann.

(2) Das Verkehrsunternehmen bewahrt die Schaublätter und — sofern Ausdrucke gemäß Artikel 35 erstellt wurden — die Ausdrucke in chronologischer Reihenfolge und in lesbarer Form nach der Benutzung mindestens ein Jahr lang auf und händigt den betreffenden Fahrern auf Verlangen eine Kopie aus. Das Verkehrsunternehmen händigt den betreffenden Fahrern ferner auf Verlangen eine Kopie der von den Fahrerkarten heruntergeladenen Daten sowie Ausdrucke davon aus. Die

EU-VOen

Schaublätter, die Ausdrucke und die heruntergeladenen Daten sind jedem ermächtigten Kontrolleur auf Verlangen vorzulegen oder auszuhändigen.

(3) Ein Verkehrsunternehmen haftet für Verstöße gegen diese Verordnung, die von Fahrern des Unternehmens bzw. von den Fahrern begangen werden, die ihm zur Verfügung stehen. Die Mitgliedstaaten können diese Haftung jedoch von einem Verstoß des Verkehrsunternehmens gegen Absatz 1 Unterabsatz 1 des vorliegenden Artikels und Artikel 10 Absätze 1 und 2 der Verordnung (EG) Nr. 561/2006 abhängig machen.

Artikel 34
Benutzung von Fahrerkarten und Schaublättern

(1) Die Fahrer benutzen für jeden Tag, an dem sie lenken, ab dem Zeitpunkt, an dem sie das Fahrzeug übernehmen, Schaublätter oder Fahrerkarten. Das Schaublatt oder die Fahrerkarte wird nicht vor dem Ende der täglichen Arbeitszeit entnommen, es sei denn, eine Entnahme ist anderweitig zulässig oder sie ist erforderlich, um nach einer Grenzüberschreitung das Symbol des Landes einzutragen. Schaublätter oder Fahrerkarten dürfen nicht über den Zeitraum, für den sie bestimmt sind, hinaus verwendet werden.

(2) Die Fahrer müssen die Schaublätter oder Fahrerkarten angemessen schützen und dürfen keine angeschmutzten oder beschädigten Schaublätter oder Fahrerkarten verwenden.

(3) Wenn der Fahrer sich nicht im Fahrzeug aufhält und daher nicht in der Lage ist, den in das Fahrzeug eingebauten Fahrtenschreiber zu betätigen, werden die in Absatz 5 Buchstabe b Ziffern ii, iii und iv genannten Zeiträume,

a) wenn das Fahrzeug mit einem analogen Fahrtenschreiber ausgerüstet ist, von Hand, durch automatische Aufzeichnung oder auf andere Weise lesbar und ohne Verschmutzung des Schaublatts auf dem Schaublatt eingetragen,

b) wenn das Fahrzeug mit einem digitalen Fahrtenschreiber ausgerüstet ist, mittels der manuellen Eingabevorrichtung des Fahrtenschreibers auf der Fahrerkarte eingetragen.

Die Mitgliedstaaten dürfen von den Fahrern nicht die Vorlage von Formularen verlangen, mit denen die Tätigkeit der Fahrer, während sie sich nicht im Fahrzeug aufhalten, bescheinigt wird.

(4) Befindet sich an Bord eines mit einem digitalen Fahrtenschreiber ausgerüsteten Fahrzeugs mehr als ein Fahrer, so stellt jeder Fahrer sicher, dass seine Fahrerkarte in den richtigen Steckplatz im Fahrtenschreiber eingeschoben ist.

Befindet sich an Bord eines mit einem analogen Fahrtenschreiber ausrüsteten Fahrzeugs mehr als ein Fahrer, nehmen die Fahrer auf den Schaublättern erforderliche Änderungen so vor, dass die relevanten Angaben auf dem Schaublatt des Fahrers, der tatsächlich lenkt, aufgezeichnet werden.

(5) Die Fahrer

a) achten darauf, dass die Zeitmarkierung auf dem Schaublatt mit der gesetzlichen Zeit des Landes übereinstimmt, in dem das Fahrzeug zugelassen ist,

b) betätigen die Schaltvorrichtung des Kontrollgeräts so, dass folgende Zeiten getrennt und unterscheidbar aufgezeichnet werden:

i) unter dem Zeichen Ω die Lenkzeiten,

ii) unter dem Zeichen $\times$ „andere Arbeiten", das sind alle anderen Tätigkeiten als die Lenktätigkeit im Sinne von Artikel 3 Buchstabe a der Richtlinie 2002/15/EG sowie jegliche Arbeit für denselben oder einen anderen Arbeitgeber, sei es innerhalb oder außerhalb des Verkehrssektors,

iii) unter dem Zeichen $\boxed{/}$ „Bereitschaftszeit" im Sinne von Artikel 3 Buchstabe b der Richtlinie 2002/15/EG,

iv) unter dem Zeichen $\boxminus$ Fahrtunterbrechungen, Ruhezeiten, Jahresurlaub oder krankheitsbedingte Fehlzeiten,

v) unter dem Zeichen für „Fähre/Zug": Zusätzlich zu dem Zeichen $\boxminus$ die Ruhezeiten an Bord eines Fährschiffs oder Zuges gemäß Artikel 9 der Verordnung (EG) Nr. 561/2006.

(6) Jeder Fahrer eines mit einem analogen Fahrtenschreiber ausgestatteten Fahrzeugs trägt auf dem Schaublatt folgende Angaben ein:

a) bei Beginn der Benutzung des Schaublatts: seinen Namen und Vornamen,

b) bei Beginn und am Ende der Benutzung des Schaublatts: den Zeitpunkt und den Ort,

c) das amtliche Kennzeichen des Fahrzeugs, das dem Fahrer zugewiesen ist, und zwar vor der ersten auf dem Schaublatt verzeichneten Fahrt und in der Folge im Falle des Fahrzeugwechsels während der Benutzung des Schaublatts,

d) den Stand des Kilometerzählers:

i) vor der ersten auf dem Schaublatt verzeichneten Fahrt,

ii) am Ende der letzten auf dem Schaublatt verzeichneten Fahrt,

iii) im Falle des Fahrzeugwechsels während des Arbeitstags den Zählerstand des ersten Fahrzeugs, das dem Fahrer zugewiesen war, und den Zählerstand des nächsten Fahrzeugs,

e) gegebenenfalls die Uhrzeit des Fahrzeugwechsels;

f) das Symbol des Landes, in dem die tägliche Arbeitszeit beginnt bzw. endet. Der Fahrer trägt auch das Symbol des Landes ein, in das er nach

Überqueren einer Grenze eines Mitgliedstaats einreist, und zwar zu Beginn seines ersten Halts in diesem Mitgliedstaat. Der erste Halt erfolgt auf dem nächstmöglichen Halteplatz an oder nach der Grenze. Wird die Grenze eines Mitgliedstaats mit dem Fährschiff oder der Eisenbahn überquert, so gibt er das Symbol des Landes im Ankunftshafen oder -bahnhof ein.

(7) Der Fahrer gibt in den digitalen Fahrtenschreiber das Symbol des Landes ein, in dem die tägliche Arbeitszeit begann bzw. endete.

Ab dem 2. Februar 2022 gibt der Fahrer auch das Symbol des Landes ein, in das er nach Überqueren einer Grenze eines Mitgliedstaats einreist, und zwar zu Beginn seines ersten Halts in diesem Mitgliedstaat. Der erste Halt erfolgt auf dem nächstmöglichen Halteplatz an oder nach der Grenze. Wird die Grenze eines Mitgliedstaats mit dem Fährschiff oder der Eisenbahn überquert, so gibt er das Symbol des Landes im Ankunftshafen oder -bahnhof ein.

Die Mitgliedstaaten können den Fahrern von Fahrzeugen, die einen innerstaatlichen Transport in ihrem Hoheitsgebiet durchführen, vorschreiben, dem Symbol des Landes genauere geografische Angaben hinzuzufügen, sofern die betreffenden Mitgliedstaaten diese genaueren geografischen Angaben der Kommission vor dem 1. April 1998 mitgeteilt hatten.

Die Fahrer brauchen die Angaben nach Unterabsatz 1 nicht zu machen, wenn der Fahrtenschreiber Standortdaten gemäß Artikel 8 automatisch aufzeichnet.

Artikel 35
Beschädigte Fahrerkarten und Schaublätter

(1) Wird ein Schaublatt, das Aufzeichnungen enthält, oder eine Fahrerkarte beschädigt, so müssen die Fahrer das beschädigte Schaublatt oder die beschädigte Fahrerkarte dem ersatzweise verwendeten Reserveblatt beifügen.

(2) Bei Beschädigung, Fehlfunktion, Verlust oder Diebstahl der Fahrerkarte muss der Fahrer

a) zu Beginn seiner Fahrt die Angaben über das von ihm gelenkte Fahrzeug ausdrucken und in den Ausdruck

i) die Angaben eintragen, mit denen der Fahrer identifiziert werden kann (Name, Nummer der Fahrerkarte oder des Führerscheins), und seine Unterschrift anbringen,

ii) die in Artikel 34 Absatz 5 Buchstabe b Ziffern ii, iii und iv genannten Zeiten eintragen,

b) am Ende seiner Fahrt die Angaben über die vom Fahrtenschreiber aufgezeichneten Zeiten ausdrucken, die vom Fahrtenschreiber nicht erfassten Zeiten vermerken, in denen er seit dem Erstellen des Ausdrucks bei Fahrtantritt andere Arbeiten ausgeübt hat, Bereitschaft hatte oder eine Ruhepause eingelegt hat, und auf diesem Dokument die Angaben eintragen, mit denen der Fahrer identifiziert werden kann (Name, Nummer der Fahrerkarte oder des Führerscheins), und seine Unterschrift anbringen.

Artikel 36
Vom Fahrer mitzuführende Aufzeichnungen

(1) Lenkt der Fahrer ein Fahrzeug, das mit einem analogen Fahrtenschreiber ausgerüstet ist, so muss er einem ermächtigten Kontrolleur auf Verlangen jederzeit Folgendes vorlegen können:

i) die Schaublätter für den laufenden Tag und die vorausgehenden 56 Tage,

ii) die Fahrerkarte, falls er Inhaber einer solchen Karte ist, und

iii) alle am laufenden Tag und an den vorausgehenden 56 Tagen erstellten handschriftlichen Aufzeichnungen und Ausdrucke.

(2) Lenkt der Fahrer ein Fahrzeug, das mit einem digitalen Fahrtenschreiber ausgerüstet ist, so muss er einem ermächtigten Kontrolleur auf Verlangen jederzeit Folgendes vorlegen können:

i) seine Fahrerkarte,

ii) alle am laufenden Tag und an den vorausgehenden 56 Tagen erstellten handschriftlichen Aufzeichnungen und Ausdrucke,

iii) die Schaublätter für den Zeitraum gemäß Ziffer ii, falls er in dieser Zeit ein Fahrzeug gelenkt hat, das mit einem analogen Fahrtenschreiber ausgerüstet ist.

(3) Ein ermächtigter Kontrolleur kann die Einhaltung der Verordnung (EG) Nr. 561/2006 überprüfen, indem er die Schaublätter, die vom Fahrtenschreiber oder auf der Fahrerkarte gespeicherten Daten (mittels Anzeige, Ausdruck oder Herunterladen) oder anderenfalls jedes andere beweiskräftige Dokument, das die Nichteinhaltung einer Bestimmung wie etwa des Artikels 29 Absatz 2 und des Artikels 37 Absatz 2 dieser Verordnung belegt, analysiert.

Artikel 37
Verfahren bei einer Fehlfunktion des Gerätes

(1) Bei Betriebsstörung oder Fehlfunktion des Fahrtenschreibers muss das Verkehrsunternehmen die Reparatur, sobald die Umstände dies gestatten, von einem zugelassenen Einbaubetrieb oder einer zugelassenen Werkstatt durchführen lassen.

Kann die Rückkehr zum Standort des Verkehrsunternehmens erst nach mehr als einer Woche nach dem Tag des Eintritts der Betriebsstörung oder der Feststellung der Fehlfunktion erfolgen, so ist die Reparatur unterwegs vorzunehmen.

In den gemäß Artikel 41 getroffenen Maßnahmen ermächtigen die Mitgliedstaaten die zuständigen Behörden dazu, die Benutzung des Fahrzeugs zu untersagen, wenn eine Betriebsstörung oder Fehlfunktion nicht gemäß Unterabsatz 1 oder 2

EU-VOen

des vorliegenden Absatzes behoben wird, sofern dies mit den nationalen Rechtsvorschriften des betreffenden Mitgliedstaats im Einklang steht.

(2) Während einer Betriebsstörung oder bei Fehlfunktion des Fahrtenschreibers vermerkt der Fahrer die Angaben, mit denen er identifiziert werden kann (Name, Nummer seiner Fahrerkarte oder seines Führerscheins), zusammen mit seiner Unterschrift sowie die vom Fahrtenschreiber nicht mehr ordnungsgemäß aufgezeichneten oder ausgedruckten Angaben über die verschiedenen Zeiten

a) auf dem Schaublatt bzw. den Schaublättern oder

b) auf einem besonderen Blatt, das dem Schaublatt oder der Fahrerkarte beigefügt wird.

KAPITEL VII
DURCHSETZUNG UND SANKTIONEN
Artikel 38
Kontrolleure

(1) Um die Einhaltung dieser Verordnung wirksam zu überwachen, werden die ermächtigten Kontrolleure mit ausreichender Ausrüstung und angemessenen gesetzlichen Befugnisse ausgestattet, damit sie ihren Aufgaben gemäß dieser Verordnung nachkommen können. Zu dieser Ausrüstung gehören insbesondere:

a) Kontrollkarten, die den Zugang zu Daten ermöglichen, die auf dem Fahrtenschreiber und auf den Fahrtenschreiberkarten sowie optional auf der Werkstattkarte aufgezeichnet sind,

b) die Instrumente, die erforderlich sind, um Datendateien der Fahrzeugeinheit und der Fahrtenschreiberkarten herunterzuladen und um derartige Datendateien und vom digitalen Fahrtenschreiber ausgedruckte Daten zusammen mit Schaublättern oder Tabellen vom analogen Fahrtenschreiber analysieren zu können.

(2) Wenn Kontrolleure bei einer Überprüfung genügend Hinweise feststellen, die einen begründeten Betrugsverdacht nahelegen, sind sie befugt, das Fahrzeug zu einer zugelassenen Werkstatt zu schicken, wo weitere Kontrollen vorgenommen werden, um insbesondere zu überprüfen, dass

a) der Fahrtenschreiber ordnungsgemäß funktioniert,

b) der Fahrtenschreiber die Daten korrekt aufzeichnet und speichert und die Kalibrierungsparameter korrekt sind.

(3) Die Kontrolleure sind befugt, zugelassene Werkstätten aufzufordern, die in Absatz 2 genannte Kontrolle sowie spezielle Kontrollen vorzunehmen, die darauf ausgerichtet sind, das Vorhandensein von Manipulationsgeräten festzustellen. Werden Manipulationsgeräte festgestellt, so können der Fahrtenschreiber einschließlich des Gerätes selbst, die Fahrzeugeinheit oder ihre Bestandteile sowie die Fahrerkarte aus dem Fahrzeug entfernt

und entsprechend den nationalen Verfahrensregeln für die Behandlung von Beweismaterial als Beweisstücke verwendet werden.

(4) Die Kontrolleure machen gegebenenfalls von der Möglichkeit Gebrauch, während einer Kontrolle des Sitzes des Unternehmens Fahrtenschreiber und Fahrerkarten zu überprüfen, die sich vor Ort befinden.

Artikel 39
Aus- und Fortbildung der Kontrolleure

(1) Die Mitgliedstaaten stellen sicher, dass die Kontrolleure für die Analyse der aufgezeichneten Daten und die Überprüfung des Fahrtenschreibers ordnungsgemäß geschult sind, um eine effiziente und harmonisierte Kontrolle und Rechtsdurchsetzung zu erreichen.

(2) Die Mitgliedstaaten teilen der Kommission bis 2. September 2016 die für ihre Kontrolleure geltenden Aus- und Fortbildungsanforderungen mit.

(3) Die Kommission erlässt im Wege von Durchführungsrechtsakten Vorschriften, in denen der Inhalt der Grundausbildung und Fortbildung der Kontrolleure einschließlich der Ausbildung in Techniken für die gezielte Kontrolle und die Feststellung von Manipulationsgeräten und Betrug präzisiert wird. Diese Maßnahmen beinhalten Leitlinien zur Erleichterung der Durchführung der einschlägigen Bestimmungen dieser Verordnung und der Verordnung (EG) Nr. 561/2006. Diese Durchführungsrechtsakte werden nach dem in Artikel 42 Absatz 3 genannten Prüfverfahren erlassen.

(4) Die Mitgliedstaaten nehmen den von der Kommission präzisierten Inhalt in die Aus- und Fortbildung der Kontrolleure auf.

Artikel 40
Gegenseitige Amtshilfe

Die Mitgliedstaaten gewähren einander Beistand im Hinblick auf die Anwendung dieser Verordnung und die Überwachung der Anwendung.

Im Rahmen dieser Amtshilfe sind die zuständigen Behörden der Mitgliedstaaten insbesondere gehalten, sich einander regelmäßig alle verfügbaren Informationen über Verstöße gegen diese Verordnung in Bezug auf Einbaubetriebe und Werkstätten, Arten von Manipulationsverfahren und die wegen solcher Verstöße verhängten Strafen zu übermitteln.

Artikel 41
Sanktionen

(1) Die Mitgliedstaaten erlassen in Einklang mit den nationalen Verfassungsbestimmungen Vorschriften über die bei einem Verstoß gegen diese Verordnung zu verhängenden Sanktionen und treffen alle erforderlichen Maßnahmen, damit diese Sanktionen angewandt werden. Diese Sanktionen müssen wirksam, verhältnismäßig

und abschreckend sein und dürfen nicht diskriminierend sein, sie müssen ferner den in der Richtlinie 2006/22/EG festgelegten Kategorien von Verstößen entsprechen.

(2) Die Mitgliedstaaten teilen der Kommission diese Maßnahmen und die Vorschriften für Sanktionen bis 2. März 2016 mit. Sie teilen der Kommission jede spätere Änderung dieser Maßnahmen mit.

KAPITEL VIII
SCHLUSSBESTIMMUNGEN
Artikel 42
Ausschuss

(1) Die Kommission wird von einem Ausschuss unterstützt. Dabei handelt es sich um einen Ausschuss im Sinne der Verordnung (EU) Nr. 182/2011.

(2) Wird auf diesen Absatz Bezug genommen, so gilt Artikel 4 der Verordnung (EU) Nr. 182/2011.

(3) Wird auf diesen Absatz Bezug genommen, so gilt Artikel 5 der Verordnung (EU) Nr. 182/2011.

Gibt der Ausschuss keine Stellungnahme ab, so erlässt die Kommission den Durchführungsrechtsakt nicht und Artikel 5 Absatz 4 Unterabsatz 3 der Verordnung (EU) Nr. 182/2011 findet Anwendung.

Wird die Stellungnahme des Ausschusses in einem schriftlichen Verfahren eingeholt, so wird das Verfahren ohne Ergebnis abgeschlossen, wenn der Vorsitz dies innerhalb der Frist für die Abgabe der Stellungnahme beschließt oder eine einfache Mehrheit der Ausschussmitglieder es verlangt.

Artikel 43
Fahrtenschreiberforum

(1) Ein Fahrtenschreiberforum wird eingerichtet, um den Dialog über technische Angelegenheiten in Bezug auf Fahrtenschreiber zwischen Fachleuten aus den Mitgliedstaaten, Mitgliedern des Ausschusses nach Artikel 42 und Fachleuten aus den Drittländern zu fördern, die Fahrtenschreiber entsprechend dem AETR-Übereinkommen verwenden.

(2) Die Mitgliedstaaten sollten die an dem Ausschuss nach Artikel 42 beteiligten Fachleute als Fachleute in das Fahrtenschreiberforum entsenden.

(3) Das Fahrtenschreiberforum steht für die Beteiligung von Fachleuten aus interessierten Drittstaaten, die Vertragsparteien des AETR-Übereinkommens sind, offen.

(4) Zum Fahrtenschreiberforum werden Beteiligte, Vertreter der Fahrzeughersteller, Fahrtenschreiberhersteller, Sozialpartner und der Europäische Datenschutzbeauftragte eingeladen.

(5) Das Fahrtenschreiberforum gibt sich eine Geschäftsordnung.

(6) Das Fahrtenschreiberforum tritt mindestens einmal jährlich zusammen.

Artikel 44
Mitteilung der innerstaatlichen Vorschriften

Die Mitgliedstaaten teilen der Kommission den Wortlaut der Rechts- und Verwaltungsvorschriften mit, die sie auf dem unter diese Verordnung fallenden Gebiet erlassen, und zwar spätestens 30 Tage nach ihrer Annahme und erstmals bis 2. März 2015.

Artikel 45
Änderung der Verordnung (EG) Nr. 561/2006

Die Verordnung (EG) Nr. 561/2006 wird wie folgt geändert:

1. In Artikel 3 wird nach Buchstabe a der folgende Buchstabe eingefügt:

„aa) Fahrzeuge oder Fahrzeugkombinationen mit einer zulässigen Höchstmasse von nicht mehr als 7,5 t, die zur Beförderung von Material, Ausrüstungen oder Maschinen benutzt werden, die der Fahrer zur Ausübung seines Berufes benötigt, und die nur in einem Umkreis von 100 km vom Standort des Unternehmens und unter der Bedingung benutzt werden, dass das Lenken des Fahrzeugs für den Fahrer nicht die Haupttätigkeit darstellt."

2. Artikel 13 Absatz 1 wird wie folgt geändert:

a) In den Buchstaben d, f und p wird „50 km" durch „100 km" ersetzt.

b) Buchstabe d Absatz 1 erhält folgende Fassung:

„d) Fahrzeuge oder Fahrzeugkombinationen mit einer zulässigen Höchstmasse von nicht mehr als 7,5 t, die von Universaldienstanbietern im Sinne des Artikels 2 Absatz 13 der Richtlinie 97/67/EG des Europäischen Parlaments und des Rates vom 15. Dezember 1997 über gemeinsame Vorschriften für die Entwicklung des Binnenmarktes der Postdienste der Gemeinschaft und die Verbesserung der Dienstequalität [*1] zum Zweck der Zustellung von Sendungen im Rahmen des Universaldienstes benutzt werden.

Artikel 46
Übergangsmaßnahmen

Sofern die Durchführungsrechtsakte, auf die in dieser Verordnung Bezug genommen wird, nicht rechtzeitig erlassen wurden, dass sie zum Zeitpunkt der Anwendung dieser Verordnung angewendet werden können, gelten weiter vorübergehend die Vorschriften der Verordnung (EWG) Nr. 3821/85 einschließlich des Anhangs IB bis

EU-VOen

zum Zeitpunkt der Anwendung der Durchführungsrechtsakte, auf die in dieser Verordnung Bezug genommen wird.

Artikel 47
Aufhebung

Die Verordnung (EWG) Nr. 3821/85 wird aufgehoben. Verweise auf die aufgehobene Verordnung gelten als Verweise auf die vorliegende Verordnung.

Artikel 48
Inkrafttreten

Diese Verordnung tritt am Tag nach ihrer Veröffentlichung im *Amtsblatt der Europäischen Union* in Kraft.

Sie gilt vorbehaltlich der Übergangsmaßnahmen gemäß Artikel 46 ab 2. März 2016. Die Artikel 24, 34 und 45 gelten jedoch ab dem 2. März 2015.

Diese Verordnung ist in allen ihren Teilen verbindlich und gilt unmittelbar in jedem Mitgliedstaat.

Die Anhänge werden hier nicht wiedergegeben; es wird auf das Amtsblatt verwiesen.

---

[1] Verordnung (EG) Nr. 1071/2009 des Europäischen Parlaments und des Rates vom 21. Oktober 2009 zur Festlegung gemeinsamer Regeln für die Zulassung zum Beruf des Kraftverkehrsunternehmers und zur Aufhebung der Richtlinie 96/26/EG des Rates (ABl. L 300 vom 14.11.2009, S. 51).

[2] Verordnung (EG) Nr. 1072/2009 des Europäischen Parlaments und des Rates vom 21. Oktober 2009 über gemeinsame Regeln für den Zugang zum Markt des grenzüberschreitenden Güterkraftverkehrs (ABl. L 300 vom 14.11.2009, S. 72).

[3] Verordnung (EG) Nr. 1073/2009 des Europäischen Parlaments und des Rates vom 21. Oktober 2009 über gemeinsame Regeln für den Zugang zum grenzüberschreitenden Personenkraftverkehrsmarkt und zur Änderung der Verordnung (EG) Nr. 561/2006 (ABl. L 300 vom 14.11.2009, S. 88).

[4] Richtlinie 2002/15/EG des Europäischen Parlaments und des Rates vom 11. März 2002 zur Regelung der Arbeitszeit von Personen, die Fahrtätigkeiten im Bereich des Straßentransports ausüben (ABl. L 80 vom 23.3.2002, S. 35).

[5] Richtlinie 92/6/EWG des Rates vom 10. Februar 1992 über Einbau und Benutzung von Geschwindigkeitsbegrenzern für bestimmte Kraftfahrzeugklassen in der Gemeinschaft (ABl. L 57 vom 2.3.1992, S. 27).

[6] Richtlinie 92/106/EWG des Rates vom 7. Dezember 1992 über die Festlegung gemeinsamer Regeln für bestimmte Beförderungen im kombinierten Güterverkehr zwischen Mitgliedstaaten (ABl. L 368 vom 17.12.1992, S. 38).

[7] Richtlinie 96/71/EG des Europäischen Parlaments und des Rates vom 16. Dezember 1996 über die Entsendung von Arbeitnehmern im Rahmen der Erbringung von Dienstleistungen (ABl. L 18 vom 21.1.1997, S. 1).

[8] Richtlinie 2014/67/EU des Europäischen Parlaments und des Rates vom 15. Mai 2014 zur Durchsetzung der Richtlinie 96/71/EG über die Entsendung von Arbeitnehmern im Rahmen der Erbringung von Dienstleistungen und zur Änderung der Verordnung (EU) Nr. 1024/2012 über die Verwaltungszusammenarbeit mit Hilfe des Binnenmarkt-Informationssystems („IMI-Verordnung") (ABl. L 159 vom 28.5.2014, S. 11).

[9] Richtlinie (EU) 2020/1057 des Europäischen Parlaments und des Rates vom 15. Juli 2020 zur Festlegung spezifischer Regeln im Zusammenhang mit der Richtlinie 96/71/EG und der Richtlinie 2014/67/EU für die Entsendung von Kraftfahrern im Straßenverkehrssektor sowie zur Änderung der Richtlinie 2006/22/EG über die Durchsetzungsanforderungen und der Verordnung (EU) Nr. 1024/2012 (ABl. L 249 vom 31.7.2020, S. 49).

[10] Durchführungsverordnung (EU) 2016/799 der Kommission vom 18. März 2016 zur Durchführung der Verordnung (EU) Nr. 165/2014 des Europäischen Parlaments und des Rates zur Festlegung der Vorschriften über Bauart, Prüfung, Einbau, Betrieb und Reparatur von Fahrtenschreibern und ihren Komponenten (ABl. L 139 vom 26.5.2016, S. 1).

[11] Verordnung (EG) Nr. 1072/2009 des Europäischen Parlaments und des Rates vom 21. Oktober 2009 über gemeinsame Regeln für den Zugang zum Markt des grenzüberschreitenden Güterkraftverkehrs (ABl. L 300 vom 14.11.2009, S. 72).

[*1] ABl. L 15 vom 21.1.1998, S. 14.

35. EG-Verordnung zur Harmonisierung bestimmter Sozialvorschriften im Straßenverkehr

ABl L 2006/102, S. 1 idgF

DAS EUROPÄISCHE PARLAMENT UND DER RAT DER EUROPÄISCHEN UNION —

gestützt auf den Vertrag zur Gründung der Europäischen Gemeinschaft, insbesondere auf Artikel 71,

auf Vorschlag der Kommission [1],

nach Stellungnahme des Europäischen Wirtschafts- und Sozialausschusses [2],

nach Anhörung des Ausschusses der Regionen, gemäß dem Verfahren des Artikels 251 des Vertrags [3], im Hinblick auf den vom Vermittlungsausschuss am 8. Dezember 2005 gebilligten Gemeinsamen Entwurf,

in Erwägung nachstehender Gründe:

(1) Durch die Verordnung (EWG) Nr. 3820/85 des Rates vom 20. Dezember 1985 über die Harmonisierung bestimmter Sozialvorschriften im Straßenverkehr [4] sollten die Wettbewerbsbedingungen zwischen Binnenverkehrsträgern, insbesondere im Straßenverkehrsgewerbe, harmonisiert und die Arbeitsbedingungen und die Sicherheit im Straßenverkehr verbessert werden. Die in diesen Bereichen erzielten Fortschritte sollten gewahrt und ausgebaut werden.

(2) Nach der Richtlinie 2002/15/EG des Europäischen Parlaments und des Rates vom 11. März 2002 zur Regelung der Arbeitszeit von Personen, die Fahrtätigkeiten im Bereich des Straßentransports ausüben [5], sind die Mitgliedstaaten verpflichtet, Maßnahmen zur Beschränkung der wöchentlichen Höchstarbeitszeit des Fahrpersonals zu erlassen.

(3) Es hat sich als schwierig erwiesen, gewisse Bestimmungen der Verordnung (EWG) Nr. 3820/85 über Lenkzeiten, Fahrtunterbrechungen und Ruhezeiten von Fahrern im nationalen und grenzüberschreitenden Straßenverkehr innerhalb der Gemeinschaft in allen Mitgliedstaaten einheitlich auszulegen, anzuwenden, durchzusetzen und zu überwachen, weil die Bestimmungen zu allgemein gehalten sind.

(4) Eine wirksame und einheitliche Durchführung dieser Bestimmungen ist wünschenswert, damit ihre Ziele erreicht werden und ihre Anwendung nicht in Misskredit gerät. Daher sind klarere und einfachere Vorschriften nötig, die sowohl vom Straßenverkehrsgewerbe als auch den Vollzugsbehörden leichter zu verstehen, auszulegen und anzuwenden sind.

(5) Durch die in dieser Verordnung vorgesehenen Maßnahmen in Bezug auf die Arbeitsbedingungen sollte das Recht der Sozialpartner, im Zuge von Tarifverhandlungen oder in anderer Weise günstigere Bedingungen für die Arbeitnehmer festzulegen, nicht beeinträchtigt werden.

(6) Es ist wünschenswert, den Geltungsbereich dieser Verordnung klar zu bestimmen, indem die Hauptarten der von ihr erfassten Fahrzeuge aufgeführt werden.

(7) Diese Verordnung sollte für Beförderungen im Straßenverkehr, die entweder ausschließlich innerhalb der Gemeinschaft oder aber zwischen der Gemeinschaft, der Schweiz und den Vertragsstaaten des Abkommens über den Europäischen Wirtschaftsraum getätigt werden, gelten.

(8) Das Europäische Übereinkommen über die Arbeit des im internationalen Straßenverkehr beschäftigten Fahrpersonals (im Folgenden „AETR" genannt) vom 1. Juli 1970 in seiner geänderten Fassung sollte weiterhin Anwendung finden auf die Beförderung von Gütern und Personen im Straßenverkehr mit Fahrzeugen, die in einem Mitgliedstaat oder einem Staat, der Vertragspartei des AETR ist, zugelassen sind, und zwar für die gesamte Strecke von Fahrten zwischen der Gemeinschaft und einem Drittstaat außer der Schweiz und der Vertragsstaaten des Abkommens über den Europäischen Wirtschaftsraum oder durch einen solchen Staat hindurch. Es ist unabdingbar, dass das AETR so schnell wie möglich, im Idealfall innerhalb von zwei Jahren nach Inkrafttreten dieser Verordnung, geändert wird, um dessen Bestimmungen an diese Verordnung anzupassen.

(9) Bei Beförderungen im Straßenverkehr mit Fahrzeugen, die in einem Drittstaat zugelassen sind, der nicht Vertragspartei des AETR ist, sollte das AETR für den Teil der Fahrstrecke gelten, der innerhalb der Gemeinschaft oder innerhalb von Staaten liegt, die Vertragsparteien des AETR sind.

(10) Da der Gegenstand des AETR in den Geltungsbereich dieser Verordnung fällt, ist die Gemeinschaft für die Aushandlung und den Abschluss dieses Übereinkommens zuständig.

(11) Erfordert eine Änderung der innergemeinschaftlichen Regeln auf dem betreffenden Gebiet eine entsprechende Änderung des AETR, so sollten die Mitgliedstaaten gemeinsam handeln, um eine solche Änderung des AETR nach dem darin

EU-VOen

vorgesehenen Verfahren so schnell wie möglich zu erreichen.

(12) Das Verzeichnis der Ausnahmen sollte aktualisiert werden, um den Entwicklungen im Kraftverkehrssektor im Laufe der letzten neunzehn Jahre Rechnung zu tragen.

(13) Alle wesentlichen Begriffe sollten umfassend definiert werden, um die Auslegung zu erleichtern und eine einheitliche Anwendung dieser Verordnung zu gewährleisten. Daneben muss eine einheitliche Auslegung und Anwendung dieser Verordnung seitens der einzelstaatlichen Kontrollbehörden angestrebt werden. Die Definition des Begriffs „Woche" in dieser Verordnung sollte Fahrer nicht daran hindern, ihre Arbeitswoche an jedem beliebigen Tag der Woche aufzunehmen.

(14) Um eine wirksame Durchsetzung zu gewährleisten, ist es von wesentlicher Bedeutung, dass die zuständigen Behörden bei Straßenkontrollen nach einer Übergangszeit in der Lage sein sollten, die ordnungsgemäße Einhaltung der Lenk- und Ruhezeiten des laufenden Tages und der vorausgehenden 28 Tage zu kontrollieren.

(15) Die grundlegenden Vorschriften über die Lenkzeiten müssen klarer und einfacher werden, um eine wirksame und einheitliche Durchsetzung mit Hilfe des digitalen Fahrtenschreibers nach der Verordnung (EWG) Nr. 3821/85 des Rates vom 20. Dezember 1985 über das Kontrollgerät im Straßenverkehr [6] und der vorliegenden Verordnung zu ermöglichen. Außerdem sollten sich die Vollzugsbehörden der Mitgliedstaaten in einem Ständigen Ausschuss um Einvernehmen über die Durchführung dieser Verordnung bemühen.

(16) Nach den Vorschriften der Verordnung (EWG) Nr. 3820/85 war es möglich, die täglichen Lenkzeiten und Fahrtunterbrechungen so zu planen, dass Fahrer zu lange ohne eine vollständige Fahrtunterbrechung fahren konnten, was zu Beeinträchtigungen der Straßenverkehrssicherheit und schlechteren Arbeitsbedingungen für die Fahrer geführt hat. Es ist daher angebracht, sicherzustellen, dass aufgeteilte Fahrtunterbrechungen so angeordnet werden, dass Missbrauch verhindert wird.

(17) Mit dieser Verordnung sollen die sozialen Bedingungen für die von ihr erfassten Arbeitnehmer sowie die allgemeine Straßenverkehrssicherheit verbessert werden. Dazu dienen insbesondere die Bestimmungen über die maximale Lenkzeit pro Tag, pro Woche und pro Zeitraum von zwei aufeinander folgenden Wochen, die Bestimmung über die Verpflichtung der Fahrer, mindestens einmal in jedem Zeitraum von zwei aufeinander folgenden Wochen eine regelmäßige wöchentliche Ruhezeit zu nehmen, und die Bestimmungen, wonach eine tägliche Ruhezeit unter keinen Umständen einen ununterbrochenen Zeitraum von neun Stunden unterschreiten sollte. Da diese Bestimmungen angemessene Ruhepausen garantieren,

ist unter Berücksichtigung der Erfahrungen mit der praktischen Durchführung in den vergangenen Jahren ein Ausgleichssystem für reduzierte tägliche Ruhezeiten nicht mehr notwendig.

(18) Viele Beförderungen im innergemeinschaftlichen Straßenverkehr enthalten Streckenabschnitte, die mit Fähren oder auf der Schiene zurückgelegt werden. Für solche Beförderungen sollten deshalb klare und sachgemäße Bestimmungen über die täglichen Ruhezeiten und Fahrtunterbrechungen festgelegt werden.

(19) Angesichts der Zunahme des grenzüberschreitenden Güter- und Personenverkehrs ist es im Interesse der Straßenverkehrssicherheit und einer besseren Durchsetzung von Straßenkontrollen und Kontrollen auf dem Betriebsgelände von Unternehmen wünschenswert, dass auch die in anderen Mitgliedstaaten oder Drittstaaten angefallenen Lenkzeiten, Ruhezeiten und Fahrtunterbrechungen kontrolliert werden und festgestellt wird, ob die entsprechenden Vorschriften in vollem Umfang und ordnungsgemäß eingehalten wurden.

(20) Die Haftung von Verkehrsunternehmen sollte zumindest für Verkehrsunternehmen gelten, die juristische oder natürliche Personen sind, ohne jedoch die Verfolgung natürlicher Personen auszuschließen, die Verstöße gegen diese Verordnung begehen, dazu anstiften oder Beihilfe leisten.

(21) Fahrer, die für mehrere Verkehrsunternehmen tätig sind, müssen jedes dieser Unternehmen angemessen informieren, damit diese ihren Pflichten aus dieser Verordnung nachkommen können.

(22) Zur Förderung des sozialen Fortschritts und zur Verbesserung der Straßenverkehrssicherheit sollte jeder Mitgliedstaat das Recht behalten, bestimmte zweckmäßige Maßnahmen zu treffen.

(23) Nationale Abweichungen sollten die Änderungen im Kraftverkehrssektor widerspiegeln und sich auf jene Elemente beschränken, die derzeit keinem Wettbewerbsdruck unterliegen.

(24) Die Mitgliedstaaten sollten Vorschriften für Fahrzeuge erlassen, die zur Personenbeförderung im Linienverkehr dienen, wenn die Strecke nicht mehr als 50 km beträgt. Diese Vorschriften sollten einen angemessenen Schutz in Form von erlaubten Lenkzeiten und vorgeschriebenen Fahrtunterbrechungen und Ruhezeiten bieten.

(25) Im Interesse einer wirksamen Durchsetzung dieser Verordnung ist es wünschenswert, dass alle inländischen und grenzüberschreitenden Personenlinienverkehrsdienste unter Einsatz eines Standardkontrollgeräts kontrolliert werden.

(26) Die Mitgliedstaaten sollten Sanktionen festlegen, die bei Verstößen gegen diese Verordnung zu verhängen sind, und deren Durchsetzung gewährleisten. Diese Sanktionen müssen wirksam, verhältnismäßig, abschreckend und nicht diskriminierend sein. Die Möglichkeit, ein Fahrzeug bei einem schweren Verstoß stillzulegen, sollte in das

gemeinsame Spektrum möglicher Maßnahmen der Mitgliedstaaten aufgenommen werden. Die in dieser Verordnung enthaltenen Bestimmungen über Sanktionen oder Verfahren sollten nationale Beweislastregeln unberührt lassen.

(27) Im Interesse einer klaren und wirksamen Durchsetzung dieser Verordnung sind einheitliche Bestimmungen über die Haftung von Verkehrsunternehmen und Fahrern bei Verstößen gegen diese Verordnung wünschenswert. Diese Haftung kann in den Mitgliedstaaten gegebenenfalls strafrechtliche, zivilrechtliche oder verwaltungsrechtliche Sanktionen zur Folge haben.

(28) Da das Ziel dieser Verordnung, nämlich die Festlegung eindeutiger gemeinsamer Vorschriften über Lenk- und Ruhezeiten, auf Ebene der Mitgliedstaaten nicht ausreichend erreicht werden kann und daher wegen der Notwendigkeit koordinierter Maßnahmen besser auf Gemeinschaftsebene zu erreichen ist, kann die Gemeinschaft im Einklang mit dem in Artikel 5 des Vertrags niedergelegten Subsidiaritätsprinzip tätig werden. Entsprechend dem in demselben Artikel genannten Verhältnismäßigkeitsprinzip geht diese Verordnung nicht über das für die Erreichung dieses Ziels erforderliche Maß hinaus.

(29) Die zur Durchführung dieser Verordnung erforderlichen Maßnahmen sollten gemäß dem Beschluss 1999/468/EG des Rates vom 28. Juni 1999 zur Festlegung der Modalitäten für die Ausübung der der Kommission übertragenen Durchführungsbefugnisse [7] erlassen werden.

(30) Da die Bestimmungen zum Mindestalter der Fahrer in der Richtlinie 2003/59/EG [8] geregelt worden sind und bis 2009 umgesetzt werden müssen, braucht diese Verordnung lediglich Übergangsbestimmungen für das Mindestalter des Fahrpersonals zu enthalten.

(31) Die Verordnung (EWG) Nr. 3821/85 sollte geändert werden, um die besonderen Verpflichtungen der Verkehrsunternehmen und der Fahrer klar herauszustellen sowie um die Rechtssicherheit zu fördern und die Durchsetzung der maximalen Lenk- und Ruhezeiten durch Straßenkontrollen zu erleichtern.

(32) Die Verordnung (EWG) Nr. 3821/85 sollte auch geändert werden, um die Rechtssicherheit hinsichtlich der neuen Termine für die Einführung digitaler Fahrtenschreiber und für die Verfügbarkeit von Fahrerkarten zu fördern.

(33) Mit der Einführung des Aufzeichnungsgeräts gemäß Verordnung (EG) Nr. 2135/98 und somit der elektronischen Aufzeichnung der Tätigkeiten des Fahrers auf seiner Fahrerkarte über einen Zeitraum von 28 Tagen und des Fahrzeugs über einen Zeitraum von 365 Tagen wird in Zukunft eine schnellere und umfassendere Kontrolle auf der Straße ermöglicht.

(34) Die Richtlinie 88/599/EWG [9] schreibt für Kontrollen auf der Straße lediglich die Kontrolle der Tageslenkzeiten, der täglichen Ruhezeit sowie der Fahrtunterbrechungen vor. Mit der Einführung eines digitalen Aufzeichnungsgeräts werden die Daten des Fahrers und des Fahrzeuges elektronisch gespeichert und erlauben eine elektronische Auswertung der Daten vor Ort. Dies sollte mit der Zeit eine einfache Kontrolle der regelmäßigen und reduzierten täglichen Ruhezeiten und der regelmäßigen und reduzierten wöchentlichen Ruhezeiten sowie der Ausgleichsruhepausen ermöglichen.

(35) Die Erfahrung zeigt, dass eine Einhaltung der Bestimmungen dieser Verordnung und insbesondere der vorgeschriebenen maximalen Lenkzeit über einen Zeitraum von zwei Wochen nur durchgesetzt werden kann, wenn wirksame und effektive Kontrollen des gesamten Zeitraums durchgeführt werden.

(36) Die Anwendung der gesetzlichen Vorschriften betreffend digitale Tachografen sollte im Einklang mit dieser Verordnung erfolgen, um eine optimale Wirksamkeit bei der Überwachung und Durchsetzung bestimmter Sozialvorschriften im Straßenverkehr zu erreichen.

(37) Aus Gründen der Klarheit und Rationalisierung sollte die Verordnung (EWG) Nr. 3820/85 aufgehoben und durch diese Verordnung ersetzt werden —

HABEN FOLGENDE VERORDNUNG ERLASSEN:

---

[1] ABl. C 51 E vom 26.2.2002, S. 234.
[2] ABl. C 221 vom 17.9.2002, S. 19.
[3] Stellungnahme des Europäischen Parlaments vom 14. Januar 2003 (ABl. C 38 E vom 12.2.2004, S. 152), Gemeinsamer Standpunkt des Rates vom 9. Dezember 2004 (ABl. C 63 E vom 15.3.2005, S. 11) und Standpunkt des Europäischen Parlaments vom 13. April 2005 (ABl. C 33 E vom 9.2.2006, S. 425). Legislative Entschließung des Europäischen Parlaments vom 2. Februar 2006 und Beschluss des Rates vom 2. Februar 2006.
[4] ABl. L 370 vom 31.12.1985, S. 1. Geändert durch die Richtlinie 2003/59/EG des Europäischen Parlaments und des Rates (ABl. L 226 vom 10.9.2003, S. 4).
[5] ABl. L 80 vom 23.3.2002, S. 35.
[6] ABl. L 370 vom 31.12.1985, S. 8. Zuletzt geändert durch die Verordnung (EG) Nr. 432/2004 der Kommission (ABl. L 71 vom 10.3.2004, S. 3).
[7] ABl. L 184 vom 17.7.1999, S. 23.
[8] Richtlinie 2003/59/EG des Europäischen Parlaments und des Rates vom 15. Juli 2003 über die Grundqualifikation und Weiterbildung der Fahrer bestimmter Kraftfahrzeuge für den Güter- oder Personenkraftverkehr und zur Änderung der Verordnung (EWG) Nr. 3820/85 und der Richtlinie 91/439/EWG des Rates sowie zur Aufhebung der Richtlinie 76/914/EWG

EU-VOen

des Rates (ABl. L 226 vom 10.9.2003, S. 4). Geändert durch die Richtlinie 2004/66/EG des Rates (ABl. L 168 vom 1.5.2004, S. 35).

[9] Richtlinie 88/599/EWG des Rates vom 23. November 1988 über einheitliche Verfahren zur Anwendung der Verordnung (EWG) Nr. 3820/85 über die Harmonisierung bestimmter Sozialvorschriften im Straßenverkehr und der Verordnung (EWG) Nr. 3821/85 über das Kontrollgerät im Straßenverkehr (ABl. L 325 vom 29.11.1988, S. 55).

KAPITEL I
EINLEITENDE BESTIMMUNGEN

Artikel 1

Durch diese Verordnung werden Vorschriften zu den Lenkzeiten, Fahrtunterbrechungen und Ruhezeiten für Kraftfahrer im Straßengüter- und -personenverkehr festgelegt, um die Bedingungen für den Wettbewerb zwischen Landverkehrsträgern, insbesondere im Straßenverkehrsgewerbe, anzugleichen und die Arbeitsbedingungen sowie die Straßenverkehrssicherheit zu verbessern. Ziel dieser Verordnung ist es ferner, zu einer besseren Kontrolle und Durchsetzung durch die Mitgliedstaaten sowie zu einer besseren Arbeitspraxis innerhalb des Straßenverkehrsgewerbes beizutragen.

Artikel 2

(1) Diese Verordnung gilt für folgende Beförderungen im Straßenverkehr:

a) Güterbeförderung mit Fahrzeugen, deren zulässige Höchstmasse einschließlich Anhänger oder Sattelanhänger 3,5 t übersteigt, oder

aa) ab dem 1. Juli 2026 bei grenzüberschreitenden Güterbeförderungen oder bei Kabotagebeförderungen mit Fahrzeugen, deren zulässige Höchstmasse einschließlich Anhänger oder Sattelanhänger 2,5 Tonnen übersteigt, oder

b) Personenbeförderung mit Fahrzeugen, die für die Beförderung von mehr als neun Personen einschließlich des Fahrers konstruiert oder dauerhaft angepasst und zu diesem Zweck bestimmt sind.

(2) Diese Verordnung gilt unabhängig vom Land der Zulassung des Fahrzeugs für Beförderungen im Straßenverkehr

a) ausschließlich innerhalb der Gemeinschaft oder

b) zwischen der Gemeinschaft, der Schweiz und den Vertragsstaaten des Abkommens über den Europäischen Wirtschaftsraum.

(3) Das AETR gilt anstelle dieser Verordnung für grenzüberschreitende Beförderungen im Straßenverkehr, die teilweise außerhalb der in Absatz 2 genannten Gebiete erfolgen,

a) im Falle von Fahrzeugen, die in der Gemeinschaft oder in Staaten, die Vertragsparteien des AETR sind, zugelassen sind, für die gesamte Fahrstrecke;

b) im Falle von Fahrzeugen, die in einem Drittstaat, der nicht Vertragspartei des AETR ist, zugelassen sind, nur für den Teil der Fahrstrecke, der im Gebiet der Gemeinschaft oder von Staaten liegt, die Vertragsparteien des AETR sind.

Die Bestimmungen des AETR sollten an die Bestimmungen dieser Verordnung angepasst werden, damit die wesentlichen Bestimmungen dieser Verordnung über das AETR auf solche Fahrzeuge für den auf Gemeinschaftsgebiet liegenden Fahrtabschnitt angewendet werden können.

Artikel 3

Diese Verordnung gilt nicht für Beförderungen im Straßenverkehr mit folgenden Fahrzeugen:

a) Fahrzeuge, die zur Personenbeförderung im Linienverkehr verwendet werden, wenn die Linienstrecke nicht mehr als 50 km beträgt;

aa) Fahrzeuge oder Fahrzeugkombinationen mit einer zulässigen Höchstmasse von nicht mehr als 7,5 Tonnen, die

i) zur Beförderung von Material, Ausrüstungen oder Maschinen benutzt werden, die der Fahrer zur Ausübung seines Berufes benötigt, oder

ii) zur Auslieferung von handwerklich hergestellten Gütern,

ausschließlich in einem Umkreis von 100 km vom Standort des Unternehmens, und unter der Bedingung, dass das Lenken des Fahrzeugs für den Fahrer nicht die Haupttätigkeit darstellt und dass die Beförderung nicht gewerblich erfolgt;

b) Fahrzeuge mit einer zulässigen Höchstgeschwindigkeit von nicht mehr als 40 km/h;

c) Fahrzeuge, die Eigentum der Streitkräfte, des Katastrophenschutzes, der Feuerwehr oder der für die Aufrechterhaltung der öffentlichen Ordnung zuständigen Kräfte sind oder von ihnen ohne Fahrer angemietet werden, sofern die Beförderung aufgrund der diesen Diensten zugewiesenen Aufgaben stattfindet und ihrer Aufsicht unterliegt;

d) Fahrzeuge — einschließlich Fahrzeuge, die für nichtgewerbliche Transporte für humanitäre Hilfe verwendet werden —, die in Notfällen oder bei Rettungsmaßnahmen verwendet werden;

e) Spezialfahrzeuge für medizinische Zwecke;

f) spezielle Pannenhilfefahrzeuge, die innerhalb eines Umkreises von 100 km um ihren Standort eingesetzt werden;

g) Fahrzeuge, mit denen zum Zweck der technischen Entwicklung oder im Rahmen von Reparatur- oder Wartungsarbeiten Probefahrten auf der Straße durchgeführt werden, sowie neue oder umgebaute Fahrzeuge, die noch nicht in Betrieb genommen worden sind;

h) Fahrzeuge oder Fahrzeugkombinationen mit einer zulässigen Höchstmasse von nicht mehr als 7,5 t, die zur nichtgewerblichen Güterbeförderung verwendet werden;

ha) Fahrzeuge mit einer zulässigen Höchstmasse einschließlich Anhänger oder Sattelanhänger von mehr als 2,5 aber nicht mehr als 3,5 Tonnen, die für die Güterbeförderung eingesetzt werden, wenn die Beförderung nicht als gewerbliche Beförderung, sondern durch das Unternehmen oder den Fahrer im Werkverkehr erfolgt und das Fahren nicht die Haupttätigkeit der Person darstellt, die das Fahrzeug führt;

i) Nutzfahrzeuge, die nach den Rechtsvorschriften des Mitgliedstaats, in dem sie verwendet werden, als historisch eingestuft werden und die zur nichtgewerblichen Güter- oder Personenbeförderung verwendet werden.

Artikel 4
Im Sinne dieser Verordnung bezeichnet der Ausdruck

a) „Beförderung im Straßenverkehr" jede ganz oder teilweise auf einer öffentlichen Straße durchgeführte Fahrt eines zur Personen- oder Güterbeförderung verwendeten leeren oder beladenen Fahrzeugs;

b) „Fahrzeug" ein Kraftfahrzeug, eine Zugmaschine, einen Anhänger oder Sattelanhänger oder eine Kombination dieser Fahrzeuge gemäß den nachstehenden Definitionen:

— „Kraftfahrzeug": jedes auf der Straße verkehrende Fahrzeug mit Eigenantrieb, das normalerweise zur Personen- oder Güterbeförderung verwendet wird, mit Ausnahme von dauerhaft auf Schienen verkehrenden Fahrzeugen;

— „Zugmaschine": jedes auf der Straße verkehrende Fahrzeug mit Eigenantrieb, das speziell dafür ausgelegt ist, Anhänger, Sattelanhänger, Geräte oder Maschinen zu ziehen, zu schieben oder zu bewegen, mit Ausnahme von dauerhaft auf Schienen verkehrenden Fahrzeugen;

— „Anhänger": jedes Fahrzeug, das dazu bestimmt ist, an ein Kraftfahrzeug oder eine Zugmaschine angehängt zu werden;

— „Sattelanhänger": ein Anhänger ohne Vorderachse, der so angehängt wird, dass ein beträchtlicher Teil seines Eigengewichts und des Gewichts seiner Ladung von der Zugmaschine oder vom Kraftfahrzeug getragen wird;

c) „Fahrer" jede Person, die das Fahrzeug, sei es auch nur kurze Zeit, selbst lenkt oder sich in einem Fahrzeug befindet, um es — als Bestandteil seiner Pflichten — gegebenenfalls lenken zu können;

d) „Fahrtunterbrechung" jeden Zeitraum, in dem der Fahrer keine Fahrtätigkeit ausüben und keine anderen Arbeiten ausführen darf und der ausschließlich zur Erholung genutzt wird;

e) „andere Arbeiten" alle in Artikel 3 Buchstabe a der Richtlinie 2002/15/EG als „Arbeitszeit" definierten Tätigkeiten mit Ausnahme der Fahrtätigkeit sowie jegliche Arbeit für denselben oder einen anderen Arbeitgeber, sei es inner- oder außerhalb des Verkehrssektors;

f) „Ruhepause" jeden ununterbrochenen Zeitraum, in dem ein Fahrer frei über seine Zeit verfügen kann;

g) „tägliche Ruhezeit" den täglichen Zeitraum, in dem ein Fahrer frei über seine Zeit verfügen kann und der eine „regelmäßige tägliche Ruhezeit" und eine „reduzierte tägliche Ruhezeit" umfasst;

— „regelmäßige tägliche Ruhezeit" eine Ruhepause von mindestens 11 Stunden. Diese regelmäßige tägliche Ruhezeit kann auch in zwei Teilen genommen werden, wobei der erste Teil einen ununterbrochenen Zeitraum von mindestens 3 Stunden und der zweite Teil einen ununterbrochenen Zeitraum von mindestens 9 Stunden umfassen muss;

— „reduzierte tägliche Ruhezeit" eine Ruhepause von mindestens 9 Stunden, aber weniger als 11 Stunden;

h) „wöchentliche Ruhezeit" den wöchentlichen Zeitraum, in dem ein Fahrer frei über seine Zeit verfügen kann und der eine „regelmäßige wöchentliche Ruhezeit" und eine „reduzierte wöchentliche Ruhezeit" umfasst;

— „regelmäßige wöchentliche Ruhezeit" eine Ruhepause von mindestens 45 Stunden;

— „reduzierte wöchentliche Ruhezeit" eine Ruhepause von weniger als 45 Stunden, die vorbehaltlich der Bedingungen des Artikels 8 Absatz 6 auf eine Mindestzeit von 24 aufeinander folgenden Stunden reduziert werden kann;

i) „Woche" den Zeitraum zwischen Montag 00.00 Uhr und Sonntag 24.00 Uhr;

j) „Lenkzeit" die Dauer der Lenktätigkeit, aufgezeichnet entweder:

— vollautomatisch oder halbautomatisch durch Kontrollgeräte im Sinne der Anhänge I und I B der Verordnung (EWG) Nr. 3821/85, oder

— von Hand gemäß den Anforderungen des Artikels 16 Absatz 2 der Verordnung (EWG) Nr. 3821/85;

k) „tägliche Lenkzeit" die summierte Gesamtlenkzeit zwischen dem Ende einer täglichen Ruhezeit und dem Beginn der darauf folgenden täglichen Ruhezeit oder zwischen einer täglichen und einer wöchentlichen Ruhezeit;

l) „wöchentliche Lenkzeit" die summierte Gesamtlenkzeit innerhalb einer Woche;

m) „zulässige Höchstmasse" die höchstzulässige Masse eines fahrbereiten Fahrzeugs einschließlich Nutzlast;

n) „Personenlinienverkehr" den „Linienverkehr" und die „Sonderformen des Linienverkehrs" im Sinne von Artikel 2 Nummern 2 bzw. 3 der Verordnung (EG) Nr. 1073/2009 des Europäischen Parlaments und des Rates [(1)], unabhängig davon,

EU-VOen

ob sie inländisch oder grenzüberschreitend durchgeführt werden;

na) „Personengelegenheitsverkehr" den „Gelegenheitsverkehr" im Sinne von Artikel 2 Nummer 4 der Verordnung (EG) Nr. 1073/2009, unabhängig davon, ob er inländisch oder grenzüberschreitend durchgeführt wird;

o) „Mehrfahrerbetrieb" den Fall, in dem während der Lenkdauer zwischen zwei aufeinander folgenden täglichen Ruhezeiten oder zwischen einer täglichen und einer wöchentlichen Ruhezeit mindestens zwei Fahrer auf dem Fahrzeug zum Lenken eingesetzt sind. Während der ersten Stunde des Mehrfahrerbetriebs ist die Anwesenheit eines anderen Fahrers oder anderer Fahrer fakultativ, während der restlichen Zeit jedoch obligatorisch;

p) „Verkehrsunternehmen" jede natürliche oder juristische Person und jede Vereinigung oder Gruppe von Personen ohne Rechtspersönlichkeit mit oder ohne Erwerbszweck sowie jede eigene Rechtspersönlichkeit besitzende oder einer Behörde mit Rechtspersönlichkeit unterstehende offizielle Stelle, die Beförderungen im Straßenverkehr gewerblich oder im Werkverkehr vornimmt;

q) „Lenkdauer" die Gesamtlenkzeit zwischen dem Zeitpunkt, zu dem ein Fahrer nach einer Ruhezeit oder einer Fahrtunterbrechung beginnt, ein Fahrzeug zu lenken, und dem Zeitpunkt, zu dem er eine Ruhezeit oder Fahrtunterbrechung einlegt. Die Lenkdauer kann ununterbrochen oder unterbrochen sein;

r) „nichtgewerbliche Beförderung" jede Beförderung im Straßenverkehr, außer Beförderungen auf eigene oder fremde Rechnung die weder direkt noch indirekt entlohnt wird und durch die weder direkt noch indirekt ein Einkommen für den Fahrer des Fahrzeugs oder für Dritte erzielt wird und die nicht im Zusammenhang mit einer beruflichen oder gewerblichen Tätigkeit steht.

KAPITEL II
FAHRPERSONAL, LENKZEITEN, FAHRTUNTERBRECHUNGEN UND RUHEZEITEN

Artikel 5

(1) Das Mindestalter für Schaffner beträgt 18 Jahre.

(2) Das Mindestalter für Beifahrer beträgt 18 Jahre. Die Mitgliedstaaten können jedoch das Mindestalter für Beifahrer unter folgenden Bedingungen auf 16 Jahre herabsetzen:

a) Die Beförderung im Straßenverkehr erfolgt innerhalb eines Mitgliedstaats in einem Umkreis von 50 km vom Standort des Fahrzeugs, einschließlich des Verwaltungsgebiets von Gemeinden, deren Zentrum innerhalb dieses Umkreises liegt,

b) die Herabsetzung erfolgt zum Zwecke der Berufsausbildung und

c) die von den arbeitsrechtlichen Bestimmungen des jeweiligen Mitgliedstaates vorgegebenen Grenzen werden eingehalten.

Artikel 6

(1) Die tägliche Lenkzeit darf 9 Stunden nicht überschreiten.

Die tägliche Lenkzeit darf jedoch höchstens zweimal in der Woche auf höchstens 10 Stunden verlängert werden.

(2) Die wöchentliche Lenkzeit darf 56 Stunden nicht überschreiten und nicht dazu führen, dass die in der Richtlinie 2002/15/EG festgelegte wöchentliche Höchstarbeitszeit überschritten wird.

(3) Die summierte Gesamtlenkzeit während zweier aufeinander folgender Wochen darf 90 Stunden nicht überschreiten.

(4) Die tägliche und die wöchentliche Lenkzeit umfassen alle Lenkzeiten im Gebiet der Gemeinschaft oder im Hoheitsgebiet von Drittstaaten.

(5) Der Fahrer muss die Zeiten im Sinne des Artikels 4 Buchstabe e sowie alle Lenkzeiten in einem Fahrzeug, das für gewerbliche Zwecke außerhalb des Anwendungsbereichs der vorliegenden Verordnung verwendet wird, als andere Arbeiten festhalten; ferner muss er gemäß Artikel 34 Absatz 5 Buchstabe b Ziffer iii der Verordnung (EU) Nr. 165/2014 die Bereitschaftszeiten im Sinne des Artikels 3 Buchstabe b der Richtlinie 2002/15/EG des Europäischen Parlaments und des Rates [2] festhalten. Diese Zeiten sind entweder handschriftlich auf einem Schaublatt oder einem Ausdruck einzutragen oder manuell in den Fahrtenschreiber einzugeben.

Artikel 7

Nach einer Lenkdauer von viereinhalb Stunden hat ein Fahrer eine ununterbrochene Fahrtunterbrechung von wenigstens 45 Minuten einzulegen, sofern er keine Ruhezeit einlegt.

Diese Unterbrechung kann durch eine Unterbrechung von mindestens 15 Minuten, gefolgt von einer Unterbrechung von mindestens 30 Minuten, ersetzt werden, die in die Lenkzeit so einzufügen sind, dass die Bestimmungen des Absatzes 1 eingehalten werden.

Für Fahrer, die im Personengelegenheitsverkehr eingesetzt werden, kann die Fahrtunterbrechung nach Absatz 1 auch durch zwei Fahrtunterbrechungen von jeweils mindestens 15 Minuten ersetzt werden, die in die in Absatz 1 genannte Lenkzeit so einzufügen sind, dass die Bestimmungen des Absatzes 1 eingehalten werden.

Ein im Mehrfahrerbetrieb eingesetzter Fahrer kann eine Fahrtunterbrechung von 45 Minuten in einem Fahrzeug einlegen, das von einem anderen Fahrer gelenkt wird, sofern der Fahrer, der die Fahrtunterbrechung einlegt, den das Fahrzeug lenkenden Fahrer dabei nicht unterstützt.

Artikel 8

(1) Der Fahrer muss tägliche und wöchentliche Ruhezeiten einhalten.

(2) Innerhalb von 24 Stunden nach dem Ende der vorangegangenen täglichen oder wöchentlichen Ruhezeit muss der Fahrer eine neue tägliche Ruhezeit genommen haben.

Beträgt der Teil der täglichen Ruhezeit, die in den 24-Stunden-Zeitraum fällt, mindestens 9 Stunden, jedoch weniger als 11 Stunden, so ist die fragliche tägliche Ruhezeit als reduzierte tägliche Ruhezeit anzusehen.

(2a) Sofern die Straßenverkehrssicherheit und die Arbeitsbedingungen des Fahrers dadurch nicht beeinträchtigt werden, kann ein Fahrer, der für einen einzelnen Gelegenheitsdienst im Personenverkehr mit einer Dauer von mindestens sechs aufeinanderfolgenden 24-Stunden-Zeiträumen eingesetzt wird, von Absatz 2 Unterabsatz 1 abweichen, indem er einmal die tägliche Ruhezeit innerhalb von höchstens 25 Stunden nach Ende der vorangegangenen täglichen oder wöchentlichen Ruhezeit einlegt, sofern die summierte Gesamtlenkzeit an dem betreffenden Tag sieben Stunden nicht überschritten hat. Unter Einhaltung derselben Bedingungen kann diese Ausnahme zweimal bei einem einzelnen Gelegenheitsdienst im Personenverkehr mit einer Dauer von mindestens acht aufeinanderfolgenden 24-Stunden-Zeiträumen angewandt werden. Die Anwendung dieser Ausnahme lässt die Höchstarbeitszeit nach geltendem Recht unberührt.

(3) Eine tägliche Ruhezeit kann verlängert werden, so dass sich eine regelmäßige wöchentliche Ruhezeit oder eine reduzierte wöchentliche Ruhezeit ergibt.

(4) Der Fahrer darf zwischen zwei wöchentlichen Ruhezeiten höchstens drei reduzierte tägliche Ruhezeiten einlegen.

(5) Abweichend von Absatz 2 muss ein im Mehrfahrerbetrieb eingesetzter Fahrer innerhalb von 30 Stunden nach dem Ende einer täglichen oder wöchentlichen Ruhezeit eine neue tägliche Ruhezeit von mindestens 9 Stunden genommen haben.

(6) In zwei jeweils aufeinander folgenden Wochen hat der Fahrer mindestens folgende Ruhezeiten einzuhalten:

a) zwei regelmäßige wöchentliche Ruhezeiten oder

b) eine regelmäßige wöchentliche Ruhezeit und eine reduzierte wöchentliche Ruhezeit von mindestens 24 Stunden.

Eine wöchentliche Ruhezeit beginnt spätestens am Ende von sechs 24-Stunden-Zeiträumen nach dem Ende der vorangegangenen wöchentlichen Ruhezeit.

Abweichend von Unterabsatz 1 kann ein im grenzüberschreitenden Güterverkehr tätiger Fahrer außerhalb des Mitgliedstaats der Niederlassung zwei aufeinanderfolgende reduzierte wöchentliche Ruhezeiten einlegen, sofern der Fahrer in vier jeweils aufeinanderfolgenden Wochen mindesten vier wöchentliche Ruhezeiten einlegt, von denen mindestens zwei regelmäßige wöchentliche Ruhezeiten sein müssen.

Für die Zwecke dieses Absatzes gilt ein Fahrer als im grenzüberschreitenden Verkehr tätig, wenn der Fahrer die zwei aufeinanderfolgenden reduzierten wöchentlichen Ruhezeiten außerhalb des Mitgliedstaats der Niederlassung des Arbeitgebers und des Landes des Wohnsitzes des Fahrers beginnt.

(6a) Abweichend von Absatz 6 darf ein Fahrer, der für einen einzelnen Gelegenheitsdienst im Personenverkehr eingesetzt wird, die wöchentliche Ruhezeit auf bis zu zwölf aufeinanderfolgende 24-Stunden-Zeiträume nach einer vorhergehenden regelmäßigen wöchentlichen Ruhezeit unter folgenden Voraussetzungen verschieben:

b) nach der Inanspruchnahme der Ausnahmeregelung nimmt der Fahrer

i) entweder zwei regelmäßige wöchentliche Ruhezeiten oder

ii) eine regelmäßige wöchentliche Ruhezeit und eine reduzierte wöchentliche Ruhezeit von mindestens 24 Stunden. Dabei wird jedoch die Reduzierung durch eine gleichwertige Ruhepause ausgeglichen, die ohne Unterbrechung vor dem Ende der dritten Woche nach dem Ende des Ausnahmezeitraums genommen werden muss;

c) ab dem 1. Januar 2014 ist das Fahrzeug mit einem Kontrollgerät entsprechend den Anforderungen des Anhangs IB der Verordnung (EWG) Nr. 3821/85 ausgestattet und

d) ab dem 1. Januar 2014, sofern das Fahrzeug bei Fahrten während des Zeitraums von 22.00 Uhr bis 6.00 Uhr mit mehreren Fahrern besetzt ist oder die Lenkdauer nach Artikel 7 auf drei Stunden vermindert wird.

Die Kommission überwacht die Inanspruchnahme dieser Ausnahmeregelung genau, um die Aufrechterhaltung der Sicherheit im Straßenverkehr unter sehr strengen Voraussetzungen sicherzustellen, insbesondere indem sie darauf achtet, dass die summierte Gesamtlenkzeit während des unter die Ausnahmeregelung fallenden Zeitraums nicht zu lang ist. Bis zum 4. Dezember 2012 erstellt die Kommission einen Bericht, in dem sie die Folgen der Ausnahmeregelung in Bezug auf die Sicherheit im Straßenverkehr sowie soziale Aspekte bewertet. Wenn sie es für sinnvoll erachtet, schlägt die Kommission diesbezügliche Änderungen der vorliegenden Verordnung vor.

Die Kommission prüft die Optionen für die Digitalisierung des in Artikel 16 Absatz 4 genannten

EU-VOen

Fahrtenblatts im Zusammenhang mit umfassenderen Digitalisierungsbemühungen im Straßenverkehrssektor.

(6b) Jede Reduzierung der wöchentlichen Ruhezeit ist durch eine gleichwertige Ruhepause auszugleichen, die ohne Unterbrechung vor dem Ende der dritten Woche nach der betreffenden Woche zu nehmen ist.

Wurden zwei reduzierte wöchentliche Ruhezeiten gemäß Absatz 6 Unterabsatz 3 nacheinander eingelegt, ist die nächste Ruhezeit — als Ausgleich für diese zwei reduzierten wöchentlichen Ruhezeiten — vor der darauffolgenden wöchentlichen Ruhezeit einzulegen.

(7) Jede Ruhepause, die als Ausgleich für eine reduzierte wöchentliche Ruhezeit eingelegt wird, ist an eine andere Ruhezeit von mindestens 9 Stunden anzuhängen.

(8) Die regelmäßigen wöchentlichen Ruhezeiten und jede wöchentliche Ruhezeit von mehr als 45 Stunden, die als Ausgleich für die vorherige verkürzte wöchentliche Ruhezeit eingelegt wird, dürfen nicht in einem Fahrzeug verbracht werden. Sie sind in einer geeigneten geschlechtergerechten Unterkunft mit angemessenen Schlafgelegenheiten und sanitären Einrichtungen zu verbringen.

Alle Kosten für die Unterbringung außerhalb des Fahrzeugs werden vom Arbeitgeber getragen.

(8a) Verkehrsunternehmen planen die Arbeit der Fahrer so, dass jeder Fahrer in der Lage ist, innerhalb jedes Zeitraums von vier aufeinanderfolgenden Wochen zu der im Mitgliedstaat der Niederlassung des Arbeitgebers gelegenen Betriebsstätte des Arbeitgebers, der der Fahrer normalerweise zugeordnet ist und an der er seine wöchentliche Ruhezeit beginnt, oder zu seinem Wohnsitz zurückzukehren, um dort mindestens eine regelmäßige wöchentliche Ruhezeit oder eine wöchentliche Ruhezeit von mehr als 45 Stunden als Ausgleich für eine reduzierte wöchentliche Ruhezeit zu verbringen.

Hat der Fahrer jedoch zwei aufeinanderfolgende reduzierte wöchentliche Ruhezeiten gemäß Absatz 6 eingelegt, muss das Verkehrsunternehmen die Arbeit des Fahrers so planen, dass dieser in der Lage ist, bereits vor Beginn der regelmäßigen wöchentlichen Ruhezeit von mehr als 45 Stunden, die als Ausgleich eingelegt wird, zurückzukehren.

Das Unternehmen dokumentiert, wie es diese Verpflichtung erfüllt, und es bewahrt die betreffenden Unterlagen in seinen Geschäftsräumen auf, damit sie auf Verlangen der Kontrollbehörden vorgelegt werden können.

(9) Eine wöchentliche Ruhezeit, die in zwei Wochen fällt, kann für eine der beiden Wochen gezählt werden, nicht aber für beide.

(10) Die Kommission prüft spätestens am 21. August 2022, ob geeignetere Vorschriften für Fahrer erlassen werden können, die für Gelegenheitsdienste im Personenverkehr im Sinne von Artikel 2 Nummer 4 der Verordnung (EG) Nr. 1073/2009 eingesetzt werden, und teilt das Ergebnis dem Parlament und dem Rat mit.

Artikel 8a

(1) Die Kommission stellt sicher, dass Kraftfahrer im Straßengüter- und -personenverkehr leichten Zugang zu Informationen über sichere und gesicherte Parkflächen haben. Die Kommission veröffentlicht eine Liste aller zertifizierten Parkflächen, damit den Fahrern Folgendes in angemessener Form geboten wird:

— Erkennen und Verhindern von unberechtigtem Eindringen,

— Beleuchtung und Sichtverhältnisse,

— Kontaktstelle und Verfahren für Notfälle,

— geschlechtergerechte sanitäre Einrichtungen,

— Möglichkeiten zum Kauf von Lebensmitteln und Getränken,

— Kommunikationsverbindungen,

— Stromversorgung.

Die Liste dieser Parkflächen wird auf einer einheitlichen amtlichen Internetseite veröffentlicht und regelmäßig aktualisiert.

(2) Die Kommission erlässt delegierte Rechtsakte gemäß Artikel 23a, um Normen festzulegen, mit denen das Dienstleistungs- und Sicherheitsniveau der in Absatz 1 genannten Flächen und die Verfahren für die Zertifizierung von Parkflächen detaillierter vorgegeben werden.

(3) An allen zertifizierten Parkflächen kann darauf hingewiesen werden, dass sie gemäß den Normen und Verfahren der Union zertifiziert sind.

Gemäß Artikel 39 Absatz 2 Buchstabe c der Verordnung (EU) Nr. 1315/2013 des Europäischen Parlaments und des Rates [3] sind die Mitgliedstaaten gehalten, die Schaffung von Parkflächen für gewerbliche Straßennutzer zu fördern.

(4) Die Kommission legt dem Europäischen Parlament und dem Rat bis zum 31. Dezember 2024 einen Bericht über die Verfügbarkeit geeigneter Ruheeinrichtungen für Fahrer und über die Verfügbarkeit gesicherter Parkeinrichtungen sowie über den Ausbau sicherer und gesicherter Parkflächen, die gemäß den delegierten Rechtsakten zertifiziert sind, vor. Dieser Bericht kann eine Liste mit Maßnahmen zur Erhöhung der Zahl und der Qualität sicherer und gesicherter Parkflächen enthalten.

Artikel 9

(1) Legt ein Fahrer, der ein Fahrzeug begleitet, das auf einem Fährschiff oder mit der Eisenbahn befördert wird, eine regelmäßige tägliche Ruhezeit oder eine reduzierte wöchentliche Ruhezeit ein, so darf diese Ruhezeit abweichend von Artikel 8 nicht mehr als zwei Mal durch andere Tätigkeiten unterbrochen werden, deren Gesamtdauer eine Stunde nicht überschreiten darf. Während

dieser regelmäßigen täglichen Ruhezeit oder reduzierten wöchentlichen Ruhezeit muss dem Fahrer eine Schlafkabine, eine Schlafkoje oder ein Liegeplatz zur Verfügung stehen.

In Bezug auf regelmäßige wöchentliche Ruhezeiten gilt diese Ausnahme für Fähr- oder Zugreisen nur, wenn

a) die geplante Reisedauer 8 Stunden oder mehr beträgt und

b) der Fahrer Zugang zu einer Schlafkabine auf der Fähre oder im Zug hat.

(2) Die von einem Fahrer verbrachte Zeit, um zu einem in den Geltungsbereich dieser Verordnung fallenden Fahrzeug, das sich nicht am Wohnsitz des Fahrers oder der Betriebstätte des Arbeitgebers befindet, der der Fahrer normalerweise zugeordnet ist, anzureisen oder von diesem zurückzureisen, ist nur dann als Ruhepause oder Fahrtunterbrechung anzusehen, wenn sich der Fahrer in einem Zug oder auf einem Fährschiff befindet und Zugang zu einer Schlafkabine, einer Koje oder einem Liegewagen hat.

(3) Die von einem Fahrer verbrachte Zeit, um mit einem nicht in den Geltungsbereich dieser Richtlinie fallenden Fahrzeug zu einem in den Geltungsbereich dieser Verordnung fallenden Fahrzeug, das sich nicht am Wohnsitz des Fahrers oder der Betriebstätte des Arbeitgebers, dem der Fahrer normalerweise zugeordnet ist, befindet, anzureisen oder von diesem zurückzureisen, ist als andere Arbeiten anzusehen.

Artikel 9a

Die Kommission erstellt bis zum 31. Dezember 2025 einen Bericht über die Nutzung autonomer Fahrsysteme in den Mitgliedstaaten und legt ihn dem Europäischen Parlament und dem Rat vor. In dem Bericht geht sie insbesondere auf die möglichen Auswirkungen dieser Systeme auf die Vorschriften über Lenk- und Ruhezeiten ein. Diesem Bericht ist gegebenenfalls ein Gesetzgebungsvorschlag zur Änderung dieser Verordnung beizufügen.

KAPITEL III
HAFTUNG VON
VERKEHRSUNTERNEHMEN
Artikel 10

(1) Verkehrsunternehmen dürfen beschäftigten oder ihnen zur Verfügung gestellten Fahrern keine Zahlungen in Abhängigkeit von der zurückgelegten Strecke, der Schnelligkeit der Auslieferung und/oder der Menge der beförderten Güter leisten, auch nicht in Form von Prämien oder Lohnzuschlägen, falls diese Zahlungen geeignet sind, die Sicherheit im Straßenverkehr zu gefährden, und/oder zu Verstößen gegen diese Verordnung verleiten.

(2) Das Verkehrsunternehmen organisiert die Arbeit der in Absatz 1 genannten Fahrer so, dass

diese die Bestimmungen der Verordnung (EWG) Nr. 3821/85 sowie des Kapitels II der vorliegenden Verordnung einhalten können. Das Verkehrsunternehmen hat den Fahrer ordnungsgemäß anzuweisen und regelmäßig zu überprüfen, dass die Verordnung (EWG) Nr. 3821/85 und Kapitel II der vorliegenden Verordnung eingehalten werden.

(3) Das Verkehrsunternehmen haftet für Verstöße von Fahrern des Unternehmens, selbst wenn der Verstoß im Hoheitsgebiet eines anderen Mitgliedstaates oder eines Drittstaates begangen wurde.

Unbeschadet des Rechts der Mitgliedstaaten, Verkehrsunternehmen uneingeschränkt haftbar zu machen, können die Mitgliedstaaten diese Haftung von einem Verstoß des Unternehmens gegen die Absätze 1 und 2 abhängig machen. Die Mitgliedstaaten können alle Beweise prüfen, die belegen, dass das Verkehrsunternehmen billigerweise nicht für den begangenen Verstoß haftbar gemacht werden kann.

(4) Unternehmen, Verlader, Spediteure, Reiseveranstalter, Hauptauftragnehmer, Unterauftragnehmer und Fahrervermittlungsagenturen stellen sicher, dass die vertraglich vereinbarten Beförderungszeitpläne nicht gegen diese Verordnung verstoßen.

(5) a) Ein Verkehrsunternehmen, das Fahrzeuge einsetzt, die unter die vorliegende Verordnung fallen und die mit einem Kontrollgerät ausgestattet sind, das dem Anhang I B der Verordnung (EWG) Nr. 3821/85 entspricht, stellt Folgendes sicher:

i) Alle Daten werden von dem Bordgerät und der Fahrerkarte so regelmäßig heruntergeladen, wie es der Mitgliedstaat vorschreibt; diese relevanten Daten werden in kürzeren Abständen heruntergeladen, damit sichergestellt ist, dass alle von dem Unternehmen oder für das Unternehmen durchgeführten Tätigkeiten heruntergeladen werden;

ii) alle sowohl vom Bordgerät als auch von der Fahrerkarte heruntergeladenen Daten werden nach ihrer Aufzeichnung mindestens zwölf Monate lang aufbewahrt und müssen für einen Kontrollbeamten auf Verlangen entweder direkt oder zur Fernabfrage von den Geschäftsräumen des Unternehmens zugänglich sein.

b) Im Sinne dieses Absatzes wird der Ausdruck „heruntergeladen" entsprechend der Begriffsbestimmung in Anhang I B Kapitel I Buchstabe s der Verordnung (EWG) Nr. 3821/85 ausgelegt.

c) Die Kommission entscheidet nach dem in Artikel 24 Absatz 2 genannten Verfahren über den Höchstzeitraum für das Herunterladen der relevanten Daten gemäß Buchstabe a Ziffer i.

EU-VOen

KAPITEL IV
AUSNAHMEN
Artikel 11

Ein Mitgliedstaat kann für Beförderungen im Straßenverkehr, die vollständig in seinem Hoheitsgebiet durchgeführt werden, längere Mindestfahrtunterbrechungen und Ruhezeiten oder kürzere Höchstlenkzeiten als nach den Artikeln 6 bis 9 festlegen. In einem solchen Fall muss der Mitgliedstaat die relevanten kollektiven oder anderen Vereinbarungen zwischen den Sozialpartnern berücksichtigen. Für Fahrer im grenzüberschreitenden Verkehr gilt jedoch weiterhin diese Verordnung.

Artikel 12

Sofern die Sicherheit im Straßenverkehr nicht gefährdet wird, kann der Fahrer von den Artikeln 6 bis 9 abweichen, um einen geeigneten Halteplatz zu erreichen, soweit dies erforderlich ist, um die Sicherheit von Personen, des Fahrzeugs oder seiner Ladung zu gewährleisten. Der Fahrer hat Art und Grund dieser Abweichung spätestens bei Erreichen des geeigneten Halteplatzes handschriftlich auf dem Schaublatt des Kontrollgeräts oder einem Ausdruck aus dem Kontrollgerät oder im Arbeitszeitplan zu vermerken.

Sofern die Sicherheit im Straßenverkehr nicht gefährdet wird, kann der Fahrer unter außergewöhnlichen Umständen auch von Artikel 6 Absätze 1 und 2 und von Artikel 8 Absatz 2 abweichen, indem er die tägliche und die wöchentliche Lenkzeit um bis zu einer Stunde überschreitet, um die Betriebsstätte des Arbeitgebers oder den Wohnsitz des Fahrers zu erreichen, um eine wöchentliche Ruhezeit einzulegen.

Unter den gleichen Bedingungen kann der Fahrer die tägliche und die wöchentliche Lenkzeit um bis zu zwei Stunden überschreiten, sofern eine ununterbrochene Fahrtunterbrechung von 30 Minuten eingelegt wurde, die der zusätzlichen Lenkzeit zur Erreichung der Betriebsstätte des Arbeitgebers oder des Wohnsitzes des Fahrers, um dort eine regelmäßige wöchentliche Ruhezeit einzulegen, unmittelbar vorausgeht.

Der Fahrer hat Art und Grund dieser Abweichung spätestens bei Erreichen des Bestimmungsorts oder des geeigneten Halteplatzes handschriftlich auf dem Schaublatt des Kontrollgeräts, einem Ausdruck aus dem Kontrollgerät oder im Arbeitszeitplan zu vermerken.

Jede Lenkzeitverlängerung wird durch eine gleichwertige Ruhepause ausgeglichen, die zusammen mit einer beliebigen Ruhezeit ohne Unterbrechung bis zum Ende der dritten Woche nach der betreffenden Woche genommen werden muss.

Artikel 13

(1) Sofern die Verwirklichung der in Artikel 1 genannten Ziele nicht beeinträchtigt wird, kann jeder Mitgliedstaat für sein Hoheitsgebiet oder mit Zustimmung der betreffenden Mitgliedstaaten für das Hoheitsgebiet eines anderen Mitgliedstaats Abweichungen von den Artikeln 5 bis 9 zulassen und solche Abweichungen für die Beförderung mit folgenden Fahrzeugen an individuelle Bedingungen knüpfen:

a) Fahrzeuge, die Eigentum von Behörden sind oder von diesen ohne Fahrer angemietet sind, um Beförderungen im Straßenverkehr durchzuführen, die nicht im Wettbewerb mit privatwirtschaftlichen Verkehrsunternehmen stehen;

b) Fahrzeuge, die von Landwirtschafts-, Gartenbau-, Forstwirtschafts- oder Fischereiunternehmen zur Güterbeförderung im Rahmen ihrer eigenen unternehmerischen Tätigkeit in einem Umkreis von bis zu 100 km vom Standort des Unternehmens benutzt oder ohne Fahrer angemietet werden;

c) land- und forstwirtschaftliche Zugmaschinen, die für land- oder forstwirtschaftliche Tätigkeiten eingesetzt werden, und zwar in einem Umkreis von bis zu 100 km vom Standort des Unternehmens, das das Fahrzeug besitzt, anmietet oder least;

d) Fahrzeuge oder Fahrzeugkombinationen mit einer zulässigen Höchstmasse von nicht mehr als 7,5 t, die von Universaldienstanbietern im Sinne des Artikels 2 Absatz 13 der Richtlinie 97/67/EG des Europäischen Parlaments und des Rates vom 15. Dezember 1997 über gemeinsame Vorschriften für die Entwicklung des Binnenmarktes der Postdienste der Gemeinschaft und die Verbesserung der Dienstequalität [4] zum Zweck der Zustellung von Sendungen im Rahmen des Universaldienstes benutzt werden.

Diese Fahrzeuge dürfen nur in einem Umkreis von 100 km vom Standort des Unternehmens und unter der Bedingung benutzt werden, dass das Lenken des Fahrzeugs für den Fahrer nicht die Haupttätigkeit darstellt;

e) Fahrzeuge, die ausschließlich auf Inseln oder vom Rest des Hoheitsgebiets isolierten Binnengebieten mit einer Fläche von nicht mehr als 2 300 km2 verkehren, die mit den übrigen Teilen des Hoheitsgebiets nicht durch eine Brücke, eine Furt oder einen Tunnel, die von Kraftfahrzeugen benutzt werden können, verbunden sind und auch nicht an einen anderen Mitgliedstaat angrenzen;

f) Fahrzeuge, die im Umkreis von 100 km vom Standort des Unternehmens zur Güterbeförderung mit Druckerdgas-, Flüssiggas- oder Elektroantrieb benutzt werden und deren zulässige Höchstmasse einschließlich Anhänger oder Sattelanhänger 7,5 t nicht übersteigt;

g) Fahrzeuge, die zum Fahrschulunterricht und zur Fahrprüfung zwecks Erlangung des Führerscheins oder eines beruflichen Befähigungsnachweises dienen, sofern diese Fahrzeuge nicht für die gewerbliche Personen- oder Güterbeförderung benutzt werden;

h) Fahrzeuge, die in Verbindung mit Kanalisation, Hochwasserschutz, Wasser-, Gas- und Elektrizitätsversorgung, Straßenunterhaltung und -kontrolle, Hausmüllabfuhr, Telegramm- und Telefondienstleistungen, Rundfunk und Fernsehen sowie zur Erfassung von Radio- bzw. Fernsehsendern oder -geräten eingesetzt werden;

i) Fahrzeuge mit 10 bis 17 Sitzen, die ausschließlich zur nichtgewerblichen Personenbeförderung verwendet werden;

j) Spezialfahrzeuge, die Ausrüstungen des Zirkus- oder Schaustellergewerbes transportieren;

k) speziell ausgerüstete Projektfahrzeuge für mobile Projekte, die hauptsächlich im Stand zu Lehrzwecken dienen;

l) Fahrzeuge, die zum Abholen von Milch bei landwirtschaftlichen Betrieben und/oder zur Rückgabe von Milchbehältern oder von Milcherzeugnissen für Futterzwecke an diese Betriebe verwendet werden;

m) Spezialfahrzeuge für Geld- und/oder Werttransporte;

n) Fahrzeuge, die zur Beförderung von tierischen Abfällen oder von nicht für den menschlichen Verzehr bestimmten Tierkörpern verwendet werden;

o) Fahrzeuge, die ausschließlich auf Straßen in Güterverteilzentren wie Häfen, Umschlaganlagen des Kombinierten Verkehrs und Eisenbahnterminals benutzt werden;

p) Fahrzeuge, die innerhalb eines Umkreises von bis zu 100 km für die Beförderung lebender Tiere von den landwirtschaftlichen Betrieben zu den lokalen Märkten und umgekehrt oder von den Märkten zu den lokalen Schlachthäusern verwendet werden;

q) Fahrzeuge oder Fahrzeugkombinationen zur Beförderung von Baumaschinen für ein Bauunternehmen, die in einem Umkreis von höchstens 100 km vom Standort des Unternehmens benutzt werden, vorausgesetzt dass das Lenken der Fahrzeuge für den Fahrer nicht die Haupttätigkeit darstellt;

r) Fahrzeuge, die für die Lieferung von Transportbeton verwendet werden.

(2) Die Mitgliedstaaten teilen der Kommission die Ausnahmen mit, die sie nach Absatz 1 gewähren, und die Kommission unterrichtet die übrigen Mitgliedstaaten hiervon.

(3) Sofern die Verwirklichung der in Artikel 1 genannten Ziele nicht beeinträchtigt wird und ein angemessener Schutz der Fahrer sichergestellt ist, kann ein Mitgliedstaat mit Genehmigung der Kommission in seinem Hoheitsgebiet in geringem Umfang Ausnahmen von dieser Verordnung für Fahrzeuge, die in zuvor festgelegten Gebieten mit einer Bevölkerungsdichte von weniger als 5 Personen pro Quadratkilometer eingesetzt werden, in folgenden Fällen zulassen:

— Bei inländischen Personenlinienverkehrsdiensten, sofern ihr Fahrplan von den Behörden bestätigt wurde (in diesem Fall dürfen nur Ausnahmen in Bezug auf Fahrtunterbrechungen zugelassen werden) und

— im inländischen Werkverkehr oder gewerblich durchgeführten Güterkraftverkehr, soweit sich diese Tätigkeiten nicht auf den Binnenmarkt auswirken und für den Erhalt bestimmter Wirtschaftszweige in dem betroffenen Gebiet notwendig sind und die Ausnahmebestimmungen dieser Verordnung einen Umkreis von höchstens 100 km vorschreiben.

Eine Beförderung im Straßenverkehr nach dieser Ausnahme kann eine Fahrt zu einem Gebiet mit einer Bevölkerungsdichte von 5 Personen pro Quadratkilometer oder mehr nur einschließen, wenn damit eine Fahrt beendet oder begonnen wird. Solche Maßnahmen müssen ihrer Art und ihrem Umfang nach verhältnismäßig sein.

Artikel 14

(1) Sofern die Verwirklichung der in Artikel 1 genannten Ziele nicht beeinträchtigt wird, können die Mitgliedstaaten nach Genehmigung durch die Kommission Ausnahmen von den Artikeln 6 bis 9 für unter außergewöhnlichen Umständen durchgeführte Beförderungen zulassen.

(2) Die Mitgliedstaaten können in dringenden Fällen, die mit außergewöhnlichen Umständen einhergehen, eine vorübergehende Ausnahme für einen Zeitraum von höchstens 30 Tagen zulassen, die hinreichend zu begründen und der Kommission sofort mitzuteilen ist. Die Kommission veröffentlicht diese Informationen unverzüglich auf einer öffentlichen Internetseite.

(3) Die Kommission teilt den übrigen Mitgliedstaaten alle nach diesem Artikel gewährten Ausnahmen mit.

Artikel 15

Die Mitgliedstaaten stellen sicher, dass Fahrer der in Artikel 3 Buchstabe a genannten Fahrzeuge unter nationale Vorschriften fallen, die einen angemessenen Schutz bei den erlaubten Lenkzeiten sowie den vorgeschriebenen Fahrtunterbrechungen und Ruhezeiten bieten. Die Mitgliedstaaten teilen der Kommission die für diese Fahrer geltenden einschlägigen nationalen Vorschriften mit.

KAPITEL V
ÜBERWACHUNG UND SANKTIONEN
Artikel 16

(1) Verfügt ein Fahrzeug nicht über ein mit der Verordnung (EWG) Nr. 3821/85 übereinstimmendes Kontrollgerät, so gelten die Absätze 2 und 3 des vorliegenden Artikels für:

a) nationale Personenlinienverkehrsdienste und

b) grenzüberschreitende Personenlinienverkehrsdienste, deren Endpunkte in der Luftlinie höchstens 50 km von einer Grenze

EU-VOen

zwischen zwei Mitgliedstaaten entfernt sind und deren Fahrstrecke höchstens 100 km beträgt.

(2) Das Verkehrsunternehmen erstellt einen Fahrplan und einen Arbeitszeitplan, in dem für jeden Fahrer der Name, der Standort und der im Voraus festgelegte Zeitplan für die verschiedenen Zeiträume der Lenktätigkeit, der anderen Arbeiten und der Fahrtunterbrechungen sowie die Bereitschaftszeiten angegeben werden.

Jeder Fahrer, der in einem Dienst im Sinne des Absatzes 1 eingesetzt ist, muss einen Auszug aus dem Arbeitszeitplan und eine Ausfertigung des Linienfahrplans mit sich führen.

(3) Der Arbeitszeitplan muss

a) alle in Absatz 2 aufgeführten Angaben mindestens für den Zeitraum des Tages der Kontrolle und der vorausgehenden 56 Tage enthalten; diese Angaben sind in regelmäßigen Abständen von höchstens einem Monat zu aktualisieren;

b) die Unterschrift des Leiters des Verkehrsunternehmens oder seines Beauftragten tragen;

c) vom Verkehrsunternehmen nach Ablauf des Geltungszeitraums ein Jahr lang aufbewahrt werden. Das Verkehrsunternehmen händigt den betreffenden Fahrern auf Verlangen einen Auszug aus dem Arbeitszeitplan aus; und

d) auf Verlangen einem dazu befugten Kontrollbeamten vorgelegt und ausgehändigt werden.

(4) Bis ein digitales Fahrtenblatt zur Verfügung steht muss der Fahrer für die Zwecke von Straßenkontrollen in der Lage sein, die Inanspruchnahme der Ausnahmen gemäß Artikel 7 Absatz 3 und Artikel 8 Absätze 2a und 6a zu begründen, indem er:

a) ein ausgefülltes Fahrtenblatt im Fahrzeug mitführt, das die gemäß der Verordnung (EG) Nr. 1073/2009 erforderlichen Angaben enthält und dem Fahrer vor Antritt jeder Fahrt durch das verantwortliche Verkehrsunternehmen auszuhändigen ist; und

b) Kopien dieser Fahrtenblätter für die vorangegangenen 28 Tage und ab dem 31. Dezember 2024 für die vorangegangenen 56 Tage in Papierform oder elektronischer Form im Fahrzeug mitführt.

Die in Unterabsatz 1 Buchstabe b genannte Verpflichtung gilt spätestens dann nicht mehr, wenn im Fahrzeug gemäß Absatz 5 ein Fahrtenschreiber, bei dem die Art des Personenverkehrsdienstes eingegeben werden kann, verwendet wird.

Für inländische Verkehrsdienste kann das Fahrtenblatt für grenzüberschreitende Verkehrsdienste verwendet werden, sofern darauf vermerkt wird, dass es für inländische Verkehrsdienste verwendet wird. Die Kommission kann, soweit angemessen, im Wege eines Durchführungsrechtsakts das Format des Fahrtenblatts für inländische Verkehrsdienste festlegen, um die Kontrolle der Einhaltung zu erleichtern. Dieser Durchführungsrechtsakt wird gemäß dem in Artikel 24 Absatz 2a genannten Prüfverfahren erlassen.

Die Kommission bewertet spätestens bis zum 31. Dezember 2026 die Optionen für die Digitalisierung des Fahrtenblatts für Fahrer, die im Personengelegenheitsverkehr eingesetzt werden, im Hinblick auf Durchführbarkeit, Kosteneffizienz und ihre Auswirkungen auf die Durchsetzbarkeit und die Arbeitsbedingungen der Fahrer und legt dem Europäischen Parlament und dem Rat gegebenenfalls einen Gesetzgebungsvorschlag für diese Digitalisierung vor.

Diese Bewertung erstreckt sich auf die Entwicklung eines digitalen Fahrtenblatts, das die gemäß der Verordnung (EG) Nr. 1073/2009 erforderlichen Angaben enthält, damit diese Angaben vor Antritt der Fahrt in einer mehrsprachigen Schnittstelle, zu der die Betreiber Zugang haben, elektronisch registriert werden können. Zu diesem Zweck kann die Kommission auch prüfen, ob die Entwicklung eines oder mehrerer neuer Module für das durch die Verordnung (EU) Nr. 1024/2012 des Europäischen Parlaments und des Rates [5] eingerichtete Binnenmarkt-Informationssystem möglich ist.

(5) Um eine einheitliche Anwendung und Durchsetzung von Artikel 7 Absatz 3 und Artikel 8 Absätze 2a und 6a zu gewährleisten, erlässt die Kommission zum frühestmöglichen Zeitpunkt der Überprüfung der Durchführungsverordnung (EU) 2016/799 der Kommission [6] oder eines an deren Stelle tretenden Durchführungsrechtsakts, spätestens jedoch bis zum 23. November 2025 Durchführungsrechtsakte zur Festlegung geeigneter technischer Spezifikationen, die es ermöglichen, auf dem Fahrtenschreiber Daten zur Art des Personenverkehrsdienstes — d. h., ob es sich um einen Dienst im Personenlinienverkehr oder einen Gelegenheitsdienst im Personenverkehr handelt — aufzuzeichnen und zu speichern. Der Geltungsbeginn dieser Durchführungsrechtsakte wird nach Konsultation der einschlägigen Interessenträger festgelegt. Diese Durchführungsrechtsakte werden gemäß dem in Artikel 24 Absatz 2a genannten Prüfverfahren erlassen.

Artikel 17

(1) Die Mitgliedstaaten übermitteln der Kommission unter Verwendung des in der Entscheidung 93/173/EWG [7] vorgesehenen Berichtsmusters die notwendigen Informationen, damit alle zwei Jahre einen Bericht über die Durchführung der vorliegenden Verordnung und der Verordnung (EWG) Nr. 3821/85 und über die Entwicklungen auf dem betreffenden Gebiet erstellen kann.

(2) Diese Angaben müssen bei der Kommission spätestens am 30. September des Jahres nach Ende des betreffenden Zweijahreszeitraums mitgeteilt werden.

(3) In dem Bericht wird zugleich angegeben, inwieweit von den Ausnahmeregelungen gemäß Artikel 13 Gebrauch gemacht wird.

(4) Die Kommission leitet den Bericht innerhalb von 13 Monaten nach Ende des betreffenden Zweijahreszeitraums dem Europäischen Parlament und dem Rat zu.

Artikel 17a

Die Kommission erstellt bis zum 31. Dezember 2028 einen Bericht, in dem die Auswirkungen der für den Bereich des Personengelegenheitsverkehrs geltenden Bestimmungen dieser Verordnung auf die Straßenverkehrssicherheit und soziale Aspekte, insbesondere die Arbeitsbedingungen der Fahrer, bewertet werden. Die Kommission übermittelt diesen Bericht an das Europäische Parlament und den Rat. Wenn die Kommission es für angemessen hält, legt sie entsprechende Gesetzgebungsvorschläge vor.

Artikel 18

Die Mitgliedstaaten ergreifen die zur Durchführung dieser Verordnung erforderlichen Maßnahmen.

Artikel 19

(1) Die Mitgliedstaaten erlassen Vorschriften über Sanktionen für Verstöße gegen die vorliegende Verordnung und die Verordnung (EU) Nr. 165/2014 und treffen alle erforderlichen Maßnahmen, um deren Anwendung zu gewährleisten. Diese Sanktionen müssen wirksam und verhältnismäßig zum Schweregrad der Verstöße gemäß Anhang III der Richtlinie 2006/22/EG des Europäischen Parlaments und des Rates [8], sowie abschreckend und nicht- diskriminierend sein. Kein Verstoß gegen die vorliegende Verordnung oder gegen die Verordnung (EU) Nr. 165/2014 darf mehrmals Gegenstand von Sanktionen oder Verfahren sein. Die Mitgliedstaaten teilen der Kommission diese Maßnahmen und Regeln sowie das Verfahren und die Kriterien, die auf einzelstaatlicher Ebene zur Bewertung der Verhältnismäßigkeit herangezogen wurden, mit. Die Mitgliedstaaten teilen etwaige spätere Änderungen daran, die Auswirkungen darauf haben, unverzüglich mit. Die Kommission informiert die Mitgliedstaaten über diese Regeln und Maßnahmen sowie über etwaige Änderungen. Die Kommission stellt sicher, dass diese Informationen in allen Amtssprachen der Union auf einer eigens hierfür eingerichteten öffentlichen Internetseite veröffentlicht werden, die detaillierte Informationen über die in den Mitgliedstaaten geltenden Sanktionen enthält.

(2) Ein Mitgliedstaat ermächtigt die zuständigen Behörden, gegen ein Unternehmen und/oder einen Fahrer bei einem in seinem Hoheitsgebiet festgestellten Verstoß gegen die vorliegende Verordnung oder gegen die Verordnung (EU) Nr. 165/2014 eine Sanktion zu verhängen, sofern hierfür noch keine Sanktion verhängt wurde, und zwar selbst dann, wenn der Verstoß im Hoheitsgebiet eines anderen Mitgliedstaats oder eines Drittstaats begangen wurde.

Dabei gilt folgende Ausnahmeregelung: Wird ein Verstoß festgestellt,

— der nicht im Hoheitsgebiet des betreffenden Mitgliedstaats begangen wurde und

— der von einem Unternehmen, das seinen Sitz in einem anderen Mitgliedstaat oder einem Drittstaat hat, oder von einem Fahrer, der seinen Arbeitsplatz in einem anderen Mitgliedstaat oder einem Drittstaat hat, begangen wurde,

so kann ein Mitgliedstaat bis zum 1. Januar 2009, anstatt eine Sanktion zu verhängen, der zuständigen Behörde des Mitgliedstaats oder des Drittstaats, in dem das Unternehmen seinen Sitz oder der Fahrer seinen Arbeitsplatz hat, den Verstoß melden.

(3) Leitet ein Mitgliedstaat in Bezug auf einen bestimmten Verstoß ein Verfahren ein oder verhängt er eine Sanktion, so muss er dem Fahrer gegenüber angemessene schriftliche Belege beibringen.

(4) Die Mitgliedstaaten stellen sicher, dass ein System verhältnismäßiger Sanktionen, die finanzielle Sanktionen umfassen können, für den Fall besteht, dass Unternehmen oder mit ihnen verbundene Verlader, Spediteure, Reiseveranstalter, Hauptauftragnehmer, Unterauftragnehmer und Fahrervermittlungsagenturen gegen die vorliegende Verordnung oder die Verordnung (EWG) Nr. 3821/85 verstoßen.

Artikel 20

(1) Der Fahrer muss alle von einem Mitgliedstaat zu Sanktionen oder zur Einleitung von Verfahren beigebrachten Belege so lange aufbewahren, bis derselbe Verstoß gegen diese Verordnung nicht mehr in ein zweites Verfahren oder eine zweite Sanktion gemäß dieser Verordnung münden kann.

(2) Der Fahrer hat die in Absatz 1 genannten Belege auf Verlangen vorzuweisen.

(3) Ein Fahrer, der bei mehreren Verkehrsunternehmen beschäftigt ist oder mehreren Verkehrsunternehmen zur Verfügung steht, verschafft jedem Unternehmen ausreichende Informationen, um diesem die Einhaltung der Bestimmungen des Kapitels II zu ermöglichen.

Artikel 21

In Fällen, in denen ein Mitgliedstaat der Auffassung ist, dass ein Verstoß gegen diese Verordnung

EU-VOen

vorliegt, der die Straßenverkehrssicherheit eindeutig gefährden könnte, ermächtigt er die betreffende zuständige Behörde, das betreffende Fahrzeug so lange stillzulegen, bis die Ursache des Verstoßes behoben ist. Die Mitgliedstaaten können dem Fahrer auferlegen, eine tägliche Ruhezeit einzulegen. Die Mitgliedstaaten können ferner gegebenenfalls die Zulassung eines Unternehmens entziehen, aussetzen oder einschränken, falls es seinen Sitz in diesem Mitgliedstaat hat, oder sie können die Fahrerlaubnis eines Fahrers entziehen, aussetzen oder einschränken. Die Kommission entwickelt nach dem in Artikel 24 Absatz 2 genannten Verfahren Leitlinien, um eine harmonisierte Anwendung dieses Artikels zu erreichen.

Artikel 22

(1) Die Mitgliedstaaten arbeiten eng miteinander zusammen und leisten einander ohne unangemessene Verzögerung Amtshilfe, um die einheitliche Anwendung dieser Verordnung und ihre wirksame Durchsetzung gemäß den Anforderungen des Artikels 8 der Richtlinie 2006/22/EG zu erleichtern.

(2) Die zuständigen Behörden der Mitgliedstaaten tauschen regelmäßig alle verfügbaren Informationen aus über

a) die von Gebietsfremden begangenen Verstöße gegen die Bestimmungen des Kapitels II und die gegen diese Verstöße verhängten Sanktionen;

b) die von einem Mitgliedstaat verhängten Sanktionen für Verstöße, die seine Gebietsansässigen in anderen Mitgliedstaaten begangen haben;

c) sonstige spezielle Informationen, darunter die Risikoeinstufung des Unternehmens, die sich auf die Einhaltung dieser Verordnung auswirken können.

(3) Die Mitgliedstaaten übermitteln der Kommission regelmäßig relevante Informationen über die nationale Auslegung und Anwendung dieser Verordnung; die Kommission stellt diese Informationen den anderen Mitgliedstaaten in elektronischer Form zur Verfügung.

(3a) Für die Zwecke des Informationsaustauschs im Rahmen dieser Verordnung nutzen die Mitgliedstaaten die gemäß Artikel 7 der Richtlinie 2006/22/EG benannten Stellen für die innergemeinschaftliche Verbindung.

(3b) Verwaltungszusammenarbeit und gegenseitige Amtshilfe erfolgen unentgeltlich.

(4) Die Kommission unterstützt durch den in Artikel 24 Absatz 1 genannten Ausschuss den Dialog zwischen den Mitgliedstaaten über die einzelstaatliche Auslegung und Anwendung dieser Verordnung.

Artikel 23

Die Gemeinschaft wird mit Drittländern die Verhandlungen aufnehmen, die zur Durchführung dieser Verordnung gegebenenfalls erforderlich sind.

Artikel 23a

(1) Die Befugnis zum Erlass delegierter Rechtsakte wird der Kommission unter den in diesem Artikel festgelegten Bedingungen übertragen.

(2) Die Befugnis zum Erlass delegierter Rechtsakte gemäß Artikel 8a wird der Kommission für einen Zeitraum von fünf Jahren ab dem 20. August 2020 übertragen.

Die Kommission erstellt spätestens neun Monate vor Ablauf des Zeitraums von fünf Jahren einen Bericht über die Befugnisübertragung. Die Befugnisübertragung verlängert sich stillschweigend um Zeiträume gleicher Länge, es sei denn, das Europäische Parlament oder der Rat widersprechen einer solchen Verlängerung spätestens drei Monate vor Ablauf des jeweiligen Zeitraums.

(3) Die Befugnisübertragung gemäß Artikel 8a kann vom Europäischen Parlament oder vom Rat jederzeit widerrufen werden. Der Beschluss über den Widerruf beendet die Übertragung der in diesem Beschluss angegebenen Befugnis. Er wird am Tag nach seiner Veröffentlichung im *Amtsblatt der Europäischen Union* oder zu einem im Beschluss über den Widerruf angegebenen späteren Zeitpunkt wirksam. Die Gültigkeit von delegierten Rechtsakten, die bereits in Kraft sind, wird von dem Beschluss über den Widerruf nicht berührt.

(4) Vor dem Erlass eines delegierten Rechtsakts konsultiert die Kommission die von den einzelnen Mitgliedstaaten benannten Sachverständigen im Einklang mit den in der Interinstitutionellen Vereinbarung vom 13. April 2016 über bessere Rechtsetzung [9] enthaltenen Grundsätzen.

(5) Sobald die Kommission einen delegierten Rechtsakt erlässt, übermittelt sie ihn gleichzeitig dem Europäischen Parlament und dem Rat.

(6) Ein delegierter Rechtsakt, der gemäß Artikel 8a erlassen wurde, tritt nur in Kraft, wenn weder das Europäische Parlament noch der Rat innerhalb einer Frist von zwei Monaten nach Übermittlung dieses Rechtsakts an das Europäische Parlament und den Rat Einwände erhoben haben oder wenn vor Ablauf dieser Frist sowohl das Europäische Parlament als auch der Rat der Kommission mitgeteilt haben, dass sie keine Einwände erheben werden. Auf Initiative des Europäischen Parlaments oder des Rates wird diese Frist um zwei Monate verlängert.

Artikel 24

(1) Die Kommission wird von dem durch Artikel 18 Absatz 1 der Verordnung (EWG) Nr. 3821/85 eingesetzten Ausschuss unterstützt.

(2) Wird auf diesen Absatz Bezug genommen, so gilt Artikel 4 der Verordnung (EU) Nr. 182/2011 des Europäischen Parlaments und des Rates [10].

(2a) Wird auf diesen Absatz Bezug genommen, so gilt Artikel 5 der Verordnung (EU) Nr. 182/2011.

(3) Der Ausschuss gibt sich eine Geschäftsordnung.

Artikel 25

(1) Auf Antrag eines Mitgliedstaates oder von sich aus

a) prüft die Kommission die Fälle, in denen die Bestimmungen dieser Verordnung, insbesondere bezüglich der Lenkzeiten, Fahrtunterbrechungen und Ruhezeiten, unterschiedlich angewandt und durchgesetzt werden;

b) klärt die Kommission die Bestimmungen dieser Verordnung, um einen gemeinsamen Ansatz sicherzustellen.

(2) In den in Absatz 1 Buchstabe b genannten Fällen erlässt die Kommission Durchführungsrechtsakte zur Festlegung gemeinsamer Ansätze.

Diese Durchführungsrechtsakte werden nach dem in Artikel 24 Absatz 2a genannten Prüfverfahren erlassen.

...

Artikel 28

Die Verordnung (EWG) Nr. 3820/85 wird aufgehoben und durch die vorliegende Verordnung ersetzt.

Artikel 5 Absätze 1, 2 und 4 der Verordnung (EWG) Nr. 3820/85 gelten jedoch bis zu den in Artikel 15 Absatz 1 der Richtlinie 2003/59/EG genannten Terminen.

Artikel 29

Diese Verordnung tritt am 11. April 2007 in Kraft, ausgenommen Artikel 10 Absatz 5, Artikel 26 Absätze 3 und 4 und Artikel 27, die am 1. Mai 2006 in Kraft treten.

Diese Verordnung ist in allen ihren Teilen verbindlich und gilt unmittelbar in jedem Mitgliedstaat.

---

[1] Verordnung (EG) Nr. 1073/2009 des Europäischen Parlaments und des Rates vom 21. Oktober 2009 über gemeinsame Regeln für den Zugang zum grenzüberschreitenden Personenkraftverkehrsmarkt und zur Änderung der Verordnung (EG) Nr. 561/2006 (ABl. L 300 vom 14.11.2009, S. 88).

[2] Verordnung (EU) Nr. 165/2014 des Europäischen Parlaments und des Rates vom 4. Februar 2014 über Fahrtenschreiber im Straßenverkehr, zur Aufhebung der Verordnung (EWG) Nr. 3821/85 des Rates über das Kontrollgerät im Straßenverkehr und zur Änderung der Verordnung (EG) Nr. 561/2006 des Europäischen Parlaments und des Rates zur Harmonisierung bestimmter Sozialvorschriften im Straßenverkehr (ABl. L 60 vom 28.2.2014, S. 1).

[3] Verordnung (EU) Nr. 1315/2013 des Europäischen Parlaments und des Rates vom 11. Dezember 2013 über Leitlinien der Union für den Aufbau eines transeuropäischen Verkehrsnetzes und zur Aufhebung des Beschlusses Nr. 661/2010/EU (ABl. L 348 vom 20.12.2013, S. 1).

[4] ABl. L 15 vom 21.1.1998, S. 14.

[5] Verordnung (EU) Nr. 1024/2012 des Europäischen Parlaments und des Rates vom 25. Oktober 2012 über die Verwaltungszusammenarbeit mit Hilfe des Binnenmarkt-Informationssystems und zur Aufhebung der Entscheidung 2008/49/EG der Kommission („IMI-Verordnung") (ABl. L 316 vom 14.11.2012, S. 1).

[6] Durchführungsverordnung (EU) 2016/799 der Kommission vom 18. März 2016 zur Durchführung der Verordnung (EU) Nr. 165/2014 des Europäischen Parlaments und des Rates zur Festlegung der Vorschriften über Bauart, Prüfung, Einbau, Betrieb und Reparatur von Fahrtenschreibern und ihren Komponenten (ABl. L 139 vom 26.5.2016, S. 1).

[7] ABl. L 72 vom 25.3.1993, S. 33.

[8] Richtlinie 2006/22/EG des Europäischen Parlaments und des Rates vom 15. März 2006 über Mindestbedingungen für die Durchführung der Verordnungen (EG) Nr. 561/2006 und (EU) Nr. 165/2014 und der Richtlinie 2002/15/EG über Sozialvorschriften für Tätigkeiten im Kraftverkehr sowie zur Aufhebung der Richtlinie 88/599/EWG des Rates (ABl. L 102 vom 11.4.2006, S. 35).

[9] ABl. L 123 vom 12.5.2016, S. 1.

[10] Verordnung (EU) Nr. 182/2011 des Europäischen Parlaments und des Rates vom 16. Februar 2011 zur Festlegung der allgemeinen Regeln und Grundsätze, nach denen die Mitgliedstaaten die Wahrnehmung der Durchführungsbefugnisse durch die Kommission kontrollieren (ABl. L 55 vom 28.2.2011, S. 13).

EU-VOen

36. Arbeitsruhegesetz

Bundesgesetz vom 3. Feber 1983 über die wöchentliche Ruhezeit und die Arbeitsruhe an Feiertagen (Arbeitsruhegesetz – ARG)

StF: BGBl. Nr. 144/1983 (NR: GP XV RV 1289 AB 1444 und Zu 1444 S. 145. BR: AB 2672 S. 432.)

Letzte Novellierung: BGBl. I Nr. 19/2025

GLIEDERUNG

ARG

STICHWORTVERZEICHNIS

1. ABSCHNITT
Geltungsbereich

§ 1. (1) Dieses Bundesgesetz gilt für Arbeitnehmer aller Art, soweit im folgenden nicht anderes bestimmt wird.

(2) Ausgenommen sind:

1. Arbeitnehmer, die in einem Arbeitsverhältnis zu einer Gebietskörperschaft oder zu einem Gemeindeverband stehen, soweit sie nicht

a) in Betrieben eines Landes, einer Gemeinde oder eines Gemeindeverbandes beschäftigt sind,

b) in Betrieben des Bundes beschäftigt sind;

2. Arbeitnehmer von Kraftfahrlinienunternehmungen im Sinne des Kraftfahrliniengesetzes (KflG), BGBl. I Nr. 203/1999, soweit für diese Arbeitnehmer zwingende dienstrechtliche Vorschriften über die wöchentliche Ruhezeit gelten;

3. nahe Angehörige der Arbeitgeberin bzw. des Arbeitgebers (Eltern, volljährige Kinder, im gemeinsamen Haushalt lebende Ehegattin oder Ehegatte, eingetragene Partnerin oder Partner, sowie Lebensgefährtin oder Lebensgefährte, wenn seit mindestens drei Jahren ein gemeinsamer Haushalt besteht), deren gesamte Arbeitszeit auf Grund der besonderen Merkmale der Tätigkeit

a) nicht gemessen oder im Voraus festgelegt wird, oder

b) von diesen Arbeitnehmerinnen bzw. Arbeitnehmern hinsichtlich Lage und Dauer selbst festgelegt werden kann;

4. Lehr- und Erziehungskräfte an Unterrichts- und Erziehungsanstalten, soweit sie nicht bereits unter Z 1 fallen;

5. leitende Angestellte oder sonstige Arbeitnehmerinnen und Arbeitnehmer, denen maßgebliche selbständige Entscheidungsbefugnis übertragen ist und deren gesamte Arbeitszeit auf Grund der besonderen Merkmale der Tätigkeit

a) nicht gemessen oder im Voraus festgelegt wird, oder

b) von diesen Arbeitnehmerinnen bzw. Arbeitnehmern hinsichtlich Lage und Dauer selbst festgelegt werden kann;

6. Arbeitnehmer, für die folgende Vorschriften gelten:

a) das Hausbesorgergesetz, BGBl. Nr. 16/1970;

b) das Hausgehilfen- und Hausangestelltengesetz, BGBl. Nr. 235/1962;

c) das Bundesgesetz über die Beschäftigung von Kindern und Jugendlichen 1987, BGBl. Nr. 599;

d) das Landarbeitsgesetz 2021, BGBl. I Nr. 78/2021;

e) das Seeschifffahrtsgesetz, BGBl. Nr. 174/1981, soweit für diese Arbeitnehmer kollektivvertragliche Regelungen entsprechend § 4 des Anhanges der Richtlinie 1999/63/EG gelten;

7. Arbeitnehmer, die dem Bäckereiarbeiter/innengesetz 1996, BGBl. Nr. 410/1996, unterliegen;

8. Arbeitnehmer, die in Theaterunternehmen im Sinne des § 1 Abs. 2 des Theaterarbeitsgesetzes (TAG), BGBl. I Nr. 100/2010, beschäftigt sind;

9. Heimarbeiter, auf die das Heimarbeitsgesetz 1960, BGBl. Nr. 105/1961, anzuwenden ist.

(3) Auf Arbeitnehmer gesetzlich anerkannter Kirchen und Religionsgesellschaften, die nicht in Betrieben beschäftigt sind, findet dieses Gesetz Anwendung, wenn keine gleichwertige interne Regelung besteht.

2. ABSCHNITT
Wochenendruhe, Wochenruhe, Ersatzruhe und Feiertagsruhe
Begriff der Ruhezeit

§ 2. (1) Im Sinne dieses Bundesgesetzes ist

1. Wochenendruhe eine ununterbrochene Ruhezeit von 36 Stunden, in die der Sonntag fällt (§ 3);

2. Wochenruhe eine ununterbrochene Ruhezeit von 36 Stunden in der Kalenderwoche (§ 4);

3. wöchentliche Ruhezeit sowohl die Wochenendruhe als auch die Wochenruhe;

4. Ersatzruhe eine ununterbrochene Ruhezeit, die als Abgeltung für die während der wöchentlichen Ruhezeit geleistete Arbeit zusteht (§ 6);

5. Feiertagsruhe eine ununterbrochene Ruhezeit von 24 Stunden, die frühestens um 0 Uhr und spätestens um 6 Uhr des gesetzlichen Feiertages beginnt (§ 7).

(2) Während der Wochenend- und Feiertagsruhe darf im Rahmen der §§ 10 bis 18 nur die unumgänglich notwendige Anzahl von Arbeitnehmern beschäftigt werden.

(3) Soweit in diesem Bundesgesetz personenbezogene Bezeichnungen noch nicht geschlechtsneutral formuliert sind, gilt die gewählte Form für beide Geschlechter.

Wochenendruhe

§ 3. (1) Der Arbeitnehmer hat in jeder Kalenderwoche Anspruch auf eine ununterbrochene Ruhezeit von 36 Stunden, in die der Sonntag zu fallen hat (Wochenendruhe). Während dieser Zeit darf der Arbeitnehmer nur beschäftigt werden, wenn dies auf Grund der §§ 2 Abs. 2, 10 bis 18 zulässig ist.

(2) Die Wochenendruhe hat für alle Arbeitnehmer spätestens Samstag um 13 Uhr, für Arbeitnehmer, die mit unbedingt notwendigen Abschluß-, Reinigungs-, Instandhaltungs- oder Instandsetzungsarbeiten beschäftigt sind, spätestens Samstag um 15 Uhr zu beginnen.

(2a) Bei nicht durchlaufender mehrschichtiger Arbeitsweise hat die Wochenendruhe spätestens Samstag um 24 Uhr zu beginnen.

(3) In Betrieben mit einer werktags durchlaufenden mehrschichtigen Arbeitsweise hat die Wochenendruhe spätestens mit Ende der Nachtschicht zum Sonntag zu beginnen und darf frühestens mit Beginn der Nachtschicht zum Montag enden.

(4) Wird in Verbindung mit Feiertagen eingearbeitet und die ausfallende Arbeitszeit auf die Werktage der die Ausfalltage einschließenden Wochen verteilt (§ 4 Abs. 2 und 3 des Arbeitszeitgesetzes, BGBl. Nr. 461/1969), so kann der

ARG

Beginn der Wochenendruhe im Einarbeitungszeitraum bis spätestens Samstag 18 Uhr aufgeschoben werden.

Wochenruhe

§ 4. Der Arbeitnehmer, der nach der für ihn geltenden Arbeitszeiteinteilung während der Zeit der Wochenendruhe beschäftigt wird, hat in jeder Kalenderwoche an Stelle der Wochenendruhe Anspruch auf eine ununterbrochene Ruhezeit von 36 Stunden (Wochenruhe). Die Wochenruhe hat einen ganzen Wochentag einzuschließen.

Abweichende Regelung der wöchentlichen Ruhezeit

§ 5. (1) Zur Ermöglichung der Schichtarbeit kann im Schichtplan die wöchentliche Ruhezeit abweichend von den §§ 3 und 4 geregelt werden.

(2) Das Ausmaß der wöchentlichen Ruhezeit kann in den Fällen des Abs. 1 bis auf 24 Stunden gekürzt werden. In einem Durchrechnungszeitraum von vier Wochen muß dem Arbeitnehmer jedoch eine durchschnittliche wöchentliche Ruhezeit von 36 Stunden gesichert sein. Zur Berechnung dürfen nur mindestens 24stündige Ruhezeiten herangezogen werden.

(3) Die Bundesministerin bzw. der Bundesminister für Arbeit kann auf Antrag des Arbeitgebers nach Anhörung der gesetzlichen Interessenvertretungen der Arbeitgeber und Arbeitnehmer abweichend von Abs. 2 Schichtpläne zulassen. Sie können die wöchentliche Ruhezeit um mindestens 24 Stunden unterschreiten oder den vierwöchigen Durchrechnungszeitraum überschreiten, wenn dies aus wichtigen Gründen erforderlich und mit den Interessen der Arbeitnehmer vereinbar ist. Solche Schichtpläne können befristet werden.

(4) Die Bundesministerin bzw. der Bundesminister für Arbeit hat Ausnahmen gemäß Abs. 3 von Amts wegen oder auf Antrag einer der gesetzlichen Interessenvertretung der Arbeitgeber oder Arbeitnehmer, des Arbeitgebers oder von Organen der Arbeitnehmerschaft des Betriebes abzuändern oder zu widerrufen, wenn die Voraussetzungen des Abs. 3 nicht mehr vorliegen.

(5) Für Arbeitnehmer, die auf im öffentlichen Interesse betriebenen Großbaustellen oder auf Baustellen der Wildbach- und Lawinenverbauung in Gebirgsregionen beschäftigt sind, kann durch Kollektivvertrag die wöchentliche Ruhezeit abweichend von den §§ 3 und 4 geregelt werden. Die wöchentliche Ruhezeit kann für einzelne Wochen gekürzt werden oder zur Gänze entfallen, wenn in einem vierwöchigen Durchrechnungszeitraum eine durchschnittliche wöchentliche Ruhezeit von 36 Stunden gesichert ist. Abs. 2 dritter Satz gilt sinngemäß.

(6) Für Arbeitnehmer, die bei der Herstellung oder beim Vertrieb von Tageszeitungen und Montagfrühblättern beschäftigt sind, kann durch Kollektivvertrag die wöchentliche Ruhezeit abweichend von den §§ 3 und 4 geregelt werden. Die wöchentliche Ruhezeit kann bis auf 24 Stunden gekürzt werden, wenn in einem vierwöchigen Durchrechnungszeitraum eine durchschnittliche wöchentliche Ruhezeit von 36 Stunden gesichert ist. Abs. 2 dritter Satz gilt sinngemäß.

Ersatzruhe

§ 6. (1) Der Arbeitnehmer, der während seiner wöchentlichen Ruhezeit (§ 2 Abs. 1 Z 3) beschäftigt wird, hat in der folgenden Arbeitswoche Anspruch auf Ersatzruhe, die auf seine Wochenarbeitszeit anzurechnen ist. Die Ersatzruhe ist im Ausmaß der während der wöchentlichen Ruhezeit geleisteten Arbeit zu gewähren, die innerhalb von 36 Stunden vor dem Arbeitsbeginn in der nächsten Arbeitswoche erbracht wurde.

(2) Während der Ersatzruhe nach Abs. 1 dürfen Arbeitnehmer nur im Rahmen der §§ 11 oder 14 beschäftigt werden.

(3) Wird ein Arbeitnehmer während der Ersatzruhe gemäß Abs. 1 beschäftigt, so ist diese Ersatzruhe im entsprechenden Ausmaß zu einer anderen, einvernehmlich festgesetzten Zeit nachzuholen.

(4) Während der Ersatzruhe nach Abs. 3 dürfen Arbeitnehmer nur zur Abwendung einer unmittelbaren Gefahr für die Sicherheit des Lebens oder für die Gesundheit von Menschen oder bei Notstand beschäftigt werden. Hiefür gebührt keine weitere Ersatzruhe.

(5) Die Ersatzruhe hat unmittelbar vor dem Beginn der folgenden wöchentlichen Ruhezeit zu liegen, soweit vor Antritt der Arbeit, für die Ersatzruhe gebührt, nicht anderes vereinbart wurde.

Rufbereitschaft

§ 6a. Rufbereitschaft außerhalb der Arbeitszeit darf nur während zwei wöchentlicher Ruhezeiten pro Monat vereinbart werden.

Feiertagsruhe

§ 7. (1) Der Arbeitnehmer hat an Feiertagen Anspruch auf eine ununterbrochene Ruhezeit von mindestens 24 Stunden, die frühestens um 0 Uhr und spätestens um 6 Uhr des Feiertages beginnen muß.

(2) Feiertage im Sinne dieses Bundesgesetzes sind:

1. Jänner (Neujahr), 6. Jänner (Heilige Drei Könige), Ostermontag, 1. Mai (Staatsfeiertag), Christi Himmelfahrt, Pfingstmontag, Fronleichnam, 15. August (Mariä Himmelfahrt), 26. Oktober (Nationalfeiertag), 1. November (Allerheiligen), 8. Dezember (Mariä Empfängnis), 25. Dezember (Weihnachten), 26. Dezember (Stephanstag).

(Anm.: Abs. 3 aufgehoben durch Art. 1 Z 2, BGBl. I Nr. 22/2019)

(4) Feiertage dürfen auf die wöchentliche Ruhezeit nur angerechnet werden, soweit sie in die Zeit der wöchentlichen Ruhezeit fallen.

(5) In Betrieben mit einer werktags durchlaufenden mehrschichtigen Arbeitsweise hat die Feiertagsruhe spätestens mit Ende der Nachtschicht zum Feiertag zu beginnen und darf frühestens mit Beginn der Nachtschicht zum nächsten Werktag enden.

(6) Ist für die Normalarbeitszeit (§ 3 Arbeitszeitgesetz) an Feiertagen Zeitausgleich vereinbart, so muß dieser mindestens einen Kalendertag oder 36 Stunden umfassen.

(7) Fällt ein Feiertag auf einen Sonntag, so sind die §§ 3 bis 5 anzuwenden.

Einseitiger Urlaubsantritt („persönlicher Feiertag")

§ 7a. (1) Der Arbeitnehmer kann den Zeitpunkt des Antritts eines Tages des ihm zustehenden Urlaubs einmal pro Urlaubsjahr einseitig bestimmen. Der Arbeitnehmer hat den Zeitpunkt spätestens drei Monate im Vorhinein schriftlich bekannt zu geben.

(2) Es steht dem Arbeitnehmer frei, auf Ersuchen des Arbeitgebers den bekannt gegebenen Urlaubstag nicht anzutreten. In diesem Fall hat der Arbeitnehmer weiterhin Anspruch auf diesen Urlaubstag. Weiters hat er für den bekannt gegebenen Tag außer dem Urlaubsentgelt Anspruch auf das für die geleistete Arbeit gebührende Entgelt, insgesamt daher das doppelte Entgelt, womit das Recht gemäß Abs. 1 erster Satz konsumiert ist.

(3) Abweichend von § 1 Abs. 2 Z 2 bis 9 gilt diese Bestimmung auch für diese Personen.

Freizeit zur Erfüllung der religiösen Pflichten

§ 8. (1) Der Arbeitnehmer, der während der Wochenend- oder Feiertagsruhe beschäftigt wird, hat auf Verlangen Anspruch auf die zur Erfüllung seiner religiösen Pflichten notwendige Freizeit, wenn diese Pflichten nicht außerhalb der Arbeitszeit erfüllt werden können und die Freistellung von der Arbeit mit den Erfordernissen des Betriebes vereinbar ist.

(2) Der Arbeitnehmer hat diesen Anspruch bei Vereinbarung der Wochenend- oder Feiertagsarbeit, spätestens jedoch zwei Tage vorher, bei späterer Vereinbarung sofort, dem Arbeitgeber gegenüber geltend zu machen.

Entgelt für Feiertage und Ersatzruhe

§ 9. (1) Der Arbeitnehmer behält für die infolge eines Feiertages oder der Ersatzruhe (§ 6) ausgefallene Arbeit seinen Anspruch auf Entgelt.

(2) Dem Arbeitnehmer gebührt jenes Entgelt, das er erhalten hätte, wenn die Arbeit nicht aus den im Abs. 1 genannten Gründen ausgefallen wäre.

(3) Bei Akkord-, Stück- oder Gedinglöhnen, akkordähnlichen oder sonstigen leistungsbezogenen Prämien oder Entgelten ist das fortzuzahlende Entgelt nach dem Durchschnitt der letzten 13 voll gearbeiteten Wochen unter Ausscheidung nur ausnahmsweise geleisteter Arbeiten zu berechnen. Hat der Arbeitnehmer nach Antritt des Arbeitsverhältnisses noch keine 13 Wochen voll gearbeitet, so ist das Entgelt nach dem Durchschnitt der seit Antritt des Arbeitsverhältnisses voll gearbeiteten Zeiten zu berechnen.

(4) Durch Kollektivvertrag im Sinne des § 18 Abs. 4 Arbeitsverfassungsgesetz (ArbVG), BGBl. Nr. 22/1974, kann geregelt werden, welche Leistungen des Arbeitgebers als Entgelt anzusehen sind. Die Berechnungsart für die Ermittlung der Höhe des Entgeltes kann durch Kollektivvertrag abweichend von Abs. 2 und 3 geregelt werden.

(5) Der Arbeitnehmer, der während der Feiertagsruhe beschäftigt wird, hat außer dem Entgelt nach Abs. 1 Anspruch auf das für die geleistete Arbeit gebührende Entgelt, es sei denn, es wird Zeitausgleich im Sinne des § 7 Abs. 6 vereinbart.

3. ABSCHNITT

Ausnahmen von der Wochenend- und Feiertagsruhe

Ausnahmen für bestimmte Tätigkeiten

§ 10. Während der Wochenend- und Feiertagsruhe dürfen Arbeitnehmer nur beschäftigt werden mit:

1. der Reinigung, Instandhaltung oder Instandsetzung, soweit sich solche Arbeiten während des regelmäßigen Arbeitsablaufes nicht ohne Unterbrechung oder erhebliche Störung ausführen lassen und infolge ihres Umfanges nicht bis spätestens Samstag 15 Uhr abgeschlossen werden können;

2. der Bewachung oder Wartung von Betriebsanlagen einschließlich Bergbauanlagen oder Wartung von Tieren;

3. Arbeiten, die dem Brandschutz dienen;

4. der gesundheitlichen Betreuung oder Versorgung mit Speisen und Getränken derjenigen Arbeitnehmer, die auf Grund der Ausnahmebestimmungen dieses Bundesgesetzes während der Wochenend- oder Feiertagsruhe beschäftigt werden dürfen;

5. der Beförderung der während der Wochenend- oder Feiertagsruhe beschäftigten Arbeitnehmer zu und von der Arbeitsstelle;

6. der Be- und Entlüftung, Beheizung oder Kühlung der Arbeitsräume;

7. Umbauarbeiten an Betriebsanlagen einschließlich Bergbauanlagen, wenn diese aus technischen Gründen nur während des Betriebsstillstandes durchgeführt werden können und ein Betriebsstillstand außerhalb der Ruhezeiten

ARG

mit einem erheblichen Schaden verbunden wäre;

8. der Betreuung, Beaufsichtigung und Versorgung mit Speisen und Getränken in Internaten und Heimen, wenn diese Internate und Heime auch während der Wochenend- oder Feiertagsruhe betrieben werden.

Reisezeit

§ 10a. Verläßt der Arbeitnehmer über Auftrag des Arbeitgebers vorübergehend seinen Dienstort (Arbeitsstätte), um an anderen Orten seine Arbeitsleistung zu erbringen, ist eine Reisebewegung während der Wochenend- und Feiertagsruhe zulässig, wenn diese zur Erreichung des Reiseziels notwendig oder im Interesse des Arbeitnehmers gelegen ist.

Ausnahmen in außergewöhnlichen Fällen

§ 11. (1) Während der Wochenend- und Feiertagsruhe dürfen Arbeitnehmer in außergewöhnlichen Fällen mit vorübergehenden und unaufschiebbaren Arbeiten beschäftigt werden, soweit diese

1. zur Abwendung einer unmittelbaren Gefahr für die Sicherheit des Lebens oder die Gesundheit von Menschen oder bei Notstand sofort vorzunehmen sind oder

2. zur Behebung einer Betriebsstörung oder zur Verhütung des Verderbens von Gütern oder eines sonstigen unverhältnismäßigen wirtschaftlichen Schadens erforderlich sind, wenn unvorhergesehene und nicht zu verhindernde Gründe vorliegen und andere zumutbare Maßnahmen zu diesem Zweck nicht möglich sind.

(2) Der Arbeitgeber hat die in Abs. 1 angeführten Arbeiten dem Arbeitsinspektorat binnen zehn Tagen nach Beginn der Arbeiten schriftlich anzuzeigen. Die Anzeige hat die Gründe für die Arbeiten sowie die Anzahl der zur Arbeitsleistung benötigten Arbeitnehmer zu enthalten.

(3) Zur Sicherstellung der nach Abs. 1 notwendigen Arbeiten können Bereitschaftsdienste oder Rufbereitschaften eingerichtet werden.

(4) Der Arbeitgeber hat die Einrichtung von Bereitschaftsdiensten im Sinne des Abs. 3 unter Angabe von Gründen und der erforderlichen Anzahl der Arbeitnehmer dem Arbeitsinspektorat vorher schriftlich anzuzeigen. Entfallen die Gründe, die für die Einrichtung maßgebend waren, so hat er dies binnen zehn Tagen dem Arbeitsinspektorat schriftlich anzuzeigen.

Ausnahmen durch Verordnung für bestimmte Tätigkeiten

§ 12. (1) Durch Verordnung sind für Arbeitnehmer in bestimmten Betrieben Ausnahmen von der Wochenend- und Feiertagsruhe für Arbeiten zuzulassen, wenn diese

1. zur Befriedigung dringender Lebensbedürfnisse notwendig sind;

2. im Hinblick auf während der Wochenend- oder Feiertagsruhe hervortretende Freizeit- und Erholungsbedürfnisse und Erfordernisse des Fremdenverkehrs notwendig sind;

3. zur Bewältigung des Verkehrs notwendig sind;

4. aus technologischen Gründen einen ununterbrochenen Fortgang erfordern;

5. im Bergbau aus technologischen oder naturbedingten Gründen oder aus Gründen der Sicherheit einen ununterbrochenen Fortgang erfordern;

6. wegen der Gefahr des Mißlingens von Arbeitserzeugnissen nicht aufgeschoben werden können, soweit diese Gefahr nicht durch andere Maßnahmen abgewendet werden kann oder

7. wegen der Gefahr des raschen Verderbens von Rohstoffen nicht aufgeschoben werden können und nach der Art des Betriebes auf einen bestimmten Zeitraum beschränkt sind.

(2) Soweit dies nach der Art der Tätigkeit zweckmäßig ist, hat die Verordnung die nach Abs. 1 zulässigen Arbeiten einzeln anzuführen und das für die Durchführung notwendige Zeitausmaß festzulegen. Arbeiten, die im unmittelbaren Zusammenhang mit den nach Abs. 1 zulässigen Arbeiten stehen oder ohne die diese nicht durchführbar wären, sind zuzulassen, soweit sie nicht vor oder nach der Wochenend- oder Feiertagsruhe vorgenommen werden können.

(Anm.: Abs. 3 aufgehoben durch Art. 4 Z 3, BGBl. I Nr. 126/2017)

Ausnahmen durch Kollektivvertrag

§ 12a. (1) Der Kollektivvertrag kann weitere Ausnahmen von der Wochenend- und Feiertagsruhe zulassen, wenn dies zur Verhinderung eines wirtschaftlichen Nachteils sowie zur Sicherung der Beschäftigung erforderlich ist.

(2) Soweit dies nach der Art der Tätigkeit zweckmäßig ist, hat der Kollektivvertrag die nach Abs. 1 zulässigen Arbeiten einzeln anzuführen und das für die Durchführung notwendige Zeitausmaß festzulegen.

Vorübergehend auftretender besonderer Arbeitsbedarf

§ 12b. (1) Bei vorübergehend auftretendem besonderem Arbeitsbedarf können durch Betriebsvereinbarung Ausnahmen von der Wochenend- und Feiertagsruhe an vier Wochenenden oder Feiertagen pro Arbeitnehmerin bzw. Arbeitnehmer und Jahr zugelassen werden. Eine Ausnahme von der Wochenendruhe kann nicht an vier auf einander folgenden Wochenenden erfolgen.

(2) Für Verkaufstätigkeiten nach dem Öffnungszeitengesetz gilt Abs. 1 nicht.

(3) In Betrieben ohne Betriebsrat kann Wochenend- und Feiertagsarbeit nach Abs. 1 und 2 schriftlich mit den einzelnen Arbeitnehmerinnen und Arbeitnehmern vereinbart werden. In diesem Fall steht es

den Arbeitnehmerinnen und Arbeitnehmern frei, solche Wochenend- und Feiertagsarbeit ohne Angabe von Gründen abzulehnen. Sie dürfen deswegen nicht benachteiligt werden, insbesondere hinsichtlich des Entgelts, der Aufstiegsmöglichkeiten und der Versetzung. Werden Arbeitnehmerinnen und Arbeitnehmer deswegen gekündigt, können sie die Kündigung innerhalb einer Frist von zwei Wochen bei Gericht anfechten. § 105 Abs. 5 ArbVG gilt sinngemäß.

(4) Die Betriebsvereinbarung bzw. die schriftliche Einzelvereinbarung muss, sofern sie für wiederkehrende Ereignisse abgeschlossen wird, den Anlass umschreiben.

Ausnahmen durch Verordnung des Landeshauptmannes

§ 13. (1) Der Landeshauptmann kann neben den gemäß § 12 Abs. 1 und 2 zulässigen Ausnahmen nach Anhörung der zuständigen gesetzlichen Interessenvertretungen der Arbeitgeber und Arbeitnehmer durch Verordnung weitere Ausnahmen zulassen, wenn

1. nicht bereits eine Ausnahme im Sinne dieses Bundesgesetzes, insbesondere durch den Ausnahmenkatalog gemäß § 12 Abs. 1, für den zu regelnden Bereich besteht und
2. ein außergewöhnlicher regionaler Bedarf für Versorgungsleistungen gegeben ist.

(2) Verordnungen im Sinne des Abs. 1 haben den örtlichen Geltungsbereich, die Tätigkeiten, die Zeiträume und das maximale Zeitausmaß, während dem die Beschäftigung von Arbeitnehmern zulässig ist, genau zu bezeichnen. Arbeiten, die im unmittelbaren Zusammenhang mit den nach Abs. 1 zulässigen Arbeiten stehen oder ohne die diese nicht durchführbar wären, sind zuzulassen, soweit sie nicht vor oder nach der Wochenend- oder Feiertagsruhe vorgenommen werden können.

(3) Verordnungen gemäß Abs. 1 sind der Bundesministerin bzw. dem Bundesminister für Arbeit jeweils zur Kenntnis zu bringen.

(4) Abs. 1 bis 3 gelten nicht für Verkaufstätigkeiten nach dem Öffnungszeitengesetz 2003, BGBl. I Nr. 48/2003.

Sonderregelung für den 8. Dezember

§ 13a. Die Beschäftigung von Arbeitnehmern am 8. Dezember in Verkaufsstellen gemäß § 1 Abs. 1 und 3 des Öffnungszeitengesetzes 2003 ist zulässig, wenn der 8. Dezember auf einen Werktag fällt. Der Arbeitnehmer hat das Recht, die Beschäftigung am 8. Dezember auch ohne Angabe von Gründen abzulehnen. Kein Arbeitnehmer darf wegen der Weigerung, am 8. Dezember der

Beschäftigung nachzugehen, benachteiligt werden.

Ausnahmen durch Verordnung im öffentlichen Interesse

§ 14. Durch Verordnung sind Ausnahmen von der Wochenend- oder Feiertagsruhe für die Arbeitnehmer bestimmter Betriebe zuzulassen, wenn es das öffentliche Interesse infolge besonders schwerwiegender Umstände erfordert.

Ausnahmen in Einzelfällen

§ 15. (1) Die Bundesministerin bzw. der Bundesminister für Arbeit hat auf Antrag des Arbeitgebers nach Anhörung der gesetzlichen Interessenvertretungen der Arbeitgeber und Arbeitnehmer für bestimmte Arbeitnehmer eines Betriebes eine Ausnahme von der Wochenend- und Feiertagsruhe zuzulassen, wenn dies im Einzelfall infolge der Neuerrichtung oder Änderung einer Betriebsanlage oder der Einführung eines neuen Verfahrens aus den im § 12 Abs. 1 Z 4, 6 und 7 genannten Gründen erforderlich ist.

(2) Die Bundesministerin bzw. der Bundesminister für Arbeit hat auf Antrag des Arbeitgebers nach Anhörung der gesetzlichen Interessenvertretungen der Arbeitgeber und Arbeitnehmer für bestimmte Arbeitnehmer eines Bergbaubetriebes eine Ausnahme von den Bestimmungen der Wochenend- und Feiertagsruhe zuzulassen, wenn dies

1. infolge der Neuerrichtung oder Änderung einer Bergbauanlage oder der Einführung eines neuen Verfahrens aus technologischen Gründen,
2. infolge von Betriebsunterbrechungen durch außergewöhnliche Ereignisse,
3. durch besondere Witterungseinflüsse bis zum Ausgleich entstandener Folgen,
4. zur Überbrückung von Versorgungsengpässen oder
5. unverzüglich zur Sicherstellung der Versorgung mit mineralischen Rohstoffen

erforderlich ist.

4. ABSCHNITT

Sonderbestimmungen für Märkte und Messen

Märkte und marktähnliche Veranstaltungen

§ 16. Finden Märkte oder marktähnliche Veranstaltungen [§§ 286 bis 294 der Gewerbeordnung 1994 (GewO 1994), BGBl. Nr. 194] auf Grund gewerberechtlicher Bewilligung während der Wochenend- oder Feiertagsruhe statt, so ist die Beschäftigung von Arbeitnehmern nur im örtlich und zeitlich bewilligten Rahmen dieser Veranstaltung und im unbedingt notwendigen Ausmaß zulässig.

Messen und messeähnliche Veranstaltungen

§ 17. (1) Werden Messen oder messeähnliche Veranstaltungen durchgeführt, dürfen Arbeitneh-

ARG

mer auch während der Wochenend- und Feiertagsruhe mit Arbeiten beschäftigt werden, die

1. innerhalb der letzten zwei Wochen vor Beginn
zur Vorbereitung der Veranstaltung, wie zum
Aufbau der Ausstellungseinrichtung und zur
Anlieferung des Messegutes,
2. zur Durchführung der Veranstaltung,
3. zur Betreuung und Beratung der Besucher,
4. zur Erfüllung der Aufgaben als Beauftragter
der beruflich berührten Besucherkreise oder
5. für den Abbau und Abtransport des Messegutes, der Ausstellungseinrichtung und sonstigen Abschlußarbeiten

notwendig sind. In den Fällen der Z 1, 4 und 5 ist
die Beschäftigung von Arbeitnehmern während
der Wochenend- und Feiertagsruhe jedoch nur
dann zulässig, wenn diese Arbeiten nicht durch
zumutbare organisatorische Maßnahmen außerhalb der Ruhezeiten möglich sind. In den Fällen
der Z 2 und 3 ist die Beschäftigung von Arbeitnehmern während der Wochenend- und Feiertagsruhe – unbeschadet der notwendigen Vor- und Abschlußarbeiten – nur in der Zeit zwischen 9 Uhr
und 18 Uhr, während der Sommerzeit gemäß dem
Zeitzählungsgesetz, BGBl. Nr. 78/1976, wahlwei-
se auch in der Zeit zwischen 10 Uhr und 19 Uhr
zulässig.

(2) Werbe- und Verkaufsveranstaltungen gelten
als Messen oder messeähnliche Veranstaltungen,
wenn sie die Voraussetzungen der Abs. 3 bis 6
erfüllen.

(3) Als Messe im Sinne des Abs. 1 ist eine zeitlich begrenzte, im allgemeinen regelmäßig wiederkehrende Veranstaltung zu verstehen, in deren
Rahmen eine Vielzahl von Ausstellern ein umfassendes Angebot eines oder mehrerer Wirtschaftszweige ausstellt und überwiegend nach Muster vor
allem an gewerbliche Wiederverkäufer, gewerbliche Verbraucher oder Großabnehmer vertreibt
(Fachmesse).

(4) Als Messe im Sinne des Abs. 1 ist auch eine
im allgemeinen regelmäßig wiederkehrende, jedoch höchstens zweimal im Jahr stattfindende Veranstaltung in der Dauer von mindestens drei und
höchstens zehn aufeinanderfolgenden Tagen anzusehen, in deren Rahmen eine Vielzahl von Ausstellern ein umfassendes Angebot eines oder mehrerer Wirtschaftszweige ausstellt und sowohl an
gewerbliche Wiederverkäufer, gewerbliche Verbraucher oder Großabnehmer als auch an Letzt-
verbraucher vertreibt (Publikumsmesse).

(5) Als messeähnliche Veranstaltungen im Sinne des Abs. 1 gelten auch Veranstaltungen, die
nur einmal oder jedenfalls ohne Regelmäßigkeit
durchgeführt werden oder die die wirtschaftliche Leistungsfähigkeit von bestimmten Gewerbe-
zweigen oder Regionen darstellen sollen (Hand-
werksausstellungen, Leistungsschauen und dergleichen), bei welchen der Informationszweck ge-

genüber der Absicht des Warenvertriebes über-
wiegt.

(6) Als Messen oder messeähnliche Veranstaltungen gelten Veranstaltungen jedoch nur dann,
wenn infolge der großen Zahl der Aussteller und
Besucher die Organisation der Durchführung von
den Ausstellern nicht selbst bewältigt werden
kann und die Veranstaltungen außerhalb jener Betriebsstätten durchgeführt werden, in denen der
normale Geschäftsbetrieb der Aussteller stattfindet.

*(Anm.: Abs. 7 aufgehoben durch Art. 4 Z 4,
BGBl. I Nr. 126/2017)*

Verkaufsstellen in Bahnhöfen und Autobusbahnhöfen, auf Flughäfen und Schiffslandeplätzen, Zollfreiläden

§ 18. (1) Für den Verkauf von Lebensmitteln,
Reiseandenken und notwendigem Reisebedarf
(Reiselektüre, Schreibmaterialien, Blumen, Reise-
Toiletteartikel, Filme und dergleichen) und Artikeln des Trafiksortiments dürfen Arbeitnehmer
auch während der Wochenend- und Feiertagsruhe in Verkaufsstellen in Bahnhöfen und Autobus-
bahnhöfen, auf Flughäfen und an Schiffslandeplät-
zen beschäftigt werden. Die dem Verkauf dieser
Waren gewidmete Fläche darf pro Verkaufsstelle
80 Quadratmeter nicht übersteigen, soweit nicht
auf Grund einer Verordnung gemäß § 7 Z 1 des
Öffnungszeitengesetzes 2003 oder auf Grund des
§ 12 Abs. 3 letzter Satz des Öffnungszeitengesetzes 2003 ein größeres Ausmaß zulässig ist. Als
Verkaufsstelle im Sinne dieser Bestimmung ist
eine Verkaufsstelle nur dann anzusehen, wenn sie
ausschließlich durch die betreffende Verkehrsein-
richtung zugänglich ist.

(2) Für den Verkauf des Sortiments von Zollfrei-
läden auf Flughäfen dürfen Arbeitnehmer auch
während der Wochenend- und Feiertagsruhe beschäftigt werden.

5. ABSCHNITT
Sonderbestimmungen
Sonderbestimmungen für Arbeitnehmer in Verkehrsbetrieben

§ 19. (1) Für Arbeitnehmer

1. in Verkehrsbetrieben im Sinne des
a) Kraftfahrliniengesetzes (KfLG),
b) Gelegenheitsverkehrsgesetzes 1996, BGBl.
Nr. 112,
c) Eisenbahngesetzes 1957, BGBl. Nr. 60,
d) Seilbahngesetzes 2003, BGBl. I Nr. 103,
e) Schifffahrtsgesetzes, BGBl. I Nr. 62/1997,
f) Seeschifffahrtsgesetzes,
2. in Schlaf-, Liege- und Speisewagenunterneh-
mungen im Rahmen des fahrenden Betriebes
der Eisenbahnen,

3. die in Unternehmen nach dem Luftfahrtgesetz, BGBl. Nr. 253/1957, oder dem Flughafen-Bodenabfertigungsgesetz, BGBl. I Nr. 97/1998, als Flughafenpersonal oder als Flugsicherungspersonal beschäftigt sind,

kann durch Kollektivvertrag die wöchentliche Ruhezeit und die Ruhezeit an Feiertagen abweichend von den §§ 3, 4 und 7 geregelt werden, soweit diese Arbeitnehmer nicht gemäß § 1 Abs. 2 Z 2 vom Geltungsbereich ausgenommen sind.

(2)

1. Die wöchentliche Ruhezeit darf in einzelnen Wochen 36 Stunden unterschreiten oder ganz unterbleiben, wenn in einem kollektivvertraglich festgelegten Zeitraum eine durchschnittliche Ruhezeit von 36 Stunden erreicht wird. Zur Berechnung dürfen nur mindestens 24stündige Ruhezeiten herangezogen werden.
2. Die Lage der Ersatzruhe kann abweichend von § 6 festgelegt werden.
3. In Fällen des besonderen Bedarfes kann zur Aufrechterhaltung des Verkehrs durch Betriebe im Sinne des Abs. 1 eine finanzielle Abgeltung der Ersatzruhe vorgesehen werden.

(3) In Betrieben von Gebietskörperschaften können dienstrechtliche Vorschriften, die den wesentlichen Inhalt des Arbeitsverhältnisses zwingend festlegen, Regelungen im Sinne der Abs. 1 und 2 treffen.

(3a) Soweit in diesem Bundesgesetz

1. auf den EU-Teilabschnitt FTL verwiesen wird, ist dies ein Verweis auf den Teilabschnitt FTL im Anhang III der Verordnung (EU) Nr. 965/2012, zur Festlegung technischer Vorschriften und von Verwaltungsverfahren in Bezug auf den Flugbetrieb gemäß der Verordnung (EG) Nr. 216/2008 des Europäischen Parlaments und des Rates, ABl. Nr. L 296 vom 25.10.2012, S. 1, in der jeweils geltenden Fassung;
2. auf den EU-Teilabschnitt Q verwiesen wird, ist dies ein Verweis auf den Teilabschnitt Q im Anhang III der Verordnung (EG) Nr. 3922/91 des Rates vom 16. Dezember 1991 zur Harmonisierung der technischen Vorschriften und der Verwaltungsverfahren in der Zivilluftfahrt, ABl. Nr. L 373 vom 31.12.1991, S. 4, in der jeweils geltenden Fassung.

(4) Dem fliegenden Personal von Luftfahrtunternehmen sind zu gewähren:

1. bei Flügen gemäß Art. 8 Z 1 der Verordnung (EU) Nr. 965/2012 mindestens wöchentliche Ruhezeiten im Sinne der Bestimmungen des EU-Teilabschnittes FTL einschließlich österreichischer Durchführungsvorschriften,
2. bei Flügen gemäß Art. 8 Z 2 der Verordnung (EU) Nr. 965/2012 mindestens wöchentliche Ruhezeiten im Sinne der Bestimmungen des EU-Teilabschnittes Q einschließlich österreichischer Durchführungsvorschriften,

3. bei allen Flügen jedenfalls in einem Durchrechnungszeitraum von einem Kalenderjahr pro Kalendermonat durchschnittlich mindestens acht, in jedem Kalendermonat jedoch mindestens sieben arbeitsfreie Kalendertage am Wohnsitzort. Arbeitsfreie Kalendertage sind den Arbeitnehmern und Arbeitnehmerinnen zehn Tage im Voraus bekannt zu geben. Fallen diese in eine wöchentliche Ruhezeit, sind sie anzurechnen.

(5) Auf Arbeitnehmer gemäß Abs. 4, für die kollektivvertragliche Regelungen über die wöchentliche Ruhezeit gelten, sind die Abschnitte 2 bis 4 dieses Bundesgesetzes nicht anzuwenden.

(6) Für Arbeitnehmerinnen und Arbeitnehmer im Schiffsdienst von Binnenschifffahrtsunternehmen darf der Kollektivvertrag bei einer Durchrechnung der wöchentlichen Ruhezeit gemäß Abs. 2 Z 1 einen Durchrechnungszeitraum von mehr als einem Monat nur zulassen, wenn er nicht mehr als 31 aufeinander folgende Arbeitstage zulässt und die Mindestanzahl von aufeinander folgenden Ruhetagen im unmittelbaren Anschluss an aufeinander folgende geleistete Arbeitstage wie folgt bestimmt:

1. vom 1. bis zum 10. aufeinander folgenden Arbeitstag: je 0,2 Ruhetage pro aufeinander folgendem Arbeitstag;
2. vom 11. bis zum 20. aufeinander folgenden Arbeitstag: je 0,3 Ruhetage pro aufeinander folgendem Arbeitstag;
3. vom 21. bis zum 31. aufeinander folgenden Arbeitstag: je 0,4 Ruhetage pro aufeinander folgendem Arbeitstag.

Anteilige Ruhetage werden in dieser Berechnung der Mindestanzahl von aufeinander folgenden Ruhetagen addiert und nur in ganzen Tagen abgegolten.

Sonderbestimmungen für das grenzüberschreitend eingesetzte Zugpersonal

§ 19a. Für Arbeitnehmer gemäß § 18f Abs. 1 Z 3 AZG ist § 19 mit Ausnahme von Abs. 2 Z 2 und 3 nicht anzuwenden. Diese haben statt dessen Anspruch auf die Gewährung einer 36stündigen wöchentlichen Ruhezeit pro Kalenderwoche. Darüber hinaus haben sie Anspruch

1. auf die Verlängerung von zwölf wöchentlichen Ruhezeiten pro Jahr auf 60 Stunden, die den Samstag und den Sonntag umfassen müssen,
2. auf die Verlängerung von zwölf weiteren wöchentlichen Ruhezeiten pro Jahr auf 60 Stunden, die nicht den Samstag und den Sonntag umfassen müssen, sowie
3. auf 28 weitere 24stündige Ruhezeiten.

ARG

Sonderbestimmungen für bestimmte Arbeitnehmer in öffentlichen Apotheken und Anstaltsapotheken

§ 21. (1) Für angestellte Apothekenleiterinnen bzw. Apothekenleiter und andere allgemein berufsberechtigte Apothekerinnen und Apotheker in öffentlichen Apotheken oder Anstaltsapotheken kann durch Kollektivvertrag die wöchentliche Ruhezeit und die Ruhezeit an Feiertagen abweichend von den §§ 3, 4 und 7 geregelt werden.

(2)

1. Die wöchentliche Ruhezeit darf in einzelnen Wochen 36 Stunden unterschreiten oder ganz unterbleiben, wenn in einem kollektivvertraglich festgelegten Zeitraum eine durchschnittliche Ruhezeit von 36 Stunden erreicht wird. Zur Berechnung dürfen nur mindestens 24stündige Ruhezeiten herangezogen werden.
2. Die Lage der Ersatzruhe kann abweichend von § 6 festgelegt werden.

(Anm.: Z 3 aufgehoben durch Art. 2 Z 2, BGBl. I Nr. 127/2017)

(3) Bei Arbeitsleistungen in Apotheken, die ununterbrochenen Bereitschaftsdienst in Rufbereitschaft gemäß § 8 Abs. 3 des Apothekengesetzes, RGBl. Nr. 5/1907 versehen, darf Rufbereitschaft nur während zwei wöchentlichen Ruhezeiten pro Monat vereinbart werden. Der Kollektivvertrag kann zulassen, daß Rufbereitschaft innerhalb eines Zeitraumes von drei Monaten während sechs wöchentlichen Ruhezeiten vereinbart werden kann. Diese Bestimmung gilt nicht für Vertreter von alleinarbeitenden Apothekenleitern.

(4) In Betrieben von Gebietskörperschaften können dienstrechtliche Vorschriften, die den wesentlichen Inhalt des Arbeitsverhältnisses zwingend regeln, Regelungen im Sinne der Abs. 1 bis 3 treffen.

Sonderbestimmungen für Arbeitnehmer in Betrieben des Bewachungsgewerbes

§ 22. (1) Für Arbeitnehmer in Betrieben des Bewachungsgewerbes im Sinne des § 129 Abs. 4 GewO 1994 kann durch Kollektivvertrag die wöchentliche Ruhezeit und die Ruhezeit an Feiertagen abweichend von den §§ 3, 4 und 7 geregelt werden.

(2)

1. Die wöchentliche Ruhezeit darf in einzelnen Wochen 36 Stunden unterschreiten oder ganz unterbleiben, wenn in einem kollektivvertraglich festgelegten Zeitraum eine durchschnittliche Ruhezeit von 36 Stunden erreicht wird. Zur Berechnung dürfen nur mindestens 24stündige Ruhezeiten herangezogen werden.
2. Die Lage der Ersatzruhe kann abweichend von § 6 festgelegt werden.
3. Zur Aufrechterhaltung der ordnungsgemäßen Bewachung kann eine finanzielle Abgeltung der Ersatzruhe vorgesehen werden.

Abschnitt 5a
Lenker bestimmter Kraftfahrzeuge

§ 22a. (1) Auf die Beschäftigung von Lenkern von Kraftfahrzeugen, die unter die Verordnung (EG) Nr. 561/2006 über die Harmonisierung bestimmter Sozialvorschriften im Straßenverkehr, ABl. Nr. L 102 vom 11.04.2006 S. 1, fallen, sind die §§ 2 bis 5 und 19 nicht anzuwenden, soweit diese auf die Dauer der wöchentlichen Ruhezeit Bezug nehmen. Für diese Lenker gelten Vorschriften über die wöchentliche Ruhezeit nach Maßgabe dieser Verordnung auch auf Fahrtstrecken, die nicht unter Art. 2 Abs. 2 dieser Verordnung fallen.

(2) Für den Kraftfahrlinienverkehr mit einer Linienstrecke von nicht mehr als 50 km sind die §§ 2 bis 5 und 19, soweit sie auf die Dauer der wöchentlichen Ruhezeit Bezug nehmen, dann nicht anzuwenden, wenn durch Kollektivvertrag oder Betriebsvereinbarung

1. eine Verlängerung der täglichen Lenkzeit auf mehr als zweimal wöchentlich neun Stunden zugelassen wurde (§ 14a Abs. 1 AZG) oder
2. eine Verlängerung der wöchentlichen Lenkzeit zugelassen wurde (§ 14a Abs. 2 AZG).

In diesem Fall gelten stattdessen die §§ 22b und 22c.

Wöchentliche Ruhezeit

§ 22b. (1) Der Lenker hat in jeder Woche Anspruch auf eine ununterbrochene wöchentliche Ruhezeit von mindestens 45 Stunden. Diese wöchentliche Ruhezeit kann auf 36 zusammenhängende Stunden verkürzt werden. Durch Kollektivvertrag kann zugelassen werden, daß die wöchentliche Ruhezeit außerhalb des Standortes des Fahrzeuges oder des Heimatortes des Lenkers auf 24 zusammenhängende Stunden verkürzt wird. Jede Verkürzung ist durch eine zusammenhängende Ruhezeit auszugleichen, die vor Ende der auf die betreffende Woche folgenden dritten Woche zu nehmen ist. Diese als Ausgleich zustehende Ruhezeit ist zusammen mit einer anderen mindestens achtstündigen Ruhezeit zu gewähren, und zwar über Verlangen des Lenkers am Aufenthaltsort des Fahrzeugs oder am Heimatort des Lenkers.

(2) Eine wöchentliche Ruhezeit, die in einer Woche beginnt und in die darauffolgende Woche reicht, kann auch der zweiten Woche zugerechnet werden.

(3) Zwischen zwei wöchentlichen Ruhezeiten dürfen höchstens sechs Tage liegen. Durch Kollektivvertrag kann zugelassen werden, dass im Personengelegenheitsverkehr gemäß Art. 4 lit. n der Verordnung (EG) Nr. 561/2006 zwischen zwei wöchentlichen Ruhezeiten höchstens zwölf Tage liegen dürfen und die wöchentlichen Ruhezeiten

in einem Durchrechnungszeitraum von zwei Wochen spätestens am Ende der zweiten Woche zusammen gewährt werden.

Abweichungen

§ 22c. Im Falle des § 22a Abs. 2 kann der Lenker, wenn es mit der Sicherheit im Straßenverkehr vereinbar ist, um einen geeigneten Halteplatz zu erreichen, von § 22b abweichen, soweit dies erforderlich ist, um die Sicherheit der Fahrgäste, des Fahrzeugs oder seiner Ladung zu gewährleisten. Art und Grund der Abweichung sind zu vermerken

1. auf dem Schaublatt, wenn das Fahrzeug mit einem analogen Fahrtenschreiber im Sinne von Art. 2 Abs. 2 lit. g der Verordnung (EU) Nr. 165/2014, über den Fahrtenschreiber im Straßenverkehr, ABl. Nr. L 60 vom 28.2.2014 S. 1, in der jeweils geltenden Fassung, ausgerüstet ist,
2. auf dem Ausdruck des Kontrollgeräts, wenn das Fahrzeug mit einem digitalen Fahrtenschreiber im Sinne von Art. 2 Abs. 2 lit. h der Verordnung (EU) Nr. 165/2014, ausgerüstet ist,
3. im Arbeitszeitplan in den Fällen des Art. 16 Abs. 1 der Verordnung (EG) Nr. 561/2006,
4. in den Arbeitszeitaufzeichnungen in den übrigen Fällen.

Informationspflichten

§ 22d. Der Dienstzettel gemäß § 2 Abs. 2 Arbeitsvertragsrechts-Anpassungsgesetz (AVRAG), BGBl. Nr. 459/1993, hat neben allen dort genannten Angaben auch einen Hinweis auf die für die Lenkerin/den Lenker geltenden Vorschriften zur wöchentlichen Ruhezeit und Feiertagsruhe sowie auf die Möglichkeiten zur Einsichtnahme zu enthalten.

Schadenersatz- und Regressansprüche

§ 22e. Bei Schadenersatz- und Regressansprüchen zwischen Arbeitgebern und Lenkern gelten als Grund für die Minderung oder den gänzlichen Ausschluss von Ersatz- oder Regressansprüchen im Sinne des § 2 Abs. 2 Z 4 und 5 des Dienstnehmerhaftpflichtgesetzes, BGBl. Nr. 80/1965,

1. ein Verstoß des Arbeitgebers gegen die Informationspflicht gemäß § 22d, oder
2. ein Verstoß gegen die Bestimmungen über die wöchentliche Ruhezeit,

es sei denn, dass diese Verstöße auf den Eintritt des Schadens oder die Schadenshöhe keinen Einfluss haben konnten.

Abschnitt 5b

Sonderbestimmungen für Arbeitnehmer in Verkaufsstellen und bestimmten Dienstleistungsbetrieben

§ 22f. (1) Arbeitnehmer in Verkaufsstellen gemäß § 1 des Öffnungszeitengesetzes 2003 dürfen an Samstagen nach 13 Uhr beschäftigt werden, soweit die jeweils geltenden Öffnungszeitenvorschriften das Offenhalten dieser Verkaufsstellen zulassen. Mit Arbeiten gemäß § 3 Abs. 2 dürfen Arbeitnehmer höchstens eine weitere Stunde beschäftigt werden.

(2) Arbeitnehmer in Betriebseinrichtungen von Dienstleistungsbetrieben, die mit Betriebseinrichtungen gemäß § 1 Öffnungszeitengesetz 2003 vergleichbar sind, dürfen an Samstagen von 18 Uhr, mit Arbeiten gemäß § 3 Abs. 2 bis 19 Uhr beschäftigt werden, soweit nicht durch Verordnung nach §§ 12 oder 13 oder Kollektivvertrag nach § 12a weiter gehende Ausnahmen zugelassen sind.

(3) Der Kollektivvertrag kann Sonderbestimmungen für die Beschäftigung von Arbeitnehmern nach Abs. 1 und 2 festsetzen.

(4) Abs. 1 und 3 gelten auch für Tätigkeiten gemäß § 9 des Öffnungszeitengesetzes 2003.

6. ABSCHNITT

Allgemeine Vorschriften

Aushang der Ruhezeitenregelung

§ 24. Der Arbeitgeber hat an einer für die Arbeitnehmer des Betriebes leicht zugänglichen Stelle einen Aushang über den Beginn und das Ende der wöchentlichen Ruhezeit gut sichtbar anzubringen oder den Arbeitnehmern mittels eines sonstigen Datenträgers samt Ablesevorrichtung, durch geeignete elektronische Datenverarbeitung oder durch geeignete Telekommunikationsmittel zugänglich zu machen.

Aufzeichnungen und Auskunftspflicht

§ 25. (1) Der Arbeitgeber hat zur Überwachung der Einhaltung der Ruhezeiten Aufzeichnungen über Ort, Dauer und Art der Beschäftigung aller während der Wochenend-, Wochen-, Ersatz- oder Feiertagsruhe beschäftigten Arbeitnehmer sowie über die gemäß § 6 gewährte Ersatzruhe zu führen. Bei schriftlich festgehaltener fixer Arbeitszeiteinteilung ist § 26 Abs. 5a des Arbeitszeitgesetzes anzuwenden.

(2) Der Arbeitgeber hat der Arbeitsinspektion und ihren Organen die erforderlichen Auskünfte zu erteilen und auf Verlangen die gemäß Abs. 1 zu führenden Aufzeichnungen zur Einsicht vorzulegen.

Sonderbestimmungen für die Schifffahrt

§ 25a. (1) Dienstpläne und Arbeitszeitaufzeichnungen im Sinne der §§ 24 und 25 sind für die an Bord beschäftigten Arbeitnehmer an Bord der Schiffe im Sinne des Schifffahrtsgesetzes und des Seeschifffahrtsgesetzes anzubringen bzw. zu führen. Dies gilt jedoch nicht für Fahrzeuge, die nur dem Remork im Sinne des § 2 Z 30 Schifffahrtsgesetz in Häfen dienen.

(2) An Bord von Schiffen, die unter das Seeschifffahrtsgesetz fallen, sind die Unterlagen gemäß Abs. 1 überdies in den Arbeitssprachen und

ARG

in Englisch anzubringen bzw. zu führen und haben den Standardmustern der Anhänge I und II der Richtlinie 1999/95/EG zu entsprechen. Eine schriftlich vom Arbeitgeber und vom Arbeitnehmer bestätigte Kopie der Arbeitszeitaufzeichnung ist dem Arbeitnehmer auszuhändigen.

Behördenzuständigkeit und Verfahrensvorschriften

§ 26. (1) Die nach diesem Bundesgesetz den Arbeitsinspektoraten zustehenden Aufgaben und Befugnisse sind in den vom Wirkungsbereich der Arbeitsinspektion ausgenommenen Betrieben von den zur Wahrung des Arbeitnehmerschutzes sonst berufenen Behörden wahrzunehmen.

(2) Die den Arbeitsinspektoraten nach diesem Bundesgesetz zustehenden Aufgaben und Befugnisse, die sich über den Wirkungsbereich eines Arbeitsinspektorates hinaus erstrecken, sind von der Bundesministerin bzw. vom Bundesminister für Arbeit wahrzunehmen.

(3) Anzeigen gemäß § 11 Abs. 2 und 4 sind von Stempel- und Rechtsgebühren des Bundes befreit.

Strafbestimmungen

§ 27. (1) Arbeitgeber, die den §§ 3, 4, 5 Abs. 1 und 2, §§ 6, 6a, 7, 8 und 9 Abs. 1 bis 3 und 5 oder den §§ 10 bis 22b, 22c zweiter Satz, 22f sowie 24 bis 25a zuwiderhandeln, sind, sofern die Tat nicht nach anderen Vorschriften einer strengeren Strafe unterliegt, von der Bezirksverwaltungsbehörde mit einer Geldstrafe von 72 Euro bis 2 180 Euro, im Wiederholungsfall von 145 Euro bis 2 180 Euro zu bestrafen.

(2) Ebenso sind Arbeitgeberinnen bzw. Arbeitgeber zu bestrafen, die die wöchentliche Ruhezeit gemäß Art. 8 Abs. 6 bis 8a der Verordnung (EG) Nr. 561/2006 nicht gewähren oder die Aufzeichnungspflichten gemäß Art. 12 dieser Verordnung verletzen.

(2a) Ebenso sind Arbeitgeberinnen und Arbeitgeber zu bestrafen, die in Bezug auf wöchentliche Ruhezeiten den Bestimmungen der EU-Teilabschnitte FTL oder Q einschließlich österreichischer Durchführungsvorschriften zuwiderhandeln.

(2b) Abweichend von Abs. 1 sind Arbeitgeber, sofern die Tat nicht nach anderen Vorschriften einer strengeren Strafe unterliegt, von der Bezirksverwaltungsbehörde im Wiederholungsfall mit einer Geldstrafe von 218 Euro bis 3 600 Euro zu bestrafen, wenn die wöchentliche Ruhezeit weniger als 24 Stunden betragen hat, soweit nicht eine kürzere Ruhezeit zulässig ist.

(2c) Sind Übertretungen gemäß Abs. 2 nach Anhang III der Richtlinie 2006/22/EG als

1. leichte Übertretungen eingestuft oder in diesem Anhang nicht erwähnt, sind die Arbeitgeberinnen und Arbeitgeber mit einer Geldstrafe von 72 Euro bis 1 815 Euro, im Wiederholungsfall von 145 Euro bis 1 815 Euro;

2. schwerwiegende Übertretungen eingestuft, sind die Arbeitgeberinnen und Arbeitgeber mit einer Geldstrafe von 200 Euro bis 2 180 Euro, im Wiederholungsfall von 250 Euro bis 3 600 Euro;

3. sehr schwerwiegende Übertretungen eingestuft, sind die Arbeitgeberinnen und Arbeitgeber mit einer Geldstrafe von 300 Euro bis 2 180 Euro, im Wiederholungsfall von 350 Euro bis 3 600 Euro,

zu bestrafen.

(3) Besteht bei einer Bezirksverwaltungsbehörde der Verdacht einer Zuwiderhandlung durch ein Organ einer Gebietskörperschaft, so hat die Behörde, wenn es sich um ein Organ des Bundes oder eines Landes handelt, eine Anzeige an das oberste Organ, welchem das der Zuwiderhandlung verdächtige Organ untersteht, in allen anderen Fällen aber eine Anzeige an die Aufsichtsbehörde zu erstatten.

(4) Im Falle des § 22a Abs. 1 zweiter Satz genügt abweichend von § 44a Z 2 des Verwaltungsstrafgesetzes 1991 (VStG), BGBl. Nr. 52, als Angabe der verletzten Verwaltungsvorschrift die Angabe des entsprechenden Gebotes oder Verbotes der Verordnung (EG) Nr. 561/2006.

(5) Wurden Verwaltungsübertretungen nach den Abs. 1 und 2 nicht im Inland begangen, gelten sie an jenem Ort begangen, an dem sie festgestellt wurden.

Weitergelten von Regelungen

§ 28. (1) Bei Inkrafttreten dieses Bundesgesetzes bestehende für die Arbeitnehmer günstigere Regelungen in Kollektivverträgen, Arbeits-(Dienst–)Ordnungen, Betriebsvereinbarungen oder Arbeitsverträgen werden durch dieses Bundesgesetz nicht berührt.

(2) Bei Inkrafttreten dieses Bundesgesetzes bestehende Bestimmungen in Kollektivverträgen in Angelegenheiten, die durch Kollektivvertrag abweichend geregelt werden können, gelten als solche abweichende Regelungen. Bestehende kollektivvertragliche Ansprüche können auf Ansprüche gemäß § 19 Abs. 2 Z 3, § 20 Abs. 2 Z 3, § 21, Abs. 2 Z 3 und § 22 Abs. 2 Z 3 nur insoweit angerechnet werden, als dadurch die Belastung der Arbeit während der wöchentlichen Ruhezeit nicht aber Mehrarbeit oder andere Arbeitserschwernisse abgegolten werden.

(3) Bestehende kollektivvertragliche Ansprüche können auf Ansprüche gemäß § 9 Abs. 5 nur insoweit angerechnet werden, als dadurch die Belastung der Feiertagsarbeit nicht aber Mehrarbeit oder andere Arbeitserschwernisse abgegolten werden.

7. ABSCHNITT
Übergangs- und Schlußbestimmungen
Außerkrafttreten von
Ausnahmegenehmigungen

§ 29. Bescheide, mit Ausnahme der Strafbescheide, die auf Grund von Vorschriften erlassen worden sind, die durch dieses Bundesgesetz außer Kraft gesetzt werden, verlieren spätestens mit Ablauf von sechs Monaten nach Inkrafttreten dieses Bundesgesetzes ihre Wirksamkeit, wenn nicht innerhalb dieser Frist um eine Ausnahmegenehmigung nach diesem Bundesgesetz angesucht wird.

Anhängige Verfahren

§ 30. (1) Auf die im Zeitpunkt des Inkrafttretens dieses Bundesgesetzes anhängigen Verwaltungsverfahren ist an Stelle der aufgehobenen Vorschriften dieses Bundesgesetz anzuwenden.

(2) Die Bestimmungen dieses Bundesgesetzes sind auch auf strafbare Handlungen oder Unterlassungen anzuwenden, die vor seinem Inkrafttreten begangen worden sind, sofern diese dadurch nicht einer strengeren Strafe unterliegen als nach den bisher geltenden Vorschriften.

Aufhebung von Rechtsvorschriften

§ 31. (1) Mit Inkrafttreten dieses Bundesgesetzes treten außer Kraft:

1. Das Gesetz vom 28. Juli 1902, RGBl. Nr. 156, betreffend die Regelung des Arbeitsverhältnisses der bei Regiebauten von Eisenbahnen und in den Hilfsanstalten derselben verwendeten Arbeiter, in der Fassung des Gesetzes StGBl. Nr. 42/1919 und der Bundesgesetze BGBl. Nr. 191/1928, 50/1948 und 234/1972;
2. § 3 des Privat-Kraftwagenführergesetzes, BGBl. Nr. 359/1928, in der Fassung der Bundesgesetze BGBl. Nr. 174/1946, 50/1948, 313/1964, 317/1971 und 390/1976;
3. Artikel VI des Angestelltengesetzes, BGBl. Nr. 292/1921, in der Fassung der Bundesgesetze BGBl. Nr. 229/1937, 174/1946, 159/1947, 108/1958, 253/1959, 292/1971, 317/1971, 418/1975, 390/1976 und 107/1979;
4. die Verordnung des Justizministers im Einvernehmen mit dem Minister des Inneren und dem Leiter des Handelsministeriums vom 30. Juni 1911, RGBl. Nr. 129, über die Einhaltung der Sonn- und Feiertagsruhe in den Kanzleien der Rechtsanwälte und Notare, in der Fassung des Gesetzes StGBl. Nr. 95/1919 und der Vollzugsanweisung StGBl. Nr. 124/1920;
5. die Vollzugsanweisung des Staatsamtes für Handel und Gewerbe, Industrie und Bauten im Einvernehmen mit den beteiligten Staatsämtern vom 24. Juni 1919, StGBl. Nr. 326, über die Sonntagsruhe in den Kanzleien der Patentanwälte;
6. die Verordnung des Bundesministers für Handel und Verkehr vom 6. April 1933, BGBl. Nr. 166, betreffend die Bewilligung von Ausnahmen von der Feiertagsruhe für den Bergbau;
7. das Gesetz vom 16. Jänner 1895, RGBl. Nr. 21, betreffend die Regelung der Sonn- und Feiertagsruhe im Gewerbebetriebe, in der Fassung der Gesetze RGBl. Nr. 125/1905 und StGBl. Nr. 282/1919 sowie der Bundesgesetze BGBl. II Nr. 421/1934, BGBl. Nr. 548/1935, 194/1947 und 156/1958 hinsichtlich seiner arbeitsrechtlichen Bestimmungen;
8. das Gesetz vom 15. Mai 1919, StGBl. Nr. 282, über die Mindestruhezeit, den Ladenschluß und die Sonntagsruhe in Handelsgewerben und anderen Betrieben, in der Fassung des Bundesgesetze BGBl. Nr. 50/1974;
9. § 2 Abs. 1 Z 2, 4, 6 und 7 und § 5 des Feiertagsruhegesetzes 1957, BGBl. Nr. 153, in der Fassung des Bundesgesetzes BGBl. Nr. 264/1967;
10. die §§ 9, 10 und 12 Abs. 1 des Bergarbeitergesetzes, StGBl. Nr. 406/1919, in der Fassung des Bundesgesetzes BGBl. Nr. 190/1928, der Verordnung BGBl. Nr. 209/1933 und des Bundesgesetzes BGBl. Nr. 50/1948;
11. die Verordnung des Bundesministers für soziale Verwaltung im Einvernehmen mit den Bundesministern für Handels und Verkehr und für Unterricht vom 26. Juni 1933, BGBl. Nr. 261, betreffend Ausnahmen von der Arbeitsruhe an Feiertagen (Ruhe- und Festtagen);
12. die Verordnung der Bundesregierung vom 28. Juni 1933, BGBl. Nr. 262, betreffend Ausnahmen von der Arbeitsruhe an Feiertagen (Ruhe- und Festtagen) in der Fassung des Bundesgesetzes BGBl. Nr. 455/1937;
13. die Verordnung des Handelsministers im Einvernehmen mit dem Minister des Inneren und dem Minister für Kultus und Unterricht vom 24. April 1895, RGBl. Nr. 58, womit in Durchführung des Gesetzes vom 16. Jänner 1895, RGBl. Nr. 21, betreffend die Regelung der Sonn- und Feiertagsruhe im Gewerbebetriebe, die gewerbliche Arbeit an Sonntagen bei einzelnen Kategorien von Gewerben gestattet wird, in der Fassung der Verordnungen RGBl. Nr. 125/1895, 97/1897, 76/1898, 35/1904, 99/1904, 97/1906, 186/1912, 208/1913, BGBl. Nr. 98/1924, 44/1926, 313/1927, 156/1929, 403/1935, 273/1959 und 369/1967;
14. die Verordnung des Handelsministeriums, des Ministeriums für Inneres, des Ministeriums für Kultus und Unterricht, des Finanzministeriums und des Ministeriums für Landesverteidigung im Einvernehmen mit dem k. u. k. Reichskriegsministerium vom 18. Jänner 1897 betreffend die Einhaltung der Sonntagsruhe beim Pulververschleiße, RGBl. Nr. 26;

ARG

15. die Verordnungen der Landeshauptleute, die auf Grund des § 7 der Durchführungsverordnung zum Sonntagsruhegesetz, RGBl. Nr. 58/1895, erlassen wurden;

16. § 376 Z 47 Abs. 2 lit. b bis d der GewO 1973, BGBl. Nr. 50/1974;

17. Verordnung des Landeshauptmannes von Wien vom 18. Feber 1982, LGBl. Nr. 10, betreffend Ausnahmen von der Sonn- und Feiertagsruhe im Gewerbe der Blumenbinder in Verkaufsstellen auf Bahnhöfen.

(2) Mit Inkrafttreten dieses Bundesgesetzes treten für Arbeitnehmer, die unter den Geltungsbereich dieses Bundesgesetzes fallen, folgende Rechtsvorschriften außer Kraft:

1. das Feiertagsruhegesetz 1957, BGBl. Nr. 153, in der Fassung des Bundesgesetzes BGBl. Nr. 264/1967;

2. die Verordnung des Staatsamtes für soziale Verwaltung vom 29. Oktober 1945, StGBl. Nr. 212, über die Lohnzahlung an Feiertagen, in der Fassung des Bundesgesetzes BGBl. Nr. 105/1961;

3. § 12 Abs. 3 und 4 des Arbeitszeitgesetzes, BGBl. Nr. 461/1969, in der Fassung der Bundesgesetze BGBl. Nr. 238/1971, 2/1975 und 354/1981.

(3) Mit Inkrafttreten der Änderungen durch das Bundesgesetz BGBl. I Nr. 5/1997 tritt Abschnitt XVII Z 1 der Arbeitsruhegesetz-Verordnung, BGBl. Nr. 149/1984, außer Kraft.

Weitergelten von Rechtsvorschriften

§ 32. (1) Verordnungen, die der Landeshauptmann auf Grund des § 1 Artikel VII oder IX des Gesetzes vom 16. Jänner 1895, RGBl. Nr. 21, betreffend die Regelung der Sonn- und Feiertagsruhe im Gewerbebetriebe, in der Fassung der Gesetze RGBl. Nr. 125/1905, StGBl. Nr. 282/1919 und BGBl. II Nr. 421/1934, BGBl. Nr. 548/1935, 194/1947 und 156/1958 erlassen hat und welche die Beschäftigung von Arbeitnehmern während der Wochenend- und Feiertagsruhe zulassen, gelten nach Inkrafttreten dieses Bundesgesetzes als bundesgesetzliche Regelung. Sie treten mit Neuerlassung der Verordnung des Landeshauptmannes, spätestens jedoch 18 Monate nach Inkrafttreten dieses Bundesgesetzes außer Kraft.

(2) Verordnungen, die der Landeshauptmann vor dem In-Kraft-Treten des Öffnungszeitengesetzes 2003 auf Grund des § 13 Abs. 1 erlassen hat und welche die Beschäftigung von Arbeitnehmern an Samstagen nach 18 Uhr, an Sonntagen und an Feiertagen in Verkaufsstellen gemäß § 1 Abs. 1 bis 3 des Öffnungszeitengesetzes 1991, BGBl. Nr. 50/1992, regeln, gelten nach dem In-Kraft-Treten des Öffnungszeitengesetzes 2003 als

Verordnungen gemäß § 5 Abs. 2 bis 4 des Öffnungszeitengesetzes 2003.

Verweisungen

§ 32a. Soweit in diesem Bundesgesetz auf andere Bundesgesetze verwiesen wird, sind diese in ihrer jeweils geltenden Fassung anzuwenden.

Bezugnahme auf Richtlinien

§ 32b. Durch dieses Bundesgesetz werden folgende Richtlinien der Europäischen Union umgesetzt:

1. Richtlinie 2003/88/EG des Rates vom 4. November 2003 über bestimmte Aspekte der Arbeitszeitgestaltung (ABl. Nr. L 299 vom 18.11.2003 S. 9);

2. Richtlinie 97/81/EG des Rates vom 15. Dezember 1997 zu der von UNICE, CEEP und EGB geschlossenen Rahmenvereinbarung über Teilzeitarbeit (ABl. Nr. L 14 vom 20.01.1998 S. 9);

3. Richtlinie 1999/63/EG des Rates vom 21. Juni 1999 zu der vom Verband der Reeder in der Europäischen Gemeinschaft (European Community Shipowners' Association ECSA) und dem Verband der Verkehrsgewerkschaften in der Europäischen Union (Federation of Transport Workers' Unions in the European Union FST) getroffenen Vereinbarung über die Regelung der Arbeitszeit von Seeleuten 2000 (ABl. Nr. L 167 vom 02.07.1999 S. 33);

4. Richtlinie 1999/95/EG des Europäischen Parlaments und des Rates zur Durchsetzung der Arbeitszeitregelung für Seeleute an Bord von Schiffen, die Gemeinschaftshäfen anlaufen, vom 13. Dezember 1999 (ABl. Nr. L 14 vom 20.01.2000 S. 29);

5. Richtlinie 2000/79/EG des Rates vom 27. November 2000 über die Durchführung der von der Vereinigung Europäischer Fluggesellschaften (AEA), der Europäischen Transportarbeiter-Föderation (ETF), der European Cockpit Association (ECA), der European Regions Airline Association (ERA) und der International Air Carrier Association (IACA) geschlossenen Europäischen Vereinbarung über die Arbeitszeitorganisation für das fliegende Personal der Zivilluftfahrt (ABl. Nr. L 302 vom 01.12.2000 S. 57);

6. Richtlinie 2002/15/EG des Europäischen Parlaments und des Rates vom 11. März 2002 zur Regelung der Arbeitszeit von Personen, die Fahrtätigkeiten im Bereich des Straßentransportes ausüben (ABl. Nr. L 80 vom 23.03.2002 S. 35);

7. Richtlinie 2005/47/EG des Europäischen Parlaments und des Rates vom 18. Juli 2005 betreffend die Vereinbarung zwischen der Gemeinschaft der Europäischen Bahnen (CER) und der Europäischen Transportarbeiter-Föderation (ETF) über bestimmte Aspekte der Einsatzbedingungen des fahrenden Personals

im interoperablen grenzüberschreitenden Verkehr im Eisenbahnsektor (ABl. Nr. L 195 vom 27.07.2005, S. 15);
8. Richtlinie 2006/22/EG des Europäischen Parlaments und des Rates vom 15. März 2006 über die Mindestbedingungen für die Durchführung der Verordnungen (EWG) Nr. 3820/85 und (EWG) Nr. 3821/85 des Rates über Sozialvorschriften für Tätigkeiten im Kraftverkehr sowie zur Aufhebung der Richtlinie 88/599/EWG des Rates, ABl. Nr. L 102 vom 11.4.2006 S. 35, in der Fassung der Delegierten Richtlinie (EU) 2024/846, ABl. Nr. L vom 31.5.2024, S. 1;
9. Richtlinie 2014/112/EU zur Durchführung der von der Europäischen Binnenschifffahrts Union (EBU), der Europäischen Schifferorganisation (ESO) und der Europäischen Transportarbeiter-Föderation (ETF) geschlossenen Europäischen Vereinbarung über die Regelung bestimmter Aspekte der Arbeitszeitgestaltung in der Binnenschifffahrt, ABl. Nr. L 367 vom 23.12.2014 S. 86.

Inkrafttreten

§ 33. (1) Dieses Bundesgesetz tritt mit 1. Juli 1984 in Kraft.

(2) Verordnungen auf Grund dieses Bundesgesetzes können bereits von dem seiner Kundmachung folgenden Tag an erlassen werden. Diese Verordnungen dürfen frühestens mit dem im Abs. 1 bezeichneten Tag in Kraft gesetzt werden.

Inkrafttreten von Novellen

§ 33a. (1) § 17 Abs. 1 letzter Satz in der Fassung des Bundesgesetzes BGBl. Nr. 158/1991 tritt mit 31. März 1991 in Kraft.

(2) Abschnitt 5a (§§ 22a bis 22c) sowie die §§ 27 Abs. 1, 1a, 3 und 4 und 32a, in der Fassung des Bundesgesetzes, BGBl. Nr. 446/1994, treten mit 1. Juli 1994 in Kraft.

(3) § 13a in der Fassung des Bundesgesetzes BGBl. Nr. 804/1995 tritt mit 1. Dezember 1995 in Kraft. Mit diesem Tag tritt auch § 7a außer Kraft.

(4) § 1 Abs. 2 Z 7 in der Fassung des Bundesgesetzes BGBl. Nr. 410/1996 tritt mit 1. Juli 1996 in Kraft.

(5) § 3 Abs. 4, § 6a, § 10a, § 12a, § 22a Abs. 1a, § 27 Abs. 1 und § 32a in der Fassung des Bundesgesetzes, BGBl. I Nr. 46/1997, treten mit 1. Mai 1997 in Kraft.

(6) § 21 Abs. 1, 3 und 4 und § 27 Abs. 1 in der Fassung des Bundesgesetzes BGBl. I Nr. 88/1999 treten mit 1. Jänner 2000 in Kraft.

(7) § 27 Abs. 1 in der Fassung des Bundesgesetzes BGBl. I Nr. 98/2001 tritt mit 1. Jänner 2002 in Kraft.

(8) Die §§ 13, 13a, 18 Abs. 1, 19 Abs. 1 lit. f, 22 Abs. 1, 22d, 23, 24, 27 Abs. 1 und 32 in der Fassung des Bundesgesetzes BGBl. I Nr. 48/2003 treten gleichzeitig mit dem Öffnungszeitengesetz 2003 in Kraft.

(9) § 1 Abs. 2 Z 2, 3 und 6 lit. e, § 19 Abs. 1, § 25a sowie § 32b in der Fassung des Bundesgesetzes BGBl. I Nr. 30/2004 treten mit 1. Mai 2004 in Kraft.

(10) Die §§ 7 Abs. 3, 19 Abs. 4 und 5 sowie 32b Z 5 in der Fassung des Bundesgesetzes BGBl. I Nr. 159/2004 treten mit 1. Jänner 2005 in Kraft. Gleichzeitig tritt § 1 Abs. 2 Z 3 außer Kraft.

(11) § 22c in der Fassung des Bundesgesetzes BGBl. I Nr. 175/2004 tritt mit 5. Mai 2005 in Kraft.

(12) Die §§ 22a, 22c bis 22f, 27, 32b Z 1 und 6 sowie 34 Abs. 2 in der Fassung des Bundesgesetzes BGBl. I Nr. 138/2006 treten mit 11. April 2007 in Kraft.

(13) § 3 Abs. 2a und § 27 Abs. 1, 2 und 2a in der Fassung des Bundesgesetzes BGBl. I Nr. 61/2007 treten mit 1. Jänner 2008 in Kraft.

(14) § 19 Abs. 3a und 4, § 19a sowie § 32b in der Fassung des Bundesgesetzes BGBl. I Nr. 124/2008 treten am 16. Juli 2008 in Kraft. § 27 Abs. 2a und 2b tritt mit dem der Kundmachung folgenden Tag in Kraft.

(15) § 2 Abs. 3, § 27 Abs. 2, 2b und 2c sowie § 32b Z 7 und 8, in der Fassung des Bundesgesetzes BGBl. I Nr. 149/2009, treten mit 1. Jänner 2010 in Kraft.

(16) Der Entfall des § 20 samt Überschrift durch das Bundesgesetz BGBl. I Nr. 93/2010 tritt mit 1. November 2010 in Kraft.

(17) § 1 Abs. 2 Z 8 in der Fassung des Bundesgesetzes BGBl. I. Nr. 100/2010 tritt mit 1. Jänner 2011 in Kraft.

(18) § 34 Abs. 1 Z 2 in der Fassung vor dem 2. Stabilitätsgesetz 2012, BGBl. I Nr. 35/2012, tritt mit Ablauf des 30. Juni 2012 außer Kraft.

(19) § 26 und § 34 in der Fassung des Bundesgesetzes BGBl. I Nr. 71/2013 treten mit 1. Jänner 2014 in Kraft.

(20) § 25 Abs. 1 in der Fassung des Bundesgesetzes BGBl. I Nr. 91/2014 tritt mit 1. Jänner 2015 in Kraft.

(21) § 22c Z 1 und 2 und § 34 Abs. 2 in der Fassung des Bundesgesetzes BGBl. I Nr. 91/2014 treten am Tag des Inkrafttretens der Durchführungsrechtsakte der Kommission der Europäischen Union gemäß Art. 4 Abs. 8, 6 Abs. 5, 11 Abs. 1, 12 Abs. 7, 14, 21 Abs. 3, 22 Abs. 5, 31 Abs. 5 sowie 39 Abs. 3 der Verordnung (EU) Nr. 165/2014 in Kraft, frühestens jedoch mit 2. März 2016. Der/die Bundesminister/in für Arbeit, Soziales, Gesundheit und Konsumentenschutz *(Anm. 1)* hat den Zeitpunkt des Inkrafttretens der genannten Durchführungsrechtsakte im Bundesgesetzblatt I kundzumachen. *(Anm.: vgl. K, BGBl. I Nr. 42/2016)*

ARG

(22) § 19 Abs. 3a und 4 sowie § 27 Abs. 2a in der Fassung BGBl. I Nr. 152/2015 treten mit 18. Februar 2016 in Kraft.

(23) § 19 Abs. 6 und § 32b Z 8 und 9 in der Fassung des Bundesgesetzes BGBl. I Nr. 114/2016 treten mit 1. Jänner 2017 in Kraft.

(24) § 22d in der Fassung des Deregulierungsgesetzes 2017, BGBl. I Nr. 40/2017, tritt mit 1. Juli 2017 in Kraft. § 23 samt Überschrift tritt mit Ablauf des 30. Juni 2017 außer Kraft.

(25) § 10, § 11 Abs. 2 und 4, § 25 Abs. 1 sowie § 26 Abs. 3 in der Fassung des Bundesgesetzes BGBl. I Nr. 126/2017 treten mit 1. August 2017 in Kraft. Mit diesem Zeitpunkt treten § 12 Abs. 3 und § 17 Abs. 7 außer Kraft.

(26) § 21 Abs. 1 in der Fassung des Bundesgesetzes BGBl. I Nr. 127/2017 tritt mit 1. Jänner 2018 in Kraft; gleichzeitig tritt § 21 Abs. 2 Z 3 außer Kraft.

(27) § 1 Abs. 2 Z 3 und 5 sowie § 12b in der Fassung des Bundesgesetzes BGBl. I Nr. 53/2018 treten mit 1. September 2018 in Kraft.

(28) Bestimmungen in Normen der kollektiven Rechtsgestaltung, die nur für Arbeitnehmer, die den evangelischen Kirchen AB und HB, der Altkatholischen Kirche oder der Evangelisch-methodistischen Kirche angehören, Sonderregelungen für den Karfreitag vorsehen, sind unwirksam und künftig unzulässig. Dies gilt auch für Arbeitnehmer gemäß § 1 Abs. 2.

(29) Binnen drei Monaten nach Inkrafttreten dieses Bundesgesetzes kann der Arbeitnehmer einen Zeitpunkt für den Urlaubsantritt wählen, ohne die Frist gemäß § 7a einzuhalten. In diesem Fall hat der Arbeitnehmer den Zeitpunkt des Urlaubsantrittes frühestmöglich, spätestens aber zwei Wochen vor diesem Zeitpunkt dem Arbeitgeber bekannt zu geben.

(30) § 1 Abs. 2 Z 6 lit. d, § 5 Abs. 3 und 4, § 9 Abs. 4, § 12b Abs. 3, § 13 Abs. 3, § 15 Abs. 1 und 2, § 26 Abs. 2, § 27 Abs. 2 und 5, § 32b Z 8 sowie § 34, in der Fassung BGBl. I Nr. 58/2022, treten mit 1. Juni 2022 in Kraft. Gleichzeitig tritt § 27 Abs. 6 außer Kraft.

(31) § 22b Abs. 3 und § 32b Z 8, in der Fassung des BGBl. I Nr. 19/2025, treten mit dem der Kundmachung folgenden Tag in Kraft.

(————————
Anm. 1:   *Art. 1*
Z 1 der Novelle BGBl. I Nr. 22/2019 lautet: „In § 5 Abs. 3 und 4, § 13 Abs. 3, § 15 Abs. 1 und 2, § 33a Abs. 21 sowie § 34 Abs. 1 Z 3 und 4 wird der Ausdruck „der Bundesminister für Arbeit, Soziales und Konsumentenschutz" jeweils durch den Ausdruck „der/die Bundesminister/in für Arbeit, Soziales, Gesundheit und Konsumentenschutz", ... ersetzt.". Richtig wäre für § 33 Abs. 21: „... wird der Ausdruck „Der Bundesminister für Arbeit, Soziales und Konsumentenschutz" jeweils durch den Ausdruck „Der/die Bundesminister/in für Arbeit, Soziales, Gesundheit und Konsumentenschutz", ... ersetzt.".)

Vollziehung

§ 34. (1) Mit der Vollziehung dieses Bundesgesetzes sind betraut:

1. die Bundesministerin bzw. der Bundesminister für Kunst, Kultur, öffentlichen Dienst und Sport im Einvernehmen mit der Bundesministerin bzw. dem Bundesminister für Arbeit hinsichtlich der Arbeitnehmerinnen und Arbeitnehmer in Betrieben des Bundes; soweit finanzielle Angelegenheiten berührt sind, auch im Einvernehmen mit der Bundesministerin bzw. dem Bundesminister für Finanzen;

2. die Bundesministerin bzw. der Bundesminister für Finanzen hinsichtlich des § 26 Abs. 3;

3. die Bundesministerin bzw. der Bundesminister für Arbeit im Einvernehmen mit der Bundesministerin bzw. dem Bundesminister für Kunst, Kultur, öffentlichen Dienst und Sport hinsichtlich der Arbeitnehmerinnen und Arbeitnehmer in Betrieben der Länder, Gemeinden und Gemeindeverbände, soweit finanzielle Angelegenheiten berührt sind, auch im Einvernehmen mit der Bundesministerin bzw. dem Bundesminister für Finanzen;

4. die Bundesministerin bzw. der Bundesminister für Arbeit hinsichtlich aller anderen Arbeitnehmerinnen und Arbeitnehmer.

(2) Die in Abs. 1 Z 1 und 4 genannten Bundesministerinnen bzw. Bundesminister sind auch mit der Vollziehung der Verordnung (EG) Nr. 561/2006 und der Verordnung (EU) Nr. 165/2014 betraut.

37. Arbeitsruhegesetz-Verordnung

Verordnung des Bundesministers für soziale Verwaltung vom 18. Jänner 1984 betreffend Ausnahmen von der Wochenend- und Feiertagsruhe (Arbeitsruhegesetz-Verordnung – ARG-VO)

StF: BGBl. Nr. 149/1984

Letzte Novellierung: BGBl. II Nr. 98/2019

Präambel

Auf Grund des § 12 Abs. 1 des Arbeitsruhegesetzes (ARG), BGBl. Nr. 144/1983, wird im Einvernehmen mit dem Bundesminister für Handel, Gewerbe und Industrie verordnet:

§ 1. (1) Während der Wochenend- und Feiertagsruhe dürfen Arbeitnehmer nur die in der Anlage angeführten Tätigkeiten während der jeweils angeführten Zeiträume ausüben.

(2) Arbeiten, die im unmittelbaren Zusammenhang mit den zugelassenen Arbeiten stehen oder ohne die diese nicht durchführbar wären, sind zugelassen, soweit sie nicht vor oder nach der Wochenend- oder Feiertagsruhe vorgenommen werden können.

(3) Versuche in Laboratorien (Prüfständen) und Forschungsvorhaben, die auf Grund ihrer Eigenart während der Wochenend- und Feiertagsruhe nicht unterbrochen werden können, dürfen fortgeführt werden.

(4) Die Zahl der beschäftigten Arbeitnehmer ist auf das unbedingt notwendige Ausmaß zu beschränken.

(5) Soweit in dieser Verordnung personenbezogene Bezeichnungen noch nicht geschlechtsneutral formuliert sind, gilt die gewählte Form für beide Geschlechter.

§ 2. Übertretungen dieser Verordnung werden gemäß § 27 ARG bestraft.

§ 3. Diese Verordnung tritt am 1. Juli 1984 in Kraft.

●

Anlage

Ausnahmen von der Wochenend- und Feiertagsruhe (Ausnahmekatalog)

I. Urproduktion

1. Bergbau

a) Arbeiten, die keine Unterbrechung erleiden dürfen;

b) Arbeiten, die nur zu einer Zeit vorgenommen werden können, in welcher der Betrieb ruht;

c) Arbeiten, die zum Schutz des Lebens und der Gesundheit von Personen, zum Schutz der Umwelt oder von Lagerstätten oder für den Bestand oder die Betriebsfähigkeit eines Bergbaues unaufschiebbar sind.

2. Blumen und Pflanzen (einschließlich Champignonzucht)

a) Die notwendige Pflege von Blumen, Pflanzen und Sämereien;

b) unaufschiebbare Arbeiten am lebenden Pflanzenmaterial, Fertigung von Gebinden und Dekorationen zwecks Belieferung von Veranstaltungen (insbesondere Hochzeiten, Firmungen, Bällen, Kongressen, Begräbnissen), sofern diese Tätigkeiten außerhalb der Wochenend- bzw. Feiertagsruhe nicht ausgeführt werden können;

c) in Betrieben der Bundesinnung der Gärtner und Blumenbinder die Betreuung der Kunden im Detailverkauf

aa) bei Friedhöfen während der Öffnungszeiten und bei Krankenanstalten während der Besuchszeiten;

bb) an sechs Sonn- oder Feiertagen im Jahr und an Samstagen, die vor folgenden Festtagen liegen, bis 17 Uhr: Neujahr, Valentinstag, Ostern, Muttertag, Pfingsten, Allerheiligen (zwei Samstage vorher), Adventsonntage, Weihnachten.

3. Klenganstalten

Dörren, Ausnehmen der gedörrten Zapfen, Absieben des Samens aus den Zapfen. 1. Oktober bis 30. April.

4. Hopfendarren und Hopfenschwefeleien

Übernahme des Grünhopfens;

Darren des Grünhopfens; Schwefeln des Hopfens; Schütten des

getrockneten und geschwefelten Hopfens.

1. August bis 30. November.

5. Anbau von Feldfrüchten in landwirtschaftlichen Betrieben Anbau von Feldfrüchten in der Anbauzeit an Samstagen bis 18 Uhr.

6. Erntearbeiten

Ernten sowie die Einbringung und Lagerung der Ernte, wenn dies mit Rücksicht auf die Verderblichkeit der Produkte und die Witterung erforderlich ist.

7. Forstaufsicht, Forst-, Jagd- und Fischereibetriebs- und -schutzdienst

Alle Tätigkeiten, die in diesem Zusammenhang unbedingt erforderlich sind.

8. Forstarbeiten auf Truppenübungsplätzen

Schlägerungs- und Bringungsarbeiten (Auszeige) in Forstbetrieben des Bundes an Samstagen bis 18 Uhr, sofern diese während der Woche infolge Nutzung der Forstfläche als Truppenübungsplatz nicht durchgeführt werden können.

II. Steine, Erden, Ton und Glas

1. Steinbrüche

Ausführung von Gesteinsschnitten im gewachsenen Gestein mit Hilfe von Drahtseilen.

2. Stahlsandgatter und Stahlsandtrennsägen für Granit und Marmorsorten, die nicht auf Diamantgatter gesägt werden können Bedienung der im ununterbrochenen Betrieb stehenden Säge- und Schnittgutfördereinrichtungen bei Blöcken, deren Schnitt voraussichtlich länger als 144 Stunden dauert.

3. Kalkbrennereien

Kontinuierlich betriebene Kalkbrennöfen.

Beschicken der Öfen, Überwachen des Brennprozesses, Ziehen sowie Vermahlung und Hydration des erzeugten Kalkes.

4. Quarzbrennereien

Kontinuierlich betriebene Schachtöfen.

Beschicken der Öfen, Überwachen des Brennprozesses und Ziehen des Materials.

5. Gipsbrennereien

Kontinuierlich betriebene Gipsbrenn- und -trocknungsanlagen. Beschicken der Brennanlagen, Überwachen des Brenn- und Trocknungsprozesses und Ziehen bzw. Abtransport des gebrannten Materials.

5a. Gipskartonplattenerzeugung

Bedienung der Dosier- und Mischstation, der Formstation und des Formstranges, Beaufsichtigung und Regelung des kontinuierlichen Trocknungsprozesses, Beaufsichtigung und Regelung der Formatsäge einschließlich Abnahme und Lagerung sowie die im kontinuierlichen Prozeß erforderliche Qualitätskontrolle.

6. Magnesitbrennereien

Der Brenn- und Schmelzprozeß, Vortrocknen und Aufbereiten des Rohmaterials, Brikettieren des Ofenaufgabematerials, Beschicken der Öfen, Ziehen, Fortschaffen und Aufbereiten des gebrannten oder geschmolzenen Materials.

7. Magnesit-Dolomitbrennereien

Der Brenn- und Schmelzprozeß; Brechen, Mischen und Pressen des gesinterten Materials sowie das Brennen, Teertränken, Tempern und Verpacken von Magnesit-Dolomit und Dolomitmaterialien, die der Gefahr des raschen Verderbens als Rohstoff ausgesetzt sind.

8. Zementerzeugung

Vortrocknen und Zerkleinern des Rohmaterials, Aufbereiten einschließlich des Brikettierens des Ofenaufgabematerials, Beschicken der Brenn- bzw. Schmelzöfen, Überwachen des Brenn- bzw. Schmelzprozesses, Ziehen, Fortschaffen und Aufbereiten des gebrannten bzw. geschmolzenen Materials; bei Drehöfen auch der Betrieb der Schlämmgruben und der Kohlenstauberzeugung.

9. Feuerfeste Steine; gebrannte Karborundum- und Schmirgelscheiben

a) Beaufsichtigung und Regelung des Trocknungsprozesses;
b) Überwachung des Brennprozesses einschließlich der Brennstoffzubringung, Beschicken der Öfen, Ziehen und Fortschaffen des gebrannten Materials, sofern das Brennen in Öfen erfolgt, die infolge ihrer Bauart das Entleeren der Öfen mittels mechanischer Transportvorrichtungen selbsttätig und ständig besorgen (Tunnel- oder Kanalöfen);
c) im unmittelbaren Stofffluß das anschließende Tränken des gebrannten Steines mit Teer oder Pech.

10. Ziegeleien

a) Beaufsichtigung und Regelung der im unmittelbaren Stofffluß liegenden Formungsprozesse, die wegen der Kontinuität des gesamten Produktionsprozesses nicht unterbrochen werden können;
b) Beaufsichtigung und Regelung des Trocknungsprozesses;
c) der Brennprozeß einschließlich der Brennstoffzubringung, Beschicken der Öfen, Ziehen und Fortschaffen des gebrannten Materials, sofern das Brennen in Öfen erfolgt, die infolge ihrer Bauart das Entleeren der Öfen mittels mechanischer Transportvorrichtungen selbsttätig oder ständig besorgen (Tunnel- oder Kanalöfen), jedoch mit der Beschränkung, daß das Unterzünden der Öfen mit ununterbrochener Feuerung spätestens Samstag um 18 Uhr zu erfolgen hat.

11. Tonwaren und Porzellan

a) Beaufsichtigung und Regelung der Trocknung;
b) Bedienung der Tunnel-, Kammer- und Herdwagenöfen.

12. Glaserzeugung, Glasbe- und Glasverarbeitung, Erzeugung von Steinwolle

Wannenöfen, Hafenöfen, Tageswannen, kontinuierlich betriebene Gesteinsschmelzöfen, Maschinen für die vollautomatische Glasverarbeitung und synchrongeschaltete Bearbeitungsmaschinen, Kühlöfen

Bedienung der Gasgeneratoren und Heizungseinrichtungen, Aufbereiten, Befördern und Einlegen des Gemenges und der Scherben, Führung des Schmelzprozesses und Warmhalten der Öfen, Qualitätskontrolle, die im kontinuierlichen Anschluß erforderliche Verpackung und der Abtransport ins Lager.

13. Doppelwände und Elementdecken aus Beton im durchgehend vernetzten CAD/CIM-Verfahren auf Basis individuellen Plottens, Bewehrens und Betonierens

ARG

Magazinieren und Reinigen auf der Palettenstation; Transport und Reinigung der Paletten und Schalungen; Aufplotten der Bauteilkonturlinien und Einbauteilpositionen im Maßstab 1:1; Absetzen von Schalungen und Abstellern aus Stahl, Holz, Kunststoff; Befestigen der Schalung; Herstellen von Sonderschalungsteilen; Schneiden, Biegen und Schweißen der Bewehrung; plangemäßes Einbringen der Bewehrung; Absetzen von Einbauteilen und der Bewehrung; Einbringen und Verdichten des Betons; Einstapeln in die Härtekammer; Beaufsichtigung und Regelung des Härteprozesses; Entschalen und anschließendes Einstapeln der Fertigteile auf den Lagerplatz.

14. Faserzementplattenerzeugung

Aufbereiten der Rohstoffe und Herstellung der Materialmischung; Beschicken der Faserzementplattenmaschine mit dem Rohstoffgemisch; Abnehmen, Ablängen, Stanzen, Beschichten, Pressen, Lösen von der Form (Ausblechen) – jeweils im kontinuierlichen Stofffluss; Transporte und Nachbehandlung.

III. Hüttenwerke und Metallverarbeitung

1. Eisenhüttenwerke

a) Kokereien (einschließlich ihrer Nebengewinnungsanlagen) Zulieferung, Aufbereitung und Mischung der Kohle, Transport des Kokses zum Hochofen, zu den Versandstellen oder Lagern;

b) Hochofenanlagen (einschließlich der Erzvorbereitungsanlagen) Zufuhr von Möllerungsmaterial und Betreiben aller Hochofennebenanlagen einschließlich des Granulierens und Schäumens und im unmittelbaren Stofffluss das anschließende Brechen und Sieben der Schlacke sowie Abfuhr sämtlicher Hochofenerzeugnisse und Nebenprodukte;

c) Stahlwerke, die nach dem Sauerstofffrischverfahren arbeiten, Martinanlagen sowie Elektrostahl- und Induktionsöfen, die durch Verwendung flüssigen Einsatzes oder von Hochofengas zu Feuerungs- oder Kraftzwecken mit dem Hochofen in unmittelbarer Verbindung stehen

Zufuhr des geschmolzenen Roheisens und der notwendigen Zuschläge und Legierungen zu den Konvertern, Martinöfen, Mischern und Elektroöfen, Bedienung der Generatoren und Gebläse, Chargieren und Schmelzarbeiten in den Konvertern, Martinöfen, Mischern und Elektroöfen, Abstich des fertigen Produktes in Kokillen und Stranggußanlagen sowie dessen Transport, Transport der Schlacken auf die Lagerplätze;

d) Siemens-Martin-, Elektro- und Induktionsofenanlagen, die nicht mit Hochöfen in Verbindung stehen

Zufuhr des festen oder flüssigen Einsatzes zu den Schmelzöfen, die Bedienung der Krane und Gebläse, das Chargieren und Schmelzen, das Vergießen des flüssigen Stahles in Kokillen und Stranggußanlagen, das Ziehen und Transportieren der Blöcke (mit den dazugehörigen Nebenarbeiten, insbesondere der Oberflächenbearbeitung der Rohstahlblöcke und Brammen durch Flämmen), den Transport der Zaggeln und Plantinen in die Tieföfen bzw. auf die Lagerplätze, das Zurichten der Gruben, Pfannen, Kokillen und Stranggußanlagen, den Transport von Schlacke und Schutt auf die Lagerplätze bzw. Halden, das Putzen und Markieren der gegossenen Blöcke an Sonn- und Feiertagen ab 18 Uhr;

e) Elektroschlackenumschmelzanlagen

Einbau der Kokillen und Elektroden, Vorschmelzen der Schlacke, Schmelzen des Blockes, Ausbauen und Ausheben des Blockes von der Anlage; Warmtransport an die Verformungsbetriebe;

f) Walzwerke oder Schmieden (einschließlich ihrer Adjustagen und Scherenstraßen), die auf Grund der vorgeschalteten Stahlwerk- oder Walzwerkanlagen eine unbedingt notwendige Kontinuität im Stofffluß erreichen müssen oder die bei der Edelstahlerzeugung eine vollkontinuierlich betriebene Wärmebehandlung beliefern Übernahme der Blöcke und Strangguß-Produkte vom Stahlwerk, Einsatz in Tief-, Stoß- und Herdwagenöfen und ähnlichen Erwärmungseinrichtungen; Aufheizen auf Verarbeitungstemperatur für die nachgeschalteten Verformungseinrichtungen; Betrieb von Walzstraßen einschließlich ihrer Entzunderungseinrichtungen, Betrieb von Schmiedepressen und Hämmern, Anlieferung in den Adjustagen und Betrieb der Adjustageneinrichtungen wie Scherenstraßen, Besäumeeinrichtungen, Richtmaschinen, Brenn-, Flämm- und Schneideeinrichtungen, Übergabe und Übernahme der in den vorstehend angeführten Anlagen erzeugten Produkte an die nachgeschalteten Lager, Vorbereitungen für das Walzplattieren von Blechen, deren metallurgische Zusammensetzung ein Schweißen im warmen Zustand erfordert;

g) Glüh- und Warmbehandlungsöfen (in der Edelstahlerzeugung einschließlich ihrer Adjustagen mit deren Einrichtungen wie Richtaggregaten, Schneid- und Zerspanungseinrichtungen, Prüfanlagen und der zur Betreibung der Anlagen erforderlichen Infrastruktur), wenn der Erzeugungsprozeß technologisch eine Warmbehandlung in unmittelbarem Anschluß an die vorgeschalteten Warmverformungsbetriebe im Sinne der vorstehenden lit. b bis e oder eine Ofenverweildauer von mehr als 24 Stunden erfordert

Beschicken und Bedienen der Glüh- und Warmbehandlungsöfen;

h) Glüheinrichtungen, bei denen der Abkühl- und Anfahrvorgang wegen Explosionsgefahr eine dauernde Aufsicht erfordert Betreiben dieser Anlage;

i) Schweiß- und Schneidearbeiten

Schweiß- und Schneidearbeiten an Großgußstücken und legierten Gußstücken, bei denen aus metallurgischen Gründen das Anwärmen und Abkühlen länger als 24 Stunden dauert.

2. Glüh-, Verzinn-, Verzink- und Vergüteanlagen; Massegalvanik

a) Beschicken und Bedienen der Anlagen, Entnahme, Löschen sowie die unbedingt notwendige Prüfung des Produktes;

b) Bedienung der Massegalvanikanlagen in Verbindung mit Zinktrommelstraßen, bei denen die Abwasserentgiftung und -neutralisation durch eine automatische Kontrolle über PH-Schreiber erfolgt.

3. Metallurgische Produkte

a) Hüttenmännische Gewinnung der Produkte

Betrieb der Öfen (Röst-, Reduktions- und Schmelzöfen), Raffinieren und Gießen des geschmolzenen Produktes in Barren, Blöcke, Platten usw.; Vorbereiten der Formen bzw. des Gußbettes und das Räumen derselben;

b) Gewinnung der Produkte auf elektrothermischem oder elektrolytischem Wege

Der im ununterbrochenen Stofffluß vorgeschaltete Betrieb der Erzvorbehandlung, der Erzlaugerei und der Laugenvorbereitung; Betrieb der Elektroöfen, Schmelzöfen, Elektrolysebäder einschließlich der Gaswaschanlagen, Kryolitrückgewinnung, Soederbergfabrik bzw. Anodenfabrik, Anodenanschlägerei, Kathodenreparatur sowie der Zersetzungsapparate, Raffinieren und Gießen der geschmolzenen Produkte in Barren, Blöcke, Platten usw.;

Vorbereiten der Formen bzw. des Gußbettes und das Räumen desselben; Raffinieren und Verpacken des Ferrosiliziums;

c) Walz- und Preßwerke, die aus technologischen Gründen eine unbedingt notwendige Kontinuität im Stofffluß erreichen müssen

Übernahme und Vorbereiten der Stranggußprodukte von der Gießerei, Einsatz in Erwärmungseinrichtungen, Aufheizen auf Verarbeitungstemperatur für die nachgeschalteten Verformungseinrichtungen, Betrieb von Walzstraßen und Strangpreßanlagen, Anlieferung an die Adjustagen und Betrieb von Adjustageeinrichtungen wie Scherenstraßen, Besäumeinrichtungen, Richtmaschinen, Reck- und Ziehanlagen, Schneideeinrichtungen.

d) Schleiferei/Preßblechfertigung

Das Schleifen von Preßblechen (Fertigschliff) in kontinuierlicher Fertigung, sofern für die Einhaltung engster Dickentoleranzen und Planparallelitäten die Beibehaltung einer für die gesamte Einheit konstanten Betriebstemperatur erforderlich ist.

e) Herstellung von atomisierten (verdüsten) Metallpulvern mittels Versprühen von flüssigem Metall mit komprimierten Gasen

Betrieb der Öfen und Vorbereitung der technologischen Produktionseinrichtungen; Transport des flüssigen Metalls vom Schmelzofen zum Verdüsungsraum; Austausch und innerbetrieblicher Transport der Auffangbehälter.

4. Gießereien

a) Eisen- und Stahlgießereien

Elektro-, Schmelz- und Warmhalteanlagen wie Lichtbogenöfen und Induktionsofenanlagen in Gießereien, die automatische Form- oder Gießanlagen betreiben oder Großgußstücke, deren Auskühlzeit mehr als acht Stunden beträgt, herstellen Beschicken und Anheizen von Schmelzöfen und Schmelzen, Anwärmen der Formen und der Kokillen an Sonn- und Feiertagen ab 18 Uhr, Warmhalten und Nachbehandeln von Großgußstücken mit einer Auskühlzeit von mehr als acht Stunden, Trocknen von Formen, deren Herstellung und Trocknung mehr als fünfeinhalb Tage erfordern, Beaufsichtigen und Warmhalten der Öfen;

b) Nichteisenmetallgießereien

Elektro-, Schmelz- und Warmhalteanlagen wie Induktionsofenanlagen sowie Fertigungsanlagen wie Induktionserwärmungsanlagen und Druckgießmaschinen im kontinuierlichen, vollautomatisierten Betrieb in Nichteisengießereien;

Beschicken und Anheizen von Schmelzöfen sowie Schmelzen, Anwärmen der Formen und der Kokillen an Sonn- und Feiertagen ab 18 Uhr;

ARG

Warmhalten und Nachbehandeln von Großgußstücken mit einer Auskühlzeit von mehr als acht Stunden, Trocknen von Formen, deren Herstellung und Trocknung mehr als fünfeinhalb Tage erfordern;

Beaufsichtigen und Warmhalten der Öfen;

Beschicken der Induktionserwärmungsanlage mit im Strangguß gerührten feinstkörnigen Aluminium-Bolzenabschnitten, welche nach Vollendung der Erwärmung im Temperaturbereich zwischen Solidus und Liquidus thixotrope Eigenschaften aufweisen und unter stabiler Verarbeitungstemperatur ohne Schwankungsbreiten kontinuierlich und vollautomatisiert in einer Druckgießmaschine oder vergleichbaren Presse verarbeitet werden.

c) Umschmelzen von verunreinigten Aluminiumschrotten Vorbereitung der Schrotte auf den Schmelzbetrieb, Beschickung und Betrieb der Schmelz- und Gießöfen, Behandlung der Schmelze, Abgießen zu Massel und Umreifung der Massel.

5. Emaillieren

Warmhalten oder Fortführen der Glüh- und Brenndauer der eingesetzten Öfen, nicht jedoch das Beschicken und Entleeren.

6. Halbfabrikate aus Eisen, Stahl und anderen metallischen Werkstoffen im Warmbetrieb

Der kontinuierliche Betrieb von Warmbehandlungsöfen.

7. Kabel

a) Der Betrieb an den Barrenöfen, Drahtglühöfen und Emailöfen (Lackdrahtöfen);
b) der Trocken- und Tränkprozeß für Starkstromkabel.

8. Lackdrahterzeugung

Drahtziehen; der Betrieb an den Barrenöfen und Emailöfen (Lackdrahtöfen); Prüfen; Umspulen und Verpacken von Feindraht bis 0,1 mm.

9. Akkumulatoren

Betrieb von Bleikugelmühlen sowie Durchführung von Formierungsprozessen von Großoberflächen und Panzerplatten.

10. Elektrische Großmaschinen und Großtransformatoren

a) Der Trocken- und Tränkprozeß der Wicklungen für elektrische Großmaschinen;
b) Trocknung und Ölfüllung von Großtransformatoren;
c) Prüfung von elektrischen Großmaschinen und Großtransformatoren ab 20 MVA Nennleistung.

11. Präparation von Stahlflaschen

Beschicken und Entleeren von Trocken- und Härteöfen für die Präparationsmasse.

12. Stahlcorderzeugung

Einsetzen von Vormaterialspulen, Anschweißen, Patentieren und Vermessingen, Drahtziehen, Verseilen, Umspulen und der mit dem jeweiligen Produktionsvorgang verbundene Spulenwechsel sowie Verpacken.

13. Gemüse- und Obstkonservendosenerzeugung

Sofern der Vorrat an gebrauchsfähigem Lagergut wegen des starken Anfalls von verderblichen Produkten nicht ausreicht:

Bedienung der Dosenfertigungsanlage, die unmittelbar anschließende Verpackung des fertigen Produktes und der Abtransport ins Zwischenlager, Auslieferung des Produktes zum Konservenabfüller: 1. Juni bis 31. Oktober und an zwei Samstagen im November.

14. Fertigung von Antriebselementen und Zahnrädern Arbeiten an Antriebselementen und Zahnrädern – Endverzahnung, Schlichtspan, Schleifen des Zahnrades, Härtevorgang –, sofern diese aus technologischen Gründen vollkontinuierlich durchgeführt werden müssen.

15. Integrierte Schaltungen

Die Fertigung von integrierten Schaltungen, soweit diese aus technologischen Gründen vollkontinuierlich durchgeführt werden muß.

16. Bimetallbandfertigung

Das Elektronenstrahlschweißen von Bimetallbändern im Durchzugverfahren, sofern für die Einhaltung der optimalen Nahtausführung und Konstanz der Schweißparameter die Beibehaltung einer für die gesamte Einheit konstanten Betriebstemperatur erforderlich ist.

17. Herstellung von Farbbildröhren

Die Bedienung von Glühöfen zur Maskenkonditionierung und oxydierenden Behandlung der Metallteile, Pressen der konditionierten Masken, die Bedienung von synchrongeschalteten Bearbeitungsmaschinen zum Aufbringen der Leuchtstoffe, der Aluminiumschicht, zum Verschmelzen von Glasschirm und
Glaskonus, des Elektronenstrahlsystems mit dem Glaskörper und zum Evakuieren und Verschließen
des Glaskörpers.

18. Herstellung keramischer Vielschichtbauelemente und von Elektrokeramik-Bauelementen.

Die Fertigung von keramischen Vielschichtbauelementen und von Elektrokeramik-Bauelementen,
soweit dazu thermische Prozesse notwendig sind, sowie die Durchführung von Messungen an solchen
Bauteilen.

19. Herstellung von Leiterplatten in Feinstleitertechnologie

Das Bohren der Leiterplatten, das galvanische Aufbringen von Kupfer und die Strukturierung der
Leiterplatten mittels Fotoprozeß.

20. Herstellung von Aluminium-Getränkedosen

Stanzen und Ziehen des Aluminium-Bandmaterials, Reinigung und Behandlung der Blankdose,
Vorlackieren und Drucken einschließlich der Trocknung, Innenlackieren, Necken und Bördeln, Testen
sowie Palettieren.

21. Beschichtung von Preßwalzen für Papiermaschinen mit Granitersatz-Keramikbezügen Sandstrahlen, Korrosionsbeschichtung und Aufbringung der Granitersatz-Schicht.

22. Bestücken von Printplatten

Bestücken von Printplatten in Verbindung mit elektromechanischen Großkomponenten (Laufwerken)
unter Verwendung der Spitzenfertigungstechnologien des Wellen- und Reflowlötens (Feinstleitertech-
nik) in Größtserienfertigung.

23. Edelstahlröhrchen mit integrierter Glasfaser mit Längen von mindestens 50 km

a) Hochfahren des Lasers auf Betriebstemperatur;
b) Probeproduktion zur Einstellung der Laserparameter und Qualitätssicherung;
c) Produktion der Edelstahlröhrchen (Formen, Einbringen der Glasfaser und des Gels, Verschweißen,
Durchmesserkalibrieren, Reinigen und Bedrucken, Aufwickeln auf Spule).

IV. Holzverarbeitung

1. Spanplattenerzeugung

a) Betreiben der Anlagen zur Erzeugung der Vormaterialien, wie Leim bzw. Bindemittel, die auf
Grund der vor- oder nachgeschalteten Anlagen eine Kontinuität im Stofffluß bedingen, einschließlich Trocknung, Aufarbeitung und Lagerung;
b) Betreiben der Späneerzeugung und der Trockner, der im kontinuierlichen Stofffluß unmittelbar anschließenden Silo- und Verleimstationen, der Schüttstation und des Formstranges sowie
der Heißpressen, Aufteilsäge, Zuschnitt, Nachbearbeitung und Schleifstraße einschließlich Abnahme, Klimatisierung und Lagerung, der Beharzungs-, Imprägnier- und Beschichtungsanlagen
einschließlich Zuschnitt, Nachbearbeitung, Veredelung und Lagerung, der Energieerzeugungs-
und Verteilungsanlagen, die für die Aufrechterhaltung des Produktionsbetriebes erforderlich sind,
sowie Abluftreinigung.

2. Faserplattenerzeugung

a) Betreiben der Anlagen zur Erzeugung der Vormaterialien, wie Leim bzw. Bindemittel, die auf
Grund der vor- oder nachgeschalteten Anlagen eine Kontinuität im Stofffluß bedingen, einschließlich Trocknung, Aufarbeitung und Lagerung;
b) Betreiben der im kontinuierlichen Stofffluß unmittelbar anschließenden Defibratoren und Refiner,
der Materialzufuhr, der Stoffaufbereitungs- und Verleimungsanlagen einschließlich Kalandrierung
und Vernadelung, der Langsiebmaschine sowie der Heißetagenpresse bzw. der Trockner, Aufteilsäge und Schleifstraße einschließlich Abnahme, Klimatisierung und Lagerung des gepreßten
Produktes, der Beharzungs-, Imprägnier- und Beschichtungsanlagen einschließlich Zuschnitt,
Nachbearbeitung, Veredelung und Lagerung, der Energieerzeugungs- und Verteilungsanlagen, die
für die Aufrechterhaltung des Produktionsbetriebes erforderlich sind, sowie Abluft- und Wasser-
reinigung.

3. Holztrockenkammern

Die für mehrtägige Holztrocknungsprozesse unbedingt erforderlichen Arbeiten bei Trockenkammern
und Trockenkanälen, wie die rechtzeitige Entladung und Beschickung dieser mit vorbereitetem Holz,
sowie der Betrieb der Anlagen zur Bereitstellung der Wärmeenergie.

4. Brettschichtholzerzeugung im Durchlaufpressverfahren Beschicken und Bedienen der Vorhobelan-
lage, der Beleimung und der Durchlaufleimpresse und der Nachhobelung einschließlich Lagerung
des fertigen Produktes.

ARG

V. Bauwirtschaft

1. Vermessungen

Ausführung von Vermessungsarbeiten, bei denen nur während der Ruhezeiten einwandfreie geophysikalische Untersuchungsergebnisse erzielt werden können.

2. Bauarbeiten, die im öffentlichen Interesse liegen

a) Auf öffentlichen Verkehrswegen,
b) auf gefährlichen Böden,
c) zur Fortführung von Betonierungsvorgängen (zB bei Gleitschalungsbauten), die einen kontinuierlichen Arbeitsablauf von mehr als 152 Stunden in Anspruch nehmen,
d) bei Stollen und Tunnels,
e) bei Wasserbauten,

sofern alle diese Arbeiten aus Gründen der Sicherheit der Allgemeinheit bzw. der Beschäftigten oder aus bautechnischen Gründen während der Wochenend- oder Feiertagsruhezeit nicht unterbrochen oder nur in diesen Zeiten durchgeführt werden können;

f) Einbauten und Montagen auf Baustellen von Kraftwerken, die nur während der Durchführung der Bauarbeiten im Sinne der lit. c bis e durchgeführt werden können.

3. Transportbeton

Belieferung von während der Wochenend- und Feiertagsruhe durchgeführten gesetzlich erlaubten öffentlichen Bauvorhaben, der Betrieb der Mischanlage und das Abfüllen in die Fahrmischer.

4. Gleitbauarbeiten

Gleitbauarbeiten (z. B. bei der Neuerrichtung von Silos), die aus bautechnischen Gründen einen kontinuierlichen Arbeitsablauf von mehr als 152 Stunden erfordern.

VI. Leder und Textil

1. Gerberei

a) Chrom- und pflanzliche Gerberei; Weiß- und Sämischgerberei

An Vormittagen bis 12.00 Uhr:

aa) Übernahme, Aufsalzen oder Einweichen der am Vortag eingelieferten frischen Häute 1. Mai bis 30. September;
bb) Wechseln des Weichwassers, Aufschlagen und Bewegen der Häute, Einäschern der Häute, Entnahme der Häute aus den Gerbfässern, Umhängen oder Abnehmen der Leder im Trockenraum; in der Chrom- und Weißgerberei auch Schwöden und Enthaaren der Felle, die am Vortag geschwödet worden sind.

b) Herstellung chromfreier Leder auf Wet-White-Basis

aa) Entnahme der Häute aus den Gerbfässern, Bedienen der Reckmaschine, Nassstutzen der Wet-White im Rahmen des Trocknungsprozesses, Befüllung und Bedienung der Vakuumierungs- und Konditionierungsanlage, Regelung der Betriebstemperatur und des Trocknungsprozesses sowie Durchführung der Qualitätskontrolle;
bb) Kontroll-, Regelungs- und Steuertätigkeiten im Zuge des Produktionsprozesses, Weiterführung von kontinuierlichen Herstellungsprozessen mittels eines Prozessleitstandes, die einen ununterbrochenen Fortgang von der Gerbung bis zur Trocknung erfordern;
cc) Beschicken und Bedienen zur Auf- und Verarbeitung von Leimleder dienenden Anlagen zur Gewinnung von Nebenprodukten und Stoffen aus den durch den kontinuierlichen Produktionsprozess anfallenden biogenen Stoffen, deren Herstellung eine unbedingt notwendige Kontinuität im Stofffluss erfordert.

2. Herstellung von hochgedrehten Garnen und Zwirnen aus synthetischen Spinnstoffen Bedienen der Texturiermaschinen und Zwirnmaschinen für texturierte und umsponnene Garne.

3. Spinnerei

Die im vollkontinuierlichen Produktionsprozeß erfolgende Verarbeitung von Fasern aller Art zu Garnen und Zwirnen

a) nach dem Openend-Spinnverfahren:

Bedienen der Anlagen zum Öffnen, Mischen, Kardieren, Kämmen, Strecken und Spinnen;

b) nach dem Baumwollspinnverfahren mit und ohne Flyern:

Bedienen der Anlagen zum Öffnen, Mischen, Kardieren, Kämmen, Strecken, Flyern und Spinnen, der automatischen Spulmaschinen und der Zwirnmaschinen;

c) nach dem Kammgarnspinnverfahren:

Bedienen der Anlagen zum Mischen, Krempeln, Strecken, Kämmen, Vorspinnen und Spinnen, der automatischen Spulmaschinen, der Zwirnmaschinen und Schrumpfanlagen;

d) nach dem Halbkammgarnspinnverfahren:

Bedienen der Anlagen zum Mischen, Krempeln, Strecken, Vorspinnen und Spinnen, der automatischen Spulmaschinen, der Zwirnmaschinen und Schrumpfanlagen;

e) nach dem Leinengarnspinnverfahren:

Bedienen der Anlagen zum Hecheln, Kardieren, Kämmen, Strecken, Vorspinnen, Vorgarnbleichen, Spinnen, Spulen, Garnbleichen und Zwirnen.

4. Weberei

Die im vollkontinuierlichen Produktionsprozeß erfolgende Herstellung von Geweben aus Fasern aller Art auf schützenlosen Webmaschinen:

Einlegen der Kette, Einziehen und Anknüpfen an der Webmaschine, Bedienen der Webmaschine.

5. Strickerei

Die im vollkontinuierlichen Produktionsprozeß erfolgende Verarbeitung von Chemiefasern und deren Mischungen mit Naturfasern zu

a) gestrickter Oberbekleidung auf Single-Ringel-Maschinen, Single-Wrapper-Maschinen und Interlock-Ringel-Maschinen:

Einziehen und Anknüpfen, Bedienen der genannten Maschinen;

b) Strumpferzeugnissen unter Verwendung von elastischen Garnen:

Einlegen der Kette und/oder Mustertrommel, Einziehen und Anknüpfen an den Strickmaschinen, Bedienen der genannten Maschinen sowie der Relaxier-Anlagen.

c) Stoffen für Autoinnenausstattungen auf Henkelplüschstrickmaschinen sowie die unmittelbar damit im Zusammenhang stehende Ausrüstung und Veredelung der Stoffe, insbesondere Scheren, Waschen, Fixieren und Beschichten;
d) gewirkten Einlagestoffen auf Wirk- und Raschelmaschinen;
e) durchwirkten Vliesen auf Vliesraschelmaschinen.

6. Textilveredlung

a) Unbedingt notwendige Arbeiten an jenen Feiertagen, die auf einen Dienstag, Mittwoch oder Donnerstag fallen;
b) unbedingt notwendige Arbeiten an zwölf Wochenenden im Kalenderjahr, wenn die Fortführung der am Freitag eingeleiteten Chargenprozesse einen ununterbrochenen Fortgang erfordern.

VII. Zellstoff und Papier

1. Zellstofferzeugung

a) Bedienen der im kontinuierlichen Produktionsfluß den Zellstofferzeugungsanlagen unmittelbar vorgeschalteten Holzvorbereitungsanlagen und der Anlagen zur Gewinnung der Kochflüssigkeit;
b) Beschicken und Bedienen der Zellstoffkocher, der Wasch-, Sortier- und Entwässerungsvorrichtungen sowie Erfassen, Eindämpfen und Verbrennen der Kocherablauge in kontinuierlich betriebenen Einrichtungen; Bedienen der Anlagen zur Gewinnung von Nebenprodukten und Stoffen aus der durch den kontinuierlichen Produktionsprozeß anfallenden Kocherablauge, soweit die Fortführung von Gewinnungsprozessen aus biologischen oder ökologischen Gründen unbedingt notwendig ist;
c) Bedienen der Anlagen für die der Bleiche vorgeschaltete Bereitung und Lagerung von Bleichmitteln, der Anlagen der Bleicherei sowie der Anlagen im Rahmen des Trocknungsprozesses.

2. Papier- und Kartonerzeugung

Bedienen der im kontinuierlichen Produktionsfluß unmittelbar vorgeschalteten Rohstoffaufbereitungsanlagen, der Stoffaufbereitungsanlagen, der Papier- und Kartonmaschinen, der Umroller und Rollenschneidemaschinen, Papier- und Kartonveredlungsmaschinen, Papier- und Kartonausrüstung, soweit alle diese Tätigkeiten im ununterbrochenen Produktionsfluß erforderlich sind.

3. Holzschleifereien

Bedienen der Holzschleifereianlagen mit Wasserantrieb oder solcher, die Kraftstrom ausschließlich von Wasserkraftwerken beziehen, bei eingetretenem Wassermangel an 15 Sonntagen im Kalenderjahr. ARG

VIII. Lebensmittel (Nahrungs- und Genußmittel)

1. Getreide

Übernahme und Einlagerung des in die Mühle oder in die Außenlager während der Erntezeit zugeführten Getreides.

2. Kartoffelstärke

a) Entnahme der Kartoffeln aus den Lagern, Waschen und Reiben, Ausbringen der Stärke, Gewinnung und Reinigung der Rohstärke sowie der Nebenprodukte (Kartoffeleiweiß, Kartoffelpülpe), Verarbeitung der Abfallstärke, Entwässern, Trocknen und Verpacken bzw. Lagern der gereinigten Produkte während der Zeit der Industriekartoffelkampagne;

b) ganzjährig die Aufbereitung und Beseitigung der während der Kampagne anfallenden Abwässer.

3. Getreidestärken (Mais-, Reis- und Weizenstärke) Entnahme des Rohstoffes aus den Lagern, Reinigen, Quellen, Vermahlen und Anteigen, Gewinnung, Reinigung und Trocknung der Stärke sowie der Nebenprodukte, deren Sichtung, Abfüllung und Lagerung.

4. Dextrin und andere abgebaute und modifizierte Stärken Einbringen und Vorkonditionieren der Stärken, Durchführung des Aufschlusses, Einbringen der Chemikalien, Durchführung der chemischen Reaktion, Reinigen, Trocknen, Kühlen, Befeuchten, Mischen, Sichten, Abfüllen (ausgenommen in Kleinpackungen) und Lagern.

5. Stärkeverzuckerungsprodukte

Einbringen, Verflüssigen und Verzuckern der Stärke mittels Säure oder Enzymen, Neutralisation, Raffinieren und Eindampfen; bei Trockenstärkesirup auch die Sprühtrocknung; bei Stärke- und Traubenzucker auch Kristallisation und Trocknen; bei allen die Abfüllung. Ferner die Aufbereitung und Abfüllung der anfallenden Nebenprodukte.

6. Kartoffeldauerprodukte in Stücken, in Flocken-, Grieß- oder Pulverform

Während der Zeit der Industriekartoffelkampagne die Entnahme der Kartoffeln aus den Lagern, Sortieren, Waschen, Schälen, Auslesen, Reiben oder Schneiden, Blanchieren, Kochen und Trocknen, Vermahlen, Mischen und Sichten der Produkte und Nebenprodukte und deren Lagerung; bei Püree und Kartoffelteig auch die Abfüllung in Kleinpackungen.

7. Chips und Minifrittes

Übernahme der Frühkartoffeln, Waschen, Schälen, Ausstechen, Schneiden, Sortieren, Rösten und Würzen, Verpacken und Lagern. 1. Juni bis 31. Juli.

8. Frittaten und Backerbsen

Überwachung der Erzeugung von Frittaten und Backerbsen an jedem zweiten Wochenende.

9. Zuckererzeugung

Während der Zeit der Zuckerrüben- und Raffinationskampagne

a) Übernahme und Lagerung von Zuckerrüben;

b) die Verladung von Zuckerrüben, soweit aus Witterungsgründen ein Transport in die Fabriken notwendig ist;

c) die Rohzuckererzeugung und Raffination des Zuckers einschließlich Einlagerung der fertigen Ware;

d) Betrieb von Schnitzeltrocknungs- und Melasseentzuckerungsanlagen, Lagerung der Rübenschnitzel sowie Verladung der Schnitzel;

e) Abfüllen von Liefergrünsirup und Melasse.

10. Milch und Milchprodukte

a) Rohmilch, Rohrahm, Babymilch und molkereimäßig behandelte Milch

Sammlung, Übernahme, Qualitätskontrolle, molkereimäßige Behandlung, Versand an Be- und Verarbeitungsbetriebe; für Frischmilch „Baby" zusätzlich noch die Abfüllung;

b) Milchprodukte

Belieferung bei Messe-, Sport-, Fest- und marktähnlichen Veranstaltungen sowie an Bäder und Eissalons. Weiters an Sonn- und Feiertagen vor Werktagen ab 18 Uhr Beginn der notwendigen Vorarbeiten und anschließend die Belieferung des Groß- und Kleinhandels sowie sonstiger Großverbraucher mit Milch und Milchprodukten; bei mehreren aneinanderschließenden Sonn- und Feiertagen am letzten Ruhetag auch Abfüllen der Trinkmilch und flüssiger Milchprodukte;

c) Butter

Fetteinstellung und Ansäuerung des Rahms, Verbutterung von Käsereirahm und Abpackung der dabei hergestellten Butter;

weiters an zwölf Wochenenden bzw. Feiertagen auch Verbutterung des Molkereirahms und Abpackung der dabei hergestellten Butter;

d) Käse und Topfen

aa) Frischkäse und Topfen

Füllen der Fertiger, Einstellen des Fettgehaltes und Behandlung der Kesselmilch; weiters an zwölf Wochenenden bzw. Feiertagen auch die Topfenerzeugung und Abpackung in Großpackungen;

bb) Weich-, Schnitt- und Hartkäse

Füllen der Fertiger, Einstellen des Fettgehaltes, Behandeln der Kesselmilch und Weiterverarbeitung des Käsebruches sowie die unbedingt notwendigen Arbeiten am Salzbad und in den Reifungs- und Lagerräumen; weiters an zwölf Wochenenden bzw. Feiertagen Abpackung von Weich- und Schnittkäse bei Gefahr des sonstigen raschen Verderbens beim Versand;

e) Dauermilchprodukte

aa) Milch-, Buttermilch- und Molketrocknung sowie die Herstellung von Milchkonzentraten zur Weiterverarbeitung und die Herstellung von Futtermitteln

Tankversand zum und vom Trockenwerk, Übernahme, Qualitätskontrolle, Einstellen des Fettgehaltes, molkereimäßige Behandlung, Konditionieren, Eindampfen, Trocknen, Sichten, Abfüllen in Großpackungen und Lagern;

bb) Kaseintrocknung

Übernahme, Einbringung und Qualitätskontrolle, Zerkleinern, Trocknen, Mahlen, Sichten, Abfüllen in Großpackungen und Lagern des Produktes;

cc) Naßkaseinerzeugung und die im kontinuierlichen Stofffluß erfolgende Kaseintrocknung

Zerkleinern, Mahlen und Sichten an zwölf Wochenenden bzw. Feiertagen.

11. Frische Fische

Verarbeitung einschließlich des Einlegens in das Garbad.

12. Rohwürste

Lagern und Wenden der Ware, Überwachung und Steuerung des Trocknungsprozesses.

13. Tiefgefrierwaren (Gemüse und Obst)

Übernahme der frisch geernteten Ware, die erforderliche Verarbeitung einschließlich Abfüllen und Einlagern in das Tiefkühllager

a) Kochsalat – 1. Juni bis 15. August
b) Erdbeeren – 1. Juni bis 15. Juli
c) Erbsen – 1. Juni bis 31. Juli
d) grüne und gelbe Bohnen – 4 Wochenenden während der Erntezeit und am 15. August
e) Blattspinat – 10. April bis 15. Juni, 16. August bis 15. November
f) Tomatenmark – 1 Wochenende und 1 Feiertag im August
g) sonstige Tiefgefrierwaren – insgesamt 5 Wochenenden und 1 Feiertag während der Erntezeit

14. Gemüse- und Obstkonserven

a) aa) Erbsen

1. Juni bis 31. Juli;

bb) grüne und gelbe Bohnen

vier Wochenenden während der Erntezeit und am 15. August;

cc) Tomatenmark

15. August bis 30. September;

dd) Gurken

10. Juli bis 10. September;

ee) Zuckermais

15. August bis 30. September;

ff) Kirschen

15. Juni bis 30. Juli;

gg) Pflaumen

ARG

1. September bis 30. September;

Übernahme der Ware, die erforderliche Verarbeitung der frisch geernteten Ware einschließlich Abfüllen und Verpacken, wenn dies im kontinuierlichen Stofffluß erfolgt sowie Lagern.

b) aa) Sauerprodukte

Überwachung des Gär- oder Säuerungsvorganges;

bb) Erdbeeren

Übernahme der geernteten Ware; Reinigen, Sortieren (Verlesen), Vermarken oder Pulpen in Großgebinde, 1. Juni bis 15. Juli;

cc) Marillen

Übernahme der geernteten Ware; Reinigen, Sortieren (Verlesen), Vermarken oder Pulpen in Großgebinde, 15. Juli bis 15. August;

dd) Waldpilze

Übernahme der Ware, Blanchieren, Bereitstellen der Hüllgüter und des Packmediums, Verpacken, Verschließen, Sterilisieren, Verpacken und Etikettieren, wenn dies im kontinuierlichen Stofffluß erfolgt, Lagern, 1. Juli bis 30. September;

ee) sonstiges leicht verderbliches Obst und Gemüse Übernahme und Lagern,

15. Mai bis 31. Oktober.

15. Verarbeitung von Beeren-, Stein- und Kernobst sowie Gemüse zu Säften und anderen Produkten der gärungslosen Obst- und Gemüseverwertung

Übernahme, Sortieren, Waschen, Zerkleinern, Pressen (oder Dämpfen, Passieren, Homogenisieren); Klären, Konzentrieren, Haltbarmachen, Abfüllen und Lagern.

1. Juni bis 15. Dezember.

16. Kaffeemittel- und Instantkaffee-Erzeugung

a) Darren

aa) Zichorie

Übernahme der Zichorienwurzeln, Waschen, Zerkleinern, Darren und Kühlen, Verladen, Lagern,

1. September bis 15. Dezember;

bb) Rohfeigen

Übernahme, Ausleeren und Aufschütten auf die Darranlage, Darren und Kühlen, Verpacken und Lagern, 1. November bis 30. Juni;

b) Extrahieren und Sprühtrocknen von Bohnenkaffee und Kaffeemittelextrakten

Mischen, Füllen der Extraktionsanlage, Extrahieren und Kühlen, Sprühtrocknen des Extraktes, Verpacken und Zwischenlagern des Extraktes.

17. Mälzerei

Einweichen, Überwachung des Weichprozesses, Ausweichen, Überwachung des Keim- und Röstprozesses des Getreides und des Darrprozesses sowie Entkeimen des Malzes.

18. Bierbrauerei

a) Führung der Haupt- und Nachgärung;
b) Brauen im Sudhaus am Sonntag ab 20 Uhr;
c) Zulieferung des Bieres in Ausflugsgebiete und zu Bädern vom 15. Mai bis 31. August und zu behördlich genehmigten Veranstaltungen.

19. Zustelldienst von alkoholfreien Getränken

Zulieferung alkoholfreier Getränke in Ausflugsgebiete und zu Bädern vom 15. Mai bis 31. August und zu behördlich genehmigten Veranstaltungen.

20. Zustelldienst von Speiseeis

Zulieferung von Speiseeis in Ausflugsgebiete und zu Bädern vom 1. Mai bis 30. September, während der gesetzlichen Schulferien nach § 2 des Schulzeitgesetzes 1985, BGBl. Nr. 77, sowie zu behördlich genehmigten Veranstaltungen.

21. Zustelldienst von Tiefkühlkost

a) Zulieferung von Tiefkühlkost zu behördlich genehmigten Veranstaltungen;
b) Zulieferung von Tiefkühlkost zur Versorgung der Fremdenverkehrsbetriebe am Samstagnachmittag vom 1. Mai bis 30. September und während der gesetzlichen Schulferien nach § 2 des Schulzeitgesetzes 1985, BGBl. Nr. 77.

22. Äthylalkoholerzeugung

a) Auf Basis von Melasse und Liefergrünsirup

aa) Übernahme der Melasse und des Liefergrünsirups während der Kampagne;

bb) Bereitung der Maischen und Überwachung des im kontinuierlichen Stofffluß anschließenden Gär-, Destillations- und Raffinationsprozesses an Feiertagen und an drei Wochenenden im Jahr;

b) Auf Basis von Knollen- und Körnerfrüchten sowie deren Nebenprodukten

Entnahme der Rohstoffe aus den Lagern, Aufschluß, Bereitung der Maischen, Bedienung und Überwachung des im kontinuierlichen Stofffluß anschließenden Gär-, Destillations- und Raffinationsprozesses sowie Lagerung und Kontrolle der anfallenden Erzeugnisse durch einen Zeitraum von 10 Monaten im Jahr.

23. Backhefeerzeugung

a) Übernahme der Melasse und des Liefergrünsirups während der Kampagne;

b) Bereitung der Melassemaischen und Nährsalzlösungen, Herführung der Anstellhefen, Fermentation, Hefezentrifugierung und Zwischenlagerung an Feiertagen und an drei Wochenenden im Jahr;

c) Hefeentwässerung, Hefepfundierung, Verpackung sowie Transport in die Kühlräume an drei Wochenenden im Jahr.

24. Erzeugung von Gärungsessig

Einstoßen der Essigmaische in die Essigbildner, Überwachung des Gärprozesses und der Essigbildner, Ausstoßen des Essigs aus den Essigbildnern.

25. Weinkellereien, Winzergenossenschaften

a) Zufuhr, Übernahme und Lagerung der Trauben und des Mostes;

b) Abpressen der Trauben und der Weinmaische einschließlich der Einlagerung;

c) Überwachung des Gärprozesses.

26. Gewinnung von Quellwässern

Transport der Flaschen zur Quelle (Brunnen), Füllen und Verschließen, Transport zum Lager. 15. Mai bis 31. August.

27. Konditoren (Zuckerbäcker) im Sinne des § 94 Z 40 GewO 1994 und Speiseeiserzeuger Tätigkeiten einschließlich der Erzeugung, die zur Aufrechterhaltung des Betriebes und zur Betreuung der Gäste und Kunden (Endverbraucher) erforderlich sind.

28. Bandtabak

Bedienung der Stoffaufbereitungsanlagen, der Bandtabakformer und der Trocknungs- und Zerkleinerungsanlagen, soweit alle diese Tätigkeiten im kontinuierlichen Stofffluß erforderlich sind.

29. Industrielle Gewinnung von Pflanzenrohölen.

Die im Zusammenhang mit der Produktion stehenden Überwachungs-, Kontroll- und Einstellarbeiten, ausgenommen die Rohstoffeinlagerung und die Produktverladung.

30. Vollkontinuierliche industrielle Herstellung von Flach- und Rollwaffeln

Entnahme der Rohstoffe aus den Lagern, Zubereitung der Teig-, Creme- und Schokolademassen, Bedienung und Überwachung des Back- und Verarbeitungsprozesses, Kontrolle, Verpackung und Lagerung der anfallenden Erzeugnisse.

IX. Chemie

1. Schwefelsäure, schwefelige Säure, deren Anhydride und Salze

a) Schwefeldioxyd (schwefelige Säure), Schwefelsäure Aufbereitung der Rohstoffe durch Brechen, Mahlen, Sichten, Mischen, Homogenisieren und Granulieren; Bedienen der Anlagen zur Erzeugung von Schwefeldioxyd durch Rösten von Kiesen, Blenden und gebranchten Gasreinigungsmassen, durch Verbrennen von Elementarschwefel und durch Reduktion von Kalziumsulfat; Entstauben und Reinigen der schwefeldioxydhältigen Gase, Trocknen und Verflüssigen des Schwefeldioxyds, Oxydation nach dem Turmverfahren oder in Kontaktanlagen; kontinuierliche Umsetzung von Schwefeltrioxyd mit organischen Substanzen zu organischen Sulfonaten und Sulfaten; Absorption des Schwefeltrioxyds und Einstellen der Säure auf den erforderlichen Gehalt (einschließlich Oleum); Speichern und Abfüllen in Transport- und Betriebsbehälter;

b) Chemisch reine Schwefelsäure

Beschicken und Bedienen der Destillationsgefäße und der Kühlvorrichtungen für die Säuredämpfe; Abziehen der chemisch reinen Säure in die Gefäße;

c) Kupfervitriol

ARG

Bedienen der Schmelz- und Röstöfen, der Türme, der Laugerei und Kristallisationsanlagen, der Zentrifugen und Waschanlagen, Abfüllen des Produktes;

d) andere Salze der Schwefelsäure und der schwefeligen Säure Bedienen der Absorptionsgefäße für die Salze; Bereitung und Konzentration der Laugen; Bedienen der Kristallisationsanlagen, Zentrifugen, Trocknungs- und Zerkleinerungsapparate, Abfüllen der Produkte ausgenommen in Kleinpackungen.

2. Salpetersäure, Nitrate und Nitrite

a) Salpetersäure

Bedienen der Gebläse zur Förderung des Ammoniak-Luftgemisches zu den Verbrennungsöfen und der nitrosen Gase zur Absorption; Bedienen der Abhitzekessel nach den Ammoniakverbrennungsöfen sowie der Anlagen zur Absorption und Oxydation der Nitrose, Konzentrieren und Abfüllen der Säure;

b) Nitrate und Nitrite

Bedienen der Absorptionsgefäße für die Salze, Bereitung und Konzentration der Laugen; Bedienen der Kristallisationsanlagen, Zentrifugen, Trocknungs- und Zerkleinerungsapparate; Abfüllen der Produkte ausgenommen in Kleinpackungen.

3. Salzsäure

Betrieb der Synthese-, Zersetzungs- und Absorptionsapparate, der Öfen, der Laugenbereitung und der Kristallisationsanlagen, der Zentrifugen, Abfüllen ausgenommen in Kleingebinde, Lagern.

4. Phosphorsäure, phosphorsaure Salze, Superphosphat, Komplex- und Mischdünger sowie Nebenprodukte der Phosphorsäureerzeugung Mahlen und Aufschluß der Rohphosphate; Abtrennen und Aufbereiten der Phosphorsäure und ihrer Nebenprodukte, insbesondere Konzentrieren, Mischen der Düngerkomponenten, Granulieren, Waschen, Trocknen, Brennen, Klassieren und Einspeichern.

5. Kieselfluorwasserstoffsäure, Silicofluoride und Fluoride Bedienen der Anlagen zur Erzeugung von Kieselfluorwasserstoffsäure durch Auswaschen der Abgase beim Aufschluß von Rohphosphaten, Wartung der Umsetz-, Fällungs- und Zentrifugiereinrichtungen zur Gewinnung von Silicofluoriden und Fluoriden, Überwachung der Trocknungs- bzw. Kalziniereinrichtungen, Abfüllen und Lagern.

6. Soda und deren Nebenprodukte; kohlensaurer Kalk Bereiten und Verarbeiten der Salzsole; Verarbeiten des Bikarbonates und der Laugen zu kalzinierter Soda und Chlorkalzium; Bedienen der Kristallisationsanlagen; Betrieb der Kalköfen; Erzeugung der Kalkmilch und deren Verarbeitung zu kohlensaurem Kalk; Herstellung von Reinbikarbonat, Entschwefelungsgranulat (Soda und Kalksteinmehl) und Ätznatron, Mahlen, Sichten, Abfüllen und Lagern der genannten Produkte.

7. Ätzalkalien (Ätznatron und Ätzkali); Chlor und Chlorprodukte, erzeugt auf elektrolytischem Weg

a) Bereiten der Salzsole; Elektrolyse, Eindampfen der Lauge oder Abfüllen der Lauge, ausgenommen in Kleingebinde;

Bedienen der Schmelzkessel, Gießen, Zerkleinern und Verpacken der Produkte;

b) Verarbeitung des anfallenden gasförmigen Chlors durch Trocknung, Kompression und Verflüssigung des Chlors oder durch Herstellung von organischen oder anorganischen Chlorverbindungen, Abfüllen, ausgenommen in Flaschen, Lagern.

8. Wasserglas

Betrieb der Wannenöfen und Ausgießen. 9. Ammoniak,

9. Ammoniak, Ammoniaklösungen, Ammonsalze

a) Ammoniak, Ammoniaklösungen

Bedienen der Spalt- und Konvertierungsanlagen, der Anlagen für die Reinigung des Synthesegases und der Drucksyntheseanlagen, Abfüllen und Lagern des flüssigen Ammoniaks;

b) Ammonnitrat

Bedienen der Neutralisations- und Verdampferanlagen, Wartung des Prillturmes zur Erzeugung des technischen Ammonnitrates, Verpacken und Lagern;

c) Kalkammonsalpeter

Bedienen der Kalksteinmühlen und Mischaggregate, Überwachen der Granulierungs-, Trocknungs-, Klassierungs-, Kühl- und Konditionierungseinrichtungen, Silolagerung;

d) Ammonsulfat

Bedienen der Kalzinierungseinrichtungen für Fällungsgips;

Überwachen der Absorptions-, Misch- und Trenneinrichtungen, Bedienen der Eindampf-, Kristallisations-, Trocknungs- und Klassierungsanlagen, Silolagerung.

10. Natriumperborat

Lösen und Reinigen von Rohboraten, Bedienen der Kristallisationsanlagen, Zentrifugen und Trockner, Absieben und Abfüllen.

11. Natriumchlorid und dessen Nebenprodukte

Verarbeiten von Sole zu Salz in der Solereinigung und im Eindampfprozeß; Betrieb der Trocknungsanlagen, Abfüllen und Lagern der genannten Produkte.

12. Karbiderzeugung auf elektrothermischem Weg Rohstoffaufbereitung, Betrieb der Elektroöfen, Zerkleinern, Abfüllen und Verpacken des fertigen Produktes sowie Betrieb der Kalköfen.

13. Korunderzeugung auf elektrothermischem Weg

Zulieferung, Aufbereitung und Mischung der Roh- und Zuschlagstoffe, Beschicken, Bedienen und Entleeren der Elektroöfen, Zerkleinern der Blöcke; Glühen und Klassieren, Abfüllen und Lagern.

14. Email und Emailtrübungsmittel

Betrieb der Naßmühlen, Schmelzrührwerke, Schmelzmuffel, Schmelztrommel, Filterpressen und Zentrifugen, Eindampfen der Laugen und Glühen des Produktes, Ablassen der Schmelze.

15. Bor, Molybdän, Nickel, Niob, Vanadium, Wolfram, Tantal, Titan und seltene Erdmetalle sowie deren Oxyde, Salze und Karbide

Betrieb der Aufschlußanlagen (wie Röst-, Muffel-, Glühöfen), der Extraktionsanlagen und der Karburierungsanlagen, der Fällungs- und Trocknungsanlagen, der Absorptionsapparate, der Kristallisationsanlagen, der Reduktionsöfen, der Sinteranlagen, insoweit sie mit Reduktionsöfen in Verbindung stehen, Schmelzen, Reduzieren, Laugen, Gewinnung des Wasserstoffgases.

16. Ultramarin

Überwachen des Ofenbetriebes und Bedienen der Naßmühlen.

17. Zinkweiß und Zinkgrau

Anheizen und Warmhalten der Schmelz- und Verbrennungsöfen.

18. Minium und Bleiglätte

Betrieb der Schmelzkessel und Öfen, Mahlen und Sichten sowie Abfüllen des Produktes.

19. Extrakte aus Farb- und Gerbmaterialien

Auslaugen der Rohprodukte und Eindampfen der Extrakte.

20. Kohle- und Graphitelektroden sowie andere Gegenstände, die aus amorphem Kohlenstoff, Elektrographit oder Sondergraphit hergestellt werden

Bedienen der Pressen, der Trocken- und Brennöfen mit ununterbrochener Feuerung sowie der Graphitöfen mit ununterbrochenem Ein- und Ausbau.

21. Wasserstoffperoxyd

Betrieb der Elektrolysen, der Hydrier-, Oxydations-, Extraktions-, Destillations- und Kondensationsanlagen, Abfüllen des Produktes.

22. Verdichtete oder verflüssigte Gase

a) Sauerstoff, Stickstoff, Edelgase

Bedienen der Kompressoren, der Gasverflüssigungs- und Gastrennungsanlagen, Abfüllen und Einlagern der Produkte;

b) Kohlensäure

Tätigkeiten im Sinne der lit. a, jedoch nur vom 15. Mai bis einschließlich 15. August;

c) Wasserstoff

Bedienen der Anlagen zur Elektrolyse bzw. zur oxydativen Spaltung; Konvertierung und CO-Wäsche, Komprimieren, Abfüllen und Lagern;

d) Stickoxydul aus Ammonnitrat

Bedienen der Zersetzungsapparate, der Gaswäscher und der Kompressoren, Abfüllen und Lagern;

e) Azetylen

Bedienen der Gasentwicklungsanlagen, Komprimieren, Abfüllen und Lagern.

23. Methanol, Formaldehyd und Methylal

Betrieb der Destillations-, Zersetzungs- und Kontaktanlagen, die technisch einen ununterbrochenen Fortgang erfordern.

24. Organische Säuren, deren Anhydride, Ester und Salze

a) Essigsäure, Essigsäureester, Lösungsmittel und aus diesen Stoffen hergestellte organische Grundchemikalien Betrieb der Destillations-, Zersetzungs- und Kontaktapparate, Abfüllen und Lagern;

b) Zitronensäure

ARG

Betrieb der Rohstoffaufbereitungsanlagen, des Gärhauses, der Filterstation, der Kalkstation, der Maischeaufbereitungsanlage samt Kristallisation, Abfüllen und Lagern;

c) Benzoesäure und Natriumbenzoat

Betrieb der Reaktoren und der Kompressoren, Vakuumdestillation und Neutralisation, Betrieb der Gegenstromwäscher, Oxydation und Filtration, Betrieb der Walzensprühtrockner, Mahlen, Abfüllen und Lagern;

d) andere organische Säuren (insbesondere Dicarbonsäuren wie Phthal-, Malein-, Fumar-, Apfel- und Weinsäure sowie Formamidinsulfinsäure und Polyoxycarbonsäuren), deren Anhydride, Ester und Salze

Betrieb der Verdampfer-, Autoklaven-, Oxydations-, Hydrier-, Sublimations-, Destillier-, Kristallisations-, Veresterungs- und Trocknungsanlagen sowie der Lagerungsanlagen der Schmelzen, die technisch einen ununterbrochenen Fortgang erfordern oder auf Grund der vor- oder nachgeschalteten Anlagen eine unbedingt notwendige Kontinuität im Stofffluß bedingen; Abfüllen und Lagern;

e) Gleichgewichtsperessigsäure

Betrieb der Abmischanlagen, Abfüllen und Lagern.

25. Fructose-Glucose

Zuckerauflösung und Hydrolyse, fraktionierte Kristallisation von Fructose und Glucose, Entwässerung, Verdampfung und Rektifikation im Verdampfer- und Kolonnensystem.

26. Harnstoff und Harnstoffderivate

a) Harnstoff

Bedienen der Reinigungs-, Kompressions- und Hochdrucksyntheseanlagen sowie der Anlagen zur Aufarbeitung des Syntheseproduktes, Abfüllen, Lagern und Verladen;

b) Harnstoffderivate

Bedienen der Umsetzungs-, Abscheidungs-, Umkristallisations-, Trocknungs- und Aufarbeitungsanlagen, Abfüllen und Lagern.

27. Düngemittel auf Torfbasis Witterungsabhängige Arbeiten bei der Rohtorfgewinnung in der Zeit vom 1. April bis 31. Oktober an maximal fünf Sonn- bzw. Feiertagen im Jahr.

28. Pflanzenschutz- und Schädlingsbekämpfungsmittel Bedienen der in mehreren Stufen im kontinuierlichen Fluß gekoppelten Syntheseanlagen, Wartung der Salz- bzw. Säurefällungsapparate sowie der Apparate zur Veresterung und Formulierung, Überwachung der Trocknungseinrichtungen, Verpacken und Lagern.

29. Pharmazeutische Produkte

Bedienen der Anlagen zur Synthese von Wirkstoffen; Aufarbeitung unmittelbar vor dem Ruhetag angefallener tierischer Organe; Tierbehandlung zur Serum- und Impfstoffgewinnung; Betreuung von Arzneipflanzenkulturen; Bedienen der Anlagen zur Herstellung mikrobiologischer Produkte einschließlich der Vorbereitung der Nährlösungen, Extraktion, Aufarbeitung, Destillation der Lösemittel und Verarbeitung der Abfallprodukte.

30. Sonstige organische Chemikalien, die in speziellen Mehrzweckanlagen hergestellt werden

Bedienen von Mehrzweckanlagen zur Erzeugung organischer Produkte, deren Herstellung einen ununterbrochenen Fortgang oder auf Grund der vor- oder nachgeschalteten Anlagen eine unbedingt notwendige Kontinuität im Stofffluß erfordern, Abfüllen und Lagern.

31. Humane Blutderivate und Impfstoffe

Weiterführung von kontinuierlichen Herstellungsprozessen bis zum abfüllbaren Produkt (einschließlich der Gefriertrocknung), soweit diese Arbeiten während der Wochenend- oder Feiertagsruhe nicht durch entsprechende organisatorische Maßnahmen verhindert werden können und die Beendigung aus biologischen oder chemischen Gründen notwendig ist.

32. Petrochemische Produkte

a) Olefine

Bedienen der Spaltöfen, Destillation, Raffination, Aufarbeitung der anfallenden Nebenprodukte, Ableiten und Abfüllen;

b) Alkohole

Bedienen der Anlagen zur Erzeugung und Reinigung von Synthesegas der Aldehyd- und Alkoholerzeugungsanlage sowie der Anlagen zur Reindarstellung, Abfüllen und Lagern.

33. Bitumenverarbeitung

Bedienen und Überwachen der Anlagen zum Warmhalten des geschmolzenen Bitumens.

34. Kunstseide

Bedienen der Viskoseanlagen, Aufbereiten bis zur Spinnerei, Bedienen der Spinnanlagen und Wäscherei, Weiterverarbeiten und Nachbehandeln der gesponnenen Fäden, Verpacken und Lagern.

35. Synthetische Spinnstoffe, Kunststoffvliese und Splitfasern
a) Synthetische Spinnstoffe und Kunststoffvliese Bedienen der Extrusions- und Spinnanlagen sowie der Anlagen zum Verstrecken der Primärprodukte, zum Avivieren, Fixieren, Kräuseln, Zwirnen und Aufspulen, zum Schneiden zu Stapelfasern sowie zum Verfestigen der Spinnvliese, Verpacken und Lagern;
b) Splitfasern
Bedienen der Anlagen zum Extrudieren und Schneiden der Kunststoffolien, zum Verstrecken, Schneiden zu Stapelfasern, Avivieren, Fixieren und Kräuseln sowie Aufspulen der Fäden, Verpacken und Lagern.

36. Acrylnitril und Folgeprodukte
Bedienen der Anlagen zur Herstellung von Acrylnitril, der Umsetzeinrichtungen zur Verwertung der dabei anfallenden Nebenprodukte Blausäure, Acetonitril und Ammonsulfat, Lagern und Abfüllen der Roh-, Zwischen- und Fertigprodukte.

37. Zellwolle
Bedienen der Viskose-, Spinn- und Schneideanlagen, erforderliche Nachbehandlung einschließlich Trocknen und Öffnen, Verpacken und Lagern.

38. Kunstharze und Kunststoffe
Bedienen der Anlagen zur Erzeugung der Vorprodukte und der monomeren Zwischenprodukte, die selbst oder auf Grund der vor- bzw. nachgeschalteten Anlagen eine Kontinuität im Stofffluß bedingen, Bedienen der Anlagen zur Polymerisation, Polykondensation und Polyaddition, zur Trocknung, Sichtung und Aufarbeitung bis einschließlich Granulieren, zur Aufarbeitung der Nebenprodukte sowie zur Abfüllung, Verpacken und Lagern.

39. Stabilisatoren für die Kunststoffindustrie
Fällen und Trocknen sowie das Schmelzen der Reaktionsgemische, Kühlen, Mahlen, Mischen und Verpacken.

40. Be- und Verarbeitung von Thermoplasten, Duroplasten, Elastomeren und Silikonen sowie deren Materialkombinationen Bedienen der plastifizierenden Kunststoffverarbeitungsanlagen bzw. der Anlagen zur Warmbehandlung von Kunststoffen
a) mit einem Stundendurchlaufsatz von mehr als 50 kg oder
b) deren Anheiz-, technische Einstellzeit bzw. Dauer bis zur Erreichung der Prozeßfähigkeit mehr als vier Stunden in Anspruch nimmt
inklusive dem Bedienen der Anlagen zur Vor- und Nachbehandlung auch in komplexen Fertigungsanlagen sowie das unmittelbare Recyclieren von produktionsbedingt ausgeschiedenen Kunststoffen, wenn diese im kontinuierlichen Stofffluß anschließen. Eine komplexe Fertigungsanlage liegt vor, wenn mindestens drei aufeinander abgestimmte bzw. zusammenarbeitende Maschinen, Aggregate bzw. Peripheriegeräte zum Einsatz gelangen. Ausgenommen sind Montagestraßen, die ohne gleichzeitigen Produktionsprozeß ausschließlich vom Lager beschickt werden.

40a. Die Ausführung von Arbeiten mit Werkstoffen aus Kunststoff im Rahmen der Tätigkeit der kunststoffverarbeitenden Betriebe, die aus technologischen Gründen nur während des Betriebsstillstandes des externen Auftraggebers in der Wochenend- und Feiertagsruhe ausgeführt werden können.

41. Be- und Verarbeitung von Polycarbonat und Polycarbonatcompounds
Die Be- und Verarbeitung von Polycarbonat und Polycarbonatcompounds, wenn wegen der hohen Maßgenauigkeit des Produktes ein kontinuierlicher Produktionsablauf notwendig ist, an bis zu zwei aufeinanderfolgenden Wochenenden, höchstens jedoch an 14 Wochenenden bzw. Feiertagen pro Kalenderjahr.

42. Imprägnieren mit Kunstharzen
Bedienen des Imprägnierturms oder vergleichbarer Anlagen zum Imprägnieren von Verstärkungsmaterialien mit Kunstharzen, deren Anheiz- und technische Einstellzeit mehr als vier Stunden in Anspruch nimmt, sowie der im kontinuierlichen Stofffluß anschließenden Anlagen zum Trocknen, Aushärten, Ablängen und Kühllagern.

43. Kunststoffschichtplatten
Die Bedienung der Anlagen zur Imprägnierung der Schichten, der Pressen, der Anlagen zum Schneiden und Schleifen; Lagerung.

44. Knochenverarbeitung

ARG

Mazerieren (Auslaugen) der Knochen, Extraktion des Fettes, Waschen des entfetteten Schrotes und Weiterverarbeitung bis zum trockenen, unter normalen Bedingungen lagerfähigen Produkt zwecks Aufarbeitung des sonst ohne Gefahr des Verderbens nicht zu verarbeitenden Knochenanfalles.

45. Sprengstofferzeugung

Überwachen der Anlagen und Einrichtungen, in welchen Sprengstoffe erzeugt oder gelagert werden.

46. Holzverkohlung in Meilern und Haufen

Überwachen der vor Beginn der Wochenendruhe angezündeten Meiler und Haufen.

47. Verarbeitung von Erdöl, Erdölprodukten und Erdgas

a) Entladen, Übernahme und Lagerung des durch Bahn und Schiff bzw. Pipeline zugeführten Erdöls, Erdgases, der Halbfabrikate und Zusatzstoffe;
b) Verarbeitungsanlagen, die technisch einen ununterbrochenen Fortgang erfordern oder auf Grund der vorgeschalteten Anlagen eine unbedingt notwendige Kontinuität im Stofffluß bedingen

Zuleitungen von Einsatzstoffen, Bedienung und Wartung von Anlagen zum Destillieren, selektiven Raffinieren, Cracken, Coken, Reformieren, Entschwefeln, Süßen, Hydrieren, Entparaffinieren, Oxydieren, Isomerisieren, Alkylieren, In-line-Blending;
c) Ableiten, Transport und Lagern von Halbfertig- und Fertigprodukten.

48. Erzeugung von Vermiculite-(Glimmer-, Brandschutz-)Platten

Die Bedienung der Blähöfen, der Mischstationen, der Schüttstationen und des Formstranges einschließlich Abnahme, Schneiden, Schleifen und Lagern.

49. Herstellung von elastomeren Hochleistungsindustriewalzenbezügen Fertigung des Walzenunter- und -überbaues und alle im vollkontinuierlichen Betrieb damit verbundenen Fertigungsstufen.

50. Herstellen von Compact-Discs

Das Spritzgießen und Beschichten (Aufbringen von Reflexions- und Schutzschichten inklusive Printing) einschließlich der Qualitätskontrolle.

51. Hochtemperatur-Isoliermaterial (Isolierplatten und Formkörper)

Die Bedienung der Trockenöfen, wenn die Trocknung an den Formungsprozeß wegen der beschränkten Lagerfähigkeit des Zwischenprodukts bei sonstiger Gefahr des Verderbens unmittelbar bzw. kurzfristig anschließen muß.

52. Herstellung von hochelastischen medizinischen Handschuhen aus Latex

Bedienen der Anlagen zur Erzeugung der vorvernetzten Mischungen, die selbst oder auf Grund der vor- bzw. nachgeschalteten Anlagen eine Kontinuität im Stofffluß bedingen; Bedienung der Anlagen zur Tauchfertigung, Trocknung, Fertigvernetzung und Vulkanisation, Sichtung und Aufarbeitung bis einschließlich zum Produktionsablauf gehörende Prüfarbeiten.

53. Herstellung von Printrelais

Bedienen und Überwachen von automatischen Produktionsanlagen zum Abdichten von Printrelais unter Anwendung von unter UV-Licht polymerisierenden Kunstharzen, deren sekundäre oxygene Aushärtungskomponente einen kontinuierlichen Stofffluß erfordert.

54. Herstellung von Papiermaschinensieben

Einziehen und Einknüpfen am Webstuhl, Bedienen der Webmaschine.

55. Erzeugung von Fettsäure-Methylester sowie Bioethanol und der dabei anfallenden Zwischenprodukte:

Kontroll-, Regelungs- und Steuertätigkeiten im Zuge des Produktionsprozesses einschließlich allenfalls erforderlicher Ein- und Auslagerungstätigkeiten.

56. Herstellung von Waschmitteln und Waschmittelkonzentraten im Dampftrocknungsverfahren

Wartung der Dampftrocknungsanlage und Qualitätskontrolle der in dieser Anlage durch überhitzten Wasserdampf erzeugten Produkte.

57. Herstellung von Additiven für Reibbeläge

Bedienen und Überwachen von Anlagen zum Aufschwefeln (Sulfidieren) und Schmelzen von Reaktionsgemischen, einschließlich diesen Verfahren vor- und nachgeschalteten und unbedingt notwendigen Prozessen, wie Kühlen, Trocknen, Mahlen, Mischen und Verpacken.

X. Energieerzeugungs-, Versorgungs- und Entsorgungsanlagen

1. Anlagen zur Erzeugung, Fortleitung oder Verteilung von elektrischer Energie,

von Stadt-, Spalt-, Erd- und Heizgas,

von Wärme in Form von Dampf oder Heißwasser sowie

Anlagen zur Wasserversorgung

a) Unbedingt erforderliche Arbeiten zur Aufrechterhaltung des kontinuierlichen Betriebes dieser Anlagen;

b) Arbeiten, die aus technischen Gründen nur bei einer Betriebseinschränkung oder -abschaltung durchgeführt werden können.

2. Fernleitungssysteme zum Transport von Erdöl, Erdölprodukten Arbeiten zur Aufrechterhaltung des kontinuierlichen Betriebes dieser Fernleitungssysteme.

3. Müllabfuhr

Müllabfuhr, sofern diese Tätigkeit während der Wochenend- und Feiertagsruhe durchgeführt werden muß.

4. Kläranlagen, Kanalräumung

Unaufschiebbare Arbeiten zur Behebung von Störungen und Gebrechen der Kanalsysteme, Bedienen und Überwachen von Kläranlagen.

XI. Verkehr

1. a) Eisenbahnen im Sinne des Eisenbahngesetzes 1957:

Haupt- und Nebenbahnen, Straßenbahnen, Oberleitungsomnibusse

b) Unternehmungen im Sinne des Schifffahrtsgesetzes 1997, BGBl. I Nr. 62

c) Unternehmungen im Sinne des Luftfahrtgesetzes 1957, BGBl. Nr. 253, und des Flughafen-Bodenabfertigungsgesetzes, BGBl. I Nr. 97/1998

d) Kraftfahrlinienbetriebe im Sinne des Kraftfahrliniengesetzes (KflG), BGBl. I Nr. 203/1999

e) Seilbahnen im Sinne des Seilbahngesetzes 2003, BGBl. I Nr. 103:

Haupt- und Kleinseilbahnen, Schlepplifte

f) Schlaf-(Liege–)Wagen- und Speisewagenbetriebe

g) Ausflugswagen-(Stadtrundfahrten–)Gewerbe, Mietwagengewerbe mit Omnibussen

h) Mietwagengewerbe mit Pkw, Taxi-, Hotelwagen-, Fiakergewerbe, Kraftfahrzeugverleih sowie Funkzentralen der Taxigewerbe.

Die zur Aufrechterhaltung des Betriebes unbedingt erforderlichen Tätigkeiten.

i) Abschleppdienst

unbedingt erforderliche Tätigkeiten des Abschleppdienstes;

j) Personenrückholdienst

unbedingt erforderliche Rückholdienste nach Unfällen bzw. Fahrunfähigkeit des Lenkers;

k) Garagen

die zur Aufrechterhaltung des Betriebes unbedingt erforderlichen Tätigkeiten.

2. Straßenbetriebsunternehmungen

Unbedingt erforderliche Tätigkeiten zur Aufrechterhaltung des Straßenbetriebes (einschließlich der Überwachung, Wartungs- und Sicherheitsarbeiten); Mauteinhebung.

3. Tankstellen sowie der Einzelhandel mit flüssigen und gasförmigen Brenn-, Treib- und Schmierstoffen über öffentliche Zapfstellen

a) Abgabe von Betriebsstoffen an Kraftfahrer im Betrieb von öffentlichen Zapfstellen;

b) Verkauf von Flüssiggas und Schmierstoffen;

c) notwendige Tätigkeiten sowie Verkauf von Kraftfahrzeugersatzteilen und Kraftfahrzeugzubehör, soweit dies für die Erhaltung oder Wiederherstellung der Betriebsfähigkeit des Kraftfahrzeuges oder für die Verkehrssicherheit notwendig ist;

d) an Tankstellen die Aufsicht und Bedienung maschineller Waschanlagen.

4. Güterbeförderung

a) Zu- und Abfuhr von Materialien bei kontinuierlichen Bauvorhaben, die zur Aufrechterhaltung der Kontinuität unbedingt erforderlich ist und die während der Wochenend- und Feiertagsruhe durchgeführt werden muß;

b) Fortsetzung der Güterbeförderung im nationalen und internationalen Güterfernverkehr zur Erreichung des Zieles der Fahrt, wenn in unvorhersehbaren Fällen (außergewöhnliche Verzögerung bei der Grenzabfertigung, Pannen, Unfälle) Verzögerungen eingetreten sind;

ARG

c) Beförderung von Schlacht-, Stech- und Lebendvieh oder von leicht verderblichen Lebensmitteln sowie von landwirtschaftlichen Produkten, sofern diese Tätigkeiten während der Wochenend- und Feiertagsruhe durchgeführt werden müssen;

d) Beförderung von Expreßgut, Reisegepäck und leicht verderblichen Gütern (Sachen und Tieren), soweit es sich um die Zu- und Abfuhr zu und von den Abgabestellen der öffentlichen Verkehrsmittel handelt und sofern diese Tätigkeiten während der Wochenend- und Feiertagsruhe durchgeführt werden müssen;

e) Alle Tätigkeiten im Zusammenhang mit dem Transport nicht lagerfähiger oder zur kurzfristigen Verwendung bestimmter radioaktiver Arzneimittel;

f) Übersiedlungen, sofern diese während der Wochenend- und Feiertagsruhe infolge des Betriebsablaufes oder der Funktion des Auftraggebers durchgeführt werden müssen;

g) im Rahmen des kombinierten Verkehrs (§ 2 Z 40 Kraftfahrgesetz, BGBl. Nr. 267/1967)

aa) Fahrten mit Lastkraftwagen, Lastkraftwagen mit Anhängern und Sattelkraftfahrzeugen innerhalb eines Umkreises von 65 km zu und von den durch Verordnung gemäß § 42 Abs. 2b der Straßenverkehrsordnung, BGBl. Nr. 159/1960, festgelegten Be- und Entladebahnhöfen sowie Be- und Entladehäfen,

bb) Be- und Entladetätigkeiten im unbedingt erforderlichen Ausmaß.

5. Spedition

a) Speditionstätigkeit im Zusammenhang mit der Beförderung und Lagerung von Schlacht-, Stech- und Lebendvieh oder von leicht verderblichen Lebensmitteln sowie von landwirtschaftlichen Produkten, sofern diese Tätigkeiten während der Wochenend- und Feiertagsruhe durchgeführt werden müssen;

b) Speditionstätigkeit im Zusammenhang mit der Beförderung und Lagerung von Expreßgut, Luftfracht, Reisegepäck und leicht verderblichen Gütern (Sachen und Tieren), sofern diese Tätigkeiten während der Wochenend- und Feiertagsruhe durchgeführt werden müssen;

c) speditionelle Transitabfertigung, wenn in der Güterbeförderung Verzögerungen im Sinne der Z 4 lit. b eingetreten sind und diese Tätigkeiten während der Wochenend- und Feiertagsruhe durchgeführt werden müssen.

6. Kraftfahrschulen

Erteilung des Fahrunterrichtes an Samstagen bis 16 Uhr.

7. Schiffsführerschulen (Motorbootfahrschulen und Segelschulen) im Sinne des Schifffahrtsgesetzes 1997, BGBl. I Nr. 62 Alle Tätigkeiten zur privaten Ausbildung an Samstagen bis 18 Uhr, an Sonn- und Feiertagen in der Zeit vom 1. April bis 30. September bis 12 Uhr.

(Anm.: Z 8 aufgehoben durch BGBl. II Nr. 27/2011)

9. Zustelldienste der Mineralölwirtschaft

a) Vor Feiertagen, die auf einen Montag fallen, darf am vorhergehenden Samstag eine zweite Schicht gefahren werden, die spätestens um 22 Uhr zu enden hat;

b) bei Doppelfeiertagen ist die ausschließliche Belieferung von Tankstellen am ersten Feiertag zulässig;

c) erteilt der Landeshauptmann für Sonderfälle eine Ausnahmebewilligung nach den einschlägigen Bestimmungen der Straßenverkehrsordnung, so ist in diesen Sonderfällen die Beschäftigung von Arbeitnehmern im erforderlichen zeitlichen Ausmaß, längstens jedoch bis 22 Uhr zulässig.

XII. Fernmeldewesen, Nachrichtenmedien, Datenverarbeitung und Informationstechnik

1. Herstellung und Vertrieb von Tageszeitungen, tagesaktuellen Sonntagszeitungen und Montagfrühblättern:

Sämtliche Tätigkeiten, die zur Herstellung und zum Vertrieb von Tageszeitungen, tagesaktuellen Sonntagszeitungen und Montagfrühblättern unbedingt notwendig sind, soweit diese nicht außerhalb der Wochenend- und Feiertagsruhe durchgeführt werden können.

2. Fernmeldewesen, Nachrichtenagenturen, Zeitungs- und Zeitschriftenredaktionen

Tätigkeiten zur Aufbringung, Verarbeitung und zum Vertrieb von Nachrichten einschließlich der zur Aufrechterhaltung des Betriebes unbedingt erforderlichen Tätigkeiten.

3. Rundfunkwesen

Tätigkeiten zur Gestaltung, Produktion, Abwicklung und Ausstrahlung von Programmen einschließlich der zur Aufrechterhaltung des Betriebes unbedingt erforderlichen Tätigkeiten.

4. Kabel-TV-Unternehmen

Abwicklung und Ausstrahlung von Programmen einschließlich der zur Aufrechterhaltung des Betriebes unbedingt erforderlichen Tätigkeiten.

5. Automationsunterstützte Datenverarbeitung und Informationstechnik

Technische, Programmierungs- und Inbetriebnahmearbeiten im Rahmen der automationsunterstützten Datenverarbeitung und Informationstechnik in Sonderfällen. Solche Sonderfälle sind zB:

a) Betriebsstörungen
b) Systemumstellungen
c) Sonderarbeiten auf Grund gesetzlicher Bestimmungen,

sofern diese Arbeiten zur Aufrechterhaltung der Funktionsfähigkeit des Anwenderbetriebes oder wegen der unbedingt erforderlichen Wiederaufnahme der Arbeit am Montag (nächsten Werktag) unumgänglich während der Wochenend-(Feiertags–)Ruhe durchgeführt werden müssen.

6. Herstellung und Auslieferung von Gesetz- und Verordnungsblättern, parlamentarischen Materialien sowie von Verlautbarungsblättern für die Dienststellen des Bundes und der Länder

Sämtliche Tätigkeiten, die zur Herstellung und Auslieferung unbedingt notwendig sind, soweit diese nicht außerhalb der Wochenend- und Feiertagsruhe durchgeführt werden können.

XIII. Fremdenverkehr, Freizeitgestaltung, Kongresse, Konferenzen

1. Betriebe des Gastgewerbes

Alle Tätigkeiten, die zur Aufrechterhaltung des Betriebes und zur Betreuung der Gäste erforderlich sind.

2. Reisebüros

Tätigkeiten im Zusammenhang mit der Betreuung der am Ort anwesenden in- und ausländischen Reisenden (Incoming-Geschäft), Abfertigung von Reisenden, Reisebetreuung, jedoch nur im unbedingt notwendigem Zeitausmaß, sowie Tätigkeiten im Internationalen Zentrum Wien an jenen Feiertagen, die nach den bei den internationalen Organisationen geltenden Regelungen als Werktag anzusehen sind.

3. Touristeninformation und Zimmervermittlung durch Reisebüros und befugte Fremdenverkehrs-stellen, die ihre Tätigkeit auf Grund einer gesetzlichen Bewilligung, einer behördlichen Erlaubnis oder von der Vereinsbehörde genehmigter Statuten ausüben Auskunftserteilung und Beratung von Touristen sowie Vermittlung von Zimmern im unbedingt notwendigen Zeitausmaß.

4. Einrichtungen der Kraftfahrerorganisationen an Grenzübergängen Unbedingt notwendige Tätig-keiten zur Deckung von Bedürfnissen, die ausschließlich und regelmäßig nur im Zusammenhang mit dem Grenzübertritt auftreten.

5. Wechselstuben

Handel mit ausländischen Zahlungsmitteln (Devisen- und Valutengeschäft) sowie der schaltermäßige An- und Verkauf ausländischer Geldsorten und Reiseschecks (Wechselstubengeschäft) auf dem Flughafen Wien-Schwechat sowie in jeweils einer Wechselstube

a) auf sonstigen Flugplätzen mit internationalem Linienverkehr sowie in zentralen Bus- und Bahnab-fertigungsstellen (Air terminals) dieser Flugplätze;

b) auf folgenden Bahnhöfen mit internationalem Zugsverkehr:

Villach,

Klagenfurt,

Graz,

Wien, Süd-, West- und Franz-Josefs-Bahnhof, Bahnhof

Wien-Mitte,

Linz,

Salzburg,

Innsbruck,

Bregenz,

Feldkirch;

c) auf folgenden Grenzübergängen:

ARG

Burgenland: Bonisdorf, Deutschkreutz, Heiligenkreuz, Klingenbach, Nickelsdorf, Rattersdorf, Schachendorf;

Kärnten: Loibltunnel, Naßfeld/Sonnalpe, Plöckenpaß (Saison), Rosenbach (nach Eröffnung des Karawankentunnels), Thörl-Maglern, Wurzenpaß; Niederösterreich: Berg, Drasenhofen, Gmünd, Kleinhaugsdorf, Laa an der Thaya, Neunagelberg; Oberösterreich: Achleiten, Obernberg, Simbach-Innbrücke, Suben-Autobahnzollamt, Wullowitz; Salzburg: Großgmain, Hangendenstein, Saalbrücke, Steinpaß-Unken, Walserberg-Autobahn, Walserberg-Bundesstraße; Steiermark: Langegg (1. Mai bis 30. September), Radkersburg, Radlpaß, Spielfeld-Bahn, Spielfeld-Bundesstraße; Tirol: Achenwald, Arnbach, Brenner-Autobahn, Brenner-Bundesstraße, Eben-Hinterriß, Ehrwald-Schanz, Kiefersfelden-Autobahn, Kufstein-Staatsgrenze, Nauders, Schalklhof (Kajetansbrücke), Scharnitz-Straße, Stallerstraße (Saison), Timmelsjoch (Saison); Vorarlberg: Bregenz-Hafen, Feldkirch-Bundesstraße (nach Eröffnung), Höchst-Autobahn, Lustenau, Oberhochsteg, Tisis, Unterhochsteg;

d) in folgenden Autobahnraststätten und Mautstellen:

Eben/Pongau, Golling,

Großglockner-Hochalpenstraße-Mautstellen, Mondsee, Parkplatz Europabrücke, Schönberg, Tauernalm, Wien-Auhof;

e) an der Autobahnauffahrt Innsbruck/Amras;

f) in allen österreichischen Spielbanken.

6. Freibäder, Hallenbäder, Saunabetriebe, Wannen- und Brausebäder, sanitäre Anlagen; Erholungszentren

Beaufsichtigung des Betriebes; Betreuung der Kassa;

Badeaufsicht; Betreuung der technischen Anlagen; Wartung der Sauna; Reinigung; Verleih von Sportgeräten, Badewäsche, Liegestühlen usw.; Schwimmunterricht an Samstagen bis 18 Uhr;

Fußpflege, Kosmetik und Massage während der zulässigen Betriebszeiten.

7. Betriebe des Freizeit- oder Fremdenverkehrsbereiches wie Parkanlagen, Campingplätze, Sportbetriebe (zB Bootsvermietung, Sportgeräteverleih, Eislaufplätze, Golfplätze, Kegelbahnen, Minigolf-, Miniaturgolf-, Kleingolfplätze, Tennisplätze, Tennishallen, Tischtennisanlagen), Schischulen, Tanzschulen, Spielhallen, Spielautomatenaufsteller und -verleiher (einschließlich Musikautomaten), Sehenswürdigkeiten, persönliche Dienstleistungen im Fremdenverkehr wie Gepäckträger, Fremdenführer, Parkplatzbewacher, Lotsen Alle Tätigkeiten, die zur Aufrechterhaltung des Betriebes und zur Betreuung der Gäste oder Kunden unbedingt erforderlich sind.

8. Veranstaltungen im öffentlichen Interesse zur Förderung der Verkehrssicherheit und des Umweltschutzes

Alle Tätigkeiten, die zur Vorbereitung und Durchführung dieser Veranstaltungen und zur Betreuung der Teilnehmer unbedingt erforderlich sind, unter Ausschluß jeglicher gewerblicher Betätigung.

9. Öffentliche Schaustellungen, Belustigungen, Darbietungen, sportliche Veranstaltungen, Vergnügungsunternehmungen pratermäßiger Art Alle Tätigkeiten, die zur Vorbereitung und Durchführung dieser Veranstaltungen und zur Betreuung der Gäste unbedingt erforderlich sind.

10. Spielbanken, Buchmacher

Alle Tätigkeiten, die zur Aufrechterhaltung des Betriebes und zur Betreuung der Kunden oder Gäste unbedingt erforderlich sind.

11. Ausspielungen nach dem Glücksspielgesetz – GSpG Alle Tätigkeiten, die zur Durchführung und zum Betrieb der dem Konzessionär übertragenen Ausspielungen nach den §§ 6 bis 12b GSpG, BGBl. Nr. 620/1989, (Lotto, Toto Zusatzspiel, Sofortlotterien, Klassenlotterie, Zahlenlotto, Nummernlotterien, elektronische Lotterien, Bingo und Keno) sowie zur Betreuung der Gäste durch diesen oder dessen Beteiligungsunternehmen unbedingt erforderlich sind.

12. Kongresse, kongreßähnliche Veranstaltungen, Konferenzen, Seminare und Tagungen

Alle Tätigkeiten, die zur Vorbereitung und Durchführung dieser Veranstaltungen und zur Betreuung der Teilnehmer unbedingt erforderlich sind.

XIV. Kunst, Kultur, Wissenschaft, Bildung

1. a) Variete, Kabarett, Zirkus

b) Musikalische Veranstaltungen, Konzerte

c) Museen und Ausstellungen

Alle Tätigkeiten, die zur Aufrechterhaltung der Funktion des Betriebes und zur Betreuung der Besucher unbedingt erforderlich sind

d) Theaterkartenbüro:

an Samstagen bis 19.00 Uhr,

an Sonn- und Feiertagen von 10.00 Uhr bis 19.00 Uhr Alle Tätigkeiten, die zur Aufrechterhaltung des Betriebes und zur Betreuung der Kunden unbedingt erforderlich sind.

2. Film

a) Filmproduktionsunternehmung und Filmaufnahmeateliervermietung

Der Auf- und Abbau der Szenenbilder; die Bild- und Tonaufnahme; die Filmentwicklung und -zusammenstellung; die Filmvorführung und die Arbeit des administrativen Aufsichtspersonals mit Beschränkung auf die hiebei unumgänglich notwendigen Personen; dies gilt auch für die Magnetbandtechnik.

b) Filmleihanstalt

Durchsehen; Expedition von Filmen.

3. Lichtspieltheater

Bedienung der Vorführanlage sowie die Beschäftigung des für die Durchführung des Kinobetriebes unbedingt erforderlichen Personals.

4. Berufsbegleitende Fachhochschul- Studiengänge

Alle Tätigkeiten, die zur Betreuung der Teilnehmer dieser Studiengänge unbedingt erforderlich sind, an Samstagen bis 18.00 Uhr sowie im Rahmen von Wochenend-Blockseminaren an höchstens zwei Sonntagen im Semester pro Studiengang von 8.00 bis 16.00 Uhr. Jedoch darf ein einzelner Arbeitnehmer zur Betreuung mehrerer Studiengänge insgesamt nur an höchstens sechs Sonntagen pro Jahr beschäftigt werden.

XV. Gesundheitswesen und Sanitärdienste

1. Heil- und Pflegeanstalten (Krankenanstalten), Kuranstalten Alle Tätigkeiten in Gesundheitsberufen und sonstige Tätigkeiten, die aus medizinischen Gründen zur Fortführung der Therapien und zur Aufrechterhaltung des Betriebes unbedingt erforderlich sind.

2. Apotheken

Alle Aufgaben im Zusammenhang mit der ordnungsgemäßen Arzneimittelversorgung (§ 2 Pharmazeutische Fachkräfteverordnung, BGBl. Nr. 40/1930).

3. Blutspendedienste

Die für das Sammeln von Spenderblut durch mobile Blutabnahmeteams für die Aufrechterhaltung der Blutversorgung unbedingt erforderlichen Tätigkeiten.

4. Zahntechniker

Dringend erforderliche Reparaturen von Zahnprothesen und Zahnersatzstücken.

5. Wäschereien für den Gesundheitsdienst

Anlieferung in den Betriebsraum, Sortieren, Waschen, Zentrifugieren, Trocknen, Bügeln oder Pressen, Reparieren (Nähen), Expedieren, Verpacken und Verladen: Christi Himmelfahrt und Fronleichnam; 15. August, 26. Oktober und 8. Dezember, wenn diese Feiertage auf einen Donnerstag fallen. Stehen der 25. und 26. Dezember mit einem Sonntag in unmittelbarer Verbindung, gilt an einem dieser Tage die Ausnahme betreffend die vorgenannten Tätigkeiten.

6. Bestatter

Unaufschiebbare Arbeiten, die zur Erfüllung der Tätigkeiten der Bestatter notwendig sind.

7. Tierkörperverwertung

Einsammeln, Transport und Verarbeitung von verendeten Tieren, Tierkörperteilen, Schlachtabfällen, sonstigen tierischen Abfällen, Waren animalischer Herkunft, Blut und dergleichen bis zum lagerfähigen Endprodukt zwecks Aufarbeitung des sonst ohne Gefahr des Verderbens nicht zu verarbeitenden Abfalles.

8. Abdecker

Unaufschiebbare Arbeiten, die zur Erfüllung der sanitätspolizeilichen Vorschriften notwendig sind.

9. Schädlingsbekämpfung (Desinfektion)

Die Schädlingsbekämpfung (Desinfektion), soweit sich diese Arbeiten während des regelmäßigen Arbeitsablaufes des Auftraggeberbetriebes oder einer öffentlichen Stelle nicht ohne Unterbrechung oder erhebliche Störung ausführen lassen und infolge ihres Umfanges nicht bis spätestens Samstag 15 Uhr abgeschlossen werden können.

ARG

10. Ärzte für Allgemeinmedizin, Zahnärzte und Dentisten Alle Tätigkeiten in der Ordination bzw. Betriebsstätte, die zur Aufrechterhaltung von im Rahmen der gesetzlichen Interessenvertretungen für dringende Fälle organisierten Wochenend- und Feiertagsbereitschaftsdiensten unbedingt erforderlich sind, durch Arbeitnehmer gemäß § 49 Abs. 2 und 3 des Ärztegesetzes 1998, BGBl. I Nr. 169, bzw. § 24 Abs. 2 und 3 des Zahnärztegesetzes, BGBl. I Nr. 126/2005.

10a. Gruppenpraxen von Ärzten, Zahnärzten und Dentisten im Sinne des § 52a des Ärztegesetzes 1998 bzw. des § 26 des Zahnärztegesetzes

Alle Tätigkeiten in Ordinationen bzw. Betriebsstätten und von diesen ausgehenden Tätigkeiten, die zur Aufrechterhaltung des Betriebs unbedingt erforderlich sind.

11. Aufbereitung von Medizinprodukten für den Operationsbereich Anlieferung in die Betriebsräumlichkeiten, Warenannahme, manuelle und maschinelle Reinigung, Freigabe, Kontrolle und Pflege sowie Reparaturaustausch, Packen, Chargenzusammenstellung, Sterilisieren, Freigeben, Kommissionieren und Ausliefern zu den Kunden (Instrumentenkreislauf).

XVI. Dienstleistungen

1. Pastorale Dienste in Einrichtungen der gesetzlich anerkannten Religionsgesellschaften

Tätigkeiten im Zusammenhang mit pastoralen Diensten im jeweils erforderlichen Ausmaß.

2. Sozialdienste gemeinnütziger Einrichtungen

Die unbedingt erforderliche Betreuung und Beratung von Personen, die auf Grund besonderer persönlicher, familiärer oder gesundheitlicher Verhältnisse oder infolge außergewöhnlicher Ereignisse einer sozialen Gefährdung ausgesetzt sind oder einer besonderen Betreuung auch während der Wochenend- und Feiertagsruhe bedürfen.

3. Fotografen

Fotografieren und Ausarbeiten der Aufnahmen bei Veranstaltungen und Ereignissen, die während der Wochenend- und Feiertagsruhe stattfinden und einem größeren Personenkreis zur Aufgabe von Bestellungen vorgelegt werden sollen.

4. Rauchfangkehrer

a) Unaufschiebbare Arbeiten zur Behebung von Störungen und Gebrechen an Feuerungsanlagen;

b) Arbeiten, die auf Grund der spezifischen Voraussetzungen in Betrieben mit Feuerungsanlagen nur zu einer gewissen Zeit und in einem ausgeführt werden müssen und teilweise nur während der Wochenend- bzw. Feiertagsruhe vorgenommen werden können.

5. Berufsdetektive, Bewachungsgewerbe

Alle Tätigkeiten, die zur Erfüllung der Aufträge (Beobachtung und Bewachung) notwendig sind und außerhalb der Wochenend- und Feiertagsruhe nicht durchgeführt werden können.

6. Friseure

a) in Badeanstalten an Samstagen während der Öffnungszeiten bis längstens 20 Uhr; in Hallenbädern an Sonn- und Feiertagen von 8 bis 13 Uhr jeweils einschließlich der Abschluß- und Reinigungsarbeiten;

b) auf Flugplätzen mit internationalem Linienverkehr und auf folgenden Bahnhöfen:

Villach,

Klagenfurt,

Graz,

Wien, Süd-, West- und Franz-Josefs-Bahnhof,

Linz,

Salzburg,

Innsbruck,

Bregenz,

Feldkirch

an Samstagen bis 20 Uhr, an Sonn- und Feiertagen von 8 bis 13 Uhr jeweils einschließlich der Abschluß- und Reinigungsarbeiten.

7. Immobilientreuhänder (§ 117 GewO 1994)

a) Die Vermietung von Appartements, die dem Fremdenverkehr dienen;

b) die Durchführung von Mieter- und Wohnungseigentümerversammlungen;

c) an Samstagen bis 19 Uhr und an 15 Sonn- oder Feiertagen im Jahr alle Tätigkeiten, die zur Herstellung des Konsenses bei Vermittlung von Bestandverträgen über Wohnungen und Geschäftsräume sowie bei Vermittlung des Kaufes, Verkaufes und Tausches von bebauten und unbebauten Grundstücken notwendig sind.

8. Wirtschaftsprüfer und Steuerberater sowie Buchprüfer und Steuerberater

Unbedingt erforderliche Tätigkeiten zur Durchführung gesetzlicher Pflichtprüfungen durch angestellte Wirtschaftstreuhänder, Revisoren und Revisionsassistenten in der ersten Hälfte des Kalenderjahres.

9. Ziviltechniker/innen, Ingenieurbüros gemäß § 134 Gewerbeordnung, BGBl. Nr. 194/1994, und akkreditierte Prüf- und Inspektionsstellen nach dem Akkreditierungsgesetz, BGBl. I Nr. 28/2012

a) Ausführung von Tätigkeiten, die im Auftrag einer Gebietskörperschaft oder im öffentlichen Interesse zufolge gesetzlicher Anordnung, soweit es die Aufgabenstellung erfordert, nur während des Wochenendes durchgeführt werden können;

b) Ausführung von Messungs- bzw. Vermessungsarbeiten, die nicht im Zusammenhang mit der Bauwirtschaft stehen und bei denen nur während des Wochenendes meßtechnisch einwandfreie Ergebnisse erzielt werden können.

10. Reparaturen

a) Reparaturen und Pannendienste an Kraftfahrzeugen

aa) Unaufschiebbare, unvorhersehbare und kurzfristige Arbeiten der Notdienste zur Behebung von Störungen und Gebrechen an Kraftfahrzeugen, welche während der Fahrt auftreten oder vor Antritt der Fahrt festgestellt werden und die die Verkehrs- und Betriebssicherheit oder die Betriebsfähigkeit (im Sinne des Kraftfahrgesetzes) beeinträchtigen;

bb) unbedingt notwendiger Verkauf von Kraftfahrzeugersatzteilen und Kraftfahrzeugzubehör, soweit dies für die Erhaltung oder Wiederherstellung der Betriebsfähigkeit des Kraftfahrzeuges oder für die Verkehrssicherheit notwendig ist.

b) Installationsanlagen

Unaufschiebbare Arbeiten zur Behebung von Störungen und Gebrechen an Heizungs-, Klima- und Kälteanlagen sowie Gas-, Wasserleitungs- und Elektroinstallationen.

c) Sende- und Empfangsanlagen

Unaufschiebbare Arbeiten zur Behebung von Störungen und Gebrechen an

aa) Sende- und Empfangsanlagen von Nachrichtenagenturen, für das Verkehrswesen, für öffentliche Dienste, Sicherheitsdienste und im Gesundheitswesen;

bb) Funksende- und Funkempfangsanlagen zur Steuerung von Versorgungs- und Entsorgungseinrichtungen;

cc) Sendeanlagen und an für einen größeren Teilnehmerkreis eingerichteten Übertragungsanlagen zur Rundfunkversorgung.

d) Aufzugsanlagen

Unaufschiebbare Arbeiten zur Behebung von Störungen oder Gebrechen.

e) Rolltreppenanlagen

Unaufschiebbare Arbeiten zur Behebung von unmittelbar auftretenden Störungen oder Gebrechen, sofern der Betrieb der Rolltreppenanlage öffentlichen Interessen dient.

f) Landwirtschaftliche Maschinen

Unaufschiebbare Arbeiten zur Behebung von Störungen oder Gebrechen an landwirtschaftlichen Maschinen.

11. Reinigung, Schneeräumung

Reinigungsarbeiten und Schneeräumung auf Verkehrsflächen und notwendige Arbeiten an Fassaden, soweit diese Arbeiten aus Gründen der Sicherheit oder aus verkehrstechnischen Gründen nicht außerhalb der Wochenend- oder Feiertagsruhe durchgeführt werden können.

12. Umstellung öffentlicher Uhren

Das Umstellen der öffentlichen Uhren zu Beginn und Ende der Sommerzeit auf Grund des Zeitzählungsgesetzes, BGBl. Nr. 78/1976, an den in der jeweiligen Verordnung der Bundesregierung festgesetzten Samstagen oder Sonntagen.

13. Weihnachtsbeleuchtung

Alle Tätigkeiten, die auf öffentlichen Verkehrsflächen auf Grund einer behördlichen Bewilligung

a) zur Montage der Weihnachtsbeleuchtung erforderlich sind, an den Samstagen und an zwei Sonntagen

b) zur Demontage der Weihnachtsbeleuchtung erforderlich sind, an den Samstagen

während der behördlich bewilligten Zeiträume.

14. Notare

ARG

Unaufschiebbare und vorübergehende Tätigkeiten

a) bei Durchführung eines gesetzlichen Auftrages oder einer im öffentlichen Interesse gelegenen Aufgabe;
b) bei Erbringung notarieller Leistungen zur Befriedigung dringender Bedürfnisse der Parteien in außergewöhnlichen Fällen, wenn diese Leistungen außerhalb der Wochenend- und Feiertagsruhe nicht erbracht werden können oder eine Verschiebung unzumutbar ist.

15. Oesterreichische Nationalbank

a) Forschungs- und Erprobungsarbeiten durch die Oesterreichische Nationalbank zwecks Weiterentwicklung ihrer Banknoten;
b) Erfüllung dringender Aufgaben im öffentlichen Interesse, insbesondere solcher im Rahmen des „Europäischen Systems der Zentralbanken (ESZB)" sowie im Zusammenhang mit der Kooperation mit internationalen Organisationen zum Zweck der Wahrnehmung nationaler, europäischer und internationaler Verpflichtungen, wie die Teilnahme an Arbeitskonferenzen (Committees, Task Forces, Working Groups und ähnliche), Schulungen und dergleichen sowie die damit in unmittelbarem Zusammenhang stehenden und unbedingt notwendigen Vorbereitungsarbeiten und Dienstreisen;
c) Ausrichtung von und Teilnahme an Informationsveranstaltungen und deren nötige Vorbereitung bzw. Nachbearbeitung, insbesondere die „Euro-Bus Tour" und die „Euro-Bus Kids Tour",
aa) an Samstagen bis 19 Uhr, wobei ein einzelner Arbeitnehmer insgesamt nur an höchstens zwölf Samstagen pro Jahr beschäftigt werden darf;
bb) an Sonn- und Feiertagen, wobei ein einzelner Arbeitnehmer insgesamt nur an höchstens acht solchen Tagen pro Jahr beschäftigt werden darf.

16. Wahlen

zu gesetzgebenden Körperschaften, Bundespräsidenten- und Gemeinderatswahlen, Wahlen zu gesetzlichen Interessenvertretungen, Volksabstimmungen, Volksbegehren

Alle Tätigkeiten, die zur Vorbereitung und Durchführung von Wahlen, Volksabstimmungen und Volksbegehren unbedingt notwendig sind.

17. Überwachungstätigkeiten der gesetzlichen Interessenvertretungen Überwachung der Einhaltung der arbeitsrechtlichen und gewerberechtlichen Bestimmungen durch die gesetzlichen Interessenvertretungen, soweit dies zu deren gesetzlichen Aufgaben gehört.

17a. Bauarbeiter-Urlaubs- und Abfertigungskasse

Baustellenkontrollen zur Durchführung von Erhebungen über die Einhaltung der Bestimmungen des Bauarbeiter-Urlaubs- und Abfertigungsgesetzes – BUAG, BGBl. Nr. 414/1972, und der einschlägigen Bestimmungen des Arbeitsvertragsrechts-Anpassungsgesetzes – AVRAG, BGBl. Nr. 459/1993.

18. Kreditunternehmungen und deren Rechenzentren Unaufschiebbare Rechnungs- und Postarbeiten zur Erstellung des Jahresabschlusses in den hiefür zuständigen organisatorischen Einheiten am 1. und 6. Jänner.

19. Banken im Internationalen Zentrum Wien

Bankgeschäfte im Sinne des § 1 Abs. 2 des Bankwesengesetzes, BGBl. Nr. 532/1993, an jenen Feiertagen, die nach den bei den internationalen Organisationen geltenden Regelungen als Werktag anzusehen sind.

20. Kreditkartenunternehmen

Die Kontrolle, Überprüfung und Genehmigung bzw. Ablehnung von Kreditkartenumsätzen, die Entgegennahme von Verlust- und Diebstahlsanzeigen von Kreditkarten einschließlich der entsprechenden Abhilfemaßnahmen.

21. Verwertungsgesellschaften im Sinne des Verwertungsgesellschaftengesetzes 2006, BGBl. I Nr. 9
Tätigkeiten zur Erfassung von Daten über Aufführungen und Sendungen sowie Kontrolltätigkeiten im Außendienst zu diesem Zweck.

22. Vereine zur Förderung der Verkehrssicherheit, die gemäß § 130 Abs. 2 Z II Z 6 Kraftfahrgesetz 1967 im Kraftfahrbeirat vertreten sind

Journaldienst in der Zentrale durch einen Mitarbeiter an Wochenenden und Feiertagen, an denen auf Grund der bisherigen Erfahrungen ein erhöhtes Verkaufsaufkommen zu erwarten ist, insbesondere zu Ostern, Pfingsten und Weihnachten.

23. Betrieb eines Call Centers

Entgegennahme und Weiterleitung telefonischer Notrufe, Aufträge, Anfragen, Informationen und entsprechendes Telefonservice für alle gesetzlich erlaubten Tätigkeiten.

24. Bank- und Börsegeschäfte

Folgende Tätigkeiten, soweit sie nicht an Werktagen vorgenommen werden können, an allen Feiertagen, die in den Zeitraum von Montag bis Freitag fallen, mit Ausnahme des 1. Jänner und des 25. Dezember:

a) Eilzahlungsverkehr im internationalen Konnex;
b) Großbetragszahlungsverkehr;
c) nicht schaltermäßiger Geld- und Devisenhandel;
d) Wertpapier- und Derivatehandel;
e) Anbieten und Durchführen von Tätigkeiten im Rahmen der Leitung und Verwaltung von Börsen, die im Zusammenhang mit dem Wertpapier- und Derivatehandel erforderlich sind.

25. Betrieb eines Call-Shops

Geschäftsvermittlung in Form der Vermittlung von Internet- und Telekommunikationsdienstleistungen mit zugehöriger Beratung und Betreuung zwischen befugten Betreibern und Kunden.

26. Fußpfleger, Kosmetiker und Masseure

Alle Tätigkeiten, die zur Betreuung der Gäste oder Kunden erforderlich sind, in Hotels sowie in Wellnessbetrieben, soweit sie nicht bereits durch Abschnitt XIII Z 6 erfasst werden (Fitnessstudios, Solarien, Sonnenbäder und vergleichbare Freizeit- und Fremdenverkehrseinrichtungen).

27. Betrieb eines Wetterdienstes

Die zur Aufrechterhaltung des Betriebes unbedingt erforderlichen Tätigkeiten zur Beschaffung (Aufbringung), Verarbeitung, Analyse und Freigabe von Wetter- und Umweltdaten.

28. Besuchsmittlung und Erhebungen im Rahmen der Familiengerichtshilfe

a) Die unbedingt erforderliche Vorbereitung der persönlichen Kontakte des Kindes zu dem Elternteil, der mit dem Kind nicht im gemeinsamen Haushalt lebt;
b) die Verständigung mit Eltern und Kind über die konkrete Ausübung der persönlichen Kontakte sowie die Vermittlung bei Konflikten;
c) die Teilnahme an der Übergabe des Kindes an den Elternteil, der mit dem Kind nicht im gemeinsamen Haushalt lebt, und an der Rückgabe des Kindes an den anderen Elternteil;
d) die Anleitung der Eltern zur Abwicklung der Übergabe und Rückgabe des Kindes, wenn diese Anleitung außerhalb der Wochenend- bzw. Feiertagsruhe nicht möglich ist;
e) die Kontaktaufnahme und die Kontaktbeobachtung im Rahmen von Erhebungen aufgrund eines richterlichen Auftrags oder infolge besonderer Lebensumstände, wie etwa Fremdunterbringung des Kindes oder auswärtiger Wohnumgebung des Elternteils, der mit dem Kind nicht im gemeinsamen Haushalt lebt.

29. Sozialpädagogische Betreuung von Insass/innen in Einrichtungen des Straf- und Maß-nahmen-vollzuges (Jugendliche und junge Erwachsene) durch Sozialpädagog/innen

a) die zur Prävention von Krisensituationen bzw. zur Unterstützung in akuten Krisen mit dem Ziel der Vermeidung von Selbst- und Fremdbeschädigungen notwendige sozialpädagogische Betreuung;
b) die Ermöglichung von Sozialkontakten innerhalb und außerhalb der Einrichtungen zur Stärkung sozialer Kompetenzen insbesondere familiärer sozialer Bindungen;
c) die Lernbetreuung zur Förderung von Kompetenzen, die eine Resozialisierung begünstigen;
d) die Durchführung freizeitpädagogischer Aktivitäten zur Unterstützung der Rehabilitation und Reintegration.

30. Expert/innen in der Justiz gemäß § 2 Abs. 5a des Justizbetreuungsagentur-Gesetzes, BGBl. I Nr. 101/2008, deren spezifische Fachkenntnis innerhalb der Justiz nicht verfügbar, aber für die Bearbeitung komplexer oder besonders umfangreicher Ermittlungsverfahren oder gerichtlicher Verfahren zweckmäßig ist

a) die notwendige Beratung von Justiz- und Exekutivorganen während Hausdurchsuchungen, die während der Wochenend- und Feiertagsruhe durchgeführt werden müssen bzw. mit Beginn der Wochenend- und Feiertagsruhe nicht unterbrochen werden können oder auf Grund der sich ergebenden Ermittlungsergebnisse zeitlich in die Wochenend- und Feiertagsruhe hinein ausgedehnt werden müssen;
b) die notwendige Teilnahme an Vorbesprechungen zu Hausdurchsuchungen, die auf Grund des Termins der Hausdurchsuchung während der Wochenend- und Feiertagsruhe stattfinden müssen.

XVII. Handel
(Anm.: Z 1 aufgehoben durch BGBl. I Nr. 5/1997)

1a. Inventurarbeiten an Samstagen

ARG

Arbeiten zur Erstellung und Überprüfung von

a) Inventuren zum Ende eines Kalender(Wirtschafts)jahres
b) Übergabe- bzw. Übernahmeinventuren einmal im Kalender(Wirtschafts)jahr
c) Inventuren auf Grund behördlicher Anordnung
d) Inventuren in unmittelbarem zeitlichem Zusammenhang mit außergewöhnlichen Ereignissen (wie Einbruch, Elementarereignisse)

an Samstagen bis 20.00 Uhr.

2. Verkaufstätigkeiten an Sonn- und Feiertagen

Der Verkauf und alle damit im Zusammenhang stehenden Tätigkeiten zur Betreuung der Kunden

a) in Theatern, Varietes,

Kabaretts und Zirkussen (XIV/1a);

b) in Lichtspieltheatern (XIV/3);
c) bei Konzerten und musikalischen Veranstaltungen (XIV/1b);
d) bei Kongressen, kongreßähnlichen Veranstaltungen und Konferenzen (XIII/11);
e) in Museen und Ausstellungen (XIV/1c);
f) in Freibädern, Hallenbädern, Wannen- und Brausebädern, Saunabetrieben und Erholungszentren (XIII/6);
g) bei Sport- und Freizeitveranstaltungen, in Sport- und Freizeiteinrichtungen und auf Campingplätzen (XIII/7 und 9);
h) in Heil- und Pflegeanstalten (Krankenanstalten) und Kuranstalten (XV/1);
i) bei Seilbahnen (XI/1e);
j) in Verkaufsstellen für Devotionalien in Wallfahrtsorten;
k) in Andenkenläden, Verkaufsstellen für Süßwaren;
l) in Trafiken, soweit im Zeitpunkt des Inkrafttretens des Arbeitsruhegesetzes, BGBl. Nr. 144/1983, von der Monopolverwaltungsstelle Verschleißzeiten in Zeiten der Arbeitsruhe festgelegt sind;
m) das Feilbieten im Umherziehen gemäß den §§ 53 Abs. 1 und 53a GewO 1994

3. Blumengroßhandel

Die unbedingt notwendigen Tätigkeiten im erforderlichen Zeitausmaß zur Verhütung der Gefahr des Verderbens von Blumen einschließlich der Zustellung an Betriebe im Sinne des Abschnittes I Z 2 lit. c.

4. Christbaumverkauf

An Sonntagen in der Zeit vom 12. bis 24. Dezember zwischen 8 und 20 Uhr und den vorhergehenden Samstagen bis 20 Uhr.

5. Lebensmittelhandel

a) Ein- und Ausladen, Befördern, Manipulieren, Kommissionieren und Magazinieren von Obst und Gemüse;
b) die unbedingt notwendigen Tätigkeiten zur Verhütung des Verderbens oder der Wertminderung von sonstigen rasch verderblichen Lebensmitteln und landwirtschaftlichen Produkten im erforderlichen Zeitausmaß.

6. Kraftfahrzeughandel

Überstellungsfahrten mit Kraftfahrzeugen an Samstagen bis 18 Uhr.

7. Mineralölgroßhandel

Alle Tätigkeiten, die im Zusammenhang mit der Ausnahme für Zustelldienste der Mineralölwirtschaft (XI/9) unbedingt erforderlich sind.

8. Antiquitätenmessen

Verkauf von Antiquitäten im Rahmen von Antiquitätenmessen.

9. Vorführung von Großmaschinen und Fertigungsstraßen Vorführung schwer transportierbarer Großmaschinen und Fertigungsstraßen auf dem Werksgelände des Ausstellers bzw. des Erzeugers im Zusammenhang mit Messen im Sinne des § 17 ARG.

38. Mutterschutzgesetz

Mutterschutzgesetz 1979 - MSchG
StF: BGBl. Nr. 221/1979 (WV) idF BGBl. Nr. 577/1980 (DFB)
Letzte Novellierung: BGBl. I Nr. 64/2024

GLIEDERUNG

STICHWORTVERZEICHNIS

- Karenz anstelle von Teilzeitbeschäftigung § 15m
- Kündigungs- und Entlassungsschutz §15n
- Meldung – siehe Meldepflichten
- Vereinbarung § 15i
- Verfahren § 15k, § 15l

U

Überstunden § 8
V
Verfahrensvorschriften § 35, § 36
- Teilzeitbeschäftigung § 15k, § 15l
Verhinderungskarenz § 15d
W
Wochengeld § 10a (3), § 14 (3)

Abschnitt 1
Geltungsbereich

§ 1. (1) Dieses Bundesgesetz gilt für

1. Dienstnehmerinnen,
2. Heimarbeiterinnen.

(2) Dieses Bundesgesetz ist nicht anzuwenden auf

1. Dienstnehmerinnen, für deren Dienstverhältnis das Landarbeitsgesetz 1984, BGBl. Nr. 287, gilt,
2. Dienstnehmerinnen, die in einem Dienstverhältnis zu einem Land, einer Gemeinde oder einem Gemeindeverband stehen, sofern sie nicht in Betrieben tätig sind.

(3) Abweichend von Abs. 2 Z 2 ist dieses Bundesgesetz auf Dienstnehmerinnen anzuwenden, deren Dienstrecht gemäß Art. 14 Abs. 2 oder Art. 14a Abs. 3 lit. b B-VG gesetzlich vom Bund zu regeln ist.

(4) Die in diesem Bundesgesetz für Dienstnehmerinnen getroffenen Regelungen gelten auch für weibliche Lehrlinge, die für Dienstgeber getroffenen Regelungen auch für Auftraggeber im Sinne des Heimarbeitsgesetzes 1960, BGBl. Nr. 105/1961.

(5) Auf freie Dienstnehmerinnen im Sinne des § 4 Abs. 4 des Allgemeinen Sozialversicherungsgesetzes (ASVG), BGBl. Nr. 189/1955 sind § 3 sowie § 5 Abs. 1 und 3 anzuwenden.

§ 2. Abschnitte 2 bis 7 dieses Bundesgesetzes gelten

1. für Dienstnehmerinnen, die in einem der in § 18 genannten Dienstverhältnisse stehen, mit den in Abschnitt 8 vorgesehenen Abweichungen;
2. für die in privaten Haushalten beschäftigten Dienstnehmerinnen mit den in Abschnitt 9 vorgesehenen Abweichungen;
3. für Heimarbeiterinnen mit den in Abschnitt 10 vorgesehenen Abweichungen.

Abschnitt 2
Evaluierung

Ermittlung, Beurteilung und Verhütung von Gefahren, Pflichten des Dienstgebers

§ 2a. (1) Der Dienstgeber hat bei der Beschäftigung von Dienstnehmerinnen über die nach dem ArbeitnehmerInnenschutzgesetz – ASchG, BGBl. Nr. 450/1994, vorgesehenen Pflichten hinaus für Arbeitsplätze, an denen Frauen beschäftigt werden, die Gefahren für die Sicherheit und Gesundheit von werdenden und stillenden Müttern und ihre Auswirkungen auf die Schwangerschaft oder das Stillen zu ermitteln und zu beurteilen.

(2) Bei dieser Ermittlung und Beurteilung sind insbesondere Art, Ausmaß und Dauer der Einwirkung auf und Belastung für werdende bzw. stillende Mütter durch

1. Stöße, Erschütterungen oder Bewegungen;
2. Bewegen schwerer Lasten von Hand, gefahrenträchtig insbesondere für den Rücken- und Lendenwirbelbereich;
3. Lärm;
4. ionisierende und nicht ionisierende Strahlungen;
5. extreme Kälte und Hitze;
6. Bewegungen und Körperhaltungen, geistige und körperliche Ermüdung und sonstige mit der Tätigkeit der Dienstnehmerin verbundene körperliche Belastung;
7. biologische Arbeitsstoffe im Sinne des § 40 Abs. 5 Z 2 bis 4 ASchG, soweit bekannt ist, daß diese Stoffe oder die im Falle einer durch sie hervorgerufenen Schädigung anzuwendenden therapeutischen Maßnahmen die Gesundheit der werdenden Mutter oder des werdenden Kindes gefährden;
8. gesundheitsgefährdende Arbeitsstoffe;

(Anm.: Z 9 aufgehoben durch BGBl. I Nr. 60/2015)

10. Bergbauarbeiten unter Tage;
11. Arbeiten in Druckluft (Luft mit einem Überdruck von mehr als 0,1 bar), insbesondere in Druckkammern und beim Tauchen

zu berücksichtigen.

(3) Die Ermittlung und Beurteilung der Gefahren ist der sich ändernden Gegebenheiten anzupassen. Eine Überprüfung und erforderlichenfalls eine Anpassung hat insbesondere

1. bei Einführung neuer Arbeitsmittel, Arbeitsstoffe oder Arbeitsverfahren,
2. bei neuen Erkenntnissen über den Stand der Technik und auf dem Gebiet der Arbeitsgestaltung oder
3. auf begründetes Verlangen des Arbeitsinspektorates

zu erfolgen.

(4) Bei der Ermittlung und Beurteilung der Gefahren und der Festlegung der Maßnahmen sind erforderlichenfalls Sicherheitsfachkräfte und Arbeitsmediziner heranzuziehen. Diese können auch mit der Ermittlung und Beurteilung der Gefahren beauftragt werden.

(5) Der Dienstgeber ist verpflichtet, die Ergebnisse der Ermittlung und Beurteilung der Gefahren sowie die zu ergreifenden Maßnahmen nach § 2b schriftlich festzuhalten (Sicherheits- und Gesundheitsschutzdokumente) und alle Dienstnehmerinnen oder den Betriebsrat und die Sicherheitsvertrauenspersonen über die Ergebnisse und Maßnahmen zu unterrichten.

Maßnahmen bei Gefährdung

§ 2b. (1) Ergibt die Beurteilung Gefahren für die Sicherheit oder Gesundheit von werdenden oder stillenden Müttern oder mögliche nachteilige Auswirkungen auf die Schwangerschaft oder das Stillen, so hat der Dienstgeber diese Gefahren und Auswirkungen durch Änderung der Beschäftigung auszuschließen.

(2) Ist eine Änderung der Arbeitsbedingungen aus objektiven Gründen nicht möglich oder dem Dienstgeber oder der Dienstnehmerin nicht zumutbar, so ist die Dienstnehmerin auf einem anderen Arbeitsplatz zu beschäftigen. Besteht kein geeigneter Arbeitsplatz, so ist die Dienstnehmerin von der Arbeit freizustellen.

Abschnitt 3

Beschäftigungsverbote

Beschäftigungsverbote für werdende Mütter

§ 3. (1) Werdende Mütter dürfen in den letzten acht Wochen vor der voraussichtlichen Entbindung (Achtwochenfrist) nicht beschäftigt werden.

(2) Die Achtwochenfrist (Abs. 1) ist auf Grund eines ärztlichen Zeugnisses zu berechnen. Erfolgt die Entbindung früher oder später als im Zeugnis angegeben, so verkürzt oder verlängert sich diese Frist entsprechend.

(3) Über die Achtwochenfrist (Abs. 1) hinaus darf eine werdende Mutter auch dann nicht beschäftigt werden, wenn nach einem von ihr vorgelegten fachärztlichen Zeugnis Leben oder Gesundheit von Mutter oder Kind bei Fortdauer der Beschäftigung gefährdet wäre. Der Bundesminister für Arbeit hat durch Verordnung festzulegen,

1. bei welchen medizinischen Indikationen ein Freistellungszeugnis auszustellen ist,
2. welche Fachärzte ein Freistellungszeugnis ausstellen können,
3. nähere Bestimmungen über Ausstellung, Form und Inhalt des Freistellungszeugnisses.

Eine Freistellung wegen anderer als der in dieser Verordnung genannter medizinischer Indikationen ist im Einzelfall auf Grund eines Zeugnisses eines Arbeitsinspektionsarztes oder eines Amtsarztes vorzunehmen.

(3a) Ist das Arbeitsverhältnis zum Zeitpunkt der Vorlage des Freistellungszeugnisses nach Abs. 3 karenziert, tritt das Beschäftigungsverbot nach Abs. 3 erst nach Ende der Karenz ein.

(4) Werdende Mütter haben, sobald ihnen ihre Schwangerschaft bekannt ist, dem Dienstgeber hievon unter Bekanntgabe des voraussichtlichen Geburtstermines Mitteilung zu machen. Darüber hinaus sind sie verpflichtet, innerhalb der vierten Woche vor dem Beginn der Achtwochenfrist (Abs. 1) den Dienstgeber auf deren Beginn aufmerksam zu machen. Auf Verlangen des Dienstgebers haben werdende Mütter eine ärztliche Bescheinigung über das Bestehen der Schwangerschaft und den voraussichtlichen Zeitpunkt der Entbindung vorzulegen. Bei einem vorzeitigen Ende der Schwangerschaft ist der Dienstgeber zu verständigen.

(5) Allfällige Kosten für einen weiteren Nachweis der Schwangerschaft und des voraussichtlichen Zeitpunktes der Entbindung, der vom Dienstgeber verlangt wird, hat der Dienstgeber zu tragen.

(6) Der Dienstgeber ist verpflichtet, unverzüglich nach Kenntnis von der Schwangerschaft einer Dienstnehmerin (Heimarbeiterin) oder, wenn er eine ärztliche Bescheinigung darüber verlangt hat (Abs. 4), unverzüglich nach Vorlage dieser Bescheinigung dem zuständigen Arbeitsinspektorat schriftlich Mitteilung zu machen. Hiebei sind Name, Alter, Tätigkeit und der Arbeitsplatz der werdenden Mutter sowie der voraussichtliche Geburtstermin anzugeben. Ist der Betrieb vom Wirkungsbereich der Arbeitsinspektion ausgenommen, so hat der Dienstgeber die Mitteilung über die Schwangerschaft einer Dienstnehmerin an die gemäß § 35 Abs. 1 berufene Behörde zu richten. Eine Abschrift der Meldung an die Arbeitsinspektion oder die sonst zuständige Behörde ist der Dienstnehmerin (Heimarbeiterin) vom Dienstgeber zu übergeben. Ist in einem Betrieb eine eigene arbeitsmedizinische Betreuung eingerichtet, so hat der Dienstgeber auch den Leiter der arbeitsmedizinischen Betreuung über die Schwangerschaft einer Dienstnehmerin zu informieren.

(7) Dienstgeber gemäß § 3 Abs. 2 des Arbeitskräfteüberlassungsgesetzes, BGBl. Nr. 196/1988, sind darüber hinaus verpflichtet, dem zuständigen Arbeitsinspektorat den Wechsel des Beschäftigers einer schwangeren Dienstnehmerin oder die Tatsache des häufigen, kurzfristigen Wechsels anzuzeigen.

(8) Ist die werdende Mutter durch notwendige schwangerschaftsbedingte Vorsorgeuntersuchungen, insbesondere solche nach der Mutter-Kind-Paß-Verordnung, BGBl. II Nr. 470/2001, die außerhalb der Arbeitszeit nicht möglich oder nicht

zumutbar sind, an der Dienstleistung verhindert, hat sie Anspruch auf Fortzahlung des Entgelts.

Sonderfreistellung COVID–19
§ 3a. *(Anm.: Abs. 1 bis 6 mit Ablauf des 31.12.2022 außer Kraft getreten)*

(7) Abweichend von § 39 Abs. 1 ist mit der Vollziehung der Abs. 3 bis 5 für Dienstnehmerinnen nach Abs. 6 Z 2 und 3 die Landesregierung betraut.

(8) Die Krankenversicherungsträger sind im übertragenen Wirkungsbereich unter Bindung an die Weisungen des Bundesministers für Arbeit tätig.

(9) Abweichend von § 39 Abs. 2 und 3 ist zur Erlassung der Verordnung hinsichtlich der Dienstnehmerinnen nach Abs. 6 Z 2 der Bundesminister für Arbeit im Einvernehmen mit der Bundesministerin bzw. dem Bundesminister für Soziales, Gesundheit, Pflege und Konsumentenschutz betraut.

(10) Abs. 1 bis 9 in der Fassung des Bundesgesetzes BGBl. I Nr. 87/2022 treten mit 1. Juli 2022 in Kraft. Abs. 1 bis 6 treten mit Ablauf des 31. Dezember 2022 außer Kraft. Die Abs. 5, 6, 7 und 8 sind jedoch weiterhin auf erfolgte Sonderfreistellungen gemäß Abs. 1 anzuwenden. Die Verordnung nach Abs. 1 in der Fassung des Bundesgesetzes BGBl. I Nr. 87/2022 kann mit Ablauf des Tages der Kundmachung dieses Bundesgesetzes erlassen werden. Sie kann frühestens mit 1. Juli 2022 in Kraft gesetzt werden.

(11) § 3a Abs. 1 bis 3 und 5 bis 8 in der bis zum Ablauf des 30. Juni 2022 geltenden Fassung ist auch nach Ablauf des 30. Juni 2022 weiterhin auf alle schwangeren Dienstnehmerinnen anzuwenden, deren Schwangerschaft vor dem Ablauf des 30. Juni 2022 eingetreten ist und sich über den 1. Juli 2022 hinaus erstreckt.

§ 4. (1) Werdende Mütter dürfen keinesfalls mit schweren körperlichen Arbeiten oder mit Arbeiten oder in Arbeitsverfahren beschäftigt werden, die nach der Art des Arbeitsvorganges oder der verwendeten Arbeitsstoffe oder –geräte für ihren Organismus oder für das werdende Kind schädlich sind.

(2) Als Arbeiten im Sinne des Abs. 1 sind insbesondere anzusehen:

1. Arbeiten, bei denen regelmäßig Lasten von mehr als 5 kg Gewicht oder gelegentlich Lasten von mehr als 10 kg Gewicht ohne mechanische Hilfsmittel von Hand gehoben oder regelmäßig Lasten von mehr als 8 kg Gewicht oder gelegentlich Lasten von mehr als 15 kg Gewicht ohne mechanische Hilfsmittel von Hand bewegt oder befördert werden; wenn größere Lasten mit mechanischen Hilfsmitteln gehoben, bewegt oder befördert werden, darf die körperliche Beanspruchung nicht größer sein als bei vorstehend angeführten Arbeiten;

2. Arbeiten, die von werdenden Müttern überwiegend im Stehen verrichtet werden müssen, sowie Arbeiten, die diesen in ihrer statischen Belastung gleichkommen, es sei denn, daß Sitzgelegenheiten zum kurzen Ausruhen benützt werden können; nach Ablauf der 20. Schwangerschaftswoche alle derartigen Arbeiten, sofern sie länger als vier Stunden verrichtet werden, auch dann, wenn Sitzgelegenheiten zum kurzen Ausruhen benützt werden können;

3. Arbeiten, bei denen die Gefahr einer Berufserkrankung im Sinne der einschlägigen Vorschriften des Allgemeinen Sozialversicherungsgesetzes, BGBl. Nr. 189/1955, gegeben ist;

4. Arbeiten, bei denen werdende Mütter Einwirkungen von gesundheitsgefährdenden Stoffen, gleich ob in festem, flüssigem, staub-, gas- oder dampfförmigem Zustand, gesundheitsgefährdenden Strahlen, gesundheitsgefährdenden elektromagnetischen Feldern oder schädlichen Einwirkungen von Hitze, Kälte oder Nässe ausgesetzt sind, bei denen eine Schädigung nicht ausgeschlossen werden kann;

5. die Bedienung von Geräten und Maschinen aller Art, sofern damit eine hohe Fußbeanspruchung verbunden ist;

6. die Bedienung von Geräten und Maschinen mit Fußantrieb, sofern damit eine hohe Fußbeanspruchung verbunden ist;

7. die Beschäftigung auf Beförderungsmitteln;

8. das Schälen von Holz mit Handmessern;

9. Akkordarbeiten, akkordähnliche Arbeiten, Fließarbeiten mit vorgeschriebenem Arbeitstempo, leistungsbezogene Prämienarbeiten und sonstige Arbeiten, bei denen durch gesteigertes Arbeitstempo ein höheres Entgelt erzielt werden kann, wie beispielsweise Arbeiten, für die Entgelt gebührt, das auf Arbeits(Persönlichkeits)bewertungsverfahren, statistischen Verfahren, Datenerfassungsverfahren, Kleinstzeitverfahren oder ähnlichen Entgeltfindungsmethoden beruht, wenn die damit verbundene durchschnittliche Arbeitsleistung die Kräfte der werdenden Mutter übersteigt. Nach Ablauf der 20. Schwangerschaftswoche sind Akkordarbeiten, akkordähnliche Arbeiten, leistungsbezogene Prämienarbeiten sowie Fließarbeiten mit vorgeschriebenem Arbeitstempo jedenfalls untersagt; Arbeiten, für die Entgelt gebührt, das auf Arbeits(Persönlichkeits)bewertungsverfahren, statistischen Verfahren, Datenerfassungsverfahren, Kleinstzeitverfahren oder ähnlichen Entgeltfindungsmethoden beruht, können im Einzelfall vom zuständigen Arbeitsinspektorat untersagt werden;

10. Arbeiten, die von werdenden Müttern ständig im Sitzen verrichtet werden müssen, es sei denn, daß ihnen Gelegenheit zu kurzen Unterbrechungen ihrer Arbeit gegeben wird;

11. Arbeiten mit biologischen Arbeitsstoffen im Sinne des § 40 Abs. 5 Z 2 bis 4 ASchG, soweit bekannt ist, daß diese Stoffe oder die im Falle einer durch sie hervorgerufenen Schädigung anzuwendenden therapeutischen Maßnahmen die Gesundheit der werdenden Mutter oder des werdenden Kindes gefährden;

12. Bergbauarbeiten unter Tage;

13. Arbeiten in Druckluft (Luft mit einem Überdruck von mehr als 0,1 bar), insbesondere in Druckkammern und beim Tauchen.

(3) Werdende Mütter dürfen nicht mit Arbeiten beschäftigt werden, bei denen sie mit Rücksicht auf ihre Schwangerschaft besonderen Unfallsgefahren ausgesetzt sind.

(4) Im Zweifelsfall entscheidet das Arbeitsinspektorat, ob eine Arbeit unter ein Verbot gemäß den Abs. 1 bis 3 fällt.

(5) Werdende Mütter dürfen mit Arbeiten,

1. bei denen sie sich häufig übermäßig strecken oder beugen oder bei denen sie häufig hocken oder sich gebückt halten müssen, sowie

2. bei denen der Körper übermäßigen Erschütterungen oder

3. bei denen die Dienstnehmerin besonders belästigenden Gerüchen oder besonderen psychischen Belastungen ausgesetzt ist,

nicht beschäftigt werden, wenn das Arbeitsinspektorat auf Antrag der Dienstnehmerin oder von Amts wegen entscheidet, daß diese Arbeiten für den Organismus der werdenden Mutter oder für das werdende Kind schädlich sind und im Fall der Z 3 dies auch von einem Gutachten eines Arbeitsinspektions- oder Amtsarztes bestätigt wird.

(6) Werdende Mütter, die selbst nicht rauchen, dürfen, soweit es die Art des Betriebes gestattet, nicht an Arbeitsplätzen beschäftigt werden, bei denen sie der Einwirkung von Tabakrauch ausgesetzt werden. Wenn eine räumliche Trennung nicht möglich ist, hat der Dienstgeber durch geeignete Maßnahmen dafür Sorge zu tragen, daß andere Dienstnehmer, die im selben Raum wie die werdende Mutter beschäftigt sind, diese nicht der Einwirkung von Tabakrauch aussetzen.

Beschäftigungsverbote für stillende Mütter

§ 4a. (1) Stillende Mütter haben bei Wiederantritt des Dienstes dem Dienstgeber Mitteilung zu machen, daß sie stillen und auf Verlangen des Dienstgebers eine Bestätigung eines Arztes oder einer Mutterberatungsstelle vorzulegen.

(2) Stillende Mütter dürfen keinesfalls mit Arbeiten oder Arbeitsverfahren gemäß § 4 Abs. 2 Z 1, 3, 4, 9, 12 und 13 beschäftigt werden.

(3) Im Zweifelsfall entscheidet das Arbeitsinspektorat, ob eine Arbeit unter ein Verbot gemäß Abs. 2 fällt.

(4) Die Dienstnehmerin hat dem Dienstgeber mitzuteilen, wenn sie nicht mehr stillt.

Beschäftigungsverbote nach der Entbindung

§ 5. (1) Dienstnehmerinnen dürfen bis zum Ablauf von acht Wochen nach ihrer Entbindung nicht beschäftigt werden. Bei Frühgeburten, Mehrlingsgeburten oder Kaiserschnittentbindungen beträgt diese Frist mindestens zwölf Wochen. Ist eine Verkürzung der Achtwochenfrist (§ 3 Abs. 1) vor der Entbindung eingetreten, so verlängert sich die Schutzfrist nach der Entbindung im Ausmaß dieser Verkürzung, höchstens jedoch auf 16 Wochen.

(2) Dienstnehmerinnen dürfen über die in Abs. 1 festgelegten Fristen hinaus zu Arbeiten nicht zugelassen werden, solange sie arbeitsunfähig sind. Die Dienstnehmerinnen sind verpflichtet, ihre Arbeitsunfähigkeit ohne Verzug dem Dienstgeber anzuzeigen und auf Verlangen des Dienstgebers die ärztliche Bestätigung über die voraussichtliche Dauer der Arbeitsunfähigkeit vorzulegen. Kommt eine Dienstnehmerin diesen Verpflichtungen nicht nach, so verliert sie für die Dauer der Säumnis den Anspruch auf das Entgelt.

(3) Dienstnehmerinnen dürfen bis zum Ablauf von zwölf Wochen nach ihrer Entbindung nicht mit den in § 4 Abs. 2 Z 1, 2, 3, 4, 8, 9, 12 und 13 genannten Arbeiten beschäftigt werden.

(4) Über die Bestimmungen der Abs. 1 bis 3 hinaus kann die gemäß § 36 zuständige Verwaltungsbehörde für eine Dienstnehmerin, die nach dem Zeugnis eines Arbeitsinspektionsarztes oder eines Amtsarztes in den ersten Monaten nach ihrer Entbindung nicht völlig leistungsfähig ist, dem Dienstgeber die zum Schutz der Gesundheit der Dienstnehmerin notwendigen Maßnahmen auftragen.

(Anm.: Abs. 5 aufgehoben durch BGBl. Nr. 434/1995)

Verbot der Nachtarbeit

§ 6. (1) Werdende und stillende Mütter dürfen – abgesehen von den durch die Abs. 2 und 3 zugelassenen Ausnahmen – von zwanzig bis sechs Uhr nicht beschäftigt werden.

(2) Werdende und stillende Mütter, die im Verkehrswesen, bei Musikaufführungen, Theatervorstellungen, öffentlichen Schaustellungen, Darbietungen, Lustbarkeiten, Filmaufnahmen und in Lichtspieltheatern oder als Krankenpflegepersonal in Kranken-, Heil-, Pflege- oder Wohlfahrtsanstalten oder in mehrschichtigen Betrieben beschäftigt sind, dürfen bis zweiundzwanzig Uhr, Dienstnehmerinnen im Sinne des § 1 Abs. 1 und 2 des Theaterarbeitsgesetzes (TAG), BGBl. I Nr. 100/2010, bis vierundzwanzig Uhr beschäftigt werden, sofern im Anschluß an die Nachtarbeit eine ununterbrochene Ruhezeit von mindestens elf Stunden gewährt wird.

(3) Auf Antrag des Dienstgebers kann das Arbeitsinspektorat im Einzelfall die Beschäftigung

werdender und stillender Mütter im Gastgewerbe bis zweiundzwanzig Uhr, bei Musikaufführungen, Theatervorstellungen, öffentlichen Schaustellungen, Darbietungen, Lustbarkeiten und in Lichtspieltheatern bis dreiundzwanzig Uhr, soweit nicht nach Abs. 2 eine längere Beschäftigung zulässig ist, bewilligen, wenn dies aus betrieblichen Gründen notwendig ist und es der Gesundheitszustand der Dienstnehmerin erlaubt. Diese Bewilligung darf nur erteilt werden, wenn der Dienstnehmerin im Anschluß an die Nachtarbeit eine ununterbrochene Ruhezeit von mindestens elf Stunden gesichert ist.

(4) Die Ausnahmen der Abs. 2 und 3 gelten nur insoweit, als Nachtarbeit für Dienstnehmerinnen nicht auf Grund anderer Vorschriften verboten ist.

Verbot der Sonn- und Feiertagsarbeit

§ 7. (1) Werdende und stillende Mütter dürfen – abgesehen von den durch die Abs. 2 und 3 zugelassenen Ausnahmen – an Sonn- und gesetzlichen Feiertagen nicht beschäftigt werden.

(2) Das Verbot nach Abs. 1 gilt nicht

1. für die Beschäftigung bei Musikaufführungen, Theatervorstellungen, öffentlichen Schaustellungen, Darbietungen, Lustbarkeiten, Filmaufnahmen, im Gastgewerbe und in Betrieben, in denen ununterbrochen mit Schichtwechsel gearbeitet wird, im Rahmen der sonst zulässigen Sonn- und Feiertagsarbeit;
2. für die Beschäftigung in Betrieben, für die Sonn- und Feiertagsarbeit zugelassen ist, wenn die wöchentliche Ruhezeit für die gesamte Belegschaft auf einen bestimmten Werktag fällt;
3. für die Beschäftigung in Betrieben, für die Sonn- und Feiertagsarbeit zugelassen ist und im Betrieb insgesamt nicht mehr als fünf Dienstnehmer regelmäßig beschäftigt sind und außer der werdenden oder stillenden Mutter nur noch ein Dienstnehmer beschäftigt ist, der eine gleichartige Beschäftigung ausüben kann;
4. für die Beschäftigung von Dienstnehmerinnen, die vor der Meldung der Schwangerschaft ausschließlich an Samstagen, Sonntagen oder Feiertagen beschäftigt wurden, im bisherigen Ausmaß.

(3) Auf Antrag des Dienstgebers kann das Arbeitsinspektorat im Einzelfall weitere Ausnahmen bewilligen, wenn dies aus betrieblichen Gründen unerläßlich ist.

(4) Die Dienstnehmerin hat in der auf die Sonntagsarbeit folgenden Kalenderwoche Anspruch auf eine ununterbrochene Ruhezeit von mindestens 36 Stunden (Wochenruhe), in der auf die Feiertagsarbeit folgenden Woche Anspruch auf eine ununterbrochene Ruhezeit von mindestens 24 Stunden im Anschluß an eine Nachtruhe. Die Ruhezeit hat einen ganzen Wochentag einzuschließen. Während dieser Ruhezeit darf die Dienstnehmerin nicht beschäftigt werden.

(5) Die Ausnahmen der Abs. 2 und 3 gelten nur, soweit Sonn- und Feiertagsarbeit für Dienstnehmerinnen nicht auf Grund anderer Vorschriften verboten ist.

Verbot der Leistung von Überstunden

§ 8. Werdende und stillende Mütter dürfen über die gesetzlich oder in einem Kollektivvertrag festgesetzte tägliche Normalarbeitszeit hinaus nicht beschäftigt werden. Keinesfalls darf die tägliche Arbeitszeit neun Stunden, die wöchentliche Arbeitszeit 40 Stunden übersteigen.

Ruhemöglichkeit

§ 8a. Werdenden und stillenden Müttern, die in Arbeitsstätten sowie auf Baustellen beschäftigt sind, ist es zu ermöglichen, sich unter geeigneten Bedingungen hinzulegen und auszuruhen.

Stillzeit

§ 9. (1) Stillenden Müttern ist auf Verlangen die zum Stillen ihrer Kinder erforderliche Zeit freizugeben. Diese Freizeit hat an Tagen, an denen die Dienstnehmerin mehr als viereinhalb Stunden arbeitet, fünfundvierzig Minuten zu betragen; bei einer Arbeitszeit von acht oder mehr Stunden ist auf Verlangen zweimal eine Stillzeit von fünfundvierzig Minuten oder, wenn in der Nähe der Arbeitsstätte keine Stillgelegenheit vorhanden ist, einmal eine Stillzeit von neunzig Minuten zu gewähren.

(2) Durch die Gewährung der Stillzeit darf kein Verdienstausfall eintreten. Die Stillzeit darf von stillenden Müttern nicht vor- oder nachgearbeitet und nicht auf die in anderen gesetzlichen Vorschriften oder kollektivvertraglichen Bestimmungen vorgesehenen Ruhepausen angerechnet werden.

(3) Die gemäß § 36 zuständige Verwaltungsbehörde kann dem Dienstgeber im Rahmen der Abs. 1 und 2 eine bestimmte Verteilung der Stillzeiten auftragen, wenn es die besonderen Verhältnisse des Einzelfalls erfordern.

(4) Weiters kann die gemäß § 36 zuständige Verwaltungsbehörde die Einrichtung von Stillräumen vorschreiben, wenn es die Verhältnisse des Einzelfalls erfordern.

Abschnitt 4
Kündigungs- und Entlassungsschutz, Entgelt
Kündigungsschutz

§ 10. (1) Dienstnehmerinnen kann während der Schwangerschaft und bis zum Ablauf von vier Monaten nach der Entbindung rechtswirksam nicht gekündigt werden, es sei denn, daß dem Dienstgeber die Schwangerschaft beziehungsweise Entbindung nicht bekannt ist.

(1a) Eine Kündigung ist bis zum Ablauf von vier Wochen nach einer erfolgten Fehlgeburt rechtsunwirksam. Auf Verlangen des Dienstgebers hat die Dienstnehmerin eine ärztliche Bescheinigung über die Fehlgeburt vorzulegen.

(2) Eine Kündigung ist auch rechtsunwirksam, wenn die Schwangerschaft beziehungsweise Entbindung dem Dienstgeber binnen fünf Arbeitstagen nach Ausspruch der Kündigung, bei schriftlicher Kündigung binnen fünf Arbeitstagen nach deren Zustellung, bekanntgegeben wird. Die schriftliche Bekanntgabe der Schwangerschaft beziehungsweise Entbindung ist rechtzeitig, wenn sie innerhalb der Fünftagefrist zur Post gegeben wird. Wendet die Dienstnehmerin die Schwangerschaft beziehungsweise Entbindung innerhalb der Fünftagefrist ein, so hat sie gleichzeitig durch eine Bestätigung des Arztes die Schwangerschaft oder die Vermutung der Schwangerschaft nachzuweisen oder die Geburtsurkunde des Kindes vorzuweisen. Kann die Dienstnehmerin aus Gründen, die nicht von ihr zu vertreten sind, dem Dienstgeber die Schwangerschaft beziehungsweise Entbindung nicht innerhalb der Fünftagefrist bekanntgeben, so ist die Bekanntgabe rechtzeitig, wenn sie unmittelbar nach Wegfall des Hinderungsgrundes nachgeholt wird.

(3) Abweichend von den Abs. 1 und 2 kann eine Kündigung rechtswirksam ausgesprochen werden, wenn vorher die Zustimmung des Gerichts eingeholt wurde. Der Dienstgeber hat gleichzeitig mit der Einbringung der Klage dem Betriebsrat hierüber Mitteilung zu machen. Die Zustimmung zur Kündigung ist nur dann zu erteilen, wenn der Dienstgeber das Dienstverhältnis wegen einer Einschränkung oder Stillegung des Betriebes oder der Stillegung einzelner Betriebsabteilungen nicht ohne Schaden für den Betrieb weiter aufrechterhalten kann oder wenn sich die Dienstnehmerin in der Tagsatzung zur mündlichen Streitverhandlung nach Rechtsbelehrung der Parteien durch den Vorsitzenden über den Kündigungsschutz nach diesem Bundesgesetz mit der Kündigung einverstanden erklärt. Nach Stillegung des Betriebes ist eine Zustimmung des Gerichts zur Kündigung nicht erforderlich.

(4) Bei Inanspruchnahme einer Karenz im zweiten Lebensjahr des Kindes oder bei Teilzeitbeschäftigung im zweiten, dritten und vierten Lebensjahr des Kindes kann das Gericht die Zustimmung zur Kündigung, wenn die Klage auf Zustimmung zur Kündigung nach Ablauf des ersten Lebensjahres des Kindes gestellt wurde, auch dann erteilen, wenn der Dienstgeber den Nachweis erbringt, dass die Kündigung durch Umstände, die in der Person der Dienstnehmerin gelegen sind und die betrieblichen Interessen nachteilig berühren oder durch betriebliche Erfordernisse, die einer Weiterbeschäftigung der Dienstnehmerin entgegenstehen, begründet ist und die Aufrechterhaltung des Dienstverhältnisses dem Dienstgeber unzumutbar ist.

(5) Wurde eine Dienstnehmerin wegen Stillegung des Betriebes gekündigt (Abs. 3) und nimmt dieser Betrieb bis zum Ablauf von vier Monaten nach der Entbindung der Dienstnehmerin seine Tätigkeit wieder auf, so ist die seinerzeitige Kündigung als rechtsunwirksam anzusehen, wenn die Dienstnehmerin dies beim Dienstgeber beantragt. Ein solcher Antrag muss innerhalb von zwei Monaten nach Wiederaufnahme der Tätigkeit des Betriebes gestellt werden. Mit der Antragstellung hat sich die Dienstnehmerin beim Dienstgeber zur Wiederaufnahme der Arbeit zu melden. Besteht zur Zeit der Antragstellung für die Dienstnehmerin ein Beschäftigungsverbot nach diesem Bundesgesetz (§ 3 Abs. 1 bis 3 und § 5 Abs. 1 und 2) oder nimmt die Dienstnehmerin eine Karenz (§ 15) in Anspruch, so hat sie dies dem Dienstgeber bei der Antragstellung mitzuteilen und nach Wegfall des Beschäftigungsverbotes beziehungsweise nach Beendigung der Karenz die Arbeit aufzunehmen.

(6) Eine entgegen den Abs. 1 bis 4 ausgesprochene Kündigung ist rechtsunwirksam.

(7) Eine einvernehmliche Auflösung des Dienstverhältnisses ist nur dann rechtswirksam, wenn sie schriftlich vereinbart wurde. Bei minderjährigen Dienstnehmerinnen muß dieser Vereinbarung überdies eine Bescheinigung eines Gerichts (§ 92 ASGG) oder einer gesetzlichen Interessenvertretung der Dienstnehmer beigeschlossen sein, aus der hervorgeht, daß die Dienstnehmerin über den Kündigungsschutz nach diesem Bundesgesetz belehrt wurde.

(8) Die Kündigung einer freien Dienstnehmerin im Sinne des § 4 Abs. 4 ASVG, die wegen ihrer Schwangerschaft oder eines Beschäftigungsverbots bis vier Monate nach der Geburt ausgesprochen wird, kann bei Gericht binnen zwei Wochen nach Ausspruch der Kündigung angefochten werden. Die freie Dienstnehmerin hat den Anfechtungsgrund glaubhaft zu machen. Die Klage ist abzuweisen, wenn bei Abwägung aller Umstände eine höhere Wahrscheinlichkeit dafür spricht, dass ein anderes vom Dienstgeber glaubhaft gemachtes Motiv für die Kündigung ausschlaggebend war. Lässt die freie Dienstnehmerin die Kündigung gegen sich gelten, so ist § 1162b erster Satz ABGB anzuwenden. In einem Anfechtungsverfahren steht keiner Partei ein Kostenersatzanspruch zu. Ansprüche auf Grund des Gleichbehandlungsgesetzes, BGBl. I Nr. 66/2004 bleiben unberührt.

Befristete Dienstverhältnisse

§ 10a. (1) Der Ablauf eines auf bestimmte Zeit abgeschlossenen Dienstverhältnisses wird von der Meldung der Schwangerschaft bis zu dem Beginn des Beschäftigungsverbots nach § 3 Abs. 1 oder dem Beginn eines auf Dauer ausgesprochenen Beschäftigungsverbots nach § 3 Abs. 3 gehemmt, es sei denn, daß die Befristung aus sachlich gerechtfertigten Gründen erfolgt oder gesetzlich vorgesehen ist.

(2) Eine sachliche Rechtfertigung der Befristung liegt vor, wenn diese im Interesse der Dienstnehmerin liegt, oder wenn das Dienstverhältnis für

die Dauer der Vertretung an der Arbeitsleistung verhinderter Dienstnehmer, zu Ausbildungszwecken, für die Zeit der Saison oder zur Erprobung abgeschlossen wurde, wenn aufgrund der in der vorgesehenen Verwendung erforderlichen Qualifikation eine längere Erprobung als die gesetzliche oder kollektivvertragliche Probezeit notwendig ist.

(3) Wird der Ablauf des Arbeitsverhältnisses gemäß Abs. 1 gehemmt, so besteht bei einem Beschäftigungsverbot gemäß den §§ 4 oder 6 Anspruch auf Wochengeld gemäß den Bestimmungen des ASVG.

§ 11. Der Ablauf der Beschäftigungsbewilligung, der Arbeitserlaubnis oder des Befreiungsscheines (nach dem Ausländerbeschäftigungsgesetz, BGBl. Nr. 218/1975) einer Ausländerin wird im Falle der Schwangerschaft und der Entbindung bis zu dem Zeitpunkt gehemmt, in dem ihr Dienstverhältnis nach den §§ 10 Abs. 1, 3 und 4, 10a Abs. 1, 15 Abs. 4, 15a Abs. 5, 15d Abs. 1 erster Satz in Verbindung mit Abs. 5 und § 15n Abs. 1 und den dafür sonst geltenden gesetzlichen oder vertraglichen Bestimmungen rechtsgültig beendet werden kann.

Entlassungsschutz

§ 12. (1) Dienstnehmerinnen können während der Schwangerschaft und bis zum Ablauf von vier Monaten nach der Entbindung rechtswirksam nur nach vorheriger Zustimmung des Gerichts entlassen werden. Ebenso darf eine Entlassung bis zum Ablauf von vier Wochen nach einer erfolgten Fehlgeburt nur nach vorheriger Zustimmung des Gerichts erfolgen.

(2) Das Gericht darf die Zustimmung zur Entlassung nur erteilen, wenn die Dienstnehmerin

1. die ihr auf Grund des Arbeitsverhältnisses obliegenden Pflichten schuldhaft gröblich verletzt, insbesondere wenn sie ohne einen rechtmäßigen Hinderungsgrund während einer den Umständen nach erheblichen Zeit die Arbeitsleistung unterläßt;

2. im Dienst untreu ist oder sich in ihrer Tätigkeit ohne Wissen des Dienstgebers von dritten Personen unberechtigt Vorteile zuwenden läßt;

3. ein Geschäfts- oder Betriebsgeheimnis verrät oder ohne Einwilligung des Dienstgebers ein der Verwendung im Betrieb (Haushalt) abträgliches Nebengeschäft betreibt;

4. sich Tätlichkeiten oder erhebliche Ehrverletzungen gegen den Dienstgeber, dessen im Betrieb (Haushalt) tätige oder anwesende Familienangehörige oder Dienstnehmer des Betriebes (Haushalts) zuschulden kommen läßt;

5. sich einer gerichtlich strafbaren Handlung, die nur vorsätzlich begangen werden kann und mit einer mehr als einjährigen Freiheitsstrafe bedroht ist, oder einer mit Bereicherungsvorsatz begangenen gerichtlich strafbaren Handlung schuldig macht.

(3) In den Fällen des Abs. 2 Z 1 und 4 ist der durch die Schwangerschaft bzw. durch die Entbindung oder Fehlgeburt der Dienstnehmerin bedingte außerordentliche Gemütszustand zu berücksichtigen.

(4) In den Fällen des Abs. 2 Z 4 und 5 kann die Entlassung der Dienstnehmerin gegen nachträgliche Einholung der Zustimmung des Gerichts ausgesprochen werden. Weist das Gericht die Klage auf Zustimmung zur Entlassung ab, so ist die Entlassung rechtsunwirksam.

§ 13. Im gerichtlichen Verfahren nach den §§ 10 Abs. 3 und 4, 12 sowie im Verwaltungsverfahren nach § 4 Abs. 2 Z 9, Abs. 4 und 5, § 4a Abs. 3, § 5 Abs. 4, § 6 Abs. 3, § 7 Abs. 3 und § 9 Abs. 3 ist die Dienstnehmerin Partei.

Weiterzahlung des Arbeitsentgelts

§ 14. (1) Macht die Anwendung des § 2b, des § 4, des § 4a, des § 5 Abs. 3 und 4 oder des § 6, soweit § 10a Abs. 3 nicht anderes bestimmt, eine Änderung der Beschäftigung im Betrieb erforderlich, so hat die Dienstnehmerin Anspruch auf das Entgelt, das dem Durchschnittsverdienst gleichkommt, den sie während der letzten 13 Wochen des Dienstverhältnisses vor dieser Änderung bezogen hat. Fallen in diesen Zeitraum Zeiten, während derer die Dienstnehmerin infolge Erkrankung oder Kurzarbeit nicht das volle Entgelt bezogen hat, so verlängert sich der Zeitraum von dreizehn Wochen um diese Zeiten; diese Zeiten bleiben bei der Berechnung des Durchschnittsverdienstes außer Betracht. Die vorstehende Regelung gilt auch, wenn sich durch die Änderung der Beschäftigung der Dienstnehmerin eine Verkürzung der Arbeitszeit ergibt, eine Maßgabe als der Berechnung des Entgelts die Arbeitszeit zugrunde zu legen ist, die für die Dienstnehmerin ohne Änderung der Beschäftigung gelten würde. Bei Saisonarbeit in einer im § 4 Abs. 2 Z 9 bezeichneten Art ist der Durchschnittsverdienst der letzten dreizehn Wochen nur für die Zeit weiterzugewähren, während der solche Arbeiten im Betrieb verrichtet werden; für die übrige Zeit ist das Entgelt weiterzugewähren, das die Dienstnehmerin ohne Vorliegen der Schwangerschaft erhalten hätte.

(2) Dienstnehmerinnen, die gemäß § 3 Abs. 3 nicht beschäftigt werden dürfen, und Dienstnehmerinnen, für die auf Grund des § 2b, des § 4, des § 4a, des § 5 Abs. 3 und 4 oder des § 6 keine Beschäftigungsmöglichkeit im Betrieb besteht, haben Anspruch auf ein Entgelt, für dessen Berechnung Abs. 1 mit der Maßgabe anzuwenden ist, dass im Falle des § 3 Abs. 3 der Durchschnittsverdienst nach den letzten 13 Wochen vor Eintritt des Beschäftigungsverbotes zu berechnen ist.

(3) Der Anspruch nach Abs. 1 und 2 besteht nicht für Zeiten, während derer Wochengeld, Sonderwochengeld oder Krankengeld nach dem Allgemeinen Sozialversicherungsgesetz bezogen

werden kann; ein Anspruch auf einen Zuschuß des Dienstgebers zum Krankengeld wird hiedurch nicht berührt.

(4) Die Dienstnehmerin behält den Anspruch auf sonstige, insbesondere einmalige Bezüge im Sinne des § 67 Abs. 1 des Einkommensteuergesetzes 1988, BGBl. Nr. 400, in den Kalenderjahren, in die Zeiten des Bezuges von Wochengeld oder Sonderwochengeld nach dem Allgemeinen Sozialversicherungsgesetz fallen, in dem Ausmaß, das dem Teil des Kalenderjahres entspricht, in den keine derartigen Zeiten fallen.

Abschnitt 5
Karenz
Anspruch auf Karenz

§ 15. (1) Der Dienstnehmerin ist auf ihr Verlangen im Anschluss an die Frist des § 5 Abs. 1 und 2 Karenz gegen Entfall des Arbeitsentgelts bis zum Ablauf des 22. Lebensmonats des Kindes, soweit im Folgenden nicht anderes bestimmt ist, zu gewähren, wenn sie mit dem Kind im gemeinsamen Haushalt lebt. Das gleiche gilt, wenn anschließend an die Frist nach § 5 Abs. 1 und 2 ein Gebührenurlaub verbraucht wurde oder die Dienstnehmerin durch Krankheit oder Unglücksfall an der Dienstleistung verhindert war.

(1a) Abweichend von Abs. 1 hat die Dienstnehmerin Anspruch auf Karenz bis zur Vollendung des 24. Lebensmonats des Kindes, wenn sie im Zeitpunkt der Meldung alleinerziehend ist. Dies ist der Fall, wenn

1. kein anderer Elternteil vorhanden ist oder
2. der andere Elternteil nicht im gemeinsamen Haushalt lebt.

Die Dienstnehmerin hat das Vorliegen dieser Voraussetzung schriftlich zu bestätigen.

(1b) Eine gleichzeitige Inanspruchnahme von Karenz durch beide Elternteile ist ausgenommen im Falle des § 15a Abs. 2 nicht zulässig.

(2) Die Karenz muss mindestens zwei Monate betragen.

(3) Die Dienstnehmerin hat Beginn und Dauer der Karenz dem Dienstgeber bis zum Ende der Frist des § 5 Abs. 1 bekannt zu geben. Die Dienstnehmerin kann ihrem Dienstgeber spätestens drei Monate, dauert die Karenz jedoch weniger als drei Monate, spätestens zwei Monate vor dem Ende ihrer Karenz bekannt geben, dass sie die Karenz verlängert und bis wann. Hat der andere Elternteil keinen Anspruch auf Karenz, kann die Dienstnehmerin Karenz auch zu einem späteren Zeitpunkt in Anspruch nehmen. In diesem Fall hat sie ihrem Dienstgeber Beginn und Dauer der Karenz spätestens drei Monate vor dem Antritt der Karenz bekannt zu geben. Unbeschadet des Ablaufs dieser Fristen kann Karenz nach Abs. 1 vereinbart werden.

(3a) Hat der andere Elternteil keinen Anspruch auf Karenz und meldet die Dienstnehmerin den Karenzantritt frühestens nach Ablauf von zwei Monaten ab Ende der Frist gem. § 5 Abs. 1, verlängert sich der Karenzanspruch bis zum Ablauf des 24. Lebensmonats des Kindes.

(4) Wird Karenz nach Abs. 1 und 3 in Anspruch genommen, so erstreckt sich der Kündigungs- und Entlassungsschutz nach den §§ 10 und 12 bis zum Ablauf von vier Wochen nach Beendigung der Karenz. Hat der andere Elternteil keinen Anspruch auf Karenz und nimmt die Dienstnehmerin Karenz zu einem späteren Zeitpunkt in Anspruch, so beginnt der Kündigungs- und Entlassungsschutz mit der Bekanntgabe, frühestens jedoch vier Monate vor Antritt der Karenz.

Teilung der Karenz zwischen Mutter und Vater

§ 15a. (1) Die Karenz kann zweimal mit dem Vater geteilt werden. Teilen die Eltern die Karenz, so verlängert sich der Karenzanspruch bis zum Ablauf des 24. Lebensmonats des Kindes. Jeder Teil der Karenz der Dienstnehmerin muss mindestens zwei Monate betragen. Er ist in dem in § 15 Abs. 1 festgelegten Zeitpunkt oder im unmittelbaren Anschluss an eine Karenz des Vaters anzutreten.

(2) Aus Anlass des erstmaligen Wechsels der Betreuungsperson kann die Mutter gleichzeitig mit dem Vater Karenz in der Dauer von einem Monat in Anspruch nehmen, wobei die Karenz ein Monat vor dem in Abs. 1 bzw. § 15b Abs. 1 letzter Satz genannten Zeitpunkt endet bzw. zu enden hat.

(3) Nimmt die Dienstnehmerin ihre Karenz im Anschluss an eine Karenz des Vaters, hat sie spätestens drei Monate vor Ende der Karenz des Vaters ihrem Dienstgeber Beginn und Dauer der Karenz bekannt zu geben. Beträgt die Karenz des Vaters im Anschluss an das Beschäftigungsverbot gemäß § 5 Abs. 1 jedoch weniger als drei Monate, so hat die Dienstnehmerin Beginn und Dauer ihrer Karenz spätestens zum Ende der Frist gemäß § 5 Abs. 1 zu melden. Unbeschadet des Ablaufs dieser Fristen kann Karenz nach Abs. 1 vereinbart werden.

(4) Der Kündigungs- und Entlassungsschutz gemäß den §§ 10 und 12 beginnt im Falle des Abs. 3 mit der Bekanntgabe, frühestens jedoch vier Monate vor Antritt des Karenzteiles.

(5) Der Kündigungs- und Entlassungsschutz gemäß den §§ 10 und 12 endet vier Wochen nach dem Ende ihres jeweiligen Karenzteiles.

Aufgeschobene Karenz

§ 15b. (1) Die Dienstnehmerin kann mit dem Dienstgeber vereinbaren, dass sie drei Monate ihrer Karenz aufschiebt und bis zum Ablauf des siebenten Lebensjahres des Kindes verbraucht, sofern im Folgenden nicht anderes bestimmt ist. Dabei sind die Erfordernisse des Betriebes und des Anlasses der Inanspruchnahme zu berücksichtigen. Aufgeschobene Karenz kann jedoch nur dann genommen werden, wenn die Karenz

1. nach § 15 Abs. 1 spätestens mit Ablauf des 19. Lebensmonats des Kindes,
2. nach § 15 Abs. 1a und 3a sowie § 15a spätestens mit Ablauf des 21. Lebensmonats des Kindes, oder
3. sofern auch der Vater aufgeschobene Karenz in Anspruch nimmt, spätestens mit Ablauf des 18. Lebensmonates des Kindes

geendet hat.

(2) Ist die noch nicht verbrauchte aufgeschobene Karenz länger als der Zeitraum zwischen dem Schuleintritt und dem Ablauf des siebenten Lebensjahres des Kindes oder erfolgt der Schuleintritt erst nach Ablauf des siebenten Lebensjahres des Kindes, kann aus Anlass des Schuleintritts der Verbrauch der aufgeschobenen Karenz vereinbart werden. Die Geburt eines weiteren Kindes hindert nicht die Vereinbarung über den Verbrauch der aufgeschobenen Karenz.

(3) Die Absicht, aufgeschobene Karenz in Anspruch zu nehmen, ist dem Dienstgeber zu den in §§ 15 Abs. 3 oder 15a Abs. 3 genannten Zeitpunkten bekannt zu geben. Kommt innerhalb von zwei Wochen ab Bekanntgabe keine Einigung zustande, so hat der Dienstgeber die Ablehnung schriftlich zu begründen und kann der Dienstgeber binnen weiterer zwei Wochen wegen der Inanspruchnahme der aufgeschobenen Karenz Klage beim zuständigen Gericht einbringen, widrigenfalls die Zustimmung als erteilt gilt. Die Dienstnehmerin kann bei Nichteinigung oder im Fall der Klage bekannt geben, dass sie anstelle der aufgeschobenen Karenz eine Karenz längstens bis zu den in § 15 Abs. 1, 1a und 3a und § 15a Abs. 1 genannten Zeitpunkten in Anspruch nimmt. Gleiches gilt, wenn der Klage des Dienstgebers stattgegeben wird.

(4) Der Beginn des aufgeschobenen Teiles der Karenz ist dem Dienstgeber spätestens drei Monate vor dem gewünschten Zeitpunkt bekannt zu geben. Kommt innerhalb von zwei Wochen ab Bekanntgabe keine Einigung zustande, so hat der Dienstgeber die Ablehnung schriftlich zu begründen. Die Dienstnehmerin kann die aufgeschobene Karenz zum gewünschten Zeitpunkt antreten, es sei denn, der Dienstgeber hat binnen weiterer zwei Wochen wegen des Zeitpunktes des Antritts der aufgeschobenen Karenz die Klage beim zuständigen Gericht eingebracht.

(5) In Rechtsstreitigkeiten nach Abs. 3 und 4 steht keiner Partei ein Kostenersatzanspruch an die andere zu, ist gegen ein Urteil des Gerichtes erster Instanz eine Berufung nicht zulässig und sind – unabhängig vom Wert des Streitgegenstandes – Beschlüsse des Gerichtes erster Instanz nur aus den Gründen des § 517 ZPO sowie wegen Nichtzulassung einer Klagsänderung anfechtbar.

(6) Wird die aufgeschobene Karenz im Rahmen eines anderen Dienstverhältnisses als jenem, das zur Zeit der Geburt des Kindes bestanden hat, in Anspruch genommen, bedarf es vor Antritt der aufgeschobenen Karenz jedenfalls einer Vereinbarung mit dem neuen Dienstgeber.

(7) Eine Kündigung wegen einer beabsichtigten oder tatsächlich in Anspruch genommenen aufgeschobenen Karenz kann bei Gericht angefochten werden. § 105 Abs. 5 ArbVG gilt sinngemäß. Der Dienstgeber hat auf ein schriftliches Verlangen der Dienstnehmerin eine schriftliche Begründung der Kündigung auszustellen. Die Dienstnehmerin muss die schriftliche Begründung bei sonstigem Ausschluss des Rechts auf Ausstellung binnen fünf Kalendertagen ab dem Zugang der Kündigung verlangen. Der Dienstgeber muss die schriftliche Begründung binnen fünf Kalendertagen ab dem Zugang des Verlangens ausstellen. Der Umstand, dass eine schriftliche Begründung nicht übermittelt wurde, ist für die Rechtswirksamkeit der Beendigung ohne Belang.

Karenz der Adoptiv- oder Pflegemutter

§ 15c. (1) Eine Dienstnehmerin, die ein Kind, welches das zweite Lebensjahr noch nicht vollendet hat,

1. an Kindes Statt angenommen hat (Adoptivmutter) oder
2. ein Kind in unentgeltliche Pflege genommen hat (Pflegemutter)

und die mit dem Kind im selben Haushalt lebt, hat Anspruch auf Karenz.

(2) Die §§ 15 bis 15b sind mit folgenden Abweichungen anzuwenden:

1. Die Karenz nach den §§ 15 und 15a beginnt mit dem Tag der Annahme an Kindes Statt oder der Übernahme in unentgeltliche Pflege oder im Anschluss an eine Karenz des anderen Elternteils, Adoptiv- oder Pflegeelternteils, im Falle des § 15 Abs. 3 dritter Satz auch zu einem späteren Zeitpunkt;
2. nimmt die Dienstnehmerin ihre Karenz nach den §§ 15 und 15a unmittelbar ab dem Tag der Annahme an Kindes Statt oder der Übernahme in unentgeltliche Pflege in Anspruch, hat sie Beginn und Dauer der Karenz dem Dienstgeber unverzüglich bekannt zu geben;
3. nimmt eine Dienstnehmerin ein Kind nach Ablauf des 18. Lebensmonates, jedoch vor Vollendung des zweiten Lebensjahres an Kindes Statt an oder in unentgeltliche Pflege, kann sie Karenz bis zu sechs Monaten auch über das zweite Lebensjahr hinaus in Anspruch nehmen;
4. an die Stelle des Begriffes „Vater" in der jeweils verwendeten grammatikalischen Form tritt der Begriff „anderer Elternteil" in der jeweils richtigen grammatikalischen Form.

(3) Nimmt die Dienstnehmerin ein Kind nach Ablauf des zweiten Lebensjahres, jedoch vor Ablauf des siebenten Lebensjahres des Kindes an Kindes Statt an oder in unentgeltliche Pflege, hat die Dienstnehmerin Anspruch auf Karenz in der Dauer von sechs Monaten. Die Karenz beginnt mit dem Tag der Annahme an Kindes Statt oder der Übernahme in unentgeltliche Pflege oder im Anschluss an eine Karenz des anderen Elternteils, Adoptiv- oder Pflegeelternteils, im Falle des § 15 Abs. 3 dritter Satz auch zu einem späteren Zeitpunkt.

(4) Die §§ 10, 11, 12 Abs. 1, 2 und 4, 13 und 16 sind auf Karenz nach Abs. 1 und 3 mit der Maßgabe anzuwenden, dass anstelle der Bekanntgabe der Schwangerschaft (§ 10 Abs. 2) die Mitteilung von der Annahme an Kindes Statt oder von der Übernahme in Pflege tritt; in beiden Fällen muss mit der Mitteilung das Verlangen auf Gewährung einer Karenz verbunden sein.

Karenz bei Verhinderung des anderen Elternteils

§ 15d. (1) Ist der andere Elternteil, Adoptiv- oder Pflegeelternteil durch ein unvorhersehbares und unabwendbares Ereignis für eine nicht bloß verhältnismäßig kurze Zeit verhindert, das Kind selbst zu betreuen, so ist der Dienstnehmerin auf ihr Verlangen für die Dauer der Verhinderung, längstens jedoch bis zum Ablauf des zweiten Lebensjahres des Kindes eine Karenz zu gewähren. Dasselbe gilt bei Verhinderung eines anderen Elternteils, Adoptiv- oder Pflegeelternteils, der zulässigerweise nach Ablauf des zweiten Lebensjahres des Kindes Karenz in Anspruch nimmt.

(2) Ein unvorhersehbares und unabwendbares Ereignis liegt nur vor bei:
1. Tod,
2. Aufenthalt in einer Heil- und Pflegeanstalt,
3. Verbüßung einer Freiheitsstrafe sowie bei einer anderweitigen auf behördlicher Anordnung beruhenden Anhaltung,
4. schwerer Erkrankung,
5. Wegfall des gemeinsamen Haushaltes des anderen Elternteils, Adoptiv- oder Pflegeelternteils mit dem Kind oder der Betreuung des Kindes.

(3) Die Dienstnehmerin hat Beginn und voraussichtliche Dauer der Karenz unverzüglich bekannt zu geben und die anspruchsbegründenden Umstände nachzuweisen.

(4) Der Anspruch auf Karenz steht auch dann zu, wenn die Dienstnehmerin bereits Karenz verbraucht, eine vereinbarte Teilzeitbeschäftigung angetreten oder beendet oder für einen späteren Zeitpunkt Karenz oder Teilzeitbeschäftigung angemeldet hat.

(5) Besteht Kündigungs- und Entlassungsschutz gemäß den §§ 10 und 12 nicht bereits auf Grund anderer Bestimmungen dieses Bundesgesetzes, so beginnt der Kündigungs- und Entlassungsschutz bei Inanspruchnahme einer Karenz oder einer Teilzeitbeschäftigung wegen Verhinderung des anderen Elternteils, Adoptiv- oder Pflegeelternteils mit der Meldung und endet vier Wochen nach Beendigung der Karenz oder der Teilzeitbeschäftigung.

Beschäftigung während der Karenz

§ 15e. (1) Die Dienstnehmerin kann neben ihrem karenzierten Dienstverhältnis eine geringfügige Beschäftigung ausüben, bei der das gebührende Entgelt im Kalendermonat den im § 5 Abs. 2 Z 2 des Allgemeinen Sozialversicherungsgesetzes genannten Betrag nicht übersteigt. Eine Verletzung der Arbeitspflicht bei solchen Beschäftigungen hat keine Auswirkungen auf das karenzierte Dienstverhältnis. Der Zeitpunkt der Arbeitsleistung im Rahmen solcher Beschäftigungen ist zwischen Dienstnehmerin und Dienstgeber vor jedem Arbeitseinsatz zu vereinbaren.

(2) Weiters kann die Dienstnehmerin neben ihrem karenzierten Dienstverhältnis mit ihrem Dienstgeber für höchstens 13 Wochen im Kalenderjahr eine Beschäftigung über die Geringfügigkeitsgrenze hinaus vereinbaren. Wird Karenz nicht während des gesamten Kalenderjahres in Anspruch genommen, kann eine solche Beschäftigung nur im aliquoten Ausmaß vereinbart werden.

(3) Mit Zustimmung des Dienstgebers kann eine Beschäftigung im Sinne des Abs. 2 auch mit einem anderen Dienstgeber vereinbart werden.

Sonstige gemeinsame Vorschriften zur Karenz

§ 15f. (1) Die Dienstnehmerin behält den Anspruch auf sonstige, insbesondere einmalige Bezüge im Sinne des § 67 Abs. 1 des Einkommensteuergesetzes 1988 in den Kalenderjahren, in die Zeiten einer Karenz fallen, in dem Ausmaß, das dem Teil des Kalenderjahres entspricht, in den keine derartigen Zeiten fallen. Für die Dienstnehmerin günstigere Regelungen werden dadurch nicht berührt. Zeiten der Karenz werden bei Rechtsansprüchen, die sich nach der Dauer der Dienstzeit richten, für jedes Kind in vollem in Anspruch genommenen Umfang bis zur maximalen Dauer gemäß den § 15 Abs. 1, 1a und 3a, § 15a Abs. 1 und § 15c Abs. 2 Z 3 und Abs. 3 angerechnet.

(1a) Der Ablauf von laufenden gesetzlichen, kollektivvertraglichen und vertraglichen Verjährungs- und Verfallfristen betreffend Ansprüche aus dem Dienstverhältnis, die die Dienstnehmerin zu Beginn einer Karenz bereits erworben hat, bleibt bis zum Ablauf von zwei Wochen nach Ende der Karenz gehemmt.

(2) Fallen in das jeweilige Dienstjahr Zeiten einer Karenz, so gebührt ein Urlaub, soweit dieser noch nicht verbraucht worden ist, in dem Ausmaß, das dem um die Dauer der Karenz verkürzten Dienstjahr entspricht. Ergeben sich bei der Berechnung des Urlaubsausmaßes Teile von Werktagen, so sind diese auf ganze Werktage aufzurunden.

(3) Der Dienstgeber hat der Dienstnehmerin auf Verlangen eine von der Dienstnehmerin mit zu unterfertigende Bestätigung auszustellen,

1. dass sie keine Karenz in Anspruch nimmt, oder

2. über Beginn und Dauer der Karenz.

(4) Die Karenz endet vorzeitig, wenn der gemeinsame Haushalt mit dem Kind aufgehoben wird und der Dienstgeber den vorzeitigen Antritt des Dienstes begehrt.

(4a) Ein vorzeitiges Ende der Karenz kann nicht vereinbart werden, wenn der Dienstnehmerin bereits ein Freistellungszeugnis nach § 3 Abs. 3 ausgestellt wurde und sie nach dem Ende der Karenz bei Vorlage des Zeugnisses nicht beschäftigt werden dürfte. Die Dienstnehmerin hat in der Vereinbarung schriftlich zu bestätigen, dass ihr kein Freistellungszeugnis nach § 3 Abs. 3 ausgestellt wurde.

(5) Die Dienstnehmerin hat ihrem Dienstgeber den Wegfall des gemeinsamen Haushaltes mit dem Kind unverzüglich bekannt zu geben und über Verlangen des Dienstgebers ihren Dienst wieder anzutreten.

Recht auf Information

§ 15g. Während einer Karenz hat der Dienstgeber die Dienstnehmerin über wichtige Betriebsgeschehnisse, die die Interessen der karenzierten Dienstnehmerin berühren, insbesondere Insolvenzverfahren, betriebliche Umstrukturierungen und Weiterbildungsmaßnahmen zu informieren.

Abschnitt 6

Teilzeitbeschäftigung und Änderung der Lage der Arbeitszeit

Anspruch auf Teilzeitbeschäftigung

§ 15h. (1) Die Dienstnehmerin hat im Zeitraum bis zum Ablauf des achten Lebensjahres des Kindes einen Anspruch auf Teilzeitbeschäftigung im Ausmaß von höchstens sieben Jahren. Von diesem Höchstausmaß sind die tatsächliche Dauer des Beschäftigungsverbotes nach § 5 Abs. 1 sowie die Dauer der von beiden Elternteilen für dasselbe Kind in Anspruch genommenen Elternkarenz abzuziehen. Zu diesem Höchstausmaß ist der Zeitraum zwischen der Vollendung des siebten Lebensjahres und dem späteren Schuleintritt des Kindes hinzuzurechnen. Der Anspruch besteht nur dann, wenn

1. das Dienstverhältnis zum Zeitpunkt des Antritts der Teilzeitbeschäftigung ununterbrochen drei Jahre gedauert hat,

2. die Dienstnehmerin zu diesem Zeitpunkt in einem Betrieb (§ 34 Arbeitsverfassungsgesetz – ArbVG, BGBl. Nr. 22/1974) mit mehr als 20 Dienstnehmern und Dienstnehmerinnen beschäftigt ist und

3. die wöchentliche Normalarbeitszeit um mindestens 20 vH reduziert wird und zwölf Stunden nicht unterschreitet (Bandbreite).

Beginn, Dauer, Ausmaß und Lage der Teilzeitbeschäftigung sind mit dem Dienstgeber zu vereinbaren, wobei die betrieblichen Interessen und die Interessen der Dienstnehmerin zu berücksichtigen sind. Dienstnehmerinnen haben während eines Lehrverhältnisses keinen Anspruch auf Teilzeitbeschäftigung.

(2) Alle Zeiten, die die Dienstnehmerin in unmittelbar vorausgegangenen Dienstverhältnissen zum selben Dienstgeber zurückgelegt hat, sind bei der Berechnung der Mindestdauer des Dienstverhältnisses nach Abs. 1 Z 1 zu berücksichtigen. Ebenso zählen Zeiten von unterbrochenen Dienstverhältnissen, die auf Grund von Wiedereinstellungszusagen oder Wiedereinstellungsvereinbarungen beim selben Dienstgeber fortgesetzt werden, für die Mindestdauer des Dienstverhältnisses. Zeiten einer Karenz nach diesem Bundesgesetz werden abweichend von § 15f Abs. 1 dritter Satz auf die Mindestdauer des Dienstverhältnisses angerechnet.

(3) Für die Ermittlung der Dienstnehmerzahl nach Abs. 1 Z 2 ist maßgeblich, wie viele Dienstnehmer und Dienstnehmerinnen regelmäßig im Betrieb beschäftigt werden. In Betrieben mit saisonal schwankender Dienstnehmerzahl gilt das Erfordernis der Mindestanzahl der Dienstnehmer und Dienstnehmerinnen als erfüllt, wenn die Dienstnehmerzahl im Jahr vor dem Antritt der Teilzeitbeschäftigung durchschnittlich mehr als 20 Dienstnehmer und Dienstnehmerinnen betragen hat.

(4) In Betrieben mit bis zu 20 Dienstnehmern und Dienstnehmerinnen kann in einer Betriebsvereinbarung im Sinne des § 97 Abs. 1 Z 25 ArbVG insbesondere festgelegt werden, dass die Dienstnehmerinnen einen Anspruch auf Teilzeitbeschäftigung nach Abs. 1 haben. Auf diese Teilzeitbeschäftigung sind sämtliche Bestimmungen anzuwenden, die für eine Teilzeitbeschäftigung nach Abs. 1 gelten. Die Kündigung einer solchen Betriebsvereinbarung ist nur hinsichtlich der Dienstverhältnisse jener Dienstnehmerinnen wirksam, die zum Kündigungstermin keine Teilzeitbeschäftigung nach der Betriebsvereinbarung schriftlich bekannt gegeben oder angetreten haben.

Vereinbarte Teilzeitbeschäftigung

§ 15i. Die Dienstnehmerin, die keinen Anspruch auf Teilzeitbeschäftigung nach § 15h Abs. 1 oder 4 oder diesen Anspruch bereits ausgeschöpft hat, kann mit dem Dienstgeber im Zeitraum bis zum Ablauf des achten Lebensjahres des Kindes eine Teilzeitbeschäftigung einschließlich Beginn, Dauer, Ausmaß und Lage vereinbaren, bei der die wöchentliche Normalarbeitszeit um mindestens 20 vH reduziert wird und zwölf Stunden nicht unterschreitet (Bandbreite).

Gemeinsame Bestimmungen zur Teilzeitbeschäftigung

§ 15j. (1) Voraussetzung für die Inanspruchnahme einer Teilzeitbeschäftigung nach den §§ 15h und 15i ist, dass die Dienstnehmerin mit dem Kind im gemeinsamen Haushalt lebt oder eine Obsorge nach den §§ 177 Abs. 4 oder 179 des Allgemeinen bürgerlichen Gesetzbuchs, JGS Nr. 946/1811, gegeben ist und sich der Vater nicht gleichzeitig in Karenz befindet.

(2) Die Dienstnehmerin kann die Teilzeitbeschäftigung für jedes Kind nur einmal in Anspruch nehmen. Dieses Recht wird durch das Zurückziehen eines Teilzeitantrages nach § 15h Abs. 1 oder § 15i nicht verwirkt. Die Teilzeitbeschäftigung muss mindestens zwei Monate dauern.

(3) Die Teilzeitbeschäftigung kann frühestens im Anschluss an die Frist gemäß § 5 Abs. 1 und 2, einen daran anschließenden Gebührenurlaub oder eine Dienstverhinderung wegen Krankheit (Unglücksfall) angetreten werden. In diesem Fall hat die Dienstnehmerin dies dem Dienstgeber einschließlich Dauer, Ausmaß und Lage der Teilzeitbeschäftigung schriftlich bis zum Ende der Frist nach § 5 Abs. 1 bekannt zu geben.

(4) Beabsichtigt die Dienstnehmerin die Teilzeitbeschäftigung zu einem späteren Zeitpunkt anzutreten, hat sie dies dem Dienstgeber einschließlich Beginn, Dauer, Ausmaß und Lage der Teilzeitbeschäftigung schriftlich spätestens drei Monate vor dem beabsichtigten Beginn bekannt zu geben. Beträgt jedoch der Zeitraum zwischen dem Ende der Frist gemäß § 5 Abs. 1 und dem Beginn der beabsichtigten Teilzeitbeschäftigung weniger als drei Monate, so hat die Dienstnehmerin die Teilzeitbeschäftigung schriftlich bis zum Ende der Frist nach § 5 Abs. 1 bekannt zu geben.

(5) Die Dienstnehmerin kann sowohl eine Änderung der Teilzeitbeschäftigung (Verlängerung, Änderung des Ausmaßes oder der Lage) innerhalb der Bandbreite nach § 15h Abs. 1 Z 3 oder § 15i als auch eine vorzeitige Beendigung jeweils nur einmal verlangen. Sie hat dies dem Dienstgeber schriftlich spätestens drei Monate, dauert die Teilzeitbeschäftigung jedoch weniger als drei Monate, spätestens zwei Monate vor der beabsichtigten Änderung oder Beendigung bekannt zu geben.

(6) Der Dienstgeber kann sowohl eine Änderung der Teilzeitbeschäftigung (Änderung des Ausmaßes oder der Lage) innerhalb der Bandbreite nach § 15h Abs. 1 Z 3 oder § 15i als auch eine vorzeitige Beendigung jeweils nur einmal verlangen. Er hat dies der Dienstnehmerin schriftlich spätestens drei Monate, dauert die Teilzeitbeschäftigung jedoch weniger als drei Monate, spätestens zwei

Monate vor der beabsichtigten Änderung oder Beendigung bekannt zu geben.

(7) Fallen in ein Kalenderjahr auch Zeiten einer Teilzeitbeschäftigung, gebühren der Dienstnehmerin sonstige, insbesondere einmalige Bezüge im Sinne des § 67 Abs. 1 EStG 1988 in dem der Vollzeit- und Teilzeitbeschäftigung entsprechenden Ausmaß im Kalenderjahr.

(8) Der Dienstgeber ist verpflichtet, der Dienstnehmerin auf deren Verlangen eine Bestätigung über Beginn und Dauer der Teilzeitbeschäftigung oder die Nichtinanspruchnahme der Teilzeitbeschäftigung auszustellen. Die Dienstnehmerin hat diese Bestätigung mit zu unterfertigen.

(9) Die Teilzeitbeschäftigung der Dienstnehmerin endet vorzeitig mit der Inanspruchnahme einer Karenz oder Teilzeitbeschäftigung nach diesem Bundesgesetz für ein weiteres Kind.

(10) Kommt es zu einer Vereinbarung über ein Teilzeitmodell außerhalb der Bandbreite, liegt dennoch eine Teilzeitbeschäftigung im Sinne des § 15h oder § 15i vor.

Verfahren beim Anspruch auf Teilzeitbeschäftigung

§ 15k. (1) In Betrieben, in denen ein für die Dienstnehmerin zuständiger Betriebsrat errichtet ist, ist dieser auf Verlangen der Dienstnehmerin den Verhandlungen über Beginn, Dauer, Ausmaß oder Lage der Teilzeitbeschäftigung nach § 15h Abs. 1 beizuziehen. Kommt binnen zwei Wochen ab Bekanntgabe keine Einigung zu Stande, können im Einvernehmen zwischen Dienstnehmerin und Dienstgeber Vertreter der gesetzlichen Interessenvertretungen der Dienstnehmer und der Dienstgeber den Verhandlungen beigezogen werden. Der Dienstgeber hat das Ergebnis der Verhandlungen schriftlich aufzuzeichnen. Diese Ausfertigung ist sowohl vom Dienstgeber als auch von der Dienstnehmerin zu unterzeichnen; eine Ablichtung ist der Dienstnehmerin auszuhändigen.

(2) Kommt binnen vier Wochen ab Bekanntgabe keine Einigung über Beginn, Dauer, Ausmaß oder Lage der Teilzeitbeschäftigung zu Stande, kann die Dienstnehmerin die Teilzeitbeschäftigung zu den von ihr bekannt gegebenen Bedingungen antreten, sofern der Dienstgeber nicht binnen weiterer zwei Wochen beim zuständigen Arbeits- und Sozialgericht einen Antrag nach § 433 Abs. 1 ZPO zur gütlichen Einigung gegebenenfalls im Rahmen eines Gerichtstages stellt. Dem Antrag ist das Ergebnis der Verhandlungen nach Abs. 1 anzuschließen.

(3) Kommt binnen vier Wochen ab Einlangen des Antrags beim Arbeits- und Sozialgericht keine gütliche Einigung zu Stande, hat der Dienstgeber binnen einer weiteren Woche die Dienstnehmerin auf Einwilligung in die von ihm vorgeschlagenen Bedingungen der Teilzeitbeschäftigung beim zuständigen Arbeits- und Sozialgericht

zu klagen, andernfalls kann die Dienstnehmerin die Teilzeitbeschäftigung zu den von ihr bekannt gegebenen Bedingungen antreten. Findet der Vergleichsversuch erst nach Ablauf von vier Wochen statt, beginnt die Frist für die Klagseinbringung mit dem auf den Vergleichsversuch folgenden Tag. Das Arbeits- und Sozialgericht hat der Klage des Dienstgebers dann stattzugeben, wenn die betrieblichen Erfordernisse die Interessen der Dienstnehmerin überwiegen. Gibt das Arbeits- und Sozialgericht der Klage des Dienstgebers nicht statt, wird die von der Dienstnehmerin beabsichtigte Teilzeitbeschäftigung mit der Rechtskraft des Urteils wirksam.

(4) Beabsichtigt die Dienstnehmerin eine Änderung oder vorzeitige Beendigung der Teilzeitbeschäftigung, ist Abs. 1 anzuwenden. Kommt binnen vier Wochen ab Bekanntgabe keine Einigung zu Stande, kann der Dienstgeber binnen einer weiteren Woche dagegen Klage beim zuständigen Arbeits- und Sozialgericht erheben. Bringt der Dienstgeber keine Klage ein, wird die von der Dienstnehmerin bekannt gegebene Änderung oder vorzeitige Beendigung der Teilzeitbeschäftigung wirksam. Das Arbeits- und Sozialgericht hat der Klage dann stattzugeben, wenn die betrieblichen Erfordernisse gegenüber den Interessen der Dienstnehmerin im Hinblick auf die beabsichtigte Änderung oder vorzeitige Beendigung überwiegen.

(5) Beabsichtigt der Dienstgeber eine Änderung der Teilzeitbeschäftigung oder eine vorzeitige Beendigung, ist Abs. 1 anzuwenden. Kommt binnen vier Wochen ab Bekanntgabe keine Einigung zu Stande, kann der Dienstgeber binnen einer weiteren Woche Klage auf die Änderung oder vorzeitige Beendigung beim Arbeits- und Sozialgericht erheben, andernfalls die Teilzeitbeschäftigung unverändert bleibt. Das Arbeits- und Sozialgericht hat der Klage dann stattzugeben, wenn die betrieblichen Erfordernisse gegenüber den Interessen der Dienstnehmerin im Hinblick auf die beabsichtigte Änderung oder vorzeitige Beendigung überwiegen.

(6) In Rechtsstreitigkeiten nach Abs. 3 bis 5 steht keiner Partei ein Kostenersatzanspruch an die andere zu. Gegen ein Urteil des Gerichtes erster Instanz ist eine Berufung nicht zulässig und sind – unabhängig vom Wert des Streitgegenstandes – Beschlüsse des Gerichtes erster Instanz nur aus den Gründen des § 517 Abs. 1 Z 1, 4 und 6 ZPO anfechtbar.

Verfahren bei der vereinbarten Teilzeitbeschäftigung

§ 15l. (1) In Betrieben, in denen ein für die Dienstnehmerin zuständiger Betriebsrat errichtet ist, ist dieser auf Verlangen der Dienstnehmerin den Verhandlungen über die Teilzeitbeschäftigung nach § 15i, deren Beginn, Dauer, Lage und Ausmaß beizuziehen. Lehnt der Dienstgeber die begehrte Teilzeitbeschäftigung ab, muss er dies schriftlich begründen.

(2) Kommt binnen zwei Wochen ab Bekanntgabe keine Einigung zu Stande, so kann die Dienstnehmerin den Dienstgeber auf Einwilligung in eine Teilzeitbeschäftigung einschließlich deren Beginn, Dauer, Lage und Ausmaß klagen. Das Arbeits- und Sozialgericht hat die Klage insoweit abzuweisen, als der Dienstgeber aus sachlichen Gründen die Einwilligung in die begehrte Teilzeitbeschäftigung verweigert hat.

(3) Beabsichtigt die Dienstnehmerin eine Änderung oder vorzeitige Beendigung der Teilzeitbeschäftigung, ist Abs. 1 anzuwenden. Kommt binnen zwei Wochen ab Bekanntgabe keine Einigung zu Stande, kann die Dienstnehmerin binnen einer weiteren Woche Klage auf eine Änderung oder vorzeitige Beendigung der Teilzeitbeschäftigung beim zuständigen Arbeits- und Sozialgericht erheben. Das Arbeits- und Sozialgericht hat die Klage dann abzuweisen, wenn die betrieblichen Erfordernisse gegenüber den Interessen der Dienstnehmerin im Hinblick auf die beabsichtigte Änderung oder vorzeitige Beendigung überwiegen.

(4) Beabsichtigt der Dienstgeber eine Änderung der Teilzeitbeschäftigung oder eine vorzeitige Beendigung, ist Abs. 1 anzuwenden. Kommt binnen zwei Wochen ab Bekanntgabe keine Einigung zu Stande, kann der Dienstgeber binnen einer weiteren Woche Klage auf eine Änderung oder vorzeitige Beendigung beim zuständigen Arbeits- und Sozialgericht erheben, andernfalls die Teilzeitbeschäftigung unverändert bleibt. Das Arbeits- und Sozialgericht hat der Klage dann stattzugeben, wenn die betrieblichen Erfordernisse gegenüber den Interessen der Dienstnehmerin im Hinblick auf die beabsichtigte Änderung oder vorzeitige Beendigung überwiegen.

(5) § 15k Abs. 6 ist anzuwenden.

Karenz an Stelle von Teilzeitbeschäftigung

§ 15m. (1) Kommt zwischen der Dienstnehmerin und dem Dienstgeber keine Einigung über eine Teilzeitbeschäftigung nach den §§ 15h und 15i zu Stande, kann die Dienstnehmerin dem Dienstgeber binnen einer Woche bekannt geben, dass sie

1. an Stelle der Teilzeitbeschäftigung oder
2. bis zur Entscheidung des Arbeits- und Sozialgerichtes Karenz, längstens jedoch bis zu den in § 15 Abs. 1, 1a und 3a und § 15a Abs. 1 genannten Zeitpunkten, in Anspruch nimmt.

(2) Gibt das Gericht der Klage des Dienstgebers in einem Rechtsstreit nach § 15k Abs. 3 statt oder der Klage der Dienstnehmerin nach § 15l Abs. 2 nicht statt, kann die Dienstnehmerin binnen einer Woche nach Zugang des Urteils dem Dienstgeber bekannt geben, dass sie Karenz längstens bis zu

den in § 15 Abs. 1, 1a und 3a und § 15a Abs. 1 genannten Zeitpunkten in Anspruch nimmt.

Kündigungs- und Entlassungsschutz bei einer Teilzeitbeschäftigung

§ 15n. (1) Der Kündigungs- und Entlassungsschutz gemäß den §§ 10 und 12 beginnt grundsätzlich mit der Bekanntgabe, frühestens jedoch vier Monate vor dem beabsichtigten Antritt der Teilzeitbeschäftigung. Er dauert bis vier Wochen nach dem Ende der Teilzeitbeschäftigung, längstens jedoch bis vier Wochen nach dem Ablauf des vierten Lebensjahres des Kindes. Die Bestimmungen über den Kündigungs- und Entlassungsschutz gelten auch während eines Verfahrens nach den §§ 15k und 15l.

(2) Dauert die Teilzeitbeschäftigung länger als bis zum Ablauf des vierten Lebensjahres des Kindes oder beginnt sie nach dem Ablauf des vierten Lebensjahres des Kindes, kann eine Kündigung wegen einer beabsichtigten oder tatsächlich in Anspruch genommenen Teilzeitbeschäftigung bei Gericht angefochten werden. § 105 Abs. 5 ArbVG gilt sinngemäß. Der Dienstgeber hat auf ein schriftliches Verlangen der Dienstnehmerin eine schriftliche Begründung der Kündigung auszustellen. Die Dienstnehmerin muss die schriftliche Begründung bei sonstigem Ausschluss des Rechts auf Ausstellung binnen fünf Kalendertagen ab dem Zugang der Kündigung verlangen. Der Dienstgeber muss die schriftliche Begründung binnen fünf Kalendertagen ab dem Zugang des Verlangens ausstellen. Der Umstand, dass eine schriftliche Begründung nicht übermittelt wurde, ist für die Rechtswirksamkeit der Beendigung ohne Belang.

(3) Wird während der Teilzeitbeschäftigung ohne Zustimmung des Dienstgebers eine weitere Erwerbstätigkeit aufgenommen, kann der Dienstgeber binnen acht Wochen ab Kenntnis entgegen Abs. 1 und 2 eine Kündigung wegen dieser Erwerbstätigkeit aussprechen.

Teilzeitbeschäftigung der Adoptiv- oder Pflegemutter

§ 15o. Die §§ 15h bis 15n gelten auch für eine Adoptiv- oder Pflegemutter mit der Maßgabe, dass die Teilzeitbeschäftigung frühestens mit der Annahme oder der Übernahme des Kindes beginnen kann. Beabsichtigt die Dienstnehmerin die Teilzeitbeschäftigung zum frühest möglichen Zeitpunkt, hat sie dies dem Dienstgeber einschließlich Beginn, Dauer, Ausmaß und Lage unverzüglich bekannt zu geben. § 15j Abs. 1 ist weiters mit der Maßgabe anzuwenden, dass an Stelle des Ausdrucks „der Vater" der Ausdruck „der andere Elternteil" tritt.

Änderung der Lage der Arbeitszeit

§ 15p. Die §§ 15h bis 15o sind auch für eine von der Dienstnehmerin beabsichtigte Änderung der Lage der Arbeitszeit mit der Maßgabe anzuwenden, dass das Ausmaß der Arbeitszeit außer Betracht bleibt.

Spätere Geltendmachung der Karenz

§ 15q. (1) Lehnt der Dienstgeber des anderen Elternteils eine Teilzeitbeschäftigung ab und nimmt der andere Elternteil keine Karenz für diese Zeit in Anspruch, so kann die Dienstnehmerin für diese Zeit, längstens bis zu den in § 15 Abs. 1, 1a und 3a und § 15a Abs. 1 genannten Zeitpunkten Karenz in Anspruch nehmen.

(2) Die Dienstnehmerin hat Beginn und Dauer der Karenz unverzüglich nach der Ablehnung der Teilzeitbeschäftigung durch den Dienstgeber des anderen Elternteils bekannt zu geben und die anspruchsbegründenden Umstände nachzuweisen.

Abschnitt 7
Sonstige Bestimmungen
Austritt aus Anlass der Geburt eines Kindes

§ 15r. Die Dienstnehmerin kann

1. nach der Geburt eines lebenden Kindes während der Schutzfrist nach § 5 Abs. 1,
2. nach der Annahme eines Kindes, welches das zweite Lebensjahr noch nicht vollendet hat, an Kindes Statt (§ 15c Abs. 1 Z 1) oder nach Übernahme eines solchen Kindes in unentgeltliche Pflege (§ 15c Abs. 1 Z 2) innerhalb von acht Wochen,
3. bei Inanspruchnahme einer Karenz nach §§ 15, 15a, 15c, 15d oder 15q bis spätestens drei Monate vor Ende der Karenz,
4. bei Inanspruchnahme einer Karenz von weniger als drei Monaten bis spätestens zwei Monate vor dem Ende der Karenz

ihren vorzeitigen Austritt aus dem Dienstverhältnis erklären.

Dienst(Werks)wohnung

§ 16. Vereinbarungen, durch die der Anspruch der Dienstnehmerin auf eine beigestellte Dienst(Werks)wohnung oder sonstige Unterkunft berührt wird, müssen während der Dauer des Kündigungs- und Entlassungsschutzes gemäß §§ 10, 12, 15 Abs. 4, 15a Abs. 4 und 5, 15c Abs. 4, 15d Abs. 5, 15n Abs. 1, um rechtswirksam zu sein, vor Gericht (§ 92 ASGG) nach Rechtsbelehrung der Dienstnehmerin getroffen werden.

Abschnitt 8
Sonderbestimmungen für Bedienstete in bestimmten Zweigen des öffentlichen Dienstes

§ 18. Die Abschnitte 2 bis 7 gelten mit den in den §§ 18a bis 23 enthaltenen Abweichungen für Dienstnehmerinnen, die in einem Dienstverhältnis

1. zum Bund,
2. zu einem Land, einer Gemeinde oder einem Gemeindeverband, sofern die Dienstnehmerin in einem Betrieb tätig ist,

3. gemäß Art. 14 Abs. 2 B-VG,
4. gemäß Art. 14a Abs. 3 B-VG

stehen, weiters für Dienstnehmerinnen in einem Dienstverhältnis zu einer Stiftung, einer Anstalt oder einem Fonds, auf das nach dem Vertragsbedienstetengesetz 1948, BGBl. Nr. 86, dessen § 1 Abs. 2 sinngemäß anzuwenden ist.

§ 18a. (1) §§ 2a Abs. 5, 15k Abs. 1 und 15l Abs. 1 ist für Dienststellen, die nicht unter den II. Teil des Arbeitsverfassungsgesetzes, BGBl. Nr. 22/1974, fallen, mit der Maßgabe anzuwenden, daß an die Stelle des Betriebsrates die Personalvertretung tritt.

(2) § 2b Abs. 1 und Abs. 2 Satz 1 ist für öffentlich-rechtliche Dienstnehmerinnen mit der Maßgabe anzuwenden, daß die Dienstnehmerin an einem ihrer bisherigen dienstrechtlichen Stellung zumindest entsprechenden Arbeitsplatz zu verwenden ist.

§ 19. (1) § 3 Abs. 6 ist mit der Maßgabe anzuwenden, daß die Meldung über die Schwangerschaft einer Dienstnehmerin in Dienststellen des Bundes, auf die das Bundes-Bedienstetenschutzgesetz, BGBl. I Nr. 70/1999, anzuwenden ist, dem Arbeitsinspektorat zu übermitteln ist.

(2) Das Arbeitsinspektorat hat den Dienststellenleiter in den Angelegenheiten der §§ 4, 4a, 5 Abs. 4 und 9 Abs. 3 und 4 Empfehlungen zu erteilen. § 89 des Bundes-Bedienstetenschutzgesetzes ist anzuwenden.

§ 20. (1) § 10 Abs. 3 bis 7 ist nicht anzuwenden.

(2) Während der Dauer des in den §§ 10, 15, 15a, 15c und 15d geregelten Kündigungsschutzes und bis zum Ablauf von vier Monaten nach dem Aufhören dieses Schutzes kann ein Rechtsanspruch auf die Umwandlung eines kündbaren Dienstverhältnisses in ein unkündbares (definitives) Dienstverhältnis nicht erworben werden.

(2a) Abweichend von Abs. 2 kann die Beamtin während der Inanspruchnahme einer Karenz gemäß § 15a durch den anderen Elternteil einen Rechtsanspruch auf Umwandlung eines kündbaren in ein unkündbares (definitives) Dienstverhältnis erwerben.

(2b) Während der Dauer einer aufgeschobenen Karenz kann ein Rechtsanspruch auf Umwandlung eines kündbaren in ein unkündbares (definitives) Dienstverhältnis nicht erworben werden.

(3) Die Definitivstellung nach Ablauf der im Abs. 2 genannten Frist wirkt auf den Zeitpunkt zurück, in dem sie ohne die Aufschiebung im Sinne des Abs. 2 erfolgt wäre.

(4) § 10 Abs. 8 ist mit der Maßgabe anzuwenden, dass Ansprüche auf Grund des Bundes-Gleichbehandlungsgesetzes (B-GlBG), BGBl. Nr. 100/1993, unberührt bleiben.

§ 21. Eine einvernehmliche Auflösung des Dienstverhältnisses während der Dauer des Kündigungsschutzes ist nur dann rechtswirksam, wenn sie schriftlich vereinbart wurde. Bei Minderjährigen muß dieser Vereinbarung eine Bescheinigung eines Gerichtes (§ 92 ASGG), der Personalvertretung oder des Betriebsrates beigeschlossen sein, aus der hervorgeht, daß die Dienstnehmerin über den Kündigungsschutz nach diesem Bundesgesetz belehrt wurde.

§ 22. (1) § 12 ist nicht anzuwenden, wenn die Entlassung der Bediensteten durch das rechtskräftige Erkenntnis einer auf Grund gesetzlicher oder anderer dienstrechtlicher Vorschriften gebildeten Disziplinarkommission (Disziplinargericht) verfügt wird oder das Dienstverhältnis kraft Gesetzes erlischt.

(2) Unbeschadet der im § 12 Abs. 2 angeführten Entlassungsgründe kann das Gericht die Zustimmung zur Entlassung erteilen, wenn sich nachträglich herausstellt, daß die Vertragsbedienstete die Aufnahme in das Dienstverhältnis durch unwahre Angaben, ungültige Urkunden oder durch Verschweigen von Umständen erschlichen hat, die ihre Aufnahme nach den Bestimmungen des Vertragsbedienstetengesetzes oder anderer österreichischer Rechtsvorschriften ausgeschlossen hätten.

§ 22a. Beamtinnen und Vertragsbedienstete, die gemäß § 3 Abs. 3 nicht beschäftigt werden dürfen, haben keinen Anspruch nach § 14 Abs. 2 für Zeiten, während derer ein Anspruch nach § 13d Gehaltsgesetz 1956 (GehG), BGBl Nr. 54 oder § 24b VBG besteht.

§ 23. (1) § 15 Abs. 3 letzter Satz und § 15a Abs. 3 letzter Satz sind mit der Maßgabe anzuwenden, dass Karenz gewährt werden kann, sofern nicht zwingende dienstliche Gründe entgegenstehen.

(2) § 15b ist mit der Maßgabe anzuwenden, dass die Beamtin aufgeschobene Karenz zu dem von ihr gewünschten Zeitpunkt in Anspruch nehmen kann.

(3) § 15b Abs. 3 zweiter bis letzter Satz und Abs. 4 zweiter und dritter Satz ist auf Bundesbeamtinnen, Landeslehrerinnen (§ 1 Abs. 1 LDG 1984), Land- und forstwirtschaftliche Landeslehrerinnen (§ 1 Abs. 1 LLDG 1985), Klassenlehrerinnen, Richteramtsanwärterinnen und Richterinnen nicht anzuwenden.

(4) Lehrerinnen können aufgeschobene Karenz nicht in den letzten vier Monaten des Schuljahres in Anspruch nehmen.

(4a) § 15b Abs. 7 zweiter Satz ist nicht anzuwenden. Ist die Bedienstete der Ansicht wegen der beabsichtigten oder tatsächlich in Anspruch genommenen aufgeschobenen Karenz gekündigt worden zu sein, hat der Dienstgeber die Beweislast dafür zu tragen, dass die Kündigung aus anderen Gründen erfolgt ist. § 15b Abs. 7 dritter bis letzter Satz ist nur dann anzuwenden, wenn dienstrechtliche Vorschriften bei der Kündigung keine schriftliche Begründung vorsehen.

(5) § 15f Abs. 1 letzter Satz ist anzuwenden, soweit dienst- und besoldungsrechtliche Vorschriften nicht anderes bestimmen.

(6) § 15e Abs. 2 ist auf Lehrerinnen, die eine im § 8 Abs. 1 BDG 1979, BGBl. Nr. 333, im § 55 Abs. 4 oder 5 LDG 1984, BGBl. Nr. 302, oder im § 56 LLDG 1985, BGBl. Nr. 296, angeführte Leitungsfunktion ausüben oder mit einer Schulaufsichtsfunktion betraut sind, auf Beamtinnen des Schulaufsichtsdienstes, auf Bedienstete des Schulqualitätsmanagements und auf Bedienstete in der Schulevaluation nicht anzuwenden.

(7) Eine Beschäftigung im Sinne des § 15e Abs. 3 bedarf der Genehmigung durch die Dienstbehörde (Personalstelle). § 56 Abs. 4 BDG 1979 ist anzuwenden.

(8) § 15h Abs. 1 ist auf Bundesbeamtinnen, Landeslehrerinnen (§ 1 Abs. 1 LDG 1984), Land- und forstwirtschaftliche Landeslehrerinnen (§ 1 Abs. 1 LLDG 1985) und Klassenlehrerinnen mit der Maßgabe anzuwenden, dass diese Beamtinnen einen Anspruch auf Teilzeitbeschäftigung in dem im § 15h Abs. 1 erster Satz angeführten Zeitraum und Höchstausmaß haben. Die Bestimmungen des § 15h Abs. 1 betreffend Ausmaß und Lage der Teilzeitbeschäftigung und § 15j Abs. 5 und 6 sind mit folgenden Abweichungen anzuwenden:

1. Eine Teilzeitbeschäftigung ist im Ausmaß einer Herabsetzung
a) bis auf die Hälfte der für eine Vollbeschäftigung vorgesehenen Wochendienstzeit (Lehrverpflichtung bzw. Jahresnorm) oder
b) unter die Hälfte der für eine Vollbeschäftigung vorgesehenen Wochendienstzeit (Lehrverpflichtung bzw. Jahresnorm) für die beantragte Dauer, während der die Mutter Anspruch auf Kinderbetreuungsgeld hat,
zu gewähren.

2. Das Ausmaß der Herabsetzung ist so festzulegen, dass die verbleibende regelmäßige Wochendienstzeit (Lehrverpflichtung bzw. Jahresnorm) ein ganzzahliges Stundenausmaß (bei Lehrerinnen ganze Unterrichtsstunden) umfasst. Die verbleibende regelmäßige Wochendienstzeit (Lehrverpflichtung bzw. Jahresnorm) gemäß Z 1 lit. a
a) darf nicht unter der Hälfte der für eine Vollbeschäftigung erforderlichen regelmäßigen Wochendienstzeit (Lehrverpflichtung bzw. Jahresnorm) und
b) muss unter der für eine Vollbeschäftigung erforderlichen regelmäßigen Wochendienstzeit (Lehrverpflichtung bzw. Jahresnorm)
liegen.

3. Eine Teilzeitbeschäftigung darf von der Dienstbehörde nur dann abgelehnt werden, wenn die Beamtin infolge der Teilzeitbeschäftigung aus wichtigen dienstlichen Gründen weder im Rahmen ihres bisherigen Arbeitsplatzes noch auf einem anderen ihrer dienstrechtlichen Stellung zumindest entsprechenden Arbeitsplatz verwendet werden könnte. Die Ablehnung ist schriftlich zu begründen.

4. Die Bestimmungen über den Kündigungs- und Entlassungsschutz gelten auch während eines Rechtsmittelverfahrens betreffend die Ablehnung der Teilzeitbeschäftigung.

5. Im § 15n Abs. 1 ist die Verweisung auf die §§ 10 und 12 mit den Änderungen anzuwenden, die sich aus den §§ 20 bis 22 ergeben.

6. Bei der stundenmäßigen Festlegung der Zeiträume, in denen die Beamtin Dienst zu versehen hat, ist auf die persönlichen Verhältnisse der Beamtin, insbesondere auf die Gründe, die zur Teilzeitbeschäftigung geführt haben, so weit Rücksicht zu nehmen, als nicht wichtige dienstliche Interessen entgegenstehen.

7. Die Dienstbehörde kann auf Antrag der Beamtin eine Änderung des Ausmaßes oder die vorzeitige Beendigung der Teilzeitbeschäftigung verfügen, wenn keine wichtigen dienstlichen Interessen entgegenstehen.

8. Auf Landeslehrerinnen, die Teilzeitbeschäftigung in Anspruch nehmen, ist § 47 Abs. 3 und 3a LDG 1984 anzuwenden.

(9) Lassen bei den in Abs. 8 angeführten Beamtinnen die besonderen Umstände des Dienstes eine genaue Einhaltung eines ganzzahligen Ausmaßes an Stunden (bei Lehrerinnen an Unterrichtsstunden) nicht zu, so ist es so weit zu überschreiten, als es nötig ist, um seine Unterschreitung zu vermeiden.

(9a) Die Bestimmungen über die Bandbreite bei der Teilzeitbeschäftigung sind auf Vertragslehrpersonen nach dem VBG, Landesvertragslehrpersonen nach dem Landesvertragslehrpersonengesetz 1966 – LVG, BGBl. Nr. 172/1966, und dem Land- und forstwirtschaftlichen Landesvertragslehrpersonengesetz – LLVG, BGBl. Nr. 244/1969, mit der Maßgabe anzuwenden, dass die für eine Vollbeschäftigung vorgesehene Lehrverpflichtung bzw. Jahresnorm um mindestens 20 vH reduziert wird und 30 vH nicht unterschreitet.

(10) Eine im Abs. 8 angeführte Beamtin kann über die für sie maßgebende Wochendienstzeit hinaus zur Dienstleistung nur herangezogen werden, wenn die Dienstleistung zur Vermeidung eines Schadens unverzüglich notwendig ist und ein Bediensteter, dessen Wochendienstzeit (Lehrverpflichtung bzw. Jahresnorm) nicht herabgesetzt ist, nicht zur Verfügung steht. Die Zeit einer solchen zusätzlichen Dienstleistung ist entweder durch Freizeit auszugleichen oder nach den besoldungsrechtlichen Vorschriften abzugelten. Bei Lehrerinnen ist ein solcher Freizeitausgleich unzulässig. Der erste Satz ist auf Lehrerinnen nicht anzuwenden, deren Lehrverpflichtung um höchstens 25% herabgesetzt ist.

(10a) Abs. 10 ist auf Vertragsbedienstete und auf Landesvertragslehrpersonen nach dem

Landesvertragslehrpersonengesetz 1966 (LVG), BGBl. Nr. 172 und dem Land- und forstwirtschaftlichen Landesvertragslehrpersonengesetz (LLVG), BGBl. Nr. 244/1969 sinngemäß anzuwenden.

(11) § 15h Abs. 1 ist auf Richteramtsanwärterinnen und Richterinnen mit der Maßgabe anzuwenden, dass sie Anspruch auf Teilzeitbeschäftigung in dem im § 15h Abs. 1 erster bis dritter Satz angeführten Zeitraum und Höchstausmaß haben. Die Bestimmungen des § 15h Abs. 1 betreffend Ausmaß der Teilzeitbeschäftigung und des § 15j Abs. 5 und 6 sind auf Richteramtsanwärterinnen und Richterinnen mit folgenden Abweichungen anzuwenden:

1. An die Stelle der Teilzeitbeschäftigung tritt die Teilauslastung. Unter Teilauslastung ist eine Ermäßigung des regelmäßigen Dienstes bis auf die Hälfte zu verstehen.
2. Für die vorzeitige Beendigung einer Teilauslastung gilt § 76c RStDG.

(12) Auf die übrigen von den Abs. 8 und 11 nicht erfassten Bediensteten sind die §§ 15h, 15i und 15j Abs. 10 mit der Maßgabe anzuwenden, dass

1. eine Teilzeitbeschäftigung jedenfalls nicht zulässig ist, wenn die Bedienstete infolge der Teilzeitbeschäftigung aus wichtigen dienstlichen Gründen weder im Rahmen ihres bisherigen Arbeitsplatzes noch auf einem anderen ihrer dienstrechtlichen Stellung zumindest entsprechenden Arbeitsplatz verwendet werden könnte, wobei die Ablehnung schriftlich zu begründen ist, und
2. im § 15n Abs. 1 die Verweisung auf die §§ 10 und 12 mit den Änderungen anzuwenden ist, die sich aus den §§ 20 bis 22 ergeben.

(13) § 15f Abs. 4 ist nicht anzuwenden. Wird der gemeinsame Haushalt der Mutter mit dem Kind aufgehoben, so endet die Karenz nach diesem Bundesgesetz. Die Bedienstete gilt ab diesem Zeitpunkt bis zum Ende der ursprünglich nach diesem Bundesgesetz gewährten Karenz als gegen Entfall der Bezüge im Sinne der dienstrechtlichen Vorschriften beurlaubt. Wenn es der Dienstgeber jedoch begehrt, hat die Bedienstete vorzeitig den Dienst anzutreten.

(14) § 15e Abs. 2 ist auf Richterinnen nicht anzuwenden.

(15) § 15r ist nicht anzuwenden auf

1. öffentlich-rechtliche Dienstnehmerinnen und
2. Vertragsbedienstete,
   deren Dienstverhältnis vor dem 1. Jänner 2003 begonnen hat, soweit nicht durch Verordnung gemäß § 46 Abs. 1 letzter Satz des Betrieblichen Mitarbeiter- und Selbständigenvorsorgegesetzes (BMSVG), BGBl. I Nr. 100/2002, etwas anderes angeordnet wird.

(16) §§ 15i, 15j Abs. 10, 15k und 15p sind auf öffentlich-rechtliche Dienstnehmerinnen nicht anzuwenden.

(17) § 15m ist auf Beamtinnen mit der Maßgabe anzuwenden, dass bei Ablehnung der Teilzeitbeschäftigung durch die Dienstbehörde gemäß Abs. 8 Z 3 die Dienstnehmerin an Stelle der Teilzeitbeschäftigung oder bis zur rechtskräftigen Bescheiderlassung Karenz beanspruchen kann. Wurde die Teilzeitbeschäftigung rechtskräftig abgelehnt, kann die Beamtin binnen einer Woche nach Rechtskraft bekannt geben, dass sie Karenz längstens bis zu den in § 15 Abs. 1, 1a und 3a und § 15a Abs. 1 genannten Zeitpunkten in Anspruch nimmt.

(18) § 15n Abs. 2 zweiter Satz ist nicht anzuwenden. Ist die Bedienstete der Ansicht wegen der beabsichtigten oder tatsächlich in Anspruch genommenen Teilzeitbeschäftigung gekündigt worden zu sein, hat der Dienstgeber die Beweislast dafür zu tragen, dass die Kündigung aus anderen Gründen erfolgt ist. § 15n Abs. 2 dritter bis letzter Satz ist nur dann anzuwenden, wenn dienstrechtliche Vorschriften bei der Kündigung schriftliche Begründung vorsehen.

Abschnitt 9
Sonderbestimmungen für die in privaten Haushalten beschäftigten Dienstnehmerinnen, die in die Hausgemeinschaft aufgenommen sind

Personenkreis

§ 24. Die Abschnitte 2 bis 7 gelten mit den in den §§ 25 und 27 enthaltenen Abweichungen für Dienstnehmerinnen, die unter das Hausgehilfen- und Hausangestelltengesetz, BGBl. Nr. 235/1962, fallen, in privaten Haushalten beschäftigt sind und in die Hausgemeinschaft des Dienstgebers aufgenommen sind.

§ 25. Die §§ 7 (Verbot der Sonn- und Feiertagsarbeit) und 16 (Dienst/Werkswohnung) sind nicht anzuwenden. Die §§ 15 bis 15d, 15m und § 15q (Karenz) gelten unter der Voraussetzung, dass für die Dauer der Karenz die Hausgemeinschaft aufgelöst wird.

Kündigungsschutz

§ 27. Die Zustimmung zur Kündigung ist abweichend von § 10 Abs. 3 nur dann zu erteilen, wenn der Dienstgeber wegen Änderung seiner wirtschaftlichen Verhältnisse nicht in der Lage ist, eine Arbeitskraft im Haushalt zu beschäftigen, oder der Grund, der für ihre Beschäftigung maßgebend war, weggefallen ist, oder wenn sich die Dienstnehmerin in der Tagsatzung zur mündlichen Streitverhandlung nach Rechtsbelehrung der Parteien durch den Vorsitzenden über den Kündigungsschutz nach diesem Bundesgesetz mit der Kündigung einverstanden erklärt. Eine entgegen diesen Vorschriften ausgesprochene Kündigung ist rechtsunwirksam.

Abschnitt 10

Sonderbestimmungen für Heimarbeiterinnen

§ 31. (1) Die Abschnitte 2 bis 7 gelten für Heimarbeiterinnen mit den in den Abs. 2 und 3 enthaltenen Abweichungen hinsichtlich ihrer Beschäftigung mit Heimarbeit.

(2) Die §§ 6 bis 8 gelten mit der Maßgabe, daß auf einen Ausgabe- und Abrechnungsnachweis keine größere Arbeitsmenge ausgegeben werden darf, als durch eine vollwertige Arbeitskraft ohne Hilfskräfte bei Einhaltung einer achtstündigen täglichen Arbeitszeit bewältigt werden kann. Die Lieferfristen sind so zu bemessen, daß Aufträge ohne Nachtarbeit, das heißt ohne Arbeit in der Zeit zwischen zwanzig Uhr und sechs Uhr, und ohne Sonn- und Feiertagsarbeit ausgeführt werden können. Ist eine Heimarbeiterin für mehrere Auftraggeber tätig, so darf die gesamte Arbeitsmenge das angeführte Ausmaß nicht überschreiten. Die Heimarbeiterin hat, falls sie für mehrere Auftraggeber tätig ist, dies jedem ihrer Auftraggeber mitzuteilen. Auf Antrag des Auftraggebers, der Mittelsperson oder der Heimarbeiterin hat das Arbeitsinspektorat darüber zu entscheiden, welche Arbeitsmenge ausgegeben werden darf. (BGBl. Nr. 342/1978, Art. I Z 16)

(3) Die §§ 10 und 12 gelten sinngemäß mit der Maßgabe, daß der Ausschluß von der Ausgabe von Heimarbeit einer Kündigung oder Entlassung gleichzuhalten ist.

(4) Über den Abs. 3 hinaus dürfen Heimarbeiterinnen während der Schwangerschaft und bis zum Ablauf von vier Monaten nach der Entbindung mit Ausnahme jener Zeiträume, während deren die Ausgabe von Heimarbeit auf Grund der Beschäftigungsverbote nach diesem Bundesgesetz untersagt ist, bei der Ausgabe von Heimarbeit im Vergleich zu den anderen Heimarbeiterinnen des gleichen Auftraggebers nicht benachteiligt werden. § 10 Abs. 7 ist sinngemäß anzuwenden.

(5) Heimarbeiterinnen, die entgegen Abs. 4 bei der Ausgabe von Heimarbeit benachteiligt worden sind, können auf Leistung des dadurch entgangenen Entgelts klagen. Der Berechnung des entgangenen Entgelts ist das Entgelt zugrunde zu legen, das die Heimarbeiterin in den letzten dreizehn Wochen vor Eintritt der Benachteiligung erzielt hat oder das ihr bei Bestehen eines Heimarbeitsgesamtvertrages oder eines Heimarbeitstarifes gebührt hätte.

Abschnitt 11

Gemeinsame Vorschriften und

Schlußbestimmungen

Behördenzuständigkeit und

Verfahrensvorschriften

§ 35. (1) Die nach diesem Bundesgesetz den Arbeitsinspektoraten zustehenden Aufgaben und Befugnisse sind in den vom Wirkungsbereich der Arbeitsinspektion ausgenommenen Betrieben von den zur Wahrnehmung des Dienstnehmerschutzes sonst berufenen Behörden wahrzunehmen.

(2) Bescheide gemäß § 6 Abs. 3 und § 7 Abs. 3 sind zu befristen. Bescheide gemäß § 6 und § 7 Abs. 3 sind zu widerrufen oder abzuändern, wenn die Voraussetzungen nicht mehr vorliegen. Beschwerden gegen Bescheide gemäß § 4 Abs. 2 Z 9, Abs. 4 und 5, § 5 Abs. 4 und § 9 Abs. 3 kommt keine aufschiebende Wirkung zu.

(3) Zeugnisse gemäß § 3 Abs. 3, Bestätigungen gemäß den §§ 4a Abs. 1, 15f Abs. 3, 15j Abs. 8 sowie Amtshandlungen gemäß § 3 Abs. 3 und § 31 Abs. 2 letzter Satz sind von Stempelgebühren und Bundesverwaltungsabgaben befreit.

§ 36. Zuständige Verwaltungsbehörde im Sinne des § 5 Abs. 4 und § 9 Abs. 3 und 4 ist für die dem Arbeitsinspektionsgesetz 1993 unterliegenden Betriebe und für Privathaushalte die Bezirksverwaltungsbehörde.

Strafbestimmungen

§ 37. (1) Dienstgeber oder deren Bevollmächtigte, die den § 2a, § 2b, § 3 Abs. 1, 3, 6 und 7, § 4 Abs. 1 bis 3, 5 und 6, § 4a, § 5 Abs. 1 bis 3, §§ 6 bis 8a, § 9 Abs. 1 und 2, § 31 Abs. 2, § 32 oder einem Bescheid nach § 4 Abs. 2 Z 9 und Abs. 5, § 5 Abs. 4, § 9 Abs. 3 und 4 zuwiderhandeln, sind, wenn die Tat nicht nach anderen Vorschriften mit strengerer Strafe bedroht ist, von der Bezirksverwaltungsbehörde mit einer Geldstrafe von 70 Euro bis 1 820 Euro, im Wiederholungsfalle von 220 Euro bis 3 630 Euro zu bestrafen.

(2) Abs. 1 ist nicht anzuwenden, wenn die Zuwiderhandlung vom Organ einer Gebietskörperschaft begangen worden ist. Besteht bei einer Bezirksverwaltungsbehörde der Verdacht einer Zuwiderhandlung durch ein solches Organ, so hat sie, wenn es sich um ein Organ des Bundes oder eines Landes handelt, eine Anzeige an das oberste Organ, dem das der Zuwiderhandlung verdächtige Organ untersteht (Art. 20 Abs. 1 erster Satz B-VG), zu erstatten, in allen anderen Fällen aber an die Aufsichtsbehörde.

Weitergeltung von Vorschriften

§ 38. Bestimmungen in Kollektivverträgen, Betriebsvereinbarungen und Arbeitsordnungen, die den Dienstnehmerinnen vor und nach ihrer Entbindung einen weitergehenden Schutz als dieses Bundesgesetz gewähren, werden durch dieses Bundesgesetz nicht berührt. (BGBl. Nr. 342/1978, Art. I Z 19)

Verweisungen

§ 38a. Soweit in diesem Bundesgesetz auf andere Bundesgesetze verwiesen wird, sind diese in ihrer jeweils geltenden Fassung anzuwenden.

Übergangsbestimmungen

§ 38b. (1) Ansprüche, die durch das Bundesgesetz BGBl. Nr. 833/1992 neu geschaffen wurden, haben nur Eltern, Adoptiv- oder Pflegeeltern, wenn das Kind nach dem 31. Dezember 1992 geboren wurde. Die Meldefristen für die Inanspruchnahme von Karenzurlauben oder von zu vereinbarenden Teilzeitbeschäftigungen verlängern sich nach Geburten, die zwischen dem 1. Jänner 1993 und der Kundmachung des Bundesgesetzes BGBl. Nr. 833/1992 erfolgen, um vier Wochen nach der Kundmachung dieses Bundesgesetzes. Ansprüche von Eltern, Adoptiv- oder Pflegeeltern, deren Kind vor dem 1. Jänner 1993 geboren wurde, richten sich nach den gesetzlichen Bestimmungen, die unmittelbar vor ihrer Änderung durch dieses Bundesgesetz gegolten haben.

(2) Bestehende Regelungen in Normen der kollektiven Rechtsgestaltung oder in Einzelvereinbarungen über die Anrechnung von Zeiten eines Karenzurlaubes für Ansprüche, die sich nach der Dauer der Dienstzeit richten, werden auf den Anspruch nach § 15e Abs. 2 letzter Satz angerechnet.

(3) Ansprüche, die durch das Bundesgesetz BGBl. I Nr. 153/1999 neu geschaffen wurden, haben nur Mütter (Adoptiv- oder Pflegemütter), wenn das Kind nach dem 31. Dezember 1999 geboren wurde. Ansprüche von Eltern (Adoptiv- oder Pflegeeltern), deren Kind vor dem 1. Jänner 2000 geboren wurde, richten sich nach den gesetzlichen Bestimmungen, die unmittelbar vor ihrer Änderung durch dieses Bundesgesetz gegolten haben.

§ 38c. In Arbeitsstätten, die vor Inkrafttreten dieses Bundesgesetzes errichtet wurden und die über keine Ruhemöglichkeiten im Sinne des § 8a verfügen, sind solche Ruhemöglichkeiten bis spätestens 1. Jänner 1996 herzustellen.

Übergangsbestimmungen (Option) für Geburten nach dem 30. Juni 2000, jedoch vor dem 1. Jänner 2002

§ 38d. (1) Mütter, deren Kinder nach dem 30. Juni 2000, jedoch vor dem Tag der Kundmachung des Bundesgesetzes BGBl. I Nr. 103/2001 geboren wurden, können, wenn sich entweder Mutter oder Vater am Tag der Kundmachung in Karenz befindet oder einen Teil der Karenz aufgeschoben haben, binnen drei Monaten ab Kundmachung ihrem Dienstgeber bekannt geben, ob sie Karenz bis zum Ablauf des zweiten Lebensjahres des Kindes nach den Bestimmungen dieses Bundesgesetzes in der Fassung BGBl. I Nr. 103/2001 in Anspruch nehmen.

(2) Mütter, deren Kinder nach dem 30. Juni 2000, jedoch vor dem 1. Jänner 2002 geboren wurden, können ab 1. Jänner 2002 eine Beschäftigung im Sinne des § 15e Abs. 2 und 3 dieses Bundesgesetzes in der Fassung BGBl. I Nr. 103/2001 vereinbaren.

(3) Vor dem 1. Jänner 2002 vereinbarte Teilzeitbeschäftigungen nach den Bestimmungen dieses Bundesgesetzes in der Fassung BGBl. I Nr. 153/1999 bleiben aufrecht, soweit Dienstgeber und Dienstnehmerin nicht anderes vereinbaren.

(4) Vor dem 1. Jänner 2002 bescheidmäßig festgelegte Teilzeitbeschäftigungen nach den Bestimmungen dieses Bundesgesetzes in der Fassung des Bundesgesetzes BGBl. I Nr. 153/1999 bleiben aufrecht, soweit nicht auf Antrag der Beamtin durch Bescheid eine Abänderung verfügt wird.

Inkrafttreten und Vollziehung

§ 39. (1) Mit der Vollziehung dieses Bundesgesetzes sind betraut:

1. für Dienstverhältnisse zum Bund der Bundeskanzler, soweit jedoch der Wirkungsbereich der Arbeitsinspektion betroffen ist, im Einvernehmen mit dem Bundesminister für Arbeit; in Angelegenheiten, die nur den Wirkungsbereich eines Bundesministers betreffen, dieser Bundesminister, soweit jedoch der Wirkungsbereich der Arbeitsinspektion betroffen ist, im Einvernehmen mit dem Bundesminister für Arbeit; soweit finanzielle Angelegenheiten betroffen sind, ist im Einvernehmen mit dem Bundesminister für Finanzen vorzugehen;

2. für Dienstverhältnisse zu den Ländern, Gemeinden und Gemeindeverbänden, soweit es sich um Bedienstete handelt, die in Betrieben tätig sind, der Bundesminister für Arbeit; soweit finanzielle Angelegenheiten betroffen sind, ist im Einvernehmen mit dem Bundesminister für Finanzen vorzugehen;

3. für Dienstverhältnisse der Lehrer und Erzieher für die in Art. 14a Abs. 2 lit. a bis d B-VG genannten Einrichtungen der Bundesminister für Landwirtschaft, Regionen und Tourismus im Einvernehmen mit dem Bundeskanzler; soweit finanzielle Angelegenheiten betroffen sind, ist im Einvernehmen mit dem Bundesminister für Finanzen vorzugehen;

4. für sonstige Dienstverhältnisse der Bundesminister für Arbeit.

(2) Für Dienstverhältnisse der Lehrer für öffentliche Pflichtschulen (Art. 14 Abs. 2 B-VG) sowie der Lehrer für öffentliche land- und forstwirtschaftliche Berufs- und Fachschulen und der Erzieher für öffentliche Schülerheime, die ausschließlich oder vorwiegend für Schüler der öffentlichen land- und forstwirtschaftlichen Berufs- und Fachschulen bestimmt sind (Art. 14a Abs. 3 B-VG), obliegt die Vollziehung dieses Bundesgesetzes, soweit nicht die Erlassung von Durchführungsverordnungen dem Bund vorbehalten ist, den Ländern.

(3) Verordnungen auf Grund dieses Bundesgesetzes sind für die Dienstverhältnisse der Lehrer für öffentliche Pflichtschulen (Art. 14 Abs. 2 B-VG) vom Bundesminister für Bildung, Wissenschaft und Forschung im Einvernehmen mit dem Bundeskanzler, für die Dienstverhältnisse der Lehrer für öffentliche land- und forstwirtschaftliche

Berufs- und Fachschulen und der Erzieher für öffentliche Schülerheime, die ausschließlich oder vorwiegend für Schüler der öffentlichen land- und forstwirtschaftlichen Berufs- und Fachschulen bestimmt sind (Art. 14a Abs. 3 B-VG), vom Bundesminister für Landwirtschaft, Regionen und Tourismus im Einvernehmen mit dem Bundeskanzler zu erlassen; soweit finanzielle Angelegenheiten betroffen sind, ist im Einvernehmen mit dem Bundesminister für Finanzen vorzugehen.

(4) Mit der Wahrnehmung der dem Bund gemäß Art. 14 Abs. 8 B-VG zustehenden Rechte ist der Bundesminister für Bildung, Wissenschaft und Forschung im Einvernehmen mit dem Bundeskanzler betraut. Mit der Wahrnehmung der dem Bund gemäß Art. 14a Abs. 6 B-VG zustehenden Rechte ist für die im Art. 14a Abs. 3 lit. b B-VG genannten Personen der Bundesminister für Landwirtschaft, Regionen und Tourismus betraut.

(5) Soweit § 35 Abs. 3 eine Befreiung von den Stempelgebühren vorsieht, ist der Bundesminister für Finanzen und soweit diese Bestimmung eine Befreiung von den Bundesverwaltungsabgaben vorsieht, der Bundesminister für Arbeit im Einvernehmen mit dem Bundesminister für Finanzen mit der Vollziehung betraut.

§ 40. (1) Die §§ 3 Abs. 4, 6 und 7, 4 Abs. 2 Z 2, 4, 9 und 10, 4 Abs. 5 und 6, 5 Abs. 1 und 5, 8, 10 Abs. 4 und 6, 10a, 11, 12, 14 Abs. 1 und 4, 15 Abs. 2, 15c Abs. 2 bis 6, 15d Abs. 1, 19, 21, 22, 23 Abs. 2, 24, 25, 27, 29 Abs. 1, 35, 36, 37 Abs. 1, 39 Abs. 1 Z 4 lit. c und 38a sowie der Entfall der §§ 26 und 28, in der Fassung des Bundesgesetzes BGBl. Nr. 833/1992 treten mit 1. Jänner 1993 in Kraft.

(2) § 36 und die Bezeichnung des früheren § 39 Abs. 6 als § 40 Abs. 1 in der Fassung des Bundesgesetzes BGBl. Nr. 257/1993 treten mit 1. Juli 1993 in Kraft. Auf zu diesem Zeitpunkt anhängige Verfahren sind sie jedoch noch nicht anzuwenden.

(3) Die §§ 1 Abs. 2 Z 1, § 3 Abs. 7 und 8, § 4 Abs. 1, Abs. 2 Z 3, 10 und 11 und Abs. 5 Z 2, § 4a, § 8a, § 9 Abs. 3 und 4, § 11, § 13, § 14 Abs. 1 und 2, § 15 Abs. 6 erster Halbsatz, § 15c Abs. 6 Satz 2, § 18, § 18a, § 19 Abs. 2, § 24, § 27, § 31 Abs. 4, § 35 Abs. 3, § 36, § 37 Abs. 1, § 38a, § 38b, § 38c und § 39 Abs. 5 in der Fassung des Bundesgesetzes, BGBl. Nr. 434/1995, treten mit 1. Juli 1995 in Kraft.

(4) Die §§ 2a und 2b treten für Arbeitsstätten, in denen regelmäßig mehr als 250 Dienstnehmer beschäftigt werden, mit 1. Juli 1995, im übrigen mit 1. Jänner 1997 in Kraft. § 102 Abs. 3 ASchG ist anzuwenden.

(4a) Die Umsetzung der in den §§ 2a und 2b festgelegten Pflichten des Dienstgebers muß spätestens fertiggestellt sein:

1. für Arbeitsstätten, in denen regelmäßig mehr als 100 Dienstnehmer beschäftigt werden, mit 1. Juli 1997,

2. für Arbeitsstätten, in denen regelmäßig 51 bis 100 Dienstnehmer beschäftigt werden, mit 1. Juli 1998,

3. für Arbeitsstätten, in denen regelmäßig elf bis 50 Dienstnehmer beschäftigt werden, mit 1. Juli 1999,

4. für Arbeitsstätten, in denen regelmäßig bis zu zehn Dienstnehmer beschäftigt werden, mit 1. Juli 2000.

§ 102 Abs. 3 ASchG ist anzuwenden.

(5) Abweichend von Abs. 4 muß die Umsetzung der in den §§ 2a und 2b festgelegten Pflichten für Dienststellen des Bundes, die dem Bundes-Bedienstetenschutzgesetz unterliegen, spätestens fertiggestellt sein:

1. für Dienststellen (Dienststellenteile) mit einem hohen und mittleren Gefährdungspotential mit 31. Dezember 2000,

2. für Dienststellen (Dienststellenteile) mit einem
geringen Gefährdungspotential mit 30. Juni 2001.

(6) Mit Ablauf des 30. Juni 1995 treten die §§ 5 Abs. 5, 29, 30, 33 und 34 außer Kraft.

(7) § 23 Abs. 3 bis 8 in der Fassung des Bundesgesetzes BGBl. I Nr. 61/1997 tritt mit 1. Juli 1997 in Kraft.

(8) § 23 Abs. 3 in der Fassung des Bundesgesetzes BGBl. I Nr. 123/1998 tritt mit 1. Juli 1998 in Kraft.

(9) § 19 Abs. 1 und 2 zweiter Satz und § 40 Abs. 5 in der Fassung des Bundesgesetzes BGBl. I Nr. 70/1999 tritt mit 1. Juni 1999 in Kraft.

(10) § 3 Abs. 8, § 11, §13, §§15 bis 15i, § 16, § 20 Abs. 2 bis 2b, § 23 Abs. 1 bis 2d, 3, 4, 7 bis 9, § 25, § 35 Abs. 3 und § 38b Abs. 2 und 3 in der Fassung des Bundesgesetzes BGBl. I Nr. 153/1999 treten mit 1. Jänner 2000 in Kraft.

(11) § 2a Abs. 2, § 4 Abs. 2, § 4a Abs. 2, § 5 Abs. 3, § 36 und § 39 Abs. 1 Z 4 in der Fassung des Bundesgesetzes BGBl. I Nr. 98/2001 treten mit 1. August 2001 in Kraft. Gleichzeitig treten außer Kraft:

1. das Gesetz vom 28. Juli 1919, StGBl. Nr. 406, über die Beschäftigung von jugendlichen und weiblichen Arbeitern, dann über die Arbeitszeit und die Sonntagsruhe beim Bergbau (Bergarbeitergesetz);

2. das Bundesgesetz über das Verbot der Verwendung von Frauen zu Untertagearbeiten beim Bergbau, BGBl. Nr. 70/1937.

(12) § 37 Abs. 1 in der Fassung des Bundesgesetzes BGBl. I Nr. 98/2001 tritt mit 1. Jänner 2002 in Kraft.

(13) § 10, §§ 15 bis 15j, 20 Abs. 2a und 2b, 23 und § 25 in der Fassung des Bundesgesetzes BGBl. I Nr. 103/2001 treten mit 1. Jänner 2002 in Kraft und gelten, soweit § 38d nicht anderes bestimmt, für Mütter, deren Kinder nach dem 31. Dezember 2001 geboren werden.

(14) § 15k und § 23 Abs. 15 in der Fassung des Bundesgesetzes BGBl. I Nr. 100/2002 treten mit 1. Jänner 2003 in Kraft, soweit nicht durch Verordnung gemäß § 46 Abs. 1 letzter Satz BMVG etwas anderes angeordnet wird.

(15) § 23 Abs. 7 und 8 Z 1 und 2 in der Fassung des Bundesgesetzes BGBl. I Nr. 130/2003 treten mit 1. Jänner 2004 in Kraft und sind auf Mütter anzuwenden, deren Kinder nach dem 31. Dezember 2001 geboren sind.

(16) Die §§ 11, 15d Abs. 5, 15h bis 15r, 16, 18a und 23 Abs. 8, 11, 12, 15 bis 17 in der Fassung des Bundesgesetzes BGBl. I Nr. 64/2004 treten mit 1. Juli 2004 in Kraft und gelten für Mütter (Adoptiv- oder Pflegemütter), deren Kinder nach dem 30. Juni 2004 geboren werden. Für Mütter (Adoptiv- oder Pflegemütter), deren Kinder vor dem 1. Juli 2004 geboren wurden, gelten weiterhin die Bestimmungen der §§ 11, 15d Abs. 5, 15h bis 15k, 16, 18a und 23 in der Fassung vor dem Bundesgesetz BGBl. I Nr. 64/2004. Abweichend davon kann eine Teilzeitbeschäftigung oder eine Änderung der Lage der Arbeitszeit nach den §§ 15h bis 15r und 23 Abs. 8, 11, 12, 15 bis 17 in der Fassung des Bundesgesetzes BGBl. I Nr. 64/2004 verlangt werden von einer

1. Mutter (Adoptiv- oder Pflegemutter), wenn sie oder der Vater (Adoptiv- oder Pflegevater) des Kindes sich am 1. Juli 2004 in Karenz nach diesem Bundesgesetz, dem VKG, gleichartigen österreichischen Rechtsvorschriften oder einer gleichartigen Rechtsvorschrift eines Mitgliedstaates des Europäischen Wirtschaftsraumes befindet, wobei eine Teilzeitbeschäftigung oder eine Änderung der Lage der Arbeitszeit nach dem Bundesgesetz BGBl. I Nr. 64/2004 frühestens nach Ablauf der Karenz angetreten werden kann;
2. Mutter (Adoptiv- oder Pflegemutter), wenn sie oder der Vater (Adoptiv- oder Pflegevater) des Kindes sich am 1. Juli 2004 in Teilzeitbeschäftigung nach diesem Bundesgesetz, dem VKG, gleichartigen österreichischen Rechtsvorschriften oder einer gleichartigen Rechtsvorschrift eines Mitgliedstaates des Europäischen Wirtschaftsraumes befindet, wobei eine Teilzeitbeschäftigung oder eine Änderung der Lage der Arbeitszeit nach dem Bundesgesetz BGBl. I Nr. 64/2004 frühestens nach Ablauf der ursprünglich vereinbarten Teilzeitbeschäftigung angetreten werden kann;
3. Mutter, die sich am 1. Juli 2004 in einem Beschäftigungsverbot nach § 5 Abs. 1 und 2 befindet;
4. Mutter, die am 1. Juli 2004 im Anschluss an die Frist nach § 5 Abs. 1 und 2 einen Gebührenurlaub verbraucht oder durch Krankheit oder Unglücksfall an der Dienstleistung verhindert ist und Karenz oder Teilzeitbeschäftigung nach diesem Bundesgesetz bereits

geltend gemacht hat, wobei eine Teilzeitbeschäftigung oder eine Änderung der Lage der Arbeitszeit nach dem Bundesgesetz BGBl. I Nr. 64/2004 frühestens nach Ablauf der Karenz bzw. der ursprünglich vereinbarten Teilzeitbeschäftigung angetreten werden kann.

(17) § 15g in der Fassung des Bundesgesetzes BGBl. I Nr. 58/2010 tritt mit 1. August 2010 in Kraft.

(18) § 35 Abs. 1, § 36 sowie § 39 Abs. 1 Z 1, 2 und 4 und Abs. 5 in der Fassung des 2. Stabilitätsgesetzes 2012, BGBl. I Nr. 35/2012, treten mit 1. Juli 2012 in Kraft.

(19) In der Fassung des Bundesgesetzes BGBl. I Nr. 120/2012 treten in Kraft:
1. § 23 Abs. 11 Z 1 mit 1. Jänner 2013,
2. § 23 Abs. 6 mit 1. September 2013,
3. § 22a, § 23 Abs. 10a, § 23 Abs. 11 Z 2, § 23 Abs. 15 und 17 mit dem der Kundmachung des Bundesgesetzes BGBl. I Nr. 120/2012 folgenden Tag.

(20) § 35 Abs. 2 in der Fassung des Bundesgesetzes BGBl. I Nr. 71/2013 tritt mit 1. Jänner 2014 in Kraft.

(21) § 15c, § 15d, § 15o sowie § 15q in der Fassung des Bundesgesetzes BGBl. I Nr. 138/2013 treten mit 1. August 2013 in Kraft und gelten für Mütter, deren Kinder nach dem 31. Juli 2013 adoptiert oder in unentgeltliche Pflege genommen werden.

(22) § 2a Abs. 2 Z 7, § 3 Abs. 6 und § 4 Abs. 2 Z 11 in der Fassung des Bundesgesetzes BGBl. I Nr. 60/2015 treten mit 1. Juni 2015 in Kraft. § 2a Abs. 2 Z 9 in der Fassung des Bundesgesetzes BGBl. I Nr. 60/2015 tritt mit Ablauf des 31. Mai 2015 außer Kraft.

(23) § 23 Abs. 3 und 8 in der Fassung des Bundesgesetzes BGBl I Nr. 65/2015 tritt mit 1. September 2015 in Kraft.

(24) § 15c Abs. 1 und 3 in der Fassung des Bundesgesetzes BGBl. I Nr. 162/2015 tritt mit 1. Jänner 2016 in Kraft.

(25) § 1 Abs. 5, § 10 Abs. 1a und 8, § 12 Abs. 1 und 3, § 14 Abs. 2, § 15 Abs. 3 und 4, § 15c Abs. 2 sowie § 20 Abs. 4 in der Fassung des Bundesgesetzes BGBl. I Nr. 149/2015 treten mit 1. Jänner 2016 in Kraft.

(26) § 15h Abs. 1, § 15i, § 15j Abs. 2, 5, 6 und 10, § 15k Abs. 1, § 15l Abs. 1 sowie § 23 Abs. 9a, 12 und 16 in der Fassung des Bundesgesetzes BGBl. I Nr. 149/2015 treten mit 1. Jänner 2016 in Kraft und gelten für Mütter (Adoptiv- oder Pflegemütter), deren Kinder ab diesem Zeitpunkt geboren (adoptiert oder in unentgeltliche Pflege genommen) werden.

(27) § 17 samt Überschrift und § 32 treten mit Ablauf des 30. Juni 2017 außer Kraft. § 25 in der Fassung des Deregulierungsgesetzes 2017,

BGBl. I Nr. 40/2017, tritt mit 1. Juli 2017 in Kraft.

(28) § 4 Abs. 2 Z 4, § 6 Abs. 2 und 3 sowie § 7 Abs. 2 Z 3 und 4 in der Fassung des Bundesgesetzes BGBl. I Nr. 126/2017 treten mit 1. August 2017 in Kraft. § 3 Abs. 3 in der Fassung des Bundesgesetzes BGBl. I Nr. 126/2017 tritt mit 1. Jänner 2018 in Kraft. Verordnungen auf Grund des § 3 Abs. 3 können bereits von dem seiner Kundmachung folgenden Tag an erlassen werden, dürfen jedoch frühestens mit 1. Jänner 2018 in Kraft gesetzt werden.

(29) § 15f Abs. 1 in der Fassung des Bundesgesetzes BGBl. I Nr. 68/2019 ritt mit 1. August 2019 in Kraft und gilt für Mütter (Adoptiv- oder Pflegemütter), deren Kind ab diesem Zeitpunkt geboren (adoptiert oder in unentgeltliche Pflege genommen) wird.

(30) § 23 Abs. 6 in der Fassung der 3. Dienstrechts-Novelle 2019, BGBl. I Nr. 112/2019, tritt mit dem der Kundmachung folgenden Tag in Kraft.

(31) § 23 Abs. 5 in der Fassung der Dienstrechts-Novelle 2020, BGBl. I Nr. 153/2020, tritt mit 1. August 2019 in Kraft und gilt für Mütter (Adoptiv- oder Pflegemütter), deren Kinder ab diesem Zeitpunkt geboren (adoptiert oder in unentgeltliche Pflege genommen) werden.

(32) § 15 Abs. 1, 1a, 1b und 3a, § 15a Abs. 1 und 2, § 15b Abs. 1, 3, 4 und 7, § 15f Abs. 1 und 1a, § 15m Abs. 1 und 2, § 15q Abs. 1 und § 23 Abs. 3, 4a und 17 in der Fassung des Bundesgesetzes BGBl. I Nr. 115/2023 treten mit 1. November 2023 in Kraft und sind auf Mütter (Adoptiv- oder Pflegemütter) anzuwenden, deren Kinder ab diesem Tag geboren (adoptiert oder in unentgeltliche Pflege genommen) werden.

(33) § 15h Abs. 1, § 15i, § 15l Abs. 1, § 15n Abs. 2 und § 23 Abs. 8, 11, 12, 16 und 18 in der Fassung des Bundesgesetzes BGBl. I Nr. 115/2023 treten mit 1. November 2023 in Kraft und sind auf Mütter (Adoptiv- oder Pflegemütter) anzuwenden, die die Absicht der Elternteilzeit ab dem 1. November 2023 ihrem Dienstgeber bekannt geben.

(34) § 3 Abs. 3a, § 14 Abs. 3 und 4 und § 15f Abs. 4a in der Fassung des Bundesgesetzes BGBl. I Nr. 64/2024 treten mit dem auf den Tag der Kundmachung folgenden Tag in Kraft.

39. Mutterschutzverordnung

Verordnung des Bundesministers für Arbeit, Soziales und Konsumentenschutz über die vorzeitige Freistellung werdender Mütter (Mutterschutzverordnung – MSchV)

StF: BGBl. II Nr. 310/2017 idF BGBl. II Nr. 83/2019 (VFB)

Präambel

Auf Grund des § 3 Abs. 3 des Mutterschutzgesetzes 1979 (MSchG), BGBl. Nr. 221/1979, zuletzt geändert durch das Bundesgesetz BGBl. I Nr. 126/2017, wird verordnet:

GLIEDERUNG

Allgemeines

§ 1. (1) Diese Verordnung regelt die Ausstellung von Freistellungszeugnissen durch Fachärzte/Fachärztinnen gemäß § 3 Abs. 3 MSchG. Sie ist nicht auf Freistellungen auf Grund eines Zeugnisses eines/einer Arbeitsinspektionsarztes/Arbeitsinspektionsärztin oder eines/einer Amtsarztes/Amtsärztin anwendbar.

(2) Fachärztliche Zeugnisse (Freistellungszeugnisse) gemäß § 3 Abs. 3 MSchG dürfen nur auf Grund von in dieser Verordnung geregelten medizinischen Indikationen ausgestellt werden.

Medizinische Indikationen

§ 2. (1) Medizinische Indikationen gemäß § 3 Abs. 3 Z 1 MSchG sind:
1. Anämie mit Hämoglobin im Blut $< 8{,}5$ g/dl mit zusätzlicher kardiopulmonaler Symptomatik;
2. Auffälligkeiten im pränatalen Ultraschall mit drohendem Risiko einer Frühgeburt unter laufender Therapie (zB Polyhydramnion);
3. belastete Anamnese mit Status post spontanem Spätabort oder Frühgeburt eines Einlings (16. bis 36. Schwangerschaftswoche);
4. insulinpflichtiger Diabetes Mellitus (IDDM) mit rezidivierenden Hyper- oder Hypoglykämien;
5. kongenitale Fehlbildungen;
6. Mehrlingsschwangerschaften;
7. eine oder mehrere Organtransplantationen, denen die werdende Mutter unterzogen wurde;
8. Plazenta praevia totalis bzw. partialis ab der 20. Schwangerschaftswoche;
9. Präeklampsie, E-P-H-Gestose;
10. sonographisch bewiesene subamniale oder subplazentare Einblutungszonen (Hämatome) mit klinischer Symptomatik;
11. Status post Konisation;
12. thromboembolische Geschehen in der laufenden Schwangerschaft;
13. Fehlbildungen des Uterus;
14. Verdacht auf Plazenta increta/percreta inklusive Narbeninvasion ab der 20. Schwangerschaftswoche;
15. vorzeitige Wehen bei Zustand nach Tokolyse im Krankenhaus;
16. Wachstumsretardierung mit nachgewiesener Mangelversorgung des Feten;
17. Zervixinsuffizienz: Zervixlänge unter 25 mm Länge und/oder Cerclage in laufender Schwangerschaft.

(2) Auch bei Vorliegen von in Abs. 1 genannten medizinischen Indikationen ist die Ausstellung eines Freistellungszeugnisses vor Ablauf der 15. Schwangerschaftswoche nur zulässig, wenn besondere Umstände vorliegen, die eine frühere Freistellung zwingend erforderlich machen. Dies ist von dem/der das Freistellungszeugnis ausstellenden Facharzt/Fachärztin im Freistellungszeugnis zu begründen.

Berechtigung zur Ausstellung fachärztlicher Freistellungszeugnisse

§ 3. Nur Fachärzte/Fachärztinnen für Frauenheilkunde und Fachärzte/Fachärztinnen für Innere Medizin dürfen fachärztliche Freistellungszeugnisse ausstellen.

Ausstellung, Form und Inhalt des Freistellungszeugnisses

§ 4. (1) Der/Die das Freistellungszeugnis ausstellende Facharzt/Fachärztin hat die werdende Mutter, für die das Zeugnis ausgestellt werden soll, persönlich ärztlich zu untersuchen.

(2) Für das Freistellungszeugnis sind die in der **Anlage** enthaltenen Formulare 1 (zur Vorlage beim Sozialversicherungsträger) und 2 (zur Vorlage bei dem/der Dienstgeber/in) zu verwenden.

(3) Aus der zur Vorlage beim Sozialversicherungsträger bestimmten Fassung des Freistellungszeugnisses (Formular 1) hat sich eindeutig

und nachvollziehbar das Vorliegen einer oder mehrerer der in dieser Verordnung genannten medizinischen Indikationen zu ergeben, im Fall einer Ausstellung vor Ablauf der 15. Schwangerschaftswoche auch die Begründung der besonderen Umstände gemäß § 2 Abs. 2.

Übergangsbestimmung

§ 5. Diese Verordnung berührt nicht die Gültigkeit von vor dem 1. Jänner 2018 auf Grund des § 3 Abs. 3 MSchG in der vor Inkrafttreten des Bundesgesetzes BGBl. I Nr. 126/2017 geltenden Fassung ausgestellten Zeugnissen.

Inkrafttreten

§ 6. Diese Verordnung tritt am 1. Jänner 2018 in Kraft.

Anlage
Formular 1

FACHÄRZTLICHES ZEUGNIS
gemäß § 3 Abs. 3 des Mutterschutzgesetzes 1979 (MSchG), BGBl. Nr. 221/1979,
zur Vorlage beim Sozialversicherungsträger

Vor- und Familienname der Dienstnehmerin	Geburtsdatum der Dienstnehmerin
Sozialversicherungsnummer der Dienstnehmerin	Voraussichtlicher Geburtstermin des Kindes

Wohnanschrift der Dienstnehmerin

Name und Anschrift des/der Dienstgebers/Dienstgeberin

Name und Anschrift des/der Facharztes/Fachärztin für

Folgende medizinische/n Indikation/en gemäß § 2 der Mutterschutzverordnung (MSchV), BGBl. II Nr. 310/2017, wurde/n festgestellt:

(Falls zutreffend):
Aus folgendem/folgenden Grund/Gründen ist eine Freistellung bereits vor Ablauf der 15. Schwangerschaftswoche erforderlich:

Gemäß § 3 Abs. 3 des Mutterschutzgesetzes 1979 (MSchG) wird bescheinigt, dass Leben oder Gesundheit von Mutter oder Kind bei Fortdauer der Beschäftigung gefährdet wäre. Daher ist jede weitere Beschäftigung der Dienstnehmerin in dem angeführten Zeitraum unzulässig.

O* Dieses Zeugnis gilt bis zum Ablauf von . . . . Wochen ab Ausstellung.

O* Dieses Zeugnis gilt bis zum Beginn der Schutzfrist gemäß § 3 Abs. 1 MSchG.

* Zutreffendes bitte ankreuzen

Ort, Datum Unterschrift Facharzt/Fachärztin

MSchG

Formular 2

Zur Vorlage bei dem/der Dienstgeber/in
gemäß § 3 Abs. 3 des Mutterschutzgesetzes 1979 (MSchG), BGBl. Nr. 221/1979

Vor- und Familienname der Dienstnehmerin	Geburtsdatum der Dienstnehmerin

Wohnanschrift der Dienstnehmerin

Gemäß § 3 Abs. 3 des Mutterschutzgesetzes 1979 (MSchG) wird bescheinigt, dass Leben oder Gesundheit von Mutter oder Kind bei Fortdauer der Beschäftigung gefährdet wäre. Daher ist ab der Vorlage dieses Zeugnisses jede weitere Beschäftigung der Dienstnehmerin in dem angeführten Zeitraum unzulässig.

O* Dieses Zeugnis gilt bis zum Ablauf von .... Wochen ab Ausstellung.

O* Dieses Zeugnis gilt bis zum Beginn der Schutzfrist gemäß § 3 Abs. 1 MSchG.

* Zutreffendes bitte ankreuzen

Ort, Datum Unterschrift Facharzt/Fachärztin

40. Kinder- und Jugendlichen-Beschäftigungsgesetz 1987

Bundesgesetz über die Beschäftigung von Kindern und Jugendlichen 1987 (Kinder- und Jugendlichen-Beschäftigungsgesetz 1987 – KJBG)
StF: BGBl. Nr. 599/1987 (WV)
Letzte Novellierung: BGBl. I Nr. 58/2022

GLIEDERUNG

STICHWORTVERZEICHNIS

Weitere Inh.

Abschnitt 1
Geltungsbereich

§ 1. (1) Dieses Bundesgesetz gilt für die Beschäftigung von

1. Kindern mit Arbeiten jeder Art und
2. Jugendlichen bis zur Vollendung des 18. Lebensjahres, die in einem Dienstverhältnis, einem Lehr- oder sonstigen Ausbildungsverhältnis stehen.

(1a) Abweichend von Abs. 1 Z 2 gelten für Lehrlinge, die das 18. Lebensjahr vollendet haben,

1. § 14 Abs. 2 mit der Maßgabe, daß für die Berechnung des Grundlohnes und des Überstundenzuschlages der niedrigste im Betrieb vereinbarte Facharbeiterlohn bzw. Angestelltengehalt heranzuziehen ist;
2. § 11 Abs. 4, 5, 6 Z 1 und 3, Abs. 7 und 8, § 21 und § 25 Abs. 1 und 2 sinngemäß.

(2) Dieses Bundesgesetz ist, unbeschadet des Abs. 3 Z 1, nicht anzuwenden auf vereinzelte, geringfügige, aus Gefälligkeit erwiesene leichte Hilfeleistungen von Kindern, sofern eine solche Hilfeleistung nur von kurzer Dauer ist, ihrer Art nach nicht einer Dienstleistung von Dienstnehmern, Lehrlingen oder Heimarbeitern entspricht, die Kinder hiebei keinen Unfallgefahren ausgesetzt und weder in ihrer körperlichen und geistigen Gesundheit und Entwicklung noch in ihrer Sittlichkeit gefährdet sind.

(3) Dieses Bundesgesetz ist nicht anzuwenden auf die Beschäftigung von

1. Kindern und Jugendlichen, für die das Landarbeitsgesetz 2021, BGBl. I Nr. 78/2021, gilt;
2. Jugendlichen in privaten Haushalten.

(4) Auf die Beschäftigung von Jugendlichen, für die das Bäckereiarbeiter/innengesetz 1996 (Bäck-AG 1996), BGBl. Nr. 410/1996, gilt, sind die §§ 11 Abs. 1 bis 3a, 15, 17 Abs. 2 und 27 Abs. 1 nicht anzuwenden.

(5) Soweit in diesem Bundesgesetz personen- oder funktionsbezogene Bezeichnungen nicht geschlechtsneutral formuliert sind, gilt die gewählte Form für beide Geschlechter.

Begriffsbestimmungen

§ 2. (1) Kinder im Sinne dieses Bundesgesetzes sind Minderjährige

1. bis zur Vollendung des 15. Lebensjahres oder
2. bis zur späteren Beendigung der Schulpflicht.

(1a) Für Minderjährige (Abs. 1 Z 1), die die Schulpflicht vollendet haben und

1. in einem Lehrverhältnis oder
2. im Rahmen eines Ferialpraktikums (§ 20 Abs. 4 des Schulunterrichtsgesetzes, BGBl. Nr. 472/1986) oder
3. im Rahmen eines Pflichtpraktikums nach dem Schulorganisationsgesetz, BGBl. Nr. 242/1962 oder
4. im Rahmen eines Ausbildungsverhältnisses gemäß § 8b Abs. 2 Berufsausbildungsgesetz, BGBl. Nr. 142/1969,

beschäftigt werden, gelten die Bestimmungen der Abschnitte 3 bis 5 für Jugendliche.

(2) Als eigene Kinder im Sinne dieses Bundesgesetzes gelten Kinder (Abs. 1), die mit jenem, der sie beschäftigt, im gemeinsamen Haushalt leben und mit ihm bis zum dritten Grad verwandt oder verschwägert sind oder zu ihm im Verhältnis von Stiefkindern oder Wahlkindern stehen. Alle übrigen Kinder gelten als fremde Kinder.

§ 3. Jugendliche im Sinne dieses Bundesgesetzes sind Personen bis zur Vollendung des 18. Lebensjahres, die nicht als Kinder im Sinne des § 2 Abs. 1 gelten.

Abschnitt 2
Begriff der Kinderarbeit

§ 4. (1) Als Kinderarbeit im Sinne dieses Bundesgesetzes gilt die Beschäftigung von Kindern mit Arbeiten jeder Art.

(2) Als Kinderarbeit gilt nicht die Beschäftigung von Kindern, die ausschließlich zu Zwecken des Unterrichts oder der Erziehung erfolgt, und die Beschäftigung eigener Kinder mit leichten Leistungen von geringer Dauer im Haushalt.

(BGBl. Nr. 113/1962, Art. I Z 3)

Beschränkung der Beschäftigung von Kindern
(BGBl. Nr. 113/1962, Art. I Z 4)

§ 5. Kinder dürfen, soweit in diesem Bundesgesetz nicht anderes bestimmt ist, zu Arbeiten irgendwelcher Art nicht herangezogen werden.

Beschäftigung von Kindern, die das 13. Lebensjahr vollendet haben

§ 5a. (1) Kinder, die das 13. Lebensjahr vollendet haben, dürfen außerhalb der für den Schulbesuch vorgesehenen Stunden beschäftigt werden

1. mit Arbeiten in Betrieben, in denen ausschließlich Mitglieder der Familie des Betriebsinhabers beschäftigt sind, sofern es sich hiebei um Kinder handelt, die mit dem Betriebsinhaber bis zum dritten Grad verwandt sind oder zu ihm im Verhältnis eines Stief- oder Wahlkindes stehen sowie mit ihm im gemeinsamen Haushalt leben; Kinder, die mit dem Betriebsinhaber im dritten Grad verwandt sind, dürfen nur dann beschäftigt werden, wenn ihr gesetzlicher Vertreter mit der Beschäftigung einverstanden ist,

2. mit Arbeiten in einem Privathaushalt,

3. mit Botengängen, mit Handreichungen auf Sport- und Spielplätzen, mit dem Sammeln von Blumen, Kräutern, Pilzen und Früchten sowie mit den diesen Arbeiten im einzelnen jeweils gleichwertigen Tätigkeiten,

sofern es sich hiebei um leichte und vereinzelte Arbeiten handelt und die unter Z 3 angeführten Arbeiten weder in einem Betrieb gewerblicher Art geleistet werden noch ein Dienstverhältnis vorliegt.

(2) Vereinzelte Arbeiten gelten dann nicht als leichte Arbeiten im Sinne des Abs. 1, wenn bei deren Ausführung das dem Kind zumutbare Leistungsausmaß unter Berücksichtigung des durch das Alter und die persönliche Veranlagung bedingten unterschiedlichen Leistungsvermögens überschritten wird; dies wird beispielsweise und im Sinne von Durchschnittswerten der Fall sein, wenn Lasten ohne mechanische Hilfsmittel bewegt oder befördert werden, die mehr als ein Fünftel des Körpergewichtes des Kindes betragen.

(3) Kinder dürfen mit vereinzelten leichten Arbeiten im Sinne des Abs. 1 nur insoweit beschäftigt werden, als sie dadurch

1. weder in ihrer körperlichen und geistigen Gesundheit und Entwicklung noch in ihrer Sittlichkeit gefährdet, keinen Unfallgefahren und keinen schädlichen Einwirkungen von Hitze, Kälte oder Nässe und im Falle des Abs. 1 Z 1 außerdem auch keinen schädlichen Einwirkungen von gesundheitsgefährlichen Stoffen oder Strahlen, von Staub, Gasen oder Dämpfen ausgesetzt,

2. im Besuch der Schule und in der Möglichkeit, dem Schulunterricht mit Nutzen zu folgen,

nicht behindert und in der Erfüllung ihrer religiösen Pflichten nicht beeinträchtigt werden sowie

3. sowohl an Schultagen wie an schulfreien Tagen nicht mehr als zwei Stunden in Anspruch genommen sind, wobei die Gesamtzahl der dem Schulunterricht und den leichten Arbeiten gewidmeten Stunden keinesfalls mehr als sieben betragen darf; nach Schluß des Unterrichts und bei geteiltem Unterricht nach Schluß jedes Unterrichtsabschnittes ist ohne Anrechnung auf die für den Schulweg aufgewendete Zeit eine Stunde arbeitsfrei zu halten, es sei denn, daß es sich ausschließlich um eine Beschäftigung mit einem Botengang handelt.

(4) Die Beschäftigung von Kindern mit vereinzelten leichten Arbeiten im Sinne des Abs. 1 ist verboten

1. an Sonntagen und gesetzlichen Feiertagen,

2. in der Zeit zwischen 20 Uhr und acht Uhr, wobei auch der Zeitaufwand für den Weg zur und von der Arbeitsstätte nicht in diesen Zeitraum fallen darf.

(5) Die Beschäftigung eines Kindes mit Arbeiten nach Abs. 1 ist nur mit Zustimmung des gesetzlichen Vertreters des Kindes zulässig; dieser darf die Zustimmung nur erteilen, wenn er sich darüber vergewissert hat, daß gegen die Beschäftigung des Kindes weder vom gesundheitlichen noch vom schulischen Standpunkt aus Bedenken bestehen. Die Zustimmung des gesetzlichen Vertreters gilt als erteilt, wenn der das Kind Beschäftigende nach den gegebenen Umständen eindeutig annehmen muß, daß der gesetzliche Vertreter des Kindes über die Beschäftigung unterrichtet wurde und dieser zugestimmt hat.

Verwendung und Beschäftigung von Kindern bei öffentlichen Schaustellungen

§ 6. (1) Der Landeshauptmann kann die Verwendung von Kindern bei Musikaufführungen, Theatervorstellungen und sonstigen Aufführungen sowie bei Foto-, Film-, Fernseh- und Tonaufnahmen bewilligen. Die Bewilligung darf nur erteilt werden, wenn

1. ein besonderes Interesse der Kunst, der Wissenschaft oder des Unterrichts vorliegt oder es sich um Werbeaufnahmen handelt und

2. die Beschaffenheit und Eigenart der betreffenden Beschäftigung es rechtfertigen.

Die Verwendung von Kindern in Varietes, Kabaretts, Bars, Sexshops, Tanzlokalen, Diskotheken und ähnlichen Betrieben darf nicht bewilligt werden.

(2) Der Landeshauptmann kann die Bezirksverwaltungsbehörden ermächtigen, die Bewilligung zur Verwendung von Kindern nach Abs. 1 zu erteilen, wenn es sich nicht um erwerbsmäßige Aufführungen handelt.

Weitere Inh.

(3) Handelt es sich um erwerbsmäßige Aufführungen, so hat der Landeshauptmann das nach dem Standort des Betriebes zuständige Arbeitsinspektorat zu hören.

(4) Die Bewilligung darf nur erteilt werden, wenn der gesetzliche Vertreter des Kindes schriftlich zustimmt. Bei erwerbsmäßigen Aufführungen muss die körperliche Eignung des Kindes für die Beschäftigung amtsärztlich oder durch Ärztinnen/Ärzte für Allgemeinmedizin oder Fachärztinnen/Fachärzten für Kinder- und Jugendheilkunde festgestellt sein. Im Falle der Beschäftigung bei Film- und Fernsehaufnahmen oder vergleichbaren Aufnahmen darf die Bewilligung nur erteilt werden, wenn das Gutachten eines Facharztes für Augenheilkunde bescheinigt, dass gegen eine solche Beschäftigung keine Bedenken bestehen.

(5) Die Bewilligung kann für eine bestimmte Aufführung oder jeweils für einen begrenzten Zeitraum erteilt werden. Handelt es sich um erwerbsmäßige Aufführungen, so sind in den Bewilligungsbescheid Bestimmungen über Dauer und Lage der Arbeitszeit und der Ruhepausen und über etwaige Sonn- und Feiertagsarbeit aufzunehmen. Diese Bedingungen hat das zuständige Arbeitsinspektorat dem Landeshauptmann in der gutächtlichen Äußerung (Abs. 3) bekanntzugeben.

(6) Der Landeshauptmann hat Abschriften seiner Bewilligungsbescheide der nach dem Beschäftigungsort des Kindes zuständigen Bezirksverwaltungsbehörde zu übermitteln. Bei erwerbsmäßigen Aufführungen hat der Landeshauptmann eine weitere Bescheidabschrift dem örtlich zuständigen Arbeitsinspektorat zu übermitteln.

(7) Die Verwendung von Kindern bei Musikaufführungen, Theatervorstellungen und sonstigen Aufführungen, die von der Schule oder einer Schulbehörde veranstaltet werden, bedarf der Bewilligung im Sinne der Abs. 1 bis 6 nicht. In diesen Fällen ist die schriftliche Zustimmung des gesetzlichen Vertreters des Kindes erforderlich.

(Anm.: Abs. 8 aufgehoben durch BGBl. I Nr. 71/2013)

§ 7. (1) Kinder dürfen nur insoweit verwendet werden, als sie dadurch in ihrer Gesundheit, in ihrer körperlichen und geistigen Entwicklung oder in der Sittlichkeit nicht gefährdet, im Besuch der Schule und in der Möglichkeit, dem Schulunterricht mit Nutzen zu folgen, nicht behindert und in der Erfüllung ihrer religiösen Pflichten nicht beeinträchtigt werden.

(2) Für die Beschäftigung von Kindern nach § 6 gelten folgende weitere Beschränkungen:

1. Kinder dürfen nur in der Zeit zwischen acht und 23 Uhr und nicht vor dem Vormittagsunterricht beschäftigt werden; in diesen Grenzen muß auch die für den Weg zur und von der Arbeitsstätte aufzuwendende Zeit liegen.

2. Nach dem Vormittagsunterricht ist eine mindestens zweistündige, nach dem Nachmittagsunterricht eine mindestens einstündige ununterbrochene arbeitsfreie Zeit zu gewähren; in diese Freizeiten sind die Zeiten, die zur Zurücklegung des Weges zur und von der Schule erforderlich sind, nicht einzurechnen.

3. Die Beschäftigung von Kindern während der Schulferien ist nach Maßgabe des § 6 zulässig, wenn durch die Bewilligung sichergestellt ist, daß die Kinder höchstens während eines Drittels der Schulferien und nur im unbedingt erforderlichen Ausmaß beschäftigt werden, die Aufführungen oder Foto-, Film-, Fernseh- und Tonaufnahmen von besonderem kulturellem oder volksbildnerischem Wert sind und nicht außerhalb der Schulferien durchgeführt werden können. Im Falle von Auslandstourneen kann in begründeten Fällen von der Beschränkung der Beschäftigung auf ein Drittel der Schulferien abgesehen werden.

4. Die Bewilligung darf nur erteilt werden, wenn der Veranstalter einen guten Leumund aufweist und von der Gemeinde, in der die Aufführung oder Aufnahme stattfindet, eine Unbedenklichkeitserklärung vorliegt. Eine Abschrift des Bewilligungsbescheides ist dem örtlich zuständigen Arbeitsinspektorat zu übermitteln.

Lohnschutz

§ 8. (1) Insoweit das Entgelt für die Arbeit fremder Kinder in Geldlohn besteht, dürfen in Anrechnung auf diesen Geldlohn nur Wohnung, Kleidung und Lebensmittel zugewendet werden. Der hiebei angerechnete Preis darf die Beschaffungskosten nicht übersteigen.

(2) Die Verabreichung von Alkohol und von Tabak an Kinder als Entgelt für ihre Arbeit ist untersagt. Alkoholische Getränke aller Art und Tabak dürfen Kindern während oder anläßlich der Arbeit nicht verabreicht werden.

Aufsicht

§ 9. (1) Die Überwachung der Einhaltung der Vorschriften dieses Bundesgesetzes über die Verwendung von Kindern obliegt den Bezirksverwaltungsbehörden im Zusammenwirken mit den Arbeitsinspektoraten (Arbeitsinspektoren für Kinderarbeit, Jugend- und Lehrlingsschutz), den Gemeindebehörden und den Schulleitungen. (Art. VI Abs. 2 der Kundmachung)

(2) Die Lehrer an öffentlichen Schulen, an Schulen mit Öffentlichkeitsrecht und an Privatschulen, die Ärzte und die Organe der privaten Jugendfürsorge sowie aller Körperschaften, in deren Aufgabengebiet Angelegenheiten der Jugendfürsorge fallen, sind verpflichtet, Wahrnehmungen über die Verletzung von Vorschriften über die Kinderarbeit der zuständigen Bezirksverwaltungsbehörde mitzuteilen; auf Verlangen der Bezirksverwaltungsbehörde sind sie verpflichtet, Auskünfte über die

Kinderarbeit im allgemeinen und über besondere Fälle der Verwendung von Kindern zu erteilen. (Art. VI Abs. 3 der Kundmachung)

(3) Gelangt die Bezirksverwaltungsbehörde zur Kenntnis von Mißständen, so hat sie entsprechende Abhilfe zu treffen. Unbeschadet des § 30 ist einem Dienstgeber, dem eine Bewilligung zur Verwendung von Kindern gemäß § 6 erteilt wurde, durch die bewilligende Behörde die weitere Verwendung der Kinder zu verbieten, wenn der Dienstgeber keine Gewähr bietet, daß die Bedingungen des Bewilligungsbescheides und § 7 eingehalten werden.

Abschnitt 3
Schutzvorschriften für
Jugendliche
Arbeitszeit

§ 10. (1) Tägliche Arbeitszeit ist die Zeit vom Beginn bis zum Ende der Arbeit ohne Einrechnung der Ruhepausen (§ 15). Wochenarbeitszeit ist die Arbeitszeit innerhalb des Zeitraumes von Montag bis einschließlich Sonntag.

(2) Werden Jugendliche von mehreren Dienstgebern beschäftigt, so darf die Gesamtdauer der einzelnen Beschäftigungen zusammengerechnet die in den folgenden Bestimmungen vorgesehene Höchstgrenze der Arbeitszeit nicht überschreiten.

(3) Im Falle des Abs. 2 ist der Jugendliche verpflichtet, jedem seiner Dienstgeber mitzuteilen, in welchem Ausmaß er jeweils in den einzelnen Betrieben beschäftigt ist.

§ 11. (1) Die tägliche Arbeitszeit der Jugendlichen darf acht Stunden, ihre Wochenarbeitszeit 40 Stunden nicht überschreiten, soweit im folgenden nicht anderes bestimmt wird.

(2) Die nach Abs. 1 zulässige Wochenarbeitszeit kann zur Erreichung einer längeren Freizeit, die mit der Wochenfreizeit zusammenhängen muß, abweichend von der nach Abs. 1 zulässigen täglichen Arbeitszeit verteilt werden. Der Kollektivvertrag kann zulassen, daß die nach Abs. 1 zulässige Wochenarbeitszeit auf die Werktage abweichend von der nach Abs. 1 zulässigen täglichen Arbeitszeit aufgeteilt wird.

(2a) Die Arbeitszeit kann in den einzelnen Wochen eines mehrwöchigen Durchrechnungszeitraumes ausgedehnt werden, wenn innerhalb dieses Durchrechnungszeitraumes die Wochenarbeitszeit im Durchschnitt 40 Stunden nicht übersteigt und

1. der Kollektivvertrag dies zuläßt,
2. für vergleichbare erwachsene Arbeitnehmer des Betriebes eine solche Arbeitszeiteinteilung besteht und
3. eine abweichende Arbeitszeiteinteilung für Jugendliche dem Arbeitgeber nicht zugemutet werden kann.

(2b) Fällt in Verbindung mit Feiertagen die Arbeitszeit an Werktagen aus, um den Jugendlichen eine längere zusammenhängende Freizeit zu ermöglichen, so kann die ausfallende Normalarbeitszeit auf die übrigen Werktage von höchstens sieben, die Ausfallstage einschließenden Wochen verteilt werden. Der Einarbeitungszeitraum kann durch Betriebsvereinbarung auf höchstens 13 Wochen verlängert werden.

(3) Bei einer Verteilung der Arbeitszeit nach Abs. 2 bis 2b darf die Tagesarbeitszeit neun Stunden und die Arbeitszeit in den einzelnen Wochen des Durchrechnungs- bzw. Einarbeitungszeitraumes 45 Stunden nicht überschreiten.

(3a) Reisezeit liegt vor, wenn die/der Jugendliche über Auftrag der Arbeitgeberin/des Arbeitgebers vorübergehend ihren/seinen Dienstort (Arbeitsstätte) verlässt, um an anderen Orten ihre/seine Arbeitsleistung zu erbringen, sofern während der Reisebewegung keine Arbeitsleistung erbracht wird. Durch Reisezeiten kann die Tagesarbeitszeit auf bis zu zehn Stunden ausgedehnt werden, wenn die/der Jugendliche in einem Lehr- oder sonstigen Ausbildungsverhältnis steht und das 16. Lebensjahr vollendet hat.

(4) Den Jugendlichen ist die zur Erfüllung der gesetzlichen Berufsschulpflicht erforderliche Zeit freizugeben. Für die Unterrichtszeit ist der Lohn (Lehrlingsentschädigung) weiterzuzahlen.

(5) Die Unterrichtszeit in der Berufsschule, zu deren Besuch die Jugendliche gesetzlich verpflichtet ist, ist auf die Dauer der wöchentlichen Arbeitszeit anzurechnen.

(6) In die Unterrichtszeit im Sinne der Abs. 4 und 5 sind einzurechnen:

1. die Pausen in der Berufsschule, mit Ausnahme der Mittagspause;
2. der Besuch von Freigegenständen und unverbindlichen Übungen im Ausmaß von höchstens zwei Unterrichtsstunden, Förderunterricht und Schulveranstaltungen in der Berufsschule im Sinne der §§ 12 und 13 des Schulunterrichtsgesetzes, BGBl. Nr. 472/1986;
3. an ganzjährigen und saisonmäßigen Berufsschulen einzelne an einem Schultag entfallene Unterrichtsstunden oder an lehrgangsmäßigen Berufsschulen der bis zu zwei aufeinanderfolgenden Werktagen entfallene Unterricht, wenn es in jedem dieser Fälle wegen des Verhältnisses zwischen der im Betrieb zu verbringenden Zeit und der Wegzeit nicht zumutbar ist, daß der Jugendliche während dieser unterrichtsfreien Zeit den Betrieb aufsucht;
4. Förderkurse im Sinne des Art. II § 2 der 5. Schulorganisationsgesetz-Novelle, BGBl. Nr. 323/1975.

Weitere Inh.

(7) Beträgt die Unterrichtszeit an einem Schultag mindestens acht Stunden, so ist eine Beschäftigung im Betrieb nicht mehr zulässig. Beträgt die Unterrichtszeit weniger als acht Stunden, so ist eine Beschäftigung nur insoweit zulässig, als die Unterrichtszeit, die notwendige Wegzeit zwischen Betrieb und Schule und die im Betrieb zu verbringende Zeit die gesetzliche Arbeitszeit nicht überschreitet.

(8) Besucht ein Jugendlicher eine lehrgangsmäßige oder saisonmäßige Berufsschule, darf er während des tatsächlichen Besuchs des Lehrganges bzw. der saisonmäßigen Berufsschule nicht im Betrieb beschäftigt werden.

(9) Die Lenkzeit Jugendlicher, die auf Grund des Berufsausbildungsgesetzes, BGBl. Nr. 142/1969, zu Berufskraftfahrern ausgebildet werden, darf vier Stunden täglich und 20 Stunden wöchentlich nicht überschreiten. Fahrten, die im Rahmen der Berufsausbildung in einer Fahrschule absolviert werden, sind in die Lenkzeit einzurechnen.

§ 11a. Den Schülervertretern (§ 59 des Schulunterrichtsgesetzes, BGBl. Nr. 472/1986) und den Mitgliedern der Landes- und Bundesschülervertretung (§§ 6 und 21 des Schülervertretungengesetzes, BGBl. Nr. 284/1990) ist während der Unterrichtszeit die zur Erfüllung ihrer gesetzlichen Obliegenheiten, darüber hinaus die für die in die Arbeitszeit fallende Teilnahme an Landes- und Bundesschülervertretungssitzungen erforderliche Freizeit unter Fortzahlung des Entgelts zu gewähren.

§ 12. (1) Werden Jugendliche zu Vor- und Abschlußarbeiten herangezogen, so ist die auf diese Arbeiten entfallende Zeit grundsätzlich durch frühere Beendigung, beziehungsweise späteren Beginn der eigentlichen Betriebsarbeit entsprechend auszugleichen; der Ausgleich ist tunlichst in der gleichen, spätestens jedoch in der folgenden Kalenderwoche durchzuführen.

(2) Wenn zwingende betriebliche Gründe es erfordern, darf zwecks Durchführung von Vor- und Abschlußarbeiten die nach § 11 zulässige Dauer der Arbeitszeit für Jugendliche über 16 Jahre um eine halbe Stunde täglich in folgenden Fällen ausgedehnt werden:

1. bei Arbeiten zur Reinigung und Instandhaltung, soweit sich diese Arbeiten während des regelmäßigen Betriebes nicht ohne Unterbrechung oder erhebliche Störung ausführen lassen;

2. bei Arbeiten, von denen die Wiederaufnahme oder Aufrechterhaltung des vollen Betriebes arbeitstechnisch abhängt;

3. bei Arbeiten zur abschließenden Kundenbedienung einschließlich der damit zusammenhängenden notwendigen Aufräumungsarbeiten.

(3) Die Dauer der Mehrarbeitsleistungen nach Abs. 2 darf insgesamt drei Stunden in der Woche nicht überschreiten. Die sich aus Abs. 2 und § 11 ergebende tägliche Arbeitszeit darf keinesfalls neuneinhalb Stunden überschreiten.

(4) Das Arbeitsinspektorat bestimmt in Zweifelsfällen, welche Arbeiten als Vor- und Abschlußarbeiten gelten und ob die Voraussetzungen des Abs. 2 vorliegen. Der Beschwerde gegen den Bescheid des Arbeitsinspektorates kommt keine aufschiebende Wirkung zu.

§ 13. (1) Für Personen unter 15 Jahren, die im Rahmen eines Ferialpraktikums oder eines Pflichtpraktikums beschäftigt werden (§ 2 Abs. 1a Z 2 und 3), gelten die §§ 11 und 12 mit folgenden Abweichungen.

(2) Während unterrichtsfreier Zeiten von mindestens einer Woche darf die tägliche Arbeitszeit sieben Stunden und die Wochenarbeitszeit 35 Stunden nicht überschreiten. In dieser Zeit sind eine abweichende Verteilung der Arbeitszeit (§ 11 Abs. 2 bis 3) und eine Arbeitszeitverlängerung durch Vor- und Abschlußarbeiten (§ 12 Abs. 2 und 3) nicht zulässig.

(3) Beträgt die Unterrichtszeit an einem Schultag mindestens sieben Stunden oder in einer Schulwoche mindestens 35 Stunden, so ist eine Beschäftigung im Betrieb nicht mehr zulässig. Beträgt die Unterrichtszeit weniger als sieben Stunden, so ist eine Beschäftigung nur im folgenden Ausmaß zulässig:

1. Die Unterrichtszeit, die notwendige Wegzeit zwischen Betrieb und Schule und die im Betrieb zu verbringende Zeit darf sieben Stunden nicht überschreiten.

2. Die im Betrieb zu verbringende Zeit darf zwei Stunden nicht überschreiten.

§ 14. (1) Als Überstunde gilt jede Arbeitsleistung, die über die nach § 11 Abs. 1 und 3 festgelegte Wochenarbeitszeit hinausgeht.

(2) Für Überstunden gebührt den Jugendlichen ein Zuschlag. Er beträgt 50 vH des auf die Zeit der Überstundenleistung entfallenden Normallohnes (Lehrlingsentschädigung).

(BGBl. Nr. 229/1982, Art. I Z 6)

Ruhepausen und Ruhezeiten

§ 15. (1) Beträgt die Gesamtdauer der Tagesarbeitszeit mehr als viereinhalb Stunden, so ist die Arbeitszeit durch eine Ruhepause von mindestens einer halben Stunde zu unterbrechen.

(2) Die Ruhepause ist spätestens nach sechs Stunden zu gewähren.

(3) Das Arbeitsinspektorat kann für Betriebe oder Betriebsteile oder für bestimmte Arbeiten über Abs. 1 hinausgehende Ruhepausen anordnen, wenn die Schwere der Arbeit oder der sonstige Einfluß der Arbeit auf die Gesundheit der Jugendlichen dies erfordert.

(4) Während der Ruhepausen darf den Jugendlichen keinerlei Arbeit gestattet werden, sie dürfen auch nicht zur Arbeitsbereitschaft verpflichtet werden. Für den Aufenthalt während der Ruhepausen sind nach Möglichkeit besondere Aufenthaltsräume oder freie Plätze bereitzustellen. Der Aufenthalt in den Arbeitsräumen darf nur gestattet werden, wenn dadurch die notwendige Erholung nicht beeinträchtigt wird.

(5) Jugendlichen, die zu Berufskraftfahrern ausgebildet werden, muß bei Lehrfahrten nach einer ununterbrochenen Lenkzeit (§ 11 Abs. 9) von höchstens zwei Stunden eine Lenkpause von einer halben Stunde gewährt werden.

(6) Die Lenkpause (Abs. 5) ist auf die Arbeitszeit anzurechnen. Fällt die Lenkpause mit der für den Jugendlichen geltenden Mittagspause zusammen, so ist sie nicht zusätzlich zu gewähren.

§ 16. (1) Nach Beendigung der täglichen Arbeitszeit ist
1. Personen unter 15 Jahren (§ 2 Abs. 1a) eine ununterbrochene Ruhezeit von mindestens 14 Stunden zu gewähren;
2. den Jugendlichen eine ununterbrochene Ruhezeit von mindestens zwölf Stunden zu gewähren.

(2) Diese Ruhezeit ist innerhalb von 24 Stunden nach Arbeitsbeginn zu gewähren. Für die Beschäftigung von Jugendlichen (Abs. 1 Z 2) im Gastgewerbe ist Satz 1 nicht anzuwenden.

Nachtruhe
§ 17. (1) Jugendliche dürfen in der Nachtzeit von 20 bis sechs Uhr nicht beschäftigt werden.

(2) Im Gastgewerbe dürfen Jugendliche über 16 Jahre bis 23 Uhr beschäftigt werden.

(3) In mehrschichtigen Betrieben dürfen Jugendliche über 16 Jahre im wöchentlichen Wechsel bis 22 Uhr beschäftigt werden.

(3a) In mehrschichtigen Betrieben dürfen Jugendliche ab 5 Uhr beschäftigt werden, wenn bei einem späteren Arbeitsbeginn keine zumutbare Möglichkeit zur Erreichung des Betriebes gegeben ist. Dies gilt nicht für Personen unter 15 Jahren (§ 2 Abs. 1a).

(4) Bei Musikaufführungen, Theatervorstellungen, sonstigen Aufführungen und bei Foto-, Film-, Fernseh- und Tonaufnahmen dürfen Jugendliche bis 23 Uhr beschäftigt werden.

(5) In Backwaren-Erzeugungsbetrieben, die nicht unter das Bäckereiarbeiter/innengesetz 1996 fallen, dürfen Lehrlinge im Lehrberuf „Bäcker", die das 15. Lebensjahr vollendet haben, ab 4 Uhr mit Arbeiten, die der Berufsausbildung dienen, beschäftigt werden.

(6) Jugendliche, die im gehobenen Dienst für Gesundheits- und Krankenpflege nach dem Gesundheits- und Krankenpflegegesetz, BGBl. I

Nr. 108/1997, ausgebildet werden, dürfen im letzten Jahr ihrer Ausbildung, soweit dies für die Erreichung des Ausbildungszweckes erforderlich ist, unter folgenden Voraussetzungen während der Nachtzeit beschäftigt werden (Nachtdienst):
1. die Höchstzahl der Nachtdienste darf im Ausbildungsjahr nicht mehr als 30 betragen;
2. die Höchstzahl der Nachtdienste darf pro Monat nicht mehr als fünf betragen;
3. die Leistung aufeinanderfolgender Nachtdienste ist nicht zulässig;
4. Nachtdienst darf nur unter Aufsicht einer diplomierten Gesundheits- und Krankenschwester oder eines diplomierten Gesundheits- und Krankenpflegers geleistet werden;
5. nach dem Nachtdienst ist eine Ruhezeit von mindestens zwölf Stunden zu gewähren.

(7) Soweit die Abs. 2 und 3a bis 6 eine Beschäftigung zwischen 22 und 6 Uhr zulassen, dürfen Jugendliche in dieser Zeit regelmäßig nur beschäftigt werden, wenn vor Aufnahme dieser Arbeiten und danach in jährlichen Abständen eine Jugendlichenuntersuchung gemäß § 132a ASVG oder eine dieser Untersuchung vergleichbare ärztliche Untersuchung, vorzugsweise durch Ärzte mit arbeitsmedizinischer Ausbildung, durchgeführt wurde.

Sonn- und Feiertagsruhe
§ 18. (1) An Sonntagen und an den gesetzlichen Feiertagen (§ 1 des Feiertagsruhegesetzes 1957, BGBl. Nr. 153, in der jeweils geltenden Fassung) dürfen Jugendliche nicht beschäftigt werden.

(2) Das Verbot des Abs. 1 gilt nicht im Gastgewerbe, in Krankenpflegeanstalten und Pflegeheimen, bei Musikaufführungen, Theatervorstellungen, sonstigen Aufführungen und für Arbeiten auf Sport- und Spielplätzen.

(3) In den Fällen des Abs. 2 muß jeder zweite Sonntag arbeitsfrei bleiben.

(3a) Durch Kollektivvertrag kann für das Gastgewerbe abweichend vom Abs. 3 die Beschäftigung Jugendlicher an aufeinanderfolgenden Sonntagen innerhalb eines vom Kollektivvertrag festzulegenden Zeitraumes von höchstens 23 Wochen pro Kalenderjahr zugelassen werden. Innerhalb eines Kalenderjahres dürfen die Jugendlichen jedoch höchstens an 23 Sonntagen beschäftigt werden. In diese Zahl ist die Hälfte der Sonntage einzurechnen, die in die Zeit des Besuchs einer lehrgangs- oder saisonmäßigen Berufsschule fallen.

(4) In Betrieben, auf die das Feiertagsruhegesetz Anwendung findet, gilt für die Bezahlung der Feiertage und der an Feiertagen geleisteten Arbeit, soweit sie nach diesem Bundesgesetz oder den hiezu erlassenen Durchführungsvorschriften zugelassen ist, das Feiertagsruhegesetz.

Sonderregelung für den 8. Dezember
§ 18a. Die Beschäftigung von Jugendlichen am 8. Dezember in Verkaufsstellen gemäß § 1 Abs. 1

Weitere Inh.

und 3 des Öffnungszeitengesetzes 2003, BGBl. I Nr. 48, kann durch Kollektivvertrag zugelassen werden, wenn der 8. Dezember auf einen Werktag fällt. Der Jugendliche hat das Recht, die Beschäftigung am 8. Dezember auch ohne Angabe von Gründen abzulehnen. Kein Jugendlicher darf wegen der Weigerung, am 8. Dezember der Beschäftigung nachzugehen, benachteiligt werden.

Wochenfreizeit

§ 19. (1) Den Jugendlichen ist wöchentlich eine ununterbrochene Freizeit von zwei Kalendertagen zu gewähren. Diese Wochenfreizeit hat den Sonntag zu umfassen, soweit an diesem Sonntag die Beschäftigung gemäß § 18 zulässig ist, und – mit Ausnahme von Tätigkeiten gemäß § 18 Abs. 2 – spätestens um 13 Uhr am Samstag, für Jugendliche, die mit unbedingt notwendigen Abschlußarbeiten gemäß § 12 Abs. 2 beschäftigt sind, spätestens um 15 Uhr am Samstag zu beginnen.

(1a) Wenn dies aus organisatorischen Gründen notwendig oder im Interesse der Jugendlichen gelegen ist, müssen die beiden Kalendertage der Wochenfreizeit nicht aufeinanderfolgen. Soweit der Kollektivvertrag nicht anderes bestimmt, muß jener Teil der Wochenfreizeit, in der der Sonntag fällt, mindestens 43 Stunden betragen. Die Teilung von Wochenfreizeiten gemäß Abs. 3 ist unzulässig.

(2) Werden Jugendliche – abgesehen von den Fällen des Abs. 1a – am Samstag beschäftigt, so dürfen diese Jugendlichen am Montag in der darauffolgenden Kalenderwoche nicht beschäftigt werden. Ist der Montag Berufsschultag, dürfen Jugendliche an einem anderen Arbeitstag (Dienstag bis Freitag) der auf die Samstagsarbeit folgenden Kalenderwoche nicht beschäftigt werden. Jugendliche, die in der auf die Samstagsarbeit folgenden Woche zur Gänze die Berufsschule besuchen, dürfen in der Kalenderwoche vor oder nach dem Ende des Berufsschulbesuchs an einem anderen Arbeitstag (Montag bis Freitag) dieser Kalenderwoche nicht beschäftigt werden.

(3) Jugendliche, die am Samstag und gemäß § 18 Abs. 2 unmittelbar darauf auch am Sonntag beschäftigt werden, haben Anspruch auf eine ununterbrochene Freizeit in der der Sonntagsarbeit folgenden Woche von zwei zusammenhängenden Kalendertagen. Jugendliche, die gemäß § 18 Abs. 2 nur am Sonntag beschäftigt werden, haben Anspruch auf eine ununterbrochene Freizeit in der der Sonntagsarbeit folgenden Woche von 43 Stunden.

(4) Jugendliche im Gastgewerbe haben Anspruch auf eine ununterbrochene wöchentliche Freizeit von zwei zusammenhängenden Kalendertagen. Dies gilt nicht, wenn eine Wochenfreizeit von mindestens 43 Stunden, in die der Sonntag

fällt, eingehalten wird und in die folgende Arbeitswoche ein betrieblicher Sperrtag fällt, an dem der Jugendliche nicht beschäftigt wird.

(5) Für Jugendliche, die in den Lehrberufen Bäcker, Konditor, Fleischer oder Molkereifachmann ausgebildet und überwiegend mit der Be- oder Verarbeitung von frischen Lebensmitteln beschäftigt werden, kann der Kollektivvertrag eine Verkürzung der Wochenfreizeit gemäß Abs. 1 und 2 zulassen, wenn durch andere Maßnahmen die Erholungsbedürfnisse der Jugendlichen sichergestellt sind. Dabei darf in den einzelnen Wochen die zusammenhängende Ruhezeit 43 Stunden nicht unterschreiten. Abs. 1 zweiter Satz ist anzuwenden.

(6) Kommt ein Kollektivvertrag gemäß Abs. 5 für Jugendliche zur Anwendung, die in Betrieben ausgebildet werden, in denen auch Tätigkeiten des Gastgewerbes im Sinne des § 94 Z 27 der Gewerbeordnung 1994, BGBl. Nr. 194, ausgeübt werden, ist zu vereinbaren, ob für den jeweiligen Jugendlichen entweder

1. die Sonderregelung des Kollektivvertrags nach Abs. 5 oder
2. die Sonderregelungen für das Gastgewerbe des § 18 Abs. 2 und 3a sowie § 19 Abs. 4

zur Anwendung kommt. Die Vereinbarung ist im Verzeichnis der Jugendlichen (§ 26) festzuhalten.

(7) Für Jugendliche, die nicht unter Abs. 4 oder 5 fallen, kann der Kollektivvertrag abweichend von Abs. 1 bis 2 zulassen, daß bei Vorliegen organisatorischer Gründe oder im Interesse der Jugendlichen das Ausmaß der Wochenfreizeit in einzelnen Wochen auf 43 zusammenhängende Stunden verkürzt werden kann, wenn die durchschnittliche Wochenfreizeit in einem durch Kollektivvertrag festzulegenden Durchrechnungszeitraum mindestens 48 Stunden beträgt. Abs. 1 zweiter Satz ist anzuwenden.

Sonderregelungen für Verkaufsstellen

§ 19a. (1) Abweichend von § 19 Abs. 1 dürfen Jugendliche am Samstag nach 13 Uhr in Verkaufsstellen im Sinne des § 1 Abs. 1 bis 3 des Öffnungszeitengesetzes 2003, BGBl. I Nr. 48, beschäftigt werden, soweit die jeweils geltenden Öffnungszeitenvorschriften ein Offenhalten dieser Verkaufsstellen vorsehen.

(2) Wird ein Jugendlicher gemäß Abs. 1 an einem Samstag nach 13 Uhr beschäftigt, hat der folgende Samstag zur Gänze arbeitsfrei zu bleiben, soweit die Abs. 3 bis 5 nicht anderes bestimmen.

(3) Ein Jugendlicher darf am folgenden Samstag beschäftigt werden, wenn er nach 13 Uhr beschäftigt wurde mit

1. Verkaufstätigkeiten an den letzten vier Samstagen vor dem 24. Dezember,
2. der Kundenbedienung nach § 12 Abs. 2 Z 3 bis 15 Uhr,
3. Abschlußarbeiten gemäß § 12 Abs. 2 Z 1 und 2 bis 15 Uhr.

(4) Die Betriebsvereinbarung, in Betrieben, in denen kein Betriebsrat errichtet ist, die schriftliche Einzelvereinbarung mit Zustimmung der Erziehungsberechtigten, kann zulassen, daß innerhalb eines Zeitraumes von vier Wochen die Beschäftigung an zwei Samstagen zulässig ist. In diesem Fall haben die übrigen Samstage dieses Zeitraumes arbeitsfrei zu bleiben.

(5) Der Kollektivvertrag kann weitere Abweichungen zulassen.

Ausnahmen

§ 20. (1) Bei vorübergehenden Arbeiten, die bei Notstand sofort vorgenommen werden müssen und für die keine erwachsenen Arbeitnehmer zur Verfügung stehen, findet für Jugendliche über 16 Jahre die Bestimmung des § 17 keine Anwendung. In diesen Fällen können für Jugendliche über 16 Jahre

1. die Grenzen der regelmäßigen Arbeitszeit gemäß § 11 überschritten werden. Innerhalb von drei Wochen hat ein entsprechender Ausgleich zu erfolgen;

2. Ruhepausen (§ 15) und Ruhezeiten (§ 16) verkürzt werden. Innerhalb von drei Wochen ist eine Ruhezeit entsprechend zu verlängern.

(2) Der Dienstgeber hat die Vornahme solcher Arbeiten dem Arbeitsinspektorat unverzüglich anzuzeigen.

Verbot der Akkordarbeit

§ 21. Jugendliche, die das 16. Lebensjahr noch nicht vollendet haben oder in einem Lehr- oder sonstigen, mindestens einjährigen Ausbildungsverhältnis stehen, dürfen nicht zu Akkordarbeiten, akkordähnlichen Arbeiten, leistungsbezogenen Prämienarbeiten und sonstigen Arbeiten, bei denen durch ein gesteigertes Arbeitstempo ein höheres Entgelt erzielt werden kann, wie beispielsweise Arbeiten, für die Entgelt gebührt, das auf

Arbeits(Persönlichkeits)bewertungsverfahren, statistischen Verfahren, Datenerfassungsverfahren, Kleinstzeitverfahren oder ähnlichen Entgeltfindungsmethoden beruht, sowie zu Fließarbeiten mit vorgeschriebenem Arbeitstempo herangezogen werden. Dieses Verbot gilt nicht für Jugendliche, die als Heimarbeiter beschäftigt werden.

(BGBl. Nr. 331/1973, Art. I Z 8)

Beförderung höherer Geld- oder Sachwerte
(Art. VI Abs. 7 der Kundmachung)

§ 21a. Außerhalb des Betriebes dürfen Jugendliche nicht zur Beförderung höherer Geld- oder Sachwerte unter eigener Verantwortung herangezogen werden.

(BGBl. Nr. 229/1982, Art. I Z 12)

Maßregelungsverbot

§ 22. (1) Körperliche Züchtigung oder erhebliche wörtliche Beleidigung sind verboten.

(2) Disziplinarmaßnahmen dürfen über Jugendliche nur verhängt werden, wenn dies in einem Kollektivvertrag oder in einer Betriebsvereinbarung im Sinne des § 97 Abs. 1 Z 24 des Arbeitsverfassungsgesetzes, BGBl. Nr. 22/1974, vorgesehen ist. Geldstrafen dürfen als Disziplinarmaßnahmen nicht verhängt werden.

(BGBl. Nr. 229/1982, Art. I Z 13)

Gesundheits- und Sittlichkeitsschutz

§ 23. (1) Der Dienstgeber hat vor Beginn der Beschäftigung und bei jeder bedeutenden Änderung der Arbeitsbedingungen die für die Sicherheit und Gesundheit des Jugendlichen sowie für die Sittlichkeit bestehenden Gefahren zu ermitteln. Dabei sind insbesondere zu berücksichtigen:

1. Die Einrichtung und Gestaltung der Arbeitsstätte und des Arbeitsplatzes;
2. die Gestaltung, die Auswahl und der Einsatz von Arbeitsmitteln;
3. die Verwendung von Arbeitsstoffen;
4. die Gestaltung der Arbeitsverfahren und der Arbeitsvorgänge und deren Zusammenwirken und
5. Körperkraft, Alter und Stand der Ausbildung und der Unterweisung der Jugendlichen.

(1a) Der Dienstgeber hat alle erforderlichen Maßnahmen zum Schutz der Sicherheit, der Gesundheit und der Sittlichkeit zu treffen.

(1b) Der Dienstgeber hat die Präventivdienste (7. Abschnitt ASchG oder vergleichbare österreichische Rechtsvorschriften) bei der Ermittlung der Gefährdung und der Festsetzung von Schutzmaßnahmen heranzuziehen.

(2) Durch Verordnung kann die Beschäftigung von Jugendlichen in bestimmten Betrieben, mit bestimmten Arbeiten oder unter bestimmten Einwirkungen, die mit besonderen Gefahren für die Sicherheit, Gesundheit oder Sittlichkeit verbunden sind, untersagt oder von Bedingungen abhängig gemacht werden.

(3) Unabhängig von Abs. 2 kann das Arbeitsinspektorat in einzelnen Fällen die Beschäftigung Jugendlicher mit gefährlichen Arbeiten untersagen oder von Bedingungen abhängig machen.

(Anm.: Abs. 4 aufgehoben durch BGBl. I Nr. 79/2003)

§ 24. (1) Jugendliche sind vor der Arbeitsaufnahme unter Verantwortung des Dienstgebers über die im Betrieb bestehenden Gefahren und über die zur Abwendung dieser Gefahren getroffenen Maßnahmen sowie Einrichtungen und deren Benützung zu unterweisen. Bei Personen unter 15 Jahren (§ 2 Abs. 1a) sind auch die gesetzlichen Vertreter zu unterrichten.

(2) Jugendliche sind unter Verantwortung des Dienstgebers vor der erstmaligen Verwendung

Weitere Inh.

an Maschinen, zu Arbeiten mit Gasen, Chemikalien oder mit sonstigen gesundheitsschädlichen Arbeitsstoffen oder zu Arbeiten an gefährlichen Arbeitsstellen über das bei Verrichtung solcher Arbeiten notwendige Verhalten sowie über die bestehenden Schutzvorkehrungen und deren Handhabung zu unterweisen.

(3) Die Unterweisungen nach Abs. 1 und 2, denen ein Mitglied des Betriebsrates (Jugendvertrauensrates) beizuziehen ist, sind in nach den Verhältnissen des Betriebes entsprechend angemessenen Zeiträumen, mindestens jedoch in jährlichen Abständen zu wiederholen.

§ 25. (1) Der Dienstgeber hat die Jugendlichen über die Durchführung von Jugendlichenuntersuchungen gemäß § 132a ASVG rechtzeitig zu informieren, sie über den Sinn dieser Untersuchungen zu belehren und sie zur Teilnahme anzuhalten. Den Jugendlichen ist die für die Durchführung der Jugendlichenuntersuchungen erforderliche Freizeit unter Fortzahlung des Entgelts zu gewähren.

(1a) Ergibt die Beurteilung gemäß § 23 Abs. 1 eine Gefahr für die Sicherheit oder Gesundheit des Jugendlichen, so hat der Dienstgeber dafür Sorge zu tragen, daß in jährlichen Abständen eine Untersuchung gemäß § 132a ASVG stattfindet.

(2) Die Jugendlichenuntersuchungen gemäß § 132a ASVG sind bei Jugendlichen, die erstmalig eine Beschäftigung angetreten haben, tunlichst binnen zwei Monaten durchzuführen. Wenn dies der Wahrnehmung der Belange des Arbeitnehmerschutzes dient, kann durch Verordnung bestimmt werden, daß die Ergebnisse dieser erstmaligen Jugendlichenuntersuchungen noch vor ihrer Auswertung im Sinne des § 132a Abs. 6 ASVG der für die Durchführung des Arbeitnehmerschutzes jeweils zuständigen Behörde zuzuleiten sind.

(3) Durch Verordnung können für Jugendliche, die in Betrieben beschäftigt sind, für die das ArbeitnehmerInnenschutzgesetz, BGBl. Nr. 450/1994, nicht gilt, unter sinngemäßer Anwendung des 5. Abschnittes des ArbeitnehmerInnenschutzgesetzes Vorschriften über gesundheitsgefährdende Tätigkeiten, Eignungsuntersuchungen und die Überwachung des Gesundheitszustandes erlassen werden.

Abschnitt 4
Verzeichnis der Jugendlichen

§ 26. (1) In jedem Betrieb, in dem Jugendliche beschäftigt werden, ist ein Verzeichnis der Jugendlichen zu führen. Das Verzeichnis hat zu enthalten:

(BGBl. Nr. 45/1952, Art. I Z 2)

1. Familiennamen und Vornamen sowie Wohnort der Jugendlichen,
2. Tag und Jahr der Geburt,
3. Tag des Eintrittes in den Betrieb,
4. Art der Beschäftigung,

5. Aufzeichnungen über die geleisteten Arbeitsstunden und deren Entlohnung (§ 26 Abs. 1 des Arbeitszeitgesetzes (AZG), BGBl. Nr. 461/1969), (BGBl. Nr. 229/1982, Art. I Z 17 lit. a)
6. die Zeit, während der den Jugendlichen Urlaub gewährt wurde, (BGBl. Nr. 229/1982, Art. I Z 17 lit. b)
7. Namen und Wohnort der gesetzlichen Vertreter der Jugendlichen. (BGBl. Nr. 229/1982, Art. I Z 17 lit. b)

(2) Das Verzeichnis ist jeweils richtigzustellen. Bei Neuanlage des Verzeichnisses sind die vorher geführten Verzeichnisse bis zum Ablauf von zwei Jahren nach der letzten Eintragung aufzubewahren.

(3) Den Organen der Arbeitnehmerschaft des Betriebes ist auf Verlangen Einsicht in das Verzeichnis zu gewähren. (Art. VI Abs. 10 der Kundmachung)

Jugendliche Berufskraftfahrerinnen und Berufskraftfahrer

§ 26a. (1) Werden in einem Betrieb Jugendliche zu Berufskraftfahrerinnen oder Berufskraftfahrern ausgebildet und diese ausschließlich oder teilweise auf einem Fahrzeug mit eingebautem Kontrollgerät gemäß § 13 Abs. 1 Z 4 oder 5 AZG eingesetzt, so hat die Aufzeichnung der Lenkzeiten und Lenkpausen auf solchen Fahrzeugen mittels Ausdruck vom digitalen Kontrollgerät oder Schaublättern zu erfolgen. Verfügt die bzw. der Jugendliche über eine Fahrerkarte, hat sie bzw. er diese zu verwenden. § 17a AZG ist anzuwenden.

(2) Werden die Jugendlichen ausschließlich auf Fahrzeugen ohne eingebautem Kontrollgerät eingesetzt, so ist für jede und jeden Jugendlichen über ihre bzw. seine Lenkzeiten und Lenkpausen ein Wochenberichtsblatt zu führen. Werden die Jugendlichen teilweise auf solchen Fahrzeugen eingesetzt, sind in das Wochenberichtsblatt nur jene Lenkzeiten und Lenkpausen einzutragen, die nicht durch Ausdrucke, Schaublätter oder gegebenenfalls durch die Daten von der Fahrerkarte gemäß Abs. 1 dokumentiert werden können.

(3) Arbeitgeberinnen und Arbeitgeber haben die Jugendlichen während der Arbeitszeit ausreichend und nachweislich in der Handhabung der Kontrollgeräte zu unterweisen oder die ausreichende Unterweisung nachweislich sicher zu stellen.

(4) Während der Fahrten sind Ausdrucke, Schaublätter und Wochenberichtsblätter der vorangegangen 56 Tage sowie gegebenenfalls die Fahrerkarte mitzuführen und den Kontrollorganen auf Verlangen vorzuweisen. Auf all diese Aufzeichnungen ist auch § 17b AZG anzuwenden.

(5) Nähere Bestimmungen über die Form, den Inhalt und die Vorschriften über die Führung des

Wochenberichtsblattes sind durch Verordnung zu treffen.

Aushänge

§ 27. (1) In Betrieben, in denen keine Betriebsvereinbarungen im Sinne des § 97 Abs. 1 Z 2 des Arbeitsverfassungsgesetzes bestehen, muß vom Dienstgeber an einer für die Arbeitnehmer des Betriebes leicht zugänglichen Stelle ein Aushang über den Beginn und das Ende der Normalarbeitszeit und der Ruhepausen sowie über die Dauer der Wochenruhezeit der Jugendlichen gut sichtbar angebracht werden.

(2) Die Aushangpflicht nach Abs. 1 wird auch dann erfüllt, wenn die Arbeitszeiteinteilung der Jugendlichen mittels eines sonstigen Datenträgers samt Ablesevorrichtung, durch geeignete elektronische Datenverarbeitung oder durch geeignete Telekommunikationsmittel zugänglich gemacht wird.

Anzeigepflicht

§ 27a. (1) Der Dienstgeber hat die Beschäftigung von Jugendlichen an aufeinanderfolgenden Sonntagen gemäß § 18 Abs. 3a dem Arbeitsinspektorat anzuzeigen. Diese Anzeige hat zu enthalten:

1. Den Zeitraum, für den die Beschäftigung an aufeinanderfolgenden Sonntagen vorgesehen ist sowie jenen Zeitraum, in dem die Jugendlichen an Sonntagen und an betrieblichen Sperrtagen im Sinne des § 19 Abs. 4 nicht beschäftigt werden,
2. Zeiten des Besuches einer lehrgangs- oder saisonmäßigen Berufsschule, soweit diese in den Zeitraum gemäß § 18 Abs. 3a fallen,
3. Familien- und Vornamen der Jugendlichen sowie das Geburtsdatum.

(2) Die Anzeige gemäß Abs. 1 hat spätestens zwei Wochen vor Beginn der Beschäftigung Jugendlicher gemäß § 18 Abs. 3a zu erfolgen.

(3) Das Arbeitsinspektorat hat Anzeigen gemäß Abs. 1 auf Verlangen den gesetzlichen Interessenvertretungen der Arbeitgeber und Arbeitnehmer zugänglich zu machen.

Gebührenfreiheit

§ 27b. Anzeigen gemäß § 20 Abs. 2 und § 27a sind von Stempel- und Rechtsgebühren des Bundes befreit.

Abschnitt 5
Anhörung der Jugendschutzstellen

§ 28. Die Arbeitsinspektorate sowie die Landeshauptmänner und die Bezirksverwaltungsbehörden haben vor Bewilligung von Ausnahmen und vor Erlassung von Verfügungen nach diesem Bundesgesetz die Jugendschutzstelle der zuständigen Arbeiterkammer und der zuständigen gesetzlichen Interessenvertretung der Dienstgeber zu hören.

(BGBl. Nr. 229/1982, Art. I Z 19)

Behördenzuständigkeit

§ 29. Die Aufgaben und Befugnisse, die nach diesem Bundesgesetz den Arbeitsinspektoraten zukommen, haben in Betrieben, die vom Wirkungsbereich der Arbeitsinspektion nach dem Arbeitsinspektionsgesetz 1993, BGBl. Nr. 27, ausgenommen sind, die zur Wahrnehmung des Dienstnehmerschutzes sonst berufenen Behörden auszuüben.

Strafbestimmungen

§ 30. (1) Wer den Bestimmungen des Abschnittes 2 dieses Bundesgesetzes zuwiderhandelt, ist, sofern die Tat nicht nach anderen Gesetzen einer strengeren Strafe unterliegt, von der Bezirksverwaltungsbehörde mit einer Geldstrafe von 72 Euro bis 1 090 Euro, im Wiederholungsfall von 218 Euro bis 2 180 Euro zu bestrafen.

(2) Ebenso sind Dienstgeber und deren Bevollmächtigte zu bestrafen, die den Bestimmungen der Abschnitte 3 und 4 dieses Bundesgesetzes oder einer auf Grund einer Bestimmung dieser Abschnitte erlassenen Verordnung zuwiderhandeln.

(3) Wurden Verwaltungsübertretungen nach den Abs. 1 bis 2 nicht im Inland begangen, gelten sie als an jenem Ort begangen, an dem sie festgestellt wurden.

Verbot der Beschäftigung Jugendlicher

§ 31. (1) Dienstgebern und deren Bevollmächtigten, die wiederholt wegen Übertretungen nach § 30 bestraft wurden, kann die Bezirksverwaltungsbehörde auf Antrag des Arbeitsinspektorates oder der zur Wahrnehmung des Dienstnehmerschutzes sonst berufenen Behörde die Beschäftigung von Jugendlichen auf bestimmte Zeit oder dauernd untersagen.

(2) Außer in den im Abs. 1 bezeichneten Fällen kann die Bezirksverwaltungsbehörde, nach Anhörung der gesetzlichen Interessenvertretungen der Dienstgeber und der Dienstnehmer, Dienstgebern und deren Bevollmächtigten die Beschäftigung von Jugendlichen auf bestimmte Zeit oder dauernd verbieten, wenn sie sich grober Pflichtverletzungen gegen die bei ihnen beschäftigten Jugendlichen schuldig gemacht haben oder gegen sie Tatsachen vorliegen, die sie in sittlicher Beziehung zur Beschäftigung Jugendlicher ungeeignet erscheinen lassen.

Urlaub der Jugendlichen

§ 32. (1) Der Anspruch der Jugendlichen auf Urlaub richtet sich nach den für sie jeweils geltenden Urlaubsvorschriften.

(2) Auf Verlangen des Jugendlichen ist der Verbrauch des Urlaubes im Ausmaß von mindestens zwölf Werktagen für die Zeit zwischen 15. Juni und 15. September zu vereinbaren.

(BGBl. Nr. 81/1983, Art. IV)

Weitere Inh.

Abschnitt 6
Verweisungen

§ 33. Soweit in diesem Bundesgesetz auf andere Bundesgesetze verwiesen wird, sind diese in ihrer jeweils geltenden Fassung anzuwenden.

Vollziehung

§ 34. (1) Mit der Vollziehung dieses Bundesgesetzes sind betraut:

1. hinsichtlich der §§ 11 Abs. 6 und 11a die Bundesministerin bzw. der Bundesminister für Bildung Wissenschaft und Forschung im Einvernehmen mit der Bundesministerin bzw. dem Bundesminister für Arbeit;
2. hinsichtlich des § 17 Abs. 6 und 7 die Bundesministerin bzw. der Bundesminister für Arbeit im Einvernehmen mit der Bundesministerin bzw. dem Bundesminister für Kunst, Kultur, öffentlichen Dienst und Sport;
3. hinsichtlich des § 27b die Bundesministerin bzw. der Bundesminister für Finanzen;
4. hinsichtlich aller anderen Bestimmungen die Bundesministerin bzw. der Bundesminister für Arbeit.

(2) Die §§ 18 Abs. 3a, 19 Abs. 2 und 3 sowie § 27a, in der Fassung des Bundesgesetzes BGBl. Nr. 175/1992, treten mit 1. Mai 1992 in Kraft.

(3) § 6 Abs. 8 in der Fassung des Bundesgesetzes BGBl. Nr. 257/1993 tritt mit 1. Juli 1993 in Kraft. Auf zu diesem Zeitpunkt anhängige Verfahren ist er jedoch noch nicht anzuwenden.

(4) § 1 Abs. 4 in der Fassung des Bundesgesetzes BGBl. Nr. 410/1996 tritt mit 1. Juli 1996 in Kraft. Mit diesem Zeitpunkt tritt § 17 Abs. 5 außer Kraft.

(5) § 1 Abs. 1 und 1a, § 2 Abs. 1 und 1a, § 3, § 5a Abs. 1, § 6 Abs. 1, § 7 Abs. 2 Z 3, § 11 Abs. 2, 2a, 2b, 3 und 8, § 11a, § 12 Abs. 3, § 13, § 15 Abs. 1 und 2, § 16, § 17 Abs. 3a bis 7, § 19, § 19a, § 20, § 23 Abs. 1, 1a, 1b und 2, § 24, § 25 Abs. 1 und 1a, § 27b, § 29 und § 33 und § 34 Abs. 1 Z 2a in der Fassung des Bundesgesetzes BGBl. I Nr. 79/1997 treten mit 1. Juli 1997 in Kraft.

(6) § 30 in der Fassung des Bundesgesetzes BGBl. I Nr. 98/2001 tritt mit 1. Jänner 2002 in Kraft.

(7) Die §§ 2 Abs. 1a Z 4, 17 Abs. 3a und 7, 19 Abs. 6, 25 Abs. 3 und 27 Abs. 3 in der Fassung des Bundesgesetzes BGBl. I Nr. 79/2003 treten mit 1. Juli 2003 in Kraft. Gleichzeitig tritt § 23 Abs. 4 außer Kraft.

(8) Die Überschrift zu § 5a, § 5a Abs. 1 und § 30 Abs. 3 in der Fassung des Bundesgesetzes BGBl. I Nr. 93/2010 treten mit 1. November 2010 in Kraft.

(9) § 34 Abs. 1 Z 4 in der Fassung vor dem 2. Stabilitätsgesetz 2012, BGBl. I Nr. 35/2012, tritt mit Ablauf des 30. Juni 2012 außer Kraft.

(10) § 6 und § 12 Abs. 4 in der Fassung des Bundesgesetzes BGBl. I Nr. 71/2013 treten mit 1. Jänner 2014 in Kraft.

(11) § 6 Abs. 3 und 4 in der Fassung des Bundesgesetzes BGBl. I Nr. 138/2013 tritt mit 1. August 2013 in Kraft, ist aber auf zu diesem Zeitpunkt bereits anhängige Verfahren nicht anzuwenden.

(12) § 1 Abs. 4 und § 11 Abs. 3a in der Fassung des Bundesgesetzes BGBl. I Nr. 152/2015 treten mit 1. Jänner 2016 in Kraft.

(13) § 1 Abs. 4, § 27 sowie § 30 Abs. 2 in der Fassung des Deregulierungsgesetzes 2017, BGBl. I Nr. 40/2017, treten mit 1. Juli 2017 in Kraft.

(14) § 1 Abs. 3 Z 1, § 26 Abs. 1 Z 5, § 26a samt Überschrift und § 34 Abs. 1, in der Fassung des Bundesgesetzes, BGBl. I Nr. 58/2022, treten mit 1. Juni 2022 in Kraft. Die Frist in § 26a Abs. 4 beträgt bis zum Ablauf des 30. Dezember 2024 28 Tage.

41. Verordnung über Beschäftigungsverbote und -beschränkungen für Jugendliche

Verordnung der Bundesministerin für Arbeit, Gesundheit und Soziales, des Bundesministers für wirtschaftliche Angelegenheiten und des Bundesministers für Wissenschaft und Verkehr über Beschäftigungsverbote und -beschränkungen für Jugendliche (KJBG-VO)

StF: BGBl. II Nr. 436/1998
Letzte Novellierung: BGBl. II Nr. 221/2018

Präambel

Auf Grund des § 23 Abs. 2 des Bundesgesetzes über die Beschäftigung von Kindern und Jugendlichen 1987 (KJBG), BGBl. Nr. 599, zuletzt geändert durch BGBl. I Nr. 126/1997, wird von der Bundesministerin für Arbeit, Gesundheit und Soziales, hinsichtlich der Betriebe, die der bergbehördlichen Aufsicht unterstehen, vom Bundesminister für wirtschaftliche Angelegenheiten im Einvernehmen mit der Bundesministerin für Arbeit, Gesundheit und Soziales, hinsichtlich der Betriebe, die der Aufsicht der Verkehrs-Arbeitsinspektion unterstehen, vom Bundesminister für Wissenschaft und Verkehr im Einvernehmen mit der Bundesministerin für Arbeit, Gesundheit und Soziales verordnet:

GLIEDERUNG

STICHWORTVERZEICHNIS

Allgemeine Bestimmungen

§ 1. (1) Diese Verordnung gilt für die Beschäftigung von Jugendlichen. Als Jugendliche im Sinne dieser Verordnung gelten Jugendliche im Sinne des § 3 KJBG und Minderjährige im Sinne des § 2 Abs. 1a KJBG.

(2) Ausbildung im Sinne dieser Verordnung ist jede Ausbildung im Rahmen eines Lehrverhältnisses oder eines sonstigen gesetzlich oder kollektivvertraglich geregelten Ausbildungsverhältnisses.

(3) Die in dieser Verordnung für die Ausbildung vorgesehenen Ausnahmen von Beschäftigungsverboten gelten nur, soweit diese Ausnahmen für die Vermittlung der wesentlichen Fertigkeiten und Kenntnisse nach den Ausbildungsvorschriften unbedingt erforderlich sind.

(4) Aufsicht im Sinne dieser Verordnung ist die Überwachung durch eine geeignete fachkundige Person, die jederzeit unverzüglich zum Eingreifen bereitstehen muß.

Weitere Inh.

(5) Gefahrenunterweisung im Rahmen des Berufsschulunterrichts im Sinne dieser Verordnung ist eine spezielle theoretische und praktische Unterweisung zur Unfallverhütung nach Richtlinien der Allgemeinen Unfallversicherungsanstalt im Ausmaß von mindestens 24 Unterrichtseinheiten im Rahmen des Berufsschulunterrichts, die nachweislich absolviert wurde.

(6) Vor Beginn der Beschäftigung Jugendlicher und bei jeder bedeutenden Änderung der Arbeitsbedingungen sind gemäß § 23 KJBG die für Sicherheit und Gesundheit der Jugendlichen bestehenden Gefahren zu ermitteln und hat der Arbeitgeber alle erforderlichen Maßnahmen zum Schutz der Sicherheit, der Gesundheit und der Sittlichkeit der Jugendlichen unter Beachtung der Grundsätze der Gefahrenverhütung (§ 7 ASchG, BGBl. Nr. 450/1994) zu treffen.

(7) Strengere Vorschriften nach dem ASchG und den dazu erlassenen Verordnungen bleiben unberührt.

(8) Folgende Begriffsbestimmungen des ArbeitnehmerInnenschutzgesetzes (ASchG), BGBl. Nr. 450/1994, in der Fassung des Bundesgesetzes BGBl. I Nr. 60/2015, gelten auch für diese Verordnung:

1. betreffend Arbeitsstoffe § 2 Abs. 6 und § 40 ASchG;
2. betreffend persönliche Schutzausrüstung § 69 Abs. 1 ASchG.

(9) Erfolgt die Beendigung der Ausbildung vor der Vollendung des 18. Lebensjahres, gelten die in dieser Verordnung für die Ausbildung vorgesehenen Regelungen für Ausnahmen von Beschäftigungsverboten bis zur Vollendung des 18. Lebensjahres.

Verbotene Betriebe

§ 2. Die Beschäftigung Jugendlicher ist verboten:

1. in Sexshops, Sexkinos, Striptease-Lokalen, Table-Dance-Lokalen, Go-Go-Lokalen, Peep-Shows und Lokalen mit Peep-Shows;
2. bei der Herstellung, beim Vertrieb und bei der Vorführung pornographischer Produkte, unabhängig vom verwendeten Medium (Datenträger);
3. in Wettbüros und bei allen Tätigkeiten betreffend die gewerbsmäßige Vermittlung und den gewerbsmäßigen Abschluß von Wetten;
4. an der Kasse in Glücksspielhallen mit Automaten mit Geld- oder Sachwertgewinnen.

Arbeiten mit gefährlichen Arbeitsstoffen

§ 3. (1) Verboten sind die in Z 1 bis 4 genannten Arbeiten, sofern die gefährlichen Arbeitsstoffe nicht in nur so geringem Ausmaß zur Einwirkung gelangen können, daß nach arbeitsmedizinischen Erfahrungen eine Schädigung der Gesundheit nicht zu erwarten ist, oder so verwendet werden, beispielsweise in einer Apparatur, daß ein

Entweichen in den Arbeitsraum während des normalen Arbeitsvorganges nicht möglich ist.

1. Arbeiten unter Einwirkung folgender, gesundheitsgefährdender Arbeitsstoffe :
   a. Akute Toxizität (Gefahrenklasse 3.1) Kategorie 1 bis 3,
   b. Ätz-/Reizwirkung auf die Haut (Gefahrenklasse 3.2),
   c. Schwere Augenschädigung/Augenreizung (Gefahrenklasse 3.3),
   d. Sensibilisierung der Atemwege oder der Haut (Gefahrenklasse 3.4),
   e. Keimzellmutagenität (Gefahrenklasse 3.5),
   f. Karzinogenität (Gefahrenklasse 3.6),
   g. Reproduktionstoxizität (Gefahrenklasse 3.7),
   h. Spezifische Zielorgan-Toxizität, einmalige Exposition (Gefahrenklasse 3.8) Kategorie 1 und 2,
   i. Spezifische Zielorgan-Toxizität, wiederholte Exposition (Gefahrenklasse 3.9) Kategorie 1 und 2,
   j. Aspirationsgefahr (Gefahrenklasse 3.10),
   k. Akute Toxizität (Gefahrenklasse 3.1) Kategorie 4, Spezifische Zielorgan-Toxizität, einmalige Exposition (Gefahrenklasse 3.8) Kategorie 3, die auf Grund ihrer irreversiblen nicht letalen oder nach längerer Exposition sich ergebenden chronischen Giftwirkung als solche eingestuft sind,
   l. Arbeitsstoffe, die fibrogene oder biologisch inerte Eigenschaften aufweisen;
2. Arbeiten mit oder an Behältern, Becken, Speicherbecken, Ballons oder Korbflaschen, die in der Z 1 angeführte Arbeitsstoffe oder explosionsgefährliche Arbeitsstoffe enthalten, sofern damit eine Gefährdung verbunden ist;
3. Arbeiten unter Verwendung gasförmiger Arbeitsstoffe, sofern die Gefahr einer Verdrängung der Atemluft unter Erstickungsgefahr gegeben ist;
4. Arbeiten mit biologischen Arbeitsstoffen der Risikogruppe 3 oder 4.

(Anm.: Z 5 und 6 aufgehoben durch BGBl. II Nr. 185/2015)

(2) Jugendliche in Ausbildung dürfen mit nach Abs. 1 Z 1 bis 3 verbotenen Arbeiten unter Aufsicht beschäftigt werden.

(3) Verboten sind Arbeiten mit explosionsgefährlichen Arbeitsstoffen im Sinne des § 40 Abs. 2 ASchG. Erlaubt ist die Bereitstellung für Verkauf, Transport und Verwendung pyrotechnischer Gegenstände der Kategorie F1 und F2 gemäß §§ 11 und 47 des Pyrotechnikgesetzes 2010, BGBl. I Nr. 131/2009.

(4) Verboten sind Arbeiten mit brandgefährlichen Arbeitsstoffen im Sinne des § 40 Abs. 3 ASchG:

1. Arbeiten unter Verwendung von

a. entzündbaren Gasen (Gefahrenklasse 2.2),
b. entzündbaren Aerosolen (Gefahrenklasse 2.3) Kategorie 1,
c. entzündbaren Flüssigkeiten (Gefahrenklasse 2.6) Kategorie 1,
d. Stoffen oder Gemischen, die in Berührung mit Wasser entzündbare Gase entwickeln (Gefahrenklasse 2.12),

wenn dabei auf Grund der beim Arbeitsvorgang auftretenden Menge und Konzentration dieser Arbeitsstoffe Gefahren für Sicherheit und Gesundheit auftreten können;

2. Arbeiten unter Verwendung von
a. entzündbaren Aerosolen (Gefahrenklasse 2.3) Kategorie 2,
b. oxidierenden Gasen (Gefahrenklasse 2.4),
c. entzündbaren Feststoffen (Gefahrenklasse 2.7),
d. entzündbaren Flüssigkeiten (Gefahrenklasse 2.6) Kategorie 2,
e. selbstzersetzlichen Stoffen oder Gemischen (Gefahrenklasse 2.8) außer Typ A und B,
f. pyrophoren Flüssigkeiten (Gefahrenklasse 2.9),
g. pyrophoren Feststoffen (Gefahrenklasse 2.10),
h. selbsterhitzungsfähigen Stoffen oder Gemischen (Gefahrenklasse 2.11),
i. oxidierenden Flüssigkeiten (Gefahrenklasse 2.13),
j. oxidierenden Feststoffen (Gefahrenklasse 2.14),
k. organischen Peroxiden (Gefahrenklasse 2.15) außer Typ A und B,

wenn dabei auf Grund der beim Arbeitsvorgang auftretenden Menge und Konzentration dieser Arbeitsstoffe Gefahren für Sicherheit und Gesundheit auftreten können; erlaubt nach 18 Monaten Ausbildung und unter Aufsicht.

Arbeiten unter physikalischen Einwirkungen
§ 4. (1) Für Jugendliche verboten sind Arbeiten, bei denen der Auslösegrenzwert für Vibrationen bei beruflicher Exposition gemäß § 4 der Verordnung über den Schutz der Arbeitnehmer/innen vor der Gefährdung durch Lärm und Vibrationen (VOLV), BGBl. II Nr. 22/2006, zuletzt geändert durch BGBl. II Nr. 302/2009, überschritten wird.

(2) Verboten sind Arbeiten
1. in Bereichen, in denen die Auslösewerte für elektromagnetische Felder im Sinn der Verordnung elektromagnetische Felder – VEMF, BGBl. II Nr. 179/2016, überschritten sind;
2. mit Lasereinrichtungen der Klassen 3R, 3B und 4;
3. unter Verwendung von Lampen der Risikogruppe 3 oder Leuchten (Gehäuse) mit vergleichbarem Risiko im Hinblick auf künstliche inkohärente optische Strahlung.

(3) Abs. 2 gilt nicht für Jugendliche nach 18 Monaten Ausbildung und bei Durchführung der Arbeiten unter Aufsicht.

(4) Verboten sind Arbeiten in Strahlenbereichen ionisierender Strahlung im Sinn des Strahlenschutzgesetzes, BGBl. Nr. 227/1969 in der geltenden Fassung.

Arbeiten unter psychischen und physischen Belastungen
§ 5. Verboten sind Arbeiten, die die psychische oder physische Leistungsfähigkeit Jugendlicher übersteigen. Zu letzteren zählen insbesondere:
1. das Heben, Abstützen, Absetzen, Schieben, Ziehen, Tragen, Wenden und sonstige Befördern von Lasten mit oder ohne Hilfsmittel, soweit damit eine für Jugendliche unzuträgliche Beanspruchung des Organismus verbunden ist;
2. Stemmarbeiten mit nicht kraftbetriebenen Arbeitsmitteln, die nach § 4 Abs. 1 zulässig sind, soweit damit eine für Jugendliche unzuträgliche Beanspruchung des Organismus verbunden ist;
3. Arbeiten, bei denen eine den Organismus besonders belastende Hitze im Sinne des Art. VII Abs. 2 Z 2 des Nachtschwerarbeitsgesetzes (NSchG), BGBl. Nr. 354/1981, in der jeweils geltenden Fassung, vorliegt; erlaubt für Jugendliche in Ausbildung, unter Aufsicht;
4. Arbeiten in Räumen mit Temperaturen unter -10 °C; erlaubt sind Arbeiten in Räumen mit Temperaturen von -10 °C bis -25 °C, wenn diese Tätigkeiten zwei Stunden täglich und zehn Stunden wöchentlich nicht überschreiten.

Arbeiten mit gefährlichen Arbeitsmitteln
§ 6. (1) Verboten sind Arbeiten mit Arbeitsmitteln, an denen durch bewegte Werkzeuge und Werkstücke, die Quetsch-, Scher-, Schneid-, Stich-, Fang-, Einzugsstellen bilden, oder durch andere Gefahrstellen eine besondere Gefahr von Verletzungen gegeben ist, sofern an den Arbeitsmitteln bestehende Unfallgefahren nicht durch geeignete Maßnahmen beseitigt sind, etwa durch Zweihandschaltung, Lichtschranken oder andere trennende Schutzeinrichtungen oder Schutzvorrichtungen. Verbotene Arbeitsmittel und Arbeiten sind insbesondere:
1. Sägemaschinen mit Handbeschickung, Handentnahme oder Handvorschub des Sägegutes bzw. Handvorschub bei Maschinen mit beweglichem Sägetisch, sowie handgeführte Sägemaschinen mit einer Nennleistung von mehr als 1 200 Watt, ausgenommen Bandsägen für die Metallbearbeitung, Bügelsägen, Fuchsschwanzsägen und Furniersägen; erlaubt nach 18 Monaten Ausbildung, mit Gefahrenunterweisung im Rahmen des Berufsschulunterrichts nach zwölf Monaten, unter Aufsicht;

Weitere Inh.

Kettensägen ungeachtet der Nennleistung; erlaubt nach 18 Monaten Ausbildung, mit Gefahrenunterweisung im Rahmen des Berufsschulunterrichts nach zwölf Monaten, unter Aufsicht;

diese Ausnahmen gelten für Kettensägen nur mit einer Ausstattung mit Antivibrationsgriffen und bei Verwendung von Antivibrationshandschuhen;

2. Hobelmaschinen mit rotierenden Messerwellen mit Handbeschickung, Handentnahme oder Handvorschub des Werkstückes oder der Maschine, ausgenommen handgeführte Hobelmaschinen mit einer Nennleistung von nicht mehr als 1 200 Watt sowie Dickenhobelmaschinen; erlaubt nach 18 Monaten Ausbildung, mit Gefahrenunterweisung im Rahmen des Berufsschulunterrichts nach zwölf Monaten, unter Aufsicht;

3. Fräsmaschinen mit Handbeschickung, Handentnahme oder Handvorschub des Werkstückes sowie handgeführte Fräsmaschinen mit einer Nennleistung von mehr als 1 200 Watt, ausgenommen Fräsmaschinen für die Metallbearbeitung; erlaubt nach 18 Monaten Ausbildung, mit Gefahrenunterweisung im Rahmen des Berufsschulunterrichts nach zwölf Monaten, unter Aufsicht;

4. Schneidemaschinen mit Handbeschickung, Handentnahme oder Handvorschub des Schneidgutes, ausgenommen Brot- und Wurstschneidemaschinen; erlaubt nach 18 Monaten Ausbildung, mit Gefahrenunterweisung im Rahmen des Berufsschulunterrichts nach zwölf Monaten, unter Aufsicht;

5. Handgeführte Trennmaschinen und Winkelschleifer mit einer Nennleistung von mehr als 1 200 Watt; erlaubt nach 18 Monaten Ausbildung, mit Gefahrenunterweisung im Rahmen des Berufsschulunterrichts nach zwölf Monaten, unter Aufsicht;

6. Bandschleifmaschinen, ausgenommen handgeführte Bandschleifmaschinen mit einer Nennleistung von nicht mehr als 1 200 Watt sowie Bandschleifmaschinen mit einer Funktion ähnlich der von Schleifböcken; erlaubt ab Beginn der Ausbildung; ausgenommen Kantenschleifmaschinen; diese erst nach 18 Monaten Ausbildung, mit Gefahrenunterweisung im Rahmen des Berufsschulunterrichts nach zwölf Monaten, unter Aufsicht;

7. Stanzen und Pressen mit Handbeschickung oder Handentnahme, deren im Fertigungsvorgang bewegliche Teile einen Hub von mehr als 6 mm haben können; erlaubt nach 18 Monaten Ausbildung, mit Gefahrenunterweisung im Rahmen des Berufsschulunterrichts nach zwölf Monaten, unter Aufsicht;

8. Zerkleinerungs-, Knet-, Rühr- und Mischmaschinen, bei denen die Beschickung während des Betriebs von Hand erfolgen muß und dadurch eine Gefährdung gegeben ist, ausgenommen Mischmaschinen für Bauarbeiten; erlaubt nach zwölf Monaten Ausbildung, unter Aufsicht; diese Ausnahme gilt nicht für Zerkleinerungsmaschinen;

9. Arbeitsmittel mit Fang- und Einzugsstellen durch rotierende Teile, Walzen, Bänder oder dergleichen, ausgenommen Bogendruckmaschinen und Drehmaschinen; erlaubt nach 18 Monaten Ausbildung, mit Gefahrenunterweisung im Rahmen des Berufsschulunterrichts nach zwölf Monaten, unter Aufsicht;

Rollen-Rotationsdruckmaschinen erlaubt für alle Jugendliche ab dem vollendeten 17. Lebensjahr;

10. Furnierschälmaschinen, Holzschälmaschinen und Furniermessermaschinen;

11. Hebebühnen und Hubtische, ausgenommen stationäre Hebebühnen und Hubtische; erlaubt nach zwölf Monaten Ausbildung, unter Aufsicht; erlaubt für alle Jugendliche ab dem vollendeten 17. Lebensjahr;

12. Bolzensetzgeräte;

13. Schlachtschußapparate und Betäubungszangen;

14. Dampfkessel und Druckbehälter für Dämpfe sowie Wärmekraftmaschinen, soweit diese in den Geltungsbereich des § 3 Abs. 1 Z 1 und § 3 Abs. 1 Z 2 lit. a und b des Kesselgesetzes, BGBl. Nr. 211/1992, in der jeweils geltenden Fassung, fallen;

15. Bedienung von bühnentechnischen Einrichtungen; erlaubt für alle Jugendliche ab dem vollendeten 17. Lebensjahr;

16. Bedienung von Schleppliften; erlaubt das Zureichen von Bügeln für alle Jugendliche ab dem vollendeten 16. Lebensjahr;

17. Führen von Bauaufzügen;

18. Führen von selbstfahrenden Arbeitsmitteln und Lenken von Kraftfahrzeugen auf dem Betriebsgelände; erlaubt ist das Lenken von Kraftfahrzeugen für Jugendliche, die einen Lernfahrausweis oder eine Lenkerberechtigung auf Grund kraftfahrrechtlicher Vorschriften besitzen;

19. Einschießen von Waffen; erlaubt nach 18 Monaten Ausbildung, unter Aufsicht;

20. Wartung und Montage von Aufzügen; erlaubt nach 18 Monaten Ausbildung, mit Gefahrenunterweisung im Rahmen des Berufsschulunterrichts nach zwölf Monaten, unter Aufsicht;

21. Bedienen von Hebezeugen; erlaubt ist die Bedienung von Ladehilfen (Ladebagger, Ladekranen mit einer Tragfähigkeit von nicht mehr als 5 t und einem Lastmoment von nicht mehr als 10 t, Ladebordwände, Kippeinrichtungen usw.) die mit einem Kraftfahrzeug fest verbunden sind, durch Jugendliche, die zu Berufskraftfahrern ausgebildet werden, nach 24 Monaten Ausbildung unter Aufsicht; für alle sonstigen Jugendlichen nach 24 Monaten Ausbildung unter Aufsicht, wenn die zu bewegende Last 1,5 t nicht überschreitet;

22. Bedienen von Plasma-, Autogen- und Laserschneideanlagen;

erlaubt nach 18 Monaten Ausbildung, unter Aufsicht, sofern § 7 Z 12 nicht anderes bestimmt;

23. Schweißarbeiten; erlaubt ab Beginn der Ausbildung, unter Aufsicht, sofern § 7 Z 12 nichts anderes bestimmt; erlaubt für alle Jugendliche ab dem vollendeten 17. Lebensjahr.

(2) Ausgenommen von den Verboten nach Abs. 1 Z 1 bis 11 und 21 sind Arbeiten mit Arbeitsmitteln, die ausschließlich durch menschliche Arbeitskraft angetrieben werden.

(3) Jugendliche dürfen mit Störungsbeseitigung, Einstell-, Wartungs-, Programmier-, Instandhaltungs- und Reinigungsarbeiten an in Betrieb befindlichen Arbeitsmitteln, sonstigen Anlagen und Einrichtungen nach Abs. 1 beschäftigt werden, soweit dies gefahrlos möglich ist.

Sonstige gefährliche sowie belastende Arbeiten und Arbeitsvorgänge

§ 7. Verboten sind folgende Arbeiten:

1. Arbeiten auf Bau- und Montagestellen, wie Arbeiten auf Dächern und Mauern über die Hand auf Stockwerksdecken, Montagearbeiten des Stahl- und des konstruktiven Holzbaues, Arbeiten auf Hochspannungsmasten, an denen Absturzgefahr besteht, sofern nach der Art der Arbeit keine technischen Schutzmaßnahmen gegen Absturz getroffen werden müssen und auch nicht getroffen sind; erlaubt nach zwölf Monaten Ausbildung, unter Aufsicht;

2. Arbeiten, die von Dachdeckerfahrstühlen aus durchgeführt werden und Arbeiten auf Dächern mit einer Neigung von mehr als 60 Grad;

3. Arbeiten auf Anlegeleitern, wenn der Standplatz höher als 5 m und Arbeiten auf Stehleitern, wenn der Standplatz höher als 3 m über der Aufstandsfläche liegt; erlaubt nach 18 Monaten Ausbildung, unter Aufsicht durch unterwiesene, erfahrene und körperlich geeignete Jugendliche bei günstigen Witterungsverhältnissen;

4. Arbeiten beim Aufstellen und Abtragen von Gerüsten sowie bei der Instandhaltung von aufgestellten Gerüsten aller Art, ausgenommen einfache Bockgerüste; erlaubt ab Beginn der Ausbildung ist die Mithilfe beim Aufstellen und Abtragen von Gerüsten sowie bei der Instandhaltung von aufgestellten Gerüsten bis zu einer Gerüstlage von 4 m Höhe unter Aufsicht;

5. Arbeiten auf Gerüsten; erlaubt ab Beginn der Ausbildung auf Gerüstlagen bis zu einer Höhe von 4 m; erlaubt nach zwölf Monaten Ausbildung unter Aufsicht auf Gerüstlagen über 4 m Höhe, wenn sich die Aufsichtsperson (§ 4 Abs. 1 BauV, BGBl. Nr. 340/1994, in der jeweils geltenden Fassung) oder in deren Abwesenheit der gemäß § 4 Abs. 4 BauV bestellte

Arbeitnehmer vor Beschäftigung des Jugendlichen durch Einsichtnahme in die gemäß § 61 Abs. 5 BauV geführten Vermerke vergewissert hat, daß das Gerüst ordnungsgemäß überprüft wurde und keine Mängel aufweist;

6. Abbrucharbeiten im Hoch- und Tiefbau, bei denen eine Gefährdung durch ab- oder einstürzendes Material besteht;

7. Arbeiten im Bergbau unter Tag; erlaubt ab Beginn der Ausbildung ist das Vermitteln der Kenntnis des Lenkens einschlägiger Fahrzeuge, die eine Fahrgeschwindigkeit von 25 km/h nicht überschreiten können, auf Fahrstrecken, die für den übrigen Verkehr gesperrt sind; erlaubt für alle Jugendliche ab dem vollendeten 17. Lebensjahr; diese Ausnahme gilt nicht für Sicherungsarbeiten;

8. Untertagebauarbeiten; erlaubt für alle Jugendliche ab dem vollendeten 17. Lebensjahr; diese Ausnahme gilt nicht für Sicherungsarbeiten;

9. Arbeiten an unter Spannung stehenden Teilen elektrischer Anlagen, wenn die Nennspannung über 25 V Wechsel- oder 60 V Gleichspannung beträgt, ausgenommen ist das Messen elektrischer Größen, sofern die elektrische Anlage mit einer Fehlerstromschutzschaltung mit einem Nennwert des Auslösefehlerstromes von nicht mehr als 30 mA ausgerüstet ist;

erlaubt nach 18 Monaten Ausbildung, unter Aufsicht;

10. das Kröseln, Arbeiten am Absprengrad sowie das Auffangen und Mundblasen vor dem Schmelzofen und Fertigblasen von Glasgegenständen an Halb- oder Dreiviertelautomaten bei der Bearbeitung oder Veredelung von Glas oder Glaswaren für alle Jugendliche bis zum vollendeten 17. Lebensjahr;

11. das Abfangen und der Transport flüssigen Metalls beim Metallgießen für alle Jugendliche bis zum vollendeten 17. Lebensjahr; erlaubt nach zwölf Monaten Ausbildung, unter Aufsicht; erlaubt ist weiters das Abfangen und der Transport von Schmelze in Zinngießereien bis zu einem Gewicht von 2 kg;

12. Schweiß- und Schneidearbeiten unter erschwerten Arbeitsbedingungen, etwa in engen Räumen oder Behältern, oder an beengten Arbeitsplätzen oder unter belastenden raumklimatischen Bedingungen; erlaubt nach 18 Monaten Ausbildung, unter Aufsicht;

13. Arbeiten im Eisenbahnbetrieb; die selbständige, eigenverantwortliche Beschäftigung bei Eisenbahnen und deren Anlagen im Sinne des Eisenbahngesetzes, BGBl. Nr. 60/1957, in der jeweils geltenden Fassung, und sonstigen Bahnen, wie Materialbahnen, Materialseilbahnen oder Feldbahnen und deren Anlagen; erlaubt für Jugendliche, sofern sie in Ausübung ihrer

Weitere Inh.

Tätigkeit den durch den Eisenbahnbetrieb bedingten besonderen Gefahren nicht unmittelbar ausgesetzt sind; erlaubt weiters ab Beginn der Ausbildung unter Aufsicht;

14. die Beschäftigung auf Fahrzeugen und Schwimmkörpern im Sinne des Schiffahrtsgesetzes, BGBl. I Nr. 62/1997, in der jeweils geltenden Fassung, und auf Seeschiffen im Sinne des Seeschiffahrtsgesetzes, BGBl. Nr. 174/1981, in der jeweils geltenden Fassung; erlaubt ab Beginn der Ausbildung unter Aufsicht oder für Jugendliche, die ein Befähigungszeugnis entsprechend dem internationalen Übereinkommen von 1978 über Normen für die Ausbildung, die Erteilung von Befähigungszeugnissen und den Wachdienst von Seeleuten (STCW) besitzen, oder Dienstleistungen ausüben, die nicht mit dem Schiffsbetrieb im Zusammenhang stehen;

15. Arbeiten im Rahmen der Einsätze und Übungen von Gasrettungsdiensten und Betriebsfeuerwehren;

16. die Beschäftigung als Beifahrer von Kraftfahrzeugen;

17. das Feilbieten im Umherziehen;

18. Arbeiten beim gewerbsmäßigen Vertrieb und bei der Verteilung von Druckerzeugnissen auf der Straße und an öffentlichen Orten;

19. die Beschäftigung von Jugendlichen an Verkaufsstellen vor Geschäften im Freien; erlaubt ab Beginn der Ausbildung die Beschäftigung bis zu zwei Stunden täglich;

20. Masseurarbeiten am menschlichen Körper; erlaubt für alle Jugendliche ab dem vollendeten 17. Lebensjahr;

21. Arbeiten mit wilden oder giftigen Tieren in Tierschauen;

erlaubt nach 18 Monaten Ausbildung unter Aufsicht ist die Betreuung solcher Tiere;

22. die industrielle Schlachtung von Tieren.

Arbeiten unter Einwirkung von Tabakrauch in der Gastronomie

§ 7a. (1) Die Beschäftigung Jugendlicher in Räumen von Gastronomiebetrieben, in denen gemäß § 13a des Tabak- und Nichtraucherinnen- bzw. Nichtraucherschutzgesetzes (TNRSG), BGBl. Nr. 431/1995 in der Fassung BGBl. I Nr. 37/2018, das Rauchen gestattet ist und Jugendliche Einwirkungen von Tabakrauch unmittelbar ausgesetzt sind, ist höchstens bis zu einer Stunde täglich zulässig.

(2) Im Rahmen der Arbeitsplatzevaluierung nach § 23 KJBG sind geeignete Maßnahmen festzulegen, die gewährleisten, dass der in Abs. 1 genannte Zeitraum eingehalten wird.

(3) Abs. 1 gilt nicht für Jugendliche, deren Ausbildung im Gastronomiebetrieb vor dem 1. September 2018 begonnen hat, sofern zwingende

räumliche oder organisatorische Gründe der Umsetzung von Abs. 1 entgegenstehen.

(4) Wird ein Lehrling in einem Gastronomiebetrieb ausgebildet, in dem er in Räumen beschäftigt wird, in denen das Rauchen gestattet ist, und strebt er einen Wechsel in einen Lehrbetrieb an, in dem Rauchen verboten ist, so hat die Lehrlingsstelle der Wirtschaftskammer den Lehrling dabei zu beraten und zu unterstützen.

Abweichungen und weitergehende Schutzmaßnahmen

§ 8. (1) Das Arbeitsinspektorat oder die sonst zuständige Behörde kann mit Bescheid die Beschäftigung Jugendlicher trotz Vorliegens eines Verbots nach den §§ 2 bis 7 unter Bedingungen, jedenfalls unter Aufsicht, zulassen, wenn dies für die Ausbildung unbedingt erforderlich ist und nach den besonderen Umständen des Einzelfalles dadurch der Schutz der Sicherheit, der Gesundheit und der Sittlichkeit Jugendlicher nicht beeinträchtigt werden.

(2) Das Arbeitsinspektorat oder die sonst zuständige Behörde kann über die Verbote nach den §§ 2 bis 7 hinaus durch Bescheid die Beschäftigung Jugendlicher mit Arbeiten, die mit besonderen Gefahren für Sicherheit, Gesundheit und Sittlichkeit Jugendlicher verbunden sind, untersagen oder von Bedingungen abhängig machen.

(3) Das Arbeitsinspektorat oder die sonst zuständige Behörde hat vor Bewilligung von Ausnahmen die zuständige Lehrlings- und Jugendschutzstelle der zuständigen Arbeiterkammer und der zuständigen gesetzlichen Interessenvertretung der Arbeitgeber zu hören.

Auflegen der Bescheide

§ 9. Arbeitgeber, die Jugendliche beschäftigen, haben eine Ablichtung von Bescheiden nach § 8 an geeigneter, für die Arbeitnehmer leicht zugänglicher Stelle aufzulegen.

Umsetzung von Rechtsakten der Europäischen Union

§ 10. Durch diese Verordnung wird die Richtlinie 94/33/EG über den Jugendarbeitsschutz, ABl. Nr. L 216/12 vom 20.8.1994, S. 12, in der Fassung der Änderungsrichtlinie 2014/27/EU zwecks ihrer Anpassung an die Verordnung (EG) Nr. 1272/2008 über die Einstufung, Kennzeichnung und Verpackung von Stoffen und Gemischen, ABl. Nr. L 65 vom 5.3.2014, S. 1, umgesetzt.

Schluss- und Übergangsbestimmungen

§ 11. (1) Diese Verordnung tritt mit 1. Jänner 1999 in Kraft.

(2) Die Verordnung über die Beschäftigungsverbote und -beschränkungen für Jugendliche, BGBl.

Nr. 527/1981, zuletzt geändert durch die Verordnung BGBl. II Nr. 173/1997, tritt mit Ablauf des 31. Dezember 1998 außer Kraft.

(3) Soweit Arbeitsstoffe noch entsprechend ihren Eigenschaften im Sinne des § 3 des Chemikaliengesetzes 1996, BGBl. I Nr. 53/1997 in der Fassung BGBl. I Nr. 14/2015, eingestuft oder gekennzeichnet sind, gilt § 3 dieser Verordnung unter sinngemäßer Anwendung von § 40 Abs. 8 ASchG.

(4) Die §§ 1 Abs. 8, § 3, § 10 samt Überschrift und § 11 Abs. 3 und Abs. 4 samt Überschrift zu § 11, jeweils in der Fassung des BGBl. II Nr. 185/2015, treten mit dem ihrer Kundmachung folgenden Tag in Kraft; gleichzeitig tritt der bisherige § 3 Abs. 1 Z 4 bis 6 außer Kraft.

(5) § 4 Abs. 2 Z 1 in der Fassung der Verordnung BGBl. II Nr. 179/2016 tritt mit dem der Kundmachung folgenden Monatsersten in Kraft.

(6) § 9 samt Überschrift in der Fassung der Verordnung BGBl. II Nr. 241/2017 tritt am 1. Juli 2017 in Kraft.

(7) § 7a samt Überschrift in der Fassung der Verordnung BGBl. II Nr. 221/2018 tritt mit 1. September 2018 in Kraft.

Weitere Inh.

42. Wochenberichtsblatt-Verordnung

Verordnung der Bundesminister für Arbeit und Soziales, für wirtschaftliche Angelegenheiten und für öffentliche Wirtschaft und Verkehr vom 12. August 1987 über das Wochenberichtsblatt für Jugendliche (Wochenberichtsblatt-Verordnung)

StF: BGBl. Nr. 420/1987

Letzte Novellierung: BGBl. II Nr. 254/2023

Präambel

Auf Grund des § 26a des Bundesgesetzes über die Beschäftigung von Kindern und Jugendlichen, BGBl. Nr. 146/1948, zuletzt geändert durch das Bundesgesetz BGBl. Nr. 338/1987, wird verordnet:

GLIEDERUNG

Geltungsbereich

§ 1. Diese Verordnung gilt für Jugendliche, auf die das Bundesgesetz über die Beschäftigung von Kindern und Jugendlichen Anwendung findet und die auf Grund des Berufsausbildungsgesetzes, BGBl. Nr. 142/1969, zu Berufskraftfahrern ausgebildet werden.

Führung des Wochenberichtsblattes

§ 2. Für jeden Jugendlichen ist vom Dienstgeber oder dessen Bevollmächtigten ein Wochenberichtsblatt über die Lenkzeiten nach dem Muster der Anlage zu führen.

Form und Inhalt des Wochenberichtsblattes

§ 3. (1) Das Wochenberichtsblatt muß mindestens das Format A 5 (210 x 148 mm) haben und inhaltlich dem Muster der Anlage entsprechen. Eine aus drucktechnischen Gründen erforderliche andere Anordnung der Spalten und Felder ist zulässig.

(2) Die Wochenberichtsblätter sind für jeden Jugendlichen fortlaufend durchzunumerieren.

(3) Das Wochenberichtsblatt hat Spalten (Felder) zur Eintragung des Beginns und des Endes der täglichen Lenkzeit, der Summe der täglichen Lenkzeit, des Beginns und des Endes der Lenkpause, der Wochensumme der Lenkzeit sowie der Art des Übungsfahrzeuges zu enthalten.

Pflichten des Dienstgebers oder dessen Bevollmächtigten

§ 4. (1) Der Dienstgeber oder dessen Bevollmächtigter hat dafür zu sorgen, daß die erforderlichen Angaben laufend eingetragen werden, das Wochenberichtsblatt bei Fahrten ständig mitgeführt und den Kontrollorganen auf Verlangen vorgewiesen wird.

(2) Der Dienstgeber oder dessen Bevollmächtigter hat weiters dafür zu sorgen, daß auch bei Fahrten, die im Rahmen der Berufsausbildung in einer Fahrschule absolviert werden, die erforderlichen Angaben im Wochenberichtsblatt eingetragen werden.

(3) Am Ende jeder Woche, in der Fahrten durchgeführt wurden, hat der Dienstgeber oder dessen Bevollmächtigter die Wochenberichtsblätter auf ihre ordnungsgemäße Führung zu überprüfen und durch seine Unterschrift mit Datumsangabe zu bestätigen. Die Zweitschrift des Wochenberichtsblattes ist dem Jugendlichen zu übergeben.

(4) Der Dienstgeber oder dessen Bevollmächtigter hat die von ihm unterschriebenen Wochenberichtsblätter bis zum Ablauf eines Jahres nach Beendigung des Lehrverhältnisses aufzubewahren. Er hat sie den Kontrollorganen auf Verlangen zur Einsichtnahme vorzulegen.

Inkrafttreten

§ 5. Diese Verordnung tritt am 1. September 1987 in Kraft.

Weitere

Anlage

MUSTER DES WOCHENBERICHTSBLATTES

Ausbildungsbetrieb   Familien- und Vorname des Jugendlichen

Wochenberichtsblatt-Nr. .... für die Woche vom ..... bis ..... 19 . . (§§ 2 und 3 Wochenberichtsblatt-VO)

Tag	Lenkzeit		insgesamt		Lenkpause		LKW *)	LKW-zug *)	Sattel-KFZ *)	Anmerkungen
	von	bis	Std	Min	von	bis				
Mo										
Di										
Mi										
Do										
Fr										
Sa										
Wochensumme der Lenkzeit					*) Zutreffendes ankreuzen					

Datum, Unterschrift des Dienstgebers oder dessen Bevollmächtigten   Unterschrift des Jugendlichen

43. Krankenanstalten-Arbeitszeitgesetz

Bundesgesetz, mit dem ein Arbeitszeitgesetz für Angehörige von Gesundheitsberufen in Kranken-, Pflegeanstalten und ähnlichen Einrichtungen geschaffen wird (Krankenanstalten-Arbeitszeitgesetz – KA-AZG)

StF: BGBl. I Nr. 8/1997 (NR: GP XX RV 386 AB 537 S. 53. BR: AB 5359 S. 620.)

Letzte Novellierung: BGBl. I Nr. 15/2022

GLIEDERUNG

STICHWORTVERZEICHNIS

Weitere Inh.

ABSCHNITT 1
Geltungsbereich

§ 1. (1) Dieses Bundesgesetz gilt für die Beschäftigung von Dienstnehmer/innen, die in

1. Allgemeinen Krankenanstalten,
2. Sonderkrankenanstalten,
3. Heimen für Genesende, die ärztlicher Behandlung und besonderer Pflege bedürfen,
4. Pflegeanstalten für chronisch Kranke, die ärztlicher Betreuung und besonderer Pflege bedürfen,
5. Gebäranstalten und Entbindungsheimen,
6. Sanatorien,
7. selbständigen Ambulatorien insbesondere Röntgeninstituten und Zahnambulatorien,
8. Anstalten, die für die Unterbringung geistig abnormer oder entwöhnungsbedürftiger Rechtsbrecher/innen bestimmt sind,
9. Krankenabteilungen in Justizanstalten,
10. Kuranstalten,
11. Organisationseinheiten zur stationären Pflege in Pflegeheimen und ähnlichen Einrichtungen

als Angehörige von Gesundheitsberufen tätig sind oder deren Tätigkeit sonst zur Aufrechterhaltung des Betriebes ununterbrochen erforderlich ist.

(2) Als Angehörige von Gesundheitsberufen im Sinne dieses Bundesgesetzes gelten

1. Ärzte/Ärztinnen gemäß Ärztegesetz 1998, BGBl. I Nr. 169,
1a. Angehörige des zahnärztlichen Berufs und des Dentistenberufs gemäß Zahnärztegesetz, BGBl. I Nr. 126/2005,
2. Angehörige der Gesundheits- und Krankenpflegeberufe gemäß Gesundheits- und Krankenpflegegesetz, BGBl. I Nr. 108/1997,
3. Angehörige der gehobenen medizinisch-technischen Dienste gemäß MTD-Gesetz, BGBl. Nr. 460/1992,
4. Angehörige des medizinisch-technischen Fachdienstes gemäß dem Bundesgesetz über die Regelung des medizinisch-technischen Fachdienstes und der Sanitätshilfsdienste (MTF-SHD-G), BGBl. Nr. 102/1961,
5. Angehörige der Sanitätshilfsdienste gemäß MTF-SHD-G, BGBl. Nr. 102/1961,
5a. Angehörige der medizinischen Assistenzberufe und der Operationstechnischen Assistenz sowie Trainingstherapeuten/Trainingstherapeutinnen gemäß Medizinische Assistenzberufe-Gesetz (MABG), BGBl. I Nr. 89/2012,
6. Hebammen gemäß Hebammengesetz, BGBl. Nr. 310/1994,
7. Angehörige des kardiotechnischen Dienstes sowie Kardiotechniker/innen in Ausbildung gemäß Kardiotechnikergesetz, BGBl. I Nr. 96/1998,
8. Gesundheitspsychologen/Gesundheitspsychologinnen und klinische Psychologen/Psychologinnen sowie Psychologen/Psychologinnen im Rahmen des Erwerbs praktischer fachlicher Kompetenz gemäß Psychologengesetz, BGBl. Nr. 360/1990,
9. Psychotherapeuten/Psychotherapeutinnen sowie Psychotherapeuten/Psychotherapeutinnen in Ausbildung gemäß Psychotherapiegesetz, BGBl. Nr. 361/1990,
10. Apothekenleiter/Apothekenleiterinnen gemäß § 37 des Apothekengesetzes, RGBl. Nr. 5/1907 sowie andere allgemein berufsberechtigte Apothe-

ker/Apothekerinnen in Anstaltsapotheken im Sinne des § 3b Apothekengesetz,

11. Sanitäter/Sanitäterinnen sowie Sanitäter/Sanitäterinnen in Ausbildung gemäß Sanitätergesetz, BGBl. I Nr. 30/2002,

12. medizinische Masseure/Masseurinnen sowie medizinische Masseure/Masseurinnen in Ausbildung und Heilmasseure/Heilmasseurinnen sowie Heilmasseure/Heilmasseurinnen in Ausbildung gemäß Medizinischer Masseur- und Heilmasseurgesetz, BGBl. I Nr. 169/2002,

13. Zahnärztliche Assistentinnen/Zahnärztliche Assistenten sowie Zahnärztliche Assistentinnen/Zahnärztliche Assistenten in Ausbildung gemäß Zahnärztegesetz,

(3) Dieses Bundesgesetz gilt nicht für leitende Dienstnehmer/innen, denen maßgebliche Führungsaufgaben selbstverantwortlich übertragen sind.

(4) Dieses Bundesgesetz gilt weiters nicht für die Beschäftigung von Dienstnehmer/innen, für die das Bundesgesetz über die Beschäftigung von Kindern und Jugendlichen 1987, BGBl. Nr. 599, gilt.

ABSCHNITT 2
Arbeitszeit
Begriffsbestimmungen
§ 2. Im Sinne dieses Bundesgesetzes ist:

1. Arbeitszeit die Zeit vom Dienstantritt bis zum Dienstende ohne die Ruhepausen;
2. Tagesarbeitszeit die Arbeitszeit innerhalb eines ununterbrochenen Zeitraumes von 24 Stunden;
3. Wochenarbeitszeit die Arbeitszeit innerhalb des Zeitraumes von Montag bis einschließlich Sonntag.

Arbeitszeit
§ 3. (1) Die Tagesarbeitszeit darf 13 Stunden nicht überschreiten, soweit im folgenden nicht anderes bestimmt wird.

(2) Die Wochenarbeitszeit darf

1. innerhalb eines Durchrechnungszeitraumes von bis zu 17 Wochen im Durchschnitt 48 Stunden und
2. in den einzelnen Wochen des Durchrechnungszeitraumes 60 Stunden

nicht überschreiten, soweit im folgenden nicht anderes bestimmt wird.

(3) Im Rahmen seiner Mitwirkungsbefugnis bei der Arbeitszeitgestaltung hat das jeweils zuständige betriebliche Vertretungsorgan das Einvernehmen mit Vertreter/innen der betroffenen Dienstnehmer/innen (§ 1 Abs. 2 Z 1 und 1a bzw. Z 2 bis 13), die den Verhandlungen beizuziehen sind, herzustellen.

(4) Durch Betriebsvereinbarung (Abs. 3) kann

1. der Durchrechnungszeitraum nach § 4 Abs. 1, 4 und 5 auf bis zu 26 Wochen;

2. für Dienstnehmer/Dienstnehmerinnen iSd § 4 Abs. 4a Z 1 und 2 bei Vorliegen von objektiven Gründen technischer oder arbeitsorganisatorischer Art der Durchrechnungszeitraum nach § 4 Abs. 4 Z 2 auf bis zu 52 Wochen,

a) wenn die Betriebsvereinbarung keine Arbeitszeitverlängerung nach § 4 Abs. 4b zulässt, oder

b) im Falle des § 8 Abs. 3

ausgedehnt werden.

(4a) Fallen in einen Durchrechnungszeitraum nach § 3 Abs. 2 oder § 4 Abs. 1 und 4 gerechtfertigte Abwesenheitszeiten, sind für die Berechnung der durchschnittlichen Wochenarbeitszeit

1. wenn die Diensteinteilung zum Zeitpunkt der Kenntnisnahme durch den Dienstgeber/die Dienstgeberin bereits getroffen wurde, die in der Diensteinteilung vorgesehene Arbeitszeiten heranzuziehen;

2. wenn die Diensteinteilung zum Zeitpunkt der Kenntnisnahme durch den Dienstgeber/die Dienstgeberin noch nicht getroffen wurde, die tatsächlich geleisteten Arbeitszeiten zu addieren und durch die um die Ausfalltage reduzierte Wochenanzahl zu dividieren.

(5) In Krankenanstalten, deren Rechtsträger eine Gebietskörperschaft ist und in denen eine Personalvertretung eingerichtet ist, können Regelungen gemäß Abs. 4 im Einvernehmen mit der Personalvertretung getroffen werden.

Verlängerter Dienst
§ 4. (1) Werden Dienstnehmer/innen während der Arbeitszeit nicht durchgehend in Anspruch genommen, können durch Betriebsvereinbarung längere Arbeitszeiten zugelassen werden, wenn dies aus wichtigen organisatorischen Gründen unbedingt notwendig ist (verlängerte Dienste). Eine Verlängerung ist nur insoweit zulässig, als die zu erwartende Inanspruchnahme innerhalb eines Durchrechnungszeitraumes von 17 Wochen im Durchschnitt 48 Stunden pro Woche nicht überschreitet.

(1a) Wird von einer Arbeitszeitverlängerung nach Abs. 4b nicht Gebrauch gemacht, ist Abs. 1 zweiter Satz nicht anzuwenden. In diesem Fall sind verlängerte Dienste nur zulässig, wenn durch entsprechende organisatorische Maßnahmen dafür gesorgt wird, dass den Dienstnehmern/Dienstnehmerinnen während der verlängerten Dienste ausreichende Erholungsmöglichkeiten zur Verfügung stehen.

(1b) Bis zum Ablauf von drei Monaten nach der erstmaligen Betriebsaufnahme einer neu errichteten Krankenanstalt nach § 1 Abs. 1 Z 2 oder 3, in der noch kein Betriebsrat errichtet ist, sind verlängerte Dienste nach Abs. 1 und 1a auch zulässig, wenn dies zunächst mit den Vertretern/Vertreterinnen nach § 3 Abs. 3 und danach zusätzlich

Weitere Inh.

mit den einzelnen Dienstnehmern/Dienstnehmerinnen schriftlich vereinbart wurde. Die Vereinbarung mit den Vertretern/Vertreterinnen nach § 3 Abs. 3 ist den in § 7 Abs. 4 des Arbeitszeitgesetzes, BGBl. Nr. 461/1969, genannten Einrichtungen zu übermitteln. Abs. 4a ist nicht anzuwenden. Diese Vereinbarungen werden mit Inkrafttreten einer Betriebsvereinbarung nach Abs. 1 und 1a unwirksam, spätestens aber mit Auslaufen der Frist von drei Monaten ab erstmaliger Betriebsaufnahme.

(1c) Dienstgeber/Dienstgeberinnen dürfen Dienstnehmer/Dienstnehmerinnen, die verlängerten Diensten nach Abs. 1b nicht zustimmen, gegenüber anderen Dienstnehmern/Dienstnehmerinnen nicht benachteiligen. Dieses Diskriminierungsverbot betrifft insbesondere die Begründung des Dienstverhältnisses, sämtliche Arbeitsbedingungen, die Verlängerung von Dienstverhältnissen, Entgeltbedingungen, Aus- und Weiterbildungsmaßnahmen, Aufstiegschancen und Beendigung des Dienstverhältnisses.

(2) In Krankenanstalten, deren Rechtsträger eine Gebietskörperschaft ist und in denen eine Personalvertretung eingerichtet ist, können verlängerte Dienste unter den Voraussetzungen des Abs. 1 im Einvernehmen mit der Personalvertretung zugelassen werden.

(3) Wurden in einer Krankenanstalt, deren Rechtsträger eine Gebietskörperschaft ist und in denen ein Betriebsrat eingerichtet ist, verlängerte Dienste gemäß Abs. 1 für Dienstnehmer/innen zugelassen, die in einem privatrechtlichen Dienstverhältnis stehen, sind verlängerte Dienste im selben Ausmaß auch für Dienstnehmer/innen zulässig, die in einem öffentlich-rechtlichen Dienstverhältnis stehen.

(4) Wurden verlängerte Dienste nach Abs. 1 bis 3 zugelassen, darf

1. die Dauer eines verlängerten Dienstes 25 Stunden,
2. die Wochenarbeitszeit innerhalb eines Durchrechnungszeitraumes von 17 Wochen im Durchschnitt 48 Stunden,
3. die Arbeitszeit in den einzelnen Wochen des Durchrechnungszeitraumes 72 Stunden

nicht überschreiten.

(4a) Abweichend von Abs. 4 Z 1 darf die Dauer eines verlängerten Dienstes von

1. Ärzten/Ärztinnen,
2. Apothekern/Apothekerinnen gemäß § 1 Abs. 2 Z 10

bis zum 31. Dezember 2017 32 Stunden, bei einem verlängerten Dienst, der am Vormittag eines Samstages oder eines Tages vor einem Feiertag beginnt, 49 Stunden, und bis zum 31. Dezember 2020 für alle verlängerten Dienste 29 Stunden nicht überschreiten.

(4b) Abweichend von Abs. 4 Z 2 kann durch Betriebsvereinbarung oder im Einvernehmen mit der Personalvertretung zugelassen werden, dass die durchschnittliche Wochenarbeitszeit bis zum 30. Juni 2025 55 Stunden und bis zum 30. Juni 2028 52 Stunden betragen kann. Abs. 1b ist nicht anzuwenden. Eine solche Arbeitszeitverlängerung ist darüber hinaus nur zulässig, wenn auch der einzelne Dienstnehmer/die einzelne Dienstnehmerin im Vorhinein schriftlich zugestimmt hat.

(5) Ab 1. Jänner 1998 dürfen innerhalb eines Durchrechnungszeitraumes von 17 Wochen im Durchschnitt höchstens zehn verlängerte Dienste pro Monat gemäß Abs. 1 geleistet werden. Diese Höchstanzahl vermindert sich

1. ab dem 1. Jänner 2001 auf acht verlängerte Dienste und
2. ab dem 1. Jänner 2004 auf sechs verlängerte Dienste. Durch Betriebsvereinbarung oder im Einvernehmen mit der Personalvertretung kann festgelegt werden, dass bis zu acht verlängerte Dienste zulässig sind. Abs. 3 ist anzuwenden. Abs. 1b ist nicht anzuwenden.

Für die Berechnung zählt eine durchgehende Arbeitszeit von mehr als 32 Stunden als zwei verlängerte Dienste.

(6) Durch Betriebsvereinbarung oder im Einvernehmen mit der Personalvertretung kann festgelegt werden, dass abweichend von § 2 Z 3 als Wochenarbeitszeit die Arbeitszeit innerhalb eines anderen Zeitraumes von 168 aufeinander folgenden Stunden gilt. Eine solche Regelung muss einheitlich für sämtliche Dienstnehmer/innen einer Organisationseinheit, die verlängerte Dienste leisten, getroffen werden. Abs. 3 ist anzuwenden. Abs. 1b ist nicht anzuwenden.

Überstundenarbeit und vertragsrechtliche Bestimmungen

§ 5. (1) Überstundenarbeit liegt vor, wenn die Tagesarbeitszeit acht Stunden bzw. bei einer anderen Verteilung der Arbeitszeit innerhalb der Woche neun Stunden oder die Wochenarbeitszeit 40 Stunden übersteigt, soweit nicht durch Kollektivvertrag abweichende Regelungen getroffen werden. Für Krankenanstalten, für die mangels Bestehen einer kollektivvertragsfähigen Körperschaft auf Arbeitgeberseite kein Kollektivvertrag abgeschlossen werden kann, können abweichende Regelungen durch Betriebsvereinbarung getroffen werden.

(2) Dienstnehmer/innen dürfen außerhalb der festgelegten Arbeitszeiteinteilung zu Überstundenarbeit nur herangezogen werden, wenn Berücksichtigungswürdige Interessen der Dienstnehmer/innen der Überstundenarbeit nicht entgegenstehen.

(3) Für Überstundenarbeit gebührt ein Zuschlag von 50 vH. Der Berechnung dieses Zuschlages

ist der auf die einzelne Arbeitsstunde entfallende Normallohn zugrunde zu legen.

(4) Die Bestimmungen der §§ 19c, 19d und 19g des Arbeitszeitgesetzes, BGBl. Nr. 461/1969, sind anzuwenden.

(5) Abs. 1 bis 4 gelten nicht für Dienstnehmer/innen, die in einem Dienstverhältnis zu einer Gebietskörperschaft stehen. Dienstrechtliche Regelungen in Bundesgesetzen oder Landesgesetzen bleiben unberührt.

ABSCHNITT 2a
Nachtarbeit
Definitionen

§ 5a. (1) Als Nacht im Sinne dieses Bundesgesetzes gilt die Zeit zwischen 22.00 Uhr und 05.00 Uhr.

(2) Nachtdienstnehmer/innen im Sinne dieses Bundesgesetzes sind Dienstnehmer/innen, die
1. regelmäßig oder
2. sofern durch Betriebsvereinbarung oder im Einvernehmen mit der Personalvertretung nicht anderes vorgesehen wird, in mindestens 48 Nächten im Kalenderjahr

während der Nacht mindestens drei Stunden arbeiten.

Untersuchungen

§ 5b. (1) Der/die Nachtdienstnehmer/in hat Anspruch auf unentgeltliche Untersuchungen des Gesundheitszustandes gemäß § 51 ArbeitnehmerInnenschutzgesetz (ASchG), BGBl. Nr. 450/1994, oder gleichartigen österreichischen Rechtsvorschriften, und zwar vor Aufnahme der Tätigkeit und danach in Abständen von zwei Jahren, nach Vollendung des 50. Lebensjahres oder nach zehn Jahren als Nachtdienstnehmer/in in jährlichen Abständen.

(2) Abweichend von § 5a Abs. 1 und 2 gelten für den Anspruch auf Untersuchungen die folgenden Definitionen:
1. als Nacht gilt die Zeit zwischen 22.00 Uhr und 06.00 Uhr;
2. Nachtdienstnehmer/innen sind Dienstnehmer/innen, die regelmäßig oder in mindestens 30 Nächten im Kalenderjahr während der Nacht mindestens drei Stunden arbeiten.

Versetzung

§ 5c. Der/die Nachtdienstnehmer/in hat auf Verlangen Anspruch gegenüber dem/der Dienstgeber/in auf Versetzung auf einen geeigneten Tagesarbeitsplatz entsprechend den betrieblichen Möglichkeiten, wenn
1. die weitere Verrichtung von Nachtarbeit die Gesundheit nachweislich gefährdet, oder
2. die Bedachtnahme auf unbedingt notwendige Betreuungspflichten gegenüber Kindern bis zu zwölf Jahren dies erfordert, für die Dauer dieser Betreuungspflichten.

Recht auf Information

§ 5d. Der/die Dienstgeber/in hat sicherzustellen, dass Nachtdienstnehmer/innen über wichtige Betriebsgeschehnisse, die die Interessen der Nachtdienstnehmer/innen berühren, informiert werden.

ABSCHNITT 3
Ruhepausen und Ruhezeiten
Ruhepausen

§ 6. (1) Beträgt die Gesamtdauer der Arbeitszeit mehr als sechs Stunden, so ist die Arbeitszeit durch eine Ruhepause von mindestens 30 Minuten zu unterbrechen.

(2) Verlängerte Dienste von mehr als 25 Stunden sind durch zwei Ruhepausen von jeweils mindestens 30 Minuten zu unterbrechen.

(3) Ist die Gewährung von Ruhepausen aus organisatorischen Gründen nicht möglich, so ist innerhalb der nächsten zehn Kalendertage eine Ruhezeit entsprechend zu verlängern.

Tägliche Ruhezeit

§ 7. (1) Nach Beendigung der Tagesarbeitszeit oder nach Beendigung eines verlängerten Dienstes gemäß § 4 ist den Dienstnehmer/innen eine unterbrochene Ruhezeit von mindestens elf Stunden zu gewähren.

(2) Beträgt die Tagesarbeitszeit zwischen acht und 13 Stunden, ist jeweils innerhalb der nächsten zehn Kalendertage eine Ruhezeit um vier Stunden zu verlängern.

(3) Nach verlängerten Diensten gemäß § 4 ist die folgende Ruhezeit um jenes Ausmaß zu verlängern, um das der verlängerte Dienst 13 Stunden überstiegen hat, mindestens jedoch um elf Stunden.

Wöchentliche Ruhezeit und Feiertagsruhe

§ 7a. (1) Für Dienstnehmer/innen, die unter das Arbeitsruhegesetz (ARG), BGBl. Nr. 144/1983 fallen, kann der Kollektivvertrag die wöchentliche Ruhezeit und die Ruhezeit an Feiertagen nach Maßgabe des Abs. 3 abweichend von den §§ 3, 4, 6 und 7 ARG regeln.

(2) Insoweit eine Regelung durch Kollektivvertrag nicht besteht, kann die wöchentliche Ruhezeit und die Ruhezeit an Feiertagen nach Maßgabe des Abs. 3 abweichend von den §§ 3, 4 und 7 ARG geregelt werden
1. durch Betriebsvereinbarung,
2. in Krankenanstalten, deren Rechtsträger eine Gebietskörperschaft ist und in denen eine Personalvertretung eingerichtet ist, im Einvernehmen mit der Personalvertretung,
3. in Betrieben von Gebietskörperschaften und sonstigen juristischen Personen des öffentlichen Rechts durch dienstrechtliche Vorschriften, die den wesentlichen Inhalt des Arbeitsverhältnisses zwingend festlegen.

Weitere Inh.

(3) Im Rahmen der Abweichungsmöglichkeiten nach Abs. 1 und 2 kann

1. die wöchentliche Ruhezeit in einzelnen Wochen 36 Stunden unterschreiten oder ganz unterbleiben, wenn in einem kollektivvertraglich, durch Betriebsvereinbarung oder im Einvernehmen mit der Personalvertretung festgelegten Zeitraum eine durchschnittliche Ruhezeit von 36 Stunden erreicht wird, wobei zur Berechnung nur mindestens 24stündige Ruhezeiten herangezogen werden dürfen;
2. die Lage der Ersatzruhe abweichend von § 6 ARG festgelegt werden;
3. die Lage der Feiertagsruhe abweichend von § 7 ARG festgelegt werden.

(Anm.: Z 4 aufgehoben durch BGBl. I Nr. 76/2014)

(4) Wurde nach § 4 Abs. 6 ein abweichender Wochenzeitraum festgelegt, kann durch Betriebsvereinbarung, in Krankenanstalten, deren Rechtsträger eine Gebietskörperschaft ist und in denen eine Personalvertretung eingerichtet ist, im Einvernehmen mit der Personalvertretung, festgesetzt werden, dass der selbe Wochenzeitraum abweichend von § 3 Abs. 1 ARG an die Stelle der Kalenderwoche tritt.

Abschnitt 4
Ausnahmen
Außergewöhnliche Fälle

§ 8. (1) In außergewöhnlichen und unvorhersehbaren Fällen finden die Bestimmungen der §§ 3, 4, 6 und 7 keine Anwendung, wenn

1. die Betreuung von Patienten/Patientinnen nicht unterbrochen werden kann oder
2. eine sofortige Betreuung von Patienten/Patientinnen unbedingt erforderlich wird

und durch andere organisatorische Maßnahmen nicht Abhilfe geschaffen werden kann. Eine Verlängerung der durchschnittlichen Wochenarbeitszeit ist nur zulässig, wenn der einzelne Dienstnehmer/die einzelne Dienstnehmerin schriftlich zugestimmt hat.

(2) Weiters finden die §§ 3, 4, 6 und 7 keine Anwendung auf Dienstnehmer/innen im Bereich des Bundesministeriums für Landesverteidigung und Sport, die

1. Tätigkeiten in einem Einsatz gemäß § 2 Abs. 1 lit. a bis c des Wehrgesetzes 2001, BGBl. I Nr. 146/2001, der unmittelbaren Vorbereitung eines solchen Einsatzes oder im Rahmen einsatzähnlicher Übungen oder
2. Tätigkeiten, die im Hinblick auf die in Z 1 genannten Fälle zur Aufrechterhaltung des Dienstbetriebes unbedingt erforderlich sind,

verrichten.

(3) Durch Betriebsvereinbarung oder im Einvernehmen mit der Personalvertretung können vorübergehende Ausnahmen von § 4 Abs. 4 Z 1 und 3 sowie Abs. 5 festgelegt werden, wenn

1. die Wahrung von Interessen der Patienten oder die Aufrechterhaltung des Krankenanstaltenbetriebes dies notwendig macht,
2. die allgemeinen Grundsätze der Sicherheit und des Gesundheitsschutzes der Dienstnehmer/innen eingehalten werden und
3. durch die erforderlichen Maßnahmen sichergestellt wird, daß keinem/r Dienstnehmer/in Nachteile daraus entstehen, daß er/sie generell oder im Einzelfall nicht bereit ist, solche zusätzliche Arbeitszeit zu leisten.

(4) Der/die Dienstgeber/in hat eine Arbeitszeitverlängerung nach Abs. 1 und 3 ehestens, längstens aber binnen vier Tagen nach Beginn der Arbeiten dem zuständigen Arbeitsinspektorat schriftlich anzuzeigen. Diese Anzeige muß eine aktuelle Liste der von der Arbeitszeitverlängerung betroffenen Dienstnehmer/innen und das Ausmaß der vorgesehenen Arbeitszeit enthalten.

(5) Das Arbeitsinspektorat hat auf Antrag eines/r Dienstnehmers/in, des/der Dienstgebers/in oder von Amts wegen durch Bescheid die nach Abs. 3 vorgesehene Arbeitszeitverlängerung gänzlich oder teilweise zu verbieten, wenn

1. die Voraussetzungen nach Abs. 3 Z 2 und 3 nicht vorliegen oder
2. dies zum Schutz der Sicherheit oder Gesundheit der Dienstnehmer/innen erforderlich ist.

Aushangpflicht

§ 10. Der/die Dienstgeber/in hat in jeder Organisationseinheit an geeigneter, für die Dienstnehmer/innen leicht zugänglicher Stelle einen Aushang über die Diensteinteilung gut sichtbar anzubringen oder den Dienstnehmer/innen mittels eines sonstigen Datenträgers samt Ablesevorrichtung, durch geeignete elektronische Datenverarbeitung oder durch geeignete Telekommunikationsmittel zugänglich zu machen.

Aufzeichnungspflicht

§ 11. (1) Der/die Dienstgeber/in hat zur Überwachung der in diesem Bundesgesetz geregelten Angelegenheiten im Betrieb bzw. in der Dienststelle Aufzeichnungen über die geleisteten Arbeitsstunden zu führen.

(2) Der/die Dienstgeber/in hat die Vornahme von Arbeiten gemäß § 8 Abs. 1 gesondert aufzuzeichnen.

(3) Die Verpflichtung zur Führung von Aufzeichnungen über die Ruhepausen gemäß § 6 Abs. 1 und 2 entfällt, wenn

1. durch Betriebsvereinbarung oder im Einvernehmen mit der Personalvertretung

a) Beginn und Ende der Ruhepausen festgelegt werden oder

b) es dem/der Dienstnehmer/in überlassen wird, innerhalb eines festgelegten Zeitraumes die Ruhepausen zu nehmen, und

2. durch Betriebsvereinbarung oder im Einvernehmen mit der Personalvertretung keine längeren Ruhepausen als das Mindestausmaß gemäß § 6 Abs. 1 und 2 vorgesehen sind und

3. von dieser Vereinbarung oder vom getroffenen Einvernehmen nicht abgewichen wird.

(4) Ist wegen Fehlens von Aufzeichnungen über die geleisteten Dienststunden die Feststellung der tatsächlich geleisteten Arbeitszeit unzumutbar, werden Verfallsfristen gehemmt.

Überlassung

§ 11a. (1) Eine Überlassung im Sinne dieses Bundesgesetzes liegt vor, wenn Dienstnehmer/innen Dritten zur Verfügung gestellt werden, um für sie unter deren Kontrolle zu arbeiten. Überlasser/in ist, wer als Dienstgeber/in Dienstnehmer/innen zur Arbeitsleistung an Dritte verpflichtet. Beschäftiger/in ist, wer diese Dienstnehmer/innen zur Arbeitsleistung einsetzt.

(2) Für die Dauer der Überlassung gelten die Beschäftiger/innen als Dienstgeber/innen im Sinne dieses Bundesgesetzes.

Zustimmung

§ 11b. (1) Eine schriftliche Zustimmung des einzelnen Dienstnehmers/der einzelnen Dienstnehmerin im Rahmen des § 4 Abs. 4b oder § 8 Abs. 1 letzter Satz darf nicht im Zusammenhang mit der Begründung des Dienstverhältnisses stehen. Diese Zustimmung kann mit einer Vorankündigungsfrist von acht Wochen

1. für den nächsten Durchrechnungszeitraum,

2. bei einem Durchrechnungszeitraum von mehr als 17 Wochen auch für den nächsten 17–Wochen-Zeitraum oder verbleibenden kürzeren Zeitraum

schriftlich widerrufen werden.

(2) Dienstgeber/Dienstgeberinnen dürfen Dienstnehmer/Dienstnehmerinnen, die einer Verlängerung der durchschnittlichen Wochenarbeitszeit im Rahmen des § 4 Abs. 4b und § 8 Abs. 1 letzter Satz nicht zustimmen oder ihre Zustimmung widerrufen haben, gegenüber anderen Dienstnehmern/Dienstnehmerinnen nicht benachteiligen. Dieses Diskriminierungsverbot betrifft insbesondere sämtliche Arbeitsbedingungen, die Verlängerung von Dienstverhältnissen, Entgeltbedingungen, Aus- und Weiterbildungsmaßnahmen, Aufstiegschancen und Beendigung des Dienstverhältnisses.

(3) Dienstgeber/Dienstgeberinnen haben ein aktuelles Verzeichnis der Dienstnehmer/Dienstnehmerinnen zu führen, die einer Verlängerung der durchschnittlichen Wochenarbeitszeit im Rahmen des § 4 Abs. 4b oder § 8 Abs. 1 letzter Satz schriftlich zugestimmt haben. Bei Widerruf ist der Dienstnehmer/die Dienstnehmerin aus dem Verzeichnis zu streichen. Diesem Verzeichnis sind Ablichtungen der Zustimmungserklärungen beizulegen.

Strafbestimmungen

§ 12. (1) Dienstgeber/innen, die

1. Dienstnehmer/innen über die Grenzen gemäß §§ 3 oder 4 hinaus beschäftigen,

2. Ruhepausen gemäß § 6 nicht gewähren,

3. die Ruhezeit gemäß § 7 nicht gewähren,

4. die Aufzeichnungspflicht gemäß § 11 verletzen,

5. die Verpflichtungen betreffend besondere Untersuchungen gemäß § 5b Abs. 1 verletzt,

6. die Anzeigepflicht gemäß § 8 Abs. 4 verletzen,

sind, sofern die Tat nicht nach anderen Vorschriften einer strengeren Strafe unterliegt, von der Bezirksverwaltungsbehörde mit einer Geldstrafe von 218 Euro bis 2 180 Euro, im Wiederholungsfall von 360 Euro bis 3 600 Euro zu bestrafen.

(1a) Verstöße gegen die Aufzeichnungspflichten gemäß § 11 sind hinsichtlich jedes/jeder einzelnen Dienstnehmer/in gesondert zu bestrafen, wenn durch das Fehlen der Aufzeichnungen die Feststellung der tatsächlich geleisteten Arbeitszeit unmöglich oder unzumutbar wird.

(1b) Übertretungen des § 7a sind nach § 27 Abs. 1, 2b, 3 und 6 ARG zu bestrafen.

(2) Abs. 1 ist nicht anzuwenden, wenn die Zuwiderhandlung von Organen einer Gebietskörperschaft begangen wurde. Besteht bei einer Bezirksverwaltungsbehörde der Verdacht einer Zuwiderhandlung durch ein solches Organ, so hat sie, wenn es sich um ein Organ des Bundes oder eines Landes handelt, eine Anzeige an das oberste Organ, dem das der Zuwiderhandlung verdächtige Organ untersteht (Art. 20 Abs. 1 erster Satz des B-VG), in allen anderen Fällen aber eine Anzeige an die Aufsichtsbehörde zu erstatten.

ABSCHNITT 6
Schlußbestimmungen
Weitergelten von Regelungen

§ 13. Für die Dienstnehmer/innen gegenüber den Bestimmungen dieses Bundesgesetzes günstigere Regelungen in Gesetzen, Kollektivverträgen, Dienstordnungen, Betriebsvereinbarungen oder in sonstigen Vereinbarungen werden durch dieses Bundesgesetz nicht berührt.

Verweisungen

§ 14. Soweit in diesem Bundesgesetz auf andere Bundesgesetze verwiesen wird, sind diese in ihrer jeweils geltenden Fassung anzuwenden.

Weitere Inh.

Inkrafttreten und Vollziehung

§ 15. (1) Dieses Bundesgesetz tritt mit 1. Jänner 1997 in Kraft.

(Anm.: Abs. 2 aufgehoben durch Art. 49, BGBl. I Nr. 100/2018)

(2a) §§ 1 Abs. 2 und 3 Abs. 3 in der Fassung des Bundesgesetzes BGBl. I Nr. 96/1998 treten mit 1. Jänner 1999 in Kraft.

(2b) § 1 Abs. 2 Z 1 und 10, § 3 Abs. 3 und § 4 Abs. 4 Z 1 und Abs. 6 in der Fassung des Bundesgesetzes BGBl. I Nr. 88/1999 treten mit 1. Jänner 2000 in Kraft.

(2c) § 12 Abs. 1 in der Fassung des Bundesgesetzes BGBl. I Nr. 98/2001 tritt mit 1. Jänner 2002 in Kraft.

(2d) § 1 Abs. 2 Z 9 bis 11 und § 3 Abs. 3 in der Fassung des BGBl. I Nr. 30/2002 treten mit 1. Juli 2002 in Kraft.

(2e) Die §§ 5a, 5b, 5c, 5d, 9, 10 und 12 Abs. 1 in der Fassung des Bundesgesetzes BGBl. I Nr. 122/2002 treten mit 1. August 2002 in Kraft.

(2f) § 1 Abs. 2 Z 11 und 12 sowie § 3 Abs. 3 in der Fassung des BGBl. I Nr. 169/2002 treten mit 1. März 2003, jedoch nicht vor dem vierten der Kundmachung des Bundesgesetzes BGBl. I Nr. 169/2002 folgenden Monatsersten, in Kraft.

(2g) Die §§ 4 Abs. 5 und 6 sowie 11 Abs. 3 in der Fassung des Bundesgesetzes BGBl. I Nr. 146/2003 treten mit 1. Jänner 2004 in Kraft.

(2h) § 1 Abs. 2 Z 1a und § 3 Abs. 3 in der Fassung des Bundesgesetzes BGBl. I Nr. 155/2005 treten mit 1. Jänner 2006 in Kraft.

(2i) § 1 Abs. 1 Z 9 bis Z 11, die Überschrift zu § 5, § 5 Abs. 4 und 5, § 11 Abs. 4, § 11a sowie § 12 Abs. 1 und 1a in der Fassung des BGBl. I Nr. 125/2008 treten mit 1. September 2008 in Kraft. § 11 Abs. 4 ist nur auf Verfallsfristen anzuwenden, die ab diesem Zeitpunkt zu laufen beginnen würden.

(2j) § 7a und § 12 Abs. 1b in der Fassung des Bundesgesetzes BGBl. I Nr. 93/2010 treten mit 1. November 2010 in Kraft.

(2k) § 1 Abs. 2 und § 3 Abs. 3 in der Fassung des Bundesgesetzes BGBl. I Nr. 38/2012 treten mit 1. Jänner 2013 in Kraft.

(2l) § 1 Abs. 2 Z 5a in der Fassung des Bundesgesetzes BGBl. I Nr. 89/2012 tritt mit 1. Jänner 2013 in Kraft.

(2m) § 1 Abs. 2 Z 10, § 3 Abs. 4 und 4a, § 4 Abs. 1, 1a, 1b, 1c, 4, 4a, 4b, 5 und 6, § 7 Abs. 3, § 7a Abs. 3 Z 3, § 8 Abs. 1, § 8 Abs. 3, § 8 Abs. 4, § 11b sowie § 12 Abs. 1 Z 6 in der Fassung des Bundesgesetzes BGBl. I Nr. 76/2014 treten mit 1. Jänner 2015 in Kraft. Mit diesem Zeitpunkt entfällt § 7a Abs. 3 Z 4.

(2n) § 9 samt Überschrift tritt mit Ablauf des 30. Juni 2017 außer Kraft.

(2o) § 4 Abs. 4b in der Fassung des Bundesgesetzes BGBl. I Nr. 168/2021 tritt mit 1. Juli 2021 in Kraft.

(2p) § 1 Abs. 2 Z 5a in der Fassung des Bundesgesetzes BGBl. I Nr. 15/2022 tritt mit 1. Juli 2022 in Kraft.

(3) Mit der Vollziehung dieses Bundesgesetzes sind betraut:

1. für Dienstverhältnisse zum Bund der/die Bundeskanzler/in, in Angelegenheiten, die nur den Wirkungsbereich eines Bundesministers/einer Bundesministerin betreffen, diese/r Bundesminister/in; soweit der Wirkungsbereich der Arbeitsinspektion betroffen ist, jeweils im Einvernehmen mit dem/der Bundesminister/in für Arbeit,

2. für andere Dienstverhältnisse der/die Bundesminister/in für Arbeit.

44. Nachtschwerarbeitsgesetz-Novelle 1992

Bundesgesetz, mit dem das Nachtschicht-Schwerarbeitsgesetz, das Bundesgesetz betreffend die Vereinheitlichung des Urlaubsrechts und die Einführung einer Pflegefreistellung, das Arbeitszeitgesetz und das Arbeitsverfassungsgesetz geändert und Maßnahmen zum Ausgleich gesundheitlicher Belastungen für das Krankenpflegepersonal getroffen werden

StF: BGBl. Nr. 473/1992 idF BGBl. Nr. 662/1992 (DFB) (NR: GP XVIII RV 597 AB 629 S. 78. BR: 4336 AB 4326 S. 557.)

Letzte Novellierung: BGBl. I Nr. 86/2023

Artikel I
(Anm.: Änderung des Nachtschicht-Schwerarbeitsgesetzes, BGBl. Nr. 354/1981)

Artikel II
(Anm.: Änderung des Urlaubsgesetzes, BGBl. Nr. 390/1976)

Artikel III
(Anm.: Änderung des Arbeitszeitgesetzes, BGBl. Nr. 461/1969)

Artikel IV
(Anm.: Änderung des Arbeitsverfassungsgesetzes, BGBl. Nr. 22/1974)

Artikel V
Schutzmaßnahmen für das Krankenpflegepersonal

§ 1 *(Anm.: richtig: § 1.)* Art. V gilt für Arbeitnehmer, die

1. in Krankenanstalten (Heil- und Pflegeanstalten) im Sinne des § 2 Abs. 1 Z 1 bis 6 des Krankenanstaltengesetzes, BGBl. Nr. 1/1957 in der geltenden Fassung oder in Einrichtungen der stationären Langzeitpflege beschäftigt sind,
2. Nachtschwerarbeit im Sinne des § 2 leisten.

§ 2. (1) Nachtschwerarbeit leistet ein Arbeitnehmer, der in der Zeit zwischen 22 und 6 Uhr mindestens 6 Stunden in nachstehenden Einrichtungen beschäftigt ist und während dieser Zeit unmittelbar Betreuungs- und Behandlungsarbeit für Patienten leistet, sofern nicht in diese Arbeitszeit regelmäßig und in erheblichem Ausmaß Arbeitsbereitschaft fällt:

1. Intensivstationen;
2. im OP-Bereich (OP-Saal, Aufwachstation und Kreißsaal);
3. Unfallambulanzen;
4. Psychiatrische Ambulanzen bzw. in für die Aufnahme von psychiatrischen Patienten während der Nacht vorgesehenen Primariaten;
5. Notfallambulanzen und chirurgische Ambulanzen;
6. Entgiftungsstationen;
7. Dialysestationen;
8. Akutdialysestationen;
9. Aufnahmestationen;
10. Aids-Stationen;
11. Einrichtungen der stationären Langzeitpflege;
12. Pflegestationen in psychiatrischen Krankenanstalten und psychiatrischen Krankenabteilungen sowie in psychiatrischen Akutstationen;
13. Unfallstationen, orthopädische Stationen sowie Stationen in Rehabilitationszentren mit vergleichbarer Arbeitsbelastung;
14. onkologische und chemotherapeutische Stationen;
15. schwerpunktinterne Abteilungen;
16. Neurochirurgien und Neurologien (chirurgische und neurologische Abteilungen);
17. Transplantationschirurgie.

(2) Der Kollektivvertrag kann Arbeitnehmer in anderen Organisationseinheiten von Krankenanstalten, die Arbeiten verrichten, welche vergleichbare Erschwernisse wie die in Abs. 1 genannten aufweisen oder die der Einwirkung von Schadstoffen oder Strahlen ausgesetzt sind oder deren Tätigkeit sonst eine außergewöhnliche Beanspruchung mit sich bringt, in den Geltungsbereich dieses Gesetzes einbeziehen.

(3) Arbeitnehmer, für die infolge Fehlens einer kollektivvertragsfähigen Körperschaft auf Arbeitgeberseite kein Kollektivvertrag abgeschlossen werden kann, sind unter den in Abs. 2 genannten Voraussetzungen durch Verordnung des Bundesministers für Arbeit und Wirtschaft im Einvernehmen mit dem Bundesminister für Soziales, Gesundheit, Pflege und Konsumentenschutz in den Geltungsbereich dieses Gesetzes einzubeziehen.

(4) Arbeitnehmer, für die kein Kollektivvertrag wirksam ist und die in einem Dienstverhältnis zum Bund stehen, sind unter den in Abs. 2 genannten Voraussetzungen durch Verordnung des Bundesminister für Arbeit und Wirtschaft im Einvernehmen mit dem Bundesminister für Kunst, Kultur, öffentlicher Dienst und Sport in den Geltungsbereich dieses Gesetzes einzubeziehen.

(5) Arbeitnehmer, für die kein Kollektivvertrag wirksam ist und die in einem Dienstverhältnis zu einem Land, einem Gemeindeverband oder einer Gemeinde stehen, sind unter den in Abs. 2 genannten Voraussetzungen durch Verordnung des

Weitere Inh.

Landeshauptmannes in den Geltungsbereich dieses Gesetzes einzubeziehen.

§ 3. (1) Für jeden Nachtdienst im Sinne des § 2 gebührt ein Zeitguthaben im Ausmaß von

1. einer Stunde für Nachtdienste, die nach dem 31.Dezember 1992 geleistet werden;
2. zwei Stunden für Nachtdienste, die nach dem 31.Dezember 1994 geleistet werden.

Der Verbrauch dieses Zeitguthabens ist anläßlich der nächsten Dienstzeiteinteilung zu vereinbaren. Das Zeitguthaben ist jedoch spätestens sechs Monate nach seinem Entstehen zu verbrauchen und darf nicht in Geld abgelöst werden.

(2) Auf Arbeitnehmer im Sinne der §§ 1 und 2, die in der Pensionsversicherung nach dem ASVG versichert sind, ist Art. IX des Nachtschwerarbeitsgesetzes, BGBl. Nr. 354/1981 in der jeweils geltenden Fassung, anzuwenden.

Entlastungswoche als Schutzmaßnahme für das Pflegepersonal

§ 3a. (1) Die Abs. 2 bis 4 gelten abweichend vom Geltungsbereich der §§ 1 und 2 für alle Arbeitnehmerinnen oder Arbeitnehmer, die in einem der in § 1 GuKG, BGBl. I Nr. 108/1997, in der Fassung BGBl. I Nr. 165/2022, angeführten Berufe beschäftigt werden.

(2) Arbeitnehmerinnen oder Arbeitnehmern nach Abs. 1 ist ab dem Urlaubsjahr der Arbeitnehmerin bzw. des Arbeitnehmers, in dem sie das 43. Lebensjahr vollenden, eine Entlastungswoche im Ausmaß einer vereinbarten wöchentlichen Normalarbeitszeit, höchstens jedoch 40 Stunden, in jedem Urlaubsjahr der Arbeitnehmerin bzw. des Arbeitnehmers zu gewähren. Diese Entlastungswoche gebührt zusätzlich zu einem allfälligen Anspruch auf Zeitguthaben nach § 3.

(3) Auf die Entlastungswoche gemäß Abs. 2 sind Ansprüche aus § 10a Urlaubsgesetz, BGBl. Nr. 390/1976, in geltender Fassung nicht anzurechnen. Auf Gesetzen, Verordnungen, Arbeits(Dienst)ordnungen oder sonstige Normen der kollektiven Rechtsgestaltung beruhende Urlaubsansprüche sind anzurechnen, soweit sie über den gesetzlichen Mindestanspruch von 30 Werktagen hinausgehen. Eine Anrechnung erfolgt jedoch nicht, sofern eine nach Inkrafttreten dieses Bundesgesetzes, BGBl. I Nr. 214/2022 beschlossene Norm der kollektiven Rechtsgestaltung diese Anrechnung, wenn auch nur teilweise, ausschließt.

(4) Der Verbrauch dieser Entlastungswoche ist zwischen Arbeitnehmerinnen oder Arbeitnehmern und Arbeitgeberinnen oder Arbeitgebern zu vereinbaren und in den Arbeitszeitaufzeichnungen auszuweisen. Die Entlastungswoche darf nicht in Geld abgelöst werden.

§ 4. (1) ArbeitgeberInnen, die

1. den Ausgleich für das gemäß § 3 Abs. 1 gebührende Zeitguthaben nicht innerhalb von sechs Monaten gewähren oder das Zeitguthaben in Geld ablösen, oder
2. die gemäß § 3a Abs. 2 gebührende Entlastungswoche nicht in den Arbeitszeitaufzeichnungen ausweisen oder in Geld ablösen,

sind, sofern die Tat nicht nach anderen Vorschriften einer strengeren Strafe unterliegt, von der Bezirksverwaltungsbehörde mit einer Geldstrafe von 36 Euro bis 2 180 Euro zu bestrafen.

(2) Besteht bei einer Bezirksverwaltungsbehörde der Verdacht einer Zuwiderhandlung durch ein Organ einer Gebietskörperschaft, so hat sie, wenn es sich um ein Organ des Bundes oder eines Landes handelt, eine Anzeige an das oberste Organ, dem das Zuwiderhandlung verdächtige Organ untersteht, in allen anderen Fällen aber eine Anzeige an die Aufsichtsbehörde zu erstatten.

§ 5. (1) Art. V tritt mit 1. Jänner 1993 in Kraft.

(1a) § 4 Abs. 1 in der Fassung des Bundesgesetzes BGBl. I Nr. 98/2001 tritt mit 1. Jänner 2002 in Kraft.

(1b) § 1 Z. 1, § 2 Abs. 1 Z 11, § 3a samt Überschrift, § 4 Abs. 1 und § 5 Abs. 2 in der Fassung des Bundesgesetzes BGBl. I Nr. 214/2022 tritt mit 1. Jänner 2023 in Kraft.

(1c) Abweichend von § 3a Abs 4 letzter Satz sowie § 4 Abs 1 Z 2 in der Fassung des Bundesgesetzes BGBl. I Nr. 214/2022 können Ansprüche aus § 3a Abs. 2 abgelöst werden, die spätestens im Kalenderjahr 2026 angefallen sind, sofern eine Inanspruchnahme aus nicht von der Arbeitnehmerin oder dem Arbeitnehmer zu vertretenden Umständen nicht möglich war.

(1d) § 3a Abs. 2 in der Fassung des Bundesgesetzes BGBl. I Nr. 86/2023 tritt mit 1. Jänner 2024 in Kraft und gilt für Urlaubsjahre, die ab diesem Zeitpunkt beginnen. Entspricht das Urlaubsjahr nicht dem Kalenderjahr, gebührt für den Zeitraum zwischen dem 1. Jänner 2024 und dem Beginn des nächsten Urlaubsjahres der aliquote Teil der Entlastungswoche, unabhängig davon, wann im Kalenderjahr 2024 das 43. Lebensjahr vollendet wird. Ergeben sich bei der Berechnung des Ausmaßes der Entlastungswoche Teile von Werktagen, so sind diese auf ganze Werktage aufzurunden.

(2) Mit der Vollziehung dieses Artikels sind betraut:

1. hinsichtlich des § 2 Abs. 3 der Bundesminister für Arbeit und Wirtschaft im Einvernehmen mit dem Bundesminister für Soziales, Gesundheit, Pflege und Konsumentenschutz,
2. hinsichtlich des § 2 Abs. 4 der Bundesminister für Arbeit und Wirtschaft im Einvernehmen mit dem Bundesminister für Kunst, Kultur, öffentlicher Dienst und Sport,
3. hinsichtlich der übrigen Bestimmungen der Bundesminister für Arbeit und Wirtschaft.

45. Bäckereiarbeiter/innengesetz 1996

Bundesgesetz über die Regelung der Arbeit in Backwaren-Erzeugungsbetrieben (Bäckereiarbeiter/innengesetz 1996 – BäckAG 1996)

StF: BGBl. Nr. 410/1996 (NR: GP XX RV 177 AB 300 S. 35. BR: AB 5232 S. 616.)
Letzte Novellierung: BGBl. I Nr. 22/2019

GLIEDERUNG

STICHWORTVERZEICHNIS

Weitere Inh.

ABSCHNITT 1
Geltungsbereich

§ 1. (1) Dieses Bundesgesetz gilt für Arbeitnehmer/innen, die in Backwaren-Erzeugungsbetrieben beschäftigt und überwiegend bei der Erzeugung von Backwaren verwendet werden. Als Backwaren-Erzeugungsbetriebe sind Betriebe anzusehen, in denen Brot oder sonstige für den menschlichen Genuß bestimmte Backwaren für den Verkauf oder den Verbrauch im Betrieb erzeugt werden.

(2) Dieses Bundesgesetz gilt nicht für die Erzeugung von Backwaren in Gastgewerbebetrieben im Sinne des § 111 der Gewerbeordnung 1994 (GewO 1994). Wird in einem Betrieb oder Betriebsteil ohne räumliche und organisatorische Trennung sowohl

1. das Gastgewerbe als auch
2. das Gewerbe der Bäcker im Sinne des § 94 Z 3 GewO 1994 oder das Gewerbe der Konditoren im Sinne des § 94 Z 40 GewO 1994

ausgeübt, ist der gesamte Betrieb oder Betriebsteil von diesem Bundesgesetz ausgenommen.

(3) Dieses Bundesgesetz gilt weiters nicht für

1. die Erzeugung von Backwaren in Betrieben oder Betriebsteilen, in denen ohne räumliche und organisatorische Trennung Tätigkeiten der Konditoren im Sinne des § 150 Abs. 11 GewO 1994 ausgeübt werden;
2. die Erzeugung von Backwaren in privaten Haushalten, wenn die Backwaren ausschließlich für den Eigenverbrauch bestimmt sind.

(4) Auf Jugendliche im Sinne des § 3 des Bundesgesetzes über die Beschäftigung von Kindern und Jugendlichen 1987, BGBl. Nr. 599, sind die §§ 2 Abs. 5, 3, 4, 7, 9, 10, 11, 12, 14, 16, 17 und 19 nicht anzuwenden.

ABSCHNITT 2
Arbeitszeit
Normalarbeitszeit

§ 2. (1) Die Tagesarbeitszeit darf acht Stunden, die Wochenarbeitszeit 40 Stunden nicht überschreiten, soweit im folgenden nicht anderes bestimmt wird.

(2) Durch Kollektivvertrag kann zugelassen werden, daß die Wochenarbeitszeit auf die einzelnen Tage der Woche abweichend von Abs. 1 verteilt wird. Dabei darf die Tagesarbeitszeit neun Stunden nicht überschreiten.

(3) Durch Kollektivvertrag kann zugelassen werden, daß die Wochenarbeitszeit bis zu 43 Stunden ausgedehnt wird, wenn innerhalb eines durch den Kollektivvertrag festzulegenden Durchrechnungszeitraumes die durchschnittliche Wochenarbeitszeit 40 Stunden nicht überschreitet. Die Tagesarbeitszeit darf dabei neun Stunden nicht überschreiten.

(4) Bei mehrschichtiger Arbeitsweise ist ein Schichtplan zu erstellen. Innerhalb des Schichtturnusses darf die Wochenarbeitszeit im wöchentlichen Durchschnitt die nach Abs. 1 zulässige Dauer nicht überschreiten. Bei Durchrechnung der Wochenarbeitszeit gemäß Abs. 3 darf die durchschnittliche Wochenarbeitszeit in einzelnen Schichtturnussen bis zu 43 Stunden betragen, wenn die durchschnittliche Wochenarbeitszeit innerhalb des Durchrechnungszeitraumes die nach Abs. 1 zulässige Dauer nicht überschreitet.

(5) Bei mehrschichtiger Arbeitsweise darf die Tagesarbeitszeit neun Stunden nicht überschreiten. Soweit dies zur Ermöglichung des Schichtwechsels erforderlich ist, kann die Tagesarbeitszeit aus Anlaß des Schichtwechsels bis auf zwölf Stunden ausgedehnt werden.

Überstundenarbeit

§ 3. (1) Bei Vorliegen eines erhöhten Arbeitsbedarfes kann die Arbeitszeit über die nach § 2 zulässige Dauer um zwei Stunden pro Tag verlängert werden. Wöchentlich sind jedoch nicht mehr als zehn Überstunden zulässig. Die Tagesarbeitszeit darf zehn Stunden, die Wochenarbeitszeit

1. innerhalb eines Durchrechnungszeitraumes von vier Monaten im Durchschnitt 48 Stunden und
2. in den einzelnen Wochen des Durchrechnungszeitraumes 50 Stunden

nicht überschreiten.

(2) Eine Verlängerung der Arbeitszeit über das in Abs. 1 festgesetzte Ausmaß ist nur für vorübergehende und unaufschiebbare Arbeiten zulässig, die zur Behebung einer Betriebsstörung oder zur Verhütung des Verderbens von Gütern erforderlich sind, wenn

1. unvorhergesehene und nicht zu verhindernde Gründe vorliegen und
2. andere zumutbare Maßnahmen zur Erreichung dieses Zweckes nicht getroffen werden können.

(3) Der/die Arbeitgeber/in hat die Vornahme von Arbeiten im Sinne des Abs. 2 dem Arbeitsinspektorat unverzüglich schriftlich anzuzeigen. Die Anzeige hat die Gründe und das Ausmaß der Arbeitszeitverlängerung sowie die Anzahl der zur Überstundenleistung herangezogenen Arbeitnehmer/innen zu enthalten.

Überstundenzuschlag
§ 4. (1) Jede Überstundenleistung ist mit einem Überstundenzuschlag zu entlohnen.

(2) Der Überstundenzuschlag beträgt mindestens 50 vH des auf die Normalarbeitsstunde entfallenden Lohnes.

Nachtarbeitszuschlag
§ 5. Die Arbeit von 20 Uhr bis 6 Uhr ist mit einem Nachtarbeitszuschlag zu entlohnen. Dieser Zuschlag beträgt für die Zeit von 20 Uhr bis 4 Uhr 75 vH, für die Zeit von 4 Uhr bis 6 Uhr 50 vH des auf die Normalarbeitsstunde entfallenden Lohnes.

ABSCHNITT 3
Ruhepausen und tägliche Ruhezeit
Ruhepausen
§ 6. (1) Die Arbeitszeit ist durch eine Ruhepause von einer halben Stunde zu unterbrechen. Eine Viertelstunde dieser Ruhepause ist in die Arbeitszeit einzurechnen.

(2) Arbeitsbedingte Unterbrechungen und Arbeitsunterbrechungen, die kürzer als eine Viertelstunde dauern, gelten nicht als Ruhepausen.

Tägliche Ruhezeit
§ 7. Nach Beendigung der Tagesarbeitszeit ist den Arbeitnehmer/innen eine ununterbrochene Ruhezeit von mindestens elf aufeinanderfolgenden Stunden zu gewähren.

Ruhezeiten für Lehrlinge
§ 8. Jugendliche Lehrlinge im Lehrberuf „Bäcker", die das 15. Lebensjahr vollendet haben, dürfen ab 4 Uhr mit Arbeiten, die der Berufsausbildung dienen, beschäftigt werden. Die regelmäßige Beschäftigung vor 6 Uhr ist nur zulässig, wenn vor Aufnahme dieser Arbeiten und danach in jährlichen Abständen eine Jugendlichenuntersuchung

gemäß § 132a ASVG oder eine dieser Untersuchung vergleichbare ärztliche Untersuchung, vorzugsweise durch Ärzte mit arbeitsmedizinischer Ausbildung, durchgeführt wurde.

ABSCHNITT 3a
Nachtarbeit
Definitionen und Arbeitszeit
§ 8a. (1) Als Nacht im Sinne dieses Bundesgesetzes gilt die Zeit zwischen 22.00 Uhr und 05.00 Uhr.

(2) Nachtarbeitnehmer/innen im Sinne dieses Bundesgesetzes sind Arbeitnehmer/innen, die

1. regelmäßig oder
2. sofern der Kollektivvertrag nicht anderes vorsieht, in mindestens 48 Nächten im Kalenderjahr

während der Nacht mindestens drei Stunden arbeiten.

(3) Nachtschwerarbeiter/innen im Sinne dieses Bundesgesetzes sind Nachtarbeitnehmer/innen, die Nachtarbeit im Sinne des Abs. 1 unter den in Art. VII Abs. 2, einer Verordnung nach Art. VII Abs. 3 oder eines Kollektivvertrages gemäß Art. VII Abs. 6 des Nachtschwerarbeitsgesetzes, BGBl. Nr. 354/1981, genannten Bedingungen leisten.

(4) Soweit nach diesem Bundesgesetz eine Tagesarbeitszeit von mehr als acht Stunden zulässig ist, darf für Nachtschwerarbeiter/innen die durchschnittliche Arbeitszeit an Nachtarbeitstagen innerhalb eines Durchrechnungszeitraumes von 26 Wochen einschließlich der Überstunden acht Stunden nur dann überschreiten, wenn dies durch Normen der kollektiven Rechtsgestaltung zugelassen wird. In diesen Fällen gebühren zusätzliche Ruhezeiten im Gesamtausmaß der Summe aller Überschreitungen abzüglich der Summe aller Unterschreitungen der Tagesarbeitszeit von acht Stunden an Nachtarbeitstagen im Durchrechnungszeitraum.

(5) Soweit die zusätzlichen Ruhezeiten nach Abs. 4 nicht bereits während des Durchrechnungszeitraumes gewährt werden, sind die zusätzlichen Ruhezeiten bis zum Ablauf von vier Kalenderwochen nach Ende des Durchrechnungszeitraumes, bei Schichtarbeit bis zum Ende des nächstfolgenden Schichtturnusses, zu gewähren. Jede zusätzliche Ruhezeit hat mindestens zwölf Stunden zu betragen und kann in Zusammenhang mit einer täglichen Ruhezeit nach § 7 oder einer wöchentlichen Ruhezeit nach §§ 9 bis 11 gewährt werden.

Untersuchungen
§ 8b. (1) Der/die Nachtarbeitnehmer/in hat Anspruch auf unentgeltliche Untersuchungen des Gesundheitszustandes gemäß § 51 ArbeitnehmerInnenschutzgesetz (ASchG), BGBl. Nr. 450/1994, und zwar vor Aufnahme der Tätigkeit und danach in Abständen von zwei Jahren, nach Vollendung

Weitere Inh.

des 50. Lebensjahres oder nach zehn Jahren als Nachtarbeitnehmer/in in jährlichen Abständen.

(2) Abweichend von § 8a Abs. 1 und 2 gelten für den Anspruch auf Untersuchungen die folgenden Definitionen:

1. als Nacht gilt die Zeit zwischen 22.00 Uhr und 06.00 Uhr;
2. Nachtarbeitnehmer/innen sind Arbeitnehmer/innen, die regelmäßig oder in mindestens 30 Nächten im Kalenderjahr während der Nacht mindestens drei Stunden arbeiten.

Versetzung

§ 8c. Der/die Nachtarbeitnehmer/in hat auf Verlangen Anspruch gegenüber dem/der Arbeitgeber/in auf Versetzung auf einen geeigneten Tagesarbeitsplatz entsprechend den betrieblichen Möglichkeiten, wenn

1. die weitere Verrichtung von Nachtarbeit die Gesundheit nachweislich gefährdet, oder
2. die Bedachtnahme auf unbedingt notwendige Betreuungspflichten gegenüber Kindern bis zu zwölf Jahren dies erfordert, für die Dauer dieser Betreuungspflichten.

Recht auf Information

§ 8d. Der/die Arbeitgeber/in hat sicher zu stellen, dass Nachtarbeitnehmer/innen über wichtige Betriebsgeschehnisse, die die Interessen der Nachtarbeitnehmer/innen berühren, informiert werden.

ABSCHNITT 4
Wöchentliche Ruhezeit und Feiertagsruhe
Wochenendruhe

§ 9. (1) Arbeitnehmer/innen haben in jeder Kalenderwoche Anspruch auf eine ununterbrochene Ruhezeit von 36 Stunden, in die der Sonntag zu fallen hat (Wochenendruhe). Während dieser Zeit dürfen Arbeitnehmer/innen nur beschäftigt werden, wenn dies auf Grund des § 17 zulässig ist.

(2) Die Wochenendruhe hat für alle Arbeitnehmer/innen spätestens Samstag um 13 Uhr, für Arbeitnehmer/innen, die mit unbedingt notwendigen Abschluß-, Reinigungs-, Instandhaltungs- oder Instandsetzungsarbeiten beschäftigt sind, spätestens Samstag um 15 Uhr zu beginnen und darf frühestens am Sonntag um 20 Uhr enden.

(3) Bei mehrschichtiger Arbeitsweise hat die Wochenendruhe spätestens am Samstag um 18 Uhr zu beginnen und darf frühestens am Sonntag um 18 Uhr enden. Die Wochenendruhe darf am Sonntag frühestens um 12 Uhr enden, wenn dies durch Betriebsvereinbarung, in Betrieben, in denen kein Betriebsrat errichtet ist, durch schriftliche Vereinbarung geregelt wurde.

Wochenruhe

§ 10. Arbeitnehmer/innen, die nach der für sie geltenden Arbeitszeiteinteilung während der Zeit der Wochenendruhe beschäftigt werden, haben in jeder Kalenderwoche an Stelle der Wochenendruhe Anspruch auf eine ununterbrochene Ruhezeit von 36 Stunden (Wochenruhe). Die Wochenruhe hat einen ganzen Wochentag einzuschließen.

Wöchentliche Ruhezeit bei Schichtarbeit

§ 11. (1) Zur Ermöglichung der Schichtarbeit kann durch Betriebsvereinbarung, in Betrieben, in denen kein Betriebsrat errichtet ist, durch schriftliche Vereinbarung, die wöchentliche Ruhezeit abweichend von den §§ 9 und 10 geregelt werden.

(2) Das Ausmaß der wöchentlichen Ruhezeit kann in den Fällen des Abs. 1 gekürzt werden. In einem Durchrechnungszeitraum von vier Wochen muß den Arbeitnehmer/innen jedoch eine durchschnittliche wöchentliche Ruhezeit von 36 Stunden gesichert sein. Zur Berechnung dürfen nur mindestens 24stündige Ruhezeiten herangezogen werden.

Ersatzruhe

§ 12. (1) Arbeitnehmer/innen, die während ihrer wöchentlichen Ruhezeit beschäftigt werden, haben in der folgenden Arbeitswoche Anspruch auf Ersatzruhe, die auf ihre Wochenarbeitszeit anzurechnen ist. Die Ersatzruhe ist im Ausmaß der während der wöchentlichen Ruhezeit geleisteten Arbeit zu gewähren, die innerhalb von 36 Stunden vor dem Arbeitsbeginn in der nächsten Arbeitswoche erbracht wurde.

(2) Während der Ersatzruhe dürfen Arbeitnehmer/innen nicht beschäftigt werden.

(3) Die Ersatzruhe hat unmittelbar vor dem Beginn der folgenden wöchentlichen Ruhezeit zu liegen, soweit vor Antritt der Arbeit, für die Ersatzruhe gebührt, nicht anderes vereinbart wurde.

Sonntagszuschlag

§ 13. Die Arbeit an Sonntagen ist mit einem Sonntagszuschlag zu entlohnen. Dieser Zuschlag beträgt für jede geleistete Arbeitsstunde 100 vH des auf die Normalarbeitsstunde an Werktagen entfallenden Lohnes.

Feiertagsruhe

§ 14. (1) Arbeitnehmer/innen haben an Feiertagen Anspruch auf eine ununterbrochene Ruhezeit von mindestens 24 Stunden, die frühestens um 0 Uhr und spätestens um 6 Uhr des Feiertages beginnen muß. Während dieser Zeit dürfen Arbeitnehmer/innen nur beschäftigt werden, wenn dies auf Grund des § 17 zulässig ist.

(2) Feiertage im Sinne dieses Bundesgesetzes sind: 1. Jänner (Neujahr), 6. Jänner (Heilige Drei Könige), Ostermontag, 1. Mai (Staatsfeiertag), Christi Himmelfahrt, Pfingstmontag, Fronleichnam, 15. August (Mariä Himmelfahrt), 26. Oktober (Nationalfeiertag), 1. November (Allerheiligen), 8. Dezember (Mariä Empfängnis), 25. Dezember (Weihnachten), 26. Dezember (Stephanstag).

(Anm.: Abs. 3 aufgehoben durch Art. 2 Z 1, BGBl. I Nr. 22/2019)

(4) Feiertage dürfen auf die wöchentliche Ruhezeit nur angerechnet werden, soweit sie in die Zeit der wöchentlichen Ruhezeit fallen.

(5) Bei mehrschichtiger Arbeitsweise hat die Feiertagsruhe spätestens mit Ende der Nachtschicht zum Feiertag zu beginnen und darf frühestens mit Beginn der Nachtschicht zum nächsten Werktag enden. Die Feiertagsruhe darf am Feiertag frühestens um 12 Uhr enden, wenn dies durch Betriebsvereinbarung, in Betrieben, in denen kein Betriebsrat errichtet ist, durch schriftliche Vereinbarung geregelt wurde.

(6) Ist für die Normalarbeitszeit (§ 2) an Feiertagen Zeitausgleich vereinbart, so muß dieser mindestens einen Kalendertag oder 36 Stunden umfassen.

(7) Fällt ein Feiertag auf einen Sonntag, so sind die §§ 9 bis 13 anzuwenden.

Einseitiger Urlaubsantritt („persönlicher Feiertag")

§ 14a. (1) Der Arbeitnehmer kann den Zeitpunkt des Antritts eines Tages des ihm zustehenden Urlaubs einmal pro Urlaubsjahr einseitig bestimmen. Der Arbeitnehmer hat den Zeitpunkt spätestens drei Monate im Vorhinein schriftlich bekannt zu geben.

(2) Es steht dem Arbeitnehmer frei, auf Ersuchen des Arbeitgebers den bekannt gegebenen Urlaubstag nicht anzutreten. In diesem Fall hat der Arbeitnehmer weiterhin Anspruch auf diesen Urlaubstag. Weiters hat er für den bekannt gegebenen Tag außer dem Urlaubsentgelt Anspruch auf das für die geleistete Arbeit gebührende Entgelt, insgesamt daher das doppelte Entgelt, womit das Recht gemäß Abs. 1 erster Satz konsumiert ist.

Freizeit zur Erfüllung der religiösen Pflichten

§ 15. (1) Arbeitnehmer/innen, die während der Wochenend- oder Feiertagsruhe beschäftigt werden, haben auf Verlangen Anspruch auf die zur Erfüllung ihrer religiösen Pflichten notwendige Freizeit, wenn diese Pflichten nicht außerhalb der Arbeitszeit erfüllt werden können und die Freistellung von der Arbeit mit den Erfordernissen des Betriebes vereinbar ist.

(2) Arbeitnehmer/innen haben diesen Anspruch bei Vereinbarung der Wochenend- oder Feiertagsarbeit, spätestens jedoch zwei Tage vorher, bei späterer Vereinbarung sofort, dem/der Arbeitgeber/in gegenüber geltend zu machen.

Entgelt für Feiertage und Ersatzruhe

§ 16. (1) Arbeitnehmer/innen behalten für die infolge eines Feiertages oder der Ersatzruhe (§ 12) ausgefallene Arbeit ihren Anspruch auf Entgelt.

(2) Arbeitnehmer/innen gebührt jenes Entgelt, das sie erhalten hätten, wenn die Arbeit nicht aus den im Abs. 1 genannten Gründen ausgefallen wäre.

(3) Bei Akkord-, Stück- oder Gedinglöhnen, akkordähnlichen oder sonstigen leistungsbezogenen Prämien oder Entgelten ist das fortzuzahlende Entgelt nach dem Durchschnitt der letzten 13 voll gearbeiteten Wochen unter Ausscheidung nur ausnahmsweise geleisteter Arbeiten zu berechnen. Haben Arbeitnehmer/innen nach Antritt des Arbeitsverhältnisses noch keine 13 Wochen voll gearbeitet, so ist das Entgelt nach dem Durchschnitt der seit Antritt des Arbeitsverhältnisses voll gearbeiteten Zeiten zu berechnen.

(4) Arbeitnehmer/innen, die während der Feiertagsruhe beschäftigt werden, haben außer dem Entgelt nach Abs. 1 Anspruch auf das für die geleistete Arbeit gebührende Entgelt, es sei denn, es wird Zeitausgleich im Sinne des § 14 Abs. 6 vereinbart.

Ausnahmen von der Wochenend- und Feiertagsruhe

§ 17. (1) Während der Wochenend- und Feiertagsruhe dürfen Arbeitnehmer/innen mit folgenden Arbeiten beschäftigt werden:

1. der Herführung, dem Mischen und dem Auswiegen von Teigen,
2. dem Zusammendrehen und Wirken der Pressen sowie dem mechanischen Teilen und Wirken von ungeformten Teigen bei Weißgebäck und Sandwichwecken,
3. dem Anheizen von Backöfen,
4. dem Auftauen und Aufreschen der in Tiefkühl- und Gärunterbrechungsanlagen gelagerten Halb- und Fertigerzeugnisse,
5. der unaufschiebbaren Reinigung und Instandhaltung der Betriebsräume und -anlagen,
6. der Herstellung leicht verderblicher Zuckerbackwaren in Konditoreibetrieben während drei Stunden vor 12 Uhr.

(2) Weiters dürfen Arbeitnehmer/innen während der Wochenend- und Feiertagsruhe beschäftigt werden:

1. höchstens fünfmal innerhalb eines Kalenderjahres an Wochenenden und höchstens zweimal innerhalb eines Kalenderjahres an Feiertagen aus den in § 3 Abs. 2 angeführten Gründen, ferner aus Anlaß von baulichen Herstellungen oder von Arbeiten an Maschinen und Betriebseinrichtungen, durch welche die Arbeiten zur Erzeugung oder die Kühlung und Tiefkühlung von Backwaren behindert werden. Diese Ausnahme gilt auch für die Erzeugung von Backwaren in einem und für einen anderen Backwaren-Erzeugungsbetrieb, wenn die Vornahme dieser Arbeiten im eigenen Betrieb infolge der durchzuführenden Reparatur- und Herstellungsarbeiten nicht möglich ist;

Weitere Inh.

2. höchstens zweimal innerhalb eines Kalenderjahres an Wochenenden aus Anlaß von Messen, jedoch nur für den örtlichen Bereich und die Dauer der Veranstaltung.

(3) Die Landeshauptleute können nach Anhörung der in Betracht kommenden gesetzlichen Interessenvertretungen der Arbeitnehmer/innen und der Arbeitgeber/innen Ausnahmen von der Wochenend- und Feiertagsruhe zulassen:

1. für das ganze Bundesland am Ostersonntag, Pfingstsonntag und am Festtag des Landespatrons, wenn dieser auf einen Sonntag fällt;
2. für einzelne Gemeinden, wenn wegen örtlicher Veranstaltungen ein außergewöhnlicher Bedarf an Backwaren zu erwarten ist; die Ausnahmen können für eine einzelne Gemeinde oder Teile einer Gemeinde an höchstens 15 Tagen im Kalenderjahr bewilligt werden.

(4) Zu Arbeiten gemäß Abs. 1 bis 3 darf nur die unbedingt erforderliche Anzahl an Arbeitnehmer/innen herangezogen werden.

ABSCHNITT 5
Allgemeine Vorschriften
Aushangpflicht

§ 18. (1) Jede/r Arbeitgeber/in hat an für die Arbeitnehmer/innen leicht zugänglicher und gut einsehbarer Stelle einen Aushang über den für den Betrieb geltenden Beginn und das Ende der Tages- und Wochenarbeitszeit, der Ruhepausen und der wöchentlichen Ruhezeit anzubringen.

(2) Die Aushangpflicht nach Abs. 1 wird auch dann erfüllt, wenn die Arbeitszeiteinteilung der Arbeitnehmer/innen mittels eines sonstigen Datenträgers samt Ablesevorrichtung, durch geeignete elektronische Datenverarbeitung oder durch geeignete Telekommunikationsmittel zugänglich gemacht wird.

Aufzeichnungspflicht

§ 19. (1) Arbeitgeber/innen haben zur Überwachung der Einhaltung der in diesem Bundesgesetz geregelten Angelegenheiten in der Betriebsstätte Aufzeichnungen über die geleisteten Arbeitsstunden zu führen.

(2) Die Verpflichtung zur Führung von Aufzeichnungen über die Ruhepausen gemäß § 6 entfällt, wenn

1. durch Betriebsvereinbarung
   a) Beginn und Ende der Ruhepausen festgelegt werden oder
   b) es den Arbeitnehmer/innen überlassen wird, innerhalb eines festgelegten Zeitraumes die Ruhepausen zu nehmen, und
2. die Betriebsvereinbarung keine längeren Ruhepausen als das Mindestausmaß gemäß § 6 vorsieht und
3. von dieser Vereinbarung nicht abgewichen wird.

Strafbestimmungen

§ 20. Arbeitgeber/innen und deren Bevollmächtigte, die den Vorschriften der §§ 2, 3, 6 bis 8, 8a Abs. 4 und 5, 8b Abs. 1, 9 bis 12, 14, 15 Abs. 1, 17 und 19 zuwiderhandeln, sind, sofern die Tat nicht nach anderen Vorschriften einer strengeren Strafe unterliegt, von der Bezirksverwaltungsbehörde mit Geldstrafen von 20 Euro bis 1 090 Euro, im Wiederholungsfalle von 145 Euro bis 2 180 Euro zu bestrafen.

ABSCHNITT 6
Schlußbestimmungen
Verweisungen

§ 21. Soweit in diesem Bundesgesetz auf andere Bundesgesetze verwiesen wird, sind diese in der jeweils geltenden Fassung anzuwenden.

Weitergelten von Regelungen

§ 22. Für die Arbeitnehmer/innen gegenüber den Bestimmungen dieses Bundesgesetzes günstigere Regelungen in Kollektivverträgen oder Betriebsvereinbarungen werden durch dieses Bundesgesetz nicht berührt.

Übergangsbestimmungen

§ 22a. Die Normen der kollektiven Rechtsgestaltung im Sinne des § 8a Abs. 4 sind längstens bis zum Ablauf des 31. Dezember 2002 zu erlassen oder anzupassen.

Übergangsbestimmungen zum BGBl. I Nr. 22/2019

§ 22b. (1) Bestimmungen in Normen der kollektiven Rechtsgestaltung, die nur für Arbeitnehmer, die der evangelischen Kirchen AB und HB, der Altkatholischen Kirche oder der Evangelisch-methodistischen Kirche angehören, Sonderregelungen für den Karfreitag vorsehen, sind unwirksam und künftig unzulässig.

(2) Binnen drei Monaten nach Inkrafttreten dieses Bundesgesetzes können Arbeitnehmer/innen einen Zeitpunkt für den Urlaubsantritt wählen, ohne die Frist gemäß § 14a einzuhalten. In diesem Fall haben Arbeitnehmer/innen den Zeitpunkt des Urlaubsantrittes frühestmöglich, spätestens aber zwei Wochen vor diesem Zeitpunkt dem Arbeitgeber bekannt zu geben.

Vollziehung und Inkrafttreten

§ 23. (1) Mit der Vollziehung dieses Bundesgesetzes ist der/die Bundesminister/in für Arbeit und Soziales betraut.

(2) Dieses Bundesgesetz tritt mit 1. Juli 1996 in Kraft. Mit diesem Zeitpunkt tritt das Bundesgesetz vom 31. März 1955, BGBl. Nr. 69/1955, in der Fassung der Bundesgesetze BGBl. Nr. 116/1960, 348/1975 und 232/1978, über die Regelung der Arbeit in Betrieben, in denen Backwaren erzeugt werden, außer Kraft.

(3) § 20 in der Fassung des Bundesgesetzes BGBl. I Nr. 98/2001 tritt mit 1. Jänner 2002 in Kraft.

(4) Die §§ 8a, 8b, 8c, 8d, 18, 20 und 22a in der Fassung des Bundesgesetzes BGBl. I Nr. 122/2002 treten mit 1. August 2002 in Kraft.

(5) § 1 Abs. 2 und 3 sowie die §§ 7 und 8 in der Fassung des Bundesgesetzes BGBl. I Nr. 79/2003 treten mit 1. Juli 2003 in Kraft.

(6) § 18 in der Fassung des Deregulierungsgesetzes 2017, BGBl. I Nr. 40/2017, tritt mit 1. Juli 2017 in Kraft.

Weitere Inh.

46. Heimarbeitsgesetz 1960

Heimarbeitsgesetz 1960
StF: BGBl. Nr. 105/1961 (WV)
Letzte Novellierung: BGBl. I Nr. 110/2024

GLIEDERUNG

STICHWORTVERZEICHNIS

Weitere Inh.

I. Hauptstück
Anwendungsgebiet
Geltungsbereich

§ 1. Dieses Bundesgesetz gilt für Heimarbeit jeder Art, ausgenommen die Heimarbeit im Rahmen der land- und forstwirtschaftlichen Produktion.

Begriffsbestimmungen

§ 2. Im Sinne dieses Bundesgesetzes ist

1. Heimarbeiter, wer, ohne Gewerbetreibender nach den Bestimmungen der Gewerbeordnung zu sein, in eigener Wohnung oder selbst gewählter Arbeitsstätte im Auftrag und für Rechnung von Personen, die Heimarbeit vergeben, mit der Herstellung, Bearbeitung, Verarbeitung oder Verpackung von Waren beschäftigt ist,
2. Auftraggeber, wer Waren durch Heimarbeiter herstellen, bearbeiten, verarbeiten oder verpacken lässt, und zwar auch dann, wenn keine Gewinnerzielung beabsichtigt ist oder die Waren für den Verbrauch bzw. Gebrauch durch die eigenen Dienstnehmer bestimmt sind.

II. Hauptstück
Allgemeine Schutzbestimmungen
Meldung bei Vergabe von Heimarbeit

§ 5. (1) Auftraggeber haben anlässlich der erstmaligen Vergabe von Heimarbeit hierüber dem nach dem Standort des Auftraggebers zuständigen Träger der Krankenversicherung Meldung zu erstatten.

(2) Die Meldung hat folgende Angaben über den Auftraggeber zu enthalten:

1. Name,
2. Art des Betriebes,
3. Anschrift und Telefonnummer,
4. Fachorganisation, der der Auftraggeber angehört.

(3) Die Meldung hat folgende Angaben über den oder die Heimarbeiter zu enthalten:

1. Vor- und Familienname,
2. Anschrift,
3. Art der Beschäftigung: Art des Arbeitsstückes und Art der Bearbeitung, Verarbeitung, Herstellung oder Verpackung und
4. Datum des Beginns des Beschäftigungsverhältnisses.

(4) Die Meldung ist innerhalb einer Woche nach der erstmaligen Vergabe von Heimarbeit zu erstatten.

(5) Bis zum 15. Jänner eines jeden Jahres ist dem zuständigen Träger der Krankenversicherung eine Liste der beschäftigten Heimarbeiter vorzulegen. Außerhalb dieses Termins ist die Liste der beschäftigten Heimarbeiter dem Träger der Krankenversicherung auf Verlangen vorzulegen.

(6) Meldungen nach Abs. 1 und 5 sind von Stempelgebühren des Bundes befreit.

Bekanntgabe der Arbeits- und Lieferungsbedingungen

§ 8. (1) Der Auftraggeber hat dem Heimarbeiter unverzüglich nach Abschluss des Vertrags eine schriftliche Aufzeichnung über die jeweils geltenden Lieferungsbedingungen zu übergeben oder nach Wahl des Heimarbeiters in elektronischer Form zu übermitteln. Darüber hinaus hat er unverzüglich nach Beginn des Beschäftigungsverhältnisses, eine schriftliche Aufzeichnung über die wesentlichen Rechte und Pflichten aus dem Vertrag (Dienstzettel) auszuhändigen oder nach Wahl des Heimarbeiters in elektronischer Form zu übermitteln. Solche Aufzeichnungen sind von Stempel- und unmittelbaren Gebühren befreit. Der Dienstzettel hat jedenfalls folgende Angaben zu enthalten:

1. Name und Anschrift des Auftraggebers, Sitz des Betriebes,
2. Name und Anschrift des Heimarbeiters,
3. Beginn des Beschäftigungsverhältnisses,
4. bei Beschäftigungsverhältnissen auf bestimmte Zeit das Ende des Beschäftigungsverhältnisses,
5. Dauer der Frist zur Beendigung des Beschäftigungsverhältnisses,
6. vorgesehene Art der Beschäftigung und eine kurze Beschreibung dieser Beschäftigung,
7. Berechnung und Fälligkeit sowie Art der Auszahlung des Entgelts.

(1a) Jede Änderung der Angaben gemäß Abs. 1 ist dem Heimarbeiter unverzüglich, spätestens jedoch am Tag ihres Wirksamwerdens schriftlich mitzuteilen, es sei denn, die Änderung erfolgte durch Änderung von Gesetzen.

(1b) Keine Verpflichtung zur Aushändigung eines Dienstzettels besteht, wenn ein schriftlicher Vertrag über das Beschäftigungsverhältnis ausgehändigt wurde, der alle in Abs. 1 genannten Angaben enthält.

(1c) Hat das Beschäftigungsverhältnis bereits zum Inkrafttreten nach § 74 Abs. 10 bestanden, so ist dem Heimarbeiter auf sein Verlangen binnen zwei Monaten ein Dienstzettel gemäß Abs. 1 auszuhändigen. Eine solche Verpflichtung des Auftraggebers besteht nicht, wenn eine früher ausgestellte Aufzeichnung oder ein schriftlicher Vertrag über das Beschäftigungsverhältnis alle nach diesem Bundesgesetz erforderlichen Angaben enthält.

(2) Ein allenfalls anzuwendender Heimarbeitsgesamtvertrag oder Heimarbeitstarif sowie das Entgeltverzeichnis sind an sichtbarer Stelle im Betrieb zur Einsichtnahme durch den Heimarbeiter aufzulegen. Wenn Heimarbeit regelmäßig in die Wohnung oder selbst gewählte Arbeitsstätte des Heimarbeiters gebracht wird, ist diesem

Weitere Inh.

anlässlich der ersten Vergabe von Heimarbeit sowie auf dessen Verlangen jederzeit ein Abdruck eines allenfalls anzuwendenden Heimarbeitsgesamtvertrages oder Heimarbeitstarifes sowie des Entgeltverzeichnisses zu übergeben.

(3) Das Entgeltverzeichnis hat die Artikelnummer oder die Bezeichung des Arbeitsstückes sowie das Entgelt für jedes einzelne Arbeitsstück und die hierfür vorgesehene Arbeitszeit zu enthalten. Ist dies nicht möglich, so ist eine übersichtliche Berechnungsgrundlage des Entgeltes einzutragen. Bestehende Musterbücher sind beizuschließen. Dies gilt nicht bei der Herstellung neuer Muster, die als Einzelstücke erst auszuarbeiten sind.

Entgeltzahlung und Mitteilung der Abmeldung von der Pflichtversicherung

§ 9. (1) Das Entgelt ist einmal im Kalendermonat abzurechnen und auszuzahlen. Auf das zur Abrechnung gelangende Entgelt sind der geleisteten Arbeit entsprechende Vorschüsse zu leisten. In jedem Fall wird das Entgelt mit der Beendigung des Heimarbeitsverhältnisses fällig.

(2) Meldet der Auftraggeber den Heimarbeiter von der Krankenversicherung ab, so hat er diesem unverzüglich eine Durchschrift der Abmeldung zu übermitteln.

Ausgabe- und Abrechnungsnachweise

§ 10. (1) Der Auftraggeber hat über jede unmittelbare Ausgabe (Zustellung) von Heimarbeit an Heimarbeiter, über Übernahme (Abholung) der durchgeführten Heimarbeit und über die Entgeltzahlung (§ 9) Nachweise in zweifacher Ausfertigung zu führen. Für Ausgabe (Zustellung), Übernahme (Abholung) und Entgeltzahlung kann ein gemeinsamer Nachweis geführt werden. Werden gesonderte Nachweise für die Ausgabe und Übernahme geführt, sind diese Nachweise dem Abrechnungsnachweis anzuschließen.

(2) Die Nachweise über die Ausgabe (Zustellung) von Heimarbeit haben zu enthalten:

1. Datum der Ausgabe (Zustellung)
2. Artikelnummer oder Bezeichnung des Arbeitsstückes laut Entgeltverzeichnis und Menge der vergebenen Arbeiten,
3. das für die vergebene Arbeit je Einheit gebührende Entgelt unter Angabe der hiefür vorgesehenen Arbeitszeit oder Berechnungsgrundlage und
4. einen allfällig vereinbarten Liefertermin.

(3) Die Nachweise über die Übernahme (Abholung) von Heimarbeit haben zu enthalten:

1. Datum der Übernahme (Abholung) und
2. Artikelnummer oder Bezeichnung des Arbeitsstückes laut Entgeltverzeichnis und Menge der gelieferten Arbeiten.

(4) Die Nachweise über die Entgeltzahlung (Abrechnungsnachweise) haben zu enthalten:

1. Bezeichnung des Abrechnungszeitraumes (§ 9)
2. Bezeichnung der in den Abrechnungszeitraum fallenden Übernahme (Abholungsnachweis) (Abs. 3),
3. Höhe des erzielten Arbeitsentgelts,
4. Höhe des Entgelts gemäß § 25 unter Angabe des Beginns und Endes der Krankheit und der Berechnungsgrundlage je Werktag,
5. Höhe des Feiertagsentgelts unter Angabe der Berechnungsgrundlage, des Berechnungszeitraumes, des Prozentsatzes und des Auszahlungstermines (§ 18 Abs. 4),
6. Höhe des Urlaubsentgelts und der Urlaubsabfindung bzw. Urlaubsentschädigung unter Angabe der Berechnungsgrundlage, des Urlaubszeitraumes und des Prozentsatzes,
7. Höhe des Urlaubszuschusses und der Weihnachtsremuneration unter Angabe der Berechnungsgrundlage, des Berechnungszeitraumes, des Prozentsatzes und des Auszahlungstermines (§ 27 Abs. 2),
8. Höhe allfälliger Materialvergütungen und Unkostenzuschläge,
9. Höhe der Familienbeihilfe,
10. Höhe eines allfällig geleisteten Vorschusses,
11. Höhe des jeweiligen Bruttobetrages,
12. Höhe der Abzüge vom Bruttoentgelt und deren Aufschlüsselung,
13. Höhe des jeweiligen Nettobetrages,
14. Höhe des auszuzahlenden Betrages,
15. Datum der Auszahlung (Überweisung).

(5) Der mit Heimarbeit Beschäftigte hat den Erhalt des auszuzahlenden Betrages auf dem Abrechnungsnachweis zu bestätigen. Erfolgt die Entgeltauszahlung mittels Überweisung, so ist die Unterschrift, des mit Heimarbeit Beschäftigten durch den vom Auftraggeber einzutragenden Hinweis auf die Überweisung zu ersetzen.

(6) Die gemäß Abs. 1 bis 4 zu führenden Nachweise sind jeweils mit fortlaufenden Nummern zu versehen. Für jeden Heimarbeiter ist ein eigener namentlich zuordenbarer Nachweis zu verwenden. Die Erstausfertigung ist drei Jahre im Betrieb des Auftraggebers nach Heimarbeitern und Namen geordnet aufzubewahren und auf Verlangen dem zuständigen Krankenversicherungsträger und den zuständigen gesetzlichen und freiwilligen Interessenvertretungen vorzulegen. Die Zweitausfertigung ist dem mit Heimarbeit Beschäftigten zu übergeben und von diesem aufzubewahren. Der Auftraggeber hat dem mit Heimarbeit Beschäftigten eine entsprechende Vorrichtung zur Abheftung der Zweitausfertigungen zur Verfügung zu stellen.

(7) Auftraggeber, die die Lohnverrechnung mittels automationsunterstützter Datenverarbeitung durchführen, können die Nachweise gemäß Abs. 1

bis 4 im gleichen Verfahren erstellen. Die Nachvollziehbarkeit und Überprüfbarkeit der Berechnung der Entgelte muß durch einen schriftlichen Ausdruck gewährleistet sein.

(8) Abs. 2 Z 3 findet bei der Herstellung neuer Muster, die als Einzelstücke erst auszuarbeiten sind, keine Anwendung.

§ 12. An Sonntagen und an den im Arbeitsruhegesetz, BGBl. Nr. 144/1983, in seiner jeweils geltenden Fassung, angeführten Feiertagen darf weder Heimarbeit ausgegeben (zugestellt) noch durchgeführte Heimarbeit übernommen (abgeholt) werden.

§ 13. (1) Wer Heimarbeit vergibt, hat dafür zu sorgen, daß die Ausgabe (Zustellung) der Heimarbeit und die Übernahme (Abholung) der durchgeführten Heimarbeit zu dem vereinbarten Zeitpunkt ohne ungebührliche Wartezeit vorgenommen wird.

(2) Eine sich dennoch ergebende, 30 Minuten übersteigende Wartezeit des mit Heimarbeit Beschäftigten hat derjenige, der Heimarbeit vergibt, zur Gänze zu vergüten. Die Vergütung ist nach dem der Entgeltberechnung zugrunde liegenden Stundenlohn zu bemessen.

(3) Ein Anspruch auf Vergütung der Wartezeit besteht nur, wenn sich der mit der Heimarbeit Beschäftigte zu dem für die Ausgabe und Ablieferung der Heimarbeit vorgesehenen Zeitpunkt bei der Person, die die Ausgabe (Übernahme) vornimmt, gemeldet bzw. sich zu der für die Zustellung (Abholung) vorgesehenen Zeit am vereinbarten Ort aufgehalten hat.

§ 14. (1) Vereinbarungen über Vorleistungen des Heimarbeiters für die Vergabe oder die Zusicherung der Vergabe von Heimarbeit sind rechtsunwirksam.

(2) Der Auftraggeber darf für einen bestimmten, einen Monat keinesfalls überschreitenden Zeitraum keine größere Arbeitsmenge an einen Heimarbeiter ausgeben, als im Betrieb von einer vollwertigen vergleichbaren Arbeitskraft ohne Hilfskräfte bei gleicher maschineller Ausstattung des Arbeitsplatzes oder, wenn keine vergleichbare Betriebsarbeit besteht, von einem vollbeschäftigten durchschnittlichen Heimarbeiter bei Einhaltung der jeweils geltenden gesetzlichen Normalarbeitszeit bewältigt werden kann. Bei Lösung des Heimarbeitsverhältnisses durch den Heimarbeiter ist unabhängig vom Ausmaß der ausgegebenen Arbeitsmenge lediglich das in Arbeit befindliche Stück fertigzustellen.

(3) Die Lieferfristen sind so zu bemessen, daß die Aufträge bei Einhaltung der jeweils geltenden gesetzlichen Normalarbeitszeit und ohne Sonn- und Feiertagsarbeit ausgeführt werden können. Für Frauen und Jugendliche sind die Lieferfristen überdies so zu bemessen, daß die Aufträge ohne Nachtarbeit und unter Beobachtung der für diese Personen geltenden besonderen Arbeitnehmerschutzvorschriften ausgeführt werden können. Welche Zeit als Nachtzeit gilt, bestimmt sich nach den für den betreffenden Erzeugungszweig geltenden arbeitsrechtlichen Vorschriften.

Beschränkung der Vergabe von Heimarbeit an im Betrieb Beschäftigte

§ 15. Der Auftraggeber darf an die in seinem Betrieb beschäftigten Dienstnehmer (Lehrlinge) Heimarbeit nur insoweit ausgeben, als durch die dafür aufzuwendende Zeit zuzüglich der Arbeitszeit im Betrieb die gesetzliche Normalarbeitszeit nicht überschritten wird.

Gefahrenschutz

§ 16. Arbeitsstätten, in denen Heimarbeit verrichtet wird, müssen, soweit es die Natur der Beschäftigung gestattet, derart beschaffen und eingerichtet sein, daß Gefahren für Leben, Gesundheit und Sittlichkeit der Beschäftigten vermieden werden.

§ 17. (1) Die Herstellung, Bearbeitung, Verarbeitung oder Verpackung von Lebens- und Genußmitteln, von Heilmitteln sowie von kosmetischen Mitteln in Heimarbeit ist verboten, wobei unter Verpackung das Anbringen der mit diesen Waren unmittelbar in Berührung stehenden Hülle zu verstehen ist. Darüber hinaus kann der Bundesminister für Arbeit, Soziales und Konsumentenschutz nach Anhören der gesetzlichen Interessenvertretungen der Arbeitnehmer und der Arbeitgeber im Einvernehmen mit dem Bundesminister für Wirtschaft, Familie und Jugend für Erzeugungszweige, in denen sich aus der Art der Herstellung, Bearbeitung, Verarbeitung oder Verpackung von Waren eine Gefährdung des Lebens oder der Gesundheit der mit Heimarbeit Beschäftigten ergibt, durch Verordnung Heimarbeit verbieten oder besondere Vorschriften für die Vergabe von Heimarbeit erlassen.

(2) Wird Heimarbeit, für die nach Abs. 1 besondere Vorschriften erlassen worden sind, erstmalig vergeben, so ist in der nach § 5 zu erstattenden Anzeige ausdrücklich darauf hinzuweisen. Wurde Heimarbeit bereits vor der Erlassung solcher Vorschriften vergeben, so ist binnen einer Woche nach Inkrafttreten dieser Vorschriften eine neue Anzeige nach § 5 zu erstatten.

(3) Wird Heimarbeit, bei der infolge ihrer besonderen Art erfahrungsgemäß das Leben oder die Gesundheit der damit Beschäftigten gefährdet erscheint, erstmalig vergeben und sind für diese Heimarbeit Schutzvorschriften nach Abs. 1 nicht erlassen worden, so haben die Auftraggeber hierüber dem nach ihrem Standorte zuständigen Arbeitsinspektorat Anzeige zu erstatten.

(4) In Erzeugungszweigen, für die Vorschriften gemäß Abs. 1 nicht erlassen sind, kann das Arbeitsinspektorat im Einzelfalle die Vergebung

Weitere Inh.

bestimmter Heimarbeiten untersagen oder für die Durchführung von Heimarbeit Bedingungen vorschreiben, wenn infolge der besonderen Art der Heimarbeit das Leben, die Gesundheit oder die Sittlichkeit der mit Heimarbeit Beschäftigten gefährdet erscheint.

III. Hauptstück

Feiertags- und Urlaubsregelung, Leistung im Pflegefall, Krankenentgelt, Beendigung des Heimarbeitsverhältnisses und Abfertigung

Abschnitt 1

Entgeltzahlung für Feiertage

Regelung für Heimarbeiter

§ 18. (1) Heimarbeiter haben für die im Arbeitsruhegesetz, BGBl. Nr. 144/1983, in seiner jeweils geltenden Fassung angeführten Feiertage Anspruch auf Feiertagsentgelt.

(2) Das Feiertagsentgelt ist in Form eines Zuschlages zu leisten. Als Berechnungsgrundlage ist die Summe aus den im Berechnungszeitraum erzielten Arbeitsentgelten, allfälligen Urlaubsentgelten und allfälligen Entgelten gemäß § 25, ausschließlich allfälliger Unkostenzuschläge, heranzuziehen.

(3) Der Zuschlag beträgt 4 vH. Für die Angehörigen der evangelischen Kirche AB und HB, der Altkatholischen Kirche und der Evangelisch-methodistischen Kirche in Österreich beträgt der Zuschlag 4 1/3 vH. Er darf in das Arbeitsentgelt nicht einbezogen werden.

(4) Das Feiertagsentgelt ist jeweils bei der ersten Entgeltzahlung nach dem 15. Juni und nach dem 15. Dezember abzurechnen und auszuzahlen. Hat der Heimarbeiter einen Anspruch auf Urlaubszuschuß und Weihnachtsremuneration, so kann das Feiertagsentgelt gemeinsam mit dem Urlaubszuschuß und der Weihnachtsremuneration abgerechnet und ausgezahlt werden. Endet das Heimarbeitsverhältnis früher, so ist das Feiertagsentgelt bei der letzten Entgeltabrechnung abzurechnen und auszuzahlen.

Abschnitt 2

Urlaub

Urlaubsanspruch und Urlaubsausmaß

§ 20. (1) Der Heimarbeiter erwirbt auf Grund eines ununterbrochenen Beschäftigungsverhältnisses in der Dauer von jeweils mindestens sechs Monaten einen Anspruch auf Urlaub. Bei Ermittlung des Urlaubsanspruches verbleibende Teile von Beschäftigungsmonaten zählen auf den nächsten Urlaubsanspruch.

(2) Der Zeitraum, der das den Urlaubsanspruch begründende Beschäftigungsverhältnis (Abs. 1) unter Berücksichtigung allfälliger Unterbrechungen im Sinne des § 20a Abs. 1 umfaßt, wird als Urlaubszeitraum bezeichnet. Der Urlaubszeitraum

umfaßt nur volle Beschäftigungsmonate. Er beginnt für den ersten Urlaubsanspruch mit der Aufnahme des Beschäftigungsverhältnisses, für jeden folgenden Urlaubsanspruch mit dem Ende des Tages, mit dem der vorhergehende Urlaubszeitraum schließt.

(3) Das Ausmaß des Urlaubes beträgt für jeden Monat des Beschäftigungsverhältnisses, für den ein Urlaubsanspruch nicht verbraucht wurde, zweieinhalb Werktage; hat das Beschäftigungsverhältnis ununterbrochen mehr als 25 Jahre (300 Monate) gedauert, so erhöht sich das Urlaubsausmaß auf drei Werktage.

(4) Steht der Heimarbeiter zu mehreren Auftraggebern in einem Beschäftigungsverhältnis, so ist der Urlaubsanspruch gegenüber jeder einzelnen dieser Personen gesondert zu beurteilen.

Anrechnungsbestimmungen

§ 20a. (1) Für die Bemessung des Urlaubsausmaßes sind Beschäftigungsverhältnisse und Zeiten eines Arbeitsverhältnisses bei demselben Auftraggeber (Arbeitgeber), die keine längeren Unterbrechungen als jeweils drei Monate aufweisen, zusammenzurechnen. Diese Zusammenrechnung unterbleibt jedoch, wenn die Unterbrechung des Beschäftigungsverhältnisses dadurch eingetreten ist, daß es der Heimarbeiter ohne wichtigen Grund vorzeitig aufgelöst hat oder die Unterbrechung des Arbeitsverhältnisses durch eine Kündigung des Arbeitnehmers, durch einen vorzeitigen Austritt ohne wichtigen Grund oder eine vom Arbeitnehmer verschuldete Entlassung eingetreten ist.

(2) Für die Bemessung des Urlaubsausmaßes sind anzurechnen:

1. die in einem anderen Beschäftigungsverhältnis (Arbeitsverhältnis) im Inland zugebrachte Beschäftigungszeit (Dienstzeit), sofern sie mindestens je sechs Monate gedauert hat;
2. die über die Erfüllung der allgemeinen Schulpflicht hinausgehende Zeit eines Studiums an einer inländischen allgemeinbildenden höheren oder einer berufsbildenden mittleren oder höheren Schule oder einer Akademie im Sinne des Schulorganisationsgesetzes 1962, BGBl. Nr. 242, oder an einer diesen gesetzlich geregelten Schularten vergleichbaren Schule, in dem für dieses Studium nach den schulrechtlichen Vorschriften geltenden Mindestausmaß, höchstens jedoch im Ausmaß von vier Jahren. Als Zeitpunkt des möglichen Studienabschlusses ist bei Studien, die mit dem Schuljahr enden, der 30. Juni und bei Studien, die mit dem Kalenderjahr enden, der 31. Dezember anzusehen. Zeiten des Studiums an einer vergleichbaren ausländischen Schule sind wie inländische Schulzeiten anzurechnen, wenn das Zeugnis einer solchen ausländischen Schule im Sinne der Europäischen Konvention über die Gleichwertigkeit von Reifezeugnissen (BGBl.

Nr. 44/1957) oder eines entsprechenden internationalen Abkommens für die Zulassung zu den Universitäten als einem inländischen Reifezeugnis gleichwertig anzusehen ist oder wenn es nach den Bestimmungen des Schulunterrichtsgesetzes (Bundesgesetz vom 6. Feber 1974, BGBl. Nr. 139) über die Nostrifikation ausländischer Zeugnisse nostrifiziert werden kann;

3. die gewöhnliche Dauer eines mit Erfolg abgeschlossenen Hochschulstudiums bis zum Höchstausmaß von fünf Jahren;

4. Zeiten, für welche eine Haftentschädigung gemäß § 13a Abs. 1 oder § 13c Abs. 1 des Opferfürsorgegesetzes 1947, BGBl. Nr. 183, gebührt. Diese Anrechnung findet nicht statt, soweit ein Arbeitsverhältnis während der Haft aufrechtgeblieben und aus diesem Grund für die Urlaubsdauer zu berücksichtigen ist;

5. Zeiten der Tätigkeit als Entwicklungshelfer für eine Entwicklungshilfeorganisation im Sinne des § 1 Abs. 2 des Bundesgesetzes vom 10. Juli 1974, BGBl. Nr. 474;

6. Zeiten einer im Inland zugebrachten selbständigen Erwerbstätigkeit, sofern sie mindestens je sechs Monate gedauert hat.

(3) Zeiten nach Abs. 2 Z 1, 5 und 6 sind insgesamt nur bis zum Höchstausmaß von fünf Jahren anzurechnen. Zeiten nach Z 2 sind darüber hinaus bis zu einem Höchstausmaß von weiteren zwei Jahren anzurechnen.

(4) Fallen anrechenbare Zeiten zusammen, so sind sie für die Bemessung der Urlaubsdauer nur einmal zu berücksichtigen.

Verbrauch des Urlaubes, Verbot der Ausgabe von Heimarbeit

§ 21. (1) Der Zeitpunkt des Urlaubsantrittes ist zwischen dem Auftraggeber und dem Heimarbeiter unter Rücksichtnahme auf die Erfordernisse des Betriebes und die Erholungsmöglichkeiten des Heimarbeiters zu vereinbaren. Diese Vereinbarung hat so zu erfolgen, daß in jedem Beschäftigungsjahr der gebührende Urlaub verbraucht werden kann.

(2) Für Zeiträume einer Arbeitsverhinderung gemäß § 25 darf der Urlaubsantritt nicht vereinbart werden, wenn diese Arbeitsverhinderung bereits bei Abschluß der Vereinbarung bekannt war. Geschieht dies dennoch, so gilt der Zeitraum der Arbeitsverhinderung nicht als Urlaub.

(3) Der Urlaub kann in Teilen gewährt werden, doch darf kein Teil weniger als sechs Werktage betragen.

(4) Hat der Heimarbeiter in Betrieben, in denen ein für ihn zuständiger Betriebsrat errichtet ist, den von ihm gewünschten Zeitpunkt für den Antritt seines Urlaubes oder eines Urlaubsteiles in der Dauer von mindestens zwölf Werktagen dem Auftraggeber mindestens drei Monate vorher bekanntgegeben und kommt eine Einigung zwischen dem Auftraggeber und dem Heimarbeiter nicht zustande, so sind die Verhandlungen unter Beiziehung des Betriebsrates fortzusetzen. Kommt auch dann keine Einigung zustande, so kann der Heimarbeiter den Urlaub zu dem von ihm vorgeschlagenen Zeitpunkt antreten, es sei denn, der Auftraggeber hat während eines Zeitraumes, der nicht mehr als acht und nicht weniger als sechs Wochen vor dem vom Heimarbeiter vorgeschlagenen Zeitpunkt des Urlaubsantrittes liegen darf, wegen des Zeitpunktes des Urlaubsantrittes die Klage beim zuständigen Arbeitsgericht eingebracht.

(5) Der Urlaubsanspruch verjährt nach Ablauf von zwei Jahren ab Ende des Beschäftigungsjahres, in dem er entstanden ist.

(6) Für die Dauer des Urlaubes und während dessen Ablaufes darf Heimarbeit an den Heimarbeiter nicht ausgegeben werden.

Erkrankung während des Urlaubes

§ 21a. (1) Erkrankt (verunglückt) ein Heimarbeiter während des Urlaubes, ohne dies vorsätzlich oder grob fahrlässig herbeigeführt zu haben, so werden auf Werktage fallende Tage der Erkrankung, an denen der Heimarbeiter durch die Erkrankung arbeitsunfähig war, auf das Urlaubsausmaß nicht angerechnet, wenn die Erkrankung länger als drei Kalendertage gedauert hat.

(2) Übt ein Heimarbeiter während seines Urlaubes eine dem Erholungszweck widersprechende Erwerbstätigkeit aus, so findet Abs. 1 keine Anwendung, wenn die Erkrankung (der Unglücksfall) mit dieser Erwerbstätigkeit in ursächlichem Zusammenhang steht.

(3) Der Heimarbeiter hat dem Auftraggeber nach dreitägiger Krankheitsdauer die Erkrankung unverzüglich mitzuteilen. Ist dies aus Gründen, die nicht vom Heimarbeiter zu vertreten sind, nicht möglich, so gilt die Mitteilung als rechtzeitig erfolgt, wenn sie unmittelbar nach Wegfall des Hinderungsgrundes nachgeholt wird. Bei Wiederaufnahme der Beschäftigung hat der Heimarbeiter ohne schuldhafte Verzögerung ein ärztliches Zeugnis oder eine Bestätigung des zuständigen Krankenversicherungsträgers über Beginn, Dauer und Ursache der Arbeitsunfähigkeit vorzulegen. Erkrankt der Heimarbeiter während eines Urlaubes im Ausland, so muß dem ärztlichen Zeugnis eine behördliche Bestätigung darüber beigefügt sein, daß es von einem zur Ausübung des Arztberufes zugelassenen Arzt ausgestellt wurde. Eine solche behördliche Bestätigung ist nicht erforderlich, wenn die ärztliche Behandlung stationär oder ambulant in einer Krankenanstalt erfolgte und hierüber eine Bestätigung dieser Anstalt vorgelegt

Weitere Inh.

wird. Kommt der Heimarbeiter diesen Verpflichtungen nicht nach, so ist Abs. 1 nicht anzuwenden.

Urlaubsentgelt

§ 22. (1) Während des Urlaubes gebührt dem Heimarbeiter ein Urlaubsentgelt nach Maßgabe der folgenden Bestimmungen.

(2) Das Urlaubsentgelt beträgt bei einem Urlaubsausmaß (§ 20 Abs. 3) von zweieinhalb Werktagen für jeden Monat des Beschäftigungsverhältnisses 10 vH und bei einem Urlaubsausmaß von drei Werktagen 12 vH des Arbeitsentgeltes, das für den Urlaubszeitraum (§ 20 Abs. 2) gebührt hat.

(3) Unter dem gemäß Abs. 2 gebührenden Arbeitsentgelt ist die Summe der Arbeitsentgelte zu verstehen, die innerhalb des Urlaubszeitraumes abzurechnen und auszuzahlen waren (§ 9).

(4) Durch Heimarbeitsgesamtvertrag kann die Berechnung des Urlaubsgeltes abweichend von der Bestimmung des Abs. 2 geregelt werden.

(5) Zum Zwecke der Berechnung des Urlaubsentgeltes umfaßt das Arbeitsentgelt auch die in dem Urlaubszeitraum gebührenden Feiertagsentgelte, ein in diesem Zeitraum allfällig gezahltes Urlaubsentgelt und Entgelte gemäß § 25, es umfaßt jedoch nicht die Unkostenzuschläge.

(6) Das Urlaubsentgelt ist bei Antritt des Urlaubes zu zahlen. Wird der Urlaub in Teilen gewährt, so ist bei Antritt jedes Teilurlaubes der entsprechende Teil des Urlaubsentgeltes zu zahlen.

Ablöseverbot

§ 22a. Vereinbarungen zwischen Auftraggeber und Heimarbeiter, die für den Nichtverbrauch des Urlaubes Geld oder sonstige vermögenswerte Leistungen des Auftraggebers vorsehen, sind rechtsunwirksam.

Abfindung und Urlaubsentschädigung

§ 23. (1) Wird das Beschäftigungsverhältnis des Heimarbeiters vor Erwerb eines Urlaubsanspruches (§ 20 Abs. 1) gelöst, so gebührt dem Heimarbeiter eine Abfindung der Anwartschaft auf Urlaub. Diese Abfindung ist je nach der Gesamtdauer des Beschäftigungsverhältnisses mit dem gemäß § 22 in Betracht kommenden Hundertsatz des Arbeitsentg23eltes zu bemessen, das für den durch einen Urlaubsanspruch nicht erfaßten Zeitraum gebührt.

(2) Wird das Beschäftigungsverhältnis vor Verbrauch des erworbenen Urlaubsanspruches gelöst, so gebührt dem Heimarbeiter eine Urlaubsentschädigung in der Höhe des Urlaubsentgeltes, das gebührt hätte, wenn der Urlaub tatsächlich verbraucht worden wäre. Die Urlaubsentschädigung umfaßt auch den aliquoten Urlaubszuschuß und die aliquote Weihnachtsremuneration für die Zeit des nicht verbrauchten Urlaubes.

(Anm.: Abs. 3 aufgehoben durch Art. 3 Z 1, BGBl. I Nr. 167/2022)

(4) Endet das Beschäftigungsverhältnis durch den Tod des Heimarbeiters, so gebührt die Urlaubsentschädigung beziehungsweise die Abfindung den Erben.

Abschnitt 3
Entgeltfortzahlung bei Arbeitsverhinderung

§ 25. (1) Ist ein Heimarbeiter nach Aufnahme seiner Tätigkeit durch Krankheit (Unglücksfall) an der Leistung seiner Arbeit verhindert, ohne dass er die Verhinderung vorsätzlich oder durch grobe Fahrlässigkeit herbeigeführt hat, so behält er nach Maßgabe der folgenden Bestimmungen seinen Anspruch auf das Entgelt unter den Voraussetzungen und in dem Ausmaß, als eine solche Leistung für die Betriebsarbeiter des betreffenden Erzeugungszweigs durch Gesetz oder Kollektivvertrag vorgesehen ist.

(2) Kur- und Erholungsaufenthalte, Aufenthalte in Heil- und Pflegeanstalten, Rehabilitationszentren und Rekonvaleszentenheimen, die aus Gründen der Erhaltung, Besserung oder Wiederherstellung der Arbeitsfähigkeit von einem Träger der Sozialversicherung, dem Bundesministerium für soziale Verwaltung gemäß § 12 Abs. 4 des Opferfürsorgegesetzes, BGBl. Nr. 183/1947, einem Bundesamt für Soziales und Behindertenwesen oder einer Landesregierung auf Grund eines Behindertengesetzes auf deren Rechnung bewilligt oder angeordnet wurden, sind unbeschadet allfälliger Zuzahlungen durch den Versicherten (Beschädigten) der Arbeitsverhinderung gemäß Abs. 1 gleichzuhalten.

(3) Bei wiederholter Arbeitsverhinderung durch Krankheit (Unglücksfall) innerhalb eines Arbeitsjahres besteht ein Anspruch auf Fortzahlung des Entgeltes nur insoweit, als die Dauer des Anspruches gemäß Abs. 1 noch nicht erschöpft ist. Durch Arbeitsunterbrechungen, die nicht länger als jeweils 60 Tage dauern, wird das Arbeitsjahr nicht unterbrochen.

(4) Wird ein Heimarbeiter durch Arbeitsunfall oder Berufskrankheit im Sinne der Vorschriften über die gesetzliche Unfallversicherung an der Leistung seiner Arbeit verhindert, ohne daß er die Verhinderung vorsätzlich oder durch grobe Fahrlässigkeit herbeigeführt hat, so behält er seinen Anspruch auf das Entgelt ohne Rücksicht auf andere Zeiten einer Arbeitsverhinderung unter den Voraussetzungen und im Ausmaß, als eine solche Leistung für die Betriebsarbeiter des betreffenden Erzeugungszweiges durch Gesetz oder Kollektivvertrag vorgesehen ist. Bei wiederholten Arbeitsverhinderungen, die im unmittelbaren ursächlichen Zusammenhang mit einem Arbeitsunfall oder einer Berufskrankheit stehen, besteht ein Anspruch auf Fortzahlung des Entgelts innerhalb eines Arbeitsjahres nur insoweit, als die Dauer des Anspruches noch nicht erschöpft ist; Abs. 3 letzter Satz gilt sinngemäß. Ist ein Heimarbeiter gleichzeitig bei mehreren Auftraggebern

beschäftigt, so entsteht ein Anspruch nach diesem Absatz nur gegenüber jenem Auftraggeber, bei dem die Arbeitsverhinderung im Sinne dieses Absatzes eingetreten ist; gegenüber den anderen Auftraggebern entstehen Ansprüche nach Abs. 1.

(5) In Abs. 2 genannte Aufenthalte, die wegen eines Arbeitsunfalles oder einer Berufskrankheit bewilligt oder angeordnet werden, sind einer Arbeitsverhinderung gemäß Abs. 4 gleichzuhalten.

(6) Die Leistungen für die in Abs. 2 genannten Aufenthalte gelten auch dann als auf Rechnung einer in Abs. 2 genannten Stelle erbracht, wenn hiezu ein Kostenzuschuß mindestens in der halben Höhe der gemäß § 45 Abs. 1 lit. a ASVG geltenden Höchstbeitragsgrundlage für jeden Tag des Aufenthaltes gewährt wird.

(7) Für die Bemessung der Dauer der Ansprüche gemäß Abs. 1, 2, 4 und 5 sind Beschäftigungszeiten bei demselben Auftraggeber, die keine längere Unterbrechung als jeweils 60 Tage aufweisen, zusammenzurechnen. Diese Zusammenrechnung unterbleibt jedoch, wenn der Heimarbeiter das Beschäftigungsverhältnis ohne wichtigen Grund vorzeitig auflöst.

(8) Das fortzuzahlende Entgelt beträgt für jeden Werktag ein Sechstel des durchschnittlichen Wochenverdienstes der letzten 13 Wochen, in denen der Heimarbeiter Arbeitsaufträge vom Auftraggeber erhalten hat. Bei der Berechnung des Wochenverdienstes sind die Unkostenzuschläge nicht zu berücksichtigen. Durch Heimarbeitsgesamtvertrag oder Heimarbeitstarif kann eine andere Berechnungsart vorgesehen werden.

(9) Der Heimarbeiter ist verpflichtet, ohne Verzug die Arbeitsverhinderung dem Auftraggeber bekanntzugeben und auf Verlangen des Auftraggebers, das nach angemessener Zeit wiederholt werden kann, eine Bestätigung des zuständigen Krankenversicherungsträgers oder eines Gemeindearztes über den voraussichtliche Dauer und Ursache der Arbeitsunfähigkeit vorzulegen. Diese Bestätigung hat einen Vermerk darüber zu enthalten, daß dem zuständigen Krankenversicherungsträger eine Arbeitsunfähigkeitsanzeige mit Angabe über Beginn, voraussichtliche Dauer und Ursache der Arbeitsunfähigkeit übermittelt wurde.

(10) Wir der Heimarbeiter durch den Kontrollarzt des zuständigen Krankenversicherungsträgers für arbeitsfähig erklärt, so ist der Auftraggeber von diesem Krankenversicherungsträger über die Gesundschreibung sofort zu verständigen. Diese Pflicht zur Verständigung besteht auch, wenn sich der Heimarbeiter ohne Vorliegen eines wichtigen Grundes der für ihn vorgesehenen ärztlichen Untersuchung beim zuständigen Krankenversicherungsträger nicht unterzieht.

(11) In den Fällen des Abs. 2 und 5 hat der Heimarbeiter eine Bescheinigung über die Bewilligung oder Anordnung sowie über den Zeitpunkt des in Aussicht genommenen Antrittes und die Dauer des die Arbeitsverhinderung begründenden Aufenthaltes vor dessen Antritt vorzulegen.

(12) Kommt der Heimarbeiter einer seiner Verpflichtungen nach Abs. 9 oder Abs. 11 nicht nach, so verliert er für die Dauer der Säumnis den Anspruch auf Entgelt. Das gleiche gilt, wenn sich der Heimarbeiter ohne Vorliegen eines wichtigen Grundes der für ihn vorgesehenen ärztlichen Untersuchung beim zuständigen Krankenversicherungsträger nicht unterzieht.

(13) Wird das Heimarbeitsverhältnis während einer Arbeitsverhinderung vom Auftraggeber ohne Vorliegen eines wichtigen Grundes vorzeitig gelöst oder trifft den Auftraggeber ein Verschulden an der vorzeitigen Auflösung des Heimarbeitsverhältnisses durch den Heimarbeiter, so bleibt der Anspruch auf Fortzahlung des Entgelts für die in Abs. 1 und 4 vorgesehene Dauer bestehen, wenngleich das Heimarbeitsverhältnis früher endet.

(14) Wurde für die Betriebsarbeiter des betreffenden Erzeugungszweiges bzw. Betriebes durch Kollektivvertrag oder Betriebsvereinbarung (§ 2 Abs. 8 des Entgeltfortzahlungsgesetzes, BGBl. Nr. 399/1974) vereinbart, daß sich der Anspruch auf Entgeltfortzahlung nicht nach dem Arbeitsjahr, sondern nach dem Kalenderjahr richtet, so richtet sich auch der Anspruch der Heimarbeiter nach dem Kalenderjahr.

(15) Der Abschnitt 2 des Art. I des Entgeltfortzahlungsgesetzes gilt sinngemäß, sofern der Heimarbeiter während der letzten 14 Tage vor Eintritt der Arbeitsverhinderung beim Krankenversicherungsträger gemäß § 33 ASVG angemeldet war. Nimmt ein Heimarbeiter nach einer kürzer als 61 Tage dauernden Arbeitsunterbrechung seine Tätigkeit bei demselben Auftraggeber wieder auf, so besteht ab diesem Zeitpunkt der Erstattungsanspruch des Auftraggebers, sofern der Heimarbeiter während der letzten 14 Tage vor der Arbeitsunterbrechung beim zuständigen Krankenversicherungsträger angemeldet war.

Leistung im Pflegefall

§ 26. (1) Ist ein Zeitpunkt des Eintritts des Verhinderungsfalles dem Versicherungsschutz gemäß § 122 ASVG unterliegender Heimarbeiter an der Leistung seiner Arbeit wegen der notwendigen Pflege seines im gemeinsamen Haushalt lebenden erkrankten Kindes (Wahl- oder Pflegekindes) oder im gemeinsamen Haushalt lebenden leiblichen Kindes des anderen Ehegatten oder eingetragenen Partners oder Lebensgefährten, welches das zwölfte Lebensjahr noch nicht überschritten hat, nachweislich verhindert, so hat er gegenüber dem zuständigen Krankenversicherungsträger Anspruch auf Entgeltersatz aus den Mitteln der Krankenversicherung bis zum Höchstausmaß von sechs Tagen. Dieser Anspruch besteht nur einmal innerhalb eines Kalenderjahres.

(2) Das Ausmaß des Entgeltersatzes richtet sich nach dem täglichen Wochengeld gemäß § 102a

Weitere Inh.

Abs. 5 GSVG, BGBl. Nr. 560/1978, in der jeweils geltenden Fassung.

(3) Der Heimarbeiter ist verpflichtet, ohne Verzug die Arbeitsverhinderung dem zuständigen Krankenversicherungsträger unter Vorlage einer ärztlichen Bestätigung über die Notwendigkeit der Pflege (Abs. 1) und deren Dauer bekanntzugeben. Er ist weiters verpflichtet, ohne Verzug die Arbeitsverhinderung dem Auftraggeber bekanntzugeben und auf dessen Verlangen eine Ablichtung der ärztlichen Bestätigung vorzulegen.

(4) Durch Arbeitsverhinderungen gemäß Abs. 1 wird das Heimarbeitsverhältnis nicht unterbrochen. Ein allfällig vereinbarter Liefertermin verschiebt sich entsprechend der Dauer der Arbeitsverhinderung.

Abschnitt 4
Urlaubszuschuß und
Weihnachtsremuneration

§ 27. (1) Heimarbeiter haben Anspruch auf Urlaubszuschuß und Weihnachtsremuneration unter den Voraussetzungen und in dem Ausmaß, als solche Leistungen in dem für Betriebsarbeiten des betreffenden Erzeugungszweiges geltenden Kollektivvertrag vorgesehen sind. Werden diese Leistungen im Kollektivvertrag in Wochenlöhnen berechnet, so gebührt dem Heimarbeiter für jeden dem Betriebsarbeiter zustehenden Wochenlohn ein Zuschlag von 2 vH der im Abrechnungszeitraum erzielten Arbeitsentgelte einschließlich allfällig gezahlter Urlaubsentgelte, Feiertagsentgelte und Entgelte gemäß § 25, jedoch ausschließlich der Unkostenzuschläge. Ist in dem betreffenden Erzeugungszweig kein Kollektivvertrag wirksam, so können Regelungen über die Gewährung eines Urlaubszuschusses oder einer Weihnachtsremuneration durch Heimarbeitsgesamtvertrag oder Heimarbeitstarif getroffen werden.

(2) Der Urlaubszuschuß ist jeweils bei Urlaubsantritt für den Urlaubszeitraum (§ 20 Abs. 2) abzurechnen und auszuzahlen. Der Auftraggeber kann auch ein anderes ein Jahr umfassendes Abrechnungszeitraum wählen. Wählt der Auftraggeber einen anderen Abrechnungszeitraum, so hat er dem Heimarbeiter nachweislich mitzuteilen, wann die Abrechnung und Auszahlung des Urlaubszuschusses erfolgt. Die Weihnachtsremuneration ist jeweils bei der Entgeltzahlung für den Monat November für die Zeit von Anfang Dezember des vergangenen Jahres bis Ende November des laufenden Jahres abzurechnen und auszuzahlen. Endet das Heimarbeitsverhältnis früher, so sind die aliquoten Teile des Urlaubszuschusses und der Weihnachtsremuneration bei der letzten Entgeltzahlung abzurechnen und auszuzahlen.

(Anm.: Abs. 3 aufgehoben durch BGBl. I Nr. 74/2009)

Abschnitt 5
Beendigung des Heimarbeitsverhältnisses

§ 27a. (1) Das Heimarbeitsverhältnis endet

1. zu dem vom Auftraggeber oder Heimarbeiter ausdrücklich erklärten Zeitpunkt oder
2. 30 Tage nach der Ablieferung des letzten Auftrages, wenn der Auftraggeber dem Heimarbeiter innerhalb dieser Frist keinen weiteren Auftrag vergibt oder
3. 30 Tage nach der Ablieferung des letzten Auftrages, wenn sich der Heimarbeiter grundlos weigert, innerhalb dieser Frist einen weiteren Auftrag anzunehmen.

(2) Wird das Heimarbeitsverhältnis durch ausdrückliche Erklärung aufgelöst (Abs. 1 Z 1), ist zwischen dem Zugang der Auflösungserklärung und dem erklärten Ende des Heimarbeitsverhältnisses eine Frist von mindestens einer Woche einzuhalten.

(3) Der Heimarbeiter hat für die Woche nach dem Zugang der Auflösungserklärung Anspruch auf Vergabe von Heimarbeit im Ausmaß des Durchschnittsverdienstes der letzten 13 Wochen, in denen der Heimarbeiter Arbeitsaufträge erhalten hat (Abs. 4 letzter Satz).

(4) Wir dem Heimarbeiter nach dem Zugang der Auflösungserklärung durch den Auftraggeber (Abs. 1 Z 1) keine Arbeit ausgegeben, so hat er Anspruch auf eine Entschädigung in Höhe eines Wochenentgeltes nach dem Durchschnitt der letzten 13 Wochen, in denen er Arbeitsaufträge erhalten hat. Für die Berechnung des Durchschnittsverdienstes sind die in den 13 Wochen erzielten Arbeitsentgelte einschließlich allfälliger Urlaubsentgelte, Feiertagsentgelte und Entgelte gemäß § 25, jedoch ausschließlich der Unkostenzuschläge, zu berücksichtigen; für Urlaubszuschuß und Weihnachtsremuneration ist ein Zuschlag von 14% hinzuzurechnen.

(5) Wird dem Heimarbeiter nach dem Zugang der Auflösungserklärung eine geringere Arbeitsmenge ausgegeben, als dem Durchschnitt der letzten 13 Wochen entspricht, in denen er Arbeitsaufträge erhalten hat, so ist ihm die Differenz auf den Entgeltanspruch für eine Woche, berechnet nach dem Durchschnittsverdienst dieser 13 Wochen (Abs. 4 letzter Satz), zu bezahlen.

(6) Hat das Heimarbeitsverhältnis weniger als 13 Wochen gedauert, so ist für die Berechnung der Ansprüche gemäß Abs. 3, 4 und 5 der Durchschnitt der Wochen, in denen der Heimarbeiter Arbeitsaufträge erhalten hat, heranzuziehen.

(7) Der Anspruch gemäß Abs. 4 gebührt dem Heimarbeiter auch bei Beendigung des Heimarbeitsverhältnisses gemäß Abs. 1 Z 2.

(8) Hält der Heimarbeiter die in Abs. 2 festgelegte Frist für die Auflösungserklärung grundlos

nicht ein oder wird das Heimarbeitsverhältnis gemäß Abs. 1 Z 3 beendet, so verliert er seinen Anspruch auf die aliquoten Teile des Urlaubszuschusses und der Weihnachtsremuneration (§ 27 Abs. 2 letzter Satz).

Abfertigung

§ 27b. (1) Dem Heimarbeiter gebührt bei Beendigung des Heimarbeitsverhältnisses eine Abfertigung. Auf diese sind die §§ 23 und 23a des Angestelltengesetzes, BGBl. Nr. 292/1921, in der jeweils geltenden Fassung nach Maßgabe der folgenden Bestimmungen anzuwenden.

(2) Für die Bemessung der Anwartschaftszeiten sind die Zeiten zwischen erster Auftragsvergabe und Beendigung des Heimarbeitsverhältnisses heranzuziehen.

(3) Für die Berechnung der Höhe des Abfertigungsanspruches ist der monatliche Durchschnittsverdienst des vor der Beendigung des Heimarbeitsverhältnisses liegenden Arbeitsjahres, einschließlich Urlaubsentgelt, Feiertagsentgelt und Entgelt gemäß § 25, jedoch ausschließlich der Unkostenzuschläge, heranzuziehen. Zu dem monatlichen Durchschnittsverdienst ist ein Zuschlag von 14% für Urlaubszuschuß und Weihnachtsremuneration hinzuzurechnen.

(4) Wird das Heimarbeitsverhältnis durch den Auftraggeber gemäß § 27a Abs. 1 Z 1 aufgelöst und erhält der Heimarbeiter innerhalb von 30 Tagen einen weiteren Arbeitsauftrag, so sind die Anwartschaftszeiten aus den Heimarbeitsverhältnissen zusammenzurechnen.

(5) Zeiten eines Arbeitsverhältnisses des Heimarbeiters zum selben Auftraggeber sind für die Abfertigung nur zu berücksichtigen, wenn das Arbeitsverhältnis dem Heimarbeitsverhältnis unmittelbar vorangegangen ist. Nicht zu berücksichtigen sind Zeiten, für die der Heimarbeiter als Arbeitnehmer im Betrieb desselben Auftraggebers bereits eine Abfertigung erhalten hat.

IV. Hauptstück

Behörden und Verfahren

Abschnitt 1

Aufgaben des Bundeseinigungsamtes und des Bundesministers für Arbeit, Soziales und Konsumentenschutz

§ 28. Die Aufgaben auf dem Gebiet der Heimarbeit (§ 29) sind vom Bundeseinigungsamt beim Bundesministerium für Arbeit, Soziales und Konsumentenschutz (§ 141 Arbeitsverfassungsgesetz – ArbVG, BGBl. Nr. 22/1974, in der jeweils geltenden Fassung) und vom Bundesminister für Arbeit, Soziales und Konsumentenschutz wahrzunehmen.

§ 29. (1) Das Bundeseinigungsamt hat die Aufgabe, die Arbeits- und Lieferungsbedingungen für Heimarbeit zu regeln. In Durchführung dieser Aufgabe hat es insbesondere

1. Heimarbeitstarife zu erlassen,
2. auf Ersuchen eines Gerichtes oder einer Verwaltungsbehörde Gutachten über die Auslegung eines Heimarbeitsgesamtvertrages abzugeben,
3. einen Kataster der von ihm erlassenen Heimarbeitstarife zu führen.

(2) Der Bundesminister für Arbeit, Soziales und Konsumentenschutz hat die Hinterlegung und Kundmachung der Heimarbeitsgesamtverträge durchzuführen und einen Kataster der hinterlegten Heimarbeitsgesamtverträge zu führen.

(3) Für die Durchführung der dem Bundeseinigungsamt zugeordneten Aufgaben sind anzuwenden:

1. § 141 ArbVG mit der Maßgabe, dass als der Gruppe der Arbeitgeber zugehörig auch Auftraggeber und als der Gruppe der Arbeitnehmer zugehörig auch Heimarbeiter gelten;
2. §§ 142, 147, 148, 150 und 151 ArbVG;
3. § 149 ArbVG mit der Maßgabe, dass auch ein Recht zur Einsichtnahme in die vom Bundeseinigungsamt beschlossenen Heimarbeitstarife und die beim Bundesminister für Arbeit, Soziales und Konsumentenschutz hinterlegten Heimarbeitsgesamtverträge besteht.

Abschnitt 2

Heimarbeitstarife

§ 34. (1) Das Bundeseinigungsamt hat auf Antrag einer kollektivvertragsfähigen Körperschaft der Arbeitnehmer Heimarbeitstarife zu erlassen, durch die Arbeits- und Lieferungsbedingungen für Heimarbeiter geregelt werden. Ein Heimarbeitstarif kann nur erlassen werden, wenn für die von dem Heimarbeitstarif zu erfassenden Personen die im Heimarbeitstarif festzulegenden Arbeits- und Lieferungsbedingungen nicht bereits in einem Heimarbeitsgesamtvertrag geregelt sind.

(2) Im Beschluß sind der Inhalt, der Geltungsumfang, der Beginn der Wirksamkeit und die Geltungsdauer des Heimarbeitstarifes festzusetzen. Enthält ein Heimarbeitstarif Bestimmungen, wonach die Höhe des Entgelts bzw. die Höhe allfälliger Sonderzahlungen den für Betriebsarbeiter des betreffenden Erzeugungszweiges vorgenommenen kollektivvertraglichen Abänderungen anzugleichen sind, so kann als Beginn der Wirksamkeit des Heimarbeitstarifes, in dem die Angleichung beschlossen wird, der Zeitpunkt des Inkrafttretens des die Abänderung für Betriebsarbeiter enthaltenden Kollektivvertrages festgesetzt werden.

(3) Der Heimarbeitstarif ist im Bundesgesetzblatt II kundzumachen.

(4) Je eine Abschrift des Heimarbeitstarifes ist vom Bundeseinigungsamt dem Bundesminister für Arbeit, Soziales und Konsumentenschutz, den nach dem örtlichen Wirkungsbereich des Heimarbeitstarifes zuständigen Trägern der Krankenversicherung und den in Betracht kommenden Interessenvertretungen der Arbeitnehmer und der

Weitere Inh.

Arbeitgeber zu übermitteln. Eine Ausfertigung ist vom Bundeseinigungsamt dem Kataster der Heimarbeitstarife einzuverleiben.

§ 35. (1) Der Heimarbeitstarif tritt an dem der Kundmachung im Bundesgesetzblatt II folgenden Tag in Kraft, sofern im Heimarbeitstarif der Wirksamkeitsbeginn nicht anders bestimmt ist.

(2) Der Heimarbeitstarif ist innerhalb seines sachlichen und örtlichen Wirkungsbereiches als Mindestbedingung rechtsverbindlich. Er kann durch Einzelvereinbarung weder aufgehoben noch beschränkt werden. Sondervereinbarungen sind nur gültig, soweit sie für den, der Heimarbeit übernimmt, günstiger sind oder Ansprüche betreffen, die im Heimarbeitstarif nicht geregelt sind.

§ 36. Die Bestimmungen der §§ 34 und 35 gelten auch für die Abänderung oder Aufhebung eines Heimarbeitstarifes.

V. Hauptstück
Heimarbeitsgesamtverträge
Abschluß von Heimarbeitsgesamtverträgen

§ 43. (1) Durch Heimarbeitsgesamtverträge können die Heimarbeit betreffende Arbeits- und Lieferungsbedingungen der Heimarbeiter sowie die Rechtsbeziehungen zwischen den Vertragsparteien des Heimarbeitsgesamtvertrages geregelt werden. Die Heimarbeitsgesamtverträge bedürfen der Schriftform.

(2) Zum Abschluss von Heimarbeitsgesamtverträgen sind kollektivvertragsfähige Körperschaften der Arbeitgeber einerseits und der Arbeitnehmer andererseits befugt.

(3) Wird einer auf freiwilliger Mitgliedschaft beruhenden Berufsvereinigung die Kollektivvertragsfähigkeit zuerkannt und schließt diese einen Heimarbeitsgesamtvertrag ab, so verliert die in Betracht kommende gesetzliche Interessenvertretung hinsichtlich der Mitglieder der Berufsvereinigung die Fähigkeit zum Abschluß von Heimarbeitsgesamtverträgen für die Dauer der Geltung des von der Berufsvereinigung abgeschlossenen Heimarbeitsgesamtvertrages.

(4) Die Bestimmungen in Heimarbeitsgesamtverträgen können durch Einzelvertrag weder aufgehoben noch beschränkt werden. Sondervereinbarungen sind, sofern sie der Heimarbeitsgesamtvertrag nicht ausschließt, nur gültig, soweit sie für den Heimarbeiter günstiger sind oder Angelegenheiten betreffen, die im Heimarbeitsgesamtvertrag nicht geregelt sind.

§ 44. (1) Der Heimarbeitsgesamtvertrag erstreckt sich, sofern dieser nicht anderes bestimmt, innerhalb des räumlichen, fachlichen und persönlichen Geltungsbereiches auf die Auftraggeber und Heimarbeiter, die zur Zeit des Abschlusses des Heimarbeitsgesamtvertrages Mitglieder einer am Heimarbeitsgesamtvertrag beteiligten Körperschaft waren oder später werden (Vertragsangehörige).

(2) Geht der Betrieb eines Auftraggebers, der einem Heimarbeitsgesamtvertrag unterworfen ist, auf einen Dritten über, so erstreckt sich der Heimarbeitsgesamtvertrag auch auf diesen.

Rechtswirkungen des Heimarbeitsgesamtvertrages

§ 45. (1) Die Bestimmungen des Heimarbeitsgesamtvertrages gelten, soweit sie nicht die Rechtsbeziehungen zwischen den Vertragsparteien des Heimarbeitsgesamtvertrages regeln, innerhalb seines räumlichen, fachlichen und persönlichen Geltungsbereiches als Bestandteil der Heimarbeitsverträge, die zwischen Vertragsangehörigen (§ 44 Abs. 1) abgeschlossen werden.

(2) Enthält der Heimarbeitsgesamtvertrag keine Vorschriften über seinen Wirksamkeitsbeginn, so beginnen seine Rechtswirkungen mit dem auf die Kundmachung im „Amtsblatt zur Wiener Zeitung" folgenden Tage.

(3) Die Rechtswirkungen des Heimarbeitsgesamtvertrages treten auch für nicht vertragsangehörige Heimarbeiter ein, die von einem vertragsangehörigen Auftraggeber beschäftigt werden. Dies gilt jedoch nur so lange, als für diese Heimarbeiter nicht ein anderer Heimarbeitsgesamtvertrag abgeschlossen wird.

(4) Jeder Heimarbeitsgesamtvertrag setzt für seinen Geltungsbereich von einem bestehenden Heimarbeitstarif außer Kraft:

a) die Bestimmungen, die Gegenstand der Regelung des Heimarbeitsgesamtvertrages sind,

b) die Bestimmungen, die, ohne Gegenstand der Regelung des Heimarbeitsgesamtvertrages zu sein, ausdrücklich außer Kraft gesetzt werden.

Hinterlegung und Kundmachung der Heimarbeitsgesamtverträge

§ 46. (1) Jeder Heimarbeitsgesamtvertrag ist innerhalb von 14 Tagen nach seinem Abschluss von der daran beteiligten Interessenvertretung der Heimarbeiter in zwei gleichlautenden Ausfertigungen, die von den vertragschließenden Parteien ordnungsgemäß gezeichnet sein müssen, beim Bundesminister für Arbeit, Soziales und Konsumentenschutz zu hinterlegen. Auch die an einem Heimarbeitsgesamtvertrag beteiligte Interessenvertretung der Auftraggeber ist berechtigt, die von ihr abgeschlossenen Heimarbeitsgesamtverträge beim Bundesminister für Arbeit, Soziales und Konsumentenschutz zu hinterlegen.

(2) Der Bundesminister für Arbeit, Soziales und Konsumentenschutz hat eine Ausfertigung des bei ihm hinterlegten Heimarbeitsgesamtvertrages dem Hinterleger mit der Bestätigung der durchgeführten Hinterlegung zurückzustellen; eine Ausfertigung ist vom Bundesminister für Arbeit, Soziales und Konsumentenschutz einem Kataster der Heimarbeitsgesamtverträge einzuverleiben.

(3) Der Bundesminister für Arbeit, Soziales und Konsumentenschutz hat den Abschluss eines jeden bei ihm hinterlegten Heimarbeitsgesamtvertrages durch Einschaltung im „Amtsblatt zur Wiener Zeitung" kundzumachen. Die Kundmachung ist binnen einer Woche nach Vorlage des Heimarbeitsgesamtvertrages zu veranlassen. Die Kosten der Kundmachung sind von den vertragschließenden Parteien zu gleichen Teilen zu tragen.

§ 47. Der Hinterleger eines Heimarbeitsgesamtvertrages hat je eine Ausfertigung des Heimarbeitsgesamtvertrages zu übermitteln:

1. der Bundesanstalt Statistik Österreich,
2. den nach dem örtlichen Wirkungsbereich des Heimarbeitsgesamtvertrages zuständigen Trägern der Krankenversicherung,
3. den nach dem Geltungsbereich des Heimarbeitsgesamtvertrages in Betracht kommenden gesetzlichen Interessenvertretungen der Auftraggeber und der Heimarbeiter, sofern diese nicht selbst vertragschließende Parteien sind.

§ 48. Die Bestimmungen der §§ 45 bis 47 gelten sinngemäß auch für Abänderungen und Verlängerungen von Heimarbeitsgesamtverträgen.

Geltungsdauer des Heimarbeitsgesamtvertrages

§ 49. (1) Enthält der Heimarbeitsgesamtvertrag keine Vorschriften über seine Geltungsdauer, so kann er nach Ablauf eines Jahres jederzeit mit einer Frist von drei Monaten zum Letzten eines Kalendermonates gekündigt werden; die Kündigung muß zu ihrer Rechtswirksamkeit gegenüber der anderen vertragschließenden Partei mittels eingeschriebenen Briefes ausgesprochen werden.

(2) Die Partei, die die Kündigung ausgesprochen hat, hat dem Bundesminister für Arbeit, Soziales und Konsumentenschutz binnen drei Tagen nach Ablauf der Kündigungsfrist das Erlöschen des Heimarbeitsgesamtvertrages anzuzeigen. Auch die andere Vertragspartei ist berechtigt, diese Anzeige zu erstatten.

(3) Verliert eine Berufsvereinigung die Kollektivvertragsfähigkeit, so erlöschen die von dieser Berufsvereinigung abgeschlossenen Heimarbeitsgesamtverträge mit dem Tag, an dem die Entscheidung über das Erlöschen der Kollektivvertragsfähigkeit im „Amtsblatt zur Wiener Zeitung" kundgemacht wird.

(4) Ein von einer gesetzlichen Interessenvertretung abgeschlossener Heimarbeitsgesamtvertrag erlischt für die Mitglieder einer zum Abschluß eines Heimarbeitsgesamtvertrages fähigen Berufsvereinigung mit dem Tag, an dem ein von der Berufsvereinigung abgeschlossener Heimarbeitsgesamtvertrag in Wirksamkeit tritt.

(5) Der Bundesminister für Arbeit, Soziales und Konsumentenschutz hat das Erlöschen des Heimarbeitsgesamtvertrages jeweils binnen einer Woche nach Einlagen der Anzeige gemäß Abs. 2 sowie nach dem in Abs. 3 und 4 bezeichneten Tag im „Amtsblatt zur Wiener Zeitung" kundzumachen. Die Bestimmungen des § 46 Abs. 3 gelten sinngemäß.

(6) Das Erlöschen eines Heimarbeitsgesamtvertrages hat der Bundesminister für Arbeit, Soziales und Konsumentenschutz im Kataster der Heimarbeitsgesamtverträge vorzumerken. Gleichzeitig sind hievon die zuständigen Träger der Krankenversicherung zu verständigen.

§ 50. Die Rechtswirkungen des Heimarbeitsgesamtvertrages bleiben nach seinem Erlöschen für Vertragsverhältnisse, die unmittelbar vor seinem Erlöschen durch ihn erfaßt waren, so lange aufrecht, als für diese Vertragsverhältnisse nicht ein neuer Heimarbeitsgesamtvertrag oder ein Heimarbeitstarif wirksam oder nicht ein neuer Einzelvertrag abgeschlossen wird.

VII. Hauptstück
Allgemeine Bestimmungen
Arbeitnehmerschutzbestimmungen in anderen Vorschriften

§ 57. In anderen gesetzlichen Vorschriften enthaltene Arbeitnehmerschutzbestimmungen, die über die in diesem Bundesgesetze getroffenen Regelungen hinausgehen, werden nicht berührt.

Unabdingbarkeit

§ 58. Ansprüche, die den in Heimarbeit Beschäftigten nach diesem Bundesgesetze zustehen, können durch Einzelvertrag und – soweit dieses Bundesgesetz nicht anderes bestimmt – durch Heimarbeitsgesamtvertrag oder Heimarbeitstarif weder aufgehoben noch beschränkt werden.

Strafbestimmungen

§ 64. Personen, die den Vorschriften dieses Bundesgesetzes, mit Ausnahme der §§ 26, 27a und 27b, oder einer auf Grund dieses Bundesgesetzes erlassenen Vorschrift (Verordnungen oder Bescheide) zuwiderhandeln, sind, sofern die Tat nicht nach anderen Vorschriften strenger zu bestrafen ist, von der Bezirksverwaltungsbehörde mit Geldstrafe bis zu 2 180 Euro, im Wiederholungsfall von 145 Euro bis 4 360 Euro zu bestrafen. Verstöße gegen § 14 Abs. 1 sind, sofern die Tat nicht nach anderen Vorschriften strenger zu bestrafen ist, von der Bezirksverwaltungsbehörde mit Geldstrafe bis zu 7 260 Euro zu bestrafen.

Verbot der Ausgabe von Heimarbeit

§ 65. Auf Antrag des Trägers der Krankenversicherung kann die zuständige Verwaltungsbehörde von Personen, die mehr als einmal wegen Zuwiderhandlungen nach § 64 bestraft oder nur halb nicht nach dieser Bestimmung bestraft wurde, weil die Tat nach einer anderen Bestimmung mit strengerer Strafe bedroht ist, die Ausgabe oder

Weitere Inh.

Weitergabe von Heimarbeit dauernd oder für bestimmte Zeit verbieten.

Aufhebung von Vorschriften

§ 72. (1) Alle mit den Bestimmungen dieses Bundesgesetzes im Widerspruch stehenden Vorschriften werden außer Kraft gesetzt.

(2) Gemäß Abs. 1 treten insbesondere außer Kraft:

1. Das Gesetz über die Heimarbeit in der Fassung der Bekanntmachung vom 30. Oktober 1939, Deutsches RGBl. I S. 2145,
2. die Verordnung zur Durchführung des Gesetzes über die Heimarbeit vom 30. Oktober 1939, Deutsches RGBl. I S. 2152,
3. Art. III der Zweiten Verordnung über die Einführung sozialrechtlicher Vorschriften im Lande Österreich vom 9. Juli 1938, Deutsches RGBl. I S. 851; Z 4 bis 9 der Verordnung des Reichsstatthalters (österreichische Landesregierung) zur Durchführung der Zweiten Verordnung über die Einführung sozialrechtlicher Vorschriften im Lande Österreich vom 9. Juli 1938, GBl. f d L Ö Nr. 366/1938,
4. die Verordnung vom 2. Juli 1942 über das Kleben von Gummi, Leder und ähnlichen Werkstoffen in der Heimarbeit, Deutsches RGBl. I S. 441,
5. die Anordnung zur Sicherung kriegswichtiger Heimarbeit vom 1. Oktober 1942, Reichsanzeiger Nr. 235/1942,
6. Art. III der Verordnung des Staatsamtes für soziale Verwaltung vom 29. Oktober 1945 über die Lohnzahlung an Feiertagen, StGBl. Nr. 212.

Vollziehung

§ 73. Mit der Vollziehung dieses Bundesgesetzes ist hinsichtlich des § 5 Abs. 6 der Bundesminister für Finanzen, hinsichtlich der übrigen Bestimmungen der Bundesminister für Arbeit, Soziales und Konsumentenschutz betraut.

Inkrafttreten

§ 74. (1) § 8 Abs. 2 lit. c, Abs. 3 erster Satz, Abs. 5 letzter Satz, Abs. 6 und 7, § 9 Abs. 1, § 10, § 12, § 18, § 23 Abs. 2, § 24, § 25, § 26, § 27 Abs. 1 und 2, § 27a, § 27b, § 30 Abs. 2, 4 und 5, § 32 Abs. 2 letzter Satz, § 39 Abs. 4, 5 und 7 und § 64 in der Fassung des Bundesgesetzes BGBl. Nr. 836/1992 treten mit 1. Jänner 1993 in Kraft.

(2) § 25 Abs. 1 in der Fassung des Bundesgesetzes BGBl. I Nr. 44/2000 tritt mit 1. Jänner 2001 in Kraft und gilt für Heimarbeitsverhältnisse, die nach dem 31. Dezember 2000 (Tag vor dem Inkrafttreten) begründet werden, sowie für vorher begründete Heimarbeitsverhältnisse mit dem Arbeitsjahr, das nach dem 31. Dezember 2000 (Tag vor dem Inkrafttreten) beginnt.

(3) § 52 in der Fassung des Bundesgesetzes BGBl. I Nr. 94/2001 tritt mit 1. August 2001 in Kraft.

(4) § 64 in der Fassung des Bundesgesetzes BGBl. I Nr. 98/2001 tritt mit 1. Jänner 2002 in Kraft.

(5) §§ 2, 5, 8, 9 Abs. 1, 10 Abs. 1 und 6, 14, 15, 17 Abs. 1 und 3, 18 Abs. 3, 20 Abs. 4, 20 Abs. 4, 26 Abs. 2, die Überschriften zum IV. Hauptstück und zu Abschnitt 1 des IV. Hauptstückes, §§ 28, 29, 34 Abs. 1, 3 und 4, 35 Abs. 1, 36, 43 Abs. 1, 2 und 4, 44 Abs. 1 und 2, 45, 46, 47, 49 Abs. 2, 5 und 6, 51, 52 Abs. 3, 54 Abs. 3 und 4 sowie 73 in der Fassung des Bundesgesetzes BGBl. I Nr. 74/2009 treten mit 1. August 2009 in Kraft. §§ 3, 4, 6, 7, 11, 19, 24, 27 Abs. 3, 30, 31, 32, 33, 37, 38, 39, 40, 41, 42, 53, 55, 56, 58a, 59, 60, 61, 63 und 73 in der Fassung des Bundesgesetzes BGBl. I Nr. 74/2009 *(Anm.: Gemeint ist offenbar „in der Fassung vor dem Bundesgesetz BGBl. I Nr. 74/2009".)* treten mit Ablauf des 31. Juli 2009 außer Kraft.

(6) Am 31. Juli 2009 anhängige Verfahren zur Erlassung eines Heimarbeitstarifs sind vom Bundeseinigungsamt fortzuführen, am 31. Juli 2009 anhängige Verfahren zur Hinterlegung eines Heimarbeitsgesamtvertrags sind vom Bundesminister für Arbeit, Soziales und Konsumentenschutz fortzuführen. Die Kataster der Heimarbeitstarife und der Heimarbeitsgesamtverträge sind mit Ablauf des 31. Juli 2009 dem Bundeseinigungsamt bzw. dem Bundesminister für Arbeit, Soziales und Konsumentenschutz zu übermitteln.

(7) § 5 Abs. 1 und 5, § 10 Abs. 6, § 26 Abs. 1, § 34 Abs. 4, § 47 Z 2, § 49 Abs. 6, § 64 und § 65 in der Fassung des Bundesgesetzes BGBl. I Nr. 44/2016 treten mit 1. Jänner 2017 in Kraft. Das VI. Hauptstück tritt mit Ablauf des 31. Dezembers 2016 außer Kraft. In Verwaltungsstrafverfahren nach § 54 sind auf Sachverhalte, die sich vor dem 1. Jänner 2017 ereignet haben, die vor dem Inkrafttreten des Bundesgesetzes BGBl I Nr. 44/2016 geltenden Bestimmungen weiterhin anzuwenden.

(8) § 8 Abs. 2 in der Fassung des Deregulierungsgesetzes 2017, BGBl. I Nr. 40/2017, tritt mit 1. Juli 2017 in Kraft.

(9) § 23 Abs. 3 in der Fassung des Bundesgesetzes BGBl. I Nr. 167/2022 tritt mit dem der Kundmachung folgenden Tag außer Kraft.

(10) § 8 in der Fassung des Bundesgesetzes BGBl. I Nr. 11/2024 tritt mit dem auf die Kundmachung folgenden Tag in Kraft und gilt für ab diesem Zeitpunkt abgeschlossene Beschäftigungsverhältnisse.

Übergangsbestimmungen

§ 75. (1) Die nach § 27b gebührenden Abfertigungsansprüche treten in Etappen in Kraft und betragen

1. 10%, wenn das Heimarbeitsverhältnis spätestens mit 30. Juni 1993,
2. 20%, wenn das Heimarbeitsverhältnis innerhalb des Zeitraumes vom 1. Juli 1993 bis 30. Juni 1994,
3. 40%, wenn das Heimarbeitsverhältnis innerhalb des Zeitraumes vom 1. Juli 1994 bis 30. Juni 1995,
4. 60%, wenn das Heimarbeitsverhältnis innerhalb des Zeitraumes vom 1. Juli 1995 bis 30. Juni 1996,
5. 80%, wenn das Heimarbeitsverhältnis innerhalb des Zeitraumes vom 1. Juli 1996 bis 30. Juni 1997,
6. 100%, wenn das Heimarbeitsverhältnis ab dem 1. Juli 1997 endet.

(2) Für die Entstehung des Anspruches auf Abfertigung sind Zeiten vor dem 1. Jänner 1993 nur zu berücksichtigen, wenn sie ununterbrochen sind.

Weitere Inh.

47. Arbeitsinspektionsgesetz 1993

Bundesgesetz über die Arbeitsinspektion (Arbeitsinspektionsgesetz 1993 – ArbIG)
StF: BGBl. Nr. 27/1993 (NR: GP XVIII RV 813 AB 910 S. 99. BR: AB 4421 S. 563.)
Letzte Novellierung: BGBl. I Nr. 110/2024

GLIEDERUNG

STICHWORTVERZEICHNIS

Weitere Inh.

Geltungsbereich

§ 1. (1) Der Wirkungsbereich der Arbeitsinspektion erstreckt sich auf Betriebsstätten und Arbeitsstellen aller Art.

(2) Vom Wirkungsbereich der Arbeitsinspektion sind ausgenommen:

1. die der Aufsicht der Land- und Forstwirtschaftsinspektionen unterstehenden Betriebsstätten und Arbeitsstellen,

(Anm.: Z 2 aufgehoben durch BGBl. I Nr. 38/1999)

(Anm.: Z 3 aufgehoben durch BGBl. I Nr. 35/2012)

4. die öffentlichen Unterrichts- und Erziehungsanstalten,

5. die Kultusanstalten der gesetzlich anerkannten Kirchen und Religionsgesellschaften und

6. die privaten Haushalte.

(3) Vom Wirkungsbereich der Arbeitsinspektion sind weiters jene Bediensteten des Bundes, der Länder, der Gemeindeverbände und Gemeinden ausgenommen, die nicht in Betrieben beschäftigt sind.

Begriffsbestimmungen

§ 2. (1) Arbeitnehmer/in im Sinne dieses Bundesgesetzes ist jede Person, die in Betriebsstätten oder auf Arbeitsstellen im Rahmen eines Beschäftigungs- oder Ausbildungsverhältnisses tätig ist. Keine Arbeitnehmer/innen im Sinne dieses Bundesgesetzes sind geistliche Amtsträger/innen der gesetzlich anerkannten Kirchen und Religionsgesellschaften.

(2) Heimarbeiter/innen nach dem Heimarbeitsgesetz 1960, BGBl. Nr. 105, in der jeweils geltenden Fassung gelten als Arbeitnehmer/innen, Auftraggeber/innen als Arbeitgeber/innen im Sinne dieses Bundesgesetzes.

(3) Betriebsstätten im Sinne dieses Bundesgesetzes sind örtlich gebundene Einrichtungen, in denen regelmäßig Arbeiten ausgeführt werden. Arbeitsstellen im Sinne dieses Bundesgesetzes sind alle Stellen außerhalb von Betriebsstätten, auf denen Arbeiten ausgeführt werden.

Aufgaben der Arbeitsinspektion

§ 3. (1) Die Arbeitsinspektion ist die zur Wahrnehmung des gesetzlichen Schutzes der Arbeitnehmer/innen und zur Unterstützung und Beratung der Arbeitgeber/innen und Arbeitnehmer/innen bei der Durchführung des Arbeitnehmerschutzes berufene Behörde. Sie hat durch ihre Tätigkeit dazu beizutragen, daß Gesundheitsschutz und Sicherheit der Arbeitnehmer/innen sichergestellt und durch geeignete Maßnahmen ein wirksamer Arbeitnehmerschutz gewährleistet wird. Zu diesem Zweck hat die Arbeitsinspektion die Arbeitgeber/innen und Arbeitnehmer/innen erforderlichenfalls zu unterstützen und zu beraten sowie die Einhaltung der dem Schutz der Arbeitnehmer/innen dienenden Rechtsvorschriften und behördlichen Verfügungen zu überwachen, insbesondere soweit diese betreffen

1. den Schutz des Lebens, der Gesundheit und der Sittlichkeit sowie der Integrität und Würde,

2. die Beschäftigung von Kindern und Jugendlichen,

3. die Beschäftigung von Arbeitnehmerinnen, vor allem auch während der Schwangerschaft und nach der Entbindung,

4. die Beschäftigung besonders schutzbedürftiger Arbeitnehmer/innen (Behinderter),

5. die Arbeitszeit, die Ruhepausen und die Ruhezeit, die Arbeitsruhe, die Urlaubsaufzeichnungen und

6. die Heimarbeit hinsichtlich §§ 16 und 17 des Heimarbeitsgesetzes 1960.

(2) Die Organe der Arbeitsinspektion haben Arbeitgeber/innen und Arbeitnehmer/innen zur Erfüllung ihrer Pflichten im Bereich des Arbeitnehmerschutzes anzuhalten und sie hiebei nötigenfalls zu unterstützen und zu beraten. Die Arbeitsinspektion hat die Arbeitgeber/innen und Arbeitnehmer/innen auf Wunsch im Zusammenhang mit der Errichtung und Änderung von Betriebsstätten und Arbeitsstellen sowie sonstigen Maßnahmen, die den Arbeitnehmerschutz berühren, im vorhinein zu beraten. Die Arbeitsinspektionsorgane haben nach Möglichkeit im Rahmen ihres Wirkungsbereiches bei widerstreitenden Interessen zwischen Arbeitgebern/Arbeitgeberinnen und Arbeitnehmern/Arbeitnehmerinnen zu vermitteln sowie nötigenfalls zur Wiederherstellung des guten Einvernehmens beizutragen, um so das Vertrauen

beider Teile zu gewinnen und zu erhalten. Sie haben bei dieser Tätigkeit auf eine Mitwirkung der Organe der Arbeitnehmerschaft hinzuwirken.

(3) Organe der Arbeitsinspektion sind berechtigt, über Einladung des Betriebsrates an Betriebsversammlungen teilzunehmen. Wenn es die Wahrnehmung der in Abs. 1 und 2 angeführten Aufgaben erfordert, haben die Arbeitgeber/innen den Arbeitsinspektionsorganen Gelegenheit zu einer Aussprache mit den Arbeitnehmer/innen einer Betriebsstätte oder einer Arbeitsstelle zu geben.

(4) Die Arbeitsinspektion hat auf die Weiterentwicklung des Arbeitnehmerschutzes besonders zu achten und nötigenfalls die hiefür notwendigen Veranlassungen zu treffen. Zu diesem Zweck hat sie auch die Durchführung einschlägiger Untersuchungen durch hiefür geeignete Personen oder Einrichtungen zu veranlassen oder zu fördern.

(5) Die Arbeitsinspektion hat bei Durchführung ihrer Aufgaben mit den gesetzlichen Interessenvertretungen der Arbeitgeber/innen und der Arbeitnehmer/innen zusammenzuarbeiten, soweit dies im Interesse des Arbeitnehmer/innenschutzes erforderlich ist. Zu diesem Zweck haben die Arbeitsinspektorate auch in jedem Land mindestens einmal jährlich in Angelegenheiten ihres Aufgabenbereiches Aussprachen mit den Interessenvertretungen der Arbeitgeber/innen und der Arbeitnehmer/innen abzuhalten. Alle zwei Jahre hat das Zentral-Arbeitsinspektorat eine Aussprache auf Bundesebene abzuhalten. Zu diesen Aussprachen können auch Vertreter/innen der Träger der Unfallversicherung sowie der mit Angelegenheiten des Arbeitnehmer/innenschutzes befassten Behörden oder Einrichtungen beigezogen werden.

(6) Die Arbeitsinspektion darf für andere als die in diesem Bundesgesetz genannten Aufgaben nicht in Anspruch genommen werden, soweit nicht in anderen gesetzlichen Vorschriften für die Arbeitsinspektion ausdrücklich anderes angeordnet wird. Die Arbeitsinspektion darf insbesondere für Zwecke der Finanzverwaltung nicht in Anspruch genommen werden.

Betreten und Besichtigen von Betriebsstätten und Arbeitsstellen

§ 4. (1) Die Organe der Arbeitsinspektion sind zur Durchführung ihrer Aufgaben berechtigt, Betriebsstätten und Arbeitsstellen sowie die von Arbeitgebern/Arbeitgeberinnen den Arbeitnehmern/Arbeitnehmerinnen zur Verfügung gestellten Wohnräume und Unterkünfte sowie Wohlfahrtseinrichtungen jederzeit zu betreten und zu besichtigen. Dies gilt auch dann, wenn im Zeitpunkt der Besichtigung in der Betriebsstätte oder auf der Arbeitsstelle keine Arbeitnehmer/innen beschäftigt werden.

(2) Die Organe der Arbeitsinspektion sind berechtigt, zum Zweck des Erreichens der Betriebsstätten und Arbeitsstellen sowie sonstiger Einrichtungen nach Abs. 1 Privatstraßen und Treppelwege zu befahren. Sofern es zur Durchführung ihrer Aufgaben, insbesondere zur Durchführung von Messungen und Untersuchungen erforderlich ist, sind die Arbeitsinspektionsorgane auch zum Befahren des Betriebsgeländes, insbesondere auch von Flughäfen, berechtigt. Zum Zweck der Beweissicherung sind Arbeitsinspektionsorgane insbesondere auch berechtigt, in Betriebsstätten und auf Arbeitsstellen sowie auf dem Betriebsgelände Filmaufnahmen und Fotos anzufertigen.

(3) Die Arbeitgeber/innen haben dafür zu sorgen, daß die in Abs. 1 angeführten Räumlichkeiten und Stellen sowie die Betriebseinrichtungen und Betriebsmittel den Arbeitsinspektionsorganen jederzeit zugänglich sind. Soweit dies für eine wirksame Überwachung erforderlich ist, sind auf Verlangen des Arbeitsinspektionsorgans Betriebseinrichtungen und Betriebsmittel in Betrieb zu setzen. Dies gilt nicht, wenn eine für die Inbetriebnahme erforderliche fachkundige Person nicht anwesend ist oder eine Inbetriebnahme aus betrieblichen oder wirtschaftlichen Gründen nicht zumutbar ist. In Ausübung des Aufsichtsrechts haben die Arbeitsinspektionsorgane Anspruch auf freie Fahrt auf Eisenbahn-, Straßenbahn-, Kraftfahr- und Schifffahrtslinien.

(4) Die Organe der Arbeitsinspektion sind bei Verdacht auf Vorliegen einer unmittelbar drohenden Gefahr für Leben oder Gesundheit von Arbeitnehmern/Arbeitnehmerinnen zur Durchführung ihrer Aufgaben berechtigt, sich zu den in Abs. 1 angeführten Räumlichkeiten und Stellen unter Wahrung der Verhältnismäßigkeit der eingesetzten Mittel Zutritt zu verschaffen, wenn dieser nicht freiwillig gewährt wird. Zur Beseitigung eines ihnen entgegengestellten Widerstandes können die Arbeitsinspektionsorgane die Unterstützung der Organe des öffentlichen Sicherheitsdienstes unmittelbar in Anspruch nehmen.

(5) Die Arbeitgeber/innen haben dafür zu sorgen, daß bei ihrer Abwesenheit von der Betriebsstätte oder von der Arbeitsstelle eine dort anwesende Person den Arbeitsinspektionsorganen die Besichtigung ermöglicht, sie auf deren Verlangen begleitet, die erforderlichen Auskünfte (§ 7) erteilt sowie Einsicht in Unterlagen (§ 8) gewährt.

(6) Die Arbeitsinspektionsorgane haben nach ihrem Eintreffen in der Betriebsstätte oder auf der Arbeitsstelle zu verlangen, daß der Arbeitgeber/die Arbeitgeberin oder die nach Abs. 5 beauftragte Person von ihrer Anwesenheit verständigt wird. Dies hat jedoch zu unterbleiben, wenn dadurch nach Ansicht des Arbeitsinspektionsorgans die Wirksamkeit der Amtshandlung beeinträchtigt werden könnte. Auf Verlangen hat sich das Arbeitsinspektionsorgan mit Dienstausweis der Arbeitsinspektion auszuweisen, der vom zuständigen Bundesminister auszustellen ist.

(7) Dem Arbeitgeber/der Arbeitgeberin und der nach Abs. 5 beauftragten Person steht es frei, das

Weitere Inh.

Arbeitsinspektionsorgan bei der Besichtigung zu begleiten. Auf Verlangen des Arbeitsinspektionsorgans sind sie verpflichtet, entweder selbst an der Besichtigung teilzunehmen oder eine ausreichend informierte Person zu beauftragen, ihn/sie bei der Besichtigung zu vertreten. Der Arbeitgeber/die Arbeitgeberin hat dafür zu sorgen, daß diese Person den Arbeitsinspektionsorganen die erforderlichen Auskünfte (§ 7) erteilt sowie Einsicht in die Unterlagen (§ 8) gewährt.

(8) Den Besichtigungen durch Arbeitsinspektionsorgane sind die Organe der Arbeitnehmerschaft beizuziehen. Außerdem sind den Besichtigungen die Sicherheitsvertrauenspersonen sowie nach Möglichkeit die Sicherheitsfachkräfte und Arbeitsmediziner/innen in dem durch deren Tätigkeit gebotenen Umfang beizuziehen. Auf deren Verlangen sind sie den Besichtigungen jedenfalls beizuziehen. Diese Personen und Organe sind vom Arbeitgeber/von der Arbeitgeberin oder von der nach Abs. 5 beauftragten Person von der Anwesenheit des Arbeitsinspektionsorgans unverzüglich zu verständigen.

(9) Durch die Verständigung gemäß Abs. 6 und 8 sowie durch die Teilnahme der in Abs. 7 und 8 genannten Personen und Organe darf der Beginn der Besichtigung nicht unnötig verzögert werden. Die Arbeitsinspektionsorgane sind berechtigt, eine Besichtigung auch dann vorzunehmen, wenn diese Personen und Organe daran nicht teilnehmen.

(10) Die Organe der Arbeitsinspektion sind zur Durchführung ihrer Aufgaben nicht berechtigt, Wohnungen von Arbeitnehmerinnen und Arbeitnehmern in Telearbeit zu betreten.

Durchführung von Untersuchungen

§ 5. (1) Die Arbeitsinspektionsorgane sind zur Beurteilung der Notwendigkeit und Wirksamkeit von Vorkehrungen zum Schutz des Lebens und der Gesundheit der Arbeitnehmer/innen berechtigt, die hiezu erforderlichen Maßnahmen selbst zu treffen. Es sind dies vor allem die Durchführung von Messungen und Untersuchungen in den Betriebsstätten und auf den Arbeitsstellen. Bei Verdacht auf eine Gefährdung der Gesundheit von Arbeitnehmern/Arbeitnehmerinnen können die Arbeitsinspektionsorgane zur Beseitigung eines ihnen entgegengesetzten Widerstandes die Unterstützung der Organe des öffentlichen Sicherheitsdienstes unmittelbar in Anspruch nehmen, um die Durchführung von Messungen und Untersuchungen zu erzwingen.

(2) Stehen dem Arbeitsinspektorat die für eine Maßnahme nach Abs. 1 notwendigen Geräte oder Einrichtungen nicht zur Verfügung, so ist das Arbeitsinspektorat berechtigt, die für die erforderlichen Messungen und Untersuchungen in Betracht kommenden Sachverständigen beizuziehen. Darüber ist der Arbeitgeber/die Arbeitgeberin zu informieren. Das Arbeitsinspektorat hat den

beigezogenen Sachverständigen auf deren Ersuchen die für die Durchführung der Messungen und Untersuchungen erforderlichen Auskünfte zu erteilen. Die Sachverständigen haben über alle ihnen auf Grund ihrer Sachverständigentätigkeit bekanntgewordenen Geschäfts- und Betriebsgeheimnisse gegenüber Dritten Verschwiegenheit zu bewahren.

(3) Die Arbeitsinspektionsorgane sind berechtigt, Proben von Arbeitsstoffen im unbedingt erforderlichen Ausmaß zu entnehmen und deren Untersuchung durch eine hiezu befugte Person oder Anstalt zu veranlassen. Der Arbeitgeber/die Arbeitgeberin ist von der Entnahme der Probe zu verständigen. Auf Verlangen ist eine schriftliche Bestätigung über die Probenentnahme sowie eine Gegenprobe auszufolgen. Für die entnommene Probe gebührt keine Entschädigung.

(4) Das Arbeitsinspektorat hat die Ergebnisse der Messungen und Untersuchungen nach Abs. 2 und 3 dem Arbeitgeber/der Arbeitgeberin und den Organen der Arbeitnehmerschaft zur Kenntnis zu bringen.

(5) Soweit die Kosten nicht vom zuständigen Träger der Unfallversicherung getragen werden, haben die nach Abs. 2 beigezogenen Sachverständigen und nach Abs. 3 beauftragten Personen und Anstalten Anspruch auf Ersatz der Kosten. Dem Arbeitgeber/der Arbeitgeberin ist der Ersatz der Kosten vom Arbeitsinspektorat aufzuerlegen, wenn sich die Ansicht des Arbeitsinspektors als richtig erweist oder es sich um eine Messung oder Untersuchung handelt, zu deren Durchführung der Arbeitgeber/die Arbeitgeberin schon auf Grund der Arbeitnehmerschutzvorschriften verpflichtet gewesen wäre. Sofern die Kosten nicht nach einem feststehenden Tarif berechnet werden, hat das Arbeitsinspektorat die Kosten entsprechend den Gebühren für Sachverständige nach dem Gebührenanspruchsgesetz 1975 in der jeweils geltenden Fassung festzusetzen.

(Anm.: Abs. 6 aufgehoben durch BGBl. I Nr. 159/2001)

Auskünfte

§ 6. (1) Wenn es zur Wahrnehmung des Arbeitnehmerschutzes erforderlich ist, sind die Arbeitsinspektorate berechtigt, von Erzeugern/Erzeugerinnen und Vertreibern/Vertreiberinnen von Arbeitsstoffen Auskunft über die Zusammensetzung dieser Stoffe zu verlangen. Erzeuger/innen und Vertreiber/innen von Arbeitsstoffen sind verpflichtet, diese Auskünfte den Arbeitsinspektoraten auf deren Verlangen zu erteilen. Handelt es sich um Stoffe, die die Gesundheit von Arbeitnehmern/Arbeitnehmerinnen gefährden, haben die Erzeuger/innen und Vertreiber/innen auf Verlangen des Arbeitsinspektorates ihre Abnehmer/innen von diesem Umstand in Kenntnis zu setzen.

(2) Wenn es zur Wahrnehmung des Arbeitnehmerschutzes erforderlich ist, sind die Arbeitsinspektorate berechtigt, von Erzeugern/Erzeugerinnen und Vertreibern/Vertreiberinnen von Maschinen, Geräten oder deren Teilen oder Zubehör, für die nach den Rechtsvorschriften Übereinstimmungserklärungen erforderlich sind, Ablichtungen von Prüfbescheinigungen und von den Übereinstimmungserklärungen zugrundeliegenden technischen Dokumentationen zu verlangen. Erzeuger/innen und Vertreiber/innen dieser Maschinen, Geräte oder deren Teile oder Zubehör haben den Arbeitsinspektoraten auf deren Verlangen diese Ablichtungen zu übermitteln sowie die erforderlichen Auskünfte zu erteilen.

(3) Wenn es zur Wahrnehmung des Arbeitnehmerschutzes erforderlich ist, sind die Arbeitsinspektorate berechtigt, von akkreditierten Stellen (Zertifizierungsstellen, Prüfstellen und Überwachungsstellen) Ablichtungen von Prüfberichten, Überwachungsberichten und Aufzeichnungen über Zertifizierungsverfahren zu verlangen. Akkreditierte Stellen sind verpflichtet, diese Ablichtungen den Arbeitsinspektoraten auf deren Verlangen zu übermitteln sowie die erforderlichen Auskünfte zu erteilen.

(4) Für die Ablichtung und Übermittlung der Unterlagen gemäß Abs. 2 und 3 gebührt kein Ersatz der Aufwendungen.

Vernehmung von Personen

§ 7. (1) Organe der Arbeitsinspektion sind befugt, bei Besichtigungen gemäß § 4 Arbeitgeber/innen, Arbeitnehmer/innen und die gemäß § 4 Abs. 5 und 7 beauftragten Personen über alle Umstände zu vernehmen, die den Aufgabenbereich der Arbeitsinspektion berühren. Die Vernehmung hat tunlichst ohne Störung des Betriebes zu erfolgen. Die Vernehmung ist ohne Gegenwart dritter Personen durchzuführen, wenn dies nach Ansicht des Arbeitsinspektionsorgans erforderlich ist oder wenn die Person, die vernommen werden soll, es verlangt.

(2) Die Arbeitsinspektorate können von Arbeitgebern/Arbeitgeberinnen schriftliche Auskünfte verlangen.

(Anm.: Abs. 3 aufgehoben durch BGBl. I Nr. 159/2001)

(4) Für die Vernehmung von Auskunftspersonen gemäß Abs. 1 gilt § 48 AVG. Jede Auskunftsperson ist zu Beginn ihrer Vernehmung über die für die Vernehmung maßgebenden persönlichen Verhältnisse zu befragen und zu ermahnen, die Wahrheit anzugeben und nichts zu verschweigen. Sie ist auf die gesetzlichen Gründe für die Verweigerung der Aussage (Abs. 5) und auf die Folgen einer ungerechtfertigten Verweigerung der Aussage aufmerksam zu machen. Die Aussagen sind erforderlichenfalls in einer Niederschrift gemäß § 14 AVG festzuhalten.

(5) Arbeitgeber/innen, Arbeitnehmer/innen und die gemäß § 4 Abs. 5 und 7 beauftragten Personen sind verpflichtet, den Arbeitsinspektionsorganen die zur Erfüllung ihrer Aufgaben erforderlichen Auskünfte zu erteilen. Die Aussage darf aus den in § 49 Abs. 1 und 2 AVG genannten Gründen verweigert werden, wobei aber der Weigerungsgrund wegen Gefahr eines Vermögensnachteiles sowie eines Betriebs- oder Geschäftsgeheimnisses nicht gilt.

Unterlagen

§ 8. (1) Arbeitgeber/innen und die gemäß § 4 Abs. 5 und 7 beauftragten Personen sind verpflichtet, den Arbeitsinspektionsorganen auf Verlangen alle Unterlagen zur Einsicht vorzulegen, die mit dem Arbeitnehmerschutz im Zusammenhang stehen. Dies gilt insbesondere für Unterlagen über die Betriebsräumlichkeiten, Betriebseinrichtungen, sonstigen mechanischen Einrichtungen, Betriebsmittel, beigestellten Wohnräume oder Unterkünfte, Arbeitsvorgänge, Arbeitsverfahren und Arbeitsstoffe samt den dazugehörigen Plänen, Zeichnungen, Beschreibungen und Betriebsvorschriften. Dies gilt auch für Kollektivverträge, Betriebsvereinbarungen, Arbeitsverträge, Lehrverträge, Lohn-, Gehalts- und Urlaubslisten sowie insbesondere auch für alle Verzeichnisse, Vormerke oder Aufstellungen, die auf Grund von Arbeitnehmerschutzvorschriften oder von Regelungen für die Heimarbeit zu führen sind.

(2) Die Arbeitsinspektionsorgane sind befugt, Ablichtungen, Abschriften oder Auszüge von Unterlagen gemäß Abs. 1 anzufertigen.

(3) Arbeitgeber/innen haben dem Arbeitsinspektorat auf Verlangen die in Abs. 1 genannten Unterlagen oder Ablichtungen, Abschriften sowie Auszüge dieser Unterlagen zu übermitteln. Für die Ablichtung und Übermittlung gebührt kein Ersatz der Aufwendungen.

(3a) Bei Entsendung von Arbeitnehmer/innen aus einem anderen Mitgliedstaat des Europäischen Wirtschaftsraumes oder der Schweizerischen Eidgenossenschaft hat die Ansprechperson nach § 23 des Lohn- und Sozialdumping-Bekämpfungsgesetzes – LSD-BG, BGBl. I Nr. 44/2016, auch die nach den Arbeitnehmerschutzvorschriften und nach diesem Bundesgesetz erforderlichen Unterlagen bereitzuhalten und auf Verlangen zu übermitteln, Dokumente entgegenzunehmen und Auskünfte zu erteilen.

(4) Die Reeder/innen von Seeschiffen, auf die dieses Bundesgesetz Anwendung findet, sind verpflichtet, alle Arbeitsunfälle auf diesen Schiffen unverzüglich dem Zentral-Arbeitsinspektorat zu melden.

(5) Sofern keine Meldeverpflichtung von Arbeitsunfällen gemäß § 363 Abs. 1 des Allgemeinen Sozialversicherungsgesetzes (ASVG), BGBl. Nr. 189/1955, in der jeweils geltenden Fassung

Weitere Inh.

besteht, sind Arbeitgeber/innen verpflichtet, Arbeitsunfälle ihrer Arbeitnehmer/innen, durch die ein/e Arbeitnehmer/in mehr als drei Tage völlig oder teilweise arbeitsunfähig geworden ist, dem Arbeitsinspektorat mit einem von diesem aufzulegenden Vordruck zu melden.

Feststellung und Anzeige von Übertretungen

§ 9. (1) Stellt die Arbeitsinspektion die Übertretung einer Arbeitnehmerschutzvorschrift fest, so ist der Arbeitgeber/die Arbeitgeberin oder die gemäß § 4 Abs. 7 beauftragte Person nach Möglichkeit im erforderlichen Umfang mit dem Ziel einer möglichst wirksamen Umsetzung der Arbeitnehmerschutzvorschriften zu beraten und hat das Arbeitsinspektorat den Arbeitgeber/die Arbeitgeberin formlos schriftlich aufzufordern, innerhalb einer angemessenen Frist den den Rechtsvorschriften und behördlichen Verfügungen entsprechenden Zustand herzustellen. Die Aufforderung ist den Organen der Arbeitnehmerschaft zur Kenntnis zu übermitteln. Bestehen solche Organe nicht, ist die Aufforderung den Sicherheitsvertrauenspersonen, soweit deren Aufgabenbereich berührt ist, zur Kenntnis zu übermitteln.

(2) Wird der Aufforderung nach Abs. 1 innerhalb der vom Arbeitsinspektorat festgelegten oder erstreckten Frist nicht entsprochen, so hat das Arbeitsinspektorat Anzeige an die zuständige Verwaltungsstrafbehörde zu erstatten.

(3) Das Arbeitsinspektorat hat auch ohne vorausgehende Aufforderung nach Abs. 1 Strafanzeige wegen Übertretung einer Arbeitnehmerschutzvorschrift zu erstatten, wenn es sich um eine schwerwiegende Übertretung handelt.

(3a) Werden Übertretungen von arbeitsstättenbezogenen Arbeitnehmerschutzvorschriften oder behördlichen Verfügungen festgestellt, die sich auf geringfügigste Abweichungen von technischen Maßen (wie Raumhöhe, lichte Höhe, Lichteintrittsflächen usw.) beziehen, hat das Arbeitsinspektorat gemäß § 50 Abs. 5a VStG von der Erstattung einer Anzeige abzusehen.

(4) Mit der Anzeige gemäß Abs. 2 und 3 ist ein bestimmtes Strafausmaß zu beantragen. Eine Ablichtung der Anzeige ist dem Arbeitgeber/der Arbeitgeberin und den Organen der Arbeitnehmerschaft, in jenen Fällen, in denen die Anzeige auf Grund einer gemäß § 5 Abs. 1 Z 1 des Arbeiterkammergesetzes 1992, BGBl. Nr. 626/1991, gemeinsam durchgeführten Besichtigung erfolgt, auch der zuständigen gesetzlichen Interessenvertretung der Arbeitnehmer, zur Kenntnis zu übersenden. Die Verwaltungsstrafbehörde hat über die Anzeige ohne Verzug, längstens jedoch binnen zwei Wochen, das Strafverfahren einzuleiten.

(4a) Erfolgt eine Anzeige wegen Übertretung von Arbeitnehmerschutzvorschriften betreffend das ärztliche Personal einer Krankenanstalt im Sinne des § 2 des Krankenanstalten- und Kuranstaltengesetzes, BGBl. Nr. 1/1957, zuletzt geändert durch BGBl. I Nr. 65/2002, ist der Österreichischen Ärztekammer eine Ablichtung der Anzeige zu übersenden.

(5) Wenn die Übertretung von einem Organ einer Gebietskörperschaft oder eines Gemeindeverbandes begangen wurde, hat das Arbeitsinspektorat anstelle einer Anzeige gemäß Abs. 2 und 3 bei Organen des Bundes oder eines Landes Anzeige an das oberste Organ, dem das der Übertretung verdächtige Organ untersteht (Artikel 20 Abs. 1 erster Satz B-VG), in allen anderen Fällen Aufsichtsbeschwerde an die Aufsichtsbehörde zu erstatten. Die obersten Organe und die Aufsichtsbehörden haben das Arbeitsinspektorat ohne Verzug über das Veranlaßte in Kenntnis zu setzen.

Anträge und Verfügungen

§ 10. (1) Ist das Arbeitsinspektorat der Ansicht, daß in einer Betriebsstätte oder auf einer Arbeitsstelle Vorkehrungen zum Schutz des Lebens, der Gesundheit und der Sittlichkeit sowie der Integrität und Würde der Arbeitnehmer/innen zu treffen sind, so hat es im Rahmen der Arbeitnehmerschutzvorschriften bei der zuständigen Behörde die Vorschreibung der erforderlichen Maßnahmen zu beantragen. Eine Ablichtung des Antrages ist dem Arbeitgeber/der Arbeitgeberin und den Organen der Arbeitnehmerschaft zur Kenntnis zu übersenden.

(2) Die zuständige Behörde hat über Anträge des Arbeitsinspektorates gemäß Abs. 1 ohne Verzug, längstens jedoch binnen zwei Wochen, das Ermittlungsverfahren einzuleiten und dieses beschleunigt abzuschließen.

(3) In Fällen unmittelbar drohender Gefahr für Leben oder Gesundheit von Arbeitnehmern/Arbeitnehmerinnen hat das Arbeitsinspektorat mit Bescheid die Beschäftigung von Arbeitnehmern/Arbeitnehmerinnen zu untersagen oder die gänzliche oder teilweise Schließung der Betriebsstätte oder der Arbeitsstelle, die Stillegung von Maschinen sowie Verkehrsmitteln oder sonstige die Betriebsstätte oder die Arbeitsstelle betreffende Sicherheitsmaßnahmen zu verfügen. Wird der Bescheid mündlich erlassen, so hat das Arbeitsinspektorat ohne Verzug eine schriftliche Ausfertigung dem Arbeitgeber/der Arbeitgeberin zuzustellen sowie den Organen der Arbeitnehmerschaft und der Bezirksverwaltungsbehörde zur Kenntnis zu übersenden.

(4) In Fällen unmittelbar drohender Gefahr für Leben oder Gesundheit von Arbeitnehmern/Arbeitnehmerinnen hat das Arbeitsinspektionsorgan erforderlichenfalls auch vor Erlassung eines Bescheides zur Gefahrenabwehr Sofortmaßnahmen an Ort und Stelle zu verfügen und deren Durchführung zu veranlassen. Zur Beseitigung eines ihm entgegengestellten Widerstandes kann das

Arbeitsinspektionsorgan die Unterstützung der Organe des öffentlichen Sicherheitsdienstes unmittelbar in Anspruch nehmen. Der Arbeitgeber/die Arbeitgeberin ist vom Arbeitsinspektionsorgan nach Möglichkeit vor, jedenfalls aber unverzüglich nach Durchführung der verfügten Maßnahme zu verständigen.

(5) Über Maßnahmen nach Abs. 4 ist binnen zwei Wochen ein schriftlicher Bescheid zu erlassen, widrigenfalls die getroffene Maßnahme als aufgehoben gilt. Eine Ausfertigung des Bescheides ist dem Arbeitgeber/der Arbeitgeberin zuzustellen sowie den Organen der Arbeitnehmerschaft und der Bezirksverwaltungsbehörde zur Kenntnis zu übersenden.

(6) Liegen die Voraussetzungen für die gemäß Abs. 3 und 5 getroffenen Maßnahmen nicht mehr vor, so hat die Bezirksverwaltungsbehörde auf Antrag des Arbeitgebers/der Arbeitgeberin den Bescheid aufzuheben.

(7) Beschwerden gegen Bescheide der Arbeitsinspektorate gemäß Abs. 5 oder gegen Bescheide der Arbeitsinspektorate, durch die über eine Vorstellung gegen Bescheide gemäß Abs. 3 und 5 entschieden wird, haben keine aufschiebende Wirkung.

(8) Bescheide gemäß Abs. 3 und 5 treten mit Ablauf eines Jahres, vom Tag ihrer Erlassung an gerechnet, außer Wirksamkeit, wenn sie nicht kürzer befristet sind. Dies gilt auch für Erkenntnisse des Verwaltungsgerichts, die aufgrund von Beschwerden gegen Bescheide nach Abs. 3 oder Abs. 5 ergangen sind.

Beteiligung der Arbeitsinspektion an Verfahren in Verwaltungsstrafsachen

§ 11. (1) In Verwaltungsstrafverfahren wegen der Übertretung von Arbeitnehmerschutzvorschriften ist das zuständige Arbeitsinspektorat (§ 15 Abs. 6) Partei. Dies gilt auch für das Verfahren der Verwaltungsgerichte.

(2) Gelangt die Verwaltungsstrafbehörde im Verfahren zu der Ansicht, daß das Strafverfahren einzustellen oder eine niedrigere Strafe zu verhängen ist, als vom Arbeitsinspektorat beantragt wurde, so hat sie vor Erlassung des Bescheides oder einer Strafverfügung dem Arbeitsinspektorat Gelegenheit zur Stellungnahme zu geben.

(3) Dem Arbeitsinspektorat steht das Recht der Beschwerde gegen Bescheide sowie des Einspruches gegen Strafverfügungen zu.

Beteiligung der Arbeitsinspektion an Verwaltungsverfahren und an Verfahren der Verwaltungsgerichte

§ 12. (1) In Verwaltungsverfahren in Angelegenheiten, die den Arbeitnehmerschutz berühren, ist das zuständige Arbeitsinspektorat (§ 15 Abs. 7) Partei. Dies gilt auch für das Verfahren der Verwaltungsgerichte.

(2) Findet eine mündliche Verhandlung statt, so ist das Arbeitsinspektorat zu laden und sind ihm die zur Beurteilung der Sachlage notwendigen Unterlagen mindestens zwei Wochen vor dem Verhandlungstag zu übersenden. Hat das Arbeitsinspektorat an der Verhandlung nicht teilgenommen, so sind ihm auf Verlangen Kopien der Verhandlungsakten vor Erlassung des Bescheides zur Stellungnahme zu übersenden. Das Verlangen auf Übersendung ist binnen drei Tagen ab dem Verhandlungstag zu stellen. Das Arbeitsinspektorat hat seine Stellungnahme ohne Verzug, längstens jedoch binnen zwei Wochen, abzugeben.

(3) Abs. 2 zweiter bis letzter Satz gilt nicht für das Verfahren der Verwaltungsgerichte.

(4) Dem Arbeitsinspektorat steht das Recht der Beschwerde zu.

(Anm.: Abs. 5 aufgehoben durch BGBl. I Nr. 71/2013)

(6) Für die Entsendung von Organen der Arbeitsinspektion zu mündlichen Verhandlungen in Verfahren gemäß Abs. 1 gebühren Kommissionsgebühren gemäß § 77 Abs. 5 AVG. Soweit für die die Amtshandlung führende Behörde Bauschbeträge gemäß § 77 Abs. 3 AVG gelten, sind die Kommissionsgebühren der Arbeitsinspektion gemäß § 77 Abs. 5 AVG nach diesen Bauschbeträgen zu berechnen.

Revision beim Verwaltungsgerichtshof

§ 13. Der Bundesminister für Arbeit, Soziales und Konsumentenschutz ist bei Verfahren gemäß §§ 11 und 12 berechtigt, gegen Erkenntnisse und Beschlüsse der Verwaltungsgerichte Revision beim Verwaltungsgerichtshof zu erheben.

Verfahrensrechtliche Sonderbestimmungen

§ 13a. (1) Bestehen aufgrund gesetzlicher Bestimmungen oder geltender Dienstvorschriften für die Untersuchung von Unfällen in bestimmten Bereichen, zB der Luftfahrt oder bei Eisenbahnen, besondere Einrichtungen oder Kommissionen, so ist, sofern von diesen Unfällen Arbeitnehmer/innen betroffen sind, dem zuständigen Arbeitsinspektorat Einsicht in alle diesbezüglichen Unterlagen zu gewähren, sofern es nicht unmittelbar an den Ermittlungen oder Untersuchungen teilnimmt.

(2) Schiffahrtsunternehmen mit Sitz im Ausland, deren Fahrzeuge auf österreichischen Wasserstraßen verkehren, kann im Wege des Schiffführers/der Schiffführerin eines Fahrzeuges des Unternehmens wirksam zugestellt werden.

(3) Eisenbahnunternehmen mit Sitz im Ausland, deren Fahrzeuge auf dem österreichischen Schienennetz verkehren, kann im Wege des Triebfahrzeugführers/der Triebfahrzeugführerin oder des

Weitere Inh.

Personals eines Fahrzeuges des Unternehmens wirksam zugestellt werden.

Arbeitsinspektorate

§ 14. (1) Das Bundesgebiet wird, sofern nicht Zweckmäßigkeitsgründe entgegenstehen, unter Berücksichtigung der Grenzen der Länder (Stadt Wien) in Aufsichtsbezirke der Arbeitsinspektion eingeteilt. Für jeden Aufsichtsbezirk ist ein allgemeines Arbeitsinspektorat einzurichten. In jedem Land muß mindestens ein solches Arbeitsinspektorat bestehen.

(2) Wenn dies für die Wahrnehmung des Arbeitnehmerschutzes zweckmäßig ist, können einzelne Wirtschaftszweige oder Beschäftigtengruppen oder Teile von solchen unter die Aufsicht von besonderen Arbeitsinspektoraten gestellt werden. Der örtliche Wirkungsbereich solcher Arbeitsinspektorate kann sich über den Bereich mehrerer Länder erstrecken.

(3) Für einzelne Wirtschaftszweige oder Beschäftigtengruppen oder Teile von solchen kann einem allgemeinen Arbeitsinspektorat nach Abs. 1 die Wahrnehmung des Arbeitnehmerschutzes auch hinsichtlich der zu anderen Aufsichtsbezirken gehörenden Betriebsstätten und Arbeitsstellen übertragen werden, wenn dies wegen der in diesen Wirtschaftszweigen oder Beschäftigtengruppen bestehenden besonderen Bedingungen für die Wahrnehmung des Arbeitnehmerschutzes zweckmäßig ist.

(4) Durch Verordnung sind nach Anhörung der gesetzlichen Interessenvertretungen der Arbeitgeber und der Arbeitnehmer nähere Vorschriften zu regeln über

1. die Aufsichtsbezirke der allgemeinen Arbeitsinspektorate,
2. die Errichtung von besonderen Arbeitsinspektoraten sowie ihren sachlichen und örtlichen Wirkungsbereich und
3. die Übertragung von Aufgaben gemäß Abs. 3 an allgemeine Arbeitsinspektorate.

Örtliche Zuständigkeit

§ 15. (1) Soweit im folgenden nicht anderes bestimmt ist, stehen die Befugnisse nach diesem Bundesgesetz jenem allgemeinen Arbeitsinspektorat (§ 14 Abs. 1) zu, in dessen Aufsichtsbezirk sich die Betriebsstätte oder Arbeitsstelle befindet.

(2) Erstreckt sich eine Betriebsstätte oder Arbeitsstelle über mehrere Aufsichtsbezirke der Arbeitsinspektion, so ist jenes Arbeitsinspektorat zuständig, in dessen Aufsichtsbezirk sich die Leitung dieser Betriebsstätte oder Arbeitsstelle befindet.

(Anm.: Abs. 3 aufgehoben durch BGBl. I Nr. 159/2001)

(4) Die Befugnisse nach § 8 Abs. 1 und 2 stehen jenem Arbeitsinspektorat zu, in dessen Aufsichtsbezirk sich die Unterlagen befinden. Dies gilt auch dann, wenn diese Unterlagen Betriebsstätten oder Arbeitsstellen betreffen, für die gemäß Abs. 1 ein anderes Arbeitsinspektorat zuständig ist. Die Befugnisse nach § 8 Abs. 3 stehen sowohl jenem Arbeitsinspektorat zu, in dessen Aufsichtsbezirk sich die Unterlagen befinden, als auch jenem Arbeitsinspektorat, in dessen Aufsichtsbezirk die Betriebsstätte oder Arbeitsstelle liegt, auf die sich diese Unterlagen beziehen.

(5) Die Befugnisse nach § 9 stehen hinsichtlich auswärtiger Arbeitsstellen sowohl jenem Arbeitsinspektorat zu, in dessen Aufsichtsbezirk die Arbeitsstelle liegt, als auch jenem Arbeitsinspektorat, in dessen Aufsichtsbezirk die Betriebsstätte liegt, zu der diese Arbeitsstelle gehört.

(6) In Verfahren in Verwaltungsstrafsachen (§ 11) ist jenes Arbeitsinspektorat zu beteiligen, das die Strafanzeige (§ 9) erstattet hat. Wird ein Verwaltungsstrafverfahren ohne Anzeige des Arbeitsinspektorates eingeleitet, ist jenes Arbeitsinspektorat zu beteiligen, in dessen Aufsichtsbezirk sich die Betriebsstätte oder die Arbeitsstelle befindet, auf die sich das Verfahren bezieht.

(7) In Verfahren gemäß § 12 ist jenes Arbeitsinspektorat zu beteiligen, über dessen Antrag das Verfahren eingeleitet wurde. Wird ein Verfahren ohne Antrag eines Arbeitsinspektorates eingeleitet, ist jenes Arbeitsinspektorat zu beteiligen, in dessen Aufsichtsbezirk sich die Betriebsstätte oder die Arbeitsstelle befindet, auf die sich das Verfahren bezieht. Bezieht sich ein Verfahren auf mehrere Betriebsstätten oder Arbeitsstellen mit gemeinsamer Leitung, so ist am Verfahren jenes Arbeitsinspektorat zu beteiligen, in dessen Aufsichtsbezirk sich die gemeinsame Leitung befindet.

(8) Findet im Verfahren des Verwaltungsgerichts eine mündliche Verhandlung außerhalb des Aufsichtsbezirkes des nach Abs. 6 oder 7 zu beteiligenden Arbeitsinspektorates statt, kann sich das Arbeitsinspektorat durch ein Organ jenes Arbeitsinspektorats, in dessen Aufsichtsbezirk die Verhandlung stattfindet, vertreten lassen.

(9) Die örtliche Zuständigkeit zur Durchführung von Verwaltungsverfahren durch die Arbeitsinspektorate richtet sich nach dem Standort der Betriebsstätte, auf die sich das Verfahren bezieht oder, sofern sich die Betriebsstätte über mehrere Aufsichtsbezirke erstreckt, nach dem Standort der Leitung der Betriebsstätte. Für die Durchführung von Verwaltungsverfahren, die sich auf mehrere, in verschiedenen Aufsichtsbezirken gelegene Betriebsstätten mit gemeinsamer Leitung beziehen, ist jenes Arbeitsinspektorat zuständig, in dessen Aufsichtsbezirk sich die gemeinsame Leitung der Betriebsstätten befindet. Für die Durchführung von Verwaltungsverfahren, die sich auf Arbeitsstellen beziehen, ist jenes Arbeitsinspektorat zuständig, in dessen Aufsichtsbezirk sich die Betriebsstätte befindet, zu der diese Arbeitsstelle gehört. Besteht keine solche Betriebsstätte, richtet

sich die örtliche Zuständigkeit nach der Lage der Arbeitsstelle.

(10) In einer Verordnung gemäß § 14 Abs. 4, mit der besondere Arbeitsinspektorate errichtet oder Aufgaben an allgemeine Arbeitsinspektorate übertragen werden, sind auch die im Hinblick auf den sachlichen und örtlichen Wirkungsbereich notwendigen Abweichungen von Abs. 1 bis 8 zu regeln.

Zentral-Arbeitsinspektorat

§ 16. (1) Die Arbeitsinspektorate unterstehen unmittelbar dem Zentral-Arbeitsinspektorat, dem die oberste Leitung und zusammenfassende Behandlung der Angelegenheiten der Arbeitsinspektion sowie die Aufsicht über die Tätigkeit der Arbeitsinspektorate obliegt. Der Leiter/die Leiterin des Zentral-Arbeitsinspektorates (der Zentral-Arbeitsinspektor/die Zentral-Arbeitsinspektorin) untersteht direkt dem Bundesminister für Arbeit, Soziales und Konsumentenschutz.

(2) Auf die Organe des Zentral-Arbeitsinspektorates sind die für Arbeitsinspektionsorgane gemäß §§ 3 Abs. 4 sowie 4 bis 8 geltenden Regelungen anzuwenden, soweit dies für die Wahrnehmung der Aufgaben nach Abs. 1 erforderlich ist. §§ 18 und 20 Abs. 4 und 5 gelten auch für Organe des Zentral-Arbeitsinspektorates.

Arbeitsinspektionsorgane für besondere Aufgaben

§ 17. (1) Zur besonderen Wahrnehmung der Aufgaben auf dem Gebiet der Arbeitshygiene und Arbeitsphysiologie sowie zur Verhütung von Berufskrankheiten sind für die Arbeitsinspektorate und das Zentral-Arbeitsinspektorat Arbeitsinspektionsärzte/Arbeitsinspektionsärztinnen zu bestellen.

(2) Zur besonderen Wahrnehmung der Aufgaben gemäß Abs. 1 ist weiters bei jedem Arbeitsinspektorat mindestens ein Hygienetechniker/eine Hygienetechnikerin zu bestellen.

(3) Zur besonderen Überwachung der Einhaltung der Schutzvorschriften für Kinder und Jugendliche ist bei jedem Arbeitsinspektorat mindestens ein Arbeitsinspektor/eine Arbeitsinspektorin für Kinderarbeit und Jugendlichenschutz zu bestellen.

(4) Zur besonderen Überwachung der Schutzvorschriften für Frauen ist bei jedem Arbeitsinspektorat, ausgenommen die Arbeitsinspektorate für besondere Aufgaben, mindestens eine Arbeitsinspektorin für Mutterschutz zu bestellen.

Besondere Pflichten der Arbeitsinspektionsorgane und Ankündigung von Amtshandlungen

§ 18. (1) Die Arbeitsinspektionsorgane haben die Quelle jeder Beschwerde über bestehende Mängel oder die Verletzung von Arbeitnehmerschutzvorschriften als unbedingt vertraulich zu behandeln. Sie dürfen weder dem Arbeitgeber/der Arbeitgeberin noch sonstigen Personen gegenüber andeuten, daß eine Amtshandlung durch eine Beschwerde veranlaßt worden ist.

(2) Ob Amtshandlungen gemäß §§ 4 und 5 angekündigt werden, steht im Ermessen der Arbeitsinspektionsorgane. Dabei ist auf Erfolg und Zweck der Amtshandlung sowie nach Möglichkeit auch auf betriebliche Erfordernisse Bedacht zu nehmen. Unangemeldet müssen Kontrollen jedoch jedenfalls dann erfolgen, wenn Verdacht auf Gefahr für Leben oder Gesundheit der Arbeitnehmer/innen oder auf schwerwiegende Übertretungen vorliegt. § 4 Abs. 1 bleibt unberührt.

(3) Arbeitsinspektionsorgane dürfen an der Leitung und Verwaltung von Unternehmen und Betrieben, die gemäß § 1 der Aufsicht der Arbeitsinspektion unterliegen, nicht beteiligt sein. Arbeitsinspektionsorgane dürfen nicht in einem Arbeitsverhältnis stehen, das gemäß § 1 in den Wirkungsbereich der Arbeitsinspektion fällt.

(4) Der Bundesminister für Arbeit, Soziales und Konsumentenschutz kann im Interesse der Wahrnehmung des Arbeitnehmerschutzes unter Bedachtnahme auf dienstrechtliche Vorschriften im Einzelfall eine Ausnahme von den Vorschriften des Abs. 3 bewilligen.

Gemeinsame Besichtigungen

§ 18a. Das Arbeitsinspektorat hat der zuständigen gesetzlichen Interessenvertretung der Arbeitgeber Gelegenheit zu geben, an Besichtigungen teilzunehmen, die gemäß § 5 Abs. 1 Z 1 des Arbeiterkammergesetzes 1992 – AKG, BGBl. Nr. 626/1991, mit der zuständigen Arbeiterkammer durchgeführt werden. Erfolgt auf Grund einer Besichtigung nach § 5 Abs. 1 Z 1 AKG, an der auch die zuständige gesetzliche Interessenvertretung der Arbeitgeber teilgenommen hat, eine Strafanzeige nach § 9 Abs. 2 oder 3, hat das Arbeitsinspektorat eine Ablichtung dieser Strafanzeige auch der zuständigen gesetzlichen Interessenvertretung der Arbeitgeber zu übermitteln.

Berichte und Gutachten

§ 19. (1) Die Arbeitsinspektorate haben über jedes Kalenderjahr dem Bundesministerium für Arbeit, Soziales und Konsumentenschutz Bericht über ihre Tätigkeit und ihre Wahrnehmungen zu erstatten. Diese Berichte sind vom Bundesminister für Arbeit, Soziales und Konsumentenschutz in zusammenfassender Darstellung zu veröffentlichen und alle zwei Jahre dem Nationalrat vorzulegen.

(2) Die Arbeitsinspektorate können vom Bundesministerium für Arbeit, Soziales und Konsumentenschutz zur Erstattung von Gutachten und

Weitere Inh.

Vorschlägen in Angelegenheiten des Arbeitnehmerschutzes herangezogen werden. Solche Gutachten und Vorschläge können die Arbeitsinspektorate auch ohne besondere Aufforderung erstatten.

Rechtshilfe

§ 20. (1) Alle Behörden und öffentlich-rechtlichen Körperschaften, insbesondere die gesetzlichen Interessenvertretungen der Arbeitgeber und Arbeitnehmer, haben im Rahmen ihres Wirkungsbereiches die Arbeitsinspektion bei der Erfüllung ihrer Aufgaben zu unterstützen.

(2) Die Gewerbebehörden und die sonst zuständigen Genehmigungsbehörden haben das zuständige Arbeitsinspektorat von der Neuerrichtung von Betriebsanlagen sowie von Änderungen in Betriebsanlagen zu verständigen. Alle Behörden haben dem zuständigen Arbeitsinspektorat die ihnen zur Kenntnis gelangte Errichtung von sonstigen Betriebsstätten und von Änderungen in solchen Betriebsstätten mitzuteilen.

(3) Die Sicherheitsbehörden haben jeden ihnen zur Kenntnis gelangten Arbeitsunfall in Betriebsstätten oder auf Arbeitsstellen, bei dem ein Arbeitnehmer/eine Arbeitnehmerin getötet oder erheblich verletzt worden ist, dem zuständigen Arbeitsinspektorat ohne Verzug zu melden und diesem, allenfalls nach Rücksprache mit der zuständigen Staatsanwaltschaft, den maßgeblichen Sachverhalt, den/die Arbeitgeber/in sowie bei Arbeitsunfällen auf Baustellen auch den Bauherrn, weiters Namen und Geburtsdatum des Unfallopfers sowie zusätzliche Informationen bekannt zu geben, soweit diese für die Erfüllung der gesetzlich übertragenen Aufgaben des Arbeitsinspektorats erforderlich sind und der Zweck der Ermittlungen dadurch nicht gefährdet wird.

(4) Die Arbeitsinspektorate sind berechtigt, die zuständigen Behörden zu verständigen, wenn sie im Rahmen ihrer Tätigkeit zu dem begründeten Verdacht
gelangen, dass eine Übertretung von Vorschriften des Arbeits- oder Sozialversicherungsrechts, des Gewerbe-, Mineralrohstoff-, Elektrotechnik- oder Kesselrechts, des Gesundheits- oder Umweltschutzrechts, des Verkehrsrechts oder des Schieß- und Sprengmittelrechts vorliegt. Bei begründetem Verdacht, dass in der Betriebsstätte bereitgestelltes Trinkwasser oder an die Arbeitnehmer/innen verabreichte Lebensmittel die Gesundheit gefährden, hat das Arbeitsinspektorat Anzeige an die zuständige Behörde zu erstatten. Bei begründetem Verdacht, dass in der Betriebsstätte ein Verstoß gegen Rauchverbote nach dem Tabakgesetz, BGBl. Nr. 431/1995, in der jeweils geltenden Fassung vorliegt, hat das Arbeitsinspektorat dies der zuständigen Behörde zur Kenntnis zu bringen.

(5) Die Arbeitsinspektorate sind berechtigt ihnen bekanntgewordene Daten über gefährliche Arbeitsstoffe, die im Hinblick auf den Schutz des Lebens und der Gesundheit von Menschen von Bedeutung sind, dem für Angelegenheiten des Verkehrs mit den betreffenden gefährlichen Arbeitsstoffen zuständigen Bundesminister zur Kenntnis zu bringen.

(6) Die Organe des öffentlichen Sicherheitsdienstes haben den Arbeitsinspektionsorganen über deren Ersuchen zur Sicherung der Ausübung ihrer Aufgaben und Befugnisse gemäß §§ 4 Abs. 4, 5 Abs. 1 und 10 Abs. 4 im Rahmen ihres gesetzmäßigen Wirkungsbereiches Hilfe zu leisten.

(7) Die Arbeitsinspektorate sind im Rahmen der Erfüllung der ihnen gesetzlich übertragenen Aufgaben berechtigt, auf automationsunterstütztem Weg Einsicht in die von der Zentralen Koordinationsstelle hinsichtlich der Meldungen nach § 19 Abs. 3 LSD-BG geführte Datenbank zu nehmen, wobei die Befugnis zur Einsichtnahme folgende Daten über die Entsendung von Arbeitnehmer/innen umfasst:

a. Daten des Entsendebetriebes (Firmenname und -adresse, Art des Betriebes, Name, Geburtsdatum und Adresse vertretungsbefugter Personen),

b. Arbeitnehmer/innendaten (Name, Geburtsdatum, Sozialversicherungsnummer, Sozialversicherungsträger, Wohnsitz, Entgelthöhe, Beschäftigungsdauer, Beschäftigungsort, Dauer und Lage der vereinbarten Normalarbeitszeit der einzelnen Arbeitnehmer/innen sowie Art der Tätigkeit und Verwendung der Arbeitnehmer/innen unter Berücksichtigung der maßgeblichen österreichischen Kollektivvertrages),

c. Daten inländischer Auftraggeber/innen (Firmenname und Adresse des Beschäftigerbetriebes oder Generalunternehmers in Österreich) sowie

d. Daten der Ansprechperson nach § 23 LSD-BG.

(8) Die Arbeitsinspektion ist berechtigt, auf automationsunterstütztem Weg Einsicht in die Baustellendatenbank der Bauarbeiter-Urlaubs- und Abfertigungskasse (§ 31a des Bauarbeiter-Urlaubs- und Abfertigungsgesetzes – BUAG, BGBl. Nr. 414/1972 in der geltenden Fassung) zu nehmen, um die Daten von Meldungen nach § 97 AschG und von Vorankündigungen nach § 6 BauKG abzurufen. Die Bauarbeiter-Urlaubs- und Abfertigungskasse (§ 14 BUAG) ist verpflichtet, der Arbeitsinspektion Zugang zu diesen Daten einzuräumen.

(9) Die Arbeitsinspektorate haben nach Maßgabe der innerstaatlichen Vorschriften mit Behörden anderer Mitgliedstaaten des Europäischen Wirtschaftsraumes, die für die Kontrolle der Einhaltung arbeitnehmerschutzrechtlicher Vorschriften zuständig sind oder Auskünfte geben können, ob

ein/e Arbeitgeber/in die Arbeitnehmerschutzvorschriften einhält, zusammenzuarbeiten und sind berechtigt, Auskünfte bei begründeten Anfragen von Behörden anderer Mitgliedstaaten zu geben. Die Gewährung von Amtshilfe an diese Behörden erfolgt unentgeltlich. Die Arbeitsinspektorate sind berechtigt und im Rahmen ihres gesetzmäßigen Wirkungsbereiches verpflichtet, die zuständigen Arbeitsaufsichtsbehörden anderer Mitgliedstaaten des Europäischen Wirtschaftsraumes zu verständigen, wenn Arbeitgeber/innen mit Sitz in diesen Mitgliedstaaten die Arbeitnehmerschutzvorschriften in Österreich nicht einhalten.

(9a) Für die gegenseitige Amtshilfe und Zusammenarbeit nach Abs. 9 ist das Binnenmarkt-Informationssystem (IMI) im Sinne der Verordnung (EU) Nr. 1024/2012 über die Verwaltungszusammenarbeit mit Hilfe des Binnenmarkt-Informationssystems und zur Aufhebung der Entscheidung 2008/49/EG der Kommission, ABl. Nr. L 316 vom 14.11.2012 S. 1, zuletzt geändert durch die Richtlinie 2014/67/EU, ABl. Nr. L 159 vom 28.05.2014 S. 11, zu verwenden, soweit nicht in Staatsverträgen anderes vorgesehen ist.

(9b) Die Arbeitsinspektion ist verpflichtet, in ihrem Zuständigkeitsbereich Auskunftsersuchen der in Abs. 9 genannten Behörden anderer Mitgliedstaaten des EWR unverzüglich, in ausdrücklich als dringend bezeichneten Fällen innerhalb von zwei Arbeitstagen, in den übrigen Fällen innerhalb von längstens 25 Arbeitstagen zu entsprechen.

(9c) Die Arbeitsinspektion darf Informationen, die ihr im Rahmen der gegenseitigen Amtshilfe und Zusammenarbeit bekannt werden, nur im Zusammenhang mit der Angelegenheit verwenden, für die die Informationen angefordert wurden.

(9d) Ein Ersatz für den aus der gegenseitigen Amtshilfe und Zusammenarbeit entstehenden Aufwand darf von anderen Mitgliedstaaten der EU oder des EWR nicht gefordert werden.

(10) Die Arbeitsinspektorate sind berechtigt, in Fällen, in denen Arbeitgeber/innen, die der Aufsicht der Arbeitsinspektion unterliegen, Förderungen aus Bundesmitteln gewährt werden sollen, den die Förderungsmittel vergebenden Stellen auf deren Verlangen Auskunft über festgestellte grobe Verstöße gegen Arbeitnehmerschutzvorschriften zu geben.

Zusammenarbeit der Träger der Sozialversicherung mit der Arbeitsinspektion

§ 21. (1) Die Träger der Sozialversicherung haben die Arbeitsinspektion bei Erfüllung ihrer Aufgaben zu unterstützen.

(1a) Die Träger der Sozialversicherung und der Dachverband der Sozialversicherungsträger sind verpflichtet, den Arbeitsinspektoraten gespeicherte Daten über die Versicherungszeiten auf automationsunterstütztem Weg zu übermitteln, die für die

Arbeitsinspektorate eine wesentliche Voraussetzung für die Durchführung ihrer gesetzlich übertragenen Aufgaben darstellen.

(2) Die Träger der Unfallversicherung haben, unbeschadet der in Betracht kommenden sozialversicherungsrechtlichen Regelungen über Anzeigen von Arbeitsunfällen und Berufskrankheiten, die Arbeitsinspektorate von Unfällen größeren Ausmaßes, die sich im Rahmen des Wirkungsbereiches der Arbeitsinspektion ereignen, ohne Verzug zu benachrichtigen und ihnen Einsicht in die Anzeigen, Krankengeschichten und anderen Unterlagen hierüber zu gewähren. Die Träger der Sozialversicherung haben die Arbeitsinspektion von den Ergebnissen der Untersuchungen, die sie bei Arbeitnehmern über berufliche Erkrankungen durchführen, zu unterrichten.

(3) Die Arbeitsinspektion hat in Angelegenheiten, die den Schutz der Arbeitnehmer betreffen, auf ständige Zusammenarbeit mit den in Betracht kommenden Trägern der Sozialversicherung Bedacht zu nehmen.

(4) Die Träger der Sozialversicherung können bei den Arbeitsinspektoraten die Vornahme von Besichtigungen beantragen, wenn nach ihrer Ansicht in einer Betriebsstätte oder auf einer Arbeitsstelle Maßnahmen im Interesse eines wirksamen Schutzes von Leben und Gesundheit der Arbeitnehmer/innen erforderlich erscheinen. Solchen Besichtigungen haben die Arbeitsinspektorate fachliche Organe des antragstellenden Trägers der Sozialversicherung beizuziehen. Die Arbeitsinspektorate haben innerhalb von zwei Wochen nach Einlangen des Antrages des Sozialversicherungsträgers den Zeitpunkt der Besichtigung festzulegen.

Zustellung an Arbeitgeber/innen ohne Sitz in Österreich

§ 22. (1) Für die Zustellung von Schriftstücken der Arbeitsinspektion an Arbeitgeber/innen, die in Österreich keinen Unternehmenssitz haben, gilt als Abgabestelle im Sinne des § 2 Z 4 des Zustellgesetzes (ZustG), BGBl. Nr. 200/1982, auch eine im Inland gelegene Betriebsstätte oder Arbeitsstelle, an der Arbeitnehmer/innen dieses Arbeitgebers/dieser Arbeitgeberin tätig sind.

(2) Die Ansprechperson nach § 23 LSD–BG kann als Empfänger/in im Sinne des § 2 Z 1 ZustG bezeichnet werden. Die Zustellung gilt auch als bewirkt, wenn sie an die Ansprechperson nach § 23 LSD–BG erfolgt. Dies gilt für Zustellungen sowohl an der Abgabestelle nach Abs. 1 als auch an anderen Abgabestellen im Sinne des § 2 Z 4 ZustG.

(3) Soll ein Schriftstück der Arbeitsinspektion an einen Unternehmenssitz in einem Mitgliedstaat des Europäischen Wirtschaftsraumes zugestellt

Weitere Inh.

werden, ist einer Behörde, die in dem betreffenden Staat für Arbeitnehmerschutzangelegenheiten zuständig ist, ein Ersuchen um Veranlassung einer Zustellung zu übermitteln. Hiefür ist das Binnenmarkt-Informationssystem (IMI) zu verwenden, soweit nicht in Staatsverträgen anderes vorgesehen ist.

Bestellung von verantwortlichen Beauftragten
§ 23. (1) Die Bestellung von verantwortlichen Beauftragten gemäß § 9 Abs. 2 und 3 des Verwaltungsstrafgesetzes 1991 – VStG, BGBl. Nr. 52, in der jeweils geltenden Fassung für die Einhaltung von Arbeitnehmerschutzvorschriften und für die Einhaltung dieses Bundesgesetzes wird erst rechtswirksam, nachdem beim zuständigen Arbeitsinspektorat eine schriftliche Mitteilung über die Bestellung samt einem Nachweis der Zustimmung des/der Bestellten eingelangt ist. Dies gilt nicht für die Bestellung von verantwortlichen Beauftragten auf Verlangen der Behörde gemäß § 9 Abs. 2 VStG.

(2) Arbeitnehmer/innen können für die Einhaltung von Arbeitnehmerschutzvorschriften und für die Einhaltung dieses Bundesgesetzes zu verantwortlichen Beauftragten gemäß § 9 Abs. 2 und 3 VStG rechtswirksam nur bestellt werden, wenn sie leitende Angestellte sind, denen maßgebliche Führungsaufgaben selbstverantwortlich übertragen sind.

(3) Der Arbeitgeber/die Arbeitgeberin hat den Widerruf der Bestellung und das Ausscheiden von verantwortlichen Beauftragten nach Abs. 1 dem zuständigen Arbeitsinspektorat unverzüglich schriftlich mitzuteilen.

Strafbestimmungen
§ 24. (1) Sofern die Tat nicht den Tatbestand einer in die Zuständigkeit der Gerichte fallenden strafbaren Handlung bildet, begeht eine Verwaltungsübertretung und ist von der Bezirksverwaltungsbehörde mit Geldstrafe von 41 € bis 4 140 €, im Wiederholungsfall mit Geldstrafe von 83 € bis 4 140 € zu bestrafen,

1. wer als Arbeitgeber/in

a) nicht dafür sorgt, daß den Arbeitsinspektionsorganen die in § 4 Abs. 1 angeführten Räumlichkeiten und Stellen in einer Weise zugänglich sind, durch die eine wirksame Überwachung möglich ist;

b) entgegen § 4 Abs. 5 nicht dafür sorgt, daß bei seiner/ihrer Abwesenheit eine in der Betriebsstätte oder auf der Arbeitsstelle anwesende Person dem Arbeitsinspektionsorgan die Besichtigung ermöglicht, das Arbeitsinspektionsorgan auf dessen Verlangen begleitet, die erforderlichen Auskünfte erteilt sowie Einsicht in Unterlagen gewährt;

c) entgegen § 4 Abs. 7 auf Verlangen des Arbeitsinspektionsorgans weder selbst an der Besichtigung teilnimmt noch eine ausreichend informierte Person damit beauftragt, ihn/sie bei der Besichtigung zu vertreten oder nicht dafür sorgt, dass die mit seiner/ihrer Vertretung beauftragte Person an der Besichtigung teilnimmt oder Arbeitsinspektionsorganen die erforderlichen Auskünfte erteilt sowie Einsicht in die Unterlagen gewährt;

d) entgegen § 8 Abs. 3 Unterlagen, Ablichtungen, Abschriften oder Auszüge nicht übermittelt;

e) entgegen § 23 Abs. 3 den Widerruf der Bestellung oder das Ausscheiden von verantwortlichen Beauftragten nicht meldet;

2. wer als Arbeitgeber/in oder als nach § 4 Abs. 5 oder 7 beauftragte Person

a) entgegen § 4 Abs. 3 zweiter Satz Betriebseinrichtungen oder Betriebsmittel nicht in Betrieb setzt;

(Anm.: lit. b aufgehoben durch BGBl. I Nr. 159/2001)

c) entgegen § 8 Abs. 1 keine Einsicht in Unterlagen gewährt;

3. als Arbeitgeber/in, als gemäß § 4 Abs. 5 oder 7 beauftragte Person oder als Arbeitnehmer/in entgegen § 7 die erforderlichen Auskünfte nicht erteilt;

4. als Erzeuger/in oder Vertreiber/in

a) von Arbeitsstoffen entgegen § 6 Abs. 1 die erforderlichen Auskünfte nicht erteilt oder dem Verlangen des Arbeitsinspektorates auf Information der Abnehmer/innen nicht nachkommt;

b) von Maschinen, Geräten oder deren Teilen oder Zubehör entgegen § 6 Abs. 2 Ablichtungen nicht übermittelt oder die erforderlichen Auskünfte nicht erteilt;

5. wer, soweit nicht Z 1 bis 4 zur Anwendung kommen,

a) Arbeitsinspektionsorgane am Betreten von Betriebsstätten und Arbeitsstellen gemäß § 4 hindert;

b) Arbeitsinspektionsorgane bei der Durchführung von Besichtigungen gemäß § 4 behindert;

c) die Durchführung von Untersuchungen und Messungen gemäß § 5 Abs. 1 und 2 oder die Entnahme von Proben gemäß § 5 Abs. 3 behindert oder

d) auf sonstige Weise die Organe der Arbeitsinspektion oder des Zentral-Arbeitsinspektorates bei der Ausübung der in diesem Bundesgesetz vorgesehenen Aufgaben behindert oder die Erfüllung der ihnen gesetzlich übertragenen Aufgaben vereitelt.

(2) Das Arbeitsinspektorat hat mit der Anzeige von Verwaltungsübertretungen nach Abs. 1 bestimmtes Strafausmaß zu beantragen. Für das Verwaltungsstrafverfahren gelten §§ 11 und 13.

(3) Abs. 1 ist nicht anzuwenden, wenn die Übertretung von einem Organ einer Gebietskörperschaft oder eines Gemeindeverbandes begangen wurde. In solchen Fällen ist gemäß § 9 Abs. 5 vorzugehen.

(4) Wurden Verwaltungsübertretungen nach Abs. 1, 2 und 3 nicht im Inland begangen, gelten sie als an jenem Ort begangen, an dem sie festgestellt wurden.

Inkrafttreten

§ 25. (1) Dieses Bundesgesetz tritt mit 1. April 1993 in Kraft.

(2) Verordnungen gemäß § 14 Abs. 4 dürfen bereits vor dem 1. April 1993 erlassen werden, sie dürfen jedoch frühestens mit diesem Tag in Kraft gesetzt werden.

(3) § 24 Abs. 1 in der Fassung des Bundesgesetzes BGBl. I Nr. 136/2001 tritt mit 1. Jänner 2002 in Kraft.

(4) Es treten
1. mit Ablauf des 31. Dezember 2001 außer Kraft: §§ 5 Abs. 6, 7 Abs. 3, 15 Abs. 3 und 24 Abs. 1 Z 2 lit. b in der Fassung BGBl. I Nr. 38/1999,
2. mit 1. Jänner 2002 in Kraft: §§ 4 Abs. 6 und 7, 7 Abs. 4, 9 Abs. 2, 3a und 4, 10 Abs. 1 und 7, die Überschrift von § 18 sowie §§ 18 Abs. 2, 18a, 20 Abs. 4 und 5 sowie 24 Abs. 1 Z 1 lit. c und Abs. 4 in der Fassung BGBl. I Nr. 159/2001.
3. mit 1. November 2010 in Kraft: § 9 Abs. 4a in der Fassung BGBl. I Nr. 93/2010

(5) Die §§ 2 Abs. 2, 20 Abs. 7 und 21 Abs. 1a in der Fassung des Bundesgesetzes BGBl. I Nr. 150/2009 treten mit 1. Jänner 2010 in Kraft.

(6) § 20 Abs. 8 erster Satz und Abs. 9 in der Fassung des Bundesgesetzes BGBl. I Nr. 51/2011 tritt mit 1. August 2011 in Kraft. § 20 Abs. 8 zweiter Satz in der Fassung des Bundesgesetzes BGBl. I Nr. 51/2011 tritt mit dem Zeitpunkt in Kraft, den der Bundesminister für Arbeit, Soziales und Konsumentenschutz durch Verordnung als jenen feststellt, ab dem die zur Verfügung stehenden technischen Mittel zur Erfassung der Meldungen gemäß § 97 Abs. 1, 6 und 7 ASchG und der Vorankündigung gemäß § 6 BauKG geeignet sind. Er darf diesen Zeitpunkt frühestens mit 1. Jänner 2012 festsetzen.

(7) § 1 Abs. 2, § 4 Abs. 2 und 3, § 8 Abs. 1, 4 und 5, § 10 Abs. 3, § 13a samt Überschrift, § 20 Abs. 2, 4 und 10 und § 26 Abs. 7 und 8 in der Fassung des 2. Stabilitätsgesetzes 2012, BGBl. I Nr. 35/2012, treten mit 1. Juli 2012 in Kraft. Verordnungen auf Grund dieses Bundesgesetzes in der Fassung des 2. Stabilitätsgesetzes 2012, BGBl. I Nr. 35/2012, können bereits vor diesem Zeitpunkt erlassen werden, treten jedoch frühestens mit diesem Zeitpunkt in Kraft.

(8) § 3 Abs. 1 Z 1, § 10 Abs. 1, § 20 Abs. 3 und § 24 Abs. 1 in der Fassung des Bundesgesetzes BGBl. I Nr. 118/2012 treten mit 1. Jänner 2013 in Kraft.

(9) § 10 Abs. 3, 7 und 8, die Überschrift zu § 11, § 11 Abs. 1 und 3, die Überschrift zu § 12, § 12 Abs. 1, 3 und 4, § 13 samt Überschrift, § 15 Abs. 6 bis 10 in der Fassung des BGBl. I Nr. 71/2013 treten mit 1. Jänner 2014 in Kraft. § 12 Abs. 5 und § 22 treten mit Ablauf des 31. Dezember 2013 außer Kraft.

(10) § 19 Abs. 1 in der Fassung BGBl. I Nr. 101/2015 tritt mit 1. September 2015 in Kraft und ist bereits auf den Bericht für das Jahr 2015 anzuwenden. § 20 Abs. 4 in der Fassung BGBl. I Nr. 101/2015 tritt mit 1. Mai 2018 in Kraft.

(11) § 3 Abs. 1 Z 6, § 8 Abs. 3a, § 9 Abs. 3a, § 20 Abs. 7 und Abs. 9 bis 9d sowie § 22 in der Fassung des Bundesgesetzes BGBl. I Nr. 44/2016 treten mit 1. Jänner 2017 in Kraft.

(12) § 20 Abs. 8 in der Fassung des Bundesgesetzes BGBl. I Nr. 72/2016 tritt mit 1. April 2017 in Kraft.

(13) § 3 Abs. 5, § 9 Abs. 1 und § 17 Abs. 4 in der Fassung BGBl. I Nr. 126/2017 treten am 1. August 2017 in Kraft.

(14) § 21 Abs. 1a in der Fassung des Bundesgesetzes BGBl. I Nr. 100/2018 tritt mit 1. Jänner 2020 in Kraft.

(15) § 4 Abs. 10 in der Fassung des Bundesgesetzes BGBl. I Nr. 61/2021 tritt mit dem 1. April 2021 in Kraft.

(16) § 4 Abs. 10 in der Fassung des Bundesgesetzes BGBl. I Nr. 110/2024 tritt mit 1. Jänner 2025 in Kraft.

Übergangsbestimmungen

§ 26. (1) Das Arbeitsinspektionsgesetz 1974, BGBl. Nr. 143, ist auf Sachverhalte, die sich nach Ablauf des 31. März 1993 ereignen, nicht mehr anzuwenden, soweit im folgenden nichts anderes bestimmt ist.

(2) Am 1. April 1993 anhängige Verfahren sind nach der bisherigen Rechtslage zu Ende zu führen. Bei Berufungen gegen Bescheide, die nach dem 31. März 1993 erlassen werden, gelten im Berufungsverfahren die §§ 11 und 12 dieses Bundesgesetzes anstelle der §§ 8 und 9 des Arbeitsinspektionsgesetzes 1974, BGBl. Nr. 143, (ArbIG 1974).

(3) Eine vor dem 1. April 1993 erfolgte Bestellung von verantwortlichen Beauftragten gemäß § 9 Abs. 2 bis 4 VStG für die Einhaltung von Arbeitnehmerschutzvorschriften gilt nicht für Übertretungen, die nach diesem Zeitpunkt begangen werden, sofern nicht bis zu diesem Zeitpunkt eine Mitteilung an das Arbeitsinspektorat gemäß § 23 Abs. 1 erfolgt.

(4) Eine vor dem 1. April 1993 erfolgte Bestellung von Arbeitnehmern/Arbeitnehmerinnen zu

Weitere Inh.

verantwortlichen Beauftragten gemäß § 9 Abs. 2 bis 4 VStG gilt unbeschadet der Mitteilung gemäß Abs. 3 nicht für Übertretungen, die nach diesem Zeitpunkt begangen werden, sofern es sich bei diesen Arbeitnehmern/Arbeitnehmerinnen nicht um leitende Angestellte gemäß § 23 Abs. 2 handelt.

(5) Bestellungen von Arbeitsinspektoren/Arbeitsinspektorinnen für besondere Aufgaben gemäß § 13 ArbIG 1974 gelten als Bestellung gemäß § 17 dieses Bundesgesetzes.

(6) Gemäß § 3 ArbIG 1974 ausgestellte Dienstausweise gelten als Dienstausweis gemäß § 4 dieses Bundesgesetzes.

(7) Die Parteistellung des Verkehrs-Arbeitsinspektorates in Verwaltungsstrafverfahren und Verwaltungsverfahren, die im Zeitpunkt des Inkrafttretens des 2. Stabilitätsgesetzes 2012, BGBl. I Nr. 35/2012, anhängig sind, ist ab 1. Juli 2012 von der Arbeitsinspektion wahrzunehmen. In den beim Verwaltungsgerichtshof mit Ablauf des 30. Juni 2012 gemäß § 16 VAIG 1994 anhängigen Verfahren tritt der Bundesminister für Arbeit, Soziales und Konsumentenschutz an die Stelle der Bundesministerin für Verkehr, Innovation und Technologie.

(8) Hinsichtlich jener Betriebsstätten und Arbeitsstellen, die bis zum Ablauf des 30. Juni 2012 gemäß § 1 VAIG 1994 in den Wirkungsbereich des Verkehrs-Arbeitsinspektorates gefallen sind, obliegen abweichend von § 16 bis zur Neuregelung des Gegenstandes durch eine Verordnung nach § 14 Abs. 4 die nach diesem Bundesgesetz den Arbeitsinspektoraten zustehenden Aufgaben und Befugnisse dem Zentral-Arbeitsinspektorat.

Vollziehung

§ 27. Mit der Vollziehung dieses Bundesgesetzes ist betraut:

(Anm.: Z 1 aufgehoben durch BGBl. I Nr. 159/2001)

2. hinsichtlich des § 20 Abs. 3 und 6 der Bundesminister für Inneres im Einvernehmen mit dem Bundesminister für Arbeit, Soziales und Konsumentenschutz;

3. im übrigen der Bundesminister für Arbeit, Soziales und Konsumentenschutz.

48. Bauarbeitenkoordinationsgesetz

Bundesgesetz über die Koordination bei Bauarbeiten (Bauarbeitenkoordinationsgesetz – BauKG)
StF: BGBl. I Nr. 37/1999 (NR: GP XX RV 1462 AB 1487 S. 149. BR: AB 5831 S. 647.)
Letzte Novellierung: BGBl. I Nr. 72/2016

GLIEDERUNG

STICHWORTVERZEICHNIS

Artikel I
(Verfassungsbestimmung)

Die Erlassung, Änderung und Aufhebung von Vorschriften, wie sie in Art. II des Bauarbeitenkoordinationsgesetzes enthalten sind, sowie die Vollziehung dieser Vorschriften sind auch in jenen Belangen Bundessache, hinsichtlich deren das B-VG etwas anderes vorsieht. Die in diesen Vorschriften geregelten Angelegenheiten können unmittelbar von Bundesbehörden versehen werden.

Artikel II
Geltungsbereich

§ 1. (1) Dieses Bundesgesetz soll Sicherheit und Gesundheitsschutz der Arbeitnehmer auf Baustellen durch die Koordinierung bei der Vorbereitung

Weitere Inh.

und Durchführung von Bauarbeiten gewährleisten.

(2) Dieses Bundesgesetz gilt für alle Baustellen, auf denen Arbeitnehmer beschäftigt werden.

(3) Dieses Bundesgesetz gilt nicht für die Beschäftigung von

1. Arbeitnehmern der Länder, Gemeinden und Gemeindeverbände, die nicht in Betrieben beschäftigt sind;
2. Arbeitnehmern des Bundes in Dienststellen, auf die das Bundes-Bedienstetenschutzgesetz (B-BSG), BGBl. I Nr. 70/1999, anzuwenden ist;
3. Arbeitnehmern in land- und forstwirtschaftlichen Betrieben im Sinne des Landarbeitsgesetzes 1984, BGBl. Nr. 287.

(4) Dieses Bundesgesetz gilt nicht für Bohr- und Förderarbeiten in mineralgewinnenden Betrieben, die dem Mineralrohstoffgesetz, BGBl. I Nr. 38/1999, unterliegen.

(5) Dieses Bundesgesetz gilt unbeschadet der im Bundesgesetz über Sicherheit und Gesundheitsschutz bei der Arbeit (ArbeitnehmerInnenschutzgesetz – ASchG), BGBl. Nr. 450/1994, geregelten Verpflichtungen der Arbeitgeber, für Sicherheit und Gesundheitsschutz der Arbeitnehmer bei der Arbeit zu sorgen.

Begriffsbestimmungen

§ 2. (1) Bauherr im Sinne dieses Bundesgesetzes ist eine natürliche oder juristische Person oder sonstige Gesellschaft mit Rechtspersönlichkeit, in deren Auftrag ein Bauwerk ausgeführt wird.

(2) Projektleiter im Sinne dieses Bundesgesetzes ist eine natürliche oder juristische Person oder sonstige Gesellschaft mit Rechtspersönlichkeit, die vom Bauherrn mit der Planung, der Ausführung oder der Überwachung der Ausführung des Bauwerks beauftragt ist. Als Projektleiter kann auch ein fachkundiger Dritter bestellt werden, der Arbeiten im Zusammenhang mit dem Bauvorhaben im Auftrag des Bauherrn durchführt.

(3) Baustellen im Sinne dieses Bundesgesetzes sind zeitlich begrenzte oder ortsveränderliche Baustellen, an denen Hoch- und Tiefbauarbeiten durchgeführt werden. Dazu zählen insbesondere folgende Arbeiten: Aushub, Erdarbeiten, Bauarbeiten im engeren Sinn, Errichtung und Abbau von Fertigbauelementen, Einrichtung oder Ausstattung, Umbau, Renovierung, Reparatur, Abbauarbeiten, Abbrucharbeiten, Wartung, Instandhaltungs-, Maler- und Reinigungsarbeiten, Sanierung.

(4) Vorbereitungsphase ist der Zeitraum vom Beginn der Planungsarbeiten bis zur Auftragsvergabe.

(5) Ausführungsphase ist der Zeitraum von der Auftragsvergabe bis zum Abschluß der Bauarbeiten.

(6) Koordinator für Sicherheit und Gesundheitsschutz für die Vorbereitungsphase im Sinne dieses Bundesgesetzes (Planungskoordinator) ist eine natürliche oder juristische Person oder sonstige Gesellschaft mit Rechtspersönlichkeit, die vom Bauherrn oder Projektleiter mit der Durchführung der in § 4 genannten Aufgaben für die Vorbereitungsphase des Bauwerks betraut wird.

(7) Koordinator für Sicherheit und Gesundheitsschutz für die Ausführungsphase im Sinne dieses Bundesgesetzes (Baustellenkoordinator) ist eine natürliche oder juristische Person oder sonstige Gesellschaft mit Rechtspersönlichkeit, die vom Bauherrn oder Projektleiter mit der Durchführung der in § 5 genannten Aufgaben für die Ausführungsphase des Bauwerks betraut wird.

(8) Selbständiger ist eine Person, die nicht Arbeitgeber oder Arbeitnehmer ist und die ihre berufliche Tätigkeit zur Ausführung des Bauwerks ausübt.

(9) Bei den in diesem Bundesgesetz verwendeten personenbezogenen Bezeichnungen (zB Arbeitnehmer, Arbeitgeber, Bauherr, Projektleiter, Koordinator) gilt die gewählte Form für beide Geschlechter.

(10) Die in diesem Bundesgesetz enthaltenen Verweise auf andere Bundesgesetze gelten als Verweise auf die jeweils geltende Fassung.

Bestellung von Koordinatoren für Sicherheit und Gesundheitsschutz

§ 3. (1) Werden auf einer Baustelle gleichzeitig oder aufeinanderfolgend Arbeitnehmer mehrerer Arbeitgeber tätig, so hat der Bauherr einen Planungskoordinator für die Vorbereitungsphase und einen Baustellenkoordinator für die Ausführungsphase zu bestellen. Dieselbe Person kann Planungs- und Baustellenkoordinator sein. Der Bauherr kann die Aufgaben des Planungs- und Baustellenkoordinators selbst wahrnehmen, wenn er die Voraussetzungen nach Abs. 3 erfüllt.

(2) Als Koordinator kann eine natürliche oder juristische Person oder sonstige Gesellschaft mit Rechtspersönlichkeit bestellt werden. Bei Bestellung einer juristischen Person oder sonstigen Gesellschaft mit Rechtspersönlichkeit hat diese eine oder mehrere natürliche Personen zur Wahrnehmung der Koordinationsaufgaben für sie zu benennen. § 3 Abs. 4 dritter und vierter Satz gilt.

(3) Als Koordinator darf nur eine Person bestellt werden, die über eine für die jeweilige Bauwerksplanung oder Bauwerksausführung einschlägige Ausbildung und eine mindestens dreijährige einschlägige Berufserfahrung verfügt. Dazu zählen insbesondere Baumeister und Personen, die eine sonstige baugewerbliche Ausbildung erfolgreich abgeschlossen haben, sowie Personen, die ein Universitätsstudium, ein Fachhochschulstudium, eine höhere technische Lehranstalt oder eine vergleichbare Ausbildung jeweils auf dem Gebiet des Hoch-

oder Tiefbaus erfolgreich abgeschlossen haben. Wird eine juristische Person oder sonstige Gesellschaft mit Rechtspersönlichkeit zum Koordinator bestellt, müssen diese Voraussetzungen von jeder gemäß Abs. 2 benannten natürlichen Person erbracht werden.

(4) Die Bestellung des Planungskoordinators hat zu Beginn der Planungsarbeiten zu erfolgen. Die Bestellung des Baustellenkoordinators hat spätestens bei Auftragsvergabe zu erfolgen. Die Bestellung mehrerer Personen zu nacheinander tätigen Planungs- oder Baustellenkoordinatoren ist zulässig. Die Bestellung mehrerer Personen zu nebeneinander tätigen Planungs- oder Baustellenkoordinatoren ist nur zulässig, wenn deren Verantwortungsbereiche räumlich klar voneinander abgegrenzt sind.

(5) Ist in Katastrophenfällen, bei unaufschiebbaren oder bei kurzfristig zu erledigenden Arbeiten eine rechtzeitige Bestellung gemäß Abs. 4 nicht möglich und müssen die Arbeiten aber fortgesetzt werden, so ist die Bestellung so rasch wie möglich, spätestens jedoch am Tag des Beginns der fortgesetzten Arbeiten, nachzuholen.

(6) Die Bestellung hat schriftlich zu erfolgen. Sie ist nur wirksam, wenn ihr der Bestellte nachweislich zugestimmt hat.

Vorbereitung des Bauprojekts

§ 4. (1) Der Bauherr hat dafür zu sorgen, dass die allgemeinen Grundsätze der Gefahrenverhütung gemäß § 7 ASchG bei Entwurf, Ausführungsplanung und Vorbereitung des Bauprojekts berücksichtigt werden, insbesondere bei der architektonischen, technischen und organisatorischen Planung, bei der Einteilung der Arbeiten, die gleichzeitig oder nacheinander durchgeführt werden, und bei der Abschätzung der voraussichtlichen Dauer für die Durchführung dieser Arbeiten.

(2) Der Planungskoordinator hat

1. die Umsetzung der allgemeinen Grundsätze der Gefahrenverhütung gemäß § 7 ASchG bei Entwurf, Ausführungsplanung und Vorbereitung des Bauprojekts zu koordinieren,
2. einen Sicherheits- und Gesundheitsschutzplan gemäß § 7 auszuarbeiten oder ausarbeiten zu lassen,
3. darauf zu achten, daß der Bauherr oder der Projektleiter, wenn ein solcher eingesetzt ist, den Sicherheits- und Gesundheitsschutzplan berücksichtigt,
4. eine Unterlage für spätere Arbeiten gemäß § 8 zusammenzustellen,
5. darauf zu achten, daß der Bauherr oder der Projektleiter, wenn ein solcher eingesetzt ist, die Unterlage gemäß § 8 berücksichtigt.

Ausführung des Bauwerks

§ 5. (1) Der Baustellenkoordinator hat zu koordinieren:

1. die Umsetzung der allgemeinen Grundsätze der Gefahrenverhütung gemäß § 7 ASchG bei der technischen und organisatorischen Planung, bei der Einteilung der Arbeiten, die gleichzeitig oder nacheinander durchgeführt werden, bei der Abschätzung der voraussichtlichen Dauer für die Durchführung dieser Arbeiten sowie bei der Durchführung der Arbeiten,
2. die Umsetzung der für die betreffende Baustelle geltenden Bestimmungen über Sicherheit und Gesundheitsschutz bei der Arbeit,
3. die Überwachung der ordnungsgemäßen Anwendung der Arbeitsverfahren.

(2) Der Baustellenkoordinator hat darauf zu achten, daß

1. die Arbeitgeber den Sicherheits- und Gesundheitsschutzplan anwenden,
2. die Arbeitgeber die allgemeinen Grundsätze der Gefahrenverhütung gemäß § 7 ASchG anwenden,
3. die auf der Baustelle tätigen Selbständigen den Sicherheits- und Gesundheitsschutzplan und die allgemeinen Grundsätze der Gefahrenverhütung gemäß § 7 ASchG anwenden, wenn dies zum Schutz der Arbeitnehmer erforderlich ist.

(3) Der Baustellenkoordinator hat

1. die Zusammenarbeit und die Koordination der Tätigkeiten zum Schutz der Arbeitnehmer und zur Verhütung von Unfällen und berufsbedingten Gesundheitsgefährdungen zwischen den Arbeitgebern zu organisieren und dabei auch auf der Baustelle tätige Selbständige einzubeziehen,
2. für die gegenseitige Information der Arbeitgeber und der auf der Baustelle tätigen Selbständigen zu sorgen,
3. den Sicherheits- und Gesundheitsschutzplan und die Unterlage unter Berücksichtigung des Fortschritts der Arbeiten und eingetretener Änderungen anzupassen oder anpassen zu lassen,
4. die erforderlichen Maßnahmen zu veranlassen, damit nur befugte Personen die Baustelle betreten.

(4) Stellt der Baustellenkoordinator bei Besichtigungen der Baustelle Gefahren für Sicherheit und Gesundheit der Arbeitnehmer fest, hat er unverzüglich den Bauherrn oder den Projektleiter sowie die Arbeitgeber und die allenfalls auf der Baustelle tätigen Selbständigen zu informieren. Der Baustellenkoordinator hat das Recht, sich an das Arbeitsinspektorat zu wenden, wenn er der Auffassung ist, daß die getroffenen Maßnahmen und bereitgestellten Mittel nicht ausreichen, um die Sicherheit und den Gesundheitsschutz am Ar-

Weitere Inh.

beitsplatz sicherzustellen, nachdem er erfolglos eine Beseitigung dieser Mißstände verlangt hat.

Vorankündigung

§ 6. (1) Der Bauherr hat eine Vorankündigung zu erstellen für Baustellen, bei denen voraussichtlich

1. die Dauer der Arbeiten mehr als 30 Arbeitstage beträgt und auf denen mehr als 20 Arbeitnehmer gleichzeitig beschäftigt werden, oder
2. deren Umfang 500 Personentage übersteigt.

(2) Die Vorankündigung ist spätestens zwei Wochen vor Beginn der Arbeiten an das zuständige Arbeitsinspektorat zu übermitteln. In Katastrophenfällen, bei unaufschiebbaren oder bei kurzfristig zu erledigenden Arbeiten, ist die Vorankündigung spätestens am Tag des Arbeitsbeginnes zu übermitteln. Zum Zweck der Kontrolle von Baustellen ist die Vorankündigung auch an die Bauarbeiter-Urlaubs- und Abfertigungskasse (§ 14 des Bauarbeiter-Urlaubs- und Abfertigungsgesetzes – BUAG, BGBl. Nr. 414/1972) zu übermitteln.

(2a) Erfolgt die Vorankündigung elektronisch mittels Webanwendung an die Baustellendatenbank (§ 31a BUAG), gilt dies als Übermittlung an das zuständige Arbeitsinspektorat. Ab 1. Jänner 2019 müssen Vorankündigungen elektronisch mittels Webanwendung an die Baustellendatenbank vorgenommen werden.

(3) Die Vorankündigung ist sichtbar auf der Baustelle auszuhängen.

(4) Die Vorankündigung muß beinhalten:

1. das Datum der Erstellung,
2. den genauen Standort der Baustelle,
3. Name und Anschrift des Bauherrn, des Projektleiters und der Planungs- und Baustellenkoordinatoren,
4. Angaben über die Art des Bauwerks,
5. Angaben über den voraussichtlichen Beginn der Arbeiten und über deren voraussichtliche Dauer,
6. Angaben über die voraussichtliche Höchstzahl der Beschäftigten auf der Baustelle,
7. Angaben über die Zahl der dort tätigen Unternehmen und Selbständigen,
8. die Angabe der bereits beauftragten Unternehmen.

(5) Die Vorankündigung ist bei Änderungen anzupassen.

Sicherheits- und Gesundheitsschutzplan

§ 7. (1) Der Bauherr hat dafür zu sorgen, daß vor Eröffnung der Baustelle ein Sicherheits- und Gesundheitsschutzplan erstellt wird für Baustellen, für die eine Vorankündigung gemäß § 6 erforderlich ist und für Baustellen, auf denen Arbeiten zu verrichten sind, die mit besonderen Gefahren für Sicherheit und Gesundheit der Arbeitnehmer verbunden sind.

(2) Arbeiten, die mit besonderen Gefahren für Sicherheit und Gesundheit der Arbeitnehmer verbunden sind, sind insbesondere:

1. Arbeiten, bei denen die Gefahr des Absturzes, des Verschüttetwerdens oder des Versinkens besteht, wenn diese Gefahr durch die Art der Tätigkeit, die angewandten Arbeitsverfahren oder die Umgebungsbedingungen auf der Baustelle erhöht wird, wie Arbeiten im Verkehrsbereich oder in der Nähe von Gasleitungen,
2. Arbeiten, bei denen die Arbeitnehmer gefährlichen Arbeitsstoffen ausgesetzt sind, die entweder eine besondere Gefahr für die Sicherheit und die Gesundheit der Arbeitnehmer darstellen oder für die Eignungs- und Folgeuntersuchungen gemäß der Verordnung über die Gesundheitsüberwachung am Arbeitsplatz (VGÜ), BGBl. II Nr. 27/1997, vorgeschrieben sind,
3. Arbeiten mit ionisierenden Strahlen, die die Festlegung von Kontroll- oder Überwachungsbereichen gemäß dem Strahlenschutzgesetz, BGBl. Nr. 227/1969, erfordern,
4. Arbeiten in der Nähe von Hochspannungsleitungen,
5. Arbeiten, bei denen die Gefahr des Ertrinkens besteht,
6. Brunnenbau, unterirdische Erdarbeiten und Tunnelbau,
7. Arbeiten mit Tauchgeräten,
8. Arbeiten in Druckkammern,
9. Arbeiten, bei denen Sprengstoff eingesetzt wird,
10. die Errichtung oder der Abbau von schweren Fertigbauelementen.

(3) Der Sicherheits- und Gesundheitsschutzplan muss beinhalten:

1. die zur Festsetzung von Schutzmaßnahmen für die jeweilige Baustelle erforderlichen Angaben über das Baugelände und das Umfeld der Bauarbeiten, insbesondere auch über mögliche Gefahren im Bereich des Baugrundes;
2. eine Auflistung aller für die Baustelle in Aussicht genommenen Arbeiten gemäß § 2 Abs. 3 zweiter Satz (wie zB Erdarbeiten, Abbrucharbeiten, Bauarbeiten im engeren Sinn, Malerarbeiten) unter Berücksichtigung ihres zeitlichen Ablaufs;
3. die entsprechend dem zeitlichen Ablauf dieser Arbeiten und dem Baufortschritt jeweils festgelegten Schutzmaßnahmen sowie baustellenspezifische Regelungen unter Hinweis auf die jeweils anzuwendenden Arbeitnehmerschutzbestimmungen;
4. die erforderlichen Koordinierungsmaßnahmen, Schutzmaßnahmen und Einrichtungen zur Beseitigung bzw. Minimierung der gegenseitigen Gefährdungen, die durch das Miteinander- oder Nacheinanderarbeiten entstehen oder entstehen können;

5. die Schutzeinrichtungen und sonstigen Einrichtungen, die für gemeinsame Nutzung auf der Baustelle geplant sind bzw. zur Verfügung gestellt werden;
6. Maßnahmen bezüglich der Arbeiten, die mit besonderen Gefahren für Sicherheit und Gesundheit der Arbeitnehmer verbunden sind;
7. die Festlegung, wer für die Durchführung der in Z 3 bis 6 genannten Maßnahmen auf der Baustelle jeweils zuständig ist.

(4) Der Sicherheits- und Gesundheitsschutzplan ist in der Vorbereitungsphase zu erstellen.

(5) Der Sicherheits- und Gesundheitsschutzplan ist bei Fortschritt der Arbeiten oder bei eingetretenen Änderungen unverzüglich anzupassen, falls dies zum Schutz der Sicherheit und Gesundheit der Arbeitnehmer erforderlich ist. Vor der Anpassung des Sicherheits- und Gesundheitsschutzplanes sind nach Möglichkeit die Sicherheitsvertrauenspersonen der betroffenen Arbeitgeber anzuhören. Wenn Änderungen des Sicherheits- und Gesundheitsschutzplanes auf Grund von Entscheidungen oder Anordnungen des Bauherrn oder Projektleiters erfolgen, so ist dies im Plan festzuhalten.

(6) Der Sicherheits- und Gesundheitsschutzplan ist in der Vorbereitungs- und in der Ausführungsphase zu berücksichtigen.

(6a) Werden auf einer Baustelle, für die eine Vorankündigung gemäß § 6 nicht erforderlich ist, nur Arbeitnehmer eines Arbeitgebers beschäftigt, so gelten die in den für diese Baustelle gemäß §§ 4 und 5 ASchG festgelegten und schriftlich festgehaltenen Maßnahmen zur Gefahrenverhütung als Sicherheits- und Gesundheitsschutzplan im Sinne dieses Bundesgesetzes, wenn darin die gemäß Abs. 3 erforderlichen Maßnahmen zum Schutz der Arbeitnehmer gegen die besonderen Gefahren, mit denen die Arbeiten auf dieser Baustelle verbunden sind, enthalten sind und der Mindestinhalt des Abs. 3 ausreichend berücksichtigt wird. Der Bauherr hat den Arbeitgeber über das Vorliegen von besonderen Gefahren, insbesondere im Sinne von § 7 Abs. 3 Z 1, umfassend zu informieren.

(7) Der Bauherr hat dafür zu sorgen, daß die betroffenen Arbeitgeber, deren Präventivfachkräfte und Arbeitnehmer sowie die auf der Baustelle tätigen Selbständigen Zugang zum Sicherheits- und Gesundheitsschutzplan haben.

Unterlage für spätere Arbeiten
§ 8. (1) Der Bauherr hat dafür zu sorgen, daß eine Unterlage für spätere Arbeiten am Bauwerk erstellt wird.

(2) Die Unterlage muss die zum Schutz von Sicherheit und Gesundheit der Arbeitnehmer bei späteren Arbeiten wie Nutzung, Wartung, Instandhaltung, Umbauarbeiten oder Abbruch erforderlichen Angaben über die Merkmale des Bauwerks

(wie Zugänge, Anschlagpunkte, Gerüstverankerungspunkte, Gas-, Wasser- und Stromleitungen) enthalten, die bei späteren Arbeiten zu berücksichtigen sind.

(3) Die Unterlage ist in der Vorbereitungsphase zu erstellen.

(4) Die Unterlage ist bei Fortschritt der Arbeiten oder bei eingetretenen Änderungen anzupassen.

(5) Die Unterlage ist in der Vorbereitungs- und in der Ausführungsphase zu berücksichtigen.

(6) Der Bauherr hat dafür zu sorgen, daß die Unterlage für die Dauer des Bestandes des Bauwerks in geeigneter Weise aufbewahrt wird. Wird das Bauwerk während der Ausführung oder nach Fertigstellung vom Bauherrn an eine andere natürliche oder juristische Person oder sonstige Gesellschaft mit Rechtspersönlichkeit übergeben, hat diese für die Aufbewahrung der Unterlage zu sorgen.

Übertragung von Pflichten des Bauherrn
§ 9. (1) Wenn ein Projektleiter eingesetzt ist, kann der Bauherr seine Pflichten nach § 3, § 4 Abs. 1, § 6, § 7 und § 8 dieses Bundesgesetzes dem Projektleiter mit dessen Zustimmung übertragen.

(2) Abs. 1 gilt nicht, wenn ein Betriebsangehöriger des Bauherrn als Projektleiter eingesetzt ist.

(3) Wenn ein Betriebsangehöriger des Bauherrn als Planungs- oder Baustellenkoordinator eingesetzt ist, ist anstelle des Koordinators der Bauherr für die Einhaltung der Pflichten nach § 4 Abs. 2 und § 5 dieses Bundesgesetzes verantwortlich.

(4) Wenn ein Betriebsangehöriger des Projektleiters als Planungs- oder Baustellenkoordinator eingesetzt ist, ist anstelle des Koordinators der Projektleiter für die Einhaltung der Pflichten nach § 4 Abs. 2 und § 5 dieses Bundesgesetzes verantwortlich.

Strafbestimmungen
§ 10. (1) Eine Verwaltungsübertretung, die mit Geldstrafe von 145 € bis 7 260 €, im Wiederholungsfall mit Geldstrafe von 290 € bis 14 530 € zu bestrafen ist, begeht, wer

1. als Bauherr die Verpflichtungen nach § 3, § 4 Abs. 1, § 6, § 7 oder § 8 dieses Bundesgesetzes verletzt,
2. als Projektleiter im Fall einer Übertragung nach § 9 Abs. 1 die Verpflichtungen gemäß § 3, § 4 Abs. 1, § 6, § 7 oder § 8 dieses Bundesgesetzes verletzt,
3. als Planungskoordinator seine Verpflichtungen nach § 4 Abs. 2 verletzt,
4. als Baustellenkoordinator die Verpflichtungen nach § 5 verletzt,
5. als Bauherr im Fall des § 9 Abs. 3 nicht dafür sorgt, daß der Koordinator die Verpflichtungen nach § 4 Abs. 2 und § 5 erfüllt,

6. als Projektleiter im Fall des § 9 Abs. 4 nicht dafür sorgt, daß der Koordinator die Verpflichtungen nach § 4 Abs. 2 und § 5 erfüllt.

(2) Wurden Verwaltungsübertretungen nach Abs. 1 nicht im Inland begangen, gelten sie als an jenem Ort begangen, an dem sie festgestellt wurden.

Inkrafttreten

§ 11. (1) Dieses Bundesgesetz tritt mit 1. Juli 1999 in Kraft.

(2) Dieses Bundesgesetz ist auf Bauvorhaben im Sinne des § 6, die am 1. Juli 1999 bereits in der Ausführungsphase sind, ab 1. Juli 2000 anzuwenden. Auf sonstige Bauvorhaben, die am 1. Juli 1999 bereits in der Ausführungsphase sind, ist dieses Bundesgesetz nicht anzuwenden.

(3) § 10 Abs. 1 in der Fassung des Bundesgesetzes BGBl. I Nr. 136/2001 tritt mit 1. Jänner 2002 in Kraft.

(4) §§ 1 Abs. 3 Z 2, 2 Abs. 1, 2, 6 und 7, 3 Abs. 1 bis 5, 5 Abs. 3 Z 4 und Abs. 4, 7 Abs. 3 und 6a, 8 Abs. 2 und 6 sowie 10 Abs. 1 und 2 in der Fassung BGBl. I Nr. 159/2001 treten mit 1. Jänner 2002 in Kraft.

(5) § 6 Abs. 2 vorletzter und letzter Satz in der Fassung des Bundesgesetzes BGBl. I Nr. 51/2011 tritt mit dem Zeitpunkt in Kraft, den der Bundesminister für Arbeit, Soziales und Konsumentenschutz durch Verordnung als jenen feststellt, ab dem die zur Verfügung stehenden technischen Mittel zur Erfassung der Vorankündigung gemäß § 6 geeignet sind. Er darf diesen Zeitpunkt frühestens mit 1. Jänner 2012 festsetzen.

(6) § 12 in der Fassung des 2. Stabilitätsgesetzes 2012, BGBl. I Nr. 35/2012, tritt mit 1. Juli 2012 in Kraft.

(7) § 6 Abs. 2 und 2a in der Fassung BGBl. I Nr. 72/2016 tritt mit 1. April 2017 in Kraft.

Vollziehung

§ 12. (1) Für die Überwachung der Einhaltung dieses Bundesgesetzes ist die Arbeitsinspektion zuständig.

(2) Das Bundesgesetz über die Arbeitsinspektion (Arbeitsinspektionsgesetz 1993 – ArbIG) ist anzuwenden. Dies gilt mit der Maßgabe, dass die Aufgaben und Befugnisse, die der Arbeitsinspektion nach dem ArbIG gegenüber Arbeitgebern obliegen, auch gegenüber Bauherren, Projektleitern und Koordinatoren für Sicherheit und Gesundheitsschutz und die im ArbIG vorgesehenen Arbeitgeberpflichten auch für Bauherren, Projektleiter und Koordinatoren für Sicherheit und Gesundheitsschutz gelten.

(3) Mit der Vollziehung dieses Bundesgesetzes ist der Bundesminister für Arbeit, Soziales und Konsumentenschutz betraut.